Gesamtinhaltsverzeichnis

Ausbildung & Studium

Kinder erziehen, bilden und betreuen

Lehrbuch für Ausbildung und Studium

Mit Beiträgen von (in alphabetischer Reihenfolge):
Veronika Baur, Karin Beher, Saskia Bender, Daniela Braun, Ingerose Braunecker, Katy Dieckerhoff, Cornelie Dietrich, Pia Theresia Franke, Tina Friederich, Ira Gawlitzek, Sabine Herm, Sabine Hirler, Norbert Hocke, Irmgard Hofmann, Matthias Hugoth, Astrid Kerl-Wienecke, Helen Knauf, Tassilo Knauf, Gerlinde Knisel-Scheuring, Andreas Koch, Ute Koglin, Christina Krause, Anita Meyer, Manfred Mürbe, Winfried Noack, Albrecht Nolting, Sibel Ocak, Freya Pausewang, Franz Petermann, Simone Pfeffer, Marissa Rehberg, Xenia Roth, Gisela Ruwe, Peter Schäfer, Tatjana Spaerke, Stefanie Stadler Elmer, Dorothea Strack-Rathke, Manfred Vogelsberger, Thomas Weber, Andreas Ziegner, Renate Zimmer

Projektleitung: Mareike Kerz, Berlin
Redaktion: Carina vom Hagen, Berlin
Außenredaktion: Astrid Kühnemann, Freiburg
Lektorat: Ingrid Samel, Schriesheim; Renate Krapf, Weinheim; Ulrike Kriegel, München
Umschlag- und Innenlayout: Claudia Adam Graphik-Design, Darmstadt
Titelfotografie: Werner Krüper, Bielefeld
Illustrationen: Jens Gerholdt, Mainz
Technische Umsetzung: Mitterweg & Partner, Plankstadt; zweiband.media, Berlin

Zur Erstellung dieses Werkes wurden Inhalte übernommen und überarbeitet aus:
In guten Händen, Gesundheits- und Krankenpflege, Gesundheits- und Kinderkrankenpflege, Band 3
(Herausgeberin: Prof. Dr. Uta Oelke; Autoren: Irmgard Hofmann, Gisela Ruwe)
Heilerziehungspflege, Grundlagen und Kernkonzepte der Heilerziehungspflege, Band 1
(Herausgeberinnen: Prof. Dr. Jeanne Nicklas-Faust, Ruth Scharringhausen; Autor: Andreas Ziegner)

www. cornelsen.de

3. Auflage, 2. Druck 2014

Druck: Stürtz GmbH, Würzburg

ISBN 978-3-06-450694-7

Inhaltsverzeichnis

Anhang

Vorwort

Sie halten hiermit die komplette Neubearbeitung des erfolgreichen Lehrwerkes „Kinder erziehen, bilden und betreuen" in den Händen. Die Fachautoren haben Ihre Beiträge auf den neusten Stand aktualisiert und ergänzt. Vier neue Kapitel bieten Ihnen nun noch mehr fundiertes Wissen für Ihre Ausbildung und Arbeit in der Praxis.

Was finden Sie in diesem Buch?

Das vorliegende Lehrbuch greift die aktuellen Anforderungen an die Erzieherinnen auf und vereint erstmals die gesamten Inhalte der Ausbildung und des Studiums aller Bundesländer. Das umfangreiche Wissen für Ausbildung und Praxis ist didaktisiert und leserfreundlich aufbereitet. Neben ausführlichen Informationen zu den Grundlagen des Erzieherinnenberufs und den Themen Organisation, Management und Recht werden auch die wichtigsten Inhalte aus Pädagogik, Psychologie und Soziologie vermittelt. Besonderer Wert wird auf die einzelnen Bildungsbereiche gelegt, die ausführlich behandelt werden und den Transfer in die Praxis ermöglichen. Die Kapitel zum Umgang mit besonderen Situationen in der sozialpädagogischen Praxis runden das Buch ab.

Neu hinzugekommene Inhalte finden Sie in den Kapiteln „Pädagogik für Kinder unter drei Jahren", „Die eigene Gesunderhaltung", „Lernen in der Ausbildung" und „Weiterbildung in der Früh- und Kindheitspädagogik". Außerdem haben die Fachautoren in der Neubearbeitung wichtige Querschnittsthemen mit einbezogen wie Inklusion und die nachhaltige Erziehung.

Für wen ist das Buch gedacht?

Mit diesem Buch wenden wir uns in erster Linie an Erzieherinnen und Erzieher aller sozialpädagogischen Berufe – sowohl in der Ausbildung an Fachschulen als auch an Universitäten. Für Sozialassistent/innen und alle, die beruflich mit Kindern zu tun haben, ist dieses Buch ebenso geeignet. Im Folgenden wird aus Gründen besserer Lesbarkeit jedoch immer die Rede von Erzieherinnen sein.

Alle Inhalte, die für Ausbildung und Praxis relevant sind, werden thematisiert, von der Offenen Kinder- und Jugendarbeit über die Hilfen zur Erziehung bis hin zum Schwerpunkt Tageseinrichtungen für Kinder. Die vielen Beziehungen und Institutionen, die in der Arbeit mit Kindern wichtig sind, wie beispielsweise Familie, Schule oder soziale Netzwerke, werden in diesem Zusammenhang aufgegriffen.

Was zeichnet das Buch aus?

Auszubildende erwerben Handlungskompetenz und erfahren die notwendige Vorbereitung auf ihre Arbeit, u. a. durch zahlreiche Beispiele, die Beschreibung von Beobachtungssituationen sowie gezielte Anregungen zur Förderung von Kompetenzen und zur Gestaltung der Lernumgebung in allen Bildungsbereichen. Dies gewährleisten unsere Autorinnen und Autoren, die alle einen umfassenden wissenschaftlichen und/oder praktischen Hintergrund haben.

Ein konsequent logischer Aufbau der Texte, die Vernetzung durch Querverweise, ein ausführliches Register und die Kennzeichnung von Definitionen und zentralen Aussagen ermöglichen ein leichtes Auffinden von Informationen. Aufgabenstellungen zum selbstständigen Lernen und zum Arbeiten in Gruppen sowie Tipps für weiterführende Literatur und Kontaktadressen helfen, das Gelernte zu vertiefen. Eine Übersicht über die verwendeten Gestaltungselemente finden Sie auf der Innenseite des Umschlags.

Neben einem frischen und klaren Layout mit vielen Fotos und Illustrationen zeichnet sich das Buch auch dadurch aus, dass es als kompetentes Nachschlagewerk genutzt werden kann.

Wir wünschen Ihnen mit diesem etablierten Werk weiterhin viel Erfolg in Ausbildung, Studium und Praxis!

Ihre Redaktionen Frühe Kindheit und
Cornelsen Berufliche Bildung

Juli 2012

Teil I
Grundlagen des Erzieherinnenberufs

1

Erziehen, Bilden und Betreuen als Beruf

Norbert Hocke, Helen Knauf, Freya Pausewang, Xenia Roth

Das Zusammenleben mit jungen Menschen prägt den Beruf der Erzieherinnen und Erzieher. **Erziehen, Bilden und Betreuen** ist ihre vorrangige Aufgabe. Sozialpädagogische Einrichtungen sind familienergänzende Institutionen, d. h., die Erziehungspartnerschaft mit den Eltern der Kinder ist ein wichtiger Teilbereich der beruflichen Arbeit. Darüber hinaus fordert die Zusammenarbeit im Team eine hohe Professionalität im Umgang und in der Kooperation mit Erwachsenen. Organisation und Management setzen rechtlich fundiertes pädagogisches Entscheiden und Handeln voraus.

Erzieherinnen (gemeint sind im Folgenden immer auch Erzieher) haben einen Beruf gewählt, der in seiner Bedeutung für die Befähigungen der nächsten Generationen gesellschaftlich weit unterschätzt wird. Erziehen, Bilden und Betreuen in den unterschiedlichen sozialpädagogischen Einrichtungen beinhaltet eine überaus notwendige Entwicklungsunterstützung für den jungen Menschen auf dem Weg zu einer mündigen Persönlichkeit. Die Bildungs- und Entwicklungsunterstützung, die Kinder und Jugendliche in sozialpädagogischen Einrichtungen erfahren, ist aus dem heutigen Leben der jungen Generation nicht mehr wegzudenken.

In den Tageseinrichtungen der Frühpädagogik, Krippe und Kindergarten, sind Erzieherinnen die ersten außerfamiliären beruflichen Pädagogen, die das Kind betreuen und ins Leben begleiten. Sie holen das Kind an der Familie ab und führen es in Gruppen Gleich- und Ähnlichaltriger ein. Wenn das Kind diesen ersten Eintritt in eine außerfamiliäre Gemeinschaft als anregend und bereichernd empfindet und mit Wonne und Lernbegeisterung diese neue, größer gewordene Welt erforscht, erhalten nicht nur seine Lernbereitschaft und seine Bildungsfähigkeit eine gute Basis für den weiteren Bildungsprozess, das Kind erlebt zudem Gemeinschaften als positiv. Wenn es sich in der Gemeinschaft sicher fühlt, Zugehörigkeit und Anerkennung erlebt, kann es auch später leichter angstfrei auf Gruppen zugehen und selbst bestärkend auf andere Gruppenmitglieder wirken.

Die ersten Lebensjahre des Kindes beeinflussen tiefgreifend die weitere Entwicklung des Kindes. Positive Lebenserfahrungen in dieser Zeit tragen zu einer stabilen und optimalen Entwicklung des jungen Menschen nachhaltig bei. Die Unterstützung sozialer Kompetenzen ist nicht nur in den Kindertagesstätten ein Schwerpunkt der Bildung, sie nimmt auch in anderen sozialpädagogischen Einrichtungen einen wichtigen Standort ein.

In den sozialpädagogischen Einrichtungen für Kinder im Schulalter und für Jugendliche sind Erzieherinnen ergänzende Pädagogen neben den Lehrern. Hier bieten sie einen Ausgleich zum Bildungsschwerpunkt der Schule und erleichtern die für manche Kinder hohen schulischen Anforderungen. Sie bieten dem jungen Menschen ein Zusammenleben in Gemeinschaften, die weniger von Konkurrenz geprägt sind als die Schule. Dadurch eröffnen sich dem Kind oder Jugendlichen andersartige Lernerfahrungen und Bildungsmöglichkeiten. Für manche Kinder ergänzen sozialpädagogische Einrichtungen eine Familie, die mit ihren Aufgaben überfordert ist. Auch in diesen Einrichtungen bedeutet die berufliche Arbeit der Erzieherin eine Unterstützung für das Kind oder den Jugendlichen, die für sein momentanes Lebensgefühl überaus bedeutsam ist und für den weiteren Weg Weichen stellen kann.

Berufliches Erziehen, Bilden und Betreuen ist weit mehr als schlechthin angenommen wird, etwa wenn Spaziergänger am Hof eines Kindergartens vorbeigehen, die fröhlich spielenden Kinder betrachten und sich wundern, dass für die „Aufsicht“ nicht nur eine einzige Erzieherin ausreicht, sondern bereits zwei zu wenig sein sollen.

Im ersten Kapitel werden das *professionelle Verständnis* von Erziehen, Bilden und Betreuen definiert und die Schwerpunkte der *Erziehungs- und Bildungsziele* in ihrer Bedeutung für Kinder und Jugendliche sowie für die Erzieherin beschrieben. (→ Kap. 1.1). Die Persönlichkeit der Erzieherin und ihr *professionelles Menschenbild* werden dargestellt, aber auch, wie die Erzieherin sich mit der eigenen *Persönlichkeit* auseinandersetzt und dabei *Belastbarkeit und Selbstschutz* ausbalanciert (→ Kap. 1.2). Gesellschaftliche Einstellung und Selbstverständnis der Erzieherin werden im Folgenden (→ Kap. 1.3) thematisiert. Es folgt ein Überblick über die Entstehung und Entwicklung des Erzieherinnenberufs. Die Vielfalt der heutigen beruflichen Ausbildungsmöglichkeiten wird dabei problematisiert und auf die Notwendigkeit beruflicher Fortbildung und die Möglichkeiten von Weiterbildungen hingewiesen (→ Kap. 1.4). Im letzten Abschnitt des Kapitels werden die beruflichen Interessenvertretungen aufgelistet und in ihren Schwerpunkten beschrieben (→ Kap. 1.5).

1.1 Professionelles Verständnis von Erziehen, Bilden und Betreuen

Wenn die drei Tätigkeitsbereiche Erziehen, Bilden und Betreuen auch miteinander verquickt sind und sich überschneiden, so haben sie doch eigene Schwerpunkte und pädagogische Ausrichtungen. In den verschiedenen sozialpädagogischen Einrichtungsarten, in denen Erzieherinnen arbeiten, treten diese Arbeitsbereiche in unterschiedlicher Gewichtung auf. Der Beruf der Erzieherin bietet deshalb breite und variable Arbeitsfelder mit vielgestaltigen pädagogischen Ausrichtungen und mit verschiedenartigen Bezugsgruppen.

Die berufliche Arbeit geschieht grundsätzlich im **Team.** Erzieherinnen stehen im Gruppenleben zwar täglich vor unzähligen Entscheidungen, die sie selbständig, ohne Rücksprache und schnell zu treffen haben, aber sie führen eine Gruppe nicht allein. Erziehen, Bilden und Betreuen bedeutet deshalb letztlich immer, eigene Entscheidungen in Teamabsprachen und in gemeinsame Planung und Koordination einzubetten und die pädagogische Richtung gemeinsam zu verantworten.

Sozialpädagogische Einrichtungen arbeiten grundsätzlich familienergänzend. Die Zusammenarbeit mit Eltern und das Bemühen um eine positive **Erziehungspartnerschaft mit den Eltern** der Kinder gehört deshalb zur beruflichen Arbeit der Erzieherin. Lediglich in Jugendzentren und in Einrichtungen für ältere Menschen mit Beeinträchtigungen wird die Zusammenarbeit mit den Eltern oder anderen Familienmitgliedern ein Randthema, vor allem dann, wenn die Eltern behinderter Menschen aus Altersgründen oder nachlassender Bindung den Kontakt lockern oder auch nicht mehr leisten können. Allerdings tritt bei schwerer geistiger Behinderung an deren Stelle dann ein beruflicher Vormund.

Bilden, Erziehen und Betreuen ist deshalb mehr als die direkte Arbeit mit dem Kind und setzt Teamfähigkeit und kooperative Zusammenarbeit voraus.

1.1.1 Erziehen, Bilden und Betreuen

Um die Begriffe Erziehen, Bilden und Betreuen zu charakterisieren und voneinander abzugrenzen, folgt zunächst eine Definition der drei pädagogischen Funktionen.

Erziehen

Der Begriff *Erziehung* bezeichnet eine gezielte, d. h. beabsichtigte Entwicklungsförderung. Im üblichen Sprachgebrauch muss diese Absicht allerdings nicht grundsätzlich vorliegen.

> ▸ **Erziehung**
> Im Allgemeinen bedeutet Erziehen oder Erziehung ein soziales Handeln, wodurch beabsichtige Lernprozesse angeregt und unterstützt werden. Erziehung vollzieht sich in der Regel vom erwachsenen zum jungen Menschen und strebt eine dauerhafte Veränderung des Verhaltens an.

Erziehung in diesem Sinne ist hierarchisch (in einer Rangordnung) organisiert: Der Erwachsene weiß – oder nimmt an zu wissen –, welcher Entwicklungsweg für den jungen Menschen gut und sinnvoll ist.

Es gibt aber auch andere **Formen der Erziehung,** etwa Selbsterziehung, Erziehung durch Altersgleiche (Peergroups), erziehende Einflüsse aus Gemeinschaften, in denen die jungen Menschen Teile ihres Lebens verbringen. Letztlich erzieht auch die Gesellschaft, beispielsweise durch ihren Einfluss auf allgemeine Werthaltungen und Verhaltensweisen, durch Werbung oder durch kulturelle Einflüsse. Ein breit gefasster Erziehungsbegriff beinhaltet deshalb nicht nur die beabsichtigten Lernprozesse zwischen Erwachsenen und jungen Menschen, sondern kann den **gesamten von außen beeinflussten Entwicklungsprozess** eines Kindes oder Jugendlichen umfassen.

> ◎ Institutionelle Erziehung bietet dem Kind heute einen möglichst breiten selbstbestimmten Entwicklungsraum, d. h., innerhalb eines vorgegebenen Rahmens soll das Kind oder der Jugendliche eigene Entwicklungsschwerpunkte setzen können.

Da Erziehen als bewusste Tätigkeit ein **beabsichtigter Einfluss** ist, haben die Erziehenden eine Richtung, ein Ziel im Blick, wenn sie auf Kinder und Jugendliche einwirken und erreichen wollen, dass der junge Mensch sein Verhalten ändert. Das Lernen des Kindes selbst haben sie nicht in der Hand. Lernen ist ein Prozess des Lernenden, nicht des Lehrenden. Die Erziehenden können das Lernen aber vorbereiten, erleichtern, unterstützen, bestärken.

Bilden

Während Erziehen die Tätigkeit des Erwachsenen, der Erzieherin im Erziehungs- und Bildungsprozess bezeichnet, ist unter *Bildung* der Entwicklungs- und Lernprozess des Kindes zu verstehen. Da der Lernende selbst lernt und der Lehrende ihm das Lernen nur erleichtert und ihn dazu motiviert, kann der Erwachsene dem Kind die Bildung auch nicht abnehmen, denn **Bildung ist Lernen. Das Kind bildet sich selbst.**

Die heutige Pädagogik legt Wert darauf, dass der Pädagoge erkennt: Der Erwachsene hat die Aufgabe, dem Kind ge-

Abb. 1.1: Die Erzieherin sorgt für eine anregende Umgebung und bestärkt die Initiative des Kindes.

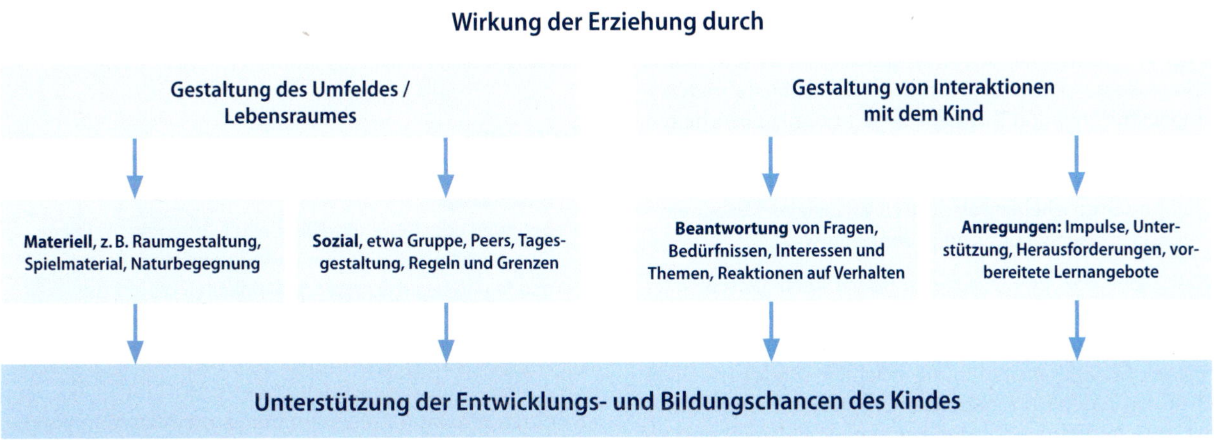

Wirkung der Erziehung durch

Gestaltung des Umfeldes / Lebensraumes		Gestaltung von Interaktionen mit dem Kind	
Materiell, z. B. Raumgestaltung, Spielmaterial, Naturbegegnung	**Sozial**, etwa Gruppe, Peers, Tagesgestaltung, Regeln und Grenzen	**Beantwortung** von Fragen, Bedürfnissen, Interessen und Themen, Reaktionen auf Verhalten	**Anregungen:** Impulse, Unterstützung, Herausforderungen, vorbereitete Lernangebote

Unterstützung der Entwicklungs- und Bildungschancen des Kindes

Abb. 1.2: Erziehung beeinflusst und unterstützt die Bildungs- und Entwicklungsmöglichkeiten des Kindes und Jugendlichen auf zwei unterschiedlichen Wegen.

eignete Voraussetzungen zu schaffen, damit es sich bilden und entwickeln kann. Den Lernvorgang ergreifen muss das Kind aber immer selbst. Die Erzieherin kann ihm das Lernen, die Bildung, nur nahe legen und erleichtern, und sie kann seine Initiative, Lernlust und Anstrengungsbereitschaft unterstützen (→ Abb. 1.1).

▶ Bildung
Unter Bildung ist aus pädagogischer Sicht die Aneignung von Kompetenzen, d. h. der Lernprozess des Menschen gemeint. Bildung ist der lebenslange Erwerb von geistigen, kulturellen, sozialen und lebenspraktischen Fähigkeiten. Der junge Mensch strebt durch seine Bildung Fähigkeiten an, die ihn zu einer selbstbestimmten und mündigen Persönlichkeit führen.

Das Zusammenwirken von Erziehen und Bilden

Erziehung und Bildung streben letztlich gleiche Ziele an: Die Entwicklung des Kindes zu einer selbstbestimmten und gemeinschaftsfähigen Persönlichkeit. Der wesentliche Unterschied zwischen **erziehen** und **sich bilden** besteht in der Frage, wer in diesem Prozess aktiv wird: Der Erziehende erzieht, der Lernende bildet sich. Allerdings kann er nur dort seine Fähigkeiten erweitern oder verändern, wo ihm Möglichkeiten dafür zur Verfügung stehen, und wo er die aufleuchtende Lernmöglichkeit auch aufgreifen will.

Die **Erziehungsbemühungen des Erwachsenen** hängen von seinen Erziehungszielen, von seinen Werten und Normen, natürlich auch von seinen Kompetenzen ab. Er beeinflusst deshalb die Bildung des Kindes in von ihm bestimmten Richtungen.

Durch die deutliche Differenzierung von Erziehung und Bildung in der pädagogischen Diskussion in den letzten Jahren verlagert sich die Begriffsverwendung von „Erziehungszielen" stärker zu „Bildungszielen" und zu „angestrebten Kompetenzen (Fähigkeiten)" des Kindes.

Erziehung hat zwei Wege, die Lernbereitschaft, Lernfähigkeit und Lerninhalte, d. h. die **Bildung des Kindes zu beeinflussen:**

- Sie bereitet dem Kind eine Umwelt vor, die es zur Auseinandersetzung mit angebotenen Lernmöglichkeiten und zum Erweitern seiner Kompetenzen anregt.
- Sie motiviert den jungen Menschen darüber hinaus durch ihre Interaktionen mit dem Kind (wechselseitiges aufeinander Einwirken, gegenseitiger Einfluss).

Erziehung umfasst also:

- Die Gestaltung der Lebensumwelt und
- Die Interaktionen zwischen Erwachsenem und Kind (→ Abb. 1.2).

Es ist z. B. ein großer Unterschied für die Entwicklungs- und die Bildungschancen des Kindes,

- Ob ein **Säugling** eine Bezugsperson erlebt, die verlässlich und liebevoll seine Bedürfnisse wie Hunger, Wärme, Körperkontakt und emotionale Zuwendung beantwortet, oder eine betreuende Person, die mit Härte und fehlendem Einfühlungsvermögen auf die Botschaften des Kindes reagiert bzw. nicht reagiert
- Ob das **Kind im Krabbelalter** seinen naturgegebenen großen Drang, die Welt zu entdecken und sich ein Bild der Welt zu konstruieren, wegen überängstlicher Eltern unangemessen einschränken muss oder ob es reichliche Gelegenheiten für seine Entdeckerfreude erhält und ihm Mut gemacht wird, auch bei Misserfolgen seine Ziele nicht so schnell aufzugeben
- Ob das **Kindergartenkind** eine Welt erlebt, in der es forschen und entdecken und sich mit Materialien auseinandersetzen kann, die ihm eigene Erfindung und Erforschung ermöglichen, oder ob es vorrangig einen Raum und Material vorfindet, bei dem sich die Erwachsenen bereits ausgedacht haben, wie es damit umzugehen hat und es nicht selbst entdecken und entwerfen kann, sondern nur nachvollzieht (→ Kap. 21.4.2)

- Ob das Kind Gemeinschaften **gleich- und ähnlichaltriger Kinder (Peers)** erlebt, in denen es dabei unterstützt wird, seine Wünsche mit anderen Gleichberechtigten abzustimmen und Konflikte angemessen zu bearbeiten, oder ob es nach vorgegebenen engen Regelungen soziales Miteinander als begrenzend und vorbestimmt erlebt oder möglicherweise durch unsoziales Verhalten von Peers beängstigt und gedemütigt wird.

Weil nicht nur Erwachsene, sondern auch Geschwister, Spielkameraden und die Gesellschaft (→ oben) mit ihren Einflüssen erziehen, wird die Erzieherin nicht nur auf ihre eigenen Erziehungsbemühungen achten, sondern auch die Einflüsse in den Blick nehmen, die von der Gruppe und in der Familie auf das Kind einwirken. Manchmal wird sie ausgleichend wirken können.

Der Einfluss gesellschaftlicher Prozesse auf Erziehungs- und Bildungsziele

Da sich die Gesellschaft verändert, verändern sich mit ihr auch die allgemeinen Erziehungs- und Bildungsziele. Beispielsweise haben sich in den letzten Jahrzehnten die Familienstrukturen(→ Kap. 9.4) und die gesellschaftliche Rolle der Frau grundlegend verändert. Das bedeutet, dass geschlechtsbezogene Erziehung eine andere Richtung genommen hat. Oder: Vor dreißig Jahren war der Umgang mit Computern (→ Kap. 17.2.2) kein pädagogisches Thema, weil es ihn noch gar nicht in den Familien gab. Kosmopolitisches (weltbürgerliches) sowie ökologisch sensibles Denken und Handeln (→ Kap. 19.1.3) sind Erziehungsziele, die durch die schnelle Globalisierung an Bedeutung zugenommen haben und allgemeingültig geworden sind. Die Deutsche UNESCO-Kommission hat im Rahmen der internationalen „Dekade für nachhaltige Bildung“ beispielsweise im April 2010 dazu aufgerufen, im Kindergarten „Zukunftsfähigkeit“ zu vermitteln. Damit ist gemeint, dass Kinder in der sensiblen frühkindlichen Entwicklungsphase gestärkt werden sollen, um den noch nicht bekannten Herausforderungen der Zukunft bestmöglich gewachsen zu sein (→ Kap. 19.1.3; 21.2.3). Erziehende werden sich deshalb immer mit gesellschaftlichen Prozessen auseinandersetzen und ihre Erziehungsziele kritisch verfolgen und ggf. ändern (→ Tab. 1.1).

Betreuen

> **► Betreuung**
> Betreuen oder Betreuung beinhaltet vorrangig die Pflege und den Schutz des Kindes und Jugendlichen. Versorgende und beaufsichtigende Tätigkeiten bis hin zur rechtlichen Vertretung unmündiger Personen zählen zum Bereich der Betreuung.

Konkret umfasst Betreuen im hier gemeinten Sinn praktische Tätigkeiten wie z. B.

- Ernährung,
- Bewegung,
- Ruhe,
- Gesundheitliche Versorgung,
- Tagesstrukturen,
- viele der Regeln.

Allerdings bedeuten diese **Versorgungstätigkeiten** weit mehr als die reine Pflege. Bei den Betreuungsaufgaben wird miteinander kommuniziert, Beziehungen werden aufgebaut und gepflegt, das Kind erfährt Bindungen und fühlt sich sicher und geschützt. Es stellt Fragen und erweitert sein Wissen und Können (→ Abb. 1.3). Es stellt durchaus auch das Vorgehen des Erwachsenen in Frage, etwa wenn das kleine Kind sich gegen Schlafzeiten wehrt oder der Jugendliche in der Wohngruppe nicht einsieht, dass er zu einer bestimmten Zeit von der Disco zurückkommen muss. Deshalb bildet Betreuen auch eine Einheit mit Erziehen und Bilden.

Das Wort Betreuung wird zudem auch für die gesamte Erziehungstätigkeit verwendet; etwa „Betreuung in einer Krippe“ bedeutet, dass das Kind eine Krippe besucht und dort erzogen und versorgt wird und eine bildungsanregende Umwelt erfährt. In der Aufzählung „Erziehen, Bilden und Betreuen“ kennzeichnet Betreuen aber die pflegenden und versorgenden Tätigkeiten der Erzieherin.

Der Einfluss gesellschaftlicher Veränderungen auf Erziehungs- und Bildungsziele in sozialpädagogischen Einrichtungen			
Beispiele für allgemeine Bildungsangebote und -chancen für das Kind			
Unterstützung der Familie Ausgleich und Hilfe bei familiären Einseitigkeiten und bei Problemen finden	**Einleben in die Gruppe** Soziales Verhalten entwickeln, Zugehörigkeit und Sicherheit finden und bieten	**Bildung durch Medien** Bildungsinteresse aufbauen, Lernkompetenz erweitern, Medien motiviert nutzen	**Umgang mit der Umwelt** Alle Menschen anerkennen und die Natur schätzen und schützen
Aktuell notwendige Bildungsanregungen durch gesellschaftliche Veränderungen			
Patchworkfamilien Hilfe bei Übergängen in neue familiäre Zusammensetzungen	**Kulturelle Vielfalt** Wertschätzung und Integration anderskultureller Menschen	**Elektronische Medien** Anleitung zu bewusstem Umgang und gezielter Auswahl	**Globalisierung** Anregung zu kosmopolitischem und ökologisch verantwortlichem Denken und Handeln

Tab. 1.1: Beispiele für aktuell gewordene Erziehungs- und Bildungsziele.

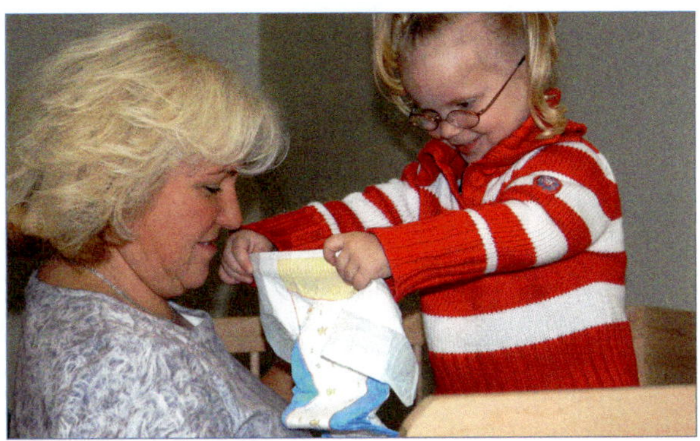

Abb. 1.3: Bei pflegerischen Tätigkeiten entstehen Bindungen, das Kind fühlt sich sicher und geschützt.

Erziehen, Bilden und Betreuen als pädagogische Einheit

Die drei Begriffe Erziehung, Bildung und Betreuung lassen sich durch ihre Verquickung und gegenseitige Beeinflussung nur schwer voneinander abgrenzen. Sie sind in ihrer Differenzierung auch ein spezielles Phänomen des deutschsprachigen Raumes. Andere Sprachen kennen diese Unterscheidung kaum.

Das englische Wort „education" beispielsweise umfasst den gesamten Prozess der Erziehung, Betreuung und Bildung. „Well educated" (zu Deutsch: gut erzogen) beinhaltet sowohl einen Menschen mit einer guten (Berufs-)Ausbildung als auch jemanden, der „wohlerzogen" ist und sonstige gute Bildungsvoraussetzungen aufweist, um sein Leben zu meistern. Die Schicht der „höher Gebildeten" wird im Englischen als „well educated" bezeichnet, was sich vorrangig auf die berufliche und kulturelle Bildung und nur begrenzt auf das soziale Verhalten und das Benehmen bezieht, welches im Deutschen unter „guter Erziehung" vorrangig gesehen wird.

1.1.2 Übergeordnetes Erziehungs- und Bildungsziel: die eigenverantwortliche und gemeinschaftsfähige Persönlichkeit

„Jeder junge Mensch hat ein Recht auf Förderung seiner Entwicklung und auf Erziehung zu einer eigenverantwortlichen und gemeinschaftsfähigen Persönlichkeit." (SGB VIII § 1) Für sozialpädagogische Einrichtungen ist die Förderung der Entwicklung des jungen Menschen zu einer eigenverantwortlichen und gemeinschaftsfähigen Persönlichkeit deshalb oberstes Ziel.

> ▶ **Eigenverantwortung**
> Fähigkeit und Bereitschaft, selbstbestimmt zu handeln und für das eigene Handeln Verantwortung zu übernehmen, d. h. die Folgen des eigenen Handelns bestmöglich einzuschätzen und für negative Auswirkungen im Rahmen der Möglichkeiten Konsequenzen zu tragen.

Eigenverantwortung hat immer auch soziale Aspekte und bildet deshalb eine Einheit mit **Gemeinschaftsfähigkeit**. Der Mensch handelt und verantwortet sein Tun in den Gemeinschaften, in denen er lebt. Eine eigenverantwortliche und gemeinschaftsfähige Persönlichkeit hat sich in den jeweiligen Gemeinschaften und in gesellschaftlichen Zusammenhängen zu bewähren. Das bedeutet, dass Erzieherinnen darüber nachdenken müssen, welche Anforderungen an die Erwachsenen von morgen gestellt werden und wie Kinder zu Eigenverantwortlichkeit und Gemeinschaftsfähigkeit für eine Welt vorbereitet werden können, die heute noch unbekannt ist.

Erziehung muss deshalb neben der Beachtung von gesellschaftlichem gegenwärtigem Einfluss auch im Hinblick auf die gesellschaftliche Zukunft gesehen und gestaltet werden, und das in mehrfacher Hinsicht:

- Heutige Kinder werden bis an ihr Lebensende eine möglichst hohe Lernfähigkeit benötigen, um mit den schnellen Veränderungen im beruflichen und im privaten Leben Schritt zu halten und um bei den sich ändernden gesellschaftlichen Prozessen eigenverantwortlich sowie gemeinschaftsfähig handeln zu können
- Der Erwachsene der Zukunft wird mit Veränderungen und schwierigen Situationen für seine individuelle Lebens- und Berufsgestaltung rechnen müssen
- Wir leben in einer Zeit überaus schneller Globalisierung. Gemeinschaftsfähigkeit heißt nicht mehr nur, in einer Lebensgemeinschaft, einer überschaubaren Gruppe, einer Dorfgemeinschaft oder einer Stadt zurechtzukommen und innerhalb des eigenen Landes demokratisch zu denken und solidarisch zu handeln. Gemeinschaftsfähigkeit heißt heute, sich als Weltbürger zu empfinden und sich als Teil der Menschheit für globales Geschehen mitverantwortlich zu fühlen. Das betrifft sowohl soziales Denken und Handeln als auch den ökologischen Aspekt, nämlich den menschlichen Eingriff in den Naturhaushalt mit seinen schädlichen Auswirkungen.

Erzieherinnen müssen deshalb insbesondere diese drei Bereiche als **Fernziel für Erziehung und Bildung** im Auge behalten:

- Eine möglichst lebenslange Lernbereitschaft und Lernfähigkeit
- Anstrengungsbereitschaft, Flexibilität und Kreativität für die individuelle Lebensbewältigung
- Bereitschaft zu verantwortlicher Mitgestaltung globaler Prozesse.

Lebenslange Lernbereitschaft und Lernfähigkeit

Die Zukunft ist immer unbekannt und ungewiss. Die Natur hat den Menschen (und Säugetiere) so geschaffen, dass sie unfertig zur Welt kommen und in der (beschützten) Kindheit diejenigen Fähigkeiten lernen, die ihnen helfen, eine **ungewisse Zukunft zu meistern.** Kinder sind vom ersten Tag ihres Lebens an überaus lernfähig und auch lernbegierig. Voller Lebensfreude entdecken sie ihre Welt, erweitern ihre Fähigkeiten und staunen über ihre neuen Entdeckungen und ihre wachsenden Möglichkeiten, sich und ihre Welt zu erforschen. Sie ergreifen Initiative, verändern, gestalten und erproben ihre Handlungsmöglichkeiten. Eine besondere Form des folgenlosen Erprobens von Handlungen bietet ihnen das *Spiel* (→ Kap. 21.2).

In ihren Lernprozessen sind kleine Kinder überaus **anstrengungsbereit.** Sie setzen sich bis zur Ermüdung ein und sind ausdauernd und hartnäckig, um ihre Ziele zu erreichen. Kinder

- Sind von Neuem und Unbekanntem fasziniert
- Wollen entdecken und erforschen, sie sind risikobereit und lieben Abenteuer
- Fühlen sich von Schwierigkeiten und Hürden geradezu angezogen: Das Krabbelkind beginnt beispielsweise, sich an allen möglichen Möbeln entlang zu hangeln, auch wenn es dabei im Versuch zu gehen das Gleichgewicht verliert und neu beginnen muss. Das Kindergartenkind lotet seine körperlichen Grenzen aus, etwa wenn es einen Baum erklettert oder seine Kraft erprobt (→ Abb. 1.4) und geht bis an die Grenzen seiner Angstbelastbarkeit (Risikobereitschaft)
- Versetzen sich hoch motiviert in ihrem Spiel in die Rolle Erwachsener oder anderer Lebewesen, um die Welt in ihrer Vielfalt und in ihren Beziehungen und Zusammenhängen zu verstehen.

Kinder gehen mit ihrer **Kraft** ökonomisch (wirtschaftlich) um. Sie verlieren das Interesse, sobald sie eine Fähigkeit beherrschen und keine Steigerung mehr in Aussicht steht. Sie verschwenden ihre Zeit nicht auf Belanglosigkeiten. Das Neue fasziniert und begeistert, nicht das Bekannte. Sie können sich aber auch Zeit nehmen und ihre Gedanken ruhen lassen und sich dabei vertiefen.

Es kommt in der Erziehung darauf an, diese **hohe Lernmotivation** (Lernbegeisterung) möglichst wach zu halten. Kinder, die mit Spielmaterial und Animation überschüttet werden, sind zunächst interessiert, weil das Neue verlockt. Aber wenn sie sich nicht mehr anzustrengen brauchen, um Spiel- und Handlungswege selbst zu finden und zu entwickeln, wenn ihre Wünsche jederzeit erfüllt werden, lässt die selbstbestimmte Lernmotivation und Anstrengungsbereitschaft nach. Sie erwarten Anregung von außen. Erzieherinnen klagen oft über Kinder, die „nicht mehr spielen können“ und in der Kindergartengruppe durch die Anregungen der Spielkameraden erst wieder „spielen lernen“. Spielen (→ Kap. 21) ist eine Tätigkeit, die der natürlichen Entwicklung des Kindes entspricht. Kinder brauchen Spielen nicht zu lernen. Sie können es. Allerdings können sie Spielen *ver*lernen. Kinder im Schulalter sind dann oft geradezu süchtig nach Computerspielen und anderer Spielanimation.

Abb. 1.4: Kinder sind überaus anstrengungsbereit. Eigene Grenzen werden ausgetastet und zu erweitern versucht.

⊙ In Einrichtungen der Frühpädagogik sind Erzieherinnen die ersten Berufspädagogen, und sie sind diejenigen, die Kinder in eine Gemeinschaft Gleichberechtigter einführen. Hier bieten sich Chancen, Anstrengungs- und Lernbereitschaft wach zu halten und zu unterstützen. In den meisten Bildungsplänen der Bundesländer für die Tageseinrichtungen wird die Lernfähigkeit, auch lernmethodische Kompetenz genannt, als wichtiger Bildungsbereich ausgewiesen.

Der Übergang des Kindes von der Familie in die Gemeinschaft der Gruppe wird in den Tageseinrichtungen heute sehr ernst genommen. Kinder sollen diesen Übergang (Transition) (→ Kap. 10.6) als bereichernd und freudig und nicht angstvoll erleben, damit sie in ihrer Zukunft zuversichtlich auf neue Gruppen zugehen und in veränderten Lebenssituationen Lernchancen erkennen und diese zur eigenen Weiterentwicklung und Lebensbewältigung nutzen.

Erzieherinnen werden deshalb im Team ihrer Einrichtung immer wieder über Möglichkeiten ihrer Pädagogik sprechen und ihre pädagogischen Konzepte durchdenken und entwickeln, um die **Bildungsfähigkeit des Kindes** wach zu halten und zu unterstützen. Andererseits werden sie die gesellschaftlichen und familiären Einflüsse, die auf ihre Bezugsgruppe einwirken, beobachten und in ihrer Erziehungszusammenarbeit mit den Eltern ungünstige Einflüsse bewusst machen (etwa zu starke Animation oder schwach machende Verwöhnung). Sie werden fragwürdige Einflüsse problematisieren und zu Alternativen anregen.

Vorbereitung auf die individuelle Lebensgestaltung

Kinder und Jugendliche müssen heute damit rechnen, dass sie mit ähnlichen Problemen in ihrem Leben fertig werden müssen wie jetzt die jungen Erwachsenen:

- Hohe Anforderungen während der schulischen und beruflichen Ausbildung
- Möglicherweise Phasen der Hoffnungs- und Aussichtslosigkeit, einen geregelten Lebensweg zu finden mit beruflicher Verwirklichung
- Sorgen um finanzielle Sicherheit für Familiengründung und
- Gesicherte Alterszeit.

Sie werden sich auf berufliche Veränderungen einstellen und Wohnortwechsel einkalkulieren müssen. Zukunftsgestaltung wird von ihnen nicht nur lebenslanges Lernen, sondern vor allem schnelle Umstellungs- und Lernfähigkeit, Zuversicht, Durchhaltevermögen und Kompromissfähigkeit verlangen. Das sind Fähigkeiten, die Kinder in ihrem Entwicklungsprozess lernen und die im Zusammenleben in der Gruppe in sozialpädagogischen Einrichtungen unterstützt werden können. Insbesondere in ihren frühen Jahren sind Kinder entwicklungsbedingt überaus anstrengungsbereit, zuversichtlich und ideenreich. Eine **bestärkende Bildungsunterstützung** in den Einrichtungen der Frühpädagogik trägt nicht nur zu einer erfolgreichen Schulbildung bei – was Eltern häufig zuerst erhoffen –, sondern auch zu starkmachenden Kompetenzen im späteren Leben.

Die Weltgesellschaft befindet sich zurzeit in einem deutlichen Umbruch. Umbruchzeiten verlangen starke Menschen, die sich engagieren, die Ideen entwickeln, sozial denken und Verantwortung übernehmen, also Menschen, die Entwicklungen, seien sie im gesellschaftlichen, politischen, wirtschaftlichen oder umweltbezogenen Bereich, nicht einfach hinnehmen, sondern aktiv auf eine Verbesserung hinwirken (→ *Bildung* unten). Die ersten Lebensjahre sind dabei von entscheidender Bedeutung, denn hier wird die Basis für die Persönlichkeitsbildung geschaffen (*sensible Phasen* → Kap. 10.3.1). Fehlentwicklungen können in späteren Jahren nur schwer ausgeglichen werden. Erzieherinnen in sozialpädagogischen Einrichtungen, insbesondere in den Tageseinrichtungen der Frühpädagogik, können in ihrem pädagogischen Einfluss auf die Kinder und in Erziehungskooperation mit den Eltern zu einer stabilen Basis für die Persönlichkeitsentwicklung des Kindes beitragen.

Vorbereitung auf die gesellschaftliche Teilhabe und Mitverantwortung

Die soziale Bildung des Kindes steht in sozialpädagogischen Einrichtungen im Vordergrund. In den Tageseinrichtungen Krippe und Kindergarten erlebt der größte Teil der Kinder zum ersten Mal eine Gemeinschaft von Ähnlichaltrigen. Unter den gleichberechtigten Gruppenmitgliedern erlernen und erproben die Kinder soziale Fähigkeiten, die sich in dieser Form in der Familie nicht ergeben. Hier werden Grundsteine für die soziale Entwicklung des Kindes gelegt.

Gemeinschaftsfähigkeit

Gemeinschaftsfähigkeit (→ oben) ist in sozialpädagogischen Einrichtungen ein Erziehungs- und Bildungsziel, das ausgesprochen an vorderer Stelle steht. Das Kind lebt in Gruppen, die von gemeinsam geplanter Tagesgestaltung und von Aktivitäten in selbstbestimmten Kleingruppen getragen werden. Während Schule sich eindeutiger an Lernvorgaben halten muss und zudem stark konkurrierend arbeitet (wenngleich zurzeit in schulischen Modellversuchen auch deutlich kooperierende Methoden erprobt werden), haben sozialpädagogische Einrichtungen die Möglichkeit, der **Kooperation** und dem **sozialen Lernen** einen vorrangigen Standort zu geben (→ Abb. 1.5).

Abb. 1.5: In unterschiedlichen Kleingruppen entwickeln die Kinder vielseitige Spiele und erweitern ihre sozialen Kompetenzen.

Die **Bildungspläne der Bundesländer** für Tageseinrichtungen (insbesondere für den Kindergarten) geben zwar auch anzustrebende Bildungsziele in den unterschiedlichen Bildungsbereichen an, ermöglichen aber eine individuellere, zeitlich weniger festgelegte und eine freier gestaltbare Bildungsunterstützung als die Schule. Soziale Bildungsziele nehmen dabei einen zentralen Standort ein.

Vielfalt schätzen, nutzen und erhalten

Im Zuge der Globalisierung muss die heutige Gesellschaft weit mehr als bisher die Vielfalt schätzen und erhalten:

- *Die soziale Vielfalt* – Das betrifft das interethnische Zusammenleben, die globale Solidarität und die grundsätzliche Anerkennung anderer Lebensformen (*Lebensformen* → Kap. 9.4.5), einen wertschätzenden Umgang miteinander zu pflegen und die Offenheit mitzubringen, voneinander zu lernen
- *Die ökologische Vielfalt* – Darunter ist vor allem Achtung der Natur und bewusster Umgang mit den begrenzten Ressourcen der Erde zu verstehen.

Kinder erleben in sozialpädagogischen Gruppenzusammensetzungen eine soziale Vielfalt: altersgemischt, geschlechtsgemischt, leistungsgemischt und kulturell sowie sozial gemischt. Kinder erfahren die **Unterschiedlichkeit der Gruppenmitglieder** als etwas Positives und lernen mit der Vielgestaltigkeit umzugehen. (Inklusion -> Kap. 24.2.3). Inzwischen erproben auch Schulen die Inklusion. Mit altersübergreifenden und leistungsgemischten Klassen werden erste Erfahrungen gesammelt. Allerdings ist dafür ein besserer Personalschlüssel erforderlich.

Die **Vielfalt in der Natur** zu erleben, zu schätzen, zu nutzen und zu erhalten ist in sozialpädagogischen Einrichtungen ebenfalls ein wichtiges Erziehungsziel (Umwelt und

Natur → Kap. 19). Kindergärten nehmen den Bezug zur Natur heute sehr ernst bis hin zu ausgesprochenen *Waldkindergärten* (→ Kap. 8.4.2, 19.5.3, 21.5.3). Naturnahe Gestaltung der Spielhöfe mit Pflege durch die Gruppen, sparsamer Verbrauch von Materialien und geringes Wegwerfverhalten sind Erziehungs- und Bildungsziele, die wichtig genommen werden.

Die Einstellung, dass die Vielfalt geschätzt wird, muss von der Erzieherin auch überzeugend weitergegeben werden. Den Kindern vermittelte **Werte und Normen** (→ Kap. 9.1.2 und 13.1) müssen auch verinnerlichte Werte und Normen der Erzieherin sein. Wenn die Erzieherin den Gruppenmitgliedern Ziele vermittelt, hinter denen sie nicht selbst steht und die sie nicht auch selbst anstrebt, wirkt sie nicht echt und kann nicht überzeugen (→ Kap. 1.2.2).

Abb. 1.6: Bei Entscheidungen, die Kinder überschauen können, geben sie mit Kastanien oder Steinen ihre Stimme ab und diskutieren das Ergebnis.

Zusammenhänge erkennen und Grenzüberschreitungen vermeiden

Soziales Zusammenleben und die Hinführung zu Gemeinschaftsfähigkeit beinhalten, dass das Gruppenmitglied Wirkungen und Zusammenhänge seines Tuns wahrnimmt und Grenzüberschreitungen, die anderen Gruppenmitgliedern schaden, vermeidet. Der Erwachsene der Zukunft wird in diesem Zusammenhang weiter kommen müssen als heutige Erwachsene, weil die heutigen sozialen und ökologischen Grenzüberschreitungen nicht tragbar und nicht fortsetzbar sind. Hier steht auch die Sozialpädagogik noch sehr am Anfang (*Situationsansatz* → Kap. 8.4.2).

Das bedeutet auch zu erkennen, dass das eigene Handeln über das direkte, persönliche Umfeld hinausgeht und auch Einfluss auf gesellschaftliche, politische, soziale und ökologische Vorgänge hat. Hierfür ist *Bildung* unabdingbar, und zwar eine breite Bildung, die nicht nur kognitive Kompetenzen und Wissen umfasst, sondern eine verantwortliche gemeinschaftsfähige Persönlichkeit anstrebt.

> ▶ **Bildung** *(aus kultureller Sicht)*
> Prozess des aktiven und selbstständigen Erwerbs von Urteilsvermögen, der Fähigkeit zu Reflexion und des kritischen Hinterfragens von Prozessen und Zusammenhängen. Dazu gehören Aufgeschlossenheit, Verantwortungsbewusstsein und Solidarität sowie die Aneignung von Wissen und eine objektive Betrachtungsweise.

Über Partizipation demokratische Mitverantwortung anstreben

Hohe Partizipation (Teilhabe, Mitwirkung) ist in den letzten Jahren eine nicht mehr wegzudenkende Voraussetzung für das Zusammenleben in sozialpädagogischen Einrichtungen geworden. Die Gruppenmitglieder sollen bei Entscheidungen, die sie betreffen, so weit wie möglich **mitbestimmen.** Das fängt bei individuellen Vorschlägen zur Materialverwendung, zur Gestaltung des Tagesablaufs oder der Raumgestaltung an und endet bei Kinderkonferenzen, in denen die Gruppen auch über Regeln und Planungen des Zusammenlebens und der Aktivitäten mitbestimmen (→ Abb. 1.6). Die Erzieherin legt Grundsteine für eine spätere demokratische Mitbestimmung der Kinder und Jugendlichen.

1.1.3 Erziehen und Bilden zwischen Anforderung und Schonraum

Die Erzieherin hat in ihrem Beruf nicht wie die Lehrerin festgelegte Lehrpläne, an die sie sich halten muss, aber sie hat – zumindest in den Tageseinrichtungen – empfohlene **Bildungspläne.** Diese Pläne setzen voraus, dass sie auf die individuelle Zusammensetzung ihrer Gruppe und auf die Bedürfnisse und Lebenssituationen der einzelnen Gruppenmitglieder eingeht. Sie hat in den meisten Einrichtungen altersgemischte, kulturell vielfältige Gruppen und häufig auch **integrative Gruppenzusammensetzung,** nämlich den Einbezug von Gruppenmitgliedern mit besonderen Bedürfnissen (Behinderungen → Kap. 24). Die Erzieherin arbeitet deshalb mit Konzepten, die sich auf unterschiedliche Entwicklungsstufen einstellen. Zugleich hat sie Gruppenmitglieder, die durch **psychische Belastungen** besondere Zuwendung benötigen und für Bildungsangebote weniger offen sind (Psychologische Notfälle → Kap. 26). Sie muss deshalb ihre Gruppenmitglieder intensiv beobachten, deren individuelle Situationen wahrnehmen und berücksichtigen und ihre Anforderungen und Zumutungen (Herausforderungen) auf das einzelne Kind abstimmen.

Es kann Kinder geben, die durch frustrierende oder traumatisierende Erlebnisse vorübergehend einen **Schonraum** benötigen, um sich psychisch zu stabilisieren. Schonraum heißt nicht, dass Kinder und Jugendliche nicht gefordert werden. Viele der traumatisch verletzten oder verhaltensauffälligen Mädchen und Jungen brauchen strikte Regeln, Grenzen und Verlässlichkeit, um Halt zu spüren, auch dann, wenn sie sich dagegen wehren. Mit Kindern, die passiv und hilflos wirken, erscheint der **pädagogische Um-**

gang auf den ersten Blick leichter. Ihnen zu helfen, kann aber oft viel schwieriger sein als die Arbeit mit aggressiven, nach außen gewandten Kindern, weil erstere sich zurückziehen und sich nur schwer öffnen.

- Schonraum kann deshalb auf der einen Seite heißen, Anforderungen niedrig zu setzen und lockere und entspannende Aktivitäten zu bieten
- Auf der anderen Seite kann Schonraum bedeuten, durch klare und konsequente Regeln und Grenzen das Kind oder den Jugendlichen vor seinen eigenen Verhaltensabweichungen zu schützen und ihm Verhaltensalternativen abzuverlangen.

In manchen Situationen kann auch die Auseinandersetzung mit faszinierenden Inhalten, d. h. die Teilhabe an der Welt gerade das sein, was das Kind oder der Jugendliche braucht, um zu wachsen und mit sich selbst voranzukommen. Für die Erzieherin bedeutet die Entscheidung zwischen Schonraum und Anforderungen häufig eine schwierige Gratwanderung.

1.1.4 Berufliche Arbeit der Erzieherin – selbstbestimmtes Handeln unter dem Dach von Teamentscheidungen

Die unzähligen täglichen pädagogischen Entscheidungen trifft die Erzieherin selbstbestimmt, aber eben unter dem Dach von Teamentscheidungen. Problematische Situationen kann sie im Team diskutieren und Reflexionshilfe für ihre Arbeit einholen. Auseinandergehende pädagogische Meinungen – die vor allem im Gruppenteam zu Unklarheiten für die Kinder führen können –, werden diskutiert und abgestimmt, etwa

- Die Konsequenz bei der Einhaltung von Regeln und Grenzen
- Pädagogische Strategien für ein einzelnes Gruppenmitglied
- Rückmeldungen an Eltern oder die Arbeitsteilung der Gruppenkräfte.

Sozialpädagogische Einrichtungen erarbeiten im Gesamtteam ein **Konzept** für ihre Erziehungs- und Bildungsziele und ihr pädagogisches Arbeiten (*Konzeption* → Kap. 2.2.2), das die Arbeit in der Einrichtung koordiniert, den einzelnen Erzieherinnen eine gemeinsame Richtung für ihr pädagogisches Handeln gibt und zusätzlich die Arbeit nach außen transparent macht.

Die einzelnen Gruppenteams übertragen die pädagogische Richtung auf ihre Bezugsgruppe und **konkretisieren die Erziehungs- und Bildungsziele**

- In der Gestaltung der Lernumgebung
- In ihrer Tagesplanung
- In ihren Projekten und
- In ihren täglichen pädagogischen Interaktionen.

Regelmäßige Reflexionen bieten den Teammitgliedern Gelegenheit für gegenseitige Rückmeldung und veranlassen zu gemeinsamem Rückblick.

Neben der Gruppenarbeit werden die einzelnen Gruppenmitglieder in ihrer Entwicklung beobachtet. Ihr Entwicklungsprozess wird ebenfalls im Team reflektiert sowie den Eltern in Entwicklungsgesprächen mitgeteilt und diskutiert.

1.2 Die Persönlichkeit der Erzieherin

Die sozialpädagogische berufliche Qualifikation ist nicht nur über Fachkenntnisse zu erreichen. Die Tätigkeit beansprucht die ganze Persönlichkeit der Erzieherin, denn sie lebt mit dem Kind oder dem Jugendlichen in einer Gruppe und begegnet ihm mit ihrem ganzen Sosein. Die Erzieherin wirkt auf den jungen Menschen vor allem durch ihr Vorbild, ihre Ausstrahlung, in ihrer Beziehungsfähigkeit, ihrer Verlässlichkeit, ihrem Einfühlungsvermögen, der Geduld und der Konsequenz. Den Beruf Erzieherin zu erlernen, setzt deshalb nicht nur den Erwerb fachlicher Kompetenzen voraus, sondern bedeutet auch eine Auseinandersetzung mit der eigenen Persönlichkeit.

Der Kontakt und die Beziehung zwischen Menschen werden wesentlich durch das *Menschenbild* (→ unten) geprägt, mit dem sie sich begegnen. Es ist beispielsweise ein Unterschied, ob die Erzieherin gegenüber dem Interaktionspartner wertschätzend oder abwertend, misstrauisch oder zuversichtlich in ein Gespräch geht. Auch durch andere Formen von Interaktion strahlt die Erzieherin gewollt oder unbemerkt Botschaften aus. Ein lächelnder Blick, eine sanfte Berührung können Mut machen oder trösten. Ein Stöhnen oder Abwenden kann eine gegenteilige Wirkung haben, auch wenn diese gar nicht beabsichtigt war. Die Bewusstmachung, mit welchem Menschenbild die Erzieherin den Kontaktpersonen in ihrem Beruf begegnet, ist deshalb ein weiterer Grund für die Auseinandersetzung mit der eigenen Persönlichkeit.

1.2.1 Professionelles Menschenbild der Erzieherin

Die wissenschaftliche Auseinandersetzung mit der Lernfähigkeit des Kindes hat in den letzten Jahren dazu geführt, das Kind nicht als defizitäres Wesen zu sehen, das vom Erwachsenen belehrt werden muss, um sich zu entwickeln. Das Kind wird heute als ein überaus lernfähiger und lernmotivierter junger Mensch gesehen, dem der Erwachsene vielfältige Gelegenheiten bieten muss, damit es seine Vorstellung der Welt und seine Kompetenzen erweitern kann. Dadurch wandelt sich beim Erwachsenen das Bild vom Kind: Die Kompetenzen werden deutlicher gesehen (→ Abb. 1.7), der **Blick auf die Kompetenzen** und nicht auf die Defizite wird bei allen Interaktionen – auch mit erwachsenen Kontaktpartnern – wichtiger. Zugleich verändert die Erzieherin ihre eigene Rolle gegenüber dem jungen Menschen von einer Bildungsvermittlerin zur **lernanregenden Entwicklungsbegleiterin.**

Was es für die angehende Erzieherin bedeuten kann, ein professionelles Menschenbild von den Personen, denen sie

Abb. 1.7: Unauffällige Kompetenzen – wie hier die hohe Konzentration – fallen der Erzieherin im Trubel des Tages nur bei genauer Beobachtung auf.

im Beruf begegnet, zu entwickeln, wird nachfolgend in einigen Aspekten konkretisiert.

Das Kind als Konstrukteur seiner Bildung und die Rolle der Erzieherin als Entwicklungsbegleiterin

Wenn das Kind sich selbst bildet, wenn es selbst der **Konstrukteur seiner Bildung** ist und Lernen nicht vermittelt wird, sondern nur unterstützt werden kann, verändert sich das **Bild vom Kind.** Es wird vom eher defizitären Wesen zu einem überaus lernfähigen und lernbereiten jungen Menschen (→ Kap. 8.1.5).

Die **Rolle der Erzieherin** ändert sich ebenfalls:

- Sie beobachtet das Kind, sie versucht, seine Interessen und Themen zu erfassen, um seine Auseinandersetzung mit der Welt breit zu ermöglichen und es in seinem Aufbau von Kompetenzen zu bestärken
- Neben ihrer Rolle als Entwicklungsbegleiterin und Unterstützerin von Lernprozessen des jungen Menschen ist die Erzieherin die erwachsene verlässliche Bezugsperson, die dem Kind Schutz bietet und sich für seinen Aufbau von Bindungen bereithält. Das Kind muss sich sicher und eingebunden fühlen, um sich unbeschwert in Lernprozesse einlassen zu können
- Darüber hinaus beobachtet und unterstützt die Erzieherin die sozialen Beziehungen in der Gruppe, denn auch dort braucht das Kind Anerkennung und Sicherheit.

Wenn das Lernen eindeutiger als die Leistung des Lernenden, des Kindes, gesehen wird, verändert sich auch die **tägliche Arbeit der Erzieherin,** nämlich vom Agieren und Lenken deutlicher zum Beobachten und Re-agieren. In ihrem Kontakt mit den Erwachsenen – Eltern oder Teammitgliedern – wird sie sich ebenfalls bewusst machen, dass Lernen eine Funktion des Lernenden ist.

Möchte eine Erzieherin Eltern veranlassen, ihr Verhalten gegenüber dem Kind zu ändern, etwa das Kind weniger zu verwöhnen oder ihm nach der Geburt des Geschwisters Nähe und Zuwendung deutlicher zu zeigen, dann wird sie zuerst anstreben, dass die Eltern eine Notwendigkeit für ihre Verhaltensänderung einsehen und bereit dazu sind. Wenn die Eltern selbst mit Sorgen und Fragen zur Erzieherin kommen und um Rat bitten, ist ihre Lernbereitschaft nahe liegend.

Der Blick auf die Ressourcen

Der Mensch lernt wirksamer, wenn er Erfolge seiner Bemühungen wahrnimmt. Deshalb richtet der Erwachsene den Blick auf die Fähigkeiten und Ressourcen (Erfassen von Ressourcen → Kap. 8.3.2) des jungen Menschen und nicht mehr so stark auf Defizite.

► **Ressourcenorientierte Perspektive**
Orientierung der pädagogischen Fachkraft vorrangig an den Kompetenzen (Fähigkeiten), Möglichkeiten und Interessen eines Kindes oder Jugendlichen.

Während in früheren Jahren die Erwachsenen stärker auf Lern- und Leistungslücken des Kindes achteten, um den Kindern und Jugendlichen zu helfen, Defizite aufzuarbeiten, fällt heute der Blick wo immer möglich auf die **Kompetenzen und Interessen** des jungen Menschen. Das bedeutet eine deutliche Veränderung der pädagogischen Arbeit. Das Kind wird vorrangig dort in seinem Lernen unterstützt, wo es mit Interesse lernt und Fortschritte verspürt. Dadurch lernt es freudiger, lernbereiter und erfolgreicher. In guter Stimmung blühen unsere Fähigkeiten richtig auf. Das spüren selbst die Erwachsenen bei ihrem Lernen, wie viel mehr dann die Kinder!

Auch in der **schulischen Bildung** bemühen sich die Lehrer um stärkere *Ressourcenorientierung* (→ Kap. 8.1.2). Dort verändern sich Strukturen allerdings langsamer als in der Sozialpädagogik, wo Kinder durch die lockereren Bildungspläne und die entwicklungsgemischte Gruppenzusammensetzung einen größeren Freiraum und eine höhere Selbstbestimmung für ihre Lerninhalte und Lernmethoden haben. Durch weniger Vergleichsmöglichkeiten und die geringere Konkurrenz in der gemischten Gruppe fallen dem Kind eigene Defizite auch weniger auf.

Ressourcenorientierung ist nicht nur ein **Prinzip** im Kontakt mit dem Kind oder dem Jugendlichen – auch im Gespräch mit Erwachsenen wie Eltern, Teammitgliedern und anderen Fachkräften wird sich die Erzieherin darum bemühen, Ressourcen der Partner wahrzunehmen und in der Zusammenarbeit deutlich zu nutzen.

Bewusster Umgang mit Vorurteilen

Ein weiterer Aspekt, der das Menschenbild beeinflusst, sind Vorurteile.

> ► **Vorurteil**
> Wertendes, unreflektiertes, verallgemeinerndes Urteil, oft ohne persönliche Erfahrungsgrundlage. Vorurteile sind notwendig, weil differenzierte und begründete Meinungen nicht immer möglich und leistbar sind, können jedoch auch zu einer negativen Meinungsbildung führen und dementsprechende Handlungen nach sich ziehen.

In der Alltagssprache ist der Ausdruck Vorurteil meist abwertend. Er bezeichnet eine negative Kritik, die spontan entstanden und nicht bewiesen ist oder von einer einzelnen Erfahrung auf ähnliche Situationen übertragen wird und einen offenen Umgang mit dieser Situation einschränkt.

[BEISPIEL] Zwei Beispiele für Vorurteile

Die Erzieherin hat einzelne türkische Männer als dominant erlebt. Bei Gesprächen mit Vätern neu angemeldeter türkischer Kinder fließt die entsprechende Erwartungshaltung unbemerkt ein. Unwillkürlich, vielleicht auch unbemerkt, signalisiert sie vorbeugend, dass sie hier als Frau der Boss ist. Dadurch kann sie sich auf die Situation nicht offen und unvoreingenommen einlassen.

Im Werkraum herrscht Unordnung. Die Erzieherin spricht die Jungen der Gruppe an und fordert sie zum Aufräumen auf. Gereizt reagieren einige Jungen, dass Mädchen zuletzt im Werkraum waren, aber immer die Jungen verdächtigt würden.

Vorurteile gehören zum Leben, weil der Mensch Erfahrungen auf ähnliche Situationen überträgt. Es ist für den Umgang miteinander, insbesondere für den pädagogischen Umgang aber notwendig, **sich Vorurteile bewusst zu machen.** Dann ist nämlich ein gezielter und offener Umgang miteinander die Folge und es ist möglich (→ Beispiel oben), dass die Erzieherin im Gespräch mit dem Vater eines neu angemeldeten türkischen Kindes wachsam ist hinsichtlich seiner möglichen Überheblichkeit gegenüber Frauen, ihn aber in dieser Rolle nicht von vornherein festlegt (→ Abb. 1.8). Oder: Sie weiß, dass mehr Jungen als Mädchen im Werkraum sind und hat vielleicht auch die Erfahrung gemacht, dass die Mädchen in ihrer Gruppe im Durchschnitt ordentlicher sind als die Jungen. Trotzdem fragt sie zunächst, wer zuletzt im Werkraum war. Damit vermeidet sie, dass sich die Jungen pauschal – und diesmal grundlos – angegriffen fühlen und vielleicht aufsässig und gekränkt reagieren. Sie könnten zudem selbst wieder ein falsches Vorurteil ableiten, nämlich dass der Erzieherin die Mädchen sowieso lieber sind und dass Jungen von ihr ungerecht behandelt werden.

Ein bewusster Umgang mit Vorurteilen oder Pauschalierungen trägt nicht nur dazu bei, den Menschen und Situationen offener zu begegnen und Konfliktsituationen zu entschärfen, sondern veranlasst auch zu einem deutlicher wertschätzenden Menschenbild, eben weil Vorurteile häufig auf negativen Erfahrungen beruhen.

Abb. 1.8: Wenn die Erzieherin dem Vater des türkischen Kindes offen und vorurteils*bewusst* begegnet, entwickelt sich die Situation entspannter und vielleicht ganz anders, als sie vermutet.

Wertschätzende Blickrichtung auf die Kontaktpersonen

Wertschätzung ist im pädagogischen Prozess mit Kindern und Jugendlichen ebenso wichtig wie in der Erziehungspartnerschaft mit Erwachsenen oder im Team.

Ein bewusster Umgang mit Vorurteilen trägt dazu bei, dem Gegenüber offener zu begegnen und falsche Vermutungen oder unangemessene Vorwürfe gering zu halten. Der Blick auf die *Ressourcen* (→ oben) macht das Menschenbild des Gegenübers – Kind oder Erwachsener – kompetenter, als wenn die Erzieherin zuerst die Defizite wahrnimmt. Diese kompetentere Wahrnehmung wird sie in Form von höherer Wertschätzung unbemerkt dem Kontaktpartner signalisieren. Sie trägt dadurch zu einem besseren Interaktionsklima bei und hilft einem vielleicht verängstigten Gesprächspartner, sich selbst wertschätzender und selbstbewusster wahrzunehmen, sich angstfreier in den Gesprächsinhalt einzulassen und nicht so schnell in die Verteidigung eigener Positionen abzurutschen (→ Abb. 1.9).

1.2.2 Auseinandersetzung mit der eigenen Persönlichkeit

Es gehört zur beruflichen Ausbildung und später zum beruflichen Alltag, dass sich Erzieherinnen mit ihrer eigenen Persönlichkeit auseinandersetzen. Theoretische Kenntnisse etwa in Psychologie (→ Kap. 10) und praktische Erlebnisse von Erziehungssituationen der Kinder, die sie betreuen, spiegeln ihren **Blick auf ihre eigene Entwicklung.**

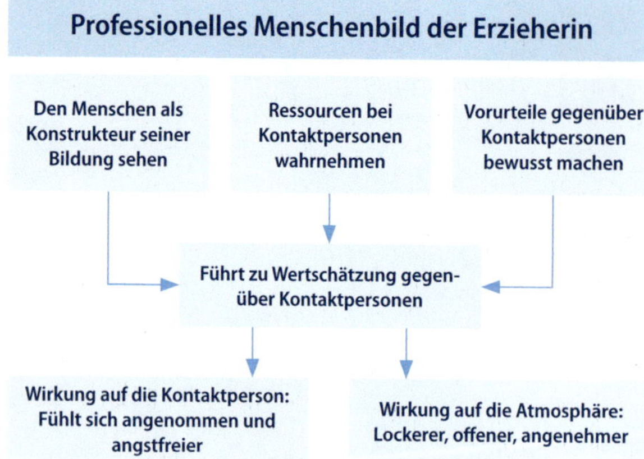

Abb. 1.9: Wertschätzendes Menschenbild der Erzieherin gegenüber jungen und erwachsenen Kontaktpersonen.

Sie verstehen **Merkmale ihrer Persönlichkeit** jetzt deutlicher als Folge von als Kind erlebten Erziehungseinflüssen, etwa

- Ihr Einfühlungsvermögen
- Ihre Hilfsbereitschaft
- Ihre Gehemmtheit
- Ihre Aggression in bestimmten Situationen oder
- Ihr Wunsch, Kindern Bezugsperson zu sein.

Erzieherinnen werden wachsamer, wie sie auf andere Menschen wirken, und arbeiten an ihrem Selbstbild. Solche Auseinandersetzungen können manchmal schmerzhaft sein.

Gute Professionalität verlangt pädagogische Grundhaltungen, die sich nur mit einer einsatzbereiten und **reflexionsfähigen Persönlichkeit** umsetzen lassen. Solche Grundhaltungen äußern sich vor allem

- Bei der Bereitschaft, verlässliche Beziehungen mit Kindern einzugehen
- Beim Erfassen von Lerninteressen der Kinder und dem Umgang damit
- Bei der Notwendigkeit zu eigener berufslanger Lernoffenheit
- Beim konstruktiven Umgang mit Kritik.

Verlässliche Bezugsperson sein

In sozialpädagogischen Einrichtungen erlebt der junge Mensch die Bildungs- und Entwicklungsanregungen in erster Linie im Zusammenleben mit der Erzieherin und mit der Gruppe. Das Gefühl der Sicherheit in den Beziehungen ist eine Voraussetzung für das Kind, sich unbeschwert in Lernprozesse einlassen zu können. **Beziehung** steht deshalb vor **Erziehung** (→ Kap. 8.1.4, Bindung und Beziehung → Kap. 10.3.3).

Für die Erzieherin bedeutet die Bereitschaft, Beziehungen einzugehen, sich als ganze Person in den Erziehungsprozess einzubringen. Sie regt nicht nur Lernen an, sie lebt mit dem Kind, d. h., dass sie die Richtung, die sie dem Kind nahe legt, und das Verhalten, das sie von ihm erwartet, in ihrem eigenen Lebenskonzept für richtig findet und auch umsetzt.

[BEISPIEL] Beispiele für das Sicheinbringen der Erzieherin in den Erziehungsprozess

Wenn das Team von den Kindern verlangt, dass beim Mittagessen von allem probiert wird (Ausnahmen sind Fleisch, Pilze und andere für Kinder unangemessene Speisen), muss sich die mitessende Erzieherin ebenfalls danach richten.

Wenn die Erzieherin von den Kindern erwartet, sparsam mit Material umzugehen, sie selbst die Sparsamkeit aber nur dann umsetzt, wenn sie von den Kindern beobachtet wird, kann sie nicht überzeugen. Natürlich kann sie vergessen, die Heizung zuzudrehen, bevor die Gruppe nach draußen geht und die Türen zum Lüften geöffnet werden. Aber wenn es nicht Vergessen oder Eile, sondern Gleichgültigkeit war, werden die Kinder ihre Unechtheit spüren. Die Beziehung wird darunter leiden.

Kinder haben ein sehr sensibles Gespür für **Echtheit** (**Kongruenz** → Kap. 8.1.4). Die Erzieherin wirkt nicht überzeugend, nicht echt, wenn sie nicht ehrlich ist. Natürlich kann sie Fehler machen. Es ist sogar notwendig, dass sie sich nicht als unfehlbar vor die Kinder stellt. Fehler muss sie allerdings klarstellen und zugeben.

[BEISPIEL] Beispiel für kongruentes (echtes) Verhalten der Erzieherin

Die Erzieherin erwartet von den Kindern einen wertschätzenden Umgang mit kleinen Tieren, beispielsweise werden verirrte Regenwürmer auf trocken werdendem Asphalt wieder in ihre Natur am Wegrand getragen. Wenn die Erzieherin auf diese kleine „Lebensrettung" nur in Gegenwart der Kinder achtet, ansonsten ihr die Regenwürmer aber gleichgültig sind, kann sie kaum überzeugen. Dass sie nicht immer und bei jeder Gelegenheit darauf achten kann, werden die Kinder aber verstehen, wenn sie es begründet. Sie werden sie auch als echt wahrnehmen und die Beziehung kaum verändern, wenn sie ehrlich sagt, dass sie sich sehr überwinden muss, einen Regenwurm anzufassen und sie es deshalb manchmal nicht tut.

Situationen der Gruppenmitglieder erfassen und ihre Entwicklung unterstützen können

Einfühlsame und offene Beobachtung ist ein wesentliches Standbein der Erzieherin. Die Kinder müssen spüren, dass die Erzieherin bereit ist, ihre Interessen zu unterstützen und Fragen zu beantworten. Wenn Kinder wahrnehmen, dass sie zur Last fallen, werden sie aufhören zu fragen.

Die Erzieherin muss bereit sein, sich auf die Denk- und Empfindungsebene des Kindes einzulassen. Kinder können sich Zusammenhänge nur erklären, wenn sie die Details durchschauen.

Kinder brauchen auch Raum für ihr Lernen. Zum **Lernen** gehören: forschen, entdecken, erraten, ausprobieren, Fehler machen und wieder neu anfangen (→ Abb. 1.10). Kinder ins Leben zu begleiten, verlangt deshalb Geduld und eigene Zurückhaltung, damit das Kind in erster Linie über eigenes Aktivsein lernen kann.

Mit den Kindern lernen und sich von den Kindern leiten lassen

Um Kinder in ihrem Lernen zu unterstützen, wird die Erzieherin von den Kindern und **mit den Kindern lernen.** Das bedeutet, ständig zu Neuem bereit zu sein.

[BEISPIEL] Beispiele für gemeinsames Lernen

Kinder stellen Fragen. Mit „Das weiß ich nicht" ist eine Frage nicht beantwortet. Die Erzieherin muss bereit sein, für die Kinder – oder noch besser: gemeinsam mit den Kindern – Informationen einzuholen.

Die Erzieherin beobachtet die Gruppenmitglieder und reagiert auf ihr Verhalten und ihre Interessen. Keine Situation ist wie die andere. Alles ist letztlich einmalig und benötigt auf die Situation abgestimmte pädagogische Entscheidungen.

Im Team wird über pädagogische Aktionen und Reaktionen gesprochen und diskutiert. „So haben wir das schon immer gemacht" reicht als Begründung für eine weitere Wiederholung nicht aus. Wenn die Begründung nicht fundiert ist, muss die Fortsetzung in Frage gestellt werden. Erkenntnisse, Zusammenhänge und Situationen ändern sich.

Jedes neue Gruppenmitglied hat Einfluss auf die Gruppe und die Gruppenmitglieder, und kein Tag gleicht dem anderen.

Sich **von den Kindern leiten zu lassen,** bedeutet auch, flexibel zu sein und sich auf ihre Motivationsänderungen einzustellen.

[BEISPIEL] Beispiel, wie sich die Erzieherin von Kindern leiten lässt

Die Kindergartengruppe hat einen *Waldtag* (→ Kap. 19.5.3) geplant. Bei der Frage nach dem Wohin am Vortag einigte sich die Gruppe auf den Weg zu einem bestimmten Tümpel. Die Erzieherin hat sich auf Beobachten mit Lupen und auf andere Aktivitäten bei dem Wasser vorbereitet. Unterwegs entdecken die Kinder eine belebte Ameisenstraße über den Waldweg. Höchstes Interesse ist bei den meisten Kindern geweckt. Was suchen die Ameisen? Wo ist ihr Zuhause? Jetzt erfüllen die Lupen einen anderen Zweck.

Abb. 1.10: Erst wird beobachtet und erkundet, dann entstehen die Fragen an die Erzieherin.

Die Erzieherin wäre unsensibel und pädagogisch ungeschickt, wenn sie für das **neue Interesse** an Ameisen der Kindergartengruppe (→ Beispiel) nicht offen und selbst lernbereit wäre und an dem Plan, zum Tümpel zu laufen, festhielte. Wäre allerdings ein **bestimmtes Ziel** mit dem Tümpel verbunden, angenommen, die Gruppe hätte beim letzten Mal Müll im Tümpel entdeckt, hätte ein Schild gemalt und laminiert, das jetzt an einem Baum festgebunden werden soll, um auf die schädliche Wirkung von Müll für die kleinen Wassertiere hinzuweisen, dann würde die Erzieherin den Kindern dieses Ziel wieder bewusst machen und vom ursprünglichen Plan wahrscheinlich nicht abweichen. Auch bei Kindern im Schulalter, etwa einem Hort oder einer Wohngruppe, kann es für die Entwicklung der Kinder wichtiger sein, Vorhaben zu Ende zu führen und diese nicht zu verschieben.

Einen Schritt zurück, um nach vorn zu kommen

Um Zusammenhänge zu verstehen, braucht das Kind häufig eine vereinfachte Schau von Prozessen. Dafür ist es gut, wenn die Erzieherin sich von den Kindern leiten lässt, wenn sie zunächst die Kinder fragt, wie sie die jeweilige Situation deuten und wie sie sich das Geschehen erklären. Wenn die Erzieherin sich auf die Denkebene des Kindes einlässt und dann ggf. einfühlsam ergänzt, wird sie eher den Zugang zum Denken und Empfinden des Kindes finden, als wenn sie ihnen nur ihr Wissen vermittelt.

In zahlreichen beruflichen Situationen muss die Erzieherin einen Schritt zurückgehen, um nach vorn zu kommen.

[BEISPIEL] Beispiele für entwicklungsorientiertes Verhalten der Erzieherin

Kinder im zweiten und dritten Lebensjahr erforschen mit Wonne die Schwerkraft. Neugierig wird ein Spielauto eine schiefe Ebene herunterrollen gelassen und vielleicht ausprobiert, wie viel Kraft man auf einer Ebene oder bergauf braucht, um den gleichen Gegenstand zu rollen. Wenn das Kind in diesem Alter bereits mit batteriebetriebenen Autos spielt, kann es diese Zusammenhänge nicht erforschen und erproben. Natürlich könnte man dagegenhalten, dass das Kind mit fünf oder sechs Jahren vielleicht eine Kugelbahn benutzt und dabei lernt, die Schwerkraft zu erfassen. Allerdings ist dann ein sehr viel früheres Interesse nicht unterstützt worden.

Vom Winterspaziergang haben Kinder Eiszapfen mitgebracht. Sie werden in Schüsseln auf die Heizung gestellt, damit die Kinder den Tauvorgang beobachten können. Am nächsten Tag bringen die gleichen Kinder vom Weg in die Einrichtung wieder Eiszapfen mit und wollen die Erfahrung wiederholen. Die Erzieherin wollte jetzt eigentlich schmutzigen Schnee auftauen, um neue Erfahrungen zu vermitteln. Die Kinder brauchen aber offensichtlich die Wiederholung, um dieses faszinierende Geschehen zu begreifen und erneut die Spannung zu erleben.

Den Gesprächspartner – ob klein oder groß – dort abzuholen, wo er steht, setzt voraus, nicht nur nach vorn zu den eigenen Zielen zu preschen, sondern stehen zu bleiben, zu schauen und bereit zu sein, zurück zu gehen. Das verlangt Zurückhaltung und Bescheidenheit von der Erzieherin. Es wäre viel leichter und wahrscheinlich spontan befriedigender, den eigenen Wissensvorsprung kundzutun und den Kindern Lernwege zu zeigen, als abzuwarten und sich von den Kindern leiten zu lassen.

Forschend-entdeckendes Lernen unterstützen → Kap. 19.3.3

Dem Kind Raum lassen

Ziel der Erziehung ist die eigenständige und gemeinschaftsfähige Persönlichkeit. Das muss sich die Erzieherin immer wieder klar machen. Für die Entwicklung von Eigenständigkeit braucht das Kind einen Raum. Diesen Raum für seine Handlungen und Entwicklungen muss die Erzieherin ihm ermöglichen (→ Abb. 1.11). Zugleich muss sie ihm durch Regeln und Grenzen einen Rahmen geben, in dem es sich sicher und geschützt, aber nicht beengt fühlt. Es muss selbst Entscheidungen treffen können und sein Handeln so weit wie möglich selbst bestimmen.

Für die Erzieherin bedeutet das ebenfalls, zurückzutreten, zu beobachten, mit eigenen Vorstellungen abzuwarten und erst dann einzuspringen, wenn das Kind nicht zurechtkommt oder Grenzen überschreitet. Wieder ist die Zurückhaltung der Erzieherin die bessere pädagogische Alternative als die schnelle Lenkung. Das ist nicht einfach, denn die eigene Aktivität vermittelt der Erzieherin ein Gefühl der beruflichen Leistung, des Erfolges. Nach außen wirkendes „Nichtstun“ und Abwarten ist für viele Menschen viel schwerer zu leisten.

Die Gratwanderung zwischen dem Abwarten und dem Eingreifen oder Lenken ist ein schmaler Pfad. Wenn Abwarten überdehnt wird, kann es zum Chaos führen.

[BEISPIEL] Beispiel für die Gratwanderung zwischen Abwarten und Eingreifen

Für besonders gelungene Bauwerke dient die Fensterbank als Ausstellungsfläche. Spätestens freitags wird alles aufgeräumt. In letzter Zeit fällt auf, dass die Fläche nicht mehr ausreicht. Kinder fragen nach weiterer Ausstellungsmöglichkeit. Die Gruppenerzieherinnen beobachten diese Veränderung und stellen fest, dass immer dann, wenn es ans Aufräumen geht, alle zusammengesteckten Materialien auf die Fensterbank getragen werden. Offensichtlich drücken sich Kinder vor dem Aufräumen. Bei der nächsten Kinderkonferenz wird darüber beraten, wie Abhilfe geschaffen werden könnte. Die Erzieherinnen wollen ihre Lösungsvorschläge nicht vorgeben, sondern wollen sehen, ob Kindervorschläge ausprobiert werden können.

Abb. 1.11: Die Erzieherin beobachtet und greift erst ein, wenn die Kinder Hilfe brauchen.

Die Breite dieses Pfades – den Kindern Raum zu lassen – ist bei den unterschiedlichen Erzieherinnen zudem keineswegs gleich. „Dem Kind Raum lassen“ muss deshalb im Team immer wieder verglichen und abgestimmt werden. Manche Erzieherin muss mit Kompromissen leben, damit für die Gruppenmitglieder Klarheit besteht. Kinder erkennen schnell Uneinigkeit im Team und versuchen gekonnt, die Erzieherinnen gegenseitig auszuspielen.

Grundsätzlich berufslang lernoffen sein

Natürlich gibt es noch viele weitere Gründe für die Notwendigkeit, im sozialpädagogischen Beruf ständig zu lernen. Häufige **Lernanlässe** sind vor allem:

- Pädagogische Erkenntnisse ändern sich. Die Erzieherin muss sich mit Fachliteratur auseinandersetzen, und zwar vorrangig bezogen auf die Gruppenzusammensetzung, mit der sie arbeitet
- Gesellschaftliche Einflüsse und Geschehnisse, die auch Kinder betreffen oder die Gruppenmitglieder beunruhigen, müssen berücksichtigt werden, etwa das Leben im Gemeinwesen, aktuelle Geschehnisse wie die Bürgermeisterwahl, Berichte in den Medien, die Kinder mitbekommen, wie Notfälle, Kriege, Demonstrationen, Werbung
- Eltern bringen Gedanken ein und/oder fordern heraus
- Teammitglieder haben an Fortbildungen teilgenommen und berichten von ihren neuen Erkenntnissen.

Erzieherinnen, die in ihrer Berufsausbildung glauben, nach dem Abschluss ausgelernt zu haben, werden nicht nur hinsichtlich der Anforderungen, die auf sie zukommen, enttäuscht sein. Sie werden – wenn sie diese Haltung beibehalten – ihrem beruflichen Auftrag nicht nachkommen. Die von ihnen betreuten Kinder kommen nicht zu ihrem Recht.

Mit Kritik konstruktiv umgehen können

Pädagogik ist keine Wissenschaft, in der wie in der Mathematik Erkenntnisse eindeutig und unumstößlich sind. Forschungen führen zu neuen Zusammenhängen und Erkenntnissen, pädagogische Überzeugungen ändern sich, aus gleichen Situationen können unterschiedliche Schlussfolgerungen gezogen werden. Außerdem gibt es die unendlich vielen Gratwanderungen, bei denen die Breite des Weges von individuellen Bewertungen und auch von gesellschaftlichen Prozessen abhängt. Zudem wird ein Abrutschen in zu viel oder zu wenig subjektiv wahrgenommen und beurteilt. Richtig und falsch ist in der Pädagogik deshalb keineswegs immer eindeutig.

Erzieherinnen müssen sich auf fachliche Diskussionen einstellen und dabei mit Kritik an ihrem pädagogischen Verhalten rechnen. Im Team, mit den Eltern, mit dem Träger, mit anderen fachlichen Kontaktpersonen – immer wieder werden sie ihr Vorgehen begründen und vertreten müssen, über Ansichten anderer nachdenken, vielleicht eigene Fehler einsehen und an sich arbeiten. Sie dürfen sich von Kritik aber auch nicht erdrücken lassen, sondern werden sich darum bemühen, mit einem guten Selbstbewusstsein und einer hohen *Selbstwirksamkeitserwartung* ihr eigenes pädagogisches Handeln zu reflektieren.

► **Selbstwirksamkeitserwartung**
Erwartung, aufgrund eigener Fähigkeiten geplante Handlungen erfolgreich ausführen zu können.

1.2.3 Belastbarkeit und Selbstschutz

Der Beruf stellt hohe Anforderungen und setzt Belastbarkeit voraus. Reflektierte Erzieherinnen und Erzieher müssen ihren Zielen Grenzen setzen, um sich vor *Burnout* („Ausbrennen“, emotionale Erschöpfung → Kap. 10.8.1) zu schützen.

Belastungen

Der Beruf bringt aus verschiedenen Gründen eine hohe Belastung mit sich:

- Die Erzieherin hat zur gleichen Zeit die **einzelnen Gruppenmitglieder** und die **Gruppe** sowie die **Gruppenatmosphäre** im Auge zu behalten. Das verlangt *geteilte Aufmerksamkeit* (→ Kap. 8.2.1), die hohe Konzentration voraussetzt.
- Die **Gruppen** sind zu groß bzw. die Anzahl der Gruppenmitglieder je Erzieherin sind so hoch, dass nicht wirklich differenziert auf jedes Gruppenmitglied eingegangen werden kann, etwa das Mitteilungsbedürfnis eines spracheingeschränkten Kindes zu wecken, eine familiäre frustrierende *Transition* (Übergang, z. B. Trennung der Eltern → Kap. 10.6) einfühlsam zu begleiten oder bei einem Kind mit Verhaltensproblemen auf Ressourcen zu achten und sie ihm aufbauend zu vermitteln. Die Erzieherin wird aus der Reflexion eines Arbeitstages häufig das Gefühl mitnehmen, Dinge versäumt zu haben.
- Die **Vorbereitungszeiten** für die Erzieherin sind zu knapp bemessen. Sie hat auch nicht wie die Grundschullehrerin Unterrichtsbücher, die ihr eine Struktur für den Aufbau ihrer Lernangebote vorgeben. Sie richtet ihre Lernanregungen an den Interessen der Kinder aus. Das verlangt eine breite theoretische und praktische Vorbereitung, für die ihr zu wenig Zeit zur Verfügung steht.
- Für **Fachliteratur** und **Fortbildung** hat sie kaum Zeit. Eine reflektierte Erzieherin wird häufig den Eindruck haben, zu kurz zu treten und die Breite ihrer Möglichkeiten bei weitem nicht ausschöpfen zu können.
- **Gesprächswünsche der Eltern** müssen sowieso begrenzt werden, oft mehr als für die Erziehungspartnerschaft notwendig wäre.
- Erzieherinnen arbeiten immer im Team, mindestens in **zwei Teams:** dem Gruppenteam und dem Team der gesamten Einrichtung. Wenn sich ihre Teamauseinandersetzung nicht nur auf organisatorische Aufgaben beschränkt – was leider oft in der Zeitknappheit passiert – sondern Reflexionen vorgenommen werden, nämlich kritische Rückblicke auf Konzeptionen, Ziele, Vorgehensweisen, Ergebnisse, Planungen und Entwicklungsgespräche über die einzelnen Gruppenmitglieder, reicht die zur Verfügung stehende Zeit bei weitem nicht aus.
- Dazu kommt die täglich starke Belastung durch den **Geräuschpegel,** durch Kinder mit problematischen Lebensläufen, durch zahllose Konfliktbearbeitungshilfen, die nicht in Ruhe, sondern im Stress des Gruppengeschehens vorgenommen werden müssen.

Außenstehende sehen häufig nur die Funktion der **Aufsicht.** Wenn die Kinder in einer gut geführten Gruppe in einer differenziert und vielgestaltig vorbereiteten Umgebung fasziniert und vertieft spielen, merken die Besucher nicht, wie viel **Arbeit im Hintergrund** geleistet wurde und vielleicht gerade jetzt auch wird. Intensives Beobachten der Erzieherin beispielsweise kann von Außenstehenden als „Sie tut ja nichts!“ wahrgenommen werden. Bei zwei Erzieherinnen, die sich im Hof während des freien Spiels der Kinder unterhalten, vermutet die gerade ankommende Mutter eines Kindes möglicherweise ein Privatgespräch. Hier läuft aber gerade ein schnell geführter **Rückblick auf den Vormittag,** für den sonst keine Zeit ist, in dem ein zwiespältiges Erziehungsverhalten der beiden Gruppenerzieherinnen geklärt wird. Das Spiel der Kinder wird zusätzlich im Auge behalten.

[BEISPIEL] Beispiel für einen Austausch unter Erzieherinnen

Max, sechs Jahre, hatte im Werkraum eine konkave (nach innen gewölbte) Holzleiste gefunden und war damit in den Waschraum gelaufen, um sie zur Leitung von Wasser auszuprobieren. Dabei lief Wasser neben das Waschbecken. Erzieherin A kam dazu, schloss den Wasserhahn, sagte, dass man die Leiste auch mit Klickern im Gruppenraum ausprobieren könne. Dabei würde kein Wasser verschüttet und verschwendet. Dann zeigte sie Max, wo der Putzeimer und der Lappen zu finden sind, und beobachtete kurz, dass er mit dem Aufwischen alleine zurechtkam. Danach ging sie wieder in den Gruppenraum. Kurz darauf kam Erzieherin B, um mit einem kleinen Kind zur Toilette zu gehen. Sie sah Max beim Aufwischen und fragte, was passiert sei. Max berichtete.

Im Hof auf der Bank durchdenken die beiden Erzieherinnen dieses kleine Geschehen. Erzieherin B meint, dass die Entdeckung mit der konkaven Leiste von Max genutzt und weiterentwickelt werden könne. Es sei schade, so eine Erfindung „unbeachtet" zu lassen. Sie selbst hätte in diesem Fall Wasserverschwendung auch nicht so wichtig genommen und auch nicht zum Thema gemacht. Max hätte das Wasser im Bad in einen Eimer leiten können. Erzieherin A sieht ein, dass sie zu spontan gehandelt hat. Jetzt kommen beiden Erzieherinnen weitere Ideen: Max könnte seine Entdeckung der Gruppe zeigen. Die Kinder würden dann vielleicht eine längere „Wasserleitung" bei dem jetzt warmen Sommerwetter im Hof bauen. Ältere Kinder aus der Gruppe könnten begreifen, dass Menschen früher so ihr Wasser leiteten, weil sie noch keine Pumpen kannten. Die Kinder würden erkennen, dass Wasser nicht bergauf fließen kann. Dabei müsste darauf geachtet werden, dass möglichst wenig Wasser verloren geht und am Ende wieder aufgefangen und dann vielleicht für den Garten verwendet wird. Zusätzlich ließe sich die Idee mit den Klickern im Raum mit einer selbstgebauten Klickerbahn umsetzen, wenn die Kinder entsprechendes Interesse zeigen sollten. Diese oder ähnliche Ideen sollten aber möglichst von den Kindern selbst entwickelt werden. Mit jeweils einem Impuls (Gedankenanstoß) wollen die beiden Erzieherinnen versuchen, die Kinder anzuregen und ihr Interesse abzutasten.

Selbstschutz

Eine reflektierte Erzieherin muss sich für ihren eigenen Einsatz Grenzen setzen und mit ihren Kräften haushalten.

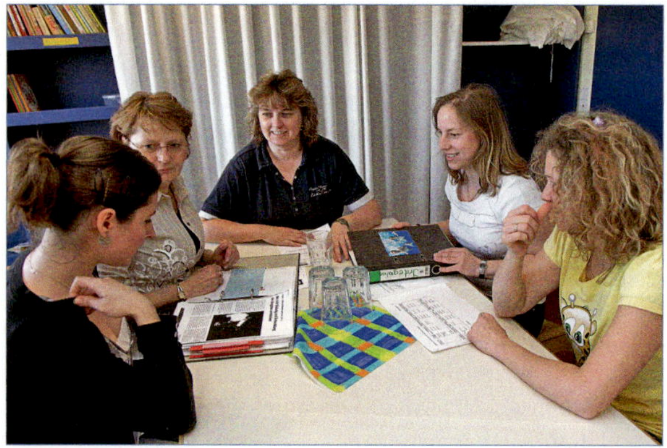

Abb. 1.12: Ein starkes Team bündelt Kräfte und entlastet.

Hier ist ein starkes Team gefragt, das Kräfte bündelt und sich gegenseitig stützt und stärkt (→ Abb. 1.12). Wenn die Zusammenarbeit den Teammitgliedern **Sicherheit und Anerkennung** vermittelt, nehmen die Kräfte des einzelnen Teammitglieds zu. Der Mensch ist ein Beziehungswesen. Nicht nur das Kind, auch der Erwachsene braucht Zugehörigkeit, Anerkennung und Sicherheit in den Gemeinschaften, in denen er lebt und handelt.

Missstimmungen und Spannungen im Team schwächen die Kräfte für die Arbeit mit der Gruppe. Wenn Meinungsverschiedenheiten (→ Beispiel) ohne gegenseitigen Vorwurf bearbeitet werden, wirken sie aufbauend und geben Kraft. Zusammenarbeit im Team, die einzelne Teammitglieder mit einem Gefühl der Bereicherung erleben, gibt neue Motivation. Bei Sicherheit im Team kann sich eine Erzieherin auch einen schwachen Tag leisten, an dem sie von den Kolleginnen aufgefangen und entlastet wird. Wann immer möglich, werden Vorbereitungen und Erfahrungen ausgetauscht, um Zeit und Kräfte zu sparen.

Öffentlichkeitsarbeit (→ Kap. 2.6) und **Transparenz** können dazu beitragen, dass sozialpädagogische Arbeit in ihrer Vielfalt und ihrer hohen Bedeutung für die Entwicklung und Bildung von Kindern und Jugendlichen angemessener wahrgenommen und bei Eltern, in der Öffentlichkeit, bei Trägern der Einrichtungen und bei Politikern höher gewertet wird. Transparenz ist ein Baustein im Bemühen um politischen Einfluss auf bessere Arbeitsbedingungen und angemessene Bezahlung.

1.3 Das Selbstverständnis der Erzieherinnen

Das Selbstverständnis der Erzieherinnen ist nicht unwesentlich von der gesellschaftlichen Haltung zu ihrem Beruf geprägt. So finden sich weit verbreitete Bilder wie: „Das ist doch nichts anderes, als das, was Hausfrauen (und die wenigen Hausmänner) zu Hause tun – nur eben ein paar Kinder mehr." Solche Zuschreibungen beeinflussen das Berufsbild. Das zeigt sich z. B.

- bei der Berufswahl: Es finden sich immer noch wenige Männer
- bei der Diskussion über die (akademische) Qualifizierung der Fachkräfte.

„Da reicht es doch, wenn jemand Freude an Kindern hat." Der Beruf der Erzieherin wird oft immer noch an einem Bild gemessen, das sich an der traditionellen Rolle des Hausfrau- und Mutterseins orientiert. Hierzu ein aktuelles Beispiel: In einer Gemeinde kam es zu einer Auseinandersetzung um die erhöhten Kosten für Toiletten in einer Kindertageseinrichtung. Die Sitzhöhe der Toiletten war an den Bedürfnissen von Kleinstkindern, d. h. etwas niedriger als die Toilettenhöhen für Kindergartenkinder, ausgerichtet. Die Verwaltung diskutierte über Zentimeter von Sitzhöhen und, entsprechend den notwendigen Sondermaßen, über erhöhte Kosten. Im inzwischen politischen Streit fielen Sätze wie „Zu Hause hat man

doch auch nicht verschiedene Toilettensitzhöhen für seine Kinder". Nirgends fand sich eine fachliche Auseinandersetzung, die zum Ausdruck gebracht hätte, dass die Toilettenhöhe in Zusammenhang steht mit der Selbständigkeit von Kleinstkindern oder dem Zeitmanagement des Personals einer institutionellen Kinderbetreuung. Der Zusammenhang von räumlicher Gestaltung und Ausstattung zur Erziehungs- und Bildungsarbeit wurde nicht hergestellt.

Doch auch in der Berufsberatung und -vermittlung findet sich immer noch die Haltung, dass es für den Beruf der Erzieherin ausreiche, Freude an Kindern zu haben. Oft gibt es ein sehr laienhaftes Verständnis über die Anforderungen des Berufes, so dass sich dies dann auch nicht selten in einem entsprechenden Selbstverständnis der in dem Beruf Tätigen widerspiegelt.

Sieht man dagegen die Wirklichkeit zeitgemäß geführter Kindertageseinrichtungen, dann wird deutlich, dass das Selbstverständnis öffentlich verantworteter Erziehung, Bildung und Betreuung von Kindern eine anspruchsvolle und professionelle Haltung der einzelnen Fachkräfte, des Teams und des Managements der Einrichtung voraussetzt.

Es ist notwendig, dass sich die Fachkräfte mit ihrem eigenen Selbstverständnis auseinandersetzen, sich ein professionelles Selbstverständnis erarbeiten und dieses fortdauernd kritisch hinterfragen und weiterentwickeln. Dazu zwei Blickrichtungen:

- Was beeinflusst das Selbstverständnis von Erzieherinnen und trägt zu einer Entwicklung bei?
- Was bringt das Selbstverständnis von Erzieherinnen zum Ausdruck? Was zeichnet diese Berufsgruppe aus?

Es gibt verschiedene Aspekte, die das Selbstverständnis von Erzieherinnen sowohl prägen als auch zum Ausdruck bringen können. Dabei wird deutlich, dass sich das Selbstverständnis von Erzieherinnen im Wesentlichen in der Auseinandersetzung mit sich selbst und der für ihren Beruf bedeutsamen Personengruppen entfaltet (→ Abb. 1.13). So ist ein Selbstverständnis von Bedeutung als

- Einzelne Erzieherin
- Erzieherin in ihrer Berufsgruppe
- Erzieherin als Akteurin zu Beginn der „Bildungskette"
- Erzieherin im Kontakt mit Kindern
- Erzieherin im Kontakt mit Eltern
- Erzieherin im Fachkräfteteam.

1.3.1 Die einzelne Erzieherin

Das individuelle Selbstverständnis der Erzieherin berührt

- Die persönliche Identität
- Die berufliche Identität.

Die Entwicklung der eigenen Identität ist eine wichtige Voraussetzung professionellen Handelns. Denn die Bildung und die Erziehung von Kindern können in einem zeitgemäßen Verständnis (→ Kap. 1.1.1, 1.1.2) nur gelin-

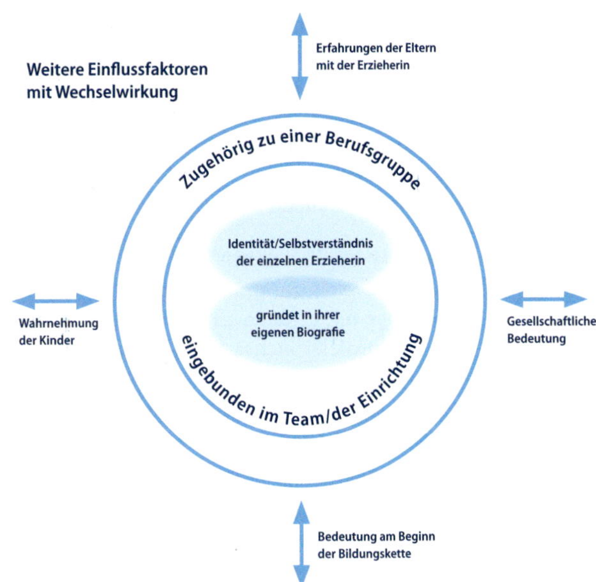

Abb. 1.13: Das Selbstverständnis einer Erzieherin wird durch verschiedene Einflussgrößen bestimmt – aber diese Einflussgrößen bestimmen sich auch durch das Selbstverständnis der Erzieherin.

gen, wenn die Haltung der Erzieherin mit diesem Bildungsverständnis korrespondiert (übereinstimmt).

Entscheidend für die Bildungsprozesse der Kinder ist die aufmerksame, interessierte und forschende Haltung der Erzieherin. Dafür muss sie ihre Aufmerksamkeit und ihr Interesse zunächst auf die eigene Person richten: Wer bin ich, die die Kinder begleitet? Der Pädagoge Janusz Korczak hat es so beantwortet: „Sei du selbst – suche deinen eigenen Weg. Lerne dich selbst kennen, ehe du Kinder zu erkennen trachtest."

Die Auseinandersetzung mit der eigenen Biografie, den eigenen Haltungen und dem eigenen Handeln soll dazu dienen, sich bewusst zu machen, ob es eine Übereinstimmung mit den eigenen Ansprüchen an sich als Erzieherin gibt.

Fragen zum Selbstverständnis als Erzieherin

- Worin zeichnet sich für Sie eine gute Erzieherin aus?
- Worin unterscheidet sich Ihr Bild von einer guten Erzieherin von den Erziehungsvorbildern, die Sie selbst in ihrer Kindheit erlebt haben? Worin gleicht sich beides?
- Welchen Erziehungsstil haben Sie in Ihrer Kindheit kennengelernt? Worin unterscheidet er sich von einer zeitgemäßen institutionellen Pädagogik? Wenn Sie selbst Mutter sind oder wären: Was würden Sie von dem Erziehungsstil Ihrer Kindheit, was von dem Verständnis einer institutionellen Erziehung, Bildung und Betreuung übernehmen?
- Als Erzieherin werden Sie sicherlich auch Kinder begleiten, die Sie nicht so lieb haben können wie andere Kinder. Sie werden mit Eltern eine Erziehungspartnerschaft eingehen, die Ihnen wegen ihrer Kultur völlig fremd sind oder

wegen besonderer Eigenheiten vielleicht sogar „zuwider". Welche Fähigkeiten und Qualitäten würden Ihnen helfen?
- Welche Fähigkeiten und Qualitäten schätzen Sie an sich selbst? Welche Ihrer Fähigkeiten sind aus Ihrer Sicht für Ihren zukünftigen Beruf von besonderer Bedeutung? Welche möchten Sie verbessern?
- Wer und was können Sie auf diesem Weg unterstützen?

Das Selbstverständnis als Erzieherin gestaltet sich nicht allein durch Wissensanreicherung, sondern durch eine intensive Reflexion über die eigenen Erfahrungen und das eigene Handeln. Ein professionelles Selbstverständnis ergibt sich nicht intuitiv. Es ist begründet und reflektiert. Darin unterscheidet sich professionelles Handeln der Erzieherin vom sog. Laienhandeln.

Wie die Erzieherin oder die Eltern bzw. Erziehungsberechtigten sich in Bezug auf ein Kind verhalten, kann gleich sein; die Erzieherin muss aber Antwort darauf geben, warum sie etwas wie tut. Sie muss sich ihrer Verantwortung bewusst zeigen.

In der folgenden Abbildung führt eine Auszubildende zur Erzieherin ein Lernjournal. Ein Journal ist ein Lerntagebuch, in dem persönliche Erfahrungen und Erkenntnisse zu fachlichen Aspekten festgehalten werden. Es unterstützt die Selbstanalyse. Es kann auch in einer Lerngruppe sich gegenseitig vertrauender Schülerinnen gemeinsam reflektiert werden. Die Illustration unten zeigt eine Schülerin, die ihren Lern- und Erkenntnisprozess mit einer Person ihres Vertrauens reflektiert (→ Abb. 1.14).

1.3.2 Die Erzieherin in ihrer Berufsgruppe

Das Selbstverständnis der einzelnen Erzieherin spiegelt sich im Selbstverständnis der Berufsgruppe der Erzieherinnen wider. Die institutionelle Kinderbetreuung tritt zunehmend in das öffentliche Bewusstsein. Damit geht einher, dass die Gesellschaft insgesamt stärker auf die Berufsgruppe schaut, die diese Arbeit verantwortet (→ Kap. 1.4).

Abb. 1.14: Mit einem Lernjournal kann der eigene Lern- und Erkenntnisprozess reflektiert werden.

Das Selbstverständnis der einzelnen Erzieherin und das der Berufsgruppe bedingen sich gegenseitig. Je stärker sich künftig die einzelne Erzieherin als Vertreterin ihrer Profession selbstbewusst und handlungskompetent zeigt, desto profilierter wird der gesamte Berufsstand wahrgenommen. Hier zeigt sich die Bedeutung einer vermehrten *Öffentlichkeitsarbeit* der Einrichtung (→ Kap. 2.6). Eine *berufliche Interessenvertretung* (→ Kap. 1.7) stärkt die Berufsgruppe wie die einzelne Erzieherin.

1.3.3 Die Erzieherin als Akteurin zu Beginn der Bildungskette

Bereits seit den 70er Jahren des letzten Jahrhunderts bildet die institutionelle Kindertagesbetreuung als Elementarbereich den Beginn der Bildungskette, auf den der Primarbereich (→ Kap. 7) zu Beginn der Schullaufbahn folgt. Die Bedeutung, die die frühe Lebenszeit eines Kindes für seine weitere Entwicklung hat, spiegelt sich (noch) nicht in der gesellschaftlichen Wertschätzung der institutionellen frühen Bildung und Förderung von Kindern wider. So kann z. B. beobachtet werden, dass

- Für viele Eltern „der Ernst des Lebens" und damit das „eigentliche Lernen" mit der Schule beginnt
- Der Wert des Kinderspiels (→ Kap. 21) unterschätzt wird
- Qualifikationsprofile und Vergütung der einzelnen Bildungsbereiche gemäß der Bildungskette „hierarchisiert" sind; d. h. die Professorin steht in dieser Wahrnehmung über der Gymnasiallehrerin, diese über der Grundschullehrerin und wiederum diese über der Elementarpädagogin.

Je stärker das Selbstverständnis der Erzieherin wächst, dass sie durch ihre Profession die Eltern in der Erziehung, Bildung und Betreuung von Kindern unterstützt und damit die Grundlagen für eine zukunftsfähige Gesellschaft legt, desto stärker wächst auch in der Öffentlichkeit die Selbstverständlichkeit, die Erzieherin als bedeutsame Akteurin am Beginn der „Bildungskette" zu sehen.

1.3.4 Die Erzieherin im Kontakt mit Kindern

Die professionelle Haltung der Erzieherin gegenüber dem Kind ergibt sich aus

- Dem Verständnis ihres Auftrags und
- Ihrer Rolle als Entwicklungsbegleiterin (→ Kap. 1.2).

Diese Haltung gegenüber dem Kind gründet ebenfalls maßgeblich im eigenen Selbstverständnis.

Umgekehrt gilt aber auch: Die Haltung zum Kind beeinflusst das eigene Selbstverständnis der Erzieherin. Eine Erzieherin, die für sich gelernt hat, welche Chance eine ressourcenorientierte Beobachtung des Kindes haben kann (→ Kap. 8.1.2), wird stärker die Chancen und die Möglichkeiten in der Entwicklung des Kindes sehen als Hindernisse und Barrieren. Sie betrachtet die Schwächen des Kindes als Herausforderung und entwickelt Zuversicht für das Kind, und sie erkennt die Ressourcen des Kindes und unterstützt seine Entwicklung.

1.3.5 Die Erzieherin im Kontakt mit Eltern

Die professionelle Haltung der Erzieherin gegenüber den Eltern ist durch partnerschaftliche Zusammenarbeit gekennzeichnet (→ Kap. 2.1.5). Werden Erzieherinnen befragt, wie sie ihre Rolle gegenüber den Eltern sehen, dann nennen sie: Freundin, Beraterin, Lehrerin u. a. Eine Erziehungs- und Bildungspartnerschaft mit den Eltern kann freundschaftliche, beratende oder belehrende Momente in sich tragen, aber sie erschöpft sich nicht in diesen Einzelrollen.

Ein professionelles Selbstverständnis einer partnerschaftlichen Zusammenarbeit gründet zunächst einmal auf **Respekt.** Dazu gehört wesentlich:

- Das mit den Eltern geteilte Interesse an der Entwicklung des Kindes in den Mittelpunkt zu stellen
- Sich für die Eltern als Personen, für ihre Kultur, ihre Lebenswirklichkeit zu interessieren
- Sympathien und Antipathien ernst zu nehmen
- Die eigenen Grenzen zu erkennen:
  - Erzieherinnen ersetzen nicht die Eltern
  - Erzieherinnen wissen um weitere Fachdienste, die sie oder die Eltern unterstützen können.

Das Selbstverständnis der Erzieherin im Kontakt mit den Eltern (→ Abb. 1.15) wirkt sich auf das (zukünftige) Bild, das Eltern von Erzieherinnen haben, aus.

1.3.6 Die Erzieherin im Fachkräfteteam

Das Selbstverständnis der Erzieherin in ihrer alltäglichen Arbeit gestaltet sich nicht durch ein „Einzelkämpfer-Dasein“, sondern durch die Einbindung der Erzieherin in ein *Fachkräfteteam* (→ Kap. 2.1.4).

Das zukünftige Fachkräfteteam von Kindertageseinrichtungen wird stärker **multiprofessionell besetzt** sein. Fachkräfte unterschiedlicher Ausbildungsniveaus werden miteinander arbeiten (→ Kap. 1.4):

- Erzieherinnen mit Fachschul- bzw. Fachakademieabschluss
- Absolventinnen akademischer Abschlüsse, z. B. staatlich anerkannte Kindheitspädagogin
- Quereinsteiger (verstärkt Männer) mit anderen beruflichen Vorerfahrungen.

Die *Kinder- und Jugendhilfe* (→ Kap. 3.2, 5.1, 6.2), zu denen die Kindertagesstätten gemäß dem achten Sozialgesetzbuch (SGB VIII) gehören, hat eine lange Tradition in der Arbeit solcher multiprofessioneller Teams, z. B.

- Im Bereich der teilstationären Erziehung
- In der Beratungsarbeit.

Abb. 1.15: Die Erzieherin gestaltet die Zusammenarbeit mit den Eltern partnerschaftlich: Der Vater wird beim Abholen seines Kindes in die pädagogische Arbeit einbezogen.

Es besteht eine große Chance darin, aus unterschiedlichen Blickwinkeln und mit unterschiedlichen professionellen Akzenten die Arbeit im Fachkräfteteam zu bereichern.

> ⊙ Die Ausgestaltung akademischer Ausbildungen für Erzieherinnen hat in Deutschland erst mit Beginn des neuen Jahrhunderts begonnen (→ Kap. 1.4). Erst 2011 haben die Jugend- und die Kultusministerkonferenzen die Bezeichnung „staatlich anerkannte Kindheitspädagogin" für anerkannte Studiengänge beschlossen. So steht noch aus zu beobachten, ob auch zukünftig Erzieherinnen die Leitungsverantwortung ohne ein akademisches Studium offen steht und welchen Anteil sie am Gesamtpersonalbestand haben werden. All dieses wird sich ebenfalls auf das Selbstverständnis der Erzieherin auswirken.

1.4 Auf dem Weg zur Profession

Öffentliche Einrichtungen für Kleinkinder entstanden in Deutschland zu Beginn des 19. Jahrhunderts. Mit den Konzepten der Einrichtungen änderten sich auch die Aufgaben der Erzieherinnen. Im Folgenden wird die Entstehung der heutigen Frühpädagogik nachgezeichnet und beleuchtet, welche Aufgaben dabei die Erzieherinnen jeweils hatten und heute haben. Ebenso ist die Ausbildung an der jeweiligen Ausbildungsstätte beschrieben.

1.4.1 Entstehung der Kleinkindpädagogik – von der Mütterlichkeit zur Professionalität

Die Aufgabe des Personals in den „Spielschulen“ oder auch „Strickschulen“ (Oberlin → Kap. 8.4.1) lag vor allem in der **Beaufsichtigung und körperlichen Versorgung** der Kinder. Das Personal hatte dafür zu sorgen, dass die Kinder sich nicht verletzten, dass sie aßen und tranken, beieinander und sauber blieben bzw. wurden. Für diese Aufgaben kamen vor allem Mädchen und junge Frauen in Frage, die

Bezeichnung	Hintergrund	Ziele der Einrichtung	Aufgaben des Personals
Kleinkinderbewahranstalt	Katholische Kirche	Schutz der Kinder vor Verwahrlosung und Kriminalität, Vermittlung von Kompetenzen für einen späteren Gelderwerb	Beaufsichtigung, Disziplinierung, Einübung von Tätigkeiten
Kleinkinderschule	Evangelische Kirche	Erteilung eines sittlich-religiösen Unterrichts, grundlegende Bildung	Unterrichten, Anleitung zum Spiel
Kindergarten	Fröbel-Bewegung	Förderung der körperlichen und geistigen Entfaltung von Kindern	Pädagogisch fundierte Pflege der Kinder, Anleitung zur Selbsttätigkeit, Didaktik

Tab. 1.2: Funktionen von Einrichtungen und ihrem Personal in der Frühzeit der Kleinkindeinrichtungen.

noch vor der Gründung einer eigenen Familie standen. Entsprechend wurden sie als „Kindsmägde" oder „Wartefrauen" bezeichnet.

Die **Zielsetzung und Gestaltung** der Kleinkindeinrichtungen war von Anfang an sehr heterogen. Entsprechend unterschiedlich waren auch die den Einrichtungen für Kinder unter 6 Jahren gegebenen Namen: Erziehungsschule, Hüteschule, Warteschule, Strickschule, Kinderschule, Spielschule – um nur einige Beispiele zu nennen (vgl. Reyer 2006, S. 28). Es entwickelten sich insbesondere drei verschiedene Formen (Berger 2009, S. 37), die jeweils auch unterschiedliche Rollen der dort Tätigen vorsahen (→ Tab. 1.2).

Die drei Formen von Kleinkindeinrichtungen – Kleinkindbewahranstalten, Kleinkinderschulen und Kindergarten – existierten zwar auch zeitlich parallel, es drückt sich in diesen drei Formen jedoch auch eine inhaltliche Entwicklung aus. Während die **Kleinkindbewahranstalten** ein pädagogisch gesehen minimalistisches Konzept der Beaufsichtigung und Disziplinierung verfolgten, versuchten die **Kleinkinderschulen** vor allem die belehrende Komponente in den Vordergrund zu stellen. Der maßgeblich von dem Pädagogen Friedrich Wilhelm Fröbel konzipierte **Kindergarten** (→ Kap. 8.4.1) hingegen sieht – stark beeinflusst von den Ideen der Aufklärung – die Selbsttätigkeit des Kindes im Vordergrund.

Aufgaben von frühen Kindergärtnerinnen

Entsprechend diesen Zielsetzungen veränderten sich auch die Aufgaben des Personals: Konnten in den Bewahranstalten noch Personen eingesetzt werden, die keine weitere Ausbildung erfahren hatten, so sahen die Kleinkindschulen den Einsatz von Lehrerinnen und Lehrern vor, denn sie mussten ja auch einen bestimmten „Stoff" weitergeben. Eine systematische und spezifische Ausbildung des Personals wurde jedoch erst mit der Idee des Kindergartens notwendig.

Friedrich Wilhelm Fröbel (→ Kap. 8.4) richtete Ausbildungsgänge zunächst zu „Spielführern" ein, die allgemeinbildende und theoretische Teile umfassten (vgl. Dippelhofer-Stiem 2003, S. 123). Der von Fröbel 1847 anlässlich der Gründung einer Bildungsanstalt für Mitarbeiterinnen in Kindergärten verfasste Plan enthielt dann auch erstmals den Begriff der „Kindergärtnerin". Das Konzept Fröbels sah auch bereits zwei Lernorte vor: Einerseits die „Anstalt zur Ausbildung von Kinderführerinnen und Erzieherinnen" und andererseits den Kindergarten, also die Praxis selbst. Damit kann dieses Konzept als ein Prototyp für spätere Ausbildungen in diesem Bereich gelten (vgl. Ebert 2006, S. 41).

Erste Ausbildungsgänge für Kindergärtnerinnen

Diese Ansätze wurden im Laufe des 19. und 20. Jahrhunderts weiter ausgebaut: Ausbildungsgänge für Kindergärtnerinnen an öffentlichen Handels- und Gewerbeschulen wurden eingerichtet. In gleichem Maße, wie es viele in erster Linie konfessionelle private Träger für Kleinkindeinrichtungen gab, entstanden auch **private Ausbildungsangebote** für Kindergärtnerinnen. Daneben gab es eine kleine Zahl von **Kindergärten,** die sich an den Ideen Fröbels orientierten.

In Preußen wurde die Ausbildung 1908 in groben Zügen reguliert. Die Ausbildung zur Kindergärtnerin war nun in Preußen an die Allgemeine Frauenschule gebunden, an der in einem Fachkurs innerhalb eines Jahres die Grundlagen vermittelt werden konnten (vgl. Berger 2009, S. 40). Parallel dazu existierten jedoch weiterhin konfessionelle Ausbildungsseminare. So blieb die Ausbildung weiterhin sehr heterogen. Inhalte, Dauer und Kosten der Ausbildung und auch die Eingangsvoraussetzungen unterschieden sich stark.

Mit den 1920er Jahren ist durch verschiedene Gesetze eine zunehmende Abkehr vom Fröbel'schen Bildungsgedanken zu beobachten, die sich in der NS-Zeit weiter fortsetzte. Je stärker der Bildungsauftrag des Kindergartens zurücktrat, desto mehr Bedeutung erlangten „hauswirtschaftliche und sozialfürsorgerische" Aufgaben (Dippelhofer-Stiem 2003, S. 124).

Schon im 19. Jahrhundert hatte es **zwei parallele Orientierungen der Kleinkindeinrichtungen** gegeben (Ebert 2006, S. 30):

- *Die sozialkaritative,* in der die Einrichtungen als Teil der Armenfürsorge gesehen wurden
- *Die pädagogische,* die Kindergärten als unterste Stufe des Bildungswesens verstand.

In der zweiten Hälfte des 19. und noch zu Beginn des 20. Jahrhunderts hatte die pädagogische Orientierung die Oberhand, die vor allem auf den Konzepten Fröbels aufbaute und durch seine zahlreichen Anhängerinnen verbreitet wurde. Doch mit den 1930er Jahren gewann die Begründung von Kleinkindeinrichtungen als **soziale Fürsorgeeinrichtungen** insbesondere für die Kinder der Arbeiter und Armen wieder an Bedeutung.

Die Erzieherinnenausbildung nach dem Krieg

Nach 1945 entwickelte sich der Kleinkindbereich in den beiden deutschen Staaten unterschiedlich, entsprechend verschieden gestaltete sich auch die Ausbildung der Erzieherinnen. In der DDR fand die Ausbildung der Fachkräfte an Pädagogischen und Medizinischen Hochschulen statt, die Teil des Hochschulsektors waren. In Westdeutschland hingegen ist der wichtigste Ausbildungsweg die Fachschule für Sozialpädagogik (→ Kap. 1.4.3), die zur Sekundarstufe II gehört. Mit der Vereinigung beider deutscher Staaten wurde die Ausbildung an Fachschulen auch in Ostdeutschland maßgeblich.

Die Funktionsbestimmung des Kindergartens, wie sie das Sozialgesetzbuch vorsieht, umfasst heute *Erziehung, Bildung* und *Betreuung* (→ Kap. 1.1). Diese Trias ist schon in den Zielsetzungen der oben beschriebenen Kleinkindeinrichtungen des 18. und 19. Jahrhunderts zu erkennen, wenn auch mit jeweils unterschiedlicher Akzentsetzung. Die **Aufgaben heutiger Erzieherinnen** sind jedoch über die Betreuung hinaus in hohem Maße an Erziehung und Bildung orientiert. Entsprechend verfolgt auch die Ausbildung das Ziel, zu einem wissenschaftlich fundierten pädagogischen Berufshandeln zu befähigen.

Das **Hauptarbeitsfeld** von Erzieherinnen sind *Kindertageseinrichtungen* (→ Kap. 4). Weitere Tätigkeitsfelder sind die *Heimerziehung* (→ Kap. 6) und die *Jugendarbeit* (→ Kap. 5). Die Arbeit im *Hort* (→ Kap. 4.1.3) oder in *Ganztagsschulen* (→ Kap. 7) sind ebenfalls Bereiche für ausgebildete Erzieherinnen.

Professionalisierung des Berufs

Schon sehr früh hat sich die Pflege und Betreuung kleiner Kinder zu einer weiblichen Domäne entwickelt. Während zunächst auch Männer als Mitarbeiter eingesetzt wurden, entwickelte sich bereits in den ersten Ausbildungsstätten für Personal in Kleinkindeinrichtungen eine Präferenz für Frauen als Mitarbeiterinnen. Zentrales Argument für diese Orientierung waren die als typisch weiblich wahrgenommenen Eigenschaften wie Wärme, Herzlichkeit und Zugewandtheit zu Kindern. Diese Kompetenzen wurden unter dem Begriff der **Mütterlichkeit** zusammengefasst, die als unabdingbarer Bestandteil angemessener Kleinkindpflege betrachtet wurden. Ziel war es, die Kleinkindeinrichtungen möglichst ähnlich zum familiären Umfeld zu gestalten – und zu diesem Familienrahmen gehörten auch Personen, die die Mutterrolle einnahmen.

Abb. 1.16: Um ein Kind in seiner Entwicklung zu unterstützen und zu fördern, bedarf es mehr als „Mütterlichkeit".

Eine der Vorkämpferinnen der systematischen Ausbildung von Kindergärtenrinnen, Henriette Schrader-Breymann, entwickelte vor diesem Hintergrund den Begriff der **„geistigen Mütterlichkeit"** (vgl. Berger 2009, S. 4). Der Begriff der Mütterlichkeit grenzt die weibliche und männliche Welt deutlich voneinander ab und knüpft an die bürgerlichen Familienvorstellungen des 18. und 19. Jahrhunderts an (→ Kap. 9.4.3). Danach ist der Mann für die Außenwelt, die Frau für Innenwelt die zuständig. Diese Aufteilung bezieht sich dabei weniger auf eine Hierarchie zwischen den Geschlechtern als vielmehr auf eine als gleichwertig angesehene Arbeitsteilung (vgl. Ebert 2006, S. 67). Dabei wird Frauen eine natürliche Gabe zu Erziehung und Bildung insbesondere kleiner Kinder zugeschrieben. Mütterlichkeit wurde und blieb lange die **zentrale Qualifikation** für den Beruf der Erzieherin.

Für die Professionalisierung des Berufes war diese Entwicklung jedoch eher problematisch: Durch die Konzentration auf die affektiven (gefühlsmäßigen) Anteile der beruflichen Kompetenz wurden die **professionellen Fähigkeiten** der Erzieherinnen erst im späten 20. Jahrhundert angemessen benannt und gewürdigt. Bis dahin galt die Fähigkeit, im Erzieherinnenberuf tätig zu sein, als etwas, das im Grunde jede Frau bereits durch ihre Geschlechtszugehörigkeit mitbrachte. In der Folge dieses Arguments war auch eine umfassende Ausbildung unnötig. Diese Argumentationsrichtung war denn auch in der

Geschichte der Erzieherinnenausbildung immer wieder Gegenstand der Diskussion.

Im Zuge verstärkter Bemühungen, das Bildungsniveau anzuheben (als Reaktion auf den „Sputnik-Schock") wurde in den 1970er Jahren versucht, die Kindertagesbetreuung durch eine stärkere Betonung des Lernens kognitiver Inhalte als ein Vorläufer der Schule auszurichten. Der in diesem Zusammenhang vorangebrachte *Situationsansatz* (→ Kap. 8.3.2) setzte bei den Erzieherinnen anspruchsvolle Kenntnisse voraus – sowohl in den Bereichen Beobachtung als auch Förderung der kindlichen Fähigkeiten. Zu Beginn des 21. Jahrhunderts finden sich in den Beschreibungen von **Kompetenzanforderungen** und **Berufsprofilen** von Erzieherinnen vermehrte Anstrengungen, über die reine Beschreibung von Tätigkeiten hinauszugehen und so die spezifischen Qualifikationsbedarfe in der Erzieherinnenausbildung zu verankern.

1.4.2 Heutige und zukünftige Kompetenzanforderungen

In neuerer Zeit findet ein Wandel des Berufsverständnisses von Erzieherinnen von einem „emotional getragenen Berufsverständnis" zu einem „professionellen Selbstbild", das „fachliches Wissen und Können als unverzichtbaren Bestandteil integriert", statt (Kahle 1999, S. 18).

Die „Rahmenvereinbarungen über Fachschulen" der Kultusministerkonferenz aus dem Jahr 2002 legen einen **Qualifikationsrahmen für Erzieherinnen** fest. Dieses Kompetenzprofil macht die umfassenden und komplexen Anforderungen an Erzieherinnen deutlich und zeigt, dass die notwendigen Qualifikationen einer systematischen Ausbildung bedürfen.

„Kinder und Jugendliche zu erziehen, zu bilden und zu betreuen erfordert Fachkräfte,

- Die das Kind und den Jugendlichen in seiner Personalität und Subjektstellung sehen
- Die Kompetenzen, Entwicklungsmöglichkeiten und Bedürfnisse der Kinder und Jugendlichen in den verschiedenen Altersgruppen erkennen und entsprechende pädagogische Angebote planen, durchführen, dokumentieren und auswerten können
- Die als Person über ein hohes pädagogisches Ethos, menschliche Integrität sowie gute soziale und persönliche Kompetenzen und Handlungsstrategien zur Gestaltung der Gruppensituation verfügen
- Die im Team kooperationsfähig sind
- Die aufgrund didaktisch-methodischer Fähigkeiten die Chancen von ganzheitlichem und an den Lebensrealitäten der Kinder und Jugendlichen orientiertem Lernen erkennen und nutzen können
- Die in der Lage sind, sich im Kontakt mit Kindern und Jugendlichen wie auch mit Erwachsenen einzufühlen, sich selbst zu behaupten und Vermittlungs- und Aushandlungsprozesse zu organisieren
- Die als Rüstzeug für die Erfüllung der familienergänzenden und -unterstützenden Funktion über entsprechende Kommunikationsfähigkeit verfügen
- Die aufgrund ihrer Kenntnisse von sozialen und gesellschaftlichen Zusammenhängen die Lage von Kindern, Jugendlichen und ihren Eltern erfassen und die Unterstützung in Konfliktsituationen leisten können
- Die Kooperationsstrukturen mit anderen Einrichtungen in Gemeinwesenarbeit entwickeln und aufrechterhalten können
- Die in der Lage sind, betriebswirtschaftliche Zusammenhänge zu erkennen sowie den Anforderungen einer zunehmenden Wettbewerbssituation der Einrichtungen und Dienste und einer stärkeren Dienstleistungsorientierung zu entsprechen." (www.fernstudium-sozialpaedagogik.de/material/allgemein/kmk_rahmenvereinbarung_02072.pdf, S. 21 f., 19.10.2009)

Doch inwieweit sind auch diese Kompetenzanforderungen Veränderungen unterworfen? Wie wirken sich neuere Erkenntnisse der Hirn- und Lernforschung aus? Gerade für den Elementarbereich ist die **Aufwertung von Bildung** (im Vergleich zu Betreuung und Erziehung) hervorzuheben. Von Erzieherinnen wird heute auch bereichsspezifisches Wissen verlangt, um etwa die Entwicklung von Sprachkompetenz zu unterstützen (→ Kap. 22) und die mathematische oder naturwissenschaftliche Bildung zu fördern (→ Kap. 16). Die Bildungspläne der Bundesländer machen deutlich, dass die Bildungsbereiche eine zentrale Rolle für das alltägliche Handeln der Erzieherinnen haben (sollen). Hinzu kommt das sich in den letzten Jahren herausgebildete spezifische Bildungsverständnis (→ Kap. 1.1.1).

Diese Sichtweise auf kindliche Lernprozesse hebt den **Interaktionsprozess zwischen Erwachsenen und Kindern** hervor, in dem zwei gleichwertige Partner miteinander und voneinander lernen (→ Kap. 4.10). Für die Anregung solcher Lernprozesse sind spezifische Kompetenzen notwendig – angefangen vom Bereich der Beobachtung und Diagnostik bis hin zur Initiierung, Durchführung und Evaluierung entwicklungsunterstützender Maßnahmen. Dieses anspruchsvolle Aufgabenprofil hat jedoch bislang noch nicht zu einem bundeseinheitlich verbindlichen Rahmen für die Ausbildung von Erzieherinnen geführt.

1.4.3 Grundausbildung von Erzieherinnen heute

Die heutigen Ausbildungswege für Erzieherinnen sind sehr heterogen. Verschärft wird dies durch die Öffnung des Blicks auf den europäischen Bezugsrahmen. Hier vollzieht sich derzeit ein grundlegender Wandel der Qualifizierung für Fachkräfte im Elementarbereich. Im Folgenden wird eine Übersicht über die gegenwärtigen Ausbildungs- und Berufswege von Erzieherinnen gegeben.

Ausbildung an einer Fachschule

Der klassische und noch immer am weitesten verbreitete Weg in den Beruf der Erzieherin führt über eine Fachschule. Für den Besuch der Fachschule ist entweder ein mittlerer Schulabschluss und eine abgeschlossene berufliche Vorbildung meist in einem sozialen oder sozialpädagogischen Beruf (z. B. Kinderpflegerin, Sozialassistentin) oder die Hochschulreife (Abitur) mit einem mindestens viermonatigen einschlägigen Praktikum („Vorpraktikum") notwendig.

Die Ausbildungsdauer an der Fachschule umfasst in den meisten Bundesländern drei Jahre. In den ersten beiden Jahren wechseln sich Schulunterricht und Praktika ab (als Blockpraktika oder Tagespraktika).

Die schulische Ausbildung umfasst ein breites Fächerspektrum, das zum theoretischen Arbeitsprogramm gehört:

- Pädagogik
- Psychologie
- Recht
- Soziologie
- Biologie
- Gesundheit, Bewegung
- Kunst, Musik, Literatur
- Medien.

Diese Inhalte werden – je nach Bundesland – in Modulen oder Lernfeldern unterrichtet, um einen ganzheitlichen Zugang zu den Fachthemen zu gewährleisten.

Im dritten Jahr findet dann ein Langzeitpraktikum statt, das sogenannte **Anerkennungsjahr.** In einigen Bundesländern werden schulische Ausbildung und Anerkennungsjahr inzwischen stärker miteinander verzahnt. Den Abschluss der Ausbildung bilden mehrere Prüfungen, die sowohl das erworbene theoretische Wissen als auch die praktischen Fähigkeiten in der Vorbereitung, Durchführung und Auswertung der Arbeit mit Kindern umfassen.

Ausbildung berufsbegleitend

Aufgrund des Erzieherinnenmangels entwickelt sich in vielen Bundesländern eine berufsbegleitende Erzieherinnenausbildung an der Fachschule/Fachakademie. Voraussetzungen für eine solche Ausbildung sind ein mittlerer Schulabschluss, eine abgeschlossene Berufsausbildung und 2–3 Jahre nachgewiesene Praxis in dem ausgebildeten Beruf. Die Anmeldung muss an einer Fachschule/Fachakademie erfolgen. Die Bundesländer sehen unterschiedliche Modelle vor: 3 Tage Praxis im Anstellungsverhältnis, 2 Tage Schule oder Blockseminare. Der fachpraktische Teil der Ausbildung (1100 Stunden) entfällt, die fachtheoretische Ausbildung (2400 Stunden) wird je nach Bundesland unterschiedlich auf ca. 1800 bis 2000 fachtheoretische Unterrichtstunden gekürzt. Der Nachteil dieser Ausbildung liegt darin, dass andere Felder der sozialpädagogischen Praxis (Heimerziehung, offene Kinder- und Jugendarbeit) nicht in dieser verkürzten Ausbildung vermittelt werden können. Während der berufsbegleitenden Ausbildung ist man bei einem Träger der Praxis in der Tätigkeit als Erzieherin eingestellt. Einige Träger stellen allerdings nur auf 400 €-Basis ein. Private Fachschulen verlangen in der Regel Geld für diese Ausbildung, die aber über die Bundesagentur für Arbeit finanziert werden kann.

Ausbildung an einer Hochschule

Seit kurzem entstehen an vielen Hochschulen Studiengänge, die für die Arbeit mit Kindern im Alter von der Geburt bis zur Einschulung, teilweise auch von 0 bis 10 Jahren vorgesehen sind. Das in den vorangegangen Kapiteln skizzierte Streben nach einer stärkeren Professionalisierung des Erzieherinnenberufs steht vielfach in engem Zusammenhang mit der Diskussion über eine **Akademisierung der Ausbildung.** Auslöser dafür ist auch die Tatsache, dass alle entwickelten Länder (außer Österreich) ihre Erzieherinnen auf höherem Niveau ausbilden als Deutschland (vgl. OECD 2004).

Der geplante weitere Ausbau des Angebotes an Betreuungsplätzen (ab 2013 soll für ein Drittel der Kinder unter drei Jahren ein Kindergartenplatz zur Verfügung stehen. Stand 2012) macht die Notwendigkeit eines nicht nur quantitativen Wachstums, sondern auch qualitativer Verbesserungen offensichtlich. Schließlich spielt neben der Erziehung die Fokussierung von **Bildung als zentraler Aufgabe** des Elementarbereichs eine wichtige Rolle. Um diesen wachsenden Anforderungen an ihre Arbeit genügen zu können, benötigen Erzieherinnen einen wissenschaftlich fundierten Hintergrund.

Ziel dieser Studiengänge ist es, eine breitere theoretische Basis zu schaffen, die dann als Grundlage für die Arbeit in den Einrichtungen dienen soll. Die meisten Studiengänge sind bislang an **Fachhochschulen** entstanden und schließen mit einem Bachelor ab.

Die **Konzeption dieser Studiengänge** ist sehr unterschiedlich. Viele Angebote sind grundlegend ausgerichtet und führend umfassend in das Arbeitsfeld ein. In anderen Studiengängen haben die Studierenden die Möglichkeit, inhaltliche Schwerpunkte zu setzen, oder der gesamte Studiengang ist auf einen Aspekt ausgerichtet (z. B. Organisation und Management). Teilweise sind die Studiengänge auch als berufsbegleitende Fernstudienangebote aufgebaut, bei denen das erworbene theoretische Wissen im eigenen beruflichen Praxisfeld angewandt und reflektiert werden kann.

> ✉ Adressen von Fachschulen in Deutschland: www.erzieherin-online.de
>
> Überblick über die Studienmöglichkeiten im Bereich der Frühpädagogik: www.fruehpaedagogik-studieren.de

Modelle der zukünftigen Erzieherinnenausbildung

Es ist derzeit weitgehend offen, in welche Richtung sich die Erzieherinnenausbildung zukünftig entwickelt. Dass es eine qualitative Verbesserung geben muss, ist unumstritten; offen ist, in welcher Form diese umgesetzt wird. Die Bildungsforscher Karsten König und Peer Pasternack (2008) beschreiben in ihrer Analyse der aktuellen Situation und zukünftiger Möglichkeiten fünf alternative Entwicklungsszenarien (→ Tab. 1.3). Deutlich wird, dass die Fachschulausbildung zunächst weiterhin Bestand haben wird, denn auch wenn langfristig eine Akademisierung angestrebt wird, wird die Umsetzung nur über einen längeren Zeitraum hinweg möglich sein.

Modell	Ausbildungsweg
Herkömmliches Modell	Ausbildung an Fachschulen ist weiterhin der Standardweg
Verlagerungsmodell	Nach und nach wird die Ausbildung von den Fachschulen an Hochschulen verlagert
Kooperationsmodell	Gemeinsame Ausbildungsangebote von Fach- und Fachhochschulen
Kompromissmodell	Parallele Ausbildung sowohl an Fachschulen als auch an Hochschulen (z. B. gestufte Studienmodelle)
Institutionentransfermodell	Einzelne Fachschulen werden in Berufsakademien oder Hochschulen integriert

Tab. 1.3: Modellvarianten für die zukünftige Ausbildung von Erzieherinnen (nach König/Pasternack 2008, S. 147).

1.4.4 Lebensbegleitendes Lernen von Erzieherinnen – Weiterbildungen und Spezialisierungen

In den letzten Jahrzehnten ist eine Vielzahl von Weiterbildungen und Zusatzausbildungen für Erzieherinnen entstanden. Dabei handelt es sich sowohl um kurzfristige Schulungsmaßnahmen als auch um umfassende Qualifizierungsprojekte. Die große Zahl der Angebote macht auch auf die immer noch bestehende Qualifizierungslücke aufmerksam, die zwischen Ausbildung und tatsächlichen beruflichen Anforderungen besteht. Zugleich macht die Nachfrage in positiver Hinsicht deutlich, wie groß das Interesse an Spezialisierung und Qualifizierung der Berufsgruppe der Erzieherinnen ist.

Abb. 1.17: Fortbildungen werden u. a. für den Bereich Schulübergang angeboten.

Die **Fort- und Weiterbildungsangebote** für Erzieherinnen lassen sich thematisch den folgenden Feldern zuordnen:

- Bildungsbereiche, z. B. Naturwissenschaft, Mathematik, Medien, Musik, Bewegung
- Pädagogische Ansätze, z. B. Montessori-Ausbildung, Reggiopädagogik
- Pädagogik für Kinder mit besonderen Bedürfnissen, z. B. Heilpädagogik, Sprachförderung, Motopädie, Hochbegabung, interkulturelle Pädagogik, Kinder unter drei Jahren
- Management, Recht und Mitarbeiterführung, z. B. Sozialmanagement, Führungsaufgaben
- Kooperation und Übergänge, z. B. Schulübergang, Elternkooperation, Elternbildung
- Kommunikation und Gesprächsführung, z. B. Elternberatung, Kooperation, Konfliktlösung.

Die verschiedenen Bereiche der Qualifikation lassen sich auch mit Hilfe des von der Robert-Bosch-Stiftung entworfenen **Qualifikationsrahmens** für Bachelor-Studiengänge darstellen (→ Abb. 1.18). Hier wird zwischen kindbezogenen Qualifikationen einerseits und umfeldbezogenen Qualifikationen andererseits unterschieden.

Als **Anbieter der Bildungsangebote** treten sowohl private Weiterbildungsunternehmen oder Einzelpersonen als auch Fachschulen des Sozialwesens, Volkshochschulen und Hochschulen auf. Der Umfang der Angebote liegt zwischen Tagesveranstaltungen und Seminaren, die sich über mehrere Monate an einzelnen Terminen erstrecken.

Die Anstrengungen zur Erhöhung der Qualifikation des Fachpersonals in Kindertageseinrichtungen haben gerade im Bereich der Weiterbildung viele Angebote entstehen lassen. Beispiel hierfür ist etwa die in Nordrhein-Westfalen angebotene **Qualifizierungsmaßnahme für Kinderpflegerinnen,** die sich durch die Maßnahme zu staatlich anerkannten Erzieherinnen fortbilden können. Ebenfalls der Anhebung des Qualifikationsniveaus dienen **berufsbegleitende Studienangebote** der Hochschulen für Erzieherinnen mit Berufserfahrung wie z. B. an der Fachhochschule Koblenz, der Hochschule Fulda oder der Fachhochschule Osnabrück.

Hauptproblem bei der Fort- und Weiterbildung von Erzieherinnen ist die große **Unübersichtlichkeit und Uneinheitlichkeit des Angebotes.** Anders als in vielen anderen Berufen gibt es für den Beruf der Erzieherin keine allgemein anerkannte Aufstiegsqualifizierung wie etwa zum Meister. Eine Untersuchung des Fortbildungsmarktes für Erzieherinnen durch die Hans-Böckler-Stiftung kommt entsprechend zu folgendem Ergebnis: „In Deutschland existiert heute ein unüberschaubarer Markt von Angeboten der Fort- und Weiterbildung für Erzieherinnen teils

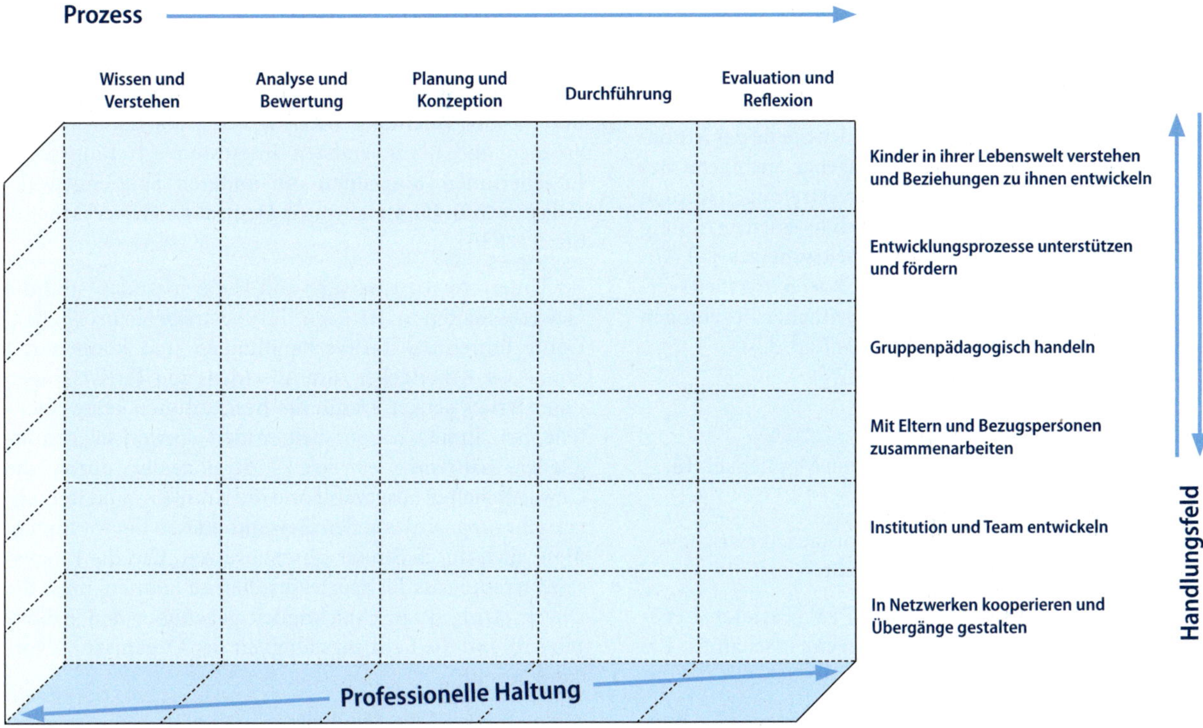

Abb. 1.18: Qualifikationsprofil „Frühpädagogik" nach WIFF 2009, S. 15).

herausragender, teils fragwürdiger Qualität. Das Spektrum ist durch eine Vielzahl fachwissenschaftlicher, pädagogischer, methodischer und erwachsenenbildnerischer Ansätze gekennzeichnet, und die Vielfalt der Angebote ist kaum erforscht. Zugangsvoraussetzungen, Abschlüsse, Dauer und Umfang sowie Inhalte sind höchst unterschiedlich. Es mangelt an struktureller und inhaltlicher Koordination, und so führt das häufig hohe (auch finanzielle) Engagement der Erzieherinnen und Träger kaum zu systematischer Anerkennung der erworbenen Qualifikationen und zu beruflichen Aufstiegsmöglichkeiten" (Stockfisch/Stricker/Meyer 2008, S. 8). Offenbar führt die hohe Einsatzbereitschaft der Beteiligten oft uns Leere, weswegen eine Systematisierung der Angebote dringend notwendig wäre.

Einen Schritt in Richtung **Systematisierung und Vergleichbarkeit** gehen die Bestrebungen zur Etablierung eines Europäischen Qualifikationsrahmens (EQR): Auf Initiative der Europäischen Union sollen die Qualifikationsanstrengungen international vergleichbar werden, indem verschiedene Qualifikationsniveaus beschrieben werden (Europäische Gemeinschaft 2008). Ziel ist, dass jedes Land einen jeweils **nationalen Qualifikationsrahmen aufstellt.** So könnten auch innerhalb eines Landes Abschlüsse und Zusatzqualifikationen vergleichbar werden. Diese Diskussion befindet sich noch im Anfangsstadium und bietet die Chance, die Qualifikationsanstrengungen von Berufstätigen in Zukunft besser anzuerkennen.

1.5 Berufliche Interessenvertretungen von Erzieherinnen und Erziehern

Für die ca. 600 000 sozialversicherungspflichtig beschäftigten Erzieherinnen und Erzieher in Deutschland gibt es mehrere Interessenvertretungen. Die Interessenvertretung erfolgt auf zwei Ebenen. Die erste ist die direkt auf den Arbeitsplatz bezogene Interessenvertretung (z. B. Einhaltung von Arbeitsschutz, Arbeitszeit, Arbeitsvertrag und Urlaubsregelung). Diese erfolgt durch Betriebs- und Personalräte sowie durch Mitarbeitervertretungen.

Die zweite Ebene bezieht sich auf die berufs-, fach- und tarifpolitischen Interessen. Sie wird durch Fach- und Berufsverbände sowie durch Gewerkschaften vollzogen.

1.5.1 Betriebs- und Personalräte und Mitarbeitervertretungen

Die direkte Interessenvertretung aller Beschäftigten erfolgt durch **Betriebs- und Personalräte** und **Mitarbeitervertretungen.** Die rechtlichen Grundlagen für die Betriebsräte in privaten Einrichtungen und bei Einrichtungen der Wohlfahrtsverbände (→ Kap. 2.1.2) sind bundesweit im Betriebsverfassungsgesetz (BetrVG) geregelt. Für die Personalräte, die für die kommunalen Einrichtungen zuständig sind, sind die jeweiligen Landespersonalvertretungsgesetze maßgeblich. Für die kirchlichen Einrichtungen sind die Gesetze und Verordnungen der jeweiligen Landeskirchen für die Mitarbeitervertretungen (MAV) maßgeblich. Die Interessenvertretung kann entweder auf der Ebene der Mitwirkung oder aber auf der Ebene der Mitbestimmung gegenüber dem Arbeitsgeber erfolgen. Betriebs-, Personalräte bzw. Mitarbeitervertretungen werden durch die Mitarbeiter gewählt. Die Interessenvertretung bezieht sich auf die Regelung des Arbeitsschutzes, auf Änderungen der Arbeitsorganisationen, korrekte Arbeitsverträge und Arbeitszeiten und gesundheitlicher Regelungen am Arbeitsplatz (→ Arbeitsrecht siehe Kap. 3.5).

1.5.2 Fachverbände

Fachverbände bieten Erzieherinnen die Möglichkeit für

- Fachlichen Austausch
- Fachliche Weiterentwicklung im Austausch zwischen Praxis, Ausbildung und Wissenschaft.

Die größten Fachverbände sind der PFV (Pestalozzi-Fröbel-Verband) und die AFET (Arbeitsgemeinschaft für Erziehungshilfe).

Fachverbände können keine rechtliche und tarifliche Interessenvertretungen wahrnehmen. Sie bieten Fachtagungen an und veröffentlichen Materialien zu fachspezifischen Themen.

1.5.3 Berufsverbände

Berufsverbände wie z. B. die KEG (Katholische Erziehergemeinschaft) und e+s (Bundesverband Evangelischer Erzieherinnen und Sozialpädagoginnen) bieten die gleichen Möglichkeiten wie die Fachverbände. Sie berücksichtigen stärker die Interessen der Erzieherinnen. Die Berufsverbände haben keine Möglichkeit, Tarifverträge direkt abzuschließen, da sie im Sinne des Tarifvertragsgesetzes keine Mächtigkeit besitzen. Sie beauftragen damit andere Organisationen: e+s, die vkm (Verband kirchlicher Mitarbeiterinnen und Mitarbeiter). Die KEG ist Mitglied der Tarifunion des Deutschen Beamtenbundes. Hierüber erfolgt die tarifliche Interessenvertretung. Beide Berufsverbände sind nicht in allen Bundesländern vertreten.

1.5.4 Gewerkschaften

Neben Fach- und Berufsverbänden sind die Gewerkschaften GEW (Gewerkschaft Erziehung und Wissenschaft) und ver.di (Vereinigte Dienstleistungsgewerkschaft) die größten und umfassendsten Interessenvertretungen für Erzieherinnen. Sie bilden mit anderen Spartengewerkschaften (z. B. IG Metall) den Deutschen Gewerkschaftsbund (DGB).

Im Unterschied zu Berufs- und Fachverbänden sind die Gewerkschaften in der Lage, Tarifverträge abzuschließen. Dafür führen sie Tarifverhandlungen und können mit Streiks die Arbeitgeber zum Abschluss von Tarifverträgen unter Druck setzen. Damit die Beschäftigten keine Nachteile bei Streiks haben, bekommen Gewerkschaftsmitglieder während der Streiks Streikgelder durch die Gewerkschaften ausgezahlt und die Kranken- und Rentenversicherung wird von den Gewerkschaften übernommen. diese auch durch Streiks durchzusetzen. Um die Interessenvertretung als Tarifpartei erfüllen zu können, muss die Durchsetzungskraft (Mächtigkeit gegenüber den Arbeitgebern) und die Leistungsfähigkeit der Organisation vorhanden sein.

Mit mehr als 6 Mio. Mitgliedern ist der Deutsche Gewerkschaftsbund die Spitzenorganisation für die Arbeitnehmerinnen und Arbeitnehmer in der Bundesrepublik Deutschland.

Interessenvertretung im Bereich Recht

Die vorrangigen Interessen der Erzieherinnen in den Gewerkschaften sind

- Tarifrechtliche Beratung und Absicherung
- Arbeitszeit
- Urlaubsregelungen.

Die Interessenvertretung erfolgt bei den Gewerkschaften in folgenden Bereichen:

- Tarifrecht
- Sozialrecht
- Fachpolitik
- Rechtsschutz

Betrieb	Private Betriebe: • Rotes Kreuz • SRH-Gruppe • Elternvereine • Lebenshilfe	Kirchliche Betriebe: • Kindergärten der Kirchengemeinde • Diakonie • Caritas • Christliche Vereine	Öffentliche Betriebe: • Bund • Länder • Gemeinden
Rechtliche Grundlagen	Betriebesverfassungsgesetz	Mitarbeitervertretungsordnungen	Landes- und Bundespersonalvertretungsgesetz
Zuständigkeit	Betriebsrat	Betriebsrat	Personalrat

Tab. 1.4: Personalvertretung von Erzieher/innen, Sozialpädagogen/innen und Sozialarbeiter/innen (Quelle: GEW Baden-Württemberg, 1. Auflage 11/2006, S. 13).

  - Rechtsberatung
  - Rechtliche Vertretung vor dem Arbeitsgericht
- Interessenvertretung gegenüber Politik und Medien.

Die Beitragshöhe bei den Gewerkschaften beträgt ca. 1 % des Brutto-Monatsgehaltes bei einem Stellenumfang von 39/40 Wochenstunden. Im Mitgliedsbeitrag eingeschlossen ist eine Berufshaftpflichtversicherung.

Das Koalitionsrecht (Artikel 9 Abs. 3 im Grundgesetz) erlaubt jedem abhängig Beschäftigten – also auch Erzieherinnen bei Kirchen und Wohlfahrtsverbänden –, Mitglied einer Gewerkschaft zu sein. Dennoch ist die gewerkschaftliche Interessenvertretung für Erzieherinnen in Deutschland keine Selbstverständlichkeit: Erzieherinnen arbeiten mehrheitlich in Kleinstbetrieben, und das Arbeitsfeld ist durch eine Vielfalt von kirchlichen und freien Trägern (→ Kap. 2.2) gekennzeichnet, die einer gewerkschaftlichen Interessenvertretung oft skeptisch bis ablehnend gegenüber stehen. Dennoch organisieren sich Erzieherinnen verstärkt in GEW und ver.di, und ihre Interessen werden immer stärker berücksichtigt. Dies ist begründet durch die Diskussion über die Bedeutung frühkindlicher Bildung und den damit verbundenen höheren gesellschaftlichen Stellenwert (→ Kap. 1) des Berufes, aber auch mit einem verstärktem Selbstbewusstsein der Erzieherinnen. Dies zeigt sich in den tarifpolitischen Auseinandersetzungen.

Die gewerkschaftliche Interessenvertretung von Erzieherinnen erfolgt auf der **Betriebsebene**, der **Landesebene** und der **Bundesebene**. Auf der Betriebsebene werden gewerkschaftliche Vertrauensleute gewählt, die wiederum auf Landes- bzw. Bundesebene ihre Interessenvertreter in den gewerkschaftlichen Gremien wählen.

Die Arbeit erfolgt in den Gewerkschaften ehrenamtlich. Unterstützt werden die ehrenamtlichen Kolleginnen und Kollegen bei der GEW und ver.di durch hauptamtlich beschäftigte Mitarbeiterinnen und Mitarbeiter, die kein politisches Mandat haben.

Neben der Rechtsberatung und dem Rechtsschutz und der tariflichen Absicherung der Beschäftigten ist für die Gewerkschaften die fachpolitische Interessenvertretung von Bedeutung, um die Professionalität des Berufsfeldes verbessern durch

- Fort- und Weiterbildung
- Fachpublikationen
- Erzieherinnentage.

Abb. 1.20: Logo des Deutschen Gewerkschaftsbundes (DGB), unter dessen Dach sich viele Gewerkschaften zusammengeschlossen haben.

Die gesellschaftliche Interessenvertretung erfolgt von Seiten der GEW durch die Mitarbeit in fachlichen Gremien, wie z. B.

- AGJ (Arbeitsgemeinschaft Kinder- und Jugendhilfe)
- Deutschen Verein für öffentliche und private Fürsorge
- Bundesforum Familie.

Mit den Landesregierungen bzw. der Bundesregierung werden Gespräche geführt und Vereinbarungen zur Qualität der Arbeit bzw. über Fort- und Weiterbildungsmaßnahmen abgeschlossen. In Anhörungen zu Gesetzesvorlagen auf Landesebene und bei Anhörungen im Deutschen Bundestag, z. B. zur Novellierung des Kinder- und Jugendhilfegesetzes (→ Kap. 3) wird die GEW gehört. In den Fragen der Ausbildung bzw. der Neugestaltung der Erzieherinnenausbildung wirkt die GEW gestaltend durch die Anhörungen in den Länderparlamenten und in der Fachöffentlichkeit begleitend mit.

Auch Studierende an Fachschulen können Mitglied der GEW werden und an ihren Schulen eigenständige Schulgruppen gründen. Sie werden dann auch in Fragen der BAföG-Förderung und der Studieninhalte beraten.

Interessenvertretung im Bereich Bildung

Die GEW und ver.di sind im Europäischen Gewerkschaftsbund (EGBW) vertreten, dem Zusammenschluss der europäischen Gewerkschaften. Dort können sie die Interessen der Erzieherinnen in der Sektion Bildung einbringen. Die GEW ist darüber hinaus Mitglied der weltweit vertretenen Bildungsinternationale (BI), in der Pädagoginnen und Pädagogen aus Tageseinrichtungen für Kinder, Schulen, Hochschulen und Weiterbildung organisiert sind. Auch dort vertritt die GEW die Interessen der sozialpädagogischen Fachkräfte (Erzieherinnen, Sozialpädagogen, Diplompädagogen).

> 📖 Gewerkschaft Erziehung und Wissenschaft (Hrsg.): Ratgeber für Sozialpädagogische Fachkräfte. Eingruppierung im Sozial- und Erziehungsdienst, Arbeitsrechte, Aufsicht und Haftung. Essen 2004.
>
> Gewerkschaft Erziehung und Wissenschaft (Hrsg.): Arbeits- und Tarifrecht für Erzieher/innen, Sozialpädagogen/innen, Sozialarbeiter/innen. Stuttgart 2006.
>
> ✉ AFET – Bundesverband für Erziehungshilfe e.V., Osterstraße 27, 30159 Hannover, Telefon: 0511 353991-3, Telefax: 0511 353991-50, E-Mail: info@afet-ev.de, www.afet-ev.de
>
> Deutscher Gewerkschaftsbund (DGB), Bundesvorstand, Henriette-Herz-Platz 2, 10178 Berlin, Telefon: 030 2460-0, Telefax: 030 24 60-324, E-Mail: info.bvv@dgb.de, www.dgb.de
>
> Gewerkschaft Erziehung und Wissenschaft (GEW), Hauptvorstand, Reifenberger Straße 21, 60489 Frankfurt am Main, Telefon: 069 78973-0, Telefax: 069 78973-201, E-Mail: info@gew.de, www.gew.de / Die Regionaladressen finden sich unter http://www.gew.de/Landesverbaende.html

2

Organisation und Management in sozialpädagogischen Einrichtungen

Gerlinde Knisel-Scheuring, Xenia Roth

In diesem Kapitel geht es um die Organisation und das Management in professionell geführten sozialpädagogischen Einrichtungen. Es bezieht sich auf die allgemeinen Strukturen einer Einrichtung und die Planung der pädagogischen Arbeit: *die Einrichtung als Betrieb* (→ Kap. 2.1). Darin werden die Vielfalt und die Handlungsfelder der sozialpädagogischen Einrichtungen vorgestellt sowie die Arbeitsbereiche ihrer professionellen Mitarbeiter. Die Mitarbeiter einer Einrichtung sind in ihrer Arbeit an verbindliche Vorgaben gebunden, die sich aus den folgenden Einflüssen ergeben:

- Gesellschaftliche und politische Rahmenbedingungen (→ Kap. 9) bzw. gesetzliche Vorgaben (→ Kap. 3)
- Individuelle Bedürfnisse von Kindern und Familien (→ Kap. 4-7)
- Bedürfnisse und Bedingungen innerhalb einer Einrichtung (→ Kap. 4–7)
- Bedürfnisse und Bedingungen des Trägers (→ Kap. 2.1.2)
- Bedürfnisse und Bedingungen von Kooperationspartnern (→ Kap. 2.1.6).

Bei der Umsetzung dieser Vorgaben haben Erzieherinnen eigene Gestaltungsspielräume, bspw. bei der Entwicklung einer *Konzeption* (→ Kap. 2.2), die auch Teil des *Qualitätsmanagements* (→ Kap. 2.4) und der *Organisationsentwicklung* (→ Kap. 2.5) ist. Zusätzlich zu der zunehmenden *Datenverwaltung* bzw. dem *Informationsmanagement* (→ Kap. 2.3) ist es heute, da finanzieller Mittel knapp sind, für sozialpädagogische Einrichtungen unerlässlich, effektiv und möglichst kostensparend zu arbeiten. Hierfür ist eine gute *Öffentlichkeitsarbeit* notwendig (→ Kap. 2.6).

2.1 Sozialpädagogische Einrichtungen als Betrieb

Der Begriff soziale Arbeit steht übergreifend für alle Bereiche der Erziehung, Bildung, Betreuung und Unterstützung von Menschen aller Altersgruppen. Der für die Ausbildung zur Erzieherin und zum Erzieher wesentliche Bereich der sozialen Arbeit ist die Kinder- und Jugendhilfe.

► Kinder- und Jugendhilfe (Jugendhilfe)
Leistungen und Aufgaben zugunsten junger Menschen zwischen 0 und 27 Jahren und Familien. (SGB VIII)

Die Leistungen der Jugendhilfe erstrecken sich auf

- Alle Angebote außerschulischer Kinder- und Jugendarbeit (→ Kap. 4–6)
- Kinder- und Jugendschutz im Bereich der Erziehung (→ Kap. 3)
- Kindertagesbetreuung (→ Kap. 4)
- Hilfen zur Erziehung (→ Kap. 6)
- Hilfen für Kinder und junge Menschen mit Behinderungen (→ Kap. 24).

Die Leistungen der Jugendhilfe werden von *öffentlichen* und *freien Trägern* (→ unten) erbracht.

Die Einrichtungen der Jugendhilfe werden sozialpädagogische Einrichtungen genannt.

► Sozialpädagogische Einrichtung
Einrichtung der Kinder- und Jugendhilfe mit den Aufgaben,

- Die Erziehung, Bildung und Betreuung in den Familien zu ergänzen oder zu ersetzen
- Die Eigenverantwortung der zu betreuenden Menschen zu stärken und sie in die Lage zu bringen, die allgemeinen Lebenslagen und die Anforderungen der Gesellschaft selbstständig zu bewältigen.

Die Handlungsfelder von sozialpädagogischen Einrichtungen sind

- Tageseinrichtungen für Kinder (→ Kap. 4)
- Offene Kinder- und Jugendarbeit (→ Kap. 5)
- Hilfen zur Erziehung (→ Kap. 6)
- Zusammenarbeit mit Ganztagsgrundschulen (→ Kap. 7).

Die Zusammenarbeit mit Ganztagsgrundschulen gehört im engeren Sinne nicht zu den Handlungsfeldern der sozialpädagogischen Einrichtungen der Jugendhilfe. Die Kinder werden jedoch zunehmend institutsübergreifend gebildet. Daher wird auch ein geglückter *Übergang* (→ Kap. 4.6) immer wichtiger. Dieser kann nur durch eine enge Zusammenarbeit zwischen Jugendhilfe und Schulen gewährleistet werden.

Heute gleichen sozialpädagogische Einrichtungen wirtschaftlich orientierten Betrieben, das heißt, sie müssen Leistungen erbringen und sich auf dem Markt positionieren. Auch die Arbeitsweise der Einrichtungen ist zunehmend betriebswirtschaftlich geprägt. Damit verändern sich sowohl die Finanzierung als auch die Arbeitsfelder der Leitung (→ unten).

✉ Fachkräfteportal der Kinder- und Jugendhilfe http://www.jugendhilfeportal.de

2.1.1 Einteilung der sozialpädagogischen Einrichtungen

Sozialpädagogische Einrichtungen sind

- Tageseinrichtungen für Kinder
- Offene Kinder- und Jugendarbeit
- Hilfen zur Erziehung.

Tageseinrichtungen für Kinder

Tageseinrichtungen → Kap. 4

Tageseinrichtungen für Kinder sind familienergänzend (→ unten) und bieten regelmäßige außerschulische Erzie-

Abb. 2.1: Tageseinrichtungen für Kinder sind familienergänzend.

hung, Bildung und Betreuung für Kinder von 0–14 Jahren. Ihr Ziel ist es, die Kinder in ihrer gesamten Persönlichkeitsentwicklung zu fördern. Zu diesen Einrichtungen gehören u. a.:

- Kinderkrippen
- Kindergärten
- Horte
- Häuser für Kinder
- Kindertageseinrichtungen
- Integrative Einrichtungen
- Interkulturelle Einrichtungen.

Die Arbeit der Tageseinrichtungen für Kinder wird durch die Leistungen der offenen Kinder- und Jugendarbeit ergänzt.

Offene Kinder- und Jugendarbeit

Offene Kinder- und Jugendarbeit → Kap. 5

Die Einrichtungen der offenen Kinder- und Jugendarbeit sind wie die Kindertageseinrichtungen *familienergänzend* (→ unten). Sie bieten verschiedene Angebote zur Erziehung, Bildung und Betreuung von Kindern und Jugendlichen außerhalb von Schule oder Tageseinrichtungen an. Zu diesen Freizeiteinrichtungen zählen:

- Kinder- und Jugendhäuser
- Betreute Spielplätze
- Stadtteiltreffs
- Spielmobile
- Jugendfarmen
- Kinder- und Jugendfreizeiten
- Jugendgruppen.

Wenn die Erziehung, Bildung und Betreuung der Kinder und Jugendlichen in den Familien nicht ausreichend ist und weder die Tageseinrichtungen noch die Einrichtungen der offenen Kinder- und Jugendarbeit dies auffangen können, greifen die Hilfen zur Erziehung.

Hilfen zur Erziehung

Hilfen zur Erziehung → Kap. 6

Die Einrichtungen der Hilfen zur Erziehung sind familienergänzend oder familienersetzend.

► **Familienergänzende Einrichtungen**
Einrichtungen, die den pädagogischen Auftrag haben, die Erziehung und Bildung in den Familien zu ergänzen. Hier werden Kinder ganztags oder für einen Teil des Tages betreut.

► **Familienersetzende Einrichtungen**
Einrichtungen, die stellvertretend kurz- oder langfristig Aufgaben übernehmen, die grundsätzlich Aufgabe und Recht der Eltern und der Familie sind.

Einrichtungen, in denen Kinder und Jugendliche langfristig betreut werden, sind u. a. Heime, Internate, Wohngruppen oder Kinderdörfer. Kurzfristig betreut werden sie z. B. in Tagesgruppen oder in der sozialen Gruppenarbeit.

Die Hilfen zur Erziehung richten sich auch an Eltern, die im Alltag Hilfe benötigen. Das Ziel ist, dass die Eltern die Erziehung wieder ohne Hilfe von Außen übernehmen können. Die Hilfen zur Erziehung werden bei Jugendämtern und Erziehungsberatungsstellen beantragt.

2.1.2 Träger von sozialpädagogischen Einrichtungen

Sozialpädagogische Einrichtungen werden von Trägern der Jugendhilfe finanziert und organisiert. Die Mitarbeiter in den Einrichtungen sind den Trägervertretern unterstellt.

► **Träger von sozialpädagogischen Einrichtungen**
Organisationsform, die Einrichtungen und Dienste der Kinder- und Jugendhilfe betreibt, d. h. sie finanziert, verwaltet und personell und sachlich ausstattet.

Träger von sozialpädagogischen Einrichtungen werden unterschieden in öffentliche und freie Träger der Jugendhilfe.

Öffentliche Träger

Im weitesten Sinne ist der Staat öffentlicher Träger. Er richtet zur Erfüllung seiner Aufgaben Jugendämter (örtlich) und Landesjugendämter (überörtlich) ein. Die Zuständigkeiten ergeben sich aus dem Kinder- und Jugendhilfegesetz (KJHG → Kap. 3.2). Im Gegensatz zu den freien Trägern besteht bei den öffentlichen Trägern eine gesetzliche Leistungsverpflichtung. Die Mitarbeiter sind hauptamtlich tätig.

Öffentliche Träger unterscheiden sich in:

- Örtliche Träger sind alle Kreise und kreisfreien Städte, manchmal auch Gemeinden

Abb. 2.2: Die freie Wohlfahrtspflege bietet unter anderem Weiterbildungen an.

- Überörtliche Träger werden von jedem Bundesland festgelegt. Dazu zählen Landschaftsverbände, Landeswohlfahrtverbände oder entsprechende staatliche Behörden (Vogelsberger 2002).

Freie Träger

Freie Träger sind neben den Kirchen die Verbände der freien Wohlfahrtspflege (→ unten). Neben diesen Organisationen können alle juristischen Personen (→ Kap. 3.3.1) bzw. Personenvereinigungen, z. B. eine Elterninitiative mit Vereinsstatus, bei der zuständigen Kreisverwaltung einen Antrag auf freie Trägerschaft einreichen. Auch ein Unternehmen kann ein freier Träger werden, indem es einen Betriebskindergarten einrichtet. Hierfür muss eine Betriebserlaubnis des zuständigen Jugendamtes eingeholt werden. Die rechtliche Grundlage ist das KJHG (Vogelsberger 2002).

Elterninitiativen sind meist lokal, die Wohlfahrtsverbände sind bundesweit tätig un d verfügen über viele Einrichtungen. Bei freien Trägern wird die Tätigkeit oft ehrenamtlich übernommen (Hansen/Oberhuemer 2003).

Freie Wohlfahrtspflege

Die nicht kirchlichen freien Träger werden zusammengefasst als freie Wohlfahrtspflege bezeichnet.

> ▶ **Freie Wohlfahrtspflege**
> Organisationen, die freiwillig im Bereich des Sozialen Hilfe bei Not leisten bzw. dieser vorbeugen.

Die freie Wohlfahrtspflege stellt ca. 94 000 Einrichtungen und Dienste in Deutschland. Ihre Arbeitsgebiete sind:

- Altenhilfe
- Aus-, Fort- und Weiterbildung in sozialen und pflegerischen Berufen
- Hilfe für behinderte Menschen
- Familienhilfe
- Jugendhilfe
- Krankenhäuser.

Weiterhin koordinieren sie Selbsthilfe- und Helfergruppen und erschließen ehrenamtlich und private Hilfen sowie Spenden.

Über 50 % aller sozialen Einrichtungen sind in Trägerschaft der freien Wohlfahrtspflege. Die freie Wohlfahrtspflege finanziert sich zu ca. 90 % aus staatlichen Mitteln, z. B. Sozialversicherung und Pflegeversicherung, weiterhin durch Spenden und Eigenmittel wie z. B. die Kirchensteuer.

Es gibt sechs **Spitzenverbände der freien Wohlfahrtspflege**, die jeweils eine Vielzahl von humanitären Mitgliedsorganisationen unter sich vereinen:

- Arbeiter wohlfahrt (AWO)
- Deutscher Caritasverband e.V. (DCV)
- Deutscher Paritätischer Wohlfahrtsverband (DPWV, DER PARITÄTISCHE)
- Deutsches Rotes Kreuz (DRK)
- Diakonisches Werk der Evangelischen Kirche Deutschlands (Diakonie oder DW der EKD)
- Zentralwohlfahrtsstelle der Juden in Deutschland (ZWSt).

Die Spitzenverbändesind religiös oder politisch ausgerichtet (→ Tab. 2.1). Sie bilden gemeinsam die Bundesarbeitsgemeinschaft der Freien Wohlfahrtspflege (BAGFW).

Arbeiterwohlfahrt

Die Arbeiterwohlfahrt (AWO) in Deutschland wurde 1919 gegründet und entwickelte sich zu einer Hilfsorganisation für alle sozial bedürftigen Menschen. Sie organisiert sich durch Mitgliedschaft in Ortsvereinen. Zu ihren Arbeitsfeldern gehört die Arbeit mit Menschen mit Behinderungen und Senioren. Außerdem betreibt sie u. a. Beratungsstellen, Freizeiteinrichtungen und Kindergärten.

Motivationsgrundlage der Spitzenverbände der freien Wohlfahrtspflege	
Religiös	• Deutscher Caritasverband e.V. (DCV) • Diakonisches Werk der Evangelischen Kirche in Deutschland (DK der EVK oder Diakonie) • Zentralwohlfahrtsstelle der Juden in Deutschland (ZWSt)
Humanitär	• Der Paritätische Wohlfahrtsverband (DER PARITÄTISCHE) • Deutsches Rotes Kreuz (DRK)
Politisch	• Arbeiterwohlfahrt (AWO)

Tab. 2.1: Motivationsgrundlage der Spitzenverbände der freien Wohlfahrtspflege.

Deutscher Caritasverband e.V.

Der Deutsche Caritasverband e. V. *(von lat. caritas: Nächstenliebe)* ist eine von weltweit 162 Hilfsorganisationen der Römisch-Katholischen Kirche. Der Deutsche Caritasverband (DCV) wurde 1897 gegründet. Er ist in Deutschland mit fast 500 000 hauptamtlichen Mitarbeitern der größte private Arbeitgeber. Hinzu kommen noch einmal ungefähr genauso viele ehrenamtliche Mitarbeiter. Das Leitbild (→ Kap. 2.2.1) des DCV basiert auf der Lehre der Römisch-Katholischen Kirche. Zu seinen Arbeitsfeldern gehören u. a. Einrichtungen von Altenhilfe, Familienhilfe, Gesundheitswesen, Kinder- und Jugendhilfe, Sozialberatung und Suchtberatung.

Deutscher Paritätischer Wohlfahrtsverband

Der Deutsche Paritätische Wohlfahrtsverband e. V. bzw. DER PARITÄTISCHE (von lat. paritas: Gleichheit) ist ein Verband von eigenständigen Organisationen, Einrichtungen und Gruppierungen der Wohlfahrtspflege, die soziale Arbeit für andere leisten oder Selbsthilfe organisieren. Er wurde nach dem Ersten Weltkrieg gegründet. Heute gliedert er sich in 15 Landesverbände in Deutschland. Einige seiner Mitgliedsorganisationen sind der Arbeiter-Samariter-Bund, das Deutsche Kinderhilfswerk, die Deutsche Krebshilfe, Pro Familia, die SOS-Kinderdörfer und der Weiße Ring.

Deutsches Rotes Kreuz

Das Rote Kreuz wurde 1863 gegründet und ist eine internationale Bewegung. Das Deutsche Rote Kreuz (DRK) ist die nationale Rotkreuz-Gesellschaft. Beim DRK arbeiten ca. 80 000 hauptberufliche und ca. 400 000 ehrenamtliche Mitarbeiter. Es finanziert sich durch Spenden und öffentliche Gelder. Das DRK ist in den Bereichen Blutspende, Jugendarbeit, Katastrophenschutz, Rettungsdienst, Sozialarbeit und Suchdienst tätig.

Diakonisches Werk der Evangelischen Kirche Deutschlands

Das Diakonische Werk der Evangelischen Kirche Deutschlands (Diakonie) ist das Gegenstück zur Deutschen Caritas der Römisch-Katholischen Kirche. Es zählt ca. 430 000 hauptamtliche und ca. 400 000 ehrenamtliche Mitarbeiter. 1849 wurden die bisherigen diakonischen Arbeiten *(von altgriech. dia konia, frei übersetzt: Hausdienst)* der Evangelischen Kirche durch den *Centralausschuß für die Innere Mission der Deutschen Evangelischen Kirche* organisiert, aus dem dann das Diakonische Werk entstand. Zu den Arbeitsfeldern der Diakonie gehören u. a. Altenhilfe, Beratung, Hilfe für Menschen mit Behinderungen, Familienhilfe, Gesundheitswesen, Kinder- und Jugendhilfe, Migration und Sozialberatung.

Zentralwohlfahrtsstelle der Juden in Deutschland

Die Zentralwohlfahrtsstelle der Juden in Deutschland e. V. (ZWSt) wurde 1917 gegründet, um die verschiedenen wohltätigen Bemühungen der jüdischen Gemeinden zu organisieren. Die beiden Hauptarbeitsfelder sind:

- *Jugendreferat* – Unterstützung und Förderung der jüdischen Kinder und Jugendlichen
- *Sozialreferat* – Betreuung von Einwanderern (hauptsächlich aus Osteuropa) bei der Eingliederung in die jüdischen Gemeinden und in die deutsche Gesellschaft, Betreuung von Senioren, Betreuung von Kranken, Weiterbildung und Ausbildung zum Sozialarbeiter.

✉ Weitere Informationen zu den Spitzenverbänden der freien Wohlfahrtspflege im Internet:
- Arbeiterwohlfahrt: www.awo.org
- Deutscher Caritasverband: www.caritas.de
- Paritätischer Wohlfahrtsverband: www.der-paritaetische.de
- Deutsches Rotes Kreuz: www.drk.de
- Diakonisches Werk: /www.diakonie.de
- Zentralwohlfahrtsstelle der Juden in Deutschland: http://www.zwst.org

Zusammenarbeit von öffentlichen und freien Trägern

Um eine möglichst flächendeckende Versorgung mit sozialpädagogischen Einrichtungen in Deutschland zu erreichen, ist eine Zusammenarbeit von öffentlichen und freien Trägern nötig.

Die Zusammenarbeit von öffentlichen und freien Trägern ist gesetzlich geregelt (→ Kap. 3). Sie sollen „zum Wohl junger Menschen und ihrer Familien partnerschaftlich zusammenarbeiten" (§ 4 Abs. 1 KJHG). Die öffentlichen Träger müssen die Selbstständigkeit der freien Träger achten.

⊙ In der Zusammenarbeit von öffentlichen und freien Trägern hat das **Subsidiaritätsprinzip** (Prinzip der Nachrangigkeit) eine große Bedeutung. Danach soll der öffentliche Träger, wenn ein freier Träger eine Aufgabe übernehmen will oder bereits übernommen hat, diese nicht selbst beanspruchen. Muss beispielsweise in einer Gemeinde aufgrund des wachsenden Bedarfs ein Kindergarten gebaut werden und hat z. B. die katholische Kirchengemeinde als freier Träger Interesse bekundet, diese Einrichtung zu bauen, muss die Gemeinde in diesem Fall auf den Bau eines eigenen Kindergartens verzichten. Sie dürfte nur dann tätig werden, wenn sich kein freier Träger zum Bau der Einrichtung gefunden hätte (Vogelsberger 2002).

Aufgabenfelder der Träger

Die Aufgabenfelder der Träger sind (nach Oberhuemer/Schreyer/Hanssen 2003):

- Organisations- und Dienstleistungsentwicklung
- Konzeptionsentwicklung
- Qualitätsmanagement
- Personal- und Finanzmanagement
- Familienorientierung und Elternbeteiligung
- Gemeinwesenorientierte Vernetzung und Kooperation

- Bedarfsentwicklung und Angebotsplanung
- Öffentlichkeitsarbeit
- Bau und Sachausstattung.

Organisations- und Dienstleistungsentwicklung

Organisationsentwicklung → Kap. 2.5

Organisationsentwicklung bedeutet für den Träger, sowohl seine eigenen Strukturen als auch die Strukturen seiner Einrichtungen zu gestalten. Die Organisationsentwicklung wird mit Instrumenten des *Qualitätsmanagements* (→ Kap. 2.4) durchgeführt.

Zur Organisationsentwicklung gehören:

- Leitbildentwicklung (→ Kap. 2.1)
- Führungskonzeption (→ Kap. 2.1.3)
- Qualitätsmanagement (→ Kap. 2.4)
- Öffentlichkeitsarbeit (→ Kap. 2.6)
- Evaluationsstrategien (→ Kap. 2.3).

Nach dem KJHG sind Träger verpflichtet, ihr Leistungsangebot nach den Bedürfnissen der Kinder und ihrer Familien zu richten, d. h., sie orientieren sich an der Nachfrage. Zusätzlich müssen sie die steigende Bedarfs- und Dienstleistungsorientierung sowie den Bildungs-, Erziehungs- und Betreuungsauftrag von Einrichtungen berücksichtigen. Hierbei muss der Träger auf Reformen im Wohlfahrts- und Bildungssystem, gekürzte finanzielle Mittel und gesellschaftliche sowie gesetzliche Veränderungen reagieren. Dies kann er mit der Dienstleistungsentwicklung. Dazu gehören die Analyse

- Der eigenen Organisation (Selbstanalyse)
- Der Umgebung (System- und Umweltanalyse)
- Der eigenen Strategien (Zielperspektiven)
- Des eigenen Profils (Trägerprofil).

Konzeption und Konzeptionsentwicklung

Konzeptionsentwicklung → Kap. 2.2

In Deutschland gibt es keinen vorgegebenen einheitlichen Rahmen für die Arbeit der sozialpädagogischen Einrichtungen. Daher ist eine Konzeption für jede einzelne Einrichtung notwendig. Der Träger entwickelt zunächst eine eigene Konzeption als Vorgabe für verbindliche Standards in seinen Einrichtungen. Zur Trägerkonzeption gehören

- Der rechtliche Rahmen
- Das Leitbild des Trägers
- Die Grundsätze des Trägers für die pädagogische Arbeit in den Einrichtungen.

Mit seiner Konzeption vermittelt der Träger, wie er auf die Bedürfnisse der Kinder und der Familien reagieren will. Daher ist die Konzeption nicht festgelegt, sondern entwickelt sich mit den Lebenssituationen seiner Klientel. Die Konzeptionsentwicklung des Trägers beinhaltet die Sicherung der zeitlichen, personellen und materiellen Rahmenbedingungen sowie Bildungscontrolling.

Abb. 2.3: Trägervertreter vermitteln den Mitarbeitern der Einrichtungen ihre Vorgaben für die Konzeption.

> ► **Bildungscontrolling**
> Planung, Ausführung und Auswertung von Bildungsmaßnahmen.

Die Konzeption des Trägers ist die Vorgabe für die Konzeption seiner Einrichtungen und wird den Mitarbeitern durch die Trägervertreter vermittelt. Der Träger

- Übermittelt seine Konzeptionsgrundlagen
- Fördert und fordert eine eigene Konzeption der Einrichtung
- Macht seine Konzeption öffentlich.

Die Einrichtungen arbeiten die Trägerkonzeption für sich aus und übernehmen sie in einer ihnen entsprechenden Form.

Qualitätsmanagement

Qualitätsmanagement → Kap. 2.4

Das Qualitätsmanagement ist ein Planungs-, Informations- und Kontrollsystem.

Der Träger setzt in erster Instanz die Vorgaben des Betreuungs-, Bildungs- und Erziehungsauftrages der Bundesländer um. Hierbei hat er die Möglichkeit, in eigener Verantwortlichkeit Qualitätskriterien zu entwickeln. Er gewährleistet die Qualität seiner Arbeit durch Qualitätsplanung, -sicherung und -entwicklung.

Der Träger dokumentiert die Qualität seiner Arbeit und die seiner Einrichtungen. Die Qualität wird überprüft durch bundesweit arbeitende Institute, die sich mit Qualitätsentwicklung und Kontrollstrategien beschäftigen. Dazu gehören z. B. der Bundesverband der Arbeiterwohlfahrt, die Evangelische Kirche Deutschlands und die Landesverbände des Paritätischen Wohlfahrtverbandes.

Personalmanagement

Personalmanagement → Kap. 2.1.3

Der Träger ist verantwortlich für das Personalmanagement in seinen Einrichtungen. Seine Aufgaben sind hierbei:

- Personalplanung und -gewinnung
- Personalführung und -aufsicht
- Personalentwicklung
- Personalcontrolling
- Personalverwaltung.

Um ein gutes Personalmanagement zu erreichen, beachtet der Träger eine Vielzahl von Aspekten wie:

- Anforderungsprofil seiner Mitarbeiter
- Qualifizierung und Unterstützung der Mitarbeiter
- Beachtung der Arbeitsbedingungen (→ Kap. 3)
- Ausarbeitung klarer Aufgabenbeschreibungen
- Gewährleistung transparenter Kommunikationsstrukturen
- Klärung der Rechte und Pflichten der Mitarbeiter (→ Kap. 3).

Finanzmanagement

Finanzmanagement → Kap. 2.6

Sozialpädagogische Einrichtungen werden überwiegend aus öffentlichen Mitteln finanziert. Dazu gehören Zuschüsse der Bundesländer, Anteile der Jugendämter und Gemeinden, Eigenanteile der freien Träger und Elternbeiträge.

Gesetze und Vorschriften lassen dem Träger nur wenig eigenen Handlungsspielraum. Da durch öffentliche Gelder oft nur der Mindestbedarf von Träger und Einrichtungen gedeckt ist, muss der Träger versuchen, durch eigenes Finanzmanagement Mittel zu beschaffen. Dies kann er auch an die Einrichtungen delegieren, behält dabei jedoch die Gesamtverantwortung (→ Kap. 2.1.3). Zum Finanzmanagement gehören das Erstellen von Finanzierungskonzepten, die Verwaltung der Finanzen und die Erschließung zusätzlicher Finanzquellen.

Abb. 2.4: Um die öffentlichen Gelder aufzustocken, können Sponsoren gewonnen werden. Dafür bietet sich ein Sponsorenfest an, bei dem sich die Einrichtung vorstellt und bewirbt.

Familienorientierung und Elternbeteiligung

Das Recht der Eltern auf Erziehungsverantwortung ist im Grundgesetz verankert (→ Kap. 3). Gleichzeitig muss ein familienorientiertes Betreuungsangebot zur Verfügung gestellt werden. Der Träger gewährleistet, dass die Einrichtungen ihr Leistungsangebot dem Bedarf entsprechend ausbauen. Die Elternbeteiligung an wesentlichen Entscheidungen und Angelegenheiten in Tageseinrichtungen für Kinder ist im KJHG (→ Kap. 3.2) vorgeschrieben. Der Träger stellt die gelingende Zusammenarbeit zwischen Träger, Eltern, pädagogischen Fachkräften und Gemeindevertretern zum Wohl der Kinder und der Familien sicher. Familien mit besonderem Unterstützungsbedarf werden gezielt berücksichtigt.

Der Träger gewährleistet die

- Bereitstellung eines Leistungsangebots, das die Bedürfnisse der Familien angemessen berücksichtigt
- Unterstützung der pädagogischen Fachkräfte für die partnerschaftliche Zusammenarbeit mit Familien
- Sicherung eines wirksamen Kommunikationssystems zwischen Einrichtungen und Familien
- Gewährleistung von bedarfsgerechten Partizipationsformen von Familien
- Stärkung des Selbsthilfepotenzials der Eltern.

Gemeinwesenorientierte Vernetzung und Kooperation

Die Träger der öffentlichen Jugendhilfe haben laut KJHG (→ Kap. 3.2) die Verpflichtung, mit anderen öffentlichen Einrichtungen zusammenzuarbeiten und eine gemeinwesenorientierte Vernetzung und Kooperation aufzubauen.

> ► **Gemeinwesen**
> Alle Organisationsformen menschlichen Zusammenlebens, die über den Familienverband hinausgehen.
>
> ► **Vernetzung** *(im sozialen Bereich)*
> System von Beziehungen zwischen einzelnen Personen und Organisationen. Im Bereich des Gemeinwesens spricht man auch von einem sozialen Netzwerk.
>
> ► **Kooperation**
> Zusammenarbeit zwischen einzelnen Personen und Organisationen zum Nutzen aller Beteiligten.

Gemeinwesenorientierte Vernetzung gibt es im System der sozialpädagogischen Einrichtungen, im Bereich von Gemeinwesen, Politik und Wirtschaft.

Durch die Vernetzung kann ein wirksames, vielfältiges und aufeinander abgestimmtes Angebot von Jugendhilfeleistungen gewährleistet. Kooperationen sind möglich zwischen:

Abb. 2.5: Vernetzung: Zugunsten von Kindern und ihren Familien finden Kooperationen verschiedener Einrichtungen statt.

- Bürgern und Initiativen
- Trägern
- Politik und Gemeinwesen
- Jugendhilfe und Wirtschaft.

Grundlage für eine Vernetzung ist ein gemeinsames Ziel, wie z. B. die Bildung von Kindern und Jugendlichen. Die Gemeinwesenarbeit gibt Bürgern die Möglichkeit, sich ehrenamtlich sozial zu engagieren. Für viele Träger ist die Kooperation ein wichtiger Aspekt ihrer Leitlinien und Konzeption (→ Kap. 2.1.3).

Bedarfsermittlung und Angebotsplanung

Der Bedarf an sozialpädagogischen Einrichtungen wird hauptsächlich durch gesetzliche Vorgaben geregelt (→ Kap. 3.2). Der Träger sorgt dafür, dass diese Vorgaben umgesetzt werden und gestaltet seine Angebote nach der Nachfragesituation. Hierbei werden sowohl die quantitativen wie auch die qualitativen Aspekte berücksichtigt durch

- Bedarfsermittlung mit den Daten der Jugendhilfeplanung und in den Einrichtungen der Träger
- Angebotsplanung in Zusammenarbeit mit der Einrichtung, Mitarbeitern, Eltern und Kindern sowie anderen Trägern und zuständigen Instanzen.

Öffentlichkeitsarbeit

Öffentlichkeitsarbeit → Kap. 2.6

Der Träger bringt sich durch Bekanntmachung seiner Arbeitskonzeption, Arbeitsschwerpunkte und Arbeitsergebnisse in das Bewusstsein der Öffentlichkeit und wirbt so für sich. Dies ist aufgrund des starken Wettbewerbs unter den Trägern unerlässlich. Dabei muss der Träger seine die Bedürfnisse seiner Zielgruppen berücksichtigen.

Durch Öffentlichkeitsarbeit kann gezielt das Image beeinflusst werden. Eine gezielte Öffentlichkeitsarbeit erfordert Marketing-Strategien und ein Konzept. Bei der Verbreitung und Bekanntmachung von sozialen Ideen spricht man von *Sozialmarketing* oder *Soziomarketing* (→ Kap. 2.1.3). Eine erprobte Möglichkeit für die Öffentlichkeitsarbeit ist die *Corporate Communication* (→ Kap. 2.5).

Bau und Sachausstattung

Außer dem allgemeingültigen Baugesetzbuch und dem Raumordnungsgesetz (→ Kap. 3) existieren für jedes Bundesland Landesbauordnungen, allgemeine Bauvorschriften sowie Vorgaben zu Brandschutz und Verkehrssicherheit. Darüber hinaus haben viele Kommunen eigene Richtlinien. Daher sind die Aufgaben des Trägers mehr organisatorischer Art, wie z. B. Besprechungen mit Architekten und Bauleitern. Zum Bereich Bau gehören Neubauten, Umbauten und Sanierungen.

Der Träger überprüft die baulichen Situation, die Planung und Durchführung des Baus und die Bedarfsfeststellung der Sachausstattung (Anschaffung von Möbeln, Spielgeräten, Lernmitteln und Lebensmitteln).

✉ Fthenakis, Hanssen/Oberhuemer, Schreyer (Hrsg.): Träger zeigen Profil. Qualitätshandbuch für Träger von Kindertageseinrichtungen. Weinheim, Basel, Berlin: Beltz Verlag 2003

2.1.3 Leitung von sozialpädagogischen Einrichtungen

Sozialpädagogische Einrichtungen haben komplexe Aufgaben. Um diese Aufgaben zielgerichtet und erfolgreich zu erfüllen, müssen das Team (→ Kap. 2.1.4) und die Leitung sich die Arbeit aufteilen und dabei gut zusammenarbeiten. Die Aufgaben der Leitung sind:

- Mitarbeiterführung
- Personalentwicklung
- Dienstplangestaltung
- Sozialmanagement
- Finanzmanagement
- Öffentlichkeitsarbeit.

Mitarbeiterführung

Führungsstil siehe auch → Kap. 10.7.2

Das Grundprinzip der Mitarbeiterführung ist die Orientierung an der Aufgabe und an den Mitarbeitern. Die Leitung führt ihre Mitarbeiter auf der Basis eines bestimmten Führungsstils.

> ► **Führungsstil**
> Art und Weise, wie ein Vorgesetzter seine Mitarbeiter führt (Pesch 2007).

Es gibt drei klassische Führungsstile, die auf den Psychologen Kurt Lewin zurückgehen:

- Autoritärer Führungsstil
- Demokratischer Führungsstil
- Laissez-faire-Führungsstil.

Autoritärer Führungsstil

Beim autoritären Führungsstil (→ Tab. 2.2) trifft der Vorgesetzte alle Entscheidungen allein, er weist Aufgaben direkt zu und erklärt und diskutiert seine Absichten und sein Vorgehen nicht. Mitarbeiter arbeiten nicht selbstständig, sondern führen nur Anweisungen aus. Der Vorgesetzte ist sehr leistungs- und erfolgsorientiert, an den Bedürfnissen seiner Mitarbeiter zeigt er meist wenig Interesse. Durch den mangelnden Informationsfluss können sich die Mitarbeiter kaum mit ihrer Arbeit identifizieren, sind oft unmotiviert, unzufrieden und lustlos. Innerhalb der Gruppe ist oft Rivalität zu finden.

Ein autoritärer Führungsstil birgt die Gefahr, dass die Mitarbeiter Angst haben und ihre Talente nicht entfalten können.

Demokratischer Führungsstil

Als Grundorientierung für die Leitung einer sozialpädagogischen Einrichtung sollte der demokratische Führungsstil gelten (→ Tab. 2.3). Im Gegensatz zum autoritären Führungsstil ist der demokratische Führungsstil auf Zusammenarbeit von Team und Führungskraft ausgerichtet.

► **Demokratischer Führungsstil (auch kooperativer Führungsstil)**
Der Vorgesetzte bezieht seine Mitarbeiter in das Betriebsgeschehen ein, Diskussionen und sachliche Unterstützung sind erlaubt bzw. werden erwartet.

Ein demokratischer Führungsstil bedeutet:

- **Wertschätzung und Unterstützung** – Die Mitarbeiterinnen werden in ihren Kompetenzen und ihrer Persönlichkeit gesehen, ihnen wird wertschätzend begegnet. Leitungshandeln ist auf die Stärkung der Kräfte von Mitarbeitern ausgerichtet
- **Transparenz** – Die Leitung teilt ihren Wissensvorsprung mit allen Mitarbeitern und informiert über alle Gründe für eine Entscheidung. Sie gewährt Einblick in ihre Tätigkeiten und in den Stand der Arbeitsprozesse
- **Partizipation und Delegation** – Förderung und Forderung von Mitbestimmung ist ein durchgehendes Merkmal der Leitungstätigkeit. Verantwortung wird für Teilbereiche delegiert, an Entscheidungen sind die Mitarbeiter beteiligt (Pesch, L. 2007, S. 84).

Demokratischer Führungsstil	Autoritärer Führungsstil	Laissez-faire-Führungsstil
Vorteile • Selbstständigkeit • Motivation • Vertrauen • Kreativität	**Vorteile** • Kontrolle • Feste Regeln • Disziplin • Konzentration auf die Arbeit	**Vorteile** • Entscheidungsfreiheit • Entlastung des Vorgesetzten • Wenig Vorbereitungszeit
Nachteile • Hoher Zeitaufwand • Kompromisse • Viele Diskussionen	**Nachteile** • Angst und Hass • Fehlen von Vertrauen • Lustlosigkeit • Talente werden nicht gefördert	**Nachteile** • Keine Verantwortung • Unzufriedenheit • Resignation

Tab. 2.2: Vor- und Nachteile der verschiedenen Führungsstile.

Das Vorgehen einer demokratischen Führung fordert von der Leitung zunächst viel Zeitaufwand, Einfühlungsvermögen und Geduld. Wenn jedoch das Team eingespielt ist, dann können die Mitarbeiter eigenständig und selbstverantwortlich arbeiten, sind motiviert und haben Verständnis für Probleme. Dies wiederum entlastet die Leitung.

Der demokratische Führungsstil beruht auf den Prinzipen Wechselseitigkeit und Situationsangemessenheit (ebd.).

► **Wechselseitigkeit**
Vereinbarungen gelten für beide Seiten, für Leiterin und Mitarbeiterinnen.

► **Situationsangemessenheit**
Das Maß der Partizipation und die Art der Unterstützung sind auf die Kompetenzen und die Motivation der einzelnen Mitarbeiter zugeschnitten (Pesch, L. 2007).

Der demokratische Führungsstil kennt die folgenden Formen der Entscheidungsfindung von Leitung und Team:

- Einzelentscheidung
- Minderheitsentscheidung
- Mehrheitsentscheidung
- Kompromiss
- Konsens.

Die Leitung bezieht ihre Mitarbeiter in ihre Entscheidungsprozesse mit ein. Jedoch kann die besondere Verantwortung der Leitung für die Qualität eines Arbeitsergebnisses erfordern, dass sie Entscheidungen allein treffen muss. Dies kann notwendig sein, wenn das Team durch die Entscheidung überfordert ist oder durch die demokratische Entscheidungsweise ein Verantwortungsvakuum entsteht.

⊙ Eine Leitung darf ihre Entscheidungskompetenz nicht vollständig abgeben, da es sonst zu Machtkämpfen im Team kommen kann. Bei einem demokratischen Führungsstil hat das Personal aber das Recht, Begründungen für Leitungsentscheidungen zu erfahren.

Um das Gelingen einer Teambesprechung zu sichern, führt die Leitung das Gespräch. Sie sorgt auch dafür, dass vereinbarte Regeln eingehalten werden. Für eine Teamsitzung gelten die folgenden Punkte als Orientierung:

- Beteiligung aller an der Sitzung
- Vermeidung von Störungen von außen
- Schaffung einer positiven Arbeitsatmosphäre
- Strukturierung des Gesprächs in Beginn, Hauptarbeitsphase und Abschlussphase (Pesch, L. 2007).

Abb. 2.6: Ein demokratischer Führungsstil ist die Grundlage für die Motivation der Mitarbeiter und ihre Identifikation mit der Einrichtung.

Laissez-faire-Führungsstil

Der Ansatz des Laissez-faire-Führungsstils (von franz. laissez-faire: machen lassen) (→ Tab. 2.4) geht (fälschlicherweise; siehe Kap. 8.4.2) auf Jean-Jacques Rousseau zurück. Im Gegensatz zum autoritären Führungsstil überlässt der Vorgesetzte die Mitarbeiter oft sich selbst, gibt unklare Instruktionen und bringt kaum eigene Ideen ein. Der Vorgesetzte entlastet sich, indem er seinen Mitarbeitern Entscheidungsfreiheit lässt und so Verantwortung abgibt. Den Mitarbeitern fällt es aber dadurch schwer, motiviert und mit Interesse zu arbeiten. Da sie weder Kritik noch Lob erhalten, kommt es zu Unzufriedenheit und Resignation. Beim Laissez-faire-Führungsstil besteht auch die Gefahr, dass der Vorgesetzte nicht ernst genommen wird.

Erarbeiten Sie gemeinsam mit Kollegen typische Situationen der verschiedenen Führungsstile in einem Rollenspiel. Beziehen Sie auch Ihre Vorgesetzten/Lehrer mit ein. Was können Sie beobachten, wie fühlen und verhalten Sie sich in den einzelnen Situationen? Was können Sie aus diesen Erfahrungen in Ihren Alltag und auf den Umgang mit Ihren Mitmenschen übertragen? Vergleichen Sie anschließend die Ergebnisse in der Gruppe und diskutieren Sie darüber.

Personalentwicklung

Die Leitung ist zuständig für die Einstellung und Einarbeitung neuen Personals. Die Grundlagen für eine Einstellung sind (Pesch 2007):

- **Stellenplan** – Wie viele und welche Mitarbeiter werden benötigt?
- **Stellenbeschreibung** – Auflistung aller Tätigkeitsbereiche des gesuchten Mitarbeiters?
- **Anforderungsprofil** – Welche Ausbildung und Fähigkeiten soll der neue Mitarbeiter haben?
- **Stellenausschreibung** – Anzeigenschaltung in Zeitungen
- **Auswahlverfahren** – Bewerbungen lesen und Bewerbungsgespräche führen.

Im Auswahlverfahren ist neben der Qualifikation der Bewerber ausschlaggebend, ob die Person gut zu der Einrichtung passt.

Nach dem Auswahlverfahren folgt die Personalentwicklung.

► **Personalentwicklung**
Qualifizierung von Mitarbeitern.

► **Qualifizierung**
Prozess der Aneignung von Fähigkeiten, die es ermöglichen, bestimmte Aufgaben zu erfüllen.

Zur Qualifizierung gehören neben der gründlichen Einarbeitung regelmäßige vertrauliche Mitarbeitergespräche, in denen die Arbeit der Mitarbeiter, die Leistungen, Wünsche von ihnen und an sie und Ziele besprochen werden. Der Mitarbeiter hat auch das Recht, Kritik zu üben. Grundsätzlich ist bei solchen Gesprächen zu empfehlen, zunächst Positives zu sagen, um dem Gespräch einen guten Einstieg zu geben. Anschließend kann konstruktive Kritik geübt werden.

Dienstplangestaltung

Organisatorische Arbeiten wie allgemeine Büroarbeiten und die Dienstplangestaltung gehören zu den täglichen Arbeiten einer Leitung. Ein gut durchdachter Dienstplan erleichtert die Arbeit in einer sozialpädagogischen Einrichtung wesentlich. Dazu gehört z. B. eine **Aufgabenverteilung** unter den Mitarbeitern, so dass jeder sein „Spezialgebiet" hat. Zudem sollte für den Urlaub oder andere Abwesenheitszeiten eine **Vertretung** bestimmt werden. Die Anwesenheit der Mitarbeiter sollte nach **Bedarf** und nach Öffnungszeiten geplant werden. Die Leitung behält den situativen Bedarf und die personellen Ressourcen im Blick und kalkuliert auch Personalausfälle ein.

Zur flexiblen Dienstplangestaltung hat sich das Jahresarbeitszeit-Modell bewährt.

Jahresarbeitszeit-Modell

Zur flexiblen Planung von Arbeitszeiten ist ein **Arbeitszeitkonto** ideal. Jeder Mitarbeiter hat eine festgelegte Wochenarbeitszeit. Diese muss aber nicht vollständig in einer Woche abgeleistet werden, sondern kann nach Bedarf eingeplant werden. Wenn z. B. in einer Tageseinrichtung ein Kind eingewöhnt wird und die Erzieherin deshalb länger anwesend sein muss, wird die wöchentliche Anwesenheitszeit von z. B. 35 Stunden auf 38 erhöht. Somit hat die Erzieherin fünf Stunden, die ihr auf ihrem Arbeitszeitkonto als Guthaben verbucht werden. Wenn es in der Einrichtung Zeiten gibt, in denen weniger Personal benötigt wird, können diese Stunden wieder abgebaut werden. Es kann auch weniger gearbeitet werden als 35 Stunden. Sowohl

Abb. 2.7: Dienstplanbesprechung.

Guthaben als auch Minusstunden sollten zum Jahresende auf null gebracht werden. Für beides gibt es auch eine Begrenzung.

Ein Arbeitszeitkonto hat viele Vorteile:

- Überstunden werden vermieden
- Arbeitszeit kann flexibel und nach Bedarf geplant werden
- Für private Termine muss nicht unbedingt Urlaub genommen werden, die Zeit kann von Arbeitszeitkonto abgehen
- Wünsche von Mitarbeitern können besser berücksichtigt werden.

Für Arbeitszeitkonten gibt es Vorlagen, z. B. eine Excel-Tabelle, die schriftlich oder elektronisch die tatsächlich geleistete Arbeit festhält und sie mit der vertraglich vereinbarten Arbeitszeit verrechnet.

Die Arbeitszeitkonten können von den Mitarbeitern geführt werden.

Sozialmanagement

Einer der Schwerpunkte einer Leitung von sozialpädagogischen Einrichtungen ist das Sozialmanagement unter betriebswirtschaftlichen Aspekten.

> ▶ **Sozialmanagement**
> Management von Organisationen im sozialen Bereich unter Aspekten der Betriebswirtschaftslehre. Mithilfe von Planung, Koordination und Kontrolle sollen klar definierte Ziele verwirklicht werden, um soziale Dienstleistungen zu optimieren.

Sozialmanagement gestaltet und sichert den institutionellen Rahmen der Arbeit. Es macht die Organisation effektiver und fördert die Mitarbeiter. Beispiele sind:

- Leitbild- und Konzeptentwicklung (→ Kap. 2.2, 2.3)
- Personalmanagement (→ Kap. 2.1.2)
- Qualitätsmanagement (→ Kap. 2.4)
- Evaluation *(Auswertung)* (→ Kap. 8.2.6).

Finanzmanagement

Finanzmanagement → Kap. 2.6

Eine Leitung behält auch die betriebswirtschaftlichen Aspekte ihrer Einrichtung im Blick. Dazu gehört die Erschließung neuer Finanzquellen. *Fundraising* und *Sponsoring* sind Möglichkeiten, zusätzliche Geld- oder auch Sachmittel für eine Organisation zu gewinnen.

Öffentlichkeitsarbeit

Öffentlichkeitsarbeit → Kap. 2.6

Ein weiterer wichtiger Aspekt der Arbeit einer Leitung sind die Öffentlichkeitsarbeit und die *Corporate Communication* (→ Kap. 2.6.1). Die Öffentlichkeitsarbeit ist eine Form der Kommunikation. Sie beginnt zunächst intern, d. h. in der Einrichtung. Die Leitung trägt dafür Sorge, dass

- Informationen fließen
- Umfassende Kommunikation stattfindet
- Entscheidungen transparent gemacht werden.

> ⊙ Wenn die interne Kommunikation in einer Einrichtung ausgeprägt und gefestigt ist, hat dies einen großen Einfluss auf die Zufriedenheit und Motivation der Mitarbeiter. Dies beeinflusst unmittelbar die externe Kommunikation, d. h. die Außenwahrnehmung einer Einrichtung.

Durch das Verhalten der Mitarbeiter kann die Öffentlichkeit Einblick in eine Einrichtung gewinnen. Direkten Einfluss auf die Öffentlichkeitsarbeit haben verschiedene Faktoren, z. B. wie meldet man sich am Telefon, wie gehen Mitarbeiter auf Dienstleistungsempfänger zu und wie wirken die Mitarbeiter nach außen (z. B. zufrieden oder unzufrieden)?

Eine gute Öffentlichkeitsarbeit ist auch wichtig, um Werbung für die Einrichtung zu machen, Kontakte zu knüpfen und zu halten und Finanzmittel zu erschließen.

> ✉ Möller, Jens-Christian/ Schlenther-Möller/ Esta: Kita-Leitung. Leitfaden für Qualifizierung und Praxis. Berlin, Düsseldorf: Cornelsen Verlag Scriptor, 2007

2.1.4 Zusammenarbeit im Team

Die Grundlage für optimale Arbeitsabläufe und eine gute Arbeitsatmosphäre in einer sozialpädagogischen Einrichtung und jedem anderen Betrieb ist ein gut funktionierendes Team.

> ▶ **Team**
> Zusammenschluss von mind. zwei Personen, die gemeinsame Ziele und Aufgaben haben.

Um angestrebte Ziele erreichen zu können, sind die Teammitglieder aufeinander angewiesen und müssen zusammenarbeiten.

Grundlagen erfolgreicher Teamarbeit

Um ein gut funktionierendes Team zu bilden, müssen folgende Grundlagen gegeben sein:

- Gemeinsame Ziele
- Gemeinsame Normen und Werte
- Gegenseitige Anerkennung (Respekt).

Ein erfolgreiches Team kombiniert die fachlichen Kompetenzen seiner Mitglieder und die Teamfähigkeit, das heißt den Willen und die Fähigkeit zur Kooperation jedes einzelnen. Die Zuständigkeiten sollten klar geregelt sein, die Arbeit muss gerecht verteilt werden. Darauf aufbauend kann die gemeinsame Arbeit erfolgreich geregelt werden, und Konflikte können konstruktiv gelöst werden. Wenn diese Grundlagen geregelt sind, erhöht das die Leistungsbereitschaft und fördert das Zusammengehörigkeitsgefühl des Teams.

Diese Grundlagen betreffen jeweils das einzelne Gruppenmitglied als auch die gesamte Gruppe. Jeder Einzelne muss bereit sein, sich auf die gemeinsamen Grundlagen einzulassen und die Einhaltung der Arbeitsregeln aktiv mitzutragen.

Um die Arbeitsanforderungen in Teams zu bewältigen, sind folgende Prozesse notwendig (nach Pesch 2007):

- Rollen und Funktionen der Teammitglieder werden eindeutig beschrieben (Transparenz)
- Arbeiten werden gerecht und nach Fähigkeiten verteilt
- Entscheidungsverfahren werden klar geregelt und eingehalten (Transparenz/Verbindlichkeit)
- Probleme werden analysiert und konstruktiv bearbeitet
- Es wird in Prozessen gedacht, anstatt in festen Strukturen und Zuständigkeiten zu verharren (Flexibilität)
- Teamkultur, Atmosphäre und Arbeitsweisen und -ergebnisse werden ständig überprüft (Evaluation).

Regelmäßige, offene Teamgespräche gehören ebenso zu einem guten Arbeitsumfeld (→ unten).

Feedback-Kultur

Um gut zusammenarbeiten zu können, sind Offenheit und regelmäßige Rückmeldungen wichtig, sonst können Konflikte „verschleppt“ werden und die Arbeitsatmosphäre negativ beeinflussen. Daher ist eine lebendige Feedback-Kultur im Team wichtig, also ein regelmäßiger offener Austausch über subjektive Wahrnehmungen. So kann möglichst objektives Bild der Wirklichkeit entstehen

► **Feedback**
„Rückmeldung auf eine Äußerung oder ein gezeigtes Verhalten.“ (Müller-Timmermann 2007, S. 314)

Für Feedback-Gabe gibt es Anleitungen und Regeln, die Konflikte verhindern sollen und den Einzelnen dazu befähigen, Kritik angemessen zu formulieren.

Wirkungsvolle **Feedback-Regeln** sind:

- Eine Situation oder einen Ausspruch beschreiben und nicht bewerten
- Immer von sich selbst sprechen (Ich-Botschaft)
- Zuerst eine positive Rückmeldungen vor einer negativen geben
- Regelmäßig und rechtzeitig nach kurzer Reflexion Feedback geben
- Feedback nicht aufnötigen, vorher fragen, ob es in diesem Moment möglich ist
- Immer auf konkrete Situationen beziehen.

Stellen Sie sich vor, ein Kollege übt Kritik an Ihrer Verhaltensweise in einer bestimmten Situation. Wie könnte das Gespräch konstruktiv ablaufen, zu welchem Ergebnis könnte es kommen? Würde es in einem Gespräch unter vier Augen anders verlaufen als im Beisein der anderen Mitarbeiter?

Grundsätzlich sollte nach einer Besprechung reflektiert werden. Jeder Teilnehmer gibt ein kurzes Feedback über seine eigene Befindlichkeit. Dabei geht man nach der folgenden Reihenfolge vor:

- Wie bewerte ich den Ablauf/die Organisation der Besprechung?
- Wurden alle Themen angesprochen?
- Wie fühle ich mich jetzt?
- Wie habe ich die Arbeitsatmosphäre empfunden?

Die Aussagen werden nicht kommentiert, sondern bleiben bis zur nächsten Besprechung „im Raum stehen“. Die soll es erleichtern, ein ehrliches und offenes Feedback zu geben.

Feedback-Gabe ist ein Entwicklungsprozess. Der Einzelne muss sich immer wieder auf die Feedback-Regeln besinnen und sie auch konsequent anwenden. Das bedeutet auch, sich stets auf neue Situationen einlassen zu müssen. Eine beständige Selbstreflexion erleichtert dies.

Abb. 2.8: Feedback-Gespräch.

► **Selbstreflexion**
Prozess der Selbsterkenntnis, prüfendes Nachdenken über die eigene Situation und Handlungsweise. Dabei wird sowohl die eigene Perspektive als auch die Sicht anderer beachtet.

Teamentwicklung

Gruppe → Kap. 9.1.2 und 10.7.2

Teams sind lebendige Systeme, die sich verändern, wachsen und reifen. Dieser Prozess ist in jedem Team einmalig. Bei jeder Teamentwicklung lassen sich jedoch typische Phasen beobachten (nach Pesch, L. 2007):

- Orientierungsphase
- Konfliktphase
- Organisationsphase
- Integrationsphase.

Orientierungsphase

Wenn sie in eine neue Gruppe kommen, versuchen Menschen zunächst, sich zu orientieren. Sie erfahren vorgegebene Strukturen und Regeln, lernen die anderen Gruppenmitglieder kennen und suchen ihren Platz im Team. Zu diesem Zeitpunkt ist das Team wenig leistungsfähig, da es ein hohes Informationsbedürfnis hat und daher wenige Entscheidungen treffen und Probleme lösen kann. Das Team vereinbart in dieser Phase die Rahmenbedingungen für die gemeinsame Arbeit und legt Regeln fest.

Hier ist die Leitung der Gruppe besonders gefordert. Sie muss Strukturen und erste Regeln vorgeben, beobachten und zuhören. Die Leitung ist präsent und ermöglicht sowohl Einzel- als auch Gruppengespräche (→ Tab. 2.6).

Die Orientierungsphase geht über in die Konfliktphase.

Konfliktphase

Wenn sich die Teammitglieder näher kennen gelernt haben, treten Unterschiede und Gegensätze zutage, es kommt zu Konflikten. In dieser Phase ist das Team weiterhin vermindert leistungsfähig und besitzt nur eine geringe Entscheidungs- und Problemlösungsfähigkeit. Oft werden im Kampf um eine Führungsrolle im Team Bündnisse geschlossen, und manche Konflikte werden nicht angesprochen, sondern bleiben verdeckt. Das Team hat jetzt die Aufgabe, sich in Konflikt- und Streitkultur zu üben, Kooperationsbereitschaft und Respekt zu zeigen. Dann kann über Teamstrukturen und Rollenverteilung gesprochen werden.

Die Leitung schafft in dieser Phase einen Rahmen für die Auseinandersetzungen. Sie moderiert den Gesprächskreis sachlich, auch wenn bei den Mitarbeitern Frustrationsgefühle auftreten. Die Leitung benennt die unterschiedlichen Positionen der Mitarbeiter und wendet Konfliktlösungsstrategien an (→ Tab. 2.6).

Abb. 2.9: Ein gutes Team zeichnet sich unter anderem durch hohe Leistungsfähigkeit, gute Organisation und Teamkultur aus; doch jedes Team durchläuft einen Prozess, ehe es dies erreicht.

Wenn die Konflikte im Team gemeinsam mit der Leitung gelöst sind, kann die Organisationsphase beginnen.

Organisationsphase

Kann das Team seine Konflikte lösen, ist es in der Lage, effektiv zu arbeiten. Gemeinsame Ziele und Arbeitsabläufe werden verbindlich festgelegt, ebenso wie die Rollen der einzelnen Teammitglieder. Nun können sich die Einzelnen mit dem Team identifizieren. In dieser Phase entsteht der unverwechselbare Charakter eines Teams.

Die Leitung kann sich nun zunehmend zurücknehmen und konzentriert sich mehr auf die Organisation der Teamarbeit. Sie unterstützt das Team bei den verbindlichen Zielvereinbarungen und schafft Regeln und Routinen. Zudem achtet sie darauf, dass die Feedback-Kultur gepflegt wird (→ Tab. 2.6).

Ist die Organisationsphase abgeschlossen, erreicht das Team die Stufe der Integrationsphase.

Integrationsphase

Nach erfolgreicher Organisationsphase stellt sich ein Wir-Gefühl im Team ein. Die Beziehungen sind von Vertrauen und Anerkennung geprägt. Die Teammitglieder ergänzen sich gegenseitig. Dadurch erreicht das Team eine hohe Leistungsfähigkeit, jeder Einzelne ist motiviert und lernbereit, kann seine Stärken zeigen und identifiziert sich mit der Gruppe. Der Einzelne kann Verantwortung übernehmen und sich weiterentwickeln.

Die Leitung hat die Aufgabe, diesen Zustand dauerhaft zu gewährleisten und eine gute Arbeitsgrundlage zu schaffen. Dafür trägt sie neue Herausforderungen an das Team heran, fördert die Teamkultur und die Selbstständigkeit des Einzelnen (→ Tab. 2.6).

Die Teamentwicklung ist nie abgeschlossen, sondern als eine Art Kreislauf zu verstehen. Wenn Veränderungen im Team eintreten, z. B. durch veränderte Rahmenbedingungen oder einen neuen Mitarbeiter, so durchläuft es die

Phasen der Orientierung, des Konflikts, der Organisation und Integration von Neuem.

Themenzentrierte Interaktion

Für die Arbeit in einem Team gibt es viele Modelle. Beispielhaft soll hier das bekannteste vorgestellt werden: die Themenzentrierte Interaktion.

> ▶ **Themenzentrierte Interaktion (TZI)**
> Modell zum Verfahren des lebendigen Lernens und Arbeitens in Gruppen auf der Basis eines humanistischen Menschenbildes. Entwickelt 1950 von Ruth Cohn und weiteren Vertretern der Humanistischen Psychologie.

Die TZI geht davon aus, dass es vier gleichwertige Bestandteile gibt, die sich in einem guten Team das Gleichgewicht halten:

- **Ich** – die einzelnen Personen (Individualität)
- **Wir** – die Gruppe (Interaktion)
- **Es** – die Aufgabe der Gruppe
- **Umfeld** – das gesamte Umfeld der Gruppe.

Die vier genannten Faktoren beeinflussen sich gegenseitig. Die Teammitglieder sind dafür verantwortlich, auf das Gleichgewicht dieser Faktoren zu achten, um die Zusammenarbeit effektiv zu gestalten. Dies erleichtern die folgenden Arbeitsregeln:

- Direkte persönliche Reaktionen (*Ich-Botschaft*) empfindet das Gegenüber nicht als Angriff, weil sie keine Interpretation darstellt, sondern die eigenen Empfindungen
- Eine Frage wirkt nicht wie eine Befragung, wenn die Gründe für die Frage dargelegt werden; dabei ist es auch hilfreich zu erklären, wie man selbst eine Aussage verstanden hat. So können Missverständnisse von vorneherein ausgeschlossen werden, und der Gesprächspartner hat nicht das Gefühl, sich rechtfertigen zu müssen
- Bei jeder Störung, z. B. eigenem Unwohlsein, Missstimmung im Team oder bei sich selbst oder Lärm kann jeder Teilnehmer das Gespräch unterbrechen.

Merkmale	Aufgaben des Teams	Aufgaben der Leitung
Orientierungsphase		
• Orientierung an vorgegebenen Strukturen und Regeln • Geringe Leistungsfähigkeit • Geringe Entscheidungs- und Problemlösungsfähigkeit • Hohes Informationsbedürfnis	• Kennenlernen und Klären gegenseitiger Erwartungen • Vereinbaren von Rahmenbedingungen und ersten Regeln	• Struktur und Regeln vorgeben • Beobachten, zuhören, Einzelgespräche • Begegnungen und Gruppenerlebnisse ermöglichen • Präsent sein
Konfliktphase		
• Geringe Entscheidungs- und Problemlösungsfähigkeit • Verminderte Leistungsfähigkeit • Bündnisse und Koalitionen • Verdeckte Konflikte • Kampf um Führungsrolle	• Konflikt- und Streitkultur einüben • Angemessene Teamstrukturen und -rollen verhandeln • Kooperationsbereitschaft zeigen • Respekt erweisen	• Rahmen für Auseinandersetzung schaffen • Unterschiedliche Sachpositionen benennen • Frustrationsgefühle zulassen • Konfliktlösungsstrategien anwenden
Organisationsphase		
• Wachsende Leistungsfähigkeit • Identifikation mit dem Team • Verbindlichkeit und gemeinsame Ziele	• Teammitglieder erkennen einander zunehmend an • Teammitglieder akzeptieren ihre Rollen	• Zielvereinbarungen fördern • Verbindlichkeit herstellen • Regeln und Routinen schaffen • Feedback-Kultur pflegen
Integrationsphase		
• Hohe Leistungsfähigkeit • Persönliches Engagement und hohe Lernbereitschaft • Ausgeprägte Individualität und Gruppenidentifikation	• Gegenseitige Ergänzung • Weiterentwicklung der Gruppe • Verantwortung übernehmen	• Herausforderungen an das Team herantragen • Autonomie gewähren • Teamkultur fördern • Gute Arbeitsbedingungen schaffen

Tab. 2.3: Phasenmodell der Teamentwicklung (zit. nach Pesch, L. 2007, S. 87–89).

2.1.5 Zusammenarbeit mit Familien

Die Zusammenarbeit mit Eltern und anderen Sorgeberechtigten ist für sozialpädagogische Einrichtungen eine der wesentlichen Aufgaben, und sie gehört im weitesten Sinne auch zur Öffentlichkeitsarbeit (→ Kap. 2.6). Die pädagogische Arbeit kann nur mit den Eltern gelingen, und die Einrichtungen müssen partnerschaftlich mit den Familien zum Wohle des Kindes zusammenarbeiten.

Die konkrete Arbeit umfasst:

- Den Austausch von Informationen, die Arbeit der Einrichtung transparent machen, Regeln aus dem Elternhaus kennen usw.
- Absprachen über pädagogische Maßnahmen (→ siehe auch Partizipation, Kap. 2.6)
- Beratung
- Beteiligung der Eltern bei der pädagogischen Arbeit und der Organisation der Einrichtung (→ formelle Elternmitwirkung, unten).

Zusammenarbeit mit Eltern

Auch die Zusammenarbeit mit Eltern und Sorgeberechtigten ist Teil der konzeptionellen Arbeit von sozialpädagogischen Einrichtungen. Sie betrifft hauptsächlich Kindertageseinrichtungen. Eltern haben das primäre Erziehungs- und Sorgerecht (→ Kap. 3.3.2) und somit auch ein Mitspracherecht in den Einrichtungen.

> **► Zusammenarbeit mit Eltern**
> Partnerschaftliche Zusammenarbeit von Eltern und Fachkräften in Einrichtungen der Kinder- und Jugendhilfe bezüglich der Erziehung zum Wohle des Kindes oder des Jugendlichen. Eltern haben einen rechtlichen Anspruch, an wesentlichen Entscheidungen in den Einrichtungen beteiligt zu werden (§ 22a, Abs. 2, Satz 2).

Die Zusammenarbeit mit Eltern ist von der Elternbildung abzugrenzen, die Eltern in Erziehungsfragen aufklären und beraten soll.

Zusammenarbeit mit Eltern umfasst viele Arbeitsformen, Themen und Methoden. Die drei häufigsten Methoden sollen hier vorgestellt werden (nach Pesch, W.):

- **Elternabend** – Am Elternabend sollen die Eltern die Möglichkeit haben, die Arbeit in den Einrichtungen aktiv mitzugestalten. Um sie dafür zu gewinnen, sollten v. a. Themen besprochen werden, die die Eltern wirklich interessieren.
- **Elterngespräche** (→ Kap. 4.10.4) – Hier wird unterschieden zwischen Tür- und Angel-Gesprächen und geplanten Gesprächen. Themen sind meistens Entwicklungsfortschritte oder -probleme der Kinder. Hierfür bilden die Beobachtungen und Dokumentationen der Erzieherinnen die Grundlage (→ Kap. 8.2)
- **Offene Zusammenarbeit mit Eltern** – Eltern können aktiv am pädagogischen Alltag teilnehmen. Vorraussetzung ist dabei die Bereitschaft zur Kooperation.

Formelle Elternmitwirkung

Eltern sind sowohl berechtigt als auch verpflichtet, sich an der Erziehung ihrer Kinder in sozialpädagogischen Einrichtungen zu beteiligen. Dies ist geregelt durch die formelle Elternmitwirkung.

> **► Formelle Elternmitwirkung**
> Rechte und Pflichten der Erziehungsberechtigten in der Zusammenarbeit mit dem Fachpersonal und dem Träger nach den jeweiligen Landesgesetze und -verordnungen rechtsverbindlich geregelt. Die Erziehungsberechtigten werden durch gewählte Elternvertreter vertreten.

Formelle Elternmitwirkung geschieht v. a. durch (nach Pesch, W. 2007):

- **Elternversammlung:** Im Allgemeinen hat die Elternversammlung gegenüber dem Träger der Einrichtung und der Einrichtung das Recht auf
  - Auskunft in pädagogischen und alle die Einrichtung betreffenden Fragen
  - Äußerung zu allen pädagogischen und die Einrichtung betreffenden Fragen
- **Elternbeirat:** Der Elternbeirat wird von der Elternversammlung gewählt. Die Aufgaben des Elternbeirats sind:
  - Kooperation mit Träger und pädagogischen Fachkräften
  - Erziehungsberechtigte für die Mitarbeit der Einrichtung gewinnen
  - Empfehlungen zur Organisation und zur Konzeption der Einrichtung aussprechen
  - Stellungnahme zur Personalpolitik der Einrichtung
- **Rat der Einrichtung:** Der Rat der Einrichtung setzt sich aus Vertretern von Träger, Elternbeirat und Fachkräften zusammen. In den Sitzungen des Rates der

Abb. 2.10: Die Themen für ein Elterngespräch sind meist Entwicklungsfortschritte und -probleme der Kinder.

Abb. 2.11: Gespräch mit einem Elternteil.

Einrichtung werden gemeinsam alle die Einrichtung betreffenden Fragen besprochen werden. Ziel ist es, einvernehmliche Lösungen zu erarbeiten. Die Themen der Beratungen sind:
- Grundsätze der pädagogischen Arbeit in den Einrichtungen
- Räumlich, sachliche und personelle Ressourcen

Beschwerdemanagement

Das Beschwerdemanagement ist eine wichtige Voraussetzung für den Umgang mit allen Kooperations- und Partizipationspartnern einer Einrichtung. Ein gut geplantes Beschwerdemanagement wandelt Kritik in eine Chance zur Verbesserung der Arbeit um.

> ▶ **Beschwerdemanagement**
> Maßnahmen, die ein Unternehmen bei ergreift, um die Zufriedenheit des eines Kunden wieder herzustellen und die Kundenbeziehung zu verbessern bzw. wieder herzustellen.

2.1.6 Zusammenarbeit mit anderen Einrichtungen

Sozialpädagogische Einrichtungen sollen den Kindern und Jugendlichen die Möglichkeit geben, sich an Diskussionen und Entscheidungen zu beteiligen. Die Partizipation von Kindern und Jugendlichen ist in den meisten Einrichtungen ein Teil der Konzeption (→ Kap. 2.2). Sie ist aber auch die Grundlage für die Zusammenarbeit mit anderen Einrichtungen bzw. dem Gemeinwesen.

> ▶ **Partizipation** *(aus pädagogischer Sicht)*
> Verantwortliche Beteiligung von Kindern und Jugendlichen an Entscheidungsprozessen, die sie und ihr Umfeld betreffen, und die Möglichkeit der Mitgestaltung ihrer Umwelt.

„Der Anspruch, Kinder und Jugendliche an allen Angelegenheiten zu beteiligen, die sie und ihre Umwelt betreffen, beruht nicht ausschließlich auf pädagogischen Erwägungen. Vielmehr zeigen sich in diesem Anspruch auch gesellschaftliche Veränderungen, die von der Soziologie mit den Begriffen Pluralisierung und Individualisierung gekennzeichnet werden. [...]

Pluralisierung bedeutet, dass Kindern und Jugendlichen heutzutage viele Möglichkeiten zur Verfügung stehen, den eigenen Lebenslauf und den Lebensalltag aktiv zu gestalten. Bei der Fülle der Möglichkeiten besteht aber die Gefahr, nicht die richtige Entscheidung zu treffen.

Individualisierung bedeutet, dass Kinder und Jugendliche aus den vielen Möglichkeiten geeignete Lebensentwürfe für sich auswählen und diese relativ eigenständig weiterentwickeln können. Vorgegebene Muster aus Familie, Freundeskreis oder Medienwelt geben einen gewissen Orientierungsrahmen. Allerdings stehen die Kinder und Jugendlichen zunehmend vor der Aufgabe, die angebotenen Lebenskonzepte eigenständig zu einem ganzheitlichen Entwurf zusammenzufügen [...]." (Pesch, W. 2007, S. 78 f.)

> Erarbeiten Sie konkrete Beispiele, wie Kinder und Jugendliche partizipieren können.

Partizipation spielt sich auf drei Ebenen ab (nach Pesch, W. 2007):

- Beziehung – Hier ist das Menschenbild der Erzieherin Grundlage (→ Kap. 1.1 und 8.1). Wenn das Kind oder der Jugendliche als möglichst gleichberechtigt angesehen wird und ihnen Respekt entgegengebracht wird, können sie selbst entscheiden und mitbestimmen. Dazu gehört es z. B., gemeinsam Regeln zu erarbeiten
- Strukturen der Einrichtung – Beispiele für die Partizipation an den Strukturen der Einrichtung könnten z. B. die Verteilung von Aufgaben und Zuständigkeiten sein, die verantwortungsvoll wahrgenommen werden sollen
- Politik und Verwaltung – Die Partizipation mit Politik und Verwaltung ist schwieriger, weil Kinder und Jugendliche hier wenig Spielraum haben, da sie noch nicht wählen dürfen. Aber die seit den 1990er Jahren existierende Beteiligungsbewegung ermöglicht zumindest eine gewisse Mitbestimmungsmöglichkeit durch Kinderparlamente und Kinderbeauftragte, die die Interessen der Kinder vertreten.

Im Bereich der Partizipation im Gemeinwesen kommen in Frage:

- Soziale Dienste, Sozialarbeit
- Jugendamt
- Wohlfahrtsverbände (→ Kap. 2.1.2)
- Verbände, Vereine, Verwaltungen
- Beratungseinrichtungen
- Schulen
- Kirchen
- Kulturelle Einrichtungen

Abb. 2.12: Partizipation auf der Ebene der Beziehung: Wenn Kinder möglichst gleichberechtigt behandelt werden, können sie selbst entscheiden und mitbestimmen.

- Einrichtungen der offenen Kinder- und Jugendarbeit (→ Kap. 5)
- Arbeitgeber
- Polizei, Justiz und Politik.

Die wichtigsten Kooperationspartner für sozialpädagogische Einrichtungen sind

- Politische Institutionen
- Schulen
- Polizei.

Zusammenarbeit mit politischen Institutionen

Kinder und Jugendliche haben als nicht Wahlberechtigte nur sehr begrenzte Möglichkeiten, ihre Interessen in der Politik zu vertreten. Daher sind die Mitarbeiter der Einrichtungen der Kinder- und Jugendhilfe gefordert, die Interessen ihrer Schützlinge zu vertreten. Sie können sich in fachpolitisch ausgerichteten Arbeitskreisen und Gremien engagieren und so Entscheidungen beeinflussen (Pesch, W. 2007)

Auch über den Jugendhilfeausschuss können sozialpädagogische Einrichtungen sich für die Belange der Kinder und Jugendlichen einsetzen (→ Kap. 3.2).

> ▶ **Jugendhilfeausschuss**
> Bildet mit der Jugendamtsverwaltung das Jugendamt. Er setzt sich aus Mitgliedern der öffentlichen und freien Träger zusammen. Die Entscheidungen des Jugendhilfeausschusses sind verpflichtend für die Jugendamtsverwaltung.

Zusammenarbeit mit Schulen

Die Zusammenarbeit mit (Grund)Schulen ist für sozialpädagogische Einrichtungen zunehmend von Bedeutung (→ Kap. 4.6). Durch die Entwicklung der Bildungspläne der Bundesländer ist eine stärkere Kooperation nötig. Durch regelmäßige Treffen zwischen Lehrern und Erzieherinnen ergibt sich die Gelegenheit, sich über Inhalte, Methoden und Ziele der Arbeit abzustimmen und den Übergang in die Grundschule zu planen.

Bei der Zusammenarbeit mit Schulen lassen sich zwei Grundformen unterscheiden (Pesch, W. 2007):

- Schulzeitintegrierter Ansatz – Zeitlich auf die unterrichtsfreie Zeit am frühen Nachmittag beschränkt. In den Räumen der offenen Kinder- und Jugendarbeit (→ Kap. 5) finden Freizeitaktivitäten, Hausaufgabenbetreuung und evtl. Mittagessen statt.
- Echter kooperativer Ansatz – Gezielte inhaltliche und didaktisch-methodisch fundierte Zusammenarbeit zwischen Lehrkräften und Mitarbeitern der offenen Kinder- und Jugendarbeit. Es werden gemeinsame thematische Projektwochen oder begrenzte Projekte geplant und durchgeführt.

Zusammenarbeit mit der Polizei

In Tageseinrichtungen für Kinder und Grundschulen beschränkt sich die Zusammenarbeit mit der Polizei hauptsächlich auf die frühe Verkehrserziehung. Polizeibeamte führen in kindgerechter Form Maßnahmen zur Verkehrserziehung durch, was v. a. für die Vorschulkinder von Bedeutung ist. Ältere Kinder können mit polizeilicher Anleitung den Fahrradführerschein erwerben.

Die Kooperation von Polizei und offener Jugendarbeit ist auf Prävention (Vorbeugung) ausgerichtet. Hierbei kann es zu Interessenskonflikten kommen.

Die Polizei

- Tritt Jugendlichen ab 14 Jahren bei Strafverdacht als Ermittlungsbehörde gegenüber
- Wirkt Jugendkriminalität durch Bestrafung und die abschreckende Wirkung von Strafe entgegen.

Die offene Jugendarbeit

- Leistet Beziehungsarbeit mit den Jugendlichen.
- Baut ein Vertrauensverhältnis auf und beugt so Straftaten vor.

Mittlerweile hat sich die Einsicht durchgesetzt, dass das gemeinsame Ziel beider Parteien ist, auf problembelastete und schwierige Jugendliche präventiv (vorbeugend) einzuwirken. Die Kriminalprävention gewinnt für die praktische Polizeiarbeit zunehmend an Bedeutung.

Die Einrichtungen der offenen Jugendarbeit kann dagegen im Rahmen der Prävention vom Fachwissen der Polizei profitieren, wie bei Opferschutz, Verhalten bei Übergriffen und Selbstverteidigung oder Suchtprävention.

Ellermann, Walter (Hrsg.): Organisation und Sozialmanagement für Erzieherinnen und Erzieher. Berlin, Düsseldorf: Cornelsen Verlag Scriptor 2007

2.2 Leitbild und Konzeption

Für Träger und Mitarbeiter sozialpädagogischer Einrichtungen ist es notwendig, für die Arbeit eine für alle Beteiligten **verbindliche Grundlage** festzulegen. Diese Grundlage bilden Leitbild und Konzeption.

2.2.1 Leitbild

Ein Leitbild bildet die Basis, auf der ein Unternehmen bzw. eine Einrichtung geführt werden soll. Es wird oft von der Leitung erstellt, da es auch Führungsgrundsätze umfasst. Wenn ein Leitbild neu erarbeitet oder verändert wird, sollten die Mitarbeiter daran beteiligt werden.

> ► **Leitbild**
> Formulierung von Zielen, von der Art und Weise der Umsetzung der Arbeit und von Grundsätzen der Zusammenarbeit der Mitarbeiter. Grundlage für eine einheitliche Orientierung und die Identifizierung mit dem Betrieb.

Für die Erstellung eines Leitbildes können die folgenden Vorgaben dienen:

- Wer sind wir? (Identität)
- Was wollen wir erreichen? (Ziele)
- Warum wollen wir es erreichen? (Werte)
- Wie wollen wir es erreichen? (Methoden)
- Sind wir erfolgreich? (Reflexion)

Jede grundlegende Vereinbarung wird in Leitsätzen formuliert. Diese dienen als Orientierung für zukünftige Entscheidungen, sind aber keine starre Vorgabe, sondern immer im Prozess begriffen.

Die Vereinbarungen, die im Leitbild getroffen werden, müssen gelebt und umgesetzt werden. Denn sonst kann es geschehen, dass es eine Diskrepanz zwischen den „Idealen" und den alltäglichen Handlungen besteht. Wenn z. B. eine klare Aufgabenverteilung erarbeitet wurde, aber nicht entsprechend umgesetzt wird, kann es geschehen, dass die Motivation leidet; dies betrifft zum einen die allgemeine Arbeitsmotivation, aber auch die Motivation und den Willen, sich einzubringen und Vorschläge zur Weiterentwicklung und Verbesserung zu geben. Als Folge kann es geschehen, dass nur noch in vorgegebenen Bahnen gedacht und gehandelt wird. Dadurch wird das Leitbild unterhöhlt, was zum Verlust der Identifizierung mit der Arbeit und dem Betrieb, zu Frustration oder schlimmstenfalls zu Resignation führen kann.

Bei der Erstellung eines Leitbildes sind sowohl die Einrichtungen als auch die Träger relativ eigenständig. Zwar werden zur Zeit immer stärker Vorgaben zur Bildung, Erziehung und Betreuung gemacht, die Umsetzung der Bildungspläne wird jedoch weitgehend den Einrichtungen und ihren Trägern überlassen. Dabei hat jedes Bundesland einen eigenen mehr oder weniger ausführlich definierten *Bildungsplan* für die frühe Bildung in Kindertageseinrichtungen.

> ✉ Die Texte der Bildungspläne sind verlinkt unter *http://www.bildungsserver.de/zeigen.html?seite=2027*

Das Leitbild bildet die Basis der *Konzeption,* die Einrichtungen und Träger für sich entwickeln. Im Gegensatz zur Konzeption ist es allerdings nicht verpflichtend für eine Einrichtung.

2.2.2 Konzeption

Während ein Leitbild für einen Träger oder eine Einrichtung nur intern relevant ist, besitzt eine Konzeption Außenwirkung. Eine Konzeption ist gesetzlich verpflichtend (→ Kap. 3.2), sowohl für den Träger (→ Kap. 2.1.2) als auch für die Einrichtung. So soll unter anderem die Bildungs- und Betreuungsqualität sichergestellt werden.

> ► **Konzeption**
> „Umfassende Zusammenstellung von Informationen und Begründungszusammenhängen für ein größeres Vorhaben oder für eine umfangreiche Planung. Im pädagogischen Bereich die Darstellung von Aussagen über Erziehungsziele, pädagogische Standards und Umsetzungsmaßnahmen." (Schulz 2007, S. 166)

Die Konzeption macht für die Einrichtung selbst, für den Träger und die Eltern die Arbeitsweise und die pädagogische Grundhaltung (→ Kap. 8) der Einrichtung transparent. Eine Konzeption stellt das **Profil einer Einrichtung** dar und ist daher immer einzigartig. Sie soll sozialpädagogische Einrichtungen darin unterstützen, in dem zunehmenden Wettbewerb im sozialen Bereich zu bestehen, denn eine Konzeption ist auch ein Teil der Öffentlichkeitsarbeit (→ Kap. 2.6).

Bei einer Konzeptionsentwicklung geht es in erster Linie darum, die pädagogische Arbeit eines Trägers oder einer Einrichtung nach innen und im Gegensatz zum Leitbild auch nach außen professionell zu vermitteln. Eine Konzeption ist daher schriftlich festzuhalten und als verbindlich zu betrachten. Sie ist ein Leitfaden für die pädagogische Arbeit und gibt Außenstehenden die Möglichkeit, die Arbeit nachzuvollziehen.

Der Nutzen einer Konzeption besteht darin,

- Die Grundlagen der pädagogischen Arbeit transparent zu machen (→ Kap. 8.1) und darzulegen, wie die erarbeiteten Ziele verwirklicht werden sollen; somit kann die Arbeit überprüft werden
- Richtlinien für die Gestaltung des pädagogischen Alltags zu erarbeiten und so den Mitarbeitern Handlungssicherheit zu bieten
- Das Profil der Einrichtung (weiter) zu entwickeln.

Abb. 2.13: Zur Analyse der Rahmenbedingungen gehört auch, ob es Bedarf an der Aufnahme von Kindern unter drei Jahren gibt.

Die Erarbeitung einer Konzeption ist eine Aufgabe der gesamten Einrichtung; daher sollten nach Möglichkeit alle Mitarbeiter diese mitgestalten können, sofern es die Größe der Einrichtung zulässt. Zumindest müssen aber die Inhalte an alle Mitarbeiter kommuniziert werden, und die Begründungen müssen nachvollziehbar sein.

Für eine Konzeption sind nicht allein die ideellen Grundlagen (Menschenbild, pädagogischer Ansatz) ausschlaggebend, sondern auch die Rahmenbedingungen:

- Wer ist die Klientel der Einrichtung?
- Was gibt der Träger vor?
- Wie kann die Arbeit finanziert werden?
- Welchen Bedarf gibt es in der Gemeinde?
- Welche rechtlichen Grundlagen müssen beachtet werden?
- Welche anderen Einrichtungen gibt es im Umfeld?

Wenn die Rahmenbedingungen geklärt sind, kann die jetzige Situation und der Bedarf der Einrichtung analysiert werden. Hierbei sind von Bedeutung:

- Anzahl der aufzunehmenden Kinder/Jugendlichen
- Leitlinien und Ziele der Einrichtung
- Ressourcen der Einrichtung (finanziell/personell).

Die Auseinandersetzung mit den Rahmenbedingungen und der Situation macht die Einflüsse bewusst, die die Arbeit des Trägers und der Einrichtung bestimmen. Daraus können sich für die Konzeption konkrete Schwerpunkte für Inhalt und Zielsetzungen ableiten.

Inhaltlich umfasst eine Konzeption folgende Aspekte:

- Pädagogischer Ansatz
- Erziehungsziele und -methoden
- Zusammenarbeit mit Eltern
- Zusammenarbeit mit dem Träger/Einrichtung
- Teamarbeit
- Kooperation
- Öffentlichkeitsarbeit
- Besondere Schwerpunkte.

Der Entwurf der Konzeption sollte diskutiert und nochmals überarbeitet werden, um formale Fehler und missverständliche Textpassagen zu korrigieren. Anschließend kann eine Druckfassung erstellt und der Öffentlichkeit zugänglich gemacht werden.

Das Erstellen einer Konzeption ist ein Diskussions- und Entwicklungsprozess, der nicht mit der ersten schriftlichen Fassung beendet ist. Sie soll in regelmäßigen Abständen, etwa alle zwei bis drei Jahre, überarbeitet werden. Dabei kann z. B. überprüft werden, ob sich die Rahmenbedingungen geändert haben oder ob die angestrebten Ziele erreicht wurden. Dann findet die Konzeptionsfortschreibung statt, d. h. die Konzeption wird korrigiert, ergänzt oder auch grundlegend verändert.

Bendt, Ute/Erler, Claudia: Aus bewährter Praxis die eigene Kindergarten-Konzeption entwickeln: Eine Anleitung in acht Schritten. Mühlheim an der Ruhr: Verlag an der Ruhr 2008

2.3 Informationsmanagement in sozialpädagogischen Einrichtungen

Sozialpädagogische Einrichtung müssen mit vielen verschiedenen Daten arbeiten, z. B. Adressen, Dienstpläne, Daten der Kinder, Beobachtungen, Konzeptionen und Finanzpläne. Um diese Informationen zu pflegen ist ein gutes Informationsmanagement nötig. Dazu gehören:

- Erfassung – Welche Informationen werden wofür benötigt?
- Beschaffung – Woher kommen welche Informationen?
- Nutzung – Wie werden die Informationen effektiv genutzt?
- Pflege – Sind die Informationen vollständig und aktuell?
- Auswertung – Zeigen die Informationen Handlungs- und Verbesserungsbedarf?
- Zuständigkeit – Wer hat Zugriff auf welche Informationen?

Es wird unterschieden zwischen Informationen, die von außen an die Einrichtung herangetragen werden, z. B. durch Träger oder Eltern. Nicht jeder Mitarbeiter hat Zugriff auf alle Informationen, einige betreffen nur die Leitung.

Informationsmanagement soll einer Organisation zur Erreichung strategischer Ziele dienen und den Arbeitsalltag erleichtern.

> **► Informationsmanagement**
> Beschaffung und Bereitstellen von Informationen. Planungs-, Steuerungs-, Überwachungs- und Verwaltungssystem für Informationen und Kommunikation.

Voraussetzung für ein gutes Informationsmanagement ist zum einen eine geeignete Software (→ unten), zum anderen die Qualifikation der Mitarbeiter. Wenn die Mitarbeiter nicht gut geschult sind, kann die Arbeit mit EDV-Systemen viel Zeit kosten und daher nicht effektiv sein. Neben externen oder internen Schulungen kann das nötige Wissen auch durch eigenständiges Lernen über Online-Kurse oder Fachbücher erworben werden.

Die Arbeit mit Informationsmanagementsystemen birgt sowohl Chancen als auch Gefahren (Kobbeloer 2007):

- Chancen: Die Arbeit wird erleichtert durch den unkomplizierten Zugriff auf Informationen, weil diese systematisch verwaltet werden. Dadurch wird die Arbeit effizienter. Erleichterung bietet auch die Möglichkeit, Daten automatisch auswerten zu lassen.
- Gefahren: Die Gefahr von Verlust (Systemfehler) oder Missbrauch (Daten nicht geschützt) von Daten ist groß; zudem werden oft auch überflüssige Daten gespeichert. Wenn die Systeme nicht richtig beherrscht werden, kann das viel Zeit kosten und zudem von den eigentlichen pädagogischen Aufgaben ablenken.

Sozialpädagogische Einrichtungen benötigen für ihre Organisation fachspezifische EDV-Systeme *(Elektronische Datenverarbeitung)*. Informationen müssen systematisch erfasst, verarbeitet und verwaltet werden. Spezielle Computeranwendungen bieten eine auf den Betrieb zugeschnittene Lösung für das Informationsmanagement. Auch die Dokumentation setzt bestimmte EDV-Lösungen voraus. Die elektronische Datenverarbeitung im sozialen Bereich wird als Sozialinformatik bezeichnet.

Abb. 2.14: Datenverwaltung.

> **► Sozialinformatik**
> Verwaltung von Informationen mithilfe von speziellen EDV-Systemen in sozialen Einrichtungen.

Die Sozialinformatik wird hauptsächlich für folgenden Bereiche benötigt:

- Planung, Statistik, Qualitätsmanagement (→ Kap. 2.4) Verwaltung, Dokumentation (→ unten)
- Kommunikation, Öffentlichkeitsarbeit (→ Kap. 2.6), Internet.

Es gibt sehr viele Möglichkeiten, wie eine gute EDV den Arbeitsalltag erleichtern und effektiver machen kann, z. B. bei Lohnabrechnung, Budgetplanung, Anträgen, Formularen, Berichten, Arbeitszeugnissen, Broschüren, Flyern, Rundbriefen, Fotobearbeitung, Websites, E-Mails, Terminplanung, Dienstplänen und Projektmanagement.

2.3.1 Einführung und Anwendung von EDV-Systemen

Für die Arbeit mit EDV-Systemen müssen zunächst die Voraussetzungen geschaffen werden. Der Computer sollte in einem Raum stehen, in dem man ungestört arbeiten kann. Da die meisten sozialpädagogischen Einrichtungen keinen gesonderten EDV-Raum haben, steht der PC meistens im Büro der Leitung. Vor dem Erwerb eines PCs sollte genau überlegt und aufgeschrieben werden, wofür der PC gebraucht wird, d. h. Einsatzwünsche und dafür nötige Software. Anschließend sollte sich die Einrichtung Rat im Fachhandel holen.

Standardsoftware

Für fast alle Aufgaben gibt es mittlerweile geeignete Software. Es gibt kostenpflichtige und kostenfreie Software.

- **Kommerzielle Software** muss im Fachhandel gekauft werden
- **Freie Software** (Open Source) ist entweder kostenlos oder gegen eine geringe Gebühr im Internet erhältlich. Unter bestimmten Auflagen kann sie von Programmierern weiterentwickelt werden
- **Freeware** sind kostenlose Programme, die man im Internet herunterladen kann. Sie dürfen nicht verändert werden
- **Shareware** nennt man Software, bei der bei längerer Nutzung eine Gebühr zu entrichten ist (Kobbeloer 2007).

Für viele Bereiche gibt es bewährte Standardsoftware (→ Tab. 2.4).

> Übersicht über weitere Software auf *www.softguide.de* für kommerzielle Software und freie und kostenlose Software unter anderem unter *www.freeware.de, www.freeware-archiv.de.*

Verwendungsbereich	Kommerzielle Software	Alternative Software
Buchhaltung	Lexware	SQL-Ledger
Bildbearbeitung	Corel Draw	Gimp
Tabellenkalkulation	Microsoft Excel	Open Office Calc
Textverarbeitung	Microsoft Word	Open Office Writer
Datenbank	Microsoft Access	Open Office Base
Präsentationen	Microsoft Power Point	Open Office Impress
Projektmanagement	Microsoft Project	Ganttproject
Broschüren	Microsoft Publisher	MikTex
Internet Browser	Microsoft Internet Explorer	Mozilla Firefox
E-Mail	Microsoft Outlook	Mozilla Thunderbird
Webseiten-Erstellung	Microsoft Frontpage	1st Page 2006

Tab. 2.4: Standardsoftware (aus Kobbeloer, M. 2007, S. 50).

Fachsoftware

Für die verschiedenen Anforderung der jeweiligen sozialpädagogischen Einrichtung gibt es spezifische Programme. Sie eignen sich zur Verwaltung von Adressen, den Daten der Klienten, zur Dokumentation (→ unten) und zur Planung.

Die Tabelle 2.5 bietet einen exemplarischen Überblick über die vielfältigen Programme und ihre Einsatzmöglichkeiten.

📖 Überblick über Software für soziale Einrichtungen unter *www.social-software.de*

Abb. 2.15: Ein Computer sollte in einem Raum stehen, in dem man ungestört arbeiten kann.

2.3.2 Dokumentation

Beobachtung und Dokumentation → Kap. 8.2

Zur *Dokumentation* von *pädagogischen Beobachtungen* (→ Kap. 8.2) gibt es verschiedene Möglichkeiten, z. B. Notizblöcke/Notizbuch, Stichwort-Protokolle, Diktiergerät, Tonbandkassetten, Videokamera, Beobachtungsbögen oder Portfolio/Entwicklungsordner.

Während des Beobachtungsvorgangs kommen zunächst Notizblöcke oder Notizbücher zum Einsatz. Die Ergebnisse können in Stichwortprotokollen festgehalten und in Hängeregistern oder Heftern aufbewahrt werden. Zur Beobachtung können auch vorgefertigte Checklisten bzw. Beobachtungsbögen verwendet werden. Elektronische Medien wie Diktiergerät, Tonbandkassetten oder Videokamera haben gegenüber Notizen zunächst den Vorteil, dass sie wertneutral sind und von verschiedenen Personen begutachtet werden können. Für jedes Kind kann ein Portfolio bzw. ein Entwicklungsordner angelegt werden, das zum einen als Entwicklungsdokumentation dient, andererseits auch Arbeiten und Beiträge der Kinder enthält. So kann ein längerer Zeitraum dokumentiert werden. Das Portfolio kann den Kindern bei Schuleintritt als Erinnerung mitgegeben werden.

Auch bei diesen Unterlagen ist es sehr wichtig, auf Datenschutz zu achten. Daher sollte festgelegt werden, wer Zugang zu Unterlagen hat.

Dokumentationsverfahren

Bildungs- und Entwicklungsprozesse von Kindern können durch bestimmte Dokumentationsverfahren evaluiert werden. Im Rahmen der Bildungspläne werden von den einzelnen Bundesländern entweder Verfahren vorgegeben

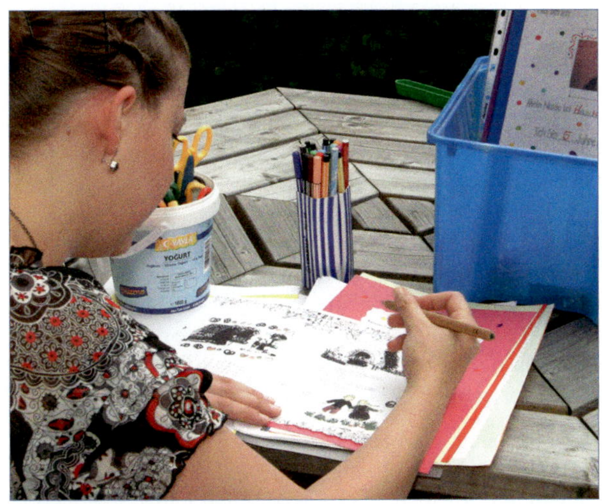

Abb. 2.16: Dokumentation in einem Portfolio.

oder Empfehlungen ausgesprochen. Bei Empfehlungen bleibt die Wahl des Verfahrens den Einrichtungen, den Trägern und Gemeinden überlassen.

Die wichtigsten Dokumentationsverfahren sind:

- Reggio Emilia (Norditalien) und Pikler-Institut (Budapest)
- Leuvener Einschätzskala (Belgien)
- Early Excellence Centre (England) „Beobachtung von bevorzugten Schemata"
- Beobachtung und Dokumentation von Sprachverhalten wie SISMiK, SELDAG, Marburger Sprachscreening (→ Kap. 22)
- Portfolios.

Die Dokumentation von Entwicklungsprozessen ist auch ein wichtiger Teil des Qualitätsmanagements (→ Kap. 2.4) und daher bei vielen Trägern Standard.

Strätz, Reiner/Demandewitz, Helga: Beobachten und Dokumentieren in Tageseinrichtungen für Kinder. Berlin, Düsseldorf: Cornelsen Verlag Scriptor 2007

Groot-Wilken, Bernd: Portfolioarbeit leicht gemacht. Leitfaden zur systematischen Dokumentation von Bildungsverläufen in Tageseinrichtungen. Berlin, Düsseldorf: Cornelsen Verlag Scriptor 2008

Einsatzgebiet	Kommerzielle Software
Tageseinrichtungen für Kinder	
Selbstständige Kindertagesbetreuung	Businessplan Kinderbetreuung (Weinert & Partner)
Verwaltung für Tageseinrichtungen für Kinder	• KigaPro (Regenspurger EDV) • KiGaSoft (Delta Base) • KIGEM-KG (org-team Lagemann GmbH • Kikomaster (coress GmbH) • KiPro (informatik werkstatt – iws GmbH)
Abrechnung für Tageseinrichtungen für Kinder	KAI (Strauch Software und Organisation)
Jugendhilfe	
Betreuungsprozess-Manager	JHM Jugendhilfe Manager (K&L Systemhaus GmbH)
Hilfe- und Erziehungsplanung	All for Social.JUHI (All for One Systemhaus AG)
Management einer Einrichtung der Jugendhilfe	C&S JugendheimManager (C&S Computer und Software GmbH)
Organisation von Freizeiten	Freizeit und Erholung (SOFTcdWARE-Dipl.-Ing. Christian Dohle)
Heil- und Sonderpädagogik	
Förder-, Betreuungs- und Pflegeplanung	Integrierte Förder-, Betreuungs- und Pflegeplanung (C&S Computer und Software GmbH)
Lohnabrechnung für Behindertenwerkstätten	VIA-S Behindertenlohnabrechnung (Dobrick+Wagner Software-house GmbH)
Pflegeplanung, Bewohnerverwaltung	Dolphin Heim - Version Behindertenhilfe (Dolphin Software GmbH)

Tab. 2.5: Übersicht über Software für soziale Einrichtungen (Kobbeloer, M. 2007, S. 52).

2.4 Qualitätssicherung und -management in sozialpädagogischen Einrichtungen

Bis vor wenigen Jahren wurde fast ausschließlich im Bereich der industriellen Produktion über Qualität nachgedacht. Mittlerweile sind jedoch auch im sozialen Bereich Qualitätsfragen und -untersuchungen Standard geworden (→ Kap. 2.1).

Das betrifft insbesondere die Bereiche der

- Außerhäuslichen Betreuung und Pflege
- Betreuung, Bildung und Erziehung von Kindern in sozialpädagogischen Einrichtungen (→ unten).

In diesen Bereichen beschäftigen sich Fachkräfte zunehmend mit Qualitätssicherung und -management.

2.4.1 Qualität, Qualitätssicherung und Qualitätsmanagement

Obwohl die Geburtenrate in den letzten Jahren kontinuierlich sinkt, steigt die Nachfrage nach Tagesbetreuung für Kinder stetig. Der Ausbau der Kindergartenplätze setzte 1995 mit dem Rechtsanspruch auf einen Kindergartenplatz (→ Kap. 3.2) ein und wird nun mit der geplanten Ausweitung der Betreuungsplätze für Kinder unter drei Jahren auf 30 % im Jahr 2013 fortgeführt. Für die Vereinbarkeit von Beruf und Familie benötigen immer mehr Eltern eine Ganztagesbetreuung für ihre Kinder – und sie fordern zu Recht eine qualitativ hochwertige Betreuung ein. Eltern müssen und wollen sicher sein, dass ihre Kinder nicht nur gut betreut werden, sondern auch Qualität in Bildung und Erziehung erfahren.

► **Qualität** *(von lat. qualitas: Beschaffenheit)*
Festgelegtes Maß für die Erfüllung von Ansprüchen und Erwartungen an eine Sache. Je besser diese Ansprüche erfüllt werden, desto höher ist die Qualität (Wert).

Die pädagogische Qualität kann also nicht unabhängig von den Ansprüchen und Erwartungen definiert werden. Diese Qualitätsansprüche und Erwartungen wurden in den Bildungsplänen der einzelnen Bundesländer definiert. Die Bildungspläne für die Tageseinrichtungen für Kinder werden in jedem Bundesland anders bezeichnet. In diesem Buch wird ausschließlich der Oberbegriff *Bildungsplan* verwendet.

An jede Einrichtung wird die Erwartung gestellt, ihre pädagogische Qualität mit den Ansprüchen und Erwartungen der jeweiligen Vorgabe des Bundeslandes abzugleichen und Qualitätsstandards zu schaffen (→ Kap. 2.4.2).

Qualitätsstandards in der Pädagogik werden durch die Qualitätsdimensionen Struktur-, Prozess- und Ergebnisqualität erreicht (→ Kap. 2.4.3).

Die Verpflichtung, pädagogische Qualität zu entwickeln, sicherzustellen und regelmäßig zu überprüfen, kann ohne ein gutes *Qualitätsmanagement* (→ unten) nicht eingelöst werden. Qualitätsmanagement umfasst die Gesamtheit der Maßnahmen zur Planung, Steuerung und Überwachung der Qualität in der Einrichtung. Hierzu gehört die Qualitätsplanung, -lenkung, -kontrolle, -verbesserung und -sicherung. Verantwortlich hierfür ist der Träger der Einrichtung. Als Qualitätssicherungssystem werden Organisationsstruktur, Verantwortlichkeiten und Befugnisse, Verfahren und Prozesse sowie die für die Verwirklichung des Qualitätsmanagements erforderlichen Mittel bezeichnet.

Der Anspruch und die Verpflichtung zur Qualitätsentwicklung und deren ständige Überprüfung (Qualitätsmanagement) haben eine fachwissenschaftliche und eine politisch-administrative Dimension:

- Aus fachlicher Sicht ist es entscheidend, Qualitätsstandards im Praxisfeld Kindertageseinrichtungen vor dem Hintergrund gesellschaftlichen Wandels zu bestimmen, zu sichern und ständig weiterzuentwickeln. Dies betrifft zum einen die Funktion der Einrichtungen als Bildungsort für Kinder und zum anderen als Dienstleistungsangebot für Familien.
- Aus politisch administrativer Sicht geht es darüber hinaus auch um Fragen von Kostentransparenz und Effektivität. Durch die zunehmende Auslagerung der Kinderbetreuung aus den Familien in öffentliche Institutionen und die damit verbundene Belastung öffentlicher Haushalte ist in vielen Ländern, wie auch in Deutschland, ein verstärkter Legitimationsdruck entstanden.

Dementsprechend spielen ökonomische und betriebswirtschaftliche Gesichtspunkte eine neue Rolle in der Fachdiskussion über pädagogische Qualität. Einrichtungsträger sehen sich vor Anforderungen der Profilbildung und Wettbewerbsfähigkeit gestellt. An die pädagogischen Fachkräfte werden zunehmend Erwartungen gerichtet, fachlich und öffentlich vertretbare Konzepte und Lösungen für die

Abb. 2.17: Kundenorientierung: Der Bedarf an Betreuungsplätzen für unter Dreijährige und die Qualitätsansprüche steigen.

Qualität in Kindertageseinrichtungen zu entwickeln. Fragen der Selbst- und Fremdevaluation gewinnen dabei an Bedeutung. Deswegen wurden Systeme zum Qualitätsmanagement entwickelt (→ Kap. 2.4.4).

Qualitätsmanagement

Qualitätsmanagement (QM) ist der Oberbegriff zu anderen Begriffen wie Qualitätsplanung, Qualitätslenkung oder Qualitätssicherung.

> ► **Qualitätsmanagement**
> - Planungs-, Informations-, und Kontrollsystem zu Erfüllung von festgelegten Qualitätsansprüchen
> - Tätigkeit zur Erfüllung festgelegter Qualitätsansprüche in einer Organisation durch
>   - Definition der Maßnahmen
>   - Festlegung der Ziele und Verantwortungsübernahme
>   - Überprüfung und Absicherung der angestrebten Ziele.

Qualität lässt sich nur in erfolgversprechender Weise erreichen, wenn sie prozesshaft und als rückgekoppelter, d. h. lernorientierter Regelkreis (→ unten) geplant, gelenkt und evaluiert wird. Dies kann ein gutes Qualitätsmanagement leisten. Das Qualitätsmanagement schließt in diesen Prozess alle an der Organisation Beteiligten ein. Qualitätsmanagement berücksichtigt Kunden (Kinder und ihre Familien), Träger, Einrichtungen, Mitarbeiter und Kooperationspartner.

Lernorientierter Regelkreis

Reaktionen, Rückmeldungen, Wünsche, Erwartungen von allen intern und extern Beteiligten werden bewertet und ggf. berücksichtigt. Dies läuft immer in zyklischen Prozess ab:

- Situationsanalyse durchführen
- Qualitätsprofil der Einrichtung beschreiben
- Fachliche Orientierung entscheiden
- Veränderungsziele diskutieren
- Ziele vereinbaren
- Umsetzungsschritte zur Zielerreichung planen
- Zielerreichung überprüfen anhand der Situationsanalyse.

Qualitätssicherung

Ein Teil des Qualitätsmanagements ist die Qualitätssicherung.

> ► **Qualitätssicherung**
> Teil des Qualitätsmanagements, Sammelbegriff für alle Maßnahmen zur Sicherstellung der Umsetzung von festgelegten Qualitätsansprüchen.

Einen wichtigen Beitrag zur Qualitätssicherung in sozialpädagogischen Einrichtungen stellen die Bildungspläne der Bundesländer dar. Die Länder geben mit den Bildungsplänen einen konkreten inhaltlich-fachlichen Orientierungsrahmen vor, der weit über die Regelungen der entsprechenden Gesetze hinausgeht. Damit geben die Ministerien den Trägern eine Grundlage für die Bildungsarbeit in den Einrichtungen. Dieser Bildungsauftrag und seine Absicherung ist gemäß KJHG/TAG § 22(3) neben der Betreuung und Erziehung ein zentraler Verantwortungsbereich von Kindertageseinrichtungen.

Durch die Einführung bzw. Umsetzung der Bildungspläne werden die jeweiligen Qualitätsstandards definiert. Aufgabe des Trägers ist, diese in den Einrichtungen einzuführen und im Sinne der Qualitätssicherung mit einem geeigneten Qualitätsmanagement nachhaltig zu verankern und regelmäßig zu überprüfen.

Qualitätsstandards

Im Dienstleistungsbereich und damit auch in sozialpädagogischen Einrichtungen (→ Kap. 2.1) haben mit der Einführung der sog. *DIN EN ISO 9001 ff.* Qualitätsstandards Einzug gehalten (→ unten). Die DIN EN ISO 9001 ff. dient als Maßstab für Qualität und macht Vorgaben, z. B. für die

- Organisation von betrieblichen Abläufen
- Zuordnung der Aufgaben von Mitarbeitern
- Durchführung und Dokumentation von Fehlerkorrekturen.

Spezielle Beratungsagenturen verleihen dem Unternehmen ein Zertifikat, das ein solches Verfahren anwendet. Mittlerweile findet man immer mehr Unternehmen, die mit einem solchen Zertifikat werbend auf sich aufmerksam machen, es ist jedoch nicht verpflichtend.

Elemente dieses Zertifizierungsverfahrens werden auch im Zuge der Verwaltungsreform bzw. Verwaltungsmodernisierung diskutiert und zunehmend eingesetzt.

Zu Beginn der 1990er Jahre wurde der Umbau bürokratischer Verwaltungsstrukturen in moderne bürger- bzw. kundenorientierte Dienstleistungsunternehmen eingeleitet. Die aus der Verwaltungsreform entstandenen neuen Steuerungsmodelle dienen vor allem zur

- Beschreibung der zu erbringenden Leistungen
- Zuordnung von Verantwortlichkeiten
- Feststellung der Kosten.

Aus dieser Perspektive hat die Qualität der Dienstleistungsarbeit und ihrer Ergebnisse nicht nur zentrale Bedeutung für den Bürger oder den Kunden; Leistungsqualität wird zugleich zum Parameter für Wettbewerb, für Steuerung und für Personalführung. Um Leistungsziele einer Serviceeinheit oder eines Dienstleistungsproduzenten definieren, messen, bewerten und vergleichen zu können, müssen explizite Vorgaben nicht nur zu Quantitäten und Kosten, sondern auch zu Qualitäten, d. h. von Ergebnissen und Kundenzufriedenheit gemacht werden.

Qualität in sozialpädagogischen Einrichtungen

Für sozialpädagogische Einrichtungen gilt die Qualitätsentwicklung konkret für die folgenden Bereiche:

- **Kundenorientierung** – Qualität wird vom „Kunden" (= Nutzer, also Eltern und Kinder) her definiert. Deren Erwartungen und Einschätzungen von Qualität werden systematisch erfragt
- **Leistungsprozess** – Qualität wird in den Leistungsprozess eingebaut. Fehler und Qualitätsdefizite werden nicht am Ende des Prozesses ermittelt, z. B. indem die Ergebnisse der Einschuluntersuchung und die dabei festgestellte mangelnde Sprachkompetenz von Kindern dem Kindergarten und seiner mangelhaften Betreuungs- und Bildungsqualität zugeschrieben wird. Sie sind vielmehr im Prozess zu vermeiden, z. B. bei der Gestaltung des Tagesablaufs, bei Eingewöhnung, bei Projekten, bei Bildungsprozessen des einzelnen Kindes oder beim *Übergang* in die Grundschule
- **Kontinuierliche Verbesserung** – Qualität erfordert kontinuierliche Verbesserung. Die sich wandelnden gesellschaftlichen Bedingungen, die Anforderungen, die an Eltern durch berufliche Zwänge (Flexibilität und Mobilität) und wiederum durch Eltern an die Einrichtungen gestellt werden, erfordern Anpassung und fortwährende Optimierung von Arbeitsprozessen und -strukturen
- **Effektive Zusammenarbeit** – Qualität ist das Resultat des effektiven Zusammenwirkens aller Beteiligten. Erforderlich sind hierfür intensive Kooperation und Kommunikation innerhalb und außerhalb der Einrichtung durch Vernetzung mit Kooperationspartnern, insbesondere im Hinblick auf die Bildungsprozesse und Entwicklungsförderung der Kinder
- **Partizipation** – Qualitätsverbesserung ist nur über Partizipation (Beteiligung) aller Mitarbeiter einer Einrichtung zu erzielen. Denn sie sind diejenigen, die an der kontinuierlichen Qualitätsverbesserung arbeiten und diese in die Tat umsetzen müssen. Zudem sind sie die Experten und Expertinnen für die Suche nach Lösungen für Qualitätsprobleme. Mit der direkten Beteiligung an Verbesserungsaktivitäten aller kann zugleich das neue Qualitätsbewusstsein auf allen Ebenen verankert werden
- **Demokratischer Führungsstil** – Qualitätsverbesserung ist ein kontinuierlicher Prozess von
  - Kritischer Betrachtung und Verbesserung von Arbeitsmethoden und -routinen
  - Entwicklung von Initiative und Konfliktlösungspotential

  Vorraussetzung dafür ist
  - Eine Atmosphäre von Offenheit und Vertrauen
  - Die Delegation und Verantwortungsübergabe an teilautonome Arbeitsteams.

Das erfordert einen partizipativen und somit demokratischen Führungsstil (→ Kap. 2.1.3). Im pädagogischen Alltag bringt die Fachkraft außer ihren beruflichen Kompetenzen auch ihre Persönlichkeit ein – es ist deshalb von besonderer Bedeutung, dass die Qualitätsinfrastruktur (Qualitätsbeauftragte, Qualitätsteams und -projekte) von einer respektvollen und wertschätzenden Grundhaltung geprägt ist.

2.4.2 Gesetzliche Grundlagen zu Qualität, Qualitätssicherung und -management

Gesetzliche Grundlagen zur Qualtiätsentwicklung → Kap. 3.2

Trägerqualität

Seit 2004 ist jeder Träger der öffentlichen Jugendhilfe zum Qualitätsmanagement verpflichtet (→ Kap. 2.1). Mit einer Erweiterung und Neufassung der §§ 22 bis 24a des Kinder- und Jugendhilfegesetzes im Tagesbetreuungsausbaugesetz (TAG) des Bundesministeriums für Familie, Senioren, Frauen und Jugend wurde die Pflicht zur Qualitätsentwicklung und Evaluation gesetzlich verankert. Aufgabe der Träger ist, die Qualität in ihren Einrichtungen durch geeignete Maßnahmen weiterzuentwickeln. Konkret genannt werden der Einbezug von pädagogischen Konzeptionen und der Einsatz von Instrumenten und Verfahren zur Evaluation der Arbeit in den Einrichtungen. Unterstützung leisten hier die Bildungspläne, die aber in erster Linie der Orientierung dienen. Durch Rahmenvereinbarungen oder weitere gesetzliche Regelungen wird angestrebt, ihre Integration in pädagogische Konzepte und ihre Umsetzung in der Erziehungs- und Bildungsarbeit der Einrichtungen verbindlich zu machen. In manchen Bundesländern erhalten die Bildungsprogramme den Rang von sog. Durchführungsverordnungen zu den geltenden Kita-Gesetzen. Andere Länder treffen mit den Trägerverbänden und den kommunalen Spitzenverbänden als Verhandlungspartnern eine Qualitätssicherungsvereinbarung (u. a. Nordrhein-Westfalen und Berlin). Rheinland-Pfalz hat einen stark beteiligungsorientierten Weg gewählt, indem es vollständig auf formale Verpflichtungen verzichtet. Dafür setzt es aber systematische Strategien der Aktivie-

Abb. 2.18: Die meisten Bundesländer unterstützen die Umsetzung der Bildungspläne durch Weiterbildungsangebote.

rung und Mitwirkung von Akteuren auf allen Ebenen ein. Die meisten Bundesländer unterstützen die breite Umsetzung ihrer Bildungspläne darüber hinaus mit – zum Teil verpflichtenden – Weiterbildungsangeboten und Evaluationsmaßnahmen.

Qualität in sozialpädagogischen Einrichtungen

Als gesetzliche Grundlagen zu Qualitätssicherung und -management für sozialpädagogische Einrichtungen gelten die grundsätzlichen Maßstäbe der Jugendhilfe:

- Recht aller Kinder auf Betreuung, Bildung und Erziehung
- Abbau und Vermeidung von Benachteiligungen
- Gleichberechtigung von Jungen und Mädchen
- Altersgerechte Mitbestimmung von Kindern (Partizipation → Kap. 2.1.5)
- Demokratische und damit partizipatorische Jugendhilfeplanung.

Mit dem Tagesbetreuungsausbaugesetz (TAG) hat die Bundesregierung einen ersten Schritt getan, um die Versorgung mit Plätzen für Kinder unter drei Jahren in den alten Bundesländern schrittweise zu verbessern. Durch das TAG wurde der 3. Abschnitt „Förderung von Kindern in Tageseinrichtungen und in Kindertagespflege“ (§§ 22 bis 26 SGB VIII) neu gefasst. Von den Änderungen betroffen sind auch Fragen zur Qualität (→ Kap. 2.4.1).

Für den Bereich der Tageseinrichtungen schreibt der Gesetzgeber Qualitätssicherung vor.

Zur Qualitätssicherung in sozialpädagogischen Einrichtungen gehören

- Entwicklung und Einsatz einer pädagogischen Konzeption (→ Kap. 2.1)
- Einsatz von Instrumenten und Verfahren zur Evaluation der Arbeit in den Einrichtungen (→ Kap. 2.3)
- Verpflichtung zur Sicherstellung der Förderung in Ferienzeiten (Schließzeiten)
- Verpflichtung zur gemeinsamen Förderung von Kindern mit und ohne Beeinträchtigungen.

In der Fachdiskussion der letzten Jahre rückte der Bildungsauftrag der Tageseinrichtungen immer stärker in den Fokus und gewann zunehmend an Bedeutung. Der Gesetzgeber konkretisierte den Förderungsauftrag im KJHG und im 12. Kinder- und Jugendbericht als **Trias von Erziehung, Bildung und Betreuung** (→ Kap. 1.1). Die folgenden Eckpunkte in der kindlichen Entwicklung gelten als Bezugspunkte der Förderung:

- Alter
- Entwicklungsstand
- Fähigkeiten
- Interessen
- Lebenssituation.

2.4.3 Qualitätsdimensionen und ihre Bedeutung für sozialpädagogische Einrichtungen

Um die Qualität der Arbeit sozialpädagogischer Einrichtungen zu ermitteln, gibt es verschiedene Maßstäbe, die sog. Qualitätsdimensionen oder -kriterien. Bis auf die Strukturqualität gelten diese Qualitätsdimensionen im Allgemeinen für alle Einrichtungen.

Qualitätsdimensionen in Tageseinrichtungen für Kinder

Um die Bildungsqualität in Tageseinrichtungen für Kinder zu evaluieren, sind folgende Qualitätsdimensionen oder auch Qualitätskriterien wichtig:

- Orientierungsqualität
- Strukturqualität
- Organisations- und Managementqualität
- Prozessqualität
- Ergebnisqualität.

Mit diesen Qualitätsdimensionen bzw. -kriterien werden die unterschiedlichen Ebenen der Einrichtung – die Ebene des Trägers, der Leitung, der Fachkräfte der Eltern und der Kinder – abgebildet. Alle Ebenen sind von entscheidender Bedeutung für die Qualität.

Orientierungsqualität

Orientierungsqualität kann man als Methode zur Selbstevaluation einer Einrichtung verstehen, die der Fremdevaluation vorausgeht oder sie ergänzt. Fremdevaluation in sozialpädagogischen Einrichtungen ist schwierig, weshalb Instrumente und Methoden zur Dokumentation (→ Kap. 2.3) immer wichtiger werden. Der Begriff der Orientierungsqualität wurde von Johannes Ewald Brunner geprägt zur Ergänzung der gängigen Begriffe *Struktur-*, *Prozess-* und *Ergebnisqualität* (→ unten).

Abb. 2.19: Ein autoritärer Führungsstil ist einer sozialpädagogischen Einrichtung nicht angemessen.

► **Orientierungsqualität**
Qualitätsdimension einer Einrichtung; Fähigkeit zur Selbstevaluation einer sozialpädagogischen Einrichtung. Beinhaltet die Reflexion des pädagogischen Personals über eigene Handlungsweisen und Vorstellungen zur kindlichen Entwicklung, pädagogische Ziele und Normen sowie die Auffassungen von der pädagogischen Qualität in der sozialen Arbeit.

Orientierungsqualität bezieht sich darauf, wie klar und differenziert die pädagogischen Ziele einer Einrichtung formuliert sind und inwieweit sich diese Ziele im pädagogischen Handeln niederschlagen. Die Reflexion und die auf die Qualität ausgerichteten Handlungen tragen zum Selbstbewusstsein und somit auch zur Öffentlichkeitsarbeit (→ Kap. 2.6) bei: Eine gute innere Verfassung vermittelt ein positives Bild nach außen.

Strukturqualität
Die Strukturqualität ist gekennzeichnet durch die Rahmenbedingungen einer Einrichtung.

► **Strukturqualität**
Qualitätsdimension einer Einrichtung; bezieht sich auf die Rahmenbedingungen, die materielle und personelle Ausstattung einer Einrichtung, die von politischen, finanziellen und trägerspezifischen Ansprüchen abhängen.

Strukturqualität zeigt sich darin, wie gut eine Einrichtung sachlich, räumlich und personell ausgestattet ist. Dies wird gemessen in

- Gruppengrößen
- Betreuer-Kind-Schlüssel
- Vorbereitungszeit für die pädagogische Arbeit
- Ausbildungsniveau der pädagogischen Fachkräfte
- Leitbild

Abb. 2.20: Zur Strukturqualität gehören z. B. Gruppengrößen und Betreuer-Kind-Schlüssel.

- Typ des Trägers
- Maßnahmen zur Weiterbildung
- Hierarchie in der Einrichtung.

Organisations- und Managementqualität
Ein gutes Management gilt als Voraussetzung für die Leistungsfähigkeit des Personals in der Gestaltung der pädagogischen Prozesse mit den Kindern.

► **Organisations- und Managementqualität**
Qualitätsdimension einer Einrichtung; bezieht sich auf die Art und Weise, wie Organisations- und Managementprozesse ablaufen.

Zur Feststellung von Organisations- und Managementqualität in sozialpädagogischen Einrichtungen werden folgende Bereiche betrachtet:

- Fachliche Leitung
- Bewirtschaftung
- Personalführung
- Kooperation mit den Eltern und anderen Einrichtungen
- Öffentlichkeitsarbeit
- Kontakte mit Träger, Behörden usw.

Prozessqualität
Prozessqualität bezieht sich auf die zentralen Interaktionen zwischen dem Kind und pädagogischen Bezugspersonen, zwischen den Kindern, im pädagogischen Team und zwischen Eltern und Erzieherinnen. Die Qualität dieser Prozesse zeigt sich in der Lernatmosphäre und den Lern- und Erfahrungsmöglichkeiten des Kindes.

► **Prozessqualität**
Qualitätsdimension einer Einrichtung; bezieht sich auf Maßnahmen, die Prozesse zur Bildung und Betreuung von Kindern, Kooperationen und Zusammenarbeit innerhalb und außerhalb der Einrichtung zu verbessern.

Gute pädagogische Prozessqualität zeigt sich, wenn

- Kinder eine verlässliche Betreuung erfahren
- Erzieherinnen die Kinder altersmäßig angemessen beaufsichtigen
- Eine Umgebung mit sicherem Spielmaterial und sicherer Ausstattung gegeben ist
- Eine der Gesundheit förderliche Betreuung gewährleistet ist, d. h. die Kinder Aktivitäts- und Ruhemöglichkeiten haben, hygienische Notwendigkeiten und kindliche Ernährungsbedürfnisse beachtet werden
- Kinder eine entwicklungsangemessene Stimulation erhalten mit Gelegenheiten zum Spielen und Lernen in allen Bildungsbereichen
- Ein positives Interaktionsklima mit den Erzieherinnen herrscht, in dem die Kinder Vertrauen zu den Erwachsenen haben, von ihnen lernen und gerne Umgang mit ihnen haben

- Eine ermutigende Haltung gegenüber der individuellen emotionalen Entwicklung des Kindes gegeben ist, die ihm unabhängiges, sicheres und kompetentes Handeln ermöglicht
- Positive Sozialbeziehungen zu anderen Kindern gefördert werden, indem die Umgebung und Ausstattung entsprechend ausgelegt ist und das Kind die für die positive Peer-Interaktionen erforderlichen Unterstützungen erhält.

> 📖 Tietze, Wolfgang (Hrsg.): Wie gut sind unsere Kindergärten? Eine Untersuchung zur pädagogischen Qualität in deutschen Kindergärten. Neuwied, Berlin: Luchterhand 1998

Ergebnisqualität

Die vorher genannten Qualitätsdimensionen beziehen sich auf die Arbeitsprozesse, die Ergebnisqualität misst die Ergebnisse dieser Arbeit.

> **▶ Ergebnisqualität**
> Qualitätsdimension einer Einrichtung; bezieht sich auf die Feststellung von Erfolgen und Misserfolgen bei der Erreichung festgelegter Ziele.

Bezogen auf die Ziele im KJHG bedeutet das:

- Grad der Annäherung an eine altersgemäße Entwicklung (Schulreife) hin zu einer „eigenverantwortlichen und gemeinschaftsfähigen Persönlichkeit"
- Sicherung des Kindeswohls
- Erhalt und Pflege der Beziehungen zum sozialen Umfeld
- Bearbeitung von Erziehungsfragen der Eltern
- Förderung sozialen Lernens, Erhaltung der Familie
- Verselbständigung in allen Belangen des täglichen Lebens.

Ergebnisqualität in den Tageseinrichtungen für Kinder bezieht sich insbesondere auf die Entwicklungs- und Bildungsergebnisse in der kognitiven, motorischen, sprachlichen Entwicklung, auf soziale Kompetenzen, emotionale Ausgeglichenheit, Bewältigungskompetenzen im Alltag, aber auch auf die Zufriedenheit von Eltern und nimmt auch die Kosten-Nutzen-Relation in den Blick.

Zusammenhang der einzelnen Qualitätskriterien

Die Prozessqualität wirkt sich unmittelbar auf die Entwicklungsprozesse der Kinder aus. Um eine gute Prozessqualität zu erreichen, sind eine gute Orientierungsqualität, eine hohe Strukturqualität sowie ein professionelles Management notwendige Voraussetzungen. Dabei werden Orientierungen und Ziele der Einrichtung sowie die strukturellen Rahmenbedingungen in konkretes Handeln „übersetzt", sie beeinflussen dadurch direkt die Arbeit der pädagogischen Fachkräfte mit den Kindern. Analog haben Familienstrukturen sowie Werte, Überzeugungen und religiöse Praktiken Einfluss auf die Qualität der Beziehungen in der Familie, auf die Lernatmosphäre, Lerngelegenheiten und Erfahrungsräume der Kinder.

2.4.4 Instrumente des Qualitätsmanagementsystems

Mit Einführung des TAG ist auch gesetzlich verankert, dass sich pädagogische Arbeit begründen (→ Kap. 2.2) und die Qualität der Arbeit evaluierbar sein muss. Seit Ende der 1990er Jahre arbeiten Erziehungswissenschaftler an Instrumenten, mit denen sie die Qualität der Betreuung, Erziehung und Bildung von Kindern in Tageseinrichtungen für Kinder messen wollen.

Instrumente (Qualitätsmanagementsysteme), die sich durchgesetzt haben, sind (→ Tab. 2.6):

- Zertifizierung nach DIN EN ISO-Normen
- NQI – Qualitätskriterienkatalog der Nationalen Qualitätsinitiative

Übersicht über die Instrumente des Qualitätsmanagements			
DIN EN ISO 9000 ff. Normenreihe	**NQI – Nationale Qualitätsinitiative**	**Kronberger Kreis „Qualität im Dialog"**	**Einschätzskalen**
• ISO 9000:2000–Grundlagen und Begriffe • ISO 9001:2000–Forderungen • ISO 9004:2000–Leitfaden • ISO 19011:2001–Auditleitfaden für Qualität und Umweltschutzsysteme	• PädQuis – Qualität in der Arbeit mit Kindern von 0 bis 6 Jahren • QUAST – Qualität für Schulkinder in Tageseinrichtungen • QuaSi – Qualität im Situationsansatz • TQ – Trägerqualität	• GQ – Qualitative Grundorientierungen • PPQ – Programm- und Prozessqualität • LQ – Leitungsqualität • PQ – Personalqualität • E+RQ – Einrichtungs- und Raumqualität • TQ – Trägerqualität • KNQ – Kosten-Nutzen-Qualität • FQ – Förderung von Qualität	• KES/KES-R – Kindergarten-Skala • KRIPS-R – Krippen-Skala • TAS – Tagespflege-Skala • HUGS – Hort- und Ganztagsangebote-Skala • Kita: Wie gut sind wir? • Kindertagespflege: Wie gut sind wir?

Tab. 2.6: Instrumente des Qualitätsmanagements.

- Einschätzskalen
- Kronberger Kreis: Qualität im Dialog entwickeln

Zertifizierung nach DIN EN ISO-Normen

Seit Ende der 1980er Jahre existiert die weltweit eingeführte Definition von Qualität nach den DIN EN ISO-Normen. Die DIN EN ISO 9000 ff. ist eine abstrakte Normenreihe, bei der formale Anforderungen an Struktur und Prozesse des Qualitätsmanagementsystems gestellt werden. Die Abkürzung DIN steht für Deutsche Industrienorm, EN für europäische Norm und ISO für „International Organization for Standardization". Die Zahl 9000 benennt die fortlaufende Nummer der Norm im Gesamtverzeichnis. Die angefügte Zahl, z. B. 2000, bestimmt das Jahr der Überarbeitung.

DIN EN ISO 9000 bis 9004 ist eine 1987 veröffentlichte und 1994 weitgehend revidierte Normenreihe, die darauf zielte, Aktivitäten zur Qualitätssicherung bspw. nicht nur der Endkontrolle zu überlassen, sondern als Qualitätsmanagement in alle Geschäftsbereiche zu integrieren. Ende des Jahres 2000 wurde diese Normenreihe von der ISO 9000:2000 abgelöst, da eine realistische Abbildung auf betriebliche Abläufe nicht zufriedenstellend war und das Normenwerk durch ständige Erweiterungen zu unübersichtlich wurde. Die bisherigen 25 Normen, Leitfäden und Normentwürfe wurden auf vier konzentriert:

- ISO 9000:2000/Grundlagen und Begriffe
- ISO 9001:2000/Forderungen
- ISO 9004:2000/Leitfaden zur Leistungsverbesserung
- ISO 19011:2001/Auditleitfaden für Qualität und Umweltschutzsysteme.

Die Normenreihe zeichnet sich dadurch aus, dass sie branchenunabhängig umgesetzt werden kann. Sie bietet eine weltweite Vergleichbarkeit und stellt eine Grundlage für die Regelung der Zusammenarbeit zwischen Vorgesetzten und Mitarbeitern, zwischen Zulieferern und Verbrauchern sowie zwischen Anbietern und Kunden dar.

Abb. 2.21: Hintergrund der Nationalen Qualitätsinitiative (NQI) ist die Sicherstellung von Vereinbarkeit von Beruf und Familie für Mütter und Väter.

Mit der DIN EN ISO 9000:2000-Normenreihe wird eine Struktur für das Qualitätsmanagement (QM)-System vorgegeben, die die Grundelemente, die Qualitätsmerkmale oder -kriterien abdeckt, d. h., es findet eine Übersetzung des QM-Systems der jeweiligen Einrichtung in diese Struktur statt, die in regelmäßigen Abständen von einer berechtigten externen Zertifizierungsstelle überprüft wird (Audit).

Das ISO-Modell hat den Vorteil, den Aufbau des QM-Systems für die Fachkräfte nachvollziehbar zu strukturieren und kann relativ schnell zu einer Verbesserung der Ablauforganisation führen. In keinem Fall darf jedoch der Aspekt der Qualitätsdarlegung nach außen (Marketing-Aspekt) überbetont werden, Zielsetzung ist nicht lediglich der Erhalt eines Zertifikats, sondern die kontinuierliche Verbesserung der Qualität.

Die DIN EN ISO 9000:2000 im Überblick

- **Ansatz:** Der Qualitätsbegriff stellt die Interessen und Wünsche der Kunden in den Vordergrund; Schwerpunkt ist die Qualität der Organisation der Einrichtung (Strukturqualität), nicht die Dienstleistung
- **Ziele:** Qualitätsfestigung, -entwicklung, -sicherung
- **Prozess/Elemente:** Definition von Standards zum Management von Organisationsprozessen, Prozessorientierung, QM-Handbuch, externe Zertfizierung
- **Pädagogischer Ansatz:** beinhaltet kein pädagogisches Konzept, keine Festlegungen notwendig
- **Beteiligte:** die ganze Einrichtung
- **Stärken und Schwächen:** Prozesse werden durchleuchtet, Bestimmung von Verantwortlichen, ausschließliche Überprüfung des QM-Handbuches, keine Vorgaben inhaltlicher Qualitätskriterien, hoher personeller und zeitlicher Aufwand, umfangreiche Dokumentationspflicht, kostenaufwendig.

NQI – Projekte der Nationalen Qualitätsinitiative im System der sozialpädagogischen Einrichtungen

Auf Initiative der Bundesregierung entstand 1999 die „Nationale Qualitätsinitiative im System der Tageseinrichtungen für Kinder" NQI mit fünf Teilprojekten. Die NQI ist ein länder- und trägerübergreifender Forschungsverbund. Hintergrund der Initiative des Ministeriums war, dass Mütter und Väter auf ein ausreichendes Angebot an Kinderbetreuungseinrichtungen angewiesen sind, um Familie und Beruf miteinander vereinbaren zu können. Ziel war es, die Angebote nach der Lebenssituation der Familien auszurichten und flexibel auf unterschiedliche Bedürfnisse der Eltern zu reagieren. Hinzu kommt, und gerade dies war laut Vorwort der damals zuständigen Ministerin in der Broschüre zur NQI besonders wichtig, dass

Abb. 2.22: Die NQI stellt sicher, dass Eltern sich darauf verlassen können, dass ihre Kinder gefördert werden und sich in der Einrichtung wohlfühlen.

- Eltern sich auf das Angebot verlassen können
- Kinder sich in der Einrichtung wohl fühlen
- Kinder umfassend gefördert werden.

Dazu gehört, neben dem Auftrag einer Tageseinrichtung, Erziehung und Betreuung sicherzustellen, sodass der Bildungsauftrag ernst genommen und inhaltlich im Rahmen des Gesamtkonzepts umgesetzt wird.

Das Ministerium hatte erkannt, dass die Qualität kontinuierlich verbessert werden muss, damit diese hohen Ansprüche, die an jede einzelne Einrichtung gestellt werden, auch erfüllt werden können. Voraussetzung dafür ist wiederum ein umfassendes Instrumentarium zur Feststellung der Qualität, ihrer Sicherung und Weiterentwicklung. Da dies den Tageseinrichtungen für Kinder 1999 nicht zur Verfügung stand, investierte die Bundesministerin in die „Nationale Qualitätsinitiative im System der Tageseinrichtungen". Beteiligt haben sich zehn Bundesländer, die Verbände der freien Wohlfahrtspflege, der Deutsche Städtetag, Landesjugendämter und Kommunen. Die Forschungsarbeiten wurden vom Deutschen Jugendinstitut München koordiniert und von einem Beirat, bestehend aus Bund, Ländern und Verbänden, begleitet.

Der bundesweite Projektverbund bestand aus fünf Teilprojekten, die Ende 1999 bzw. im Januar 2000 begannen. Jedes Projekt befasste sich mit einem jeweils anderen thematischen Schwerpunkt. Projekte 1 und 2 entwickelten Qualitätskriterien für die Arbeit mit 0- bis 6-jährigen Kindern. Projekt 3 befasste sich mit der Tagesbetreuung für Schulkinder. Im vierten Projekt ging es um die Erarbeitung von Qualitätskriterien auf der Basis des Situationsansatzes, und Projekt 5 stellte die Qualität der Träger von Tageseinrichtungen in den Mittelpunkt. Dabei vertraten die Projekte unterschiedliche methodische Zugänge zum Themenbereich.

- **Teilprojekte I und II** – Qualität in der Arbeit mit Kindern von 0 bis 6 Jahren: PädQUIS, FU Berlin; www.paedquis.de
- **Teilprojekt III** – Qualität für Schulkinder in Tageseinrichtungen (QUAST): Sozialpädagogisches Institut NRW; www.spi.nrw.de
- **Teilprojekt IV** – Qualität im Situationsansatz (QuaSi): INA, Institut für den Situationsansatz, FU Berlin; www.ina-fu.org
- **Teilprojekt V** – Trägerqualität (TQ): IFP, Staatsinstitut für Frühpädagogik; www.ifp-bayern.de

Einschätzskalen

Die Einschätzskalen wurden von Wolfgang Tietze von der Freien Universität Berlin 1997 entwickelt. Sie gelten als wegweisend für die Qualitätsmessung in Tageseinrichtungen für Kinder und werden seitdem als Instrument vielfach angewandt. Gleichzeitig werden diese Skalen kontinuierlich weiterentwickelt. Im Herbst 2001 erschien eine revidierte Fassung und neu bearbeitete Auflage der Skalen KES und KES-R.

Die Skalen sind unabhängig von spezifischen pädagogischen Konzepten. Die Qualität einer Tageseinrichtung wird gemessen an den derzeitigen Erkenntnissen zur Entwicklung von Kleinkindern und den förderlichen oder weniger förderlichen Maßnahmen. Empirische Forschungsergebnisse und theoretische Modelle zur kindlichen Entwicklung sind somit Maßstab der Beurteilung von Kindergärten.

Es wurden folgende Skalen entwickelt:

- Kindergarten-Skala (KES/KES-R)
- Krippen-Skala (KRIPS-R)
- Tagespflege-Skala (TAS)
- Hort- und Ganztagsangebote-Skala (HUGS).

Die empirische Erfassung von sieben Bereichen führt zu einer detaillierten Beschreibung der pädagogischen Arbeit einer Tageseinrichtung. Diese Bereiche sind:

- Betreuung und Pflege der Kinder
- Möbel und Ausstattung sowie deren Nutzung für Kinder
- Sprachliche und kognitive Anregungen
- Fein- und grobmotorische Aktivitäten
- Kreative Aktivitäten
- Aktivitäten zur Sozialentwicklung
- Unterstützung für Erzieherinnen und Eltern.

Bislang wurde die Kindergarteneinschätzskala in Deutschland, Österreich, Portugal und Spanien in großen Stichproben erprobt. Die Anwendung der KES-R kann und sollte in Trainingskursen erlernt werden.

Abb. 2.23: Bewegungsangebote gehören zu den sieben zu erfassenden Bereichen der Einschätzskalen.

Alle Instrumente dienen als

- Feststellung des Ist-Standes der pädagogischen Qualität
- Grundlage für die Qualitätssicherung und Verbesserung
- Hilfe zur Identifikation von Schwächen und Stärken
- Unterstützung der eigenen Sicherheit (Argumentationssicherheit) von der bestehenden Qualität.

Weiterhin gibt es die Skalen von Daena Schlecht, die alle Bildungspläne in Deutschland und internationale Standards zugrunde legen: *Kita: Wie gut sind wir* und *Kindertagespflege: Wie gut sind wir?*

📖 Schlecht, Daena/Förster, Charis/Wellner, Beate/Mörth, Annedore: Kita Wie gut sind wir? Skalen zur Einschätzung der pädagogischen Qualität nach internationalen Standards unter Einbeziehung aller Bildungspläne in Deutschland. Berlin, Düsseldorf: Cornelsen Verlag Scriptor 2008

Schlecht, Daena/Förster/Charis/Wellner, Beate/Mörth, Annedore: Kindertagespflege Wie gut sind wir? Skalen zur Einschätzung der pädagogischen Qualität nach internationalen Standards unter Einbeziehung aller Bildungspläne in Deutschland. Berlin, Düsseldorf: Cornelsen Verlag Scriptor 2008

✉ Kindergarten-Einschätz-Skala im Internet unter *www.paedquis.de* / (Pädagogische Qualitäts-Informations-Systeme GmbH)

Kronberger Kreis im Internet unter *http://www.kronberger-kreis.de*

Kronberger Kreis für Qualitätsentwicklung

Eine andere Zugangsweise zur Messung von Qualität in Tageseinrichtungen für Kinder erschloss sich der Kronberger Kreis für Qualitätsentwicklung e. V. (Berlin), zu dem sich namhafte Experten zusammenschlossen: Reinhart Wolff, Anne Kebbe und Dr. Hans-Ullrich Krause.

Die Expertengruppe trug umfangreiche Materialien zu Qualitätsstandards zusammen, die die „beste Fachpraxis" dokumentieren und gleichzeitig ein Gegenentwurf zu den Einschätzskalen von Tietze sind. Die Autoren schreiben: „Wir wollen auch nicht behaupten, dass es mit dem Verteilen von Noten oder Qualitätssiegeln getan ist. (...) Wir distanzieren uns also von der bloßen Bewertung, von der Rationalisierung und Effektivierung heutiger Kindertageserziehung."

Ihr wichtigstes Anliegen war und ist, dass sich die Fachkräfte selbst für die Qualitätsentwicklung verantwortlich fühlen und dafür den Dialog mit anderen suchen.

Qualität im Dialog entwickeln

Das Konzept des Kronberger Kreises für Qualitätsentwicklung sieht vor, Qualität im Dialog mit allen Beteiligten zu entwickeln. Dazu gehört, dass sich jede sozialpädagogische Einrichtung als eine lernende Organisation versteht. Das Konzept betont: „Pädagogische Praxis bester Qualität muss sich immer wieder neu erfinden."

Wesentliche Bestandteile bei der Qualitätsentwicklung im Dialog sind dabei notwendigerweise:

- Kritische Selbstbeobachtung
- Kreative Experimente im pädagogischen Alltag
- Reflexion der pädagogischen Handlungen
- Ergebnisdokumentation und -sicherung *(Evaluation)*.

📖 Kronberger Kreis für Qualitätsentwicklung (Hrsg.): Qualität im Dialog entwickeln. Wie Kindertagesstätten besser werden. Freiburg: Velber Verlag 1989

Die Experten des **Kronberger Kreises** definierten in einem ersten Schritt allgemeine Qualitätsstandards, die die beste Fachpraxis kennzeichnen. Dazu gehören

- Qualitative Grundorientierungen (GQ)
- Programm- und Prozessqualität (PPQ)
- Leitungsqualität (LQ)
- Personalqualität (PQ)
- Einrichtungs- und Raumqualität (E+RQ)
- Trägerqualität (TQ)
- Kosten-Nutzen-Qualität (KNQ)
- Förderung von Qualität (FQ).

Im zweiten Schritt formulierten sie Fragen, welche die allgemeinen Gesichtspunkte erfassen bzw. aufgliedern und eine Qualitätsuntersuchung in einer bestimmten Einrichtung ermöglichen.

Im dritten Schritt legten sie konkrete Merkmale fest, durch die eine gute Fachpraxis anschaulich angezeigt bzw. beschrieben werden kann.

Erster Schritt – Die Ebene des Bedarfs und der Nachfrage

Die Bedürfnisse und Möglichkeiten der Familien, der Eltern und Kinder sind von zentraler Bedeutung. Diese müssen von der Einrichtung – durchaus auch mit externer Unterstützung – sorgfältig ermittelt werden.

Zweiter Schritt – Die Ebene der Angebote, Ziele, Mittel und Möglichkeiten der Einrichtungen

Der zweite Schritt zielt auf die Verantwortung der öffentlichen und freien Träger der Jugendhilfe. Der Träger analysiert sorgfältig, wie die Einrichtung auf Bedarf und Nachfrage reagieren kann. Dafür prüft er

- **Angebote** – Welche Angebote zur Einhaltung von Qualitätsstandards gibt es bereits in der Einrichtung?
- **Ziele** – Was soll getan und erreicht werden, um bessere Qualität zu bieten?
- **Mittel** – Welche Mittel stehen zur Verfügung, um die festgelegten Ziele zu erreichen?
- **Möglichkeiten** – Welche Möglichkeiten gibt es, diese Mittel zu beschaffen? Inwieweit können die öffentlichen Verwaltungen und die örtlichen und überörtlichen politischen Gremien hierbei Unterstützung leisten?

Dritter Schritt – Die Ebene der beruflichen Praxis

Diese Ebene betrifft die Erzieherinnen. Es geht um die Struktur-, Prozess- und Ergebnisqualität ihrer pädagogischen Praxis.

Dabei werden folgende Fragen beantwortet:

- Welche fachlichen Aufgaben und Ziele setzen wir uns?
- Unter welchen Voraussetzungen (Ebene 1 und 2) machen wir unsere Arbeit?
- Wie nutzen wir die konkreten Alltagssituationen für die Entwicklung und Förderung der Kinder?
- Welche Fähigkeiten und Kompetenzen haben wir?
- Welche fachlichen Methoden und Mittel stehen uns zur Verfügung?
- Was bewirken wir im pädagogischen Alltag?
- Wie effektiv sind unsere Methoden?
- Welche Ergebnisse erzielen wir in unserer Arbeit?

Adolph Petra/Duipuis André/Hoffmann Hilmar/Hohmeyer Christine: Qualität in Kindertageseinrichtungen – Schlagwort, Zauberformel oder was? Frankfurt a. M.: Gewerkschaft Erziehung und Wissenschaft (Hrsg.) 1999

Diller, Angelika/Leu, Hans Rudolf/Rauschenbach, Thomas (Hrsg.): Der Streit ums Gütesiegel – Qualitätskonzepte für Kindertageseinrichtungen. (DJI-Fachforum Bildung und Erziehung.). München: DJI-Verlag, 2005

Hoffmann, Hilmar (Hrsg.): Studien zur Qualitätsentwicklung von Kindertagesstätten. Neuwied: Luchterhand 2001

Kebbe, Anne: Qualität im Dialog entwickeln – Wie Kindertageseinrichtungen besser werden. Seelze: Kallmeyersche Verlagsbuchhandlung 1989

Pittwald, Michael (Hrsg.): Qualitätsentwicklung in Osnabrücker Tageseinrichtungen für Kinder. Sozio-Publishing, Belm-Osnabrück 2007

Tietze, Wolfgang/Viernickel, Susanne (Hrsg.): Pädagogische Qualität in Tageseinrichtungen für Kinder – ein nationaler Kriterienkatalog. 2. Auflage. Weinheim: Beltz Verlag 2003

Viernickel Susanne: Qualitätskriterien und -standards im Bereich der frühkindlichen Bildung und Betreuung. Studienbuch zum Bildungs- und Sozialmamagemant. Remagen: ibus-Verlag 2006

2.5 Organisationsentwicklung

Sozialpädagogische Einrichtungen sind soziale Dienstleistungsunternehmen, die komplexen fachlichen Anforderungen genügen sollen. Das bedeutet auch: Wachsen, sich entwickeln und erfolgreich sein. Voraussetzung dafür ist, sich auf Veränderungen stets einzustellen. Daher sind die Einrichtungen herausgefordert, als Organisationen zu lernen. Das Instrument dafür ist die Organisationsentwicklung.

> ▶ **Organisationsentwicklung**
> Dynamischer Prozess, aktives Gestalten der Weiterentwicklung einer Organisation und ihrer Mitarbeiter.

Um Organisationsentwicklung zu betreiben, wird oft auf Qualitätsmanagementverfahren (→ Kap. 2.4). zurückgegriffen. Während Instrumente des Qualitätsmanagements Einzelaspekte der Gesamtorganisation in den Blick nehmen, betrachtet die Organisationsentwicklung stärker die Gesamtzusammenhänge der Einrichtung.

Veränderungen sind in der Organisationsentwicklung

- **Aktuell** – nicht zukünftig
- **Umfassend** – nicht kleinteilig
- **Langfristig** – nicht kurzfristig.

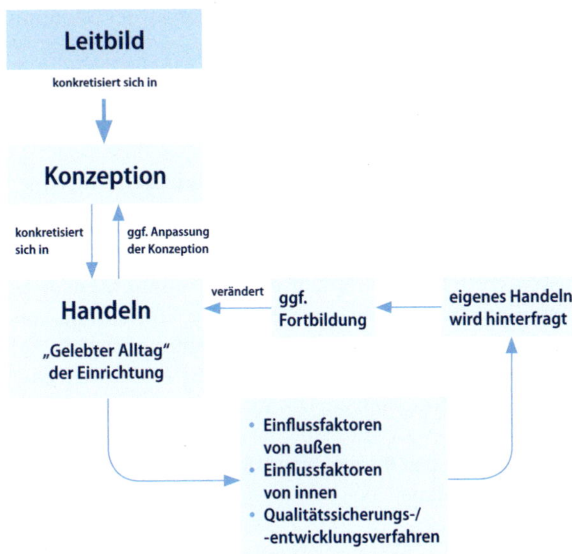

Abb. 2.24: Kreislauf der Organisationsentwicklung.

Die Grundlage für Organisationsentwicklung ist eine **lernende Organisation:** Eine Einrichtung reagiert nicht einfach nur auf Veränderungen (passiv), sondern gestaltet Veränderungen bewusst mit (aktiv).

Veränderungen ergeben sich für eine Einrichtung sowohl durch Einflüsse von außen als auch von innen. Diese beeinflussen sich immer gegenseitig. Organisationsentwicklung ist ein ständiger dynamischer Prozess, bei dem das eigene Handeln immer wieder überprüft wird, um es den aktuellen Erfordernissen anzupassen. Organisationsentwicklung ist damit nie abgeschlossen.

Voraussetzung für die Organisationsentwicklung ist eine ständige Beobachtung von äußeren und inneren Einflüssen auf die Einrichtung.

Äußere Einflüsse

Veränderungen ergeben sich durch Einflüsse von außen, z. B. die Rahmenbedingungen oder die Gesetzgebung. Dabei ist für die Einrichtung wichtig:

- Was verändert sich außerhalb der Einrichtung?
- Was bedeutet dies für die Einrichtung?
- Ist es notwendig, auf diese Veränderungen zu reagieren?
- Welche Möglichkeiten gibt es, zu reagieren?
- Was können die Leitung, die einzelne Fachkraft, das Team und die Organisation insgesamt aus den Veränderungen lernen?

Diese Fragen verdeutlichen, dass es bei der Organisationsentwicklung nicht um ein passives Hinnehmen von Veränderungen geht bzw. gehen kann, sondern um ein aktives Reagieren und Gestalten. Durch die eigene Reaktion wirkt die Organisation ihrerseits wiederum auf die Außenwelt ein.

Innere Einflüsse

Auch Einflüsse innerhalb der Einrichtung können Veränderungen auslösen. Dem geht eine Analyse der Situation voraus, z. B.:

- Was funktioniert in der Einrichtung gut, was weniger?
- Wie ist das Zusammenspiel im Team: Was ist förderlich, was hinderlich?
- Wie hoch ist die Arbeitszufriedenheit in der Einrichtung?

Durch die Wechselwirkung von inneren und äußeren Einflüssen entsteht ein Kreislauf der Organisationsentwicklung: Einflüsse von außen wirken auf die Einrichtung, was eine Veränderung innerhalb der Einrichtung auslöst. Auf diese Veränderung reagiert wiederum die Außenwelt. Diese Reaktion wirkt dann zurück auf die Einrichtung.

[BEISPIEL] für den Prozess einer Organisationsentwicklung in einer Einrichtung

- **Einflüsse von außen**
  Zwischen Bund und Ländern wurde 2007 vereinbart, dass in Deutschland bis 2013 das Platzangebot für Kinder unter drei Jahren in Kindertageseinrichtungen so ausgebaut wird, dass dann ein individueller Rechtsanspruch für Kinder ab dem vollendeten dritten Lebensjahr gesetzlich eingeräumt werden kann (→ Kap. 3.2)
- **Einflüsse von innen**
  Die Leiterin stellt in ihrer Kindertagesstätte fest, dass insbesondere die älteren Kolleginnen im Team sich gegen die Aufnahme der Kleinstkinder sträuben. Es wird deutlich: Die Einrichtung muss sich mit den gesellschaftlichen Veränderungen auseinandersetzen
- **Außenwelt reagiert auf die Entwicklung in der Einrichtung**
  Das Team setzt sich mit den veränderten gesellschaftlichen Rahmenbedingungen in Fortbildungen, mit Supervision und Konzeptionstagen auseinander. Am Ende steht eine überarbeitete Konzeption. Ein nahe gelegenes ortansässiges Unternehmen fördert aufgrund der Konzeption finanziell Belegplätze für die Kleinstkinder der Firmenbeschäftigten in der Einrichtung
- **Rückwirkung nach innen**
  Positive Rückmeldungen zeigen dem Team der Einrichtung, dass Eltern ihre Kinder nicht nur bestens gefördert wissen, sondern sie die verbleibende Zeit mit ihren Kindern wesentlich besser genießen können. Das erfüllt das Team mit Stolz. Das gemeinsame Ziel, die Kinder angemessen zu fördern und Eltern zu unterstützen, ist erfüllt.

Bei Prozessen der Organisationsentwicklung ist die Wirkung von Einzelaspekten auf mehrere Bereiche bedeutend. Wird ein bestimmter Aspekt der Entwicklung aufgegriffen, wie die Aufnahme von Kindern unter drei Jahren, so wirkt sich dieser Einzelaspekt auf viele Bereiche der Organisation aus, z. B. auf das Konzept, die Auseinandersetzung der Fachkräfte mit sich selbst und untereinander, die Umgestaltung der Räume und vieles mehr. Ein Mobile ist ein passendes Symbol für diese Prozesse: Es wird an einer Stelle angestoßen und kommt als Ganzes in Bewegung.

> Überlegen Sie, welche Veränderungen sich in einer Einrichtung ergeben, wenn die Öffnungszeiten erheblich ausgeweitet werden.

Zum Verständnis von Organisationsentwicklung ist ein Blick auf das System hilfreich. Danach sieht die Organisationsentwicklung die Einrichtung wie einen „Organismus" mit seinen „inneren Organen", z. B. Leitung, Team, Leitbild, Konzeption, und seinen Beziehungen nach außen, z. B. Familien, Kooperationen, gesellschaftliche Entwicklungen. Geisteshaltungen und Rahmenbedingungen, die für das Lernen von Kindern förderlich sind, sind ebenso dem Lernen von Erwachsenen dienlich und gelten ebenso für lernende Organisationen:

- Respektvollen Umgang miteinander leben
- Mut zur eigenen Verantwortung fördern
- Bildung als Selbstbildung verstehen und unterstützen
- Eine (gemeinsame) Zielvorstellung entwickeln
- Fehler als Chance begreifen
- Unterstützungsangebote machen.

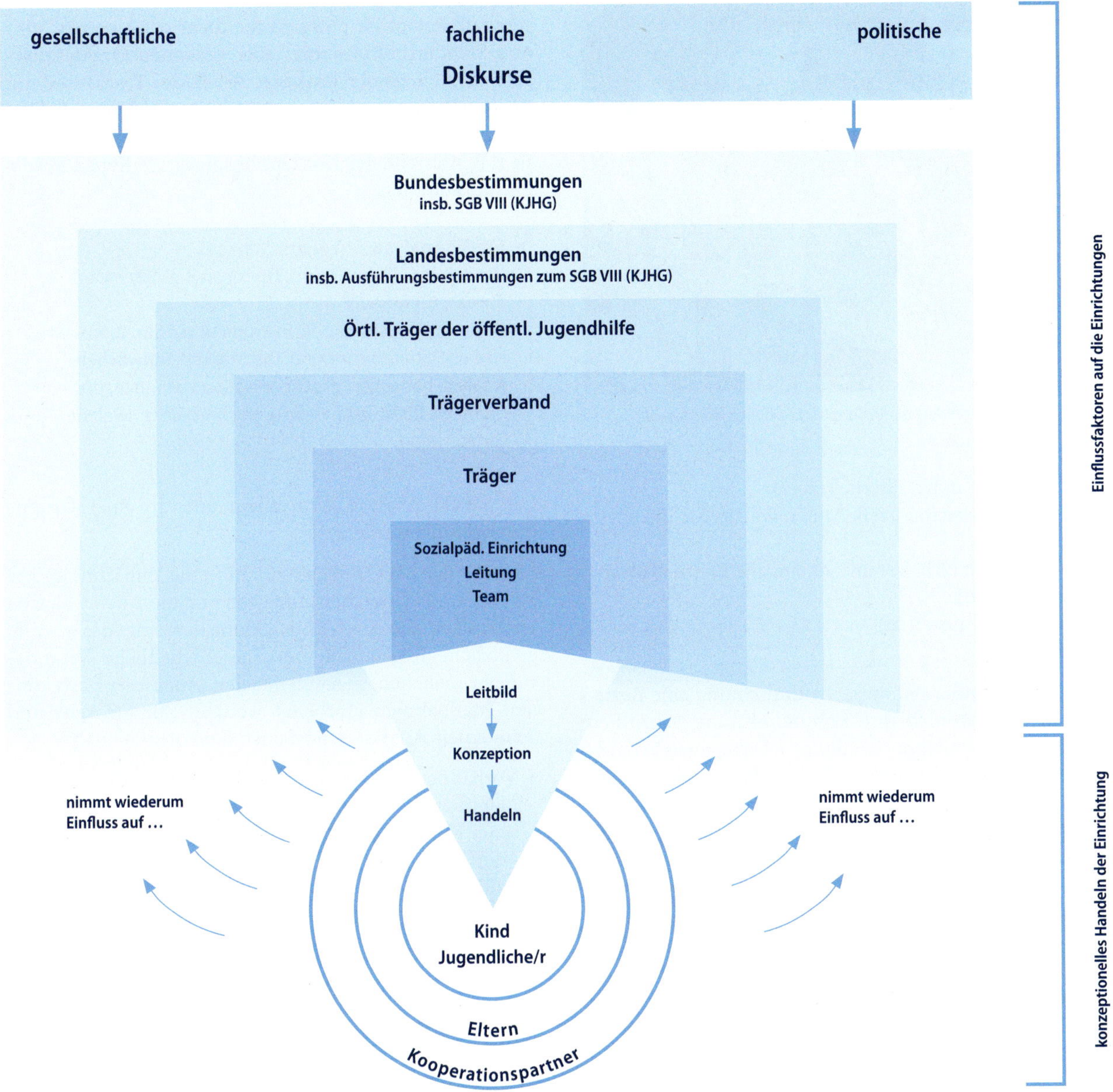

Abb. 2.25: Organisationsentwicklung: Handeln in einem System vielfältig Einfluss nehmender Faktoren.

Müller, Burkhard K.: Die Kindertagesstätte als lernende Organisation. In: Kindergartenpädagogik. In: Martin R. Textor (Hrsg.): Online-Handbuch. www.kindergartenpaedagogik.de/1047.html (zuletzt abgerufen am 01.08.2008)

Senge, Peter M.: Die fünfte Disziplin, Kunst und Praxis der lernenden Organisation. Stuttgart: Klett-Cotta 10. Auflage 2006

2.6 Öffentlichkeitsarbeit

Das Wort Öffentlichkeitsarbeit wird hergeleitet vom englischen „Public Relations“ (PR), was „öffentliche Beziehungen“ bedeutet.

► **Öffentlichkeitsarbeit**
Maßnahmen mit dem Ziel, eine Beziehung zwischen einer Organisation und der für sie wichtigen Öffentlichkeit und Zielgruppe aufzubauen und ein für die Organisation positives Image zu schaffen.

► **Image**
Bild, das von einer Person oder einer Organisation in der Öffentlichkeit vorherrscht. Dies kann subjektiv sein; das Image kann aber von der Organisation gezielt gesteuert werden.

Zur Öffentlichkeit einer sozialpädagogischen Einrichtung gehören

Abb. 2.26: Ein Sommerfest ist ein Beispiel für Öffentlichkeitsarbeit.

- Zielgruppe (Kinder, Eltern, Träger)
- Kooperationspartner (z. B. Ämter, Polizei, Schule, Ärzte)
- Gemeinwesen (z. B. Vereine, öffentliche Plätze, Kultureinrichtungen)
- Land (z. B. Ministerien)
- Medien.

Zu dieser Öffentlichkeit muss die Einrichtung eine Beziehung herstellen durch ihre Kommunikation (schriftlich und mündlich) und ihre Handlungen. Dabei muss bedacht werden, dass Öffentlichkeitsarbeit nicht immer nur geplant ist: Öffentlichkeitsarbeit geschieht immer. Das Bild, das sich die Öffentlichkeit von einer Einrichtung macht, entsteht durch Eindrücke und bruchstückhafte Informationen. Jede Handlung, jedes Gespräch und jedes Verhalten hat eine Außenwirkung. Die Stimmung im Team wird von Außenstehenden ebenso wahrgenommen wie schlechte Organisation. Dazu gehören die Art und Weise, wie die Kinder morgens und die Eltern begrüßt werden, wie sich die Mitarbeiter am Telefon melden und ob der Anrufer dann gut beraten oder vielleicht gar nicht beraten wird. Daher ist es sehr wichtig, dass innerhalb der Einrichtung zunächst eine Basis geschaffen wird, die eine positive Meinung der Öffentlichkeit garantiert.

2.6.1 Grundlagen der Öffentlichkeitsarbeit

Gute Öffentlichkeitsarbeit benötigt ein Konzept, das auf folgendem Kreislauf basiert:

- Situation analysieren
- Ziele erarbeiten
- Maßnahmen festlegen.

Eine bewährte Methode für die Erstellung des Konzepts ist die SWOT-Analyse.

SWOT-Analyse

Die SWOT-Analyse ist eine Untersuchungsmethode, die die Stärken und Schwächen der eigenen Organisation mit denen des wichtigsten Wettbewerbers vergleicht und ungenutzte Potentiale aufzeigt. Sie dient der Untersuchung und Standortbestimmung einer gesamten Organisation, aber auch einzelner Prozesse, Produkte, Teams und zur Ausarbeitung von Lösungs- und Entwicklungsmöglichkeiten. Innerhalb einer Organisationsuntersuchung kann sie z. B. während der Konzeptionsphase (→ Kap. 2.2) zum Einsatz kommen.

► **SWOT-Analyse, S**trenghts (Stärken), **W**eaknesses (Schwächen), **O**pportunities (Chancen), **T**hreats (Gefahren)
Untersuchungsmethode, Instrument zur Situationsanalyse und Strategiefindung. Die **Stärken-Schwächen-Analyse** betrachtet die Organisation von innen, die **Chancen-Risiken-Analyse** betrachtet die Umwelt der Organisation.

Die SWOT-Analyse kann allein oder in einer Gruppe durchgeführt werden.

Mithilfe der SWOT-Analyse kann eine Einrichtung ihre Stärken und Schwächen aufzeigen und diese den Chancen und Risiken, die durch Entwicklung des Umfeldes wie z. B. gesetzliche Regelungen oder gesellschaftliche Veränderungen entstehen, gegenüberstellen. Auf dieser Basis können Maßnahmen erarbeitet werden. Zur Stärken- und Schwächen-Analyse gehört auch die Potentialanalyse:

- Vorhandene und zukünftige Unternehmensressourcen identifizieren und Eignung zur Bewältigung strategischer Herausforderungen untersuchen in Bezug auf
  - Finanzen
  - Organisation
  - Personal
  - Ausstattung.

Des Weiteren ist auch eine Konkurrenzanalyse wichtig:

- Standortbestimmung
- Konzeptionsarbeit
- Wettbewerbsfähigkeit.

Die Konkurrenzanalyse wird für sozialpädagogische Einrichtungen als Dienstleistungsunternehmen zunehmend wichtiger. (www.4managers.de, 2009)

In einer Einrichtung herrscht schlechte Stimmung unter den Kollegen, Eltern fühlen sich wie „Störfaktoren", wenn sie z. B. eine Frage an die Mitarbeiter haben. Woran könnte das liegen? Erarbeiten Sie mögliche Gründe und Lösungsvorschläge.

Zur Durchführung der Analyse werden zu jedem der vier folgenden Punkte Fragen formuliert:

- **Stärken**
  - Welche Gründe haben die bisherigen Erfolge?
  - Welche Potentiale sind vorhanden?
- **Schwächen**
  - Welche Punkte sind verbesserungswürdig?

- **Chancen**
  - Welche Möglichkeiten gibt es?
  - Was ändert sich?
- **Risiken**
  - Welche Schwierigkeiten ergeben sich durch Veränderungen der Rahmenbedingungen?
  - Welche Entwicklung nehmen die konkurrierenden Einrichtungen?

In die SWOT-Analyse fließen alle Ergebnisse aus Konzeptionsarbeit, Qualitätsmanagement, Organisationsentwicklung und Öffentlichkeitsarbeit ein (nach www.4managers.de, 2009).

Nach der SWOT-Analyse kann die Corporate Communication folgen.

Interne Analyse – Stärken und Schwächen	Externe Analyse – Chancen und Risiken
• Erfolge/Misserfolge • Personalentwicklung • Qualität • Kommunikation • Image • Wirtschaftlichkeit • Qualifikation der Beschäftigten • Führungsstil • Organisationsstruktur • Planung • Motivation • Ausstattung • Konzeption • Leistungsfähigkeit	• Gesetzliche Rahmenbedingungen • Kundenzahl • Kundenwünsche • Demographische Entwicklung • Konkurrenz • Wirtschaftslage • Finanzierung

Tab. 2.7: Mögliche Anhaltspunkte für die SWOT-Analyse.

Corporate Communication

Wenn eine Organisation eine gründliche Analyse durchlaufen hat, kann eine gezielte Öffentlichkeitsarbeit beginnen. Am Anfang steht die Kommunikation bzw. die Kommunikationskonzeption.

> ► **Corporate Communication**
> Kommunikationskonzeption einer Organisation, betrifft die interne und externe Kommunikation. Neben der schriftlichen Außendarstellung werden auch Aspekte wie Umgangsformen berücksichtigt. Das Ziel ist, die Motivation der Mitarbeiter und die Wettbewerbsfähigkeit zu verbessern.

Die Corporate Communication vermittelt die Firmenidentität bzw. das -image. Sie ist strategisch geplant und verbindlich für alle Mitarbeiter. Die Strategien sollten in sich schlüssig sein und konsequent verfolgt werden. Die Corporate Communication ist notwendig, um wettbewerbsfähig zu werden oder zu bleiben. Wie auch ein Ladengeschäft kann es sich eine sozialpädagogische Einrichtung nicht leisten, einen Kunden schlecht zu behandeln.

Abb. 2.27: Zufriedene und freundliche Mitarbeiter sind eine Stärke und haben einen großen Einfluss auf die Öffentlichkeitsarbeit.

2.6.2 Maßnahmen der Öffentlichkeitsarbeit

Nachdem die Grundlagen für eine gute Öffentlichkeitsarbeit erarbeitet wurden, können konkrete Maßnahmen ergriffen werden. Die Maßnahmen beginnen immer mit der Verschriftlichung, denn um die geplanten Aktionen durchführen zu können, müssen sie zunächst an die Öffentlichkeit gebracht werden. Nachdem die Eltern und Angehörigen der Kinder informiert wurden, z.B. durch ein schwarzes Brett und einen Elternbrief, kann auch eine breitere Öffentlichkeit durch die Zusammenarbeit mit der Presse erreicht werden.

[BEISPIELE] für Maßnahmen der Öffentlichkeitsarbeit
- Anzeigen/Pressemitteilungen
- Ausstellungen
- Versammlungen
- Briefe/Rundschreiben
- Broschüren
- Kindergartenzeitung
- Jahresabschlussbericht
- Internet/Intranet
- Interviews
- Kongresse/Tagungen
- Pressegespräche/-konferenzen
- Redaktionsbesuch, z.B. bei Zeitung, Radio
- Schwarzes Brett/Infobrett

Broschüren, Briefe und Flyer, die von der Einrichtung selbst gestaltet werden, sollten einen **Wiedererkennungseffekt** haben, dies gelingt am besten durch ein Logo und eventuell einen Slogan. Die Druckwerke sollten möglichst professionell aussehen, damit sie einen guten Eindruck machen.

Zusammenarbeit mit der Presse

Gängige Methoden zur Zusammenarbeit mit der Presse sind Anzeigen und Pressemitteilungen. Damit diese auch abgedruckt werden, sollten sie alle wichtigen Inhalte übersichtlich darlegen, z. B.:

- Wann und wo findet die Veranstaltung statt?
- Wen betrifft die Veranstaltung?
- Warum wird die Veranstaltung geplant?

Ein guter Schreibstil ist Pflicht, ebenso ein logischer Aufbau, damit die Redakteure nicht viel korrigieren müssen. Auch in Anzeigen und Pressemitteilungen sollte ein Wiedererkennungseffekt vorhanden sein, z. B. durch ein Logo. Möglich sind auch ein Besuch in der Redaktion mit den Kindern, Pressekonferenzen, Reportagen und Interviews.

Jahresabschlussbericht

Der Jahresabschlussbericht ist zum einen ein Beleg für den Träger einer Einrichtung, um Erfolge und Entwicklungen nachzuweisen. Zum anderen kann dieser Jahresabschlussbericht auch der Öffentlichkeitsarbeit dienen. In diesem Bericht können z. B. aufgeführt sein: Rahmendaten der Einrichtung, Raumsituation, Personal, Kooperationen und Vernetzungen, Projekte , Öffentlichkeitsarbeit oder Sponsoren.

Finanzmanagement

Auch das Finanzmanagement ist ein Teil der Öffentlichkeitsarbeit, denn diese ist in manchen Bereichen eine Voraussetzung zur Erschließung neuer Finanzquellen. Zu den Instrumenten des Finanzmanagements in sozialpädagogischen Einrichtungen gehören u. a. Fundraising und Sponsoring.

► **Fundraising**
Maßnahmen von *Non-Profit-Organisationen* (→ Kap. 6.3) die zur Unterstützung in Geld-, Sach- oder Dienstleistungsfragen ohne materielle Gegenleistung anregen sollen.

► **Sponsoring**
Finanzielle Unterstützung einer *Non-Profit-Organisation* durch einen Sponsor. Im Gegensatz zum Fundraising wird eine Gegenleistung erwartet, z. B. die Nennung in einer Pressemitteilung.

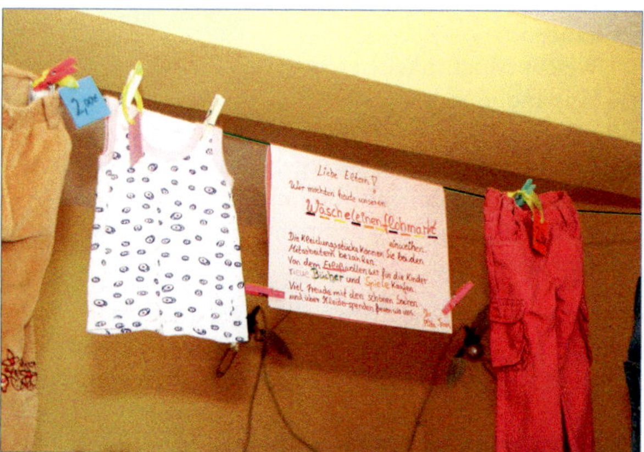

Abb. 2.28: Eine Idee für die Finanzierung ist z. B. dieser „Wäscheleineflohmarkt", durch den benötigte Anschaffungen finanziert werden können.

Öffentlichkeitsarbeit und Kooperation

Für sozialpädagogische Einrichtungen ist elementar, dass sie eng mit ihrer Zielgruppe zusammenarbeiten: mit den Eltern und den Kindern.

Die Zusammenarbeit mit Eltern ist die wichtigste und erste Form der Öffentlichkeitsarbeit. Die Eltern tragen ihr eigenes Bild von der Einrichtung nach außen und beeinflussen so entscheidend die öffentliche Meinung. Dieses Bild wirkt viel stärker als alle strategischen Maßnahmen zur Öffentlichkeitsarbeit.

Gegenüber den Eltern lassen sich Missstände in der Einrichtung nicht verheimlichen. Auch daher geht der erste Blick immer ins Innere der Einrichtung:

- Wird sie kompetent geleitet?
- Gibt es einheitliche Ziele?
- Gibt es einen klaren pädagogischen Ansatz?
- Fühlen sich die Mitarbeiter wohl und anerkannt?

Wenn innerhalb der Einrichtung eine gute Atmosphäre herrscht und gute Arbeit geleistet wird, wird dies das öffentliche Bild entscheidend beeinflussen. Die Eltern tragen es nach außen, wenn sie in die Konzeptionsarbeit mit einbezogen werden, wenn die Arbeit mit den Kindern transparent gemacht und auf die Wünsche der Eltern eingegangen wird.

Möglichkeiten zur Mitbestimmung von Eltern sind in diesem Kontext besonders wichtig. Aber auch die Kinder können in die Öffentlichkeitsarbeit eingebunden werden, z. B. mit einer Ausstellung im Kindergarten. Sie müssen nicht in alle Arbeitsschritte einbezogen werden, wissen aber über die Veranstaltung Bescheid und haben die Möglichkeit, sich zu ihren Werken zu äußern oder vielleicht die Besucher durch die Ausstellung zu führen.

Abb. 2.29: Die Zusammenarbeit mit Eltern ist die erste und wichtigste Form der Öffentlichkeitsarbeit.

2.6.3 Ergebnisse der Öffentlichkeitsarbeit

Eine gute Öffentlichkeitsarbeit dient vor allem dazu, eine Organisation bekannt zu machen. Sie richtet sich konkret an ihre Zielgruppe und an die Umwelt. Die Öffentlichkeitsarbeit ist ein grundlegender Prozess einer Organisation, der das positive Image einer Organisation steuert, aufrecht erhält und ausbaut. Eine gelungene Öffentlichkeitsarbeit garantiert Unverwechselbarkeit. Da sie auf vielen Ebenen wirkt, sind auch die Ergebnisse der Öffentlichkeitsarbeit vielfältig:

- Bekanntheit
- Positives Image
- Professionalität
- Transparenz
- Vertrauen
- Identifikation
- Wertschätzung
- Dialog
- Partizipation.

3

Rechtlich entscheiden und handeln

Manfred Mürbe

In diesem Kapitel geht es zunächst um Grundrechte von Kindern, dann aber auch um Rechte von Kindern und Eltern, wie sie in den Gesetzen der Bundesrepublik verankert sind. Erzieherinnen haben oft auch mit dem "Jugendhilfegesetz" zu tun. Aufgaben und Ziele der Jugendhilfe, ihre Leistungen und Anwendung sind im folgenden Kapitel dargestellt. Anschließend sind auch die juristischen Teilbereiche thematisiert, die sich im Speziellen auf Kinder und Jugendliche und deren Eltern beziehen sowie auf die Erzieherinnen und ihr Arbeitsgebiet bzw. im Arbeitsrecht auf Erzieherinnen als Arbeitnehmerinnen:

- Zivilrecht
- Strafrecht
- Arbeitsrecht.

Selbst bei einer solchen thematischen Eingrenzung handelt es sich um ein umfassendes Gebiet. Deshalb wird für ein vertieftes Verständnis gebeten, auf weitere Lehrbücher zurückzugreifen, die sich ausschließlich mit der Rechtsordnung beschäftigen.

In diesem Kapitel sind neben dem Grundgesetz (GG) und dem Bürgerlichen Gesetzbuch (BGB) sowie dem Sozialgesetzbuch (SGB) auch andere Gesetze genannt. Sie können sämtlich im Internet eingesehen werden (www.gesetze-im-internet.de).

3.1 Grundrechte von Kindern und Eltern

► **Grundrechte**
Abwehrrechte des Einzelnen gegen den Staat.
Ihre Aufgabe ist es, der Macht des Staates und seinen Eingriffsbefugnissen gegenüber dem Einzelnen Grenzen zu setzen.

Für einen Eingriff des Staates in die Grundrechte müssen stets wichtige Gründe bestehen. So gibt z. B. Artikel 6 des Grundgesetzes (Art. 6 GG) den Eltern das Recht zur Erziehung ihrer Kinder. In Absatz 3 (Abs. 3) wird dieses Recht aber wieder eingeschränkt: Kinder dürfen etwa gegen den Willen der Eltern von der Familie getrennt werden, wenn sie zu verwahrlosen drohen.

Natürlich sind alle Grundrechte wichtig. Die Grundrechte gelten für alle Menschen in der Bundesrepublik Deutschland und sind im Grundgesetz der Bundesrepublik verankert. Es können jedoch nicht alle erörtert werden, sondern nur einige.

Besonders wichtige **Grundrechte von Kindern und Eltern** sind:

- Das Recht auf allgemeine Handlungsfreiheit (Art. 2 Abs. 1 GG)
- Das Recht auf Leben, körperliche Unversehrtheit und Freiheit der Person (Art. 2 Abs. 2 GG)
- Der Gleichheitsgrundsatz (Art. 3 GG)
- Das Recht der freien Meinungsäußerung, der Informationsfreiheit, der Pressefreiheit, der Freiheit von Rundfunk, Film und Fernsehen sowie die Freiheit von Kunst, Wissenschaft, Forschung und Lehre (Art. 5 GG)
- Die Freiheit der Berufswahl und der Berufsausübung (Art. 12 GG)
- Die Garantie auf Eigentum und Erbrecht (Art. 14 GG)
- Der umfassende Anspruch auf rechtliches Gehör, wenn gegen einen Betroffenen belastende staatliche Maßnahmen ergehen sollen (Art. 103 Abs. 1 GG).

3.1.1 UN-Kinderrechtskonvention

Die UN-Kinderrechtskonvention von 1989 ist zwar nicht unmittelbar geltendes innerstaatliches Recht, mit der Unterzeichnung der Konvention im Jahr 1992 hat die Bundesrepublik Deutschland sich jedoch als Staat verpflichtet, die dort festgelegten Grundsätze in innerstaatliches Recht umzusetzen und so einen hinreichenden Schutz der in unserem Staat lebenden Kinder sicherzustellen.

In 41 Artikeln definieren die Vereinten Nationen (UN) im Jahr 1989 spezielle **Kindergrundrechte,** die zum Teil die im Grundgesetz verankerten Grundrechte widerspiegeln, zum Teil jedoch auch besondere Belange von Kindern und Jugendlichen auf der ganzen Welt behandeln und abdecken.

So fordert die Kinderrechtskonvention etwa, Kinder vor Gewaltanwendung, sexuellem Missbrauch oder Kinderhandel zu schützen und ihnen eine angemessene Bildung und Ausbildung zu gewährleisten.

3.1.2 Persönlichkeits- und Elternrechte in Grundgesetz und Bürgerlichem Gesetzbuch

Grundrechte spielen nicht nur bei Eingriffen des Staates eine Rolle, auch Kinder sind Inhaber der Grundrechte.

So haben zwar Eltern neben allen anderen Grundrechten auch das Recht zur Erziehung ihrer Kinder, aber die Erzie-

Abb. 3.1: Die Kindergrundrechte behandeln die Belange von Kindern und Jugendlichen auf der ganzen Welt.

hung selbst darf die Grundrechte der Kinder nicht verletzen.

Hier sind das betroffene Grundrecht und die Grundrechtsmündigkeit des Kindes entscheidend.

Grundrechtsmündigkeit von Kindern und Jugendlichen

Kinder und Jugendliche ebenso wie ungeborene Kinder sind Inhaber von Grundrechten. Von der Frage der Grundrechtsinhaberschaft ist aber die Frage zu unterscheiden, ob jemand seine Grundrechte auch eigenständig geltend machen kann. Dies wird als Grundrechtsmündigkeit bezeichnet.

► **Grundrechtsmündigkeit**
bezeichnet die Fähigkeit, im Rechtsleben seine Grundrechte eigenständig geltend zu machen.

Grundsätzlich tritt Grundrechtsmündigkeit mit dem Erreichen der Volljährigkeit mit 18 Jahren ein – zivilrechtlich ist ab dieser Grenze die uneingeschränkte Geschäftsfähigkeit (→ Kap. 3.3.1) gegeben.

In bestimmten Fällen können aber auch Kinder, vor allem aber Jugendliche, Rechte – und damit auch die entsprechenden Grundrechte – bereits eigenständig geltend machen, z. B. als Beschuldigte in Strafverfahren oder bei der Entscheidung über einen Religionswechsel.

Juristisch relevante Altersgrenzen bei Kindern und Jugendlichen

Ein Blick auf die juristisch relevanten Altersgrenzen bei Kindern und Jugendlichen (→ Tab. 3.1) zeigt, in welchem Alter welcher Grad an Rechtsmündigkeit erreicht wird. Die juristische Bedeutung einer Altersgrenze trifft dann auch auf Aussagen zu, die in dem jeweils angegeben Kapitel ausgeführt sind.

Erziehungsrecht und Züchtigungsverbot

Das Recht auf körperliche Unversehrtheit beinhaltet auch das Verbot körperlicher Züchtigung (Art. 2 Abs. 2 GG) durch alle im staatlichen Auftrag tätigen Erzieherinnen.

- *Elterliches Züchtigungsrecht und Recht des Kindes auf gewaltfreie Erziehung* – Mit der Neufassung des Paragrafen 1631 des Bürgerlichen Gesetzbuches (§ 1631 BGB) im Jahr 2000 hat der Gesetzgeber körperliche Bestrafungen auch seitens der Eltern ausdrücklich für unzulässig erklärt
- *Wahrung der Menschenwürde* – § 1631 BGB verbietet als Erziehungsmaßnahme jedoch auch seelische Verletzungen oder andere entwürdigende Maßnahmen gegenüber Kindern.

Altersgrenze	Juristische Bedeutung
Geburt	• Beginn der Rechtsfähigkeit (→ Kap. 3.3.1)
7 Jahre	• Beginn der beschränkten Geschäftsfähigkeit (→ Kap. 3.3.1) • Beginn der beschränkten Deliktsfähigkeit (→ Kap. 3.3.1)
14 Jahre	• Beginn der beschränkten Einwilligungsfähigkeit (→ Kap. 3.3.1) • Einwilligung in Adoption (→ Kap. 3.3.6) • Beginn der Strafmündigkeit bzw. Schuldfähigkeit (→ Kap. 3.4.1) • Ausschließliche Anwendung von Jugendstrafrecht (→ Kap. 3.4.1) • Eingeschränkte Grundrechtsmündigkeit, z. B. Bestimmung über die Religionszugehörigkeit (→ Kap. 3.1.1)
16 Jahre	• Beginn der Testierfähigkeit (→ Kap. 3.3.1)
18 Jahre	• Beginn der uneingeschränkten Grundrechtsmündigkeit (→ Kap. 3.3.1) • Beginn der uneingeschränkten Einwilligungsfähigkeit (→ Kap. 3.3.1) • Beginn der uneingeschränkten Geschäftsfähigkeit (→ Kap. 3.3.1) • Beginn der uneingeschränkten Deliktsfähigkeit (→ Kap. 3.3.1) • Bis 21 Jahre Entscheidung zwischen Anwendung von Jugend- oder Erwachsenenstrafrecht möglich (→ Kap. 3.4.1)

Tab. 3.1: Juristisch relevante Altersgrenzen.

Gleichberechtigung

In rechtlicher Hinsicht gilt die Gleichbehandlung von Mann und Frau (Art. 3 GG) heute als durchgesetzt. Gesellschaftlich ist die Gleichberechtigung dagegen immer noch nicht erreicht:

- Typische Frauenberufe sind auch heute noch im Schnitt schlechter bezahlt
- In Führungspositionen sind Frauen noch immer deutlich unterrepräsentiert.

Der Anspruch auf Gleichberechtigung muss sich als Selbstverständlichkeit „in den Köpfen“ festsetzen, um solche Unterschiede endgültig zu beseitigen.

Abb. 3.2: Die Gleichbehandlung von Mann und Frau ist v. a. im Berufsleben noch nicht erreicht.

Religionsfreiheit

Kinder und Jugendliche haben, was ihre religiöse Erziehung anbelangt, schon verhältnismäßig früh Rechte, die sie selbstständig ausüben können (Art. 4 GG). Bis zur eingeschränkten Grundrechtsmündigkeit ihres Kindes mit 14 Jahren entscheiden zunächst die Eltern, ob ihr Kind eine religiöse Erziehung erhält oder nicht und wenn ja, in welcher Glaubensrichtung. Gleiches gilt für die Teilnahme am Religionsunterricht (Art. 7 Abs. 2 GG). Lediglich wenn die Religion entweder lebenswichtige Behandlungen wie Bluttransfusionen oder eine geordnete, staatlich kontrollierte schulische Ausbildung nicht hinnehmen will, muss der Staat seinen Schutzaufgaben für die entsprechenden Rechte des Kindes nachkommen und das elterliche Erziehungsrecht für den entsprechenden Bereich zurückdrängen.

Erziehungsrecht und Erziehungspflicht der Eltern

Der Vorrang des elterlichen Erziehungsrechts ist im Grundgesetz ausdrücklich festgeschrieben worden (Art. 6 GG). In keinem anderen Grundrecht sind aber auch die staatliche Kontrolle und die Möglichkeit, dieses Grundrecht ganz oder teilweise zu entziehen, so deutlich festgeschrieben.

► **Erziehungsrecht**
Das Erziehungsrecht der Eltern umfasst die Aufgabe und das Ziel, aus den Kindern lebensfähige und verantwortungsbewusste Menschen zu machen.

► **Erziehungspflicht**
Eltern haben aufgrund des Erziehungsrechts gleichzeitig auch eine Erziehungspflicht.

Kommen Eltern ihrer Erziehungspflicht nicht nach oder sind sie zu einer angemessenen Erziehung nicht fähig, so kann und muss der Staat eingreifen.

Gleichbehandlung „unehelicher" Kinder

Die Gleichstellung von Kindern aus Ehen, nicht ehelichen Lebensgemeinschaften, aber auch von alleinerziehenden Elternteilen (Art. 6 Abs. 5 GG) ist heute rechtlich vollständig und gesellschaftlich weitgehend erreicht.

Schulische Erziehung

Der Staat achtet zwar das elterliche Erziehungsrecht, eine geordnete Ausbildung der Kinder hält er aber für so wichtig, dass er das gesamte Schulwesen – also auch private Kindergärten und Schulen – seiner Aufsicht unterstellt (Art. 7 GG). Daraus lässt sich die *Schulpflicht* ableiten, da im Interesse des einzelnen Kindes dessen Ausbildung gesichert sein muss. Hier ist der Staat für das Kindeswohl mitverantwortlich und übt durch die Schulpflicht entsprechende Kontrollfunktionen aus.

3.2 Kinder- und Jugendhilfegesetz

Außerhalb spezieller Bereiche wie etwa der Ausbildung oder dem Arbeitsschutz finden sich die zentralen Regelungen zur Förderung und Unterstützung von jungen Menschen und ihren Familien sowie zum Schutz von Minderjährigen im achten Teil des Sozialgesetzbuchs (SGB VIII). In der Umgangssprache wird das SGB VIII oft auch als Kinder- und Jugendhilfegesetz (KJHG) bezeichnet. Doch streng genommen war das KJHG nur das Gesetz, das neben einigen technischen Regelungen das SGB VIII in das Gesamtkonzept des Sozialgesetzbuchs eingefügt hat.

3.2.1 Aufgaben und Ziele der Jugendhilfe

Die Kinder- und Jugendhilfe (kurz: Jugendhilfe) bietet für junge Menschen Förderung und Schutz.

Zweck der Jugendhilfe ist die **Förderung der Erziehung und Entwicklung** junger Menschen (→ Kap. 2.1). Dabei soll sie sich über den konkreten Einzelfall hinaus für die Verbesserung der Lebensbedingungen junger Menschen und ihrer Familien einsetzen. In erster Linie zuständig für Jugendhilfeaufgaben ist das *Jugendamt*.

Darüber hinaus ist allerdings immer auch der *Schutz* von Kindern und Jugendlichen Aufgabe der Jugendhilfe. In diesem Zusammenhang bestehen neben den Hilfe- und Unterstützungsangeboten auch sonstige Verpflichtungen der Jugendhilfe, die z. B. der Kontrolle von Heimen und sonstigen Einrichtungen für Minderjährige dienen.

► **Subsidiarität**
Im Verhältnis zu nahezu allen sonstigen Sozialleistungen ist die Jugendhilfe subsidiär (nachrangig). Können bestimmte Leistungen auf der Grundlage anderer Gesetze in Anspruch genommen werden, sind diese vorrangig. Es gilt eine Ausnahme: Den Leistungen der Grundsicherung und der Sozialhilfe gegenüber ist die Jugendhilfe vorrangig.

3.2.2 Trägerschaft und Zusammenarbeit verschiedener Träger

Die auf dem Gebiet der Jugendhilfe tätigen Akteure werden auch als *Träger der Jugendhilfe* bezeichnet. Sie unterscheiden sich in

- Öffentliche (staatliche) Träger
- Freie (private) Träger.

Ihre Aufgaben und Verpflichtungen sind unterschiedlich (→ Kap. 2.1.2).

Die öffentlichen Träger der Jugendhilfe sind Landkreise und kreisfreie Städte sowie in den einzelnen Bundesländern unterschiedliche überörtliche Zusammenschlüsse, z. B. Landschafts- oder Landeswohlfahrtsverbände. Sie

Abb. 3.3: Die Jugendhilfe soll die Lebensbedingungen junger Menschen verbessern.

sind die staatlichen Organisationseinheiten, die für die Umsetzung des Kinder- und Jugendhilferechts verantwortlich sind.

> Die zuständigen Behörden für die Anwendung des Kinder- und Jugendhilfegesetzes (KJHG) sind die **Jugendämter** bzw. für einige wenige Aufgaben die Landesjugendämter.

Die Jugendämter bzw. Landesjugendämter haben für die Erfüllung der Aufgaben der Jugendhilfe die Gesamtverantwortung und haben im Rahmen ihrer Planungsverpflichtung dafür zu sorgen, dass alle erforderlichen Dienste und Einrichtungen in ausreichendem Maße zur Verfügung stehen. Sie finanzieren zudem alles, was im Aufgabenbereich der Jugendhilfe an Ausgaben anfällt.

Die freien Träger der Jugendhilfe sind private Organisationen wie die Diakonie, Caritas und die Arbeiterwohlfahrt (→ Kap. 2.1.2). Freie Träger betreiben z. B. Kindertageseinrichtungen, Heime, sonstige betreute Wohnformen für junge Menschen, Jugendfreizeitzentren oder Beratungsstellen. Um eine Vielfalt von Weltanschauungen und pädagogischen Konzepten zu fördern, sieht das Gesetz ausdrücklich vor, dass sich staatliche Stellen mit Angeboten zurückhalten sollen, wenn Angebote freier Träger bestehen (§ 4 SGB VIII). Dieses Prinzip der Zurückhaltung bezeichnet man als Subsidiaritätsprinzip (→ Kap. 2.1.2).

Die öffentlichen und freien Träger sollen partnerschaftlich zusammenarbeiten, um den Interessen der jungen Menschen und Familien, für die sie tätig sind, gerecht werden zu können.

3.2.3 Grundzüge des Jugendhilfegesetzes

In inhaltlicher Hinsicht gewährt das Sozialgesetzbuch (SGB VIII) Eltern und Minderjährigen eine Vielzahl von **Rechtsansprüchen** für unterschiedliche Formen der Unterstützung, Förderung und Hilfe. Gleichzeitig verpflichtet es die zuständigen staatlichen Stellen, meist das Jugendamt, auch über die Erbringung von individueller Hilfe und Unterstützung hinaus dazu, zur **Förderung der Entwicklungsmöglichkeiten** junger Menschen tätig zu werden.

Die Inhalte der Kinder- und Jugendhilfe nach dem SGB VIII unterteilen sich in zwei große Gruppen:

- Die Leistungen der Jugendhilfe
- Die Anderen Aufgaben der Jugendhilfe.

Leistungen der Jugendhilfe

Die Leistungen der Jugendhilfe enthalten ein breites Angebotsspektrum, das von niedrigschwelligen Angeboten reicht, die alle jungen Menschen bzw. alle Familien oder Eltern in Anspruch nehmen können, bis hin zu intensiven, auf den Einzelfall zugeschnittenen Hilfen für junge Menschen und Familien in schwierigen Lebenslagen. Dabei handelt es sich um

- **Muss-Leistungen** – Zwingende Ansprüche an das Jugendamt
- **Kann-Leistungen** – Das Jugendamt besitzt im konkreten Einzelfall Ermessensspielräume, ob eine bestimmte Leistung erbracht wird.

Immer sind jedoch die Grundprinzipien des Jugendhilferechts zu berücksichtigen.

> Eine wichtige gesetzliche Regelung im Zusammenhang mit den Leistungen der Jugendhilfe ist das **Wunsch- und Wahlrecht** im Sozialgesetzbuch (§ 5 SGB VIII). Es gewährt den leistungsberechtigten Personen das Recht, ihre Wünsche hinsichtlich der Ausgestaltung einer Hilfe zu äußern und eine Bitte bezüglich einer Einrichtung ihrer Wahl zu formulieren (auch selbst zu entscheiden, z. B. in welcher Einrichtung) oder durch welchen Dienst die Hilfe erbracht werden soll.

Darüber hinaus müssen die Betroffenen bei der Entscheidungsfindung über mögliche Hilfen beteiligt werden. Bei zahlreichen Hilfen für Kinder und Jugendliche ist gesetzlich vorgeschrieben, dass sowohl die Eltern bzw. sonstige Inhaber des Sorgerechts als auch die Minderjährigen selbst entsprechend ihrem Entwicklungsstand an der Planung der Hilfe mitwirken (§ 36 SGB VIII).

Ein Teil der Leistungen und Angebote der Jugendhilfe ist für die Empfänger bzw. für ihre Eltern kostenfrei. Dies gilt je nach Fall für Erziehungshilfen wie

- Beratungsangebote (sowohl in den Leistungen der Jugendhilfe enthalten, als auch unter Andere Aufgaben einzuordnen)
- Offene Angebote (Andere Aufgaben der Jugendhilfe)
- Ambulante Formen (Andere Aufgaben der Jugendhilfe).

Die Minderjährigen bzw. ihre Eltern sollten jedoch damit rechnen, zu den Kosten herangezogen zu werden.

Zu den Leistungen der Jugendhilfe gehören laut Sozialgesetzbuch (SGB VIII) beispielsweise:

- **Offene Angebote für Minderjährige und ihre Familien** (§ 11) – Angebote der Jugendarbeit sind z. B. Jugendzentren und -freizeitheime, Kinder- und Jugendferienstätten, aber auch die Familienbildung mit Seminaren und Selbsthilfegruppen, allgemeine Erziehungs- und Lebensberatung, Formen der Familienfreizeit sowie die Familienerholung (→ Kap. 5).
- **Unterstützung in Schule und Ausbildung** (§ 13) – Die Schulsozialarbeit soll dabei helfen, soziale Probleme im Alltag der Schüler zu bewältigen. Im Bereich der Berufsausbildung gibt es spezielle Angebote für junge Menschen, die zum Ausgleich sozialer Benachteiligungen oder zur Überwindung individueller Beeinträchtigungen in erhöhtem Maß auf Unterstützung angewiesen sind.

Im Zweiten Abschnitt SGB VIII geht es um die Förderung der Erziehung in der Familie. Die Leistungen der Jugendhilfe betreffen hier u. a. die

- **Unterstützung der elterlichen Erziehung:**
  - Unterstützung in speziellen Problemlagen, z. B. die Möglichkeit der gemeinsamen Unterbringung mit dem Kind in einer speziellen, pädagogisch betreuten Wohnform (Mutter-Kind-Einrichtung), wenn die Mutter noch zur Schule gehen sollte und sie keine andere Unterstützung hat (§ 19);
  - Angebote der Kindertagesbetreuung, z. B. Kinderkrippen, Krabbelstuben, Kindergärten, Kindertagesstätten, Kinderhorte und altersgemischte Gruppen (§§ 22, 22a, 24);
  - Hilfen zur Erziehung (→ Kap. 6) sind Maßnahmen bei Kindeswohlgefährdung. *Ambulante Hilfen* sind z. B. die Erziehungsberatung, die soziale Gruppenarbeit und der Erziehungsbeistand. Bei besonders schwierigen Lebensverhältnissen kommen auch teilstationäre und stationäre Hilfen in Frage, bei denen Minderjährige ganz oder zeitweise außerhalb des Elternhauses untergebracht werden (§§ 27–35).
- **Hilfe bei Trennung und Scheidung** – Das Jugendamt ist nach Maßgabe des § 17 SGB VIII zur Unterstützung beider Elternteile bei der Entwicklung eines einvernehmlichen Konzepts für die Wahrnehmung der elterlichen Sorge (→ Kap. 3.3.2) unter angemessener Beteiligung der betroffenen Minderjährigen verpflichtet. § 18 sieht außerdem vor, dass alle Personen, denen ein Umgangsrecht zusteht, Anspruch auf Beratung bzw. Unterstützung im Hinblick auf das Umgangsrecht haben.

Andere Aufgaben der Jugendhilfe

Im dritten Kapitel des Sozialgesetzbuchs (SGB VIII) sind die Anderen Aufgaben der Jugendhilfe aufgeführt. Sie umfassen etwa folgende Aufgabenbereiche:

- **Unterstützung der elterlichen Erziehung** – Liegt eine gesundheitliche oder psychische Gefährdung des Kindes vor und sind die Eltern unkooperativ, kommen auch der Sorgerechtsentzug (→ Kap. 3.3.2) und der Einsatz eines Vormunds oder Pflegers (→ Kap. 3.3.5) in Frage. In akuten Krisensituationen für Kinder oder Jugendliche (→ Kap. 3.4.3) ist das Jugendamt verpflichtet, selbst zu intervenieren und die Minderjährigen in Obhut zu nehmen (§ 42 SGB VIII)
- **Hilfe bei der Durchsetzung von Unterhalt** – Wünscht ein alleinerziehender Elternteil Unterstützung durch das Jugendamt, so hat er einen Anspruch auf Beistandschaft. Die Beistandschaft umfasst Unterstützung bei der Feststellung der Vaterschaft und bei der Geltendmachung von Unterhaltsansprüchen(→ Kap. 3.3.3). In diesen Bereichen erlangt das Jugendamt die Vertretungsbefugnis für das Kind, ohne dass die elterliche Sorge hierdurch eingeschränkt wird (§ 52a).
- **Mitwirkung bei der Annahme eines Kindes** – Gemäß §§ 1741 bis 1772 BGB ist das Jugendamt Vermittlungsbehörde nach dem Adoptionsvermittlungsgesetz (→ Kap. 3.3.6). Es stellt fest, welche Kinder für eine Adoption in Frage kommen, überprüft die Eignung der Bewerber und berät die Bewerber zu jedem Zeitpunkt des Verfahrens, also auch nach bereits erfolgter Adoption, ebenso wie die Eltern des Kindes, dessen Adoption erwogen wird. In § 51 SGB VIII wird dem Jugendamt diesbezüglich ausdrücklich eine beratende und belehrende Funktion zugeschrieben.
- **Genehmigungen und Kontrolle bei Pflegefamilien und Einrichtungen** – Durch die Jugendhilfe werden auch Schutzmaßnahmen zur Sicherstellung des Wohls

Abb. 3.4: Die Jugendhilfe stellt u. a. sicher, dass es Kindern in ihren Pflegefamilien gut geht.

der Minderjährigen in Pflegefamilien und Heimen ausgeführt: Dies betrifft z. B. die Erteilung einer Pflegeerlaubnis für Pflegepersonen, bei denen ein Minderjähriger für längere Zeit lebt, oder die Erteilung einer Betriebserlaubnis für Einrichtungen wie Kindertageseinrichtungen, Heime, betreute Wohnformen (§§ 43 bis 48 und 53).

- **Die Mitwirkung in Gerichtsverfahren** – In gerichtlichen Verfahren, an denen auch Minderjährige beteiligt sind, ist die beratende Mitwirkung der Jugendämter vorgesehen (*Gerichtshilfe*). Es hat die Situation des Kindes oder Jugendlichen zu klären und festzustellen, welche Maßnahmen aus seiner Sicht am besten für den betroffenen Minderjährigen geeignet sind. So leistet es einen Beitrag zur Vorbereitung der gerichtlichen Entscheidung, ohne ein vom Gericht abhängiges Hilfsorgan zu sein. Hier handelt es sich zum einen um Verfahren vor den Familien- und Vormundschaftsgerichten (§ 50 SGB VIII) und zum anderen um Strafverfahren nach dem Jugendgerichtsgesetz (§ 52 SGB VIII) in Form der *Jugendgerichtshilfe* (→ Kap. 3.4.5).
- **Beurkundungen und Beglaubigungen** – Beim Jugendamt sind *Urkundspersonen* beschäftigt, die § 59 SGB VIII zufolge dazu befugt sind, Beurkundungen und Beglaubigungen vorzunehmen, die zur Klärung der rechtlichen Situation nicht ehelich geborene Minderjähriger wichtig sind, z. B. Anerkennung einer Vaterschaft, Erklärung der nicht mit einander verheirateten Eltern über das Sorgerecht, etc.

3.2.4 Landesgesetze zur Kinder- und Jugendhilfe

In allen Bundesländern sind zum SGB VIII konkretisierende **Ausführungsgesetze** erlassen worden. Außerdem können die Bundesländer auch in den Bereichen eigene Regelungen treffen, in denen ihnen im SGB VIII eine solche Befugnis in Form eines landesrechtlichen Vorbehalts ausdrücklich eingeräumt worden ist. Die wichtigsten dieser Regelungen betreffen die Jugendarbeit und die Förderung von Kindern in Tagesbetreuung und Tagespflege, d. h. im Kindergartenbereich (→ Kap. 3.2.3).

⊙ Beim **SGB VIII** handelt es sich um einen Bereich der konkurrierenden Gesetzgebung. Daher können die Bundesländer an den Stellen Regelungen treffen, an denen der Bund von seiner Gesetzgebungskompetenz keinen Gebrauch gemacht hat.

3.3 Zivilrecht

In diesem Kapitel werden zunächst wichtige Grundbegriffe des Zivilrechts erläutert. Für Erzieherinnen ist es im Umgang mit den ihnen anvertrauten Kindern und Jugendlichen wichtig, sich in Grundzügen im Sorgerecht auszukennen und mit den Rechten und Pflichten auf Grund von Verwandtschaft vertraut zu sein. Diesem folgen Kapitel über die Aufsichtspflicht und deren Verletzungen, Vormundschaftsregelungen und das Adoptionsrecht.

► **Zivilrecht**
Das Zivilrecht, oft auch als *bürgerliches Recht* bezeichnet, ist der wichtigste Teil des Privatrechts. Es ist im *Bürgerlichen Gesetzbuch (BGB)* niedergeschrieben.

⊙ Das **Bürgerliches Gesetzbuch (BGB)** ist in seiner ursprünglichen Fassung am 1.1.1900 in Kraft getreten und im Jahr 2002 umfassend reformiert worden. Das BGB hat im Jahr 1900 weite Teile des **Zivilrechts,** das bis dahin in den einzelnen deutschen Ländern noch teilweise unterschiedlich gefasst war, vereinheitlicht und gilt als gesetzgeberisches Meisterwerk.

3.3.1 Grundbegriffe im Zivilrecht

Im Zivilrecht sind einige Grundbegriffe wichtig, die Kinder und Jugendliche betreffen. Die wichtigsten unter ihnen sind in diesem Kapitel aufgeführt.

Handlungsfähigkeit

► **Handlungsfähigkeit**
Wer im Zivilrecht auf welche Weise auftreten darf, beantwortet der Begriff der Handlungsfähigkeit, zu dem die folgenden Begriffe gehören:

- Die Rechtsfähigkeit
- Die Geschäfts- und Deliktsfähigkeit
- Die Einwilligungsfähigkeit und
- Die Testierfähigkeit.

Handlungsfähig ist nur, wer **Rechtsfähigkeit** besitzt. Nach § 1 BGB beginnt die Rechtsfähigkeit eines Menschen mit der Vollendung der Geburt und endet mit dem Tod (→ Tab. 3.1). Der bereits gezeugte, aber noch nicht geborene Mensch ist zwar nicht rechtsfähig, kann aber u. a. erben oder hat bei vorgeburtlichen Schädigungen Anspruch auf Schadensersatz.

⊙ Um im Rechtsleben selbstständig handeln zu können, bedarf es zusätzlich zur Rechtsfähigkeit der **Geschäftsfähigkeit,** also der Fähigkeit, Rechtsgeschäfte selbstständig vollwirksam vornehmen zu können. Die Frage, inwieweit ein Rechtsfähiger für sein Verhalten gegenüber Dritten einstehen muss, wird als **Deliktsfähigkeit** bezeichnet. Volljährige sind in vollem Umfang geschäfts- und deliktsfähig (→ Tab. 3.1).

Ausnahmen bei der Geschäfts- und bei der Deliktsfähigkeit regelt das Gesetz wie folgt:

- *Geschäftsunfähig* ist, wer das siebte Lebensjahr noch nicht vollendet hat, wer auf Dauer unter einer nachhaltigen krankhaften Störung der Geistestätigkeit leidet. Bewusstlose und Personen, deren Geistestätigkeit – etwa durch einen Rausch – vorübergehend gestört ist, sind während dieses Zustands zivilrechtlich ebenfalls nicht handlungsfähig
- Im Alter zwischen sieben und 18 Jahren liegt *beschränkte Geschäftsfähigkeit* vor
- *Deliktsunfähig* sind Kinder bis zu sieben Jahren, Bewusstlose und Personen, die unter einer nachhaltigen Störung ihrer Geistestätigkeit leiden
- Für fahrlässig verursachte Schäden bei Unfällen mit Kraftfahrzeugen, Schienen- und Schwebebahnen sind Kinder sogar bis zu einem Alter von 10 Jahren nicht verantwortlich.
- *Beschränkt deliktsfähig* sind Minderjährige im Alter zwischen sieben und 18 Jahren.

▶ **Einwilligung**
Vorherige Zustimmung zu bestimmten Rechtsgeschäften, bedeutet aber auch das Einverständnis mit einem Eingriff anderer in bestehende eigene Rechte. **Einwilligungsfähig** ist der voll Geschäftsfähige, weil er ja ohnehin alle Arten von Rechtsgeschäften vornehmen kann.

▶ **Testierfähigkeit**
Fähigkeit, ein Testament zu errichten oder aufzuheben; sie besteht auch schon für Minderjährige, die mindestens 16 Jahre alt sind.

Natürliche und juristische Personen

Neben den Menschen, die als **natürliche Personen** Handlungsfähigkeit besitzen, gibt es auch noch die **juristischen Personen**.

⊙ Zu **juristischen Personen** zählen im Zivilrecht u. a. der eingetragene Verein (e. V.), die Aktiengesellschaft (AG) und die Gesellschaft mit beschränkter Haftung (GmbH), aber auch die aus dem öffentlichen Recht bekannten juristischen Personen wie der Staat, Gemeinden oder sonstige Körperschaften wie die Kirchen oder Wohlfahrtsverbände.

Schutz Minderjähriger

Die beschränkte Geschäftsfähigkeit Minderjähriger und ihre eingeschränkte Verantwortung im Rahmen des Deliktsrechts sind bereits oben dargestellt worden. In diesem Abschnitt soll gezeigt werden, wie die Schutzzwecke, die zu Gunsten der Minderjährigen mit diesen Regelungen verfolgt werden, in der alltäglichen Rechtsanwendung umgesetzt werden.

Mit Hilfe des sogenannten **Taschengeldparagrafen** (§ 110 BGB) sollen Minderjährige an den **Umgang mit Geld** gewöhnt werden. Zu diesem Zweck soll der beschränkt Geschäftsfähige (→ Tab. 3.1) durchaus schon selbst wirksame Geschäfte schließen können. Soweit er seine Verpflichtung mit Mitteln – eben dem Taschengeld – erfüllt, die ihm dazu überlassen sind, ist der Vertrag wirksam. So kann ein Kind lernen, dass sein Geld nach einer unüberlegten Ausgabe weg ist, und so kann es lernen, dass für eine etwas größere Anschaffung, die es selbstständig tätigen will, zunächst ein Ansparen seines Taschengeldes nötig ist.

Andererseits aber soll der beschränkt Geschäftsfähige, der die Tragweite solcher Entscheidungen regelmäßig noch nicht überblickt, davor geschützt werden, sich auch **für die Zukunft zu binden** oder gar **zu verschulden.** Schließt er etwa ein Zeitschriftenabonnement ab, das er regelmäßig von seinem (zukünftigen) Taschengeld bezahlen muss, so kann er sich für die Zukunft sofort aus einem solchen Vertrag lösen. Denn seine Verpflichtung, auch in den folgenden Monaten jeweils das Abonnement zu bezahlen, ist nicht wirksam. Ebenso wäre ein Ratenkauf, bei dem zunächst Schulden gemacht und diese dann Monat für Monat abbezahlt werden, unwirksam.

Ein weiteres Problem kann in diesem Zusammenhang auch die **Rückgabe von Gegenständen** sein, die ein Geschäftsunfähiger oder beschränkt Geschäftsfähiger im Rahmen eines unwirksamen Vertrags erlangt hat. Solange er den Gegenstand wieder zurückgeben kann, muss er das tun. Hat dieser aber an Wert verloren oder ist sogar nicht mehr vorhanden wie etwa ein Eis, das ein 6-jähriges Kind gegessen hat, dann würde die grundsätzlich bestehende Pflicht zum Wertersatz den Schutz dieses Personenkreises vor unüberlegten Geschäften unterlaufen. Denn die wirtschaftlichen Folgen durch einen Wertersatz würden genau zu dem Ergebnis, nämlich einem faktischen Vollzug des Vertrags, führen, das der Gesetzgeber gerade nicht will.

Abb. 3.5: Kinder unter sieben Jahren sind vor dem Gesetz geschäfts- und deliktunfähig.

Andererseits soll aber der Vertragspartner auch vor unverdienten Verlusten geschützt werden.

Daher geht die Rechtsprechung hier einen Mittelweg: Geschäftsunfähige haben generell **keinen Wertersatz** zu leisten. Beschränkt Geschäftsfähige müssen dagegen dann Wertersatz leisten, wenn ihnen ihr Verhalten – wäre es im Bereich des Deliktsrechts geschehen – vorgeworfen werden könnte. Deshalb muss zum Beispiel ein 14-jähriger Schwarzfahrer, obwohl er keinen wirksamen Beförderungsvertrag abgeschlossen hat, das erhöhte Beförderungsentgelt (als Wertersatz) bezahlen.

3.3.2 Sorgerecht

Sorgerecht ist Familienrecht. Innerhalb des Bürgerlichen Gesetzbuches (BGB), wo z. B. auch das Rechtsverhältnis zwischen den Eltern und dem Kind allgemein geregelt ist, nimmt das Sorgerecht einen größeren Umfang ein.

Elterliche Sorge

Die Grundsätze der elterlichen Sorge sind im Bürgerlichen Gesetzbuch ab § 1626 BGB geregelt.

> ⊙ Die **elterliche Sorge** ist gleichzeitig Recht und Pflicht der Eltern. Eltern dürfen nicht nur für ihre Kinder sorgen, sie müssen es auch.

Trotz des elterlichen Rechts und der Pflicht zur Sorge bleibt weitgehend offen, wie Eltern ihr Sorgerecht ausüben. Das Gesetz sagt dazu lediglich, dass mit zunehmendem Alter eines Kindes seine Fähigkeit zu eigenständigem Handeln zu berücksichtigen ist. Außerdem sollen Fragen der Ausübung des Sorgerechts mit einem Kind, soweit es dessen Entwicklung schon zulässt, besprochen und nach Möglichkeit einvernehmlich gelöst werden.

Die elterliche Sorge ist unterteilt in die Vermögenssorge und die Personensorge.

Vermögenssorge

Bei der Vermögenssorge vertreten die Eltern wie auch bei der Personensorge ein Kind gemeinschaftlich (§ 1629 Abs. 1 BGB). Können sich Eltern in wesentlichen Angelegenheiten der Vermögenssorge nicht einigen, so kann das Familiengericht auf Antrag die entsprechenden Entscheidungen einem Elternteil übertragen (§ 1628 BGB). Ein solches **alleiniges Vertretungsrecht** besteht im Übrigen auch, wenn **Eilentscheidungen** zu treffen sind.

Das heißt aber nicht, dass Eltern, die für ihr Kind handeln wollen, immer gemeinsam auftreten müssen. Gerade bei Geschäften des täglichen Lebens kann ein Elternteil den anderen nach Absprache im Einzelfall oder auch generell ermächtigen, die notwendigen Erklärungen im Namen beider Elternteile abzugeben. Dritte, z. B. eine Tante, können für das Kind keine Geschäfte vornehmen.

Neben der Frage der Vertretung sind noch eine Reihe anderer **Bestimmungen bei der Vermögenssorge** praktisch bedeutsam:

- *Vergütung* – Eltern erhalten keine Vergütung aus dem Einkommen oder Vermögen des Kindes. Ist die Vermögensverwaltung für sie allerdings mit Unkosten verbunden – die Eltern geben etwa ein Inserat auf, um die Wohnung ihres Kindes zu vermieten –, so werden diese Aufwendungen ersetzt (§ 1648 BGB)
- *Vermögen* – Etwaiges Vermögen ihres Kindes haben Eltern möglichst gut anzulegen. Schenkungen aus dem Kindesvermögen dürfen sie nicht vornehmen. Einkünfte, die das Kind aus seinem Vermögen erzielt, dürfen Eltern allerdings für dessen Unterhalt verwenden (§ 1649 BGB)
- *Rechtsgeschäfte* – Für eine Reihe von Rechtsgeschäften, die wirtschaftlich von besonderer Bedeutung sind und/oder Kinder über den Eintritt der Volljährigkeit hinaus langfristig binden können (insbesondere Grundstücksgeschäfte, Abschluss von Gesellschaftsverträgen, Kreditaufnahmen oder Bürgschaften), benötigen Eltern eine Genehmigung des Familiengerichts
- *Prozesse* – Soweit notwendig, können die Eltern im Rahmen der Vermögenssorge für ihre Kinder Prozesse führen oder vor Gericht Ansprüchen, die gegen ihre Kinder erhoben werden, entgegentreten.

Personensorge

Die **zentralen Bereiche** der Personensorge sind rechtlich nur wenig geregelt und auch nur wenig regelbar. Es sind dies die

- Fürsorge
- Erziehung
- Beaufsichtigung.

Durch die Garantie des elterlichen Erziehungsrechts sind viele Fragen den Einflussmöglichkeiten des Gesetzgebers entzogen. Es gibt jedoch Bereiche, die der überwiegende Teil unserer Gesellschaft für so wichtig hält, dass sie im Interesse eines Kindes im Notfall auch gegen die Eltern durchgesetzt werden müssen.

Der Gesetzgeber hat versucht, den Balanceakt zwischen notwendiger Zurückhaltung und notwendigem Schutz der Kinder im Bereich der Personensorge dadurch zu lösen, dass er die Regelungen auf wenige Grundsätze beschränkt hat.

Grundsätze der Personensorge sind:

- Kinder sollen – mit zunehmendem Alter – zu eigenverantwortlichem Handeln erzogen werden
- Die Erziehung soll nach Möglichkeit einvernehmlich erfolgen.
- Kinder sollen nach Möglichkeit Umgang mit beiden Elternteilen und anderen Personen haben, zu denen sie Bindungen haben und die für ihre Entwicklung günstig sind. Die Eltern können über den Umgang eines Kindes jedoch verbindlich bestimmen

- Die Erziehung eines Kindes hat gewaltfrei zu erfolgen
- Bei der Ausbildung und der Berufswahl für ein Kind müssen Eltern die Eignung und Neigung eines Kindes berücksichtigen
- Die Unterbringung eines Kindes, die mit Freiheitsentzug verbunden ist, können Eltern nur mit Genehmigung des Familiengerichts vornehmen.
- Die Sterilisation eines Kindes ist generell unzulässig
- Eltern können gegenüber jeder Person, die ihnen ein Kind widerrechtlich vorenthält, dessen Herausgabe verlangen

Das vor einigen Jahren um das Verbot körperlicher Bestrafungen erweiterte **Züchtigungsverbot** (→ Kap. 3.1.2) darf nicht mit einem generellen Verbot der Bestrafung von Kindern durch ihre Eltern gleichgesetzt werden. Bestrafungen von Kindern, die aus sinnvollen erzieherischen Gründen erfolgen, sind erlaubt.

Abb. 3.6: Großeltern haben ein Umgangsrecht für ihre Enkel.

Elterliches Sorgerecht und Lebensverhältnisse

In den bisherigen Ausführungen dieses Kapitels wurde stillschweigend davon ausgegangen, dass die jeweiligen Eltern miteinander verheiratet sind und ihnen das Sorgerecht gemeinsam zusteht. Neben dieser Grundkonstellation existieren heute aber viele andere *Lebensverhältnisse* (→ Kap. 9.4).

Der Gesetzgeber sieht heute eine Ehe der Eltern nicht mehr als notwendige Voraussetzung für ein gemeinsames Sorgerecht an, sondern geht davon aus, dass sich Eltern *gemeinsam* um ihr Kind kümmern sollen und dürfen. Das Sorgerecht nur eines einzelnen Elternteils ist vom Gesetz dagegen nur als zweitbeste Lösung vorgesehen.

Im Einzelnen gelten folgende **Regelungen des Sorgerechts:**

- *Gemeinsames Sorgerecht* – Sind die Eltern bei der Geburt ihres Kindes miteinander verheiratet, haben sie automatisch das gemeinsame Sorgerecht. Eltern erhalten ebenfalls ein gemeinsames Sorgerecht, wenn sie einander später heiraten oder wenn beide erklären, die elterliche Sorge gemeinsam übernehmen zu wollen
- *Mütterliches Sorgerecht* – Sind Eltern nicht verheiratet und beantragen ein oder beide Elternteile auch kein gemeinsames Sorgerecht, so liegt das Sorgerecht bei der Mutter eines Kindes (§ 1626 a Abs. 3 BGB). Mit Zustimmung der Mutter oder aus Gründen des Kindeswohls ist schließlich auch eine Übertragung der elterlichen Sorge auf den Vater statthaft (§ 1671 Abs. 2 BGB).
- *Gemeinsames Sorgerecht bei Trennung* – Bei der Trennung von Eltern, die ein gemeinsames Sorgerecht besitzen, bleibt dieses nach § 1671 BGB erhalten. So sollen Kinder den Kontakt zu beiden Elternteilen behalten, und jeder Elternteil ist gezwungen, sich mit wichtigen Fragen für das Leben seines Kindes auseinanderzusetzen
- *Alleiniges Sorgerecht bei Trennung* – Lässt sich im Fall einer Trennung das gemeinsame Sorgerecht nicht erhalten oder wollen dies die Eltern nicht, so kann das Sorgerecht entweder ganz oder für einzelne Bereiche – etwa für die Personensorge – auf einen der Elternteile allein übertragen werden. Voraussetzung hierfür ist entweder, dass der andere Elternteil zustimmt und das betroffene Kind – soweit es mindestens schon 14 Jahre alt ist – nicht widerspricht oder dass eine solche Entscheidung im Interesse des Kindeswohls – auch bei einem Kindesalter ab 14 Jahren – dem Kindeswohl am besten entspricht.
- *Alleinige Entscheidungsbefugnis* – Nach § 1687 BGB gehört demjenigen Elternteil, bei dem ein Kind gewöhnlich lebt, die alleinige Entscheidungsbefugnis in Angelegenheiten des täglichen Lebens.
- *Alleiniges Sorgerecht bei Tod* – Stirbt bei gemeinsamem Sorgerecht ein Elternteil, so steht die elterliche Sorge dem überlebenden Elternteil allein zu (§ 1680 Abs. 1 BGB). Stirbt ein Elternteil, dem das Sorgerecht allein zustand, so wird das Sorgerecht durch das Familiengericht dem überlebenden Elternteil übertragen (§ 1680 Abs. 2 BGB).

Schließlich macht auch die Unterbringung eines Kindes bei **Pflegepersonen** Regelungen nötig, da solche Kinder ja räumlich vom Inhaber des Sorgerechts getrennt sind. § 1688 BGB räumt der Pflegeperson für Angelegenheiten des täglichen Lebens eigene Entscheidungsbefugnisse ein, und § 1630 Abs. 3 BGB ermöglicht es den Pflegepersonen, sich durch einen entsprechenden Antrag beim Familiengericht bestimmte Bereiche der elterlichen Sorge übertragen zu lassen.

Umgangsrecht

Praktische Bedeutung erlangt das Umgangsrecht dann, wenn das Sorgerecht bei einem **Elternteil** liegt, der dann ja auch den Umgang des Kindes bestimmt. Um zu vermeiden, dass das Kind vom anderen Elternteil gänzlich ferngehalten wird, bestimmt § 1684 Abs. 1 BGB, dass sowohl der andere Elternteil als auch das Kind selbst ein Recht auf gegenseitigen Kontakt haben. Vom Grundsatz her sollen sich die Eltern über Art und Umfang des Umgangsrechts selbst einigen. Ist dies nicht möglich, kann das Familiengericht eingeschaltet werden und entsprechende Regelungen erlassen, wobei das Kindeswohl immer im Vordergrund stehen wird.

Die Reformen der letzten Jahre haben den **Kreis der Umgangsberechtigten** über die Eltern eines Kindes hinaus erweitert. Früher war es nach elterlichen Trennungen so, dass selbst bei intensiver Bindung zwischen Kind und Großeltern gegen den Willen des Sorgerechtsinhabers ein Kontakt nicht herstellbar war. Deshalb hat jetzt § 1685 BGB den Kreis der Umgangsberechtigten erweitert, soweit dies dem Wohl eines Kindes dient: Auch Großeltern und Geschwister haben unter dieser Voraussetzung ein eigenes Umgangsrecht. Dasselbe gilt für Ehegatten, frühere Ehegatten, Lebenspartner und frühere Lebenspartner eines Elternteils und auch für Personen, die mit der Familienpflege betraut waren, wenn das Kind mit ihnen längere Zeit in häuslicher Gemeinschaft gelebt hat.

Staatliche Eingriffe in das Sorgerecht

Dort, wo eine ernste Gefahr für das Wohl eines Kindes existiert – sei es durch die Eltern selbst oder durch Dritte, die die Eltern gewähren lassen –, ist ein Einschreiten von Seiten des Staates notwendig. Die Paragrafen 1666 und 1666 a Abs. 1 BGB legen fest, dass zunächst durch Hilfestellungen versucht werden muss, die Eltern in ihrem Erziehungsauftrag zu unterstützen und so ein Ergebnis zu erreichen, das den Interessen des Kindes gerecht wird. Bleibt dies ohne Erfolg oder wird abgelehnt, so darf auch gegen den Willen der Eltern in deren Sorgerecht eingegriffen werden, wobei im äußersten Fall sowohl die Personen- als auch die Vermögenssorge entzogen werden können.

Entsprechend soll zunächst die **Jugendhilfe** Beratungsangebote bei Fragen der Erziehung, der Personensorge, aber auch der Trennung und Scheidung bieten. Die Aufgaben und Leistungen der Jugendhilfe sind weiter oben detailliert beschrieben (→ Kap. 3.2).

Sind die Eltern nicht einsichtig und ist ein Kind durch diese Hilfen nicht genügend geschützt, sind dem Familiengericht **Eingriffe in das elterliche Sorgerecht** erlaubt. Diese Eingriffe können sich auf einzelne Aspekte beziehen, z. B. die Ersetzung der Zustimmung zu ärztlichen Eingriffen, die von Eltern verweigert werden. Es ist aber auch möglich, das Sorgerecht für einzelne Angelegenheiten, etwa die Ausbildung eines Kindes, oder für die Personen- und Vermögenssorge insgesamt (§§ 1666 a, 1667 BGB) zu entziehen. Beispiele sind etwa Drogen- oder Trunksucht der Eltern, Misshandlungen, nachhaltige Vernachlässigung bei der Wohn- und Ernährungssituation oder nachhaltige Schädigungen des Kindesvermögens.

Wichtig ist, dass Eingriffe in das Sorgerecht immer den Grundsatz der **Verhältnismäßigkeit** beachten müssen. Beschränken sich also Unzulänglichkeiten auf bestimmte Bereiche und ist die Situation im Übrigen in Ordnung, so ist ein vollständiger Entzug des Sorgerechts nicht statthaft.

Wird das Sorgerecht eingeschränkt, so erhalten die betroffenen Kinder für die entsprechenden Gebiete jeweils einen **Ergänzungspfleger** (→ Kap. 3.3.5) bestellt. Eine **Vormundschaft** (→ Kap. 3.3.5) kommt nur bei vollständigem Entzug der Personensorge in Betracht.

3.3.3 Verwandtschaft und Unterhaltspflicht

An das Bestehen einer Verwandtschaft knüpfen sich in allen Rechtsgebieten zahlreiche Konsequenzen: Verwandte sind einander in bestimmtem Umfang zum Unterhalt verpflichtet und besitzen in Gerichtsverfahren, die nahe Verwandte betreffen, Zeugnisverweigerungsrechte.

Verwandtschaft

Verwandtschaft (§ 1589 BGB) besteht zwischen Personen, bei denen die eine von der anderen abstammt. Solche Personen sind **in gerader Linie** verwandt. Eine Verwandtschaft in gerader Linie setzt damit immer eine Eltern-Kind-Beziehung voraus.

Diese Eltern-Kind-Beziehung kann sich über eine beliebige Anzahl von Generationen erstrecken. Verwandt in gerader Linie sind z. B.:

- Mutter und Tochter
- Mutter und Großmutter
- Urenkelin und Urgroßmutter.

Weiterhin besteht Verwandtschaft zwischen Personen, die zwar nicht voneinander, aber von derselben dritten Person abstammen. Solche Personen sind in der **Seitenlinie** verwandt: Geschwister und deren Kinder und Kindeskinder. In der Seitenlinie vollbürtige Geschwister haben dasselbe Elternpaar, halbbürtige Geschwister nur einen gemeinsamen Elternteil.

Der **Grad der Verwandtschaft** wird durch die Zahl der sie vermittelnden Geburten bestimmt. Verwandte ersten Grades sind also immer nur Eltern und ihre Kinder. Großeltern und Enkel – hier sind zwei Geburten nötig – sind im zweiten Grad verwandt; ebenso sind auch Geschwister Verwandte zweiten Grades.

Schwägerschaft (§ 1590 BGB) besteht zwischen den Verwandten eines Ehegatten gegenüber dessen Ehepartner. Linie und Grad der Schwägerschaft entsprechen dem der sie begründenden Verwandtschaft. Von der Auflösung einer Ehe wird die Existenz einer Schwägerschaft nicht berührt. Im Gegensatz zur Verwandtschaft knüpfen sich an eine Schwägerschaft kaum Rechtsfolgen. Am wichtigsten dürften die bei naher Schwägerschaft bestehenden Zeugnisverweigerungsrechte sein.

Familienname eines Kindes

Im Gegensatz zum Sorgerecht muss das Gesetz bei der Namensgebung eines Kindes unterscheiden, ob die Eltern des Kindes miteinander verheiratet sind oder nicht.

- **Bei verheirateten Eltern** erhält ein Kind den Ehenamen seiner Eltern als Geburtsname (§ 1616 BGB). Hat ein Elternteil dem Ehenamen seinen Namen vorangestellt oder angefügt, so wirkt sich das auf das Kind nicht aus. Das Kind von Herrn Sommer und Frau Sommer-Herbst erhält also nur den Geburts- bzw. Familiennamen Sommer
- **Führen verheiratete Eltern keinen Ehenamen** oder üben nicht miteinander verheiratete Eltern das Sorgerecht gemeinsam aus, so bestimmen die Eltern durch eine gemeinsame Erklärung gegenüber dem Standesbeamten den zur Zeit der Erklärung geführten Namen des Vaters oder der Mutter zum Geburtsnamen des Kindes
- **Führen Eltern keinen Ehenamen** und steht die elterliche Sorge nur einem Elternteil zu, so erhält das Kind den Namen, den der sorgeberechtigte Elternteil bei seiner Geburt führt (§ 1617 a BGB). Wird später ein gemeinsames Sorgerecht der Eltern begründet, so kann der Familienname des Kindes innerhalb der nächsten drei Monate geändert werden (§ 1617 b BGB). Damit kann ein Auseinanderfallen etwa des Ehenamens der Eltern, die später geheiratet haben, und des Namens des Kindes verhindert werden
- **Wenn ein Elternteil neu heiratet,** kann der neue Familienverband nach außen durch einen gemeinsamen Namen gestärkt werden. Hierfür lässt das Gesetz schließlich die *Einbenennung* eines Kindes zu (§ 1618 BGB). Eine Einbenennung, mit der das Kind einen neuen Familiennamen erhält, kommt dann in Betracht, wenn ein Elternteil, der das Sorgerecht für ein Kind besitzt, einen Ehegatten geheiratet hat, der nicht Elternteil des Kindes ist. Das betroffene Kind muss zustimmen, wenn es mindestens fünf Jahre alt ist.

Anspruch des Kindes auf Unterhalt

Verwandte *in gerader Linie* sind verpflichtet, einander Unterhalt zu gewähren (§ 1601 BGB). Im Umkehrschluss bedeutet dies, dass zwischen Verwandten in der *Seitenlinie* (z. B. Geschwistern) kein gesetzlicher Unterhaltsanspruch besteht. Der wichtigste Fall des Unterhaltsanspruchs von Verwandten in gerader Linie ist derjenige von Kindern gegenüber ihren Eltern.

Zur Durchsetzung von Unterhaltsansprüchen kann beim Jugendamt Unterstützung im Rahmen einer Beistandschaft (→ Kap. 3.2.3) beantragt werden.

Ein **Anspruch auf Unterhalt** unter Verwandten setzt grundsätzlich *Bedürftigkeit* voraus. Bedürftig ist nur, wer sich aus seinem Einkommen oder seinem Vermögen nicht selbst unterhalten kann. Vorhandenes Vermögen muss also grundsätzlich aufgebraucht werden, ehe man seine Verwandten heranziehen darf. Auch muss man, soweit dies zumutbar ist, versuchen, durch eigene Arbeit ein für die eigene Lebensführung ausreichendes Einkommen zu erzielen.

Von diesem Grundsatz gibt es aber für minderjährige, unverheiratete Kinder wichtige Ausnahmen: Gegenüber seinen Eltern muss ein minderjähriges Kind sein Vermögen grundsätzlich nicht angreifen, um seinen Unterhalt zu bestreiten. Es muss lediglich hinnehmen, dass die Eltern Erträge aus seinem Vermögen, etwa Zinsen, für seinen Unterhalt verwenden. Ein minderjähriges Kind – das gilt bei entsprechender Schulausbildung im Übrigen auch über die Grenze der Volljährigkeit hinaus – muss, solange es die Schule besucht, zum Bestreiten seines Lebensunterhalts auch nicht zusätzlich arbeiten. Während einer Berufsausbildung müssen keine zusätzlichen Tätigkeiten übernommen werden; das dort erzielte Einkommen ist aber vor dem Geld der Eltern für den eigenen Unterhalt zu verwenden.

Ebenso, wie ein Unterhaltsberechtigter bedürftig sein muss, muss ein **Unterhaltspflichtiger leistungsfähig sein.** Wer also nicht in der Lage ist, aus seinem Einkommen und Vermögen zunächst einmal seinen eigenen angemessenen Unterhalt zu bestreiten, der muss und kann auch keinem anderen Unterhalt leisten.

Die **Höhe des Unterhalts** bestimmt sich nach der *Lebensstellung* des Bedürftigen. Beim Kind leitet sich diese in der Regel aus den Verhältnissen seiner Eltern ab. Der Unterhalt muss den gesamten Lebensbedarf einschließlich der Erziehung (dies betrifft Kinder bis zu 18 Jahren) und der Ausbildung (ab der Altersgrenze von 18 Jahren) abdecken, d. h. die Wohnkosten, Kosten für Ernährung, Gesundheitsvorsorge, Bekleidung und Ausbildung, einen angemessenen Aufwand für Spielsachen und Hobbys sowie Taschengeld.

Lebt ein minderjähriges Kind nicht im Haushalt eines Elternteils, dann hat es gegen diesen Elternteil einen Anspruch auf **Barunterhalt.** Die Höhe des Barunterhalts wird seit 1. 1. 2009 nicht mehr mit Hilfe der Regelbetrags-Verordnung, sondern direkt aus § 1612 a BGB bestimmt. Auch die bisherige Differenzierung zwischen alten und neuen Bundesländern ist seitdem entfallen.

Der **Mindestunterhalt** knüpft zum einen an den Kinderfreibetrag im Einkommensteuerrecht und zum anderen an das Alter des Kindes an. Im Gesetz wird er in bestimmten Prozentsätzen zum Kinderfreibetrag ausgewiesen, was den Vorteil hat, dass sich Änderungen der Höhe des Mindestunterhalts zukünftig automatisch aus einer Änderung des Kinderfreibetrags ergeben. Für Kinder zwischen 0 und 5 Jahren beträgt der Mindestunterhalt zur Zeit 317,– EUR, für Kinder zwischen 6 und 11 Jahren 364,– EUR und für Kinder zwischen 12 und 17 Jahren 426,– EUR.

Erhält der Sorgeberechtigte das (volle) Kindergeld, so wird auf diesen Anspruch das hälftige Kindergeld angerechnet, so dass sich dann Mindestunterhaltsbeträge von € 225, € 272 und € 334 ergeben.

Der Mindestunterhalt ist aber nur der Ausgangspunkt für die Berechnung des konkret zu zahlenden Kindesunterhalts. Lebt der Unterhaltspflichtige in günstigeren wirtschaftlichen Verhältnissen, dann hat er auch höheren Kindesunterhalt zu gewähren. Wie hoch diese Beträge im einzelnen sind, ist im Gesetz nicht festgelegt, sondern wird von der Rechtsprechung mit Hilfe sogenannter Unterhaltstabellen, die in der Regel für den Bezirk eines Oberlandesgerichts Gültigkeit haben, festgesetzt.

3.3.4 Aufsichtspflicht und deren Verletzung

Im Zivilrecht ist ausdrücklich nur ein Aspekt der Aufsichtspflicht erwähnt, nämlich die Haftung des Aufsichtspflichtigen bei einer Verletzung seiner Pflicht (§ 832 BGB). Eine weitere Grundlage der **Aufsichtspflicht** findet sich in der elterlichen Pflicht zur Personensorge (→ Kap. 3.3.2): Wer ein Kind erzieht und erziehen muss, der hat auch dafür Sorge zu tragen, dass dieses Kind keine vermeidbaren Schäden erleidet.

> ► **Aufsichtspflicht**
> Pflicht zur Abwendung von Gefahren von derjenigen Person, die es zu beaufsichtigen gilt.

Das Gesetz kann aber nicht im Einzelnen regeln, was im Rahmen der Aufsichtspflicht zu tun oder zu lassen ist. Den **Inhalt der Aufsichtspflicht** bestimmt man deshalb danach, was ein vernünftiger, sachkundiger und objektiver Dritter in der jeweiligen Situation für notwendig gehalten hätte.

> Für Erzieherinnen gibt es zum Teil auch noch etwas konkretere Maßstäbe, was die Aufsichtspflicht umfasst, nämlich die ihnen gestellten **Aufgaben** und ausformulierte **Dienstanweisungen:** Wenn die Aufgabe einer Erzieherin in einem Kindergarten die Beaufsichtigung und Anleitung einer Gruppe ist, dann verletzt sie die Aufsichtspflicht, wenn sie ihre Gruppe für eine halbe Stunde allein lässt, um in der Küche zu helfen. Die Gruppe für das kurzfristige Aufsuchen der Toilette ohne Aufsicht zu lassen, wäre hingegen sicher anders zu beurteilen. Eindeutig ist die Situation bei Dienstanweisungen: Wer nicht beachtet, was ausdrücklich geregelt ist, hat in aller Regel seine Aufsichtspflicht verletzt.

Aufsichtspflicht kann aber nicht heißen, das Kind „unter die Käseglocke" zu stellen und jede nur mögliche Gefahr von ihm fernzuhalten. Vielmehr wird ein Kind später Gefahren nur erkennen, vermeiden und bewältigen können, wenn es seine eigenen und auch negativen Erfahrungen macht. Deshalb wird nicht jeder Schaden, den ein Kind im Rahmen seiner Entwicklung fast zwangsläufig einmal nimmt, schon eine Verletzung der Aufsichtspflicht sein. Aber auch hier muss man wieder darauf zurückgreifen, was allgemein als vernünftig gilt. Gerade die verfassungsmäßige Garantie des *elterlichen Erziehungsrechts* (→ Kap. 3.1.2) gewährt hier einen großzügigen Spielraum; es muss Eltern im Rahmen des Vertretbaren überlassen bleiben, welchen Risiken sie ihr Kind aussetzen wollen oder nicht.

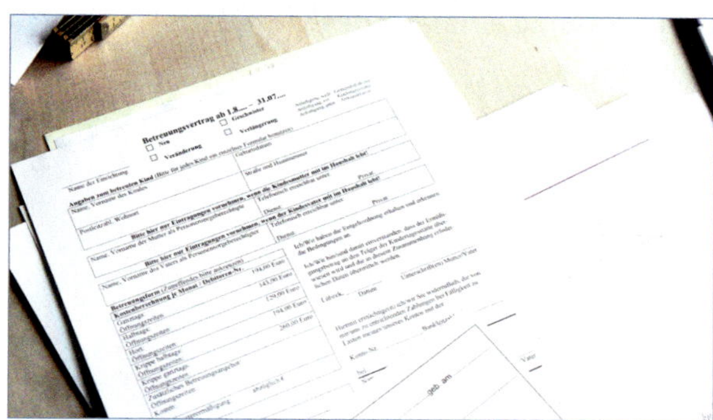

Abb. 3.7: Aufsichtspflichtig ist, wer sich vertraglich zur Übernahme entsprechender Aufgaben verpflichtet.

Für die Erzieherin gelten diese Grenzen ebenfalls, allerdings ist zu beachten, dass ihre Tätigkeit auf einer **Übertragung der elterlichen Aufsichts- und Erziehungspflichten** beruht. Für Risiken, die sie zugunsten der Entwicklung des Kindes in Kauf nimmt, muss sie auf die ihr bekannten Anordnungen oder Ansichten der Eltern Rücksicht nehmen. In Zweifelsfällen sollte daher mit den Sorgeberechtigten Rücksprache gehalten werden.

> **Aufsichtspflicht** heißt nicht nur, dass Gefahren von dem zu Beaufsichtigenden abzuwenden sind, sondern auch, dass zugunsten Dritter – das ist der von § 832 BGB angesprochene Aspekt – Gefahren vermieden werden müssen, die von dem zu Beaufsichtigenden für andere ausgehen. Auch hier kann eine akribische „Überwachung" des Kindes nicht sinnvoll sein. Kommt es überraschend zu Verhaltensweisen, die kaum vorhersehbar waren, dann muss die Gesellschaft im Einzelfall daraus entstehende Schäden auch hinnehmen. Wissen Sorgepflichtige allerdings, dass Kinder zu bestimmten, gefährlichen Verhaltensweisen neigen, oder lassen sie naheliegende Möglichkeiten außer Acht, dann wird man eine Verletzung von Aufsichtspflichten bejahen können.

Aufsichtspflichtige

Aufsichtspflichtige sind zunächst die **Inhaber des Sorgerechts.** Die Ausübung des Sorgerechts ist auf andere übertragbar. Das aber bedeutet weder, dass man damit seine Aufsichtspflicht schon vollständig abgegeben hat, noch dass diese anderen damit automatisch auch aufsichtspflichtig sind.

> ► **Aufsichtspflichtige**
> Personen, die sich vertraglich zur Übernahme entsprechender Aufgaben verpflichten.

Die **Wahrnehmung der Aufsichtspflicht** kann – wie bei einer Babysitterin – die Hauptpflicht des Vertrages sein. Es kann sich aber auch um eine von mehreren Pflichten im Rahmen einer umfassenderen vertraglichen Beziehung handeln, wie etwa bei der Aufnahme eines Kindes in einen Kindergarten oder bei der Betreuung im Rahmen einer Jugendfreizeit.

Aber nicht jede kurzfristige, tatsächliche Aufsicht über Kinder oder Jugendliche begründet auch schon eine Aufsichtspflicht. Unsere Rechtsordnung will nach Möglichkeit **keine Haftung für Gefälligkeiten.** Denn würde es diese Haftung geben, dann wäre mit gutem Grund wohl kaum noch jemand zu irgendwelchen Gefälligkeiten bereit. Deshalb wird eine Haftung für solche Gefälligkeiten nicht nur bei der gelegentlichen Beaufsichtigung von Kindern und Jugendlichen, sondern auch auf vielen anderen Rechtsgebieten abgelehnt.

Aufsichtspflichten können nicht nur durch eine vertragliche Übernahme und im Bereich des Zivilrechts entstehen. Aufsichtspflichtig ist etwa auch:

- Ein Lehrer in Bezug auf die ihm anvertrauten Kinder
- Die Erzieherin in Betreuungseinrichtungen für Kinder und Jugendliche, die auf öffentlich-rechtlicher Basis betrieben werden
- Derjenige, den eine gerichtliche Entscheidung zum Vormund bestellt hat.

Haftung bei Verletzungen der Aufsichtspflicht

Bei der Haftung sind zwei Gruppen zu unterscheiden:

- Ist ein Dritter zu Schaden gekommen, tritt eine Haftung zunächst einmal auf der deliktsrechtlichen Grundlage des § 832 BGB ein
- Ist derjenige, der zu beaufsichtigen war, zu Schaden gekommen, dann wird neben der hier auf § 823 Abs. 1 BGB gestützten deliktischen Haftung häufig auch ein Anspruch wegen der Verletzung vertraglicher Pflichten gegeben sein.

Abb. 3.8: Aufsichtspflicht bedeutet nicht, die Kinder übermäßig zu behüten.

⊙ Eine **Haftung** entfällt, wenn die Aufsichtspflicht zwar verletzt wurde, der Schaden aber auch bei ordnungsgemäßer Beachtung dieser Pflicht entstanden wäre.

Der *Anspruch auf Haftung* richtet sich gegen denjenigen, der in der konkreten Schadenssituation **Aufsichtspflichtiger** war:

- Aufsichtspflichtig ist zunächst der *Personensorgeberechtigte*
- Die *Übertragung der Aufsichtspflicht* durch den Personensorgeberechtigten auf einen anderen führt noch nicht zu einer Aufhebung der Haftung. Bringen Eltern also ihr Kind in den Kindergarten, hebt diese Tatsache allein ihre Haftung nicht auf. Aber: Haben die Personensorgeberechtigten diejenige Person oder Einrichtung, durch die sie ihr Kind beaufsichtigen lassen, sorgfältig ausgewählt, dann haben sie ihrer Aufsichtspflicht genügt. Ein Anspruch gegen sie ist dann nicht gegeben.
- Aufsichtspflichtig ist aber auch, *wer diese Pflicht kraft Vertrag übernommen* hat. Für den Erzieher, der im Rahmen eines Vereins oder einer ähnlichen Organisationsform tätig ist, bedeutet das: Er persönlich haftet nicht auf vertraglicher Grundlage, sondern die Haftung trifft nur den Träger der Einrichtung. Unberührt bleibt aber die persönliche Haftung aus dem Delikt.

⊙ Die **Haftung** bezieht sich in der Regel auf Ersatz des gesamten Schadens unter Einschluss auch eines etwaigen Schmerzensgeldanspruchs. Jeder Personensorgeberechtigte sollte deshalb eine private Haftpflichtversicherung abschließen.

Folgende Punkte sind bei der **Haftung** besonders zu beachten:

- *Mitverschulden* – Ein Mitverschulden des zu beaufsichtigenden Kindes kommt erst ab einem Alter von sieben Jahren in Betracht, mit Beginn der *beschränkten Deliktsfähigkeit* (→ Kap. 3.3.1). Ein Mitverschulden hat gegenüber einer Verletzung der Aufsichtspflicht dennoch nur eine untergeordnete Bedeutung
- *Sorgfalt* – Eltern haften auch bei der Verletzung ihrer Aufsichtspflicht nur für den Grad an Sorgfalt, den sie auch in eigenen Angelegenheiten anwenden
- *Personenschäden* – Für Personenschäden, die Kinder und Jugendliche als Folge einer Aufsichtspflichtverletzung erleiden, kommt häufig eine Einstandspflicht der gesetzlichen Unfallversicherung in Betracht. Dann gelten für den Umfang der Ersatzansprüche sozialversicherungsrechtliche Besonderheiten
- *Bereich des öffentlichen Rechts* – Ist eine Aufsichtspflicht aus dem Bereich des öffentlichen Rechts verletzt worden, dann stützt sich der Schadensersatzanspruch sowohl für geschädigte Dritte als auch bei einem Schaden der zu beaufsichtigenden Person auf den Amtshaftungsanspruch aus § 839 BGB in Verbindung mit Artikel 34 GG. Ein „klassisches" Beispiel im Bereich der

Erziehung ist hier die Verletzung eines Schülers während einer schulischen Veranstaltung, etwa eines Ausflugs, die durch eine Verletzung der Aufsichtspflicht eines Lehrers verursacht worden ist.

3.3.5 Vormundschaft und Pflegschaft

Im Gegensatz zu früher ist das Vormundschaftsrecht heute nur noch auf Minderjährige anwendbar.

Notwendigkeit einer Vormundschaft

Die Zielsetzung und Notwendigkeit einer Vormundschaft bestehen darin, bei einem Minderjährigen das Fehlen zumindest eines im Rechtsverkehr handlungsfähigen Elternteils auszugleichen. Deshalb ist in folgenden Fällen eine **Vormundschaft notwendig** (§ 1773 BGB):

- *Ruhende elterliche Sorge* – Die elterliche Sorge eines geschäftsunfähigen oder beschränkt geschäftsfähigen Elternteils ruht. Beschränkt geschäftsfähige Elternteile haben nur ein Recht zur tatsächlichen Personensorge, können aber nicht für ihr Kind im Rechtsverkehr handeln. Damit hat die Vormundschaft in erster Linie für minderjährige Mütter Bedeutung. Sie erhalten zwar die elterliche Sorge, können sie aber bis zu ihrer Volljährigkeit nicht ausüben
- *Tod der Eltern* – Weiterhin wird eine Vormundschaft notwendig, wenn entweder beide Elternteile eines Minderjährigen verstorben oder nicht zu ermitteln sind oder wenn der überlebende Teil das Sorgerecht nicht ausüben kann
- *Entzug des Sorgerechts* – Wenn beiden Elternteilen oder dem ursprünglichen alleinigen Inhaber das Sorgerecht vollständig entzogen ist, wird eine Vormundschaft notwendig. Bei einem nur teilweisen Entzug kommt nur eine Ergänzungspflegschaft in Betracht.

Abb. 3.9: Bei einer Pflegschaft müssen die Interessen des Kindes gewährleistet werden.

> Eine **Vormundschaft** wird durch das Familiengericht, unter Umständen schon vor der Geburt eines Kindes, angeordnet. Es ist auch möglich, mehrere Vormunde, z. B. ein Ehepaar, zu berufen. Für Geschwister sollen nach Möglichkeit dieselben Personen Vormund werden. Eltern können zu Lebzeiten – soweit ihnen das Sorgerecht zusteht – durch eine letztwillige Verfügung einen Vormund benennen. Eine solche Benennung ist weitgehend bindend.

Die „private" Vormundschaft durch natürliche Personen – mit Ausnahme ihrer Begründung durch familiäre Bindungen – ist selten. Meist wird das Jugendamt zum **gesetzlichen Amtsvormund**.

Führung einer Vormundschaft

> Ein **Vormund** hat für das Mündel die Stellung eines Sorgeberechtigten. Sind mehrere Personen zum Vormund bestellt, so müssen sie die Vormundschaft gemeinschaftlich führen. Bei Meinungsverschiedenheiten entscheidet das Familiengericht.

Der Gesetzgeber befürchtet bei Vormundschaften durchaus Interessenkonflikte zwischen der Aufgabe des Vormunds, für ein Mündel zu sorgen, und der Versuchung, das Vermögen eines Mündels in der einen oder anderen Weise zum eigenen Vorteil zu verwenden. Deshalb gibt es **Kontrollmöglichkeiten:**

- *Gegenvormund* – Ein Gegenvormund kann eingesetzt werden, der die Aufgabe hat, die pflichtgemäße Führung einer Vormundschaft zu überwachen. Dies empfiehlt sich vor allem dort, wo größere Vermögen zu verwalten sind
- *Rechenschaftspflicht* – Ein Vormund hat gegenüber dem Familiengericht umfangreiche Rechenschaftspflichten: Er hat das bei der Übernahme einer Vormundschaft vorhandene Vermögen zu dokumentieren und das entsprechende Verzeichnis einzureichen. Das gilt auch für Vermögenswerte, die dem Mündel später zufallen. Über den Stand des Mündelvermögens hat er jährlich Rechenschaft abzulegen.

Geld hat ein Vormund „mündelsicher" anzulegen, spekulative Geldanlagen, etwa in Aktien, haben zu unterbleiben. Darüber hinaus ist von Seiten der Banken ein entsprechender Vermerk anzubringen, wenn eine Geld- oder Wertpapieranlage für ein Mündel erfolgt. Zahlreiche Rechtsgeschäfte – insbesondere auch Geschäfte mit Grundstücken eines Mündels – darf ein Vormund nur mit Genehmigung des Vormundschaftsgerichts vornehmen.

> Eine **Vormundschaft** ist grundsätzlich unentgeltlich zu führen. Dem Vormund werden, sofern er dies möchte, lediglich seine Aufwendungen ersetzt.

Notwendigkeit einer Pflegschaft

> ⊙ Eine **Pflegschaft** wird notwendig, wenn Eltern und andere Inhaber eines Sorgerechts aus rechtlichen oder anderen Gründen, z. B. lange Abwesenheit oder Krankheit, ihr Sorgerecht nicht in vollem Umfang ausüben können.

Für den Bereich des Sorgerechts ist, soweit es um die **Notwendigkeit einer Pflegschaft** geht, § 1909 BGB die maßgebliche Vorschrift: Sind die Eltern oder der Vormund an der Erledigung einer Angelegenheit, die die elterliche Sorge oder Vormundschaft betrifft, aus rechtlichen oder tatsächlichen Gründen gehindert, so wird für diese Bereiche ein Pfleger bestellt. Er hat die Interessen des Kindes oder Mündels wahrzunehmen und wird als *Ergänzungspfleger* bezeichnet.

Ergänzungspflegschaften spielen z. B. eine Rolle

- **Im Bereich der Vermögenssorge** – Sie kommen bei größeren Erbschaften oder Schenkungen zu Gunsten eines Minderjährigen in Betracht, weil Erblasser oder Schenker anordnen können, dass die entsprechenden Vermögenswerte nicht durch die Eltern verwaltet werden sollen. Außerdem dürfen Eltern ein Kind nicht bei Rechtsgeschäften vertreten, die zwischen dem Kind und ihnen, dem jeweiligen Ehe- oder Lebenspartner und nahen Verwandten abgeschlossen werden sollen. Damit soll möglichen Interessenkollisionen vorgebeugt werden, da der Pfleger das entsprechende Rechtsgeschäft nur dann abschließt, wenn die Interessen des Minderjährigen hinreichend gewahrt sind
- **Im Bereich der Ausübung des Sorgerechts** – Die Ausübung des Sorgerechts kann aber auch aus tatsächlichen Gründen erschwert oder teilweise unmöglich sein. Zwar spielt diese Frage im Zeitalter einer zunehmend leichteren und von Entfernungen weniger abhängigen Kommunikation keine so große Rolle mehr wie früher. Dennoch wird sich vor allem für solche Fragen, die komplex und womöglich nur durch Kontakt vor Ort zu lösen sind, die Notwendigkeit einer Pflegerbestellung weiterhin ergeben.

Führung einer Pflegschaft

Für die Durchführung einer Pflegschaft gelten weitgehend die Regelungen der Vormundschaft (§ 1915 BGB), jedoch kann bei einer Ergänzungspflegschaft mit Ausnahme von Erbschaften und Schenkungen die Person des Ergänzungspflegers nicht von den Eltern oder dem Vormund bestimmt werden. Vielmehr erfolgt diese Bestimmung durch das Familiengericht, das sich bei der **Auswahl des Ergänzungspflegers** an den Interessen des Minderjährigen orientieren muss. Eine Pflegschaft endet entweder mit dem Wegfall der elterlichen Sorge bzw. der Vormundschaft oder, wenn sie nur für eine bestimmte Angelegenheit angeordnet war, mit deren Erledigung.

3.3.6 Adoptionsrecht

Das Bürgerliche Gesetzbuch (BGB) spricht zwar anstatt von Adoption stets von der „Annahme als Kind", im Folgenden wird dennoch der geläufigere Begriff Adoption verwendet.

Nicht alle Fragen des Adoptionsrechts sind im BGB geregelt. Vielmehr spielt auch das **Adoptionsvermittlungsgesetz (BGBl. I 2002, 354)** eine erhebliche Rolle. Dort wird geregelt, wie die Zusammenführung von Adoptionswilligen und Kindern erfolgt. Die Adoptionsvermittlung zählt zu den Aufgaben des Jugendamtes oder sonstiger staatlich anerkannter Vermittlungsstellen. Im Rahmen der Adoptionsvermittlung stellen sich auch viele Fragen der Zusammenarbeit mit ausländischen Stellen, da Adoptionen heute vielfach auch Kinder aus dem Ausland betreffen. Dann muss stets auch geprüft werden, ob die Adoption sich nach dem hier dargestellten deutschen Recht richtet oder ob ausländisches Recht zur Anwendung kommt.

Der Bezug zum Ausland, vor allem zu ärmeren Ländern, zeigt aber auch, welche Gefahren mit Adoptionen verbunden sein können. Hier ist vor allem an Kinderhandel oder die Heranziehung von Leihmüttern zu denken. Denn durch die Zahlung entsprechender Geldsummen können wohlhabende Adoptionswillige leider oft erreichen, dass ein Kind gegen Geld gerade zur Adoption durch sie freigegeben wird. Eine andere Form des Missbrauchs des Adoptionsrechts besteht darin, dass ein Kind von einer Leihmutter ausgetragen und dann zur Adoption durch die „Auftraggeber" freigegeben wird. Das Adoptionsvermittlungsgesetz, aber auch andere Bestimmungen sprechen hier strikte Verbote aus. Vor allem ist in der Bundesrepublik auch die Verbreitung entsprechender Informationen untersagt, um so schon entsprechende Kontakte zu verhindern.

Voraussetzungen für eine Adoption

> ⊙ **Voraussetzung für eine Adoption** ist, dass sie dem Wohl des Kindes dient und dass zwischen dem Kind und den Annehmenden die Entwicklung eines Eltern-Kind-Verhältnisses zu erwarten ist (§ 1741 BGB).

Das Kindeswohl ist die Voraussetzung für eine Adoption, ebenso, dass sich ein Eltern-Kind-Verhältnis entwickeln kann.

Bei einem **Ehepaar** ist in der Regel über das Kindeswohl hinaus erforderlich, dass das Kind von den Eheleuten gemeinschaftlich angenommen wird. Das leuchtet ein, weil das Kind in die Familie „hineinwachsen" soll. Das wird nur möglich sein, wenn beide zukünftigen Bezugspersonen zu ihm eine Eltern-Kind-Beziehung entwickeln.

Wer unverheiratet ist, kann dagegen ein Kind nur allein annehmen. „Echte" **Einzeladoptionen** werden aber nur in Ausnahmefällen mit dem Wohl eines Kindes vereinbar sein, wie etwa bei einer Adoption durch eine nahe Verwandte. Vielmehr möchte das Gesetz für das Kind die „Sicherheit" einer Ehe.

Schließlich kann, um das Kind eines Ehegatten in die **neu gegründete Familie** hineinwachsen zu lassen, dieses Kind (allein) vom anderen Ehegatten adoptiert werden. Damit erlangt dieses die Stellung eines gemeinschaftlichen Kindes beider Ehegatten.

> **Adoptierende** müssen grundsätzlich mindestens 25 Jahre alt sein. Adoptiert ein Ehepaar, so genügt es, wenn einer der Ehepartner dieses Alter hat und der andere mindestens 21 Jahre alt ist. Jeder Adoption soll eine angemessene Pflegezeit bei dem oder den Adoptierenden vorangehen.

Wer sich im Rahmen einer Adoption gesetzes- oder sittenwidrig verhalten hat, darf eine Adoption nur dann durchführen, wenn es für das Wohl des Kindes erforderlich ist, gerade durch diese Personen adoptiert zu werden.

Mitwirkung der Betroffenen

Die stärksten Auswirkungen hat eine Adoption zweifellos auf das Leben des betroffenen Kindes. Ob und wie ein Kind die Tatsache einer Adoption zunächst überhaupt erfährt und wie weit es seine Interessen beurteilen oder sogar selbst wahrnehmen kann, ist in erster Linie eine Frage seines Alters.

Das Gesetz zieht hier die Grenze bei 14 Jahren (→ Tab. 3.1): Ab diesem Alter kann ein Kind, das adoptiert werden soll, selbst die **Einwilligung** zu seiner Adoption verweigern und sie damit verhindern.

Ist **ein Kind im Alter ab 14 Jahren** bereit, sich adoptieren zu lassen, dann muss neben seiner Einwilligung sein gesetzlicher Vertreter seine Zustimmung erklären. Auf diese Weise soll das Kind vor womöglich doch unbedachten Schritten bewahrt werden, und zu diesem Zweck kann es seine Einwilligung auch noch bis zum endgültigen Wirksamwerden der Adoption widerrufen.

Für **Kinder bis zu 14 Jahren** erteilt dagegen der gesetzliche Vertreter die Einwilligung. Die Interessen des Kindes werden hierbei dadurch gesichert, dass das Vormundschaftsgericht dem Adoptionsantrag nur entsprechen darf, wenn die Adoption dem Wohl des Kindes entspricht. Wird die Einwilligung oder Zustimmung eines Vormunds oder Pflegers in eine Adoption ohne triftigen Grund verweigert, so kann sie vom Familiengericht ersetzt werden.

Hat ein Kind **Eltern,** so müssen diese grundsätzlich in die Adoption einwilligen. In der Regel kann diese Einwilligung erst dann erteilt werden, wenn ein Kind mindestens acht Wochen alt ist. Hintergrund ist, dass die Geburt eines Kindes oft die Auffassungen seiner Eltern darüber, ob sie das Kind aufziehen wollen oder nicht, entscheidend verändert.

Eine **Einwilligung des Vaters** ist entbehrlich, wenn er unbekannt ist oder von der Mutter zumindest nicht genannt wird, wenn er gänzlich desinteressiert oder sein Aufenthalt auf Dauer unbekannt ist. Im Übrigen kann ein Vater seine Zustimmung zur Freigabe schon vor der Geburt eines Kindes erteilen, wenn er mit der Mutter weder verheiratet ist, noch eine gemeinsame Sorgerechtserklärung abgegeben hat.

Hat ein Vater seinerseits das Sorgerecht für das Kind beantragt, darf über eine Adoption erst nach der Entscheidung über diesen Antrag entschieden werden.

Das Gesetz sieht allerdings in § 1748 BGB die Möglichkeit vor, auf Antrag des Kindes, das dabei in der Regel durch einen Vormund oder Pfleger vertreten sein wird, die Einwilligung eines Elternteils für eine Adoption durch das **Familiengericht** zu ersetzen. Voraussetzung hierfür ist entweder eine besonders schwere oder anhaltend gröbliche Verletzung der Pflichten desjenigen Elternteils gegenüber dem Kind oder aber eine nachhaltige, anhaltende Gleichgültigkeit gegenüber dem Kind. Außerdem muss das Unterbleiben der Adoption in solchen Fällen, was aber regelmäßig zu bejahen ist, einen unverhältnismäßigen Nachteil für das Kind bedeuten.

Bei der Adoption eines unter 14 Jahre alten **Kindes des anderen Ehegatten,** für das dieser die alleinige Personensorge hat, ist schließlich nur die Einwilligung des Ehegatten nötig. Die Einwilligungserklärung bedarf der notariellen Beurkundung und ist gegenüber dem Vormundschaftsgericht abzugeben. Sie ist – mit Ausnahme der Erklärung eines Minderjährigen zwischen 14 und 18 Jahren – unwiderruflich.

Wirkungen einer Adoption

> Durch die Adoption sind die Adoptierenden zur **elterlichen Sorge** berechtigt und verpflichtet, und das Kind hat alle Ansprüche eines leiblichen Kindes, z. B. Unterhaltsanspruch oder gesetzliches Erbrecht. Umgekehrt entstehen für das Kind aber auch die Pflichten eines leiblichen Kindes; es ist z. B. auch seinen Adoptiveltern gegenüber zum Unterhalt (→ Kap. 3.3.3) verpflichtet.

Durch die Stellung als leibliches Kind ist das Adoptivkind natürlich auch mit allen Verwandten seiner Adoptiveltern verwandt (→ Kap. 3.3.3). Umgekehrt erlöschen seine **Verwandtschaftsverhältnisse** zu den bisherigen Verwandten und die daraus herrührenden Rechte und Pflichten vollständig. Als Geburtsnamen erhält das Adoptivkind den Familiennamen des oder der Adoptierenden. Dies und die weiteren Einzelheiten sind in § 1757 BGB geregelt.

Es gibt zwei Ausnahmen von diesen Grundsätzen:

- **Ansprüche des Kindes auf Renten oder Waisengeld** bleiben erhalten, damit eine Adoption für die Adoptierenden nicht zu ungünstigeren wirtschaftlichen Ergebnissen führt als etwa ein Dauerpflegeverhältnis

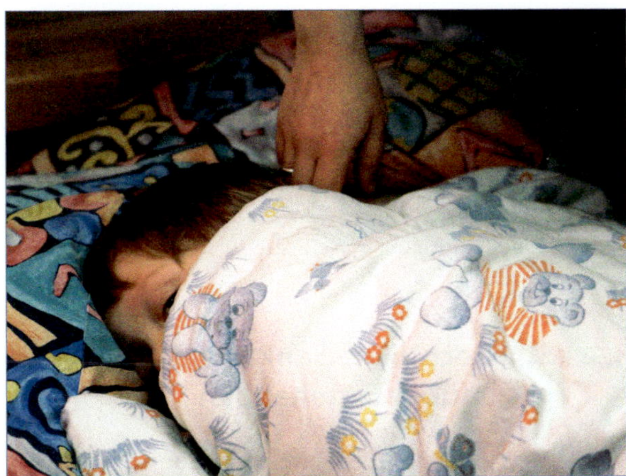

Abb. 3.10: Eine Adoption darf nur stattfinden, wenn das Wohl des Kindes sichergestellt ist.

- Bei Adoptionen im sozialen Nahbereich wird **das Erlöschen von Verwandtschaftsverhältnissen** eingeschränkt oder vermieden. Bei einer Verwandtenadoption im Bereich des zweiten oder dritten Grades erlischt nur das Verwandtschaftsverhältnis des Kindes zu seinen Eltern. Dagegen bleibt das Verwandtschaftsverhältnis etwa zu Großeltern oder weiteren Geschwistern der Eltern erhalten. Nimmt ein Ehegatte das Kind des anderen an, so erlischt das Verwandtschaftsverhältnis des Kindes zu dem anderen Elternteil und dessen Verwandten. Das gilt jedoch nicht, wenn der andere Elternteil verstorben ist und zu Lebzeiten die elterliche Sorge hatte.

3.4 Strafrecht

Das Strafrecht hat in der heutigen Gesellschaft in erster Linie eine *Schutz- und Befriedungsfunktion:* Eine Gesellschaft sieht bestimmte Rechtsgüter als so bedeutend an, dass sie versucht, diese mit nachhaltigeren Mitteln – eben dem Strafrecht – zu schützen als andere.

3.4.1 Grundzüge und Grundbegriffe des Strafrechts

► **Rechtsgut**
Das Strafrecht schützt bedeutende Rechtsgüter des einzelnen Menschen oder der Allgemeinheit wie Leben, körperliche Unversehrtheit oder den öffentlichen Frieden mit Hilfe von Strafen vor Verletzungen. Neben der Abschreckung des einzelnen Täters und der Allgemeinheit (Spezial- und Generalprävention) dient es durch Bestrafung des Täters auch dem Schuldausgleich.

Verletzungen von Rechtsgütern müssen in erster Linie verhindert werden, und begangene Verletzungen müssen verfolgt und sanktioniert werden. Denn dadurch wird der einzelne Täter, aber auch die Allgemeinheit vor einer (erneuten) Verletzung dieser Rechtsgüter am besten „abgeschreckt".

Typische Sanktionsmöglichkeiten sind:

- Zivilrechtliche Schadensersatzansprüche
- Geldbußen
- Kriminalstrafen.

Jedoch kann nicht jeder Täter auch bestraft werden. Eine der Grenzen hierfür ist die **Strafmündigkeit** (→ Tab. 3.1), denn eine Strafe kann nur dann gerecht und berechtigt sein, wenn ein Täter von seiner geistigen Entwicklung her in der Lage ist, sich rechtstreu zu verhalten.

⊙ Kinder bis 14 Jahre können sich nach Ansicht des Gesetzgebers aufgrund ihrer noch mangelnden Verstandesreife noch nicht rechtstreu verhalten, und so ist im Strafgesetzbuch (StGB) in § 19 StGB geregelt worden, dass sie als schuldunfähig gelten. Die **Strafmündigkeit** beginnt also mit Vollendung des 14. Lebensjahres (→ Tab. 3.1). Das Gesetz selbst verwendet den Begriff Strafmündigkeit aber nicht.

Besonderheiten des Jugendstrafrechts

Das Strafrecht wird bei Strafmündigkeit je nach Alter unterschiedlich angewendet. Für junge Menschen gelten die Bezeichnungen:

- Jugendliche (14–18 Jahre)
- Heranwachsende (18–21 Jahre).

Verantwortlichkeit junger Straftäter

Nicht immer reicht das Überschreiten der Altersgrenze von 14 Jahren aus, um die strafrechtliche Verantwortlichkeit bejahen zu können. Auch die Frage, ob ein Täter nach Jugend- oder Erwachsenenstrafrecht zur Verantwortung gezogen werden muss, ist häufig schwierig zu beantworten. Das *Jugendgerichtsgesetz (JGG)* hat diese Problematik geregelt.

⊙ Ein **Jugendlicher** ist nach § 3 JGG strafrechtlich verantwortlich, wenn er zur Zeit der Tat nach seiner sittlichen und geistigen Entwicklung reif genug ist, das Unrecht der Tat einzusehen und nach dieser Einsicht zu handeln. Während auf Jugendliche zwischen 14 und 18 Jahren nur Jugendstrafrecht angewandt werden darf, muss bei **Heranwachsenden** im Alter zwischen 18 und 21 Jahren (§ 1 Abs. 2 JGG) eine Entscheidung zwischen Jugend- und Erwachsenenstrafrecht getroffen werden.

Der Grund für die Schaffung dieser „Sondergruppe" der *Heranwachsenden* liegt darin, dass der Weg zur erwachsenen, voll verantwortlichen Persönlichkeit nicht in klar bestimmbaren Altersabschnitten verläuft. Deshalb wollte man die Möglichkeit schaffen, innerhalb einer Altersspanne einen Täter je nach seinen individuellen Voraussetzungen strafrechtlich als Jugendlichen oder als Erwachsenen

Abb. 3.11: Das Jugendstrafrecht verfolgt mit seinen Maßnahmen vor allem erzieherische Ziele.

zu behandeln. § 105 JGG bestimmt deshalb, dass bei einer **jugendtypischen Verfehlung eines Heranwachsenden,** dessen Gesamtpersönlichkeit zur Tatzeit noch der eines Jugendlichen entsprochen hat, zur Ahndung der Tat Jugendstrafrecht heranzuziehen ist. In allen anderen Fällen werden Heranwachsende nach dem Erwachsenenstrafrecht belangt.

Art der Sanktionen

Das Jugendstrafrecht verfolgt mit seinen Sanktionen in erster Linie erzieherische Ziele. Durch ein *abgestuftes System von Sanktionen* soll je nach Persönlichkeit des Jugendlichen und der Schwere seiner Verfehlung eine Einwirkung erreicht werden.

- **Erziehungsmaßregeln** sind die „mildeste" Form staatlicher Sanktion. Hier dominiert der erzieherische Zweck, vorausgesetzt, die Schwere der Verfehlung erfordert keine nachhaltigeren Sanktionen. Als Erziehungsmaßregeln gibt es z. B.
  - Die Erteilung von *Weisungen (→ Kap. 3.4.5)*, z. B. die Auferlegung von Arbeitsleistungen, ein Täter-Opfer-Ausgleich oder die Meidung bestimmter Personen oder Orte
  - Die Verpflichtung eines jugendlichen Straftäters, Hilfe zur Erziehung in Anspruch zu nehmen.
- **Zuchtmittel** werden verhängt, wenn Erziehungsmaßregeln allein nicht mehr ausreichen, um dem Jugendlichen sein Unrecht bewusst zu machen: Es geht um einen nachhaltigen „Denkzettel". Zu den Zuchtmitteln gehören
  - Die Verwarnung
  - Die Erteilung von Auflagen, z. B. Schadenswiedergutmachung, persönliche Entschuldigung beim Geschädigten, Auferlegung von Arbeitsleistungen
  - Der Jugendarrest.
- **Jugendstrafe** ist die härteste im Jugendstrafrecht mögliche Sanktion. Sie muss einerseits erzieherische Zwecke verfolgen und andererseits die Verfehlungen des *Jugendlichen* nachhaltig sanktionieren. Das wird u. a. dadurch deutlich, dass für schwere Verbrechen das Höchstmaß der Jugendstrafe von fünf auf zehn Jahre Freiheitsentzug angehoben wird. Bei allen anderen Straftaten beträgt die Dauer der Jugendstrafe zwischen sechs Monaten und fünf Jahren. Bei *Heranwachsenden* beträgt das Höchstmaß generell zehn Jahre. Eine Jugendstrafe bis zu zwei Jahren kann zur Bewährung ausgesetzt werden. Kommt es zur Vollstreckung einer Jugendstrafe, kann nach Verbüßung eines Teils der Strafe (regelmäßig mindestens sechs Monate bzw. ein Drittel) die Vollstreckung der Reststrafe zur Bewährung ausgesetzt werden.

3.4.2 Strafrechtliche Sanktionen gegenüber Erziehenden

Erziehende, gleich ob Eltern oder Erzieherinnen, sollten wissen, dass es Bereiche gibt, wo ein extrem grobes Verhalten strafbar ist. Auf das Züchtigungsverbot wurde bereits eingegangen (→ Kap. 3.1.2). Das Recht auf Unversehrtheit der „Erzogenen" schließt das Verbot körperlicher Bestrafung von Seiten des „Erziehenden" mit ein.

Strafbarkeit als Folge von Aufsichtspflichtverletzungen

Die folgenden Ausführungen stellen Bereiche dar, in denen Erziehende mit dem Gesetz in Konflikt kommen können. Sie stellen extreme Vergehen dar und werden bestraft. Es sind:

- Körperverletzung
- Misshandlung von Schutzbefohlenen
- Verletzung der Fürsorge- oder Erziehungspflicht.

> ► **Körperverletzung**
> Körperliche Misshandlung oder Gesundheitsschädigung einer anderen Person.

Als **körperliche Misshandlung** wird jede Beeinträchtigung von körperlichem Wohlbefinden oder Unversehrtheit angesehen, also z. B. auch

- Das Auslösen von Erbrechen
- Das Herbeiführen auch geringerer, kurzzeitiger Schmerzen
- Das Abschneiden eines Haarzopfes.

Unter **Gesundheitsschädigung** versteht man das Hervorrufen oder Steigern eines auch nur vorübergehenden pathologischen, d. h. krankhaften Zustandes.

> ► **Misshandlung von Schutzbefohlenen**
> Diese spezielle Bestimmung zielt auf Verhaltensweisen ab, bei denen entweder massive Eingriffe gegenüber dem Opfer erfolgen oder bei denen eine besonders gefühllose Gesinnung des Täters zu Tage tritt.

Misshandlung von Schutzbefohlenen ist eine spezielle Bestimmung, durch die unter anderem Fürsorge- und Obhutspflichtige bestraft werden. Unter diesen Tatbestand fällt, wenn Fürsorge- und Obhutspflichtige die ihnen unterstehenden Personen

- Quälen
- Roh misshandeln
- Durch eine böswillige Vernachlässigung gesundheitlich schädigen.

> ► **Verletzung der Fürsorge- oder Erziehungspflicht**
> Diese kann auf jede Person zutreffen, die eine Fürsorge- oder Erziehungspflicht gegenüber einer Person unter 16 Jahren gröblich verletzt.

Eine Voraussetzung für die Strafbarkeit einer **Verletzung der Fürsorge- oder Erziehungspflicht** ist, dass der Schutzbefohlene in die Gefahr gebracht wird, z. B.

- In seiner körperlichen oder psychischen Entwicklung erheblich geschädigt zu werden
- In einen kriminellen Lebenswandel abzugleiten oder
- Der Prostitution nachzugehen.

Strafbarkeit als Folge von Einstandspflichtverletzungen

Anderen Menschen in Notsituationen zu helfen, ist zunächst einmal eine Pflicht des Anstands. Teilweise wird diese Pflicht aber als so wichtig angesehen, dass sie auch mit Hilfe des Strafrechts abgesichert wird.

> ► **Einstandspflicht**
> Die allgemein geltende Pflicht zur Hilfeleistung bei Unglücksfällen.

Als *Einstandspflicht* gilt zum einen die allgemein geltende Pflicht zur Hilfeleistung bei Unglücksfällen, und zum anderen gelten spezielle Einstandspflichten für Adressaten in Garantenstellung wie Erzieherinnen.

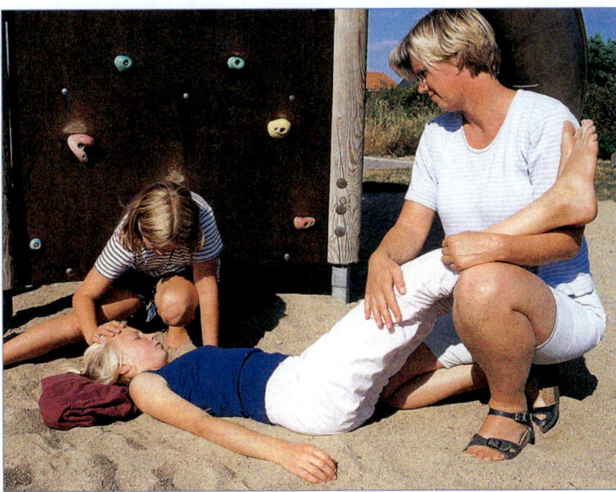

Abb. 3.12: Erste Hilfe in Notfällen ist eine allgemein geltende Pflicht.

- **Unterlassene Hilfeleistung (§ 323 c StGB)** – Voraussetzung für eine Pflicht zur Hilfeleistung sind ein Unglücksfall oder allgemeine Gefahr oder Not, die Hilfe muss den drohenden Schaden noch verhindern oder wenigstens verringern können und auch wirklich notwendig sein. Außerdem muss sie zumutbar sein: Niemand muss sich für eine Hilfeleistung selbst in eine schwerwiegende Gefahr begeben. Wenn also Kinder in das Eis eines Gewässers einbrechen, dessen Tiefe man nicht kennt, muss man sich nicht selbst auf das Eis begeben, um den Kindern zu helfen. Hat man aber ein Handy bei sich, so muss man zumindest sofort die Polizei verständigen.
- **Aussetzung (§ 221 StGB)** – Der Tatbestand bezieht sich zunächst auf die Aussetzung im Wortsinne, also dem Aussetzen einer hilflosen Person in einer für sie gefährlichen Lage. Vor allem aber zielt der Tatbestand auf Situationen ab, in denen schutzpflichtige Personen wie Erzieherinnen sich um die ihnen anvertrauten Personen in einer hilflosen Lage nicht kümmern und damit für diese Personen die Gefahr verursachen, umzukommen oder zumindest schwere Gesundheitsschäden zu erleiden.

> ► **Garantenstellung**
> Stellung einer Person, die durch ihre Obhuts- oder Beistandspflicht Verantwortung für die ihr anvertrauten Personen trägt.

Voraussetzung für eine Strafbarkeit bei Aussetzung ist

- Zum einen eine **Garantenstellung des Unterlassenden:** Z. B. muss eine Erzieherin durch ihre Obhuts- oder Beistandspflicht Verantwortung für die ihr anvertrauten Personen tragen
- Zum anderen muss sich die anvertraute Person **in einer hilflosen Lage** befinden und das Unterlassen muss dazu geführt haben, dass das Opfer in Todesgefahr oder zumindest in die Gefahr einer schweren Gesundheitsschädigung geriet.

Liegen alle diese Voraussetzungen vor, drohen Freiheitsstrafen zwischen ein und zehn Jahren.

Die Verletzung von Vertraulichkeit

Die Verletzung von Vertraulichkeit ist für die Erzieherin oder andere Betreuer aus dem Bereich der Jugendhilfe vor allem ein arbeitsrechtliches Problem. Verstöße können rasch zu Abmahnungen (→ Kap. 3.5.1) oder dem Verlust des Arbeitsplatzes führen.

In der beruflichen Praxis sind Erzieherinnen oder Jugendhelfer mit der Verletzung von Vertraulichkeit in zweifacher Hinsicht konfrontiert:

- Kinder und Jugendliche bestimmter Altersgruppen neigen zu einigen Delikten aus diesem Bereich
- Die Erzieherin selbst kann sehr rasch gegen ihre Verschwiegenheitspflichten verstoßen.

Tatbestände in diesem Bereich sind u.a. die Verletzung von

- *Schutz des Briefgeheimnisses* (§ 202 StGB) und
- *Schutz von Daten vor Ausspähung* (§ 202 a StGB).

> Für Jugendliche ist in erster Linie das Verbot des **Ausspähens von Daten** von Relevanz. Denn auf all das, was ein Berechtigter auf welchem Computer auch immer durch besondere Maßnahmen – wozu schon ein nur ihm bekanntes Passwort genügt – gegen die Kenntnisnahme durch andere absichert, darf nicht zugegriffen werden. Gerade also die sogenannten Hacker erfüllen regelmäßig diesen Tatbestand.

Die Verletzung von Privatgeheimnissen

Amtsträger – und dazu zählen vor allem auch die Angestellten im öffentlichen Dienst – unterliegen in Bezug auf Geheimnisse, die ihnen im Rahmen ihrer dienstlichen Tätigkeit bekannt geworden sind, schon seit jeher einer **Verschwiegenheitspflicht (§ 203 StGB).** Inzwischen gilt diese Pflicht ausdrücklich auch für Ehe-, Familien-, Erziehungs- und Jugendberater sowie für Suchtberater in anerkannten Beratungsstellen.

> Die **Verschwiegenheitspflicht** betrifft nur Informationen, die als **Geheimnis** gelten, d.h., wenn Dritte Kenntnis von Dingen erlangen, die sie noch nicht wussten.

Eine Verletzung der Verschwiegenheitspflicht trifft nicht zu, wenn die entsprechenden Tatsachen in der Behörde intern in dem dafür vorgesehenen Rahmen (mit der Angelegenheit befasste Kollegen, Vorgesetzte) weitergegeben werden. Geschützt sind auch nur solche Geheimnisse, die der Erzieherin im Rahmen ihrer dienstlichen Tätigkeit anvertraut oder sonst bekannt geworden sind. Was sie von privater Seite weiß, dürfte sie also ungestraft weitergeben. Des Weiteren tritt eine Strafbarkeit nur dann ein, wenn das Offenbaren unbefugt erfolgt.

Abb. 3.13: Briefe gelten als Privatgeheimnis.

> Es gibt einige **Regeln zur Verschwiegenheit,** deren Einhaltung Erzieherinnen beachten sollten:
>
> - Soweit eine Einwilligung vorliegt, ein geschütztes Geheimnis an Dritte mitzuteilen, sollte man sich diese Einwilligung zur Beweissicherung immer schriftlich bestätigen lassen
> - Sobald es unklar ist, ob eine Tatsache der Verschwiegenheitspflicht unterliegt oder ob eine Befugnis zu ihrer Mitteilung besteht, sollte der Vorgesetzte befragt werden. Ist er – auch irrtümlich – einverstanden, so entfällt in der Regel die persönliche Verantwortlichkeit
> - Bei Telefonaten mit Anrufern, deren Identität nicht zweifelsfrei ist, sollte bei Mitteilungen jeglicher Art stets größte Zurückhaltung geübt werden.

Der Datenschutz und seine Durchbrechung

Datenschutz ist heute auch im pädagogischen Bereich eine selbstverständliche Notwendigkeit geworden.

Grundlage des Datenschutzes im Sozialrecht ist das in § 35 SGB I geregelte **Sozialgeheimnis,** das die grundlegende Geheimhaltungswürdigkeit aller Sozialdaten anerkennt. Das SGB X regelt dann in §§ 67–78, wann überhaupt Sozialdaten erhoben werden dürfen, aber auch, unter welchen Voraussetzungen sie weitergegeben werden können. Folgende Bestimmungen sind besonders wichtig:

- Polizei, Staatsanwaltschaft und Gerichte dürfen zur Erfüllung ihrer Aufgaben von den Sozialbehörden Personalien, Anschrift oder Aufenthalt sowie aktuelle Beschäftigungsverhältnisse abfragen, soweit sie diese Angaben nicht auf anderem Wege beschaffen können
- Für die eigene Aufgabenerfüllung, z.B. zur Durchsetzung von Unterhaltsansprüchen, können Daten u.a. für die Durchführung gerichtlicher Verfahren weitergegeben werden
- Zur Durchführung eines Strafverfahrens wegen eines Verbrechens oder eines Vergehens von erheblicher Bedeutung dürfen sämtliche Sozialdaten übermittelt werden.

Im Bereich der **öffentlichen Jugendhilfe** (→ Kap. 3.2.2) gilt schließlich eine spezielle Regelung: Hier wird zum einen eine weitgehende interne Sperre errichtet – gerade auch andere Stellen des Jugendamtes sollen von den dort anvertrauten Tatsachen nichts erfahren dürfen –, und zum anderen wird die Weitergabe nach außen gegenüber den allgemeinen Bestimmungen des SGB X eingeschränkt.

Eine Durchbrechung der Verschwiegenheitspflicht kommt hier neben den Fällen der befugten Weitergabe nur noch bei einer Einwilligung des Anvertrauenden in Betracht.

3.4.3 Sexualdelikte gegen Minderjährige

Die in den letzten Jahrzehnten durchgeführten Reformen des Sexualstrafrechts haben im Wesentlichen drei Ziele verfolgt:

- Eine geschlechtsneutrale Ausgestaltung
- Einen konsequenten Schutz der sexuellen Selbstbestimmung vor Gewalt, nachhaltiger Nötigung oder einer Ausnutzung von Hilflosigkeit oder Abhängigkeit
- Einen konsequenten Schutz der ungestörten sexuellen Entwicklung von Kindern und Jugendlichen.

Erkennbarkeit von Sexualstraftaten

Erzieherinnen haben häufig Kontakt zu den Opfern und sollten deshalb die Anzeichen kennen, die ein Hinweis auf eine Sexualstraftat sein können. An dieser Stelle muss aber gleich gewarnt werden: Es ist keineswegs zwingend, dass bei bestimmten Indikatoren Sexualdelikte vorliegen müssen oder dass ihr Fehlen ein sicherer Hinweis darauf ist, dass solche Straftaten nicht gegeben sind.

Mit dieser Einschränkung soll hier der Versuch gewagt werden, einige **Auffälligkeiten** darzustellen, die für das **Vorliegen von Sexualdelikten** sprechen können:

- *Interesse für deliktspezifisches Verhalten* – Das mögliche Opfer interessiert sich ganz plötzlich für ein deliktspezifisches Verhalten. Es fragt z. B., warum eigentlich keine Bilder nackter Kinder gezeigt werden dürfen. Ein solches plötzlich auftretendes Interesse kann ein gewisses Indiz für entsprechende eigene Erlebnisse sein
- *Anderes Opfer* – Ein Kind oder Jugendlicher erzählt, dass gegenüber einem anderen eine entsprechende Straftat begangen wurde. Dieses Opfer bleibt aber, fragt man nach Einzelheiten, im Dunkeln. Dies könnte dafür sprechen, dass in Wirklichkeit der oder die Erzählende selbst zum Opfer wurde und jetzt versucht, das Geschehen auf einen anonymen Dritten zu projizieren
- *Verhaltensänderungen* – Bei einem Kind oder Jugendlichen treten – plötzlich oder schleichend – Verhaltensänderungen auf, für die sich keine Ursache finden lässt
- *Traurigkeit* – Das mögliche Opfer ist über längere Zeit auffällig traurig, bleibt in sich gekehrt und meidet Kontakte
- *Sexualbezogenes Spielverhalten* – Kinder zeigen ein für ihre Altersgruppe ungewöhnliches, auf sexuelle Themen bezogenes Verhalten, z. B. häufiges Darstellen sexualbezogener Handlungen beim Spielen mit Puppen oder beim Malen
- *Körperliche Spuren* – Bei einem Kind finden sich körperliche Spuren, etwa Blutergüsse auf der Innenseite der Oberschenkel.

Verhalten bei Verdacht auf Sexualstraftaten

Eines soll hier vorangestellt werden: Niemand muss Angst vor der Erstattung einer Strafanzeige zu haben, weil er oder sie dadurch – sollte der Verdacht nicht nachweisbar oder unberechtigt sein – selbst strafrechtlich verfolgt werden könnte. Denn eine Abwägung der betroffenen *Rechtsgüter* (→ Kap. 3.4.1) wird in der Regel ein befugtes Handeln des Anzeigenden ergeben, und wer seine Wahrnehmungen wahrheitsgemäß mitteilt – auch wenn dann

Abb. 3.14: Bei Verdacht auf eine Sexualstraftat sollten zunächst die Eltern informiert werden; erweist sich der Verdacht als begründet, sollte die Polizei eingeschaltet werden.

die Schlussfolgerungen nicht richtig sind – kann strafrechtlich nicht wegen falscher Verdächtigung oder übler Nachrede belangt werden.

Mögliche **Vorgehensweisen bei einem Verdacht auf Sexualstraftaten** sind:

- *Verdacht auf eine Sexualstraftat durch Außenstehende* – Bei der sexuellen Belästigungen eines Kindes durch einen Unbekannten beispielsweise sollte zunächst Kontakt zu den Eltern gesucht werden, um den Sachverhalt näher abzuklären. Bleibt ein begründeter Verdacht bestehen, sollte die Polizei eingeschaltet werden
- *Verdacht auf eine Sexualstraftat aus dem sozialen Nahbereich* – Liegt infolge der Angaben des Opfers oder eindeutiger körperlicher Spuren der Verdacht nah, die Familie des Kindes sei Täter, ist es am wichtigsten, das Opfer zu seinem Schutz aus diesem Bereich herauszunehmen. Hierfür sollte von der Erzieherin zunächst das Jugendamt eingeschaltet werden(→ Kap. 3.2.3), da dort in der Regel entsprechend geschulte Fachkräfte vorhanden sind. Erhärtet sich der Verdacht, wird das Jugendamt Strafanzeige erstatten
- *Schwacher Verdacht* – Sind die Verdachtsgründe eher schwach ausgeprägt, empfiehlt sich eine genauere Beobachtung und eine Kontaktaufnahme mit dem Jugendamt, um sich dort Rat für das weitere Vorgehen zu holen

- *Verdachtsgründe gegen eine Person aus dem sozialen Umfeld* – Bestehen Verdachtgründe gegen eine Person nicht aus dem unmittelbaren Nahbereich des Kindes, bietet sich zuerst wieder das Gespräch mit den Eltern an. Denn diese können ihr Kind durch eine strikte Unterbindung des entsprechenden Kontakts wirksam schützen und müssen sich ihr weiteres Vorgehen überlegen, z. B. die Erstattung einer Strafanzeige.

Sexualdelikte

Sexuelle Handlung ist ein zentraler Begriff des Sexualstrafrechts (§ 184 g StGB). Er bezeichnet eine Verhaltensweise, die von „einiger Erheblichkeit" ist. Die Beurteilung, was von einiger Erheblichkeit ist, hängt einmal von der Person des Betroffenen ab: Bei einem Kind ist die Grenze in der Regel schneller überschritten als bei einem Erwachsenen, der seine Interessen zu wahren weiß. Auch die Situation und die Art der Handlung – eine Berührung etwa im Intimbereich oder an weniger exponierten Stellen – spielen eine Rolle für die Beurteilung.

Im Rahmen der speziell auf den Schutz von Kindern und Jugendlichen bezogenen Verhinderung und Ahndung von Sexualstraftaten sind folgende Personengruppen und Tatbestände von besonderer Bedeutung:

- **Leibliche oder angenommene Kinder** – in diesem Fall Kinder bis zur Altersgrenze der Volljährigkeit von 18 Jahren – sind vor jeglichen (erheblichen) sexuellen Handlungen geschützt, die ihre Eltern an ihnen oder vor ihnen vornehmen oder an sich oder vor sich vornehmen lassen (§ 174 StGB). Gleiches gilt, wenn dem Täter ein Kind oder ein Jugendlicher bis zu 16 Jahren zur Erziehung, Ausbildung oder Betreuung anvertraut ist. Nutzt ein Täter seine Stellung missbräuchlich aus, so wird der Straftatbestand auf bis zu 18 Jahre alte Opfer erweitert
- **Kinder bis zu einem Alter von 14 Jahren** werden davor geschützt, dass an ihnen oder von ihnen sexuelle Handlungen vorgenommen werden (§ 176 StGB). Ebenso wird bestraft, wer ein Kind zu sexuellen Handlungen an einem Dritten zwingt oder dazu bestimmt, dass es von einem Dritten sexuelle Handlungen an sich vornehmen lässt. Schließlich erfasst § 176 StGB z. B. auch Verhaltensweisen wie pornografische Einwirkungen auf ein Kind. Täter kann jede strafmündige Person sein: Auch sexuelle Kontakte zwischen einem knapp über 14 Jahre alten Jugendlichen und einem knapp unter 14 Jahre alten Kind sind strafbar
- **Ein über 18 Jahre alter Täter** wird noch schärfer bestraft bei sexuellem Missbrauch von Kindern, wenn er mit einem Kind den Beischlaf vollzieht oder andere schwerwiegende Schädigungen des Opfers vorliegen (§ 176 a StGB)
- **Die Förderung sexueller Handlungen Minderjähriger** ist strafbar (§ 180 StGB). Dies betrifft sexuelle Handlungen von Kindern und Jugendlichen bis zu 16 Jahren im Kontakt mit Dritten. Hier bleibt aber der Inhaber der Personensorge straffrei, soweit er seine Erziehungspflichten nicht gröblich verletzt. Auch wird bis zur Volljährigkeit die Förderung jeglichen entgeltlichen sexuellen Kontakts unter Strafe gestellt
- **Der sexuelle Missbrauch von Jugendlichen bis zu 18 Jahren** ist auch generell strafbar dadurch, dass der Täter zur Vornahme der sexuellen Handlungen eine Zwangslage ausnutzt oder dass die Vornahme der sexuellen Handlungen gegen Entgelt erfolgt. Darüber hinaus stellt § 182 StGB aber auch sexuellen Handlungen an oder von Jugendlichen bis zu 16 Jahren unter Strafe, wenn der Täter mindestens 21 Jahre alt ist und die fehlende Fähigkeit des Jugendlichen zur sexuellen Selbstbestimmung ausnutzt
- **Personen unter 18 Jahren** sind durch § 184 StGB geschützt in umfassender Weise vor jeglicher Zugänglichmachung von pornografischen Schriften, Filmen oder Datenträgern. Täter kann jeder Strafmündige sein, so dass also auch eine Weitergabe von Pornografie unter Jugendlichen von diesem Tatbestand erfasst wird
- **Anwendung von Gewalt** oder Nötigungsmitteln sowie die Ausnutzung von Situationen, in denen sie hilflos sind (§ 177 StGB) – davor werden Kinder und Jugendliche neben den bisher dargestellten Tatbeständen im Rahmen des Sexualstrafrechts ebenso geschützt.

3.4.4 Weitere Schutzvorschriften des Strafrechts für Minderjährige

Es gibt weitere Schutzvorschriften, mit denen Minderjährige durch das Strafrecht geschützt werden sollen:

- Das Jugendschutzgesetz (JuSchG)
- Das Betäubungsmittelgesetz (BtMG).

Jugendschutzgesetz

Mit dem 2002 in Kraft getretenen **Jugendschutzgesetz (JuSchG)** sollen Kinder bis zu 14 Jahren und Jugendliche bis zu 18 Jahren vor Gefährdungen geschützt werden, die ihnen in typischer Weise vor allem an bestimmten Örtlichkeiten, durch bestimmte Genussmittel oder durch Medieneinwirkungen drohen.

Verstöße gegen die Bestimmungen des Jugendschutzgesetzes (JuSchG), das Kinder und Jugendliche vor bestimmten Gefährdungen an bestimmten Örtlichkeiten, vor Genussmitteln oder Medieneinwirkung schützen soll, werden als Straftat oder Ordnungswidrigkeit geahndet, für die Geldbußen bis zu 50.000,– EUR verhängt werden können. Die **wichtigsten Bestimmungen des Jugendschutzgesetzes** sind die folgenden:

- *Aufenthalt in Gaststätten (§ 4 JuSchG)* – Kinder und Jugendliche sollen sich nicht uneingeschränkt in Gaststätten aufhalten. Deshalb ist Kindern und Jugendlichen der Aufenthalt in Nachtbars, Nachtclubs oder vergleichbaren Betrieben generell verboten. Im Übrigen dürfen sie sich im Alter bis zu 16 Jahren in Gaststätten nur in Begleitung Erwachsener aufhalten, außer zur Einnahme von Speisen oder Getränken von 5 bis 23 Uhr. Jugendlichen im Alter von 16 bis 18 Jahren ohne Begleitung ist der Aufenthalt in „normalen" Gaststätten zwischen 24 und 5 Uhr morgens verboten

- *Tanzveranstaltungen(§ 5 JuSchG)* – Nicht beschränkt ist die Teilnahme an nicht öffentlichen Tanzveranstaltungen, wie sie etwa eine Tanzschule durchführt. Ohne Begleitung dürfen Kinder bis 22 Uhr, Jugendliche unter 16 Jahren bis 24 Uhr und ältere Jugendliche zeitlich unbeschränkt öffentliche Tanzveranstaltungen nur besuchen, wenn sie von einem anerkannten Träger der Jugendhilfe durchgeführt werden oder der künstlerischen Betätigung oder der Brauchtumspflege dienen. An sonstigen öffentlichen Tanzveranstaltungen dürfen dagegen Jugendliche ohne Begleitung erst ab 16 Jahren und auch nur bis 24 Uhr teilnehmen. In allen übrigen Fällen müssen Kinder und Jugendliche durch einen Erwachsenen begleitet werden
- *Spielhallen sowie Teilnahme an öffentlichen Glücksspielen (§ 6 JuSchG) und jugendgefährdenden Veranstaltungen (§ 7 JuSchG)* – Weitere Verbote betreffen den Aufenthalt von Kindern und Jugendlichen in Spielhallen sowie ihre Teilnahme an Glücksspielen, z. B. der Besuch sogenannter Erotikmessen oder der Aufenthalt an jugendgefährdenden Orten (§ 8 JuSchG) wie etwa in der Nähe eines Bordells
- *Alkohol (§ 9 JuSchG)* – Alkoholische Getränke dürfen nicht in öffentlich zugänglichen Automaten angeboten werden. In Gaststätten, Verkaufsstellen oder sonst in der Öffentlichkeit dürfen alkoholische Getränke an Kinder und Jugendliche unter 16 Jahren überhaupt nicht abgegeben werden. Auch darf dieser Personenkreis solche Getränke nicht in der Öffentlichkeit „verzehren". Lediglich für Jugendliche ab 16 Jahren gibt es – vor allem für den Verzehr von Bier und Wein – Ausnahmen
- *Alkoholhaltige Süßgetränke* müssen auf ihrer Verpackung zudem Hinweise auf das Verkaufsverbot an Personen unter 18 Jahren aufweisen.
- Der *Verkauf von Alkoholika* wird zur Straftat, wenn
  - Durch die Tat leichtfertig die körperliche, geistige oder sittliche Entwicklung eines Kindes oder Jugendlichen schwer gefährdet wird
  - Der Täter aus Gewinnsucht handelt
  - Der Täter (vorsätzlich) immer wieder entsprechende Verstöße begeht.
- *Rauchen (§ 10 JuSchG)* – Tabakwaren dürfen an Kinder und Jugendliche weder in Gaststätten, Verkaufsstellen noch in der Öffentlichkeit abgegeben werden, und das Rauchen ist dort für diesen Personenkreis auch verboten
- *Medieneinflüsse (§ 11 JuSchG)* – Um schädliche Medieneinflüsse von Kindern fernzuhalten, hat das Jugendschutzgesetz Altersgrenzen festgesetzt, unterhalb derer Filmveranstaltungen nicht oder nur in Begleitung von Personensorgeberechtigten besucht werden dürfen. Dies betrifft alle Medien, vom Buch über den Film bis hin zum Datenträger. Deshalb gibt es eine Bundesprüfstelle für jugendgefährdende Medien, die entsprechende Medien prüft und sie in entsprechende Sperrlisten aufnimmt. Verstöße werden sowohl bei Vorsatz als auch bei Fahrlässigkeit als Straftat geahndet.

Abb. 3.15: Laut Jugendschutzgesetz dürfen keine alkoholischen Getränke an Jugendliche unter 16 Jahren ausgeschenkt werden.

Betäubungsmittelgesetz

> Das **Betäubungsmittelgesetz (BtMG)** stellt fast jeglichen Umgang mit Betäubungsmitteln, soweit der Betreffende nicht ausnahmsweise eine Erlaubnis hierzu hat, unter Strafe.

Der **Umgang mit Betäubungsmitteln** wird unter Strafe gestellt. Dazu gehören:

- Der Anbau
- Die Herstellung
- Die Ein- und Ausfuhr
- Die Veräußerung
- Die Abgabe
- Der Erwerb
- Der Handel.

Einzige Ausnahme ist der unmittelbare Mitkonsum eines Betäubungsmittels, das dem Täter ohne sein Verlangen übergeben wird und an dem er auch keinen Besitz erwirbt, z. B. der in der Runde kreisende Joint. Ein Gericht kann von einer Bestrafung absehen, wenn sich eine Tat auf geringe Mengen an Betäubungsmitteln zum Eigenverbrauch bezieht und kein Handeltreiben vorliegt.

Neben dem Handeltreiben, der Herstellung, der Abgabe und dem Besitz von Betäubungsmitteln in nicht geringer Menge wird es auch **als Verbrechen bestraft,** wenn Personen über 21 Jahre Betäubungsmittel an Personen unter 18 Jahren abgeben oder auch nur zum unmittelbaren Verbrauch überlassen. Personen über 21 Jahre, die Personen unter 18 Jahren zum Handeltreiben mit Betäubungsmitteln oder zu sonstigen schwerwiegenden Straftaten wie der unerlaubten Einfuhr anhalten, werden sogar mit Freiheitsstrafe nicht unter fünf Jahren bestraft.

3.4.5 Jugendgerichtsverfahren

Grundsätzlich richtet sich auch das Jugendgerichtsverfahren nach den Regeln der *Strafprozessordnung (StPO).*

Das **Jugendgerichtsverfahren** ist ein Strafverfahren, das im Jugendstrafrecht angewendet wird. Es folgt den allgemeinen Regeln der **Strafprozessordnung (StPO),** weicht aber bei den Belangen von Jugendlichen davon ab.

Das Jugendgerichtsverfahren kennt nur dort Abweichungen von der Strafprozessordnung, wo dies von der Sache her – etwa zur Berücksichtigung der Rechte der Eltern eines Beschuldigten – geboten ist. Demzufolge entspricht der grobe **Ablauf des Jugendgerichtsverfahrens** zunächst dem „normalen" Strafverfahren gegen Erwachsene, bestehend aus:

- *Ermittlungsverfahren* – Bei Verdacht auf eine strafbare Handlung werden Ermittlungen eingeleitet, in deren Rahmen z. B. eine Durchsuchung beim Beschuldigten oder bei Dritten oder die Verhängung von Untersuchungshaft erlaubt sind. Am Ende der Ermittlungen steht dann wieder die Entscheidung, ob das Verfahren eingestellt wird oder aber der Täter verfolgt wird. Stärker noch als beim Erwachsenen kann allerdings im Jugendstrafverfahren von einer **Weiterführung der Verfolgung** aus *Opportunitätsgründen* abgesehen werden.
- *Erheben einer Anklage oder Antrag auf Erlass eines Strafbefehls* – Die Staatsanwaltschaft erhebt als Nächstes entweder Anklage oder stellt gegen einen Heranwachsenden einen Antrag auf Erlass eines Strafbefehls. Gegenüber Jugendlichen ist ein Strafbefehl nicht zulässig. Im Strafbefehlsverfahren wird beim Amtsgericht beantragt, gegen einen Beschuldigten eine Geldstrafe oder eine Freiheitsstrafe bis zu einem Jahr unter Strafaussetzung zur Bewährung festzusetzen. Hat das Gericht keine Bedenken, so erlässt es den Strafbefehl. Andernfalls hat der Strafbefehl die Wirkung einer Anklageschrift, und es findet eine Hauptverhandlung statt. Akzeptiert der Beschuldigte den Strafbefehl, ist er rechtskräftig verurteilt und damit vorbestraft. Eine Hauptverhandlung findet nicht mehr statt. Ist der Beschuldigte mit dem Strafbefehl nicht einverstanden, kann er innerhalb von zwei Wochen nach der Zustellung Einspruch einlegen und damit die Durchführung einer Hauptverhandlung erzwingen
- *Hauptverhandlung* – Die Hauptverhandlung wird mündlich durchgeführt. Es dürfen nur Beweise verwendet werden, die Gegenstand der mündlichen Verhandlung waren. An ihrem Ende stehen der Freispruch oder die Verurteilung zu einer Sanktion, etwa die Verhängung einer Jugendstrafe
- *Strafvollstreckung* – Die Strafe wird vollzogen.

Von der Strafverfolgung wird aus **Opportunitätsgründen** abgesehen

- Bei geringfügigen Vergehen oder geringem Verschulden
- In Fällen von eher geringem Unrechtsgehalt, wenn erzieherische Maßnahmen bereits durchgeführt oder eingeleitet sind oder der Jugendliche sich um einen Ausgleich mit dem Opfer bemüht hat
- Wenn die Staatsanwaltschaft an Stelle einer Anklageerhebung anregt, dass der Jugendliche vom Jugendrichter ermahnt wird oder ihm von dieser Seite Weisungen oder Auflagen erteilt werden.

Besonderheiten im Verfahrensablauf

Neben dem beschuldigten Jugendlichen selbst können grundsätzlich auch Erziehungsberechtigte und seine gesetzlichen Vertreter – im Regelfall also seine Eltern – seine Rechte ausüben. Dieser Personenkreis ist nach § 67 Jugendgerichtsgesetz (JGG) stets dort zu benachrichtigen, wo es der jugendliche Beschuldigte auch ist. Der Vater eines jugendlichen Beschuldigten kann an der polizeilichen Vernehmung seines Sohnes teilnehmen, und die Erziehungsberechtigten sowie die gesetzlichen Vertreter können neben dem Jugendlichen sämtliche *Rechtsbehelfe* und *Rechtsmittel* selbstständig einlegen.

► **Rechtsbehelf**
Jede von der Rechtsordnung zugelassene Möglichkeit, behördliche oder gerichtliche Entscheidungen überprüfen zu lassen.

► **Rechtsmittel**
Berufung, Revision oder Beschwerde, meistens Form- und Fristvorschriften zu wahren. Die Einlegung von Rechtsmitteln führt dazu, dass eine gerichtliche Entscheidung durch ein höheres Gericht geprüft wird.

Einschaltung der Jugendgerichtshilfe

Die wohl wichtigste Besonderheit in einem Jugendstrafverfahren ist die Einschaltung der *Jugendgerichtshilfe (JGH)* nach § 38 JGG.

Die **Jugendgerichtshilfe (JGH)** wird von den Jugendämtern in Zusammenwirkung mit den Vereinigungen für Jugendhilfe ausgeübt (§ 38 JGG).

Ihre Beteiligung ist notwendig, um über die vor allem für die Rechtsfolgen im Jugendstrafverfahren wichtigen erzieherischen, sozialen und fürsorgerischen Gesichtspunkte hinreichend aufklären zu können. Die Einschaltung der Jugendgerichtshilfe sollte bereits im Rahmen der Ermittlungen erfolgen. Das ist vor allem deshalb wichtig, weil in vielen Verfahren wegen eher unbedeutender Verstöße nach der Einleitung erzieherischer Maßnahmen, z. B. *Weisungen* (→ Kap. 3.4.1), gemäß § 45 JGG von der Verfolgung abgesehen werden kann. Andererseits ist die Jugendgerichtshilfe vor der Erteilung solcher Weisungen anzuhören. Die Jugendgerichtshilfe sollte daher immer dann eingeschaltet werden, wenn sich der Verdacht gegen einen Jugendlichen erhärtet.

Nichtöffentlichkeit und Kosten

Eine weitere wichtige Besonderheit liegt darin, dass **Verfahren** gegen Jugendliche – nicht gegen Heranwachsende – nicht öffentlich sind. In einer Hauptverhandlung erhält der *Vertreter der Jugendgerichtshilfe* auf Antrag das Wort. Auf diese Weise soll gewährleistet sein, dass die erzieherischen Aspekte im Verfahren hinreichend deutlich Erwähnung finden.

Schließlich erlaubt es § 74 JGG noch, in Verfahren gegen Jugendliche davon abzusehen, einem verurteilten Angeklagten Kosten und Auslagen aufzuerlegen.

Jugendgerichtshilfe

Im Rahmen der Jugendgerichtshilfe hat das Jugendamt nach § 38 JGG den Auftrag, vor allem das Gericht in Bezug auf den beschuldigten Jugendlichen über die erzieherischen, sozialen und fürsorgerischen Gesichtspunkte aufzuklären. Diese Aufgabe können die Mitarbeiter des Jugendamtes, die im Bereich der Jugendgerichtshilfe als sogenannte Vertreter der Jugendgerichtshilfe tätig sind, zwar einerseits relativ ungebunden wahrnehmen. Andererseits aber haben sie eine nicht einfache Stellung zwischen den übrigen Beteiligten: Die Jugendgerichtshilfe ist weder Ermittlungsbehörde noch hat sie Zwangsbefugnisse. Sie ist also auf die Mitwirkung des Beschuldigten und seiner Eltern angewiesen. Sie wird aber häufig auch, obwohl sie ja in erster Linie das Bild der Persönlichkeit zeichnen soll, Erkenntnisse über die Tatvorwürfe oder über weit über die Tat hinausgehende Persönlichkeitsprobleme erlangen und steht so im Spannungsverhältnis zwischen Sachaufklärung auf der einen Seite und der Erhaltung einer Vertrauensbasis auf der anderen. In jedem Fall ist es aber wichtig, dass die Jugendgerichtshilfe unnötige Bloßstellungen des Jugendlichen, die zu einer Gefahr für seine soziale, schulische oder berufliche Integration werden könnten, vermeidet.

Folgende Punkte sind im Zusammenwirken zwischen Jugendgerichten und Jugendgerichtshilfe wichtig:

- Die *Einschaltung der Jugendgerichtshilfe* sollte erst dann erfolgen, wenn ein Tatnachweis zumindest wahrscheinlich ist
- Werden der Jugendgerichtshilfe *Taten*, auf die sich Ermittlungen noch nicht beziehen, *mitgeteilt*, gibt für ihre Mitarbeiter grundsätzlich kein Zeugnisverweigerungsrecht. Andererseits haben Mitarbeiter des Jugendamts keine Anzeigepflicht, so dass sie – schwerwiegende Taten einmal ausgenommen – von sich aus auch nichts sagen müssen
- Die Akten des Jugendamts unterliegen dem *sozialrechtlichen Datenschutz*: Polizei, Staatsanwaltschaft und Gericht können nicht beliebig auf diese Akten zugreifen. Haben sie jedoch Anhaltspunkte für eine Täterschaft eines Beschuldigten auch für andere Delikte, so dürfen sie im Rahmen der Durchbrechung des Sozialgeheimnisses auch Anfragen an die Jugendgerichtshilfe richten; hier ist ihnen dann wahrheitsgemäß Auskunft zu geben
- Die *Weitergabe von Krankenberichten* oder sonstigen ärztlichen Angaben durch das Jugendamt ist nur unter den Voraussetzungen erlaubt, unter denen dies auch ein Arzt dürfte.

Auf der Basis ihrer Feststellungen wird dann die Jugendgerichtshilfe womöglich bereits selbst *erzieherische Maßnahmen einleiten,* die ihr geeignet und notwendig erscheinen. Hiervon verständigt sie umgehend die Staatsanwaltschaft oder das Gericht im Hinblick auf eine mögliche *Verfahrenseinstellung*. Kommt eine solche Lösung nicht in Betracht oder wird das Verfahren trotzdem nicht eingestellt, so wird sich die Jugendgerichtshilfe dazu äußern, welche Art von möglichen *Sanktionen* (→ Kap. 3.4.1) aus ihrer Sicht sinnvoll ist.

Sind diese Sanktionen erst einmal verhängt, dann hat – soweit nicht im Rahmen einer Jugendstrafe ein Bewährungshelfer bestellt ist – die Jugendgerichtshilfe die Einhaltung von Weisungen und Auflagen zu überwachen und bei gro-

Abb. 3.16: Jugendgerichtsverfahren richten sich nach der Strafprozessordnung.

ben Verstößen auch das Gericht zu informieren. Für den Fall eines Strafvollzugs hält sie mit dem verurteilten Jugendlichen Kontakt und hat dann in erster Linie die Aufgabe, für den Entlasszeitpunkt geeignete Hilfen vorzubereiten.

Zur Erfüllung ihrer Aufgaben hat die Jugendgerichtshilfe **Befugnisse,** die im Gesetz ausdrücklich geregelt sind:

- Die Einleitung und der Ausgang eines Jugendstrafverfahrens sind ihr mitzuteilen
- Sie ist über Ort und Zeit der Hauptverhandlung zu informieren.
- In der Hauptverhandlung und im vereinfachten Jugendverfahren hat ein Vertreter der Jugendgerichtshilfe ein Anwesenheitsrecht
- In jedem Verfahrensstadium, vor allem aber in der Hauptverhandlung bzw. im Rahmen des vereinfachten Jugendverfahrens hat die Jugendgerichtshilfe Anhörungs- und Äußerungsrechte
- Der Kontakt und Verkehr mit einem Beschuldigten ist ihr auch während der Untersuchungshaft und – bei Verurteilung zu einer unbedingten Jugendstrafe, also einer Jugendstrafe, die nicht zur Bewährung ausgesetzt, sondern vollzogen wird – während der Strafvollstreckung zu gestatten.

Gerichte und Rechtsmittel im Jugendstrafrecht

Das Jugendgerichtsgesetz (JGG) kennt spezielle Spruchkörper bei den Amts- und Landgerichten.

> ► **Spruchkörper**
> Der zur Entscheidung berufene Richter in einem Strafverfahren, z. B. der Jugendrichter.

In den Revisionsverfahren bei den Oberlandesgerichten und beim Bundesgerichtshof sind die **allgemeinen Spruchkörper** auch für Jugendstrafverfahren zuständig.

- **Jugendrichter und Jugendschöffengericht** – Bei den Amtsgerichten gibt es den Jugendrichter und das Jugendschöffengericht. Während der *Jugendrichter* als Berufsrichter ein Einzelrichter ist, entscheiden beim Schöffengericht neben dem Berufsrichter, der den Vorsitz innehat, zwei Laienrichter, die sogenannten *Schöffen*. In der Verhandlung und bei der Abstimmung über das Urteil haben sie dieselben Rechte wie der Berufsrichter. In Jugendsachen sollen jeweils ein Mann und eine Frau als Schöffen vertreten sein.
- **Jugendkammer** – Sie ist beim Landgericht errichtet und zuständig, wenn ein Verbrechen mit Todesfolge angeklagt ist, eine Sache wegen ihres großen Umfangs vom Schöffengericht übernommen wurde oder wenn Strafsachen gegen Jugendliche und Erwachsene verbunden sind und eine große Strafkammer zuständig wäre. Darüber hinaus entscheidet die Jugendkammer als *Berufungsgericht* über Berufungen gegen Urteile des Jugendgerichts und des Jugendschöffengerichts.
- **Rechtsmittel** – Im Jugendstrafrecht hat der Grundsatz, dass die Strafe einer Tat möglichst bald folgen sollte, einen besonders hohen Stellenwert. Um zu verhindern, dass eine endgültige Entscheidung durch die Einlegung von Rechtsmitteln zu sehr verzögert wird, sind im Jugendstrafrecht die *Rechtsmittelmöglichkeiten eingeschränkt worden:*
  - Eine Anfechtung, die sich nur auf Art oder Umfang der verhängten Sanktionen (→ Kap. 3.4.1) bezieht, ist nicht möglich. Hier kann nur eine *Verurteilung* oder ein *Freispruch* angegriffen werden
  - Jeder Seite, sowohl der Staatsanwaltschaft als auch dem beschuldigten Jugendlichen sowie den für ihn zu Rechtsmitteln Berechtigten, steht gegen Urteile des Jugendrichters oder des Jugendschöffengerichts nur ein Rechtsmittel – Berufung oder Revision – zu.

> ⊙ Der **Jugendrichter** ist bei Vergehen zuständig, wenn nur Erziehungsmaßregeln oder Zuchtmittel zu erwarten sind und auch keine Unterbringungsmaßregel in Betracht kommt. In allen anderen Fällen, also insbesondere auch, wenn die Verhängung von Jugendstrafe in Betracht kommt, ist grundsätzlich das **Jugendschöffengericht** zuständig. Sind Verbrechen mit Todesfolge angeklagt, wurde eine Sache wegen ihres großen Umfangs vom Schöffengericht übernommen oder sind Strafsachen gegen Jugendliche und Erwachsene verbunden, ist die **Jugendkammer** des Landgerichts zuständig.

3.5 Arbeitsrecht

In diesem Kapitel sind Fragen beantwortet, die Erzieherinnen im Besonderen interessieren, wenn sie als Arbeitnehmerinnen betroffen sind. Das Vertragsrecht und Schutzgesetze für Arbeitnehmer werden ebenso thematisiert wie Minderjährige als Arbeitnehmerinnen, Zeugnisse und Kündigungsvorschriften. Doch auch das kollektive Arbeitsrecht, das alle Arbeitnehmer betrifft, wird mit Blickrichtung auf die Interessen der Erzieherinnen beschrieben.

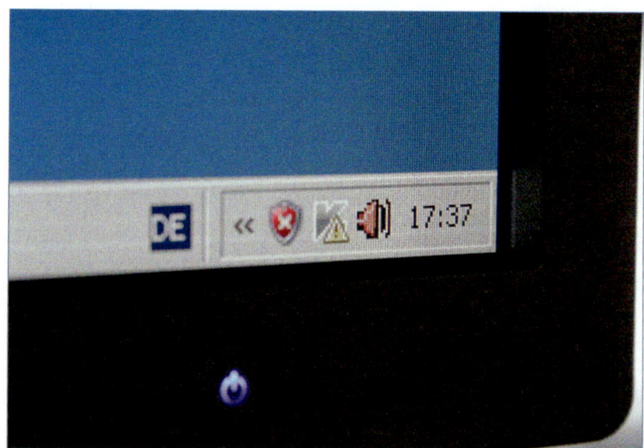

Abb. 3.17: Im Arbeitsvertrag ist unter anderem die Arbeitszeit geregelt.

3.5.1 Erzieherinnen als Arbeitnehmerinnen

Erzieherinnen, egal ob sie für einen *öffentlichen* oder für einen *privaten Träger* (→ Kap. 3.2.2) arbeiten, haben Anspruch auf einen Arbeitsvertrag und sind dazu verpflichtet, diesen auch einzuhalten. Umgekehrt hat auch der Träger die Verpflichtung, sich bei der Gestaltung des Arbeitsvertrags an die geltenden Gesetze zu halten.

Arbeitsvertrag: Grundlagen, Rechte, Pflichten

Ein Arbeitsvertrag hat viele Regelungen zu berücksichtigen, die sich in verschiedenen Gesetzen finden. Jedoch enthält das Arbeitsrecht ganz bewusst viele Regelungslücken, da der Gesetzgeber die *Tarifautonomie* (→ Kap. 1.7 und → Kap. 3.5.4) von Arbeitgebern und Arbeitnehmern achtet und deshalb viele Fragen für deren Vereinbarungen offenlässt. So schreibt der Gesetzgeber in der Regel nicht vor, welches Gehalt für welche Arbeit zu zahlen ist. Deshalb müssen für den Arbeitsvertrag zusätzlich zahlreiche Regelungen aus *Tarifverträgen* und *Betriebsvereinbarungen* herangezogen werden. Das führt zum einen zu Unübersichtlichkeit und birgt zum anderen natürlich auch die Gefahr, dass sich aus den verschiedenen Quellen widersprüchliche Regelungen ergeben. Diese Probleme löst das Arbeitsrecht durch die Anwendung zweier Grundsätze, nämlich des *Rangprinzips* und des *Günstigkeitsprinzips.*

► **Rangprinzip**
Das Rangprinzip besagt, dass die auf einer tieferen Stufe enthaltenen Regelungen eines Arbeitsvertrags den höherrangigen nicht widersprechen darf. Regelungen können sich dabei aus den folgenden Rechtsquellen ergeben, die in der dargestellten Reihenfolge gelten:

- Verfassung
- Gesetz
- Tarifvertrag
- Betriebsvereinbarung
- Arbeitsvertrag.

► **Günstigkeitsprinzip**
Ausnahme vom Rangprinzip. Regelungen auf einer tieferen Stufe, die für den Arbeitnehmer günstiger sind als höherrangige, bleiben gültig.

Eine abschließende Aufzählung der Rechte und Pflichten aus einem Arbeitsvertrag ist kaum möglich, weil viele Arbeitsverträge oft sehr individuelle Regelungen beinhalten.

Die folgenden **Pflichten für Arbeitnehmer** sind besonders bedeutsam:

- *Pflicht zur Arbeitsleistung* – Ein Arbeitnehmer muss persönlich und so gut wie möglich die Aufgaben erfüllen, die er im Arbeitsvertrag übernommen hat. Arbeitsort und Arbeitszeit sind so einzuhalten, wie sie im Arbeitsvertrag festgesetzt sind
- *Pflicht zur Pünktlichkeit* – Ein Arbeitnehmer hat dafür Sorge zu tragen, dass er pünktlich am Arbeitsplatz ist
- *Pflicht zum Gehorsam* – Arbeitnehmer haben Anordnungen, die ihnen im Rahmen ihrer Aufgaben gegeben werden, so gut als möglich auszuführen
- *Treuepflicht* – Ein Arbeitnehmer hat die Interessen seines Arbeitgebers so gut wie möglich zu wahren, d. h. er darf ihm während des laufenden Arbeitsverhältnisses keine Konkurrenz machen *(Wettbewerbsverbot)* und ist zur Verschwiegenheit über betriebliche Vorkommnisse verpflichtet.

Besonders bedeutsam sind folgende **Pflichten für Arbeitgeber:**

- *Beschäftigungspflicht* – Ein Arbeitnehmer hat grundsätzlich Anspruch darauf, nicht nur sein Gehalt zu bekommen, sondern auch arbeiten zu dürfen
- *Gleichbehandlungsgrundsatz* – Arbeitgeber müssen ihre Arbeitnehmer gleichbehandeln, also dafür Sorge tragen, dass für gleiche Tätigkeiten auch die Arbeitsbelastung in etwa gleich gehalten und Männern und Frauen gleicher Lohn bezahlt wird
- *Pflicht zur Zahlung des Arbeitsentgelts* – Der Arbeitgeber muss seinem Arbeitnehmer die vereinbarte Vergütung zum Fälligkeitszeitpunkt pünktlich abrechnen („Lohnzettel") und auszahlen
- *Fürsorge- und Schutzpflicht* – Ein Arbeitgeber hat seine Arbeitnehmer vor vermeidbaren Gefahren zu schützen, und er muss alles tun, um Übergriffe auf seine Arbeitnehmer, sei es durch unkorrektes Verhalten von Kollegen und Vorgesetzten oder sei es durch Angriffe Dritter, zu verhindern.

Pflichtverletzungen, Schäden und Schadensersatz

Kommt es im Rahmen von Arbeitsverhältnissen zu Pflichtverletzungen der einen Seite, kann die andere Seite darauf grundsätzlich mit einer Kündigung reagieren. Bei geringeren Verstößen muss für die Kündigung aber die vertragliche oder gesetzliche Frist eingehalten werden; nur bei schweren Verstößen ist sie fristlos möglich.

Bei geringen Verstößen von Arbeitnehmern kann zwar nicht gekündigt werden, gleichzeitig ist es aber auch einem Arbeitgeber nicht zuzumuten, dies einfach hinzunehmen. Deshalb gibt es hier im Wesentlichen drei **Reaktionsmöglichkeiten von Seiten des Arbeitgebers:**

- *Die Ermahnung* ist nur eine Aufforderung, eine Wiederholung des entsprechenden Verhaltens in der Zukunft zu vermeiden. Irgendwelche weiteren Folgen knüpfen sich hieran nicht
- *Die Abmahnung* ist formaler Ausdruck der Missbilligung. Sie erfolgt schriftlich und wird zur Personalakte des entsprechenden Arbeitnehmers genommen.

Dort verbleiben sie eine angemessene Zeit; in der Regel sind das zwei oder drei Jahre. Wiederholt sich in dieser Zeit ein gleicher oder auch ein anderer Pflichtverstoß, kann dies entweder zu einer weiteren Abmahnung führen oder, wenn den „kleineren" Verstößen durch ihre Summe ein doch größeres Gewicht zukommt, eine ordentliche Kündigung rechtfertigen
- *Die Betriebsbuße* kann nur verhängt werden, wenn zuvor, etwa in einer Betriebsvereinbarung, eine entsprechende Vereinbarung getroffen worden ist. Dann kann der Arbeitgeber bei darin erfassten Verstößen diese als geldliche Sanktion festsetzen. Allzu hoch dürfen die einem Arbeitnehmer auferlegten Beträge aber nicht sein.

Personen- und Sachschaden

Hat eine Pflichtverletzung – etwa die Verletzung der Aufsichtspflicht durch eine Erzieherin – zu einem Schaden geführt, so können auch Schadensersatzansprüche entstehen.

Für die Abwicklung der Ansprüche sind im Rahmen eines Arbeitsverhältnisses folgende **Grundsätze für Schadenersatzansprüche** zu beachten:

- *Personenschaden* – Fügt ein Arbeitgeber einem seiner Arbeitnehmer einen Personenschaden zu, so haftet er dafür nicht persönlich. Dasselbe gilt für Personenschäden, die sich die Arbeitnehmer eines Betriebs gegenseitig zufügen. In beiden Fällen bestehen Ansprüche gegen die gesetzliche Unfallversicherung (§§ 104, 105 SGB VII). Wird ein Personenschaden allerdings vorsätzlich herbeigeführt, so entfällt die Einstandspflicht der Unfallversicherung, und es bleibt bei der persönlichen Haftung
- *Sachschaden* – Für einen Sachschaden, der dem jeweils anderen Vertragspartner zufügt wird, haften Arbeitgeber und Arbeitnehmer dagegen persönlich und grundsätzlich auch in vollem Umfang. Bei Fahrlässigkeit des Arbeitnehmers hängt der Umfang der Haftung vom Grad der Fahrlässigkeit ab, die dem Arbeitnehmer vorzuwerfen ist. Zusätzlich begrenzt die Rechtsprechung den Haftungsanteil eines Arbeitnehmers – im Maximum in der Regel auf etwa drei Monatsgehälter – und verlangt vom Arbeitgeber, sich gegen weitergehende Schäden durch den Abschluss einer Versicherung selbst abzusichern.

Allerdings ist auch das verbleibende Haftungsrisiko für einen Arbeitnehmer wirtschaftlich noch immer schwer zu tragen. Deshalb sollte er sich gegen die Risiken, die ihm verbleiben, durch den Abschluss einer geeigneten privaten Haftpflichtversicherung absichern.

Schädigung Dritter

Natürlich gibt es aber auch viele Fälle, in denen ein Personen- oder Sachschaden bei einem Dritten eintritt, z. B. wenn ein Erzieher seine Aufsichtspflicht gegenüber einem Kind nicht beachtet und dieses Kind dadurch zu Schaden kommt.

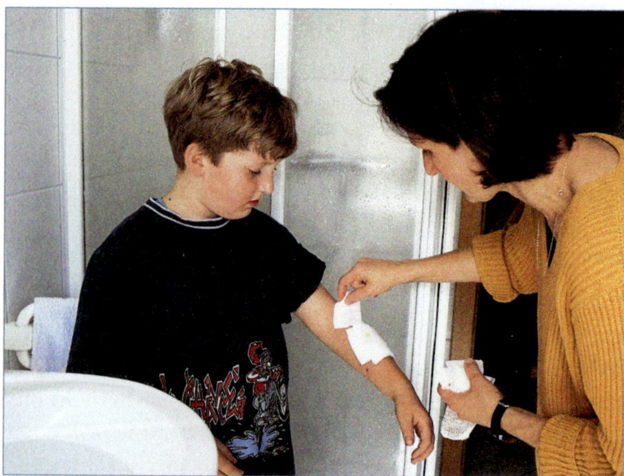

Abb. 3.18: Bei einer Schädigung durch Aufsichtspflichtverletzung muss beim Vorwurf leichter Fahrlässigkeit des Erziehers der Arbeitgeber den Schaden ersetzen.

Nach außen hin macht es für den geschädigten Dritten keinen Unterschied, ob ihn ein Arbeitnehmer bei Ausführung seiner Tätigkeit oder ein anderer schädigt: Er hat gegenüber dem Schädiger für Personen- und Sachschäden den üblichen, vollen *Ersatzanspruch.* Ein Arbeitnehmer soll aber bei der Schädigung eines Dritten im Ergebnis nicht stärker belastet sein, als es demjenigen Anteil entspricht, den er nach Maßgabe seines Arbeitsvertrags zu tragen hat. Deshalb hat er gegen seinen Arbeitgeber den *Freistellungsanspruch.*

► **Freistellungsanspruch**
besagt, dass der Arbeitgeber seinen Arbeitnehmer von den Ansprüchen anderer freizustellen hat, soweit der Arbeitnehmer nicht ohnehin für den Schaden einzustehen hat.

Trifft einen Erzieher bei einer Aufsichtspflichtverletzung nur der Vorwurf leichter Fahrlässigkeit, dann muss sein Arbeitgeber im Ergebnis dem Geschädigten den Schaden allein ersetzen.

Beendigung eines Arbeitsverhältnisses

Bei Kündigungen muss sowohl für Kündigungen von Arbeitgebern als auch für Kündigungen von Arbeitnehmern unterschieden werden zwischen

- Der fristgerechten (ordentlichen) Kündigung
- Der fristlosen (außerordentlichen) Kündigung.

Eine **Kündigung,** egal von welcher Seite, muss immer schriftlich erfolgen (§ 623 BGB).

Fristgerechte oder ordentliche Kündigung

Die Kündigungsfrist, die der Arbeitnehmer einhalten muss, beträgt grundsätzlich vier Wochen zum 15. oder zum Ende eines Kalendermonats. Arbeitgeber müssen bei einer längeren Beschäftigungsdauer des Arbeitnehmers längere Fristen beachten, die sich auf bis zu sieben Monate zum Ende eines Kalendermonats steigern können. Weitere Einzelheiten finden sich in § 622 BGB. Darüber hinaus sind bei schon länger bestehenden Arbeitsverhältnissen in mittleren und größeren Betrieben erhebliche Einschränkungen des Kündigungsrechts eines Arbeitgebers durch das *Kündigungsschutzgesetz* (→ Kap. 3.5.3) zu beachten.

Fristlose oder außerordentliche Kündigung

Diese Kündigung beendet ein Arbeitsverhältnis mit sofortiger Wirkung. Sie setzt für Arbeitgeber und Arbeitnehmer so schwerwiegende Gründe in der Zusammenarbeit mit der Person des jeweils anderen Vertragspartners voraus, dass dem Kündigenden ein Zuwarten bis zum Ablauf der regulären Kündigungsfrist nicht zugemutet werden kann. Eine fristlose Kündigung muss immer innerhalb einer Frist von zwei Wochen, nachdem der Kündigende Kenntnis von den entsprechenden Gründen erlangt hat, ausgesprochen werden. Auf Verlangen sind die Gründe schriftlich mitzuteilen.

Befristung eines Arbeitsverhältnisses

Heute werden Arbeitsplätze vielfach und oft auch ohne Rücksicht darauf, ob dies überhaupt statthaft ist, nur noch befristet angeboten.

Die Grundlagen, in welchen Fällen und wann Befristungen erlaubt sind, finden sich im *Gesetz über Teilzeitarbeit und befristete Arbeitsverträge.* Danach sind vor allem in folgenden Fällen **Befristungen erlaubt:**

- Generell *für die ersten zwei Jahre* eines Beschäftigungsverhältnisses. In diesem Zeitraum können bis zu vier befristete Arbeitsverhältnisse nacheinander vereinbart werden. Solche Befristungen sind auch statthaft, wenn jemand zuvor bei demselben Arbeitgeber ein Ausbildungsverhältnis absolviert hat
- Für alle Arbeitnehmer, die bei Beginn der Befristung *mindestens 52 Jahre alt* sind, soweit diese zuvor arbeitslos oder sonst wie nur eingeschränkt beschäftigt waren, für eine Dauer von bis zu fünf Jahren
- Wenn der Bedarf an entsprechenden Arbeitsleistungen aus *betrieblichen Gründen* besteht (Aushilfen oder Vertretungen) oder durch die Eigenart der Beschäftigung (Erntehelfer) nur vorübergehend ist
- Für Arbeitnehmer, die zunächst *zur Erprobung* eingestellt werden. Seit Befristungen in den ersten zwei Jahren einer Beschäftigung aber generell statthaft sind, hat diese Möglichkeit stark an Bedeutung verloren.

> ⊙ Eine **Befristung** muss immer schriftlich vereinbart werden. Wird dies nicht beachtet, so gilt das Arbeitsverhältnis als auf unbestimmte Zeit geschlossen.

Arbeitszeugnis

Bei der Beendigung eines Arbeitsverhältnisses hat ein Arbeitnehmer Anspruch auf Erteilung eines Zeugnisses (§ 630 BGB). Hierbei wird unterschieden zwischen einem einfachem und einem qualifizierten Zeugnis.

> ⊙ Ein **einfaches Zeugnis** gibt nur Auskunft über Art und Dauer der Tätigkeit. Einfache Zeugnisse gelten in der Praxis als Indiz dafür, dass ein Arbeitnehmer „etwas zu verbergen" hat und werden deshalb fast durchgängig als negativ angesehen. Man sollte sich deshalb als Arbeitnehmer stets ein **qualifiziertes Zeugnis** ausstellen lassen. Dieses Zeugnis gibt zusätzlich Auskunft über die Leistungen und das dienstliche Verhalten, was dem potenziellen neuen Arbeitgeber natürlich eine weitaus bessere Beurteilung eines Bewerbers ermöglicht.

Zeugnisse sind zwar wohlwollend abzufassen, müssen auf der anderen Seite aber trotzdem wahrheitsgemäß sein. Damit sind alle wesentlichen Tatsachen über das Arbeitsverhältnis anzugeben. Verstoßen Arbeitgeber gegen ihre Verpflichtung zur Erstellung eines wahrheitsgemäßen Zeugnisses, so müssen sie gegenüber einem neuen Arbeitgeber gegebenenfalls sogar Schadensersatz leisten.

Besonderheiten für Praktikanten

Bei der Ausbildung zur Erzieherin gibt es drei Arten von Praktika:

- **Das Blockpraktikum** – Im Rahmen der schulischen Ausbildung einer Erzieherin erfolgt das Blockpraktikum: Die Teilnehmerinnen behalten ihre Eigenschaft als Schüler, werden durch das Praktikum nicht zu Auszubildenden oder gar zu Arbeitnehmern und haben für ihre praktische Arbeit auch keinerlei Vergütungsanspruch
- **Das Vorpraktikum** – Das Vorpraktikum ist gelegentlich einem Berufspraktikum vorgeschaltet und findet außerhalb der schulischen Ausbildung statt. Da es sich um ein Ausbildungsverhältnis handelt, gelten über § 26 des Berufsbildungsgesetzes (BBiG) im Wesentlichen die Vorschriften über einphasige berufliche Ausbildungsverhältnisse (§§ 10 bis 23 und 25 BBiG)
- **Das Berufspraktikum** – Im Rahmen der zweiphasigen (schulischen und praktischen) Ausbildung zur Erzieherin ist es der notwendige praktische Teil. Er findet außerhalb eines schulischen Rahmens in entsprechenden Einrichtungen statt und wird wie ein Vorpraktikum einem beruflichen Ausbildungsverhältnis weitgehend gleichgestellt.

> ⊙ Soweit **Vorpraktikum** und **Berufspraktikum** als berufliches Ausbildungsverhältnis ausgestaltet sind, ist für ihre Handhabung das *Berufsbildungsgesetz (BBiG)* maßgeblich. Dabei finden, soweit das Berufsbildungsgesetz Lücken enthält, die allgemeinen Regelungen des *Arbeitsrechts* Anwendung.

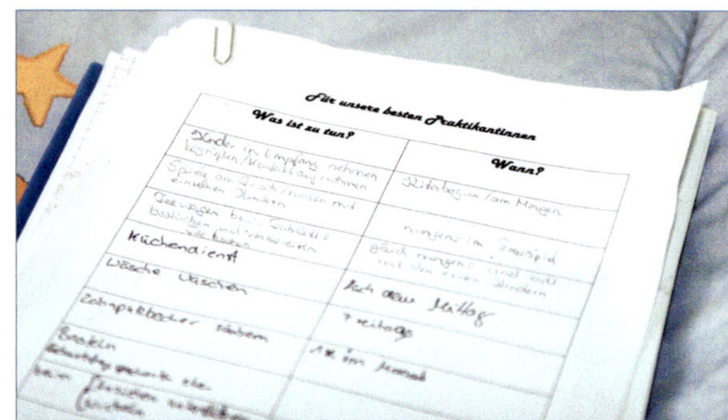

Abb. 3.19: Für Praktikanten gelten besondere Regelungen.

Besonders wichtige Regelungen für Praktikanten sind im Zusammenhang von Berufsbildungsgesetz und Arbeitsrecht die folgenden:

- Von den *gesetzlichen Regelungen* über ein Berufsausbildungsverhältnis darf nicht zu Lasten eines Praktikanten abgewichen werden (§ 25 BBiG)
- Soweit die Arbeitgeber der Praktikanten zum öffentlichen Dienst gehören, gilt für die Arbeitsbedingungen ein spezieller *Tarifvertrag*, der TV-Prakt
- Praktikantenverträge müssen alle wesentlichen *Arbeits- und Ausbildungsbedingungen* festlegen, insbesondere den Beruf, für den ausgebildet wird, Beginn und Dauer des Vertrags, die sachliche und zeitliche Gliederung der Ausbildung, die regelmäßige tägliche Ausbildungszeit, die Probezeit, die Kündigungsmöglichkeiten und natürlich die Höhe der Vergütung für die Praktikanten.

3.5.2 Minderjährige im Arbeitsrecht

Für ein mit Genehmigung der gesetzlichen Vertreter eingegangenes Dienst- oder Arbeitsverhältnis ist ein minderjähriger Arbeitnehmer bereits voll *geschäftsfähig* (§ 113 BGB). Er kann damit solche Tätigkeiten auch selbstständig kündigen.

Geschäftsfähigkeit in der Ausbildung

Dagegen gilt § 113 BGB nicht für **Ausbildungsverhältnisse,** zu denen auch entsprechende *Berufspraktika* (→ Kap. 3.5.1) außerhalb einer schulischen Ausbildung zählen. Hier besteht die nur *beschränkte Geschäftsfähigkeit* eines Minderjährigen fort (→ Tab. 3.1).

Der allgemeine zivilrechtliche Minderjährigenschutz gilt damit auch für Ausbildungsverhältnisse.

Schutzvorschrift für Minderjährige

Eine speziell arbeitsrechtliche Schutzvorschrift für minderjährige Auszubildende und Arbeitnehmer ist weiterhin das **Jugendarbeitsschutzgesetz**.

Mit Hilfe des **Jugendarbeitsschutzgesetzes** soll zum einen der noch verminderten Leistungsfähigkeit Jugendlicher Rechnung getragen werden. Zum anderen soll die begleitende schulische Ausbildung (Berufsschule) gesichert und schließlich der Jugendliche vor gesundheitlichen und sittlichen Gefahren geschützt werden.

Wichtige Regelungen des Jugendarbeitsschutzgesetzes sind vor allem die folgenden:

- Weibliche Jugendliche unter 18 Jahren dürfen nicht als *Tänzerinnen, Bar- oder Animierdamen* beschäftigt werden
- Jugendliche haben ein Anrecht auf *erweiterte Ruhepausen* und dürfen grundsätzlich – hier gibt es aber viele Ausnahmen – nicht nachts oder an Wochenenden beschäftigt werden
- Der *gesetzliche Urlaubsanspruch für Jugendliche* ist erweitert:
  - Unter 16 Jahren: 30 Werktage
  - Unter 17 Jahren: 27 Werktage
  - Unter 18 Jahren: 25 Werktage
- Die *Beschäftigungsdauer für Jugendliche* ist grundsätzlich auf 40 Stunden pro Woche begrenzt
- Bei *frühzeitigem Beginn des Berufsschulunterrichts* (vor 9 Uhr) oder längerer Dauer (mehr als 5 Unterrichtsstunden) ist der Rest des Tages beschäftigungsfrei zu halten.

3.5.3 Schutzgesetze für Arbeitnehmer

Arbeitnehmer werden in verschiedenen Belangen durch eine Reihe spezieller Gesetze geschützt. Nachfolgend soll ein Überblick zu einigen der wichtigsten Bestimmungen gegeben werden.

Arbeitszeitgesetz

Arbeitnehmer sollen bei der Festlegung ihrer Arbeitszeiten einen Schutz vor gesundheitlichen Gefahren durch Überforderung haben. Deshalb gibt es sowohl für die *Höchstdauer der Arbeitszeit* als auch für die *mindestens notwendigen Unterbrechungen* zwischen zwei Arbeitsschichten gesetzliche Bestimmungen.

Wichtige Regelungen des Arbeitszeitgesetzes sind vor allem die folgenden:

- *Höchstarbeitszeit* – Die pro Woche vorgesehene Höchstarbeitszeit liegt bei 48 Stunden (6 Werktage von Montag bis Samstag zu je 8 Stunden)
- *Die regelmäßige werktägliche Arbeitszeit* – Sie darf 8 Stunden grundsätzlich nicht überschreiten. Sie kann jedoch ohne besondere Genehmigung auf bis zu 10 Stunden verlängert werden, wenn innerhalb von 6 Kalendermonaten – oder 24 Wochen bei der Festlegung von Wochenarbeitszeiten – der entsprechende Durchschnitt nicht überschritten wird. Dies ermöglicht flexible Arbeitszeiten

- *Verlängerung der Arbeitszeit* – In Tarifverträgen, Betriebsvereinbarungen oder durch die zuständige Aufsichtsbehörde kann die Arbeitszeit an bis zu 60 Tagen pro Jahr ohne Ausgleich auf bis zu 10 Stunden verlängert werden
- *Pausen* – Es sind innerhalb der Arbeitszeit angemessene Pausen zu gewähren. Dies muss spätestens nach 6 Stunden ununterbrochener Arbeit geschehen
- *Ruhezeiten* – Zwischen zwei Arbeitsschichten müssen grundsätzlich Ruhezeiten von mindestens 11 Stunden liegen.

Bundesurlaubsgesetz

Mit diesem Gesetz werden die grundsätzlichen Regelungen zum Urlaubsanspruch getroffen.

Wichtige Bestimmungen des Bundesurlaubsgesetzes sind die folgenden:

- *Erholung* – Arbeitnehmer haben pro Jahr einen Mindestanspruch auf 24 Werktage Erholung. Für Jugendliche oder Schwerbehinderte bestehen zusätzliche Ansprüche
- *Urlaubsanspruch* – Ein Anspruch auf Urlaub besteht nach Aufnahme eines Arbeitsverhältnisses frühestens nach 6 Monaten
- *Zeitpunkt des Urlaubs* – Der Arbeitgeber bestimmt den Zeitpunkt des Urlaubs, hat dabei jedoch berechtigte Belange des Arbeitnehmers z. B. Urlaub während der Schulferien, zu berücksichtigen
- *Andere Erwerbsätigkeit* – Während eines Urlaubs darf ein Arbeitnehmer keine andere Erwerbstätigkeit ausüben
- *Urlaubsentgelt* – Während des Urlaubs wird das übliche Gehalt fortbezahlt
- *Urlaubsgeld* – Das Urlaubsgeld ist eine zusätzliche, im Gesetz nicht geregelte Zahlung zu den üblichen Bezügen
- *Abgeltung des Urlaubsanspruchs* – Eine Abgeltung (mit Geld) darf nur dann erfolgen, wenn der Urlaub aus wichtigen betrieblichen Gründen ganz oder teilweise nicht eingebracht werden konnte.

Abb. 3.20: Auch bei Arbeitsunfähigkeit durch einen Unfall wird das Arbeitsentgelt weitergezahlt.

Entgeltfortzahlungsgesetz

► **Lohnfortzahlung**
Erkrankt ein Arbeitnehmer, so erhält er für die ersten 6 Wochen seiner krankheitsbedingten Arbeitsunfähigkeit sein Arbeitsentgelt von seinem Arbeitgeber weiterbezahlt.

Ein Arbeitnehmer, der krank geworden ist, erhält in den ersten 6 Wochen seiner Krankheit **Lohnfortzahlung.** Dies ist im *Entgeltfortzahlungsgesetz* verankert.

Die **Höhe der Lohnfortzahlung** beträgt 100 Prozent des Einkommens, das der Arbeitnehmer in dem entsprechenden Zeitraum erzielt hätte. Überstunden und Sonderzahlungen werden nicht berücksichtigt.

⊙ Als **Krankheit** gilt auch eine Arbeitsunfähigkeit, die durch einen Unfall herbeigeführt worden ist.

Ein **Anspruch auf Lohnfortzahlung** ist aber ausgeschlossen, wenn den Arbeitnehmer an der Erkrankung ein Verschulden trifft. Ein Verschulden wird in der Regel nur bejaht, wenn Arbeitsschutzvorschriften oder Straßenverkehrsbestimmungen besonders grob verletzt worden sind – etwa bei einer Teilnahme an illegalen Rennen im Straßenverkehr.

⊙ Erkrankt ein Arbeitnehmer, so muss er zur **Sicherung seines Anspruchs auf Lohnfortzahlung** diese Erkrankung dem Arbeitgeber unverzüglich anzeigen. Bei einer Erkrankung, die länger als drei Tage dauert, muss dem Arbeitgeber vor Ablauf des dritten Tages eine Arbeitsunfähigkeitsbescheinigung eines Arztes vorgelegt werden. Arbeitgeber können diese Bescheinigung allerdings auch schon früher fordern.

Kündigungsschutzgesetz

In mittleren und größeren Betrieben gibt es durch das Kündigungsschutzgesetz eine Reihe von Einschränkungen für die ordentlichen Kündigungsmöglichkeiten eines Arbeitgebers.

Für die Anwendbarkeit des Kündigungsschutzgesetzes bestehen folgende **Voraussetzungen:**

- Das Arbeitsverhältnis muss mindestens 6 Monate bestanden haben
- In dem Betrieb müssen regelmäßig mehr als 10 Arbeitnehmer beschäftigt sein. Bei Arbeitsverhältnissen, die vor dem 31. Dezember 2003 bestanden haben, reicht es für die Anwendbarkeit des Kündigungsschutzgesetzes noch aus, wenn regelmäßig mehr als 5 Arbeitnehmer beschäftigt waren.

Sind diese Voraussetzungen erfüllt, so verbietet das Kündigungsschutzgesetz ordentliche Kündigungen, wenn sie nicht sozial gerechtfertigt sind. Eine **soziale Rechtfertigung** einer Kündigung kann sich aus Gründen ergeben, die beim Arbeitnehmer begründet liegen

- *In der Person,* etwa aus häufigen, voraussichtlich auch zukünftig andauernden Erkrankungen
- *Im Verhalten,* etwa einer sehr großen Zahl von gegen ihn ergehenden Lohnpfändungen.

Weiterhin liegt in dringenden *betrieblichen Erfordernissen* eine soziale Rechtfertigung. Hierfür ist es notwendig, die Interessen eines Arbeitnehmers an der Fortsetzung seines Arbeitsverhältnisses gegen die des Betriebs an seiner Entlassung abzuwägen. Hierbei muss insbesondere auch geprüft werden, ob für den betroffenen Arbeitnehmer ein anderer, freier Arbeitsplatz vorhanden ist oder ob er wenigstens im Rahmen einer Änderungskündigung zu veränderten Bedingungen weiterbeschäftigt werden könnte.

Will sich ein Arbeitnehmer darauf berufen, dass seine Kündigung sozial nicht gerechtfertigt ist, so muss er innerhalb von drei Wochen nach Zugang der Kündigung vor dem Arbeitsgericht eine Kündigungsschutzklage erheben. Versäumt er diese Frist, so kann er sich auf eine mangelnde soziale Rechtfertigung nicht mehr berufen.

Mutterschutzgesetz

Mit dem Mutterschutzgesetz soll die Gesundheit von Mutter und Kind durch eine **Gestaltung des Arbeitsablaufs** sichergestellt werden, die den besonderen Belangen einer Schwangerschaft Rechnung trägt. Ebenso soll der Schwangeren die Angst vor einem Verlust des Arbeitsplatzes genommen werden.

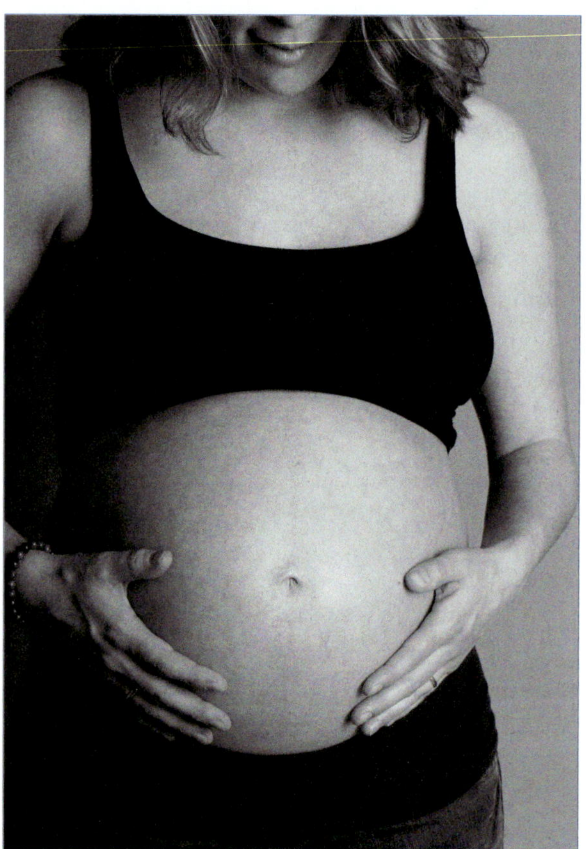

Abb. 3.21: Eine Schwangere hat das Recht, sechs Wochen vor dem errechneten Entbindungstermin von jeglicher Beschäftigung befreit zu werden.

Für die Erreichung dieser Ziele sind vor allem folgende **Bestimmungen des Mutterschutzes** wichtig:

- Schwangere dürfen nicht mit Arbeiten betraut werden, die häufig unnatürliche Körperhaltungen erfordern oder bei denen erhebliche Lasten gehoben, bewegt oder befördert werden müssen. Die Grenzen liegen bei fünf Kilogramm für regelmäßig auftretende Belastungen oder bei zehn Kilogramm für gelegentliche Belastungen
- Gesundheitlich besonders belastende Arbeitsbedingungen wie Sonntags-, Nacht- und Mehrarbeit sind unzulässig
- Nach dem fünften Schwangerschaftsmonat sind Arbeiten unzulässig, bei denen täglich mehr als vier Stunden gestanden werden muss
- Eine Schwangere hat das Recht, sechs Wochen vor dem errechneten Entbindungstermin und acht Wochen nach der Entbindung (bei Früh- und Mehrfachgeburten 12 Wochen) von jeglicher Beschäftigung befreit zu werden.

Während einer Schwangerschaft und bis zu vier Monaten nach der Entbindung darf einer Schwangeren weder ordentlich noch außerordentlich gekündigt werden. Ausnahmen sind nur mit Genehmigung der zuständigen Arbeitsschutzbehörde statthaft, wenn der Grund für die Kündigung nicht in der Schwangerschaft liegt.

Dem Arbeitgeber soll eine Schwangerschaft mitgeteilt werden, damit er um den Kündigungsschutz weiß. Ist dies bei Zugang einer Kündigung noch nicht erfolgt, so muss eine Schwangere diese Mitteilung spätestens zwei Wochen nach Zugang der Kündigung nachholen. Wenn allerdings eine Schwangerschaft beim Zugang einer Kündigung noch gar nicht bekannt war, so genügt zur Erhaltung des Kündigungsschutzes eine Mitteilung innerhalb von zwei Wochen nach Kenntniserlangung.

3.5.4 Grundzüge des kollektiven Arbeitsrechts

→ *Kap. 1.7*

Arbeitnehmern und Arbeitgebern wird durch das Grundgesetz die *Koalitionsfreiheit* gewährleistet.

► **Koalitionsfreiheit**
bedeutet, dass sich Arbeitnehmer und Arbeitgeber ohne staatliche Einflussnahme zusammenschließen dürfen, um ihre Interessen für eine Regelung der Arbeits- und Wirtschaftsbedingungen wahrzunehmen (Art. 9 Abs. 3 GG).

Die wichtigsten Bestandteile der Koalitionsfreiheit bzw. des Koalitionsrechts sind:

- Die Existenz von Gewerkschaften und Arbeitgeberverbänden
- Die Tarifautonomie
- Das Recht zum Arbeitskampf.

Gewerkschaften und Arbeitgeberverbände

► **Gewerkschaften**
Auf Dauer angelegte Zusammenschlüsse von Arbeitnehmern, deren Ziel eine Regelung von Arbeits- und Wirtschaftsbedingungen ist.

Gewerkschaften regeln die Arbeits- und Wirtschaftsbedingungen von Arbeitnehmern. Sie müssen unabhängig, frei gebildet, gegnerfrei, verhandlungsfähig und grundsätzlich überbetrieblich sein.

► **Arbeitgeberverband**
Zusammenschluss von Unternehmen einer Branche zur Regelung der Arbeits- und Wirtschaftsbedingungen.

Ein Arbeitgeberverband schließt die Unternehmen einer Branche zusammen und regelt so die Arbeits- und Wirtschaftsbedingungen untereinander. Aber auch einzelne Unternehmen – ein Beispiel ist etwa Volkswagen – können Tarifverträge mit den Arbeitnehmern schließen. Man spricht dann von einem Haustarifvertrag. Auf Seiten der Arbeitnehmer kann dagegen nur eine Gewerkschaft, nicht aber ein einzelner Arbeitnehmer einen Tarifvertrag schließen. Die Mitgliedschaft in einer Gewerkschaft oder in einem Arbeitgeberverband ist freiwillig.

Tarifautonomie

► **Tarifautonomie**
Staatlich garantierte Freiheit der Tarifpartner, die Bedingungen von Entlohnung und unselbstständiger Arbeit festzulegen (Art. 9 GG).

Mit Hilfe der *Tarifverträge* regeln Gewerkschaften und Arbeitgeber die Arbeitsbedingungen umfassend. (→ Kap. 1.7) Dabei sind sie autonom, d. h. unabhängig vom der Staat. Die *Tarifautonomie* der Vertragspartner ist durch Artikel 9 des Grundgesetzes garantiert.

- In den **Lohn- oder** Gehaltstarifverträgen (Laufzeit von ein bis zwei Jahren) wird die Höhe des Arbeitsentgelts festgelegt
- In den Mantel- oder Rahmentarifverträgen (Laufzeit von mehreren Jahren) sind u. a. Arbeitsbedingungen geregelt wie
  - Arbeitszeit
  - Arbeitsschutzmaßnahmen
  - Die Einstufung der einzelnen Tätigkeiten
- In den **Betriebsvereinbarungen** werden Tarifverträge oft ergänzt. Das sind Regelungen, die zwischen dem jeweiligen Betriebsrat und dem Arbeitgeber geschlossen werden.

Arbeitskampf

Die Tarifautonomie beinhaltet auch das Recht zum *Arbeitskampf*, also zu Streik und Aussperrung.

Streik und Aussperrung sind gesetzlich nicht geregelt. Die Rechtsprechung hat hierfür jedoch eine Reihe von Regeln entwickelt.

Streik

Für den Streik gelten folgende Regeln:

- Ein Streik muss auf die Regelung von Arbeits- und Wirtschaftsbedingungen gerichtet sein
- Während der Durchführung eines Streiks darf keine Friedenspflicht mehr bestehen.

► **Friedenspflicht**
Regelungen eines einmal abgeschlossenen Tarifvertrags sind bis zum Ende seiner vereinbarten Laufzeit auch einzuhalten.

- Der Streik darf nur das „letzte Mittel" sein – er setzt also das Vorangehen von Verhandlungen voraus –, und er darf keine unverhältnismäßigen Schäden verursachen
- Schließlich muss ein Streik satzungsgemäß beschlossen worden sein. Es muss also die in der Satzung einer Gewerkschaft bei einer Abstimmung für einen Streik vorgesehene Quote erreicht worden sein.

Aussperrung

Das Gegenstück zum Streik ist die *Aussperrung*. Mit ihr dürfen Arbeitgeber während eines Arbeitskampfes an sich arbeitswillige Arbeitnehmer an der Ausübung ihrer Tätigkeit hindern.

Für den *aussperrenden Arbeitgeber* entfällt damit die Pflicht zur Lohnzahlung, während die Gewerkschaft durch erhöhte Unterstützungsaufwendungen belastet wird. Eine Aussperrung unterliegt aber immer dem Grundsatz der Verhältnismäßigkeit: Arbeitgeber dürfen Arbeitnehmer nur in einer angemessenen Anzahl zu der Anzahl von Streikenden und nicht völlig beliebig aussperren.

www.gesetze-im-internet.de (zuletzt eingesehen am 04.03.2014)

www.lexeexakt.de (zuletzt eingesehen am 04.03.2014)

Teil II
Arbeitsfelder der Kinder- und Jugendhilfe

Tageseinrichtungen für Kinder

Andreas Koch

> ▶ **Tageseinrichtung für Kinder**
> Sozialpädagogische Einrichtung (→ Kap. 2.1), in der Kinder verschiedener Altersgruppen einen Teil des Tages oder den ganzen Tag außerfamiliär in Gruppen verbringen.

Während der Zeit in einer Tageseinrichtung soll die soziale, emotionale, körperliche und geistige Entwicklung der Kinder durch **Erziehung, Bildung und Betreuung** (→ Kap. 1.1, Kap. 4.10, Kap. 8) gefördert werden. Der Besuch einer Tageseinrichtung soll den Kindern die Entwicklung zu einer eigenverantwortlichen und gemeinschaftsfähigen Persönlichkeit ermöglichen, die Erziehung und Bildung in der Familie unterstützen und ergänzen und den Eltern dabei helfen, Erwerbstätigkeit und Kindererziehung besser miteinander vereinbaren zu können (§ 22 Abs. 2 SGB VIII).

> „Der Förderungsauftrag umfasst **Erziehung, Bildung und Betreuung** des Kindes und bezieht sich auf die soziale, emotionale, körperliche und geistige Entwicklung des Kindes. Er schließt die Vermittlung orientierender Werte und Regeln ein. Die Förderung soll sich am Alter und Entwicklungsstand, den sprachlichen und sonstigen Fähigkeiten, der Lebenssituation sowie den Interessen und Bedürfnissen des einzelnen Kindes orientieren und seine ethnische Herkunft berücksichtigen." (§ 22 Abs. 3 SGB VIII, Grundsätze der Förderung, Stand 10.07.09)

Den genauen rechtlichen Rahmen von Tageseinrichtungen für Kinder regelt das **Landesrecht** jedes Bundeslandes in den Ausführungsgesetzen. Dadurch gibt es zwischen den einzelnen Bundesländern Abweichungen, z. B. in der personellen Ausstattung, den Gruppengrößen oder baulichen Richtlinien der Tageseinrichtungen.

Tageseinrichtungen für Kinder sind in Deutschland als sozialpädagogische Einrichtungen nicht Teil des Bildungssystems wie Schulen, die den Schulämtern angegliedert sind, sondern Einrichtungen der **Kinder- und Jugendhilfe** (→ Kap. 2.1, 3.2). Es gibt keine Pflicht zum Besuch einer Tageseinrichtung. Die Ziele der Bildung und Erziehung in Tageseinrichtungen orientieren sich an den Bedürfnissen und Fähigkeiten der einzelnen Kinder und sind auf die Förderung ihrer gesamten Persönlichkeit ausgerichtet.

In diesem Kapitel werden zunächst die Tageseinrichtungen für Kinder Kinderkrippe, Kindergarten und Hort beschrieben (→ Kap. 4.1) sowie deren Träger und Strukturen (→ Kap. 4.2). Aufgaben und Qualität der Leitung (→ Kap. 4.3) sowie besondere Anforderungen an die Leitungskräfte und das Team der Einrichtungen folgen (→ Kap. 4.4). Wie die Einrichtungen mit Öffentlichkeitsarbeit ihre Arbeit und ihre Konzeption transparent machen und welche Aufgaben sie haben (→ Kap. 4.5), mit welchen anderen Einrichtungen und Diensten die Tagesstätten arbeiten (→ Kap. 4.6), schließt sich an. Schließlich ist auch hier auf Qualitätssicherung und Informationsmanagement zu achten (→ Kap. 4.7 und 4.8). Erziehen, Bilden und Betreuen, wie es der Gesetzgeber von den Tageseinrichtungen für Kinder fordert, wird auf der Interaktionsebene sowohl in den Tageseinrichtungen selbst als auch auf der personalen Ebene beschrieben (→ Kap. 4.10).

4.1 Einrichtungen und Angebote

Unter dem Begriff **Tageseinrichtungen für Kinder** sind vor allem drei Organisationsformen der außerfamiliären Betreuung von Kindern zusammengefasst, die in den folgenden Kapiteln beschrieben werden:

- Die Kinderkrippe
- Der Kindergarten und
- Der Hort.

Abb. 4.1: In Tageseinrichtungen werden Kinder unterschiedlichen Alters betreut.

Finden sich alle drei Formen in einem Haus und/oder wird eine Ganztagsbetreuung angeboten, wird oft der Ausdruck **Kindertagesstätte (Kita)** verwendet.

4.1.1 Kinderkrippen

> ▶ **Kinderkrippe**
> Sozialpädagogische Einrichtung, in der Kinder unter drei Jahren betreut werden.

Die Betreuung in Kinderkrippen reicht von Halbtags- bis zu Ganztagsangeboten.

Die **Gruppengrößen** sind je nach Alter der Kinder und Betreuungszeit auf 12 bis 15 beschränkt. Je jünger die aufgenommenen Kinder sind, desto kleiner muss die Gruppe sein. Ebenso vom Alter der Kinder und von der Betreuungszeit abhängig ist die Anzahl der Kinder, für die eine Fachkraft eingesetzt wird. In Kinderkrippen gilt, dass für sechs bis neun Kinder je eine Fachkraft zur Verfügung stehen muss.

Die Anzahl an **Krippenplätzen** ist in Deutschland sehr ungleich verteilt. Insbesondere in den östlichen Bundesländern ist aufgrund der ehemaligen DDR-Strukturen der Versorgungsgrad deutlich höher als im Westen. Durch das Tagesbetreuungsausbaugesetz (TAG, 01.01.2005) und das Kinderförderungsgesetz (KiFöG, 01.01.2008), welche die Änderungen des achten Sozialgesetzbuches (SGB VIII) sind, soll der Ausbau von Krippenplätzen vorangetrieben werden. Ab dem 01.08.2013 besteht demzufolge für Kinder ab dem vollendeten ersten bis zum vollendeten dritten Lebensjahr ein Rechtsanspruch auf einen Betreuungsplatz.

Eine besondere Form und ein besonderer Ort der Betreuung von Kindern unter drei Jahren ist mit der **integrierten Betreuung in Kindergärten** (→ Kap. 4.1.2) gegeben. Hierbei wird eine begrenzte Anzahl an jüngeren Kindern in die bestehenden Kindergartenstrukturen aufgenommen. Besonders wichtig dabei ist die Berücksichtigung der emotionalen Bedürfnisse der Kinder und die der Pflege. Dies wird durch eine intensive Bindungsarbeit der pädagogischen Fachkräfte, durch ein Eingewöhnungskonzept, stetige Bezugspersonen und Orientierungshilfen in der Einrichtung ermöglicht.

4.1.2 Kindergärten

▶ **Kindergarten**
Sozialpädagogische Einrichtung, in der Kinder von drei Jahren bis zum Schuleintritt betreut werden.

Aufgrund zurückgehender Kinderzahlen ist man vielerorts dazu übergegangen, auch schon Zweijährige in Kindergärten zu integrieren. Die Betreuung in **Kindergärten** reicht von Halbtags- bis zu Ganztagsangeboten.

Im Gegensatz zu den rechtlichen Bedingungen bei den Betreuungsangeboten in den anderen beiden Formen der Tagesbetreuung *Kinderkrippe* (→ Kap. 4.1.1) und *Hort* (→ Kap. 4.1.3) haben Kinder vom vollendeten dritten Lebensjahr an einen **Anspruch auf eine Betreuung** in einer Tageseinrichtung (§ 24 SGB VIII). Ein gesetzlicher Anspruch dient dazu, ein Recht zu verwirklichen. Die Träger müssen bei dieser Rechtslage ein bedarfsgerechtes Angebot an Plätzen zur Verfügung stellen. Das achte Sozialgesetzbuch (SGB VIII) wurde durch das Kinderförderungsgesetz dahingehend geändert, dass ab August 2013 ein Rechtsanspruch auf einen Betreuungsplatz ab dem vollendeten ersten Lebensjahr besteht.

„Ein Kind hat vom vollendeten dritten Lebensjahr bis zum Schuleintritt Anspruch auf den Besuch einer Tageseinrichtung. Die Träger der öffentlichen Jugendhilfe haben darauf hinzuwirken, dass für diese Altersgruppe ein bedarfsgerechtes Angebot an Ganztagsplätzen oder ergänzend Förderung in Kindertagespflege zur Verfügung steht."
(§ 24 Abs. 1 SGB VIII, Stand: 10.07.2009)

In Kindergärten arbeiten zumeist staatlich anerkannte Erzieherinnen und Kinderpflegerinnen. Die Anzahl der betreuten **Kinder pro Fachkraft** im Kindergarten ist im Landesrecht des jeweiligen Bundeslandes geregelt. Sie ist vom Alter der Kinder und von der Betreuungszeit abhängig und liegt zwischen 9 und 14 Kindern.

Kindergärten zeichnen sich unter Umständen durch ein besonderes **Profil der pädagogischen Arbeit** aus. Dies können sein:

- Klassische sozialpädagogische Ansätze wie die *Fröbelpädagogik* und die *Montessoripädagogik* (→ Kap. 8.3.1)
- Moderne Ansätze wie die *Waldpädagogik, offene Arbeit* (→ Kap. 8.3.2) oder auch
- Die Ausrichtung auf einen speziellen Förderbereich, z. B. mehrsprachige Kindergärten.

Im Wandel der gesellschaftlichen Rolle des Kindergartens von einer Betreuungsstätte hin zu einer modernen **Bildungseinrichtung** mussten und müssen die Kindergärten ihre Arbeit neu strukturieren. Während in der DDR die Kindergärten in das Bildungssystem integriert waren, wurde ein Bildungsauftrag im gesamten Deutschland erst 1990 im KJHG (heute § 22 SGB VIII) festgelegt. Bezüglich dieses Wandels steht in Deutschland von den drei besprochenen Formen der Tagesbetreuung für Kinder der Kindergarten im Zentrum der öffentlichen Aufmerksamkeit.

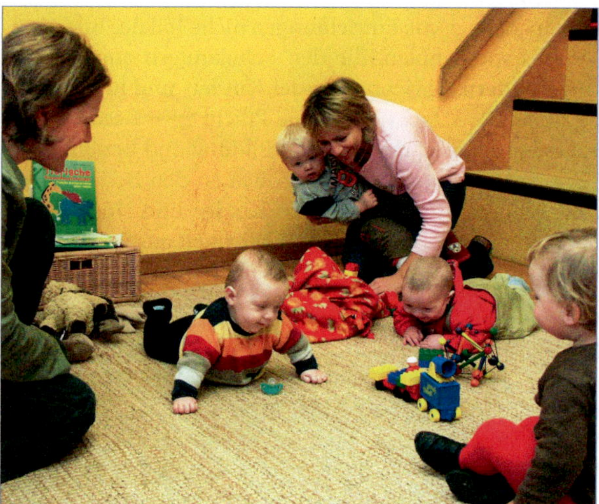

Abb. 4.2: Bis 2012 soll ein gesetzlicher Anspruch auf Betreuung im Kindergarten für Kinder ab 0 Jahren erwirkt werden.

4.1.3 Horte

▸ **Hort**
Sozialpädagogische Einrichtung, in der Kinder im Grundschulalter außerhalb der Schulzeit betreut werden.

Die Betreuung im Hort findet in der Regel **am Nachmittag** statt. Manche Einrichtungen bieten aber auch morgens vor der Schule und in den Ferien eine Betreuung an.

Ebenso wie die anderen Tageseinrichtungen haben die Horte den gesetzlichen **Bildungs-, Erziehungs- und Betreuungsauftrag** nach § 22 Abs. 3 SGB VIII. In der Praxis bezieht sich dieser meist

- Auf die Begleitung und Unterstützung der Kinder bei der Erledigung der Hausaufgaben und
- Auf die Freizeitgestaltung.

Die Anzahl der Kinder, die gemeinsam in einer Hortgruppe betreut werden, ist im Landesrecht geregelt.

Horte können in Kindertageseinrichtungen gemeinsam mit Kindergarten und Kinderkrippe unterhalten werden, aber auch in separaten Gebäuden oder in der Grundschule. In manchen Bundesländern, beispielsweise in Thüringen, sind Horte auch dem Schulwesen zugeordnet.

4.2 Träger und Strukturen

Träger von sozialpädagogischen Einrichtungen siehe auch → Kap. 2.1.2

Es gibt verschiedene Institutionen, die Träger von sozialpädagogischen Tageseinrichtungen für Kinder sein können. Diese sind:

- Städte und Kommunen
- Örtliche Kirchen
- Verbände der freien Wohlfahrtspflege wie
  - Caritas, Diakonie und Zentralwohlfahrtsstelle der Juden in Deutschland
  - Arbeiterwohlfahrt (AWO)
  - Deutsches Rotes Kreuz (DRK)
  - Paritätischer Wohlfahrtsverband
- Elterninitiativen.

Die **Verteilung der Träger** ist regional sehr unterschiedlich.

Der gesetzliche Erziehungs-, Bildungs- und Betreuungsauftrag ist an die Träger der öffentlichen Jugendhilfe gerichtet, die diesen an freie Träger oder direkt an die Tageseinrichtungen und deren Leitung delegieren. Der Träger der öffentlichen Jugendhilfe muss für die **Qualität der Förderung in Tageseinrichtungen für Kinder** Sorge tragen. Dies wird z. B. erreicht durch

- Die Entwicklung einer *Konzeption* (→ Kap. 4.7.2)
- Ein geeignetes *Qualitätsmanagement* (→ Kap. 4.8) und
- Die Kooperation der Einrichtung mit Eltern, Institutionen und Schulen (vgl. § 22 a SGB VIII, Förderung in Tageseinrichtungen).

⊙ „Das Angebot soll sich pädagogisch und organisatorisch an den Bedürfnissen der Kinder und ihrer Familien orientieren. Werden Einrichtungen in den Ferienzeiten geschlossen, so hat der Träger der öffentlichen Jugendhilfe für die Kinder, die nicht von den Erziehungsberechtigten betreut werden können, eine anderweitige Betreuungsmöglichkeit sicherzustellen." (§ 22 a Abs. 3 SGB VIII)

Der Träger der Tageseinrichtung ist für die **räumliche und personelle Ausstattung** verantwortlich.

Die Finanzierung der Tageseinrichtungen für Kinder wird durch die Träger der öffentlichen Jugendhilfe geregelt. Sie besteht in der Regel aus einer **Mischfinanzierung** aus

- Geldern des Bundeslandes
- Kommunalen Zuschüssen und
- Elternbeiträgen.

Wie hoch die Bezuschussung des Landes ist, regelt das Landesrecht in den Ausführungsgesetzen. Die Höhe der Elternbeiträge obliegt dem Träger der Einrichtung.

4.3 Leitung von Tageseinrichtungen für Kinder

Leitung von Tageseinrichtungen siehe auch → Kap. 2.1.3

Leitung einer Tageseinrichtung für Kinder sind meist Erzieherinnen mit einer zusätzlichen Qualifikation oder Sozialpädagoginnen. Welche Fachkräfte für den Einsatz als Leitung in Frage kommen, regeln die Ausführungsgesetze der Bundesländer.

Leitungskräfte von Tageseinrichtungen für Kinder befinden sich im **Spannungsfeld verschiedener Rollen** und

Abb. 4.3: Eine wesentliche Aufgabe der Leitung ist die Personalführung.

müssen die Erwartungen und Anforderungen verschiedener Bereiche integrieren. Sie sind zum einen Mitglied des Teams der Tageseinrichtung und gleichzeitig die Führungskraft, die diesem Team vorangestellt ist. Leitungskräfte bilden außerdem die Schnittstelle zwischen dem Träger der Einrichtung und dem Team.

Eine entsprechende Rolle nehmen die Leitungen von Tageseinrichtungen im Spannungsfeld zwischen dem **Träger** und den **Eltern** ein. Nicht zuletzt bildet die Leitungskraft die Verbindung zwischen den Eltern und dem **Team.** Auf diesen vier Ebenen muss die Leitung gleichzeitig handlungsfähig bleiben und sowohl die Rechte als auch die Wünsche aller Beteiligten berücksichtigen und dabei den pädagogischen Bildungsauftrag in die Praxis umsetzen.

Aufgaben der Leitung

Die Leitung einer Tageseinrichtung für Kinder trägt die **Gesamtverantwortung** für

- Die Einrichtung
- Das Personal der Einrichtung und
- Die Kinder.

Es ist ihre Aufgabe, die **Entwicklung der pädagogischen Arbeit** zu steuern, anzuregen und zu kontrollieren.

Die Leitungskraft ist für die **Einhaltung pädagogischer Standards** verantwortlich. Dazu gehören

- Die Konzeptionsentwicklung
- Das Qualitätsmanagement und nicht zuletzt
- Die Planung und Organisation des täglichen Ablaufs in der Einrichtung.

Weiterhin gehört es zu ihrem Aufgabenbereich, **Ziele** für die Einrichtung zu entwickeln und deren Erreichung zu überprüfen.

Eine wesentliche Aufgabe der Leitung ist die **Personalführung.** Es gibt verschiedene *Führungsstile* (→ Kap. 2.1.3), derer sich die Leitungskraft bedienen kann. Es hängt dabei von der Zusammensetzung des Teams ab, mit welchem Führungsstil die Leitungsaufgaben am erfolgreichsten bewältigt werden. Zu einer modernen Personalführung gehört wesentlich mehr, als mit Anweisungen das Tagesgeschäft zu gewährleisten. Die Leitung trifft Entscheidungen in der Personalauswahl und plant den Personaleinsatz in **Dienstplänen.** Dabei muss sie darauf achten, dass die rechtlichen Vorgaben, Gruppengrößen, Betreuungszeiten usw. berücksichtigt werden. Die Erfassung und Einhaltung der **Arbeitszeiten** gehört dabei ebenso zum Aufgabenfeld der Leitung. Darüber hinaus steht die Leitungskraft den Mitarbeitern beratend zur Seite, sowohl in fachlichen als auch in persönlichen Fragen. Dafür muss sie mit einer **umfassenden Fachkompetenz** (→ *unten*) ausgestattet sein. Das Gleiche gilt für die Anleitung und Beratung von Praktikantinnen. In Konfliktsituationen ist die Leitung der Tageseinrichtung gefordert, vermittelnd einzugreifen und so Konflikte konstruktiv zu lösen.

Die Leitung ist verantwortlich für die **strukturelle Entwicklung** der Tageseinrichtung. Sie muss die Tageseinrichtung in der Öffentlichkeit repräsentieren und ist verantwortlich für das Bild der Einrichtung in der **Öffentlichkeit** (→ Kap. 2.6). Sie ist **Ansprechpartnerin** für Eltern, Besucher und Vertreter anderer Institutionen. Die Leitungskraft muss die **Kommunikations- und Informationssysteme** der Einrichtung planen und organisieren. Dazu gehört z. B., welche Informationen auf welche Weise an die Eltern herangetragen werden, wie die pädagogische Arbeit im Haus präsentiert und reflektiert wird usw.

Eine letzte hier genannte Aufgabe von Leitungskräften in Tageseinrichtungen für Kinder ist die **Verwaltungsarbeit.** Dazu gehören u. a.

- Kindererfassung
- Beitragsberechnung
- Planung der Belegegungszahlen
- Organisation der Essenversorgung
- Hauswirtschaftliche Verwaltung
- Verwaltung der Anmeldeunterlagen.

Trotz des großen Umfanges der Aufgaben ist es wichtig zu beachten, dass die Leitung zwar die Verantwortung für

Abb. 4.4: Einfühlungsvermögen ist nicht nur für das Zusammensein mit den Kindern eine wichtige Grundvoraussetzung für die Arbeit in der Kindertagesstätte.

diese Aufgaben hat, aber nicht unbedingt alles selbst erledigen muss. Die Leitungskraft muss Teile ihrer Arbeiten an andere Mitarbeiterinnen **delegieren.** Die Aufgaben selbst kann sie nicht abgeben, wohl aber die Tätigkeiten, die damit im Zusammenhang stehen. Eine Leitungskraft muss beispielsweise nicht selbst die Kopien der Anmeldeunterlagen anfertigen oder die Kinderzahl der Einrichtung planen. Nicht delegierbar sind allerdings alle Arbeiten, die mit der Personalführung zu tun haben.

Qualität der Leitung

Die Qualität einer Leitung bemisst sich nicht nach einem Kriterienkatalog. Selbst wenn die Kompetenzen einzeln aufgelistet würden, die für die Bewältigung der vielfältigen Aufgaben notwendig sind, kann daraus kein Kausalzusammenhang für eine gelingende Leitungsarbeit abgeleitet werden. Eine Leitungskraft, die in der einen Tageseinrichtung erfolgreich arbeitet, muss nicht automatisch in einer anderen Einrichtung ebenso erfolgreich sein.

Eine wichtige Voraussetzung ist, dass Zeit vorhanden ist, sich in die Leitungsposition einzuarbeiten. Eine gute Leitung ist nicht von Anfang an zu erkennen, denn es spielen Faktoren wie die Zusammensetzung des Teams, bisherige pädagogische Grundlagen der Einrichtung usw. eine große Rolle. Erst im Laufe der Zeit wird sich zeigen, ob die Leitungskraft und das Team in einem ausbalancierten Netzwerk ihre Stärken entfalten können. In diesem Prozess muss die Leitungskraft viel Geduld haben. Neue Ideen in das Team einzubringen, kann unter Umständen ein Monate andauernder Prozess sein. Die Leitungskraft muss bereit sein, Ideen auch wieder zu verwerfen. Das klingt einfach, ist aber in der Praxis oft schwierig. Dabei ist es wichtig zu erspüren, wie weit die Persönlichkeit, die Kompetenz und die Möglichkeiten der einzelnen Mitarbeiterinnen gediehen sind, und diese für den Entwicklungsprozess nutzbar zu machen. Die Leitung hat die Aufgabe, die jeweiligen Kompetenzen der einzelnen Mitarbeiterinnen einzuschätzen und so vernetzend einzusetzen, dass jedes Teammitglied davon profitiert – und damit auch die ganze Einrichtung.

Es ist die ausgewogene und an den spezifischen Bedingungen der einzelnen Einrichtung ausgerichtete Balance in den oben genannten Aufgaben, die den Erfolg einer Leitung ausmacht. Es lassen sich bestimmte Kompetenzen herausarbeiten, die für die Leitung einer Tageseinrichtung einträglich sind:

- **Umfassende Fachkompetenz zur Frühpädagogik** – Dazu gehört nicht nur das Wissen über kindliche Entwicklung, sondern auch über dessen Anwendung, des Weiteren rechtliche Grundlagen usw.
- **Kommunikationskompetenz** – Dazu gehören die Fähigkeit, sich auf einen oder mehrere Gesprächspartner dynamisch einzustellen, aber auch ganz alltägliche Dinge wie die Fähigkeit, vor einer größeren Gruppe frei zu sprechen, eine klare und deutliche Aussprache haben und nicht zuletzt ein freundliches und offenes Zugehen auf Gesprächspartner
- **Einfühlungsvermögen** – Bezogen auf die pädagogische Arbeit mit Kindern ist die Voraussetzung der Empathie zwingend. Aber auch im Umgang mit Mitarbeiterinnen, Eltern, Vorgesetzten oder Vertretern anderer Institutionen ist es wichtig, die Wünsche, Neigungen und Grenzen dieser Menschen zu erspüren sowie die eigenen Handlungen darauf einzustellen
- **Planungskompetenz** – Die vielfältigen Abläufe in der Tageseinrichtung für Kinder müssen klar strukturiert und geplant werden
- **Fähigkeit zur Selbstreflexion** – Die eigenen Handlungen immer wieder in Frage zu stellen, scheint zunächst selbstverständlich. In der Praxis ist diese Fähigkeit aber eine große Herausforderung.

Fortbildung für Leitungskräfte

Welche Fortbildungen können künftige oder auch praktizierende Leitungskräfte auf ihre Arbeitsaufgaben vorbereiten? Es gibt zahreiche Angebote der Fortbildungsinstitute für Leitungen von Tageseinrichtungen. Besonders sinnvoll erscheinen diejenigen Veranstaltungen, die sich mit **täglich zu bewältigenden Herausforderungen** befassen, z. B.

- Kommunikationstraining
- Zeitmanagement
- Zielorientiertes Arbeiten
- Mediennutzung
- Personalführung

Es könnten aber auch Fortbildungen hilfreich sein, die die **sozialen Kompetenzen** von Leitungskräften thematisieren wie z. B.

- Teamfähigkeit
- Kennenlernen der eigenen Möglichkeiten und Grenzen
- Verhältnis von Nähe und Distanz
- Entschlossenheit
- Entscheidungsfähigkeit.

Seminare zu **Themen der Leitung einer Tagesstätte** werden von verschiedenen Institutionen angeboten, z. B. Volkshochschulen, Verwaltungsschulen, Tagungshäusern, aber auch von überregionalen Anbietern, die in mehreren Bundesländern tätig sind. Üblicherweise dauern Seminare etwa zwei Tage. Informationen und Anbieterlisten erhält man meist von den Landesjugendämtern oder über das Internet.

Lill, Gerlinde: Führen und Leiten. Weinheim: Beltz 2002

Huppertz, Norbert: Die Leitung des Kindergartens. Praktische Hilfen für eine verantwortungsvolle Aufgabe. Freiburg, Basel, Wien: Herder 1996

Möller, Jens-Christian; Schlenther-Möller, Esta: Kita-Leitung. Leitfaden für Qualifizierung und Praxis. Berlin Düsseldorf: Cornelsen Verlag Scriptor 2007

4.4 Zusammenarbeit im Team

Zusammenarbeit im Team siehe auch → Kap. 2.1.4

Zum Team einer Tageseinrichtung für Kinder gehören alle pädagogischen Fachkräfte, aber auch Praktikanten und Praktikantinnen und im hauswirtschaftlichen Bereich Tätige wie Hausmeister, Gärtner, Reinigungskräfte usw. Ein Team entsteht aber noch nicht dadurch, dass eine Gruppe von Menschen an einer Sache arbeitet. Vielmehr ist es wichtig, dass sich alle Mitglieder eines Teams bewusst sind, dass der Begriff Team ein Qualitätskriterium für eine Arbeitsgemeinschaft ist.

Teams haben eine gemeinsame Aufgabe und verfolgen gemeinsame Ziele. Die **Aufgabe** einer Tageseinrichtung für Kinder ist klar durch den gesetzlichen Förderungsauftrag im SGB VIII mit all seinen Facetten definiert. Die gemeinsamen **Ziele** lassen sich hingegen nicht so einfach herauskristallisieren. Sie müssen vom Team selbst definiert, umgesetzt und überprüft werden.

Als strukturelle Voraussetzung dafür ist es notwendig, dass den Mitarbeiterinnen ausreichend Zeit für die Zusammenarbeit im Team, die **Teamentwicklung,** zur Verfügung steht. Diese Zeit wird beispielsweise für regelmäßige Teamsitzungen benötigt, die z. B. wöchentlich an einem festen Termin stattfinden können. Ein geeigneter Raum für die Sitzungen ist eine weitere strukturelle Voraussetzung für die Teamentwicklung.

In **Teamsitzungen**, die manchmal auch Dienstbesprechungen genannt werden, stehen Punkte aus allen Bereichen des Einrichtungsalltags auf der Tagesordnung. Dazu gehören:

- Organisatorische Belange (wie Raumbelegung, Aktivitäten)
- Pädagogische Entwicklung (wie Konzeption, Einrichtungsziele, Beobachtungs- und Dokumentationspraxis, Erziehungspartnerschaft mit Eltern)
- Fallbesprechungen (Austausch über Beobachtungen eines oder mehrerer Kinder durch das ganze Team)
- Teamentwicklung (Kommunikationsformen im Team, Konfliktlösungen, Lob, Kritik).

Abb. 4.5: Die Kooperation der Mitarbeiterinnen und Mitarbeiter in den Einrichtungen stellt die Basis der pädagogischen Arbeit dar.

Diese Teamsitzungen müssen durch eine Fachkraft (in der Regel die Leitung) strukturiert geleitet werden. Dabei werden Ziele festgelegt und klare Aufgaben verteilt. Die wichtigen Ergebnisse und Beschlüsse werden in einem Protokoll festgehalten und bei der nächsten Sitzung auf offene Fragen überprüft.

Neben den genannten strukturellen und inhaltlichen Voraussetzungen für eine erfolgreiche Teamarbeit enthält der Begriff Team auch eine idealisierende Komponente. Der Ausspruch „Wir sind ein Team" drückt nicht nur aus, dass verschiedene Menschen gemeinsam an einer Sache arbeiten, sondern dass sie sich mit dieser Gemeinschaft identifizieren. Die Identität eines Teams ist eine Größe, die weder plan- noch messbar ist. Um sie zu ermöglichen, braucht es Teammitglieder, die feinfühlig und empathisch miteinander umgehen, und ein gewisses Maß an Idealismus. Wenn es gelingt, dass ein Team eine eigene **Identität** entwickelt, dann ist dieses Team mehr als nur die Summe seiner Mitglieder.

Die Zusammenarbeit im Team erstreckt sich neben den genannten Teamentwicklungsaufgaben auch auf den pädagogischen Alltag. Eltern und Kinder erleben das von den Mitarbeiterinnen gelebte Interaktions- und Kommunikationsverhalten und nehmen wahr, wie diese miteinander umgehen. Dabei erfahren sie am gelebten Vorbild, welche Erziehungsleitbilder in der Einrichtung existieren (oder auch nicht existieren). Diese Vorbildfunktion hat eine entscheidende Wirkung auf das Verhalten und die Entwicklung der Kinder und muss den Erzieherinnen bewusst sein.

Der Kommunikationsprozess im Team beschränkt sich nicht auf die genannten Teamsitzungen. Auch im Alltag findet ein reger Austausch zwischen den Mitarbeiterinnen statt. Hier ist es z. B. bedeutsam, ob die Türen in der Einrichtung offen stehen oder geschlossen sind, und das auch sinnbildlich.

Abschließend stellen sich Fragen: Geht es auch ohne ein Team oder den Teamgedanken? Wäre es nicht auch möglich, dass jeder seine Fähigkeiten auf seine Weise anwendet?

Aufgrund der Komplexität der Aufgaben, die an eine Tageseinrichtung gerichtet sind, müssen diese Fragen eindeutig verneint werden. Ohne eine wirkliche Zusammenarbeit im Team könnte eine Tageseinrichtung für Kinder lediglich den Betreuungsaspekt des gesetzlichen Förderungsauftrages erfüllen, und das auch nur auf einem niedrigen Niveau.

Huth, Anne: Gesprächskultur im Team. Berlin Düsseldorf: Cornelsen Verlag Scriptor 2008

Ellermann, Walter: Organisation und Sozialmanagement: für Erzieherinnen und Erzieher. Berlin Düsseldorf: Cornelsen Verlag Scriptor 2007

Erath, Peter: Unternehmen Kita: Wie Teams unter veränderten Rahmenbedingungen erfolgreich handeln. München: Don Bosco 2007

4.5 Öffentlichkeitsarbeit

Öffentlichkeitsarbeit siehe auch → Kap. 2.6

Die bekanntesten Formen der Öffentlichkeitsarbeit von Tageseinrichtungen für Kinder sind Veröffentlichungen in der Lokalpresse oder in kommunalen Mitteilungsblättern und das Auftreten der Einrichtung bei lokalen Festen wie ein Stand beim Herbstmarkt oder ein Weihnachtssingen. Um die Tageseinrichtung als Bildungsstätte mit Qualitätsanspruch zu etablieren, muss Öffentlichkeitsarbeit aber über diese Formen hinaus gehen.

Aber warum ist Öffentlichkeitsarbeit für die Erziehung, Bildung und Betreuung von kleinen Kindern so wichtig? Könnte man sich nicht einfach auf die konkrete Arbeit am Kind konzentrieren und so Qualität beweisen?

Eine der Grundvoraussetzungen für eine qualitativ hochwertige Bildung von Kindern ist, dass sich die Kinder in der Einrichtung wohl fühlen. Damit sich Kinder wohl fühlen können, muss das Gleiche auf ihre Eltern zutreffen. Es ist also erforderlich oder zumindest wünschenswert, eine gewisse Form der **Identifikation mit der Tageseinrichtung** zu erreichen. Dafür ist Öffentlichkeitsarbeit ein wirksames Mittel.

Abb. 4.6: Öffentlichkeitsarbeit ist ein wirksames Mittel, um eine Identifikation mit der Tageseinrichtung zu erreichen.

Ziel dabei ist es – neben der Bekanntmachung –, eine **Integration der Einrichtung in das Gemeinwesen** zu erreichen. Die Tageseinrichtung befindet sich dann nicht nur in diesem Stadtteil oder jenem Dorf, sondern ist ein Teil der gelebten Identität ihrer Bürger. Es ist „unser" Hort oder „unser" Kindergarten, könnte dann die Sichtweise der Beteiligten sein. Dadurch ist erreicht, dass die Menschen die Tageseinrichtung mit einem Gefühl der Vertrautheit betreten. Damit ist schon ein großer Schritt auf dem Weg zu einer tragfähigen Beziehung für die Bildungsarbeit mit den Kindern getan.

Wie erreicht man diese Identifikation? Die oben beschriebenen Methoden sind auf alle Fälle erprobte und wirkungsvolle Mittel, die aber noch ergänzt werden können. Es gibt weitere **Formen der Präsentation der Einrichtung,** die hier nur kurz erwähnt werden sollen:

- Gestaltung und Verteilung von Faltblättern
- Eine schriftliche, öffentlich zugängliche Konzeption
- Ein informativer Internetauftritt
- Die Gestaltung des Hauses nach außen, z. B. Gärten und Eingangsbereich
- Die Gestaltung des Hauses innen, z. B. Informationswände, Ausstellungen, Dokumentationen.

Die schwierigere Form der Öffentlichkeitsarbeit geht aber von den Menschen im Team aus und davon, wie sie ihre Arbeit präsentieren. Die schönsten Dokumentationen an den Wänden sind wirkungslos, wenn die darauf dokumentierte Bildungsarbeit hinter verschlossenen Türen stattfindet. Die **Transparenz der Arbeit** einer Einrichtung für jeden Interessierten ist ein entscheidender Aspekt der Öffentlichkeitsarbeit. Die Eltern müssen die Möglichkeit haben zu sehen, was mit ihren Kindern gemacht wird und was sie machen, wie mit ihnen umgegangen wird usw. Dann gehen sie selbst mit einem guten Gefühl in die Einrichtung, und das wirkt sich direkt auf das Wohlbefinden des Kindes aus. Eine wichtige Voraussetzung für eine solche Offenheit und Transparenz ist es, dass die Stimmungslage im Team von einem offenen, kollegialen Umgang geprägt ist.

Das Gleiche, was für Eltern gilt, trifft auch auf Besucher zu. Sie könnten die Eltern zukünftiger Kinder der Einrichtung sein. Dürfen sie nur zu bestimmten Zeiten mit langer Anmeldefrist die Tageseinrichtung besuchen oder sind sie jederzeit herzlich willkommen? Wie werden Interessierte am Telefon empfangen? Sich mit derartigen Fragen auseinanderzusetzen, gehört auch zur Öffentlichkeitsarbeit der Einrichtung.

Die **Verantwortung für die Öffentlichkeitsarbeit** liegt in erster Linie bei der Leitung. Es ist aber deutlich, dass jedes einzelne Teammitglied sie dabei unterstützen muss. Darüber hinaus muss der Träger die Öffentlichkeitsarbeit finanziell und inhaltlich unterstützen.

Krenz, Armin: Handbuch Öffentlichkeitsarbeit. Freiburg: Herder 2002

4.6 Zusammenarbeit mit anderen Einrichtungen und Diensten

Offene Kinder- und Jugendarbeit → Kap. 5,
Hilfen zur Erziehung → Kap. 6, Ganztagsgrundschule → Kap. 7

Einrichtungen und Institutionen, mit denen die Tageseinrichtungen für Kinder zusammenarbeiten, sind:

- Der Träger der Einrichtung
- Jugendamt, Sozialamt
- Therapeutische Einrichtungen
- Musik- und Volkshochschulen
- Bibliotheken
- Örtliche Kirchen und Vereine
- Überörtliche Träger.

Tageseinrichtungen für Kinder haben auf der institutionellen Ebene vor allem einen Kooperationspartner, bei dem das Gelingen der Kooperation entscheidend für die nachhaltige Qualität der Bildung, Erziehung und Betreuung ist: die **Grundschulen**. In diesem Kapitel steht diese Zusammenarbeit deshalb im Zentrum.

Kooperation zwischen Tageseinrichtung und Grundschule

Die Kooperation zwischen Tageseinrichtung und Grundschule hat zwei mögliche Bereiche:

- *Im Bereich Kindergarten* ist das insbesondere der Übergang der Kinder von einer in die andere Institution
- *Im Bereich Hort* bezieht sich die Kooperation auf die schulischen Aufgaben, die am Nachmittag in der Tageseinrichtung erledigt werden müssen.

Der Übergang vom Kindergarten in die Schule gilt mehr und mehr als Qualitätsmerkmal für die Kooperation zwischen Tageseinrichtung und Grundschule. Meist werden von der Schule Kooperationsbeauftragte benannt, die den Kindergarten aufsuchen und dort erste Kontakte mit den künftigen Schulkindern knüpfen. Auch Besuche der Vorschulkinder in der Grundschule gehören zu den gängigen Praxen der Kooperation. Auf diese Weise sollen die Kinder langsam an die Schule gewöhnt und auf kommende Herausforderungen vorbereitet werden. Wie intensiv diese **Vorbereitung** abläuft, hängt von der Anzahl der Kindergärten pro Grundschule und von den personellen Ressourcen der beiden Einrichtungen ab. So kann es sein, dass in kleinen Kommunen ein regelmäßiger gegenseitiger Besuch möglich ist, während in anderen Wohngebieten nur wenige Termine möglich sind.

Abb. 4.7: Tage der offenen Tür eignen sich besonders gut für eine erste Kontaktaufnahme und den Austausch zwischen Kindergarten und Grundschule.

Im **Hort** hängt die Kooperation sehr von der räumlichen Lage der Einrichtung ab. Befindet sich diese bei der Schule oder sogar im Schulgebäude selbst, so ist die Voraussetzung für eine enge Zusammenarbeit optimal. In der täglichen Arbeit steht der Austausch von Informationen über die Hausaufgaben der Kinder und über die Entwicklung der betreuten Kinder im Vordergrund. Wollen sich Hort und Grundschule über einzelne Kinder austauschen, so ist eine Entbindung von der Schweigepflicht durch die Eltern notwendig.

Kooperationskonzepte

Die beschriebenen Kooperationsinhalte für den Kindergarten und den Hort mit der Grundschule stellen aber nur den Mindeststandard dar. Um langfristige Bildungserfolge der Kinder zu sichern, muss die Kooperation sich an Qualitätskriterien ausrichten, wie sie z. B. im Rahmen des Kita-Preises „Dreikäsehoch" der Bertelsmann-Stiftung aus dem Jahr 2005 zu finden sind. Den Juroren des Preises kam es darauf an, dass die beteiligten Einrichtungen ein **gemeinsam entwickeltes Kooperationskonzept** haben, das auf Langfristigkeit und Verbindlichkeit und auf gegenseitige Verantwortungsübernahme ausgerichtet ist. Weiterhin wird ein regelmäßiger wechselseitiger Austausch der Partner und ein gegenseitiger Einblick in ihre Arbeit erwartet. Als letzter entscheidender Punkt sollen sich Schule und Kindergarten auf ein gemeinsames Bildungsverständnis einigen. Eine gelingende Zusammenarbeit zwischen Kindergarten und Grundschule setzt eine offene und wertschätzende Haltung aller Beteiligten voraus. Ein gemeinsames Bildungsverständnis zu entwickeln, wie es die Bertelsmann-Stiftung prämiert, wäre ohne diese Haltung nicht möglich.

Auch von administrativer Seite können Voraussetzungen geschaffen werden, die eine Kooperation zwischen Kindergarten und Schule unterstützen. Denkbar wäre z. B., die Elementarpädagogik in das Bildungssystem zu integrieren und so die strukturellen und kulturellen Differenzen langfristig zu verringern. In einigen Bundesländern wird der Weg gegangen, einen **gemeinsamen Rahmenplan** für die Bildung und Erziehung zu entwickeln (Thüringen und Hessen). Es wird deutlich, dass es langfristig nicht ausreicht, den Übergang zwischen Kindergarten und Schule in den Blick zu nehmen, sondern **Elementar- und Primarpädagogik als ein Kontinuum** zu verstehen.

Abb. 4.8: Auch über die Inneneinrichtung der Räume transportiert die Kindertagesstätte Grundsätze ihrer Konzeption, wie hier in einem Waldorfkindergarten.

4.7 Leitbild und Konzeption

Leitbild und Konzeption siehe auch → Kap. 2.2

Ein Leitbild stellt die strukturellen Ziele in der Arbeit eines Betriebes dar, die Konzeption die pädagogischen Ziele. In diesem Kapitel ist die Gewichtung beider Punkte bei Tageseinrichtungen für Kinder dargestellt sowie beschrieben, inwiefern die Entwicklung einer Konzeption in der Tageseinrichtung für Kinder im Idealfall eher ein Prozess als ein Ergebnis ist.

4.7.1 Leitbild

In einem Leitbild wird festgeschrieben, welche organisatorischen und koordinatorischen Ziele ein Betrieb oder Unternehmen hat. Das bedeutet, dass in einem Leitbild Aussagen enthalten sind, welcher Art z. B. die Kommunikation in dem Unternehmen sein soll. Außerdem können Aussagen über den erwünschten Ablauf in Krisensituationen oder über Hierarchien und Entscheidungswege enthalten sein. Im Leitbild kann auch festgelegt sein, wie die einzelnen Abteilungen integriert werden sollen.

Einige dieser Inhalte ließen sich zwar auch für Tageseinrichtungen für Kinder aufstellen. Dennoch erstellen Tageseinrichtungen nur selten ein Leitbild für ihre Arbeit, weil darin keine inhaltlichen Ziele enthalten sind. Diese inhaltlichen Ziele stehen in der *Konzeption* (→ Kap. 4.7.2). Ein Leitbild ist eine Form der Darstellung von inneren Strukturen, die bei Trägern eine Anwendung finden kann.

4.7.2 Konzeption

Eine Konzeption ist zunächst eine schriftliche Abhandlung, in der die Tageseinrichtung für Kinder die **Ziele ihrer Arbeit und die Wege zur Erreichung dieser Ziele** festhält und der Öffentlichkeit zugänglich macht.

Darin enthalten sind klare Aussagen zu **pädagogischen Grundprinzipien,** die in der Einrichtung zur Anwendung kommen sollen. Dies können sein:

- Pädagogische Ansätze wie *Montessoripädagogik* (→ Kap. 8.3.1) oder *offene Arbeit* (→ Kap. 8.3.2) oder auch
- Aussagen zum Umgang des Personals mit den Kindern.

Außerdem können in der Konzeption **Darstellungen über strukturelle Elemente** der Tageseinrichtung enthalten sein, z. B. der Tagesablauf, der Aufbau besonderer Angebote oder das Vorschulprogramm. Was genau inhaltlich in die Konzeption geschrieben wird, wie sie gestaltet ist und wer die Adressaten sind, entscheidet das Team in einem gemeinsamen Prozess.

Genau hier wird deutlich, dass eine Konzeption viel mehr ist als die oben erwähnte schriftliche Abhandlung. Eine *Konzeption zu entwickeln* (→ Kap. 2.2.2) ist ein Prozess im Team einer Tageseinrichtung für Kinder, der oft sogar wichtiger ist als das Ergebnis selbst. In diesem Prozess findet ein Gedanken- und Erfahrungsaustausch zwischen den Teammitgliedern statt, es werden die eigenen Arbeitsweisen reflektiert und diskutiert, und letztlich erfüllt das Ergebnis alle Beteiligten mit Stolz und Selbstbewusstsein.

Die am Ende des Prozesses vorliegende Konzeption ist immer eine vorläufige Fassung, die permanent **den aktuellen Gegebenheiten angepasst** werden muss. Darüber hinaus ist es notwendig, regelmäßig das Erreichen der Ziele, die festgelegt wurden, zu überprüfen und in den Prozess der Weiterentwicklung einfließen zu lassen. Unter Umständen wird zur Entwicklung der Konzeption eine externe Fachberatung herangezogen.

Es ist denkbar, dass Auszüge der Konzeption in Form eines Faltblattes einen kurzen Einblick in die Arbeit der Einrichtung geben könnten. Andererseits kann das Team die Teile, die für die öffentliche Ausgabe zu umfangreich oder zu kompliziert sind, in ein Handbuch für die Fachkräfte einfließen lassen.

Im Paragraph 22 a Abs. 1 SGB VIII werden die Träger der öffentlichen Jugendhilfe angehalten, auf eine Konzeptionsentwicklung in den Tageseinrichtungen hinzuwirken.

> „Die Träger der öffentlichen Jugendhilfe sollen die Qualität der Förderung in ihren Einrichtungen durch geeignete Maßnahmen sicherstellen und weiterentwickeln. Dazu gehören die Entwicklung und der Einsatz einer pädagogischen Konzeption als Grundlage für die Erfüllung des Förderungsauftrags sowie der Einsatz von Instrumenten und Verfahen zur Evaluation der Arbeit in den Einrichtungen."
> (§22 a Abs. 1 SGB VIII)

Knauf, Tassilo; Düx, Gislinde; Schlüter, Daniela: Handbuch Pädagogische Ansätze: Praxisorientierte Konzeptions- und Qualitätsentwicklung in Kindertageseinrichtungen. Berlin Düsseldorf: Cornelsen Verlag Scriptor 2007

Huppertz, Norbert: Wir erstellen eine Konzeption. München: Don Bosco 2000

Weber, Kurt; Herrmann, Mathias; Schmidt, Hartmut W.: Konzepte entwickeln – Bildung planen. Freiburg: Herder 2009

Krenz, Armin: Konzeptionsentwicklung in Kindertagesstätten – professionell, konkret, qualitätsorientiert: Lehr-/Fachbuch. Troisdorf: Bildungsverlag Eins. 2008

Abb. 4.9: Ausreichende Vorbereitungszeit ist auch ein Qualitätsmerkmal einer Einrichtung.

4.8 Qualitätsmanagement in Tageseinrichtungen für Kinder

Qualitätsmanagement siehe auch → Kap. 2.4

Angesichts der rasanten Veränderungen in Tageseinrichtungen für Kinder, insbesondere bezogen auf den gesetzlichen Bildungsauftrag, ist auch das Thema der Qualität in der Tagesbetreuung sehr aktuell. Qualität in einer Tageseinrichtung bedeutet, dass jedem Kind die notwendigen Bedingungen für eine optimale Förderung der geistigen, emotionalen und körperlichen Entwicklung ermöglicht werden. Diese Beschreibung ist aber sehr abstrakt und sagt nichts über die konkreten Umstände in der Einrichtung aus. Es ist daher notwendig, die Details der pädagogischen Arbeit zu betrachten, um Qualitätskriterien ausmachen zu können.

Einschätzskalen

Die *Qualität* (→ Kap. 2.4.1) einer Einrichtung zu messen, ist ein sehr komplexes Unternehmen. Als Hilfsmittel dafür stehen die von dem Erziehungswissenschaftler Wolfgang Tietze entwickelten *Einschätzskalen* (→ Kap. 2.4.3) zur Verfügung. Diese gibt es für alle drei Formen der Tagesbetreuung: Kinderkrippe (KRIPS-R), Hort (HUGS) und Kindergarten.

In der **Kindergarten-Einschätzskala (KES/KES-R)** werden z. B. 43 Qualitätskriterien in sieben Bereichen ermittelt. Diese erfassen die Qualität anhand konzeptioneller, räumlicher und interaktionaler Merkmale. Die Skalen haben sich aber bisher nicht als allgemein gültige Qualitätsstandards etabliert, sondern gelten als Richtlinie. Die Träger und auch die Tageseinrichtungen für Kinder definieren ihre Qualitätskriterien interessengeleitet selbst. Auch die 2004 entwickelten Rahmenpläne für die Bildung und Erziehung in Kindertageseinrichtungen der einzelnen Bundesländer bleiben bei den Qualitätsstandards sehr vage. So legt der baden-württembergische Orientierungsplan (2006, S. 69) bezogen auf die pädagogische Arbeit lediglich fest, dass jährlich ein strukturiertes *Elterngespräch* (→ Kap. 2.1.5) stattfinden muss.

Pädagogische Qualität und Strukturqualität

Aufgrund der Träger und der Einrichtungsvielfalt ist auch das Verständnis von Qualität in Tageseinrichtungen sehr vielfältig. Hier sollen ein paar Beispiele für **Kriterien** gegeben werden, an denen eine gute **pädagogische Qualität** erkannt werden kann:

- Die Ziele der pädagogischen Arbeit sind in einer *Konzeption* (→ Kap. 4.7.2) festgehalten. Das Vorliegen einer Konzeption allein ist dabei nicht das Qualitätskriterium. Es kommt auf den Prozess ihrer Entwicklung an
- Die Tageseinrichtung reflektiert ihre Arbeit und versteht sich als *lernende Organisation* (Kronberger Kreis → Kap. 2.4.3)
- Es finden regelmäßige *Evaluationen* (→ Kap. 2.3) statt. Diese können sich z. B. auf die Zufriedenheit der Eltern mit den Betreuungsmodellen oder auf die Ansicht der Eltern zu bestimmten Angeboten beziehen. Evaluationen werden von den Trägern der öffentlichen Jugendhilfe im Gesetz verlangt (§ 22 a SGB VIII)
- Die Arbeitsweisen und Ziele in der Einrichtung sind transparent für alle Interessierten und werden öffentlich präsentiert.

Neben der inhaltlichen pädagogischen Qualität ist die **Strukturqualität** (→ Kap. 2.4.3) der Einrichtung wesentlich, z. B.:

- *Personelle Ausstattung* – Entscheidend ist dabei nicht nur die Anzahl an Personen, sondern auch deren Qualifikation und Erfahrung. Haben die Erzieherinnen genügend Vorbereitungszeit? Gibt es Hilfskräfte für hauswirtschaftliche und pflegerische Tätigkeiten?
- *Räumliche Ausstattung* – Es spielt die Größe, aber auch die Beschaffenheit der Räume eine Rolle (z. B. Lärmschutz). Gibt es z. B. ein geeignetes Außengelände und Bewegungsräume?
- *Finanzielle Ausstattung* – Steht der Einrichtung genügend Geld zur Verfügung, um notwendige Anschaffungen von hochwertigen Arbeitsmaterialen zu tätigen?

Eine vergleichbare Ermittlung der Qualität in Tageseinrichtungen für Kinder wäre nur möglich, wenn die zuständigen Ministerien der Bundesländer einen gemeinsamen

Kriterienkatalog entwickeln würden. Es wäre dann aber auch notwendig, Möglichkeiten der Überprüfung der Qualität einzubauen.

📖 Preissing, Christa (Hrsg.): Qualität im Situationsansatz. Qualitätskriterien und Materialien für die Qualitätsentwicklung in Kindertageseinrichtungen. Berlin, Düsseldorf: Cornelsen Verlag Scriptor 2009

Dittrich, Irene; Grenner, Katja; Sommerfeld, Verena; Hanisch, Andrea: Pädagogische Qualität entwickeln: Praktische Anleitung und Methodenbausteine für Bildung, Betreuung und Erziehung in Tageseinrichtungen für Kinder von 0–6. Berlin Düsseldorf: Cornelsen Verlag Scriptor 2007

4.9 Informationsmanagement und Dokumentation in Tageseinrichtungen für Kinder

Informationsmanagement siehe auch → Kap. 2.3; Beobachtung und Dokumentation → Kap. 8.2

Der „Gemeinsame Rahmen der Länder für die frühe Bildung in Kindertageseinrichtungen" fordert von den Erzieherinnen eine systematische Dokumentation der kindlichen Entwicklungsprozesse jedes einzelnen Kindes. Was kann diese Dokumentation bewirken, und wie kann sie aussehen?

- *Individueller Förderplan* – Jedes Kind hat andere Bildungsbedürfnisse zu einer anderen Zeit. Wenn über einen längeren Zeitraum die Entwicklungsschritte festgehalten und nachvollziehbar gemacht werden, kann die Erzieherin auf die speziellen Bedürfnisse des einzelnen Kindes reagieren
- *Reflexion der pädagogischen Arbeit* – Durch das Auseinandersetzen mit konkreten Situationen im Alltag der Tageseinrichtung reflektiert die Erzieherin automatisch die Arbeitsmethoden und kann diese weiterentwickeln
- *Transparenz der Förderung* – Für die Eltern ist es wichtig, dass sie der Arbeit der Erzieherin ihres Kindes vertrauen. Wenn Beobachtungen dokumentiert werden, trägt das dazu bei, dass die Eltern sich und ihre Kinder ernst genommen fühlen. Somit kann Vertrauen wachsen
- *Basis für Elterngespräche* – Die regelmäßigen Elterngespräche sollten auf einer fundierten Basis stattfinden. Dazu sind Dokumentationen hilfreich, wenn nicht sogar unerlässlich
- *Professionalität* – Die Wirkungen einer systematischen Dokumentation tragen zu einer Professionalisierung der pädagogischen Arbeit der Einrichtung bei.

In der Beobachtung der Kinder und seiner Dokumentation kann man zwischen zwei Bereichen unterscheiden, nämlich der *Entwicklungsbeobachtung* und der *systematischen Bildungsbeobachtung* (→ Kap. 8.2.2, Tab. 8.1).

In der **Entwicklungsbeobachtung** stehen die Entwicklungsfelder der körperlichen, emotionalen und geistigen Entwicklung im Zentrum. Als Unterbereiche können noch die Sprachentwicklung und die soziale Entwicklung einbezogen werden. Es gibt für die Entwicklungsbeobachtung wissenschaftlich erprobte Beobachtungs- und Dokumentationsinstrumente, z. B.:

- Den Gelsenkirchener Entwicklungsbegleiter
- Die *Grenzsteine der Entwicklung* (→ Kap. 8.2.2)
- Kuno Bellers Entwicklungstabelle.

Die **systematische Bildungsbeobachtung** ist darauf ausgerichtet, die individuellen Stärken und Besonderheiten jedes Kindes zu erfassen und zu dokumentieren. Sie soll dabei helfen, Vergleiche mit anderen zu vermeiden und das Kind nicht in eine Norm oder ein Muster einzupassen. Außerdem soll die systematische Bildungsbeobachtung vermeiden, dass Dinge beobachtet werden, die ohnehin bekannt sind. Instrumente für die Bildungsbeobachtung (→ Kap. 8.2.2, Tab. 8.1) sind z. B.

- Die *Leuvener Engagiertheitsskala (LES-K)* oder
- Die *Bildungs- und Lerngeschichten* vom Deutschen Jugendinstitut (DJI) (→ Kap. 8.2.2).

Mit den sogenannten *Portfolios* (→ Kap. 8.2.2) wird in vielen Einrichtungen immer häufiger ein Dokumentationskonzept praktiziert, welches die Kinder einbezieht und so deren Selbstständigkeit fördert. Portfolios berücksichtigen besonders die individuellen Lernprozesse, weil sie nicht mit einer vorgegebenen Lernnorm verknüpft sind. Durch die Reflexion der eigenen Dokumentation kann das Kind seine Entwicklung selbst erfassen und nachvollziehen.

Abb. 4.10: Dokumentation und Reflexion der pädagogischen Arbeit sind unerlässlich.

Die **Dokumentation von Bildungs- und Entwicklungsprozessen** in der Tageseinrichtung erstreckt sich aber nicht nur auf Informationen über das einzelne Kind, sondern auch auf verschieden große Gruppen in der Einrichtung oder die gesamte Einrichtung als Einheit.

Dafür kann es z. B. Fotodokumentationen von Projekten oder Aktivitäten geben, es können Ergebnisse kreativen Arbeitens ausgestellt werden usw.

Für alle Dokumentationsformen können unterschiedliche **Medien** Verwendung finden, z. B.:

- Schriftliche Dokumentation
- Fotos, Videos, Tonaufnahmen
- Sammlung von erschaffenen Werken
- Ausstellungen
- Präsentationen.

Unabhängig von der gewählten Form der Dokumentation ist in der Tageseinrichtung für Kinder immer auf den **Datenschutz** zu achten. Bevor individuelle Bildungswege öffentlich dokumentiert werden, muss in jedem Fall die Einwilligung der Sorgeberechtigten erfolgen. Unterlagen, die die kindliche Entwicklung dokumentieren, müssen unter Verschluss gehalten werden und gehen am Ende der Betreuungszeit in der Tagesstätte an die Eltern über.

Laevers, Ferre (Hrsg.): Die Leuvener Engagiertheits-Skala für Kinder LES-K. Deutsche Fassung der Leuven Involvement Scale for Young Children. Erkelenz: Fachschule für Sozialpädagogik 1997

Beller, E. K., Beller, S.: Kuno Bellers Entwicklungstabelle. Modifizierte Fassung vom Juli 2000, 8. Aufl. Berlin: Beller 2009

Bostelmann, Anjte: Das Portfolio-Konzept für Kita und Kindergarten: 3–6 Jahre. Mülheim an der Ruhr: Verlag an der Ruhr 2007

Beyer, Andrea u. a.: Gelsenkirchener Entwicklungsbegleiter. Tübingen: Dgvt 2004

Leu, Hans Rudolf u. a.: Bildungs- und Lerngeschichten. Bildungsprozesse in früher Kindheit beobachten, dokumentieren und unterstützen. Kiliansroda: Verlag das Netz 2007

4.10 Erziehen, Bilden und Betreuen in Tageseinrichtungen für Kinder als Interaktion

Erziehen, bilden und betreuen → Kap. 1.1

Die Begriffe **Bildung und Erziehung** sind eng miteinander verknüpft, obwohl die Ausgangspunkte völlig unterschiedlich sind. Dem aktuellen Bildungsbegriff der Frühpädagogik folgend, benötigt das Kind für die aktive Aneignung der Welt erwachsene Interaktionspartner, die ihm emotionale Sicherheit in Form einer sicheren Bindung geben. In Tageseinrichtungen für Kinder sind das die pädagogischen Fachkräfte. Ihrem professionellen Auftrag folgend sind diese aber nicht nur einfach anwesend, sondern nehmen bewusst auf den Entwicklungsprozess der Kinder Einfluss. Das heißt, sie werden **erzieherisch tätig** – Bildung in Tageseinrichtungen für Kinder lässt sich nicht ohne Erziehung erfassen.

Umgekehrt sind an erzieherische Tätigkeiten immer auch **Bildungsprozesse** geknüpft, denn das Kind setzt sich aktiv mit der Erziehungssituation auseinander, wodurch es sein Bild von der Welt und von sich selbst in der Welt nachjustiert, also sich bildet.

Der Begriff **Betreuung** bildet in diesem Zusammenhang den Rahmen für Bildung und Erziehung. Die im Betreuungsaspekt von Tageseinrichtungen enthaltenen Komponenten der Pflege, der Obhut und der Fürsorge sind **Basisvoraussetzungen für Bildungsprozesse:**

- Erstens wird ein Kind, das sich nicht wohl und geborgen fühlt, sich nicht auf Bildungsprozesse einlassen
- Zweitens bewirken die genannten Betreuungstätigkeiten, dass eine Bindung zwischen Erzieherin und Kind entsteht, was ebenfalls Voraussetzung für Bildungsprozesse ist.

Erziehung, Bildung und Betreuung von Kindern werden im Rahmen des gesetzlichen Förderauftrages als eine Einheit an Tageseinrichtungen für Kinder herangetragen. Es handelt sich dabei – zumindest im deutschprachigen Raum – aber um ganz verschiedene Aspekte (→ Kap. 1.1), die aber eine konzeptionelle Einheit bilden (sollen). Die **trennenden Momente** sind folgende:

- Erziehung:
  - Geht vom Erwachsenen aus
  - Bezeichnet die beabsichtigte, unbeabsichtigte oder indirekte Einwirkung des Erwachsenen auf den Entwicklungsprozess des Kindes
- Bildung:
  - Geht vom Kind aus
  - Bezeichnet den Prozess der kindlichen Weltaneignung
  - Kind setzt sich im Bildungsprozess zu seiner Umwelt und zu sich selbst in Beziehung

Abb. 4.11: Bildung, Erziehung und Betreuung in Tageseinrichtungen.

- Betreuung:
  - Bezeichnet eine bedarfsorientierte Vereinbarung zur zeitweisen Übergabe der elterlichen Pflicht, sich um das Kind zu kümmern, an Dritte (hier Tageseinrichtungen und deren Personal).

Alle diese unterschiedlichen Aspekte müssen von der Tageseinrichtung für Kinder nicht nur gleichzeitig erfüllt, sondern miteinander in Bezug gesetzt werden.

In Tageseinrichtungen für Kinder spielt in der Interaktion unterschiedlich Handelnder die Erzieherin die zentrale Rolle. In diesem Kapitel werden die Interaktionsebenen in der Tageseinrichtung und die Einflüsse darauf beschrieben sowie die zentralen Ebenen der Interaktion von Erzieherinnen genauer aufgezeigt:

- Die Erzieherin-Kind-Interaktion
- Die Erzieherin-Eltern-Interaktion.

4.10.1 Interaktionsebenen in Tageseinrichtungen für Kinder

Tageseinrichtungen für Kinder haben die Aufgabe, durch **Erziehung, Bildung und Betreuung** die Entwicklung des Kindes zu einer selbstständigen und gemeinschaftsfähigen Persönlichkeit zu unterstützen. Dabei ergänzen und erweitern sie das im Grundgesetz verankerte Recht der Eltern auf die Pflege und Erziehung ihrer Kinder (Art. 6 Abs. 2 GG). Diese Aufgabe erfordert eine besondere Qualität professionellen Handelns, die durch einen wechselseitigen Bezug bestimmt ist, nämlich eine *soziale Interaktion* zwischen den beteiligten Personen.

> ▶ **Soziale Interaktion**
> Wechselseitig aufeinander bezogenes Handeln zweier oder mehrerer Akteure (Personen).

Interaktion ist an Handeln geknüpft. Ohne Handlung kann keine Interaktion stattfinden.

> ▶ **Handlung**
> Absichtsvolle Tätigkeit, in der eine Person etwas tun, aber auch bewusst unterlassen kann. Sie ist von der Reaktion auf ein Ereignis zu unterscheiden, dem Verhalten.

In *pädagogischen Situationen* (→ Kap. 8.1.1) beinhaltet das Handeln ein Moment der Zugewandtheit der Interaktionspartner. Damit erhält der Interaktionsbegriff eine weitere (pädagogische) Komponente. In der zugewandten Haltung ist es möglich, sich immer wieder auf die individuellen Bedürfnisse der Kinder und ihrer Eltern einzustellen. Dies bildet eine Grundlage für gelingende Bildungsprozesse.

In Tageseinrichtungen für Kinder findet **Interaktion** auf folgenden Beziehungsebenen statt:

- Erzieherin ←→ Kind

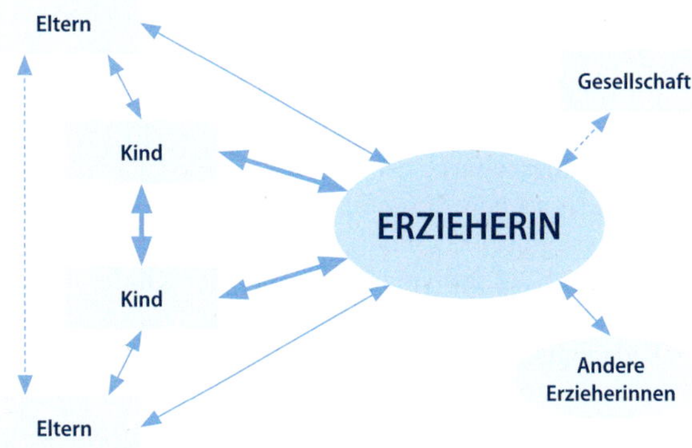

Abb. 4.12: Interaktionsebenen in Tageseinrichtungen für Kinder.

- Eltern ←→ Erzieherin
- Kind ←→ Kind
- Erzieherin ←→ Erzieherin
- Eltern ←→ Kind
- Eltern ←→ Eltern
- Tageseinrichtung ←→ andere Institutionen (z. B. Schule, Träger, Gemeinde)

In der Abbildung (→ Abb. 4.12) wird deutlich, zwischen welchen Partnern Interaktionen stattfinden. Die unterschiedlichen Pfeile stellen die **Intensität und die Bedeutung der einzelnen Interaktionsebenen** für die Erziehung, Bildung und Betreuung in der Tageseinrichtung für Kinder dar. Die stärkeren Pfeile bezeichnen die zentralen Interaktionsebenen. Dünnere Linien stellen bedeutsame Ebenen der Interaktion dar, und gestrichelte Linien sind Ebenen, die in der Bedeutung weniger zentral sind.

Die Ebene der Interaktion zwischen Tageseinrichtung und gesellschaftlichen Institutionen wird vor allem von der Leitung der Einrichtung bedient. Im Unterschied zur Eltern-Erzieherinnen- und Kind-Erzieherinnen-Interaktion findet sie eher auf der reinen Handlungsebene statt, da der Aspekt der Zugewandtheit hier nicht zentral ist. Letzterer Aspekt spielt vor allem in der Gesamtkonzeption der Tageseinrichtung eine große Rolle.

Die **Erzieherin** als pädagogische Fachkraft nimmt im Interaktionsgeschehen eine zentrale Position ein und ist an den wesentlichen Interaktionsebenen direkt beteiligt. Die Ebene der Interaktion zwischen den Kindern der Einrichtung kann von der Erzieherin nur indirekt beeinflusst werden. Hier wird deutlich, dass es nicht nur zur pädagogischen Qualität gehört, selbst in Interaktion zu treten, sondern auch, die Beziehungs- und Interaktionsebene anderer gezielt zu beeinflussen.

4.10.2 Einflüsse auf die Interaktion

Die Erziehung, Bildung und Betreuung von Kindern in Tageseinrichtungen ist ein komplexes Netzwerk von aufeinander bezogenem **Handeln verschiedener Interaktionspartner.** Die Qualität und die Intensität dieser Interaktion werden von verschiedenen Komponenten beeinflusst:

- Bedürfnisse der Kinder
  - Themen der Kinder
  - Entwicklungsstand
- Anliegen der Eltern
  - Betreuungsbedarf
  - Wunsch nach bestimmten pädagogischen Modellen (z. B. religiöser Erziehung)
  - Anspruch auf individuelle Bildung der Kinder
- Professionelle Ziele der Erzieherinnen
  - Pädagogische Konzeption
  - Bildungs- und Erziehungsziele.

Das Kind mit seinen individuellen Bildungsbedürfnissen steht dabei im Mittelpunkt allen pädagogischen Handelns. Es ist die Aufgabe der Erzieherinnen einer Tageseinrichtung, die verschiedenen Bedürfnisse und Ziele der verschiedenen Interaktionspartner kontinuierlich und empathisch aufeinander abzustimmen.

4.10.3 Erzieherin-Kind-Interaktion

Die zentrale Ebene der Interaktion in Tageseinrichtungen für Kinder ist die zwischen Erzieherinnen und Kindern. Sämtliche Abläufe, von organisatorischen Vor- und Nachbereitungen abgesehen, basieren auf der interaktiven Beziehung der Erzieherin mit dem Kind bzw. den Kindern. Dabei ist zwischen zwei Formen zu unterscheiden: Die Erzieherin tritt mit einer Gruppe von Kindern oder mit einem einzelnen Kind in Interaktion.

Konzeptionelle Verankerung

In der pädagogischen *Konzeption der Tageseinrichtung* (→ Kap. 4.7.2) wird festgelegt, auf welche Weise die Interaktion zwischen Erzieherinnen und Kindern ablaufen soll. Dieses konzeptionelle Selbstverständnis wird von jeder Einrichtung selbst entwickelt. Hier kann z. B. festgelegt sein

- Auf welche Weise die Kinder an der Gestaltung der Tageseinrichtung beteiligt werden
- Welches Menschenbild dem Umgang der Erzieherinnen mit den Kindern zugrunde liegt oder
- Auf welche Weise die Eingewöhnung der Kinder in die Einrichtung abläuft.

Merkmale der Erzieherin-Kind-Interaktion

Ausschlaggebend ist, dass das Handeln der Erzieherinnen und der Kinder als **aufeinander bezogen** eingeordnet werden kann. Dies schließt aus, dass Erzieherinnen alleine die Bildungsprozesse für die Kinder planen und gestalten. Kinder haben das Recht auf Mitgestaltung ihrer eigenen Bildungsprozesse, was durch die Fachkräfte in der Tageseinrichtung gesichert wird. Nur wenn die Kinder, deren Themen, deren Bedürfnisse, deren Wünsche einen wesentlichen Anteil an der Gestaltung der Prozesse in der Tagesstätte haben, kann von *sozialer Interaktion* (→ Kap. 4.10.1) gesprochen werden.

Von Interaktion in Bildungs- und Erziehungsprozessen zu sprechen, bedeutet auch, dass eine Planung pädagogischer Aktivitäten nur bedingt möglich ist. Die Erzieherinnen bereiten die Umgebung in der Tagesstätte so vor, dass die Kinder ihre Bildungsprozesse bestmöglich gestalten können. Sie wirken damit indirekt auf die Bildungsprozesse der Kinder ein. Die Erzieherinnen nehmen die Rolle der **Begleiterin** der Kinder in ihren Bildungsprozessen ein, nicht die der Belehrenden.

Die Erzieherinnen stimmen ihre Interaktionsmuster auf das Alter und die individuellen Fähigkeiten der einzelnen Kinder ab, so dass eine tatsächliche **Wechselseitigkeit** entstehen kann. Dies ist umso schwieriger, wenn mit Gruppen von Kindern interagiert wird. In der Arbeit mit Gruppen kann ein Gemeinschaftsgefühl entstehen, was sehr positiv auf frühkindliche Bildungsprozesse wirken kann, die Intensität der Beziehung zwischen Erzieherin und Kind ist dabei aber weniger ausgeprägt. Deshalb ist die **individuelle Ansprache einzelner Kinder** von immenser Bedeutung. Hier sind Feinfühligkeit und professionelle Haltung der Erzieherin in der Auswahl der Situationen unerlässlich.

Bindung schaffen

Das Gelingen der Bildungsprozesse ist sehr stark davon abhängig, ob es gelingt, dass zwischen Kind und Erzieherin eine *Bindung* (→ Kap. 10.2.3) entsteht. Dazu bedarf es einerseits konkreter Bindungserfahrungen des Kindes, z. B. mit seinen Eltern, Geschwistern usw. Andererseits bedarf es einer professionellen Haltung der Erzieherin, die auf das Bindungsbedürfnis des Kindes antwortet, die Beziehung aber ausschließlich im Sinne des Kindes gestaltet und nicht nach eigenen Bedürfnissen (Professionelle pädagogische Beziehung → Kap. 8.1.4).

Es darf also nicht um die Bindungsbedürfnisse der Erzieherin gehen. Insbesondere bei Kindern, die in ihrem bisherigen Leben *ambivalente Bindungserfahrungen* gemacht haben, ist die ganze pädagogische Leistung der Erzieherin notwendig, um dem Kind bestmögliche Bindungserfahrungen und damit die Voraussetzung für Bildungsmöglichkeiten zu schaffen.

Sichere Basis für Bildungstätigkeit schaffen

Auf der Basis des aktuell vorherrschenden Bildungsverständnisses in der frühen Kindheit ist das Handeln der Erzieherin nicht in erster Linie auf den kindlichen Bildungsprozess selbst ausgerichtet, sondern auf das Kind als ganzheitliche Persönlichkeit. Dabei ist es das Ziel, die Situation für das Kind in der Tageseinrichtung so zu gestalten, dass es **Sicherheit in seinem eigenen Handeln** gewinnt.

[BEISPIEL] Wenn ein neu aufgenommenes Kind einen ihm unbekannten Raum erkunden will, ist es wichtig, dass die Erzieherin dieses Anliegen erspürt und dem Kind durch Zuwendung, Begleitung oder Vermittlung die notwendige Unterstützung für diesen Schritt gibt. Das Kind wird zunehmend durch diese Art

Abb. 4.13: Durch Unterstützung wird das Kind bestärkt und kann seinen Handlungsrahmen erweitern.

der Interaktion darin bestärkt, seinen Handlungsrahmen selbstständig zu erweitern. Diese Art der Interaktion zwischen Erzieherin und Kind bezieht sich nicht auf einen isolierten Aspekt von Wissen und Können, wie z. B. das Hüpfen auf einem Bein, das Schleifenbinden oder das Schneiden mit einer Schere, sondern es schafft für das Kind eine sichere Basis, von der aus es die vielfältigsten Bildungsprozesse selbst initiieren und gestalten kann.

Einfühlungsvermögen

Die Sichtweise eines anderen Menschen einnehmen zu können, der **Perspektivenwechsel**, wird in sozialen Berufen vorausgesetzt. Bei der Arbeit in Kindertagesstätten ist dies umso mehr der Fall, weil hier zwischen Erzieherin und Kind ein großer Alters- und Erfahrungsunterschied besteht. Es reicht auch nicht aus, die andere Sichtweise anzunehmen, also das Kind zu verstehen. Der Begriff Empathie (Einfühlungsvermögen) proklamiert (verlautbart) eine besondere Qualität dieser Perspektivenübernahme. Die Erzieherin muss die Bedürfnisse, die Wünsche und auch Ängste des Kindes erspüren und sich in das emotionale Erleben des Kindes hineinversetzen können. Dafür ist ein Höchstmaß an professioneller Selbstwahrnehmung und kritischer Reflexionsfähigkeit nötig.

Bedeutung der Eingewöhnung

Die Bedeutung der Eingewöhnung für das Kind hängt von verschiedenen Faktoren ab. Insbesondere das Alter des Kindes ist entscheidend für die Dauer und Intensität der Eingewöhnung. In Tageseinrichtungen werden Kinder von 0 bis 14 Jahren betreut, wobei die Eingewöhnung bei Kindern bis zum fünften Lebensjahr besonders bedeutsam ist. Sie haben meist nur wenige Erfahrung darin, sich auf andere Bindungspersonen als ihre Eltern einzulassen. Darüber hinaus sind die Bindungen zu diesen im Alter bis sechs Jahren sehr eng und von starken Emotionen geprägt.

Ankommen in der Tageseinrichtung

Der erste Kontakt des Kindes zum Personal der Tageseinrichtung und die Qualität der Interaktion zwischen Erzieherin und Kind und auch der zwischen *Erzieherin und Eltern* (→ Kap. 4.10.4) in den ersten Tagen und Wochen sind entscheidend für die gesamte Betreuungszeit. Kann das Kind positive Erfahrungen mit der Betreuung in der Tageseinrichtung machen und diese Situation als bereichernd erleben, so wird es offen für anderes sein, was im Zusammenhang mit der Tageseinrichtung steht. Bei einer negativen ersten Erfahrung wird das Kind möglicherweise die damit verbundenen Emotionen für die gesamte Zeit der Betreuung in der Tagesstätte spüren.

Auf das Kind strömen vielfältige neue Eindrücke und emotionale Erfahrungen ein, die es verarbeiten muss. Manche Kinder haben bis zu ihrem ersten Besuch in einer Tageseinrichtung nur wenige oder gar keine Erfahrung mit Fremdbetreuung gemacht. Sowohl die Personen, die Erzieherinnen und die anderen Kinder, als auch die Räume der Tageseinrichtung stellen für das Kind fremde Situationen dar. In diesem Alter können die meisten Kinder aber nicht auf Erfahrungen mit derartigen Situationen zurückgreifen, das heißt, sie müssen selbst eine Strategie für den Umgang damit entwickeln. Dafür benötigen sie vor allem Zeit und ihre bisherigen Bezugspersonen. Aus diesen Gründen gehen immer mehr Tageseinrichtungen dazu über, eine elternbegleitete Eingewöhnung zu praktizieren.

Loslösen von der Bezugsperson

Nachdem das Kind die ersten Eindrücke der neuen Umgebung verarbeitet und dadurch Sicherheit gewonnen hat, kann es seinen **Handlungsspielraum allmählich erwei-**

Abb. 4.14: Kinder brauchen Sicherheit, um sich von ihren Bezugspersonen emotional lösen zu können.

tern. Normalerweise wird das Kind von sich aus Interesse an dem Geschehen in der Tagesstätte bekommen und sich schrittweise immer weiter von der Bezugsperson (meistens ein Elternteil) entfernen. Je sicherer sich das Kind fühlt, desto größer wird der Erkundungsspielraum. In dieser Phase ist es besonders wichtig, dass die Eltern oder die andere Bezugsperson eine sichere Anlaufstelle für das Kind darstellen, auf die es sich bei Bedarf zurückziehen kann. Dieser Prozess findet im Tempo des Kindes statt.

Erst wenn Kinder die Sicherheit haben, sich von ihren Bezugspersonen emotional zu lösen, sind sie für andere Interaktionen bereit. Mit Feingefühl und Geduld kann die Erzieherin eine Beziehung zu dem Kind aufbauen und ermöglicht so, dass eine Interaktion zwischen ihr und dem Kind stattfinden kann. Wie gut die aus dieser Beziehung entstehende Bindung gelingt, ist entscheidend für die gesamte Zeit, die das Kind in der Tagesstätte verbringt.

Begleitung im kindlichen Bildungsprozess

Wird der Bildungs- und Entwicklungsprozess von Kindern als **selbsttätiger Aneignungsprozess** des Kindes verstanden, ist eine 100 %ige Vorbereitung auf diesen Prozess nicht möglich und widerspräche diesem Prinzip sogar. Die klassische Form schulischen Unterrichtens (Frontalunterricht) – die nur schwerlich als interaktiv kategorisiert werden kann – beinhaltet die Vorstellung, dass der gesamte Verlauf des Bildungsprozesses planbar wäre. Bei genauer Betrachtung handelt es sich aber nicht um *Bildung* im oben genannten Sinn (→ Kap. 4.10), sondern um die Weitergabe von Wissen vom Erwachsenen zum Kind.

> ⊙ In der Tageseinrichtung für Kinder liegt die Chance auf gelingende Bildungsprozesse gerade darin, dass die Ziele der Prozesse nicht durch starre Planvorgaben bestimmt sind. Die Kinder können ganzheitliche Bildung erfahren, indem sie sich intensiv mit einer Sache auseinandersetzen, Probleme lösen, sich die Welt aneignen – und zwar mit allen Sinnen.

In einer Umgebung ohne interaktionsfähige und -bereite Erzieherinnen fühlen sich Kinder allein gelassen, und es können kaum nachhaltige Bildungsprozesse stattfinden.

[BEISPIEL] Ein Kind probiert immer wieder mit Bausteinen und Latten, eine Wippe zu bauen, schult dabei seine Geschicklichkeit und Feinmotorik, erfährt intuitiv etwas über Gesetze der Physik wie Hebelwirkung und Schwerkraft und empfindet unendlichen Stolz, wenn es sein Ziel erreicht hat. Welche Rolle spielt die Erzieherin in dieser Situation? Und wo kommt die Interaktion zum Tragen?

Die Rolle der Erzieherin besteht darin, den **Bildungsprozess des Kindes zu unterstützen.** Das kann schon ein aufmunternder Blick sein, Interesse an dem, was das Kind gerade macht und vor allem positive Wertschätzung, also Lob. Kinder wachsen über sich hinaus, wenn sie spüren, dass sie wertgeschätzt werden. Diese Form der auf Interaktion beruhenden begleitenden Unterstützung ist ohne ein zugewandtes, aufeinander bezogenes Handeln der Erzieherin und des Kindes nicht möglich. In dieser Begleitung ist es der Erzieherin möglich, die aktuellen Themen und Interessen des Kindes zu erspüren und so nochmals gezielt Einfluss auf die Möglichkeiten seiner Entwicklung zu nehmen.

4.10.4 Erzieherin-Eltern-Interaktion

Das was früher Elternarbeit genannt wurde, und damit zu einiger begrifflicher Verwirrung beigetragen hat, heißt heute **Bildungs- und Erziehungspartnerschaft mit den Eltern.** Die Veränderung geht aber weit über den Austausch von Begriffen hinaus. Der neue Begriff unterstreicht das wesentliche dieser Interaktion, das gemeinsame Interesse, die Bildungs- und Entwicklungsprozesse des Kindes zu unterstützen und zu fördern. Die Aufgabe von Tageseinrichtungen für Kinder ließe sich ohne diese enge Zusammenarbeit nicht oder nur in unzureichender Qualität erfüllen.

Unterstützung der Eltern beim Loslassen

Ebenso wie für die Kinder ist für die Eltern die Tageseinrichtung ein fremder Ort, und ebenso ist es für viele Eltern das erste Mal, dass sie ihr Kind in fremde Hände geben. In dieser Situation ist eine zugewandte Haltung der Erzieherin nötig, verbunden mit einer hohen Professionalität, um den Eltern diesen Schritt zu ermöglichen.

„Warum sollen wir uns jetzt auch noch um die Gefühle der Eltern kümmern?“, mag manche fragen. Es ist das Ziel, dass bei den Eltern ein **Vertrauen in die Tageseinrichtung und ihre Mitarbeiter** entsteht, und zwar nicht rational aufgrund der kognitiv wahrgenommenen Situation, sondern emotional. Wenn Eltern den Übergang ihres Kindes nicht als schmerzlich und verunsichernd empfinden, sondern als Bereicherung, dann übertragen sie diese Haltung unbewusst auch auf ihr Kind. Das führt wiederum dazu, dass das Kind sich sicher und geborgen fühlt und die Voraus-

Abb. 4.15: Die Unterstützung und Beratung der Eltern ist bei der Eingewöhnung unerlässlich.

setzung für gelingende Bildungs- und Entwicklungsprozesse gegeben ist. Und das entspricht ja dem Förderauftrag der Tageseinrichtung.

Natürlich sind Eltern sehr unterschiedlich, was auch auf ihre Bindungen zu den eigenen Kindern zutrifft. Aus diesem Grund gibt es auch kein „Pauschalrezept" für die Interaktion mit Eltern. Hier ist wieder das Feingefühl der Erzieherin notwendig, um für jede Familie den richtigen Weg zu finden.

Kontinuierlicher Austausch über die Entwicklung des Kindes

Es gibt grob eingeteilt zwei verschiedene Formen des *Elterngespräches (→* Kap. 2.1.5*)*:

- Das strukturierte, geplante Gespräch und
- Das spontane Gespräch beim Bringen oder Abholen des Kindes, auch „Tür- und Angelgespräch" genannt.

Beide sind von großer Bedeutung. Die Herausforderung für die Erzieherin besteht darin, zu erkennen, welche Wünsche die Eltern bezüglich der Kommunikation haben. Manche Eltern wollen nur ihre Kinder bringen oder abholen, andere würden gerne etwas darüber erfahren, was ihr Kind gemacht hat. Jede Einstellung hat ihre Berechtigung. Gerade deshalb ist es wichtig, allen Eltern gegenüber zugewandt aufzutreten, um diese Wünsche wahrnehmen zu können. Das geht nicht, wenn die Erzieherin beim Erscheinen der Eltern nur kurz aufblickt und sich dann wieder ihrer Beschäftigung widmet.

Beratung in Erziehungsfragen

Wenn es zwischen den Erzieherinnen und den Eltern zu einer interaktiven Zusammenarbeit kommt, werden sich Eltern auch des Öfteren in Erziehungsfragen an die Fachkräfte wenden. Das ist ein Zeichen von großem Vertrauen in die Kompetenzen der Erzieherin. Es ist für Eltern nicht immer leicht, solche Fragen an „Fremde" zu richten, weil sie Unsicherheit und elterliches Versagen implizieren. Die Erzieherin ist in der Situation, den Eltern diese Ängste zu nehmen und sie in ihrer Rolle zu stärken. Gelingt diese Interaktion, wirkt sich das auch positiv auf das Wohlbefinden der Kinder in der Tageseinrichtung aus.

5

Offene Kinder- und Jugendarbeit

Winfried Noack

Das Kind ist ein „unsagbar großes Behältnis an Zukunft und Möglichkeiten". Es hat keine Vergangenheit, vor ihm liegt alle Zukunft (Noack 2007 a, 2001 a). Die **kindliche Zeitform** ist die des Noch-nicht, doch es bringt alle Voraussetzungen für seinen Weg in die Zukunft mit. Bis zum Alter von drei Jahren entwickelt ein Kind 200 Milliarden Neuronen (Gehirnzellen), die 200 Billionen Synapsen (Verknüpfungen) herstellen, wobei eine Gehirnzelle bis zu 10.000 Synapsen entwickeln kann (*Gehirnentwicklung* → Kap. 10.3.1). Dies ermöglicht es ihm, eine jede Kultur, alle Sprachen, Lebensstile, Verhaltensweisen usw. zu lernen (Textor 2008, S. 2 f.). So stellt sich uns das Kind als ein Wunderwerk von Komplexität dar, das es einmalig und bewunderungswürdig macht.

Wenn der Mensch mit etwa zwölf Jahren das Kindesalter verlässt, nimmt er die **jugendliche Zeitform** an, das Nicht-mehr und Noch-nicht: Jugendliche (→ Kap. 5.1.2) sind nicht mehr Kinder und noch nicht Erwachsene. Sie suchen ihre Identität und bilden ein Selbstkonzept (→ Kap. 10.3.6). Ist dieses entwickelt, sind Jugendliche dazu fähig geworden, ihre Zukunft zu entwerfen. Zwischen dem Nicht-mehr und dem Noch-nicht liegt ein Dazwischen, eine **Zeit der Unsicherheit.** Ab etwa 16 Jahren bauen Jugendliche eine neue, feste Welt in sich auf, in der sie das Noch-nicht überwinden und ihre Identität finden (Noack 2007 a, S. 132 ff.). Dabei entwickeln sie eine prophetische Kraft (Fuchs 1986), denn mit dem „Neuaufbau" des Gehirns werden auch ungewöhnliche Ideen und schöpferische Neuerungen gefunden.

Kinder und Jugendliche sind in ihrer Einzigartigkeit der größte Schatz einer Gesellschaft. Darum gilt es, sie zu schützen und zu fördern. Dies geschieht zunächst durch **Gesetze.** Das *Kinderschutzgesetz* und das *Gesetz zum Schutz der Jugend in der Öffentlichkeit* (→ Kap. 3.4.4) dienen dem Schutz; das *Kinder- und Jugendhilfegesetz (KJHG)* des Sozialgesetzbuches (SGB VIII → Kap. 3.2), das wichtigste Gesetz der Jugendhilfe, will die Entfaltung des Kindes und des Jugendlichen fördern. Das Ziel der Gesetze ist, das *Recht auf Erziehung* (§ 1 SGB VIII) sicherzustellen und die Kinder und Jugendlichen in ihrer persönlichen und sozialen Entwicklung zu fördern. Wichtig ist, dass nicht nur die Persönlichkeit des Einzelnen entfaltet wird, das Selbst-sein, sondern auch seine Mitmenschlichkeit, seine soziale Einbindung, das Mit-sein (→ Kap. 9 und 20).

Eigenschaften, die gefördert werden, sind **Eigenverantwortlichkeit** und **Gemeinschaftsfähigkeit.** Um dies zu erreichen, werden Mädchen und Jungen zu einem Gleichgewicht der Geschlechter, zu Selbstbestimmung und zugleich Gemeinsamkeit (Intersubjektivität) befähigt. Gemeinsam sollen sie Projekte ins Leben rufen, die gesellschaftliche und soziale Verpflichtungen einschließen. *Sozialität* (→ Kap. 20) meint, Benachteiligung zu vermeiden oder abzubauen, auch gegenüber kulturellen Bedürfnissen junger Menschen und ihrer Familien. In diesem Zusammenhang steht ebenso der Kinder- und Jugendschutz. Überdies sollen die Eltern bei ihrer Erziehung beraten und unterstützt werden. Darüber hinaus will das *Kinder- und Jugendhilfegesetz* positive Lebensbedingungen sowohl für die Familien als auch für deren Kinder schaffen, indem die Umwelt geschützt und erhalten bleibt.

Weiterhin regelt das KJHG die **Leistungen** gegenüber Kindern, Jugendlichen und jungen Erwachsenen und deren Familien. Psychologisch gesehen, gilt heute als Jugendzeit die Zeit von 12 bis 25 Jahren, das *Kinder- und Jugendhilfegesetz* rechnet bis 27 Jahren. Damit Leistungen erbracht werden können, sind das jeweilige Land, die Landkreise und die kreisfreien Städte zur finanziellen Unterstützung verpflichtet. Örtlich sind es die Landesjugendämter und die Jugendämter, die den Staat vertreten (→ Kap. 5.2).

In diesem Kapitel werden Einrichtungen und Angebote der offenen Kinder- und Jugendarbeit vorgestellt (→ Kap. 5.1) sowie deren Träger und Strukturen (→ Kap. 5.2). Wie Einrichtungen geleitet werden, wie Team- und Öffentlichkeitsarbeit ausgerichtet sind, zeigt sich mitunter in Leitbild und Konzeption einer Einrichtung (→ Kap. 5.3 bis 5.7). Was Erziehen, Bilden und Betreuen in der offenen Kinder- und Jugendarbeit bedeutet, wird vor dem Hintergrund unterschiedlicher Ansätze vorgestellt (→ Kap. 5.9).

5.1 Einrichtungen und Angebote der offenen Kinder- und Jugendarbeit

Offene Angebote an Kinder und Jugendliche sind neben dem Kinderhaus auch Aktiv- und Abenteuerspielplätze, Spielmobile und Stadtteiltreffs sowie Jugendzentren und Jugendhäuser oder Jugendfarmen und Jugendfreizeiten. Die Kultur- und Bildungsarbeit mit Kindern und Jugendlichen wird in sozialpädagogischen und ästhetischen Arbeitsfeldern dargestellt.

5.1.1 Offene Kinderarbeit

In der offenen Kinderarbeit beschäftigen sich die Pädagoginnen und Pädagogen mit Kindern im Alter von 6 bis 12 Jahren, sie betrifft also das ältere, das Schulkind. Hieraus wird bereits das Grundprinzip der offenen Kinderarbeit sichtbar: Sie bietet einen **außerschulischen Lernort** mit einem eigenen **Bildungsauftrag.** Schwerpunkte bilden darum Aktivitäten, die schuluntypisch, aber für dieses Alter charakteristisch sind, z. B.:

- Vielfältige Spielmöglichkeiten
- Handlungsorientiertes Vergnügen
- Erlebnispädagogik
- Altersgemäße Kulturpädagogik
- Kreativität und
- Gemeinschaftliches Handeln und Kommunizieren mit Gleichaltrigen.

Einbezogen werden auch die **Familien.** Dies kann Familienberatung bedeuten, aber auch, dass Geschwister die Einrichtung besuchen. Spezifische Angebote sind Kinder-

Abb. 5.1: In der offenen Kinderarbeit werden schuluntypische Aktivitäten angeboten, durch die u.a. Kreativität und gemeinschaftliches Handeln gefördert werden sollen.

erholung, Jugendfarm (→ Kap. 5.1.4), Abenteuer- und Aktivspielplatz, Kreativwerkstatt, Spielmobil und mobile Spielaktionen für Stadtteile oder ländliche Gebiete.

Prinzipien der offenen Kinderarbeit

Das wichtigste Prinzip der offenen Kinderarbeit ist zunächst **Freiwilligkeit.** Im Gegensatz zur Schulpflicht besucht das Kind die Angebote freiwillig, also gern und begeistert. Weil aber Kinder noch stark augenblicksorientiert sind, können sie auch unregelmäßig kommen oder das Angebot wieder verlassen. Weil oftmals *Peergroups* (Gleichaltrigengruppen → Kap. 10.3.6) erscheinen und anschließend wieder wegbleiben, kann dies die Arbeit belasten. Darum ist es notwendig, den Kindern immer neue Erfahrungen und besondere Erlebnisse anzubieten.

Ein weiteres Prinzip beinhaltet **Teilnahme** und **Selbstständigkeit.** Die Kinder werden in die Angebote der Einrichtung einbezogen, und es werden ihnen Verantwortungen übergeben. Dadurch werden Eigenverantwortung, Selbstständigkeit, Eigeninitiative, Mitverantwortung, Mitbestimmung und Gemeinschaftsfähigkeit gefördert und gestärkt.

Ein drittes Prinzip in der offenen Kinderarbeit ist, dass immer das **Kindsein in seiner Ganzheit** beachtet wird. Dazu gehört, die Alltags- und Lebenswelt des Kindes einzubeziehen (→ *unten*) und damit zugleich präventiv zu arbeiten. Schließlich ist es notwendig, dass es in jedem Stadtteil mehrere regelmäßige Angebote gibt, weil Kinder kurze Wege bevorzugen.

Einrichtung eines Kinderhauses

Das Kinderhaus, so sagt schon der Name, ist ein **Haus für Kinder:** Es hat gemütliche, ansprechende Räumlichkeiten, Möbel nach Kindermaß, freie Flächen auf dem Boden, niedrige, zugängliche Regale, die übersichtlich und geordnet sind. Alle Gegenstände befinden sich in Augenhöhe des Kindes.

Das ganze Haus ist **ästhetisiert** durch Farben, Holzmöbel, von den Kindern selbst gemalte Bilder, blühende und grüne Pflanzen. Gut ist es, wenn gesonderte Räume zum Zeichnen und Modellieren, ein Musikzimmer mit vielen einfachen Instrumenten, eine Holz- und Metallwerkstatt, ein Spielzimmer mit sehr vielen Gesellschaftsspielen und ein Stilleraum zum Rückzug vorhanden sind. Nicht nur Menschen, auch *Räume sind Erzieher* (→ Kap. 8.5).

Die **Ausstattung eines Kinderhauses** kommt den Bedürfnissen von Kindern nach. Kinder brauchen ein reiches Bildungs-, Betätigungs- und Spielangebot, das die Kinder greifen, be-greifen können, wie Sinnesmaterialien, Dinge des täglichen Lebens, Hilfsmittel zur ökologischen Erziehung, Rechen-, Sprach- und Denkmaterialien, aber auch Stilleübungen.

[BEISPIEL] Sinnesmaterialien sind z.B. Tasttäfelchen, Geräusch- und Geruchsdosen oder Material zur Unterscheidung von Geschmackseigenschaften. Übungen des täglichen Lebens sind die Pflege von Pflanzen, von Tieren (wenn die Einrichtung es ermöglicht) und der pflegliche Umgang mit den Einrichtungsgegenständen des Hauses. Wichtig ist, dass es viel unfertiges Spielmaterial wie Holz, Steine, Seile usw. gibt, das die Phantasie des Kindes herausfordert, denn der kreative Prozess ist wichtiger als das fertige Produkt. Wenn Kinder nicht spielen möchten, können sie anderen Kindern dabei zusehen.

Offene Angebote an Kinder

Spiel → Kap. 21

Die folgend aufgeführten Spiele sind für Kinder zwischen 6 und 12 Jahren geeignet (Noack 2006, S. 124 f.).

Bewegungsspiele

Für Bewegungsspiele sind nötig: Bälle und Wurfspiele, Sportspiele, Roller, Gokarts, Fahrräder, Rollschuhe und Inlineskates, Strickleiter, Kletterseil, Springseil, Gummitwist, Schubkarre, Geschicklichkeitsspiele, Schlitten und Schlittschuhe für den Winter.

Sportspiele sind Tischtennis, Federball, Fußball, Boccia, Krocket u.a. Roller sollten leicht laufen und sicher sein. Das Universalbewegungsmittel ist das Fahrrad. Es sollte von guter Qualität und robust sein, falls Kinder auch über Bordsteinkanten, Treppen und Baumwurzeln fahren.

Bau- und Konstruktionsspiele

Bau- und Konstruktionsspiele erfordern **Material und Werkzeuge** zum Bauen, Malen, Drucken, Formen, Werken, Handarbeiten. Hinzu kommen:

- Das Konstruktionsmaterial für vielfältiges Bauen, für Fahrzeuge und Verkehrsanlagen, die mit Uhrwerk oder Batterie angetrieben werden

- Eine Eisenbahn mit den dazugehörigen Anlagen und Bauten
- Schiffe
- Montagebau für Fahrzeuge, Häuser, Landschaften
- Spiele wie Puzzle, Bilderlegespiel, Denkspiele, Zauberspiele, Geduldspiele
- Stempelkasten
- Episkop, Modellbaubogen, Modelliermaterial
- Werkbank mit hochwertigen Werkzeugen
- Experimentalbaukästen und Experimentiermaterial
- Drachenbau
- Nähmaschine
- Aquarell- und Ölfarben
- Zeichenschablonen, Lineal, Zirkel und Dreieck.

Ebenso ist die Legowelt für Kinder unverzichtbar, wobei die älteren Kinder komplexere Konstruktionsaufgaben lösen. Ergänzt wird das Legosystem durch die DUPLO-Materialien, die Bauspiel, Funktionsspiel und rollenbezogenes Figurenspiel ermöglichen, und das Playmobil. Letzteres bietet komplette Sets an, um Wirklichkeit simulieren zu können, wie die Welt der Ritter, Seeräuber, Großwildjäger, Weltraumfahrer, also Spielfiguren, aber auch ein komplettes amerikanisches Siedlerfort usw. Dies sind vollständige Spielzeugwelten.

Zu den Konstruktionsspielen gehört es auch, wenn das Kind im Haus, im Garten oder wo es nötig ist mithilft. Diese Form des Konstruktionsspiels bildet einen Übergang zur Arbeit.

Phantasie- und Rollenspiele

Phantasie- und Rollenspiele der älteren Kinder erfordern eine Vielzahl von Spielmitteln. Dazu gehören

- Stofftiere, Puppen und Puppenzubehör, Puppenstube mit reicher Ausstattung, so dass ganze Szenenfolgen gespielt werden können
- Haushaltsgeräte, elektrische Geräte, sie sollten wegen der besseren Qualität aus der Erwachsenenwelt genommen werden
- Rollenspielzubehör wie Kleider, Tücher und andere Dinge zum Verkleiden
- Miniaturfahrzeuge, die in ganze Landschaften einbezogen werden
- Eisenbahn und Häuser, Bahnhöfe, Tiere, Menschen usw., die selbst gebastelt werden
- Handspielpuppen, Handspieltiere, einfache Marionetten, eine Bühne für das Puppentheater
- Spielmöbel, große Spielelemente, Zelt, Großbauelemente.

Abb. 5.2: Geeignete Materialien und Räume ermöglichen den Kindern kreative Freiheit.

Regelspiele

Regelspiele bzw. Gesellschaftsspiele können jetzt schon viel anspruchsvoller werden. Solche sind:

- Gedächtnisspiele
- Wettrennspiele, die auch schon taktische Elemente enthalten
- Brettspiele wie Halma, Dame, Mühle
- Buchstabenspiele
- Legespiele wie Domino
- Denkspiele
- Kartenspiele wie Quartett
- Geschicklichkeitsspiele wie Mikado und Flohhüpfen
- Sportspiele vielfältiger Art und
- Schach, das manche Kinder bereits ab etwa acht Jahren spielen.

Bei der Anschaffung dieser vielfältigen Spielmittel muss auf sehr gute **Qualität** geachtet werden. Kinder entmutigt es, wenn ohne ihre Schuld Dinge entzweigehen. Es sind gute Erfahrungen damit gemacht worden, Spielmittel wie Hammer, Zange, Schraubenzieher, Säge, Handbohrer in Baumärkten zu kaufen, die Qualität für Erwachsene anbieten; für Kinder können einfach kleinere Größen ausgewählt werden.

Auch dürfen **Pflanzen** und **lebendige Tiere** (→ Kap. 5.1.4) nicht fehlen. Ihre Pflege fördert Fürsorge, Verantwortung und Liebe zum Lebendigen. Da das kindliche Gehirn hochkomplex ist und doppelt so viele Neuronen und Synapsen besitzt wie das der Erwachsenen, brauchen Kinder kontinuierlich wechselnde Angebote, allerdings auch feststehende Rituale.

Aktiv- und Abenteuerspielplätze

Offene Angebote an Kinder sind neben dem Kinderhaus auch Aktiv- und Abenteuerspielplätze. Diese sind wichtig, weil die Standardspielplätze wenig genutzt werden.

Der **Standardspielplatz** (Noack 2006, S. 127 f.) ist gleichsam ein „Kindergetto", im Freien platziert, mit Zäunen oder Sträuchern, von Flächen mit anderen Funktionen und von der Erwachsenenwelt abgetrennt. Dort soll das Kind spielen, und zwar nur hier und zu streng vorgegebenen Zeiten. Spielplätze sind meist Fehlinvestitionen, weil sie zu wenig genutzt werden. Kinder wollen ja raumgreifend die Umwelt erfahren, sozusagen er-fahren vermittels Roller und Fahrrad. Dementsprechend werden Kinderspielplätze wenig genutzt.

In einer Untersuchung über Spielplätze nennt Inge Thomas (1979, S. 59 ff.) folgende Zahlen: Spielplätze werden durchschnittlich am Tag von 7,6 Kindern besucht, andere Beobachtungen zeigten nur 4,9 und 3,2 Kinder pro Platz. Die Zahlen variieren, je nach Auswahl der Spielplätze der Untersuchung. Andere Untersuchungen zeigen die Besucherzahl von 8,12 bis 10,24 Kindern auf. Signifikant ist auch die Differenzierung in Altersgruppen. Geht man von einem Durchschnittsbesuch von 7,6 Kindern auf dem Spielplatz aus, dann gliedern sie sich in 4,3 Kinder zwischen 2 und 6 Jahren, 2,6 Kinder zwischen 6 und 10 Jahren und 0,9 Kinder zwischen 10 und 14 Jahren. Kinderspielplätze sind also höchstens **für Kleinkinder attraktiv,** während die älteren Kinder über 10 Jahre sie meiden. Sie bieten ihnen zu wenig Spielmöglichkeiten an. Allerdings beginnt die Ablehnung von Spielplätzen schon mit ca. 6 Jahren. Die Spieldauer an einem Gerät beträgt durchschnittlich 2 Minuten und 20 Sekunden, sehr kleine Kinder können im Sandkasten länger spielen. Kinder wechseln also innerhalb einer Stunde 24-mal ihre Spielaktivitäten, und zwar deshalb, weil die angebotenen Geräte kaum Anregungen zu längerem und intensivem Spielen bieten. Spielanlagen sind für Kinder zwischen 3 und 14 Jahren konzipiert – hieran wird die Fehlkonzeption deutlich.

Was Kinder wirklich brauchen, sind unspezialisierte und ungeregelte Räume, die Freiraum bieten für Spieleinfälle und Raumbewegung. Darum sind nichtstandardisierte, reichhaltige und kindgemäße Angebote wichtig. **Kindgemäße Spielorte** können z. B. Treppenhäuser, Hauseingänge, Tordurchfahrten, Höfe, Stadtbrachen, wilde Rasenflächen, Sandhügel oder Spielstraßen sein.

Ein **Abenteuerspielplatz** ist zugleich ein Bauspielplatz, wo Kinder mit Holz Hütten bauen oder Spielzeug basteln. Aktiv- und Abenteuerspielplätze sind für Kinder außerordentlich wichtig. Leider gibt es nur wenige, und meist sind sie am Stadtrand gelegen.

Spielmobile

Spielmobile haben den Vorteil der Beweglichkeit und stellen darum mit ihren Möglichkeiten eine **zugehende Sozialarbeit** dar. Sie bieten ein vielfältiges Angebot an Spielmöglichkeiten, die das Kinderhaus nicht bieten kann, wie ungewöhnliche Materialien und Geräte, die Spiel-, Phantasie-, und Bewegungsmöglichkeiten erlauben. Darum kann es auch auf wechselnde Interessen oder auf den Wechsel von Altersstufen schnell eingehen. Der Nachteil ist die Mobilität. Das Spielmobil ist kein feststehender Sozialraum, der jederzeit aufgesucht werden kann.

5.1.2 Offene Jugendarbeit

In der offenen Jugendarbeit sind Jugendzentren und Jugendhäuser Orte, in denen sich Jugendliche wohlfühlen und treffen können. Über Themen wie Gastfreundschaft und Ästhetik werden ihnen Werte vermittelt und darüber hinaus altersangemessene Spiele angeboten.

Jugendzentren und Jugendhäuser

Jugendzentren und Jugendhäuser stehen nach dem *Kinder- und Jugendhilfegesetz* (→ Kap. 3.2) für Jugendliche zwischen 12 und 27 Jahren zur Verfügung. Kinder- und Jugendarbeit überlappen sich hier altersmäßig, weil Kinder schon früher das Jugendhaus besuchen, wenn kein Kinderhaus erreichbar ist. Über Zwanzigjährige kommen sehr selten.

„Offen" bedeutet niederschwellig: Die Orte der Begegnung Gleichaltriger stehen grundsätzlich allen offen. Sie stellen **Sozial- und Begegnungsräume** zu feststehenden und regelmäßigen Zeiten dar.

Offene Jugendarbeit im engeren Sinne betrifft Jugendzentren und Jugendhäuser. Zur offenen Jugendarbeit im weiteren Sinn gehören vor allem:

- Häuser der Jugend und Jugendzentren mit niederschwelligen offenen Türen
- Jugendclubs, Jugendfreizeitheime, Jugendbegegnungsstätten mit mittelschwelligen teiloffenen Türen
- Niederschwellige pädagogisch betreute Spielplätze, Bauspielplätze und Abenteuerspielplätze
- Hochschwellige Jugendferienwerke und Stadtranderholungen
- Hochschwellige Volkshochschulen und Bildungswerke mit ihren Kurs- und Seminarangeboten (Noack 2001, S. 138).

Auch die offene Jugendarbeit ist gekennzeichnet durch **Freiwilligkeit.** Doch diese ist hier ein Problem: Die meisten Jugendlichen suchen solche Orte und Angebote gar nicht auf. Nur 15 % der Jugendlichen zwischen 13 und 19 Jahren besuchen ein Jugendzentrum, und nur für 5 % ist es ein wichtiger Ort (Noack 2001, S. 149). Das bedeutet, dass kurzzeitige Angebote wie Projekttage gut besucht sein können, wenn sie attraktiv sind, langzeitige hingegen müssen sich um Besucher sorgen. Darum ist es wichtig, dass die jungen Leute die Bindung an die Einrichtung nicht über Programme erhalten, sondern durch Beziehungen.

Gestaltung von Jugendzentrum oder Jugendhaus

Beziehungen benötigen zunächst eine ästhetische Umgebung (Noack 2000, S. 48 ff.). Das Jugendhaus sollte genauso wie ein Kinderhaus oder ein Kindergarten verschönt werden. Dabei werden zwar die Jugendlichen mitwirken, aber die Generationen der Besucher wechseln relativ rasch. Der Geschmack einer Generation unterscheidet sich von dem der folgenden. Darum werden die Mitarbeiter eine **generationenübergreifende Gestaltung** wählen.

Zunächst soll die Einrichtung eine Ergänzungsfunktion zur Familie haben. Das bedeutet, dass es auch gleichsam ein Heim und eine Heimat ist. Heim und Gastfreundschaft hängen aufs Engste zusammen, Gastfreundschaft schafft geradezu das Heim. Alltagsweltlich und alltagsästhetisch bedeuten Heimat und Gastfreundschaft, dass Essen und Trinken (etwas zum Knabbern, Obst, Tee, Wasser) angeboten werden, und dies in einer ästhetischen Darreichungsform, denn gemeinsames Essen und auch Feiern stiftet Gemeinschaft. Darum ist es wichtig, Höhepunkte zu schaffen in Form von **Festen und Feiern,** wie Frühlings-, Sommer-, Herbst- und Winterfeste, Advent und Weihnachten, Fasching, der jeweils erste und der letzte Tag der Öffnung des Jugendzentrums, Geburtstage, Hochzeiten usw. Solche Feste feiern die Jugendlichen im Jugendraum und laden dazu ein, so, wie sie auch Besucher privat zu ihren Festen nach Hause einladen (lebensweltlich feiern). Aber Heimat und Gastfreundschaft sind nicht den Höhepunkten vorbehalten. Jedes Treffen ist gekennzeichnet durch Alltagsästhetik, durch Schmuck, Schönheit, Essen und Trinken.

Heimatlichkeit und Gastfreundschaft bewirken die Metamorphose von Fremden zu Freunden nicht nur durch Begegnung und Mahlzeit, sondern auch durch die **Alltagsästhetik** (Noack 2000, S. 53 f.). Die Erfahrung zeigt, dass es gut ist, den Jugendraum hell zu streichen. An der Decke und an den Wänden befinden sich geschmackvolle Lampen. Tische, Schränke und Stühle sind aus hellem Naturholz. Zum Ritus gehört auch, dass zu manchen Anlässen auf den Tischen schöne Decken liegen, auf denen Blumen, Kerzen, Schalen mit Obst und Gebäck, die die Besucher oft mitbringen, schöne Tassen für Tee usw. stehen. Hell, festlich und bergend zugleich soll die **Atmosphäre** sein, die die Besucher als eine überschaubare Heimwelt umhüllt. Daran sollen die Besucher paradigmatisch (musterhaft) eine neue kulturelle, ästhetische Lebensform lernen, wenn ihre Heime zu Hause zuweilen wenig oder gar nicht ästhetisch gestaltet sind. Wichtig ist es in diesem Zusammenhang, jede Verschmutzung und Zerstörung sofort auszubessern, damit die Atmosphäre des Raums nicht dauerhaft und zunehmend zerstört wird.

Ästhetik beinhaltet nicht nur, Schönheit zu genießen, sondern auch selbst Schönes zu schaffen. Zur alltagsästhetischen Bildung gehört es, dass manche Tage einen **Kreativteil** einschließen. Dabei ist auf Variabilität zu achten. Nach kurzer Zeit hat sich nämlich der Reiz des Angebotes durch Gleichförmigkeit erschöpft. So wechseln sich im Kreativteil Basteln, Kollagen herstellen, ein Gedicht oder eine Geschichte schreiben, einen Brief verschicken usw. ab.

Schließlich gehört zu Gastfreundschaft, Ästhetik und Bildung die **Wertevermittlung** (→ Kap. 13.3.4). Besonders durch den Zwang zur Individualisierung (→ Kap. 9.4.9) und den Verlust der tradierten Wertesicherheit werden Jugendliche bei ihrer Orientierungssuche verunsichert oder sogar alleingelassen. Darum ist es wichtig, in der Jugendarbeit Werte zu vermitteln. Der zentrale Wert in unserer Gesellschaft ist die Menschenwürde. Sie kommt jedem Menschen zu. Sie wird entfaltet und geschützt durch die demokratischen Gleichheitsrechte, die liberalen Freiheitsrechte und die sozialen Leistungsrechte (→ Kap. 3.1). Sie werden durch den demokratischen, liberalen, rechtstaatlichen und sozialen Bundesstaat geschützt und durchgesetzt. **Menschenwürde** und **Menschenrechte** sollten darum jedem Jugendlichen so vermittelt werden, dass er sie im Jugendhaus selber erlebt. Der Lebensstil kann von jedem Jugendlichen selbst gefunden werden, aber die Grundwerte unserer Gesellschaft besitzen verpflichtenden Charakter.

Alltagsweltliche Bildung

Bildung ist zunächst formal (Schulbildung/Abschlüsse in den verschiedenen Bildungseinrichtungen) oder non-formal (Lebenslernen). Non-formale Bildung ist schichtenunabhängig (Schicht → Kap. 9.3.4) und kann gemessen werden am Grad der Interessiertheit.

Eine andere wichtige Differenzierung ist die zwischen Schullernen und **Lebenslernen** bzw. Alltagslernen. Während das Schullernen überwiegend formal-abstrakt und rational ist und eine Fülle von Wissen in Regelmäßigkeit und in Langzeitbeeinflussung anbietet, ist das Lebenslernen zwar auch rational, aber doch vorrangig emotional, sozial, werteorientiert und alltagsweltlich.

Alltagsweltliche Bildung als Lebenslernen schließt die Fähigkeit ein, Alltagshandlungen zu bewältigen, wie Kochen, Flicken, Haushalt organisieren, die Wohnung ästhetisch gestalten, soziale Rede- und Verhaltensformen.

Offene Angebote an Jugendliche

Spiel → Kap. 21

Eine bedeutende Rolle spielen auch die Spielangebote an die Jugendlichen. Jugendspiele haben vor allem die Funktion der **Identitätsfindung** und der **Bildung des Selbst** (→ Kap. 5.9.2). Damit ändern sich die Spiele grundlegend in ihrer Zielsetzung gegenüber den Kinderspielen.

Im Alter zwischen ungefähr 16 und 25 Jahren suchen Jugendliche ihre Identität und bilden das Selbst aus. Die erste Aufgabe des jungen Menschen ist die Lösung von der Elterngeneration. Er weiß nun, wer er nicht ist: Er ist nicht die Imitation der Eltern und die Identifikation mit ihnen; aber er weiß noch nicht, wer er ist. Seine Identität findet er, indem er seine **Teilidentitäten entwickelt** (die soziale, geschlechtliche, berufliche, kulturelle, politisch-gesellschaftliche, weltanschauliche, religiöse und praktische Identität) und sie in seine Persönlichkeit integriert (→ Kap. 5.9.2). Auf diese Weise bildet sich seine Ganzheit heraus, sein Selbst. Jetzt hat der Mensch die Aufgabe, dieses Selbst in die Zukunft hineinzuentwerfen, und zwar in der Weise, dass er darin für alle Menschen vorbildlich ist (Entwicklungsaufgaben → Kap. 10.3.1).

Wie kann nun das **Spiel dabei förderlich** sein, das Noch-nicht der jugendlichen Zeitform zu überwinden bzw. die Jugendlichen bei ihrer Suche nach ihrer Identität, ihrem

Selbstkonzept, zu unterstützen? Es sind vier Funktionen des Spiels, die hierbei behilflich sind:

- Das Spiel, welches das Selbst als sich abgrenzende Einheit hervorbringt: Durch das Spielen erfährt sich der Spieler selbst, indem er seiner selbst bewusst wird. Durch die Reaktion der Mitspieler auf die Spielhandlungen kann der Jugendliche ein Bild von sich selbst konstruieren
- Das Spiel als das Selbst entwickelnde Spiel: Wenn Jugendliche Spielgewohnheiten entwickeln, lernen sie das Spiel in den Dienst ihrer Selbstentwicklung zu stellen
- Das das Selbst heilende Spiel: Jugendliche finden allmählich Spiele, die ihnen befriedigende Gefühlserlebnisse verschaffen, durch die sie Sorgen, Freuden, Hoffnungen und Ängste ausdrücken und verarbeiten können. Dies ist eine heilende Funktion des Spiels
- Das Spiel, welches das Selbst regeneriert und wachsen lässt: Durch das Spiel mit anderen lernt der Jugendliche, sich Regeln zu unterwerfen und seine Ich-Prozesse mit denen der Mitspieler zu harmonisieren. Soziales Spiel führt zur Ausbildung fester intersubjektiver Handlungsmuster. Hierdurch findet er seine Identität, stabilisiert und entwickelt sie (Schäfer 1989, S. 49 ff.).

Spiele, die dies hervorbringen können, sind Bewegungsspiele wie die vielfältigen Sportspiele, Wurfspiele und Geschicklichkeitsspiele. Wichtig ist auch das Fahrrad, das zu weiten Fahrten anregt oder auch von männlichen Jugendlichen zu akrobatischen Vorführungen genutzt wird, mit denen den Konkurrenten und den Mädchen imponiert werden soll.

> Bewegung und Abenteuer sind für die männlichen Jugendlichen von Bedeutung, während die Mädchen es vorziehen, zu shoppen, zu bummeln und sich zu zeigen. (Noack 2001, S. 144)

Bauspiele sind für Jugendliche kaum mehr interessant. Dagegen finden vollwertiges, „ernsthaftes" Malen und Modellieren, aus Abfällen und vermeintlich Nutzlosem **Kunstwerke** schaffen, Segelflugzeuge bauen, die mit Motor fliegen usw. viel Anklang.

Abb. 5.3: Bauspiele sind für Jugendliche wenig interessant, sondern die Erschaffung von Nützlichem und Dauerhaften.

Rollenspiele werden ebenso geschätzt: Theaterspielen, sich verkleiden, sich schminken und andere rollenspezifische Spiele. Beliebt ist auch gemeinsames Kochen.

Unter den **Gesellschafts- und Regelspielen** sind die anspruchsvollen Denkspiele bevorzugt wie Dame, Mühle, vor allem Schach und andere neuere Denkspiele, aber auch Geschicklichkeitsspiele. Ebenso spielen Jugendliche gern Karten.

Weibliche und männliche Jugendliche

Bei all dem lassen sich beim Spiel deutliche Unterschiede zwischen Jungen und Mädchen feststellen (Oerter 1997, S. 281 f.). Bei **männlichen** Kindern und Jugendlichen dominieren im Spiel

- Körperstärke und Körperkontakt
- Kontinuierlicher Aktivitätsfluss
- Motorische Aktivität, die den ganzen Körper umfasst
- Die Beanspruchung von viel Platz, vor allem im Freien
- Konkurrenz und Konfliktverhalten zwischen Gruppen und Teams
- Erfolgsorientierung
- Deutliche Differenzierung von Gewinnern und Verlierern
- Spiel in großen Gruppen
- Lang andauernde Spiele auch in altersheterogenen Gruppen.

Bei **weiblichen** Kindern und Jugendlichen hingegen wird das Spiel gekennzeichnet durch:

- Feste Einhaltung der Regeln, Rhythmen und sich merken von Wörtern
- Definierte Spielphasen
- Indirekten Wettbewerb
- Eine Vielfalt von Regeln, die jede Bewegung bestimmen
- Einbeziehung von nur einzelnen Körperteilen
- Individuelle Spielbewegungen
- Wettbewerb zwischen Individuen und nicht zwischen Parteien und Gruppen.

Spielräume und Spielzeit

Die **Spielräume** der Jugendlichen (Noack 2001, S. 143 ff.) sind in der Regel das eigene Zimmer, in das die Freunde eingeladen werden. Häufig halten sie sich jedoch auch im Freien auf, wo sie sich zu Cliquen zusammenfinden, und zwar in Hauseingängen, auf Plätzen, an Bushaltestellen, in Kinoeingängen, in Diskotheken, Kneipen, Cafés, Fußgängerzonen, Einkaufspassagen, Kaufhäusern, aber auch auf Stadtbrachen.

Die wenigsten Jugendlichen jedoch nutzen die kommunalen Angebote.

Die **Spielzeit** der Jugendlichen beschränkt sich weitgehend auf den Abend, weil die Schüler lange Schul- und Hausaufgabenzeiten haben und die arbeitende Jugend lange Arbeitszeiten.

Abb. 5.4: Jugendliche finden sich häufig im Freien zu Cliquen zusammen und verbringen Ihre Zeit in Hauseingängen oder auf Plätzen.

5.1.3 Mädchen- und Jungenarbeit

Wenn sich Jungen und Mädchen mit dem Computer beschäftigen, so kann oft beobachtet werden, dass die Mädchen dabei stehen und zuschauen. Sind Mädchen aber unter sich, bedienen sie ihre Notebooks genauso kompetent wie die Jungen. In einer Diskussion von männlichen und weiblichen Teilnehmern war zu beobachten, wie die jungen Frauen zuerst gleichrangig mit ihren männlichen Gesprächspartnern diskutierten, sich allmählich aber zurückzogen und schließlich die Meinung der jungen Männer übernahmen. Wenn in gemischten Klassen die Abiturienten ihre Studienfächer auswählen, studieren die Mädchen eher „frauliche" Fächer wie Sprachen, soziale Berufe usw., die jungen Männer hingegen überwiegend naturwissenschaftliche. In reinen Mädchenklassen hingegen studieren gleich viele Abgängerinnen soziale wie naturwissenschaftliche Fächer (Faulstich-Weiland 2004, S.14f).

Die Genderforschung, die Forschung über die Konstruktion des sozialen Geschlechts *Gender*, hat Urteile über weibliche und männliche Rollen (*Rollen* → Kap. 9.1.2)als überlieferte Vorurteile und als leere Begriffe entlarvt. Noch immer gelten weitgehend die alten patriarchalischen, hierarchischen Konstrukte, wonach das Mädchen passiv, dienend, pflegend, anpassend, attraktiv usw. zu sein hat, der Junge dagegen aktiv, aggressiv, stark, durchsetzungsfähig usw. (*Geschlechtsrollenstereotyp* → Kap. 8.1.3) Das **Hinterfragen von Rollenbildern** ist erforderlich, denn die Situation der Mädchen ist trotz gesetzlicher *Gleichberechtigung* (→ Kap. 3.1.2) schlecht. Im Kindergarten spielen Junge und Mädchen noch problemlos miteinander. Aber nicht wenige Erzieherinnen legen durch ihr Verhalten noch immer den Grundstock zum späteren polarisierenden Rollenvorurteil, das in der Schule und oftmals bereits im Elternhaus verfestigt wird.

Statt einer Polarisierung des Rollenbildes von Mannsein und Frausein wird in der offenen Kinder- und Jugendarbeit eine Pluralisierung der Mann- und Fraurollen durch **Individualisierungsprozesse** an die Stelle gesetzt. „Frau" und „Mann" sind aus dieser Sichtweise lediglich sprachliche Konstruktionen, die durch Wiederholungen konstant gehalten werden (Sielert 2002; Enggruber 2001, S. 32 ff.). Der Habitus (Erscheinungsbild) von Mann und Frau wird jeweils durch Geschichte, Kultur, Weltbild, Religion u. a. bestimmt (Noack 2007 b, S. 55 f.) oder, wie Heike Schemmel sagt, durch „machtvolle Diskurse in die Körper eingraviert" (Schemmel 2002, S. 1).

Mädchenarbeit

Geschlechtsbewusste Erziehung → Kap. 8.1.3

Mädchenarbeit beschränkt sich nicht nur auf die offene Kinder- und Jugendarbeit. Sie umfasst auch **wohnungslose Mädchen,** die der Männergewalt ausgesetzt sind, und verarmte sehr junge **Mütter,** die ihr Kind allein erziehen müssen. Nicht zu vergessen ist, dass auch in der *Schulsozialarbeit* (→ Kap. 3.2.3) die Mädchen eigene Projekte erhalten und ihre Partizipation am Schulleben gefördert wird.

Mädchenarbeit ist notwendig. Mädchenarbeit bedeutet, mit Mädchen für Mädchen zu arbeiten. Mädchen benötigen Sozialräume, die nur für sie da sind, in denen sie in Gesprächen mit den Gleichaltrigen über ihre soziale Rolle (→ Kap. 9.1.2) nachdenken können und in denen sie geschützt sind, um ihre eigene Identität zu finden.

Prinzipien der Mädchenarbeit sind darum nach dem Positionspapier der Plattform Mädchenarbeit (Tirol):

- Parteilichkeit
- Arbeit in geschlechtshomogenen Gruppen
- Frei- und Schutzräume
- Ganzheitlichkeit
- Autonomie und Selbstbestimmung der Mädchen
- Partizipation
- Mädchenpolitik.

Parteilichkeit gegenüber Mädchen soll sein, darf aber nicht zu einer Überhöhung des weiblichen Ich-Ideals führen, sie dürfen sich Jungen nicht überlegen fühlen. Wenn das Jugendhaus für Jungen wie Mädchen gleichermaßen geöffnet ist, brauchen die Mädchen Gelegenheiten, **unter sich zu sein.**

Frei- und Schutzräume sind zunächst vor allem durch die Erzieher gegeben. Denn sie werden sofort eingreifen, wenn Mädchen direkt belästigt werden (Gewalt → Kap. 26.1.1). Tatsächlich leiden die Mädchen auch unter einer generalisierten Gewalt, die sich im Patriarchat ausdrückt.

Im Einzelnen kann **Gewalt gegenüber Mädchen** so aussehen:

- Es kann *ökonomische Gewalt* sein, die Mädchen von den Vätern oder später Arbeitgebern abhängig macht (weniger bezahlt, zuerst entlassen)
- Die *soziale Gewalt* äußert sich heute meist nicht mehr offenkundig. Früher waren es Ausgehzeiten, Kleidervorschriften usw. für Mädchen. Heute besteht sie in manchen Kulturen vor allem in der Bevormundung der Mädchen durch die Eltern, wenn sie Besitzdenken haben (die Tochter gehört uns) oder auch zuweilen durch die älteren Brüder
- Die *psychische Gewalt* drückt sich z. B. in demütigenden, entwertenden Sprachwendungen gegenüber Mädchen aus
- *Körperliche Gewalt* findet sich vor allem in der Hauptschule, auf dem Schulweg und in den gemischtgeschlechtlichen *Peergroups* (→ Kap. 10.3.6). Mädchen werden dann geschlagen, an den Haaren gezogen u. a.
- *Sexuelle Gewalt* (→ Kap. 26.1.1) zeigt sich im grausamen Besitzdenken des Mannes gegenüber dem Körper der Mädchen oder der Frau, die durch ihn Demütigung, Schmerzen und Ohnmacht erleiden.

Zur Entwicklung von **weiblichen Kompetenzen** gehört es auch, dass die Mädchen naturwissenschaftlich und technisch gebildet werden (→ Kap. 16). **Ganzheitlichkeit** umfasst die gesamte *Alltags- und Lebenswelt* von Mädchen. Alltag und Alltäglichkeit kann man deuten als einen besonderen charakteristischen Modus des Verstehens und Handelns (Noack 2001, S. 158 ff.), nämlich Alltagsverstehen und Alltagshandeln von Individuen. Sie sind charakterisiert durch Einfachheit, Übersichtlichkeit, Ritualisierung und Typisierung.

So ist Alltag eingebunden in Raum, Zeit und soziale Bezüge. Zugleich ist die Alltagswelt die Welt des Weltvertrauens und des unbezweifelbaren Erfahrungsbewusstseins. Insofern ist der Alltag keine isolierte Welt, sondern findet in der **Lebenswelt** statt, die wiederum das Gesamte des Lebens umfasst. Diese Lebenswelt gilt es in der Kinder- und Jugendarbeit zu berücksichtigen.

Seit der Entstehung des Patriarchats zwischen 1200 und 750 v. Chr. schufen Männer die Vorstellung der superioren (überlegenen) Männlichkeit und der inferioren (unterlegenen) Fraulichkeit. Solch ein jahrtausendealtes Mädchen- und Frauenverständnis wirkt bis heute nach. Darum ist es wichtig, **Autonomie und Selbstbestimmung der Mädchen** zu fördern. Frauen und Mädchen sind immer noch von der Öffentlichkeit zwar nicht ausgeschlossen, aber benachteiligt. Darum achten die Pädagogen in der Kinder- und Jugendarbeit darauf, die Mädchen **gleichrangig zu beteiligen.** In der **Öffentlichkeitsarbeit** des Kinder- oder Jugendhauses (→ Kap. 5.5) sollte immer wieder auf die Autonomie und Selbstbestimmung der Mädchen verwiesen werden.

Abb. 5.5: Wenn sich Jungen und Mädchen mit dem Computer beschäftigen, schauen die Mädchen oft nur zu. Mädchen unter sich dagegen bedienen ihre Notebooks genauso kompetent wie die Jungen.

Jungenarbeit

Jungensozialisation in einem Verständnis von *Erziehung als absichtsvoller Sozialisation* (→ Kap. 9.3.1) bedeutet heute nicht mehr, „harte Männer" für den Lebenskampf (und den Krieg) heranzuziehen, sondern Jungen zu partnerschaftlichen, mitfühlenden, sich einfühlenden und mitmenschlichen Personen zu bilden. Dafür ist es notwendig, alte Rollenverständnisse, die tief im männlichen Habitus (Erscheinungsbild) und Sozialverhalten verankert sind, bewusst zu machen und dies in die Jungenarbeit zu integrieren.

Noch immer entwickeln Jungen oft nach altem Muster **Dominanzverhalten** und **mangelnde Sozialkompetenz.** Darum (Kaiser 1997, S. 8 ff.) halten sie sich wenig an Regeln und beanspruchen vor allem in der unteren *Schicht* (→ Kap. 9.3.4) Dominanz, was sich in disziplinlosem Verhalten ausdrückt.

Die **Aufgabe der Jungensozialisation** ist es, in ihnen verdrängte *Ich-Funktionen* (→ unten) zu erwecken, vor allem Fühlen und Intuieren. Fühlen ist ein Urteilen über Gefühlszustände, Intuieren ist ein Wahrnehmungsvermögen, das die Möglichkeiten hinter den Dingen sieht. So kann ein integriertes Ich entstehen. Ein Junge darf sein Nähebedürfnis, seine Schwäche und seine Gefühle zeigen, ohne dass er dadurch sein Gesicht verliert. Weil jedoch oftmals in Familie, Schule und Medien die traditionelle Männerrolle des Patriarchats vertreten ist, ist es notwendig, Jungen zu emotionaler Stabilität, Beziehungs- und Kooperationsfähigkeit zu bilden.

C. G. Jung hat als Erster gezeigt, dass der Mensch vier **Ich-Funktionen** besitzt (Jakobi 1977, S. 20 ff.): Wahrnehmen, Denken, Intuieren und Fühlen. Wer alle vier Funktionen gleichermaßen entwickelt, hat ein **integriertes Ich.**

Integrationsarbeit

Wenn Jungen und Mädchen gemeinsam in Gruppen sind, verhalten sich die Jungen oft sozialer, als wenn sie unter sich sind. Wenn sich Jungen und Mädchen in ihrer *Peergroup* (→ Kap. 10.3.6) aufhalten, ergreifen die Mädchen oft die Initiative, z. B. bei Vorschlägen zu Spielen.

In der offenen Kinder- und Jugendarbeit wird versucht, die Geschlechter gemeinsam in die Gruppe zu integrieren. Das kann bereits während Diskussionen und bei gemeinsamen Angeboten des Hauses geschehen.

In der hierarchisch-patriarchalischen Gesellschaft wurden seit zwei Jahrtausenden dem Mann die Fähigkeiten **Wahrnehmen und Denken** zugeschrieben, der Frau hingegen eher **Intuieren und Fühlen.** Integrationsarbeit bedeutet, den Jungen Intuieren und Fühlen, den Mädchen Wahrnehmen und Denken näher zu bringen. Damit erlangen beide Geschlechter gegen das jeweilige tradierte Rollenbild ein integriertes Ich mit allen Ich-Funktionen.

In der Integrationsarbeit sollen beide Geschlechter gegen das jeweilige tradierte Rollenbild ein **integriertes Ich** mit allen Ich-Funktionen erlangen.

Kooperationsarbeit

Jungen und Mädchen können sehr gut zusammengeführt werden durch gemeinsame Aktionen wie Fahrt und Freizeitlager, Fahrradtouren, Sport, Tischtennis, Volleyball, Spiele. **Sport für Jungen** sind vor allem Fußball (wobei meistens die Mädchen zusehen und die Jungen anfeuern), **Sport für Mädchen** Turnen und Gymnastik/Tanz, aber auch Fußball, Handball, Volleyball, Skateboard usw. Besonders integrativ sind Fahrt und Freizeitlager, wobei die Mädchenrollen (Kochen) und Jungenrollen (Zelt aufstellen) verschwimmen sollten. Durch das gemeinsame einfache Leben werden die Geschlechterrollen zusammengeführt. Auch Gesellschaftsspiele können sehr gut gemeinsam gespielt werden.

Es ist notwendig, spezifische Mädchen- und Jungenarbeit einzurichten, aber es ist genauso notwendig, die Geschlechter durch Integrations- und Kooperationsarbeit auch wieder zusammenzuführen.

5.1.4 Projekte in der offenen Kinder- und Jugendarbeit

Projekte der offenen Kinder- und Jugendarbeit sind vor allem die Jugendfarmen und die Kinder- und Jugendfreizeiten.

Kinder- und Jugendfarmen

Jugendfarmen können auch Kinder schon besuchen, weil es hier um die **Pflege und Liebe zu Tieren** geht. Kinder und Jugendliche pflegen Schafe, Ziegen, Kaninchen oder Meerschweinchen und gewinnen sie lieb. Sie lernen, Verantwortung zu übernehmen, und durch die Beziehung zu den Tieren empfinden sie Geborgenheit und Nähe.

Aber auch **Alltagswissen** vermitteln die Jugendfarmen: Melken, Käse herstellen, Schafe scheren und die Wolle verarbeiten. Oftmals gibt es auch große Tiere in der Jugendfarm, vor allem **Pferde.** Mit ihnen können die Kinder und Jugendlichen reiten oder auch Wanderreiten u. a.

Jugendfarmen führen auch in **ökologische Bereiche** ein wie z. B. Naturschutz, alternative Energie, biologischen Garten- und Ackerbau. Hier erleben sie eine lebendige Kultur, die ihre Stadtkultur ergänzt.

Oft ist an die Jugendfarm auch ein **Bauspielplatz** angeschlossen.

Kinder- und Jugendfreizeiten

Kinder- und Jugendfreizeiten (Bucher-Zimmermann/Pünchera 1998) sind ab 8 Jahren zu vertreten. Sie finden in der Regel **in den Ferien** statt.

Die Freizeit kann im eigenen Jugendhaus oder im angrenzenden Hof oder Garten, in einer Jugendherberge oder einem Zeltlager stattfinden. Ferien **im Haus** erfordern vergleichsweise wenig Vorbereitung, denn dort verankerte Programme und Projekte sind eine Hilfsquelle.

Reizvoll ist auch ein Freizeitlager im eigenen Dorf oder in der Stadt. Aufwendig, aber mit der stärksten Gestaltungskraft ist das **Zeltlager.** Es muss mit den Teilnehmern ge-

Abb. 5.6: Eine Freizeit im Wald ist für jüngere Kinder besonders interessant.

meinsam geplant werden. Ein Lagerplatz mit Wiese, Wald und Bach braucht die Genehmigung des Besitzers. Zelte, Feuerschale, Proviant usw. werden zum Lagerplatz gebracht. Ein vielfältiges Programm ist vonnöten, das sich aus den Naturgegebenheiten speist. Besonders ertragreich ist ein **Winterlager,** das die Teilnehmer eng zusammenführt. Die Verantwortlichkeiten sind auch viel größer, da z. B. die Feuerschale im Zelt nicht verlöschen darf.

Stadtranderholung

Stadtranderholung wird in der Regel in der Ferienzeit angeboten für Kinder und Jugendliche zwischen 6 und 18 Jahren. Der Vorteil ist, dass sie in der Nähe des Wohnorts stattfindet. Der Sinn des Angebots ist es, den jungen Leuten ein Gemeinschaftserlebnis zu schenken, ihnen Spaß und Abenteuer anzubieten, Ausflüge zu organisieren usw. So sollen sie eine abwechselungsreiche Ferienzeit erleben. Wichtig ist, dass solche Angebote periodisch wiederkehren, damit sie bekannt werden.

Waldheim

Ein Waldheim ist in der Regel ein Gelände mit Wald und Wiese sowie feststehenden Häusern und Zeltplatz. Es wird von Kinder- und Jugendgruppen besucht, aber auch in der offenen Kinder- und Jugendarbeit bietet es eine gute Gelegenheit, zu einem Wochenende oder während der Ferienzeit zwei oder drei Wochen dort zu verweilen. Die Organisation ist nicht so aufwändig wie ein Zeltlager. Ein Waldheim ist eigentlich eine Jugendherberge besonderer Prägung. Hier können Kinder und Jugendliche sorglos Zeit verbringen. Meist bieten die Waldheime neben dem Leben in der Natur (Wald, Wiese, Wasser) auch Spiel- und Sportmöglichkeiten an, sowie Medien und Materialien für eine abwechselungsreiche Freizeitgestaltung.

5.1.5 Kultur- und Bildungsarbeit für Kinder und Jugendliche

Der Weg des Menschen in die Gesellschaft wird von Bildung und Kultur begleitet (Noack 2006, S. 15). Mit der kulturellen Bildung samt all ihren Handlungsfeldern (Literatur, Theater, Musik, Malerei und Bildende Kunst, Tanz und Spiel, Kommunikation und Medien, Bildung, Schule, Museen und Ausstellungen) ist ein weites und vielfältiges Tätigkeitsfeld der offenen Kulturpädagogik angesprochen.

Kultur ist einerseits eine Lebensweise und hat ihren Ort im Alltag. Andererseits ist sie Kultur des Künstlers. In der Kinder- und Jugendarbeit geht es vor allem um Alltagskunst. Diese ist entweder Kunstgenuss oder Kunsthandeln. Beides ist in der offenen Arbeit mit Kindern und Jugendlichen wichtig (ebd.). Die Erfahrung zeigt, dass Kinder und Jugendliche das Selbergestalten dem Rezipieren bzw. dem Kunstgenuss vorziehen.

Je vollständiger die einzelnen Teilgebiete der Kultur in die Arbeit mit Kindern und Jugendlichen eingebaut werden, desto ertragreicher wird die Arbeit sein. Vor allem ist die Reichhaltigkeit der **Kulturarbeit** und der **Spiele** mit ihren Spielmitteln, Spielräumen und Spielzeiten für das Kind mit seinem hochkomplexen Gehirn von entscheidender Bedeutung. Für den Jugendlichen in der Frühadoleszenz (12–15 Jahre) und die mittlere Adoleszenz (15–17 Jahre) bieten Spiel und Kulturarbeit eine Unterstützung beim Abbau des kindlichen und bei der Neuorganisation eines stabilen Erwachsenengehirns. Und für die späte Adoleszenz (18–22 Jahre) und die Post-Adoleszenz (21–25 Jahre) dienen Kulturarbeit und Spiel der Identitätsfindung.

Literatur

Literatur und Literacy → Kap. 15

Mit den drei literarischen Formen Lyrik (Gedichte), Epik (erzählende Dichtung) und Dramatik (handelnde Dichtung, Theater) zusammen wird das sozialpädagogische Arbeitsfeld Literatur beschritten.

Kinder und Jugendliche hören gern **Gedichte,** wenn sie ihrem Alter entsprechen. Sie schreiben gern selbst Gedichte zu bestimmten Anlässen oder drücken darin ihre Stimmungen aus. Kinder vor der Pubertät lernen auch gern Gedichte auswendig, die sie mit Mimik, Gestik, Gebärden, Bewegung und Spiel begleiten.

Die **erzählende Dichtung** ist für Kinder und Jugendliche ebenso bedeutungsvoll. Sie hören gern spannenden Geschichten zu. Der erwachsene Vorleser sollte sich gut vorbereiten, um angemessen zu betonen, Pausen einzulegen und die entsprechende Sprachmelodie zu wählen. Gern schreiben Kinder ab fünf Jahren selber eine Geschichte. Ebenso können die Kinder selbst ausgedachte Geschichten erzählen. Solche Erzählungen können gespielt werden oder als kleines **Theaterstück** dramatisch aufgeführt.

Theaterpädagogik

Im sozialpädagogischen Arbeitsfeld spielt auch die Theaterpädagogik in der Praxis eine große Rolle (Noack 2006, S. 69 ff.). Zwar wird ein Theaterbesuch sehr selten sein. Jedoch schon Kinder ab drei Jahren spielen gern Geschichten und Märchen nach.

Bewährt hat sich für die Kinder-, aber auch für die Jugendarbeit das spontane Spielen von Rollen im **Ausdrucksspiel** („Jeux dramatique", Weiss 1999). Hierbei ist es nicht notwendig, Vorwissen und Fertigkeiten mitzubringen. Es gibt kein Auswendiglernen, keine Proben und keine Darbietung vor fremdem Publikum. Den Spielern wird ein Thema vorgegeben, danach wählt sich jeder Teilnehmer eine Rolle und kleidet sich aus einem Vorrat von Tüchern, Hüten, Schminke usw. rollentypisch ein. Der einzelne Spieler identifiziert sich mit seiner Rolle und stellt seine Spielidee spontan dar. Dialoge entstehen im Augenblick – oder auch nicht. Wichtig sind der nonverbale und der lautliche Ausdruck. Wird das Sprechen weggelassen, nimmt die Darstellung pantomimische Züge an. Beim Spiel stehen das eigene Empfinden und der momentane persönliche Ausdruck im Vordergrund. Diese Theaterform beinhaltet auch Kurztheaterstücke, Pantomime und Stegreifspiel.

Wichtig sind ebenso die vielfältigen Formen des **Figuralspiels**, von denen das Puppenspiel das Marionettentheater und die Klappmaulfigur am praktischsten sind.

Während in der Kinderarbeit das Puppenspiel Vorrang hat, können sich Jugendliche auch an die Marionetten und die Klappmäuler wagen.

Musik

Musik und Rhythmik → Kap. 18

Von allen Kulturgütern beeinflusst heute die Musik am stärksten. Sie umgibt uns große Teile des Tages und vielerorts wie ein Klangteppich. Als sozialpädagogisches Arbeitsfeld spielt sie in der offenen Kinder- und Jugendarbeit eine große Rolle. Dies betrifft sowohl das rezipierende (aufnehmende) Musikhören als auch das musikpädagogische Handeln (Noack 2006, S. 83 ff.).

Musik zu hören ist ebenso wichtig wie aktiv zu musizieren. Es kann als inneres Erlebnis zur Verinnerlichung und Entlastung führen. Auch können eigene Stimmungen in die Musik hineinprojiziert (übertragen) werden, was eine subjektive Sinnfindung ermöglicht. Gerade junge Leute können sich mit „jugendlichen" Musikformen identifizieren und ihre Identität bereichern. Oft hört man gemeinsam Musik, wodurch sie eine soziale Komponente enthält. Ganz sicher bedeutet **Musikhören** einen ästhetischen Genuss. Und schließlich zielt Musikhören auf das Verstehen von Text und Musik ab. Hören bedeutet allerdings zuzuhören, sich von äußeren Einflüssen abzukapseln und sich völlig auf die Musik einzustimmen.

Musikpädagogisches Handeln konzentriert sich bei der offenen Arbeit mit Kindern und Jugendlichen auf das Singen und die Band-Arbeit, denn Kinder singen gern. Es scheint so, als sei Singen angeboren, weil es in allen Kulturen und zu jeder geschichtlichen Zeit zu finden ist.

Für **Kinder** bis zu zwölf Jahren eignen sich alte Volkslieder, aber auch schon singbare Folk- und Popmelodien, die für die Jugendlichen das bevorzugte Liedgut sein werden. Es ist hilfreich, wenn die Erzieherin oder der Erzieher Gitarre oder Keyboard spielen kann. **Jugendliche** gründen gern eine Band. Hierzu brauchen sie viel Freiheit, einen schalldichten Raum und Hilfe beim Texten und Komponieren. Förderlich ist es, wenn die Band öffentlich auftritt.

Bildende Kunst

Kunstpädagogik → Kap. 11

Offene ästhetische Kulturarbeit in der Bildenden Kunst gliedert sich in die zweidimensionale Bildkunst und die dreidimensionale Plastikkunst (Noack 2006, S. 93 ff.).

Die Medien und Instrumente zur **Bildherstellung** sind vielfältig:

- *Farbe aller Art* – Buntstifte, Bleistifte, Malkreide, Ölkreide, wasservermalende Malstifte, Aquarellfarben einschließlich Deckfarben, Ölfarben, Dispersionsfarben, Fingerfarben
- *Malmittel* – das sind Hand, Finger, Borstenpinsel, Walzen, Zahn- und Spülbürsten, Schwamm, Pinsel
- *Malflächen* – alte Bettlaken, die auf einen Holzrahmen gezogen werden, große Papierformate (z. B. die Rückseite von Tapeten).

Wichtig ist es, dieses Instrumentarium möglichst vollständig im Vorrat zu haben, damit es jederzeit zur Verfügung steht, wenn es gebraucht wird.

Malen kann **Einzelmalen** sein oder Gruppenmalen. In der Kinder- und Jugendarbeit ist das Malen nicht therapeutisch zu verstehen, sondern es ist produktorientiert. Und weiterhin kommt es nicht auf das Ergebnis an, sondern der Malvorgang selbst ist entscheidend. Beim **Gruppenmalen** wird ein Motiv vorgegeben, und jeder Teilnehmer der Gruppe (bis zu 15 Personen) malen das Bild nach eigenen Vorstellungen und gleichzeitig abgestimmt mit den Übrigen. Dadurch hat das Gruppenmalen eine wichtige soziale Funktion.

Nach der zweidimensionalen Bildkunst ist die dreidimensionale **Plastikkunst** (Skulpturen) das zweite bedeutende Tätigkeitsfeld der Kunstpädagogik. Nicht Form und Farbe sind die wichtigsten Mittel wie bei der Bildkunst, sondern Form und Material, Raum und Oberfläche. Materialien zur Herstellung von Skulpturen können Ton, Gips, Aquaform, Pappmaché, Cermit, Plastika, Efaplast und sehr weiches und poröses Gestein sein.

Fortgeschrittene können auch Skulpturen aus Stein meißeln. Auch hier ist der Gestaltungsvorgang wichtiger als das Ergebnis.

Abb. 5.7: Die wichtigsten Mittel der Bildenden Kunst sind Form, Farbe, Material und Oberfläche.

Die Kinder und Jugendlichen werden in ihrem Kunstschaffen angeregt, wenn sowohl die Bilder als auch die Skulpturen öffentlich ausgestellt werden.

Tanz und Spiel

siehe auch Spiel → Kap. 21; Musik und Rhythmik → Kap. 18; Bewegung → Kap. 12

Tanz und Spiel als Grundausstattungen des kulturellen Menschseins nehmen einen bedeutenden Anteil unserer kulturpädagogischen Tätigkeit ein (Noack 2006, S. 107 ff.) und bilden ein weiteres ästhetisches Arbeitsfeld.

Tanz ist Bewegung und Theater in Raum und Zeit in Verbindung mit Musik. Was den Tanz verwirklicht, ist der Körper, darum ist Tanz zugleich Körperkunst, die sich ihren Raum räumlicht, und ihre Zeit verzeitlicht, und zwar in den Medien Musik und Bewegung. Und weil Tanz häufig nicht Einzeltanz ist, sondern gemeinsam mit anderen Tänzern getanzt wird, besteht ein Konflikt zwischen Identität und Anpassung. Denn der Tänzer will sich in seiner Identität erhalten, sie im Tanz repräsentieren, will sogar alle Teile seines Selbst integrieren, und zugleich muss er sich an den oder an die Partner anpassen.

Im Besonderen gliedert sich der Tanz in folgende **Erfahrungsbereiche:**

- In die Entwicklung des Körperbewusstseins
- In das Leib-Erleben und das Selbst-Erleben
- In die Zeit- und Raumerfahrung in der Bewegung
- In die Dynamikerfahrung in der Bewegung
- In die Erfahrung von Intersubjektivität im Tanz.

Tanz ist altersunabhängig, wobei lediglich die Tanzformen unterschiedlich sind. Die Kinder und Jugendlichen werden selber entscheiden, welche Tanzarten sie wünschen.

Kommunikation und Medien

Medien → Kap. 17

Medien sind Kommunikationsträger. Dabei verstehen wir unter *Medien* (→ Kap. 17.1.1) zunächst Zeichen oder Symbole, die eine Mitteilung tragen, also **Kommunikationsmittel** wie beispielsweise die Sprache. Medien sind allerdings auch **technische Hilfsmittel,** z. B. Overheadprojektor, Film, Dia, Fernseher mit DVD-Player, Beamer u. a. Und schließlich sind Medien auch die sogenannten Massenmedien wie Presse, Funk, Fernsehen oder Film und inzwischen auch das Handy (Noack 2006, S. 138 ff.).

Solche Medien sind Träger bzw. Mittel von Kommunikationsprozessen, die wiederum außerordentlich vielfältig und komplex sind. **Kommunikation** kann verbal und nonverbal (z. B. Körpersprache, Mimik, Gestik, Schweigen) sein und in unterschiedlichen Gesellschaftssegmenten erfolgen wie Theater, Literatur, Musik, Bildende Kunst, Spiel und Tanz, Malerei, Grafik und Plastik, beim Fernsehen, Funk, Film, aber auch in den Alltagsgesprächen (*Funktionale Aspekte von Medien* → Kap. 17.2.1). Die Gesellschaft als Ganzes ist ein Netzwerk von Kommunikation. Solch vielfältige Kommunikationsweisen weisen eine ganz unterschiedliche Dichte auf, setzen sich in Handeln um und werden von allen Beteiligten unterschiedlich erlebt.

Medienausstattung im ästhetischen Arbeitsfeld

Die wichtigsten Medien für die Kinder- und Jugendarbeit (*Medienpädagogik* → Kap. 17.1.2; *Geräteausstattung* → 17.4.2) im ästhetischen Arbeitsfeld Kommunikation und Medien sind Printmedien, Fernseher, Bild- und Tonträger, auditive Medien, Fotografie und Computer, an denen Kinder und Jugendliche Medienkompetenz (*Medienkompetenz* → Kap. 17.2.2) erwerben.

Printmedien stehen in den Präferenzen der Jugendlichen fast an letzter Stelle, ausgenommen Bücher. Darum ist es wichtig, sie an Literatur heranzuführen.

Der **Fernseher** gehört heute in jedes Kinder- und Jugendhaus. Wichtig ist hierbei der verantwortliche Umgang mit ihm. Das Problem des Fernsehens ist, dass es rein passiv und rezipierend (aufnehmend) erlebt wird Zum Fernsehen gehört heute auch DVD.

Diese **Bild- und Tonträger** ermöglichen gezielte Erziehung zum lehrreichen und unterhaltsamen Gebrauch. Bei ihnen besteht die Möglichkeit der Auswahl. Bild- und Tonträger sind DVD-Geräte. Sie ermöglichen Projekte, in denen Kinder und Jugendliche altersgerecht selber visuelle und auditive Aufnahmen schaffen (Medienpädagogische Projekte → Kap. 17.5.2).

Auditive Medien sind Radio, CD, DVD-Audio, MP3-Player u. a. Weil CD und DVD am Computer bearbeitet werden können, ergeben sich auch daraus zahlreiche mögliche Projekte, z. B. Reportage, Magazin, Feature oder auch Hörspiel.

Fotografie bedeutet nicht einfach, etwas zu fotografieren, sondern Wirklichkeit zu gestalten. Der Fotografierende lernt, sich in die zu gestaltende Wirklichkeit einzufühlen, sich auf Ausschnitte des Motivs zu konzentrieren, das Motiv auszuwählen und das Bild künstlerisch aufzubauen. Dadurch bildet er die Wirklichkeit nicht nur nach, sondern schafft kreativ.

[BEISPIEL] Fotoprojekte können z. B. sein:

- Sozialfotografie, bei der soziale Missstände dokumentiert werden
- Fotoserien und Fotogeschichten
- Porträts von Einzelpersonen, Paaren oder Gruppen
- Unsere Stadt
- Besondere Orte
- Dokumentationen usw.

Solche Fotos können öffentlich ausgestellt werden.

Unter den Präferenzen der Jugendlichen nimmt heute nach Familie und Freunden sowie nach Sport der **Computer** zusammen mit dem Fernsehen den dritten Rang ein (Mediennutzungsdaten → Kap. 17.1.5). Eine Kinder- und Jugendeinrichtung braucht darum Computer, an den denen der richtige Umgang gelernt werden kann (→ Kap. 17.2.2). In einer Sparkasse war zu beobachten, wie zweieinhalb Jahre alte Kinder an dem öffentlichen Kinder-Computer der Sparkasse ausdauernd spielten und von den Eltern kaum wegzubringen waren. Der Umgang mit dem Computer war offensichtlich nicht gelernt. Ebenso wichtig ist es, dass die Kinder neben dem Computer auch andere interessante und abwechslungsreiche Spiele kennen.

Gefahren und Neuerungen durch Medien

Die Gefahr, dass Kinder und Jugendliche **mediensüchtig** werden (*Medien in der Kritik* → Kap. 17.1.4), kann nicht ausgeschlossen werden. Es kann jedoch keine Voraussage getroffen werden, dass etwa der Inhalt eines Medienangebots allein ausschlaggebend für die Wirkung auf den Rezipienten (denjenigen, der das Medium aufnimmt) wäre (*Medienwirkung* → Kap. 17.1.3). Es gibt allerdings spannende und zugleich lehrreiche Computerspiele, die in der Einrichtung angeschafft werden können.

Handy, Chatten im Internet und E-Mails bergen evtl. Suchtgefahren, bedeuten aber auch etwas völlig Neues: eine **universale Erreichbarkeit** (Noack 2009, S. 95 ff.). Raum- und zeitunabhängig können ältere Kinder und Jugendliche mit Teilnehmern auf der ganzen Welt kommunizieren.

Dabei gibt es verschiedene Formen der Erreichbarkeit:

- *Informatorische Erreichbarkeit:* Alle Kommunikationsmittel sind heute global miteinander vernetzt. Fernsehen, Hörfunk, Handy und Notebook verbinden uns mit (fast) jedem Ort der Erde
- *Ökonomische Erreichbarkeit:* Globale Vernetzung der Industrien und Finanzmärkte. Die Banken und Börsen verschieben Milliardenbeträge in Sekundenbruchteilen weltweit. Das bedeutet zugleich, dass Fehlspekulationen und Fehlinvestitionen sogleich globale Auswirkungen haben
- *Globaler Transport und Verkehr:* Straßen und Eisenbahnlinien mit ihrem Personen- und Güterverkehr durchziehen die Kontinente. Schiffe befahren die Weltmeere. Vor allem das Flugzeug macht für Reisende und Erholungssuchende jedes Land erreichbar
- *Ökologische Erreichbarkeit:* Jeder Raubbau an der Natur hat weltweite Auswirkungen (Überfischung der Weltmeere, Vernichtung der Waldländer, Klimaerwärmung)
- *Politische Erreichbarkeit:* Aus der amerikanisch-sowjetischen Bipolarität sind heute mehrere Groß- und Weltmächte entstanden, die in engster Beziehung zueinander stehen. Kein Staat der Welt kann heute mehr national agieren, sondern alle Weltprobleme müssen global gelöst werden. Dies sind vor allem die Problemlagen der Weltwirtschaft, der Natur, der Sicherheitspolitik und des internationalen Rechts
- *Kulturelle Erreichbarkeit:* Durch die globale Vernetzung der Medien und Englisch als Weltsprache und der wirtschaftlichen Verflechtung breitet sich die westliche Kultur im Sinne einer interkulturellen Kommunikation aus. Aber auch der asiatische Wertekanon gewinnt an Bedeutung. Vor allem in der Kulturszene vermengen sich die Kulturen der Welt zu einer Hyperkultur. Auch die Wissenschaft globalisiert sich durch den Austausch der Forschungen, der durch die englische Sprache möglich ist
- *Sprachliche Erreichbarkeit* durch die Globalisierung der Sprache: Nahezu auf der ganzen Welt wird Englisch gesprochen: Es ist Wirtschaftssprache, Verhandlungssprache usw. und wird darum in fast allen Schulen der Erde als Fremdsprache gelernt, was die globale Verständigung ermöglicht.

Von diesen Formen ist die **informatorische Erreichbarkeit** für Jugendliche die wichtigste, weil sie ihnen jederzeit zur Verfügung steht. So können sie jeden jederzeit erreichen, aber können auch erreicht werden, was unter Umständen den Verlust der Intimsphäre bedeutetet. Darum ist die **Unerreichbarkeit** genauso wichtig. Damit können die Kinder und Jugendlichen Stille-Inseln schaffen, in denen sie zu sich selber finden, etwas Künstlerisches selber tun oder mit Freunden im Gespräch beisammen sind. Darum ist die *Medienpädagogik* (→ Kap. 17.1.2), die Medienkompetenz vermittelt, ein so wichtiger Bestandteil auch der offenen Kinder- und Jugendarbeit.

5.2 Träger und Strukturen der offenen Kinder- und Jugendarbeit

siehe auch → Kap. 2.1

In der offenen Kinder- und Jugendarbeit engagieren sich *öffentliche* und *freie Träger* (→ Kap. 2.1.2). All diese Träger sollen partnerschaftlich zusammenarbeiten. Es ist auch erforderlich, dass die Kinder und Jugendlichen an Entscheidungen beteiligt sind. In diesem Kapitel werden die Träger und die Strukturen der offenen Kinder- und Jugendarbeit genannt.

5.2.1 Öffentliche und freie Träger

Trägerschaft → Kap. 2.1.2; 3.2.2

Öffentliche Träger der Kinder- und Jugendarbeit sind Gemeinden, Landkreise, Länder und der Bund.

Freie Träger können Initiativen, Vereine oder Stiftungen sein. Heute gehören auch die Initiativ- und Selbsthilfeprojekte zum Kreis der freien Träger (Beher 2002, S. 563 ff.). Diese sind aufgrund der *Subsidiarität* (Nachrangigkeit des öffentlichen Trägers) (*Subsidiaritätsprinzip* → Kap. 2.1.2) gewünscht. Außerdem soll durch sie eine Vielfalt der Wertorientierung, der Methoden, Inhalte und Arbeitsformen angeboten werden.

Neben diesen Trägern gibt es **kirchliche** und **verbandlich** organisierte Institutionen und Organisationen, die ebenso als freie Träger gelten, wie Kirchen-, Wohlfahrts- und Jugendverbände sowie ihnen nahe stehende Verbände, Vereine, Dienste, Einrichtungen und Gruppen.

5.2.2 Zusammenschlüsse von Trägern und Trägerverbänden

Es gibt auch Zusammenschlüsse von Trägern und Trägerverbänden auf der kommunalen, der Landes- und der Bundesebene.

Der wichtigste freie Zusammenschluss ist der **Deutsche Bundesjugendring (DBJR)**, der in der Regel in Städten und Landkreisen vertreten ist. In ihm sind 24 Mitgliedsorganisationen in 16 Landesjugendringen mit 5,5 Millionen Mitgliedern zusammengefasst.

Andere freie Träger sind die **Jugendverbände.** Sie alle beziehen die Kinderarbeit mit ein. Zu ihnen gehören:

- Die Pfadfinderbünde mit weltweit etwa 13 Millionen Mitgliedern in 116 Ländern
- Die Jugendorganisationen der Hilfswerke wie
  - Arbeiter-Samariter-Jugend
  - Malteser Jugend
  - Jugend-Rot-Kreuz
- Die konfessionellen Jugendverbände wie u. a.
  - Christlicher Verein Junger Menschen (CVJM)
  - Bund der Deutschen Katholischen Jugend (BDKJ)
- Die politischen Jugendorganisationen der Parteien
- Die Sportjugend.

Neben den Jugendverbänden gibt es die Jugendbildungsarbeit, die Jugendsozialarbeit und die offene Jugendarbeit.

5.2.3 Finanzierung

Finanzmanagement → Kap. 2.1.2, 2.1.3

Die Einrichtungen bzw. Träger der offenen Kinder- und Jugendarbeit bedürfen der Finanzierung (Hubweber 2005, S. 445 ff.). Etwa 1,5 Milliarden Euro werden jährlich für 14.000 Einrichtungen der offenen Kinder- und Jugendarbeit von der Bundesrepublik zugewendet.

Die Einrichtungen dürfen keine Gewinne erzielen. Allerdings können sie nur zwischen 2 und 4 % ihrer Unkosten selber aufbringen. Darum benötigen sie **Zuschüsse** von 94 %, von denen der Bund 3 %, das Bundesland 40 % und die Kommune 88 % übernehmen. Dazu sind der Bund, die Länder und die Kommunen durch § 11 des SGB VIII (KJHG) verpflichtet. Allerdings weichen die Bestimmungen in vielen Ländern voneinander ab.

Bundesmittel werden von verschiedenen Behörden gegeben, z. B.:

- Bundesministerium für Familie, Senioren, Frauen und Jugend
- Bundesministerium für Arbeit und Sozialordnung
- Bundesministerium für Wirtschaft und Technologie
- Bundesministerium für Bildung und Kultur
- Bundesanstalt für Arbeit
- Bundeszentrale für gesundheitliche Aufklärung
- Arbeitsgemeinschaft Deutscher Kulturfonds.

Abb. 5.8: Zu den freien Trägern der Offenen Kinder- und Jugendarbeit gehören auch Kirchen-, Wohlfahrts- und Jugendverbände.

Landesmittel sind Zuwendungen von verschiedenen Ministerien sowie von Landschaftsverbänden und Landesjugendämtern.

Kommunale Mittel können vom kommunalen Jugendamt und von anderen kommunalen Ämtern bezogen werden.

Es ist auch möglich, dass **andere Zuwendungen** an die Einrichtungen der offenen Kinder- und Jugendarbeit gegeben werden, vom Träger der Einrichtung, von der Sparkasse, von großen Firmen, von Überschüssen aus den Bußgeldern und von Überschüssen aus den Lotterien.

5.3 Leitung von Einrichtungen der offenen Kinder- und Jugendarbeit

Einrichtungen der offenen Kinder- und Jugendarbeit stellen besondere Anforderungen an ihre Leitung (→ Kap. 2.1.3). So müssen Führungskräfte die Struktur ihrer Leitung entscheiden und auch bestimmte personale Schlüsselkompetenzen mitbringen.

5.3.1 Transformationale und transaktionale Leitungsstruktur

Führungsstil siehe auch → Kap. 2.1.3

Grundsätzlich können zwei verschiedene Leitungsstrukturen unterschieden werden, die eine Leiterin oder ein Leiter einnimmt: die transformationale und die transaktionalen Leitung (Noack 1997, S. 27 f.).

Der transformationale Leiter erzeugt ein hohes Maß an Loyalität, Verpflichtung und Hingabe. Der einzelne Mitarbeiter entpersonalisiert sich (zumindest teilweise) und identifiziert sich mit dem Leiter, seinen Normen und Zielen und internalisiert dessen Werte, Ziele und Verhaltensweisen und vertraut ihm bedingungslos. So transformiert und steuert der Leiter die Mitarbeiter, so dass sie ein Höchstmaß an Leistung bringen.

Im Gegensatz dazu steht **der transaktionale Leiter.** Er zeichnet sich darin aus, dass er mit den Mitarbeitern kollegial zusammenarbeitet; er erarbeitet gemeinsam mit ihnen Ziele, die von allen Mitarbeitern getragen werden und die durch die Erfahrung korrigierbar sind; er besitzt persönliche Reife und Verantwortlichkeit; und durch das Lernen in Gruppen werden Qualität, Offenheit und Effektivität der Zusammenarbeit erhöht.

Für die offene Kinder- und Jugendarbeit bedeuten diese beiden Typen von Führungsstilen Folgendes:

Der transformale Leiter begreift sich gegenüber den Mitarbeitern, und darum auch zu den Gästen als „außenstehend". Er ist nicht Teil des Teams, sondern der, der von außen Anweisungen gibt, die befolgt werden müssen. Auf diese Weise erhält er ein starkes Team, das auf ihn eingeschworen ist. Und weil er eine einflussreiche, charismatische Ausstrahlungskraft besitzt, zieht er Gäste an und vermag sie auch im Sinne der Einrichtung zu beeinflussen. Wenn er jedoch seinen Arbeitsplatz wechselt, bricht das ganze System zusammen, weil es auf seine Person zugeschnitten war. Seine Einflüsse auf die Gäste hören mit seinem Weggang auf.

Der transaktionale Leiter hingegen empfindet sich als ein Teil des Teams und hat nur einen geringen (notwendigen) Abstand zu den Gästen. Und weil er in Netzwerken denkt, ist sein Bestreben, mit den Mitarbeitern zusammen ein Netzwerk zu bilden und auch mit den Gästen. Auf diese Weise werden alle Gäste (zusammen mit ihren Geschwistern und Eltern) zu einem großen Netzwerk zusammengeschlossen. Wenn Mitarbeiter wechseln, hat dies nur geringe Auswirkungen auf das Netzwerk. Gleichzeitig fühlen sich alle angenommen und aufgehoben in einem sozialen Netz. Verhaltensänderungen bei schwierigen oder gefährdeten Gästen sind in der Regel dauerhaft.

Abb. 5.9: Zu den Schlüsselkompetenzen von Pädagogen gehören u. a. Konfliktfähigkeit und konstruktive Problemlösung.

5.3.2 Schlüsselkompetenzen von Pädagogen in Leitungsfunktion

Pädagoginnen und Pädagogen, die in der offenen Kinder- und Jugendarbeit Leitungsfunktion ausüben, benötigen **Schlüsselkompetenzen** (Schwarz 1994, 2001):

- *Sozialkompetenz* – Dies ist die Fähigkeit, die in allen Arbeitsfeldern der sozialen Arbeit gefordert wird: Die Kompetenz, mit Personen und Gruppen in Kontakt zu treten und diese Beziehungen auch unter veränderten und erschwerten Bedingen aufrechterhalten zu können. Die Sozialkompetenz beinhaltet nicht nur Kenntnisse über Kommunikation, sondern auch Team- und Konfliktfähigkeit, weil soziale Tätigkeit ja nicht nur Arbeit mit Einzelnen ist, sondern auch mit Gruppen und Institutionen. Darum ist auch die Fähigkeit zur Intuition (ahnendes Erfassen) wichtig, mit der die pädagogische Leitung sich in die verschiedenen, auch geschlechter- und schichtenspezifischen Lebenswelten der Mitarbeiterinnen und Mitarbeiter, aber auch der Kinder und Jugendlichen sowie der Menschen außerhalb der Einrichtung einfühlt.
- *Methodenkompetenz* – Sie erfordert Methodenpluralität und die Fähigkeit der Leitung, die entsprechenden Methoden auf verschiedene Problemfelder anzuwenden.
- *Wissenskompetenz* – Damit sind die Kenntnisse über soziales und juristisches Wissen gemeint, die für eine Leitung der Einrichtung notwendig sind. Dazu kommt das Wissen, wie die Kinder- oder Jugendarbeit trotz ständiger Veränderung erhalten wird.
- *Selbstkompetenz* – Dies beinhaltet den Umgang der Leitung mit sich selbst. Vor allem muss sie oder er lernen, mit seinen Gefühlen umzugehen. Selbstkompetenz erfordert weiterhin
  - Selbstmanagement
  - Zeitmanagement sowie
  - Stressbewältigung.

Schließlich wird die Leitung ihre eigene Wertewelt, Biografie, Helferrolle und Helfermentalität sowie ihre Weltsicht reflektieren (Selbstbild der Erzieherin→ Kap. 1.3).

- *Innovationskompetenz* – Sie ist für die Leitung einer offenen Einrichtung wichtig, weil sich die Arbeit im Kinderhaus oder der Jugendeinrichtung ständig verändert und erneuert werden muss. Darum erfordert die Innovationskompetenz
  - Konzeptionelle Fähigkeiten
  - Kreativität
  - Flexibilität und
  - Denken in Systemen und Netzwerken
- *Leitungskompetenz* – Eine Einrichtung bedarf der ständigen reflektierenden Leitung. Das Kommunikationsnetz muss aufrechterhalten bleiben, Termine dürfen nicht verpasst werden, die Gespräche mit den angestellten und ehrenamtlichen Mitarbeiterinnen, Mitarbeitern wie auch mit den Behörden sind zu führen

- *Partizipationskompetenz* – Sie beinhaltet die Fähigkeiten zur Kooperation mit Einzelnen, Gruppen und Gremien
- *Humankompetenz* – Sie bewahrt vor der Gefahr sozialtechnologischer Funktionalisierung. Das bedeutet, dass die Leitung einer offenen Einrichtung alle Personen, mit denen sie in Beziehung tritt, als autonome, sich selbst entwerfende und gestaltende Subjekte betrachtet (transaktionale Leitung). Das bedeutet u. a.:
  - Die Intimsphäre der anderen zu wahren
  - Ihnen die Möglichkeit der Selbstgestaltung offen zu lassen und
  - Sich selbst stärker als Mediator zu sehen, denn als „Macher".

Humankompetenz hat auch viel mit Wertebindung zu tun. Eine Leiterin oder ein Leiter braucht eine Wertebindung. Sie oder er muss sich von sittlichen Werten leiten lassen und der Einrichtung eine ethische Fundierung (→ Kap. 13) geben.

5.4 Zusammenarbeit im Team

Eine gute *Zusammenarbeit im Team* (→ Kap. 2.1.4) hängt erstens von der Teamstruktur (wer arbeitet mit wem?), von den Arbeitsbereichen, der Ausstattung und dem Budget ab. Sie hängt zweitens von Qualitäten ab: von der Atmosphäre, der Zusammenarbeit im Team, dem Grad der psychosozialen Belastung, den Öffnungs- und Dienstzeiten und der Arbeitsbelastung (Deinet 1999, S. 203).

Die Zusammenarbeit im Team ist gut, wenn Status, Rolle und Positionierung in der Gruppe ausgehandelt sind.

Besondere Eigenschaften, die ein Team in der offenen Kinder- und Jugendarbeit aufweisen sollte, ist grundlegend die Beziehungsfähigkeit (Noack 2001, S. 152–155). In der Praxis bedeutet das (ebd., S. 154 f.):

- Einfach da sein, ohne damit die Erwartung zu verbinden, einbezogen zu werden
- Akzeptieren, dass Jugendliche, besonders wenn sie noch keine Beziehung zur Betreuungsperson aufgebaut haben, unter sich etwas tun, ohne diese teilnehmen zu lassen
- Bereit sein, andere anzuhören und ihnen zuzuhören, auch wenn manche Aussagen erschrecken und gegen Wertvorstellungen verstoßen
- Eigene Auffassungen äußern, ohne den Anspruch zu erheben, jemanden überzeugen zu wollen
- Die Arbeit primär als Beziehungsarbeit zu begreifen und den situativen Einzelgesprächen größtes Gewicht zuzumessen
- Bereit sein, nicht immer pünktlich zu schließen
- Wahrnehmungen und eigene Wertvorstellungen nicht zu weit auseinanderklaffen zu lassen. Das bedeutet, in wichtigen Situationen Grenzen zu setzen
- Den Jugendlichen unter Umständen deutlich vor Augen führen, dass Betreuungspersonen andere Umgangsformen und Konfliktlösungsmuster haben als sie und diese für geeigneter halten
- Sich im Klaren darüber sein, dass die Programmangebote nicht immer den Wünschen und Ideen der Besucher entsprechen
- Bei Aktivitäten der Jugendlichen begreifen, dass sie sich selbst inszenieren, aber dass unter Umständen auch Regeln durchgesetzt werden müssen
- Begreifen, dass Regelverletzungen oft Bestandteile der jugendlichen Selbstinszenierung sind. Das bedeutet nicht, sie zu akzeptieren
- Das eigene Funktions- und Aufgabenverständnis erklären und durchsichtig machen (wer die Kosten trägt, freiwillige Dienste leistet usw.)
- Androhung und Umsetzung von Sanktionen an persönlichen Maßstäben definieren, nicht nach abstrakten pädagogischen oder der Trägerschaft entsprechenden Normen handeln
- Jugendlichen klar und deutlich sagen, wenn Folgen ihres Handelns vorhersehbar sind, die für sie existentiell ihre Lebenswelt bedrohen
- Die Grenze der Bereitschaft zum Zuhören und Zusehen da setzen, wo das eigene Wertempfinden verletzt wird.

5.5 Öffentlichkeitsarbeit

Öffentlichkeitsarbeit → Kap. 2.1.2, 2.1.6

Kinder- und Jugendhäuser sowie andere offene Jugendeinrichtungen sind Teil eines sozialen Dienstleitungsmarktes (Vermeulen 2005, S. 629 ff.). Sie müssen mit den vielen Angeboten, die Kindern und Jugendlichen heute gemacht werden, konkurrieren. Dabei entscheidet nicht einmal nur die Qualität der Jugendeinrichtung, sondern vielmehr der Bekanntschaftsgrad. Die Kinder und Jugendlichen stehen ja selbst vor der „Qual der Wahl".

Förderung der Bekanntheit der Einrichtung

Beliebte Aufenthaltsräume, die Kinder und Jugendliche wählen, sind z. B. Kaufhäuser, Parks, öffentliche Plätze, Schnellimbisse, Hauseinfahrten und -eingänge, Bushaltestellen, selbst eroberte Sozialräume und für Jugendliche ab 18 Jahren auch Spielhallen.

Hinzu kommt, dass in der Öffentlichkeit die Meinung besteht, Kinder- und vor allem Jugendeinrichtungen seien für Randgruppen, „Unterprivilegierte" und „potenzielle Randalierer" da. Damit muss gerechnet werden, und oft bleiben Gymnasiasten zeitweise aus und v. a. Besucher aus der Arbeiterklasse besuchen die Einrichtung. Die *Niederschwelligkeit* (→ Kap. 5.1.2) lädt dazu ein, dass die Besucher oft sehr zufällig kommen.

Die erste Aufgabe der Öffentlichkeitsarbeit ist es deshalb, das **Image der Einrichtung zu verbessern** und ihre **Bekanntheit zu fördern.**

Die Kinder- und Jugendeinrichtungen stehen in Konkurrenz zu vielen nichtöffentlichen Anbietern. Diese **anderen Erlebnisorte** sind hochprofessionell, vielfältig und bieten zielgruppenspezifischen Konsum und Erlebnis. Angesprochen fühlen sich vielleicht Kinder aus Ein- oder Zweikindfamilien, die finanziell gut ausgestattet sind. Allerdings trifft dies heute auf 2,5 Millionen Kinder nicht mehr zu (Noack 2007, S. 3).

Deshalb müssen die Kinder- und Jugendhäuser **Alternativen anbieten.** Dies geschieht durch

- Beziehungen
- Freundschaft
- Gastlichkeit
- Gemeinsame Spiele
- Singen
- Spontanes Theaterspielen
- Kurze Vorträge (10 Minuten), die die Besucher interessant und wichtig finden, mit anschließendem Gruppengespräch
- Ausflüge
- Zeltlager am Wochenende
- Einladungen zu den Mitarbeitern in ihren Heimen.

Letzteres kann auch zu Einladungen in den Wohnungen der Kinder und Jugendlichen führen.

Berichterstattung aus der Einrichtung

Neue Besucher kommen meistens durch Gäste, die Geschwister und Freunde mitbringen, kaum durch die Veröffentlichungen in der Presse. Dennoch ist Öffentlichkeitsarbeit wichtig, denn die Eltern wollen die Einrichtung, die ihre Kinder besuchen, in der Presse widergespiegelt sehen, und die Bevölkerung in kleinen Städten liest gern Berichte aus der Einrichtung – und nicht nur sie. Auch die Verantwortungsträger wollen unterrichtet sein. So kann z. B. zwischen Einrichtung und Bürgermeister eine gute Freundschaft entstehen.

Zu diesem Zweck ist es notwendig, dass **regelmäßig Berichte** in der Presse stehen, die interessant geschrieben sind und an guter Stelle platziert werden. Dies macht keine Schwierigkeiten, wenn die Pädagoginnen und Pädagogen der Einrichtung sich mit den Redakteuren anfreunden und diese wissen, dass auch der Bürgermeister die Arbeit schätzt.

5.6 Zusammenarbeit mit anderen Einrichtungen und Diensten

Zusammenarbeit mit anderen Einrichtungen → Kap. 2.1.6

Es ist notwendig, dass eine Kinder- oder Jugendeinrichtung ein Netzwerk aufbaut. Ein Netz besteht ja aus Knoten, die durch Fäden miteinander verbunden sind. In einem sozialen Netzwerk bilden die Knoten Personen oder Institutionen, die sozusagen durch Fäden, d. h. durch verständnisorientiertes kommunikatives Handeln miteinander verbunden sind.

> 🕮 Noack, Winfried: Sozialpädagogik. Ein Lehrbuch. Freiburg: Lambertus 2001

Zusammenarbeit innerhalb eines Netzwerks findet zunächst mit anderen Institutionen statt (Deinet/Sturzenhecker 2005, S. 555–593), mit dem Stadtjugendring, dem Sozialamt, dem Jugendamt, den Hilfen zur Erziehung (→ Kap. 6), der Jugendberufshilfe, dem Kinder- und Jugendschutz, der Schule oder auch der Polizei.

Vor allem aber kann sowohl in der offenen Kinder- als auch der offenen Jugendarbeit mit anderen **ähnlichen Einrichtungen** zusammengearbeitet werden:

- Bei *Kulturtagen des Stadtteils* empfiehlt sich das gemeinsame Vorgehen mit anderen Kinder- und Jugendeinrichtungen, mit dem soziokulturellen Zentrum, mit geschlossenen Jugendeinrichtungen usw.
- *Erlebnispädagogische Angebote* werden zwar meist für die eigenen Kinder bzw. Jugendlichen angeboten, es ist jedoch reizvoll, sie mit befreundeten Gruppen gemeinsam zu organisieren
- *Spielfeste* werden eher auf Kinder beschränkt sein, aber auch jüngere Jugendliche können aus verschiedenen Einrichtungen teilnehmen, während ältere bei der Organisation helfen
- Wenn der Stadtteil *Großveranstaltungen* anbietet, z. B. ein Stadtteilfest, ein Jubiläumsfest, Frühlings-, Sommer- oder Herbstfeste, können sich das Kinder- oder Jugendhaus beteiligen. So gibt es in einer Stadt vielleicht das Kartoffelfest und das Kulturfest
- Auch das Fest zum *Weltkindertag* oder *Weltjugendtag* lädt zur Mitarbeit ein
- Wenn *Schulen* Projekttage veranstalten, kann sich auch die Kinder- oder Jugendeinrichtung einbringen oder sich unmittelbar anbieten. Eine Verknüpfung mit der Schule ergibt sich ebenso, wenn ganztägige Ferienangebote gemacht werden wie erlebnispädagogische Freizeiten, einwöchige Kulturtage oder auch ökologische Exkursionen.

5.7 Leitbild und Konzeption

In diesem Abschnitt geht es um *Konzeptionen und Leitbilder* (→ Kap. 2.2) in der offenen Kinder- und Jugendarbeit (Thole 2000, S. 225 ff.; Noack 2004, S. 336).

Abb. 5.10: Auch eine Ausstellung mit Werken der Kinder und Jugendlichen kann die Bekanntheit einer Einrichtung fördern.

5.7.1 Kerntheorien der Kinder- und Jugendarbeit

In den 60er Jahren entwickelte Lutz Rössner die **sozialintegrative Kinder- und Jugendarbeit.** Sie wollte, dass junge Leute in die Gesellschaft integriert werden. Dieser Aspekt ist auch in der heutigen Kinder- und Jugendarbeit noch wichtig.

Als eine Folge der 68er Bewegung entstand die **emanzipatorische und antikapitalistische Kinder- und Jugendarbeit.** Die heutige Kinder- und Jugendarbeit will junge Leute zur Selbstständigkeit und konstruktiven Kritikfähigkeit führen und sie an allen Entscheidungen gleichwertig beteiligen. Es ist auch ihre Aufgabe, jungen Leuten Orientierung für die Arbeitswelt zu geben.

Als Reaktion auf das emanzipatorische Konzept wurde die **bedürfnis- und programmorientierte Arbeitsmethode** entwickelt. Sie beinhaltet, dass die Kinder und Jugendlichen nicht politisch instrumentalisiert werden dürfen, sondern dass die Pädagogen sich auf ihre Bedürfnisse einstellen, und zwar mithilfe angemessener Programme. Das Ziel ist es, nicht nur das anzubieten, was den Bedürfnissen der Besucher der Einrichtung entspricht, sondern auch die tieferen Wünsche der Kinder und Jugendlichen zu erfüllen, das Bedürfnis nach Anerkennung, Erlebnis, Wissen und Erkenntnis, Selbstbestimmung, Solidarität und kritische Erfahrung der politischen Welt.

Eng verbunden damit war die Theorie der **erfahrungsbezogenen Kinder- und Jugendarbeit,** die an die Erfahrungen der Kinder und Jugendlichen anknüpft, sie ihnen aber auch vielfältig vermittelt.

5.7.2 Aus der Erfahrung entwickelte Konzepte

Seit den 90er Jahren des 20. Jahrhunderts wurden zahlreiche Konzepte für die Offene Kinder- und Jugendarbeit entwickelt, die nicht mehr so umfassend waren und aus der Erfahrung entwickelt wurden:

- Der *sozialräumliche Ansatz* (→ Kap. 5.9.2) orientiert sich an den Bedingungen verschiedener Sozialräume, wie Stadt oder Land, oder auch den Charakter eines Stadtviertels. Diese weisen unterschiedliche Lebenslagen auf. Die Kinder- oder Jugendeinrichtung muss sich darauf einstellen
- Der *multiperspektivische Ansatz* geht auf die Besucher ein und sucht für deren Bedürfnisse und Vorlieben die entsprechenden Methoden aus. Er ist interdisziplinär
- Der *neue emanzipatorische Ansatz:* Kinder und Jugendliche erhalten ihre Wertvorstellungen durch die Familie, die Schule, das Milieu, in dem sie aufwachsen, von der Gleichaltrigengruppe, und sie finden sie selbst. Emanzipatorische Kinder- und Jugendarbeit knüpft an solche Vorerfahrungen an und ergänzt sie durch Normen und Werte, die lebens- und gesellschaftsnotwendig sind
- Der *subjektorientierte Ansatz* (→ Kap. 5.9.3) geht von einem Menschenbild aus, nach dem der Mensch eine einmalige, wertvolle und mit Würde ausgestattete Person ist. Darum ist er immer vorrangig. Dies gilt es, in der offenen Kinder- und Jugendarbeit zu beachten
- Der *akzeptierende Ansatz* akzeptiert die Kinder und Jugendlichen, wie sie sind, was durch die Niederschwelligkeit der Einrichtung notwendig ist. Wir holen sie also dort ab, wo sie stehen, und führen sie dorthin, wo sie einen guten Platz in der Gesellschaft finden
- Der *cliquenorientierte Ansatz* berücksichtigt, dass heute weniger Einzelbesucher die Einrichtung besuchen als vielmehr Cliquen. Bisher trafen sie sich im Park, in der Hauseinfahrt, an der Bushaltestelle usw. und finden nun einen Sozialraum, den sie in Besitz nehmen. Die Mitarbeiter müssen sich darauf einstellen.

Daneben gibt es Konzepte wie

- *Selbstorganisation:* Sie wurde in den 70er Jahren entwickelt und überließ z. B. das Jugendhaus den Jugendlichen zur Selbstgestaltung. Die Gefahr besteht, dass sie weniger gestalten als zerstören. Besser ist es, die Selbstorganisation der Jugendlichen mit dem Mitarbeiterteam abzustimmen
- *Prävention:* Sie ist ein unverzichtbarer Bestandteil jeder Kinder- und Jugendarbeit. Sie hat viele Gesichter: Gewaltprävention durch ein Programm „Gewaltfrei leben", durch sexuelle Aufklärung, durch politische und gesellschaftliche Orientierung oder auch durch konkrete Verhaltensregeln
- *Jugendraum als Rückzugsraum:* Dies ist er auf alle Fälle, denn Kinder und Jugendliche fassen das Kinder- oder Jugendhaus als ihren Lebensraum auf, als den von ihnen besetzten Sozialraum, der ihnen gehört
- *Kinder- und Jugendarbeit als Sozialleistung:* Ein Jugendhaus hat z. B. an der Tür eine Sprechanlage, an der sich der Besucher anmelden muss. Dann kommt er an eine Theke, wo er seinen Wunsch vortragen kann. Kinder- und Jugendarbeit als Dienstleistung mag für die Mitarbeiter bequem sein, aber sie ist keine Arbeit mit Kindern und Jugendlichen, sondern im besten Fall für sie.

Integrative lebensweltliche Kinder- und Jugendarbeit

Ein weiteres wichtiges Konzept ist die integrative lebensweltliche Kinder- und Jugendarbeit als Netzwerk (Noack 1999, S. 33–38 und 2001, S. 139 ff.; 371 ff.).

Integrativ meint, dass die Geschlechter, die *sozialen Schichten* (→ Kap. 9.3.4), die Milieus, die Cliquen und die Bildungsunterschiede in die Arbeit integriert werden. So ist es in der präventiven Jugendarbeit des Landes Sachsen-Anhalt gelungen, die rechten, linken und die Aussiedlercliquen miteinander auszusöhnen.

Abb. 5.11: Die Einbindung von Kindern und Jugendlichen in das soziale Umfeld kann z. B. durch die Teilhabe an einem Stadtteilfest geschehen.

Lebensweltlich bedeutet, dass die Kinder und Jugendlichen in einem Zusammenhang gesehen und wahrgenommen werden von

- Familie und Wohnen
- Verwandtschaft
- Nachbarschaft
- Schule bzw. Beruf
- Freundschaft
- Milieu
- Wohnquartier
- Stadt bzw. Landkreis mit den entsprechenden Institutionen und Behörden
- Bundesland
- Bundesrepublik
- Europa und
- Die globale Wirklichkeit.

In dieses Konzept wurden Ansätze aus den vier *Kerntheorien* (→ Kap. 5.7.1) übernommen, und von den neueren Konzepten fließt ein, was situativ angemessen ist.

Wichtig sind auch die sozialräumliche Orientierung, die Beziehungsorientierung sowie die Erlebnis- und Kulturarbeit.

5.8 Qualitätssicherung und -management

Eine Kinder- oder Jugendeinrichtung wird sich in der Regel nach dem Prinzip der Selbstorganisation beschreiben und bewerten. Solch eine Selbstevaluation sollte vier Grundeigenschaften aufweisen (König 2008, S. 295 ff.):

- **Nützlichkeit** – Die Selbstevaluation kann zu einer Identifikation der Mitarbeiter mit der Einrichtung beitragen. Voraussetzung ist, dass allen die Zwecksetzung klar ist und jeder zustimmt. Dies schafft Fairness und Vertrauen. Es ist auch wichtig, welche Kriterien ausgewählt werden. Diese müssen transparent sein. Wenn die Evaluation abgeschlossen ist, wird sie vollständig und klar den Mitarbeitern erläutert, damit sie sich mit ihr identifizieren können. Die Zeitdauer zwischen Planung und Vollendung der Selbstevaluation sollte kurz sein, damit jeder den Prozess beobachten kann.
- **Durchführbarkeit** – Die Selbstevaluation sollte die beteiligten und betroffenen Mitarbeiter nicht unnötig belasten und in ihrer täglichen Arbeit einschränken. Dies wird erleichtert, wenn alle, die an der Evaluation teilnehmen, einbezogen und ihre Einwände und Bedenken berücksichtigt werden.
- **Fairness** – Die Kriterien zur Selbstevaluation sollten schriftlich festgehalten werden, damit sie jeder einsehen, verstehen, kritisieren und verändern kann. Gleichzeitig ist es sehr wichtig, dass die individuellen Rechte geschützt bleiben. Während des ganzen Prozesses wird jedem Beteiligten Wertschätzung entgegengebracht. Bei der Selbsteinschätzung werden Stärken und Schwächen offenkundig. Bei der Beurteilung wird Wert gelegt auf die Stärken, damit diese vermehrt eingesetzt werden. Es versteht sich von selbst, dass die Ergebnisse nicht nur offengelegt werden, sondern dass jeder das Recht zur Stellungnahme hat. Wenn Interessenkonflikte auftreten, ist es wichtig, sie gemeinsam auszutragen.
- **Genauigkeit** – Sie wird erreicht, wenn die Evaluationsgegenstände genau beschrieben werden, wobei sie jederzeit verbessert werden können. Auch werden die Anforderungen der Trägerorganisation offengelegt. Informationsquellen werden mitgeteilt, damit die Beteiligten sie verstehen und nachvollziehen oder kritisieren können. Es versteht sich von selbst, dass das Evaluationsteam nur solche Methoden anwendet, die es beherrscht. Wenn die Evaluation abgeschlossen ist, werden die Ergebnisse allen zur Begutachtung und Fehlerüberprüfung vorgelegt.

Wenn eine Selbstevaluation durchgeführt wurde, führt dies zu einer Weiterqualifikation der Mitarbeiter. Jeder kann die Alltäglichkeit durchbrechen und die eigene Praxis durchschauen. Es ist auch möglich, dass diese durch Evaluation legitimiert wird.

5.9 Erziehen, Bilden, Betreuen in der offenen Kinder- und Jugendarbeit

Bildungsorientierung → Kap. 8.1, Bildung → Kap. 1.1

Welche Rolle spielen Erziehen, Bilden und Betreuen (→ Kap. 8 Einleitung) in der offenen Kinder- und Jugendarbeit (Noack 2006, S. 171)? Die Antwort hängt vom Bildungskonzept ab, das vertreten wird. Es gibt drei miteinander konkurrierende **Konzeptionen von Bildung:**

- Das erste Konzept hat den **humanen Menschen** zum Ziel, den *homo humanus*. Das Erziehungsmittel hierfür ist die ganzheitliche Erziehung und das Wachsen und Werden des Menschen, was vornehmlich die ästheti-

sche Erziehung einschließt. Durch Bildung und ästhetische Erziehung entsteht der humane Mensch, der eine humane Gesellschaft hervorbringt
- Das zweite Konzept von Erziehung erstrebt den **technisch ausgebildeten Menschen,** den *homo faber*. Bildung für Kinder und Jugendliche bedeutet in diesem Zusammenhang Vorbereitung, um im Konkurrenzkampf den wechselnden Bedürfnissen des exploitativen (ausbeuterischen) Kapitals genügen zu können, aber auch Chancengleichheit anzustreben; sie ist also beruflich-qualifikatorisch und soll Schlüsselqualifikationen vermitteln
- Diese berufsorientierte Bildung (→ oben) wird Ende der 60er Jahre durch die gesellschaftlich-handlungsorientierte Konzeption erweitert mit dem Ziel des **politischen Menschen,** des *homo politicus.* Diese dritte Konzeption von Bildung will zugleich für den Alltag befähigen, das bedeutet: für die Alltagsverhältnisse und die alltäglichen Tätigkeiten, aber auch für die Alltagsbeziehungen, durch welche die Lebenswelt sinnhaft aufgebaut werden soll. Das Menschenbild, das hierdurch angestrebt wird, ist der *homo non-claustus (der nicht in sich geschlossene Mensch).* Zu dieser dritten Konzeption gehören auch Begriffe wie
  - Teilnehmerorientierung
  - Lebensweltorientierung
  - Alltags- und Erfahrungsbezug
  - Deutungsmusteransatz
  - Identitätslernen und
  - Biografielernen.

Wenn nun aber die alltägliche Lebenswelt ästhetisiert werden soll (Noack 2000), dann muss diese Auffassung das Ästhetische einschließen.

Diese drei Konzeptionen zusammenfassend, besteht **Bildung** sowohl in der Entwicklung und Schulung der inneren personalen Kräfte und Fähigkeiten, z. B. den sozialen Kompetenzen, als auch im umfassenden instrumentellen Wissenserwerb (materiale Bildung). Bildung umfasst weiterhin als Aneignungstätigkeit die Selbstbildung als Eigenaktivität und schulischen Unterricht durch Dritte.

Abb. 5.12: Jede pädagogische Konzeption gründet sich auf eine bestimmte Vorstellung von Erziehung, Bildung und Betreuung.

Bildung hat zum Ziel, verschiedene Disziplinen wie Sprache, Kulturtechniken, Ernährung, Medizin, Politik, Recht, Wirtschaft, Wissenschaft, Kunst in den Wissensfundus von Kindern zu übertragen, aber auch zur kritischen Auseinandersetzung mit diesen anzuregen. Bildung dient vor allem sowohl der Selbstverwirklichung (Bildung als Selbstzweck) als auch einem gesellschaftlichen Nutzen, der Konstitution der Gesellschaft.

5.9.1 Bildung in der offenen Kinder- und Jugendarbeit

In der Kinder- und Jugendarbeit spielt der **Alltagsbezug,** der lebensweltliche wie der alltagsweltliche Ansatz, eine bedeutende Rolle. Er will für den Alltag befähigen, aber auch für die Alltagsbeziehungen, durch welche die Lebenswelt sinnhaft aufgebaut werden soll.

Lebensweltliches Lernen (→ Kap. 5.1.2) erfolgt unabhängig und vor jeder institutionellen Pädagogik. Es hat zum Ziel (Schäffter 1999, S. 91) den Erwerb von:

- Basaler Empfindsamkeit (Wahrnehmungslernen, soziales Lernen von Empfindungen)
- Erlebnisfähigkeit
- Erinnerungsvermögen durch Erfahrungslernen
- Erfahrungswissen, das sich aus der bisherigen Erfahrung speist, und
- Objektiven Wissensbeständen.

Alltagswissen ist ein Teil der lebensweltlichen Bildung. Es begleitet den Menschen nicht nur sein Leben lang, sondern auch durch den Alltag; und es hat hier auch den Ort der Entstehung. Folgende Merkmale bestimmen das **alltagsgebundene Lernen** (ebd., S. 93):

- Alltagsweltliches Lernen erwächst aus dem alltäglichen Handeln, d. h. aus der Arbeit, der Lebensführung, den Aktivitäten und Lebensplanungen
- Alltagslernen geschieht durch Relevanzerfahrungen, das bedeutet: All das wird gelernt, was wichtig, bedeutsam und sinnhaft erscheint
- Alltagsgebundene Lernvorgänge ergeben sich beiläufig, wenn man im Alltag handelt. Man beabsichtigt nicht zu lernen, sondern man lernt eher beiläufig und zugleich notwendig durch Handeln
- Lernen im Alltagszusammenhang wird in der Regel nicht reflektiert, sondern erst dann aktiviert, wenn es nötig erscheint. Alltagswissen ist daher latent und verborgen, aber jederzeit aktivierbar. Darum ist alltägliches Wissen nicht kristallin, sondern fluid (flüssig) (→ Kap. 10.2.4) und stets erweiterbar; es verfestigt sich erst, wenn es aktualisiert werden muss.
- Schließlich ist alltagsgebundenes Lernen, weil es unreflektiert und fluid ist, nicht selbstgesteuert, sondern verläuft automatisch.

Erziehen, Bildung und beides zu betreuen ist im Sinne der Alltagsbildung und des Alltagslernens ein Gegengewicht zum Schullernen. Erziehen, Bilden und Betreuen wird durch Lebensweisheit ergänzt.

5.9.2 Prinzipien und Arbeitsweisen der offenen Kinder- und Jugendarbeit

Die Prinzipien und Arbeitsweisen der offenen Kinder- und Jugendarbeit haben eine lange Vergangenheit (Noack 2004, S. 333 ff.), und sie wechselten in den letzten hundert Jahren oft (Ferchhoff 2007, S. 27 ff.). Neben der historischen Darstellung werden prinzipielle Sichtweisen der heutigen Kinder- und Jugendarbeit vorgestellt.

Beginn der neueren Jugendarbeit

Begonnen hat die neuere Jugendarbeit in der **bürgerlichen Jugendbewegung,** besonders im **Wandervogel** seit 1896. Dies war eine Protestbewegung gegen die Industrialisierung und gegen den Wilhelminismus. Ihr Motto war, dass das Wandern nicht nur dem Naturerlebnis diene, sondern zum Selbsterlebnis führen solle in Anspruchslosigkeit im Gegensatz zum „wilhelministischen Pomp", Genügsamkeit und Härte (Raasch 1991, S. 33). Sie bildete gleichsam eine Jugend- und Gegenkultur zur damaligen Gesellschaft (Möller 2000, S. 256). Die Wanderungen der Jugendlichen führten durch ganz Deutschland. Sie übernachteten im Freien oder bei Bauern in der Scheune und mieden die „Sommerfrischler". Vor allem liebten sie Berge, Heide, Felder, Wälder, Wiesen, aber auch Burgen, Kirchen, Bauern, Hirten, Handwerker. Ihre Wanderkleidung war derb und strapazierfähig: feste Schuhe, kurze Hose, offenes Hemd, Lodenjacke, Rucksack. Die Einfachheit übertrugen sie vom Wandern auf den Alltag, der geprägt war durch schlichte Kleidung und einfaches Essen.

Elemente ihrer **Kultur** waren der Rückgriff auf die Sturm- und Drangzeit (Jünglingskult im „Werther" von Johann Wolfgang Goethe) und die Romantik, Mittelalterverherrlichung (Vaganten, fahrende Scholaren, Rittertum) und Verklärung des Germanentums sowie die Volksliedtradition, die bei ihren Treffen und am Lagerfeuer gepflegt wurde.

Langsam verwandelte sich die Bewegung von einer romantisierenden Naturbegeisterung zur revolutionären Elite. Die Wandervögel waren Gymnasiasten der Oberstufe und Studenten, später auch Jungakademiker. Revolutionär war die Verinnerlichung, die sich gegen die gesellschaftlichen Normen sperrte, die Entmythisierung des Vaterbildes, die Distanz zu Schule und Familie, was sich ausdrückte im Wandel vom Eltern-Kind-Verhältnis zum Führer-Gefolgschafts-Verhältnis. Vor allem schufen sie eine Verlängerung der Jugendphase, in der eine **Gleichaltrigenkultur** entstand. Eine Verbindung zur Arbeiterjugend fand nie statt. Wohl aber nahmen zum ersten Mal auch Mädchen an den Wanderungen und Heimabenden teil, oder sie bildeten eigene Mädchenbünde, wodurch auch sie aus der Sozialkontrolle der Familie ausbrachen. Die Wandervogelbewegung und die Bündische Jugend hatten (→ unten) einen großen Einfluss auf die Reformpädagogik Anfang des 20. Jh.

Ähnliche Gruppen waren die **Freideutschen Studenten,** die **„akademischen Freischaren"** oder auch die **Bündische**

Abb. 5.13: Die Jugendbewegung der Pfadfinder hatte großen Einfluss auf die heutige Kinder- und Jugendarbeit.

Jugend. Letztere fasste in den 20er Jahren die Reste der Wandervogelbewegung, Pfadfinder und jungnationale Strömungen, aber auch evangelische und katholische Bünde zusammen. Leider gehörten zur Jugendkultur der 20er Jahre auch militarisierte Gruppen: Reichsbannerjugend, Stahlhelmjugend, Rotfrontkämpfer und Hitlerjugend. In den 20er Jahren entstand auch der „Jungsoldat" oder der „Jungsturm", Jugendliche, die noch ganz in der romantischen Tradition von deutscher Treue, Heimat- und Vaterlandsliebe standen. Der Charakter sollte durch Kameradschaft, Pflicht- und Ehrgefühl gebildet werden.

Die **proletarische Arbeiterjugend** entstand aus ganz anderen Gründen. Die in den Fabriken arbeitenden Jugendlichen schlossen sich zusammen, um die wirtschaftlichen, rechtlichen und geistigen (Bildung!) Bedürfnisse der Jugendlichen und jungen Arbeiter und Arbeiterinnen zu vertreten. Sie brachten eine Zeitschrift heraus, „Die arbeitende Jugend", in der sie über Lehrlingsausbeutung und Lehrlingsmisshandlungen berichteten.

Eine völlig andere Wurzel als die bürgerliche Jugendbewegung hatten die **Pfadfinder.** Sie wurden von dem britischen General Robert Baden-Powell gegründet als Gegenbewegung zur englischen Adligengesellschaft. Er wollte, dass alle Jugendlichen, Jungen wie Mädchen, unabhängig von der sozialen Schicht (→ Kap. 9.3.4) (darum die einfache, gleiche Kleidung für jeden) sich in Einfachheit und Genügsamkeit körperlich, geistig und sozial entwickeln.

Diese Jugendbewegungen haben die Kinder- und Jugendarbeit entscheidend beeinflusst, und zwar in Übernahme, Veränderung oder Ablehnung. Vor allem fehlte allen diesen Gruppen die Offenheit. Sie schlossen sich voreinander ab, obgleich es auch Dachverbände gab.

Heutige offene Kinder- und Jugendarbeit

Heute stellt die offene Kinder- und Jugendarbeit gerade durch ihre Offenheit Sozialräume für jeden zur Verfügung, auch wenn Zielgruppen und Sozialräume berücksichtigt werden.

Die Angebote an die Kinder und Jugendlichen sind **zielgruppengemäß,** das bedeutet, sie sind für Kinder und Jugendliche unterschiedlich. Denn diese zeichnen sich durch verschiedene Entwicklungsphasen aus.

Kinder zwischen 6 und 12 Jahren

Kinder zwischen 6 und 12 Jahren treten in eine neue Entwicklungsphase ein. Die Spielwelt wird ersetzt durch die **Schulwelt.** So haben Schulkinder im Schnitt nur noch zwei Stunden Spielzeit am Tag. Auch innerhalb der **Familie** findet ein Wandel statt (Noack 2007, S. 81–127; Kegan 1986, S. 45–153). Der Junge bezieht sich nicht mehr auf die Mutter und das Mädchen auf den Vater wie in der Phase zwischen 3 und 6 Jahren (wichtig für die geschlechtliche Rolle), sondern es findet ein Beziehungswechsel statt: Der Junge imitiert den Vater und identifiziert sich mit ihm, das Mädchen mit der Mutter, wodurch beide ihre soziale Rolle erlernen (→ Kap. 9.1.2).

Gleichzeitig bilden sie ihr Selbstkonzept durch die Identifikation mit den Eltern endgültig aus. Denn durch die **Identifikation** werden Werte, Normen, Lebensstil, Bildung, Ideen und Ideale, das gesamte Verhaltensrepertoire übernommen und zu eigen gemacht. Gleichzeitig tritt das Kind in zahlreiche **Konkurrenzen** ein: mit Vater und Mutter, den Geschwistern (Geschwisterrivalität oder Geschwistersolidarität), mit den Altersgenossen auf der Straße und in der Schule und mit den gesellschaftlichen Ansprüchen, vor allem durch die Schule. Wenn diese Konkurrenzen gelingen, entwickelt das Kind eine Freude an der Leistung und daran, Initiativen zu vollenden. Misslingen sie, entstehen Minderwertigkeitsgefühle, verbunden mit Entmutigung, Unterlegenheitsgefühlen, Hemmungen und Lebensängsten.

Das **Denken in der späten Kindheit** ist konkret-operational (→ Kap. 10.2.4). Das bedeutet, dass das Kind konkret in der Realwelt lebt, denkt und handelt, nicht mehr in der Phantasiewelt wie zwischen 3 und 6 Jahren. Darum braucht es viel Handlungsraum, Handlungszeit, Handlungsmittel und Handlungsfreiheit.

Die soziale Rolle des Kindes ist selbstgenügsam. Es will seine Rolle gut spielen. Moralische Urteile folgen Regeln, die aber gerecht und fair sein müssen. Es ist notwendig, dass sie eingehalten werden, und zwar von allen. Dabei ist das moralische Bewusstsein beschränkt auf die eigene Familie.

Das **Verhältnis zur Welt** ist gekennzeichnet durch Geschichten, die spannend und sinnstiftend sind, aber auch durch das Bedürfnis nach Weltwissen. Die **Kultur** dieser Phase ist die rollenanerkennende Kultur.

Offene Arbeit mit Kindern

Für die Arbeit mit Kindern und den Projekten mit ihnen bedeutet dies, dass handlungsorientierte Projekte gewählt werden müssen, an denen sie in Planung und Ausführung beteiligt sind. Und weil die 6 bis 12 Jahre alten Kinder immer noch die doppelte Anzahl von Gehirnzellen und Synapsen haben wie ein Erwachsener, wollen sie unermüdlich lernen, und zwar durch Handeln.

Abb. 5.14: Ökologische Ausflüge, z. B. die Welt der Insekten entdecken, stellen nur eine von vielen Möglichkeiten zur Projektarbeit in der offenen Arbeit mit Kindern dar.

In der Kinderarbeit bedeutet dies, eine Vielzahl von **Lern- und Handlungsmöglichkeiten** anzubieten, die aber kein Schullernen beinhalten dürfen. Gern verbringen sie ein Wochenende im Kinderhaus oder auf dem Hof oder zelten auf einer Wiese in der Nähe. Jugendfarmen mit ihren Tieren, ökologische Ausflüge, der Ausflug zu einem Abenteuerspielplatz, die Vielfalt der altersgemäßen Spiele, das reiche Feld der Kulturarbeit mit den zahlreichen altersspezifischen Möglichkeiten bieten ein großes Feld an Projekten, die dem Alter entsprechen.

Jugendliche zwischen 12 und 25 Jahren

Die Jugendlichen zwischen 12 und 25 Jahren treten in eine völlig neue Welt ein: in die Zeit der Jugend. Sie ist körperlich gekennzeichnet durch den zweiten Gestaltwandel (verstärktes Längenwachstum, das zu einer Disproportion des Körpers führt) und die sexuelle Reifung. Beides ist krisenhaft und bedeutet: **sich einfinden in einen neuen Körper** (Noack 2007a, S.128-164.; Kegan 1986, S.45ff.).

Auch das Gehirn reift (→ Kap. 10.3.1): der Jugendliche lernt, abstrakt, logisch, rational und in Systemen zu denken. Vor allem aber werden nun die Gehirnzellen und die Synapsen auf die Hälfte reduziert. Das bedeutet, dass die Lernfähigkeit eingeschränkt ist, weil die Hälfte aller bisherigen Erfahrungen einfach verschwindet. Dafür aber sind die neuen Verbindungen dauerhaft und stabil. Diese Auflösung der Hälfte aller Neuronen und Synapsen und die **Neuorganisation des Gehirns** ist die Hauptursache für die Identitätsdiffusion zwischen 12 und 16 Jahren. Danach erfolgt der Aufbau einer Identität, die fähig ist, ein Leben lang zu wachsen.

Drei **Versöhnungsaufgaben** haben die Jugendlichen, weil sie sich notwendig von der Elterngeneration gelöst haben, zu leisten:

- *Die integrative Versöhnung,* die aus der Kindheit wichtige Erfahrung bewahrt, wie das Urvertrauen, die Autonomie, die Initiative, die Freude am Lernen und Handeln, die Neugier, den Wissensdurst usw.

- *Die reparative Versöhnung,* die die Lösungsvorgänge heilt, indem die Beziehungen zu den Eltern, den Geschwistern, der Schule bzw. dem erlernten Beruf wieder in einer neuen, kreativen Weise hergestellt werden
- *Die adaptive Versöhnung,* die das Verhältnis zur Gesellschaft aussöhnt.

Diese Versöhnungsarbeit ist die Voraussetzung zu einer **gelungenen Identitätsfindung.** Sie hat folgende Teilaspekte: die berufliche, die soziale, die geschlechtliche, die kulturelle und modische, die weltanschauliche, politische und gesellschaftliche, die praktische und die religiöse Identität. Diese Teilidentitäten wachsen zu einer **integrierten Identität** (→ Kap. 5.1.3) heran, nicht zu einer Patchwork-Identität.

Das **Denken** der Jugendlichen (→ Kap. 10.2.4) ist formal-operativ. Sie sind nun fähig zu logischen und abstrakten Ketten, aber auch zu Hypothesen, deduktiven Operationen und logischen Denksystemen. Dies hat Auswirkungen auf den Ich-Welt-Zusammenhang. Die Welt wird in ein logisch-stringentes System gebracht, das aus wenigen Wirklichkeitselementen besteht, das jedoch Jugendliche für absolut wahr halten. Die Wirklichkeitsfülle allerdings wird ausgeblendet. Gleichzeitig macht dieses Denken Jugendliche anfällig für simplifizierte Ideologien und Religionen mit Absolutheitsanspruch. Dies bewirkt weiterhin die Grenzen des sozialen Bewusstseins – es ist beschränkt auf die eigene Gruppe. Und das Verhältnis zur Autorität ist entweder gestört oder geradezu ein gläubiges Verhältnis.

Was in der Jugend neu ist, das ist das **Sein in der Beziehung.** Jugendliche haben nicht Beziehungen, sondern sie *sind* ihre Beziehungen. Das **Selbst** ist also noch nicht ausgebildet, sondern identifiziert sich mit der Beziehung. Er ist noch nicht in der Lage, sich von Innerem zu Innerem auszutauschen, sondern die Beziehung liegt in ihr selbst. Dies erfüllt sein Bedürfnis nach Liebe, Zuneigung, Zugehörigkeit und Übereinstimmung. Das gilt allerdings nur für die eigene, selbst gewählte Gruppe. Fremde werden häufig abgelehnt. Auch das moralische Bewusstsein ist auf die eigene Gruppe beschränkt, auf die, „die wie wir sind". Ihnen gehört die Loyalität. Und sie bestimmen für mich, was „gut" ist. Nach diesem Maßstab werden fremde Gruppen beurteilt oder verurteilt. Die Kultur dieser Phase ist die **Kultur der Wechselseitigkeit.**

Abb. 5.15: Das Loslösen von den Eltern gehört zur Selbstfindung Jugendlicher.

Offene Arbeit mit Jugendlichen

Für die Arbeit mit Jugendlichen bedeutet es, dass den 12- bis 16-Jährigen bei der **Projektauswahl** viel Verständnis entgegengebracht wird. Auch sind sie noch stark handlungsorientiert und offen für Fahrt und Freizeitlager oder im Jugendhaus gemeinsam zu übernachten, für ökologische Führungen, die Spiele ihres Alters, das reiche Feld der Kulturarbeit.

Vor allem lieben sie **sportliche Wettkämpfe,** die auch mit anderen Jugendeinrichtungen zu Wettbewerben ausgeweitet werden können. Zu nennen wären in diesem Zusammenhang Schach- oder Fußballturniere.

Den älteren Jugendlichen können **Seminare** in ihrer Identitätsfindung helfen. Vor allem sind sie in der Lage, in der **Kulturarbeit** (→ Kap. 5.1.5) gelungene Kunstwerke zu schaffen oder eine Band zu gründen, eine Theaterspielgruppe, einen Fotoclub oder ein Schachprojekt u. a. ins Leben zu rufen. Auch die **Spiele** dieses Alters werden gern in Anspruch genommen. So ist es möglich, Schachturniere mit Jugendlichen anderer Einrichten auszutragen. In der offenen Jugendarbeit ist es möglich, mit jungen Leuten zwischen 16 und 25 Jahren Konzerte, das Theater oder auch Museen besuchen und darüber mit ihnen sprechen.

Sozialraumorientierte Kinder- und Jugendarbeit

Im Weiteren ist die Kinder- und Jugendarbeit sozialraumorientiert (Noack 2001, S. 151 f.; Noack 2003, S. 171 f.).

> ▶ **Sozialraum**
> Alle leiblichen und sozialen Aneignungsvorgänge im Raum und auf allen Ebenen der Gesellschaft, Strukturierung sozialer Organisationen und Interaktionen.

Sozialraum, sozialökologischer Raum und Sozialzeit

⊙ Der Begriff **Sozialraum** wird sehr vielseitig verwendet. Einerseits ist er das Räumliche, in dem der Mensch in seiner Leiblichkeit agiert und das er sich aneignet. Andererseits werden auch die Medien als Erfahrungsräume und Möglichkeit der Wirklichkeitsaneignung bezeichnet (Böhnisch/Münchmeier 1993). Für die soziale Arbeit gilt das sozialräumliche Arbeitsprinzip, weil sie eine Aneignungstätigkeit ist. Schließlich wird schlicht das Jugendhaus als Sozialraum bezeichnet. Ebenso wird der Sozialraum als der vom Menschen angeeignete Wirkraum angesehen (Deinet 1999). So ist der Sozialraum jeder Raum in einem Stadtteil, den sich Jugendliche in Eigentätigkeit aneignen, und zwar in der Regel durch Kampf gegen die Erwachsenen, die die Raumwärter sind.

Deinet (1999) gliedert die **sozialökologischen Räume des Kindes**, d. h. seine Lebens- und Handlungsräume wie folgt:

- Der *Intimbereich* wird durch das Kinderzimmer gebildet. Darum herum befinden sich die Wohnung mit dem Balkon bzw. der Terrasse, der Flur und das Treppenhaus. Dieser Intimbereich bildet das Drinnen, das Zuhause des Kindes, wo sich auch die wichtigsten Bezugspersonen des Kindes tagsüber und nachts aufhalten.
- Um diesen Intimbereich legt sich die *Wohnumgebung*, das Draußen. Dazu gehören der Kindergarten, die Schule, der Park, das Einkaufszentrum, der Spielplatz, die Straße, der Hof mit Garten, der Sportplatz, der Garagenhof und eventuell die Werkstatt. Dies ist der ökologische Nahraum, d. h. die Nachbarschaft und das Wohnquartier. In diesen Nahräumen nimmt das Kind die ersten Außenkontakte vor, wodurch sich erste Verhaltenssettings bilden, wie Einkaufen gehen usw.
- Diese Wohnumgebung wird ergänzt durch die *städtischen Einrichtungen:* Badeanstalt, Freizeitpark, Zoo, Rummelplatz, Stadtpark, Museum, Stadion, Theater, Restaurant, Kaufhaus, Bahnhof, Friedhof, Hafen, Flugplatz, Fabrik. Dies sind Orte, wo Kinder funktionsspezifische Aufgaben lernen und Orte funktionsspezifisch nutzen. Dies allerdings geschieht erst nach dem 6. Lebensjahr.
- Schließlich umgibt die Stadt die *Landschaft als Natur:* Fluss, Wiese, Berg, See, Bach, Tal, Feld, Bauernhof, Wald und Meer. Sie bilden bereits Exofaktoren (äußere Faktoren), weil sich Kinder mit Verkehrsmitteln dorthin begeben müssen und sich dort nur zeitweise den Raum aneignen. Sie gestatten gelegentliche Begegnungen, die nicht der Routine unterliegen, wie es die anderen drei Zonen ermöglichen. Zugang zur Landschaft als Natur haben die meisten Kinder nur in den Ferien im Zusammenhang mit dem Urlaub. Kinder auf dem Land, in kleinen Städten oder in Stadtrandsiedlungen können hingegen die Natur als täglichen Sozialraum nutzen.

Dies alles sind noch keine Sozialräume für das Kind. Sie werden es erst, wenn es sich diese, in der Regel in der Clique, aneignet. Die soziale Arbeit wird darum Kindern behilflich sein, vor allem Landschaft und Natur als Sozialräume zu erwerben, und zwar nicht einfach zur Aneignung und Nutzung als vielmehr zur Begegnung.

Es ist darum nötig, den Sozialraum zu definieren als alle leiblichen und sozialen Aneignungsvorgänge im Raum und auf allen Ebenen der Gesellschaft. Denn Sozialräume werden ja nicht nur vom Kind durch Aneignung geschaffen, sie machen sich auch ihrerseits geltend und wirken auf das Kind ein.

Allerdings muss dem Begriff des Sozialraumes den Begriff der **Sozialzeit** hinzugefügt werden. Denn Kinder und Jugendliche bewegen sich nicht nur in Räumen, präsentieren sich in ihnen und eignen sie sich an, sondern tun dies auch in einer Sozialzeit.

> ▶ **Sozialzeit**
> Lebenszeit und Wirkzeit der Kinder und Jugendlichen in Sozialräumen.

Sozialraumanalyse

In der Sozialraumanalyse wird davon ausgegangen, dass soziale Probleme sich strukturieren und kumulieren (anhäufen), z. B. der Zusammenhang von Armut, Arbeitslosigkeit und Randständigkeit (Devianz). Die Sozialraumanalyse untersucht also die kleinräumige Verteilung von Lebenslagen (*soziale Lage* → Kap. 9.5.1) in einem überschaubaren Gebiet.

> ▶ **Sozialraumanalyse**
> Methode, um den sozialstrukturellen Entwicklungsstand eines Stadtareals zu differenzieren. Dabei werden die benachteiligten und problemanfälligen Lebenslagen kleinräumig analysiert. (Spiegelberg 2002, S. 909 f.)

Solche Untersuchungen sind notwendig für die Sozialplanung eines Gemeinwesens. Durch sie können städtische Teilgebiete nach dem **Grad der Problemanfälligkeit** eingestuft werden. Der höchste Grad von Belastung ist dort, wo die Segregation (räumliche Absonderung) hoch und die administrative Intervention ebenfalls hoch ist; es handelt sich in diesem Fall um soziale Brennpunkte. Wo Gebiete nur in einem dieser Bereiche hohe Werte aufweisen, handelt es sich um **gefährdete Gebiete.** Wo schließlich beide Seiten gering sind, Segregation und Intervention, da finden wir integrierte Milieus vor; dies können integrierte Arbeiterviertel oder auch bürgerliche Wohnviertel sein.

Offene Raumangebote

Nicht nur in der Kinderarbeit, auch in der Jugendarbeit wird davon ausgegangen, dass die Jugendlichen **immer weniger Räume** vorfinden, weder räumliche noch soziale, wo sie ihre Identität finden können, vielmehr müssen sie solche erst suchen und sich aneignen. Dabei scheint es so, als seien diese Räume wichtiger als die sozialpädagogischen Aktionen, die in diesen Räumen angeboten werden (Böhnisch/Münchmeier 1993).

Offene Raumangebote werden namentlich in Großstädten immer wichtiger, da alle Plätze der Jugend längst durch Regeln verschlossen sind wie Verkehrsflächen, Parkplätze, Verkaufsflächen, ökologisch geschützte Flächen oder auch Jugendhäuser, die sich Cliquen gegenüber verschließen. Der Jugend (dasselbe gilt für die Kinder) stehen kaum noch Flächen und Räume zur Verfügung. Deshalb geht es heute weniger darum, Jugendliche von der Straße zu holen und ihnen in sozialpädagogischen Inseln sinnvolle und werttragende Angebote zu machen. Vielmehr gilt es zunächst einmal, Jugendlichen überhaupt **Raum zu verschaffen,** wo sie sich aufhalten können, ohne weggejagt oder betreut zu werden. Dies kann ein Problem sein, wenn

Jugendhäuser in dichten Wohngebieten liegen und Nachbarn mit der Polizei drohen.

Jugendliche brauchen Räume, wo sie sich treffen, soziale Kontakte knüpfen und Aktivitäten nach eigenen Regeln entfalten können. Jugendliche leben ja nicht einfach in Räumen, sondern sie leben räumlich. Dies verwirklichten z. B. die Wandervogel- und die Jugendbewegung, die sich Raum eroberten durch Fahrt und Wanderung. **Raumaneignung** ist also ein Teil der Jugendkultur. Wo Jugendliche keinen Erlebnisraum und keinen Sozialraum haben, da entwickeln sie keine kommunikative Verweilzeit und keinen entspannten Verweilraum, sondern versuchen, sich solche zu ertrotzen und zeigen unter Umständen aggressive und kleinkriminelle Tendenzen.

Jugendhäuser, Jugendclubs und Freizeitstuben haben heute immer weniger die Funktion, Jugendlichen ein „Jugendreich" zu bieten, wo sie sich entspannen und in einem Raum ohne Erwachsene ihre Identität entwickeln können und ihnen sinntragende Identifikationsangebote zur Verfügung gestellt werden. Vielmehr sind sie **Teil des jugendlichen Sozialraumes,** einem Ort, wo man sich trifft, zusammensteht und sich zu weiteren Unternehmungen verabredet. Sie bilden jugendliche Sozial- und Rückzugsräume, besitzen allerdings Gelegenheitsstruktur (Böhnisch/Münchmeier 1993, S. 120), was kontinuierliche Arbeit in der offenen Kinder- und Jugendarbeit schwierig macht.

Sozialräumliche Probleme der **cliquenorientierten Jugendarbeit** bestehen vor allem darin, dass eine Clique den ganzen Jugendraum besetzt, so dass andere Jugendliche keinen Platz mehr finden. Sowohl die bisherige Clique als auch Einzelbesucher, die es neben den Cliquen auch noch gibt, werden verdrängt. Das Ziel muss also sein, mehrere Cliquen gleichzeitig zu beherbergen, was schwierig, aber sehr fruchtbar für die Arbeit mit ihnen ist.

5.9.3 Rolle von Erzieherinnen

Leitbild und Konzeption → Kap. 5.7

Die Pädagoginnen müssen sich klar darüber sein, dass Kinder und noch mehr Jugendliche sich selbst nach inneren Gesetzen entwickeln (Autopoiese) und dass sie autonome und handlungsstarke Personen sind.

Die Pädagoginnen der offenen Kinder- und Jugendarbeit regen die Kinder und Jugendlichen mit ihren Kenntnissen und Fähigkeiten an und begleiten sie, fördern aber vor allem die **Autonomie, Solidarität und konstruktive Lebensbewältigung.** Kinder und Jugendliche wollen einerseits begleitet und beraten, aber andererseits möchten sie in ihren Bedürfnissen ernst genommen werden. Wichtig ist auch zu erkennen, dass Kinder und Jugendliche sich gegenseitig helfen. Deshalb ist darauf zu achten, dass sie sich nicht einseitig auf die Leiterin oder den Leiter eines Projekts konzentrieren, sondern untereinander ein unterstützendes Netzwerk bilden. Hilfreich ist es auch, die Eltern mit einzubeziehen, und zwar nicht nur durch Elternabende, sondern auch in Projekte. Auch können Eltern an der Leitung des Kinder- oder Jugendhauses teilnehmen.

Abb. 5.16: Jugendliche bilden auch untereinander ein unterstützendes Netzwerk, innerhalb dessen sie sich gegenseitig helfen.

Erzieherinnen müssen fachlich **kompetent,** beziehungsorientiert verbunden mit Einfühlungsvermögen, offen, selbstbeherrscht, kritikfähig und charakterlich gefestigt sein. Vor allem brauchen sie Phantasie, um das Kind anzuregen und auch den Jugendlichen in seiner Identitätsfindung zu unterstützen.

Das Ziel für jede Erzieherin in der Arbeit mit Kindern und Jugendlichen ist deren **Glück.** Der Sinn des menschlichen Daseins ist, Glück zu erstreben und glücklich zu sein. Darum ist das Glück eine zentrale Kategorie in der sozialen Arbeit mit Kindern und Jugendlichen (Noack 2006 a, S. 202 ff.).

Eine **subjektorientierte Kinder- und Jugendarbeit** (Scherr 1997; Noack 2007, S. 87 ff.; 141 f.) hat das Ziel, Kinder und Jugendliche in ihrer Subjektivität zu stärken und sie zu fördern, Selbstachtung und soziale Anerkennung, Selbstbewusstsein, Selbstbestimmung und ihre Personwerdung, aber auch Vernunft und Entwicklung ihrer Leiblichkeit zu erlangen.

Subjektorientierung bedeutet von allem, dass der Mensch allen materiellen Dingen, Institutionen, Regeln, Normen, kollektiven Vor-urteilen usw. vorausgeht. Es geht immer und erstrangig um den einzelnen Menschen als einer lebendigen, einmaligen, unverwechselbaren und grenzenlos wertvollen Person.

Noack, Winfried. Gemeinwesenarbeit. Ein Lehr- und Arbeitsbuch. Freiburg: Lambertus 1999

6

Hilfen zur Erziehung

Manfred Vogelsberger

Das Achte Sozialgesetzbuch (SGB VIII), auch als Kinder- und Jugendhilfegesetz (KJHG) bezeichnet, definiert *Hilfen zur Erziehung* als „Leistung der Jugendhilfe".

▸ Hilfen zur Erziehung

Angebote der Jugendhilfe zugunsten junger Menschen und deren Familien, denen ein nachgewiesenes erzieherisches Defizit und eine erzieherische Indikation zugrunde liegen. Das Hilfsangebot wird individuell festgelegt (Einzelfallorientierung) und das engere soziale Umfeld des Kindes oder Jugendlichen, wie Eltern, Geschwister und Großeltern, wird einbezogen (Lebensweltorientierung).

Die **Hilfen zur Erziehung ergänzen** die

- Angebote der Jugendarbeit, der Jugendsozialarbeit und des erzieherischen Kinder- und Jugendschutzes
- Angebote zur Förderung der Erziehung in der Familie
- Angebote zur Förderung von Kindern in Tageseinrichtungen und in Tagespflege
- Hilfen für seelisch behinderte Kinder und Jugendliche und die
- Hilfen für junge Volljährige.

Davon ausgehend, dass ein erzieherisches Defizit nachgewiesen wurde und eine erzieherisch richtige Indikation vorliegt, besteht für Personensorgeberechtigte, in der Regel die Eltern des Kindes oder Jugendlichen, ein **Rechtsanspruch auf Hilfe.**

⊙ Hilfen zur Erziehung

„(1) Ein Personensorgeberechtigter hat bei der Erziehung eines Kindes oder eines Jugendlichen Anspruch auf Hilfe (Hilfe zur Erziehung), wenn eine dem Wohl des Kindes oder des Jugendlichen entsprechende Erziehung nicht gewährleistet ist und die Hilfe für seine Entwicklung geeignet und notwendig ist.

(2) Hilfe zur Erziehung wird insbesondere nach Maßgabe der §§ 28 bis 35 gewährt. Art und Umfang der Hilfe richten sich nach dem erzieherischen Bedarf im Einzelfall; dabei soll das engere soziale Umfeld des Kindes oder des Jugendlichen einbezogen werden. Die Hilfe ist in der Regel im Inland zu erbringen; sie darf nur dann im Ausland erbracht werden, wenn dies nach Maßgabe der Hilfeplanung zur Erreichung des Hilfezieles im Einzelfall erforderlich ist.

(2 a) Ist eine Erziehung des Kindes oder Jugendlichen außerhalb des Elternhauses erforderlich, so entfällt der Anspruch auf Hilfe zur Erziehung nicht dadurch, dass eine andere unterhaltspflichtige Person bereit ist, diese Aufgabe zu übernehmen; die Gewährung von Hilfe zur Erziehung setzt in diesem Fall voraus, dass diese Person bereit und geeignet ist, den Hilfebedarf in Zusammenarbeit mit dem Träger der öffentlichen Jugendhilfe nach Maßgabe der §§ 36 und 37 zu decken.

(3) Hilfe zur Erziehung umfasst insbesondere die Gewährung pädagogischer und damit verbundener therapeutischer Leistungen. Sie soll bei Bedarf Ausbildungs- und Beschäftigungsmaßnahmen im Sinne des § 13 Abs. 2 einschließen.

(4) Wird ein Kind oder eine Jugendliche während ihres Aufenthaltes in einer Einrichtung oder einer Pflegefamilie selbst Mutter eines Kindes, so umfasst die Hilfe zur Erziehung auch die Unterstützung bei der Pflege und Erziehung dieses Kindes." (§ 27 SGB VIII, Stand: 8/2013)

Abb. 6.1: Personensorgeberechtigte haben einen Rechtsanspruch auf Hilfe.

Die **Leistungen der Jugendhilfe** und somit auch die **Angebote der Hilfen zur Erziehung** werden von den *öffentlichen und den freien Trägern der Jugendhilfe* (Definition → Kap. 2.1.2) erbracht, wobei sich eine Leistungsverpflichtung lediglich an die öffentlichen Träger richtet (→ Kap. 6.2).

Bevor eine der genannten Hilfen zur Erziehung angeboten wird, müssen die Personensorgeberechtigten und das Kind bzw. der Jugendliche beraten und – falls die Hilfe mit einer Fremdunterbringung einhergeht – bei der Auswahl der Einrichtung beteiligt werden. Dieses im SGB VIII eingeräumte **Wunsch- und Wahlrecht** (§ 5 SGB VIII) darf allerdings nicht missverstanden werden: Die Hilfeempfänger werden zwar in den Prozess der Auswahl eines Hilfsangebotes mit einbezogen, wählen aber nicht „katalogmäßig" ein Angebot ihrer Wahl aus.

Der Entscheidung über die Hilfeart liegt ein **Hilfeplan** zugrunde, der von mehreren Fachkräften in Kooperation mit den Personensorgeberechtigten und dem Kind bzw. dem Jugendlichen erstellt wird (§ 36 SGB VIII). Er enthält insbesondere Angaben über den Bedarf, die Art der Hilfe und notwendige Leistungen und ist in regelmäßigen Zeitabständen fortzuschreiben (Prüfung der Eignung und Notwendigkeit des Hilfsangebotes).

Bei Hilfsangeboten, die mit einer Unterbringung außerhalb des elterlichen Haushaltes verbunden sind, wird im Rahmen einer intensiven **Zusammenarbeit mit den Eltern** versucht, die Erziehungsbedingungen in der Herkunftsfamilie so zu verändern und zu stabilisieren, dass eine Rückführung des Kindes oder des Jugendlichen in einem im Hinblick auf die Entwicklung des Kindes oder Jugendlichen vertretbaren Zeitraum möglich wird. Kann dies nicht gewährleistet werden, so soll eine andere, dem Kindeswohl förderliche und auf Dauer angelegte **Lebensperspektive** erarbeitet werden (§ 37 SGB VIII).

6.1 Einrichtungen und Angebote der Hilfen zur Erziehung

Unter „Hilfen zur Erziehung" fasst der Gesetzgeber **sieben unterschiedliche Hilfsangebote** zusammen:

- Erziehungsberatung (§ 28 SGB VIII)
- Erziehungsbeistand und Betreuungshelfer (§ 30 SGB VIII)
- Sozialpädagogische Familienhilfe (§ 31 SGB VIII)
- Vollzeitpflege (§ 33 SGB VIII)
- Intensive sozialpädagogische Einzelbetreuung (§ 35 SGB VIII)
- *Soziale Gruppenarbeit (§ 29 SGB VIII)* (→ Kap. 6.1.1)
- *Erziehung in einer Tagesgruppe (§ 32 SGB VIII)* (→ Kap. 6.1.2)
- *Heimerziehung und sonstige betreute Wohnform (§ 34 SGB VIII)* (→ Kap. 6.1.3).

Unter dem Oberbegriff „Hilfen zur Erziehung" kann eine Vielzahl von Einrichtungen und Diensten subsumiert (gefasst) werden, deren Darstellung in ihrer Gesamtheit den Rahmen dieses Textes sprengen würde. Es werden daher nur solche Einrichtungen näher betrachtet, die weit verbreitet sind und die als **Arbeitsfeld für Erzieherinnen** angesehen werden können. Auf die übrigen Hilfsangebote wird im Folgenden kurz eingegangen.

Erziehungsberatung

Die Erziehungsberatung wird in der Regel in Erziehungsberatungsstellen oder sonstigen Beratungsstellen **für Kinder, Jugendliche und Eltern** angeboten, d. h., die Hilfesuchenden wenden sich an eine entsprechende Institution und suchen diese zu Beratungszwecken auf. In seltenen Fällen bieten Mitarbeiter von solchen Beratungsstellen wie Psychologen, Pädagogen, Sozialpädagogen und therapeutische Fachkräfte Beratungsangebote vor Ort an.

Erziehungsbeistand und Betreuungshelfer

Im Rahmen einer freiwilligen ambulanten Erziehungshilfe, bei der der Klient in seinem sozialen Umfeld bleibt, soll einem Kind bzw. Jugendlichen eine Person zur Seite stehen, die es oder ihn bei der Bewältigung des Lebensalltags unterstützt. Neben ehrenamtlichen Kräften übernehmen zunehmend hauptamtliche Fachkräfte wie Sozialarbeiter oder Sozialpädagogen diese Funktion.
Grundsätzlich ist eine **Erziehungsbeistandschaft** zu beantragen. Daneben kann im Rahmen eines *Jugendstrafverfahrens* (→ Kap. 3.4.1) einem Jugendlichen die Weisung erteilt werden, „... sich der Betreuung und Aufsicht einer bestimmten Person (Betreuungshelfer) zu unterstellen" (§ 10 JGG).

Abb. 6.2: Im Rahmen der freiwilligen ambulanten Erziehungshilfe kann ein Erziehungsbeistand die Bewältigung des Lebensalltags unterstützen.

Sozialpädagogische Familienhilfe

Bei der sozialpädagogischen Familienhilfe handelt es sich um ein **längerfristiges Hilfsangebot,** das neben erzieherischen Problemlagen auch Fragen fokussiert (in den Blick nimmt) von

- Partnerschaft und Ehe,
- der wirtschaftlichen Situation der Familie,
- der Kooperation der Familie mit
  - Institutionen, z. B. Kindergarten und Schule
  - Behörden, z. B. Sozialamt.

Im Rahmen einer sehr intensiven Zusammenarbeit wird versucht, in einem Zeitraum von bis zu zwei Jahren die Familiensituation zu stabilisieren. Dabei arbeitet der **Familienhelfer** – meist ein Sozialarbeiter, Sozialpädagoge oder Pädagoge – in bestimmten Phasen der Zusammenarbeit mehrere Stunden pro Tag mit der Familie.

Vollzeitpflege

Bei dem Angebot der Vollzeitpflege handelt es sich um die klassische **Pflegefamilie:** Eine Familie, die in den meisten Fällen keine professionell tätige Pflegefamilie ist, nimmt ein Kind oder einen Jugendlichen für eine bestimmte Zeit oder auf Dauer bei sich auf und wird von Sozialarbeitern oder -pädagogen des zuständigen Jugendamtes oder eines freien Trägers bei ihrer Aufgabe beraten und unterstützt.

Intensive sozialpädagogische Einzelbetreuung

Die intensive sozialpädagogische Einzelbetreuung wird in der Regel von Sozialarbeitern, Sozialpädagogen oder Pädagogen geleistet und kann im Grunde als **Alternative zur Heimerziehung** verstanden werden. Sie richtet sich an Jugendliche oder junge Erwachsene, die mit den Methoden der regulären Heimerziehung pädagogisch nicht zu erreichen sind. Die Gründe hierfür können u. a. sein:

- ein extrem hohes Aggressionspotenzial (→ Kap. 10.3.8),
- eine stark ausgebildete Bindungsunfähigkeit (→ Kap. 10.3.3) oder
- eine geringe Frustrationstoleranz.

Kennzeichen dieser Hilfeart ist die **Individualität der Methoden,** d. h., die pädagogische Arbeit wird individuell auf den Jugendlichen oder jungen Erwachsenen zugeschnitten. Häufig werden in diesem Zusammenhang erlebnispädagogisch orientierte Maßnahmen durchgeführt.

6.1.1 Soziale Gruppenarbeit

► **Soziale Gruppenarbeit**
Angebot der Jugendhilfe, bei dem das soziale Lernen in Gruppen im Vordergrund steht.

Historisch betrachtet ist die soziale Gruppenarbeit neben der Einzelhilfe und der Gemeinwesenarbeit eine der drei klassischen Methoden in der Sozialarbeit. Während in der **Einzelhilfe** sich die pädagogische Arbeit zunächst auf nur einen Klienten konzentriert und in der **Gemeinwesenarbeit** ganze Gemeinden oder Stadtteile unter Einbezug ihrer sozialen, kulturellen, ökonomischen und politischen Strukturen Zielgruppe des sozialarbeiterischen Handelns sind, steht in der **sozialen Gruppenarbeit** die Gruppe (→ Kap. 9.1.2) im Vordergrund des Handelns.

Soziale Gruppenarbeit
„Die Teilnahme an sozialer Gruppenarbeit soll älteren Kindern und Jugendlichen bei der Überwindung von Entwicklungsschwierigkeiten und Verhaltensproblemen helfen. Soziale Gruppenarbeit soll auf der Grundlage eines gruppenpädagogischen Konzepts die Entwicklung älterer Kinder und Jugendlicher durch soziales Lernen in der Gruppe fördern." (§ 29 SGB VIII)

Das **soziale Lernen in der Gruppe** spricht in erster Linie ältere Kinder und Jugendliche an. Innerhalb eines „geschützten Raumes" erhalten die Klienten insbesondere Unterstützung zur Förderung ihrer **Sozialkompetenz.**

Häufig wird die soziale Gruppenarbeit auch angeboten oder vom Jugendrichter angeordnet für delinquente Jugendliche (§ 10 JGG, Teilnahme an einem sozialen Trainingskurs), die auf diesem Weg eine **Modifikation ihres Verhaltens** erfahren sollen. Strukturell kann diese Form der Hilfen zur Erziehung in zeitlich befristeten Kursen oder im Sinne einer längerfristig angelegten Gruppe angeboten werden.

Beiden Formen liegt ein gruppenpädagogisches Konzept zugrunde.

Abgestimmt auf die Gruppenzusammensetzung und die formulierte Zielsetzung hat die soziale Gruppenarbeit unterschiedliche Schwerpunkte, die klar getrennt, aber auch als Mischform vorzufinden sind:

- *Handlungsorientierte Gruppenarbeit* – Die Teilnehmenden werden mit überwiegend handwerklich-technischen Tätigkeiten konfrontiert, d. h. es wird im Rahmen einer Projektarbeit, beginnend mit der Planung und Organisation des Projektes, eine Aufgabenstellung erfüllt, z. B. Anlegen eines Grillplatzes, Herstellung eines Videofilmes.
- *Themenorientierte Gruppenarbeit* – Angestoßen durch das Interesse der Teilnehmenden werden Themen ausgewählt, mit denen sich die Gruppe auf der Gesprächsebene auseinandersetzt. Hierzu können auch Referenten eingeladen (wie Vertreter einer Drogenberatungsstelle) oder Exkursionen (wie der Besuch eines Theaterstücks zu der gewählten Thematik) durchgeführt werden.
- *Erlebnisorientierte Gruppenarbeit* – Die Kooperation mit anderen und das Erfahren eigener Grenzen stehen im Mittelpunkt von Angeboten mit diesem Schwerpunkt. Die nach erlebnispädagogischen Gesichtspunkten gewählten Angebote tragen insbesondere dazu bei, dass vorhandene Energien sinnvoll und für die Gruppe eingesetzt werden, was u. U. völlig neue Erfahrungen für die Teilnehmenden mit sich bringt. Im Rahmen dieser Maßnahmen werden häufig Klettertouren und Kanufahrten, verbunden mit Übernachtungen in Zelten, angeboten.

6.1.2 Erziehung in einer Tagesgruppe

Eine Art „ambulante Heimerziehung" stellt die Erziehung in einer Tagesgruppe dar.

► **Erziehung in einer Tagesgruppe**
Angebot der Kinder- und Jugendhilfe, bei dem Kinder und Jugendliche tagsüber außerhalb der Schulzeit betreut werden und abends in der Familie verbleiben.

Erziehung in einer Tagesgruppe
„Hilfe zur Erziehung in einer Tagesgruppe soll die Entwicklung des Kindes oder des Jugendlichen durch soziales Lernen in der Gruppe, Begleitung der schulischen Förderung und Elternarbeit unterstützen und dadurch den Verbleib des Kindes oder des Jugendlichen in seiner Familie sichern. Die Hilfe kann auch in geeigneten Formen der Familienpflege geleistet werden." (§ 32 SGB VIII)

Im Gegensatz zur vollstationären Betreuung werden Kinder oder Jugendliche **nicht fest in der Einrichtung** aufgenommen, sondern verbleiben in der Familie und werden lediglich über Tag gemeinsam mit anderen Kindern in einem klar strukturierten Rahmen erzogen. In der Praxis bedeutet dies, dass das Kind oder der Jugendliche morgens von zu Hause aus die bisherige Schule besucht und nach

Schulschluss von einem Mitarbeiter der Tagesgruppe abgeholt wird. Manche Tagesgruppen sind innerhalb eines Heimgeländes eingerichtet, die teilweise sogar eine heimeigene Schule (Förderschule) haben. Dies bewirkt sowohl aus zeitlicher als auch aus sozialpädagogischer Sicht eine Steigerung der Effektivität der Tagesgruppen-Arbeit. Nach dem gemeinsamen Mittagessen werden die Hausaufgaben erledigt, und es folgt bis zur Rückfahrt ins Elternhaus (etwa gegen 18 Uhr) eine Betreuung durch die Erzieherinnen. In den Ferien werden ebenfalls Angebote für die Kinder gemacht.

Die Hilfe kann auch in einer Pflegefamilie erbracht werden. Sie darf allerdings nicht mit der Tagespflege (§ 23 SGB VIII) verwechselt werden.

Die Tagesgruppe ist keine hortähnliche Einrichtung (*offene Kinder- und Jugendarbeit* → Kap. 5). Tagesgruppen sind organisatorisch immer **an Heime gebunden,** was zum einen deren pädagogische Aufgabenstellung definiert (*Heimerziehung* → Kap. 6.1.3) und zum anderen auch Folgen für den finanziellen Aufwand hat: Der Tagessatz wird nach Heimkriterien berechnet und liegt somit weit über dem eines Hortes. Der Unterschied wird auch darin deutlich, dass Aufnahmen in Tagesgruppen stets über Jugendämter initiiert und abgerechnet werden.

⊙ Wesentliches **Merkmal der Arbeit in einer Tagesgruppe** ist die intensive Zusammenarbeit mit den Eltern, die Begleitung der schulischen Förderung und die Förderung der Entwicklung durch soziales Lernen in der Gruppe. Hausbesuche bei den Familien und Gespräche in den Schulen sind daher gängige Methoden der Tagesgruppenarbeit. Die Kinder oder Jugendlichen sollen durch den Besuch in der Tagesgruppe, der in der Regel zeitlich zu begrenzen ist (ca. 12 bis 18 Monate), soweit gefördert werden, dass ein Verbleib in ihrer Familie vertreten und somit eine vollstationäre Heimunterbringung verhindert werden kann.

6.1.3 Heimerziehung und sonstige betreute Wohnform

Im Gegensatz zu den bisher genannten Angeboten ist die Erziehung in Heimen und sonstigen betreuten Wohnformen nicht ambulant.

▶ **Heimerziehung und sonstige betreute Wohnform**
Angebote der Kinder- und Jugendhilfe, bei denen Kinder und Jugendliche Tag und Nacht betreut werden. Dies schließt auch pädagogische und therapeutische Angebote mit ein.

⊙ **Heimerziehung, sonstige betreute Wohnform**
„Hilfe zur Erziehung in einer Einrichtung über Tag und Nacht (Heimerziehung) oder in einer sonstigen betreuten Wohnform soll Kinder und Jugendliche durch eine Verbindung von Alltagserleben mit pädagogischen und therapeutischen Angeboten in ihrer Entwicklung fördern. Sie soll entsprechend dem Alter und Entwicklungsstand des Kindes oder des Jugendlichen sowie den Möglichkeiten der Verbesserung der Erziehungsbedingungen in der Herkunftsfamilie

1. eine Rückkehr in die Familie zu erreichen versuchen oder
2. die Erziehung in einer anderen Familie vorbereiten oder
3. eine auf längere Zeit angelegte Lebensform bieten und auf ein selbständiges Leben vorbereiten.

Jugendliche sollen in Fragen der Ausbildung und Beschäftigung sowie der allgemeinen Lebensführung beraten und unterstützt werden." (§ 34 SGB VIII)

Im Gesetz wird „Heimerziehung" sehr allgemein definiert, d. h. es gibt eine Vielzahl von unterschiedlichen Möglichkeiten, diese Form der Hilfen zur Erziehung umzusetzen.

Die folgende Darstellung **unterschiedlicher Formen der Heimerziehung** kann daher nur als eine subjektive Auswahl bekannter Formen angesehen werden. In den letzten Jahren haben sich so vielfältige Betreuungsformen entwickelt – und dieser Trend wird sich sicherlich fortsetzen –, dass eine Auflistung schon nach kürzester Zeit auf ihre Aktualität hin hinterfragt werden kann.

Es werden in Folgenden daher nur Formen aufgezeigt, die weit verbreitet existieren, deren Fortbestand momentan nicht in Frage gestellt ist und die in jedem Fall die Möglichkeit bieten, Erzieherinnen zu beschäftigen. Dies sind:

- Kinder- und Jugendheime
- Außenwohngruppen
- Kinderdörfer
- Betreutes Wohnen
- Mutter/Vater-Kind-Heime
- Jugendschutzstellen und Erziehungshilfezentren.

Kinder- und Jugendheime

Häufig tragen Heimeinrichtungen die Bezeichnung Kinder- und Jugendheim, wobei auch andere Begriffe geläufig sind (z. B. Waisenhaus, Kinderheim, Erziehungsheim). Diese Einrichtungen können als klassische Heimeinrichtungen angesehen werden.

Allein schon die lokalen Voraussetzungen machen den Unterschied zu den neueren Einrichtungsformen deutlich. Das Kinder- und Jugendheim ist meist eine recht große Einrichtung, die in einem entsprechenden Gebäude, oft außerhalb des Gemeinwesens, untergebracht ist. Dort werden die Kinder in der Regel in **Familiengruppen**, d. h. koedukativen und altergemischten Gruppen betreut. In einem Gebäude befinden sich meist mehrere Gruppen, die oft architektonisch durch unterschiedliche Etagen oder Gebäudekomplexe voneinander getrennt sind.

In jeder Gruppe leben Kinder oder Jugendliche meist in Ein- oder Zweibettzimmern, wobei Gemeinschaftsräume wie Wohnzimmer und Küche die Möglichkeit zur Kommunikation aller Gruppenmitglieder bieten. Auch über die Grenzen der Gruppe hinaus wird die Kommunikation der Gruppen untereinander durch Angebote und Anlagen, z. B. Spiel- und Sportplätze sowie Freizeiträume, gefördert. Die **Interaktion mit den Bürgern** der benachbarten Gemeinwesen erfolgt über den Besuch von z. B. ortsansässigen Schulen, Ausbildungsbetrieben, Vereinen, Schwimmbädern und anderen Freizeiteinrichtungen.

Außenwohngruppen

Im Gegensatz zum Kinder- und Jugendheim werden bei der Arbeit in Wohngruppen die Gruppen nicht nur innerhalb eines Gebäudes oder eines Geländes, sondern bewusst großräumiger getrennt. Um einen **familienähnlichen Charakter** zu erzielen, werden meist kleine Häuser oder Wohnungen innerhalb des Gemeinwesens angemietet oder erworben, um dort eine Gruppe unterzubringen. Die Kinder und Jugendlichen leben dann in ihrem Haus oder ihrer Wohnung mit Erzieherinnen, die wie in einer großen Einrichtung im Schichtdienst arbeiten, zusammen.

Die unmittelbare Nähe und der **Kontakt zur Nachbarschaft** wirken sich positiv auf die Integration der Kinder und Jugendlichen in das Gemeinwesen aus. Der kurze Weg zu den dortigen Einrichtungen wie Schulen, Geschäften, Vereinen und Freizeitanlagen unterstützt dies noch in erhöhtem Maße.

Kinderdörfer

Die wohl bekanntesten Kinderdörfer sind die SOS-Kinderdörfer, nach deren Vorbild auch Kinderdörfer in anderer Trägerschaft gegründet worden sind. Das Prinzip des Kinderdorfes ist im Grunde eine Verschmelzung von klassischem Kinderheim und Außenwohngruppen. Auf einem größeren Gelände sind **mehrere Häuser dorfähnlich angeordnet,** die jeweils von Erzieherinnen, hier Kinderdorf-Mütter genannt, mit einer kleinen Gruppe von Kindern bewohnt werden.

In den Häusern spielt sich das Leben ab wie in einer Familie. Es wird zusammen gelebt, gegessen, gespielt, gestritten usw. Die Wohnsituation gleicht der in einem Einfamilienhaus, mit Küche, Wohn-, Schlaf-, Kinderzimmern, Bädern und Keller-/Funktionsräumen. Neben den Familienhäusern gibt es in der Regel noch Verwaltungsgebäude, in denen u. a. auch die pädagogische Leitung des Dorfes ihr Büro hat, und eventuell Gemeinschaftsanlagen.

Die Kinderdörfer liegen meist **am Rande von Gemeinwesen,** was die Gefahr birgt, dass ein Dorf im Dorf entsteht – Maßnahmen, dem entgegenzuwirken, werden in der *Konzeption der Einrichtung* festgelegt (→ Kap. 2.2 und Kap. 6.6). Der Besuch von Einrichtungen der Gemeinde wie Schule, Schwimmbad oder Sportverein erleichtert die Integration der Kinder und Jugendlichen in erheblichem Maße.

Abb. 6.3: Das Leben in den Häusern eines Kinderdorfes spielt sich ab wie in einer Familie.

Betreutes Wohnen

Während in den bisher beschriebenen Betreuungsformen die Arbeit in Gruppen im Vordergrund stand, erfolgt beim „betreuten Wohnen" eine Individualbetreuung. Jugendliche oder junge Erwachsene, die eventuell einige Jahre in einer der o. g. Heimeinrichtungen gelebt haben, werden über das betreute Wohnen schrittweise zur Selbstständigkeit geführt. In der Regel wird für den jungen Menschen eine Wohnung angemietet, die er alleine bezieht und in der er eigenständig lebt. In einem individuell festgelegten Turnus erfolgen Besuche durch einen Betreuer, der beratend – und sicherlich in vereinzelten Fällen auch kontrollierend – tätig wird. Die zunächst eher kurze Besuchsfrequenz wird schrittweise erweitert, bis eine völlige Loslösung vertreten werden kann oder gewünscht wird.

Mutter/Vater-Kind-Heime

Das Mutter/Vater-Kind-Heim, früher Mutter-Kind-Heim genannt, ist eine Form der Betreuung, die im SGB VIII nicht als Hilfe zur Erziehung, sondern als eine Form der **Förderung der Erziehung in der Familie** deklariert ist. Dies beinhaltet, dass nicht ein erzieherisches Defizit bei der Mutter oder dem Vater Ursache für die Notwendigkeit der Hilfe ist, sondern andere Gründe, wie die fehlende Fähigkeit, alleine für die Pflege und Erziehung eines Kindes sorgen zu können, vorliegen.

In diesen Einrichtungen leben die meist sehr jungen Mütter oder Väter mit ihrem bis zu sechs Jahre alten Kind zusammen und lernen, verantwortungsbewusst für das Kind zu sorgen.

[BEISPIEL] Notwendig kann eine Aufnahme in einem Mutter/Vater-Kind-Heim beispielsweise werden, wenn ein 14-jähriges Mädchen schwanger wurde, diese Schwangerschaft zu einer massiven Krise in der Beziehung des Mädchens zu seinen Eltern führte und die Eltern nicht mehr bereit sind, die Tochter mit dem Enkelkind in ihrer häuslichen Gemeinschaft leben zu lassen. Sollte diese junge Mutter aufgrund ihrer Gesamtentwicklung noch nicht in der Lage sein, alleine mit dem Kind zu leben und für es zu sorgen, so kann entsprechende Hilfe in der Einrichtung angeboten werden.

Neben der Sorge für das Kind ist das Ziel der Betreuung in Mutter/Vater-Kind-Einrichtungen aber auch die **schuli-**

sche und/oder berufliche Ausbildung der Mutter oder des Vaters. Dies bedeutet, dass dort auch Möglichkeiten geschaffen werden, eine Ausbildung zu absolvieren. Die jungen Alleinerziehenden sollen in die Lage versetzt werden, ihr Leben gemeinsam mit dem Kind und auf einer soliden beruflichen Basis aufbauen zu können. Im Gesetzestext (§ 19 SGB VIII) kommt klar zu Ausdruck, dass die angebotene Hilfe nicht in einer festgeschriebenen Einrichtungsform anzubieten ist, sondern eine geeignete Wohnform – unter Umständen könnte dies auch das betreute Wohnen oder eine Wohngemeinschaft sein – zu suchen ist.

Jugendschutzstellen und Erziehungshilfezentren

Neben der Heimerziehung gibt es noch eine Vielzahl individuell zugeschnittener Hilfearten. Das Arbeitsfeld Heim runden noch zwei konzeptionell eher **kurzzeitig** angelegte, meist **Heimen angeschlossene** Formen der Heimerziehung ab:

- **Jugendschutzstellen** – Es gibt immer wieder Kinder und Jugendliche, die spontan in einer Einrichtung aufgenommen werden müssen, da sie entweder zu Hause einer akuten Gefährdung ausgesetzt sind oder aufgrund einer Entweichung von zu Hause oder aus einer sozialpädagogischen Einrichtung bis zur Rückführung zu versorgen sind. Diese Kinder und Jugendlichen finden Aufnahme in sogenannten Jugendschutzstellen. Diese Einrichtungen bieten den Kindern und Jugendlichen im Rahmen der **Inobhutnahme** (§ 42 SGB VIII) zunächst Schutz und erarbeiten zusammen mit dem zuständigen Jugendamt und sonstigen beteiligten Personen und Institutionen ein Konzept zur weiteren erzieherischen Arbeit mit dem Kind oder Jugendlichen.
- **Erziehungshilfezentren** – Eine weitere Einrichtung, die Perspektiven für Kinder, Jugendliche und Familien in **Krisensituationen** erarbeiten will, ist das Erziehungshilfezentrum. Dort können einzelne Familienmitglieder, aber auch unter Umständen die gesamte Familie im Rahmen einer zeitlich befristeten stationären Unterbringung zusammen mit pädagogischen und therapeutischen Fachkräften an ihrer Krise arbeiten und nach Lösungsmöglichkeiten suchen.

6.2 Träger und Strukturen der Hilfen zur Erziehung

So wie alle Einrichtungen und Dienste im sozialen und sozialpädagogischen Bereich, werden Maßnahmen der Jugendhilfe (also auch Hilfen zur Erziehung) von *öffentlichen* und *freien Trägern* (→ Kap. 2.1.2) betrieben.

Freie und öffentliche Jugendhilfe

„(1) Die Jugendhilfe ist gekennzeichnet durch die Vielfalt von Trägern unterschiedlicher Wertorientierungen und die Vielfalt von Inhalten, Methoden und Arbeitsformen.

(2) Leistungen der Jugendhilfe werden von Trägern der freien Jugendhilfe und von Trägern der öffentlichen Jugendhilfe erbracht. Leistungsverpflichtungen, die durch dieses Buch begründet werden, richten sich an die Träger der öffentlichen Jugendhilfe.

(3) Andere Aufgaben der Jugendhilfe werden von Trägern der öffentlichen Jugendhilfe wahrgenommen. Soweit dies ausdrücklich bestimmt ist, können Träger der freien Jugendhilfe diese Aufgaben wahrnehmen oder mit ihrer Ausführung betraut werden." (§ 3 SBG VIII)

Abb. 6.5: Jugendschutzstellen bieten auch Kindern Schutz.

Großen Wert legt der Gesetzgeber auf die **Vielfalt der Angebote.** Dies bedeutet, dass stets versucht wird, unterschiedliche Trägerorganisationen dafür zu gewinnen, Einrichtungen und Dienste der Hilfen zur Erziehung zu übernehmen.

Freie Träger *können* entsprechende Angebote machen, d. h. sie sind nicht verpflichtet, Hilfsangebote zu unterbreiten. Eine solche Leistungsverpflichtung, sofern sie sich aus dem Gesetz ergibt, besteht allerdings für **öffentliche Träger**, also im weitesten Sinne für staatliche Organisationen wie Städte, Kreise und Gemeinden. Die Kooperation zwischen beiden Trägergruppen ist im SGB VIII gesetzlich klar geregelt.

Zusammenarbeit der öffentlichen Jugendhilfe mit der freien Jugendhilfe

„(1) Die öffentliche Jugendhilfe soll mit der freien Jugendhilfe zum Wohl junger Menschen und ihrer Familien partnerschaftlich zusammenarbeiten. Sie hat dabei die Selbständigkeit der freien Jugendhilfe in Zielsetzung und Durchführung ihrer Aufgaben sowie in der Gestaltung ihrer Organisationsstruktur zu achten.

(2) Soweit geeignete Einrichtungen, Dienste und Veranstaltungen von anerkannten Trägern der freien Jugendhilfe betrieben werden oder rechtzeitig geschaffen werden können,

soll die öffentliche Jugendhilfe von eigenen Maßnahmen absehen.

(3) Die öffentliche Jugendhilfe soll die freie Jugendhilfe nach Maßgabe dieses Buches fördern und dabei die verschiedenen Formen der Selbsthilfe stärken." (§ 4 SGB VIII)

Im Vordergrund des kooperativen Handelns stehen

- Forderungen nach der Partnerschaftlichkeit in der Zusammenarbeit,
- die Selbstständigkeitsgarantie des freien Trägers und
- der Nachrang der öffentlichen Träger gegenüber den freien Trägern (*Subsidiaritätsprinzip* → Kap. 2.1.2).

Dieses in der sozialen Arbeit gängige Prinzip der Subsidiarität führt dazu, dass die Zahl der Anbieter von Maßnahmen, Einrichtungen und Diensten der Hilfen zur Erziehung aus dem Bereich der freien Träger deutlich über der der öffentlichen Träger liegt.

Exemplarisch soll dies verdeutlicht werden anhand einer **statistischen Betrachtung von Einrichtungen** aus dem Bereich der Heimerziehung und sonstigen betreuten Wohnform sowie der Tagesgruppenarbeit und der Mutter/Vater-Kind-Heime (→ Tab. 6.1).

6.3 Leitung von Einrichtungen und Angeboten der Hilfen zur Erziehung

Leitung von sozialpädagogischen Einrichtungen (→ Kap. 2.1.3)

Nicht nur die Einrichtungen von Hilfen zu Erziehung benötigen eine Führung, auch Angebote müssen geleitet werden.

Leitung von Einrichtungen

Die Einrichtungen der Hilfen zur Erziehung sind in ihrer Organisationsstruktur sehr vielfältig und unterschiedlich. Grundsätzlich können Einrichtungen der Hilfen zur Erziehung eingebettet sein in größere Organisationseinheiten oder als selbstständige Einrichtungen geführt werden.

So sind beispielsweise *Erziehungsberatungsstellen (→ Kap. 6.1)* in der Regel eingebunden in größere Systeme öffentlicher oder freier Träger und damit als Abteilung einer Organisationseinheit (→ Kap. 2.1.2) zu sehen, auch wenn diese Stellen räumlich klar von ihrem Trägersystem getrennt sind. Die Leitung von Erziehungsberatungsstellen hat meist ein Diplom-Psychologe inne.

Leitung bei Angeboten und Dienstleistungen

Die Angebote der Hilfen zur Erziehung sind vor allem Dienstleistungen. *Erziehungsbeistandschaft, Betreuungshilfe* und *sozialpädagogische Familienhilfe* (→ Kap. 6.1) sind Angebote, die als Dienst strukturell entweder einem Jugendamt oder einem freien Träger zugeordnet sind. Ihre Leitung übernimmt der Leiter der Organisationseinheit (Leiter des Jugendamtes, Geschäftsführer des Trägers).

Ähnlich strukturiert ist das Angebot der *Vollzeitpflege* (→ Kap. 6.1), wobei hier die Dienstleistung nicht von Mitarbeitern der Organisation erbracht wird, sondern von Familien vor Ort. Die Mitarbeiter der Organisation übernehmen eine beratende Funktion; eine Leitung im eigentlichen Sinn gibt es also nicht. Eine Ausnahme stellen professionelle Pflegefamilien dar, die organisatorisch eher den Einrichtungen der Heimerziehung (im Sinne von Kleinstheimen) zugeordnet werden.

Auch die *soziale Gruppenarbeit* (→ Kap. 6.1.1) ist nicht als Einrichtung zu sehen, sondern als ein Angebot, das von unterschiedlichen Trägern angeboten wird.

Leitungsfunktion in Einrichtungen der Heimerziehung

Eine tatsächliche Leitungsfunktion – im Sinne von betriebswirtschaftlichem Handeln und Personalführung – übernehmen entsprechende Fachkräfte in Einrichtungen der Heimerziehung oder in anderen Einrichtungen der

Statistik der Kinder- und Jugendhilfe (Auszug)			
Art der Einrichtung	**Insgesamt**	**Öffentliche Träger**	**Freie Träger**
Einrichtung der stationären Erziehungshilfe mit mehreren Gruppen auf einem Heimgelände (im Schichtdienst und in Lebensgemeinschaftsform)	1479	51	1428
Ausgelagerte Gruppe mit organisatorischer Anbindung an das Stammhaus (im Schichtdienst und in Lebensgemeinschaftsform)	1855	67	1768
Betreute Wohnform mit oder ohne Anbindung an das Stammhaus	1072	72	1000
Tagesgruppe	1092	49	1043
Gemeinsame Wohnform für Mütter/Väter und Kinder	329	15	314

Tab. 6.1: Statistisches Bundesamt: Statistiken der Kinder- und Jugendhilfe. Einrichtungen und tätige Personen (ohne Tageseinrichtungen für Kinder) 2010. Wiesbaden 2012

Hilfen zur Erziehung, die als **eigenständige Organisationseinheit** geführt werden. In diesem Zusammenhang werden auch die *Erziehung in Tagesgruppen* (→ Kap. 6.1.2) und die *intensive sozialpädagogische Einzelbetreuung* (→ Kap. 6.1) betrachtet.

Grundsätzlich kann man Heimeinrichtungen als *sozialwirtschaftliche Unternehmen* betrachten. Diese erbringen als Unternehmen professionelle Dienstleistungen und werden auch als *Nonprofit-Organisationen* bezeichnet.

► **Sozialwirtschaftliches Unternehmen**
Unternehmen, das unter Beachtung von Wirksamkeit und Wirtschaftlichkeit professionelle Dienstleistungen erbringt. Ein sozialwirtschaftliches Unternehmen ist eine *Nonprofit-Organisation.*

► **Non-Profit-Organisation**
Institution, die zwar Gewinne erzielen darf, diese aber nicht ausschüttet, sondern re-investiert.

Wenn Heimeinrichtungen als Unternehmen wirtschaften, hat dies zur Folge, dass im Leitungshandeln neben **pädagogischen** auch **betriebswirtschaftliche Aspekte** zu berücksichtigen sind. Dies zu gewährleisten ist ein Spagat für die Leitungskräfte. In ihrer Profession meist pädagogisch und nicht betriebswirtschaftlich ausgebildet, haben sie pädagogische Forderungen zu erfüllen, die sich aus der Problematik der Klientel oder den Forderungen der Mitarbeiter ergeben, und gleichzeitig Erwartungen des Trägers, die in nicht unerheblichem Maße auch wirtschaftliche Hintergründe haben.

Daneben sind Leitungen gefordert, eine adäquate Personalführung zu übernehmen, also **Führungskompetenz** zu zeigen. In der sozialpädagogischen Arbeit bedeutet dies, dass die Person, die die Leitung einer Einrichtung übernommen hat, sich nicht nur durch **fachliche Kompetenzen** (Fach-, Methodenkompetenz) auszeichnet, sondern auch in der Lage ist, mit Mitarbeiterinnen und Mitarbeitern professionell zu interagieren; sie zeigt damit **soziale Kompetenz.** Dies ist gerade in sozialpädagogischen Einrichtungen von großer Bedeutung, da hier „echte" Teamarbeit (→ Kap. 6.4) gefordert ist – also eine weitgehend gleichberechtigte Zusammenarbeit.

Zurzeit werden Heimeinrichtungen meist von pädagogischen Fachkräften geleitet wie Diplom-Pädagogen, Diplom-Psychologen und Diplom-Sozialpädagogen. Zunehmend und insbesondere bei großen Organisationen sind **andere Organisationsformen der Leitung** vorzufinden, z. B. eine Trennung von pädagogischer und betriebswirtschaftlicher Leitung oder Leitungskräfte mit pädagogischer und betriebswirtschaftlicher Ausbildung.

6.4 Zusammenarbeit im Team und mit Diensten innerhalb der Einrichtung

Die Kooperation der Mitarbeiter/innen in Einrichtungen der Hilfen zur Erziehung stellt die Basis der pädagogischen Arbeit dar. Diese Zusammenarbeit bezieht sich aber nicht nur auf die pädagogischen Fachkräfte, also die Personen, die unmittelbar mit der Klientel (Eltern und Kindern) zusammenarbeiten, sondern auch auf Personen, die andere Aufgaben innerhalb der Einrichtung begleiten.

Intensive Kooperation

In Erziehungsberatungsstellen, Jugendämtern und sonstigen Institutionen, die Maßnahmen der Hilfen zur Erziehung durchführen, setzen sich in der Regel nicht nur einzelne Mitarbeiter mit der Situation der Klientel auseinander, sondern es werden regelmäßig Besprechungen von Teams einberufen, die im Sinne einer **kollegialen Fallberatung** oder als **Supervisions-Gruppe** unterstützend tätig werden.

Noch deutlicher wird die Notwendigkeit der intensiven Kooperation in Einrichtungen der Heimerziehung. Bedingt durch personelle Fluktuationen insbesondere bei Schichtdiensten ist es unumgänglich, dass **Informationen ausgetauscht** werden, um eine kontinuierliche pädagogische Arbeit leisten zu können. Die Weitergabe von Informationen, die **Strukturierung und Delegation verschiedener Aufgaben,** der **Austausch** mit und die **Beratung** von Kolleginnen und Kollegen müssen zum täglichen Handwerkszeug der Erzieherinnen gehören. Nur so wird sichergestellt, dass Kinder und Jugendliche sich ernstgenommen fühlen und die pädagogischen Fachkräfte den oft emotional stark belastenden Arbeitsalltag bewältigen können.

Echte Teamarbeit

„Echte" Teamarbeit ist unumgänglich. Die Teammitglieder arbeiten kontinuierlich zusammen, es gibt in der **Interaktion** keine störende hierarchische Struktur, und Gruppenprozesse werden bewusst zur Steigerung der Effektivität der Arbeit gesteuert.

> ⦿ Echte Teamarbeit zeichnet sich aus durch
>
> - Kontinuität in der Zusammenarbeit,
> - die Gleichstellung aller Teammitglieder und
> - die bewusste Steuerung von Gruppenprozessen zur Steigerung der Effektivität der Arbeit.
>
> Treffen diese Faktoren nicht zu, spricht man von einem Pseudoteam.

Die Existenz einer **Leitungsperson** widerspricht dem Teamgedanken nicht, wenn diese ihre Rolle so versteht, dass sie auf der Grundlage einer partnerschaftlichen Zusammenarbeit gemeinsame Entscheidungen akzeptiert, ohne in einen Rollenkonflikt zu gelangen. Im Sinne einer **positiven Teamentwicklung** kommt ihr die Aufgabe zu, Teamprozesse zu initiieren, zu moderieren und beratend zu begleiten.

Darüber hinaus wird das Kind oder der Jugendliche in der Heimerziehung nicht nur mit pädagogischen Fachkräften, sondern mit allen Mitarbeiterinnen und Mitarbeitern konfrontiert, die in der Einrichtung beschäftigt sind, wie Hausmeister, Wirtschaftskräfte und Verwaltungskräfte. Nicht selten – insbesondere in Außenwohngruppen und sonstigen kleinen Organisationsformen – übernehmen diese Personen auch eine nicht unwesentliche pädagogische Funktion und werden daher zumindest indirekt in die Kooperation einbezogen.

Innerhalb der Organisationen kooperieren alle vorhandenen Dienste. So sind im Bedarfsfall und im Sinne einer interdisziplinären Zusammenarbeit alle zur Verfügung stehenden Fachkräfte (pädagogische, psychologische, therapeutische, medizinische) mit der Situation von Kindern und Jugendlichen beschäftigt. Dies ermöglicht ein Betrachten der Situation des Kindes oder Jugendlichen aus unterschiedlichen Perspektiven und eine sinnvolle, an der Situation des Klienten orientierte ganzheitliche Arbeit.

6.5 Zusammenarbeit mit anderen Einrichtungen und Diensten

Die Kooperation von unterschiedlichen Diensten ist in der sozialpädagogischen Arbeit seit Jahren gängige Praxis. An dieser Stelle werden exemplarisch drei Gruppen von Diensten kurz beschrieben, die mit den meisten Institutionen zusammenarbeiten und Hilfen nach § 27 KJHG anbieten. Die hier genannten Dienste sind in der Regel außerhalb von Einrichtungen der Hilfen zur Erziehung angesiedelt, wobei es Überschneidungen geben kann wie bei Therapeuten in der Heimeinrichtung.

Die Kooperation mit dem **Jugendamt** ergibt sich gewissermaßen bei allen Angeboten der Hilfen zur Erziehung (→ Kap. 6.2) von selbst. Am deutlichsten wird diese Kooperation bei den Hilfeplangesprächen (§ 36 SGB VIII), also den Gesprächsrunden, die regelmäßig einzuberufen sind, um das Hilfsangebot an den Bedürfnissen des Kindes oder Jugendlichen und dem Fortgang seiner Entwicklung zu orientieren und ggf. zu modifizieren. Darüber hinaus ist in der Regel das Jugendamt Kostenträger der Maßnahme, was Kooperation unumgänglich macht.

Wenn Kinder oder Jugendliche in einer Heimeinrichtung untergebracht sind, so ergibt sich die Kooperation mit **Kindergarten, Schule oder Ausbildungsbetrieb** im Sinne einer „Aufgabe von Eltern", deren Rolle die Erzieherinnen in den Einrichtungen übernehmen. Bei den übrigen Angeboten der Hilfen zur Erziehung werden Kontakte zu den genannten Einrichtungen gepflegt, um zunächst ergänzende Informationen zur Situation des Kindes oder Jugendlichen zu erhalten. Darüber hinaus ist die Kooperation erforderlich, um diese Einrichtungen an der Arbeit mit dem Kind oder Jugendlichen zu beteiligen. Dabei werden ihnen Teilaufgaben übertragen, und sie werden damit zu Teilen des pädagogischen Stützsystems.

Medizinische und therapeutische Hilfe ist häufig zu Beginn einer Maßnahme unumgänglich, um diagnostische Informationen zu erhalten, die die weitere pädagogische und unter Umständen auch therapeutische Vorgehensweise beeinflussen. Insbesondere Kinder- und Jugendpsychiatrien oder sozialpädiatrische Zentren werden häufig zu Diagnosezwecken und/oder zur Begleitung und Unterstützung pädagogischer Maßnahmen konsultiert.

6.6 Leitbild und Konzeption

Leitbild und Konzeption → Kap. 2.2

Organisationen und Einrichtungen, die Angebote der Hilfen zur Erziehung unterbreiten, formulieren in der Regel ein individuelles Leitbild und legen eine Konzeption ihrer Arbeit vor. Hierdurch haben nicht nur Außenstehende, sondern auch die Mitarbeiter eine Orientierung über Auftrag, Ziele und Methoden des pädagogischen Handelns.

Leitbild und Konzeption sind Texte, die dazu beitragen, das Profil der Einrichtung oder Organisation zu beschreiben und unterschiedliche Institutionen voneinander abzugrenzen.

Einrichtungsspezifische Aussagen zu Leitbildern und Konzeptionen (→ Kap. 2.2.2) sind auf Grund der vom Gesetzgeber geforderten *Vielfalt der Träger* (→ Kap. 6.2) nicht möglich.

> ► **Leitbild einer Organisation**
> *(aus Sicht der Verwaltung)*
> „formuliert kurz und prägnant den Auftrag (Mission), die strategischen Ziele (Vision) und die wesentlichen Orientierungen für Art und Weise ihrer Umsetzung (Werte). Es soll damit allen Organisationsmitgliedern eine einheitliche Orientierung geben und die Identifikation mit der Organisation unterstützen." (www.olev.de/l/leitbild.htm, 28.06.2012)

Um zu gewährleisten, dass sich alle Mitarbeiterinnen der Einrichtung oder Organisation mit dem Leitbild und der Konzeption **identifizieren,** werden sie im Team unter Einbezug aller Beteiligter erstellt und in nicht festgelegten Zeitabständen überprüft und falls notwendig modifiziert.

6.7 Qualitätssicherung und Qualitätsmanagement

Qualitätssicherung und -management → Kap. 2.4

Seit der zweiten Hälfte der 90er Jahre sind, auf der Grundlage des **Konzeptes der „neuen Steuerung"** (→ unten), *Qualitätssicherung* und *-management* Themen, mit denen

Abb. 6.5: Ärzte und Therapeuten werden zur Diagnose und zur Begleitung pädagogischer Maßnahmen konsultiert.

sich alle Einrichtungen der sozialen Arbeit beschäftigen. Mit dem Ziel, die Arbeit transparent, effektiv und effizient zu gestalten, wird die Leistungsfähigkeit einer Einrichtung bewertet, und es werden Maßnahmen ergriffen, diese zu verbessern.

Das Konzept der neuen Steuerung ist im Wesentlichen eine ergebnis- und wirkungsorientierte Steuerung der Verwaltung. Es werden Ziele festgelegt, die die Verwaltung erreichen soll. Dafür wird ihr ein größerer Handlungs- und Entscheidungsspielraum zugestanden. Die neue Steuerung beinhaltet vor allem betriebswirtschaftliche Aspekte, darunter auch Qualitätsmanagement (→ Kap. 2.4). (Ministerium des Inneren und für Sport Rheinland-Pfalz, www.ism.rlp.de/moderne-verwaltung/verwaltungsmodernisierung). (Stand: 28.06.2012)

Auch der Gesetzgeber hat der Forderung nach Qualitätssicherung Rechnung getragen. So werden „Vereinbarungen über Leistungsangebote, Entgelte und Qualitätsentwicklung" für Angebote der Hilfen zur Erziehung verbindlich festgeschrieben (§ 78 a Abs. 1 Nr. 4 SGB VIII) in:

- einer Tagesgruppe,
- einem Heim oder einer sonstigen betreuten Wohnform,
- intensiver sozialpädagogischer Einzelbetreuung außerhalb der eigenen Familie und
- sonstiger teilstationärer oder stationärer Form.

„(1) Wird die Leistung ganz oder teilweise in einer Einrichtung erbracht, so ist der Träger der öffentlichen Jugendhilfe zur Übernahme des Entgelts gegenüber dem Leistungsberechtigten verpflichtet, wenn mit dem Träger der Einrichtung oder seinem Verband Vereinbarungen über

1. Inhalt, Umfang und Qualität der Leistungsangebote (Leistungsvereinbarung),

2. differenzierte Entgelte für die Leistungsangebote und die betriebsnotwendigen Investitionen (Entgeltvereinbarung) und

3. Grundsätze und Maßstäbe für die Bewertung der Qualität der Leistungsangebote sowie über geeignete Maßnahmen zu ihrer Gewährleistung (Qualitätsentwicklungsvereinbarung)

abgeschlossen worden sind." (§ 78 b Abs. 1 SGB VIII)

Zur Qualitätsentwicklung bedienen sich Einrichtungen der Hilfen zur Erziehung **betriebswirtschaftlicher Methoden** wie beispielsweise Benchmarking und Evaluation.

► **Benchmarking** *(aus Sicht der Verwaltung)*
„Objektiver Vergleich von Kosten, Leistungen, Wirkungen (im Sinne von Outcome [Wirkung, Ergebnis]), Prozessen, Technologien oder Strukturen mit anderen Einheiten (intern / horizontal / intersektoral / vertikal / international) anhand von Kennzahlen oder Standards, um Möglichkeiten der Verbesserung und die dafür erforderlichen Bedingungen zu ermitteln und von anderen zu lernen: best practice." (www.olev.de/b/benchm.htm, 28.06.2012)

► **Evaluation** *(aus Sicht der Verwaltung)*
Bewertung, Begutachtung von Leistung, Wirkung, Einwirkung, Erfolg und/oder Effizienz/Wirtschaftlichkeit von Bildungs- oder anderen Prozessen, Projekten, Programmen, Institutionen, Strategien usw., oft mit beratender Funktion im Unterschied zu Controlling und Akkreditierung. Als Evaluation wird sowohl die Bewertung als auch der Prozess bezeichnet. (www.olev.de/e/evaluation.htm, 28.06.2012)

Einrichtungen in der sozialen Arbeit verstehen heute ihre Arbeit oder Angebote als Dienstleistung im eigentlichen (auch betriebswirtschaftlichen) Sinn. Die Hilfeempfänger werden als **Kunden** gesehen, denen **Dienstleistungen** unter Berücksichtigung betriebswirtschaftlicher Aspekte angeboten werden.

In einer sozialpädagogischen Einrichtung werden Kunden (Hilfeempfängern) Dienstleistungen (Hilfen zur Erziehung) unter Berücksichtigung betriebswirtschaftlicher Aspekte angeboten.

6.8 Erziehen, Bilden, Betreuen in Einrichtungen der Hilfen zur Erziehung

Für stationäre Einrichtungen der Hilfen zur Erziehung sind zwei Aspekte aus der **Heimerziehung** exemplarisch ausgewählt, da in diesem Arbeitsfeld die intensivste und engste Zusammenarbeit zwischen Kindern oder Jugendlichen und Erzieherinnen besteht:

- grundlegende Konzepte in der Heimerziehung und
- die Rolle der Erzieherinnen in der Heimerziehung.

6.8.1 Konzepte in der Heimerziehung

Es gibt nicht „das“ Konzept in der Heimerziehung. Ähnlich wie es eine Vielzahl von unterschiedlichen Formen der Hilfen zur Erziehung gibt, existieren auch unterschiedliche konzeptionelle Ansätze, die einem ständigen Wandel unterliegen. Es werden daher an dieser Stelle nur grundsätzliche Aussagen zu Konzeptionen in der Heimerziehung gemacht, die durch eine kontinuierliche Auseinandersetzung mit den pädagogischen Inhalten des Arbeitsfeldes aktualisiert werden müssen.

Konzeptionelle Grundrichtungen

Nachfolgend werden vier konzeptionelle Grundrichtungen in der Heimerziehung dargestellt.

- **Familienorientierter Ansatz** – Dieses Konzept fordert eine familienähnliche Struktur in der Organisation der Gruppe, d. h. die Gruppe im Heim wird zum Familienersatz. Wichtige Merkmale des Konzeptes sind u. a.:
  - kleine, alters- und geschlechtsgemischte Gruppen
  - ein geschlechtsgemischtes Team
  - eine eigene Wohnung/ein eigenes Haus
  - wirtschaftliche und organisatorische Eigenständigkeit
- **Therapieorientierter Ansatz** – Neben der pädagogischen Arbeit werden therapeutische Angebote gemacht (Spieltherapie, soziale Trainingskurse), um auf die individuelle Situation der Kinder oder Jugendlichen besser eingehen und Verhaltensmodifikationen erreichen zu können
- **Altersgruppenorientierter Ansatz** – Die Gruppe funktioniert selbstregulierend, d. h. die Kinder oder Jugendlichen der Gruppe entscheiden eigenständig (in Konferenzen oder Vollversammlungen) und werden von den Erzieherinnen lediglich unterstützt
- **Alltagsorientierter Ansatz** – Die Bewältigung des alltäglichen Ablaufs steht im Mittelpunkt pädagogischen Handelns, was die Bedeutung des täglichen Miteinanders erheblich steigert. Dies hat zur Folge, dass der Alltag bewusst erlebt und gestaltet wird. In den vergangenen Jahren wurde dieser Ansatz ergänzt durch den *lebensweltorientierten Ansatz* (→ Kap. 5.7.2), bei dem von der Lebenssituation (Sozialbiografie, *soziale Lebenslage* → Kap. 9.1.2) des Kindes oder Jugendlichen ausgegangen wird.

Abb. 6.6: Erlebnispädagogische Maßnahmen können die pädagogische Arbeit im Heim ergänzen.

Erlebnispädagogisch orientierte Maßnahmen

Neben den oben genannten vier Grundrichtungen, die durchaus auch in kombinierter Form in Konzeptionen von Heimen wiedergefunden werden können, erscheint ein pädagogischer Ansatz erwähnenswert, der in den letzten Jahren nicht nur in der Heimerziehung zunehmend Befürworter findet. Es handelt sich um **erlebnispädagogisch orientierte Maßnahmen,** die alternativ zur Heimerziehung oder ergänzend im Rahmen der pädagogischen Arbeit im Heim angeboten werden können.

Als Alternative zur Heimerziehung können beispielsweise **Segeltouren** angesehen werden, bei denen Jugendliche über einen Zeitraum von mehreren Monaten auf einem Segelschiff leben. Meist erfolgt nach Beendigung dieser Maßnahme eine weitere Betreuung in besonderen Wohngruppen, bevor es zur eigentlichen Verselbstständigung kommt. Diese Maßnahmen finden oft Anwendung für Jugendliche, denen aufgrund ihrer individuellen Problematik mit herkömmlichen Angeboten in der Heimerziehung nicht geholfen werden konnte.

Ergänzend zur pädagogischen Arbeit im Heim werden erlebnispädagogisch orientierte Maßnahmen wie beispielsweise **Kanufahrten, Klettern und Zelten** über einen kürzeren Zeitraum pädagogisch genutzt, um Jugendliche durch das Erleben von Grenzsituationen neue Erfahrungen machen zu lassen, die sich positiv auf ihre weitere Entwicklung auswirken können.

6.8.2 Aufgaben und Rolle von Erzieherinnen

Neben Fach-, Methoden- und Personalkompetenz, die in jedem pädagogischen Arbeitsbereich von Bedeutung sind, kommt Erzieherinnen in stationären Einrichtungen der Hilfen zur Erziehung noch eine besondere Funktion zu: Sie übernehmen **Aufgaben der Eltern.**

Damit müssen neben der rein professionellen pädagogischen Arbeit mit den Kindern oder Jugendlichen auch Bereiche des täglichen Lebens durch Erzieherinnen abgedeckt werden, die mit einem extrem hohen Maß an Emotionalität belegt sind. In solchen Situation **Nähe** zuzulassen oder zu initiieren, aber dennoch die nötige (professionelle) **Distanz** aufrechtzuerhalten, ist eine Situation, der Erzieherinnen in der Heimerziehung ständig ausgesetzt sind. Nicht selten erleben pädagogische Fachkräfte diese auf Dauer als sehr belastend.

Es gilt daher, Wege zu finden, die einen professionellen Umgang mit dieser Situation ermöglichen. *Supervision* und *kollegiale Fallberatung* (→ Kap. 6.4) helfen auch hier, Situationen (selbst)kritisch zu hinterfragen und einen adäquaten Umgang zu finden.

Ganztagsgrundschule

Tassilo Knauf

7.1 Die Entwicklung der Ganztagsschule in Deutschland

Der Erziehungswissenschaftler Ludwig Furck beschrieb im Jahr 1963, wie er sich die Schule der Zukunft vorstellte: „Die Schule im Jahr 2000 wird eine ‚Tagesheimschule' von 8.00 bis 16.30 sein. Das bedeutet keineswegs, dass die Zahl der Unterrichtsstunden einfach vermehrt wird, sondern man wird Erfahrungen der Jugendpflege und der Gruppenpädagogik weitgehend berücksichtigen. Dazu gehört auch all das, was in der schwedischen [...] Schule selbstverständlich ist: das Mittagessen, die Mittagsruhe, Sport und Spiel. Die neue Schule bietet individuelle Studienmöglichkeiten in Werkstatt, Labor oder Bibliothek. Sie ist offen für Initiative der Schüler und ein Ort jugendgemäßen Lebens und Arbeitens" (Furck 1963, S. 501).

Doch so neu ist die Idee der Ganztags- oder Tagesheimschule gar nicht. Eine ganztägige Organisation der Schule war in Deutschland und in anderen europäischen Ländern bereits im 19. Jahrhundert üblich. Der Unterricht fand in der Regel von 8 bis 12 Uhr und nachmittags von 14 bis 16 Uhr statt. Die mittägliche Unterbrechungszeit diente dem Mittagessen zu Hause, als Pause und zur Vorbereitung für den Nachmittagsunterricht (vgl. Ludwig 2008, S. 261).

Bereits im 17. Jahrhundert hatte der damals bedeutendste Pädagoge Johann Amos Comenius (1590–1670) (→ Kap. 8.4.1) eine solche Form der Schulorganisation empfohlen. Sie entsprach dem damals üblichen Tätigkeitsrhythmus der Arbeitswelt, vor allem dem des Handwerks. Das inhaltliche Hauptkennzeichen dieser traditionellen Ganztagsschule war die Konzentration auf den Unterricht. Aus diesem Grund wurde sie als **Schule mit geteilter Unterrichtszeit** bezeichnet. Diese Organisationsform hielt sich in Deutschland im Volksschulbereich noch bis in das 20. Jahrhundert hinein. Doch schrittweise wurde seit Ende des 19. Jahrhunderts in Deutschland aus dieser Ganztagsschule eine Halbtagsschule. Die Umstellung auf die Vormittagsschule erleichterte zudem die bis zum Ersten Weltkrieg noch verbreitete Kinderarbeit in Landwirtschaft und z. T. auch im Gewerbe.

Zur gleichen Zeit, als sich in Deutschland die Halbtagsschule durchzusetzen begann, forderten Reformpädagogen eine Ganztagsschule, die sich von der bisherigen reinen Unterrichtsschule unterscheiden sollte. Die pädagogischen Programme der Landerziehungsheime und der „Erziehungsschule" legten den Fokus auf eine ganzheitliche Menschenbildung. Es wurde ein rhythmisierter Tagesablauf entworfen, der es ermöglichte, den Regelunterricht mit körperlichen Betätigungen, Formen musisch-künstlerischer Bildung und meditativen Elementen in Gestalt von abendlichen Besinnungsstunden zu vereinbaren (vgl. Ludwig 2005, S. 263).

Weitere Impulse für eine Veränderung im deutschen Schulwesen gingen im frühen 20. Jahrhundert von der **Wald- und Freiluftschulbewegung** aus. Auch in der Zeit zwischen den beiden Weltkriegen gingen wichtige Anregungen für die Gestaltung einer ganztägigen Schule von der **reformpädagogischen Bewegung** aus. Die damals entworfenen Konzepte enthielten bereits die Aspekte der „Öffnung von Schule" und der „Rhythmisierung des Tages" (vgl. Appel/Rutz 2009, S. 19 f.). Man forderte wie heute eine Mittagsmahlzeit, Freizeitangebote, Arbeitsgemeinschaften und Förderunterricht.

Diese Konzepte blieben vereinzelt. Erst ein halbes Jahrhundert später (1968) gab es mit der Empfehlung des Deutschen Bildungsrats zur Entwicklung von Ganztagsschulen ein bildungspolitisch hochrangiges Votum zugunsten schulischer Ganztagserziehung. Aber auch diese Empfehlung blieb zunächst weitgehend ohne Wirkung, bis Anfang der 1990er-Jahre eine Neubelebung der Bemühungen um ganztägige Schulkonzepte einsetzte. Diese Entwicklung wurde wesentlich ausgelöst durch den erheblichen öffentlichen Druck, die schulischen Öffnungs- und Betreuungszeiten familien- und beschäftigungsfreundlicher zu gestalten. Hintergrund war die kontinuierlich wachsende Beteiligung von Frauen, auch jüngerer Mütter am Erwerbsleben. Ihre Wiedereingliederung in den Beruf wurde umso schwieriger, je länger ihre „Babypause" dauerte.

Die Politik begnügte sich zunächst mit der Zwischenlösung einer Halbtagsgrundschule mit verlässlichen Öffnungszeiten zwischen 8 und 13 Uhr und prägte dafür neue Begrifflichkeiten: „Schule von 8 bis 1", „Ganze Halbtagsschule", „Volle Halbtagsschule", „Verlässliche Grundschule" (vgl. Holtappels 1997; Brei/Knauf 2000). Mit dem Modellversuch der Bund-Länder-Kommission „Integration schul- und sozialpädagogischer Handlungskonzepte im Rahmen ganztägiger Gestaltung des Schullebens in der Grundschule" (1993–1998) wurden dann aber auch pädagogische Qualitätsmerkmale für den schulischen Ganztagsbetrieb im Primarbereich herausgearbeitet (vgl. Knauf u. a. 1996).

Als mit den ersten Ergebnissen der **PISA-Studie** Ende 2001 deutlich wurde, dass beim Schulleistungsvergleich der 15-Jährigen vor allem diejenigen Staaten erheblich besser abgeschnitten haben, die über ganztägige schulische oder schulnahe Betreuungsangebote verfügten, war die deutsche Bildungspolitik schließlich bereit, die Ganztagsschulidee konsequenter zu verfolgen. So wurde im Mai 2003 als Reaktion auf die schlechten Leistungen bei PISA die Verwaltungsvereinbarung zum **Investitionsprogramm „Zukunft Bildung und Betreuung** (IZBB)" von Bund und Ländern unterzeichnet.

Mit dem IZBB „... soll die Schaffung einer modernen Infrastruktur im Ganztagsschulbereich unterstützt und der Anstoß für ein bedarfsorientiertes Angebot in allen Regionen gegeben werden" (Bundesministerium für Bildung und Forschung 2003, S. 2). Durch das Investitionsprogramm sollen zusätzliche Ganztagsschulen geschaffen und bestehende Ganztagsschulen qualitativ weiterentwickelt werden. Die Fördersumme von 4 Mrd. Euro, die vor allem die baulichen Rahmenbedingungen für den Ganztagsschulausbau schaffen sollte, war zunächst für den Zeitraum von 2003-2007 bestimmt. Die Förderlaufzeit wurde 2005 bis zum Jahr 2009 verlängert.

Gefördert werden sollten neu entstehende oder für einen Ausbau vorgesehene Ganztagsschulen, die ein eigenes pädagogisches Konzept aufweisen. Zudem sollten Schulen mit Hort sowie Kooperationsmodelle der Jugendhilfe zwischen Schulen und Trägern finanziell gefördert werden, sofern sie über ein gemeinsames pädagogisches Konzept verfügen.

Die angestrebte Richtung einer pädagogisch integrativen Ganztagsschulentwicklung wurde zunächst in Rheinland-Pfalz (2002), dann in Nordrhein-Westfalen (2003) aufgegriffen. Die Initiative in Rheinland-Pfalz ist nicht auf die Grundschule konzentriert und sieht auch eine zahlenmäßige Begrenzung der beteiligten Schulen vor (immerhin 300 im Primar- und Sekundarbereich bis zum Jahr 2006). 2002 starteten in Rheinland-Pfalz rund 80 Ganztagsschulen, in NRW ein Jahr später etwa 240 (vgl. Blum 2006, S. 26 ff.; Adelt/Reichel 2009, S. 59 ff.). Im Jahre 2009 waren in NRW bereits rund 2400 Schulen in Ganztagsschulen umgewandelt (vgl. ebd., S. 60). Dabei handelt es sich um so genannte offene Ganztagsschulen.

Abb. 7.1: In einer vollständigen Halbtagsschule werden Kinder von 8 bis 13 h durchgängig unterrichtet bzw. betreut.

7.2 Formen ganztägiger Betreuung und Erziehung

Es gibt viele Formen, aber auch Begriffe im Bereich der Ganztagsbetreuung. So hat es auch innerhalb der letzten zwei Jahrzehnte, in denen sich die Ganztagsschulidee und dann auch ihre Umsetzung stark entwickelten, Begriffsverschiebungen gegeben. 1991 teilen Jörg Ramseger und Ursula Neumann Schulen im Hinblick auf den **Zeitrahmen der täglichen Verweildauer** der Kinder in der Schule folgendermaßen ein:

- *Halbtagsschulen*
- *Vollständige Halbtagsschulen:* Schulen mit einer für alle Kinder durchgängigen Unterrichts- oder Betreuungszeit von acht bis 13 Uhr auch bei Erkrankung einzelner Lehrkräfte
- *Erweiterte Halbtagsschulen:* Schulen, die für Kinder, deren Eltern es wünschen, ein Mittagessen und eine anschließende pädagogische Veranstaltung (z. B. Hausaufgabenbetreuung) anbieten
- *Tagesheimschulen:* Schulen wie z. B. erweiterte Halbtagsschulen, die aber zusätzlich über ein Betreuungsangebot vor acht und nach 16 Uhr verfügen
- *Ganztagsschulen:* Schulen, die einen durchgängigen pädagogisch gestalteten Aufenthalt aller Kinder an fünf Tagen von acht bis 15.30 Uhr anbieten; dabei ist es für die Kinder verpflichtend, dieses Angebot an mindestens drei Tagen zu nutzen
- *Schule-Hort-Kombinationen:* Diese entstehen, wenn Halbtagsschulen mit organisatorisch und personell selbstständigen Horten oder Kindertagesstätten zusammenarbeiten, dabei die gleichen Gebäude nutzen und eventuell auch punktuell gemeinsame pädagogische Angebote entwickeln (vgl. Neumann/Ramseger 1991, S. 16 ff.).

Zwölf Jahre später vereinfacht der Ganztagsschulexperte Heinz Günter Holtappels die Liste der **Grundformen von Ganztagsbetreuung** und kommt auf drei Modelle:

- „Ganztagsschule in gebundener Form als integriertes Modell"
- „Schule in offener Form als Ganztagsangebot"
- „Kooperation von Schule und Jugendhilfe als additiv-duales System" (Holtappels 2003, S. 10 f.).

Neben der Kooperation von Schule und Jugendhilfe (= Schule-Hort-Kombination) konzentriert sich Holtappels auf die Unterscheidung zwischen einer **verpflichtenden** Ganztagsschule und einer **offenen Ganztagsschule,** deren Ganztagsangebote nur von einem Teil der Schülerinnen und Schüler genutzt wird. Beide Schulformen verfügen über „erweiterte Lernangebote in Arbeitsgemeinschaften, Kursen, Projekten, Fördermaßnahmen und Hausaufgabenbetreuung, eine Mittagsmahlzeit und offene Spiel- und Freizeitangebote" (ebd., S. 11). Doch die gebundene Ganztagsschule verbindet diese Aktionsformen mit dem Unterricht zu einem pädagogischen Gesamtkonzept, für das alle an dieser Schulform tätigen Pädagoginnen und Pädagogen gemeinsam verantwortlich sind. Dabei wird darauf geachtet, dass Unterricht und andere Aktionsformen, z. B. Spiel und Entspannung, aber auch Hausaufgabenbetreuung, Förderangebote, musisch-kulturelle, bewegungsorientierte oder andere Angebote, möglichst in einem lebendigen Wechsel stattfinden. Zugleich wird versucht, von einem kleinteiligen Stundenplan wegzukommen, um Lernhandlungen der Kinder in größere Zeitblöcke einzubinden, mindestens in Doppelstunden. Man spricht bei diesen Bemühungen dann von der Herstellung einer „Rhythmisierung" von Zeit und Aktivitäten.

Die **Konferenz der Kultusminister der deutschen Bundesländer** (KMK) hat sich intensiv mit dem Thema Ganztagsschulen beschäftigt. Sie definiert Ganztagsschulen als Schulen, die an mindestens drei Tagen in der Woche (über den Vormittagsunterricht hinaus) ein mindestens siebenstündiges Ganztagsangebot bereitstellen. Ferner müssen die Schülerinnen und Schülern, die am Ganztagsangebot teilnehmen, ein Mittagessen erhalten können. Die Angebote am Nachmittag sollen in einem konzeptionellen Zusammenhang mit dem vormittäglichen Unterricht stehen. Die Schulleitung hat die Aufsicht und Verantwortung bei der Organisation der Ganztagsangebote (vgl. KMK 2007, S. 4).

Die KMK unterscheidet zwischen **vollgebundenen, teilgebundenen** und **offenen Ganztagsschulen.** Entsprechend muss zwischen drei Formen der Ganztagsversorgung differenziert werden: zwischen integrierter, additiver und additiv-dualer Ganztagsversorgung.

- Das *integrierte Modell* existiert in gebundener Form mit fester und verpflichtender Schulzeit für alle Schüler der Schule. Es erfolgt möglichst in zeitlicher Rhythmisierung und Verzahnung von Unterricht, Arbeitsgemeinschaften, Projekten, Fördermaßnahmen, Hausaufgabenbetreuung und Freizeitangeboten. Lehr- und sozialpädagogisches Personal arbeiten zusammen
- Das *additive Modell* besteht beim schulischen Ganztagsangebot in offener Form mit fester Schulzeit und freiwillig zu nutzenden Angebotselementen für einen Teil der Schülerschaft. Schwerpunktmäßig konzentriert sich dieses Angebot auf Mittagessen, Spiel, Sport und Freizeitgestaltung sowie Hausaufgabenhilfe. Erbracht wird es durch Lehr- und sozialpädagogisches Personal, z. T. in außerschulischer Trägerschaft (vgl. Prüß 2008, S. 622)
- Das *additiv-duale* Modell sieht eine Kooperation von Schule und Jugendhilfe vor. Hier findet die Betreuung auf freiwilliger Basis zu festen Zeiten meist in Horträumen außerhalb schulischer Unterrichtszeiten statt oder ist Bestandteil von Angeboten der Jugendhilfe mit Schwerpunktsetzungen auf Freizeitangeboten und Hausaufgabenbetreuung (vgl. Holtappels 2006, S. 6).

7.3 Politische und finanzielle Bedingungen von Ganztagsschulgründung und -betrieb

Ganztagsschulen und Schulen, die zu Ganztagsschulen umgewandelt werden sollen, haben in der Regel nicht den Spielraum, sich für das eine oder andere Modell zu entscheiden. Denn der **Schulträger** – das sind meistens die Städte oder Gemeinden – legt vorab fest, welche Form eine Ganztagsschule haben soll. Die Option des Schulträgers kann dem Wunsch eines Kollegiums Rechnung tragen, wenn dieses seine Ziele begründet, hartnäckig und geschickt in die Öffentlichkeit und in die politischen Entscheidungsgremien einbringen kann. Ein viel höheres Gewicht bei der Entscheidungsfindung haben allerdings der Elternwille und vor allem die **bildungspolitischen Zielvorgaben auf kommunalpolitischer Ebene.** Der Elternwunsch wird oft sogar durch schriftliche Befragung der Familien in Gemeinden oder Stadtteilen erhoben. Ihre bildungspolitischen Zielvorgaben haben die Parteien beschlossen und in ihren Kommunalwahlprogrammen dokumentiert.

Ein besonders wichtiger Faktor für die kommunalpolitische Entscheidung zugunsten einer Ganztagsschule und für ein bestimmtes Ganztagsschulmodell sind die **Finanzierungsgrundlagen.** In der Regel werden diese nicht allein aus den Haushaltsmitteln des Schulträgers gespeist, sondern basieren auf der Nutzung verschiedener Quellen. Die wichtigsten sind Zuschüsse des Bundeslandes und Elternbeiträge.

Landeszuschüsse ergeben sich meistens erst dann, wenn das Land – ähnlich wie die einzelne Kommune – ein bildungspolitisches Programm zugunsten schulischer Ganztagsbetreuung und -erziehung beschließt. Dies wurde in den Jahren 2003 bis 2009 den Ländern relativ leicht gemacht, weil der Bund im Rahmen des Investitionsprogramms „Zukunft Bildung und Betreuung (IZBB)" den Länder insgesamt 4 Mrd. Euro zur Verfügung stellte (s. o.).

Nordrhein-Westfalen bekam als bevölkerungsreichstes Bundesland am meisten von dieser Summe und entwickelte schon 2003 ein ausgeklügeltes Programm, um die verfügbaren Bundesmittel gezielt einzusetzen (vgl. Adelt/Reichelt 2009). Dazu wurden zusätzliche Landesmittel flüssig gemacht und zugleich die Kommunen verpflichtet, für den Ganztagsschulausbau eigene Finanzmittel beizusteuern. Da die Kommunen in Nordrhein-Westfalen wie in den anderen Bundesländern finanziell unterschiedlich und z. T. eher schlecht gestellt sind, erhielten sie die Möglichkeit, ihren jährlichen Finanzierungsanteil durch die **Beteiligung von Eltern** als Nutznießer von Ganztagsangeboten zu senken. Die Eltern bezahlen in NRW einen monatlichen Elternbeitrag, der nach dem Einkommen der Eltern gestaffelt etwa zwischen 30 und 100 Euro liegt.

Ein Elternbeitrag darf allerdings nur dann erhoben werden, wenn die Nutzung der Ganztagsangebote durch die Kinder *nicht verpflichtend* ist. Dies ist einer der Gründe, weshalb sich das Land Nordrhein-Westfalen bei der Entwicklung seines Ganztagsschulprogramms für die eindeutige Bevorzugung der offenen Ganztagsschule entschieden hat. Bei der Darstellung der Formen der Ganztagsschule (→ Kap. 7.2) wurde ja bereits darauf hingewiesen, dass die „Schule in offener Form als Ganztagsangebot" nur einem Teil der Schülerinnen und Schüler Ganztagsangebote macht, nämlich dem Teil der Schülerschaft, der von seinen

Eltern gegen Bezahlung eines monatlichen Beitrags für den Ganztag angemeldet wurde. Das geschieht in der Regel jeweils für ein Jahr.

7.4 Politische Erwartungen und Zielperspektiven in Bezug auf Ganztagsschulen

Bund, Länder und Kommunen verbinden bildungs-, sozial-, beschäftigungs- und familienpolitische Erwartungen mit dem Ausbau von Ganztagsschulen. Der vom nordrhein-westfälischen Ministerium für Schule, Jugend und Kinder entwickelte Runderlass zur „Offenen Ganztagsschule im Primarbereich" vom 12.02.2003 nennt z. B. **Zielperspektiven und Grundsätze** für die Ganztagsgrundschule (Ministerium für Schule, Jugend und Kinder 2004, S.4f.):

- Schaffung einer „neuen Lernkultur zur besseren Förderung der Schülerinnen und Schüler"
- Förderung der „Zusammenarbeit von Lehrkräften mit anderen Professionen"
- Ermöglichung von „mehr Zeit für Bildung und Erziehung, individuelle Förderung, Spiel- und Freizeitgestaltung"
- Verbesserung der „Rhythmisierung des Schulalltags".

Die offene Ganztagsgrundschule soll die „Selbstständigkeit und Eigenverantwortung" der Schülerinnen und Schüler und die „Erziehungsarbeit" der Eltern unterstützen. Voraussetzung ist die „Kooperation mit vielfältigen Partnern", z. B. (kommunale) Einrichtungen der Kulturvermittlung, Kirchen, Vereine, engagierte Einzelpersonen (vgl. ebd.)

Ähnlich wie in Rheinland-Pfalz wird von vier Inhaltsbereichen der außerunterrichtlichen Ganztagsangebote ausgegangen; diese sind u. a. dem Gedanken der **Schulöffnung** und der **Projektorientierung** verpflichtet:

- Förderangebote insbesondere für Kinder mit besonderen Bedarfen oder Begabungen
- Themenbezogene, klassenübergreifende Aktivitäten, Arbeitsgemeinschaften und Projekte
- Angebote zur musisch-ästhetischen Erziehung und Bildung sowie Bewegung und Spiel
- Projekte der (außerschulischen) Kinder- und Jugendhilfe (vgl. ebd., S. 6).

Unter pädagogischen Aspekten lassen sich folgende **Hintergründe und Zieldimensionen** von Ganztagserziehung und Ganztagsbetreuung formulieren (vgl. Holtappels 2003):

- *Stark angestiegener Bedarf an sozialerzieherischer Betreuung:* „Veränderte Erwerbs- und Familienstrukturen gewährleisten heute oft keine verlässliche Betreuung der Kinder. Die Gründe liegen in gestiegenen Anteilen Alleinerziehender, erwerbstätiger Mütter und beiderseits erwerbstätiger Eltern sowie in der Tatsache, dass mittlerweile weniger Familien mit mehr als zwei Generationen zusammen leben" (ebd., S. 2)
- *Wachsender Bedarf der Kinder nach regelmäßigen, selbstorganisierten Sozialerfahrungen mit Gleichaltrigen:* „Eine weitere Begründungslinie ergibt sich aus den heutigen Kontaktmöglichkeiten der Kinder [...] Analysen zeigen, dass knapp ein Drittel (31 %) aller Kinder zeitweise als Einzelkinder aufwachsen [...] Hinzu kommen Veränderungen im räumlichen und sozialen Umfeld der Familien, die es für einen großen Teil der Kinder offensichtlich erschweren, in ihrem unmittelbaren Wohnumfeld umfangreiche Kontakte zu Gleichaltrigen aufzubauen" (ebd. S. 3). Kinder brauchen aber Erfahrungen der Partizipation und des Gemeinsinns (vgl. ebd., S. 4)
- *Wandel der Bildungsanforderungen:* Für das Bestehen in einer zunehmenden Komplexität von Lebensalltag und Berufsleben werden immer wichtiger: „[...] vor allem Schlüsselqualifikationen und metakognitive Kompetenzen, die quer zu den Fachgebieten liegen: Fähigkeiten zum Denken in Zusammenhängen und Durchschauen komplexer Prozesse, Umgang mit Informationssystemen, Analyse- und Planungsfähigkeit, logistisches Denken, Dispositionswissen, kommunikative Kompetenz und Teamfähigkeit" (ebd., S. 3)
- *Medienkompetenz und Zurückgewinnung unmittelbarer Erfahrungen:* „[...] der Lebensalltag (wird) immer mehr von Medieneinflüssen, Informationsüberflutung und Expertenwissen bestimmt. In dem Maße, wie in der Wohnumwelt Spiel- und Erfahrungsräume verloren gehen und die Mediatisierung von Erfahrung voranschreitet, werden praktische Eigentätigkeit und authentische Erfahrungen verdrängt, gewinnt selbsttätiges und erfahrungsbezogenes Lernen ebenso wie [...] Lernen in Zusammenhängen an Bedeutung" (ebd.)
- *Verstärkung von Fördermaßnahmen:* „Strukturelle und schulorganisatorische Defizite hat [...] die PISA-Studie aufgedeckt [...] Die leistungsschwächsten Schüler/innen schneiden hierzulande im Vergleich schlechter ab als der OECD-Durchschnitt. Ein beträchtlicher Teil der Schüler/innen, besonders die lernschwächeren, werden offensichtlich mit der bislang entwickelten Lernkultur und Unterrichtsgestaltung nicht wirksam erreicht [...] Schüler/innen aus unteren sozialen Schichten und damit aus weniger bildungsorientierten Elternhäusern einerseits und aus einem nicht-deutschen familiären Umfeld andererseits haben erheblich mehr Probleme, bei der Kompetenzentwicklung mitzuhalten und gehören überproportional zu den Risikogruppen" (ebd., S. 4 f.).

Aus dieser Analyse folgert Holtappels die Notwendigkeit, folgende Zieldimensionen mit ganztägig gestaltetem Schulalltag zu verknüpfen:

- Intensivierung von Förderung und Optimierung von Lernchancen

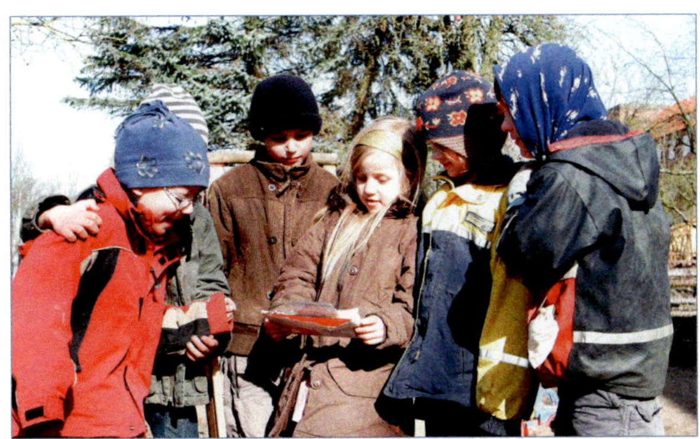

Abb. 7.2: Eine Begründung für ganztägige Betreuung in Schulen ist die Möglichkeit für die Kinder, Kontakte zu Gleichaltrigen zu erhalten.

- Schulöffnung und Entwicklung einer differenzierten Lernkultur Freizeit im Schulleben
- Schule als Raum für Gemeinschaftserleben, soziales und kulturelles Lernen
- Schulleben als Feld für Partizipation und Demokratielernen (vgl. ebd. S. 5 ff.; Holtappels 2003, S. 18 f.).

Betreuung und Erziehung werden dabei integriert in Handlungsstrukturen, in denen das Kind im Mittelpunkt steht und bei der Auseinandersetzung mit seiner Lebenswelt selbst Bildungsprozesse entfaltet.

7.5 Gestaltungsmöglichkeiten und Leitbilder für Ganztagsschulen

In den wenigen Jahren seit Start des Investitionsprogramms „Zukunft Bildung und Betreuung (IZBB)“ im Jahr 2003 hat sich die Zahl der Ganztagsschulen, insbesondere der Ganztagsgrundschulen in Deutschland vervielfacht. Jede der neu entstandenen Ganztagsschulen hat einen komplizierten Gründungs- oder Umwandlungsprozess hinter sich. Für die elf Ganztagsgrundschulen in der westfälischen Stadt Herford ist er dokumentiert worden (vgl. Knauf 2004 und 2008):

Bei der Planung der offenen Ganztagsgrundschulen in Herford haben sich in ganz spezifischer Weise Impulse aus der Schulpraxis, kommunalpolitische Interessen und bildungspolitische Rahmenvorgaben des Landes miteinander verschränkt: Ausgangspunkt war im Herbst 2002 das Interesse einer Schulleiterin, mit ihrer Schule an den sich anbahnenden Planungen des Landes zur Einführung offener Ganztagsschulen zu partizipieren. Der Schulleiterin gelang es, den Schulträger für die Idee zu interessieren, der einen externen Experten mit der Prozessberatung beauftragte. Bei den Vorarbeiten wurde klar, dass es vor allem darum gehen musste, verschiedene Organisationen mit unterschiedlichen Kompetenzen in eine **netzwerkartige Zusammenarbeit** einzubinden:

- Die *Einzelschulen,* auf die bei der Planung, Umsetzung und beim langfristigen Betrieb die Hauptlast an Verantwortung und Arbeit ruhen würde
- Der *Schulträger,* der politische, finanzielle und administrative Risiken und Belastungen eingehen musste, allerdings auch ein erweitertes Dienstleitungsspektrum für die Stadt gewinnen konnte
- Die *Schulaufsicht*, die beratend und Ressourcen sichernd an dem Gesamtprozess zwangsläufig beteiligt war,
- *„Schule & Co“* als Gemeinschaftsprojekt des Schulministeriums NRW und der Bertelsmann-Stiftung, das sich für die Entwicklung des Kreises Herford zu einer Bildungsregion engagierte und dafür bundesweit Beachtung fand
- Die *Kinder- und Jugendhilfeträger,* die bislang den wesentlichen Anteil an der Schulkinderbetreuung hatten, dafür auch Ressourcen zur Verfügung stellten, deren Abbau nun mit der Entstehung offener Ganztagsgrundschulen drohte
- Der *externe Berater* von der Universität Duisburg-Essen, der Überzeugungsarbeit bei den Schulen, der Schulöffentlichkeit und den Kinder- und Jugendhilfeträgern leisten und Vorschläge für den Planungsprozess vorlegen musste.

Anfangs wurden verschiedene informelle Gespräche mit Vertretern der verschiedenen Beteiligtengruppen geführt. Auf deren Grundlage konnte dann im Februar 2003 ein Workshop mit allen involvierten Organisationen und Gruppen veranstaltet werden. Er diente vorrangig der Verständigung über Qualitätsmerkmale offener Ganztagsgrundschulen in Herford. Die in mehreren Arbeitsgruppen erzielten Ergebnisse wurden ausführlich protokolliert. Auf der Grundlage der Protokolle wurden ein Leitbild und ein Handlungskonzept für die Entwicklung der offenen Ganztagsgrundschule in Herford erstellt. Im März 2003 konnte dann bereits eine Beschlussfassung des Schul- und Jugendhilfeausschusses über die Umgestaltung von Grundschulen in offene Ganztagsgrundschulen erzielt werden. Einen Monat später beschlossen dann auch die Lehrerkollegien und Schulkonferenzen von fünf Grundschulen die Umwandlung ihrer Schulen in Ganztagsgrundschulen und erarbeiteten dafür pädagogische Konzepte. Unmittelbar darauf wurden entsprechende Anträge bei der Bezirksregierung eingereicht, die im Juni/Juli 2003 genehmigt wurden.

Dann begann die konkreten Arbeit in den Stadtteilen: Es mussten die erarbeiteten pädagogischen Konzepte in Aktivitäten-, Zeit-, Raum-, Personalpläne überführt werden. Dabei wurde immer wieder auf das im Frühjahr entwickelte **Leitbild und Handlungskonzept** als Orientierungshilfe zurückgegriffen. Hieraus ein Ausschnitt:

„Die Stadt Herford übernimmt Verantwortung für ihre Kinder. Sie sichert ihnen eine qualitative Vielfalt von Lern-, Handlungs-, Welt- und Ich-Erfahrung, um sie für das Leben jetzt und in der Zukunft stark zu machen. Die Offene Ganztagsgrundschule unterstützt den schulischen Bildungs- und Erziehungsauftrag, sie vermittelt Kindern in einer sich verändernden Lebenswelt entwicklungsnotwendige Erfahrungen, sie unterstützt und entlastet die Familien und nicht zuletzt erleichtert sie den Frauen die Teilhabe am beruflichen, sozialen und kulturellen Leben. Die Offene Ganztagsschule erfüllt damit sowohl pädagogische als auch gesellschaftliche Funktionen" (Knauf 2004, S. 38).

In den sieben Seiten umfassenden Gesamttext werden folgende **Qualitätskriterien** für offene Ganztagsgrundschulen angesprochen:

- Elternpartizipation
- Offene Ganztagsgrundschule als Nachbarschaftsschule
- Anknüpfen an gewachsene Angebotspalette
- Kooperation mit verschiedenen Partnern
- Einsatz Professioneller und (ehrenamtlich) Engagierter
- Gleichberechtigung, Kooperation und Zuständigkeitsklarheit der Akteure
- Kontinuierliche Qualitätsprüfung
- Balance zwischen Verantwortung der Einzelschule und zentraler Koordination
- Weiterentwicklung der Schulprogramme
- OGS als bewegte, ästhetische und kulturelle Schule
- Orientierung an Bildungsansprüchen
- Sprachkompetenz
- Individuelle Förderung
- Persönlichkeitsentwicklung
- Soziale Kompetenzen
- Lebenspraktische Kompetenzen
- Schlüsselqualifikationen
- Zeitrhythmisierung
- Flexibles Verhältnis von Wahlfreiheit und Verbindlichkeit
- Beratung von Eltern und Kindern.

7.6 Die Ganztagsschule als kindorientierte Schule

Bei der Gestaltung der Einzelschule als Ganztagsschule ergibt sich die Chance, mit Professionellen aus verschiedenen pädagogischen Bereichen, mit ehrenamtlich Tätigen und den Familien eine **Schule als Bildungs-, Erfahrungs- und Lebensort** zu gestalten, in der Kinder Schulzeit als Lebenszeit erfahren können (vgl. Preiß 2009, S. 94). Eine solche Schule müsste nach Christine Preiß folgende Momente sicherstellen:

- Ein „breites, auswahlfähiges Angebot" an „freizeitpädagogisch orientierten außerunterrichtlichen Aktivitäten" (ebd., S. 97)
- „die Öffnung von Schule für außerschulische Institutionen und Personen" (ebd., S. 99)
- „Partizipation [...], damit die Schüler/innen frühzeitig lernen, ihren Neigungen und Fähigkeiten nachzuspüren" (ebd.)
- Das gemeinsame Mittagessen als Erfahrung „sozialer und kultureller Traditionen und Riten (Esskultur)" (ebd., S. 100)
- „eigene Räume" für das Ausleben kindlichen „Bewegungs-, Spiel- und sportlich-kulturellen Aktivitätsdrangs, aber auch als „Inseln der Ruhe" für „physische und mentale Regeneration" (ebd.).

Abb. 7.3: Ganztagsschule soll kindorientiert sein, also u. a. auch eine Auswahl an außerschulischen Aktivitäten bieten.

Einen besonderen Stellenwert für die Ausprägung einer kindorientierten Ganztagsschule nehmen die **Freizeitangebote** ein. Sie bieten Schülerinnen und Schülern „Gelegenheit, ihren sozialkommunikativen Bedürfnissen, die ein wichtiger Teil informellen Lernens sind, Raum zu geben. Freundschaften und Cliquen machen die Schule für Kinder und Jugendliche zu einem attraktiven Treffpunkt. Gerade im Kindesalter sind Schulen wahre Kontaktbörsen für Beziehungen, Orte der Begegnung ..." (ebd., S. 98).

Eine Schule, die solche Gesichtspunkte in den Mittelpunkt ihrer Arbeit stellt, verändert das Bild von Schule als einer Unterrichtsanstalt, in der Erwartungen an die Schulkinder gestellt werden wie

- „still sitzen
- leise sein
- Konzentration auf Dinge, die sich Erwachsene ausgedacht haben
- Kommunikationsbedürfnis unterdrücken
- ‚lernen' nur durch Erwachsene
- Verhalten wie Erwachsene" (Enderlein 2006, S. 28).

In einer kindorientiert gestalteten Schule kommt es zu einer **Änderung der Blickrichtung:** „Weg von der Frage: ‚Wie muss ein Kind sein, damit es der Schule gerecht wird?' hin zu der Frage: ‚Wie muss die Schule sein, damit sie dem Kind gerecht wird?'" (ebd., S. 52). Das bedeutet konkret, dass Kinderwünsche, wie sie verschiedentlich empirisch erfasst wurden, in das Schulkonzept einbezogen und in der schulischen Alltagspraxis umgesetzt werden, z. B. **ein Mehr** an

- „Sport, Spiel, Bewegung
- in Kleingruppen (...) zusammen sein
- Projektarbeit
- Nutzung von Turnhalle, Computerräumen" (Kinderbarometer NRW 2003 und Hessen 2004; zit. nach Enderlein 2006, S. 38).

Die Berücksichtigung von Kinderwünschen in der (Ganztags-)Schule bedeutet nicht nur mehr Freude bei der täglichen Schulzeit und mehr Identifikation mit der Schule, sondern auch eine Förderung „geistig-kognitiver und sozialer Kompetenzen" sowie der „Ich-Entwicklung" (ebd., S. 18 ff.).

7.7 Schulöffnung und Kooperation mit außerschulischen Partnern

„Öffnung von Schule war das Motto der 90er Jahre. Jetzt öffnen sich zahlreiche Partner zur Schule, weil sie angesichts des veränderten Zeitbudgets der Kinder ihre Angebote […] verändern müssen“ (Adelt/Reichel 2009, S. 62). Mit Schulöffnung wird der von dem Philosophen Seneca vor fast 2000 Jahren formulierten Forderung nachgegangen: Nicht für die Schule, für das Leben lernen wir. Mit der Schulöffnung werden „Erfahrungsbrücken zur natürlichen, sozialen, technischen und kulturellen Umwelt“ geschaffen (Knauf 2009) und damit **Weiterentwicklungen des Lernbegriffs** vollzogen (vgl. Fuchs 2004, S. 7).

Nach Heinz Günter Holtappels ermöglicht die Schulöffnung als Chance der erweiterten Schulzeit in der Ganztagsschule eine „… Anreicherung der Lerninhalte durch Lernanlässe der Schulumwelt […], es werden Fragen und Lösungsansätze erarbeitet, Produkte erstellt (z. B. Auswertungen, Ausstellungen, Aufführungen), wie etwa Unterrichtseinheiten zum Gewässerschutz, zur Wohnsituation, zur Verkehrsberuhigung oder zu Lebensproblemen alter Menschen. Methodisch geschieht dies in projektartigen Lernarrangements über Formen wie Spurensuche, Werkprodukte, Ausstellungen, Aufführungen, Experimente, Analysen oder Gestaltungspläne. In räumlicher Hinsicht werden außerschulische Lernorte erschlossen und genutzt […] (z. B. Verkehrsstraße, Museum, Handwerksbetrieb, Bachbett, Zoo, Stadtparlament).“ (Holtappels 2003, S. 7).

Ein großer Teil dieser Aktivitäten lässt sich kaum ohne Kooperationspartner verwirklichen. Das können Einzelpersonen (Laien oder Experten) oder Organisation (z. B. Behörden, Verbände oder Vereine) sein (ebd.). Der wichtigste Organisationspartner ist die Jugendarbeit (vgl. Deinet/Icking 2010). Holtappels unterscheidet dabei zwischen verschiedenen **Formen oder Zielsetzungen der Kooperation:**

- Gemeinsames Engagement von Schule und außerschulischem Partner bei der Bearbeitung eines gerade behandelten Themas, etwa mittels „… Anreicherung der Lerninhalte durch Fachleute (Zeitzeugen im Geschichtsunterricht, Künstler für Kunstprojekte, Übungsleiter in Sport-AG, Ökologiefachleute im Biologie-Projekt, Museumspädagogen im Fach Technik etc.)“ (ebd.)
- Gemeinsames Gestalten eines außerunterrichtlichen Ganztagselements wie das Mittagessen (ebd.)
- „Durchführung von Arbeitsgemeinschaften und Freizeitangeboten durch nicht-schulische Träger“ (ebd.)
- „Gemeinsame Projekte (etwa Schülertheater in Kooperation mit den städtischen Bühnen, interkulturelle Projekte mit Dritte-Welt-Initiativen, Fassadenbegrünung mit Öko-Initiativen, Kunstprojekte mit beruflichen Schulen)“ (ebd., S. 8)
- „… aktive Teilhabe an gemeinwesenorientierten Belangen (z. B. Biotop-Patenschaften, Anlage von Naturpfaden, Beteiligung an Sammelaktionen, Ausstellungen, Stadtteilfesten, Wettbewerben)“ (ebd.)
- „Angebote der Schule für Schulgemeinde und Nachbarschaft (Elterncafé, Theater für Seniorenheim, Rockkonzert für Stadtteiljugend)“ (ebd.).

In den letzten Jahren sind an Ganztagsschulen zahllose Kooperationsprojekte realisiert worden, die der einen oder anderen Kategorie zugeordnet werden können. Viele davon sind auch publiziert worden, z. B. im „Handbuch Zusammenarbeit macht Schule“ von Andreas Blum (vgl. Blum 2006). Zwei der dort dokumentierten Projekte seien hier beispielhaft kurz skizziert:

- Das *Projekt „Umweltdetektive dem Wetter auf der Spur“* wurde von der Naturfreundejugend Rheinland-Pfalz an einer ländlichen Ganztagsschule durchgeführt. „Zu den Themenschwerpunkten gehörte zunächst eine Einführung in die Wetterkunde und Wettervorhersage. Danach wurden eine Wetterstation und verschiedene einfache Messgeräte gebaut sowie Messungen und Experimente durchgeführt. Außerdem ging es um Wetterphänomene, Wetterzeichen in der Natur, das Thema Sonne, Wind, Luft und Luftverschmutzung. Die konkreten Themenschwerpunkte wurden unter Berücksichtigung der Wünsche, Ideen und Möglichkeiten der Schule sowie der teilnehmenden Schüler/innen individuell besprochen, geplant und umgesetzt“ (ebd., S. 59)
- Das *Projekt „Abenteuer, Spiel, Spaß“* wurde an zwei Ganztagsförderschulen in Koblenz mit dem Jugendwerk der Arbeiterwohlfahrt Rheinland/Hessen-Nassau verwirklicht. Schwerpunkt war das soziale Lernen, dem in Kleingruppen durch „Ausflüge in die nähere Umgebung“, „Klettern in der freien Natur“ und „Bau einer Seilrutsche“ nachgegangen wurde (ebd., S. 62).

7.8 Qualitätsmerkmale von Ganztagsschule

In vielen Veröffentlichungen werden die Kategorien Zeit, Raum, Aktionen und Personal als zentral für die Qualität von Ganztagsschulen herausgestellt. Repräsentativ hierfür sind z. B. die Veröffentlichungen von Holtappels (vgl. u. a. Holtappels 2003, S. 7 ff.). Mit weitgehend den gleichen Kategorien hat schon Aristoteles die Qualität der in der Antike wichtigsten Bildungsinstitution, nämlich des Theaters, einer Analyse unterzogen (vgl. Knauf 2005, S. 190). Dabei spielt das Aushalten und Ausbalancieren von Gegensätzen, Spannungsbögen („Antinomien“) eine besondere Rolle.

Das Prinzip des **Ausbalancierens von Spannungsbögen** spielt in der pädagogischen Literatur insgesamt eine große Rolle. So fragt Ralf Laging: „Wie können Anspannung und Entspannung, Konzentration und Zerstreuung, Ruhe und Bewegung in ein ausgewogenes Verhältnis gebracht werden?“ (Laging 2006, S. 81). Heike de Boer thematisiert einen anderen Gegensatz: das Spannungsverhältnis zwischen Verpflichtung und Spiel, zwischen Regulierungen und Gemeinsinn einerseits sowie Spontaneität, Lustbetonung, individuellem Bedürfnis andererseits (vgl. de Boer 2006, S. 61 ff.).

Gegensatzpaare durchziehen notwendigerweise eine Lern- und Bildungskultur, die sich sowohl auf die Bedürfnisse der Kinder als auch auf die Erwartungen der Gesellschaft an die nachwachsende Generation bezieht:

- Geborgenheit versus Öffnung
- Verlässlichkeit versus Flexibilität
- Konzentration versus Spontaneität
- Nähe, Wärme versus Distanz, Autonomie
- Offenheit versus Struktur
- Differenzierung versus Gemeinschaftlichkeit
- Spiel versus Arbeit
- Sinnlichkeit versus Abstraktion
- Situationsbezug versus Zielorientierung
- Vielfalt versus Übersichtlichkeit.

Qualität ganztägiger Bildungsangebote prägt sich auch in Spannungsbögen der bereits genannten Kategorien aus: **Aktion, Person, Raum und Zeit.** Diese Kategorien sind allerdings nicht durchgängig sauber zu trennen. Beim Thema Hausaufgabenbetreuung kommt man schnell von der Betrachtung der Art und Bearbeitungsweise der Hausaufgaben *(Aktion)* zu Fragen nach der Qualifikation und Betreuungsintensität des *Personals*, der Gestaltung eines Hausaufgaben-*Raumes* und nach der Festlegung oder Flexibilität von Hausaufgaben-*Zeiten*.

Greifbar wird die Verzahnung der vier Kategorien auch in den zehn **Merkmalen entwickelter Schulkultur,** die von der Niederländerin Grazena van Bijk formuliert wurden (vgl. Knauf 2001, S. 274):

- Schaffung einer flexiblen Lernumwelt mit Werkstattcharakter
- Gestaltung der Schule als „kommunikative Drehscheibe" für selbst organisiertes Lernen
- Flexibilisierung und Bedürfnisorientierung der Lernzeiten
- Öffnung der Schule als Begegnungsstätte z. B. zwischen den Generationen und Kulturen
- Verstärkung des Erfahrungslernens gegenüber der Belehrung
- „bewegliche Choreographie" des Methodenwechsels im Unterricht
- Verstärkung des Lernens mit allen Sinnen in Verfolgung des Ziels, die Einheit von kognitiver, sozialer und körperlich-ästhetischer Erziehung erfahrbar zu machen
- Aufklärung und Bildung als gemeinsame Aufgabe von Schulen und Eltern
- Verstehen von Störungen und Verhaltensauffälligkeiten als Signale zur Verbesserung der Kommunikation
- Vernetzung des (fachlichen) Lernens mit dem Ziel der Förderung von Selbst- und Mitbestimmungsfähigkeit sowie sozialer Verantwortung.

Doch lassen sich auch **Präzisierungen** vornehmen:

7.8.1 Qualitätskategorie Aktion

Erweiterte Bildungszeiten ermöglichen eine erweiterte Palette von Formen und Inhalten der Auseinandersetzung der Kinder mit sich und den Gegenständen, Strukturen und Prozessen der (Lebens-)Welt:

- Erkunden
- Experimentieren
- Sammeln und Ordnen
- Körpererfahrung, Ausagieren und Entspannen
- Zeigen und Vorführen
- Üben und Trainieren.

Diese Aktionsformen lassen sich innerhalb unterschiedlicher Angebote in Ganztagschulen realisieren:

- Selbst organisierte oder betreute Freizeitaktivitäten
- Hausaufgabenbetreuung
- Fördermaßnahmen (z. B. LRS, Sprachförderung, Ergotherapie)
- Sport und Bewegung, Spiel und Entspannung
- Musisch-kulturelle und ästhetische Bildung einschließlich Grenzaktivitäten zu Bewegungsangeboten (wie Tanz)
- Schulbezogene Projekte (z. B. Schulgestaltung, Schulgarten, Schulzeitung, Ausstellungen etc.)
- Stadtteil- oder gemeindebezogene Projekte (z. B. zu Umweltthemen, Kooperation mit Altenheim etc.)
- Erwerb alltagsbezogener Fertigkeiten (z. B. Kochen, Backen, Reparieren, Umgang mit dem PC etc.).

Dieses große, nicht einmal vollständig beschriebene Angebotsspektrum zeigt die großen Möglichkeiten für das Gewinnen von Erfahrungen auf den verschiedenen Ebenen von Kompetenzgewinn. Es zeigt zugleich die Gefahren neuer Unübersichtlichkeit und damit die Notwendigkeit auf, den Gegensatz (die Antinomie) zwischen Vielfalt und Unübersichtlichkeit zu reflektieren.

Eine Rolle spielt dabei das **Spektrum der Sozialformen;** diese können eher größere Bandbreiten erreichen als in der traditionellen Vormittagsschule: von der Einzel- über Partner-, Kleingruppen bis zur Klassen- und zur Großgruppe (Chor, Gymnastik etc.).

Wichtiger noch ist die Erweiterung der Partizipations- und Selbstbestimmungsmöglichkeiten. Diese sichern die Zufriedenheit der Kinder mit den Ganztagsangeboten (vgl. Konsortium StEG 2010, S. 27 ff.). So können Kinder bei der Angebotsplanung beteiligt werden und dabei unterschiedliche Grade der Eigenverantwortung, Mitbestimmung und der Akzeptanz von Vorgaben erfahren (vgl. de Boer 2006; Niedersächsisches Kultusministerium 2010, S. 14).

Partizipative Anteile in der Ganztagsschule lassen sich beispielsweise realisieren bei:

- Der Angebotsplanung

- Der inhaltlichen Akzentuierung der Angebote
- Der Wahlmöglichkeiten, Auswahlverfahren und Verbindlichkeiten der Angebotsauswahl
- Der Zeitdauer der Angebote
- Der individuellen Personalwahl etc.

Die **Hausaufgabenbetreuung** gilt in der Wahrnehmung der Eltern als „Herzstück" der Ganztagsgrundschule (vgl. Deckert-Peaceman 2006, S. 97). Im Einzelnen zeigt sich aber ein versteckter Aushandlungsprozess zwischen Eltern, Lehrkräften, Betreuungskräften und Kindern über die Bedingungen der Hausaufgabenerledigung (ebd., S. 98). Im Hintergrund steht die Grundfrage nach Sinn und Unsinn von Hausaufgaben. Deren Sinn lässt sich auf prinzipieller Ebene so skizzieren:

- Hausaufgaben können die Trennung und Isolation von schulischem Lernen und außerschulischer Freizeit überwinden
- Sie können ein Interessen- und Kommunikationsdreieck zwischen Kindern, Eltern und Lehrkräften schaffen
- Sie fördern den Aufbau lernökologischer Erfahrungen der Kinder im Hinblick auf günstige Zeit- und Raumstrukturen eigenverantwortlichen Lernens
- Sie verstärken die Ausbildung individueller Lernstrategien ohne kontinuierliche Erwachsenenkontrolle (vgl. Knauf 2001, S. 214 f.).

Die letzten beiden Aspekte legen ein „Loslassen" der Kinder nahe. Dieses kann aber bei der Verschiedenheit der Kinder nur schrittweise und bei manchen Kindern nur durch Beratung begleitet erfolgen (ebd., S. 222). *Orientierung und Freiraum* könnte daher ein wichtiges Gegensatzpaar bei der Hausaufgabenbetreuung sein. Ein konkreter Vorschlag wäre:

- Kindern täglich feste und betreute Zeiten für die Hausaufgabenerledigung in einem Hausaufgabenraum vorgeben
- Kindern entsprechend ihrer sich stabilisierenden Selbstständigkeit individuell die Möglichkeit anbieten, selbst Zeiten und Orte der Hausaufgabenerledigung auszuwählen und dabei die Betreuung auf eine punktuelle Inanspruchnahme von Beratung zu reduzieren

Ein solcher Vorschlag kann durch drei *Bedingungen* unterstützt werden:

- Hausaufgaben mit Formen offenen Unterrichts verknüpfen (vgl. ebd., S. 219 ff.)
- Hausaufgaben verstärkt mit Kindern oder Kindergruppen differenziert vereinbaren (vgl. ebd.)
- Langzeitaufgaben vergeben (vgl. Höhmann 2006, S. 30 f.).

7.8.2 Qualitätskategorie Person

Seit der Entwicklung der Ganzen (Vollen) Halbtagsgrundschule als Betreuungsschule oder Verlässlichen Grundschule in den frühen 1990er-Jahren hat sich das Personalspektrum an Grundschulen mit erweiterten Bildungszeiten erheblich ausdifferenziert. Nicht mehr nur Lehrerinnen und (Hort-)Erzieherinnen sind hier tätig, sondern auch selbstständige Künstler und Musiker, Sport-Übungsleiter, Eltern, Studierende auf Honorarbasis oder ehrenamtlich, „Ein-Euro-Kräfte" und Personen aus der Kooperation mit außerschulischen Partnern wie Theater, Kunst- und Musikschule, Museen, Vereinen oder Umweltorganisationen (vgl. Kamski/Schnetzer 2005, S. 84 f.).

Diese Entwicklung lässt sich unter zwei Aspekten betrachten:

- Ist diese Heterogenität der Akteure ein Gewinn für die Bildungsprozesse von Kindern?
- Ist die Heterogenität der Akteure im „Haus des Lernens" überhaupt organisierbar und produktiv nutzbar?

Kinder brauchen Verlässlichkeit der Bezugspersonen, aber auch Wahlmöglichkeiten für die von ihnen bevorzugten Ansprechpartner und erwachsenen „Verhaltensmodelle" (vgl. Popp 2011, S. 38 ff.). Bei der Heterogenität der Kinder sind beide Bedürfnisse unterschiedlich ausgeprägt. Das bedeutet, dass es für die so verschiedenen Kinder günstig ist,

- (soweit wie möglich) im Ganztag eine kontinuierlich präsente Person erreichen zu können (auch wenn diese sich in einem anderen Raum aufhält),
- aber auch noch unbekannte Menschen kennen zu lernen und dabei auf Personen zu stoßen, die ihnen besonders „liegen" und zu denen sie eine neue Vertrauensbasis aufbauen können,
- über Personen Herausforderung zum Selbstständigwerden zu erfahren und dabei unterschiedliche Grade an Zuwendung und Betreuung kennen zu lernen (vgl. Niedersächsisches Kultusministerium 2010, S. 6 f.).

Kinder erweitern dabei auf ihrem Weg zur Selbstständigkeit ihr Spektrum von Bezugspersonen, von Lernformen und Erfahrungsräumen sowie von Themen, die Bildung in einem erweiterten Sinn repräsentieren. Personen mit unterschiedlicher Professionalität können sie als „Lernbegleiter" mitnehmen in unvertraute Erfahrungsregionen und Lernräume.

Dies kann vor allem gelingen, wenn Multiprofessionalität an der Schule nicht einhergeht mit „Verinselungen" von pädagogischen Positionen und Verhaltensstilen (vgl. ebd., S. 11 f.). Es bedarf großer Anstrengungen, Professionelle mit verschiedenen Schwerpunkten sowie Ehrenamtliche in eine schulische Personalentwicklung einzubeziehen (vgl. ebd., S. 85 ff.). Es überwiegt zwischen den verschiedenen Professionen ein hohes Maß an Sprachlosigkeit (vgl. Knauf 1995, S. 155 ff.). Erhebliche Anstrengungen sind nötig, um Zeit und Strukturen zu finden für formelle und informelle Kommunikationsformen (Konferenzen, Klausursitzungen, Mitarbeitergespräche, Feste, private Treffs; vgl. u. a. Kamski/Schnetzer 2005, S. 85 ff.). Ebenso wichtig ist die Pflege von Kommunikationsritualen und von gemeinsamen Aufgaben bei Projekten, Festen und vor allem bei der Weiterentwicklung des Schulprogramms.

7.8.3 Qualitätskategorie Raum

Johanna Forster und Christian Rittelmeyer haben versucht, pädagogische Räume mit Kategorien und Methoden der Wohnforschung zu untersuchen.

Forster kommt zu einer Zusammenstellung von Faktoren gebauter Umwelt, die Einfluss auf das Wohlbefinden Heranwachsender haben (vgl. Forster 1997, S. 177 ff.). Sie beschreibt insbesondere die Bedeutung von

- Licht und Farben
- Ausblicken in eine natürliche Umgebung
- Bewegungsmöglichkeiten
- Balancen zwischen Reizvielfalt und Strukturiertheit der Umgebung
- Balancen zwischen Dichte und Distanz
- Bedürfnissen nach Stimuliation, Exploration und Abwechslung
- Bedürfnissen nach Aneignung, Identifikation und Zugehörigkeit
- Privaten Räumen und „Exklusivität von Sozialkontakten in kleinen Gruppen" (vgl. auch Niedersächsisches Kultusministerium 2010, S. 9 f.; Rogger 2012).

Rittelmeyer geht von einer anthropologischen Gesamtsicht auf die Interaktion Mensch – Architektur aus. Betont wird die sensomotorische Eigentätigkeit des Heranwachsenden: Architekturbegegnung hat mit Sehen, Tasten, Riechen, Hören und dem Gleichgewichtssinn zu tun (vgl. Rittelmeyer 2004, S. 22 ff.). Gebäudewahrnehmung ist auch Wahrnehmung des eigenen Körpers (ebd., S. 24). Dabei werden Gebäuden eine menschenähnliche Struktur zugewiesen, sie werden „gestisch-gebärdenhaft" erlebt (ebd.) und z. B. als „brutal" oder „feindlich" empfunden (ebd., S. 27 u. 29).

Ein Haus des Lernens muss solche emotionalen Komponenten des Wohlfühlens in schulischen Räumen berücksichtigen. Räume in Ganztagsschulen müssen das Wohlbefinden der Kinder über manchmal die doppelte Zeitspanne aufrechterhalten als in der traditionellen Halbtagsschule; die Ansprüche an Raumqualität sind dementsprechend besonders hoch. So wurden bei der Ausgestaltung der offenen Ganztagsgrundschulen in der Stadt Herford dann auch folgende Prinzipien reflektiert: Räume

- besitzen menschliches Maß,
- sind binnenstrukturiert und bieten persönliche Rückzugsmöglichkeiten,
- sind nicht zu dicht gefüllt,
- sind von den Kindern mit gestaltbar (vgl. Frey 2005, S. 25).

Das Spektrum von Handlungsformen in Ganztagsschulen ist gegenüber der Halbtagsschule signifikant ausdifferenziert. Parallel erweitert sich die Palette von Kinderbedürfnissen. Opaschowski spricht u. a. von den Bedürfnissen nach Rekreation, Kommunikation, Partizipation, Kompensation, Kontemplation (zit. nach Burow 2006, S. 113). Dies muss sich in der Funktionalität des Raumangebots widerspiegeln. So sind möglichst ein Speisebereich, Bewegungs- und Entspannungsräume, Begegnungsräume, Werkstätten, Räume für gestaltende Aktivitäten, Ausstellungs- und Präsentationsräume vorzuhalten. Dabei entsteht ein antinomisches Verhältnis zwischen zweckmäßiger, funktionaler und flexibler Raumgestaltung, die verschiedene, nicht alle vorab planbare Raumnutzungen ermöglicht.

7.8.4 Qualitätskategorie Zeit

Die Dimension Zeit ist naturgemäß das zentrale Thema bei der Gestaltung von Schulen mit erweiterter Bildungszeit. Die Diskussion des Zeit-Themas enthält vorrangig zwei Komponenten: die „Entdichtung" und die „Rhythmisierung" von Schulzeit (vgl. Wegner/Tamke 2009, S. 155; Niedersächsisches Kultusministerium 2010, S. 15 ff.).

Mit **Entdichtung** ist vor allem das Ziel gemeint, enge Zeittakte, die das Lernen in mechanische Ablaufschemata zwängen, zu überwinden. Der 45-Minuten-Takt und die in ihn gepressten standardisierten Unterrichtsphasen bilden solche verdichteten Lernstrukturen. Sie führen zu Hektik und Störungen; denn Lernen und Denken braucht Zeit. Ein Vorschlag zur Entdichtung wäre, Lernaktivitäten nicht auf dem stets gleichen, abstumpfenden Anspannungsgrad zu halten. Durch *Wechsel der Intensitätsgrade* des Lernens lassen sich prägnante, sich voneinander unterscheidende Situationen schaffen, die der Bedürfnisstruktur von Kindern folgen (vgl. Knauf 1997, S. 37).

Bei der schon in der Reformpädagogik geforderten **Rhythmisierung** täglicher Schulzeit geht es um die Herstellung von Balancen zwischen Verlässlichkeit und Regelmäßigkeit einerseits und Offenheit, Situationsbezug andererseits. Rhythmisierung meint darüber hinaus den Wechsel der Lehr-/Lernmethoden (vgl. Kummer 2006, S. 20) sowie zwischen „Anspannung und Entspannung, Konzentration und Zerstreuung, Ruhe und Bewegung" (Laging 2006, S. 81). Der Bildungsprozess soll damit nicht mehr dem „Diktat" der Zeitstruktur unterworfen sein (vgl. Ramseger 2009, S. 121 ff.)

Wichtige Elemente einer schulischen Zeitrhythmisierung sind

- ein gleitender täglicher Schul- und Unterrichtsbeginn,
- Herstellung großer Zeitblöcke (z. B. 90 Minuten), die flexibel binnenstrukturiert werden können,
- individuell variable Pausenlösungen,
- Bewegungs- oder Entspannungs-„Bänder", die den Unterricht unterbrechen (vgl. u. a. Knauf 1997, S. 37).

Ein weiterer wichtiger Aspekt einer Rhythmisierung von Schulzeit ist das Einführen von *Ritualen,* wie dem Morgen- und dem Abschlusskreis, die als Eckpunkte oder Zwischenakzente dem Schultag Momente erlebbarer Strukturierung verleihen (vgl. Knauf 2001, S. 186 ff.; Ramseger 2009, S. 123 u. 127 ff.).

7.9 Qualitätsentwicklung und -sicherung von Ganztagsschulen

In den letzten anderthalb Jahrzehnten des 20. Jahrhunderts kam es in Deutschland zu intensiven Versuchen, Ansätze des Qualitätsmanagements von der Privatwirtschaft auf den Non-Profit-Bereich und speziell auf den der öffentlichen Jugend- und Bildungsbereich zu übertragen. Vor allem die Kommunen bemühten sich vor dem Hintergrund knapper Haushaltsmittel um die Optimierung von Kosten-Nutzen-Relationen. Ziel war es,

- mit einem streng kontrollierten Ressourceneinsatz ein definierbares Qualitätsniveau öffentlicher Dienstleistungen zu sichern und
- den Einsatz von Haushaltsmitteln gegenüber der Steuer zahlenden Öffentlichkeit transparent zu machen (vgl. Tietze/Viernickel 2003, S. 10).

Die seit der zweiten Hälfte der 1990er-Jahre entstandenen Qualitätsmanagementkonzepte haben alle mit einem Basisdilemma zu tun: Wer besitzt die Autorität der **Definition von Qualität?** Die Kinder als Besucher von Bildungseinrichtungen, ihre Eltern als diejenigen, die den Erziehungs-, Bildungs- und Betreuungsauftrag vergeben, die Lehr- und pädagogischen Fachkräfte, die der Einrichtung ein Profil geben und sich täglich mit den Kindern in Interaktion befinden, die Leitungen, die Verantwortung für die Arbeit und ihre Qualität in der Bildungseinrichtung übernehmen, die Träger, die Einrichtungen gründen, (teil-)finanzieren und beaufsichtigen, die staatliche Öffentlichkeit, die nach dem Grundgesetz für die Gleichheit der Lebensverhältnisse und für das Wohlergehen der Mitglieder der Gesellschaft verantwortlich ist oder die Vertreter der einschlägigen Fachdisziplinen, die Studien über das anstellen, auswerten und vergleichen, was Kinder für ihre Entwicklung brauchen und wie dies mit gesellschaftlichen Strukturen und Veränderungen in Einklang zu bringen ist (vgl. Tietze/Viernickel 2003, S. 10 f.)?

Tietze und Viernickel leiten aus dem Kinder- und Jugendhilfegesetz (KJHG) ab, dass „die *Interessen, Bedürfnisse und Sichtweisen der Kinder und ihrer Familien* ins Zentrum zu stellen“ sind (ebd., S. 11).

Von zentraler Bedeutung für die Konstruktion von Qualitätsmanagementkonzepten ist die Differenzierung zwischen verschiedenen Ebenen oder **Dimensionen der Qualität** in Kindertageseinrichtungen. Tietze unterscheidet zwischen

- Strukturqualität
- Prozessqualität und
- Orientierungsqualität, mit der die pädagogischen Überzeugungen und Werte der professionellen Akteure gemeint sind, z. B. ihr Bild vom Kind (ebd., S. 11).

Ein wichtiger Aspekt bei Entwicklung und Anwendung von Verfahren der Qualitätsentwicklung und -sicherung ist die Grundsatzfrage: Was steht im Vordergrund: das Messen und Prüfen pädagogischer Dienstleistungen sowie deren Planung und Erstellung nach standardisierten Kriterien, um Fehler und Nutzungsdefizite der Dienstleistungen möglichst zu vermeiden (vgl. Rugor/Studzinski 2003) oder die Entfaltung einer breiten, Professionelle, ehrenamtlich Tätige, Eltern und auch Kinder einbeziehende Diskussion über Qualitätsziele und deren Erreichung bis hin zur Entfachung von Begeisterung für die Verbesserung von Arbeitsprozessen und deren Ergebnissen (vgl. Engelhardt 2001)?

In den letzten Jahren haben sich Tendenzen verstärkt, beide Konzepte miteinander zu verbinden. Dabei spielen Verfahren der Organisationsentwicklung, Mitarbeitergespräche, Kinder- und Elternbefragungen, Zielvereinbarungen und Controlling eine große Rolle. Wichtig geworden ist die Verknüpfung von Methoden der Selbstüberprüfung der professionellen Akteure **(Selbstevaluation)** mit der gelegentlichen Fremdüberprüfung durch die Visitation **(Besuche und Befragungen)** externer Experten.

In NRW ist diese Entwicklung besonders weit vorangeschritten. Seit 2006 gibt es hier einen landesweit organisierten Qualitätsentwicklungsprozess speziell für Ganztagsschulen. In ihm verständigen „… sich Land, Schulträger, öffentliche und freie Träger der Jugendhilfe, Sport- und Kulturorganisationen sowie die Schulaufsicht über gemeinsame Ziele und Umsetzungsschritte“ (Adelt/Reichel 2009, S. 65). Zur Initiierung und Umsetzung von Qualitätsentwicklungsprozessen in den einzelnen Ganztagsschulen hat die Serviceagentur „Ganztägig Lernen (SAG)“ in Münster im Auftrag des Ministeriums für Schule und Weiterbildung das Evaluationsinstrument „Qualitätsentwicklung in Ganztagsschulen (QUIGS)“ erarbeitet. Die Ganztagsschulen verfügen damit über ein strukturiertes Verfahren zur Selbstevaluation bei der Überprüfung von Unterricht und außerunterrichtlichen Angeboten mithilfe der Kriterien Raum, Zeit, Umgang mit Heterogenität, Lebensweltbezug, Sozialräumlichkeit, Partizipation, Kooperationskultur (ebd., S. 64).

Zusätzlich gibt es in NRW ein dichtes Netz von Beratung durch 54 regionale „Kompetenzteams“ der Lehrerfortbildung, rund 50 auf die Ganztagsschulentwicklung spezialisierte örtliche „Qualitätszirkel“ sowie durch die Fachberatung der Landesjugendämter und Unterstützungssysteme der Sport- und Kulturorganisationen (ebd., S. 65 f.).

Teil III
Grundlagen der Sozial- und Erziehungswissenschaften

Pädagogik

Helen Knauf

Dieses Kapitel stellt die pädagogischen Grundlagen für die Arbeit mit Kindern vor. Diese pädagogischen Grundlagen werden auf das erzieherische Handeln in der Arbeit mit Kindern im Elementarbereich bezogen.

► **Pädagogik**
Lehre von Erziehung und Bildung. Diese Lehre bezieht sowohl eine Reflexion über pädagogisches Handeln als auch Handlungsvorschläge für gelingende Erziehungs- und Bildungsprozesse mit ein. Die Pädagogik ist eine Wissenschaft und zugleich eine Disziplin.

Pädagogisches Handeln ist eine Trias von Erziehung, Bildung und Betreuung.

► **Erziehung**
Bewusste Einwirkung von außen, Förderung der (kindlichen) Entwicklung von Persönlichkeit und sozialen Kompetenzen, um die Orientierung im sozialen Umfeld zu gewährleisten. Die Erziehung findet durch Personen im unmittelbaren Umfeld statt, die Eltern, die Familie, Erzieher oder auch durch Freunde. Im weitesten Sinne erzieht auch die Gesellschaft, die durch ihre Werte und Normen die Ziele der Erziehung vorgibt (→ Kap. 9).

► **Bildung** *(aus pädagogischer Sicht)*
Lebenslanger Prozess des Lernens, der Persönlichkeitsbildung, des Erwerbs von sozialen Fähigkeiten und Wissen. Ziel ist die Herausbildung einer mündigen Persönlichkeit.

► **Betreuung**
Pflegende, erzieherische und beaufsichtigende Tätigkeit, umfasst auch die rechtliche Vertretung unmündiger Personen.

Grundlegend für pädagogisches Handeln ist eine spezifische **pädagogische Grundhaltung** (→ Kap. 8.1.1), die sich sowohl in einer Orientierung an den Ressourcen von Kindern (→ Kap. 8.1.2) als auch in dem Streben nach Individualisierung einerseits und Inklusion andererseits (→ Kap. 8.1.3) ausdrückt. Zur pädagogischen Grundhaltung gehört außerdem eine professionelle Art der Beziehungsgestaltung (→ Kap. 8.1.3) zwischen Erzieherin und Kind. Die pädagogische Grundhaltung steht schließlich auch in engem Verhältnis zu den Bildungsgelegenheiten, die in Einrichtungen gegeben werden. Neben dieser Grundhaltung spielt auch der **Prozess pädagogischen Handelns** eine zentrale Rolle, der vor allem durch Beobachtung, Dokumentation und altersangemessene Interventionsformen geprägt ist (→ Kap. 8.3). In der Pädagogik ist darüber hinaus zwischen verschiedenen pädagogischen Konzepten zu unterscheiden, die – zum Teil historisch gewachsen – ein eigenes Verständnis von der Arbeit mit Kindern repräsentieren (→ Kap. 8.4). Schließlich ist die Umgebung, d. h. Räume und Materialien, von entscheidender Bedeutung für das pädagogische Handeln (→ Kap. 8.5).

8.1 Grundlagen pädagogischen Handelns

Das professionelle pädagogische Handeln ist geprägt von einem bestimmten Menschenbild bzw. einem **Bild vom Kind.** Auf diesem beruhen alle folgenden Grundlagen der pädagogischen Arbeit: die pädagogische Grundhaltung, die Orientierung an Ressourcen und der Individualität, die auch das Geschlecht, Herkunft, Begabungen und besondere Bedürfnisse einschließt, sowie die Beziehungsgestaltung zwischen Kind und Erzieherin und die Unterstützung von kindlichen Bildungsprozessen.

8.1.1 Die pädagogische Grundhaltung

► **Pädagogische Grundhaltung**
Innere Einstellung eines Erziehenden und Grundlage seines pädagogischen Handelns, der ein bestimmtes Menschenbild sowie Werte zugrunde liegen.

Eine allgemeingültige pädagogische Grundhaltung gibt es nicht, denn in der Pädagogik sind die pädagogisch Handelnden heute bestrebt, auf normative Setzungen, d. h. die Unterscheidung in richtig und falsch, zu verzichten: Würden sie festlegen, mit welchen inneren Einstellungen und Verhaltensweisen alle pädagogisch Handelnden an ihre Arbeit herangehen, würden sie vorgeben, es gäbe stets den einen richtigen Weg. Dann könnte die Pädagogik für jede Situation konkrete Handlungsrezepte liefern, an die sich Pädagoginnen und Pädagogen halten müssten, und die jeweilige Situation würde zum Wohle aller Beteiligten gelingen.

Pädagogische Situationen sind jedoch komplex und zu unterschiedlich, als dass es solche allgemeingültigen Regeln und Handlungsanweisungen geben kann. Diese Unterschiedlichkeit entsteht durch die selten gleichen Rahmenbedingungen und Beteiligtenkonstellationen einer Situation. Befragt man Erzieherinnen, so werden diese sicher bestätigen, dass kein Morgenkreis so abläuft wie ein anderer, denn es nehmen immer wieder unterschiedliche Kinder teil, die in unterschiedlicher Stimmungslage in die Situation gehen und an jedem Morgen bereits unterschiedliche Erlebnisse hatten. Zudem sind pädagogisch Handelnde Individuen, die eigene Wertvorstellungen, Gefühle, Ausdrucksmöglichkeiten, Stärken und Schwächen mitbringen und diese unbewusst jeweils in die Situation einfließen. So gleicht keine Situation einer anderen.

Pädagogisch Handelnde entscheiden in jeder Situation neu, wie sie das Verhalten Anderer deuten, welche Verhaltensweisen sie selbst einbringen und welche Konsequenzen aus dieser Interaktion entstehen. Hierbei reflektieren sie auch immer ihre eigene Biografie (→ Kap. 8.2.1). Diese Komplexität pädagogischen Handelns stellt eine besondere Herausforderung dar und macht zugleich den Reiz pädagogischer Berufe aus.

Abb. 8.1: Zur pädagogischen Grundhaltung gehören der Respekt vor dem Kind und die Orientierung an seinen Stärken und Bedürfnissen.

Obwohl es aber in jeder Situation viele Handlungsalternativen gibt, überlassen Pädagogen die Entscheidung für oder gegen ein bestimmtes Verhalten oder eine bestimmte Intervention nicht dem Zufall. Ihre Entscheidungen beruhen auf theoretischem Wissen und praktischen Erfahrungen. Die Anbindung von konkreten Handlungen an Wissen und Erfahrungen macht den Kern pädagogischer Professionalität aus. Die Pädagogik und das von ihr zur Verfügung gestellte Wissen können dabei wie ein Leuchtturm Orientierung in unübersichtlichem Wetter sein.

⊙ Einen wichtigen Teil des theoretischen Wissens, das Grundlage für alltagspraktisches pädagogisches Handeln ist, machen dabei Informationen über günstige und entwicklungsförderliche Haltungen aus. Dazu zählen:

- Die Fokussierung auf die Stärken der Kinder (→ Kap. 8.1.2), mit denen der Pädagoge oder die Erzieherin arbeitet
- Der Umgang mit der Unterschiedlichkeit der Kinder (→ Kap. 8.1.3)
- Die Art der Beziehungsgestaltung (→ Kap. 8.1.4).

8.1.2 Ressourcenorientierung

Resilienz → Kap. 10.7

Ein wesentliches Merkmal der pädagogischen Grundhaltung und der rote Faden im pädagogischen Handeln ist die **Orientierung an den Stärken** der Kinder.

„Die Menschen stärken, die Sachen klären" – so beschrieb der Pädagoge Hartmut von Hentig „den Auftrag der öffentlichen Pädagogik für unsere Zeit" (1984, S. 59). Und als eigentliche Pointe dieser inzwischen berühmt gewordenen Sentenz bezeichnet er das, was diese Formulierung verneint. Es gehe in pädagogischen Institutionen nicht darum, gesellschaftliche Anforderungen zu erfüllen, Ideen zu verbreiten, auf den Beruf vorzubereiten oder gesellschaftliche Verhältnisse zu verändern, und ebenfalls gehe es nicht darum, Kinder zu belehren, „besser" zu machen oder an die Gesellschaft anzupassen. Vielmehr gehe es darum, Kinder zu stärken, ihnen zu helfen, zu selbstbestimmten Mitgliedern einer Demokratie zu werden. Angesichts der heute oft im Vordergrund stehenden Nutzenorientierung von Bildung und Bildungseinrichtungen mag diese Zielsetzung unzeitgemäß anmuten. Doch die Stärkung der Menschen und die Klärung der Sachen – das ist der Kern alltäglichen pädagogischen Handelns.

Ressourcen- oder Stärkenorientierung stehen im Gegensatz zu Defizit- oder Schwächenorientierung. Hentigs Argumentation zeigt die Begründung der Stärkenorientierung in den Grundsätzen von Humanismus und Aufklärung. Zugleich fußt die Ressourcenorientierung auch auf der Erfahrung, dass Kritik und Strafe nicht zum gewünschten Verhalten führen. Viel effizienter sind **positive und verstärkende Erziehungsmittel** wie Lob, Anerkennung, Vorbild, Bitte oder Belohnung.

Das Ziel, die Fähigkeiten und Stärken von Kindern in den Blick zu nehmen, ist nur eine Dimension von Ressourcenorientierung. Eine andere Dimension ist die sinnvolle Nutzung äußerer Ressourcen in pädagogischen Prozessen. Im Mittelpunkt **äußerer Ressourcen** stehen Zeit und Raum/Material.

Zeit sinnvoll zu füllen und gut zu nutzen, ist in pädagogischen Prozessen besonders wichtig – wobei dies nicht bedeutet, in kurzer Zeit möglichst viel zu erledigen. Vielmehr geht es darum, den Dingen die Zeit zu geben, die sie brauchen, und jedem Kind sein eigenes Tempo zu ermöglichen. Die Ressource **Raum/Material** kann vielfältige Möglichkeiten der Aktion und Interaktion ermöglichen und wird weiter unten ausführlich beschrieben (→ Kap. 8.5.3).

📖 Lutz, Barbara/ Knauf, Tassilo: Kinder suchen Sinn, Wahrheit und Glück. Was kann eine gegenwartsorientierte Pädagogik bieten? Berlin: Cornelsen Scriptor 2009

Abb. 8.2: Ressourcenorientierung: Selbstbestimmtes Tun von klein auf.

8.1.3 Individualisierungs- und Inklusionsorientierung

Gesellschaftliche und politische Entwicklungen der letzten Jahrzehnte haben zu einer dramatischen Veränderung der Rahmenbedingungen, unter denen Kinder aufwachsen, und damit der gegebenen Voraussetzungen für das Handeln in pädagogischen Institutionen für Kinder und Jugendliche geführt. Die hauptsächlich berufsbedingt wachsende räumliche Mobilität der Menschen, die in enger Verbindung mit Globalisierungsprozessen steht, führt zu umfassenden Migrationsbewegungen, die die ethnisch-kulturelle Vielfalt in vielen Ländern vergrößern. Zugleich kann eine steigende *Individualisierung* in der westlichen Gesellschaft beobachtet werden, die sich in unterschiedlichen Lebensstilen und einer großen Vielfalt von Biografieverläufen äußert (→ Kap. 9.4.9).

Die beobachtbare Individualisierung hat in den letzten Jahren die verstärkte Aufmerksamkeit gegenüber den Unterschieden und unterschiedlichen Voraussetzungen begünstigt, mit denen Kinder heute in institutionalisierte Bildungs- und Erziehungsprozesse eintreten.

Zu den Voraussetzungen der Kinder, mit denen eine Erzieherin konfrontiert wird, gehören das Geschlecht, die ethisch-kulturelle Herkunft, die soziale Herkunft, besondere Bedürfnisse und Hochbegabung (→ unten).

Jungen und Mädchen

Kinder unterscheiden bereits im ersten Lebensjahr zwischen Männern und Frauen. Auch das Bewusstsein für die eigene Zugehörigkeit zu einem Geschlecht stellt sich im Alter von zwei bis drei Jahren ein. Verfestigt wird dieses Bewusstsein allerdings erst ab dem siebten Lebensjahr (Geschlechtskonstanz).

► **Sexus**
Biologisches Geschlecht: Das durch die Gene festgelegte und durch äußere Geschlechtsmerkmale sichtbare Geschlecht eines Menschen.

► **Gender**
Soziales Geschlecht: Das durch Sozialisations- und Erziehungsprozesse entwickelte Geschlecht, das sich auch in geschlechtsrollenkonformem Verhalten zeigt.

► **Geschlechtsrollenstereotyp**
Vermeintlich typische Merkmale und Charakteristika von Männern und Frauen bzw. Jungen und Mädchen. Geschlechtsrollenstereotype (→ Kap. 9.1.2) werden von vielen Menschen übereinstimmend wahrgenommen und erhalten dadurch Gewicht.

Abb. 8.3: Entdramatisierung von Geschlecht: Geschlechtsspezifische Unterschiede verringern.

Der Blick in die Geschichte zeigt, dass Vorstellungen von der **Gleichberechtigung der Geschlechter** erst in der zweiten Hälfte des 20. Jahrhunderts auch lebenspraktisch umgesetzt wurden. Viele Jahrhunderte lang war die Hierarchie zwischen den Geschlechtern prägend, bei der es eine männliche Norm und einen davon abweichende weibliche Sonderform gab (→ Kap. 9.3 und 9.4). Entsprechend waren Männer Entscheider und Bestimmende, während Frauen sich unterzuordnen hatten. Heute ist diese **Geschlechterhierarchie** aus der Programmatik von Bildung und Gesellschaft verschwunden – dennoch begegnen wir ihr auf subtile und indirekte, oft auch unbewusste Weise im Sinne einer *Genderproblematik* (→ unten) auch im Bildungswesen von heute (Prengel 2003, S. 99).

Der Umgang mit dem Vorhandensein von zwei Geschlechtern in Einrichtungen des Bildungs- und Erziehungssystems bewegt sich zwischen zwei Polen:

- Auf der einen Seite steht die **Entdramatisierung (Verneinung),**
- Auf der anderen Seite steht die **Dramatisierung (besondere Betonung)** (→ unten) von Unterschieden zwischen den Geschlechtern.

Beide Extreme werden jedoch den Bedürfnissen von Kindern nicht gerecht: Kinder benötigen einerseits die Wahrnehmung ihrer geschlechtsspezifischen Bedürfnisse und andererseits die Wahrnehmung ihrer ganz individuellen Bedürfnisse, die sich oft quer zu geschlechtstypischem Verhalten, dem Geschlechtsrollenstereotyp, entwickeln.

Heute ist man sich weitgehend darüber einig, dass **Erziehung geschlechtsbewusst** sein muss, ohne die Kategorie Geschlecht (biologisch und sozial) zu dramatisieren. Ziel dieser Ansätze ist es, Kinder bei der Entwicklung ihrer Geschlechtsidentität zu unterstützen, ohne sie in den engen Bahnen von Stereotypen zu leiten.

Dramatisierung von Geschlecht
beschreibt eine (übertriebene) Fokussierung von Differenzen zwischen Jungen und Mädchen. Dabei wird die Geschlechtszugehörigkeit als Erklärung für viele oder alle Verhaltensweisen von Kindern herangezogen („Sie ist eben ein Mädchen"). Die Dramatisierung von Geschlecht birgt die Gefahr, dass die Individualität der Persönlichkeiten und damit auch geschlechtsuntypisches Verhalten übersehen wird. Im Gegensatz dazu versucht die **Entdramatisierung von Geschlecht**, die Betonung geschlechtsspezifischer Unterschiede zu verringern.

Für die Umsetzung einer geschlechtsbewussten oder gendersensiblen Erziehung gibt es verschiedene Konzepte (Faulstich-Wieland 2008, S. 195):

- *Selbstreflexion* – Erzieherinnen werden sich der eigenen Geschlechtsidentität und eigener Geschlechtsrollenstereotype bewusst
- *Kenntnisse* – Erzieherinnen erweitern ihren Wissensstand über Jungen und über Mädchen sowie über die mit Geschlechtsrollenstereotypen verbundenen Vorurteile
- *Gezielte Veränderungen und Innovationen* – Erziehende gestalten den Kindergartenalltag in Bezug auf Genderfragen bewusst und innovativ, falls noch nicht bewusst geschehen.

Ein zentraler Aspekt für die **geschlechtsbewusste Erziehung** ist die Bereitstellung geschlechtsunabhängiger Spielgelegenheiten und die Schaffung von Spielanlässen, die potenziell Jungen und Mädchen ansprechen.

[BEISPIEL] für geschlechtsbewusste Erziehung
In vielen Kindertageseinrichtungen sind Bau- und Puppenecken eingerichtet worden. Entsprechend dieser stark stereotypisierenden Etiketten spielen in der **Bauecke** vorwiegend Jungen, während die Mädchen sich in der **Puppenecke** sammeln. Um einer solchen Trennung der Geschlechter und der damit verbundenen Festlegung von Kindern auf die typischen Verhaltensweisen eines Geschlechtes entgegenzuwirken, können **neue Spielangebote** geschaffen werden, die Jungen und Mädchen gleichermaßen ansprechen dürften:

Abb. 8.4: Angebote wie Bauspiele sind für geschlechtsneutrale Erziehung geeignet.

- Material zum Budenbauen (Decken, Kissen, Holzstützen)
- Verkleidungs- und Rollenspielutensilien
- Medienangebote verschiedener Art (→ Kap. 17).

Neben den räumlichen und materiellen Angeboten spielt das **Verhalten der Erziehenden** eine zentrale Rolle. Ihre Spielanregungen, aber auch ihr Kommunikations- und Erziehungsverhalten wirken sich auf die Wahrnehmung von Geschlechtsrollen aus. Durch positive und negative Sanktionen können Verhaltensweisen, und eben auch geschlechtstypisches Verhalten verstärkt werden. Solche Verstärkungen geschlechtstypischen Verhaltens („Toll, wie sorgfältig die Mädchen heute wieder ausgeschnitten haben!") können im Widerspruch stehen zu (programmatischen) Äußerungen der Erziehenden („Ihr Mädchen könnt ruhig mal wild sein"). Kinder müssen sich dann mit diesen doppelten Botschaften auseinandersetzen – oft nicht ohne Verwirrungen (vgl. Fried 2004). Meist sind diese widersprüchlichen Impulse versteckt, und erst durch eine gesteigerte Sensibilität der Erziehenden kann eine kongruente Botschaft erreicht werden. Oft geschieht die Verstärkung des geschlechtstypischen Verhaltens unbewusst - auch hier wird wieder deutlich, wie wichtig es ist, das eigene Verhalten zu reflektieren.

Wenn es um die **Bedeutung des Geschlechts in Kindertageseinrichtungen** geht, muss auch die Seite der Erziehenden berücksichtigt werden: Die Erwachsenen, die in Kindergarten und Krippe agieren, sind fast ausschließlich Frauen. Als Rollenvorbilder besonders für Jungen und auch in ihrer Unterschiedlichkeit zu weiblichen Bezugspersonen ist die Einbeziehung von Männern ein wichtiger Bestandteil der geschlechtsbewussten Erziehung.

Ethnisch-kulturelle Herkunft

Knapp 20 % der in Deutschland lebenden Menschen haben einen Migrationshintergrund (destatis 2011). Diese Vielfalt an Kulturen spiegelt sich in vielen Kindertageseinrichtungen wieder. Entsprechend gehört der Umgang mit kulturell-ethnisch heterogenen Gruppen heute zum Alltag von Erzieherinnen. Doch die damit verbunden Anforderungen sind hoch: Sie reichen von Kenntnissen über die Kulturen und einem gewissen Verständnis bis hin zu der praktischen Handlungskompetenz, die einen wertschätzenden Umgang miteinander erst ermöglicht.

Wie können pädagogisch Handelnde in pädagogischen Institutionen mit der unterschiedlichen ethnisch-kulturellen Herkunft von Kindern und Jugendlichen umgehen? Die Antworten auf diese Frage, so zeigt der Rückblick, sind immer geprägt gewesen von der jeweils vorherrschenden gesellschaftlichen Haltung gegenüber Migration.

Die Entwicklung des Diskurses über den **pädagogischen Umgang mit Kindern mit Migrationshintergrund** teilt der Erziehungswissenschaftler Paul Mecheril (2004) in mehrere Phasen ein:

- *1960er Jahre* – Migration ist noch kein Thema in der Pädagogik. Eine Notwendigkeit, pädagogisch auf die Kinder der „Gastarbeiter" einzugehen, wird nicht gesehen, da diese ja, so die Erwartung, sowieso nur für eine kurze Zeit bleiben. Eine Schulpflicht für „Gastarbeiterkinder" besteht nicht
- *1970er Jahre (Defizitdiskurs)* – Immer mehr „Ausländerkinder" besuchen deutsche Kindergärten und Schulen. Pädagoginnen und Pädagogen sehen damit bestimmte Schwierigkeiten einhergehen, denen in Gestalt der „Ausländerpädagogik" begegnet werden soll. Dabei steht die Kompensation vorhandener Defizite im Mittelpunkt. Ziel pädagogischer Maßnahmen sollte eine möglichst weitgehende Anpassung (Assimilation) sein
- *1980er Jahre (Differenzdiskurs)* – Es wird deutlich, dass viele der ehemals als „Gastarbeiter" angeworbenen Ausländer und deren Nachkommen nicht wieder in ihr Ursprungsland zurückkehren werden, sondern dauerhaft in Deutschland bleiben. In diesem Zusammenhang wurde in der Pädagogik die zuvor vorherrschende Defizitperspektive kritisiert und durch einen Blick ersetzt, der Unterschiedlichkeit und Vielfalt als Bereicherung interpretiert. Die Idee der „multikulturellen Gesellschaft" hat sich jedoch in der pädagogischen Praxis nicht durchsetzen können und ist eher eine theoretische Vorstellung geblieben
- *1990er Jahre (Dominanzdiskurs)* – Vor dem Hintergrund rechtsextrem motivierter Gewalttaten gegen Ausländer findet eine Auseinandersetzung mit Rassismus statt. Dies löst eine grundlegende Fokusverschiebung aus: Waren in den vorhergehenden Dekaden die Migrantinnen und Migranten und ihre Integrationsprobleme Gegenstand pädagogischer Intervention, wird nun im Rahmen der „Interkulturellen Pädagogik" auf die Rolle der pädagogischen Institutionen geschaut. Deren Unzulänglichkeit in Hinblick auf den Umgang mit Heterogenität tritt dabei deutlich zutage.
- *Seit 2000er Jahre (Integrationsdiskurs)* – Die Zeit seit 2000 beschreibt Mecheril als Phase der Integrationsdiskurse. Kennzeichnend ist der Versuch, eine integrationspolitische Rationalität herzustellen, bei der Argumente für (und wider) die Zuwanderung diskutiert werden. Zentrale Gründe für eine Legitimierung von Zuwanderung sind dabei:
  - Ökonomische (Zuzug Qualifizierter)
  - Demografische (Alterung der deutschen Gesellschaft).

Politisches Ziel – und damit auch Fixpunkt für pädagogisches Engagement – ist die Integration. Integration ist dabei bislang ein Schlagwort geblieben: Offen ist, ob damit eher die Anpassung von Menschen mit Migrationshintergrund an die deutsche Gesellschaft gemeint ist (Assimilation) oder eine Öffnung der deutschen Gesellschaft in der Form, dass eine intensivere Teilhabe und Mitbestimmung Zugewanderter stattfinden kann.

Abb. 8.5: Die Integration von Kindern mit Migrationshintergrund ist für viele Kindertageseinrichtungen selbstverständlich.

Kinderarmut

→ *Kap. 9.4.7*

Mitarbeiterinnen und Mitarbeiter in Kindertageseinrichtungen können soziale Unterschiede nicht ausgleichen oder auffangen. Hier – wie bei allen anderen Heterogenitätsmerkmalen auch – sollte stets im Bewusstsein der Grenzen der Wirkungen des eigenen Handelns gearbeitet werden.

> Die Kindertageseinrichtung kann kein Ersatz für Erziehung und Bildung in der Familie sein. Untersuchungen zeigen immer wieder den maßgeblichen Einfluss der Familie auf Bildungserfolg und Lebensverlauf. Das bedeutet auch, dass gerade vor dem Hintergrund von Armut und Unterversorgungslagen die Rede von der **Erziehungspartnerschaft zwischen Eltern und Erzieherinnen** ernst genommen werden muss.

Soziale Netzwerke

Das Knüpfen sozialer Netzwerke für Kinder in prekären Lebensverhältnissen ist besonders wichtig, um ihnen **vielfältige Erfahrungsräume** zu ermöglichen. Dazu können so einfache Dinge gehören wie

- Das Fördern von Verabredungen mit anderen Kindern zum Spielen
- Der Anstoß zur Teilnahme an einem Sportangebot.

Darüber hinaus können aber auch in der Kindertageseinrichtung Bedingungen geschaffen werden, die sicherstellen, dass Armut nicht zu einem **Stigma** wird – etwa durch ein gemeinsames, von der Einrichtung bereitgestelltes Frühstück.

Kinder mit besonderen Bedürfnissen

→ *Kap. 24*

Kinder mit verschiedenen Formen und Graden von Behinderung wachsen heute in zahlreichen Einrichtungen gemeinsam mit Kindern ohne Behinderung auf. Dabei gibt es je nach Bundesland verschiedene Formen der Integration, z.B. einerseits die Schaffung spezieller Integrationseinrichtungen, in denen mehrere Kinder mit Behinderungen angetroffen werden, andererseits die Einzelintegration in Regeleinrichtungen.

Der institutionelle Umgang mit Menschen mit Behinderungen hat sich in Deutschland seit dem 2. Weltkrieg entscheidend weiterentwickelt:

- *Exklusion* – Zunächst wurden Kinder mit Behinderungen weitgehend von den Institutionen des Bildungssystems und auch des Elementarbereichs ausgeschlossen. Die Exklusion spielt für die Mehrheit behinderter Kinder heute keine Rolle mehr
- *Separation* – Seit den 1950er Jahren wurde zunehmend dazu übergegangen, eigene Einrichtungen (Sonderkindergärten) einzurichten bzw. auszubauen
- *Integration* – Als entscheidende Wende gilt die in den 1970er Jahren begonnene und teilweise bis heute andauernde Phase der Integration, in der Kinder mit Behinderungen gemeinsam mit Kindern ohne Behinderung betreut werden.

Das Konzept der Inklusion

In den 1990er Jahren hat sich, ausgehend vor allem von der Entwicklung in Skandinavien und Italien, das Konzept der Inklusion immer mehr verbreitet. Als entscheidendes Dokument für den internationalen Paradigmenwechsel gilt der Abschlussbericht der von der UNESCO einberufenen „World Conference on Special Needs Education“ 1994 in Salamanca.

> **Konzept der Inklusion**
> Dem Prinzip oder Konzept der Inklusion liegt eine grundsätzlich neue Vorstellung von Unterschieden zwischen Menschen zugrunde: Dabei wird die Differenz zwischen „normal“ und „behindert“ aufgelöst und die grundsätzliche Verschiedenheit von Gruppen angenommen, in denen jedes Kind ein ganz individuelles Bündel von Begabungen, Interessen und Bedürfnissen hat. Und eines dieser individuellen Merkmale kann eben auch eine Beeinträchtigung der Bewegungsfreiheit oder eine besondere Lernschwierigkeit sein.

Trotz dieser neuen Sichtweise, bei der die Vorstellung von Unterschieden zwischen den Menschen dem Prinzip der Inklusion folgt, ist es unumstritten, dass in der **pädagogischen Praxis** bei Behinderungen noch immer vor allem die Abweichung vom „Normalen“ gesehen wird und, davon ausgehend, auch ein besonders intensiver und kompetenter Einsatz von pädagogischen Fachkräften angenommen wird. Doch während bis in die 1990er Jahre ausgehend von der jeweiligen Beeinträchtigung des Kindes die Notwendigkeit einer Zuweisung zu sonderpädagogischen Einrichtungen angestrebt wurde, wird heute der „sonderpädagogische Förderbedarf“ festgestellt, womit die gezielte Unterstützung des Individuums bei der Erreichung der Ziele der jeweiligen Institution gemeint ist (Schuck 2008, S. 217).

Kinder mit besonderen Bedürfnissen in der Schule

Für den schulischen Bereich wird heute zwischen **zwei Förderschwerpunkten** unterschieden:

- *Soziales* – Lernen, Sprache und emotional-soziale Entwicklung
- *Schädigung* – Hören, Sehen, körperliche und motorische Entwicklung, geistige Entwicklung.

Leider beziehen sich die meisten Statistiken auf den Schulbereich, für den auch der Anteil von Kindern mit sonderpädagogischem Förderbedarf innerhalb eines Jahrgangs vorliegt: für den Bereich „Soziales“ sind es 3,92 %, für den Bereich „Schädigung“ 1,35 % (Schuck 2008, S. 218). Es ist jedoch davon auszugehen, dass in Krippe und Kindergarten schwerpunktmäßig die Kinder auffallen, die der Gruppe „Schädigung“ zuzuordnen sind, während Förderbedarf im Sozialen oft erst in der Schule entsteht bzw. dort wahrgenommen wird.

Eine wachsende Bedeutung kommt, so zeigen Untersuchungen, *Sprachschwierigkeiten* (→ Kap. 22) zu: Rund 10 % der Kinder mit deutscher Muttersprache und 70 % der Kinder mit Migrationshintergrund sind betroffen.

Zielperspektive des pädagogischen Handelns

Welche Handlungsperspektiven ergeben sich aus diesen Befunden für die Arbeit von Erzieherinnen? Zielperspektive des pädagogischen Handelns sollte es sein, dass für alle Kinder die Aufgaben der Institution mit Qualität erfüllt werden. Für den Elementarbereich bedeutet dies, **Bildung, Erziehung und Betreuung sicherzustellen.** Es geht also darum,

- Eine anregungsreiche Umgebung bereitzustellen
- Soziale Teilhabe und Gemeinschaftserfahrungen zu ermöglichen
- Bildungssituationen und -erfahrungen zu ermöglichen gemäß den Bildungsplänen des jeweiligen Bundeslandes.

Für die pädagogische Fachkraft bedeutet dies vor allem, ihr Handeln nicht auf ein vermeintlich existierendes „Durchschnittskind“ zu orientieren, sondern Situationen zu schaffen, in denen Kinder und Jugendliche mit unterschiedlichen Voraussetzungen in allen Einrichtungen teilhaben und beitragen können. Darüber hinaus können **verschiedene Handlungsansätze** eingesetzt werden, die für das gemeinsame Leben und Lernen unterschiedlicher Kinder hilfreich sind (vgl. Jungmann/Albers 2009):

- *Dekonstruktion* – Anregung zum Nachdenken und Philosophieren über scheinbar festgelegte Bedeutungszuschreibungen und zum Infragestellen der eingefahrenen Wahrnehmungsmuster

- *Ermächtigung* – Übergabe von Macht an Kinder, etwa in Form von Entscheidungsfreiheit (innerhalb eines bestimmten Rahmens) und Verantwortung (je nach Möglichkeiten des Kindes)
- *Gemeinsames Denken* – Herstellen von Situationen gemeinsamen Problemlösens, Beschreibens, Reflektierens, in denen Kinder untereinander und Kinder gemeinsam mit Erwachsenen Denkprozesse artikulieren und sichtbar machen.

Diese Handlungsperspektiven machen eines ganz deutlich: Der Ansatz der Inklusion beschränkt sich nicht auf den Umgang mit Kindern mit Behinderungen. Vielmehr geht es hier um eine pädagogische Grundeinstellung, die der **Heterogenität von Kindergruppen** Rechnung trägt. Auch hierbei werden die jeweiligen Vorraussetzungen der Kinder, ihre Fähigkeiten sowie ihr Alter berücksichtigt. Dies gilt gleichermaßen für Kinder mit besonderen Begabungen (→ unten).

Heterogenität kann sich dabei beziehen auf:

- Die Frage des körperlichen „Funktionierens“
- Fragen von kulturell-ethnischer Herkunft
- Geschlecht
- Sozialen Hintergrund oder
- Fragen nach Begabung.

Vor diesem Hintergrund wird die Erwartung, Kinder (und Erwachsene) könnten mit einheitlichen Voraussetzungen und identischen Bedürfnissen in eine Gruppensituation eintreten, eine Illusion.

Das **Ziel der Inklusion** wird damit andererseits zu einem elementaren Bestandteil der pädagogischen Grundhaltung: der Akzeptanz von Unterschieden und dem Ziel, dieser Heterogenität durch inklusive Ansätze Rechnung zu tragen.

> ⊙ Ein elementarer Bestandteil der pädagogischen Grundhaltung ist die Akzeptanz von Unterschieden und das Ziel, dieser Heterogenität durch inklusive Ansätze Rechnung zu tragen.

Hochbegabung

Die individuelle Förderung jedes einzelnen Kindes ist erklärtes Ziel der verschiedenen Institutionen des Bildungssystems. Individualität drückt sich auch in unterschiedlichen Begabungen aus.

> ▸ **Hochbegabte**
> Menschen, deren intellektuelle Begabung deutlich höher ist als die anderer. Dazu werden alle gezählt, deren intellektuelle Fähigkeiten stärker ausgeprägt sind als bei 97 % der Gleichaltrigen bzw. deren Intelligenzquozient (IQ) über 130 liegt.

Identifizierung besonders begabter Kinder

Die Vorstellung, dass besonders begabte Kinder aufgrund ihrer Anlagen ganz von alleine in der Lage seien, ihre Begabungen auch zu entfalten und sich durchzusetzen, ist weit verbreitet. Leider ist es aber keineswegs so, dass die vorhandenen Begabungen automatisch zu einem erfolgreichen und glücklichen Leben führen. Vielmehr haben gerade begabte Kinder mit besonderen Schwierigkeiten zu kämpfen, die teilweise auch in problematische Lebenssituationen führen können. Daher ist es wichtig, besonders begabte Kinder frühzeitig zu identifizieren und zu fördern.

Besonders begabte Kinder haben oft andere Interessen als durchschnittlich begabte Kinder, verfügen schon früh über eine sehr elaborierte Sprache und sind „irgendwie anders“. Ihre große Neugier, die unkonventionellen (Spiel-) Ideen und das Bedürfnis nach „Input“ stellen besondere Herausforderungen an Erzieherinnen und Eltern. Zudem führen die Bedürfnisse und Verhaltensmerkmale hochbegabter Kinder oft dazu, dass sie nur schwer Anschluss an die Gruppe der Gleichaltrigen finden und unter der eigenen Sonderstellung leiden. Neben diesen möglicherweise auftretenden Schwierigkeiten spricht aber noch ein wesentlicher anderer Grund für die „Entdeckung“ hochbegabter Kinder: Von ihrem großen Reichtum an Ideen können auch andere profitieren.

Grundsätzlich sind besonders begabte Kinder aber „beschenkt“ und haben die besten Voraussetzungen für das Leben.

> ⊙ **Verhaltensmerkmale besonders begabter Kinder**
> Eine Reihe bestimmter Verhaltensmerkmale ermöglicht das Erkennen besonders begabter Kinder (Hartmann 2008):
>
> - *Allgemeiner Entwicklungsvorsprung* – Entwicklungen in verschiedenen Bereichen, z. B. (Fein-)Motorik, Reflexion, Konzentration
> - *Frühe sprachliche Entwicklung* – Frühes und frühzeitig stark entwickeltes Sprechen und differenzierter Wortschatz
> - *Wissen und Neugier* – Ausgeprägter Wissensdurst und Entdeckerfreude, die sich auch in Unruhe ausdrücken kann
> - *Merkfähigkeit und Auffassungsgabe* – Ausgeprägte Fähigkeit, sich Dinge zu erschließen und auch zu behalten, besonders gutes Gedächtnis mit teilweise überraschender Erinnerungsfähigkeit an Fakten und Situationen
> - *Logisches und analytisches Denken* – Fähigkeit zum Systematisieren, Regeln entdecken und Schlussfolgern
> - *Ehrgeiz und Perfektionismus* – Sich selbst hohe Ziele stecken, etwas richtig beherrschen zu können, Wunsch nach Perfektion
> - *Sensibilität und Gerechtigkeitssinn* – Philosophische, religiöse und soziale Fragen werden früh thematisiert, ausgeprägter Wunsch nach Gerechtigkeit, Feinfühligkeit für Situationen und die Gefühle anderer

- *Interesse an Zahlen, Buchstaben und besondere Wissensgebiete* – Freude an der Abstraktion, an Zahlenspielen, frühes Lesen.

Bei dieser Aufzählung handelt es sich nicht um eine Checkliste, bei der alle Merkmale zutreffen müssen. Vielmehr gibt es eine große individuelle Verschiedenheit, so dass bei einigen Kindern alle Merkmale zutreffen, während bei anderen nur einzelne passen. Wie alle anderen Kinder auch unterscheiden sich besonders begabte Kinder voneinander. Klarheit über die Begabung eines Kindes bringt in letzter Instanz die Vorstellung bei einer auf diesem Gebiet erfahrenen Psychologin, die mit entsprechenden Testverfahren bereits im Kindergartenalter die Begabung diagnostizieren kann.

Begabungssensible Förderung im Kindergarten

Grundlage jeder intellektuellen Förderung ist, auch bei besonders begabten Kindern, Stabilität und das Gefühl, angenommen zu werden, geborgen und sicher zu sein und die Zuneigung und Zuwendung zu bekommen, die sie brauchen. Auf der Basis eines so begründeten Vertrauensverhältnisses benötigen besonders begabte Kinder Impulse und Inspirationen, um ihre intellektuellen Fähigkeiten auszuleben und weiterzuentwickeln.

Günstige und unterstützende Bedingungen für besonders begabte Kinder in Kindertageseinrichtungen lassen sich auf vier Ebenen festlegen:

- *Kindergruppe* – Viele besonders begabte Kinder haben das Gefühl, nicht dazuzugehören und anders zu sein. Erzieherinnen sollten diese Kinder dabei unterstützen, mit anderen Kindern in Kontakt zu kommen und in gemeinsamen Aktivitäten ihre Fähigkeiten einzubringen
- *Erwachsene* – Durch ihre weit entwickelten intellektuellen Fähigkeiten ist die Interaktion mit Erwachsenen für begabte Kinder besonders attraktiv. Sie sollten das Gesprächsbedürfnis dieser Kinder ernst nehmen und ihnen nicht mit Ablehnung oder negativen Haltungen („altklug", „Schlaumeier") begegnen, sondern für genügend anregenden Austausch auch mit anderen „Experten" (z. B. Hauswirtschaftskraft, Hausmeister, Bibliothekar) sorgen
- *Aktionen* – Aktivitäten, bei denen besonders begabte Kinder ihre Fähigkeiten sinnvoll einbringen und auch zum Wohle der Gruppe einsetzen können, geben den Fähigkeiten begabter Kinder Zielorientierung und Handlungsrahmen. Projekte etwa, bei denen Kinder in unterschiedlichen Arbeitsgeschwindigkeiten und an unterschiedlichen Teilthemen arbeiten, ermöglichen die gemeinsame Arbeit von Kindern mit verschiedenen Begabungen
- *Raum und Material* – Räume, die Rückzugsmöglichkeiten bieten und solche, die zu gemeinsamem Spiel und Bewegung einladen, sind nicht nur für besonders begabte Kinder eine wichtige Rahmenbedingung. Eine gelungene Raumgestaltung kann Individualität und Gemeinsamkeit ermöglichen.

Abb. 8.6: Für begabungssensible Förderung sind Projekte ideal.

Auch hier erweist sich einerseits die diagnostische Kompetenz der Erzieherin als wichtig und andererseits der sensible Umgang mit den Bedürfnissen der Kinder – eine Anforderung, die hier ebenso gilt wie bei anderen Kindern auch.

8.1.4 Beziehungsgestaltung

Wie können Beziehungen zwischen Erzieherinnen und Kindern in Kindertageseinrichtungen gestaltet werden? Auf diese Frage können verschiedene pädagogische Ansätze durchaus unterschiedliche Antworten geben (→ Kap. 8.4), zugleich gibt es aber einige übergreifende und zugleich allgemeingültige Aspekte, die im Folgenden beschrieben werden.

Die professionelle pädagogische Beziehung

Grundlegend für die Beziehung zwischen Erwachsenen und Kindern in Kindertageseinrichtungen ist ihre Unterscheidung von den Beziehungen zwischen Erwachsenen und Kindern in der Familie.

Vor allem die **zeitliche Begrenzung** (sowohl über den Tag gesehen als auch in Bezug auf die gesamte Kindheit) stellt einen schwerwiegenden Unterschied dar. Hinzu kommt das allein **zahlenmäßig ganz unterschiedliche Verhältnis.** Während in den meisten Familien ein bis zwei Kinder aufwachsen, kümmert sich in einer Kindertageseinrichtung eine Erzieherin um eine größere Kindergruppe. Weitere Unterschiede liegen in der Tatsache, dass Erzieherinnen eine pädagogische Ausbildung absolviert haben, in der sie **Fachkenntnisse** erworben haben und auf dieser Grundlage ihre Handlungen steuern können.

All diese Faktoren machen aus der pädagogischen Beziehung zwischen Erwachsenen und Kindern in Kindertageseinrichtungen eine professionelle Beziehung.

Die professionelle pädagogische Beziehung ist einerseits gekennzeichnet durch ihre Begrenzung im Vergleich zu anderen pädagogischen Beziehungen und andererseits durch ihre fachliche Fundierung.

Ein wichtiges Merkmal professioneller pädagogischer Beziehungen ist die notwendige **Orientierung an den Zielen der pädagogischen Einrichtung,** in der diese Beziehung gestiftet wird. Grundsätzlich gelten für alle Kindertageseinrichtungen die Aufgaben Bildung, Betreuung und Erziehung (→ siehe Einleitung und Kap. 1.1).

Eine professionelle pädagogische Beziehung ist nicht einfach vorhanden, sondern kommt erst durch das In-Beziehung-Treten der Beteiligten zustande. Der Psychologe Carl Rogers hat drei **Kernbedingungen für eine helfende Beziehung** herausgearbeitet:

- *Kongruenz* – Sich gegenüber dem Kind so verhalten, wie man ist, sich nicht hinter einer professionellen Maske verstecken
- *Wertschätzung* – Das Kind so annehmen, wie es ist, seine Stärken und Schwächen akzeptieren und dem Kind freundlich begegnen
- *Empathie* – Sich in das Kind einfühlen und seine Gefühle verstehen und nachvollziehen.

Diese Kernbedingungen können auch als Voraussetzungen für eine positive Beziehungsgestaltung von Erzieherinnen gelten. Rogers formulierte diese Bedingungen vor dem Hintergrund psychologischer Beratung für Kinder.

Die Bindung zwischen Kindern und Erzieherin

Bindung und Beziehung → Kap. 10.3.3; Bindung und Beziehung zwischen Kind und Erzieherin → Kap. 1.1 und 4.10

Für die Beziehungsgestaltung in Kindertageseinrichtungen ist (anders bei der Beratung) der Aspekt der Bindung von zentraler Bedeutung.

Die deutsche Entwicklungspsychologin Lieselotte Ahnert (2007, S. 33) hat die Anwendbarkeit des Bindungskonzeptes auch auf Erzieherinnen verdeutlicht und dazu fünf Eigenschaften beschrieben:

- *Zuwendung* – Liebevolle und emotional warme Kommunikation
- *Sicherheit* – Verlässlichkeit und Zuverlässigkeit der Erzieherin
- *Stressreduktion* – Trost und Unterstützung beim Umgang mit negativen Gefühlen
- *Explorationsunterstützung* – Rückversicherung geben und Ermutigung zu Erkundungen
- *Assistenz* – Unterstützung bei schwierigen Aufgaben.

Bindung und Gruppenklima

Im Gegensatz zur Bindung an die Eltern ist das Erzieherinnen-Kind-Verhältnis jedoch in besonderer Weise durch die Gruppe gekennzeichnet. In Untersuchungen konnte festgestellt werden, dass die Entwicklung einer sicheren

Abb. 8.7: Empathie ist eine Kernbedingung für eine positive professionelle Beziehungsgestaltung.

Erzieherinnen-Kind-Bindung in besonderer Weise durch das Gruppenklima insgesamt geprägt wird: Besonders sichere Bindungen konnten in Gruppen aufgebaut werden, in denen die Erzieherinnen einfühlsam die **Dynamik der gesamten Gruppe** wahrnahmen. „Die wichtigsten sozialen Bedürfnisse eines jeden Kindes müssen dabei unter der Einbeziehung der Anforderungen der Gruppe zum richtigen Zeitpunkt bedient werden.“ (Ahnert 2007, S. 35) Es kommt also ganz entscheidend darauf an, Gruppen- und Einzelbedürfnisse miteinander in Beziehung zu setzen und auszugleichen.

Bindung und Gruppenzusammensetzung

Betrachtet man die Rahmenbedingungen, unter denen sichere Bindungen besonders leicht entstehen, fällt auf, dass die Gruppengröße (sofern es insgesamt genug Personal gibt) in Kindertageseinrichtungen eine eher untergeordnete Rolle spielt. Dies hängt mit der stärkeren Orientierung auf die Dynamik der Gesamtgruppe ab, bei der Zweier-Beziehungen zwischen einer Erwachsenen und einem Kind an Bedeutung verlieren. Viel wichtiger für das Gelingen der Erzieherin-Kind-Bindung ist die **Alterszusammensetzung** und das **Geschlecht der Kinder.** Offenbar fällt es Erzieherinnen leichter, Beziehungen zu Mädchen herzustellen als zu Jungen (→ Kap. 8.1.2, 16.1.3); auch die Intensität der Beziehungen ist, so zeigen Studien, zwischen Erzieherinnen und Mädchen deutlich größer. In Bezug auf das Alter der Kinder verändern sich die Schwerpunkte der Bedürfnisse von jüngeren Kindern im Laufe ihrer Entwicklung. So spielen von den oben genannten Faktoren Zuwendung, Sicherheit und Stressreduktion bei den jüngeren Kindern eine größere Rolle, während ältere Kinder zunehmend der Explorationsunterstützung und Assistenz bedürfen (Ahnert 2007).

Die Bedeutung einer sicheren Erzieherinnen-Kind-Beziehung konnte inzwischen in verschiedenen Studien nachgewiesen werden, in denen Kinder über einen längeren Zeitraum hinweg beobachtet und befragt wurden. Diese

Abb. 8.8: Stressreduktion durch Trösten hat eine große Bedeutung in der Beziehung von Erzieherin und Kind.

Studien zeigen, dass Kinder, die bereits im Kindergarten eine enge Beziehung zu einer Fachkraft aufgebaut hatten, auch in der Schule erfolgreicher waren und ein positiveres Sozialverhalten zeigten (Textor 2007).

⊙ Ohne Zweifel gehört der Aufbau einer sicheren Beziehung zwischen Erwachsenen und Kindern in Kindertageseinrichtungen zu den zentralen pädagogischen Aufgaben der Erzieherinnen.

8.1.5 Bildungsorientierung

Erklärungsmodelle für Entwicklung → Kap. 10.3.1

In den letzten Jahren hat sich ein Bild vom Kind herausgebildet, das die pädagogische Grundhaltung von Erzieherinnen in entscheidender Weise prägt bzw. prägen sollte: Das Kind ist Gestalter seiner Bildung.

Wie der Erziehungswissenschaftler Gerd Schäfer (2007, S. 32) zeigen konnte, ist das Bild vom Kind als Konstrukteur seiner Bildung nur ein vermeintlich neues: Er zieht eine Denklinie von Rousseau über Pestalozzi und Fröbel bis ins 20. Jahrhundert, in dem die Pädagogin Maria Montessori als Erste und mit besonderem Nachdruck das Bild vom **Kind als einem sich die Welt selbst erschließendem Individuum** verfolgte und in ihrem pädagogischen Konzept umsetzte. Unterstützung finden diese aus der Pädagogik stammenden Sichtweisen des Kindes und seiner Lernprozesse im Ansatz des *Konstruktivismus* (→ unten).

Hierzu trugen sowohl Diskussionen innerhalb der (Früh-)Pädagogik bei, als auch Forschungsergebnisse aus anderen Disziplinen, z. B. der Hirnforschung. Im Zentrum dieser **Sicht auf Bildungsprozesse bei Kindern** steht die Wahrnehmung von Kindern als aktive und schon von Geburt an lernende, kommunizierende und auch gestaltende Persönlichkeiten.

⊙ Selbstbildung bedeutet nicht, dass das Kind sich selbst überlassen werden soll. Kinder lernen anhand von Vorbildern und durch Nachahmung, aber auch durch eigenständiges Erforschen (→ siehe Kap. 8.2.3 und 10.1.3). Die Erzieherin gibt Anregungen und Impulse, vermittelt auch Wissen oder zeigt dem Kind etwas, wenn es von alleine nicht weiterkommt (→ siehe auch Lernumgebung Kap. 8.5). Auch ist Selbstbildung nicht in allen Bereichen angebracht, v. a. wenn es um die Vermittlung von Werten und Normen geht (→ Kap. 9.1.3) oder in kritischen und gefährlichen Situationen. Grundsätzlich sollte dem Kind aber, wann immer möglich, die Gelegenheit zur Selbstbildung, zum Forschen und Entdecken gegeben werden – innerhalb bestimmter Grenzen und Regeln.

(Selbst-)Bildungsprozesse des Kindes unterstützen

Um Kindern die Möglichkeit zu geben, ihren Bildungshunger und ihre Neugierde zu befriedigen und daran zu wachsen, muss eine Kindertageseinrichtung ein vielfältiges Angebot von Räumen, Materialien, Spiel- und Lernanlässen bieten, um Gelegenheiten zum Lernen zu geben. Und diese Gelegenheiten können zum einen durch positive und *sichere persönliche Beziehungen* geschaffen werden (→ Kap. 8.1.3), zum anderen spielt auch die räumlich-materiale *Umgebung* eine zentrale Rolle (→ Kap. 8.4). Beide Ebenen – die personale und die dingliche Umwelt – bieten zusammen die entscheidenden Voraussetzungen für gelingende Bildungsprozesse in der frühen Kindheit.

siehe alle Kapitel aus IV Bildungsbereiche in Einrichtungen der Kinder- und Jugendhilfe → Kap. 11 bis 22

Konstruktivismus und Ko-Konstruktivismus

Der Konstruktivismus ist ein Erklärungsmodell für Entwicklung (→ Kap. 10.3.1) und geht von zwei Grundfragen aus: In welcher Beziehung stehen ein Individuum/Organismus und seine Umwelt und wie lernt ein Individuum/Organismus?

In der konstruktivistischen Theorie wird davon ausgegangen, dass es dem Menschen nicht möglich ist, seine Umwelt bzw. die Wirklichkeit objektiv abzubilden und zu erkennen, sondern er immer nur von seiner eigenen Erfahrung ausgehen kann. Dementsprechend bezieht er alle Eindrücke auf ihm Bekanntes. Wirklichkeit ist also immer subjektiv, und Wissen ist kein (mehr oder weniger getreues) Abbild der Wirklichkeit, sondern eine individuelle Re-Konstruktion. Wenn man diese Theorie auf das menschliche Lernen überträgt, bedeutet das, dass Wissen nicht von außen zugeführt werden kann, sondern dass jeder Mensch dieses Wissen auf seine Weise und in seinen eigenen Kontexten erschaffen muss. Es ist nicht beeinflussbar, wie von außen zugeführte Informationen vom Menschen aufgenommen und verarbeitet werden.

Im Umkehrschluss bedeutet das für die Pädagogik, dass es dem Menschen ermöglicht werden muss, selbst zu *konstruieren*, also sein Lernen selbst zu steuern. Der Fokus liegt nicht auf dem Lehren und der Wissensvermittlung, sondern auf dem Lernen innerhalb bestimmter Lernumgebungen.

Über die praktischen Konsequenzen, die aus diesen Einsichten zu ziehen sind, herrscht jedoch Uneinigkeit. Die Frage ist, welche Vorstellung vom Lernen der Kinder und von ihren Bildungsprozessen pädagogischem Handeln zugrunde liegen sollte. Dabei haben sich insbesondere zwei Ansätze profiliert und voneinander abzugrenzen versucht:

- **Selbstbildungsansatz**: Die eigenständige Aneignung der Welt durch das Kind, seine Aktivität und seine Gestaltungsfähigkeit stehen im Vordergrund (Schäfer 2007). Der Selbstbildungsansatz sieht den Menschen als Selbstgestalter seiner Entwicklung. Er kann sich selbst und seine Umwelt beeinflussen. Dabei handelt er nicht mechanisch aufgrund von äußeren Reizen noch ist seine Entwicklung durch *Reifung* (→ Kap. 10.3.1) gesteuert. Dennoch unterliegt der Mensch immer seinen Erfahrungen und kann sich daher nur begrenzt individuell entwickeln
- **Sozialkonstruktivismus**, auch **Ko-Konstruktivismus** genannt: Die soziale Interaktion – Ko-Konstruktion – ist Voraussetzung für Bildungsprozesse und Wissensaneignung (Fthenakis 2003). Nach dem Sozialkonstruktivismus braucht der Mensch, um seine Entwicklung zu gestalten, Anregungen von außen. Er kann sich nicht allein aus sich heraus vollständig entwickeln. Die Interaktion mit anderen ist entscheidend für sein Lernen.

Aus diesen beiden Zugängen ergeben sich unterschiedliche Konsequenzen für das Verständnis von Bildungszielen und ihrer Umsetzung:

- Für den *Selbstbildungsansatz* ist die Selbstbestimmung des Kindes der maßgebliche Faktor. Das bedeutet, dass es nicht darum geht, bestimmte Kompetenzen zu vermitteln, sondern die Fähigkeit zur Problemlösung zu fördern

Abb. 8.9: Wann immer möglich, sollte dem Kind Gelegenheit für seine Selbstbildungsprozesse gegeben werden.

- Im Gegensatz dazu nimmt der *Sozialkonstruktivismus* an, dass durch die Interaktion mit anderen, insbesondere mit Erwachsenen, Wissen und Handlungsstrategien erworben werden können.

Als Konsequenz für die praktische Umsetzung bringt der Erziehungswissenschaftler Ludwig Liegle (2006, S. 102) in die Diskussion um Bildungsziele und Bildungsvorstellungen folgenden Ansatz ein: Er betont die große Individualität, die Bildungsvorgängen eigen ist. Bildungsbedürfnisse und Interessen der Kinder lassen sich, so betont er, kaum in ein einheitliches Schema pressen, jedes Kind hat individuelle Bildungsansprüche, so dass eigentlich jedem Kind sein eigenes Bildungsprogramm angeboten werden müsste.

Um dies zu erreichen, ist eine angemessene Lernumgebung (→ Kap. 8.5) nötig, in der Kinder selbstbestimmt nach für sie passenden Lerngelegenheiten suchen und so ihr Lernen selbst steuern können.

Für den Sozialkonstruktivismus gilt, dass die Interaktion mit anderen das Lernen fördert, indem Gedankengänge erklärt und dadurch konkretisiert und mit anderen Gedankengängen verglichen werden. So entsteht ein kreativer Prozess der Problemlösung. Dabei unterstützen sich die Lernenden gegenseitig durch ihr Feedback und erhöhen so ihre Motivation.

8.2 Grundlagen von Beobachtung, Dokumentation und Intervention

Neben der Beobachtung gehören Dokumentation und Intervention zu den wichtigen Aufgaben der pädagogisch Handelnden im pädagogischen Prozess.

8.2.1 Professionelle Beobachtung

Wahrnehmung und Beobachtung siehe auch → Kap. 10.2.1 und 10.2.2

Das Tun der Kinder zu beobachten, ist in der Diskussion über Bildung und Entwicklungsförderung in der Kindertageseinrichtung zu einem wichtigen Thema geworden. Es ist immer auch Ausdruck einer pädagogischen Grundhaltung (→ Kap. 18.1.1).

Warum Beobachtung?

In den meisten Bildungs- und Orientierungsplänen der Bundesländer für den Elementarbereich wird die Beobachtung als eine Kernaufgabe der Erzieherin genannt. So wird in der Bildungsvereinbarung für Nordrhein-Westfalen beispielsweise die *„beobachtende Wahrnehmung“* (→ unten) als eine von drei Formen professionellen pädagogischen Handelns bezeichnet; der Bayerische Bildungs-

Abb. 8.10: Beobachtung ist eine grundlegende Aufgabe der Erzieherin.

plan sieht die Beobachtung als einen von vier **Schlüsselprozessen** für Bildungs- und Erziehungsqualität an.

In vielen Kindertageseinrichtungen ist die systematische Beobachtung inzwischen zu einem alltäglichen Bestandteil der Arbeit geworden, wenngleich auf der Grundlage ganz unterschiedlicher *Beobachtungsinstrumente* (→ Kap. 8.2.2).

► **Beobachtende Wahrnehmung**
„... eine durch regelmäßige, gezielte Beobachtung von Kindern vertiefte Aufmerksamkeit für das, was Kinder tun, erleben, denken. Sie ist vornehmlich auf die Möglichkeiten der Kinder gerichtet und weiter auf die individuelle Vielfalt der Handlungen, Vorstellungen, Ideen, Werke, Problemlösungen usw." (Bildungsvereinbarung NRW, S. 201).

Beobachtung als pädagogische Arbeit

Beobachten ist mehr als eine Technik. Als Beobachterinnen haben Erzieherinnen eine spezifische Rolle:

- Sie lenken das Geschehen nicht
- Sie bewerten das Verhalten der Beobachteten nicht.

Vielmehr schenken sie einer bestimmten Situation und bestimmten Personen ihre ungeteilte Aufmerksamkeit. Darin drückt sich eine besondere **Wertschätzung** der Beobachteten aus, denn ihr Tun wird schon durch die Beobachtung zu etwas Wichtigem.

Bei der Arbeit mit Kindern drückt sich in der Beobachtung zudem die *Haltung der Erzieherin* (→ Kap. 18.1.1) gegenüber den Kindern aus: Die Erzieherin lässt sich auf das ein, was die Kinder bewegt und beschäftigt. Für den pädagogischen Alltag stehen nicht die von ihr geplanten und vorbereiteten Themen und Angebote im Vordergrund – sie sind nicht das Zentrum der pädagogischen Arbeit – sondern das Kind.

Die Ideen, Verhaltensweisen, Konflikte, Interessen des Kindes werden durch die Beobachtung und die damit verbundene pädagogische Haltung in den Mittelpunkt gestellt.

Neben dieser Grundhaltung soll die Beobachtung beim Kind vor allem zweierlei ermöglichen (Knauf 2007):

- Sicherstellung des **Wohlbefindens** und
- Unterstützung bei der **Kompetenzentwicklung.**

Beobachtungen sind also eine entscheidende Grundlage, um den Auftrag einer Kindertageseinrichtung zu erfüllen.

Kennzeichen einer professionellen Beobachtung

siehe auch 10.2.2

Beobachten ist etwas völlig Alltägliches, etwas, das wir ständig tun, mal mehr, mal weniger bewusst. Für eine fundierte und zielführende Beobachtung in pädagogischen Zusammenhängen ist es wichtig, solche alltäglichen Beobachtungen von *professionellem Beobachten* zu unterscheiden.

► **Professionelle Beobachtung**
Systematische Beobachtung, die sich an vereinbarten, plausiblen und transparenten Regeln orientiert.

Eine professionelle Beobachtung ist durch die folgenden Merkmale gekennzeichnet:

- *Kontextbezug* – Die Beobachterin integriert ihr Vorgehen in die Rahmenvorgaben
- *Fokus* – Die Beobachterin hat eine konkrete und gezielte Fragestellung als Grundlage
- *Rollenklarheit* – Die Beobachterin entscheidet sich für teilnehmende oder nichtteilnehmende Beobachtung.
- *Verschriftlichung* – Die Beobachterin zeichnet das Beobachtete auf

Abb. 8.11: Zur professionellen Beobachtung gehört auch die Dokumentation, für die es unterschiedliche Möglichkeiten gibt.

- *Direkte Beobachtung* – Die Beobachterin achtet nur auf das, was sie mit ihren Sinnen wahrnehmen kann, und deutet das Geschehen nicht
- *Auswertung* – Die Beobachterin wertet die Beobachtung im Nachhinein systematisch aus.

Kontextbezug

Im Kontextbezug integriert die Beobachterin ihr Vorgehen in die **Rahmenvorgaben.** Die pädagogische Arbeit von Erzieherinnen – und damit auch das Beobachten – findet nicht isoliert vom sonstigen Geschehen in der Einrichtung statt.

Hinweise auf das für die jeweilige Einrichtung gültige Vorgehen bei Beobachtungen – die Rahmenvorgaben – geben die Bildungspläne des Bundeslandes, die Vorgaben des Trägers und die Festlegungen in der Konzeption der Einrichtung.

Indem diese Rahmenvorgaben berücksichtigt werden, kann sichergestellt werden, dass die einzelne Beobachtung auch dazu beiträgt, die in der jeweiligen Einrichtung angestrebten Ziele zu erreichen. Möglicherweise gibt es auch Richtlinien zur Verwendung bestimmter Beobachtungsverfahren (Viernickel/Völkel 2005, S. 40).

Fokus

Die Beobachterin nimmt eine **konkrete und gezielte Fragestellung** zur Grundlage (siehe auch Kap. 18.3). Im Gegensatz zur zufällig geschehenden Alltagsbeobachtung liegt der professionellen Beobachtung ein zuvor festgelegter Fokus (Blickwinkel) zugrunde. Dieser kann sowohl sehr weit gefasst sein als auch eher eng:

- **Enger Fokus** – Ein bestimmtes Verhalten eines einzelnen Kindes soll gezielt beobachtet werden, beispielsweise zur Erfassung seines Entwicklungsstandes in Bezug auf eine bestimmte Kompetenz (*Situationsanalyse* → Kap. 18.3.1)
- **Etwas weiterer Fokus** – In einer ungerichteten Beobachtung wird das Verhalten eines Kindes insgesamt betrachtet, etwa für die regelmäßige Beschreibung des Kindes im Rahmen eines *Portfolios* (→ Kap. 8.2.2)
- **Noch weiterer Fokus** – Hier wird eine bestimmte, immer wiederkehrende Situation beobachtet, etwa der Morgenkreis oder die Übergabesituation am Morgen.

Der Erziehungswissenschaftler Gerd Schäfer plädiert für eine große Offenheit der Beobachter in Beobachtungssituationen, weil nur so Überraschendes oder Besonderes wahrgenommen und entdeckt werden kann (Schäfer 2004). Bei einer professionellen Beobachtung kommt es also einerseits darauf an, eine konkrete Fragestellung zugrunde zu legen, und andererseits, offen zu sein für das Überraschende in der Beobachtung.

Rollenklarheit: Teilnehmende und nichtteilnehmende Beobachtung

Die Beobachterin entscheidet sich für die teilnehmende oder die nichtteilnehmende Beobachtung. Sie trifft damit eine grundsätzliche Unterscheidung bei den Beobachtungsverfahren.

- *Teilnehmende Beobachtung* – Bei der teilnehmenden Beobachtung bleibt die Erzieherin in das Geschehen eingebunden, beispielsweise in das Spiel, und macht sich erst im Nachhinein Aufzeichnungen. Aus der Beteiligung ergeben sich verschiedene Schwierigkeiten:
  - Es gibt zahlreiche Ablenkungen, die die Aufmerksamkeit der Beobachterin in Anspruch nehmen
  - Dadurch, dass die Erzieherin selbst Teil des Geschehens ist, ist ihre Wahrnehmung stark durch ihre eigene Wahrnehmung gefärbt
  - Durch die Tatsache, dass Notizen erst im Nachhinein, teilweise mit erheblichem zeitlichen Abstand möglich sind, treten zusätzliche Verzerrungen auf
- *Nichtteilnehmende Beobachtung* – Die nichtteilnehmende Beobachtung ist in den meisten Fällen sinnvoll, weil sich die Erzieherin auf eine distanzierte Position begibt und aus der Ferne beobachten kann. So hat sie die wesentlichen Vorgänge im Blick und kann sich unmittelbar Notizen zum Geschehen machen.

Die **teilnehmende Beobachtung** ist eher eine Notlösung, auf die dann zurückgegriffen wird, wenn z. B. aufgrund fehlender zeitlicher und personeller Ressourcen keine andere Möglichkeit besteht. Die teilnehmende Beobachtung sollte aber dann den Vorzug erhalten, wenn die Reaktion eines Kindes oder eine Kindergruppe auf ein bestimmtes Erzieherinnenverhalten oder eine Anregung der Erzieherin beobachtet werden soll (siehe auch Tab. 10.3).

Für die Kinder mag es zunächst ungewohnt sein, wenn bei der **nichtteilnehmenden Beobachtung** eine ihrer gewohnten Ansprechpartnerinnen auf einmal nicht mehr zur Verfügung steht, doch mit der Zeit wird diese Aus-Zeit zu einem ganz selbstverständlichen Vorgang, der auch von den Kindern respektiert wird.

Abb. 8.12: Bei der teilnehmenden Beobachtung ist die Erzieherin zunächst Teil des Geschehens und macht sich im Nachhinein Notizen.

[BEISPIEL] Hilfreich kann bei der nichtteilnehmenden Beobachtung eine besondere Kennzeichnung sein, etwa durch eine Mütze oder ein bestimmtes Tuch. Damit wird ein Signal gegeben, dass die Erzieherin gerade beobachtet und nicht angesprochen werden darf.

Befürchtungen, dass sich das Verhalten der Kinder durch das Beobachtetwerden verändert, haben sich als weitgehend unbegründet erwiesen. Kinder vertiefen sich oft schnell wieder in ihre Tätigkeiten. Wichtig ist, dass das Beobachten thematisiert und erklärt wird und nicht heimlich stattfindet. Wenn die Kinder verstehen, was geschieht und warum, gehen sie meist sehr kompetent mit der Beobachtungssituation um (Bensel/Haug-Schnabel 2008, S. 28).

Verschriftlichung

siehe auch Dokumentationsverfahren → Kap. 8.2.2

Menschliches Verhalten und v. a. die Interaktion zwischen Menschen sind sehr komplexe Vorgänge. Bei ihrer Beobachtung werden Beobachter deshalb von einer Flut von Sinneseindrücken bestürmt, die aufgrund ihrer Vielschichtigkeit auch schnell wieder vergessen werden. Umso wichtiger ist es, möglichst viele dieser Wahrnehmungen aufzuzeichnen.

Als **Aufzeichnungsmethoden** sind z. B. Videografie, Dokumentation mit Papier und Bleistift, Ausfüllen eines Beobachtungsformulars und tabellarische Aufzeichnung möglich.

Eine sehr umfassende Aufzeichnungsmethode ist die **Videografie**, die jedoch mit hohem technischem Aufwand und einer sehr zeitintensiven Auswertung verbunden ist. Deswegen wird in den meisten Fällen auf eine **Dokumentation mit Papier und Bleistift** zurückgegriffen. Dabei geht zwar ein Großteil des Geschehens verloren, schon weil die Beobachterin immer wieder mit der Aufzeichnung beschäftigt ist und aufgrund der Fülle von Informationen einfach nicht alles dokumentiert werden kann. Aber in dieser Auswahl liegt möglicherweise auch eine Chance, weil auf diese Weise nur das Wesentliche aufgezeichnet wird und die spätere Auswertung so überschaubar wird (Bensel/Haug-Schnabel 2008, S. 27). Allerdings wird bei dieser Auswahl auch nur das aufgezeichnet, was die Beobachterin wahrnimmt, es findet also eine subjektive Auswahl, eine *selektive Wahrnehmung* statt. Diese kann minimiert werden, wenn mehrere Beobachter eine Situation betrachten.

Die Aufzeichnung selbst kann in unterschiedlichem Maße strukturiert sein. Die Erzieherin kann entweder auf einem leeren Blatt alles notieren, was ihr auffällt, oder sie kann auf ein bereits vorstrukturierendes **Beobachtungsformular** zurückgreifen, in dem die verschiedenen Beobachtungsbereiche oder -fragen bei der Erfassung des Gesehenen helfen. Sinnvoll kann auch eine einfache **tabellarische Darstellung** sein, in der bereits Spalten für Zeit/Zeitraum, Beschreibung und Deutung vorhanden sind (Bensel/Haug-Schnabel 2008, S. 58).

Die oben genannten Ausführungen beziehen sich auf die individuelle und allgemeine Beobachtung von Kindern, Kindergruppen und Situationen. Bei vielen gezielten Beobachtungsinstrumenten wie z. B. beim Beobachtungsbogen zur Erfassung von Entwicklungsrückständen bei Kindern (BEK) liegt bereits ein Aufzeichnungsprotokoll zugrunde, bei dem lediglich bestimmte Ausprägungen eines Items (z. B. „stottert“) werden. Diese Beobachtungsinstrumente sind aufgrund ihrer Vorstrukturierung schneller auszufüllen und auch leichter auszuwerten als nicht strukturierte Instrumente. Allerdings fokussieren sie auch die Aufmerksamkeit auf die vorgegebenen Merkmale, so dass andere Aspekte verloren gehen können.

Direkte Beobachtung

Die Beobachterin achtet nur auf das, was sie mit ihren Sinnen wahrnehmen kann, und deutet das Geschehen nicht.

> Ein zentrales Merkmal professioneller Beobachtung ist die Unterscheidung von Sehen einerseits und Deutungen und Interpretationen andererseits.

Beobachtungen sind etwas so Alltägliches, dass diese Beobachtungen unreflektiert mit bestimmten Interpretationen verbunden wird. Diese Verbindung geschieht weitgehend unbewusst, denn Gesehenes wird immer mit Bedeutung verknüpft.

In pädagogischen Prozessen können solche Beobachtungen aber auch zu vorschnellen Urteilen führen, auch zu Vorurteilen. Ist ein Kind, das sich in einen ruhigen Winkel zurückzieht, traurig? Verlangt ein weinendes Kind automatisch nach einer tröstenden Erzieherin? Möchte ein vor Anstrengung ächzendes Kind Hilfe? Jede Situation ist

Abb. 8.13: Unreflektierte Beobachtungen können zu vorschnellen Urteilen führen. Ein Kind, das sich zurückzieht, muss nicht traurig sein.

einzigartig, so dass sich kaum von einer Situation auf andere schließen lässt. Und jedes Kind ist einzigartig. Was für das eine Kind gilt, trifft nicht auf andere zu.

Eine weitere Ursache für verzerrte Wahrnehmungen liegt in der Subjektivität, mit der vor dem Hintergrund eigener Erfahrungen das Gesehene gedeutet wird. Die **eigenen Erwartungen an das Verhalten anderer** – hier: der Kinder – beeinflussen das in hohem Maße. Hier kommt es also darauf an, möglichst nüchtern zu beobachten, direkte Wahrnehmungen zu beschreiben und erst im zweiten Schritt, nämlich bei der Auswertung, Interpretationen zuzulassen.

[BEISPIEL] Bei der Beobachtung eines Kindes, das beispielsweise als aggressiv gilt, besteht immer die Gefahr, die aggressiven Anteile besonders aufmerksam wahrzunehmen (und dann auch schriftlich festzuhalten), während sanftmütige oder kooperative Verhaltensweisen übersehen werden.

Auswertung

Die Beobachterin wertet die Beobachtung im Nachhinein systematisch aus (→ Kap. 8.2.2). Nach abgeschlossener Beobachtung geht es darum, in den Aufzeichnungen einen roten Faden zu entdecken. Aktuelle *Beobachtungskonzepte* (→ Kap. 8.2.2) fokussieren in der Auswertung die **Stärken der beobachteten Kinder.** Damit grenzen sie sich von jenen Ansätzen ab, die die individuelle Entwicklung mit einer idealtypischen Durchschnittsentwicklung vergleichen, wie z. B. Piaget (→ Kap. 10.2.4).
(siehe auch Entwicklung der Musikalität → Kap. 18.1)

Die Orientierung an einer wünschenswerten Normentwicklung verstellt den Blick für die Individualität der Kinder und kann zu einer Fixierung auf Defizite und Abweichungen vom „Normalen" führen (Knauf 2005). Es kommt aber in der pädagogischen Arbeit vielmehr darauf an, die individuellen Stärken jedes Kindes herauszuarbeiten, um so wichtige *Ressourcen* des Kindes zu identifizieren: „Schatzsuche statt Fehlerfahndung" (Bensel/Haug-Schnabel 2008, S. 41).

Die **konkrete Auswertung** orientiert sich dann an dem zu Beginn festgelegten Fokus:

- Wurden *Strategien gesucht* zur Verbesserung der Übergabesituation am Morgen, wird man in der Auswertung versuchen, gelungene und weniger gelungene Übergaben gegenüberzustellen, um daraus allgemeingültige Kriterien abzuleiten
- Stand die *Situation eines einzelnen Kindes* im Vordergrund, wird man in der Auswertung beispielsweise nach auffälligen Interessen des Kindes, seinen bevorzugten Spielen und Spielpartnern suchen.

Wichtig ist, dass auf jeden Fall eine Auswertung stattfindet und die Beobachtungsprotokolle nicht in einem Aktenordner verschwinden. Vielmehr sollten sie Bestandteil und Grundlage weitergehender Dokumentationen werden.

Abb. 8.14: Entwicklungsgespräch unter Erzieherinnen.

[BEISPIEL] Die Aufzeichnungen von Beobachtungen sind auch gut als **Gesprächsgrundlage** für Besprechungen im Team geeignet. Hier bietet sich ein guter Anlass, um über Kinder und ihre Entwicklung ins Gespräch zu kommen. Wenn mehrere Personen gemeinsam nach Interpretationen für bestimmte Beobachtungen suchen, können verschiedene Perspektiven auf eine Situation bzw. ein Verhalten eingenommen werden. Dies hilft auch, subjektive Verzerrungen zu verringern.

8.2.2 Dokumentation: Bedeutung und Verfahren

Ebenso wie die Beobachtung kann sich auch die Dokumentation auf einzelne Kinder und gemeinsame Aktivitäten und Projekte von mehreren Kindern beziehen. Dabei stehen Beobachtung und Dokumentation in einem engen Zusammenhang.

Dokumentation als Würdigung und Erkenntnisgrundlage

Beobachtungen und Beobachtungsprotokolle sind ein wichtiger Bestandteil vieler Dokumentationsformen. Die Dokumentation kann jedoch weit über Beobachtungsergebnisse hinausgehen. Beiden gemeinsam ist die **Zielsetzung:** Auch die Dokumentation schenkt den Ideen, Produkten und Aktionen der Kinder Aufmerksamkeit, indem sie diese auf verschiedenen Weisen festhält und langfristig speichert. Genau wie bei der Beobachtung geht es also um Wertschätzung und Würdigung.

Die Dokumentation geht aber über die Beobachtung hinaus und verfolgt noch weitere Ziele. Sie ermöglicht es, das Alltägliche zu erfassen, den pädagogischen Alltag zu überblicken und die dort ablaufenden wichtigen Prozesse zu beachten.

Die Arbeit von Erzieherinnen und auch Kindern ist oft auf Ergebnisse und Produkte wie Bilder, Basteleien oder Theateraufführungen fixiert. Die Dokumentation ermöglicht es hingegen, sowohl **Entstehungs- und Entwicklungspro-**

zesse als auch das alltägliche und oft „ergebnislose“ und scheinbar **zweckfreie Handeln** (→ Kap. 21) in den Blick zu nehmen, wie das Fahrzeugfahren im Außengelände, Vorlesen und Zuhören, Höhlenbauen, Toben, zufällige Entdeckungen.

> ⊙ Die Dokumentation steht nicht neben den ablaufenden Prozessen, sondern wirkt auf sie zurück, weil sie zu einer Reflexion über das Geschehen führt. Indem die Erzieherin dokumentiert, kommuniziert sie auch über das Geschehen, wählt aus, setzt Schwerpunkte und kommentiert.

Die wesentlichen **Ziele der Dokumentation** sind:

- Wertschätzung der Arbeit der Kinder
- Fokussierung von Prozessen
- Wahrnehmung des Alltäglichen
- Anlass zur Reflexion geben.

Es geht also im Wesentlichen um zwei Dinge: Den Kindern die Möglichkeit zu geben, sichtbare Spuren zu hinterlassen, und mehr darüber zu erfahren, was in den Kindern vorgeht, was sie beschäftigt, was sie brauchen. Dieses Sammeln von Informationen steht auch bei der Beobachtung im Vordergrund, bei der Dokumentation wird es sichtbar gemacht, so dass die Dokumentationen auch als Ausgangspunkt für einen Dialog zwischen Erwachsenen und Kindern dienen können.

Der Erziehungswissenschaftler Tassilo Knauf (2003) unterscheidet **vier Gruppen,** für die die Dokumentation unterschiedliche Aufgaben erfüllt: Kinder, Erzieherinnen, Eltern und die Öffentlichkeit.

Für die **Kinder** erfüllen die Dokumentationen die Funktion, „sich eigener oder gemeinschaftlicher Aktionsstrukturen klar zu werden, sich ihrer präziser zu erinnern und sie als Grundlage für aktuelle Handlungsziele zu nutzen“. Mit ihr soll im Nachhinein das Gewesene noch einmal durchlebt werden und möglicherweise auch zu neuen, vertieften Einsichten führen. Den **Erzieherinnen** können die Dokumentationen dazu dienen, Einblicke in die Lernvorgänge der Kinder zu erlangen, ihre Wahrnehmungsweisen und Erkenntniswege zu verstehen. Für die **Eltern** bieten die Dokumentationen die Möglichkeit, besser zu verstehen, was in der Kindertageseinrichtung geschieht und welche Themen für das eigene Kind gerade aktuell sind. Aus der Sicht der **Öffentlichkeit** können Dokumentationen ein fundierter Beleg für die Qualität (→ Qualitätsentwicklung siehe Kap. 2.4) der dort geleisteten Arbeit sein und so das sonst oft wenig Greifbare sichtbar machen.

Für die Aufzeichnung von Beobachtungen gibt es zahlreiche Dokumentationsverfahren und -formen:

- Durch die Reggiopädagogik inspirierte Formen
- Portfolios
- Lerngeschichten
- Dokumentationen des Entwicklungs- und Bildungsstands.

Inspirationsquelle Reggiopädagogik

Viele Beobachtungs- und Dokumentationsverfahren wurden durch die Kleinkindpädagogik inspiriert, wie sie in Reggio Emilia in Italien entwickelt wurde und nach der sie benannt ist. Bei ihr nimmt die Dokumentation einen zentralen Stellenwert ein.

Teil der **Dokumentationen der Reggiopädagogik** sind:

- Zeichnungen und Bilder der Kinder
- Fotos der Kinder bei der Arbeit, aber auch Fotos, die die Kinder gemacht haben
- Aussagen der Kinder, schriftlich dokumentiert
- Überschriften zur Strukturierung
- Erläuternde Kommentare der Erzieherinnen
- Daten zur zeitlichen Verortung.

Bekannt geworden sind hier vor allem die **Wanddokumentationen:** Großflächige Präsentationen auf langen Papierbahnen, die auch als „sprechende Wände“ bezeichnet werden. Die Wanddokumentationen beziehen sich meist auf aktuell bearbeitete Themen, spiegeln also den aktuell ablaufenden Prozess wider. Dabei wird die Dokumentation zu einem Teil des Handlungsprozesses und erhält dadurch auch einen provisorischen Charakter: Teile werden neu sortiert, mit anderen Überschriften versehen und ergänzt.

Neben Wanddokumentation spielen in Reggio vor allem die **Heftdokumentationen** eine Rolle. Auch hier wird mit den oben genannten Elementen gearbeitet, aber in kleineren Formaten: DIN-A 4-Blätter, aber auch davon abweichende, ungewohnte Formate werden gewählt, um Besonderheiten hervorzuheben. Die Hefte sollen eine

Abb. 8.15: Bilder von Kindern sind in der Reggiopädagogik Teil der Dokumentation.

langfristige Dokumentation der Arbeit ermöglichen, so dass sie auch später von Kindern und Erwachsenen hervorgeholt und zur Erinnerung und für eine Reflexion genutzt werden können.

Für die Reggiopädagogik hat die Dokumentation eine ganz wesentliche Funktion, weil in ihr der Kern des **reggianischen Verständnisses von Kleinkindpädagogik** zum Ausdruck kommt:

- Das Kind mit seinen Ideen und Aktionen steht im Mittelpunkt
- Die Erzieherin begleitet die Handlungen des Kindes, forscht mit
- Die Räume dokumentieren und laden zur Auseinandersetzung ein.

Das Portfolio

Einen verwandten, aber dennoch anders akzentuierten Ansatz verfolgt die Dokumentation mit einem Portfolio.

▶ **Portfolio** *(von lat. portare: tragen und folium: Blatt)*
In der Pädagogik bezeichnet Portfolio heute einen Ordner, in dem die ganze Entwicklung des Kindes, die es während seiner Kindergartenzeit durchläuft, dokumentiert wird.

Im Portfolio ist überwiegend eine Sammlung von Blättern enthalten, die in regelmäßigen Abständen bearbeitet oder spontan vom Kind anlässlich eines aktuellen Erlebnisses gestaltet werden.

In der pädagogischen Arbeit werden in dieser Dokumentationsform aber oft auch noch andere Dokumente aufbewahrt, die die Entwicklung von Kindern beschreiben können.

„Ein Portfolio ist eine zielgerichtete Sammlung von Arbeiten, welche die individuellen Bemühungen, Fortschritte und Leistungen der/des Lernenden auf einem oder mehreren Gebieten zeigt. Die Sammlung muss die Beteiligung des/der Lernenden an der Auswahl der Inhalte, der Kriterien für die Auswahl, der Festlegung der Beurteilungskriterien sowie Hinweise auf die Selbstreflexion der/des Lernenden einschließen." (Paulson 1991, S. 61)

Ein Portfolio ist „eine zielgerichtete, kontextbezogene Sammlung von Entwicklungsdokumenten über und für jedes Kind, die in dialogischen Prozessen entsteht und genutzt wird." (Winter 2006, S. 2)

Ziel der Arbeit mit dem Portfolio

Ziel der Arbeit mit dem Portfolio ist es, „umfassend und detailliert (zu) dokumentieren, was das Kind macht, lernt und denkt" (Krok/Lindewald 2007, S. 90). Auch hier geht es also um die Wahrnehmung der Aktivitäten der Kinder, darum, besser zu verstehen, wie Kinder lernen und ihrem Denken und Tun Beachtung zu schenken. Auf dieser Grundlage kann dann geprüft werden,

- Ob die Interessen und Themen der Kinder im Kindergartenalltag genügend Raum bekommen
- Welche Angebote den Kindern gemacht werden sollten
- Welche Materialien sie benötigen.

Das Portfolio ist wie alle Dokumentationsformen ein Instrument, das den **Dialog anregen** soll: Zwischen Erzieherinnen und Kindern, unter den Kindern und unter den Erzieherinnen und auch zwischen Erzieherinnen und Eltern.

Formen der Portfolio-Arbeit

Obwohl immer wieder vom Portfoliokonzept gesprochen wird, gibt es sehr verschiedene Formen der Portfolio-Arbeit. Der Pädagoge Felix Winter unterscheidet für den frühpädagogischen Bereich drei Varianten: Ich-Buch, Lerninstrument und Dossier.

Im **Ich-Buch** werden schöne Ereignisse festgehalten, sei es durch Bilder, Fotos, kleine Geschichten oder aufgezeichnete Dialoge. Es dient vor allem der Erinnerung an freudvolle Ereignisse und erzählt deren Geschichte.

Das Portfolio als **Lerninstrument** hält die Spuren der Auseinandersetzung mit einem bestimmten Thema fest. Damit hat es große Ähnlichkeiten zu den aus der Reggiopädagogik bekannten Heftdokumentationen, in denen alle Aktivitäten zu einem Thema zusammengestellt werden. Im Gegensatz zu den sonst üblichen Verfahren steht hier also nicht ein einzelnes Kind im Mittelpunkt, sondern die Arbeit einer ganzen Kindergruppe an einem Thema. Dabei können die Kinder „lernen, zu beobachten, ihre Eindrücke in einer Zeichnung wiederzugeben, Gesehenes und Gedachtes zu versprachlichen und mitzuteilen sowie ihre Ansichten auszutauschen." (Winter 2006, S. 4).

Das Portfolio als **Dossier** setzt den Akzent auf den Entwicklungsstand des Kindes, weil hier nach vorher definierten Kategorien und Bewertungsmaßstäben eine Beurteilung des Kindes stattfindet. Bei einem Dossier kommen also verstärkt Ergebnisse diagnostischer Verfahren zum Einsatz, es handelt sich um „systematische Dokumentationen, die zumindest auch von vorgegebenen Beschreibungssystemen und Entwicklungsmodellen her strukturiert sind" (Winter 2006, S. 6).

In der Praxis sind Portfolios meist eine Mischung dieser Varianten, die mit unterschiedlichen Akzentuierungen alle genannten Aspekte verbinden.

In dem von den schwedischen Pädagogen und Kindergarten-Unternehmern Göran Krok und Maria Lindewald vorgestellten **„schwedischen Modell"** wird das Portfolio als ein Gemeinschaftswerk von Kindern und Pädagoginnen betrachtet. Darin werden die wichtigsten Dokumente des einzelnen Kindes gesammelt. Die Dokumentation im Portfolio basiert auf der Grundannahme, dass sich die wichtigsten Lernprozesse „im Kindergartenalltag, also

Abb. 8.16: Beispiel für ein Portfolio.

nicht in der Werkstatt, im Wald oder bei der Themenarbeit" vollziehen (Krok/Lindewald 2007, S. 90) – und deswegen ist es auch wichtig, diesen Alltag festzuhalten.

Die Form des Portfolios ist dabei meist ein Ordner, in dem Zeichnungen, Texte und Fotos eingeheftet werden. Krok und Lindewald sind von der Aufbewahrung dreidimensionaler Objekte in Portfoliokartons abgerückt und dokumentieren diese durch Fotos. Andere Portfoliostrategien schlagen vor, für jedes Kind einen Kasten anzulegen.

Die Ordner sind im schwedischen Modell in fünf Bereiche gegliedert:

- *Ich* – Identität
- *Ich kann* – Aktivitäten, die vom Kind ausgehen, Fähigkeiten, Ziele und Strategien
- *Familie und Freunde* – Die Gruppe, zu der ich gehöre
- *Was wir machen* – Aktivitäten, die von den Erwachsenen ausgehen
- *Ich finde* – Meinungen und Ansichten des Kindes.

Diese Bereiche strukturieren das Portfolio und sind so konzipiert, dass auch Kinder gut verstehen können, worum es in der jeweiligen Rubrik geht. Innerhalb der Rubriken geht die Dokumentation chronologisch vor, so dass in den einzelnen Bereichen Entwicklungen sichtbar werden, wie etwa Selbstportraits zu verschiedenen Zeitpunkten oder die Entwicklung der Schriftsprache im Laufe der Zeit in der Einrichtung.

Bei der **Auswahl der Materialien** wird ein mehrstufiges Verfahren vorgeschlagen: Zunächst werden alle Produkte, Fotos, Notizen, Beobachtungen usw. weitgehend ungeordnet für jedes Kind gesammelt, z. B. in einer Sammelmappe oder in einem Ablagekorb. In regelmäßigen Abständen werden dann die Dokumente ausgewählt, die in das Portfolio kommen. In das Portfolio werden nur die Objekte aufgenommen, die in einen größeren (Entwicklungs-)Zusammenhang gestellt werden können, und solche, die eine besondere Bedeutung für das Kind haben.

In der **Systematik** und in der **bewussten Auswahl** besteht auch der entscheidende Unterschied zu den in vielen Einrichtungen schon lange üblich gewordenen Mappen, die die im Kindergarten entstandenen Produkte der Kinder sammeln. Im schwedischen Modell wird der Beteiligung der Kinder an der Auswahl ein hohes Gewicht beigemessen. Dabei wird entweder mit dem Kind allein sein Material durchgegangen oder auch zusammen mit seinen Freunden. Bei der Auswahlarbeit selbst können dann noch wertvolle Kommentare und Einschätzungen der Kinder gesammelt werden, die wichtige Einblicke in ihre Reflexions- und Entwicklungsprozesse geben.

Selbstreflexion und Portfolio-Arbeit

Die Reflexion über das eigene Tun und über die eigenen Entwicklungsfortschritte ist ein wesentliches Kennzeichen der Portfolio-Arbeit, weil sie einen wichtigen Beitrag zur Entwicklung von Selbstkompetenz leisten kann. Gerade an diesem Punkt sieht Winter jedoch einen entscheidendes Problem beim Einsatz von Portfolios im Elementarbereich, denn die mit dem Portfolio einhergehende Selbstreflexion kann auch zu einem **Störfaktor** werden: „Wenn ich mir beim Arbeiten ständig gewissermaßen über die eigene Schulter schaue und prüfe, wie oder gar wie gut ich das mache und was das alles von mir zeigt, so bin ich schnell von meinem eigentlichen Gegenstand abgelenkt und vielleicht auch verunsichert." (Winter 2006, S. 1)

Vielleicht auch deshalb wird das Portfolio in der frühpädagogischen Diskussion vor allem als **Bildungs- und Lerndokumentation** gesehen, die den Pädagoginnen wichtige Anhaltspunkte für die in der pädagogischen Arbeit notwendigen Materialien, Impulse und Angebote geben (Viernickel/Völkel 2005, S. 175).

Strategien für die Ausformung des Portfolios

Für die konkrete Ausformung des Portfolios wird jede Einrichtung ihre eigene Strategie finden. Dabei kann sie sich bei mehreren Variablen zwischen verschiedenen Varianten entschieden (in Anlehnung an Häcker 2006):

- *Zweck:* Selbstbeurteilung – Fremdbeurteilung
- *Inhalt:* Alles – Besonderes
- *Auswahlinstanz:* Kinder – Erwachsene
- *Fokus:* Selbstzeugnisse – Beurteilungen.

Das Portfolio als (meist) individuelle und auf ein Kind bezogene Dokumentationsform kann zu einem sehr vielseitigen und auch langfristig für das Kind bedeutsamen Instrument werden. Es prägt die Kindergartenarbeit entscheidend und legt zugleich Zeugnis von der Qualität der pädagogischen Arbeit einer Einrichtung ab.

Learning Stories: Lerngeschichten

Aus Neuseeland stammt die Beobachtungs- und Dokumentationsform der Lerngeschichten. Dort wurde sie von der Frühpädagogin Margret Carr entwickelt. Eine Übertragung des Konzeptes auf deutsche Rahmenbedingungen wurde vom Deutschen Jungendinstitut (DJI) unter der Leitung von Hans Rudolf Leu in einem Projekt erprobt.

Der Lerngeschichten-Ansatz

Der Ansatz der Lerngeschichten basiert auf der Annahme, dass Lernen nicht allein eine individuelle Leistung ist, sondern „in Beziehung zu Menschen, Orten und Dingen" stattfindet (Carr 2007, S. 42). Dieses Lernverständnis bedeutet auch, dass sowohl für Lernerfolge als auch für verpasste Lerngelegenheiten nicht nur die Kinder selbst verantwortlich sind, sondern dass auch andere Menschen, Materialien und Orte die Lernentwicklung beeinflussen: „Dementsprechend sind schwach ausgeprägte Lerndispositionen nicht einfach Ausdruck eines Mangels" (Leu/Fläming 2007, S. 63).

Für die Beobachtung und Bewertung von Kindern bedeutet dies, dass sowohl beteiligte Personen als auch Dinge und Orte einbezogen werden müssen. Vor diesem Hintergrund entstand der Ansatz der Lerngeschichten. Sie beziehen sich stets auf fünf Lerndispositionen.

> ▶ **Lerndisposition**
> Fähigkeiten und Lernmotivationen eines Kindes, die zu bestimmten *Lernstrategien* (→ Kap. 10.5) führen, die es in konkreten Situationen anwendet.

Diese **Lerndispositionen** sind:

- Interessiert sein (Interesse für Menschen, Orte und Dinge)
- Engagiert sein (Bereitschaft, sich auf etwas einzulassen)
- Standhalten bei Herausforderungen (Schwierigkeiten und Unsicherheiten aushalten)
- Sich ausdrücken und mitteilen (Austausch mit anderen)
- An der Lerngemeinschaft mitwirken und Verantwortung übernehmen (Standpunkte vertreten, einen Sinn für Gerechtigkeit entwickeln, um Rat gefragt werden).

Diese Lerndispositionen enthalten zwar einerseits eine normative Entwicklungsdimension (→ Kap. 9.1.2), aber andererseits alle Möglichkeiten für ihre Anwendung: „Sich ausdrücken und mitteilen" kann bei der Entdeckung eines toten Insekts, bei der Anwendung einer bestimmten Maltechnik, beim Bauen mit Bauklötzen oder bei der Betrachtung eines Bilderbuchs sichtbar werden. Damit geben die Lerngeschichten der Individualität der Kinder einen großen Raum, ohne strukturlos zu werden.

Beobachtung einzelner Situationen

Grundlage der Lerngeschichten ist die Beobachtung einzelner Situationen. Dabei wird ein Kind in einer Handlungssequenz detailliert beobachtet, und der Verlauf wird genau protokolliert. Wie bei anderen Beobachtungsverfahren auch ist die neutrale, also nicht bewertende oder interpretierende Skizzierung des Geschehens von entscheidender Wichtigkeit.

Im Idealfall entstehen auf diese Weise mehrere Schilderungen von Verhaltenssequenzen über ein Kind. In der Zusammenschau mehrerer solcher „Momentaufnahmen" kann dann eine Zuordnung zu den Lerndispositionen stattfinden:

- Welche Lerndispositionen kommen zum Ausdruck?
- Welcher Lernvorgang war zu erkennen?
- Welche Fähigkeiten zeigt das Kind?
- Welches Wissen bringt es mit? (Leu/Fläming 2007, S. 65).

Im Anschluss an diese erste Auswertung sollte die Zuordnung im Team diskutiert werden, so dass unterschiedliche Perspektiven und Deutungen ins Spiel gebracht werden können. Die Ergebnisse dieser Diskussion werden dann in einer Lerngeschichte zusammengefasst. Die Lerngeschichte umfasst also nicht nur die Beschreibung, sondern beinhaltet zugleich eine Deutung mehrerer Situationen und setzt diese miteinander in Beziehung, so dass tatsächlich eine Geschichte entsteht. Die Lerngeschichte wird in dem vom DJI entwickelten Konzept in der 2. Person Singular verfasst, meist als Brief an das Kind.

[BEISPIEL] für eine Lerngeschichte

„Lieber Max,
in den letzten Monaten habe ich dich beim Spielen beobachtet. Ein paar Mal habe ich auch aufgeschrieben, was du gemacht hast, damit ich mich später daran erinnern kann. Dir beim Spielen zuzusehen, hat mir sehr viel Freude bereitet.
Ich habe gesehen, dass du dich gern und viel in deiner Umgebung, also in der Kita drinnen und draußen umschaust und selbst Dinge zum Spielen findest. Du probierst gern etwas aus und findest heraus, wie es funktioniert.

Zum Beispiel habe ich gesehen, wie du einen Reifen im Garten gefunden hast. Diesen Reifen hast du dann auf verschiedenen Untergründen entlang gerollt: auf der Wiese, auf dem Weg, auf dem Sand, auf der Holzrampe, und schließlich hast du sogar ausprobiert, ob der Reifen auf der Rutsche auch rollen kann. Du hast gelernt, wo sich der Reifen rollen lässt und wie er auf den verschiedenen Böden rollt.

Im Bewegungsraum habe ich gesehen, wie du versucht hast, auf die Stabschaukel zu kommen. Das war sehr anstrengend, aber du hast es immer wieder versucht, und dann hast du es tatsächlich geschafft! Du hast dabei entdeckt, dass du dich mit Kraft und Ruhe leichter auf die Schaukel ziehen kannst, als auf die Schaukel zu springen.

Ein anderes Mal hast du im Bewegungsraum in einer Tonne gesessen und ausprobiert, wie eine Taschenlampe funktioniert. Dabei hast du festgestellt, wie sie an- und ausgeschaltet wird und wie der Lichtstrahl im Hellen und im Dunkeln aussieht. Als du aus der Tonne aussteigen wolltest, hattest du nur eine Hand, um dich festzuhalten, denn mit der anderen Hand hast du die Taschenlampe festgehalten. Du hast eine Weile dort auf der Tonne gesessen und vielleicht überlegt, wie du am besten aussteigst. Ich habe sehr gestaunt, als du wirklich auf dem Fußboden angekommen warst und immer noch die Taschenlampe in der Hand hattest." (Wolf 2006)

Lerngeschichte als Grundlage für pädagogische Entscheidungen

Diese Lerngeschichten haben ihren idealen Ort in einem Portfolio, wo sie zusammen mit anderen Dokumenten das Tun und Leben des Kindes in der Einrichtung bezeugen. So sind die Lerngeschichten auch **für Kinder und Eltern zugänglich** und können als Gesprächsanlass und -grundlage dienen.

Doch mit der Platzierung im Portfolio ist die Funktion der Lerngeschichten noch nicht erfüllt. Die Lerngeschichte hat vor allem die Aufgabe, **Grundlage für pädagogische Entscheidungen** zu sein. Aus den Lerngeschichten gewinnen die Pädagoginnen einen fundierten Einblick in den Wissens- und Könnensstand sowie in die Interessen der Kinder. Auf dieser Grundlage sollte die *Lernumgebung* (→ Kap. 8.5) der Kinder optimiert werden und dabei Situationen schaffen, Lernangebote geben und Materialien bereitstellen, die den Lernbedürfnissen der Kinder gerecht werden.

Die Arbeit mit Lerngeschichten geht in den folgenden Schritten vor (Leu/Fläming 2007): Beschreiben, Diskutieren, Dokumentieren, Entscheiden.

Beobachtung und Dokumentation von Entwicklungs- und Bildungsstand

Eine Reihe von Verfahren zur Beobachtung und Dokumentation sind dem Ziel verpflichtet, den **Entwicklungs- und Bildungsstand von Kindern** systematisch zu erheben. Die wichtigsten unter ihnen sind:

- Grenzsteine der Entwicklung
- SISMIK – Sprachverhalten und Interesse an Sprache bei Migrantenkindern im Kindergarten
- Leuvener Engagiertheitsskala (→ Tab. 8.1).

Abb. 8.17: Eine Lerngeschichte ist eine Form der Dokumentation, die u. a. beobachtete Situationen beschreibt und deutet.

Im Gegensatz zu den zuvor beschriebenen Ansätzen orientieren sie sich an einer **allgemeingültigen Entwicklungsnorm.** Es wird also stärker darauf geachtet, wo sich das Kind im Vergleich zum Durchschnitt aller Kinder befindet, und weniger auf die individuellen Entwicklungsfortschritte. Diese Verfahren werden in der Breite immer mehr durch Beobachtungs- und Dokumentationsverfahren abgelöst, wie sie aus der Reggiopädagogik, dem Portfolioansatz und den Lerngeschichten bekannt sind. Dennoch haben sie vor allem als „Alarmsignal" eine wichtige Funktion, weil sie dabei helfen können, frühzeitig Entwicklungsschwierigkeiten zu erkennen.

Beobachtung und Dokumentation in der Praxis

Die Vielfalt der Beobachtungs- und Dokumentationsverfahren mag auf den ersten Blick verwirrend erscheinen. Es wird deutlich, dass sich Träger und Einrichtungen intensiv mit dem Thema befassen müssen, um eine fundierte Entscheidung für ein Verfahren oder die Kombination mehrerer Verfahren (Knauf 2005) zu treffen. Die Frühpädagoginnen Susanne Viernickel und Petra Völkel weisen auf den mit Beobachtung und Dokumentation verbundenen **Zeitaufwand** hin (2005): Während der Beobachtung selbst und bei der späteren Dokumentation und Auswertung steht die Pädagogin nicht unmittelbar für die Kinder zur Verfügung. Dies bedarf einerseits eines wohldurchdachten Ressourceneinsatzes (Zeit und Personal) und andererseits einer breiten Unterstützung des Vorhabens durch das Team. Bei Beobachtung und Dokumentation handelt es sich jedoch nicht um eine neue Mode oder ein Verfahren, das vorübergehend Konjunktur hat, vielmehr sind Beobachtung und Dokumentation die **Kernformen des pädagogischen Handelns im Elementarbereich.** Insofern ist die in Beobachtung und Dokumentation investierte Zeit nicht nur eine lohnende und wichtige Investition, sie ist schlichtweg unverzichtbar.

8.2.3 Intervention durch Moderation und Interaktion

Die **Beobachtung** hat das Ziel, Kinder und ihre Aktivitäten detailliert und bewusst wahrzunehmen; die **Dokumentation** soll die Aktivitäten und Produkte der Kinder in den Vordergrund stellen und eine einfühlsame und differenzierte Analyse ermöglichen. Doch diese wichtigen Schritte erhalten ihren Sinn vor allem auch durch die Konsequenzen, die für das pädagogische Handeln aus ihnen gezogen werden.

Das pädagogische Handeln der Fachkräfte im Elementarbereich ist entscheidend durch den ihrem Handeln zu Grunde liegenden Bildungs- und Lernbegriff geprägt (→ Kap. 8.1.4). Bildung ist ein aktiver Auseinandersetzungs- und Aneignungsprozess der Lernenden. Gerade kleine Kinder lernen in erster Linie durch eigene Erfahrung und Handeln, das durch einen (Ver-)Mittler dargebotene Wissen spielt erst mit zunehmendem Alter eine

Name	Ziel	Ansatz	Vorgehen	Autor/Herkunft
Grenzsteine der Entwicklung	Erfassung von Entwicklungsbeeinträchtigungen von Kindern in den Bereichen Motorik, Sprachentwicklung, Kognition sowie soziale und emotionale Kompetenz	Kinder überwinden während ihrer Entwicklung bestimmte Hindernisse und können mit zunehmendem Alter mehr. Bei diesem Verfahren wird geprüft, ob die Bewältigung bestimmter Aufgaben altersangemessen gemeistert wird	Für jeden Grenzstein der Entwicklung gibt es einen Fragebogen, der zu einem bestimmten Zeitpunkt angewendet werden soll. Der Fragebogen umfasst 5 bis 18 Fragen, die mit ja oder nein beantwortet werden können	„Meilensteine der Entwicklung", Universitätsklinikum Tübingen, entwickelt von Richard Michaelis und Gerhard Haas, für den Elementarbereich weiterentwickelt durch Hans-Joachim Laewen
SISMIK – Sprachverhalten und Interesse an Sprache bei Migrantenkindern im Kindergarten	Feststellung des Sprachverhaltens und der Motivation von Kindern, sich mit Sprache zu befassen und über Sprache in Austausch zu treten	Kinder werden bei ihren üblichen Aktivitäten beobachtet, wobei ein besonderer Fokus auf Situationen liegt, in denen Sprache im Vordergrund steht (z. B. Bilderbuchbetrachtung, Reime, Morgenkreis)	Einschätzung des Sprachverhaltens durch die Bewertung verschiedener Aussagen, z. B. „Kind hört aufmerksam zu und schaut sich Bilder an"	Michaela Ulich und Toni Mayr, Vertrieb über Buchhandel
Leuvener Engagiertheitsskala	Erfassung von Interessen durch die Feststellung des Grades der Engagiertheit, also wie stark das Kind bei der Sache ist	Kinder werden in verschiedenen Situationen beobachtet, dabei kann der Fokus sowohl auf einem einzelnen Kind als auch auf der Kindergruppe liegen	Einsatz von Beobachtungsbögen, bei denen der Grad der Engagiertheit auf einer Skala von 1 (keine Aktivität) bis 5 (anhaltend intensive Aktivität) angegeben wird	Universität Leuven, ferre Laevers, Bezug über Fachschule Erkelenz

Tab. 8.1: Verfahren zur Beobachtung und Dokumentation zum Entwicklungs- und Bildungsstand von Kindern.

größere Rolle. Es sollte also in Kindertageseinrichtungen nicht darum gehen, Wissen und Bildungsinhalte in Form von Unterricht zu präsentieren.

Trotz dieser Vorannahmen sollen Kinder im Elementarbereich sich bestimmte Bildungsinhalte aneignen und nicht nur solche, die sie sich in selbstgesuchten Spielsituationen mit Gleichaltrigen aneignen (→ Kap. 21). So machen auch die Bildungspläne, wenngleich in unterschiedlicher Detaillierung, die **Bedeutung verschiedener Bildungsbereiche** deutlich, z. B.:

- Im Baden-Württembergischen Orientierungsplan sind dies beispielsweise die „Bildungs- und Entwicklungsfelder" Körper, Sinne, Sprache, Denken, Gefühl und Mitgefühl sowie Sinn, Werte und Religion
- In anderen Bundesländern, etwa in Hessen, finden sich noch weit stärker an Schulfächern orientierte Benennungen relevanter Bildungsfelder, etwa Naturwissenschaften, Mathematik, Demokratie und Politik.

Wie kann eine Kindertageseinrichtung diesen Ansprüchen gerecht werden, ohne das Wissen über frühkindliche Aneignungsprozesse aufzugeben? Es ist also notwendig, Strategien der Anregung von Bildungsprozessen und der Darbietung von Themen zu finden, die den Lernbedürfnissen junger Kinder gerecht werden. Mit solchen Strategien beschäftigt sich die Didaktik als Wissenschaft des Lehrens und Lernens.

Für eine frühpädagogische Didaktik sind drei Formen des Handelns, Steuerns und Lehrens denkbar (Fthenakis u. a. 2007, Liegle 2008): Vorbild, indirekte Erziehung und Dialog.

Vorbild

Die große Bedeutung des **Lernens anhand von Vorbildern bzw. Modellen** ist in der Lerntheorie unumstritten (→ Kap. 10.1.3).

> ► **Vorbildlernen (Modelllernen)**
> Nachahmung des Verhaltens anderer Menschen, mit denen sich der Nachahmer identifiziert.

Für die Arbeit mit Kindern bedeutet dies, dass Kinder das **Verhalten der Erzieherinnen** sehr genau beobachten, worin viele Möglichkeiten für die Erweiterung des Verhaltensrepertoires von Kindern liegen. Aber es bedeutet v. a. auch eine große Verantwortung für Erzieherinnen und verlangt von ihnen eine intensive Selbstbeobachtung und die ständige Reflexion ihres eigenen Handelns. Die **Selbstreflexion** erstreckt sich dabei nicht nur auf herausgehobene Situationen („Wie reagiere ich, wenn Kinder in Streit geraten?"), sondern gerade auf Alltagssituationen, etwa die Begrüßung am Morgen, Reaktion auf Fragen der Kinder oder in besonderem Maße den Umgang mit Sprache.

Abb. 8.18: Bildungsprozesse können mit indirekter Erziehung gefördert werden, z.B. durch die Bereitstellung angemessenen Materials.

Indirekte Erziehung

Ein wichtiges Instrument der Intervention stellt die **Herstellung eines formalen Rahmens** für die Lernprozesse der Kinder dar. Das bezieht sich auf die

- Bereitstellung anregenden und angemessenen Materials
- Raumgestaltung – „Der Raum als dritter Pädagoge" (nach Loris Malaguzzi, → Kap. 8.4.2)
- Etablierung bestimmter Abläufe und Rituale.

Die Bedeutung dieser indirekten Einwirkung hat insbesondere Maria Montessori (→ Kap. 8.3.2) hervorgehoben, bei der eine „vorbereitete Umgebung" mit für die Kinder geeignetem Material einen hohen Stellenwert hat (→ Kap. 8.4).

Dialog

Das kommunikative Handeln der Pädagogin, der Austausch über das gemeinsame Handeln ist wichtiger Bestandteil des didaktischen Repertoires von Erzieherinnen. Der Dialog umfasst auch den Versuch der Erzieherin zu verstehen, was für das Kind wichtig und bedeutungsvoll ist. Dabei ist es wichtig, sich immer wieder der Richtigkeit der eigenen Interpretation zu vergewissern, indem beide Seiten des Dialogs übernommen werden: Zuhören und Sprechen (Schäfer 2007, S. 202).

Hinzu kommen die für einzelne Bildungsbereiche spezifischen didaktischen Formen. Wichtige **Handlungen des Dialogs** sind außerdem:

- Ermutigen
- Loben
- Feedbackgeben
- Zeigen und Demonstrieren
- Gemeinsames Dokumentieren
- Auswahl von Objekten für das Portfolio
- Gespräche über Lerngeschichten
- Vorschläge machen
- Erklären und Anleiten.

Für den Erwerb von sprachlicher Kompetenz gibt es ebenso angemessene didaktische Mittel wie für die Entwicklung eines ethischen Bewusstseins oder den Aufbau des naturwissenschaftlichen Denkens. Hierzu liegen aber bislang nur wenige Forschungsergebnisse vor (Liegle 2008, S. 105).

Wird die Vorstellung von der Selbstorganisation und Selbstbildung der Kinder ernst genommen, so bedeutet das dialogische Handeln jedoch nicht in erster Linie das Einbringen des Wissens der Erzieherin, sondern vielmehr, wann immer möglich, die **Moderation dieser Selbstbildungsprozesse** (→ siehe auch Kap. 8.1.5) durch

- Die Unterstützung bei der Strukturierung des Wissens der Kinder,
- Fragen und Problematisierung und
- Anregende Impulse und Materialien (Schäfer 2007, S. 203).

Diese drei didaktischen Grundformen machen deutlich, wie stark sich das Lernen in der Kinder- und Jugendarbeit vom Lernen in der Schule unterscheidet. Auch wird deutlich, dass die Rolle der Erzieherin eine andere ist als die des Lehrers (→ siehe auch Kap. 10.5).

8.3 Der pädagogische Prozess

Der pädagogische Prozess ist der Kern erzieherischer Arbeit: Die Erzieherin begleitet, unterstützt, fordert und fördert ein Kind in seiner Entwicklung. Im Gegensatz zu einem alltagspraktischen und intuitiven Vorgehen wie etwa der Eltern geht die Erzieherin dabei systematisch vor und kann so Wahrnehmungsfehler vermeiden und möglichst objektiv Stärken und Schwächen des Kindes erkennen. Aufbauend auf dieser zielgerichteten Beobachtung setzt eine gezielte, planvolle Förderung an. Wichtiges Kennzei-

Abb. 8.19: Zeigen und Erklären sind wichtige Dialoghandlungen.

chen pädagogischer Professionalität ist hierbei stets ein flexibles Vorgehen, das trotz umfassender Planung auch Abweichungen zulässt, um auf unvorhergesehene Veränderungen oder Umstände eingehen zu können. Dies setzt eine permanente Reflexion und Selbstbeobachtung der Pädagoginnen voraus.

8.3.1 Situationsanalyse

Zunächst beginnt die Erzieherin mit der Situationsanalyse. Sie sammelt alle Informationen, die sie über das Kind und seine äußeren Lebensumstände sowie seine Beziehungen hat (*Sozialisationsumwelt* → Kap. 9.3), dazu gehört:

- Wie alt ist das Kind?
- Seit wann und in welchem Umfang besucht das Kind die Einrichtung?
- Aus welchem Umfeld stammt das Kind? Wie sind seine Familiensituation und die sozialen und wirtschaftlichen Umstände? Welche Personen gehören zum alltäglichen familiären Umfeld?
- Welche Beobachtungen lassen sich bezüglich der Bindungspersonen des Kindes machen: Gibt es Konflikte, wirkt die Beziehung harmonisch, wird es sehr behütet oder eher wenig beachtet?
- Wie selbstständig ist das Kind, ist es seinem Alter entsprechend entwickelt?
- Wie verhält sich das Kind, ist es unsicher, aufgeschlossen, lebhaft oder zurückhaltend?

Nun folgt die Analyse der Kompetenzen und des Verhaltens bezüglich des zu fördernden Bereichs, z. B. *Literacy* (→ Kap. 15): Welchen Zugang hat das Kind zu Büchern, welche Rolle spielen Bücher in seinem Alltag? Dabei muss der zu fördernde Bereich nicht zwangsläufig eine „Schwachstelle" des Kindes sein. Ebenso können hier besondere Leidenschaften und Stärken gefördert werden.

8.3.2 Erfassen von Ressourcen

Die Ressourcenerfassung (→ Kap. 8.1.2) bezieht sich auf die Stärken des Kindes: Welche Erfahrungen, welche Charaktereigenschaften hat das Kind? Über welche Kompetenzen verfügt es und wo liegen besondere Interessengebiete? Ist es z. B. sehr aufgeschlossen und hilfsbereit? Ist es geschickt oder kreativ oder hat es ein großes Wissen in einem bestimmten Bereich?

Ein besonderes Augenmerk sollte auch auf Stärken liegen, die für den zu fördernden Bereich hilfreich sein können. Bei einem Kind, das beispielsweise durch große Unruhe und Konzentrationsschwierigkeiten auffällt, kann beobachtet werden, ob es Situationen gibt, in denen es ihm besonders gut gelingt, sich zu vertiefen oder zu entspannen.

Bei einer systematischen Erfassung der Ressourcen kann z. B. auch ein besonderes Interesse für Zahlen entdeckt werden, das durch weitere Maßnahmen gefördert werden kann.

Abb. 8.20: Gute Konzentrationsfähigkeit ist eine wichtige Ressource.

8.3.3 Festlegen von Zielen

Aufbauend auf den Beobachtungen kann die Erzieherin entscheiden, welches Ziel sie mit der Förderung erreichen möchte und welche Teilziele auf dem Weg dorthin liegen. Dazu zwei Beispiele aus dem Bereich Literacy: Ein Kind soll zunächst Bücher überhaupt als reizvolles Medium für sich entdecken. Ziel für ein anderes Kind könnte es sein, die Bibliothek der Einrichtung eigenständig zu nutzen.

Bei der Festlegung von Zielen ist Fingerspitzengefühl gefragt: Zu anspruchsvolle Ziele überfordern Kind und Erzieherin, zu niedrig gesetzte Ziele bringen den pädagogischen Prozess nicht in entscheidendem Maß voran. Wichtig ist es auch, vorher festzulegen, woran erkannt wird, dass das Ziel erreicht wird. „Bücher als reizvolles Medium entdecken" kann für die eine Erzieherin bedeuten, dass ein Kind jeden Tag mindestens zwei Bilderbücher von sich aus als Beschäftigung wählt, für eine andere Erzieherin, dass sich das Kind häufiger als früher an Vorlesesituationen beteiligt. Es ist also notwendig, Ziele so konkret wie möglich zu benennen.

8.3.4 Planung von Maßnahmen

Nun werden konkrete Maßnahmen geplant. Die Erzieherin überlegt sich, was sie braucht und wie sie vorgehen möchte. Grundlage hierfür sind die Interessen und Ressourcen des Kindes. Ein Kind mit einem ausgeprägten Interesse für Delphine etwa kann durch die Bereitstellung von Büchern oder eine gemeinsame Internetrecherche in einer Kleingruppe in diesem Interesse bestärkt werden. Auf diese Weise können auch Problembereiche bearbeitet werden: Kinder mit wenig Interesse an Büchern können über ein für sie reizvolles Thema für die Beschäftigung mit Büchern gewonnen werden. Kinder, die sich nur ungern an dekorativen Bastelarbeiten beteiligen, können vielleicht durch das Falten von Papierfliegern oder das Drehen von Kordeln zu feinmotorischen Arbeiten verlockt werden.

Die Maßnahmenplanung erfordert die Berücksichtigung vieler Komponenten: Was ist im Alltag der Einrichtung zu leisten? Wird die Kindergruppe durch die Maßnahme belastet oder kann sie sogar insgesamt davon profitieren? Welche Ressourcen sind notwendig (Zeit, Kraft, Material, Geld) und in welchem Verhältnis stehen sie zu den erwarteten Erfolgen?

8.3.5 Durchführung von Maßnahmen

Bei der Durchführung der Maßnahmen wird die Erzieherin darauf achten, ob ihr Vorgehen die gewünschten Ergebnisse erzielt oder ob das Kind sich darauf nicht einlassen möchte. Hier ist eine sensible Wahrnehmung und Beobachtung notwendig, bei der die Signale des Kindes ernst genommen werden.

Bei der Durchführung kann es auch sinnvoll sein, sich Unterstützung von außen zu holen. Entweder in ganz praktischer Form als tätige Hilfe oder als nichtteilnehmende Beobachtung (→ Kap. 8.2.1) der Interaktion und Reaktionen.

Eventuell kann festgestellt werden, dass die ursprünglich geplanten Ziele noch nicht erreicht werden können, sondern erst Teilziele. Dann ist es sinnvoll, im Team eine neue Strategie zu überlegen und ähnliche oder auch andere Maßnahmen zu planen.

8.3.6 Auswertung

Dokumentation → Kap. 8.2.2

Zum Schluss wertet die Erzieherin sowohl die Erfolge und Fortschritte des Kindes als auch ihre eigene Arbeit aus. Dabei geht es darum herauszufinden, was gut gelungen ist und welche Strategien weiter verfolgt werden sollten. Gleichzeitig sollten auch kritische Situationen, Konflikte und „Sackgassen" in den Blick genommen werden. Die Analyse solcher Hindernisse kann eine wichtige Klärungshilfe sein, um besser geeignete Maßnahmen zu erkennen. Für die Auswertung ist grundsätzlich eine Reflexion mit Kolleginnen, auch im Team, sinnvoll. Oftmals gibt es für eine bestimmte Entwicklung oder ein beobachtetes Verhalten nicht nur eine Erklärung, sondern verschiedene Deutungen. Ein Kind, das das Spielangebot einer Bewegungsbaustelle nicht oder nur nach intensiven Ermutigungen annimmt, hat nicht zwangsläufig kein Interesse daran. Vielleicht sind nach seiner Meinung schon zu viele andere Kinder darin aktiv oder es möchte erst einmal in Ruhe alles beobachten. Durch den Austausch über Beobachtungen können unterschiedliche Interpretationen von kindlichen Verhaltensweisen bewusst werden.

8.4 Pädagogische Ansätze

In der Frühpädagogik gibt es heute zahlreiche wichtige Ansätze, die als Grundlagen und Leitlinien für das pädagogische Handeln dienen können. Dabei können auf der einen Seite klassische Konzepte und auf der anderen Seite moderne Ansätze unterschieden werden.

- Bei den *klassischen pädagogischen Konzepten* (→ Kap. 8.4.1) werden im Folgenden verschiedene Personen als Wegbereiter der Frühpädagogik vorgestellt, die durch ihr Denken und ihre praktische Arbeit entscheidend zur Entwicklung einer Pädagogik beigetragen haben, die auf die spezifischen Bedürfnisse von jungen Kindern orientiert ist
- Unter den *modernen Ansätzen* (→ Kap. 8.4.2) werden Konzepte vorgestellt, die sich in jüngerer Zeit entwickelt haben und die heutige Arbeit in Kindertageseinrichtungen in entscheidender Weise prägen.

Die Darstellung erfolgt überblicksartig und benennt jeweils die wichtigsten Aspekte eines Ansatzes. Zur vertieften Auseinandersetzung werden jeweils Lese-Empfehlungen gegeben.

8.4.1 Klassische pädagogische Konzepte

Als Wegbereiter der Frühpädagogik gelten vor allem Johann Amos Comenius, Jean-Jacques Rousseau, Johann Friedrich Oberlin, Johann Heinrich Pestalozzi, Friedrich Wilhelm Fröbel, Maria Montessori und Célestin Freinet. Ihre Lebenswege und pädagogischen Ansätze werden in diesem Kapitel kurz dargestellt.

Johann Amos Comenius

Der Theologe und Pädagoge Johann Amos Comenius wurde 1592 in Nivnice (heute Tschechische Republik) geboren. Früh wurde er Waise und lebte dann bei Verwandten. 1608 bis 1611 besuchte er die Schule in Prerov (Prerau), von 1611 bis 1614 studierte er in Herborn und Heidelberg Theologie und arbeitete anschließend als Rektor und Lehrer an seiner früheren Schule. 1618 wurde er Pfarrer der Brüdergemeinde in Fulnek und war dort ebenfalls als Schulleiter tätig. Im 30-jährigen Krieg war er als Protestant zur Flucht quer durch Europa gezwungen und lebte in verschiedenen europäischen Orten. Comenius wirkte 1648 für einige Jahre als Bischof der Böhmischen Brüder im polnischen Leszno und leitete auch ihr Schulwesen. Er starb 1670 in Amsterdam.

In zahlreichen Schriften setzte sich Comenius mit pädagogischen und unterrichtmethodischen Fragen auseinander und gilt daher als der erste große Pädagoge der Neuzeit.

Menschenbild

Sein Denken war vor allem durch sein christliches, aber auch durch sein humanistisches Menschenbild geprägt. Für Comenius war der Mensch als **Pansoph** ideal, als allseitig gebildeter Mensch, der an der Verbesserung der Welt mitarbeiten kann. Erziehung und Bildung waren für ihn dabei zentrale Instrumente, um das Gute im Menschen zu entfalten.

Der Glaube an die guten Anlagen des Menschen war für Comenius prägend. So schrieb er in seiner „Didactica magna“: „Der Same dieser drei Dinge: Bildung, guter Sitten und Frömmigkeit wohnt uns von Natur inne.“ Bereits in diesem Buch entwickelte er Erziehungsziele und -methoden und ein Schulsystem für Kinder und Jugendliche.

In der Entwicklung der **Vernunft** sah er ein wesentliches Mittel zur Überwindung der unmenschlichen Lebensumstände, die er kennengelernt hatte, denn seine Zeit war durch Kriegsgräuel, Krankheit und das Miterleben von Tod gekennzeichnet.

Ziele

Zentrales Anliegen von Johann Amos Comenius war die „Allerziehung“ oder „Pampaedia“ (so lautet auch der Titel seines Hauptwerkes): Der Mensch soll **umfassend gebildet** werden. Dieses Ziel verdichtet sich in der Formel „Omnes omnia omnio – Alles alle allumfassend lehren.“ Dadurch soll der Mensch zum Pansophen werden und durch seine Bildung zu einer Verbesserung der Lebensverhältnisse beitragen. Damit soll auch ein Einklang zwischen Gott, Natur und Mensch hergestellt werden.

Methodisch-didaktischer Ansatz

Die pädagogischen Arbeiten Comenius' richteten sich auf die Etablierung eines allgemeinen Schulwesens. Möglichst alle Kinder und Jugendlichen sollten eine umfassende Schulbildung erhalten, unabhängig von ihrem Geschlecht oder ihrer Herkunft.

In seinem **Schulsystem** war eine Erziehung nach Altersstufen vorgesehen:

- Die Erziehung in der häuslichen „Mutterschule“ bis zum 6. Lebensjahr
- Die Unterweisung in der eigenen Kultur in der „Muttersprachschule“ vom 7. bis zum 12. Lebensjahr
- Die Unterweisung in fremden Kulturen und Vorbereitung für die Wissenschaft in der „Lateinschule“ vom 13. bis zum 18. Lebensjahr, um schließlich mit
- Dem wissenschaftlichen Arbeiten in der „Akademie“ 18. bis zum 24. Lebensjahr vollendet zu werden.

Die besondere Bedeutung für die Frühpädagogik erhält Comenius durch die Konzeption der **Mutterschule.** 1633 entsteht das „Informatorium zur Mutterschul“, in dem zum ersten Mal ein wissenschaftlich-systematisches Konzept zur geistigen und seelischen Förderung von Kleinkindern mitgedacht wird. Darin empfahl Comenius Müttern, ihre Kinder in den Bereichen des Verstandes, der Arbeit, der Künste, der Sprache, der Tugend und Sittlichkeit und der Religion zu fördern.

Im 17. Jahrhundert, in einer Zeit, in der vor allem die Kinder aus Adelsfamilien oder wohlhabenden Bürgerfamilien in den Genuss eines Schulunterrichts kamen, war die **Forderung einer allgemeinen Bildung** sehr ungewöhnlich. Um möglichst viele Kinder durch möglichst wenige Lehrkräfte unterweisen lassen zu können, entwickelte Comenius **erste Lehrwerke,** die die Unterrichtsinhalte anschaulich darstellten. Er gilt dadurch als der Erfinder des Lehrbuchs, das über die Alphabetisierungs- und Grammatikwerke der Antike und des Mittelalters hinausgeht.

Abb. 8.21: Comenius erkannte, wie wichtig Veranschaulichung für das Lernen ist.

In seiner Auseinandersetzung mit der Frage, wie das Wissen der Menschheit an die nächste Generation weitergegeben werden könne, entstanden verschiedene Grundsätze des Unterrichtens, die auch heute noch von Bedeutung sind. So etwa das Voranschreiten vom Bekannten zum Unbekannten und die Idee eines **Basiswissens,** an das dann **Spezialwissen** anknüpfen kann. Comenius hatte auch die Bedeutung von **Veranschaulichungen für das Lernen** erkannt, wie sie etwa durch Bilder, Beispiele und Symbole stattfinden kann.

Heutige Relevanz

Für das konkrete pädagogische Handeln ist Comenius heute indirekt bedeutsam. Viele seiner Lehrstrategien sind heute Allgemeingut geworden. Auch die Vorstellung, möglichst allen Kindern und Jugendlichen Bildung zukommen zu lassen, ist heute im „Recht auf Bildung“ festgeschrieben: Bildung ist Menschenrecht (Allgemeine Erklärung der Menschenrechte der Vereinten Nationen 1948). Allerdings ist die Vorstellung, systematisch alles lernen zu können, im 20. Jahrhundert und mit der „Explosion“ von Wissensinhalten zu einer Illusion geworden. Selbst sogenannte Spezialgebiete wie die Medizin können nicht mehr umfassend gelernt werden, hier ist nur eine noch kleinteiligere Spezialisierung möglich. Doch ein anderer Aspekt macht Comenius' Wirken auch heute noch bedeutsam: seine Betonung von **Anschaulichkeit** und **sinnlicher Informationsverarbeitung.**

Dies drückt sich bei Comenius z. B. im Einsatz von Bildern, Zeichnungen und eigens für Kinder verfassten Lehrwerken als Anschauungsmaterial aus. Er sah es als wichtig an, dass das Lernen nicht nur durch mündliche Belehrung unterstützt werde, sonder auch durch zusätzliche Materialien, die andere Sinne ansprechen.

Comenius, Johann Amos: Große Didaktik: Die vollständige Kunst allen alles zu lehren. Hrsg. von Andreas Flitner. Stuttgart: Klett-Cotta 2007

Hericks, Uwe/ Meyer, Meinert/ Neumann, Sabine/ Scheilke, Christoph (Hrsg.): Comenius der Pädagoge. Baltmannsweiler: Schneider 2005

Jean-Jacques Rousseau

Der 1712 in Genf geborene Pädagoge, Philosoph und Schriftsteller Jean-Jacques Rousseau wuchs nach dem frühen Tod seiner Mutter bei seinem Vater und einer Tante auf. Mit zehn Jahren kam er in die Obhut eines Onkels, später in die eines strengen Pfarrers, dann kehrte er zu seinem Onkel zurück. Er begann eine Lehre zum Kupferstecher, verließ aber mit 16 Jahren Genf und gelangte zu einer vermögenden Dame, Madame de Warens, die großen Einfluss auf ihn ausübte. Bei ihr lebte er mit einigen Unterbrechungen insgesamt 12 Jahre lang. 1742 ging Rousseau nach Paris und wurde Teil der Pariser Gesellschaft. Hier lernte er auch die Wäscherin Thérèse Levasseur kennen, die er aber erst 28 Jahre später heiratete. Zusammen mit Thérèse hatte Rousseau fünf Kinder, die er allesamt ins Findelhaus gab.

Rousseau wurde durch verschiedene Schriften berühmt. Seine Schriften gelten einerseits als Paradigmen (Beispiele, Muster) für die Denkweise der Aufklärung, andererseits widersprechen sie in vielerlei Hinsicht dem aufklärerischen Zeitgeist und kritisieren die menschliche Zivilisation. Entsprechend entsagte Rousseau allem Luxus und führte ein bescheidenes Leben. Seine heute bekanntesten Schriften sind das erzählte pädagogische Lehrbuch „Emile oder über die Erziehung“ und der „Contrat social“ (Gesellschaftsvertrag), die beide 1762 erschienen. Die Schriften wurden als gotteslästerlich, kirchen- und regierungskritisch gelesen, und so folgte für Rousseau ein Leben zunächst auf der Flucht, später als geduldeter Intellektueller. 1778 starb er in der Nähe von Paris.

Abb. 8.22: Rousseau erkannte die Bedeutung der Kindheit als eine eigenständige Lebensphase.

Menschenbild

Rousseaus Gedanken über die menschliche Gesellschaft, die Zivilisation, ist der Ausgangspunkt seines philosophischen und pädagogischen Werks. Seine Kritik an der Zivilisation begründet er mit der **Natur des Menschen,** die grundsätzlich ungesellig sei. Selbsterhaltungstrieb und Mitleid als natürlich menschliche Eigenschaften werden durch die Zivilisation entwertet. Es entsteht eine durch die Gesellschaft hergestellte Ungleichheit zwischen den Menschen, mit der Bösartigkeit, Missgunst und Selbstsucht einhergehen. Rousseau ist mit seiner Betonung von **Freiheit und Individualität menschlicher Bedürfnisse** auch in die Geschichte der Pädagogik eingegangen.

Ziele

Nach Rousseau muss die natürliche Entwicklung des Menschen durch Erziehung sichergestellt werden, so dass der Einzelne unbeschadet in der Zivilisation leben kann. Ziel des Erziehungshandelns soll es sein, die **Erziehung überflüssig** zu machen: Am Ende steht der selbstbestimmte und wahrhaftige Mensch, der seinen Platz in der Gesellschaft findet. Damit verknüpft ist sein politisches Ziel, die Menschen zum freiwilligen Eingehen des Gesellschaftsvertrages zu bewegen und damit die Freiheit aller Gesellschaftsmitglieder zu sichern.

Methodisch-didaktischer Ansatz

In seinem berühmt gewordenen „Emile“ beschreibt Rousseau die Erziehung eines Menschen, wie sie idealtypisch verlaufen könnte. Dabei geht es Rousseau nicht um praktische Handlungsmaximen. Vielmehr möchte er mit diesem Beispiel die **grundlegenden Prinzipien der Erziehung** verdeutlichen (Hentig 2003):

- *Kindheit* – Rousseau erkennt die Bedeutung der Kindheit als einer eigenständigen Lebensphase, die mehr ist als die Vorbereitung auf das Erwachsenenalter
- *Beobachtung* – Die Bedeutung des Studierens, des Beobachtens von Kindern gilt ihm als Grundlage einer gelingenden Erziehung
- *Gesellschaftseinflüsse* – Die Strategie der „negativen Erziehung“, in der das Kind vor den Einflüssen der Gesellschaft abgeschirmt wird, ist für Rousseau besonders bedeutsam.
- *Berufsfindung* – Die Erziehung von Kindern und Jugendlichen sollte nicht auf bestimmte Berufe hin stattfinden
- *Erziehungsmittel* – Die Erziehungsmittel Belehrung, Bestrafung und Beschämung erachtet Rousseau als nicht sinnvoll
- *Erfahrungslernen* – Die Bedeutung des Erfahrungslernens wird hervorgehoben, bei dem die Kinder durch die Natur, die Dinge und die Menschen erzogen werden. „Natur“ und „Dinge“ bezieht sich dabei auf die Notwendigkeiten, die an die Stelle des Zwangs treten. Statt belehrt zu werden, sollen die Kinder eigene Erfahrungen machen

- *Altersgemäße Erziehung* – Rousseau sieht die Bedeutung einer altersgemäßen Erziehung, wobei er das Heranwachsen in vier Phasen unterteilt, in denen jeweils alle Entwicklungsbereiche enthalten sind:
  - Kindheit (bis zum 3. Lebensjahr)
  - Knabenalter (bis zum 12. Lebensjahr)
  - Vorpubertät (bis zum 15. Lebensjahr) und
  - Jünglingsalter (bis zum 20. Lebensjahr).

Heutige Relevanz

Jean-Jacques Rousseau ist zu einem Klassiker der Pädagogik geworden und wird in vielen pädagogischen Ansätzen und Aktivitäten als Ahnherr der Pädagogik angegeben. Dabei ist Rousseau oft missverstanden worden, etwa als Legitimation einer völlig regelfreien, „naturwüchsigen" Erziehung. Jedoch waren seine Schriften der **Ausgangspunkt vielfältiger pädagogischer Diskurse.** In der Umsetzung finden wir etwa in der *Freinetpädagogik* oder bei *Maria Montessori* (→ unten) konkrete pädagogische Konzepte, die die Ideen Rousseaus aufgenommen und verarbeitet haben.

Hentig, Hartmut von: Jean-Jacques Rousseau. In: Tenorth, Heinz-Elmar (Hrsg.): Klassiker der Pädagogik. Erster Band. Von Erasmus bis Helene Lange. München: Beck 2003, S. 72–92

Hansmann, Otto (Hrsg.): Jean-Jacques Rousseau. Baltmannsweiler: Schneider 2002

Johann Friedrich Oberlin

Der Sozialpädagoge Johann Friedrich Oberlin wurde 1740 in Straßburg als Sohn eines Gymnasiallehrers geboren. Ab 1755 studierte er in seiner Heimatstadt und arbeitete einige Jahre als Hauslehrer, bevor er evangelischer Pfarrer in den Vogesen wurde. Dort lebte er bis zu seinem Tod 1826.

Angesichts der Armut und der menschlichen Verrohung in seiner Gemeinde baute Oberlin gemeinsam mit seiner Frau Salome Witter und nach deren Tod mit Louise Scheppler Bildungseinrichtungen für Kleinkinder auf und widmete sich dem Schulwesen. Oberlin gilt als einer der Väter des Kindergartens, weil er als einer der Ersten mit seinen Strick- und Kleinkinderschulen Bildungseinrichtungen unter der Leitung junger Frauen aufbaute. 1840 gab es in Deutschland bereits 230 davon. Oberlin stand in Kontakt mit verschiedenen Denkern und Pädagogen seiner Zeit, so etwa mit dem Philanthropen (Menschenfreund) Johann Bernhard Basedow. Auch die Schriften Voltaires, Rousseaus und Pestalozzis waren ihm bekannt und flossen in seine Arbeit ein.

Menschenbild

Oberlins Menschenbild war durch die **Aufklärung** und den **Philanthropismus** geprägt, eine Ende des 18. Jahrhunderts einsetzende Erziehungsbewegung. Diese war

Abb. 8.23: Oberlin sah Kinder als eigenständige Wesen mit Bildungsfähigkeit und ausgeprägtem Lernwillen.

von Basedow gegründet worden und strebte eine natur- und vernunftgemäße Erziehung an.

Oberlin sah Kinder prinzipiell als eigenständige Wesen mit einem ausgeprägten Lernwillen und mit Bildungsfähigkeit an. Im Sinne der Theologie der Aufklärung war es sein Ziel, den Menschen so viel Bildung als möglich zukommen zu lassen, um ihnen auf diese Weise ein gottgefälliges Leben zu ermöglichen. Die Erweckung der im Menschen vorhandenen Vernunft stand im Zentrum des Schaffens von Johann Friedrich Oberlin. Sein Menschenbild verbindet so christliche mit aufklärerischen Werten.

Ziele

In der Pädagogik sah Oberlin einen entscheidenden Schlüssel zur **Verbesserung der menschlichen Lebensumstände.** Mit seinen Kleinkindeinrichtungen verfolgte er erstens das Ziel, die Kinder früh zu einem „gottgefälligen Leben" zu erziehen und zweitens die Intention, Kindern Wissen und Können zu vermitteln, das sie zum Wohl der Gemeinschaft einsetzen konnten. Oberlin wollte die Bewohner seiner Gemeinde durch die Stärkung ihrer Fähigkeiten und ihrer Vernunft zu einer eigenständigen Verbesserung ihrer wirtschaftlichen und religiösen Lebensverhältnisse anregen.

Methodisch-didaktischer Ansatz

In den Dörfern seiner Kirchengemeinde richtete Oberlin ab 1770 **Strickschulen, Wohnstuben für Stricken** oder **Kleinkinderschulen** ein. In diesen Schulen sollten Kinder ab einem Alter von drei Jahren Grundlagen im Lesen, Rechnen, Schreiben und in der französischen Hochsprache erwerben sowie Kenntnisse im Stricken und Sticken. Außerdem sollten sie natur- und heimatkundliche Erkenntnisse gewinnen und wurden mit Singen und Spielen beschäftigt.

Die Strickschulen wurden von jungen Frauen geleitet, die von Oberlin und seiner Frau Salome Witter ausgebildet worden waren und für ihre Tätigkeit auch Geld bekamen. Der Unterricht wurde durch von Oberlin und seiner Frau entwickelte Lehrmittel (Bücher, Abbildungen und Anschauungsmaterial) unterstützt. Die Einrichtungen boten ihren Unterricht vornehmlich in den Randstunden (früh morgens) außerhalb der Schulzeiten an, so dass auch Schulkinder an dem Unterricht teilnehmen konnten.

Mit seinen Strickschulen und dem in ihnen vermittelten Curriculum (Lehrplan) entwarf Oberlin eine **praktische Vorschulerziehung,** die sich an der Lebenswelt der Familien orientiert. Die Verbindung kognitiver Bildung mit dem Erwerb praktischer Kenntnisse (Handarbeiten) war ein besonders sinnvoller Ansatz, weil auf diese Weise ein unmittelbar sichtbarer Nutzen für die Familien entstand. Die Kinder konnten durch ihre Tätigkeit zum Haushalt beitragen.

Insbesondere auf dem Gebiet der **Mädchenerziehung** war Oberlins Vorgehen wichtig, weil durch die Vermittlung von bestimmten Fähigkeiten und Fertigkeiten, die sie weder in ihrem häuslichen Umfeld noch in der Schule gelernt hätten, die Grundlage für ein relativ eigenständiges Leben gelegt wurde. Zugleich konnten die jungen Mädchen, die vor ihrer Heirat als Erzieherinnen in den Strickschulen arbeiteten, Kenntnisse erwerben, die ihnen für ihr späteres Leben als Mütter und in der Haushaltsführung helfen konnten.

Heutige Relevanz

Die Strickschulen in Verbindung mit einer (sanften) Industrialisierung der traditionell eher ärmlichen Region im Grenzgebiet zwischen Frankreich und Deutschland führten in den Folgejahren zu einem überraschenden wirtschaftlichen Aufschwung, so dass man durchaus von einem Erfolg von Oberlins Wirken sprechen kann. Allerdings sind diese ersten frühpädagogischen Institutionen nicht Keimzelle einer umfassenden Verbreitung oder Einführung des Kindergartens gewesen. Vielmehr handelt es sich bei Oberlins Strickschulen um ein Einzelvorhaben, das am Ende nicht in die Breite wirken konnte. Bis heute ist mit dem Namen Johann Friedrich Oberlin jedoch eine bestimmte mit sozial-karitativen und religiösen Zielen verbundene Bildungsarbeit verknüpft.

📖 Psczolla, Erich: Johann Friedrich Oberlin 1740–1826. Gütersloh: Bertelsmann1979

Johann Heinrich Pestalozzi

Der Pädagoge, Schriftsteller und Sozialreformer Johann Heinrich Pestalozzi wurde 1746 in Zürich als Sohn einer alteingesessenen Familie geboren. Er genoss eine umfassende Bildung, wie sie für Kinder wohlhabender Eltern üblich war. 1763 nahm er sein Studium an der theologischen Hochschule in Zürich auf und heiratete 1769 Anna Schulthess, mit der er einen Sohn hatte.

Zunächst setzte sich Pestalozzi vornehmlich für politische Belange ein, bei denen es um die für die Schweiz anzustrebende Staatsform und das Verhältnis zu Frankreich ging. Parallel versuchte Pestalozzi sich im Aufbau eines landwirtschaftlichen Betriebes, zunächst als Pächter, später als Eigentümer des Gutes Neuhof. Doch schon nach kurzer Zeit geriet der Betrieb in wirtschaftliche Schwierigkeiten und wurde in eine Erziehungsanstalt für arme Kinder umgewandelt. Sie wurde Pestalozzis erstes pädagogisches Projekt. Es folgten weitere Erziehungsanstalten: 1798 ein Waisenhaus in Stans, 1800 eine Schule in Burgdorf, die 1804 nach Münchenbuchsee und 1806 nach Yverdon umzog. Die Schule in Yverdon wurde zu einem beliebten Ziel Bildungsreisender aus ganz Europa. Die Schule wurde 1825 geschlossen, weil es nicht mehr genügend Schüler und Angestellte gab und auch das öffentliche Interesse stark nachgelassen hatte. Bis auf die kurze Phase der Berühmtheit in Yverdon ist das praktische Werk Pestalozzis von Misserfolgen geprägt gewesen. 1827 starb Johann Heinrich Pestalozzi in Brugg.

Menschenbild

Wie andere zeitgenössische Pädagogen ging auch Pestalozzi davon aus, dass die wichtigsten Kräfte dem Menschen von Natur aus mitgegeben seien. Nur durch eine systematische Erziehung entfalten sich diese Kräfte in geordneten Bahnen und damit zum Wohle des Menschen und der Gemeinschaft. Von Natur aus bleibt der Mensch unvollkommen, erst der Mensch selbst kann die Menschwerdung vervollkommnen. Pestalozzi sah den Menschen schon im Kleinkindalter als bildungsfähig an und trat für eine möglichst frühe systematische Erziehung der Kinder ein.

Ziele

Eine gelungene Erziehung vermittelt nach Pestalozzi zwischen der natürlichen Entwicklung des Kindes einerseits und den Regeln des Zusammenlebens andererseits und versucht zwischen Individuum und Gesellschaft eine Brücke zu bauen. Sein Ziel war es, die Menschen dazu zu befähigen, **sich selbst zu helfen.** Dies wollte er in Bezug auf Kleinkinder vor allem dadurch erreichen, dass er Anleitungen für Mütter entwarf, die diese bei der Erziehung ihrer Kinder anwenden sollten.

Methodisch-didaktischer Ansatz

Pestalozzis Arbeit galt in erster Linie der Entdeckung und Entwicklung einer Methode zur Bildung des Menschen zur richtigen Weltanschauung. Dabei ging es nicht um eine Methode unter vielen, sondern um die „wahre", richtige Methode. Nach Pestalozzis Vorstellungen lag die Methode in der Elementarisierung von Wissensinhalten, also in der möglichst starken **Vereinfachung und Veranschaulichung des Wissens.** Dies ist, so die Idee, anhand von bestimmten Gegenständen möglich, in denen sich die Komplexität der Welt widerspiegelt.

Wesentliches Prinzip Pestalozzis ist die **Anschauung.** Diese Anschauung besteht darin, die Welt mit allen Sinnen und in ihrer natürlichen Form zu erfahren und zu betrachten und nicht in vermittelter Form durch Bücher oder Bilder. Die Anschauung war für Pestalozzi der Ausgangspunkt allen Unterrichts, und sollte bereits von den Müttern eingesetzt werden. Auf dieser Anschauung basiert auch der auf Pestalozzi zurückgehende Grundsatz, dass Lernen „mit Kopf, Herz und Hand" geschehen, also Intellekt, sittliches Verhalten und praktische Fähigkeiten ansprechen soll.

In den von Pestalozzi geleiteten pädagogischen Einrichtungen nutzte er die Unterschiedlichkeit der Kinder in Alter und Begabung dazu, sie voneinander lernen zu lassen, so dass die Älteren den Jüngeren das beibringen konnten, was sie bereits beherrschten.

Heutige Relevanz

Pestalozzis Methode als Unterrichtsverfahren wurde zu Beginn des 19. Jahrhunderts breit übernommen, doch schon zu Zeiten von Pestalozzis Tod spielte die Diskussion darüber kaum noch eine Rolle. Der Hauptgrund lag in dem weitgehenden Misserfolg seiner Methode. Lediglich in Preußen spielte Pestalozzis Ansatz weiterhin eine große Rolle, wobei es weniger um die unmittelbare Umsetzung der Methode als vielmehr um den „Geist" von Pestalozzis Denken ging. Es entstand eine Art Legende, in der Pestalozzi mit zahlreichen Projektionen und auch Instrumentalisierungen bedacht wurde, die mit seiner tatsächlichen Arbeit wenig zu tun hatten.

Osterwalder, Fritz: Johann Heinrich Pestalozzi. In: Tenorth, Heinz-Elmar (Hrsg.): Klassiker der Pädagogik. Erster Band. Von Erasmus bis Helene Lange. München: Beck 2003, S. 101–118

Kuhlemann, Gerhard/ Brühlmeier, Arthur (Hrsg.): Johann Heinrich Pestalozzi. Hohengehren: Schneider 2002

Friedrich Wilhelm Fröbel

Der Pädagoge Friedrich Wilhelm Fröbel wurde 1782 als Sohn eines thüringischen Pfarrers geboren. Nach einer Lehre als Feldmesser nahm Fröbel ein Studium der Naturwissenschaften in Jena auf, das er jedoch aus Geldmangel aufgeben musste. In Frankfurt am Main entdeckte er seine

Abb. 8.24: Jüngere Kinder können von älteren lernen.

Berufung zum Lehrer: Dort lernte er eine nach den Prinzipien Pestalozzis arbeitende Schule kennen und entschloss sich, zunächst als Hauslehrer zu arbeiten. In dieser Zeit besuchte er auch Pestalozzi selbst in Yverdon und verfasste seine erste pädagogische Schrift. Nach weiteren Lebensstationen gründete er 1816 im thüringischen Griesheim die „Allgemeine Deutsche Erziehungsanstalt", ein Landerziehungsheim, das er später nach Keilhau verlegte. In den 1830er Jahren gründete und leitete Fröbel mehrere Erziehungsanstalten in der Schweiz, kehrte aber wieder nach Deutschland zurück, um sich dort ganz der Erziehung von Kindern im Vorschulalter zu widmen. 1840 entstand in Keilhau der erste „Kindergarten", ab 1842 kümmerte sich Fröbel verstärkt um die Ausbildung der Kindergärtnerinnen und gründete in Marienthal die erste Schule für Erzieherinnen. Das bis dahin liberal-fortschrittliche Klima veränderte sich, und 1851 wurden seine Kindergärten verboten. 1852 starb Fröbel in Marienthal. Seine beiden Ehen waren kinderlos geblieben.

Menschenbild

Die Aufklärung war auch für Fröbels Menschenbild prägend: Durch Vernunft sollte der Mensch zur Selbstbestimmung gelangen. Erziehung galt auch Fröbel als entscheidendes Mittel zum Erwerb der Vernunft.

Neu war bei Fröbel sein Bild vom Kind: Aufbauend auf den Überlegungen Pestalozzis sah er das **Kind als aktiven Schöpfer** und Entdecker seiner Umgebung. Die Anlagen zur Vernunft erkannte er schon im kleinen Kind und sah eine würdevolle Behandlung von Kindern deshalb als geboten an. Fröbels Philosophie sah darüber hinaus eine **Einheit von Körperlichem und Geistigem** vor, weshalb die körperliche Betätigung ein wichtiger Aspekt seines pädagogischen Ansatzes wurde.

Ziele

Friedrich Fröbel strebte eine frühzeitige und umfassende Erziehung von Kindern an. Diese Erziehung sollte jedoch nicht durch Belehrung von außen stattfinden, sondern durch Anschauung und eigene Erfahrung. Eigenes Tun und Erfahrung sollte an die Stelle von Worten und Büchern treten. Im Spiel erkannte Fröbel einen wichtigen Weg zu dieser Bildung von innen heraus, weswegen die **Spielpflege** zu einem seiner wichtigsten Anliegen wurde. Fröbels Ambitionen konzentrierten sich dabei nicht ausschließlich auf das Kind, sondern auch auf die Personen, die das Kind pädagogisch begleiten sollten: Mütter und Erzieherinnen. Sein Ziel auf diesem Gebiet war die fundierte **Ausbildung der Frauen.**

Methodisch-didaktischer Ansatz

Die Bedeutung des Spiels für Fröbels Pädagogik ist besonders zentral. Nach seiner Auffassung kann hier ein entscheidender Schritt zur Menschwerdung vollzogen werden, denn bereits im Spiel lassen sich wichtige Aspekte des Lebens zeigen und einüben. Um angemessene Spiele und Spielweisen zu unterstützen, entwickelte Fröbel „Spielgaben“ oder Spielmittel.

Dabei soll sich das Kind in seine Spielgabe vertiefen und sich darauf einlassen, so dass eine Konzentration entsteht, die sich auch auf die äußere Ordnung übertragen lässt. Die Spielgaben, die dem Kind als Mittel zum Spiel gegeben werden, sollen dem Prinzip der Elementarisierung folgend die ganze Welt auf einfache Art und Weise repräsentieren, durch die Auseinandersetzung mit ihnen soll ein umfassenderes Weltverständnis möglich sein.

Fröbel unterscheidet drei Arten von **Spielmitteln:**

- *Dreidimensionale Materialien* – Ball aus Stoff oder Wolle (erste Spielgabe), Würfel, Walze und Kugel aus Holz (zweite Spielgabe) und Würfel, Quader und Prismen als Teile des Würfels (dritte bis sechste Spielgabe)
- *Flächenartige Materialien* – Legetäfelchen aus Holz und Papierfaltspiele
- *Punktartige Materialien* – Perlen, Erbsen, Steinchen, Sand und Ton.

In seinen **Bewegungsspielen** manifestiert sich Fröbels philosophische Vorstellung vom engen Zusammenhang des Einzelnen mit dem Ganzen. In Darstellungsspielen, Nachahmungsspielen, Laufspielen und Kreisspielen sollen die Gesetze des Zusammenlebens mit dem Ziel der Erreichung von „Lebenseignung“ erfahren werden.

Ein weiteres wichtiges Element von Fröbels Kindergartenpädagogik ist die **Gartenpflege.** Dabei sieht er die Pflege eines Gartens als Strategie zur Einübung von Verantwortung für die Natur.

Die Wichtigkeit der Mutter(-rolle) als emotionale Stütze des Kindes dokumentiert sich in den „Mutter- und Koseliedern“, in denen Fröbel Lieder, Findespiele, Bilder und Anschauungsmaterial für den Umgang von Müttern und Kindern zusammengestellt hat. Mit dieser Arbeit hebt Fröbel auch die **Familienerziehung** (Erziehung in der Familie) hervor.

Abb. 8.25: Verantwortung für die Natur zu erlernen, war ein wichtiges Element der Fröbelschen Pädagogik.

Heutige Relevanz

Fröbel hat ein umfassendes **pädagogisches Programm des Kindergartens** entworfen und diesem seinen Namen gegeben. Die Kombination aus kognitivem und sozialem Lernen und emotionaler Zuwendung sowie die zentrale Rolle des Spiels in der Elementarerziehung sind Grundsätze, die auch für zahlreiche, insbesondere deutsche Kindertageseinrichtungen maßgebliche Grundlage sind. Die Wahrnehmung des Kindes als eigenständiger Gestalter und Entdecker seiner Umwelt ist nach wie vor Bestandteil aktueller frühpädagogischer Konzepte.

Spiel → Kap. 21

Ebert, Sigrid: Friedrich Fröbel. In: Kindergarten heute, Spezial: Pädagogische Handlungskonzepte von Fröbel bis zum Situationsansatz. Freiburg: Herder 2008, S. 8–15
Kuhlemann, Gerhard/ Brühlmeier, Arthur (Hrsg.): Johann Heinrich Pestalozzi. Hohengehren: Schneider 2002

Heiland, Helmut: Friedrich Wilhelm August Fröbel. Hohengehren: Schneider 2002

Maria Montessori

Maria Montessori wurde 1870 bei Ancona in Italien als Tochter gebildeter und wohlhabender Eltern geboren. Ihren Bildungsweg setzte Montessori gegen erhebliche familiäre und institutionelle Widerstände durch. Sie studierte zunächst Naturwissenschaften und konnte als erste Frau Italiens in Medizin promovieren. Als Ärztin beschäftigte sie sich mit Kinderheilkunde und der Situation geistig behinderter Kinder. 1899 wurde sie Direktorin des ersten heilpädagogischen Instituts in Rom, bevor sie 1901 erneut studierte, diesmal jedoch Anthropologie, Psychologie (→ Kap. 10) und Erziehungsphilosophie. 1904 erhielt sie eine Professur für Anthropologie an der Universität Rom. Dort gründete sie 1907 ein Kinderhaus für Kinder aus sozial schwachen Familien. Diese Arbeit setzte sie bis 1916 in Italien und danach in Spanien fort, und es kam zu einer

Verbreitung ihres Ansatzes in vielen Schulen und Kindergärten Italiens und auch in anderen Teilen Europas und in den USA. Während des Zweiten Weltkrieges lebte sie in Indien, nach dem Krieg bis zu ihrem Tod 1952 in den Niederlanden. Ihr 1898 geborener unehelicher Sohn unterstützte sie viele Jahre und bis zu ihrem Tod bei ihrer Arbeit und wurde ihr wichtigster Mitarbeiter.

Menschenbild

Basierend auf ihren anthropologischen Studien vertrat Montessori eine neue wissenschaftliche Sicht des Kindes, die durch eine **ganzheitliche Sicht** des Menschen geprägt war. Sie stellte die vielfältigen Einflussfaktoren auf die Entwicklung des Menschen in den Vordergrund, wie etwa die medizinischen und psychologischen Bedingungen sowie die familiären und sozialen Lebensbedingungen der Kinder. Diese Einflussfaktoren sah Montessori in einem Wechselverhältnis zu der endogenen, also der im Kind selber liegenden psychischen und physischen Entwicklungsdynamik (→ Kap. 10.3.1). Nach Montessoris Vorstellung verläuft die Entwicklung des Kindes nach einem „Bauplan", der aber durch negative Bedingungen des Aufwachsens gestört werden kann. In seiner Entwicklung durchläuft jedes Kind **„sensible Phasen"**, in denen es eine besondere Lernbereitschaft für bestimmte Bereiche hat (→ Kap. 10.3.1).

Die Bedeutung der Kindheit für die menschliche Entwicklung schätzte Montessori als sehr hoch ein und sah das Kind dementsprechend als „Baumeister" des späteren Menschen. Wie sich ein Kind letztlich entwickelt, hängt von seiner Umwelt ab, von der Balance der Kräfte, die der Entfaltung des inneren Bauplans dienlich sind und das Kind zur „Normalisation" bringen, und der Kräfte, die das Kind fremdbestimmen und zur Deviation (Abweichung) führen.

Ziele

Montessoris wissenschaftliches Ziel war es herauszufinden, wie Entwicklungen verlaufen, was psychische Fehlentwicklungen auslöst und wie Konzentration entsteht.

Die **Unabhängigkeit des Kindes** bzw. des späteren Menschen sah Montessori als zentrales Entwicklungs- und Erziehungsziel. Dem entspricht auch der Leitsatz, für den Maria Montessori berühmt geworden ist: „Hilf mir, es selbst zu tun!"

Aufgabe jeder Pädagogin sollte es sein, sich ein möglichst klares Bild vom „wahren" Kind zu machen, so dass sie die Lernumgebung und ihre pädagogischen Angebote den jeweiligen Bedürfnissen und Fähigkeiten der Kinder, je nach der Phase, in der sie für etwas sensibel sind, anpassen kann. Über die Umsetzung ihrer pädagogischen Ideen hinaus setzte sich Montessori in hohem Maße für die Rechte der Kinder, für den Frieden und die Achtung der natürlichen Umwelt ein.

Methodisch-didaktischer Ansatz

Der Kern des pädagogischen Vorgehens nach Montessori liegt in der **„vorbereiteten Umgebung"**. Sie ist durch drei Strukturmomente bestimmt:

- *Personal-soziales Moment* – Mischung der Kindergruppe in Hinblick auf Alter, Leistungen, Interessen und Geschlecht. So können das voneinander Lernen und die gegenseitige Anregung und Motivation ermöglicht werden. Die Mischung umfasst dabei in der Regeln drei Jahrgänge und schließt auch behinderte Kinder ein.
- *Materiales Moment* – Ästhetisch ansprechendes, sich selbst erklärendes „Sinnenmaterial" aus verschiedenen Feldern zur selbstständigen Nutzung, so etwa zur Förderung der Sensomotorik und Bewegung, zur Sprache und Mathematik, zur naturwissenschaftlichen Bildung und zur sozialen Erziehung.
- *Strukturell-dynamisches Moment* – Prinzipien, nach denen gearbeitet wird:
  - Prinzip der Ordnung
  - Stufenleiter-Prinzip
  - Prinzip der Begrenzung
  - Prinzip der freien Wahl
  - Prinzip der individuellen didaktischen Passung
  - Prinzip der individuellen Entwicklungsgemäßheit
  - Prinzip des Wechselns von direkter und indirekter Erziehung
  - Prinzip der unteren Grenze des Eingreifens.

Ausgangspunkt für die Idee der vorbereiteten Umgebung war Montessoris Beobachtung der hohen Konzentrationsfähigkeit von Kindern, ihrer weltvergessenen Vertiefung, die sie **„Polarisation der Aufmerksamkeit"** nannte. Montessori wollte durch die vorbereitete Umgebung einen Rahmen schaffen, in dem sich diese Polarisation der Aufmerksamkeit möglichst optimal entfalten konnte.

Gemäß dem Prinzip der freien Wahl wird in Zeiten der Freiarbeit in drei Phasen vorgegangen: Zu Beginn steht das Suchen und Finden einer Tätigkeit, dann folgt „die große Arbeit", bei der immer wieder variiert und wiederholt wird und den Abschluss bildet ein nachdenkliches oder sponta-

Abb. 8.26: Montessori erkannte, dass es für das Lernen *sensible Phasen* gibt.

nes Sichfreuen über die erworbene Kompetenz. Auch hierfür muss die Pädagogin den geeigneten Rahmen schaffen.

Um den Entwicklungsprozess der Kinder, die Entfaltung des Bauplans zu unterstützen, entwickelte Montessori verschiedene Entwicklungsmaterialien, das **Montessori-Material,** die sich auf verschiedene Lernbereiche bezogen:

- Material zu den Übungen des praktischen Lebens
- Mathematikmaterial
- Sprachmaterial
- Material zur kosmischen Erziehung.

Heutige Relevanz

In den Jahren des Zweiten Weltkrieges wurde die Montessoripädagogik durch das nationalsozialistische Regime (NS-Regime) verboten und geriet größtenteils in Vergessenheit. Danach ist der Ansatz zunächst vor allem in den Niederlanden stark gefördert und seit den 1960er Jahren auch in Deutschland immer weiter verbreitet worden. Das betrifft sowohl die wissenschaftliche Rezeption ihrer Schriften als auch die praktische Umsetzung ihres Ansatzes. In **Montessori-Kursprogrammen** können sich heute wie schon zu Beginn des 20. Jahrhunderts Pädagoginnen für die **Arbeit nach Montessori qualifizieren** lassen. Die Verbreitung erstreckt sich dabei nicht nur auf den Kindergartenbereich, sondern auch auf Schulen und auf den heilpädagogischen Bereich.

Schmutzler, Hans-Joachim: Maria Montessori. In: Kindergarten heute, Spezial: Pädagogische Handlungskonzepte von Fröbel bis zum Situationsansatz. Freiburg: Herder 2008, S. 16–25

Knauf, Tassilo/ Düx, Gislinde/ Schlüter, Daniela: Handbuch pädagogischer Ansätze. Praxisorientierte Konzeptions- und Qualitätsentwicklung in Kindertageseinrichtungen. Berlin, Düsseldorf: Cornelsen Scriptor 2007

Ludwig, Harald: Erziehen mit Maria Montessori. Ein reformpädagogisches Konzept in der Praxis. Freiburg: Herder 2003

Célestin Freinet

Célestin Freinet kam 1896 in der Provence/Frankreich zur Welt. Er wuchs in einfachen Verhältnissen auf, wurde aber von seinen Lehrern für eine Ausbildung am Lehrerseminar vorgeschlagen. Nach zwei Jahren musste er seine Ausbildung dort abbrechen, um in den Kriegsdienst einzutreten, aus dem er mit einer schweren Lungenverletzung zurückkehrte. 1920 trat er seine erste Lehrerstelle in einer kleinen Dorfschule an und entwickelte dort bereits seinen pädagogischen Ansatz.

Er gründete 1924 eine Lehrergewerkschaft, die eine Veränderung des Schulwesens von innen heraus bewirken sollte. Freinet baute schließlich gemeinsam mit seiner Frau Elise Freinet eine eigene Schule als privates Internat in Vence bei Cannes auf, das 1934 die ersten Schüler aufnahm. 1940 wurde Freinet verhaftet und kam in ein Internierungslager, die Schule wurde vorübergehend geschlossen. Nach dem Krieg zog Freinet nach Cannes und setzte sich verstärkt für den Aufbau eines internationalen Netzwerks zur Verbreitung seines pädagogischen Ansatzes und der mit ihm verbundenen Arbeitsmittel und von Kindern selbst zusammengetragenen Materialien ein. Freinet starb 1966.

Menschenbild

Im Mittelpunkt von Freinets Menschenbild steht der **Respekt vor dem Kind** als eigenständiger Person und das notwendige Zutrauen der Erwachsenen in die Fähigkeit zur Selbstverantwortung und Autonomie des Kindes. Das beinhaltet auch einen Respekt vor Individualität und Eigenart des Kindes, das zum **Gestalter seiner Entwicklung** werden kann, indem es eigene Interessen verfolgt und eigene Lern- und Aneignungsstrategien umsetzt.

Freinets großes **Vertrauen in die Fähigkeit von Kindern** drückt sich auch in seinem Verständnis der Rolle der Erwachsenen aus: Nach seiner Vorstellung wissen Kinder selbst, was gut für sie ist, und bedürfen des Erwachsenen, der ihnen dieses sagt, nicht. Deswegen sind Kinder auch nicht zu einem bestimmten Zeitpunkt „reif" für etwas, sondern können selbst beurteilen, wann der richtige Moment ist, um etwas zu tun, nämlich dann, wenn sie es sich selbst zutrauen.

Zu Freinets Menschenbild gehört auch die Überzeugung, dass Kinder lernen und arbeiten und Verantwortung übernehmen wollen. Freinet vertrat die Auffassung, dass diese starke **Motivation** (→ Kap. 10.2.5) in pädagogischen Kontexten genutzt werden kann und soll.

Ziele

Freinet erkannte in Kindern einen Hunger nach Leben und Aktivität. Sein Ziel war es, diesem Hunger Nahrung zu geben, indem sich Bildungsangebote nach den Bedürfnissen, Interessen und Themen der Kinder richten sollten. Um dies umsetzen zu können, waren nach Freinet jedoch andere Rahmenbedingungen notwendig, als er sie in den Schulen seiner Zeit antraf. Deshalb zielten seine Aktivitäten zunehmend auf eine **politische Veränderung,** bei der sich Schule und Unterricht von Grund auf wandeln sollten.

Methodisch-didaktischer Ansatz

Im Mittelpunkt seines Ansatzes steht der Grundsatz, **„dem Kind das Wort zu geben".** Freinet sprach von seinem Ansatz als der natürlichen Methode der Erziehung, bei der die bereits im Kind vorhandenen Anlagen und Kräfte genutzt und entfaltet werden.

Zu diesem Zweck sollte den Kindern die Möglichkeit gegeben werden, durch „entdeckendes Lernen" und „tastende Versuche" ihre Umwelt zu erkunden und sich mit Materialien und Werkzeugen vertraut zu machen.

Abb. 8.27: Ein Kinderatelier war für Freinet eine wichtige Rahmenbedingung für Spiel mit Arbeitscharakter und Arbeit mit Spielcharakter.

Kinder, die die Möglichkeit haben, Aktivitäten auszuüben, für die sie sich selbst entschieden haben, benötigen nach Freinet keine Disziplinierungen. Für Freinet war das **Spiel** der Kinder ihre **Arbeit,** wobei er zwei Formen der Tätigkeit unterscheidet:

- Spiel mit Arbeitscharakter (jeu-travail) und
- Arbeit mit Spielcharakter (travail-jeu).

Die Tätigkeit der Kinder als Arbeit zu bezeichnen, bedeutet, der hohen Konzentration, der Ernsthaftigkeit und der Ausdauer Rechnung zu tragen, mit der die Kinder ihre selbstgewählten Vorhaben angehen. Als wichtige Rahmenbedingung für eine solche Arbeit sah Freinet die Errichtung von **Ateliers** an. Dies sind Werkstätten, in denen die Kinder ihre eigenen Produkte erschaffen und in denen die Erwachsenen nicht als Lehrmeister auftreten, sondern den Kindern nur dann zur Seite stehen, wenn diese ihre Unterstützung anfordern. Material und Werkzeug sind dabei wichtige Instrumente zur Auseinandersetzung mit der Welt, aber auch mit den eigenen Fähigkeiten. So können sie ihre eigenen Problemlösungsstrategien entwickeln und Verantwortung für ihr Tun übernehmen.

Dabei wird der **Vielfalt der kindlichen Ausdrucksweisen** eine außerordentliche Bedeutung beigemessen („freier Ausdruck"). Diese reichen von den – protokollierten – Kinderaussagen in Gesprächskreisen über das Experimentieren mit kurzen lyrischen Texten bis zum Drucken von Plakaten oder Briefen. Die Druckerpresse ist zu einem Markenzeichen der Freinetpädagogik geworden.

Heutige Relevanz

Die Freinetpädagogik steht im Elementarbereich eher am Anfang. Ihre Verbreitung als Ansatz nimmt jedoch zu und korrespondiert mit anderen aktuellen Konzepten wie etwa der *Reggiopädagogik* (→ Kap. 8.3.2).

📖 Henneberg, Rosy/ Klein, Lothar/ Vogt, Herbert: Freinetpädagogik in der Kita: Selbstbestimmtes Lernen im Alltag. Seelze: Kallmeyer 2008

Klein, Lothar: Célestin Freinet. In: Kindergarten heute, Spezial: Pädagogische Handlungskonzepte von Fröbel bis zum Situationsansatz. Freiburg: Herder 2008, S. 32–40

8.4.2 Moderne pädagogische Konzepte

Die in diesem Kapitel vorgestellten modernen pädagogischen Konzepte sind dem Namen nach alphabetisch geordnet. Es sind:

- Der offene Kindergarten
- Die Reggiopädagogik
- Der Situationsansatz
- Der Waldkindergarten
- Die Waldorfpädagogik.

Offener Kindergarten

Offene Kinder- und Jugendarbeit → Kap. 5

Der offene Ansatz im Kindergarten war zunächst eine Reaktion auf Ansätze, die eine Orientierung an Prinzipien der Schule im Kindergarten vorantreiben wollten. Aus der Angst heraus, im internationalen Wettbewerb nicht mithalten zu können, wurde in den frühen 1970er Jahren versucht, im Rahmen von Vorschulkonzepten schon deutlich früher als bislang mit einer messbaren und prüfbaren Wissensvermittlung zu beginnen. Der offene Ansatz war das Gegenmodell dazu. Mit ihm versuchten die Reformer, die Ideen vom Kind als selbstbestimmtem Subjekt umzusetzen. Wichtige Impulse bekam die Idee des offenen Kindergartens von Seiten der Forschung zur Psychomotorik und von der Handlungsforschung. Obwohl sich heute viele Kindertageseinrichtungen als offene Einrichtungen verstehen, kann von einem einheitlichen Konzept oder „*dem* offenen Ansatz" nicht gesprochen werden, weil es eine große Vielfalt an Deutungen und Umsetzungsversuchen der Idee der Offenheit gibt.

Menschenbild

Die offene Arbeit sieht alle Beteiligten an pädagogischen Prozessen als aktive Gestalter, als Akteure des Geschehens. Dabei ist der Gedanke der Partizipation, also der Beteiligung zentral. Kinder sollen keine Objekte eines von Erwachsenen erdachten Plans sein, sondern handelnde Subjekte, die über ihr Tun weitgehend selbst bestimmen. Mit der Selbstbestimmung geht auch die Übernahme von Verantwortung für das eigene Handeln einher: **Selbstbestimmung und Eigenverantwortung** sind miteinander verbunden. Im offenen Ansatz wird davon ausgegangen, dass auch Kleinkinder diese Aufgaben übernehmen können und dadurch an Lebensfreude sowie Engagement gewinnen und zugleich entscheidende Lernimpulse bekommen.

Begründer	Menschenbild	Ziele	Ansatz/Methode
Johann Amos Comenius	Der Mensch als Pansoph (allseitig gebildeter Mensch) mit grundsätzlich guten Anlagen	Umfassende Bildung, Entwicklung der Vernunft zur Überwindung schlechter Lebensumstände	• Viergliedriges, vom Alter abhängiges Schulsystem • Mutterschule • Erfindung des Lehrbuchs • Erwerb von Basiswissen, auf dem aufgebaut werden kann
Jean-Jacques Rousseau	Der Mensch besitzt grundsätzlich gute Eigenschaften, die durch die Gesellschaft/Zivilisation entwertet werden	Natürliche Entwicklung des Menschen soll durch Erziehung sichergestellt werden, so dass Erziehung überflüssig wird	• Grundlgegende Prinzipien der Erziehung: • Kindheit als eigenständige Lebensphase Beobachtung • Gesellschaftseinflüsse minimieren • Keine Erziehung hin zu bestimmten Berufen • Keine Erziehungsmittel wie Belehrung oder Bestrafung • Erfahrungslernen • Altersgemäße Erziehung
Johann Friedrich Oberlin	Kinder sind eigenständige Wesen mit ausgeprägtem Lernwillen und Bildungsfähigkeit	Verbesserung der menschlichen Lebensumstände	• Verbindung kognitiver Bildung und praktischer Kenntnisse • Mädchenerziehung
Johann Heinrich Pestalozzi	Von Natur aus ist der Mensch unvollkommen und kann sich nur durch systematische Erziehung „in geordneten Bahnen" entwickeln	Menschen sollen die Fähigkeit erwerben, sich selbst zu helfen; Individuum und Gesellschaft sollen durch Erziehung in Einklang gebracht werden	• Vereinfachung und Veranschaulichung von Wissen • Lernen mit „Kopf, Herz und Hand"
Friedrich Wilhelm Fröbel	Durch Vernunft erwirbt der Mensch Autonomie; das Kind ist aktiver Schöpfer und Entdecker seiner Umgebung	Erziehung durch Anschauung und Erfahrung, Körper und Geist sollen in Einklang gebracht werden	• Im Spiel lernt das Kind wichtige Aspekte des Lebens, unterstützt durch Spielmittel, Bewegung und Gartenpflege • Ausbildung der Frauen • Erziehung in der Familie
Maria Montessori	Ganzheitliche Sicht auf den Menschen: Wechselverhältnis von endogenen und exogenen Einflüssen; das Kind ist Baumeister seines späteren Selbst	Unabhängigkeit des Kindes: „Hilf mir, es selbst zu tun"	• Vorbereitete Umgebung: – Personal-soziales Moment – Materiales Moment – Strukturell-dynamisches Moment • Freiarbeit • Montessori-Material
Célestin Freinet	Respekt vor dem Kind; das Kind ist Gestalter seiner Entwicklung; Kinder wollen lernen und Verantwortung übernehmen	Bildungsangebote sollen auf den kindlichen Hunger nach Aktiviät zugeschnitten sein	• Spiel ist „die Arbeit der Kinder": • Spiel mit Arbeitscharakter (jeu-travail) • Arbeit mit Spielcharakter (travail-jeu) • Einrichtung eines Ateliers

Tab. 8.2: Klassische pädagogische Konzepte im Überblick.

Ziele

In der offenen Arbeit geht es um eine möglichst starke Orientierung an den Bedürfnissen der Kinder. Sie sollen Gelegenheit haben, eigene Interessen zu entwickeln und diesen dann auch nachzugehen. In besonderem Maße soll die **Selbstorganisationsfähigkeit der Kinder** gestärkt werden, da sie selbst entscheiden, was sie tun möchten und mit wem. So will die offene Arbeit auch das soziale Lernen in besonderer Weise fördern. Damit in Zusammenhang steht auch das Ziel, eine frühe Gewöhnung an Verfahren der gemeinsamen Entscheidungsfindung und der Teilhabe zu ermöglichen.

Methodisch-didaktischer Ansatz

Aufgrund der zahlreichen Deutungen der Idee der offenen Arbeit und der vielfältigen Umsetzungsvarianten des offenen Kindergartens ist es nicht möglich, feste Regeln oder

Abb. 8.28: Freiwilligkeit und Bewegungsfreiraum sind die Grundprinzipien offener Arbeit.

unabdingbare Komponenten der offenen Arbeit im Kindergarten zu nennen. Vielmehr sollen hier **Charakteristika des offenen Kindergartens** genannt werden.

Ein wichtiger Aspekt beim offenen Kindergarten ist die Frage, worin die **Offenheit** besteht. Sie kann sich entweder auf einrichtungsinterne Aspekte beziehen (Offenheit für die Kinder, für die Teammitglieder, für neue Ideen usw.) oder auf externe Faktoren (Offenheit zum lokalen Umfeld, zu Personen und Institutionen, zu den Medien usw.). Wie also Offenheit von der einzelnen Einrichtung definiert wird, hängt von den jeweiligen Bedingungen und Schwerpunktsetzungen ab.

In vielen Einrichtungen besteht die Offenheit oder Öffnung in der Auflösung der traditionellen Stammgruppen (eine Gruppe von bis zu 25 Kindern mit eigenen Räumlichkeiten). Statt der bisherigen Gruppenräume gibt es nun **Funktionsräume**, deren Ausstattung der Vielfalt der Entwicklungsbedürfnisse entspricht und in denen dann beispielsweise die Möglichkeit zum Werken, Malen, Entspannen, Verkleiden, Bewegen besteht. Die Kinder können sich immer wieder neu entscheiden, welche Tätigkeit sie ausüben möchten und welcher Raum dazu passt. Hier entstehen dann immer wieder neue oder auch stabile Gruppen, in denen Kinder zusammenarbeiten. Die Gruppenbildung wird so in den Verantwortungsbereich der Kinder gegeben.

Das **Gemeinschaftsleben** ist trotz der Öffnung der Gruppen ein wichtiger Bestandteil des Kindergartenalltags. Viele Einrichtungen veranstalten regelmäßige (Voll-)Versammlungen, „Kinderkonferenzen", bei denen in altersangemessenem Umfang gemeinsam diskutiert und entschieden werden kann.

In vielen offenen Einrichtungen misst man heute der Psychomotorik eine besondere Rolle bei: Die Verbindung von Emotionalität mit körperlicher Bewegung wird hervorgehoben und zielt darauf, Kindern möglichst viele Bewegungsmöglichkeiten anzubieten. Die Grundprinzipien des offen Kindergartens, **Freiwilligkeit und Bewegungsfreiraum,** bieten für die Umsetzung psychomotorischer Angebote einen sehr passenden Rahmen und können dort etwa in Form einer *Bewegungsbaustelle* (→ Kap. 8.5.2) umgesetzt werden.

Die Offenheit des Ansatzes besteht für viele Einrichtungen auch in der **Offenheit für ganz unterschiedliche Kinder.** Diese bezieht sich zunächst auf das Zusammensein von Kindern unterschiedlichen Alters. Sie bezieht sich aber auch auf das Zusammensein von Kindern mit unterschiedlichen körperlichen und geistigen Entwicklungsständen und Voraussetzungen, meint also Offenheit in der Perspektive der Inklusion (des Einschlusses) (→ Kap. 8.1.2).

Gruber, Rosmemarie/ Siegel, Brunhild (Hrsg.): Offene Arbeit in Kindergärten. Das Praxisbuch. Kiliansroda: Verlag das Netz 2008

Regel, Gerhard/ Kühne, Thomas (Hrsg.): Pädagogische Arbeit im Offenen Kindergarten. Freiburg: Herder 2007

Regel, Gerhard/ Wieland, Axel: Offener Kindergarten konkret: Veränderte Pädagogik im Offenen Kindergarten. Hamburg: EB-Verlag 2007

Reggiopädagogik

In den 1960er und 1970er Jahren entstand im norditalienischen Reggio Emilia ein Netz kommunaler Kindertageseinrichtungen, die gemeinsam einen frühpädagogischen Ansatz entwickelten (→ Kap. 8.2.2). Ihre Aktivitäten bündelten sich in einem pädagogischen Zentrum, das die verschiedenen Einrichtungen koordinierte und in dem die Pädagoginnen zusammenkommen konnten. Von 1970 bis 1985 wurde das pädagogische Zentrum von dem Lehrer und Erziehungswissenschaftler Loris Malaguzzi (1920–1994) geleitet. Hinzu kamen Werkstattleiter, die als Künstler und Handwerker ihre Kompetenzen in die pädagogische Arbeit einbrachten. Außerdem wurde ein dichtes Beratungsnetz aufgebaut, in dem eine Pädagogin mit vier bis maximal sieben Einrichtungen zusammenarbeitet. Seit 1975 ist die Zahl der Einrichtungen in Reggio Emilia von 19 auf annähernd 40 angewachsen. Die „Scuole dell'Infanzia" (Schulen der Kindheit) und „Nidi" (Nester bzw. Krippen) stehen seit den 1980er Jahren in regem internationalem Austausch.

In den USA, aber auch in Europa, vor allem in den skandinavischen Ländern, findet die Reggiopädagogik Verbreitung. Sie gewinnt auch in Deutschland an Bedeutung. Seit 2007 können hier Einrichtungen als „reggioorientiert" zertifiziert werden.

Menschenbild

In der Reggiopädagogik spielt das Bild vom Kind eine ganz zentrale konzeptionelle Rolle. Die Sicht der Pädagoginnen auf das Kind ist Grundlage des Handelns in den Reggioeinrichtungen und drückt sich wie im Folgenden beschrieben aus (Brockschnieder 2008).

Das Kind

- Ist ein vollwertiges menschliches Wesen mit eigener Identität und Kultur
- Verfügt über große, oft nicht ausgeschöpfte Möglichkeiten
- Strebt danach, seine Fähigkeiten zu entwickeln
- Konstruiert aktiv Wissen
- Ist Entdecker und Forscher
- Ist ein soziales Wesen
- Kann sich auf vielfältige Weise ausdrücken
- Hat eigene Zeiten.

Aufgrund der Wahrnehmung von Kindern als eigenständige und aktive Personen wird den **Rechten der Kinder** in der Reggiopädagogik auch eine besondere Bedeutung beigemessen.

Ziele

Die Reggiopädagogik versteht sich nicht als ein in sich geschlossenes und statisches Konzept, vielmehr liegt ein Hauptprinzip in der **dynamischen Anpassung des pädagogischen Handelns** an die Erfordernisse der im Augenblick anwesenden Kinder. Es geht deshalb auch nicht darum, Kinder zu bestimmten Leistungen zu führen oder sie bestimmten Idealvorstellungen anzupassen, vielmehr liegt das Selbstverständnis darin, die Kinder verstehen zu wollen und sie in ihren Handlungen zu begleiten, ohne sie dabei anzuleiten.

Methodisch-didaktischer Ansatz

Die Reggiopädagogik sieht sich in erster Linie als pädagogische Philosophie, als pädagogische Haltung, Einstellung und Deutung. Es gibt dabei einige Bausteine, die für die Reggiopädagogik charakteristisch sind:

Eine besondere Rolle spielen in der Reggiopädagogik die **Projekte.** Anlass für Projekte (→ Kap. 8.5) sind vorrangig die Themen und Beobachtungen der Kinder, die von den Erwachsenen aufgegriffen werden. Dabei entwickelt sich ein Dialog zwischen Kindern und Erzieherinnen, wobei die Erzieherinnen Fragen stellen, dosierte Impulse und Ideen beisteuern und vor allem die Aktionen der Kinder (mit ihnen) dokumentieren.

Ein weiteres wichtiges Merkmal der reggianischen Kindergärten ist die **Raumgestaltung,** denn die Räume werden als dritter Erzieher verstanden. Den Kern der reggianischen Einrichtungen bildet die **Piazza,** ein Treffpunkt und Ort der Kommunikation und des Austauschs, auch für bewegtes Spiel. Außerdem gibt es in der Regel ein zentrales **Atelier,** in dem die Werkstattleiterin, die zum Personal jeder Einrichtung gehört, arbeitet. Jeder Gruppenraum hat einen kleinen Nebenraum, ein kleines Atelier, in dem die Kinder ihre Projektarbeiten bearbeiten können. In den Einrichtungen gibt es eine Küche und einen Speiseraum, das Kinderrestaurant. Auch die Haushaltskräfte werden zum pädagogischen Personal gerechnet.

Abb. 8.29: Kunst ist ein wichtiger Bereich in der Reggiopädagogik.

Den Kindern stehen vielfältige **Materialien** zur Verfügung, wobei es sich weniger um klassisches Spielzeug oder didaktisches Material handelt, sondern vielmehr um Materialien zum Betasten, Bauen und Gestalten wie etwa Knöpfe, Federn, Papiere oder Holz, aber auch ausgewählte Industrieabfälle.

Die **Dokumentation** der Arbeit der Kinder hat ebenfalls einen hohen Stellenwert. So werden laufende Projekte in Wanddokumentationen („Sprechende Wände") dokumentiert, indem mit Hilfe von Zeichnungen, Bildern, Fotos und Kommentaren der laufende Prozess begleitet wird. In Heftdokumentationen werden abgeschlossene Projekte festgehalten.

Nicht nur die Kinder werden in der Reggiopädagogik als **Forscher** begriffen, auch die Erzieherinnen. Durch ihre beobachtende Haltung erforschen sie das Lernen der Kinder und zugleich forschen sie mit den Kindern gemeinsam zu den von ihnen eingebrachten Themen.

Brockschnieder, Franz-Josef: Reggio-Pädagogik. In: Kindergarten heute, Spezial: Pädagogische Handlungskonzepte von Fröbel bis zum Situationsansatz. Freiburg: Herder 2007, S. 41–44

Dreier, Annette: Was tut der Wind, wenn er nicht weht? Begegnungen mit der Kleinkindpädagogik in Reggio Emilia. Berlin Düsseldorf: Cornelsen Verlag Scriptor 2010

Situationsansatz

Der Situationsansatz wurde von einer Arbeitsgruppe um Jürgen Zimmer in den 1970er Jahren entwickelt, in denen die Bildungsreform auch den Elementarbereich erreichte. Zimmer wandte sich damals einerseits gegen die stark leistungs- und funktionsorientierten und zu Verschulung tendierenden Ansätze und andererseits gegen die Idealisierung des Kindes in der traditionellen Kindergartenbewegung.

Die Grundsätze des Situationsansatzes lassen sich auf verschiedene **Wurzeln** zurückführen: Zunächst ist die Curriculumtheorie des Erziehungswissenschaftlers Shaul Robinsohn zu nennen, der auf die Bedeutung von aktuellen Lebenssituationen für Lernen und Lernbereitschaft hingewiesen hat. Wichtig war auch der brasilianische Pädagoge Paolo Freire, der in einem neuen Ansatz der Alphabetisierung versuchte, das Lesen und Schreiben anhand von Themen und Worten mit unmittelbarer Bedeutung für die Lernenden zu vermitteln, und so die Einsicht in den Sinn des Lernens als eine Grundlage für Lernen und Lernbereitschaft begriff.

Zugleich ist der Situationsansatz verbunden mit basisdemokratischen Vorstellungen, weil er auch in von Eltern initiierten Einrichtungen entwickelt und umgesetzt wurde in Elterninitiativen und Kinderläden.

Menschenbild

Der Situationsansatz sieht die Kinder als **Akteure ihrer Entwicklung** und sieht ihr Streben nach Autonomie als Grundmuster ihrer Entwicklung an. Dabei werden die Rechte von Kindern besonders ernst genommen. Durch **Selbstbestimmung** sollen Kinder die Fähigkeit zu eigenen Entscheidungen erreichen, aber auch zur Rücksicht auf andere. Grundlage ist das Zutrauen in Kinder, dass sie selbst entscheiden können, was gut für sie ist.

Ziele

Als zentrales Ziel des Situationsansatzes gilt die Befähigung der Kinder zu **Autonomie, Solidarität und Kompetenz.** So sollen sie in die Lage versetzt werden, konkrete Lebenssituationen zu bewältigen.

Methodisch-didaktischer Ansatz

In der Umsetzung des Situationsansatzes steht vor allem die Orientierung an den Themen und der Lebenswirklichkeit der Kinder im Mittelpunkt. Mit diesem Ziel identifizieren die pädagogischen Fachkräfte exemplarische Situationen, die für die Kinder wichtig sind und in denen sich für sie wichtige Themen spiegeln. In solchen **Schlüsselsituationen** sollen die Kinder sich dann erproben und so Strategien für ihre Lebensbewältigung entwickeln.

In der pädagogischen Arbeit wird dabei das folgende Grundschema verfolgt:

- Auswahl einer Schlüsselsituation
- Analyse der Situation
- Pädagogisches Handeln
- Reflexion und Auswertung des Geschehens.

Dabei kommt es darauf an, durch abwartendes Beobachten Schlüsselsituationen zu erkennen und diese dann aufzugreifen. Die Rolle der Erzieherin ist eher beobachtend, es geht nicht darum, die Situation zu steuern oder in die Hand zu nehmen. Wenn es um die Definition von Zielen geht, die dann in der Bearbeitung der Schlüsselsituation erreicht werden sollen, müssen sich diese stets an den dem Situationsansatz zugrunde liegenden Hauptzielen **Autonomie, Solidarität und Kompetenz** orientieren.

Im Situationsansatz lassen sich die Erzieherinnen soweit wie möglich auf die **Gedankengänge der Kinder** ein und versuchen nicht, diese durch gezielte Angebote, die möglicherweise außerhalb der Lebenswelt der Kinder liegen, zu steuern. So gehen sie auf die sozialen und kulturellen Lebenssituationen der Kinder ein und finden die Schlüsselsituationen, die im Leben der Kinder wichtig sind.

Die **Planung der Situationen** ist offen, das heißt, dass Abweichungen durch Impulse der Kinder immer willkommen sind und auch zu einem Abrücken vom ursprünglich vorgesehenen Ablauf der Situation führen können.

Wichtige Prinzipien im Situationsansatz sind das **soziale Lernen** und die **Partizipation.** Durch die Aushandlung von Interessen sollen Kinder demokratisches Handeln lernen, etwa indem *Kinderkonferenzen* (→ Kap. 8.3.2) abgehalten werden. Die Kinder haben auch ein hohes Maß an Mitsprache und Mitgestaltung. Diese Partizipation trägt auch dem Kinder- und Jugendhilfegesetz (§ 8 KJHG) Rechnung (→ Kap. 3.2).

Einrichtungen, die nach dem Situationsansatz arbeiten, setzen meist eine **Altersmischung** um, die es jedem Kind ermöglicht, sich selbst in unterschiedlichen Rollen zu erleben: Jedes Kind soll Unterstützung durch andere erfahren, aber auch selbst Unterstützung geben können.

Abb. 8.30: Einrichtungen, die nach dem Situationsansatz arbeiten, sind meist altersgemischt.

Ein weiteres wichtiges Kennzeichen ist die **Öffnung nach außen.** Hier ist insbesondere die enge Zusammenarbeit mit den Eltern angesprochen, die als Erziehungspartnerschaft angelegt ist.

Böhm, Dietmar/ Böhm, Regine: Der Situationsansatz. In: Kindergarten heute, Spezial: Pädagogische Handlungskonzepte von Fröbel bis zum Situationsansatz. Freiburg: Herder 2007, S. 50–58

Zimmer, Jürgen: Das kleine Handbuch zum Situationsansatz. 2. Aufl. Berlin Düsseldorf: Cornelsen Verlag Scriptor 2006

Waldkindergarten

Seine Ursprünge hat der Waldkindergarten (→ siehe auch Kap. 19) in Skandinavien: Bereits Ende des 19. Jh. entstanden einzelne Organisationen, die Kindern das Leben im Freien ermöglichen wollten. In der Mitte des 20. Jahrhunderts entwickelten sich dann die ersten Waldkindergärten in Schweden und Dänemark. Teilweise unabhängig davon entstanden Ende der 1970er Jahre und dann verstärkt und mit größerer Breitenwirkung in den 1990er Jahren auch in Deutschland Waldkindergärten. Heute gibt es ca. 400 Waldkindergärten in Deutschland.

Beeinflusst wurde die Idee des Waldkindergartens einerseits durch die naturorientierten Reformbewegungen zu Beginn des 20. Jh. (Reformpädagogik), aber auch durch die jüngere ökologische Bewegung. Hinzu kommt die Inspiration durch entwicklungspsychologische Erkenntnisse, die Bewegung und die Verbindung körperlicher und geistiger Entwicklung hoch bewerten.

Menschenbild

Das dem Waldkindergarten zugrunde liegende Bild vom Kind sieht die Kindheit als **eigenständige Lebensphase** mit spezifischen Bedürfnissen und Ausdrucksformen. Diesen sollte in der pädagogischen Arbeit Rechnung getragen werden. Durch die Begegnung mit der Natur können Kinder die Grundformen der menschlichen Entwicklung nachvollziehen und positive Erfahrungen durch die Wahrnehmung von Kreisläufen und von der Schönheit der Natur gewinnen.

Ziele

Im Waldkindergarten haben Kinder die Möglichkeit, ihre Bedürfnisse und insbesondere ihren **natürlichen Bewegungsdrang auszuleben**. Der Kindergarten ohne Dach und Wände ermöglicht es Kindern, sich motorisch auszuagieren, Geschicklichkeit zu erwerben und einen rücksichtsvollen und verantwortungsbewussten **Umgang mit der Natur** zu lernen. Der Waldkindergarten soll durch den Aufenthalt in der Natur auch den durch Reizfülle ausgelösten Informationsstress verringern.

Abb. 8.31: Integrierter Waldkindergarten: Der Aufenthalt kann sowohl in den Räumen als auch im Freien stattfinden.

Methodisch-didaktischer Ansatz

Bei Waldkindergärten wird zwischen den reinen und den integrierten Waldkindergärten unterschieden:

- **Reine Waldkindergärten** arbeiten ausschließlich in der Natur und müssen lediglich einen Schutzraum, etwa einen umgebauten Bauwagen oder eine Waldhütte, vorweisen, der als Zufluchtsort bei besonders widrigem Wetter und zur Aufbewahrung für Wechselkleidung und Material dient
- **Integrierte Waldkindergärten** kooperieren mit Regelkindergärten oder sind Teil von Regelkindergärten. Sie bieten die Möglichkeit, sowohl innerhalb von Räumen als auch in der Natur zu spielen und zu leben. Dabei werden entweder feste oder wechselnde Waldgruppen gebildet, oder das Waldangebot konzentriert sich auf den Vormittag, während der Nachmittag innen gestaltet wird.

Ein großer Vorteil des Waldkindergartens wird in der **Abgrenzung** zur städtischen Lebensweise gesehen. Auf diese Weise können Kinder in besonders hohem Maße eigene Spielideen entwickeln und ihre jeweiligen Bedürfnisse erkennen, ohne von den vielfältigen Reizen der modernen Gesellschaft abgelenkt zu werden. Deswegen gibt es in Waldkindergärten auch kein Spielzeug im üblichen Sinn, sondern es wird vornehmlich mit Naturmaterial gebaut und gespielt.

Auf besondere Weise ermöglicht der längere Aufenthalt in der Natur die Entfaltung der **sinnlichen Wahrnehmung,** weil hier in besonderer Weise alle Sinne angesprochen werden. Die Sensibilität für Naturgegebenheiten kann so deutlich zunehmen, und auch die Veränderung der Natur im Jahreskreislaufs wird für die Kinder deutlich spürbar.

Die **Rolle der Erzieherin** wird durch den Erfahrungsraum Wald stark geprägt: In der sonst weitgehend offenen Situation kann sie zu einem wichtigen Orientierungspunkt werden. Außerdem ist ihr Vorbild im Umgang mit der Natur wichtig, weil durch ihr Verhalten Regeln für das Miteinander von Mensch und Mensch sowie von Mensch und Natur sichtbar werden.

Das soziale Lernen wird ebenso besonders gefördert, da in der Natur die gegenseitige **Unterstützung** und die gegenseitige **Rücksichtnahme** unabdingbar sind. In dieser Situation ergibt sich auch meist ein sehr intensives Zusammengehörigkeitsgefühl, ein Teamgeist, zu dem das Ausbalancieren der Interessen der Einzelnen auf natürliche Weise dazugehört.

Miklitz, Ingrid: Der Waldkindergarten. 3. Aufl. Berlin Düsseldorf: Cornelsen Verlag Scriptor 2007

Österreicher, Herbert/ Prokop, Edeltraut: Kinder wollen draußen sein: Natur entdecken, erleben und erforschen. Stuttgart: Kallmeyer 2006

Waldorfpädagogik

Die Waldorfpädagogik geht auf den Philosophen Rudolf Steiner (1861–1925) und die von ihm begründete und ausformulierte **Anthroposophie** zurück.

> Rudolf Steiner entwickelte die **Anthroposophie** *(von griech. anthropos: Mensch und sophia: Weisheit)* als Methode zur Erforschung des menschlichen Wesens. In der Anthroposophie verbinden sich verschiedene geistige Strömungen zu einer spirituell ausgerichteten Weltanschauung, in der die geistigen und übersinnlichen Aspekte des Menschen im Vordergrund stehen.

Der Unternehmer und Anhänger der Anthroposophie Emil Molt beauftragte Steiner 1919 mit dem Aufbau einer Schule für die Mitarbeiter seiner Stuttgarter Zigarettenfabrik Waldorf-Astoria, und so entstand die erste Freie Waldorfschule, der 1926 der erste Waldorf-Kindergarten folgte.

Die Waldorfpädagogik basiert auf der Anthroposophie und Steiners eigenem Menschenbild und versucht, Erziehung und Bildung diesen Grundsätzen entsprechend umzusetzen. Dies prägt auch die Handlungspraxis der Erzieherinnen: So wird z. B. von den Kindern nur erwartet, was sie ihrem Entwicklungsstand gemäß auch bewältigen können.

In Deutschland gibt es heute rund 500 Waldorfkindergärten, die jedoch die anthroposophischen Grundlagen deutlich vielfältiger interpretieren und umsetzen, als es die Waldorfschulen tun.

Menschenbild

Nach dem anthroposophischen Menschenbild besteht der Mensch aus den drei Teilen Körper (Leib), Geist und Seele. Der Geist repräsentiert die Einzigartigkeit und Individualität eines jeden Menschen, der sich immer wieder neu in einen physischen Körper begibt, um eine bestimmte Funktion auf der Erde zu erfüllen. Dies entspricht der Lehre von der Wiedergeburt des Menschen.

In der Arbeit mit Kindern steht deshalb die unverwechselbare **Individualität** jeder Persönlichkeit im Mittelpunkt. In Erziehungsprozessen begegnen sich mehrere Individualitäten, z. B. Kind und Erzieherin, die jeweils aneinander etwas lernen und sich weiterentwickeln können.

Rudolf Steiner gliederte die **Entwicklung des Menschen** in einem Siebenjahresrhythmus, wobei im ersten Lebensjahrsiebt die Nachahmung und das Spiel im Vordergrund stehen.

Ziele

Die Waldorfpädagogik will Kindern beim Aufwachsen Bedingungen ermöglichen, die ihnen helfen, ihre Individualität zu entfalten und so zu ihrem Ich zu gelangen. Als zwei wesentliche und sich wechselseitig ergänzende Prinzipien gelten Nachahmung und Phantasie. Bei der **Nachahmung** geht es um das In-Beziehung-Treten mit der Welt, indem das Kind sich an einem Vorbild orientiert. Die **Phantasie** soll das individuelle schöpferische Handeln durch die Äußerung innerer Vorgänge ermöglichen. Beides – Nachahmung und Phantasie – sind wichtige Prinzipien, die die Beziehung zwischen Individuum und Welt ermöglichen.

Abb. 8.32: Eurythmie ist eine expressive Tanzart nach Steiner, die Sprache und Bewegung verbindet.

Methodisch-didaktischer Ansatz

Im Mittelpunkt der pädagogischen Arbeit im Waldorfkindergarten steht das **freie Spiel.** Im Spiel (→ Kap. 21) wird die ideale Ausdrucks- und Entfaltungsmöglichkeit für Kinder gesehen, weil sie hier auf selbstbestimmte Weise ihren eigenen Bedürfnissen und Aufgaben folgen können. Die völlige Freiheit von äußeren Zwängen oder Zweckgebundenheit wird als ein besonders wertvolles Merkmal des kindlichen Spiels gesehen.

Hauptaufgabe der Erzieherin besteht in der Waldorfpädagogik nicht darin, als Regisseurin das Spiel zu steuern, sondern einen Rahmen zu schaffen, der das freie Spiel ermöglicht und anregt. Dazu tragen die gestalteten Räume und Materialien in besonderer Weise bei. Die **Räume** wirken sich entscheidend auf die Entwicklung aus. Sie sind deswegen meist in einem Pfirsichblütenton lasiert und werden entsprechend der Jahreszeit mit natürlichem Material dekoriert. Das den Kindern angebotene **Spielmaterial** ist ebenfalls möglichst natürlich und funktionsfrei, um die Phantasie anzuregen und die Spielmöglichkeiten nicht einzuengen.

Ein wichtiges Prinzip der Waldorfpädagogik, das auch in Waldorfkindergärten umgesetzt wird, ist die **Rhythmisierung.** Indem man in Rhythmen Elemente der Zeitgestaltung findet, können Kindern Orientierungspunkte geboten werden. Solche Rhythmen finden sich in kleinen (Tagesablauf) und in großen Einheiten (Jahreslauf).

Besondere Bedeutung wird der **künstlerisch-musischen Erziehung** beigemessen, ihr wird eine heilsame und bildende Wirkung zugeschrieben. Als spezifische Techniken sind dabei das Malen mit Aquarellfarben und das Kneten

Konzept	Menschenbild	Ziele	Ansatz/Methode
Offener Kindergarten	Kinder sind Handelnde, die ihr Tun weitgehend selbst bestimmen und Verantwortung übernehmen.	Selbstorganisationsfähigkeit der Kinder soll gestärkt und soziales Lernen gefördert werden.	Funktionsräume ermöglichen selbstbestimmtes Lernen; Offenheit für alle Kinder; Freiwilligkeit; Gemeinschaftsleben
Reggiopädagogik	Das Kind verfügt über große Fähigkeiten und konstruiert aktiv sein Wissen; es hat eine eigene Identität und Kultur.	Anpassung des pädagogischen Handelns an die Bedürfnisse der Kinder; begleiten statt anleiten.	Dialog zwischen Kind und Erzieherin; Projekte, Gemeinschaftsleben; Atelier und Dokumentation
Situationsansatz	Kinder bestimmen ihre Entwicklung selbst und streben nach Autonomie; Rechte der Kinder und Zutrauen in sie sind Grundlage des päd. Handelns.	Kinder sollen Autonomie, Solidarität und Kompetenz erwerben, um konkrete Lebenssituationen zu bewältigen.	Orientierung an den Themen und der Lebenswirklichkeit der Kinder
Waldkindergarten	Die Kindheit ist eine eigenständige Lebensphase mit spezifischen Bedürfnissen und Ausdrucksformen.	Kinder sollen ihren Bewegungsdrang ausleben dürfen und lernen einen verantwortungsvollen Umgang mit der Natur.	Entwicklung eigener Spielideen durch Abgrenzung von der Stadt; Entfaltung der sinnlichen Wahrnehmung, Jahreskreisläufe erkennen
Waldorf-pädagogik	Mensch besteht aus Leib, Geist und Seele (Anthroposophie); der Geist repräsentiert die Individualität des Menschen.	Rahmenbedingungen sollen dem Kind die Entfaltung seiner Individualität ermöglichen (Nachahmung und Entfaltung der Kreativität).	Freispiel, Rhythmisierung des Tagesablaufs, künstlerisch-musische Erziehung, Eurythmie

Tab. 8.3: Moderne pädagogische Konzepte im Überblick.

mit Ton zu nennen; beim Musizieren bilden Kinderharfe und Kindergeige sowie die **Eurythmie** (expressive Tanzart nach Steiner) eine eigene Verbindung von Sprache und körperlichem Ausdruck.

📖 Jaffke, Freya: Spielen und arbeiten im Waldorfkindergarten. Stuttgart: Verlag Freies Geistesleben 2004

Sassmannshausen, Wolfgang: Waldorf-Pädagogik im Kindergarten. Freiburg: Herder 2003

8.5 Lernumgebung

In der Frühpädagogik stehen, anders als in der Schule, die Aufgaben der Steuerung, direkten Intervention und Wissensvermittlung im Hintergrund. Die Arbeit der pädagogischen Fachkräfte besteht in erster Linie darin, einen Rahmen zu schaffen, der den Kindern Wohlbefinden ebenso ermöglicht wie vielfältige Anregungen und Erfahrungen. Deswegen spielt eine durchdachte Gestaltung der Lernumgebung eine entscheidende Rolle.

Die Lernumgebung bezieht sich dabei auf die Dimensionen

- Zeit – Tagesablauf und Rituale
- Aktion – Angebote und Projekte
- Raum – Raumgestaltung und Material.

8.5.1 Zeit – Tagesablauf und Rituale

Tagesrhythmen und Rituale werden zunächst von Erwachsenen erdacht und in den Ablauf eines Kindergartentages eingebracht. Durch intensive Beobachtung der Kinder und ihrer Bedürfnisse, aber auch durch die Diskussion über Abläufe – im Sinne von Partizipation – sollten Kinder in die Gestaltung von Strukturen und Ritualen einbezogen werden.

Der **Tagesablauf** ist in vielen Kindertageseinrichtungen stark strukturiert, und dies aus gutem Grund: Klare, verlässliche Strukturen bieten Kindern Orientierung in für sie manchmal unübersichtlichen Situationen. Dies gilt umso mehr, je jünger die Kinder sind. Ganz wichtig ist es, dass jeder Tag, jede Woche, jedes Jahr durch einen bestimmten Rhythmus geprägt wird, den die Kinder (wieder)erkennen können.

Feste Ereignisse im Zeitablauf kann man auch als **Rituale** bezeichnen. Rituale haben etwas Symbolhaftes, weil sie nicht nur eine feste zeitliche Orientierung schaffen, sondern auch für Abgrenzung sorgen: Abgrenzung als Grenze zwischen zwei unterschiedlichen Aktivitäten, z. B. zwischen Aktivität und Ruhe, aber auch als Grenze zwischen Personengruppen.

Funktion von Tagesablauf und Ritual

In einem gemeinschaftlichen Ritual wie etwa dem Morgenkreis findet eine Gruppe auch als **Gemeinschaft** zusammen. Das Ritual wirkt also gemeinschaftsstiftend. Die

Pädagogin Annemarie von der Groeben weist darauf hin, dass Rituale immer ein Gratwanderung darstellen: Sie sollen einerseits Orientierung und Ordnung herstellen, andererseits dürfen sie aber auch nicht zur reinen Formalität werden, in der keine indviduelle Freiheit mehr besteht (von der Groeben 2000, S. 17). Dann verlieren die Rituale ihren Sinn. Deswegen sollte es auch immer möglich sein, etablierte Rituale in Frage zu stellen und den vielleicht veränderten Rahmenbedingungen anzupassen. Wenn etwa das alljährliche Sommerfest zu einer riesigen Anstrengung für das Team einer Kindertagesinrichtung wird, ist es sinnvoll zu überlegen, wie man sich Entlastung verschaffen kann, etwa durch mehr Elternbeteiligung oder auch durch eine „Entrümpelung“ des Programms.

Ein fester Tagesablauf hat für Kinder (und auch für Erwachsene) neben ihrer gemeinschaftsstiftenden Aufgabe auch eine **entlastende Funktion.** Weil der Tag durch einen festen Rhythmus bereits vorstrukturiert ist, müssen nicht immer wieder aufs Neue Entscheidungen getroffen werden, was als Nächstes zu tun ist. Der regelmäßige Tagesablauf bietet somit auch eine Art Schutz vor Impulsivität und dem Stress dauernder Spontaneität.

Feste Rhythmen und Rituale dienen neben diesen eher psychologischen Funktionen auch der **Aneignung eines allgemeinen Zeitbegriffs.** Kinder haben eine andere Zeitwahrnehmung als Erwachsene. Je jünger die Kinder sind, desto stärker weicht ihre Zeitwahrnehmung von der der Erwachsenen ab. Das zeigte bereits der Entwicklungspsychologe Jean Piaget (→ Kap. 10.2.4). Im Gegensatz zu der linearen Zeitvorstellung der Erwachsenen nehmen Kinder Zeit als etwas zyklisches, als einen Kreislauf wahr. Die Rhythmisierung und Wiederholung im Tages-, Wochen- und Jahresablauf kommt deshalb dem kindlichen Zeitempfinden entgegen, ohne die lineare Abfolge, wie sie in unserer Kultur dominiert, aufzugeben.

Begrüßung

Das erste wiederkehrende Ereignis im Kita-Tag ist die **Begrüßungssituation.** Meist wird diese auch als Übergabesituation bezeichnet, was dem Bild vom Kind als aktivem Gestalter und eigenständiger Persönlichkeit allerdings kaum gerecht wird. Schließlich wird ja kein Gegenstand zwischen zwei handelnden Erwachsenen ausgetauscht, sondern ein Kind in einer anderen Umgebung aufgenommen. Aus dieser Perspektive kann die Begrüßungssituation immer wieder als ein Willkommenheißen des Kindes verstanden werden und ablaufen.

Abb. 8.33: Rituale: Der Morgenkreis kann zum Beispiel ein Bewegungsspiel sein.

Meist geschieht dies durch einfachen Blickkontakt und einen Morgengruß, gerade bei den Kindern, die sich schnell in Aktivitäten begeben, und ist dann auch vollkommen angemessen. In einigen Kindertageseinrichtungen wird die Begrüßung durch einen Handschlag bekräftigt, teilweise sogar durch die im Eingangsbereich wartende Einrichtungsleiterin. Die Begrüßung findet dann ebenfalls schnell statt, die bewusste Wahrnehmung jedes einzelnen Kindes wird aber deutlich unterstrichen. Viele Kinder entwickeln in den ersten Tagen und Wochen in einer Einrichtung auch Verabschiedungsrituale mit ihren Eltern, indem sie sie bis zur Tür begleiten oder an einem Fenster noch winken. Gerade für die Begrüßungssituation, die ja gleichsam den Start in den Tag repräsentiert, gilt die Notwendigkeit, die etablierten Abläufe immer wieder in Frage zu stellen und individuelle Strategien zu entwickeln.

Morgenkreis

Als ein wichtiges gemeinschaftliches Ereignis am Tagesbeginn ist inzwischen in vielen Einrichtungen der Morgenkreis etabliert worden. Manche Kindertageseinrichtungen führen ihn auch als *Kinderkonferenz* (→ Kap. 8.4.2), Versammlung oder Stuhlkreis durch. In Bezug auf die Tagesgestaltung bzw. die Schaffung von Ritualen haben aber all diese Varianten dieselbe Funktion: Kinder und Erwachsene einer Gruppe oder der ganzen Einrichtung kommen zusammen, um sich als Gemeinschaft zu erleben und einen gemeinsamen Tagesbeginn zu begehen. Dabei ist nicht nur der Morgenkreis selbst ein wichtiges wiederkehrendes Ritual, sondern auch der Ablauf.

[BEISPIEL] Typische Elemente des Morgenkreises sind:
- Feststellung der Vollständigkeit der Gruppe bzw. des Fehlens einzelner Kinder
- Begrüßung neuer oder fremder Gesichter
- Nennung des Wochentages und des Datums
- Begehen von Geburtstagen
- Beschreiben des Wetters
- Erzählen von besonderen Erlebnissen durch die Kinder
- Beschreiben von aktuellen Gefühle durch die Kinder
- Besprechung der Aktivitäten des Tages oder der Woche
- Besprechung eines aktuellen Themas
- Gemeinsames Singen
- Gemeinsame Sing- und Kreisspiele
- Geschichtenerzählen.

Welche Gestaltungselemente hier auch benutzt werden – wichtig ist, dass der Morgenkreis nicht zu lange dauert. Gerade bei jungen Kindern ist die Erwartung, dass sie län-

Abb. 8.34: Gemeinsame Mahlzeit.

ger als 20 Minuten still sitzen und zuhören, unrealistisch. Abhängig vom Alter werden auch die Sitzgelegenheiten (Stühle, Kissen, Teppich) ausgewählt.

Der Morgenkreis findet sinnvollerweise meist dann statt, wenn alle Kinder angekommen sind. Er kann selbstverständlich auch zu anderen Tageszeiten durchgeführt werden und bekommt dann eine andere Funktion, etwa die des Beginns einer neuen Phase des Tages oder die des Tagesabschlusses.

Mahlzeiten

Die Mahlzeiten sind ein wichtiges strukturgebendes Element im Tagesablauf. Sie bieten die Möglichkeit, zusammenzukommen und gemeinsam das Essen zu genießen.

Das **Frühstück** gehört dabei zum in allen Einrichtungen vorhandenen Grundrepertoire. Dabei gibt es verschiedene Varianten: Eine Möglichkeit besteht darin, dass die Kinder sich von zu Hause etwas mitbringen und dann in der Gruppe verzehren. Andere Einrichtungen stellen die Frühstückszutaten bereit. Das von der Einrichtung bereitgestellte Frühstück bietet den Vorteil, dass die Auswahl der angebotenen Nahrungsmittel in der Hand der Erzieherinnen liegt und so auch gesundheitliche Aspekte berücksichtigt werden können, die manche Eltern eventuell weniger beachten. Außerdem können auf diese Weise soziale Unterschiede ausgeglichen werden, wenn etwa bei Unterversorgung (→ Kap. 9.5) kein Frühstück mitgegeben wird. Das Frühstück kann entweder als **offene Situation** gestaltet werden, bei der sich die Kinder dann setzen und essen, wenn sie möchten, oder als **gemeinsames Frühstück.** In vielen Einrichtungen hat sich aufgrund der stark variierenden Ankunftszeiten der Kinder eine offene Frühstückssituation etabliert. Einige Kindertageseinrichtungen haben ergänzend ein wöchentliches gemeinsames Frühstück mit besonderen Zutaten eingeführt, um auch hier eine Gemeinschaftssituation herstellen zu können.

Das **Mittagessen,** das inzwischen ebenfalls in fast allen Einrichtungen angeboten wird, kann entweder durch einen Gastronomiebetrieb geliefert oder vor Ort zubereitet werden. Die Qualität des Essens (insbesondere die Frische) und der pädagogische Wert steigen, wenn es der Einrichtung möglich ist, in einer eigenen Küche zu kochen. So können Kinder in die Zubereitung der Mahlzeiten einbezogen werden, und es kann besser auf die Bedürfnisse der Kinder eingegangen werden. Oftmals ist dies aufgrund fehlender Küchenräume und aus Kostengründen nicht möglich, so dass auf eine Lieferung der Mahlzeiten zurückgegriffen werden muss.

In Einrichtungen mit Ganztagsangebot gibt es in der Regel am Nachmittag noch einen **Imbiss.** Getränke und gesunde Knabbereien sollten nach Möglichkeit für die Kinder den ganzen Tag über vorhanden sein.

In jedem Fall sollten die Mahlzeiten in die pädagogische Arbeit einbezogen werden. Durch die Beteiligung der Kinder beim Tischdecken, Abräumen und beim Vorbereiten der Mahlzeiten selbst sowie durch die Einübung einiger Grundregeln bei Tisch können sowohl die Bildungsbereiche Körper, Gesundheit und Ernährung als auch Verantwortung und Selbstständigkeit erarbeitet werden. Für Kinder ist es oft eine besondere Auszeichnung, wenn sie den Tischdienst übernehmen dürfen oder für die Zubereitung eines Teils des Essens verantwortlich sind.

Aktivität und Ruhe, Feiern

Für die Rhythmisierung des Tages spielt das **Wechselspiel von Aktivität und Ruhe** eine entscheidende Rolle. Phasen des Tobens und der Bewegung sollten mit ruhigeren Phasen der Entspannung und Konzentration abwechseln. Dabei sind die Bedürfnisse von Kind zu Kind sehr verschieden. Ein gelungenes *Raumkonzept* (→ Kap. 8.5.3) kann ganz entscheidend dazu beitragen, dass Kinder sich das für sie gerade passende Aktivitätslevel suchen und beispielsweise entweder einen Ruheraum oder ein Konstruktionszimmer aufsuchen. Entsprechendes gilt für das Verhältnis von einzelnen und Gruppenaktivitäten.

Im Jahreslauf gibt es eine Vielzahl von Anlässen, die eine herausgehobene Stellung einnehmen und dadurch zum **Feiern** oder zu feierlichem Begehen einladen, z. B.:

- Die Jahreszeiten, angefangen beim Jahresbeginn
- Geburtstage
- Übergänge in die Kindertageseinrichtung und aus ihr heraus in die Schule
- Der Abschluss eines Projektes oder
- Der Erwerb einer bestimmten Kompetenz.

Gerade Geburtstage stellen für Kinder ein wichtiges Ereignis dar, weil sie hier einmal ganz allein die Hauptrolle spielen dürfen. Geburtstagsrituale sollten genau durchdacht werden, auch ihnen wohnt oft eine ganz spezifische Symbolkraft inne. Hier geht es in besonderem Maße um die Identität des Geburtstagskindes.

Abb. 8.35: Geburtstagsfeier.

8.5.2 Aktion – Angebote und Projekte

Zu einer angemessenen Lernumgebung gehören nicht nur zeitliche und räumliche Rahmenbedingungen, sondern auch die Angebote und (inhaltliche) Impulse der Pädagoginnen, mit denen sie Lernprozesse anregen. Das freie Spiel wird in erster Linie durch vorhandene Materialien und Räume angeregt (→ Kap. 8.5.3).

Pädagogische Angebote

Es gibt über das freie Spiel hinaus zahlreiche Varianten pädagogischer Angebote, die von den Erzieherinnen ausgehen. Dazu zählen sowohl die ganz alltäglichen Angebote wie Vorlesen und Malen als auch regelmäßige Programmpunkte in der Kita-Woche wie der *Waldtag* (→ Kap. 16.5) und das Bewegungsprogramm. Hinzu kommen in immer mehr Einrichtungen pädagogische **Angebote mit Workshop-Charakter,** für die die Kinder sich bewusst entscheiden können, z. B.:

- Sprachangebot mit einer Muttersprachlerin
- Yoga-Kurs
- musikalische Früherziehung durch die örtliche Musikschule.

Es ist zu erwarten, dass solche pädagogischen Angebote, bei denen oft auf Experten von außen zurückgegriffen wird, in Zukunft durch den wachsenden Wettbewerb unter den Einrichtungen an Bedeutung noch gewinnen werden.

Projekte

In diesem Abschnitt soll auf eine pädagogische Aktionsform besonders hingewiesen werden: das Projekt. Es stellt mit seiner kindorientierten Vorgehensweise eine besonders gelungene Möglichkeit dar, kognitives, soziales und alltagspraktisches Lernen miteinander zu verbinden. Zugleich kann hier der ganzheitlichen Struktur kindlicher Lernprozesse in besonderem Maße Rechnung getragen werden.

Der Begriff des Projekts ist in unserem täglichen Sprachgebrauch allgegenwärtig, für den (elementar)pädagogischen Bereich gilt jedoch ein spezifischer, wenngleich keineswegs starrer Projektbegriff. Danach ist nicht alles gemeinsame Handeln an einer Sache ein Projekt. Vielmehr müssen bestimmte **Prinzipien** erfüllt sein, damit von einem Projekt gesprochen werden kann (Stamer-Brand 2005, S. 4):

- Ausgangspunkt für Projekte sind die Impulse bzw. der Handlungsbedarf der Kinder
- Im Mittelpunkt stehen kooperative und partizipative Arbeitsformen
- Die Laufzeit ist zeitlich begrenzt
- Die Arbeit ist kein Selbstzweck sondern verfolgt eine nachhaltige Entwicklung.

> ► **Projekt**
> Ein zeitlich und thematisch begrenztes Vorhaben, in dem sich die Kinder mit einer sie interessierenden Thematik auf vielfältige Weise auseinandersetzen.

„Im Kindergarten- und Kindertagesstättenbereich bezeichnen wir mit diesem Begriff ein geplantes, längerfristiges, konkretes Lernunternehmen, das unter einer bestimmten Thematik steht, längere Zeit dauert (mindestens einige Tage, die aber nicht direkt aufeinander folgen müssen) und eine größere Gruppe von Kindern und Erwachsenen beansprucht. Ausgehend von einer Idee, einem Problem, einer Fragestellung oder einer Interessenbekundung entwickeln die Beteiligten diese Projektinitiative zu einem sinnvollen Betätigungsfeld für alle weiter, indem sie Ziele setzen, verschiedene Aktivitäten planen und durchführen sowie schließlich prüfen, ob sie die angestrebten Ziele erreicht haben." (Textor 2009, S. 7)

Das Projekt greift Themen und Interessen auf, die die Kinder in besonderem Maße beschäftigen. So kann es dem Anspruch auf Orientierung am Kind und der Unterstützung von Kindern bei der Identifikation eigener Interessen gerecht werden. Die Betonung kooperativer Arbeitsformen soll das gemeinsame Tun in den Vordergrund stellen, soziales Lernen und Einübung von Formen der Mitbestimmung ermöglichen. Die zeitliche Begrenztheit sorgt dafür, dass ein Projekt nicht unüberschaubar wird und für alle Beteiligten klar ist, welchen Umfang die Projektarbeit einnehmen wird. Eine weitere wichtige Komponente ist die Orientierung an einer langfristigen Wirkung. Dies bezieht sich insbesondere auf die Lebenswelt der Kinder, für die das Projekt Bedeutung haben soll, für die Lebenswirklichkeit der Kinder hat es exemplarische Bedeutung. Es sollten also Themen ausgewählt werden, an denen Kinder auch für andere Lebenssituationen etwas lernen können.

Der Frühpädagoge Martin Textor beschreibt die **Projektarbeit** in dieser Form als eine Antwort der Elementarpädagogik auf die Veränderung der Kindheit: Die zunehmende Trennung von Erwachsenenwelt und Kinderwelt („Verinselung der Kindheit") und die schwindenden un-

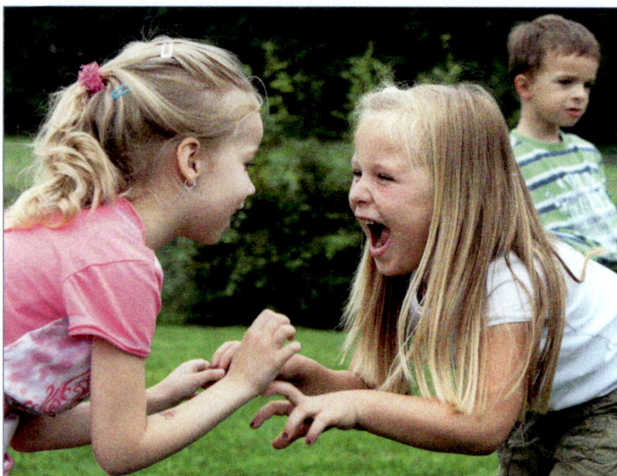

Abb. 8.36: Beispiel für Projekt zum Thema Dinosaurier, hier ein Bewegungsspiel.

mittelbaren Erfahrungensmöglichkeiten, die immer mehr durch Erfahrungen aus zweiter Hand (Eltern, Erzieherinnen) und aus dritter Hand (Medien) abgelöst werden, geben den Kindern immer weniger Möglichkeiten, selbst aktiv und selbsttätig zu sein, ihren Erfinder- und Entdeckergeist auszuleben (Textor 2009, S. 11 ff.). Deswegen ist es umso wichtiger, dass Kinder in Projekten die Möglichkeit zu selbstgesteuertem Lernen und Arbeiten im Sinne Freinets (→ Kap. 8.4.1) haben, weil diese Erfahrungen aus erster Hand ermöglichen.

Ziele von Projektarbeit

Projektarbeit im Kindergarten verfolgt verschiedene Ziele: Sie soll die Lebenswelt und Weltsicht der Kinder in den Mittelpunkt stellen, in ihr sollen bestimmte Arbeits- und Lernformen eingeübt und angeeignet werden, und es sollen Themen bearbeitet werden, die für die Kinder einen exemplarischen und relevanten Charakter haben. Um dies zu gewährleisten, sind drei Kriterien zu nennen, die eine sinnvolle Themenauswahl ermöglichen:

- *Bedeutsamkeit* – für Zukunft und Leben der Kinder, für möglichst viele Kinder, für die Gesellschaft
- *Angemessenheit* – für das Alter der Kinder, für ihr Bedürfnis nach sinnlicher Wahrnehmung, ganzheitliches und handelnde Aneignung von Themen
- *Praktikabilität* – für die Bearbeitung im Kindergarten, für die Öffnung der Einrichtung nach außen, für die Bearbeitung in einem überschaubaren Zeitraum.

Verlauf und Umsetzung von Projekten

Unabhängigkeit vom Umfang des Projektes kann man einen idealtypischen **formalen Verlauf** feststellen:

- Identifikation und Entscheidung
- Planung und Vorbereitung
- Durchführung und Dokumentation
- Präsentation und Abschluss
- Auswertung und Reflexion.

Projekte können in unterschiedlichem Umfang in Kindertageseinrichtungen **umgesetzt** werden, wie Tabelle 8.4 zeigt.

Identifikation und Entscheidung

Grundlage eines Projektes, so lautet die Maßgabe, sind die Interessen und Themen der Kinder. Doch diese müssen erst einmal erkannt werden. Deswegen ist die Identifikation geeigneter Themen eine zentrale Aufgabe der Erzieherinnen zu Beginn von Projekten. Als wichtigste Informationsquelle sollten dabei **Beobachtungen der Kinder** dienen, aus denen sich mögliche Projektthemen ableiten lassen:

- Womit beschäftigen sich die Kinder?
- Welche Themen werden immer wieder diskutiert oder im Spiel bearbeitet?
- Welche Fragen stellen die Kinder?

Textor unterscheidet drei Möglichkeiten, um ein **Projektthema zu finden** (vgl. Textor 2009, S. 32 f.):

Projektart	Umsetzung
Projektorientiertes Arbeiten	Anhand von Beobachtungen werden situative Interessen der Kinder erkannt. Sie bekommen Impulse, Raum und wenn notwendig auch Hilfestellung, um diese Alltagsthemen zu verfolgen. Das projektorientierte Arbeiten bezieht sich auf eine kleinere Kindergruppe und erstreckt sich oft nur über wenige Stunden.
Miniprojekt	Innerhalb einer Gruppe wird für einen kurzen Zeitraum (wenige Tage oder Wochen) ein Thema intensiv bearbeitet, das die Kinder dieser Gruppe interessiert.
Gruppenübergreifendes Projekt	Mehrere Gruppen arbeiten gleichzeitig an einem Projektthema. Dabei können die Gruppen weitgehend unabhängig voneinander arbeiten oder sich vorher bestimmte Unterthemen aufteilen. Die Kinder bleiben entweder in ihrer Stammgruppe oder wählen selbst einen Arbeitsschwerpunkt in der eigenen oder in einer anderen Gruppe. Der gewohnte Tagesablauf bleibt bestehen.
Kita-Projektwoche	Alle Kinder und Mitarbeiterinnen, aber auch die Eltern arbeiten für eine Woche fast ausschließlich an einem Thema. Dabei wird vom üblichen Tagesablauf abgerückt, so dass eine besonders auf das Thema konzentrierte Arbeitsatmosphäre entsteht. Zugleich findet eine Öffnung nach außen statt, indem Experten eingeladen und Exkursionen veranstaltet werden.

Tab. 8.4: Umsetzung von Projekten (in Anlehnung an Stamer-Brandt 2005, S. 52).

- Ein Projekt entsteht spontan aus einer (Spiel-)Situation oder einem Erlebnis, wobei ein Thema sich herausschält und dann sich verselbstständigt, so dass immer neue Aspekte des Themas entdeckt und verfolgt werden. Eine systematische Planung erfolgt dann nicht.
- Eine zweite Möglichkeit besteht darin, dass Kinder einen Projektwunsch äußern oder sich immer wieder mit einem Thema befassen. An diesen Auslöser kann eine systematische Projektbearbeitung anschließen.
- Die dritte Variante ist die Initiierung eines Projektes durch die Erzieherinnen, die ein Thema als wichtig erachten oder möglicherweise auch eigene Interessen und Kompetenzbereiche in ein Projekt einbringen möchten.

Die Aus- und Weiterbildnerin Petra Stamer-Brandt (2005) hingegen sieht den Ausgangspunkt von Projektthemen ausschließlich bei den Kindern. Die Aufgabe der Erzieherinnen besteht dann darin, diese Themen wahrzunehmen und daraus eine geeignete Auswahl möglicher Themen bereitzustellen. Stamer-Brandt weist darauf hin, wie leicht Kinder für ein Thema zu begeistern sind und dass sich dadurch die Gefahr ergibt, die Interessen der Kinder zu manipulieren und ihnen die eigenen (erwachsenen) Themen überzustülpen.

Mit der Zielsetzung, in Projekten **Partizipation** zu ermöglichen und einzuüben, ist es sicher sinnvoll, die Kinder an der Auwahl des Projektthemas zu betiligen. Möglicherweise werden durch das Team verschiedene Themen ausgewählt, von denen dann durch die Kinder das beliebteste gewählt wird. Dazu werden alle Themen vorgestellt (etwa im Rahmen einer *Kinderkonferenz* (→ Kap. 8.3.2) oder durch Plakate in der Eingangshalle), damit die Kinder eine gute Entscheidungsgrundlage haben.

Die Reggiopädagogik, deren Charakteristikum die Projektarbeit ist, geht bewusst von einem breiten Spektrum möglicher **Imitationsvarianten** bei Projekten aus: Ideal sind die Entdeckungen oder Erlebnisse einzelner Kinder; aber es gibt auch vereinbarte Tage, an denen etwa im Morgenkreis mögliche Projektthemen gesammelt werden, über die dann in der Gruppe entschieden wird. Schließlich können auch die Erzieherinnen, das Gruppenteam oder das Pädagogische Zentrum Projektideen einbringen (vgl. Knauf u. a. 2007).

Planung und Vorbereitung

Bei der Planung des Projektes sollten die Kinder unmittelbar einbezogen werden. Durch verschiedene Methoden können die besonderen **Interessenschwerpunkte** der Kinder und ihre **Ideen zur Umsetzung** erhoben werden (Stamer-Brandt 2005, S. 47 ff.):

- Kreisgespräch oder Kinderkonferenz, Dokumentation durch Zeichnungen oder Tonbandmitschnitte der Kinder
- Plakat, auf dem die Kinder durch Symbole ihre Interessen dokumentieren können
- Mindmap, das von Kindern und Erzieherinnen gemeinsam angefertigt wird
- Bilder, die die Kinder zum Hauptthema malen
- Material (Gegenstände, Bücher, Fotos), das die Kinder mitbringen und das so sortiert wird, dass eine Reihenfolge der Bearbeitung entsteht.

Auf diese Weise entsteht eine gute Grundlage, um die wichtigsten Etappen eines Projektes festzulegen.

Die Schwerpunktsetzung durch die Kinder entbindet die begleitenden Erzieherinnen jedoch nicht von der Aufgabe, sich selbst in das Thema einzuarbeiten, Hintergrundinformationen zu besorgen und den eigenen Horizont zu erweitern. Gerade wenn es um Themen geht, die nicht unmittelbar mit der eigenen Erfahrungs- und Lebenswelt der Erzieherinnen verbunden sind – und das trifft auf viele Themen der Kinder zu – ist die Aneignung neuen Wissens erforderlich. Das zunächst banal klingende Thema Wasser beispielsweise kann es durchaus erforderlich machen, naturwissenschaftliche, ökologische und auch geopolitische Grundkenntnisse zu erwerben.

Die Vorbereitung schließt mit einem konkreten und zeitlich fixierten Ablaufplan ab, der unter Beteiligung der interessierten Kinder erstellt und visualisiert wird. Hinzu kommt eine genaue Aufgabenverteilung, bei der festgelegt wird, wer welche Dinge mitbringt und wer sich um welche Aufgaben kümmert. Auch hier können Kinder selbstverständlich einbezogen werden.

Die Reggiopädagogik nimmt hier wiederum eine bemerkenswerte Sonderstellung ein, weil sie die Planung eng an die Handlungen und deren emotionale und kognitive Verarbeitung durch die Kinder koppelt und den weiteren Projektverlauf daher offen hält.

Durchführung und Dokumentation

Der Beginn eines Projektes kann durch eine Auftaktveranstaltung markiert werden. Diese kann entweder gruppen- oder einrichtungsintern ablaufen, oder es kann eine größere Öffentlichkeit gesucht werden und Eltern sowie Nachbarn und die in das Projekt einzubindenden Experten eingeladen werden. Den Auftakt kann aber auch ein Ausflug zu einem für das Thema relevanten Ort darstellen (Stamer-Bramdt 2005, S. 55).

Bei der Durchführung der verschiedenen im Zeit- und Aufgabenplan festgelegten Aspekte kommt der Dokumentation eine ganz entscheidende Rolle zu. Vor allem das Festhalten der Aktivitäten durch Fotos, aber auch durch Video spielt hier eine große Rolle, weil auf diese Weise die abschließende Reflexion besonders gut unterstützt wird. Auch sollten Kommentare und Interaktionen der Kinder festgehalten werden.

Die Reggiopädagogik, bei der Planung, Durchführung und Dokumentation miteinander verknüpft sind, bezieht in die Wand- und Heftdokumentationen insbesondere auch die von den Kindern geschaffenen Arbeiten und authentische Kinderäußerungen mit ein.

Präsentation und Projektabschluss

Ein Projekt wird offiziell mit einer Präsentation beendet. Durch diesen deutlich spürbaren Abschluss erhält die Arbeit einen **Zielpunkt.** Gerade Kinder werden durch ein Endprodukt besonders motiviert, und die Sichtbarkeit der Ergebnisse würdigt auch die gleistete Arbeit in besonderer Weise. Das Endprodukt kann dabei ganz unterschiedlich aussehen: Klassisch ist dabei ein Abschlussfest, zu dem Eltern und andere Interessierte eingeladen und bei denen die Projektdokumentationen oder erstellte Produkte vorgestellt werden. Es kann aber auch eine feierliche Vernissage geben, bei der Ergebnisse ausgestellt werden. Einen einfachen Schlusspunkt stellt eine einrichtungsinterne Ergebnisvorstellung dar. Wie auch immer der Abschluss aussieht, er sollte einen angemessenen Rahmen für die Beendigung des Projektes bieten.

Der Projektabschluss kann und soll auch unter der Perspektive der **Öffentlichkeitsarbeit** der Einrichtung gesehen werden (→ Kap. 2.1.3). Für die Kinder, aber auch für die Erzieherinnen stellt es eine besondere Wertschätzung ihrer Arbeit dar, etwa wenn über sie in der örtlichen Presse berichtet wird oder wenn die Abschlusspräsentation in einem öffentlichen Raum, also nicht in der Einrichtung selbst, stattfindet. Auf diese Weise kann die pädagogische Arbeit in besonderem Maße sichtbar genacht werden.

Für die Bildungsprozesse der Kinder ist es besonders hilfreich, wenn durch eine **visuell-schriftlichen Dokumentation** das Projekt auch nach Wochen oder Monaten noch einmal angeschaut werden kann, wie dies etwa auch in der Reggiopädagogik üblichen Heftdokumentationen der Fall ist.

Auswertung und Reflexion

Die Dokumentation kann auch ein sinnvoller Ausgangspunkt für die abschließende Auswertung sein. Darin stellen sich Kinder und Erzieherinnen die Frage, ob die bei der Projektplanung gesteckten Ziele erreicht werden konnten und welche unerwarteten Erkenntnisse sie gesammelt haben. Die während des Projektes entstandenen **Produkte** können eine gute Gedächtnisstütze für diesen Prozess sein.

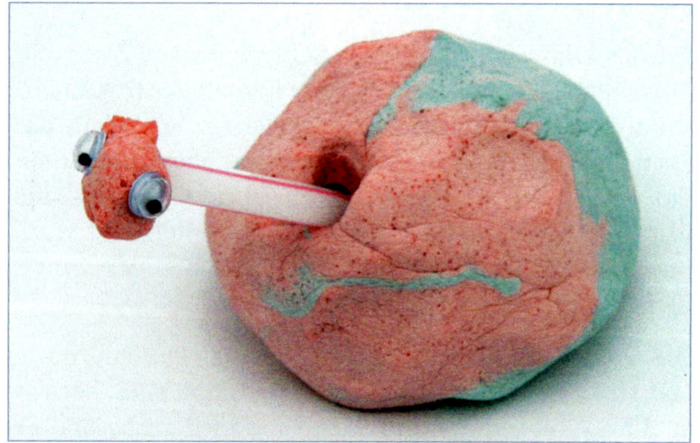

Abb. 8.37: Werke der Kinder sind eine Möglichkeit, ein Projekt zu dokumentieren.

[BEISPIEL] Zur Erinnerung an ein Projekt können z. B. Bilder, Bauten und Konstruktionen, Foto- und Videodokumentation, Tonbandmitschnitte oder Protokolle von Kinderaussagen erstellt werden.

Das Projekt ist ein sinnvoller und überschaubarer Weg, um kindliche Lernprozesse anzuregen und zu unterstützen. Dennoch gibt es oft Vorbehalte gegenüber dem mit Projekten verbundenen Aufwand. Dieser ist nicht von der Hand zu weisen. Ihm kann jedoch die hohe Motivation gegenübergestellt werden, die von der systematischen Bearbeitung eines Themas ausgeht, auch für Erwachsene. Hinzu kommt der große Eifer der Kinder, der nicht selten „ansteckend" wirkt. Projekte bieten zudem die Möglichkeit, am Ende ein vorzeigbares Ergebnis hervorzubringen, was in der sozialen Arbeit ja nur selten möglich ist. Auch dies kann eine starke Triebfeder für Projekte sein, die den hohen Arbeitseinsatz rechtfertigt.

Zum Einstieg in die Arbeit mit Projekten kann es sinnvoll sein, erst einmal Miniprojekte durchzuführen. Auf diese Weise können Erzieherinnen und Kinder erste Erfahrungen sammeln und sich dann schrittweise auch an größere Vorhaben herantasten.

8.5.3 Raum – Raumgestaltung und Material

Nimmt man die Vorstellung von der Selbstbildung der Kinder ernst, so ist die Schaffung einer Umgebung nötig, die Lernprozesse ermöglicht und unterstützt. Deswegen bezeichnete auch der reggianische Pädagoge Loris Malaguzzi den Raum als „dritten Erzieher" neben den Erzieherinnen und den anderen Kindern. Was schon die Pädagogin Maria Montessori als „vorbereitete Umgebung" bezeichnete (→ Kap. 8.4.1), setzt sich vorrangig aus den Komponenten **Raum** und **Material** zusammen. Um diese beiden Bestandteile geht es im Folgenden.

Raumgestaltung

Die Raumgestaltung orientiert sich in erster Linie an den Bedürfnissen der Kinder. Kinder müssen in der Kindertageseinrichtung die Möglichkeit haben zu essen, zur Toilette zu gehen bzw. die Windel gewechselt zu bekommen und sich auszuruhen oder zu schlafen. Ebenso wichtig ist es für Kinder, sich bewegen zu können, sich zurückzuziehen, sich zu konzentrieren, kreativ etwas zu schaffen und Rollenspiele zu spielen.

> ⊙ Die Bereitstellung einer Umgebung, in der die Kinder ihren Bedürfnissen nachgehen können, sinnvolle Tätigkeiten möglich sind und die zu diesen Tätigkeiten einlädt, ist eine zentrale pädagogische Funktion von Kindertageseinrichtungen.

Bewusstmachen und Berücksichtigung dieser Funktionen ist damit ein entscheidender Faktor bei der Gestaltung von Räumen. Diese Funktionen können durch eine Vielzahl

Abb. 8.38: Beispiel für Raumgestaltung mit Materialkombinationen.

von **Gestaltungselementen** unterstützt werden, wie Bodenbelag, Wandgestaltung, Ausstattung/Möblierung, Beschaffenheit der Gegenstände, Farbe, Licht/Helligkeit, Regelung der Lautstärke/Schalldämmung.

Bei der Auswahl dieser Gestaltungselemente spielen vor dem Hintergrund der Kinderbedürfnisse einerseits **praktische Erwägungen**, andererseits **ästhetische Aspekte** eine Rolle. So soll etwa der Bodenbelag einerseits haltbar und pflegleicht sein, andererseits aber auch einladend und freundlich wirken. Die Möbel sollten nicht zu teuer sein und Sicherheitsansprüchen genügen, andererseits aber auch aktions- und bewegungsfördernd sein. Die Auswahl geeigneter Gestaltungs- und Ausstattungselemente ist somit immer eine Gratwanderung. Wichtig ist, stets die große Bedeutung der **sinnlichen Wahrnehmung** zu berücksichtigen. Dabei spielen optische und haptische (auf dem Tastsinn beruhende) Anforderungen eine Rolle. Unterschiedliche Materialien können einen besonderen Reiz haben, z. B. Warmes und Kaltes, Glattes und Raues, Weiches und Grobes. Auch mit dem Ziel, einen Kompromiss zwischen Praktikabilität und pädagogisch-ästhetischem Anspruch zu finden, können Materialkombinationen sinnvoll sein. So kann der zwar pflegeleichte, aber doch eher ungemütliche Linoleumfußboden durch einen hochflorigen Teppich oder weiche Felle ergänzt werden, nicht zuletzt weil Kinder die unterschiedliche Struktur der Bodenbeläge wahrnehmen und so für haptische Wahrnehmungen sensibilisiert werden.

Beek, Angelika von der, Buck, Matthias, Rufenach, Annelie: Kinderräume bilden. Ein Ideenbuch für Raumgestaltung in Kitas. Ein Werkstattbuch. 2. Aufl. Berlin Düsseldorf Mannheim: Cornelsen Verlag Scriptor 2006

Groeben, Annemarie von der: Was sind und wozu brauchen Schulen „gute" Rituale?. In: Dies. (Hrsg.): Rituale in Schule und Unterricht. Hamburg: Bergmann und Helbig 2000, S. 11–18

Stamer-Brandt, Petra: Projektarbeit in KiTa und Kindergarten entwickeln, durchführen und dokumentieren. Freiburg: Herder 2005

Textor, Martin R.: Projektarbeit im Kindergarten. Planung, Durchführung, Nachbereitung. Norderstedt: Books on Demand 2009

Gruppen- und Funktionsräume

Die Entscheidung für eine bestimmte Gestaltung orientiert sich an den bereits genannten Funktionen der Räume und damit an den Bedürfnissen der Kinder. Eine wichtige Grundsatzentscheidung für die Aufteilung der Räume ist die zwischen der Einrichtung von Gruppenräumen oder Funktionsräumen.

Klassischerweise sind Kindertageseinrichtungen in Deutschland in **Gruppenräume** eingeteilt. Dabei bewohnt jede Gruppe ihren eigenen Raum (oft mit Nebenraum), in dem sich die wesentlichen Aktivitäten des Tages abspielen: Begrüßung der Kinder, Morgenkreis, Mahlzeiten, Spielen, Vorlesen, Malen und Basteln. Entsprechend halten die Gruppenräume Möbel und Material für all diese Aktivitäten bereit: Tische und Stühle für alle, Regale mit Spielen, Mal- und Bastelutensilien, Bauteppich, Puppenecke, vielleicht ein Sofa und eine Bücherkiste. Der Gruppenraum ist ein multifunktionaler Raum, der je nach aktuellen Erfordernissen umgebaut werden kann bzw. muss. Von hier aus können dann auch Expeditionen in das Haus ausgehen, etwa in den Turn- oder Toberaum, ins Außengelände oder in andere Gruppenräume. Grundlage dieses Konzeptes ist die Vorstellung, dass es für (Klein)Kinder besonders wichtig ist, eine „Heimat" in der Kindertageseinrichtung zu haben, einen Raum, in dem sie zu Hause sind und der ihnen in besonderem Maße vertraut ist. Die Aufteilung einer Kindertageseinrichtung in Gruppenräume ermöglicht es jeder Gruppe, ihren eigenen Rhythmus zu entwickeln und den Kindern einen überschaubaren Mikrokosmos zu bieten.

In Zusammenhang mit Konzepten zur Öffnung des Kindergartens wird im Gegensatz dazu die Umwandlung der Gruppenräume in **Funktionsräume** realisiert (→ Kap. 8.4). Ausgangspunkt ist die Orientierung an den Bedürfnissen der Kinder und ihren starken Schwankungen im Tagesab-

Grundqualitäten des Raums	
Ausschließlichkeit	Jeder Raum ist einzigartig.
Begrenzung	Bewohnter Raum einer gesellschaftlichen Gruppe wird als begrenzt definiert.
Nähe bzw. Distanz	Nähe oder Distanz enstehen durch Verbundenheit der Menschen in einem sozialen Raum.
Wanderung	Wanderung bedingt Aneignungs- und Veränderungsprozesse.

Tab. 8.5: Vier Grundqualitäten des Raumes nach Simmel.

lauf (Beek u. a. 2006). Dabei wird deutlich, dass das Sitzen an Tischen kein ursprünglich kindliches Bedürfnis ist, sondern eher auf die Gewohnheiten der Erwachsenen zurückgeht. Die Tische und Stühle, die Gruppenräume meist dominieren, sind letztlich eher störend für die Spiel- und Bewegungsabläufe der Kinder. Hinzu kommt, dass in den gruppenorientierten Einrichtungsgestaltungen oft eine einseitige Gestaltung vorherrscht, so dass es etwa in einer Einrichtung mit drei Gruppen auch drei Bauteppiche und drei Puppenecken gibt. Folgt man dem Konzept der Funktionsräume, dann bekommt jeder Raum in einer Einrichtung eine eigene, von den anderen unterschiedliche Funktion, und nicht alle Räume sehen gleich aus. So kann es etwa einen Raum für Bastel- und Malaktivitäten geben, einen anderen für Bewegung und einen dritten für Ruhe und Entspannung. In diesen Räumen können dann alle Gestaltungselemente auf die jeweilige Funktion ausgerichtet sein. Die Überschaubarkeit ist auch hier gewährleistet, da Kinder Lieblingsräume haben und auch oft die gleichen Spielpartner.

Folgende Funktionsräume denkbar: Entspannungsraum, Bewegungsraum, Raum für kreatives Arbeiten, Rollenspielraum, Kinderrestaurant, Forscherraum.

Ein **Entspannungsraum** wird mit beruhigenden, sanften Farben gestaltet und bietet Nischen und Rückzugsmöglichkeiten, die dem kindlichen Bedürfnis nach Enge und auch Abgrenzung gerecht werden, ohne zur Isolation zu führen. Kissen und Decken laden zum Kuscheln und Höhlenbauen ein. Sanftes Licht und Verdunklungsmöglichkeiten bieten die Möglichkeit, die Stimmung zu beeinflussen.

Demgegenüber wird in einem **Bewegungsraum** viel Material zum Erkunden der Möglichkeiten des eigenen Körpers zur Verfügung stehen. Dabei sollte Bewegung nicht mit Toben verwechselt werden. Vielmehr geht es hier darum, vielfältige Erfahrungen mit dem eigenen Körper zu machen.

Das Konzept der **Bewegungsbaustelle** bietet hier ein reichhaltiges Spektrum von Materialien, die einfach zu beschaffen bzw. herzustellen sind:

- Mit Vierkanthölzern und Brettern können Wippen und Balancieren erprobt werden
- Kisten mit verschiedenen Löchern ermöglichen die Verbindung mehrerer Bretter und Latten
- Reifenschläuche ermuntern zum Rutschen und Springen.

Viele Anregungen geben die von der ungarischen Kinderärztin Emmi Pikler entwickelten Objekte zur Unterstützung des Bewegungsbedürfnisses gerade kleiner Kinder. Die Kletterleiter etwa, bei der zwei kleine Sprossenwände so aneinandermontiert sind, dass auch Kleinkinder gefahrlos hinauf- und herüberklettern können, ist ein sehr vielseitiges Produkt.

In einem Raum für kreatives Arbeiten stehen für Kinder gut erreichbar Mal- und Bastelutensilien bereit. Neben Maltischen gibt es auch Staffeleien, an denen Kinder stehend Bilder gestalten können, und große Dokumentationsflächen zur Präsentation der Kinderarbeiten. In diesem Raum können auch eine Werkbank und entsprechendes Werkzeug vorhanden sein. Gerade Holz als leicht zu bearbeitender Werkstoff bietet sich in Kindertageseinrichtungen an. Viele Erfahrungen mit Werkzeug haben gezeigt, dass Kinder sehr verantwortungsvoll mit den Geräten umgehen und bei entsprechender Anleitung keine Sicherheitsbedenken bestehen müssen. Oft kann es aber auch aus Gründen der Aktionsunterschiedlichkeit und wegen der möglichen Lärmerzeugung sinnvoll sein, Mal-Atelier und Werkraum deutlich voneinander zu trennen.

Abb. 8.39: Schlafraum.

Möglichkeiten zum Rollenspiel können in einem weiteren Raum gegeben werden. Das Rollenspiel ist eine sehr vielfältige Spielform. Kinder benötigen dazu vor allem Verkleidungsgegenstände und Requisiten. Hier können auch einzelne, besondere Möbelstücke eine Verwendung finden. Solche besonderen Möbelstücke spielen auch in der Reggiopädagogik eine Rolle und verleihen den Räumen einen individuellen und persönlichen Charakter. In einem **Rollenspielraum** können dies etwa Sessel und kleine Kommoden sein, auch Tische, die zu Häusern oder Betten umfunktioniert werden können. Wichtig sind hier in besonderem Maße Spiegel, weil sie den Kindern einen Blick auf ihre Spiel-Identität ermöglichen. Sinnvoll kann in einem Rollenspielraum auch eine kleine Bühne oder zumindest ein zwischen zwei Wänden gespannter Vorhang sein, der zu spontanen Aufführungen einlädt.

Die Aufteilung der Räume nach verschiedenen Funktionen macht es notwendig, auch einen eigenen Bereich für die Mahlzeiten einzurichten. In den Kindergärten in Reggio Emilia werden diese Bereiche Kinderrestaurant genannt. Diese Bezeichnung deutet schon darauf hin, dass mit der Einrichtung dieses Bereichs die funktionale Nahrungsaufnahme zu einem genuss- und stilvollen sozialen Erlebnis aufgewertet werden kann und soll. Hier können die Kinder in kleinen Tischgruppen gemeinsam essen. Damit nicht für jedes Kind ein Sitzplatz vorgehalten werden muss, ist es sinnvoll, mehrere Essenszeiten anzubieten. So können die Kinder auch ein Stück weit steuern, wann sie ins „Restaurant" gehen möchten.

Neben den genannten Räumen sind sicher noch eine Vielzahl weiterer Funktionen denkbar, denen ein Raum gewidmet werden kann. Hierbei sollten die jeweiligen Gegebenheiten und Interessen von Kindern und Pädagoginnen berücksichtigt werden. Eine zunehmende Bedeutung gewinnen insbesondere (meist kleinere) Forscherräume (→ Kap. 16.5), in denen Kinder mit Lupen, Waagen und anderen Messgeräten die Materialität der Welt an einzelnen Gegenständen untersuchen können.

Für jeden Funktionsraum sollte sich eine Erzieherin (oder mehrere) zuständig fühlen und dort die Verantwortung für Aufräumen und Bereitstellung von Materialien und Geräten übernehmen.

⊙ Wenn eine Kindertageseinrichtung umgestaltet wird, steht zu Beginn stets eine Bestandsaufnahme mit Kindern und Erzieherinnen. Dabei sollte die Frage im Vordergrund stehen, welche Bedürfnisse die Beteiligten haben und wie diese am besten berücksichtigt werden können. Eine Lernumgebung, die den Bedürfnissen der in ihr lebenden Menschen gerecht werden will, kann niemals ganz fertig sein. Die Arbeit an der Anpassung der Räume an die Menschen ist vielmehr eine Daueraufgabe, ein nicht abschließbarer Prozess. Da immer wieder neue Menschen in einer Einrichtung sind und insbesondere bei den Kindern naturgemäß eine stetige Fluktuation herrscht, ist es wichtig, mit flexiblen, veränderbaren Elementen zu arbeiten. Nur so können immer wieder neue Lösungen gefunden werden, die in der jeweiligen Gegenwart passend sind.

Soziologie

Simone Pfeffer

Die Soziologie ist eine Wissenschaft, die sich mit der Gesellschaft und dem sozialen Handeln des Menschen beschäftigt. Dies bezieht sich auf das Zusammenleben in Gesellschaften, Organisationen, Gruppen, Familien und Paarbeziehungen, aber auch auf die Betrachtung des Einzelnen in seiner Umgebung.

► **Soziologie** *(von lat. socius: Gefährte und griech. logos: Lehre)*
Wissenschaft, die sich mit dem Zusammenleben von Menschen und der sozialen Wirklichkeit befasst und dieses mit wissenschaftlichen Mitteln beschreiben, verstehen und erklären möchte.

Für die Soziologie können Paarbeziehungen oder Eltern-Kind-Beziehungen ebenso interessant für die Forschung sein wie die Untersuchung von Bildungsprozessen in Schulen oder Kindergärten oder auch der Vergleich von Bildungssystemen verschiedener Länder. Der soziologische Blick kann sich also auf kleine Einheiten richten wie eine kleine Zahl von Menschen, die miteinander handeln, und wird dann als **mikrosoziologisch** bezeichnet. Die **makrosoziologische** Perspektive hingegen zielt auf die Untersuchung und Erklärung von großen Einheiten oder gesellschaftlichen Entwicklungen oder vergleicht Gesellschaften miteinander.

Soziologische Forschung befasst sich einerseits damit, Muster und Regeln für ein **stabiles Miteinander** und die dazugehörigen Bedingungsgeflechte zu entdecken. Hier steht dann die Kontinuität und bestehende Ordnung im Vordergrund. Andererseits untersucht sie den **gesellschaftlichen Wandel,** also Veränderungsprozesse im Zusammenleben von einzelnen Menschen, Gruppen oder ganzen Gesellschaften und deren Hintergründe.

⊙ Ein Blick auf die **Herkunft des Begriffs Soziologie** kann den umfassenden Untersuchungsgegenstand noch einmal verdeutlichen: Der Begriff leitet sich ab von dem lateinischen *socius* (Genosse, Gefährte, Begleiter) und dem griechischen *logos* (Wort, Gedanke, im allgemeinen Sinne auch Wissenschaft oder Lehre). Soziologie ist also die Lehre vom Zusammensein von Menschen. Der Begriff wurde 1830 von dem französischen Philosophen Auguste Comte (1798–1857) mit dem Aufkommen der damals neuen Wissenschaftsdisziplin geprägt und eingeführt.

Soziologie kann man auch beschreiben als Wissenschaft von der **sozialen Wirklichkeit**, also jener Teil der Wirklichkeit, die sich im Zusammenleben der Menschen ausdrückt.

Nun erlebt jeder Mensch jeden Tag diese soziale Wirklichkeit und hat für sich Erklärungsmodelle über Ursachen und Zusammenhänge, sogenannte Alltagstheorien, entwickelt. Diese unterscheiden sich von der wissenschaftlichen Theorie.

Alltagstheorien sind wichtig, um im Alltag handeln zu können. Sie müssen dabei nicht immer bewusst sein. Zu ihnen gehören verallgemeinerte Alltagserfahrungen, Lebensweisheiten, traditionelles Handeln, Routinen oder auch Vorurteile. Sie ordnen die Welt, bieten Erklärungen (die auch falsch oder sehr verkürzt sein können) und schaffen so Handlungssicherheit. Die im Zusammenhang mit Alltagstheorien verwendeten Begriffe sind oft vieldeutig, die Erklärungen mitunter recht einfach und die Aussagen sind teilweise mit Wertungen verbunden.

Im Kontrast dazu muss eine **wissenschaftliche Theorie** (→ Kap. 10.1.3) die in ihr verwendeten Begriffe genau definieren, sie soll wertneutral sein, also Zusammenhänge und Entwicklungen beschreiben und erklären, ohne zu werten. Häufig sind wissenschaftliche Theorien vielschichtig, weil sie viele unterschiedliche Aspekte in die Analyse von Zusammenhängen einbeziehen müssen. Wissenschaftliche Theorien dürfen nicht einfach behauptet werden, sondern müssen nachprüfbar sein. Sie können untermauert werden, z.B. durch in Untersuchungen gewonnene Aussagen über die Unterschiede zwischen den Gehältern von Frauen und Männern, über die Situation von Einkindfamilien oder über die in Deutschland seit den 1970er Jahren konstant niedrige Geburtenrate (Biermann u.a. 2004, S. 20). Somit wirken sie auch Vorurteilen entgegen. Die Übergänge zwischen Alltagstheorien und wissenschaftlichen Theorien können jedoch fließend sein.

Kennzeichnend für den wissenschaftlichen soziologischen Blick ist auch die **Distanz,** aus der eine Situation oder eine Beziehung betrachtet wird. Aus der Distanz können also andere Informationen wahrgenommen und überlegt werden als in der konkreten Handlungssituation. Sie können jedoch in konkrete Situationen eingebracht werden oder allgemein dem Verständnis dienen.

[BEISPIEL] Eine Erzieherin befindet sich in einem Elterngespräch und versucht, den Eltern engagiert zu erklären, dass es besser für das Kind ist, wenn es im Kindergarten ältere Kleider anzieht. Dann muss es weniger vorsichtig beim Spielen sein. Hier befindet sie sich in einer ganz anderen Situation, als wenn sie – vielleicht etwas später – die Situation des Gesprächs noch einmal von außen beobachtet. Dabei macht sie sich darüber Gedanken, welche Wertvorstellungen und Normen die Eltern und welche die Einrichtung vertreten, wie das mit den Lebensbedingungen der verschiedenen Beteiligten zusammenhängt oder wo es hier Schnittmengen gibt.

Dieses Kapitel befasst sich mit den Grundlagen und Grundbegriffen (→ Kap. 9.1) der Soziologie und ihren Theorien und erläutert ihre wichtigsten Arbeitsfelder und Methoden. Die wichtigsten theoretischen Ansätze und Untersuchungsgegenstände werden beschrieben, Gesellschaft und Kultur (→ Kap. 9.2) mit ihren Formen und damit auch das Zusammenwirken der einzelnen Mitglieder und Gruppen sind dargestellt. Die Schwerpunkte liegen dabei auf der Sozialisation des Menschen (→ Kap. 9.3), der Familie (→ Kap. 9.4) und den Gründen für soziale Ungleichheit (→ Kap. 9.5).

9.1 Theoretische Grundlagen

Während die Soziologie die Wirklichkeit unter dem Blickwinkel des Gemeinschaftlichen zwischen Kontinuität und Wandel betrachtet, stellt sie *soziales Handeln, soziale Gebilde* und *Gruppen* (→ Kap. 9.1.2) in den Mittelpunkt. Die Anfänge der Soziologie mit reiner, angewandter und empirischer Forschung führten zu den theoretischen Ansätzen von heute, die den Pluralismus von möglichen Herangehensweisen spiegeln.

Obgleich sich das systematische Nachdenken über das Zusammenleben von Menschen bis in die Antike zurückverfolgen lässt, ist die Soziologie als eigene Wissenschaft noch recht jung. Die Geburt der neuen Forschungsrichtung im Zuge der Aufklärung im 18. und 19. Jahrhundert ist vor dem damaligen gesellschaftlichen Hintergrund nachvollziehbar: Die Aufklärung bildete eine neue geistige Strömung in Europa, in der das christlich geprägte Weltbild des Mittelalters überwunden wurde. Bisher als absolut geltende christliche Lehrsätze und Glaubensvorstellungen sowie die Rolle des Herrschenden im Staat wurden nun kritisch hinterfragt. Nicht der Glaube, sondern der Verstand rückte als Wertmaßstab in den Vordergrund. Zwei neue Maßstäbe der Aufklärung bestimmten zunehmend das Handeln: die Vernunft und die Befreiung des Menschen aus der Abhängigkeit von Kirche und bisheriger staatlicher Ordnungen.

Durch die Umbrüche nach den napoleonischen Wirren und das Aufkommen der Naturwissenschaften wurden die überlieferten Gesellschaftsordnungen in Frage gestellt. Die bisherigen Formen des Zusammenlebens in der Ständegesellschaft, die vormals als gottgegeben hingenommen wurden, verloren an Geltung. Der Mensch gewann ein neues Selbstverständnis von seiner **Rolle in der Welt** als vernunftbegabtes und eigenständig handelndes Wesen. Es setzte sich zunehmend die Auffassung durch, dass der gesellschaftliche Wandel und die sozialen Probleme nicht gottgewollt sind und daher gestaltet werden können.

Abb. 9.1: In der Aufklärung setzte sich die Unabhängigkeit des Menschen von der Kirche durch.

Während sich zuerst hauptsächlich die geistigen Grundlagen veränderten, wandelte sich ab Mitte und vor allem gegen Ende des 19. Jahrhunderts der **Alltag** der Menschen. Die massiven Industrialisierungsschübe und die mit ihnen einhergehende Verstädterung zerrissen Familienbande und veränderten die bisherigen Arbeits- und Lebensbedingungen in umfassender Weise (→ Kap. 9.2.3).

Vor dem zeitgeschichtlichen Hintergrund der sozialen Umwälzungen beschäftigte sich die erste Forschergeneration besonders mit gesellschaftlichen Krisensituationen und der Frage, wie **soziale Ordnung** möglich ist. Es ging darum, Erkenntnisse zu gewinnen, die Auswege aus Instabilität und Desorganisation von bisheriger gesellschaftlicher Ordnung, wie sie z. B. in der Französischen Revolution und ihren Folgen zum Ausdruck kommt, aufzeigen könnten. Einige bedeutende Soziologen, die heute zu den Klassikern zählen, sind Auguste Comte (1798–1857), Karl Marx (1818–1883), Herbert Spencer (1820–1903), Emile Durkheim (1858–1917) und Max Weber (1864–1920).

Zu Beginn des 20. Jahrhunderts begannen sich verschiedene Bereiche der Soziologie herauszubilden (Ryffel 2006, S. 412). Die Unterscheidung geht auf Ferdinand Tönnies (1855–1936) zurück:

- Die **reine Soziologie** – Entwicklung von Begriffen, die sich als Instrumente für die Analyse sozialer Wirklichkeit eignen (→ Kap. 9.2.2)
- Die **angewandte Soziologie** – Anwendung von soziologischen Theorien auf verschiedene gesellschaftliche Bereiche wie Familie, Bildungssystem, Wirtschaft, Politik (→ Kap. 9.2.2)
- Die **empirische Sozialforschung** – Sammlung und Interpretation soziologisch relevanter Daten.

Daneben ist heute eine weitere Unterscheidung in **allgemeine** und **spezielle Soziologie** üblich: Die allgemeine Soziologie beinhaltet Theorien und Theoriebildung, die sich allgemein mit Handeln und sozialen Strukturen im übergreifenden Sinne befassen. Spezielle Soziologien, salopp auch „Bindestrich-Soziologien" genannt, beschäftigen sich hingegen mit soziologischen Fragestellungen in speziellen Teilbereichen wie Jugendsoziologie, Familiensoziologie, Alterssoziologie, Bildungssoziologie, Organisationssoziologie oder Sportsoziologie.

9.1.1 Theorien der Soziologie

Im Laufe der Zeit haben sich in der Soziologie vielfältige Theorieansätze herausgebildet.

Eine Theorie (→ Kap. 10.1.3) ist ein System von Begriffen und Aussagen über einen Sachverhalt. Sie dient dazu, Erkenntnisse über den Sachverhalt zu ordnen, Beziehungen und Wirkungen darzustellen sowie in der Soziologie *soziale Tatbestände* (→ Kap. 9.1.2) zu erklären und ggf. vorherzusagen.

Soziologische Theorien versuchen von teilweise sehr gegensätzlichen Positionen aus, soziales Handeln und soziale Strukturen zu erklären. Werden sie als gegenseitige Ergänzung verstanden, ergeben sich sehr umfassende Möglichkeiten, soziale Zusammenhänge zu erklären und zukünftige Entwicklungen zu überlegen.

Bis heute hat sich eine Vielzahl von theoretischen Ansätzen des komplexen Miteinanderseins und -kommunizierens in der Gesellschaft ausdifferenziert, die in diesem Kapitel nur in einer Auswahl dargestellt werden können.

Struktur-, handlungs- und gesellschaftstheoretische Ansätze

Zunächst lassen sich **strukturtheoretische** und **handlungstheoretische Ansätze** bei der Bildung von theoretischen *Modellen* (→ Kap. 10.1.3) unterscheiden (→ Tab. 9.1).

Ausgangspunkt soziologischer Modellbildung ist das kooperative Miteinander der Menschen in sozialen Gebilden (→ Kap. 9.1.2), das durch Normen (→ Kap. 9.1.2) garantiert ist (strukturtheoretisch) und sich aus dem interessegeleiteten Handeln Einzelner ergibt (handlungstheoretisch).

Als eine weitere Linie kann der **gesellschaftstheoretische Ansatz** unterschieden werden, der auf den Arbeiten von Karl Marx und Friedrich Engels beruht. Sie befassten sich mit der Entwicklung von Gesellschaften im geschichtlichen Verlauf und stellten den Konflikt und Kampf an den Verwertungsrechten der Früchte menschlicher Arbeit ins Zentrum ihres Gesellschaftsmodells. In ihrem Modell bestimmen ökonomische Krisen und soziale Revolutionen die gesellschaftliche Entwicklung (Huinink 2001, S. 84). Im Folgenden werden die drei Ansätze beispielhaft an drei Theorien ausgeführt:

- Strukturell-funktionale Systemtheorie
- Symbolischer Interaktionismus
- Historischer Materialismus.

Strukturtheoretisch: Die strukturell-funktionale Systemtheorie

Eine Strukturtheorie ist die **strukturell-funktionale Systemtheorie** nach Talcott Parsons. Sie ist gekennzeichnet durch den systematischen Rückbezug jedes einzelnen sozialen Problems auf den Zustand des sozialen Systems als Ganzes, Struktur und Funktion stehen dabei im Mittelpunkt. Funktionen von Systemen sind dabei Anpassung, Zielerreichung, Integration und Strukturerhaltung.

Jede Handlung wird auf ihren strukturellen Stellenwert im System und ihren funktionalen Beitrag für das System analysiert. Die handelnde Person wird nur als Träger einer Rolle (→ Kap. 9.1.2) in einem System erfasst und das soziale System als relativ stabiles Gefüge von Beziehungsmustern zwischen Rollenträgern definiert. Das Individuum internalisiert (verinnerlicht) die Elemente des kulturellen Systems und übernimmt die vorgegebenen Rollen (Sozialisation → Kap. 9.3).

Der Verdienst dieser Theorie ist, dass sie das Zusammenwirken von kulturellem, sozialem und personalem System beobachtet und die Grundlage der Systemtheorie darstellt.

Sie wird aber auch kritisiert, da sie ein auf Gleichgewicht, Integration und Stabilität und damit auf Konfliktlosigkeit und Konsens angelegtes Schema ist, das Probleme der Herrschaft und des sozialen Wandels nicht erfasst.

Handlungstheorien	Strukturtheorien
• Gehen von individuellen Akteuren und ihrem Handeln aus • Versuchen, aus der Logik des Handelns und dem Zusammenwirken von Handlungen auf die Entstehung und Verdichtung von gesellschaftlichen Strukturen zu schließen • Absichten der Akteure spielen eine bedeutende Rolle beim Zustandekommen und Funktionieren von Gesellschaften	• Erklären das individuelle Wollen und Handeln aus den herrschenden gesellschaftlichen Strukturbedingungen • Entwicklung und Veränderung dieser Strukturbedingungen vollzieht sich nach eigenen Gesetzen und ist aus diesen Strukturbedingungen selbst zu erklären
Erklärungsrichtung: Handlung → Struktur	Erklärungsrichtung: Struktur → Handlung
Prinzip des methodischen Individualismus: Alle sozialen Phänomene können auf das Handeln individueller Akteure zurückgeführt werden	Prinzip des methodischen Holismus (Lehre, die das Ganze betrachtet): Das Ganze ist mehr als die Summe seiner Teile, daher lassen sich gesellschaftliche Tatsachen nicht auf individuelles Handeln zurückführen, sondern folgen eigenen Prinzipien, die zu erklären sind

Tab. 9.1: Handlungstheorien und Strukturtheorien (nach Rosa u. a. 2007, S. 17).

Handlungstheoretisch: Symbolischer Interaktionismus

Der **Symbolische Interaktionismus** von George Herbert Mead (1863–1931) ist ein handlungstheoretischer Ansatz, d.h., das Handeln des Menschen und die Hintergründe dafür stehen im Mittelpunkt. Mead betrachtet soziales Handeln als **Kommunikationsprozess:** Der Mensch lebt in einer symbolisch vermittelten Umwelt, die auf ihn einwirkt und auf die er einwirkt. Rollen werden in einem Interaktionsprozess ausgehandelt und individuell gestaltet.

Soziale Kommunikation findet über **Zeichen** und **Symbole** wie z.B. Wörter und Gesten statt. Die mit jeweils bestimmter Bedeutung verbundenen Symbole ermöglichen ein wechselseitig orientiertes soziales Handeln (Interaktion). Identität und soziale Handlungsfähigkeit entwickeln sich in diesem wechselseitigen Prozess durch Lernen von Symbolen und *Rollen (→* Kap. 9.1.2*)*. Hierbei sind zwei Prozesse von Bedeutung:

- Die Perspektivenübernahme – sich hineinversetzen in das Gegenüber, um Bedeutungen nachzuvollziehen und Rollen zu lernen
- Die Vermittlung zwischen dem *I* (dem „impulsiven Ich“ mit seinen Bedürfnissen – personale Identität) und dem *me* (dem „reflexiven Ich“ mit seinen internalisierten Erwartungsstrukturen – soziale Identität) innerhalb des *self* (der gesamten Identität, des „Selbst“).

Als Verdienst ist der Handlungstheorie zuzuschreiben, dass sie einen Beitrag zur Erforschung von Persönlichkeitsentwicklung, Identität, Sozialisation, Symbolsystemen und sozialem Handeln leistet.

An der Handlungstheorie wird aber auch kritisiert, dass sie die politischen Dimensionen des Zusammenlebens vernachlässigt. Über institutionelle Zwänge, z.B. Macht- und Konfliktstrukturen, gibt der Ansatz keine Auskunft, die Einordnung von gesamtgesellschaftlichen Prozessen bleibt vage.

Abb. 9.2: Die mit einer bestimmten Bedeutung verbundenen Zeichen und Symbole (hier: Gesten) ermöglichen Interaktion.

Gesellschaftstheoretisch: Der historische Materialismus

Der gesellschaftstheoretische Ansatz des Historischen Materialismus wurde von Karl Marx (1818–1883) und Friedrich Engels (1820–1895) begründet. Aus ihrer Sicht sind die ökonomischen Lebensverhältnisse die Basis historischer Prozesse. Die Produktionsweise ist davon bestimmt, wie in der jeweiligen Gesellschaft die Eigentumsverhältnisse an den Produktionsmitteln geregelt sind und welchen Stellenwert die menschliche Arbeitskraft hat. Die ungleiche Verteilung der Produktionsmittel führt zu unterschiedlichen sozialen Klassen mit gegensätzlichen Interessen und ist mit Ausbeutung und Entfremdung der Arbeiter verbunden. Daraus entsteht eine von Widersprüchen durchzogene Klassengesellschaft, die in Klassenkampf und Revolution mündet. Die Sozialisation (→ Kap. 9.3) ist hier konzipiert als gesellschaftlich organisierte Unterdrückung von Individuen.

Im Laufe der Geschichte haben sich verschiedene Gesellschaftsformen entwickelt, die jeweils mit Produktionsweisen verbunden waren: die Urgesellschaft, die Sklavenhaltergesellschaft, der Feudalismus, der Kapitalismus, der Sozialismus und der Kommunismus. Ziel des Historischen Materialismus ist die Transformation (Umformung) der kapitalistischen Gesellschaft in eine klassenlose, herrschaftsfreie Gesellschaft.

Als Verdienst ist dem Historischen Materialismus anzurechnen, dass er ein Modell der historischen Entwicklung von Gesellschaften entwickelt, die Analyse von Macht und Herrschaftsstrukturen ins Zentrum gestellt und die politische Dimension verdeutlicht hat.

Kritisiert wird an dieser Theorie, dass die Darstellung von gesellschaftlicher Anpassung im Vordergrund steht. Aktivitäten des Einzelnen und individuelle Entwicklung sind nicht von Bedeutung.

Theorie über den Prozess der Zivilisation

Darüber hinaus gibt es Ansätze, die Systemtheorie und Handlungstheorie (→ oben) zusammenführen, z.B. bei Norbert Elias (1897–1990), der in seinem gleichnamigen Buch „Über den Prozess der Zivilisation“ eine Theorie entwickelt hat, die in die *Sozialpsychologie* (→ Tab. 10.1) hineinreicht.

Er betrachtet den langfristigen Zivilisationsprozess, in dem sich die Verhaltensstandards und Institutionen der Menschen verändert haben, als Verlauf von **Fremdzwängen** zu Selbstzwängen, d.h. als Prozess von der öffentlichen Kontrolle hin zur Selbstkontrolle. **Selbstzwänge** funktionieren mittels Scham- und Peinlichkeitsgefühlen. Elias hat unter anderem Manierenbücher der höfischen Gesellschaft studiert, die über den Gebrauch der Gabel beim Essen Auskunft geben. Er stellt die Frage, „warum es uns heute unzivilisiert, unerzogen, barbarisch und kannibalisch erschiene, wenn wir am Tisch sitzen und die Spaghetti mit den Fingern aus dem Topf herausnehmen, auf-

Abb. 9.3: Gute Tischmanieren sind ein Zeichen von Zivilisation: Der äußere Zwang der gesellschaftlichen Tugenden wird im Lauf der Entwicklung verinnerlicht.

rollen und dann essen würden“ (Korte 2004, S. 125). Elias beantwortet die Frage, indem er die Gabel als „Inkarnation eines bestimmten Affekt- und Peinlichkeitsstandards“ bezeichnet innerhalb einer Wandlung der Esstechnik, die sich vom Mittelalter zur Neuzeit vollzieht. Zivilisation ist also die langfristige **Umwandlung von Außenzwängen in Innenzwänge.**

9.1.2 Grundbegriffe der Soziologie

Die Aufmerksamkeit der soziologischen Forschung richtet sich auf zwei Bereiche: Es werden das soziale Handeln oder soziale Gebilde untersucht. Diese und weitere Grundbegriffe werden im Folgenden erklärt.

Soziales Handeln

Handeln ist im Kontrast zu bloßem Verhalten subjektiv sinnhaft: Wer handelt, berücksichtigt das tatsächliche oder mögliche Verhalten anderer oder zielt auf eine Veränderung des Verhaltens anderer ab (z. B. die Erzieherin, die ein Vorbild für die Kinder ist).

> ► **Soziales Handeln**
> Jedes Handeln, das sich in irgendeiner Weise auf andere Menschen bezieht.

Eine sehr bekannte Definition von Soziologie, in der das soziale Handeln im Mittelpunkt steht, stammt von dem bedeutenden Soziologen Max Weber (1864–1920):

„Soziologie (...) soll heißen: eine Wissenschaft, welche soziales Handeln deutend verstehen und dadurch in seinem Ablauf und seinen Wirkungen ursächlich erklären will. „Handeln“ soll dabei ein menschliches Verhalten (einerlei ob äußeres oder innerliches Tun, Unterlassen oder Dulden) heißen, wenn und insofern als der oder die Handelnden mit ihm einen subjektiven Sinn verbinden. ‚Soziales Handeln‘ aber soll ein solches Handeln heißen, welches seinem von dem oder den Handelnden gemeinten Sinn nach auf das Verhalten anderer bezogen wird und daran in seinem Ablauf orientiert ist“ (Schäfers 2002 b, S. 26).

Das Adjektiv „sozial“ wird in der Alltagssprache und in der Wissenschaft in verschiedenen Bedeutungszusammenhängen verwendet:

- Als **ethischer Begriff** und damit als Werturteil – Jemand ist sozial oder unsozial. Implizit sind damit Werte wie Nächstenliebe oder Hilfsbereitschaft verbunden, nach denen jemand handelt oder gegen die jemand verstößt
- Als **politischer Begriff** – Sozialpolitisch sind Aspekte und Themen, die sich um gerechte Formen des Zusammenlebens bemühen. Diese begriffliche Bedeutung ist eng mit der Vorstellung verbunden, dem Gemeinwohl, der Allgemeinheit zu dienen. Bekannte Schlagworte sind hier:
  - Die soziale Frage
  - Soziales Netz
  - Sozialreform
  - Soziale Marktwirtschaft
  - Soziale Berufe
- Als **wissenschaftlicher Begriff** und damit wertneutral – Im Sinne der Soziologie wird alles als sozial bezeichnet, was das Zusammenleben der Menschen betrifft, alles, was auf einen oder mehrere andere Menschen bezogen ist (soziales Handeln):
  - In mikrosoziologischer Perspektive zwischenmenschlich
  - In makrosoziologischer Perspektive gesellschaftlich.

Orientierung an Werten und Normen

Soziales Handeln ist immer auf andere bezogen. Dabei funktioniert der Austausch mit anderen nach bestimmten Formen, die den Beteiligten bekannt sind, d. h., sie orientierten sich an bestimmten Regeln.

[BEISPIEL] Der Kontakt zu einem anderen Menschen beginnt mit einem Gruß. Der Gruß und der darauf folgende Gegengruß signalisieren, dass man einander gesehen hat, einander respektiert und dass die Beziehung von mehr Nähe gekennzeichnet ist, als wenn man neutral auf der Straße aneinander vorbeilaufen würde. Wenn dieser Gruß ausbleibt, führt das bei der grüßenden Person, die den Gegengruß erwartet, zu einer Verunsicherung. Hier wird eine Erwartung, die man an den anderen hatte, nicht erfüllt, eine Regel nicht eingehalten. Die Person wird möglicherweise noch einmal grüßen, wenn sie annimmt, dass der andere sie nicht gehört oder gesehen hat. Oder sie wird vielleicht das Nichtgrüßen des anderen als Abweisung deuten und wiederum ihr Handeln auf diese Interpretation beziehen.

Die Soziologie versucht, das soziale Handeln der Menschen zu verstehen und zu erklären und beobachtet die Regeln für dieses Handeln. Somit fragt sie nach Grundlagen der wechselseitigen Orientierung des Verhaltens.

Abb. 9.4: Einen Gruß zu erwidern ist eine Regel. Wird diese gebrochen, entsteht Verunsicherung.

Zentrale Begriffe einer **wechselseitigen Orientierung von Menschen** in einer Gesellschaft sind Werte und Normen.

> **► Werte**
> Grundprinzipien, die das Handeln leiten. Werte sind Vorstellungen des Wünschenswerten auf einer allgemeinen Ebene, die durch *Normen* konkretisiert werden.

Werte lassen sich verschiedenen Bereichen zuordnen. Es gibt z. B.

- *Ethische Werte* wie Menschenwürde, Aufrichtigkeit oder Menschlichkeit (→ Kap. 13)
- *Politische Werte* wie Mitsprache, Demokratie oder Toleranz
- *Materielle und immaterielle Werte* wie der Umgang mit Essen oder mit der Zeit
- *Ästhetische Werte*, die z. B. in der Raumgestaltung nach ästhetischen Prinzipien oder in einem sorgsamen Umgang mit der Sprache zum Ausdruck kommen.

Diese und weitere Werte spiegeln sich unter anderem in der pädagogischen Praxis durch das tägliche Handeln im Zusammensein mit Kindern oder Erwachsenen wider.

Einer Gesellschaft liegen Grundwerte (Primärwerte) zugrunde, also ein Minimalkonsens, eine „gemeinsame Klammer". Auch wenn in einer demokratischen und pluralisierten Gesellschaft wie der unsrigen viele verschiedene Ausdrucks- und Lebensformen nebeneinander bestehen, bedeutet das nicht, dass es keine verbindlichen Regeln gibt.

> **► Grundwerte (Primärwerte)**
> Minimalkonsens einer Gesellschaft, höchste handlungsleitende Werte für das Fortbestehen der Gemeinschaft. Die Basis unserer Gesellschaft bilden die Grundwerte Gleichheit, Recht auf Leben und körperliche Unversehrtheit, Religions- und Meinungsfreiheit sowie das Recht auf die freie Entfaltung der Persönlichkeit. Sie sind in der Verfassung als Grundrechte verankert.

Neben den Grundwerten gibt es die Tugenden (Sekundärwerte). Als Tugenden gelten beispielsweise Fleiß, Zuverlässigkeit, Loyalität, Kritikfähigkeit, Toleranz und Selbstverwirklichung.

> **► Tugenden**
> Werte, die wünschenswert sind, aber nicht zwingend als Handlungsleitlinie gelten müssen.

Heutzutage wird gelegentlich ein **Werteverfall** beklagt, zum Beispiel dadurch, dass Vorbilder fehlen oder sich traditionelle Familienstrukturen zunehmend auflösen würden. Während früher Pflicht- und Gemeinschaftswerte wie Fleiß, Gehorsam, Rücksichtnahme als allgemein verbindlich angesehen wurden, würden nun postmaterialistische Werte wie Selbstverwirklichung, Durchsetzungsfähigkeit oder die Orientierung am Konsum im Vordergrund stehen.

> Werte setzen Maßstäbe in der Erziehung, daher ist es wichtig zu reflektieren: Welche Werte prägen das Umfeld, in dem wir leben und arbeiten und in dem unsere Kinder in den Kindergarten oder in die Schule gehen?

Die Shell-Jugendstudie von 2002, in der junge Menschen im Alter von 12 bis 25 Jahren direkt befragt wurden, zeigt jedoch einen anderen Trend, der in den Studien von 2006 und 2010 weiter bestätigt wird: In den Lebensorientierungen junger Menschen vermischen sich **moderne und traditionelle Werte.** Auf Beziehung bezogene Werte wie Familie, Freundschaft, Partnerschaft sowie die Eigenverantwortung haben einen hohen Stellenwert, auch Kreativität, Sicherheit und Ordnung werden als wichtig eingestuft. Darüber hinaus wird den Tugenden Fleiß und Ehrgeiz immer mehr Bedeutung zugeschrieben. Die Ergebnisse der Shell-Studien sind ein Beispiel dafür, wie soziologische Forschung Vorurteilen entgegen wirken kann (hier über den angeblichen Werteverfall der Jugend).

► **Normen** *(von lat. norma: Richtschnur, Maßstab, Regel)*
Verhaltens- und Handlungsregeln, die angeben, wie Werte in konkreten Handlungen ausgeformt werden. Sie sind insofern das Ergebnis einer vollzogenen Wertung und setzen damit Maßstäbe.

Normen beinhalten **Handlungsanweisungen** und **Erwartungsstrukturen** für das Miteinander. Normen gewährleisten damit das Zusammenleben in einer Gruppe mit jeweils speziellen Funktionen, z. B. einer Familie oder Kindergartengruppe, oder einer Organisation, z. B. einer Kindertagestätte oder Schule. Während Werte also allgemeine Übereinkünfte einer Gesellschaft darstellen, sind Normen spezielle Übereinkünfte über den tatsächlichen Vollzug dieser Werte.

Diese grundlegenden Erwartungsstrukturen wurden von dem französischen Soziologen Emile Durkheim (1858–1917) als **sozialer Tatbestand** bezeichnet (oft auch übersetzt als „soziale Tatsache"). Er unterstreicht damit die Dinghaftigkeit und Verpflichtungsstruktur von Normen als sozialen Regeln.

„Ein *sozialer Tatbestand* (fait social) ist jede mehr oder minder festgelegte Art des Handelns, die die Fähigkeit besitzt, auf den Einzelnen einen äußeren Zwang auszuüben; oder auch, die im Bereich einer gegebenen Gesellschaft allgemein auftritt, wobei sie ein von ihren individuellen Äußerungen unabhängiges Eigenleben besitzt." (Schäfers 2002 b, S. 30)

Verbindlichkeit und Funktion von Normen

Normen haben **verschiedene Verbindlichkeitsgrade.** Sie werden in Muss-, Soll- oder Kann-Normen unterschieden.

- *Muss-Normen* – Diese Normen müssen unbedingt eingehalten werden, sind also verbindlich und im Gesetz festgelegt. Sie sind häufig mit Rechten verbunden, z. B. mit dem Recht auf körperliche Unversehrtheit. Wenn dieses bei einem körperlichen Angriff gebrochen wird, macht sich die normverletzende Person strafbar. Ein weiteres Beispiel ist die Schweigepflicht in einigen Berufsgruppen. Sie ist nicht nur eine moralische Verpflichtung, sondern muss vom Gesetz her eingehalten werden (Dienstpflicht) und garantiert das Recht auf den Schutz der Persönlichkeit
- *Soll-Normen* – Diese Normen sollten eingehalten werden, aber hier sind auch Ausnahmen möglich. Ein Beispiel hierfür wäre die regelmäßige Pünktlichkeit oder die Norm, dass an Team-Besprechungen alle zum Team gehörenden Personen teilnehmen sollen. Auch Gruß- oder Umgangsformen sind Soll-Normen
- *Kann-Normen* – Die Einhaltung von Kann-Normen ist erwünscht, kann aber nicht zwingend erwartet werden. So wird erwartet, dass jemand, der im pädagogischen Bereich arbeitet, dieses auch engagiert tut, Fortbildungen besucht und die neuen Impulse oder Erkenntnisse in seine Arbeit einbringt. Diese Erwartung kann nicht definitiv eingefordert werden, ist aber am Arbeitsplatz erwünscht. Bräuche und Gewohnheiten sind ebenfalls Kann-Normen.

Werte und Normen geben sozialem Handeln einen Sinn. Sie haben also **Orientierungs- und Integrationsfunktion** und werden durch Sozialisationsinstanzen (→ Kap. 9.3.1) wie Eltern, Kindergarten und Schule, aber auch zunehmend durch die Medien (→ Kap. 17.1) vermittelt. Neben der Vorbildwirkung der Bezugspersonen und der Erfahrung der Werte und Normen durch das Handeln der Menschen in der sozialen Umgebung geschieht die Weitergabe auch dadurch, dass Erwartungen über Verhaltensnormen direkt ausgesprochen und eingefordert werden. Die persönliche Erfahrung und das erlebte Vorbild scheint jedoch die eindrücklichste Vermittlung von moralischen Standards zu sein.

Das **Wissen um moralische Normen und Werte** entwickelt sich im frühen Kindesalter (→ Kap. 13.1.3, 10.2.3). Bei ihrer Untersuchung zur moralischen Entwicklung von Kindern fand die Soziologin Gertrud Nunner-Winkler (2000) beispielsweise heraus, dass 98 % der Vierjährigen wussten, dass man nicht stehlen darf. Kinder wissen, dass man ein anderes Kind nicht verletzen oder Eigentum nicht

Abb. 9.5: Körperliche Unversehrtheit ist eine Muss-Norm.

schädigen soll. Sie haben eine klare Vorstellung von grundlegenden moralischen Normen und können ohne langes Nachdenken beurteilen, was eine Lüge oder ein Diebstahl ist. Warum man nicht stehlen darf, wird mit der Norm selbst begründet („Das darf man nicht"). Ebenfalls früh unterscheiden Kinder eine **moralische Norm** wie andere nicht zu schlagen oder ihnen keine Sachen wegzunehmen von einer **konventionellen Norm,** zu der beispielsweise Tischmanieren oder Regeln der Begrüßung zählen, und bewerteten sie als unterschiedlich wichtig. Abweichungen von einer konventionellen Norm werden von den Kindern eher akzeptiert, während eine Abweichung von einer moralischen Norm als schlecht befunden wird.

Das Wissen um die Normen ist also bereits früh und relativ differenziert vorhanden. Das bedeutet jedoch nicht, dass kleinere Kinder bereits in verschiedenen Situationen in angemessener Weise moralisch kompetent urteilen können. Dazu bedarf es weiterer sozialer und kognitiver Entwicklungsschritte. Erst im weiteren Lebensverlauf entwickeln Kinder die **moralische Motivation,** also den eigenen Willen, von innen heraus moralisch zu handeln. Dabei gibt es große Unterschiede.

Während es für manche Kinder bereits mit vier oder fünf Jahren wichtig ist, moralisch zu handeln, gibt es andere, die der persönlichen Moral auch im Alter von siebzehn Jahren wenig persönliche Bedeutung beimessen. Wie es zu diesen großen Unterschieden kommt, ist bisher nicht ganz klar. Vermutet wird, dass die Moral, die Kinder an dem Verhalten ihrer Eltern oder anderer bedeutender Bezugspersonen ablesen, also das gelebte Vorbild, eine bedeutsame Rolle spielt. Daher scheint es sinnvoll, sich als Mensch, der mit Erziehungsaufgaben betraut ist, ab und zu die Zeit zu nehmen, über die eigenen aktuellen Werthaltungen und die Art der eigenen Umsetzung zu reflektieren.

Sanktion und Internalisierung

Die Einhaltung von Normen wird durch Sanktionen von außen durchgesetzt. Wird eine Norm übertreten, kann das **negative Sanktionen** nach sich ziehen, die für konformes (übereinstimmendes) Verhalten sorgen sollen. Je nachdem, ob es sich um Muss-, Soll- oder Kann-Normen handelt (→ oben), gibt es eine Vielzahl an Sanktionsmöglichkeiten, die von Missbilligung über einen Schulverweis für Jugendliche bis hin zu einer Gefängnisstrafe für Erwachsene reichen können (→ Kap. 3.4). Konformität kann jedoch auch durch **positive Sanktionen** erzeugt werden, indem erwünschtes Verhalten besonders gelobt oder in anderer Weise belohnt wird, beispielsweise bei der Hausaufgabenbetreuung im Hort durch ein Lachgesicht bei sorgfältig angefertigten Hausaufgaben.

Sanktionen gehören zum alltäglichen Handeln, sie werden vom Einzelnen sowohl empfangen als auch angewendet, z. B. als missbilligender Blick im Gedränge einer allzu engen U-Bahn oder bei einer Erziehungsmaßnahme gegenüber Kindern. Sanktionen setzen soziale Forderungen als Regulationen und Kontrollen von außen durch.

Abb. 9.6: Ein missbilligender Blick ist eine Sanktion.

Werte und Normen sind aber zum großen Teil auch **internalisiert** (verinnerlicht). Dieser aus der Psychologie stammende Begriff bezeichnet allgemein die Verinnerlichung von Werten und Normen einer Bezugsgruppe durch den Einzelnen. Besonders in frühkindlichen Sozialisationsprozessen (→ Kap. 9.3.3) übernimmt das Kind bestehende Werte und Normen.

Soziale Normen werden durch Prozesse der Internalisierung (Verinnerlichung) und durch Sanktionen durchgesetzt.

[BEISPIEL] Das Grüßen ist ein sozialer Vorgang. Es wird als Normverhalten bei einer Begegnung erwartet. Es gibt viele verschiedene Nuancen des Grüßens, die unterschiedliche Grade an Vertrautheit oder auch an Respekt (Wert) signalisieren. Ebenso gibt es kulturelle Unterschiede. Diese können auf Länderebene angesiedelt sein, beispielsweise gibt man sich in Deutschland die Hand, in Japan verbeugt man sich. Es gibt natürlich auch innerhalb eines Landes verschiedene kulturelle Bereiche. Bei der Aufsichtsratssitzung eines Konzerns, beim Beginn einer Lehrveranstaltung an der Universität, beim Sommerfest im Kindergarten oder beim Zusammentreffen von Musikern einer jugendlichen Subkultur-Band gelten jeweils gänzlich unterschiedliche Regeln des Begrüßens. Diese Regeln sind jedoch den Beteiligten bekannt, und Abweichungen davon werden je nach Grad entsprechend sanktioniert.

Soziale Rollen

Soziales Handeln ist an Normen orientiert. Wir erwarten von unseren Handlungspartnern, dass sie sich rollenkonform, also übereinstimmend mit den an eine Rolle gebundenen Normen verhalten, z. B. in der Rolle als Erzieherin, Vater, Mutter, Verkäuferin oder Polizist. Eine soziale Rolle nimmt der Einzelne in der Gesellschaft ein, wenn er aus einer bestimmten Position heraus handelt.

> ► **Soziale Rolle**
> Bündel von Normen, die sich verfestigt haben. Der Soziologe Ralf Dahrendorf definiert Rollen als ein „Bündel von Erwartungen, die sich in einer gegebenen Gesellschaft an das Verhalten der Träger von Positionen knüpfen ... Insofern ist jede einzelne Rolle ein Komplex oder eine Gruppe von Verhaltenserwartungen." (zit. Nach Endruweit, u. a., S. 458)

Die Mitglieder einer Gesellschaft nehmen am sozialen Leben in jeweils bestimmten Positionen teil. Der Begriff der **sozialen Position** wird von dem Begriff der sozialen Rolle unterschieden. Eine soziale Position bezieht sich auf eine Stellung im Geflecht der Gesellschaft, die mit bestimmten Funktionen, Aufgaben und Ausstattungen verbunden ist. Eine **soziale Rolle** bezieht sich auf den Menschen als handelndes und gesellschaftliches Wesen, der als Träger einer Position mit der Summe von Verhaltenserwartungen und Ansprüchen anderer konfrontiert ist. Die soziale Rolle ist zunächst unabhängig vom tatsächlichen Rollenhandeln des Positionsträgers zu begreifen.

> ► **Soziale Position**
> Stellung einer Person in einer Gesellschaft, die mit Funktionen, Aufgaben und Ausstattungen verbunden ist.

Rollensatz bezeichnet die Gesamtheit der Rollen, die eine Person in der Gesellschaft einnimmt. Beispielsweise kann eine Person zugleich Mutter, Schwester, Erzieherin, Schiedsrichterin und Vorsitzende des Elternbeirats an der Schule ihrer Kinder sein.

Bedeutsam für das Handeln in einer Rolle ist der von dem Soziologen Erving Goffman eingeführte Begriff der **Rollendistanz.**

> ► **Rollensatz**
> Gesamtheit der Rollen, die eine Person innehat.
>
> ► **Rollendistanz**
> Fähigkeit zur Lösung von einer Rolle und zur Reflexion über die mit ihr verbunden Erwartungen.

Der Rollenträger kann ein ambivalentes, zweifelndes, kritisches Verhältnis zu seiner Rolle haben, was zur teilweisen oder umfassenden Ablehnung seiner Rolle, aber auch zur Souveränität im Umgang mit ihr führen kann. Der Träger einer Rolle sollte fähig sein, sich von ihr zu distanzieren und sie zu reflektieren. Eine Rolle ist mit Erwartungen von außen verbunden, kann zugleich aber auch vom Einzelnen gestaltet werden.

Rollentheorien

Durch soziale Rollen ist dem Einzelnen in vielen Situationen klar, was wie getan werden muss. Sie tragen so zu Handlungssicherheit, Verlässlichkeit und Dauerhaftigkeit bei und bilden damit ein grundlegendes Element im Zusammenleben von Menschen. Auf der anderen Seite üben sie auch einen gewissen Zwang auf Personen aus und schränken deren Handlungsmöglichkeiten ein. In der soziologischen Diskussion gibt es keinen einheitlichen Rollenbegriff, sondern viele verschiedene Differenzierungen und Rollentheorien.

Zwei Ansätze der Rollentheorie lassen sich nach Bernhard Schäfers (2002 b, S. 34) unterscheiden:

- Eine Rollenauffassung, die die Ansprüche an eine Rolle von den Anforderungen der Gesellschaft aus formuliert und damit relativ starre Rollen konzipiert
- Eine Rollenauffassung aus der Sicht des Individuums, das bestrebt ist, aus der Fremdrolle eine eigene Rolle zu machen und so seine personale Identität gegenüber der rollenspezifischen sozialen Identität zu behaupten.

Es gibt selbstständig **erworbene Rollen** und **zugeschriebene Rollen.** Die zugeschriebenen Rollen stehen im Zusammenhang mit der Herkunft, dem Alter und dem Geschlecht.

Rollenkonflikte

Die Übernahme von Rollen kann mit Rollenkonflikten verbunden sein. Der Begriff Rollenkonflikt ist eine „Sammelbezeichnung für unterschiedlich ausgeprägte Konflikte, denen ein Träger sozialer Rollen aufgrund inkompatibler bzw. widersprüchlicher Rollenerwartungen ausgesetzt ist" (Hillmann 2007, S. 758). Zu unterscheiden sind dabei:

- *Intrarollenkonflikt,* bei dem es zu einem Konflikt innerhalb einer Rolle kommt
- *Interrollenkonflikt,* bei dem verschiedene Rollen miteinander im Konflikt stehen.

Bei einem **Intrarollenkonflikt** werden an den Rollenträger widersprüchliche Erwartungen gestellt, z. B.:

- Unterschiedliche Erwartungen von Schülern und Eltern an den Lehrer
- Unterschiedliche Erwartungen von den Eltern und von dem Träger einer Einrichtung an die Erzieherin
- Unterschiedliche Erwartungen der Geschäftsleitung und der Mitarbeiter an den Abteilungsleiter.

Bei einem **Interrollenkonflikt** hat eine Person unterschiedliche Rollen inne. Die an die verschiedenen Rollen gestellten Erwartungen stehen zueinander im Widerspruch, z. B.:

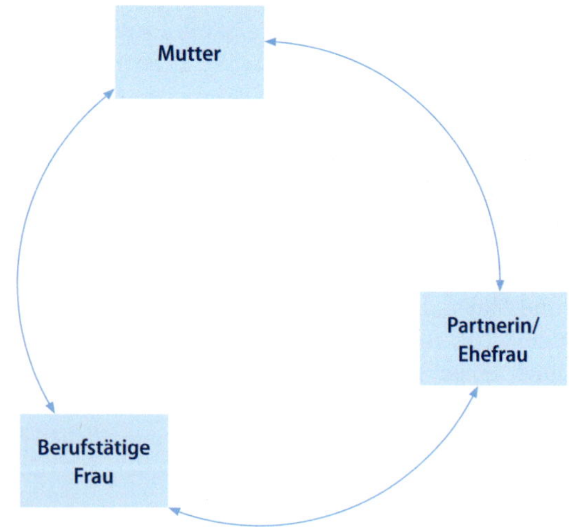

Abb. 9.7: Interrollenkonflikt: Die Erwartungen, die z. B. der Arbeitgeber an eine berufstätige Mutter hat, können zu Erwartungen des Partners und der Familie im Widerspruch stehen.

- *Berufstätige Mutter:* Erwartungen an die Rolle der Mutter und Hausfrau (z. B. der Familie oder der Gesellschaft) im Widerspruch zu den Erwartungen an die Berufsrolle (z. B. des Arbeitgebers oder der Kollegen). Die Abbildung 9.7 soll einladen zu überlegen, welche Ansprüche (eigene Erwartungen und die anderer) in Konflikt geraten können und aus welchen Gründen dies geschieht
- *Befreundete Familien, bei denen der Mann einer Familie als Lehrer das Kind der anderen Familie unterrichtet:* Erwartungen aus der privaten Freundschaftsrolle im Widerspruch zu den Erwartungen der Berufsrolle.

Ebenfalls konflikthaft ist die **Rollenüberlastung,** die einen Zustand der Überforderung beschreibt und auch als **Rollendruck** oder **Rollenstress** bezeichnet wird. Der Rollenträger kann die verschiedenartigen Erwartungen seiner Rollenpartner kaum oder nur in gesundheitsbelastender Weise erfüllen. Er empfindet sie zeitweilig oder dauerhaft als Belastung.

Abb. 9.8: Erwartungen an die Erzieherin in ihrer Berufsrolle.

[BEISPIEL] An die **Berufsrolle der Erzieherin bzw. des Erziehers** werden von verschiedenen Personen und Gruppen unterschiedliche Erwartungen gestellt: Es gibt gesellschaftliche Ansprüche an die Elementarerziehung, Erwartungen des Trägers der Kindertagesstätte, Erwartungen von Leitung und Mitarbeiterinnen der Einrichtung, Erwartungen von Schule, Ärzten und Psychologen und natürlich in der täglichen Arbeit besonders im Vordergrund die Vorstellungen und Erwartungen der Eltern und die der Kinder. Die Erzieherin muss mit diesen unterschiedlichen Erwartungen umgehen und sie mit ihrem eigenen professionellen Verständnis der Berufsrolle in Einklang bringen. Dabei können natürlich vielfältige Konflikte entstehen, die mit jeweils veränderten Erwartungen auch immer wieder neu bewältigt werden müssen.

Um diese Konflikte zu bewältigen, ist **Rollendistanz** nötig. Rollendistanz bedeutet für die Erzieherin, ihre eigene Rolle flexibel zu handhaben, realistisch ihre Möglichkeiten einzuschätzen und zu bewerten. Im Anschluss muss sie dann entscheiden, wie sie sich in allgemeiner Linie und in einzelnen konkreten Situationen verhalten wird und in welcher Weise sie die verschiedenen Erwartungen erfüllt.

Soziale Gebilde

Die vom Menschen geschaffenen Sozialgebilde (→ Tab. 9.2) ermöglichen ein geregeltes Zusammenwirken und stabile soziale Beziehungen zwischen Personen, in denen verschiedene Bedürfnisse befriedigt werden können. Dazu zählen Bedürfnisse nach Nahrung, Wohnung, Kleidung, Beziehungen, Verteidigung sowie nach (religiöser) Sinngebung des Daseins.

> ► **Soziale Gebilde**
> Soziale Einheiten, in denen Menschen leben und handeln. Soziale Gebilde bestehen immer aus mehreren Personen und können eine kleine Einheit oder auch ein großer Zusammenhang sein.

Es kann zwischen kleineren (mikrosoziologischen) Gebilden und größeren (makrosoziologischen) Gebilden unterschieden werden.

Die sozialen Gebilde weisen einen geordneten Aufbau, ein inneres Gefüge auf. In der Soziologie wird dieses geordnete Gefüge als **soziale Struktur** bezeichnet.

Der Begriff **soziales System** tritt in der neueren Literatur häufig an die Stelle des „sozialen Gebildes". Damit wird der Aspekt der Ganzheit hervorgehoben.

> ► **System** *(von griech. systema: Zusammenstellung, einheitlich geordnetes Ganzes)*
> Grundbegriff der Soziologie, mit dem die Wechselwirkungen aufeinander bezogenen Handelns mehrerer Individuen, Gruppen und Organisationen analysiert werden können.

Soziale Gebilde	
Mikrosoziologische Gebilde (kleinere Gruppen)	Familie, Freundeskreis, Kindergartengruppe, Schulklasse, Fußballmannschaft, Malgruppe
Makrosoziologische Gebilde (Institutionen, Organisationen und Gesellschaften)	Gemeinde, Kirche, internationale Unternehmen, Gesellschaft

Tab. 9.2: Soziale Gebilde.

Merkmale von sozialen Systemen sind:

- Wechselseitige Abhängigkeit all seiner Elemente (Interdependenz)
- Ordnung im Verhältnis der Elemente zueinander (Struktur)
- Regelmäßigkeit in den Beziehungen der Elemente untereinander (Kontinuität)
- Abgrenzung zu anderen Systemen, d. h. von der Umwelt (Grenze)
- Gewisse Ordnung in den Beziehungen zu anderen Systemen (Austausch).

Soziale Gruppe

Die Gruppe ist das am weitesten verbreitete soziale Gebilde. In der Regel gehört jeder Mensch verschiedenen sozialen Gruppen an, z. B. der Familie, der Arbeits- oder Ausbildungsgruppe, der Kindergartengruppe, der Gruppe der Freunde, einer Sportgruppe usw. Der Mensch ist ein Gruppenwesen, und in der Gruppe verbindet sich seine Individualnatur mit seiner Sozialnatur.

▶ **Gruppe** *(aus soziologischer Sicht)*
Erkennbare, strukturierte, auf Dauer angelegte soziale Einheit von Personen. In ihr gibt es übereinstimmende Normen und Wertvorstellungen, und sie verfolgt gemeinsame Interessen oder Ziele. Eine Gruppe hat mindestens zwei oder mehr Mitglieder, die in einer regelmäßigen Beziehung stehen.

Typische **Merkmale von Gruppen** sind nach dem Soziologen Jenö Bango (1994, S. 61):

- Zusammengehörigkeitsgefühl (Wir-Gefühl)
- Neigung zur Erhaltung der Gruppe
- Dauer
- Ausreichende Kommunikation
- System von Führung und Unterordnung
- Gruppentraditionen
- Gruppenziele.

Gruppen haben unterschiedliche Formen. Nach diesen können sie auch charakterisiert werden.

- **Eigengruppe – Fremdgruppe:** Die Eigengruppe (ingroup) ist diejenige Gruppe, der man angehört. Dementsprechend gehört man der Fremdgruppe (outgroup) nicht an. Eine zu starke Fixierung auf die Eigengruppe kann zu Ethnozentrismus (Form des Nationalismus, bei der das eigene Volk als Mittelpunkt und als den anderen Völkern überlegen angesehen wird) und zu Vorurteilen führen
- **Geschlossene – offene Gruppe:** Wie schon im Begriff deutlich wird, geht es hier darum, ob eine Gruppe nach außen geschlossen ist oder offen und bereit, neue Mitglieder aufzunehmen
- **Primärgruppe – Sekundärgruppe:**
  - *Primärgruppen* vermitteln dem Individuum die früheste Erfahrung von dem sozialen Ganzen, z. B. in Familien, Verwandtschaft und Nachbarschaft. Sie sind durch enge unmittelbare persönliche Verbindungen gekennzeichnet. Teil einer primären Gruppe wird man durch Geburt und Lebensumfeld
  - In einer *Sekundärgruppe* treffen sich Menschen aus bestimmten praktischen Anlässen. Beispiele für Sekundärgruppen sind eine Gruppe im Kindergarten oder im Sportverein, eine Schulklasse, ein Stadtteilausschuss. In sekundäre Gruppen tritt man entweder durch freie Entscheidung oder durch Selektion ein. In der konkreten sozialen Situation ist eine eindeutige Unterscheidung jedoch nicht immer möglich, denn Menschen, die in einer Sekundärgruppe zusammentreffen, können gute Freunde werden und dann auch außerhalb der formalen Gruppensituation Zeit miteinander verbringen
- **Kleingruppe – Großgruppe:** *Kleingruppen* sind zahlenmäßig kleine und überschaubare Gruppen. Die Mitglieder kennen sich gegenseitig und unterhalten Beziehungen von Angesicht zu Angesicht *(face to face)*, kommunizieren also direkt. In *Großgruppen* hingegen kennen sich die Mitglieder nicht mehr alle persönlich, Informationen müssen über geeignete Strukturen vermittelt werden. Hierzu zählen beispielsweise Verbände oder Religionsgemeinschaften
- **Formelle und informelle Gruppe:** *Formelle Gruppen* weisen eine Organisation auf, um zuvor bestimmte Ziele zu erreichen. Die Handlungsabläufe sind klar ge-

Abb. 9.9: In der Regel gehört jeder Mensch verschiedenen sozialen Gruppen an, wie z. B. der Primärgruppe Familie.

regelt. Demgegenüber haben *informelle Gruppen* einen persönlichen und emotionalen Charakter. Sie entstehen häufig als Gegenstruktur zu hochgradig formalisierten Arbeits- und Lebenszusammenhängen, um bestimmte Grundbedürfnisse sicherzustellen. „Informell ist in dieser Perspektive ein Kürzel für jene Aspekte der sozialen Wirklichkeit, in denen das Menschliche im humanen Sinn, das Persönliche und Spontane, das Freundschaftliche und das Gefühlsmäßige zum Ausdruck gebracht werden können." (Schäfers 2002 a, S. 136).

Institutionen und Organisationen

Soziale Gebilde und soziale Gruppen beschreiben in sehr weitgefasstem Sinne das Zusammenwirken von Menschen. Institutionen und Organisationen als soziale Gebilde weisen dagegen differenziertere Merkmale auf.

► **Institution** *(von lat. institutio: Einrichtung, Unterweisung)*
Einrichtung, die in der Soziologie ein stabiles, dauerhaftes Muster menschlicher Beziehungen repräsentiert. Sie entwickelt sich dort, wo das Zusammenleben von Menschen Ordnung und Regelung erfordert. Eine Institution kann eine abstrakte, in der Kultur niedergelegte Verhaltensregel bezeichnen wie das Recht, oder das Ausbildungsmuster für den Nachwuchs in Form eines Bildungssystems sein.

Die einzelnen Glieder einer Institution folgen dem Muster einer Kultur, wirken zusammen und leiten das Handeln des Einzelnen. Ihre Leitideen sind an Rollenträger gebunden und werden durch Sanktionen und soziale Kontrolle durchgesetzt.

Institutionen haben für die Gesellschaft verschiedene **Funktionen** und **Auswirkungen.** Sie

- Stellen die Befriedigung grundlegender Bedürfnisse sicher, indem sie beispielsweise Familien- und Verwandtschaftsbeziehungen strukturieren
- Entlasten Menschen vom Entscheidungsdruck dadurch, dass beispielsweise Abläufe vorgegeben sind
- Gewährleisten Verhaltenssicherheit, da durch bekannte Abläufe, z. B. beim Grüßen, alle Beteiligten wissen, wie sie sich verhalten sollen
- Ermöglichen wechselseitige Abstimmung von Verhalten, z. B. durch die Einrichtung einer Straßenverkehrsordnung
- Dienen der Orientierung in der sozialen Umwelt, z. B. durch Wertsetzungen und Gebote von religiösen Gemeinschaften
- Wirken normativ; ein Beispiel hierfür sind die gesetzlich verankerten Kinderschutzbestimmungen, nach denen die häusliche Gewalt unter Strafe steht.

Im Zuge einer Institutionalisierung werden regelmäßig wiederkehrende soziale Handlungen in eine Norm umgesetzt und in ihren Abläufen und Zielen festgelegt. Soziales Handeln wird versachlicht und vom spontanen in erwartbares Rollenverhalten umgeformt.

Institutionen	Organisationen
Bildungssystem	Kindergarten, Schule, Universität, Berufsschule
Wirtschaftssystem	Betriebe, Unternehmen, Banken, Kaufhäuser
Rechtssystem	Gerichte, Anwaltskanzleien, Notare, Gefängnisse
Regierung	Parlamente, politische Parteien, Wahlbüros
Religion	Kirchen, Klöster

Tab. 9.3: Institutionen und Organisationen.

Häufig wird im allgemeinen Sprachgebrauch der Begriff **Institution** mit dem einer Organisation gleichgesetzt. Dann wird die Kirche als klar organisiertes soziales Gebilde auch eine Institution genannt.

In der Soziologie ist der Begriff **Organisation** aber genauer definiert.

► **Organisation** *(aus soziologischer Sicht)*
Konkretes zielgerichtetes, arbeitsteilig organisiertes soziales Gebilde.

Organisationen

- Sind auf bestimmte Ziele und Zwecke hin ausgerichtete Systeme, die bestimmte Aufgaben ausführen
- Sind arbeitsteilig und zielgerichtet miteinander arbeitende Personen und Gruppen
- Bestimmen ihre Grenze durch Mitgliedschaft, d. h. durch Ein- und Austrittsbedingungen in das bzw. aus dem System.

⊙ **Institutionen** und **Organisationen** sind eng aufeinander bezogen. Institutionen bilden den normativen Rahmen, Organisationen formen auf dieser Basis konkrete organisierte Strukturen aus (Hobmair 2006, S. 20 f.).

9.2 Gesellschaft

In diesem Kapitel werden vormoderne und moderne Formen menschlicher Gesellschaft beschrieben. Für die Soziologie ist es interessant, wie sich Gesellschaften entwickeln und welches ihre jeweils besonderen Kennzeichen sind. Sie beschäftigt sich auch damit, wie Menschen in Gesellschaften handeln.

9.2.1 Gesellschaft und Kultur

In einem sehr allgemeinen Verständnis bezeichnet Gesellschaft die Verbundenheit vom Lebewesen.

► **Gesellschaft**
„Die Gesellschaft ist ein komplexes Geflecht von Menschen, die durch ihr Tun und Denken in unterschiedlicher Weise und unterschiedlicher Intensität, gewollt oder ungewollt, direkt oder indirekt aufeinander einwirken" (Hunink 2001, S. 9).

Jede Gesellschaft hat eine bestimmte Kultur. Dazu gehören unter anderem die Sprache, die Kunst, die Wissenschaft, religiöse Systeme und Rituale, eine Form des Familiensystems, verbunden mit bestimmten Werten und Normen, die sich auf die Kindererziehung beziehen und die Regelung von Eigentumsrechten.

► **Kultur**
besteht aus den Werten „...einer bestimmten Gruppe, den Normen, die ihre Mitglieder befolgen, und den materiellen Gütern, die sie hervorbringen" (Giddens 1995, S. 64).

► **Kulturelle Universalien**
Verhaltensformen, die sich in allen Kulturen finden lassen.

Zu den **kulturellen Universalien** zählen z. B. die Sprache, die Institution der Ehe, der Familie, der Religion und das Inzestverbot. Doch innerhalb dieser allgemeinen Oberbegriffe gibt es viele Spielarten der Werte und Verhaltensweisen, durch die sich Gesellschaften voneinander unterscheiden.

Eine Gesellschaft ist **gekennzeichnet** durch

- Das Zusammenwirken von Menschen zur Befriedigung von grundlegenden Bedürfnissen
- Räumlich vereint lebende Menschen in einem gemeinsamen Gebiet
- Beständige Ordnungs- bzw. Verhaltensmuster
- Eine soziale Struktur wie eine bestimmte Staatsform oder ein Wirtschaftssystem
- Eine gemeinsame Kultur
- Erkennbarkeit als eigenständige soziale Einheit (im Gegensatz zu anderen Gesellschaften).

Abb. 9.10: Sprache und Musik gehören zu den kulturellen Universalien, d. h. sie kommen in jeder Kultur vor.

9.2.2 Gesellschaft und Gemeinschaft

Die Begriffe Gesellschaft und Gemeinschaft wurden von dem Soziologen Ferdinand Tönnies (1855–1936) unterschieden. Er versuchte so, den Übergang von der traditionell-feudalen zu der modernen industrialisierten Gesellschaft zu beschreiben. Beide Begriffe charakterisieren jeweils bestimmte Formen des Zusammenlebens von Menschen.

Im Mittelalter leben und arbeiten die Menschen als **Gemeinschaft** in einer Familie, in einem Haushalt, in einem Dorf. Hier gibt es überschaubare Regeln und Traditionen, die Verwandtschaftsbeziehungen stehen im Mittelpunkt, Religion liefert den weltanschaulichen Rahmen. Mit der Industrialisierung ändert sich die Form des Zusammenlebens und somit auch die Beziehungen. In einer **Gesellschaft** leben die Menschen häufig in Großstädten, arbeiten in einer Fabrik, die Beziehungen sind zweckmäßig und Tausch ist das Grundprinzip des Handelns. An die Stelle von Bräuchen und Religion ist die Politik getreten (→ Tab. 9.4).

Diese idealtypische Unterscheidung der Formen des Zusammenlebens in Gemeinschaft und Gesellschaft ist im Bereich der *reinen Soziologie* (→ Kap. 9.1.1), die sich mit Begriffsbildungen beschäftigt, anzusiedeln. In der alltäglichen Wirklichkeit und damit im Untersuchungsbereich der *angewandten Soziologie* (→ Kap. 9.1.3) durchdringen und vermischen sich diese zwei typisierten Beziehungsformen vielfach.

Gemeinschaft	Gesellschaft
Familie	Fabrik
Dorf	Großstadt
Verwandtschaftsbeziehungen	Zweckinteresse
Affektive Nähe	Tausch
Gemeinsame Überzeugungen	Öffentliche Meinung
Sitte, Religion	Politik

Tab. 9.4: Gesellschaft und Gemeinschaft (nach Korte 2001, S. 57).

9.2.3 Formen menschlicher Gesellschaft

Gesellschaften lassen sich in bestimmten Typen zusammenfassen. In übergeordneter Perspektive können prämoderne (vormoderne) Gesellschaften und Gesellschaften der modernen Welt unterschieden werden (vgl. Giddens 1995, S. 49 ff.).

Prämoderne Gesellschaften

Bei den vormodernen (prämodernen) Gesellschaften gibt es drei Hauptgruppen:

- Jäger- und Sammlergesellschaften
- Größere Agrar- und Weidegesellschaften und
- Nicht-industrielle Zivilisationen oder traditionelle Staaten.

Jäger- und Sammlergesellschaften

Jäger- und Sammlergesellschaften bestehen aus einer geringen Anzahl von Menschen, oft nicht mehr als 30 bis 40 Personen. Diese Gruppen bestreiten ihren Lebensunterhalt durch Jagen, Fischen und Sammeln von wild wachsenden essbaren Pflanzen. In diesen Gesellschaften findet sich nur wenig Ungleichheit. Da die Menschen häufig unterwegs sind, können sie nur wenige Besitztümer mitnehmen, diese beschränken sich daher auf Waffen für die Jagd, Werkzeuge zum Bauen und Kochutensilien. Die Mitglieder unterscheiden sich in Bezug auf Art und Anzahl ihrer Besitztümer kaum. Unterschiede in Rang oder Stellung sind zumeist auf Alter und Geschlecht beschränkt. Die Machtunterschiede sind weniger ausgeprägt: Diese Gesellschaften haben eher partizipatorische Strukturen, treffen also vorwiegend gemeinschaftliche Entscheidungen.

Jäger- und Sammlergesellschaften bestehen seit 50 000 Jahren bis heute, stehen aber kurz vor dem Verschwinden. Beispiele sind das Volk der San in der Kalahari oder indigene Völker in Neuguinea.

Agrar- und Weidegesellschaften

Vor etwa 20 000 Jahren wurden einige Jäger- und Sammlergruppen sesshaft. Daraus entwickelten sich Agrar- und Weidegesellschaften. Agrargesellschaften betreiben überwiegend Ackerbau, während die Weidegesellschaften hauptsächlich gezähmte Tiere hüten. Viele Gesellschaften verfügten über eine Mischwirtschaft aus Ackerbau und Weideökonomie.

Agrargesellschaften beruhen auf kleinen ländlichen Gemeinschaften, in denen der Lebensunterhalt überwiegend durch Landwirtschaft gesichert und teilweise durch Jagen und Sammeln ergänzt wird. Der gezielte Anbau von Pflanzen liefert einen verlässlicheren Vorrat an Nahrung und kann daher eine größere Zahl an Menschen ernähren. So gibt es hier größere Gemeinschaften. Da diese Völker nicht umherwandern, können sie mehr Besitz ansammeln. Ungleichheiten sind hier stärker ausgeprägt als bei Jäger- und Sammlergesellschaften.

Weidegesellschaften leben von der Tierhaltung, d.h. sie züchten und hüten Tiere wie Rinder, Schafe, Ziegen, Kamele oder Pferde. Diese Gesellschaften existieren in Regionen mit dichtem Grasbewuchs, die sich zwar für Ackerbau nicht eignen, jedoch Weidetiere ernähren können. In der Größe können sie aus wenigen hundert bis zu mehreren tausend Menschen bestehen. Im Allgemeinen sind Weidegesellschaften durch deutliche Ungleichheiten gekennzeichnet und werden von Häuptlingen oder kriegerischen Königen regiert. Sie bestehen bis heute, sind jedoch inzwischen Teil von größeren Staaten und verlieren ihre spezifische Identität.

Traditionelle Gesellschaften oder Zivilisationen

Seit 6000 v. Chr. gab es Gesellschaften, die größer als die zuvor existierenden waren und sich von diesen deutlich unterschieden. Diese häufig sehr reichen Gesellschaften basierten auf der Entwicklung von Städten. Sie verfügten über die Schrift, und in ihnen blühten Kunst und Wissenschaft, daher auch die Benennung als **Zivilisation.** Sie entwickelten eine stärkere Zentralgewalt und wurden von mächtigen Königen oder Kaisern regiert, davon leitet sich die Bezeichnung **traditionelle Staaten** ab. Beispiele für solche Gesellschaften sind das Chinesische Reich und das Römische Reich. Solche Gesellschaften bestanden bis ins 19. Jahrhundert hinein. Alle traditionellen Staaten sind heute verschwunden.

Ein beträchtlicher Anteil der Bevölkerung war nicht mehr direkt mit der Herstellung von Nahrung beschäftigt, obwohl die große Masse weiterhin in der Landwirtschaft tätig war. Während **Frauen** im Haushalt oder auf den Feldern arbeiteten, bildeten sich bei den **Männern** spezialisierte Berufe aus, z.B. Händler, Höfling, Regierungsbeamter, Soldat.

Es existierte ein große Ungleichheit, die in einer **Klassentrennung** zwischen aristokratischen Gruppen und dem Rest der Bevölkerung ihren Ausdruck fand. Die herrschende Klasse lebte zumeist in großem Wohlstand, während die Lebensbedingungen der Bauern, Arbeiter und Sklaven hart waren. Diese Gesellschaften entwickelten sich zum einen durch Handelsbeziehungen und zum anderen durch militärische Eroberungen und Einverleibung anderer Völker (Entstehung von Berufsheeren).

Abb. 9.11: Agrar- und Weidegesellschaften sind heute sehr rar; in Deutschland haben Viehzucht und Ackerbau heute nur eine geringe wirtschaftliche Bedeutung.

Auflösung prämoderner Gesellschaften

Traditionelle Staaten gibt es heute nicht mehr, Jäger- und Sammlergesellschaften sowie Agrar- und Weidegesellschaften finden sich noch in wenigen, relativ isolierten Gebieten. Hintergrund dieser Auflösung der prämodernen Gesellschaftsformen ist die **Industrialisierung** (→ Kap. 9.4.3). Mit diesem Begriff wird ein komplexer Wandlungsprozess beschrieben, in dem sich mit den veränderten Arbeits- und Produktionsbedingungen (Maschinenarbeit, Technologie, neue Energieformen wie Dampfkraft und Elektrizität) auch die Lebensbedingungen der Menschen umfassend wandelten.

Gesellschaften der modernen Welt

Die aus den vormodernen Gesellschaften entstehenden Gesellschaften der modernen Welt unterteilen sich in

- Erste-Welt-Gesellschaften
- Zweite-Welt-Gesellschaften und
- Dritte-Welt-Gesellschaften.

Erste-Welt-Gesellschaften

Mit dem Begriff **Industrielle Revolution** wird ein komplexer technologischer Wandlungsprozess bezeichnet, der im 18. Jahrhundert in England begann. Die Industrielle Revolution beschreibt einen Umbruchsprozess von der vorindustriellen, traditionellen Wirtschaftsgesellschaft zur modernen Industriewirtschaft. In ihm veränderte sich die Produktionsweise umfassend, also die Art und die Mittel, wie der Lebensunterhalt bestritten wurde. Es wurden

- Neue mechanische Möglichkeiten und Maschinen erfunden
- Die Naturkräfte wie Wasser und Dampf genutzt und
- Rohstoffe anders verarbeitet, z. B. aus Eisenerz Stahl entwickelt, womit völlig neue technische Bedingungen entstanden.

Quantitativer Ausdruck dieses Prozesses ist ein alle bisherigen Vorstellungen sprengendes Wirtschaftswachstum.

In **industrialisierten Gesellschaften** leben sehr viele Menschen in kleinen oder großen Städten und wenige auf dem Land. Entsprechend sind wenige in der Landwirtschaft beschäftigt, die meisten Menschen arbeiten in verschiedenen Berufen in der Stadt. In den städtischen Regionen ist das leben unpersönlicher und anonymer als zuvor in kleineren Ansiedlungen. Große Organisationen wie Großunternehmen, Schulen oder Regierungsbehörden beeinflussen das Leben von jeder Person. Industrialisierte Gesellschaften bilden abgegrenzte politische Gemeinschaften oder Nationalstaaten. In ihnen gibt es bedeutende Klassenunterschiede, doch sind die Ungleichheiten weniger stark ausgeprägt als in den traditionellen Staaten.

Industrialisierte Gesellschaften bestehen seit dem 18. Jahrhundert bis heute. Sie werden auch als Länder der „Ersten Welt“ bezeichnet.

Zweite-Welt-Gesellschaften

Als Zweite-Welt-Gesellschaften werden Gesellschaften bezeichnet, die zwar auf einer **industriellen Basis** beruhen, aber durch ein **zentrales Wirtschaftssystem** gesteuert werden. In der sog. Planwirtschaft gibt es wenig Raum für Privateigentum und wirtschaftlichen Wettbewerb. Die Mehrheit der Bevölkerung lebt und arbeitet in der Stadt, nur wenige sind mit Landwirtschaft beschäftigt. Während Erste-Welt-Gesellschaften auf parlamentarischen Mehrparteiensystemen beruhen, ist für Zweite-Welt-Gesellschaften ein Einparteiensystem typisch. Die kommunistische Partei dominiert sowohl das politische als auch das ökonomische System. Es gibt große Klassenunterschiede trotz des Zieles von marxistischen Regierungen, ein klassenloses System zu erschaffen. Seit dem Zusammenbruch des Kommunismus am Ende des 20. Jahrhunderts ist die „Zweite Welt“ praktisch verschwunden.

Staaten der „Zweiten Welt“ bestanden seit Anfang des 20. Jahrhunderts beginnend mit der Russischen Revolution von 1817 bis zum Zusammenbruch des Kommunismus in der Sowjetunion 1991 und dem Verschwinden der kommunistischen Gesellschaften der Ostblockstaaten.

Dritte-Welt-Gesellschaften

Länder, die als Länder der „Dritten Welt“ bezeichnet werden, haben ein geringes Industrialisierungsniveau. Sie werden auch **Entwicklungsländer** genannt. Die Mehrheit der Bevölkerung ist in der Landwirtschaft tätig und produziert mit traditionellen Methoden. Zugleich gibt es einen raschen Prozess der Verstädterung, was zu Mega-Städten mit großen Slum-Bereichen führt. Ein bedeutender Teil des landwirtschaftlichen Ertrags wird auf dem Weltmarkt verkauft. Einige Länder der „Dritten Welt“ haben marktwirtschaftliche Systeme, andere die Planwirtschaft.

Den historischen Hintergrund für die Gesellschaftsentwicklung bildet die Kolonialisierung vom 17. bis 20. Jahrhundert, als die Länder des Westens in vielen Gebieten oft unter Einsatz ihrer überlegenen militärischen Stärke **Kolonien** errichteten. Obwohl heute die Länder wieder ihre Unabhängigkeit erlangt haben, wurde jedoch die soziale und kulturelle Welt weltweit dadurch verändert. In einigen Regionen wie Nordamerika wurden die Europäer zur Mehrheitsbevölkerung. Diese Gesellschaften entwickelten sich zu Industrienationen.

In anderen Gebieten wie Asien, Afrika oder Südamerika blieben die ursprünglichen Bewohner in der Mehrheit. Das wesentlich geringere Niveau der Industrialisierung führte dort zur Entstehung von Dritte-Welt-Gesellschaften. Die Staaten sind im Verhältnis zur „Ersten Welt“ sehr arm, in den Ländern gibt es große Ungleichheiten. Obwohl es wohlhabende Gruppen gibt, ist die Mehrheit der Bevölkerung arm.

Dritte-Welt-Gesellschaften bestehen zunächst seit dem 18. Jahrhundert als kolonialisierte Gebiete, dann als Dritte-Welt-Länder bis heute (nach Giddens 1995, S. 49 ff.).

9.3 Sozialisation

Für die Soziologie ist es eine zentrale Frage, wie Menschen zu einem Teil einer Gesellschaft werden und sich zugleich als individuelle Persönlichkeit entwickeln. Damit befasst sich der Themenbereich der Sozialisation.

9.3.1 Sozialisation als Prozess

Der Mensch ist nur zu einem kleinen Teil durch angeborene Instinkte und Verhaltensschemata festgelegt. Seine Denk- und Handlungsweisen entwickeln sich in sozialen Lernprozessen im Verlauf seines Lebens, im Prozess der Sozialisation.

▶ **Sozialisation** *(aus soziologischer Sicht)*
Vorgang, der alle Prozesse umfasst, in denen sich Individuen gesellschaftlich vorgefundene Gewohnheiten, Handlungsmuster, Werte und Normen aneignen (Scherr 2002, S. 46).

Dass mit dem Begriff „Sozialisation" ein wechselseitiger Vorgang, ein Prozess beschrieben ist, macht auch der Sozialwissenschaftler Klaus Hurrelmann deutlich. Er versteht Sozialisation als „den Prozess, in dessen Verlauf sich der mit einer biologischen Ausstattung versehene Organismus zu einer sozial handlungsfähigen Persönlichkeit bildet, die sich über den Lebensverlauf hinweg in Auseinandersetzung mit den Lebensbedingungen weiterentwickelt" (1998, S. 14).

Der Begriff geht zurück auf den französischen Soziologen und Pädagogen Emile Durkheim (1859–1917). Er erfasste damit den komplexen Prozess der Vergesellschaftung des Menschen, innerhalb dessen menschliche Persönlichkeit und gesellschaftliche Bedingungen sich wechselseitig beeinflussen. Der einzelne Mensch wird ein Mitglied der Gesellschaft, indem er in ihre verschiedenen Teilsysteme (z. B. die Familie, die Kultur) hineinwächst **(Integration)**. Innerhalb dieser Teilsysteme finden Sozialisationsprozesse statt, die zugleich zu einer individuellen Entfaltung der Persönlichkeit (**Personalisation**) führen.

Abb. 9.12: Sozialisation ist eine eigenständige Auseinandersetzung mit vorgefundenen Erwartungen, Regeln und Normen.

⊙ **Sozialisation** ist nicht mit **sozialer Prägung** gleichzusetzen. Während mit „sozialer Prägung" die einseitige Beeinflussung des Einzelnen durch die Gesellschaft beschrieben wird, ist Sozialisation als eigenständige Auseinandersetzung des Menschen mit vorgefundenen Erwartungen, Regeln usw. zu verstehen.

Die Wirkung von **Sozialisationsbedingungen** ist daher nicht eindeutig festgelegt oder vorhersehbar. Der Einzelne kann widrigen Umständen beispielsweise mit mehr oder weniger Widerstandskraft *(Resilienz* → Kap. 10.6) begegnen. Jedoch lässt sich durchaus beschreiben, dass und wie unterschiedliche Sozialisationsbedingungen mit unterschiedlichen **Entwicklungschancen** (→ Kap. 9.3.5) verbunden sind.

Es existieren mehrere **Erklärungsmodelle für Entwicklung** (→ Kap. 10.3). Die Sozialisation ist nur eine davon. Sozialisation grenzt sich ab von

- Einer biologischen Perspektive, die mit Reifung und genetisch fixierter Anlage argumentiert (*endogenistisches Entwicklungsmodell* → Kap. 10.2.1)
- Einer idealistischen Philosophie, die Persönlichkeit als Produkt psychischer Entfaltung sieht und sich nur auf das Individuum bezieht
- Einer bewussten und reflektiert verstandenen Erziehung (→ unten, → Kap. 8).

Gesellschaft und Individuum

Sozialisation beinhaltet **gesellschaftliche Einflüsse** und die **Entwicklung des Individuums** und deren Wechselwirkungen. Daher interessieren sich sowohl die Psychologie (→ Kap. 10.1) als auch die Soziologie für die Erforschung dieses Bereichs (→ Tab. 9.5). Als Folge daraus haben beide Disziplinen zahlreiche Theorien zur Sozialisation entwickelt. Vielfach gibt es inzwischen auch interdisziplinäre Forschungsbemühungen.

Das Verhältnis von Individuum und Gesellschaft wird kontrovers diskutiert. Zwei Aspekte sind hier bedeutsam, die nicht voneinander zu trennen, wohl aber unterschiedlich zu gewichten sind: die Selbstsozialisation und die Fremdsozialisation.

Bei der **Selbstsozialisation** wird der Eigenaktivität des Akteurs viel Bedeutung beigemessen (Selbstgestaltungstheorien → Kap. 10.2.1). Bei der **Fremdsozialisation** steht die Einwirkung der gesellschaftlichen Bedingungen im Vordergrund.

Erziehung als absichtsvolle Sozialisation

Emile Durkheim bezeichnet Erziehung als methodische Sozialisation und als wichtigstes Instrument der Normenverinnerlichung (Durkheim 1972, zit. nach Marotzki u. a.

Theorien der Sozialisation	
Psychologische Theorien	**Soziologische Theorien**
Persönlichkeitstheorien (Tiefenpsychologische Theorien): • Psychoanalyse (Sigmund Freud) • Individualpsychologie (Alfred Adler)	**Strukturtheorien:** • Strukturell-funktionale Theorie (Talcott Parsons) • Soziale Systemtheorie (Niklas Luhmann)
Entwicklungstheorien (Kognitionspsychologische Theorien): • Theorie der kognitiven Entwicklung (Jean Piaget) • Theorie der psychosozialen Persönlichkeitsentwicklung (Erik H. Erikson)	**Handlungstheorien:** • Theorie des symbolischen Interaktionismus (George H. Mead) • Rational-Choice-Theorie (J S. Coleman, T Voss)
Lerntheorien (Lernpsychologische Theorien): • Konditionierungstheorien (Ivan P. Pawlow, Burrhus F. Skinner) • Sozial-kognitive Theorie (Albert Bandura)	**Gesellschaftstheorien:** • Historischer Materialismus (Karl Marx, Friedrich Engels) • Kritische Theorie (Max Horkheimer)

Tab. 9.5: Sozialisationstheorien (in Anlehnung an Hobmair 2004, S. 81).

2005, S. 127). Erziehung (→ Kap. 1.1, Kap. 8) ist also eine absichtsvolle Einwirkung, während Sozialisation auch die ungeplanten und unbeabsichtigten Einflüsse umfasst. Sozialisation ist insofern der umfassendere Begriff, der die Erziehung mit einschließt.

Sozialisation geschieht überwiegend ungeplant und unbeabsichtigt. Im Verhältnis dazu kann **Erziehung** als absichtsvolle Sozialisation verstanden werden, als bewusste Reaktion darauf, dass sich der Mensch im Verlauf seines Lebens entwickelt.

Nach welchen Leitlinien die bewusste Beeinflussung, also die Erziehung stattfindet, hängt von der jeweiligen individuellen und gesellschaftlichen Erziehungsauffassung ab und wird in den Erziehungswissenschaften sowie im alltäglichen Diskurs verhandelt. Ein aktuelles Beispiel dafür ist die kontroverse Debatte über vorhandene oder fehlende Autorität und Disziplin in der Erziehung und damit verbundene Erziehungskonzepte (→ Kap. 8.4).

Es gibt viele unterschiedliche **Erziehungsvorstellungen.** Die folgenden zwei Erziehungsauffassungen machen die Unterschiedlichkeit und Gegensätzlichkeit von Vorstellungen über „richtige" Erziehung deutlich.

Eine Vorstellung geht von einer direkten Einwirkung auf der Grundlage von klassischen lerntheoretischen Konzepten wie der *Konditionierung* (→ Kap. 10.5) aus. Erziehung wird hier als „herstellendes Machen" analog zu der handwerklichen Produktion eines Gegenstandes verstanden und funktioniert auf der Basis von Befehl und Gehorsam (Instruktionspädagogik). Erzieher formen die zu Erziehenden.

Eine andere Vorstellung beruht auf dem Modell des Sich-entwickelns, das Jean Jacques Rousseau mit seinem Erziehungsroman Emile (1762) begründet hat (→ Kap. 8.4.1). Es handelt sich hier um eine Erziehungsauffassung, in der die Erzieherin weitgehend auf Einwirkungen verzichtet und schädliche Einwirkungen fernhält (Bewahrpädagogik), während das Kind sich in einem Naturzustand entwickelt und Erfahrungen direkt im Umgang mit den Dingen sammelt.

Sozialisationsinstanzen

Alle Umweltbedingungen nehmen Einfluss auf die Entwicklung des Menschen und sind somit Sozialisationskontexte. Dabei sind diese **Umweltfaktoren** gesellschaftlich geprägt, das gilt z. B. für den Sprachstil der Eltern (→ Kap. 22), die Lernprozesse in Kindergarten und Schule, das angebotene Spielzeug (→ Kap. 8.5), die Wohnhäuser oder auch den städtischen Park. So macht es von den Bedingungen des Aufwachsens her einen deutlichen Unterschied, ob ein Kind in Berlin in einer Hochhaussiedlung im Märkischen Viertel oder im Villenbereich Grunewald mit seinen Grünanlagen und Seen aufwächst.

- **Sozialisationsinstanzen**
  Institutionen und *Organisationen* (→ Kap. 9.1.2), die durch die Vermittlung von Werten, Normen, Wissen und Fertigkeiten maßgeblich zur Sozialisation des Individuums beitragen wie beispielsweise die Familie oder die Schule.
- **Sozialisationskontexte**
  Offener strukturierte oder organisierte soziale Gebilde wie beispielsweise Sportvereine oder Peergroups (Gleichaltrigengruppen).

In der Kindheit und Jugend stehen andere Sozialisationsinstanzen und -kontexte im Vordergrund als im Erwachsenenalter (→ Tab. 9.6).

Sozialisationsinstanzen und Sozialisationskontexte	
Kindheit und Jugend	**Erwachsenenalter**
• Familie • Kindergarten • Schule • Gleichaltrigengruppe (Peergroup) • Medien • Warenwelt • Religion • Kultur	• Ehe • Familie • Arbeit/Berufsleben • Medien • Religion • Politisches Klima • Totale Organisationen (Organisation, in der sich der Einzelne nahezu vollständig Autoritäten unterordnen muss wie z. B. Sekte, Gefängnis, Militär, Psychiatrie) • Region • Kultur

Tab. 9.6: Sozialisationsinstanzen und -kontexte in Kindheit und Jugend sowie im Erwachsenenalter.

9.3.2 Phasen der Sozialisation

Die Phasen der Sozialisation des einzelnen Menschen sind zu verschiedenen historischen Zeiten und in verschiedenen Kulturen unterschiedlich gewesen. Beispielsweise gab es bis zum Ende den 19. Jahrhunderts für die meisten jungen Menschen keine Jugendphase, wie sie für uns heute selbstverständlich ist. Die Jugendphase wurde erst mit der Durchsetzung der Schulpflicht und den verlängerten Ausbildungszeiten zur Norm. Kinder traten in traditionellen Gesellschaften früh, häufig bereits ab dem 7. Lebensjahr, ins Arbeitsleben ein.

In unserer heutigen industrialisierten Gesellschaft entsprechen die Sozialisationsphasen dem Muster des standardisierten Lebenslaufs mit folgenden verschiedenen **Lebensabschnitten** (→ Kap. 10.3.1):

- Der Kindheit und der Jugend (Schule, Ausbildung)
- Dem frühen und mittleren Erwachsenenalter (Familiengründung, Berufstätigkeit) und dem
- Späten Erwachsenenalter (Ruhestand).

Abb. 9.13: Erziehung ist absichtsvolle Sozialisation.

Sozialisation ist also nicht auf Kindheit und Jugend begrenzt. Die neuere Sozialisationsforschung geht von einem **lebenslangen Sozialisationsprozess** aus. Frühere theoretische Positionen gingen noch davon aus, dass Kinder und Jugendliche in die Gesellschaft hineinwachsen und sich dabei entwickeln, während auf der anderen Seite die „fertigen" handlungsfähigen Erwachsenen standen. Dies gilt heute als überholt.

Die Phasen der Sozialisation in einem Leben werden allgemein in vier Abschnitte eingeteilt: die primäre, die sekundäre, die tertiäre und die quartäre Sozialisation.

Primäre Sozialisation

Die erste Sozialisationsphase ist in der frühen Kindheit angesiedelt. Das Kind steht in wechselseitigem Austausch mit seiner *Primärgruppe* (→ Kap. 9.1.2), zumeist der Familie, aber auch mit anderen engen Bezugspersonen wie Großeltern oder Tagesmutter.

Der unmittelbare Kontakt mit ihnen, die intime Beziehung ist entscheidend für die gegenseitige und nachhaltige Einflussnahme, hier werden wesentliche Grundlagen für die späteren sozialen Lernprozesse geschaffen.

Sekundäre Sozialisation

Die nächste Sozialisationsphase beginnt mit dem Eintritt in Sekundärgruppen wie Kindergarten in der frühen oder Schule in der späteren Kindheit. Mit der Erweiterung der sozialen Beziehungen verändert sich auch der Charakter der Sozialisation. Kennzeichnend ist, dass die Person nun Mitglied mehrerer Gruppen ist und deren Einflussstärke sich im Lauf dieser Phase ändert. Der Einfluss der Familie sinkt und der der Gleichaltrigengruppe (Peergroup) steigt. Weitere Sozialisationseinflüsse wie beispielsweise die Massenmedien (→ Kap. 17.3) gewinnen an Bedeutung.

Tertiäre Sozialisation

Das Sozialisationsgeschehen im Erwachsenenalter richtet sich auf ein eigenverantwortlich handelndes Subjekt und ist mit den Aufgaben eines Erwachsenen und seinen entsprechenden Erfahrungen und Umwelten verbunden.

Zum einen spielt hier die berufliche Sozialisation eine große Rolle, zum anderen sind eine Partnerschaft und die Gründung einer eigenen Familie ebenfalls bedeutsame Sozialisationsfaktoren. Aktivitäten und Zugehörigkeiten im Freizeitbereich sind ebenfalls mit Sozialisationsprozessen verbunden.

Quartäre Sozialisation

Da sich im 20. Jahrhundert die Lebenserwartung deutlich erhöht hat, ist heute eine längere Lebensphase nach dem Erwerbsleben normal. Alter ist nicht mehr mit dem baldigen Tod verbunden. Die Ruhestandsphase kann sich über Jahrzehnte erstrecken.

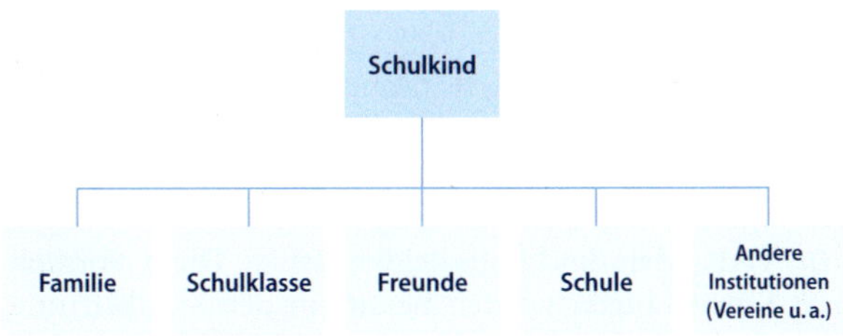

Abb. 9.14: Sekundäre Sozialisation: Ein Schulkind ist Mitglied mehrer Gruppen.

In dieser Sozialisationsphase geht es um die Auseinandersetzung mit Lebensbedingungen, die sich durch die Beendigung der Berufsarbeit ergeben. Sie können teilweise mit dem Verlust von sozialer Anerkennung und Teilhabe, aber auch mit neuen Gestaltungsmöglichkeiten der Lebensumwelt verbunden sein.

9.3.3 Entwicklungsaufgaben in Kindheit, Jugend und Erwachsenenalter aus soziologischer Sicht

Für Kindheit, Jugend und Erwachsenenalter lassen sich verschiedene *Entwicklungsaufgaben* (→ Kap. 10.3.1) beschreiben. Während in der Psychologie bei diesen das Individuum und seine persönliche Entwicklung im Vordergrund steht, legt die soziologische Sicht ihren Schwerpunkt auf die Entwicklung von Fähigkeiten, die nötig sind, um verschiedene Rollen in der Gesellschaft einnehmen zu können. Die Sozialisationsinstanzen (→ Kap. 9.3.2) spielen dabei eine bedeutende Rolle.

Die Entwicklungsaufgaben sind in Kindheit, Jugend und Erwachsenenalter unterschiedlich. Sie werden in Abhängigkeit von den jeweiligen Lebensbedingungen unterschiedlich bewältigt. Hurrelmann (2005) unterscheidet die folgenden Aufgaben für die jeweiligen Entwicklungsphasen aus soziologischer Sicht (→ Tab. 9.7).

9.3.4 Gruppenspezifische Unterschiede in der Sozialisation

Die Sozialisationsbedingungen können sehr unterschiedlich sein. Sie sind abhängig davon, ob Einzelne männlichen oder weiblichen Geschlechts sind, ob sie in der sogenannten **Unterschicht, Mittelschicht oder Oberschicht** (→ unten) aufwachsen und in welchem kulturellen Umfeld sie leben.

Obwohl sich klare Zusammenhänge von verschiedenen Gruppen und Sozialisationsprozessen feststellen lassen, ist Vorsicht bei allgemeinen und deterministischen (festlegenden, bestimmenden) Aussagen geboten, da sie zur Bildung von Vorurteilen beitragen. Die Teilgruppen sind sehr heterogen und vielfältig verbunden. Auch gibt es einen individuellen Einfluss im Sozialisationsprozess.

Wie diese Unterschiede sich auf Bildungschancen auswirken, wird weiter unten ausgeführt (Bildungschancen → Kap 9.5.3).

Entwicklungsrisiken siehe → Kap. 10.3.2

Geschlechtsspezifische Sozialisation

Wenn Menschen auf Eltern mit ihrem neugeborenen Kind treffen, fragen sie zuerst nach dem Geschlecht des Kindes. Erst wenn diese Frage geklärt ist, stellt sich Verhaltenssicherheit ein. Gegenüber einem Mädchen verhalten sich auch die Eltern anders als einem Jungen gegenüber. Der Geschlechtsunterschied wird bereits jetzt hervorgehoben, oft zeigt sich das z. B. in der Auswahl von Bekleidung und deren Farbe oder in der Auswahl des Spielzeugs. Mädchen und Jungen werden von Beginn ihres Lebens an geschlechtsspezifisch sozialisiert und mit verschiedenen *Rollenerwartungen und -zuschreibungen* (→ Kap. 9.1.2) konfrontiert, mit denen sie sich später auseinandersetzen müssen. Geschlecht ist also nicht nur biologisch *(sexus)* bestimmt, sondern auch sozial *(gender)* (→ Kap. 8.1.3).

Entwicklungsaufgaben in Kindheit, Jugend und Erwachsenenalter		
Kindheit	**Jugend**	**Erwachsenenalter**
Vorbedingungen für selbstverantwortliche Leistungserbringung: • Entwicklung der Intelligenz • Entwicklung von motorischen und sprachlichen Fähigkeiten	Aufbau differenzierter intellektueller und sozialer Kompetenzen	Übergang in die Berufsrolle: Ökonomische Selbstversorgung
	Aufbau einer eigenen Geschlechtsrolle und Partnerbindung	Übergang in die Partner- und Familienrolle: Familiengründung und Kinderbetreuung
Vorbedingungen für die selbstverantwortliche Gestaltung von Sozialkontakten: • Aufbau von emotionalem Grundvertrauen • Entwicklung von grundlegenden sozialen Kompetenzen	Fähigkeit zur Nutzung von Geld und Warenmarkt	Übergang in die Konsumentenrolle: Selbstständige Teilnahme am Kultur- und Konsumleben
	Entwicklung von Wertorientierung und politischer Teilhabe	Übergang in die politische Bürgerrolle: Verantwortliche politische Teilhabe

Tab. 9.7: Entwicklungsaufgaben in Kindheit, Jugend und Erwachsenenalter aus soziologischer Sicht (Hurrelmann 2005); siehe auch Tab. 10.8.

Es gibt auch Kulturen, in denen neben „männlich“ und „weiblich“ noch weitere **Geschlechtskonzepte** existieren. Die westliche Kultur hat in Bezug auf Geschlecht nur eine bipolare (zweipolige) Vorstellung. Das führt u.a. dazu, dass Kinder, die organisch mit beiden Anlagen geboren werden, häufig medizinisch behandelt werden. Androgyne oder andere Konzepte sind hier kaum vorstellbar.

Schichtspezifische Sozialisation

Die Zugehörigkeit zu unteren, mittleren oder oberen Schichten wird durch den Rangplatz bestimmt, den eine Person auf einer Skala mit gesellschaftlich relevanten Merkmalen einnimmt. Bedeutsam und mit Wertschätzung verbunden sind beispielsweise Merkmale wie Macht, Einkommen, Bildung, Prestige. Zur Oberschicht zählt, wer über einen hohen Grad an Macht, Einkommen etc. verfügt, die Mittelschicht befindet sich in der Summe dieser Merkmale im Mittelfeld, und die Unterschicht belegt die unteren Rangplätze. Zur sozialen Schichtung gibt es umfassende Theorien, die verschiedene Ansätze und Differenzierungen herausarbeiten.

Kinder aus der Unterschicht werden anders erzogen als Kinder aus der Mittel- und Oberschicht. Üblicherweise besteht folgendes Vorurteil: Die Unterschiede liegen in der besseren Erziehung in der Mittel- und Oberschicht und der mangelnden Erziehung in der Unterschicht.

Die tatsächlichen Unterschiede sind subtiler. Eltern aus unteren Schichten legen mehr Wert auf Gehorsam, sie erziehen stärker zur Konformität mit Autoritäten und Konventionen. Eltern der Oberschicht legen mehr Wert auf Individualität und das Interesse nach dem Wie und Warum, sie erziehen damit stärker zu Sensibilität und zu persönlicher Autonomie (Gill 2005, S. 54). Dies hat unter anderem seinen Ursprung in der **Lebensumgebung**, die die jeweiligen Eltern erfahren: In einer Fabrik herrscht ein anderer Ton als in einem Architekturbüro. In der Fabrik oder in vergleichbaren Arbeitskontexten werden Aufträge erteilt und Folgeleistung (und keineswegs Diskussion) eingefordert, im Architekturbüro werden eher Fähigkeiten benötigt, die im Zusammenhang mit Kreativität, Teamarbeit, Verhandeln und Entscheiden stehen. Diese **Normen und Einstellungen** werden bereits in der Kindheit und Jugend angelegt, im Erwachsenenumfeld erfahren und an die Kinder weitervermittelt.

Kulturspezifische Sozialisation

In verschiedenen *Kulturen* (→ Kap. 9.2.1) stehen unterschiedliche **Werte** im Vordergrund, ebenso kann es Unterschiede bei den Erziehungsstilen geben. Jedoch ist es gerade in diesem sehr mit Vorurteilen behafteten Bereich wichtig, zu differenzieren und genau zu schauen, um wen es bei der Betrachtung geht.

Zunächst leben heute Menschen vieler verschiedener Kulturen in Deutschland zusammen, die unter Umständen sehr unterschiedliche bisherige Sozialisationserfahrungen haben. So haben beispielsweise Kinder, deren Familie der türkischen „Gastarbeiter“-Einwanderung der 60er Jahre entstammt, gänzlich anderes erlebt als Kinder einer Familie, die 2006 aus dem Irak geflüchtet sind. Häufig wird auch die schichtspezifische Sozialisation bei Kindern mit Migrationshintergrund völlig übersehen, die aber zu sehr deutlichen Unterschieden führt, denn verschiedene gesellschaftliche Milieus haben auch unterschiedliche Kulturen. Über eine Volksgruppe wird pauschal geurteilt, die Unterschiede in Bezug auf Wertsetzungen und Fähigkeiten innerhalb einer ethnischen Gruppe werden nicht wahrgenommen.

[BEISPIEL] Alma, ein achtjähriges ägyptisches Mädchen, ist erst seit einem Jahr in Deutschland. Die Eltern sind politische Flüchtlinge mit einem hohen Bildungsgrad. Alma spricht nach einem Jahr schon recht gut Deutsch, macht aber noch häufig grammatikalische Fehler oder sucht nach Worten. Es kommt immer wieder vor, dass sie von Lehrern, Erzieherinnen oder Passanten zu-

Abb. 9.15: Schichtspezifische Sozialisation: In einer Fabrik werden andere Fähigkeiten und Einstellung gefordert als beispielsweise in einem Architekturbüro.

Abb. 9.16: Die schichtspezfische Sozialisation bei Kindern mit Migrationshintergrund wird oft übersehen.

nächst unterschätzt wird. Erst bei näherer Beschäftigung mit ihr und ihrem Entwicklungshintergrund wird deutlich, wie viel sie in diesem Jahr schon gelernt hat und wie die Eltern sie dabei unterstützt haben. Wenn Almas Eltern einen geringeren Bildungsgrad und dadurch weniger Unterstützungsmöglichkeiten hätten, hätte sie in dieser kurzen Zeit womöglich noch nicht so viel gelernt.

9.4 Familie

Die Familie stellt einen bedeutsamen Teilbereich der Gesellschaft dar. Sie ist als *Sozialisationsinstanz* (→ Kap. 9.3.1) besonders wichtig, da der Mensch über das Familienleben von Geburt an in die Gesellschaft hineinwächst und zugleich seine Persönlichkeit entwickelt.

9.4.1 Familie als Gegenstand der Soziologie

In der Familie vollzieht sich die *primäre Sozialisation* (→ Kap. 9.3.2). Ein Wandel der Familie und der Formen des Zusammenlebens führt zu einem Wandel der Lebensbedingungen von Kindern und wirkt sich daher auf deren Entwicklungsmöglichkeiten aus. Solche Wandlungsprozesse sind für die Soziologie besonders interessant.

Die **Familiensoziologie** beschäftigt sich mit der Herstellung, Ausgestaltung und Auflösung von *Familienbeziehungen* (→ Kap. 10.3.3) sowie mit sozialen Strukturen und Verhaltensmustern, die die soziale Interaktion zwischen den Familienmitgliedern prägen.

⊙ Die Familiensoziologie beschreibt, analysiert und erklärt die Familie als System, ihre Struktur, ihren Wandel, ihre Funktionen sowie die Wechselwirkungen mit der Gesellschaft auf der einen und dem Individuum auf der anderen Seite.

Die Familiensoziologie trägt zu einer umfassenden **Diagnose** über den Zustand eines zentralen Lebensbereiches des Menschen, der Familie, bei. Sie sieht es darüber hinaus als ihre Aufgabe an, aufbauend auf die Forschungsergebnisse **Vorschläge** zur Gestaltung gesellschaftlicher Bedingungen zu machen, die den Bedürfnissen der Menschen in Bezug auf ihre Lebensgestaltung und die familiären Anforderungen besser gerecht werden (Huinink 2008, S. 25).

- *In makrosoziologischer Perspektive* (→ Kap. 9.1.2) beschäftigt sich die Familiensoziologie mit der Rolle der **Familie in der Gesellschaft,** mit der Beziehung der Familie zum Staat und zu anderen wirtschaftlichen, sozialen, politischen und kulturellen Teilbereichen. Ebenso erforscht sie den Wandel von Familien und Familienformen als Teil des gesellschaftlichen Wandels (→ Kap. 9.4.3)
- *In mikrosoziologischer Perspektive* (→ Kap. 9.1.2) untersucht die Familiensoziologie die **soziale Interaktion zwischen Individuen,** die Beziehungs- und Rollenmuster in der Familie und das soziale Handeln des Individuums im Bezug auf Heirat, Scheidung sowie Kinderwunsch und tatsächliche Geburtenraten (→ Kap. 9.4.4).

9.4.2 Was ist eine Familie?

Es ist mit einigen Schwierigkeiten verbunden, den Begriff **Familie** einheitlich zu definieren und dabei gleichzeitig die große historische und kulturelle Vielfalt der Familienformen zu berücksichtigen. Zunächst einmal bestimmt die Familienforscherin Rosemarie Nave-Herz die Familie als eine von mehreren Lebensformen, die Menschen im Zusammenleben bilden.

► **Lebensformen**
Relativ stabile Beziehungsmuster, die allgemein als Formen des Alleinlebens oder Zusammenlebens, sowohl mit als auch ohne Kinder, beschrieben werden können (Meyer 2006).

Als Lebensformen (→ Abb. 9.17) unterscheidet Nave-Herz die eheliche und nichteheliche Paarbeziehung, das Leben als Single und kollektive Lebensformen wie beispielsweise in Heimen und die Familie, in der mindestens zwei Generationen zusammenleben.

Der Soziologe Thomas Meyer gelangt in Anschluss an Arbeiten von Nave-Herz zu der folgenden allgemeinen Definition von Familie:

„Im weitesten Sinne ist die Familie eine nach Geschlecht und Generation differenzierte Kleingruppe mit einem spezifischen Kooperations- und einem wechselseitigen Solidaritätsverhältnis, dessen Begründung in allen Gesellschaften zeremoniell begangen wird. Aufgabe der Familie ist es unter anderem, Schutz zu gewähren und das Sexualverhalten ihrer Mitglieder zu regulieren." (Meyer 2006, S. 332 f.)

Ein grundlegendes Element einer Familie ist die **Eltern-Kind-Beziehung** (→ Kap. 9.4.6), was in der folgenden Definition von Johannes Huinink eine besondere Berücksichtigung findet.

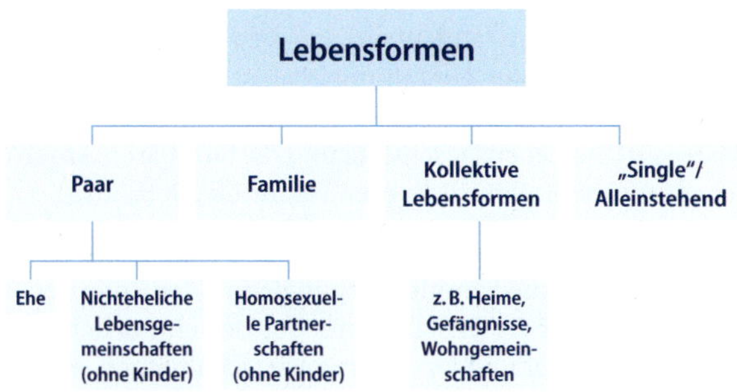

Abb. 9.17: Lebensformen (nach Nave-Herz 2006, S. 29).

„Eine Familie ist also eine Beziehungsstruktur oder auch soziale Gruppe, deren Mitglieder durch eine Eltern-Kind-Beziehung oder durch eine der genannten, indirekt über Eltern-Kind-Beziehungen vermittelten Formen von Beziehungen (wie Beziehungen zwischen Elternteilen, Großeltern und Enkeln, Geschwisterbeziehungen) miteinander verbunden sind, unabhängig davon, ob sie in einem gemeinsamen Haushalt leben oder nicht." (Huinink 2008, S. 24). Zusammengefasst könnte folgende Definition gelten:

> ► **Familie**
> Soziale Kleingruppe oder kooperative und solidarische Beziehungsstruktur von Menschen unterschiedlicher Generationen.

In der Regel sind die Erwachsenen der älteren Generation für die Erziehung, Versorgung und Unterstützung der Jüngeren verantwortlich. Nicht mehr so sehr die dauerhafte Partnerbeziehung, sondern die feste Beziehung zwischen mindestens einem Elternteil und mindestens einem Kind ist heute das Hauptmerkmal der Familie.

Als **moderne Kleinfamilie** bezeichnet man die auf eine Ehe gründende Gemeinschaft der Eltern mit ihren Kindern. Diese Familienform wird auch als **Kernfamilie, Gattenfamilie** oder **Normalfamilie** bezeichnet. Neben der „Normalfamilie" gibt es verschiedene andere Familienformen, die in Kapitel 9.4.5 (Pluralisierung der Lebensformen) ausführlicher beleuchtet werden.

Merkmale von Familien

Die Familie als Teilsystem der Gesellschaft hat spezifische Kennzeichen. So weist sie die folgenden wesentlichen Merkmale auf:

- In einer Familie werden leibliche und/oder angenommene Kinder erzogen
- In einer Familie leben mindestens zwei Generationen zusammen. In der Kernfamilie leben Eltern bzw. Vater oder Mutter mit einem oder mehreren Kindern, in der Mehrgenerationenfamilie kommen Großeltern oder Urgroßeltern dazu
- In einer Familie gibt es spezifische Rollen, z. B. als Vater, Mutter, Tochter, Sohn, Schwester, Bruder, Erstgeborener usw. Diese verschiedenen Rollen sind mit bestimmten Erwartungen verbunden. Diese unterscheiden sich je nach Epoche, Kultur oder Schicht, jedoch ist für sie kennzeichnend, dass engere Beziehungen, Zusammenarbeit, Zuneigung, und Solidarität vorausgesetzt wird („Familienbande")
- Die Familie ist meistens die erste Gruppe, die ein Kind kennenlernt und kann daher als *Primärgruppe* (→ Kap. 9.1.2) bezeichnet werden
- Die Beziehungen in einer Familie sind zumeist sehr dauerhaft.

Funktionen der Familie

Als Teilsystem der Gesellschaft übernimmt die Familie vielfältige Aufgaben für das Gesamtsystem. Die Funktionen und ihre Ausformungen haben sich im Verlauf der Geschichte gewandelt.

Wesentliche Funktionen der Familie sind heute:

- Reproduktion
- Sozialisation
- Platzierung
- Emotional-intime Funktion
- Haushaltsgemeinschaft
- Erholungs- und Freizeitfunktion.

Idealerweise können diese Aufgaben umfassend, zum Teil jedoch auch nur unvollständig erfüllt werden. Die Funktionen von Familie werden im Folgenden näher beschrieben (Hobmair 2004, Huining 2008).

Reproduktion

Familie ist der Ort, an dem Kinder geboren werden und heranwachsen können. Neben der biologischen Zeugung gehört dazu auch die körperliche und psychische Versorgung und die Pflege des Nachwuchses. Neue Gesellschaftsmitglieder werden „geschaffen" und herangezogen, daher spricht die Soziologie hier von **Reproduktion.** Diese Funktion ist von grundlegender Bedeutung für die Gesellschaft. Debatten um die demografische Entwicklung verdeutlichen, wie wichtig z. B. die Geburtenrate für den Erhalt der Gesellschaft ist.

Sozialisation

In der Familie erlernt das Kind soziales Verhalten und damit die Grundlagen des Miteinanders in Gesellschaften. In diesen sozialen Lernprozessen werden **Werte und Normen, Einstellungen und Konfliktlösungsverhalten** vermittelt. Obwohl der gesamte Lebenslauf von Sozialisationsprozessen bestimmt wird (→ Kap. 9.3.2), ist die Prägung in der frühen Kindheit besonders groß. Auf der Grundlage dessen, was in dieser Zeit gelernt wurde, bauen die folgenden Lernprozesse auf. Daher ist die Sozialisation in der Familie (→ Kap. 9.3.1) von besonderer Bedeutung.

Platzierung

Jeder Mensch nimmt einen Platz innerhalb des hierarchischen Gefüges einer Gesellschaft ein. Den Zuweisungsprozess an eine gesellschaftliche Position bezeichnet man als Platzierung. Die Familie spielt eine entscheidende Rolle für diesen Platzierungsprozess, durch den eine Person an eine bestimmte Position vermittelt wird.

In früheren Zeiten wurde dem Menschen über seine Herkunft ein Platz in der Gesellschaft zugewiesen, ohne dass er hier großen Einfluss nehmen konnte. So bestimmte in der Ständegesellschaft die **Geburt** die Platzierung. Ein Sohn von einem Bauern wurde wieder Bauer, ein Sohn von einem adligen Gutsherrn wieder Gutsherr. Heute erfolgt die Platzierung unter anderem über **Bildungsabschlüsse,** so dass die Leistung des Einzelnen hier Einfluss nimmt. Jedoch zeigen diverse Untersuchungen wie beispielsweise PISA ebenfalls, dass die **soziale Herkunft** bedeutend für den Bildungserfolg ist und Kinder aus besser platzierten Familien tendenziell höhere Bildungstitel erreichen (→ Kap. 9.5).

Emotional-intime Funktion

Im Kontrast zur sachlich-funktional angelegten Arbeitswelt bietet die Familie als Privatsphäre heute den Raum, in dem langfristig emotionale Nähe, Intimität und Geborgenheit erfahren sowie in der Paarbeziehung sexuelle Bedürfnisse befriedigt werden können. Sie sichert die Befriedigung von Sicherheits-, Intimitäts- und Geborgenheitsbedürfnissen. **Emotionalität, Liebe und affektive Solidarität** sind besondere Kennzeichen der modernen Kleinfamilie. Sie haben allerdings erst im geschichtlichen Wandel der Familienstrukturen an Bedeutung innerhalb der Familie gewonnen (→ Kap. 9.4.3).

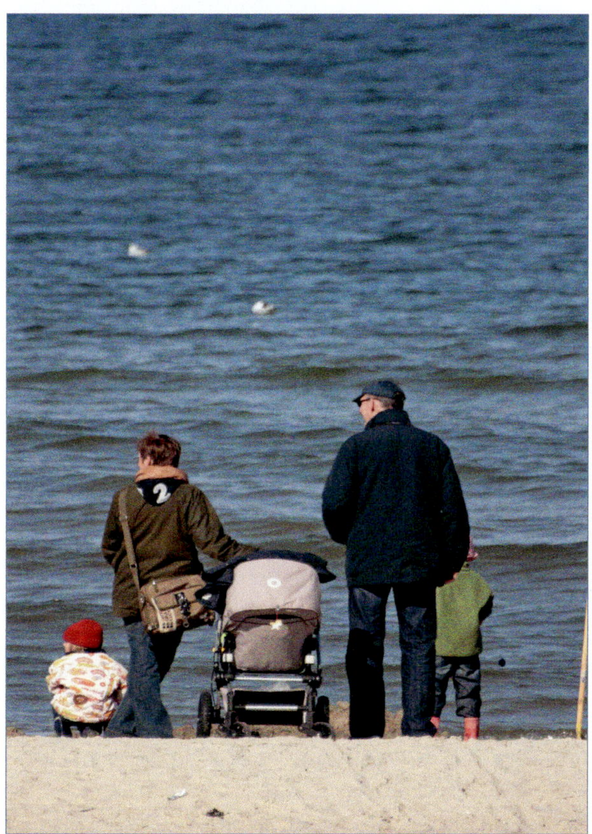

Abb. 9.18: Moderne Kleinfamilie.

Haushaltsgemeinschaft

Die Familie bildet eine Wohn- und Haushaltsgemeinschaft. Ihre Mitglieder stellen ihr Einkommen, ihre Zeit und ihre Arbeitskraft zur Verfügung, um miteinander zu wirtschaften und die verschiedenen Bedürfnisse der Einzelnen zu befriedigen.

In früherer Zeit wurde in der Familie auch der gemeinsame Lebensunterhalt produziert. Diese **Produktionsfunktion** ist heute in den Arbeitsbereich ausgelagert. Der Haushalt ist heute im Privatbereich angesiedelt und schafft die Grundlagen eines gemeinsamen Lebens als Familie und Voraussetzungen für die Erwerbstätigkeit, z. B. durch Arbeitsteilung in Bezug auf Kindererziehung, Essenszubereitung und Wäsche waschen.

Erholungs- und Freizeitfunktion

Durch die **technische Entwicklung** und industrielle Massenfertigung von Geräten zur Arbeitserleichterung wie Waschmaschine, Spülmaschine, Kühlschrank, Mikrowelle, Auto und die Begrenzung der Arbeitszeiten bei der Erwerbsarbeit steht mehr freie Zeit zur Verfügung. Zugleich tragen veränderte Familienideale dazu bei, dass Familien **Freizeit gemeinsam verbringen** wollen, obwohl dies im tatsächlichen Familienleben abhängig von den Lebensbedingungen sehr unterschiedlich praktiziert wird. Bis zum Ende des Zweiten Weltkrieges wurde die Freizeit noch überwiegend in alters-, geschlechts- oder berufsspezifischen Gruppen verbracht.

9.4.3 Sozialgeschichte der Familie

Die Funktionen der Familie haben sich im Laufe der Zeit verändert. Manche sprechen von einem **Funktionsverlust,** andere von einem **Funktionswandel** der Familie. Der Veränderungsprozess ist nachvollziehbar, wenn man sich mit der Sozialgeschichte der Familie und den **Lebensbedingungen der jeweiligen Epoche** beschäftigt.

Die Familie ist ein **grundlegendes soziales Ordnungsmodell** in allen Gesellschaften. Wenn gesellschaftliche Umbrüche stattfinden, wirken diese auf die Struktur und auf die Aufgaben von Familien ein. In Europa hat sich ein bedeutender gesellschaftlicher Wandel mit dem Übergang vom Mittelalter in die Neuzeit und der Agrargesellschaft in die Industriegesellschaft vollzogen (→ Kap. 9.2.3). Dieser vielschichtige (wirtschaftliche, politische, soziale, technologische, geistesgeschichtliche) Prozess veränderte auch das Zusammenleben der Menschen umfassend.

Die Sozialform des „ganzen Hauses"

In der vorindustriellen Zeit gab es vielfältige Formen des familialen Zusammenlebens. Das wichtigste und verbreiteteste Wirtschafts- und Sozialgebilde war die Sozialform des „ganzen Hauses". Diese **Lebensweise** war typisch für bäuerliche und handwerkliche Haushalte. Leben und Arbeiten fand unter einem Dach statt, die Familie war also eine Wirtschafts- und Produktionsgemeinschaft.

Es handelte sich um eine **erweiterte Familie,** da zu ihr neben Verwandten auch Knechte, Mägde und Lehrlinge zählten. Entgegen der verbreiteten These, es habe sich hier um Großfamilien gehandelt, hat die Familienforschung herausgefunden, dass die Familien keineswegs sehr viel größer als heute waren, sondern die Haushalte im Schnitt 4,75 Personen umfassten (Gestrich 2008, S. 81). Zum Vergleich: Heute beträgt der Durchschnitt rund 3 Personen.

Dies lag zum einen daran, dass die **Kindersterblichkeit** sehr hoch war. Es wurden zwar mehr Kinder geboren, aber von den Neugeborenen überlebten nur etwa 30 % das erste Lebensjahr, nur 50 % erreichten das Erwachsenenalter. Durch die sinkende Säuglingssterblichkeit am Ende des 19. Jahrhunderts überlebten zwar mehr Kinder (75 % erreichten nun mindestens das 15. Lebensjahr), zugleich sank jedoch auch die Geburtenrate (ebd.). Zum anderen waren Haushalte, in denen drei oder mehr Generationen oder auch mehrere verheiratete Geschwister zusammenlebten, in Nordwest- und Mitteleuropa nicht die Norm. Im bäuerlichen Bereich konnten die Kinder oft erst heiraten, wenn sich die Elterngeneration von der Hofleitung zurückzog und diese an die Kinder übergab. In diesem Zusammenhang kam es dann auch zu Phasen, in denen mehrere Generationen zusammenlebten, diese waren aber oft nur von kurzer Dauer.

Das „ganze Haus" erfüllte viele **gesellschaftlich notwendige Funktionen** (→ Tab. 9.8) wie Produktion (Herstellung von Wirtschaftsgütern), Konsumption (Verbrauch von Wirtschaftsgütern), Sozialisation, Ausbildung und Alters- und Gesundheitsvorsorge. Zentral war der Fortbestand des Betriebes (Bauernhof, Handwerks-, Handelsbetrieb), und entsprechend waren für die Wahl eines Partners nicht die Liebe, sondern sachliche ökonomische Momente (Arbeitskraft, Mitgift der Frau) ausschlaggebend.

Sowohl für das Verhältnis der Ehepartner als auch im Verhältnis zu den Kindern waren affektiv-neutrale (gefühlsarme) Beziehungen durchaus normal. Dies schloss **emotionale Verbindungen** nicht aus, diese waren jedoch nicht die Norm, wie dies heute in Familien vorausgesetzt wird (→ Kap. 9.4.2). Kinder wurden als potenzielle Arbeitskräfte gesehen und ihre Sozialisation und Ausbildung erfolgte durch Zusehen, Nachahmen sowie Mitarbeit und Unterweisung bei der Arbeit.

In der **Familie als Produktionsstätte** nahmen alle Mitglieder am Produktionsprozess teil. Die Männer übernahmen in erster Linie die landwirtschaftlichen und handwerklichen Arbeiten. Die Frauen waren für die Organisation des Haushalts, die Versorgung der Kinder und für bestimmte Bereiche der Produktionswirtschaft zuständig. Das Leben und Arbeiten fand in Allzweckräumen statt, es gab **keine familiäre Intimsphäre** wie heute. Frauen und Männer heirateten häufig relativ spät, denn sie benötigten eine Heiratserlaubnis, die daran gebunden war, ob sie für ihren Lebensunterhalt sorgen konnten. Das hatte zur Folge, dass viele Menschen gar nicht heiraten konnten. Dieses **Heiratsmuster** wird als typisches *European Marriage Pattern* bezeichnet. Neue Untersuchungen zeigen jedoch, dass dieses Muster differenzierter gesehen werden muss, da es regionale, schichtspezifische und konjunkturanhängige Unterschiede beim Heiratsalter gab (Gestrich 2008, S. 85 f.).

Mit der Ausbreitung der kapitalistischen Produktionsweise durch die **Industrialisierung** im 18. und vor allem in Deutschland im 19. Jahrhundert veränderte sich die Lebensweise der Menschen. Zentral ist hier vor allem die **Trennung von Arbeits- und Wohnstätte,** mit der auch die Sozialform des „ganzen Hauses" zunehmend an Bedeutung verlor. Die Produktion von Gütern und Dienstleistungen verlagerte sich in Werkstätten und Fabriken. Die Menschen (überwiegend die Männer) verließen die Wohnstätte, um zur Arbeit zu gehen. Die Familie fungierte nicht mehr als Produktionseinheit, der Arbeitsplatz hatte sich vom Zuhause abgetrennt.

Aus dieser Entwicklung heraus entstanden zwei neue familiäre Muster: die bürgerliche Familie und die proletarische Familie.

Sozialform des „ganzen Hauses"
Funktionen:
• Produktionsfunktion • Konsumptionsfunktion • Sozialisationsfunktion • Berufsausbildung • Alters- und Gesundheitsvorsorge
Merkmale:
• Einheit von Produktion und Familienleben • Erfüllt eine Vielzahl von gesellschaftlichen Funktionen • Alle sind an der Produktion beteiligt, Kinder arbeiten früh mit • Dem Hausvater unterstanden: Verwandte Familienmitglieder und nichtverwandte Angehörige des Hauses wie Knechte, Mägde (Bauernhof), Lehrlinge, Gesellen (Handwerk) • Affektiv-neutrale Beziehungen überwogen • Ökonomische Aspekte waren ausschlaggebend für die Partnerwahl (Arbeitskraft, Mitgift der Frau) • Das gesamte Umfeld war an der Erziehung der Kinder beteiligt; der Vater bestimmte die Religion, die Mutter sorgte für Nahrung, Kleidung

Tab. 9.8: Sozialform des „ganzen Hauses" (Geißler 2002, Peuckert 2006)

Abb. 9.19: Die Sozialform des „ganzen Hauses" erfüllte viele gesellschaftliche Funkitonen, z. B. Produktion.

Die bürgerliche Familie

Für die **Herausbildung des bürgerlichen Familienmusters** im 19. Jahrhundert waren zwei Prozesse bedeutsam. Zum einen sind hier die fundamentalen gesellschaftlichen Umschichtungen durch den Industrialisierungsprozess zu nennen. Zum anderen hat sich seit der zweiten Hälfte des 18. Jahrhunderts ein wohlhabendes und gebildetes Bürgertum herausgebildet, zu dem Kaufleute, hohe Beamte und Unternehmer zählten (→ Tab. 9.9). Diese gesellschaftliche Gruppe war so wohlhabend, dass sie Frauen und Kinder von der Erwerbsarbeit freistellen konnten. Die daraus entstehende bürgerliche Familie unterscheidet sich in zentralen Punkten von der multifunktionalen Lebensform des „ganzen Hauses".

Dadurch dass die Produktion außerhalb der Familie stattfand, war die Voraussetzung für die **Privatisierung des Familienlebens** gegeben. Es entwickelten sich ein privater familiärer und ein beruflicher Lebensbereich.

Auch Dienstboten wurden räumlich ausgegliedert und erhielten zunehmend eine soziale Position (→ Kap. 8.1.2) als Angestellte. Neben der Produktion wurden auch andere Funktionen wie die Ausbildung oder teilweise die Alters- und Krankenversorgung nach außen verlagert. Dieser Funktionsverlust bildete neben der Privatisierung auch die Grundlage für die historisch neue **Emotionalisierung** und **Intimisierung** der familiären Beziehungen.

Vertrautheit innerhalb der Familie wurde zu einem wichtigen Wert. Die Liebe wurde zunehmend zum *ehestiftenden Motiv* (→ Kap. 9.4.4) und folgte dem **Ideal der „romantischen Liebesehe"**. Hier müssen jedoch zwei Ebenen unterschieden werden:

- Zum einen gab es die romantische Liebe als literarisches Liebesideal, in dem auch eine Gleichheit der Geschlechter idealisiert wurde (in den Romanen seit der Romantik)
- Zum anderen gab es auf der Ebene der Beziehungsnormen zwar die Liebesheirat als kulturelles Leitbild, jedoch ohne eine Gleichstellung der Geschlechter jemals zu erreichen.

Gefühle hatten zwar einen größeren Stellenwert, zugleich mussten aber auch materielle Vor- und Nachteile abgewogen werden. Neben der Liebe hatte also auch die Vernunft einen wichtigen Einfluss auf die tatsächlichen Eheschließungen (Peuckert 2008, S. 19). Das **Verhältnis zu den Kindern** wurde ebenfalls emotionaler.

Dadurch, dass die bürgerliche Gesellschaft Privatheit und Öffentlichkeit unterschied, wurden auch die **Geschlechtsrollen** neu definiert. Der Mann galt nun als **Ernährer** und als das Haupt der Familie, das in der außerhäuslichen Welt tätig ist. Die Frau wurde auf die Rolle als **Hausfrau** in die innerhäusliche Welt verwiesen, sie sollte als liebevolle Mutter und Gattin die Seele der Familie sein. Der Soziologe Anthony Giddens betont in dem Zusammenhang einen anderen Aspekt: Er spricht hier von der „unbezahlten Arbeiterin im Haushalt" (1995, S. 419). In dieser Zeit entstand die Idee, dass Mann und Frau wesensmäßig sehr verschieden seien (er das Haupt, sie die Seele der Familie). Diese Idee rechtfertigte und begründete die (neue) Arbeitsverteilung zwischen den Geschlechtern. Die alleinige Zuständigkeit für die frühkindliche Sozialisation fiel zunehmend in den Aufgabenbereich der **Mutter**, wird ihre „ureigenste" Aufgabe, während in früheren Zeiten mehrere Personen an dem Erziehungsprozess beteiligt waren. Die Kindheit wurde zu einer selbstständigen anerkannten Lebensphase.

Das proletarische Familienmuster

Für den Hauptteil der Menschen herrschten im 19. Jahrhundert jedoch zunächst andere Lebensbedingungen als bei den Bürgern, für ihr Zusammenleben war das familiale Muster der **proletarischen Familie** kennzeichnend.

Die **Lebenssituation** der Arbeiterfamilien war durch niedrige Löhne oder Arbeitslosigkeit, durch Armut, beengte und gesundheitsschädliche Wohnverhältnisse bestimmt. Die geschlechtsspezifische Arbeitsteilung der bürgerlichen Familie war nicht möglich, da aus wirtschaftlichen Gründen die Frauen und häufig auch die Kinder einer Erwerbsarbeit nachgehen mussten. Daher gab es bei Arbeiterfamilien trotz des Wegfalls der Heiratsbeschränkungen keine vergleichbare Emotionalisierung und Intimisierung der Familienbeziehungen, weder zwischen den Partnern noch zwischen Eltern und Kindern. Das Lebens- und Lernum-

<table>
<tr><th colspan="2">Trennung von Produktion und Reproduktion im Verlauf der Industrialisierung</th></tr>
<tr><td colspan="2">Trennung der Funktionen:</td></tr>
<tr><td>Teilsystem Familie (Privatbereich)</td><td>Teilsystem Wirtschaft (Arbeitsbereich)</td></tr>
<tr><td>• Reproduktionsfunktion
• Sozialisationsfunktion
• Platzierungsfunktion
• Emotional-intime Funktion</td><td>• Produktionsfunktion</td></tr>
<tr><td colspan="2">Merkmale des bürgerlichen Familienmusters:</td></tr>
<tr><td colspan="2">• Herausbildung der bürgerlichen Familie als Vorläufermodell der modernen Kleinfamilie
• Trennung von Wohn- und Arbeitsstätte, Produktion findet außerhalb der Familie statt
• Kernfamilien; Dienstboten sind zunehmend ausgegliedert
• Leitbild der Ehe als Intimgemeinschaft; Liebe wird zum zentralen ehestiftenden Motiv
• Polarisierung der Geschlechterrollen
– Mann: Rolle als Ernährer
– Frau: Aus der Produktion ausgeschlossen, auf Binnenraum der Familie verwiesen
• Häusliche Kindheit: Lebensphase der Entwicklung und Bildung; Erziehung wird Aufgabe der Frau</td></tr>
<tr><td colspan="2">Merkmale des proletarischen Familienmusters:</td></tr>
<tr><td colspan="2">• Trennung von Wohn- und Arbeitsstätte
• Kernfamilien (ohne Dienstboten)
• Alle sorgen für den Lebensunterhalt: Männer, Frauen und Kinder arbeiten. Kinder arbeiten häufig früh mit
• Schlechte Wohn- und Lebensverhältnisse
• Freie Partnerwahl
• Mann und Frau eher gleichberechtigt; geschlechtsspezifische Arbeitsteilung aus wirtschaftlichen Gründen nicht möglich
• Straßenkindheit und frühe Mitarbeit der Kinder in der Fabrik</td></tr>
</table>

Tab. 9.9: Trennung von Produktion und Reproduktion während der Industrialisierung (nach Meyer 2006, Peuckert 2008).

feld für Kinder aus proletarischen Familien war, solange sie noch nicht mitarbeiten mussten, die Straße. Durch die sehr beengten Wohnverhältnisse – häufig fand Schlafen, Kochen und Waschen in einem Raum statt – hielten sich die Kinder in Höfen, Gassen und Straßen auf. Daher wird hier von Straßenkindheit gesprochen, die im Kontrast steht zu der behüteten häuslichen Kindheit in den bürgerlichen Familien.

Durchsetzung des bürgerlichen Familienideals

Die bürgerliche Familie als Idealvorstellung des familiären Zusammenlebens gewann zunehmend an Bedeutung, obwohl eine solche Lebensform zunächst für einen Großteil der Bevölkerung aufgrund der wirtschaftlichen Lage unerreichbar war.

In der ersten Hälfte des 20. Jahrhunderts schritt die **Industrialisierung** weiter fort und mit dem Einsetzen der Massenproduktion verbesserten sich auch die Lebensbedingungen der Arbeiter. Da diese Gruppe ja auch einen Absatzmarkt für die Massenprodukte darstellte, musste deren Situation so verbessert werden, dass sie auch in der Lage waren, die Produkte zu kaufen.

Mit dem Wirtschaftswunder nach dem Zweiten Weltkrieg und dem damit verbundenen Wohlstand breiter Bevölkerungsgruppen kam es in der **frühen Bundesrepublik** mit der modernen Kleinfamilie zu einer umfassenden Durchsetzung des bürgerlichen Familienideals: der Frau in der Rolle als Hausfrau und dem Mann in der Rolle als Ernährer der Familie.

In der **DDR** hingegen vereinte das Frauenbild die Rolle als Werktätige und die Mutterrolle. Nach dem Krieg und durch die Republikflucht von vielen jungen Fachkräften wurden die Frauen als Arbeitskräfte dringend benötigt. Dementsprechend war der größte Teil der Frauen auch mit kleinen Kindern erwerbstätig und die Kinderbetreuung wurde umfassend durch staatliche Einrichtungen organisiert.

Die massenweise Durchsetzung des bürgerlichen Familienideals in Westdeutschland ist historisch neuartig und einmalig. Sie ist nicht als generelle Norm des Zusammenlebens anzusehen, wie es in dem Begriff „Normalfamilie“ impliziert wird. Sie erreichte ihren Höhepunkt in den 50er und 60er Jahren des 20. Jahrhunderts. Die moderne Kleinfamilie wurde in dieser Phase eine **kulturelle Selbstverständlichkeit** und galt als einzig „richtige“ Lebensform, wurde also zu einer umfassenden sozialen Norm, der Normalfamilie.

Heirat und Berufstätigkeit der Frau

Zu Beginn der 60er Jahre lag die Wahrscheinlichkeit zu heiraten in der Bundesrepublik bei 95 %. Man heiratete relativ früh, die Zahl der Ehescheidungen war niedrig, erwerbstätige Mütter waren relativ selten. Eine von Pfeil 1968 durchgeführte Befragung zeigte, dass der ganz überwiegende Teil von den befragten 23-jährigen Männern und Frauen die Berufstätigkeit der Frau als „vorübergehendes, notgedrungenes, von außen auferlegtes Miterwerben" empfand (Peuckert 2005, S. 26). Die Ehe mit Kindern war die übliche Lebensform eines erwachsenen Menschen. Davon abweichende Lebensformen wurden bestenfalls als Notlösungen toleriert und zum Teil sanktioniert (Peuckert 2005, Meyer 2006), z. B. wurde eine alleinlebende Frau mit unehelichem Kind damals stigmatisiert, ebenso wie ihr Kind.

9.4.4 Gesellschaftlicher Wandel seit den 60er Jahren und seine Folgen

Die Situation der Familie hat sich seit den 60er Jahren deutlich gewandelt. Es ist die Rede von einer Destabilisierung der Normalfamilie und von der Pluralisierung von Lebensformen.

Der gesellschaftliche Wandel

Seit den 60er Jahren hat sich in verschiedenen Bereichen ein gesellschaftlicher Wandel vollzogen, der mit weitreichenden Folgen im Leben der Menschen in der Bundesrepublik verbunden ist. Dies ist zu beobachten

- Im Bildungsbereich
- Im Selbstverständnis der Frau
- Bei der Entwicklung von zuverlässigen Verhütungsmethoden
- An einer verlängerten Lebensdauer

Abb. 9.20: Der Beruf der Erzieherin gehört zu den wenigen, in denen Frauen in Führungspositionen überwiegen.

Gesellschaftlicher Wandel	Folgen
Bildungsbereich	Bildungsexpansion
Selbstverständnis der Frau	Ausbildungszeit und Familiengründung verschiebt sich nach hinten
Zuverlässige Verhütungsmethoden	Bewusste Familienplanung oder Entscheidung gegen eine Familie
Hohe Lebenserwartung	Familienphase verkürzt sich
Umstrukturierung der Arbeitswelt	Längere Ausbildung und spätere Familiengründung
Liberalisierte soziokulturelle Normen	Kinderwunsch ist nicht mehr an die Ehe gebunden
Wertewandel	Alternative Lebensführung

Tab. 9.10: Gesellschaftlicher Wandel seit den Sechzigern und seine Folgen (nach Hobmair 2004, Peuckert 2005, Nave-Herz 2002).

- An einer Umstrukturierung der Arbeitswelt
- An der Liberalisierung bisheriger soziokultureller Normen und auch
- In einem Wertewandel in einem für die Familie bedeutsamen Bereich. (→ Tab. 9.10).

Bildungsbereich

Seit den 60er Jahren gibt es kontroverse Debatten über die Reformbedürftigkeit des deutschen Bildungswesens. Politisches Ziel war dabei, mehr Chancengleichheit zwischen sozialen Schichten sowie Männern und Frauen zu erreichen. Insgesamt wurde eine **höhere Bildung aus wirtschaftlichen Gründen** angestrebt. Der Pädagoge Georg Picht forderte in dieser Zeit eine „Mobilisierung der Begabungsreserven".

Folge dieser Bestrebungen war die „Bildungsexpansion": Das allgemeine Bildungsniveau erhöhte sich deutlich, bis 1990 verdreifachten Realschule und Gymnasium ihre Schülerzahlen zu Lasten der Hauptschule. Die Vollzeitschulpflicht wurde verlängert, und es gab längere Ausbildungszeiten durch höhere Abschlüsse. Die Bildungswege verlängerten sich weit über das Jugendalter hinaus.

Geschlechtsspezifische Benachteiligungen im Bildungsbereich sind heute verschwunden oder haben sich sogar leicht umgekehrt. So haben Mädchen im Schnitt bessere Noten und haben beim Abitur die Jungen leicht überholt.

Selbstverständnis der Frau

Das Selbstverständnis der Frau veränderte sich durch die höhere Bildung und die Frauenbewegung seit 1968. Emanzipationsprozesse kamen in Gang. Höhere Bildungswege und eine Berufsausbildung wurden zunehmend auch für Frauen selbstverständlich.

Durch höhere Bildungs-, Studien- und Berufsabschlüsse der Frauen verlängert sich deren Ausbildungszeit und verschiebt in der Folge die Familiengründung nach hinten. Die zunehmende Erwerbsarbeit der Frauen führt zu einer Vereinbarkeitsproblematik von Familie und Beruf, doch vor allem im Leben der Frau, nicht im Leben des Mannes. Dadurch verändert sich die Aufgaben- und Arbeitsteilung des bürgerlichen Familienmusters. Aktuelle Untersuchungen zeigen, dass Männer sich heute zwar mehr an den Erziehungsaufgaben beteiligen, haushaltsbezogene Aufgaben wie Waschen, Putzen etc. werden jedoch überwiegend immer noch von Frauen übernommen. Die Folge ist häufig eine Doppelbelastung der Frau.

Zuverlässige Verhütungsmethoden

Medizinisch-technische Entwicklungen wie z. B. die „Anti-Baby-Pille" machen eine zuverlässige Verhütung möglich. Dies kann zu einer bewussten Familienplanung oder auch zu einer Entscheidung gegen eine Familiengründung führen. Frauen können kontrollieren, ob sie schwanger werden, Geburtszeitpunkte an Ausbildungszeiten anpassen oder die Zahl ihrer Kinder kontrollieren. Familiengründung wird zum „Projekt". Mann und Frau können und müssen sich bewusster dafür oder dagegen entscheiden bzw. sich damit auseinandersetzen.

Die „Pille" wird das Mittel der Geburtenkontrolle, ist aber nicht der Grund. Dieser ist in den gesamtgesellschaftlichen Veränderungen zu suchen.

Hohe Lebenserwartung

Die durchschnittliche Lebensdauer erhöhte sich von Anfang des 20. Jahrhunderts bis heute um rund 30 Jahre. Hintergrund sind neben verbesserten medizinischen Möglichkeiten auch die insgesamt verbesserten Lebensbedingungen.

Im Verlauf des Lebens nimmt die Familienphase durch die längere Lebensdauer und die geringe Kinderzahl nur noch ein Viertel der gesamten Zeit ein, während das Aufziehen der Kinder vorher besonders die Frauen die halbe Lebenszeit beschäftigte. Partnerschaft und Beruf gewinnen dadurch an Bedeutung.

Umstrukturierung der Arbeitswelt

Der rasche technologische Wandel ist mit zunehmender Mechanisierung und Automatisierung der Produktion verbunden. Die Arbeitsplätze erfordern höhere Qualifikationen und höhere Mobilität, Arbeitsverhältnisse sind teilweise prekärer (unsicherer).

Zur Folge hat dies wieder eine längere Ausbildungszeit und eine spätere Familiengründung. Die Menschen müssen sich höher qualifizieren, um gute Erwerbschancen zu haben. Die zunehmend erwartete Mobilität erschwert eine Familiengründung, der Wiedereinstieg ins Berufsleben nach einer Familienphase ist zum Teil schwierig, der Konkurrenzdruck auf dem Arbeitsmarkt hoch. All dies verunsichert Paare und Familien in der Familiengründungsphase, eine relativ eng bemessene Zeit im Lebensverlauf, in die auch der Ausbau der beruflichen Karriere fallen sollte.

Liberalisierte soziokulturelle Normen

Neben der Norm der Normalfamilie gibt es heute weitere zunehmend tolerierte Formen des Zusammenlebens. Der Kinderwunsch ist nicht mehr an die Ehe gebunden.

Unverheiratet zusammenlebende Paare oder uneheliche Kinder werden nicht mehr stigmatisiert und zunehmend rechtlich geschützt. Neben die Normalfamilie treten andere Formen des Zusammenlebens wie nichteheliche Lebensgemeinschaften, homosexuelle Lebensgemeinschaften, Alleinerziehende, Alleinlebende und zusammengesetzte Familien.

Wertewandel

Der Wertewandel schlägt sich unter anderem in den für die Familie bedeutsamen demografischen Bereichen der Geburten, Eheschließungen und Scheidungen nieder.

Nachdem in den 50er und 60er Jahren Werte wie Gehorsam und Pflichterfüllung bestimmend waren, treten seit den Siebzigern zunehmend postmaterialistische Selbstentfaltungswerte wie Selbstverwirklichung, Glück und Freiheit in den Vordergrund.

Als Folge führt die zunehmende Bedeutung von postmaterialistischen Werten neben der Familiengründung auch zu anderen, alternativen Lebensentwürfen und/oder zu einer nach hinten verschobenen Familiengründung. Die Shell-Jugendstudien von 2002 und 2006 zeigen, dass bei den Jugendlichen und jungen Erwachsenen zunehmend Pflicht- und Selbstverwirklichungswerte kombiniert werden und Familie einen hohen Stellenwert hat.

Im Hinblick auf die Familie ist der demografische Wandel von besonderer Bedeutung, der in den Zahlen zu Eheschließungen, Scheidungszahlen und Geburten sichtbar wird.

Eheschließungen

Die rückläufigen Zahlen der Eheschließungen (→ Tab. 9.11) weisen darauf hin, dass die Attraktivität der Ehe deutlich gesunken ist. Eheschließungszahlen werden durch die Altersstruktur der Bevölkerung und durch die Häufigkeit von Zweit- und Drittehen beeinflusst. Um diesen Einfluss zu eliminieren, misst man mit der „zusammengefassten Erstheiratsziffer" die Heiratsneigung in einem Jahr. Diese „zeigt an, wie viel Prozent der Ledigen zumindest einmal in ihrem Leben heiraten würden, wenn die Heiratsintensität des jeweiligen Kalenderjahrs über das gesamte heiratsfähige Alter bestehen würde" (Peuckert 2005, S. 46). Erstheiratsziffern können dabei Werte über 100 annehmen, wenn viele Eheschließungen nachgeholt werden (→ Tab. 9.11).

Indikatoren der Heiratshäufigkeit, 1969-2002									
Eheschließungen je 1000 Einwohner				**Zusammengefasste Erstheiratsziffer: Von 100 Ledigen würden ... heiraten**					
Jahr	Früheres Bundesgebiet	Ehem. DDR/Neue Bundesländer	Deutschland	Früheres Bundesgebiet		Ehem. DDR/Neue Bundesländer		Deutschland	
				Männer	Frauen	Männer	Frauen	Männer	Frauen
1960	9,4	9,7	9,5	106	106	103	105	–	–
1970	7,3	7,7	7,4	90	97	101	98	–	–
1980	5,9	8,0	6,3	64	66	79	81	–	–
1985	6,0	7,9	6,4	58	60	70	74	–	–
1989	6,4	7,9	–	60	63	68	76	–	–
1990	6,6	6,3	6,5	60	64	58	64	–	–
1991	6,3	3,2	5,7	57	62	27	31	–	–
1992	6,2	3,1	5,3	56	62	28	32	–	–
1994	5,9	3,4	5,1	54	60	32	38	–	–
1996	5,6	3,5	5,3	57	61	33	41	–	–
1998	5,4	3,6	5,1	53	60	35	42	–	–
1999	5,5	4,0	5,2	57	64	40	47	54	60
2000	5,4	3,9	5,1	–	62	–	47	–	59
2001	–	–	4,7	53	58	30	35	48	53
2002	–	–	4,8	52	58	29	35	47	53

Tab. 9.11: Eheschließungen (Peukert 2005, S. 45) Anmerkung: Aufgrund einer Bezirksreform in Berlin ist die bis zum Jahr 2000 in der Bundesrepublik übliche Darstellung für das frühere Bundesgebiet einschließlich Berlin-West und die neuen Länder und Berlin-Ost so nicht mehr möglich. Die Angaben für West- und Ostdeutschland für die Jahre 2001 und 2002 beruhen auf Schätzungen von Jürgen Dorbitz (Mitteilung vom 7.7.2004). Quelle: Grünheid/Mammey 1997, 386; WiSta 6/1998; Engstler/Menning 2003.

Im früheren Bundesgebiet ist die **Erstheiratsziffer** zwischen 1960 und 1985 stark gesunken und seitdem relativ stabil geblieben. Im Jahr 2002 betrug sie für Frauen 58 und für Männer 52. In Ostdeutschland ist die Erstheiratsziffer nach 1990 im Zusammenhang mit der sozialen Umbruchsituation drastisch gefallen und liegt nach leichtem Anstieg in den Folgejahren im Jahr 2002 für Frauen bei 35 und für Männer bei 29. Aus der Erstheiratsziffer lässt sich ableiten, dass zukünftig der Anteil derer, die niemals heiraten, bei 40 % und mehr liegt (Peuckert 2005, S. 46 ff.).

Das **Alter, in dem erstmalig geheiratet wird**, ist deutlich gestiegen: zwischen 1970 und 2010 bei Männern von 25,6 auf 33 Jahre und bei Frauen von 23 auf 30 Jahre (Quelle: BMFSFJ 2011). Gründe hierfür sind unter anderem die verlängerten Ausbildungszeiten und die längere Zeitspanne bis zu einer beruflichen Etablierung. Ebenso leben viele Paare heute bereits einige Jahre vor der Eheschließung in einem gemeinsamen Haushalt und heiraten häufig dann, wenn ein Kind kommt.

Die Heiratsquote sinkt bei allen Bildungsgruppen, doch Männer und Frauen mit Hochschulabschluss zwischen 35 und 44 Jahren weisen die höchste **Ledigenquote** auf. „Von den hochqualifizierten Männern waren im Jahr 2000 knapp 29 % ledig (gegenüber 9 % Mitte der 70er Jahre), von den Männern mit Volks- oder Hauptschulabschluss 23 % (gegenüber 9 %). Von den Frauen um 40 Jahre mit Hochschulabschluss waren im Jahr 2000 knapp 28 % ledig (gegenüber 19 % Mitte der 70er Jahre), von den geringer qualifizierten 10 % (gegenüber 5 %)“ (Peuckert 2005, S. 47). Bei Einstellungsmessungen findet sich die Heirat als biografische Selbstverständlichkeit ausgeprägter im ländlichen Milieu und im Arbeitermilieu. Im (vor allem großstädtischen) Akademikermilieu zeigt sich eher eine Gleichgültigkeit oder Ablehnung der Institution Ehe.

Der Rückgang der Heiratsneigung ist nicht nur in Bezug auf die Erstheirat festzustellen, sondern auch in der nachlassenden Bereitschaft, sich nach einer Scheidung oder

Verwitwung wieder zu verheiraten. Heute gehen 50 bis 60 % aller Geschiedenen eine Zweitehe ein.

Hintergründe der abnehmenden Heiratsneigung

Folgende historisch-soziale Wandlungsprozesse stehen mit dem Rückgang der Heiratsneigung in Verbindung (Peuckert 2005, S. 51):

- Die Frauen sind durch die Zunahme der Bildungs- und Erwerbsbeteiligung unabhängiger und weniger auf eine Versorgung durch den Partner angewiesen
- Durch die veränderte Sexualmoral ist es kulturell akzeptabler geworden, dass Paare unverheiratet zusammenleben oder Menschen alleine leben
- Da nichteheliche und eheliche Kinder rechtlich gleichgestellt sind und unverheiratete Mütter weniger diskriminiert werden, ist es leichter, als Ledige Kinder zu bekommen
- Da Kinder häufig ein Motiv für die Eheschließung darstellen, die Kinderzahlen aber zurückgehen, gehen Eheschließungen ebenso zurück
- Durch die gestiegenen Mobilitätsanforderungen ist eine langfristige Festlegung auf einen Partner bzw. eine Partnerin strukturell erschwert.

Abb. 9.21: Heute ist Liebe überwiegend eine notwendige Voraussetzung für die Ehe.

Heiratsmotive

In der heutigen Zeit ist als Heiratsmotiv die Liebe für einen ganz überwiegenden Teil der Männer und Frauen eine notwendige Voraussetzung. Meist müssen jedoch noch weitere Anlässe hinzukommen, um eine Partnerschaft in eine Ehe zu überführen. Dies verdeutlicht Tabelle 9.12.

Scheidungen

Eine Ehe kann seit der Reform des 1977 in Kraft getretenen **Eherechtsreformgesetzes** geschieden werden, wenn sie gescheitert ist. Das zuvor geltende Schuldprinzip wurde durch das Zerrüttungsprinzip abgelöst. Eine Ehe ist gescheitert, wenn die Lebensgemeinschaft der Ehegatten nicht mehr besteht und nicht erwartet werden kann, dass die Ehegatten sie wiederherstellen. Vor 1977 musste die Schuld eines Ehepartners festgestellt werden, was zu dem bekannten „Waschen von schmutziger Wäsche“ vor Gericht und auch zu erheblichen Problemen bei Unterhaltszahlungen geführt hat.

Die **Zahl der Ehescheidungen** ist seit den 60er Jahren erheblich angestiegen. Betrug die Zusammengefasste Scheidungsziffer (von 100 Ehen würden ... geschieden) 1965 noch 12,2, so lag sie 2002 bei 41,3 Scheidungen im früheren Bundesgebiet. Das bedeutet, dass aufgrund der Verhältnisse des Jahres 2002 erwartet werden kann, „dass nach 25-jähriger Ehedauer 41,3 % aller Ehen zu einer Scheidung gelangen. Betrachtet man die Stabilität der geschlossenen Ehen über einen längeren Zeitraum, etwa bis zum 40. Ehejahr, dann werden sogar 44,9 % aller Ehen geschieden. Seit 1965 hat sich die **zusammengefasste Ehescheidungsziffer** damit mehr als verdreifacht“ (Peuckert 2005, S. 178). Seit 2000 hat sich das Scheidungsverhalten nicht signifikant verändert. Zwei Drittel aller Scheidungsanträge werden von Frauen eingereicht.

Hintergründe der angestiegenen Scheidungszahlen

Auch die Scheidungen können in Verbindung mit folgenden gesellschaftlichen Entwicklungen gesehen werden:

- Höhere Bildungsabschlüsse von Frauen – Unabhängigkeit, berufliche Ansprüche
- Steigende Arbeitsmarktbeteiligung von Frauen – finanzielle Unabhängigkeit
- Ausweitung der wohlfahrtstaatlichen Einrichtungen und Leistungen – bessere Unterstützung für Alleinerziehende
- Steigende Mobilitätsanforderungen und -raten – In Beruf und Karriere wird Flexibilität erwartet
- Weniger Kinder – Kinder gelten als Scheidungshemmnis, je mehr Kinder in einer Familie leben, umso unwahrscheinlicher wird eine Scheidung
- Gestiegene gesellschaftliche Akzeptanz von Scheidung – Die Ehe gilt nicht mehr als unauflösbare Verbindung, Scheidung ist eine akzeptierte Alternative für eine unbefriedigende Beziehung
- Steigende Scheidungszahlen erleichtern die Chance einer Wiederheirat – Die Zahl potenzieller Partner und

Heiratsmotive junger Ehepaare (Mehrfachnennungen in %)				
Ausschlaggebende Heiratsmotive	Neue Bundesländer		Alte Bundesländer	
	Frauen	Männer	Frauen	Männer
Weil ich mir Sicherheit und Geborgenheit wünsche	50	37	34	28
Aus Liebe	97	96	92	90
Weil man es verheiratet in unserer Gesellschaft leichter hat	13	14	7	9
Aus finanziellen Gründen	5	7	9	9
Weil ich meinen Kindern Nachteile ersparen möchte	16	13	23	21
Ich wollte ein richtiges Familienleben führen	58	56	38	41
Weil ein Kind unterwegs war (ist)	7	6	4	3
Aus religiösen Gründen	2	2	10	7
Weil ich Kinder haben möchte	25	26	47	41

Tab. 9.12: Heiratsmotive (nach Peuckert 2005, S. 55).

Partnerinnen steigt, was wiederum die Auflösung unbefriedigender Beziehungen begünstigt
- Deutlich angestiegene Lebenserwartung – Dadurch verlängert sich die gemeinsame Zeit als Ehepaar; 40 oder 50 Ehejahre sind nicht ungewöhnlich, während Anfang des 20. Jahrhunderts eher von der Hälfte ausgegangen werden musste
- Gestiegene Ansprüche der Partner aneinander – hohe Erwartungen an die eheliche Liebe, Erfüllung.

Wertschätzung von Ehe und Familie

Ehe und Familie genießen trotz steigender Scheidungszahlen eine hohe Wertschätzung. Dies ist kein Widerspruch, wenn man bedenkt, dass die Ehen gerade wegen ihrer hohen subjektiven Bedeutung für den Einzelnen instabiler geworden sind. „Gerade weil die Beziehung zum Partner so bedeutsam für den Einzelnen geworden ist und gerade weil man die Hoffnung auf Erfüllung einer idealen Partnerschaft nicht aufgibt, löst man die gegebene Beziehung – wenn sie konfliktreich und unharmonisch ist – auf. Der zeitgeschichtliche Anstieg der Ehescheidungen ist also kein Zeichen für einen ‚Verfall' oder für eine ‚Krise' der Ehe, sondern für ihre **enorme psychische Bedeutung** für den Einzelnen" (Nave-Herz u. a. 1990, S. 65). Die Zunahme der Ehescheidungen führt also nicht zur grundsätzlichen Infragestellung der Familie, aber zu einer Pluralität von Familienformen.

Kinder und Scheidung

Eine Scheidung ist für alle Beteiligten belastend. Wie sie jedoch langfristig verarbeitet wird, ist sehr unterschiedlich und hängt von der spezifischen Situation ab. Häufig ist gerade die Zeit vor der Scheidung besonders belastend, da sie sehr konfliktreich ist.

Kinder sehen eine Scheidung selten als Chance auf einen Neubeginn, sondern erleben eher Trauer, Angst, Verlustgefühle, Schuld und Verunsicherung. Ein kleiner Teil (ca. 10 %) ist eher erleichtert (Peuckert 2005, S. 218). In den ersten ein bis zwei Jahren nach einer Scheidung können vermehrt Verhaltensauffälligkeiten, Schulprobleme etc. auftreten, darüber hinaus lassen sich aber keine Entwicklungstendenzen voraussagen. Die weitere Entwicklung ist stark durch die **Verarbeitungs- und Bewältigungsformen der Eltern** bestimmt (→ siehe auch Kap. 10.3.8).

⊙ Kinder, deren Eltern nach der Scheidung die Elternrolle gemeinsam oder in Absprache miteinander wahrnehmen, entwickeln langfristig die wenigsten Probleme. Im Gegensatz dazu zeigen Kinder mehr Verhaltensauffälligkeiten, wenn ein Elternteil ausgegrenzt wird und der Kontakt zu ihm abbricht (vgl. Peuckert 2005, S. 220). Dies ist eine Aussage über eine konflikthafte Verarbeitung der Scheidung, jedoch keine allgemeine Aussage über Ein-Eltern-Familien.

Um Vorurteilen entgegenzuwirken, die häufig gegenüber Alleinerziehenden bestehen, soll hier die Familienforscherin Rosemarie Nave-Herz zu Wort kommen: „In wissenschaftlichen Veröffentlichungen wurde lange Zeit eine defizitäre Vorstellung von der Ein-Eltern-Familie vermittelt und sie als ‚Problemfamilie' tituliert. (...) Die Untersuchungen – trotz ihrer Verschiedenartigkeit – zeigen aber alle übereinstimmend, dass bei vater- oder mutterlos aufgewachsenen Kindern, bezogen auf den Haushalt, mit spezifischen Entwicklungs- und Persönlichkeitsstörungen gerechnet werden *kann*, aber nicht *muss*. Ausschlagge-

Abb. 9.22: Die Abwesenheit eines Elternteils muss nicht schädlich für die Entwicklung des Kindes sein, wenn das Kind in einer positiven und behüteten Umgebung aufwächst.

bend für die Sozialisation der Kinder sind die häusliche Atmosphäre, der Lebensstil und die Einstellung der alleinerziehenden Mutter bzw. des Vaters zu ihrer Lebensform, das Alter sowie das Geschlecht des Kindes, die Zahl der Geschwister, das Vorhandensein von Großeltern und ihrem Verhältnis zu den Kindern usw. Vor allem muss auch die schlechtere sozio-ökonomische Lage der Ein-Eltern-Familie berücksichtigt werden, die problemverstärkend wirken kann. Kurz gefasst: Vater- oder Mutter-Abwesenheit per se sagt nichts über die zu erwartende Richtung des Sozialisationsprozesses der Kinder aus" (Nave-Herz 2002, S. 65).

Geburtenentwicklung

Der Geburtenrückgang, der seit Mitte der 60er Jahre zu beobachten ist, stellt eine bedeutende demografische Veränderung dar. Die Zahl der geborenen Kinder pro Jahr hängt in großem Maße davon ab, wie viele Frauen der gesamten Bevölkerung sich in dem Jahr im gebärfähigen Alter befinden. Besser vergleichbar ist daher die **Geburtenrate** (oder auch periodenspezifische zusammengefasste Geburtenziffer (*Period Total Fertiliy Rate, TFR*)), die die durchschnittliche Zahl der Kinder angibt, die eine Frau im Laufe ihres Lebens bekommt.

In der Abbildung (→ Abb. 9.23) wird deutlich, dass die Geburtenrate, die in der Zeit vor dem Krieg etwas über 2 Kinder pro Frau lag, bis 1964/65 in West- und Ostdeutschland über den Wert von 2,5 Kinder pro Frau ansteigt. Daher wird hier auch vom **Babyboom** gesprochen.

In **Westdeutschland** geht diese Zahl ab 1965 deutlich zurück und pendelt sich seit Mitte der 70er Jahre stabil auf einem Niveau zwischen 1,3 und 1,4 Kinder pro Frau ein. In **Ostdeutschland** verläuft die Entwicklung etwas anders. Auch hier gibt es einen deutlichen Rückgang der Geburtenziffer bis in die 70er Jahre, dann jedoch steigen die Geburten bis in die 80er Jahre an, um dann erneut wieder langsam zu sinken. Hintergrund des Anstiegs sind bevölkerungspolitische Maßnahmen, z. B. finanzielle Begünstigungen und andere Vorteile im Zusammenhang mit Geburten, die von der DDR-Führung ergriffen wurden und allerdings nur kurze Zeit wirksam waren. Unmittelbar nach der Wende sind die Zahlen 1990 stark eingebrochen. Nach dem historischen Tiefstand von 0,77 Kinder pro Frau im Jahr 1994 steigt die Geburtenrate wieder langsam an und nähert sich dem westdeutschen Niveau. 2006 lag die Geburtenrate in Ostdeutschland bei 1,3, in Westdeutschland bei einem Wert von 1,34 (Kreyenfeld/Konietzka 2008).

Die zusammengefasste Geburtenziffer wird aus der Summe der altersspezifischen Geburtenziffern eines Kalenderjahres berechnet. Daher ist sie nur dann eine relativ verlässliche Schätzung der durchschnittlichen endgültigen Kinderzahl pro Frau, wenn das Gebäralter der Frau längerfristig konstant bleibt, und führt zu Verzerrungen, wenn es beim Gebäralter der Frauen zu schnellen Veränderungen kommt.

Nach der Wende hat sich das Alter der Frauen bei Geburten in Ostdeutschland nach hinten verschoben. Von Forschern wird angenommen, dass die tatsächliche Kinderzahl pro Frau, die erst ermittelt werden kann, wenn die jeweiligen Jahrgänge nicht mehr im gebärfähigen Alter sind, höher liegt als die geschätzte Rate (Kreyenfeld/Konietzka 2008, S. 126 f.).

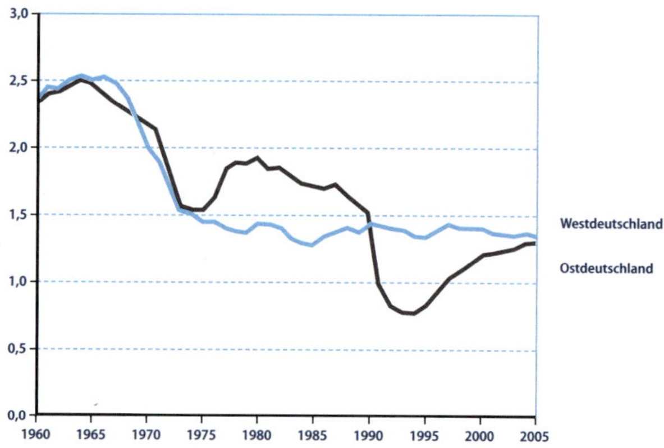

Abb. 9.23: Periodenspezifische zusammengefasste Geburtenziffer (Kreyenfeld/Konietzka 2008, S. 125).

Während bei der Geburtenflaute nach 1965 zunächst die Mehrkindfamilien zurückgehen, spielt seit den 1980er Jahren die wachsende Kinderlosigkeit eine besondere Rolle. Dagegen ist die verbreitete Ansicht, die Ein-Kind-Familien würden zunehmen, schlichtweg falsch. Im Westen ist die Zahl der Einzelkinder mit ca. 19 % tendenziell sogar rückläufig. Typisch ist hingegen heute, dass (auch jüngere) Mütter im Schnitt 2,1 Kinder bekommen oder aber die Frauen kinderlos bleiben (Meyer 2006, S. 333 f.).

Hintergründe der niedrigen Geburtenrate

Angesichts der oben genannten Zahlen stellt sich die Frage, warum die Geburtenrate so niedrig ist im Vergleich zu früheren Zeiten. Hier gibt es vielschichtige, komplexe Hintergründe, die in permanenter Wechselwirkung zueinander stehen. Immer wieder genannte Erklärungen wie „Pillenknick" oder „Frauen wollen Karriere machen" sind zu schlicht. Sie geben die umfassenden gesellschaftlichen Einflussfaktoren nicht wieder und führen in eine falsche Richtung. Im Folgenden werden vielschichtige Aspekte aufgeführt, die in Verbindung mit der Geburtenentwicklung stehen (→ Tab. 9.13).

Als Erstes betrifft dies **Veränderungen im Leben von Frauen und Männern** seit den 60er/70er Jahren.

- So sind die technischen Möglichkeiten zur *Geburtenkontrolle* vorhanden. Die Bildungsexpansion zieht die Erwartung und den Wunsch nach *Berufstätigkeit* als logische Konsequenz der qualifizierten Ausbildung und dem damit verbundenen Selbstverständnis nach sich. Die Vereinbarkeit von Familie und Berufstätigkeit bleibt (als typisch deutsches Phänomen!) schwierig, da es eine nur mangelhafte Infrastruktur zur Kinderbetreuung in Deutschland gibt. Das *Hinausschieben des Heiratsalters* durch längere Ausbildungszeiten und der spätere Berufseinstieg führen zur späteren Geburt des ersten Kindes. Auch gibt es ein kürzeres Zeitfenster für Geburten, was auch zu weniger Kindern oder ungewollter Kinderlosigkeit führen kann. Es können auch biologische Probleme durch das Aufschieben entstehen
- Ebenso kann es sein, dass der „richtige" *Partner* fehlt oder wegen einer Scheidung kein Partner vorhanden ist.
- Die Eltern können auch subjektiv hoch belastet sein durch Kinder, da ihr Lebensstil wenig mit kindbezogenen Anforderungen übereinstimmt. Es gibt *weniger Hilfspersonen* im Umfeld der modernen Kleinfamilie als in früheren Zeiten durch Verwandte, Geschwister, andere Kinder in der Nachbarschaft etc. Kindererziehung ist für Eltern, besonders für Mütter, energie- und zeitintensiver als früher. Oft haben sie hohe oder überhöhte Ansprüche an die Kinderpflege und -erziehung, an das Wissen und Können in den Bereichen Nahrung und Pflege, geben Anregung und Unterstützung bei Bildungsprozessen, sind Ratgeberinnen. Die *Mutterrolle* ist quasi professionalisiert

Gesellschaftliche Hintergründe der Geburtenentwicklung
Veränderungen seit den 60er/70er Jahren:
Technische Möglichkeiten zur Geburtenkontrolle
Bildungsexpansion Vereinbarkeitsproblematik von Familie und Berufstätigkeit
Mangelhafte Infrastruktur zur Kinderbetreuung in Deutschland
Hinausschieben des Heiratsalters durch längere Ausbildungszeiten Berufseinstieg führt zur späteren Geburt des ersten Kindes
Partner fehlt
Belastung der Eltern durch Kinder, da Lebensstil nicht kindbezogen
Schwierige Arbeitsverhältnisse Drohende Arbeitslosigkeit
Weniger Hilfspersonen im Umfeld
Quasi-Professionalisierung der Mutterrolle
Erziehungsstress für Eltern, da künftige Berufs- und Lebenschancen der Kinder bedroht sein könnten
Veränderte Erziehungsstile
Funktionswandel von Kindern:
Sozial-normativ: Sozialer Status der Frau ist weniger abhängig von Mutterschaft als früher
Materiell: Arbeitsleistung der Kinder wird nicht mehr benötigt
Immateriell: Kinder erfüllen emotionale Bedürfnisse der Eltern

Tab. 9.13: Hintergründe der Geburtenentwicklung.

- *Strukturelle Arbeitslosigkeit* und frühe Selektion in der Schule erhöhen den Erziehungsstress für Eltern, da eventuell künftige Berufs- und Lebenschancen der Kinder bedroht sein könnten
- Die *Erziehungsstile* haben sich zuletzt seit den 60er/70er Jahren vom Befehls- zum Verhandlungshaushalt hin verändert, in dem Meinungsbildungs- und Aushandlungsprozesse ständig stattfinden.

Als Zweites ist in Verbindung mit der Geburtenentwicklung ein Wandel in der Einstellung der Eltern über die **Funktion der Elternschaft** bzw. den „Nutzen" von Kindern festzustellen.

- *Kinder haben einen geringeren sozial-normativen Nutzen für die Eltern* – Die Abhängigkeit des *sozialen Status* (→ Kap. 9.4.3) der Frau und des Mannes von Kindern hat sich verringert. Frauen können heute Status über den Beruf erwerben
- *Kinder haben einen geringeren materiellen Nutzen für die Eltern* – Die Arbeitsleistung der Kinder wird durch

Abb. 9.24: Länder mit hoher Frauenerwerbstätigkeit weisen oft auch eine höhere Geburtenrate auf.

gestiegenen Wohlstand und durch die Alters- und Krankenversicherung nicht mehr benötigt
- *Kinder haben einen höheren immateriellen Nutzen für die Eltern* – Kinder werden von den meisten Menschen hoch geschätzt, da sie zentrale emotionale Bedürfnisse der Eltern erfüllen und Sinn stiften.

Im Kontrast zu der wiederholt geäußerten Annahme, die Karrierewünsche bzw. Berufstätigkeit der Frauen führe als logische Entwicklung zur Kinderlosigkeit, steht die Tatsache, dass Länder mit hoher Frauenerwerbstätigkeit oft auch eine **höhere Geburtenrate** aufweisen wie beispielsweise Frankreich oder Schweden. Als Gründe hierfür werden genannt:

- Weniger rigide Familien- und Muttervorstellungen als z. B. mit dem Bild der „Rabenmutter" in Deutschland verbunden sind
- Zugang zu und Akzeptanz von Kindergarten und Hort, Ganztagsschulen
- Akzeptanz der Frauen im Berufsleben, auch in höheren Positionen
- Größere Anerkennung der Arbeit in der Familie als Kompetenz
- Eine für Familien günstige Steuer- und Sozialgesetzgebung.

⊙ Angesichts dessen, dass junge Frauen und Männer einen deutlich höheren Kinderwunsch äußern als später tatsächlich Kinder geboren werden, muss die Frage nach gesellschaftlichen Hintergründen, nach der Vereinbarkeitsproblematik von Familie und Beruf und nach den strukturellen Rücksichtslosigkeiten (z. B. durch Arbeitsbedingungen, Infrastruktur der Betreuung, finanzielle Regelungen) gegenüber Familien gestellt werden. Es wäre hier wichtig, noch mehr nach unterstützenden Möglichkeiten zu suchen, wie junge Menschen Ausbildung, Beruf und Familie miteinander vereinbaren können.

9.4.5 Pluralisierung der Lebensformen

Im Zusammenhang mit der Normalfamilie wird häufig über die Pluralisierung der Lebensformen diskutiert. Pluralisierung der Lebensformen bedeutet, dass eine Vielfalt von Privatheitsmustern, also Muster des privaten Zusammen- oder Alleinlebens, nebeneinander existiert, die verschiedene **Familienformen** und **kinderlose Lebensformen** (→ Tab. 9.14) umfassen.

Die Normalfamilie sowie andere Familien- und Lebensformen können durch unterschiedliche Merkmale beschrieben werden.

Pluralität bezieht sich zunächst auf die Variationen der Formen des Zusammenlebens, sagt jedoch wenig über die zahlenmäßigen Verhältnisse aus. Aufschlüsse über **zahlenmäßige Veränderungen** liefern hier die Daten über die veränderte Verteilung der Haushaltstypen (→ Tab. 9.15), wenn man die Haushalte des Jahres 1972 und des Jahres 2000 miteinander vergleicht. Die Daten entstammen dem Mikrozensus, einer regelmäßigen Repräsentativbefragung

Merkmale der Normalfamilie	Merkmale anderer Familien- und Lebensformen
Verheiratet	• Nichteheliche Lebensgemeinschaft • Ledige
Mit Kind/Kindern	• Mit Kindern/Ohne Kinder
Zwei leibliche Eltern im Haushalt	• Ein-Eltern-Familie • Binukleare Familie (zwei Haushalte nach Trennung der Eltern, in jedem Haushalt gibt es Räume für die Kinder, die abwechselnd in beiden Haushalten leben) • Stief- und Adoptivfamilie
Lebenslange Ehe	• Folgeehe (Scheidung und Wiederheirat)
Mann als Haupternährer	• Egalitäre Ehe (betont Gleichheit und Entfaltungsmöglichkeiten beider Partner) • Doppelkarriereehe (beide Partner streben eine berufliche Karriere an) • Hausmänner-Ehe (zeigen den Rollentausch)
Exklusive Monogamie	• Außereheliche Beziehungen • Sexuell offene Ehen • Partnertausch
Heterosexuelle Partnerschaft	• Homosexuelle Partnerschaft
Haushalt mit zwei Erwachsenen	• Haushalt mit mehr als zwei Erwachsenen wie Drei- und Mehrgenerationenhaushalt, Wohngemeinschaft

Tab. 9.14: Lebensformen und ihre Merkmale (nach Peuckert 2005, S. 30, Schneider 2008, S. 104, in Anlehnung an Macklin 1980/1987).

Privathaushalte nach Haushaltstyp 1972 und 2000 (früheres Bundesgebiet)			
	1972 in Tausend	2000 in Tausend	1972 = 100
Eingenerationenhaushalte	**11638**	**20619**	**177**
Ehepaare ohne Kinder	5265	7661	146
Nichteheliche Lebensgemeinschaften ohne Kinder	111	1218	1097
Einpersonenhaushalte	6014	11337	185
Zweigenerationenhaushalte	**10587**	**10173**	**96**
Ehepaare mit Kindern	8947	7943	89
Nichteheliche Lebensgemeinschaften mit Kindern	25	251	1004
Alleinerziehende	1262	1709	135
Haushalte mit nicht mehr ledigen Kindern	354	270	76
Drei- und Mehrgenerationenhaushalte	**768**	**253**	**33**
Haushalte Gesamt	**22994**	**31045**	**135**

Tab. 9.15: Haushaltstypen 1972 und 2000 (Auszug aus Peuckert 2005, S. 31). Anmerkung zum Verständnis: In der rechten Spalte (1972=100) wurden die Zahlen von 1972 als 100 festgelegt. Die Abweichungen von 100 stellen einen prozentualen Anstieg oder eine Abnahme dar. Wenn die Zahl größer ist als 100, zeigt es den Anstieg: Die Einpersonenhaushalte z. B. haben von 1972 bis 2000 um 85 % zugenommen. Die Zahlen unter 100 zeigen eine Abnahme, die z. B. bei den Drei- und Mehrgenerationenhaushalten mit 67 % relativ hoch ist.

des Statistischen Bundesamtes bei rund einem Prozent der Privathaushalte.

Von 1972 bis 2000 hat die Zahl der Haushalte um 35 % zugenommen. Dies ist besonders auf die Zunahme der Einpersonenhaushalte zurückzuführen, die in der Tabelle zu den Haushaltstypen als bedeutsame Veränderung sichtbar wird.

Bei dieser Veränderung spielt der Anstieg der älteren alleinlebenden, häufig **verwitweten Personen** eine bedeutende Rolle. „Singles", also in engeren Sinne Menschen, die willentlich ohne Beziehung sind und alleine in einem Haushalt leben, haben einen kleineren Anteil. Die Anzahl **nichtehelicher Lebensgemeinschaften** mit und ohne Kinder hat sich – obwohl zahlenmäßig immer noch gering – mehr als verzehnfacht, was verdeutlicht, dass diese Lebensform eine zunehmend akzeptierte Alternative zur Ehe darstellt. Sie ist häufig aber auch eine Übergangsphase zu einer späteren Ehe. Die Haushalte der **Ehepaare ohne Kinder** sind ebenfalls zahlenmäßig um 45 % gestiegen. Hier ist zu berücksichtigen, dass bei vielen kinderlosen Paarhaushalten die Kinder das Haus bereits verlassen haben, also die demografische Entwicklung eine Rolle spielt. Ebenfalls zugelegt haben Haushalte von **Alleinerziehenden** (um 35 %). Dagegen haben andere Haushalte mit Kindern sowie Drei- und Mehrgenerationenhaushalte abgenommen. Der überwiegende Teil der **Paarhaushalte** basiert zwar immer noch auf einer Ehe, jedoch hat der prozentuale Anteil der sogenannten Normalfamilie an allen Haushaltstypen von 1972 (38,9 %) bis 2000 (25,6 %) deutlich abgenommen. Noch deutlicher geschrumpft ist die Zahl der Familien, in denen **Großeltern, Eltern und Kinder** zusammenleben (Peuckert 2005, S. 32). Häufiger als allgemein angenommen leben die Großeltern aber in räumlicher Nähe, z. B. in einer eigenen Wohnung im selben Haus, in derselben Straße oder im selben Ort.

Die Pluralität hat nicht nur im Nebeneinander verschiedener Haushaltstypen zugenommen, sondern auch im biografischen Verlauf. Menschen durchlaufen im Verlauf ihres Lebens häufiger **mehrere Lebensformen hintereinander**, sie leben z. B. zunächst alleine, dann in einer nichtehelichen Lebensgemeinschaft, einige Jahre später heiraten sie und bekommen Kinder, lassen sich vielleicht scheiden etc.

Ebenfalls gibt es **sozialstukturelle Unterschiede:** Tendenziell ziehen sich mehr Frauen und Männer aus höheren Bildungsschichten aus familialen Lebensformen zurück. Mit dem Grad der Verstädterung nimmt die Pluralität der Lebensformen zu. Dort sind Einpersonenhaushalte und neue Lebensformen stärker verbreitet (Wagner 2008, S. 110).

Wegen der hohen Scheidungshäufigkeit gibt es eine Verschiebung vom Muster der permanenten Monogamie (Partnerschaft immer mit dem gleichen Partner) hin zur „Monogamie auf Raten", also zu **Folgeehen.** Dadurch entstehen mehr **binukleare Familien** (Familiensysteme, in denen Kinder zwischen zwei Haushalten hin- und herpendeln), ebenso **Patchworkfamilien** (zusammengesetzte Familien). „Immer häufiger haben Kinder mehrere (biologische und soziale) Mütter und Väter. Sie haben verschiedene Arten von Geschwistern, und im Laufe der Zeit können Großeltern, Onkel und Tanten mehrfach wechseln" (Peuckert 2005, S. 33).

Schließlich tragen zur Pluralisierung auch die Migrantenfamilien und die gemischtnationalen Familien bei, in denen heute ein bedeutender Anteil der Kinder und Jugendlichen aufwächst. Fast ein Drittel der in Deutschland lebenden Kinder haben einen **Migrationshintergrund** (Meyer 2006, S. 354).

Während in den 1960er Jahren die Normalfamilie die am meisten verbreitete Lebensform war, dominiert kein Haushaltstyp so eindeutig, daher kann man nach Peuckert zu Recht von einer Pluralisierung der Lebensformen sprechen (2005, S. 41). Zugleich weist Nave-Herz darauf hin, dass die These der Pluralisierung der Lebensformen relativiert werden muss, da sich die Variabilität der Lebensformen nur geringfügig erhöht hat (vgl. ebd.). Im geschichtlichen Rückblick weit vor den 60er Jahren und der Durchsetzung des bürgerlichen Familienmodells gab es ebenfalls viele verschiedene Lebensformen nebeneinander. Jedoch waren hier die Hintergründe häufig anders, die zu den verschiedenen Lebensformen geführt haben. So war beispielsweise die Ein-Eltern-Familie oder auch die Stief- und Patchworkfamilie weniger auf eine Scheidung zurückzuführen als auf den frühen Tod eines Elternteils.

9.4.6 Eltern-Kind-Beziehungen

Der allgemeine gesellschaftliche Wandel zeigt sich auch in einer Veränderung der Eltern-Kind-Beziehungen. Die Umgangsformen zwischen Eltern und Kindern sind in den letzten Jahrzehnten egalitärer (gleichberechtigter) geworden, die „Machtverhältnisse" haben sich zugunsten der Kinder verschoben. Diese Entwicklung wird auch als historisch-kultureller Übergang **vom Befehlshaushalt** (streng hierarchisch strukturierte Beziehungen) **zum Verhandlungshaushalt** (ausgewogene Machtbalance) beschrieben (DuBois-Reymond 1994). Dies zeigt sich beispielsweise in einem Rückgang elterlicher Strafpraktiken und an einem steigenden Einfluss der Heranwachsenden auf innerfamiliale Entscheidungsprozesse.

[BEISPIEL] Heute wird in Familien häufig verhandelt, beispielsweise wenn es um Kleidung oder den Familienausflug geht, oder auch nur um die Frage, was es zum Mittagessen gibt. Vor einigen Jahrzehnten wurden diese Fragen selten mit Kindern diskutiert, sondern vielmehr von den Eltern bestimmt.

Veränderte Erziehungsleitbilder

Bei den Erziehungsleitbildern hat ein Wandel stattgefunden. „Erziehungsziele, die Anpassung reflektieren (wie Gehorsam, gute Umgangsformen, Sauberkeit und Ordnung) haben seit den 50er Jahren an Bedeutung eingebüßt zugunsten von Erziehungszielen, die Selbstbestimmung ausdrücken (wie Selbstständigkeit, Interesse an den Dingen, Menschenverstand und Urteilsgabe, Verantwortungsbewusstsein)" (Peuckert 2005, S. 165). Dabei gibt es schichtspezifische Unterschiede (→ Kap. 9.3.4): Höhergebildete bewerten das Erziehungsziel Selbständigkeit deutlich höher als Hauptschulabgänger, Arbeiter tendieren mehr zu Konformität. Dies wird mit den unterschiedlichen beruflichen Erfahrungen begründet.

Ansprüche an die Elternrolle

Durch die oben genannten Veränderungen ist die Elternrolle anspruchsvoller und schwieriger geworden. Abläufe müssen verhandelt, Verhaltenserwartungen an die Kinder begründet und gerechtfertigt werden. Dies setzt ein gewisses Maß an kommunikativen Fähigkeiten voraus. Zwischen zugestandenen Freiräumen und legitimen Geboten muss immer wieder neu ausbalanciert werden.

Eltern „meistern" diese Anforderungen unterschiedlich. Neben vielen positiven Beispielen von Entwicklungen im Eltern-Kind-Verhältnis und mehr **Freiräumen für die Kinder** können sich aber daraus auch massive Probleme ergeben. Zu viele Freiräume führen unter Umständen zur Orientierungslosigkeit und in Extremfällen zur Aufgabe der elterlichen Erziehungstätigkeit (Peuckert 2005, S. 168).

Abb. 9.25: Die Umgangsformen zwischen Eltern und Kindern sind heute gleichberechtigter als noch vor wenigen Jahrzehnten.

Erziehungsstile	Normative Anforderungen	Emotionale Unterstützung	Häufigkeit	
			West	Ost
Reifer Erziehungsstil	ja	ja	32 %	41 %
Hintergründe/Effekte: Wenn Eltern emotionalen Rückhalt geben und deutliche Forderungen stellen, fördert dies das Selbstwertgefühl und die soziale Kompetenz der Kinder. Dieser Stil stellt eine gute Grundlage für Gewaltprävention dar				
Naiver Erziehungsstil	nein	ja	49 %	43 %
Hintergründe/Effekte: Wenn Eltern emotionalen Rückhalt geben, aber keine Forderungen stellen, kann dies zu Orientierungsproblemen führen. Zugleich sind die Eltern selbst ohne Orientierung. Sie sind unsicher darüber, welche Normen heute sinnvoll oder gültig sind. Dieser Erziehungsstil hat sich stark ausgebreitet				
Gleichgültiger Erziehungsstil	nein	nein	15 %	11 %
Hintergründe/Effekte: Wenn Eltern weder emotionalen Rückhalt geben noch Forderungen stellen, nehmen innerfamiliale Konflikte deutlich zu. Auch gibt es vermehrt Verhaltensauffälligkeiten bei den Kindern				
Paradoxer Erziehungsstil	ja	nein	4 %	5 %
Hintergründe/Effekte: Wenn Eltern keinen emotionalen Rückhalt geben, aber Forderungen stellen, gibt es ebenfalls innerfamiliale Konflikte. Darüber hinaus ist ein paradoxer Erziehungsstil aber noch wesentlich an der Entstehung von selbstschädigendem Verhalten beteiligt und wird auch mit fremdschädigendem Verhalten in Verbindung gebracht				

Tab. 9.16: Erziehungsstile (Schmidtchen 1997, zit. nach Peuckert 2005, S. 168 ff.).

Eine Studie von Schmidtchen (1997) gibt Hinweise darauf (→ Tab. 9.16).

Der **paradoxe** und der **gleichgültige Erziehungsstil** gehen mit den höchsten Gewalttätigkeitsraten einher, was unter anderem mit einer Verunsicherung der Jugendlichen erklärt wird. Demgegenüber wirken Eltern gewaltpräventiv, wenn sie in ihrer Erziehung „konsistente, klare Forderungen im Hinblick auf Regeleinhaltung stellen und mit Strenge durchsetzen, während sie gleichzeitig die notwendige emotionale Unterstützung für ihre Kinder bieten und ihnen in ihrer Beziehung untereinander ein demokratisches Modell vorleben" (Heitmeyer u. a. 1995, S. 331).

⊙ Die günstigste Auswirkung hat ein Erziehungsstil, bei dem Eltern konsequent darauf achten, das grundlegende Regeln eingehalten und Aufgaben übernommen werden, für die Kinder wichtige Dinge aber auch mit ihnen besprechen, auf ihre Bedürfnisse eingehen und für sie da sind.

9.4.7 Soziale Probleme in Familien

Probleme von Familien können sowohl im Zusammenhang mit dem innerfamiliären Zusammenleben stehen wie z. B. durch abnehmende Liebe, zunehmende Fremdheit oder unterschiedliche Einstellungen über Erziehung als auch von außen in die Familie hineingetragen werden, beispielsweise durch Arbeitslosigkeit, Armut oder Umfeldbedingungen.

Häufig gibt es Spannungen, die durch äußere Faktoren so verschärft werden, dass sich massive soziale Probleme entwickeln.

⊙ Soziale Probleme entstehen, wenn ein erheblicher Unterschied zwischen dem sozial erwünschten bzw. funktional notwendigen und dem real beobachtbaren Verhalten von Menschen besteht. Die Definition von sozialen Problemen ist daher von gesellschaftlichen Wertvorstellungen abhängig.

Gewalt in Familien

Gewalt in Familien ist ein Problem, das in verschiedenen Formen vorkommen kann. Es gibt physische und psychische Gewalt zwischen den Eltern, Gewalt einer Person gegen sich selbst, Gewalt gegenüber älteren pflegebedürftigen Personen und Gewalt gegenüber Kindern. Dieses Problemfeld in der Familie liegt überwiegend im Dunkeln, tätliche Übergriffe innerhalb der Familie werden oft verschleiert. Vielschichtig und uneindeutig ist nach wie vor der **Gewaltbegriff**, also das, was unter Gewalt verstanden wird. Verschiedene wissenschaftliche Disziplinen betonen **unterschiedliche Aspekte.** Bei der Soziologie steht der Zwangscharakter im Vordergrund (Ausübung von Zwang), die Psychologie thematisiert Kränkungen und psychische Verletzungen (→ Kap. 26), und das Strafrecht (→ Kap. 3.4) befasst sich mit körperlichen Schädigungen des Opfers sowie sachlichem Schaden (Klocke 2008, S. 185). Körperliche Gewalt findet eher Eingang in Statistiken, psychische Gewalt wird seltener erfasst.

Neben der psychischen und der physischen Gewalt beinhaltet ein **gewalttätiges Verhalten gegenüber Kindern** auch den Aspekt der *Vernachlässigung* und der *sexuellen Gewalt* (sexueller Missbrauch) (→ Kap. 26.1.1).

Auch die von Kindern beobachtete **Gewalt zwischen den Eltern** hat schädliche Auswirkungen auf die Entwicklung der Kinder. Oft versuchen Kinder beispielsweise, den geschlagenen Elternteil (Opfer sind überwiegend Frauen, aber auch Männer) zu schützen. Wenn ihnen das nicht gelingt, leiden sie noch lange Zeit später an der Vorstellung, versagt zu haben, und können problematische Symptome entwickeln (→ Kap. 26.2).

Teilweise ist es schwierig, die Grenze zwischen noch duldbarem Verhalten und nicht mehr akzeptierbarem Verhalten von Eltern gegenüber ihren Kindern zu ziehen und die Schädlichkeit des elterlichen Verhaltens zu bewerten. **Erfahrene Gewalt** führt häufig zu Langzeitfolgen im Lebenslauf und kann sich in Persönlichkeitsstörungen, Drogenmissbrauch, Selbstmordgefährdung oder eigener Gewalttätigkeit äußern (→ Kap. 26.1.3). Obwohl die große öffentliche Aufmerksamkeit gegenüber Gewalttaten anderes vermuten lässt, geht der Umfang von Gewalt gegen Kinder in den letzten Jahrzehnten zurück (Klocke 2008, S. 186).

Das Ausmaß von Vernachlässigung und Misshandlung lässt sich allerdings nur annäherungsweise abschätzen. Schätzungen gehen davon aus, dass bis zu 5 bis 10 Prozent aller Kinder bis zum Alter von sechs Jahren vernachlässigt werden. Betroffen sind davon Kinder aus allen Einkommens- und Berufsgruppen, insbesondere aber Kinder, die in sozio-ökonomisch angespannten Familienverhältnissen leben (ebd.).

Armut in Familien

Ausgehend von der Grundannahme, dass alle Einkommen in einem Haushalt gemeinsam verbraucht werden, sind Kinder dann arm, wenn ihre Familie in Armut lebt. Armut wirkt sich in vielfacher Weise auf die Familienbeziehungen aus und zeigt sich z. B. an der Wohnung, dem Wohnumfeld, der Ernährung oder der Freizeitgestaltung.

- **Absolute Armut**
  Fehlen der lebensnotwendigen Grundlagen wie Essen, Kleidung, Wohnen.
- **Relative Armut**
  Haushalte, die über so geringe Mittel verfügen, dass sie von der Lebensweise ausgeschlossen sind, die von der Allgemeinheit als unterste akzeptierbare Grenze angesehen wird.

Absolute Armut ist selten in Deutschland. Häufiger gibt es die relative Armut. Deutschland ist ein wohlhabendes Land, es herrscht ein Überfluss an Gütern, und die sozialen Systeme garantieren eine Grundsicherung. Dennoch sind die Unterschiede in Familieneinkommen und materieller Sicherheit sehr groß, eine Disparität, die auch in Kindertageseinrichtungen sichtbar wird (→ siehe Beispiel unten). Vor diesem Hintergrund geht es, wenn wir in Deutschland über Armut und Kinderarmut sprechen, um eine relative Armut – im Gegensatz zu einer absoluten Armut, die eine existenzielle Bedrohung darstellt.

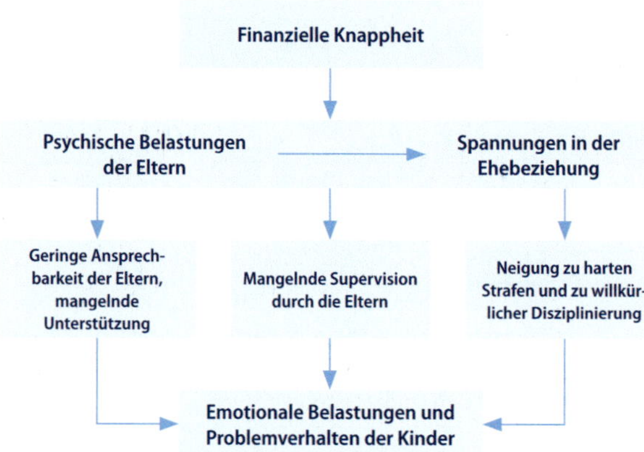

Abb. 9.26: Wirkung von Armut auf das Binnenklima von Familien (nach Klocke 2008, S. 192; Quelle: Wolper 1997: 276).

[BEISPIEL] Relative Armut kann sich im Kindergarten beispielsweise darin zeigen, dass Kinder an kostenpflichtigen Ausflügen oder Bildungsangeboten wie einem Englischkurs nicht teilnehmen können. Das von der Einrichtung empfohlene Biovollkornbrot findet sich dann nicht in der Frühstücksbox. Stattdessen liegt darin ein billiges Discounterbrot oder ein billiger Fertigriegel, weil hochwertige Nahrungsmittel zu teuer sind. Dies setzt sich in der Schule fort, wenn das Kind beispielsweise nicht auf den Skikurs mitfährt. Oftmals wird hier auch nicht offenbart, dass die Teilnahme aus finanziellen Mitteln scheitert, sondern es werden andere Gründe vorgeschoben („Ich habe keine Lust", „Skifahren mag ich nicht").

Armut ist ein Thema, das in besonderer Weise die Familien betrifft. 2004 leben in Deutschland 12,7 % Haushalte in relativer Armut. Nur 6,6 % der Paarhaushalte ohne Kinder, jedoch 12,8 % der Paarhaushalte mit Kindern und 35,8 % der Alleinerziehenden gelten als arm. Auch Familien mit drei oder mehr Kindern sind überproportional betroffen. Ebenso sind Menschen mit nichtdeutscher Staatsangehörigkeit (23,8 %), Ostdeutsche (18,4 %), Hauptschulabgänger ohne Abschluss (23,5 %), Arbeitslose (42,1 %) und Geschiedene (21 %) häufiger arm. Dies gilt weiterhin für ältere, alleinstehende Menschen und hier insbesondere für Frauen (Klocke 2008, S. 190).

Wie die Armut auf das Klima in den Familien wirkt und dort Probleme schafft, verdeutlicht die Grafik (→ Abb. 9.26) des Sozialwissenschaftlers Andreas Klocke (2008, S. 192):

Neben der wachsenden Minderheit, die in Armut lebt, steigt auch die Zahl der Familien an, die in großem Wohlstand lebt. Die durch die unterschiedliche Vermögenslage bedingten sehr unterschiedlichen Lebensbedingungen führen zu **emotionalen Belastungen** der Familienmitglieder der armen Haushalte. **Soziale Statusunterschiede** (Status → Kap. 9.4.3) werden nicht nur von den Erwachsenen, sondern auch sehr deutlich von den Kindern wahrgenommen und beispielsweise in einen höheren oder niedrigeren Selbstwert umgesetzt.

Ansätze zur Bestimmung von relativer Armut

Relative Armut kann im Wesentlichen mit Hilfe zweier Strategien bestimmt werden:

- *Ressourcenansatz* – Grundlage sind allein materielle Ressourcen, wobei Personen dann als arm bezeichnet werden, wenn sie weniger als 50 % – oder je nach Ansatz 60 % – des gewichteten Pro-Kopf-Durchschnittseinkommens der Bevölkerung zur Verfügung haben (→ Kap. 9.4.8)
- *Lebenslagenansatz* – Einbeziehung verschiedener Dimensionen der Lebenslage, wie Wohnung, Infrastruktur des Wohnumfeldes, Bildung, Einkommen, soziale Beziehungen, Lebensverlauf und eigene Einschätzung der Lebenslage.

Armut von Kindern in Deutschland wird meist auf der Grundlage des **Ressourcenansatzes** beschrieben, weil hier eine einfach zu erfassende und eindeutig bestimmbare Messgrundlage vorliegt.

Armutsrisiko

Die Bundesregierung veröffentlicht alle fünf Jahre einen Armuts- und Reichtumsbericht, in dem auch die Armutsrisikoquote angegeben wird.

> ► **Armutsrisikoquote**
> Der Anteil von Personen in Deutschland, die über weniger als 60 % des gewichteten Durchschnittseinkommens verfügen.

Die Armutsrisikoquote ist in den letzten Jahrzehnten kontinuierlich gestiegen und lag 2008 bei 13 % (Bundesregierung 2008, S. 88). Die Armutsrisikoquote von Kindern liegt, je nach Erhebungsmethode, zwischen 12 % und 21 % (ebd.). Auch wenn es in der quantitativen Bewertung große Schwankungen gibt, lassen sich doch Faktoren identifizieren, die das Armutsrisiko besonders erhöhen.

Besonders **betroffen von Armut** sind

- Kinder von Alleinerziehenden
- Kinder aus Familien mit drei Kindern und mehr
- Kinder von nicht erwerbstätigen Eltern
- Kinder aus „sozialen Brennpunkten"
- Kinder nichtdeutscher Herkunft.

9.4.8 Soziale Ressourcen in Familien

Wenn soziale Ressourcen in Familien vorhanden sind, können die Familien äußeren, wie z. B. finanziellen Bedrohungen besser standhalten und konstruktiver **Probleme verarbeiten.** Besonders wichtig als soziale Ressource ist eine gute Beziehung zwischen den Eltern und zwischen Eltern und Kindern. Neben der unmittelbaren **Beziehungsqualität** ist auch das **„Familienmanagement"**, die Abstimmung, Unterstützung und sanfte Führung der Kinder und Jugendlichen bedeutsam. Ebenfalls wichtig ist die weitere **Einbindung in soziale Netzwerke,** also Beziehungen zu Freunden, in der Nachbarschaft, im Kindergarten, in der Schule und in Vereinen sowie deren Dichte (Anzahl) und Qualität. Die Soziologie spricht hier jeweils von vorhandenem oder fehlendem sozialen Kapital.

Abb. 9.27: Die Einbindung in ein soziales Netzwerk wie der Kindergarten ist ein soziales Kapital.

> ► **Soziales Kapital**
> Einbindung des Einzelnen in soziale Netzwerke, Ressourcen, die sich aus dem Netz der Beziehungen ergeben. Hierbei sind Dichte und Qualität von Beziehungen bedeutsam.

Die Bedeutung dieses Aspektes wird auch in Zusammenhang mit dem zunehmend bekannt gewordenen Resilienzansatz (→ Kap. 10.6) hervorgehoben.

9.4.9 Soziologische Erklärungsansätze für den Wandel in Familie und Gesellschaft

Mit dem Übergang in die Moderne zeigt sich ein Wandel in der Familie und in der Gesellschaft. Die Theorie der Individualisierung und die Theorie der sozialen Differenzierung versuchen, diesen Wandel zu beschreiben und zu erklären.

Die Individualisierungsthese

Im Übergang von der ständisch-feudalen Agrargesellschaft zur bürgerlichen Industriegesellschaft fand ein epochaler Wandel im Verhältnis von Individuum und Gesellschaft statt. Dieser Wandel wird mit dem Begriff „Individualisierung" bezeichnet. Bereits klassische Gesellschaftstheoretiker wie Emile Durkheim, Ferdinand Tönnies, Georg Simmel oder Max Weber (→ Kap. 9.1.1) beschrieben den Übergang in die Moderne als Individualisierungsprozess, seit Mitte der 80er Jahre wurde die Individualisierung zu einem breit diskutieren Konzept (Beck 1983, Beck-Gernsheim 1994).

Das Konzept Individualisierung „zielt ab auf das Zerbrechen traditioneller Lebensformen und die damit verbundene Herauslösung des Menschen aus normativen Bindungen, sozialen Abhängigkeiten, materiellen Versorgungsbezügen, auf die damit einhergehenden sozialen Konflikte, Chancen, Reintegrationsprobleme" (Beck-Gernsheim 1994, S. 134).

Die Individualisierungsthese beschreibt die Entstrukturierungsprozesse des Zusammenlebens. Sie macht darauf aufmerksam, dass Individualität und Ausrichtung an Standards (Konformität) in enger Wechselwirkung miteinander stehen.

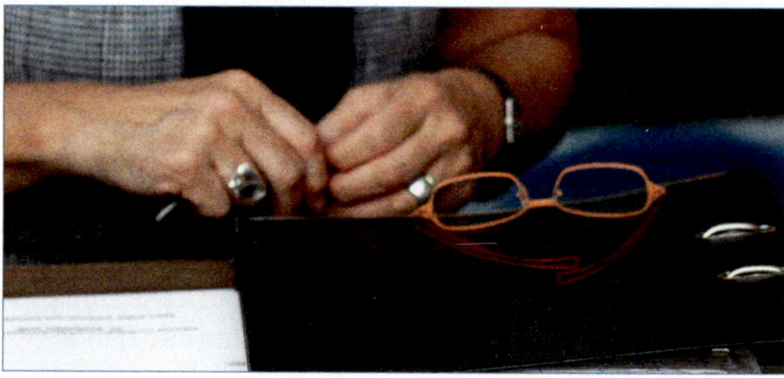

Abb. 9.28: Soziale Mobilität: Durch höhere Bildung kann man im Sozialgefüge aufsteigen.

Ebenen der Individualisierung

Die Individualisierung kann auf drei Bedeutungsebenen analysiert werden:

- **Befreiung aus traditionellen Kontrollen** – Die vormoderne Welt ist von Enge geprägt. Durch Schranken, Vorschriften und Kontrollen (traditionelle Bindungen) ist der Einzelne festgeschrieben auf Merkmale wie Stand, Geschlechtszugehörigkeit und Religion, die seine Verhaltensregeln und Lebensbahnen bestimmen. Mit der Befreiung aus traditionellen Kontrollen wird der Lebensradius erweitert, von der relativ geschlossenen, einheitlichen Lebenswelt früherer Epochen zu einer Pluralität von Bereichen mit unterschiedlichen Werten, Maßstäben und Anforderungen. Handlungsspielräume und Wahlmöglichkeiten werden gewonnen, es gibt einen Zuwachs an innerer Autonomie durch die Erweiterung des geistigen Horizontes. Die Lebenslaufbahn ist nicht mehr unverrückbar vorgegeben, sondern offener und gestaltbarer
- **Verlust traditioneller Stabilitäten** – Traditionelle Bindungen schränken nicht nur ein, sondern geben auch Halt, Sicherung und Schutz. Mit der Auflösung der Regeln sind nicht nur Chancen, sondern auch Risiken im Lebenslauf verbunden. Die Auflösung von Standes- und Klassenschranken eröffnen zwar auf der einen Seite Aufstiegschancen, auf der anderen Seite wächst aber die Abstiegsgefahr durch die soziale Mobilität. Soziale Mobilität bedeutet, dass man im Sozialgefüge aufsteigen, z. B. durch höhere Bildung, aber auch absteigen kann, z. B. durch Verlust der Beschäftigung. Die Möglichkeit wächst, Chancen zu verpassen, die falsche Wahl zu treffen, Erfolgsziele nicht zu erreichen, den Anforderungen des Arbeitsmarktes nicht zu entsprechen. Auch die soziale geografische Mobilität, die sich in der Entfremdung von der Herkunftsfamilie und durch räumliche Distanz ausdrückt, zerreibt traditionelle Bindungen, die Menschen miteinander verknüpfen. Traditionelle innere Bindungen lösen sich auf, die zuvor Orientierung gaben, es wächst eine innere Heimatlosigkeit durch die Pluralisierung der Lebenswelten, die Suche nach Identität beginnt. Individualisiertes Leistungsdenken gewinnt in den letzten Jahrzehnten an Bedeutung, während klassische Schutzvorrichtungen wie Familie, Bildung und Beruf an Funktionskraft verlieren (vgl. Beck 1983, S. 69)
- **Neue Bindungen, Zwänge und Kontrollen** – In der Moderne entstehen neue Bindungen, Zwänge und Kontrollen. Die neuen Wahlmöglichkeiten, z. B. die Berufswahl, sind eingebunden in gesellschaftliche Rahmenbedingungen, institutionelle Regeln und Vorschriften. Es gibt neue Arten der Abhängigkeit durch Steuerungsinstrumente der modernen Gesellschaft. Statt direkten Zwang gibt es nun indirekte, unsichtbar scheinende Beeinflussungen, z. B. durch die Anforderungen des Arbeitsmarktes. Vorgaben von Bildungssystem, Rechtssystem, Massenmedien etc. liefern direkte und indirekte Regeln für die persönliche Lebensgestaltung.

[BEISPIEL] Zwänge sind z. B. die Wichtigkeit der Schullaufbahn und der Schulabschlüsse, die man benötigt, um halbwegs akzeptable Zukunftschancen zu haben. Während heute der mittlere Schulabschluss zur Norm geworden ist, besuchten Anfang der 60er Jahre noch rund 70 % der Kinder die Haupt- oder Volksschule. Diese gesellschaftlichen Rahmenbedingungen üben einen großen Druck auf Eltern und Kinder aus.

Phasen der Individualisierung

Die Individualisierung beschreibt einen historischen Prozess, in dem zwei Phasen unterschieden werden können (→ Tab. 9.17).

Doppelgesicht des Individualisierungsprozesses

Der Individualisierungsprozess kann so beschrieben werden: „Du darfst und du kannst – ja, du sollst und du musst eine eigenständige Existenz führen, jenseits der alten Bindungen von Familie und Sippe, Stand und Religion usw." (Beck-Gernsheim 1994, S. 137).

Die Individualisierungsprozesse weisen also ein Doppelgesicht auf:

Auf der einen Seite gibt es durch die Individualisierung **eine Erweiterung** des Lebensradius, ein Gewinn an Handlungsspielräumen und Wahlmöglichkeiten. Der Lebenslauf ist dadurch an vielen Punkten offener und gestaltbarer.

Auf der Kehrseite stehen jedoch auch **neue Anforderungen und Zwänge,** denen jede Person und damit auch die Familie unterworfen ist. Der Arbeitsmarkt, der Staat und die *Institutionen* (→ Kap. 9.1.2) geben durch Netze von Regelungen, Maßgaben und Ansprüchen einen institutionellen Rahmen für die Planungen der Individuen vor. Wer den Ansprüchen nicht nachkommen kann, hat im persönlichen Leben die Folgen zu tragen, riskiert Arbeitsplatz, Einkommen, soziale Stellung.

Zu den entscheidenden **Merkmalen von Individualisierungsprozessen** gehört, dass sie eine aktive Eigenleistung der Individuen mehr denn je erlauben und mehr denn je fordern. Für Eltern und Kinder bedeutet das, dass sie viel häufiger individuell ihre aktuelle Lebenssituation mit ihren Chancen beurteilen und danach ihr Handeln ausrichten müssen.

Phasen der Individualisierung
Erste Phase der Individualisierung (Vom Beginn der Industrialisierung bis zur Mitte des 20. Jahrhunderts)
Hintergründe: • Ausbreitung freier Lohnarbeit • Auflösung der Wirtschaftsform des Ganzen Hauses • Landflucht • Urbanisierung • Durchsetzung der bürgerlichen Grundrechte **Säkularisierung:** • Zunahme des Wohlstandes • Soziale Sicherung • Ausweitung des Bildungssystems.
Zweite Phase der Individualisierung - 2. Individualisierungsschub (Beschleunigung des Individualisierungsprozesses seit den 60er Jahren)
Hintergründe: • Fortschreitende Ausdifferenzierung gesellschaftlicher Teilbereiche mit entsprechenden Wechselwirkungen (z. B. zunehmende Arbeitsteilung, technische Entwicklungen, Spezialisierung, Qualifikationsanforderungen), • Bildungsexpansion • Ausbau des Dienstleistungssektors • Zunahme der Freizeit • Zunehmende Mobilität (sozial und geografisch) • Weitere Zunahme des Wohlstandes • Ausbau des Sozialstaates • Konsumgesellschaft • Loslösung von religiösen Normen • Veränderte Rolle der Frau.

Tab. 9.17: Phasen der Individualisierung.

Dazu werden bestimmte **Fähigkeiten** benötigt. Zunächst muss ein gewisses Maß an kognitiven Fähigkeiten und Wissen vorhanden sein, um eine Situation einzuschätzen, zu beurteilen, Konsequenzen zu überlegen usw. Eigene Bedürfnisse und Ziele müssen bewusst reflektiert und kommunikativ umgesetzt und mit Anderen verhandelt werden. Die Wahrnehmung eigener Bedürfnisse und das Beziehen einer eigenen Position sind auch eine Voraussetzung dafür, Entscheidungen treffen zu können, denn diese können und müssen im Zuge dieser Entwicklung immer häufiger individuell getroffen werden. Ebenso ist immer wieder eine gewisse Flexibilität gefordert.

Diese verschiedenen Fähigkeiten erwerben Kinder im Verlauf ihrer Sozialisation zunächst primär in der Familie. Die **Lernprozesse der Kinder** sind abhängig von den Fähigkeiten und Ressourcen, über die die Familien verfügen, und damit in hohem Maße auch von Bildungsniveau, Einkommen etc. Im Rahmen der *sekundären Sozialisation* (→ Kap. 9.3.2) versuchen beispielsweise offene Konzepte im Kindergarten (→ Kap. 8.4.2) diese Lernprozesse zu unterstützen.

Erziehungsunsicherheit bei Eltern

Individualisierungsprozesse können zu Erziehungsunsicherheiten bei Eltern führen. Nicht mehr die Traditionen, die Dorfgemeinschaft u. a. geben vor, was Kinder tun oder nicht tun sollen und wo Grenzen zu setzen sind, sondern Eltern müssen sich zunehmend selbst eine Meinung bilden und diese durchsetzen. Dabei gibt es eine Vielzahl von Ratgebern, die teilweise sehr unterschiedliche Positionen vertreten, was die Klarheit darüber, was im Erziehungsprozess gut ist, nicht unbedingt verstärkt.

> ⊙ Mit der Freiheit, selbst über vieles im Leben entscheiden zu können, ist der Zwang verbunden, dies auch tun zu müssen. Zugleich gibt es äußere Bedingungen, die die Freiheit deutlich begrenzen, z. B. vorhandene oder nicht vorhandene Ausbildungs- oder Arbeitsplätze, Leistungen wie Bildungsabschlüsse, die erbracht werden müssen und wiederum von der Schichtzugehörigkeit (→ Kap. 9.4.3) abhängen.

Theorie der sozialen Differenzierung

An der Individualisierungsthese (→ oben) wird kritisiert, dass sie sich auf die Entstrukturierungsprozesse des Zusammenlebens konzentriert, aber keine Antwort darauf geben kann, welche neuen Strukturmuster sich in der Zukunft ergeben werden. Hier ist die Theorie der gesellschaftlichen beziehungsweise sozialen Differenzierung erfolgsversprechender.

> ⊙ Die Theorie der gesellschaftlichen bzw. sozialen Differenzierung versteht den sozialen Wandel als Tendenz zunehmender Ausdifferenzierung in gesellschaftliche Teilsysteme. Die Teilsysteme haben jeweils eine spezifische Funktion für die anderen Subsysteme und den Bestand der Gesellschaft insgesamt.

Soziale Differenzierung

Die Theorie der sozialen Differenzierung beschreibt den Ausdifferenzierungsprozess im Bereich der Familie. Im gesellschaftlichen Wandel entstehen **neue Muster des Zusammenlebens** mit veränderten Funktionen als Anpassungsleistung.

Während vor der Industrialisierung eine Lebensform typisch war, bei der familiäres Zusammenleben und berufliche Tätigkeit verbunden waren, beginnen sich im Zuge der Industrialisierung diese beiden Bereiche voneinander zu trennen. Sie differenzieren sich in einen Privatbereich und einen beruflichen Bereich aus. Auch in diesen Bereichen gibt es weitere Ausdifferenzierungen, z. B. zunehmend spezifischere Berufe mit entsprechenden Ausbildungswegen oder auch verschiedene Formen des privaten Zusammenlebens. Im Bereich des privaten Zusammenlebens werden drei Grundformen unterschieden: Ein Muster, das überwiegend familien- und kindorientiert ist, ein weiteres, das partnerschaftszentriert ist und schließlich ein Muster, bei dem das Individuum, seine Autonomie und Selbstverwirklichung im Vordergrund stehen.

Aus Sicht dieses theoretischen Ansatzes bedeutet der Prozess der Ausdifferenzierung einen Fortschritt, da er mit Flexibilität und Anpassungsbereitschaft an veränderte Umweltbedingungen verbunden ist.

Diese positive Deutung, in der die neuen Lebensformen als flexible und zukunftsoffenere Privatheitsformen besser vereinbar mit den Mobilitätserfordernissen und Wertemustern der modernen Gesellschaft scheinen, muss auch kritisch beleuchtet werden. Beispielsweise sind die längerfristigen Folgen der erhöhten Kinderlosigkeit vieler Menschen noch nicht absehbar, die durch nur partnerschaftszentrierte oder auf das Individuum bezogene Lebensformen entstehen. Auch die überwiegend unfreiwillige Lebensform einer Ein-Eltern-Familie lässt sich kaum als Fortschritt interpretieren (Peuckert 2005, S. 378), sondern bringt viele Probleme für Eltern und Kinder mit sich.

9.4.10 Unterschiedliche Deutungen und Interpretationen des Wandels der Familie

Insgesamt ergeben sich drei unterschiedliche Deutungen des Wandels der Familie, die jeweils andere Aspekte in den Vordergrund stellen und die Entwicklung in Gegenwart und Zukunft unterschiedlich bewerten:

- **Krise bzw. Auflösung der Familie (Familie als Auslaufmodell)** – Im Vordergrund steht hier die negative und kulturpessimistische Deutung des Bedeutungsverlustes von Familie. Häufig ist sie verbunden mit Annahmen über negative Einflüsse auf die Sozialisation moderner Kinder
- **Individualisierung und Pluralisierung der Lebens- und Familienformen zu Lasten der Normalfamilie** – Nicht die Auflösung der Familie, sondern die positive Deutung der Entwicklung der privaten Lebensformen ist vorherrschend. Betont wird die größere individuelle Freiheit der Wahl zwischen verschiedenen akzeptierten Familienformen. Der Wandel der Familie ist ein Wandel von der Notgemeinschaft zur Wahlgemeinschaft
- **Die Familie lebt** – Diese Sichtweise geht von der Annahme aus, dass es weiterhin eine grundlegende Akzeptanz des bürgerlichen Familienmodells gibt. Daneben wird der Differenzierungsprozess als Fortschritt und als Anpassung an veränderte Bedingungen gesehen.

9.5 Soziale Ungleichheit

Sowohl in der Geschichte als auch in der Gegenwart gab und gibt es keine Gesellschaft, in der alle Menschen gleich sind. Bestimmte Personen und Gruppen sind immer bessergestellt als andere.

9.5.1 Was versteht man unter sozialer Ungleichheit?

Während die einen Familien in Wohlstand oder Luxus leben, müssen andere mit knappen Verhältnissen oder sogar Armut zurechtkommen. Manche Kinder und Jugendliche durchlaufen das Bildungssystem mit Leichtigkeit und der entsprechenden auch finanziellen Unterstützung und gelangen zu hohen Bildungsabschlüssen. Andere hingegen scheitern im Bildungssystem bereits früh und verlassen die Schule ohne Bildungsabschluss. Diese Unterschiede können keinesfalls einfach auf Begabung, Zufälle oder Ähnliches zurückgeführt werden, sondern entstehen aus den gesellschaftlichen Bedingungen und der ungleichen Verteilung von Chancen heraus.

> ► **Soziale Ungleichheit**
> „Als ‚soziale Ungleichheiten' bezeichnet man Lebensbedingungen (Arbeitsbedingungen, Einkommen, Vermögen, Bildungsgrad etc.), die es Menschen erlauben, in ihrem alltäglichen Handeln allgemein geteilte Ziele eines ‚guten Lebens' (wie z. B. Gesundheit, Sicherheit, Wohlstand, Ansehen) besser als andere zu erreichen." (Hadril 2004, S. 195)

Soziale Ungleichheiten beziehen sich erstens auf Güter, die in einer Gesellschaft als wertvoll gelten und zweitens bestimmten Gesellschaftsmitgliedern in einem größeren Umfang als anderen zur Verfügung stehen. Drittens beziehen sich soziale Ungleichheiten auf jene wertvollen ungleich verteilten Güter, die Menschen aufgrund ihrer gesellschaftlichen Positionen und sozialen Beziehungen (sozialstrukturelle Gründe) besser oder schlechter als andere stellen (und nicht aus individuellen, natürlichen oder zufälligen Gründen).

Abb. 9.29: Verteilungs- und Chancenungleichheit: Weder hat jeder die gleiche finanzielle Möglichkeit, z. B. ein teures Auto zu erwerben, noch die Chance, dies in Zukunft zu tun.

Soziale Ungleichheit ist verbunden mit Vor- und Nachteilen. Daher ist sie begrifflich zu trennen von **sozialen Unterschieden.** Diese bezeichnen lediglich Andersartigkeiten, z. B. berufliche wie Schlosser und Schreiner. Diese Unterschiedlichkeiten beschreiben verschiedene Tätigkeiten, die aber durch ein vergleichbares Einkommen und einen gleichen *sozialen Status* (→ Kap. 9.4.3) charakterisiert sind.

Während in traditionellen Gesellschaften soziale Ungleichheiten meist als selbstverständlich, natürlich, von Gott gegeben und daher als legitim angesehen wurden, hat sich diese Sicht mit der Aufklärung verändert. Seither wird kritisch in Frage gestellt, ob soziale Ungleichheiten berechtigt sind.

► **Soziale Ungleichheit** *(aus soziologischer Sicht)*
Sowohl illegitim empfundene soziale Ungleichheiten, wie z. B. extreme Armut, als auch legitime Ungleichheiten, wie z. B. Abstufungen von Tariflöhnen. Dagegen wird mit der alltäglichen Verwendung des Begriffs soziale Ungleichheit häufig Ungerechtigkeit verbunden.

Es gibt zwei Arten sozialer Ungleichheit:

- **Verteilungsungleichheit** – Sie bezeichnet die ungleiche Verteilung eines wertvollen Gutes, z. B. Einkommensungleichheit in der Bevölkerung
- **Chancenungleichheit** – Gemeint ist hier die Chance einer bestimmten Bevölkerungsgruppe, z. B. Frauen, Männer, Ausländer, besser oder schlechter als andere Gruppen abzuschneiden. So haben beispielsweise Kinder von Ausländern schlechtere Bildungschancen als Kinder von Einheimischen.

9.5.2 Soziale Ungleichheit in verschiedenen Gesellschaftsformen

Soziale Ungleichheit ist immer in Verbindung mit den Lebensbedingungen einer Gesellschaft zu sehen (→ Tab. 9.18) und hat im Verlauf der Geschichte daher ihr Gesicht verändert:

- In der **vorindustriellen Gesellschaft** mit dem Ungleichheitsgefüge der Stände ist die **Geburt** die wichtigste Determinante, die soziale Herkunft bestimmt die erreichbaren Lebensbedingungen meist lebenslang
- In der **frühen Industriegesellschaft** mit dem Ungleichheitsgefüge der Klassen ist der **Besitz** die zentrale Determinante. Personen mit Produktionsmittelbesitz haben wesentliche Vorteile gegenüber Nicht-Besitzenden, die ihre Arbeitskraft verkaufen müssen, Auf- und Abstieg ist rechtlich möglich, aber selten
- In der **fortgeschrittenen Industriegesellschaft** mit dem Ungleichheitsgefüge der Schichten arbeiten viele Menschen in unselbstständiger Position. Die **Stellung in der Berufshierarchie** wird zunehmend wichtig und zur Determinante. Es gibt mehr Differenzierungen, von Berufspositionen hängen Einkommen, Prestige, Macht und soziale Beziehungen ab. Auf- und Abstiege sind von individueller Leistung abhängig und geschehen häufiger

Abb. 9.30: Zu den Ungleichheitsdeterminanten gehören heute u. a. Wohn- und Infrastruktur sowie Freizeitbedingungen.

- In der **postindustriellen Gesellschaft** wird die **Bildung** zum zentralen Zuweisungsmerkmal für Beruf, Berufsstatus und Lebensstil. Auch andere Ungleichheitsdeterminanten treten in den Vordergrund, z. B. geschlechtsspezifische, ethnische, altersbedingte und regionale Ungleichheiten. Neben Arbeitsbedingungen werden auch berufsfremde Dimensionen wie Wohn-, Infrastruktur-, Freizeitbedingungen, Gesundheit mehr beachtet, in diesen Gesellschaften sind die Gefüge der Lebensbedingungen komplexer, man spricht von *sozialen Lagen* bzw. Lebenslagen.

► **Soziale Lage**
Gefüge von gleichen Lebensbedingungen, in denen sich eine Gruppe von Personen befindet und die beispielsweise durch Lebensstandard, Chancen und Risiken, Privilegien, Diskriminationen oder öffentliches Ansehen charakterisiert wird.

Ungleichheitsgefüge	Wichtigste Ungleichheits-determinante
Stände (vorindustrielle Gesellschaft)	Geburt
Klassen (frühe Industriegesell-schaften)	Besitz
Schichten (fortgeschrittene Industriegesellschaften)	Berufshierarchie
Soziale Lagen (postindustrielle Gesellschaften)	Bildung

Tab. 9.18: Ungleichheitsgefüge in der Gesellschaftsform und wichtigste Ungleichheitsdeterminante.

9.5.3 Soziale Ungleichheit bei der Bildungsbeteiligung

Besonders wichtig als Grundlage für spätere berufliche Perspektiven ist für Kinder und Jugendliche heute, welche **Bildungsabschlüsse** sie erwerben. V.a. durch die Ergebnisse aus den PISA-Studien ist in den letzten zehn Jahren die Diskussion um die Bildungsungleichheit wieder neu entbrannt, nachdem sie bereits in den 60er Jahren heftig geführt wurde. Während zuvor von Bildung ab der Schule aufwärts gesprochen wurde, ist seit einigen Jahren das Konzept der Bildung verstärkt im Kindergartenbereich angekommen. Der Kindergarten wird nun nicht mehr nur als Betreuungsstätte, sondern auch als Bildungsstätte angesehen. Seinen Ausdruck findet das in Bildungsplänen, die Bildungsziele in verschiedenen Bildungsbereichen formulieren.

Schichtspezifische Bildungschancen

Ein wichtiges Ziel der Bildungsreform in den 60er Jahren war der Abbau von **schichttypischen Chancenungleichheiten**. Im Rückblick muss man allerdings feststellen: Von der Bildungsexpansion haben zwar Kinder aus allen Schichten profitiert, die Chancenungleichheit blieb jedoch weitgehend erhalten, da Kinder aus bessergestellten *Schichten* (→ Kap. 9.3.4) deutlich mehr profitiert haben als Kinder aus unteren Schichten. Lediglich auf der mittleren Ebene der Realschule gab es einen Abbau der schichttypischen Unterschiede. Anders auf der Gymnasial- und Hochschulebene – hier gibt es weiterhin deutliche schichtspezifische Benachteiligungen. Im internationalen Vergleich sind sie in Deutschland besonders ausgeprägt.

Diesen Befund bezeichnet der Sozialwissenschaftler Rainer Geißler als den „eigentlichen Paukenschlag" der PISA-Studie: „Deutschland gehört mit Belgien, Ungarn und der Schweiz zu den vier Ländern, in denen die Abstände der sozial Schwachen zur Spitze am größten sind (…) Deutschland gehört also zu den vier ‚Weltmeistern' bei der Benachteiligung der Kinder aus sozial schwachen Schichten" (2005, S. 76).

Worin liegen die **Ursachen** für die schichttypischen Kompetenz- und Chancenunterschiede? Eine weit verbreitete Annahme ist: Auslese erfolgt nach Leistung – Wer tüchtig und leistungsfähig ist, setzt sich durch. Die Bildungsforschung belegt, dass diese Annahmen einseitig, unvollständig und teilweise falsch sind (Geißler 2005, S. 76 f.).

Leistungsfähigkeit und Leistung sind zwar wichtig beim Erwerb von Kompetenz und Schulabschlüssen, aber auch leistungsunabhängige soziale Kriterien spielen bei der schulischen Auslese eine wichtige Rolle. **Bildungsentscheidungen in den Familien** und **Lehrerurteile in der Schule** sind bei gleicher Leistung der Kinder von der Schichtzugehörigkeit abhängig. Durch die schulische Organisationsstruktur, in der es frühe Übergänge in weiterführende Schulen gibt, durch die Halbtagsschule und dadurch, dass die Schule eine Einrichtung ist, die durch die Wertvorstellungen der Mittelschicht geprägt ist, erfolgt ebenfalls eine schichtspezifische Selektion (Lange 2005, S. 111).

[BEISPIEL] Wenn die „Verteilung" der Kinder nach der vierten Klasse erfolgt, haben Kinder aus unteren Schichten nur vier Jahre Zeit, sich an die Sprach- und Schreibformen anzupassen, die in der Schule für gute Noten gefordert werden. Diese Sprachformen sind von Mittelschichtsvorstellungen geprägt und unterscheiden sich von in unteren Schichten üblichen Sprachformen. Die Kinder müssen also den Unterrichtsstoff und die neuen Sprachformen lernen, während Mittelschichtskinder diese Sprachform bereits mitbringen. Für sie ist nur der Unterrichtsstoff neu.

Geschlechtsspezifische Bildungschancen

Die Bildungschancen der Mädchen haben sich in den letzten 50 Jahren deutlich verbessert, was in dem Wandel von einem Bildungsdefizit in den 60er Jahren zu einem leichten Bildungsvorsprung heute zum Ausdruck kommt.

Aktuell wird eine Benachteiligung der Jungen im Bildungssystem diskutiert. Hier gibt es verschiedene Thesen, aber belastbare Aussagen über die Ursachen ihrer geringeren Bildungserfolge stehen noch aus.

Der Sozialwissenschaftler Rainer Geißler beschreibt zwei Ursachenkomplexe:

- 1. Leistungsstudien kommen zu dem Schluss, das Mädchen insgesamt bessere Leistungen erbringen, das war auch bereits zu Zeiten des weiblichen Bildungsdefizits so. Soziale Barrieren, insbesondere traditionelle Vorstellungen über Rollentrennung der Geschlechter, hinderten sie jedoch daran, die entsprechenden Bildungszertifikate zu erwerben. Mit Abbau dieser Barrieren gelang es den Mädchen, die guten Leistungen auch in angemessene Schulabschlüsse umzusetzen. Im Bildungssystem konnte sich die Gleichstellung der Frau am schnellsten durchsetzen.
- 2. Hier wird das abweichende Verhalten von Jungen als Erklärungsmodell herangezogen, Hintergründe hierzu

sind empirisch jedoch nur bruchstückhaft ausgeleuchtet. Schulforscher und Schulpraktiker sind sich einig, dass bessere Leistungen der Mädchen mit ihrem Fleiß und ihrer Arbeitshaltung zusammenhängen. Jungen sind häufiger „Sorgenkinder im Erziehungsbereich", entsprechen mehr dem Typ des „frechen und faulen Schülers", fallen häufiger durch Unterrichtsstörungen und Disziplinlosigkeiten auf. Nach Geißler (2005, S. 85) dürften „‚abweichende' Verhaltensmuster diesen Typs den schulischen Lernerfolg beeinträchtigen und zudem manche Lehrer/innen dazu veranlassen, Noten als Instrument der Disziplinierung einzusetzen und bei Störern besonders strenge Bewertungsmaßstäbe anzusetzen. So ließe sich z. B. erklären, warum an Hamburger Grundschulen Mädchen bei gleichen Testleistungen besser benotet werden als Jungen" (Lehmann/Peek 1997: 84 ff.).

Empirisch ungesichert sind andere Überlegungen zur „institutionellen Diskriminierung" der Jungen z. B. durch starke Feminisierung der Erzieher- und Lehrerberufe, also durch die hohe Anzahl an weiblichen Fachkräften besonders in Kindergärten und Grundschulen. Es wird beispielsweise überlegt, ob möglicherweise spezifische Spannungen zwischen einem „männlichen Habitus" und den Verhaltenserwartungen in der Schule (in dieser These repräsentiert durch weibliches Personal) existieren, die den Jungen Nachteile einbringen.

Diese Hypothesen sind wissenschaftlich bisher nicht belegt und durch die eindimensionale Erklärung über das Geschlecht sehr fragwürdig. Auch spricht dagegen, dass männliche Lehrer im oben angeführten Beispiel die Mädchen ebenfalls besser bewerteten.

Abb. 9.31: Die Bildungschancen von Mädchen haben sich in den letzten 50 Jahren deutlich verbessert.

Dieses Thema der geschlechtsspezifischen ungleichen Bildungschancen muss sehr komplex betrachtet und weiter untersucht werden.

Es gibt auch Grenzen der erreichten Gleichstellung von Frauen und Männern: In der Berufsausbildung und beim Übergang in den Beruf sind junge Frauen weiterhin benachteiligt, trotz besserer Noten. Ebenso ist es in Deutschland so, dass immer weniger Frauen anzutreffen sind, je höher die beruflichen Positionen werden. Auf der gut bezahlten und mit hohem Status versehenen Ebene ist die Gleichstellung also noch lange nicht angekommen.

Ethnienspezifische Bildungschancen

2007 ermittelte das Statistische Bundesamt einen ausländischen Bevölkerungsanteil von 8,8 %, das entspricht rund 7 260 000 Menschen bei einer Gesamtbevölkerung von rund 82 200 000 Menschen. Die Vielfalt an Kulturen spiegelt sich in vielen Kindertageseinrichtungen wieder. Daneben gibt es viele deutsche Kinder mit Migrationshintergrund, d. h. sie sind in Deutschland geboren und aufgewachsen und haben die deutsche Staatsbürgerschaft, die Familie stammt aber aus einem anderen Land. Entsprechend gehört der Umgang mit kulturell-ethnisch heterogenen Gruppen heute zum Alltag von Erzieherinnen und Lehrer/innen. Doch die damit verbunden Anforderungen sind hoch: Sie reichen von Kenntnissen über die Kulturen und einem gewissen Verständnis bis hin zu der praktischen Handlungskompetenz, die einen wertschätzenden Umgang miteinander erst ermöglicht.

Bei Kindern und Jugendlichen mit Migrationshintergrund zeigen sich in Bezug auf die Bildungschancen gravierende Nachteile. Lange Zeit wurde die Bevölkerungsgruppe der Migranten von Politik und Forschung nicht beachtet. Die Bildungsforschung beschäftigt sich erst seit den 90er Jahren vermehrt mit der Lage von Kindern mit Migrationshintergrund im deutschen Bildungssystem.

Laut Mikrozensus von 2005 liegt dieser Anteil von Kindern und Jugendlichen im bildungsrelevanten Alter bis 25 Jahre bei 27,2 % der gleichaltrigen Bevölkerung. Mehr als jedes vierte Kind oder jeder vierte Jugendliche in Deutschland hat einen Migrationshintergrund. Die Verteilung ist regional jedoch höchst unterschiedlich. **Im städtischen Bereich** ist die Zahl deutlich höher als im ländlichen Bereich, in bestimmten städtischen Vierteln wiederum höher als in anderen Stadtteilen. **In den neuen Bundesländern** gibt es nur sehr wenige Menschen mit Migrationshintergrund, daher beziehen sich die meisten Untersuchungen nur auf die alten Bundesländer. Interessant ist jedoch, dass die Schulleistungen der wenigen Migrantenkinder in den neuen Bundesländern nicht problematisch, sondern zum Teil deutlich besser als die der deutschen Kinder sind. Dieser Befund ist bisher noch kaum untersucht.

Heute sind die Schulleistungen und ethnischen Ungleichheiten im öffentlichen Diskurs u. a. auch durch die PISA-Ergebnisse ein wichtiges Thema. Dabei besteht Uneinigkeit darüber, ob Migrantenkinder „*Sorgenkinder* sind, die nicht über die notwendigen Voraussetzungen oder den Willen verfügen, das deutsche System **schulischer Bildung** mit Erfolg zu durchlaufen, oder ob es sich bei ihnen um eine Bildungsreserve handelt, die zu nutzen die Institutionen des deutschen Bildungssystems bislang nicht verstanden haben" (Diefenbach 2007, S. 237).

Nachteile von Kindern mit Migrationshintergrund

Art und Ausmaß der Nachteile von Schülern aus Migrantenfamilien gegenüber deutschen Schülern sind vielfältig (Diefenbach 2007). Kinder aus Familien mit Migrationshintergrund

- Haben weniger vorschulische Betreuung
- Sind deutlich häufiger als deutsche Kinder von der Einschulung zurückgestellt
- Bekommen deutlich häufiger eine Empfehlung für die Hauptschule und seltener eine für die Realschule oder das Gymnasium, was größtenteils, aber nicht vollständig ihren Noten in Deutsch und Mathematik entspricht
- Treten häufiger von der Grundschule auf eine Hauptschule über
- Haben eine geringere Lesekompetenz, auch wenn sie in Deutschland geboren sind oder die gesamte Schullaufbahn dort durchlaufen. Hierbei gibt es große Unterschiede in den Bundesländern
- Sind deutlich häufiger ohne Hauptschulabschluss (rund 20 %, Deutsche rund 8 %)
- Haben häufiger den Hauptschulabschluss, seltener den Realschulabschluss oder die (Fach-)Hochschulreife
- Wiederholen häufiger Klassen
- Finden sich doppelt so häufig auf Sonderschulen mit Schwerpunkt Lernen.

Abb. 9.32: Der Kindergarten kann vieles leisten, um Bildungsnachteilen von Kindern mit Migrationshintergrund vorzubeugen.

Im zeitlichen Verlauf hat der Anteil der Kinder mit Hauptschulabschluss leicht abgenommen, der Anteil an höherwertigen Abschlüssen leicht zugenommen, der Anteil ohne Hauptschulabschluss ist jedoch gleich bleibend. Es gibt große **Unterschiede zwischen den Bundesländern,** so gibt es häufiger höherwertige Abschlüsse in Nordrhein-Westfalen, Bremen, Hamburg, seltener in Bayern, Rheinland-Pfalz, Saarland, Baden-Württemberg und Schleswig-Holstein. Wie bei deutschen Kindern besuchen Jungen häufiger die Hauptschulen, Mädchen erwerben häufiger höherwertige Abschlüsse, bleiben jedoch seltener ohne Hauptschulabschluss.

Vergleiche verschiedener Nationalitäten zeigen: türkische und italienische Kinder sind am schlechtesten gestellt, gefolgt von Kindern aus dem ehemaligen Jugoslawien.

Problematisch ist auch, dass im stark hierarchischen deutschen Schulsystem Migrantenkinder durch ihre schlechteren Schulleistungen im Verlauf ihrer Bildungskarriere von deutschen Kindern immer mehr getrennt werden. Als Ergebnis entsteht eine **ethnische Segregation** (Trennung). Das bedeutet, im Gymnasium finden sich wenige Kinder mit Migrationshintergrund, in der Hauptschule ist dagegen der Anteil besonders hoch.

Erklärungsansätze für die ethnische Ungleichheit

Es gibt verschiedene Erklärungsansätze für die Nachteile der Kinder und Jugendlichen mit Migrationshintergrund. Dabei ist die Suche nach den Ursachen sehr kompliziert. Die Familien kommen aus sehr unterschiedlichen Herkunftsländern und halten sich aus unterschiedlichen Gründen hier auf.

So verbergen sich hinter dem Begriff „Kinder mit Migrationshintergrund" Kinder in sehr verschiedenen Lebensumständen. Das können z. B. Kinder sein, deren Eltern oder Großeltern in den 60er Jahren nach Deutschland gekommen sind, um hier zu arbeiten. Sie leben dann bereits in der 2. oder 3. Generation hier. Die erfahrene Heimat ist Deutschland.

Völlig anders ist die Ausgangslage von Kindern, deren Familien wegen einer bedrohlichen Situation aus ihrem Herkunftsland geflohen sind, z. B. wegen Bürgerkrieg, Verfolgung, Entführungsgefahr etc. Die bisherige Forschung ist wegen dieser vielschichtigen Problematik und des kurzen Zeitraums der Forschungsbemühungen nur bruchstückhaft und teilweise widersprüchlich.

Die **Erklärungsansätze für das Chancendefizit** von Kindern mit Migrationshintergrund sind (Geißler 2005, Diefenbach 2007):

- Kulturell-defizitäre Erklärung
- Humankapital-theoretische Erklärung
- Von Merkmalen der Schule oder Schulklasse bestimmte Erklärung
- Erklärung durch fehlende deutsche Sprachkenntnisse
- Erklärung durch institutionelle Diskriminierung.

Die Grundthese einer **kulturell-defizitären Erklärung** lautet: Wegen ihres kulturellen Erbes weisen Migrantenkinder Defizite bezüglich der „Normalausstattung" an Verhaltensweisen, Kenntnissen und Fähigkeiten auf, die in deutschen Bildungseinrichtungen vorausgesetzt wird. Diese These ist sehr umstritten, empirische Belege stehen aus. Insbesondere ist ungeklärt, warum neben türkischen Kindern die italienischen in der Bildung so schlecht abschneiden, da man insgesamt bei italienischen Migrantenfamilien von einer größeren kulturellen Nähe zu Deutschland ausgehen kann als bei türkischen Familien. Auch das besonders gute Abschneiden von Kindern in den neuen Bundesländern steht gegen diese These.

Die **humankapital-theoretische Erklärung** ist ebenfalls auf Defizite der Migrantenkinder bzw. ihrer Familien bezogen: Migrantenkindern mangele es an Humankapital.

► **Humankapital** *(aus Sicht der Bildungsökonomie)*
Alle Investitionen, die in einen Menschen im Verlauf seiner Erziehung und Ausbildung gemacht werden. Als Indikatoren (Anzeiger) gelten vor allem Bildungsabschlüsse der Eltern und ihr Einkommen bzw. das Haushaltseinkommen, aber auch weniger Kinder, da familiäre Ressourcen wie Zeit, Zuwendung und Geld sonst auf mehrere Köpfe verteilt werden müssen.

Empirische Studien haben diese Grundannahmen nur teilweise bestätigt.

Die **Erklärung durch Merkmale der Schule oder der Schulklasse** geht davon aus, dass bei Lernprozessen der Kontext bedeutsam ist, also z. B. der Unterricht, die Schulart und die Zusammensetzung der Klasse. Dieser Bereich ist bisher zu wenig erforscht, und es gibt nur Einzelbefunde, wie z. B.:

- Ausländische Schüler erreichen auf integrierten Gesamtschulen höhere Bildungsabschlüsse als auf Sekundarschulen mit einem Bildungsgang
- Die Kinder und Jugendlichen gehen seltener ohne Hauptschulabschluss ab, der Besuch einer integrierten Gesamtschule scheint für ausländische Schüler vorteilhaft.

Die Studie PISA-E hat herausgefunden, dass in Schulen mit einem Anteil von 20 % Schülern, deren Umgangssprache zu Hause nicht Deutsch ist, schwächere Leistungen im Lesen haben, dass es jedoch keine weitere Verschlechterung gibt bei noch höherem prozentualen Anteil dieser Schüler an der Schule. Auf der Ebene der Bundesländer lässt sich ebenfalls kein linearer Zusammenhang von prozentualem Anteil von Schülern aus Zuwandererfamilien und dem Leistungsniveau ausmachen.

Zentrale Bedeutung haben die **deutschen Sprachkenntnisse** für den Bildungserfolg. Defizite in der Lesekompetenz häufen sich an und beeinträchtigen nachweislich den Lernerfolg in Mathematik und Naturwissenschaften. Es gibt Befunde, dass Migrantenkinder bei gleicher Lesekompetenz und gleichem sozio-ökonomischen Status nicht seltener, sondern sogar häufiger Realschulen und Gymnasien besuchen.

Die oben angeführten Erklärungen nehmen überwiegend die Migrantenfamilien in den Blick. Im Kontrast dazu werden beim Erklärungsansatz der **institutionellen Diskriminierung** die Bedingungen der Bildungsinstitutionen, ihre Erwartungen an die Schülerschaft und ihre Selektionsmechanismen untersucht, um mangelnden Erfolg zu erklären (Gomolla/Radtke 2000, 2002 S. 334). Bisher gibt es hierzu aber kaum empirische Studien.

Auch die unterschiedliche **Bewertung von Sprachen** kann als institutionelle Diskriminierung aufgefasst werden. Französisch und Englisch können in der Schule als Zweitsprache verwertet, d. h. in Noten umgesetzt werden, selten jedoch Türkisch oder gar Jugoslawisch. „Die Beherrschung der deutschen Sprache gilt als Schlüssel zum Schulerfolg und zum gesellschaftlichen Aufstieg, während die mitgebrachten Sprachen der Einwanderer nicht als gesellschaftliche Ressource positiv bewertet werden. Will man die Bildungssituation zweisprachiger Kinder in Deutschland tatsächlich verbessern, wird dies ohne eine Neuorientierung in dieser Frage kaum möglich sein" (Naumann 2001, zit. nach Diefenbach 2007, S. 242).

Insgesamt gesehen sind die Erkenntnisse aus Forschungen zu den Hintergründen des Schulmisserfolgs noch zu gering. Die Forschung müsste dringend verstärkt und die Ergebnisse auch politisch umgesetzt werden. Ebenso wäre es wichtig, nicht überwiegend den Misserfolg zu untersuchen, sondern auch verstärkt diejenigen Menschen mit Migrationshintergrund in den Blick zu nehmen, die in der Schule erfolgreich waren. So könnten Informationen über unterstützende Faktoren im Bildungsprozess gewonnen werden.

Einigkeit besteht darüber, dass die Förderung der Deutschkenntnisse zunächst die dringlichste Aufgabe darstellt, um den Bildungserfolg zu erhöhen. Daher gibt es seit einiger Zeit auch verstärkte Aktivitäten und – vor allem – Gelder, um den Erwerb der deutschen Sprache bereits im Kindergarten zu fördern. Ein besserer Personalschlüssel könnte hier allerdings effektiver sein als einzelne Stunden Sprachunterricht. Wichtig für die generelle Sprachkompetenz ist ebenfalls die Förderung der Muttersprache (→ Kap. 22).

Psychologie

Ute Koglin, Franz Petermann

Die Psychologie ist eine empirische Wissenschaft, deren systematisches Vorgehen und Anspruch auf Objektivität sie von Alltagserfahrungen unterscheidet.

> ► **Psychologie**
> Wissenschaft, die sich mit dem Erleben und Verhalten von Menschen befasst, das sie mit wissenschaftlichen Mitteln beschreiben, erklären, vorhersagen und verändern möchte.

Die Verwendung wissenschaftlicher Methoden unterscheidet die **wissenschaftliche Psychologie** von der Alltagspsychologie. Die **Alltagspsychologie** dient den Menschen zur Orientierung im Alltag und zur Lebensbewältigung, indem sie eigene Verhaltensweisen und die ihres Gegenübers zu deuten versuchen. Beispielsweise versuchen sie nachzuvollziehen, warum ein anderer Mensch wütend ist, oder sie möchten verstehen, warum ein Kind ein anderes tritt oder beschimpft. Jedoch kann die Alltagspsychologie bei der Deutung von Verhaltensweisen rasch an ihre Grenzen stoßen.

In diesem Kapitel geht es zunächst um *die Grundlagen der Psychologie* sowie um *einzelne Fachgebiete* und *psychologische Aspekte*, die für Erzieherinnen und die Einrichtung, in der sie arbeiten, eine besondere Bedeutung haben, wie

- Entwicklungspsychologie
- Kommunikation
- Lernen
- Transitionen
- Resilienz
- Stressmanagement und Gruppendynamik.

10.1 Theorien, Fächer und Methoden der Psychologie

Bereits vor 2500 Jahren stellten sich die griechischen Philosophen Platon und Aristoteles Fragen nach der Natur des Menschen. Aber erst durch die Begründung der *experimentellen Psychologie* (→ 10.1.3) im Jahre 1880 an der Universität Leipzig war die Grundlage geschaffen, dass sich eigene, fachspezifische Forschungsmethoden etablierten. Zu den Grundlagen der psychologischen Forschung gehören Theorien, Fächer und Methoden.

10.1.1 Theorien der Psychologie

In den ersten siebzig Jahren – also bis zur Mitte des letzten Jahrhunderts – konstituierten sich drei besonders einflussreiche Theorien:

- Tiefenpsychologie
- Lernpsychologie
- Kognitive Psychologie.

Tiefenpsychologische Theorien

Tiefenpsychologische Theorien gehen davon aus, dass Menschen Gedanken, Erinnerungen oder Gefühle haben, die ihnen nicht bewusst sind. Somit kann man die Psyche in einen bewussten und einen unbewussten Bereich aufteilen. Das **Unbewusste** beeinflusst das Erleben und Verhalten eines Menschen. Dies kann zu Fehlhandlungen wie Versprechen führen, zu psychischen Störungen wie irrationalen Ängsten oder zu Persönlichkeitsstörungen wie z. B. einer paranoiden Persönlichkeitsstörung. Bedeutende tiefenpsychologische Richtungen sind die **Psychoanalyse** nach Sigmund Freud (1856–1939), die Analytische Psychologie nach Carl Gustav Jung (1875–1961) und die Individualpsychologie nach Alfred Adler (1870–1937).

Psychoanalyse

Der Psychoanalytiker Sigmund Freud entwickelte das **Instanzen-Modell**, mit dem er versuchte, die Struktur der Psyche zu erklären. Demnach besteht die Psyche aus dem „Es", dem „Ich" und dem „Über-Ich". Das **„Es"** umfasst die biologische Grundausstattung des Menschen und zielt damit ab auf die Befriedigung von Trieben wie Sexualität. Das **„Über-Ich"** repräsentiert Ideale, Werthaltungen und soziale Normen eines Menschen und wird durch die Eltern und die Gesellschaft (→ Kap. 9) vermittelt. Diese Instanz wacht über das Verhalten, sie bildet das Gewissen. Das **„Ich"** vermittelt zwischen den Anforderungen des „Es" und des „Über-Ich".

Freud ging davon aus, dass der größte Anteil der menschlichen Entscheidungen unbewusst getroffen wird. Er beschrieb **Grundtriebe** wie Lebens- und Todestrieb, die das menschliche Handeln bestimmen, und eine Reihe von spezifischen **Abwehrmechanismen**. Die Verdrängung ist ein Abwehrmechanismus, bei dem z. B. angstauslösende Wünsche aus dem Bewusstsein in das Unbewusste verschoben werden. Des Weiteren beschäftigte sich Freud mit den Auswirkungen unbewusster Prozesse, wie sie sich in Träumen, Fehlhandlungen („Freud'sche Fehlleistung" wie Versprecher, bei der verborgene Gedanken des Sprechers zum Vorschein kommen) und auch in Witzen zeigt.

Trotz erheblicher Kritik an der Freudschen Psychologie hat er doch unbestritten eine historische Leistung erbracht und war ein Wegbereiter für nachfolgende große Theoretiker, so dass psychoanalytische Ansätze heute ihren festen Platz in der Vielfalt moderner psychoanalytischer Methoden besitzen.

Lernpsychologie

Als Gründungsväter der modernen Lernpsychologie können die Verhaltensforscher John B. Watson (1878–1958) und William McDougall (1871–1938) genannt werden. Psychologie wurde verstanden als die *Lehre vom Verhalten* (**Behaviorismus**), bei der eine biologische Sichtweise dominierte. Es wurde untersucht, welche Reize aus der Um-

Abb. 10.1: Der Mensch ist in der Lage, sich verschiedene Lösungsmöglichkeiten für ein Problem auszudenken. Manchmal hilft aber auch ein Zurückgreifen auf das Gedächtnis.

welt welche Verhaltensweisen verursachten. Schließlich wurden auch die Konsequenzen des Verhaltens erfasst.

Die Forscher legten großen Wert auf objektiv beobachtbares Verhalten. Es sollte keine Interpretation durch nicht beobachtbare Konzepte wie Vorlieben oder Bewusstseinsinhalte geben. Watson lehnte sich an die Entwicklungsbiologie an, die Leben als Anpassung an die Lebensverhältnisse beschreibt. Zu dieser Schule gehören auch die prominent gewordenen Lernformen, das *klassische Konditionieren* und das *operante Konditionieren* (→ Kap. 10.4), in denen die Verbindungen von Reizen und Reaktionen im Mittelpunkt stehen.

Kognitive Psychologie

Die Kognitive Psychologie, heute auch vielfach als **Neurokognition** bezeichnet, beschäftigt sich mit dem menschlichen Denken und den dazugehörigen Prozessen wie Aufmerksamkeit, Erinnern und Verstehen.

In Abgrenzung zum Behaviorismus wird davon ausgegangen, dass Verhalten nicht nur durch vorangegangene Umweltreize und die Verhaltenskonsequenzen bestimmt wird. Vielmehr handelt eine Person, weil sie denkt. Der Mensch ist in der Lage, sich verschiedene Lösungsmöglichkeiten für ein Problem auszudenken. Er nimmt die Realität nicht so wahr, wie sie objektiv ist, sondern er bildet eine subjektive innere Realität davon ab.

Im Mittelpunkt der Forschung stehen entsprechend kognitive Prozesse wie Wahrnehmung, Gedächtnis oder Problemlösen. Ein bekannter Vertreter aus der Kinderpsychologie ist Jean Piaget, der bekannt wurde für sein Modell der geistigen Entwicklung des Kindes (→ Kap. 10.1.4).

10.1.2 Fächer der Psychologie

Die moderne Psychologie hat sich zu einer Wissenschaft mit verschiedenen Fächern entwickelt. Dabei wird zwischen Fächern unterschieden, die grundlagenwissenschaftliche Fragestellungen bearbeiten (Grundlagenfächer), und Anwendungsfächern, die sich praktischen Problemen und Fragestellungen aus den zahlreichen Anwendungsfeldern zuwenden. Die Deutsche Gesellschaft für Psychologie (DGPs) gibt eine Übersicht über die Grund- und Anwendungsfächer der Psychologie (→ Tab. 10.1).

Die **Klinische Psychologie** stellt das umfassendste Anwendungsfeld der Psychologie dar. Sie beschäftigt sich auch mit psychischen Aspekten körperlicher Erkrankungen (→ Kap. 25), beispielsweise dem Umgang mit Krankheiten wie eines Diabetes mellitus (Zuckerkrankheit) oder Asthma bronchiale. Des Weiteren beschäftigt sie sich mit den Folgen besonderer Belastungen und Krisen, die zu Anpassungsproblemen und psychischen Schwierigkeiten (→ Kap. 26) führen können.

Seit gut 50 Jahren orientiert sich die Klinische Psychologie bei der Beschreibung von Krankheiten an psychologischen Klassifikationssystemen und arbeitet bei der Behandlung eng mit den Nachbardisziplinen zusammen. Seit 30 Jahren entwickelt sie aus dem Fach Klinische Psychologie altersbezogene Teildisziplinen wie

- Die Klinische Gerontologie (Wissenschaft vom Altern des Menschen)
- Die Klinische Kinderpsychologie.

Mit dieser neuen Sichtweise gelingt es sehr viel genauer, die Entwicklungsbedingungen psychischer Auffälligkeiten und Störungen zu beschreiben und zu erforschen.

10.1.3 Methoden der Psychologie

Die Psychologie ist eine empirische (auf Erfahrung beruhende) Wissenschaft und vereint Elemente der Natur-, Sozial- und Geisteswissenschaften. Hypothesen und Theorien von Psychologen sollen nicht nur durch Diskussion und intensives Nachdenken entwickelt, sondern auch an der erfahrbaren Welt überprüft werden. Daten, die zur **Überprüfung** von Verhaltensweisen verwendet werden, resultieren aus Beobachtung, Befragung und Testung; die wichtigsten Methoden der Psychologie sind Experimente und Studien (→ unten).

Aus den wissenschaftlichen Erkenntnissen der empirischen Überprüfung werden Modelle oder Theorien entwickelt, oder es werden weitere Annahmen formuliert.

► **Modell**
Abstraktes Abbild eines Ausschnitts der Realität, dient der Problemlösung und veranschaulicht Vorstellungen über Zusammenhänge oder den Aufbau von Systemen oder Vorgängen.

Grundlagenfächer	Anwendungsfächer
Allgemeine Psychologie: Wahrnehmung, Aufmerksamkeit, Denken, Sprache, Lernen, Gedächtnis, Motivation und Emotion	**Klinische Psychologie:** Bedingungen von Krankheit und Gesundheit sowie Entwicklung von verhaltens- und erlebensverändernden Interventionen
Biopsychologie: Anatomische und physiologische Grundlagen menschlichen Verhaltens und Erlebens sowie physiologische Effekte psychologischer Prozesse	**Medienpsychologie:** Menschliches Erleben und Verhalten im Zusammenhang mit der Nutzung von Medien
Entwicklungspsychologie: Veränderungsprozesse über die Lebensspanne	**Neuropsychologie:** Neuronale Bedingungen psychologischer Prozesse
Geschichte der Psychologie: Historische Entwicklung der Psychologie als eigenständige Wissenschaft	**Pädagogische Psychologie:** Pädagogisch beeinflussbare Kompetenzen, Fertigkeiten, Überzeugungssysteme und Werthaltungen
Kulturvergleichende Psychologie: Gemeinsamkeiten und Unterschiede menschlichen Verhaltens und Erlebens in verschiedenen Kulturen	**Psychologische Diagnostik:** Anwendung psychologischen Wissens auf den Einzelfall; Beschreibung, Erklärung und Prognose von Verhalten
Methodenlehre: Verfahren der Datenerhebung und der Datenauswertung, Untersuchungsplanung und Wissenschaftstheorie	**Rechtspsychologie:** Anwendung der Psychologie auf das Rechtswesen
Persönlichkeitspsychologie und Differentielle Psychologie: Individuelle Besonderheiten und interindividuelle Unterschiede	**Rehabilitationspsychologie:** Anwendung psychologischer Kenntnisse in der Rehabilitation
Sozialpsychologie: Beeinflussung von Verhalten, Erleben und Urteilen durch den sozialen Kontext	**Umweltpsychologie:** Einstellungen zu Umwelt und Umweltbewusstsein, umweltbezogenes Verhalten und Gestaltung eines ökologisch gesunden Lebensumfeldes
Vergleichende Psychologie: Verhalten von Menschen und Tieren im Vergleich	**Verkehrspsychologie:** Wechselbeziehungen zwischen menschlichem Erleben und Verhalten und technischen Verkehrssystemen sowie dem Verkehrsumfeld
–	**Arbeits- und Organisationspsychologie:** Wechselbeziehungen zwischen Arbeits- und Organisationsbedingungen und menschlichem Erleben und Verhalten
–	**Gesundheitspsychologie:** Personale, soziale und strukturelle Einflussfaktoren für die körperliche und seelische Gesundheit
–	**Gerontopsychologie:** Besonderheiten psychischer Funktionen im höheren Alter
–	**Markt- und Werbepsychologie:** Bedürfnisse und Wünsche von Konsumenten

Tab. 10.1: Fächer der Psychologie (nach DGPs 2008).

► **Theorie**
Eine Theorie trifft Aussagen über die Zusammenhänge von Ursache und Wirkung und bedarf einer intensiven empirischen Überprüfung.

Psychologische Studien

Die Experimentelle Psychologie schuf die Grundlagen für heutige psychologische Forschungsarbeit.

► **Experiment**
Systematische wissenschaftliche Untersuchungsmethode von kausalen Zusammenhängen (Ursache und Wirkung). Aus den Versuchsergebnissen werden Schlussfolgerungen gezogen, aus denen Theorien und Modelle entstehen oder eben diese beweisen oder widerlegen. Das Experiment ist eine Forschungsmethode fast aller Teildisziplinen (Fächer) der Psychologie.

Psychologen verwenden verschiedene Formen von Studien zur Klärung ihrer Fragestellungen wie Laborexperimente, Feldstudien, Quasi-Experimente und Längsschnittstudien (→ unten).

Laborexperimente

Im Rahmen von Experimenten überprüft der Psychologe im einfachen Fall den Zusammenhang zwischen zwei Merkmalen unter Laborbedingungen.

> ▸ **Laborexperiment**
> Systematische wissenschaftliche Untersuchung in einem geschützten Raum mit kontrollierten Bedingungen.

Ein Experiment hat zwei Merkmale: eine unabhängige Variable und eine abhängige Variable.

Im Laborexperiment wird die erste, die **unabhängige Variable**, systematisch verändert, wodurch die dadurch bewirkten Veränderungen auf die zweite, die **abhängige Variable**, beobachtet werden können. So kann der Zusammenhang zwischen ihnen spezifiziert werden und bewiesen werden.

Der Psychologe und Lerntheoretiker Albert Bandura führte beispielsweise 1965 ein Experiment zur Überprüfung des Zusammenhangs zwischen beobachtetem *aggressiven Verhalten (→* Kap. 10.3.8*)* und nachfolgend ausgeführtem aggressiven Verhalten durch. Dazu wies er vier- und fünfjährige Kinder zufällig einer von drei Gruppen zu. Alle drei Gruppen sahen sich einen Film an, in dem ein Erwachsener eine Puppe beschimpfte, trat oder schlug. Der Ausgang des Filmes variierte in allen drei Gruppen. Die eine Gruppe sah, wie der Erwachsene für sein Verhalten gelobt wurde, die zweite, dass er bestraft wurde, und die dritte Gruppe sah, dass dieses Verhalten ohne Folge blieb. Im Anschluss stellte Bandura den Kindern die im Film verwendeten Materialien zur Verfügung. Er beobachtete, ob und wie oft die Kinder das Verhalten nachahmten. Kinder, die im Film sahen, wie der Erwachsene für das beobachtete Verhalten bestraft wurde, ahmten es am wenigsten nach. Die Kinder der anderen beiden Gruppen führten das Verhalten in etwa gleich oft aus. Bandura folgerte aus diesem Experiment, dass beim **Modelllernen** die stellvertretend erfahrenen Konsequenzen den Beobachter dahingehend beeinflussen, ob er das Verhalten selbst ausführt (*Spiegelneurone* siehe → Kap. 10.5).

Das Laborexperiment hat den Vorteil, nicht äußeren, ungeplanten Ereignissen ausgesetzt zu sein, die das Ergebnis verfälschen könnten. Es wird jedoch dahingehend kritisiert, dass dort nur Verhalten in künstlichen Situationen beobachtet werden kann und dies nicht auf alltägliche Vorkommnisse übertragbar sei. Deswegen dürfen Ergebnisse aus Laborexperimenten nicht vorbehaltlos verallgemeinert werden.

Daher werden auch sogenannte Feldstudien unter Alltagsbedingungen durchgeführt.

Feldstudien

Im Gegensatz zu Laborexperimenten finden Feldstudien unter natürlichen Bedingungen statt.

> ▸ **Feldstudie**
> Systematische wissenschaftliche Beobachtung unter natürlichen Bedingungen.

Bei Feldstudien werden die Versuchspersonen in ihrer natürlichen Umwelt und Lebensweise beobachtet. Manchmal wissen die teilnehmenden Personen gar nicht, dass sie an einer Studie teilnehmen.

Feldstudien werden unter Alltagsbedingungen durchgeführt und sind daher entsprechend wenig kontrollierbar. Daher ist nicht eindeutig feststellbar, wodurch das beobachtete Ergebnis entstanden ist.

Quasi-Experiment

Manchmal ist es nicht möglich, die Versuchspersonen für ein Experiment zufällig verschiedenen Gruppen zuzuordnen. Dies ist beispielsweise dann der Fall, wenn man eine natürliche Gruppe wie eine Schulkasse als Teilnehmer hat. Diese Abwandlung von der zufälligen Zuweisung im Experiment wird als Quasi-Experiment bezeichnet.

> ▸ **Quasi-Experiment**
> Systematische wissenschaftliche Beobachtung unter natürlichen Bedingungen mit natürlichen, nicht zufällig zugeordneten Gruppen.

Das Quasi-Experiment ist ein einfacher Versuch mit einer Gruppe, deren Verhalten mit dem einer Kontrollgruppe verglichen wird. Soll z. B. eine Präventionsmaßnahme zur Förderung des Sozialverhaltens auf Wirksamkeit hin überprüft werden, dann vergleicht man die Verhaltensentwicklung von Kindern vor dem Programm mit der nach dem Programm. Um auszuschließen, dass es sich dabei um reine Entwicklungseffekte handelt, vergleicht man das Verhalten zudem mit einer Kontrollgruppe, die nicht an dem Programm teilgenommen hat. Kann nun aufgezeigt werden, dass die Kinder aus der Programmgruppe anschließend deutlich mehr soziale Kompetenz aufzeigen als vor dem Programm und mehr als die Kontrollgruppe, obwohl sich die beiden Gruppen zuvor nicht unterschieden, kann dies auf positive Effekte durch das Programm zurückgeführt werden.

Längsschnittstudien

Längsschnittstudien sind besonders für den Bereich der Entwicklungspsychologie (→ Kap. 10.3) unentbehrlich.

> ▸ **Längsschnittstudie**
> Systematisch wissenschaftliche Untersuchung einer Gruppe von Personen, die in bestimmten Zeitabständen wiederholt wird.

Es existieren umfassende Längsschnittstudien, die die Entwicklung von Kindern von der Geburt bis in das Erwachsenenalter verfolgen. Der Vorteil ist, dass mit solchen Studien das Entwicklungsergebnis von Kindern beobachtet werden kann, die Entwicklung muss nicht von Erwachsenen retrospektiv (rückblickend) erfragt werden. Bei der retrospektiven Studie können immer Erinnerungsfehler auftreten und so die Zuverlässigkeit der Ergebnisse in Frage stellen.

Weitere Methoden

Nachdem die Untersuchungssituation festgelegt ist, muss entschieden werden, mit welchen Methoden Daten erhoben werden. Folgende häufig verwendete Methoden können dazu eingesetzt werden:

- **Befragungen mit Fragebögen** – Fragebögen können dazu genutzt werden, auf ökonomische Art Informationen zu bestimmten Bereichen zu erhalten. Beispielsweise kann ein Fragebogen dazu verwendet werden, Informationen über das Verhalten eines Kindes im Kindergarten durch die Erzieherin einzuholen.
- **Interview** – Bei einem solchen Gespräch sammelt man gezielt zu einem Thema Informationen (meistens anhand eines Leitfadens).
- **Testung** – Klassische Test- oder Diagnoseverfahren sind Intelligenz- oder Entwicklungstests, dabei soll durch eine Vorgabe (Aufgabe) die Leistung (Reaktion) einer Person erfasst werden.
- **Verhaltensbeobachtung** – Bei einer Verhaltensbeobachtung wird das Verhalten im natürlichen Umfeld erhoben, z. B. per Video registriert. Ausgewertet wird dabei, wie oft, intensiv oder in welcher Länge ein bestimmtes Verhalten auftritt. So kann z. B. ein Schulpsychologe beobachten, wie oft ein Kind während des Unterrichts seinen Platz verlässt.
- **Inhaltsanalyse** – Die Inhaltsanalyse verwendet Informationen aus schriftlichen Quellen. Ein typisches Beispiel bildet die Akteneinsicht, die Informationen über früheres Verhalten oder Ereignisse liefert.
- **Physiologische Messungen** – Bei den physiologischen Messungen werden beispielsweise die Herzfrequenz oder die Hautleitfähigkeit erfasst. Diese können selbst im Mittelpunkt der Studie stehen oder auch als Indikatoren für psychische Prozesse dienen.

Durch die Veränderung der Studienanlage und der eingesetzten Methoden der Informationsgewinnung können sich Studien und die Interpretation der Ergebnisse erheblich unterscheiden. Oftmals werden die verschiedenen Formen und Methoden kombiniert eingesetzt, um eine spezifische Fragestellung zu beantworten.

10.2 Allgemeine Psychologie

Dieses Kapitel behandelt die Grundlagen der Allgemeinen Psychologie.

Zur Allgemeinen Psychologie gehören Wahrnehmung, Beobachtung, Bewusstsein, kognitive Prozesse sowie Motivation und Emotion.

► **Allgemeine Psychologie**
Teilgebiet der Psychologie; beschäftigt sich mit allgemeingültigen Aussagen über das Verhalten und Erleben von Menschen.

10.2.1 Wahrnehmung

Die Psychologie der Wahrnehmung gehört zu den Grundlagen der Kognitiven Psychologie.

► **Kognitive Psychologie**
Wichtiges Teilgebiet der Allgemeinen Psychologie; ihre Themen umfassen alle Vorgänge, die mit Erkenntnis, Wissen, Urteilen und Handeln zu tun haben.

Zur Kognitiven Psychologie gehören sowohl die allgemeine Wahrnehmung als auch deren visuelle Form, die *Beobachtung* (→ Kap. 10.2.2 und Kap. 8.2). Der Mensch nimmt zeitlebens Objekte oder Ereignisse aus der Umwelt oder in seinem Körperinneren wahr. Nur selten wird dabei das, was wahrgenommen wird, an der Realität überprüft.

► **Wahrnehmung**
Prozess der Auswahl, Verarbeitung, Einordnung und Bewertung von aus Sinnesreizen aufgenommenen Informationen von Objekten oder Ereignissen aus der Umwelt und dem eigenen Körperinneren. Wahrnehmung ist ein subjektiver, oft unbewusster Vorgang.

Wahrnehmung ist ein komplexer Prozess, der in folgende aufeinander aufbauende Teilprozesse bzw. Stufen untergliedert werden kann:

- Empfinden
- Wahrnehmungsorganisation (Verstehen)
- Identifizieren und Wiedererkennen.

Empfinden

Eine Empfindung ist ein Prozess der körperlichen Wahrnehmung.

► **Empfindung**
Stimulation der Sinnesorgane und dadurch ausgelöste neuronale Impulse.

Werden die Sinnesorgane stimuliert, so senden sie neuronale Impulse aus. Jedes Sinnesorgan nimmt den Reiz anders auf (→ Kap. 10.2).

- Beim **Verstehen** steht die Organisation der Empfindungen im Vordergrund und es entstehen Vorstellungen (Bilder) von dem, was wahrgenommen wird.

Sinnesorgan	Beschreibung
Augen – visuelle Wahrnehmung	Mit der Netzhaut werden visuelle Reize wie Helligkeit, Farbe, Kontrast, Form, Bewegung und Räumlichkeit empfunden.
Ohren – akustische Wahrnehmung	Die akustische Wahrnehmung erfolgt durch Schallwellen, durch die Töne, Geräusche und Sprache wahrgenommen werden. Es erfolgt auch eine akustische Orientierung im Raum.
Nase – Geruchswahrnehmung	Durch die Nasenschleimhaut werden Düfte und Gerüche wahrgenommen, und es resultiert eine olfaktorische Orientierung.
Zunge – Geschmackswahrnehmung	Über die Geschmacksknospen auf der Zunge wird die Qualität der Nahrung festgestellt. Es werden verschiedene Geschmacksrichtungen wie süß, sauer, salzig und bitter wahrgenommen.
Haut – taktile Wahrnehmung	Die taktile Wahrnehmung umfasst Reize wie Druck, Berührung und Temperatur.
Innenohr – vestibuläre Wahrnehmung	Die vestibuläre Wahrnehmung (Gleichgewichtssinn) bezieht sich auf die Köper- oder Gliedmaßenposition im Raum.
Körper – Tiefensensibilität	Die Tiefensensibilität bezieht sich auf die Wahrnehmung von Reizen aus dem Körperinneren und vermittelt Informationen über die Körperlage, Kraft (Anspannung von Muskeln und Sehnen) und Bewegung.

Tab. 10.2: Sinneswahrnehmung.

- Im Prozess der **Identifikation** wird den Sinneseindrücken eine Bedeutung zugeschrieben. Ein rundes Objekt wird als Fußball erkannt oder ein anderes Objekt als der Lebenspartner. Zur Identifikation oder Wiedererkennung greifen wir auf höhere kognitive Prozesse zurück wie Erinnerungen, Werte oder Theorien.

Wahrnehmungsorganisation

Verstehen bedeutet, neben z. B. dem inhaltlichen Begreifen eines Sachverhalts, v. a. Wahrnehmungsorganisation. Diese wird von den Gestaltgesetzen geleitet.

Abb. 10.2: Durch taktile Wahrnehmung können Dinge verstanden und identifiziert werden.

► **Wahrnehmungsorganisation**
Individuelle Anordnung von Empfindungen zu Vorstellungen (Bildern) nach den Gestaltgesetzen, die sich oft erheblich von der Summe ihrer Teile unterscheidet und somit nicht der Realität entspricht.

► **Gestaltgesetze**
Prinzipien, nach denen die subjektive optische Wahrnehmung von Formen und Gestalten geleitet wird.

Die Wahrnehmungsorganisation wurde besonders von Gestaltungstheoretikern wie Max Wertheimer (1880–1943) oder Wolfgang Köhler (1887–1967) untersucht. Sie konnten aufzeigen, dass die optische Wahrnehmung von Formen und Gestalten durch verschiedene Prinzipien geleitet wird. Darauf aufbauend kamen sie zu der Erkenntnis,

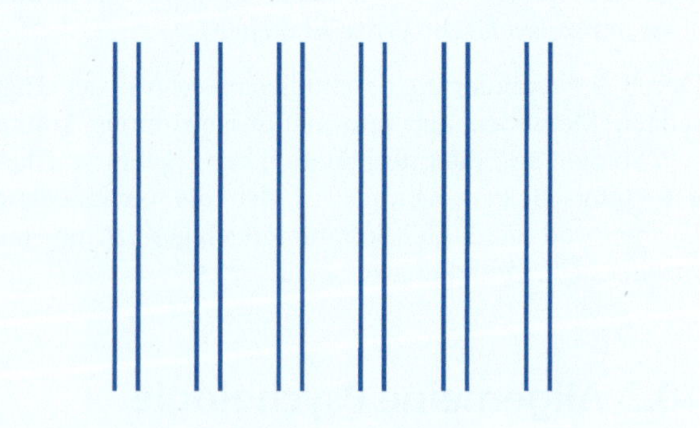

Abb. 10.3: Das Gesetz der Nähe.

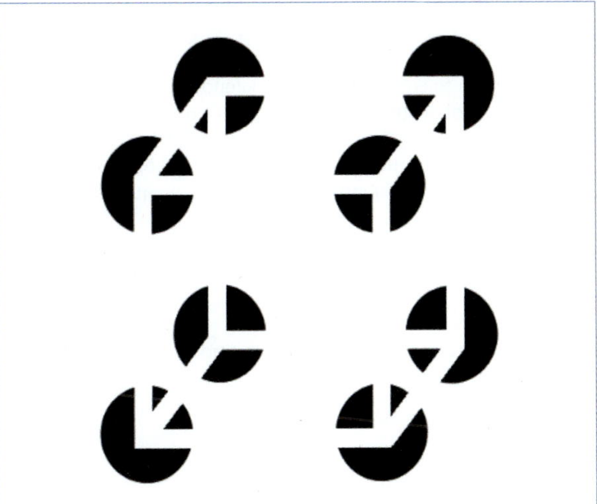

Abb. 10.4: Das Gesetz der guten Fortsetzung.

dass das wahrgenommene Ganze sich oft erheblich von der Summe seiner Teile unterscheidet. Darauf aufbauend formulierten sie verschiedene **Gestaltgesetze**:

- *Das Gesetz der Nähe* – Objekte, die nahe beieinander liegen, werden als zusammengehörig wahrgenommen (→ Abb. 10.3).
- *Das Gesetz der Ähnlichkeit* – Elemente mit ähnlichen Eigenschaften werden als zusammengehörig gesehen.
- *Das Gesetz der guten Fortsetzung* – Elemente, die sich auf einer durchgehenden Linie oder Kurve befinden, werden als Einheit wahrgenommen oder als zusammengehörig aufgefasst (→ Abb. 10.4).
- *Das Gesetz der Geschlossenheit* – Fehlende Teile in einer Struktur werden ergänzt und als ein Objekt wahrgenommen (→ Abb. 10.5).
- *Das Gesetz des gemeinsamen Schicksals* – Elemente, die eine einheitliche Bewegung oder Veränderung machen, werden als Einheit wahrgenommen.

Abb. 10.5: Das Gesetz der Geschlossenheit.

Neben den Gestaltgesetzen existieren weitere Regeln der visuellen Wahrnehmungsorganisation:

- *Aufmerksamkeitsprozesse* – Es werden beispielsweise eher neue Informationen wahrgenommen als bekannte.
- *Räumlich-zeitliche Integration* – Die umgebenden Reize werden hinsichtlich ihrer Lage in Raum und Zeit zu einer Repräsentation abgebildet.
- *Bewegungswahrnehmung* – Informationen unterschiedlicher Zeitpunkte werden kombiniert ausgewertet.
- *Wahrnehmung räumlicher Tiefe* – Es werden Informationen über den Abstand des Objektes zum Betrachter und in der Richtung ausgewertet.
- *Größenkonstanz* – Ein Objekt wird trotz veränderter Größe auf der Netzhaut als relativ konstant groß wahrgenommen.

Die Prozesse der Wahrnehmungsorganisation erklären optische Täuschungen, denen der Mensch erliegt (→ Abb. 10.6).

Abb. 10.6: Optische Täuschung aufgrund von Umgebungsreizen.

Identifizieren und Wiedererkennen

Im letzten Schritt des Wahrnehmungsprozesses findet die Identifikation und Wiedererkennung der Objekte statt, d. h. ihnen wird eine Bedeutung zugeschrieben.

Bei der Identifikation werden Bottom-up- und Top-down-Prozesse unterschieden.

► **Bottom-up-Prozess**
Bei Bottom-up-Prozessen verlaufen die Informationen von außen über die Empfindung und Integration und werden anschließend durch Gedächtnisinhalte interpretiert.

► **Top-down-Prozess**
Ein Top-down-Prozess liegt vor, wenn Gedächtnisinhalte die sensorischen Informationen beeinflussen, wenn beispielsweise unsere Erwartungen dazu betragen, dass wir etwas Bestimmtes sehen. Dadurch werden Reize oder Objekte schneller im dazugehörigen Kontext erkannt. Es fällt oft schwerer, einen bekannten Menschen an einem ungewöhnlichen Ort wiederzuerkennen als an einem vertrauten Ort.

Form der Beobachtung	Beispiel
Teilnehmend offen	Eine Erzieherin setzt sich zu einer Gruppe von malenden Kindern und sagt den Kindern, dass sie beobachten möchte, wie gut sie malen können.
Teilnehmend verdeckt	Eine Erzieherin nimmt am Gruppengeschehen teil und beobachtet das Spielverhalten eines bestimmten Kindes. Das Kind weiß nicht, dass es beobachtet wird oder was beobachtet wird.
Nichtteilnehmend offen	Eine Erzieherin steht am Spielfeldrand und beobachtet ein Ballspiel der Kinder.
Nichtteilnehmend verdeckt	Eine Erzieherin beobachtet im Nebenraum durch eine Einwegscheibe, wie zwei Kinder zusammen spielen.

Tab. 10.3: Formen der systematischen Beobachtung (nach Bortz/Döring 2006).

10.2.2 Beobachtung

Beobachtung in der Pädagogik → Kap. 8.2.1

Beobachtung ist eine Form der visuellen Wahrnehmung, die auf ein Ziel gerichtet ist. Grundlegend können voneinander unterschieden werden:

- Alltagsbeobachtung
- Systematische Verhaltensbeobachtung.

In Abgrenzung zur ungeplanten Alltagsbeobachtung ist die **systematische Beobachtung** auf ein Ziel gerichtet und bedient sich bestimmter Methoden.

> **▶ Systematische Beobachtung**
> Einer systematischen Beobachtung liegt in der Regel eine Standardisierung zugrunde, sie sieht eine Dokumentation vor und ermöglicht eine Vergleichbarkeit zwischen verschiedenen Beobachtern. Somit trägt sie dazu bei, die Subjektivität von Alltagsbeobachtungen zu reduzieren.

Systematische Beobachtungen beinhalten nach den Psychologen Jürgen Bortz und Nicola Döring (2006) einen Beobachtungsplan, der folgende Ordnungspunkte festlegt:

- Was oder welche Person unter mehreren wird beobachtet?
- Was ist für die Beobachtung unwichtig?
- Wird das Beobachtete gedeutet und wenn ja, in welcher Weise?
- Wann und wo wird die Beobachtung stattfinden?
- Wie wird das Beobachtete protokolliert?

Es können vier Formen der systematischen Beobachtung unterschieden werden (→ Tab. 10.3). Sie unterschieden sich darin, ob der Beobachter ein Teil der Situation ist, in der beobachtet wird, und ob er für die zu Beobachtenden als Beobachter erkennbar ist.

Die Formen der Beobachtung sind mit unterschiedlichen **Vor- und Nachteilen** behaftet:

- *Eine teilnehmende Beobachtung* in einer Kindergartengruppe kann es dem Beobachter schwermachen, sich auf seine Beobachtung zu konzentrieren, weil Kinder aus der Gruppe Aufmerksamkeit einfordern, zum Mitspielen bitten oder Hilfe benötigen.
- *Eine offene Beobachtung* heißt: Die Kinder wissen, dass sie beobachtet werden. Dies kann dazu führen, dass sie sich anders verhalten als üblich.
- *Eine verdeckte Beobachtung* ermöglicht es, einen Eindruck in das natürliche (nicht durch die Beobachtung beeinflusste) Verhalten von Kindern zu bekommen. Es eignet sich jedoch nur bedingt dazu, Anforderungen und Leistungen zu beobachten, weil ein Kind in dieser Situation nicht weiß, dass es seine beste Leistung zeigen soll. Das Ziel der Beobachtung muss daher in die Beobachtungsmethode miteinbezogen werden.

Die Selbstbeobachtung ist im pädagogischen Kontext eine wichtige Säule der Selbstreflexion (→ Kap. 2.1.4, 10.3). Sie ermöglicht es, eigenes Verhalten in konkreten Situationen zu überprüfen. Eine Erzieherin kann z. B. nach einer bestimmten Zeit in der Gruppe notieren, ob und wie häufig sie Kinder oder ein bestimmtes Kind detailliert gelobt hat. Des Weiteren kann die Selbstbeobachtung dazu eingesetzt werden, eigene Gefühle oder Gedanken zu protokollieren. Durch eine systematische Selbstbeobachtung kann die Qualität pädagogischer Arbeit weiterentwickelt werden.

Entwicklungsbeobachtung und -dokumentation

Ein Beispiel für ein systematisches Verfahren zur Beobachtung ist die Entwicklungsbeobachtung und -dokumentation für Kinder im Alter zwischen drei und 48 Monaten (EBD 3-48). Sie stellt ein Screening-Verfahren dar, das von pädagogischen Fachkräften dazu genutzt werden kann, den kindlichen Entwicklungsstand bzw. die Entwicklungsfortschritte jedes Kindes zu beobachten und zu dokumentieren. Damit bietet es die Möglichkeit, gefährdete Kinder bereits zu einem sehr frühen Zeitpunkt zu identifizieren, so dass die langfristigen negativen Folgen einer Entwicklungsverzögerung verhindert bzw. verringert werden können. Des Weiteren können damit Stärken von Kindern erkannt und individuell gefördert werden.

Die EBD 3-48 bietet für neun Alterszeitpunkte jeweils für die folgenden sechs Entwicklungsbereiche Aufgabensammlungen:

- Haltungs- und Bewegungssteuerung
- Fein- und Visomotorik
- Kognitive Entwicklung
- Sprachliche Entwicklung (rezeptiv und expressiv)
- Soziale Entwicklung
- Emotionale Entwicklung.

Für jedes Alter stehen pro Entwicklungsbereich vier Aufgaben zur Verfügung, die sich an dem Meilenstein-Prinzip der Entwicklung orientieren.

► Meilenstein-Prinzip
Dieses Prinzip geht davon aus, dass jedes Kind im Entwicklungsverlauf bestimmte „Knotenpunkte" durchlaufen muss. Die Entwicklungsschritte werden von ca. 90 bis 95 % der Kinder zu einem bestimmten Alter erreicht. Schafft ein Kind sie nicht, kann dies als Warnhinweis auf eine Entwicklungsabweichung interpretiert werden.

In der EBD 3-48 werden konkrete Auswertungs- und Interpretationsrichtlinien formuliert, und es wird darauf eingegangen, wie die Beobachtungsergebnisse im Rahmen der Elternarbeit genutzt werden können.

Petermann, Ulrike/Petermann, Franz/Koglin, Ute: Entwicklungsbeobachtung und -dokumentation, EBD 3-48. Eine Arbeitshilfe für pädagogische Fachkräfte in Krippen und Kindergärten. Berlin, Düsseldorf: Cornelsen Verlag Scriptor, 3., veränd. Aufl. 2012

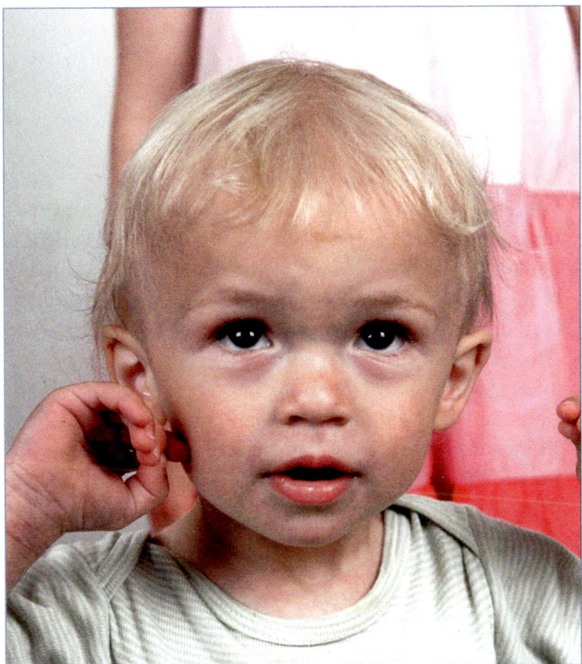

Abb. 10.7: Haltungs-und Bewegungssteuerung ist einer der Entwicklungsbereiche, die systematisch beobachtet und dokumentiert werden.

10.2.3 Bewusstsein

Eine eindeutige Definition von „Bewusstsein" ist schwierig, weil dabei philosophische und religiöse Einflüsse eine Rolle spielen. Gleichsam wird damit eines der ältesten Probleme der Menschheit aufgegriffen: das **Leib-Seele-Problem**. Im Mittelpunkt des Leib-Seele-Problems steht die Frage, ob Körper und Seele verschiedene Einheiten sind (Dualismus) oder ob diese voneinander nicht zu trennen sind (Monismus). Im Folgenden soll Bewusstsein nicht mit den Begriffen „Seele" oder „Geist" gleichgesetzt werden, die mehr umfassen als die kognitiven Prozesse zu einem bestimmten Zeitpunkt.

► Bewusstsein
Vergegenwärtigung von Wahrnehmung, Gedanken, Gefühlen und Wünschen. Das Subjekt „Ich" weiß, dass es diese Inhalte wahrnimmt und erlebt (Hinterhuber 2001).

Aspekte des Bewusstseins

Man kann verschiedene Aspekte des Bewusstseins unterscheiden (→ Tab. 10.4):

Bezug	Wachheitszustände	Beschreibung
Globaler Systemzustand	Wachheitszustände	Unterschiedliche Wachheitszustände je nach Erregungsniveau
Eigenschaften von Repräsentationen (Denkinhalten)	Phänomenales Bewusstsein	Erlebniseigenschaften von Repräsentationen
	Zugriffs-Bewusstsein	Repräsentationen als Gegenstand übergeordneter Prozesse
	Monitoring-Bewusstsein	Wissen über interne Zustände
	Selbst-Bewusstsein	Wissen über die eigene Person

Tab. 10.4: Aspekte des Bewusstseins (nach Kiefer 2008).

- *Wachheitszustände* – Zunächst kann Bewusstsein als Zustand verschiedener Wachheitszustände beschrieben werden. Dies bezieht sich auf den natürlichen Rhythmus von Schlafen und Wachen, den alle Menschen täglich durchlaufen.
- *Selbst-Bewusstsein* und *Monitoring-Bewusstsein* – Des Weiteren wird der Begriff „Bewusstsein" auch in Kontexten sprachlich verwendet, wenn man sich einen Gedanken bewusst macht oder ein Problem noch einmal bewusst durchdenkt. Damit wird in der Regel beschrieben, dass ein Mensch über etwas gezielt nachdenkt. Diese Form des Bewusstseins beschreibt Repräsentationen (Denkinhalte). Demnach kann ein Mensch über sich oder seine Fähigkeiten nachdenken (Selbst-Bewusstsein) oder seine Aufmerksamkeit darauf richten, welche Wahrnehmungen oder Gedanken er aktuell hat (Monitoring).
- *Zugriffs-Bewusstsein* – Es ist zudem möglich, Probleme zu durchdenken oder Entscheidungen zu treffen und dazu bewusst auf Strategien zurückzugreifen.
- *Phänomenales Bewusstsein* – Das phänomenale Bewusstsein ermöglicht uns, Gedanken oder Sinneseindrücke (wie Wärme oder Schmerz) zu erleben.

Funktionen des Bewusstseins

Die Funktionen des Bewusstseins lassen sich mit der evolutionären Sichtweise erklären:

- **Selektive Informationsverarbeitung:** Durch Bewusstsein ist der Mensch besser dazu in der Lage, flexibel auf Umweltreize zu reagieren und dadurch seine Überlebenschance zu erhöhen. Bewusstsein ermöglicht, Informationen aus der Umgebung besser zu verarbeiten und daraus resultierend die effektivsten Handlungen auszuwählen (Gerrig/Zimbardo 2008). Es reduziert die in der Umgebung befindlichen Informationen auf die in dieser Situation wichtigen Reize. Dies trägt dazu bei, dass der Mensch sich auf neue oder lebensbedrohliche Reize beschränken kann. Viele Informationen, die uns umgeben, nehmen wir nicht bewusst wahr, beispielsweise das Ticken einer Uhr oder die eigene Atmung. Wir können jedoch unsere Aufmerksamkeit darauf lenken und bewusst unsere Atmung wahrnehmen oder durch Atemübungen verändern.
- **Selektive Informationsspeicherung:** Menschen haben die Fähigkeit, sich ausgewählte Informationen zu merken. Selbst von den bewussten Informationen sind nicht alle für den Menschen und seine Ziele und Bedürfnisse relevant. Durch das Bewusstsein werden Ereignisse oder Erfahrungen bewertet und gespeichert, wenn sie bedeutungsvoll sind.
- **Exekutive Kontrollfunktion:** Der Mensch ist in der Lage, bewusst verschiedene Handlungsmöglichkeiten zu durchdenken und die effektivste auszuwählen. Dazu gehört auch, aktuelle Handlungen zu überwachen oder zu stoppen, wenn es nötig ist. Diese Fähigkeiten werden als exekutive Kontrollfunktionen bezeichnet und sind ebenfalls Teil des Bewusstseins. Sie ermöglichen es, vorausschauend zu denken, zu planen, Handlungen zu stoppen und den Situationsanforderungen anzupassen und damit zielgerichtetes Verhalten auszuführen.

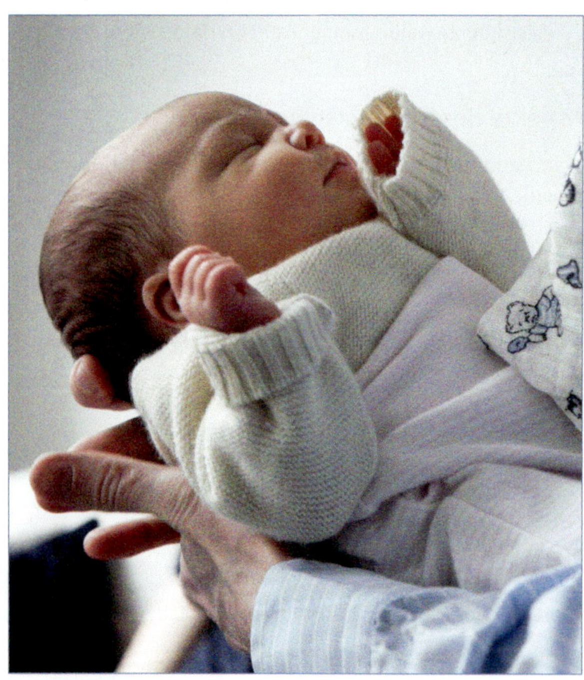

Abb. 10.8: Schlafendes Baby.

Veränderte Bewusstseinszustände

Veränderungen der Wachheits- und Erregungszustände können physiologisch oder pathologisch sein. **Pathologisch veränderte Bewusstseinszustände** erlebt der Mensch hoffentlich gar nicht, z. B. den Eintritt in ein Koma, **physiologisch veränderte Bewusstseinszustände** täglich, z. B. Schlaf und Träume.

Schlaf und Träume

Ein Säugling schläft durchschnittlich 16 Stunden, ein junger Erwachsener sieben bis acht Stunden und ältere Menschen sechs Stunden am Tag. Der **Schlafrhythmus** kann in Phasen eingeteilt werden, die während des Schlafs mehrfach durchlaufen werden. Sie lassen sich durch eine geänderte Gehirnaktivität nachweisen, die durch einen Elektroenzephalographen (EEG) aufgezeichnet werden. Auf diese Weise können folgende zwei Schlafphasen unterschieden werden:

- *REM-Schlafphase* – In dieser Phase gleichen die EEG-Aktivitäten denen im wachen Zustand. Sie hat ihren Namen erhalten, weil Menschen in dieser Phase teilweise rasche Augenbewegungen ausführen: **R***apid*-**E***ye*-**M***ovements*; Träume treten sehr häufig auf.
- *NREM-Phase (non-REM-Phase)* – In den Nicht-REM-Phasen träumen Menschen ebenfalls, aber seltener. Außerdem reduzieren sich die Gehirnaktivitäten.

Es wird angenommen, dass **Träume** dazu dienen, Gedächtnisinhalte zu speichern, und dass sie eine Rolle bei Lernprozessen spielen. Bei Neugeborenen unterstützen Träume vermutlich die Entwicklung des visuellen Systems (Siegler u. a. 2005).

Schlaf ist für den Menschen lebensnotwendig. Mangelnder Schlaf führt zu einer Reihe von Beeinträchtigungen wie Konzentrationsproblemen und Denkstörungen. Die Stimmung ist ebenfalls beeinträchtigt (Belenky u. a. 2003), und es können sogar Halluzinationen auftreten.

10.2.4 Kognitive Prozesse

Kognitive Prozesse beziehen sich auf höhere geistige Funktionen, die es dem Menschen ermöglichen, Erfahrungen in der Welt zu verstehen und sie zu formen.

► **Kognition**
Gesamtheit aller psychischen Fähigkeiten, Funktionen und Prozesse, die der Aufnahme, der Verarbeitung und der Speicherung von Informationen dienen (Wessels 1994).

Folgende kognitive Prozesse werden unterschieden:

- Intelligenz
- Sprache
- Denken und Problemlösen
- Gedächtnis
- Aufmerksamkeit und
- Wahrnehmung.

Intelligenz

Intelligenz reagiert nicht nur auf die Umwelt, sondern formt sie auch aktiv. Sie bietet Menschen die Möglichkeit, flexibel auf herausfordernde Situationen zu reagieren, und ist damit wesentlich für eine erfolgreiche Anpassung des Menschen an seine Umwelt. Intelligenz ist eine menschliche Fähigkeit, durch Einsicht und Denken neue Aufgaben zu lösen oder neue Situationen bewältigen zu können.

Abb. 10.9: Intelligenz bedeutet, durch Einsicht und Denken neue Aufgaben zu lösen oder neue Situationen bewältigen zu können.

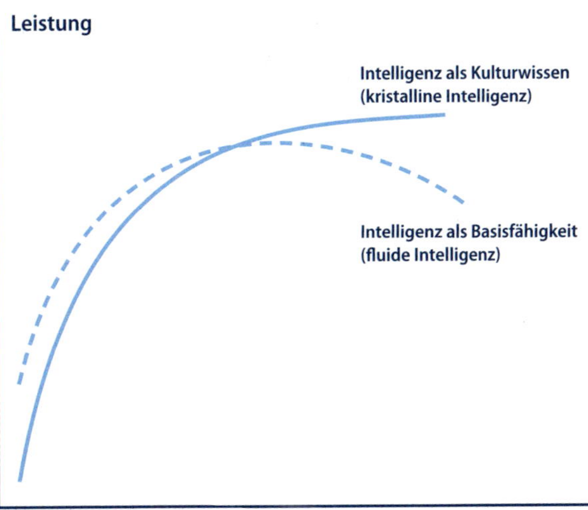

Abb. 10.10: Entwicklungsverläufe fluider und kristalliner Intelligenz (nach Baltes u. a. 1999).

► **Intelligenz**
Geistige Aktivitäten, die sowohl für die Anpassung an äußere Gegebenheiten als auch für deren Veränderung und Auswahl notwendig sind (Sternberg 2005).

Es wird darüber diskutiert, ob Intelligenz tatsächlich eine Fähigkeit ist oder ob sie aus verschiedenen Komponenten besteht. Der Psychologe Raymond Bernard Cattell unterschied zwischen zwei generellen, voneinander unabhängigen Faktoren oder **Typen der Intelligenz:** der fluiden Intelligenz und der kristallinen Intelligenz.

► **Fluide Intelligenz**
Die Fähigkeit, sich neuen Situationen anzupassen und neuartige Probleme zu lösen, ohne dass erlerntes Wissen eine bedeutsame Rolle spielt. Es wird angenommen, dass die fluide Intelligenz weitgehend von Geburt an angelegt und von kulturellen und gesellschaftlichen Einflüssen unabhängig ist (Holling u. a. 2004).

► **Kristalline Intelligenz**
Kognitive Fertigkeiten, die durch Lernerfahrungen und Faktenwissen erworben wurden und somit bei der Verarbeitung vertrauter Informationen und bei der Anwendung von Wissen relevant sind (Catting 1971).

Für die Unterscheidung von fluider und kristalliner Intelligenz sprechen ihre unterschiedlichen Entwicklungsverläufe. Während die kristalline Intelligenz kontinuierlich von der Kindheit bis ins hohe Alter wächst, hat die fluide Intelligenz ihren Höhepunkt im frühen Erwachsenenalter erreicht und nimmt mit zunehmendem Lebensalter ab (→ Abb. 10.10).

Intelligenz hat eine hohe **Bedeutung für verschiedene Lebensbereiche**, dazu gehören beispielsweise:

- *Schulerfolg* – Kinder mit einem hohen Intelligenzquotienten (IQ) brechen seltener die Schule ab, sie besuchen häufiger eine Universität und erzielen später ein höheres Einkommen (Sternberg u. a. 2001).
- *Physische und psychische Gesundheit und Lebenserwartung* – Lawrence J. Whalley und Ian J. Deary (2001) fanden in Studien heraus, dass die Höhe des IQ durch verschiedene biologische und psychosoziale Faktoren beeinflusst wird. Der IQ wiederum kann sich auf unterschiedliche Weise auf den Todeszeitpunkt auswirken. Menschen mit einem höheren IQ leben häufiger in einer sichereren Umwelt und/oder haben gesündere Lebensweisen, z. B. weniger Konsum von Alkohol und Zigaretten. Dieses wirkt sich auf das Alter zum Todeszeitpunkt aus. Ein niedriger IQ in der Kindheit kann somit als *Risikofaktor* (→ Kap. 10.7) für Krankheit im späteren Leben oder für einen frühen Tod angesehen werden, ähnlich wie die soziale Schicht oder der Grad an Deprivation (Verlust oder Mangel an Pflege oder Zuwendung).

Piagets Theorie der kognitiven Entwicklung

Unser Wissen zur kognitiven Entwicklung im Kindes- und Jugendalter ist eng verknüpft mit dem Genfer Kinderpsychologen Jean Piaget (1896–1980). Sein Modell der kognitiven Entwicklung ist die bekannteste und einflussreichste Darstellung auf diesem Gebiet. Spätestens mit Piagets Ausführungen wurde deutlich, dass Kinder nicht kleine Erwachsene sind, die nur deren Denkoperationen noch unzureichend beherrschen, sondern dass auf den unterschiedlichen Entwicklungsstufen qualitativ verschiedene Schemata das Erkennen, Denken und Handeln der Kinder bestimmen.

Die **Entwicklung der Intelligenz** betrachtete Jean Piaget als fortlaufenden Prozess der aktiven Anpassung des Individuums an seine Umwelt, um einen geistigen Gleichgewichtszustand zu erreichen (Äquilibration). Diese Anpassung erfolgt durch zwei Prozesse: Assimilation und Akkomodation.

- **Assimilation** bedeutet, dass die vom Kind aufgenommenen Umgebungsinformation den bereits vorhandenen kognitiven Schemata angepasst werden.
- **Akkomodation** bedeutet, die Schemata werden im Sinne der neuen Information verändert. Das Kind bringt die Umwelt in Übereinstimmung mit seinem Denkschema oder umgekehrt und erreicht damit ein geistiges Gleichgewicht von höherem Niveau als zuvor.

Die kognitive Entwicklung eines Kindes beschreibt Piaget in vier qualitativ unterscheidbaren Stufen. Piaget zufolge durchläuft jedes Kind diese Stadien in einer festen Sequenz. Kein Stadium wird übersprungen, und die Reihenfolge wird nicht geändert.

- Das **sensumotorische Stadium** von der Geburt des Kindes bis zum Alter von zwei Jahren ist davon gekennzeichnet, dass das Kind seine angeborenen Reflexe zu strukturierten Verhaltensmustern modifiziert und unter anderem die Fähigkeit der symbolischen Repräsentation erlangt.
- Das **präoperatorische Stadium** erstreckt sich etwa vom zweiten bis zum siebten Lebensjahr und beinhaltet vor allem die Bildung mentaler Repräsentationen von Zuständen und Ereignissen.
- Das **konkret-operationale Stadium** umfasst Kinder im Alter etwa zwischen sieben und elf Jahren. Das Kind erwirbt ein Verständnis von Erhaltung und Invarianzen der Umweltbedingungen und entwickelt die Fähigkeit, die Perspektive einer anderen Person einzunehmen.
- Das **Stadium formaler Operationen** ab etwa dem elften Lebensjahr ist durch die Unabhängigkeit der logischen Operationen von konkreten Problemen gekennzeichnet.

Kritik an Piaget

Neuere Forschungserkenntnisse im Anschluss an die Theorie Piagets deuten darauf hin, dass er die kognitiven Fähigkeiten von Kindern in den einzelnen Entwicklungsstadien zu unterschätzen schien. Weitere Kritik bemängelt das starre Stufenmodell und die konsequente Vernachlässigung interindividueller Differenzen. Aktuellen Annahmen, etwa der Kognitionsforscher Heinz Holling und Kollegen (2004), zufolge verläuft die Intelligenzentwicklung im Kindes- und Jugendalter nicht linear und unterliegt bis zum sechsten Lebensjahr relativ starken Schwankungen, bevor sie sich etwa ab dem siebten Lebensjahr stabilisiert (→ Kap. 18.1). Trotzdem bauen die meisten späteren Annahmen zur kognitiven Entwicklung auf Piagets Modell auf.

Sprache

Sprache → Kap. 22

Sprache ermöglicht es, mit einer begrenzten Anzahl von Wörtern eine unbegrenzte Anzahl von Botschaften zu übermitteln. Ihr kommt als elementare Voraussetzung des Kommunizierens und des Sichmitteilens ein besonders großer Stellenwert zu.

Neben dem kommunikativen Aspekt hat Sprache zudem eine kognitive Funktion. Sie ermöglicht es, durch Sprachsymbole bestimmte gedankliche Operationen durchzuführen, beispielsweise Oberkategorien von Objekten zu bilden. Sprache ist ein wichtiges Medium zum Lernen, und somit beeinflusst Sprache auch die kognitive Entwicklung eines Kindes. Die Säuglingsforscherin Sabina Pauen (2000) konnte im Rahmen einer Studie mit Kleinstkindern aufzeigen, dass Kinder durch sprachliche Informationen besser Oberkategorien von Objekten entwickeln konnten, z. B. gehören Esel und Hunde der Oberkategorie der Tiere an.

Erworbenes Wissen	Komponenten	Funktion	Beispiele
Prosodische Kompetenz	Suprasegmentale Komponente	Intonation, Betonung, rhythmische Gliederung	Am Ende einer Frage steigt die Sprachmelodie an.
Linguistische Kompetenz	Phonologie	Organisation von Sprachlauten	Unterscheidung von Lauten mit unterschiedlicher Bedeutung: Maus-Haus
	Morphologie	Wortbildung	Wie wird die Mehrzahl das Wortes Haus gebildet? Häuser (Pluralmorphem -er)
	Syntax	Satzbildung	Nach welchen Regeln werden Wörter zu Sätzen kombiniert? Das Auto sucht Hans oder: Hans sucht das Auto.
	Lexikon	Wortschatz	Was ist das Gegenteil von gefärbt? Weiß, durchsichtig oder klar?
	Semantik	Wort- und Satzbedeutung	Die Wortbedeutung ändert sich durch den Kontext: Da bist du schwer im Irrtum. Das Klavier ist schwer.
Pragmatische Kompetenz	Sprechakte/Diskurs	Sprachliches Handeln/Sozial-interaktive Beziehung zwischen den Kommunikationspartnern	Jemanden um etwas bitten, wenn man von ihm etwas haben möchte.

Tab. 10.5: Komponenten der Sprache (nach Grimm/Weinert 2002).

Sprache kann in verschiedene Komponenten zerlegt werden. Diesen Komponenten können eine Funktion und ein spezifisches Wissen (→ Tab. 10.5) zugeordnet werden. Die Analyse der **Sprachkomponenten** zeigt auf, wie komplex die menschliche Sprache ist. Umso erstaunlicher ist die Fähigkeit des Menschen, Sprache zu erlernen und sie anzuwenden (→ Kap. 22.1.1). Beispielsweise fällt es vielen Menschen schwer zu erklären, nach welcher Regel das Partizip Perfekt des Wortes „rasieren" gebildet wird, aber sie können es trotzdem sagen: „rasiert".

Grundsätzlich lässt sich die Sprachproduktion von der Sprachrezeption abgrenzen.

► **Sprachproduktion**
Erzeugen von geordneten Folgen von Sprechlauten und die psychischen Prozesse, die diesem vorangehen *(Sprachplanung)* und sie begleiten *(Kontroll- und Regulationsprozesse)*.

► **Sprachrezeption**
Hören des Gesprochenen und die emotionale und kognitive Verarbeitung des Gehörten sowie die handlungsbezogene Nutzung.

Diese Unterteilung spiegelt sich auch in den Formen von Sprachstörungen wider. Hier wird zwischen Störungen im Sprachverständnis und der Sprachproduktion unterschieden.

Sprache beinhaltet eine starke **soziale Komponente**. Wir äußern durch Sprache unsere Gefühle und Wünsche. Dafür müssen Kinder das **Emotionsvokabular** ihrer Kultur beherrschen und in der Lage sein, dieses verständlich mitzuteilen. Das Mitteilen und Ausdrücken von Gefühlen ist gerade in sozialen Situationen von immenser Bedeutung, da das eigene Ausdrucksverhalten die Reaktion anderer Personen beeinflusst (Petermann/Wiedebusch 2008). Störungen im sprachlichen Bereich können sich somit ebenfalls negativ auf die soziale Entwicklung von Kindern auswirken. Ein Kind, das sich nicht korrekt mitzuteilen vermag, könnte beispielsweise eher zu aggressiven Verhaltensweisen tendieren, um so zu erreichen, dass seinem Bedürfnis nachgekommen wird (Grimm 2003).

Denken und Problemlösen

Probleme entstehen, wenn Menschen versuchen, ein Ziel zu erreichen und nicht automatisch über die dafür notwendigen Mittel verfügen. Entsprechend könnte die einfachste Problemlösung darin liegen, das Ziel zu ändern. Da dies jedoch nicht immer möglich ist, verfügt der Mensch über eine Reihe von Denkoperationen zur Problemlösung.

> ► **Problemlösen**
> Spezifische Form des Denkens, das man von anderen Denkinhalten, wie Urteilen oder kreativem Denken, abgrenzen kann (Funke 2003). Dabei wird ein Ausgangszustand durch geeignete Operatoren in einen gewünschten Zielzustand überführt (Wessels 1994).

Mit problemlösendem Denken können Lücken in einem Handlungsplan geschlossen werden, der nicht routinemäßig ausgeführt werden kann. Notwendig ist dazu eine gedankliche Repräsentation, die den Weg vom Ausgangs- zum Zielzustand beschreibt.

Probleme können danach unterschieden werden, ob sie gut oder schlecht definiert sind. Bei einem *gut definierten Ziel* ist der Endzustand bekannt, bei einem *schlecht definierten Ziel* ist der Endzustand unklar, weil er z. B. nicht eindeutig festgelegt werden kann.

> ⊙ Eine Mathematikaufgabe hat ein gut definiertes Ziel: die eine richtige Lösung zu finden. Im Alltag stehen wir jedoch häufiger vor schlecht definierten Zielen. Ein Beispiel hierfür ist das Ziel, schöner zu werden. Das Ziel ist unklar definiert, weil nicht eindeutig ist, was Schönheit ist oder worauf diese sich bezieht. Zur Lösung eines Problems trägt daher oft schon die Klärung und Konkretisierung des Problems bei. Für ein Kindergartenkind ist die Aufforderung, sein Kinderzimmer aufzuräumen, ein schlecht definiertes Ziel. Es weiß nicht, was ein aufgeräumtes Kinderzimmer ausmacht. Gut definiert wäre das Problem, wenn die Mutter es auffordert, die Bausteine in die Kiste zu legen.

Beim Problemlösen werden nach Wessels (1994) jeweils vier Schritte durchlaufen:

- **Definition des Problems** – Das Ziel und der Ausgangszustand des Problems werden definiert.
- **Aufstellen einer Lösungsstrategie** – Es kann zwischen verschiedenen Methoden gewählt werden. Dazu zählen beispielsweise „Versuch und Irrtum“ oder das „analoge Problemlösen“. Bei Letzterem wird ein Problem gelöst, indem eine Analogie zwischen den Merkmalen des aktuellen Problems und den Merkmalen bereits gelöster Probleme hergestellt wird. Es wird eine Lösung ausgewählt, die sich in der Vergangenheit bewährt hat. Diese Strategien führen jedoch nicht immer zu einer Problemlösung.
- **Ausführung der Strategie** – Die Ausführung von Strategien ist bei gut definierten Problemen leichter. So addiert man beispielsweise nacheinander fünf Zahlen auf, um die Lösungssumme zu erreichen. Schwieriger wird es, wenn ein Problem so komplex ist, dass man bei der Anwendung der Lösungsstrategien die Übersicht über die ausgeführten oder noch nötigen Schritte verliert.
- **Überprüfung der Zielerreichung** – Hierzu dient dann abschließend die Evaluation, in der bewertet wird, ob das Ziel tatsächlich erreicht wurde.

Fixations- und Anordnungsproblem

Beim Problemlösen wenden wir unser semantisches Wissen (erlerntes Faktenwissen) und unser Alltagswissen an. Dieses kann unter Umständen dazu führen, dass wir Schwierigkeiten haben, ein Problem zu lösen, weil wir uns nicht von dem bereits Erlernten lösen können. Dies spiegelt sich beispielsweise in Fixationsproblemen wider.

> ► **Fixationsproblem**
> Problem, das nur dadurch gelöst werden kann, dass Voreinstellungen überwunden werden.

Ein Beispiel für ein Fixationsproblem ist das Neun-Punkte-Problem (→ Abb. 10.11). Für dieses Problem gibt es nur eine richtige Lösung, und diese ist oftmals mit einem Aha-Effekt verbunden. Fixationsprobleme ergeben sich im Alltag, wenn Objekte aus ihrem vertrauten Kontext oder ihrer Funktion isoliert werden müssen. So kann beispielsweise ein Schuh mit hohen Absätzen auch als Hammer verwendet werden.

> ► **Anordnungsproblem**
> Probleme, bei denen man zur Lösung schrittweise vorgehen muss. Der Lösungsweg kann in Teilziele aufgegliedert werden.

Denkstrategien

Zur Lösung von Problemen werden verschiedene Denkstrategien eingesetzt. Hier kann unterschieden werden in deduktives Schließen und induktives Schließen.

Deduktives Schließen beschreibt die *korrekte Anwendung logischer Regeln*; das heißt, es wird versucht, durch die Definition von Beziehungen zu gültigen Schlüssen zu kommen:

- Prämisse 1: Bärbel ist kleiner als Egon.
- Prämisse 2: Egon ist kleiner als Fritz.
- Schlussfolgerung: Fritz ist größer als Bärbel.

Logisches Denken ermöglicht es, für viele Probleme Lösungen zu finden. Allerdings neigt der Mensch trotz seiner

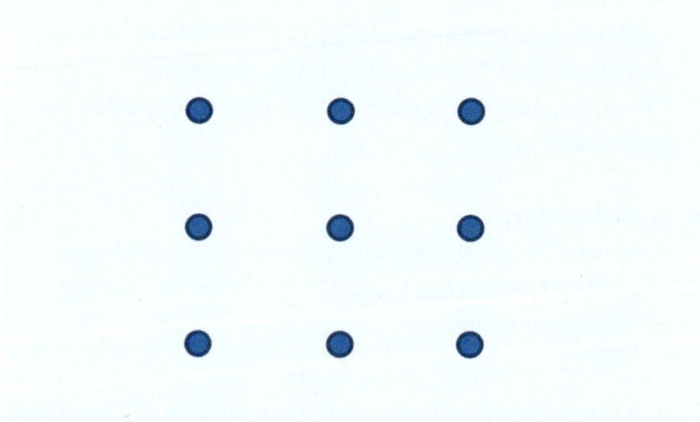

Abb. 10.11: Neun-Punkte-Problem: Verbinden Sie alle Punkte mit vier geraden Linien, ohne dass Sie den Stift absetzen.

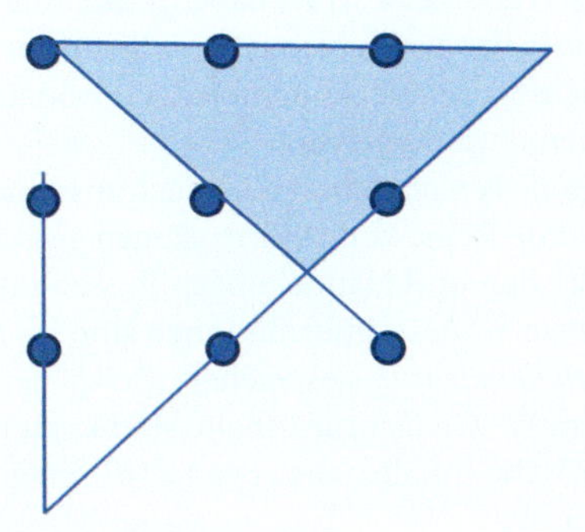

Abb. 10.12: Lösung der Neun-Punkte-Aufgabe: Man muss zur Lösung die Linien über die Anordnung hinausziehen.

Fähigkeit zu logischem Denken dazu, im Alltag die Lösung durch andere Prozesse zu finden.

Beim **induktiven Schließen** werden *Wahrscheinlichkeitsurteile* getroffen. Sie resultieren zwar aus logischem Denken, es bleibt jedoch eine Unsicherheit übrig. Dies entspricht der Lösung der Frage, wie wahrscheinlich es ist, dass man mit einem bestimmten Auto einen Unfall haben wird. Prämissen, die dabei aufgestellt werden, sind beispielsweise, dass alte Autos häufiger verunglücken. Autos, die lange nicht in der Werkstatt waren, verunglücken häufiger, und dieses Auto ist ebenfalls alt und war lange nicht in der Werkstatt.

Um solche Probleme zu lösen, bedient sich der Mensch verschiedener Faustregeln und Strategien.

- **Strategie der Typisierung:** Eine Faustregel kann darin bestehen abzuschätzen, wie typisch für eine Klasse ein bestimmtes Objekt ist. Dazu werden Merkmale des Objekts mit Merkmalen von Objekten der Klasse verglichen. Weist ein Objekt genügend Ähnlichkeit auf, wird es wahrscheinlich dieser Klasse zugeordnet, und darauf aufbauend wird eine Entscheidung getroffen. Ein solches Merkmal wäre zum Beispiel: „Alte Autos sind rostig."
- **Strategie der Verfügbarkeit:** Die *Verfügbarkeitsstrategie* basiert darauf, wie leicht man Informationen zu einer Problemstellung aus dem Gedächtnis abrufen kann (Wessels 1994). Bezogen auf das Problem, die Wahrscheinlichkeit eines Autounfalls vorherzusagen, bedeutet dies, dass die Wahrscheinlichkeit dafür umso höher angegeben wird, je kürzer die Erfahrung oder Beobachtung eines tatsächlichen Autounfalls zurückliegt. In diesem Fall sind Erinnerungen daran gut verfügbar, und die Wahrscheinlichkeit für einen Unfall wird höher eingeschätzt.
- **Motiviertes Schließen:** *Motivationale Reize* spielen ebenfalls eine Rolle. So ist die Bereitschaft, eine Kategorisierung vorzunehmen, dann erhöht, wenn
  - das Ergebnis für die persönlichen Ziele und die eigene Identität erwünscht und angenehm ist *(Wunschdenken)*,
  - damit eine Erwartung oder Meinung bestätigt wird *(Konfirmations-Täuschung)*,
  - die Kategorisierung mit früheren Entscheidungen übereinstimmt (Fiedler/Plessner 2006) *(Selbstkonsistenz)*.

Obwohl solche Faustregeln auch zu Fehlurteilen führen können, leisten sie im Alltag meist einen effizienten Beitrag zur Problemlösung. Kommt man jedoch mit einer Problemlösung nicht weiter, ist es sinnvoll, die verwendete Strategie zu überdenken und kreativ nach neuen Lösungen zu suchen.

Gedächtnis

Gedächtnisinhalte werden im Gehirn neuronal gespeichert. Es gibt ca. 100 Milliarden dieser Nervenzellen, und jede dieser Zellen ist mit bis zu 10 000 anderen verbunden (Karnath/Thier 2003): Die Informationsweiterleitung vollzieht sich durch elektrische Impulse in den Nervenzellen. Sie findet von Nervenzelle zu Nervenzelle neurochemisch statt. Es werden Neurotransmitter (Botenstoffe) ausgeschüttet, die zur nächsten Nervenzelle die Informationen weiterleitet. Die Nervenzelle reagiert darauf mit Hemmung oder Erregung und gibt damit den Reiz weiter. Der Abruf von Erinnerungen beruht auf der Aktivierung und Hemmung einer bestimmten Kombination von Nervenzellen. Je öfter ein bestimmtes Netzwerk von Nervenzellen aktiviert ist, desto besser können wir diese Erinnerung abrufen, da diese Verbindungen gestärkt und stabilisiert werden. Zudem sind bei häufig erinnerten Informationen mehr Nervenzellen beteiligt.

Im Allgemeinen wird nach der Dauer, mit der Informationen erinnert werden, das Kurz- vom Langzeitgedächtnis unterschieden. Nach Roger C. Atkinson und Richard M. Schiffrin (1968) kann darüber hinaus noch das sensorische Gedächtnis abgegrenzt werden.

Folgende drei Gedächtsnisebenen werden unterschieden:

- Sensorisches Gedächtnis
- Kurzzeitgedächtnis
- Langzeitgedächtnis

Die Abbildung Abb. 10.13 stellt dieses Modell dar.

Sensorisches Gedächtnis

Das sensorische Gedächtnis (Ultrakurzzeitgedächtnis) ist die Schnittstelle zwischen Wahrnehmung und Gedächtnis. Auditiv sensorische bzw. akustische Informationen werden im *echoischen Gedächtnis* gespeichert, visuelle Informationen im *ikonischen Gedächtnis.* Allerdings stehen diese nur wenige hundert Millisekunden zur Verfügung, bevor sie wieder verloren sind. Die Leistung des sensorischen Gedächtnisses lässt sich gut in einem dunklen Raum beobachten, wenn mit einer kleinen Taschenlampe in die Dunkelheit schnell ein Kreis gemalt wird. Die Spur lässt sich länger lesen, als sie tatsächlich vorhanden ist, und wir nehmen einen Kreis wahr.

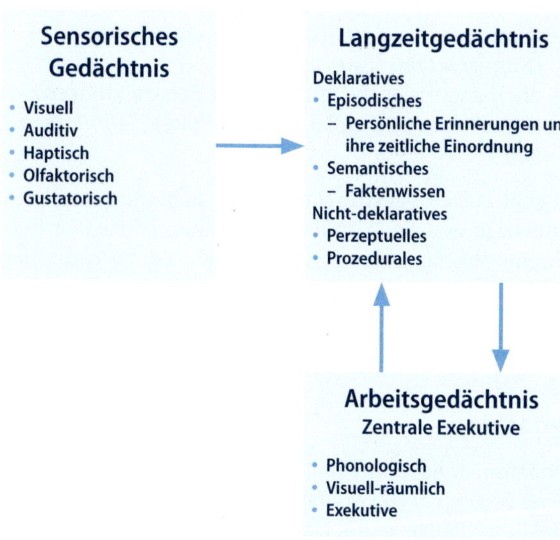

Abb. 10.13: Gedächtnismodell (nach Karnath/Thier 2003).

Kurzzeitgedächtnis

Im Kurzzeitgedächtnis – oder moderner: im **Arbeitsgedächtnis** – werden Informationen in verschiedenen Repräsentationsformaten (z. B. visuell oder nach der Lautstruktur) für die Verarbeitung bereitgehalten (Karnat/Thier 2003). Im Kurzzeitgedächtnis kann nur eine begrenzte Menge von Informationen gehalten werden. Es wird davon ausgegangen, dass es möglich ist, sich etwa sieben Einheiten gleichzeitig zu merken (Wessels 1994).

Das Arbeitsgedächtnis hat drei Einheiten:

- Mit dem *phonologischen Arbeitsgedächtnis* werden verbale Informationen verarbeitet, wobei nicht bestimmte Wörter erinnert werden, sondern die Laute von Worten.
- Im sogenannten *visuell-räumlichen Notizblock* des Arbeitsgedächtnisses werden Objektmerkmale wie Farbe oder Form gespeichert.
- In der sogenannten *Exekutive* werden die beiden Subsysteme „kontrolliert". Es wird Aufmerksamkeit auf die Prozesse gelenkt.

Langzeitgedächtnis

Das Langzeitgedächtnis lässt sich in vier Gedächtnisformen aufgliedern. Dieser Aufgliederung entsprechen unterschiedliche Hirnareale (Karnath/Thier 2003):

- Das *deklarative Gedächtnis* umfasst das erlernte Wissen.
- Das *autobiografische (episodische) Gedächtnis* umfasst Erlebnisse und die Informationen, wo und wann diese stattgefunden haben. Es entwickelt sich zwischen dem dritten und vierten Lebensjahr. Damit erklärt sich, warum der Mensch sich nicht an seine frühe Kindheit erinnern kann (Fivush 1997).
- Daneben gibt es das *Faktenwissen* (semantisches Wissen), das im klassischen Sinn erlernt wurde. Dem entspricht zum Beispiel das Wissen über die Hauptstädte Europas, wobei es keine Rolle spielt, wann oder wo wir dieses Wissen erworben haben. Patienten mit einer Amnesie haben Probleme beim Erinnern episodischer Gedächtnisinhalte, können jedoch Faktenwissen ohne Probleme wiedergeben.
- Neben diesen abrufbaren Gedächtnisinhalten wird noch eine Reihe von Informationen gespeichert, die das Erleben und Handeln beeinflussen und nicht bewusst sind. Diese Informationen sind im *nicht-deklarativen Gedächtnis* gespeichert. Beispiele für nicht-deklarative Gedächtnisinhalte sind kognitive und motorische Inhalte, wie etwa Schwimmen oder Radfahren.

Aufmerksamkeit

Der Mensch hat nur begrenzte Möglichkeiten, sich Informationen aus der Umgebung zuzuwenden. Wir wählen bestimmte Reize aus und schenken ihnen unsere Aufmerksamkeit, während wir andere ausblenden. Auf einer Feier mit vielen Menschen ist es möglich, die Gespräche anderer Menschen zu ignorieren und sich nur auf das Gespräch mit dem Gegenüber zu konzentrieren. Manchmal wird die Aufmerksamkeit aber auch auf verschiedene Objekte oder Tätigkeiten verteilt (Multitasking). Mit Aufmerksamkeit ist es demnach möglich, den Blick auf einen Aspekt zu lenken oder sie auf verschiedene Prozesse zu verteilen.

> **► Aufmerksamkeit**
> Prozess der Verteilung kognitiver Ressourcen auf Bewusstseinsinhalte (Wessels 1994).

Im **Modell der Verteilung kognitiver Ressourcen** wird davon ausgegangen, dass der Mensch nur ein bestimmtes Ausmaß von Ressourcen besitzt (Posner/Klein 1973). Diese können in Abhängigkeit von der Situation sehr flexibel eingesetzt werden und sind unterteilt in

- Geteilte Aufmerksamkeit
- Fokussierte Aufmerksamkeit
- Nicht bewusste Aufmerksamkeit.

Wenn wir beim Autofahren die Strecke gut kennen und nur wenig Verkehr ist, können wir einen Teil der Aufmerksamkeit auf ein Gespräch lenken. Dies beschreibt die Fähigkeit zur **geteilten Aufmerksamkeit.** Es findet eine parallele Reizverarbeitung statt und nicht eine serielle Reizverarbeitung oder Reizausblendung.

Die Aufmerksamkeit auf das Fahren wird jedoch sprunghaft erhöht, wenn plötzlich ein Kind auf die Fahrbahn rennt. In diesem Fall wird die Aufmerksamkeit auf das Fahren fokussiert. **Fokussierte Aufmerksamkeit** umschreibt die Fähigkeit, sich auf bestimmte relevante Reize zu konzentrieren und irrelevante Störreize auszublenden. Dies bezieht ebenso die Fähigkeit mit ein, den Aufmerksamkeitsfokus zu wechseln und verschiedene Reize nacheinander zu fokussieren.

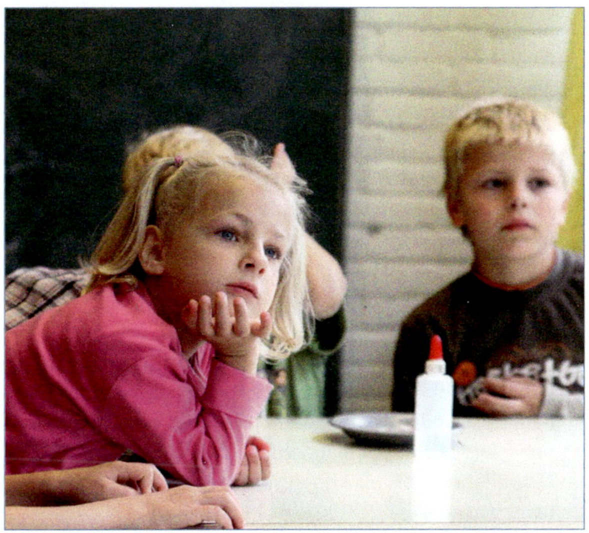

Abb. 10.14: Die Kinder fokussieren ihre Aufmerksamkeit.

Nach dem Modell der begrenzten Ressourcen kann nur erfolgreich gehandelt werden, wenn die Aufmerksamkeitsressourcen für die Anforderungen der Situation ausreichen. Autofahren und Zuhören kann ein Mensch nur dann gleichzeitig ausführen, wenn beide Tätigkeiten zusammen nicht die zur Verfügung stehenden Ressourcen übersteigen. Ist dies der Fall, können sie nicht bewältigt werden, und der Mensch muss sich auf eine Aufgabe konzentrieren. Dies geht einher mit der Beobachtung, dass viele Menschen zum Einparken das Radio ausschalten, um sich auf das Einparken konzentrieren zu können.

Durch Übung kann erreicht werden, dass dennoch verschiedene Handlungen gleichzeitig ausgeführt werden können, beispielsweise die Handlungsfolge beim Autofahren: Kupplung treten, Gang einlegen und die Kupplung wieder loslassen. Während Fahranfänger zunächst jeden Schritt einzeln ausführen, verschmilzt dieser Ablauf beim geübten Autofahrer und wird automatisiert. Bei der automatischen Verarbeitung wird eine Handlung ohne bewusste Steuerung ausgeführt und benötigt nur sehr wenige Ressourcen. Demnach verwendet der Mensch einen Teil seiner Ressourcen für Aktivitäten, die ihm nicht bewusst sind. Ein weiteres Beispiel für **nicht bewusste Aufmerksamkeit** ist, dass Eltern nachts aufwachen, weil sie unbewusst ihr Kind weinen hören. Durch unbewusste Aufmerksamkeitsprozesse wird demnach auch die bewusste Aufmerksamkeit gesteuert.

Die Fähigkeit, Aufmerksamkeit zu fokussieren oder zu teilen, ist von erheblicher Bedeutung für ein gut angepasstes Verhalten. **Störungen der Aufmerksamkeit** können bei Erwachsenen z. B. durch Gehirnverletzungen nach Unfällen auftreten. Bei ungefähr 6 % der Menschen liegt aber auch eine angeborene Aufmerksamkeitsstörung vor, die häufig vererbt ist. Für beide Gruppen geht dies mit deutlichen Beeinträchtigungen im Leben einher. Kinder mit einer Aufmerksamkeitsstörung (ADS) haben oft erhebliche Probleme, die Anforderungen im Alltag zu bewältigen.

Symptome einer Aufmerksamkeitsstörung bei Kindern

Bei Kindern äußert sich eine Aufmerksamkeitsstörung folgendermaßen: Die Kinder

- Sind häufig unaufmerksam gegenüber Details oder machen Sorgfaltsfehler bei den Schul- und sonstigen Arbeiten und Aktivitäten
- Sind häufig nicht in der Lage, die Aufmerksamkeit bei Aufgaben und beim Spielen aufrechtzuerhalten
- Hören scheinbar häufig nicht, was ihnen gesagt wird
- Können oft Erklärungen nicht folgen oder ihre Schularbeiten, Aufgaben oder Pflichten nicht erfüllen – nicht wegen oppositionellen Verhaltens oder weil die Erklärungen nicht verstanden werden
- Sind häufig beeinträchtigt, Aufgaben und Aktivitäten zu organisieren
- Vermeiden ungeliebte Aufgaben, wie Hausaufgaben, die häufig geistiges Durchhaltevermögen erfordern
- Verlieren häufig Gegenstände, die für bestimmte Aufgaben, wie Schularbeiten, wichtig sind: Bleistifte, Bücher, Spielsachen und Werkzeuge
- Werden häufig von äußeren Stimuli abgelenkt
- Sind im Verlauf der alltäglichen Aktivitäten oft vergesslich (nach ICD-10, deutsch Remschmidt u. a. 2001).

⊙ Wenn bei einem Kind der Verdacht auf eine Aufmerksamkeitsstörung besteht, bedarf es für die Gesamteinschätzung immer der Einbindung der Eltern. Diese werden über die Beobachtungen informiert, und gemeinsam wird überlegt, was zu tun ist. Nur ein Kinderpsychologe oder -arzt kann die Diagnose stellen.

10.2.5 Motivation und Emotion

Motivation

Die Motivationspsychologie geht der Frage nach, wie Handlungen entstehen.

► **Motiv** *(lat. movere: sich bewegen)*
Relativ stabiler und zeitlich überdauernder und/oder grundlegender Beweggrund. Dazu zählen beispielsweise das Leistungsmotiv, das Machtmotiv oder das Beziehungsmotiv.

► **Motivation**
Verhaltensbereitschaft aufgrund eines bestimmten Beweggrundes, Anstreben von Zielzuständen.

► **Handlung**
Zielgerichtete Verhaltensweise oder kognitive Prozesse, ausgelöst durch internale Reize wie Triebe und Lernerfahrungen oder durch äußere (An)Reize aus der Umwelt.

Der Begriff „Motiv“ kann von dem Begriff „Trieb“ abgegrenzt werden. **Triebe** sind an lebenserhaltende Prozesse gekoppelt, die Verhalten als Reaktion auf physiologische

Bedürfnisse wie Hunger, Durst oder Schlaf auslösen. Triebe sind jedoch nicht ausreichend, um menschliches Verhalten hinreichend zu erklären, da dieses auch durch Reize aus der Umwelt entstehen kann. Menschen essen Chips beim Fernsehen, obwohl sie keinen Hunger haben, oder sie gehen in ein Schuhgeschäft, obwohl sie keine neuen Schuhe benötigen.

Es können zwei allgemeine Prinzipien zur Erklärung menschlichen Verhaltens genutzt werden: Hedonismus und Homöostase.

Der Philosoph Epikur erklärte menschliches Verhalten durch das **Lust-Unlust-Prinzip**. Jegliches Verhalten ist danach ausgerichtet, Lust zu bereiten oder Unlust zu vermeiden. Dieses wird als **Hedonismus** bezeichnet und zählt bis heute zu den allgemeinen Prinzipien, um Verhalten zu erklären. Es kann unterschieden werden nach Handlungen, die darauf abzielen.

- Einen angenehmen Zustand zu erhalten (z. B. im Bett bleiben, um weiterhin die Wärme zu genießen)
- Einen Zustand zu erreichen oder zu vermeiden.

Neben dem Hedonismus wird auch das Prinzip der **Homöostase** zur Erklärung herangezogen. Homöostatische Prozesse überwachen Abweichungen von einem Ist-Zustand (z. B. Hunger) und lösen Verhaltensweisen aus, um diese zu regulieren (z. B. essen). Ist die Abweichung beseitigt, wird Passivität und Ruhe ausgelöst, bis erneut ein Ungleichgewicht auftritt (Heckhausen/Heckhausen 2006).

Der Psychologe Abraham Maslow (1943) beschrieb eine **Bedürfnishierarchie**, die sich an der Persönlichkeitsentwicklung des Kindes orientiert. Er nahm an, dass zunächst die Bedürfnisse auf den unteren Hierarchiestufen erfüllt sein müssen, bevor die nächste Ebene erreicht werden kann. Auf der untersten Ebene stehen physiologische Bedürfnisse wie Essen und Schlaf, die erfüllt sein müssen, bevor der Mensch sich um Sicherheit, soziale Bindung, Selbstachtung und Selbstverwirklichung kümmern kann. Maslow betont damit, wie wichtig es für den Menschen ist, sich zu entwickeln und das beste Potenzial zu erreichen. Die hierarchische Abfolge lässt sich jedoch nicht konsequent einhalten, denn der Mensch ist auch dazu in der Lage, primäre Bedürfnisse wie Hunger zu ignorieren, um höhere Ziele zu erreichen.

Aktuelle **Motivationstheorien** sind oftmals Erwartungs-Wert-Theorien. Sie gehen davon aus, dass der Mensch aufgrund von erwarteten Zielzuständen handelt. Dabei haben bestimmte Reize in der Umwelt einen positiven oder negativen Anreiz. Ob etwas einen positiven oder einen negativen Wert besitzt, kann erlernt oder angeboren sein. Beispielsweise ist der Sprung mit einem Fallschirm für einige Menschen positiv besetzt, während andere ihn negativ, in diesem Sinne als wertlos bezeichnen würden. Stehen für eine Ausgangssituation verschiedene Handlungsalternativen zur Verfügung, wird diejenige ausgewählt, deren Konsequenzen den höchsten Wert besitzen und wahrscheinlich auch erreicht werden können. Demnach werden sehr wertvolle Ziele nicht angestrebt, wenn die Wahrscheinlichkeit, sie zu erreichen, sehr gering ist bzw. werden erreichbare, aber wenig wertvolle Ziele nicht angestrebt.

Emotion

Emotionen haben sich im Laufe der Evolution herausgebildet, um dem Menschen und auch höheren Tieren Anpassung an die Umwelt und spezifische Situationen zu ermöglichen.

▶ **Emotion** *(lat. ex: heraus und motio : Bewegung, Erregung)* Komplexer physiologischer und psychischer Prozess, an dem verschiedene Komponenten beteiligt sind: Motivation, physiologische Veränderungen (Erregung), subjektives Erleben (Gefühl), kognitive Prozesse und beobachtbares Verhalten.

Anhand des Auftretens von Angst kann das Zusammenspiel dieser Komponenten verdeutlicht werden:

- *Motivation* – Angst geht in der Regel mit dem Wunsch einher, die angstauslösende Situation schnellstmöglich zu verlassen.
- *Physiologische Reaktion* – Dabei atmet der Mensch schneller, es wird das Stresshormon Cortisol ausgeschüttet und er nimmt vielleicht Herzrasen wahr.
- *Subjektive Empfindungen* – Der ängstliche Mensch kann zudem von seinem subjektiven Erleben berichten: „Ich fühle mich ängstlich".
- *Kognition* – Gedanken können sich auf die Ursache der Angst beziehen: „Der Hund ist nicht angeleint und kann jederzeit auf mich zulaufen".
- *Beobachtbares Verhalten* – Schließlich ist es möglich zu beobachten, wie eine ängstliche Person handelt (sie geht z. B. auf die andere Straßenseite).

Abb. 10.15: Hunger verursacht Disstress bei Säuglingen.

Entwicklung von Emotionen

Bei der Entwicklung von Emotionen spielen Vererbung ebenso wie Umwelteinflüsse eine Rolle. Darüber, in welchem Ausmaß die Gene oder die Umwelt von Bedeutung sind, gibt es aktuell keine einhellige Meinung. Der bekannte Emotionsforscher Caroll E. Izard (1991) geht davon aus, dass Emotionen angeboren sind. Zu den Emotionen gehören danach auch bestimmte körperliche Reaktionen und ein spezifischer Gesichtsausdruck, wodurch Emotionen bereits früh bei Kindern unterschieden werden können. Andere Forscher gehen davon aus, dass die Emotionsentwicklung stärker von der Umwelt abhängig ist (z. B. Sroufe 1995). Dies sei daran zu erkennen, dass Säuglinge zunächst ein sehr einfaches Emotionserleben zeigen, das sich im weiteren Entwicklungsverlauf zunehmend durch Erfahrung ausdifferenziert (Petermann/Wiedebusch 2008). Demnach können bei Säuglingen zunächst Disstress (Stress, Unzufriedenheit) und Zufriedenheit beobachtet werden und erst ab ca. dem dritten Lebensmonat die Emotionen Wut oder Freude.

Abb. 10.16: Freude bei einem Kleinkind.

Primäre und sekundäre Emotionen

Emotionen können danach unterschieden werden, ob sie primär oder sekundär sind (→ Tab. 10.6). Während die primären oder **Basisemotionen** wie Freude, Trauer, Ärger und Angst in allen Kulturen bereits ab dem dritten Lebensmonat geäußert werden, entwickelt sich der Ausdruck von **sekundären Emotionen** wie Verlegenheit, Schuld, Scham und Stolz erst ab dem Ende des zweiten Lebensjahres. Im Gegensatz zu Basisemotionen beziehen sich sekundäre Emotionen stärker auf andere Personen; sie können erst dann erlebt werden, wenn ein Kind einen sozialen Bezugsrahmen zur Bewertung eigener Handlungen entwickelt hat. Aus diesem Grund spricht man bei den sekundären Emotionen auch von *sozialen Emotionen*.

Primäre Emotionen (ab dem dritten Lebensmonat)	Sekundäre Emotionen (ab Ende des zweiten Lebensjahres)
• Freude • Ärger • Traurigkeit • Angst • Überraschung • Interesse	• Stolz • Scham • Schuld • Neid • Verlegenheit • Empathie

Tab. 10.6: Primäre und sekundäre Emotionen im Entwicklungsverlauf (nach Petermann/Wiedebusch 2008).

Emotionale Kompetenz

Soziale und emotionale Kompetenz → Kap. 20

Der angemessene Umgang mit den eigenen Emotionen und den Emotionen anderer ist eine wesentliche Voraussetzung für den Aufbau und die Aufrechterhaltung sozialer Beziehungen. Daher wurde in den letzten Jahren besonders viel Aufmerksamkeit den emotionalen Fertigkeiten zugewandt, die zu emotionaler Kompetenz führen.

Zur emotionalen Kompetenz gehören:

- Der eigene mimische Emotionsausdruck
- Das Erkennen des mimischen Emotionsausdrucks anderer Personen
- Der sprachliche Emotionsausdruck
- Das Emotionswissen und -verständnis
- Die selbstgesteuerte Emotionsregulation (Petermann/Wiedebusch 2008).

Die emotionale Kompetenz stellt eine wesentliche Voraussetzung für eine positive soziale Entwicklung dar. Kann ein Kind beispielsweise die Emotionen eines anderen Kindes erkennen und verstehen, ist es besser in der Lage, eigenes Verhalten auf die Bedürfnisse des anderen Kindes auszurichten. Aufgrund der besonderen Bedeutung emotionaler Kompetenz für das tägliche soziale Miteinander ist der Erwerb emotionaler Kompetenz eine entscheidende Entwicklungsaufgabe in der frühen Kindheit (Koglin/Petermann 2012). In den ersten sechs Lebensjahren werden wesentliche emotionale Fähigkeiten entwickelt.

Förderung emotionaler Kompetenz

Emotionale Kompetenz hat Einfluss auf andere Entwicklungsbereiche, indem sie Kindern beispielsweise hilft, wichtige Entwicklungsaufgaben wie den Übergang in die Schule zu bewältigen. Sie beeinflusst auch den schulischen Erfolg eines Kindes. Somit ist es enorm wichtig, die **Förde-**

rung emotionaler Kompetenz im Krippen- oder Kindergartenalter mindestens so systematisch umzusetzen wie die Förderung schulischer oder kognitiver Fertigkeiten.

Um Kinder in ihrer emotionalen Entwicklung zu unterstützen, bedarf es eines **Erziehungsverhaltens,** das Kindern eine Orientierung bietet,

- Ob und welche Emotionen zulässig sind
- Wie Emotionen ausgedrückt werden können
- Wie mit Emotionen umgegangen werden kann.

⊙ Bevor eine individuelle oder gruppenbezogene Förderung emotionaler Kompetenzen durchgeführt wird, ist daher eine Reflexion des Erziehungsverhaltens notwendig. Ansonsten besteht die Gefahr, dass mit den Kindern etwas eingeübt wird (z. B. Gespräche über Gefühle), was sich in ihrem Kindergartenalltag nicht widerspiegelt.

Emotionen lassen sich trennen in **positive und negative Emotionen.** Zu den positiven Emotionen gehören beispielsweise Glücksgefühle, zu den negativen Angst, Trauer und Wut. Es handelt sich hierbei aber nicht um eine moralische Bewertung, denn beide Arten von Gefühlen sind wichtig. Jede Emotion hat ihre Berechtigung, es kommt dabei auf die Art und Weise an, wie sie ausgelebt wird.

Welches Erziehungsverhalten die emotionale Entwicklung eines Kindes fördert bzw. welches mit einer ungünstigen Entwicklung des Kindes einhergeht, zeigen Ergebnisse aus der entwicklungspsychologischen und entwicklungspsychopathologischen Forschung.

Abb. 10.17: Emotionen ausdrücken zu können, ist ein Zeichen für emotionale Kompetenz.

Da Kinder sich an Vorbildern orientieren, ist der eigene Umgang mit Gefühlen der Erwachsenen für die emotionale Entwicklung der Kinder von großer Bedeutung. Besonders im Zusammenhang mit depressiven Müttern, die deutlich einen negativen Emotionsausdruck aufweisen, zeigt sich eine auffällige emotionale Entwicklung von Kindern. Die Kinder zeigen vermehrt negative Gefühle, sie sind weniger in der Lage, Ursachen für Gefühle zu benennen, und zeigen geringere Kompetenzen bei der Regulation von negativen Gefühlen.

Eng damit im Zusammenhang steht auch der **Emotionsstil** der Bezugsperson. Hierzu zählt die Einstellung zu Emotionen – ob Emotionen und der Ausdruck von Emotionen grundlegend positiv oder negativ bewertet werden – und der eigene Umgang mit Emotionen.

Die Kennzeichen eines Erziehungsverhaltens (→ Kap. 8.1.3), das eine positive emotionale Entwicklung fördert, ist unten zusammenfassend dargestellt. Durch diese positiven Strategien wird ein offener Umgang mit Emotionen unterstützt, der zu einem emotionalen Gruppenklima beiträgt, in dem ein toleranter Umgang mit positiven und negativen Emotionen möglich ist.

⊙ Kennzeichen eines Erziehungsverhaltens, das die emotionale Entwicklung von Kindern positiv unterstützt:

- Die Bezugsperson drückt eigene Emotionen offen aus – mimisch, gestisch und sprachlich.
- Die Bezugsperson geht unmittelbar und sensibel auf die emotionalen Bedürfnisse des Kindes ein.
- Die Bezugsperson redet mit dem Kind häufig über Gefühle und erklärt, warum sie auftreten – „Du bist traurig, weil dir deine Tasse heruntergefallen ist."
- Die Bezugsperson unterstützt ein Kind bei der Bewältigung negativer Gefühle.
- Die Gefühle des Kindes werden nach seinen Bedürfnissen und Fähigkeiten im Kontakt mit der Bezugsperson reguliert, wobei eine zunehmende Eigenständigkeit in der Emotionsregulation ermöglicht wird.
- Es wird einem Kind dabei geholfen, sich in das emotionale Erleben anderer hineinzuversetzen, indem beispielsweise auf die Gefühle anderer hingewiesen wird.
- Das Kind wird aufgefordert, die Bedürfnisse anderer zu respektieren – dem Kind wird beispielsweise erklärt, dass ein anderes nicht gern schaukelt.

Das Verhalten der Erzieherin besitzt eine wichtige Modellfunktion für Kinder (→ Kap. 8). Kinder orientieren sich daher auch im Bezug auf den Umgang mit Emotionen an der Erzieherin. Es ist somit wichtig, dass diese einen offenen Emotionsausdruck anwendet und eigene Gefühle erklärt. Modellhaft wirkt auch der Umgang zwischen den Kolleginnen. Die Kinder beobachten hier, ob einfühlsames Verhalten gezeigt und wie es ausgedrückt wird. Ähnlich dem emotionalen Familienklima lässt sich auch für eine

Einrichtung ein emotionales Klima beschreiben. Es lässt sich charakterisieren, ob Kolleginnen offen mit ihren Gefühlen umgehen, diese zeigen und erklären, ob Probleme und Konflikte ausgesprochen werden und empathisches (mitfühlendes) Verhalten gegenüber anderen gezeigt wird.

10.3 Entwicklungspsychologie

Die Entwicklungspsychologie erforscht, wie sich ein Mensch über die Zeit verändert und ob diese Veränderung mit der anderer Menschen vergleichbar ist. Dabei wird die gesamte Lebensspanne des Menschen einbezogen. Der Fokus liegt auf der Betrachtung von

- Intraindividuellen Unterschieden im Zeitverlauf (Entwicklungsveränderungen eines Menschen) und
- Interindividuellen Unterschieden in der intraindividuellen Entwicklung (Unterschiede zwischen Entwicklungsveränderungen von Menschen).

► **Entwicklungspsychologie**
Teilgebiet der Psychologie, beschäftigt sich nach Hanns Martin Trautner (1992) mit der Beschreibung, Erklärung und der Vorhersage menschlichen Verhaltens und Erlebens unter dem Aspekt der Zeit.

Der Entwicklungsbegriff hat im Laufe der Zeit eine Wandlung zu einer sehr offenen Definition durchlaufen. So hat sich vor gut 30 Jahren die stark altersbezogene Begrenzung bis zum Erwachsensein im Sinne einer Betrachtung über die gesamte Lebensspanne erweitert.

► **Entwicklung** *(aus psychologischer Sicht)*
Lebenslanger individueller Prozess der biopsychosozialen Neuorganisation, die sich durch die Auseinandersetzung des Individuums mit seiner Umwelt vollzieht.

10.3.1 Erklärungsmodelle für Entwicklung

Um die Entwicklung von Menschen besser zu beschreiben, werden Modelle, die auf verschiedenen Theorien beruhen, entwickelt. Diese Modelle beschreiben, wie **Anlage** und **Umwelt** auf die Entwicklung eines Menschen einwirken: Es kann unterschieden werden, ob Entwicklung von außen (Umwelt) oder von innen (Disposition) gesteuert wird.

Theoriefamilien von Entwicklungsmodellen

Prototypisch lassen sich vier Theoriefamilien von Entwicklungsmodellen (→ siehe auch Tab. 10.7) benennen, die jeweils unterschiedlich definieren, welchen Einfluss die Umwelt oder/und der Mensch auf die Entwicklung hat:

- Exogenistische Entwicklungsmodelle
- Endogenistische Entwicklungsmodelle
- Konstruktivistische Entwicklungsmodelle
- Interaktionistische Entwicklungsmodelle.

Exogenistische Entwicklungsmodelle

In exogenistischen Entwicklungsmodellen, auch **Umweltmodelle** genannt, wird davon ausgegangen, dass die Entwicklung allein durch die Umwelt bestimmt wird. Der Mensch ist vollkommen durch äußere Reize kontrolliert und kann deshalb so manipuliert werden, dass sich jedes Ergebnis erzielen lässt. Dieses radikale Modell geht auf den Behaviouristen John B. Watson zurück. Die Entwicklung ist eine von äußeren Anstößen und Einwirkungen abhängige Variable.

Dieses Modell würde der Formel entsprechen: „Man muss ein Kind da abholen, wo es steht.“ Es beinhaltet, dass ein Kind auf seine Umwelt oder andere Personen wartet, damit es sich entwickeln kann. Dies ist durch empirische Studien widerlegt, die aufzeigen, dass Kinder aktiv Umwelten aufsuchen und diese gestalten (→ Interaktionistische Modelle, unten).

Entwicklungsmodelle	Einflüsse	Beschreibung
Exogenistisches Entwicklungsmodell (Umweltmodell)	Äußere Reize	Mensch entwickelt sich durch Einflüsse von außen
Endogenistisches Entwicklungsmodell (Dispositionsmodell)	Reifung	Mensch entwickelt sich nach einem genetisch festgelegten Plan
Konstruktivistisches Entwicklungsmodell (Selbstgestaltungsmodell)	Eigener Wille	Mensch selbst ist Gestalter seiner Entwicklung
Interaktionistisches Entwicklungsmodell	Äußere Reize, Reifung, eigener Wille	Mensch und Umwelt bilden ein gemeinsames System und bedingen sich gegenseitig

Tab. 10.7: Entwicklungsmodelle.

Endogenistische Entwicklungsmodelle

In endogenistischen Entwicklungsmodellen, auch **Dispositionsmodelle** genannt, beruht die Entwicklung des Kindes ausschließlich auf Anlage und Reifung (→ unten). Einflüsse von außen werden nur wirksam, wenn sie nach Anlage und Reifung vorgesehen sind (sensible Perioden). Die Entwicklung folgt einem **festen Entwicklungsplan**. Diesem Modell würde der Ausspruch entsprechen: „Ein Kind wächst nicht schneller, wenn ich an ihm ziehe!“ Die endogene (von innen heraus) Sichtweise auf Entwicklung umfasst, dass Maßnahmen zur Förderung von bestimmten Entwicklungen nicht sinnvoll sind, da sie weitestgehend ohne Wirkung bleiben.

Konstruktivistische Entwicklungsmodelle

In den konstruktivistischen Entwicklungsmodellen, den **Selbstgestaltungstheorien,** ist der Mensch selbst der Gestalter, der Konstrukteur seiner Entwicklung. Der Mensch ist ein selbstreflektierendes Wesen, das in der Lage ist, aufgrund von Erfahrungen sich und seine Umwelt zu modifizieren. Er handelt weder mechanisch auf äußere Reize, noch ist Entwicklung allein durch biologische Reifung zu erklären. Der Mensch kann durch ziel- und zukunftsorientiertes Handeln seine Entwicklung selbst steuern.

Interaktionistische Entwicklungsmodelle

In interaktionistischen Entwicklungsmodellen werden der Anlage und der Umwelt, aber auch dem Menschen als sich selbst bewusstem Wesen Einfluss auf die Entwicklung zugeschrieben. Die interaktionistischen Theorien haben eine **systemische Grundlage**, das heißt, der Mensch und die Umwelt bilden ein gemeinsames System: Sie stehen miteinander im Austausch und beeinflussen sich gegenseitig. Die Veränderungen eines Teils des Systems führen zwangsläufig auch zu Änderungen anderer Teile oder des Gesamtsystems.

Die Art des Zusammenwirkens von Anlage und Umwelt führt zu einer Unterscheidung von drei Interaktionsmodellen:

- **Einfaches Interaktionsmodell** – Die Umwelt wirkt auf den anlagebedingten Entwicklungsprozess ein.
- **Dynamisches Interaktionsmodell** – Die Umwelt wirkt auf die Entwicklung des Kindes ein, aber das Kind verändert zudem seine Umwelt.
- **Soziales Regulationsmodell** – Die Umwelt und das Kind entwickeln sich fortlaufend weiter und beeinflussen sich wechselseitig.

Interaktionsmodelle sind damit deutlich komplexer. Einfache Beziehungen zwischen Ursache und Wirkung können nicht mehr abgebildet werden. Ein Kind ist dazu in der Lage, aktiv seine Umwelt zu verändern oder Umwelten aufzusuchen, die seiner Anlage entsprechen.

[BEISPIEL] für soziales Regulationsmodell

Ein Kind kann mit einem unregelmäßigen Schlafrhythmus seine Mutter um ihren eigenen Schlaf bringen, wodurch diese emotional unausgeglichen und gereizt wird und sich überfordert fühlt. Das kann sich in einem negativen Erziehungsverhalten gegenüber dem Kind äußern und dies wiederum könnte dazu führen, dass es häufiger weint und schlechter durch die Mutter beruhigt werden kann.

Vor diesem Hintergrund definierte zum Beispiel der Psychologe Jochen Brandtstätter (1985) Verhaltensprobleme als **Passungsprobleme.** Das Kind und seine soziale Umwelt passen nicht zueinander. Werden Verhaltensprobleme als Passungsprobleme beschrieben, wird die Ursache der Probleme weder dem Kind noch seiner Umwelt eindeutig zugeschrieben. In manchen Fällen wird mit dieser Sichtweise jedoch eine Problematik der sozialen Umwelt oder des Kindes verharmlost.

Interaktionsmodelle lassen sich auch auf die Gehirnentwicklung anwenden.

Gehirnentwicklung

Den Interaktionsmodellen entsprechen die Ergebnisse aus den Neurowissenschaften, die in den letzten Jahren neue Einblicke in die Entwicklung des Gehirns gaben. Es wurden neue Methoden in der Forschung eingesetzt, die die Gehirnaktivität sichtbar machen.

Es ist bewiesen, dass kurz vor der Geburt bis etwa zum Ende des zweiten Lebensjahres der sogenannte **Gehirnwachstumsschub** stattfindet. In dieser Zeit findet das stärkste Wachstum des Gehirns statt. Diese Entwicklung besteht besonders darin, dass die Nervenzellen im Gehirn sich miteinander verbinden. Nervenzellen (**Neurone**) bestehen aus

- **Zellkern** – Der Zellkern enthält den Großteil des genetischen Materials, in den Chromosomen, und ist umgeben vom Zellkörper.
- **Dendriten** – Fortsätze des Zellköper, stellen den Kontakt zu anderen Nervenzellen her.
- **Axonen** – Axone sind Nervenfasern, über die Informationen von einer Zelle zur nächsten weitergeleitet werden. Dies geschieht über elektrische Impulse (Aktionspotenzial). An der anderen Nervenzelle angekommen, wird der Impuls durch chemische Botenstoffe an die nächste Zelle übertragen.
- **Synapse** – Die Übertragung der chemischen Botenstoffe findet an der Synapse bzw. im synaptischen Spalt zwischen den Nervenzellen statt.

Nervenzellen bilden in den ersten zwei Lebensjahren mehr Synapsen aus als notwendig sind. Der Prozess der Synapsenüberproduktion wird als Synaptogenese bezeichnet. Nach dem Psychologen und Mediziner Manfred Spitzer (2003) ist aber bereits in dieser Zeit auch ein Rückgang von Synapsen in bestimmten Gehirnbereichen zu beobachten, während bestimmte neuronale Verbindungen verstärkt und gefestigt werden (Konsolidierung). Zwischen der frühen Kindheit und dem Jugendalter verlieren Kinder täglich bis zu 20 Milliarden Synapsen. Beim Abbau von Synapsen bzw. der Verstärkung bestimmter Verbindungen sind genetische Informationen nicht ausreichend. Es braucht Reize aus der Umwelt, um weitergehende Reifungsprozesse zu steuern. Sobald sich die Nervenzellen verbunden haben, sorgen Erfahrungen dafür, den anfänglich groben Schaltplan genauer auszuformen und an die jeweilige Umwelt des Kindes anzupassen. Die Umwelt übt also einen fortwährenden direkten Einfluss auf Struktur und Funktion seines Gehirns aus.

Schritte der Gehirnentwicklung
- Ein Neugeborenes hat so viele Gehirnzellen wie ein Erwachsener. Ihm fehlen jedoch die entsprechenden synaptischen Verbindungen. In den ersten drei Jahren nimmt die Anzahl der Verbindungen rasant zu („Gehirnwachstumsspurt").
- Mit zwei Jahren hat ein Kind genauso viele synaptische Verbindungen wie ein Erwachsener.
- Mit drei Jahren besitzt ein Kind doppelt so viele synaptische Verbindungen.
- Bis zum Jugendalter werden diese synaptischen Verbindungen wieder abgebaut.
- Die neurale Übertragungsgeschwindigkeit von Synapse zu Synapse nimmt von der Geburt bis zum Jugendalter um das 16-fache zu.
- Lernerfahrungen bestimmen, welche Verbindungen erhalten und welche verstärkt werden (nach Spitzer 2003).

Welche Prozesse bewirken die Entwicklung?

Entwicklungsmodelle (→ oben) beschreiben, wie Anlage und Umwelt die Entwicklung beeinflussen und welche Rolle dabei das Kind einnimmt. Sie beschreiben jedoch noch nicht die Prozesse, die Entwicklung bewirken. Es können folgende Prozesse unterschieden werden:

- Reifung
- Sensible Phasen oder neuronale Fenster
- Erfahrungsabhängige Prozesse
- Entwicklungsaufgaben
- Entwicklung durch Erziehung und Sozialisation
- Kritische Lebensereignisse.

Reifung

Wenn Veränderungen ohne Lernprozesse vonstatten gehen, spricht man von Reifung.

> **▶ Reifung**
> Universeller biologischer Prozess, gengesteuerte Entfaltung biologischer Strukturen und Funktionen.

Beobachtbare Veränderungen werden auf Reifung zurückgeführt, wenn die Veränderungen universell in einer Altersperiode und ohne Lernen im weiteren Sinn auftreten wie selbstständiges Gehen ab dem 12./13. Lebensmonat. Experimente mit Menschen, bei denen ihnen nicht gestattet wäre, bestimmte Erfahrungen zu machen, sind selbstverständlich verboten. Schicksale von Menschen wie Kaspar Hauser oder sogenannte Wolfskinder beantworten

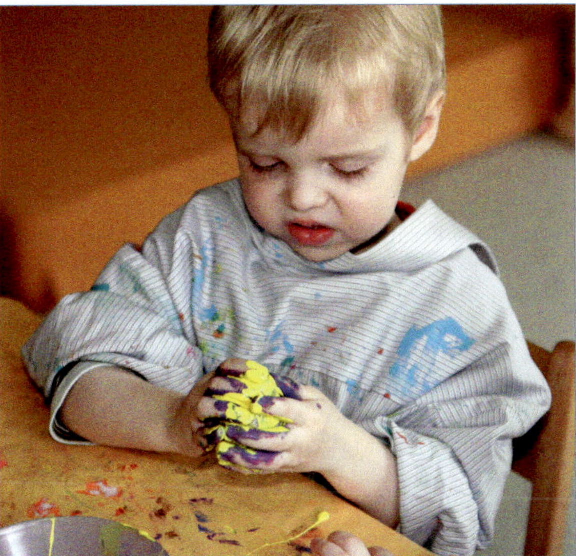

Abb. 10.18: Die Umwelt übt stets Einfluss auf die Gehirnentwicklung aus.

jedoch teilweise einige Fragen, z. B. ob sie trotz fehlender Anbindung an Menschen gehen und sprechen können. Die Kinder konnten gehen, aber sie waren nicht in der Lage, zu sprechen. In Bezug auf das Gehen kann daher angenommen werden, dass es sich dabei um einen Reifungsprozess handelt und Gehen nicht auf Erfahrung bzw. Lernen zurückzuführen ist.

Sensible Phasen oder neuronale Fenster

Das Konzept der sensiblen Phasen stammt ursprünglich aus der Embryologie und bezeichnet Entwicklungsabschnitte, in denen der Körper aufgrund seiner Reifeprozesse besonders empfänglich ist für Reize. In diesem Zeitraum entwickeln sich besonders leicht bestimmte neuronale Strukturen. Man spricht deshalb auch von neuronalen Fenstern oder **Zeitfenstern.** Diese Zeitfenster sind bei Kindern sogenannte lernsensible Phasen (→ Kap. 10.5). Wichtig an dem Konzept der sensiblen Phasen ist die Annahme, dass die gleichen Erfahrungen zu einem früheren oder späteren Zeitpunkt nicht die gleiche Wirkung haben.

> **▶ Sensible Phasen**
> Entwicklungsabschnitte, in denen neuronale Strukturen auf bestimmte Reize und Verhaltensweisen vorbereitet werden und besonders empfänglich sind – spezifische Erfahrungen haben eine maximale positive oder negative Wirkung.

Der Verhaltensforscher Konrad Lorenz definierte *Prägung* als verhaltensmäßige Analogie zu den sensiblen Phasen. Er führte hierzu ein Experiment mit Graugänsen durch, die in einem bestimmten Entwicklungsabschnitt auf die Muttergans oder eben auf ein anderes Tier, einen Menschen oder Gegenstand geprägt werden und diesem folgen.

Sensible Phasen wurden für so unterschiedliche Fertigkeiten beschrieben wie

- Das Lernen des Gesangs bei Vögeln
- Die Bindung eines Neugeborenen zu seiner Mutter
- Die Sprachentwicklung.

Während sensibler Phasen ist die entsprechende Nervenstruktur auf Lernprozesse vorbereitet und damit **erfahrungserwartend**. Davon zu unterscheiden sind die erfahrungsabhängigen Prozesse, die unabhängig von kritischen Entwicklungsphasen und das ganze Leben lang möglich sind. Dabei reagiert der Organismus auf individuelle Erfahrungen mit synaptischen Veränderungen. Dies ist z. B. der Fall, wenn ein erwachsener Mensch neue Erinnerungen speichert. Der Mensch kann zwar sein Leben lang Neues lernen, es fällt ihm aber niemals so leicht wie während der sensiblen Phasen.

Abb. 10.19: Sensible Phasen: Zu einem bestimmten Zeitpunkt werden bestimmte Fähigkeiten besonders leicht erworben.

Entwicklungsaufgaben

Entwicklungsaufgaben wurden erstmals von dem Entwicklungspsychologen Robert J. Havighurst (1972) beschrieben. Er definierte Entwicklung als Lernprozess, in dem **altersspezifische Fähigkeiten** erworben werden müssen, damit sich ein Kind gesund entwickelt und zukünftige Anforderungen bewältigen kann.

> ▸ **Entwicklungsaufgabe**
> Erwerb von Fähigkeiten, die ein Kind sich zu einem bestimmten Zeitpunkt im Entwicklungsprozess angeeignet haben sollte, um sich gesund zu entwickeln und zukünftige Lebensaufgaben zu bewältigen.

Entwicklungsaufgaben werden nach Lebensphasen geordnet. Sie entstehen durch das Zusammenwirken von biologischen Faktoren, der körperlichen Entwicklung, gesellschaftlichen Erwartungen und individuellen Zielsetzungen, Werten und Wünschen. Entwicklungsaufgaben sind universell, das heißt, sie müssen von allen Kindern oder einer Teilgruppe (z. B. nur Jungen) bewältigt werden. Das Ergebnis der Bewältigung beschreibt, wie gut ein Kind an seine Umwelt angepasst ist (Masten u. a. 2006).

Entwicklung durch Erziehung und Sozialisation

Entwicklung durch Erziehung und Sozialisation (→ Kap. 9.5) beschreibt einen lebenslangen Prozess. Der Mensch erlernt dabei die Werte, Verhaltensregeln und Einstellungen seiner Kultur. Erst damit kann er in dieser ein erfolgreiches Leben führen und sich effektiv mit anderen Menschen seiner Kultur austauschen.

Die Sozialisation bezeichnet die Zusammenfassung aller sozialen Einflüsse, die durch Anleitung und Anforderung, Information und Belehrung, durch Beobachtung und Nachahmung von Vorbildern, durch Strafen und Belohnungen auf einen Menschen einwirken und zum Erwerb von kulturspezifischen Werten und Verhaltensnormen führen.

Der Einfluss des sozialen Kontexts wird besonders sichtbar bei der Geschlechterrollenentwicklung (→ Kap. 8.1.2)

Kindergartenalter	Grundschulalter	Jugendalter
Sprachentwicklung	Lesen und Schreiben lernen	Identität
Selbstständigkeit in Alltagsanforderungen, z. B. allein anziehen	Grundfunktionen des Rechnens lernen	Identifikation
Verbesserte Selbstregulation und Frustrationstoleranz	Angemessenes Verhalten in der Schule zeigen	Selbstwert
Soziale Integration in die Gleichaltrigengruppe	Allgemeine Verhaltensregeln zu Hause, in der Schule und in der Öffentlichkeit befolgen	Individualität
Intensive Phantasie- und Spieltätigkeit	Mit Gleichaltrigen in der Schule zurechtkommen	Intimität
Normen, Grenzen und Regeln akzeptieren und einhalten können	Freundschaften mit Gleichaltrigen schließen	Selbstbehauptung

Tab. 10.8: Entwicklungsaufgaben in der Kindheit und Jugend (nach Koglin/Petermann 2012).

von Jungen und Mädchen. Innerhalb von Jungen- bzw. Mädchengruppen gibt es unterschiedliche Interaktionsstile, Ziele und Werte. Diese haben eine langfristige Wirkung auf die soziale, emotionale und Persönlichkeitsentwicklung eines Kindes. Weitere Sozialisationskontexte wie die Familie, der Kindergarten oder die Schule gehen ebenfalls einher mit spezifischen Verhaltensregeln und Einstellungen und beeinflussen nachhaltig die Entwicklung.

Kritische Lebensereignisse

Kritische Lebensereignisse (→ Kap. 10.2.3) sind außergewöhnliche Belastungen, die im Leben eines Menschen auftreten können, wie Krieg, Unfälle, der Verlust eines geliebten Menschen oder die Trennung und Scheidung der Eltern. Sie erfordern von der betroffenen Person eine Umstellung und Anpassung an eine neue Situation. Wird dies nicht bewältigt, entsteht eine Krise, die zur Entwicklung psychischer Störungen führen kann. Eine wichtige Rolle spielt dabei, wie eine Person die Krise bewertet und wem die Verantwortung für die Krise zugeschrieben wird. Beispielsweise werden Krisen, von denen viele Menschen betroffen sind, wie der Übergang in die Rente, leichter bewältigt als außergewöhnliche Ereignisse, die eine Einzelperson treffen, wie ein Autounfall. Schuldgefühle, Ärger und Bitterkeit über ein ungerechtes Schicksal führen zu einer weiteren Belastung. Ein Mensch kann jedoch auch gestärkt aus einer Krise austreten, wenn er diese erfolgreich bewältigt. Er kann dadurch Kompetenzen und Selbstvertrauen entwickeln und zu neuen Einsichten und Wertorientierungen gelangen.

10.3.2 Biografische und öko-kulturelle Bedingungen für Entwicklung

Das bio-ökologische Entwicklungsmodell des Entwicklungspsychologen Urie Bronfenbrenner (1989) stellt besonders die Interaktionen zwischen verschiedenen Bereichen der Umwelt in den Mittelpunkt und beschreibt, wie diese die Entwicklung beeinflussen. Dies spiegelt sich in seiner Definition von Entwicklung wider. Nach Bronfenbrenner (1989) ist Entwicklung eine „dauerhafte Veränderung der Art und Weise, wie die Person die Umwelt wahrnimmt und sich mit ihr auseinandersetzt."

Entwicklung findet statt, wenn eine Person ihre Position durch einen Wechsel ihrer Rolle, ihres Lebensbereiches oder beider verändert. Bronfenbrenner beschreibt zunächst die verschiedenen Umwelten, die einen Menschen umgeben (→ Abb. 10.20):

- **Ökosystem** – Das Ökosystem umfasst die Gesamtheit der sozialen und materiellen Umwelt einer Person.
- **Mikrosystem** – Das Mikrosystem ist als Muster von verschiedenen Tätigkeiten, Aktivitäten, Rollen und zwischenmenschlichen Beziehungen zu verstehen, die eine Person aktuell in einem gegebenen Lebensbereich erlebt. Mikrosysteme eines Kindergartenkindes sind beispielsweise die Beziehung des Kindes zu seinen Eltern, zur Erzieherin oder zu anderen Kindern. Das Kind gestaltet in der Interaktion mit den Bezugspersonen die eigenen Entwicklungsbedingungen mit.

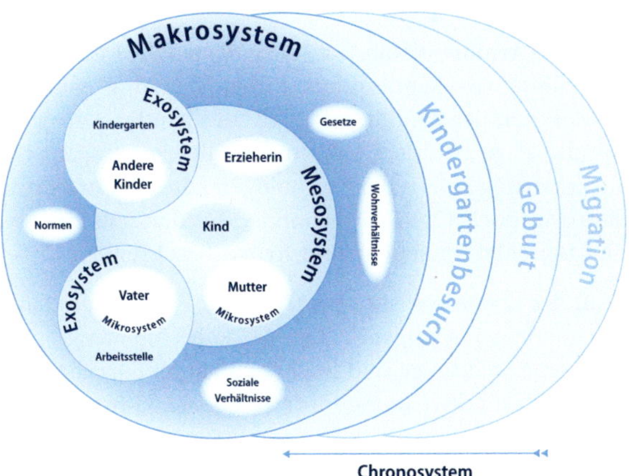

Abb. 10.20: Beispiel für die Systeme der bio-ökologischen Theorie von Bronfenbrenner.

- **Mesosystem** – Das Mesosystem bildet die Gesamtheit der Mikrosysteme. Es umfasst die Wechselbeziehungen zwischen den Lebensbereichen, an denen eine Person aktiv beteiligt ist. Für ein Kind wären dies beispielsweise die Beziehungen zwischen Elternhaus, Kindergarten und Freundeskreis. Ein Mesosystem wird dann gebildet oder erweitert, wenn eine Person in einen neuen Lebensbereich eintritt.
- **Exosystem** – Das Exosystem umfasst einen oder mehrere Lebensbereiche, an denen eine Person nicht selbst beteiligt ist. In diesen finden jedoch Ereignisse statt, die den oder die Lebensbereiche der Person beeinflussen bzw. die davon beeinflusst werden. Am Beispiel eines kleinen Kindes wäre der Arbeitsplatz der Eltern ein Exosystem.
- **Makrosystem** – Das Makrosystem bezieht sich schließlich auf die formale und inhaltliche Ähnlichkeit der oben genannten Systeme, die in einer Subkultur oder der ganzen Kultur bestehen können, einschließlich der ihnen zugrunde liegenden Weltanschauungen und Ideologien.
- **Chronosystem** – Das Chronosystem umfasst sowohl die zeitliche Dimension der Entwicklung als auch die biografische Abfolge. Im Leben eines Kindes ist dies die Entwicklung über die Geburt, den Kindergarten und den Schuleintritt.

Das Kennenlernen der Systeme und die Erweiterung vom Mikro- zum Makrosystem zählen nach Bronfenbrenner zu den **zentralen Entwicklungsaufgaben eines Kindes.** Ökologische Übergänge sind Folge und Anstoß von Entwicklungsprozessen. Für ein Kind in der mittleren Kindheit stellt der Schuleintritt den wichtigsten ökologischen Übergang dieses Altersbereichs dar.

Mit dem bio-ökologischen Modell von Bronfenbrenner kann die Wirkung von bestimmten **Risikofaktoren** auf die kindliche Entwicklung erklärt werden. Beispielsweise wirkt sich Armut (→ Kap. 8.1.2) negativ auf die Intelligenzentwicklung von Kindern aus. Dabei ist Armut zunächst ein Merkmal der Familie und nicht des Kindes. Wie trägt dies also dazu bei, dass ein Kind weniger intelligent ist? Zur Erklärung liefern die Psychologen Alice S. Carter und Klara Murdock (2001) Ergebnisse, die den Zusammenhang zwischen Intelligenz und Armut beschreiben.

- Auf der Ebene des *Mikrosystems* sind Familien, die in Armut leben, weniger dazu in der Lage, altersangemessene Spielzeuge und Bücher zu kaufen, die die intellektuelle Entwicklung fördern. Ebenso kommt es in ärmeren Familien oft zu Frühgeburten aufgrund schlechter Vorsorge und unzureichender Ernährung der Mütter.
- Auf der Ebene des *Mesosystems* leben arme Familien oft in Gegenden mit anderen Familien in ähnlicher Lage, was die intellektuelle Entwicklung ebenfalls negativ beeinflussen kann, z. B. durch vermehrte allgemeine Gewaltbereitschaft oder weniger Zugang zu Lernmaterialien. Eine gering bezahlte Arbeitsstelle beeinflusst über die oben beschriebenen Merkmale die ganze Familie.
- Wird das *Chronosystem* betrachtet, dann wird deutlich, dass sich die Risikofaktoren der unterschiedlichen Ebenen in Bronfenbrenners Modell gegenseitig über die Zeit hinweg beeinflussen und aufsummieren.

Entwicklungsrisiken

Entwicklungsrisiken wurden besonders in der Entwicklungspsychopathologie (→ Kap. 10.1) erforscht. Diese neuere Disziplin der Psychologie beschäftigt sich mit der Entstehung, den Ursachen und dem Verlauf abweichenden Verhaltens (Rutter 1990).

▸ Entwicklungsrisiko
Faktor, dessen Vorliegen in einer Personengruppe dazu führt, dass das Risiko für eine psychische Störung in dieser steigt (Risikogruppe). Das Vorliegen eines einzelnen Faktors muss aber nicht zwangsläufig zu einer Störungsentwicklung führen, vielmehr sind Störungen multifaktorell begründet.

Risikofaktoren für psychische Störungen wurden in den letzten 30 Jahren aus groß angelegten Längsschnittsstudien (→ Kap. 10.1) ermittelt, die die Entwicklung von Kindern teilweise vom Säuglings- bis in das Erwachsenenalter begleiteten. Aktuell wird davon ausgegangen, dass die meisten psychischen Störungen multifaktoriell begründet sind, also mehrere Risiken zu einer Fehlanpassung führen. Die Risikofaktoren (→ Tab. 10.9) werden wie folgt untergliedert:

- Biologische Risiken
- Kindbezogene Risiken
- Familiäre Risiken
- Umfeldrisiken.

Biologische Risiken	Kindbezogene Risiken	Familiäre Risiken	Umfeldbezogene Risiken
Genetische Disposition	„Schwieriges" Temperament (Irritabilität, exzessives Schreien)	Geringe Bildung der Eltern	Fehlendes soziales Netzwerk
Biochemische Faktoren (z. B. niedriger Serotoninspiegel)	Probleme in der Verhaltens- und Emotionsregulation (Impulsivität, Wutanfälle)	Niedriger Sozialstatus	Geringe Qualität der Nachbarschaft
Psychophysiologische Faktoren (z. B. ein niedriges Aktivationsniveau/autonomes Erregungsniveau)	Mangelnde emotionale Kompetenzen (z. B. mangelnde Empathie)	Finanzielle Probleme	Kriminalität und Gewalt im Wohnumfeld
Neuropsychologische Defizite	Geringe soziale Fertigkeiten wie teilen, tauschen, trösten oder anderen helfen	Psychische Probleme der Mutter oder des Vaters	–
Schwangerschafts- und Geburtskomplikationen (z. B. niedriges Geburtsgewicht)	Geringe Integration in die Gleichaltrigengruppe	Kriminalität des Vaters oder der Mutter	–
Teratogene (Missbildungen hervorrufend, z. B. Rauchen der Mutter während der Schwangerschaft)	Geringe Intelligenz	Ehe- oder Partnerprobleme	–
–	Aufmerksamkeitsdefizite	Negatives Erziehungsverhalten	–

Tab. 10.9: Risikofaktoren der kindlichen Entwicklung.

Im Laufe der Forschung hat sich gezeigt, dass vor allem das **gleichzeitige Auftreten von mehreren Risiken** zu einer erhöhten Auffälligkeit führt. Der Kinderpsychiater Michael Rutter und Kollegen (1975) konnten in einer Studie aufzeigen, dass das Vorliegen eines einzelnen Risikofaktors das Risiko für eine psychische Störung im Kindesalter nicht erhöht. Zwei Risikofaktoren ließen das Risiko jedoch um das Vierfache ansteigen, und bei vier Risikofaktoren um das Zehnfache. Als Risikofaktoren gelten ihnen zufolge auch schwere Ehe- oder Paarprobleme, ein geringer Sozialstatus, eine große Familie, Kriminalität eines Elternteils, psychische Störungen eines Elternteils und eine Heimunterbringung des Kindes.

Aus den Ergebnissen der großangelegten Längsschnittstudien konnte zudem die **Flexibilität der kindlichen Entwicklung** aufgezeigt werden. Risiken wirken nicht deterministisch, d. h. dieselben Risikofaktoren bei verschiedenen Kindern führen nicht notwendigerweise zu denselben Entwicklungsabweichungen. Dieses Prinzip, dass Kinder mit gleichen Risiken im Entwicklungsverlauf sich unterschiedlich entwickeln, wird **Multifinalität** genannt. Allerdings können Kinder mit unterschiedlichen Entwicklungsrisiken die gleichen Störungen ausbilden (**Äquifinalität**). Dies unterstreicht, wie wichtig eine individuelle Betrachtung kindlicher Probleme ist.

Entwicklungsrisiken und Familiensituation

Bei Kindern aus sog. **bildungsfernen Familien** und solchen mit **Migrationshintergrund** hat die DIW-Studie (2008) große Entwicklungsdefizite festgestellt. Anders verhält es sich, wenn Kinder aus diesen Familien bereits mit drei Jahren den Kindergarten besuchen: Sie holen dann nahezu alle Lücken im Vergleich zu Kindern aus Familien mit hohem Bildungsabschluss auf. Oft bleibt für eine gezielte **kognitive Förderung der Kinder** in den betroffenen Familien zu wenig Raum und Zeit bleiben. Es ist zu beobachten, dass Fernsehen oft den elterlichen Erziehungs- und Bildungsauftrag ersetzt. Die Fähigkeit zur Alleinbeschäftigung schwindet, Interesse und Konzentration für eine Sache hängen in immer stärkerem Maße von äußeren Reizen ab.

> ⊙ Kindertagesstätten sind heute und noch stärker in der Zukunft ein notwendiger **sozialer Lernraum und Bildungsstätte** zugleich. Soziale Institutionen haben neben Betreuung der Kinder und Entlastung der Familien die Aufgabe, Kinder durch gezielte Angebote ganzheitlich zu fördern. Ausgangspunkt für dieses pädagogische Arbeiten sind die sozialen und kulturellen Realitäten der Familien, an denen sich das Fachpersonal orientiert und seine Arbeit ausrichtet.

Jugendliche und Familie

Nach der Shell-Jugendstudie 2006 bietet in Zeiten wirtschaftlicher Unsicherheit die **Familie** Sicherheit, sozialen Rückhalt und emotionale Unterstützung. 73 Prozent der heranwachsenden Jugendlichen im Alter zwischen 18 bis 21 Jahren wohnen noch bei ihren Eltern. 90 Prozent der Jugendlichen bekennen sich zu einem guten Verhältnis zu ihren Eltern, 71 Prozent würden auch ihre eigenen Kinder genauso erziehen, wie sie selbst erzogen wurden.

Jugendliche erziehen sich heute verstärkt gegenseitig in **Peergroups**. Das Beispiel der Gleichaltrigen ist bedeutungsvoller als das der Eltern für die Selbstfindung und die Festigung der eigenen Persönlichkeit.

Die Informationsbeschaffung über **Massenmedien,** hauptsächlich das Internet, wird heute von Jugendlichen mehr genutzt als noch von der Generation ihrer Eltern, was vermehrt zu konträren Haltungen von Eltern und Jugendlichen führen kann.

Freizeitverhalten von Jugendlichen

Der Freizeitbereich ist gemäß dieser Studie einer der wichtigsten sozialen Räume nach der inneren Ablösung von den Eltern. Für das Freizeitverhalten der Jugendlichen spielt die **soziale Herkunft** eine große Rolle.

- *Jugendliche aus gut situierten Familien* – Bei diesen Jugendlichen kommt es meist zu einer Verstärkung der Impulse aus dem Elternhaus. Sie beschäftigen sich in ihrer Freizeit besonders häufig mit Lesen, mit kreativen oder künstlerischen Aktivitäten und pflegen ihre sozialen Kontakte.
- *Jugendliche aus sozial benachteiligten Familien* – Im Gegensatz dazu hat bei diesen Jugendlichen das Abtauchen in die Gleichaltrigengruppe mit ihrer spezifischen Freizeitkultur eine wesentlich größere Bedeutung. Insbesondere männliche Jugendliche aus sozial benachteiligten Schichten verbringen ihre Freizeit vorrangig mit Computerspielen und Fernsehen. Riskant wird dieses Freizeitverhalten, wenn es sich mit einer Abwendung von Schule und Berufsausbildung und damit mit Abkehr von gesellschaftlichen Konditionen verbindet.

Gesundheitsverhalten

Auch das Gesundheitsverhalten der Jugendlichen variiert laut Shell-Jugendstudie gemäß ihrer sozialen Schichtung. Unter Jugendlichen aus der Unterschicht sind weit häufiger verbreitet als in mittleren und oberen Sozialschichten:

- Gesundheitsgefährdende Verhaltensweisen wie ungesunde Ernährung (täglicher Konsum von Cola/Limonade: 46 % in der Unterschicht zu 12 % in der Oberschicht)
- Mangelnde körperliche Bewegung (38 % zu 14 %)
- Regelmäßiges Zigarettenrauchen (37 % zu 15 %).

Vermutet werden drohende Arbeitslosigkeit, eingeschränkte Bildungschancen und schlechte Wohnverhältnisse, die sich zukünftig in immer stärkerem Maße negativ auf die Gesundheit und das Gesundheitsverhalten der Jugendlichen auswirken.

Bildung

Auch bei der Bildung gibt es große **soziale Unterschiede:**

- Jugendliche aus sozial schwierigeren Verhältnissen besuchen häufiger Haupt- und Sonderschulen.
- Jugendliche aus besser gestellten Elternhäusern besuchen oft weiterführende Schulformen.

Sozial benachteiligte Jugendliche erzielen auch in der anschließenden Ausbildung nicht immer die Resultate, die ihrem Potenzial entsprechen. Sie blicken nicht ganz so optimistisch in die Zukunft wie ihre Altersgenossen an Gymnasien. Sie sind ebenfalls deutlich stärker besorgt, ihren Arbeitsplatz zu verlieren bzw. keine adäquate Beschäftigung zu finden.

10.3.3 Bindung und Beziehung

Der Familienbegriff hat sich in letzten Jahrzehnten deutlich verändert. Eine einheitliche Definition der Familie (→ Kap. 9.4) fällt daher schwer. Allerdings steht aus Sicht der Familienpsychologie weniger die normativ vorgegebene Familie von Vater, Mutter und zwei Kindern im Mittelpunkt des Interesses, sondern die tatsächliche Zusammensetzung der Personengruppe, die miteinander in Beziehung lebt. Familie bezeichnet nach dem Familienpsychologen Klaus Schneewind (2003) ein **Beziehungssystem,** das sich mehr oder minder stark ausgeprägt von anderen abgrenzt und durch Privatheit, Nähe und Dauerhaftigkeit gekennzeichnet ist.

Entwicklung von Familienbeziehungen

Die Entwicklung der Familienbeziehungen findet über die Interaktion und Kommunikation ihrer Mitglieder im Kontext aktueller materieller und sozialer Strukturen statt. Dabei spielt nicht nur das Verhalten der Mitglieder eine Rolle, sondern besonders auch die Bedeutung der Kommunikation. Schneewind (2003) verweist darauf, dass die Beziehungssysteme in der Familie immer auch **Bedeutungssysteme** darstellen.

Ein verlässlicher familiärer Zusammenhalt (eine hohe familiäre Kohäsion) ist nach Schneewind eine wichtige Voraussetzung für entwicklungsfördernde, positive Eltern-Kind-Beziehungen. Familiäre Kohäsion begünstigt eine positive kindliche Entwicklung. Sie entsteht durch emotional verbindende Interaktionen der Familienmitglieder, die sich gleichfalls klar voneinander abgrenzen können. Eine zu starke Kohäsion gilt ebenso wie eine fehlende Kohäsion als dysfunktionale Familienstruktur.

Die Kindererziehung ist traditionell eine Aufgabe der Familie. Der Erziehungsstil (→ Kap. 8.1.3) und das Erziehungsverhalten beeinflussen erheblich die kindliche Entwicklung.

► Erziehungsstil
Relativ stabile Tendenzen einer Bezugsperson für bestimmte Erziehungspraktiken.

Die Entwicklungspsychologien Diana Baumrind (1989) unterscheidet vier **Klassen von Erziehungsstilen,** die sich durch das Zusammenspiel der Komponenten Anforderung, Klarheit der Äußerung und emotionale Zuwendung unterscheiden:

- *Autoritär* – wenig emotionale Zuwendung und hohe Anforderungen/Macht
- *Vernachlässigend* – wenig emotionale Zuwendung und wenig Orientierung
- *Permissiv* – viel Zuwendung und wenig Anforderung
- *Autoritativ* – viel emotionale Zuwendung und klare Orientierung/Anforderung.

In einer Längsschnittstudie begleitete Baumrind die Entwicklung von Kindern vom Kindergarten- bis zum Jugendalter. Dabei konnte sie feststellen, dass ein autoritativer Erziehungsstil mit einer positiven Entwicklung im Jugendalter im Zusammenhang stand. Kinder und besonders Jungen von Eltern mit einem autoritären Erziehungsstil erzielten geringere kognitive Leistungen, eine geringere soziale Kompetenz und ein geringes Selbstvertrauen in ihren Freundschaftsbeziehungen.

Bindungstheorie

Die Eltern-Kind-Beziehung (→ Kap. 9.3.5) wird als Prototyp für sozial-emotionale Beziehungen angesehen. Sie trägt maßgeblich zu den Beziehungserwartungen und dem Verhalten des Kindes in weiteren engen Beziehungen zu Gleichaltrigen, Erziehern und Lehrern bei (Reichle/Tippelt 2007).

Abb. 10.21: Mutter-Kind-Bindung.

► **Bindung**
Biologisch begründete und zeitlich überdauernde emotionale Qualität der Beziehung zwischen dem Kleinkind und seinen Fürsorgepersonen (Reichle/Tippelt 2007). Sie wird im Rahmen der Interaktion mit der Bezugsperson erworben und ist davon abhängig, wie sehr ein Kind auf die Erfüllung seiner Bedürfnisse durch die Bezugsperson vertrauen kann.

Die **Bindungsqualität** kann nicht am Kind selbst beobachtet werden. Bei jungen Kindern wird das Bindungsverhalten traditionell im Rahmen der „fremden Situation" festgestellt. Hierbei steht besonders das Verhalten des Kindes nach einer Trennung von seiner Bezugsperson im Vordergrund. Auf der Grundlage seiner Erfahrungen entwickelt ein Kind ein bestimmtes Bild von seiner Fürsorgeperson und weiß, wie diese Person in bestimmten Situationen auf das eigene Verhalten reagiert. Daraus entwickelt es ein sogenanntes **inneres Arbeitsmodell von Bindung** (→ unten), auch Bindungsstrategie genannt. Nach Bowlby werden solche Arbeitsmodelle Generationen weitergegeben.

Es konnten vielfältige Bezüge zwischen der Bindungsqualität und der sozialen Kompetenz des Kindes sowie dem Auftreten sozial auffälliger Verhaltensweisen hergestellt werden.

► **Inneres Arbeitsmodell von Bindung**
Vorstellungen, Erwartungshaltungen und Reaktionen und die damit verbundenen Gefühle eines Kindes gegenüber seinen Fürsorgepersonen in Bezug auf die bisher erfahrene Interaktion.

Bindungsmodelle sind im Entwicklungsverlauf veränderbar. Besonders wenn kritische Lebensereignisse (→ Kap. 10.2.1), Risikofaktoren (→ Kap. 10.2.2) und Entwicklungsaufgaben (→ Kap. 10.2.1) gleichzeitig auftreten, können Veränderungen ausgelöst werden (Schmidt-Denter/Spangler 2005).

Ein sicheres Bindungsmodell kann von verschiedenen unsicheren Bindungen unterschieden werden. Es gibt insgesamt vier Bindungsmodelle bzw. Bindungsstrategien:

- Sicheres Bindungsmodell
- Unsicher-vermeidendes Bindungsmodell
- Unsicher-ambivalentes Bindungsmodell
- Desorganisierte Bindungsstrategie.

Sicheres Bindungsmodell

Kinder mit sicherem Bindungsmodell haben aufgrund der Erfahrung von Unterstützung und Sicherheit in nahen sozialen Beziehungen gelernt, sich emotional offen auszudrücken. Sie haben die Erfahrung gemacht, dass nicht nur Freude, sondern auch negative Gefühle wie Wut, Ärger, Enttäuschung oder Angst akzeptiert werden und ihre Umwelt sie dabei unterstützt, diese Gefühle zu äußern und sie zu bewältigen. Sie zeigen höhere soziale Kompetenz und eine ausgeprägtere *Compliance* (Zusammenarbeit), d. h., dass die Kinder mehr auf Regeln und deren Einhaltung achten und Aufforderungen nachkommen. Sie haben eine höhere *Empathie*, und es treten weniger aggressives Verhalten und emotionaler Rückzug in Beziehungen auf.

Unsicher-vermeidendes Bindungsmodell

Kinder mit einem unsicher-vermeidenden Bindungsmodell haben gelernt, ihre Gefühle von Verletzung, Zurückweisung und Kränkungen in engen Beziehungen zu unterdrücken. Sie vermeiden eher den Kontakt zur Bezugsperson und konzentrieren ihre Aufmerksamkeit überwiegend auf die Sachumwelt. Dies kann bei mehrfachen Zurückweisungen durch Eltern, Gleichaltrige oder Lehrer teils zu aggressiven Reaktionsweisen, teils auch zu internalisierenden Verarbeitungsmustern wie sozialem Rückzug, psychosomatischen Beschwerden und Selbstabwertung führen. Diese Kinder wirken sehr selbstständig, sind aber nachweislich stressbelastet.

Unsicher-ambivalentes Bindungsmodell

Weil es seine Bindungsperson als unberechenbar empfindet, verhält das Kind sich widersprüchlich. Zum einen wird die Nähe der Person gesucht, gleichzeitig ist das Kind ärgerlich. Bei einem unsicher-ambivalenten Bindungsmodell wird die Abhängigkeit von der Umwelt deutlich, indem das Kind hilfloses und passives Verhalten oder übertriebenen Ärger und Wut zeigt, ohne dass es kompetente Lösungen findet. Es braucht lange, um in bestimmten Situationen zu einer ausgeglichenen Stimmung zurückzufinden.

Desorganisiertes Bindungsmodell

Die Kinder ohne organisierte Bindungsstrategien werden im Sozialverhalten als kontrollierend gegenüber Fürsorgepersonen beschrieben. Im Verhalten gegenüber Gleichaltrigen erweisen sie sich als die Gruppe mit den größten Verhaltensauffälligkeiten, insbesondere im Bereich externalisierenden Problemverhaltens (aggressiv, trotzig oder hyperaktiv), teilweise aber auch im Bereich der internalisierenden Störungen (ängstlich, depressive Symptome) (Reichle/Tippelt 2007). Die Kinder können keine einheitliche Bindungsstrategie wie die oben genannten entwickeln und zeigen daher oft Verhaltensweisen, die für Erwachsene nicht einzuordnen sind.

Moralische Entwicklung

Moral (→ Kap. 13.2.4) bezieht sich auf Verhaltensnormen für all jenes Verhalten, das andere direkt oder indirekt beeinflusst (Gert 2005). Diese innerhalb einer Gesellschaft oder Gruppe aufgestellten Verhaltensnormen werden als übergeordnet angesehen und dienen als Verhaltensrichtlinie für jedes ihrer Mitglieder.

Moral verbietet Verhaltensweisen wie Töten, das Verursachen von Schmerz, Betrug und Wortbruch. Sie dient der

Förderung des menschlichen Zusammenlebens sowie des gegenseitigen Hilfeverhaltens und soll verhindern, dass einander Schaden zugefügt wird.

Dabei reicht das Wissen darüber, was richtig und gut ist, nicht immer aus, um jemanden zu motivieren, auch das Richtige zu tun. Damit moralisch gehandelt wird, muss eine Person auch das tun wollen, was moralisch richtig wäre, statt andere Ziele mit seinem Handeln zu verfolgen.

Stufenmodell der Moralentwicklung nach Kohlberg

Der Psychologe Lawrence Kohlberg (2008) stellt ein **Stufenmodell der Moralentwicklung** vor (→ Tab. 10.10). In diesem wird angenommen, dass diese Stufenfolge universell und irreversibel ist. Damit wird auch angenommen, dass jedes gesunde Kind das Entwicklungspotenzial besitzt, diese Stufen zu durchlaufen. Zudem gibt es keinen Rückfall von einem einmal erreichten Niveau, außer bei sehr schweren Krisen. Es geht Kohlberg dabei nicht um die Bewertung des Inhalts moralischer Äußerungen, sondern um die Begründung normativer Urteile und die Orientierungen, die diese Urteile leiten.

Die Begründungen von Normen untersuchte Kohlberg an sogenannten moralischen Dilemmata, das heißt dem Konflikt zwischen zwei moralischen Normen.

Das Heinz-Dilemma

Eine todkranke Frau litt an einer besonderen Krebsart. Es gab ein Medikament, das nach Ansicht der Ärzte ihr Leben hätte retten können. Ein Apotheker der Stadt hatte es kurz zuvor entdeckt. Das Medikament war teuer in der Herstellung, der Apotheker verlangte jedoch ein Vielfaches seiner eigenen Kosten. Heinz, der Ehemann der kranken Frau, borgte von allen Bekannten Geld, brachte aber nur die Hälfte des Preises zusammen. Nach ergebnislosen Verhandlungen mit dem Apotheker brach Heinz in die Apotheke ein und stahl das Medikament für seine Frau.

- Hätte Heinz das Medikament nicht stehlen sollen?
- Was ist schlimmer: Jemanden sterben zu lassen oder zu stehlen?
- Wäre es genauso gerechtfertigt, für einen Fremden zu stehlen wie für die eigene Frau?
- Sollte Heinz für den Diebstahl von einem Richter verurteilt werden? (Nach Colby u. a. 1987)

Reflektieren Sie diese Fragen für sich und auch im Dialog mit anderen.

Kohlberg leistete mit seinem Modell einen großen Beitrag zum Verständnis der Moralentwicklung. Dennoch ist fraglich, ob die individuelle Position auf Kohlbergs Skala ausschließlich von durch die Entwicklung vorgegebenen Kompetenzgrenzen bestimmt wird oder ob sie in gewissem Rahmen auch eine individuelle Wertentscheidung darstellt. Der Psychologe John Gibbs (2006) zeigte, dass Jugendliche und Studenten in der Lage sind, neben ihrer eigenen Stellungnahme zu einem Dilemma auch weitere, davon verschiedene Positionen zu geben. Dabei konnten die Befragten nicht nur unter ihrem Niveau argumentieren, sondern auch über ihrem Niveau. Ihre Stellungnahme reflektiert also nicht nur die Grenzen ihrer Kompetenz, sondern ihre Überzeugung. Wenn dies so ist, kann die Kohlberg-Skala keine universelle Entwicklungsskala sein.

Moralische Entwicklung nach Binfet

Der Psychologe Ty Binfet (2004) beschäftige sich damit, wie moralische Entwicklung stattfinden kann. Er ging davon aus, dass ein Mensch in drei Bereichen Fortschritte machen muss, um von einer Stufe der Moralentwicklung zur nächsten zu gelangen:

- Seine **soziale Perspektive** muss sich erweitern, das heißt, er muss von einer rein egozentrischen Perspektive dazu gelangen, die Ansprüche anderer Menschen in seinen Handlungen zu berücksichtigen.
- Seine **moralische Selbstbestimmung** muss sich verbessern. Er muss moralische Normen hinterfragen und begründen lernen.
- Die **Begründung der Regeln seines Handels** muss sich verbessern. Anstelle einer egozentrischen Begründung, die auf Lust oder Unlust basiert, muss ein Mensch schrittweise Normbegründungen entwickeln, die auf für alle nützlichen Regeln und zwischenmenschlicher Achtung basieren.

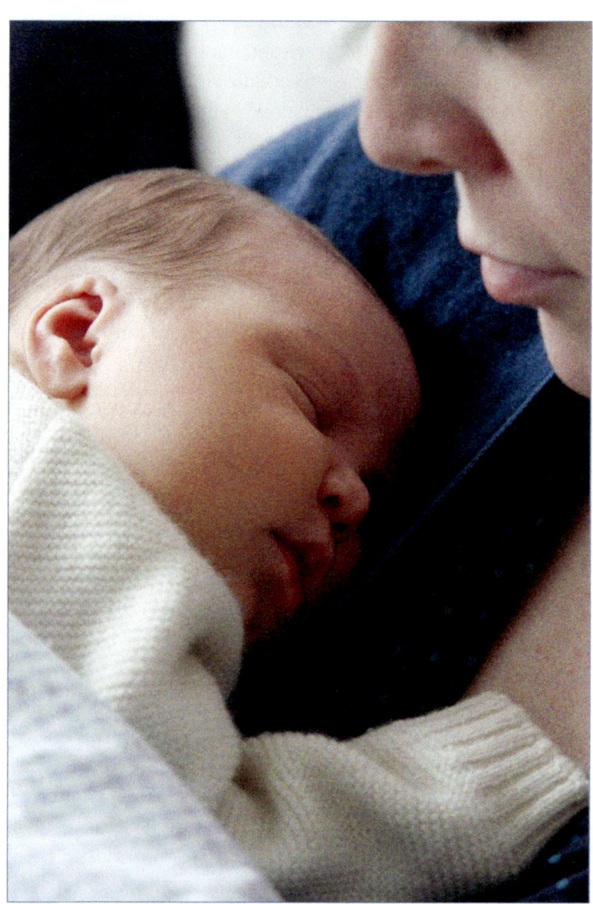

Abb. 10.22: Sichere Bindung.

Präkonventionelle Ebene	Konventionelle Ebene	Postkonventionelle Ebene
1. Orientierung an Gehorsam und Strafe Die Moral orientiert sich an Geboten und Sanktionen von mächtigen Anderen. Handlungen werden nach ihrem Effekt beurteilt: „Solange mich niemand erwischt."	**3. Orientierung am Bild des braven Kindes** Eigene Handlungsbewertungen werden an den Erwartungen Anderer (Rollen) ausgerichtet. Handlungen sollen anderen gefallen, helfen etc. Konformität geht vor eigene Interessen: „Ich mache das, weil Papa mich dann lieb hat."	**5. Orientierung an Recht und Sozialverträgen** Normen werden zwar als willkürlich und gruppenspezifisch erkannt, aber als verbindlich angesehen, weil man sich darauf geeinigt hat. Individuelle Rechte und das Gemeinwohl sollen geschützt werden: „Ich mache das, weil wir uns darauf geeinigt haben, es so zu machen."
2. Naiv-egoistische Orientierung Handlungen werden nach ihrem Wert zur Befriedigung von Wünschen und Bedürfnissen bewertet: „Wenn es mir gut tut, kann es nicht falsch sein."	**4. Orientierung an Autorität und sozialer Ordnung** Moralische Urteile werden im Sinne der Pflichterfüllung und aufgrund von Respekt vor Autoritäten getroffen; Erhaltung von Recht und Ordnung sind wesentlich: „Ich mache das, weil man es so machen soll."	**6. Prinzipienorientierung** Handlungsbewertungen basieren nicht nur auf sozialen Regeln, sondern auch auf moralischen Prinzipien der Gerechtigkeit, die das Individuum in freier, vernünftiger Entscheidung wählt. Dabei spielen das Gewissen, Vertrauen und Respekt eine Rolle: „Ich handle nur so, dass mein Handeln als allgemeines Gesetz gelten könnte."

Tab. 10.10: Stufen der Moralentwicklung (nach Kohlberg 2008).

10.3.4 Vorgeburtliche Entwicklung und frühe Kindheit

Dieses Kapitel zeigt einen kurzen Abriss der Entwicklung des Menschen vor der Geburt und in den ersten Lebensmonaten.

Vorgeburtliche Entwicklung

Das Leben eines Menschen beginnt bereits vor seiner Geburt. Nach der Befruchtung der Eizelle beginnt eine rasante Entwicklung. Die Zelle teilt sich in den ersten Tagen mehrfach, und eine vollständige Teilung würde zu diesem Zeitpunkt dazu führen, dass zwei komplette Lebewesen mit den gleichen Erbanlagen entstehen, also eineiige Zwillinge. Bei zweieiigen Zwillingen wurden zwei Eizellen befruchtet. Bis zur dritten Woche bilden sich erste Blutzellen und Gefäße, und das Herz beginnt ab dem Ende der dritten Woche zu schlagen. In der vierten und fünften Woche formen sich bereits Gliedmaßen, Kopf und Rumpf und sogar die Handflächen heraus. In der siebten Woche bildet sich das Gesicht heraus, und Augenlider sind zu erkennen. Muskeln differenzieren sich aus und durchziehen den ganzen Körper. Gegen Ende der achten Woche ist der Fötus bereits zu einigen Bewegungen fähig und reagiert auf Reize im Mundbereich. Männliche und weibliche Föten sind ab der zwölften Woche unterscheidbar, und im Hirnstamm sind erste elektrische Signale zu erkennen. Im vierten Monat wird die Teilung der Gehirnhälften sichtbar, und ab dem fünften Monat sind alle Nervenzellen des Menschen vorhanden. Die Lungen sind ab dem siebten Monat fähig zu atmen, und die Augen öffnen sich und reagieren auf Licht. In den letzten vier Wochen vor der Geburt nimmt der Fötus noch einmal um 50 % an Gewicht zu.

Die Föten nehmen bereits im Mutterleib **Reize** auf und reagieren darauf: Sie können riechen, schmecken, hören, tasten und sogar optische Sinneseindrücke wahrnehmen, wie z. B. starkes Licht, das die Haut der Mutter durchlässt. Sie erkennen die Stimme der Mutter und ihre Sprachmelodie.

Frühe Kindheit

Hören

Nach der Geburt lernt ein Kind die *Laute* der Muttersprache. Durch die Säuglingsforschung ist bekannt, dass Kinder im Alter von vier bis sechs Monaten die Laute der Muttersprache ebenso gut unterscheiden können wie Laute einer anderen Sprache, z. B. chinesische. Interessanterweise geht diese Fähigkeit schon einige Zeit später verloren. Zwischen dem zehnten und zwölften Lebensmonat können Kinder dies nicht mehr, dafür können sie jedoch noch besser die Laute der Muttersprache voneinander unterscheiden.

Entwicklung des Hörens → Kap. 18.1

Sehen

Gesichter können Kinder ebenfalls sehr früh erkennen. Dies bedeutet, dass Säuglinge dazu in der Lage sind, aus verschiedenen **Wahrnehmungsinhalten** ein Objekt, in diesem Fall ein Gesicht, zu bilden. Einen Monat alte Säuglinge orientieren sich dabei an den Außenlinien des Gesichts. Auch andere Objekte nehmen die Säuglinge beim visuellen Abtasten zunächst über deren Außenlinien wahr, z. B. die Ecken eines Würfels. Ab dem zweiten Monat können Kinder auch komplexere Reize wahrnehmen und fixieren im Gesicht eines anderen die Augen und den Mund. In Experimenten konnte aufgezeigt werden, dass Kinder in diesem Alter eine Präferenz für „richtige" Gesichter zeigen. Zeigt man ihnen Bilder von Gesichtern, in denen Augen, Mund und Nase korrekt angeordnet sind, widmen sie diesen mehr Aufmerksamkeit als Bildern, in denen diese Merkmale falsch angeordnet sind (Siegler u. a. 2005). Im Weiteren bevorzugen sie nicht nur richtige Gesichter, sondern auch diejenigen, die durch gleichmäßige Gesichtszüge besonders attraktiv sind. Die Fähigkeit, Gesichter und Stimmen miteinander zu verbinden, tritt etwa ab dem dritten Lebensmonat auf. Dies zeigt auf, dass die Entwicklung in den beiden Bereichen miteinander korrespondiert.

Motorik

Fortschritte der motorischen Entwicklung des Kindes sind für die Mutter bereits in der Schwangerschaft zu spüren. Nach der Geburt sind die Bewegungen des Säuglings unkoordiniert, und es handelt sich um angeborene Handlungsmuster auf bestimmte Reize, sogenannte **Reflexe**:

- *Greifreflex* – Wird die Handinnenfläche berührt, schließt der Säugling seine Hand.
- *Suchreflex* – Eine Berührung in der Nähe des Mundes führt dazu, dass ein Säugling seinen Kopf in Richtung der Berührung dreht und den Mund öffnet.
- *Saugreflex* – Wird ein Kind im Inneren des Mundes berührt, beginnt es zu saugen.

Weitere Reflexe, die ein Leben lang erhalten bleiben, sind das Husten, Niesen, Blinzeln oder Sichzurückziehen bei Schmerzen. Kinder mit einem gut ausgebildeten Nervensystem zeigen starke Reflexe, während zu früh geborene oder kranke Kinder diesen in der Stärke oft nachstehen.

Mit etwa drei Monaten entwickelt sich aufgrund der Ausreifung des Kleinhirns die **Willkürmotorik.** Das Kind kann seinen Kopf in verschiedenen Positionen aufrecht halten und sich so gezielt Reizen der Umgebung zuwenden. Reflexe werden in Bewegungsabläufe integriert, und es werden Dreh- und Vorwärtsbewegungen möglich.

Die neuronale Entwicklung der **motorischen Steuerung** ist gegen Ende des ersten Lebensjahres abgeschlossen. Hat das Kind gelernt, allein zu stehen (zwischen dem 10. und 14. Lebensmonat) und allein zu laufen (zwischen dem 11. und 15. Lebensmonat), dann bestimmen überwiegend die Anforderungen aus der Umwelt die weitere motorische Entwicklung.

Motorik → Kap. 12

Kognition

Die kognitive Entwicklung von Säuglingen nachzuvollziehen, ist schwieriger, da sie nicht der direkten Beobachtung zugänglich ist. Daher entwickelten Forscher verschiedene Techniken, um Reaktionen von Säuglingen auf bestimmte Reize beobachten zu können. Sie machten sich den Umstand zu Nutze, dass Kinder Interesse und Neugierde an unbekannten Reizen zeigen. Untersucht wurden folgende Reizreaktionen:

- **Habituierung** (Gewöhnung) – Bei der Habituierung (Habituation laut Siegler: eine der einfachsten Formen des Lernens, Zurückgehen oder Abnehmen einer Reaktion auf einen wiederholten oder andauernden Reiz) steht im Vordergrund, dass Kinder sich neuen Reizen zuwenden. Werden diese wiederholt dargeboten, gewöhnen sich Säuglinge an den Reiz und wenden sich ab. Werden nun veränderte Reize eingesetzt und ein Kind wendet sich diesen erneut länger zu, ist daraus zu erkennen, dass Kinder diese Veränderung erkannt haben. So konnte beispielweise aufgezeigt werden, dass Kinder im Alter von sechs Monaten wahrnehmen, dass es ungewöhnlich für einen Ball ist, in der Luft stehen zu bleiben (Karmiloff-Smith 1985). Ohne die Gesetze der Schwerkraft zu kennen, reagieren Kinder doch mit Erstaunen, weil sie etwas anderes erwartet haben.
- **Saugbewegungen** – Zur Messung der Saugbewegungen wird ein spezieller Schnuller eingesetzt, der die Intensität und Frequenz der Bewegungen erfasst. Beispielsweise steigt die Frequenz an, wenn Säuglinge die Stimme ihrer Mutter hören; sie bevorzugen sie im Vergleich mit fremden Stimmen.
- **Kopfbewegungen** – Die Analyse der Kopfbewegungen basiert auf einem ähnlichen Prinzip wie die Habituation. Kinder wenden ihren Kopf neuen und interessanten Reizen zu. Durch den Einsatz dieser Techniken ist beispielsweise bekannt, dass Kinder schon vor dem zehnten Lebensmonat ein gewisses Ausmaß von **Objektpermanenz** aufweisen und mit Erstaunen reagieren, wenn ein Objekt nicht an erwarteter Stelle ist. Die klassische Aufgabe zur Überprüfung der Objektpermanenz besteht darin, einen Gegenstand, den das Kind zuvor gesehen hat, mit einem Tuch zu überdecken. Mit etwa zehn Monaten ist ein Kind dazu in der Lage, sich daran zu erinnern, dass dort ein Gegenstand liegt, und diesen wieder abzudecken. **Personenpermanenz** tritt etwas früher auf. Kinder bevorzugen vertraute Personen und versuchen aktiv, die Nähe ihrer Mutter zu erreichen.

Geteilte Aufmerksamkeit

Ab dem sechsten Lebensmonat kann man bei Kindern die Fähigkeit zur geteilten Aufmerksamkeit (→ Kap. 10.1.3) beobachten. Kinder folgen dann der Blickrichtung Erwachsener. Eltern deuten auf einen Gegenstand, und Kinder wenden sich daraufhin diesem Reiz zu. Damit sind gemeinsame Interaktion und Spielen möglich, wie einen Ball hin- und herrollen. Das Herstellen geteilter Aufmerksamkeit ist eine wesentliche Basis für die soziale Entwicklung, da sie gemeinsame Erfahrung möglich macht. Sind Kinder gegen Ende des ersten Lebensjahres nicht dazu in der Lage, kann dies ein Warnhinweis auf den frühkindlichen Autismus darstellen (Sinzig/Schmidt 2012).

Soziale Entwicklung (→ Kap. 9 und 20)

10.3.5 Kindheit

In der Kindheit (zwei bis sechs Jahre) verläuft die Entwicklung in den verschiedenen Bereichen weiterhin rasant. Die Kinder können sich sprachlich zunehmend besser ausdrücken, sie schließen erste Freundschaften und besuchen zumeist den Kindergarten. Hier haben sie die Möglichkeit, soziale Kompetenzen im Kontakt mit Gleichaltrigen weiter auszubauen. Ein wichtiger Entwicklungsübergang ist der Eintritt in die Schule.

Eltern äußern in dieser Entwicklungsphase oft, das Kind sei nun eine „ganz eigene Persönlichkeit". Die Vorlieben und Stärken des Kindes werden deutlicher wahrgenommen; es hat seine Art und Weise entwickelt, sich mit den Umweltanforderungen auseinanderzusetzen.

Persönlichkeitsentwicklung

Zur Entwicklung der Persönlichkeit wird besonders auf das Temperament und die Entwicklung des Selbst eingegangen.

Temperament

Die Persönlichkeitsentwicklung eines Kindes ist schon mit dem Temperament im Säuglingsalter „vorgebahnt".

> ▶ **Temperament**
> Art und Weise, wie Kinder auf Reize reagieren und agieren. Es wird oft als frühe Form oder Vorläufer der Persönlichkeit bezeichnet.

Das Temperament wird stark durch genetische Einflüsse bestimmt. Im Entwicklungsverlauf verändern jedoch die Erfahrungen mit der Umwelt das Temperament (Kagan 2007). Mit dem Temperament werden relativ überdauernde Verhaltenstendenzen beschrieben. Dies können sein:

- Die physiologische Reaktivität eines Kindes
- Die Emotionalität eines Kindes.

Unter **physiologischer Reaktivität** wird die körperliche Reaktionsbereitschaft verstanden, das heißt, wie schnell und stark ein Kind körperlich auf Reize reagiert.

Abb. 10.23: Positive Emotionalität: Freude und Interesse.

Emotionalität beschreibt, wie oft oder intensiv Kinder Emotionen erleben. Es kann zwischen positiver Emotionalität (dem Erleben von Freude, Interesse) und negativer Emotionalität unterschieden werden. Negative Emotionalität geht einher mit dem häufigen Auftreten und intensiven Erleben von Emotionen wie Trauer, Angst oder Wut.

> ▶ **Schwieriges Temperament**
> Verhaltensmuster; es werden Kinder charakterisiert, die leicht irritabel sind, einen unregelmäßigen biologischen Rhythmus haben und häufig negative Emotionen zeigen (Caspi/Silva 1995). Diese Temperamentskonstellation steht im Zusammenhang mit
>
> - Oppositionellem und aggressivem Verhalten im Kindesalter
> - Aggressiv-dissozialem Verhalten im Jugendalter (Eisenberg u. a. 2000).

Neben dem „schwierigen Temperament" wurde auch das „gehemmte Temperament" im Zusammenhang mit der sozialen und emotionalen Entwicklung von Kindern untersucht. Kinder mit einer starken Verhaltenshemmung haben ein erhöhtes Risiko für Angststörungen wie Phobien und Trennungsangst (Biederman u. a. 2001).

> ▶ **Gehemmtes Temperament**
> Verhaltensmuster; Kinder mit einem „gehemmten Temperament" fallen dadurch auf, dass sie sich neuen Situationen oder fremden Personen schlechter anpassen können. Diese Kinder ziehen sich eher zurück und erleben mehr Angst (Biederman u. a. 2001).

Entwicklung des Selbst

Ein weiterer Aspekt der Persönlichkeitseinwicklung bezieht sich auf die Entwicklung des Selbst, des Selbstkonzeptes und der Identität.

> ▶ **Das Selbst**
> Gedankliches Konstrukt zur Identität, kann nach dem Psychologen und Philosophen William James (1890) in das „Ich" und „Mich" unterteilt werden. Das „Ich" entspricht dabei dem Subjekt und das „Mich" das vom Subjekt konstruierte Objekt. Das „Ich" beinhaltet die persönliche Biografie und das „Mich" das Wissen über den eigenen Körper oder über unser soziales Selbst.

Die Entwicklung des Selbst vollzieht sich durch Interaktionen zwischen dem Kleinkind und seiner Bezugsperson und der Erfahrung mit der Umwelt. Diese Entwicklung ist gut zu beobachten durch Selbstempfinden, Trotzphase und Theory of Mind.

In den ersten Lebensmonaten entwickelt sich zunächst ein **Selbstempfinden**. Kinder lernen, dass sie durch ihr Handeln etwas in der Umwelt bewirken können, z. B. einen

Ball bewegen. Trennungsangst, wie sie gegen Ende des ersten Lebensjahres auftreten kann, signalisiert, dass das Kind bereits eine Vorstellung von sich als „eigener Person", unabhängig von der Bezugsperson, entwickelt hat. Mitte des zweiten Lebensjahres äußern Kinder zum ersten Mal sprachliche Selbstreferenzen (beziehen sich sprachlich auf sich selbst), wenn sie Wörter wie „ich" oder „mein" verwenden. Die Entwicklungspsychologen Lewis und Jeanne Brooks-Gunn (1979) überprüften, ab wann Kinder sich im Spiegel erkennen. Dazu malten sie Kindern einen roten Punkt auf die Nase und beobachteten die Reaktionen. Ab dem 18. Lebensmonat reagierten sie darauf, indem sie ihre Hände an ihre Nase führten.

Die **Trotzphase** ab dem Ende des zweiten Lebensjahres ist den meisten Eltern vertraut. Die Kinder versuchen nun verstärkt, ihre Wünsche durchzusetzen und trotzen den Eltern. Das Lieblingswort von Kindern in diesem Alter scheint das Wort „Nein" zu sein. In diesem Alter treten zudem die sekundären Emotionen auf (→ Kap. 10.1.4). Scham und Stolz sind Emotionen, die nur auftreten können, wenn Kinder soziale Vergleichsprozesse durchdenken können. Dazu benötigen sie eine Vorstellung vom eigenen Verhalten oder eigenen Merkmalen und eine von anderen Menschen. Das Wissen über die eigene Person (das *Selbstkonzept,* siehe auch → Kap. 10.3.6) ist in der Kindheit noch stark an beobachtbaren Eigenschaften, Fähigkeiten oder Besitz gekoppelt. Ein vierjähriges Kind würde sich beispielsweise beschreiben als Mädchen mit blonden Haaren und einer Katze. Erst ab der mittleren Kindheit (nach dem sechsten Lebensjahr) kommen Vergleichsprozesse hinzu, wie „Ich bin klüger als andere Kinder". Üblicherweise überschätzen junge Kinder ihre eigenen Fähigkeiten.

Zwischen dem zweiten und dem fünften Lebensjahr entwickeln Kinder die **Theory of Mind**, das heißt, sie entwickeln Gedanken darüber, was andere Menschen denken. Ein erster Schritt dahin besteht darin, dass Kinder Wünsche anderer Menschen verstehen. Bereits zweijährige Kinder können Wünsche anderer berücksichtigen, beispielsweise wenn man einem Kind sagt, man würde selbst lieber mit einem Auto spielen und nicht mit einer Puppe. Eine größere Leistung beinhaltet es, wenn ein Kind Überzeugungen von anderen berücksichtigen soll. Fragt man ein dreijähriges Kind, wo ein anderes ein Spielzeug suchen würde, wenn es dieses in einen Schrank gelegt hat, dann würde das Kind vermutlich sagen, es würde im Schrank suchen. Wird zwischenzeitlich das Spielzeug aus dem Schrank genommen und in einen Kasten gelegt, würde das befragte Kind sagen, das Kind würde im Kasten suchen, und zwar auch dann, wenn das suchende Kind nicht mitbekommen hat, dass das Spielzeug dorthin gelegt wurde. Ein dreijähriges Kind kann den dazu notwendigen Perspektivenwechsel noch nicht nachvollziehen. Es müsste sich vorstellen, was das andere Kind weiß, und dieses Wissen unabhängig vom eigenen für die richtige Lösung verwenden. Diese kognitive Perspektivenübernahme gelingt Kindern meist erst im vierten Lebensjahr.

Abb. 10.24: Tapio entdeckt sich selbst im Spiegel.

► **Kindlicher Egozentrismus**
Verhaltensweise; der Kinderpsychologe Jean Piaget (1970) bezeichnete Fehler, die Kinder durch das Fehlen der Fähigkeit zur Perspektivenübernahme machen, als kindlichen Egozentrismus. Die Fähigkeit, über die Gedanken, Wünsche oder Einstellungen anderer nachzudenken, ist eine wesentliche Basis für soziale Fertigkeiten und prosoziales Verhalten.

Spielentwicklung

Spiel → Kap. 21

Die Kindheit ist die Phase im Leben, in der das Spielen einen besonders großen Teil der Tagesaktivität einnimmt. Üblicherweise spielt der Mensch in keiner anderen Entwicklungsphase so viel wie in der Kindheit. Dem Spielverhalten wird eine wichtige Funktion in der kindlichen Entwicklung zugeschrieben. Es hilft Kindern dabei, wichtige soziale, emotionale, kognitive und motorische Meilensteine zu bewältigen und mit Belastungen und Stress umzugehen (Ginsburg 2007). Spielverhalten kann bei allen Säugetieren beobachtet werden. Die Qualität des Spielverhaltens ist an die Länge der Kindheitsperiode gekoppelt. Je länger die Kindheit bis zur Geschlechtsreife andauert, desto intensiver spielen Kinder (Pellegrini u. a. 2007). Dies trifft besonders auf Affenkinder und Menschenkinder zu.

Spielverhalten

Evolutionspsychologische Ansätze gehen davon aus, dass das Spielverhalten der Anpassung an die Umwelt dient. Durch Spielen (→ Kap. 11.6.5) üben Kinder verschiedene Verhaltensweisen und komplexe Handlungen wie etwa beim Rollenspiel ein. Spielen beinhaltet, dass Verhalten nicht aufgrund seiner Funktion, sondern wegen seiner Bedeutung ausgeführt wird. Spielt ein Kind die Rolle seines Vaters nach und wäscht das Auto, geht es nicht darum, das Auto zu waschen, sondern Vater zu sein, der sein Auto wäscht.

⊙ Exkurs: Spielverhalten von Kleinkindern bei angeschaltetem Fernseher

Die Psychologin Marie Evans Schmidt und Kollegen (2008) überprüften in einem Experiment, ob sich das Spielverhalten von 50 Kleinkindern im Alter von 12, 24 und 36 Monaten durch einen im Hintergrund eingeschalteten Fernseher verändert. Dazu beobachteten sie das Spielverhalten eine halbe Stunde ohne Fernsehen und eine halbe Stunde mit einem angeschalteten Fernseher im Hintergrund, in dem eine Spielshow gezeigt wurde. Die Kinder sahen in der Regel nur kurz zum Fernseher hin. Dennoch war die Länge einzelner Spielepisoden der Kinder mit eingeschaltetem Fernseher deutlich verkürzt, und die Kinder zeigten weniger Aufmerksamkeit für ihr Spiel.

Es wird geschlussfolgert, dass ein im Hintergrund laufender Fernseher das Spielverhalten junger Kinder stört, auch wenn sie diesem sichtbar nur wenig Aufmerksamkeit zuwenden. Unklar ist, ob eine chronische Störung des Spielverhaltens dazu beiträgt, dass Kinder Aufmerksamkeitsschwierigkeiten entwickeln, oder ob sie im Gegenteil besonders gut bei Multi-Task-Aufgaben sind. Hierbei spielen die begleitenden Umstände eine Rolle, beispielsweise ob ein hoher Fernsehkonsum der Eltern zu Lasten der Häufigkeit von Eltern-Kind-Interaktionen geht.

Kategorien des Spielens

Es können zwei Oberkategorien des Spielens unterschieden werden: objektbezogenes und soziales Spielen.

Zum **objektbezogenen Spielen** gehört z. B. das Spielen mit Bausteinen, Autos oder Brettspielen.

Zum **sozialen Spielen** gehören Bewegungsspiele, die zumeist einen sozialen Bezug haben. Bewegungsspiele und besonders Tobespiele werden häufiger von Jungen gezeigt. Phantasie- oder Rollenspiele gehören ebenfalls zu den sozialen Spielen, obwohl sie auch alleine ausgeführt werden können. Die Rollenspielthemen von Jungen und Mädchen unterscheiden sich dahingehend, dass Mädchen öfter häusliche Szenen durchspielen, während Jungen eher Heldenrollen wie Superman oder Cowboy spielen. Dies ergibt sich aus der *Sozialisation* (→ Kap. 9).

Allen Formen von Spiel geht eine *Explorationsphase* voraus, die sich auch in der Spielentwicklung vom Kleinstkind bis zum Schulkind widerspiegelt. Zunächst wird überprüft, ob die Umgebung sicher genug ist zum Spielen, und anschließend wird das Spielobjekt oder der Spielpartner erkundet. Dies ist beispielsweise bei Kindern in den ersten Wochen zu beobachten, wenn sie eine neue Einrichtung besuchen. Sie versuchen zunächst, sich in der neuen Umgebung zurechtzufinden, bevor sie sich intensiv dem Spielen widmen können. Die Exploration gehört daher im engeren Sinne nicht zum Spielverhalten.

Abb. 10.25: Objektbezogenes Spiel.

Phasen der Spielentwicklung

Die Spielentwicklung verläuft in verschiedenen Phasen, die eng an die Entwicklung anderer Bereiche gekoppelt sind.

- **Exploration** – Kleinstkinder verbringen viel Zeit damit, Gegenstände zu erkunden.
- **Funktionales Spiel** – Erst ab dem Kleinkindalter tritt Spielverhalten im engeren Sinne auf. Hier kann das funktionale Spiel beobachtet werden, bei dem Gegenstände tatsächlich entsprechend ihrer Funktion verwendet werden.
- **Symbolspiel** – Zwischen dem 18. und dem 22. Lebensmonat tritt bei Kindern das Symbolspiel auf, das heißt, sie „tun so, als ob" sie etwas trinken oder essen. Beim symbolischen Spiel sind mehr kognitive Funktionen erforderlich. Die Kinder müssen dazu fähig sein, in der Vorstellung mit den Gegenständen zu hantieren oder reale Objekte umzudeuten, z. B. im Kaufladen eine rote Kugel als Tomate verkaufen.
- **Rollenspiel** – Bis zum vierten Lebensjahr beginnen Kinder mit Rollenspielen, die bis zum Ende des Vorschulalters immer längere Zeitsequenzen umfassen. Zu dieser Zeit sind Kinder zumeist kognitiv dazu fähig, Regelspiele auszuführen.

Nach dem Psychologen Anthony Pelligrini und Kollegen (2007) folgt Spielverhalten in der Entwicklung einer umgekehrten „U-Funktion". Soziale Spiele (Rollenspiele) und Bewegungsspiele beginnen im zweiten Lebensjahr und steigen bis zum Kindergartenalter rapide an. Dann nehmen sie während der Grundschulzeit wieder ab.

Schule als Entwicklungsumwelt

Der Übergang vom Kindergarten in die Grundschule stellt Kinder vor eine Reihe von Anforderungen, die sich allein schon aus dem Schulsystem ergeben. Kinder müssen lernen,

- sich in eine große Gruppe von Gleichaltrigen einzufügen und die Aufmerksamkeit einer erwachsenen Bezugsperson zu teilen,

- sich selbst regulieren zu können, um längere Zeit stillzusitzen und ihre Aufmerksamkeit auf den Unterrichtsstoff zu lenken,
- dass Aspekte wie Ähnlichkeit, Zuneigung und Loyalität zunehmend an Bedeutung gewinnen, während sich im Kindergartenalter Freundschaften besonders über gleiche Interessen, Spiele und räumliche Nähe, z. B. über Kinder einer Spielgruppe, definiert haben. Beziehungen zu Gleichaltrigen verändern sich qualitativ.

Schulfähigkeit

Die Frage, welche Fähigkeiten ein Kind aufweisen muss, um diese Anforderungen bewältigen zu können, spiegelt sich in der Diskussion um Schulfähigkeit wider (Koglin/Petermann 2012). Der Begriff „Schulreife" gilt als veraltet, da er sich zu stark an biologische Reifungsprozesse anlehnt. Heute werden zur Beurteilung der Schulfähigkeit eines Kindes berücksichtigt: kognitive Leistungen, soziale Kompetenzen, körperliche Entwicklung, Arbeitshaltung und Motivation.

Die Psychologen Megan McClelland, Alan Acock und Frederick Morrison (2006) betonen besonders die Bedeutung der Selbstregulation und sozial-emotionaler Kompetenzen wie Kooperation und Unabhängigkeit, die dazu beitragen, dass ein Kind dazu in Lage ist, in einer Gruppe Lerninhalten zu folgen.

Early Childhood Longitudinal Study

Entwicklungspsychologen untersuchten in der Early Childhood Longitudinal Study rund 17 000 Kindergartenkinder, um Aspekte der Schulfähigkeit zu erfassen und um zu identifizieren, welche Kinder am Ende der ersten Klasse am besten die schulischen Anforderungen bewältigt haben. Berücksichtigt wurden dabei

- Die gesundheitliche Entwicklung inklusive motorische Entwicklung
- Die kognitive Entwicklung
- Die Sprachentwicklung
- Die sozial-emotionale Entwicklung
- Die Offenheit der Kinder für Lernerfahrungen.

Ein Jahr nach der Einschulung wurde überprüft, welche Kinder nach Einschätzung der Lehrer ihr Lernpotenzial ausschöpfen konnten und eine gute Selbstkontrolle aufwiesen. Zudem wurden die Rechen- und Leseleistungen der Kinder erfasst, und die Eltern beurteilten die gesundheitliche Entwicklung der Kinder.

Kinder mit einer allgemein guten Entwicklung zum Schulbeginn hatten am Ende des ersten Schuljahres den höchsten Entwicklungsstand. Kinder mit sozial-emotionalen Auffälligkeiten oder gesundheitlichen Problemen bildeten hingegen in allen Bereichen das Schlusslicht. Sie erreichten geringere Leistungen im Rechnen und Lesen. Die sozial-emotionale Entwicklung der Kinder mit Gesundheitsrisiken war am Ende der ersten Klasse ebenfalls unter dem Durchschnitt. Am schlechtesten war sie jedoch bei den Kindern, die bereits im Kindergarten Probleme hatten. Sie waren nach Einschätzung der Lehrer auch nicht in der Lage, ihr Lernpotenzial auszuschöpfen, und sie fielen durch eine geringe Selbstkontrolle auf. Wiesen Kinder zum Schuleintritt hingegen geringe sprachliche oder kognitive Defizite auf, waren sonst aber gesund und sozial-emotional gut angepasst, entwickelten sie sich dennoch bis zum Ende der ersten Klasse positiv (Hair u. a. 2006).

Schulerfolg

Sozial-emotionale Kompetenzen im Kindergarten sind jedoch nicht nur entscheidend für einen erfolgreichen Übergang in die Schule, sondern auch für den Schulerfolg am Ende der Grundschulzeit. Dies zeigten die Psychologen McClelland und Kollegen (2006) anhand einer Längsschnittstudie über sechs Jahre. Dabei hatten Kinder mit guten sozial-emotionalen Kompetenzen wie Selbstregulationsfähigkeit, kooperativem Verhalten und Selbstständigkeit bessere Schulleistungen im Lesen und Rechnen. Die **Intelligenz** eines Kindes geht mit einer positiven Vorhersage des Schulerfolgs einher. Es kann davon ausgegangen werden, dass etwa 30 % bis 45 % der Schulleistungsvarianz durch die Intelligenz erklärt werden können. Verbale Intelligenz sagt in diesem Zusammenhang mehr aus als die nonverbale Intelligenz. Obwohl der Intelligenz eine große Bedeutung für den Schulerfolg zukommt, werden Schulleistungen zu einem Großteil gerade nicht durch die Intelligenz bestimmt. Demnach müssen weitere Faktoren wie die Leistungsmotivation, das Arbeitsverhalten, das familiäre Umfeld und die pädagogische Qualität berücksichtigt werden (Schneider 2007).

Entwicklung schulischer Kompetenzen

Für die Entwicklung schulischer Kompetenzen wie Lesen, Schreiben und Rechnen ist die Qualität des Schulunterrichts zentral. Kinder erwerben bis zum Alter von etwa fünf Jahren grundlegende Kompetenzen, die bereits numerische (rechnerische) Kompetenzen umfassen oder die Anwendung von Symbolen zur Darstellung von Objekten (Weinert 2001). Die Entwicklung von höheren Formen dieser Kulturtechniken bedarf jedoch weiteren systematischen Lernens. Dieses zeigt sich deutlich bei einem Vergleich von Kindern aus westlichen Ländern und Kindern aus Entwicklungsländern, denen ein Schulbesuch nicht möglich ist. Dabei profitieren Kinder nicht nur durch den Erwerb des Lesens, Schreibens und Rechnens, sondern auch durch die Entwicklung höherer Formen des Denkens und des Lernens, beispielsweise beim Umgang mit abstrakten Begriffen oder beim Reflektieren von Lernstrategien (Helmke/Schrader 2008).

Abb. 10.26: Schulkind.

Haben hochbegabte Kinder ein größeres Risiko für sozial-emotionale Probleme?
Vor dem Hintergrund, dass nur ca. 2 % der Menschen als hochbegabt bezeichnet werden können, kommt diesem Thema ein relativ großes öffentliches Interesse zu. Das allgemeine Kriterium zur Definition von Hochbegabung ist ein Intelligenzquotient von 130. Hochbegabte Kinder bringen angesichts ihrer außergewöhnlichen Leistungen ihre Mitmenschen zum Staunen.

In der klinischen Praxis kommt es jedoch auch vor, dass Kinder mit Verhaltensproblemen vorgestellt werden, bei denen Eltern überzeugt sind, ihr Kind sei hochbegabt und die Schwierigkeiten würden daraus resultieren. Obwohl solche individuellen Entwicklungen eines hochbegabten Kindes vorkommen können, bestätigten Längsschnittsstudien, die auch die sozial-emotionale Entwicklung verfolgen, diesen Befund nicht (Rost u. a. 2007). Hochbegabte Kinder entwickeln sich in sozial-emotionalen Bereichen ebenso gut oder teilweise sogar besser als normal begabte Kinder.

Negative Entwicklungsverläufe hochbegabter Kinder oder Kinder, die ihr Potenzial nicht ausschöpfen *(underachiever)*, unterscheiden sich von anderen hochbegabten durch Merkmale wie die Leistungsmotivation, in der sozialen Anpassung und in Bezug auf familiäre Merkmale wie Unterstützung durch die Eltern. Im Entwicklungsverlauf spielt das Ausmaß an Selbstvertrauen eine große Rolle.

Hochbegabung siehe auch → Kap. 8.1.3

Soziale Kompetenz

Soziale Kompetenz → Kap. 20.1.2

Eine für das gesamte Leben bedeutsame Fähigkeit des Menschen ist die soziale Kompetenz, also verschiedene Fertigkeiten, die Kindern helfen, ihre persönlichen Ziele in sozialen Interaktionen zu erreichen und gleichzeitig positive Beziehungen zu anderen aufrechtzuerhalten (Rubin u. a. 1998).

Soziale Kompetenz kann in fünf Dimensionen unterteilt werden:

- Fähigkeit zur Bildung positiver Beziehungen zu Gleichaltrigen, z. B. anderen helfen oder andere loben
- Selbstmanagementkompetenzen, z. B. Konflikte bewältigen
- Schulische Kompetenzen, z. B. auf die Anweisungen der Erzieherin hören
- Kooperative Kompetenzen, z. B. soziale Regeln anerkennen
- Positive Selbstbehauptung und Durchsetzungsfähigkeiten, z. B. ein Gespräch beginnen (Caldarella/Merrell 1997).

Soziale Kompetenzen umfassen auch sogenannte **prosoziale Verhaltensweisen,** die sich auf das Bestreben beziehen, anderen zu nützen, indem man zum Beispiel jemanden hilft, etwas teilt oder ein anderes Kind tröstet.

Eine Reihe von Faktoren trägt dazu bei, dass eine **hohe soziale Kompetenz entwickelt** wird. Beispielsweise sind Kinder, die die Gefühle anderer Personen nachempfinden können, in ihrem Verhalten prosozialer und in der Einschätzung von Gleichaltrigen beliebter (Eisenberg u. a. 2002). Auch die Fähigkeit, die eigenen Emotionen und das darauf bezogene Verhalten zu regulieren und konstruktiv mit stressvollen Situationen umzugehen, geht mit einer hohen sozialen Kompetenz und einer größeren Beliebtheit bei Gleichaltrigen einher (Kullik/Petermann 2012). Umgekehrt sind Kinder, die mit ihren Emotionen nicht angemessen umgehen können, die z. B. beim Erleben von Wut mit aggressivem Verhalten reagieren, besonders gefährdet, Verhaltensstörungen zu entwickeln.

Weitere Studien konnten bestätigen, dass eine enge **Verbindung zwischen emotionaler und sozialer Kompetenz** vorliegt, wobei davon ausgegangen wird, dass eine hohe emotionale Kompetenz die Grundlage für die Entwicklung sozial kompetenten Verhaltens darstellt (Petermann/Wiedebusch 2008). So wiesen beispielsweise Kinder, die im Vorschulalter die Emotionen im Gesicht anderer gut erkennen konnten, in der Grundschulzeit eine höhere soziale Kompetenz und mehr soziale Kontakte zu Gleichaltrigen auf (Izard u. a. 2001).

10.3.6 Jugend

Jugend beschreibt eine Entwicklungsphase mit vielfältigen biologischen, psychischen und sozialen Veränderungen. Jugendliche sind keine Kinder mehr und noch keine Erwachsenen und befinden sich somit in einem Zwischenstadium, in dem oft über Rechte und Pflichten diskutiert wird.

► **Jugend**
Altersabschnitt; der Beginn der Jugend wird zumeist mit dem Eintreten der Geschlechtsreife (Pubertät) definiert. Eine genauere Aufgliederung dieser Phase bietet die Jugendforscherin Elena L. Sternberg (1993), die folgende Altersbereiche unterschied:

- Frühe Adoleszenz zwischen 11 und 14 Jahren
- Mittlere Adoleszenz zwischen 15 und 17 Jahren
- Späte Adoleszenz zwischen 18 und 21 Jahren.

Kognitive und körperliche Entwicklung

Dieses Kapitel kann nur kurz die Entwicklung des Menschen in der Pubertät anreißen: Das Jugendalter geht mit deutlichen Veränderungen in der **kognitiven Entwicklung** einher. Jugendliche sind dazu in der Lage, über abstrakte Sachverhalte nachzudenken, und können eigene Gedanken reflektieren. Die erweiterten kognitiven Funktionen eröffnen ebenfalls die Möglichkeit für eine Reihe von in der Jugend typischen Konflikten. Jugendliche streiten sich häufiger mit den Eltern, weil sie deren Standpunkte hinterfragen und Erklärungen einfordern.

Durch die Zunahme an Meta-Kognitionen (Beschäftigung mit der eigenen Kognition) und der Beschäftigung mit dem Selbst sowie der Wirkung und Bewertung des Selbst auf andere sind sie häufiger befangen und schämen sich vor anderen. Gleichzeitig können sie sich vor anderen inszenieren, um ihr Selbst vor anderen wunschgemäß darzustellen. Die gedankliche Lösung von der Realität ermöglicht es, Ideale, z. B. von Gesellschaftsordnungen oder dem Zusammenleben, aufzubauen. Der jugendliche Idealismus kann zu starker Kritik am Leben der Eltern oder an anderen führen. Jugendliche können geplanter an Aufgaben herangehen und sie lösen, da sie nun leicht verschiedene Strategien durchdenken können. Allerdings können die Möglichkeiten im Alltag vermehrt zu Entscheidungsschwierigkeiten führen, weil zu viele vorhanden sind – beispielsweise die Entscheidung, was angezogen werden soll, die dann frustriert impulsiv oder manchmal gar nicht getroffen wird.

Zu den **körperlichen Zeichen der Pubertät** gehören besonders der Größen- und Gewichtszuwachs sowie die Ausbildung der Geschlechtsorgane. Der Wachstumsschub setzt bei Mädchen ca. zweieinhalb Jahre früher als bei Jungen im Alter von durchschnittlich zehn Jahren ein. Bei Jungen tritt dieser im dreizehnten Lebensjahr auf. Nach der Entwicklungspsychologin Laura E. Berk (2005) nehmen Jugendliche durchschnittlich 35 Pfund zu und wachsen um 30 Zentimeter. Dabei wachsen zunächst die Extremitäten wie Hände, Füße, Beine, wodurch Jugendliche manchmal etwas unkoordiniert in ihren Bewegungen wirken. Während es bei Mädchen zu einer Vermehrung des Körperfetts an Armen, Beinen und Rumpf kommt, werden bei Jungen mehr Muskeln ausgebildet. Mit dem Wachstumsschub entwickeln sich bei den Mädchen die Brüste. Die erste Menstruation (Menarche) tritt bei Mädchen in Deutschland mit durchschnittlich 13 Jahren auf (Schwerpunktbericht der Gesundheitsberichterstattung des Bundes 2004). Bei Jungen vergrößert sich zunächst der Hoden, und es wachsen Schamhaare. Zum Höhepunkt des Größenwachstums mit ca. vierzehn Jahren setzt auch der Stimmbruch ein. Mädchen sind mit ihrem Körper in diesem Alter weniger zufrieden als Jungen und schätzen sich selbst als weniger attraktiv ein (Buddeberg-Fischer/Klaghofer 2002). Mädchen wünschen sich oft, dünner zu sein, was zusammen mit einem negativen Selbstbild einen Risikofaktor für die Ausbildung von Essstörungen bildet. Erste romantische Beziehungen werden ebenfalls im Jugendalter geknüpft. Nach den Entwicklungspsychologen Rainer K. Silbereisen und Margit Wiesner (1999) ist dies bei Mädchen im Alter von ca. 16 Jahren und bei Jungen mit ca. 16,6 Jahren der Fall.

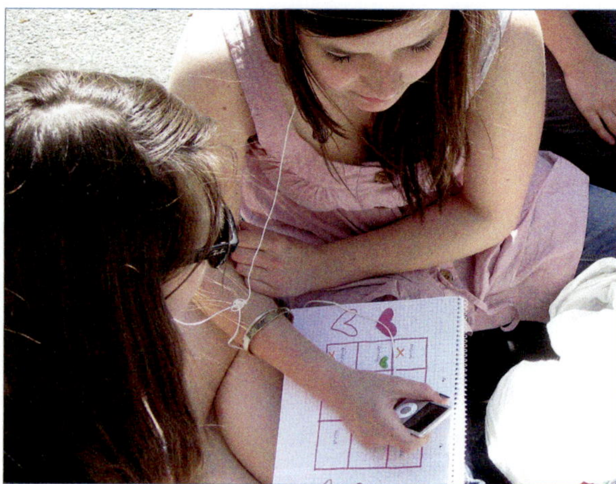

Abb. 10.27: Jugendliche.

Identität und Selbstkonzept

Eine wichtige Entwicklungsaufgabe im Jugendalter ist die Entwicklung von Identität und Selbstkonzept.

Identität

Identität kann nach dem Psychologen Augusto Blasi (1988) als die Antwort auf die Frage „Wer bin ich?" beschrieben werden. Die Identität enthält personenbezogene Daten wie den Namen, das Alter und das Geschlecht. Sie bezieht sich weiter auf die einzigartige Persönlichkeitsstruktur und auf das Verständnis für die eigene Identität, das heißt die Selbsterkenntnis dafür, was man ist bzw. sein will.

Selbstkonzept

Von der Identität wird das Selbstkonzept unterschieden. Es bezeichnet das Wissen über uns selbst. Hierbei handelt es sich um kein statisches Wissen, sondern um ein Wissen, das durch Erfahrung oder situative Einflüsse verändert werden kann. Das Selbstkonzept ändert sich im Jugendalter durch die qualitativen Veränderungen in der kognitiven Entwicklung. Jugendliche sind dazu in der Lage, unterschiedliche abstrakte Merkmale ihres Selbst zu vergleichen oder zu integrieren. Es ist ihnen möglich, darüber nachzudenken, wie sie sind oder wie sie sein möchten. Die affektive Komponente davon wird als Selbstwertgefühl beschrieben.

Eltern-Kind-Konflikte

Eltern-Kind-Konflikte treten im Jugendalter besonders oft auf. Sie gehen nicht immer mit negativen Folgen für den Jugendlichen einher. Eltern-Kind-Konflikte können sich entwicklungsfördernd auf den Jugendlichen auswirken, wenn das freie Austauschen von Meinungen die Identitätsbildung anregt und der Jugendliche lernt, Meinungsunterschiede auszuhandeln. Dies tritt besonders in Familien auf, in denen sonst positive und unterstützende Beziehungen überwiegen (Pinquart 2001). Diese sind dadurch gekennzeichnet, dass die Familienmitglieder gemeinsame Freizeitaktivitäten ausüben und die Eltern Interessen an ihre Kinder weitergeben.

Massive Eltern-Kind-Konflikte stellen einen erheblichen **Stressfaktor** für Jugendliche dar. Die Entwicklung des Jugendlichen kann dadurch negativ beeinflusst werden und Problemverhalten begünstigen. Zudem bewirken sie, dass der Einfluss der Eltern auf Kinder nachlässt. Jugendliche orientieren sich weniger an den Eltern und schließen sich enger an Gleichaltrige an, die vormals vielleicht sogar Auslöser der Konflikte waren. Jugendliche sind dann so oft wie möglich nicht zu Hause und weichen den Eltern aus. Des Weiteren können Eltern-Kind-Konflikte den Selbstwert eines Jugendlichen beeinträchtigen, besonders wenn die Eltern sich wenig akzeptierend verhalten und ein Jugendlicher Konflikte als Zurückweisung seiner Person wahrnimmt.

Peergroup

Gleichaltrige (engl. „peers") spielen für eine angemessene Entwicklung von Kindern und Jugendlichen eine große Rolle. Im Vergleich mit Beziehungen zu den Eltern oder jüngeren bzw. älteren Geschwistern ist hier das Kräfteverhältnis ausgeglichen. Dadurch setzen sich bereits Kinder, die im Kindergarten auf Gleichaltrige treffen, vermehrt mit Fairness auseinander und handeln mehr Vereinbarungen aus. Im Rahmen von Freundschaften werden die soziale Perspektivenübernahme und Konfliktlösekompetenzen gefördert. Im Sinne der positiven Selbstbehauptung lernen Kinder auch, eigene Ziele und Bedürfnisse auf angemessene Art und Weise umzusetzen.

Die Begriff „Freundschaft" muss nach dem Entwicklungspsychologen Williard W. Hartup (1996) in Abhängigkeit von dem Entwicklungsstand eines Kindes oder Jugendlichen definiert werden. Freundschaften zwischen Kindern ergeben sich bei den drei- bis vierjährigen Kindern überwiegend durch das gemeinsame Spiel. Im Unterschied zu älteren Kindern stehen noch nicht gemeinsame Einstellungen oder die Zugehörigkeit zu einer bestimmten Gruppe im Vordergrund. Diese Formen von **Freundschaft** sind aber die Grundlage für spätere Freundschaftsbeziehungen. Im Grundschulalter haben Kinder noch eine instrumentelle Sicht auf Freundschaft – Kinder sind mit anderen befreundet, weil sie ähnliche Interessen haben. Zunehmend spielen jedoch Faktoren wie Loyalität, gegenseitige Zuneigung und Nähe eine Rolle. In Freundschaften wird mehr auf gegenseitige Hilfe geachtet, beispielsweise, wenn ein Kind etwas nicht kann oder krank ist (Siegler u. a. 2005). Im Jugendalter bieten Freundschaften Platz für Selbsterfahrung und Unterstützung für persönliche Probleme. Die Selbstoffenbarung gegenüber den Freunden wird zunehmend größer und übersteigt schließlich die zu den Eltern, die gleichzeitig abnimmt. Erst im jungen Erwachsenenalter wird die Selbstoffenbarung gegenüber den Freunden geringer und gegenüber dem Partner größer.

Positive **Beziehungen zu Gleichaltrigen** stellen einen Schutzfaktor für Kinder dar. Liegen bei einem Kind Risikofaktoren (→ Kap. 10.2.1) wie widrige familiäre Verhältnisse vor, schützen Freundschaftsbeziehungen vor Fehlentwicklungen. Sie „puffern" den negativen Einfluss von ungünstigen familiären Verhältnissen ab. Der Entwicklungspsychologe Michal M. Criss und Kollegen (2002) konnten in einer Studie aufzeigen, dass Kinder aus ungünstigen familiären Verhältnissen sich positiv entwickeln, wenn sie von Gleichaltrigen akzeptiert werden und stabile Freundschaften zu anderen Kindern aufweisen. Kinder aus widrigen familiären Verhältnissen, die keine festen Freundschaften hatten bzw. von Gleichaltrigen abgelehnt wurden, fielen dagegen in der Schule vermehrt durch aggressives und hyperaktives Problemverhalten auf.

Der Umgang mit Gleichaltrigen kann jedoch in einigen Fällen auch zu einer negativen Entwicklung beitragen. Dies trifft auf Kinder und Jugendliche zu, die aggressives oder kriminelles Verhalten aufweisen (Webster-Stratton/Taylor 2001). Es hat sich gezeigt, dass diese Kinder und Jugendlichen häufiger von Gleichaltrigen abgelehnt werden. Möglicherweise als Folge davon schließen sie sich häufiger ebenfalls abgelehnten Jugendlichen mit Verhaltensproblemen an. Durch den Zusammenschluss der Jugendlichen kann das Problemverhalten verstärkt werden. Einige Jugendgruppen machen es auch zur Maxime ihrer Gruppe und verbinden mit abweichendem Verhalten Aufnahmerituale oder definieren über kriminelles Verhalten den Status eines Mitglieds innerhalb der Gruppe.

Freizeit und Medien

Medien → Kap. 17

PC- und Videospiele sind heute ein fester Bestandteil der Freizeitgestaltung von jungen Menschen geworden und aus der Jugendkultur nicht mehr wegzudenken. Die digitale Spielindustrie erzielt bereits höhere Umsätze als die Filmindustrie, und es wird mit einer weiteren Steigerung des Verkaufsvolumens gerechnet.

Die **Wirkung von Computerspielen auf die Persönlichkeitsentwicklung** von Jugendlichen wird in der Öffentlichkeit diskutiert. Der Amoklauf an einer Schule in Erfurt führte zu einer Verschärfung der Debatte um die Wirkung von gewalthaltigen PC- und Videospielen. Der Täter hatte in seiner Freizeit sogenannte Killerspiele genutzt, und es gab Parallelen zwischen der Tat und den Spielinhalten. Bei vielen Spieltiteln wird Gewalt sehr deutlich dargestellt, und ihre häufige Anwendung ist vielfach der einzige Weg, das Ziel zu erreichen. Solche Spiele werden immer wieder mit extremen Gewalttaten in Verbindung gebracht. Millionen von Jugendlichen konsumieren jedoch in ihrer Freizeit regelmäßig gewalthaltige PC-/Videospiele, ohne durch Gewalttaten auffällig zu werden.

Studien zum Zusammenhang zwischen dem Spiel mit gewalthaltigen PC-/Videospielen und aggressivem Verhalten zeigen keine einheitlichen Ergebnisse auf (Anderson/Dill 2000). In einigen Studien können deutliche Zusammenhänge zwischen aggressivem Verhalten und dem Spielen solcher Spiele festgestellt werden und in anderen Studien nicht.

Dies kann mit weiteren Faktoren erklärt werden, die den Zusammenhang beeinflussen. Besonders bedeutsam sind Faktoren wie

- Die Persönlichkeit des PC-Spielers
- Das familiäre Umfeld.

Spieler mit einer aggressiven Persönlichkeit denken eher in aggressiven Strukturen und schätzen Handlungen anderer eher feindselig ein (Anderson/Dill 2000). Ein Videospiel mit hohem Gewaltgehalt kann bei ihnen zu einer aggressionsbegünstigenden Ausrichtung der Denkmuster und der Emotionen wie Ärger führen. Die Spieler unterstellen eher, intensiver und teilweise fälschlicherweise feindselige und aggressive Absichten und Motive im Umgang mit anderen Menschen. Entsprechend häufiger wählen sie aggressive Handlungen zur Problemlösung und schätzen diese als effektiver ein. Der Entwicklungspsychologe Douglas Gentile und Kollegen (2004) führten dazu eine Studie mit 607 Acht- und Neuntklässlern aus. Sie konnten einen signifikanten Zusammenhang zwischen Aggression und Gewaltspielkonsum aufzeigen. Dies traf besonders auf die Kinder zu, die anderen Menschen eher feindselig gegenüberstanden und deren Eltern den Spielkonsum wenig beaufsichtigten oder kontrollierten.

Zum **Umgang mit gewalthaltigen Videospielen** ist demnach eine frühe Stärkung der kindlichen Persönlichkeit zu empfehlen, die auf allgemeine soziale Kompetenzen wie Empathiefähigkeit (Einfühlungsvermögen) abzielt. Zudem ist ein angemessener Umgang mit dem Medium Computer zu fördern. Eltern wird empfohlen, an den Aktivitäten des Kindes teilzuhaben und die Inhalte und Spielzeiten zu kontrollieren.

Alkohol- und Drogenkonsum im Jugendalter

In unserem Kulturkreis ist der Konsum von Alkohol und anderen Drogen weit verbreitet. Dabei ist das Jugendalter zumeist der Altersabschnitt, in dem zum ersten Mal Erfahrungen mit Alkohol und anderen Substanzen gesammelt werden. Etwa 95 % der Jugendlichen berichten, bis zum 18. Lebensjahr schon einmal Alkohol getrunken zu haben (Mühlig 2012). Es liegt damit auf der Hand, dass Abstinenz bereits in dieser Altersstufe eher die Ausnahme als die Regel ist.

Das Erlernen eines angemessenen **Umgangs mit Alkohol** wird daher immer öfter als typische Entwicklungsaufgabe des Jugendalters bezeichnet (Glantz 2002). Aus epidemiologischen Studien in Deutschland ist bekannt, dass zwischen 12 % und 18 % der Jugendlichen diese Entwicklungsaufgabe nicht bewältigen, sondern bereits in diesem Altersabschnitt von einer Störung durch Alkohol- oder Drogenkonsum betroffen sind. Durch den Missbrauch von Substanzen erleben Jugendliche häufig negative Konsequenzen wie Schwierigkeiten in der Schule oder Probleme im Umgang mit dem Gesetz (Mühlig 2012).

Es stellt sich die Frage, welche Faktoren dazu führen, dass einige Jugendliche an dieser Entwicklungsaufgabe scheitern. Eine Antwort auf diese Frage kann dazu genutzt werden, frühzeitig gefährdete Kinder zu identifizieren sowie geeignete präventive Maßnahmen zu entwickeln.

Faktoren, die oft zum Scheitern an dieser Entwicklungsaufgabe führen, sind in problematischem Verhalten in der Kindheit und Problemen in der Familie zu suchen.

Gründe für Drogenmissbrauch

Jugendliche mit Alkohol- oder Drogenproblemen fallen oftmals schon in der Kindheit durch **problematisches Verhalten** auf. Sie haben eher ein schwieriges Temperament, das durch eine erhöhte Irritabilität, eine mangelnde Verhaltenshemmung und eine negative Emotionalität beschrieben werden kann (Mühlig 2012). Im Kindesalter werden sie von ihren Eltern und Lehrern als trotziger, oppositioneller und aggressiver bezeichnet (Loeber u. a. 1999). In der Schule können Leistungsprobleme auftreten, aber auch Schwierigkeiten mit Gleichaltrigen, von denen sie aufgrund ihrer Verhaltensprobleme häufiger abgelehnt werden. Die Ablehnung durch Gleichaltrige begünstigt die Orientierung an Jugendlichen mit ähnlichen Problemen, wodurch das abweichende Verhalten verstärkt wird.

Die Schwierigkeiten der Kinder und Jugendlichen treten oft zusammen mit **Problemen in der Familie** auf. Die Beziehung zu den Eltern ist belastet, und die Eltern wenden häufiger einen inkonsistenten Erziehungsstil (→ Kap. 8.1.3) und körperliche Bestrafung an (Dunn u. a. 2002). Zwischen den Eltern gibt es mehr Konflikte, und die Anzahl Alleinerziehender ist in diesen Familien signifikant höher (Keller u. a. 2002). Die Eltern von Jugendlichen mit Problemen durch Alkohol- und Drogenkonsum weisen zudem selbst häufiger eine solche Problematik auf. Besonders

Abb. 10.28: Ein angemessener Umgang mit Alkohol ist eine Entwicklungsaufgabe in der Jugend.

Söhne aus Suchtfamilien haben ein deutlich erhöhtes Risiko, im Jugendalter ebenfalls Alkohol und Drogen zu konsumieren bzw. zu missbrauchen. Hinzu kommt oft eine schwierige finanzielle Lage im Zusammenhang mit einer geringen Schul- oder Berufsausbildung bzw. Arbeitslosigkeit der Eltern.

Prävention von psychischen Störungen durch Alkoholkonsum

Vor dem Hintergrund, dass Alkohol ein fester Bestandteil unseres gesellschaftlichen Lebens ist und nahezu alle Jugendliche bis zum Alter von 18 Jahren bereits Alkohol getrunken haben, stellt sich die Frage, wie die Prävention von psychischen Störungen durch Alkoholkonsum umgesetzt werden soll.

Empirische Arbeiten unterstreichen nach dem Jugendforscher Andrew Percy (2008), dass es wichtig ist, einen angemessenen Umgang mit Alkohol zu erlernen.

Das Experimentieren mit Alkohol im Jugendalter trägt dazu bei, dass Jugendliche Regulationskompetenzen erwerben, z. B.: Wie viel Alkohol vertrage ich, und wann höre ich auf zu trinken? Wann bleibe ich abstinent? Was kann ich noch machen, wenn ich eine bestimmte Menge Alkohol getrunken habe?

Erlernen junge Menschen diese Regulationskompetenzen nicht, geht dies mit einem erhöhten Risiko für Störungen durch Alkohol im Erwachsenenalter einher.

Wie eine Präventionsmaßnahme für Jugendliche zur Vorbeugung von Alkoholmissbrauch und -abhängigkeit gestaltet werden kann, sollte sich jeder überlegen.

Suizidalität

In der Jugend stellt Suizid nach tödlichen Verkehrsunfällen die zweithäufigste Todesursache dar. Es ist damit ein Thema mit hoher gesundheitspolitischer Relevanz.

Suizide mit nicht-tödlichem Ausgang (Parasuizide) kommen bei Jugendlichen und jungen Erwachsenen häufiger vor als vollendete Suizide und werden öfter von Mädchen ausgeführt. Oftmals sind es impulsive Taten nach heftigen Konflikten oder dem Ende einer Beziehung (Becker/Meyer-Keitel 2012). Eine Befragung von Jugendlichen nach einem Parasuizid ergab, dass bei 70 % von ihnen zwischen dem Entschluss und der Ausführung nicht mehr als 30 Minuten vergangen waren. Oftmals weisen die Jugendlichen im Vorfeld psychische Störungen auf wie

- Depressionen
- Eine posttraumatische Belastungsstörung
- Alkohol- oder Drogenprobleme
- Massive Probleme mit Gleichaltrigen.

Eltern, Lehrern und Gleichaltrigen kommt bei der **Prävention eines Suizids** eine große Bedeutung zu. Gleichaltrigen gegenüber werden häufig als Ersten Andeutungen oder klare Äußerungen, sich das Leben zu nehmen, gegeben. Mit Eltern und Lehrern wird meist nicht so offen darüber gesprochen. Hier sind es besonders Veränderungen im Verhalten, die auffallend sind.

Warnhinweise auf einen Suizidversuch können sein:

- Das Mitteilen von Suizidgedanken
- Unvermittelt auftretende Disziplinprobleme
- Vernachlässigung von Pflichten und Aufgaben
- Achtlosigkeit bei der Körperpflege
- Stimmungsveränderungen.

In Bezug auf die Stimmungsveränderung ist es wichtig zu wissen, dass sich die Stimmung eines Jugendlichen nicht nur verschlechtern kann. Bei depressiven Jugendlichen kann der Entschluss, Selbstmord zu begehen, auch zu einer Erleichterung führen und damit eine Stimmungsaufhellung bewirken (Groen/Petermann 2012).

Nach einem Suizidversuch ist eine umfassende und zeitnah durchgeführte psychiatrische Untersuchung unter Einbeziehung wichtiger Bezugspersonen des Jugendlichen nötig. Ein Suizidversuch ist der bislang stärkste Risikofaktor (→ Kap. 10.2.1) für einen weiteren Suizidversuch oder einen vollendeten Suizid (Becker/Meyer-Keitel 2012).

10.3.7 Frühes Erwachsenenalter

Das frühe Erwachsenenalter umfasst formal den Altersbereich der 18- bis 29-Jährigen. Im Vordergrund dieser Altersphase stehen:

- Die Ablösung aus der Herkunftsfamilie
- Der Aufbau einer Partnerschaft
- Die Gründung einer eigenen Familie
- Die berufliche Orientierung.

Die postmoderne Gesellschaft hat dazu beigetragen, dass sich besonders die finanzielle Unabhängigkeit junger Erwachsener weiter herauszögert. Durch lange Ausbildungs- und Studienzeiten befinden sich junge Erwachsene länger in Abhängigkeit von den Eltern. Dies kann der **Autonomie-Entwicklung** und der Transformation der Beziehung zu den Eltern hin zu Gleichberechtigten entgegenwirken.

Individuation

Die **Ablösung von den Eltern** umfasst die Aufgabe, Autonomie von den Eltern zu entwickeln und gleichzeitig die Verbundenheit zu ihnen aufrechtzuerhalten. Dieser Prozess lässt sich nach Buhl (2008) im Rahmen der Individuationstheorie beschreiben.

► Individuation
Komplexer Prozess zwischen Eltern bzw. Bezugspersonen und Kind. Er reicht von der frühen Kindheit bis in das Erwachsenenalter hinein und ist gekennzeichnet durch ein konstantes Ausmaß an Verbundenheit und zunehmendem Autonomiebestreben des Kindes.

Der Übergang zum Erwachsenenalter ist nicht gleichzusetzen mit einer gänzlichen Lösung von den Eltern. Vielmehr ändert sich die Beziehung zwischen Eltern und Kind in Bezug auf die Verbundenheit miteinander, und sie verliert ihr hierarchisches Gefälle.

Verbundenheit wird beschrieben als:

- Respekt für die Eltern
- Wunsch, ihnen zu gefallen
- Selbstoffenbarung
- Gefühl der Verpflichtung für die Familie
- Gefühl einer Bindung zu den Eltern.

Es wird angenommen, dass die emotionale Verbindung zu den Eltern über Kindheit und Jugend bis in das junge Erwachsenalter relativ stabil ist. Die Autonomie der jungen Erwachsenen steigt jedoch deutlich an und geht einher mit biografischen Übergängen wie Vollendung der Schulausbildung, Berufseintritt oder Heirat.

Der Individuationsprozess

Der Individuationsprozess wird vom jungen Erwachsenen und von seinen Eltern beeinflusst und ist nicht allein aus der Sicht des jungen Erwachsenen zu betrachten.

Die Individuation geht einher mit:

- Unabhängigkeit von elterlicher Autorität
- Der Konstruktion des Selbst ohne den Einfluss der Eltern
- Dem Wandel von einseitiger Autorität zu Kooperation
- Der veränderten Wahrnehmung der Eltern hin zu Personen, die Eltern sind.

Eltern werden nun weniger idealisiert. Die Beziehung zu Müttern und die zu Vätern weist in diesem Prozess Unterschiede auf. Während die Beziehung zur Mutter oftmals schon im frühen Erwachsenenalter symmetrisch (gleichberechtigt) ist, dauert dieser Prozess in Bezug auf die Beziehung zum Vater länger an. Des Weiteren werden in der Beziehung zur Mutter mehr Emotionen ausgedrückt als in der zum Vater.

Abb. 10.29: Der Kontakt zu Gleichaltrigen ist ein wichtiger Teil des Individuationsprozesses.

Das **Geschlecht des Kindes** beeinflusst ebenfalls diesen Prozess. Junge Frauen haben häufiger eine engere Verbundenheit zu beiden Eltern. Junge Männer schreiben sich selbst hingegen mehr Einfluss auf ihre Eltern zu als junge Frauen. Dabei berichten junge Erwachsene über mehr Konflikte und erleben weniger emotionale Verbundenheit als ihre Eltern. Dies wird damit erklärt, dass Eltern Konflikte eher von ihren Gefühlen für ihr Kind abtrennen und Unstimmigkeiten mehr tolerieren als ihre Kinder.

Der Psychologe J. Gowert Masche (2008) geht in einer Studie der Frage nach, ob die Qualität der **Eltern-Kind-Beziehung** im jungen Erwachsenenalter einen Einfluss auf die Erreichung von Entwicklungsübergängen wie Partnerschaft, Heirat oder Beruf hat. Dazu befragte er knapp 500 junge Erwachsene zwischen 20 und 32 Jahren zweimal in einem Abstand von drei Jahren. Es zeigte sich folgendes Bild: Ein hohes Vertrauen zu den Eltern sagte vorher, dass die Kinder ihrerseits mit einem Partner zusammenzogen, heirateten und Kinder bekamen. In diesem Fall gaben die Kinder zudem an, dass ihre Eltern ihr Leben weniger negativ beeinflussten. Dies Ergebnis unterstützt die Annahmen der Bindungstheorie (→ Kap. 10.2.3), nach der junge Erwachsene am deutlichsten Unabhängigkeit anstreben, wenn sie ihren Eltern vertrauen. Dennoch gingen Entwicklungsübergänge gleichzeitig mit einer Phase vermehrter Diskussionen mit den Eltern einher. Diese Diskussionen bedeuteten aber nicht, dass eine geringe Verbundenheit zu den Eltern bestand. Interessanterweise wird entgegen der Individuationstheorie berichtet, dass viele junge Erwachsene nach wie vor keine symmetrische Beziehung zu ihren Eltern aufwiesen, sondern immer noch auf Vertrauen und Unterstützung durch die Eltern zurückgriffen, diese gleichzeitig aber weniger negativ bewerteten. Dies unterstreicht, dass Eltern ihre Kinder auch im jungen Erwachsenalter noch lenkend beeinflussen und Kinder dies auch positiv bewerten.

10.3.8 Psychische Störungen erkennen und verstehen

Psychologische Notfälle → Kap. 26

Psychische Störungen in der Kindheit sind keine Seltenheit. In einer Auswertung von 19 internationalen und nationalen Studien mit repräsentativen Stichproben des Kindes- und Jugendalters kommen die Psychologen Wolfgang Ihle und Günter Esser (2002) zu dem Schluss, dass psychische Störungen bei Kindern und Jugendlichen ebenso häufig vorkommen wie bei Erwachsenen.

Psychische Störungen im Entwicklungskontext

Bei der Identifikation von psychischen Störungen bei Kindern und Jugendlichen muss immer der Entwicklungsstand eines Kindes berücksichtigt werden (Koglin/Petermann 2012). Oftmals tritt nämlich ein von Erwachsenen berichtetes Problemverhalten sowohl bei normal entwickelten Kindern als auch bei auffälligen Kindern auf. Das Schlagen eines anderen Kindes ist ein Verhalten, das man im Kindergartenalter noch relativ häufig beobachten kann. Tritt dies hingegen bei älteren Kindern auf, weist dies auf eine Verhaltensstörung hin. Einzelne problematische Verhaltensweisen im Kindergartenalter können noch zu einem gewissen Ausmaß als „normal" für dieses Alter angesehen werden. Daher kann eine Entwicklungsabweichung nicht allein über das Kriterium „altersangemessen" definiert werden.

► **Entwicklungsabweichung**
Abweichung von als normal angesehenem Verhalten. Nach der Kinderpsychologin Susan Campbell (2002) spricht man von einer Entwicklungsabweichung, wenn das Verhalten

- In schwerwiegender Form über einen längeren Zeitraum besteht
- In mehr als einer spezifischen Situation oder einem Lebensumfeld auftritt
- In verschiedenen Beziehungen beobachtbar ist, z. B. gegenüber Eltern, Erzieherinnen oder Lehrkräften
- Dazu führt, dass die Bewältigung weiterer Entwicklungsaufgaben gefährdet ist.

Erkennen von Entwicklungsabweichungen

Manche problematische Verhaltensweisen von Kindern und Jugendlichen stellen eine Reaktion auf **Stress und Anforderungen** dar. Beispielsweise können bei Kindergartenkindern nach den Ferien Trennungsängste auftreten und Schwierigkeiten, sich in die Gleichaltrigengruppe zu integrieren. Diese legen sich aber nach einiger Zeit wieder. Reaktionen auf Stress und Anforderungen sind entsprechend ebenfalls von Entwicklungsabweichungen zu unterscheiden. Sie können sich durch nicht entwicklungsgemäßes Verhalten ausdrücken und bilden sich in kurzer Zeit zurück.

Eine weitere Schwierigkeit, normales von abweichendem Verhalten im Kindesalter abzugrenzen, ergibt sich, wenn das kindliche Verhalten durch **verschiedene Bezugspersonen** beurteilt wird (Döpfner/Petermann 2012). Dies führt in der Praxis auch zu Konflikten, wenn sich zum Beispiel eine außerfamiliäre Bezugsperson an die Eltern wendet und über Verhaltensschwierigkeiten berichtet, die von den Eltern nicht beobachtet werden können. Diese Diskrepanz kann entstehen, weil Erzieherinnen und Lehrer einen anderen Urteilsanker haben: Erzieherinnen und Lehrer begleiten die Entwicklung vieler Kinder; zudem beobachten sie das Kind in einer Gruppensituation mit anderen Anforderungen als zu Hause.

Psychische Störungen im Kindes- und Jugendalter

Im Folgenden wird eine Übersicht über die häufigsten psychischen Störungen des Kindes- und Jugendalters gegeben. Dabei werden folgende Hauptkategorien psychischer Störungen vorgestellt:

- Verhaltens- und emotionale Störungen
- Umschriebene Entwicklungsstörungen
- Tiefgreifende Entwicklungsstörungen.

Eine allgemein häufig verwendete Aufteilung der Störungen im Kindesalter ist nach dem klinischen Kinderpsychologen Manfred Döpfner (2012) die Unterscheidung von externalisierenden und internalisierenden Störungen. Sie bezieht sich auf Störungen des Verhaltens und Störungen des Erlebens, wobei die emotionalen Störungen bisweilen auch mit zu den Verhaltensstörungen gezählt werden. Dies wird damit begründet, dass bei den emotionalen Störungen ebenfalls Symptome auf der Verhaltensebene zu beobachten sind.

► **Externalisierende Störung**
Nach außen gerichtetes, unangemessenes und störendes Verhalten bzw. eine Dysregulation des Verhaltens wie hyperaktives, aggressives und oppositionelles Verhalten.

► **Internalisierende Störung**
Nach innen gerichtetes Verhalten, Beeinträchtigung der Stimmung oder der Emotionen, wie es bei Ängsten, Depressionen und sozialem Rückzug zum Ausdruck kommt.

Diese Einteilung weist bereits auf den größten Unterschied zwischen den Störungen hin. Die externalisierenden Störungen sind nach außen und die internalisierenden Störungen sind nach innen gerichtet. Daher können die internalisierenden Störungen von Bezugspersonen manchmal nur schwer beobachtet werden: Die Kinder sind still, sie ziehen sich zurück und fordern selten so viel Aufmerksamkeit ein wie Kinder mit externalisierenden Verhaltensproblemen. Aggressive oder hyperaktive Kinder stehen hingegen oft im Mittelpunkt der Aufmerksamkeit der Bezugspersonen und dominieren oder stören mit ihrem Verhalten häufig eine ganze Kindergruppe.

Externalisierende Störungen des Verhaltens

Externalisierende Verhaltensauffälligkeiten gehören zu den häufigsten Störungsbildern im Kindes- und Jugendalter und führen vielfach zur Inanspruchnahme von kinder- und jugendpsychiatrischen sowie -psychotherapeutischen Einrichtungen sowie Erziehungsberatungsstellen (Bănaschewski 2012). Den externalisierenden Verhaltensstörungen des Kindes- und Jugendalters werden folgende Störungen zugeordnet:

- Aggressive Verhaltensauffälligkeiten
- Oppositionelles Trotzverhalten
- Aufmerksamkeitsdefizit-/Hyperaktivitätsstörung.

► **Aggressives Verhalten**
Verhalten, das mit einer Schädigungsabsicht ausgeführt wird und sich gegen Personen, Objekte oder Tiere richten kann (Petermann und Petermann 2012). Die Schädigung kann auf körperlicher Ebene, beispielsweise durch Schlagen oder Treten, sowie auf psychischer Ebene durch bösartiges Lästern über ein anderes Kind erfolgen.

Verschiedene Formen aggressiven Verhaltens sind **alters- und geschlechtsabhängig:**

- *Altersabhängiges aggressives Verhalten* – Oppositionelles oder trotziges Verhalten wird beispielsweise eher im Kindesalter, Bedrohung und Schlagen anderer sowie Verstöße gegen gesetzlich festgelegte Normen werden eher im Schul- und Jugendalter gezeigt
- *Geschlechtsabhängiges aggressives Verhalten* – Jungen scheinen eher körperliche und direkte Formen aggressiven Verhaltens zu wählen, Mädchen dagegen eher indirekte, verdeckte und verbale Formen.

Im Zusammenhang mit Mädchen kommt der sogenannten **Beziehungsaggression** eine zunehmende Bedeutung zu. Darunter wird ein Verhalten verstanden, das die indirekte oder direkte Schädigung einer anderen Person über die soziale Gruppe, in der sich die Person bewegt, umfasst. Dies geschieht beispielsweise über den Ausschluss aus der Gruppe, das Verbreiten von Gerüchten, soziale Manipulationen oder Diffamierung (Crick/Grotpeter 1995).

Eine **Störung des Sozialverhaltens** liegt vor, wenn ein Kind ein wiederkehrendes Muster von Verhalten zeigt, das die grundlegenden Rechte anderer Personen sowie wichtige Normen und Regeln verletzt. Die Kinder erfahren durch dieses Verhaltensmuster eine Beeinträchtigung in wichtigen Lebensbereichen – zu Hause, im Kindergarten oder in der Schule.

In der Gruppe der Kinder zwischen zwei und fünf Jahren ist die Störung mit oppositionellem Trotzverhalten die häufigste psychische Störung (Lavigne u. a. 2002). Bei diesen Kindern besteht zudem ein erhöhtes Risiko, im Verlauf eine Störung des Sozialverhaltens zu entwickeln. Oppositionelles Trotzverhalten kann jedoch auch isoliert im Jugendalter auftreten.

► **Oppositionelles Trotzverhalten**
Anhaltendes Verhaltensmuster, das dadurch gekennzeichnet ist, dass Kinder sich gegen Regeln und Anweisungen der Eltern auflehnen (Petermann/Petermann 2012). Sie reagieren leicht verärgert und feindselig und weisen anderen die Schuld für eigenes Fehlverhalten zu. Wutanfälle können dieses begleiten. Jedoch zeigen diese Kinder kein schwerwiegenderes aggressives Verhalten.

Aufmerksamkeitsdefizit-/Hyperaktivitätsstörungen *(AD HS)* gehören neben aggressivem Verhalten zu den bekanntesten Störungsbildern im Kindes- und Jugendalter. Die Folgen für die Betroffenen sind breit gefächert, führen zu umfassenden Beeinträchtigungen in vielen Lebensbereichen und erstrecken sich unter Verschiebung und Veränderung der Symptome von der Kindheit bis ins Erwachsenenalter (Schmidt/Petermann 2008).

Hyperkinetische Verhaltensauffälligkeiten
Die Aufmerksamkeitsdefizit-/Hyperaktivitätsstörung (ADHS) ist durch drei Kernsymptome gekennzeichnet. Es handelt sich dabei um:

- *Aufmerksamkeitsdefizite* beziehen sich auf Schwierigkeiten des Kindes, sich für einige Zeit auf eine Aufgabe zu konzentrieren; die Kinder lassen sich leicht ablenken und schweifen mit dem Blick ab
- *Hyperaktivität* bezeichnet eine andauernde, überschießende Rast- und Ruhelosigkeit, die deutlich erkennbar wird, wenn die Struktur der vorgegebenen Situation hohe Anforderungen an die Verhaltenskontrolle der beteiligten Person stellt. Der Bewegungs- und/oder Rededrang ist bei betroffenen Kindern im Vergleich zu Gleichaltrigen mit vergleichbarer Intelligenz extrem ausgeprägt
- *Impulsives Verhalten* zeigt sich auf motivationaler und auf kognitiver Ebene. Betroffene Kinder sind nicht in der Lage, ihre Bedürfnisse aufzuschieben und abzuwarten. Es fällt ihnen schwer, Handlungen zu unterdrücken bzw. einen Gedanken zu Ende zu denken.

Die neurobiologische Forschung geht davon aus, dass die ADHS-Symptomatik genetische Ursachen hat. So konnte auch Wilens (2008) nachweisen, dass bei Kindern mit ADHS ein Ungleichgewicht in der neuronalen Signalübertragung vorliegt. Das in Deutschland unter das Betäubungsmittelgesetz gestellte Stimulanzium Methylphenidat (Ritalin®) ist zur **Behandlung von ADHS** weit verbreitet und reguliert dieses Ungleichgewicht. Die Forschung, z. B. die MTA Cooperative Group (1999), hat gezeigt, dass bei Kindern mit einer diagnostizierten ADHS eine deutliche Symptomverbesserung eintritt und die Lebensqualität der Kinder zunimmt. Es ist besonders wichtig, dass eine medikamentöse Therapie nur nach einer eingehenden Diagnostik durchgeführt wird.

Eine begleitende Psychotherapie (Verhaltenstherapie) ist bei weiterem Problemverhalten wie trotzigem Verhalten und Beeinträchtigungen der Eltern-Kind-Beziehungen dringend notwendig.

Internalisierende Störungen des Verhaltens

Kinder mit sozial ängstlichem Verhalten oder internalisierenden Störungen können leicht übersehen und als unproblematisch wahrgenommen werden. Verglichen mit Kindern, die oppositionell-aggressives Verhalten zeigen und dadurch die Erzieherin häufig zum Eingreifen zwingen, führen diese Kinder ein Schattendasein. Häufige Ängste, die von Kindern berichtet werden, sind z. B. die Angst, allein in einem Raum zu bleiben, zu einer Geburtstagsfeier zu gehen oder unbekannte Kinder oder Erwachsene zu treffen. Nach den Klinischen Kinderpsychologen Ulrike und Franz Petermann (2010) können aus solchen Auffälligkeiten folgende Störungen entstehen: Trennungsangst, Soziale Angst (soziale Phobie), generalisierte Angststörung.

Das Hauptmerkmal der Störung mit **Trennungsangst** besteht in einer starken Angst, sich von den Bezugspersonen zu trennen oder von ihnen getrennt zu werden (Suhr-Dachs/Petermann 2012). Kinder mit dieser Störung erleben starke Angst, wenn sie von ihren Eltern getrennt sind oder eine Trennung bevorsteht. Sie versuchen eine Trennung zu vermeiden und können mit Weinen, Jammern oder wütendem Verhalten dagegen protestieren. Es können auch körperliche Symptome wie Kopf- oder Bauchschmerzen auftreten. Die Angst ist bei diesen Kindern deutlich ausgeprägter als bei Kindern gleichen Alters und damit von normalen Reaktionen auf Trennungen von Bezugspersonen zu unterscheiden.

Die **soziale Angst** ist durch eine deutliche und anhaltende Angst vor sozialen Situationen und vor der Bewertung der eigenen Person charakterisiert. Die Kinder sind in neuen Situationen ängstlich zurückhaltend, haben häufig nur wenig Freunde und vermeiden Sozialkontakt. Die sozialen Beziehungen der Kinder sind, außer zu den wichtigen Bezugspersonen, deutlich beeinträchtigt (Suhr-Dachs/Petermann 2012).

Die **generalisierte Angststörung** ist durch das Vorliegen von Ängsten und Sorgen in vielen Situationen und bei mehreren Aktivitäten gekennzeichnet. Die Kinder sind oft ruhelos und nervös und weisen Konzentrations- und Schlafprobleme auf .

Umschriebene Entwicklungsstörungen

> ► **Umschriebene Entwicklungsstörungen**
> Entwicklungsstörung in begrenzten, d. h. umschriebenen Funktionsbereichen. Gemeinsames Merkmal dieser Störungen ist das isolierte Auftreten von Defiziten in begrenzten Gebieten. Die Leistungen liegen deutlich unter denen, die für das Alter zu erwarten wären; zudem entsprechen sie auch nicht den Leistungen, die man aufgrund der Intelligenz des Kindes erwarten würde, und sie sind nicht das Resultat mangelnder Beschulung.

Die umschriebenen Entwicklungsstörungen betreffen die Sprache und das Sprechen, die Motorik, das Rechnen und die Lese-Rechtschreib-Leistung.

Störungen des Lesens, Schreibens und Rechnens können auch als umschriebene Entwicklungsstörungen schulischer Fertigkeiten bezeichnet werden (→ Abb. 10.30).

Störungen der Sprachentwicklung (→ Kap. 22) gehören zu den häufigsten umschriebenen Entwicklungsstörungen, wobei diese oft gemeinsam mit Lese- und Rechtschreibschwierigkeiten auftreten.

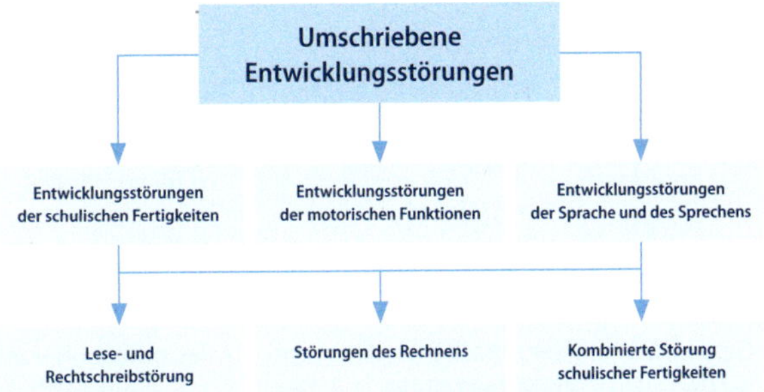

Abb. 10.30: Die umschriebenen Entwicklungsstörungen.

Lese-Rechtschreib-Schwierigkeiten (LRS) haben häufig schulische Nachteile für die Kinder zur Folge. Die Kinder sind einem hohen Leistungsdruck ausgesetzt, dem sie oft nicht standhalten können, was zu einem enormen Leidensdruck bei den Betroffenen führt. Dies kann sich negativ auf die weitere psychosoziale Entwicklung der Kinder auswirken und schlimmstenfalls zu psychischen Begleitstörungen führen (Warnke/Baier 2012). **Lese-Rechtschreib-Probleme** und **Verhaltensschwierigkeiten** gehen zum Teil gemeinsam einher. Die Verhaltensprobleme entstehen oft ursächlich durch die Leistungsproblematik. Somit ist eine Förderung der Lese- und Rechtschreibprobleme zuerst angezeigt. Da Sprache eng verknüpft ist mit kognitiven und sozialen Fähigkeiten, können sich Schwierigkeiten auch auf andere Entwicklungsbereiche auswirken. So kann es zu Problemen und Leistungsabfällen in der Schule wie auch zu psychischen Auffälligkeiten kommen (Grimm 2003).

Tiefgreifende Entwicklungsstörungen

Die tiefgreifenden Entwicklungsstörungen zeichnen sich dadurch aus, dass die Entwicklung der Kinder von der anderer qualitativ abweicht. Die am häufigsten auftretende und bekannteste tiefgreifende Entwicklungsstörung stellt die **autistische Störung** dar, die sich bereits in den ersten Lebensjahren, meistens schon bis zum 18. Lebensmonat, herausbildet (Sinzig/Schmidt 2012). Das auffälligste Merkmal dieser Störung (→ Tab. 10.11) ist eine Beeinträchtigung der Kinder in der sozialen Interaktion, der Sprache und der Kommunikation. Häufig fallen sie zudem durch stereotypes Verhalten auf.

Die Kinder weisen oft eine unterdurchschnittliche Intelligenz auf und sind in ihrer Sprachentwicklung beeinträchtigt. Es gibt jedoch eine Gruppe von autistischen Kindern, die eine normale Sprachentwicklung und eine durchschnittliche oder in sehr seltenen Fällen auch eine überdurchschnittliche Intelligenz aufweisen. Diese Form des Autismus wird als *Asperger-Syndrom* bezeichnet.

Jungen sind von autistischen Störungen deutlich häufiger betroffen als Mädchen. Ursächlich werden für diese Störungen genetische Einflüsse angenommen, aber auch prä- oder perinatale Hirnschädigungen, Hirnfunktionsstörungen oder hirnorganische Erkrankungen. Für eine optimale Förderung der Kinder mit tiefgreifenden Entwicklungs-

Merkmale der sozialen Interaktion	Merkmale der Kommunikation	Stereotype Verhaltensmuster, Interessen und Aktivitäten
Das Verhalten wird nicht dem sozialen Kontext angepasst	Rollenübernahme beim So-tun-als-ob-Spiel ist nicht möglich	Wenig kreatives Spiel
Die soziale und emotionale Gegenseitigkeit fehlt	Auffälliger Sprachgebrauch (sagt z. B. nicht „ich")	Eingeschränkte und repetitive Interessen
Gesten, Mimik oder Sprache werden nicht für den Sozialkontakt verwendet (z. B. kein Blickkontakt)	Verspätete oder vollständige Störung der Sprachentwicklung	Zwanghaftes Verhalten und Bestehen auf Ritualen

Tab. 10.11: Beispiele für Symptome des Autismus.

störungen ist eine möglichst frühzeitige Identifikation und Therapie nötig.

Die tiefgreifenden Entwicklungsstörungen sind von dem elektiven Mutismus (auch: selektiver Mutismus) deutlich abzugrenzen. Kinder mit einem elektiven Mutismus weisen einen emotional bedingten Ausfall des Sprechens auf. In der Regel ist vorhersehbar, in welchen Situationen und mit welchen Personen ein Kind spricht und wann es nicht spricht. Die Kinder verfügen über eine altersgerechte Sprachentwicklung. Selbst wenn gewisse Sprachverzögerungen vorhanden sind, können die Kinder sich mit ausgewählten Personen fließend unterhalten. Die Kinder weisen keine für die tiefgreifenden Entwicklungsstörungen typischen Interaktionsmuster auf. Sie können jedoch sozial ängstlich sein und oft mit Rückzug aus einer sozialen Situation reagieren (Sinzig/Schmidt 2008).

Psychische Folgen von Trennung oder Scheidung

Die Trennung oder Scheidung der Eltern stellt für Kinder ein bedeutsames kritisches Lebensereignis dar, was oft von einer gravierenden Veränderung des Lebensalltags begleitet wird. Kinder, deren Eltern sich scheiden ließen, weisen öfter psychische Probleme auf als Kinder aus vollständigen Familien (Schmidt 2012). Dabei ist es meist nicht die Scheidung an sich, die zu einer erhöhten Belastung führt, sondern besonders das **Ausmaß an Konflikten in der Partnerschaft,** die ein Kind vor, während oder nach der Scheidung erlebt. Beobachten Kinder Konflikte zwischen Eltern, kann dies zur Verunsicherung über die eigene Beziehung zu den Eltern beitragen und Verlustängste auslösen (Siegler u. a. 2005). Besonders negativ sind die Folgen, wenn Kinder in den Konflikt hineingezogen werden und beispielsweise als Vermittler dienen, Loyalitätsproben geben müssen oder den fehlenden Lebenspartner ersetzen sollen.

Ein weiterer Faktor für die Entstehung von psychischen Problemen kann die **Stressbelastung** des allein fürsorgenden Elternteils sein. Der fürsorgende Elternteil steht vor der Aufgabe, die Folgen des Scheidungskonfliktes zu verarbeiten und einen neuen Lebensalltag für die (Rest-)Familie zu schaffen. Die Scheidung geht oft mit einer Verschlechterung der finanziellen Situation einher, so dass z. B. eine Mutter nach der Elternzeit wieder eine Berufstätigkeit ausübt. Diese Belastungen können zu einer Beeinträchtigung der Eltern-Kind-Beziehung und einem negativen Erziehungsverhalten beitragen. Dadurch können Verlustängste des Kindes weiter gestärkt werden.

Für die Situation nach der Trennung beschrieben Psychologen Wilhelm Felder und Heinz Hausherr (1993, nach Schmidt 2012) ein **Scheidungsfolgenkonflikt-Syndrom.** Es greift die Situation des Kindes auf, das bei einem Elternteil lebt und das andere besucht. Das Scheidungsfolgenkonflikt-Syndrom wird durch die Fehlinterpretation der Eltern beim Kind hervorgerufen. Ein Kind kann vor dem Besuch des anderen Elternteils mit Unruhe und Verstimmung reagieren. Diese kann entstehen, weil das Kind die Trennung von dem Elternteil, mit dem es zusammenlebt, befürchtet, auch wenn es sich auf den anderen freut. Der besuchte Elternteil erlebt dann ein emotional erregtes Kind, was sich aber im Laufe des Besuchs beruhigt. Gegen Ende des Besuchs kann es dann wiederum verstimmt reagieren, weil es diesen Elternteil verlassen muss. Kommt das Kind zurück, erlebt der andere Elternteil erneut die Verstimmung des Kindes. Dies wiederum kann zu der Fehlinterpretation führen, dass Besuche bei dem anderen Elternteil dem Kind nicht gut tun, da es jeweils vorher und nachher erregt oder verstimmt wirkt. Dieser Interpretation folgen leicht Vorwürfe an den anderen Elternteil, es würde nicht gut mit dem Kind umgehen. Möglicherweise wird auch das Kind in Richtung dieser Einstellung beeinflusst. Das Kind richtet sich eher nach der im Alltag fürsorgenden Person aus und passt sich an. Letztlich kann dies zu einer Ablehnung des anderen Elternteils führen.

Trauernde Kinder

Der Tod einer nahestehenden Bezugsperson wie der Mutter oder des Vaters oder eines Freundes ist eines der schlimmsten Erlebnisse für ein Kind. Der Umgang mit dem trauernden Kind ist für viele Bezugspersonen eine große Herausforderung, die mit viel Unsicherheit einhergeht. Besonders wichtig ist hierbei, Verständnis dafür zu haben, dass Kinder anders trauern als Erwachsene. Besonders irritierend wirkt auf Erwachsene oft, dass Kinder nicht unbedingt weinen oder im Vergleich mit Erwachsenen nur recht kurz, und schließlich wieder lachend spielen. Neben trauerndem Verhalten kann auch ärgerlich-aggressives oder störrisches Verhalten auftreten. Es ist zudem nicht ungewöhnlich, wenn Kinder zunächst den Tod verleugnen oder einfach nicht betroffen zu sein scheinen. Einige Kinder verstecken ihre Gefühle, um die Erwachsenen nicht noch mehr zu belasten. So kommt es vor, dass trauernde Kinder eher mit von dem Todesfall nicht betroffenen Erwachsenen sprechen als mit den selbst trauernden Eltern.

Für die *Begleitung der Kinder* ist es wichtig zu respektieren, dass Kinder möglicherweise nicht über ihre Trauer sprechen können oder wollen. Sollten die Kinder jedoch darüber sprechen wollen, sollten ihnen Fragen einfach und konkret beantwortet werden. Es ist hilfreich, sie altersgerecht an Abschiedsritualen wie der Beerdigung zu beteiligen. Die Struktur ihres alltäglichen Lebens sollte dabei so weit wie möglich erhalten bleiben, da sie ihnen Sicherheit gibt.

10.4 Kommunikation

Einen erheblichen Teil unseres Lebens verbringen wir mit Kommunikation. Wir reden mit anderen Menschen, verständigen uns mit Gesten, wir telefonieren, schreiben Mails oder chatten im Internet. Daher ist vieles, was wir wissen, wahrnehmen, fühlen, denken oder die Art, wie wir handeln, die Folge von Kommunikation.

> ▶ **Menschliche Kommunikation**
> Prozess mit mindestens zwei Beteiligten, in dem es einen Kommunikator (Sender), einen Rezipienten (Empfänger) und eine Botschaft gibt, die über Sprache oder nonverbale Zeichen und Symbole übermittelt wird.

Der Kommunikator und der Rezipient verfügen über ein gewisses Mindestmaß an gemeinsamen Zeichen oder Symbolen, da nur so beide die Botschaft verstehen können. Dennoch kann es erhebliche Unterschiede zwischen der gesendeten Botschaft und der rezipierten Botschaft geben.

Die **Vermittlung der Botschaft** erfolgt im Falle von direkter Interaktion zwischen Menschen über:

- Die Sprache
- Paraverbale Informationen (Tonfall, Sprechpause)
- Nonverbale Informationen (Gestik, Mimik, Körperhaltung)
- Angesprochene Sinneskanäle.

Kommunikation ist ein Prozess der wechselseitigen Beeinflussung, in dem die Rolle des Kommunikators und die des Rezipienten wechseln können. Der Kontext, in dem die Kommunikation stattfindet, beeinflusst durch die Rahmenbedingungen den Prozess genauso wie die personalen Bedingungen der Teilnehmenden und ihre Beziehung zueinander. Jede Kommunikation hat ein Ziel: Es kann strategisch geplant von den Beteiligten verfolgt werden, oder es kann nicht bewusst sein. Gleichsam kann sich das Ziel während der Kommunikation laufend verändern. Diesen Prozess veranschaulicht ein allgemeines Kommunikationsmodell (→ Abb. 10.31). Die gestrichelten Linien zeigen an, dass ein Rollenwechsel nicht immer stattfinden muss.

Das Konzept des Common Ground

Das Konzept des Common Ground des Kommunikationspsychologen Herbert H. Clark (1996) geht über das allgemeine Kommunikationsmodell hinaus. Er erweitert die Aktivitäten des Kommunikators und des Rezipienten, indem die Art der Informationsvermittlung berücksichtigt wird. Der Rezipient stimmt die Inhalte der Botschaft auf

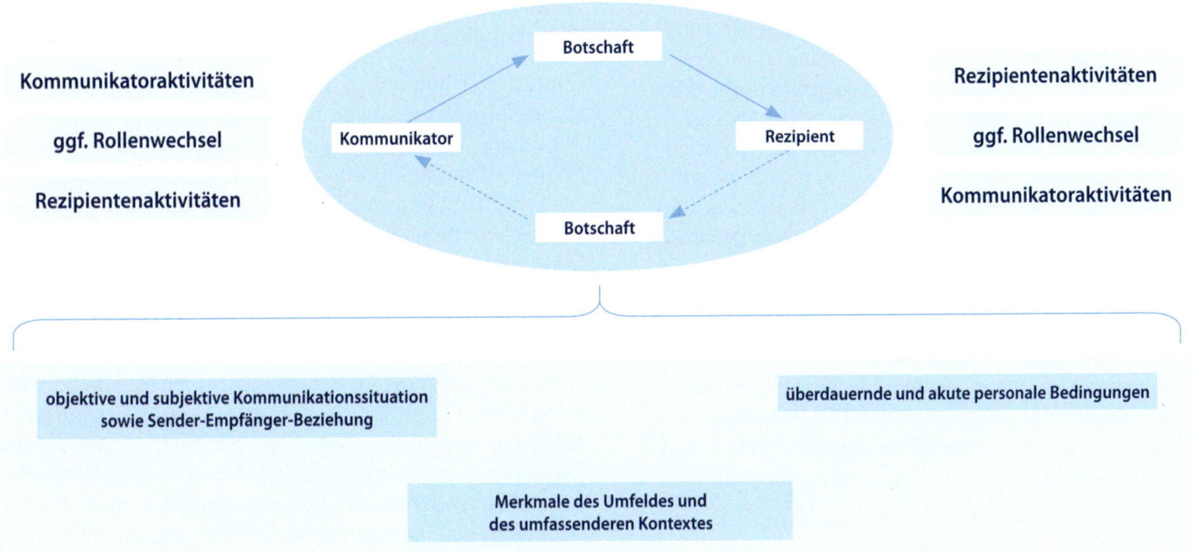

Abb. 10.31: Allgemeines Kommunikationsmodell (nach Six u. a. 2007).

das gemeinsam geteilte Wissen ab. Dies kann sich auf das Wissen über den Ort der Kommunikation beziehen, z. B. wenn das Gespräch in einer Küche stattfindet, auf gemeinsame Erfahrungen oder auf vermutetes Wissen, weil die Person einer bestimmten Gruppe angehört. Der Rezipient meldet dem Kommunikator dabei laufend durch Nicken oder anderes zurück, ob er ihm folgen kann. Einer pädagogischen Fachkraft muss beispielsweise nicht erklärt werden, was der Begriff „Meilensteine der Entwicklung" umschreibt, während dieser für Eltern erklärt würde.

Kommunikationskompetenz

Besonderes Interesse zeigt die Öffentlichkeit in den letzten Jahren an einer Kommunikationskompetenz. Unternehmen fordern diese von ihren Mitarbeitern, und es werden Seminare dazu angeboten, z. B. Rhetorik- oder Didaktikkurse. Trotz des öffentlichen Interesses an Kommunikationskompetenz lässt sie sich aus Sicht der Kommunikationspsychologie nur schwer definieren. Dies ist darauf zurückzuführen, dass verschiedene Perspektiven (Kommunikator oder Rezipient) in unterschiedlichen Anforderungssituationen (beruflich oder privat) oder spezielle Kompetenzarten (z. B. Rhetorik) zu berücksichtigen sind.

► **Kommunikationspschologie**
Teilgebiet der Sozialpsychologie, beschäftigt sich mit der Kommunikation, d. h. dem Übermitteln und Empfangen von verbalen und nonverbalen Zeichen.

Die Kommunikationspsychologen Ulrike Six und Roland Gimmler (2007) erarbeiteten aus der Vielzahl von Definitionen folgende **Aspekte von Kommunikationskompetenz** heraus:

- Kommunikationskompetenz umfasst eine Reihe von erlernten Fähigkeiten des *Sichmitteilens und Verstehens*. Dazu zählen beispielsweise die Fähigkeit zur Perspektivenübernahme, Selbstaufmerksamkeit und -regulation, soziale Fertigkeiten, Ausdrucksvermögen oder kognitive Fähigkeiten der Informationsverarbeitung.
- Kompetente Kommunikation ist *zielorientiert*, und es findet während des Prozesses ein fortlaufender Abgleich vom Ist- zum Soll-Zustand statt. Das Ziel muss jedoch nicht immer bewusst sein.
- Die Personen setzen ihre Fähigkeiten *erfolgreich* im Kommunikationsprozess ein. Dazu zählt in einigen Definitionen auch, dass der Kommunikator und der Rezipient zufrieden mit dem Inhalt, dem Ablauf und dem Ziel der Kommunikation sind.
- Die Fähigkeiten zur Kommunikation werden der Situation, der jeweiligen Person und dem Ziel nach angemessen und *flexibel angewendet*. Hierunter fällt ebenfalls die Berücksichtigung kultureller Werte, Normen und Kommunikationsregeln.

Abb. 10.32: Kommunikationskompetenz ist eine wichtige Grundlage für soziale Berufe und unerlässlich in einer Führungsposition.

Die Kommunikationspsychologie hat sich noch mit einer Reihe von weiteren Aspekten **erfolgreicher Kommunikation** befasst. Ein Aspekt betrifft die Frage, wie ein Sender besonders erfolgreich seine Botschaft übermitteln, d. h. den Empfänger beeinflussen kann. Versuche, Menschen gezielt zu beeinflussen, etwas Bestimmtes zu tun, kennen wir aus der Werbung. Letztlich findet diese aber auch in vielen alltäglichen Situationen statt: wenn ein Paar aushandelt, wann oder was es zu Abend essen möchte, oder wenn eine Mutter versucht, ihrem Kind zu erklären, dass es bei Rot nicht über die Straße gehen darf.

Nach Erich Witte (2007) lassen sich drei verschiedene **Prozesse der Beeinflussung** unterscheiden:

- Im *kognitiven Prozess* werden Argumente ausgetauscht, durch die der Empfänger überzeugt werden soll.
- Durch einen *affektiven Prozess* wird versucht, die Überzeugung durch die emotionale Beziehung zu erreichen.
- Im *konnotativen Prozess* geschieht die Überzeugung durch die Anwendung von Belohnung und Bestrafung.

Durch den kognitiven Prozess werden eher langfristige Einstellungsänderungen begünstigt. Er setzt voraus, dass eine Person sich intensiv mit den Inhalten und Für-und-Wider-Argumenten auseinandersetzt, und verlangt eine entsprechend hohe Motivation auf Seiten des Rezipienten. Menschen nehmen sich aber nicht immer ausreichend Zeit, um Argumente sorgfältig zu durchdenken. Es findet dann eine Beeinflussung statt, die nicht auf der Sachebene zu lokalisieren ist. Dies ist der Fall, wenn ein Sender mit Belohnung lockt, um jemanden dazu zu bringen, etwas Bestimmtes zu tun. In der Regel wird leichter die Einstellung eines Freundes übernommen, um die Freundschaft nicht zu gefährden. Dabei spielen auch Merkmale des Kommunikators eine Rolle. Wird er als kompetent wahrgenommen oder als sympathisch, sind Menschen eher dazu bereit, eine bestimmte Einstellung und nachfolgendes Verhalten zu ändern.

Gesprächsführung

Der Qualität der Gesprächsführung wird dann besondere Aufmerksamkeit zugewendet, wenn es sich um nicht alltägliche Gespräche handelt, sondern um zielorientierte Gespräche, die eine beratende Funktion aufweisen. Dies kann sich auf Elterngespräche oder Gespräche im Rahmen einer therapeutischen Arbeit beziehen. Zu den Gesprächsvoraussetzungen gehört der Aufbau einer guten Beziehung im Gespräch (→ Kap. 22.3). Ein **vertrauensaufbauender Gesprächstil** umfasst nach den Klinischen Psychologen Jürgen Hoyer und Hans-Ulrich Wittchen (2006) zufolge mindestens folgende Aspekte:

- Zuwendung und Aufnahmebereitschaft (aktives Zuhören)
- Einfühlungsvermögen (Empathie)
- Respekt vor der Person des anderen (Akzeptanz).

Das Gespräch sollte einer vorher geplanten Struktur entsprechen. In dieser wurde festgelegt, welche Themen besprochen werden und welche Ziele damit verknüpft sind (z. B. Eltern auffordern, ihr Kind bei einem Ergotherapeuten vorzustellen). Abmachungen, die zwischen Eltern und pädagogischen Fachkräften getroffen werden, sollten dokumentiert werden. Nach Möglichkeit wird der nächste Termin vereinbart. Am Ende wird das Gespräch zusammengefasst, und Abmachungen werden wiederholt.

[BEISPIEL] Unterstützende Gesprächstechniken für das Elterngespräch:

- Stellen Sie offene Fragen: „Was ist es, das Sie bedrückt?"
- Nehmen Sie die Gefühle ihres Gegenübers auf: „Sie haben Angst, dass …"
- Lassen Sie auch Gesprächspausen zu, die Ihrem Gegenüber erlauben, sich zu sammeln.
- Sprechen Sie schwierige oder unangenehme Themen von sich aus an.
- Geben Sie keine voreiligen Ratschläge.
- Treffen Sie keine voreiligen Schlussfolgerungen.
- Verzichten Sie auf Fachausdrücke, die die Eltern nicht verstehen.
- Vermeiden Sie unverständliche Erklärungen, z. B. zu lange Sätze.
- Beziehen Sie Eltern in das Gespräch mit ein, und führen Sie keine Monologe.
- Bestehende Schwierigkeiten dürfen nicht bagatellisiert werden.
- Vermeiden Sie Distanzverlust zwischen Ihnen und den Eltern.
- Im Elterngespräch sollte auf das Plaudern verzichtet werden.
- Vermeiden Sie für Eltern nicht einsichtige Themenwechsel (nach Hoyer/Wittchen 2006).

10.5 Lernen

Im alltäglichen Sprachgebrauch wird der Begriff Lernen eher mit dem schulischen Lernen verbunden sowie als Aneignung von Wissen aus Büchern und durch Zuhören, wenn ein Lehrer einen Vortrag hält. Für die Lernpsychologie ist der Begriff des Lernens damit jedoch zu eng gefasst. Wir lernen Regeln und Normen oft ganz ohne Erklärungen durch die Konsequenzen unseres Handelns. Komplexe motorische Handlungen wie etwas das Schwimmen lassen sich durch Übung besser erlernen als durch Erklärungen. Lernen muss daher deutlich mehr umfassen. Die Klinischen Kinderpsychologen Sandra Winkel und Franz und Ulrike Petermann (2006) definieren Lernen folgendermaßen: Lernen bezieht sich auf relativ dauerhafte **Veränderungen** im Verhalten oder den Verhaltenspotenzialen eines Lebewesens in Bezug auf eine bestimmte Situation. Es beruht auf wiederholten Erfahrungen mit dieser Situation und kann nicht auf angeborene bzw. genetisch festgelegte Reaktionstendenzen, Reifung oder vorübergehende Zustände (z. B. Müdigkeit, Krankheit, Alter, Triebzustände) zurückgeführt werden" (S. 12).

Abb. 10.33: Lernen beruht auf wiederholten Erfahrungen.

► **Lernen** *(aus lernpsychologischer Sicht)*
Prozess der Veränderung, der auf wiederholten Erfahrungen und nicht auf Reifung beruht; bezieht sich auf motorische, physiologische, kognitive oder emotionale Reaktionen.

Ein Lernresultat ist nicht immer unmittelbar zu beobachten. Deswegen wird auch eine Veränderung des Verhaltenspotenzials als Lernen bezeichnet. Demnach kann ein Lebewesen neu erlerntes Verhalten erst in der nächsten entsprechenden Situation zeigen. In Abgrenzung zu biologisch bestimmten Reifungsprozessen wie das Anheben des Kopfes im Säuglingsalter beruhen Lernprozesse auf Erfahrungen, die ein Lebewesen macht. Die Trennung zwischen biologischen Prozessen und Lernerfahrungen ist jedoch nicht immer eindeutig möglich, ein Beispiel hierfür ist die erfahrungsabhängige Entwicklung (→ Kap. 10.2.1).

Lerntheorie siehe auch → Kap. 8.1.5

Neurobiologische Voraussetzung für das Lernen

Der Hirnforscher Joachim Bauer beschreibt, dass *Spiegelneuronen (Spiegelnervenzellen)* von überragender Bedeutung für alle Lernvorgänge sind.

> ▸ **Spiegelneuronen**
> Nervenzellen im Gehirn, die nach dem Psychologen Albert Bandura die entscheidende Basis für das *Lernen am Modell* bilden (→ Kap. 10.1.3). Sie sind das entscheidende Bindeglied zwischen Beobachtung eines Vorgangs einerseits und dessen eigenständiger Ausführung andererseits.

Spielgelneuronen aktivieren im Gehirn des Beobachters das Schema, das zuständig wäre, wenn er die Handlung selbst ausführen würde. Sie simulieren im eigenen Körper das, was andere tun. Experimente von Bauer (2006, S. 36 ff.) zeigen, dass schon die Beobachtung nur einer bestimmten Handlung die Fähigkeit verbessert bzw. die Bereitschaft erhöht, diese Handlung selbst auszuführen. Lernen am Modell lässt sich beim Experimentieren gut beobachten. Dazu ein Beispiel aus der Praxis:

Der Hirnforscher Manfred Spitzer (2006, S. 23) weist in diesem Zusammenhang darauf hin, dass Lernen heißt, das Gehirn zu verstehen. Aus seinen Thesen ergeben sich folgende Erkenntnisse:

- **Generieren von Regeln** – Das Gehirn besitzt die Fähigkeit zum spontanen Generieren von Regeln aufgrund von Beispielen. Das Kind braucht also zum Lernen gute und viele Beispiele.
- **Einzelheiten lernen** – Der für Einzelheiten bedeutendste Teil des Gehirns ist der Hippocampus. Nervenzellen im Hippocampus „lernen“ wichtige, bedeutsame und neue Einzelheiten sehr schnell. Der Hippocampus speichert Einzelheiten ab, ruft sie nachts wieder auf und transferiert sie innerhalb von Wochen und Monaten in die Gehirnrinde, wo sie langfristig gespeichert werden.
- **Verallgemeinerbarkeit** – Experimente, deren Ergebnisse sich nicht auf den Alltag der Kinder beziehen bzw. verallgemeinern lassen, ergeben keinen Sinn.
- **Assoziativ gespeicherte Information** – Die Funktion des Mandelkerns ist es, bei Abruf von assoziativ in ihm gespeichertem Material den Körper und Geist auf Kampf und Flucht vorzubereiten, z. B. bei Angst- und Stresssituationen. Was immer an gelerntem Material im Mandelkern landet, wird beim Abruf dafür sorgen, dass kein kreativer Umgang damit möglich ist, sondern z. B. Flucht hervorgerufen wird. Im Gegensatz dazu funktioniert Lernen nur in einer positiven emotionalen Atmosphäre, das Gelernte kann dann zu einem späteren Zeitpunkt zum Problemlösen verwendet werden.
- **Organisierte Erfahrungen** – Die Gehirnrinde hat die Eigenschaft, regelhafte Erfahrungen landkartenförmig zu organisieren. Neuronen, die auf ähnliche Input-Muster ansprechen, liegen nahe beieinander. Häufiges wird durch mehr Neuronen repräsentiert als Seltenes. Die Entstehung dieser Landkarte ist erfahrungsabhängig. Der Bereich des Gehirns, der z. B. Tastempfindungen verarbeitet, hat viel „Platz“ für Lippen und Hände, weil Kinder sehr viele Erfahrungen über Mund und Hände machen. Daneben gibt es auch Karten für höhere kognitive Denkleistungen wie Sprechen und Denken. Die Bedeutung der frühen Erfahrungen im Leben legt fest, wie viel Verarbeitungskapazität wofür angelegt wird. Die Lerngeschwindigkeit nimmt mit steigendem Alter und bereits mit 17 Jahren ab. Änderungen sind also später nur noch in geringem Maße möglich. Dies unterstreicht die Bedeutung von frühem Lernen.
- **Wiederholung** – Wissen kann helfen, neues Wissen zu strukturieren, einzuordnen und zu verankern. Daher macht Übung den Meister bzw. vergrößert den Erfahrungsschatz. Kinder lernen durch ständiges Wiederholen. Wiederholung findet u. a. durch Rhythmen und Rituale statt, wobei Bekanntes gefestigt wird.

Lernformen

Lernforscher unterscheiden eine große Anzahl verschiedener Lernformen. Diese sind in der folgenden Tabelle (→ Tab. 10.12) zusammengefasst.

Zwei Formen des assoziativen Lernens seien hier hervorgehoben:

- Das klassische Konditionieren
- Das operante Konditionieren.

Klassisches Konditionieren

Klassisches Konditionieren ist durch die Experimente von Ivan Pawlow (1849–1936) über die Grenzen der Disziplin Psychologie hinaus bekannt. Ihm fiel auf, dass Hunde nicht nur beim Anblick des Futters speichelten, sondern bereits dann, wenn sie ihren Tierpfleger sahen. In einem Experiment stellte er diesen Lernprozess nach und präsentierte den Tieren zeitgleich zwei Reize: das Futter (der unkonditionierte Reiz) und eine Glocke (neutraler Reiz). Durch die zeitgleiche Präsentation zeigten die Hunde auch auf die Glocke die Speichelreaktion (konditionierte Reaktion). Die Glocke wurde so zum konditionierten Reiz.

Diese Lernform wurde oft als zu mechanisch kritisiert. Dennoch gibt es viele Lernprozesse, die der Mensch durch klassische Konditionierung erwirbt. Manchmal reicht auch die einmalige zeitgleiche Präsentation von zwei Reizen aus, damit eine Lernerfahrung stattfindet. Beispielsweise wird bei einem Autounfall ein bestimmter Duft wahrgenommen. Wird der Duft später wieder wahrgenommen, ist es möglich, dass der Mensch sich so ängstlich fühlt wie bei dem Autounfall.

Operante Konditionierung

Operante Konditionierung bezieht sich auf den Einfluss von Verhaltenskonsequenzen und von in der Situation vorhandenen Reizen auf das Verhalten. Das operante Kon-

Lernform	Beschreibung	Beispiel
Nicht-assoziatives Lernen	Lernen findet auf der sensorischen Ebene statt.	–
Habituation	Die Reaktion auf einen anhaltenden oder wiederholten Reiz lässt nach.	Eigenes Parfum nimmt der Träger nur beim Auftragen wahr. Später ist der eigene Duft nicht mehr wahrnehmbar.
Sensitivierung	Die Reaktion auf einen anhaltenden oder wiederholten Reiz nimmt zu.	Der Nachbar feiert eine laute Party, während man schlafen möchte. Man gewöhnt sich nicht an die laute Musik, sondern nimmt sie zunehmend als Belästigung wahr.
Priming	Unterschwellig wahrgenommene Reize bereiten darauf vor, diese später besser verarbeiten zu können.	Werden Bilder so kurz gezeigt, dass man sie nicht bewusst wahrnimmt, fällt es trotzdem leichter, diese in einer nachfolgenden Aufgabe zu erkennen.
Assoziatives Lernen	Lernen findet durch den Erwerb von Zusammenhängen (Assoziationen) statt.	–
Klassisches Konditionieren	Es wird ein Zusammenhang zwischen zwei Reizen erlernt.	Eine Frau fühlt sich im Urlaub sehr wohl. Sie hört dabei wiederholt ein bestimmtes Lied. Nun ist der Urlaub vorbei, aber immer wenn sie das Lied hört, fühlt sie sich freudig gestimmt wie im Urlaub.
Operantes Konditionieren	Lernen findet statt durch eine Verbindung von Verhaltensweisen und Konsequenzen.	Ein Kind meldet sich im Stuhlkreis und wird daraufhin von der Erzieherin aufgerufen.
Kognitives Lernen	Lernen findet statt durch schlussfolgernde Prozesse wie Einsicht und dem Erwerb von Wissen.	Ein Affe erreicht nicht die ersehnten Bananen. Erst als er die Einsicht hat, dass er zwei Stöcke zur Verlängerung ineinanderstecken muss, erreicht er die Bananen.
Sozial-kognitives Lernen	Lernvorgänge finden im Kontext der sozialen Umwelt statt. Sie integrieren dabei andere Lernformen wie operante Verknüpfungen.	Ein Kind beobachtet, wie ein anderes für das Aufräumen belohnt wird. Bei nächster Gelegenheit räumt es ebenfalls auf.
Implizites Lernen	Der Lernprozess findet nicht bewusst statt, sondern beiläufig und nicht beabsichtigt.	Kinder erlernen die Grammatik ihrer Muttersprache, ohne die Regeln dafür zu kennen.

Tab. 10.12: Lernformen (Übersicht).

ditionieren wurde von dem Psychologen Burrhus Skinner (1904–1990) erforscht. Skinner beobachtete, dass sich die Auftretenswahrscheinlichkeit eines Verhaltens durch die Konsequenzen verändert. Folgt eine positive Konsequenz, steigt die Auftretenswahrscheinlichkeit an, folgt eine negative Konsequenz, fällt sie ab.

Weitere *operante Lernformen* (→ Tab. 10.13) sind

- Die negative Verstärkung
- Die indirekte Bestrafung
- Das Löschen.

Die negative Verstärkung und die positive Verstärkung führen dazu, dass die Auftretenswahrscheinlichkeit eines Verhaltens größer wird. Die direkte und indirekte Bestrafung sowie die Löschung senken die Auftretenswahrscheinlichkeit eines Verhaltens ab.

Motivationale und emotionale Einflüsse auf das Lernen

Lernen wird sowohl von Motivation als auch von Emotionen beeinflusst.

Motivationale Einflüsse

Lernen setzt in der Regel ein bestimmtes Mindestmaß an Motivation (→ Kap. 10.3.1) voraus. Motivation beeinflusst nach Sandra Winkel und Kollegen (2006) die Auswahl von Lerninhalten und die Effektivität des Lernens. Vor diesem Hintergrund werden die intrinsische und die extrinsische Motivation voneinander unterschieden:

- **Intrinsische Motivation** – Die Handlung und der Zweck der Handlung stimmen überein, ein Kind spielt, um zu spielen. Das Spielen selbst wird als belohnend empfunden, und es wird nicht etwas anderes wie bei-

Darbietung	Angenehmer Reiz	Unangenehmer Reiz
Ein Reiz wird auf eine Reaktion dargeboten (unmittelbare Bekräftigung).	**Positive Verstärkung** (Ein Kind wird gelobt).	**Direkte Bestrafung** (Ein Kind wird ausgeschimpft, weil es ein anderes geschlagen hat.)
Ein vorher vorhandender Reiz wird auf eine Reaktion entfernt (Entzug einer Belohnung/ Entfernen einer Sanktion).	**Indirekte Bestrafung** (Ein Kind darf nicht mehr am PC spielen, weil es sein Zimmer nicht aufgeräumt hat.)	**Negative Verstärkung** (Ein Kind will nicht in den Kindergarten und reagiert wütend und trotzig. Die Mutter erlaubt, dass es zu Hause bleiben darf.)
Ein gewohnter Reiz wird auf eine Reaktion nicht dargeboten (keinerlei Bekräftigung).	**Löschung** (Die Mutter bringt das Kind in den Kindergarten, obwohl es sonst nach einem Wutanfall immer zu Hause bleiben durfte.)	–

Tab. 10.13: Operante Lernformen.

spielsweise Anerkennung und Lob durch andere erwartet. Intrinsische Motivation tritt oft auf bei Neugierde und Interesse oder beim Spaß am Spielen.

- **Extrinsische Motivation** – Eine Handlung wird ausgeführt mit einem Handlungsziel, das nicht mit der Handlung übereinstimmt. So macht ein Kind beispielsweise seine Hausaufgaben, damit es keinen Tadel erhält. Die Handlung wird ausgeführt mit der Erwartung äußerlicher Belohnungen (Lob, Anerkennung oder Geschenk) oder der Vermeidung von Bestrafung (Tadel, etwas nicht machen dürfen).

Neugier ist eine Triebfeder der intrinsischen Motivation. Sie ist bereits bei sehr jungen Kindern zu beobachten, und es wird angenommen, dass es sich dabei um ein biologisches Grundbedürfnis des Menschen handelt. Bei Kleinstkindern ist zudem gut zu beobachten, dass sie nur dann ihre Umwelt explorieren (auskundschaften), wenn sie sich sicher fühlen. Haben sie Angst, wenden sie sich ab, suchen die Nähe ihrer Bezugspersonen oder weinen.

► **Neugier**
Bereitschaft, neuen Reizen in der Umgebung aktiv Aufmerksamkeit zuzuwenden und diese zu erkunden.

Die Förderung von Interessensbildung kann durch die Bereitstellung von positiven Kontakten mit unterschiedlichen Wissens- oder Tätigkeitsbereichen geschehen.

► **Interesse**
Richtet sich die Neugier auf einen bestimmten Wissensbereich und geht die Beschäftigung mit dem Thema mit positiven Gefühlen einher, so wird sie Interesse genannt (Winkel u.a. 2006).

Die **Leistungsmotivation** eines Menschen beeinflusst den Lernerfolg. Menschen mit einer Misserfolgsmotivation setzen sich niedrige Ziele, weil sie Misserfolg vermeiden wollen, oder sie setzen sich sehr hohe Ziele, damit der Misserfolg auf die Aufgabe zurückgeführt werden kann. Menschen mit einer Erfolgsmotivation haben dagegen realistischere Ziele und strengen sich mehr an, um diese auch zu erreichen. Günstig wirkt sich dabei eine positive Kontrollüberzeugung aus, die den Erfolg der eigenen Leistung zuschreibt. Daher ist es sinnvoll, solche *Kontrollüberzeugungen* und damit die *Selbstwirksamkeit* von Kindern zu fördern.

► **Kontrollüberzeugung**
Positive oder negative Konsequenzen werden mit dem eigenen Handeln erklärt. Dies wirkt sich günstig auf die Selbstwirksamkeit aus.

► **Selbstwirksamkeit**
Überzeugung, in bestimmten (schwierigen) Situationen erfolgreich handeln zu können. Dies führt zu einer höheren Leistungsmotivation.

Abb. 10.34: Neugier ist eine Triebfeder für das Lernen.

Emotionale Einflüsse

Die Emotionen **Freude und Überraschung** haben einen lernförderlichen Einfluss auf die Motivation des Lernenden. Sie bewirken, dass im Fall von Überraschung die Aufmerksamkeit auf ein Ereignis gelenkt wird, während Freude dazu beiträgt, dass weiter gelernt wird. Beides geht mit einer angenehmen körperlichen Erregung einher, die gute Lernbedingungen schafft. Angst kann im geringen Ausprägungsgrad ebenfalls eine körperliche Erregung erzeugen und zum Lernen motivieren. Werden die Angst und die körperliche Erregung zu groß, wird das Lernen jedoch erschwert.

Lernen lernen

Der Mensch ist fähig, sein Leben lang zu lernen. Dabei lernen wir sehr gut, ohne dass wir uns jemals über Lernstrategien Gedanken machen mussten. Der Psychologe und Mediziner Manfred Spitzer (2002) betont, dass unser Gehirn auf das Lernen programmiert ist und wir gar nicht anders können, als täglich zu lernen. Die neurobiologische und neuropsychologische Forschung zeigt auf, dass unser Gehirn folgendes besonders gut lernt:

- Neue Informationen und
- Emotional bedeutsame Informationen.

Der Mensch kann seine Aufmerksamkeit nur auf einige Reize aus seiner Umgebung richten. Treten unbekannte oder überraschende Situationen auf, richtet er seine Aufmerksamkeit verstärkt darauf. Diese Informationen werden emotional bewertet, z. B. nach erfreulich, bedrohlich oder ungewöhnlich. Es fällt daher besonders leicht, sehr positive oder negative Erinnerungen wieder zu geben während eher alltägliches schlecht erinnert wird. Daneben lernt der Mensch Regeln aus seiner Umwelt. Ein Kleinkind lernt beispielweise durch wiederholtes Fallenlassen seines Nuckels, dass Gegenstände immer nach unten fallen, und dies lange bevor es im Rahmen des Physikunterrichts die Erdanziehungskraft kennenlernt. Es probiert dieses Fallenlassen so lange aus, bis es diese Regel erlernt hat.

Lernstrategien sollten sich an diesen Ergebnissen der Lernpsychologie orientieren. Um Wissen zu erlernen, muss es wiederholt eingeübt werden. Dies fällt dann leicht, wenn der Lernende mit Interesse lernt (→ intrinsische Motivation Kap. 10.2.4). Lernen kann daher in verschiedenen Bereichen gefördert werden (Winkel u. a. 2006):

- *Aufmerksamkeit* und *Konzentration* sind eine notwendige Basis des Lernens. Sie können gefördert werden, indem Selbstinstruktionsstrategien verwendet werden (z. B. eine Ruheübung vor der Lerneinheit), durch das Einfügen von Pausen oder durch einen Wechsel von Lernstrategien.
- *Motivation* kann durch das Formulieren eigener Lernziele, durch den Aufbau einer Verbindung zum eigenen Interesse oder durch Lob und Anerkennung durch Dritte gefördert werden.

Abb. 10.35: Aufmerksamkeit, Zuwendung und Lob eines Erwachsenen fördern die kindliche Motivation.

- *Organisation* der Lernumwelt und des Lerninhaltes fördert das Lernen durch eine Zeitplanung von Lernphasen, die den individuellen Tagesablauf und eine lernförderliche Gestaltung des Arbeitsplatzes (z. B. kein Spielzeug auf dem Schreibtisch) berücksichtigt. Des Weiteren können die Lerninhalte durch den Lernenden oder durch Bezugspersonen in Einheiten zergliedert werden.
- *Gedächtnisstrategien* sind Hilfen, die dazu dienen, den Lernstoff effektiver zu lernen und sich besser merken zu können. Dazu zählen beispielsweise systematisches Wiederholen, Verständnishilfen (Wörterbücher), Gedächtnistechniken (z. B. Visualisierung von Lerninhalten).

10.6 Transitionen

Das Leben lässt sich in Phasen in der Entwicklung eines Menschen untergliedern, zwischen denen es Übergänge gibt.

► **Transition**
Der Übergang von einer Lebensphase in die nächste wird als Entwicklungsübergang oder Transition bezeichnet.

Die Art der Entwicklungsübergänge ist kulturspezifisch und zumindest teilweise an das Lebensalter gekoppelt. In der westeuropäischen Kultur können folgende Entwicklungsübergänge (→ Kap. 9.6.1) benannt werden:

- Eintritt in den Kindergarten
- Eintritt in die Schule (→ Kap. 7)
- Wechsel auf eine weiterführende Schule
- Schulabschluss und Einstieg in den Beruf
- Übergang in das Rentenalter.

Bewältigung von Entwicklungsübergängen

Die Bewältigung von Entwicklungsübergängen sind für ein angepasstes Leben Voraussetzung. Sie erfordern vom Menschen, sich an einen neuen Lebensalltag anzupassen, der auch mit Veränderung im Selbstkonzept einhergeht. Viele Schulanfänger sind stolz, wenn sie endlich in die Schule dürfen, und erzählen bereitwillig, dass sie nun ein Schulkind sind. Entwicklungsübergänge können jedoch auch in Krisen resultieren (aufgehen), wenn ein Mensch nicht über die Ressourcen verfügt, sich an die neuen Anforderungen anzupassen. Der Entwicklungsübergang kann dann zu einer kritischen Phase werden.

Eine gute Bewältigung von Entwicklungsübergängen kann erzielt werden, wenn ausreichend **Ressourcen** (→ Kap. 8.1) bestehen. Ressourcen können sein:

- *Personale Ressourcen* – ein positives Selbstkonzept, Selbstvertrauen, soziale und emotionale Kompetenz eines Kindes
- *Umfeldbezogene Ressourcen* – unterstützende Eltern oder andere Bezugspersonen und Freundschaften.

Aus diesem Grund ist es sinnvoll, Maßnahmen zur Prävention und Gesundheitsförderung zeitlich vor und während Entwicklungsübergängen anzubieten. Diese können abzielen auf die Förderung von Ressourcen und die Reduktion von Risikofaktoren.

Entwicklungsorientierte Prävention und Gesundheitsförderung

Eine entwicklungsorientierte Prävention berücksichtigt den Entwicklungsstand der Zielpersonen und die Anforderungen, die sich aus Entwicklungsübergängen ergeben. Präventionsmaßnahmen sollen das Auftreten von Entwicklungsabweichungen und Krankheiten oder erste Symptome einer solchen reduzieren. *Gesundheitsförderung* bezieht sich auf Maßnahmen, bei denen der Erhalt von Gesundheit (→ Kap. 14) und Wohlbefinden im Vordergrund steht.

Eine Klassifikation von **Präventionsmaßnahmen** bezieht sich darauf, wie ausgeprägt das Risiko der Zielgruppe ist, eine Gesundheitsstörung zu entwickeln. Nach dem Institute of Medicine (1994) lassen sich drei Ebenen unterscheiden:

- *Universelle Prävention* richtet sich an alle Personen unabhängig von ihrer Risikobelastung, wie beispielsweise alle Kinder aus einer Kindergartengruppe oder eine Schulklasse.
- *Selektive Prävention* richtet sich an Personen mit einem erhöhten Risiko für eine Entwicklungsabweichung, da bestimmte Risikofaktoren vorliegen. Dies ist beispielsweise der Fall, wenn Kindern aus Scheidungsfamilien eine Maßnahme angeboten wird.
- *Indizierte Prävention* liegt vor, wenn die Personen der Zielgruppe bereits erste Symptome einer Entwicklungsabweichung aufzeigen, aber noch keine vollständige Störung vorliegt.

Präventionsangebote können danach klassifiziert werden, wie spezifisch sie auf Bedürfnisse einer Zielgruppe eingehen. In Bezug auf Scheidungskinder kann eine Maßnahme konkrete Risikofaktoren aufgreifen und versuchen, diese zu reduzieren.

Universelle Präventionsprogramme

Bei universellen Maßnahmen ist ein spezifischer Zuschnitt auf Gruppen weniger möglich. Sie bieten jedoch den Vorteil, dass natürliche Gruppen wie eine Kindergartengruppe angesprochen werden und keine Person durch eine besondere Behandlung stigmatisiert wird. Des Weiteren können damit Gruppenprozesse angestoßen werden, die den Alltag längerfristig positiv beeinflussen. Dies kann sein, wenn eine Prävention zur Förderung des Sozialverhaltens durchgeführt wird, in der generelle Regeln zum Umgang miteinander erarbeitet werden. Diese finden oftmals auch außerhalb der Maßnahme Anwendung, da alle Mitglieder der Gruppe sich darauf beziehen können.

Verhaltenstraining im Kindergarten

Ein universelles Präventionsprogramm zur Förderung der sozial-emotionalen Kompetenz von Kindern im Kindergartenalter beschreiben die Psychologen Ute Koglin und Franz Petermann (2012). Es ist ein Verhaltenstraining und richtet sich an Kindergärten. Als Bestandteil des Kindergartenalltags kann es durch eine pädagogische Fachkraft eingeführt werden.

Das Training besteht aus 25 Einheiten, die über einen Zeitraum von 13 Wochen (ca. zweimal pro Woche) durchgeführt werden. Es zielt darauf ab, Defizite der emotionalen Kompetenz und der sozialen Problemlösung, die bei Kindern mit oppositionell-aggressivem Verhalten (→ Kap. 10.2.8) und sozial unsicherem Verhalten auftreten, zu vermindern und sozial angemessenes Verhalten aufzubauen. Zur Förderung der emotionalen Kompetenz sind die Einheiten so gestaltet, dass die Kinder zunächst eigene Gefühle und Gefühle anderer wahrzunehmen lernen. Danach soll Emotionswissen aufgebaut und differenziert werden.

Kinder lernen, die Gefühle korrekt zu benennen, und werden angeregt, über Situationen zu sprechen, in denen Gefühle auftreten können. So wird erarbeitet, wodurch Gefühle verursacht werden, wie man sie ausdrücken und regulieren kann. Für den Bereich der **emotionalen Kompetenz** werden folgende Förderziele angestrebt:

- Basisemotionen wie Freude, Trauer, Angst und Wut und die Emotion „Scham" erkennen, benennen und ausdrücken
- Erwerb von Emotionswissen, z. B. Wissen darüber, wodurch Gefühle ausgelöst werden und wie man Emotionen regulieren kann

- Sprachlicher Emotionsausdruck, z. B. beschreiben, warum und wann welche Emotionen erlebt werden
- Unterscheidung eigener Emotionen von denen anderer
- Einüben von Empathie.

Zur Förderung der **sozialen Problemlösung** bearbeiten die Kinder alterstypische Konflikte, z. B. den Streit um ein Spielzeug, und suchen nach sozial angemessenen Lösungen. Die Kinder üben ein:

- Konflikte und deren Ursachen erkennen und interpretieren
- Sich Handlungsalternativen erarbeiten
- Konsequenzen von Handlungen berücksichtigen
- Konsequenzen bewerten.

Das Training ist eingebettet in eine Rahmengeschichte über zwei Meereskinder und ihre Abenteuer, die die Kinder motivieren und unterstützen sollen. Begleitet wird das gesamte Training von einer Handpuppe, Finn, dem Delfin (→ Abb. 10.14), die den Kindern Geschichten erzählt und sie bei der Bewältigung der Aufgaben unterstützt. Weitere Methoden sind Modell- und Rollenspiele, Bildergeschichten, Gesprächsrunden, Bewegungs- und Brettspiel sowie andere Spiele.

10.7 Resilienz

Resilienz bedeutet für Kinder, widerstandsfähig zu sein gegenüber Entwicklungsrisiken.

► **Resilienz**
Relative Widerstandskraft gegenüber krankmachenden Umständen und Ereignissen, die über die Zeit und Umstände hinweg variieren kann. Nach Ann Masten und Kollegen (1990) besteht Resilienz in

- Einer gesunden Entwicklung trotz eines Hochrisiko-Status, z. B. im Multiproblemmilieu (z. B. wenn ein Kind in ungünstigen familiären Verhältnissen aufwächst)
- Der Aufrechterhaltung von Kompetenz unter spezifischen Belastungen, z. B. bei der Bewältigung einer Scheidung oder
- Der Erholung von einem schweren Trauma, z. B. bei Kindesmissbrauch.

Eine der bekanntesten Studien zur **Widerstandfähigkeit** von Kindern wurde von der Psychologin Emmy Werner (2005) auf der Hawaii-Insel Kauai durchgeführt. In ihrer Studie begleitete sie die Entwicklung von 698 Kindern von der Schwangerschaft bis zum 40. Lebensjahr. Die Kinder wurden bei der Geburt sowie im Alter von einem, zwei, zehn, 18, 32 und 40 Jahren untersucht. Bei etwa 30 % der Kinder bestand ein hohes Entwicklungsrisiko, weil sie in chronische Armut hineingeboren wurden (→ Kap. 8.1.2), Geburtskomplikationen erlebt hatten und in Familien aufwuchsen, die durch psychische Störungen der Eltern und mit Ehekonflikten belastet waren.

Zwei Drittel der Kinder, die im Alter von zwei Jahren schon vier oder mehr **Risikofaktoren** ausgesetzt waren, entwickelten schwere Lern- oder Verhaltenstörungen in der Schulzeit, wurden straffällig und wiesen psychische Probleme im Jugendalter auf. Ein Drittel der Kinder entwickelte sich trotz der erheblichen Risiken zu leistungsfähigen, zuversichtlichen und fürsorglichen Erwachsenen. Im Alter von 40 Jahren gab es bei dieser Gruppe die niedrigste Todesrate, weniger chronische Erkrankungen und Scheidungen, keiner benötigte Hilfe vom Sozialdienst und keiner hatte Konflikte mit dem Gesetz. Ihre Ehen waren stabil, und sie sahen hoffnungsvoll und positiv in die Zukunft.

Abb. 10.36: Ein positives Temperament ist ein Zeichen für Resilienz.

Im Verlauf der Studie, die eigentlich zunächst auf Entwicklungsabweichungen der Kinder zielte, fiel diese Gruppe auf, die sich trotz zahlreicher Belastungen positiv entwickelte. Schließlich stand die Frage im Vordergrund, welche Merkmale diese „unverwundbaren Kinder" aufwiesen. Es fielen folgende **Faktoren bei den resilienten Kindern** auf:

- *Ein positives Temperament* – Die widerstandsfähigen Kinder waren aktiv, gutmütig und liebevoll.
- *Kommunikationskompetenz* – Die Kinder wiesen eine hohe Kommunikations- und Problemlösekompetenz auf.
- *Hobby* – Die resilienten Kinder hatten ein spezielles Interesse oder Hobby, das sie mit einem Freund teilten.
- *Planungskompetenz* – Die Kinder hatten die Fähigkeit, zu überlegen und zu planen.
- *Bindung* – Trotz der Belastungen in der Familie hatten die Kinder eine enge Bindung mit mindestens einer kompetenten und stabilen Person. Die widerstandsfähigen Kinder scheinen ein besonderes Talent zu besitzen, „Ersatzeltern" zu finden.
- *Religion* – Die widerstandsfähigen Kinder wiesen als weiteren Schutzfaktor oftmals eine religiöse Überzeugung auf, unabhängig von der Art. Sie gab den Kindern

das Gefühl, dass ihr Leben Sinn und Bedeutung hat, und den Glauben, dass sich die Dinge am Ende zum Guten wenden werden.
- *Lehrer* – Alle resilienten Kinder konnten auf mehrere Lehrer hinweisen, die sich für sie interessierten und sie herausforderten. Die Lieblingslehrer gaben oft ein positives Rollenmodell für die Kinder. Die Kinder lernten, dass positive Erfahrungen in der Schule den Stress im Elternhaus lindern können.

Die Forschung zu solchen Faktoren wurde daraufhin auch von anderen Wissenschaftlern intensiviert. Dabei stellte sich zunehmend die Frage, ob **Risikofaktoren** (→ Kap. 10.2.2) und **Schutzfaktoren** lediglich zwei gegenüberliegende Pole eines Merkmals ausmachen wie zwei Seiten einer Medaille. Daraufhin wurde das Konzept der Schutzfaktoren konkreter ausgearbeitet.

► **Risikofaktor**
Einflussfaktor, der die Wahrscheinlichkeit einer psychischen oder physischen Störung erhöht.

► **Schutzfaktor**
Faktor, der die Wirkung eines Risikofaktors abpuffert oder abmildert. Damit wird betont, dass nur dann von einem Schutzfaktor gesprochen wird, wenn auch ein Risikofaktor vorliegt.

10.8 Stressmanagement und Gruppendynamik

Stress gehört bei vielen Menschen zum alltäglichen Leben. Häufig wird über Stress im Beruf geklagt, der zu einer **Beeinträchtigung der Lebensqualität** führt. Er kann sich ergeben durch zu hohe oder zu viele Anforderungen, durch Konflikte mit Kollegen oder Vorgesetzen oder im pädagogischen Alltag durch wiederkehrende Probleme mit schwierigen Kindern. Der Umgang mit Stress kann gelernt werden.

► **Stress** *(von lat. stringere: anspannen)*
Psychische und physische Reaktion auf eine Situation, für die keine ausreichenden Bewältigungsmöglichkeiten vorliegen. Sowohl Menschen als auch Tiere können Stress empfinden.

10.8.1 Psychologisches Stressmanagement

Eine Möglichkeit, Stress zu begegnen, ist das psychologische Stressmanagement. Es hilft Menschen, ihr Verhalten so zu verändern, dass sie hohe Belastungen bewältigen können.

► **Bewältigungsverhalten** *(Coping)*
Art und Weise, wie wir mit Belastungen umgehen. Eingeschlossen sind dabei sowohl das Handeln als auch die begleitenden Emotionen.

Nach den Psychologen Richard Lazarus und Susan Folkmann (1984) kann zwischen problemorientiertem und emotionsorientiertem Coping unterschieden werden.

- **Problemorientiertes Coping** umfasst Handlungen, die darauf abzielen, das Problem zu lösen. Beispielsweise sucht ein Mensch nach Informationen, um ein Problem zu lösen oder er beschließt einen Streit mit einem Kollegen durch ein Gespräch zu klären.
- **Emotionsorientiertes Coping** bezieht sich auf Verhalten, das auf den Abbau negativer Emotionen abzielt. Dies kann durch Ablenkung erfolgen, wie laute Musik hören, sich mit Freunden treffen oder im schlechten Fall Alkohol oder Drogen konsumieren.

Welche Strategie zur Stressreduktion führt, ist von der Situation abhängig. Allerdings ist nach Ansicht der Stressforscher Annette Stanton und P. R. Snider die naheliegenste Flucht oder Vermeidung die am wenigsten wirksame Strategie.

Methoden des Stressmanagements

In der Klinischen Psychologie umfasst Stressmanagement eine Reihe von Verfahren, die bei der Bewältigung von Anforderungen helfen. Im Vordergrund stehen dabei zumeist alltägliche Anforderungen, die sich im Berufs- oder Privatleben ergeben. Häufig werden Methoden des Stressmanagements Patienten mit chronischen Erkrankungen vermittelt, da sich gezeigt hat, dass der Krankheitsverlauf sich dadurch deutlich verbessern kann.

Entspannungsverfahren

Eine Verfahrensgruppe sind Entspannungsverfahren, mit denen sich die Anspannung verringern lässt. Dazu zählen beispielsweise das autogene Training oder das Verfahren der progressiven Muskelrelaxation nach Jacobsen:

- *Autogenes Training* – Hierbei lernt man, sich durch Selbstinstruktionen nach und nach zu entspannen. Dieses Verfahren erfordert Anleitung und Übung.
- *Progressive Muskelrelaxation* – Das Verfahren nach Jacobsen baut auf dem Prinzip auf, dass nach einer Anspannung in der Regel Entspannung erfolgt. Durch eine gezielte An- und Entspannung verschiedener Muskelgruppen kann ein Zustand tiefer Entspannung erreicht werden (Petermann/Vaitl 2009).

Verhaltenstraining

Mit Anleitung durch einen Psychologen lassen sich auch durch Verhaltenstrainings gute Effekte zur Stressreduktion erzielen. Im Vordergrund steht dabei der Aufbau von Fertigkeiten zur Bewältigung von Anforderungen. Dabei werden konkrete Übungen, etwa zum Zeitmanagement, durchgeführt. Zudem können Ressourcen wie soziale Kompetenzen und Selbstsicherheit gestärkt werden.

Burnout

Erlebt ein Mensch über lange Zeit Stress im Berufsleben, kann als psychische Reaktion ein „Burnout" auftreten.

▶ **Burnout** *(von engl. to burn out: ausbrennen)*
Psychische Reaktion auf Stress mit den Merkmalen:

- Emotionale Erschöpfung
- Depersonalisation
- Reduzierte Leistungsfähigkeit.

Symptome von Burnout

Mit den Psychologen Christina Maslach und Kollegen (2001) kann das Burnout durch drei **Hauptkomponenten** beschrieben werden:

- *Emotionale Erschöpfung* – Gefühle der Überforderung und Erschöpfung der eigenen emotionalen und physischen Ressourcen
- *Depersonalisation* – Negative Gefühle, z. B. Schuld, Versagen oder Hoffnungslosigkeit, Oberflächlichkeit oder eine ausgeprägte Gleichgültigkeit gegenüber beruflichen Belangen
- *Reduzierte Leistungsfähigkeit* – Auftreten von z. B. vermehrten Krankheitstagen, langen Pausen und eine verminderte Arbeitseffizienz. Dazu können körperliche Symptome auftreten wie
  - Häufige Erkrankungen
  - Verspannungen
  - Nervosität (erhöhte Herzfrequenz, Tics)
  - Müdigkeit.

Abb. 10.37: Entspannung.

Erklärungsansätze für Burnout

Erklärungsansätze für Burnout beziehen sich grob klassifiziert auf Ursachen in der Persönlichkeitsstruktur und arbeits- oder gesellschaftsbezogene Faktoren.

Bei den **persönlichkeitsbezogenen Erklärungsansätzen** steht oftmals die Diskrepanz zwischen einem Ideal und der Wirklichkeit im Vordergrund. Betroffene Personen stellen unrealistische Erwartungen an sich selbst, die trotz größter Anstrengungen im Berufsalltag nicht zu erreichen sind. Burnout wird in diesen Ansätzen als Prozess beschrieben, der sich über Jahre hinziehen kann. Am Anfang des Prozesses stehen in der Regel ein hohes Engagement und hoher Einsatz für die Arbeit. Es tritt Frustration auf, da die gesteckten Erwartungen nicht erreicht werden können. Schließlich können Hoffnungslosigkeit, Frustration, Resignation und Apathie auftreten.

Bei den **arbeits- und gesellschaftsbezogenen Erklärungsansätzen** wird Burnout eher als Folge von emotional beanspruchendem und erschöpfendem Umgang mit Menschen angenommen. Der Betroffene erlebt über längere Zeit stressauslösende Situationen, die er allein nicht bewältigen kann. Gründe für das Scheitern an den stressauslösenden Situationen können nicht zur Verfügung stehende Mittel, Gefühle der Machtlosigkeit, fehlendes Mitspracherecht oder fehlender Einfluss auf den Arbeitsablauf sein.

Im folgenden Überblick sind elf persönlichkeits- und arbeitsbezogene Faktoren zusammengefasst, die Burnout begünstigen.

⊙ Persönlichkeits- und arbeitsbezogene Faktoren, die für eine Erzieherin Burnout begünstigen:

- Mangel an positivem Feedback
- Fokussierung auf Probleme der Kinder und Familien
- Gehäufte chronische und schwer zu beeinflussende Probleme
- Die Normen einer „guten Erzieherin"
- Eine zu starke Involviertheit
- Hierarchieprobleme
- Administrative Zwänge
- Eine schlechte Teamarbeit
- Druck von Vorgesetzten
- Schlechte Arbeitsorganisation
- Mangelnde Ressourcen bei Personal, Finanzmitteln
- Problematische institutionelle Vorgaben und Strukturen (nach Maslach 2001, modifiziert).

10.8.2 Gruppendynamik

Ein Großteil des menschlichen Lebens findet in sozialen Gruppen (→ Kap. 9.5.1) statt. Menschen leben in Gemeinschaften, sie gehen Beziehungen und Partnerschaften ein, bauen Freundschaften auf und halten diese oft über Jahrzehnte aufrecht. In Gruppen können Menschen die schönsten Erlebnisse ihres Lebens machen, aber auch Konflikte und Zwietracht erleben. Die Sozialpsychologie (→ Kap. 10.1) beschäftigt sich mit der Beschreibung, Erklärung und Vorhersage von Verhalten und Erleben im sozialen Kontext.

Bevor auf Gruppenphänomene eingegangen wird, soll zunächst eine Definition der Begriffe Kategorie und Gruppe erfolgen.

► **Kategorie**
Klassifizierung von Dingen oder Personen; beinhaltet z. B. Personen mit denselben Merkmalen wie das Geschlecht (alle Männer), die Haarfarbe oder das Alter.

Eine Gruppe im psychologischen Sinne erfordert mehr. Eine Definition der Sozialpsychologen David und Roger Johnson (1987) spezifiziert eine Gruppe nach folgenden Merkmalen: eine Ansammlung von mindestens drei Personen,

- Die miteinander interagieren
- Die sich der Gruppe zugehörig fühlen
- Deren Verhalten in irgendeiner Form wechselseitig voneinander abhängt
- Deren Interaktion durch gruppenspezifische Rollen und Normen strukturiert sind
- Die sich gegenseitig beeinflussen
- Die ein gemeinsamen Ziel verfolgen und
- Deren individuelle Bedürfnisse durch die Gruppe befriedigt werden (nach Gollwitzer/Schmitt 2006, S. 189).

Sozialpsychologen konnten eine Reihe von interessanten Phänomenen beobachten, die das **menschliche Verhalten in der Gruppe** beeinflussen wie

- Soziale Bummelei
- Soziale Aktivierung
- Führungsstil.

Teilweise stehen diese Beobachtungen den intuitiven Annahmen, wie Menschen sich verhalten, sogar entgegen.

Soziale Bummelei

Man kann vermuten, dass sich die **Leistung einer Gruppe** aus der Einzelleistung ihrer Mitglieder zusammensetzt. Dass dies nicht zutreffend ist, wird als der „soziale Bummelei-Effekt" bezeichnet. Dieser beruht nach dem Sozialpsychologen Bibb Latané (1981) auf einer reduzierten Einzelleistung der Gruppenmitglieder, wenn die Gruppe größer wird. Erklärt wird dies damit, dass die Bewertungsangst des Einzelnen im Schutz der Gruppe geringer ist.

Des Weiteren kann es zu einer **Verantwortungsdiffusion** kommen, da sich der Einzelne für die Gruppenleistung weniger verantwortlich fühlt. Zuletzt orientiert sich die Leistung des Einzelnen an der **durchschnittlichen Gruppenleistung** und nicht an der Maximalleistung, die er erbringen könnte.

Naheliegenderweise wird der Bummelei-Effekt jedoch geringer, wenn eine Gruppe mit einer anderen konkurriert oder die Gruppenmitglieder annehmen, dass ihre individuelle Leistung dennoch ermittelt werden kann.

Soziale Aktivierung

Ein anderes Phänomen ist das der sozialen Aktivierung. Demnach führen Menschen Routineaufgaben schneller aus, wenn andere Personen anwesend sind. Experimentell konnte jedoch aufgezeigt werden, dass dabei auch **Bewertungsvorgänge** eine Rolle spielen. Erwartet eine Person, bei ihrer Tätigkeit von anderen beobachtet und bewertet zu werden, wird die Leistung bei ungewohnten Tätigkeiten und Aufgaben schlechter. Dagegen wird sie bei Routineaufgaben besser. Diese Beobachtungen machen deutlich, dass es nicht immer sinnvoll ist, alle Tätigkeiten in einer Gruppe durchführen zu lassen.

Die Leistung einer Gruppe ist jedoch auch von anderen Faktoren abhängig, beispielsweise davon, ob es sich um eine Gruppe unterschiedlicher Menschen, z. B. in Beruf und Bildung, handelt oder um eine homogene Gruppe.

Heterogene Gruppen (→ Kap. 9.6) erreichen manchmal einen Synergie-Effekt, bei dem jeder seinen Erfahrungshintergrund einbringt. In homogenen Gruppen können ebenfalls gute Leistungen erzielt werden, die auch die heterogener Gruppen übertreffen. Dies ist der Fall, wenn sich die Mitglieder mit der Gruppe identifizieren, sie ein Zusammengehörigkeitsgefühl haben und die Gruppe ein positiv bewertetes Ziel aufweist.

Homogene Gruppen können jedoch auch schlechtere Leistungen erzielen. Ein Grund dafür kann „Groupthink" (Gruppendenken) sein. Es führt zu Fehlentscheidungen und zwingt Gruppenmitglieder zur Konformität. Ein Kennzeichen solcher Gruppen ist, dass es der Gruppe wichtiger ist, eine gemeinsame Entscheidung zu finden als die richtige Entscheidung zu treffen. Diese Gruppen neigen zudem dazu, Nicht-Gruppenmitglieder abzuwerten oder sich gegen Angriffe von außen unverwundbar zu fühlen. Eine offene Diskussionskultur und ein gewissenhafter Umgang mit den Meinungen der Gruppenmitglieder kann diesem Phänomen vorbeugen.

⊙ **Gruppenformierung**
Der Weg, auf dem sich Menschen zu einer Gruppe formieren, lässt sich nach dem Erziehungswissenschaftler Bruce Tuckman (1965) als Prozess mit fünf Stufen beschreiben:

- Forming – Hier stehen die Orientierung und das gegenseitige Kennenlernen im Vordergrund.
- Storming – Es werden Ziele, Rollen, Norman, Erwartungen und Hierarchien ausgehandelt.
- Norming – Die Gruppe bildet eine gemeinsame Identität aus.
- Performing – Die Normen und Rollen werden gefestigt, und es wird am gemeinsamen Ziel gearbeitet.
- Adjourning – Nach der Zielerreichung wird die Gruppe aufgelöst.

Führungsstil

Führungsstil → Kap. 2.1.3

Der Führungsstil in einer Gruppe zählt ebenfalls zu den Faktoren, die das Verhalten und die Leistung der Gruppenmitglieder beeinflussen. Dabei hat sich besonders ein demokratischer Führungsstil gegenüber dem autoritären und der Laissez-faire-Führung als überlegen gezeigt.

Experiment zur Wirkung von Führungsstilen auf Gruppenmitglieder

Ein prominentes Experiment zum Einfluss des Führungsstils auf das Verhalten von Gruppenmitgliedern führten der Sozialpsychologe Kurt Lewin und seine Kollegen (1939) durch. Dazu bildeten sie drei Freizeitgruppen mit Jungen im Alter von zehn Jahren. Es gab drei Gruppenführer, die demokratisch, autokratisch oder nach dem Laissez-faire-Prinzip die Gruppen abwechselnd führten. Beobachtet wurden die Reaktionen der Kinder auf die unterschiedlichen Führungsstile.

Es zeigte sich, dass die Kinder während der **Laissez-faire-Führung,** bei der völlige Entscheidungsfreiheit für die Jungen und Zurückhaltung durch den Führer gegeben war, am wenigsten produktiv waren und ihre Arbeit von geringer Qualität war. Stattdessen machten sie viel Unsinn. Während der **autokratischen Führung,** die geprägt war von Arbeitszuweisungen ohne Entscheidungsfreiheit für die Gruppenmitglieder, arbeiteten die Kinder gut und teilweise sehr angestrengt mit, aber nur, solange der Führer anwesend war. Auffällig war in dieser Gruppe, dass die Kinder sehr feindselig waren und deutlich mehr aggressives Verhalten zeigten, wie etwas kaputt machen oder anderen die Schuld zuweisen. Während der **demokratischen Führung,** die die Jungen bei der Planung und Entscheidungsfindung unterstützte, zeigten die Jungen das höchste Ausmaß an Motivation und Kreativität und eine größere Loyalität und Freundlichkeit gegenüber anderen Gruppenmitgliedern. Die Jungen lobten sich gegenseitig, teilten Gegenstände und machten freundliche Bemerkungen.

📖 Koglin, U./Petermann, F./Petermann, U.: Entwicklungsbeobachtung und -dokumentation EBD 48-72. Eine Arbeitshilfe für pädagogische Fachkräfte in Kindergärten und Kindertagesstätten. Berlin, Düsseldorf: Cornelsen Verlag Scriptor 2010

Teil IV
Bildungsbereiche in Einrichtungen der Kinder- und Jugendhilfe

11

Ästhetik und Kunst

Saskia Bender, Cornelie Dietrich

Bildende Kunst, Musik, Literatur, Theater, Tanz und Film haben besondere Wirkungen auf den Menschen. Kinder, Jugendliche und Erwachsene sind begeistert, gefesselt, dem Alltag entrückt, wenn sie ins Kino oder ins Konzert gehen; sie sind erstaunt, fasziniert, wenn sie ein Museum besuchen; sie lassen sich mitreißen von den Bewegungen des Tanzes, der Musik oder sind tief versunken in die Lektüre eines Buches, in die Klänge einer Kirchenorgel, in das Spiel von Farben und Linien auf der Leinwand. Sie begegnen dort nicht nur den Werken und dem kulturellen Kontext, in dem diese stehen, sondern in besonderer Weise auch sich selbst, ihren Empfindungen, Gefühlen, ihren Grenzen und den Wünschen, diese zu überschreiten. Zu beschreiben und zu untersuchen, wie die Kunst wirkt, ist u. a. Gegenstand einer **Theorie der Ästhetik.**

Die Pädagogik schreibt bildender Kunst, Musik, Literatur, Theater, Tanz und Film seit langem nicht nur Wohlgefallen, Lust und Freude, sondern auch das Potenzial einer ganz spezifischen Bildungsweise zu. Während Menschen alltagssprachlich an den mehr oder minder strukturierten Unterricht in den „ästhetischen" Fächern denken, umfasst der Begriff der **ästhetischen Bildung** in erziehungswissenschaftlicher Perspektive etwas mehr als das:

- Die lernende Auseinandersetzung mit Objekten, Produktionsweisen, Symbolbeständen der Künste – etwa durch den Besuch eines Museums, bei dem Kinder am Beispiel eines Bildes von van Gogh etwas über Ölfarben, über den Maler und seine Zeit sowie über die Differenz von wirklichen und gemalten Kornfeldern erfahren
- Die in solchen und anderen Prozessen angeregte Auseinandersetzung mit und Gestaltung der eigenen Phantasien, Kenntnissen, Möglichkeiten der Deutung und Bedeutungsgebungen.

In diesem Kapitel geht es um die Darstellung der wichtigsten Dimensionen Ästhetischer Bildung im Allgemeinen sowie kunstpädagogischer Fragen, Methoden und Konzepte im Speziellen. Anders als beispielsweise in der Musik, die auf eine lange Tradition frühpädagogischer Arbeit und musikalischer Früherziehung zurückschauen kann, steckt die wissenschaftliche Begründung einer **elementaren Kunstpädagogik** noch in den Anfängen. Zwar existieren eine Unmenge von praktischen Vorschlägen, Berichten und Ideen, dem stehen aber wenig empirische Forschung und wenig evaluative Reflexion der Praxis gegenüber.

Die ästhetische Tätigkeit hat einen zentralen Stellenwert in den Bildungsprozessen des Menschen. Ästhetische Bildung ist nicht beschränkt auf eine Ausgleichsfunktion zu ernsthaften, primär rational organisierten Lernfeldern, sondern gehört zum Kern von kindlichen Bildungsprozessen. Die beiden ersten Abschnitte des ersten Kapitels thematisieren und fundieren das allgemeine erziehungswissenschaftliche Verständnis von ästhetischer Bildung (→ Kap. 11.1.1, 11.1.2). Dafür ist es notwendig, zunächst einige zentrale Begriffe, die in pädagogisch-praktischen Kontexten oft durcheinandergeraten, zu klären. Der letzte Abschnitt des theoretischen Teils (→ Kap. 11.1.3) widmet sich Forschungen zur Kinderzeichnung als einem zentralen Gegenstand ästhetischer Bildung. In den folgenden Kapiteln (→ Kap. 11.2–11.6) werden dann konkrete Fragen, die den pädagogischen Umgang mit den visuellen Medien angehen, behandelt.

11.1 Theoretische Grundlagen

In diesem Kapitel werden zunächst die begrifflichen Grundlagen geschaffen, um Ästhetische Bildung beschreiben zu können. Anschließend wird gezeigt, wie Kinder sich der Welt zuwenden und ihre Wahrnehmungsfähigkeit in ästhetischer Hinsicht entwickeln.

11.1.1 Ästhetische Bildung

Erziehen, bilden und betreuen → Kap. 1.1

Was ist ästhetische Bildung? Um dies zu klären, werden in diesem Kapitel Ästhetik und ästhetische Wahrnehmung sowie als zentraler Begriff die ästhetische Erfahrung definiert und beschrieben. Es wird beschrieben, wie ästhetisches Erleben in sozialem Kontext generiert wird, und die beiden Begriffe *ästhetische Bildung* und *ästhetische Erziehung* werden voneinander abgegrenzt.

Ästhetik und „aisthesis"

Der Begriff „Ästhetik" hat seinen Ursprung im Griechischen. Er leitet sich ab von dem Wort „aisthesis", was so viel wie „sinnliche Wahrnehmung" bedeutet. Seit Ende des 18. Jahrhunderts meinten die Gelehrten damit die Wissenschaft vom sinnlich Wahrnehmbaren. Das griechische Wort „aisthesis" hat im Ursprung zunächst also noch nichts mit Kunst, Schönheit oder Gefallen zu tun. So aber benutzen viele heute alltagssprachlich den Begriff „ästhetisch". Dinge, Wohnungseinrichtungen, Landschaften oder Bewegungsformen beispielsweise nennen sie ästhetisch, wenn sie ihnen sinnlich gefallen, wenn sie „dem Auge schmeicheln". Unästhetisch hingegen werden solche Erscheinungen in unserer sichtbaren Umwelt genannt, die „das Auge verletzen", die auf Grund von Übertreibung, Unproportioniertheit, unpassenden Farbkontrasten oder auch nur wegen eines Widerspruchs gegen den Zeitgeist nicht gefallen.

In pädagogischen Kontexten werden die Begriffe Sinneswahrnehmung, Kunst, Sinnesschulung und ästhetische Erziehung oft in ähnlicher oder gleicher Weise benutzt. Dabei bestehen wichtige Unterschiede:

In Prozessen der alltäglichen **sinnlichen Wahrnehmung** richtet sich das Bewusstsein immer deutend auf das, was da wahrgenommen wird. Wer aufwacht und dabei helle Sonnenstrahlen, die ins Zimmer fallen, registriert, schlussfolgert, dass die Nacht vorbei und der Tag angebrochen ist. Vermittels der Wahrnehmung nimmt er Informationen

Abb. 11.1: Ästhetische Wahrnehmung ist ein Wechselspiel zwischen sinnlicher Wahrnehmung und Eigenwahrnehmung.

über einen Gegenstandsbereich auf, den er dadurch klassifizieren, einordnen kann. Sinnliche Wahrnehmung dient der Orientierung in der Welt.

Anderes geschieht, wenn der Mensch dieselben Sonnenstrahlen **in ästhetischer Einstellung** betrachtet. Dann nämlich ist die Entscheidung über Tag und Nacht irrelevant, er betrachtet nun das Spiel von Licht und Schatten, Bewegungsfiguren wie tanzende Schatten, beschäftigt sich mit Effekten des Blinzelns oder mit der Vorfreude auf einen Sommertag. Der Erziehungswissenschaftler Klaus Mollenhauer (1996, S. 26) drückt das so aus: „Meine Sinne werden mir in ästhetischer Einstellung, über die auch sonst meine Tätigkeit ununterbrochen begleitenden oder stimulierenden Wahrnehmungsvorgänge hinaus, *thematisch.*" Die Sinne vermitteln nicht nur Informationen zu einem bestimmten Thema (Tag und Nacht), sondern die von ihnen hervorgerufenen Eindrücke und Empfindungen sind selbst das Thema. Das wiederum bedeutet, dass der Mensch sich in ästhetischer Einstellung immer auch mit sich selbst beschäftigt.

Indem ein Mensch in der Beschäftigung mit einem sinnlich wahrnehmbaren Objekt der Außenwelt Abscheu, Faszination, Lust oder auch nur ein diffuses Gefühl von Freude wahrnimmt, entsteht ein Wechselspiel zwischen der **sinnlichen Wahrnehmung** (des Lichtes und seinen Bewegungen) und der **Eigenwahrnehmung.** Eine wichtige Besonderheit dieser Art von Wahrnehmung ist die Unbestimmtheit des Resultats. Während der gleiche Mensch bei der einfachen Sinneswahrnehmung in der Regel rasch zu einem eindeutigen Ergebnis gelangt und auch gelangen will (Ist es nun Tag oder Nacht?), ist gerade diese Zielorientierung in der **ästhetischen Wahrnehmung** aufgehoben. Es kommt nicht drauf an, wohin das Ganze führt, der Sinn der Wahrnehmungsvorgänge liegt in diesen selbst.

[BEISPIEL] Stellt man sich das einfallende Licht eines Sommermorgens und ein Werk abstrakter Malerei vor, so wird der Unterschied zwischen einfacher und ästhetischer Wahrnehmung deutlich. Es kann hier nicht darum gehen, in den Farben und Formen „etwas" zu erkennen – auch wenn Assoziationen an Gegenstände die Rezeption (Aufnahme) begleiten können –, sondern darum, im freien Spiel von sinnlicher und vernünftiger Tätigkeit das Bild, seine Elemente und die eigene Resonanz darauf zu vollziehen und nachzuvollziehen.

Die beschriebene **Grundorientierung ästhetischer Wahrnehmung** zieht sich konstant durch die Geschichte der Ästhetik – angefangen bei dem Philosophen der Aufklärung Immanuel Kant (1724–1804) und dem Dichter Friedrich Schiller (1759–1805) im 18. Jahrhundert über den amerikanischen Philosophen und Pädagogen John Dewey (1859–1952), den Philosophen und Soziologen Theodor Adorno (1903–1969) zu Beginn des 20. Jahrhunderts bis in die Gegenwart des 21. Jahrhunderts. Alle Autoren postulieren, dass die ästhetische Wahrnehmung und Gestaltung der „Welt" eine den anderen Formen der Wahrnehmung und Gestaltung ebenbürtige ist.

Ästhetische Wahrnehmungen sind also nicht an bestimmte Gegenstände, z. B. an solche, die als Kunst gelten, gebunden. Jeder kann sich im Prinzip jedem Ding, jedem Menschen, jedem Klanggebilde auf ästhetische Weise zuwenden, und Kinder tun dies dauernd. Aber es gibt Bereiche, die solche Erfahrungen eher ermöglichen als andere. Meist, aber eben nicht zwingend sind das Kunst, Musik, Literatur, Theater. Neben Design und Architektur kommt heute mindestens noch der Film hinzu, aber auch Comics, verschiedene Richtungen der Popmusik, Computerspiele etc.

Ästhetische Erfahrung

Seit der Moderne sind sich die Theoretiker darüber weitgehend einig, dass das Ästhetische nicht eine Eigenschaft der Objekte (Bilder, Theateraufführungen, Musikstücke etc.) ist, sondern eine Eigenschaft der Erfahrungen, die das Individuum mit diesen Gegenständen macht. Der Streit darum, ob etwas „Kunst" ist oder nicht, ist weniger wichtig als die Frage, ob die Begegnung damit den Betrachter fesselt, in Staunen versetzt, zur Interpretation oder zur Artikulation der Wirkung anregt. Daher muss der Begriff der ästhetischen Erfahrung in das **Zentrum der Reflexion über ästhetische Bildung** gestellt werden.

Die Pädagogik macht es sich zur Aufgabe, Kindern und Jugendlichen ästhetische Erfahrungen zu ermöglichen, diese zu begleiten, anzuregen, weiterzuentwickeln. Es ist hingegen nicht primär ihre Aufgabe, „ästhetische Objekte" herzustellen oder von den Kindern herstellen zu lassen. Andererseits kann die Erzieherin ästhetische Erfahrungen nicht einfach beobachten oder gar messen und prüfen. Nur anhand der kindlichen ästhetischen Äußerungen, der Bilder des Kindes, seinen Liedern, seinen Tanzbewegungen, seinen Erzählungen über ein Theaterstück etc. kann sie versuchen, auf die Erfahrungen des Kindes zurückzuschließen.

Charakteristika der ästhetischen Erfahrung sind:

- Muße
- Selbstgespräch
- Neuformulierungen
- Innenseite und Außenseite.

Muße

Indem der Mensch sich seinen Sinnesempfindungen zuwendet, kann sich ein Abstand zu alltäglichen, pragmatischen Zusammenhängen bilden. Eine wichtige Voraussetzung für ästhetische Erfahrungen ist ein solcher **Abstand zu den Bedingungen und Zwängen des Alltags.** Kinder wie Erwachsene können sich dem Malen eines Bildes oder der Gestaltung einer Skulptur nur dann ganz hingeben, wenn sie sicher sein können, dass sie für die Dauer der Tätigkeit nicht durch andere Anforderungen wie Tisch decken, nach draußen gehen, Schuhe anziehen, streiten, reden, in den Stuhlkreis kommen etc. gestört werden. Das klingt trivial, ist aber, wie die Wirklichkeit in unseren außerschulischen pädagogischen Einrichtungen zeigt, eine oft nicht zu bewältigende Anforderung.

Normalerweise werden für die spezifisch ästhetischen Tätigkeiten wie Malen, Musizieren, Tanz, Theater etc. **feste Zeiten,** seltener schon eigene Räume (→ Kap. 11.4) angeboten. Unterbrechungen eines vielleicht gerade beginnenden ästhetischen Prozesses sind dort aber eher die Regel als die Ausnahme. Selbst die Aufforderung oder die Gewohnheit, Bilder zu präsentieren, zu kommentieren, anderen zu zeigen bzw. zeigen zu sollen, kann für den einen Ansporn, für den anderen aber Hemmung bedeuten.

Selbstgespräch

Entlastet von allen pragmatischen Anforderungen, kann sich zwischen dem Subjekt und dem ästhetischen Material (Farben auf dem Blatt, Bastelmaterialien, Geschichten, Instrumente und Melodien) ein Spiel mit möglichen Bedeutungen entwickeln. Das Kind verwickelt sich in eine Art Selbstgespräch. Dabei, so formulierte es Friedrich Schiller, tritt der Mensch ein in ein **freies Wechselspiel zwischen sinnlichen Kräften und Vernunftkräften.** Der erste Strich auf dem Papier fordert die Einbildungskraft heraus: Wie könnte es weitergehen, mit welcher Form, welcher Farbe? Es entsteht eine Bildidee, ihre Umsetzung auf dem Papier gerät anders als die Vorstellung, es setzt erneut eine Art sinnliches Denken ein etc.

Abb. 11.2: Kinder und Erwachsene können sich dem Malen und Gestalten nur dann ganz hingeben, wenn sie sich sicher sein können, dass sie für die Dauer der Tätigkeit nicht gestört werden.

Dass in diesen Zusammenhängen immer wieder der Begriff des *Spiels* (→ Kap. 21) auftaucht, ist kein Zufall. Denn für das **Spiel** wie auch für die ästhetische Tätigkeit ist es charakteristisch, dass – je nachdem, wie streng die Regeln sind, an die man sich halten will – mehr oder minder freie Bewegungen in einem gegebenen Spielraum ausgeführt werden, eine Spielidee verfolgt wird, beides aber auch oder vor allem um ihrer selbst willen, nicht in erster Linie um eines Resultates willen geschieht.

Neuformulierungen

Durch Neuformulierungen vermittelt die ästhetische Tätigkeit in besonderer Weise zwischen Innenwelt und Außenwelt. Anders als die Wortsprache ermöglicht sie die Artikulation von inneren Bildern, Erlebnissen, von Ungesagtem und Unsagbarem. Durch die starke Beteiligung von Imagination, die Vernetzung von bildlichem Denken, sinnlich-körperlicher Praxis und (bei Älteren) abstrakten und kognitiven Vorgängen entsteht ein ganz **spezifischer Modus der Zuwendung zur Außenwelt.** Durch die Freisetzung von Erwartungen an bestimmte Resultate ermöglicht es dieser Zugang, die Welt wie auch sich selbst immer noch einmal anders, noch einmal neu zu sehen. Schiller nannte den ästhetischen Zustand daher einen „Nullpunkt" der Erfahrung, an dem alle schon erlebten Zuschreibungen und Begrenzungen noch einmal aufgehoben sind. Das ist der Grund für den zentralen Stellenwert ästhetischer Erfahrungen im Bildungsgang.

Innenseite und Außenseite

Die ästhetische Erfahrung hat sozusagen eine innere und eine äußere Seite, die untrennbar miteinander verbunden sind. Nach **innen** hin ermöglicht sie eine Begegnung mit sich selbst und eine Neu- oder Andersformulierung der eigenen Themen. Ästhetische Erfahrungen aktivieren den Organismus in einer spezifischen Weise und fordern ebensolche Aktivitäten heraus.

Dazu braucht es aber einen **äußeren Anlass.** Ästhetische Erfahrungen ereignen sich im Kontakt mit äußeren Objekten, seien dies nun ein Kunstwerk, ein Farbkasten und ein Blatt Papier, ein Orff-Instrument oder ein Matschhaufen. Häufig, aber nicht immer sind diese Anlässe bereits kulturell vorgeformt, so dass das Individuum sich in seinen ästhetische Erfahrungen mit künstlerisch-kulturellen Kontexten vertraut macht.

Ästhetische Tätigkeit als sozialer Prozess

Bisher ist die ästhetische Tätigkeit vornehmlich als ein individuelles Geschehen beschrieben, das sich zwischen einem einzelnen Kind und seinem Material abspielt. Darüber darf die Tatsache nicht vernachlässigt werden, dass ästhetisches Erleben immer auch ein **sozialer Prozess** ist:

Zum einen bedarf es oft der Unterstützung anderer, um solche ästhetischen Erlebnisse zu ermöglichen – der Großvater liest vor, oder Freunde weisen einen auf ein Musikstück oder Konzert hin.

Zum anderen aber verlangt das ästhetische Erleben auch nach Austausch, sei es im Gespräch unter Freunden, im Internetforum oder in der Zeitungskritik.

Jeder kennt das Verlangen von Kindern, ihre **Begeisterung mitzuteilen,** hat erlebt, dass sie atemlos erzählen oder ein erlebtes Theaterstück gleich nachspielen. Nach dem Kinobesuch gibt es für ältere die gesellige Runde in der Kneipe und im Theater die Pause, in der die Besucher ihre Eindrücke in Worte zu fassen versuchen. Das ästhetische Erleben ist vom Sprechen darüber nicht zu trennen.

[BEISPIEL] Das folgende Beispiel ist fiktiv: Eine Gruppe von Studierenden geht gemeinsam ins Kino. Im Anschluss daran setzen die Studierenden sich zusammen in den Biergarten und debattieren über den Film. Der eine ist begeistert, die Nächste fand ihn unerträglich kitschig, die Dritte kämpft noch mit Tränen der Rührung und weiß nicht, warum, der Vierte regt sich über die politisch unhaltbaren Inhalte auf. Worum geht es in solchen Gesprächen? Ausgehend vom gemeinsam erlebten Film kommen nicht nur ästhetische Gesichtspunkte zur Sprache. Die Studierenden tauschen ihr (Vor-)Wissen aus, debattieren über politische Einstellungen der Protagonisten oder die politische Stellungnahme des Films. Damit nähern sie sich allmählich einem ästhetischen Reden, welches natürlich nicht mechanisch von anderen Redeweisen abgetrennt werden kann. Denn indem sie im Gespräch nachzuspüren versuchen, wie der Film – in seiner spezifischen Verbindung von Filmerzählung, Erzählweise, Kameraführung, Montage, Musik etc. – bestimmte Aussagen inszeniert, artikulieren sie eigene Eindrücke und Empfindungen und versuchen, dafür Worte zu finden. Das sind häufig nicht elaborierte Sätze (eines hochentwickelten sprachlichen *Codes* (→ Kap. 22) eines Sprachteilhabers), sondern oft nur kleine Einwürfe, Fragen, Gesprächsfetzen, z. B.:
„Hast du gemerkt, die Musik, als der da am Abgrund stand?"
„Ey, voll überdramatisch."
„Ja, fand ich auch, fast kitschig."
„Aber irgendwie hatt ich auch ne Gänsehaut ..."

Wenn ein Freund der eigenen Einschätzung widerspricht oder nicht versteht, was der andere sagt, wird die eigene Erfahrung möglicherweise noch einmal modifiziert. Das Sprechen und Sichaustauschen über ästhetische Erfahrungen ist nicht etwas „Nachgeschobenes", was man ebenso gut sein lassen kann, sondern es gehört zur ästhetischen Erfahrung dazu, weil es sie selbst mit hervorbringt.

Solche Gespräche sind gleichzeitig, auch wenn sie im privaten Kontext stattfinden, in **soziale Hierarchien** eingelagert. In ihnen wird immer auch, wenngleich in verschiedenen Kontexten und in unterschiedlichem Ausmaß, verhandelt über

- Soziale Positionen
- Individuelle Identitäten und
- Kollektive Identitäten.

Dies ist zwar für jüngere Kinder noch nicht bedeutsam, in jugendkulturellen Kontexten aber spielt die **Identitätsfindung als soziale Positionierung** eine große Rolle (*Sozialisation* → Kap. 9.3). Über die gemeinsamen z. B. musikalischen Vorlieben und Abneigungen entsteht Zugehörigkeit zur einen Gruppe und Abgrenzung zu einer anderen. Es geht also um Identitäten und Differenzen, individuelle wie kollektive, die mit sozialen oder geschlechtlichen verknüpft sind. Allerdings sind diese sozialen Positionen, die durch ästhetische Vorlieben hergestellt werden, auch flexibel. Gerade ästhetische Erlebnisse tragen ein Moment des Unberechenbaren in sich, das irritieren, erstaunen, überraschen, ja sogar überwältigen kann. Der eine kann neue Seiten an sich oder anderen entdecken, neue Sichtweisen und Perspektiven, andere Empfindungen, auf die er sich – probeweise – einlassen kann.

Ästhetische Erziehung und ästhetische Bildung

Ästhetische Erziehung und ästhetische Bildung werden häufig synonym verwendet. Das hängt damit zusammen, dass im Blick auf ein und dieselbe Situation oft beide Begriffe sinnvoll sind. Dennoch ist eine Unterscheidung bedeutsam:

Erziehung (→ Kap. 1.1.1) bezieht sich auf bewusste und geplante Handlungen, die zunächst von in einer Sache Erfahrenen (meist Älteren, also Eltern, Lehrerin, große Schwester oder Großvater) im Hinblick auf einen weniger

Abb. 11.3: Ästhetische Erfahrungen sind soziale Tätigkeiten eingebettet.

Erfahrenen oder eine Gruppe solcher kultureller „Neulinge“ ausgeht. Die Älteren wollen die Jüngeren zu einem bestimmten Verhalten, Können, Wissen bringen. Wir sprechen daher von Erziehungszielen, Erziehungsabsichten, erzieherischen Werten und Intentionen etc. Dass auch Kinder in diesem Prozess Ziele, Absichten, Intentionen verfolgen, Erziehung daher immer als dynamische Interaktion zu verstehen ist, konstituiert (begründet) das Phänomen der Erziehung wesentlich mit.

Bildung (→ Kap. 1.1.1) hingegen bezieht sich auf den Entwicklungs- und Lernprozess der Heranwachsenden selbst, sie bezeichnet den lebenslangen Prozess der Personwerdung, der Formung und Entwicklung des Individuums. Wie das Individuum die Angebote oder Zumutungen vonseiten der Erziehenden verarbeitet, welches Gewicht und welche Bedeutung es ihnen gibt, was es annimmt oder verweigert, wofür es dankbar ist und was es verflucht, was es schließlich an die eigenen Kinder weitergibt, all das lässt sich nicht erzieherisch planen und durchsetzen, sondern es liegt, jedenfalls zum Teil, in der Hand des und der Einzelnen. Bildung ist immer Selbstbildung. Zur Bildung gehört aber nicht nur die Bearbeitung der Angebote vonseiten der erziehenden Generation, sondern auch alle anderen informellen Einflüsse aus Freundschaften, Wohnumgebung, Medien oder eben aus dem Umgang mit ästhetischen Gegenständen.

[BEISPIEL] Kinder in einer Kindertagesstätte malen mit Wasserfarben. Die Erzieherin spannt das Papier auf Holzplatten und macht es nass. Anschließend stellt sie die Platten auf kleine Staffeleien. Sie stellt nur die drei Grundfarben Rot, Gelb, Blau bereit und teilt breite Pinsel aus. Dann erzählt sie eine Geschichte über drei verschiedene Tiere, die sich treffen. Zwei von ihnen werden Freunde, das dritte ist zu groß und zu stark, es passt nicht so zu den anderen, es bleibt für sich und macht sich dann auf die Suche nach einem eigenen Freund. Dann fordert sie die Kinder auf, ein Bild zu malen, das zu der Geschichte passt. Einige Kinder greifen das Angebot begeistert auf, andere machen zwar mit, entwickeln aber keine rechte Lust, außer daran, alle Farben zu einem großen Braun zu mischen; wieder andere entziehen sich und spielen lieber in der Bauecke.

Das Tun der Erzieherin ist von bestimmten Zielen **ästhetischer Erziehung** geleitet:

- Sie möchte, dass die Kinder die Wasserfarben kennenlernen
- Sie möchte, dass sie von konkreten Darstellungen durch das nasse Papier abgehalten werden und sich stattdessen ganz den Farben, ihren Wirkungen, den sich ereignenden Mischformen zuwenden
- Sie sollen außerdem mit breiten Pinseln arbeiten
- Sie möchte, dass die Kinder stehen und dadurch mit großen Bewegungen malen können
- Sie möchte durch die kleine Geschichte Ideen und Phantasietätigkeit anregen
- Nach Beendigung des Bildes sollen alle Kinder ihren Platz aufräumen und die Pinsel auswaschen.

Das alles sind Ziele ästhetischer Erziehung, die, von den Erwachsenen formuliert, an die Kinder herangetragen werden. Was nun aber das einzelne Kind aus diesen „Aufträgen“ macht, ob das Malen hier bloßer Zeitvertreib und mechanische Erwartungserfüllung bleibt oder ob das Kind aufregende Erlebnisse mit den Mischformen der Farben macht, die es nachhaltig zu weiteren Versuchen anregen, das sind Fragen von *(Selbst-)Bildungsprozessen,* die zwar hoch bedeutsam, letztlich aber kaum der Beobachtung zugänglich sind.

► **Ästhetische Erziehung**
Bewusste und geplante ästhetische Handlungen, die von ästhetisch Erfahrenen einer Kultur an weniger Erfahrene oder eine Gruppe solcher kultureller „Neulinge“ herangetragen werden.

► **Ästhetische Bildung**
Die sich allmählich ausdifferenzierende Art derjenigen Weltzuwendung, die im Sinnlichen ihren Ausgangspunkt und ihr Thema findet und daraus kulturell-kollektive Ausdrucksgestalten entwickelt.

Die Differenzen zwischen ästhetischer Erziehung und ästhetischer Bildung sind mindestens zu ahnen in den mitunter enormen Differenzen zwischen den Bildprodukten der Kinder bei gleicher Aufgabenstellung. Wer genau hinsieht, kann viele Details der individuellen Bearbeitung in Malweise, Bildaufbau, Themenaufnahme, Gewichtung von bedeutungsvollen und nebensächlichen Sujets etc. erkennen.

Modell ästhetischer Bildung

Ästhetische Bildungsprozesse beginnen immer mit einer sinnlichen Empfindung, die in den Fokus (Brennpunkt) der Aufmerksamkeit tritt und aus der heraus sich ein Spiel mit möglichen Bedeutungen entwickelt: Die Sinnestätigkeit wird zur Sinnfiguration.

Im Aufmerksamwerden auf eine sinnliche Erscheinung, eine Farbe, eine Form, einen Klang, eine Körperhaltung wird das Subjekt (das Kind) zugleich seiner eigenen Wahrnehmungstätigkeit gewahr. Es erlebt sich sehen oder hören, spürt die Bewegungen seines Körpers und empfindet all dies als bedeutsam, als lustvoll, spannend, aufregend, interessant – auch wenn es häufig nicht sagen kann, was dieses Interesse ausmacht. Vermutlich ist gerade dieses Unbestimmte eine wesentliche Dimension der ästhetischen Lust. Dieses Aufmerksamwerden auf die eigene Wahrnehmungstätigkeit wird auch beschrieben als „Versunkensein im Augenblick“, „Genuss der Wahrnehmung selbst“, „Lustempfinden“, „Spannung“ oder „Staunen“ (Peetz 2005, S. 15).

Anhand eines Modells lassen sich die **strukturlogischen Komponenten ästhetischer Bildungsprozesse** aufzeigen. Ästhetische Bildung lässt sich so vorstellen als ein Zusammenwirken von vier unabdingbaren Teildimensionen:

- Fingerfertigkeiten
- Alphabetisierung
- Selbstaufmerksamkeit und
- Sprache.

Diese vier Grundkomponenten haben je eine Seite zur ästhetischen Erziehung und zur ästhetischen Bildung hin. Die **ästhetische Erziehung** hat die von der Kultur der Erwachsenen mehr oder minder bewusst ausgewählten, jedenfalls vorhandenen Angebote, Aufgaben und Präsentationsformen zum Inhalt, die **ästhetische Bildung** hingegen macht sich die selbsttätige Aneignung der Angebote sowie die Auswahl und spezifische Zusammenfügung der Teilgebiete zum Thema. Dies soll im Folgenden erläutert werden.

Fingerfertigkeiten

„Music is something what people *do*" (Clarke). Musik, Malerei, Theater, Schriftstellerei, Tanz sind in erster Linie eine menschliche und zwischenmenschliche Praxis und erst in zweiter Linie ein Diskussionsgegenstand, ein Heilmittel, ein Marktsegment oder Machtinstrument. Es ist dies alles auch – aber eben nicht zuerst.

Auch im zeitlichen Sinn ist die **tätige Zuwendung zu ästhetischen Materialien** das Erste, was Kinder betreiben. Sie erwerben im alltäglichen Umgang mit Klängen, Lauten, Farben, Stoffen oder Sprache praktische Fähigkeiten der Differenzierung und Gestaltung ihres Verhältnisses zur Welt. Sie erkunden über die Sinne einen spezifischen Zugang zu Wahrnehmungs- und Ausdrucksmöglichkeiten. Die fortschreitende Kenntnis und Beherrschung eines Instruments (allen voran die eigene Stimme, der eigene Körper), verschiedener Maltechniken oder das praktische Wissen darum, wie man eine Kugel oder einen Quader formt, befähigt die Kinder zur selbstständigen Wahl der Mittel.

Solche Übungen mit ästhetischen Materialien bilden ebenso die notwendige Sensibilität für einen entlasteten **Umgang mit dem Misslingen.** Wie mache ich weiter, wenn ein Bild scheinbar verdorben ist, was kann ich tun, wenn ich im Lied „rausgekommen" oder beim Tanz gestolpert bin?

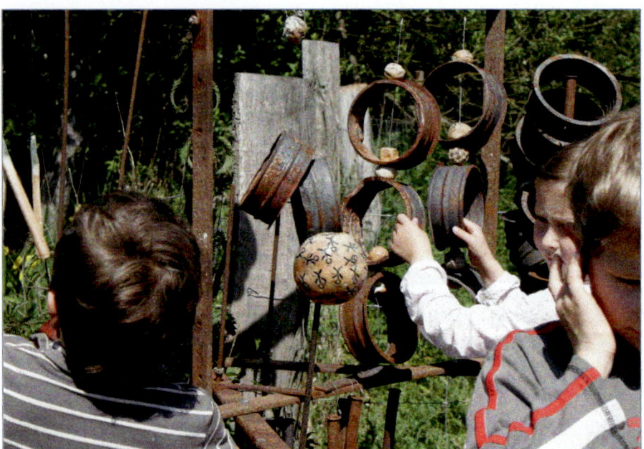

Abb. 11.4: Kinder erwerben im alltäglichen Umgang mit Klängen, Lauten, Farben und Materialien praktische Fähigkeiten der Differenzierung und Gestaltung ihres Verhältnisses zur Welt.

Zu diesen praktischen Fähigkeiten gehören auch das aktive Hören und Sehen, Begreifen und Mitvollziehen von dargestellten ästhetischen Objekten, z. B. Kunstwerken, und die Fähigkeit, etwas als ein ästhetisches Objekt wahrzunehmen bzw. die ästhetischen Seiten eines Objektes aufzunehmen.

Alphabetisierung

Der Begriff der Alphabetisierung hat sich in den Diskussionen um ästhetische Bildung und Erziehung vor allem für die **lehrbaren Bestandteile der Künste** etabliert (Mollenhauer 1990). Im Laufe des Lebens und Lernens lassen sich die tätigen Umgangsweisen mit ästhetischen Stoffen nur dann weiter ausdifferenzieren, wenn ein Mensch Kenntnisse über ästhetische Symbolbestände und ihre Traditionen sammelt (Weltwissen → Kap. 15). Denn er muss

- Geschichten kennen, um sie spielen zu können
- (Irgendwann) den Unterschied zwischen z. B. bayerischer und türkischer Folklore kennen, um ihre Eigenheiten wert- und einschätzen zu können
- (Irgendwann) wissen, wie er Freude oder Traurigkeit darstellt, damit ästhetische Tätigkeit und ästhetische Bildung nicht beim Individuum stehen bleiben, sondern sich in die bestehende(n) Kultur(en) hinein entwickeln.

An **Ästhetik als einer kulturellen Praxis** kann nur partizipieren (teilhaben), wer auch kognitiv unterscheiden kann zwischen Herkünften, Bedeutungen und sozialen Funktionen der ästhetischen Produkte. Zur ästhetischen Bildung gehört auch die zunehmende Mündigkeit im eigenen Urteil darüber, was gelungene Beispiele einer ästhetischen Weltbearbeitung sind und was nicht. Zwar lässt sich hierüber niemals eindeutig entscheiden – die Möglichkeit zu haben, am Streit darum teilzunehmen, gehört aber zu den wichtigen Grundbeständen der allgemeinen Bildung.

Für die **Erziehungsseite der Alphabetisierung** sind die Institutionen der Allgemeinbildung wesentlich zuständig: Schule, Hochschule und Einrichtungen der Erwachsenenbildung geben in der Regel das kulturell gesammelte Wissen über die verschiedenen Künste weiter und befähigen dazu, mit diesem Wissen wieder die anderen Dimensionen ästhetischer Bildung aufzusuchen und zu nähren. Darüber hinaus übernehmen aber mehr und mehr die Kulturanbieter selbst diese Alphabetisierungskurse: In Gestalt von Museumspädagogen, Gesprächs- oder Kinderkonzerten oder Theaterworkshops zu einem modernen Stück des Spielplans bieten die Kulturinstitutionen Gelegenheiten zur die Rezeption begleitenden Verstehensbemühungen.

Selbstaufmerksamkeit

Oben war mehrfach die Rede vom „Thematischwerden" der eigenen Sinnestätigkeit. Ist dieser Schritt vollzogen, begibt sich das Subjekt (das Kind) in einen Modus der

Selbstaufmerksamkeit, in dem es sich selbst und den Gegenstand auf andere Weise wahrnimmt als im Zustand der pragmatischen Welt- und Selbstzuwendung. Es befindet sich in einem geschützten, weil fiktiven Modus des Als-ob, der Dichter Friedrich Schiller sprach hier vom **„ästhetischen Zustand"** gegenüber einem moralischen oder vernünftigen Zustand der sozialen Verbindlichkeiten.

Alltagssprachlich nähert sich der Sprachteilhaber dem Phänomen mit Worten wie Ergriffenheit, Gänsehaut oder „einfach nur total geil". Alle meinen etwas Ähnliches, nämlich die deutliche und gewisse Wahrnehmung, dass da etwas mit ihnen geschieht in einer Weise, die ziemlich einzigartig ist, gepaart häufig mit einer Ahnung davon, dass dieses Geschehen nicht nur den Moment, sondern mehr betreffen könnte.

Es gehört zu den **Aufgaben der Pädagogik,** durch die Bereitstellung günstiger Rahmenbedingungen eine Konzentration auf die eigene Sinnestätigkeit, die damit verbundene Leiblichkeit und die im ästhetischen Kontext entstehenden Empfindungen überhaupt zu ermöglichen. Dazu gehören:

- Das Anbieten und Gestalten geeigneter Räume oder Ateliers, wie sie die *Reggiopädagogik* (→ Kap. 8.4.2, 11.4, 11.6) favorisiert, die Störungen möglichst ausschließen
- Das allmähliche Einüben in die medienspezifischen Haltungen – Musik und Tanz sind meist Gruppenaktivitäten, bei denen das Zuhören, Zusehen, Rücksichtnehmen eine besondere Rolle spielt. Malen, Basteln, (Vor-)Lesen hingegen sind eher individuelle, ruhige Tätigkeiten.

Sprache

→ *Kap. 22*

Es gehört zur ästhetischen Bildung unabdingbar dazu, das Geschehen zu artikulieren, anderen und sich selbst mitzuteilen. Die ästhetische Erfahrung **drängt zum Ausdruck.** Sie wird dadurch nicht noch einmal, nicht nachträglich benannt oder gar zu etwas anderem gemacht, vielmehr werden manche ästhetische Erfahrungen sprachlich zuerst konstituiert. Das muss nicht immer eindeutig wortsprachlich geschehen, wie das in der aufgeregten Nacherzählung einer Kindertheatervorstellung, im Kneipengespräch über den gemeinsam besuchten Kinofilm oder in der Zeitungsrezension über die Opernpremiere der Fall ist. Auch in weniger expliziten, eher gestischen Ausdrucksweisen zeigt sich diese Dimension ästhetischer Erfahrung: Gemalte Bilder werden gezeigt, auf dem Popkonzert werden begeisterte Blicke getauscht oder im Tanz gemeinsame Körperbewegungen aufeinander abgestimmt. Alle Formen des nach außen hin **artikulierten Beeindrucktseins** münden wiederum in eine Praxis der Verständigung über das Gesehene und Gehörte, deren Nuancenreichtum im Prozess der Bildung durchaus unterschiedliche Formen annehmen kann. Und schließlich spielt auch im (stummen) Selbstgespräch vor dem Bild im Museum eine wichtige Rolle.

Abb. 11.5: Zur ästhetischen Erfahrungen gehört unabdingbar deren Ausdruck.

Zusammenspiel aller vier Grundkomponenten ästhetischer Bildung

Auch die Zusammenhänge zwischen den vier dargestellten Bereichen sind interessant. So kann z. B. geübtes Sehen das eigene Erleben bereichern und zu einer differenzierteren Selbstaufmerksamkeit führen. Wissen kann über ästhetische Traditionen umfassendere Möglichkeiten eröffnen, die eigenen Erfahrungen sprachlich zu artikulieren. Wer die Bedingungen und Schwierigkeiten perspektivischer Malerei mit den eigenen Händen erprobt hat, öffnet sich abstrakter Kunst auf andere Weise als jemand, der noch nie einen Stift oder Pinsel in der Hand gehalten hat.

> Für **ästhetische Bildung,** verstanden als ein längerer, lebensbegleitender Prozess, ist konstituierend, dass alle vier Dimensionen des oben beschriebenen Modells irgendwie beteiligt sind und ineinanderspielen, keine ist auf Dauer entbehrlich. **Ästhetische Erfahrungen** und ihre bildenden Wirkungen verankern sich in solchen Lebensläufen am ehesten, in denen alle Komponenten der ästhetischen Erfahrung und alle Komponenten ästhetisch-pädagogischer Vermittlung immer wieder und auf vielfältige Weise angeboten, aufgesucht und genutzt werden. Nur dann ist das Ganze mehr als die Summe seiner Teile.

11.1.2 Anfänge ästhetischer Bildung

Traditionellerweise werden die ästhetischen Tätigkeiten von Kindern von den späteren Schulfächern bzw. von den Künsten her gedacht: Kunst, Musik, Tanz, Theater, Literatur. Was in den Einrichtungen der Frühpädagogik zu sehen ist, wird dann häufig auf dieses Spätere hin, als Vorbereitung oder als Vorform betrachtet. Im Folgenden wird in der Beschäftigung mit den Anfängen ästhetischer Bildung dieses Selbstverständnis ergänzt. Beides zusammen erst führt dann in das Schnittfeld der (früh-)pädagogischen Arbeit.

Fragen nach dem „Wie" einer allmählichen Konturierung und Ausdifferenzierung eines ästhetischen Weltzugangs sind:

- Wann und wie erwirbt das Kind die Fähigkeiten bzw. Möglichkeiten zu ästhetischen Erfahrungen?
- Wie gestalten sich die Anfänge?
- Gibt es im Leben des kleinen Kindes eine Phase ohne ästhetische Erfahrungen?
- Welche Rolle spielen die je aktuellen kulturellen und erzieherischen Umgebungen, welche Rolle spielen kulturelle Herkünfte?

Daran schließen sich aus Sicht der Pädagogik Fragen danach an, ob und wie die Erzieherin diesen Weg der Ausdifferenzierung fördern kann. In beiden Fragerichtungen treffen sich, und das macht ihre Bearbeitung besonders komplex, Dimensionen einer „anthropologischen Natur des Kindes", welches immer schon seine Wahrnehmungen zu organisieren und seine Empfindungen auszudrücken „gezwungen" ist, mit solchen der historisch, kulturell und ästhetisch geprägten Umwelt des Kindes.

Ästhetische Weltzuwendung von Kindern

Die Thematisierung und Verarbeitung von Welt durch die Sinne ist die früheste Art der Weltzuwendung im Säuglingsalter. Er wird erst allmählich von den bedeutungstragenden (pragmatischen) Sinnzuschreibungen überlagert. Zu wissen, dass dieses Geräusch oder jener Bildeindruck eine bestimmte Bedeutung trägt („Dieses Knarren bedeutet die sich öffnende Tür"), ist eine relativ späte Entwicklungsstufe in der frühen Kindheit. Für Kinder ist das Knarren die sich öffnende Tür, das Geräusch ist Teil des Gegenstandes, oder besser gesagt: Das Knarren gehört zu dem Erfahrungsbereich Tür wie ihr Material, ihre Farbe, ihre besondere Erscheinung des Sichöffnens und Sichschließens. Aber das Knarren hat noch keine Stellvertreterfunktion für diese Tür oder für Türen schlechthin.

Die sinnlichen Erscheinungen der Dinge haften an diesen selbst, so wie auch die ersten Wörter an den Dingen, den Personen und Situationen haften und nicht in ihrer Zeichenfunktion von den Dingen und ihrer Erscheinung abgelöst sind (Sprache → Kap. 22). Im versunkenen Spiel mit Sand oder Wasser, im forschenden Umgang mit Regenwürmern, Papierfetzen oder klingenden Alltagsgeräten befinden Kinder sich in diesem spielerischen Modus der **sinnlichen Weltzuwendung,** die noch ohne Bedeutungszuschreibungen auskommt. Er erlaubt ihnen, ihre Eindrücke frei zu gestalten, zu ordnen und sogleich alles wieder in Frage zu stellen. Unabhängig von einem Ergebnis können sie sich im Hin und Her von Eindruck und Ausdruck, von angestoßen sein und darauf antworten „interesselos" der Dynamik des Geschehens hingeben, ohne sich für irgendetwas rechtfertigen zu müssen.

Manche Theoretiker der frühen Kindheit nennen das, was dort geschieht, bereits „ästhetisches Denken" (Schäfer 1999), weil es eben auf dem Spiel mit den Sinnen beruht. Andere nennen dies allenfalls „Protoästhetik" (Parmentier 2004), weil hier noch kein Bewusstsein für eine artifizielle Gestaltung vorausgesetzt werden kann. Die Kontroverse bringt ein Problem auf den Punkt: Ist eigentlich alles, was Kinder oder auch Erwachsene tun, ästhetisches Tun – vorausgesetzt, die Sinne sind zentral an der Tätigkeit beteiligt? Mit den oben dargestellten Begriffsbestimmungen zur ästhetischen Bildung muss das verneint werden, es reicht nicht aus.

Entwicklung der Wahrnehmungsfähigkeit

Wie gestalten sich die Übergänge von der Wahrnehmung zur Gestaltung der Wahrnehmung, von der Sinnesschulung zu den Künsten, von dem durch die Sinne Beeindrucktsein zum sinngenerierenden Ausdruck? Dies hängt eng mit den Entwicklungen der Wahrnehmungsfähigkeiten des Kindes zusammen (→ Kap. 10.2.1 und 10.3).

Das Lebensgefühl des Säuglings

Alltagssprachlich sind wir es gewohnt, bei der Beschreibung von Wahrnehmungsvorgängen von den fünf **äußeren Sinnen** auszugehen:

- Sehsinn
- Hörsinn
- Tastsinn
- Riechsinn
- Geschmackssinn.

In der frühen Entwicklung des Kindes sind aber die inneren Sinne von viel größerer Bedeutung. Zu den **inneren Sinnen** gehören:

- Der Gleichgewichts- und Lagesinn
- Der Bewegungssinn
- Der Temperatursinn
- Der Schmerzsinn.

Die inneren Sinne machen Mitteilung über Zustand und Befindlichkeit des eigenen Organismus. Der Psychoanalytiker und frühe Wegbereiter der Säuglingsforschung René Spitz hat für die **Lebenserfahrung des Säuglings** und des kleinen Kindes zwei verschiedene Sinnes-Organisationsformen unterschieden (→ Tab. 11.1), deren Erstere ganz wesentlich durch die inneren Sinne bestimmt ist. Er unterschied

- *Coenästhetische Rezeption* – Eine ganz frühe coenästhetische Wahrnehmungsorganisation (Reizaufnahme durch innere oder Körpersinne)
- *Diakritische Perzeption* – Eine spätere diakritische (unterscheidende) Wahrnehmungsorganisation (Reizaufnahme durch äußere Sinnesorgane)

Coenästhetische Rezeption (primäre Orientierung)	Diakritische Perzeption (sekundäre Orientierung)
• extensiv (ganzheitlich, ungetrennt)	• unterscheidend (trennend)
Wahrnehmung des eigenen Körpers, betrifft Raum, Lage, Gleichgewicht, Spannung, Temperatur, Vibration, Haut- und Körperkontakt, Schall, Rhythmus, Tempo, Klang, Resonanz	Wahrnehmung der Außenwelt durch die peripheren Sinnesorgane, vor allem Auge, Ohr, Nase
Zentrum: autonomes Nervensystem	Zentrum: Hirnrinde
Grundgelegt in der 12. bis 15. Schwangerschaftswoche	Grundgelegt gegen Ende der Schwangerschaft; Feinabstimmung mit äußerer Welt erfolgt im ersten Lebenshalbjahr
Bietet erste Orientierung nach der Geburt	Gibt wesentlichen Zugang zur äußeren Welt, geht aus coenästhetischer Rezeption hervor
Manifestiert sich u. a. in Affekten	Manifestiert sich u. a. in Verstandesurteilen

Tab. 11.1: Sinnes-Organisationsformen nach René Spitz.

Mit der **coenästhetischen Wahrnehmung** versuchte Spitz, das Lebensgefühl des Säuglings nachzuzeichnen, der noch kaum auf die Außenwelt gerichtet ist und sich alle Außenreize einverleibt. Er unterscheidet noch nicht zwischen seinem Ich und allem anderen, sondern orientiert sich in seiner Lebenswelt vor allem über die inneren Sinne. Die coenästhetische Rezeption bleibt beim eigenen Leib, sie beginnt ihre Aktivität in der Mundhöhle, der Säugling „verkostet" die Welt (Freud). Daran sind zunächst die Mundhöhle, das Gleichgewichtsorgan, die Haut und der Magen beteiligt. Aus diesem den ganzen Körper betreffenden „Knäuel von Empfindungen" entstehen die noch ungeteilten Ganz-Befindlichkeiten des Säuglings. Erst allmählich schließt sich daran die Entwicklung der Fähigkeit zur **diakritischen Wahrnehmung** durch äußere Sinnesorgane an. Das erste Objekt der visuellen Fernwahrnehmung ist das menschliche Gesicht, dem der Säugling bereits nach einigen Tagen beobachtbar Aufmerksamkeit schenkt. Das Kind ist zunächst nur mit sich selbst beschäftigt, ohne allerdings etwas von der Existenz dieses Selbst zu wissen. Erst mit zunehmender Fähigkeit zur diakritischen Wahrnehmung der Objekte der Außenwelt differenziert sich auch die Welt in Ich und Nicht-Ich aus, es entsteht für das Kind überhaupt erst die Welt und damit auch das Ich.

Der Übergangsraum zwischen Innen- und Außenwelt

Diese Spaltung in Ich und Nicht-Ich, in Zentrum und Außenwelt, lässt nun einen **Zwischenraum (Spalt),** eine Distanz entstehen, der den Menschen den Rest des Lebens beschäftigt. Er ermöglicht einerseits das Der-Welt-Gegenübertreten, andererseits aber auch das Mir-selbst-Gegenübertreten. Ohne diese Spaltung könnte das Ich-Bewusstsein nicht zu wachsen beginnen und könnte auch keine Erkenntnis, Deutung, Konstruktion der Außenwelt erfolgen. Andererseits nötigt diese Spaltung auch zur Überbrückung, zur Wiederherstellung von Verbindung, zur Gestaltung.

Im unproblematischen Alltagsgeschehen wird dieser Raum überhaupt nicht bemerkt, wir fühlen uns über unseren Leib und unsere Sinne, über Handlungs- und Bewegungsgewohnheiten selbstverständlich mit der Außenwelt verbunden. Immer wieder stellen sich aber neue, fremde, **unwägbare Situationen** ein, in denen diese Selbstverständlichkeit reißt. Für Kinder ist das oft der Moment, wenn die erste Bezugsperson das Zimmer verlässt, wenn sie sich einem neuen Raum, einer neuen Gruppe, einer neuen Person gegenübersehen. Der Zwischenraum zwischen Ich und Welt kann dann erfahren werden als bedrohliches Vakuum, das das Kind von den Dingen und den Menschen trennt, oder als Gestaltungsspielraum des Verhältnisses von Ich und Welt.

Die Pädagogik hofft meist auf diese zweite Art. Aber die Motivation zur produktiven, spielerischen, vielseitigen Auseinandersetzung mit der Welt kann nur aus einem starken Drang, einer Nötigung, ja einem Leiden an dem Getrenntsein entstehen.

Niemand hat das besser dargestellt als der Psychoanalytiker Donald Wood Winnicott (1997). Er postulierte, dass sich das Kind für diese frühe Arbeit der Vermittlung von Innen- und Außenwelt einen **Schon- bzw. Schutzraum** schafft, in dem es die Härten der Außenwelt und die dabei erlittene Trennungserfahrung „abfedern" kann: einen Schonraum, der sowohl zum Innen als auch zum Außen gehört. In dieser auch „Übergangsraum" (potential space) genannten Sphäre schafft sich das Kind *Übergangsobjekte.*

> ▶ **Übergangsobjekt**
> Im Übergangsraum *(engl. potential space)* zwischen Innen- und Außenwelt vermittelnder Gegenstand, den das Kind mit Phantasien besetzen kann und so die Trennungserfahrung verarbeitet.

Ein solches Übergangsobjekt ist z. B. der Teddybär, ein Schmusetuch o. Ä., also ein realer Gegenstand der Außenwelt, der vom Kind beliebig mit Phantasien besetzt werden kann. So kann der Teddy Tröster, abwesende Mutter, zärtlicher Freund oder Objekt von Aggressivität und Wut sein. Er macht alles mit, ohne zu strafen, ohne eigene Interessen anzumelden. Er wird vom Kind erschaffen, sowohl als materielles Ding als auch als Symbol.

Für die Theorie ästhetischer Bildung ist dieser Übergangsraum deswegen so interessant, weil er für Winnicott die **Keimzelle von Kreativität** darstellt. Für Kinder, die sich diese Räume geschaffen haben und die sie lebenslang pfle-

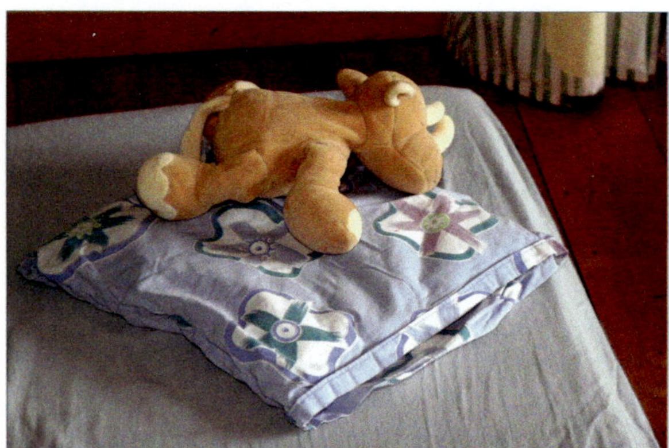

Abb. 11.6: Übergangsobjekte sind reale Gegenstände der Außenwelt, die vom Kind beliebig mit Phantasien besetzt werden können und die „Keimzelle von Kreativität" sind (Winnicott 1997).

gen, erhält sich damit auch die Möglichkeit der phantasievollen, kreativen Neu-Interpretation des Erfahrenen. Indem es nämlich ein nur möglicher, also kein wirklicher Raum ist, kann in ihm die Vermittlungsarbeit zwischen Innen und Außen, zwischen Illusion und Desillusionierung, zwischen Enttäuschung und Neu-Anfang geleistet werden.

Entstehung der Phantasietätigkeit

Zwei grundlegende menschliche Fähigkeiten dienen kleinen Kindern als Werkzeuge für die Arbeit im Raum zwischen Ich und Welt (Rumpf 1988): Phantasie und Bewegung.

Die Wahrnehmungen bzw. die sensorischen Erfahrungen mit dem eigenen Körper und die Eindrücke aus der äußeren Welt, die durch die Sinnesorgane aufgenommen werden, werden verinnerlicht und bilden dann das Material von Vorstellungen, Erwartungen, inneren Bildern und Tönen, von Befürchtungen oder Hoffnungen. Das Kind beginnt zu träumen, es „bebildert" seine Innenwelt. Für den Erziehungswissenschaftler Gerd E. Schäfer (1999) entsteht hier der Übergang **vom sensorischen zum imaginativen Denken.** Das Kind ist nicht mehr ganz und gar den coenästhetisch (ganzheitlich, sensorisch) erzeugten Zuständen ausgeliefert, sondern beginnt, in Abwesenheit eines sinnlichen Reizes etwas zu imaginieren (sich vorzustellen). Schäfer gelangt so zu der Auffassung, dass das **ästhetische Denken,** der ästhetische Modus der Weltzuwendung, der erste und grundlegende für Kinder im Vorschulalter ist. Er legt das Fundament für alle weiteren *Denkprozesse* (→ Kap. 10.2.4) – in der Regel wird er im Laufe der Entwicklung vom rational-logischen Modus überlagert bzw. verdrängt.

Diese **Imaginationen (Vorstellungen),** seien es magische, realistische, traumhafte oder narrative, mit denen sich die Kinder die Welt erklären – oder besser: mit denen sie die Differenz zwischen Ich und Welt bearbeiten (z. B. bei dem Wahrnehmungsrätsel, das eine wandernde Wolke aufgibt), wurzeln wiederum in der frühen Bewegungserfahrung. Kinder lernen, „sich Gegenstände dadurch zu vergegenwärtigen, dass man sie in der Bewegung nachtastet und also in der Bewegung in ihrem Umriß nachahmt" (Rumpf 1988, S. 118). Kinder gelangen durch diese Art der Verinnerlichung von konkreten Bewegungserfahrungen zu virtuellen, vorgestellten Bewegungen. Diese hat der ungarische Philosoph Melchior Palagyi (1859–1924) „Bewegungsphantasmen" genannt. Erst das Wechselspiel aus wirklicher und vorgestellter Bewegung führt irgendwann zu koordinierten Bewegungsabläufen, die dem Kind dann auch zur instrumentellen Verfügung stehen.

Wahrnehmungsorganisation → Kap. 10.2.1,
Kognitive Prozesse → Kap. 10.2.4

Wie kommen die Kulturformate zum Kind?

Bis jetzt ging es nur um Alltagshandeln, und die ästhetische Erfahrung zeigte noch nicht in Richtung Kunst, Musik, Literatur oder Tanz. Dennoch gehören die benannten Vermögen *Phantasie, Bewegungsimagination,* Aufsuchen eines *Übergangsraums (potential space)* (→ oben) zu den Anfängen ästhetischer Bildung. Allerdings entsteht dabei in der Regel noch nicht das, was ästhetisch geformte kulturelle Ausdrucksgestalten oder Kunstwerke genannt werden. Zwar kann diese **wahrnehmungsintensive Weltzuwendung** eine „ästhetische" genannt werden, doch ist damit noch nicht die Frage geklärt, wie das Kind zu kulturellen Standards gelangt und wie es seinen Weg in die Künste (bildende Kunst, Musik, Tanz, Literatur, Theater) hinein findet (siehe auch Kap. 18.1).

Die Gefahr liegt auf der Hand: Wenn ästhetische Bildung allein von ihrem Ende her definiert wird, sind die eventuell vorhandenen kindlich-eigensinnigen Bedürfnisse und Praktiken **ästhetischer Tätigkeit der Welterkundung** marginalisiert (an den Rand gedrängt); wenn der Betrachter auf das mögliche Ende verzichtet, sich also mit Wahrnehmungserziehung, Sinnesschulung oder Förderung freier Ausdrucksfähigkeit begnügt, dann überlässt er die kindlichen Tätigkeiten dem Zufall und der Beliebigkeit, die es letztendlich von kultureller Teilhabe ausschließen.

Anfänge ästhetischer Bildung finden daher dort statt, wo sich allmählich ein Verständnis von künstlerischen Produkten, Werken und Arbeitsweisen entwickelt. Dies geschieht häufig ganz von selbst. Die kulturellen Formate drängen sich dem Kind im Laufe seiner alltäglichen Erfahrungen geradezu auf: So erzählen wir hier Geschichten, dies ist ein Zeichentrickfilm, das hier verstehen wir unter einer Kindersendung, dies ist ein Lied, und zwar ein Schlaflied etc.

Schon sehr früh bekommt das kleine Kind auf vielfältige Weise mitgeteilt, in welcher Art und Weise in seiner kulturellen Umgebung die sinnen-, bewegungs-, und Phantasiebasierte Weltzuwendung ausgeformt wurde. Dabei sind die soziokulturellen Hintergründe der Kinder sehr unterschiedlich. Je nach ethnischer, sozialer und ökonomischer Herkunft sehen die **kulturellen Standards** in den Lebenswelten der Kinder sehr unterschiedlich aus.

Die pädagogischen Institutionen, die die auf so vielfältige Weise unterschiedlichen Kinder besuchen, haben im Hinblick auf die **Vermittlung kultureller Standards** eine doppelte Funktion: Zum einen müssen sie die Verschiedenartigkeit der Kinder aufnehmen und zwischen ihnen vermitteln, zum anderen müssen sie dabei selbst ein kulturelles Selbstverständnis entwickeln, das sie den Kindern anbieten.

11.1.3 Die Kinderzeichnung – Entwicklung und Ästhetik

Einen zentralen Gegenstand kunstpädagogischen Arbeitens mit Kindern stellt das gemalte oder gezeichnete Bild des Kindes dar. Zwar zählen zur Auseinandersetzung mit den visuellen Medien auch viele andere Gattungen wie Drucke, Collagen, Plastiken etc., jedoch ist die von Kindern selbst gewählte häufigste Praxis das **Malen und Zeichnen.** Häufig wird etwas ungenau von Kinderzeichnung gesprochen, weil der Begriff des Bildes auch missverständlich im Sinne der Fotografie (Kinderbilder von früher) ist oder die mentale Präsentation über Kinder und die Kindheit der Erwachsenen (z. B. das Kinderbild der Waldorfpädagogik) gemeint ist.

Das **Kinderbild** ist lange schon Gegenstand der Forschung. Pädagogik und Entwicklungspsychologie haben ein Interesse am Entwicklungsverlauf in der kindlichen Mal- und Zeichentätigkeit (vgl. Richter 1987). Demnach können in der Entwicklung der Bildsprache bestimmte Phasen unterschieden werden, die im Folgenden kurz vorgestellt werden sollen.

Vom Schmieren zum Kritzeln

Wenig erforscht sind die Anfänge: Wie kommt das Kind überhaupt dazu, zu malen, was könnte neben Nachahmung von älteren Kindern oder Erwachsenen sein Motiv sein, mit dem Malen zu beginnen? Was daran erfreut ein Kind?

In psychologischer Sichtweise besteht eine Vorform des Malens in den **Schmier- und Sudelaktivitäten** des ganz kleinen Kindes. Das Kind entdeckt z. B. beim Spiel mit Sand und Wasser, Matsch, Kartoffelbrei, Spinat oder dem eigenen Kot, dass es dauerhafte Spuren hinterlassen kann. Widlöcher (1974) meint, dass diese selbst hergestellten Spuren für die Kinder „eine Quelle des Glücks“ seien, und schreibt ihnen einen Ursprungswert für späteres Malen und Zeichnen zu. Für das noch nicht Einjährige ist diese Erfahrung so bedeutsam, weil dem Kind darin etwas selbst Geschaffenes (die Schmierspur) als ein Teil seines Selbst gegenübersteht. Aber auch bei älteren Kindern kann man immer wieder erleben, welch hohe Bedeutsamkeit darin besteht, mit dem Bild etwas Bleibendes geschaffen zu haben.

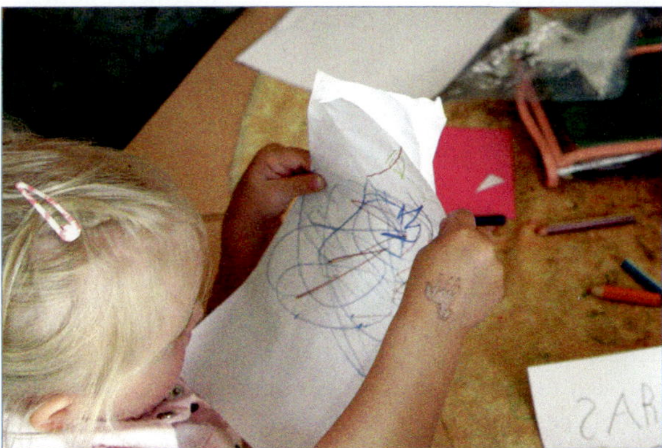

Abb. 11.7: In einer ersten Phase entwickelt sich die Bildsprache des Kindes vom Schmieren zum Kritzeln.

Wenn die motorische Entwicklung weiter voranschreitet und das Kind im Laufe des ersten Lebensjahres in der Lage ist, einen Stift oder einen Wachsblock zu halten, dann geht die Schmieraktivität in **Kritzelmalereien** über. Die Bewegungen werden allmählich koordinierter, das Kind beginnt, etwa ab dem 2. Lebensjahr, die zuvor nur mit den Händen angefertigten Spuren nun mit einem Malwerkzeug auszuführen. Dabei sind die sichtbaren Ergebnisse gebunden an große motorische Bewegungen aus dem ganzen Arm heraus. Kinder zeigen sich dann immer wieder überrascht über die Ergebnisse ihrer Tätigkeit, vermutlich, weil sie noch gar nicht wissen, wie diese zustande gekommen sind. Aus den frühen, zufällig erzeugten Schmierspuren werden nun allmählich gezielt durchgeführte, immer wieder wiederholte Kritzelspuren.

Auch entstehen aus den schnellen Kritzelbewegungen, durch die viele Striche übereinandergelegt werden („Kritzelknäuel“), allmählich langsamere Bewegungen: Das Kind kann willkürlich innehalten, die Richtung ändern, einzelne **Linien** und dann **Formen** wie Kreis, Oval oder Viereck entstehen lassen. In dieser Phase zeigen sich aber auch Bilder, in denen das Schmieren und Kritzeln nebeneinander bestehen, etwa dann, wenn ein Kind auf einem Kritzelbild einen mit Brot und Speichel angereicherten Farbbrei mit den Händen aufträgt.

Vom Kritzel zum Schema

Während in der Kritzelphase die Bildgestalt in engem Zusammenhang mit der kinästhetischen (auf Bewegung bezogen) Aktivität des Kindes zu sehen ist, entwickelt sich in einer folgenden Phase mehr und mehr die **Darstellungsabsicht,** das Kind verbindet innere Vorstellungen mit deren Realisierung auf dem Papier. Damit einher geht ein qualitativer Wandel der kindlichen Mal- und Zeichenaktivität. Das Geschehen auf dem Bild gewinnt allmählich Zeichengestalt, es bezeichnet nicht mehr nur sich selbst, sondern es verweist auf anderes, Gesehenes oder Gewusstes oder Vorgestelltes. Wie es dazu kommt, ist letzten Endes nicht zu erforschen, plausibel erscheint aber die Vermutung, dass die Bedeutungsgebungen durch die Fragen und Kommentare der Erwachsenen angeregt werden.

Viele Kinder präsentieren den Bezugspersonen in Familie und Kindergarten stolz die von ihnen gemalten Bilder.

Von Eltern und Erzieherinnen hören sie dann immer wieder die Frage, was sie denn da gemalt hätten. Diese Frage erscheint oft, bevor die Kinder überhaupt eine für sie sprachlich fassbare Bildidee nennen können. Antwortet das Kind dann nicht gleich, bieten Erwachsene auch häufig eine Deutungsmöglichkeit an: „Ist das die Mama?" oder „Das seht ja aus wie unser Haus" oder „Oh, hast du da mein blaues Auto gemalt?". Indem die Kinder immer wieder erfahren, dass ihnen eine **Darstellungsabsicht unterstellt wird** und dass man über das Gemalte ins Gespräch kommen kann, wenn man den Gebilden eine Bedeutung zuschreibt, bilden sie schließlich diese Absicht auch aus. Zunächst erfolgen diese Bedeutungszuschreibungen aber nachträglich, in Ansehung des bereits gemalten Bildes. Allerdings sind diese Analogien zwischen dem Gemalten und dem bezeichneten Objekt (Mama, Haus, Auto) zu Beginn eher zufällig und können von Situation zu Situation variieren. Den Kindern ist es offenbar zunächst nicht so wichtig, was sie dargestellt haben, sondern dass sie überhaupt etwas dargestellt haben.

Aber nicht nur die pragmatische Situation des Gesprächs mit Erwachsenen oder älteren Kindern motiviert die Kinder zur Entwicklung einer Darstellungsabsicht. Vielmehr machen sie die Erfahrung, dass sie im Bild Gesehenes und Gewusstes, äußere Eindrücke und innere Vorstellungen (Bilder, Phantasien, Geschichten, Gefühle) miteinander verbinden können. Berühmt geworden ist in diesem Zusammenhang ein Satz des Psychologen Georges-Henri Luquet: „Das Kind zeichnet von den Dingen nicht, was es sieht, sondern was es weiß." (Luquet 1927) Damit wollte Luquet das Phänomen der **„unrealistischen" Details und Formen** erläutern wie das „Röntgenbild", bei welchem die Kinder durch Hauswände hindurch die am Tisch sitzende Familie oder durch die Haut hindurch das Baby im Bauch der Mutter malen.

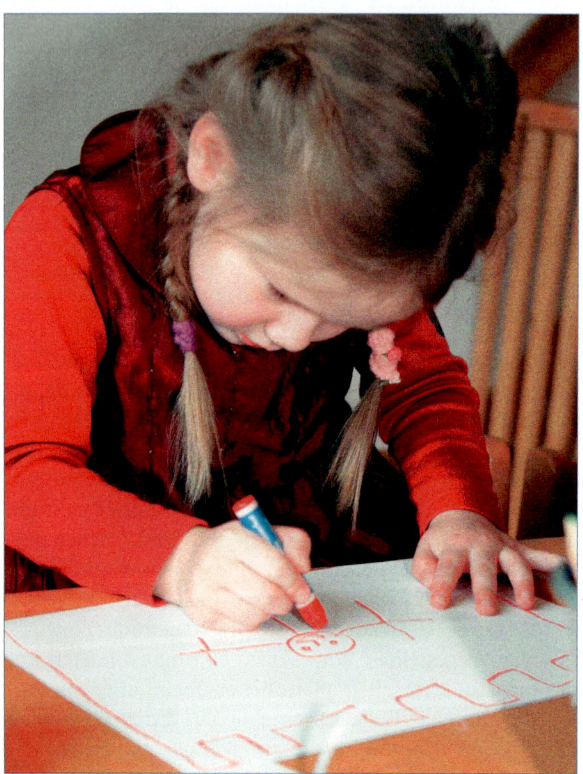

Abb. 11.8: Aus der Kombination bereits bekannter Kritzelelemente entsteht schließlich der Kopffüßler.

Andererseits gibt es aber auch immer wieder den Fall, dass Kinder gerade nicht malen, was sie wissen, sondern viel weniger als das, z. B. in ihren frühen Menschendarstellungen. Kinder im Alter von etwa drei Jahren wissen sehr wohl, dass jeder Mensch einen Bauch, Ohren, Hände hat, malen dies alles aber zunächst nicht. Genauer ist es daher zu sagen: Kinder malen **ihr Verhältnis zur Welt** (Meyer-Drawe 1993). Darin kommt Wichtiges und Unwichtiges, Bedrohliches und Angenehmes, Vorgestelltes, Phantasiertes und bestimmte Aspekte der visuellen Realität vor.

Formal gehen Kinder in dieser Phase so vor, dass sie bereits bekannte Kritzelelemente wie Linie, Kreis- oder Zickzack-Form miteinander kombinieren. Der Psychologe Martin Schuster (1990) spricht von einer **frühen Zwei-Schema-Phase,** in der zunächst alle Extensionen in Form von Strichen, alle Volumina in Form von runden geschlossenen Figuren (idealerweise dem Kreis) auftauchen. Daraus entsteht z. B. der „Kopffüßler", der Handteller mit den Fingern oder ein Baumgebilde mit Stamm und Krone.

Nach und nach entwickeln sich aus diesen formalen Kombinationen dann bestimmte Schemata zu **immer wiederkehrenden Bildmotiven,** die das Kind in die Lage versetzen, diese Motive rasch zu reproduzieren. Es entsteht so z. B. das Mensch-, Baum-, Haus- oder Autoschema. Natürlich entwickeln sich diese Schemata in Abhängigkeit zu der visuellen Welt des Kindes und nicht universal bei allen Kindern, in allen Ländern und zu allen Zeiten gleich.

Weiterentwicklung der Schemazeichnung

In der mittleren Kindheit haben die Kinder in der Regel solche Schemata entwickelt und damit ein **Repertoire an Bildbestandteilen,** die sie in der Folge variieren, kombinieren, modifizieren und auch wieder verändern können. Entscheidend ist auch, dass mit der mehr und mehr souveränen Verfügung über die einzelnen Bildmotive die Freiheit wächst, sich dem Bildaufbau als Ganzem, der Komposition mehrerer Teile auf dem Blatt zuzuwenden.

Ältere Kinder beginnen dann z. B. mit dem Darstellen ganzer Landschaften oder dem Ineinanderschachteln verschiedener Detailblicke. So malen sie Traumhäuser mit zahlreichen Ausschmückungen, Flugzeuge in dynamischer Bewegung oder einen Blick aus dem Fenster. Ihnen allen ist gemeinsam, dass die Zeichenelemente nun mehrheitlich **das ganze Blatt „in Besitz" nehmen,** die Kinder also sich zunehmend auch mit der zweidimensionalen Topologie der Bildfläche auseinandersetzen.

Ebenfalls typisch ist die immer gehaltvollere **Erzählstruktur** vieler Kinderbilder. Schon kleine Kinder, die man beim

Abb. 11.9: In der mittleren Kindheit wenden sich Kinder dem Bildaufbau als Ganzem zu und entwickeln Erzählstrukturen.

Malen beobachtet, sieht und hört man reden, brummen, kommentieren, schnaufen, mehr oder weniger heftige Gesten und Laute ausstoßen. Bei älteren Kindern in der Schemaphase erscheinen auf dem Bild mitunter dramatische Bild-Ton-Geschichten, die man allein aus dem Bild gar nicht erkennen oder rekonstruieren kann. Denn in diesen Bildern werden Geschichten nicht einfach abgebildet oder illustriert, die Entwicklung der Handlungsverläufe begleitet und inspiriert synchron den Malprozess, so dass am Ende nur manchmal nur das „Schlussbild" der Geschichte dominant zu sehen ist: Zeit ist in den Raum überführt.

[BEISPIEL] Ein Mädchen, von dem die Sozialpädagogin Daniela Braun (1998) berichtet, malte zunächst eine lebhafte Szene des Puppentheaters, das sie zuvor erlebt hatte. Dann nahm sie einen dicken Pinsel und übermalte alles dunkelbraun. Auf die etwas erschrockene Frage, warum sie denn nun alles übermale, antwortete das Kind lapidar, dass nun eben der Vorhang zugehe, da das Stück ja zu Ende sei. Ähnlich sieht man am Ende von wilden Kampfszenen zwischen Rittern manchmal nur noch Schlamm und Blut und chaotisch scheinende Kritzelgesten, die der unheilvollen Zerstörung Ausdruck geben. Solche **Erzählbilder** kann man nur verstehen, wenn man sie in ihrem Entstehungsprozessprozess begleitet.

Im Schulalter werden dann auch die kulturellen Standardisierungserwartungen immer stärker, Kinder sollen nun in der möglichst realistischen Abbildungskompetenz voranschreiten, bis zur **Beherrschung der Zentralperspektive.** Dass viele Kinder dann am Ende der Grundschulzeit oder zu Beginn des Jugendalters das Interesse am Malen und Zeichnen verlieren, sollte nachdenklich stimmen.

Vom Umgang mit der Entwicklungslogik

Obwohl eine Kenntnis der vorgenannten typischen Entwicklungsverläufe notwendig ist, um Angebote sinnvoll planen und auf Kinderbilder angemessen reagieren zu können, muss doch zugleich auch darauf hingewiesen werden, dass dieser Blick auf die Entwicklung der Kinderzeichnung nur einer unter mehreren möglichen ist und keinesfalls zum einzigen und Standardblick der Erzieherin werden sollte.

Neben dem entwicklungslogischen Interesse an den Bildprodukten von Kindern gibt es in der Forschung auch eine Betrachtung der kindlichen Produkte nach formal-ästhetischen Gesichtspunkten. Hier stehen die **Bilder selbst im Zentrum des Interesses,** nicht ihre Aussagekraft für andere Felder wie die Entwicklung oder innerpsychische Prozesse des Kindes. Solche und ähnliche Fragen liegen z. B. den Forschungen des Erziehungswissenschaftlers Klaus Mollenhauer (Mollenhauer u. a. 1996) zu Grunde:

- Welche formalen Probleme bearbeitet das Kind bei der Gestaltung?
- Welche Themen bringt es ins Bild?
- Wie gelangt es zu seinem Bildaufbau?
- Wie bringt es Ausdrucksgehalte ins Bild?
- Wie verhalten sich bei diesem besonderen Kind kulturelle Standards und individueller Ausdruckswille?

Auch wird immer wieder darauf hingewiesen, dass die **Abfolge der Phasen** zwar wahrscheinlich ist, aber deswegen nicht von allen Kindern in dieser Art durchlaufen wird. Vor allem hinsichtlich der heute anzutreffenden kulturellen Vielfalt in den pädagogischen Einrichtungen muss damit gerechnet werden, dass kulturspezifische Eigenheiten die oben vorgestellten Merkmale der einzelnen Phasen vielleicht verändern. Und schließlich gilt für diese „Phasenlehre" insbesondere, was auch für andere gilt: Jedes Kind hat sein individuelles Tempo, seine individuellen Malanlässe, Freude oder Mutlosigkeit beim Malen und Zeichnen. Es wäre ganz unsinnig, die Standards der Entwicklung der Kinderzeichnung zu einem Hauptkriterium der erwachsenen Resonanz auf die Bilder der Kinder zu machen. Es kann eher als Hintergrundwissen fungieren, das aber den Blick für die persönlichen, situativen und kulturellen Besonderheiten jenseits des Entwicklungspfades nicht verstellen soll.

✉ Schäfer, Gerd E.: Basale ästhetische Bildung (2003): http://www.projekt-gfki.de/505169960b14fc001/50516998b10c93207/index.html (23.09.2009)

11.2 Bedeutung für Kinder und Jugendliche

Welche Bedeutung haben die ästhetischen Bildungsprozesse für die Kinder und Jugendlichen? Bei der Beantwortung dieser Frage lassen sich drei thematische Felder unterscheiden:

- Ästhetische Bildung öffnet sich nach *außen* hin zur Seite der Kultur. Sie ermöglicht die *Teilhabe* an den historisch gewachsenen kulturellen Strukturen und Objekten
- Ästhetische Bildung öffnet sich nach *innen* hin zum Subjekt und befähigt es zu ästhetischem Erleben und zu ästhetischen Erfahrungen. In der Vermittlung bei-

der entsteht eine Kommunikations- und Artikulationsfähigkeit. Das Individuum versteht sich darauf, noch nicht formulierte Erfahrungen beispielsweise im Bild zu artikulieren oder Erlebnisse in einer ästhetischen Weise zu artikulieren, die die Wortsprache ihnen nicht ermöglicht
- Schließlich spricht man auch von Transfereffekten in dem Sinne, dass von ästhetischen Bildungsprozessen Gewinne für andere Bildungsbereiche wie Konzentrationsfähigkeit, Sozialkompetenz, divergentes Denken u. a. m. zu erwarten sind.

11.2.1 Kulturelle Teilhabe

Ästhetische Erziehung und Bildung zielt auf die selbstständige Beschäftigung mit den Künsten Malerei, Musik, Literatur, Theater etc., sie führt aus dem Alltäglichen hinaus und bietet den Kindern ganz bewusst auch Fremdes, Kunstförmiges an, ebenso Material zur Sensibilisierung und Differenzierung der Wahrnehmung. So wirkt sie mit an der allmählichen Spezialisierung der Sinne, die wiederum das Spezifische der Künste erst ermöglichen. Ein Verstehen von Kunstwerken und Hintergründen ihrer Herstellung, die Fähigkeit zum (kritischen) Urteil, praktische Fingerfertigkeiten, kurz: mitreden und mitmachen können beinhaltet ein wichtiges Moment der Partizipation.

Kulturelles Heimischwerden

Kinder werden allmählich vertraut mit der Bildsprache der sie umgebenden Kultur, d. h., sie kennen Formen des Bildaufbaus, verschiedene Darstellungsweisen, wissen, wie Bilder hergestellt werden. Auch in anderen ästhetischen Feldern wie der *Musik* (→ Kap. 18) lernen Kinder und Jugendliche die spezifischen Formen von Rhythmus, Tonsystem, Tonalität und Melodieverläufen. Dadurch werden sie heimisch in der eigenen Kultur. Sie fühlen sich dazugehörig, wenn sie mitsingen, mitklatschen oder ein Bild erfassen können. Weil die verschiedenen ästhetischen Medien nicht nur zu erlernende Bildungsgüter der Kultur, sondern zugleich auch deren Ausdrucksformen sind, ist dieses **kulturelle Heimischwerden über ästhetische Objekte** von großer Bedeutung. Dazu führt auch, dass die meisten ästhetischen Erlebnisse eingebunden sind in soziale *Settings:* Das von der Mutter gesungene Schlaflied erfüllt diese Funktion ebenso wie der Besuch der Kunstschule, die Kindertanzgruppe oder das mit der Clique angefertigte Graffito im U-Bahn-Schacht.

> ▸ **Setting** *(engl.: Rahmen, Schauplatz)*
> Jeweils gegebene sozialräumliche Umgebungseinheit, die einer Untersuchung oder einer bestimmten Situation zugrunde liegt.

Das in den verschiedenen Praxen erworbene kulturelle Heimischwerden wird ergänzt durch die Fähigkeit der ästhetischen Urteilsbildung, der distanzierenden Betrachtung dessen, was man dort tut, sieht oder hört. Kinder und

Abb. 11.10: Unterschiedliche ästhetische Felder ermöglichen dem Kind ein Heimischwerden in der eigenen Kultur.

Jugendliche können, je nach Alter und Erfahrungshintergrund, „mitreden" im Streit über Schönes und Hässliches, Gelungenes oder Misslungenes, Kunst oder Kitsch. Auch dies ist ein wichtiger Teil **kultureller Teilhabe.** Zum einen machen die ästhetischen Gegenstände wie Bilder, Songs, Kinofilme und Kinderbücher einen wichtigen Teil unseres alltäglichen Gesprächsstoffes aus. Zum anderen aber werden in solchem Reden immer auch soziale Positionen mit verhandelt. Zum Dritten lernen Kinder und Jugendliche dabei auch, dass man über Bilder anders spricht als über Busfahrpläne oder den Streit mit dem Nachbarkind. Sie erlernen eine auf Vorstellungen (Imaginationen) und Vorstellungsgehalte bezogene Verständigungsweise, die sich von anderen Formen der Verbalsprache deutlich unterscheidet.

Kulturelle Teilhabe in multikulturellen Gesellschaften

Die Rede von der kulturellen Teilhabe darf nicht einen naiven Glauben daran nähren, dass durch ästhetische Bildung Partizipation für alle und auf allen Ebenen erreicht werden könne. Unsere Gesellschaft ist durch eine soziokulturelle Vielfalt geprägt, die uns nahe legt, von **Kulturen** nur noch im Plural zu sprechen. Die Vielfalt betrifft sowohl die ethnischen, religiösen als auch milieubedingten kulturellen Unterschiede.

Für viele Kinder in den pädagogischen Einrichtungen bezieht sich daher das Heimischwerden in der Kultur entweder

- Auf mehrere Kulturen, z. B. eine türkische Kultur, die in der Familie erworben ist, und eine deutsche Kultur, die in Kindergarten, Schule, Straße, Medien erworben ist, oder
- Auf die besondere Situation des Lebens mit mehreren kulturellen Wurzeln, die Transkulturalität.

Es ist notwendig, von kultureller Teilhabe nicht nur allgemein zu sprechen, sondern sehr genau zu schauen und sich Rechenschaft abzulegen darüber, in welche kulturellen Bestände die jeweilige **ästhetische Praxis der Institution** denn einführt und welche Anpassungserwartungen damit einhergehen. Diese Frage lässt sich diskutieren anhand der Gegenstände, die ausgewählt werden:

- Deutsche Volkslieder oder türkische Folklore
- Bi- oder monolinguale Bilderbücher
- Musik vom Band oder mit Orff-Instrumenten
- Für Kinder produzierte Bilder oder Kunstwerke des städtischen Museums
- Zeichentrickfilme oder Theaterstücke
- Christliche Gebete oder multikulturelle Tischrituale etc.

11.2.2 Fähigkeit zur ästhetischen Erfahrung

Ästhetische Erfahrungen sind vielfach mit den alltäglich praktischen Dingen verbunden und verwoben. Kinder erfahren durch die Sinne, wie Bedeutungen entstehen und wie sie selbst Bedeutungen konstruieren.

[BEISPIEL] Ein Raum, in den ein Kind zum ersten Mal kommt, wird in seiner sinnlichen Gesamtqualität aufgenommen: Er kann als weich, warm, dunkel, leise und behaglich erlebt werden und dann zu neugieriger Erkundung anregen. Ein anderer Raum aber kann als laut, schrill, hell und unübersichtlich erlebt werden, er kann dann bedrohlich und gefährlich wirken und das Kind lähmen, noch einen Schritt weiter zu tun. Das Kind entwickelt Sinnhaftigkeit, indem es auf die sinnlichen Qualitäten des Raumes antwortet. Ähnlich bergen nicht nur Räume, sondern auch das Spielzeug, der Garten, die Mutter, die Sprache, das andere Kind oder das Mittagessen sinnliche Dimensionen, die das Kind unmittelbar berühren und zu einer Antwort auffordern.

Natürlich wünschen wir uns die Welt für die Kinder so, dass sie zu vielseitigem Antworten auf die Sinneserfahrungen anregen, und nicht so, dass dieses Antworten gehemmt wird. Was heißt hier Antworten? Es heißt, vom Eindruck zum Ausdruck zu gelangen, von der Perzeption (dem sinnlichen Wahrnehmen) zur produktiven Auseinandersetzung oder Gestaltung mit dem Perzipierten (Wahrgenommenen) (→ Kap. 11.1.2).

Diese ästhetische Erfahrung mit und an Alltagsdingen und Naturerscheinungen ist nicht einfach nur schön, angenehm, lustvoll, sondern sie speist, aufs Ganze der Bildung gesehen, die elementare Fähigkeit zur Anteilnahme. Der Philosoph Hellmuth Plessner bezeichnete diese Möglichkeit des **sinnlich unmittelbaren Angesprochenseins** als die leiblich-seelisch organisierte **primäre Schicht des Teilseins in der Welt** und mit dem anderen (Plessner 1982). Ästhetische Bildung fundiert damit das, was im umfassenden und ganz elementaren Sinne Partizipation (Teilhabe) genannt wird und damit auch die kulturelle Teilhabe.

Denken in Bildern, Tönen, Bewegungen

Ästhetische Erziehung und Bildung befähigt die Kinder und Jugendlichen dazu, sich in einen ästhetischen Zustand zu versetzen, den besonderen intermediären Raum zwischen Innen- und Außenwelt (Winnicott) aufzusuchen und sich darin sowohl rezeptiv (aufnehmend), genießend, kontemplativ (besinnlich) als auch gestalterisch, expressiv, sinngebend zu bewegen. Dieses Tun kann ein **spezifisch ästhetisches Denken** genannt werden, weil es von komplexen kognitiven Prozessen begleitet ist (Dietrich 1998, Bamberger 1991).

Ästhetisches Denken

Gegenüber dem rationalen Denken weist es aber charakteristische Eigenschaften auf: Ästhetisches Denken ist zunächst auf kein bestimmtes Ziel hin gerichtet, das von Beginn an feststünde. Es ist **ergebnisoffen,** sein Sinn liegt in dem Herstellen einer ästhetischen Stimmigkeit, die von außen betrachtet nutzlos ist. Der **Gegenstand des Denkens** ist – je nach Medium unterschiedlich – das sinnliche Material selbst, also Töne, Bilder, Bewegungen etc., die in unterschiedlicher Weise mit dem rationalen Denken verknüpft werden.

Wer sich um die möglichst genaue Imitation eines Gegenstandes oder einer Landschaft auf dem Papier bemüht oder wer einen vorgegebenen Text auf der Bühne in Szene setzt, arbeitet anders als derjenige, der eine freie Improvisation auf dem Xylophon spielt oder sich in ungebundenen Ausdrucksgebärden zur Musik bewegt. Alle aber stimmen ihr Tun mit der jeweiligen Vorlage, den materiellen Grenzen (des Bildes, des Tonsystems, des Raumes, der Stimme) ab und gelangen in diesem Rahmen zur **Neugewinnung von fiktiven Bedeutungen.**

[BEISPIEL] Wenn Kinder in der ästhetischen Bildung erfahren, dass Pferde auch blau aussehen, Dreiecke auch weich wirken,

Abb. 11.11: Kindern wohnt das Potenzial inne, Dinge anders zu sehen als sie vermeintlich sind.

Worte auch unsinnig klingen und Wutausbrüche auch schauderhaft gespielt sein können, dann erfahren sie dabei die Macht, Pferde und andere Dinge nach eigenen Vorstellungen nicht nur zu interpretieren, sondern auch zu gestalten.

Das ästhetische Denken entfaltet sich im Raum zwischen der Außenwelt mit ihren unumstößlichen Tatsachen und den Phantasien, Wünschen, Entwürfen des Kindes. Ihm wohnt daher das Potenzial inne, Dinge anders zu sehen, als sie vermeintlich sind.

Selbstverständigung

Ästhetisches Denken etabliert eine offene Denkform, in der man vieles neu, aber letztlich nicht verbindlich probieren kann, ein fiktives Tun probehalber. Daher kann man in der ästhetischen Tätigkeit, solange sie nicht an Leistungserwartungen, Zensuren, Ziele und damit möglicherweise Enttäuschungen gekoppelt ist, letztlich nicht scheitern.

> Im Bild kann sich das Kind das Thema Leid, Verlassenheit, Schmerz und Trauer zwar zum Thema machen, es wird aber deswegen an dem Bild nicht leiden, keinen Schmerz erfahren. Viele Erfahrungen mit benachteiligten Kindern und Jugendlichen haben gezeigt, dass durch die distanzierende, spielerische, realitätsentlastete Beschäftigung im Gegenteil eher ein Schmerzlinderung eintreten kann (Bender 2009) – eine Garantie gibt es dafür jedoch nicht.

Überwiegen beim Aufwachsen des Kindes solche Erfahrungen, die immer wieder eine **Überforderung** bedeuten, kann dies zu Depression und Rückzug bzw. zu Resignation und Ängstlichkeit führen (Oevermann 2004, S. 170). Insbesondere wenn die frühe Sozialisation (→ Kap. 9.3) durch eine nicht angemessene elterliche Fürsorge, Schwierigkeiten in der emotionalen Bindung zum Kind oder materiell einschränkende Bedingungen gestört wird, kann es zu einer folgenreichen Beeinträchtigung der Entwicklung kommen. Das bedeutet auch eine Schädigung des notwendigen Glaubens daran, dass im Zweifelsfall schon alles gut verlaufen wird, durch den die grundsätzliche Skepsis zurückgedrängt wird, die Herausforderungen des menschlichen Lebens nicht bewältigen zu können.

> Ästhetische Erfahrungen können in Fällen einer belasteten Kindheit kompensatorische Effekte zeigen, wie die Erfahrungen der Kunsttherapie oder viele Projekte in sogenannten Brennpunkt-Schulen zeigen.

Es kommt der ästhetische Erfahrung damit ein ganz besonderer Wert zu, der in erster Linie in einem engen Zusammenhang mit dem sich entwickelnden Selbst steht. Ästhetische Erfahrung ist hier als **Selbstverständigungsprozess** zu begreifen, der einen praktischen Sinn in sich birgt: „Wir fassen Vertrauen in das Funktionieren unserer Erkenntniskräfte. Die ästhetische Erfahrung hat in diesem Sinn eine durchaus praktische Bedeutung. Sie stiftet Vertrauen oder drängt – negativ gesagt – die Skepsis zurück", die Herausforderungen des menschlichen Lebens mittels der eigenen (Erkenntnis-)Kräfte nicht meistern zu können (Bertram 2005, S. 122).

Die Ermöglichung **vielfältiger ästhetischer Erfahrungen** ist daher eine wichtige Grundlage für die Entwicklung des selbstständigen, selbstbewussten und vertrauensvollen Individuums. Die Struktur der Kindertageseinrichtungen und die dort stattfindenden Angebote entsprechen der Grundannahme, dass gerade für Kinder im Vorschulalter die Ermöglichung von Spiel- und Sinneserfahrungen im Zentrum stehen sollte. Dort kann auch gezielt und kompensatorisch einer Verarmung der unmittelbar sinnlichen Begegnung mit der Welt, z. B. durch einen verstärkten Medienkonsum (*Medienwirkung* → Kap. 17.1.3), entgegengewirkt werden.

Die derzeitigen Tendenzen, im Anschluss an die für die unterschiedlichen Bundesländer formulierten Bildungspläne für die frühe Bildung in Kindertageseinrichtungen (www.bildungsserver.de/zeigen.html?seite=2023) das **Lernen in den Kindertagesstätten** stärker formal und in Bezug auf die Anforderungen der anschließenden Schulzeit zu strukturieren, müssen aus einer ästhetiktheoretischen Sichtweise kritisch betrachtet werden. Denn je stärker das Lernen im Modus einer Entlastetheit von spezifischen Anforderungen, Nutzen-, Erfolgs- und Leistungserwartungen gebeugt wird, desto nachhaltiger wird diese ästhetische Erfahrungsform zurückgedrängt.

Im Gegenzug zu diesen Entwicklungen kann sogar vermutet werden, dass die Ermöglichung vielfältiger Spiel- bzw. ästhetischer Erfahrungen zu einer Stärkung des Selbst beiträgt, was sich dann wiederum positiv auf die Bewältigung schulisch-institutioneller Lern- und Bildungsprozesse auswirkt (vgl. Bender 2009). Denn nur, wenn ein **Vertrauen in die eigenen Fähigkeiten** hergestellt wurde, sich sinnlich und rational mit der Welt auseinandersetzen zu können, kann ein produktives Sicheinlassen auf die in der Schule angebotenen Lerninhalte stattfinden. Dies gilt auch und in besonderen Fällen gerade für Kinder aus eher schulbildungsfernen Elternhäusern.

11.2.3 Transfereffekte

> ► **Transfereffekte**
> Wirkungen ästhetischer Bildungsprozesse, die in Verbindung mit anderen Lebens- und Lernbereichen signifikante Veränderungen des Verhaltens zeigen. Zu solchen Effekten ästhetischer Bildung werden beispielsweise immer wieder Sozialkompetenz und Toleranzfähigkeit, Steigerung der Intelligenz, kognitive „Wachheit", Konzentrationsfähigkeit, Durchhaltevermögen, Kreativität etc. gezählt.

Transfereffekte werden häufig für die bildungspolitische Rechtfertigung ästhetischer pädagogischer Arbeit behauptet, sehr viel weniger sind sie nach wissenschaftlichen Kriterien wirklich nachzuweisen. Eine solide Forschung zu solchen Effekten gestaltet sich als außerordentlich anspruchsvoll und schwierig.

Eine der Schwierigkeiten besteht in der immer wieder vorgenommenen **Gleichsetzung von Korrelationen (Entsprechungen) und Kausalitäten (Ursachen).** Wenn sich Kinder, die im Vergleich zu einer Kontrollgruppe häufiger Kunstunterricht erhalten haben, im Anschluss an das Experiment sozial integrativer und neuen Lerninhalten gegenüber aufgeschlossener verhalten, so wird dies gern auf die intensive ästhetische Erziehung zurückgeführt. Jedoch lässt sich eine solche Ursachenbehauptung nicht mit Sicherheit belegen. Es könnte ja auch sein, dass die Verhaltensänderung auf Grund einer gewachsenen Gemeinschaft im erarbeiteten Projekt erfolgte – das Projekt hätte statt eines künstlerischen aber auch ein politisches, naturpädagogisches, erlebnispädagogisches oder sportliches sein können (vgl. Dietrich 2002).

Nutzbarmachung ästhetischer Erfahrungen

Entsprechend den oben dargestellten theoretischen Bestimmungen muss eine direkte Nutzbarmachung ästhetischer Erfahrungen für vorher festgelegte Ziele oder Zwecke grundsätzlich in Frage gestellt werden.

- Zum einen ist es nicht planbar oder absehbar, ob ein Kind oder ein Jugendlicher trotz hervorragender pädagogischer Rahmung eine ästhetische Erfahrung macht. Die Erfahrung stellt sich von selbst ein und kann nicht sicher von außen geplant werden
- Zum anderen kann in keiner Weise vorab bestimmt werden, was der ästhetisch produktiv oder rezeptiv Tätige konkret erfährt. Diese Erfahrung bleibt immer in erster Linie auf das Subjekt, das die Erfahrung macht, und dessen individuelle Geschichte bezogen
- Darüber hinaus zeichnet sich eine ästhetische Erfahrung dadurch aus, dass zunächst die Wahrnehmung in das Zentrum der Aufmerksamkeit rückt und sich daraus jenes spielerische Hin und Her zwischen den Sinnes- und Vernunftkräften entfaltet. Das bedeutet aber im Umkehrschluss, dass ästhetische Erfahrungen nicht in erster Linie rational oder begrifflich strukturiert sind. Sie sind deshalb auch nicht leicht zu verstehen oder nachzuvollziehen.

Dennoch wird gerade im Bereich der kulturellen Bildung und vor allem in Bezug auf Jugendliche der Versuch gemacht, dem ästhetischen Bereich sogenannte **Schlüsselkompetenzen** zuzuweisen. Diese Unternehmungen sind der Intention geschuldet, den durchaus elementar wichtigen Aspekt des Ästhetischen gegenüber anderen Lebens- und Lernbereichen, in denen jedoch andere Erfahrungsformen dominieren, nicht noch stärker ins Abseits geraten zu lassen. Denn spätestens ab dem Beginn der Schulzeit scheint sich derzeit in der Erziehungswissenschaft eine Kompetenzorientierung durchzusetzen.

Kompetenznachweis Kultur

Der Begriff der *Kompetenz* verweist auf eine Fähigkeit oder Eigenschaft, die nachhaltig erworben wurde und eindeutig bestimmbar, einsetzbar und im besten Fall auch direkt abrufbar ist und die d urch ein entsprechendes Zertifikat nachgewiesen werden kann. Solche **Kompetenznachweise,** wie es auch Schul- und Ausbildungs- sowie Praktikumszeugnisse darstellen, sind innerhalb des schulischen Berechtigungswesens, aber auch für die durchaus schwierige Einmündung in das Beschäftigungssystem, z. B. einen Ausbildungsberuf, von zentraler Bedeutung.

Da auch im ästhetischen Bereich wichtige Erfahrungen gemacht werden, die zu einer Entwicklung der Persönlichkeit in Auseinandersetzung mit der umgebenden Lebenswelt beitragen, sollen durch die Initiative „Kompetenznachweis Kultur der Bundesvereinigung Kulturelle Kinder- und Jugendbildung e. V. (BKJ)" (www.kompetenznachweiskultur.de) auch solche Betätigungsfelder in ihrer für ein selbstständiges (Berufs-)Leben vorbereitenden Bedeutung transparent gemacht werden können: „Der Kompetenznachweis Kultur ist ein **Bildungspass.** Er wird an Jugendliche ab 12 Jahren vergeben, die aktiv an künstlerischen und kulturpädagogischen Angeboten teilnehmen. Er ist ein Nachweis darüber, welche individuellen personalen, sozialen, methodischen und künstlerischen Kompetenzen sie dabei gezeigt und weiterentwickelt haben." (data.bkj-remscheid.de/index.php?id=1092)

Der Kompetenznachweis Kultur soll einen Arbeitgeber oder Personalsachbearbeiter auf die Person aufmerksam machen. Er besteht aus zwei Teilen, einem unterzeichneten und gestempelten Zertifikat mit Angaben zur Person und einer kurzen Darstellung der durchgeführten Aktivitäten und dem eigentlichen Nachweis, einem Text mit der Beschreibung des Engagements und der gezeigten Kompetenzen. Arbeitsproben in Form von Bildern, Fotos, DVD oder CD-ROM illustrieren die durchgeführten Aufgaben gewinnbringend und veranschaulichen die gewonnenen Kompetenzen (www.kompetenznachweis.net/html/aufbau.html).

Diejenigen, die einen solchen Kompetenznachweis vergeben möchten, müssen eine Fortbildungsveranstaltung durchlaufen, durch die sie die Berechtigung zur Anwendung des Verfahrens und zur Vergabe des Kompetenznachweises Kultur erhalten. Sie werden daraufhin in ein Register aufgenommen, das bei der BKJ in Remscheid geführt wird.

11.3 Rolle von Erzieherinnen

Die künstlerisch-ästhetische Tätigkeit der Kinder anzuregen und kompetent zu begleiten, verlangt zunächst zweierlei:

- Zum einen muss sich die Erzieherin darüber im Klaren sein, welche Bedeutung die künstlerische Tätigkeit für sie selbst hat, um unreflektierte eigene Zuschreibungen und Maßstäbe nicht auf die Kinder zu übertragen
- Zum anderen benötigt sie Grundkompetenzen und Erfahrungen im Umgang mit den ästhetischen Materialien, um die Kinder in vielfältiger Weise unterstützen zu

können. Zu diesen Grundkompetenzen gehören sowohl praktische und (selbst)reflexive Fähigkeiten als auch theoretisches Wissen.

11.3.1 Selbstreflexion und Kompetenzerwerb

Gerade weil die Bildsprache eine weniger bewusste, weniger rationale als die Wortsprache (Sprache → Kap. 22) ist, bleibt eine Auseinandersetzung mit der eigenen ästhetischen Biografie oft unartikuliert. Das führt in der beruflichen Praxis dann nicht selten dazu, dass eigene Vorlieben, eigene ästhetische Maßstäbe (was ist gelungen, misslungen, was ist ein „schönes" Bild, was empfinde ich als banal oder hässlich), aber auch eigene Grenzen und Erfahrungen des Misslingens oder Scheiterns im Bereich der ästhetischen Tätigkeiten verborgen bleiben und dann unreflektiert auf die Kinder übertragen werden.

In vielen neueren Studiengängen zur frühkindlichen Bildung bemüht sich die Ausbildung daher um einen Anteil **biografischer Reflexion** gerade auch in den ästhetischen Fächern. Darin kommt die Abneigung gegen „schmutzige" Arbeitsbedingungen, schmierige Fingerfarben, unordentliche Malweise ebenso zur Sprache wie die erlebte Langeweile im Museum während der Klassenfahrt oder die bisher einseitige Begeisterung für die klassische Moderne.

Mitunter kann dabei aber auch eine Ambivalenz sichtbar werden: Die Selbstreflexion relativiert zwar wirkungsvoll die Bedeutsamkeit eigener Ansprüche, Erfahrungen und Vorlieben; andererseits aber benötigt eine gelingende Vermittlung auch eine **überzeugende Vermittlungsfigur.** Die Erzieherin wird an die Kinder nur das weitergeben können, was sie ihnen selber auch präsentiert, d. h., was sie mit ihrer ganzen Person vertritt. Niemand kann von sich verlangen, in allen ästhetischen Richtungen und darin in allen Grundformen gleichermaßen gut, begeisternd, anspornend zu sein. Die Arbeit muss die selbstreflexiv erworbenen Ansprüche an Vielfalt und Verständnis der heterogenen kinderkulturellen Praktiken immer ausbalancieren mit dem Erhalt oder Erwerb der Fähigkeit zur intensiven Hingabe und Begeisterung für die eine oder andere Art des bildnerischen Ausdrucks.

Abb. 11.12: Erzieherinnen sollten im Laufe ihrer Ausbildung Grundkompetenzen in den bildnerischen Techniken erwerben.

Erzieherinnen sollten im Laufe ihrer Ausbildung und fortgesetzt im Laufe ihrer Berufstätigkeit **Grundkompetenzen** in den bildnerischen Tätigkeiten und Techniken erwerben oder ausweiten, die auch unten für die formal-ästhetische Angebotsstruktur zu Grunde gelegt sind. Dazu gehören:

- Eine praktische Kompetenz im Umgang mit Farben und Formen, mit verschiedenen Arten des Druckens, mit Collagen und der Herstellung von dreidimensionalen Gebilden (Pappmaché, Ton, Gips)
- Theoretisches Wissen über den kindlichen Zugang zu Bildern, zur Kulturabhängigkeit verschiedener Bildstandards und Bildformate (Zeichnungen, Malerei, Umgang mit Fingerfarben), über stilistische und kunsthistorische Richtungen.

11.3.2 Ästhetische Tätigkeiten planen und initiieren

Kunstpädagogische Angebote können und sollen sehr unterschiedlich angelegt sein. Es existiert eine Vielzahl von praktischen Berichten und Anregungen, die aber nicht einfach wie Rezepte in die Praxis übernommen werden können. Vielmehr kommt es darauf an, bei der Planung von Angeboten pädagogische und ästhetische Gesichtspunkte zu berücksichtigen.

Jedes Kind sollte im Laufe seiner Kindergartenzeit bestimmte **Techniken erprobt** und die **Erfahrung gesammelt** haben, mit unterschiedlichen Materialien ganz verschiedene Themen oder Aufgaben gestalten zu können. Das klingt indes einfacher, als es ist. Manche Kinder geben sich den einfachsten Anreizen mit Begeisterung hin, andere machen eher einen Bogen um Papier und Farben, um Bastelmaterial und Schere. Es lohnt sich, diese Kinder über einen längeren Zeitraum gezielt zu beobachten, um zu ermitteln, worin ihre Zurückhaltung begründet liegt. Es kann sein, dass

- Das Kind schon mehrere Misserfolgserlebnisse hatte auf Grund von Kommentaren anderer und sich deswegen anderen Spielmaterialien bevorzugt zuwendet
- Das Kind sich selber Misserfolge zuschreibt, wenn es merkt, dass es eine bestimmte Bild- oder Gestaltungsidee nicht umsetzen kann
- Dem Kind die vorgestellten Bildinhalte oder Bildformate aufgrund seines kulturellen Hintergrundes so fremd sind, dass es diese Schwelle ohne besondere Hilfestellung nicht überwinden kann. So ist es für die asiatische Kultur eher ungewöhnlich, mit großen Pinseln oder Fingerfarbe zu arbeiten
- Die situative oder räumliche Rahmung nicht angemessen ist, weil das Malen z. B. immer nebenbei in einem lauten großen Gruppenraum stattfindet, manche Kinder aber eine ruhige Atmosphäre benötigen, um sich in die Malaktivität zu vertiefen

- Das Kind schlicht keine Ideen hat, was es mit den Materialien anfangen soll.

Die **Anregungen und Hilfestellungen** durch die Erzieherin sehen in jedem der fünf Fälle sehr unterschiedlich aus. Allen gemeinsam aber ist, dass ästhetische Angebote im Dialog mit den Kindern ausgewählt und vorbereitet werden können und sollen. Die Rolle der Erzieherin ist hier also eine interaktive, sie versteht es, die Bedürfnisse, Themen und Wünsche der Kinder wahrzunehmen und aufzugreifen. Wenn Angebote oder Projekte mit den Kindern gemeinsam entwickelt und geplant werden, verstehen sich diese auch nicht länger nur als Nutzer von Angeboten, sondern stellen sich selbst ihre Aufgaben, beraten, verhandeln, fühlen sich mitverantwortlich.

Auf der anderen Seite gehört es aber auch zur professionellen Kunsterziehung, den Kindern immer wieder **Neues zu zeigen,** etwa in einer Kunstausstellung oder einem Bildband, im Bereitstellen von ungewohnten Materialien oder auch im Vormachen einer Technik, die die Kinder noch nicht kennen. Nur so können sie ihren ästhetischen Horizont erweitern, nur so können sie unbekannte Bildsprachen und Formelemente kennenlernen, nur so können auch Kinder aus bildungsfernen Milieus mit derjenigen Kunst und Kultur in Berührung kommen, die ihnen in Elternhaus und sozialem Umfeld nicht begegnen. Erzieherinnen befinden sich also in ihrer professionellen Rolle auch immer als Repräsentantinnen einer pädagogischen Institution, der an Verringerung von Chancenungleichheit im kulturell-ästhetischen Bereich der Bildung gelegen ist.

Auch können sich beide Vorgehensweisen miteinander verbinden. Die Erzieherin wählt, wie es etwa im *Situationsansatz* (→ Kap. 8.4.2) praktiziert wird, Themen, Gegenstände, Anreize für die ästhetische Tätigkeit aus, indem sie einerseits Themen der Kinder aufgreift (z. B. Umzug, Abschied, Trauer), andererseits in Bildern, Museen, Musikwerken, Theaterstücken genau dieses Thema aufsucht.

Lebensnah können die Kinder dann erfahren, wie über die ästhetische Tätigkeit, über das imitierende, verfremdende, phantasievoll angereicherte und modifizierte Arbeiten Phantasien, Ängste, Träume, Erlebnisse auf andere Weise als allein sprachlich zugänglich und kommunizierbar werden.

11.3.3 Ästhetische Prozesse begleiten

Nicht nur in der Phase der Vorbereitung, sondern auch in der Begleitung der ästhetischen Prozesse gelten die beiden Prinzipien des Dialogs und des Vermittelns sowie des Ermöglichens von Begegnung mit Neuartigem.

Im den Mal- und Gestaltungsprozess begleitenden **Dialog mit den Kindern** mischen sich in der Praxis immer wieder Kommentare, die zwar gut gemeint sein mögen, das Kind jedoch mehr mit den Vorlieben und vielleicht unbewusst wirkenden Erwartungen der Erzieherin konfrontieren, als es zu eigenen weiteren Nachforschungen mit Pinsel, Farbe, Kleister, Schere etc. anregen. Im Brandenburger Bildungsplan für elementare Bildung sind fünf Regeln formuliert, die dort für die kunstpädagogische Arbeit in Kindertagesstätten als **Richtlinien** dienen sollen (zit. nach Heilborn u. a. 2006, S. 11):

- „1. Korrigiere niemals ein Bild, eine Plastik oder ein Objekt, das Kinder hergestellt haben!
- 2. Lass die Kinder spüren, dass du ihre Bilder schätzt.
- 3. Dränge niemals Kinder dazu, ihre Bilder zu erklären, wenn sie es nicht von sich aus tun!
- 4. Ermuntere Kinder zum Zeichnen, Malen, Collagieren, Formen und Bauen! Gib ihnen Anregungen! Stelle aber keine fest formulierten Aufgaben oder Aufträge!
- 5. Sei neugierig auf das, was einzelne Kinder produzieren! Auf diese Weise lernt man die individuellen Neigungen und Veranlagungen am besten kennen!“

Erzieherinnen, Schülerinnen und Studentinnen können sich schon während der ausbildungsbegleitenden Praktika gegenseitig beobachten und darüber austauschen, ob und wie sie diese oder ähnliche Regeln einhalten können bzw. was sie daran hindert, auf die ästhetischen Tätigkeiten der Kinder **freilassend zu reagieren.** In der Tat ist es schwierig, diese Regeln ohne Einschränkung einzuhalten, wenn die Erzieherin darum bemüht ist, den Kindern neue Erfahrungen mit den Materialien zu ermöglichen und die bildnerische Tätigkeit nicht nur als ein individuelles Sinnenspiel, sondern als eingebettet in kulturell-ästhetische Kontexte und Traditionen auffasst. Oft bitten die Kinder auch selbst um Korrektur und Kommentar, oft bitten sie auch um direkte Mithilfe oder Vormachen. Etwas ältere Kinder, die sich in den Entwicklungsstadien der *Schemazeichnung* (→ Kap. 11.1.3) um eine wirklichkeitsgetreue Darstellung der gesehenen Welt bemühen, muss die Erzieherin in diesem Bemühen nicht bremsen. Sie kann sie aber beim und vor allem nach Erwerb eines Schemas darin unterstützen, dieses in immer wieder anderen Facetten auszugestalten.

[BEISPIEL] Beispiel für Schemazeichnung: Die fünfjährige Marja hat entdeckt, wie sie einen Schmetterling malen kann, und festigt dieses Schema mit den zwei symmetrischen Flügeln, dem schmalen Rumpf und den beiden Fühlern nun unermüdlich in vielen Wiederholungen. Immer und immer wieder malt sie mit den gleichen Buntstiften und den gleichen Farben den gleichen Schmetterling, nur das Bildinventar um das Tier herum wechselt ein wenig. Marja geht es in diesen vielen Bildern offensichtlich vor allem darum, etwas darzustellen. Weniger ist es ihr Bestreben, sich selbst oder einer Empfindung freien Ausdruck zu verleihen, sie ist ganz mit der Sache, der Ähnlichkeit zwischen gesehenem und gemaltem Schmetterling, beschäftigt. Die Erzieherin kann diesen Prozess unterstützen und anreichern, indem sie dem Kind z. B. mit Hilfe der einfachen Abklatschtechnik zeigt, wie viele und verschiedene Schmetterlinge entstehen und wie dabei auch der Zufall – nicht die sorgfältige Ausführung eines Plans (Schemas) – zu interessanten Farbwirkungen führen kann.

11.3.4 Dokumentation und Präsentation

Dokumentation → Kap. 8.2.2

Gerade bei den bildnerischen Tätigkeiten gehören Dokumentation und Präsentation wesentlich zum Prozess. Die Dokumentation kindlicher Tätigkeiten, Äußerungen oder Probleme ist auch zahlreich diskutierter Gegenstand im Kontext vieler anderer Bildungsbereiche, meist im Zusammenhang mit Beobachtungstätigkeiten durch die Erzieherinnen. Im Lernbereich ästhetischer Bildung kann die durch die Erzieherin vorgenommene **Dokumentation** verschiedene Funktionen haben: So können nicht allein Bilder, sondern auch Kommentare der Kinder und Dialoge über die Bilder dokumentiert werden. Als Formen bieten sich z. B. Mappen, Hefte, *Portfolios* (→ Kap. 8.2.2) an. Darüber hinaus ist es aber im Kontext von Beobachtungspraxen auch sinnvoll, nicht nur die Bilder selbst als (End-)Produkte der kindlichen Tätigkeit, sondern auch den Entstehungsprozess zu dokumentieren, entweder, indem die Erzieherin während der Bildentstehung mehrere Fotos macht und den Prozess protokolliert oder indem sie die „Malgeschichte" videografiert. Dadurch können im Nachhinein besondere Themen, ästhetisch-formale oder auch solche des Bildinhalts, rekonstruiert und besprochen werden.

Wertschätzung erfahren die Kinder auch darüber, dass ihre Produkte nicht einfach an die Seite, in die Sammelmappe oder ins Fach geräumt werden, wenn sie abgeschlossen sind, sondern dass ihre Bilder und andere Arbeiten einer wie auch immer gearteten Öffentlichkeit präsentiert werden. Das kann z. B. innerhalb der Gruppe geschehen, in der eine (Stell-)Wand als Ausstellungsfläche dauernd zur Verfügung steht; das kann auch im Forum, in der Halle der Einrichtung geschehen, in der die Erzieherin etwa zu Projektende eine kleine Vernissage organisiert. Das kann aber auch nur dadurch geschehen, dass die Kinder angeregt werden, sich untereinander gegenseitig ihre Bilder zu zeigen und zu erläutern.

Wie die Regeln bereits andeuten (→ Kap. 11.3.3), ist die Präsentation und Kommentierungserwartung jedoch auch mit einer Ambivalenz behaftet. Längst nicht alle Kinder sind auf jedes Bild in gleicher Weise stolz und wollen es unbedingt anderen zeigen. Viele Kinder, nicht nur solche mit Migrationshintergrund, nutzen gerade auch die **Bildsprache für einen Rückzug** aus dem wortreichen Geschehen des Kita-Alltags und sind froh, dabei gerade nicht mit Redeerwartungen konfrontiert zu werden. Nicht jedes Produkt muss wortreich besprochen werden, Wertschätzung kann sich auch im unkommentierten Aufhängen oder in anderen Gesten zeigen, die dem Kind eine Präsentationswürdigkeit anzeigen, z. B. indem die Erzieherin das Blatt auf eine Pappe klebt, so dass ein Rahmen entsteht.

11.4 Lernumgebung

Erziehung und Bildung haben immer einen „räumlichen Bezug" (Ecarius/Löw 1997, S. 8). Der *Raum* (→ Kap. 8.5.3) ist keine unbewegte Rahmung der eigentlichen pädagogischen Arbeit mit Kindern und Jugendlichen. Im Gegenteil: Die räumliche Situation begünstigt, hemmt oder befördert in spezifischer Weise die in ihr stattfindenden Erziehungs- und Bildungsprozesse. Darüber hinaus befindet sich gerade bei Kindern die Raumvorstellung noch in der Entwicklung. Die „Anordnung der einzelnen Dinge, Orte oder Positionierungen formt das räumliche Denken und die Wahrnehmung von Welt in räumlichen Relationen, z. B. von Nähe und Distanz" (Löw 1997, S. 30). Bedeutung erlangen hierbei verschiedene Ebenen der Raumgestaltung und Raumwahrnehmung wie auch die architektonische Gestaltung des Gebäudes. Dieses kann bereits bei seiner Planung auf eine besondere Verwendung hin abgestimmt worden sein oder durch eine bestimmte Anlage, Materialität oder Lage die pädagogische Arbeit und das Wohlbefinden der Nutzer beeinflussen und beeinträchtigen (Rittelmeyer 1994). Dasselbe gilt für die Innenraumgestaltung. Hier ist jedoch der Handlungsspielraum für eine Veränderung von Anlage und Gestaltung etwas größer.

Abb. 11.13: Die räumliche Situation kann die stattfindenden Erziehungs- und Bildungsprozesse begünstigen.

11.4.1 Umgebungen für Ästhetik und Kunst

In der Kindheit ist die ästhetische Erfahrung von zentraler anthropologischer Bedeutung. Doch auch die wundervollste Raumgestaltung und Materialanordnung kann ästhetische Erfahrungen nicht mit Sicherheit anbahnen. Eine zu enge Rahmung kann die Prozesse ästhetischer Erfahrungen sogar verhindern. Es kann vermutet werden, dass auch in pädagogischen Institutionen eine Eigentümlichkeit früher ästhetischer Erfahrungen zum Tragen kommt: „Sie haben ihren Ort im Abseits, sei es in der Einsamkeit, sei es in der verschworenen Gesellschaft Gleichaltriger, sie ereignen sich in Räumen, die vielfache synästhetische Anreize bieten, oder sie schaffen sich selbst diese Räume als Theater der Einbildungskraft." (Mattenklott 1999, S. 240)

Die **Gestaltung von Lernumgebungen** im Kontext von Ästhetik und Kunst kann hier ansetzen:

- Zum einen können *Orte des Abseits* bereitgehalten werden, die mit vielfachen und unterschiedlichen synästhetischen Anreizen ausgestattet sind
- Zum anderen kann diesbezüglich sinnvoll auf das *Repertoire künstlerischen Gestaltens* zurückgegriffen werden.

Lernumgebungen und Orte für Kinder

Nicht in jeder Kindertagesstätte finden sich optimale Voraussetzungen für künstlerische Tätigkeiten. Im besten Fall stehen verschiedene Materialien, Werkzeuge und Arbeitsflächen zur Verfügung, auf denen auch Spuren künstlerischen Schaffens hinterlassen werden können wie Farbspritzer oder Kerben durch ausgerutschtes Sägen. Dies kann ein **Bereich im Gruppenraum** sein oder besser ein **gesonderter Raum,** der als Kunstraum oder als Werkstatt vorgesehen und eingerichtet ist (→ Kap. 8.5.3). Dieser kann von den Erzieherinnen entweder für bestimmte Projekte genutzt werden oder ist im Rahmen eines offenen Konzepts durch eine Person ständig betreut, und die Kinder können ihn flexibel aufsuchen.

Ein herauszuhebendes Beispiel für die gelingende Bereithaltung ästhetischer und künstlerischer Lernumgebungen im Bereich der Kindertagesstätten findet sich in der *Reggiopädagogik* (→ Kap. 8.4.2). Jede der dortigen Einrichtungen verfügt als Standardelement über ein sogenanntes **Atelier,** das von einer speziell für diesen Tätigkeitsbereich eingestellten Werkstattleiterin betreut wird. Diese Mitarbeiterin hat in der Regel keine erzieherische, sondern eine handwerkliche, künstlerische oder kunstpädagogische Ausbildung. Den einzelnen Gruppenräumen ist zudem ein Miniatelier angegliedert, das „als sorgfältig ausgestattetes Magazin und als Einzel- oder Kleingruppenarbeitsraum fungiert" (Knauf, S.1). Dabei unterliegt das Atelier dieser besonderen **Werkstattfunktion.** Die Werkstatt dient einem Grundprinzip reggianischer Pädagogik: „Räume dienen dem Ziel, das Staunen und den Zauber der alltäglichen Phänomene wieder zu entdecken. Unsere Einrichtungen sind vor allem Werkstätten, in denen Kinder die Welt untersuchen und erforschen" (Malaguzzi, zit. nach Ullrich/Brockschnieder 2001, S. 65).

Die Einrichtung der Ateliers folgt keinem „starren Schema" (Knauf, S.2), ist aber in allen Einrichtungen bestimmt durch Regalsysteme zur Materialaufbewahrung und Präsentation, große Arbeitstische, Staffeleien und Möglichkeiten für die Präsentation der Kinderarbeiten. In den Regalen finden sich eine Vielzahl von Dingen und Gestaltungsmaterialien „Draht, Ton, Papier, Pappe, Farben, Papprohre, Klebeband, Bindfaden und ‚Werkzeuge' aller Art, um die jeweiligen Materialien zu ver- und bearbeiten" (ebd., S: 66). Zudem gibt es dort reichhaltig „Gesammeltes wie Bonbonpapier, Steine, Muscheln, Reste von Stoff, Fell, Schleifenband, Wolle Korken, Knöpfe, getrocknete Blüten, kleine Haushaltsgegenstände, Verpackungsmaterial, durchsichtige Behälter zur Aufbewahrung des Gesammelten, zum Beispiel gebrauchte Gläser und Verpackungsmaterial aus Kunststoff ..., angerührten Kleister, ... Sand" (Beek u.a. 2001, S. 136). Die Kinder werden so zum Betrachten, Staunen, zum Ideen entwickeln und zu vielfältigen Aktivitäten herausgefordert (vgl. Knauf, S. 1). Entsprechend jener die ästhetische Tätigkeit und die ästhetische Erfahrung fundierenden Grundbedingung, der Muße, lädt die Atmosphäre zum einen zu Ruhe und Kontemplation ein, und fordert die Kinder zum anderen zum Erfinden, produktiv Werden und Verändern heraus (ebd., S. 2).

Die „Atelierista" hat dabei die besondere Möglichkeit, die Kinder in handwerklichen Fähigkeiten anzuleiten: „Auswahl, Pflege, Aufbewahren und Erklären von Werkzeugen und Werkstoffen, das eigenständige Arbeiten mit Werkzeugen und Werkstoffen, das Erläutern der eigenen Arbeit, das Vormachen, Helfen, Kontrollieren, Korrigieren und Rückmeldung Geben" (ebd.) in Bezug auf die Tätigkeiten und Arbeiten der Kinder. Es werden spezifische Einzelprojekte durchgeführt und Angebote gemacht, die regelmäßig wiederholt werden, an denen die Kinder aus den unterschiedlichen Gruppen teilnehmen können. Das Atelier steht aber auch für die Kinder offen, die mit speziellen Gestaltungsideen und Schwierigkeiten bei der „Atelierista" nach Anregungen und Rat suchen.

Die idealen Bedingungen in den Ateliers der Reggiopädagogik können und müssen natürlich auf die räumlichen und finanziellen Gegebenheiten der jeweiligen Einrichtung abgestimmt werden. Wenn **kein extra Raum für ästhetische Tätigkeiten** bereitgehalten werden kann,

- Kann ein Gruppenraum für eine bestimmte Zeit in einen Projektraum umgewandelt werden
- Können im Freigelände Staffeleien aufgestellt oder Skulpturen bearbeitet werden.

Bei personellen Schwierigkeiten ist es eventuell möglich, eine **Praktikantin** mit einem künstlerischen oder kunstpädagogischen Schwerpunkt einzustellen, die dann entsprechende Projekte inszenieren kann, die wiederum von den Erzieherinnen aufgenommen und wiederholt angeboten und weiterentwickelt werden können. Es bietet sich auch an, mit den künstlerischen Projekten an alltäglichen Gegebenheiten und Erfahrungen, die die Kinder während ihres Tages in der Einrichtung machen oder die sie von zu Hause mitbringen, anzuknüpfen.

Je nach *pädagogischem Konzept* (→ Kap. 8.4) ist dann z. B. Folgendes möglich:

- Die **Bauecke** kann zu einem Ort werden, an dem verschiedene Räume und Gebäude von den Kindern erschaffen und gestaltet werden
- Die **Maltische** können für ein paar Tage verschwinden und großen Papierbögen weichen, die auf dem Fußboden fixiert werden
- Ein **Busch im Garten** kann durch verschiedene Materialien bespielt, behängt und verfremdet werden – vielleicht entstehen so phantasievolle Blätter, Bewohner und besondere blütenähnliche Ergänzungen.

Lernumgebungen und Orte für Jugendliche

Auch mit zunehmendem Alter bleiben die Grundbedingungen künstlerischen Arbeitens sowie die damit zusammenhängenden notwendigen und idealen räumlichen und materialen Bedingungen dieselben. Allerdings ist es sinnvoll, bei älteren Kindern und Jugendlichen mit den entwicklungsbedingten Auseinandersetzungen mit der **zunehmend naturalistischen Darstellungsabsicht** produktiv umzugehen. So können hier intensiver bestimmte Verfahren wie verschiedene Drucktechniken, aber auch die Fotografie und die Videografie erprobt und vermittelt werden. Diese bildgebenden Verfahren kommen den Darstellungswünschen nahe, lassen sich aber durch bestimmte Aufgabenstellungen, Verfremdungen und Kontextualisierungen künstlerisch weiterentwickeln. Hierzu wird dann eine entsprechende materiale und mediale Ausstattung benötigt, z. B. ein Fotolabor, eine Videoschnitteinheit oder ein Computerraum, in dem Bilder digital weiterbearbeitet werden können (→ Kap. 17.4.3).

Im Bereich der pädagogischen Arbeit mit **Schulkindern und Jugendlichen** stellt sich voraussichtlich weniger das Problem, die künstlerischen Projekte und Arbeitsphasen in den pädagogischen Alltag einzubinden. Die Rahmungen werden hier wahrscheinlich entsprechend dem Lebensalter durch zeitliche und räumliche Vorgaben geschaffen: Der Fotokurs findet z. B. jeden Freitag von 15–17 Uhr statt. Stetig nimmt die Dominanz ästhetischer Erfahrungen in der alltäglichen Lebenspraxis ab. Pädagogische Angebote, die sich auf Kunst und ästhetische Erfahrungen beziehen, werden stärker von den anderen Tätigkeiten unterschieden, da sie immer weniger in diesen aufgehen.

Generell sollten bei Jugendlichen Schablonen, vorgefertigtes Bastelmaterial oder besonders gelungene Beispiele zum Nachmachen keine Rolle bei der Gestaltung von Angeboten spielen. Kinder und Jugendliche werden an die Vielfalt gestalterischer Möglichkeiten durch eine differenzierte und reichhaltige Materialauswahl und an den angemessenen Umgang damit herangeführt. Bei Jugendlichen kann darüber hinaus daran gearbeitet werden, bereits routinierte Vorgehensweisen durch neue Werkstoffe und Wege wieder in Bewegung zu bringen.

11.4.2 Pädagogische Vernetzungsmöglichkeiten

Im künstlerischen Bereich vernetzten sich derzeit verstärkt außerinstitutionelle Bereiche mit pädagogischen Institutionen. Wesentliche Elemente sind hier für Kinder und Jugendliche:

- Der Besuch von Museen, Kunstvereinen und Ateliers
- Die Zusammenarbeit mit Künstlern aus der Region.

Besuch von Museen, Kunstvereinen und Ateliers

Ein Besuch in einem Museum, einer Ausstellung oder einem Kunstverein bedeutet eine Kontaktaufnahme mit Orten, an denen die Werke von zeitgenössischen professionell Kunstschaffenden bzw. künstlerische Positionen von historischer und kultureller Relevanz präsentiert werden. Kinder und Jugendliche erfahren dort, dass es über das eigene kulturelle und künstlerische Tätigsein hinaus eine professionalisierte Form gibt, sich über **künstlerische Ausdrucksweisen** mit der Lebenswelt auseinanderzusetzen, und dass dieses besondere Zeichensystem gesellschaftlich anerkannt und gewürdigt wird.

Abb. 11.14: Auch durch die Ausstellung ihrer eigenen Werke erfahren Kinder kulturelle Teilhabe.

Über den Kontakt mit zeitgenössischen und historischen künstlerischen Positionen kann darüber hinaus eine reflexive Auseinandersetzung mit der gegenwärtigen Gestalt und Genese der Kulturen angebahnt und gefördert werden. Ferner werden so **kulturelle Teilhabemöglichkeiten** eröffnet. Wenn Kinder es schon im Kindergartenalter gewöhnt sind, Institutionen wie **Museen** mit Gleichaltrigen aufzusuchen und einen Bezug zu den Künsten herzustellen, werden solche Besuche eventuell aufrechterhalten. Vor allem für Kinder aus bildungsfernen Elternhäusern und Kinder mit Migrationshintergrund ist die Eröffnung solcher Möglichkeiten ein wesentlicher Aspekt zur gesellschaftlichen und kulturellen Partizipation und Integration.

Besuche in **Ateliers,** in denen Künstler an ihren Werken arbeiten und eventuell einen Einblick in die Konzeptionen und Entstehungsprozesse ihrer Arbeiten, aber auch in den Alltag ihres Lebens geben können, ergänzen und vertiefen die Annäherungen an die Kunst und deren reale Verankerung in der Gesellschaft.

Zusammenarbeit mit Künstlern der Region

Besonders in urbanen (städtischen) Gebieten bietet es sich an, eine kontinuierliche Zusammenarbeit mit im näheren Umfeld arbeitenden Künstlern aufzubauen. Diese können im Rahmen von Projekten und speziell entwickelten Angeboten in die Institutionen kommen.

Die Kinder und Jugendlichen

- Lernen so eine künstlerische Position und Arbeitsweise intensiv kennen
- Können sich selbst in den entsprechenden Verfahren ausprobieren

- Lernen dabei, die fachliche Kompetenz des Künstlers anzuerkennen und
- Können von dessen umfassenden Fähigkeiten profitieren.

Ob sich jede künstlerische Position für eine solche Einbindung eignet, bleibt offen, denn die Künstler hinterlassen „keine Kunst – und auch keine kleinen Künstler" (Kaestle 2008, S. 12 f.).

Kooperationen zwischen Künstlern und Erzieherinnen können nur gelingen, wenn beide auf gleicher Augenhöhe arbeiten. Beide sollen gleichwertig von Anfang an in die Planung und Durchführung der Kunstprojekte eingebunden werden. „Die Künstlerinnen sind Expertinnen für kreative Prozesse, die Erzieherinnen sind Expertinnen für pädagogische und soziale Prozesse im Kontext mit Kindern" (Mandel 2008, S. 7).

[BEISPIEL] Ein gelungenes Beispiel für eine Kooperation ist das Projekt „Mobiles Atelier" (2008), in dem 2005 vier Künstlerinnen aus Hannover ihre Ateliers in Kindergärten verlegten und mit den Kindern an speziell entwickelten Projekten vor Ort arbeiteten. In der Vorbereitungszeit fanden Besuche der Künstlerinnen in den Einrichtungen und Besuche der Erzieherinnen in den Ateliers statt – der gesamte Kindergarten stellte sich auf die Workshop-Woche ein. „Tagesabläufe und Arbeitspläne werden modifiziert, mit den Kindern wird über Kunst gesprochen, Räume werden geleert, Flächen abgedeckt, nach pädagogischen Gesichtspunkten kleinere Arbeitsgruppen zusammengestellt." Das Herzstück des mobilen Ateliers bestand dann in einer intensiven Arbeitswoche, „bei der sich nach und nach die Atmosphäre eines Ateliers im Kindergarten entwickelt" (Mobiles Atelier 2008, S. 8). In der Folge dieses Projektes wurden die Erzieherinnen von den Künstlerinnen dabei unterstützt, Ideen für ein eigenes Kunstprojekt zu entwickeln.

11.5 Bildungsangebote

Folgt man der oben entwickelten bildungstheoretischen Fundierung ästhetischer Erfahrungen innerhalb der Entwicklung des Individuums (→ Kap. 11.4), kann zunächst grundlegend festgehalten werden, dass sich Kinder in der Regel, wenn sie spielen, in Form von ästhetischer Erfahrung der sie umgebenden Welt zuwenden. Ästhetische Erfahrungen stellen sich vor allem in der Kindheit auch unabhängig von spezifisch künstlerischen Tätigkeiten ein. Im Folgenden werden Bildungsanlässe beschrieben und wie sie konkret gestaltet werden können. Unter formbezogenen Angeboten werden bildnerischen Tätigkeiten und Techniken beschrieben.

11.5.1 Bildungsanlässe

Eine notwendige, aber auch sehr allgemeine Grundbedingung für ästhetische Erfahrung ist die Vorgängigkeit einer sinnlichen Wahrnehmung. Um sich spielerisch bzw. in Form von ästhetischer Erfahrung mit der Welt auseinandersetzen zu können, muss zunächst die Welt, die das Kind material umgibt, über die Sinne aufgenommen werden. Das ist der Grund, warum im Kontext ästhetischer Erfahrungen und ästhetischer Bildung unmittelbare und reichhaltige **sinnliche Begegnungen mit der Lebenswelt** gefordert werden. Denn je mehr und differentere (unterschiedlichere) Sinneseindrücke ermöglicht werden, desto vielgestaltiger und gefestigter wird der Erfahrungsgrund, auf dem sich die Persönlichkeit aufbaut.

Diese Öffnung der Lebenswelt für ästhetische Erfahrungen führt dazu, dass auch die **Anlässe für ästhetische Erfahrungen** überaus vielgestaltig sein können:

- Naturerfahrungen
- Medienerfahrungen
- Besondere Erlebnisse
- Technische Begebenheiten
- Alltägliches, das anders erscheint.

Ästhetische Erfahrungen und Bildungsprozesse haben oft mit der konkreten Lebenswelt zu tun. Selbst und Welt sind in diesem „Erkenntnisprozess" verschränkt. Die Umgebung bleibt untrennbar mit der sich auf Subjektseite entfaltenden Erfahrung verbunden. Es handelt sich also um einen Zustand, in dem Gewohntes in anderen Umständen erscheint (vgl. Alheit/Brandt 2006, S. 431). Die rezeptive oder produktive Auseinandersetzung mit Kunst bzw. die künstlerische Tätigkeit an sich wird dann zu einer Möglichkeit unter vielen anderen, Anlässe für ästhetische Erfahrungen zu eröffnen.

Abb. 11.15: Ästhetische Erfahrungen können sich auch unabhängig von spezifischen künstlerischen Tätigkeiten einstellen.

Abb. 11.16: In gelungenen Kunstwerken werden Verständnisprozesse offen gehalten.

Es kann davon ausgegangen werden, dass die Kunst (Malerei, Skulpturen, Theater, Tanz, Literatur, Musik) auch deshalb ein sehr geeigneter Auslöser für ästhetische Erfahrungen ist, weil sie grundsätzlich **entlastet ist von Nutzenerwartungen,** Handlungsanforderungen oder zielgerichteten Lern- und Aneignungsprozessen.

So werden in gelungenen Kunstwerken vor allem Verständnisprozesse systematisch offen gehalten. Einmal gebildete Lesarten bzw. entwickelte Verständnisspuren lösen sich immer wieder auf, denn überall dort, wo die spielerische Bewegung an ein Ende gelangt, z. B. durch die Identifizierung eines Gegenstandes in einem abstrakten Werk, eröffnen sich sofort mehrere Möglichkeiten des Weiterschreitens (vgl. Loer 1994, S. 351). Eine gewohnte bestimmende Tätigkeit bzw. die Einordnung in einen Wissensbestand bereits gemachter Erfahrungen scheitert strukturell an den Phänomenen der Kunst. Die hier bereits angelegte **Struktur der Unbestimmtheit** macht es wahrscheinlicher, dass Kinder und Jugendliche in der Auseinandersetzung mit Werken der Kunst ästhetische Erfahrungen machen und so wiederum ästhetische Bildungsprozesse eingefädelt werden.

11.5.2 Dimensionen der Bildungsangebote

Ästhetische Erfahrungen und Bildungsprozesse sind in der Regel auf einen konkreten Inhalt bezogen. Zudem kann jedoch versucht werden, ästhetische Erfahrungen und ästhetische Bildung durch spezifische Arrangements oder pädagogische Angebote wahrscheinlich zu machen. Dabei ist es hilfreich, zunächst verschiedene Dimensionen wie Erfahrungsformen, Tätigkeiten und Befähigungen zu unterscheiden, die bei der **konkreten Gestaltung von Bildungsangeboten** handlungsleitend sein können (nach Kathke 2007, S. 11 f.):

- **Förderung der Wahrnehmungs- und Empfindungsfähigkeit**
  - Dinge, Klänge und Geräusche erfahren, beschreiben und nachbilden, z. B. in Farben und Formen verwandeln
  - Dinge auslegen, ordnen, gruppieren
  - Naturerfahrungen eröffnen und in eine andere Ausdrucksform umsetzen
  - Emotionale Gestimmtheiten durch Körperbewegung, Mimik, Gestik oder bildnerische Elemente wiedergeben
  - Einzelne Sinneserfahrungen besonders gewichten etc.
- **Spielerisch-experimentelle Arbeitsweisen**
  - Mit ungewöhnlichen Mal-, Zeichenwerkzeugen und Untergründen experimentieren
  - Eigene Ausdruckswerkzeuge herstellen
  - Bildnerische Zufallsverfahren erproben
  - Räumliche Situationen erzeugen, deuten und weiter ausgestalten durch das Auswerfen von Steinen, Schnüren oder Zweigen, Knüllen/Reißen von Papier oder das Quetschen von Ton
  - Dinge elementaren Kräften aussetzen
  - Dinge themenbezogen aus unterschiedlichen Materialien bauen etc.
- **Explorative Tätigkeiten**
  - Sich in Dinge, Lebewesen oder Geschichten hineinversetzen
  - Spuren erkunden und erzeugen
  - Dinge sammeln und sie mit ästhetischen Mitteln untersuchen
  - Verwandlungsmöglichkeiten eines Objekts erkunden etc.
- **Förderung rezeptiver Fähigkeiten**
  - Eindrücke und Assoziationen zu einem Werk/Objekt sammeln
  - Kunstwerke auf besondere Weise anschauen: mit einem Papierfernrohr, einer Lupe, einem Farbfilter etc.
  - Bilder nachstellen, verfremden, übermalen oder in andere Ausdrucksformen übersetzen
  - Werke weiterentwickeln
  - Plastische Werke von mehreren Seiten erkunden
  - Fiktive Gespräche mit einer Figur oder dem Künstler führen etc.
- **Förderung mehrperspektivischer Wahrnehmungs- und Ausdrucksfähigkeit**
  - Musik in ein Bild oder eine Plastik „übersetzen“ und umgekehrt
  - Geschichten zu Werken erfinden
  - Mit einer performativen Aktion reagieren
  - Miteinander in einen bildnerischen oder musikalischen Dialog treten etc.
- **Raum und Situationsbezug**
  - Das Umfeld der Einrichtung ästhetisch erforschen
  - Ungewöhnliche Orte aufsuchen, die zu Auslegearbeiten, Plänen, Bildern, illustrierten Geschichten führen
  - Räume mit allen Sinnen erforschen
  - Ungewohnte Blickwinkel wählen
  - Orte wiederholt zu unterschiedlichen Zeiten erkunden
  - Gemeinsam in der Natur zeichnen und malen, formen, gestalten und etwas spielerisch inszenieren
  - Ausstellungen anschauen, Künstler in ihrem Atelier besuchen, im Museum zeichnen etc.

- **Präsentationsformen erproben**
  - Ausstellungsflächen gestalten
  - Eine Aufführung machen etc.

Die vorgenannten Angebote können sich jeweils auf bereits bestehende, in Planung sich befindende oder sich noch ergebende Projekte und Aktivitäten beziehen – den zugeflogenen Marienkäfer, die Bauarbeiten neben der Kita, Medienerfahrungen, Geschichten und Berichte der Kinder, Ausflüge, die Jahreszeiten. Im Anschluss ist es möglich, die gemachten Erfahrungen wiederum (behutsam) an bestimmte Wissensbestände anzubinden (→ Kap. 11.6).

11.5.3 Formbezogene Angebote

Parallel zu den auszugestaltenden Bildungsanlässen muss stets die Notwendigkeit im Blick behalten werden, dass die Kinder die notwendigen Grundkompetenzen in den **bildnerischen Tätigkeiten und Techniken** erwerben oder ausweiten, um nicht systematisch an ihren spezifischen Darstellungsabsichten zu scheitern. Im Sinne einer solchen formal-ästhetischen Angebotsstruktur können die Kinder in ihren gestalterischen Ausdrucksfähigkeiten, d. h. im Umgang mit bestimmten Materialien und Techniken, unterstützt werden. Hierbei kann unterschieden werden zwischen

- Den allgemeinen gestalterischen Grundelementen, die bei bildnerischen Tätigkeiten zum Einsatz kommen, und
- Den konkreten Techniken.

Gestalterische Grundelemente

Eine wichtige Voraussetzung für das Gestalten ist das Beherrschen der **Bildsprache,** die Kenntnis ihrer Eigenschaften und Wirkungsweisen. Zu den gestalterischen Grundelementen gehören die Formelemente wie Punkt, Linie, Fläche, Körper, Raum. Sie verbinden sich mit den stofflichen Qualitäten wie Helligkeit und spezifische Farbgebung. Diese Grundelemente werden in den gestalteten Werken in der Regel nicht willkürlich verteilt: Die Künstler verfolgen einen bestimmten Aufbau bzw. eine Gesamtstruktur, die Komposition.

Punkt, Linie, Fläche, Körper, Raum

Der **Punkt** ist eine annähernd kreisförmige Fläche und das kleinste optische Formelement. Stellt man sich die Spur eines sich bewegenden Punktes vor, so führt das zur **Linie.** Wenn sich eine solche Linie schließt, so entsteht eine **Fläche,** die durch eine entstehende Differenz zum Hintergrund wiederum als **Körper** im **Raum** wahrgenommen werden kann. Je nachdem, wie diese Formelemente gestaltet sind oder wie sie sich zueinander verhalten, können sie unterschiedliche Ausdrucksqualitäten besitzen. So können Linien ruhig oder statisch, aggressiv oder langweilig wirken.

Helligkeit

Das Maß der Helligkeit eines Objektes kann deutlich variieren. Es ist von der Entfernung zwischen Lichtquelle und Objekt und dem verwendeten Material sowie der Art der Materialverarbeitung abhängig. Möglicherweise entscheidet bereits der Farbauftrag, ob ein Objekt heller oder dunkler erscheint.

Farbe

Licht besteht aus einem Farbspektrum. Das Licht, das direkt von der Lichtquelle ins Auge trifft, bezeichnet man auch als Lichtfarbe.

In der Regel beruht die **Farbwahrnehmung** jedoch auf dem von einem Gegenstand reflektierten Licht, denn jeder Gegenstand reflektiert nur einen bestimmten Teil des Spektrums. Ein grüner Apfel beispielsweise reflektiert nur das grüne Licht. Sehen wir Weiß, wird das gesamte Licht reflektiert; sehen wir Schwarz, wird das gesamte Licht absorbiert (aufgesaugt). Bunte Farben können mit einer unterschiedlichen Farbintensität auftreten (helles Gelb, trübes Rot). Die unbunten Farben (Weiß, Grau, Schwarz) können dagegen lediglich in ihrer Helligkeit variieren.

Gelb, Blau und Rot sind die **Primärfarben** – aus ihnen können alle anderen in der Natur vorkommenden Farben durch Mischung erzeugt werden. Alle systematischen Farbordnungen gehen von diesen drei Grundfarben aus. Um die Farben und ihre Beziehungen untereinander darstellen zu können, werden häufig geometrische Figuren benutzt.

Auch in zweidimensionalen Darstellungen können **Bewegungen** durch Farben, Flächen und Linien vermittelt werden. So können durchaus dynamische Verläufe entstehen.

Gestalterische Techniken

Themen, die sich ähnlich sind, können in ästhetischen Projekten oder auch in anderen Zugängen zu ihnen mit ganz unterschiedlichen Techniken und Verfahren umgesetzt werden (Beispiel für den pädagogischen Prozess → Kap. 11.6).

Flächiges Gestalten

Das flächige Gestalten nimmt immer noch einen breiten Raum in den pädagogischen Institutionen ein, denn die Lehrenden sind in der Regel mit den Verfahren vertraut, die Materialien sind leicht zu beschaffen und die Verfahren relativ unkompliziert. Zum flächigen Gestalten gehören im Wesentlichen das Zeichnen, das Malen und das Collagieren.

Das **Zeichnen** eignet sich dazu, die umgebende Welt genau wahrzunehmen bzw. sich bestimmten Gegenständen und Gegebenheiten zeichnerisch anzunähern. Je nach dem verwendeten Zeichenwerkzeug können Zeichnungen und Skizzen von gänzlich unterschiedlicher Qualität und Ausdruckskraft entstehen.

Abb. 11.17: Zeichenmaterial.

Zeichenmaterial und Zeichenwerkzeug sind: Bleistifte, Buntstifte, Filzstifte, Federn, Tinten, Tuschen, Kohle, Kreide, Pinsel jeglicher Art für die Pinselzeichnung.

Beim **Malen** wird frei mit Farbe, Form und Linien gestaltet. Um Farbe herzustellen, werden Pigmente mit unterschiedlichen Bindemitteln zusammengebracht. Aufgrund der unterschiedlichen Bindemittel werden unterschiedliche „Farben" unterschieden wie Aquarellfarbe, Temperafarbe, Ölfarbe, Acryl- und Dispersionsfarbe. Gemalt werden kann dabei auf ganz unterschiedlichen Bildträgern. Neben Papier eignen sich auch Holzplatten, Pappe, Leinwand und Stoffe.

Malmaterialien und Malwerkzeuge sind: Finger, Pinsel, Spachtel, Farb-, Filz- und Wachstifte, Finger-, Kleister-, Tempera-, Deck-, Acryl-, Dispersions-, Spray-, Öl- und Lackfarbe.

Collagen sind Arbeiten, bei denen verschiedene Materialien und Verfahren kombiniert werden. Oft wird auch bereits bestehendes Bildmaterial aus seinem Zusammenhang gelöst und zu einem neuen Bildeindruck verdichtet. Der Kombinations- und Ideenfreude sind dabei keine Grenzen gesetzt.

Materialbeispiele und Werkzeuge sind: Bemalte, beschriebene, bedruckte Papiere, Folien, Bleche, Alltagsgegenstände, Textilien, Watte, Naturmaterialien; Schere, Klebstoffe, Nägel, Fäden, Heftmaschinen.

Druckverfahren

Mit Druckverfahren können vorher angefertigte Bilder, sogenannte Druckformen, beliebig vervielfältigt werden. Um zu einem solchen Verfahren hinzuführen, kann auch mit einfachen Anwendungen gearbeitet werden. So entstehen Materialdrucke z. B. als Fingerabdrücke, Abdrücke von Schuhsohlen, Körperteilen, Blättern, Rinden, Schalen. Es gibt Hochdruckverfahren, Tiefdruckverfahren sowie Flachdruckverfahren.

Beim **Hochdruck** werden die Bildelemente herausgeschnitten, die im Bild weiß bleiben sollen. Der Teil, der aufgesetzt wird, bleibt wie bei einem Stempel hoch stehen. Solche Druckträger können sein: Holz, Linoleum und z. B. auch Kartoffeln.

Entgegengesetzt zum Hochdruck wird beim **Tiefdruck** die Zeichnung oder Darstellung in das Material eingraviert. Hierzu werden häufig Kupfer- und Zinkplatten benutzt. Die Rillen im Metall nehmen die Farbe auf, die übrige wird weggewischt. Mit starkem Druck wird die Farbe nun vom Druckträger auf angefeuchtetes Papier gedruckt. Da hierzu der technische Aufwand recht hoch ist und die Kinder und Jugendlichen mit großem handwerklichem Können vorgehen müssen, werden Tiefdruckverfahren in pädagogischen Zusammenhängen selten ausgewählt.

Flachdruckverfahren sind zum Beispiel der Schablonendruck und die Monotypie. Beim **Schablonendruck** werden Papier-, Papp-, Metall- und Kunststoffschablonen auf ein Papier gelegt und die frei bleibenden Stellen mit einem Pinsel eingefärbt.

Monotypie ist ein Druckverfahren, das nur einen Abdruck ermöglicht. Für das ästhetische Gestalten mit Kindern und Jugendlichen eignen sich beispielsweise folgende Arten der Monotypie (vgl. Eid/Langer/Ruprecht 2002, S. 210):

- Eine mit Druckfarbe dünn eingewalzte oder eingepinselte Glasplatte wird mit verschiedenen Werkzeugen

Abb. 11.18: Auch die Arbeit mit Filzwolle zählt zu einer bei Kindern beliebten Gestaltungstechnik.

bearbeitet, so dass Linien, Strukturen und verschieden getönte Flächen entstehen. Die so vorbereitete Glasplatte kann als Druckform für Handabzüge verwendet werden
- Platten aus Plexiglas, Metall oder Linoleum werden mit Ölfarbe bemalt und auf einem Papier abgezogen
- Eine Glasplatte wird gleichmäßig mit Farbe eingewalzt, ein Papier daraufgelegt, auf das dann mit stumpfem Bleistift, Kugelschreiber etc. gezeichnet wird. Nach dem Abheben von der Platte zeigt das Papier auf seiner Vorderseite die spiegelverkehrte Durchdrückzeichnung.

Räumliches Gestalten

Der Begriff des räumlichen Gestaltens bezieht sich auf die Gestaltungsformen, die einen dreidimensionalen Charakter haben. Bei solchen Verfahren sind der Phantasie und dem Ideenreichtum keine Grenzen gesetzt. Auch mit kleinen Kindern schon können raumgreifende Installationen umgesetzt werden. Nach den Herstellungsmerkmalen können räumliche Verfahren in Formen, Skulptieren sowie Bauen und Montieren gegliedert werden.

Formen

Zum Formen und Modellieren werden weiche Werkstoffe gebraucht. Sie lassen sich durch Hinzufügen und Wegnehmen von Masse verändern. Die Form muss also aus diesem Werkstoff erst entstehen. Das wichtigste Werkzeug ist dabei die menschliche Hand.

Weiche Werkstoffe sind: Plastilin, Wachs, Pappmaché, Ton, Gips, Draht, Sand und Schnee.

Skulptieren

Der Begriff des Skulptierens bezieht sich auf harte bzw. härtere Werkstoffe, deren Form durch Ritzen, Kerben, Schnitzen, Wegschneiden, Wegsägen und Weghauen von Masse verändert werden kann.

Materialien und Werkzeuge für das Skulptieren sind: Holz, Kork, Sandstein, Speckstein, Ziegelstein, Ytong, Schulkreide, Gips, Zement, Kunststoffe, Feile, Raspel, Messer, Meißel, Stechbeitel, Hohleisen, Hammer, Säge.

Bauen und Montieren

Bauen und Montieren fügen bereits vorhandene Elemente aus gleichen oder verschiedenen Materialien zu plastischen Gebilden zusammen. Diese Vorgehensweise ist additiv. Kunstwerke, die mit solchen Verfahren arbeiten, heißen **Montagen.** Bei ihnen ist vor allem die Art, wie die jeweiligen Verbindungen hergestellt werden, von Bedeutung. Wenn sie beweglich sind, heißen sie „kinetische Objekte". Kombinationen von Objekt, Raum und möglicherweise auch Betrachter heißen „Environment" (vgl. Eid/Langer/Ruprecht 2002, S. 230).

Materialbeispiele und Verbindungstechniken sind: Papier, Pappe, Kartons, Holzabfälle, Verpackungsmaterialien,

Abb. 11.19: Die Arbeit mit Holz und anderen Werkstoffen stößt nicht nur bei Jungen auf Begeisterung.

Metallreste, Draht, Drahtgeflechte, Möbel, Spielzeug und vor allem auch Naturmaterialien wie Rinde, Steine, Äste.

Reflexion der ästhetischen Produktion

Neben der ästhetischen Produktion ist es auch von großer Bedeutung, die reflexive Auseinandersetzung von Kindern und Jugendlichen mit ihren Arbeiten und mit bestehen Bildern und Gegenständen aus der Kunst, den Medien, Design, Architektur etc. zu fördern.

So können ältere Kinder und Jugendliche beispielsweise ein Werkstatttagebuch führen, indem sie die individuelle Auseinandersetzung mit dem Material und der daraus entstehenden Arbeit festhalten. Aber auch kleinere Kinder können fast immer zu ihren Arbeiten etwas erzählen. Die meisten Bilder und Zeichnungen haben ihre eigene „kleine Geschichte", die häufig mit dem Künstler etwas zu tun hat.

Daneben kann aber auch die Auseinandersetzung mit bereits bestehenden Produkten der bildenden Kunst gefördert werden. Auch hier kann zunächst das Thema werden, was Kinder oder Jugendliche beim Betrachten des Werks empfinden, was sie mit einzelnen Aspekten verbinden und wie sie sich beschreibend diesem Bild annähern würden. Zusätzlich kann über solche Bildbetrachtungen auch in die Gestaltungspraxis eingeführt werden, und es können spezifische soziologische und kunsthistorische Aspekte zur Sprache kommen.

11.6 Beispiel für den pädagogischen Prozess

Es gibt eine große Auswahl an Veröffentlichungen, die gelungene Beispiele auch aus nationalen Einrichtungen für ästhetische Erziehung und Bildung vorstellen. Im Folgenden soll jedoch auf eine Darstellung aus dem Kontext der *Reggiopädagogik* (→ Kap. 8.4.2) zurückgegriffen werden. An dem vorgestellten Beispiel lässt sich gut zeigen, wie die Erzieherinnen auf die Lebenswirklichkeit der Kinder eingehen, wie sie dort auftretende Erfahrungen, Schwierigkeiten und Fragestellungen aufgreifen und in eine ästhetische Auseinandersetzung überführen, die wiederum aus verschiedenen Aspekten besteht, in denen unterschiedliche formbezogene Angebote – hier Zeichnungen, Collagen, Formen und skulpturale Darstellungen – eingebunden werden, wodurch insgesamt ein sich aus sich selbst heraus entfaltendes ästhetisches Projekt entsteht.

11.6.1 Situationsanalyse

Ausgangspunkt des hier herausgegriffenen Projektes ist – wie es grundsätzlich in der reggianischen Pädagogik versucht wird – eine **alltägliche Erfahrung.** Das „Menschenmenge-Projekt", das in der Ausstellung „Die 100 Sprachen des Kindes" (vgl. ausführlich Stenger 2002, S. 226 f.) aus Reggio Emilia dokumentiert ist, beginnt damit, dass ein fünfjähriger Junge davon erzählt, wie er in ein Gedränge geraten ist und nur noch „Leute, Beine, Arme und Köpfe" gesehen hat.

11.6.2 Festlegen von Zielen

Die Erzieherin greift die Aussage des Jungen auf und reagiert damit auf die Brisanz, die für die Kinder in dieser Frage zu liegen scheint. Die Menschenmenge wird zum Thema. Zunächst werden die anderen Kinder nach ähnlichen Erlebnissen gefragt und ihre Aussagen werden festgehalten.

Es geht im Folgenden nun darum, sich der Erscheinung der Menschenmenge auf verschiedenen Wegen anzunähern. Die künstlerisch-ästhetischen Verfahren bieten dabei die Möglichkeit, dass sich die Kinder mit den Erfahrungen, die sie bereits in ähnlichen Situationen gemacht haben, auseinandersetzen, ohne tatsächlich einer solchen realen Erfahrung ausgesetzt zu sein. So können sie die unterschiedlichen z. B. bedrängenden, beängstigenden oder überwältigenden Emotionen, die eine solche Menschenmenge auslösen kann, in einem Schonraum durchspielen. Eine Besonderheit der reggianischen Pädagogik besteht darin, dass die Arbeiten und ästhetischen Auseinandersetzungen, die innerhalb dieses Prozesses entstehen, nicht vorher festgelegt werden können. Sie ergeben sich aus dem Projekt heraus, insbesondere durch die Kinder, die ihre eigenen Fragen und Ansichten entwickeln und die Aufmerksamkeit der Erzieherinnen, die die Fortgänge behutsam in bestimmte Konkretisierungen überführen. Insofern geht es auch nicht primär darum, ein bestimmtes vorher festgelegtes Ziel zu erreichen, denn die konkreten Erfahrungen, die die Kinder beim Arbeiten machen, bleiben unvorhersehbar. Im Zentrum steht demnach die Begleitung und Unterstützung des ästhetischen Prozesses. Diese Ungewissheit stellt das erzieherische Handeln vor besonders hohe Anforderungen.

11.6.3 Planung von Maßnahmen

Die Thematik soll über die Umsetzung in verschiedene Medien weiterentwickelt und vertieft werden. Dafür planen die Erzieherinnen, verschiedene künstlerische Techniken anzuwenden; es soll situativ darauf eingegangen werden, welche Problemstellungen sich aus dem Arbeitsprozess ergeben.

Ein konkreter Ablaufplan der anzuwendenden künstlerischen Verfahren kann aus den oben beschriebenen Gründen nicht zu Beginn des Projektes festgelegt werden. Zwischen den einzelnen Projekteinheiten müssen die Erzieherinnen immer wieder ihre Beobachtungen beschreiben, sich mit den anderen Erzieherinnen austauschen und gemeinsam über die nun sinnvollen nächsten Schritte entscheiden. Insbesondere bei dem Thema Menschenmenge kann – wie in diesem Fall – jedoch angestrebt werden, möglichst viele unterschiedliche Verfahren und Darstellungsformen anzuwenden, die jeweils unterschiedliche Blickwinkel auf diese besondere Erscheinung eröffnen. Es kann vermutet werden, dass die Bedrängnis einer Menschenmenge mehr und mehr relativiert werden kann, indem die Kinder spielerisch unterschiedliche Perspektiven einnehmen. Die Kinder können so auf den Weg gebracht werden, mit einer solchen Situation auch in der Realität umzugehen. Das heißt, sich nicht in einer anonymen Masse zu verlieren, sondern eine eigene individuelle Haltung zu bewahren und zu behaupten.

11.6.4 Durchführung von Maßnahmen

In dem hier beschriebenen Projekt wurde zunächst gezeichnet. Aber entgegen ihren eigenen Beschreibungen, in denen die Menschen der Menge sich in viele verschiedene Richtungen bewegen und man zum Teil nur „Beine, Arme und Köpfe" sehen kann, stellen die Kinder zunächst alle Figuren nur nebeneinander in eine Richtung stehend dar. Im Rückgriff auf die vorher dokumentierten Aussagen der Kinder über ihre Erfahrungen macht die Erzieherin sie auf diese Differenz zwischen den Darstellungen und den Beschreibungen aus dem Gespräch über das Thema aufmerksam. Dabei geht es nicht darum, die Bilder kritisch zu bewerten, sondern die Kinder behutsam dahin zu führen, selbst die Differenz und die Schwierigkeiten in Bezug auf die konkreten Darstellungen zu erkennen. Die Zeichnungen sind in diesem Moment nicht mehr allein ästhetische Produkte, sondern auch Studien, anhand derer Neues entwickelt werden kann. Die Kinder identifizieren so ein Teilproblem, das nun zur zentralen Frage wird: die perspektivische Darstellung.

Perspektivische Darstellung

Das identifizierte Problem wird nun zu einer neuen Herausforderung. Die Kinder beginnen, sich damit auseinanderzusetzen. Ein Kind stellt sich in die Mitte und wird von den anderen von verschiedenen Seiten aus dargestellt. Dabei wird schon auf diverse Materialien zurückgegriffen.

Schließlich bekommen die Kinder für diesen Arbeitsschritt noch mehr Zeit. Sie verlassen die Einrichtung und beobachten Menschen und Gegenstände aus unterschiedlichen Positionen, sie „zeichnen Mütter mit Kinderwagen, Köpfe von hinten, arbeiten mit Eisendraht, Ton und Terrakotta". Nachdem dieser Einzelschritt geleistet wurde, stellt die Erzieherin schließlich den Bezug zum Ausgangspunkt wieder her. „Wenn ihr eine Menschenmenge beschreibt, seht ihr sie von außerhalb oder als wärt ihr mittendrin." Die Kinder nehmen nun unterschiedliche Blickwinkel ein.

Es entstehen Ansichten von einem „Wolkenkratzer" aus, die die Anonymität der Menge widerspiegeln. An die Wand projizierte Bilder ermöglichen es den Kindern, sich quasi selbst als Teil einer Menge zu fühlen, wodurch der Einzelne wieder in das Zentrum rückt. „Die Kinder sehen sich außerdem Fotos einer Menge auf dem Marktplatz an und versetzen sich in einzelne Personen, erfinden dazu Geschichten" (ebd., S. 228). Sie können die zunächst erschreckende **Anonymität der Menschenmenge ästhetisch auflösen,** indem sie erfahren, dass bei genauem Hinsehen die individuellen Geschichten der Menschen sichtbar werden, die man kennenlernen könnte, was schließlich auch der eigenen Existenz ihre Bedeutung zurückgibt.

Projektabschluss

Den Abschluss des Projektes bildet die **Herstellung einer Menschenmenge** in Ton. Die Erzieherin gibt nun keine Impulse mehr. „Die Kinder entwickeln Ideen, korrigieren sich, diskutieren" und kommen zu einer bestimmten Form der Arbeitsteilung, um die nötige Anzahl von Tonmenschen überhaupt herstellen zu können. „Jeder formt ein bestimmtes Körperteil in größeren Mengen" (ebd.). Durch diese Massenproduktion wird die anfängliche Beschreibung des Jungen wieder aufgegriffen.

Die nun arbeitsteilig produzierten Körperteile werden abschließend individuell zusammengesetzt und aufgestellt. Die Kinder bleiben nach den Erfahrungen dieses Projektes bei dieser eher beunruhigenden **Erfahrung der Anonymität und Fragmentiertheit** nicht stehen, sondern verleihen den Figuren in ihren abschließenden Darstellungen einen individuellen Ausdruck: „Gesichtszüge, Gesten, Körperhaltungen und Kleidung sind durchaus verschieden" (ebd., S. 230). Die Kinder haben so über ihre ästhetischen Auseinandersetzungen die wichtige Erfahrung gemacht, dass sie der Menge und ihrer Anonymität, die ein Phänomen unseres modernen Lebens ist, nicht „ausgeliefert" sind, sondern durchaus individuelle Möglichkeiten einbringen und verwirklichen können.

11.6.5 Auswertung

An diesem Beispiel lässt sich gut zeigen, dass solche Projekte von den Wahrnehmungen, Phantasien und Ideen der Kinder ausgehen. Diese werden ernst genommen und als eigenständige Weisen anerkannt, die versuchen, die Welt zu verstehen und sich mit ihr auseinanderzusetzen. Durch das Handeln der Erzieherinnen werden diese ganzheitlichen Weltzuwendungen immer wieder hinterfragt, gebrochen in neue Beziehungen gesetzt und an bestehende Wissenszusammenhänge gebunden. Dabei wird nicht einfach ein Vorhaben durchgeführt oder ein bestehender Plan umgesetzt, sondern die einzelnen Aspekte entwickeln sich über die Aufmerksamkeit der Erzieherinnen. Die Zeit, die die Kinder dafür brauchen, wird ihnen gewährt, ohne dass auf ein vorher zu bestimmendes Ende gedrungen werden könnte.

Was hier geschieht, ist eine sehr sensible, nicht umfassend zielgerichtete, aber doch stetige Praxis einer Einfädelung der Kinder in kulturelle Zusammenhänge, Wissensbestände und mögliche Erfahrungen. Die Kinder lernen so auch, sich zunehmend mit einer den eigenen Bestrebungen „prinzipiell widerständigen und eigengesetzlichen Umwelt" auseinanderzusetzen.

[BEISPIEL] Dialog zweier Mädchen:

„Siehst du denn nicht, dass du ihn (einen Schatten, d. Verf.) zu entfernt gemacht hast? Ich weiß nicht, warum du die Füße nicht so machst, dass sie sich berühren."
Das andere Mädchen antwortet: „Man macht das, wie man will; ich kann ihn auch ausschneiden und näher ransetzen."
Darauf die Freundin: „Du kannst es nicht machen, wie du willst; du musst machen, wie der Schatten will." (Reggio Children 2002)

12

Bewegung

Renate Zimmer

Kinder bewegen sich – ausgelassen, lärmend, tobend, nicht immer zur Freude der Erwachsenen, aber immer zum eigenen Vergnügen. Für sie scheint es nichts Schöneres und Befriedigenderes zu geben als zu rennen, zu spielen, zu klettern und zu springen. Kinder bewegen sich auch über die ihnen zugestandene Bewegungszeit hinaus, vor allem dann, wenn sie es nicht sollen. Nicht selten wird ihr unerschöpflicher Bewegungsdrang von den Erwachsenen als lästig empfunden. Was Erwachsenen zunächst nur als einfaches, nutzloses *Spiel* (→ Kap. 21) erscheint, ist für Kinder nicht nur unmittelbarer Ausdruck von Lebensfreude, sondern auch ein Anreiz zur Entwicklung und zum Lernen.

Die Entwicklung des Kindes ist ein ganzheitlicher Prozess, in dem der Bewegung eine ganz wichtige Bedeutung zukommt. Durch Bewegung lernen sie sich selbst und ihre körperlichen Fähigkeiten kennen, sie erfahren die Eigenarten und Gesetzmäßigkeiten der sie umgebenden Dinge, sie nehmen Kontakt zu ihren Mitmenschen auf. Kinder erschließen sich ihre Welt durch Bewegung.

In keiner anderen Lebensstufe entwickelt sich der Mensch so rasch und lernt so viel dazu wie in der Kindheit. Kinder bringen Lernlust sozusagen mit auf die Welt. Sie sind neugierig und wollen alles erkunden, was in ihren Gesichtskreis kommt. Was auch immer ihnen begegnet: Sie beginnen, damit zu spielen. Spiel ist ein unersetzbarer Teil der kindlichen Entwicklung. Es vermittelt nicht austauschbare Grunderfahrungen, es stellt eine kindliche Grundtätigkeit dar.

Für Kinder ist Spielen meistens mit Bewegung verbunden. Spiel und Bewegung sind immer auch ein Erproben der eigenen Kräfte. Das Kind übt seine Geschicklichkeit, es erlebt Erfolg und Misserfolg und macht so die Erfahrung des Selber-Ursache-Seins. Indem es die Wirkung seiner Handlungen unmittelbar erfährt, erlebt das Kind sie als selbst verursacht. Erfolg und Misserfolg können auf die eigene Person zurückgeführt werden. Je häufiger ein Kind die Erfahrung macht, dass seine Handlungen Veränderungen bewirken und Konsequenzen nach sich ziehen, umso eher wird es Vertrauen in sich selbst gewinnen und damit auch ein positives Selbstbild entwickeln.

► **Bewegung**
Veränderung des Körpers in Bezug auf Raum und Zeit. Aus der Perspektive des sich Bewegenden beinhaltet Bewegung allerdings viel mehr: Sie ist die Grundlage menschlichen Lebens, sie vermittelt zwischen Mensch und Umwelt, sie gilt gleichzeitig als Erfahrungs- und Ausdrucksmedium.

► **Bewegungserziehung**
fördert das Erleben des eigenen Körpers und ermöglicht das Erfahren von Bewegungstätigkeiten unter dem Einsatz pädagogischen Handelns. Sie findet in einem angeleiteten, betreuten Rahmen statt und wird in regelmäßigen Abständen von der Erzieherin geplant und angeboten.

Abb. 12.1: Bewegung spielt im ganzheitlichen Entwicklungsprozess des Kindes eine herausragende Rolle.

Der Begriff der Bewegungserziehung deutet darauf hin, dass hier Bewegung in pädagogischer Absicht eingesetzt wird: Als Mittel der Entwicklungsförderung, als Anlass zur Vermittlung wesentlicher Bildungs- und Erziehungsziele. Dazu gehören sowohl offene Bewegungsangebote im Sinne einer vorbereiteten Umgebung, die den Kindern jederzeit offen steht und die sie nach Belieben nutzen können (z. B. Bewegungslandschaften), als auch zeitlich festgelegte, von der Pädagogin vorbereitete und angeleitete Bewegungsstunden.

In diesem Kapitel werden die Funktionen von Bewegung beschrieben und wie sich die Lebensumwelt von Kindern im Bereich der Erfahrungsmöglichkeiten von Bewegung verändert hat (→ Kap. 12.1). Dennoch ist Bewegung wichtig für die Selbst- und Welterfahrung des Kindes, und es erfährt sein Tun als unmittelbar sinnvoll (→ Kap. 12.2). Auch in der Bewegungserziehung spielt die Einstellung der Erzieherin zur eigenen Bewegung für Kinder eine entscheidende Rolle, und sie füllt ihre Vorbildfunktion aus. Was sie an Beobachtungsaktivitäten der Kinder beobachten und wie sie diese deuten kann, ist im folgenden Kapitel (→ Kap. 12.3) beschrieben. Darüber hinaus stellt sie den Kindern Bewegungsräume zur Verfügung (→ Kap. 12.4), gestaltet ihre Angebote mit den Kindern und lässt genügend Raum für die offenen Angebote (→ Kap. 12.5).

12.1 Theoretische Grundlagen

Mit der Veränderung der Lebensumwelt geht eine Veränderung von Kindheit einher, die Bewegung einschränkt. Doch hat Bewegung Funktionen, die für Kinder wie für das Menschsein an sich wichtige Faktoren sind.

12.1.1 Unbewegte Kindheit – Veränderung der Lebenssituation

Kindheit ist in den vergangenen 20 bis 30 Jahren einem wesentlichen Wandel unterworfen worden. Aufgrund der zunehmenden Motorisierung und Technisierung der Umwelt, der Ausgrenzung von Spiel und Bewegung in speziell dafür hergerichtete Räumen und der damit verbundenen Pädagogisierung der kindlichen Erfahrungswelt haben sich die Lebensbedingungen von Kindern entscheidend verändert. Dies betrifft insbesondere auf folgende **Lebensbereiche** zu:

- *Straße* – Durch die zunehmende Verkehrsdichte wird der Spiel- und Lebensbereich Straße immer mehr zur Gefahrenzone für Kinder. Die Straße hat daher ihre Bedeutung als Kommunikationsraum für Kinder aller Altersstufen verloren. Anstelle freier Straßenspiele bevorzugen Kinder heute das Spielen in der Wohnung
- *Wohnumwelt* – Auch in der unmittelbaren Wohnumwelt sind Nischen und Freiräume verlorengegangen, die in Form von unbebauten Grundstücken, Höfen, freien Plätzen und wilden Gärten zur Verfügung standen. Natürliche Spiel- und Bewegungsgelegenheiten wurden damit immer mehr reduziert und stattdessen künstliche Spielplätze geschaffen. Damit ist das alltägliche Wohnumfeld für Kinder immer weniger der Ort, an dem sie auch spielen; Kinder werden immer häufiger an „Orte für Kinder" gebracht, die von Pädagogen geplant und vorstrukturiert sind.

Der Mangel an Spielmöglichkeiten in der unmittelbaren Umgebung der Wohnung der Kinder bringt Transportprobleme mit sich. Kinder müssen von Erwachsenen begleitet werden, wenn sie einen Spielplatz aufsuchen; auch beim freien Spiel mit anderen befinden sie sich so häufig unter der Aufsicht Erwachsener.

Der Verlust von **direkt erreichbaren Spielorten** hat auch zur Folge, dass Kinder kaum mehr zufällig auf andere Kinder treffen, sondern sich verabreden müssen. So sind schon vier- bis fünfjährigen Kindern Terminvereinbarungen mit Gleichaltrigen vertraut, meist verabreden sie sich mit nur einem Kind. Das früher selbstverständliche Zusammenspiel mehrerer Kinder wird immer seltener. Verabredungen werden bei jüngeren Kinder auch häufig von den Eltern geplant, weil Kinder von sich aus kaum mehr Freunde finden.

Die **Anzahl der Kinder** in einer Familie geht immer mehr zurück. Viele Kinder wachsen in „unvollständigen Familien" auf bzw. sind Einzelkinder. Fast 60 % aller Familien mit Kindern unter 14 Jahren haben nur noch ein Kind. Während es früher selbstverständlich war, immer genügend Freunde zum Spielen zu haben, sind Kinder heute oft auf sich alleine angewiesen.

Die Zunahme des **Medienkonsums** über Fernsehen und Video bringt einen für Kinder ganz unnatürlich langen „Bewegungsstillstand" mit sich. Kinder zwischen drei und sieben Jahren verbringen an Werktagen durchschnittlich eine Stunde, an Samstagen sogar anderthalb Stunden vor dem eingeschalteten Fernsehgerät. Das Fernsehen verdrängt mehr und mehr andere, für die kindliche Entwicklung wichtige Aktivitäten vom Tagesprogramm. So eignen sich Kinder heute die Welt fast ausschließlich aus zweiter Hand an, anstatt sie durch eigenes Handeln, durch Ausprobieren und Experimentieren zu entdecken.

Viele Kinder leben heute in beengten Wohnverhältnissen, die den kindlichen Bewegungsdrang sehr einschränken. Bewegungsbedürfnisse werden in speziell dafür hergerichtete Räume verlagert, Kinder werden zum Sportverein, zum Ballett und zur Reitstunde gefahren und lernen dabei, dass Bewegung in eine Welt des Sports und der organisierten Angebote gehört. In der unmittelbaren Umgebung der Kinder wird deren Bewegungsdrang dagegen von den Erwachsenen häufig als störend empfunden.

Kinder werden zu immer beliebteren Zielgruppen für die Konsumgüter- und Werbeindustrie. Noch nie gab es so viel Spielzeug, Kinderkleidung, Kinderfilme, Fernsehsendungen für Kinder, Hörkassetten und Alltagsdinge, die direkt auf Kinder zugeschnitten sind. **Spielzeug wird pädagogisiert,** es wird als Lernmittel entdeckt, mit dem man bei Kindern ganz bestimmte Entwicklungsfunktionen fördern will, z. B. logische Blöcke, die das Denken üben sollen, Spiele zur Erweiterung des Sprachschatzes und zur Förderung der Konzentration.

Noch nie gab es so viele **Freizeitangebote,** die sich an Kinder wenden. Sowohl auf sportlichen als auch auf musisch-kreativen Gebieten können Kinder einer unüberschaubaren Vielzahl an organisierten Beschäftigungen nachgehen. Damit ist Kindheit zu einer „veranstalteten" Kindheit geworden. Kindern werden eine Vielzahl von Programmen und Angeboten offeriert, die andere für sie aufbereitet haben, aber sie sind arm an Möglichkeiten zu unabhängiger, selbstgestalteter Weltaneignung.

> ⊙ Zwar hatten Kinder noch nie ein so großes Angebot an Freizeitaktivitäten, an Spielmaterial und Anregungen durch die Medien. Genauso drastisch sind auf der anderen Seite jedoch ihre Möglichkeiten beschnitten worden, selbständig Erkenntnisse über die Zusammenhänge ihrer Umwelt zu gewinnen und nachvollziehen zu können. So steht einer Verarmung an körperlichen Betätigungsmöglichkeiten im kindlichen Alltag eine Überflutung an Sinnesreizen, vor allem im visuellen und auditiven Bereich, gegenüber.

Die Einschränkung der Spiel- und Bewegungsmöglichkeiten infolge einer immer stärker expandierenden Technisierung und Motorisierung, der Verlust an unmittelbaren

Abb. 12.2: Kinder sind zunehmend einer unnatürlichen Bewegungsarmut ausgesetzt.

körperlich-sinnlichen Erfahrungen hat ohne Zweifel entscheidenden Anteil an den bei Kindern in den letzten Jahren gehäuft auftretenden **Haltungs- und Bewegungsauffälligkeiten.** Gerade im vorschulischen Alter vollziehen sich grundlegende Entwicklungsprozesse, die die Basis der späteren Haltung und Leistungsfähigkeit bilden. Der heranwachsende Organismus ist jedoch auch besonders anfällig gegen Störfaktoren, bedingt durch Zivilisationseinflüsse wie Bewegungsmangel oder falsche Ernährung.

Die Reduzierung der körperlich-sinnlichen Erfahrungen und die mangelnden Verarbeitungsmöglichkeiten der auf das Kind einströmenden Reize führen zusammen mit der oft gleichzeitig einsetzenden Einschränkung seiner Bewegungsmöglichkeiten nicht selten zu weitergehenden Beeinträchtigungen der kindlichen Entwicklung.

12.1.2 Funktion von Bewegung in der menschlichen Entwicklung

Bewegung ist eine grundlegende Form des Menschen, seiner Umwelt zu begegnen und Erfahrungen in ihr zu machen. Der Sportpädagoge Ommo Grupe (1984) spricht hierbei von menschlicher Weltbegegnung und Welterfahrung. Sie kann also nicht auf eine physikalische Bedeutung begrenzt werden, sondern hat weitaus mehr Funktionen auf konstruktiver und sozialer Ebene für das menschliche Dasein.

Besonders in der Entwicklung von Kindern spielt Bewegung eine große Rolle. Dies kann aus unterschiedlichen Perspektiven her begründet werden.

So ist der Mensch aus Sicht der **Anthropologie** ein Bewegungswesen, das auf Erfahrungen zurückgreift, seine Sinne bei der Weltaneignung einsetzt und sich somit ein Bild von der Welt und von sich selbst macht.

Aus **entwicklungspsychologischer Sicht** (→ Kap. 10.3) stehen die Exploration und die Erkundung der dinglichen sowie der räumlichen Umwelt im Vordergrund. Das Kind tut dies vor allem über die Bewegung und das Spiel.

Sowohl die **Lernpsychologie** als auch die **Hirnforschung** (→ Kap. 10.1.1) betrachten Bewegung als grundsätzliches Prinzip für kindliches Lernen. Verstärkt werden gesundheitserzieherische und sozial-ökologische Begründungen herangezogen, wenn es um Bewegung in der Bildung und Erziehung von Kindern geht, seit das öffentliche und politische Interesse an der Senkung und einem Entgegenwirken der steigenden Anzahl an Zivilisationskrankheiten wie *Übergewicht* (→ Kap. 25.5.1) durch Bewegungsmangel wächst (Zimmer 2009a).

In den letzten Jahren haben alle Bundesländer in Deutschland curriculare Rahmenpläne oder Empfehlungen für die Bildung, Erziehung und Betreuung von Kindern in institutionellen Einrichtungen herausgegeben, die die Bedeutung von Bewegung für die gesamte Entwicklung des Kindes hervorheben und berücksichtigen. Bewegung wird als ein elementarer Bildungsbereich angesehen, der für Gesundheit und Wohlbefinden ebenso wichtig ist wie für die kognitive, emotionale und soziale Entwicklung.

Wie vielfältig die Bildungsrelevanz von Bewegung sein kann, verdeutlicht ein Blick auf die unterschiedlichen Funktionen, die Bewegung in Bezug auf die kindliche Entwicklung haben kann (→ Tab. 12.1).

Abb. 12.3: Bewegung hat viele verschiedene Funktionen für die Bildung und Entwicklung, u. a. soziale und explorative Funktionen.

Funktion der Bewegung	Kindliche Entwicklung
Personale Funktion	Den eigenen Körper und damit sich selbst kennen lernen; sich mit den körperlichen Fähigkeiten auseinandersetzen und ein Bild von sich selbst entwickeln
Soziale Funktion	Mit anderen gemeinsam etwas tun, mit- und gegeneinander spielen, sich mit anderen absprechen, nachgeben und sich durchsetzen
Produktive Funktion	Selbst etwas schaffen, herstellen, mit dem eigenen Körper etwas hervorbringen, z. B. eine Bewegungsfertigkeit wie auf Händen stehen oder einen Ball auf ein Ziel werfen
Expressive Funktion	Gefühle und Empfindungen in Bewegung ausdrücken, körperlich ausleben und ggf. verarbeiten
Impressive Funktion	Gefühle wie Lust, Freude, Erschöpfung und Energie empfinden, durch Bewegung spüren
Explorative Funktion	Die dingliche und räumliche Umwelt kennenlernen und sich erschließen, sich mit Objekten und Geräten auseinandersetzen und ihre Eigenschaften erkunden, sich den Umweltanforderungen anpassen bzw. sich eine Situation passend machen
Komparative Funktion	Sich mit anderen vergleichen, sich miteinander messen, wetteifern und dabei sowohl Siege verarbeiten als auch Niederlagen ertragen lernen
Adaptive Funktion	Belastungen ertragen, die körperlichen Grenzen kennenlernen und die Leistungsfähigkeit steigern, sich selbst gesetzten und von außen gestellten Anforderungen anpassen

Tab. 12.1: Funktionen der Bewegung für die Entwicklung von Kindern (vgl. Zimmer 2009a, S. 19).

Die jeweiligen Funktionen schließen sich nicht gegenseitig aus, sie ergänzen sich teilweise sogar. Bewegungserziehung sollte so konzipiert sein, dass ausreichend Gelegenheit gegeben ist, damit sich die jeweiligen Funktionen alle entfalten können.

12.2 Bedeutung für Kinder und Jugendliche

Für Kinder und Jugendliche bedeutet Bewegung Selbst- und Welterfahrung, doch kann der Sinn von Bewegung von außen (für das Kind) und von innen (aus der Sicht des Kindes) betrachtet werden. Dies wird im Folgenden erläutert.

12.2.1 Bewegung als Selbst- und Welterfahrung

So vielfältig die Funktionen von Bewegung für die kindliche Entwicklung sind, so vielseitig sind auch die Erfahrungen, die über Bewegung gewonnen werden können. In der Realität fallen die verschiedenen Sichtweisen derselben Sache meist zusammen. Die Aspekte können sich ergänzen, überlappen, und oft sind mit einer Tätigkeit auch mehrere Erfahrungsmöglichkeiten zugleich verbunden. Was wiederum Kinder, Jugendliche, aber auch Erwachsene in und durch Bewegung erfahren, muss nicht unbedingt auch die Intention der Bewegungshandlung sein.

[BEISPIEL] Bei einem schaukelnden Kind steht nicht mit Gewissheit fest, ob die physikalischen Grunderfahrungen mit Schwung und Gleichgewicht die Bewegungstätigkeit, das Schaukeln, ausgelöst haben oder ob das Kind ganz einfach Spaß am Schaukeln und Schwingen hat und das lustvolle Erleben des Fliegens die Tätigkeit anführt.

Bewegung bedeutet Selbsterfahrung

In und durch Bewegung entsteht im Kind ein Bild über sich selbst. Die Bewegung gibt dem Kind Rückmeldungen über die eigenen Fähigkeiten, über seine Stärken und Schwächen. So lernt es seinen eigenen Körper kennen und setzt sich mit ihm und damit auch mit sich selbst auseinander. Durch Bewegung lernt das Kind seine Leistungsfähigkeit selbst einzuschätzen. Dies ermöglicht es ihm, die eigenen Grenzen zu erkennen, sie zu akzeptieren bzw. zu erweitern.

Auch die Erwartungshaltung seiner Umwelt wird für das Kind in Bewegungssituationen erfahrbar. Was erwarten andere von mir?, Wie sieht mich meine Umwelt? sind Fragen, die über Bewegung Antworten finden. Diese Kenntnisse und Informationen formen die eigenen Einstellungen und Überzeugungen.

Bewegung bedeutet Gemeinschaftserfahrung

Über Bewegung interagiert und kommuniziert das Kind mit anderen und setzt sich mit in ihnen in Beziehung. Das gemeinsame Spiel bedarf Regeln, die miteinander vereinbart und ausgehandelt werden, gleichzeitig werden soziale Rollen festgelegt und übernommen. Über Spielideen und Spielregeln setzt sich der Mensch mit anderen Menschen auseinander, verständigt sich mit anderen. Grundlegende soziale Aspekte der Kommunikation werden erworben: nachgeben und sich durchsetzen, sich absprechen. Einfühlungsvermögen und Rücksichtnahme sind Fähigkeiten, die hier erlernt werden. Des Weiteren entstehen in Bewegungshandlungen Situationen, in denen Kinder sich gegenseitig herausfordern und sich in Wettkämpfen sozial messen können. Erfahrungen des Siegens und Besiegtwerdens, des Erfolgs und Misserfolgs werden möglich.

Bewegung bedeutet Sinneserfahrung

Eng verbunden mit Bewegungserfahrungen sind immer auch Sinneserfahrungen. Über die Sinnessysteme nimmt das Kind Informationen über seine Umwelt auf. Selektions- und Koordinationsprozesse ordnen und verarbeiten die so gewonnenen Sinneswahrnehmungen. Bisherige Erfahrungen oder Erwartungen können aber auch mit einwirken und somit die Sinnesreize interpretieren und individuell deuten. Sinnliches Wahrnehmen ist also kein passiver Prozess, sondern ein aktiver Vorgang im Menschen, der dabei selbstgestaltend auf seine Umwelt einwirken kann.

Die sinnliche Wahrnehmung gliedert sich so

- Zum einen in ein Sichspüren, insbesondere sind hier die körpernahen Sinne, taktile, kinästhetische, vestibuläre Erfahrungen beteiligt
- Zum anderen in ein Erspüren der Mit- und Umwelt.

Bewegung bedeutet Welterfahrung

Die Welt erfahren und sich zu eigen machen, das ist auch Bewegung. Das Kind erkundet seine räumliche und dingliche Umwelt und setzt sich mit den Objekten und dem Material auseinander. Dabei entdeckt es deren Eigengesetzlichkeiten und erweitert sein Wissen darüber. Ein wechselseitiges Spiel beginnt, sich den Erfordernissen der materialen Umwelt anzupassen und gleichzeitig zu versuchen, auf sie einzuwirken und sie sich passend zu machen. Das Kind erfährt die räumlichen und dinglichen Gegebenheiten, verarbeitet diese Erfahrungen zu Erkenntnissen, rekonstruiert so ein eigenes Bild von seiner Welt, die es umgibt.

Bewegung bedeutet Ausdruckserfahrung

Bewegung kann auch Ausdrucksmittel des Menschen sein, um den eigenen Gefühlen, Stimmungen und Empfindungen eine Form zu geben. Unbewusste Vorgänge kommen in Körperhaltung, in Gestik und Mimik zum Vorschein. Aber auch ganz bewusste Ausdrucksformen spiegeln die Gefühle in Bewegung wider und helfen so, diese zu verarbeiten. Bewegung ist ein darstellendes Element: Die Körpersprache, Gestik und Mimik, aber auch stilisierte und parodierte Bewegungen dienen als Mittel der Darstellung und der Mitteilung. Bewegungs- und Ausdrucksmuster aus dem Alltag können bewusst gemacht und z. B. im darstellenden Spiel als Mittel der Kommunikation verwendet werden.

Bewegung bedeutet Kreativitätserfahrung

Kreativitätserfahrungen umfassen das Umsetzen eigener Einfälle in Bewegung, das eigene Schaffen, das Erleben, Eigenes hervorzubringen und Veränderungen auszulösen. Lösungen für vorgefundene Probleme oder Bewegungsaufgaben können durch die eigene Phantasie gefunden und eingesetzt werden, ebenso können mit dem eigenen Körper „Produkte“, z. B. eine Tanzidee, geschaffen werden, die für den sich Bewegenden neu und einmalig sind.

Bewegung bedeutet emotionales Erleben

Emotionales Erleben entsteht in Bewegungssituationen: Das Kind empfindet Freude an der Bewegung, Lust am Toben, Rennen und Klettern, am Bewältigen einer schwierigen Aufgabe oder am Gelingen einer neuen Bewegungsform, am Zusammenspiel in einer Gruppe. All diese Erlebnisse erzeugen Gefühle in ihm. Die intensive emotionale Beteiligung ist ein besonderes Merkmal von Bewegungshandlungen. Es beinhaltet das Empfinden positiver wie negativer Emotionen, denn Bewegungssituationen können nicht nur Lust und Wohlbefinden, sondern auch Unlust, Angst und Unsicherheit hervorrufen. Sicherlich ist diese Liste nicht vollständig und weitere Erfahrungen können gesammelt werden, die je nach Alter, Entwicklung und Lebenssituation unterschiedlich bewertet und empfunden werden.

So wird den *explorativen Funktionen* (→ Tab. 12.1) der Bewegung z. B. im Kleinkindalter mehr Bedeutung beigemessen, da das Kleinkind Bewegung hauptsächlich zur Selbst- und Welterfahrung nutzt. Hingegen im Jugendalter rückt die *soziale Dimension* in den Vordergrund: Die Wahl

Abb. 12.4: Bewegung ist Welterfahrung.

einer bestimmten Sportart wird z. B. dadurch beeinflusst, ob die Freunde sie ausüben. Die Beweggründe für die Beteiligung an Mannschaftssportarten sind oft der Wunsch nach Gemeinschaft und das Gefühl, dazuzugehören (*Peergroup* → Kap. 10.3.6).

siehe auch Emotion → Kap. 10.2.5, Spiel → Kap. 21.2.1

12.2.2 Bewegung als unmittelbar sinnvolles Tun

Im obigen Abschnitt wurde die Außensicht der Deutbarkeit von Bewegungshandlungen erfasst (→ Kap. 12.2.1). Ein nächster Schritt ist die Innensicht, also welche Bedeutung Kinder Bewegung beimessen:

- Was empfindet das Kind beim Spielen im Matsch?
- Was fühlt der Säugling, der mit einer Rassel spielt?
- Wie nimmt das Kind sinnliche Erfahrungen wahr?
- Welcher Sinn versteckt sich dahinter für das Kind?

Die Fragestellung verändert sich von der Frage „Was erfährt das Kind?" hin zu einer aktiveren Sichtweise: „Warum tut dies das Kind?"

Sinnperspektive von Kindern und Jugendlichen

Kinder entwickeln eine Sinnperspektive in ihrem Handeln. Sie erleben eine Aktivität durchaus als sinnvoll, wenn auch dem Erwachsenen dieser Sinn, der sich hinter der Handlung des Kindes verbirgt, manchmal verschlossen bleibt. Vielleicht wird die Sinnperspektive von Kindern und Jugendlichen bezüglich Bewegung am einfachsten klar, wenn der Blick auf die jugendlichen Sporttreibenden gerichtet wird. Auf die Frage nach dem „Warum?" für ihr regelmäßiges Training in einer Fußballmannschaft gaben Zwölfjährige folgende Motive für ihr Sporttreiben an:

- Weil Fußball eben Spaß macht
- Weil ich hier mit meinen Kumpels etwas machen kann
- Weil man allein nicht richtig Fußballspielen kann
- Weil ich auch mal in der ersten Mannschaft spielen will
- Weil es cool ist, jeden Sonntag ein Turnier oder ein Spiel zu haben.

Aus der Sicht der jugendlichen Sportler rücken positive Emotionen wie Freude, Spaß, Lust, Zufriedenheit und Wohlbefinden in den Vordergrund. Aber selbst diese Gefühle werden auf höchst unterschiedliche, individuelle Art erlebt. Die **Beweggründe der Jugendlichen** reichen von sinnlichen Gefühlen wie Wohlbefinden und Lust über Emotionen, die bei der Bewältigung einer schwierigen Situation entstehen. Aber auch **Kleinkinder** erleben und bewerten so ihre Bewegungsaktivitäten. Wenn ein Säugling glucksend die Rassel zum Mund führt und diese ausgiebig mit seiner Zunge ertastet, ist das sinnlich-lustvolle Erleben des Säuglings deutlich sichtbar in den strahlenden Augen, den gurrenden Lauten und seinem unermüdlichen Ausüben dieser Handlung.

Bewegungserlebnisse als Flow-Erlebnisse

Bewegungsaktivitäten ermöglichen die Erfahrung unmittelbar sinnvollen Handelns. Ohne Zweckbestimmung und ohne Druck kann ein bestimmtes Ergebnis damit erzielt werden. Sport und Spiel sind Tätigkeiten, die um ihrer selbst willen ausgeführt werden und in sich selbst belohnend wirken. Dies setzt allerdings auch voraus, dass die aus der Situation entstandene Herausforderung und die eigenen Fähigkeiten sich in einem Gleichgewichtszustand befinden, d. h., die Person geht im ihrem eigenen Tun vollkommen auf. Diesen Zustand und das damit verbundene Gefühl bezeichnet der Psychologe Mihaly Csikszentimihalyi (1985) als *Flow-Erleben*.

► Flow-Erleben
„Flow" bezeichnet das Ineinanderfließen von Bewusstsein und Handeln, die Konzentration und die Aufmerksamkeit, die auf das unmittelbare Tun ausgerichtet sind, fast schon in einer Art Selbstvergessenheit. Dieses Flow-Erleben kann nur dann erreicht werden, wenn das Spannungsverhältnis zwischen der Herausforderung und den individuellen Fähigkeiten ausgeglichen ist, die eigene Handlungserfahrung Befriedigung hervorruft, eine Situation von der Person als kontrollierbar und die Tätigkeit an sich als belohnend erlebt wird.

Csikszentimihalyi führt diesen Begriff hauptsächlich auf Erlebnisse zurück, die mit **sportlichen Aktivitäten** verbunden sind. Durch seine Untersuchungen bei Basketballspielern, Tänzern, Kletterern und Schachspielern, aber auch bei Komponisten fand er heraus, dass selbst höchste Belastungen und größte Anstrengungen als freudvolle Betätigung und Entspannung erlebt werden, wenn sie um ihrer selbst willen betrieben werden. Die Beteiligten sagten aus, dass die „Freude am Erlebnis" und „die Aktivität selbst" sie angeführt hätten.

Ein regelrechter **Glückszustand** kann im Flow erreicht werden, die Aufgaben werden freudvoll erledigt, dabei verfliegt die Zeit im Nu. Auch wenn ein Kind spielt und ganz in seinem Spiel aufgeht, kann von Flow-Erfahrung gesprochen werden. Das Kind erreicht einen Zustand höchster Konzentration, ohne dies als Anstrengung zu empfinden.

Bewegung als unmittelbar sinnvolle Tätigkeit

Die Sinnhaftigkeit einer Bewegungssituation wird natürlich nicht von jeder Person gleich, sondern von allen unterschiedlich gewertet. Ein „Erwachsenen-Beispiel" soll dies veranschaulichen.

Das regelmäßige **Jogging** z. B. kann ganz individuell gedeutet werden. Für den einen ist es eine Herausforderung an seine eigene Leistungsfähigkeit mit dem Versuch, jeden Tag seine Laufstrecke ein wenig zu verlängern oder die Leistung des Vortages zu überbieten. Ein Zweiter geht laufen, weil er die Bewegung an der frischen Luft zur Entspannung nutzt und sich gerne in der Natur aufhält. Wie-

Abb. 12.5: Die positiven Emotionen, die Bewegung auslöst, stehen im Vordergrund und geben der Betätigung Sinn.

derum ein Dritter sucht das gemeinsame Erlebnis in der Laufgruppe und sieht die Sinnhaftigkeit in der sozialen Komponente dieses Erlebnisses.

Der gesundheitliche Aspekt, den viele Erwachsene als Sinn im Joggen sehen, um abzunehmen oder das Immunsystem zu stärken, sind weder Ziel noch Begründung für sportliche Betätigungen aus der Sicht von Kindern und Jugendlichen. Gesundheitsfördernde Wirkungen treten allerdings dann als Nebeneffekt auf. Die Frage nach dem unmittelbaren Sinn einer Bewegungstätigkeit kann also nicht für jeden allgemeingültig, sondern nur individuell beantwortet werden. In Bezug auf Sport betont der Sportpädagoge Meinhart Volkamer (1987) die **subjektive Ebene des Sinnerlebens:** Da Sport eine grundsätzlich zwecklose Sache ist, muss der Sinn dieser Sache im Spaß an der Betätigung liegen, ansonsten wird sie für denjenigen, der sie betreibt, sinnlos.

Ähnliche weitere **Perspektiven zum Sinnverständnis** von Sport unterteilt der Sportpädagoge D. Kurz (1995, S. 45 ff.) in:

- Das Erleben von Grenzen, also die Bedeutung von Leistungserfahrungen
- Das Erleben von Spannung, Risiko und Abenteuer
- Die soziale Bedeutung durch Gemeinschaftserlebnisse und geselliges Zusammensein
- Die Bedeutung für die eigene Fitness und Gesundheit und das Wohlbefinden
- Das Erleben des eigenen Körpers unter besonderer Beanspruchung
- Das Erfahren von Ausdrucksqualität beim Sichbewegen, also eine ästhetische, kunstvolle Bedeutung.

Insgesamt stehen bei Kindern, Jugendlichen und Erwachsenen die **positiven Emotionen,** die durch Bewegung, Spiel und Sport ausgelöst werden können, im Vordergrund und geben der Betätigung Sinn. Gleichzeitig werden durch den Spaß und die Freude weitere Sinnerfahrungen möglich. Vor allem ist es aber die **Lust an der unmittelbaren Tätigkeit** selbst, die Kinder und Jugendliche in Bewegung bringt und dort verweilen lässt. Ergibt die Bewegungstätigkeit den eigentlichen Sinn, steigert sie die bereits bestehende intrinsische (von innen kommende) *Motivation* (→ Kap. 10.2.5) und die Freude am Tun. Wieder findet sich hier die Verbindung zum Spiel des Kindes, das von der Lust am Spielen selbst lebt.

12.3 Rolle von Erzieherinnen

Kinder besitzen viele Eigenschaften, die sie zu Experten für selbstgesteuertes Lernen machen: Sie sind neugierig, aktiv und phantasievoll, lernen gern Neues und sind unermüdlich in ihrer Wissbegierde, wenn eine Sache sie interessiert. Daraus zu schließen, dass die Erwachsenen sie einfach sich selbst überlassen sollten und die Erfahrungen und Erlebnisse sich dann schon von selbst einstellen würden, ist jedoch falsch. Auch ohne Anwesenheit der Erwachsenen machen Kinder im freien Spiel viele Lernerfahrungen. Ist die Erzieherin jedoch am Spielgeschehen beteiligt und nimmt sie auch nur als Aufsicht daran teil, dann nehmen Kinder sie als wichtiges Lernmodell wahr, an deren Verhalten sie sich orientieren, bei der sie Beachtung und Anerkennung suchen.

12.3.1 Vorbildfunktion der Erzieherin

Kinder sehen Erwachsene meistens als Experten, sie wollen von ihnen Hilfe und Unterstützung und erwarten auch, dass sie bei Konflikten einschreiten. Bereits die Art und Weise, wie die Erzieherin sich selbst in Bewegungssituationen verhält, hat Auswirkungen auf das Verhalten der Kinder und auf das, was sie lernen und erfahren.

Für Kinder stellt die Erzieherin eine wichtige Bezugsperson, aber auch ein bedeutsames Vorbild dar, sie identifizieren sich mit ihr und orientieren sich oft auch an ihrem Verhalten. Dies ist insbesondere bei Bewegungsangeboten der Fall.

> ⊙ Kinder sollten Erwachsene auch bei Bewegungsspielen nicht als Personen erleben, die alles können und besser wissen, die ihnen jede Anstrengung abnehmen und sie damit um Erfolgserlebnisse bringt. Sie sollten sie vielmehr als ermutigende Vertraute erleben, der ihnen dabei helfen, neue Erfahrungsräume zu erschließen.

Für die Kinder ist es oft sehr wichtig, dass die Erzieherin selbst auch Interesse an den von ihnen entwickelten Aktivitäten zeigt. Zwar sollte sie ihre ohnehin dominante Rolle so weit wie möglich zugunsten der stärker von den Kin-

Abb. 12.6: Auch im Bildungsbereich Bewegung ist die Erzieherin Vorbild.

dern gesteuerten Aktionen zurücknehmen, d.h. jedoch nicht, dass sie in eine weitgehend passive, das Spielgeschehen nur beobachtend begleitende Rolle wechseln sollte. Sie kann jedoch auch selbst zur Spielteilnehmerin werden, die selbst etwas ausprobiert, etwas übt und etwas erfindet; andererseits ist sie Helferin, Zuflucht, Vertraute, die in Angstsituationen Beistand gibt, die Mut macht und bei Bedarf auch tröstet.

Auch in Situationen, in denen die Erzieherin keine direkten Bewegungsaufgaben gibt, das Bewegungsspiel nicht steuert, ist sie doch in ihrer Verantwortung ganz gefordert: Sie muss die Kinder ständig beobachten, auch wenn sie selbst irgendwo mitspielt, sie muss entscheiden, ob sie sich einmischt oder nicht, ob sie Kindern zutrauen kann, dass sie Konflikte unter sich regeln, ob sie Kindern helfen muss. Um das soziale **Miteinander in der Gruppe** besser verstehen und darauf eingehen zu können, muss sie erkennen, welche Kinder im Spielgeschehen zu dominant sind, welche sich zu rasch unterordnen, wer sich über-, wer sich unterschätzt oder wer sich gar nichts zutraut.

Die **Verhaltenserwartungen an die Erzieherin** sind groß. Sie soll:
- Auffordernd wirken, aber das Kind nicht drängen
- Anregen, aber nicht überreden
- Da sein, wenn Hilfe gebraucht wird, aber nicht überbehüten
- Innerlich bereit sein, aber äußerlich nicht steuern
- Gleichwertiger Spielpartner sein, aber das Kind selbst aktiv werden lassen
- Freiheit gewähren und Grenzen setzen
- Verantwortung übertragen und Überforderung vermeiden (Zimmer 2009d).

Eine wichtige Rolle im Umgang mit Kindern spielt die **eigene Einstellung** der Erziehung zur Körperlichkeit und zur Bewegung. Neben einem fundierten Fachwissen über die Bedeutung der Bewegung für die kindliche Entwicklung oder wie Kinder lernen und sich entwickeln ist die Eigenreflexion der Erzieherin daher überaus wichtig für das pädagogische Handeln. Die Erzieherin ist vor allem Vorbild für die Kinder, alles, was sie tut, bewusst oder unbewusst, wird von den Kindern wahrgenommen. Deshalb ist es entscheidend, dass sie sich ihrer eigenen Einstellung, den bisher selbst gemachten Erfahrungen und der eigenen Persönlichkeit bewusst wird.

Selbstreflexive Fragen der Erzieherin zur eigenen Einstellung können sein:

- Wie bin ich gegenüber Bewegung grundsätzlich eingestellt?
- Welche Erfahrungen habe ich in Bezug auf Bewegung gemacht? Ist meine eigene Bewegungsbiografie eher negativ geprägt, und meide ich seither sportliche Betätigungen?
- Verbinde ich Bewegung mit Anstrengung oder mit Freude?
- Bin ich selbst ein bewegungsfreudiger Mensch?

Im Zusammenhang mit dem Kindergartenalltag treten weitere Fragen auf:

- Wie reagiere ich im Alltag auf Bewegungssituationen der Kinder? Sage ich: „Hier wird nicht getobt!" etc.?
- Rege ich Kinder an, sich zu bewegen, oder beschränke ich sie eher in ihrem Bewegungsdrang?
- Erkenne ich Situationen, die noch mehr Bewegungsmöglichkeiten bieten?
- Welche Bewegungsanlässe bieten sich an?
- Wie wirkt sich der Raum auf den Bewegungsdrang der Kinder aus? Sind Bewegungsmöglichkeiten da?
- Welche Form von Vermittlung wende ich in Bewegungsangeboten an? Stelle ich eine Aufgabe so, dass Kinder sie selbst auf ihre individuelle Art ausführen können? Impliziere ich eine bestimmte Leistungserwartung, die Kinder unter Druck setzen kann? Vergleiche ich die Leistungen der Kinder, z. B. durch „Wer kann ..." etc.?

Neben der eigenen Einstellung gegenüber Bewegung reflektiert die Erzieherin auch über **ihr Bild vom Kind** und ihr **pädagogisches Handlungskonzept.** Das Bild vom Kind (→ Kap. 8.1) hat großen Einfluss auf die pädagogischen Ansichten und Ziele der Erzieherin. Wird das Kind als sehr hilfebedürftig und noch unselbständig gesehen oder wird es als aktives, selbsttätiges Wesen wahrgenommen, das neugierig und kompetent sich die Welt aneignet? Letztere Einstellung eröffnet dem Kind Raum für eigene Erfahrungen und wird es in seinem eigenen Tun stärken. Dieses Bild vom selbständigen Kind soll aber nicht irreführend in einen *Laisser-faire-Erziehungsstil* (→ Kap. 10) abzielen. Kinder brauchen ermutigende, fürsorgliche Erwachsene, die Hilfestellung oder Impulse geben.

12.3.2 Methoden der Vermittlung

Ob im Kita-Alltag oder innerhalb konkreter Angebote der Bewegungserziehung, richtet die Erzieherin ihr Handeln methodisch und didaktisch nach bestimmten Prinzipien aus. Gerade bei der Gestaltung von Angeboten im Bereich Bewegung, Spiel und Sport ist es wichtig, Wege zu finden, auf denen Kinder und Jugendliche positive Erfahrungen in und durch Bewegung machen können. Dabei ist weniger das Was als das Wie ausschlaggebend. Die Art der Vermittlung ist entscheidend. Je nach Methode wird das Kind das

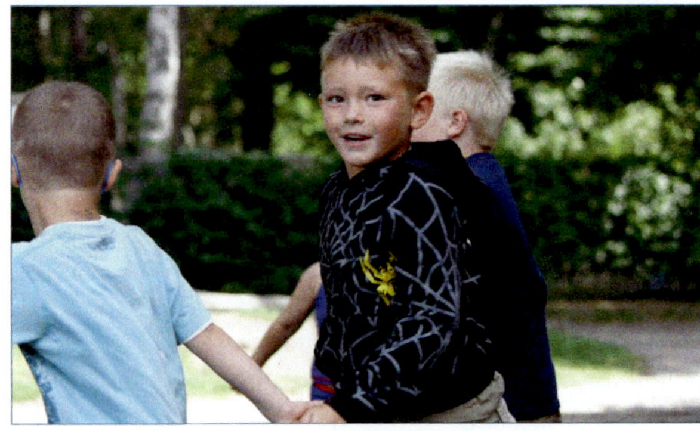

Abb. 12.7: Bewegungsangebote sollten immer freiwillig sein.

Bewegungsangebot als Herausforderung sehen, oder es wird sein Interesse und seine Neugier wecken.

Immer steht das **Kind mit seinen Bedürfnissen** im Mittelpunkt der pädagogischen Überlegungen. Die Erzieherin orientiert sich an dem kindlichen Bewegungsdrang, aber auch nach den Interessen und Fähigkeiten des Kindes. Eine gute Balance zwischen Planung, Offenheit für die situativen Begebenheiten und kindlichen Interessen sowie der Flexibilität als Antwort auf die Spontaneität der Kinder wirken sich positiv aus. Das Prinzip der **Freiwilligkeit** wurde schon angesprochen, denn ein Kind, das gegen seinen Willen teilnehmen muss, wird kaum Lust und Freude empfinden, stattdessen eventuell Leistungsdruck aufbauen und mit Blockaden oder aggressivem Verhalten reagieren. Bewegungsangebote sollten den Beteiligten Entscheidungsfreiheit erlauben, d. h., es gibt Alternativen, Angebote zur selbständigen Bewältigung und Eigenaktivität sowie Spielraum für Individualität (vgl. Zimmer 2009a).

Erzieherinnen können Kinder zu Bewegung „verführen" durch:

- Impulsgeben
- Selbst mitspielen
- Das Bereitstellen von besonderen Materialien
- Das Aufgreifen von Themen der Kinder
- Das Schaffen von Situationen, die die Kinder zur Eigenaktivität auffordern
- Herausforderungen, die nicht überfordern.

12.3.3 Beobachten

Die Beobachtung des kindlichen Bewegungsverhaltens gehört zum pädagogischen Alltag der Erzieherin. Um jedoch wirklich differenzierte Erkenntnisse über den Stand ihrer motorischen Fähigkeiten und Fertigkeiten zu erhalten, ist es hilfreich, die Beobachtung zeitweise auf bestimmte Ausschnitte zu lenken.

Die Bewegungsfähigkeiten von Kindern können sowohl in offenen Spiel- und Bewegungssituationen als auch mit Hilfe strukturierter Bewegungsaufgaben überprüft werden. So kann es sinnvoll sein, im Rahmen der Praxisangebote Schwerpunkte zu setzen, die die Beobachtung lenken, dazu konkrete Beobachtungshinweise zu geben und auch konkrete Kriterien für eine Auswertung aufzustellen. Eine möglichst umfassende Beobachtung muss allerdings über einen längeren Zeitraum vorgenommen werden und kann sich z. B. auf die in Tab. 12.2 genannten Bereiche beziehen (vgl. Zimmer 2009 , S. 106 f).

Diese Beobachtungssituationen können einen ersten Überblick über die Fähigkeiten, Schwächen und Stärken des Kindes geben. Sie können die Beobachtung der Pädagogin auf bestimmte Aspekte im Gesamtverhalten des Kindes lenken und sie aufmerksam machen auf spezifische Schwierigkeiten, die das Kind u. U. bei der Bewältigung einer Aufgabe hat.

Abb. 12.8: Ein Beobachtungsmerkmal ist z. B., ob das Kind einen gut entwickelten Gleichgewichtssinn und eine gute Körperbeherrschung hat.

12.3.4 Zusammenarbeit mit Eltern

Der Kindergarten kann die Erziehung des Kindes nur in gemeinsamer Verantwortung mit den Eltern unterstützen; auch bei der Bewegungsförderung ist er auf die Zusammenarbeit mit den Eltern angewiesen.

Hier ist oft sogar eine Wechselwirkung zwischen der elterlichen Einstellung zur Bewegung und dem Bewegungsverhalten des Kindes erkennbar: So hat ein ängstliches, bewegungsunsicheres Kind häufig auch Eltern, die ihm kein Vorbild hinsichtlich körperlicher und sportlicher Betätigung sind. Ein Elternhaus, das dem Kind keine Bewegungsanregungen vermittelt, kann eventuelle konstitutionelle Voraussetzungen des Kindes, z. B. *Übergewicht* (→ Kap. 25.5.1), noch verstärken.

Hier gilt es, die Eltern zur Mitarbeit zu bewegen, sie bei einem Elternabend mit der Bedeutung der Bewegung für die Entwicklung des Kindes vertraut zu machen oder sie zur Teilnahme an der Bewegungserziehung einzuladen. So wird ihnen die Schwierigkeit des Kindes, vor allem auch hinsichtlich ihrer Folgen für seine soziale Integration in der Gruppe, deutlich.

Anlässe für einen **Elternabend** zum Thema Bewegung können z. B. von folgenden Situationen ausgehen:

- Die Erzieherinnen beobachten seit längerer Zeit, dass montags morgens viele Kinder besonders unruhig

Art der Wahrnehmung	Bereiche
Visuelle Wahrnehmung	• Wie reagiert das Kind in Spielsituationen, in denen optische Signale gegeben werden? • Kann es Farben unterscheiden? • Kann es Formen/Größen unterscheiden? • Wie ist seine Fähigkeit zur Figur-Grund-Wahrnehmung?
Auditive Wahrnehmung	• Wie reagiert das Kind in Spielsituationen, in denen akustische Signale gegeben werden? • Kann es Geräuschquellen richtig zuordnen? • Kann es Geräusche unterscheiden? • Wie ist seine Fähigkeit zur Figur-Grund-Wahrnehmung?
Taktile Wahrnehmung	• Wie regiert das Kind auf Berührungen? • Wie verhält es sich bei Massagespielen? • Kann es Gegenstände durch Ertasten erkennen?
Kinästhetische Wahrnehmung	• Wie ist die Muskelspannung des Kindes, z. B. beim Rollen über eine Matte? • Kann es seinen Krafteinsatz bei Bewegungen steuern? • Wie ist sein Körperschema/seine Vorstellung vom eigenen Körper?
Vestibuläre Wahrnehmung	• Kann das Kind seine Gleichgewichtsfähigkeit auf instabilem Untergrund halten? • Wie verhält sich das Kind bei Balancieraufgaben? • Wie verhält es sich beim Schaukeln? • Wie verhält es sich bei Drehbewegungen?
Handgeschicklichkeit bzw. Feinmotorik	• Wie ist die Stifthaltung des Kindes? • Wie greift es (Pinzettengriff)? • Wie ist die Auge-Hand-Koordination ausgebildet?
Grobmotorik bzw. Koordination	• Kann es Arm- und Beinbewegungen koordinieren? • Wie verhält sich das Kind beim Klettern? • Wie kann es das eigene Gewicht beim Springen abfangen?
Weitere Beobachtungs-merkmale	• Seitendominanzen – hat das Kind eine bevorzugte Seite? • Kann es die Körpermittellinie überkreuzen? • Äußert das Kind stereotype Bewegungsformen, z. B. sich fallen lassen, Ticks? • Kann es Treppen im Wechselschritt gehen? • Meidet es bestimmte Bewegungen wie Schaukeln, wackelnden Untergrund, Klettergeräte?

Tab. 12.2: Beobachtung von Bewegung.

sind. Bei den Jungen kommt es häufig zu Kampf- und Schießspielen. Im Gespräch mit den Kindern wird deutlich, dass sie am Sonntag oft viele Stunden vor dem Fernsehgerät zubringen
- Eine Mutter berichtet von der Schwierigkeit, ihre Kinder bei Regenwetter zu beschäftigen. Sie habe nur eine kleine Dreizimmerwohnung, und wenn sie am Nachmittag nicht hinaus auf den Spielplatz könnten, seien ihre Kinder unerträglich
- Eine andere Mutter macht sich Gedanken um ihre sehr zurückhaltende, ängstliche Tochter, die sich gar nichts zutraut und sich auf dem Spielplatz sogar weigert, eines der Klettergerüste oder die Rutsche zu benutzen.

Solche Situationen können der Anlass sein, gemeinsam mit den Eltern über die **Bewegungsbedürfnisse ihrer Kinder** nachzudenken, darüber zu sprechen und nach Möglichkeiten zu suchen, wie auch zu Hause dem kindlichen Bewegungsdrang entgegengekommen werden kann.

12.4 Lernumgebung

Zur Lernumgebung gehören einerseits die räumlichen Voraussetzungen im Kindergarten, andererseits aber auch die Angebote, die von den Erzieherinnen gemacht werden. Die Gestaltung der Räume im Kindergarten sollte den Kindern möglichst viel Freiraum für Bewegung ermöglichen.

12.4.1 Bewegungsräume

Räume wirken sich auf das Verhalten der Kinder aus, auf ihr Empfinden, ihr soziales Miteinander, ihr Bewegungsverhalten und ihre allgemeinen Handlungsmöglichkeiten. Räume sind nicht einfach austauschbare, nach Quadratmetern berechenbare Flächen, sie stellen Schutz, aber auch Herausforderung, Hülle, Erlebnisorte dar. Räume können die Entwicklung fördern, aber auch hemmen, sie können pädagogische Konzepte ermöglichen, aber auch verhindern.

Kinder brauchen Räume,

- In denen sie sich geborgen fühlen
- In denen sie ihrem Spiel eine eigene Bedeutung geben
- In denen sie anderen begegnen
- Die sie verändern und gestalten können
- In denen es etwas zu entdecken gibt
- In denen sie sich bewegen können
- In denen sie Ruhe finden
- In denen sie ihre Sinne entfalten können.

Kinder brauchen Räume, die ihnen die Chancen geben für die Entwicklung ihrer eigenen Individualität, für Neugierde und Entdeckungen, für motorische und sensorische Herausforderungen.

Insbesondere **Treppen** – die Verbindung zwischen zwei unterschiedlich hohen Ebenen – fordern zu Bewegungshandlungen heraus: Beim Springen, Klettern, Steigen und Kriechen üben die Kinder jeden Tag aufs Neue ihre Geschicklichkeit, sie geben der Erzieherin die Chance zur Einschätzung der eigenen körperlich-motorischen Fähigkeiten. Kinder haben eine andere Raumwahrnehmung als Erwachsene. Für sie spielen weniger dekorative Elemente eine Rolle als der Aspekt der unmittelbaren Nutzbarkeit. Sie erobern sich Räume durch körperliche Aktivitäten: Eine Treppe verbindet nicht nur zwei verschieden hohe Ebenen, sie lädt auch zum Springen, Klettern und Steigen ein, das Geländer fordert zum Rutschen auf, Stellwände und Raumteiler werden für Versteckspiele genutzt.

Abb. 12.9: Auch die Innenräume sollten Kindern möglichst viel Platz bieten.

12.4.2 Die Bewegungsbaustelle

Einen Raum für Selbstständigkeit und selbstbestimmtes Handeln im Kindergartenalltag zu schaffen, war der Beweggrund für Alternativen im bisherigen Bewegungsangebot in Kindergärten. Die „Bewegungsbaustelle" bot genau diese Möglichkeiten. Ähnlich einer Baustelle sollten dem Kind **Großmaterialien** zur Verfügung stehen, mit denen es selbst nach Lust und Laune bauen und sich seine eigenen Bewegungslandschaften erschaffen kann. Der große Vorteil im Gegensatz zu einem typischen Kinderspielplatz ist die Flexibilität, Veränderbarkeit der Bewegungsbaustelle und natürlich der Schaffensprozess unter Anleitung des spielenden Kindes.

Schon bei der **Gestaltung** der Bewegungsbaustelle ist das Kind selbsttätiger Akteur und *Ko-Konstrukteur* (→ Kap. 8.1) seiner Bewegungsumwelt. Zu den Bewegungserfahrungen kommen Kompetenzen wie die Fähigkeit etwas zu planen und umzusetzen hinzu und Kooperationsfähigkeit beim gemeinsamen Bauen. Dabei fordert die Bewegungsbaustelle die Kinder heraus, Problemlösungsstrategien zu entwickeln und auszuprobieren (Miedzinski 1983). Liegt ein Brett sicher oder muss es verschoben werden? Hält die Verbindung? Wie hoch kann der Turm gebaut werden, damit er besteigbar bleibt, ohne umzufallen? Solche Fragen regen Lernprozesse bei den Kindern an, die sie im eigenen Erkunden beantworten (Miedzinski/Fischer 2009).

Die Kinder machen Erfahrungen mit dem Material und dessen Qualitäten und überprüfen die Sicherheit ihrer materialen Umsetzungen. Sie spüren ihren eigenen Körper in Bezug auf die selbstgeschaffene Lernumgebung und üben sich in der Koordination ihrer Bewegungen.

In einem spielerischen Rahmen machen die Kinder lustvolle Körpererfahrungen in der Bewegungsbaustelle. Bewegungssicherheit und Selbstvertrauen sind positive Effekte der kreativen und selbstbestimmten Auseinandersetzung mit dem Material und der Umwelt. Außerdem gestaltet das Kind selbst Bewegungsanlässe (Miedzinski/Fischer 2009). Bewegungsbaustellen können drinnen oder draußen entstehen, Hauptsache ist, dass nichts vorgegeben wird.

Materialien können außer den Großmaterialien sein:

- Autoreifenschläuche
- Große Kartons
- Bretter
- Röhren etc.

Es sollte allerdings darauf geachtet werden, dass die Materialien keine Verletzungsgefahr bergen.

Zeit auf der Bewegungsbaustelle ist Freispielzeit: Das Kind entscheidet selbst über Spielinhalte, Spielpartner, Spielmaterialien, Spieldauer. Die Bewegungsbaustelle ist für das **freie Spiel** des Kindes der ideale Ort. Es entstehen Rollenspiele, es ist Raum für schöpferisches Tun, es kommt zu Spontanaktivitäten (Miedzinski/Fischer 2009, S. 54), d. h., das Kind verbindet Bewegung, Sprache, Rhythmus mit Gesang und körperlicher Aktivität. Es ist wichtig, als pädagogische Fachkraft diese Spontanaktivitäten nicht einzugrenzen, sondern vielmehr durch das bewusste Bereitstellen von geeigneten Materialien auf der Bewegungsbaustelle zu fördern.

Die Pädagogin versteht sich als **Betreuerin und Begleiterin der Kinder** – sie ist präsent, greift aber nicht vorschnell ein. Ratschläge, Tipps, Impulse sollten nicht die Eigentätigkeit des Kindes stören. Bei ängstlichen Kindern kann es

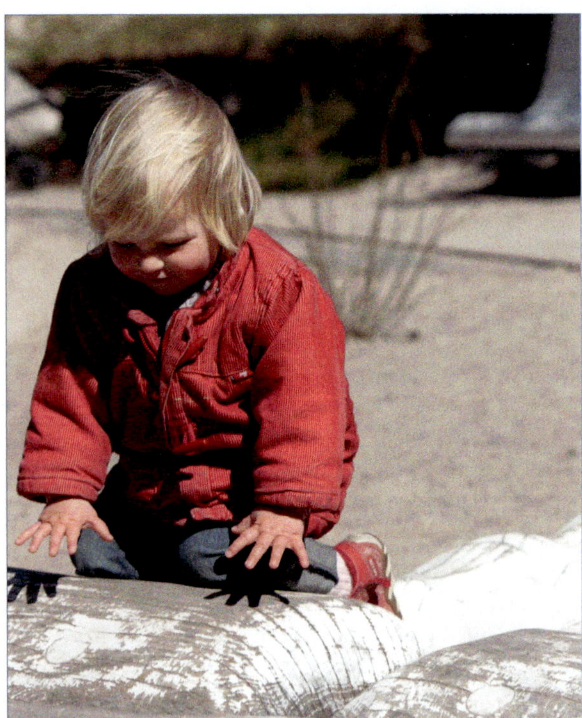

Abb. 12.10: Eine Bewegungslandschaft lädt ein, Materialien kennenzulernen, Motorik zu schulen und physikalische Gesetzmäßigkeiten zu erfahren.

aber als Ansporn dienen, den eigenen Fähigkeiten zu vertrauen. Vertrauen in die Kinder und deren phantasievollen Ideen der Gestaltung bilden die Basis des pädagogischen Handelns auf der Bewegungsbaustelle; wirkliche Gefahrenpotenziale müssen von abschätzbaren Risiken unterschieden werden.

Beobachtungen legen den Grundstein für das **pädagogische, indirekte Einwirken der Erzieherin:** Sie beobachtet zielgerichtet die Bewegungshandlungen der Kinder und den Materialeinsatz (Miedzinski/Fischer 2009). Nur dann kann die Pädagogin abwägen, wann die Sicherheit des Kindes wirklich gefährdet ist und wann selbstbestimmtes Lernen nicht unterbrochen werden darf oder wann indirektes Eingreifen nötig ist – z. B. wenn zu viel Material die Phantasie der Kinder einengt, wenn Verletzungsgefahren vom Material ausgehen könnten und deshalb entsorgt werden muss etc.

Der Bewegungsbaustelle ähnlich sind **Bewegungslandschaften,** die sich am Vorbild der Natur orientieren oder aus Bewegungsgeschichten entstehen. Auch hier sollen großräumige Bewegungserfahrungen möglich sein. Unterschiedliche Ebenen und Untergründe, Landschaften aus Gräben, Hügeln, Abhängen, Höhlen, Tunnels bilden das Grundangebot und laden das Kind zu den Grundbewegungsformen ein. Der Aufbau sollte gemeinsam mit den Kindern ablaufen. Der große Vorteil bei solchen Angeboten in Form von Landschaften ist, dass jedes Kind sich seinen Weg individuell bahnen, eigene Erfahrungen sammeln und die Schwierigkeitsstufe selbst regulieren kann. Hier gibt es weder richtig noch falsch, alles ist möglich, solange es Spaß macht.

Die Bewegungsbaustelle lässt im Überblick zu, dass Kinder:

- Raum haben zur selbstständigen Gestaltung ihrer Lernumgebung – sie bauen, konstruieren, stapeln, balancieren auf Brücken, hebeln, hieven schweres Material
- Gemeinsam schaffen – sie planen, sprechen sich ab, transportieren gemeinsam und greifen Ideen der anderen auf, weiten diese aus, kollaborieren
- Die Eigenschaften und Funktionen des Materials kennenlernen – sie spüren raue und weiche Oberflächen, probieren verschiedene Anordnungen aus, testen die Sicherheit einer Konstruktion
- Risiken eingehen – sie stellen sich selbst Herausforderungen, wagen einen unbekannten Weg, testen die selbstgebauten Landschaften, suchen das Abenteuer und schätzen Gefahren ein und stellen sich dem Risiko des Stürzens, Danebengreifens, Herunterfallens
- Explorieren – sie nehmen ihren Körper im Raum wahr, erleben physikalische Gesetzmäßigkeiten beim Runterrutschen einer schiefen Ebene, beim Hochziehen, beim Schwingen.

12.5 Bildungsangebote

Kinder brauchen mehrmals am Tag die Gelegenheit, sich intensiv zu bewegen, zu rennen, zu springen, ihren Bewegungsbedürfnissen nachzukommen. Diese Bedürfnisse äußern sich meist im freien Spiel, sie sind nicht festzulegen auf bestimmte Zeiten. Deswegen sollte es im Kindergarten sowohl freie, situative Bewegungsgelegenheiten geben, die die Kinder nach Belieben wahrnehmen können, als auch regelmäßige, zeitlich festgelegte Bewegungszeiten, bei denen von der Erzieherin geplante und begleitete Bewegungsangebote im Vordergrund stehen.

Auch im Freispiel der Kinder sollte großräumige Bewegung möglich sein, daher ist bereits bei der Raumgestaltung zu berücksichtigen, dass den Kindern auch außerhalb des Gruppenraumes genügend Bewegungsmöglichkeiten zur Verfügung stehen.

12.5.1 Freie Bewegungsgelegenheiten – offene Angebote

Im Kindergartenalltag gibt es viele Situationen, die Kinder für Bewegungsspiele nutzen. Zwei Kinder haben z. B. irgendwo ein Seil gefunden, das sie nun zum „Pferdchenspielen“ animiert. Das Seil wird zur Pferdeleine, die dem Partner als Zügel umgelegt wird. Im Trab und im Galopp geht es nun zunächst durch den Gruppenraum; da sie hier jedoch meist sehr schnell auf Hindernisse stoßen, ist ein „Ausritt“ auf freiere Flächen angebracht. Hier bieten sich die Flure und die Eingangshalle des Kindergartens an, auch ein Besuch des Bewegungsraums kann sinnvoll sein.

Am liebsten sind die Pferdchen allerdings im Freien, warum sollten sie nicht auch einmal einen Ausritt nach draußen wagen?

Wenn sich die anderen Kinder der Gruppe durch eine solche Idee anstecken lassen und ebenfalls das Bedürfnis äußern, Seile zu bekommen, dann kann dies für die Erzieherin Anlass sein, die gesamte Gruppe in die Bewegungsspiele einzubeziehen. Dabei kann sie vielleicht sogar das Pferdchenspielen um weitere Ideen, wie das Seil noch genutzt werden kann, bereichern.

Für solche sich meist sehr spontan ergebende **alltägliche Bewegungsspiele** ist weder ein Kleidungswechsel noch eine feste Zeiteinteilung notwendig. Verfügt der Kindergarten über einen Bewegungsraum, sollte dieser den Kindern möglichst jederzeit offenstehen.

Problematischer wird die Berücksichtigung des Bewegungsdrangs vieler Kinder, wenn die **räumlichen Verhältnisse** im Kindergarten sehr eingeschränkt sind und auch nicht auf das Spiel auf dem Freigelände zurückgegriffen werden kann. Ausweichmöglichkeiten in Fluren oder selten genutzten Nebenräumen können hier bereits sehr viel Entlastung bringen. Bei Regenwetter oder an Tagen, an denen die Kinder manchmal besonders unruhig sind, kann die Erzieherin auch im Gruppenraum Bewegungsspiele für die gesamte Gruppe anbieten.

Abb. 12.11: Auch bei einem Sommerfest mit den Eltern können viele Bewegungsgelegenheiten entstehen.

12.5.2 Zur Gestaltung der Bewegungsstunden

Neben den freien Bewegungsgelegenheiten sollte es auch regelmäßige, zeitlich geplante Bewegungsangebote geben, in denen ganz bestimmte **inhaltliche Schwerpunkte** im Vordergrund stehen. Sie sind nicht durch situative Bewegungsanlässe zu ersetzen, da hier in einem größeren Zeitrahmen mit den Kindern auch komplexere Themen und Inhalte bearbeitet werden können. Außerdem besteht bei der Beschränkung auf freie Bewegungsgelegenheiten die Gefahr, dass die Angebote doch sehr zufallsabhängig sind und eventuell durch augenblickliche organisatorische oder personelle Engpässe im Tagesablauf vernachlässigt werden.

Die geplanten, regelmäßigen Bewegungszeiten werden meist als **Bewegungsstunde** bezeichnet; sie dauern in der Regel ca. 30 bis 40 Minuten und sind häufig auch mit bestimmten Ritualen verbunden, zu denen u.a. der Raum- und der Kleidungswechsel gehören. Kinder lieben diese Rituale oft sehr, und oft sind auch nur die Bewegungszeiten aus ihrer Sicht richtige „Turnstunden", in denen sie sich umziehen und den Raum wechseln können.

Auch diese Form der Bewegungserziehung sollte als **„offenes Bewegungsangebot"** verstanden werden. Sie ist trotz der Vorplanung und Betreuung durch die Erzieherin offen für situative Bedürfnisse der Kinder, für ihre spontanen Einfälle und Bewegungsideen.

Häufig verbindet die Erzieherin die in der Bewegungsstunde angebotenen Bewegungsspiele und -aufgaben mit ganz bestimmten Zielvorstellungen und Absichten. Hierbei ist zu beachten, dass sie Bewegungsangebote planen, sich Gedanken über sinnvolle Materialzusammenstellung und -verwendung machen sollte, ohne jedoch die Aktivitäten der Kinder von Anfang bis Ende vorzustrukturieren. Sie sollte am Erfahrungsprozess der Kinder teilnehmen und daraus schrittweise neue Angebote entwickeln. Das Interesse des Kindes an allem Neuen sollte genutzt werden.

Offene Bewegungsangebote schaffen einen Rahmen, der Orientierung und Sicherheit gibt, innerhalb dessen die Kinder jedoch frei entscheiden können, wie Bewegungsideen weiter ausgebaut, ob sie abgebrochen oder verändert werden. Innerhalb des von der Erzieherin geplanten Themas, das z.B. durch ein bestimmtes Gerät oder eine Bewegungssituation vorgegeben sein kann, sollte ein ausreichend großer Spielraum für die individuelle Ausgestaltung durch die Kinder vorhanden sein. Freies Bewegen und angeleitetes Üben wechseln sich dabei ab; der Schwerpunkt liegt hier – wie im Kindergarten insgesamt – auf dem Spiel.

Sinnvoll ist der **Wechsel von Phasen** des freien Ausprobierens und Spielens mit Phasen angeleiteten Übens und der Auseinandersetzung mit Bewegungsaufgaben. So kann am ehesten das Spielbedürfnis 3- bis 6-jähriger Kinder berücksichtigt werden, gleichzeitig aber auch auf die Erweiterung ihres Bewegungsrepertoires und die Verbesserung ihrer Bewegungsfähigkeiten Einfluss genommen werden.

Um der noch geringen **Konzentrationsfähigkeit** der Kinder und ihrem Bedürfnis nach Abwechslung gerecht zu werden, sollten in den zeitlich festgelegten Bewegungsangeboten unterschiedliche Schwerpunkte gesetzt und abwechslungsreiche, auffordernde Geräte und Materialien verwendet werden. Den Einstieg in die Bewegungsstunde werden meist lebhafte Lauf- und Bewegungsspiele bilden,

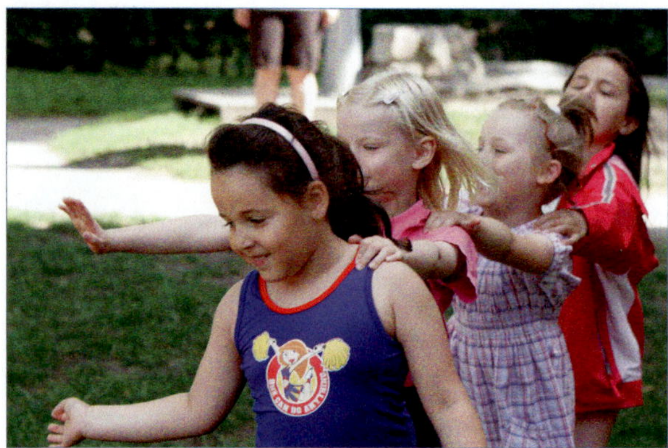

Abb. 12.12: Bewegungsstunden im Kindergarten sollten abwechslungsreich sein und freie sowie angeleitete Angebote enthalten.

die dem Bewegungsdrang der Kinder entgegenkommen. Sofern hierbei bereits Geräte eingesetzt werden, wird zunächst einmal das freie Spielen und Ausprobieren im Vordergrund stehen.

Spielformen und Spielideen sollten auch deswegen im Vordergrund stehen, weil sie die kindgemäße Art, eine Aufgabe zu bewältigen oder sich mit einer Situation auseinanderzusetzen, darstellen.

Den Abschluss der Einheit kann ein von den Kindern gewünschtes und im Stundenverlauf u. U. zurückgestelltes Spiel bilden. Manchmal kann auch eine kurze Entspannungsphase den Übergang zum Spiel im Gruppenraum erleichtern.

12.5.3 Die vorschulische Bewegungserziehung

Wird Bewegung als ganzheitliches Medium der Kindergartenerziehung gesehen, müssen auch allgemeine Erziehungsziele, die für die Kindergartenpädagogik Geltung haben, in ihrer inhaltlichen wie methodischen Gestaltung berücksichtigt werden.

Ziele der Bewegungserziehung

Zu den fachübergreifenden Zielen, deren Realisierung durch Bewegung unterstützt werden kann, gehört z. B.:

- Die Befähigung des Kindes zum selbstständigen Handeln, z. B. sich gemeinsam in der Gruppe auf ein Spiel einigen, Konflikte selbstständig zu lösen versuchen
- Der Aufbau von Selbstbewusstsein und Eigenverantwortung, z. B. die eigenen Wünsche äußern können, bei Misserfolg nicht gleich aufgeben
- Die Fähigkeit zu Kommunikation und sozialem Handeln, z. B.andere beim Spielen mitmachen lassen, Rücksicht auf schwächere Kinder nehmen
- Die Förderung von Lernbereitschaft, Ausdauer und Konzentration, sich auch mit unbekannten Aufgaben auseinandersetzen, längere Zeit bei einem Spiel verweilen können
- Die Entwicklung der schöpferischen und kreativen Kräfte des Kindes, z. B. eigene Ideen entwickeln, Spielsituationen nach eigenen Vorstellungen gestalten.

Diese übergeordneten Erziehungsziele sind meistens recht allgemein formuliert und scheinen auf den ersten Blick eher einen unverbindlichen Charakter zu besitzen. Tatsächlich müssen sich jedoch auch spezifischere Zielvorstellungen den übergreifenden unterordnen. Sie sollten ihnen nicht zuwiderlaufen und sich an den pädagogischen Leitideen orientieren. Demnach ist es **Ziel und Aufgabe** der Bewegungserziehung im Kindergarten,

- Dem Bewegungsdrang der Kinder entgegenzukommen und ihr Bewegungsbedürfnis durch kindgerechte Spiel- und Bewegungsangebote zu befriedigen
- Kindern Möglichkeiten zu geben, ihren Körper und ihre Person kennenzulernen
- Zur Auseinandersetzung mit der räumlichen und dinglichen Umwelt herauszufordern
- Motorische Fähigkeiten und Fertigkeiten zu erweitern und zu verbessern
- Das gemeinsame Spiel von leistungsschwächeren und leistungsstärkeren Kindern zu ermöglichen
- Gelegenheit zur ganzheitlichen, körperlich-sinnlichen Aneignung der Welt zu geben
- Zur Erhaltung der Bewegungsfreude, der Neugierde und der Bereitschaft zur Aktivität beizutragen
- Vertrauen in die eigenen motorischen Fähigkeiten zu geben und zu einer realistischen Selbsteinschätzung beizutragen.

Im Kindergartenalter sollen nicht bewusst Situationen entstehen, in denen es um Konkurrenz oder Wettkampf oder um das Erbringen von messbaren Leistungen geht. Ebenso wenig sollten sich die Bewegungsangebote an Sportarten orientieren oder als Hinführung zu bestimmten Sportformen aufgefasst werden. Im Vordergrund frühkindlicher Bewegungserziehung sollten vielmehr spielbetonte und kindgerechte Bewegungsangebote stehen, die vielseitige, breit angelegte Bewegungserfahrungen ermöglichen und dem kindlichen Explorationsbedürfnis und Aktivitätsdrang entgegenkommen.

Die Praxis der Bewegungserziehung sollte dem Kind also **Gelegenheit geben:**

- Eine Vorstellung von seinem eigenen Körper zu entwickeln, Kenntnis der Körperteile, der Lage des Körpers im Raum etc.
- Körperliche Zustände wie Ermüdung oder Erschöpfung zu erleben, die eigenen körperlichen Grenzen zu erfahren, z. B. Kraft, Ausdauer
- Die Wirkung von Anspannung und Entspannung zu erleben
- Zu erkennen, dass durch Üben und Erproben die körperlichen Fähigkeiten verbessert werden können
- Vertrauen in die eigene Leistungsfähigkeit zu gewinnen
- Verschiedene Formen der sinnlichen Wahrnehmung zu erfahren und bewusst zu erleben
- Mit allen Sinnen die Umwelt begreifen zu können

- Über Bewegung mit anderen Kindern Kontakt aufzunehmen
- Sich durch Bewegung auszudrücken und mitzuteilen
- Rücksicht auf andere zu nehmen und ihre Bedürfnisse im gemeinsamen Spiel zu beachten
- Materialien und Gegenstände über Bewegung zu erkunden und ihre spezifischen Eigenschaften kennenzulernen
- Sich den Geräten, an und mit denen sie sich bewegen, anpassen zu können
- Die Spiel- und Bewegungsgeräte aber auch den eigenen Vorstellungen entsprechend „passend" machen zu können.

Inhalte der Bewegungserziehung

Als Inhalte vorschulischer Bewegungserziehung gelten im Allgemeinen die sog. Grundtätigkeiten, d.h. Grundformen der Bewegung wie Gehen, Laufen, Springen, Klettern, Schieben, Rollen, Ziehen, Werfen etc. Diese Tätigkeiten stellen die **Grundformen** in der Auseinandersetzung des Kindes mit seiner Umwelt dar und sind die Basis sowohl der Alltags- als auch der Sportmotorik. Sie entwickeln sich im Laufe der ersten Lebensjahre, und der Grad ihrer Ausformung ist abhängig von den Gelegenheiten des Kindes, sie zu üben und zu verfestigen.

Um die Vielzahl der Bewegungsgrundformen und der damit verbundenen **Bewegungsmöglichkeiten** zu ordnen, kann man sie unterscheiden in Bewegungen,

- Anhand derer eine Ortsveränderung oder eine Lageveränderung des Körpers erreicht wird (sich bewegen und fortbewegen) – hierzu gehören Gehen, Laufen, Springen, Steigen, Kriechen, Krabbeln, Robben, Gleiten, Rollen, Wälzen
- Mit denen Geräte und Gegenstände befördert oder in Bewegung versetzt werden (etwas fortbewegen) – Ziehen, Schieben, Tragen, Werfen, Stoßen, Schlagen, Heben, Drücken, Rollen

Abb. 12.13: Im Kindergarten sollte u.a. die Raum-Lage-Orientierung und das Vertrauen in eigene Fähigkeiten gefördert werden. Messbare Leistungen oder Konkurrenzkampf sind nicht angemessen.

- Bei denen sich das Kind meist feststehenden Geräten anpasst und sich an ihnen bewegt – Hängen, Stützen, Schwingen, Drehen, Schaukeln, Springen, Balancieren
- Bei denen sich das Kind mit Hilfe von Geräten bewegt – Radfahren, Rollerfahren, Rollschuhlaufen (vgl. Zimmer 2009a).

Die grobe Unterscheidung – sich bewegen, Geräte bewegen, sich an Geräten bewegen, sich mit Hilfe von Geräten bewegen – kann eine Hilfe darstellen, die fast unüberschaubare Vielfalt der kindlichen Bewegungsaktivitäten zu ordnen.

Eine Systematisierung der Bewegungsmöglichkeiten sollte die Erzieherin zwar nicht dazu verleiten, die Inhalte der Bewegungserziehung nun diesem „Katalog" zu entnehmen, die Systematik kann jedoch manchmal Hinweise geben, wie eine Bewegungsidee unter verschiedenen Handlungsbedingungen variiert werden kann. Am „Spiel mit dem Gleichgewicht" soll dies verdeutlicht werden.

Gleichgewichtssituationen sind:

- Auf einem Bein zu balancieren versuchen
- Aus dem Laufen plötzlich stehen bleiben
  - Spiele wie „Versteinern" oder „Verzaubern"
- Die Unterstützungsfläche des Körpers verkleinern, auf Zehenspitzen stehen, dabei ein Bein vom Boden abheben
  - Wann fällt das Kind um?
  - Kann das Gleichgewicht besser werden, wenn die Hände in der Hosentasche stecken oder wenn die Arme zur Seit ausgebreitet werden?
- Geräte auf dem Körper balancieren, z.B.
  - Einen Bierdeckel auf dem Kopf oder auf den Fingerspitzen tragen
  - Einen Luftballon auf verschiedenen Körperteilen balancieren
- Balancieren auf etwas
  - Über eine Bank gehen
  - Auf einem Wackelbrett stehen
- Die Unterstützungsfläche durch die Art der Geräte verändern
  - Balancieren mit etwas auf etwas
- Sich mit bzw. auf Geräten fortbewegen
  - Pedalo, Rollschuhe etc.

12.6 Beispiel für den pädagogischen Prozess

Als Beispiel für den pädagogischen Prozess ist Stefan mit seinen Problemen in der Turnstunde ausgesucht.

12.6.1 Situationsanalyse

Stefan, 4,5 Jahre alt, will an diesem Morgen nicht in den Kindergarten gehen, seine Mutter bringt ihn unter viel Geschrei trotzdem. Sie erzählt Stefans Gruppenleiterin davon. Beide können es sich nicht erklären, da er sonst sehr gerne kommt. Die Mutter muss los zur Arbeit, Stefan verkriecht sich in einer Ecke. Als die Erzieherin ihn später wieder entdeckt, baut er eifrig mit einem Freund Türme aus verschiedenen Baumaterialien auf dem Bauteppich und hat sich wieder beruhigt. Wie am Vortag angekündigt, findet an diesem Tag die sogenannte Turnstunde im Bewegungsraum statt. Als Stefan mit den restlichen Kindern aus der Gruppe mitkommen soll, fängt er wieder an zu weinen und will partout nicht mit. Die Erzieherin macht mit ihm aus, dass er heute zuschauen kann. Sie hofft, er würde dann doch Lust kriegen. „Das ist doch doof!", kommentiert er die einzelnen Angebote während der Stunde. Und der Erzieherin fällt auf, dass Stefan schon öfters solche Sätze im Turnen geäußert hat.

Später, als alle Kinder zur Abholzeit im Hof spielen, ist Stefan wie ausgewechselt. Er rennt, klettert, und als seine Mutter ihn abholen will, findet er kaum ein Ende in seinem Bewegungsdrang. Die Erzieherin und die Mutter tauschen sich noch ein wenig aus, denn beide sind der Meinung, dass Stefan sich generell gerne bewegt, doch dass die Turnstunde der Auslöser für seine Unlust war.

Am nächsten Tag unterhält sich Stefans Gruppenleiterin mit ihm in einer gemütlichen Ecke, und der Verdacht bestätigt sich: Stefan mag die Turnstunde nicht, denn „Da sind so viele Kinder, es ist so eng und laut, und ich habe kaum Platz!" gibt er zu verstehen.

12.6.2 Erfassen von Ressourcen

Stefans Erzieherin hat sich in der Zwischenzeit Gedanken über Stefan gemacht, sie hat ihn weiterhin im Freispiel in verschiedenen Situationen beobachtet und festgestellt, dass er ein im Prinzip bewegungsfreudiges Kind ist, dass seine Kreativität beim Bauen und Konstruieren eine besondere Fähigkeit von ihm ist und dass er im Außengelände am meisten beim Kletterbaum zu finden ist.

Insgesamt ist die Erzieherin mit der Situation in den Bewegungsstunden auch nicht mehr zufrieden, da auch andere Kinder Unlust und wenig Interesse zeigen. Sie ist selbst genervt von der riesigen Gruppe im Bewegungsraum.

Beim weiteren Nachdenken fällt der Erzieherin ein, dass im Geräteschuppen einige Großgeräte seit einiger Zeit unbenutzt liegen. Außerdem, denkt sie, wäre es sicher kein Problem, weiteres Material aufzutreiben. Ihre Idee ist, den Kindern eine neue Art von Bewegungsangebot zu bieten, das Stefan sicher gefallen und seine Stärken hervorheben wird. Sie möchte mit den Kindern eine Bewegungsbaustelle einführen, die dann den Kindern jederzeit zur Verfügung stehen würde, und anstatt nur ab und zu mit den Kindern zu turnen, könnten kleine Kindergruppen dieses neue Bewegungsangebot allein nutzen. Nach diesen Überlegungen bringt die Erzieherin das Thema in der nächsten Teamsitzung zur Sprache.

12.6.3 Festlegen von Zielen und Maßnahmen

Das Team ist offen für den neuen Vorschlag, es werden Überlegungen zur Durchführung angestellt, welche Erzieherin welche Aufgaben übernimmt: Materialbeschaffung, Einführung mit den Kindern, regelmäßige Dokumentation über die Annahme der neuen Form durch die Kinder etc.

Das Team setzt sich das Ziel, eine neue Form anzubieten, die es den Kindern ermöglicht, in kleinen Gruppen selbstständig Körpererfahrungen zu machen, selbst oder mit Unterstützung einer Erzieherin Bewegungslandschaften zu konstruieren, mehr Raum für Eigenaktivität und Kreativität anzubieten. Auch das Thema Außengelände will neu besprochen werden, da auch hier Handlungsbedarf besteht.

Speziell für Stefan nimmt sich die Erzieherin vor, sein Interesse an Bauten und Konstruktionen zu unterstützen, indem sie Poster, Bücher und Modelle verschiedener Bauwerke mitbringt, ihn ermuntert, seine Bauwerke zu dokumentieren und in einer Mappe zu sammeln und seine Baukunst auf die Bewegungsbaustelle auszuweiten. Stefan soll erleben, dass er etwas Besonderes kann, dass er Mitgestalter eines Bewegungsangebotes sein kann und dass Bewegung in einer kleinen Gruppe Spaß macht.

12.6.4 Durchführen von Maßnahmen und Auswertung

Wie im Team besprochen, wird die neue Bewegungsbaustelle eingeführt. Zu diesem Zeitpunkt hat die Erzieherin begonnen, Stefans Baukunst zu unterstützen, und die beiden haben anhand von Bildern nach besonderen Bauwerken wie dem Eiffelturm geschaut, um Stefan auf neue Ideen zu bringen. Er hat auch einen Ordner angelegt, fotografiert seine Bauwerke und heftet sie im Ordner ab.

Die Erzieherin bespricht mit ihm und einer kleinen Gruppe von Kindern, dass der Kindergarten den Bewegungs-

Abb. 12.14: Wenn die Kinder die Möglichkeit haben, eine Bewegungsbaustelle mitzugestalten oder selbst zu konstruieren, bringt das zusätzlich Spaß und Motivation.

raum mal umgestalten will und sie dabei helfen können. Dazu hat die Erzieherin die Materialien im Raum verteilt, die Führung überlässt sie ab nun den Kindern. Stefan sticht heraus durch seine Ideen, aus den Materialien Landschaften zu bauen, und steckt die anderen Kinder regelrecht an.

Beim anschließenden Ausprobieren verändern die Kinder die Landschaft immer wieder. Erstaunt stellt die Erzieherin fest, dass die Kinder sich mehr und mit viel mehr Freude in der Bewegungsbaustelle bewegen als in den letzten Bewegungsstunden. Auch Stefan findet seine Bewegungslust innerhalb der Gruppe wieder.

Aufgeben will die Erzieherin die Bewegungsstunden nicht, aber sie will neue Ansätze finden, um auch dort den Kindern mehr selbsttätige Erfahrungen zu ermöglichen.

Ethik, Religion und Philosophie

Pia Theresia Franke, Matthias Hugoth

In theoretischen Ausführungen wie auch in der pädagogischen Praxis werden die drei Bereiche Ethik, Religion und Philosophie oft nicht klar voneinander unterschieden. Für die meisten Erzieherinnen hängen diese Bereiche „irgendwie" zusammen und gehen oft ineinander über.

- **Ethik**
  Reflexion über Werte und Normen, die für die moralische Praxis eines Menschen maßgeblich sind, sowie Begründung von wertegeleiteten Entscheidungen, Positionen und Handlungsweisen. Zu den Werten gehört beispielsweise der Wert Frieden. Die entsprechende Norm lautet: Setze dich für den Frieden in deiner Lebenswelt ein.
- **Philosophie**
  Streben nach Erkenntnis der Ursprünge und der Sinnhaftigkeit des Seins und des Zusammenhangs der Dinge in der Welt sowie nach Schlussfolgerungen für die eigene Lebensausrichtung und -gestaltung.
- **Religion**
  Offenheit für den Glauben an ein höheres Wesen, das in der Regel Gott genannt wird. Oft wird Religion auch als Anbindung an Gott *(lat. re-ligare: zurückbinden)* aufgefasst, als Gottesglaube, der für das Leben und Handeln eines Menschen maßgebend ist.

Alle drei Bildungsbereiche gehen von dem Bild des Kindes als dem **Konstrukteur eigener Weltbilder** auf der Grundlage von Wahrnehmungen, Deutungen und Schlussfolgerungen aus.

Setzt man **Philosophie** mit der Beschäftigung mit Fragen und Ansichten von Kindern synonym und versteht man unter **Ethik** die Behandlung von Fragen nach Gut und Böse, nach dem, was man tun und lassen soll, welche Werte maßgebend sind, dann erfahren zumindest die Bereiche Philosophie und Ethik eine größere Akzeptanz. Bei der **Religion** ist dies nicht selbstverständlich. Obwohl Religion zunächst nur Offenheit für den Glauben an ein höheres Wesen bedeutet, ist diese Offenheit für viele gleichgesetzt mit Glauben. Religion gilt außerdem als privat, und es muss immer wieder ein Konsens darüber erzielt werden, ob und wie sie in die öffentliche Erziehung und Bildung eingebunden werden soll.

Doch allein schon deshalb, weil Kinder sich in unserer pluralistischen Gesellschaft orientieren müssen (→ Kap. 13.1.2), ist es berechtigt und sinnvoll, Ethik, Religion und Philosophie in den Katalog der Bildungsarbeit in Kindertageseinrichtungen mit aufzunehmen. Noch bedeutsamer aber ist die Begründung dieser Bereiche von den *Entwicklungsaufgaben* (→ Kap. 10.2.1) und dem *Bildungsbedürfnis der Kinder (*→ Kap. 8.1.5 und 13.2.1*)* her.

In diesem Kapitel werden zunächst die *Themen* der Bildungsbereiche Ethik, Religion und Philosophie für Kinder aufgeschlüsselt, und es wird grundsätzlich dargestellt, welche *Einstellungen und Haltungen* es dazu gibt und wie sich *moralisches Wertebewusstsein* entwickelt. Diese grundsätzlichen Ausführungen zur *Theorie* (→ Kap. 13.1), zur *Bedeutung der Bildungsbereiche* für Kinder und Jugendliche (→ Kap. 13.2) sowie zu den *Bildungsangeboten* in diesen Bereichen (→ Kap. 13.5) beschreiben ideale pädagogische Settings. Sie müssen in der Praxis an die reale Situation unter den jeweils vorgegebenen Bedingungen angepasst werden. Vor allem sind sie auf die Lernvoraussetzungen und das Lernvermögen von Kindern im Vorschulalter zugeschnitten. Insofern sind sie als Zielvorgaben zu lesen, die Perspektiven für eine Grundlegung und eine Praxis der Bildungsbereiche Ethik, Religion und Philosophie eröffnen sollen.

In den an der Praxis orientierten Teilen des Kapitels werden die *Beobachtung in der ethisch-religiösen Erziehung* als wechselseitiger Prozess zwischen Kind und Erzieherin betrachtet sowie die *Anforderungen an das Personal* der Kindertagesstätte dargestellt (→ Kap. 13.3.1) und die *Rolle der Erzieherin* bei einer religiösen Begleitung des Kindes beleuchtet (→ Kap. 13.3). Dabei spielt die *Lernumgebung* (→ Kap. 13.4) eine besondere Rolle. Konkret wird dann ein *Beispiel für den pädagogischen Prozess* aufgezeigt (→ Kap. 13.6).

13.1 Theoretische Grundlagen

Kinder wachsen in einer Welt auf, die durch eine Pluralität von Werthaltungen, Lebensformen, sozialen Beziehungen, religiösen Überzeugungen und Praktiken bestimmt ist. Auch die Ansichten, die sie bei den Erwachsenen über die grundsätzlichen Fragen des Lebens beobachten, weichen häufig deutlich voneinander ab. Zunächst werden in diesem Kapitel die Themen der Bildungsbereiche benannt, und es wird dargestellt, wie Kinder bei unterschiedlichen Einstellungen der Erwachsenen Orientierung finden und ein Wertebewusstsein entwickeln.

13.1.1 Die Themen der Bildungsbereiche Ethik, Religion und Philosophie

Das Kind hat ein Recht darauf, dass es Bildungsangebote in Ethik, Religion und Philosophie erhält. Alle drei Bereiche sind gleichberechtigt, aber nicht austauschbar. Sie ähneln sich in den Grundgesten

- Des Fragens
- Des Bearbeitens von Themen und Entscheidungsalternativen
- Des Umsetzens in konkretes Verhalten und Handeln.

Sie weisen dennoch jeweils ein eigenes Profil auf. Dies soll für jeden Bereich umrissen werden.

Ethik

Zum Bildungsbereich Ethik gehört die Beschäftigung mit folgenden Themen:

- *Situationen erkennen* – Das Erkennen bzw. das Konstruieren von Situationen, in denen die Behandlung ethischer Themen ansteht. Hierzu gehören entweder Alltagsbeobachtungen, in denen Fragen nach Gut und Böse, nach dem richtigen Verhalten und Handeln auftauchen, oder Beobachtungen, bei denen eine Entscheidung über verschiedene mögliche Handlungsformen getroffen werden muss
- *Gut und Böse unterscheiden* – Die Suche nach Antworten auf die Fragen nach gutem und bösem Verhalten, nach gerechten und ungerechten Zuständen und Handlungsweisen. Hierzu gehört das gemeinsame Nachdenken über Antworten, die bereits andere gefunden haben und die den Kindern schon bekannt sind bzw. die sie kennenlernen sollten
- *Werte und Normen kennenlernen* – Thema sind hier Werte und Normen, die dem Zusammenleben der Menschen Sinn, Verbindlichkeit und Verlässlichkeit geben
- *Handlungsmodelle erproben* – Zur Umsetzung dieser Werte und Normen in konkreten Situationen müssen Handlungsmodelle entwickelt und erprobt werden (*moralische Praxis* → Kap. 13.1.2).

Religion

Zum Bildungsbereich Religion gehört die Beschäftigung mit folgenden Themen:

- *Phänomene wahrnehmen* – Die Wahrnehmung und Auseinandersetzung mit Phänomenen aus der Welt der Religionen, denen Kinder in ihrer Lebenswelt begegnen, vor allem mit dem unseren Kulturraum prägenden christlichen Glauben
- *Deutungen vornehmen* – Das Erleben und Reflektieren der Tatsache, dass die Dinge der Welt und die Ereignisse und Vorgänge im Leben gedeutet und bewertet werden müssen. Die Kinder beschäftigen sich ebenso damit, dass sehr viele Menschen dabei Antworten und Halt in ihrem Glauben finden
- *Glauben können* – Die Erkenntnis, dass man Glauben nicht beweisen, wohl aber erfahren und in Form von Bekenntnis und Zeugnis gegenüber anderen vertreten kann
- *Gläubige wahrnehmen* – Die Wahrnehmung von Menschen, die eine Beziehung zu Gott haben und dieser in ihrem Leben und in Gebeten, Bildern, Symbolen, Riten, Festen und Feiern Ausdruck geben
- *Um gemeinschaftliche Teilhabe wissen* – Die Teilhabe an gemeinschaftlichem Leben gläubiger Menschen
- *Religiosität erfahren* – Die Erfahrung der Welt des Religiösen mit den Sinnen. Bei diesem Thema werden Riten und Rituale, Symbole und Bilder, Gebetshäuser und liturgische Gegenstände, Erzählungen von gläubigen Menschen und von Ereignissen aus der Geschichte der Religion den Kindern erfahrbar gemacht
- *Religiös handeln* – Das Erleben von Handlungsweisen und Gemeinschaftsformen, die sich speziell aus religiösen Überzeugungen ableiten lassen.

Abb. 13.1: Religiosität erfahren: Der Kirchentag wird alle zwei Jahre von vielen Gläubigen gefeiert.

Philosophie

Zum Bildungsbereich Philosophie gehört die Beschäftigung mit folgenden Themen:

- *Dinge reflektierend erfassen* – Die Dinge der Welt und des menschlichen Lebens ergründen und die Zusammenhänge erfassen, ebenso Ansichten über die Welt und die Menschen entwerfen
- *Theorien bilden* – Vorhandene Deutungsansätze reflektieren und mit anderen kommunizieren
- *Konsequenzen ableiten* – Aus solchen Einsichten und Erkenntnissen Konsequenzen für das eigene Handeln ableiten
- *Handlungen und Verhaltensweisen überprüfen* – Das eigene Tun daraufhin hinterfragen, ob es sinnvoll und richtig war.

Die Beschäftigung mit den Themen aus den Bildungsbereichen Ethik, Religion und Philosophie bietet Kindern die Möglichkeit:

- Ihre Kenntnisse und Erfahrungen zu erweitern
- Ihre Fähigkeiten der Kommunikation über diese Themen zu vertiefen
- Spezifische soziale Umgangs- und Lebensformen mit Menschen, die sich mit ethischen, religiösen und philosophischen Fragen beschäftigen, zu erlernen
- Nach dem zu handeln, was sie selbst als bedeutsam und maßgebend erkannt haben.

13.1.2 Orientierung finden in einer Welt unterschiedlicher Werthaltungen, religiöser Überzeugungen und philosophischer Auffassungen

Für Kinder gilt es, sich in der Gesellschaft, in der sie aufwachsen, erst einmal zurechtzufinden. Um zu ermessen, worin der Orientierungsbedarf von Kindern in unserer pluralistischen Gesellschaft besteht, dient an dieser Stelle ein Überblick über die unterschiedlichen ethischen und religiösen Einstellungen von Menschen sowie über mögliche philosophische Auffassungen. Allen liegt zugrunde, dass sie auf bestimmten Moral-, Werte- und Normvorstellungen beruhen (siehe auch → Kap. 9.1.2 und 10.3.3).

► **Moral**
Einstellungen und Haltungen eines Menschen, die an bestimmten Lebensauffassungen oder religiösen Überzeugungen und den daraus ableitbaren Werten ausgerichtet und für Verhaltens- und Handlungsweisen maßgeblich sind.

► **Wert**
Materielle Werte sind Gegenstände und Vermögen, die als werthaft angesehen werden; ideelle Werte sind Dinge und Zustände, die ebenfalls als wertvoll gelten wie Leben, Gesundheit, Liebe, Treue, Gerechtigkeit und Frieden. Allen Werten gemeinsam ist der Umstand, dass sie als maßgeblich anerkannt werden für Normen, die als Anhaltspunkte für Einstellungen, Verhaltensweisen und Handlungen gelten.

► **Norm**
Anerkannte, verbindliche Regel, die aus Werten oder aus weltanschaulichen und religiösen Überzeugungen abgeleitet wird.

Typisierung der ethischen Einstellungen

Jeder Mensch entwickelt im Laufe seines Lebens eigene ethische Überzeugungen, die seinen Handlungen zugrunde liegen.

► **Ethische Überzeugung**
Eine auf einer bestimmten ethischen Theorie basierende Überzeugung.

► **Moralische Praxis**
Verhalten und Handeln eines Menschen auf der Basis einer ethischen Theorie, die er mehr oder weniger differenziert reflektiert und zu seiner Bezugstheorie bestimmt hat und die seine eigene moralische Überzeugung darstellt.

Gegenwärtig werden unterschiedliche ethische Theorien und Ansätze im Leben der Menschen und der Gesellschaft vertreten. Daraus lassen sich folgende Typen von **moralischen Haltungen** ableiten:

- Altruistische Haltung
- Egoistische Haltung
- Permissive Haltung
- Wertkonservative Haltung.

Die Einstellungen und Verhaltensweisen, die diesen vier Typen von Haltungen zuzuordnen sind, werden von den Kindern in zahlreichen Varianten erlebt. Oft sind sie nicht genau so zu unterscheiden, wie dies hier auf einer formalisierenden Weise gezeigt wird. Bei der vereinfachten Darstellung der moralischen Haltungen wird darauf geachtet, dass dabei zum Tragen kommt, wie die Kinder die Vertreter dieser Typen sehen. Denn Kinder schätzen die Menschen über ihr Handeln ein.

⊙ Aufgrund der unterschiedlichen ethischen Einstellungen und Praktiken in der Erwachsenenwelt wachsen Kinder oft in nicht eindeutigen Situationen auf und geraten häufig in Dilemmasituationen, in denen sie zwischen unterschiedlichen Denk- und Handlungsweisen wählen müssen. Dazu benötigen sie durch eine ethische Bildung von Anfang an Hilfen zur Orientierung.

Die altruistische Haltung

Viele Kinder erleben in ihren Familien, in ihren Kindertageseinrichtungen, in Sport-, Musik- oder anderen Vereinen, in religiösen Gemeinschaften, bei Aktionsgruppen, die sich beispielsweise für Menschen in Not, für Tiere oder für eine gesunde Umwelt einsetzen, eine moralische Haltung und Praxis, die dem altruistischen (uneigennützigen) ethischen Typ zuzuordnen ist. Er zeichnet sich aus durch

- Empathie (Einfühlungsvermögen) für andere
- Engagementbereitschaft
- Kreativität des Helfens
- Sorge um Nachbarn oder andere Menschen.

Die Lebensumstände der Menschen, das humane Klima in der unmittelbaren Lebenswelt und in der Gesellschaft sind Themen des altruistischen Typs.

Kinder sehen: Es kann Menschen zufrieden und glücklich machen, wenn sie sich um andere kümmern. Es gehört zum Denken und Handeln dieser Leute dazu, für andere zu sorgen, sich mit anderen zu freuen und mit ihnen zu empfinden, wenn sie leiden.

Die egoistische Haltung

Auch egoistische (eigennützige, selbstbezogene) Menschen gehören zur Beobachtungs- und Erfahrungswelt von Kindern, für die altruistische, auf andere Menschen und das Gemeinwohl bezogene Werte nicht viel bedeuten. Ein egoistischer Typ ist fast ausschließlich darauf bedacht,

- Die eigenen Interessen zu wahren
- Nicht zu kurz zu kommen
- In allen Situationen einen Vorteil für sich herauszuschlagen.

Die Sorge dieser Menschen richtet sich in erster Linie auf das, was ihnen Spaß macht, Vorteile bringt und ihre Bedürfnisse befriedigt. Andere Menschen werden eher als potenzielle Konkurrenten, als mögliche Bedrohung empfunden und erst dann als durchaus akzeptable Leute, mit denen man gut auskommen kann.

Abb. 13.2: Ein egoistischer Mensch ist v. a. auf seine eigenen Vorteile bedacht.

Kinder sehen: Es gibt Menschen, die denken fast nur an sich, deren ganzes Streben ist darauf ausgerichtet, dass sie gut für sich selbst sorgen. Über andere Menschen reden sie oft nicht sehr freundlich. Um Menschen, die Hilfe brauchen, kümmern sie sich kaum.

Die permissive Haltung

Auch Menschen mit einer permissiven (gewähren lassenden) Haltung begegnen Kinder hierzulande häufig. Es sind Menschen, die sich möglichst wenig an allgemeine Werte und Regeln halten. Ein permissiver Typ

- Lebt nach der Devise, dass jeder für sich herausfinden muss, was ihm wert und heilig ist
- Verweigert sich, wo immer es geht, jeder übergeordneten Instanz – dem Staat, der Gesellschaft und Kirche wie auch der Familie, den tonangebenden Menschen in Ausbildung und Beruf – und der Gefolgschaft hinsichtlich allgemeingültiger Maßstäbe, Richtlinien und Normen
- Findet, dass ethische Einstellungen, Werte, Menschenbilder oder für die eigenen Einstellungen und Handlungen relevante Instanzen Privatsache sind.

Wichtig ist dem permissiven Typ, dass die Menschen sich nicht gegenseitig „ins Gehege" kommen, sondern sich ihre Freiheiten lassen.

Kinder sehen: Menschen gehen sehr unterschiedlich mit dem um, was erlaubt und verboten ist, was als gut und schlecht gilt, was sie für gerecht und für gemein halten. Werte und Normen, die für alle gelten sollen, gibt es kaum. Manchen Menschen geht es nur gut, wenn sie sich allein an das halten, was für sie persönlich wichtig und wertvoll ist.

Die wertkonservative Haltung

Es gibt auch viele Kinder, die erleben und sehen in Familien, in pädagogischen Einrichtungen oder an anderen Orten, dass es Menschen gibt, die sich streng an vorgegebene, althergebrachte Werte und Normen halten. Ein wertkonservativer Typ zeichnet sich aus durch

- Zuverlässigkeit
- Verbindlichkeit
- Konsequentes Handeln
- Klares und deutliches Zeigen dessen, was ihm bedeutsam ist.

Er reagiert empfindlich, wenn jemand offensichtlich gegen Normen verstößt. Bei ihm stehen Leute hoch im Kurs, die ebenfalls wertebewusst leben, die sich konsequent nach dem richten, was sie für gut, gerecht, geboten halten.

Wertkonservative Menschen haben oft aber auch wenig Verständnis für Menschen, die freier und flexibler mit Werten und Normen umgehen. Bedenklich wird das Verhalten wertkonservativer Menschen dann, wenn es zu Veränderungen im Werteniveau in der Gesellschaft kommt, wenn Menschen wertschöpfend sind und neue Regeln aufstellen: Dann reagieren wertkonservative Menschen oft mit Abwehr und Abwertungen und distanzieren sich von solchen Neuansätzen und alternativen Praktiken.

Kinder sehen: Es gibt Menschen, die sagen klar, was gut und schlecht, gerecht und ungerecht ist, an welche Werte man sich halten, welche Verpflichtungen man für bindend begreifen muss. Diese Menschen handeln konsequent und erwarten oft auch von anderen Menschen, vor allem den Kindern, dass sie sich streng an Dinge halten, die als wertvoll und wichtig erklärt worden sind.

Religionen in der Welt der Kinder

Nicht nur im Bereich ethischer Theorien und moralischer Einstellungen, auch hinsichtlich dessen, woran die Menschen glauben und welcher Religionsgemeinschaft sie angehören, hat sich die Welt der Kinder pluralisiert.

> ► **Pluralismus**
> Nebeneinanderbestehen verschiedener Wertesysteme, Lebenshaltungen und religiöser Überzeugungen.

Bereits in ihrer unmittelbaren Lebenswelt, dann aber vor allem in ihrer Kindertageseinrichtung sowie an den Orten, an denen sich Kinder außerhalb der Familie sonst noch regelmäßig aufhalten, begegnen sie in der Regel Kindern aus allen Ländern. Die multikulturelle Gesellschaft spiegelt sich in der Lebenswelt der Kinder wider. Multikulturell heißt immer auch multireligiös.

Christentum

Die meisten Menschen auf der Welt nennen sich **Christen**. Sie sind Mitglieder einer Kirche – evangelisch, katholisch oder orthodox – und glauben an Gott und an das, was er durch die Propheten im Alten und durch Jesus im Neuen Testament der Bibel zu den Menschen gesagt hat. Diese Menschen pflegen mehr oder weniger intensiv diese Zugehörigkeit zu ihrer Kirche, indem sie

- Die christlichen Feste feiern
- Gottesdienste besuchen
- Beten
- Einiges aus der Bibel kennen bzw. lesen
- Sich als Christen einzeln oder in Gemeinschaften und Organisationen für andere Menschen, bessere Lebensbedingungen, die Bewahrung der Schöpfung und eine friedliche Welt einsetzen.

Judentum

Die Religion der **Juden** gehört zu den ältesten der Welt. Das Judentum gehört wie das Christentum und der Islam zu den monotheistischen Religionen, die daran festhalten, dass es nur einen einzigen Gott gibt. Dieser ist der Schöpfer der Welt und über alle Welten erhaben. Dennoch hat er sich den Menschen mitgeteilt, geoffenbart. Die Juden glauben, dass diese Offenbarung in ihrer Geschichte erfolgt ist durch die Propheten und religiösen Führer und durch die Art und Weise, wie Gott sein Volk durch die Geschichte geführt hat.

Die Grundlage für den Glauben der Juden stellt die Tora, die heilige Schrift mit dem Gesetz des Moses, dar. Sie ist in den meisten Texten identisch mit dem Alten Testament der Bibel der Christen.

Die Juden glauben daran, dass Gott einen Messias senden wird, durch dessen Wirken alle Welt erkennt, wer Gott ist und dass er sich einzigartig in der Geschichte seines auserwählten Volkes Israel geoffenbart hat. Alle Menschen werden diesen Gott anerkennen und seinem jüdischen Volk die Achtung erweisen, die ihm gebührt.

Jesus ist für die Juden einer ihrer großen Gestalten, der vor allem durch seine ethische Predigt die Menschen positiv beeinflusst hat.

Abb. 13.3: Der siebenarmige Leuchter Menora ist eines der wichtigsten Symbole des Judentums.

Islam

Muslime, die Anhänger des Islams, glauben wie die Christen und Juden an den einen Gott. Sie glauben aber daran, dass sich Gott, den sie Allah nennen, nicht nur durch Propheten und Jesus mitgeteilt hat, sondern das letzte und entscheidende Mal durch den Propheten Mohammed. Was Allah durch Mohammed den Menschen gesagt hat, das steht im Koran, dem heiligen Buch der Muslime. Um gemeinschaftlich zu beten, gehen Muslime in eine Moschee. Islam heißt „Hingabe". Diese Haltung der Hingabe an Gott und der Ehrfurcht vor ihm soll das Leben und die religiösen Handlungen der Muslime bestimmen.

Hinduismus und Buddhismus

Der Hinduismus ist eine sehr alte Religion, allerdings lokal fast ausschließlich auf Indien beschränkt. Seine Anhänger, die **Hindus,** glauben daran, dass der Weltgeist Brahman die Welt geschaffen hat und durch seine göttliche Macht lenkt. Diese manifestiert sich in einer Vielzahl von Göttern, die zu den guten, fruchtbringenden, schützenden Mächten gehören oder zu den gefährlichen und zerstörerischen. Das Leben des Menschen verläuft in einem Kreislauf von Geborenwerden, Leben und Sterben und stets unter dem Einfluss eben dieser guten und schützenden oder der bösen Mächte. Ziel des Lebens ist es, das Rad der Wiedergeburten einmal zu durchbrechen und so in den Weltgeist Brahman einzugehen.

Der Buddhismus stellt eigentlich eher eine Philosophie denn eine Religion dar. Denn am Anfang stand bei seinem Gründer Siddharta Gautama die grundsätzliche Frage, wie das Leiden in der Welt überwunden werden kann. Da er nach langem Suchen darauf eine Antwort durch Versenkung und Meditation fand, wird er als der Erleuchtete, der Buddha, und wie ein Gott verehrt, von dem die **Buddhisten** sich ähnliche Erkenntnisse erhoffen, wie er sie selbst gefunden hat. Diese bestehen im Kern in der Einsicht, dass der Mensch immer bedürfnisloser, einfacher, elementarer werden muss, will er sein Leiden verringern. Denn aus seinem Wünschen und Sehnen, seinem Wollen und Streben resultiert letztlich das Leiden. Dieses wird nach vielen Wiedergeburten, die der Menschen erdulden muss, am Ende dann ganz überwunden sein, wenn der Mensch nach seinem Tod ins Nichts, ins Nirwana, eingeht.

Es leben nicht so viele Hindus und Buddhisten in unserem Land, wie es Christen und Muslime gibt. Aber viele Menschen haben einige Inhalte und Praktiken aus diesen fernöstlichen Religionen übernommen – beispielsweise die Auffassung, dass der Mensch nach dem Tod wiedergeboren wird (Reinkarnation), bestimmte Formen der Meditation, Körperübungen wie Yoga oder die Gestaltung von Wohnräumen wie das Fengshui.

Sekten und Patchworkreligionen

Kinder erleben auch immer wieder, dass einzelne Menschen besonderen Glaubensgemeinschaften angehören, die von vielen Erwachsenen als **Sekten** bezeichnet werden:

den Zeugen Jehovas, den Mormonen, den Anhängern Oshos (des früheren Baghvans).

Kinder können ferner beobachten, dass es eine Reihe Erwachsener gibt, die aus unterschiedlichen Religionen bestimmte Auffassungen über Gott, Welt und Mensch, über das Leben und Sterben, über Gut und Böse übernommen und sich daraus eine eigene „Religion" zusammengestellt haben, die meist als **Patchworkreligion** bezeichnet wird.

Atheismus

Schließlich gibt es auch viele Menschen, für die Religion in ihrem Alltag offensichtlich keine Rolle spielt. Zumindest sprechen sie nicht davon, gehen in keinen Gottesdienst, haben in ihrer Wohnung keine religiösen Symbole und zeigen auch kein besonderes Interesse an der Welt der Religionen. Manche nennen sich **Atheisten** und meinen damit, dass sie an keinen Gott glauben und Religion für sie keine Bedeutung hat.

Andere bezeichnen sich als **Agnostiker**, was bedeutet: Sie glauben nicht an etwas, wovon nichts objektiv messbar ist. Sie leugnen die Wahrheit der Religionen nicht, bewerten diese aber als subjektive Wahrheiten ihrer Anhänger. Sie selbst lassen für sich nur gelten, was objektivierbar, also wissenschaftlich als vorhanden und wirksam nachgewiesen ist.

Gemeinsamkeiten der Religionen

Alle religiös interessierten und einer Religion angehörenden Menschen haben gemeinsam: Sie

- Sind mit den Antworten nicht zufrieden, die Menschen auf Fragen nach dem Leben, seinem Sinn und seiner Praxis geben. Im Gegenteil rechnen sie damit, dass es einen Gott gibt und sie von ihm Einsichten in Sinn und Bedeutung des Lebens gewinnen
- Schöpfen aus ihrem Glauben Kraft und Hoffnung
- Richten sich nach den Weisungen und Geboten ihrer Religion, wenn es darum geht, ihr Leben verantwortlich sich selbst, den Mitmenschen und der Schöpfung gegenüber zu gestalten
- Geben ihrem Glauben Ausdruck in Gebeten und Liedern, in Bildern und Symbolen, in Riten und Ritualen, in Festen und Feiern, in ihren alltäglichen Lebensvollzügen und in der Art und Weise, wie sie mit anderen Menschen umgehen
- Finden in ihrem Glauben Antwort auf die Frage, ob und wie es nach dem Tod weitergeht und inwieweit das Leben davor eine Bedeutung für das Leben danach hat
- Handeln nach den Inhalten ihrer Religion. Das, was ihre Mitglieder glauben, ist auf jeden Fall maßgebend für das Handeln der Gläubigen und für die Art und Weise, wie sie mit anderen Menschen umgehen.

Kinder sehen: Es gibt unterschiedliche Religionen, denen Menschen angehören und die ihnen Halt geben. Die religiöse Vielfalt in der Beobachtungs- und Erlebenswelt der Kinder weckt zum einen ihr Interesse an religiösen Themen und Bildern, Symbolen, Riten, Bauwerken, Büchern und Erzählungen aus der Welt der Religionen. Zum anderen kann diese Vielfalt irritieren: Woran sollen sie sich halten? Wonach sollen sie sich richten? Wer hat denn nun recht? Wo gehören sie selbst eigentlich hin?

Abb. 13.4: Riten sind allen Religionen gemein. Einer der wichtigsten Riten im Christentum ist die Taufe, die den Eintritt in die christliche Gemeinde kennzeichnet.

Religion als alltägliche Erfahrung

Dass die Menschen nach bestimmten Gesichtspunkten moralisch handeln und damit eine Ethik im Sinne einer Theorie des Moralischen entwickeln, dass sie Theorien über sich, die Menschen, die Welt, das Leben entwickeln, also irgendwie alle Philosophen sind, dürften alle Kinder mehr oder weniger ausdrücklich bei den Erwachsenen um sie herum erleben. Doch dass für sie ebenso eine Religion wichtig ist, gehört nicht so selbstverständlich dazu. Wenn über die Gründe und die Bedeutung der Bildungsbereiche Ethik, Religion und Philosophie nachgedacht wird, stellt sich auch die Frage, inwieweit Religion zu den alltäglichen Erfahrungen der Kinder gehört.

Auch wenn Kinder daheim oder in ihrer Einrichtung nicht mit dem Thema konfrontiert werden, gehört Religion zu ihrer **Beobachtungs- und Erfahrungswelt** aufgrund der

- Präsenz der Religionen
  - Durch Kirchengebäude
  - Durch Wegkreuze
  - Durch das Läuten von Glocken
  - Durch Moscheen
  - Durch Menschen, die aufgrund ihrer Kleidung als zu einer Religion zugehörig erkennbar sind wie Ordenschwestern oder muslimische Frauen mit Kopftüchern
  - Durch Feiern einer Reihe von Festen wie Weihnachten, Ostern, Pfingsten, die ursprünglich eine religiöse

Bedeutung hatten, wie dies auch für die Sonntage galt. Kinder erleben, dass diese religiöse Begründung und die Gestaltung von Sonn- und Festtagen für viele Menschen noch immer maßgebend sind
- Antworten, die Menschen aus ihrer religiösen Überzeugung heraus auf die Fragen des Lebens geben. Diese Fragen betreffen
  - Das Woher und Wozu des Lebens
  - Die Frage nach dem, was nach dem Tod kommt
  - Die Lebensgestaltung und die Art und Weise, wie der Einzelne zu anderen Menschen in Beziehung steht
  - Die Frage, woraus man Mut und Hoffnung schöpft und woran man sich halten soll, um als ein guter Mensch zu leben, beantworten viele mit religiösen Überzeugungen
- Einrichtungen der Kirchen in unserem Land, z. B.
  - Gotteshäuser wie Kirchen, Kapellen, Klöster
  - Kindergärten und Schulen
  - Krankenhäuser
  - Jugend- und Altenheime
  - Beratungsstellen
  - Sozialstationen.

Vor allem ist die christliche Religion in der Lebenswelt der Kinder präsent, zunehmend aber auch die muslimische, da die Zahl der Kindergärten und anderer sozialer Einrichtungen zunimmt, die von einer Moscheegemeinde unterhalten werden.

Gellner, Christoph: Der Glaube der Anderen. Christsein inmitten der Weltreligionen. Düsseldorf: Patmos Verlag 2008

Hugoth, Matthias: Fremde Religionen – fremde Kinder? Leitfaden für interreligiöse Erziehung. Freiburg: Herder Verlag 2009

Leimgruber, Stephan: Interreligiöses Lernen. München: Kösel Verlag 2007

Mai, Manfred: Rund um die Weltreligionen. 66 Fragen und Antworten. Freiburg: Herder Verlag 2008

Schweitzer, Friedrich u. a. (Hrsg.): Mein Gott – Dein Gott. Interkulturelle und interreligiöse Bildung in Kindertagesstätte. Weinheim: Beltz Verlag 2008

Tworuschka Monika/Tworuschka Udo: Die Weltreligionen Kindern erklärt. Gütersloh: Gütersloher Verlagshaus 2004

Uhde, Bernhard: Warum sie glauben, was sie glauben. Weltreligionen für Andersgläubige und Nachdenkende. Freiburg: Herder 2009

Die Pluralität philosophischer Auffassungen

Auf die bei Ethik und Religion formulierten Fragen finden viele Menschen auch Antworten, ohne dabei auf eine ethische Theorie oder einen religiösen Glauben zurückzugreifen. So erleben Kinder auch, dass die Erwachsenen unterschiedliche **Lebensphilosophien** vertreten. Diese entstehen durch Nachdenken und Schlussfolgern.

Kinder sehen: Viele Menschen haben durch Nachdenken Antworten auf ihre Fragen gefunden; das nennen sie dann „meine Philosophie" und meinen damit, dass sie sich eine Theorie über das Leben, die Menschen, über den Sinn dessen, was man tun muss, und über die Inhalte, die als wahr und maßgebend gelten sollen, gemacht haben. Kinder entdecken bei sich, dass auch sie nach Antworten auf Fragen suchen, dass auch sie in der Lage sind, sich einen „Reim" auf die Dinge zu machen, eine Theorie zu entwickeln, also zu philosophieren.

13.1.3 Gefahren durch extreme Haltungen

Ein weiterer Aspekt sollte bei diesen grundsätzlichen Erörterungen für die Bedeutung der Bildungsbereiche Ethik, Religion und Philosophie noch bedacht werden: Kinder wachsen in eine Welt hinein, in der es auch Menschen gibt, die aufgrund ihrer religiösen und weltanschaulichen Überzeugung oder aufgrund der Werte, die für sie absolut gelten, **extreme Haltungen und fanatische Einstellungen** einnehmen. Diese Menschen agieren

- In Sekten
- In fanatischen Gruppierungen
- In antidemokratischen Aktionskreisen.

Damit werden die Kinder im Vorschulbereich zwar selten unmittelbar konfrontiert, doch später können sie solchen Phänomenen nicht ausweichen, weil sie entweder direkt oder durch die Medien immer wieder darauf gestoßen werden.

Eine Bildung in den Bereichen Ethik, Religion und Philosophie ist von Anfang an notwendig und sinnvoll, um Kinder stark zu machen,

- Sich gegen extreme Gruppen und Sekten zur Wehr setzen zu können
- Fanatischen Glauben von einem menschfreundlichen und konstruktiven unterscheiden zu lernen.

Damit ist auch für später der Grundstein gesetzt, dass Kinder besser unterscheiden und bewerten können, wenn aus guten religiösen, ethischen und philosophischen Ansichten einseitige und fanatische geworden sind.

13.2 Bedeutung für Kinder und Jugendliche

Bei der Begründung und den spezifischen Kennzeichen der Bildungsbereiche Ethik, Religion und Philosophie (→ Kap. 13.1) wurde darauf hingewiesen, welche Bedeutung diese Bereiche für die Persönlichkeitsentwicklung der Kinder haben. Diese Bedeutungsfaktoren werden nun nochmals in einer Zusammenschau aufgezeigt und zueinander in Beziehung gesetzt.

13.2.1 Das Postulat ganzheitlicher Bildung

Eine ganzheitliche Bildung von Kindern begründet sich zum einen von ihren *Bildungsbedürfnissen* her, zum anderen von ihren *Bildungsansprüchen*.

Bildungsbedürfnisse

Kinder möchten wissen. Sie möchten

- Sich die Welt um sie herum erschließen
- Die Dinge erfassen und begreifen, die das Leben und Handeln der Menschen bestimmen
- Wissen, was den Menschen wert und heilig ist, woran sie glauben, wie ihr Handeln zu bewerten ist
- Die Gründe und Zusammenhänge der Welt und der Leitwerte und Gestaltungsmomente des Lebens und des Zusammenlebens begreifen
- Sich in der Welt der Menschen zurechtfinden, einen eigenen Ort, einen Standpunkt, einen Sinngrund und Wertehorizont erwerben.

Eine ganzheitliche Bildung, die alle Bereiche des Wissens, des Glaubens, des Wertschätzens und des moralischen Lebens umfasst, steht dem Kind aufgrund seines Bildungsbedürfnisses zu und aufgrund seines Bestrebens einer umfassenden Einsicht in die Dinge, die das Leben der Menschen leiten.

Bildungsansprüche

Neben den Bildungsbedürfnissen gibt es auch Bildungsansprüche, die die Gesellschaft und die spätere Ausbildungs- und Arbeitswelt an die Kinder stellen, vor allem dann, wenn sie in der Lage sind, Verantwortung zu übernehmen.

Die Kinder sollen auch schon im Kindergartenalter

- Ihre Welt und die der Menschen um sie her – Familie, Kindertageseinrichtung, Kindergruppe – mitgestalten können
- Nach und nach immer mehr Verantwortung übernehmen können
- Sich zurechtfinden und auf dem Weg zu einer selbstständigen und souveränen Lebensführung vorankommen.

13.2.2 Die Bedeutung der ethisch-religiösen Erziehung für die Entwicklung des Kindes

Die ethisch-religiöse Erziehung stellt an die pädagogischen Fachkräfte hohe Anforderungen. Was aber bedeutet diese Erziehung für die Kinder?

Ethische Bildung

Ethische Bildung sensibilisiert die Kinder für die Beurteilung eigenen und fremden Verhaltens und Handelns nach Kategorien wie

Abb. 13.5: Kinder möchten wissen, und sie möchten ihre Welt mitgestalten.

- Gut und böse
- Gerecht und ungerecht
- Nützlich und schädlich
- Aufbauend und verletzend
- Ermutigend und erniedrigend.

> ► **Ethische Bildung**
> Kennenlernen von Werten und Normen, die der Orientierung dienen. Ethische Bildung trägt somit dazu bei, im Handeln nach eigenen Überzeugungen selbstbewusst und sicher zu werden.

Kinder erfahren, wie sich ihre Fähigkeit verfeinert, Empathie und Verständnis dafür zu entwickeln, was andere empfinden, was sie meinen und warum sie sich so verhalten. Ferner werden sich die Kinder bewusst, dass auch sie selbst häufig Verursacher von Vorgängen und Entwicklungen sind, die als gut oder böse beurteilt werden.

Unterstützung durch ethische Bildung

Ethische Bildung unterstützt die Kinder bei der Entwicklung und Vertiefung ethischer Kompetenzen: Sie entwickeln und vertiefen ihre Urteilsfähigkeit und ihre Fähigkeit, sich mit unterschiedlichen Standpunkten auseinanderzusetzen, das eigene Verhalten und das der anderen zu bewerten und diese Bewertung auch zu begründen.

Lernen durch ethische Bildung

Bei der ethischen Bildung lernen die Kinder, ihrem moralischen Empfinden und ihrem Urteilen Ausdruck zu geben und mit anderen darüber zu kommunizieren. So werden sie dazu fähig, sich mit anderen Menschen auf gemeinsame Werte und Verhaltensregeln zu verständigen und gemeinsame Verbindlichkeiten festzulegen.

Religiöse Bildung

Kinder erleben Religionen – in unserem Land in erster Linie die christliche Religion – in vielfältigen Präsenzweisen. Religiöse Bildung hebt darauf ab,

- Die Wahrnehmungskompetenz der Kinder für den Bereich des Religiösen zu stärken und
- Mit dieser Kompetenz Inhalte zu erschließen.

> ► **Religiöse Bildung**
> Kennenlernen von religiösen Inhalten und Handlungen und erproben, was es heißt, aus religiöser Überzeugung sein Leben mit anderen zu gestalten.

Kinder erfahren, wie Menschen bei ihren Fragen, ihrem Deuten von Ereignissen und Vorgängen, bei ihren Entscheidungen und bei ihrer Lebensgestaltung die Religion einbeziehen.

Unterstützung durch religiöse Bildung

Ebenso versuchen die Kinder ihre Fragen, ihre Deutungen der Welt und ihre Entscheidungen für ein bestimmtes Verhalten und Handeln zur Religion in Beziehung zu setzen. Bei der religiösen Bildung erkennen die Kinder, wie Religionen auf unterschiedliche Weise Antworten, Deutungen und Weisungen geben. Sie werden dazu ermutigt, diese Orientierungen in Beziehung zu ihren eigenen Belangen zu setzen und für sie hilfreiche Antworten und Wegweisungen zu suchen.

Lernen durch religiöse Bildung

Kinder bringen das, was sie bewegt und was ihnen wichtig ist, gerne zum Ausdruck. Das betrifft auch Entdeckungen in und Erfahrungen mit der Religion. In der religiösen Bildung erfahren die Kinder eine Förderung ihrer Fähigkeit, über religiöse Inhalte zu reden und darüber, was diese ihnen bedeuten. Kinder setzen vieles, was sie als bedeutsam erkannt haben, in ihrem Handeln um. Die christliche Religion bietet – genauso wie alle anderen Religionen – zahlreiche Möglichkeiten, ihren Botschaften und Inhalten handelnd Ausdruck zu geben. Religionen enthalten ferner Weisungen und Anhaltspunkte für die konkrete Gestaltung des Lebens.

13.2.3 Die Bedeutung der philosophischen Erziehung für die Entwicklung

Philosophische Bildung ermutigt und bestärkt Kinder in ihrem Staunen, in elementaren Fragen und im Nachdenken. Sie weckt das Interesse der Kinder an bisher noch nicht entdeckten und bedachten Themen. Sie fördert die Fähigkeit der Kinder, sich eigene originäre Theorien über die Dinge der Welt zu bilden und unterstützt sie darin, ein eigenes Weltbild zu konstruieren.

> ► **Philosophische Bildung**
> Entdecken von Wegen, sich zusammen mit anderen den Zugang zur Welt erschließen und gemeinsam Antworten finden zu können. Die philosophische Bildung trägt somit dazu bei, Möglichkeiten eines Handelns kennenzulernen, das sich aus den Erkenntnissen und Standpunkten ergibt.

Durch philosophische Bildung finden Kinder Anregungen und Hilfen, sich mit vorfindbaren Deutungen und Erklärungen auseinanderzusetzen und sie mit ihren eigenen Auffassungen zu vergleichen. Philosophische Bildung unterstützt die Kinder, sich darin zu üben, ihre Auffassungen in Worte und Bilder zu fassen und sich mit anderen darüber – auch in kreativen Ausdrucksformen – auszutauschen.

13.2.4 Entfaltung eines moralischen Wertebewusstseins

Moralische Entwicklung → Kap. 10.3.3

Dass Kinder bei den Erwachsenen verschiedene Formen beobachten können, wie sie den Dingen **Sinn zuschreiben** und dass sie sich an unterschiedlichen **Werten orientieren,** wurde bereits oben beschrieben. Kinder sind aber nicht distanzierte Beobachter, sondern setzen sich mit diesem Orientierungsverhalten der Erwachsenen auseinander. Vor allem ist für sie bedeutsam, welchen Sinn ihre Bezugspersonen – Eltern und Erzieherinnen – den Widerfahrnissen des Lebens wie auch ihren eigenen Handlungen geben.

In den ersten Lebensjahren sind Kinder darauf angewiesen, dass sie sich auf die Werthaltungen, Glaubensüberzeugungen oder Lebensphilosophien ihrer Bezugspersonen verlassen können. Doch gewinnen sie mehr und mehr Distanz, je stärker der Kontrast zu den Überzeugungen, Werthaltungen und Theorien anderer wichtiger Personen

Abb. 13.6: Für Kinder ist es erforderlich, dass sie wissen, worauf sie sich verlassen können und was sie für wahr und wertvoll halten können, wie Freundschaft.

wird. Das heißt: Kinder werden schon früh mit gegensätzlichen religiösen, ethischen, philosophischen Meinungen konfrontiert, und zwar auch bei Menschen, die ihnen wichtig sind, die aber konträr zueinander stehen. Dadurch geraten Kinder nicht selten bereits früh in Dilemmasituationen. Diese können sie nur gut bestehen, wenn sie **Hilfen und Unterstützung** bei der Auseinandersetzung mit den unterschiedlichen Sinn- und Wertesystemen erhalten. Denn nur so sind sie auch in der Lage, sich für bestimmte Sichtweisen von Sinn und Werthaltungen zu entscheiden, was für ihre Persönlichkeitsentwicklung unbedingt notwendig ist.

Für die Konsistenz einer Persönlichkeit, für innere Stärke und eine offensive Lebenseinstellung ist es erforderlich, dass bereits Kinder sich mit Sinn und Werthaltungen identifizieren können, indem sie erfahren,

- Woran sie sich halten können
- Was sie für wahr und wertvoll erachten können.

Zur Entwicklung einer **selbstständig denkenden, urteilenden und handelnden Persönlichkeit** gehört nach den Kenntnissen der Entwicklungspsychologie auch die Entfaltung eines moralischen Wertebewusstseins (→ Kap. 10.3.3). Ein solches „Bewusstsein" ist in jedem Kind von Grund auf angelegt. Die Experten sprechen hier von Wertfühlen und frühkindlichen Wertempfindungen und von einem vorreflexiven Gewissen. Das zeigt sich an den Reaktionen der Kinder, wenn sie Zeugen von einem Verhalten oder von Handlungen eines Menschen werden, der Gutes tut oder anderen etwas Böses antut.

Kinder differenzieren die Welt und die Menschen nach

- Wohltuend und nicht wohltuend/gefährlich
- Gut und böse
- Gerecht und ungerecht bzw. gemein
- Freund und Feind.

Abb. 13.7: Zur Entwicklung des Wertebewusstseins bedarf es auch kommunikativer Kompetenz.

Zunächst sind diese Kategorien noch wenig moralisch charakterisiert. Doch je mehr die Kinder mit Unterstützung ihrer Umwelt, vor allem von Eltern, Erzieherinnen, Lehrern und anderen Kindern, ein moralisches Empfinden entwickeln und ein Bewusstsein für Werte und Normen, umso mehr sind sie gewillt und in der Lage, eine Theorie über Gut und Böse zu entwickeln. Diese besteht in erster Linie aus einer Sammlung von Kriterien, nach denen die Vorgänge in der Welt und das Handeln der Menschen moralisch bewertet werden.

Ein solches **Wertesystem** gibt Sicherheit für eigene Einstellungen und Haltungen, für eigene Verhaltens- und Handlungsweisen. Es bietet zugleich Anhaltspunkte für die Beurteilung des Verhaltens der anderen Menschen und dafür, wie mit ihnen umgegangen werden soll.

Die Entwicklung eines Wertebewusstseins ist eine Voraussetzung dafür, dass Kinder und Jugendliche sich schließlich auch mit Sinn- und Wertesystemen auseinandersetzen können, die sie bei anderen Menschen vorfinden, und dass sie herausfinden, womit sie sich identifizieren können.

Bedeutung von Ethik, Religion und Philosophie für die Wertebildung

Wenn Kinder in den Bildungsbereichen Ethik, Religion und Philosophie auf den Themenbereich Werte stoßen, ist nicht allein wichtig, die Vielfalt der Werte, die von Menschen vertreten werden, wahrzunehmen und den unterschiedlichen Interessen der Menschen zuzuordnen. Vor allem sollen Kinder die **spezifischen Kennzeichen moralischer Werte erkennen** und deren Sinn und Bedeutung für die Verantwortung, die jeder für sich selbst, für andere Menschen, das Gemeinwohl und die Schöpfung hat, erfassen. Es geht darum, die Sensibilität der Kinder für moralische Werte zu stärken, das Werteempfinden zu einem Wertebewusstsein weiterzuentwickeln und die Kinder zu befähigen, aufgrund dieses Bewusstseins moralische Entscheidungen zu fällen und **moralisch verantwortbar** zu handeln. Zur Entfaltung des Wertebewusstseins gehört auch die Entwicklung einer spezifischen **kommunikativen Kompetenz,** die dazu befähigt, eigene Wertauffassungen mit anderen auszutauschen, sie gegenüber anderen zu vertreten, sie gegen andere abzuwägen und das eigene Handeln begründen zu können.

13.2.5 Begegnung des Kindes mit religiösen Fragen

Viele Fragen der Kinder machen sich an alltäglichen Beobachtungen und Erlebnissen fest, andere sind grundsätzlicher Natur und beziehen sich auf Themen, die über die alltagstechnischen hinausgehen. Solche Fragen werden in der Regel bei den pädagogischen Maßnahmen behandelt, die sich unter „Philosophieren mit Kindern" fassen lassen. Doch manche dieser Fragen berühren auch den Bereich des Religiösen. Sie sollten aber nicht ausgeklammert werden, weil man vielleicht der Meinung ist, Religion sei Privatsache und gehöre deshalb nicht zur Bildungsarbeit in Kindertageseinrichtungen.

Es lassen sich unterscheiden: Religiöse Fragen, die sich

- Aus philosophischen Fragestellungen nach dem Woher, Wozu und Wohin des Lebens ableiten lassen
- Aus der Notwendigkeit ergeben, Sinnzuschreibungen für das Leben und für das konkrete Handeln des Menschen abzuleiten, die sich aus der Notwendigkeit ergeben, einen Grund für Hoffnung, Liebe, Frieden, Gerechtigkeit zu finden
- Direkt mit Aussagen des Glaubens über Gott, den Menschen, über Jesus, das rechte Tun, den Sinn von Leben und Sterben beziehen
- Auf Personen, Gebäude, Gegenstände, Handlungen, Bilder, Symbole, Rituale der Religion beziehen
- Darauf beziehen, was die Eltern, die Erzieherinnen oder andere wichtige Menschen glauben oder was die Kinder selber glauben sollen
- Auf widersprüchliche Rede- und Verhaltensweisen beziehen, wenn Kinder entdecken, dass gläubige Menschen oft anders reden, als sie handeln – wenn sie beten, wenn sie von Gott oder Jesus, von Gutem und Bösem sprechen, aber keine sichtbaren Konsequenzen daraus für die Verhalten ziehen – wenn es also darum geht, Dilemmata zwischen Glauben und Tun, zwischen Reden und rechtem Handeln zu bearbeiten.

Die Bildungsbereiche Ethik, Religion und Philosophie gehen von dem Bild des Kindes als dem **Konstrukteur eigener Weltbilder** auf der Grundlage von Wahrnehmungen, Deutungen und Schlussfolgerungen aus.

Die **Aufgabe der pädagogischen Fachkräfte** besteht in den drei Bereichen Ethik, Religion und Philosophie

- Zum einen darin, die von den Kindern geäußerten Beobachtungen, Fragen und Meinungen aufzugreifen und zu vertiefen
- Zum anderen darin, die für die ethische, religiöse und philosophische Bildung erforderlichen Lernprozesse zu initiieren, zu unterstützen und zu begleiten.

13.3 Rolle der Erzieherinnen

Durch Beobachtung und Dokumentation setzt die Erzieherin Bildungsprozesse um. Auch in ethisch-religiöser Hinsicht begleitet die Erzieherin das Kind, bildet es und nimmt dabei eine besondere Rolle ein.

13.3.1 Beobachtung in der ethisch-religiösen Erziehung

Beobachtung → Kap. 8.2

Beobachtung in der ethischen und religiösen Erziehung bedeutet:

- Aufmerksam und achtsam für die ethisch-religiösen Fragen der Kinder zu sein
- Interesse der Kinder an ethisch relevanten Themen und religiösen Handlungsformen wahrzunehmen.

Beobachtung und Dokumentation sind dabei die Basis der Erzieherin, um Bildungsprozesse planen, umsetzen und evaluieren zu können. Bislang hatten jedoch viele Einrichtungen die systematische Beobachtung und Dokumentation nicht im Fokus – vielmehr erfolgte die Beobachtung eher spontan. Nur einzelne Kinder wurden genauer beobachtet, eine gezielte Beobachtung erfolgte nur vor besonderen Anlässen wie den Elterngesprächen (Mayr 2005). Durch die Verankerung in den Bildungsplänen wurden Beobachtung und Dokumentation zur **Pflichtaufgabe der pädagogischen Fachkräfte.** Diese Aufgabe umfasst auch die Beobachtung und Dokumentation religiöser und ethischer Bildungsprozesse.

Fragen, die gegenwärtig viele Einrichtungen beschäftigen, richten sich insbesondere darauf:

- Was soll ich beobachten?
- Wie soll ich beobachten?
- Worauf muss ich besonders achten, wenn es um ethische oder religiöse Themen geht, um entsprechende Einstellungen und Verhaltensweisen?
- Wie soll ich mich verhalten, wenn das, was ich beobachte, meinen ethischen oder religiösen bzw. nichtreligiösen Auffassungen widerspricht?

Wahrnehmung und Ressourcenorientierung

In der Elementarpädagogik wird gegenwärtig von einer wahrnehmenden und ressourcenorientierten Beobachtung gesprochen. Damit ist eine Beobachtung gemeint, die die Fähigkeiten, Kompetenzen, Ressourcen und Potenziale des Kindes in den Blick nimmt, nicht die Defizite. Der „kluge Lerner“ (Kobelt Neuhaus 2007, S. 21) soll im Kind entdeckt werden, Möglichkeiten und Stärken des Kindes sollen gesehen werden. In beiden Ansätzen steht eine Beachtung des Kindes im Mittelpunkt der Beobachtung. **Be(ob)achtung** ist dann vor allem Beachtung und damit eine Möglichkeit, mit Kindern in den Dialog zu treten und so ihre Bildungsprozesse zu erfassen.

Beobachtung als wechselseitiger Prozess

Beobachtung erfasst nicht das einzelne Kind in einem neutralen Raum, sondern erfasst das Kind eingebunden in den sozialen Kontext mit seinen Wirkungen. Beobachtungen haben wiederum Auswirkungen auf das pädagogische Handeln und ermöglichen eine reflektierte Sichtweise auf das Verhalten des Kindes. Insofern wird Beobachtung als ein wechselseitiger Prozess verstanden, bei dem sowohl das Kind als auch die Erzieherin sich gegenseitig anerkennen.

Das **Konzept der wechselseitigen Anerkennung** wird transparent durch die Elemente

- Emotionale Zuwendung
- Kognitive Achtung
- Soziale Wertschätzung
- Wahrnehmung kultureller, ethischer, religiöser Diversität
- Respekt vor den ethischen und religiösen Unterschieden zwischen den Kindern und ihren Familien.

Der Leitgedanke, durch Beobachtung zu lernen, ermöglicht dem Fachpersonal eine Erweiterung der Betrachtungsweise oder gar einen Perspektivenwechsel. Die Erzieherinnen müssen sich vergewissern, was die Kinder an ethischen und religiösen Überzeugungen bzw. Lebenseinstellungen und -weisen (Philosophie) mitbringen, was für sie mit ihren Auffassungen und Standpunkten vereinbar ist und wo sie das andere als das bleibend Unterscheidende tolerieren müssen.

Eine bestimmte Perspektive gibt immer nur einen bestimmten Teil frei, jedoch nicht den Blick auf das Ganze. Impulsfragen, die sich die Erzieherin in diesem Zusammenhang selbst stellen kann, sind:

Wie ist es für die Erzieherin, wenn sie

- Bewusst die Perspektive wechselt, um zu einer möglichst ausgewogenen Sichtweise zu gelangen?
- Den Blickwinkel von Kindern erfasst?
- Die Perspektive von Eltern kennenlernt? (Strätz/Demandewitz 2005)

Wechselseitigkeit in der ethisch-religiösen Erziehung in der Kindertageseinrichtung als Lernort des Glaubens und der ethischen Werte meint z. B. die Auseinandersetzung mit den großen Lebensfragen der Kinder, die sich auch den Erzieherinnen stellen. Sie bieten gleichsam auch Orientierungspunkte für die Suche nach Lebensorientierung der Erzieherin (Beer 2005, Hugoth 2008).

Anforderung an das Fachpersonal

Systematische Beobachtung ist eine zentrale Aufgabe von Erzieherinnen, die differenzierte Anforderungen an das Fachpersonal stellt. Zum einen erfordert dies Abstimmungsprozesse im Team, die Berücksichtigung von organisatorischen und methodischen Aspekten, den Dialog mit Eltern und Kindern, aber auch die persönliche Auseinandersetzung mit der Thematik. Beobachtung betrifft immer auch die eigene Persönlichkeit. Sie erfolgt immer aus einer subjektiven Perspektive heraus, d. h. eigene Einstellungen, Haltungen und Vorerfahrungen fließen mit ein. Beobachtung, die Achtung, Respekt und Interesse dem Kind gegenüber zum Ausdruck bringt, um die Entwicklung des Kindes in der Ganzheitlichkeit einzufangen, um Unerwartetes zu entdecken, um Kenntnisse über das Kind und seine Interessen an religiösen Themen und Fragen zu erlangen und dabei selbst zu lernen, braucht pädagogisches **Fachpersonal mit** einem hohen Maß an **selbstreflexivem Verhalten.** Dies trifft vor allem auf den Bildungsbereich „Ethik, Religion und Philosophie" zu,

Abb. 13.8: In der ethisch-religiösen Erziehung setzen sich Kinder und Erzieherinnen gleichermaßen mit den großen Lebensfragen auseinander.

weil die Erzieherinnen sich hier kaum neutral verhalten können. Die Art und Weise, wie sich Kinder Meinungen bilden, was sie glauben und für gut halten, betrachten sie immer auf der Folie ihrer eigenen Einsichten und Überzeugungen.

Um die komplexen Leistungen der Kinder zu erfassen und Kinder nicht zu unterschätzen, ist die Beobachterin in ihrer Rolle vielfältig gefordert:

- Sich zurückzuhalten, abzuwarten
- Auf Vor-Urteile zu achten oder vorschnelle Schlussfolgerungen zu vermeiden
- Ihre Haltung zu reflektieren und zum Ausdruck zu bringen (Achtsamkeit, Sensibilität)
- Die eigene Biografie zu reflektieren
- Eine Zielorientierung zu haben
- Sich hinterfragen zu lassen.

Da Beobachtung als wechselseitiger Prozess auch die Erzieherin für die Prozesse der eigenen Wahrnehmung sensibilisiert, ist für Erzieherinnen gerade auch eine **pädagogische Selbstreflexion bei ethischen, religiösen und philosophischen Inhalten** unerlässlich:

- Wie ist die persönliche Auseinandersetzung mit dem Thema erfolgt?
- Wo ergaben sich Schwierigkeiten?
- War die Erzieherin vom Thema bzw. vom zu behandelnden Inhalt überzeugt?
- Inwieweit ist es gelungen, einen Bezug zur Lebenswirklichkeit der Kinder herzustellen?

Methodischer Impuls:
Das Führen eines persönlichen Tagejournals oder *Logbuchs* (→ Kap. 13.6) bietet eine Möglichkeit, den eigenen Entwicklungsprozess darzustellen und daraus Umsetzungsschritte abzuleiten.

Beobachtung – eine Anforderung an das Team

Durch den kollegialen Austausch, die Auseinandersetzung mit eigenen Einstellungen, Haltungen und Anfragen zu religiösen Inhalten und die gezielte Rückmeldung im Team besteht die Möglichkeit, den eigenen Blickwinkel zu erweitern. So kann die Erzieherin *Feedback* (→ Kap. 2.2, 10.4) und andere denkbare Bewertungen erhalten und sich auch im Team mit dem eigenen Standpunkt zu ethischen und religiösen Themen auseinandersetzen. Dadurch gelangt sie zu einem differenzierteren Gesamtbild.

Methodischer Impuls:
Das Team betrachtet eine Videosequenz „Spielsituation" ohne Ton. Im Anschluss kann über unterschiedliche Perspektiven diskutiert werden. Alle setzen sich persönlich damit auseinander:

- Was habe ich beobachtet?
- Welche Interpretation lässt die Situation zu?
- Wie würde ich reagieren?

Das Team diskutiert über die unterschiedlichen Sichtweisen. Seine Erkenntnisse und daraus ableitbare Rückschlüsse werden für das Beobachtungsmanagement der Einrichtung übernommen.

Ziele von Beobachtung und Dokumentation

Das Spektrum von Beobachtungen reicht von unstrukturierten über halbstrukturierte Verfahren bis hin zur strukturierten Beobachtung bzw. Checkliste. Auch die Dokumentation von pädagogischen Beobachtungen bedient sich unterschiedlicher Verfahren (→ Kap. 8.2).

Diese Verfahren sollten auch bei Erziehungs- und Bildungsprozessen angewandt werden, bei denen es um Ethik, Religion oder Philosophie geht. Denn auch hier werden in der Regel **systematisierte Lernprozesse** durchgeführt, bei denen es um den Erwerb von Wissen geht, um kommunikative Kompetenzen der Kinder, wenn sie sich über Erfahrungen, Meinungen und Standpunkte austauschen bzw. wenn sie ihre Ansichten gegenüber anderen vertreten sollen. Hier geht es auch um nachprüfbare Fähigkeiten und Fertigkeiten, und deshalb sollten hier ebenfalls Beobachtungsverfahren angewandt werden – auch wenn der „subjektive Faktor" bei den Kindern bei diesem Themenfeld eine größere Rolle spielt als in manch anderen, z. B. naturwissenschaftlichen Experimenten (→ Kap. 16).

Die Bildungspläne der einzelnen Bundesländer haben für die Beobachtung und Dokumentation unterschiedliche Angaben gemacht. Als Beispiel sei der Bayerische Bildungs- und Erziehungsplan (2007) angeführt. Hier wird aufgeschlüsselt, welche **Ziele** in Bayern mit Beobachtung und Dokumentation verbunden sind, und es werden die **Grundsätze** von Beobachtung beschrieben. Ebenso werden **Methoden** von Beobachtung dargestellt. Vor allem sollen Kinder von der Erzieherin auch deshalb beobachtet werden, damit diese sich Einblick in ihre Lern- und Entwicklungsprozesse verschaffen kann.

Als Schlüsselprozesse für Erziehungs- und Bildungsqualität sind Beobachtung und Dokumentation Ausgangspunkt für pädagogische Planungen und gleichzeitig Rückmeldungen über das pädagogische Handeln der Erzieherin (Lipp-Peetz 2007).

Nach dem bayerischen Bildungsplan heißt es (leicht gekürzt): Beobachtungen

- Erleichtern es, die Perspektive des einzelnen Kindes, sein Verhalten und Erleben besser zu verstehen
- Geben Einblick in die Entwicklung und das Lernen des Kindes, informieren über Verlauf und Ergebnis von Entwicklungs- und Bildungsprozessen
- Sind für pädagogische Fachkräfte Basis und Anlass für das Gespräch mit Kindern
- Bieten den Kindern die Möglichkeit zur Reflexion von Lernfortschritten und -erfahrungen und dem selbstständigen Setzen von Lernzielen
- Bilden die Basis für eine auf das einzelne Kind bezogene Planung künftiger Angebote
- Sind Grundlage für Entwicklungsgespräche mit Eltern
- Unterstützen und fördern den fachlichen Austausch und die kollegiale Zusammenarbeit
- Geben die Möglichkeit, Qualität und Professionalität der pädagogischen Arbeit sichtbar zu machen und nach außen darzustellen
- Unterstützen den Austausch und die Kooperation mit Fachdiensten und Schulen.

Planung von Beobachtungsaktivität

Um den Anforderungen einer systematischen Erfassung gerecht zu werden, ist jede Beobachtungsaktivität zu planen und methodisch aufzubauen. Im Blick auf ethische, religiöse und philosophische Fragestellungen fragt die Erzieherin z. B.:

- Welche Auswirkungen haben die ethischen und religiösen Überzeugungen, die das Kind in seiner Familie erlebt und lernt, auf seine Bereitschaft und Fähigkeiten, eigene Einsichten und Standpunkte zu entwickeln? (Anlässe)

Abb. 13.9: Es ist für die Erzieherin wichtig zu erfahren, welche Themen die Kinder gerade bewegen und welchen religiösen Hintergrund sie haben.

- Wie verhält sich das Kind, wenn es Kinder erlebt, die einer anderen Religion angehören? Zeigt es sich irritiert oder interessiert? (Anlässe)
- Wie macht sich diese Erfahrung in den Interaktionen des Kindes mit den andersgläubigen Kindern bemerkbar? (Inhalte der Beobachtung)
- Wie gestaltet das Kind seine Beziehung zu den anderen Kindern z. B. bei einer gemeinsamen Weihnachtsfeier? (Dauer der Beobachtung)
- Mit wem kann ich mich als Beobachtende kontinuierlich über meine Beobachtungen austauschen? (Die Frage nach dem Wie)

Beobachtung stellt sich in elementarpädagogischen Einrichtungen **drei Verpflichtungen** gegenüber dem Kind und den Erzieherinnen (Tietze 1999, Knauf 2003):

- Erzeugung physischen und psychischen Wohlbefindens als Voraussetzung für gesundes Aufwachsen
- Unterstützung der Kinder in den verschiedenen Bereichen ihrer Kompetenzbildung
- Weiterentwicklung der Qualität von pädagogischen Angeboten.

Diese Verpflichtungen sollen auch bei ethischen, religiösen und philosophischen Inhalten beachtet werden.

Der Hirnforscher Wolf Singer erläutert in seinem Aufsatz „Was kann ein Mensch wann lernen?“, dass Förderung in hohem Maß auf die individuellen Bedingungen abgestimmt sein müsse, da wegen unterschiedlicher Anlagen und Entwicklungsgeschwindigkeiten kaum damit zu rechnen sei, dass Kinder gleichen Alters gleiche Bedürfnisse und Fähigkeiten haben (2003). Kinder sollen insofern am besten in ihren **unterschiedlichen Alltagssituationen** wahrgenommen und beobachtet werden. Die Arbeitshilfe „Schau an“ des Caritasverbands Trier (2006) schlägt Fragen vor, mit denen auch die eigene religionspädagogische Praxis kritisch hinterfragt werden kann:

- Was interessiert die Kinder gegenwärtig und welche Themen bewegen sie?
- Womit setzen sich die Kinder aktuell auseinander, was erproben und erkunden sie gerade?
- Wie gehen sie an ein Thema heran?
- Wie erschließen sie sich das Thema?
- Was können sie bereits und was wollen sie noch erreichen?
- Was tun sie, um weiterzukommen?

Methodischer Impuls:
Erzieherinnen besuchen mit Kindern Kirchenräume. Fragen, die sich bereits beim Betreten der Kirche ergeben können, sind z. B.:

- Weshalb gibt es Wasserbecken am Eingang?
- Weshalb brennt in der Kirche ein rotes Licht?
- Warum steht ein großer Tisch in der Kirche?

Das begleitende Team beantwortet die Fragen.

Fragen ähnlich wie die oben angeführten können gestellt und mit den Kindern bearbeitet werden, wenn beispielsweise das Thema Helfen besprochen wird (z. B. am Martinstag, bei der Behandlung des Bereichs „Wer hilft, wenn man krank ist?“). Hier geht es dann stärker um **ethische Auffassungen und Standpunkte:**

- Warum helfen Menschen anderen, die in Not sind?
- Wer soll mir helfen, wenn ich mal krank bin?
- Was kann ich tun, wenn es meinem Freund nicht gut geht?

Beer, Peter: Wozu brauchen Erzieherinnen Religion? Ein Arbeitsbuch für Ausbildung und Praxis. München: Don Bosco 2005

Caritasverband für die Diözese Trier (Hrsg.): Schau an – Arbeitshilfe zur Beobachtung und Dokumentation, 2006

13.3.2 Begleitung des Kindes im ethisch-religiösen Bereich

Nachfolgend sollen einzelne Eckpunkte der Begleitung des Kindes in ethisch-religiöser Hinsicht durch die Erzieherin aufgezeigt werden.

Die *Entwicklungspsychologie* (→ Kap. 10) verdeutlicht, dass es während der Kindheit wesentliche Entwicklungsschritte gibt: Zum Ende der Kindergartenzeit beginnen die Kinder im Zuge der **Weltbildentwicklung,** sich eine Gesamtvorstellung von der Welt zu bilden. So hat Benjamin, 5½ Jahre alt, die Vorstellung, der Himmel sei etagengleich, und sagt: „Gott wohnt im Himmel über den Wolken.“ Dieses erste Weltbild wird bereits im ersten Lebensjahrzehnt wieder hinterfragt.

Religiöse Erfahrungen finden in Begegnungen in der Kindertageseinrichtung statt. Kindertageseinrichtungen sind Räume, in denen Erfahrungen gemacht werden, um selbst zu lernen und sich zu entwickeln. Dies gilt auch für den religiösen Bereich in Begegnung und Beziehung (Kohler-Spiegel 2008).

Kindertageseinrichtungen ermöglichen vertrauensbildende Grunderfahrungen, z. B. Wertschätzung, Anerkennung, Angenommensein, Vertrauen oder Stärkung des Selbstbewusstseins. Als Grundvoraussetzung für einen Zugang zum Glauben und zur Welt der Werte sind positive Beziehungserfahrungen wichtig.

Vorbildfunktion der Erzieherin

Kinder in ihren Fragen zu begleiten, Begegnungsmöglichkeiten mit unterschiedlichen Werthaltungen der Menschen und dem christlichen Glauben zu gestalten sowie Lernen in konkreten Erfahrungszusammenhängen zu ermöglichen, aber auch, gemeinsam mit den Kindern nach Antworten auf die großen Fragen des Lebens zu suchen, also zu philosophieren, stellt an Erzieherinnen vielfältige Anforderungen. Erzieherinnen müssen im pädagogischen Alltag die konkrete Lebenssituation der Kinder vor Augen haben. Sie vermitteln Kenntnisse, Fähigkeiten und Kompetenzen, die aus dem Glauben heraus zu einem gelingenden Leben des Kindes beitragen.

Wenn religiöse Bildungsarbeit wahrhaftig praktiziert werden soll, kann sich dies nicht nur auf die Anwendung eines religionspädagogischen Methodenrepertoires beschränken. Religiöse Bildungsarbeit braucht den **persönlichen Bezug zum Glauben** der Erzieherin bzw. zumindest eine Auskunftsfähigkeit von ihr in Fragen des Glaubens, was mit einer Authentizität der Auskunftsgebenden einhergehen sollte. Der kompetenten Begleitung und Unterstützung durch die Erzieherin kommt deshalb eine gesonderte Bedeutung zu.

Die Erzieherin als Lehrende und Lernende

Erzieherinnen sind gleichsam Lehrende und Lernende in Fragen des Glaubens. Sie machen sich gemeinsam mit den Kindern auf den Weg, um nach Lösungen und Antworten auf Glaubensfragen zu suchen und eigene Einstellungen und Haltungen zu überprüfen. Sie helfen Kindern beim Zuordnen der Gemeinsamkeiten bzw. beim Prüfen der Unterschiede in Fragen des Glaubens. Wenn sie dabei mit den Kindern Fragen formulieren, Antworten auf das eigene Leben beziehen und Orientierungspunkte für das eigene Leben entdecken, geschieht dies mittels Interaktion und Kommunikation (vgl. Hugoth 2008).

Bevor Erzieherinnen aber Inhalte an die Kinder herantragen, müssen sie sich selbst mit den zu vermittelnden religiösen Inhalten und Vollzugsformen auseinandersetzen. Sie sollten sich fragen:

- Welche Bedeutung haben die Inhalte für die Kinder?
- Was soll durch das Thema initiiert werden?
- Wie werden sich die Kinder dem Thema bzw. dem Inhalt nähern?
- Wo ergeben sich Fragen?
- Wie stehen Erzieherinnen selbst zum Thema?
- Welche Erfahrungen sammeln Erzieherinnen für sich selbst?
- Wie gehen Erzieherinnen damit um, wenn ihnen selbst bestimmte Glaubensinhalte und -praktiken unverständlich sind?

Erzieherinnen benötigen für die Darlegungen von Glaubensinhalten sowohl religionspädagogische als auch religiöse Kompetenz.

► **Religionspädagogische Kompetenz**
Methodische Kenntnisse der Aufbereitung und der Erschließung religiöser Themen unter Beachtung der Perspektive und Lebenswelt des Kindes.

► **Religiöse Kompetenz**
Aneignung religiösen Grundwissens, die Reflexion religiöser Inhalte und Vollzugsformen sowie die persönliche Auseinandersetzung und Auskunftsfähigkeit gegenüber Kindern.

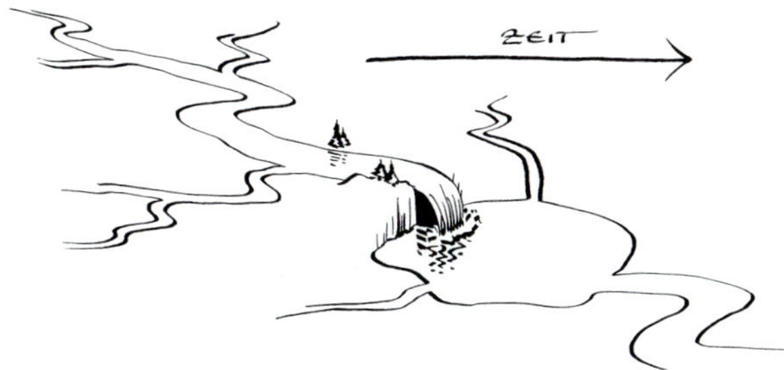

Abb. 13.10: Vorschlag zur Reflexion der eigenen Bildungsbiografie.

Reflexion der eigenen religiösen Bildungsbiografie

Kindern eine Orientierung am und im Glauben in Freiheit zu ermöglichen, bedeutet auch, den eigenen Glauben darzustellen und zu leben. Doch gerade über Religion zu sprechen, fällt nicht unbedingt leicht; denn mit der eigenen Positionierung bringt jeder Mensch seine „Fundamente" zum Ausdruck. Religiöse Kompetenz fordert die persönliche Auseinandersetzung mit Inhalten und Vollzugsformen und benötigt einen Biografiebezug im Sinn der Selbstreflexion.

Erzieherinnen müssen insofern den **Bezug zur eigenen Sozialisation** herstellen. Fragen, die sie sich dabei stellen können, sind:

- Wo bin ich christlicher Religion in meinem Leben begegnet?
- Was war bzw. ist für mich dabei beeindruckend?
- Gibt es wichtige Wegbegleiter im Glauben?
- Welche Fragen ergeben sich für mich?
- Welche Bedeutung hat für mich religiöse Bildung?
- Welche Themen bereiten mir Schwierigkeiten?
- Was ist mir unverständlich oder fremd?

Eine **achtsame und kompetente Begleitung** durch die Erzieherin bei religiösen Inhalten erfordert somit

- Religiöses Grundwissen und Fähigkeiten der Auseinandersetzung mit Literatur und Arbeitshilfen
- Zeit und Raum für Auseinandersetzung mit religionspädagogischen Themen im Sinne eigener Biografiearbeit und Glaubenskompetenz
- Zeit und Raum, um religionspädagogische Themen im Sinne der Profilbildung im Team, mit Trägern bzw. Vertretern der Pfarrgemeinde zu diskutieren
- Unterstützung, Begleitung und Weiterbildung durch kompetente Gesprächspartner beispielsweise beim Wahrnehmen von Fortbildungsangeboten der freien Träger
- Eine gezielte religionspädagogische Fortbildungsplanung im Sinne einer strategischen Personalentwicklung.

Methodischer Impuls:
Skizzieren Sie einen Fluss (→ Vorschlag Abb. 13.10), der Ihre eigene Beziehung zur Religion abbildet. Die Breite des Flus-

ses bildet gleichsam die Bedeutung von Religion – je breiter er ist, desto wichtiger ist ihre Bedeutung und umgekehrt. Zuflüsse und Verzweigungen stehen für Begegnungen mit Menschen, Erfahrungen und Erkenntnisse. Vielleicht gibt es auch Abflüsse, Stauwerke, Verdunstungen, Wasserfälle? Zentrale Punkte sollten schriftlich festgehalten werden. Erzieherinnen können sich dazu folgende Fragen stellen:

- Wo/Wann habe ich mich mit Religion intensiv beschäftigt, so dass ich mir diesbezüglich viele Kompetenzen angeeignet habe (Stauwerk)?
- Was war los mit meiner Bindung an Religion, als ich nicht mehr in die Kirche gegangen bin oder gar aus der Kirche austreten wollte (Sickerstelle)?
- Wann war die Bindung an Religion und Glaube für mich sehr bereichernd, insofern ich daraus eine große Kraft geschöpft habe (Wasserfall)?

Sicherlich gibt es noch weitere Flussstellen! (Nach Beer 2005).

Biesinger, Albert u. a. (Hrsg.): Brauchen Kinder Religion? Neue Erkenntnisse – Praktische Perspektiven. Weinheim: Beltz 2005

Harz, Frieder: Kinder und Religion. Was Erwachsene wissen sollten. Seelze-Velber: Kallmeyersche Verlagsbuchhandlung 2006

13.4 Lernumgebung

Das Kind benötigt für seine individuelle Entwicklung Lernanlässe und Lerngelegenheiten. Da Bildung und Erziehung auf Dialog ausgerichtet sind, sind die aktive und partnerschaftliche Beteiligung und das Zusammenwirken von Fachkräften, Trägern und Eltern erforderlich (→ Abb. 13.11).

Das Erlernen ethischer, religiöser und philosophischer Kompetenzen setzt folgende partnerschaftlich agierende Institutionen voraus:

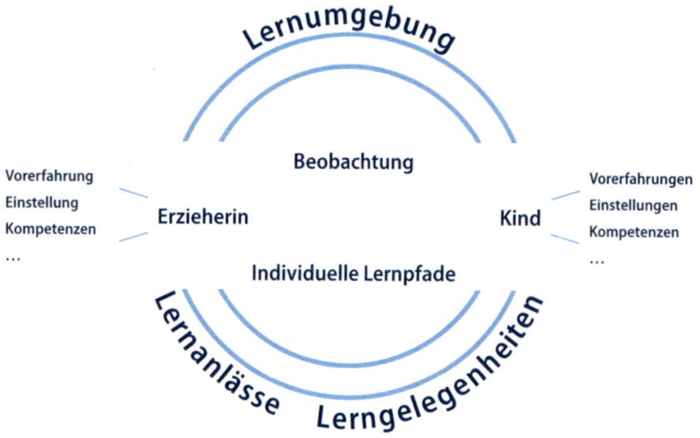

Abb. 13.11: Das Kind benötigt Lernanlässe und Lerngelegenheiten für seine individuelle Entwicklung.

- Kindertageseinrichtung als Einrichtung mit Bildungsauftrag, die z. B. Sorge trägt für
  - Gelungene Erzieherin-Kind-Beziehung
  - Raum für Dialog und Interaktion
  - Anregende Lernumgebung
- Eltern als Bildungspartner
- Träger als Bildungspartner.

Kindertageseinrichtung als Einrichtung mit Bildungsauftrag

Eine Kindertageseinrichtung, die sich als **Bildungsinstitution** präsentiert, möchte

- *Darlegen,* worin die konkreten Bildungsleistungen bestehen und woran sie zu messen sind. Die Darlegung des Bildungsgehalts erfolgt im *Leitbild* und in der *Konzeption* (→ Kap. 2.2.2) sowie in weiteren *Publikationen* (→ Kap. 2.6), in denen sich die Einrichtung als Bildungsinstitution vorstellt
- *Benennen,* wer die Akteure im Bildungsgeschehen sind – Kinder, Eltern, Erzieherinnen – und deren jeweilige Funktion
- *Angeben,* nach welchen Konzepten und mit welchen Methoden sie arbeiten. In der Konzeption werden die Bereiche Ethik, Religion und Philosophie als integraler Bestandteil des Bildungsengagements der Einrichtung vorgestellt, in dem das Kind für seine Persönlichkeitsentwicklung bedeutsame Bildungsprozesse erfährt und diese mitgestaltet.

Das trifft auch auf die Intentionen, Inhalte und Verfahrensweisen in den Bildungsbereichen Ethik, Religion und Philosophie zu.

Gelungene Erzieherin-Kind-Interaktion

Wesentliches Element für die Qualität pädagogischer Prozesse ist die Gestaltung der Erzieherin-Kind-Interaktion mit einer fördernden *Gesprächsführung* (→ Kap. 10.4). Wie Wittchen (2006) formuliert, braucht das Kind einen „vertrauensaufbauenden Gesprächsstil", der das Kind motiviert, sich mit ethisch-religiösen sowie philosophischen Fragen und Inhalten auseinanderzusetzen.

Dieser Bildungsprozess bedarf aber auch einer systematischen Begleitung durch die Erzieherin, die hilft, Erkenntnisse zu verorten und Impulse zu geben. Der Prozess ist somit auf **Wechselseitigkeit** angewiesen und verwiesen: Fragen der Kinder aufgreifen als auch ethische, religiöse und philosophische Themen der Kinder wahrnehmen, identifizieren und diese in der Verknüpfung mit anderen Themen betrachten und somit lebensbezogene Bildungsprozesse initiieren. Lernprozesse können nur angeregt werden, wenn der Lernende für den Prozess motiviert und gleichzeitig auch in ihn eingebunden ist.

Raum für Dialog und Interaktion

Subjektgesteuertes Lernen ist an die biografischen Vorerfahrungen des Kindes gebunden. Um diese herauszufin-

Abb. 13.12: Ethische und religiöse Bildung erfordert eine Umwelt, die Fragen ermöglicht.

den, braucht es Gespräche und gezielte Beobachtung. Auf diese Weise bekommt die Erzieherin einen Eindruck davon, welche Interessen das Kind in diesem Augenblick in Bezug auf ethische, religiöse und/oder philosophische Themen und Inhalte haben könnte, welche Fragen es derzeit beschäftigen und welche Erfahrungen das Kind bereits sammeln konnte.

Erzieherinnen werden immer versuchen, das Kind in seinem individuellen Bildungsprozess lernbegleitend zu stützen und zu fördern. Mit einer pädagogischen Instruktionsmethode wie dem *Scaffolding* wird dabei die Eigeninitiative und die Selbstregulation des Kindes gefördert.

► **Scaffolding**
Vorübergehende Hilfestellung, mit der die Weiterentwicklung von Kindern gefördert werden kann, indem sie je nach ihrem Kompetenzniveau Hilfe und Anreize bekommen.

Mit einer Lernbegleiterin wie der Erzieherin sind für das Kind sowohl die Interaktion als auch der Dialog möglich. Sie ermöglicht den Austausch von Sicht-, Denk- und Erfahrungsweisen.

Anregende Lernumgebung

Ethische, religiöse und philosophische Bildung benötigen eine anregende Umwelt, die

- Fragen aufwirft
- Frageräume erschließt
- Möglichkeit bietet, Fragen zu adressieren und Handlungs- und Erprobungsspielräume zu eröffnen.

Religiöse Bildung will aus dem Glauben heraus durch die Vermittlung von Wissen, Fähigkeiten und Kompetenzen zu einem gelingenden Leben beitragen, Ethik und Philosophie aus menschlichen Überlegungen heraus.

Lernen als aktiver Prozess erfordert Lerngelegenheiten und Lernumgebungen, daher sind auch für die ethische und religiöse wie für die philosophische Bildung sogenannte **Lehr- und Lernarrangements** notwendig, die das Kind in seiner Rolle als aktiven Gestalter seines Bildungsprozesses berücksichtigen. So kann sich das Kind die von der Erzieherin angebotenen Inhalte und Handlungsweisen aneignen.

⊙ Für ein Grundvertrauen in das Leben benötigen Kinder Erfahrungen und dazugehörige Orte, in denen sie sich selbst- und verantwortungsbewusst entwickeln. Daher sind für die ethische, religiöse und philosophische Bildung und Erziehung sowohl eine geeignete Lernumgebung als auch eine förderliche Atmosphäre unverzichtbar.

Zu einer **anregenden Lernumgebung** gehören z. B.:

- *Zahlreiche Bilderbücher,* die den Kindern jederzeit zugänglich sind
- *Rückzugsmöglichkeiten,* die den Kindern Ruhe und Konzentration ermöglichen
- *Hochwertige Materialien* zur Entwicklung von Wertorientierungen, die den Kindern selbstverantwortete Handlungsmöglichkeiten eröffnen.

Für die Lernumgebung ist es auch wichtig, dass Inhalte in sinnvolle, anwendungsbezogene Kontexte eingebunden werden und dass durch motivierende Fragestellungen aktive Lernprozesse möglich werden. Lernräume sollen dem Bedürfnis nach Herausforderung durch die Schaffung von Handlungsspielräumen gerecht werden. Darüber hinaus soll ein übergreifendes Arbeiten im Sinne der Vernetzung mit anderen Bildungsbereichen ermöglicht werden.

Speziell für die **religiöse Bildung** kommen zu einer anregenden Lernumgebung noch hinzu:

- *Fragestellungen im Alltag,* die das Kind zum Nachdenken über Gott anregen
- *Symbole,* die die Religionen der Kinder in der Einrichtung repräsentieren
- *Ein Bezug zu gelebter Religiosität,* um die Lebensrelevanz von Religion zu verdeutlichen.

Eltern als Bildungspartner

Für die Ausbildung ethischer, religiöser und philosophischer Kompetenzen sind die Eltern als Bildungspartner ganz wesentlich, so dass sie sowohl als Gesprächspartner in Bildungsfragen für die Erzieherinnen als auch als Handlungspartner in der konkreten Bildungsarbeit mit den Kindern einbezogen werden sollten.

Der Bildungsbereich **Religion** zeichnet sich u. a. durch Positionierung und Bekenntnis aus. Eltern stärken durch das Teilhabenlassen an dem, was ihnen wert und heilig ist, an ihren Positionen und ihren Bekenntnissen die Kinder bei der Entwicklung einer religiösen Identität.

Eltern haben ebenso Antworten auf Fragen des Lebens gefunden und darauf, was gut zu heißen und abzulehnen ist und was es heißt, Verantwortung zu übernehmen. Sie haben eine eigene Lebensphilosophie entdeckt und Antworten gefunden. Aus ihren **ethischen Überzeugungen** und **philosophischen Erkenntnissen** heraus können Eltern die Kinder komplementär zu der pädagogischen Arbeit der Erzieherinnen bei der Auseinandersetzung mit Themen der Ethik, Religion und Philosophie begleiten.

Träger als Bildungspartner

Dem Träger als Bildungspartner kommt die wichtige Aufgabe zu, seine Mitarbeiterinnen und Mitarbeiter bei der Entwicklung einer Konzeption zu unterstützen, in dem Ethik, Religion und Philosophie zum festen Bestandteil gehören. Er hat dieses Bildungsprofil auch nach außen zu vertreten und mit seinem Team nach Partnern zu suchen, die die Einrichtung bei der Etablierung dieses Profils unterstützen.

Das **Bildungsprofil einer Kindertageseinrichtung,** die den Bildungsbereich Ethik, Religion und Philosophie konsequent realisiert, zeichnet sich dadurch aus, dass hier

- Die entsprechenden Themen mit den Kindern behandelt und dabei entsprechende Medien und Materialien eingesetzt werden
- Bei der religiösen Erziehung gebetet und gesungen wird
- Formen des Umgangs miteinander praktiziert werden, bei denen deutlich wird, „wes Geistes Kind“ Erzieherinnen und Kinder sind
- Religiöse Feste gefeiert, Symbole und Bilder eingesetzt, Rituale vollzogen werden
- In den Leitbildern, Konzeptionen, Flyern und anderen Formen der Präsentation der Einrichtung deren Philosophie und Arbeitsschwerpunkte zum Ausdruck gebracht werden.

Der Träger hat dem Team die **Rahmenbedingungen** zur Verfügung zu stellen, die erforderlich sind, damit die Kinder Erfahrungen sammeln, Dinge ausprobieren, die Welt der Religionen entdecken und ein Leben nach ethischen, religiösen und philosophischen Einsichten einüben können. Er hat dazu den pädagogischen Fachkräften seiner Einrichtung die Möglichkeit zu geben, sich durch Fortbildungsmaßnahmen fortzubilden und persönlich weiterzuentwickeln.

13.5 Bildungsangebote

Konkret besteht die Aufgabe der pädagogischen Fachkräfte von Kindertageseinrichtungen darin, das Kind gerade auch in den Bereichen Ethik, Religion und Philosophie bei der **Weiterentwicklung seiner Begabungen und Kompetenzen** zu fördern und zu unterstützen, z. B.:

- *Wahrnehmungs- und Reflexionsfähigkeit* – bei seiner Fähigkeit, die Dinge um es her, die Welt der Natur und der Menschen sowie über das Sichtbare Hinausgehendes – Ideen, Welt- und Menschenbilder, Werthaltungen, Glaubensauffassungen – wahrzunehmen und sich hierzu Wissen anzueignen
- *Deutungs-, Urteils- und Ausdrucksfähigkeit* – bei seiner Fähigkeit, sich eine Meinung zu bilden und seinen Ansichten einen Ausdruck zu geben
- *Kommunikations- und Bindungsfähigkeit* – bei seiner Fähigkeit, mit anderen zu kommunizieren, Beziehungen zu gestalten und Bindungen einzugehen
- *Ethische Urteils- und Handlungsfähigkeit* – bei seiner Fähigkeit, begründet, konsequent und empathisch zu handeln.

Diese Kompetenzen sind für die Persönlichkeitsentwicklung und -entfaltung des Kindes von zentraler Bedeutung.

Im Folgenden werden einige exemplarische Maßnahmen vorgestellt, die sich bei der konkreten Realisierung einer Bildungsarbeit in den Bereichen Ethik, Religion und Philosophie bewährt haben.

Kinder mit Ritualen vertraut machen, die das Leben strukturieren und ordnen

Vor allem bei der Bildungsarbeit mit Kindern lernen diese zahlreiche Bilder und **Symbole, Rituale und wiederkehrende Handlungen** kennen. Diese sind in der Regel seit urdenklichen Zeiten überliefert und deshalb überzeitlich. Die Kinder reihen sich ein in die Tradition all derer, die diese Symbole und Rituale angewandt und praktiziert ha-

Abb. 13.13: Ein Gebet am Esstisch kann ein Ritual werden, und jedes Kind kann so beten, wie es das von seinem religiösen Hintergrund kennt.

ben. Damals wie heute geschieht dies zu bestimmten Zeiten des Tages, der Woche, der Monate und des Jahres.

Die **religiösen Symbole und Rituale** beispielsweise richten sich nach festen Zeiten und geben zugleich einen Rhythmus vor:

- Das Gebet an jedem Morgen
- Ein Ritual des Abschieds am Abend
- Ein Segensspruch zum Geburtstag
- Die Strukturierung der Woche nach Sonn- und Werktagen
- Im Jahreskreis immer wiederkehrende Feste
- Besondere Zeiten wie die Fastenzeit vor Ostern oder der Advent vor Weihnachten.

All diese Momente können, wenn sie ernst genommen und in den Rhythmus des Lebens eingebaut werden, das Leben strukturieren und ordnen helfen. Beides ist für das Aufwachsen von Kindern unbedingt notwendig, weil es die Zeiten des Lebens in überschaubare Abschnitte einteilt, weil es eine Kontinuität schafft und Konsistenz vermittelt, weil es die Menschen, die sich nach diesen Symbolen und Ritualen zu bestimmten festgelegten Zeiten richten, miteinander verbindet.

Wichtig ist bei der **Anwendung von Ritualen,** dass den Kindern der ursprüngliche Sinn und die Bedeutung, die sie bis heute haben, vermittelt werden. Dann können sie von den Kindern als Momente erkannt werden, die das Leben rhythmisieren und gestalten und die aufgrund der regelmäßigen Wiederkehr Sicherheit und Zuverlässigkeit vermitteln und in den Kindern stärken (→ Abb. 13.13 und 13.14).

Kinder religiöse Feste erleben lassen

Feste spielen im Leben der Kinder eine große Rolle. Sie erleben, dass Erwachsene oft banale Anlässe nennen, um eine Party oder eine andere Art von Festen zu feiern, auch wenn sich dieses Feiern oft in Essen und Trinken erschöpft.

Religiöse Feste haben in der Regel keinen banalen Sinn. Sie beziehen sich auf Themen, die wesentlich zum Glauben der Menschen gehören und diesem einen Ausdruck geben. Ähnlich wie Weihnachten und Ostern sind auch die anderen Feste der Christen **Ausdruck einer bestimmten Glaubensauffassung:**

- *Weihnachten* ist kein Fest, an dem man sich lediglich etwas schenkt, an dem man das Wohnzimmer mit Weihnachtsbäumen, Zweigen, Kugeln, Lametta und Kerzen schmückt. An Weihnachten feiern Christen überall auf der Welt die Geburt Jesu, von dem sie glauben, dass in ihm Gott Mensch geworden ist. Es ist eine nur schwer zu begreifende Vorstellung: Gott wird ein Mensch, kommt als Kind auf die Welt, um seine Nähe zu und seine Solidarität mit den Menschen auf eine unüberbietbare Weise zu demonstrieren
- *Ostern* ist der Tag, an dem die Christen die Auferstehung Jesu von den Toten feiern und damit auch den durch das Ostergeschehen bekräftigten Zuspruch Gottes, dass niemand im Tod belassen sein wird, dass vielmehr jeder zum ewigen Leben berufen ist.

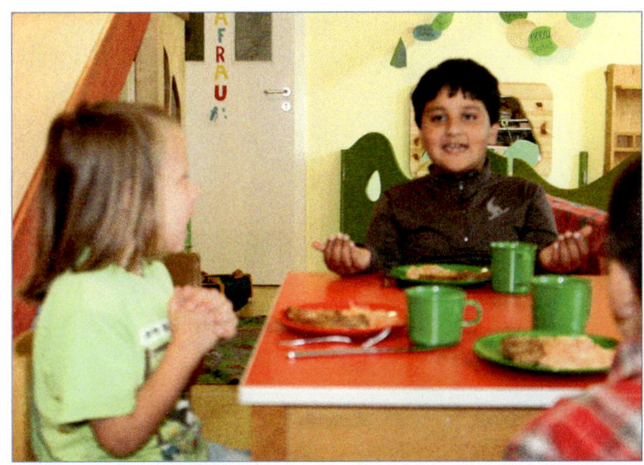

Abb. 13.14: Beten aus der jeweiligen Tradition heraus in der Gegenwart des anderen.

Was hier für die Christen beschrieben wird, gilt für alle Religionen: In allen Religionen feiern die Angehörigen **Feste als Ausdruck ihres Glaubens** und als Gestaltungsmomente ihres gemeinschaftlichen Lebens. Deshalb muss das Feiern religiöser Feste in Kindertageseinrichtungen auch nicht auf die christlichen Feste beschränkt bleiben. Die Tageseinrichtung kann auch mit muslimischen Kindern und mit Kindern, die einer anderen Religion angehören, ihre Feste feiern. Dann ziehen die Erzieherinnen die Eltern der Kinder hinzu, damit sie von ihnen den Sinngehalt der einzelnen Feste erfahren und dazu beitragen, dass die Feste möglichst authentisch gefeiert werden.

Mit Kindern **religiöse Feste zu feiern,** kann folgende **Bedeutung** haben:

- Die Kinder erfahren über die Feste etwas von den Glaubensinhalten, die hinter den Festen stehen und die beim Feiern zum Ausdruck gebracht werden sollen
- Die Kinder erleben die gemeinschaftsstiftende Funktion religiöser Feste. Diese werden gefeiert
  - Wie von Generationen über Generationen vor uns und damit in Gemeinschaft mit den Menschen, die vor uns gelebt und diese Feste gefeiert haben
  - In dem Bewusstsein, dass dieses Fest zur gleichen Zeit überall auf der Welt von Christen oder – wenn es sich um islamische Feste handelt – Muslimen gefeiert wird und in Gemeinschaft mit den Menschen gleichen Glaubens in allen Ländern der Erde
  - Zusammen mit anderen Kindern und mit den Erwachsenen in der Familie, in der Kita, in der Kinder- oder Familiengruppe und damit in Gemeinschaft unmittelbar mit Menschen in der Nähe
- Die Kinder erleben Feste als etwas, das aus dem Alltag hervorgehoben wird. Sie erleben ferner, dass dies in dem religiösen Inhalt begründet ist, der im Mittelpunkt des jeweiligen Festes steht. Sie erleben, dass es auch mit dem Glauben eine besondere Bewandtnis hat,

Abb. 13.15: Religion kann in den Alltag integriert werden, z. B. durch ein selbstgebautes Kreuz, das die Kinder nach ihren Interessen und Wünschen gestalten können.

weil sich die Menschen auf Gott verlassen, an ihn Lob, Dank, Bitten richten und er zugleich unverfügbar bleibt.

Der Glaube an einen den Menschen zugewandten und gleichzeitig sich ihnen entziehenden Gott bestimmt das Denken, die Einstellungen und Haltungen wie auch das Tun der Menschen. Dies geht aber nicht in den Alltagsverrichtungen auf, sondern benötigt immer wieder ein Erinnern, Vergewissern, braucht Ausdruck und Erlebbarkeit – all das vermitteln religiöse Feste.

Kinder sensibilisieren für sinnstiftende ganzheitliche Erfahrungszusammenhänge

Kinder wachsen in einer Welt auf, in der sich die Alltagsvollzüge der Menschen oft in vielen nebeneinanderstehenden bzw. additiv aufeinanderfolgenden Handlungen erschöpfen. Oft finden diese Vollzüge an unterschiedlichen Orten mit jeweils neuen Menschen statt. Der Alltag der Menschen ist zeitlich und räumlich meist zerschnitten und segmentiert, und so empfinden sich die Menschen oft auch selbst: als aufgeteilt in Rollen und Funktionen, als punktuell vorhanden an diesem oder jenem Ort. Es kommt immer weniger zu ganzheitlichen, die Menschen insgesamt betreffenden, konsistenten Erfahrungszusammenhängen. In dieses Fahrwasser geraten auch die Kinder schon immer früher.

Bildungsprozesse zum Bereich Ethik, Religion und Philosophie können dem gegensteuern, indem bei ihnen die Kinder **zusammenhängende Erfahrungen** machen. Sie bestehen entweder darin, dass einzeln oder gemeinsam über ein bestimmtes Thema nachgedacht wird, dass gemeinsam dem Glauben Ausdruck gegeben wird oder sich mit Gestalten, Bildern, Symbolen, Erzählungen aus der Welt der Religion befasst wird. Solche Bildungsprozesse richten sich aus auf eine Verständigung über Werte und Normen und über das eigene sowie das gemeinsame Handeln.

Werteerziehung

Wertebildung → Kap. 9.1.2 und 20.1.3

Eine Werteerziehung besteht zum einen in dem Bekannt- und Vertrautmachen, in der Auseinandersetzung mit und Gewichtung von vorhandenen Werten. Diese bringen die Kinder bereits von daheim mit, sie finden sie in der Kindertageseinrichtung vor, und sie werden ihnen von den Erzieherinnen nahegebracht.

Kinder bestimmen aber zum anderen auch selbst darüber, was ihnen wichtig und wertvoll ist. Sie sind wertschöpfend, indem sie eigene Werte formulieren und sagen, welche Bedeutung diese für ihr Verhalten und für den Umgang miteinander haben.

Schließlich lernen die Kinder auch, welche Werte von besonderer Bedeutung und welche eher weniger wichtig sind. Sie lernen differenzieren, gewichten, sich entscheiden, zu etwas stehen.

Werteerziehung ist eine Sache von

- Kognitiver Bildung
- Emotionaler Bildung
- Identitätsbildung
- Gemeinschaftsbildung
- Handlungsorientierung
- Zugehörigkeitsbildung
- Interkultureller und interreligiöser Bildung.

Zuhören können

Die Bildungsbereiche Ethik, Religion und Philosophie werden stark realisiert über das Wort, das Gespräch, den Austausch und die Auseinandersetzung. Es handelt sich also um ausgesprochen kommunikationsorientierte Bereiche. Deshalb ist es eine **Basiskompetenz der Erzieherinnen,** zuhören zu können. Dazu gehören:

- Das Wahrnehmen des Kindes in dem, was es mitteilen will und auf welche Weise es dies tut
- Die Fähigkeit hinzuhören, was das Kind sagt, was es fragt, was es wissen will, worin seine Ideen, Vorstellungen, Bilder bestehen, welche Schlussfolgerungen es zieht, wie es die Mitteilungen anderer auffasst.

Zugleich sind die Bildungsbereiche Ethik, Religion und Philosophie ausgezeichnete **Übungsfelder für Kinder,** selbst das Zuhören zu lernen.

Einüben demokratischer Verhaltensweisen

Formen der Förderung emotionaler und sozialer Kompetenz → Kap. 20.5.2

In den Bereichen Ethik, Religion und Philosophie mit anderen Austauschprozesse zu gestalten, sich auf gemeinsame Werte zu verständigen, andere Standpunkte, Glaubenshaltungen, Wertvorstellungen und philosophische Einsichten tolerieren zu lernen – dies ist für eine sinnvolle Gestaltung dieser Bildungsprozesse unabdingbar. Zugleich sind diese aber auch **Basisprozesse,** die **für ein demokratisches Verhalten** grundlegend sind. Insofern kann die Realisierung der Bildungsbereiche Ethik, Religion und Philosophie auch als eine „Schule der Demokratie" verstanden werden.

Inhaltlich können **Elemente demokratischen Verhaltens** gezielt angegangen werden:

- *Im Bereich Ethik* – indem demokratische Werte vorgestellt und eingeübt werden wie Toleranz, Solidarität, Parteilichkeit, Gerechtigkeit, Nachhaltigkeit
- *Im Bereich Religion* – indem vom Gottes- und Menschenverständnis her die gleichen Rechte für alle abgeleitet und legitimiert werden. In der Tradition der alttestamentlichen Propheten und Jesu können Unrecht, Machtmissbrauch, Intoleranz, die Benachteiligung der Schwächeren angeprangert werden und die Kinder lernen, Unrecht beim Namen zu nennen
- *Im Bereich Philosophie* – indem die Kinder argumentieren lernen, was sie an der Demokratie für gut und schützenswert halten. Sie können andere Formen sozialer Gefüge kennen- sowie unterscheiden und bewerten lernen wie beispielsweise Machtgefüge, in denen wenige über die Mehrheit herrschen. Sie können lernen, die Rechte der Menschen zu begründen und gerade die Rechte derer, die keine Lobby haben, zu verteidigen.

Diese Ausführungen müssen als ideales pädagogisches Setting (→ Vorwort) aufgefasst werden, das immer der jeweiligen Situation anzupassen ist.

13.6 Beispiel für den pädagogischen Prozess

Kinder nehmen die Veränderungen in der Natur und den Kreislauf des Werdens und Vergehens wahr. Der Herbst ist ein Spiel von Formen und Farben, Blumen verblühen, Äpfel und Trauben sind reif, die ersten Blätter fallen. Im Rahmen eines Projekts haben sich die Kinder mit den Veränderungen in der Natur auseinandergesetzt, das Wachsen der Pflanzen beobachtet und auch ihre Pflege übernommen. In Gesprächen hat sich immer neuer Diskussionsbedarf feststellen lassen: Warum fallen die Blätter von den Bäumen? Warum rascheln jetzt die Blätter, sind bunt und ganz trocken?

Abb. 13.16: Für ein Projekt im ethischen, philosophischen und religiösen Bereich eignet sich z. B. das Thema Erntedank.

Nun beginnt die Erntezeit, und damit verbunden ist zum Abschluss eines durchgeführten Projekts die gemeinsame Gestaltung des Erntedankfestes. Im folgenden Kapitel wird als praktisches Beispiel ein möglicher Ablauf der Vorbereitung und Planung vorgestellt.

13.6.1 Situationsanalyse

Bei der Vorbereitung, Planung und Durchführung des Erntedankfestes setzt sich das Team mit dem Thema und seinen Möglichkeiten der Gestaltung in der Einrichtung auseinander. Es bezieht in seine Überlegungen auch, sobald es sich anbietet, die Kinder mit ein. Eine erste Themennäherung gelingt zunächst über allgemeine Informationen über das Kind oder die Kindergruppe. Es besteht die Möglichkeit, in informellen Gesprächen mit Kindern, Eltern und dem Team herauszuhören, ob das Kind Kenntnisse über Herbst und Erntedank hat.

Lisa ist fünf Jahre alt und aufgrund des Zuzugs der Familie erst seit einem halben Jahr im Kindergarten. Sie konnte mittlerweile neue Kontakte knüpfen, benötigt jedoch ihren eigenen Rhythmus. Der Kontakt ergab sich zuerst zu jüngeren Kindern, und erst allmählich gestaltete sich der Kontakt auch zu den gleichaltrigen. Dieser hat sich gefestigt, und Lisa besitzt mittlerweile auch über den Kindergarten hinaus gute soziale Kontakte.

In den Elterngesprächen wurde deutlich, dass den Eltern die Vermittlung von Werten wichtig ist. Sie finden es gerade für Lisa, die keine Geschwister hat, wichtig, dass sie sich in der Gemeinschaft zurechtfindet und sensibel ist gegenüber den Belangen der anderen, aber auch eigene Bedürfnisse artikulieren kann. Ihre Eltern wünschen, dass sie sich in der Kindertageseinrichtung mit Religion auseinandersetzen kann und Angebote erfährt, denn beide Elternteile fühlen sich in diesem Bereich recht unsicher.

13.6.2 Erfassen von Ressourcen

Fragestellungen, mit denen die Erzieherin Informationen erlangt, sind beispielsweise:

- Welche Themen, welche Interessen sind bei Lisa spürbar?
- Was weiß Lisa bereits über das Thema Erntedank? Wo ergeben sich Fragen bzw. wo sind bereits welche entstanden?
- Wie gestaltet sich die konkrete Umwelt von Lisa? Wie erlebt sie die Natur? Weiß sie um Zusammenhänge?
- Wie gestaltet sie den Umgang mit der Natur? Gibt es Anlässe, bei denen Lisa staunt?
- Gab es Gespräche oder Impulse, um auch Lisas Blick auf diejenigen zu lenken, denen es nicht so gut geht wie ihr?

Es hat sich herausgestellt, dass Lisa großen Gefallen daran findet, einer Sache auf den Grund zu gehen. Fragen zum Thema ergeben sich für sie aus dem Werden und Vergehen in der Natur, und im Gespräch werden auch die guten sprachlichen Fähigkeiten von Lisa deutlich. Sie benötigt jedoch einen entsprechenden Raum und Interaktionspartner, denen sie sich und ihre Fragen mitteilen kann. In der großen Gruppe wirkt sie meist recht zurückhaltend und ist eher Beobachterin.

Lisa zeigt großes Interesse an religiösen Ritualen, die den Tag strukturieren. Sie achtet stets auf das gemeinsame Gebet bei Tisch und legt Wert auf das Willkommenheißen und das Wahrnehmen des Einzelnen im Morgenkreis.

Um vorhandene Ressourcen und Kompetenzen erfassen zu können, auf die zurückgegriffen werden kann, sind Überlegungen wie folgt denkbar (→ Tab. 13.1):

- Welche Vorerfahrungen konnte Lisa bislang sammeln?
- Wo liegen ihre derzeitigen Interessen? Wo sind Fragen spürbar?
- Wie konnte sie sich bislang mitteilen oder in den Prozess einbringen?
- Wie gestaltet sich die aktuelle Situation für Lisa in der Gruppe?

Impulsfragen	Anmerkungen
Welche Vorerfahrungen konnte ____________ bisher sammeln?	
Wo liegen derzeitige Interessen? Wo sind Fragen spürbar?	
Wie konnte er / sie sich bislang in den Prozess / in das Thema einbringen?	
Wie gestaltet sich die aktuelle Situation für ihn / sie in der Gruppe?	
Können Beiträge zum Thema erwartet werden?	
Welche Möglichkeiten der Beteiligung gibt es?	
Wo liegen Ressourcen bei ihm / ihr, den Eltern, dem Team?	

Tab. 13.1: Impulsfragen zur Ressourcenerfassung.

- Können besondere Beiträge zum Thema erwartet werden?
- Welche Möglichkeiten der Beteiligung gibt es?
- Wo liegen Ressourcen bei Lisa, den Eltern, dem Team?

13.6.3 Festlegen von Zielen

Wurden die Ressourcen erfasst, können für das Weitere die Ziele des Projekts festgelegt werden. Für Lisa und die anderen Kinder können dies sein:

- Sich mit der Natur verbunden fühlen und einen achtsamen Umgang mit ihr und der Schöpfung pflegen
- Eine Grundhaltung des Staunens, Dankens und Bittens entwickeln und dafür Ausdrucksformen entdecken oder entwickeln
- Sich mit anderen offen und konstruktiv austauschen
- Gemeinsame Gestaltung des Erntedankfestes und die Einübung der dafür notwendigen unterschiedlichen Interaktionen.

13.6.4 Planung von Maßnahmen

Erntedank ist das erste Fest im Kindergartenjahr und wegweisend für die Weiterführung des Kindergartenjahres. Der Bildungsprozess der Kinder hat im übertragenen Sinn mit den Themen des Erntedanks zu tun, mit Wachsen und Gedeihen, Pflegen, Arbeiten, Geben und Nehmen, miteinander Teilen, Ernten und Dankbarsein.

Für eine Auseinandersetzung im Team mit dem hier exemplarisch entfalteten Thema Erntedank muss eine Sachanalyse durchgeführt werden. Hierzu können sich die Erzieherinnen folgende Fragen stellen:

- Was wissen wir im Team über das Thema?
- Was sind die Hintergründe zu Erntedank?
- Was verbinden wir heute noch mit dem Fest?
- Welche Bedeutung hat Erntedank für mich?
- Welches Brauchtum gibt es vor Ort?
- Was heißt es für mich, ein Fest zu feiern? Wie wollen wir feiern?
- Wie verhalte ich mich selbst in der Natur?
- Was heißt für mich staunen und danken?
- Habe ich bestimmte Schwierigkeiten oder noch offene Fragen?
- Was möchten wir den Kindern vermitteln?
- Wie kann eine religiöse Feier mit den Kindern gestaltet werden?
- Worauf wird bei der Festgestaltung Wert gelegt?
- Wie beziehen wir die Räume und das Gebäude mit ein?
- Wie können die Eltern mit einbezogen werden?

Als nächsten Schritt kann sich das Team überlegen, wie z. B. der Weg für einen gemeinsamen Gottesdienst mit Kindern und Eltern gestaltet werden kann.

13.6.5 Durchführung von Maßnahmen

Lernen geschieht handlungs-, erfahrungs- und erlebnisbezogen, insofern ist auch die Raum- und Zeitgestaltung pädagogisch bedeutsam und wird berücksichtigt.

Da das Erntedankfest in der Gruppe vorbereitet werden soll, bilden die Kinder Kleingruppen oder tauschen sich zu zweit aus. Lisa hat somit Gelegenheit, sich mit andern im selbstgewählten Rahmen einzubringen und Fragen zu stellen. Die Erzieherin moderiert diesen Prozess und unterstützt sowohl Lisa als auch die anderen Kinder dabei individuell, indem sie Impulse und Hilfestellung gibt. Dies bietet den Kindern die Möglichkeit, sich trotz unterschiedlichen Kenntnisstands aktiv am Prozess zu beteiligen.

- **Hinführung** – Die Kinder tauschen sich im Gespräch mit der Erzieherin über die vergangenen Erlebnisse und Erfahrungen anhand von Bildern über den bishe-

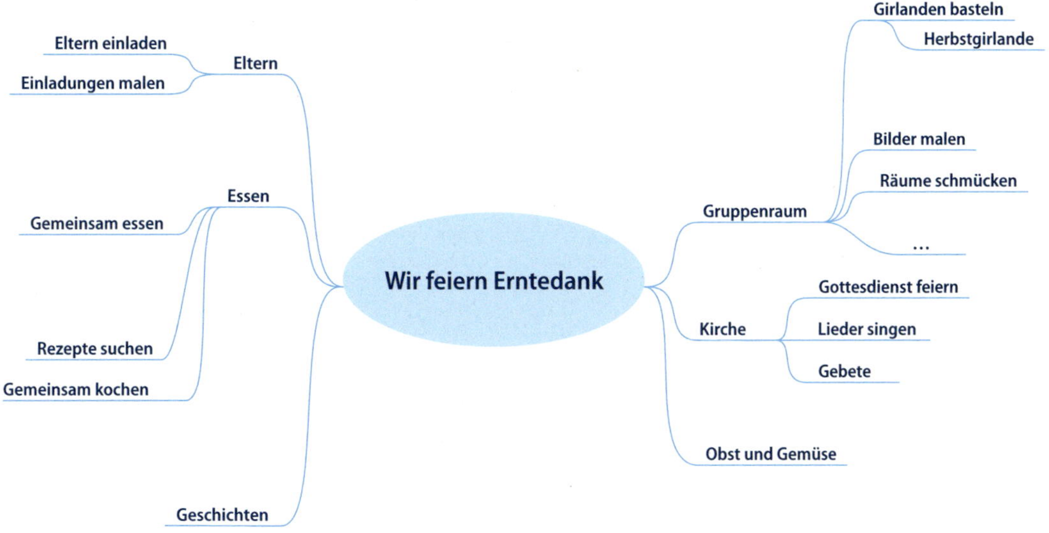

Abb. 13.17: Mindmap für die Vorbereitung des Erntedankfestes.

rigen Projektverlauf aus. Die Kinder haben Gelegenheit, über ihre Erlebnisse und Erfahrungen zu berichten. Das Gespräch dient auch dazu, die Kinder für die Planung des bevorstehenden Festes zu sensibilisieren
- **Durchführung** – Erstellen eines Mindmaps mit den Kindern „Wir feiern Erntedank" (→ Abb. 13.17). In der Mitte steht das Symbol für das Erntedankfest, z. B. ein Obstkorb oder das Foto einer Feier. Die Kinder tragen ihre eigenen Gedanken und Ideen in Form von Zeichnungen, Fotos, Bildern oder Symbolen zusammen und vervollständigen gemeinsam mit der Erzieherin das Mindmap zur Festvorbereitung
- **Abschluss** – Nach Erstellung wird das Mindmap mit den Kindern betrachtet, und es werden die konkreten Schritte der Umsetzung verabredet. Die besprochene Planung zum Stand der Festvorbereitung kann am Mindmap von den Kindern nachvollzogen werden. So haben sie die Möglichkeit, sich gegenseitig über den Stand der Vorbereitung zu informieren, Fragen zu stellen und miteinander ins Gespräch zu kommen.

13.6.6 Auswertung

Die Auswertung einer erfolgten Maßnahme kann vor allem vonseiten der Erzieherinnen in der Kindertageseinrichtung mittels Reflexion geschehen, bei der das Geschehene nachbereitend überlegt und betrachtet wird. Doch ebenso können Befragungen zur Auswertung gehören.

Lisa zeigt während der Gestaltung des Mindmaps (→ Kap. 13.6.5) eine aktive Beteiligung und eine hohe Engagiertheit bei der Planung für das bevorstehende Fest. Es ist Lisa gut gelungen, ihre Ideen für die Festgestaltung zu artikulieren. Sie konnte andererseits auch an Vorschläge der anderen Kinder anknüpfen bzw. um weitere Erklärung bitten. Gerade die Thematik des Dankens (Danken für … bzw. Gott danken) hat sie beschäftigt, da sie konkrete Rückfragen stellte.

Eine persönliche Reflexion der Erzieherin kann z. B. in Form der Führung eines *Logbuchs* (→ Tab. 13.2) erfolgen, das auch als Lerntagebuch bezeichnet werden kann. Im Beispiel sind mögliche Impulsfragen angeführt.

Eine Reflexion im Team ist neben der persönlichen Auswertung ebenso erforderlich. Hierfür ist ein kollegialer Austausch über den Lernprozess der Kinder als auch die Betrachtung des Prozesses der Maßnahme erforderlich.

Reflexionen über den Lernprozess der Kinder ist für die Auswertung ebenso notwendig. Impulsfragen hierzu sind z. B.:

- Welche Inhalte haben die Kinder am meisten angesprochen?
- Konnte an Bekanntes, Vertrautes angeknüpft werden?
- Wie haben sich die Kinder mitgeteilt?
- Waren die Kinder engagiert beim Thema?

Logbuch	
Wie zufrieden bin ich mit dem Verlauf?	
Welche neuen Erkenntnisse habe ich gewonnen?	
Was hatte ich mir vorgenommen?	
Was war am besten?	
Welches war meine Rolle in der Begleitung der Kinder?	
Was heißt es für mich persönlich, für meinen persönlichen Entwicklungsprozess?	
Worauf möchte ich künftig noch stärker achten?	

Tab. 13.2: Logbuch.

Lessons learned	
Wie zufrieden sind wir mit dem Prozess?	Wo lagen Stolpersteine?
Was würden wir bei der nächsten Planung oder Umsetzung beibehalten oder verändern?	Was würden wir bei der nächsten Planung oder Umsetzung verändern?

Tab. 13.3: „Lessons learned".

Ein Austausch im Team über den Prozess *(lessons learned)* kann zu Fragen führen, wie sie in der untenstehenden Tabelle (→ Tab. 13.3) angeführt sind.

Eine Auswertung mit Kindern bietet die Möglichkeit, dass Erzieherinnen mit den Kindern gemeinsam die Ergebnisse für zukünftige Projekte nutzen. Es kann der von einer Erzieherin moderierte Erfahrungsaustausch der Kinder sein, der mit von ihnen gefertigten Bildern stattfindet.

Eine Auswertung mit Eltern kann durch einen Fragebogen stattfinden, den die Eltern ausfüllen. Eine Elternbefragung anhand eines strukturierten Fragebogens könnte Aufschluss darüber geben, inwieweit die Eltern mit der Vorbereitung der Planung, der Information und Durchführung zufrieden gewesen sind.

Einen Stimmungsbarometer herzustellen, bietet die Möglichkeit, ein Stimmungsbild noch während der Planungsphase bei den Eltern abzuholen. Es kann z. B. gefragt werden, wie zufrieden sie sind mit der Information über das bevorstehende Erntedankfest – sehr zufrieden bzw. gar nicht zufrieden?

Günther, Sybille: In Projekten spielend lernen. Münster: Ökotopia 2006.

Pertler, Cordula; Reuys, Eva: Kinder feiern Erntedank. München: Don Bosco 2001

Gesundheit

Christina Krause, Marissa Rehberg

Was ist Gesundheit? Auch wenn die Antwort darauf leicht zu sein scheint, das Wissen über Gesundheit ist viel lückenhafter als das über Krankheit. Die internationale statistische Klassifikation der Krankheiten (ICD) listet über 12 000 Krankheiten auf, für deren Diagnostizierung und Behandlung modernste Instrumente, Apparate und Medikamente zur Verfügung stehen. Doch wie verhält es sich mit der Erforschung und Diagnostik von Gesundheit? Der 13. Kinder- und Jugendbericht der Bundesregierung (2009, S. 36) stellt dazu fest, dass die „Medizin und Gesundheitsforschung (...) bisher überproportional mehr und Konkreteres über Krankheitsverläufe, -ursachen und Ansätze der Prävention (wissen) als über gesundheitsfördernde, salutogenetische Bedingungen und Ressourcen" (→ Kap. 14.1.2, 14.1.4).

Damit wird klar, dass sich für die Beantwortung der Frage, was Gesundheit ist und was für ihren Erhalt getan werden kann, das Denken weg von der Krankheit und hin zu den Indikatoren bewegen muss, die Gesundheit ausmachen. Dieses Kapitel stellt deshalb *Gesundheitskonzepte* (→ Kap. 14.1), Formen und Bedingungen der *Gesundheitserziehung* (→ Kap. 14.2, 14.3, 14.4), exemplarische Bildungsangebote zur *Gesundheitsförderung* und *Gesundheitsberatung* (→ Kap. 14.5) sowie zur Planung des *pädagogischen Prozesses* (→ Kap. 14.6) vor.

Dass Gesundheit tatsächlich ein wichtiges Thema auch für die Frühpädagogik ist, machen die Zahlen aus dem UNICEF-Bericht „Zur Lage von Kindern in Deutschland" (Bertram 2008) deutlich. Sie zeigen, wie aktuell und nötig die Auseinandersetzung mit den Bedingungen für Kindergesundheit ist. Der UNICEF-Bericht resümiert, dass Deutschland zwar eine der wichtigsten Exportnationen dieser Erde sei, in Bezug auf das Wohlbefinden der Kinder jedoch in allen untersuchten Dimensionen nur im Mittelfeld des internationalen Vergleichs liege:

- Chronische Krankheiten, Übergewicht und Verhaltensauffälligkeiten haben bei Kindern in den vergangenen Jahren stark zugenommen. Rund 13 % der Kinder leiden an Bronchitis oder Neurodermitis; jeweils 15 % sind übergewichtig und über 20 % haben Essstörungen. Gewalterfahrungen haben ca. 20 % der Kinder und Jugendlichen.
- In keinem anderen Industrieland rauchen so viele Heranwachsende (20 % der 11- bis 17-Jährigen) wie in Deutschland, etwa ein Drittel der Jungen und ein Viertel der Mädchen geben an, mindestens einmal in der Woche Alkohol zu trinken. Haschisch und Marihuana nehmen 9,2 % der Jungen und 6,2 % der Mädchen.
- Die Bildungschancen eines Kindes hängen in Deutschland viel stärker als in anderen Ländern davon ab, wo es lebt und wo es herkommt. Der Schulabschluss der Eltern, Arbeitslosigkeit im Wohnumfeld, die durchschnittliche Zahl der Bücher im Haushalt sowie die kulturelle Herkunft (Migrationshintergrund) sind entscheidende Indikatoren für den Schulerfolg.
- Kinder aus einkommensschwächeren Familien und aus Familien mit Migrationshintergrund besuchen in den ersten Lebensjahren seltener einen Kindergarten. Dabei belegen verschiedene Untersuchungen, dass gerade benachteiligte Kinder besonders stark von einer frühen Betreuung in Kindertageseinrichtungen profitieren. In der Schule sind diese Kinder von den Bildungschancen weitgehend ausgeschlossen, sie sind in Sonder- und Hauptschulen stark überrepräsentiert. Schließlich verlassen etwa 17 % der Jugendlichen mit Migrationshintergrund die Schule ohne einen Abschluss. In Baden-Württemberg sind es sogar 30 %, in Hamburg und Berlin 25 %.

Soziale Benachteiligung wirkt sich stark auf die Gesundheit von Kindern und Jugendlichen aus. In einer repräsentativen Untersuchung des Robert-Koch-Instituts (KiGGS 2007) zur Kindergesundheit in Deutschland konnte dieser Zusammenhang ebenfalls nachgewiesen werden. Die Forscher unterstreichen die große Bedeutung von Selbstwertgefühl, Eigenaktivität, Verantwortungsgefühl, Konflikt- und Genussfähigkeit für ein gesundes Aufwachsen und fordern, diese Kompetenzen gezielt zu fördern.

Bertram, H. (Hrsg.): Reiche, kluge, glückliche Kinder? Der UNICEF-Bericht zur Lage der Kinder in Deutschland. Weinheim: Beltz Juventa 2013

Links zu Berichten über den Gesundheitszustand von Kindern:

http://www.dji.de/cgi-bin/projekte/output.php?projekt=687 (Zugriff am 20.8.2012)

http://www.kiggs.de/ (Zugriff am 20.8.2012)

http://www.worldvision-institut.de/kinderstudien.php (Zugriff am 20.8.2012)

http://www.unicef.de/presse/2011/unicef-bericht-kinder-in-deutschland/ (Zugriff am 20.8.2012)

http://www.unicef.de/presse/2012/vergleichsstudie-kinder-armut/ (Zugriff am 20.8.2012)

14.1 Theoretische Grundlagen

Dieses Kapitel behandelt die Diskussion des Begriffes Gesundheit, die Geschichte des Gesundheitsverständnisses, die Themen Prävention und Gesundheitsförderung, Gesundheitsbildung und -erziehung, Gesundheitsberatung und die Quellen der Gesundheit.

14.1.1 Zum Begriff „Gesundheit"

In der Konstitution der WHO (Weltgesundheitsorganisation) von 1948 ist Gesundheit wie folgt definiert: Ein Zustand des umfassenden körperlichen, geistigen und sozialen Wohlbefindens und nicht nur das Fehlen von Krankheit oder Behinderung.

In dieser Definition taucht erstmals der Begriff „Wohlbefinden" auf. Damit werden die subjektive Komponente und das ganzheitliche Verständnis von Gesundheit betont. Nicht nur körperliche Gebrechen und Erkrankungen entscheiden über den Gesundheitszustand des Einzelnen, sondern eben auch seine geistigen und sozialen Ressourcen. Ein behinderter Mensch kann sich demnach im Sinne von Wohlbefinden als subjektiv gesund definieren.

Das erschien Medizinern und Gesundheitswissenschaftlern jedoch zu kurz gegriffen, weil Erkrankungen objektiv messbar sein können, obwohl der Mensch sich (noch) gesund fühlt. Die um den objektiven Faktor ergänzte Definition des Deutschen Ärztetages von 1986 lautet deshalb: Gesundheit ist die aus der personalen Einheit von subjektivem Wohlbefinden und objektiver Belastbarkeit erwachsene körperliche und soziale Leistungsfähigkeit der Menschen.

An der WHO-Definition wurde auch das Fehlen des Entwicklungsgedankens kritisiert, denn das Wort „Zustand" kann als statisch aufgefasst werden, so als ob eine Person entweder krank oder gesund sein könnte, was der Realität nicht entspricht. Der gesamte Lebenslauf ist ein ständiger Wechsel zwischen verschiedenen Zuständen relativen Gesundseins – der Idealzustand vollkommener Gesundheit ist lediglich eine Zielvorstellung, gelingen kann aber nur eine Annäherung.

Der Gesundheitswissenschaftler Klaus Hurrelmann berücksichtigt in seiner Definition von 1991 zwar die entwicklungs- und bewältigungsbezogene Perspektive, spricht aber immer noch von einem „Zustand": Gesundheit bezeichnet den Zustand des objektiven und subjektiven Befindens einer Person, der gegeben ist, wenn diese Person sich in den physischen, psychischen und sozialen Bereichen ihrer Entwicklung in Einklang mit den eigenen Möglichkeiten und Zielvorstellungen und den jeweils gegebenen äußeren Lebensbedingungen befindet (Hurrelmann 1991).

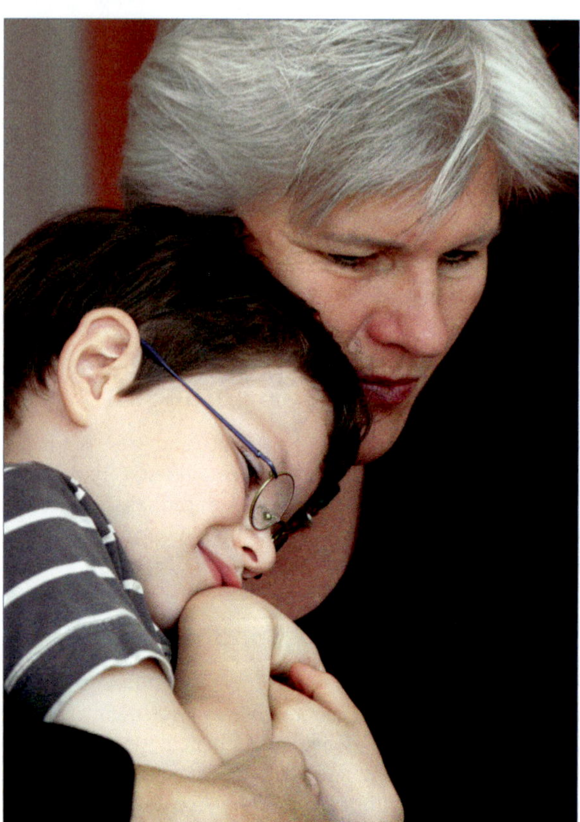

Abb. 14.1: Gesundheit definiert sich u. a. über das subjektive Gefühl des Wohlbefindens.

Erst im *salutogenetischen Konzept* von Aaron Antonovsky (→ Kap. 14.1.2, 14.1.4) wird dem dynamischen Charakter von Gesundheit Rechnung getragen.

Die verschiedenen Definitionen von Gesundheit zeigen die Entwicklung in der Gesundheitsforschung auf. Aus ihnen lassen sich kennzeichnende Elemente von Gesundheit ableiten.

► **Gesundheit**
- Der körperliche und psychische Zustand eines Menschen
- Eine selbstreflektierte Befindlichkeit
- Eine soziale Kategorie
- Teil der Identität
- Ein Prozess, in dem Gesundheit immer wieder neu hergestellt werden muss
- Eine Person-Umwelt-Interaktion, in der das Individuum sich mehr oder weniger im Gleichgewicht befindet
- Eine Ressource und Voraussetzung für die Handlungsfähigkeit.

14.1.2 Zur Geschichte des Gesundheitsverständnisses

Der Verleger Johann Heinrich Zedler beschrieb in seinem Universal-Lexicon, das 1732 in Leipzig erschien, Gesundheit als „Zustand des menschlichen Lebens, in welchem derselbe an allen Teilen unverletzt seine natürlichen Verrichtungen ungehindert ausüben kann". Und der Philosoph Arthur Schopenhauer sagte im Jahre 1851: „Gesundheit ist alles, ohne Gesundheit ist alles nichts."

Gesundheit wurde schon immer als eines der höchsten Güter des Menschen betrachtet. Gesundsein wurde aber am Fehlen von Krankheit gemessen und war bis ins 20. Jahrhundert hinein eine medizinische Kategorie. Im Wesentlichen können zwei Krankheitsmodelle unterschieden werden: das biomedizinische und das biopsychosoziale Krankheitsmodell. Seit den 1970er Jahren werden sie ergänzt durch das von Aaron Antonovsky entwickelte salutogenetische Gesundheitsmodell.

Im **biomedizinischen Krankheitsmodell** wird der Mensch wie eine Maschine betrachtet, deren Funktionen untersucht und analysiert und dadurch verstanden werden können. Ein Symptom wird auf einen organischen Defekt zurückgeführt. Die Entstehung dieses Defektes zu verstehen und seine Ursachen zu erkennen, war fast zwei Jahrhunderte lang die Aufgabe der Medizin. Sie hat auf diesem Wege bei der Erforschung von Krankheiten Großartiges geleistet und wirksame Mittel zu deren Bekämpfung gefunden, z. B. gegen Krankheiten wie das Kindbettfieber, Cholera oder Typhus.

Im **biopsychosozialen Krankheitsmodell** werden zur Erklärung von Krankheiten neben den körperlichen auch die psychischen und sozialen Faktoren herangezogen. Die Erkenntnis, dass psychische Belastungen zu körperlichen Krankheitssymptomen führen können, hatte neuartige Forschungsansätze zur Folge. Es entstanden zum Beispiel eine eigenständige Gesundheitswissenschaft, die medizinische Psychologie und Verhaltensmedizin. Trotz der interdisziplinären Sichtweise blieb es jedoch ein an den Defiziten (Krankheiten) orientiertes Modell.

In der heutigen Medizin – häufig wird von Schulmedizin gesprochen – ist die Orientierung an der Krankheit noch immer die bestimmende Vorgehensweise. Der kranke Mensch wird im „Gesundheitssystem" diagnostiziert und therapiert, in den meisten Fällen wird seinem subjektiven Befinden wenig Raum gegeben, er bleibt ein passives Objekt der auf ihn gerichteten medizinischen Handlungen.

Ein Perspektivenwechsel bahnt sich jedoch an, die Orientierung an der Gesundheit verlangt auch die Erforschung ihrer Funktion, die Analyse der Indikatoren für das Gesundsein und die Suche nach den Mitteln zu ihrer Erhaltung.

Das **Salutogenese-Modell** leitete diesen Perspektivenwechsel von der Pathogenese zur Salutogenese in den Gesundheitswissenschaften ein.

- **Pathogenese** *(griech. pathos: Leiden, Schmerz; griech. genesis: Ursprung, Entstehung)*
  Beschreibung der Entstehung von Krankheit und deren Verlauf.
- **Salutogenese** *(lat. salus: Heil, Gesundheit; griech. genesis: Ursprung, Entstehung)*
  Beschreibung der Entstehung von Gesundheit und deren Erhaltung.

Der Begründer des Salutogenese-Modells ist Aaron Antonovsky, ein israelischer Gesundheitswissenschaftler und Sozialmediziner. Er ist der Frage nachgegangen, welche Fähigkeiten und Voraussetzungen notwendig sind, damit Gesundheit vom Individuum selbst hergestellt werden kann, denn nachgewiesenermaßen gelingt es nicht allen Menschen in gleicher Weise, die eigene Gesundheit zu erhalten.

Antonovsky betont insbesondere den dynamischen Prozess der Entstehung und Erhaltung von Gesundheit. Er verortet den jeweiligen Gesundheitszustand einer Person auf einem Kontinuum zwischen den Polen „maximale Gesundheit" und „maximale Krankheit bzw. Tod". Eine Klassifizierung von Menschen in entweder „krank" oder „gesund" lehnt er ab. Er sagt: „Wir alle sind sterblich. Ebenso

Pathogenese	Salutogenese
Dichotomie: Aufteilung in die beiden Zustände „gesund" oder „krank"	Kontinuum: Prozess zwischen den Polen „gesund" und „krank"
Was macht den Menschen krank?	Was erhält den Menschen gesund?
Prävention (Vorbeugung)	Gesundheitsförderung
Risikofaktoren	Schutzfaktoren

Tab. 14.1: Die unterschiedlichen Perspektiven von Pathogenese und Salutogenese.

sind wir alle, solange noch ein Hauch Leben in uns ist, in einem gewissen Ausmaß gesund" (1997, S. 23).

Für Antonovsky geht es um die Frage, welche Kräfte einem Organismus helfen, sich in Richtung Gesundheitspol zu bewegen. Den meisten Menschen scheint das mehr oder weniger zu gelingen, was Antonovsky als ein salutogenes Wunder bezeichnet. Und deshalb hat er in seinen Forschungen nach den *Quellen der Gesundheit* (→ Kap. 14.1.6) gesucht. Wenn diese Ressourcen bekannt sind, dann könnte das neue Wege in der Gesundheitserziehung und Gesundheitsförderung aufzeigen.

Um sein Verständnis von Gesundheit und Krankheit zu verdeutlichen, hat Antonovsky eine einprägsame Metapher verwendet: Wir alle befänden uns immer im gefährlichen Fluss des Lebens und könnten niemals sicher am Ufer stehen. „Wir alle (…) sind vom Moment unserer Empfängnis bis zu dem Zeitpunkt, an dem wir die Kante des Wasserfalls passieren, um zu sterben, in diesem Fluss" (Antonovsky 1993, S. 8 f.).

Die Tabelle 14.1 verdeutlicht den Perspektivenwechsel von der Pathogenese zur Salutogenese.

14.1.3 Formen krankheitsverhindernder und gesundheitsfördernder Aktivitäten

Ein wichtiger Bestandteil der medizinischen Forschungen war immer auch die Suche nach Möglichkeiten, häufig auftretende Krankheiten durch *Prävention* zu verhindern. Der Perspektivenwechsel vom pathogenen zum salutogenen Gesundheitsmodell veränderte jedoch auch die Vorgehensweise bei den Maßnahmen zur Gesunderhaltung bzw. bei der Wiederherstellung von Gesundheit. Das Forschungsinteresse richtet sich seitdem stärker auf die Suche nach Möglichkeiten zur *Gesundheitsförderung* und damit darauf, die Voraussetzungen zur Gesunderhaltung zu entwickeln und zu stärken.

Obwohl Prävention und Gesundheitsförderung unterschiedliche Konzepte haben, sind sie doch nicht immer klar zu trennen. Eine *ressourcenorientierte Maßnahme* der Gesundheitsförderung kann auch risikomindernd und da-

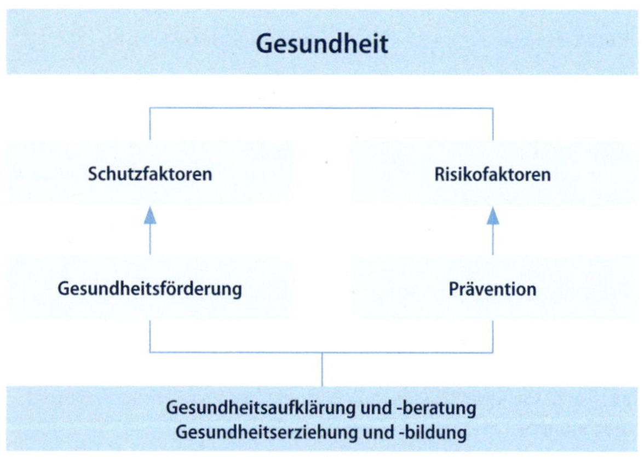

Abb. 14.2: Gesundheitsförderung und Prävention.

mit präventiv wirken, etwa wenn ein Kind eine Methode zur Muskelentspannung (→ Kap. 14.5.3) erlernt und damit das Risiko, bei Belastungen Kopfschmerzen zu entwickeln, verkleinert.

Folgende Formen krankheitsverhindernder und gesundheitsfördernder Aktivitäten werden in diesem Kapitel vorgestellt:

- Prävention
- Gesundheitsförderung
- Gesundheitsbildung und -erziehung
- Gesundheitsberatung

Prävention

▶ **Prävention**
hat das Ziel, „bekannte Risiken zu vermeiden oder abzubauen, um damit spezifische Krankheiten zu verhindern" (Faltermaier 2005, S. 299). Sie zielt also vorrangig auf die Vermeidung von Krankheiten und gesundheitlichen Belastungen.

Präventive Maßnahmen waren zum Beispiel Massenimpfungen, die zur starken Eindämmung bedrohlicher Krankheiten wie Kinderlähmung, Tuberkulose und Masern beigetragen haben. Heute zielt Prävention vor allem auf die Verhinderung von Herz-Kreislauf-Erkrankungen, Krebs und Diabetes. Das wird unter anderem durch Vorsorgeuntersuchungen, Kampagnen zur gesunden Ernährung und Hygienevorschriften versucht.

Prävention setzt voraus, dass die *Risikofaktoren* (→ Kap. 10.7) bekannt sind. Das biomedizinische Risikofaktorenmodell entstand in den 50er Jahren des 20. Jahrhunderts, als beispielsweise hoher Tabakkonsum, Übergewicht und Dauerstress als Risikofaktoren für Herzinfarkte erkannt wurden. Bei den Präventionsmaßnahmen ging es darum, diese Risikofaktoren zu minimieren bzw. zu vermeiden.

Bei der Prävention werden drei Formen unterschieden: die primäre, sekundäre und tertiäre Prävention.

Primäre Prävention soll ganz allgemein und bereits im Vorfeld, bevor Krankheitssymptome sichtbar werden, das Auftreten von Krankheiten und Störungen verhindern. Primäre Prävention in diesem weiten Sinn bezieht sich jedoch nicht nur auf die Verhinderung konkreter Krankheiten, sondern auch auf die Verbesserung der Lebensbedingungen.

Sekundäre Prävention beinhaltet spezifische Maßnahmen und setzt dann ein, wenn bereits Symptome vorhanden sind oder sich eine Gefährdung der Gesundheit abzeichnet. Liegen also Hinweise auf gesundheitliche Belastungen vor und werden diese frühzeitig erkannt, dann können Interventionen nicht nur heilen, sondern die gesundheitlichen Belastungen verhindern oder mindestens mildern.

Tertiäre Prävention setzt nach der Erkrankung bzw. der Sichtbarwerdung von Belastungen ein und hat das Ziel, das Wiederauftreten und die Verstärkung von Symptomen zu vermeiden oder ihre Folgen zu mildern.

Inwieweit diese klassische Aufteilung der Präventionsmaßnahmen noch sinnvoll ist, wird häufig diskutiert. Bei der primären Prävention gibt es viele Schnittstellen zur Gesundheitsförderung, und die tertiäre Prävention ist eigentlich keine Prävention mehr, weil sonst jede therapeutische Maßnahme als Prävention bezeichnet werden könnte. Die sekundäre Prävention scheint damit dem eigentlichen Zuständigkeitsbereich von Prävention am nächsten zu kommen, denn sie bezieht sich auf jene Formen von Praxishandeln, die auf die frühzeitige Linderung gesundheitlicher Belastungen bzw. Krankheiten abzielen.

Gesundheitsförderung

In Weiterentwicklung des neuen Verständnisses von Gesundheit entstand das Konzept der WHO zur Gesundheitsförderung und wurde 1986 in der Ottawa Charta erläutert. Darin werden die Ziele der Gesundheitsförderung

Abb. 14.3: Zur Gesundheitsförderung gehört die Stärkung der Life Skills.

benannt und mögliche Handlungsfelder sowie Handlungsstrategien aufgezeigt.

> ► **Gesundheitsförderung**
> „Gesundheitsförderung zielt auf einen Prozess, allen Menschen ein höheres Maß an Selbstbestimmung über ihre Gesundheit zu ermöglichen und sie dadurch zur Stärkung ihrer Gesundheit zu befähigen." (Ottawa Charta)

Wenn Gesundheit als fundamentales Menschenrecht verstanden wird, dann müssen bestimmte Grundvoraussetzungen wie Frieden, Nahrung, Wohnung und ein stabiles Ökosystem für jeden Menschen der Erde gewährleistet sein, denn um ein umfassendes körperliches, seelisches und soziales Wohlbefinden zu erlangen, ist es notwendig, dass sowohl der Einzelne als auch Gruppen ihre Bedürfnisse befriedigen, ihre Wünsche und Hoffnungen wahrnehmen und verwirklichen sowie ihre Umwelt meistern bzw. verändern können. **Maßnahmen zur Gesundheitsförderung** zielen deshalb in unterschiedlichen Handlungsfeldern darauf ab, die Voraussetzungen zur Gesunderhaltung zu entwickeln und zu stärken z. B. durch die:

- Entwicklung einer gesundheitsfördernden Gesamtpolitik,
- Schaffung und Pflege förderlicher Lebenswelten,
- Entwicklung und Stärkung persönlicher Kompetenzen,
- Unterstützung gesundheitsbezogener Gemeinschaftsaktionen,
- Neuorientierung der Gesundheitsdienste.

Dem Handlungsfeld **„Kompetenzentwicklung"** kommt in der Gesundheitsförderung eine große Bedeutung zu. Dabei geht es nicht nur um die zielgerichtete und bewusste Gestaltung von Lernmöglichkeiten in der *Gesundheitsbildung- und -erziehung* (→ unten, Kap. 14.2, 14.5.2) und damit z. B. um die Erweiterung lebenspraktischer Fertigkeiten, sondern ebenso sehr um die Entwicklung *sozialer und personaler Kompetenzen* (→ unten, Kap. 14.5.3). Diese individuellen Kompetenzen wurden im Jahre 1993 von der WHO als „Life Skills" beschrieben.

> ► **Life Skills**
> Kompetenzen und Fähigkeiten zur Anpassung und zu positivem Handeln, die es Individuen ermöglichen, mit den Anforderungen und Herausforderungen des Lebens wirksam umzugehen.

Zu den Life Skills gehören Entscheidungsfähigkeit, Problemlösefähigkeit, Selbstbewusstheit, kreatives Denken, Einfühlungsvermögen, Emotionsregulierung und kommunikative Fähigkeiten. Diese Alltagsfähigkeiten erlauben Menschen ein selbstbestimmtes Handeln und eine bessere Kontrolle über eigene Entscheidungen, z. B. um ihre Gesundheit zu beeinflussen. Sie können damit für die Förderung des Wohlbefindens hilfreich sein. Wenn Kinder zum Beispiel den Umgang mit Konflikten üben und dabei

Abb. 14.4: Die Erziehung zum Zähneputzen und regelmäßigen Händewaschen gehört zu den Zielen der Gesundheitsförderung im Kindesalter.

Fähigkeiten zur Konfliktlösung erwerben (→ Kap. 14.5.3), so kann dieser Erwerb von Kompetenzen helfen, Belastungen besser zu bewältigen und die Entwicklung psychischer Störungen zu verhindern (→ siehe auch Resilienz Kap. 10.7).

Gesundheitsbildung und -erziehung

Im Mittelpunkt von Gesundheitsbildung und -erziehung steht die Wissensvermittlung über eine gesunde Lebensweise.

> ► **Gesundheitsbildung und -erziehung**
> Zielgerichtete und bewusste Gestaltung von Lernmöglichkeiten, die zur Verbesserung von Gesundheit entwickelt werden. Sie schließt die Erweiterung des Wissens sowie die Entwicklung der Bereitschaft und Motivation ein, die Verantwortung für die eigene Gesundheit zu übernehmen.

In der Gesundheitserziehung geht es darum, die Heranwachsenden zu befähigen, für ihre Gesundheit zu sorgen. Sie unterstützt sie darin, zum Beispiel bestimmte Verhaltensgewohnheiten, die der Gesundheit dienen, zu entwickeln oder mit Hilfe von Informationen ihr Wissen über gesunde Lebensweisen zu erweitern. Ziele im Kindesalter sind zum Beispiel die Erziehung zum regelmäßigen Händewaschen vor dem Essen oder zum Zähneputzen. Zur Gesundheitsbildung und -erziehung gehören auch die Information über Risikofaktoren und über die ökonomischen und ökologischen Bedingungen, die die Gesundheit beeinflussen sowie die Einführung in die Nutzung des zur Verfügung stehenden Gesundheitssystems.

Für die Bildung und Erziehung im Kindergarten ist die Frage zu klären, wie Gesundheitsziele gemeinsam mit den Eltern erreicht werden und wie jene *Gesundheitsfaktoren* (→ Kap. 14.1.4, 14.2.5), die für die Entstehung des *Kohärenzgefühls* (→ Kap. 14.1.4) wichtig sind, gefördert werden können.

Gesundheitsberatung

Gesundheitsberatung kann bei bereits aufgetretenen oder sich abzeichnenden Problemen hilfreich sein.

> ▶ **Gesundheitsberatung**
> Gespräch mit dem Ziel, einem Ratsuchenden Hilfe zur Selbsthilfe anzubieten. Es basiert auf Freiwilligkeit. In der Beratung werden Anregungen und Impulse für Gesundheitsverhalten gegeben. Gesundheitsberatung soll Lernprozesse anregen und zur Veränderung ermutigen.

Beratung ist dann sinnvoll, wenn ein Ratsuchender Unterstützung benötigt, um sein eigenes Gesundheitsverhalten oder die Gesundheitsbedingungen in seiner Familie zu verändern. Schwerpunktmäßig wird die Beratung vor allem Angebote zur Unterstützung der Erziehenden (→ Kap. 14.3.3, 14.5.4) beinhalten.

Beratung ist mehr als die Weitergabe von Ratschlägen und setzt beim Beratenden Professionalität voraus. Dies verlangt Konsequenzen für die Aus- und Weiterbildung in pädagogischen Berufen, denn pädagogische Fachkräfte werden im Kontext von Gesundheit und Gesundheitserziehung zukünftig noch häufiger Beratungsaufgaben übernehmen müssen, etwa in Gesprächen mit Eltern zu den Themen Ernährung, Bewegung, Medienkonsum und Körperpflege. Ein weiterer Beratungsbedarf kann z. B. aus dem Zigaretten- oder Alkoholkonsum von Jugendlichen entstehen. Das Hinzuziehen externer Berater kann in manchen Fällen sinnvoll sein.

14.1.4 Quellen der Gesundheit

Damit Gesundheitsförderung Wirkung zeigen kann, müssen zunächst die Quellen der Gesundheit bekannt sein. Zur Erweiterung des Wissens darüber

- wurden die von der WHO benannten *Life Skills* (Kap. 14.1.3) erforscht und konkretisiert,
- wurden in der *Resilienzforschung* (unten) Schutzfaktoren gefunden,
- hat Antonovsky *generalisierte Widerstandsressourcen bzw. Gesundheitsfaktoren* benannt. (Das Adjektiv „generalisiert" bedeutet, dass Widerstandsressourcen in unterschiedlichen Situationen – generell – eingesetzt werden können).

> ⊙ Nach Antonovsky drückt der Begriff „generalisierte Widerstandsressourcen" aus, dass dem Menschen Ressourcen zur Verfügung stehen, die seine Fähigkeit, den Belastungen seines Lebens zu widerstehen, erhöhen.

Das Konzept der generalisierten Widerstandsressourcen bezieht sich vor allem auf die Merkmale im Umgang mit Stressoren, also mit Ereignissen und Situationen, die als Belastung erlebt werden sowie deren Bewertung und Bewältigung. Das Selbstwertgefühl zum Beispiel, das solch eine generalisierte Widerstandsressource ist, kann bei einem Misserfolg helfen, diesen selbstwertdienlich zu bewerten, die Aufgabe noch einmal zu wagen und nicht zu resignieren. Die Widerstandsressourcen nehmen einerseits Einfluss auf die Entstehung grundlegender Lebenseinstellungen wie dem *Kohärenzgefühl* (→ unten) und wirken andererseits als Potenzial, welches in Stresssituationen aktiviert werden kann. Es handelt sich um Ressourcen, die eine erfolgreiche Stressbewältigung ermöglichen und damit einen Einfluss auf die Erhaltung und Verbesserung der Gesundheit ausüben.

Folgende generalisierte Widerstandsressourcen werden unterschieden:

- **Körperliche Ressourcen:** die genetischen Voraussetzungen und die Anlagen, konstitutionelle und immunologische Aspekte
- **Personale Ressourcen:** Wissen (Intelligenz), emotionale Stabilität, Ich-Identität und Selbstwertgefühl, Selbstwirksamkeit, Kontrollüberzeugungen, Handlungskompetenzen und soziale Kompetenzen
- **Materielle Ressourcen:** z. B. materieller Wohlstand, Besitz und Geld
- **Soziale Ressourcen:** u. a. soziale Bindungen, die Zugehörigkeit und das Eingebundensein in soziale Netzwerke
- **Gesellschaftlich-kulturelle Ressourcen** basieren auf politisch-kultureller und spirituell-philosophischer Eingebundenheit.

Die Unterscheidung zwischen den verschiedenen Ebenen dient der Übersicht, tatsächlich stehen diese verschiedenen Einflussebenen jedoch in ständiger Wechselwirkung. Die Gewährleistung und Förderung der *personalen* und *sozialen Ressourcen* gehört zu den Schwerpunktaufgaben der Erziehung in Kindertageseinrichtungen. (*Stressmanagement* siehe auch → Kap. 10.8)

Personale Ressourcen

Auch wenn nicht bekannt ist, welche Anforderungen die heute Geborenen als Erwachsene zu bewältigen haben, gibt es einige grundlegende Bedürfnisse, deren Befriedigung für jedes Kind notwendige Erfahrungen sind, um auf das zukünftige Leben gut vorbereitet zu sein. Die Bedürfnisse nach einem positiven *Selbstwertgefühl* und nach *Zugehörigkeit* begleiten Kinder von Anfang an. Sie sind – wenn sie mit entsprechenden Erfahrungen befriedigt werden können – die wichtigsten Gesundheitsfaktoren. Eine weitere wichtige Ressource ist die *Resilienz* (Widerstandsfähigkeit), die jene Kompetenzen bündelt, die eine gesundheitsförderliche Bewältigung der Lebensanforderungen ermöglichen.

Selbstwertgefühl

► **Selbstwertgefühl**
Die gefühlsmäßig verankerte Beziehung eines Menschen zu sich selbst. Sie schließt die Akzeptanz der eigenen Person sowie Zuversicht in die eigenen Möglichkeiten ein. Selbstwertgefühl entsteht aus dem Erleben von Kompetenz, Partizipation und Anerkennung.

Der Mensch besitzt die Fähigkeit, sich selbst beobachten, selbst erkennen, selbst kontrollieren und selbst beurteilen zu können. Und er kann sich selbst mögen oder auch nicht. Das Selbstwertgefühl ist eine umfassende Einstellung zur eigenen Person und kommt in der Zufriedenheit mit sich selbst zum Ausdruck. Das Wissen über die eigene Person ist für die Entstehung des Selbstwertes wichtig, aber nicht alles, was jemand über sich weiß, beeinflusst das Selbstwertgefühl; beinflussend wirken nur jene Informationen, die für die Person bedeutsam sind.

Die Entwicklung des Selbstwertgefühls beginnt vom ersten Lebenstag an. Normalerweise macht das Kind selbstwertstärkende Erfahrungen, weil die Bezugspersonen durch ihr Verhalten dem Kind Wertschätzung vermitteln und Sicherheit geben. Sie lieben ihr Kind, vertrauen auf seine Entwicklung und freuen sich über Fortschritte, sie kennen und würdigen die Individualität und die Besonderheiten ihres Kindes.

⊙ Wenn das Kind sich in soziale Aktivitäten einbringen kann und die Vertrauenspersonen konsistent freundlich, zugewandt und akzeptierend reagieren, dann sind die Voraussetzungen für die Entwicklung eines positiven Selbstwertes gegeben.

„Spiel, Berührung, Zuwendung und Stimme drücken in unendlicher Vielfalt aus: Du bist uns wichtig.“ (Antonovsky 1997, S. 97). Es kann davon ausgegangen werden, dass die meisten Kinder bis zum Schulbeginn ein positives Selbstwertgefühl besitzen (Krause/Lorenz 2009). Während der Schulzeit haben es Kinder, die mit einem starken Selbstwertgefühl ihre Schullaufbahn beginnen konnten, leichter als jene, die bereits am Schulanfang wenig Selbstvertrauen haben. Trotzdem ist insgesamt festzustellen, dass die Erfolge bzw. Misserfolge beim schulischen Lernen – was ja immerhin über viele Jahre die Haupttätigkeit der Heranwachsenden bleibt – das Selbstwertgefühl verändern. Da Schule häufig eher selbstwertmindernde als selbstwertstärkende Auswirkungen hat, ist die Prognose für einen Teil der Schüler ungünstig. Das betrifft sowohl ihren Selbstwert als auch ihr Wohlbefinden.

🕮 Krause, Ch./Lorenz, R.-F.: Was Kindern Halt gibt. Salutogenese in der Erziehung. Göttingen: Verlag Vandenhoeck & Ruprecht 2009

Zugehörigkeitsgefühl

► **Zugehörigkeitsgefühl**
Die gefühlsmäßig verankerte Beziehung zu anderen Menschen. Das Gefühl schließt Resonanz, Sicherheit und Verbundensein ein und entsteht aus dem Erleben von Angenommensein und Dazugehören.

Sich angenommen und zugehörig fühlen ist ein grundlegendes menschliches Bedürfnis. Es bezieht sich auf verschiedene Lebensbereiche. Kinder wollen sich z. B. ihrer Familie, Freunden oder ihrer Kindergartengruppe zugehörig fühlen. Dass Kinder Zuneigung, Anerkennung und Wertschätzung brauchen, zeigt auch eine Untersuchung des Religionspädagogen Anton A. Bucher. Die befragten Kinder aus der Schweiz sagten, dass sie am glücklichsten in den Ferien, zu Weihnachten, bei Freunden und bei der Mutter seien. Es stellten sich Faktoren als Glücksfaktoren heraus, wie:

- Gutes Familienklima
- Ausreichend Anerkennung und Lob
- Positives Erleben der Schule
- Freunde.

Entscheidend ist dabei nicht die Quantität der gemeinsam verbrachten Zeit, sondern die Qualität dessen, was in dieser Zeit geschieht. Die Qualität gemeinsam verbrachter Zeit zeigt sich auch in der Art, wie mit Konflikten umgegangen wird. Missverständnisse und Auseinandersetzungen lassen sich im Zusammenleben von Menschen nicht vermeiden. Konflikte gehören zum Zusammenleben, sie sind normal, notwendig und lösbar. Ohne geeignete Konfliktbewältigungsstrategien können Konflikte jedoch als sehr belastend erlebt werden. Oft sind Erwachsene und Medien keine guten Vorbilder. Darum ist es eine wichtige Aufgabe der Gesundheitsförderung, Kinder bei der Entwicklung der Konfliktlösefähigkeit (→ Kap. 14.5.3) zu unterstützen.

Im Zusammenhang mit dem Bedürfnis nach Zugehörigkeit wird das Gesundheitsgefährdungspotenzial des *Mobbings*, des gezielten Ausgrenzens Einzelner, besonders

Abb. 14.5: Freunde zählen laut einer Schweizer Untersuchung zu den Glücksfaktoren im Leben des Kindes.

augenfällig. In Kindergruppen muss Mobbing durch Erwachsene unterbunden werden (→ Kap. 14.2.5, 14.3.2).

Alsaker, F. D.: Quälgeister und ihre Opfer. Mobbing unter Kindern – und wie man damit umgeht. Bern: Huber 2003

Bucher, A. A.: Was Kinder glücklich macht. Historische, psychologische und empirische Annäherungen an Kindheitsglück. Weinheim: Juventa Verlag 2003

Resilienz

Resilienz siehe auch → Kap. 10.7

> ▶ **Resilienz**
> Fähigkeit, Herausforderungen und Krisen des Lebens zu meistern. Es ist die Gesamtheit jener Ressourcen, die es dem Kind ermöglichen, seine Entwicklungsaufgaben auch unter schwierigen Lebensumständen zu bewältigen.

Die **Resilienzforschung** wurde eingeleitet durch die Längsschnittuntersuchung von Emmy Werner. Über mehr als 30 Jahre verfolgte sie mit ihrer Forschungsgruppe die Entwicklung eines Geburtenjahrgangs auf Kauai, einer zu Hawaii gehörenden Insel. 698 Kinder des Jahrganges 1955 wurden begleitet, um herauszufinden, wie sich unterschiedliche Lebensumstände auf die Heranwachsenden auswirken. 210 dieser Kinder gehörten zu der sogenannten Risikogruppe: Ihre Familien waren arm, es gab Scheidungen und psychische Krankheiten, und ihre Mütter hatten keinen Schulabschluss. Von diesen Kindern entwickelten zwei Drittel bis zum Alter von 10 Jahren Lern- und Verhaltensprobleme, bis zum 18. Lebensjahr wurden sie straffällig oder psychisch krank, manche wurden auch straffällig und zugleich krank.

Das wichtige Ergebnis dieser Untersuchung jedoch war, dass ein Drittel dieser unter schwierigen Bedingungen aufwachsenden Kinder sich zu kompetenten Erwachsenen entwickelte. Sie beendeten erfolgreich die Schule und kamen in ihrem Leben gut zurecht. Im Erwachsenenalter waren sie weniger krank, nicht arbeitslos und waren nicht mit dem Gesetz in Konflikt geraten. Emmy Werner und ihr Forscherteam konnten erstmals der Frage nachgehen, warum der Lebensweg der Kinder so unterschiedlich verlaufen war, obwohl sie vergleichbaren Risiken ausgesetzt waren. Diese Untersuchung leitete einen Perspektivenwechsel ein: Von der Suche nach den Risikofaktoren verlagerte sich der Schwerpunkt auf die Suche nach den *Schutzfaktoren* (→ Kap. 10.7). Die Forscher fassten das, was sie herausfanden, in drei Gruppen zusammen, in die Schutzfaktoren des Individuums (Personale Ressourcen) sowie der Familie und des Umfeldes (Soziale Ressourcen).

Schutzfaktoren des Individuums – die Kinder wurden als liebevoll, aktiv, anschmiegsam, freundlich und „pflegeleicht" beschrieben. Im Kleinkindalter verlief ihre sprachliche Entwicklung relativ schnell, sie waren früher selbstständig als die Kinder, die später Schwierigkeiten hatten. In der mittleren Kindheit zeichneten sie sich dadurch aus, dass sie stolz auf sich waren und anderen Kindern gern halfen. Als Jugendliche glaubten sie an ihre Selbstwirksamkeit, d. h. sie waren überzeugt davon, Probleme durch eigenes Handeln lösen zu können. Ihre Lebenspläne waren realistisch.

In Wechselwirkungsprozessen mit der Umwelt erworbene Merkmale resilienter Kinder sind z. B.:

- Problemlösefähigkeit, Neugierde, Kreativität
- Positives Selbstbild und hohes Selbstwertgefühl
- Selbstwirksamkeits- und Kontrollüberzeugung (das Gefühl, sein Leben selbst in der Hand zu haben)
- Empathie, Offenheit, Kontaktfreude
- Risikobereitschaft
- Optimismus und realistische Lebenspläne.

Diese und alle in der Folge durchgeführten Untersuchungen haben gezeigt, dass nur, wenn das elementare Grundbedürfnis von verstehender Resonanz eines heranwachsenden Kindes befriedigt wird, Resilienz entstehen kann. Der Mensch als soziales Wesen braucht den anderen Menschen und die Gemeinschaft zur Entwicklung seiner potenziellen Möglichkeiten.

Werner, E. E. (2007): Resilienz: ein Überblick über internationale Längsschnittstudien. In: G. Opp & M. Fingerle (Hrsg.) Was Kinder stärkt. Erziehung zwischen Risiko und Resilienz, 2. Aufl. München. Basel: Reinhardt, 2007, S. 311–326.

Soziale Ressourcen

Die sozialen Ressourcen umfassen das nähere und weitere soziale Umfeld eines Kindes. Dazu gehören die Familie, Freunde, Erzieherinnen, Lehrerinnen und alle anderen Bezugspersonen. Resilienzfördernde Wirkungen ergeben sich direkt durch die Interaktionen mit den Personen des sozialen Umfeldes.

Schutzfaktoren in der Familie – resiliente Kinder fanden trotz ungünstiger Lebensumstände in ihrer Umgebung immer (zumindest) eine emotional stabile Person, zu der sie eine enge Bindung aufbauen konnten. Es waren die Großeltern, Geschwister, eine Tante oder ein Onkel. Kinder aus religiösen Familien schienen zudem eher Resilienz zu entwickeln als Kinder aus nicht-religiösen Familien.

Schutzfaktoren des Umfeldes – resiliente Kinder zeichneten sich durch ein besonderes Geschick aus, „Ersatzeltern" selbst zu finden; sie hatten deshalb auch keine Schwierigkeiten, sich im sozialen Umfeld emotionale Unterstützung zu holen. Sie bauten guten Kontakt zu anderen Kindern oder Jugendlichen auf, hatten Freunde, einen Lieblingslehrer, fürsorgliche Nachbarn oder gehörten in kirchliche Gruppen mit engem Kontakt zum Pfarrer.

Merkmale von Schutzfaktoren des sozialen Umfeldes sind, z. B.:

- Sichere Bindungen
- Positive Beziehungen zu mindestens einer erwachsenen Bezugsperson

- Vorbilder, Wertorientierungen
- Demokratischer Erziehungsstil
- Guter Kontakt zu Freunden
- Vielfältige positive Lernerfahrungen in Bildungs- und Erziehungseinrichtungen
- Konstruktive Zusammenarbeit aller Erziehungsbeteiligten.

Das Kohärenzgefühl

Bei der Suche nach den Quellen der Gesundheit hat Antonovsky entdeckt, dass die Menschen sehr unterschiedlich mit den Stressoren ihres Lebens umgehen. Wer in seinem Leben Erfahrungen machen kann, die zur Ausbildung von Gesundheitsfaktoren führen, wird nach Antonovsky bis zu seinem Erwachsenenalter ein starkes Kohärenzgefühl (sense of coherence, abgekürzt SOC) entwickeln.

> **► Kohärenzgefühl**
> In Kindheit und Jugend erworbene Lebensorientierung. Besteht aus dem Gefühl der Verstehbarkeit, Handhabbarkeit und Bedeutsamkeit.

Antonovsky spricht vom „way of looking at the world", also von einer generellen Einstellung gegenüber dem Leben (Antonovsky 1979). Das Kohärenzgefühl ist die Voraussetzung dafür, dass ein Gefühl von Stimmigkeit, von Zusammenhalt und Ganzheit entsteht. Es ermöglicht, interne und externe Stressoren als verstehbar und sinnvoll einzuschätzen und sie adäquat zu handhaben. Ein starkes Kohärenzgefühl wird als Voraussetzung für gute körperliche und psychische Gesundheit gesehen.

Wer ein hohes **Kohärenzgefühl** besitzt, der vertraut darauf, dass:

- Die Anforderungen des Lebens strukturiert, vorhersagbar und erklärbar sind,
- Die Anforderungen aus eigener Kraft oder mit Hilfe bewältigt werden können,
- Es sich lohnt und sinnvoll ist, die Anforderungen als Herausforderungen anzunehmen.

Abb. 14.6: Das Kohärenzgefühl.

[BEISPIEL] Diese Lebensorientierung zeigt sich zum Beispiel im Verhalten einer Erzieherin, wenn sie nach einem schwierigen Gespräch mit Eltern sagt: „Das ist nicht gut gelaufen, aber ich war zu aufgeregt. Beim nächsten Mal wird es mir besser gelingen." Die Erzieherin mit einem starken Kohärenzgefühl kann das Misslingen ihres Gesprächs mit den Eltern erklären, sie ist außerdem überzeugt, dass sie die Fähigkeiten hat, es besser zu machen, und dass es sinnvoll ist, dieses Gespräch doch noch einmal zu versuchen.
Die Erzieherin mit einem schwachen Kohärenzgefühl wird wahrscheinlich das Misslingen ihres Gesprächs mit den Eltern als ein persönliches Versagen erleben, vor allem dann, wenn sie schon öfter in solche Situationen geraten ist. Sie traut sich ein Gespräch mit den Eltern nicht mehr zu und wird es in Zukunft lieber vermeiden. Wenn sie ihr Team nicht als Quelle von sozialer Unterstützung wahrnimmt, dann wird sie auch mit den Kolleginnen nicht darüber sprechen und keine Hilfe erbitten. Wenn die soziale Ressource nicht vorhanden oder zumindest nicht bewusst ist und deshalb auch nicht aktiviert wird, dann wird ein Stressor eher als Belastung erlebt, und es kann sich nur schwer das Gefühl der Handhabbarkeit entwickeln.

> ⊙ Die generellen Widerstandsressourcen und das Kohärenzgefühl stehen in einem dynamischen Wechselverhältnis. Einem Menschen mit einem hohen Kohärenzgefühl fällt es zum Beispiel leichter, seine Ressourcen zu erkennen oder auch neue auszubilden. Diese Erfahrungen wiederum bilden und stärken das Kohärenzgefühl.

Eine finnische Arbeitsgruppe (Eriksson/Lindström 2006) stellte eine Übersicht mit über 500 wissenschaftlichen Arbeiten zur Wirkung des Kohärenzgefühls zusammen. In diesen Untersuchungen zeigt sich ein Zusammenhang zwischen der Höhe des Kohärenzgefühls und dem Wohlbefinden, der Lebensqualität sowie der Lebenszufriedenheit. Dies gilt sowohl für Kinder als auch für Erwachsene.

14.2 Bedeutung für Kinder und Jugendliche

Gesundheit und Wohlbefinden von Heranwachsenden hängen in hohem Maße von ihren gesellschaftlichen Chancen ab. Ungleiche Lebensbedingungen beeinflussen die körperliche, psychische und soziale Entwicklung von Kindern und Jugendlichen. Alle verfügbaren Daten zeigen, dass soziale Benachteiligung und Armut – besonders, wenn sie Heranwachsende mit Migrationshintergrund betreffen – mit gesundheitlichen Belastungen verbunden sind (→ Kap. 9.4, 10.3).

Der Gesundheitszustand von Kindern ist immer auch ein Spiegelbild der Lebensweise der Familie. Das alltägliche Ernährungs- und Bewegungsverhalten hat großen Einfluss auf die Herausbildung wichtiger Gewohnheiten, die das Gesundheitsverhalten der Heranwachsenden nachhaltig bestimmen. So entstehen die Grundlagen für *Adipositas* (Fettleibigkeit → Kap. 25.5.1) oder Diabetes in den ersten Lebensjahren.

Die erste große, bundesweit angelegte Untersuchung zur Kindergesundheit (KiGGS) des Robert-Koch-Instituts dokumentiert erstmals repräsentativ den Gesundheitszustand der deutschen Kinder und Jugendlichen. Danach steht einem Rückgang von akuten somatischen (körperlichen) Krankheiten ein deutlicher Anstieg chronischer Erkrankungen und psychischer Störungen gegenüber. Die Untersuchung zeigte, dass sich soziale Benachteiligung stark auf die Gesundheit von Kindern und Jugendlichen auswirkt. Die Forscher des Robert-Koch-Instituts unterstreichen die große Bedeutung von Selbstwertgefühl, Eigenaktivität, Verantwortungsgefühl, Konflikt- und Genussfähigkeit für ein gesundes Aufwachsen. Diese Fähigkeiten müssen gezielt gefördert werden.

Die Herausbildung von gesundheitsförderlichem Verhalten kann nicht früh genug beginnen, denn grundlegende Einstellungen und Gewohnheiten entstehen in den ersten Lebensjahren und sind oft verantwortlich für spätere Gesundheitsprobleme, z. B. Sucht und Übergewicht. Zu den Zielen der Gesundheitserziehung im Kindes- und Jugendalter gehört, dass die Heranwachsenden lernen, ihre eigene Gesundheit zu erhalten und zu fördern. Schwerpunktmäßig geht es dabei um folgende Inhalte:

- Regelmäßige Körperpflege und Sauberkeit
- Gesundes Ernährungsverhalten
- Freude an Bewegung
- Engagement für eine gesunde Umwelt
- Gesundheitsförderlicher Umgang mit Stressoren
  - Entwicklung von Widerstandsfähigkeit und Stärkung der Gesundheitsfaktoren
  - Herausbildung eines starken Kohärenzgefühls.

14.2.1 Regelmäßige Körperpflege und Sauberkeit

Die Körperpflege ist ein Gesundheitsbereich, in dem Kinder zunächst noch die Hilfe der Erwachsenen brauchen, aber schon im Kleinkindalter ihre zunehmende Selbstständigkeit erleben, was oft Freude und Stolz bei ihnen und ihren Bezugspersonen auslöst.

Bei der Erziehung zur Körperpflege spielt das Vorbild der Erziehenden eine besondere Rolle (→ Kap. 14.3.1). Das regelmäßige Händewaschen und Zähneputzen, der Wechsel der Bekleidung gemäß der Situation (z. B. nach draußen gehen, Schlafen gehen) und die Sauberhaltung der Geschlechtsorgane sind Themen, die in jeder Altersgruppe wieder neu angesprochen werden sollten. Die Auseinandersetzung mit der Funktion der Organe beispielsweise kann Kinder darin unterstützen, Achtung vor dem eigenen Körper zu entwickeln.

Die Herausbildung eines akzeptierenden und bewussten Verhältnisses zum eigenen Körper ist ein wichtiger Bestandteil der Gesundheitserziehung (→ Kap. 14.5.2). Das Bild vom eigenen Körper bildet sich z. B. in vielen körperbezogenen Aktivitäten heraus und ist ein wichtiger Teil des Selbstbildes. Wie bedeutend dieser Teil der Selbstwahrnehmung ist, führt das folgende Beispiel vor Augen: Ein Mädchen mit Magersucht (*Anorexia nervosa* → Kap. 25.5.2) wird beim Blick in den Spiegel den eigenen Körper als dick und aufgeblasen wahrnehmen, obwohl er bereits so abgemagert ist, dass sich die Knochen deutlich abzeichnen.

Abb. 14.7: Bei der Körperpflege brauchen Kinder zunächst die Hilfe von Erwachsenen.

14.2.2 Gesundes Ernährungsverhalten

Ernährung ist in der Gesundheitserziehung ein zentrales Thema. Es ist gegenwärtig besonders aktuell, da die Übergewichtigkeit von Kindern und Jugendlichen zu einem ernsthaften Risikofaktor geworden ist (*Adipositas* → Kap. 25.5.1).

Die Folgen von Fehlernährung zeigen sich meist erst später im Lebensverlauf und sind nicht konkret auf eine bestimmte Altersphase zurückführbar. Angesichts der großen Bedeutung, die die Ernährung für die gesundheitliche Entwicklung von Kindern hat, erscheint es notwendig, bereits im frühen Alter die Grundlagen für ein gesundes und genussreiches Essverhalten zu vermitteln. Eine gesunde Ernährung wird von Kindern besonders dann gut angenommen, wenn sie attraktiv erscheint. Gesundes Ernähren soll Spaß machen. Essen ist nicht nur „gesund", sondern sollte vor allem „lecker" sein und gemeinsam eingenommen werden. Essen ist ein geselliges Ereignis und ein wichtiges Feld der interkulturellen Erziehung.

Das Wissen über gesunde Ernährung und das konkrete Ernährungsverhalten klaffen oft weit auseinander. Das ist u. a. ein Hinweis darauf, dass Essgewohnheiten vom ersten Lebenstag an entwickelt werden und später meist unbewusst das Verhalten bestimmen. Essgewohnheiten können zu Ritualen werden, wie das Knabbern von Süßigkeiten und später das Trinken von Bier beim Fernsehen. Übermäßiges Konsumieren kann außerdem zur Ausbildung einer Sucht führen.

14.2.3 Freude an Bewegung

Bewegung (→ Kap. 12) ist die elementarste Interaktions- und Ausdrucksform des Kindes. Sie hat Bedeutung für die

Entwicklung der Motorik, für das Selbstkonzept und Selbstwertgefühl, für die Motivation zum Lernen, für die kognitive Entwicklung und das Wohlbefinden. Kinder haben normalerweise Freude an der Bewegung. Dass heute trotzdem die Bewegungsarmut und die in der Folge auftretenden Probleme wie Übergewicht, Koordinationsstörungen oder Isolation beklagt werden, hat viel mit den Lebensbedingungen in der Gesellschaft und deren Auswirkungen auf die Kindheit zu tun. Gerade deshalb muss dieses Thema in den Bildungseinrichtungen immer präsent sein und sich in vielfältigen Angeboten widerspiegeln.

14.2.4 Engagement für eine gesunde Umwelt

Umweltbildung und -erziehung (→ Kap. 19) berührt viele Lebensbereiche und hat ständig an Bedeutung zugenommen. Kinder und Jugendliche, die am Anfang des 21. Jahrhunderts leben, gehören zu denjenigen, die unter den Folgen der heute schon immensen und offensichtlichen Umweltschäden leiden werden. Deshalb kann Gesundheitserziehung an diesem Thema nicht vorbei. Wenn Kinder die Natur direkt erleben, wenn sie ihre eigenen Erfahrungen mit Tieren, Pflanzen, dem Wetter und dem Klimawandel sammeln, werden sich aus diesen Erfahrungen u. a. Einstellungen und Haltungen entwickeln. Die Bereitschaft, sich für eine gesunde Umwelt zu engagieren, entsteht im Kindesalter. Aus der 1. World Vision Studie, deren Ergebnisse im Jahre 2007 veröffentlicht wurden, ist bekannt, dass Kinder und Jugendliche bereit sind, Verantwortung zu übernehmen und sich in Umweltprojekten zu engagieren. Umwelterziehung schließt deshalb auch Solidarität und Risikobereitschaft ein und beinhaltet die Orientierung an Werten (→ Kap. 19).

Abb. 14.8: Schon die richtige Entsorgung des Mülls ist ein Beitrag für die Umwelt.

14.2.5 Gesundheitsförderlicher Umgang mit Stressoren

Die Zunahme an psychischen Störungen im Kindes- und Jugendalter (→ Kap. 10.3.8) ist ein Indikator dafür, dass die Heranwachsenden mit den alltäglichen Stressoren nicht produktiv umgehen können. Wer nicht gelernt hat, Misserfolge zu bewältigen, wer schon vor der nächsten Anforderung wieder in Panik fällt, weil er Angst vor dem Versagen hat, der gerät schon bald in einen Zustand der Dauerspannung mit all seinen physischen und psychischen Folgen.

[BEISPIEL] Mangelnde Konfliktfähigkeit

Wenn die Fähigkeiten zur Konfliktlösung nicht entwickelt sind und Kinder nur beobachtete Konfliktlösung aus den Medien oder von körperlicher oder verbaler Gewalt geprägte Konflikthandlungen aus der Familie kennen, dann wird ihnen dies als gangbarer Weg erscheinen. Sie werden bei dieser Art der Konfliktlösung zwangsläufig neue Probleme bekommen, und ihre Bedürfnisse nach Anerkennung, nach Erfolg und Zuwendung werden nicht erfüllt. Dies führt unweigerlich zu *psychosomatischen* Beschwerden (→ Kap. 26.1.3).

[BEISPIEL] Mangelnde Empathiefähigkeit

Gegenwärtig werden die Zunahme an Gewalt und an Verrohung, das Fehlen von Empathie und Solidarität beklagt. Erzieherinnen und Lehrerinnen berichten immer häufiger darüber, dass sie mit Kindern arbeiten, deren Mitgefühl nicht entwickelt ist und die dazu tendieren, bei Konflikten Gewalt einzusetzen. Der Mediziner und Psychotherapeut Joachim Bauer erklärt das aus neurobiologischer Sicht damit, dass Kindern, die selbst wenig Einfühlung, Rücksicht und Zärtlichkeit erlebt haben, neurobiologische Programme fehlen, die es ihnen ermöglichen würden, Mitgefühl zu empfinden und zu zeigen. Erschwerend kommt noch hinzu, dass Kinder heute oft mit Computerspielen, Videos und Filmen konfrontiert sind, die das Quälen und Töten als amüsante Unterhaltung anbieten. Das Gehirn lernt immer! Und es lernt besonders schnell, wenn etwas emotional verankert wird.

[BEISPIEL] Mobbing und soziale Ausgrenzung

Die Entwicklungspsychologin Francoise D. Alsaker hat Mobbing im Kindergarten untersucht und festgestellt, dass ungefähr ein Viertel der Kinder an Mobbinghandlungen als Opfer, als Täter oder als Täter-Opfer beteiligt ist. Kinder, die diese gefährliche Form von Ausschluss aus der Gemeinschaft und Angriffen auf die Person erleben müssen, können Ängste und Depressionen entwickeln, aggressiv und später, wenn sie älter sind, straffällig, aber auch körperlich krank werden.

Selbstwert, Zugehörigkeitsgefühl und Resilienz (→ Kap. 10.7) können nur im Miteinander und in der Kommunikation mit anderen Menschen entstehen. Wenn Kinder Ausgrenzung erleben, wenn sie in soziale Isolation geraten, dann führt das zum Zusammenbruch der Motivation, zu somatischen Problemen und Ängsten. Kinder, deren Eltern zu den sozial Schwachen gehören oder einen Migrationshintergrund haben, erleben Ausgrenzung manchmal schon im Kindergarten, noch stärker dann in der Schule. Das Zugehörigkeitsgefühl zu der Gruppe, in der das Kind spielt und lernt, zu seinem Kindergarten, seiner Schule und letztlich zur Gesellschaft kann sich nicht entwickeln oder geht verloren. Deshalb ist es eine vorrangige Aufgabe der Kindereinrichtungen, dem entgegenzuwirken (*Stressmanagement* → Kap. 10.7, *Emotionale und soziale Kompetenz* → Kap. 20).

Resilienz und Gesundheitsfaktoren

Die Frage, wie Kinder auf den Umgang mit den Stressoren ihres Alltags vorbereitet werden können, führt zu den Kompetenzen, die sie resilient machen, und zu den generalisierten Widerstandsressourcen (→ Kap. 14.1.4) bzw. Gesundheitsfaktoren im Sinne von Antonovsky.

Generelle Widerstandsressourcen nach Antonovsky sind:

- Wissen und Intelligenz
- Ich-Stärke
- Rationale, flexible und weitsichtige Bewältigungsstrategien
- Soziale Unterstützung
- Engagement und Zufriedenheit
- Zusammenhalt
- Kulturelle Stabilität
- Religion oder Philosophie
- Präventive Gesundheitsorientierung.

Herausbildung eines starken Kohärenzgefühls

Antonovsky vertritt die Auffassung, dass das Kohärenzgefühl (→ Kap. 14.1.4) in den ersten 30 Lebensjahren entsteht und dann das ganze Leben über relativ stabil bleibt. Die Herausbildung der Komponenten Verstehbarkeit, Handhabbarkeit und Bedeutsamkeit beschreibt Antonovsky wie folgt:

Die Überzeugung, dass die Welt **verstehbar** und erklärbar ist, kann dann entstehen, wenn Kinder Konsistenz und Kontinuität im Verhalten ihrer Bezugspersonen erleben, wenn sie emotionale Zuwendung erfahren und eine sichere Bindung (→ Kap. 10.3.3) aufbauen können.

Entwicklungsgerechte Anforderungen sind die Voraussetzung dafür, dass die Kinder lernen, auf ihre eigenen Ressourcen zu vertrauen und die Anforderungen als **handhabbar** einzuschätzen. Die richtige Balance zu finden zwischen Belastung und Bewältigung, zwischen Anforderung und Können, zwischen Erwartungen an das Kind und seinen Möglichkeiten – das gehört zur Kunst des Erziehens und des pädagogischen Könnens.

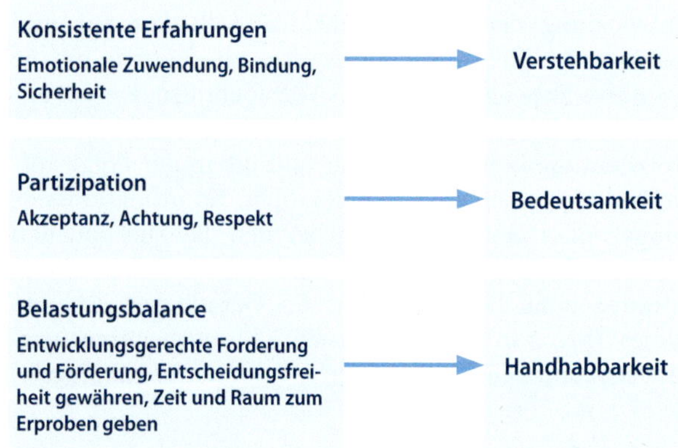

Abb. 14.9: Herausbildung von Verstehbarkeit, Bedeutsamkeit und Handhabbarkeit.

Schließlich ist Partizipation (Teilhabe) wichtig, um die Komponente **Bedeutsamkeit** entwickeln zu können. Wenn Kinder in Entscheidungen einbezogen werden, erfahren sie Aufmerksamkeit und Akzeptanz, ihre Meinung wird geachtet und anerkannt; sie gewinnen die Überzeugung, dass die Bewältigung von Anforderungen Sinn macht und ihr Handeln bedeutsam ist. Für die Herausbildung dieser Lebensorientierung, die sich hinter dem Begriff Kohärenzgefühl verbirgt, ist die Familie der sicherste und am besten geeignete Lebensraum. Aber auch die Schule und der Kindergarten können gezielt und systematisch die Herausbildung von Gesundheitsfaktoren unterstützen.

14.3 Rolle der Erzieherinnen

Der folgende Text setzt sich mit der Rolle, die die Erzieherinnen bei der Erhaltung und Förderung der Gesundheit von Kindern einnehmen, auseinander. Es geht dabei um ihre Vorbildwirkung in der Gesundheitserziehung, ihre Funktion und Möglichkeiten in der Gesundheitsförderung und um die Bedeutung der Gesundheitsberatung in ihrem Arbeitsfeld.

14.3.1 Erzieherinnen als Vorbild

Erzieherin als Vorbild → Kap. 8.2.3

Achtung, Wertschätzung und Akzeptanz sind Grundpfeiler einer partnerschaftlichen Beziehung in der pädagogischen Arbeit. Die persönliche Beziehung ist gekennzeichnet durch eine feinfühlige und liebevolle Zuwendung und eine den Besonderheiten des Kindes Rechnung tragende Unterstützung. Sie kann durch nichts ersetzt werden und ist eine entscheidende Voraussetzung für das Lernen von Kindern. Das verlangt aber auch, dass Erziehende ihre eigenen Werte und Überzeugungen reflektieren. Denn nur die Inhalte, von denen eine Person selbst überzeugt ist, können authentisch vermittelt und angenommen werden.

Gesundheitsdienliches Verhalten wird von Kindern gern übernommen, wenn sich auch die Erwachsenen daran halten. Wenn sich Kinder vor dem Essen die Hände waschen sollen, dann ist diese Forderung nur annehmbar, wenn das die Erwachsenen auch tun.

Körperpflege und Sauberkeit werden in der Einrichtung täglich vorgelebt und geübt. Ebenso verhält es sich mit der Ernährung. Hat eine Erzieherin Cola und Süßigkeiten als Frühstück dabei, werden Kinder ihren mitgebrachten Apfel und ihr Schwarzbrot als weniger lecker empfinden. Beim gemeinsamen Essen mit den Kindern können Rituale entwickelt werden und das Ernährungsverhalten positiv beeinflussen.

Beim Bewegen und Spielen an der frischen Luft sind die Erzieherinnen aktiv dabei. Wer die eigene Freude an Bewegung und am Aufenthalt an der frischen Luft zeigt, der braucht Kinder nicht lange zum Bewegen und Spielen im Freien zu motivieren. Kinder freuen sich, wenn Erwachsene an ihren Spielen teilnehmen, oder wenn sie von ihnen Anregungen für Aktivitäten erhalten. Dies bedeutet nicht, dass das Fachpersonal durchgängig mitspielen muss. Kinder möchten neben den Aktivitäten mit Erwachsenen auch Zeit und Raum für sich und für das Spiel untereinander haben.

Die Integration der Gesundheitserziehung in den pädagogischen Alltag verlangt die Beantwortung folgender Fragen:

- Welche Werte und Haltungen habe ich?
- Was weiß ich über moderne Gesundheitskonzepte?
- Was weiß ich über die Gesundheit und das Gesundheitsverhalten der Kinder?
- Wie gelingt es mir, Vorbild zu sein?
- Was muss und kann in der Einrichtung umgesetzt werden, um den Mindestforderungen an gesunde Lebensbedingungen nachzukommen, z. B. Ruhe, ausreichend und für alle Kinder zugängliche Getränke, warmes Essen, Bewegungsräume?
- Welche gesundheitsrelevanten Rituale integriere ich in den pädagogischen Alltag?
- Welche Gesundheitsförderprojekte habe ich durchgeführt oder möchte ich durchführen?

14.3.2 Erzieherinnen als Gesundheitsförderinnen

Wenn Kinder Kohärenzgefühl entwickeln, sind sie besser auf einen produktiven Umgang mit den Risiken ihres Lebens vorbereitet. Das Erleben der eigenen Bedeutsamkeit und des Dazugehörens sind entscheidende Erfahrungen auf dem Wege dahin. Deshalb ist es wichtig, in den Kindertageseinrichtungen eine Atmosphäre zu schaffen, in der das gemeinsame Lernen und Spielen Freude macht und jedes Kind sich wohlfühlen kann. Die wertschätzende und das Kind mit seinen Besonderheiten akzeptierende Haltung der Erzieherin ist die Basis für das Gelingen der pädagogischen Arbeit und für eine gesunde Zusammenarbeit aller an der Erziehung Beteiligten – für den Kontakt zu den Kindern, zu den Familien und ebenso zu den Kolleginnen in der eigenen Einrichtung.

Diese Haltung zeigt sich

- in der Förderung der Lernprozesse jedes einzelnen Kindes unter Berücksichtigung seiner individuellen Bedürfnisse,
- in der Ermutigung und Unterstützung des Kindes bei Schwierigkeiten,
- im Vertrauen auf die Entwicklungspotenziale jedes Kindes,
- in der Akzeptanz von Fehlern beim Lösen der Entwicklungsaufgaben,
- in der Sensibilität für Konflikte in der Gruppe.

Eine akzeptierende, ermutigende und inspirierende Haltung der Erzieherin ist sowohl für die Beziehungsgestaltung im Team der Kindertageseinrichtung als auch für das Verhältnis zu den Kindern ein wertvoller Baustein und hilft beim Gelingen von Gesundheitsförderung. Akzeptanz bildet die Grundlage für den **Umgang mit Konflikten** und somit zur Verhinderung von *Mobbing* (→ Kap. 14.2.5). Darum ist es eine wichtige Aufgabe der Erzieherinnen, sensibel auf Konflikte zu achten. Kinder müssen lernen, Konflikte auszutragen und Problemlösestrategien zu entwickeln. Dabei können die Erziehenden unterstützend und begleitend tätig sein, sollten aber Kindern die Chance lassen, eigenständig Lösungen zu finden und sich mit anderen Kindern auseinanderzusetzen.

Im Falle von **Mobbing** verhält sich das anders. Hier müssen Erzieherinnen einschreiten, weitere Mobbinghandlungen verbieten und danach die Probleme mit den Kindern bearbeiten. Die Sensitivität, Konflikte zu beobachten, den Kontext zu verstehen und das Phänomen des Mobbing im Kopf zu haben, ist die Basis für weitere Handlungsstrategien. Denn „Konflikte sind kein Mobbing, und Mobbing ist nicht einfach ein Konflikt.“ (Alsaker 2003, S. 21).

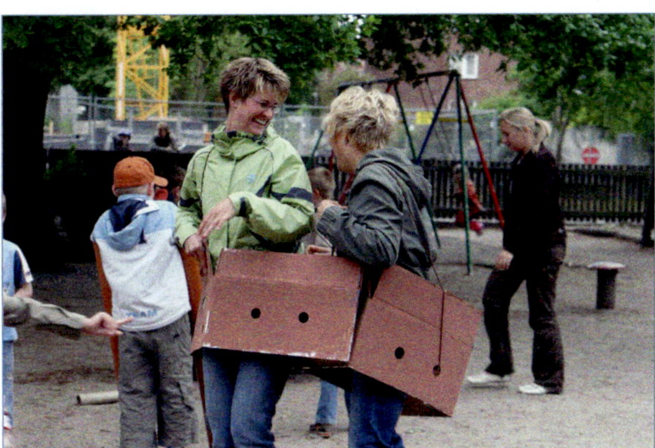

Abb. 14.10: Nicht nur bei Spiel und Spaß ist die Erzieherin ein Vorbild.

Situation	Täter	Opfer	Waren Sie anwesend?	Wo hat es stattgefunden?	Gruppenzusammensetzung (alle, jüngere, ältere Kinder)
Situation 1			☐ ja ☐ nein		
Situation 2			☐ ja ☐ nein		
Situation 3			☐ ja ☐ nein		

Abb. 14.11: Auszug aus „Protokollbogen zur Beobachtung von Mobbing/Plagen" (Quelle: Alsaker 2003, S. 292).

Im Falle des Mobbingverdachts empfiehlt es sich, weitere Personen um die Beobachtung verschiedener Situationen und um deren Einschätzung zu bitten. Zudem muss Kontakt zu den Eltern der Mobbingopfer und unbedingt auch zu denen der Täter aufgenommen werden. Beim Auftreten von Mobbing in einer Gruppe müssen alle schnellstmöglich handeln, um weitere Entwicklungen zu stoppen und körperliche und seelische Schädigungen zu vermeiden (→ Kap. 14.5.3).

Folgende Fragen können klärend sein:

- Was weiß ich über Mobbing? Und was halte ich davon?
- Woran kann ich Mobbingsituationen erkennen?
- Wie denke ich über die Opfer und wie über die Täter?
- Traue ich mir zu, etwas gegen Mobbing zu unternehmen? Wenn nein, wovor habe ich Angst?
- Bin ich bereit, Mobbing in meiner Gruppe zu thematisieren?
- Welche Hilfe brauche ich?

Zur Analyse von Mobbing kann der Beobachtungsbogen aus dem Buch „Quälgeister und ihre Opfer" von Francoise D. Alsaker nützlich sein.

14.3.3 Erzieherinnen als Beraterinnen

Erzieherinnen übernehmen insbesondere bei der Zusammenarbeit mit den Eltern auch Beratungsaufgaben. Bei einem Gespräch über Gesundheit besteht eine gute Aussicht auf produktive Lösungen, wenn Anregungen und Impulse gegeben werden und nicht Aufforderungen oder Ratschläge im Vordergrund stehen (→ Kap. 14.1.5). Es erweist sich zum Beispiel als schwierig, Eltern aus anderen Kulturkreisen mit der Forderung zu begegnen, als Pausenbrote nicht Weißbrot, sondern Vollkornbrot mitzugeben. Wird dies als Forderung formuliert, wird die Kommunikation wahrscheinlich sehr schnell abbrechen. In der Beratung werden auf partnerschaftlicher Ebene z. B. Informationen über Frühstücksbrote ausgetauscht. Dabei nimmt die Beratende keine Bewertung vor, sondern gibt Anregungen für ein abwechslungsreiches Frühstück bzw. erarbeitet gemeinsam mit den Eltern Vorschläge.

Um Eltern als Kooperationspartner zu gewinnen, sollten sich Erzieherinnen folgende Fragen stellen:

- Was weiß ich über die Familie des Kindes und ihren kulturellen Hintergrund?
- Wo habe ich Schwierigkeiten im Kontakt mit den Eltern, und was fällt mir leicht?
- Was weiß ich über Beratung und Beratungsmethoden?
- Habe ich mich um Fortbildung bemüht?
- Kenne ich Fortbildungsangebote? Wann und warum will ich sie nutzen?

14.4 Lernumgebung

In diesem Kapitel geht es um Lernen in einer gesundheitsförderlichen Umgebung sowie um die Umsetzung von Gesundheitsförderung und -erziehung. Lernen ist im pädagogischen Kontext weit mehr als eine bloße Wissensvermittlung. Lernende und Lehrende forschen und experimentieren gemeinsam sowohl in alltäglichen Situationen als auch in detaillierten Bildungsangeboten. Neugier, Wissbegierde und Forschergeist werden nicht nur von Inhalten geweckt, sondern ebenso von der Gestaltung der Lernumgebung beeinflusst. Eine anregende, zum Experimentieren einladende Umgebung unterstützt eine hohe Motivation und Freude am Lernen.

Abb. 14.12: Kinder benötigen eine anregende und ansprechende Lernumgebung.

14.4.1 Wie lernen Kinder?

Lernen → Kap. 10.5

In keiner Entwicklungsphase wird mehr gelernt als in den ersten Lebensjahren. Die Erkenntnis, dass das Kind von Anfang an ein aktiv lernendes und die Welt erforschendes Wesen ist, setzt sich zunehmend durch. In der Entwicklungspsychologie (→ Kap. 10.3) wird vom „kompetenten Säugling" gesprochen. Erkenntnisse aus den Neurowissenschaften zeigen, dass sich in den ersten Lebensjahren wichtige synaptische Bahnen ausbilden, die lebenslang erhalten bleiben. Neue Erkenntnisse werden abgespeichert, um neue Muster zu bilden, oder sie werden in bestehende Muster eingeordnet.

Das Lernen in der frühen Kindheit ist an individuelle Erfahrungen gebunden. Daher ist es wichtig, Kindern in den ersten Lebensjahren eine anregende, den Forschergeist herausfordernde und ermutigende Lernumgebung anzubieten.

Kinder lernen schneller, wenn Inhalt und Situation mit Emotionen verknüpft sind. Die Emotionen Freude und Angst sind dabei ausschlaggebend. Der Unterschied ist, dass die Inhalte, die mit Freude und Spaß verknüpft sind, auf lange Sicht vorhanden sind und dementsprechend die Motivation zum Lernen fördern und halten. Angstbesetzte Lerninhalte werden häufig nur im Kurzzeitgedächtnis gespeichert bzw. mit negativer Erfahrung und dementsprechend geringem Lernengagement verknüpft.

> Lernen ist gesundheitsförderlich, wenn es als aktiver, selbstgesteuerter, konstruktiver, situativer und sozialer Prozess angesehen und umgesetzt wird.

Lernende Kinder sind aktiv und konstruktiv, zwischenzeitlich auch passiv und aufnehmend. Lehrende haben nicht die primäre Aufgabe der Wissensvermittlung, sondern sind verantwortlich für eine anregende Gestaltung der Lernumgebung und für die Gestaltung einer auf Empathie und Akzeptanz beruhenden zwischenmenschlichen Beziehung. Eine von Hilfe und Unterstützung geprägte individuelle Kontrolle während der Lernsituationen fördert die Lernprozesse und ermutigt zur aktiven Mitarbeit.

14.4.2 Gesundheitsförderliche Lernumgebung in Bildungseinrichtungen

Auch die Gestaltung der Lernumgebung soll ein Gefühl von Zugehörigkeit und Wohlbefinden schaffen und damit die Motivation und Wissbegierde von Kindern unterstützen. Fühlen sich Kinder in ihrer Lernumgebung wohl, angenommen, akzeptiert und wertgeschätzt, sind sie eher bereit, Neues zu entdecken und auszuprobieren. Dazu gehört auch eine „fehlerfreundliche" Atmosphäre, die von Anerkennung und Ermutigung geprägt ist.

Angebote und Themen, die in Bildungssituationen vorbereitet werden, wecken dann Neugier, wenn sie real sind oder zumindest einen Bezug zu realen Ereignissen haben. Werden Bildungsangebote in einem differenzierten Kontext mit verschiedenen Perspektiven und sozialem Bezug offeriert, fördern sie Wissbegierde, Spannung und Zugehörigkeit.

Materiale Lernumgebung

Die bauliche Umgebung beeinflusst das Wohlbefinden und somit die Gesundheit von Lernenden, denn Architektur, verwendete Materialien, Farbgebung und akustische Gegebenheiten eines Raumes fördern oder beeinträchtigen die Motivation zum Lernen. Die Gestaltung eines Gebäudes und seiner Umgebung geben einen ersten Eindruck davon, was Lernen in dieser Einrichtung bedeutet. Kinder erfahren ihre Umwelt vor allem auf der Ebene der Sinne. Die Lernumwelt sollte deshalb so gestaltet sein, dass sie alle Sinne, Neugier und Forschergeist und das Körpergefühl anspricht.

Bei der Raumgestaltung können Erzieherinnen auf eine angemessene Verteilung von Möglichkeiten zur Bewegung einerseits und zum Rückzug andererseits achten. Kindern wird Selbstständigkeit für die Gestaltung der eigenen Lernumwelt und damit auch ein Stück Verantwortung zugesprochen, wenn sie mitgestalten oder umgestalten dürfen. Dabei können Werte wie Gemeinschaftsgefühl oder Verantwortungsbewusstsein entstehen.

Die Ausstattung der Bereiche zum Schlafen, Kochen und Waschen ist ebenso wichtig wie die Gestaltung der Bereiche für Bewegung, Entspannung und kreatives Spielen. Denn gerade im Vorschulalter kann der Alltag als Lernfeld im Bereich Gesundheitserziehung erprobt werden. Essen, Schlafen und auch Körperpflege sind alltägliche Situationen, die nicht nur routinierte Handlungen beinhalten. Kinder können in Alltagshandlungen komplexe Erfahrungen auf der sozialen, der sinnlichen, aber auch der emotionalen und kognitiven Ebene machen. In diesem Betätigungsfeld können sie Lösungen für Probleme finden und auf andere, neue Situationen übertragen.

Nachfolgend wird beschrieben, wie unterschiedliche Lernräume gesundheitsförderlich gestaltet und verwendet werden können. Diese Ausführungen sind als Denkanstoß zu verstehen, da bei der Umsetzung die Rahmenbedingungen und räumlichen sowie finanziellen Gegebenheiten der Einrichtungen berücksichtigt werden müssen. Auch wenn es nicht möglich ist, zusätzliche Räumlichkeiten zu schaffen, können Gruppenräume für die Arbeit mit offenen Gruppen zeitweise als Entspannungs-, Bewegungs- oder Kreativräume genutzt werden.

Gruppenraum

Kinder benötigen Geborgenheit und Freiheit zugleich. Beide Elemente sind wichtig, um forschend die Welt zu entdecken. Im Gruppenraum beginnt der Tag oft mit festen Ritualen. Sie vermitteln die nötige Sicherheit und Geborgenheit, die für ein gesundheitsförderliches Lernen wichtig sind. Von dieser Basisstation aus gilt es, die Umge-

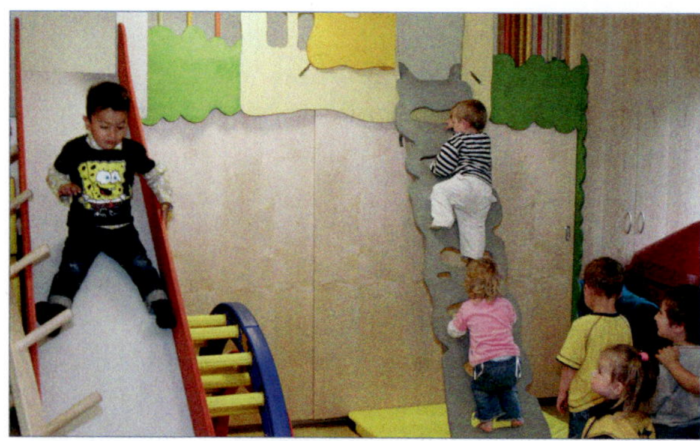

Abb. 14.13: Bei der Raumgestaltung sollten vielfältige Möglichkeiten für Bewegungaktivitäten geboten werden.

bung zu erkunden. Die Raumgestaltung muss dabei den verschiedenen Interessen und Bedürfnissen gerecht werden, z. B. der Neugier oder Zurückhaltung von Kindern, die neu in der Gruppe sind, und ebenso den Spielwünschen oder auch der Langeweile von Kindern, die den Raum schon länger kennen.

Um dem Anspruch gesundheitsförderlichen Lernens gerecht zu werden, empfiehlt es sich, die Umgebung so vorzubereiten, dass

- alle Sinne angeregt werden. Das kann durch verschieden hohe Ebenen geschehen, durch Fühlstrecken, verschiedene Materialien und unterschiedliche Bauelemente,
- die Möglichkeit besteht, mit unterschiedlichen Spielmaterialien phantasiereich umzugehen,
- nicht nur „vorgefertigtes" Spielzeug vorhanden ist, sondern die Phantasie der Kinder angeregt wird, sich Materialien selbst zu beschaffen, und diese einer Spielidee entsprechend zu nutzen.

Sanitärraum

Sanitärräume eignen sich nicht nur zur Körperpflege. Sie bieten viele Möglichkeiten für Sinneserfahrung im Alltag. Die Waschbecken eignen sich gut zum Laborieren; vor allem Waschrinnen lassen sich für Wasser-Experimente nutzen. Das Element Wasser hat für Kinder faszinierende Entdeckungsmöglichkeiten und bietet reichlich Gelegenheit, um Erfahrungen zu sammeln und physikalische oder mathematische Erkenntnisse zu gewinnen oder um biologische Gegebenheiten zu erforschen.

Für eine experimentierfreundliche Ausstattung des Sanitärbereichs ist z. B. Folgendes nützlich:

- Spielmaterialien und Alltagsgegenstände wie Joghurtbecher, Löffel und Getränkeflaschen, Plastikröhren, Messbecher,
- ein Bodenablauf und ein Schieber, um Überschwemmungen, die beim Ausprobieren unumgänglich sind, einzudämmen,
- entsprechende Raumtemperatur, damit sich die Kinder ausziehen und mit ganzem Körpereinsatz agieren können,
- Fußmatten gegen Ausrutschen auf nassen Fliesen und Handtücher.

Essraum

Manchen Einrichtungen steht ein eigener Essraum zur Verfügung, in anderen werden für die Zeit des Essens Tische im Gruppenraum zusammengestellt. Die Kinder können beim Eindecken und beim Abräumen helfen und erwerben so Alltagskompetenzen.

Die Beachtung gesundheitsfördernder Aspekte zeigt sich z. B. in Folgendem:

- Bei Aktivitäten am Tisch und ebenso beim Essen ist es wichtig, dass die Bestuhlung die richtige Größe hat, um eine gesundheitsförderliche Sitzhaltung zu garantieren.
- Die Stühle sollten nicht zu eng stehen, um die Bewegungsfreiheit beim Essen zu gewährleisten.
- Steht ein eigener Essraum zur Verfügung, soll er ansprechend eingerichtet sein, jedoch ohne den Kindern zu viele Reize zu bieten. Dies kann z. B. mit beruhigenden Farbtönen erreicht werden. Falls das Essen im Gruppenraum stattfindet, tragen das Aufräumen vor dem Essen und Rituale vor dem Essensbeginn (z. B. Fingerspiele oder Tischsprüche) zu einer entspannten Essatmosphäre bei.

Schlafraum

Die Schlaf- und Ruhezeiten in Kindertageseinrichtungen sind vor allem für jüngere Kinder eine wichtige Auszeit, um sich von den vielen Eindrücken und Anregungen des Vormittags zu erholen. Im Schlaf verarbeiten sie Erfahrungen, finden Entspannung und sammeln neue Kräfte für die Nachmittagsstunden. Doch nicht allen Kindern fällt es leicht, sich auf diese Situation einzulassen. Meist ist die Übergangszeit zwischen Essen und Schlafengehen von großer Unruhe geprägt und gerade jüngere Kinder können damit überfordert sein. Sie sind verunsichert und vermissen dann ihre Bezugsperson ganz besonders.

Kinder kommen leichter zur Ruhe oder finden in den Schlaf, wenn

- Zu-Bett-Bring-Zeiten mit viel Zuwendung und Zeit für das einzelne Kind und innerer Ruhe der Erzieherin verbunden sind;
- Kinder auf die Ruhezeit eingestimmt sind, etwa durch eine ruhige, warme Farbgebung im Raum und gedämpftes Licht sowie mit Ritualen wie Einschlafgeschichten, -Lieder oder mit einer Phantasiereise;
- Kinder ihre individuellen Schlafgewohnheiten so weit wie möglich ausleben können, z. B. mit ihrem Kuscheltier, Schnuller, Schlafanzug, wenn möglich mit einem selbstgewählten Schlafplatz;

- Ruheräume mit Schalldämmung in Decke und Wänden ausgestattet sind. „Ruhig" heißt jedoch nicht, dass der Schlafraum völlig isoliert und von sämtlichen Geräuschen abgegrenzt sein muss. Gedämpfte Stimmen oder Laute aus der Küche können auch eine beruhigende Wirkung haben.

Außengelände

Das Außengelände einer Einrichtung sagt bereits viel über das Bildungs- und Lernverständnis aus. Gibt es hier viel zu entdecken? Können Kinder mit Phantasie das Gelände erkunden? Gewisse Sicherheitsvorkehrungen müssen getroffen werden, aber dennoch sollte die Gestaltung auch zu Mut und Risiko einladen. Für eine gesundheitsförderliche Entwicklung ist es angebracht, täglich mit den Kindern nach draußen zu gehen, um Bewegungsmöglichkeiten an der frischen Luft zu ermöglichen.

Dazu regt z. B. folgende Ausstattung an:

- Verschiedene Höhen und unterschiedliche Materialien wie Steine, Sand, Holz, Bäume helfen Kindern, Erfahrungen im physikalischen Bereich und zum Naturverständnis zu sammeln.
- Genügend Freifläche lässt Raum zur Bewegung und lädt zum Toben, Laufen, Fangen oder Ballspielen ein.
- Sandlandschaften, eine Wasserquelle, verschiedene Ebenen, um Wasser fließen zu lassen, Matschgrube etc. ergänzen sich gut und bieten vielfältige Erfahrungsmöglichkeiten.

Entspannungsraum

Kinder brauchen Rückzugsmöglichkeiten, Zeiten der Ruhe und Entspannung und einen Platz, um in sich gehen zu können. Das ist wichtig, um Erlebtes verarbeiten zu können oder einfach um zu träumen. Steht in einer Einrichtung kein eigener Raum zur Verfügung, kann auch im Gruppenraum oder in einem Nebenzimmer eine Rückzugsmöglichkeit geschaffen werden, etwa mit einer Hängematte, einer mit Tüchern abgehängten Kuschelecke oder -höhle oder einer zweiten Raumebene.

Ist ein eigener Entspannungsraum vorhanden, ist z. B. die folgende Ausstattung förderlich:

- Um eine gemütliche Atmosphäre zu schaffen, kann mit Licht experimentiert werden. Um dabei einen nahen Bezug zur Natur zu wahren, können Lichtquellen gewählt werden, die das Spektrum eines Regenbogens abdecken. Die Farben sollten warm und mit dem einfallenden Tageslicht abgestimmt sein.
- Die Fenster können freie Durchsicht gewähren, um das Licht zu nutzen und die Aussicht zu genießen. Falls eine gedämpfte Atmosphäre gewünscht ist, können transparente Tücher vor den Fenstern zum Einsatz kommen.
- Die Akustik sollte zur Entspannung beitragen, d. h. Schalldämmung ist vorteilhaft, falls der Raum direkt neben einem Aktivbereich liegt, oder Geräusche durch die Bauweise selbst leicht übertragen werden. Dazu eignet sich die Verwendung von Teppichboden sowie die Ausstattung mit vielen Decken, Kissen und Tüchern. Vorhänge können kleine Raumecken noch einmal abteilen.
- Wird leise Instrumentalmusik mit ruhigen Rhythmen als Hintergrundmusik eingesetzt, kann das eine entspannte Atmosphäre unterstützen.
- Der Raum sollte eher geruchsneutral sein, da Kinder unbekannte Gerüche weniger gut einordnen können als Erwachsene. Natürliche Gerüche etwa von Rosenblättern oder bestimmten Holzsorten eigenen sich jedoch als Angebot für den Geruchssinn.

Bewegungsraum

Nicht jeder Einrichtung steht ein eigener Bewegungsraum (→ Kap. 12.4) zur Verfügung, in dem vielfältige Bewegungsangebote gemacht werden können oder der den Kindern zum raumgreifenden Spiel zur Verfügung steht. Hier lässt sich vielleicht in Kooperation mit einer Schule eine Turnhalle nutzen. In der Einrichtung selbst kann evtl. durch Umstrukturierung Raum zur Bewegung geschaffen werden.

Folgende Gestaltung ist z. B. förderlich:

- Geräte wie Matten, kleine Kästen, große Schaumstoffbausteine, Tücher, Seile u. ä. werden am Rand gelagert, damit genügend Freifläche zum Laufen und zum Toben zur Verfügung steht.

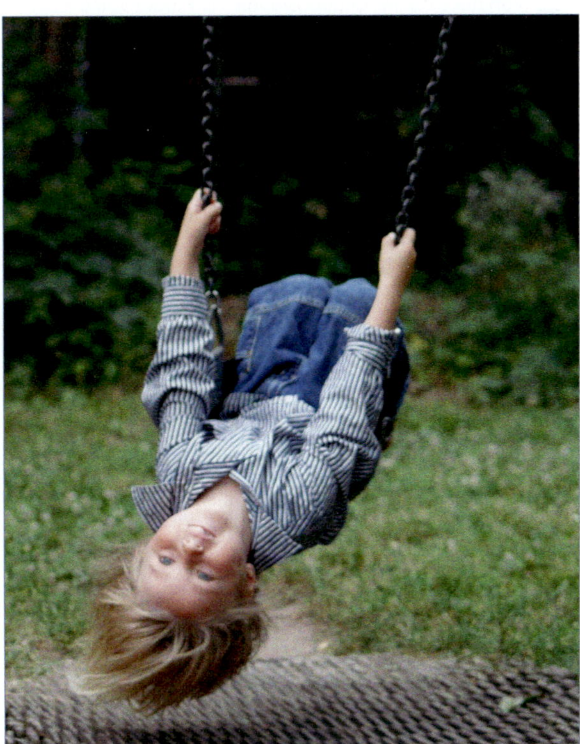

Abb. 14.14: Tägliche Bewegungsmöglichkeiten an der frischen Luft sind für die Gesundheit förderlich.

- Ein Klettertau mit Knoten, eine Sprossenwand oder auch eine Hängematte eignen sich gut für weitere Bewegungserfahrungen.
- Auch wenn dieser Raum funktional ist, sollte er eine einladende Gestaltung haben z. B. mit farbigen Wänden oder Mustern.

Kreativraum

Steht ein eigener Raum für Kreativangebote zur Verfügung, kann dieser als „Atelier“ gestaltet werden, in dem Kinder begonnene Werke auch aufbewahren können, um an einem anderen Tag daran weiterzuarbeiten (→ Kap. 11.4). Vielfältige Materialien und die Möglichkeit, den eigenen Gestaltungsimpulsen zu folgen, geben Kindern den nötigen Freiraum zur kreativen Entfaltung und darüber hinaus die Chance, Ausdrucksmittel für Gefühltes und Erlebtes zu finden.

Als Ausstattung bieten sich z. B. an:

- eine Werkbank in Kinderhöhe, auf der gehämmert, genagelt, geschnitten oder gesägt werden kann, ohne dass das Inventar Schaden nimmt;
- Kinderstaffeleien, an denen die Kinder nach Lust und Laune malen, zeichnen und tuschen können;
- ausreichend Papier und Material auch zum großflächigen Malen;
- Regale mit gut sortierten Materialien, die den Kindern frei zugänglich sind, damit sie sich jederzeit bedienen und ihrer Kreativität freien Lauf lassen können.

Von der Beek, A.: Bildungsräume für Kinder von 0–3. Weimar, Berlin: Verlag das Netz 2008

14.5 Bildungsangebote

Dieses Kapitel gibt Anregungen und Vorschläge für Bildungsangebote zu gesundheitsrelevantem Verhalten, zur Entwicklung und Ausbildung von Kompetenzen sowie zur Unterstützung der Erziehenden selbst.

14.5.1 Bildungsbegriff

Jedes Kind ist einzigartig und ein eigenständiges Individuum. Es hat Stärken und Schwächen, Interessen, Ressourcen, besondere Bedürfnisse und Gefühle. Die Kindheit ist eine eigenständige Lebensphase mit differenzierten Ansprüchen und individuellen Entwicklungs- und Bildungswegen. In der UN-Kinderrechtskonvention ist das Recht auf Bildung verankert, und auch die Bildungs- und Erziehungspläne der Bundesländer formulieren den eigenständigen Bildungsauftrag für Kindertageseinrichtungen.

Bildungs- und Erziehungspläne für Kindertageseinrichtungen sind jedoch nicht mit schulischen Lehrplänen zu verwechseln, und frühe Bildung bedeutet auch nicht, Kindern möglichst frühzeitig die Kulturtechniken wie Lesen und Schreiben oder einen Wissensstandard zu vermitteln. Eher impliziert dieser Bereich langfristig die Unterstützung von Familien und die Wahl- und Entscheidungsfreiheit der eigenen Lebensplanung. Und damit steht bei der frühkindlichen Bildung die Persönlichkeitsentwicklung im Mittelpunkt. Dementsprechend werden im Bildungsprozess die Grundsteine gelegt für:

- Das weitere Lernen,
- Die kognitive und soziale Entwicklung,
- Die Herausbildung von emotionalen Kompetenzen,
- Die Entwicklung von Basiskompetenzen, um die Freude am Lernen und die Motivation zu unterstützen.

Frühkindliche Bildung, so verstanden, schließt die Herausbildung von Gesundheitsfaktoren (→ Kap. 14.1.4, 14.2.5) ein, ebenso die Stärkung des Wohlbefindens und die Entwicklung von Kompetenzen, um das eigene Leben zu steuern und die psychische Gesundheit zu wahren.

14.5.2 Gesundheitsbildung und -erziehung – Ausbildung von gesundheitsdienlichem Verhalten

Zur Gesundheitsbildung und -erziehung gehören sowohl die Vermittlung von Wissen über gesundes Verhalten als auch die Entwicklung der eigenen Motivation, gesund zu leben (→ Kap. 14.1.3).

Gesundheitsbildung und -erziehung sollte von der frühen Kindheit an in den Alltag eingebunden und nicht auf einzelne Bildungsangebote beschränkt sein. Auf diese Weise bilden sich gesundheitsdienliche Verhaltensweisen durch regelmäßiges Üben aus und werden schon sehr früh zu festen Gewohnheiten. Neben täglichen Wiederholungen ist ebenso eine altersentsprechende Wissensvermittlung durch Projekt- und Themenstunden wichtig. Informationen und Kenntnisse können die Bereitschaft zu gesundheitsdienlichem Verhalten unterstützen. Körperhygiene und Ernährung sind elementare Themen in der Gesundheitsbildung und -erziehung.

Umgang mit dem eigenen Körper und Hygiene

In der kindlichen Entwicklung ist das Wahrnehmen und Akzeptieren des eigenen Körpers wichtig für die Herausbildung eines Körperbildes und Körpergefühls. Ein Erfahrungsfeld, um das Gefühl für den eigenen Körper herauszubilden, ist die alltägliche **Körperhygiene.** Dafür werden in der frühen Kindheit die Grundlagen geschaffen: Hände waschen vor dem Essen, Zähne putzen, tägliche Wäsche und saubere Kleidung sind die Basiselemente der Hygieneerziehung (→ Kap. 14.2.1) und leicht in den pädagogischen Alltag einzubinden – was jedoch nicht bedeutet, dass sich Kinder nicht schmutzig machen dürfen.

„Vor dem Essen **Hände waschen** nicht vergessen“ – dieser Ausspruch ist als Ritual in einer Einrichtung leicht zu pflegen, und die Kinder können sich gegenseitig daran erinnern. Bereits im Kleinkindalter kann der Grundstein gelegt werden, um das Händewaschen zu einer Gewohnheit und Selbstverständlichkeit im Alltag zu machen.

Das **Zähneputzen** kann ebenso zu einem festen Ritual im Tagesablauf werden. Nach dem Frühstück und Mittagessen gehen die Kinder gemeinsam in den Waschraum zum Zähneputzen. Für das Erlernen einer korrekten Zahnpflege ist es sinnvoll, mit den Kindern gemeinsam zu üben. Das eigene Vorbild ist sehr hilfreich, weil Kinder gut über die Nachahmung lernen, und ein begleitender Zahnputzvers bietet weitere Unterstützung. Dies kann als Übung mit einzelnen Kindern, aber auch in der Gruppe stattfinden. Zudem ist es zweckmäßig, in Kooperation mit Zahnärzten oder dem Gesundheitsamt „Zahnprojekte" durchzuführen, in denen die Kinder mehr über Zahnpflege, für die Zähne vorteilhafte Ernährung und den Zahnarztbesuch erfahren.

Zur **Körperwahrnehmung** gehört neben der Bewegung (→ Kap. 12, 14.2.3) auch die Entspannung (→ Kap. 14.5.3). Beides sollte regelmäßig im pädagogischen Alltag und grundsätzlich in die Tagesstruktur eingebunden sein. Zudem können Angebote zur Körpererfahrung gemacht werden.

[BEISPIEL] Bildungsangebot „Mein Körper"

Im gemeinsamen Gespräch erfahren die Kinder etwas über die Funktionsweise und die Besonderheiten des menschlichen Körpers. Jeder Mensch ist anders und dementsprechend sieht auch jeder Körper anders aus. Es können Bilder vom Körper oder auch ein menschliches Skelett angeschaut werden. Auf großen Tapetenrollen malen die Kinder gegenseitig ihren Körperumriss. Ein Kind legt sich auf die ausgerollte Tapete und ein anderes malt mit einem Stift den Körper des liegenden Kindes nach. Danach können die Kinder ihren Körperumriss so gestalten, wie sie möchten, und ihn der Gruppe zeigen.

Ernährung

Ein Bewusstsein über das eigene Essverhalten und die eigene Ernährung bildet die Grundlage für ein gesundheitsdienliches Ernährungsverhalten. In Angeboten zum Thema tauschen sich die Kinder über Essgewohnheiten aus.

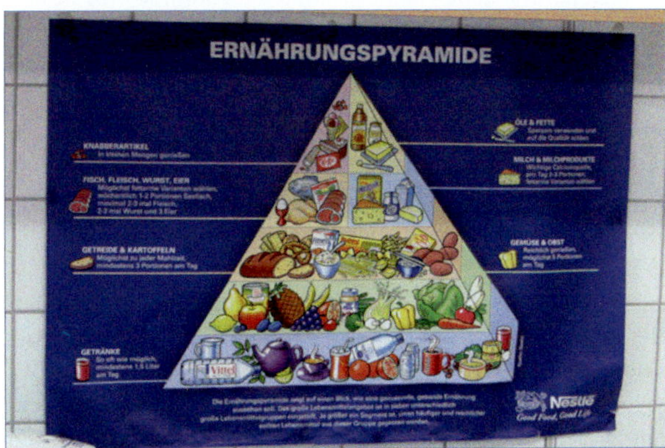

Abb. 14.15: Ernährungspyramide.

Der Zusammenhang zwischen Essverhalten und Wohlbefinden wird thematisiert. Die Freude am gemeinsamen Essen ist jedoch ebenso wichtig wie das Wissen über gesunde Ernährung.

[BEISPIEL] Bildungsangebot „Ernährungspyramide"

Am Beispiel der Kinderpyramide lernen die Heranwachsenden, was zu einer gesunden Ernährung gehört und wie viele Portionen der einzelnen Bestandteile zuträglich sind. Vor allem ausreichend ungesüßte Getränke, sowie Obst und Gemüse und auch Beilagen wie Brot, Nudeln oder Kartoffeln gehören zu einer ausgewogenen Ernährung, was beim Spiel mit der Ernährungspyramide deutlich wird, indem sie Wissen über gesunde und leckere Ernährung „zusammenbauen".

Die Kinderpyramide ist eine speziell für Kinder entwickelte Ernährungspyramide. Jedes Kind erhält ein großes Blatt mit einer aufgezeichneten Pyramide (die Materialien können über bestellung@aid.de, siehe auch Quellennachweis, bestellt werden). Auf weiteren Blättern sind Lebensmittel abgebildet, die ausgeschnitten werden können. Mit Hilfe dieser Lebensmittelkärtchen kann jedes Kind zusammenstellen, was es am häufigsten isst oder was es am liebsten isst. Das sind jedoch zwei verschiedene Fragestellungen und demnach auch zwei verschiedene Spielrunden. Die Kinder können ihre Kärtchen dann auf das Blatt mit der Ernährungspyramide kleben. Dadurch werden die Nahrungsmittel den sechs Ebenen der Pyramide zugeteilt (Ebene 1: Getränke, Ebene 2: Getreideprodukte, Ebene 3: Obst/Gemüse, Ebene 4: tierische Produkte, Ebene 5: Fette, Ebene 6: Süßes/Salziges). Jedes Kind erhält auf diese Weise seine eigene Ernährungspyramide. Die Ebenen zeigen, was häufig (Ebene 1) und was wenig (Ebene 6) konsumiert werden sollte. Gemeinsam wird die Bedeutung der Ebenen und der wichtigen Lebensmittel erarbeitet, den Kindern kann dabei erklärt werden, dass auch Süßigkeiten erlaubt sind, solange andere Lebensmittel (vor allem Getreideprodukte sowie Obst und Gemüse) ausreichend verzehrt werden. Die Lebensmittel sind durch verständliche und farbige Symbole dargestellt, um auch Kindern, die noch nicht lesen können, dieses Spiel zu ermöglichen.

Untersuchungen des Ernährungswissenschaftlers Volker Pudel haben ergeben, dass auch schon Vorschulkinder gut über „gesunde" Nahrungsmittel Bescheid wissen. Werden sie danach gefragt, was sie gern essen, gehören gerade diese oft nicht dazu. Die Abbildung 14.16 zeigt eine Möglichkeit, um etwas über das tatsächliche Ernährungsverhalten der Kinder zu erfahren.

Im alltäglichen Geschehen werden Kenntnisse über eine ausgewogene Ernährung durch die gemeinsame Zubereitung der Speisen in der Einrichtung vermittelt (vor allem: viel Obst und Gemüse, reichlich Wasser, Tee und Saftschorlen, wenig Fette und Süßigkeiten). Die Kinder lernen aber auch direkt durch Erfahrung, dass Essen wichtig ist und Gesundes gut schmeckt.

[BEISPIEL] Bildungsangebot „Gemeinsames Frühstück"

Kinder und Erzieherinnen bereiten zusammen ein gesundes, leckeres Frühstück zu. Alle besprechen, was dazu benötigt wird.

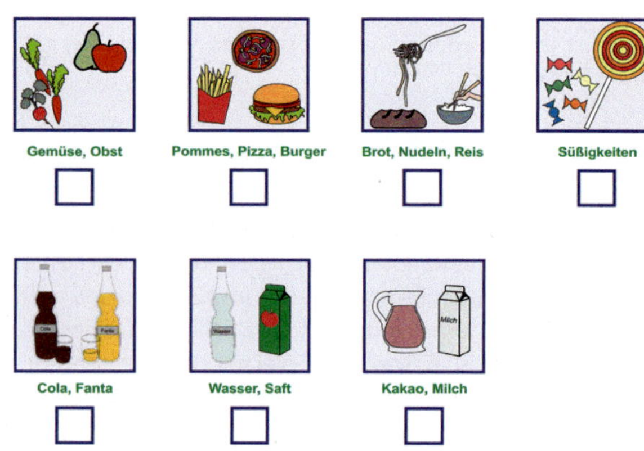

Abb. 14.16: Befindlichkeit, Verfahren zur Messung des Wohlbefindens von Kindern (in Vorbereitung, © d. Verf.).

Wenn es die Rahmenbedingungen zulassen, kaufen sie gemeinsam ein. Es werden z. B. Quark und Müsli hergestellt oder aus Obst und Gemüse Figuren oder Spieße zubereitet, damit das Essen ansprechend und appetitlich aussieht. Der Verzehr in der Gruppe ist ein wichtiges Ritual, bei dem ein geselliges Gefühl und entspanntes Miteinander entstehen kann.

In weiteren Angeboten zur Ernährung können Kinder gemeinsam erarbeiten, wie Ernährung in verschiedenen Ländern aussieht und welche Speisen ganz einfach und lecker selbst hergestellt werden können. Sie erfahren, dass es für den Körper gut ist, in Ruhe und ohne Hektik zu essen und dass das Essen ein gemeinschaftliches Ereignis ist, bei dem man in der Familie oder in der Gruppe der Einrichtung Zeit füreinander da ist.

✉ aid-Infodienst Verbraucherschutz, Ernährung, Landwirtschaft e.V (Hrsg.): „Spiele rund um die Kinderpyramide". Bestelladresse: aid-Vertrieb DVG, Birkenmaarstr. 8, 53340 Meckenheim. Email: bestellung@aid.de.

📖 Pudel, V./Bauer, J.: So macht Essen Spaß: Ein Ratgeber für die Ernährungserziehung von Kindern. Beltz Verlag 2002

14.5.3 Gesundheitsförderung – Entwicklung und Stärkung von Kompetenzen

Gesundheitsförderung stellt die Entwicklung und Förderung von generellen Gesundheitsfaktoren in den Mittelpunkt und geht damit über die Weitergabe von Informationen und zielgerichtete Wissensvermittlung hinaus (→ Kap. 14.1.3). Zur Gesundheitsförderung gibt es eine Vielzahl von Projekten und Angeboten, die unterschiedliche Schwerpunkte haben. Da sich Gesundheitsverhalten aber nicht nur auf Ernährung oder sportliche Aktivitäten beschränken lässt, ist es wichtig, ganzheitlich zu arbeiten und sowohl körperliche als auch seelische und soziale Gesundheitsfaktoren zu fördern. In diesem Sinne ist Gesundheitsförderung ein unerlässlicher Bestandteil der Alltagsgestaltung in pädagogischen Einrichtungen und als „Lebenshilfe" zu betrachten. Der gesundheitsförderliche Umgang mit Stressoren, Konflikten und Anforderungen, die Kindern im Leben begegnen, muss erlernt und gefestigt werden. Programme zur Förderung der psychischen Gesundheit, zur Ausbildung von Bewältigungsstrategien und zum Erlernen von Handlungskompetenzen können dabei hilfreich sein.

📖 Bundeszentrale für gesundheitliche Aufklärung (BZgA) (Hrsg.): „Früh übt sich..." – Gesundheitsförderung im Kindergarten. Impulse, Aspekte und Praxismodelle. (Forschung und Praxis der Gesundheitsförderung; Band 16). Köln 2002

Cierpka, M.: FAUSTLOS – Wie Kinder Konflikte gewaltfrei lösen lernen. Freiburg: Herder Verlag 2005

Krause, Ch.: Das Ich-bin ich-Programm. Selbstwertstärkung im Kindergarten mit Pauline und Emil. Berlin, Düsseldorf: Cornelsen Scriptor 2009

Nachfolgend werden Beispiele von Bildungsangeboten zur Gesundheitsförderung beschrieben. Diese sind an das „Ich bin Ich-Programm" (Kindergarten und Schule) angelehnt.

Bildungsangebote „Körpererfahrung und Entspannung"

Es gibt unterschiedliche Möglichkeiten, mit Kindern Stressmanagement zu üben. Eine ist das Erlernen von Entspannungsverfahren. Sie helfen bei der Bewältigung und dem Abbau von Belastungen, stärken aber auch die Konzentrationsfähigkeit und die Fähigkeit, den eigenen Körper wahrzunehmen. Die Kinder lernen Schritt für Schritt sich loszulassen, den Unterschied von Anspannung und Entspannung wahrzunehmen und die Ruhe und selbst erzeugte Lockerheit des Körpers zu genießen. Hierzu einige Beispiele:

[BEISPIEL] Atemübungen: Zunächst werden die Kinder ermuntert, sich bequem hinzulegen (oder hinzusetzen). Wenn sie liegen können, dann sollten sie versuchen, sich so hinzulegen, wie sie es gewöhnlich beim Einschlafen tun. Sie schließen die Augen oder suchen sich einen Punkt, auf den sie ihren Blick richten.
Die Erzieherin sagt den Kindern mit ruhiger Stimme, was sie nun tun sollen: „Lege beide Hände auf deinen Bauch, rechts und links neben den Bauchnabel. Hole tief Luft und fühle, wie dein Atem im Bauch ankommt und wie sich dein Bauch hebt (...) und nun atme wieder aus und spüre, wie sich dein Bauch wieder senkt (...). Lege nun die Hände auf deine Brust ....". Wichtig ist, dass die Kinder sich auf ihre Atmung konzentrieren können und die Bewegungen in Bauch und Brust, die der Atem verursacht, spüren.
Nachdem die Kinder in Ruhe ihren Atem gespürt haben, wird die Übung beendet und die Augen werden geöffnet. Haben die Kinder gelegen, können sie auf ihren Stühlen Platz nehmen. Es sollte im Anschluss immer etwas Zeit bleiben, um die Möglichkeit zu geben, über die Übung zu sprechen, Fragen zu stellen oder Empfindungen mitzuteilen. Es kann auch über die Bedeutung des Atmens für unser Leben gesprochen werden.

[BEISPIEL] Phantasiereisen: Die Erzieherin erklärt, dass Phantasiereisen wie „Fernsehen im Kopf" sind. Die Kinder erfahren, dass sie beim Hören einer Geschichte mit geschlossenen Augen besonders gut eigene Bilder in ihrem Kopf entstehen lassen können. Zur Einführung werden kurze Geschichten ausgewählt (3–5 Minuten; nach und nach können längere Geschichten gewählt werden, 5–10 Minuten). Begleitend wird Entspannungsmusik im Hintergrund gespielt, was jedoch nicht zwingend erforderlich ist. Einige Kinder werden dadurch sogar abgelenkt, darum sollte der Ablauf vorher gut überlegt und auf die Gruppe abgestimmt werden. Sowohl die Hinführung als auch der Abschluss der Übung sind wichtige Phasen und sollten langsam und mit Geduld ablaufen. Für das Ruhigwerden sollte ein Ritual („Stilleschild", Erzieherin legt Finger auf den Mund, ein langsam abklingender Ton der Klangschale) verwendet werden.

[BEISPIEL] Progressive Muskelentspannung: Dies ist eine eher aktive Form der Entspannung. Durch das Anspannen und Lösen verschiedener Muskeln (Arme, Beine etc.) kann die Entspannung der Muskulatur gut nachempfunden werden. Zur Einführung kann das zunächst mit den Händen und Armen geübt werden. Beispiel: „Hole tief Luft und nun balle deine rechte Hand zu einer Faust, ganz fest, so fest du kannst. Halte die Spannung für einen Moment und atme dabei weiter ... (fünf Sekunden) ... und nun lass los. Lass deine Hand wieder ganz locker werden. Wie fühlt sich deine Hand jetzt an? ... Und jetzt balle deine linke Hand ....".
Später, wenn die Kinder etwas Erfahrung haben, können die Arme, die Füße, die Beine, der Po, die Stirn, der Mund und andere Körperteile hinzugenommen werden. Am Ende jeder Übung sollte Zeit zum Gespräch über die Erlebnisse und Wahrnehmungen der Kinder gegeben werden.
Entspannungsübungen können in den pädagogischen Alltag integriert werden, z. B. als 5-Minuten-Atemübung vor dem Essen oder vor dem Schlafengehen. Es sollten nur solche Entspannungsmethoden eingeführt werden, die gut in die Einrichtung, in die Gruppe und auch für die Anleitenden passen. Wer selber nicht entspannen kann, sollte keine Entspannungsübung anleiten.

Bildungsangebot „Kommunikation und Interaktion"

Kinder lernen, dass Austausch und Kommunikation die Grundlage des Zusammenlebens sind. Dabei ist es wichtig, gut zuzuhören, andere aussprechen zu lassen und unterschiedliche Meinungen zu akzeptieren. Die eigene Meinung muss nicht außen vor bleiben, sondern wird in den gegenseitigen Meinungsaustausch eingebracht.

Rollenspiel: Rollenspiele können zur Darstellung von alltäglichen, aber auch von Konfliktsituationen (siehe Bildungsangebot Konfliktlösung) eingesetzt werden. Dabei können Schwierigkeiten aufgegriffen werden, und die Gruppe kann gemeinsam nach Lösungen suchen. Ein Rollentausch hilft, sich in andere Personen hineinzuversetzen und zu spüren, wie sich andere fühlen.

[BEISPIEL] Rollenspiel „Vater, Mutter, Kind". Dieses Spiel ist ein sehr beliebtes im Kindergartenalter. Die Rollen werden danach verteilt, wie viele Kinder mitspielen und welche Personen in dem Spiel vorkommen sollen. Die Kinder können Situationen spielen, die sie zu Hause erlebt haben. Das können Situationen beim Essen sein, ein Ausflug, ein gemeinsames Wochenende oder ein Nachmittag mit Geschwistern oder Freunden. Es können aber auch Konflikte sein. Bei diesem Angebot geht es darum, miteinander zu reden und sich in eine Rolle hineinzufühlen. Die Kinder sollten nach einiger Zeit die Rollen tauschen, um sich auch in andere Personen hineinzuversetzen und einzufühlen. Im Anschluss wird in der Gruppe darüber gesprochen, wie es sich angefühlt hat, eine andere Person zu sein, welche Rolle ihnen am meisten Spaß gemacht hat und dass es wichtig ist, freundlich und wohlwollend miteinander umzugehen.

Aktives Zuhören: Konzentriert und aktiv zuhören können, ist eine wichtige Voraussetzung für gelingende Kommunikation. Das kann mit Kindern gelegentlich geübt werden, wobei Länge und Inhalt der Übungen dem Alter der Kinder angepasst sein müssen.

Der Sinn dieser Übung ist, genaues Zuhören zu üben, den Gesprächspartner ausreden zu lassen und seine Meinung zu akzeptieren. Das Kind, das etwas erzählt (zum Beispiel über den Zooausflug mit der Familie), sollte dem zuhörenden Kind zugewandt sein, es anschauen und versuchen, sich gut verständlich zu machen. Das zuhörende Kind sollte sein Gegenüber ebenso anschauen und durch sein Verhalten und kurze Äußerungen zeigen, dass es auch wirklich zuhört (Beispiel: „ja", „aha", „ach so", „mh"). Dadurch hat das erzählende Kind das Gefühl, dass „aktiv" zugehört wird. Anschließend wird das zuhörende Kind das Gesagte in kurzen Worten wiederholen, um sicher zu stellen, dass es richtig zugehört und verstanden hat. Somit gibt es dem Erzählenden das Gefühl, dass seine Geschichte und seine Meinung wichtig sind. Nach dem abgeschlossenen Gespräch werden auch hier die Rollen getauscht, damit jedes Kind die Möglichkeit hat, zu erzählen und zuzuhören.

Länge und auch Inhalt der Übungen müssen an das jeweilige Alter angepasst sein.

Bildungsangebot „Selbstreflexion"

Übungen zur Selbstreflexion fördern die eigene Wahrnehmung, das Gefühl für das eigene Denken und Handeln sowie das Erkennen und Nutzen der eigenen Stärken. Jedes Kind ist einzigartig und etwas Besonderes für die Gemeinschaft. Die Kinder werden angeregt, sich mit der eigenen Familie, sowie der Familie anderer auseinanderzusetzen und auch dabei die unterschiedlichen Lebensweisen in ihrer Besonderheit kennen- und schätzenzulernen.

[BEISPIEL] Meine Familie und ich: Die Kinder sitzen in Gruppen am Tisch, auf dem ausgeschnittene Figuren liegen, die junge und alte Erwachsene sowie Kinder und Jugendliche verschiedenen Alters sein könnten. Jedes Kind hat ein großes leeres Blatt vor sich und etwas Klebstoff sowie Buntstifte. Die Aufgabe für die Kinder besteht darin, auf diesem Blatt ihre Familie aufzukleben. Aus den Figuren können sie sich die Figuren, die sie für die Kollage benötigen, aussuchen. Wen sie als zu ihrer Familie gehörend auswählen und wie sie die Personen auf dem Blatt anordnen – das bleibt den Kindern überlassen. Es wird auch nichts kommentiert (z. B. „aber du hast ja deinen Vater vergessen"). Sie können auch etwas dazu malen, zum Beispiel wenn ihr Haustier mit dabei sein soll. Und sie können auch die Gesichter der Figuren oder die Kleidung ausmalen bzw. etwas ergänzen (Haare). Die Figuren sollten deshalb sehr einfach und schematisch sein.

Bildungsangebot „Umgang mit Gefühlen"

Die Kinder werden angeregt, über ihre eigenen Gefühle zu reflektieren. Sie üben, woran sie erkennen können, wann sie selbst oder andere Kinder fröhlich oder traurig, wütend oder ängstlich sind. Es wird Wert darauf gelegt, dass die Gefühle anderer geachtet und respektiert werden. Das Gefühl der Zugehörigkeit ist ein weiterer wichtiger Aspekt dieser Übung.

[BEISPIEL] **Gesicht malen:** Dieser Übung gehen Gespräche über Gefühle voraus. Die Kinder haben gemeinsam mit der Erzieherin erarbeitet, welche Gefühle es gibt, dass jeder Mensch Gefühle hat und dass es möglich ist, die Gefühle bei anderen Kindern zu erkennen. Sie haben zum Beispiel auch schon geübt, ein Gefühl, zum Beispiel die Angst, pantomimisch darzustellen und die anderen Kinder erraten zu lassen, welches Gefühl sie zeigen wollten. In dieser Übung nun bekommen sie ein Blatt, auf dem ein leeres Gesicht abgebildet ist. Sie werden aufgefordert, das Gefühl, dass sie häufig spüren, in das Gesicht zu malen. „Meistens fühle ich mich ..." fröhlich bzw. glücklich, traurig, ängstlich, wütend .... Anschließend können die Bilder den anderen Kindern in der Gruppe vorgestellt werden, und die Kinder können, wenn sie wollen, darüber sprechen.

Bildungsangebot „Konfliktlösung"

Die Kinder reflektieren über Konfliktsituationen und lernen verschiedene Lösungsstrategien kennen. Im Mittelpunkt steht das Motto „Jeder ist anders. Ich akzeptiere dich, so wie du bist". Es wird herausgearbeitet, dass jedes Kind Stärken hat und dass die Schwächen anderer kein Grund für Streit oder Gewalt sind.

[BEISPIEL] **Rollenspiel Konfliktlösung:** In der Gruppe wird besprochen, was Gewalt ist, und welche Gewaltformen es gibt: körperliche, verbale und psychische Gewalt. Dabei kann auch mit Medien gearbeitet werden (Beispiel: Zeigen eines Beispieles aus der Folge „Tom und Jerry"; hier wird in belustigender Weise mit dem Thema Gewalt umgegangen, ohne dass die Verletzungen und Nachwirkungen der Gewalthandlungen, die sich die Figuren gegenseitig zufügen, erkennbar sind). In einem Rollenspiel kann eine Konfliktsituation nachgespielt werden. Dies kann eine fiktive (zum Beispiel einer Sendung oder einem Comic nachempfundene) oder eine reale Situation (eine selbst erlebte oder von anderen geschilderte) sein. Beispiel: Einem Kind wird im Kindergarten das mitgebrachte Kuscheltier weggenommen. Die Kinder spielen diese Situation nach und tauschen die Rollen, so dass jedes Kind einmal nachempfinden kann, wie es ist, wenn einem etwas weggenommen wird und wenn man geärgert wird. Im Anschluss wird in der Gruppe besprochen, welche Möglichkeiten der Konfliktlösung es gibt, und wie Konflikte ohne Gewalt gelöst werden können. Auch diese Beispiele sollten gespielt werden, zum Beispiel wie ein anderes Kind dem weinenden Kind hilft, mit ihm spricht, Hilfe holt und anderes.

Abb. 14.17: Konfliktlösung lässt sich auch durch Rollenspiel lernen.

Rollenspiel zur Mobbingprophylaxe: Die vorangegangenen Bildungsangebote (Kommunikation und Interaktion, Selbstreflexion, Umgang mit Gefühlen, Konfliktlösung) eignen sich dazu, Mobbingsituationen vorzubeugen, da Kinder lernen, andere Menschen zu respektieren, die Gefühle anderer wahrzunehmen und individuelle Unterschiede zu akzeptieren. Zur Prävention, aber auch in akuten Mobbingsituationen, sind Bildungsangebote zur gesundheitsförderlichen Kommunikation sowie zur gewaltfreien Konfliktlösung vorteilhaft. Rollenspiele bieten eine gute Möglichkeit, sich in das Erleben anderer hineinzuversetzen. Kinder sollten schon früh dafür sensibilisiert werden, dass das normale Streiten unter Kindern etwas anderes ist, als wenn ein Kind wiederholt und von mehreren Kindern drangsaliert (gemobbt) wird.

[BEISPIEL] Situation 1: Zwei Kinder streiten sich um ein Spielzeug (Alltagskonflikt).

Situation 2: Ein Kind möchte mitspielen, wird aber ausgegrenzt. Dies geschieht sogar immer wieder und von verschiedenen Kindern. Wenn diese Situation – nicht mitspielen dürfen – von den Kindern gespielt wird, sollte jedes Kind der Kleingruppe einmal das ausgegrenzte Kind sein und nachfühlen, wie es ist, als einzige Person mehrfach ausgeschlossen zu werden. Hier kann auch das Thema Gefühle wieder aufgegriffen werden. Anschließend muss in der Gruppe besprochen werden, welche Möglichkeiten es gibt, zusammen zu spielen, wie dieses Kind einbezogen werden kann (Frage nach Interessen und Stärken), und wie weiterhin derartige Situationen verhindert werden können.

14.5.4 Gesundheitsberatung – Angebote zur Unterstützung von Eltern und Fachpersonal

Beratung (→ Kap. 14.1.3) bedeutet Hilfe zur Selbsthilfe; das heißt im Gesundheitskontext, dass die Erziehenden (Eltern, Fachpersonal und andere) bei Problemen oder auch im Vorfeld Unterstützung erhalten.

Fortbildung für Eltern und Fachpersonal

Fortbildung charakterisiert eine Wissensvermittlung im präventiven Sinne, um Informationen zu bestimmten Fragen weiterzugeben. Sie soll helfen, Wissen und Können zu erweitern und das Gelernte im Alltag umzusetzen, bevor es zu schwerwiegenden Problemen kommt. Dabei gibt es eine Vielzahl von Themen im Gesundheitsbereich, die Inhalte für Fortbildung sein können, es kann es um die eigene Gesundheit oder die der Kinder im häuslichen Kontext oder in pädagogischen Einrichtungen gehen. In einigen Institutionen werden Fortbildungen für die Eltern oder/und für das Fachpersonal angeboten.

Fortbildungen für Eltern zum Thema Gesundheit können durch das Fachpersonal oder externe Fachkräfte durchgeführt werden. Es bieten sich unterschiedliche Formen an:

- Elternabende, Informationsabende oder -nachmittage (sinnvoll mit Kinderbetreuung) zu unterschiedlichen Themen entsprechend der Interessenlage der Eltern;
- Elternkurse, die die Stärkung von gesundheitsförderlichem Verhalten in den Mittelpunkt stellen. Hier geht es um die Stärkung von elterlichen Kompetenzen im Erziehungsalltag. Selbstwert- und Zugehörigkeitsgefühl, Bindung und positiver Erziehungsstil werden gemeinsam diskutiert und mit praktischen Aufgaben geübt.

Fortbildungen für das Fachpersonal sollten regelmäßig besucht werden, um mit neuen Entwicklungen, Konzepten und Maßnahmen vertraut zu sein. In den verschiedenen Bereichen der Gesundheitserziehung und -bildung zeigen sich immer wieder Veränderungen, die in den pädagogischen Alltag einfließen können. Folgende Organisationsmöglichkeiten sind denkbar:

- Fortbildungen werden intern organisiert: Im Wechsel stellt jede Mitarbeiterin ein bestimmtes, ihren Interessen entsprechendes, Thema vor und informiert die anderen über Neuerungen und Anregungen zur praktischen Umsetzung in der Arbeit.
- Die Kompetenzen externer Fachkräfte werden genutzt: Das Team verständigt sich vorab, welches Thema derzeit Priorität hat und Weiterentwicklungsmöglichkeiten für das gesamte Team beinhaltet.

Bei der Themenwahl von Fortbildungen sollte auch Wert auf die eigene Gesundheit gelegt werden. Das heißt, es sollten nicht nur Themen gewählt werden, die sich auf direkte Inhalte der pädagogischen Arbeit beziehen, z. B. Entspannungstechniken für Kinder, gesunde Ernährung in der Kita, sondern auch Inhalte, die die eigene Gesundheitsförderung berücksichtigen, z. B. Stressbewältigung im Alltag oder Bewegung.

> Krause, Ch., Mayer, C.-H. (2012): Gesundheitsressourcen erkennen und fördern. Training für pädagogische Fachkräfte. Göttingen: Vandenhoeck & Ruprecht.

Gesundheitsberatung für Eltern

Eine mögliche Unterstützung für Eltern kann Gesundheitsberatung sein. Dabei ist auch hier auf Ganzheitlichkeit zu achten; Gesundheit beinhaltet mehr als gesunde Ernährung und Bewegung.

Spontane Gespräche, sog. „Zwischen-Tür-und-Angel-Gespräche", sind zwar wichtig für den direkten Austausch mit Eltern, wenn es z. B. um das aktuelle Verhalten eines Kindes geht oder wenn eine aktuelle Situation angesprochen wird und mit Eltern wichtige Absprachen für das weitere Vorgehen getroffen werden. Für ein professionelles Beratungsgespräch sind sie jedoch nicht geeignet. Dafür sollte ein fester Termin vereinbart werden, auf den sich beide Seiten vorbereiten können.

Wenn der Beratungsbedarf durch das Fachpersonal in der Einrichtung nicht abgedeckt werden kann, besteht die Möglichkeit, sich Unterstützung durch externe Berater zu holen. Beratung kann vor Ort organisiert werden, zum Beispiel durch:

- Regelmäßige Sprechstunden von Kollegen aus der Erziehungsberatungsstelle oder von Schulpsychologen, von Ergotherapeuten und Logopäden;
- Regionale Anbieter wie das Gesundheits- oder Jugendamt, Pro Familia, Ärzte und freie Träger.

> Krause, Ch.: Ohne Eltern geht es nicht! Handbuch zur Durchführung eines Elternkurses im Rahmen von Gesundheitsförderung. Heckenbeck: Verlag Gesunde Entwicklung 2008
>
> Honkanen-Schoberth, P.: Starke Kinder brauchen starke Eltern: Der Elternkurs des Deutschen Kinderschutzbundes. Freiburg: Urania Verlag 2008

Supervision für das Fachpersonal

Supervision ist eine Beratungsmöglichkeit für das Personal in pädagogischen Einrichtungen. Fortbildungen im Gesundheitsbereich sind nicht immer der richtige

Abb. 14.18: Besonders bei den ganz Kleinen sind Absprachen wichtig.

Ort für Fallbesprechungen und spezielle Probleme. In der Supervision jedoch können bestimmte Situationen besprochen, von einem externen Supervisor (Berater) aufgenommen und gemeinsam im Team bearbeitet werden. Dabei können auch bestehende Schwierigkeiten zur Sprache kommen, die im Team zu Unzufriedenheit oder auch Unsicherheit führen. Gemeinsam mit dem Supervisor werden Situationen aufgearbeitet und nach Lösungen gesucht. Dies müssen nicht nur konkrete Situationen sein, z. B. Gespräche zu einem einzelnen Fall (ein Kind, ein Vorkommnis u. a.), es kann auch um Probleme im Team oder Fragen der konzeptionellen Weiterentwicklung gehen. Nur wenn ein Team gesund ist, kann eine gesunde Lebensweise und Zufriedenheit an Kinder und Jugendliche sowie an deren Eltern weitergegeben werden.

14.6 Beispiel für den pädagogischen Prozess

Im Folgenden wird gezeigt, wie Gesundheitsförderung im Kindergarten durchgeführt werden kann. In dem hier verwendeten Beispiel wird ein Kind im Bereich der Wahrnehmung und Entspannung individuell gefördert. Das Thema „Gesundheit" ist zwar ein immanenter Bestandteil der Bildung und Erziehung in pädagogischen Einrichtungen (→ Kap. 14.5), ein spezifisches Angebot kann aber bei Bedarf durchaus sinnvoll sein und in der Gruppe oder mit einzelnen Kindern durchgeführt werden.

14.6.1 Situationsanalyse

Lina ist fünf Jahre alt, besucht die Schulanfängergruppe in einer Kindertageseinrichtung und wird im nächsten Jahr die Grundschule besuchen. Ihre dreijährige Schwester ist in einer anderen Gruppe in der gleichen Einrichtung. Beide Kinder verbringen den ganzen Tag in der Kindertageseinrichtung, da die Eltern berufstätig sind.

Lina fühlt sich nach eigenen Angaben in der Einrichtung wohl und hat dort auch Freundinnen. Den Erzieherinnen fällt dennoch häufig auf, dass Lina unruhig ist, oft den Spielort wechselt und überaus aktiv erscheint. Sie wechselt häufig zwischen verschiedenen Angeboten, Spielen und Beschäftigungsmöglichkeiten, ist ständig in Bewegung und es fällt ihr schwer, sich auf ein Spiel einzulassen und dabei zu bleiben. Hat sie ein Spiel gefunden, kann sie sich darauf für kurze Zeit konzentrieren, wirkt auf Außenstehende aber dabei aufgeregt und unruhig. Wenn sie nicht selbst das Spiel oder die Situation ausgesucht oder gestaltet hat, zerstört sie auch gelegentlich Bauwerke und Spielsachen anderer Kinder. Den Erzieherinnen fällt es schwer, Lina gezielte Angebote zu machen.

Bewegungsspiele hingegen machen Lina großen Spaß, sie freut sich jeden Tag auf das Toben auf dem Außengelände und das gemeinsame Singen, sowie auf die wöchentlichen Turnstunden in der Grundschule.

14.6.2 Erfassen von Ressourcen

Lina ist sehr bewegungsfreudig. Im Kindergarten ist sie den ganzen Tag auf den Beinen und nimmt gern an Bewegungsspielen teil. Viele Spiele kennt sie inzwischen gut und kann diese auch an andere Kinder weitergeben.

Außerdem hört Lina gern Geschichten, auch wenn sie dabei manchmal unruhig ist, immer wieder aufsteht und durch den Raum geht. Aus Berichten der Mutter ist bekannt, dass Lina sich gut entspannen kann, wenn ihr etwas vorgelesen wird. In diesen Situationen wird sie ruhig und sucht körperliche Nähe.

Lina ist wissbegierig, hat aber Schwierigkeiten, sich auf Lernsituationen ruhig und konzentriert einzustellen. Ihre Bewegungsfreude fördert ihre motorische Entwicklung, hält sie aber von speziellen Tätigkeiten zur kognitiven Entwicklung ab.

14.6.3 Festlegen von Zielen

Aufbauend auf den Beobachtungen werden folgende Ziele festgelegt:

Lina soll öfter zur Ruhe kommen und konzentrierter und ausdauernder bei einer Sache bleiben können. Sie soll erfahren, wie es sich anfühlt, sich zu entspannen. Sie soll sich und ihren Körper besser wahrnehmen und dabei lernen, mit ihrer Kraft und Energie positiv umzugehen.

Ob die Ziele bzw. Teilziele erreicht werden, wird sich z. B. daran ablesen lassen, ob Lina auch außerhalb der Fördersituation auf die Inhalte der Fördermaßnahmen Bezug nimmt oder auch daran, ob sie ruhiger wird und es ihr gelingt, länger in einer Spielsituation zu verweilen, deren Hauptakzent nicht auf Bewegung liegt.

14.6.4 Planung von Maßnahmen

Aus den beobachteten Ressourcen und der Zielformulierung ergeben sich mögliche Ansatzpunkte für Fördermaßnahmen. Eine Möglichkeit ist es, sich von bestehenden Förderprogrammen anregen zu lassen und daraus ein passgenaues Individualprogramm zusammenzustellen.

Linas Erzieherin nimmt sich vor, jeden Tag 15–20 Minuten allein mit Lina zu verbringen und ihr in dieser Zeit Angebote zu machen, die einerseits der Bewegungsfreude Linas Rechnung tragen und andererseits ihre Körperwahrnehmung stärken. Lina soll nach einer klar begrenzten „Tobephase" Übungen zur Selbstwahrnehmung und Entspannung kennenlernen. Gespräche darüber, wie sich Lina bei der Übung gefühlt hat, sollen ihr dabei helfen, sich selbst besser kennenzulernen. Durch die Einzelsituation erfährt sie ein hohes Maß an Zuwendung und Aufmerksamkeit.

Die Angebote sollen in der ersten Zeit vormittags erfolgen, da beobachtet wurde, dass Lina sich in der Zeit nach dem Frühstück am besten konzentrieren und auf sich achten kann. Es werden kurze Sequenzen geplant, damit sie das Erfolgsgefühl erfährt, sich eine Zeit lang konzentrieren zu können und nicht unter Druck zu geraten. Außerdem plant die Erzieherin noch Zeit für ein anschließendes Gespräch und die Dokumentation ein.

Für die Zeit, die die Erzieherin mit Lina allein verbringt, wird ihre Kollegin die Gruppe betreuen. Dies bringt Einschränkungen für die Kollegin und die übrigen Kinder der Gruppe mit sich, da für die Freispielzeit ein Ansprechpartner weniger zur Verfügung steht und auch die übrige Projektarbeit am Vormittag eine Zeit lang nur eingeschränkt möglich ist.

Wenn Lina sich sicher fühlt, ihren Körper besser einschätzen kann und ein wenig zur Ruhe gekommen ist, können auch andere Kinder oder die ganze Gruppe dazukommen. Lina kann den Kindern zeigen, was sie gelernt hat.

14.6.5 Durchführung von Maßnahmen

Lisa lernt zuerst ein Lied kennen, das zum Thema Körper oder Identität passt, z. B. das Lied „Ich bin Ich". Gemeinsam mit der Erzieherin hört sie das Lied und darf dazu tanzen und sich bewegen. Anschließend liest die Erzieherin Lina den Text noch einmal vor und spricht mit ihr darüber.

Der zweite Tag startet mit dem Lied, zu dem sich Lina wieder „austoben" kann. Es folgt eine Bewegungsübung: Die Erzieherin macht beispielsweise mit Lina zum Refrain „Ich bin Ich" bei jeder Silbe einen Sprung mit Landung auf den Fersen. Danach soll Lina spüren, wie es sich anfühlt, wenn der Körper nach einer Anstrengung zur Ruhe kommt.

Am dritten Tag erfährt Lina etwas über Entspannung. Sie hört von der Erzieherin, was Entspannung bedeutet und wozu man Entspannung benötigt. Sie erfährt, dass zur Entspannung Ruhe benötigt wird. Beide überlegen gemeinsam, was „Ruhe" ausmacht und wie sie „Ruhe" anzeigen können, z. B. in dem sie den Zeigefinger an den Mund legen. Das Lied und die Bewegungsübung werden wiederholt.

Am vierten Tag gestaltet Lina ihren Körperumriss aus. Dazu legt sie sich auf ein Stück Tapete, das ihrer Körpergröße entspricht und die Erzieherin umrandet ihren Körper mit einem Stift. Das Bild wird aufbewahrt, danach werden die Informationen vom Vortag zur Entspannung wiederholt.

Am fünften Tag bewegt sich Lina wieder zu dem Lied. Anschließend lernt sie eine Entspannungsübung kennen, die bei der Wahrnehmung des Atmens ansetzt. Sie legt sich auf eine Matte oder wenn sie möchte auch auf ihren Körperumriss. Dann liest ihr die Erzieherin z. B. eine kleine Geschichte zum Thema „Atem spüren" vor oder sie leitet die Übung direkt an. Sie spricht mit Lina über die Übung und darüber, wie sich Lina bei der Übung gefühlt hat. Damit wird die Woche beendet.

In der nächsten Woche werden die Übungen wiederholt. Es ist darauf zu achten, wie Lina sich fühlt, ob es ihr gut tut und ob sie Veränderungen spüren kann. Dazu spricht die Erzieherin nach jeder Übung mit Lina. Sie regt sie an, auch zu Hause zu üben.

Wenn sie mit der Atemübung vertraut ist, können weitere Übungen zur Entspannung eingeführt werden, zum Beispiel Phantasiereisen, Muskelentspannung und Yoga. Geht es Lina während der Entspannung gut, kann sie entscheiden, ob sie dies den anderen Kindern ihrer Gruppe zeigen möchte.

14.6.6 Auswertung

Eine individuelle Auswertung des Angebotes erfolgt jeden Tag im Gespräch mit Lina. Es ist wichtig, dass Lina darüber reflektieren kann, wie es ihr geht.

Zur weiteren Auswertung sollte nach der ersten Woche des Projektes ein kollegialer Austausch stattfinden, in dem die Mitarbeiterinnen besprechen, ob ihnen positive Entwicklungen von Lina aufgefallen sind. Ergänzend können Beobachtungsbögen verwendet werden.

Die erfolgreiche Umsetzung des Angebotes kann daran überprüft werden, ob Lina ausgeglichener und ruhiger geworden ist. Das kann im gesamten Kindergartenalltag in verschiedenen Situationen, etwa beim Spielen, beim Essen, beim Morgenkreis, gezielt beobachtet und im Gespräch mit Lina und ihren Eltern reflektiert werden.

Cierpka, M.: FAUSTLOS – Wie Kinder Konflikte gewaltfrei lösen lernen. Freiburg: Herder Verlag 2005

Krause, Ch./Hannich, H.-J./Stückle, Ch./Widmer, C./Rohde, Ch./Wiesmann, U.: Selbstwert stärken – Gesundheit fördern. Unterrichtsvorschläge für das 1. und 2. Schuljahr. Donauwörth: Auer Verlag 2000

Krause, Ch./Wiesmann, U./Stückle, Ch./Widmer, C.: Selbstwert stärken – Gesundheit fördern. Unterrichtsvorschläge für das 3. und 4. Schuljahr. Donauwörth: Auer 2001

Fröhlich-Gildhoff, K., Dörner, T., Rönnau, M.: Prävention und Resilienzförderung in Kindertageseinrichtungen – PRiK. Trainingsmanual für ErzieherInnen. München: Reinhardt, 2007.

Gesundheitsförderprogramm Klasse 2000. Zugriff am 12.10.09 unter http://klasse2000.de/index.php

15

Literacy

Ira Gawlitzek

Nicht alle, aber viele Kulturen besitzen eine eigene Schrift und eine literale Tradition. Die Schriftsysteme der verschiedenen Kulturen unterscheiden sich z. T. gravierend. Während Deutschen englische Texte optisch recht vertraut vorkommen, sehen russische schon ungewohnt aus. Beide Schriftsysteme bestehen zwar aus einer alphabetischen Schrift, die Schriftzeichen unterscheiden sich aber. Andere Schriftsysteme sind so grundsätzlich verschieden, dass die Kenntnis der lateinischen Buchstaben nicht hilft, diese Systeme zu durchschauen. So können z. B. chinesische Straßen- und Hinweisschilder ohne Kenntnis des Schriftsystems nicht erschlossen werden (→ Abb. 15.1).

Schriftsysteme sind eine Konvention (Übereinkunft) in einer Kultur, ein Festlegen von Bedeutungen für schriftliche Zeichen. Diese Konventionen können sich von Kultur zu Kultur sehr unterscheiden. Das Deutsche nutzt für seine Alphabetschrift lateinische Buchstaben.

- In *Alphabetschriften* wird den einzelnen Buchstaben oder Buchstabenkombinationen ein Lautwert zugewiesen, diese Laute werden zu Silben und Wörtern kombiniert.
- In *Silbenschriften* (z. B. Japanisch) steht ein Schriftzeichen für eine Silbe.
- In *logografischen Schriften* (z. B. Chinesisch) steht ein Schriftzeichen für ein Morphem (kleinstes Bedeutung tragendes Element in einer Sprache, z. B. *Un-* und *-schuld* in *Unschuld)* oder ein Wort.

Das Schriftsystem beeinflusst den Literacy-Erwerb. So ist z. B. die Wahrnehmung von einzelnen Lauten bei Alphabetschriften wesentlich wichtiger als bei Silben- oder logografischen Schriften. Dieses Kapitel bezieht sich ausschließlich auf das Erlernen von Alphabetschriften.

Der Begriff Literacy ist englisch und entspricht dem deutschen „Literalität" oder wörtlich „Schriftlichkeit". Zur **Literacy** gehört es, konventionelle Schriftzeichen zu interpretieren, mit den entsprechenden Lautwerten und Wörtern zu verknüpfen und so benutzen zu können, dass andere das Geschriebene lesen können.

Abb. 15.1: Zweisprachiges Straßenschild in Chinatown, Sydney.

Diese Auffassung von Literacy entspricht dem, was von literalen (d. h. des Lesens und Schreibens fähigen) Menschen bis zu Beginn des 20. Jahrhunderts erwartet wurde: Wer den eigenen Namen schreiben konnte, war kein Analphabet. Doch heute erwartet die westliche Gesellschaft eine *funktionale Literacy:* Es genügt nicht mehr, den eigenen Namen schreiben zu können; die Menschen müssen in der Lage sein, längere Texte zu verfassen. Wer liest, muss fähig sein, Texte sinnentnehmend zu verstehen, aus ihnen relevante Informationen zu ziehen und gegebenenfalls umzusetzen.

▸ **Funktionale Literacy**
Fähigkeit, „geschriebene Texte zu verstehen, zu nutzen und über sie zu reflektieren, um eigene Ziele zu erreichen, das eigene Wissen und Potenzial weiterzuentwickeln und aktiv am gesellschaftlichen Leben teilzunehmen" und solche Texte auch zu verfassen (OECD 2002, S. 28).

In allen Gesellschaften, in denen Wissen und Informationen im Alltag eine zentrale Rolle spielen, ist es für die meisten Menschen selbstverständlich, lesen und schreiben zu können. Die schriftliche Kommunikation ist ein Merkmal dieser Gesellschaft. Doch nicht alle Menschen erwerben diese Kulturtechnik, denn sie ist nicht wie die Fähigkeit zum mündlichen Spracherwerb (→ Kap. 22) angeboren. So gibt es auch in Deutschland trotz allgemeiner Schulpflicht seit Beginn des 20. Jahrhunderts eine nicht unbeträchtliche Zahl von Analphabeten. Im Jahr 2004 betraf das ca. 4 Mio. Menschen, davon etwa 513.000 in Baden-Württemberg, und in einer Stadt wie Mannheim waren es ca. 15.000 (http://stats.uis.unesco.org). Es ist davon auszugehen, dass noch mehr Menschen betroffen sind, denn Analphabetismus ist stigmatisiert (als negativ angesehen). Wer betroffen ist, verschweigt es möglichst.

Menschen, die in der westlichen Gesellschaft nicht lesen und schreiben können, kommen ohne Hilfe im Alltag kaum zurecht. Wenn jemand trotz Schulpflicht Analphabet bleibt (primärer Analphabetismus) oder wird (sekundärer Analphabetismus) (→ unten), muss in der Schule oder auch schon vorher etwas grundlegend falsch gelaufen sein. Umso wichtiger ist es daher, dass Kinder möglichst frühzeitig spielerisch an Schrift und an Bücher herangeführt werden. Hierbei kommt neben den Eltern den Tageseinrichtungen eine entscheidende Rolle zu: Sie können durch **gezielte Literacy-Erziehung** einen soliden Grundstein für den Schrifterwerb legen, der auch für die naturwissenschaftliche Ausbildung in der Schule ganz entscheidend ist (vgl. Webb 2010).

⦿ Beim **primären Analphabetismus** erwerben Kinder in der Schule nur rudimentäre Kenntnisse über Schrift, z. B. die Namen der Buchstaben. Es gelingt ihnen aber nicht, eigene Texte frei zu schreiben oder auch nur kurze Texte zu lesen. Kinder lernen beim **sekundären Analphabetismus** während der Schulzeit zwar die Buchstaben mit den ihnen zugeordneten Lautwerten und können einzelne Wörter zusammenbuchstabieren, dies bleibt aber so mühsam, dass das Lesen und Schreiben gemieden wird und die elementaren Kenntnisse mangels Übung nach der Schulzeit wieder verlernt werden (BLV 2008). Im Gegensatz dazu haben Kinder beim **unauffälligen** oder **normalen Literacy-Erwerb** keine größeren Schwierigkeiten, sich Schrift und orthografische Regeln zu erschließen und anzueignen.

Dieses Kapitel informiert darüber, wie Kinder lesen und schreiben lernen, welche Bedeutung Literacy für die Entwicklung von Kindern hat und was Erzieherinnen, Lehrerinnen, Eltern und das weitere Umfeld tun können, um Kinder im Literacy-Erwerb zu unterstützen.

An dieser Stelle Dank an alle Studentinnen, Kinder und ihre Eltern, die ihre Sprach- und Schreibbeispiele zur Verfügung gestellt haben.

Weitere Informationen zum Analphabetismus:
http://www.alphabetisierung.de/infos/analphabetismus.html

Informationen dazu, wie Analphabeten im Alltag zurechtkommen:
Oelze, Birgit: Lerngeschichten – Leidensgeschichten: Von Tricks, ohne Schrift zu überleben. In: Schüler: Lesen + Schreiben 2003, S. 120 f.

15.1 Theoretische Grundlagen

Der Prozess des Schrifterwerbs beginnt schon früh. In der Fachliteratur wird dies *„emergent literacy“*, wörtlich „entstehende Lese- und Schreibkompetenz“ genannt. Eine griffige deutsche Bezeichnung gibt es dafür nicht. Bereits sehr kleine Kindern machen Erfahrungen mit Schrift und Büchern, und je nachdem, welche Medien die Eltern sonst noch nutzen (→ Kap. 17.1.5), auch mit Zeitschriften, Zeitungen o. Ä. Diese Erfahrungen sind sehr wichtig, denn zum Lesenlernen gehört es nicht nur, Buchstaben und ihren Lautwert zu kennen, sondern auch, *Textverständnis* zu entwickeln. Dies wiederum wird dadurch gefördert, dass Kinder wissen, was sie mit Texten machen können und welchen Konventionen die Gestaltung von Texten unterliegt. Zu diesen Konventionen gehört z. B. auch die Leserichtung: Die lateinische Schrift wird von links nach rechts gelesen, die arabische von rechts nach links und die chinesische von oben nach unten.

15.1.1 Literacy-Erwerb bei Kindern

In diesem Abschnitt geht es um die Lernprozesse, die Kinder während des Literacy-Erwerbs durchlaufen. Zunächst ist noch eine Begriffsklärung notwendig. Es geht in diesem Kapitel zunächst um den Erwerb von Schrift, nicht von Schriftsprache, denn bei der Schriftsprache handelt es sich um eine ganz spezifische Norm.

► **Schriftsprache**
Die Schriftsprache ist im Deutschen eine auf „hochdeutscher Grundlage beruhende überregionale und schriftnahe Sprachform, wie sie seit dem 18. Jahrhundert allmählich Gültigkeit erlangte“ (Bußmann 1990). Sie ist in Bezug auf Grammatik und Orthografie normiert.

Für die Schriftsprache kann in Grammatiken und Wörterbüchern nachgeschlagen werden, was als richtig gilt. **Gesprochene Sprache und Umgangssprache** können zum Teil erheblich von dem abweichen, was für die Schriftsprache gilt, so ist im Bairischen z. B. „I woiß, wen dass du gsehn hasch“ akzeptabel, im Schriftdeutschen hingegen nicht. Für Kinder, die mit einer starken Dialektvariante oder mit Deutsch als Zweitsprache aufwachsen, ist es umso wichtiger, über vorgelesene Texte auch mit der Struktur der Schriftsprache und damit einer expliziten Form der Sprache in Kontakt zu kommen.

Im Folgenden geht es darum, wie Kinder allmählich erkennen, wie genau Schrift gesprochene Sprache kodiert (verschlüsselt, mit Zeichen versieht) und wie sie selbst Schrift nutzen und einsetzen können.

Bedeutung von Schriftzeichen

In **Kulturen mit Schrift** sind Kinder und Erwachsene ständig von Schrift umgeben. Eine der Quellen, mit denen Kinder beginnen, die Schrift zu entdecken, sind Bilderbücher (→ Abb. 15.2). Allerdings erkennen Kinder erst nach und nach, dass die Geschichten und die Bedeutungen nicht (nur) in den Bildern stecken, sondern v. a. in den Schriftzeichen.

Die Psychologin Ellen Bialystok (2001, S. 161 f.) berichtet von zwei Experimenten, die mit bilingualen (zweisprachi-

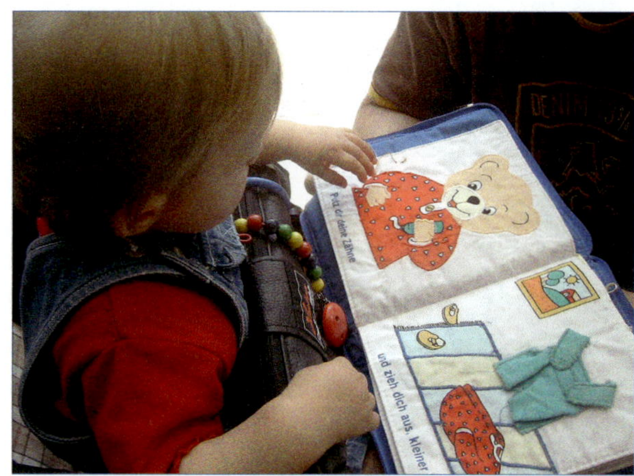

Abb. 15.2: Bilderbücher sind eine der Quellen, durch die Kinder Schrift entdecken.

gen) Kindern, die englisch und französisch bzw. englisch und chinesisch sprachen, jeweils im Vergleich mit monolingualen, englisch sprechenden Kindern durchgeführt wurden. Sie zeigen, dass die bilingualen Kinder bis zu einem Jahr früher erkennen, dass die **Bedeutung in den Schriftzeichen** steckt und nicht etwa in der Position von Wörtern auf dem Papier. Es ist noch nicht ganz geklärt, weshalb die bilingualen Kinder dies schneller erkennen. Vermutlich hilft es ihnen, mit zwei Schriftsystemen konfrontiert zu sein, die unterschiedlichen Konventionen folgen und so im Vergleich leichter erkennen lassen, welche Merkmale der Schrift welche Funktion erfüllen.

In einem anderen Experiment haben englisch- und hebräischsprachige Kinder schneller als englisch- und französischsprachige Kinder erkannt, dass die Wortlänge nichts mit der Größe der beschriebenen Objekte zu tun hat (Bialystok 2001, S. 160). Das Wort „Schmetterling" ist zwar lang, aber das Objekt, das es bezeichnet, klein, während das Wort „Bus" kurz und das Objekt lang und groß ist. Kleine Kinder gehen zunächst davon aus, dass das lange Wort das große Objekt beschreiben muss. Um zu erkennen, dass das nicht so ist, müssen Kinder verstehen, **dass Wörter Symbole sind,** die nicht durch direkte bildhafte Ähnlichkeit auf das Objekt verweisen, sondern die Aussprache der Wörter repräsentieren, d. h. das Wort <Schmetterling> sieht nicht aus wie ein Schmetterling, sondern steht für die Aussprache des Wortes [schmetaling].

Auf diesen Symbolcharakter hebt auch die Bildungsforscherin Donata Elschenbroich (2002, S. 218 ff.) in ihrem Buch „Weltwissen der Siebenjährigen" ab, wenn sie beschreibt, wie sich lernbehinderte Kinder der Schrift über Hüpfspiele nähern und ein sogenannter Lernverweigerer ganz schnell den bildhaften Gehalt der japanischen Zeichen für 1, 2, 3 (一, 二, 三 in der Kanji-Schrift) erkennt und versteht.

Lesen lernen

Mit ungefähr eineinhalb Jahren können Kinder die Aktivität Lesen erfassen, mit etwa zwei Jahren verstehen sie, dass Bilderbücher Geschichten erzählen, und etwas später, dass der Sinn v. a. in der Schrift steckt. Mit etwa vier Jahren entwickeln Kinder ein Verständnis von Textsorten, sie wissen beispielsweise, dass eine Einkaufsliste anders aussieht als ein Brief oder eine Postwurfsendung zu den neuesten Sonderangeboten.

Das **Lesenlernen** vollzieht sich in mehreren Phasen (Leseerwerbsphasen):

- Logografische Phase
- Phonetische Phase
- Orthografische Phase.

Logografische Phase

In einer ersten Phase des Lesenlernens, der logografischen Phase, nehmen Kinder Wörter als bildähnliche Einheiten wahr. So können viele Kinder auf der Straße schon einzelne Wörter „lesen", bevor sie wirklich lesen gelernt haben. Dieser Wiedererkennungswert entsteht z. B. durch bestimmte Schriftzüge und eine einheitliche Farbgestaltung, sei es bei Namen von Discountern oder Fastfoodketten oder auch dem Hinweisschild „Polizei". In diese Phase gehört es auch, wenn Kinder aus ihren Lieblingsbüchern „vorlesen". Sie kennen Textabschnitte so genau, dass sie sie zitieren können, und tun dies, während sie die Buchseiten anschauen und oft auch an der richtigen Stelle umblättern. An dieser Fähigkeit setzt auch der weiter unten beschriebene pädagogische Prozess an (→ Kap. 17.6).

[BEISPIEL] Hier ein Beispiel für die logografische Phase des Leseerwerbs: Ein Junge (3 Jahre) liegt in seinem Sitzsack und „liest" aus seinem Lieblingsbuch „Der kleine Bär und das Mondscheinwunder" von Gillian Löbel und Tim Warnes vor. Dabei blättert er die Seiten entsprechend dem Textfluss um:
„Als er im Bett lag, konnte nicht schlafen
weil der Mond in sein Bett
dann stürmte er in funkelnde
Da traf er einmal Lilli Langohr,
die hat grad einen Schneehasen
Fang mich doch, wenn du kannst.
Dann ist zwischen den Bäumen verschwunden …"

Phonetische Phase

In der zweiten, der phonetischen Phase des Lesenlernens, werden Kinder allmählich auf einzelne Buchstaben neugierig, fragen danach, entdecken sie in Wörtern, lernen den dazugehörigen Lautwert. Beim Lesen lautieren sie jeden einzelnen Buchstaben. Oft sind dies zunächst die Buchstaben, die im eigenen Namen vorkommen (vgl. Beispiel (1)).

Orthografische Phase

In der dritten, der orthografischen Phase des Lesenlernens, verbinden Kinder die einzelnen Buchstaben bzw. deren Lautwerte zunächst zu Silben und dann zu zielsprachlich betonten Wörtern. Dies wird mit zunehmender Leseerfahrung ergänzt durch die automatisierte, visuelle Erfassung der Wörter, der schnellsten Form des Lesens. Die Schritte der phonetischen und orthografischen Phase lassen sich in den folgenden zwei Beispielen erkennen.

[BEISPIEL] (1) Ein Vorschulkind liest einen Buchtitel vor:
Kind: „Haus"
Mutter: „Mach mal langsam."
Kind: „De A S A L T Ä A He A O U S das alte Haus"

[BEISPIEL] (2) Ein Vorschulkind versucht, spontan den Namen der Zeitung „Sonntag Aktuell" zu lesen (* zeigt eine Sprechpause an, ↑ steigende Intonation, ↓ fallende Intonation, Großbuchstaben betont).
*(1) Kind: „Ke A Ke Te U *** e E L L*
*Ak * Akete * Aketeu: le * u:kle:e: l uketelle ↓ **"*
*(2) Mutter: „Und das heißt ↑ ** Ak t u e l ↑ "*
(3) Kind: „aktulle ↓ "

(4) Mutter: „Fast."
*(5) Kind: „Ak * Te Akt Akt Ak tlu Akteu Ak Akteue / / /"*
(6) Mutter: „L - Aktuell"
(7) Kind: „mhhhhh ↓ "

Die oben für die phonetischen und orthografischen Phase genannten Beispiele illustrieren den Kontrast zwischen **verstehendem Lesen** und **Zusammenbuchstabieren (Lautieren),** bei dem teils auch noch die Buchstabennamen den Lautwert ersetzen und [te] statt [t] lautiert wird, so dass der Inhalt nicht verstanden werden kann.

Im ersten Beispiel liest das Kind so schnell, dass nur das letzte Wort aufgezeichnet wird. Die Mutter bittet um Wiederholung, das Kind lautiert die einzelnen Buchstaben, versteht, was es liest, denn es wiederholt gleich noch einmal mit normaler Betonung.

Im zweiten Beispiel hingegen führt das Lautieren der einzelnen Buchstaben dazu, dass die Lautsequenz so wenig Ähnlichkeit mit dem eigentlichen Wort hat, dass sich dem Kind die Bedeutung nicht erschließt. In Zeile (1) lautiert das Kind die einzelnen Buchstaben, in Zeile (2) setzt es an, die Buchstaben zu Silben zusammenzuziehen, scheitert aber, weil es die Buchstabennamen statt der Lautwerte spricht. Die Mutter hilft (Zeile 3 und 7), aber die Verwirrung ist so groß, dass das Kind den Sinn des Wortes nicht erkennt (Zeile 8) – obwohl es das Wort an sich kennt.

Schreiben lernen

Lesen und Schreiben sind zwei Fähigkeiten, die sich Hand in Hand entwickeln und gegenseitig beeinflussen. Auch die Schreibkompetenz beginnt sich lange vor der Einschulung zu entwickeln – allerdings immer vorausgesetzt, Kinder werden mit Schrift, Texten und Schreibutensilien konfrontiert und haben die Möglichkeit zu erleben, wie Erwachsene damit umgehen.

Schreiben, lesen, malen

Schreiben ist zunächst für die Kinder leichter zu verstehen als Lesen, denn das **Schreiben** hinterlässt sichtbare Markierungen auf dem Papier, das **Lesen** nicht. Maria Montessori (1997, S. 136 ff.) beschreibt diesen Unterschied sehr eindringlich. Ihre Prozessschilderung endet mit dem folgenden Satz: „Noch ehe sie [die Kinder, I.G.] dahin gelangten, Bücher zu lesen und zu respektieren, hatten es unsere Kinder mit einiger Nachhilfe [gemeint ist Unterstützung, I.G.] bereits in der Rechtschreibung und im Schönschreiben so weit gebracht, daß sie mit Schülern der dritten Elementarschulklasse auf dieselbe Stufe gestellt wurden" (S. 140).

Auch aus neuerer Forschung ist bekannt, dass Kinder schon früh eine Vorstellung davon entwickeln, dass Schreiben etwas anderes ist als Malen. Bis allerdings die orthografischen Konventionen gelernt sind, ist es ein langer Weg (Tolchinsky 2004).

Schreibstrategien

Es werden in der Literatur diverse **Modelle zum Schreibenlernen** vorgeschlagen, die drei (Frith u. a. 1998), vier (Ehri 2002 a, b) bis fünf Stufen (Graf 1991) vorschlagen. In Anlehnung an die drei bereits beschriebenen *Leseerwerbsphasen* (→ Kap. 15.1.1) sollen hier drei Schreibphasen vorgestellt werden. Besser sollten sie allerdings als unterschiedliche Schreibstrategien bezeichnet werden. Ein Stufenmodell legt nahe, dass bei den Kindern eine Form des Lesens oder Schreibens die andere ablöst. Das ist aber nicht der Fall. Kinder gehen an Schrift zuerst holistisch (ganzheitlich) heran, dann analysieren sie das Alphabet und die Schreibregeln allmählich, und je mehr Übung im Lesen und Schreiben sie bekommen, desto stärker automatisieren sie diese Strategien und werden schneller und sicherer in der Anwendung. Auch Erwachsene können – je nach Situation – alle diese Strategien einsetzen. In May (1990) findet sich ein systematischer, tabellarischer Vergleich guter und schwacher Schreiblerner, der ebenfalls sehr klar die Koexistenz verschiedener Schreibstrategien illustriert.

Das **Schreibenlernen** ist wie das Lesenlernen (→ oben) ein langer Prozess:

- Bei der **logografischen Strategie** kritzeln die Kinder, ein Beispiel dafür ist der Wunschzettel (→ Abb. 15.3). Ebenso kopieren sie Wörter aus Vorlagen, wobei es zu Abweichungen von der Vorlage kommen kann, weil die Kinder den Beitrag einzelner Buchstaben, z. B. durch die Position, zum Gesamtwort noch nicht erkennen. Das Schreibbeispiel illustriert, dass ein Kind im Alter von viereinhalb Jahren schon einiges über unsere Schreibkonventionen wissen kann. Diese Wunschliste ist gekritzelt, wir erkennen nur einen einzigen Buchstaben aus unserem Alphabet, nämlich das <A>; dass ausgerechnet dieser Buchstabe auftaucht, hängt vermutlich damit zusammen, dass der Name des Kindes mit <A> beginnt. Die anderen „Wörter" sind in Linien geschrieben, es gibt Abstände zwischen den Wörtern – das Kind kennt diese Schreibkonventionen des Deutschen und weiß bereits etwas über die *Superstruktur* (→ Kap. 15.1.2) einer Wunschliste

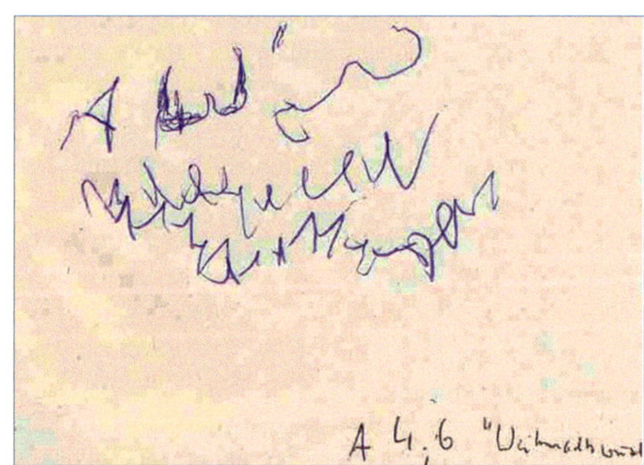

Abb. 15.3: A's Wunschliste.

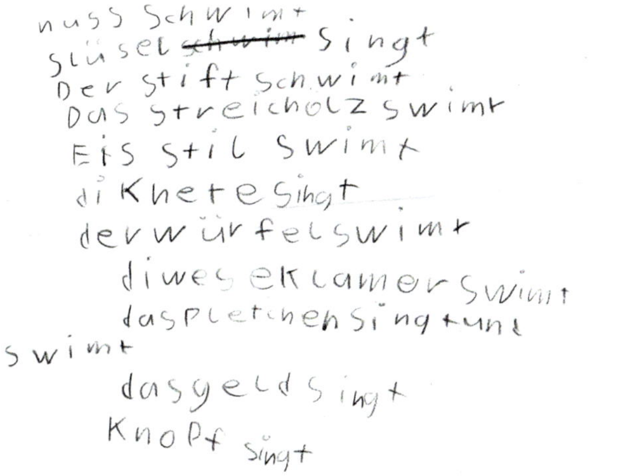

nuss schwimt
slüsel ~~schwim~~ singt
Der stift schwimt
Das streicholz swimt
Eis stil swimt
di Knete singt
der würfel swimt
di weseklamer swimt
das pletchen singt und
swimt
das geld singt
Knopf singt

Abb. 15.4: Freies Schreiben, 2. Klasse.

- Bei der **phonetischen Strategie** erkennen Kinder, dass Buchstaben Laute repräsentieren und schreiben so, wie sie die Wörter hören (→ Abb. 15.4 und 15.5)
- Bei der **orthografischen Strategie** kennen die Kinder mehr und mehr Rechtschreibregeln und können diese immer konsistenter anwenden, vgl. die Wörter „Stil", „Knete", „Würfel" und „wir" (trotz lang gesprochenem Vokal schon ohne Dehnungs-e).

Die Abbildungen 15.4 und 15.5 illustrieren sowohl phonetisches als auch orthografisches Schreiben.

Der Text (→ Abb. 15.4) entstand im Sachkundeunterricht. Die Kinder sollten ihre Beobachtungen darüber notieren, welche Gegenstände schwimmen. Die Schreibungen <swimt> (= schwimmt) und <singt> (= sinkt) enthalten sowohl phonologisch logische als auch orthografisch logische Aspekte: Der Buchstabe s steht oft für den Laut [sch], z. B. in „Stil", „Streichholz" – so schreibt das Kind eben auch <swimt> statt „schwimmt". Das stimmhafte <g> in <sinkt> erklärt sich phonologisch: Süddeutsche Sprecherinnen differenzieren nicht immer eindeutig zwischen stimmhaften Lauten wie [g], [d] und stimmlosen wie [k], [t], so dass die Schreibung des Kindes eine gute Wiedergabe seiner Aussprache sein kann.

Der Text von Abb. 15.5 stammt aus dem Tagebuch einer Erstklässlerin. Ihre Klasse wurde von der Grundschullehrerin angehalten, in den ersten vier Jahren beinahe täglich Tagebuch zu schreiben. Die kleineren dunkleren Buchstaben sind Korrekturen der Lehrerin. Folgende Schreibungen sind typisch für Schreibanfängerinnen: <hben> und <ht> für „haben" und „hat", der Vokal ist hier ausgelassen, weil die Konsonanten deutlich zu hören sind. In <PiPilanschromhf> fehlen ebenfalls Buchstaben, und im Gegensatz zu den Beispielen in der vorherigen Abbildung (→ Abb. 15.4) ist der Laut [sch] hier ausgeschrieben: <schromhf> statt <strumpf>. Das <o> statt <u> ist vermutlich dialektal zu erklären.

Die Tatsache, dass hier für mehrere Strategien auf dieselbe Abbildung verwiesen werden kann, verdeutlicht: Kinder schließen nicht eine Phase ab, bevor sie in die nächste kommen, sondern erwerben die entsprechenden Strategien nacheinander und können auch als erfahrene Schreiber noch alle einsetzen. Wenn erfahrene Leser ein unbekanntes Wort lesen müssen, versuchen sie, über die lautliche Entschlüsselung das passende Wort im mentalen Lexikon (d. h. unserem Wortspeicher im Kopf) zu finden. Bei den allermeisten Wörtern erkennen geübte Leser jedoch sofort das orthografische Schriftbild und können so direkt auf die Bedeutung zugreifen, ohne „Umweg" über die Lautstruktur. Diese Strategien sind dafür verantwortlich, dass der folgende Buchstabensalat lesbar ist: „Die Bcuhstbaenrehenifloge in eneim Wort ist eagl." (Achilles/Pighin 2008, S. 50). Im Detail können sich diese Lesestrategien für unterschiedliche Sprachen sehr unterscheiden (Bialystok 2001).

Wenn die Buchstabenreihenfolge in einem Wort tatsächlich egal wäre, wie oben behauptet, müssten Lehrerinnen sich wenig Gedanken darüber machen, wie sie die Rechtschreibung unterrichten und Kinder müssten ihre Zeit nicht mit Schreiben üben verbringen. Aber Buchstabensalat erhöht die Lesezeit ungemein und deshalb ist Rechtschreibung eben doch wichtig und auch sinnvoll.

Aber wie repräsentiert denn nun die Deutsche Orthografie die Deutsche Sprache? Zu Beginn dieses Kapitels wurde festgestellt, dass Deutsch eine Alphabetschrift nutzt und dass in diesen die Schriftzeichen Laute repräsentieren. Das ist für das Deutsche jedoch zu vereinfachend. Wir schreiben nicht: <elta>, sondern <älter>; wir schreiben <komm>, sprechen aber [kom]. Warum ist das so? Unter anderem vermittelt die Orthografie im Deutschen neben Informationen über die Aussprache auch Hinweise auf die Wortstruktur und die Verwandtschaft von Wörtern, indem Wortbilder von verwandten Wörtern möglichst ähnlich gehalten werden und so einen schnelleren Zugriff auf das abgespeicherte Wort im mentalen Lexikon erlauben. Das heißt, weil „älter" zu „alt" gehört wird es mit <ä> geschrieben.

Aber auch die Repräsentation von Lauten kommt nicht mit einer eins-zu-eins Darstellung aus, es gibt nämlich mehr Laute im Deutschen als Buchstaben. So wird die Kürze eines Selbstlauts meist durch zwei folgende Mitlaute angezeigt. Deshalb wird <kommen> geschrieben. Der gedoppelte Mitlaut <mm> signalisiert, dass der Selbstlaut [o] davor kurz ist.

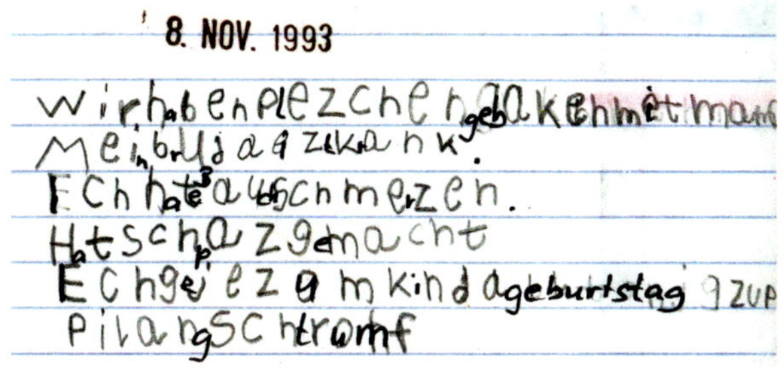

Abb. 15.5: Aus einem Erstklässler-Tagebuch.

Phase	Name	Charakterisierung	Beispiel
1	**Logografisch**	Lesen: Wörter werden als Bilder/Logos erkannt.	LOCA COLA im entsprechenden Layout wird als COCA COLA „gelesen".
		Schreiben: Kinder kritzeln	Kritzeltexte
2	**Phonetisch**	Kinder lernen nach und nach die Buchstaben und die dazugehörigen Lautwerte; zunächst sind der erste und letzte Buchstabe in Wörtern am wichtigsten.	<ht> für „hat" <schnk> für „schenken" <FOIAWEA>
		Kinder schreiben, was sie hören.	<schpiln> für „spielen"
3	**Orthografisch**	Das Lesen häufiger Wörter wird automatisiert.	Gängige Wörter werden automatisiert als Ganzes erkannt.
		Das Schreiben wird normgerechter, z. B. in Bezug auf die Großschreibung.	<Gestern haben wir ein Geschichtenbuch bekommen.>

Tab. 15.1: Lesen und Schreiben lernen im Überblick.

Und weil auch die Silbe eine ganz entscheidende Rolle in der Rechtschreibung spielt, argumentiert die Professorin für Grundschulpädagogik Christa Röber für neue Wege im Schreiben lehren, die die Silbenstruktur viel stärker berücksichtigt (vgl. Röber 1999 und 2009 und die kurze Einführung in die Idee in Achilles/Pighin 2008: 97–114).

Unterschiede zwischen Jungen und Mädchen beim Schrifterwerb

Die Frage, ob es beim Schrifterwerb einen Unterschied zwischen Mädchen und Jungen gibt, ist nicht leicht zu beantworten. Die Annahme, dass Mädchen sich dabei leichter tun als Jungen, ist zwar weit verbreitet, aber nicht alle Untersuchungen belegen dies eindeutig. Die Forschungslage ist uneinheitlich, was vermutlich u. a. daran liegt, dass sich die Untersuchungen in den eingesetzten Methoden teils stark unterscheiden.

Ein PISA Befund ist so wichtig, dass er der Diskussion der Rolle des Geschlechts vorweg gestellt werden soll: Zwar haben Kinder aus Familien mit niedrigem sozioökonomischen Status eine schlechtere Startposition beim Literacy-Erwerb. Sie können diesen aber – unabhängig vom Geschlecht – durch ein hohes **Leseengagement** wettmachen, so dass sie sogar bessere Leseleistungen erzielen können als Kinder aus guten bis sehr guten sozioökonomischen Verhältnissen mit niedrigem Leseengagement.

Zurück zu den Ergebnissen zum Einfluss des Geschlechts. Auf der einen Seite stellt z. B. die PISA Studie 2000 fest: „Das Geschlecht ist zweifellos eine ganz entscheidende Variable" (OECD 2002, S. 125). Es wird gezeigt, dass Mädchen mehr Texte lesen als Jungen. In allen untersuchten Ländern liegt das Leseengagement der Mädchen über dem der Jungen (OECD 2002, S. 127 ff.), und dieser Befund spiegelt sich auch in der **Lesekompetenz** wider. In allen teilnehmenden Ländern haben Mädchen eine höhere Lesekompetenz als Jungen (OECD 2002, S. 136).

Manch andere wissenschaftliche Untersuchung findet ebenfalls geschlechtsspezifische Unterschiede. Die Kognitionswissenschaftlerinnen Uta Frith und Faraneh Vargha-Khadem (2001) berichten von Untersuchungen, die die Annahme stützen, dass bei Jungen **sprachliche Aktivitäten** stärker in der linken Hemisphäre (Hirnhälfte) konzentriert ist, während sie bei Mädchen dezentraler in beiden Hemisphären lokalisiert werden können.

Auf der anderen Seite sprechen z. B. die Journalismusprofessorin Caryl Rivers und die Genderforscherin Rosalind C. Barnett (2008) in Bezug auf Sprache vom „Mythos der Geschlechtsunterschiede". Ein Vergleich von 165 Studien in den USA ergebe zwar einen kleinen statistischen Unterschied bezüglich der **Leseleistungen,** der sei aber so gering, dass man im Einzelfall keinen Unterschied in der Literacy-Fähigkeit von Jungen und Mädchen vorhersagen könne. Gleichzeitig weisen die Autorinnen aber darauf hin, dass Jungen häufiger von *Autismus* und *Lese-Recht-schreib-Schwäche (LRS)* (→ Kap. 10.3.8, 15.2.1) betroffen seien als Mädchen. Im Gegensatz dazu stellt der Mediziner Gerd Schulte-Körne (a. a. O., S. 27) über LRS fest: „Beide Geschlechter sind annähernd gleich häufig betroffen."

Der Dozent für Grundschulpädagogik Stephan Mücke und die Professorin für Grundschulpädagogik Agi Schründer-Lenzen (2008) berichten von einer Langzeitstudie mit Grundschulkindern, in der die Mädchen lediglich beim **Rechtschreiben** etwas besser abschneiden als die Jungen, nicht aber beim **Lesen**. In **Mathematik** haben die Jungen zwar in der zweiten Klasse einen klaren Vorsprung, der gleicht sich in dieser Studie bis zur vierten Klasse jedoch wieder aus. Gravierend seien jedoch die Leistungsunterschiede zwischen deutschen Kindern und Kindern, deren Erstsprache nicht Deutsch ist, und diese Unterschiede nehmen den Autoren nach im Laufe der Grundschulzeit zu: Die Chancen der Kinder mit Migrationshintergrund werden während der Grundschulzeit schlechter.

Welche **Konsequenzen** kann man aus diesen teils widersprüchlichen Ergebnissen für die Praxis ziehen? Da Literacy ganz entscheidend für den Bildungserfolg ist, wird man sicher den Schluss ziehen, dass alle Kinder **sprachlich und in Bezug auf Schrift gefördert** werden müssen. Das heißt, dass

- Viel gesprochen wird
- Die Kinder viele Anreize zum Selbersprechen bekommen
- Vielfältiges und spannendes Material zur Verfügung stehen muss, das Lust macht, sich mit Texten und Schrift zu beschäftigen (→ Kap. 15.4).

Wie bei allen anderen Medien ist auch bei Printmedien ein **altersgerechtes und vielfältiges Angebot** wichtig. Und im Zusammenhang mit der Geschlechterfrage sollten die anderen Lesegewohnheiten von Jungen gebührend mitberücksichtigt werden. So stereotyp es klingen mag, aber Jungen begeistern sich eher für actiongeladene Geschichten und für Abenteuer. Sie lesen lieber Sachbücher, Comics und Zeitschriften, deshalb sollten auch diese Medien in den Tageseinrichtungen zur Verfügung stehen.

Abb. 15.6: Die Annahme, dass Mädchen der Schrifterwerb leichter fällt als Jungen, ist nicht eindeutig bewiesen.

15.1.2 Struktur von Texten

Zur *funktionalen Literacy* (→ Einleitung) gehört nicht nur, dass einzelne Wörter gelesen und geschrieben werden können, sondern auch Textverständnis und die Fähigkeit, ganze Texte zu verfassen. Dies bedingt, dass Leser und Schreiber etwas über die interne und externe Struktur von Texten wissen müssen. Nach einem kurzen Gedankenexperiment zur Satzstruktur werden deshalb einige zentrale Eigenschaften von Texten vorgestellt, mit denen sich die Textlinguistik beschäftigt.

[BEISPIEL] Textbeispiel 1: Was stimmt bei den folgenden Sätzen nicht?

(1) Frau die isst Eis das.
(2) Gestern der Mann hat einen großen Kuchen gebacken.

Bei Sätzen (und auch Wörtern) haben Muttersprachler meistens eine klare Intuition darüber, ob diese grammatisch sind oder nicht. Daher können deutsche Muttersprachler ohne zu zögern sagen, dass beim ersten Beispielsatz die Artikel „die“ und „das“ vor den Nomen „Frau“ und „Eis“ stehen müssten. Der Satz sollte richtig heißen: „Die Frau isst das Eis.“ Selbst wenn die entsprechenden Fachwörter nicht verwendet werden und auch nicht unbedingt erklärt werden kann, warum das so ist, können kompetente Sprecherinnen und Sprecher falsche Sätze verbessern. Der zweite Satz klingt richtiger, aber das Vorfeld, d. h. die Position vor dem gebeugten Verb, ist doppelt besetzt, und das ist im Deutschen ungrammatisch. Der Satz müsste also entweder heißen: „Gestern hat der Mann einen großen Kuchen gebacken“ oder „Der Mann hat gestern einen großen Kuchen gebacken“.

Bei Texten ist die Bewertung schwieriger. Neben der Grammatik, die meist relativ eindeutig als richtig oder falsch beurteilt werden kann, spielen hier Wortwahl, Textstruktur und Stil eine Rolle. Dies ist eine der Ursachen für unterschiedlich ausfallenden Aufsatzbewertungen in der Schule. Selbst wenn Aufsätze inhaltlich vollständig und gleichwertig sind, kann die Note für die einen schlechter ausfallen als für die anderen, weil die sprachliche Gestaltung variiert. Hinzu kommt, dass bei der Bewertung von Texten der persönliche Geschmack eine große Rolle spielt.

Im Folgenden wird nun der Versuch unternommen, zu beantworten, was einen Text von einer Aneinanderreihung von Sätzen unterscheidet. Handelt es sich beim folgenden Beispiel um einen Text?

[BEISPIEL] Textbeispiel 2: Meine Katze liebt Milch. Milch ist der Rohstoff für die Käseproduktion. Die Produktion wird heute oft ins Ausland verlagert. Ins Ausland zieht es viele Deutsche jedes Jahr im Urlaub.

Beim Textbeispiel 2 handelt es sich lediglich um eine Aneinanderreihung von Sätzen, aber nicht um einen Text. Warum das so ist, soll nun erklärt werden anhand von

- Makrostruktur

- Superstruktur
- Kohäsion und
- Kohärenz.

Makrostruktur

Worum geht es in Otfried Preusslers „Die kleine Hexe"? Man könnte den Inhalt in etwa so zusammenfassen wie im folgenden Beispiel.

[BEISPIEL] Eine ganz junge Hexe will unbedingt bei der Walpurgisnacht mittanzen. Aber weil sie zu jung ist, darf sie das nicht. Sie schleicht sich dennoch zum Fest, wird erwischt, streng bestraft und muss im folgenden Jahr beweisen, dass sie eine gute Hexe ist. Daraufhin lernt sie viele Zaubersprüche, hilft u a. den Holzweiblein, dem billigen Jakob, den Raben und dem Ochsen Korbinian und freut sich auf die nächste Walpurgisnacht. Am Abend vorher entscheidet das Hexengericht jedoch, dass sie nicht teilnehmen darf, da sie nur Gutes gezaubert hat und nichts Böses, wie es sich für eine „gute Hexe" gehört. Doch am Ende tanzt die kleine Hexe dennoch.

Diese kurze Zusammenfassung des Inhalts ist die *Makrostruktur* von „Die kleine Hexe".

> **► Makrostruktur**
> Kernhandlung eines Textes.

Genau diese Kernhandlung fehlt dem Textbeispiel oben. Nichts verbindet die Katze mit dem Auslandsurlaub inhaltlich.

Superstruktur

Was ist auf der Abb. 15.7 zu sehen?

Vermutlich tippen viele auf einen Comic, eine Einkaufsliste, einen Brief, einen Zeitungsartikel und ein Bilderbuch. Obwohl in den Zeichnungen kein Text vorkommt, können diese Textarten aufgrund bestimmter **struktureller und formaler Eigenschaften** relativ leicht erkannt werden: Ein Comic besteht aus gezeichneten Figuren und Sprechblasen; auf Einkaufslisten stehen Stichworte untereinander; in einem Brief steht oben rechts das Datum, dann folgen die Anrede, der eigentliche Text, die Grußformel und die Unterschrift. Diese **äußeren Merkmale eines Textes** stellen seine *Superstruktur* dar.

> **► Superstruktur**
> Eine Art formales Textschema, innerhalb dessen der Inhalt variiert, die Form aber relativ konstant bleibt.

Kohäsion

Bezüge werden durch unterschiedliche sprachliche Mittel geschaffen oder hergestellt. Das Phänomen der Kohäsion beschreibt dies.

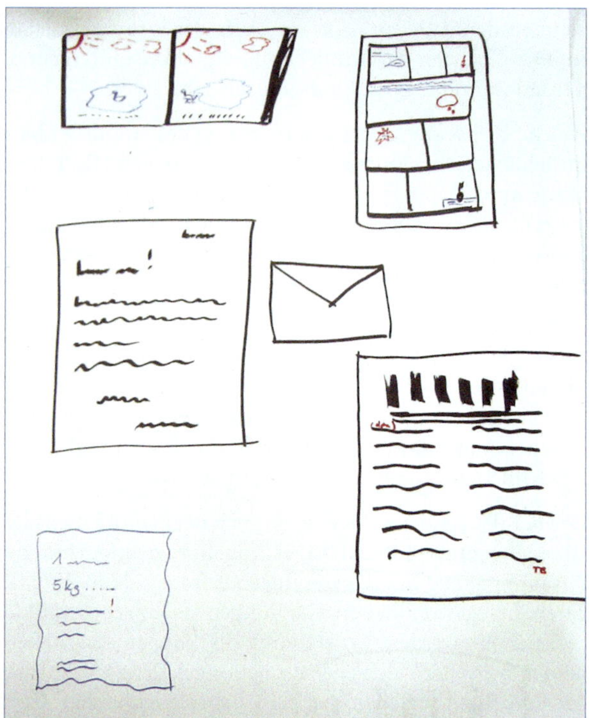

Abb. 15.7: Gemalte Textsorten.

> **► Kohäsion**
> Textzusammenhänge, die durch formale, sprachliche Mittel, z. T. auch über Satzgrenzen hinweg, hergestellt werden.

Einige typische **sprachliche Mittel,** mit denen Kohäsion hergestellt wird, sind in den folgenden Beispielen (1) bis (3) illustriert.

[BEISPIEL] Beispiele für sprachliche Mittel, mit denen Kohäsion entsteht (Kohäsionsmittel):

(1) A: „Wo ist denn *der Hammer*?" B: „Ich hol *ihn*."

(2) „Der Salat ist welk, kauf bitte frischen!"

(3) Cäsar kam, sah *und* siegte. Obelix denkt, *dass* die Römer spinnen, *weil* er ihr Verhalten nicht versteht.

Kohäsion entsteht beispielsweise durch
- *Ersetzung und Pronominalisierung* wie in Beispiel (1), wo in der Antwort „ihn" „den Hammer" ersetzt
- *Auslassungen* wie in der zweiten Satzhälfte von (2), in der „Salat" mitverstanden wird, obwohl das Wort nicht fällt
- *Konjunktionen und Subjunktionen* (satzverknüpfende Elemente) wie in (3) „und", „dass" und „weil".

Oft treten diese sprachlichen Mittel auch zusammen auf. So finden wir im Beispiel (3) außerdem Auslassungen, denn wir verstehen, dass Cäsar nicht nur kam, sondern dass er auch sah und auch siegte. Und jetzt wurde dieser

Satz mit Hilfe von Ersetzungen umschrieben ... Kohäsion ist also beinahe allgegenwärtig.

Auch die Makrostruktur von „Die kleine Hexe" (→ oben) enthält **Kohäsionsmittel.** Der gesamte Text bezieht sich auf die kleine Hexe. Es wird entweder mit den Wörtern „die kleine Hexe" oder mit „sie" auf die Hauptperson verwiesen. Weitere mögliche Bezeichnungen wären z. B. „die Besitzerin von Abraxas dem Raben" oder „die, die den Fasching der Tiere organisiert" und viele andere mehr. Es gibt also viele verschiedene Möglichkeiten, dieselbe Figur oder ein Ereignis zu beschreiben. Das macht Texte interessant, ist aber auch eine Herausforderung an das Textverständnis und die Sprachkenntnis.

Ersetzungen stellen beispielsweise auch später in der Mathematik eine besondere Herausforderung dar. Kinder müssen wissen, dass im folgenden Beispiel „Weg", „Strecke" und „entfernt liegen" synonym, d. h. gleichbedeutend, verwendet sind.

[BEISPIEL] Beispiel für das Kohäsionsmittel Ersetzung: Petra fährt mit dem Fahrrad von Kleindorf nach Großdorf. Die *Strecke* beträgt 3 km. Auf dem Hinweg macht sie noch einen Umweg über Mitteldorf, das 2 km von Kleindorf und 2 km von Großdorf *entfernt liegt*. Wie weit fährt sie auf dem Hinweg? Wie lang ist der *Weg*, den sie insgesamt mit dem Fahrrad zurücklegt, bis sie wieder daheim ist?

Kohärenz

Der Zusammenhang von Welt und Text wird bei jedem Gespräch und bei jedem Lesen hergestellt. Verbindungsglied ist vor allem unser Weltwissen, also all das, was Hörer und Leser über die Welt wissen. Dann entsteht *Kohärenz.*

► **Kohärenz**
Sinnzusammenhänge im Text, die oft auch durch Weltwissen ergänzt werden und so größere Bezüge herstellen.

Bezogen auf die *Makrostruktur* des Kinderromans „Die Kleine Hexe" bedeutet dies beispielsweise, dass das Kind wissen muss, was die Walpurgisnacht ist, um den Text komplett verstehen zu können. Erwachsene wissen, dass es die Nacht vom 30. April auf den 1. Mai ist, dass sich in dieser Nacht angeblich die Hexen auf dem Brocken im Harz versammeln und um ein riesiges Feuer tanzen. Wenn Kinder das nicht wissen, haben sie Schwierigkeiten, den Text vollständig zu verstehen – oder positiv formuliert: In solchen Situationen bieten Texte Lernchancen. Dieses Beispiel für Kohärenz ist stark von der Kenntnis einer Wortbedeutung und von Sinnzusammenhängen abhängig.

[BEISPIEL] (1) Beispiel für Kohärenz: Was kann der Leser aus folgendem Eintrag in einem Schiffslogbuch (nach P. Grice) schließen?

13. April 1877

Der Kapitän war heute nüchtern.

J. Jones (Erster Steuermann)

Abb. 15.8: Beispiel für Kohärenz.

Oft entsteht Kohärenz auch **im Kontext** durch die Anwendung eines pragmatischen Prinzips. Dieses pragmatische **Prinzip der Kooperation** wurde zuerst von dem Philosophen Paul Grice (1913–1988) beschrieben und später von dem Linguisten Dan Sperber und der Psychologin Deirde Wilson zur *Relevanztheorie* weiterentwickelt.

► **Relevanztheorie**
Die Relevanztheorie besagt, dass Hörer (ebenso wie Leser) immer versuchen, möglichst viele Informationen aus Äußerungen zu ziehen. Für die Sprecher bedeutet dies, dass sie anstreben, sich möglichst klar auszudrücken. Wenn sie das nicht tun, beginnen Hörer zu interpretieren und versuchen, aus der Äußerung dennoch Sinn zu machen und ziehen aus der fehlenden Klarheit und Eindeutigkeit zusätzliche Schlüsse.

Leserinnen und Leser dürfen getrost vermuten, dass der Kapitän im 1. Beispiel (→ Abb. 15.8) des Öfteren nicht nüchtern ist, denn sonst hätte der Eintrag des Ersten Steuermanns keine Relevanz. Wenn der Kapitän immer nüchtern ist, muss dies schlicht nicht mitgeteilt werden.

Weil Kohärenz so wichtig für die Entstehung und das Verstehen von Texten ist, hier noch ein Beispiel:

[BEISPIEL] (2) Textbeispiel für Kohärenz: Es klopfte laut. Sie öffnete die Tür. Da standen zwei Polizistinnen.

Auch in diesem 2. Beispiel müssen Leser oder Hörer viele Schlüsse ziehen, dafür brauchen sie ihr **Weltwissen.** Sie wissen, dass Klopfen etwas ist, das typischerweise an Türen passiert und eine Aufforderung zum Öffnen darstellt. Dieses Wissen müssen sie aktivieren, um zu verstehen, warum die mit „sie" bezeichnete Person die Tür öffnet. Und sie müssen erschließen, dass „da" eine Kurzform für „vor der Tür" ist.

Nach dieser Diskussion dürfte auch deutlich sein, warum das Textbeispiel 2 in Kapitel 15.1.2 kein Text ist, sondern eben nur eine Folge von Sätzen. Die Sätze weisen zwar *Kohäsionsmittel* auf (ein Wort wird jeweils im nächsten Satz aufgegriffen), sie sind aber nicht *kohärent:* Thematisch verbindet sie nichts, und alles Weltwissen hilft dem Leser nicht, eine Verbindung zwischen der Katze, den Milchprodukten und schließlich dem Ausland herzustellen. Den Sätzen fehlt auch die formale Klammer einer *Superstruktur.*

Kinder im Kindergartenalter sind zwar meist schon Experten, was ihre Sprache angeht (→ Kap. 22), und viele können sich mündlich gut ausdrücken, doch bis sie die

Feinheiten von Kohärenz und Kohäsion kennen und die Makrostruktur von Geschichten und Texten zusammenfassen können, ist es ein langer Weg. Um schließlich formale Merkmale von Texten, d.h. die Superstrukturen zu kennen, müssen sie viele eigene Erfahrungen mit verschiedenen Textsorten gemacht haben.

15.2 Bedeutung für Kinder und Jugendliche

Literacy spielt eine fundamentale Rolle in der Entwicklung des Bildungsniveaus der Menschen in unserer Gesellschaft. Sie ist wechselseitig mit der allgemeinen sprachlichen Entwicklung der Menschen verbunden: Kinder müssen gewisse mündliche Sprachfähigkeiten haben, um Schrift erwerben zu können, und der Erwerb der Schrift hat wiederum einen positiven Einfluss auf ihre allgemeine Sprachfähigkeit und ihr Sprachbewusstsein.

Literacy ist gleichzeitig **Grundvoraussetzung** und **riesige Chance.** Sie erst bietet die Möglichkeit, in vollem Umfang an unseren gesellschaftlichen Prozessen teilzuhaben. Durch sie eröffnen sich Bereiche und Möglichkeiten, die sich direkter Erfahrung entziehen würden, wie ferne oder fiktive Welten und Zeiten, in die Kinder und Jugendliche in Sachbüchern, Romanen und Science-Fiction-Literatur eintauchen können (→ Abb. 15.9).

Es ist von entscheidender Bedeutung, dass Literatur Zugang zu Informationen in allen Bereichen bietet, sei es über das traditionell gedruckte Wort oder virtuell in den neuen Medien. Aber auch in diesen muss man lesen und schreiben können, um die gesuchten Seiten zu finden und aufrufen zu können – vor allem, um die gewünschten Informationen verstehen zu können. Mangelnde Literacy hat außerdem deutliche ökonomische Auswirkungen. So zitiert die erste PISA-Studie 2000 eine kanadische Untersuchung mit den folgenden Worten: „Die internationale Erhebung über Grad und Verteilung elementarer Grundqualifikationen Erwachsener […] zeigt, dass über den Bildungsabschluss hinaus das Niveau der Lesekompetenz per saldo einen direkten Einfluss auf das Einkommen vor Steuern, die Beschäftigung, die Gesundheit und die Teilnahme an Weiterbildungsmaßnahmen hat. Eine weitere Erkenntnis dieser Studie lautet, dass Menschen mit niedrigem Lesekompetenzniveau mit größerer Wahrscheinlichkeit auf staatliche Unterstützung und auf Wohlfahrtsleistungen angewiesen sind" (OECD 2002, S. 15).

Literacy ist eine – wenn nicht die zentrale – Grundlage für **Erfolg in allen Schulfächern,** denn sie stellt eine der wichtigsten und bedeutendsten Informations- und Lernquellen dar (Croisile 2006, S. 27). Die pädagogischen Fachkräfte sollten alles daran setzen, Kindern den Weg in den Schrifterwerb zu ebnen, was aber nicht bedeutet, dass sie ihnen im Kindergarten Lesen und Schreiben beibringen sollen.

Abb. 15.9: Was lesen wir zuerst?

15.2.1 Lese-Rechtschreib-Schwäche

Außer dem in der Einleitung schon angesprochenen Analphabetismus gibt es eine Vielzahl von Gründen, warum manche Kinder mit Lesen und Schreiben nur schwer zurechtkommen. Zu den verbreitet auftretenden Schwierigkeiten gehören Lese-Rechtschreib-Schwächen (LRS). Es wird geschätzt, dass etwa vier bis acht Prozent der Bevölkerung in Deutschland betroffen sind (BLV 2008).

> ▶ **Lese-Rechtschreib-Schwäche (LRS)**
> Teilleistungsschwäche, die unabhängig von Intelligenz auftritt und die Ausbildung einer *funktionalen Literacy* stark hemmt oder verhindert. Betroffene lesen ungenauer und langsamer als andere, und sie haben teils massive Schwierigkeiten, orthografisch richtig zu schreiben (BLV 2008, Schulte-Körne 2001).

Inzwischen herrscht weitgehend Einigkeit darüber, dass die Ursachen für LRS in einer Kombination aus genetischer Veranlagung und auditiven und visuellen (und evtl. auch taktilen) Wahrnehmungsstörungen liegen. In den 1970er Jahren ging die wissenschaftliche Literatur noch davon aus, dass die Umwelt eine entscheidende Rolle spielt, wenn Kinder an LRS leiden, z.B. durch die erzwungene Umgewöhnung von Linkshändern auf das Rechtsschreiben. Heute wird die Rolle der Umwelt anders eingeschätzt. Die Umwelt kann bei Früherkennung und gezieltem Training eine wichtige kompensatorische und unterstützende Rolle spielen. Zu LRS wird derzeit intensiv geforscht und es scheint sich abzuzeichnen, dass verschiedene Formen unterschieden werden müssen. Bisher geht man davon aus, dass LRS nicht heilbar ist; mit fachgerechter Unterstützung haben Betroffene aber eine gute Chance, ihr Bildungspotenzial voll auszuschöpfen (Schulte-Körne 2001). Immerhin haben es Winston Churchill, Agatha Christie, Tom Cruise, Walt Disney, Pablo Picasso und viele andere, von denen angenommen wird, dass sie unter LRS litten bzw. leiden, auch geschafft (Brunswick 2009, S. 1). LRS ist ein hochkomplexes Phänomen und nicht

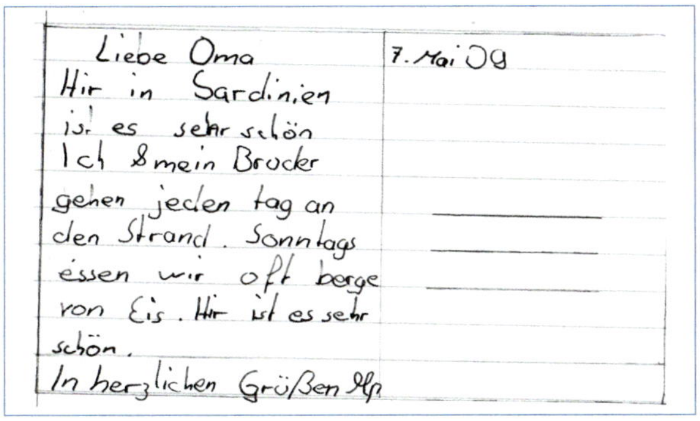

Liebe Oma 7. Mai 09
Hir in Sardinien
ist es sehr schön
Ich & mein Broder
gehen jeden tag an
den Strand. Sonntags
essen wir oft berge
von Eis. Hir ist es sehr
schön.
In herzlichen Grüßen

Abb. 15.10: Schreibbeispiel von einem LR-schwachen Kind.

leicht zu diagnostizieren. Die Forschung ist nicht abgeschlossen, und deshalb kann es in diesem Abschnitt auch keinesfalls um die Diagnose von LRS gehen. Ziel ist vielmehr auf das Phänomen aufmerksam zu machen, denn es gibt zumindest Hinweise darauf, dass Literacy-Förderung im Kindergartenalter betroffenen Kindern besonders nützt.

Die Abbildung 15.10 zeigt das Schreibbeispiel eines LRS Kindes, beim dem LRS erst in der 5. Klasse diagnostiziert wurde. Oft haben Kinder, die von LRS betroffen sind, Schwierigkeiten mit einem oder mehreren ganz gut zu definierenden Bereichen der Rechtschreibung. Das Beispiel illustriert zwei dieser typischen **Problembereiche:**

Obwohl das Kind die Regel kennt, dass Nomen groß geschrieben werden, wendet es die Regel oft nicht an, so dass vielen Nomen in seinen Texten klein geschrieben sind, vgl. <berge> und <tag>

Auch die Repräsentation der Länge von Selbstlauten ist schwierig. Es wurde bereits thematisiert, dass die Selbstlautlänge über die Kombination von Buchstaben angezeigt wird. Stark vereinfachend kann man sagen, dass es im Deutschen auch eine Reihe von Längenzeichen gibt, z. B. <h> in „Draht" oder <e> in „hier". Meist sind Selbstlaute vor einzelnen Mitlauten schon lang, etwa in „rot", so dass das Kind davon ausgeht, dass die Länge des Selbstlautes in „hier" nicht noch extra gekennzeichnet werden muss und so das Dehnungs-e fehlt.

Kritische Überblicke über diverse Behandlungsmethoden der LRS:

Suchodoletz, Waldemar von (Hrsg.): Therapie der Lese-Rechtschreibschwäche (LRS): Traditionelle und alternative Behandlungsmethoden im Überblick. Stuttgart: Kohlhammer 2003

Klicpera, Christian/Schabmann, Alfred/ Gasteiger-Klipcera, Barbara: Legasthenie: Modelle, Diagnose, Therapie und Förderung. München: Reinhardt 2003

Wertvolle und praktisch umsetzbare Tipps für Grundschulkinder:

Speichert, Horst: Richtig üben – effektiv lernen: Ratschläge für Eltern, Schüler und Lehrer. München: dtv 2005

Phonologische Bewusstheit

▶ Phonologische Bewusstheit
Fähigkeit, lautliche Aspekte der Sprache zu erkennen, z. B. Silben erkennen, Reime finden und Wörter in einzelne Laute zu zerlegen.

Die Wissenschaft ist sich weitgehend darüber einig, dass Lautwahrnehmung und phonologische Bewusstheit eine zentrale Rolle in der Früherkennung und in der Förderung von LRS-Kindern spielen.

Alles, was die Laut-, Reim- und Silbenwahrnehmung der Kinder schärft, fördert auch die *phonologische Bewusstheit* (→ Kap. 15.5).

Literacy ganz allgemein steht in Wechselbeziehung mit und fördert folgende Fähigkeiten:

- Die visuelle Wahrnehmung
- Die Aufmerksamkeit
- Den Wortschatzerwerb und -ausbau
- Die Konzeptbildung
- Das Gedächtnis
- Die Phantasie.

Der **Umgang mit Büchern** beeinflusst die geistige Entwicklung positiv, weil Kinder über die Bilder und Geschichten zusätzliche Möglichkeiten zur Auseinandersetzung mit der Welt erhalten. Frühe Lernprozesse sind ganz entscheidend für die geistige Entwicklung des Menschen, je mehr und je vielfältiger die Erfahrungen kleiner Kinder mit Welt sind, umso besser.

Bücher erweitern das **Erfahrungsspektrum.** Sie regen das Denken an, sie bieten Möglichkeiten, Ursache und Wirkung zu erkennen, und mit Vereinfachungen in Geschichten machen sie die Welt durchschaubarer.

Geschichten sind auch wichtig für die **soziale und emotionale Entwicklung** der Kinder. Sie stellen vielfältige Formen des Zusammenlebens und des Umgangs miteinander vor, sie zeigen Lösungswege auf, bieten Verhaltensmodelle an und fördern die *Werteentwicklung* (→ Kap. 10.3.3). Und nicht zuletzt fördern Bücher die *Sprachentwicklung* (→ Kap. 22.1).

Eine systematische und ausführlicher Diskussion der Folgefunktionen des Lesens findet sich in:

Rupp, Gerhard/Heyer, Peter/Bonhholt, Helge: Folgefunktionen des Lesens – von der Fantasie-Entwicklung zum Verständnis des sozialen Wandels. In: Groeben, Norbert, Hurrelmann/Bettina (Hrsg.): Lesesozialisation in der Mediengesellschaft. Weinheim, München: Juventa 2004, S. 95–141

15.2.2 Literacy bei mehrsprachigen Kindern

Wie erfolgt der Literacy-Erwerb bei mehrsprachigen Kindern (→ Kap. 22.1.1)? Die Situationen, in denen mehrsprachige Kinder aufwachsen, sind so unterschiedlich, dass Pauschalurteile fehl am Platz sind. Will man die Erwerbs- und Lernsituation eines mehrsprachigen Kindes einschätzen, müssen mindestens die folgenden Aspekte berücksichtigt werden:

- Wächst das Kind von Geburt an mit zwei Sprachen auf?
- Lernt das Kind Deutsch als Zweitsprache und hat vielleicht noch wesentlich geringere Sprachkenntnisse als gleichaltrige einsprachige deutsche Kinder?
- Bekommt das Kind in beiden Sprachen genug Input und auch Anregungen im Umgang mit Schrift?
- Welche Schriftsysteme verwenden die Sprachen?
- Wird das Kind zuhause überhaupt an Schrift herangeführt? Lesen die Eltern mit dem Kind?
- Oder ist der Umgang mit Schrift eine zusätzliche, komplett neue Herausforderung für das Kind?

Die Forschung hat gezeigt (vgl. Tracy 2000, Tracy ^{2}2008, Tracy/Gawlitzek-Maiwald 2000), dass Mehrsprachigkeit für Kinder keine Überforderung bedeutet – vorausgesetzt; die Kinder bekommen in allen Sprachen genug Input. Wenn sie auch in allen Sprachen mit Schrift in Kontakt kommen, kann die Mehrsprachigkeit für die Literacy-Entwicklung (vgl. auch die Beispiele aus Bialystok 2011 in Kap. 15.1.19) ebenso wie für den Wortschatzerwerb (Kaushanykaya & Vorirca 2009) sogar förderlich sein.

Abb. 15.11: Bücher beeinflussen die geistige Entwicklung positiv.

15.2.3 Lesesozialisation

Die Lesesozialisation beginnt in der **Familie** und wird beeinflusst durch weitere **Bezugspersonen**, z. B. Erzieherinnen.

> ► **Lesesozialisation**
> Prozess, in dem sich Lesegewohnheiten in der Interaktion mit dem sozialen Umfeld herausbilden, die langfristig das Umgehen eines Menschen mit Schrift und Text prägen.

Mit der Einschulung kommt auch der **Schule** eine Funktion bei der Lesesozialisation zu, diese ist allerdings nicht ohne Probleme: Es besteht die große Gefahr, dass in der Schule die Leselust verloren geht. Dies kann z. B. geschehen, weil Kinder Texte lesen müssen, die sie nicht interessieren oder weil sie immer laut vorlesen müssen, was das sinnentnehmende Lesen erschwert.

Kinder können nur Lesen lernen, wenn ihnen genügend **Lesezeit** zur Verfügung steht. Deshalb müssen Kinder in der Schule von Anfang an Zeit zum stillen Lesen haben. Nur stilles Lesen ist **verstehendes Lesen,** und dieses ist das Ziel. Die Kinder müssen Lesen üben können, und zwar im jeweils eigenen Tempo. Am besten lernen sie es mit Texten, die sie interessieren. Um auch die Jungen „ins Leseboot zu holen", brauchen sie Texte, die sie interessieren, z. B. Abenteuer- und Detektivgeschichten sowie Sachtexte zu technischen Themen.

Diverse Studien bestätigen, dass Kinder zu **Leseratten** werden, wenn sie schon früh **in der Familie zum Lesen animiert** werden. Noch bevor sie selber lesen können, wecken (vor)lesende Eltern, Großeltern und Geschwister die Lust am Lesen. Weitere Charakteristika früher Vielleser sind, dass sie häufig öffentliche Bibliotheken besuchen und dass Fernsehen eine untergeordnete Rolle spielt bzw. der Konsum von den Eltern reglementiert wird. Bei Weniglesern ist hingegen das Fernsehen das wichtigste Medium.

Das Alter zwischen 11 und 16 Jahren ist die zweite prägende Phase in der Lesebiografie (Pfarr/Schenk 2001). Viele Jugendliche in diesem Alter lesen exzessiv (Eggert/Garbe 2003, S. 122 ff.). Es wächst allerdings auch der Einfluss der **Peergroup** auf die Vorlieben der Kinder. Der Einfluss anderer **Medien** wird ebenfalls wichtiger: erst Musik, dann Fernsehen, Filme und das Internet, so dass in dieser Phase aus Viellesern Wenigleser werden können (Rosebrock 2004).

Abb. 15.12: Lesesozialisation in der Familie.

In Lesebiografien (Pieper/Wirthwein 2003) wird immer wieder deutlich, dass Menschen vor allem über Lust zum Buch kommen. Es muss **Spaß** machen, in die Texte einzutauchen, und es muss etwas mit der eigenen Lebenswirklichkeit zu tun haben. Wenn diese Voraussetzung gegeben ist, können auch Menschen aus „buchfernen" Familien zum Lesen finden. Hier besteht auch eine Chance für die Schule, Kinder und Jugendliche zum Lesen zu bringen, wenn das Spektrum der Lesetexte entsprechend erweitert und angepasst würde. Oft berichten Leseratten auch, dass engagierte Lehrerinnen sie durch gezielte und individuelle Buchtipps zum Lesen angeregt haben.

Insgesamt stehen die Chancen gut, dass **aus viellesenden Grundschulkindern auch viellesende Erwachsene** werden. Die Lektüre variiert im Erwachsenenalter je nach Bedürfnis: Lustgewinn, Informations- oder auch Weiterbildungsquelle. Auf alle Fälle steht Lesern eine größere Vielfalt an Informationen und Unterhaltung zur Verfügung als Nichtlesern, und sie können im vollen Umfang an gesellschaftlichen Prozessen teilnehmen. Lektüre erhöht das Potenzial zur geistigen und persönlichen Entwicklung. Es lohnt sich unbedingt, in die frühe Literacy-Entwicklung zu investieren.

Hartmann, Waltraut/Heginger, Walter/Rieder, Albert: Buch, Partner des Kindes. Wissenswertes über Bücher für die ersten acht Lebensjahre. Ravensburg: Ravensburger Verlag 1982

15.2.4 Texte im Medienverbund

Medien kommen heute oft im Medienverbund, d. h. es gibt das Buch zum Film, die CD zum Buch, das PC Spiel und v. a. m. Das Buch ist dabei im Vergleich zum Hörbuch oder der Verfilmung das anstrengendste Medium, denn beim Lesen ist das Gehirn weitaus am aktivsten. Deshalb und weil Lesen nur durch Lesen gelernt wird, sollten die auditiven und visuellen Medien das Buch nicht ersetzen sondern ergänzen (→ Kap. 17.1.5).

Normalerweise tun Menschen, was sie für wichtig halten besonders oft bzw. widmen ihm entsprechend Zeit. Beim **Lesen und Fernsehen** ist das anders: Eine Studie der Stiftung Lesen zeigt hier eine interessante Diskrepanz, die in der folgenden Tabelle (→ Tab. 15.2) ausschnittsweise vorgestellt wird (*Mediennutzungsdaten* → Kap. 17.1.5).

Die Tabelle zeigt, dass weniger als 90 % der Befragten das Fernsehen für wichtig halten, aber fast 100 % es täglich bzw. mehrmals die Woche nutzen. Bei der Lektüre von Sachtexten und belletristischer Literatur ist das Verhältnis umgekehrt und drastischer: Ungefähr ein Drittel halten diese Medien für wichtig, aber nur maximal ein Fünftel nutzt sie regelmäßig.

Der Einfluss des **Fernsehens** auf die Kognition wurde in vielen Studien untersucht und oft kritisch eingeschätzt. Diese Studien müssen jedoch auf Grund methodischer Schwächen oft selbst kritisch betrachtet werden (→ Kap. 17.1.4).

Die Psychologieprofessorin Margit Schreier (2004) berücksichtigt in ihrem Forschungsüberblick dem Fernsehen folgende positive Einflüsse auf den Literacy-Erwerb:

- Kinderhörbücher und Bildungsfernsehen haben positive Effekte auf das *phonologische Bewusstsein* (→ Kap. 15.2.2)
- *Wortschatzerweiterung* ist der Bereich, in dem das Fernsehen am ehesten positive Effekte zeigt. Bildungsfernsehen, in geringem Umfang konsumiert, führt am ehesten zu positive Effekten. Diese werden verstärkt, wenn mit den Kindern anschließend über die Sendungen gesprochen wird
- Bezüglich des *Satzverstehens* und des allmählichen *Durchschauens von Kohärenz* (→ Kap. 15.1.2) kann moderater Fernsehkonsum zusätzlich zur Textrezeption einen förderlichen Effekt haben, v. a. durch das Mehr an Text-/Diskurssorten und narrativen Strukturen. Dieser Effekt stellt sich allerdings nur bei hochwertigen Programmen ein.

Eine Würzburger Studie zeigt allerdings, dass hoher Fernsehkonsum gerade in der frühen Phase des Literacy-Erwerbs negative Einflüsse hat (Ennemoser/Schneider 2004). Eine Mannheimer Evaluationsstudie (Hopp et al 2010) zu multimedialem Begleitmaterial zur „Sendung mit dem

Medium	Wichtigkeit	Nutzung
Fernsehen	86 %	97 %
Zeitung	86 %	87 %
Zeitschriften/Illustrierte etc.	71 %	58 %
Sach- oder Fachbücher	39 %	19 %
Romane, Erzählungen, Gedichte	29 %	14 %

Tab. 15.2: Wichtigkeit und Nutzung ausgewählter Medien (Quelle: Franzmann 2001, S. 10).

Elefanten" belegt, „dass vier- bis sechsjährige Kinder mit Deutsch als Zweitsprache den sprachlichen und visuellen Input nur in beschränktem Maße integrieren können" (S.3), und dass ein Zuwachs an Sprachkompetenz nicht nachzuweisen ist.

Auch für die neuen Medien ist Literacy **Grundvoraussetzung:** Ca. 75 % der Informationen im Internet sind textbasiert. Um im Internet recherchieren zu können, **müssen** die Nutzer **lesen** können. Wenn Kinder und Jugendliche simsen, bloggen oder chatten, **müssen** sie **schreiben.** Diese Schriftformen sind zum Teil recht weit von der *Schriftsprache* (→ Kap. 15.1.1) entfernt – dennoch stellen sie keine Form des Sprachverfalls dar, sondern neue Textsorten.

Können Sie die folgenden SMS-Nachrichten lesen? Was bedeuten sie und welches sprachliche Wissen der Verfasser oder Verfasserinnen dokumentieren sie?

(1) Hi sweetie.Heut gibts bei lufthansa ne flugauktion.Vllt wär da ja was für [Name] dabei?!Du&deine eltern haben ja schon flüge ne?Wahlziel usa bis11.50,ny bis1550

(2) Hi sweetie. Wollt nur kurz bescheid sagen dass ich morgen mitkomm:-) Freu mich drauf:-) gute n8:-*

(3) Hi sweetie. Würd dir morgen zw 4 u 5 passen f unser treffen? Weihnachtsmarkt u dann mal sehn? Saß dann gestern zu raucherzeiten GANZ allein m [Name] da;-) [Initiale]*

Es gibt in diesen kurzen Beispieltexten jede Menge Merkmale, die von orthografischen Standardtexten abweichen. Sie sind Anpassungen an die technischen Gegebenheiten: die Zeichenbeschränkung bei SMS, die kleine Handytastatur bzw. die dreifache Belegung der Tasten etc.

Unter anderem finden sich folgende **Verstöße gegen die Standardorthografie:**

- Viele Nomen sind kleingeschrieben
- Leerstellen fehlen
- Emoticons kommentieren den eigentlichen Text
- Abkürzungen ersetzen die vollen Wörter: „Vllt" für „Vielleicht", „zw" für „zwischen" und „f" für „für". Nicht alle dieser Abkürzungen sind jedoch etabliert, so dass die Verfasserinnen sich nicht automatisch darauf verlassen können, dass der Empfänger sie kennt. Wer so schreibt, muss also wissen, wie ein Wort so abgekürzt wird, dass es möglichst kurz wird, der Empfänger es aber eindeutig identifizieren kann.
- Besonders spannend ist das Beispiel „n8", denn es basiert darauf, dass die Lautsequenz [acht], für die die Zahl „8" steht, in dem Wort „Nacht" enthalten ist, nicht aber die Bedeutung.

Um solche Ersetzungen zu bilden, müssen Sender und Empfänger den **Sinn eines Wortes** von der **Lautstruktur** getrennt betrachten können.

Autoren solcher Texte wissen einiges über ihre Sprache. Die Verfasserinnen der oben zitierten SMS-Nachrichten sind übrigens Studentinnen, die sehr komplexe und orthografisch einwandfreie Texte auf Deutsch und Englisch produzieren können.

15.2.5 Schreiben als Reflexion

Kleist beschreibt um 1805 in seinem Essay „Über die allmähliche Verfertigung der Gedanken beim Reden", wie sich während des Erzählens eine verworrene Vorstellung verdeutlicht und sich zum Anfang eines Gedankens auch ein Ende fügt. Dieser kognitive Vorgang findet ebenso beim Schreiben statt. Und auch Schreiben kann wie das Erzählen der Reflexion dienen.

„Wenn du etwas wissen willst und es durch Meditation nicht finden kannst, so rate ich dir, mein lieber, sinnreicher Freund, mit dem nächsten Bekannten, der dir aufstößt, darüber zu sprechen. Es braucht nicht eben ein scharfdenkender Kopf zu sein, auch meine ich es nicht so, als ob du ihn darum befragen solltest: nein! Vielmehr sollst du es ihm selber allererst erzählen. [....] Aber weil ich doch irgendeine dunkle Vorstellung habe, die mit dem, was ich suche, von fern her in einiger Verbindung steht, so prägt, wenn ich nur dreist damit den Anfang mache, das Gemüt, während die Rede fortschreitet, in der Notwendigkeit, dem Anfang nun auch ein Ende zu finden, jene verworrene Vorstellung zur völligen Deutlichkeit aus, dergestalt, daß die Erkenntnis zu meinem Erstaunen mit der Periode fertig ist." (Heinrich von Kleist)

Diverse Studien stellen fest, dass viele Kinder und Jugendliche zu wenig lesen, aber noch weniger schreiben. Die Autoren Lutz von Werder und Barbara Schulte-Steinicke (2003) gehen so weit, sogar für die Hochschule von der „deutschen Schreibkrise" zu sprechen. Dass viele dem Schreiben abgeneigt sind, führt u. a. zu Studienabbrüchen und hat damit finanzielle und gesellschaftliche Dimensionen.

Es zeigt sich auch immer wieder, dass Lesen und Schreiben eng miteinander korrelieren (in wechselseitiger Beziehung stehen): Vielleser schreiben viel eher auch zu privaten Zwecken als Wenig- oder Nichtleser. Und wie bereits dargestellt (→ Kap. 15.1.1), sind die Wenig- und Nichtleser eher männlich als weiblich. Es überrascht auch nicht, dass die **Schreibhäufigkeit** eng mit der Ausbildung zusammenhängt: „Abitur und Studium führen in schreibende Berufe" (Bredel 2001, S. 152). Viele Nichtleser mit Berufen, in denen nicht oder wenig geschrieben wird, sind damit um ein hervorragendes Reflexionsinstrument ärmer: das Schreiben.

Welche Arten von Texten schreiben Kinder und Jugendliche überhaupt? Oft denkt man zuerst an die offiziellen Schreibanlässe: Aufsatz, Diktat, Mitschriften in der Schule. Bei denen besteht das Problem, dass sie extrinsisch (von außen) motiviert sind und oft auch unter Notendruck entstehen. Mit **Schreiblust oder -bedarf,** und damit Spaß, haben sie wenig zu tun. Kinder und Jugendliche schreiben aber auch andere Texte, und bei der Entstehung dieser Textsorten sieht es schon viel besser aus mit der Schreiblust: Briefe, Einkaufszettel, Notizen, zwischen Freunden und in informellen Kontexten, SMS, E-Mail, Blog, Tagebuch. Manche Jugendliche unternehmen auch erste eigene literarische Versuche vom Gedicht bis zum Roman (Baurmann 2003). Dieses **fiktionale Schreiben** gibt Gelegenheit zur Selbstreflexion und birgt in sich ein gewisses emanzipatorisches Potenzial und kann somit eher intrinsisch zum Schreiben motivieren (Jung 1989).

15.3 Rolle von Erzieherinnen

Halten Schrift und Text Einzug in Tageseinrichtungen, nützt das allen Kindern, gerade auch den kleinen. Das bedeutet nicht, dass Kindergartenkindern das Lesen und Schreiben beigebracht werden soll, sie sollen aber von Texten und Schrift umgeben sein. Dies kann auf mindestens zwei Arten geschehen:

- Ganz konkret und direkt durch viele Bücher, Texte, Beschriftungen
- Indirekt durch das permanente Vorleben im Umgang mit Schrift und durch kontinuierliches Vorlesen der Erzieherinnen (→ Vorbildfunktion Kap. 15.3.1).

Interessanterweise gibt es im Sammelband von Groeben/Hurrelmann (2004) Kapitel zur *Lesesozialisation* (→ Kap. 15.2.2) in der Familie, in der Schule und durch die Peergroup, nicht jedoch zur **Lesesozialisation in frühkindlichen Bildungseinrichtungen,** obwohl diesen zunehmend Bedeutung zukommt.

Lesekompetenz setzt kognitive Grundfähigkeiten, Lesefertigkeit, Lernstrategien, Leseinteresse und inhaltliches Interesse voraus. Wenn diese gefördert werden, wird Lesekompetenz gefördert (Scheiner 2009, S. 41). Ein Teil dieser Kompetenzen kann schon **im Kindergarten** unterstützt werden, nämlich

Abb. 15.13: Eine lesende Erzieherin ist ein Vorbild.

- die kognitiven Grundfähigkeit
- das Leseinteresse
- das inhaltliche Interesse.

Wie Erzieherinnen diese fördern können, beschreibt das folgende Kapitel. In der Schule kommen dann noch Lesefertigkeit und Lernstrategien hinzu.

15.3.1 Vorbildfunktion der Erzieherin

Erzieherinnen sind wichtige **Vorbilder und Rollenmodelle;** sie sind es auch für den Literacy-Bereich. Dies ist vor allem für Kinder aus bildungsfernen Familien wichtig. Für diese Kinder wird die Erzieherin oft das erste und im Kindergartenalter vielleicht auch einzige Vorbild im Umgang mit Schrift und Text. Deshalb ist es ungeheuer wichtig, Literacy kontinuierlich in den Kindergartenalltag zu **integrieren** und den Kindern vorzuleben, wie nützlich, interessant und hilfreich der Umgang mit Schrift ist.

Die Kinder müssen **Erzieherinnen als Schreiberinnen und Leserinnen** erleben. In jeder Einrichtung sollte es Dokumente geben, die auch für die Kinder einsehbar sind und bei denen sie erleben, dass damit gearbeitet wird und deren Nützlichkeit sie erleben können, z. B.:

- Geburtstagskalender
- Terminkalender
- Speisepläne
- Beobachtungsbögen
- Pinnwände mit Informationen für die Eltern
- Notizen einer Erzieherin für eine andere
- Erinnerungslisten.

Aber auch in der Kommunikation und dem aktiven Zuhören sind Erzieherinnen Vorbilder. Am besten findet Kommunikation so oft wie möglich in Zweiergesprächen statt. Die Erzieherin hört dem Kind genau zu, erwartet aber auch konsequent dasselbe vom Kind.

15.3.2 Texte nahe bringen

Wie finden Erzieherinnen die geeignete Literatur für die Kinder? In diesem Kapitel kann keine eigene Empfehlungsliste gegeben werden. Dazu erscheinen jedes Jahr zu viele neue (Kinder-)Bücher, und die Bedürfnisse der verschiedenen Einrichtungen sind zu unterschiedlich.

Lesetipps geben z. B.

http://www.stiftunglesen.de

Kain, Winfried: Die positive Kraft der Bilderbücher: Bilderbücher in Kindertageseinrichtungen pädagogisch einsetzen. Berlin u. a.: Cornelsen Verlag Scriptor 2008 (Der Autor bespricht Bilderbücher nach diversen thematischen Schwerpunkten.)

Im örtlichen Buchhandel finden sich Buchhändlerinnen, die sich mit Kinderliteratur und Neuerscheinungen auskennen und nützliche Tipps geben können.

Erzieherinnen sollten sich bewusst sein, dass ihr eigener Hintergrund und ihre Erfahrungen auch Einfluss auf die Textauswahl in der Tageseinrichtung haben. Was Erzieherinnen und entsprechend auch Lehrerinnen und Eltern bei der Auswahl von (Bilder-)Büchern unbewusst beeinflusst, sind:

- Die eigenen Kindheitserfahrungen mit Büchern
- Ab wann, wie und welchen Kontakt Erwachsene als Kind mit Kunst hatten
- Die eigene Vorstellung davon, was es bedeutet, Kind zu sein
- Die Einstellung gegenüber „Tabuthemen" wie Sexualität oder Tod
- Die Einstellung gegenüber geschlechtsspezifischen Rollenzuweisungen (Kain 2008, S. 50 ff.).

Um den Kindern eine breite Vielfalt an Texten zur Verfügung stellen zu können, kann es hilfreich sein, sich diese Einflussfaktoren bewusst zu machen, sie eventuell im Team zu besprechen und ihnen unter Umständen auch bewusst gegenzusteuern.

In Tageseinrichtungen besteht die Möglichkeit, den Kindern eine große Bandbreite an Literatur nahe zu bringen und damit den Spaß an Sprache und Schrift zu vermitteln, aber auch den praktischen Nutzen. Es sollten viele **verschiedene Textsorten** von Gebrauchstexten (Kalender, Speisepläne, Zeitungen und Zeitschriften) sowie Sachbücher, Lexika und Bildwörterbücher bis zu Bilderbüchern und Kinderromanen und -gedichten zur Verfügung stehen.

Was passiert beispielsweise, wenn die Kinder eine knifflige Frage stellen, auf die die Erzieherin spontan keine Antwort weiß? Es entsteht eine hervorragende **Lernsituation!** Die Erzieherin nimmt vor den Augen der Kinder ein entsprechendes Sachbuch oder Lexikon in die Hand, schlägt das Gefragte nach und erklärt den Kindern dann, was sie gelernt hat. Solche Situationen zeigen, dass auch Erwachsene nicht alles wissen und das auch gar nichts ausmacht, weil sie sich mit Hilfe von Texten schlau machen und so dazulernen können.

Sollte in der Einrichtung kein passendes Sachbuch vorhanden sein, wird ein Ausflug in die Bibliothek organisiert. Dort findet sich bestimmt das passende Buch, und die Kinder dürfen sich umschauen und entdecken, was es da noch so alles gibt. Vielleicht lässt sich auch eine kontinuierliche **Kooperation mit der örtlichen Bibliothek** aufbauen, so dass alle Kinder schon vor der Schulzeit die Bibliothek kennen und nutzen können. Und wer von den Kindern dann weiß, wie man sich in einer Bibliothek verhält, bekommt natürlich einen „Büchereiführerschein".

Selbstverständlich kann die Erzieherin in einer solchen Situation auch im Internet recherchieren. Bei kleineren Kindern (auf alle Fälle Kindergartenalter, eher auch noch Grundschulalter) sollte jedoch dem Buch als Informationsquelle der Vorzug gegeben werden. Die Recherche ist hier viel direkter als mit dem PC (vgl. auch die Bildschirmkritik in Spitzer 2005).

Der Umgang mit Büchern aller Art bietet hervorragende Chancen zur Sprach- und Literacy-Förderung. **Dialogisches Lesen** *(shared book reading)* ist eine der besten Möglichkeiten, Kinder an Literatur heranzuführen (van Kleeck 2006, Dickinson/Sprague 2002, Dickinson u. a. 2006).

Dialogisches Lesen

Beim dialogischen Lesen sind die Kinder wesentlich aktiver als beim klassischen Vorlesen, die Erwachsenen stellen Fragen und interagieren mit den Kindern. Die Kinder äußern sich zum Text und die Erwachsenen greifen ihre Beiträge auf.

[BEISPIEL] (1) Fiktives Beispiel für dialogisches Lesen: In manchen Büchern, z. B. „Machen Krokodile muh?" von Amanda Leslie, ist das dialogische Lesen schon angelegt. Auf jeder Doppelseite gibt es Fragen bzw. Aufforderungen und verrückte/falsche Bilder dazu. Die Erzieherin liest mit Augenkontakt zu den Kindern:
Erz.: „Sagt mir ein Tier, das orange ist."
Kinder: „Vögel, Bienen, Katzen, …."
Erz.: „Ja genau, es gibt orange Vögel, weißt du, wie die heißen?"
Kind: „Bienen"
Erz.: „Sind das denn Vögel? Welche Farben haben Bienen?"
Kinder: „Nein!" „Gelb und schwarz."

[BEISPIEL] (2) Fiktives Beispiel für dialogisches Lesen:

Erz.: „Schaut mal hier ist ein oranger Elefant. Sind Elefanten denn orange?"
Kinder: „NEIN!"

Erzieherin klappt Seite um, ein Goldfisch wird sichtbar.
Erz.: „Was ist das denn für ein Tier?"
Kinder: „Fisch!"
Erz.: „Genau, ein Goldfisch. – Und schaut mal der Elefant, welche Farbe hat der denn? Stimmt die?"
Kinder: „Ja! Grau."

In diesem Stil können alle Arten von Büchern vorgelesen werden, z. B. „Auf der Baustelle" aus der Reihe „Wieso? Weshalb? Warum?" von Ravensburger. Die Erzieherin zeigt den Kindern das Wimmelbild:
Erz.: „Was seht ihr denn hier?"
Kinder: „Baustelle! Laster! Kräne! Bauarbeiter!"
Erz.: „Was meint ihr, welche Geräusche man da hört?"

Die Kinder machen alle möglichen Geräusche nach.
Erz.: „Genau, das ist bestimmt ganz schön laut da."

Die Erzieherin beginnt zu lesen.
Erz.: „Was für ein Lärm auf der Baustelle! Überall wird gebaggert, ausgehoben und planiert." (fragt die Kinder) Wo wird denn gebaggert? Wo ausgehoben? Was wird ausgehoben?"

Die Erzieherin lässt die Kinder die diversen Aktivitäten auf dem Bild finden und zeigen.

Abb. 15.14: Dialogisches Lesen.

Erz.: „Ihr habt doch sicher schon mal einen Bagger beobachtet. Wo war das? Was hat der Bagger gemacht? Was wurde dort gebaut?"

Dazwischen lässt sie den Kindern Zeit zu antworten und greift die Antworten auch auf. Sie liest weiter:
Erz: „Daneben sind Zimmerleute dabei, den Dachstuhl aufzustellen. Was meint ihr, wie sitzt man denn auf einem Dachstuhl?"

Je nachdem, ob die Kinder den Wortwitz verstehen, kann man die Kinder weitere solche Witze suchen lassen, oder man bespricht mit den Kindern, was ein Dachstuhl ist und warum man darauf nicht sitzen kann.

Auf der nächsten Seite gibt es im Buch ein Fenster, das man aufklappen kann.
Erz.: „Was, meint ihr, versteckt sich hinter diesem Fenster?"

Die Kinder raten. Ein Kind klappt das Fenster auf.
Erz.: „Oh, da ist der Bagger vom Tieflader gefahren! Was macht denn der Bauarbeiter jetzt?"
Kinder: „Kehren."
Erz.: „Warum fegt der da wohl?" (ruhig das andere Verb benutzen)

In *Kinderhäusern* (→ Kap. 5.1.1) kann das Vorlesen zum Teil auch an die größeren Kinder, die schon lesen können, delegiert werden (→ Abb. 15.10). Das nutzt allen Beteiligten: Die Erzieherinnen werden ein wenig entlastet. Den Kleinen wird vorgelesen, und sie machen noch mehr Erfahrungen mit Büchern. Die Großen üben lesen, erleben sich als kompetent im Umgang mit Schrift und Text und erfahren Freude und Anerkennung.

15.3.3 Beobachtung und Dokumentation

„Kinder suchen die Schrift" (Zinke u. a. 2005, S. 12): Kinder, die von Schrift umgeben sind und erleben, wie Erwachsene mit Schrift und Texten umgehen, werden irgendwann von alleine neugierig auf Schrift. Spätestens dann ist es an der Zeit, ihnen mehr Material und mehr Anregungen anzubieten (→ Kap. 15.5).

Die **Dokumentation der kindlichen Literacy** basiert v. a. darauf, Schriftstücke der Kinder aufzuheben. Anhand dieser Dokumente können Erzieherinnen feststellen, wo sich ein Kind auf dem langen Weg zur *funktionalen Literacy* (→ Einleitung) befindet. Im Prinzip kann alles dokumentiert werden, was die Kinder mit Bezug auf Schrift produzieren: erste Kritzelschriftstücke, kopierte Schrift oder Texte.

> Sprechen Sie mit den Kindern über ihre Schriftstücke. Fragen Sie sie, was sie geschrieben haben und ob sie mehr Material brauchen. Wenn das Kind einen Brief geschrieben hat, stellen Sie sicher, dass er den Adressaten erreicht und dass er beantwortet wird – in Schriftform.

15.3.4 Zusammenarbeit mit Eltern

In Elterngesprächen sollte die Literacy-Entwicklung des Kindes angesprochen und mithilfe der Dokumentation illustriert werden. Eltern aus bildungsfernen Kreisen müssen darauf hingewiesen werden, wie wichtig dieser Entwicklungsaspekt für ihre Kinder ist und wie sie ihn unterstützen können, nämlich durch:

- Vorlesen zu Hause; auch in der Muttersprache, Hauptsache ist, dass die Kinder Schrift und Texte erleben
- Das Nutzen der örtlichen Bibliothek
- Das Nutzen von vielem, was für die Tageseinrichtung in diesem Kapitel (→ 15.4, 15.5) vorgestellt ist und auch zu Hause genutzt/durchgeführt werden kann
- Interesse – vor allem sollten Eltern sich für die Literacy-Entwicklung ihrer Kinder interessieren und so signalisieren, wie wichtig sie ihnen ist.

Auch an Elternabenden sollte Literacy thematisiert werden:

- Warum ist Literacy schon im Kindergarten ein Thema?
- Wie sieht das Konzept der Einrichtung zum Thema Literacy aus?
- Wie werden Schrift und Text in den Alltag integriert?
- Was können Eltern tun, um die Entwicklung ihrer Kinder zu begleiten?

Vielleicht finden sich bei einem solchen Elternabend auch Eltern, die beruflich viel mit Schrift und Texten zu tun haben wie Redakteure, Kaufleute, Buchhändler, die einmal mit einer Kindergruppe bei der Arbeit besucht werden können. Dann können die Kinder einmal Schrift im Berufsalltag erleben.

15.4 Lernumgebung

Die Lernumgebung in den Einrichtungen sollte in Bezug auf Literacy vielfältig und anregend sein, aber auch Orientierung geben. Konkret heißt das, es sollte reichhaltiges Material zur Verfügung stehen, aber so, dass es thematisch zugeordnet werden kann. Die Erzieherinnen und das Material sollten vielfältige Anregungen geben, aber auch Raum für Eigenentfaltung der Kinder lassen.

Abb. 15.15: Gemeinsames Lesen zuhause.

Die Schrift muss Einzug in den Kindergarten halten – nicht in dem Sinn, dass Kinder schon im Kindergarten systematisch Lesen und Schreiben üben sollten. Aber sie sollen, wie überall sonst in unserer Gesellschaft, auch im Kindergartenalltag **Schrift begegnen** und sich jederzeit damit auseinandersetzen und beschäftigen können. Wichtig dabei sind: Redeanlässe, Material und Anregungen zum Lesen und zum Schreiben. Vieles lässt sich für die beiden Seiten der „Literacy-Medaille", Lesen und Schreiben, nutzen.

15.4.1 Räumliche Gestaltung

Schrift und Texte brauchen einen speziellen Ort in der Tageseinrichtung. Jede Einrichtung braucht:

- Eine Bibliothek mit Leseecke
- Einen Ort, an dem geschrieben werden kann.

Zumindest ein Teil der Bücher sollte den Kindern in der **Bibliothek** frei zugänglich sein, so dass sie sich dort jederzeit mit Büchern ihrer Wahl beschäftigen können (→ Kap. 15.4.2). Die dazugehörige **Leseecke** sollten den Kindern die Möglichkeit bieten, alleine oder auch in kleinen Gruppen Bücher zu lesen und sich darin zu vertiefen. Dies sollte für alle Altersgruppen gewährleistet sein.

Der **Schreibort** sollte hell und ebenfalls frei zugänglich sein. Die Kinder sollten dort alles vorfinden, was es auf einem gut ausgestatteten Erwachsenenschreibtisch gibt. Idealerweise ist der Schreibplatz so flexibel, dass auch hier die Kinder alleine oder in kleinen Gruppen arbeiten können.

Bostelmann, Antje/ Metze, Thomas (Hrsg.)/Zinke, Petra: Vom Zeichen zur Schrift. Begegungen mit Schreiben und Lesen im Kindergarten. Weinheim und Basel: Beltz 2005

15.4.2 Ausstattung

Die Ausstattung der Einrichtung mit Büchern und Spielen gehört zur Grundausstattung. Darüber hinaus bieten auch Gegenstände des Erwachsenenlebens Anreize für Kinder, sich mit Lesen und Schrift auseinanderzusetzen.

Bücher

Lesestoff jeder Art sollte die Einrichtung den Kindern in Hülle und Fülle zur Verfügung stellen. Darunter fallen zuerst einmal die Bücher, z. B. Bilderbücher, Kinderbücher, Sachbücher, Karten, Lexika, Wörterbücher, Kochbücher und Bildbände.

Diese Bücher können die Kinder zum einen in der Leseecke lesen bzw. anschauen, zum anderen gehört ein Teil der Bücher aber auch in die Küche und in die Bastelecke, wo sie gebraucht und benutzt werden.

Das Erzieherinnenteam muss entscheiden, ob alle Bücher für die Kinder frei zugänglich sind oder ob es eine Art Ausleihe gibt. Für Letzteres spricht, dass damit deutlich signalisiert wird: Bücher sind etwas Besonderes! Der Nachteil ist, dass damit die Hemmschwelle steigt, sich mit Büchern zu beschäftigen. Eventuell bietet die Kombination von beiden Systemen einen goldenen Mittelweg: Viele Bücher sind für die Kinder jederzeit zugänglich, besonders schöne und teure Bücher müssen ausgeliehen werden.

Zu den besonders schönen Büchern zählt der folgende reich illustrierte Gedichtband:

Harenski, Rita; Brand, Christine (Hrsg.): Zauberwort: Die schönsten Gedichte für Kinder aus vier Jahrhunderten. Würzburg: Arena 2004

Tipps zum Lesen von Gedichten mit Kindern bietet das folgende Buch:

Andresen, Ute: Versteh mich nicht so schnell: Gedichte lesen mit Kindern. Weinheim und Berlin: Beltz Taschenbuch 1999

Abb. 15.16: Eine Bibliothek in einer Kindertageseinrichtung.

Abb. 15.17: Das Sams, gezeichnet und geschrieben von einem Schreibanfänger.

Bücher sollten nicht nur (vor)gelesen werden. Sie bieten auch **Rede-, Mal- und Spielanlässe** (→ Abb. 15.17). Dies hilft, die Erfahrung mit Texten positiv zu verankern.

Hörbücher ermöglichen es den Kindern, sich über ein anderes Medium mit Geschichten zu beschäftigen. Die Kinder trainieren Konzentration und *auditives Erfassen* (→ Kap. 15.5). Hörbücher unterstützen Erfahrungen mit längeren Texten, sie ersetzen aber nicht die Erfahrung mit der Schrift.

Reim, Gedicht und Sprachspiel

Für die Kindergarten- und Vorschulkinder ist es wichtig, das *phonologische Bewusstsein* (→ Kap. 15.2.1) zu trainieren. Dies gelingt über Reime, Gedichte und Sprachspiele.

[BEISPIEL] In dem folgenden bekannten Kniereiterreim sind die betonten Silben durch Großschreibung hervorgehoben, Reime sind unterstrichen. Die Reime lenken die Aufmerksamkeit durch Gleichklang auf die Lautstruktur und machen es gleichzeitig möglich, die jeweils unterschiedlichen Anlaute in den reimenden Wörtern zu erkennen, eben weil sie im Kontrast zum Anlaut des zweiten Reimwortes stehen. Außerdem bieten Kinderreime – ebenso wie Lieder – die Chance, die Wörter in nichtreduzierter (schriftsprachlicher) Variante zu hören. In der gesprochenen Sprache werden Endsilben wie die in „Reiter" normalerweise reduziert, so dass Kinder eigentlich nur [raita] zu hören bekommen. Beim Reimen, Singen, und Vorlesen ist die Aussprache näher an der Schrift und die Kinder hören eher [raiter].

HOppe, HOppe, <u>REIter</u>,
WENN er FÄLLT, dann SCH<u>REIT er</u>.
FÄLLT er IN den <u>GRAben</u>,
FREssen IHN die <u>RAben</u>,
FÄLLT er IN den SUMPF,
MACHT der REIter PLUMPS.

Anreize zur Beschäftigung mit Schrift

Rätselhefte gibt es schon für Vorschulkinder; sie bieten oft Aufgaben, die auf das Lesen und Schreiben vorbereiten. Diverse Aufgaben und Knobeleien helfen bei frühem Training:

- Ältere Kinder können mit Rätselaufgaben die Konzentration, die Wahrnehmung und weitere schulisch relevante Fähigkeiten trainieren
- Rätselaufgaben lassen sich auch einsetzen, um Schulkinder auf die Hausaufgaben einzustimmen. Auf spielerische und ansprechende Weise helfen sie den Kindern, sich zu konzentrieren.

📖 Merle, Katrin: Buchstabenspiele für Detektive. Würzburg: Arena Ennslin 2006

Auch **Comics** können ein Anreiz sein, sich mit Texten zu beschäftigen, vor allem für Kinder, die Berührungsängste mit längeren Texten haben. Zudem bieten Comics vielfältige Möglichkeiten, Kinder ab der Grundschulzeit zur Textproduktion anzuregen. Kinder können Comics mit leeren Sprechblasen von der Erzieherin bekommen und neue Texte erfinden, oder sie zeichnen und schreiben ihre eigenen Comics.

Anreize zur Beschäftigung mit Schrift im Kindergartenalter schaffen diverse **Spiele,** z. B.

- Postspiel
- Einkaufsspiel
- Bürospiel
- Erstes Leselotto.

Für **Schreibaktivitäten** werden Papier (auch einseitig bedrucktes Konzeptpapier) und diverse Stifte benötigt. Zeitungen und Zeitschriften dienen als Material für Collagen und sind gleichzeitig Vorlagen, von denen die Kinder Buchstaben und Wörter abschreiben und kopieren können. Buchstabenstempel und Magnetbuchstaben bieten die Gelegenheit, mit einzelnen Buchstaben zu experimentieren, ihre Form und ihren Lautwert zu erfahren.

Folgende **Materialien** sollten in der Einrichtung zur Verfügung stehen:

- Papier in verschiedenen Formaten und Farben
- Verschiedene Stifte
- Diverse Stempel, v. a. Buchstaben und Zahlen
- Stempelkissen
- Locher
- Heftapparat
- Klebstoff
- Umschläge
- Formulare
- Radiergummmis
- Spitzer
- Diverse Federn und Tusche
- Wasserfarben und Pinsel.

Manuelle **Schreibmaschinen** üben eine Faszination auf Kinder aus. Hier erleben sie Mechanik, können sie genau beobachten und zudem auf der Maschine selbst schreiben. Die Texte können auch am Computer erstellt werden, aber die Schreibmaschine erlaubt eine ganz andere Qualität von Erfahrung.

Abb. 15.18: Lesefutter.

Beim **Computer** ist es heute häufig so, dass die Erzieherin den Kindern nicht zeigen muss, wie sie den PC anmachen, Programme aufrufen und bedienen können. Sie muss vielmehr darauf achten, dass das Gerät auch abgeschaltet wird, dass kooperativ zu mehreren daran gearbeitet bzw. gespielt wird und manches auch ohne PC geht (→ Kap. 17.2.2). Ältere Kinder sollten die Gelegenheit haben, mit dem Computer zu schreiben und zu recherchieren, sie müssen aber unbedingt im sinnvollen und kritischen Umgang mit dem Medium angeleitet werden (→ Kap. 17.5).

Die gute alte **Tafel mit Kreide** bietet noch ein ganz anderes haptisches (greifbares) Erleben von Schreiben und Malen als Stifte, Schreibmaschine oder PC.

Wahrscheinlich nicht überall realisierbar, aber umso attraktiver ist eine **Druckerpresse,** die die Vervielfältigung von Texterzeugnissen (und auch Kunstwerken) ganz direkt erfahrbar macht und viele weitere spannende kreative Möglichkeiten bietet.

Ein direkter und praktischer Weg, Kindern einzelne Wörter nahe zu bringen, sind **Türschilder** an den Räumen oder zentral für alle einsehbare Wochen- und Geburtstagskalender. Diese helfen, die Schriftbilder der Wochentage und Monate zu lernen.

Die Frage, wie genau ein Türschild beschriftet ist, ist nicht trivial. Zum Beispiel hat die Beschriftung der Toilette mit „WC" den Vorteil, dass ein Wiedererkennungseffekt entsteht, wenn die Kinder irgendwo anders Toiletten suchen oder sehen. Der Nachteil ist, dass diese Beschriftung vom mündlichen Sprachgebrauch abweicht, denn die meisten Kinder werden wahrscheinlich auf das „Klo" oder die „Toilette" geschickt. Hier gilt es, im Team und evtl. auch mit den Kindern zu entscheiden, wie in der Einrichtung beschriftet wird – vielleicht sogar mit allen drei Wörtern?

15.5 Bildungsangebote

Literacy hat viel mit Sprachkompetenz und hier vor allem mit *phonologischem Bewusstsein* (→ Kap. 15.2.1) zu tun. Deshalb sind neben allem, was den Umgang mit Schrift und Texten fördert, auch Stille- und Hörübungen sinnvoll.

15.5.1 Still sein und zuhören

Wie lange halten Kinder es aus, ganz still zu sein? Was können sie hören, wenn alle ganz still sind? Kinder sind permanent von Geräuschen umgeben, nehmen sie oft aber gar nicht mehr wahr. Sie sprechen wegen des Lärms immer lauter und belasten damit ihre Ohren und ihr Herz-Kreislauf-System. Lärm macht krank, Lärm lenkt ab, und Lärm verhindert genaues Hinhören. Stillepausen tun gut und helfen, sich zu konzentrieren.

Überlegen Sie, wie Sie in Ihrem Kindertagesstättenalltag ein Stilleritual etablieren können.

- Wann im Tagesablauf passt es?
- Wie wird es eingeleitet?
- Wie lange dauert es?
- Wie wird es beeendet?

Viele Erzieherinnen beobachten, dass Kinder nicht mehr oder nur sehr kurz zuhören können. Es gibt viele Gründe, das **Zuhören** zu trainieren, die auch (aber nicht nur) mit Literacy im Zusammenhang stehen:

- Zuhören ist die Voraussetzung für gute Kommunikation
- Das *phonologische Arbeitsgedächtnis* (→ unten) hat einen großen Einfluss auf die Sprachverarbeitung und ist eine wichtige Voraussetzung für einen unauffälligen Literacy-Erwerb (*LRS* → Kap. 10.3.8, 15.2.1).

Das Arbeitsgedächtnis (auch Kurzzeitgedächtnis) erlaubt es, kurzfristig eine begrenzte Zahl an Informationen (etwa 7) zu behalten oder auch kleine Zwischenberechnungen durchzuführen, um z. B. eine Frage zu beantworten (Croisile 2006). Der Kognitionswissenschaftler Steven Pinker nennt das Arbeitsgedächtnis deshalb auch anschaulich „Schmierzettel" (Pinker 1998, S. 95). Wenn Kinder nicht zuhören, kommen Informationen, Anweisungen, Fragen gar nicht bei ihnen an und können nicht im Arbeitsgedächtnis zwischengespeichert werden. So können die Kinder die Information auch nicht weiterverarbeiten, die Anweisungen ausführen und die Fragen beantworten, wie das ja nicht nur später in der Schule notwendig ist.

Erzieherinnen sollten, soweit der Kindergartenalltag dies zulässt, Vorbild sein und in der direkten Kommunikation einem Kind genau zuhören, es ausreden lassen und dann auch konsequent dasselbe Verhalten vom Kind einfordern.

Hier einige Beispiele für Hörübungen:

- **Hörkino** – In diesem „Kino" raten die Kinder Geräusche, die die Erzieherin vormacht oder vorspielt. Besonders gut können die Kinder sich auf den Hörsinn konzentrieren, wenn sie entweder die Augen schließen oder die Erzieherin den Raum abdunkelt

- **Hörmemory** – Gleichartige Döschen (von Filmen oder Überraschungseiern) werden mit verschiedenen Gegenständen und Substanzen wie Reis, Mehl, Zucker, Murmeln gefüllt. Immer zwei Dosen bekommen denselben Inhalt. Die Kinder müssen durch Schütteln und Hören erraten, welche zwei Dosen dieselbe Füllung haben
- **Geräusche suchen** – Die Erzieherin versteckt eine Geräuschquelle, die Kinder müssen sie suchen.

Situationen, in denen eins zu eins kommuniziert wird, sind im Kindergartenalltag schwer zu schaffen, weil viele Kinder gleichzeitig etwas möchten, brauchen oder wollen. Sie sind aber eine hervorragende Möglichkeit, Zuhören und Spracherwerb zu fördern.

Hilfreich sind Situationen, in denen Kinder erst kurze, dann etwas längere Sätze behalten müssen, weil sie sie z. B. anderen weitersagen bzw. eine Nachricht oder einen Auftrag weitergeben sollen. Nach dem Motto „Sag doch mal bitte Frau X, dass sie kommen soll", „Frag doch mal Frau Y, ob sie dir eine Schere gibt, die du mir bringst". Das Ganze lässt sich entweder ganz natürlich in den Alltag einbauen oder kann spielerisch umgesetzt werden, indem es z. B. eine Oma- oder Opa-Handpuppe gibt, die „schwerhörig" ist. Diese Handpuppe kann die Kinder dann bitten, Aussagen zu wiederholen. Diese Wiederholungsübungen trainieren das *phonologische Arbeitsgedächtnis* (→ oben).

Zuhören kann auch mit CDs trainiert werden. Es bedarf allerdings klarer Regeln, wann und wie diese zum Einsatz kommen. Auch wenn mehrere Kinder zusammen hören, muss soviel Ruhe herrschen, dass die Kinder die Geschichten verfolgen können. Optimalerweise sollte das Gehörte danach gemeinsam besprochen werden.

Abb. 15.19: Schwerhörige Handpuppe.

Nützliche Hinweise zu Hörübungen und -spielen finden sich z. B. bei:

http://www.zuhoeren.de/stiftung-zuhoeren/auftrag.html

Backhus, Johanna/ Steinbrink, Claudia/ Fritz, Michael/ Sailer, Jutta: Sinne schärfen fürs Lesen und Schreiben. Stuttgart: Klett 2006 *(Für Eltern mit Kindern von 5 bis 8 Jahren, erfolgreich erprobte Übungen, beugt Lese-Rechtschreib-Schwierigkeiten vor.)*

15.5.2 Literacy-Förderung durch Vorlesen und Spielen

Bücher und Texte sollten für die Kinder so präsent wie möglich sein, Vorlesen zum Alltag gehören. Eine Förderung des Literacy-Erwerbs gelingt jedoch auch mit Übungen und Spielen.

Vorlesen

Lesepaten sind eine wunderbare Institution, und wenn diese männlich sind, dann übernehmen sie auch noch wichtige Vorbildfunktion für die Jungen mit der klaren Botschaft: Texte sind nicht nur Frauensache! Wichtig ist aber auch, mit den Kindern **über das Vorgelesene zu sprechen,** sicherzustellen, dass sie verstehen, wovon die Geschichte handelt, und dass sie alle Wörter kennen. Die Kinder dürfen und sollen sich in Charaktere hineinversetzen: Wie fühlt sich die kleine Hexe, als sie entdeckt, dass die Mume Rumpumpel sie wieder mal beobachtet hat? Können die Kinder die Situationen nachspielen?

Wenn die Kinder Figuren aus Büchern malen, animieren Sie sie dazu, ihren eignen Namen auf das Bild zu schreiben – als Signatur sozusagen – und vielleicht auch den Titel, den sie vom Buch abschreiben.

Kinder sollten Gelegenheit haben, Lieder und Gedichte zu hören und zu lernen. Dies bietet Gelegenheit, die **Laut- und Silbenwahrnehmung** zu schulen: Die Kinder sollten versuchen, die Texte zu singen und dazu rhythmisch zu klatschen (→ Kap. 18). Die Erzieherin kann die Laut- und Silbenwahrnehmung der Kinder fördern, indem sie vorschlägt:

- Wie wäre es mit weiterdichten?
- Was reimt sich auf „Sonne"? Was auf „Wind"?
- Wie wäre es, ein Gedicht zu rappen?

Der Rhythmus des Rap oder des Gedichts unterstützt das Lernen zusätzlich, und die Kinder sind bestimmt mit Feuereifer dabei.

✉ **Material und Infos zum Projekt „Junge Dichter und Denker", die systematisch Rap als Lernhilfe einsetzen, gibt es auf:**

http://jdd-musik.de/

Übungen und Spiele

Übungen und Spiele, die das genaue Hinhören, das *phonologische Bewusstsein* (→ Kap. 15.2.1) oder einen anderen Aspekt der Sprachsensibilität trainieren, sind:

- **Lügengeschichte** – Eine Geschichte, die die Kinder gut kennen, wird mit Fehlern erzählt oder vorgelesen. Bemerken die Kinder die Fehler?
- **Buchstabenorientierte Runden**
  - Alle sitzen im Kreis, nennen nacheinander ihren Namen und fügen ein Wort an, das mit demselben Buchstaben beginnt, z. B.: „Ich heiße Iris und esse gerne Ingwer", „Ich heiße Karin und esse gerne Karotten". Es können u. a. auch Tiernamen oder Spiele gesucht werden. Dieses Spiel eignet sich auch für die Wortschatzarbeit
  - Wenn die Kinder das Alphabet schon kennen, kann eines leise das ABC aufsagen, ein anderes sagt „Stopp!" – und dann müssen alle ein Wort finden, das mit diesem Buchstaben anfängt
- **Gedichtmaschine** – Ein Kind erfindet eine erste Zeile für ein Gedicht, dann geht es reihum ans Weiterdichten. Einzige Bedingung ist: Es müssen sich Reime ergeben. Das ergibt skurrile Gedichte und macht Spaß
- **Schlangengeschichte** – Der erste sagt einen Satz, der nächste dichtet weiter, indem das letzte Wort oder Konzept des ersten Satzes zum ersten des neuen wird, z. B. „Meine Katze fängt nachts Mäuse." „Die Mäuse leben noch und rennen unter das Sofa." „Das Sofa ist super bequem." „Bequem findet es mein Opa auf der Bank vor dem Haus." …So entstehen zwar keine kohärenten Geschichten (→ Kap. 15.1.1), aber die Kinder hören konzentriert zu und trainieren, Wörter zu erkennen
- **Gesellschaftsspiele** – Dies sind Varianten der bekannten Gesellschaftsspiele Activity® und Tabu®: Die Kinder erklären, malen oder stellen pantomimisch ein Wort dar. Beim Erklären dürfen sie das gesuchte Wort nicht verwenden.

Schon für die Kindergartenkinder hat das Schreiben des **eigenen Namens** eine besondere Bedeutung. Informelle Umfragen unter Studierenden haben ergeben, dass für die meisten der eigene Name das erste Wort war, das sie schreiben konnten. Der eigene Name führt Kinder an eine Reihe verschiedener **Buchstaben** heran.

⊙ Nur wenn Kinder Gelegenheit haben, **unterschiedliche Textsorten** zu sehen und zu erleben, haben sie auch die Möglichkeit, sich Wissen über die *Superstruktur* (→ Kap. 15.1.2) von Texten anzueignen. Vorschulkinder können Einkaufslisten schon selbst schreiben oder malen und damit wichtige Erfahrungen über den Nutzen und ihr Können in Bezug auf Schrift machen.

Abb. 15.20: Buchstabenorientiertes Lernspiel.

Die Erzieherin kann über folgende Fragen versuchen, das Vorwissen einzuschätzen:

- Kann das Kind die Buchstaben identifizieren?
- Kennt es den Lautwert?
- Welche anderen Namen beginnen mit demselben Buchstaben?
- Was hat das Kind geschrieben, wenn die Buchstaben durcheinandergewirbelt sind?
- Was kann aus „Lisa" werden? Die Antwort ist: „Sila", „Lasi", „Isla", „Asli", „Alsi". Die gleichen Buchstaben in unterschiedlicher Reihenfolge haben ganz andere Lautfolgen und völlig neue mögliche Namen zur Folge. So können Kinder entdecken, dass Buchstaben Laute repräsentieren
- Erkennt das Kind den Anfangsbuchstaben seines eigenen Namens in anderen Namen? Kann z. B. Matthias erkennen, dass [m] als zweiter Laut in „Amélie" vorkommt? Hört Amélie, dass [l] der letzte Laut in „Daniel" ist?

Geeignete Spiele für **Kinder, die schon schreiben können,** sind die folgenden Spiele:

- **Löchergeschichten** – Eine Geschichte wird erzählt, in der alle Adjektive oder alle Präpositionen oder alle Artikel fehlen. Die Kinder ergänzen die Lücken (zur Terminologie vgl. Tracy ²2008)
- **Wörter rauf und runter** – Alle schreiben das gleiche Wort von oben nach unten in Druckbuchstaben an den linken Blattrand und dasselbe Wort noch einmal von unten nach oben an den rechten Rand. Jetzt versuchen alle so schnell wie möglich die Freiräume zwischen den Buchstaben so zu füllen, dass neue Wörter entstehen
- **Simsen** – Die Kinder schreiben SMS-Botschaften, in denen sie möglichst viele Wortteile durch Zahlen ersetzen, z. B. „2samkeit" für „Zweisamkeit" (vgl. Beispiele → Kap. 15.2.3)

- **Stadt, Land, Fluss** – Dies ist ein altbekanntes Spiel.

> ✉ **Anregungen zu Sprachspielen findet sich z. B. in:**
>
> Grasso, Mario: Mario Grasso's Wörterschatz: Spiele & Bilder mit Wörtern von A–Z. Weinheim und Basel: Beltz & Gelberg 1989
>
> http://www.sprachhexen.com (Buchempfehlungen nicht nur für bilinguale Kinder, 27.06.2012)
>
> http://www.labbe.de/zzzebra/index.asp (Labbé-Verlag, Bergheim, 27.06.2012)

Redeanlässe und Präsenz von Schrift

Redeanlässe können auf unterschiedliche Weise geschaffen werden bzw. bieten sich permanent an. So wird am besten alles, was die Kinder machen oder was die Erzieherin tut, kommentiert und erklärt, z. B. das Anziehen vor einem Ausflug; die Handgriffe werden erläutert und Geräte beim Kochen oder Basteln benannt.

Es können aber auch zusätzliche Redeanlässe geschaffen werden, beispielsweise durch Besprechen von **Kunst** in der Einrichtung:

- Warum sind Franz Marcs Pferde blau?
- Was macht die Schnecke in Dalís „The Sublime Moment“?
- Wohin laufen die Leute auf Eschers Treppen?

Reden ist wichtig für den Spracherwerb, es wurde aber auch schon mehrfach darauf hingewiesen, dass manche sprachlichen Eigenschaften und Einheiten praktisch nur über den Kontakt mit Schrift und Texten gelernt werden können. So kommen bestimmte Verknüpfungen von Sätzen viel eher in Geschriebenem als in Gesprochenem vor, z. B. mit „indem, so dass, sofern“. Die Aussprache beim Vorlesen ist anders als beim freien Sprechen und es nützt auch nichts, Erwachsene zu ermahnen, „nach der Schrift“ zu sprechen; denn das klingt unnatürlich und wird nicht durchgehalten, es sei denn sie singen oder lesen vor. Auch deshalb sind Schrift, Texte und Vorlesen für die Kinder so wichtig.

Jedes Kind sollte mit seinem geschriebenen Namen und seinem Bild im Gruppenzimmer präsent sein. Auch das bietet immer wieder Anlässe, über **Schrift** nachzudenken und zu reden. Die **Namen** in Schriftform bieten Gelegenheit, die Buchstaben zu lernen, sie zu kopieren und zu manipulieren im Wortsinn: Was wird aus einem <p>, wenn es gespiegelt ist? Ein <q>. Und aus einem <M> wird ein <W>, wenn es auf dem Kopf steht. Solche Beobachtungen lassen sich hervorragend mit Magnetbuchstaben anregen. Die Kinder werden bald zu schreiben anfangen und dann die Erzieherin fragen: „Was habe ich geschrieben?“

Projekte der verschiedensten Art eignen sich, das Wörterlernen anzuregen. Auch sie bieten **Schreibanlässe.** Da in Projektkontexten ganz natürlich die Möglichkeit besteht, dieselben neuen Wörter immer wieder zu verwenden, bieten sie den Kindern Gelegenheiten zum Fast Mapping.

Abb. 15.21: Reden ist wichtig für den Spracherwerb, aber manche sprachlichen Eigenschaften können nur über den Kontakt mit Schrift und Texten gelernt werden.

> ► **Fast Mapping** *(engl.: schnelle Zuordnung/Abbildung)*
> Fähigkeit, eine erste Annahme darüber zu entwickeln, was ein neues Wort bedeutet, selbst wenn es nur wenige Male gehört wurde.

[BEISPIEL] Wenn Kinder gebeten werden das „chromene Tablett“ zu bringen, wenn es ein blaues und ein schlammfarbenes Tablett im Raum gibt, dann schließen die Kinder, dass das (erfundene) Wort „chromen“ sich wohl auf die Farbe bezieht, die sie nicht kennen, und erinnern sich auch später noch daran, dass das Wort eine Farbe bezeichnet (vgl. Bloom 2002, Tracy [2]2008).

Literacy-Projekte

Ein idealer Abschluss für ein Projekt ist ein kleines oder größeres Fest, bei dem auch Plakate präsentiert werden, die die Kinder selbst zum Projekt gestaltet haben.

Projekte lassen sich auch ganz gezielt mit der **Literacy-Förderung** verbinden. Wenn ein Kind erzählt, es habe bei einem Spaziergang im Frühling Kaulquappen gesehen, und die Erzieherin bemerkt, dass einige der anderen Kindern weder wissen, was Kaulquappen sind, noch das Wort richtig aussprechen können, lässt sich daraus ein Literacy-Projekt entwickeln, das mit der Erforschung von *Naturphänomenen* (→ Kap. 16 und 19) und *Sprachförderung* (→ Kap. 22) gekoppelt ist:

[BEISPIEL] Zunächst wird mit den Kindern die Bücherecke nach Titeln durchforstet, die Frösche, Kröten und Kaulquappen behandeln. Sollte es nicht mehrere Bücher zu dem Thema geben, wird ein Besuch in der örtlichen Bücherei geplant. Mit Hilfe der Bücher wird recherchiert:

- Was sind Kaulquappen?

- Wie sehen sie aus?
- Was haben sie mit Fröschen und Kröten zu tun?

Das neue Wissen wird in Schrift und Bild und/oder in Knete bzw. Ton und Beschriftungen festgehalten. Alle offenen Fragen schreibt die Erzieherin auf ein Plakat, dieses bleibt für alle sichtbar hängen. Dann lernen die Kinder ein Lied über Frösche und/oder Kaulquappen. Und als Höhepunkt gibt es einen Ausflug zu einem Teich in der Nähe, in dem Frösche oder Kröten laichen.

Mit Hilfe eines Fragenplakats wird geklärt, ob alle alles wissen, was sie wissen wollten. Falls nicht, geht die Recherche weiter, mit Erwachsenenbüchern oder Filmen zu Fröschen – so lange, bis aller Wissensdurst zu Kaulquappen erst mal gestillt ist.

15.6 Beispiel für den pädagogischen Prozess

Ein pädagogischer Prozess ersetzt nicht Alltagsroutinen in Bezug auf Literacy und auch nicht Literacy-spezifische Projekte für (Teil-)Gruppen in der Einrichtung (→ Kap. 15.5.2). Vielmehr zeigt das Beispiel von Tim den Ablauf eines spezifischen pädagogischen Prozesses.

15.6.1 Situationsanalyse

Tim ist dreieinhalb Jahre alt. Er besucht seit einem halbem Jahr den Kindergarten. Er ist ein eher unausgeglichenes und sehr aktives Kind. Es gibt Phasen, in denen die Erzieherin ihm nicht genug Anregung und Beschäftigung geben kann, in anderen zieht er sich zurück und bleibt nach außen hin still für sich. Mittags schläft er nie, wehrt sich gegen die Ruhezeit. An manchen Tagen kommt er hervorragend mit anderen Kindern aus, spielt gerne mit den älteren, oft ist er derjenige, der Ideen einbringt. An anderen Tagen wird er schnell aggressiv, wenn er mit anderen zusammenkommt. Tim ist ausgesprochen wortgewandt, so dass er schon manchmal die Geduld der Erzieherinnen und der anderen Kinder mit detaillierten Erörterungen seiner ungewöhnlichen und phantasievollen Ideen strapaziert.

Die Erzieherin hegt den Verdacht, dass Tim überdurchschnittlich begabt sein könnte. Ein Gespräch mit der alleinerziehenden Mutter, die beruflich sehr eingespannt ist, erhärtet den Verdacht: Tim hat schon vor seinem zweiten Geburtstag keinen Mittagschlaf gehalten, als Baby schon wenig geschlafen. Er hat früh angefangen zu sprechen und einen außergewöhnlich großen Wortschatz. Er verschlingt die „Sendung mit der Maus", will regelmäßig mehr über die Themen der Berichte erfahren. Kurz: Er interessiert sich praktisch für alles.

15.6.2 Erfassen von Ressourcen

Tim ist vielfältig interessiert, und er ist sprachlich sehr gewandt. Für Bücher hat er bis jetzt wenig Enthusiasmus entwickelt. Eventuell hat er die für ihn richtigen und ansprechenden noch nicht gefunden. Bei seiner ausgeprägten Sprachfähigkeit sollte es eigentlich möglich sein, ihn für Bücher zu begeistern. In einem Vier-Augen-Gespräch mit Tim bestätigt er sein großes Interesse an technischen und naturwissenschaftlichen Themen.

Die neuseeländische Professorin für Früherziehung Margaret Carr hat das Konzept der Lerngeschichten entwickelt (für das Deutsche aufbereitet in Neuß 2007), in dem fünf Lerndispositionen (→ Kap. 8.2.2) unterschieden werden.

Die fünf **Lerndispositionen** nach Margaret Carr:

- *Zugehörigkeit* – Interesse finden / interessiert sein
- *Kommunikation* – sich ausdrücken / mitteilen / austauschen
- *Wohlbefinden* – engagiert sein (sich einlassen / vertiefen)
- *Exploration/Erkundung* – standhalten bei Herausforderungen und Schwierigkeiten
- *Mitwirkung* – zur Lerngemeinschaft beitragen (nach Schneider DJI).

Danach sehen Tims Ressourcen bei den Lerndispositionen *Zugehörigkeit* und *Kommunikation* folgendermaßen aus: Tim ist intensiv und vielseitig interessiert. Diese Disposition ist bei ihm stark ausgeprägt, und auf ihr sollte der pädagogische Prozess aufbauen. Ebenso sieht es mit der kommunikativen Disposition aus. Hier hat Tim klare Stärken und ist vielen seiner Altersgenossen voraus.

Unklarer ist die Situation bei den anderen drei Lerndispositionen: In seinen stillen Phasen erweckt Tim den Anschein, dass er sich auf Themengebiete intensiv einlässt. Klare Belege dafür liegen aber bis jetzt nicht vor. Entsprechendes gilt für den Umgang mit Herausforderungen und Schwierigkeiten. Momentan entsteht eher der Eindruck, dass Tim aufgibt, wenn ihm die neue Einsicht oder das Wissen nicht wie gewohnt zufliegt. Im Umgang mit anderen zeigt er sowohl Stärken als auch Schwächen: Er kann die anderen mit seinen ausgefallenen Ideen begeistern. Manchmal ist er aber auch zu launisch und abweisend, um mit anderen etwas gemeinsam zu machen.

15.6.3 Festlegen von Zielen

Es gibt Hinweise darauf, dass besonders aufgeweckte und begabte Kinder Informationen anders aufnehmen und verarbeiten als andere Kinder. Dieses Mehr an Informationen kann zu „intellektueller Unordnung" führen, die aufgefangen werden muss, indem die Kinder an besonders systematische und analytische Lernstrategien herangeführt werden.

Es entstehen widersprüchliche Anforderungen für die Unterstützung begabter Kinder (→ Kap. 8.1.3). Sie brauchen:

- Zusätzliche Herausforderungen durch eine besonders reichhaltige Umgebung (Enrichment) und
- Anleitung zu systematischem Denken und Lernen.

Abb. 15.22: Ein Tieralphabet bietet sich für eine Anlauttabelle an.

Mit der Mutter wird vereinbart, dass sie Tim auf seine Begabung hin testen lässt. Für die Kindertagesstätte wird beschlossen, Tim so an Bücher heranzugeführen, dass er für sich spannende Lektüre selbständig findet und nutzen kann. Damit könnte er selbst steuern, in welchem Maß er mehr Informationen zu welchem seiner Interessensgebiete haben möchte. Ein positiver Nebeneffekt wäre, dass er die nachmittägliche Ruhephase auch leichter wach, aber in Ruhe verbringen könnte.

Um sich jedoch Informationen aus Büchern erschließen zu können, muss Tim an die Schrift herangeführt werden. Dies soll im Rahmen eines Projektes, das mehreren interessierten Kindern offen steht, geschehen (*Schriftprojekt* → Kap. 15.6.5). Sofern Tim auf dieses Lernangebot eingeht, müsste er dann in der Lage sein, einfache Texte selbst zu lesen. Falls Tim diesen Schritt geht, könnte sich eine Komponente sozialen Lernens anschließen: Tim könnte als Experte für Buchstaben und Texte anderen im Umgang mit Texten und Büchern helfen sich mit älteren Kindern anfreunden, die schon ähnliche Interessen haben wie er.

15.6.4 Planung von Maßnahmen

In individuellen Interaktionen soll Tim an komplexere Bücher, v. a. Sachbücher, herangeführt werden. Er soll herausfinden, welche Art von Texten und welcher Schwierigkeitsgrad ihn ansprechen.

Im Team wird außerdem das Schriftprojekt geplant, das mehreren Kindern offen steht und an dem auch Tim teilnehmen soll.

15.6.5 Durchführung von Maßnahmen

Ab sofort verbringt eine Erzieherin montags Buchzeit mit Tim. Sie befragt ihn über die „Sendung mit der Maus". Sie fragt, welche Themen behandelt wurden, was ihn interessiert hat, worüber er mehr erfahren möchte. Dann geht sie mit ihm in die Bücherecke und sucht nach entsprechenden Büchern, die die Interessensgebiete vertiefen könnten. Sie reden über die Themen und auch über die Bücher: Welche gefallen Tim und warum? Wie kann Tim Bücher zu einem Thema finden? Wie sind z. B. Lexika aufgebaut, wie kann man sie nutzen? Tim schaut die Bücher gemeinsam mit der Erzieherin an, soll aber auch alleine Zeit mit den Texten verbringen.

Parallel startet ein Literacy-Projekt für alle Kinder, die Interesse an Schrift haben. Tim wird dazugeholt. Zweimal pro Woche treffen sich alle in der Schreibwerkstatt. Beginnend mit den ersten Buchstaben der Kindernamen lernen die Kinder nach und nach möglichst viele Buchstaben kennen.

Es wird ein eigenes Tieralphabet gestaltet, das als Anlauttabelle verwendet werden kann: Die Kinder gestalten Buchstabenplakate, auf denen viele Dinge, die mit dem jeweiligen Buchstaben beginnen, abgebildet und geschrieben stehen, z. B. für <A>: Apfel, Affe, Ananas, Arm, Acht, Achtung ... Mit den Kindern werden möglichst viele Spiele und Übungen zum Reimen und zur Schulung des *phonologischen Bewusstseins* (→ Kap. 15.2.1) gemacht. Zum Abschluss des Projektes gibt es ein Fest für alle, für das die „Literacy-Projekt-Kinder" Buchstabenkekse backen.

15.6.6 Auswertung

Für diesen pädagogischen Prozess gibt es zwei messbare Erfolgskriterien:

- Tim greift selbst und unangeleitet zu Büchern und stillt seinen Wissensdurst auch durch Bücher
- Tim macht sich mit eigenen Schreib- und Leseversuchen auf den Weg zur Schrift.

Um feststellen zu können, inwieweit die Ziele erreicht werden und inwieweit die Maßnahmen Tim tatsächlich individuell fördern, ist es hilfreich, Tims Umgang mit Büchern im Auge zu behalten und möglichst zu dokumentieren. Interessant wäre zu wissen, zu welchen Büchern er greift, mit welchen er sich länger beschäftigt. Um beurteilen zu können, inwieweit er sich auf Schrift einlässt, sind prinzipiell all seine Schreibprodukte dokumentationswürdig. Falls er selbständig beginnt zu lesen, wäre es optimal, Leseversuche, in denen er laut liest, aufzuzeichnen. Wenn er leise liest, sollte über das Gelesene gesprochen werden. So kann man feststellen, ob Tim sinnentnehmend lesen kann.

Entsprechend dem dritten, untergeordneten sozialen Lernziel sollten die Erzieherinnen auch ein Auge auf Tims Integration in und Interaktion mit der Projektgruppe haben. Wie bringt er sich ein? Ist er weiterhin launisch? Findet er neue Freunde?

Mathematik, Naturwissenschaft und Technik

Ingerose Braunecker, Thomas Weber

Mathematik, Naturwissenschaft und Technik waren und sind die Grundlagen der westlichen Gesellschaft, z. B. für die Entwicklung in Bereichen wie Medizin, Wirtschaft und Industrie.

▶ **Mathematik**
Logikwissenschaft, die selbst geschaffene abstrakte Strukturen auf ihre Eigenschaften und Muster untersucht. Sie befasst sich mit Zahlen, Mengen und dem Berechnen von Formeln. Mathematik ist trotz ihrer Abstraktheit eine praktische und im Alltag vielfältig angewandte Wissenschaft, z. B. in der Architektur.

▶ **Naturwissenschaft**
Wissenschaft, die Hypothesen über Phänomene aufstellt und Gesetzmäßigkeiten der Natur erschließt. Sie untersucht, erklärt und belegt Phänomene systematisch anhand von Experimenten. Die traditionellen Bereiche der Naturwissenschaft sind *Physik, Chemie* und *Biologie*.

▶ **Physik**
Naturwissenschaft, die die Zusammenhänge in der Natur erforscht und auf deren Grundlage physikalische Gesetze formuliert, mit Hilfe derer sie die Systeme der Natur beschreibt. Sie ist Grundlage aller anderen Naturwissenschaften.

▶ **Chemie**
Naturwissenschaft, die sich mit Aufbau, Verhalten und der Umwandlung von Stoffen sowie den dabei geltenden Gesetzmäßigkeiten befasst.

▶ **Biologie** *(von gr. bios: Leben und Logos: Lehre)*
Naturwissenschaft, die sich mit dem Leben, seinen Gesetzmäßigkeiten und Erscheinungsformen sowie deren Entwicklung und Organisation befasst.

▶ **Technik**
Praktische Anwendung der Erkenntnisse von Mathematik und Naturwissenschaften.

Naturwissenschaftliche Erkenntnisse und Fortschritte beeinflussen und verändern unser Leben, unsere Einstellungen, Gewohnheiten, Tages- und Arbeitsabläufe permanent. Schon immer haben Menschen aus Beobachtungen versucht, zu Erklärungen und Problemlösungen zu gelangen. So haben sie einfache Werkzeuge bauen können, deren Entwicklung im Laufe der Zeit immer komplexer wurde. Mengen, Zahlen und Formen waren dabei die entscheidenden Größen. Dabei haben sie schon immer ihre Beobachtungen von physikalischen, chemischen und biologischen Vorgängen genutzt, z. B. beim Ackerbau.

Kinder sind täglich von Phänomenen der Mathematik, Naturwissenschaft und Technik umgeben. Ob es die heiße Tasse Kakao, das Toastbrot, der Lichtschalter, die Toilettenspülung, die schäumende Zahnpasta, das reinigende Duschgel oder die leckeren Gummibärchen sind – all diese Dinge haben einen naturwissenschaftlich-technischen Hintergrund (→ Abb. 16.1). Während Erwachsene diese Alltagssituationen häufig als Selbstverständlichkeit erleben, hinterfragen Kinder sie und wollen wissen, wie die Dinge funktionieren.

Abb. 16.1: Alltagsphänomene wie eine sprudelnde Brausetablette faszinieren Kinder.

Alltagsphänomene lassen sich auch durch einen mathematischen oder naturwissenschaftlichen Blickwinkel betrachten. Die mathematische und naturwissenschaftliche **Grundlagenforschung** bildet die Basis, auf der später technische Produkte entwickelt werden. Dabei werden Interessen aus Gesellschaft und Politik berücksichtigt, die dann entsprechend den Gegebenheiten und Vorgaben durch die Ökonomie weltweit vermarktet werden können.

Die Naturwissenschaft möchte die **Gesetzmäßigkeiten** der Natur verstehen und sie für die Gestaltung des menschlichen Alltags nutzbar machen. Die Umsetzung bleibt immer ambivalent. Herausragende technische Entwicklungen wie die Nutzung der Autos erhöhen zwar die Lebensqualität der Menschen, z. B. durch höhere Mobilität und Flexibilität, umgekehrt bringen sie aber auch enorme Umweltbelastungen mit sich, deren Lösung wiederum auf naturwissenschaftliche Forschungsergebnisse angewiesen ist. Diese Bewusstheit verlangt nach einer neuen Herausforderung, nämlich nach **naturwissenschaftlicher Bildung** bereits **im Kindesalter.**

In diesem Kapitel werden die theoretischen Grundlagen für die Entwicklung technisch-naturwissenschaftlichen Verständnisses in der Kindheit (→ Kap. 16.1) sowie der Einfluss von Mathematik, Naturwissenschaft und Technik auf die Lebenssituation von Kindern und Jugendlichen (→ Kap. 16.2) beschrieben. Die Rolle der Erzieherinnen (→ Kap. 16.3) und der Lernumgebung (→ Kap. 16.4) für das technisch-naturwissenschaftliche Lernen im frühen Kindesalter werden erläutert, und einzelne naturwissenschaftliche Bildungsangebote führen in die Praxis des Kindergartenalltags (→ Kap. 16.5 und 16.6).

16.1 Theoretische Grundlagen

Eine grundlegende Allgemeinbildung bildet das Fundament lebenslangen Lernens (→ Kap. 10.5) und muss mit der Möglichkeit verknüpft werden, vertiefende Kenntnisse in ausgewählten Fächern zu erwerben.

Einblicke in die Mathematik, Chemie, Physik und Technik befähigen Kinder,

- Alltagsbezüge herzustellen
- Ihr Umfeld differenziert wahrzunehmen
- Probleme altersgerecht zu lösen.

⊙ Erwachsene als „Bildungsbremse"
Kinder sind von Natur aus kleine Forscher. Eltern, Erzieher und Personen, die öfter Umgang mit kleinen Kindern haben, wissen, dass ständig Fragen auch aus dem naturwissenschaftlichen Bereich auftauchen, die kindgerecht beantwortet werden wollen. Ein Fehler wäre es, an sich selbst den Anspruch zu stellen, alle Fragen beantworten zu können, da so bei dem Kind der Eindruck entsteht, der Erwachsene sei ein Allwissender. Ist aber im umgekehrten Fall das Nicht-beantworten-Können die Regel, flaut das kindliche Interesse allmählich ab. Gemäß der Formel „Wer nicht fragt, bleibt dumm" werden dem Kind wichtige Informationen vorenthalten, die für seine kognitive und persönliche Entwicklung von Bedeutung sind. Gerade im naturwissenschaftlichen Bereich ist dies oft der Fall.

Bei der Beantwortung von Fragen können Unwissenheit, Unlust oder Zeitmangel die Neugierde der Kinder bremsen (→ Kap. 16.1.1). Somit schließt sich ungenutzt ein Zeitfenster (→ *sensible Phasen* siehe Kap. 10.3.1).

Frühe naturwissenschaftliche Bildung bereits im Kindergartenalter

- Berücksichtigt das momentane naturwissenschaftliche Interesse
- Legt *Engramme* (Erlebnis, das eine Gedächtnisspur hinterlässt) im Gehirn, auf die sich später im Schulunterricht aufbauen lässt.

Spitzer, M.: Lernen, Gehirnforschung und die Schule des Lebens. München: Spektrum 2007

Bei einer Umfrage unter 1345 Studierenden der Chemie gaben 22 Prozent der Befragten an, dass sie sich für das Fach aufgrund einer frühen Hinführung zu naturwissenschaftlichen Themen entschieden hatten (Lück 2003, S. 74). Das bedeutet, dass schon in frühem Alter der Grundstein für das Interesse und auch für das Verständnis von mathematischen, naturwissenschaftlichen und technischen Phänomenen gelegt werden kann. In der Schule, wenn in der Sekundarstufe I zum ersten Mal „richtiger" Chemie- und Physik-Unterricht stattfindet, ist dieses Interesse oft schon stark abgeflaut, weil im frühen Jugendalter andere Themen wichtiger und interessanter sind. Auch der große Forscherdrang der Kinder, ihre große Lust am **Staunen** und die Möglichkeit, spielerisch an die Grundlagen der Fächer heranzugehen, kann stark abnehmen.

[BEISPIEL] Ein Alltagsbezug mit Experimenten kann zum Beispiel durch die **„Hefepumpe"** hergestellt werden.

Material: Luftballon, leere Flasche, ca. 1/4 l warmes (nicht heißes) Wasser, 1/2 Hefewürfel, 1 EL Zucker, Messbecher oder Tasse, Teelöffel.

Einstieg/Motivation: Auf dem Tisch stehen zwei Teller, auf dem einen liegen Kekse und auf dem anderen Hefekuchen. Die Erzieherin fordert die Kinder auf, die beiden Lebensmittel zu benennen und zu beschreiben. Danach kosten sie von jedem ein Stückchen und beschreiben den Geschmack bzw. die Konsistenz. Anschließend wird darüber diskutiert, warum der Kuchen hoch und weich, der Keks jedoch flach und hart ist.

Experiment: Hefe, Zucker und Wasser vermischen. Das Gemisch in eine Flasche füllen. Einen Luftballon über den Flaschenhals stülpen. Die Flasche an einen warmen Ort z. B. auf die Heizung oder in die Sonne stellen und die weitere Entwicklung beobachten: Der Luftballon bläht sich auf. Das kann allerdings eine Weile dauern.

Abschluss: Die Hefe vergärt den Zucker zu Trinkalkohol (Ethanol) und Kohlenstoffdioxid. Dieses Gas bläht den Luftballon auf.

Pädagogische Ziele:

- *Erwerb von Wissen:* Ein Hefezuckergemisch bildet ein Gas, welches einen Luftballon aufbläst oder einen Kuchen auflockert
- *Entwicklung eines Gefühls für Zeit und Volumen:* Die Gasbildung erfolgt über einen längeren Zeitraum und bläht dabei den Ballon immer weiter auf, bis sie schließlich aufhört und der Luftballon durch das Entweichen des Gases allmählich wieder schrumpft.

Alltagsbezug: Der Hefekuchenteig bläht sich im Gegensatz zum Keksteig aufgrund der Gasbildung auf. Kekse enthalten keine Hefe. Der gleiche Effekt wird auch beim Backen mit Backpulver erzielt.

16.1.1 Kognitive Kompetenzen im mathematischen, naturwissenschaftlichen und technischen Bereich

Kognitive Prozesse → Kap. 10.2

Das Vorurteil, Vorschulkinder seien kognitiv naturwissenschaftlichen Anforderungen nicht gewachsen, konnte inzwischen revidiert werden. Neueste Erkenntnisse belegen, dass Kindergartenkinder bereits über *kognitive Fähigkeiten* verfügen, mit denen sie die Welt erkunden und Theorien über sie aufstellen. Anregungen aus dem mathematischen, naturwissenschaftlichen und technischen Bereich fördern diese Fähigkeiten.

Neugier als Grundlage

Die Grundlagen für mathematische, naturwissenschaftliche und technische Kompetenzen bringen Kinder von Natur aus mit: Neugier, Entdeckungs- und Unternehmungslust und die Fähigkeit zum logischen Denken (*Denkstrategien* siehe → Kap. 10.2.4).

Interesse an Natur und Technik

Kinder interessieren sich für die belebte und die unbelebte Natur sowie für viele technische Fragen. Wenn sie sich damit beschäftigen,

- Durchlaufen sie Erkenntnisprozesse, bei denen Theorien über die Ursache verschiedener Phänomene aufgestellt, geprüft und notfalls verändert werden
- Sind sie darüber hinaus in der Lage, sich Gedanken über den Erkenntnisprozess selbst zu machen. Die Art des Wissenserwerbs ist ihnen bewusst, d. h. sie reflektieren mit Hilfe der Erzieherin die Art und Weise, wie sie etwas gelernt haben.

Die Forschungsergebnisse der Psychologinnen Beate Sodian und Susanne Koerber (2004) zeigen, dass Kinder zwischen ihren Vermutungen und Überzeugungen und den durch Beobachtung gemachten Erkenntnissen differenzieren können und verstehen, dass mit Hilfe eines Experiments (→ Kap. 10.1.3) bisherige Überzeugungen widerlegt werden können. Studien von Sodian (2005) schreiben sogar jüngeren Kindergartenkindern Fähigkeiten zu, die laut dem Genfer Kinderpsychologen Jean Piaget erst Vorschulkinder besitzen (Kritik an Piaget → Kap. 10.2.4).

[BEISPIEL] Die Forschungsergebnisse von Sodian und Körber lassen sich mit dem nachfolgenden Experiment, bei dem es um die **Trennung von flüssigen und festen Stoffen** geht, bestätigen. Der Versuch eignet sich gut für Kinder ab fünf Jahren.

Material: Teelöffel, Kochsalz (Salz), Wasser, Trichter, Filterpapier, Kerze, Feuerzeug, schwarzer Fotokarton, Pinsel

Einstieg/Motivation: Die Erzieherin teilt den Kindern mit, dass ein Piratenfest geplant ist. Sie haben die Aufgabe, eine geheime Schatzkarte zu erstellen. Dazu werden folgende Materialien auf dem Tisch ausgebreitet: Salz, Wasser, schwarzer Karton und Pinsel.

Abb. 16.2: Neugier ist die Triebfeder für (Selbst)Bildungsprozesse.

Abb. 16.3: Experiment zur Löslichkeit verschiedener Substanzen in Wasser.

Experiment: Die Kinder füllen ein Trinkglas mit Wasser, geben einen Teelöffel Salz hinein und rühren solange um, bis sich das Salz gelöst hat. Anschließend wird solange Salz zugegeben, bis es sich nicht mehr lösen kann und ein Bodensatz entsteht. Diese sog. gesättigte Salzlösung wird abfiltriert. Dem Filtrat (klare Lösung) wird ein Teelöffel entnommen und über eine brennende Kerzenflamme gehalten. Das Wasser fängt an zu kochen, verdampft und Salz bleibt zurück. Auf der Unterseite des Teelöffels hat sich eine Rußschicht abgelagert. Die Kinder beobachten die allmähliche Verdampfung des Wassers, zurück bleibt das Salz.

Abschluss: Das in Wasser gelöste Salz ist nicht verschwunden, obwohl es mit dem Auge nicht mehr zu erkennen ist. Beim Verdunsten des Wassers wird das Salz wieder sichtbar. Im Wasser kann nur eine bestimmte Menge an Salz gelöst werden, der Rest bleibt als Bodensatz übrig.

Die gewonnenen Erkenntnisse befähigen die Kinder nun, die Schatzkarte in Geheimschrift bzw. mit geheimen Zeichen zu verfassen. Mit dem Pinsel und dem restlichen Filtrat malen sie die Schatzkarte auf schwarzen Fotokarton auf. Um das Verdampfen (Verdunsten) des Wassers zu beschleunigen, fönen die Kinder über die Karte. Das Salz kristallisiert aus und die Schrift bzw. das Bild wird sichtbar. Im Sommer kann die Schatzkarte auch in die Sonne gelegt werden.

Pädagogische Ziele:

- Abstraktes Denken wird gefördert, da die Kinder begreifen lernen, dass Dinge noch vorhanden sein können, auch wenn sie mit bloßem Auge nicht mehr wahrnehmbar sind. Das Salz ist nicht verschwunden, sondern lediglich nicht mehr sichtbar
- Das Erstellen einer Schatzkarte mit dem im Wasser aufgelösten, unsichtbar gewordenen Salz, erfordert wiederum abstraktes Denken
- Das Ursache-Wirkungsprinzip stärkt die kindliche *Selbstwirksamkeit.*

Alltagsbezug: Es können Parallelen gefunden werden zu

- Weißen Rändern auf Schuhen, mit denen im Winter im Schneematsch gespielt wurde

- Ränder von Behältern wie z. B. Gießkanne oder Glas, nachdem das Wasser verdunstet ist.

Perspektivenübernahme und kausales Denken

Kinder sind schon sehr früh in der Lage, die Perspektive anderer zu berücksichtigen. Sie geben ihren *Egozentrismus* (→ Kap. 10.3.5) auf und nehmen wahr, dass alles aus verschiedenen Sichtweisen betrachtet werden kann.

Auch können Kinder früher als bisher angenommen kausal denken.

> ► **Kausales Denken**
> Herstellen einer Beziehung zwischen Ursache und Wirkung.

Bereits Kindergartenkinder sind sich bewusst, dass jedem Ereignis eine Ursache zu Grunde liegt. Sämtliche Erfahrungen, die zeitlich vor dem Ereignis stattgefunden haben, werden als mögliche Ursachen in Betracht gezogen. Kinder im Vorschulalter und Erwachsene weisen im Denken strukturelle Ähnlichkeiten auf, und Unterschiede im Denken sind nur aufgrund des Wissensvorsprungs der Erwachsenen zu erklären.

Neurobiologische Voraussetzung für Neugier

Synaptogenese, Konsolidierung → Kap. 10.3.1

Im Alter von fünf Jahren setzt ein neuer Abschnitt in der *Hirnentwicklung* (→ Kap. 10.2.1) ein (Herschkowitz 2002, S. 41), bei der im Gehirn Synapsen, die keine Bedeutung haben, abgebaut und andere, wichtige, verstärkt werden. Diese Konsolidierung ermöglicht den Kindern, enorm viel zu lernen und zu erleben. Ihre Neugier scheint grenzenlos. Die häufigste Frage in diesem Alter ist die nach dem Warum.

Kindlicher Kompetenzenerwerb

Kinder im Kindergartenalter haben ein enormes Potenzial an Entdeckungs- und Unternehmungslust. Sie sind künstlerisch, schöpferisch und phantasievoll, aber ihr Denken unterliegt auch altersbedingten Einschränkungen. Sie suchen direkte einleuchtende Lösungen für komplexe Probleme und tendieren zu Stereotypien und zur Vereinfachung, weswegen Pädagogen mit didaktischen Reduktionen arbeiten, möglichst ohne dabei sachliche Fehler zu machen.

16.1.2 Kindliches Lernen im naturwissenschaftlichen Bereich

Die Erkenntnisse des Neurobiologen Hans-Werner Klusemann (2004) unterstützen die Annahme von Herschkowitz und zeigen im Bereich der Mathematik, dass sich bei Kindern im Alter zwischen drei und fünf Jahren ein optimales **Lernfenster** (→ *sensible Phasen* siehe Kap. 10.3.1) öffnet:

- Für die Entwicklung elementaren mathematischen Denkens
- Für die Fähigkeit zur räumlichen Orientierung.

Angebote aus dem naturwissenschaftlichen Bereich nehmen Kinder gemäß unserer eigenen Erfahrungen mit Vorliebe an. Warum ist das Interesse für diese Themen so groß? Eine Antwort ist bei dem Pädagogen Johann Heinrich Pestalozzi (→ Kap. 8.4.1) zu finden, der formulierte, dass Lernen am effektivsten sei, wenn es mit Kopf, Herz und Hand erfolgt. Experimente bieten sich an, Kopf, Herz und Hand gleichermaßen anzusprechen.

> Bostelmann, A.: Pädagogische Prozesse im Kindergarten, Planung, Umsetzung, Evaluation. Berlin, Düsseldorf: Cornelsen Scriptor 2007
>
> Thesing, T. Leitideen und Konzepte bedeutender Pädagogen, Ein Arbeitsbuch für den Pädagogikunterricht. 2., verbess. Aufl. Freiburg im Breisgau: Lambertus 2001

Selbstbildung durch Experimente

> Auch die Wahrnehmung von naturwissenschaftlichen Prozessen oder technischen Zusammenhängen bedingt den Selbstbildungsprozess und damit das Lernen.

Bei der praktischen Ausführung der Experimente – dem handlungsorientierten Tun – stehen Begeisterung und Freude im Vordergrund, Emotion und Logik arbeiten bei dieser Art des Lernens Hand in Hand (→ Abb. 16.4). Dabei sollte die Umsetzung eigener Ideen und Interessen berücksichtigt werden. Der Erziehungswissenschaftler Gerd Schäfer (2005) ist der Meinung, dass der Erwachsene seine Aufmerksamkeit auf die Selbstbildungspotenziale der Kinder lenken soll. Diese sollten, wenn immer möglich, nach eigenen Vorstellungen und Erfahrungen handeln dürfen, ohne vom Erwachsenen korrigiert bzw. belehrt zu werden.

Die Praxis zeigt, dass Kinder Versuche oft mehrmals sehr konzentriert durchführen. Dabei vertiefen sie durch ihre Beobachtungen und durch die sich daraus ergebenden

Abb. 16.4: Kinder sollten, wann immer möglich, Akteure ihres Selbstbildungsprozesses sein.

Schlussfolgerungen ihr bisheriges Wissen. Das Kind erlebt sich dabei als Akteur seines Selbstbildungsprozesses (→ Kap. 8.1.5).

Jedoch ist es auch manchmal nötig, den Kindern das „Handwerkszeug" mit auf den Weg zu geben, denn manches lässt sich nur schwer selbst erschließen. Zum Beispiel, wenn die Kinder mit Hilfe einer Pipette Wasser auf eine Münze träufeln möchten, der Umgang mit diesem Gerät ihnen jedoch nicht vertraut ist und sie Schwierigkeiten haben, sich den Vorgang zu erschließen, ist es hilfreich, die Handhabung vorzuführen. Die Kinder schauen aufmerksam zu und benutzten anschließend sachkundig die Pipette. Der erfolgreiche Umgang mit der Pipette hat die gewonnenen Erkenntnisse dauerhaft im Gedächtnis verankert.

Jede Information wird mit einer Emotion abgespeichert. Je stärker die Emotion, desto einprägsamer ist sie; d. h. je mehr Spaß die Kinder z. B. beim erfolgreichen Experimentieren haben, umso besser bleiben die gewonnen Erkenntnisse im Gedächtnis haften. Die Erfolgserlebnisse z. B. beim Pipettieren unterstützen die dauerhafte Speicherung der gewonnen Erkenntnisse.

16.1.3 Förderung des Selbstvertrauens durch naturwissenschaftliche Angebote

Für eine **geschlechtsspezifische Erziehung** (→ Kap. 8.1.3) von Jungen fehlt in den Kindertageseinrichtungen vielfach der männliche Einfluss. Das meist weibliche Fachpersonal weist eine andere Herangehensweise in der Erziehung auf, z. B. bei naturwissenschaftlichen Fragestellungen, und ist aufgrund der eigenen Biografie diesen Themen gegenüber tendenziell eher zurückhaltend und unsicher. Da es darüber hinaus immer mehr *Alleinerziehende* (→ Kap. 9.4.4) gibt, fehlt in diesen Haushalten ebenso oft das andere, meist männliche Rollenbild.

Abenteuer- und Risikobereitschaft sind grundlegende Voraussetzungen für die **Entwicklung der Selbstkompetenz**. Selbstkompetenz bildet sich dann, wenn ein Kind Schritt für Schritt beginnt, sich selbst zu vertrauen. Mit mathematischen, technischen und naturwissenschaftlichen Themen könnte ein Ausgleich geschaffen werden, der die Risikobereitschaft bei Mädchen und Jungen gleichermaßen fördert. Ein Experiment oder die Lösung einer naturwissenschaftlichen Aufgabe fordert Mädchen und Jungen zum Wagnis heraus. Es besteht dabei immer das Risiko, zu scheitern. Versagensängste müssen überwunden werden. Die Folge ist eine Steigerung des Selbstwertgefühls, da die Kinder etwas in Bewegung bringen. Sie lernen, ihr Leben aktiv zu gestalten.

Ziel einer **geschlechtsbewussten Erziehung** ist die Balance zwischen

- Dem Bemühen um eine breite Persönlichkeitsentwicklung einerseits

Abb. 16.5: Experiment zur Ermittlung des Schwerpunkts.

- Dem Anerkennen vorhandener Geschlechtsunterschiede andererseits.

Wenn Mädchen und Jungen **gleiche Bildungschancen** haben sollen, sollten beiden Geschlechtern naturwissenschaftliche und technische Themen bewusst zugemutet werden.

Der Kindergartenalltag zeigt, dass Mädchen seltener als Jungen auf dem Bauteppich spielen. Dadurch entsteht ein Defizit an Erkennntnisgewinn von statischen und physikalischen Gesetzmäßigkeiten. Experimente aus dem naturwissenschaftlich-technischen Bereich, mit denen z. B. der Schwerpunkt ermittelt wird, kompensieren diese Ungleichheiten.

[BEISPIEL] Die Kinder schieben z. B. eine leere Schuhschachtel soweit wie möglich über den Tischrand, bis sie herunterfällt. Sie markieren die Stelle an der Schachtel, bei der sie gerade noch auf der Tischkante aufliegt. Die markierte Stelle ist der ermittelte Schwerpunkt. Nun werden in den hinteren Teil der Schachtel Gewichte oder Steine gelegt und festgeklebt. Erneut schieben die Kinder die Schachtel soweit wie möglich über die Tischkante und stellen fest, dass sie nun den Karton viel weiter als zuvor nach vorne schieben können. Der Schwerpunkt wurde „verlegt" (→ Abb. 16.5).

Umgekehrt zeigt der Kindergartenalltag, dass sich Jungen seltener als Mädchen mit Utensilien aus dem Haushalt beschäftigen. Ausgleichend hierfür ist der folgende Versuch.

[BEISPIEL] Ein schönes Beispiel zum Experimentieren mit Utensilien aus dem Alltag ist das **„Eisangeln"**.

Material: Kochsalz, mehrere Eiswürfel, Suppenteller, Wasser, 50 cm Nähfaden

Einstieg/Motivation: Zunächst wird den Kindern eine Rätselaufgabe: Wie kann man einen Eiswürfel mit einem Nähfaden angeln? Die Vorschläge der Kinder werden diskutiert und soweit wie möglich ausprobiert.

Experiment: In den Suppenteller Wasser und einen Eiswürfel geben. Auf das Eis einen Nähfaden legen und eine Prise Salz streuen und bis auf ca. 60 zählen. Faden hochziehen. Ergebnis: Der Eiswürfel bleibt am Faden hängen.

Der Versuch lässt sich auch mit mehreren Eiswürfeln gleichzeitig oder nacheinander durchführen. Dadurch entsteht eine Eiswürfelkette.

Optisch effektvoller wirkt der Versuch mit gefärbten Eiswürfeln.

Abschluss: Streut man nur wenig Salz, schmilzt nicht der ganze Eiswürfel. Das Salz taut die Oberfläche des Würfels ein wenig auf, dadurch sinkt die Schnur leicht in die kleine Wasserpfütze ein. Durch das Schmelzen verdünnt sich jedoch die Salzkonzentration und das soeben aufgetaute Eis gefriert um die Schnur herum wieder fest.

Nimmt man viel Salz, schmilzt der Eiswürfel nach einer Weile weg, ein Eingefrieren des Fadens ist nicht mehr möglich, weil der Gefrierpunkt jetzt niedriger ist.

Pädagogische Ziele: Das Angebot hat spielerischen Charakter. Einen Eiswürfel zu angeln hat folgende Ziele:

- *Erwerb von Wissen* durch die Erfahrung, wie sich Eis/Schnee bei Zugabe von Salz verhält
- *Schulung der Sensomotorik* durch gezieltes Streuen einer kleinen Salzmenge auf den Faden
- *Entwickeln einer Frustrationstoleranz* durch Wiederholung des Versuches, wenn der Faden nicht gleich anfriert

Alltagsbezug: Wird auf eine schneebedeckte Fahrbahn zu wenig Salz gestreut, gefriert das geschmolzene Wasser wieder fest und die Fahrbahn wird noch glatter.

Naturwissenschaftliche Bildung im Kindergartenalter stärkt erworbenen Kompetenzen wie:

- Gefühle anderer Menschen wahrnehmen und respektieren
- Sozial relevante Kommunikation
- Persönliche Beziehungen aufbauen zur Familie und zu Freunden
- Verantwortung übernehmen
- Sinn für Fairness entwickeln
- Realisieren, dass Handlungen Konsequenzen haben
- Frustrationen überwinden
- Kreative Aktivitäten hervorbringen
- Gefühl für Gemeinschaft und Umwelt entwickeln.

16.1.4 Experimente und Sprachförderung

Der Psychotherapeut Richard L. Fellner (2006) beschreibt, dass während der ersten Lebensjahre Jungen, Kinder mit Migrationshintergrund und Kinder aus bildungsfernen Elternhäusern mehr persönliche Zuwendung und Förderung im sprachlichen Bereich benötigen, weil sie benachteiligt sind.

Da die **Sprache** beim Experimentieren ein wichtiges Instrument darstellt, Dinge zu erklären und Inhalte zu vermitteln, kann die Erzieherin durch das Gespräch über ein Experiment sprachlichen Defiziten des Kindes effektiv entgegenwirken:

- Das genaue Hinhören fördert die phonologische Bewusstheit und das Wortverständnis
- Das Lernen neuer Begriffe erweitert den Wortschatz
- Das Mitteilen eigener Gedankengänge verbessert die verbale Ausdrucksfähigkeit und schult die Kinder beim Präsentieren.

16.1.5 Zu jung zum Experimentieren?

Die Kindheitsforscherin Donata Elschenbroich ist mit ihrem Buch „Weltwissen der Siebenjährigen" (2001) der Meinung, dass Kinder bereits mit vier Jahren, z. T. auch schon früher, großes Interesse an der „Dingwelt" haben. Elschenbroich bemängelt jedoch, dass unzureichende naturwissenschaftliche Kenntnisse der Erwachsenen diese Begeisterung zum Erliegen bringen (→ Kap. 16.1.1). Erzieherinnen können dazu beitragen, diese kindliche Begeisterung aufrechtzuerhalten oder ggf. zu wecken.

Kinderperspektive

Die Praxis hat gezeigt, dass sich auch vierjährige bzw. noch jüngere Kinder für naturwissenschaftliche Experimente begeistern. Wird ein Experiment angeboten, ist jedoch zu beachten, dass die Erzieherin die **Methodik und Didaktik** an die Kinderperspektive anpasst.

[BEISPIEL] Manche Kinder lassen sich eher vom Phänomen faszinieren als von der eigenständigen praktischen Durchführung des Experiments:

- Im Vordergrund steht für sie die aufmerksame Beobachtung der Versuchsdurchführung durch den Erwachsenen
- Das emotionale Erleben steht über dem praktischen Tun.

Beim Versuch, eine Kerze am Rauch zu entzünden, verhielten sich die Kinder passiv und beobachteten nur den Ablauf. Motorisch einfacher zu handhabende Experimente wie das Ersticken eines Feuers durch Überstülpen eines Glases (Braunecker/Weber 2006, S. 22 ff.) motiviert sie jedoch auch zur praktischen Arbeit. Aufgrund der *magischen Phase,* in der sich Vierjährige noch befinden, sind naturwissenschaftliche Erklärungen nur didaktisch stark reduziert oder überhaupt nicht notwendig, da sie zu komplex wären.

Erklärungsfindung

Bei der Erklärungsfindung gebrauchen junge Kinder immer noch *Animismen.* So kommentierte ein vierjähriges Mädchen die Entzündung einer Kerze am Rauch mit den Worten: „Jetzt wurde ein Licht an der Kerze angezaubert." Während ein Kind in diesem Alter die Erläuterung des Phänomens noch mit Zauberei verbalisiert, wissen ältere Kinder vielleicht bereits um die Gesetzmäßigkeiten.

Besonders bei Vorschulkindern nimmt die **eigenständige praktische Durchführung eines Versuchs** eine zentrale Stellung ein (→ Abb. 16.6). In der Tageseinrichtung kann die Erzieherin folgendermaßen vorgehen: Zu Beginn eines Experiments formuliert sie eine Problemstellung aus dem Alltag der Kinder. Die Kinder werden angeregt, Hypothesen aufzustellen. Jede dieser Hypothesen wird von der

Abb. 16.6: Die Kinder sollten die Möglichkeit haben, Experimente selbstständig auszuführen.

Gruppe besprochen und anschließend soweit wie möglich experimentell überprüft.

Die Erzieherin unterstützt immer die Umsetzung und das Ausprobieren eigener Ideen des Kindes. Es gewinnt Erkenntnisse, die schrittweise zur Lösungsfindung beitragen und erlebt sich als **Forscher**. In einem anschließenden Gespräch werden Erfahrungen, Beobachtungen und Erkenntnisse zusammengetragen und daraus Schlüsse für die Deutung der Phänomene gezogen. Den Kindern liegen die Worte nicht einfach auf der Zunge, sie benutzen ihre spezifische kindliche Sprache, weshalb die Erzieherin aufmerksam zuhören muss.

[BEISPIEL] Am Beispiel des **„Luftballonstaubsaugers"** wird dargelegt, mit welch einfachen, alltäglichen Dingen auch ganz spontan die Kinder als Forscher gefördert werden können.

Material: Papierschnipsel (besonders gut eignet sich Seidenpapier), Luftballon, Reis, Haferflocken, Kochsalz

Einstieg/Motivation: Auf dem Tisch liegen viele bunte Papierschnipsel. Die Kinder erhalten die Aufgabe, nur mit einem Luftballon die Schnipsel in den Papierkorb zu befördern. Die verschiedenen Lösungsvorschläge der Kinder werden aufgegriffen.

Experiment: Materialien auf dem Tisch ausbreiten. Luftballon an Kleidung oder an den Haaren reiben (aufladen). Ballon ca. 2 cm über die Schnipsel halten. Die Schnipsel werden angezogen und lassen sich über dem Papierkorb vom Ballon abklopfen.

Der gleiche Versuch lässt sich auch eindrucksvoll mit Reis, Haferflocken oder Kochsalz durchführen.

Abschluss: Das Reiben des Luftballons z. B. an einem Kleidungsstück lädt ihn elektrostatisch auf, dadurch ist es ihm möglich, die Schnipsel anzuziehen.

Pädagogische Ziele: *Erwerb von Wissen:* durch Reibung werden manche Gegenstände z. B. der Luftballon elektrostatisch aufgeladen und sind dadurch in der Lage, bestimmte Materialien anzuziehen.

Alltagsbezug:

- Haare stehen zu Berge beim Kämmen
- Pullover knistern beim Ausziehen
- Verpackungsmaterial aus Styropor klebt aneinander bzw. an den Händen fest.

Vielleicht fallen den Kindern noch andere Beispiele aus dem Alltag ein?

📖 Laewen, H.-J.: Forscher, Künstler, Konstrukteure: Werkstattbuch zum Bildungsauftrag von Kindertageseinrichtungen. Berlin, Düsseldorf: Cornelsen Scriptor 2002

16.2 Bedeutung für Kinder und Jugendliche

Mathematische, naturwissenschaftliche und technische Angebote unterstützen den Entdecker- und Forscherdrang der Kinder und lassen genügend Raum für den *Selbstbildungsprozess* (→ Kap. 8.1.5). Sie sind ein wichtiges Hilfsmittel zur Erlangung der kindlichen Autonomie, die seit der Aufklärung als höchstes Erziehungsziel betrachtet wird (Drieschner 2007, S. 43 ff.). Jedes Kind sollte so früh wie möglich begreifen, dass es seine Zukunft selbst in die Hand nehmen kann.

16.2.1 Naturwissenschaftliche Angebote im Kindergarten

An naturwissenschaftlichen Angeboten in Tageseinrichtungen ist bei Kindern ein sehr hohes Interesse festzustellen. Beobachtungen zeigen, dass

- **Kinder mit geringer Konzentrationsfähigkeit** oder hyperaktiver Verhaltensweise können ein hohes Maß an Aufmerksamkeit und an Ausdauer beim Experimentieren zeigen. Bisher vielleicht unbekannte Stärken stellen sich heraus, das Kind fühlt sich in seiner Person aufgewertet, anerkannt und somit auch wohl
- **Schüchterne Kinder** oft schon bei der Durchführung des ersten Versuches ihre Angstblockade durchbrechen können. Der Reiz des handlungsorientierten Tuns, das Beispiel der anderen Kinder und die Ermutigung durch den Erwachsenen inspirieren sie und lassen sie schnell aktiv werden. Introvertierte Kinder zeigen entgegen ihrem sonstigen Verhalten ihre Begeisterung
- **Kinder mit Migrationshintergrund** für mathematische, naturwissenschaftliche und technische Fragestellungen genauso viel Interesse wie ihre deutschen Altersgenossen aufweisen. Trotz vielleicht bestehender Mängel an Wortverständnis und Ausdrucksfähigkeit können sie Sinn und Bedeutung der Versuche anhand der praktischen Durchführung erkennen und verstehen. Gezielte Fragestellungen können dazu beitragen, Lücken zu erkennen und zu schließen. Die Integration wird dadurch erleichtert.

Wirkung von technisch-naturwissenschaftlichen Erkundungen

Die Auswirkungen von Angeboten mathematischen, technischen und naturwissenschaftlichen Inhalts auf Kindergartenkinder sind vielfältig. Sie bilden sich

- In der Wahrnehmung
- In anwendbarem Wissen
- In Kompetenzen
- Im Umgang mit neuen Situationen
- In der Persönlichkeit.

Wahrnehmung

Kinder erleben die komplexe wundersame Natur, sie lernen u. a. durch das Vorbild der Erwachsenen zu respektieren, zu schätzen, zu pflegen und zu erhalten. Sie bekommen einen offenen Blick für die Natur und ihr Umfeld. Sie schulen ihre Wahrnehmung (→ Kap. 10.2.1) beim genauen Beobachten und Beschreiben der Phänomene.

Anwendbares Wissen

Kinder schulen ihre Feinmotorik (z. B. beim Umgang mit einer Tropfpipette). Dabei erhalten sie wichtige **Kenntnisse über Gesetzmäßigkeiten** und Beispiele, die sie auf den Alltag übertragen können.

Kinder vollziehen Paradigmenwechsel, altes Wissen wird durch neues ersetzt. So glauben Kinder z. B. oft, dass ein See von unten nach oben gefriert. Beim Experimentieren stellen sie fest, dass das Gegenteil der Fall ist. Diese Erkenntnis ermöglicht ihnen, die Gefahren eines zugefrorenen Sees einzuschätzen. Sie haben **anwendbares Wissen** erworben.

Kinder vollbringen **kognitive Leistungen** bei der Lösungsfindung (→ Kap. 10.2.4) von gestellten Aufgaben. Das Erkennen von Ursache und Wirkung lässt sie sich selbst als aktive Gestalter ihres Umfelds erleben und trägt zur Erhöhung ihrer *Selbstwirksamkeit* (Überzeugung, dass man in bestimmten Situationen die Kompetenz hat, eine erfolgreiche Leistung zu erbringen) bei. Außerdem schulen sie ihr Gedächtnis. Erfahrungen und gewonnene Erkenntnisse, auf denen sie weiter aufbauen können, werden abgespeichert.

Abb. 16.7: Kinder erwerben durch Experimente anwendbares Wissen.

Kinder entwickeln ein Mengen-, Raum, Volumen- und Zeitverständnis. Diese **mathematischen Grundlagen** stellen eine Hilfe zur Bewältigung des Alltags dar.

Kompetenzen

Kinder verbessern ihre **Sprachkompetenzen,** erweitern ihren Wortschatz, üben sich im verbalen Ausdrücken ihrer Gedanken, lernen die Mehrdeutigkeit bekannter Begriffe kennen. Der Begriff Stoff, der den Kindern bisher nur im Zusammenhang mit Kleidern bekannt war, wird nun weiter gefasst und mit der chemischen Definition als Bezeichnung für Salz, Zucker etc. verwendet.

Kinder üben sich im **Präsentieren,** indem sie ihre Versuche anderen Kindern in der Gruppe oder der Familie zu Hause vorstellen.

Umgang mit neuen Situationen

Kinder lernen, mit neuen Situationen fertig zu werden, denn sie wissen nicht, was beim Experimentieren passieren wird. Sie stärken ihr Urteilsvermögen und ihre Eigenständigkeit und übernehmen persönliche Verantwortung für ihr Handeln.

Kinder lernen ihre Stärken und Schwächen und die der anderen Gruppenmitglieder kennen und damit umzugehen. Sie erleben beim gemeinsamen Experimentieren Erfolge, das **Zusammengehörigkeitsgefühl** wird gestärkt. Dabei erleben sie Verlässlichkeit, die insbesondere in Krisensituationen oder bei Kindern mit wenig *Resilienz* (→ Kap. 10.7) von Bedeutung ist.

Persönlichkeitsentwicklung

Kinder gelangen durch das Arbeiten mit Kopf, Herz und Hand zu einer inneren Harmonie, die sich positiv auf die gesamte Persönlichkeitsentwicklung (→ Kap. 10.3.5) auswirkt.

Frühe naturwissenschaftliche Bildung unterstützt den Erwerb von **Kompetenzen, die die Schulfähigkeit ausmachen** (→ Kap. 10.3.5). Nach Norbert Bennett, Professor für Allgemeine Pädagogik und Sozialpädagogik, (2004, S. 365) sollte die Vorschuleinrichtung sicherstellen, dass Kinder

- Die Fähigkeit entwickeln, Mathematik in sinnvollen Zusammenhängen und Situationen zu entdecken und zu nutzen
- Das Zahlen- und Messsystem kennen- und anwenden lernen, sowie ein Gespür für Raum und Zeit erwerben
- Ein Verständnis für natürliche Abläufe und ihre eigene Beteiligung an einfachen naturwissenschaftlichen Phänomenen entwickeln.

Prof. Norbert Huppertz (2008, S. 31) betont in seinem Buch „Der lebensbezogene Ansatz im Kindergarten", dass die Schule ein so wichtiger Teil im Leben eines Kindes ist, dass Kindertageseinrichtungen sie darauf vorbereiten müssen.

Huppertz, Norbert: Der lebensbezogene Ansatz im Kindergarten. Freiburg: Herder 2003

Laewen, H.-J., Andres, B.: Wie Kinder sich die Welt erobern. München: Luchterhand 2002. Fortbildungsmaterialien zum Bildungsauftrag in Kindertagesstätten Bd. 1

16.2.2 Lebenssituationen von Kindern und Jugendlichen

Da sich in den letzten Jahren die gesellschaftlichen, wirtschaftlichen und familiären Faktoren und Lebenssituationen stark verändert haben (→ Kap. 9.4), gibt es immer mehr Familien, in denen beide Elternteile oder ein alleinerziehender Elternteil Vollzeit arbeiten muss. Bei Kindern aus sogenannten bildungsfernen Familien und solchen mit Migrationshintergrund hat die DIW-Studie (2008) große Entwicklungsdefizite festgestellt. Anders verhält es sich, wenn Kinder aus diesen Familien bereits mit drei Jahren eine Tageseinrichtung besuchen: Sie holen dann nahezu alle Lücken im Vergleich zu Kindern aus Familien mit hohem Bildungsabschluss auf. Daher kommt Tageseinrichtungen für Kinder auch im mathematischen, naturwissenschaftlichen und technischen Bereich heute und noch stärker in der Zukunft eine hohe Bedeutung zu. Die Kinder haben dort die Möglichkeit, viele Erfahrungsdefizite auszugleichen.

Erfahrungssdefizite im mathematischen, naturwissenschaftlichen und technischen Bereich

Oft bleibt in der Familie für eine gezielte kognitive Förderung der Kinder und der Schulung ihrer Wahrnehmung zu wenig Raum und Zeit. Es ist zu beobachten, dass Fernsehen oft den elterlichen Erziehungs- und Bildungsauftrag ersetzt (→ *Mediennutzungsdaten* siehe Kap. 17.1.5). Auch Jugendliche, v. a. aus den bildungsfernen Familien, verbringen einen großen Teil ihrer Freizeit mit Medienkonsum.

Bedeutung für Kinder

Zwar gibt es heute eine Reihe an Wissenssendungen und auch pädagogisch wertvollen Computerlernspielen für Kinder. Aber gerade hier sind Erwachsene gefordert, die Kinder beim Medienkonsum zu begleiten (→ Kap. 17.2). Außerdem wird Kindern durch zu häufigen Fernsehkonsum eine gerade im naturwissenschaftlich-technischen Bereich die für die Entwicklung enorm wichtige eigene und echte, d. h. mit allen Sinnen erfahrene Wahrnehmung vorenthalten (siehe auch Kap. 19). Dabei können im Alltag immer mathematische, naturwissenschaftliche und technische Phänomene und Herstellungsprozesse beobachtet werden (→ Kap. 16.1). Lernen und verstehen kann ein

Abb. 16.8: Manche Experimente lassen sich gut und auch spontan in den Alltag integrieren, wie z. B. ein Vergleich von Geschmacks- und Materialeigenschaften.

Kind diese Prozesse allerdings vor allem durch eigenes Tun und Ausprobieren, denn gerade eine so abstrakte Wissenschaft wie die Mathematik sollte als Grundlage einen konkreten Bezug zur Wirklichkeit haben. Das gilt auch für Schulkinder.

Die zeitliche Einschränkung des Fernsehkonsums erfolgt bereits durch den Besuch einer Tageseinrichtung für Kinder, bzw. der richtige Umgang mit Medien wird pädagogisch gefördert. Dies geschieht auch durch naturwissenschaftlich-technische Experimente, u. a. indem die Experimente von den Kindern aufgezeichnet werden, z. B. in einem Portfolio oder durch Fotografieren.

Bedeutung für Jugendliche

Auch bei Jugendlichen wirkt sich die Förderung durch Elternhaus, Bezugspersonen und Schule auf die (freiwillige) Beschäftigung mit Mathematik, Naturwissenschaft und Technik aus. Für ältere Kinder und Jugendliche gibt es z. B. Experimentierkästen, die verschiedene Angebote zu einem bestimmten Bereich enthalten. Aber auch Wettbewerbe können die Lust an diesen Themen wecken und fördern gleichzeitig auch soziale Kompetenzen (→ Kap. 20). Der jährlich auf der Regional-, Landes- und Bundesebene stattfindende Wettbewerb für Jugendliche und junge Erwachsene bis 21 Jahre, „Jugend forscht", verzeichnet immer große Teilnehmerzahlen und bringt erstaunliche und innovative Projekte hervor. Schüler unter 15 Jahren ab der 4. Schulklasse können an dem vergleichbaren „Schüler experimentieren" teilnehmen.

16.3 Die Rolle der Erzieherinnen

Die Erzieherin setzt mit den Angeboten, die sie den Kindern macht, Maßstäbe für das Interesse an mathematischer, naturwissenschaftlicher und technischer Bildung.

16.3.1 Verantwortung für eine positive Lernkultur

Im Rahmen von Erziehung und Bildung geht es immer um Beziehungen, die aus **zwei Perspektiven** betrachtet werden:

- Aus der Perspektive der Erwachsenen
- Aus der Perspektive der Kinder.

Beide Perspektiven werden aufeinander abgestimmt. Diese Abstimmung wird als **Lernkultur** bezeichnet.

Perspektive der Erzieherin

Die Bildungspläne aller Bundesländer fordern das Einbeziehen von naturwissenschaftlichen Angeboten in die pädagogische Arbeit. Haben Mathematik, Naturwissenschaft und Technik in der Biografie der Erzieherin eine eher untergeordnete Rolle gespielt, kann eine Fortbildung zu diesen Themen sinnvoll sein. So können Berührungsängste abgebaut und Freude an den Themen entwickelt werden, die dann an die Kinder weitergegeben werden kann.

📖 Laewen, H.-J.: Bildung und Erziehung in der frühen Kindheit. Bausteine zum Bildungsauftrag von Kindertageseinrichtungen. Berlin, Düsseldorf: Cornelsen Scriptor 2007

Es genügt jedoch, wenn sich in jedem Kindergartenteam ein bis zwei Mitglieder dafür begeistern können, die Spaß und Freude an Experimenten finden, damit der Funke auf die Kinder überspringen kann (→ Kap. 16.1.2). Inzwischen werden Fortbildungen für Erzieherinnen angeboten, die kindgerechte Angebote für das Forschen in Naturwissenschaft und Technik vorstellen (→ siehe Auswahl in Tab. 16.1; die wichtigsten sind fett gedruckt).

Neben der Freude an mathematischen, naturwissenschaftlichen und technischen Themen sollte die Erzieherin folgendes mitbringen:

- Die Bereitschaft, sich in neue Themengebiete einzuarbeiten
- Ausreichend Zeit zum Üben der Versuche, um Sicherheit für den Ablauf und die Handhabung des Versuches zu bekommen
- Eine Kontinuität der Angebote
- Eine regelmäßige Selbstreflexion.

Durch ihre Spezialisierung in den Bereichen Mathematik, Naturwissenschaft und Technik entwickeln sich Erzieherinnen zu „Bildungsexperten der frühen Kindheit".

Naturwissenschaftliche Erkundungen haben auch einen Einfluss auf das Image der Einrichtung (→ Abb. 16.9). So beeinflussen sich Kind und Erzieherin gegenseitig, was zu jeweiligen Selbstbildungsprozessen bei der naturwissenschaftlichen Erkundung führt. Indem sich beide mit dem Thema oder den beobachteten Phänomen auseinandersetzen, wird das Kind zur Hypothesenbildung angeregt, während die Erzieherin bereits vorhandene Ressourcen nutzt. Dies dient der Vorbereitung eines Kompetenzerwerbs,

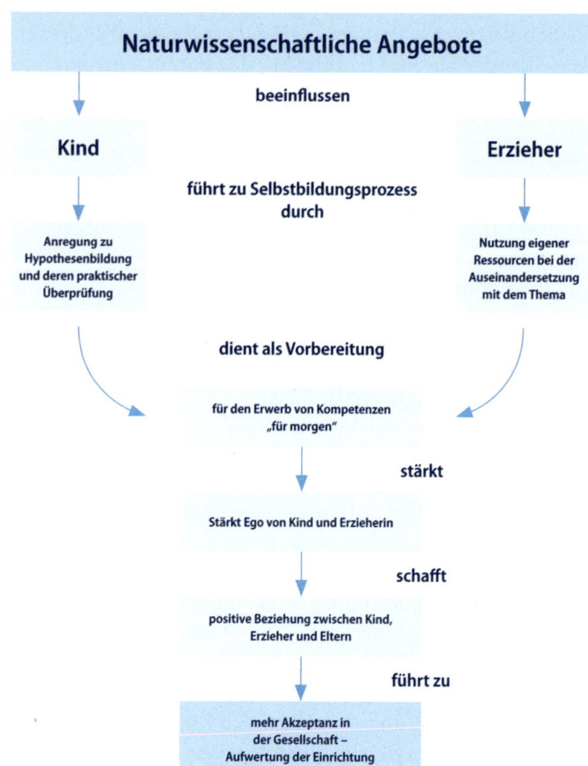

Abb. 16.9: Auswirkung des Angebots naturwissenschaftlicher Erkundungen auf das Image der Einrichtung.

stärkt die positive Beziehung zwischen Kind und Erzieherin, damit auch mit den Eltern und führt nicht zuletzt zur Aufwertung der Einrichtung selbst.

Perspektive des Kindes

Auch am Anfang früher naturwissenschaftlicher Bildung steht das Schaffen einer von Respekt und positiven Gefühlen geprägten Beziehung zwischen Kind und Erzieherin. Dementsprechend besitzen nicht die Wissensvermittlung und das Erreichen von Zielen oberste Priorität, sondern die Verknüpfung von kognitiven und emotionalen Kompetenzen (→ Kap. 16.1.2 und 10.2.4). Die Erzieherin trägt mit ihrer Grundhaltung gegenüber den Gefühlen der Kinder und ihrer Vorbildfunktion entscheidend zum Erwerb kognitiver und emotionaler Kompetenzen bei. Dabei berücksichtigt sie die persönliche Reife und die Bedürfnisse und Interessen der Kinder.

Voraussetzungen für Angebote aus Mathematik, Naturwissenschaft und Technik

Für eine positive Lernkultur ist aus der Sicht des Kindes wichtig:

- **Schaffen einer harmonischen Atmosphäre**, in der sich jedes Kind anerkannt und wertgeschätzt fühlt. Das Kind weiß, dass seine Gedanken und Äußerungen wichtig sind und ernst genommen werden

Institution	Projekt	Ansprechpartner	Kontakt
Explo Heidelberg	Angebote für den Elementarbereich	Petra Mohr	www.explo-heidelberg.de
Weiterbildungsinstitut der Fachhochschule Kiel	NaturspielPädagogik	Ute Schulte-Ostermann, Sylvia Brit Jürgensen	www.naturspielpaedagogik.net
IFP Staatsinstitut für Frühpädagogik	Naturwissenschaftliche Förderung	Dr. Bernhard Nagel	www.ifp.bayern.de
Leibniz Universität Hannover	Curriculare Delphie-Studie	Kerstin Brausewetter	www.uni-hannover.de
Mitmachlabor EMA	Kinder erforschen Insekten	Petra Wolthaus	www.mitmachlabor-ema.de
PH Heidelberg	Mit Kindern die Welt entdecken	Prof. Dr. Manuela Wenzel	www.ph-heidelberg.de
Science Lab (Gemeinnützige Bildungs GmbH)	Naturwissenschaftliche Forschung im Elementarbereich	Dr. Sabine Richter	www.science-lab.de
Stiftung Haus der kleinen Forscher	Praxisorientiertes Projekt zur frühen naturwissenschaftlichen Förderung	Dr. Peter Rösner, Dr. Stephan Gühmann, Eva Suermann, Rainer Lentz	www.haus-der-kleinen-forscher.de
Technische Universität Dortmund	Forschungsprojekt Evaluation verschiedener Methoden im Elementarbereich	Prof. Dr. Insa Melle, Anna Windt	www.uni-dortmund.de
Technorama Winterthur	Fortbildung Elementarbereich	Michel Junge	www.technorama.ch
Transferzentrum für Neurowissenschaften und Lernen	Kompetenzentwicklung in Fortbildung und Forschung	Petra Evanschitzky	www.znl-ulm.de
Universität Bremen	Natur-Wissen schaffen	Dr. Astrid Wendell	www.uni-bremen.de
Universität Flensburg	Versuch macht klug	Prof. Dr. Lutz Fiesser, Dr. Fritz Schließmann, Nadine Öhding, Kirsten Richter	www.uni-flensburg.de
Universität Jena	Imaginata	Prof. Dr. Peter Fauser, Axel Weyrauch	www.uni-jena.de
Universität Oldenburg	CHEMOL	Pro. Dr. Ilka Parchmann, Nina Dunker, Marco Beeken	www.uni-oldenburg.de
Universum Bremen	Kinder als Forscher und Entdecker	Dr. Christine Schorr	www.universum-bremen.de
Bildungswerk der Bayrischen Wirtschaft	Technik-Zukunft in Bayern?!	Anne Rossbach	www.bbw.de
Südwestmetall	TECHNOlino	Karin Nagel, Christiane Huber, Evi Burghart	www.start2000plus.de
Sozialpädagogisches Fortbildungsinstitut Berlin-Brandenburg (SFBB)	MINT	Cornelia Schiemann	www.empowermint.de
Kultusministerium Baden-Württemberg	Naturwissenschaften im Kindergarten und ihre praktische Umsetzung	Thomas Weber	thomas.weber@berufliche-schulen-bretten.de

Tab. 16.1: Überregionale Adressen für die Weiterbildung von Erzieherinnen im mathematischen, naturwissenschaftlichen und technischen Bereich.

Abb. 16.10: Eine positive Lernkultur und ein angenehmes Umfeld fördern die kindlichen Selbstbildungsprozesse.

- **Überschaubare Gruppenzusammensetzung** – Optimal ist eine Gruppenstärke von höchstens acht bis zehn Kindern, um jedes Kind ausreichend beobachten zu können und, falls nötig, Hilfe anzubieten
- **Kindgemäßes Arbeitstempo**, kein Kind darf „abgehängt" werden
- **Raum für Deutungsfindung** – Bei der Deutung der Versuche durch die Kinder hält sich die Erzieherin zurück und interveniert nicht gleich korrigierend oder berichtigend, Antworten kategorisiert sie vor der Gruppe nicht in falsch oder richtig
- **Raum für Kreativität** – Die sogenannten W-Fragen führen automatisch zur gewünschten Antwort. Die Erzieherin unterlässt sie daher, um kreative Denkleistungen sowie das Aufstellen gewagter und kühner Thesen zu fördern. Der Verzicht auf gezielte Fragen bietet auch Kindern, die schneller kombinieren, die Möglichkeit, anderen ihren Lösungsansatz mitzuteilen. Diese Technik erweist sich als sehr effizient, da die kindliche Erklärungsweise von den Gleichaltrigen oft besser verstanden wird
- **Lernende Erzieherinnen** – Die Erzieherinnen ermutigen die Kinder, alles was sie sehen, riechen, hören und tasten, zu beschreiben. Dabei hört sie genau hin, um zu lernen, wie die Antworten in einer altersentsprechenden Sprache lauten. Präsentiert sich die Pädagogin selbst als Lernende, fühlen sich Kinder nicht unterlegen, sondern angespornt, ohne Hemmungen ihre Gedanken und Lösungsvorschläge mitzuteilen
- **Fachbegriffe kindgerecht einführen** – Es ist sinnvoll, z. B. das Wort Kohlenstoffdioxid durch Kohlendioxid zu ersetzen, weil diese Bezeichnung den Kindern z. B. vom Feuerlöscher oder Trinkwasserbereiter, vielleicht durch die Medien im Zuge der Klimaerwärmung evtl. bereits bekannt ist
- **Gesprächsregeln** – Prinzipiell gilt, auf die Einhaltung allgemeingültiger Gesprächsregeln wie Zuhören, Ausreden lassen und deutlich Sprechen zu achten.

16.3.2 Beobachtung und Dokumentation

Beobachtung bedeutet Wahrnehmen der kindlichen Persönlichkeit. Der hohe Arbeitsaufwand für eine fachgerechte Beobachtung durch die Erzieherinnen wird durch den hohen Nutzen für die pädagogische Begleitung des Kindes gerechtfertigt. Hilfreiche Instrumente sind Beobachtungsbögen (→ Kap. 8.2.2), die von den *Grenzsteinen* über Einschätzskalen und Screenings bis zur *Leuvener Engagiertheitsskala* reichen. Jede Einrichtung sollte prüfen, welche Instrumente für sie in Frage kommen.

Um die Lernprozesse im mathematischen, naturwissenschaftlichen und technischen Bereich zu dokumentieren, haben sich die folgenden Methoden bewährt:

- Fotodokumentation
- Videodokumentation
- Portfolio
- Eigenständige Dokumentation durch Malen.

Fotodokumentation

Die Fotodokumentation zeigt Außenstehenden sehr eindrucksvoll die naturwissenschaftliche Arbeit der Kinder. Bilder erzählen mehr als Worte. Das Betrachten der Bilder zusammen mit ihren Eltern erfüllt Kinder mit Stolz. Fotos liefern Gesprächsimpulse und halten Momente des Lernens fest. Sie können ein oder mehrere Kinder beim Arbeiten zeigen. Es wird bildlich festgehalten, was und wie sie etwas tun.

Die Gesichtsausdrücke der Kinder auf den Bildern verschaffen dem Betrachter zusätzliche Erkenntnisse und Eindrücke und ermöglichen ein differenziertes Bild über das Erleben und Lernen des Kindes in der Tageseinrichtung. Manche Fotos bewirken so viel Freude beim Betrachten, dass sie längere Zeit ausgehängt werden. So können die Kinder noch lange über die positiven Ereignisse reden. Es beflügelt sie und spornt sie zu neuem Forschen an. Allerdings ist ein regelmäßiger Austausch der Fotos notwendig, um die Neugierde der Betrachter aufrechtzuerhalten.

Videodokumentation

Das Kind wird nicht nur in der Interaktion zu anderen Kindern, sondern auch in der zur Erzieherin gefilmt. So gewinnt die Erzieherin einen Eindruck von der Situation des Kindes zur Zeit des Drehs. Während des Filmens kann sie dabei die Kinderperspektive einnehmen und erhält wichtige Hinweise zur Analyse des kindlichen Verhaltens. Außerdem bietet ihr das Video die Möglichkeit, ihr eigenes Verhalten distanziert zu betrachten und sich ggf. darüber mit Kolleginnen auszutauschen.

Folgende Situationen eignen sich für die Videodokumentation:

- *Gelenkte Angebote* (→ Kap. 21.5.2) – Videoaufnahmen während eines gelenkten Angebots können z. B. Engagement, Fertigkeiten und Verhalten der Kinder aufzeigen
- *Freispiel* (→ Kap. 21.5.1) – Aufnahmen beim Freispiel dienen hauptsächlich der Analyse des Sozialverhaltens.

Das wiederholte Betrachten der Videoaufnahmen zusammen mit dem Kind verdeutlicht diesem auch seine eigene Verhaltensweise. Das Filmmaterial kann als wichtige Grundlage für Gespräche zwischen Erzieherin und Kindern, Eltern und Kooperationslehrern dienen.

[BEISPIEL] Es besteht beim Filmen die Gefahr, dass die Kinder sich beobachtet fühlen und sich nicht wie gewohnt verhalten. Extrovertierte Kinder präsentieren sich vielleicht ganz bewusst, introvertierte Kinder hingegen können sich ganz zurückziehen. Um zu erreichen, dass die Kinder sich natürlich verhalten, ist es empfehlenswert, die Kamera oft einzusetzen, so dass ein Gewöhnungseffekt eintritt. Nach einiger Zeit ist die Kamera dann für die Kinder nicht mehr so interessant, und sie vergessen sie vielleicht sogar.

Voraussetzungen für die Videoaufnahmen sind auf jeden Fall das schriftliche Einholen der elterlichen Zustimmung und der vertrauensvolle Umgang mit dem Filmmaterial.

Portfolio

Portfolio → Kap. 8.2.2

Ein Portfolio im mathematischen, naturwissenschaftlichen und technischen Bereich ermöglicht den Kindern, sich an die Angebote zu erinnern und sie zu reflektieren. Erfahrungsgemäß erinnern sich Kinder zwar auch ohne das Portfolio noch lange danach an das Angebot und können darüber berichten. Das wiederholte Anschauen des Portfolios bewirkt eine nachhaltige Verankerung der Eindrücke und Erkenntnisse im Gedächtnis.

Neben den von den Kindern erstellten Bildern, Fotografien und Materialien hält die Erzieherin fest, was ihr bei der Beobachtung des Kindes auffällt, seine Gestik und Mimik, aber auch seine Äußerungen. Ist sie so auf ein Kind konzentriert, kann sie auch feststellen, ob es den Sachverhalt verstanden hat. Reflektiert sie den Verlauf der Experimente mit dem Kind, dient dies nicht nur dem Abfragen der Inhalte, sondern durch das Erzählen des Kindes wird die sprachliche Ausdrucksweise gefördert und gibt auch an dieser Stelle einen Überblick über den Entwicklungsstand des Kindes: Stil- und Wortwahl erteilen Auskunft über den jeweiligen sprachlichen Reifeprozess.

Abb. 16.11: Ein schönes Foto eines Experiments kann Teil eines Portfolios sein.

Das über Jahre geführte Portfolio zum Bereich Mathematik, Naturwissenschaft und Technik zeigt die kognitive Entwicklung des Kindes auf (→ Kap. 16.1.1). Es wird auch für das Kind beeindruckend sein, welche Fortschritte es in diesem Bereich gemacht hat, wenn es sich das Portfolio z. B. kurz vor seiner Einschulung noch einmal anschaut. Der frühere Bundespräsident Richard von Weizsäcker beschreibt diesen Wandel mit eigenen Worten: „Als denkender Mensch beantwortet man nicht dieselbe Frage ein Leben lang gleich."

Eigenständige Dokumentation durch Malen

Eine sehr gute Art der Dokumentation ist es auch im mathematischen, naturwissenschaftlichen und technischen Bereich, die Kinder vom Verlauf und vom Ergebnis des Angebots ein Bild malen zu lassen. Auf diese Weise lernen sie nicht nur, konzentriert zu „arbeiten" und Gedächtnisinhalte zu vertiefen, die Zeichnungen lassen auch erkennen,

- Was dem einzelnen Kind wichtig ist
- Was es beobachtet hat
- Womit es sich beschäftigt.

So erkennt die pädagogische Fachkraft, ob das Kind den Inhalt verstanden hat und welche Schlüsse es für sich daraus zieht. Kreative und *sensomotorische Fähigkeiten* (→ Kap. 12.1) werden ebenfalls sichtbar und geben Auskunft, ob eine pädagogische Intervention nötig ist. Wichtig ist, diese Bilder auszuhängen, damit die Kinder wie bei der Fotodokumentation für ihr Tun Anerkennung erhalten. Hier wäre es möglich, eine Ausstellung zu organisieren, beispielsweise an einem Elternabend oder einem Tag der offenen Tür.

16.4 Lernumgebung

Kinder brauchen für ihre Entwicklung eine ansprechende Umgebung (→ Kap. 8.5). Dem folgen die Tageseinrichtungen heute in vielfacher Hinsicht. Die **Gestaltung der Räumlichkeiten** für naturwissenschaftliche Angebote sowohl in der Einrichtung als auch draußen spielt dabei eine sehr wichtige Rolle, z. B. als

- Räumliche Abgrenzungen
- Mathematik-Ecke
- Kindergartenlabor
- Spiel im Außengelände
- Waldtage.

Räumliche Abgrenzungen

Muss die Erzieherin für jedes mathematisch-naturwissenschaftlich technische Angebot den Raum neu herrichten, ist dies mit einem hohen zeitlichen Aufwand verbunden. Daher ist es vorteilhaft, einen bestimmten Raum bzw. eine Ecke ständig zur Verfügung zu haben, in denen die benötigten Materialien bereitgestellt werden und auf die die Kinder auch ohne Hilfe der Erwachsenen zugreifen können. Es lohnt sich, darüber nachzudenken, bereits in der Einrichtung genutzte Nischen generell zugunsten naturwissenschaftlicher Angebote während der Freispielphase umzugestalten. Die Kinder sind für die Ordnung und Pflege der Materialien verantwortlich. Die räumliche Abgrenzung erhöht die Konzentration auf die Versuche. Sind diese Bereiche für die Eltern offen oder zugänglich, können sie am Lernprozess ihres Kindes partizipieren.

Mathematik-Ecke

Ein abgegrenzter Raum kann beispielsweise eine Mathematik-Ecke sein. Hier werden Materialien so präsentiert, dass das Kind schon allein durch die visuelle Wahrnehmung zum Forschen und Hantieren animiert wird und der *Selbstbildungsprozess* (→ Kap. 8.1.5) in Gang kommt.

Dem natürlichen Bedürfnis, zu kategorisieren und zu sortieren, können Kinder auf vielfache Weise nachkommen. Materialien, die sich besonders gut für den Erwerb **mathematischer Grundkenntnisse** eignen, sind z. B. Kronkorken, Perlen, Holzstäbe, Würfel, Bierdeckel, Trinkhalme, Waagen, Messlatten, Löffel oder Gefäße zum Umschütten von Reis.

[BEISPIEL] Kronkorken und Perlen lassen sich nach Farben und Größen kategorisieren, sortieren, nach verschiedenen Mustern legen oder aufreihen. Reis oder Sand kann in verschiedene Behälter geschüttet bzw. gelöffelt werden. Mit Messlatten an der Wand können Kinder ihre Größe ermitteln und den gegenwärtigen Stand mit einem Foto an der Wand dokumentieren, das sie nach jedem Wachstumsschub nach oben verschieben.

In der Mathematik-Ecke bietet sich das beliebte Nachspielen der Marktszene an. Wie auf dem richtigen Markt erleben Kinder den Geldwechsel, das Abzählen und Abwiegen von Früchten.

Das Kindergartenlabor

Lassen es die Räumlichkeiten zu, ist die Einrichtung eines Kindergartenlabors optimal. Zum Arbeiten im Labor eignen sich nahezu alle Gegenstände, die im Haushalt zu finden sind. Erfahrungsgemäß bringen Eltern bereitwillig Gegenstände mit wie Einweck- oder Marmeladengläser,

Abb. 16.12: Kindergartenlabor.

Milchkännchen, Pipetten von Augen- und Ohrentropfen, Schüsseln, Kerzen oder Magnete.

Dem kreativen Umgang mit diesen Utensilien sind keine Grenzen gesetzt. Die geringen Kosten und die leichte Zugänglichkeit dieser Materialien prädestinieren sie im besonderen Maße für die Laborarbeit. Die Beschaffung teurer auf dem freien Markt angebotener Experimentierkoffer kann dadurch vermieden werden. Treten durch Unachtsamkeit Schäden an den Materialien auf, sind diese ohne großen finanziellen Aufwand zu ersetzen. Dies ermöglicht den Kindern ein freies und unbefangenes Arbeiten. Der Umgang mit Gerätschaften aus der Erwachsenenwelt bereitet Kindern viel Freude.

Das Tragen von weißen Baumwollkitteln oder T-Shirts gleicht das Kindergartenlabor dem Erwachsenenlabor an. Diese „Arbeitskleidung“ vermittelt den Kindern ein Gefühl von Anerkennung und Wertschätzung.

> ⊙ Die Erzieherin weist die Kinder vor dem Experiment auf eventuelle Gefahren hin und lässt sie während der Versuche nicht unbeaufsichtigt.

Das Spiel im Außengelände

Beim Spielen im Außengelände findet permanent mathematisch-naturwissenschaftliche Bildung statt. Regelmäßige Bewegung im Freien fördert die Grobmotorik. Kinder nehmen **physikalische Gesetzmäßigkeiten** in ihren Körper auf, z. B. beim Wippen, Schaukeln, Rollen mit und in „Spieltonnen“, Rad- und Rollerfahren oder Sitzen und Spielen im Drehkreisel.

Das Kind macht z. B. Erfahrungen mit Gleichgewicht, Schwerpunkt, Schwerkraft und Zentrifugalkraft. Beim Klettern auf Bäumen und Klettergerüsten entwickeln Kinder eine Vorstellung von Höhe und Raum.

Häufige und regelmäßige Bewegung im Freien unterstützt den ganzheitlichen Entwicklungsprozess. Die Erzieherin sollte dem Kind diese Chance für ein effektives und nachhaltiges Lernen ausgiebig einräumen.

Waldtage

Regelmäßige Waldtage lassen dem kindlichen **Entdeckungstrieb** in einem natürlichen Umfeld freien Raum. Kinder nehmen Informationen mit allen Sinnen auf, beispielsweise durch

- Das Sammeln von Bucheckern
- Den Bau eines Waldsofas
- Das Betrachten von Pflanzen und Tieren, auch mit der Lupe
- Das Lauschen und Zuordnen von Geräuschen
- Das Befühlen von Naturmaterialien.

Der natürliche Forscherdrang der Kinder wird durch Sehen und Anfassen geweckt. Kinder können Pflanzen miteinander vergleichen und bestimmen, indem sie sie z. B. pressen und anschließend im Bestimmungsbuch einander zuordnen. Ebenso können sie laute und leise Geräusche auf ihre Entfernung hin bestimmen.

> Ein ausdrückliches Hinweisen auf giftige Pflanzen und Pilze ist ein wesentlicher Bestandteil eines Waldtages. Ebenso gilt es, die Kinder für einen wertschätzenden Umgang mit der Tier- und Pflanzenwelt zu sensibilisieren.

Erfahrungsgemäß treten an Waldtagen unter den Kindergartenkindern weniger Konflikte und Aggressionen auf. Liegt es daran, dass sich die Kinder im Einklang mit der Natur fühlen?

16.5 Bildungsangebote

Es folgen einige Beispiele für Experimente und andere Angebote aus den Bereichen Mathematik, Naturwissenschaft und Technik.

16.5.1 Mathematisches Angebot

Das nachfolgend beschriebene mathematische Angebot ist für Kinder ab fünf Jahren geeignet. Es bezieht sich auf die **geometrischen Grundformen** (→ Abb. 16.13).

Material

Folgende Materialien werden benötigt und vorbereitet:

- Einzelteile von Bildern, die sich aus geometrischen Formen zusammensetzen
- Dosen, Käseschachteln (dreieckig und rund), quadratische und rechteckige Schachteln, Joghurtbecher, Teller, CDs, Brausetablettenröhre, Würfel, Schal, Bücher, Knöpfe, Bälle, Papierrollen, Uhu, Tuch, Korb
- Eine große Unterlage, auf der ein Dreieck, ein Rechteck, ein Quadrat und ein Kreis aufgeklebt oder aufgemalt sind
- Aus jeder geometrischen Form wird ein zweiteiliges Puzzle angefertigt. Die Quadrate und Rechtecke werden diagonal, das Dreieck und der Kreis senkrecht halbiert.

Die Materialien werden dann von den Erzieherinnen im Gruppenraum versteckt.

Einstieg/Motivation

Als Einstieg in das Thema Mathematik bittet die Erzieherin die Kinder, die Bilder, auf denen geometrische Formen zu sehen sind, nebeneinander auf den Boden zu legen. Anschließend sollen die Kinder beschreiben, was sie sehen.

Durchführung

Die Erzieherin legt den Kindern Dreiecke, Rechtecke, Quadrate und Kreise aus Fotokarton vor. Jedes Kind wählt sich eine Form aus und heftet sie mit einer Sicherheitsnadel an seine Kleidung. Entsprechend der ausgewählten Form sollen die Kinder im Gruppenraum versteckte Materialien suchen und in der Mitte des Raumes auf dem Boden ausbreiten.

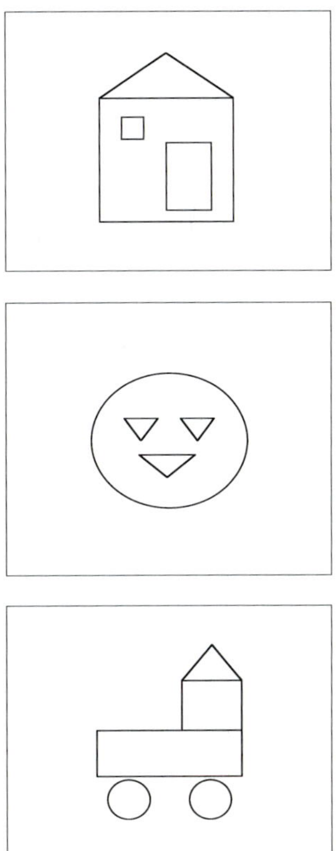

Abb. 16.13: Bilder aus geometrischen Formen.

Wurden alle Gegenstände gefunden, breitet die Erzieherin ein Tuch über die Gegenstände. Jedes Kind wird aufgefordert, unter das Tuch zu greifen und die ertastete Form zu beschreiben und zu benennen. Anschließend darf es die erkannten Gegenstände auf die vorbereitete Unterlage der entsprechenden Form zuordnen und aufkleben.

Abschluss

Jedes Kind nimmt sich ein Puzzleteil aus dem Korb und beschreibt es. Alle Puzzleteile sind mit Ausnahme des Kreises Dreiecke. Die Kinder werden aufgefordert, die fehlende Hälfte zu suchen, damit wieder ein Dreieck, Rechteck, Quadrat oder Kreis entstehen kann.

Pädagogische Ziele

Mathematische Angebote in Tageseinrichtungen sollten grundsätzlich spielerischen Charakter haben (→ Kap. 21.1.1). Mit den **geometrischen Grundformen** zu hantieren, hat folgende Ziele:

- *Visuelle Wahrnehmung* – Schulung der visuellen Wahrnehmung beim Erkennen und Beschreiben der geometrischen Formen
- *Räumliches Vorstellungsvermögen* – Training des räumlichen Vorstellungsvermögens durch den Wechsel zwischen zwei- und dreidimensionaler Perspektive

- *Abstrakte Denkvorgänge* – Schulung abstrakter Denkvorgänge durch das Zusammenfügen der Puzzlehälften. Die Kinder erkennen, dass alle benutzten geometrischen Formen mit Ausnahme des Kreises aus Dreiecken zusammengesetzt werden können
- *Sprachförderung* – Förderung der Sprache durch verbale Beschreibung der Gegenstände und Formen
- *Sich-Einprägen der Formen* – Durch das Aufhängen der Unterlage mit den aufgeklebten geometrischen Formen nehmen die Kinder die Formen ständig visuell wahr und prägen sie sich ein.

Alltagsbezug

Erkennen der geometrischen Formen im Alltag, z. B. bei Schranktüren, Fenstern, runden Lampen.

16.5.2 Naturwissenschaftliches Angebot

Das naturwissenschaftliche Angebot besteht aus einem Experiment. Es vermittelt Wissen darüber, dass **Feuer Luft braucht, um zu brennen** (→ Abb. 16.14). Das Angebot ist für Kinder ab vier Jahren geeignet.

Abb. 16.14: Feuer braucht Luft.

Material

Es werden folgende Materialien benötigt:

- Flache Glasschale
- 3 Gläser (0,2 l, 0,1 l, 0,4 l mit großem Durchmesser)
- 2 Teelichter
- Gefärbtes Wasser (z. B. mit Wasserfarbe gefärbt)
- Feuerzeug.

Einstieg/Motivation

Das Lieblingsfest vieler Kinder ist die Geburtstagsfeier und dabei das Ritual, bei dem alle Kerzen mit einem Atemzug ausgeblasen werden müssen. Die Erzieherin erzählt zur Motivation der Kinder folgende Geschichte:

An seinem sechsten Geburtstag schafft es Maximilian leider nicht, alle Kerzen auf einmal auszublasen. Eine Kerze brennt weiter. „Sollen wir dir helfen?“, fragen seine Freunde Maximilian, der noch ganz außer Atem ist. „Nein“, antwortete er, „ich habe schon eine Idee.“ Er nimmt sein leeres Limonadenglas und stülpt es über die Kerze. Langsam erlischt die Flamme, und die Kinder staunen über den einfallsreichen Maximilian. „Warum ist die Kerze jetzt ausgegangen?“, fragen sie. Maximilian antwortet: „Ich zeige es euch in einem Versuch.“

Experiment

Die Kinder zünden eine Kerze an und beschreiben die Flamme. Dann stülpen sie ein Glas über die Kerze und beschreiben ihre Beobachtungen:

- Die Kerze geht aus
- Rauchentwicklung tritt auf
- Das Glas beschlägt von innen.

Sie füllen gefärbtes Wasser in eine flache Glasschale, stellen ein Teelicht hinein und entzünden es. Dann stellen sie über das Teelicht ein Glas und beschreiben, was sie sehen:

- Die Flamme geht aus
- Das Wasser steigt im Glas empor.

Die Kinder wiederholen den Versuch und zählen dabei solange, bis die Kerze ausgeht. Sie wiederholen den Versuch mit einem doppelt so großen Glas und zählen erneut bis zum Erlöschen der Kerze: Die Kerze braucht bis zum Erlöschen doppelt so viel Zeit.

Der gleiche Versuch wird mit so vielen Teelichtern, wie unter dem Glas Platz finden, durchgeführt und die Brenndauer durch Zählen ermittelt: Die Kerzen gehen schneller als im Versuch zuvor aus.

Abschluss

Die Erzieherin erklärt den Kindern, was bei dem Experiment passiert ist. Zuvor dürfen die Kinder aber selbst überlegen und ihre Erfahrung miteinander diskutieren.

Feuer braucht den Sauerstoff der Luft zum Brennen. Bei doppeltem Fassungsvermögen des Glases ist auch die doppelte Menge an Sauerstoff vorhanden, folglich brennt die Kerze doppelt so lange. Zwei Kerzen wandeln die doppelte Menge an Sauerstoff um (erlöschen schneller in der Hälfte der Zeit).

Der durch eine Verringerung des Gasvolumens frei werdende Raum im Glas wird durch den Wasserkörper gefüllt. Der „Motor“ dafür ist der Luftdruck, der auf die Wassersäule wirkt. Zu einer Verringerung des Gasvolumens kommt es, weil

- Abkühlende Luft weniger Raum einnimmt
- Kondensierendes Wasser (sichtbar durch beschlagenen Glasrand) weniger Raum als verdampftes Wasser einnimmt
- Kohlenstoffdioxid in Wasser besser löslich ist als Sauerstoff.

Pädagogische Ziele

Das Angebot hat eine spielerischen und präventiven Charakter. Mit Feuer zu experimentieren hat folgende Ziele:

- *Erwerb von Wissen* – Feuer braucht zum Brennen Luft bzw. Sauerstoff; Feuer geht aus, wenn der Sauerstoff „verbraucht" ist
- *Mathematische Größen* – Spielerischer Umgang mit den mathematischen Größen Zeit und Volumen
- *Ursache-Wirkungs-Prinzip* – Erleben von Verlässlichkeit durch das Ursache-Wirkungs-Prinzip beim Experiment, Stärkung der *Selbstwirksamkeit*
- *Sprachliche Förderung* bei der Hypothesenbildung, der Beschreibung des Experiments und der Deutung der Versuche
- *Visuelle Wahrnehmung* – Schulung der visuellen Wahrnehmung bei der Beobachtung und Beschreibung der Phänomene
- *Stärkung des Selbstbewusstseins* von introvertierten Kindern durch handlungsorientiertes Arbeiten
- *Steigerung der Konzentrationsfähigkeit* auch bei hyperaktiven Kindern mit und ohne ADHS (→ Kap. 10.3.8).

Alltagsbezug

Zum Entfachen eines Lager- oder Kaminfeuers muss Luft eingeblasen werden.

Analog zum Überstülpen des Glases wird bei einem Brand ein Feuer z. B. mit einer Decke, Wasser oder Feuerlöschschaum erstickt.

16.5.3 Technisches Angebot

Im folgenden Experiment wird eine Luftballonrakete gebaut. Das Prinzip von **Schubkraft und Rückstoß** wird spielerisch aufbereitet. Das Experiment ist für Kinder ab vier Jahren geeignet.

Material

Es wird folgendes Material benötigt:

- Faden, 4 bis 5 m lang
- Trinkhalm
- Klebestreifen
- Luftballon
- Papier
- Schere.

Einstieg/Motivation

Die Erzieherin erzählt die Geschichte eines kleinen Jungen, dessen sehnlichster Wunsch es ist, Astronaut zu werden. Er möchte gerne in den Weltraum fliegen und vertraut sich seiner Erzieherin an. Diese möchte ihn bei seinem Vorhaben unterstützen und schlägt vor, gemeinsam mit den anderen Kindern eine Luftballonrakete zu bauen.

Experiment

Die Kinder von einem Trinkhalm ca. 4–5 cm abschneiden lassen. Anschließend durch diesen kurzen Trinkhalm einen Faden von 4–5 m Länge durchziehen und quer über das Zimmer spannen.

Die Kinder malen auf ein Blatt einen Astronauten, schneiden ihn aus und fixieren ihn mit Klebestreifen auf dem Trinkhalmstück.

Zum Schluss den Luftballon aufblasen, zuhalten (nicht zuknoten) und unterhalb des Astronauten mit Klebestreifen am Trinkhalm befestigen. Die Öffnung des Luftballons zeigt gegen die Flugrichtung. Dann den Luftballon loslassen – er fliegt zum anderen Fadenende (→ Abb. 16.15).

Abschluss

Die Luft, die beim Loslassen aus dem Luftballon entweicht, erzeugt einen Rückstoß, der den Luftballon nach vorne schiebt (Schubkraft). Die Energie steckt allerdings nicht in der Luft selbst, sondern in der Luftballonhaut. Die Luftballonhaut wird beim Aufpusten gespannt wie ein Gummiband. Um sich zu „entspannen", muss der Luftballon die Luft herausdrücken und erzeugt dabei einen Rückstoß. Der Ballon stößt sich mit seiner ausströmenden Luft an der Umgebungsluft ab.

Diese Art des Antriebs basiert auf Newtons drittem Bewegungsgesetz, das von Aktion und Reaktion (Kraft und Gegenkraft) handelt. Die Bewegung in die eine Richtung erzeugt eine Bewegung in die entgegengesetzte Richtung. Die Luft entweicht nach hinten, der Ballon rast nach vorne.

Abb. 16.15: Luftballonrakete.

Pädagogische Ziele
Das Angebot hat spielerischen Charakter. Eine Luftrakete zu bauen und loszuschießen hat folgende Ziele:

- *Erwerb von Wissen* über Schubkraft und das Rückstoßprinzip
- *Schulung der Feinmotorik* durch Einfädeln des Fadens in den Trinkhalm
- *Kreativitätserziehung* durch Malen und Ausschneiden eines Astronauten
- *Sprachliche Förderung* bei der Hypothesenbildung, der Beschreibung des Experimentes und der Deutung der Versuche
- *Visuelle Wahrnehmung* Schulung der visuellen Wahrnehmung bei der Beobachtung und Beschreibung der Phänomene
- *Stärkung des Selbstbewusstseins* bei introvertierten Kindern durch handlungsorientiertes Arbeiten
- *Steigerung der Konzentrationsfähigkeit* bei hyperaktiven Kindern mit und ohne ADHS (→ Kap. 10.3.8).

Alltagsbezug
Die Kinder begegnen dem Prinzip der Schubkraft bzw. des Rückstoßes z. B. beim Schwimmen, Tauchen und Rudern und Antrieb von Flugzeugen und Raketen.

16.6 Beispiel für den pädagogischen Prozess

Am Beispiel des fünfjährigen Michael wird der pädagogische Prozess im Bildungsbereich Mathematik, Naturwissenschaft und Technik dargelegt.

16.6.1 Situationsanalyse

Michael ist fünf Jahre alt und das älteste Kind von drei Geschwistern. Er lebt in geordneten Familienverhältnissen. Der Vater geht einer geregelten Beschäftigung nach, die Mutter ist Hausfrau. Bei Michael wurde in der Pädiatrie ADHS (→ Kap. 10.3.8) festgestellt.

Im Kindergarten zeigt er Auffälligkeiten im Freispiel (→ Kap. 21.5.1): Er schlägt andere Kinder ohne ersichtlichen Grund, nimmt ihnen Spielzeug weg, stört massiv im Stuhlkreis und kann sich nicht konzentrieren, weshalb die Erzieherin mehrere Wochen auf Stuhlkreisangebote verzichtete. Sehr aggressives Verhalten wechselt sich mit liebevollem ab. Wird der Junge auf sein Fehlverhalten angesprochen, hält er seine Ohren zu und setzt sich in eine Ecke oder läuft weg. Seine Erzieherin beklagt, dass sie ihn in keiner Weise erreichen kann und ist ratlos. Aufgrund seiner geringen Sozialkompetenz wurde er von den anderen Kindern bereits marginalisiert.

Das Abholen vom Kindergarten gestaltet sich als sehr schwierig. In der Regel können die Eltern erst nach ca. 20 Minuten mit ihm nach Hause gehen. Wiederholte Elterngespräche erbrachten keine Verhaltensänderung.

16.6.2 Erfassen von Ressourcen

Michael ist intelligent und besitzt ein großes Allgemeinwissen. Er interessiert sich für Sachbücher, die er aber immer nur mit einer Erzieherin gemeinsam anschauen und besprechen möchte. Sehr gerne beschäftigt er sich mit einem Experimentierkasten, braucht aber hierfür einen *Ko-Konstrukteur* (→ Kap. 8.1.5). Er ist feinmotorisch sehr begabt und sprachlich weit entwickelt.

16.6.3 Festlegung von Zielen

Für den pädagogischen Prozess werden Ziele festgelegt. Die folgenden Punkte soll Michael lernen bzw. sollen erreicht werden:

- Erhöhung der Konzentrationsfähigkeit, z. B. bei Stuhlkreisangeboten
- Erlangung der Fähigkeit, sich alleine mit einer Sache zu beschäftigen
- Verminderung des aggressiven Verhaltens gegenüber anderen
- Erhöhung der Frustrationstoleranz
- Stärkung der Fähigkeit zur Interaktion mit anderen Kindern, um von ihnen akzeptiert zu werden
- Lernen, sich als Teil der Gruppe zu empfinden.

16.6.4 Planung und Durchführung von Maßnahmen

Die Ziele können nicht durch ein einziges naturwissenschaftliches Angebot erreicht werden. Im Vordergrund steht handlungsorientiertes Arbeiten in Form von Experimenten und ein kontinuierliches Arbeiten in diesem Bereich.

Als Maßnahme wird zunächst ein naturwissenschaftliches Konzept zum Thema Elektrizität erstellt. Bei der Planung und Durchführung soll berücksichtigt werden, dass

Abb. 16.16: Michael bastelt einen Stromkreislauf.

- Michael an sein Vorwissen, das er aus Fachbüchern erworben hat, anknüpfen kann
- Er seine Konzentration und die Fähigkeit, eine Aufgabe alleine zu bewältigen, verbessert. Dazu ist es notwendig, dass ihn die Versuche intrinsisch motivieren (*intrinsische Motivation* siehe → Kap. 10.2.5). Ein geeigneter Versuch ist der Aufbau eines funktionsfähigen Stromkreislaufes mit dem Ziel, viele Lämpchen brennen zu lassen. Diese Aufgabe fordert ihn kognitiv stark heraus und verlangt manuelles Geschick bei der Umsetzung mit einem Schraubenzieher
- Seine Geduld und Frustrationstoleranz gefordert werden, indem er das Einbinden von Lämpchen und Fassungen in einen Stromkreislauf, der anschießend funktioniert, erfolgreich bewältigt
- Ihn die Experimente so herausfordern, dass er seine Energie sinnvoll einsetzen kann und weniger in Aggression entlädt
- Einige Versuche paarweise durchgeführt werden, damit er Teamfähigkeit entwickeln kann. Die Zusammenarbeit mit einem feinmotorisch schwächeren Kind schult die Empathie und Hilfsbereitschaft.

16.6.5 **Auswertung**

Schon nach einigen Experimentierstunden konnte sich Michael mit einer Sache alleine beschäftigen. Nach dem Angebot arbeitete er gern noch alleine im Kindergartenlabor weiter, häufig sogar zu Hause. Sehr oft kam er am nächsten Tag in den Kindergarten und zeigte der Erzieherin Versuche, die er sich selbstständig ausgedacht und ausprobiert hatte. Stolz führte er diese vor. Dabei fand ein Rollenwechsel statt, bei dem die Erzieherin von ihm lernen konnte. Das pädagogische Verhältnis wurde aufgewertet. Seine Eltern unterstützten seinen Eifer, indem sie ihm Materialien wie z. B. LED-Lämpchen oder Klingeldrähte mitgaben, mit denen er im Kindergartenlabor arbeitete.

Auch seine Konzentrationsfähigkeit verbesserte sich. Er war nun in der Lage, mindestens eine Stunde lang an einem naturwissenschaftlichen Angebot konzentriert und ohne Aggression zu arbeiten. In der Experimentiergruppe erfuhr er viel Anerkennung als Folge seines großen Wissens. Nach einiger Zeit gelang es ihm immer besser, sich auf seine Partner einzustellen und ihnen zu helfen. Hierfür musste er sein eigenes Arbeitstempo drosseln.

Beim Erklären und Deuten der Versuche sprudelte er zwar immer noch als Erster mit der richtigen Antwort heraus, konnte aber, wenn ihn die Erzieherin explizit auf Gesprächsregeln aufmerksam machte, abwarten und einem anderen Kind zuhören. Die oben genannten Probleme beim Abholen bestanden jedoch weiterhin. Dennoch machte Michael generell einen ausgeglicheneren Eindruck. Am Ende seiner Kindergartenzeit äußerte Michael den Wunsch, wenn er könnte, würde er die schöne Zeit mit den Experimenten gerne noch einmal erleben.

Medien

Albrecht Nolting

In diesem Kapitel geht es um **Medien** im Allgemeinen, den Begriff (→ Kap. 17.1.1) und die Geschichte, um den Einfluss von Medien im Sozialisationsprozess und um die Bedeutung von Medien für Kinder und Jugendliche.
Medien beherrschen den Alltag des modernen Menschen. Sie begleiten ihn von früh bis spät in unterschiedlichsten Formen. Medien sind:

- Die Tageszeitung oder das Radio, dessen Sendung das Frühstückserlebnis prägt
- Das Autoradio, das ihn auf dem Weg zu Arbeit, Schule, Kindergarten und zurück beschallt
- Das Buch, das ihn in andere Welten entführt
- Die Zeitschrift, die ihm das Warten im Wartezimmer verkürzt
- Der Fernseher, der den Tagesablauf Vieler strukturiert
- Der Gameboy auf dem Nachttisch
- Der Computer, der zum privaten, schulischen oder geschäftlichen Spielen, Chatten, Mailen, Surfen oder Recherchieren dient
- Der MP3-Player in der Jackentasche
- Das Handy, das ähnlich dem Computer eine Entwicklung hin zum Multimediagerät durchläuft.

Mediengebrauch ist eine Alltagshandlung, die den Tagesablauf von früh bis spät begleitet und häufig sogar strukturiert. Die heranwachsende Generation nimmt das Vorhandensein und den Gebrauch von Medien als Selbstverständlichkeit wahr. Der moderne Mensch verwendet Medien in einem Maße, dass es längst üblich ist, anstelle von *Mediengebrauch* von *Medienkonsum* zu sprechen.

Entsprechend dem Ausmaß des Medienkonsums und der Fülle an Informationen, die pausenlos medial vermittelt wird, spricht man von der *Informationsgesellschaft*. Diese Bezeichnung ist auch als Hinweis zu verstehen auf die durch die modernen Medien ausgelöste Explosion der Menge an Fachwissen. Insofern kommt der *Medienpädagogik (*→ Kap. 17.1.2*)* eine bedeutende Rolle zu.

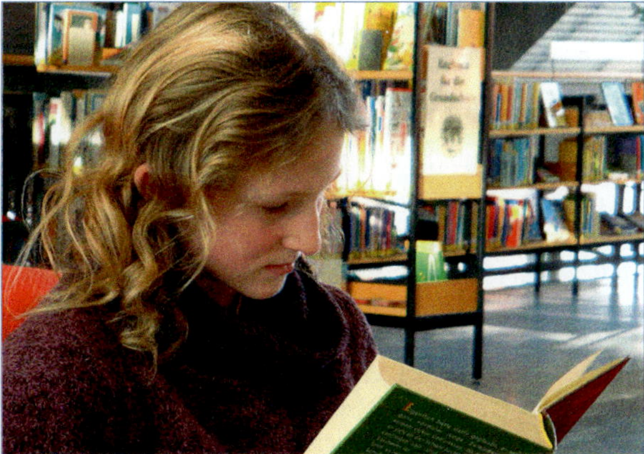

Abb. 17.1: Bücher entführen in andere Welten.

17.1 Theoretische Grundlagen

Was sind Medien genau? Seit wann gebraucht der Mensch Medien? Welche Ordnungssysteme gibt es, um Medien sinnvoll zu benennen und zu klassifizieren? Diese Fragen werden im Kapitel *Medien – Begriff und Geschichte* (→ unten) in den wichtigsten Zügen dargestellt. Der Teilbereich der Pädagogik, der sich speziell mit der Wirkung und Nutzung von Medien sowie der Entwicklung eines sinnvollen Umgangs mit ihnen beschäftigt, ist die *Medienpädagogik* (→ Kap. 17.1.2), deren Betätigungsfelder im darauf folgenden Kapitel beschrieben werden.

Medien werden bestimmte Wirkungen zugeschrieben, wobei die Theorien zur Wirkung von Medien keineswegs einheitlich sind. Die wichtigsten Theorien hierzu werden im Kapitel *Theorien der Medienwirkung* (→ Kap. 17.1.3) dargestellt. Neben der Untersuchung der Wirkung von Medien spielen in der Medienpädagogik auch die Gründe der Nutzung von Medienangeboten sowie der Umfang und die Art der Mediennutzung eine wichtige Rolle. Da diese Nutzungsmotivationen einen erheblichen Einfluss auf die zu erwartenden Wirkungen eines medialen Angebots haben, werden Theorien, die sich mit Nutzungsmotivationen beschäftigen, ebenfalls den Theorien der Medienwirkung zugeordnet.

Bedingt durch ihre sowohl zeitlich als auch räumlich starke Präsenz im Alltag vieler Menschen gibt es auch zahlreiche kritische Aspekte, die bezüglich der Medien formuliert werden. Besonders in der Pädagogik werden Medien hinsichtlich ihrer Auswirkungen als ambivalent (zwiespältig) eingestuft. Die wichtigsten Kritikpunkte finden sich im Kapitel *Medienkritik* (→ Kap. 17.1.4). Die theoretischen Grundlagen werden abgeschlossen durch eine Übersicht zu aktuellen *Mediennutzungsdaten* (→ Kap. 17.1.5) und Prognosen zu weiteren Entwicklungen.

17.1.1 Medien – Begriff und Geschichte

Medien vermitteln Botschaften und sind somit ein **Kommunikationsmittel** zwischen einem Sender und einem Empfänger. In diesem Sinne ist auch Sprache ein Medium, ein Mittler und Vermittler zwischen Sender und Empfänger (→ Kap. 22.1).

> ▶ **Medien** *(von lat. medius: dazwischenliegend, in der Mitte befindlich)*
> Kommunikationsmittel zwischen einem Sender und einem Empfänger.

Üblicherweise verstehen wir unter dem Begriff Medien aber etwas, bei dem die Informationsvermittlung auch einen technologischen oder einen semiotischen Aspekt hat. Die Semiotik ist die Lehre von den Zeichen oder Zeichensystemen (→ Kap. 22.1).

- Im Falle des Mediums Tageszeitung repräsentiert der Einsatz von Papier und Druckfarbe den technologischen Aspekt
- Der Einsatz des Zeichensystems Schrift repräsentiert dagegen den semiotischen Aspekt von Medien.

Mediale Produkte

In der *Umgangssprache* werden unter dem Begriff Medien vor allem die Massenmedien **Zeitung, Hörfunk, Fernsehen** und immer mehr auch der Computer und das Internet verstanden. Aber auch Briefe, Plakate, Flyer oder Bilder werden den Medien zugerechnet.

Das **Medienzeitalter** beginnt mit den ersten Bildnissen, den sogenannten Höhlenmalereien. Die ältesten in Europa entdeckten **Bilder** stammen aus der Höhle von Chauvet im Ardèchetal in Südfrankreich und werden auf ein Alter von ungefähr 30.000 Jahren geschätzt (→ Abb. 17.2). Welche Botschaften sie genau vermitteln sollten, darüber liegt bis heute kein gesichertes Wissen vor. So könnten die Bilder einen rituellen, also magisch-beschwörenden Hintergrund gehabt haben, aber auch für einen völlig anderen Zweck angefertigt worden sein.

Bildbotschaften kann man nur dann lesen, wenn man die Sprache dieser Bilder versteht. Hierzu bedarf es der genauen Kenntnis der jeweiligen Kultur, innerhalb derer diese Botschaften angefertigt und übermittelt werden. Dieser Umstand lässt sich auch auf andere Medien übertragen. Um Medienbotschaften verstehen zu können, müssen Sender und Empfänger über die gleichen *Codes* verfügen (→ Kap. 22.1). Die Fähigkeit, eine Botschaft entschlüsseln zu können, ist ein Teil dessen, was als *Medienkompetenz* (→ Kap. 17.1.2) bezeichnet wird.

Bilder vermitteln also Botschaften. Doch wie sieht es mit anderen Erzeugnissen aus dem Bereich der Kunst aus? Ist auch eine **Skulptur** ein mediales Produkt? Die berühmte antike Skulptur des Galaters und seiner Frau bildet den Selbstmord nach der Besiegung der Galater durch den griechischen König Attalos I. im Jahre 278 v. Chr. ab (→ Abb. 17.3). Die Skulptur erzählt die Geschichte der Niederlage der Galater und die des Sieges der Griechen. Sie übermittelt eine Botschaft des Bildhauers als Sender an die Betrachter und Empfänger der Botschaft.

Abb. 17.2: Das Medienzeitalter beginnt mit den sogenannten Höhlenmalereien. Ausschnitt einer Höhlenmalerei aus der Chauvet-Höhle (Nachbildung). Alter: ca. 30.000 Jahre.

> **Ästhetische Erziehung** (→ Kap. 11) ist ein wichtiger Bestandteil einer qualitativ hochwertigen Medienerziehung. Ästhetische Kompetenz und Medienkompetenz sind so eng miteinander verwoben, dass sie oftmals nicht klar voneinander abzugrenzen sind.

Medien sind **Kulturprodukte.** Sie werden von einer Kultur geprägt und wirken zurück, indem sie wiederum die Kultur prägen. Dies wird besonders deutlich bei der Betrachtung der sogenannten **Neuen Medien,** den elektronischen Medien wie **Computer** und **Internet.** Kaum ein Medium hat kurz nach seiner Erfindung oder Einführung eine ganze Kultur so schnell und nachhaltig geprägt, wie dies bei den neuen Medien der Fall ist. Und auch der Blick auf die Entwicklung des privaten Fernsehens und die damit einhergehenden Veränderungen in der Gesellschaft sind ein in dieser Dimension bis dahin unbekanntes Phänomen.

Stationen der Mediengeschichte

Die Datierung der Entstehung der **Sprache** (→ Kap. 22) wird kontrovers diskutiert. Die anatomischen Voraussetzungen für eine artikulierte Sprache sind in der Menschheitsentwicklung vor etwa 300 000-400 000 Jahren angesiedelt. Davor gab es jedoch sicher auch schon eine Lautkommunikation. Die rasante Entwicklung der Werkzeuge und deren Gebrauch vor etwa 100 000 Jahren lässt vermuten, dass in diesem Zeitraum eine entscheidende Entwicklung der Sprache stattgefunden hat, die den Austausch über Gebrauch und Herstellung von Werkzeugen erleichterte. Ab diesem Zeitraum beginnt der Mensch, neben der gesprochenen Sprache in immer schnellerem Tempo weitere Sprach- oder Kommunikations- und Ausdruckssysteme zu entwickeln. Es entstehen **Kulturerzeugnisse,** die zuerst als Kunsterzeugnisse und mit zunehmender Technologisierung dann auch eindeutig als **Medienerzeugnisse** (→ Tab. 17.1) betrachtet werden.

Mediengeschichte ist **Menschheitsgeschichte, Kulturgeschichte und Technologiegeschichte.** An ihr wird sichtbar, wie sich technische Neuerungen und gesellschaftliche Entwicklungen gegenseitig bedingen und beeinflussen.
Der Blick auf den Zeitpunkt wichtiger Entwicklungen zeigt auch eine starke Verdichtung der Entwicklungsgeschichte innerhalb der letzten 150 Jahre. Von den Printmedien – gedruckten Medien – abgesehen, sind nahezu alle anderen Medien in diesem Zeitraum entstanden: Radio, Fernesehen, Kino, Computer, Mobiltelefone oder Musikabspielgeräte.

Die Mediengeschichte kann in groben Zügen in eine systematische Abfolge von Phasen bzw. Zeitaltern mit zunehmendem Abstraktionsgrad gebracht werden:

- *1. Phase – Entwicklung der Sprache.* Informationen werden mündlich weitergegeben.
- *2. Phase – Entwicklung der Schrift.* Die Möglichkeit, spezifische Eindrücke festzuhalten und später wiederzugeben, beeinflusst das Denken und begünstigt die Entwicklung linearer logischer Strukturen.
- *3. Phase – Erfindung des Buchdrucks.* Durch die Automatisierung der Herstellung der Bücher und Schriften kommt es zur ersten Massenproduktion. Der Buchdruck wird in der Medienwissenschaft teilweise als „Keim der industriellen Revolution" betrachtet.
- *4. Phase – Zeitalter der Elektrizität.* Informationen können telegrafisch über weite Strecken übermittelt werden.
- *5. Phase – Digitales Zeitalter.* Außer der Übertragung und Speicherung von Informationen können diese nun unvorstellbar schnell verarbeitet werden. Der Abstraktionsgrad nimmt insofern zu, als diese Bilder nicht mehr Abbildungen der Wirklichkeit sind, sondern kodifizierte Bilder aus Nullen und Einsen.

Klassifikationskriterien für Medien

Medien können nach verschiedenen Gesichtspunkten klassifiziert (geordnet) werden. Gängige Arten der Klassifikation ergeben sich unter anderem anhand folgender Unterscheidungen:

- Nach ihrem sinnlichen Aufnahmekanal
- Nach ihrem Einsatzbereich
- Nach ihrer Abhängigkeit vom Faktor Zeit
- Nach technischen Kriterien
- Nach dem Grad der Interaktion (wechselseitigen Beeinflussung) zwischen Medien und Benutzer.

Rezeption über den sinnlichen Aufnahmekanal

Bei dieser Klassifikation geht es um die Frage , mit welchem Sinnesorgan die Botschaften rezipiert, also aufgenommen werden; man spricht vom sogenannten **Aufnahmekanal.** Inhaltliche und technologische Aspekte von Medien werden hier miteinander vermischt und gemeinsam genannt:

- *Auditive Medien* – Informationsträger wie Hörkassette, Hörbuch auf CD, Musik-CD oder Hörfunkangebote, Podcasts, aber auch Geräte wie Kassettenrekorder, CD-Player, MP3-Player, Radio oder Telefon
- *Visuelle Medien* – Printmedien wie Fotografien, Plakate, Zeitungen, Bücher, Zeitschriften oder Comics; dazu Dias, Briefe, Informationsgrafiken, Präsentationsfolien, Computerpräsentationen, Computeranimationen, E-Mails; Geräte wie Diaprojektor, Overhead-Projektor, Kopiergerät
- *Audiovisuelle Medien* – Film, Fernsehen, Video, Multimedia-CDs und DVDs, Informationsträger wie Videobänder, DVDs, Blue-Ray-Disks, Video-CDs. Geräte wie Fernseher, Filmprojektor (im Kino oder in der Schule), Multimedia-Computer oder Multimedia-Player.

Der Einsatzbereich von Medien

Bei dieser Medienklassifikation steht die Frage im Raum, was mit dem Medium bezweckt werden soll. Bedingt durch den Einsatzbereich liegt der Fokus dabei auf den

Abb. 17.3: Sterbender Galater mit seiner Frau. Römische Kopie einer griechischen Bronze, um 220 v. Chr. Palazzo Altemps, Rom. Sie erzählt die Geschichte der Niederlage der Galater und die des Sieges der Griechen.

inhaltlichen Aspekten. Die nachfolgend benannten **Medieninhalte** werden transportiert über Printmedien oder audiovisuelle Medien:

- **Repräsentationsmedien** – Image- und Werbefilme, Image- und Werbebroschüren, Flyer, Werbeplakate, Hörfunkwerbung, Webseiten, Briefwerbung, Postwurfsendungen

Zeitangabe	Kulturelle und mediale Hervorbringungen
Vor ca. 75.000 Jahren	Älteste bekannte Ritzzeichnungen in Ockerstücken, gefunden in der Blombos-Höhle in Südafrika
Vor ca. 30.000 Jahren	Älteste bekannte Malereien in der Chauvet-Höhle bei Vallon-Pont d'Arc
Vor ca. 10.000 Jahren (8. Jahrtausend v. Chr.)	Verwendung unterschiedlich geformter Tonmarken zur Erfassung von Tier- und Warenbeständen in Vorderasien
4. Jahrtausend v. Chr.	Entwicklung der ersten Schrift, der Keilschrift, aus oben genannten Tonmarken. Schriftmedium war zunächst Ton.
Ab dem 3. Jahrtausend v. Chr.	Verwendung von Papyrus als Schreibmedium
Ca. 100 n. Chr.	Erfindung des Papiers in China
Ab dem 12. Jahrhundert	Verwendung des Papiers in Europa
Um 1455	Erfindung des Buchdrucks mit beweglichen Metalllettern durch Johannes Gutenberg
Ab dem 15. Jahrhundert (nach Erfindung des Buchdrucks)	Erste Flugschriften und Vorläufer der Zeitung
1826	Anfertigung der ersten Fotografie durch Joseph Nicéphore Niépce
1837	Erfindung des elektrischen Telegrafen durch Samuel Morse
1858	Verlegung des ersten Unterseekabels zwischen Europa und Nordamerika
1876	Patentierung des Telefons durch Alexander Graham Bell
1883	Paul Nipkow erfindet die Nipkow-Scheibe, ein mechanisches Abtastgerät für Hell-Dunkel-Signale, dem gedanklichen Vorläufer des Fernsehens
1895	Erste öffentliche Filmvorführung in Berlin durch die Gebrüder Skladanowsky
1896	Alexander Popow übermittelt per Funk die Wörter „Heinrich Hertz" an eine 250 Meter entfernte Empfangsstation
1897	Entwicklung der Kathodenstrahlröhre, auch Braun'sche Röhre genannt, durch Ferdinand Braun
1913	Entwicklung des Röhrensenders
1919	Start der ersten regelmäßigen Radiosendung
1928	Erste Fernsehübertragung in Berlin
1931	Die BBC strahlt die ersten Fernsehsendungen mit Ton aus
1938	Konrad Zuse nimmt den ersten programmierbaren mechanischen Rechner in Betrieb, die Zuse Z1, der als Vorläufer des Computers gilt
1951	In New York wird das erste Farbfernsehprogramm ausgestrahlt
1952	In deutschen Städten entstehen die ersten regionalen Funktelefonnetze (A-Netz)
1956	Die amerikanische Firma Ampex stellt den ersten Magnetaufzeichnungsapparat vor, den Video Tape Recorder VR 1000
1969	Das Arpanet (Advanced Research Projects Agency Network), der Vorläufer des Internets, wird realisiert
1975	Die erste funktionstüchtige Digitalkamera wird von Kodak entwickelt
1979	Sony bringt den ersten Walkman auf den Markt
1981	IBM bring den ersten Heimcomputer auf den Markt, den IBM 5150 Personal Computer (PC)
1984	Start des Privatfernsehens in der Bundesrepublik Deutschland
1989	Entwicklung des World Wide Web (WWW) durch Tim Berners-Lee
1995	Der erste tragbare MP3-Player kommt auf den Markt
1997	Die ersten Video-DVDs kommen in den Handel
2002	Entwicklung der Blue-Ray-Disc, dem Nachfolgeformat der DVD
2008	Das analoge Fernsehen wird schrittweise abgeschaltet und durch das digitale Fernsehen DVB-T (Digital Video Broadcasting Terrestial) ersetzt.

Tab. 17.1: Kultur- und Medienerzeugnisse im Lauf der Menschheit.

- **Informationsmedien** – Zeitungen, Sachbücher, Zeitschriften, Fach- oder Sachdokumentationen als Printmedium, wissenschaftliche Facharbeiten, Flyer, Flugblätter, Hörfunksendungen wie Feature (Form, die Elemente des Hörspiels, der Dokumentation und der Reportage verbindet), Dokumentation oder Hörfunknachrichten, Fernsehnachrichten, Dokumentationsfilme, Unterrichtsfilme/Schulfilme, Produktschulungen in Printform oder als Film, Reportagen, Magazinsendungen, Lernprogramme auf CD oder DVD, Internet mit Themenportalen, Fachpublikationen, Newsgroups, Foren, Chats, Mailinglisten und mehr
- **Unterhaltungsmedien** – Zeitschriften, Comics, Bücher (Belletristik), Musik-CDs, Hörbücher, Hörfunk, Fernsehen, Film, Computerspiele, Internetchats, Online-Unterhaltungsangebote, Video-DVDs, Videos.

Die Abgrenzung zwischen diesen Kategorien ist nicht immer eindeutig. So kann ein Präsentationsfilm auch informative Elemente enthalten. Andererseits kann ein Informationsfilm unter dem Aspekt erstellt worden sein, dass er ein Unternehmen oder eine Institution in ein gutes Licht rückt. Hiermit wird dann der Informationsfilm zumindest teilweise auch zum Repräsentationsmedium.

Abb. 17.4: Unterhaltungsmedien CD und DVD.

Die Abhängigkeit vom Faktor Zeit

Medien können danach klassifiziert werden, ob sie zeitunabhängig oder zeitabhängig sind. **Zeitunabhängige Medien** (*diskrete Medien*) zeichnen sich dadurch aus, dass sie statisch sind. Ein Zeitungsartikel ist nach einem Jahr zwar nicht mehr aktuell, kann aber noch unverändert gelesen werden. **Zeitabhängige Medien** werden als *kontinuierliche* Medien bezeichnet. Mit Zeitabhängigkeit ist jedoch nicht die Aktualität von Inhalten gemeint. Zeitabhängigkeit bedeutet vielmehr, dass sich der Inhalt im Zeitablauf verändert. Bei einem Buch können wir zurückblättern, nicht aber bei einer Fernsehsendung oder bei Radionachrichten.

- **Zeitunabhängige Medien:** Zeitung, Zeitschrift, Buch, Fotografien, Grafiken
- **Zeitabhängige Medien:** Hörfunk, Musik, Video, Animationen.

Technische Medien

Bei dieser Klassifikation geht es darum, ob bei der Medienkommunikation **technische Hilfsmittel** gebraucht werden und ob diese nur vom Sender oder auch vom Empfänger benötigt werden. Drei Ebenen werden unterschieden:

- **Primäre Medien** – Keiner der Kommunikationspartner verwendet technische Hilfsmittel. Dies ist nur bei einem Gespräch möglich, mit dem Medium Sprache
- **Sekundäre Medien** – Einer der Kommunikationspartner verwendet technische Hilfsmittel. Dies wäre bei den Printmedien im weitesten Sinne der Fall: Zeitung, Buch, Zeitschrift, Prospekt oder auch Brief
- **Tertiäre Medien** – Beide Kommunikationspartner verwenden technische Hilfsmittel. Dies trifft auf Hörfunk, Fernsehen, Computer, Musik-CDs, Video-DVDs zu.

In der Literatur findet sich gelegentlich noch der Hinweis auf eine vierte Ebene, die sogenannten *quartären Medien*. Hiermit sind dann Kommunikationsformen gemeint, bei denen der Einsatz eines Computers notwendig ist. Damit wird versucht, dem Umstand Rechnung zu tragen, dass der Einsatz des Computers weite Bereiche unseres Lebens beeinflusst. Dennoch stellt er ein technisches Hilfsmittel dar, weshalb computergestützte Medienkommunikation besser immer noch der Kommunikation mit tertiären Medien zuzuordnen ist.

17.1.2 Medienpädagogik

> ▶ **Medienpädagogik**
> Teilgebiet der Pädagogik, das sich mit der Wirkung und Nutzung von Medien auseinandersetzt. Zentrales Ziel der Medienpädagogik ist es, Medienkompetenz zu vermitteln.

Bei der Medienpädagogik handelt es sich um eine Disziplin, die sich mit zahlreichen Fragen aus anderen Wissenschaftsbereichen beschäftigt, z. B. aus der:

- *Psychologie* – Die Theorien zur Medienwirkung entstammen ebenso dem Bereich der Psychologie wie die Betrachtung, aus welchen Gründen Menschen bestimmte Medien nutzen
- *Soziologie* – Art und Umfang der Mediennutzung ist ein gesellschaftliches Phänomen und auch die Betrachtung der Medienausstattung von Haushalten oder Kinderzimmern hat einen soziologischen Hintergrund
- *Rechtswissenschaft* – Die Bewertung der Medienwirkung auf bestimmte Altersgruppen und damit verbundene Konsequenzen auf die Altersfreigaben von Medienangeboten berührt vor allem rechtliche Fragen und hier in erster Linie den *Jugendschutz* (→ Kap. 3.4.4)

- *Pädagogik, Werbung* – Wie können Medieninhalte besser erinnert und wieder abgerufen werden? Mit diesen Fragen setzen sich sowohl Pädagogen im Unterricht als auch Werbefachleute unter ökonomischen Gesichtspunkten auseinander
- *Medienwissenschaft* – Die Medienpädagogik bedient sich der Forschungsergebnisse der Medienwissenschaft und liefert ihr durch eigene Forschungsansätze gleichzeitig wichtige Anstöße. So gibt es einige Schnittmengen, wenngleich der Medienwissenschaft der praktizierende und vermittelnde Aspekt der Pädagogik eher fremd ist.

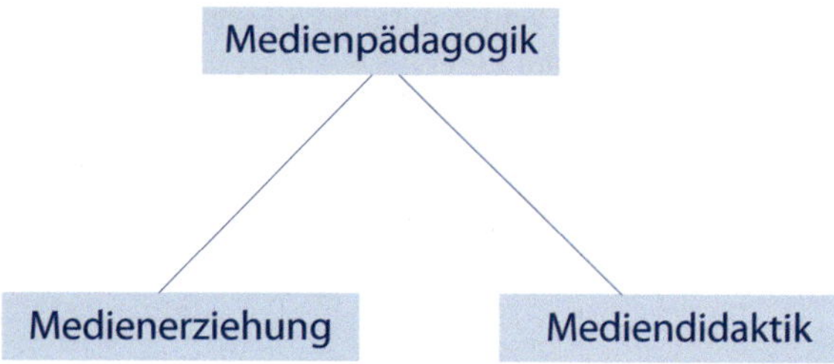

Abb. 17.5: Gebiete der Medienpädagogik.

Teilgebiete der Medienpädagogik

Klassischerweise wird die Medienpädagogik unterteilt in *Medienerziehung* und *Mediendidaktik* (→ Abb. 17.5).

Die **Mediendidaktik** beschäftigt sich mit Fragen der Optimierung des Einsatzes von Medien als Unterrichtsmittel. Da Medien in der frühkindlichen Erziehung und Bildung selten einen informationsvermittelnden Charakter im Sinne von Unterrichtsmedien haben, wird das Fachgebiet der Mediendidaktik bei den nachfolgenden Betrachtungen und Begriffsbestimmungen nicht mit einbezogen, wenngleich es in vielen Bereichen Überschneidungen gibt. So ist im Folgenden mit dem Begriff der Medienpädagogik immer **Medienerziehung** gemeint.

Medienkompetenz

Medienkompetenz als Lebenskompetenz → Kap. 17.2.2
Ein zentrales Ziel der Medienpädagogik ist die Vermittlung von Medienkompetenz. Um diese anzubahnen und zu entwickeln, sind die Fähigkeit zur Reflexion und Kritik sowie die Fähigkeit zur Gestaltung und Herstellung von Medien herauszubilden.
Letztlich führen beide genannten Fähigkeiten zur bewussteren und sinnstiftenden Mediennutzung.

► **Medienkompetenz**
Bewusste und sinnstiftende Mediennutzung.

► **Technische Medienkompetenz**
Fähigkeit, Medientechnik in breitem Umfeld bedienen zu können

Die **technische Kompetenz** ist zumeist Voraussetzung für einen **inhaltlich kompetenten Umgang** mit Medien. Es ist ein großer Unterschied, ob am Computer ein Spiel bedient werden kann oder ob der Benutzer auch Verzeichnisstrukturen kennt, diese anlegen und nachvollziehen kann und es versteht, den Computer als umfassendes Arbeitsmittel zu bedienen.

Erziehung bedeutet auch immer, einen Menschen für die Anforderungen und Aufgaben der jeweiligen Gesellschaft, in die er hineinwächst, zu rüsten. Daher ist es in der modernen Informationsgesellschaft unter vielerlei Gesichtspunkten notwendig, Medienkompetenz als **Schlüsselqualifikation** zu erkennen und zu entwickeln.

Da sich Medienkompetenz aus vielerlei Einzelkompetenzen zusammensetzt, wird sie gern durch ein mehrdimensionales Modell definiert. Am besten hat sich hierbei das Modell des Erziehungswissenschaftlers Dieter Baacke (→ Abb. 17.6) etabliert. Seine Unterscheidung von vier **Arbeitsfeldern zur Entwicklung von Medienkompetenz** ist umfassend und berücksichtigt die verschiedensten Aspekte:

- Medienkritik
- Medienkunde
- Mediengestaltung
- Mediennutzung.

Die ersten zwei Bereiche werden durch Gespräch oder gemeinsame Überlegungen vermittelt, die letzteren zwei Bereiche sind vor allem handlungsorientiert. Eine klare Abgrenzung ist jedoch nicht möglich, da auch Medienkunde teilweise handlungsorientiert vermittelt werden kann.

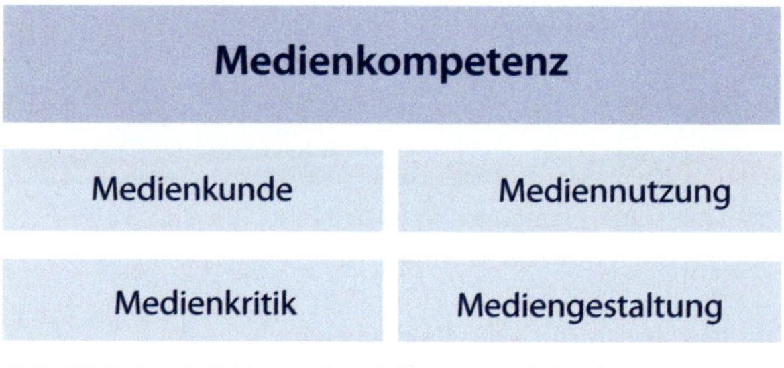

Medienkompetenz

Medienkunde | Mediennutzung

Medienkritik | Mediengestaltung

Abb. 17.6: Arbeitsfelder zur Entwicklung von Medienkompetenz nach Baacke (1999).

Eine weitere Ausdifferenzierung von Baackes Modell findet sich bei den Kommunikationspsychologen und Medienpädagogen Ulrike Six und Roland Gimmler (2007). *Beobachtungsbogen zur Beurteilung der Medienkompetenz von Kindern* (→ Tab. 17.8).

Medienkritik

Medien in der Kritik *→ Kap. 17.1.4*

Medienkritik bedeutet, sich sowohl inhaltlich auch als strukturell kritisch mit Medien auseinanderzusetzen. Gleiches gilt für Kinder, die eine medienkritische Kompetenz erwerben.

> **► Medienkritik**
> Inhaltliche und strukturelle kritische Auseinandersetzung mit Medien.

Strukturelle Medienkritik beschäftigt sich mit Fragen der Medienproduktionsbedingungen und der Verflechtung von Medienunternehmen. Dies ist ein Thema für die Arbeit mit älteren Kindern und Jugendlichen. Die **inhaltsanalytische Herangehens- und Betrachtungsweise** an Medien ist jedoch nicht auf ältere Kinder und Jugendliche und ihre weiterentwickelten kognitiven Fähigkeiten beschränkt. Auch im Kindergartenalter kann schon eine kritische Betrachtungsweise und Aufarbeitung von Medieninhalten angebahnt werden. Dies kann sowohl in spielerischer, darstellender und gestaltender Form geschehen als auch in kommunikativer Form im Erzählkreis oder in Gesprächen in Kleingruppen.

Wichtige **Leitfragen zur Erfassung inhaltlicher Aspekte** können sein:

- Welche Vorbilder werden in den Medieninhalten transportiert?
- Welche Handlungsmuster werden als erfolgreich und damit als erstrebenswert dargestellt?
- Werden Personen und Handlungen stereotyp oder vielschichtig dargestellt?
- Aus welcher Perspektive werden Ereignisse dargestellt?

Abb. 17.7: Mediengestaltung kann jederzeit in den Alltag integriert werden und fasziniert die Kinder immer aufs Neue.

- Werden Lösungswege bei problematischen Inhalten aufgezeigt?
- Werden Ereignisse oberflächlich und reißerisch oder sachlich und mit Hintergrundwissen angereichert vermittelt?
- Sind Gewaltdarstellungen abschreckend oder heldenhaft dargestellt?
- Werden Lebensfragen der jeweiligen Alterszielgruppe aufgegriffen und Entwicklungsmöglichkeiten aufgezeigt?
- Werden subjektive Sichtweisen als objektive Informationsvermittlung dargestellt?

> ⊙ Mittels einer altersgemäßen praktischen Medienarbeit, also der Produktion von Medien, können auch schon im Kindergartenalter Einsichten in die Produktionsbedingungen von Medien und dadurch auch in deren Manipulierbarkeit vermittelt werden.

Medienkunde

Medienkunde ist in der Medienpädagogik in erster Linie als ein technisches Fach zu verstehen.

> **► Medienkunde**
> Vermittelt das Wissen über die aktuellen Medien und hilft,
> - Diese in ihrer Bandbreite zu erkennen
> - Die Vor- und Nachteile der jeweiligen Medien zu erfassen
> - Die Medien zu bedienen (technische Medienkompetenz, → Kap. 17.2.2).

Immer wieder ist zu beobachten, dass Jugendliche den Erwachsenen eine neue Technik besser erklären können als umgekehrt. Dieser Umstand lässt sich erzieherisch hervorragend nutzen, birgt er doch die Möglichkeit in sich, den Jugendlichen einen Kompetenzvorsprung gegenüber den Erwachsenen aufzuzeigen. Diese Erfahrung bringt eine hohe *Motivation* (→ Kap. 10.1.4) mit sich, die in vielerlei Hinsicht genutzt werden kann.

> ⊙ In der Arbeit mit Kindern bedeutet Medienkunde, den Handlungsspielraum des Kindes zu erweitern und damit seine Fähigkeit zur gesellschaftlichen Partizipation und letztlich auch zur künftigen Lebensgestaltung zu erweitern. Die Fähigkeit, Geräte bedienen zu können, die sich bis dahin dem eigenen Handlungswissen entzogen haben, steigert das Selbstwertgefühl und trägt dazu bei, sich andere, neue Lebensbereiche erschließen zu können.

Das Erleben des eigenen Könnens und des Nichtangewiesenseins auf Erwachsene ist ein wichtiger Bestandteil der Medienkunde.

Mediengestaltung

Medien haben einen hohen Aufforderungscharakter, was eine hohe Motivation der an der Gestaltung Beteiligten mit sich bringt. Mediengestaltung ist deshalb von zentraler Bedeutung, weil hier auf handlungsorientierte Weise auch die anderen medienpädagogische Handlungsfelder berührt werden und weil diese durch die Mediengestaltung besser verstanden werden können.

Die Gestaltung von Medien beinhaltet, dass Medien nach einer Gestaltungsplanung produziert werden. Mediengestaltung und -produktion ist ein zentrales Handlungsfeld der Medienpädagogik. Die Gestaltung und Produktion von Medien wird auch als **aktive** oder **praktische Medienarbeit** bezeichnet.

> ► **Aktive Medienarbeit (praktische Medienarbeit)**
> Planung, Gestaltung, Ausarbeitung und Produktion von Medien. Ihre zentralen Lern- und Betätigungsfelder sind Inhalt, Ästhetik und Technik.

Der Prozess der Mediengestaltung spricht viele Bereiche an, die zu entwickeln auch das Ziel allgemeiner pädagogischer Praxis ist. So trägt aktive Medienarbeit zur Entwicklung von Handlungswissen (prozedurales Wissen) und Faktenwissen (deklaratives Wissen) bei. Weitere positive Auswirkungen aktiver Medienarbeit sind:

- Unterstützung handlungsorientierter Prozesse der Persönlichkeitsbildung und Weltaneignung, z. B.:
  - Kreativität
  - Fähigkeit zur Kommunikation
  - Fähigkeit zur konstruktiven Arbeit im Team
  - Fähigkeit zur Wissensaneignung
  - Empathie, insbesondere die Frage, wie etwas gestaltet sein muss, damit andere es gut verstehen
  - Antizipation, die gedankliche Vorwegnahme von Prozessen und Ereignissen
  - Auseinandersetzung mit Darstellungsformen
  - Auseinandersetzung mit ästhetischen Parametern wie Form, Farbe, Klang und (bewegtes) Bild
  - Auseinandersetzung mit gesprochener und geschriebener Sprache
  - Erweiterung der Handlungsfähigkeit durch das Bedienen von Geräten
  - Beschäftigung mit abstrakten Themen wie Programmierung oder Piktogrammen
  - Entwicklung logischer Strukturen, z. B. bei der Navigation in multimedialen Medien mit interaktiven Funktionen (Hypermedia)
- Bei handlungsorientierter Vermittlung von Medienkunde und Medienkritik schärft die Beschäftigung mit den gestalterischen Mitteln und inhaltlichen Fragestellungen der jeweiligen Medien das Bewusstsein für die Möglichkeiten der Manipulation von und durch Medien
- Aufarbeitung eigener Erfahrungen
- Vernetzung mit anderen Bildungs- und Lernbereichen, z. B. der ästhetischen und musikalischen Bildung und der auditiven Wahrnehmung. So ist die Betrachtung und Gestaltung von Bildern ebenso ein Bestandteil der Medienerziehung wie beispielsweise die Produktion eines Hörspiels mit musikalischer Untermalung.

Mediennutzung

Mediennutzungsdaten → Kap. 17.1.5

Die oben genannten drei Arbeitsfelder zur Entwicklung von Medienkompetenz – Medienkritik, Medienkunde und Mediengestaltung – dienen der Anbahnung einer bewussten und sinnvollen Mediennutzung.

Durch die Auseinandersetzung mit den inhaltlichen und ästhetischen Kriterien von Medienangeboten und durch das selbsttätige Gestalten von Medien hoffen Medienpädagogen, auf das Nutzungsverhalten von Kindern und Jugendlichen einen positiven Einfluss nehmen zu können. Ein positiver Umgang mit Medien bedeutet in diesem Zusammenhang, einen bewussten und kritischen Umgang mit ihnen zu pflegen. Maßnahmen, um dies zu erreichen, können z. B. Filmvorführungen, Lesungen, Computerspielnachmittage oder Hörspielstunden sein.

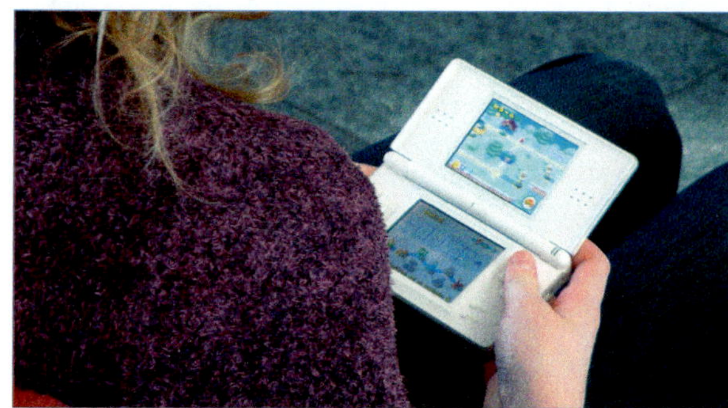

Abb. 17.8: Mediennutzung.

Dabei ist auf einen ausgewogenen Umgang mit allen Medien zu achten, seien es Printmedien oder audiovisuelle und interaktive Medien. So können erzieherische Einrichtungen ihrer Verantwortung gerecht werden, den Medienkonsum der Kinder ernst zu nehmen, aufzugreifen und in quantitativer und qualitativer Hinsicht zu entwickeln.

17.1.3 Theorien der Medienwirkung

Die Einschätzung von Medienwirkungen hat sich im Laufe der Zeit stark gewandelt und wird heute meist sehr differenziert betrachtet, wenn es auch weiterhin Vorurteile und Mythen zu Medienwirkungen gibt – gerade im Zusammenhang mit Gewalttaten –, ohne dabei auf komplexe Wirkungszusammenhänge zu achten.

Im Folgenden werden die wichtigsten Medienwirkungstheorien vorgestellt und in ihren Stärken und Schwächen beleuchtet. Die Theorien zeigen, welche Faktoren die Wirkung von Medien auf Menschen beeinflussen und dass Medienwirkungen stets nur unter ganz bestimmten und damit auch begrenzten Gesichtspunkten betrachtet werden können. Nachfolgend werden folgende Theorien dargestellt:

- Das Stimulus-Response-Modell
- Das Modell der Meinungsführerschaft
- Die Agenda-Setting-Theorie
- Die Theorie der Schweigespirale
- Die Wissensklufthypothese
- Der Nutzen- und Belohnungsansatz.

Das Stimulus-Response-Modell

Mit der Erfindung des Kinos (1895) und des Hörfunks (um 1920) sowie der schnellen und massenhaften Ausbreitung dieser Medien kam es bereits in den 20er und 30er Jahren des 20. Jahrhunderts zu Bedenken gegenüber den vermeintlichen Wirkungen dieser Medien. Im Zuge dessen kam es zu einer Wirkungsforschung, die zunächst auf einer einfachen Annahme beruhte: Ein bestimmter Medienreiz, und zwar inhaltlicher Natur (Werbeinhalt, Werbebotschaft), erzielt eine bestimmte Wirkung.

> ► **Stimulus-Response-Modell**
> Theorie, die auf der Annahme beruht, dass ein bestimmter Reiz (Stimulus, von lat. stimulare: reizen) eine bestimmte Wirkung (Response, von lat. respondere: erwidern) erzielt.

Die Studien dieser Anfangszeit der Wirkungsforschung ergaben allerdings recht schnell, dass die Annahme einer einfachen und direkten, auch als eindimensional bezeichneten Wirkung von Medien zu kurz greift und zu viele Faktoren außer Acht lässt. Die Forschung erkannte, dass es jenseits der Medienbotschaft, also der Inhalte, Faktoren gibt, die einen starken Einfluss auf die Wirkung von Medien haben. So wurde das Stimulus-Response-Modell nach und nach um Faktoren erweitert, die im Wirkungsgefüge von Medien eine mindestens ebenso starke Bedeutung haben wie die Medienbotschaft selbst. Diese Faktoren lassen sich in zwei Kategorien unterteilen:

- **Objektive Kontextbedingungen** (äußere Rahmenbedingungen) – Formale Aspekte wie beispielsweise Präsentationsform, Text-Bild-Zusammenhänge, Darbietungsdauer, Schnittfolge und -geschwindigkeit oder Darstellungsperspektive sowie situative Bedingungen
- **Subjektive Voraussetzungen** (innere Rahmenbedingungen) – Bereits vorhandene Einstellungen, Vorerfahrungen, soziale Situation oder aktuelle Lebensbezüge, selektive Wahrnehmung (→ Kap. 10.1.3).

Das einfache Stimulus-Response-Modell wird dem komplexen Prozess möglicher Medienwirkungen nicht gerecht und ist eher als vorwissenschaftliches Modell anzusehen; es hat sich trotz seiner Widerlegung vor gut 70 Jahren hartnäckig gehalten. Dies kann nach Straftaten Jugendlicher besonders gut beobachtet werden, wenn allzu schnell bestimmten Videospielen oder Gewaltvideos die Schuld gegeben wird. Dies kann auch beobachtet werden, wenn in populärwissenschaftlicher Art bestimmten Medien ganz bestimmte Eigenschaften zugeordnet werden:

- Der Mythos, dass der Konsum von Gewaltfilmen ein gewalttätiges Verhalten nach sich ziehe, verweigert sich der Frage nach der Motivation (→ Kap. 10.1.4), Medien mit hohem Gewaltpotenzial zu konsumieren. Die Beantwortung der Frage nach der Motivation liefert aber viel plausiblere Erklärungsmodelle für gewalttätiges Handeln
- Die These von einer direkten Medienwirkung übersieht neben der umfangreichen Kenntnis der an diesem Prozess beteiligten Faktoren die Tatsache, dass die Mehrheit der Konsumenten von Videos und Computerspielen mit Gewaltcharakter nicht gewalttätig wird.

Bei Kindern und Jugendlichen mit Gewalterfahrung darf eine desensibilisierende Wirkung medial vermittelter gewalttätiger Handlungsmuster jedoch nicht ausgeschlossen werden.

> ⊙ Medien können Menschen bei entsprechender persönlicher Voraussetzung beeinflussen:
>
> - Emotionen – Medien können z. B. Angst oder Angstlust hervorrufen, Freude machen oder zum Lachen bringen
> - Wahrnehmungen – Medien können die Wahrnehmung auf bestimmte Dinge fokussieren oder sie für bestimmte Dinge (de)sensibilisieren
> - Kognitionen – Medien können dazu beitragen, das Wissen zu erweitern oder bestimmte Dinge (immer wieder) ins Gedächtnis zu rufen
> - Handlungen – Medien können über Emotionen, Wahrnehmungen und Kognitionen Einfluss nehmen auf das Handeln eines Menschen.

Das Modell der Meinungsführerschaft

Einer der ersten Medienwirkungsforscher war Paul Lazarsfeld, der die Medienwirkung im amerikanischen Präsidentschaftswahlkampf von 1940 untersuchte. Er stellte fest, dass die Theorie einer direkten und starken Medienwirkung (Stimulus-Response-Modell) nicht zutraf. Im Gegenteil: Er stellte einen geringen Einfluss der Massenmedien auf die Meinungsbildung fest, statt dessen aber einen umso größeren Einfluss, der von Meinungsführern ausging.

> ► **Meinungsführer (opinion leader)**
> Menschen, die als besonders glaubwürdig gelten. Dies können Personen aus dem persönlichen Umfeld sein, ebenso aber auch Prominente aus dem Bereich Politik, Medien, Sport oder Kunst.

Lazarsfeld stellte zudem fest, dass Massenmedien wenig in der Lage sind, Meinungen zu ändern. Vielmehr haben sie den Effekt, bereits bestehende Meinungen zu verstärken. Begründen lässt sich dieser Effekt durch die *selektive Wahrnehmung* (→ Kap. 10.1.1).

Nach dem Modell der Meinungsführerschaft ist davon auszugehen, dass Medienkonsumenten die in den Medien übermittelten Informationen mit Hilfe von Meinungsführern überprüfen. Diese Meinungsführer müssen jedoch nicht zwangsläufig glaubwürdige Personen aus dem persönlichen Umfeld sein. Auch bekannte Personen aus den Medien, die als glaubwürdig eingeschätzt werden, können diese Rolle übernehmen. Dies ist besonders im Hinblick auf Kinder und Jugendliche bedeutend, da deren Meinungsbildung noch nicht abgeschlossen ist und diese Gruppen viele medial vermittelte Vorbilder haben. Kinder und Jugendliche neigen dazu, diesen Vorbildern die Funktion eines Meinungsführers zu übertragen.

Mit zunehmender Medialisierung der Gesellschaft und zunehmendem zeitlichen Rahmen des Medienkonsums geht eine Zunahme der meinungsbildenden Wirkung der Massenmedien einher.

Die Theorie der Meinungsführerschaft erhebt nicht den Anspruch, Medienwirkungen im Allgemeinen zu erklären. Sie betrachtet lediglich den Teilbereich der Meinungsbildung, der teilweise jedoch auch auf andere Bereiche übertragen werden kann. Die Theorie galt lange Zeit als Hinweis auf einen geringen Einfluss der Medien. Sie blendet jedoch weite Teile der Mediennutzung aus, etwa die Nutzung als Unterhaltungsmedien, die heute eine der Hauptnutzungsarten von Medien darstellt. Auch blendet die Theorie den Aspekt der Nutzungsfunktion von Medien überhaupt aus.

Da zur Entstehungszeit dieses Modells die Mediennutzung bei weitem nicht das heutige Ausmaß hatte, war auch der Einfluss virtueller (medial vermittelter) Meinungsführer sehr gering. Dies hat sich seit dem Start des kommerziellen Rundfunks (Fernsehen und Radio) und seit der Entwicklung des Internets zum Massenmedium jedoch stark gewandelt. Insofern ist die Theorie der Meinungsführerschaft heute eher als ein Hinweis auf einen immer stärker werdenden Einfluss der Medien zu interpretieren.

Die Agenda-Setting-Theorie

In der Weiterführung der Auseinandersetzung damit, inwieweit Medien Meinungen und Einstellungen beeinflussen, begründete eine amerikanische Studie eine neue Betrachtungsweise auf mögliche Medienwirkungen. Die Untersuchung des amerikanischen Präsidentschaftswahlkampfes von 1968 ergab, dass die Massenmedien wenig Einfluss auf Einstellungen oder Verhalten ausüben, sondern darauf, was Medienkonsumenten für wichtig erachten bzw. worüber sie sich Gedanken machen.

Der Begriff *Agenda (latein. agendum: „das zu Treibende")* steht für das, was aus Sicht des Medienkonsumenten in der Gesellschaft getan werden muss: die gedankliche Tagesordnung der Medienkonsumenten. Durch das Setzen *(Setting)* bestimmter Themenschwerpunkte haben die Medien einen erheblichen Einfluss auf das, was innerhalb einer Gesellschaft als wichtig erachtet wird.

▸ **Agenda-Setting-Theorie**
Theorie, die davon ausgeht, dass die Medien bestimmen, womit sich die Menschen beschäftigen.

Es wird ein hohes Maß an Übereinstimmung zwischen der Wertigkeit der Themen in der Medienberichterstattung und der Wertigkeit der Themen beim Medienkonsumenten beobachtet. Die Themenrangfolge der Medien findet sich also in der Themenrangfolge der Medienkonsumenten wieder. Oder einfach ausgedrückt: Menschen empfinden in hohem Maße das als wichtig, was in den Medien als wichtig vermittelt wird.

Verstärkt diskutiert wird dieser Effekt, seit trotz Anwachsens des Medienangebotes durch Fernsehen, Radio und Internet eine zunehmende inhaltliche und formale Vereinheitlichung (Gleichschaltung) der Berichterstattung beobachtet wird. Die Politik macht sich den in der **Agenda-Setting-Theorie** angenommenen Effekt zunutze, wenn kurz vor Wahlen stark polarisierende Themen über die Medien verbreitet werden.

Kritisiert wird die Agenda-Setting-Theorie unter anderem, weil sie außer Acht lässt, dass Medienkonsumenten (Rezipienten) bewusst mediale Angebote suchen, um aktuelle Lebensthemen zu bearbeiten, die Themen also nicht von den Medien, sondern den Medienkonsumenten vorgegeben werden, und dass Jugendliche stark von ihrer *Peergroup* (Gruppe der Gleichaltrigen → Kap. 10.2.6) beeinflusst werden.

Die Theorie der Schweigespirale

Ausgangspunkt der Theorie der Schweigespirale ist die Annahme, dass sich Menschen vor einer sozialen Isolierung fürchten und diese zu meiden suchen: Wird die eigene Meinung als Minderheitsmeinung wahrgenommen, so scheut sich der Mensch, diese öffentlich zu verkünden. Umgekehrt hat das Individuum viel weniger Scheu, die eigene Meinung öffentlich zu bekunden, wenn diese als Mehrheitsmeinung wahrgenommen wird.

Die Einschätzung, ob die eigene Meinung zu einem bestimmten Thema eine Mehrheits- oder eine Minderheitsmeinung ist, wird in starkem Maße von den Massenmedien beeinflusst. Wird nun in den Massenmedien eine Minderheitsmeinung gehäuft als Mehrheitsmeinung dargestellt, so tendieren die Anhänger der eigentlichen Mehrheitsmeinung dazu, ihre Meinung öffentlich immer weniger zu äußern. Im Gegenzug werden die Anhänger der ursprünglichen Minderheitsmeinung mehr und mehr dazu ermutigt, ihre Meinung öffentlich zu äußern. Dadurch kommt es zu einem Spiralprozess, der die ursprüngliche Mehrheitsmeinung immer unattraktiver und die ehemalige Minderheitsmeinung immer attraktiver erscheinen lässt. Dies reicht hin bis zu einer tatsächlichen Änderung der öffentlichen Meinung.

> **▶ Theorie der Schweigespirale**
> Theorie, die den Theorien der öffentlichen Meinung zuzuordnen ist und von einer starken Medienwirkung ausgeht. Eine Schweigespirale kann entstehen, wenn Medien Minderheitsmeinungen als Mehrheitsmeinungen darstellen. Folge davon kann ein Umschwung der öffentlichen Meinung sein.

Der Effekt der Isolationsfurcht und des *Gruppendrucks* (→ Kap. 10.7.2, 9.1) ist ein in der Psychologie bekannter Effekt, der zunächst einmal unabhängig von Massenmedien existiert. Die Theorie der Schweigespirale aber geht davon aus, dass dieser Effekt durch Massenmedien erheblich verstärkt wird.

Bei der Beobachtung von Kinder- oder Jugendgruppen ist der Effekt der Schweigespirale auch in medienfreien Zusammenhängen häufig zu erkennen. So neigen Kinder und Jugendliche in starkem Maße dazu, bei angebotenen offenen Abstimmungen zu einem bestimmten Thema ihr Abstimmungsverhalten von der Gruppe abhängig zu machen. Bei Abstimmungen per Handzeichen ist häufig zu beobachten, wie eine hochschnellende Hand (also das Zeichen, für eine bestimmte Entscheidung zu votieren) langsam und voll Unsicherheit wieder zurückgezogen wird, wenn sich außer der eigenen Stimme nur eine kleine Minderheit für diese Wahlmöglichkeit entscheidet.

Die Kritik an der Theorie der Schweigespirale begründet sich vor allem darauf, dass die Untersuchungen hierzu von vielen Wissenschaftlern als mangelhaft befunden wurden. Die erwarteten medial bewirkten Effekte der Theorie der Schweigespirale widersprechen auch den Ergebnissen Lazarsfelds, der feststellte, dass Medien wenig geeignet sind, Einstellungen zu verändern. Wie oben beschrieben stellte Lazarsfeld fest, dass Medien aufgrund der selektiven Wahrnehmung der Rezipienten viel eher die Wirkung haben, bestehende Meinungen zu bestärken.

Wie die vorangegangenen Theorien lässt die Theorie der Schweigespirale viele Bereiche von möglichen Medienwirkungen aus. Ebenso lässt sie die Nutzungsgründe für bestimmte Medien außen vor. Sie erklärt Medienwirkungen nicht im Allgemeinen.

Die Wissensklufthypothese

Die moderne Informationsgesellschaft wird eine solche genannt, weil Informationen mittels der Medien schneller verbreitet werden, als dies in früheren Zeiten möglich war. Auch die Möglichkeit einer wesentlich größeren Informationsbreite ist angesichts der Vielzahl an Rundfunksendern und anderen medialen Angeboten wesentlich gewachsen. Vor allem das Internet bietet einen schnellen und kostengünstigen Zugang zu Informationen jeglicher Art.

So entstand angesichts der herrschenden Medien- und Informationsfülle die berechtigte Hoffnung, dass sich sozioökonomische Unterschiede im Laufe der Zeit ausgleichen könnten. Denn diese Unterschiede beruhen in einer Informationsgesellschaft zu einem großen Teil auf der **Ressource Wissen** und auf deren **ungleichmäßiger Verteilung**. Mit der wachsenden Möglichkeit auf Informationszugriff verband sich also die Hoffnung, dass Menschen aus sozial benachteiligten Milieus ihre Benachteiligung hinsichtlich des Informationsstandes aufholen könnten.

Bereits in den 70er Jahren des 20. Jahrhunderts wurde jedoch in Langzeituntersuchungen ein eher gegenteiliger Effekt beobachtet: Je mehr Wissen über die Medien in ein gesellschaftliches System dringt, desto größer werden die Wissensunterschiede zwischen den gesellschaftlichen Schichten.

Die **Begründung für diesen Effekt** ist vielschichtig. So haben Menschen mit höherem ökonomischem Status häufig ein größeres Vorwissen. Neues Wissen kann damit leichter in bestehendes Wissen integriert werden. Und auch in anderen Bereichen werden in bildungsnahen Milieus günstigere Voraussetzungen beobachtet:

- Höhere Kommunikationsfähigkeit
- Mehr soziale Kontakte
- Breiteres Aktivitätsspektrum
- Geübteres Behalten von Informationen
- Vorziehen von qualitativ höherwertig informierenden Medien.

Mit dem Siegeszug des Internet und den damit verbundenen Möglichkeiten beim Informationszugang ist die sogenannte Wissensklufthypothese nach längerer Ruhepause wieder aktuell geworden.

> **▶ Wissensklufthypothese**
> Medienwirkungstheorie, die nicht von einer direkten Medienwirkung ausgeht. Vielmehr haben die Medien deshalb einen Effekt, weil die Menschen eine bestimmte Medienauswahl treffen und weil Medienbotschaften auf unterschiedliche Subjekte treffen, bei denen sie wiederum unterschiedliche Reaktionen auslösen. Außerdem geht sie davon aus, dass ein erhöhter Informationsfluss innerhalb einer Gesellschaft eine wachsende Wissenskluft zwischen den bildungsnahen und den bildungsfernen Milieus bewirkt.

Dass Medienbotschaften unterschiedliche Reaktionen bei unterschiedlichen Menschen auslösen, verweist wiederum auf Ansätze, die sich damit beschäftigen, warum Menschen welche Medien nutzen.

Die Unterschiede innerhalb der Gesellschaft im Zugang zu den neuen Medien und im Umgang mit ihnen bestätigen die Aktualität der Wissensklufthypothese. Da sich Wissensklüfte vor allem im Hinblick auf die neuen digitalen Medien bemerkbar machen, wird hier inzwischen von einer **digitalen Kluft** gesprochen. Der Tenor ist jedoch ähnlich: Der Zugang zu moderner Kommunikationstechnologie entscheidet über die Chancen in der Informationsgesellschaft.

Kritisiert wird an der Wissensklufthypothese, dass sie dazu neigt, technologische Entwicklungen als soziale Ungerechtigkeit wahrzunehmen und dass sie wenig Lösungsmöglichkeiten aufzeigt. Dabei konnte in nachfolgenden Untersuchungen gezeigt werden, dass wachsende Wissensklüfte von vielen Faktoren beeinflusst werden, auf die wiederum von unterschiedlicher Seite aus Einfluss genommen werden kann:

- Durch Verbesserung des Vorwissens
- Durch die Rezeption kontroverser und konflikthaltiger Medienberichterstattung
- Durch persönliche Kommunikation.

Dies alles sind Aufgaben, mit denen sich die Pädagogik beschäftigt oder beschäftigen kann.

Nutzen- und Belohnungsansatz

Die grundlegende Fragestellung des Nutzen- und Belohnungsansatzes lautet: Warum benutzen bestimmte Menschen bestimmte Medien und welchen Nutzen ziehen sie daraus?

> ▶ **Nutzen- und Belohnungsansatz (Uses and Gratification Approach)**
> Theorie der *Mediennutzungsforschung*, die von einem aktiven Mediennutzer ausgeht, der sich Medium und Medieninhalt bewusst aussucht, um damit bestimmte Ziele zu erreichen beziehungsweise bestimmte Bedürfnisse zu befriedigen.

Schon früh erkannte die Medienwirkungsforschung, dass Medienwirkungen abhängig sind von einem **komplexen Gefüge**, das sich zusammensetzt aus:

- Der jeweiligen Medienbotschaft
- Der aktuellen Rezeptionssituation
- Den persönlichen Voraussetzungen und Eigenschaften des Rezipienten.

Die unbewusste selektive Wahrnehmung, aber auch die bewusste Selektion (Auswahl) von Medienangeboten wurde in der Forschung zunehmend als bedeutsam für die Medienwirkung erkannt. Nicht zuletzt wiesen auch die Ergebnisse der Wissenskluftforschung auf die bedeutende Rolle der individuellen Voraussetzungen der Rezipienten hin. So wandelte sich die grundlegende Frage der Wirkungsforschung: „Was machen die Medien mit den Menschen?“ allmählich zu der Frage: „Was machen die Menschen mit den Medien?“

Diese Perspektive in der Medienwirkungsforschung ist eher als Mediennutzungsforschung zu bezeichnen. Daher werden die Theorien hierzu als Nutzen- und Belohnungsansatz (Uses and Gratification Approach) bezeichnet. Dieser Ansatz ist keine in sich geschlossene Theorie. Vielmehr steht diese Bezeichnung als Sammelbegriff für verschiedene Untersuchungen zu den Funktionen der Mediennutzung.

> ⊙ Die grundlegende Fragestellung des Nutzen- und Belohnungsansatzes lautet: Warum benutzen bestimmte Menschen bestimmte Medien und welchen Nutzen ziehen sie daraus?

Mediennutzung wird als sinnstiftende und wirklichkeitskonstruierende Aktivität verstanden. Insofern ist der Nutzenansatz eng verwandt mit dem Konstruktivismus aus der *Lernpsychologie* (→ Kap. 10.4). Medieninhalte werden immer im Rahmen der jeweils geltenden oder üblichen gesellschaftlichen Interpretationsmuster wahrgenommen, doch findet während ihrer Rezeption ein ständiger Abgleich mit den eigenen Vorerfahrungen statt. Dadurch wird derselbe Inhalt bei verschiedenen Rezipienten mit verschiedenen Bedeutungen versehen. Dies erklärt auch, weshalb bestimmte Inhalte bei manchen Kindern Ängste auslösen, während andere Kinder dieselben Inhalte gelassen wahrnehmen.

Faktoren des Mediennutzungsverhaltens

Funktionale Aspekte von Medien → Kap. auch 17.2.1

Folgende Faktoren bestimmen und beeinflussen das Mediennutzungsverhalten des Medienkonsumenten: Seine aktuellen Bedürfnisse, seine soziale Stellung, seine Lebensgeschichte, seine Traumata und Ängste, seine Vorlieben und Abneigungen, die Nutzungsgewohnheiten seiner Peergroup und die Nutzungsprägungen durch sein Elternhaus oder seine Schule.

Mediennutzungsmotive

Neben den Faktoren des Mediennutzungsverhaltens spielt für die persönliche Mediennutzung das jeweilige Nutzungsmotiv eine bedeutsame Rolle. Solche Nutzungsmotive können sein: Entspannungsbedürfnis, Flucht vor

Abb. 17.9: Mediennutzungsmotive Entspannung und Stimmungsregulierung.

Langeweile, Informationsbedürfnis, Ablenkung oder Zerstreuung Hintergrundkulisse, Stimmungsregulierung, Abgrenzung, Kommunikation, Bestätigung des Selbstwertes, Zurschaustellung des eigenen Status oder Bekundung einer Gruppenzugehörigkeit.

Die Nutzungsmotive haben einen großen Einfluss auf die Wirkung von Medieninhalten. Es kann durch sie aber nur teilweise erklärt werden, weshalb Menschen bestimmte Medien auswählen, denn sehr häufig spielen auch unbewusste Motive eine Rolle. Dies ist auch einer der Kritikpunkte am Nutzenansatz. So wurde der Nutzen- und Belohnungsansatz weiterentwickelt, um den unbewussten Motiven bei der Medienauswahl stärker Rechnung zu tragen. **Unbewusste Motive** für die Mediennutzung können beispielsweise sein:

- Nähe-Distanz-Gestaltung in Familie oder Partnerschaft
- Ersatz für fehlende menschliche Beziehungen
- Entkräftigung spannungsgeladener Situationen
- Ausübung von Kontrolle
- Wunsch nach Erfolgserlebnissen, vor allem bei Computerspielen
- Alltagsstrukturierung
- Gewohnheitshandeln
- Familiär erlerntes Medienhandeln
- Exploratives Handeln, Suchen nach neuen Erfahrungen
- Sensationslust, Stimmungserregung

Zuschauerforschung

Aus dem Nutzenansatz entstand die Zuschauerforschung, die sich unter anderem damit beschäftigt, welche Medienangebote in welcher Häufigkeit von wem genutzt werden. Die hier gewonnenen Daten dienen als Grundlage für

- Die Berechnung von Werbegebühren
- Die Festlegung von Programmplätzen
- Die Veränderung von Sendezeiten
- Die Absetzung von Sendungen.

Zusammenfassung

Medien bestimmen den Alltag des modernen Menschen. Sie vermitteln Handlungsmuster und Verhaltensweisen, Einstellungen und Meinungen, sie hinterlassen Bilder und Vorstellungen. Für den Einfluss von Medien gilt:

- Je mehr ein Individuum bei der Bewertung von Medienbotschaften allein gelassen wird, desto größer ist ihr Einfluss.
- Je mehr mediale Vorbilder die realen Vorbilder ersetzen, desto größer ist der Einfluss der Medien.
- Je mehr Zeit mit Medien verbracht wird, desto stärker ist ihr Einfluss auf die Vorstellungen und Einstellungen von Menschen.

Dies kann je nach Nutzungsgewohnheit, Nutzungsmotivation und daraus resultierender Medienauswahl positive oder negative Folgen haben.

17.1.4 Medien in der Kritik

Medienkritik → Kap. 17.1.2

Medien wirken jeweils auf die Kultur ein, aus der heraus sie entstanden sind. So liegt es nahe, dass Medien auch Einflüsse haben können, die kritisch betrachtet werden, die Sorgen bereiten oder die aus Angst vor dem Unbekannten mit Argwohn betrachtet werden. Gerade in der Pädagogik gab es meist einige Skepsis gegenüber neuen Medien. Die gängige Reaktion war über viele Jahrhunderte die, die Heranwachsenden so gut es geht vom Einfluss der Medien abzuschirmen. Diese Haltung, die auch als Bewahrpädagogik bezeichnet wird, gilt wie im Kapitel *Medienpädagogik* (→ Kap. 17.1.2) dargestellt wurde, heute als überkommen.

> ⊙ Neue Medien prägen eine neue Kultur mit neuen Gewohnheiten, Informationsflüssen, Bildungsangeboten, Möglichkeiten des Meinungsaustauschs und vielem mehr. Anfänglich stehen sie fast immer in der Kritik, doch sind sie irgendwann in der Gesellschaft als Normalität angekommen. Taucht dann ein neues Medium auf, beginnt dieser Prozess der Veränderung und Kritik erneut.

Historische Highlights der Medienkritik

Bereits in der Antike finden wir eine kritische Auseinandersetzung mit neuen kulturellen Entwicklungen. So beinhaltet Platons Phaidros mit die frühesten Fundstücke von Medienkritik. Diese Kritik setzt an einer für uns heute kaum vorstellbaren Stelle an, denn die **Schrift** als solche gerät in die Kritik.

Platon lässt die Protagonisten seiner Dialoge mehrere Kritikpunkte an der Schrift zusammentragen:

- Die Schrift werde den Lernenden Vergessen einflößen, da sie durch das Geschriebene das Gedächtnis vernachlässigen werden.
- Von der Weisheit bringe das geschriebene Wort den Lernenden nur den Schein bei, nicht die Sache selbst, so dass sich Schüler vielwissend dünken, doch größtenteils unwissend sind.
- Falsches niedergeschriebenes Wissen wird als solches nicht unbedingt erkannt, aber eher für wahr gehalten, als in einer Rede geäußert.

Platon benennt in seinem Phaidros eine Medienkritik, die auch heute noch an viele Medien angelegt werden kann und durchaus aktuell ist. Dies betrifft das Element der **Unvermittelbarkeit der Wirklichkeit:** Medien können die Wirklichkeit immer nur in vermittelter Form, also indirekt erfahrbar machen (→ siehe auch Kap. 16.2). Ebenso betrifft seine Kritik das Element der Notwendigkeit einer inhaltlichen Prüfung von Medienbotschaften, einer kritisch hinterfragenden Grundhaltung gegenüber diesen.

Aber angesichts der Befürchtungen Platons lässt sich auch beobachten, dass Medienkritik häufig dazu neigt, positive Faktoren zu vernachlässigen und befürchtete Entwicklungen überspitzt darzustellen. Ohne die Schrift wäre es sicher nicht denkbar gewesen, unsere Kultur auf die breite Wissensbasis zu stellen, auf der sie sich heute befindet.

Das **Buch** wird heute in seiner Bedeutung hochgehalten, und seine scheinbare oder teilweise Verdrängung durch die neuen Medien wird mit Sorge betrachtet. Ein Blick in die Geschichte der Medienkritik zeigt, dass das Buch nicht immer so hochgehalten wurde. Im Gegenteil: Während vieler Jahrhunderte waren Bücher das Ziel zahlreicher Angriffe. Insbesondere kirchliche Instanzen übten über Jahrhunderte Kritik an Büchern (→ Abb. 17.6), vor allem wenn sie nach kirchlicher Auffassung Irrlehren verbreiteten.

Die erste Verdammung eines Buches fand bereits 325 auf dem Konzil von Nicea statt. Als Ergebnis dieses Konzils wurde der Besitz der Thalia-Schrift des Arius mit dem Tode bestraft. Etwa 150 Jahre später existierte bereits ein Index mit verbotenen Büchern, der als *index librorum prohibitorum romanum* bis zu seiner Abschaffung im Jahre 1966 etwa 6000 verbotene Bücher aufzählte.

Mit zunehmender **Entwicklung der Lesefähigkeit** der Bevölkerung in Mitteleuropa – von etwa 15 % im Jahre 1770 bis hin zu etwa 90 % im Jahre 1900 – breitete sich der Gebrauch des Mediums Buch entsprechend aus. Die Folge dieser Verbreitung war eine gesellschaftliche Diskussion um vermutete negative Wirkungen schlechter Literatur zur Zeit der Jahrhundertwende vom 18. zum 19. Jahrhundert. Vielleserei wurde als Lesesucht bezeichnet. Als deren mögliche Folgen wurden die Unfähigkeit zu logischem Denken und eine Existenzgefährdung infolge der Vernachlässigung alltäglicher Pflichten gesehen. Auch hier lässt sich erkennen, wie die Gesellschaft auf medial bedingte Veränderungen, hier im Freizeitverhalten, mit entsprechender Sorge in Form einer Medienkritik reagiert.

Es lassen sich durchaus berechtigte Sorgen erkennen: Eskapismus (Realitätsflucht) stellt auch bei den elektronischen und den neuen Medien ein Phänomen dar, welches in Ausnahme- und Extremfällen tatsächlich zum Realitätsverlust beitragen kann. Doch ist dies, wie im Kapitel *Medienwirkungsforschung* (→ Kap. 17.1.3) dargelegt, nicht in erster Linie dem Medium oder dessen Inhalt, sondern den individuellen Voraussetzungen des Nutzers anzulasten.

Vernachlässigt wurde bei der buchbezogenen Medienkritik des 19. Jahrhunderts, dass die **Vielleserei** durchaus **positive Aspekte** mit sich bringt: Erweiterung der sprachlichen Kompetenzen, Ausbau der schriftsprachlichen Kompetenzen, Anregung zu eigenen Ideenwelten und damit zu selbständigem Denken u. v. m.

Medienkritik macht auch deutlich, dass Medien als potenziell gefährlich betrachtet werden, weil sie zur Weitergabe von Informationen und Gedanken dienen und somit den Machterhalt einer Gruppe gefährden können. So kann sich Medienkritik in **Medienzensur** verwandeln. Heinrich Heine schrieb 1821 in der Tragödie Almansor: „Das war ein Vorspiel nur. Dort, wo man Bücher verbrennt, verbrennt man auch am Ende Menschen.“ Damit nahm er vorweg, was gut hundert Jahre später eintreten sollte.

Thesen der aktuellen Medienkritik

Mit der massenhaften Verbreitung der Medien Fernsehen, Radio, Kino und später dem Computer beginnen erneut gesellschaftsverändernde Prozesse. Medienkonsum wird nach und nach zur Alltagshandlung. Die Zeit, in der sich Menschen mit Medien beschäftigen, wächst seit dem Aufkommen der elektronischen Medien beständig an.

Da das Erscheinen neuer Medien eine jeweils neue Medienkritik erzeugt, zieht auch die schnelle Verbreitung der elektronische Massenmedien eine entsprechende Kritik nach sich. Diese erscheint im Hinblick auf das massive Ansteigen der für Medien aufgewendeten **Zeit** auch erforderlich. Die *Medienwirkungsforschung* (→ Kap. 17.1.3) hat gezeigt, dass Medien unser Denken und Handeln beeinflussen können. Medien bestärken unsere Wertmaßstäbe oder vermitteln uns, bei entsprechendem Mangel in der Realität, Wertmaßstäbe, Handlungsmuster und Problemlösestrategien. So liegt die Sorge um negative Auswirkungen eines ausgiebigen Medienkonsums mit häufig fragwürdigen Inhalten nahe.

Einige der provokantesten und am meisten diskutierten Thesen der aktuellen Medienkritik lauten:

- Fernsehen ist einer Droge gleichzusetzen. Für die kindliche Psyche ist Fernsehen Gift
- In der Sprachentwicklung (→ Kap. 22.1, 10.1.3) liegen fernsehende Kinder hinter dem Entwicklungsstand nicht fernsehender Kinder zurück (Marie Winn 1977)
- Die Fernsehkultur bewirkt einen Verfall der Schriftkultur und der rationalen Urteilskraft (Neil Postman 1985)
- Fernsehen macht dick, dumm und gewalttätig (Manfred Spitzer, in Teilen auch Christian Pfeiffer)
- Neue Medien machen krank (Werner Glogauer 1999)
- Computerspiele sind aggressionsfördernd (Manfred Spitzer 2005, Manfred Glogauer).

Bei ungünstigen individuellen Voraussetzungen können Medien all diese Gefahren begünstigen und entsprechende Effekte verstärken. Dies den Medien selbst anzulasten, wäre aber eine falsche Schlussfolgerung. Wie die *Theorien der Medienwirkung* (→ Kap. 17.1.3) belegen, sind einfache Stimulus-Response-Modelle unwissenschaftlich und nicht seriös. Zu viele Faktoren spielen in den Wirkungsprozess hinein, als dass solch einfache Schlussfolgerungen möglich wären.

„Fernsehen ist einer Droge gleichzusetzen“

Wenn das Fernsehen einer Droge gleich benutzt wird und das Nicht-Erfüllen von Sehgewohnheiten zu Aggressivität oder Antriebslosigkeit führt, dann ist dies kaum dem Medium zuzuschreiben. Vielmehr ist die Ursache hier in einer Umgebung zu suchen, die einem Kind keine Alternativen in der Freizeitgestaltung anbietet. Wenn Fernsehen als einzige Möglichkeit betrachtet wird, Freizeit sinnvoll zu gestalten, ist dies kein Indikator für die Gefährlichkeit des Fernsehens, sondern ein Armutszeugnis für die Erziehungs- und Lernumgebung.

„Fernsehen schadet der Sprachentwicklung"

Nicht das Fernsehen bewirkt eine Entwicklungsverzögerung, sondern eine Umgebung, in der kein Wert auf Kommunikation und gemeinsames spielerisches Handeln gelegt wird. Entsprechend gilt die These, Fernsehen im Kleinkindalter würde zu einer sprachlichen Entwicklungsverzögerung führen, inzwischen als widerlegt. Vielmehr zeigt die aktuelle Forschung, dass bei der Wirkung auch hier eine entscheidende Rolle spielen:

- Die individuellen Voraussetzungen des Kindes
- Die situativen Rahmenbedingungen
- Die Motive der Nutzung
- Die Inhalte.

Nicht zuletzt haben die jeweiligen Inhalte eine große Bedeutung. So kann Fernsehen im Kleinkindalter durchaus eine Entwicklungsverzögerung bewirken. Bei entsprechenden Inhalten und Rahmenbedingungen kann Fernsehen aber auch zu einer Erweiterung des Wortschatzes führen. Und in den meisten Fällen scheint der direkte Einfluss des Fernsehens auf die Sprachentwicklung gegen Null zu tendieren.

„Medien bewirken einen Verfall der Schriftkultur"

Die Nutzung von Hörmedien scheint einen positiven Einfluss auf die Sprachentwicklung zu haben (→ Kap. 22.1.x, 10.1.3). Der von Neil Postman vorhergesagte Verfall der Schriftkultur ist jedoch nur teilweise eingetroffen: Im Gegenteil ist in den letzten 25 Jahren die Nutzung von Büchern gestiegen. So werden im Schnitt seit 1985, dem Erscheinen von Postmans Buch, pro Tag fünf Minuten weniger Zeitung gelesen, dafür werden Bücher aber acht Minuten pro Tag länger gelesen.

„Fernsehen bewirkt einen Verlust der rationalen Urteilskraft"

Das Risiko eines Verlusts der rationalen Urteilskraft ist unter dem Aspekt der Nutzungsmotivation und im Zusammenhang mit den Ergebnissen der Wissensklufthypothese (→ Kap. 17.1.3) zu betrachten. Die Konstruktion der Wirklichkeit, die jeder Mensch auf seine individuelle Weise vollzieht, wird in immer stärkerem Maße von Medien geprägt. Sie übermitteln uns zum großen Teil die Bilder, aus denen wir uns das Bild einer globalen Realität zusammenbauen. Je nachdem, welche Medien wir für diese Wirklichkeitskonstruktion heranziehen, werden wir uns ein Weltbild erschaffen, welches im einen Falle mehr, im anderen weniger vom Boulevardjournalismus geprägt sein wird. Pauschal einen Verlust rationaler Urteilskraft zu prognostizieren, ist daher zwar schlagzeilenträchtig, aber

Abb. 17.10: Immer wieder stehen neue Medien in der Kritik.

dennoch unseriös und populistisch. Denn bei entsprechender Mediennutzung kann die Urteilskraft durchaus auch gestärkt werden.

„Fernsehen macht dick, dumm und gewalttätig"

Die Thesen des Neurologen Manfred Spitzers und des Kriminologen Christian Pfeiffers, Fernsehen würde dumm und gewalttätig machen, sind ähnlich zu beurteilen. Die Gewaltforschung zeigt einen deutlichen Zusammenhang zwischen häuslicher Gewalterfahrung und dem Griff nach Medien mit Gewaltdarstellungen: Nicht die Gewaltmedien erzeugen Gewalt, sondern Gewalterfahrungen führen zur Nutzung von Gewaltmedien. Dass diese bei entsprechender Vorbelastung durch Gewalterfahrung eine verstärkende Wirkung gewalttätiger Tendenzen haben können, ist unbestritten.

„Neue Medien machen krank"

Und auch Werner Glogauers bewahrpädagogischen Ängste, ein hoher Medienkonsum führe zu einer ganzen Reihe von Krankheiten, gehen in diese Richtung. Es macht einen Menschen tatsächlich krank, wenn er täglich sieben oder mehr Stunden vor Fernseher und Computer verbringt. Dies ist jedoch keine Wirkung der Medien und auch keine Schuld der Medien. Diese Einsicht ist allerdings weniger als Medienkritik zu verstehen, denn als Appell an Eltern und Erziehungsinstitutionen, Kindern und Jugendlichen genügend sinnvolle und anregende Angebote zur Freizeitgestaltung zu bieten und ausreichend Bewegungs- und Kommunikationsanlässe zu schaffen.

Schutz von Kindern und Jugendlichen

Exzessiver Medienkonsum ist in jedem Falle kritisch zu betrachten – nicht weil Medien an sich etwas Schlechtes, sondern weil unmittelbare, eigene Erfahrungen etwas Wertvolles sind. Die Möglichkeit, selbst Erfahrungen zu sammeln, sinkt mit wachsendem Medienkonsum. Und natürlich gibt es auch Medieninhalte, die, in welcher Hinsicht auch immer, nicht für Kinder oder Jugendliche geeignet sind, weil sie deren Verarbeitungsmöglichkeiten

Abb. 17.11: Zwischen den **Medienpräferenzen** der Haupterzieher und denen der Kinder gibt es einen engen Zusammenhang. So haben die Kinder Bücher lesender Eltern auch eine enge Bindung zu diesem Medium.

übersteigen und/oder Ängste, falsche Vorstellungen und Hilflosigkeit auslösen.

Greifen Kinder oder Jugendliche nach Medien mit besorgniserregenden Inhalten, so ist in erster Linie nach den Gründen hierfür zu fragen. Die Aufgabe professioneller Pädagoginnen und Pädagogen besteht dann im Gegensteuern durch das Anbieten interessanterer Alternativen. Verbote sind die schlechteste Variante.
Bei aller Skepsis gegenüber einfachen Stimulus-Response-Modellen darf jedoch auch der Schutz Heranwachsender nicht aus den Augen verloren werden (→ Kap. 3.4.4). Nicht ohne Grund gibt es Freigabegrenzen bei Filmen (§ 11 JuSchG), die oft genug auch kritisch betrachtet werden können. Dieser minimale Schutz existiert im Internet nicht mehr. Hier können Kinder auf Inhalte zugreifen, die durchaus als schädigend für ihre Entwicklung betrachtet werden können. Dies weist auf die Verantwortung des Elternhauses und der Erziehungsinstitutionen hin, Kinder und Jugendliche bei ihrem Medienhandeln zu begleiten, zu beraten, auf mögliche Gefahren hinzuweisen und Ausblicke auf noch zu erobernde Lebenswelten zu geben.

Bei aller Kritik sollten die positiven Aspekte von Medien nicht übersehen werden. So bieten Medien Einblick in Welten, die Begeisterungen auslösen und neue Interessen wecken können, zum Staunen und Philosophieren anregen und so den menschlichen Horizont auf fruchtbare Weise erweitern können.

17.1.5 Mediennutzungsdaten

Mediennutzung → auch Kap. 17.1.2

Die Statistiken zur Mediennutzung zeigen, dass mit dem Aufkommen neuer Medien zunächst kein anderes Medium verdrängt wurde, sondern die Verwendung der neuen Medien zu der bereits vorhandenen Mediennutzung zeitlich hinzukam. Seit 2005 ist mit dem zunehmenden Gebrauch des Internets jedoch eine neue Entwicklung zu beobachten:
Während die Internetnutzung seitdem um fast das Doppelte angewachsen ist (von 44 auf 83 Minuten täglich), sinkt die Nutzungsdauer der Medien Hörfunk, Tageszeitung, Zeitschriften und Tonträger. Größter „Verlierer" innerhalb der letzten 30 Jahre ist das Medium Tageszeitung, dessen tägliche Verwendung um 15 Minuten gesunken ist. Während die Anwendungsdauer aller Medien bis 2005 einen steten Anstieg erfuhr, scheinen die Statistiken seitdem einen Trend zum Rückgang der Mediennutzung insgesamt aufzuzeigen. Dies täuscht jedoch, da in diesem Zeitraum die Nutzung des Mobiltelefons stark zugenommen hat. Es wird von vielen außer zum Telefonieren auch als Mediaabspielgerät verwendet.

Mediennutzung als Freizeitaktivität

Die hohen Werte für Mediennutzung in Tabelle 17.2 resultieren daraus, dass manche Medien parallel oder während anderer Freizeitaktivitäten genutzt werden. So addieren und überlagern sich Nutzungszeiten. Während im Jahr 2000 noch etwa 40 % der Freizeit auf Mediennutzung entfielen, waren es im Jahr 2007 schon etwas über 60 %.

Medium	1980	1985	1990	1995	2000	2005	2011
Fernsehen	125	121	135	158	185	220	220
Hörfunk	135	154	170	162	206	221	187
Tageszeitung	38	33	28	30	30	28	23
Zeitschriften	11	10	11	11	10	12	6
Bücher	22	17	18	15	18	25	22
Tonträger	15	14	14	14	36	45	35
Video/ DVD	–	2	4	3	4	5	5
Internet	–	–	–	–	13	44	83
Gesamt	**346**	**351**	**380**	**393**	**502**	**600**	**581**

Tab. 17.2: Entwicklung der Mediennutzung pro Tag in Minuten. Personen ab 14 Jahre. Quelle: Reitze/Ridder 2011

Interessant ist hierbei, dass die zunehmende Mediennutzung nicht zu Lasten medienfreier Freizeitaktivitäten geht. Das heißt, Aktivitäten wie Freunde treffen, die ursprünglich als medienfreie Freizeit galten, werden nach wie vor in ähnlichem Umfang ausgeübt, sie werden jedoch mit dem Einsatz von Medien kombiniert. So geben Kinder als liebste **Freizeitaktivität** das Treffen von Freunden an, an zweiter Stelle steht das Spielen im Freien und erst an dritter Stelle das Fernsehen. Allerdings ist das gewünschte Freizeitverhalten nicht immer identisch mit dem tatsächlichen Freizeithandeln. So ist das Fernsehen die häufiger ausgeübte Tätigkeit. Das kann ein Hinweis für Eltern und Pädagogen sein, Heranwachsenden genügend alternative Angebote zum Medienkonsum zu machen.

Mediennutzung in Abhängigkeit vom Alter

Während bei allen Altersgruppen die für das Fernsehen aufgewendete Zeit innerhalb der letzten 15 Jahre stark angestiegen ist, ist sie bei Kindern konstant geblieben bzw. leicht gesunken. Kinder schauen heute also nicht mehr fern als vor 15 Jahren. Ein Vergleich: Personen mit einem Alter ab 65 Jahren schauen etwa viereinhalb Stunden täglich Fernsehen, Kinder zwischen 3 bis 13 Jahren etwa 93 Minuten. Dennoch ist bei Kindern von 6 bis 13 Jahren der Fernseher nach wie vor das Leitmedium (→ Tab. 17.4). Dafür hat die Nutzung von Computer/Internet, Handy und MP3-Player bei den 12- bis 19-Jährigen so stark zugenommen, dass das ehemalige Leitmedium Fernsehen seinen ersten Rang in der täglichen Mediennutzung verloren hat. Dies mag mit dem Schriftspracherwerb zu tun haben. Denn sowohl das Internet als auch die SMS als Hauptnutzungsvariante des Handys setzen die zumindest teilweise Beherrschung der Schriftsprache voraus, was erst ab ca. acht Jahren, und auch hier noch nicht uneingeschränkt, gegeben ist (→ Tab. 17.3).

2004	2008
Fernseher	Handy
Musik-CDs/Kassetten	Computer
Radio	Fernseher
Computer	Internet
Internet	MP3-Player
Bücher	Radio
Zeitung	Musik-CDs/Kassetten
Magazine	Zeitungen
DVDs	Bücher

Tab. 17.3: Ranking der täglich meistgenutzten Medien bei Kindern und Jugendlichen zwischen 12–19 Jahren. Quellen: JIM Studien 2004 und 2008

Was die 3- bis 6-Jährigen anbelangt, so ist das am meisten genutzte Medium das Bilderbuch, gefolgt vom Fernsehen auf Platz zwei und der Hörkassette auf Platz drei. 85,3 % dieser Altersgruppe beschäftigt sich nie mit dem Computer.

Medium	Anteil der Nutzer an Altersgruppe
Fernseher	78 %
Musikkassetten/CDs	29 %
Computer	24 %
Radio	24 %
Telefon (Festnetz)	23 %
Hörspielkassetten	15 %
Bücher	14 %
Handy	13 %
MP3-Player	12 %
Gameboy	11 %
Videospiele/Spielkonsolen	10 %

Tab. 17.4: Tägliche Mediennutzung der 3- bis 13-Jährigen. Quelle: Feierabend/Klinger 2007

Medienausstattung der Haushalte

Die Mediennutzung steht in unmittelbarem Zusammenhang mit der Medienausstattung der Haushalte, in denen Kinder aufwachsen. So verfügen alle Haushalte über mindestens einen Fernseher. Die Abdeckung der Haushalte mit Mobiltelefonen hat inzwischen die Abdeckung mit Festnetztelefon überholt. Auch der Computer ist inzwischen in fast allen Haushalten vorhanden (→ Tab. 17.5).

Medium	Ausstattung der Haushalte
Fernseher	100 %
Festnetztelefon	94 %
Handy	97 %
Radio/CD-Player	94 %
DVD-Player	94 %
Computer	91 %

Tab. 17.5: Medienausstattung der Haushalte, in denen Kinder zwischen 6 und 13 Jahren aufwachsen. Quelle: KIM-Studie 2010

Mediennutzung und -ausstattung in Abhängigkeit vom Sozialmilieu

Innerhalb der **Sozialmilieus** gibt es große Unterschiede im Hinblick auf die Geräteausstattung, Nutzungshäufigkeit und Nutzungsart.

So gibt es Milieus, in denen Medien vorwiegend zur Unterhaltung, und andere Milieus, in denen Medien vorwiegend zur Information genutzt werden.

17.2 Bedeutung für Kinder und Jugendliche

Medien sind für Kinder und Jugendliche in vielerlei Hinsicht bedeutsam. Zum einen handelt es sich um subjektive Bedeutsamkeiten (→ Kap. 17.1.3 und 17.2.1), zum anderen ist der kompetente Umgang mit Medien, also medienbezogene technische und inhaltliche Fähigkeiten zu besitzen, in einer Informationsgesellschaft unerlässlich (→ Kap. 17.1.2, 17.2.2 f.).

Inwiefern Medien aus subjektiver Sicht von Kindern und Jugendlichen wichtig sind, wird im Abschnitt Funktionale Aspekte von Medien (→ Kap. 17.2.1) beschrieben. Mit den anthropologischen und entwicklungspsychologischen Rahmenbedingungen der Herausbildung und Reifung von Medienkompetenz sowie der Bedeutung von Medien für die individuelle Entwicklung beschäftigt sich das Kapitel Medienkompetenz als Lebenskompetenz (→ Kap. 17.2.2).

> ⊙ Erziehung bedeutet auch immer, einen Menschen für die Anforderungen und Aufgaben der jeweiligen Gesellschaft, in die er hineinwächst, zu rüsten. Daher ist es in der modernen Informationsgesellschaft unter vielerlei Gesichtspunkten notwendig, Medienkompetenz als Kulturtechnik und somit als **Schlüsselqualifikation** zu erkennen und zu entwickeln.

17.2.1 Funktionale Aspekte von Medien

Persönlichkeitsbildung und Weltaneignung → Kap. 17.1.2
Faktoren des Mediennutzungsverhalten und Nutzungsmotive → Kap. 17.1.3

Funktionale Aspekte von Medien für Kinder und Jugendliche im Alltag und im Prozess der Selbstwerdung:

- *Medien strukturieren den Tagesablauf,* indem
  - Die Angebote der Massenmedien mit ihren Sendeplätzen eine bestimmte Strukturierung des Alltags erzwingen
  - Bestimmte Handlungen wie Frühstücken oder Aufräumen) regelmäßig durch Medienhandeln begleitet wird
- *Medien bieten die Möglichkeit zur Kommunikation* und sind mit ihren Inhalten oder im Hinblick auf neue technische Entwicklungen selbst Kommunikationsthema. Sie dienen
  - Dem Austausch untereinander in Form von Telefon/Handy, E-Mail, Chat/Foren u. a.
  - Dem Austausch nach der Schule
  - Der virtuellen Beziehungspflege
  - Dem Kontakt zu Gleichaltrigen
- *Medien dienen der Information.* Sie werden eingesetzt, um Neues aus einem persönlichen Interessensgebiet zu erfahren.
- *Medien werden zur Stimmungsregulation eingesetzt,* im Jugendalter besonders intensiv, aber auch schon früher. Dies geschieht in erster Linie mit Hilfe von Musik. Emotionen werden mit Hilfe von Medien hervorgerufen, abgebaut, abgelenkt, verändert oder auch verstärkt. Dies kann geschehen
  - Im positiven Sinne eines kompetenten Umgangs mit dem eigenen Gefühlsleben
  - Im negativen Sinne eines realitätsflüchtenden Verhaltens
- *Medien werden zur Nähe- oder Distanzgestaltung eingesetzt,* in der Familie, in Freundschaften oder Beziehungen. Der gemeinsame Fernsehabend schafft Nähe, ohne dass eine unter Umständen Distanz schaffende oder Streit erzeugende Kommunikation geführt werden muss
- *Der Besitz oder Nicht-Besitz bestimmter Medientechnik wird als Statussymbol verstanden* und bedeutet für den Einzelnen unter Umständen, dazuzugehören oder außerhalb einer bestimmten Gruppierung zu stehen
- *Medien dienen der Unterhaltung und Freizeitgestaltung.* Sie werden eingesetzt, um sich den Nachmittag zu vertreiben, um einen gemeinsamen Nachmittag oder Abend mit Freunden zu gestalten. Im ungünstigsten Fall werden Medien auch eingesetzt, um andere Kinder und Jugendliche zu mobben oder Mobbing zu dokumentieren
- *Medien dienen der Abgrenzung zur Erwachsenenkultur,* vor allem die Musik, aber auch bestimmte Filme und Serien. Sie bedeuten somit Selbstdefinition, eine eigene Standortbestimmung
- *Medien dienen als Lebensberater oder Kummerkasten,* vor allem der Fernseher und in immer stärkerem Maße auch das Internet. Und auch bei der Suche nach Orientierung in unserer Gesellschaft spielen Medien für Kinder und Jugendliche eine große Rolle, so bei der Orientierung
  - hinsichtlich nachahmenswerter Wertvorstellungen
  - bei Handlungsmodellen
  - bei der Suche nach möglichen Berufsfeldern

Abb. 17.12: Bücher dienen der Information, der Unterhaltung, der Persönlichkeitsbildung, der Wissensaneignung und der Phantasie.

- *Medien vermitteln Selbstsicherheit und stärken das Selbstwertgefühl,* wenn die Fähigkeit, komplexe Medien bedienen zu können, erworben wird. Die Erfahrung, in manchen Bereichen sogar Erwachsenen etwas voraus zu haben, ihnen etwas erklären zu können, ist der Entwicklung eines gesunden Selbstbewusstseins dienlich
- *Je nach Umgang und Art erfordern Medien Entscheidungsprozesse* (Programmauswahl, Spieleauswahl) und vermitteln so das Gefühl, Entscheidungen selbst fällen zu können. Damit können sie auch dazu beitragen, die Fähigkeit zur Entscheidungsfreudigkeit zu entwickeln
- *Medien fördern,* je nach Medium bei sachgemäßem Umgang:
  - Die Lesefähigkeit
  - Die Schreibfertigkeit
  - Die Fähigkeit zur Informationsselektion
  - Die Fähigkeit zum Umgang mit Emotionen
  - Die Fähigkeit zur Abstraktion

17.2.2 Medienkompetenz als Lebenskompetenz

Medienkompetenz → Kap. 17.1.2

Die Fähigkeit, die Lebensbezüge und Realitäten der Informationsgesellschaft entschlüsseln und in die eigene Wirklichkeitskonstruktion einbinden zu können, ist zugleich die Voraussetzung, erfolgreich an der Informationsgesellschaft teilhaben zu können. Der kompetente Umgang mit Medien gehört daher in der Informationsgesellschaft genauso wie Lesen, Schreiben und Rechnen zu den **Kulturtechniken.** Wer die Kulturtechniken unserer Kultur gut beherrscht, wird den Prozess der Vergesellschaftung leichter und erfolgreicher bewerkstelligen. Daraus leitet sich auch die Aufgabe für die Pädagogik ab, die Entwicklung von Medienkompetenz als zentrale Aufgabe zu begreifen.

Voraussetzung für die **Erlangung von Medienkompetenzen** sind

- Das Grundrüstzeug der Sprachbeherrschung (→ Kap. 22, 10.1.3)
- Die zunehmende Beherrschung der Schrift und des Lesens (→ Kap. 15)
- Die Fähigkeit, Bilder oder Bildfolgen entschlüsseln zu können
- Die Fähigkeit zur Wahrnehmung akustischer Botschaften.

Die für den Erwerb von Medienkompetenz grundlegenden Fähigkeiten in der visuellen und in der akustische Wahrnehmung weisen einmal mehr auf die Bedeutung der ästhetischen Erziehung und deren Verwobenheit mit der Medienerziehung hin.

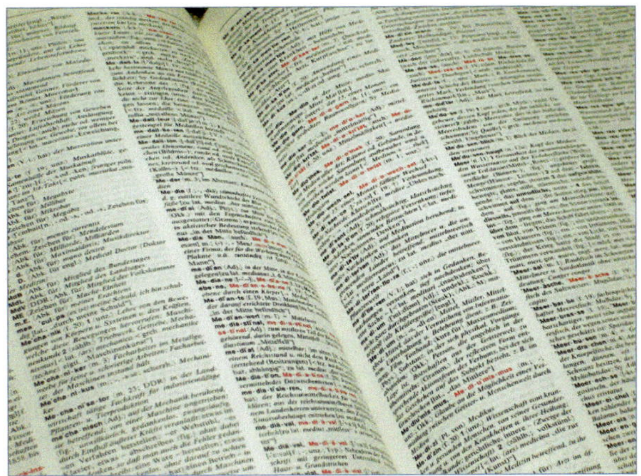

Abb. 17.13: Lesefertigkeit ist nach der Beherrschung der Sprache eine grundlegende Kulturtechnik, da die meisten anderen Techniken darauf aufbauen.

Entwicklungspsychologische und -physiologische Voraussetzungen

In diesem Kapitel wird beschrieben, welche Medienkompetenzen die *kognitive* und die *biologische Entwicklung* (→ Kap. 10.2.1) in den verschiedenen Altersstufen zulassen. Damit wird deutlich, in welchem Umfang sich rein entwicklungspsychologisch Medienkompetenz herausbilden kann.
Die Fähigkeit zur **visuellen Wahrnehmung** ist zuerst abhängig von den Möglichkeiten des visuellen Wahrnehmungsapparats. Bereits im ersten Lebensjahr bilden sich die wichtigsten visuellen Fertigkeiten so weit aus, dass sie mit den Fertigkeiten Erwachsener verglichen werden können. Dies betrifft beispielsweise die Farbwahrnehmung, die Kontrastsensitivität, das Tiefensehen und die Sehschärfe.

Auch in der **auditiven Wahrnehmung** entwickeln sich innerhalb des ersten Lebensjahres die wichtigsten Fertigkeiten. Die Fähigkeit, akustische Reize genau zu lokalisieren, also die akustische Raumwahrnehmung, ist in diesem Alter abgeschlossen. Auch die Fähigkeit für weitergehende ästhetische Wahrnehmung ist teilweise schon ausgebildet: Ab diesem Alter erkennen Kleinkinder, wenn eine Melodie in einer anderen Tonart gespielt wird oder wenn eine Tonfolge verändert wird.

Der komplette Wahrnehmungsapparat steht rein physiologisch betrachtet also ab etwa dem zwölften Lebensmonat zur Verfügung. Die Möglichkeiten zur **inhaltlichen Wahrnehmung** sind an die *kognitive Entwicklung* (→ Kap. 10.1.3) gekoppelt. Auch auf dieser Ebene vollziehen sich bereits in den ersten Monaten wichtige Entwicklungsschritte.

- Schon *Neugeborene* haben die Fähigkeit zur Wahrnehmung der Größenkonstanz, also einen Gegenstand auch dann als denselben zu erkennen, wenn er weiter entfernt ist oder sich näher befindet.

- Ab etwa dem *achten Monat* verfügen Säuglinge über das Wissen der *Objektpermanenz,* also dem Wissen, dass ein Objekt auch dann noch vorhanden ist, wenn es aktuell nicht sichtbar ist.
- Bis zum Alter von etwa *20 Monaten* versuchen Kinder, Abgebildetes durch Betasten oder andere Methoden zu explorieren (erforschen). Sie unterscheiden bis dahin also nicht zwischen einer Abbildung und der Realität.

Das Erlernen dieser Unterscheidungsfähigkeit erfolgt in der Interaktion mit Erwachsenen, Tagesmüttern oder älteren Geschwistern. Durch den gemeinsamen Umgang mit Bilderbüchern oder dem Fernsehen erfährt das Kind die Verwendungsweise der jeweiligen Medien und beginnt Schritt für Schritt, deren Wirklichkeitsabstraktion zumindest im Ansatz zu verstehen. Kinder beginnen also frühestens mit 20 Monaten, allmählich zwischen Realität und Abbildung unterscheiden zu können. Dies heißt jedoch nicht, dass sie Fiktionales im Fernsehen oder in anderen Medien auch als solches wahrnehmen könnten.

Frühestens ab einem Alter von etwa drei Jahren können Kinder Medieninhalte inhaltlich so weit nachvollziehen, dass sie beispielsweise aus speziellen pädagogischen Sendungen etwas lernen können. Dies wird in diesem Alter jedoch auch nur dann funktionieren, wenn die Inhalte, Personen oder Handlungen einen Bezug zum eigenen Ich ermöglichen.

Bezüglich des Verständnisses audiovisueller Medien kann der Entwicklungsverlauf in der Tabelle „Stufen des Entwicklungsverlaufs kognitiver, sozial-moralischer und fernsehbezogener Fähigkeiten ab dem Vorschulalter" als grobe Richtschnur dienen (→ Tab. 17.6).

Mit Fortschreiten der kognitiven Entwicklung können auch zunehmend komplexe Inhalte entschlüsselt und komplexe Medien gehandhabt werden. Denn neben der

Abb. 17.14: Der Computer ist das Medium mit der höchsten Komplexität.

unterschiedlichen inhaltlichen Komplexität von Medienbotschaften sind Medien selbst unterschiedlich komplex ausgeprägt. So sprechen Medien wie Bilderbücher oder Hörkassetten einen Sinn, einen *Aufnahmekanal* (→ Kap. 17.1.1) an. Beim Fernsehen oder Kino werden schon zwei Aufnahmekanäle angesprochen. Der Computer schließlich ist als das Medium mit der höchsten Komplexität anzusehen, da neben der möglichen audiovisuellen Darbietungsebene noch eine Interaktionsebene zu beherrschen ist, die sowohl motorische Fertigkeiten als auch vor allem symbolische Handlungskompetenz erfordert.

Es erscheint wenig sinnvoll, Kinder schon mit drei oder vier Jahren an den Computer zu setzen, da sie kognitiv noch nicht in der Lage sind zu erfassen, was sie an diesem Gerät tun. Je höher der Abstraktionsgrad eines Mediums, desto später empfiehlt sich dessen **Einsatz in der frühpädagogischen Praxis.** Da jedes Kind zu einem unterschiedlichen Zeitpunkt ein entsprechendes Verständnis entwi-

Alter	Kognitive Fähigkeiten	Sozial-moralische Fähigkeiten	Fernsehbezogene Fähigkeiten
3–6 Jahre	Denken ist an den unmittelbaren Augenschein gebunden	Beziehungen werden nur egozentrisch betrachtet	Ausschnitte und Personen werden aufgenommen, wenn ein Bezug zum eigenen Ich entdeckt wird
6–10 Jahre	An konkreten Beispielen werden verschiedene Aspekte gedanklich verbunden und Handlungsfolgen abgeschätzt	Allmählich gelingt es, die Sichtweise des Gegenübers nachzuvollziehen und sich selbst von dessen Warte aus zu beurteilen	Inhalte und Personen mit Bezug zur eigenen Lebenswelt werden in zunehmend größeren Handlungszusammenhängen wahrgenommen. Sendungen werden zunehmend differenziert betrachtet
10–13 Jahre	Abstrakte Zusammenhänge werden begriffen und können verallgemeinert werden	Verschiedene Sichtweisen mehrerer Menschen können realisiert und koordiniert werden. Es gelingt zunehmend, Beziehungen distanziert zu beobachten	Die Rezeption ist gebunden an eigene Interessen, die aber schon über die unmittelbare Lebenswelt hinausreichen. Das Fernsehverständnis wird hinsichtlich seiner formalen, dramaturgischen und inhaltlichen Dimensionen ausgeformt

Tab. 17.6: Stufen des Entwicklungsverlaufs kognitiver, sozial-moralischer und fernsehbezogener Fähigkeiten ab dem Vorschulalter.
Quelle: Theunert/Lenssen/Schorb 1995

ckelt, kann hinsichtlich des Mediengebrauchs keine allgemeingültige Formel genannt werden.

Mit diesem entwicklungspsychologischen Hintergrund lassen sich grobe **Richtwerte** nennen:

- *Audiovisuelle Medien* sollten nicht vor dem dritten oder vierten Lebensjahr verwendet werden.
- *Gemeinsame betrachtete Bilderbücher* können und sollten schon zu einem wesentlich früheren Zeitpunkt eingesetzt werden.
- *Der Einsatz des Computers* macht vor dem fünften Lebensjahr keinen Sinn.

Dabei ist stets darauf zu achten, dass Mediengebrauch gemeinsam mit Erwachsenen stattfindet, dass die Inhalte vom Kind nachvollzogen werden können und dass die Kinder mit Ängsten nicht alleine gelassen werden. Denn auch schon ein für Erwachsene witzig erscheinender Cartoon kann für ein Kind beängstigende Aspekte haben.

Kinder und Jugendliche wachsen in eine Lebenswelt hinein, deren Alltag sowohl im Berufsleben als auch im Privatleben in einem noch nicht da gewesenen Maß von Medien durchdrungen ist. Eine wesentliche Aufgabe der Heranwachsenden ist es, in dieser Welt eine möglichst große Handlungsfähigkeit zu erlangen. Die zunehmend mediale Vermittlung der Welt bedeutet eine zunehmende Komplexität in der Auseinandersetzung mit ihr und in ihrer Aneignung. Verständnisfähigkeit und Handlungsfähigkeit sind zunehmend abhängig von Medienkompetenz, weshalb Medienkompetenz einen gewichtigen Baustein zur Lebenskompetenz darstellt.

17.3 Rolle von Erzieherinnen

Neben dem stark prägenden Einfluss des Elternhauses hinsichtlich der Medienkompetenz hat auch die Rolle von Erzieherinnen in diesem Prozess eine große Bedeutung. Denn wenngleich der Gebrauch von Medien die Voraussetzung zur Herausbildung von Medienkompetenz sind, so ist doch der entsprechende Umgang mit ihnen das entscheidende Kriterium, welches die Medienkompetenz wachsen lässt.

Nicht alle Elternhäuser werden dieser Aufgabe in einer Form gerecht, die wünschenswert wäre: Kinder aus Mittelschicht-Milieus erhalten bis zur Einschulung im Schnitt 1700 Vorlesestunden. Kinder aus sozial schwächeren Milieus in demselben Sechsjahreszeitraum insgesamt dagegen nur 24 Stunden. Daran wird deutlich, dass dem Kindergarten als erstem institutionellen Erziehungsort hinsichtlich der Entwicklung von Medienkompetenz ein besonderer und wichtiger Auftrag zukommt. Aber auch für Kinder mit einer gut vorgeprägten Medienkompetenz ist der Kindergarten ein wichtiger Ort, da hier auch im Hinblick auf ihre Medienkompetenz vielfältige Lernprozesse stattfinden, die das Elternhaus nicht bieten kann.

So sind Erzieherinnen neben dem Elternhaus die ersten außerhäuslichen Begleiter der Kinder in deren Prozess der Weltaneignung und damit auch die ersten außerhäuslichen Begleiter bei deren Auseinandersetzung mit der Medienwelt. Um dieser Verantwortung gerecht werden zu können, bedarf es einer gewissen Medienkompetenz seitens der Erzieherinnen.

Die **Integration medienpädagogischen Handelns** in den erzieherischen Alltag wirft zunächst Grundfragen der Erzieherinnen an sich selbst auf:

Abb. 17.15: Vorlesen gehört zu den ersten und wichtigsten Maßnahmen bei der Entwicklung von Medienkompetenz.

- Welche Beobachtungsroutinen wende ich an, um das individuelle Medienverhalten der Kinder zu erfassen?
- Inwieweit bin ich Vorbild für kompetentes und verantwortungsvolles Medienhandeln?
- Welche medienpädagogische Grundhaltung bringe ich mit?
- Inwieweit gelingt es mir, kindliche Medienerfahrungen ernst zu nehmen, ihnen Raum zu geben, sie zuzulassen und sie zu reflektieren?
- Welche medienpädagogischen Routinen integriere ich in den erzieherischen Alltag? (→ Kap. 17.5.1)
- Welche medienpädagogischen Projekte lassen sich im Kindergarten realisieren? (→ Kap. 17.5.2)
- Inwieweit kann ich zumindest Teilbereiche der vier Arbeitsfelder zur Entwicklung von Medienkompetenz bereits im Kindergarten integrieren? (→ Kap. 17.5.3)
- Welche Form der Elternarbeit ist im Hinblick auf medienpädagogische Ziele sinnvoll und unterstützend für die Arbeit im Kindergarten?

17.3.1 Beobachtung

Die **Beobachtungsaufgaben,** die sich in medienpädagogischer Hinsicht stellen, entsprechen auch in vielen Punkten den Bereichen, die für die Entwicklung insgesamt von Bedeutung sind:

- Wie ist der Sprachstand des Kindes (→ Kap. 22.3.3) einzuschätzen?
- Inwieweit ist das Kind in der Lage, sich altersgemäß verbal und bildnerisch auszudrücken?
- Hat das Kind Einschränkungen in der visuellen oder auditiven Wahrnehmung (Sehschärfe, Raum-Lage-Wahrnehmung, Hörvermögen)?
- Wie weit ist die Fähigkeit entwickelt, Bildern Botschaften entnehmen zu können beziehungsweise Bildern eine Bedeutung zuzuweisen?
- Wie weit ist das Symbolverständnis (→ Kap. 10.3.5) des Kindes entwickelt?
- Welche Medien nutzt das Kind?
- Welche Medien kennt es?
- Findet es Zugang zu Büchern?
- Von welchen Medienerfahrungen berichtet das Kind?
- Welches sind die Lieblingsmedien des Kindes?
- Hat es mediale Vorbilder, Helden oder Ähnliches?
- Zeigt das Kind Handlungsmuster, die medial geprägt erscheinen?
- Macht das Kind den Eindruck, als ob es durch Medienerlebnisse belastet wäre?
- Verfügt das Kind über Strategien, Medienerfahrungen zu verarbeiten?
- Welche Strategien wendet das Kind dabei an?
- Äußert das Kind Meinungen oder Ansichten, die medial geprägt erscheinen?
- Über welche Handlungskompetenzen im Bezug auf Medientechnik verfügt das Kind?

Die Beantwortung dieser Fragen weist dann die Richtung, in die sich die **individuelle Förderung** des Kindes bewegt. Individuelle Förderung kann auch in Kleingruppen geschehen oder durch das Prinzip „Kinder lehren Kinder", bei dem erfahrenere Kinder anderen im gemeinsamen Tun helfen.

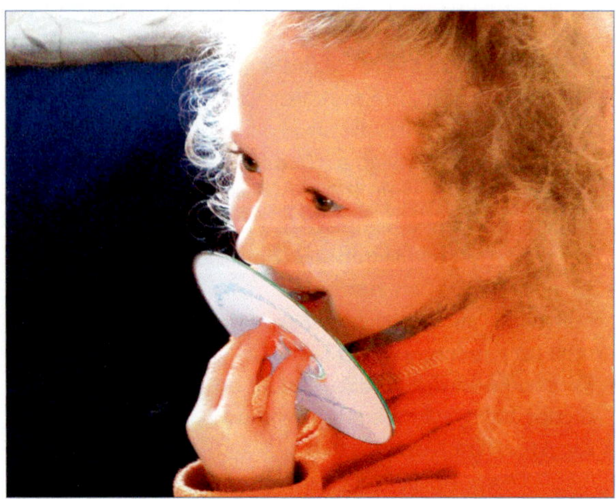

Abb. 17.16: Neugier und Vorfreude auf ein Medienprojekt.

Um Beobachtung nicht zu einem flüchtigen Eindruck werden zu lassen, muss diese **dokumentiert** werden. Damit dies in angemessenem Zeitaufwand erfolgen kann, wird für jedes Kind eine Art Karteikarte angelegt (→ Tab. 17.7).

Eine weitere Möglichkeit zur Ergänzung solcher Beobachtungen sind **Fragebögen** (→ Tab. 17.8), die mit den Kindern zusammen ausgefüllt werden. Diese Fragebögen geben einen guten Einblick in die Medienerfahrungen der Kinder und deren Selbsteinschätzung hierzu.

17.3.2 Vorbildfunktion

Kinder lernen durch Exploration, Erkundung. Kinder lernen aber auch in starkem Maße durch Nachahmung. Dies wird auch als Lernen am Modell bezeichnet. Im *Modelllernen* (→ Kap. 10.4) ist der Grund zu sehen, weshalb Kinder und Jugendliche in starkem Maße ein Medienverhalten haben, das dem der Eltern ähnelt. Dies muss nicht im Hinblick auf die Inhalte der Fall sein, vielmehr ist es auf die Funktion des Medienhandelns bezogen.

Einen sicher nicht ganz so starken **Einfluss** wie die Eltern haben Erzieherinnen **auf das Medienhandeln** der ihnen anvertrauten Kinder. Kinder registrieren sehr genau, welche Äußerungen Erzieherinnen hinsichtlich ihres eigenen Medienverhaltens abgeben, und sie beobachten auch genau, welche Handlungsmuster von den Erzieherinnen gelebt werden.

Die Erzieherin sollte ihr eigenes Medienhandeln überprüfen und sich Fragen stellen wie:

- Erzähle ich den Kolleginnen von Filmen, die ich gesehen habe?
- Sind hierbei Kinder anwesend?
- Wie sind die kommunizierten Inhalte im Hinblick auf die Kinder einzustufen?
- Komme ich mit einem MP3-Player im Ohr in den Kindergarten?
- Bin ich dabei ansprechbar?
- Mit welchem Stellenwert wird das Handy behandelt?
- Sehen die Kinder zu, wenn es verwendet wird?

Diese und viele weitere Fragen stellen sich Erzieherinnen, wenn sie sich ihre Vorbildfunktion bewusst machen. Das eigene Medienhandeln zu hinterfragen ist ein notwendiger Prozess, um dem eigenen Anspruch an ein gutes Vorbild gerecht werden zu können.

Beobachtungsbogen zu Merkmalen von Medienkompetenz **für** ______________________________	
Sprachstand	
Verbale Ausdrucksfähigkeit	
Bildnerische Ausdrucksfähigkeit	
Einschränkungen der visuellen Wahrnehmung	Nein _____ Ja: ______________________________
Einschränkungen der auditiven Wahrnehmung	Nein _____ Ja: ______________________________
Fähigkeit, Bildern Botschaften zu entnehmen	
Symbolverständnis	
Vom Kind genutzte Medien	TV:____ Radio:____ PC:____ Kassette/CD:____ Bücher:____ Andere:______________________________
Dem Kind bekannte Medien	TV:____ Radio:____ PC:____ Kassette/CD:____ Bücher:____ MP3(4):____ Spielkonsole:_____ Zeitung:____ Magazine:____ Andere:______________________________
Zugang zu Büchern	
Berichte von Medienerfahrungen	
Lieblingsmedien	
Mediale Vorbilder, Helden	
Medial geprägte Handlungsmuster	
Belastung durch Medienerfahrungen	
Strategien, Medienerfahrungen zu verarbeiten	
Bevorzugte Verarbeitungsstrategie	
Medial geprägte Ansichten oder Meinungen	
Medientechnische Handlungskompetenzen	

Tab. 17.7: Beispiel für einen Beobachtungsbogen zur Einschätzung von Medienkompetenz.

Fragebogen zur Einschätzung des Medienverhaltens von: ______________________	
Wie oft darfst du zu Hause fernsehen? (Täglich, mehrmals wöchentlich, wöchentlich, nie)	
Was sind deine Lieblingssendungen/-filme?	
Bei welchen Sendungen bekommst du Angst?	
Hast du einen Kassettenrekorder oder CD-Spieler?	
Was hörst du da am liebsten an?	
Wie oft hörst du dir eine Kassette oder eine CD an?	
Hörst du manchmal auch Radio?	
Hörst du einen bestimmten Radiosender?	
Schaust du dir gerne Bücher an?	
Schaust du dir Bücher lieber alleine an oder lieber mit jemandem zusammen?	
Hast du in deinem Zimmer ein eigenes Bücherregal?	
Was schätzt du: Wie viele Bücher stehen da drin?	
Bekommst du manchmal etwas vorgelesen?	
Wie oft bekommst du etwas vorgelesen?	
Hast du ein Lieblingsbuch?	
Habt ihr einen Computer zu Hause?	
Darfst du den Computer auch manchmal benutzen? Wie oft?	
Was machst du am Computer am liebsten?	
Hast du zu Hause noch andere elektronische Spielsachen? (Gameboy, Playstation X-Box …)	
Darfst du mit diesen Geräten auch schon spielen?	
Welche Karten- oder Brettspiele kennst du?	
Was benutzt du am häufigsten: Bücher, Fernseher, Radio, CD-/Kassettenspieler, Gameboy oder Spielkonsole (Playstation/X-Box)?	

Tab. 17.8: Beispiel für einen Fragebogen zur Einschätzung des Medienverhaltens.

Der starke Einfluss der Erzieherin macht sich auch in der **Art ihrer Kommunikation über Medien** geltend. Erzieherinnen haben einen großen Einfluss, indem sie Medientipps geben. Dies können Bilderbücher, Hörkassetten oder auch Fernsehsendungen sein. Kinder greifen gerne auf Ratschläge hinsichtlich bestimmter Medienangebote zurück. Regelmäßig ausgesprochene Medientipps können das Medienhandeln von Kindern stark beeinflussen und zeigen den Kindern außerdem, in ihrem Medienhandeln ernst genommen zu werden

17.3.3 Medienpädagogische Grundhaltung

Um Medienerziehung als alltägliches Erziehungshandeln in den Kindergärten zu etablieren, bedarf es einer Grundhaltung, die medienpädagogische Arbeit im Vorschulalter als notwendig anerkennt.

Eine günstige medienpädagogische Grundhaltung bedeutet, **aufgeschlossen** und **experimentierfreudig** beim Einsatz von Medien zu sein. Alle Medienarten – natürlich nicht alle Medieninhalte – sind auf die eine oder andere Weise für den Einsatz im Kindergarten geeignet (→ Abb. 17.15). Eine günstige medienpädagogische Grundhaltung tabuisiert keinen Computer und auch keinen Fernseher. Vielmehr ist es das Bestreben medienpädagogischer Arbeit, den Kindern sinnvolle, sinnstiftende und den Horizont der Kinder erweiternde Nutzungsvarianten der Medien aufzuzeigen.

Eine günstige medienpädagogische Grundhaltung bedeutet auch, medienpädagogische Elemente **in den Alltag zu integrieren** und nicht nur einzelne kleine medienpädagogische Erlebnisinseln zu schaffen.

Neben einem umfänglichen Medieneinsatz bedeutet eine günstige medienpädagogische Grundhaltung außerdem, den Kindern Raum zu geben, ihre **Medienerlebnisse zu äußern,** zu bearbeiten und zu verarbeiten. Dies kann z. B. im gemeinsamen Gespräch, in der kreativ-ästhetischen Arbeit, im Spiel oder in der praktischen Medienarbeit geschehen.

Abb. 17.17: Medienpädagogisches Handeln erschöpft sich nicht am Medium Buch, sondern bindet auch den aufgeschlossenen Umgang mit anderen Medien ein.

Kinder sollten zudem das Gefühl haben, ihre Medienerlebnisse und ihr Medienhandeln zunächst wertungsfrei äußern zu können. Eine vorschnelle Wertung seitens der Erzieherin wird vom Kind schnell als Entwertung wahrgenommen, was dazu führen würde, dass es seine Erfahrungen künftig lieber für sich behält.

17.3.4 Zulassen kindlicher Medienerfahrungen

Kinder sind im Elternhaus oder auch bei Freunden Medienerlebnissen ausgesetzt. Sie ahmen Medieninhalte, einzelne Medienfiguren oder auch komplexere Erzählstrukturen nach. Dies geschieht jedoch nicht wahllos, sondern selektiv. Kinder wählen ganz gezielt diejenigen Aspekte ihrer Medienerlebnisse aus, die ihren eigenen Bedürfnissen, aktuellen Problemen und Erfahrungen entsprechen. Ebenso modifizieren sie im Spiel ihre Medienerlebnisse dahingehend, dass die Figuren und Handlungen an die eigene Situation angepasst werden.

Kinder benötigen einen Raum, um ihre jeweils aktuellen Themen bearbeiten zu können. Dies geschieht zumeist im *Rollenspiel* (→ Kap. 21). Das Kind schlüpft gezielt in die Rolle einer medial erlebten Figur, um eigene *Entwicklungsaufgaben* (→ Kap. 10.2.1) zu bearbeiten oder um angstbeladene Medienerfahrungen immer wieder auszuleben mit dem Ziel, diese schließlich angstfrei betrachten oder erinnern zu können.

Das Rollenspiel (→ Kap. 21.1.2) hat über das bloße Aufarbeiten von Medienerlebnissen hinaus eine weitere wichtige Bedeutung. Denn Rollenspiele dienen der **Identitätsentwicklung.** Indem das Kind im Spiel verschiedene Rollen annimmt, lernt es die Differenzen zwischen den Rollen kennen und damit letztlich auch die Differenzen zwischen sich und anderen. Schlüpft das Kind in seinem Rollenspiel nun in Medienfiguren, so schlägt es gleich zwei Fliegen mit einer Klappe: Es verarbeitet seine medialen Erlebnisse und modifiziert diese gleichzeitig dergestalt, dass es durch die Rollenübernahme an seiner Identitätsbildung arbeitet. Im Rollenspiel übt das Kind die Regeln und Verhaltensmuster der Gesellschaft.

Es ist von großer Bedeutung, dass Erzieherinnen das medial geprägte Rollenspiel von Kindern nicht unterbinden, sondern es zulassen. Dies mag manchmal aufgrund gegenseitiger „Beballerei" schwerfallen. Doch auch hier werden wichtige **Entwicklungsthemen** bearbeitet: Gewalterfahrung und Wettkampf. Gerade Kinder erleben sich häufig aufgrund ihrer Größe und Kraft als ausgeliefert gegenüber der körperlichen Überlegenheit der Erwachsenen. Durch Rollenübernahme der Rolle des Übermächtigen tasten sie sich in die Perspektive des ansonsten gefürchteten Gegenübers. Und im Wettkampf, im Sichmessen mit anderen, tätigt das Kind weitere Schritte in der Identitätsfindung.

Neben dem Zulassen der Medienerlebnisse der Kinder ist es dann die weiterführende Aufgabe von Erzieherinnen, den Kindern weitere Wege der Bearbeitung oder **alternative Handlungsmuster** zu dem medial Erlebten aufzuzeigen, z. B. im Erzählkreis, im Einzelgespräch und in Form einer ästhetischen Bearbeitung der Medienerlebnisse.

Hier initiiert die Erzieherin bewusst und gezielt Prozesse, die es den Kindern ermöglichen, ihre Erfahrungen nicht nur im Rollenspiel, sondern auch auf andere Weise auszudrücken, zu reflektieren und gegebenenfalls zu bewerten. Gerade das Aufzeigen alternativer Handlungsmuster oder die Bewertung fragwürdiger medial vermittelter Verhaltensweisen ist von großer Bedeutung. Wie im Kapitel *Theorien der Medienwirkung* (→ Kap. 17.1.3) deutlich wurde, liefern Medien Vorbilder für Handlungs- und Verhaltensmuster. Wenn diese diskriminierender Art sind oder den Einsatz von Gewalt als rechtmäßig darstellen, so bedürfen die Kinder hier dringend eines Regulativs.

Das Aufzeigen alternativer und positiver Handlungsmuster kann mit **positiven Handlungsvorbildern** geschehen, im Gespräch, im geleiteten Rollenspiel oder durch Medienangebote.

17.3.5 Elternarbeit

Eltern beeinflussen das Medienverhalten von Kindern maßgeblich. Sie sind tägliches Vorbild in der Verwendungsweise und Verwendungshäufigkeit von Medien. Sie limitieren die Mediennutzung von Kindern oder lassen ihr unkontrollierten Lauf, und sie machen ihren Kindern sinnvolle Medienangebote oder unterlassen dies. Viele Eltern sind sich ihrer eigenen Vorbildfunktion in dieser Hinsicht gar nicht bewusst und ebenso viele sind sich auch der Wirkung von Medien nicht bewusst.

Wenn es der Institution Kindergarten gelingt, Eltern im Hinblick auf ihr eigenes Medienverhalten zu sensibilisieren und zu Hause auf ein Mindestmaß an Umgangsregeln mit Medien zu achten, so ist schon viel gewonnen. Die beste Weise, an Eltern heranzutreten, ist hierbei ein **themenbezogener Elternabend.** Die Institution tut sich leichter, wenn sie hierfür nicht eine Erzieherin mit dieser komplexen Materie betraut, sondern für die Durchführung eines solchen Elternabends über die Stadt-, Kreis- oder Landesmedienzentren einen speziell hierfür ausgebildeten Medienpädagogen heranzieht.

Die Eltern erhalten an diesem Abend wichtige Hinweise zur medienpädagogischen Arbeit im Kindergarten, zum empfohlenen häuslichen Umgang mit Medien und zu möglichen Gefahren im Umgang mit Medien.

Da nicht alle Eltern auf einen solchen Elternabend kommen können oder wollen – häufig kommen gerade diejenigen nicht, die am dringendsten erreicht werden sollten –, empfiehlt es sich, die Ergebnisse auf einem kurzen Infoblatt zusammenzutragen und über die Kinder an die Elternhäuser weiterzureichen.

Hilfreich für viele Elternhäuser sind auch **konkrete Medientipps,** seien es Buchtipps, Softwaretipps oder auch Empfehlungen für bestimmte Sendungen. Die Wirkung solcher Tipps wird verstärkt, wenn diese zusätzlich noch den Kindern gegenüber angesprochen werden und sich zumindest ein Teil der angeratenen Medien auch im Kindergarten befindet.

Auch ständig vorhandene und regelmäßig erneuerte **Medientische** mit aktuellen Büchern, CD-ROMs, DVDs, Hörspielen und dergleichen sind ein wirkungsvolles und von Eltern gern angenommenes Angebot.

Medientipps für Eltern und Erzieherinnen

Fernsehen und Film:

- Flimmo. Programmberatung für Eltern e. V. Postfach 600319. 81203 München. Bestellung der dreimal jährlich erscheinenden Broschüre: *www.flimmo.tv/bestellung*
- Egons Filmpalast in Hanisauland. Filmtipps der Bundeszentrale für politische Bildung. *www.hanisauland.de/filmtipps*

Hören:

- Kindernetz: Radio von A–Z. *www.kindernetz.de/mediennetz/radio/*
- Kinderinsel: Bayrischer Rundfunk. *www.br-online.de/kinder/index5.shtml*
- Leopold: Gute Musik für Kinder. *www.musikschulen.de/projekte/leopold/*

Bücher:

- Stiftung Lesen: Leseempfehlungen. *www.stiftunglesen.de/leseempfehlungen/*
- Breitmoser, Doris / Stelzner, Bettina: Das Bilderbuch. München: Arbeitskreis für Jugendliteratur 2003.
- Osberhaus, Monika: Schau mal! 50 beste Bilderbücher. München: Deutscher Taschenbuchverlag 2006.
- Bärbels Bücherkiste. In: Hanisauland. *www.hanisauland.de/buchtipps/aktuellebuecher/*

Computer & Internet:

- Tommi: Kindersoftwarepreis. *www.kindersoftwarepreis.de*
- Publikationenversand der Bundesregierung: Spiel- und Lernsoftware – Pädagogisch beurteilt. Band 17. Kostenlose Bestellung über: *publikationen@bundesregierung.de*
- Internet-ABC. Internettipps der Landesanstalt für Medien NRW. *www.internet-abc.de/eltern/wissen-rund-ums-internet.php*
- Spielraum des Instituts zur Förderung von Medienkompetenzder FH Köln. *www.fh-koeln.de/spielraum/*
- Infopool des Medien Kompetenz Forum Südwest. *www.mkfs.de*

Allgemeine Medientipps (alle Medien):
- Institut für angewandte Kindermedienforschung. HdM (Hochschule der Medien Stuttgart) *www.hdm-stuttgart.de/ifak/medientipps/*
- Schau Hin. Eine Seite für Eltern mit Kindern, die die Medienwelt entdecken. Vom Bundesministerium für Familie, Senioren, Frauen und Jugend. *www.schau-hin.info*
- Jugendmedienschutz und Medienerziehung. Bundesprüfstelle für jugendgefährdende Medien. *www.bundespruefstelle.de/*

Bestellung für Medienpädagogen:
www.fwu.de/links/index.php

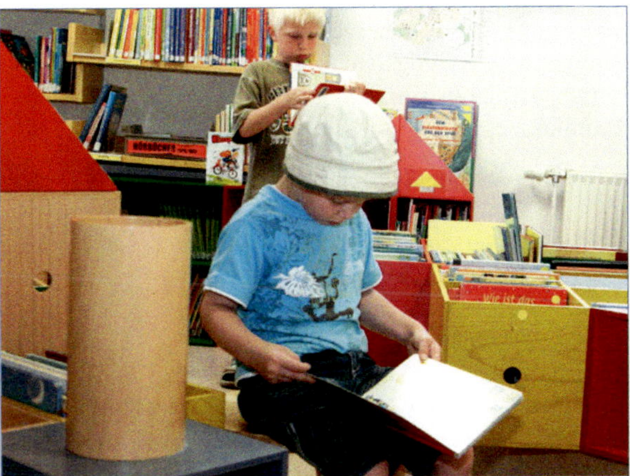

Abb. 17.18: Sowohl bei Funktionsräumen als auch bei Funktionsecken lassen sich ansprechende Medienbereiche realisieren, hier ein Raum zum Lesen.

17.4 Lernumgebung

Eine die Medienkompetenz der Kinder fördernde Lernumgebung kann unter zwei Aspekten betrachtet werden.

- *Räumliche Gestaltung der Einrichtung* – Zum einen ist der Begriff Lernumgebung wörtlich zu nehmen. Er bezeichnet also die räumliche Gestaltung der Einrichtung. Dies betrifft
  - Verschiedene Aufenthaltsbereiche
  - Rückzugsbereiche
  - Ruhezonen
  - Spielzonen
  - Die räumliche Anordnung und Unterbringung von Medien.
- *Ausstattung* – Zum anderen wird die Lernumgebung einer Einrichtung entscheidend durch ihre Ausstattung geprägt.

Erst durch eine entsprechend umfangreiche Ausstattung kann auch eine stetige Medienarbeit geleistet werden. Wenngleich es möglich ist, sich jederzeit Gerätschaft bei den zuständigen Medienzentralen oder -stellen auszuleihen, so ist dieser Aufwand doch häufig ein Hindernis bei der Umsetzung medienpädagogischer Planungen. Eine mangelnde Ausstattung lässt es auch nicht zu, dass Erzieherinnen spontanen medienbezogenen Ideen der Kinder nachgehen. So ist es wünschenswert, wenn der Kindergarten möglichst breit ausgestattet ist.

17.4.1 Raumgestaltung

Ein Raum ist stets mehr als ein Gebilde aus Türen, Fenstern und Wänden. Räume teilen sich mit, sie kommunizieren. Wer einen Raum betritt, der spürt, wie er diesen Raum nutzen kann: Er kann kommunizieren, sich zurückziehen, ausruhen, spielen, kreativ sein, toben, etwas betrachten.

Erfahrungen sind an Räume gebunden. Räume haben daher eine große Bedeutung. Erhalten Kinder zu wenig Spielraum für ihre Bedürfnisse und werden sie in ihrem

Gerät	Tipp
Digitalkamera (Fotoapparat)	Auf einen optischen Sucher achten! Kameras, die nur mit Suchermonitor ausgestattet sind, benötigen sehr viel Energie. Der häufig notwendige Akkuwechsel behindert die Arbeit. Auch bei direkter Sonneneinstrahlung sind optische Sucher hilfreich, da auf dem Monitor in solchen Situationen nichts zu sehen ist. Keine Kameras mit Spezialakkus auswählen, da diese Akkus teuer in der Wiederbeschaffung sind.
Aufladbare Akkus in der entsprechenden Größe	
Akkuladegerät	
Passende Erweiterungs- bzw. Wechselspeicherkarten für die Kamera	
Stativ für die Kamera	
Tageslichtprojektor	
2 Strahler (mindestens 150 Watt) mit Stativ	Stativ für Innenaufnahmen und bei schlechten Lichtverhältnissen

Tab. 17.9: Visuelle Medientechnik.

Erfahrungs- und Bewegungsdrang eingeschränkt, so können sie ihre Fähigkeiten nicht voll entwickeln.
Heute existieren in Kindergärten im Groben zwei **Raumkonzepte:**

- *Funktionsecken* – Dieses Raumkonzept aus den 60er Jahren sieht innerhalb eines Gruppenraums eine Aufteilung in verschiedene Funktionsecken vor. Hier gibt es dann die Bauecke, die Puppenecke, die Frühstücksecke usw.
- *Funktionsräume* – Dieses Raumkonzept (→ Kap. 8.5.3), welches eher dem Situationsansatz (→ Kap. 8.4.2) verbunden ist, löst die Gruppenräume auf und öffnet sie, um größere Freiräume und größeren Bewegungsspielraum für die Kinder zu schaffen. Jeder Raum hat seine eigenen Erfordernisse: Ein Bewegungsraum muss ausreichend hoch sein, ein Ruheraum darf etwas dunkler und höhlenartiger sein, ein Bauzimmer sollte einem Atelier ähnlich über viel Licht verfügen.

Medienpädagogisches Arbeiten lässt sich innerhalb beider Raumkonzepte durchführen. Generell gibt es Arbeitsphasen, Methoden und Handlungen, die eine gewisse Ruhe benötigen und solche, die weniger Ruhe erfordern.
Wenn es um Arbeitsweisen geht, in deren Zentrum die Kommunikation, also das **Gespräch** steht, sollten vor allem Bereiche ausgewählt werden, die ruhig gelegen sind und auch schallschluckende Eigenschaften haben wie Teppiche, Bilder und Möbel. Ansonsten geraten Gesprächsrunden in die Gefahr, zur Lärmbelastung zu werden. Eine konzentrierte Gesprächsatmosphäre bedarf auch der äußeren Ruhe.

Auch beim **Einsatz von Medien mit Ton** muss darauf geachtet werden, dass unbeteiligte Kinder in ihrer aktuellen Aktivität nicht gestört werden und dass die Medienrezeption selbst ebenfalls ungestört ablaufen kann.

Insofern ist das Konzept der Funktionsräume hier von Vorteil, da ein eigener Medienraum Rezipienten und Nicht-Rezipienten vor Störungen schützt. Ein solcher Raum muss nicht einmal sonderlich groß sein, da Medienrezeption eine eher ruhige Angelegenheit ohne größere motorische Aktivität ist. Die Ausnahme davon wäre eine Musikrezeption mit Tanz.

Im Falle einer Raumkonzeption mit Funktionsecken ist es aus Gründen der Ablenkung und Störung in manchen Fällen ratsam und im Interesse aller, die nicht an der Medienhandlung beteiligten Kinder in anderen Räumen unterzubringen.

Andere Rezeptionssituationen hingegen sind in dieser Hinsicht unkomplizierter. Wenn sich beispielsweise zwei Kinder vor einem Lernprogramm am Computer zusammenfinden, so geht hiervon in aller Regel keine Geräuschkulisse aus, wie es bei audio-visuellen oder reinen Audiomedien der Fall ist. Wenn dies doch einmal der Fall sein sollte, sollte das Programm für seinen Einsatz nochmals gründlich geprüft werden. Und auch die Geräusche Außenstehender machen sich hier weniger störend bemerkbar. Im Zweifelsfall kann ein **Team am Computer** auch mit Kopfhörern arbeiten.

Gute Erfahrungen machen Kindergärten mit Funktionsecken, wenn Sie mit einem **zweistufigen Computerkonzept** arbeiten: Ein oder mehrere Computer stehen in einer Medienecke des Gruppenraums, andere stehen außerhalb, in einem gemeinsamen Eingangs- oder Aufenthaltsbereich.

Alle Kinder, die an einen Computer möchten, benötigen hierzu einen **Computerführerschein**. Hier gibt es zwei Stufen:

- Wer Stufe eins innehat, darf an die Computer im Gruppenraum
- Ab Stufe zwei dürfen die Kinder auch an die weniger eng beaufsichtigten Computer.

Dadurch wird zunehmende Kompetenz an zunehmende Handlungsfreiheit gekoppelt.

Steht wenig Raum zur Verfügung, so ist es hilfreich, bestimmte Bereiche mit schweren Stoffen abzutrennen, da diese eine schalldämpfende Wirkung haben.

17.4.2 Geräteausstattung

Über welche **Geräte** sollte ein Kindergarten optimalerweise verfügen, um jederzeit Medien als Betrachtungsgegenstand, aber auch als Werkzeug einsetzen zu können? In der nachfolgenden Übersicht (→ Tab. 17.9–17.11) ist eine wünschenswerte Ausstattung aufgezählt. Für manche Geräte werden zusätzliche Tipps gegeben. Auch das Zubehör spielt bei manchen Geräten eine wichtige Rolle. Gerätebeschaffung sollte immer einigermaßen auf dem Stand der Technik sein, damit die Einrichtung nicht nach ein oder zwei Jahren neue Technik anschaffen muss.

Abb. 17.19: Medientechnik gehört zur Ausstattung eines Kindergartens. Aber keine Angst: Es bedarf keiner komplizierten Mischpulte.

Gerät	Tipp
CD-Player: Mindestens einer pro Gruppe	
Kassettenabspielgerät (Viele Kinder hören zu Hause Kassetten.)	
Radio	
Kombinationsgerät aus den drei vorgenannten	Nur Geräte mit einer zusätzlichen Eingangsbuchse (AUX) nehmen! Hier können dann weitere Geräte wie MP3-Rekorder oder MP3-Player angeschlossen werden.
Aufnahmegerät: Am besten ein digitales MP3-Aufnahmegerät – nicht zu verwechseln mit einem MP3-Player!	Günstig ist es, wenn mehrere Aufnahmegeräte vorhanden sind, um bei Projekten mit mehreren Kleingruppen parallel arbeiten zu können. Ansonsten Kassettenrekorder mit Mikrofoneingang.
Externes Mikrofon, bei mehreren Geräten entsprechend pro Gerät eines.	Hier nur sogenannte „dynamische" Mikrofone nutzen, da Kondensationsmikrofone eine extra Stromversorgung benötigen.
MP3-Player für Demonstrationszwecke oder zum Anhören von Podcasts	–
Fernseher	–
DVD-Player	–
Videokamera (digital)	–
Beamer	Darauf achten, dass der Beamer alle gängigen Arten von Signalen unterstützt: TV-Unterstützung sowohl mit S-Video- als auch Composite-Video/Audio-Buchsen (Cinch), PC-Unterstützung in Form eines VGA- und eines DVI-Anschlusses

Tab. 17.10: Audio- und audio-visuelle Medientechnik.

Gerät	Tipp
Computer (PC) mit Soundkarte für Ton und Netzwerkkarte für eventuellen Internetanschluss. Wenn möglich, mit Firewire-Anschluss (IEEE 1394) zur Nachbearbeitung von Filmmaterial und mit DVD-Brenner.	Es muss nicht der aktuellste und schnellste Computer am Markt sein. Ab 1 GB Arbeitsspeicher, 2 GHz Prozessor-Taktung (bei Doppelkernprozessoren 2x1,4 GHz) und 50 GB Festplattengröße lässt sich im Kindergarten hervorragend arbeiten. Je Gruppe sollten zwei Computer vorhanden sein. Am besten ist es, wenn alle miteinander vernetzt sind.
Flachbildschirme für jeden PC, da diese weniger Raum als Röhrenmonitore benötigen und vor allem strahlungsarm sind.	
Mäuse	Kleine Mäuse! Kinder haben wesentlich kleinere Hände. Die meisten handelsüblichen Mäuse sind für Kinder aufgrund ihrer Größe extrem unhandlich und schwer zu bedienen.
Zwei Kopfhörer und eine Signalweiche (zum Anschluss zweier Kopfhörer an eine Buchse) je PC	
Entweder einen Drucker, wenn alle Computer vernetzt sind, oder je Raum einen Drucker.	
Tinte oder Toner	Ausreichend Ersatz bei der Druckerfarbe
USB-Stick zur Datenübertragung	
USB-TV-Stick zur Aufnahme von Sendungen	

Tab. 17.11: Computertechnik.

17.4.3 Medien, Zubehör und inhaltliche Ausstattung

Neben der technischen Ausstattung, die als Werkzeuglager betrachtet werden kann, kommt auch der inhaltlichen Ausstattung eine bedeutende Rolle zu. Denn es gibt im Alltag so manche Fallstricke, wenn das eine oder andere Zubehör nicht vorhanden ist.

Ästhetische Erziehung geht Hand in Hand mit Medienerziehung. Daher ist für die Entwicklung von Medienkompetenz auch eine gute **Materialausstattung** im Hinblick auf das **bildnerische Gestalten** und den **musischen Ausdruck** von großer Bedeutung.

Zu einer **Medienbibliothek** gehören:

- Bücher, die zum Zeigen, Benennen und Erzählen anregen
- Hörspiele, die die Kinder auf ungewohnte Wahrnehmungspfade führen, Geschichten mit Handlungen und Personen, mit denen sich die Kinder identifizieren können.
- Musik-CDs, die zum Mitsingen, Tanzen und eigenem Musizieren einladen.
- DVDs / Videos, die Interessensgebiete der Kinder anschaulich erklären, Fragen der Kinder aufgreifen und beantworten oder die in sozialen Kontexten nachahmenswerte Handlungsmuster demonstrieren.
- Lernsoftware, die ein Entdecken von Themen anregt und fördert, ohne auf Schriftsprachenkenntnis aufzubauen.

Adressen mit inhaltlichen Tipps sind im Kapitel *Elternarbeit* (→ Kap. 17.3) angeführt.

17.5 Bildungsangebote

Medienkompetenz erwächst aus dem angeleiteten regelmäßigen Umgang mit Medien. Dies bedeutet für Erziehungseinrichtungen, ein breites Spektrum an **medienpädagogischen Angeboten** anzubieten.

Dabei sollen diese Angebote nicht nur einzelne und zeitlich weit voneinander entfernte Berührungspunkte sein. Analog zu der täglichen Medienerfahrung der Kinder in ihrem häuslichen Umfeld ist es Aufgabe der Früherziehung, medienpädagogisches Handeln in den erzieherischen Alltag zu übernehmen.

Dies gelingt durch die Ritualisierung bestimmter medienpädagogischer Handlungsweisen. Diese werden wie andere Rituale auch in das tägliche oder wöchentliche Handlungsrepertoire aufgenommen. Durch diese Integration in den erzieherischen Alltag entstehen dann **medienpädagogische Routinen**.

Ergänzend zu diesen Routinen werden zusätzlich noch regelmäßig **medienpädagogische Projekte** durchgeführt, die bestimmte Kompetenzen gezielter weiterentwickeln. Sowohl die medienpädagogischen Routinen als auch die medienpädagogischen Projekte können zu großen Teilen in einer Form gestaltet werden, die ihre Übernahme in den Erziehungsalltag problemlos machen.

Eine Übersicht zu den Einsatzmöglichkeiten der jeweiligen Methoden im Hinblick auf die zu fördernden Kompetenzbereiche ist im Kapitel Integration der *Arbeitsfelder zur Medienkompetenz* (→ Kap. 17.5.3) zu finden.

17.5.1 Integration medienpädagogischer Routinen

Da Kinder täglich mit Medien konfrontiert sind, sollte auch die **Erweiterung der Medienkompetenz** ihren festen Platz im erzieherischen Alltag einer Tageseinrichtung für Kinder haben. Dabei ist es nicht immer notwendig, mit Medien zu arbeiten. Viele klassische Arbeitsweisen der Früherziehung wie der Erzählkreis dienen der Entwicklung von Medienkompetenz und sind *angewandte Medienpädagogik* (→ Kap. 17.1.2).

Das Ritual des Erzählkreises (→ Abb. 17.20) zu Beginn und zum Ende oder auch inmitten der Besuchszeit der Kinder dient der Entwicklung von Medienkompetenz, weil eine zunehmende **sprachliche Kompetenz** eine der Grundvoraussetzungen ist, um Medienbotschaften entschlüsseln zu können. Dies betrifft

- Die Erweiterung des Wortschatzes
- Die Erweiterung der Artikulations- und Mitteilungsfähigkeit
- Die Erweiterung des inhaltlichen Verständnisses.

Das Vorlesen von Büchern oder das gemeinsame Betrachten von Bilderbüchern ist ebenso elementare medienpädagogische Arbeit. Durch das Entschlüsseln von Bildbotschaften und die Fähigkeit, zwischen Bildern und Sprache Zusammenhänge zu erkennen und/oder zu konstruieren, wird auch die Ausdrucks- und Mitteilungsfähigkeit, also die **Kommunikationsfähigkeit** entwickelt.

Medienerziehung und ästhetische Erziehung überschneiden sich in hohem Maße. So ist die gestalterische Arbeit mit Formen und Farben auch unter medienpädagogischen Aspekten mehr als begrüßenswert. Hier wird auf handlungsorientierte Weise die **symbolische Kommunikationsfähigkeit** entwickelt. Außerdem wird auch die Fähigkeit zur Bildentschlüsselung vorangebracht. Im eigenen freien Zeichnen oder Malen entwickeln Kinder ihre eigenen Symbole und haben die Möglichkeit, Erfahrungen unterschiedlichster Art auszudrücken.

Auch die **musikalische Arbeit** mit Kindern kann unter medienpädagogischen Gesichtspunkten betrachtet werden. Im eigenständigen Musizieren oder im gemeinsamen Hören lernen Kinder, genau hinzuhören, auf andere zu hören und im gemeinsamen Rhythmus eine ganz andere Art der Kommunikation zu führen als die verbale. Im gemeinsamen Singen entdecken Kinder eine weitere Art des Ausdrucks und der Mitteilung.

Auch das gemeinsame Hören sorgfältig ausgesuchter Hörspiele übt viele Fertigkeiten, die mit Medienkompetenz einhergehen:

- Genaues Zuhören
- Auditiven Botschaften Sinn und Bedeutung entnehmen
- Eine vielleicht neue Form des Medienhandelns kennenlernen
- Ästhetisches Bewusstsein und ästhetische Kriterien entwickeln.

Bei Letzterem bedarf es in der Regel einer nachträglichen Aufarbeitung oder auch einer bestimmten Vorbereitung des Medienerlebnisses.

Diese Arbeitsweisen haben üblicherweise bereits ihren festen Platz im Tagesablauf des Kindergartens oder sollten ihn zumindest haben. Daneben lassen sich aber auch spezielle medienpädagogische Arbeitsweisen in den Alltag integrieren. Durch das Verweben dieser medienpädagogischen Arbeitsweisen und Angebote mit dem erzieherischen Alltag entstehen **medienpädagogische Routinen.**

Während *medienpädagogische Projekte* (→ Kap. 17.5.2) Aspekte der Medienwelt zeitlich punktuell und inhaltlich eng begrenzt ansprechen und thematisieren, haben medienpädagogische Routinen den Zweck, medienbezogene Handlungs- und Wahrnehmungsmuster durch alltägliches Tun und Wiederholen zu entwickeln und damit quasi einzuschleifen. So entwickelt sich nach und nach eine entsprechend tief und stabil verankerte Medienkompetenz.

Entwicklung von medienpädagogischen Routinen

Medienpädagogische Routinen unterstützen die Herausbildung vieler Kompetenzen:

- Verbale, nonverbale und ästhetische Kommunikations- und Ausdrucksfähigkeit
- Fähigkeit der bewussten Wahrnehmung sowie Entschlüsselung visueller und auditiver Botschaften
- Fähigkeit, Medienbotschaften Sinn und Bedeutung zuzuschreiben und diesen Sinn zu erfassen bzw. zu rekonstruieren
- Fähigkeit, mediale Erlebnisse bewusst zu erinnern, zu reflektieren und zu bewerten
- Fähigkeit, im Umgang mit Medientechnik eine stetig wachsende Sicherheit zu erlangen
- Fähigkeit, Medien auszuwählen und diese Auswahl begründen zu können.

Abb. 17.20: Der Erzählkreis fördert viele Kompetenzen.

Methoden zur Entwicklung von medienpädagogischen Routinen

Zur Entwicklung der medienpädagogischen Routinen bieten sich verschiedene Methoden an, z. B. Rollenrätsel, Kommunikationsspiele, Gespräche, gelenkte Gestaltungsaufgaben, Hörrätsel, Bildrätsel, technische Handlungsaufgaben, Bewertungsübungen und Medienzeiten.

Der Beginn einer solchen Methode im Tages- oder Wochenlauf lässt sich am besten mit Hilfe von Symbolen, Piktogrammen oder einer Art Jingle (Erkennungsmelodie/ Erkennungsklang) realisieren. Vorteilhaft ist es, wenn diese Methoden einen festen Platz im Tages- oder Wochenablauf finden. Einige Methoden lassen sich täglich integrieren, andere alle zwei bis drei Tage und wieder andere am besten wöchentlich. Um zu einer medienpädagogischen Routine zu werden, wird eine Methode mindestens einmal wöchentlich verwendet.

Beispielhaft sind nachfolgend ein paar wenige Varianten der jeweiligen Methode genauer beschrieben.

Rollenrätsel

Bei Rollenrätseln spielt ein Kind eine Medienfigur, die anderen müssen erraten, wer gemeint ist.

Das Spiel lässt sich auf bestimmte Medien begrenzen. So kann die Aufgabe mit der Beschränkung gegeben werden, nur eine Fernsehfigur oder nur eine Comicfigur darstellen zu dürfen. Bei zunehmender Sicherheit der Kinder kann auch die Darstellungsform beschränkt werden, beispielsweise, indem nur nonverbales Darstellen erlaubt ist.
Neben der Möglichkeit für die Kinder, Erfahrungen auszuagieren und verbale, nonverbale, mimetische und pantomimische Kommunikationsformen zu finden, kann die Erzieherin bei diesen Spielen viel über die Medienerfahrungen der Kinder lernen. Dieses Wissen wiederum kann in anderen Phasen eingesetzt werden.

Eine weitere Variante ist es, mindestens zwei, bei entsprechender Geübtheit auch mehrere Kinder eine bestimmte medial erlebte Szene nachspielen zu lassen. Vorzugsweise wählt die Erzieherin hier Szenen aus, die im Kindergarten gemeinsam erlebt wurden. Hier lernen die Kinder, Medieninhalte zu erinnern, auszudrücken und die ihnen wichtigen Aspekte hervorzuheben. Sie üben

Abb. 17.21: Klassisches Kommunikationsspiel „Stille Post".

- Die Rollenübernahme
- Sich verbal auszudrücken
- Sich mit der Bedeutung von Medieninhalten auseinanderzusetzen.

Die Rollenrätsel lassen sich vielfältig variieren, über

- Die Ausdrucksform
- Den darzustellenden Figurentypus (gut, böse, Held, ängstlich)
- Die Begrenzung des Mediums, aus dem die Figur stammt
- Die Anzahl der beteiligten und vorspielenden Kinder
- Das Maß an Freiheit bei der Figuren- oder Szenenauswahl.

Kommunikationsspiele

Zum einen ist hier der Klassiker „Stille Post" zu nennen. In diesem Spiel wird den Kindern verdeutlicht, dass eine gesendete Botschaft völlig verdreht ankommen kann. Eine weitere Variante ist das Fernseh- oder Nachrichtenspiel „Nachricht des Tages". Ein entsprechend großer Karton erhält einen Ausschnitt, der im Aussehen einem Fernsehbildschirm entspricht. Gemeinsam kann auch die Frontseite mit aufgemalten Knöpfen, Lautsprechergittern oder Ähnlichem gestaltet werden. Bei der Nachricht des Tages erhalten ein oder mehrere Kinder die Möglichkeit, die für sie wichtigste Nachricht über den gemeinsam erlebten Vor- oder Nachmittag zu verkünden. Hierbei sucht sich jedes Kind die Nachricht aus, die es selbst für bedeutsam hält. Auch hier übt sich das Kind in der Rollenübernahme, der Reflexion von Medienerfahrungen und in der Kommunikationsfähigkeit.

Dasselbe Spiel ist auch denkbar als Radiospiel, also in einer Form, in der man den Sprecher nur hört. Anstelle von Nachrichten spielen Kinder auch gerne einen Werbespot nach oder erfinden eigene Werbespots. Auch die Ansage eines dann folgenden realen Ereignisses im Kindergarten ist eine mögliche Kommunikationsübung.

Gespräche

Gespräche begleiten den gesamten Tagesablauf. Gemeint sind hier speziell auf Medienverhalten und Medienerlebnisse gerichtete Gespräche. Im Erzählkreis, in der Kleingruppe oder im Einzelgespräch wird den Kindern die Möglichkeit gegeben sich mitzuteilen, Ängste und Sorgen zu formulieren und Fragen zu Medienerlebnissen zu stellen.

Je besser es der Erzieherin gelingt, die Kinder in anderen Situationen, vor allem in medienbezogenen Spielen, zu beobachten, desto leichter wird es ihr fallen, ein Gespräch in eine medienbezogene Richtung zu lenken.

Gelenkte Gestaltungsaufgaben

Mit gelenkten Gestaltungsaufgaben sind zeichnerische, malerische oder bildnerische Aufgaben gemeint, die sich direkt auf Medienerlebnisse beziehen.

- Es kann eine enge Lenkung stattfinden in dem Sinne, dass die Kinder die Aufgabe erhalten, eine Medienfigur oder eine Szene aus einem gemeinsamen Medienerlebnis zu gestalten.
- Die Lenkung kann auch in der Form stattfinden, dass die Kinder die Aufgabe erhalten, die Figur zu gestalten, die sie am meisten bewundern oder die sie am meisten fürchten.
- Ebenso kann eine offenere Form gewählt werden, in der Kinder die Wahl haben, welche Figur oder Szene sie darstellen möchten.

Interessant für Erzieherinnen ist auch das Ergebnis von Gestaltungsaufgaben, bei denen Kinder sich in ihrer liebsten Medienrezeptionssituation malen. Diese Bilder können als „Held der Woche", „Angstmacher der Woche", „Schönster Fernsehabend des Monats" oder in ähnlicher Form ritualisiert werden und so Eingang in den Alltag finden.

Hörrätsel

Stellt die Erzieherin den Kindern Hörrätsel, schult sie die **auditive Wahrnehmung** der Kinder. Hörrätsel können z. B. Geräusche von Alltagsgegenständen, Tierstimmen, Bewegungsgeräusche, der Klang von Materialien, Instrumente, menschliche Stimmen, Alltagssituationen wie Verkehrssituationen oder Küchenatmosphäre sein.

Die Kinder können sich auch untereinander und gegenseitig Rätsel stellen, entweder durch Nachahmung mit der Stimme oder auch durch den Gebrauch von Gegenständen.

Das Mitbringen von Gegenständen, CDs, Kassetten, Instrumenten oder weiterer Klang- und Tonerzeuger ergänzt das Handlungsspektrum. Die Kinder üben sich hier im genauen Hinhören, aber auch darin, sich durch eigenes Rätselstellen in andere hineinzuversetzen. Sie lernen die auditive Diskriminierung (Hördifferenzierung) (→ Kap. 18.1) und haben die Möglichkeit, etwas aus ihrer häuslichen Lebenswelt mit in den Kindergarten zu tragen. Sie antizipieren den Klang von Gegenständen und explorieren die verschiedenen Materialien. Indem sie eigene Geräuscherzeuger ausprobieren und im Rätsel anwenden beziehungsweise demonstriert bekommen, werden ihnen auch **Medienproduktionszusammenhänge** bewusster.

Bildrätsel

Analog zu den Hörrätseln entwickeln Bildrätsel die **visuelle Wahrnehmung.** Auch hier kann in einer ersten Stufe die Erzieherin Rätsel stellen. Bei zunehmender Bekanntheit können auch die Kinder nach und nach selbst die Rolle des Rätselstellers übernehmen.

- Bildrätsel sind beispielsweise *Bildausschnitte,* bei denen dann geraten werden muss, wovon der Ausschnitt ein Detail ist. Das ganze Objekt sollte dann ebenfalls als Bild vorhanden sein.
- Eine weitere Möglichkeit ist es, ein *Bild* mit mehreren puzzleartigen Teilen *zu überdecken* und Stück für Stück aufzudecken, bis ein Kind entdeckt, was das Abgebildete darstellt.
- An Bildern, die eine *Geschichte zeigen,* können Kinder üben, einen Sinn zu erkennen, diesen zu rekonstruieren und anschließend zu verbalisieren. Auch Bildfolgen sind hier sehr geeignet, wobei darauf zu achten ist, dass mögliche Mehrdeutigkeiten zugelassen und auch angesprochen werden.

Auch Bildrätsel lassen sich im mehrtägigen oder wöchentlichen Rhythmus in den Alltag integrieren.

Abb. 17.22: Kinder wachsen an Handlungen und sind stolz, wenn sie etwas alleine bedienen können.

Technische Handlungsaufgaben

Um Kinder in ihrem Selbstbewusstsein zu stärken und ihren Handlungsspielraum zu erweitern, gehört zur Medienkompetenz auch die **technische Handhabung von Geräten** (→ Abb. 17.22). Dies betrifft alle Mediengerätschaft wie beispielsweise den CD-Player, den Fernseher oder auch Computer.

Die **Einübung dieser Kompetenz** lässt sich einfach in den Alltag integrieren, indem beim Medieneinsatz möglichst häufig Kinder ermuntert und aufgefordert werden, die Bedienung zu übernehmen. Dies beginnt beim Aufschlagen einer bestimmten Buchseite, die beispielsweise über die Abbildung anstelle der Seitenzahl genau definiert wird. Dies geht weiter über das Einlegen einer CD oder Kassette mitsamt Aktivieren des Geräts und Auffinden der richtigen Stelle durch Spulen oder die Skip-Funktion. Und auch Fernseher, DVD-Player und Computer können von Kindern aktiviert werden.

Um die Erklärung zur Bedienung zu vereinfachen, können begabte ältere Kinder eingewiesen werden, die dann wie in einem Schneeballsystem die anderen Kinder nach und nach einweisen. So kann jedes Kind irgendwann und auch öfter an die Reihe kommen.

Die Kinder wachsen in ihrem Selbstbewusstsein, sind stolz auf ihr Können und vergrößern ihren Handlungsspielraum. Außerdem lernen sie, anderen Kindern Handlungskompetenz weiterzuvermitteln und üben sich dabei nicht nur im Kommunizieren, sondern auch in sozialen Verhaltensweisen.

Bewertungsübungen

Die Bewertung von Medieninhalten mit Kindern kann sowohl unter inhaltlichen als auch unter ästhetischen Aspekten erfolgen. Die kindgemäße inhaltliche Bewertung umfasst verschiedene Teilaspekte. Die folgenden Fragen zeigen mögliche Herangehensweisen an Medieninhalte:
Fragen zur **Realitätsnähe:**

- Gibt es Personen oder Wesen, die es in der Realität nicht gibt?
- Verfügen die Protagonisten über Fähigkeiten, über die Menschen oder Tiere in der Realität nicht verfügen?
- Ist die Handlung realitätsnah oder realitätsfern?

Fragen zu den vermittelten **Werten** und **Verhaltens-** bzw. **Handlungsmustern:**

- Wie sind die Handlungen der Protagonisten zu bewerten?
- Hätten sich die Protagonisten in der einen oder anderen Situation anders verhalten können?
- Wie hätte sich eine solche Handlungsalternative vermutlich ausgewirkt?
- Die Rolle welcher Protagonisten würden die Kinder am liebsten einnehmen und sich mit ihnen identifizieren?

Fragen zur **Wirkung:**

- Welche Szenen werden als angenehm oder schön empfunden, und warum ist dies so?
- Welche Szenen werden als beängstigend oder spannend empfunden, und warum ist dies so?
- Welches Verhalten wird als nachahmenswert beurteilt und welches nicht?

Fragen zur **Lebensnähe:**

- Gibt es Parallelen zwischen der Handlung und den realen Erfahrungen der Kinder?
- Gibt es Ähnlichkeiten zu anderen bereits bekannten Filmen, Hörspielen, Büchern oder Ähnlichem?

Um auch den ästhetischen Aspekt und dessen bewusste Wahrnehmung zu entwickeln, ist es sinnvoll, sich an die Wahrnehmung der Kinder mit Hilfe von **Leitfragen** heranzutasten:

- Welches Bild oder welche Stelle sah besonders schön aus?
- Gab es Bilder, die viel Wärme ausstrahlten? Woran lag das, an Farben, Formen oder Personen?
- Gab es Bilder, die deutlich Kälte ausstrahlten?
- An welchem Ort der Handlung würden sich die Kinder gerne aufhalten, an welchem nicht?
- Welche Bilder waren beruhigend, welche beängstigend? Warum?
- Wo war die Musik schön, wo war sie unheimlich? Warum?
- Gab es Leitmotive, also eine bestimmte Musik, die einer bestimmten Person oder einem bestimmten Ort zugeordnet ist? An welchen Stellen?

Die **Auswahl an Leitfragen** zeigt auf, in welch verschiedenen Richtungen die Medieninhalte betrachtet und bewertet werden können. Die Leitfragen dienen der Orientierung für die Erzieherin und können in dieser Form nicht an die Kinder herangetragen werden. Hier sind W-Fragen zu vermeiden, da sie den Antwortspielraum der Kinder einengen.

Besser sind offene, herausfordernde Fragen, die die eigene Befindlichkeit der Erzieherin mit einbezieht: „An einer Stelle fand ich die Landschaft besonders schön. Könnt ihr euch diese Stelle denken?“

Da Bewertungsübungen zumeist in Form von Gesprächen ablaufen, ist hier eine starke Überschneidung zu dieser Methode gegeben. Bewertungsübungen können jedoch auch mit Hilfe von Fragebögen abgegeben werden, die anstatt Text zu verwenden mit Piktogrammen gestaltet sind und so auch ohne Lesefertigkeiten erfasst werden können.

Medienzeiten

Medienkompetenz erwächst durch den begleiteten, angeleiteten und reflektierten Umgang mit Medien. Ohne einen solchen Medienumgang kann sich Medienkompetenz nicht herausbilden. Daher ist es günstig, wenn nicht nur ein breites Medienrepertoire zur Verfügung steht, sondern wenn der Nutzung dieses Repertoires auch entsprechend Raum gegeben wird. Dies kann in Phasen des freien Spiels oder der freien Beschäftigung geschehen.

Um auch Kinder zu erreichen, die von sich aus weniger zu bestimmten Medien greifen, wie beispielsweise Kinder aus bildungsfernen Milieus weniger zum Medium Buch greifen, ist es hilfreich, wenn an bestimmten Tagen feste Medienzeiten eingerichtet werden. Auch diese Methode kann über ein optisches Signal, ein Schild beispielsweise, eingeleitet und angezeigt werden.

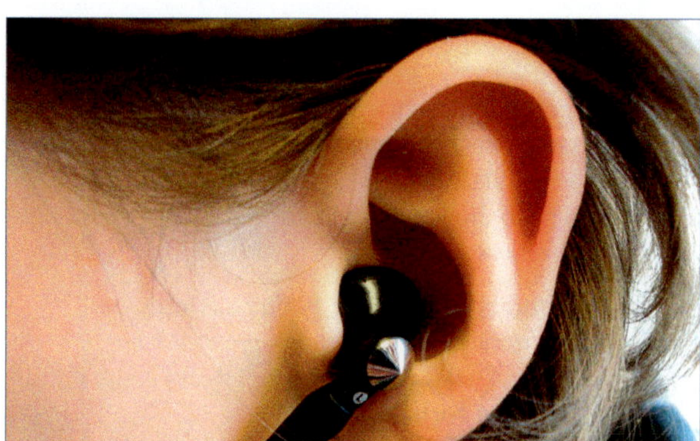

Abb. 17.23: Mediennutzung dient auch dem Rückzug.

Um die Kinder anfangs nicht zu überfordern, kann der Medienzugang altersgemäß abgestuft werden: Die Jüngsten dürfen sich ein Bilderbuch ihrer Wahl aussuchen, die nächste Altersgruppe darf sich ein Buch, ein Hörspiel oder eine Musik auswählen und die Ältesten dürfen neben diesen Medien auch an den Computer, um dort vorab ausgewählte Anwendungen zu erproben. Hierbei ist es wünschenswert und seitens der Erzieherinnen anzuregen und zu unterstützen, dass sich Kinder in Gruppen zusammentun. Gute Erfahrungen machen Kindergärten mit der Einführung von *Computerführerscheinen* (→ Kap. 17.4.1), die vor Computergebrauch erst erworben werden müssen. So erhalten die Kinder mit zunehmendem Alter einen zunehmend großen Handlungsspielraum.

Innerhalb ihres Handlungsspielraumes können die Kinder sich darin erproben, Medien auszuwählen und zu rezipieren (aufzunehmen). Am Ende einer solchen Medienzeit wird eine kurze Erzählrunde abgehalten, in der die Kinder von ihrem Buch, ihrem Hörspiel oder ihrer Computerzeit berichten können.

Durch gemeinsame Medienzeiten werden Kinder darin geübt, **Medien auszuwählen.** Durch das pädagogisch ausgesuchte Medienangebot im Kindergarten erhalten die Kinder nach und nach ein Qualitätsbewusstsein und erfahren, dass Medien Wissen in sich bergen können, Wissensdurst anregen und diesen auch stillen können. Sie erfahren, dass Mediengebrauch etwas Gemeinschaftsstiftendes sein kann und dass es Freude macht, über Medien erfahrungen zu kommunizieren.

Gemeinsame Medienzeiten lassen sich im wöchentlichen Rhythmus gut in den erzieherischen Alltag integrieren.

> Die **medienpädagogischen Routinen** bilden die Basis für eine tiefgreifende Medienkompetenz. Sie können jedoch nicht alle Bereiche der Medienkompetenz abdecken, die zu entwickeln im Vorschulalter angebracht sind. Daher bedarf es noch zusätzlicher **medienpädagogischer Projektarbeit.** Bei dieser werden gezielt bestimmte Medien herausgegriffen, um ihre Funktionsweise kennenzulernen und um damit zusammenhängende Kompetenzen zu entwickeln. Durch medienpädagogische Routinen und medienpädagogische Projekte werden die Arbeitsfelder zur Entwicklung von Medienkompetenz abgedeckt.

17.5.2 Medienpädagogische Projekte im Kindergarten

Projekte → Kap. 8.5.2

Im Gegensatz zu den medienpädagogischen Routinen, die fest mit dem erzieherischen Alltag verwoben sind, stehen medienpädagogische Projekte.

Während im unternehmerischen Zusammenhang eine klare Ergebnisdefinition zum Projekt gehört, sollten medienpädagogische Projekte ergebnisoffen sein. So ist es auch während eines Projekts möglich, sich erst entwickelnden Interessen der Kinder nachzugehen.

Medienpädagogische Projekte können als Projekttag, Projektwochen und in der Form wiederkehrender Projektzeiten organisiert werden.

Die wichtigsten **Merkmale eines Projekts** sind eine Lebensweltorientierung und gesellschaftliche Relevanz, die Orientierung am Interesse der Kinder, ein möglichst hohes Maß an Selbstorganisierung, eine Produktorientierung und soziales Lernen. Die **Phasen eines Projekts** bestehen aus: Planung, Durchführung, Präsentation und Reflexion.

Medienpädagogische Projekte werden so geplant, dass sie eine möglichst hohe Handlungsorientierung ermöglichen. Die **Produktion von Medien** und die damit einhergehenden Erfahrungen stehen im Zentrum medienpädagogischer Projektarbeit. Je nach Altersgruppe ist eine Beschränkung auf Medien zu empfehlen, die nur einen Sinn ansprechen, wie beispielsweise Radio, Hörspiel, Buch oder Zeitung. Die Produktion und der Umgang mit Medien, die mehrere Sinne ansprechen wie Fernsehen und Video, sind wesentlich komplexer, aber dennoch auch machbar.

Interessanter als die Bearbeitung eines bestimmten Mediums ist für Kinder sicher die Bearbeitung eines **Medienthemas** wie beispielsweise Werbung, Medienhelden oder Nachrichten. Und schließlich lassen sich Medien jenseits ihrer eigenen Thematisierung auch als reine Werkzeuge einsetzen, um anderen Themen auf die Spur zu kommen.

Der Medieneinsatz dient hier der **Dokumentation,** beinhaltet jedoch ein breites Spektrum an Erfahrungs- und Lernprozessen. Die Liste der Themen ist unerschöpflich.

Mögliche **Themen** sind z. B.: Berufen auf der Spur, Tiere unserer Umgebung, Mein Weg zum Kindergarten oder Auf dem Bauernhof.

Je vielfältiger der Medieneinsatz, desto besser. Die Kinder können Themen mit dem Fotoapparat, einem Tonaufzeichnungsgerät, mit Videokamera, Zeichnungen, Klangkollagen oder Bildkollagen festhalten. Sie können sich über diese und weitere Medien wie Computer, Fernseher/DVD, Zeitungen oder Zeitschriften Informationen beschaffen.

Neben der Dokumentation des Erfahrenen mittels der genannten Medien werden die Themen mit Gesprächen, Texten, Bewegungsspielen und Liedern auf ganzheitliche Weise verinnerlicht.

So lassen sich **drei Arten medienpädagogischer Projekte** unterscheiden:

- Projekte, die ein bestimmtes Medium thematisieren, wie Radio, Fernsehen oder Hörspiel
- Projekte, die ein Medienthema aufgreifen, beispielsweise Werbung oder Nachrichten
- Projekte mit freier Themenwahl, die sich der Medien als Informationsquelle sowie als Erforschungs- und Dokumentationswerkzeug bedienen.

Abb. 17.24: Dinosaurier sind immer ein beliebtes Projektthema.

Wünschenswert für die Praxis ist eine regelmäßige Projektarbeit, die sich im Lauf der Zeit aller drei Varianten bedient.

Die **Kompetenzen,** die in medienpädagogischen Projekten geübt und weiterentwickelt werden, sind vielfältig:

- Medientechnische Kompetenzen wie die Funktion und Handhabung von Medien oder die Kombinationsmöglichkeiten von Medien werden ausgebaut, womit auch der Handlungsspielraum erweitert wird.
- Produktionsabläufe werden durch den Rollenwechsel vom Rezipienten zum Produzenten hin erfahrbar gemacht.

Kompetenzfelder	Medienpädagogische Routinen	Medienpädagogische Projekte
Dimension I: Medienwissen und Technikkompetenz (Medienkunde)		
Orientierungswissen (Wissen über Medientechnik und Medienangebote)	• Gespräche über Nutzungsgewohnheiten und Vorlieben • Medienzeiten • Kommunikationsspiele	• Thematisierung und Erkundung einzelner Medien • Bearbeitung von Medienthemen
Hintergrundwissen (Gesellschaftliche Bedeutung und Auswirkungen von Medien)	• Bewertungsübungen • Gespräche über Auswirkungen von Medienkonsum	• Thematisierung und Erkundung einzelner Medien, z. B. ein Zeitungs- oder ein Radioprojekt
Zeichen- und Gestaltungswissen (Wissen über Zeichensysteme, Präsentationsformen)	• Gestaltungsaufgaben, z. B. Geheimschriften erfinden • Bildrätsel • Hörrätsel • Kommunikationsspiele	• Thematisierung und Erkundung einzelner Medien • Beliebige Projekte mit Medien als Werkzeuge zur Gewinnung und Präsentation von Informationen
Technische Handlungskompetenz (Umgang mit Medien)	• Technische Handlungsaufgaben während des Arbeitsalltags • Medienzeiten • Von Kindern selbst gestellte Hör- und Bildrätsel	• Alle der drei medienpädagogischen Projektvarianten
Dimension II: Reflexions- und Bewertungskompetenzen (Medienkritik)		
Urteilskompetenz (Bewertung von Medienprodukten, -entwicklungen, Nutzungsoptionen)	• Bewertungsübungen • Gespräche • Gestaltungsaufgaben	• Reflexionsphase am Ende von Projekten (Was hätten wir noch besser dokumentieren können?)
Selbstreflexionskompetenz (Eigenes Medienhandeln hinterfragen)	• Gespräche • Bewertungsübungen • Medienzeiten mittels anschließender Erzählrunde • Gestaltungsaufgaben die eigenes Medienhandeln thematisieren	• Projekt mit Thematisierung des eigenen Mediengebrauchs bzw. des familiären Mediengebrauchs
Dimension III: Nutzungs- und Verarbeitungskompetenzen (Mediennutzung)		
Auswahl- und Integrationskompetenz (Selbstbestimmte, zielorientierte und selbstregulierende Auswahl und Nutzung)	• Medienzeiten	• Alle Projekttypen durch eigene Auswahl der Kinder, welches Medium wie zur Informationsgewinnung oder Präsentation genutzt werden soll.
Rezeptions- und Verarbeitungskompetenz (Persönlich verträgliche Rezeption und Verarbeitung von Medieninhalten)	• Rollenrätsel, -spiele • Kommunikationsspiele • Gespräche • Gestaltungsaufgaben • Bewertungsübungen • Medienzeiten	• Projekte, die ein Medium thematisieren und bei dem auch die Gelegenheit besteht, Inhalte zu thematisieren • Projekte, die Medienthemen aufgreifen wie Werbung, Gewalt, Nachrichten
Dimension IV: Spezielle Kommunikatorkompetenzen (Mediengestaltung)		
Inhalts- und gestaltungsbezogene Kompetenz (Entwicklung von Medieninhalten)	• Kommunikationsspiele • Gestaltungsaufgaben • Von Kindern ersonnene und gestellte Hör- und Bildrätsel	• Alle Projektarten, da die Projektarbeit am Ende immer mit Hilfe von Medien präsentiert wird
Distributorische und partizipatorische Kompetenz (Fähigkeit zur Veröffentlichung und Verbreitung eigener Medien)	• Von Kindern ersonnene und gestellte Hör- und Bildrätsel	• Alle Projektarten, da die Projektarbeit am Ende immer mit Hilfe von Medien präsentiert wird

Tab. 17.12: Möglichkeiten der Integration medienpädagogischer Arbeit im Kindergarten in Bezug zu medienpädagogischen Handlungsfeldern und Methoden.

- Medien werden als Werkzeuge erfahren, die nicht nur konsumiert werden können, sondern es ermöglichen, Ausschnitte der eigenen Lebenswelt darzustellen.
- Medien als Menschengemachtes zu begreifen, lässt die Möglichkeit zur Kritik und kritischen Wahrnehmung von Medieninhalten reifen.
- Die Auseinandersetzung mit der Umwelt wird intensiviert, da bei der Dokumentation durch verschiedene Medien immer etwas bewusst ausgewählt werden muss. Die Bewusstheit und Entscheidungsfähigkeit wird geübt.
- Formen des Selbstausdrucks werden geübt.
- Feinmotorische Fertigkeiten werden geübt.
- Die ästhetische Wahrnehmung und die Fähigkeit zu ästhetischem Handeln werden durch den gestaltenden Umgang mit Bild- und Tonmedien ausgebaut.
- Das soziale Lernen wird entwickelt, da viele Abstimmungs- und Kommunikationsprozesse notwendig sind.
- Die Kommunikationsfähigkeit wird gefördert. Dies betrifft die verbale Kommunikation ebenso wie bildnerische, auditive, mimische und andere Ausdrucksformen.
- Die Wahrnehmung wird geschult, da bei den meisten Medien genaues Hinhören, genaues Hinschauen oder beides erforderlich ist.
- Das Selbstwertgefühl erfährt eine Stärkung, da Kinder mit Stolz auf ihre Aufnahmen blicken, ihre Aufnahmen anhören oder ihre Aufzeichnungen betrachten.

17.5.3 Integration der Arbeitsfelder zur Medienkompetenz

Die *Arbeitsfelder zur Entwicklung von Medienkompetenz* nach dem Modell von Dieter Baacke (→ Abb. 17.5) finden im *Medienkompetenzmodell* der Medienwissenschaftler Six und Gimmler (2007) eine weitere Differenzierung. Mögliche Wege, wie medienpädagogische Arbeit im Kindergarten integriert werden kann, werden mit den „Dimensionen der Medienkompetenz" nach Six/Gimmler zu Möglichkeiten der Umsetzung im Kindergarten verbunden. Die Umsetzungsmöglichkeiten werden wiederum unterschieden

- In die Möglichkeit der Integration medienpädagogischer Routinen
- In die Möglichkeit medienpädagogischer Projekte.

So entsteht eine Übersicht, wie **medienpädagogisches Handeln** in umfassender Weise **Eingang in die erzieherische Praxis** des Kindergartens finden kann. In der nebenstehenden Tabelle (→ Tab. 17.12) finden sich zu den Begriffen der Hauptdimensionen nach Six/Gimmler in Klammern die Begriffe der Arbeitssfelder nach Baacke.

Sowohl medienpädagogische Routinen als auch medienpädagogische Projekte sind dazu geeignet, die Entwicklungsfelder zur Medienkompetenz abzudecken. Optimal ist eine Verzahnung beider Herangehensweisen.

17.6 Beispiel für den pädagogischen Prozess

An einem praktischen Beispiel wird verdeutlicht, wie der Kreislauf eines klassischen pädagogische Prozesses im Bildungsbereich Medienerziehung ablaufen kann. Der hier beispielhaft dargestellte pädagogische Prozess ist eine Maßnahme der individuellen Förderung. Er ersetzt in keinem Fall *medienpädagogische Alltagsroutinen* (→ Kap. 17.5.1) oder *medienpädagogische Projekte* (→ Kap. 17.5.2). Als Hilfsmittel zur Erfassung von Ressourcen können der *Beobachtungsbogen zur Medienkompetenz* (→ Tab. 17.8) sowie der *Fragebogen für Kinder* (→ Tab. 17.9) oder andere, inhaltlich ähnlich gestaltete Instrumente herangezogen werden. Generell dient beispielsweise der Beobachtungsbogen nicht nur der Erfassung eines Ist-Zustandes, sondern vor allem dem Erkennen von Handlungsbedarf und der Festlegung von Fördermaßnahmen.

17.6.1 Situationsanalyse

Tom ist fünf Jahre alt und besucht nun im dritten Jahr den Kindergarten. Er hat zwei ältere Geschwister im Alter von sieben und zwölf Jahren und ist selbst der Jüngste in der Familie. Da er schon seit dem dritten Lebensjahr im Kindergarten ist, ist er gut in seine Gruppe integriert, hat gute soziale Kontakte und trifft sich auch in seiner Freizeit mit Gleichaltrigen aus seiner Gruppe. Generell ist er ein eher forscher Typ, der wenig Schüchternheit zeigt und eher mal etwas großspurig wirkt.

Zu Hause spielt er mit seinen Geschwistern gerne an der gemeinsamen Playstation und hört gerne Hörkassetten oder CDs. Bei der Playstation und auch beim Fernsehen benutzt er wegen seiner Geschwister nicht nur altersgemäße Medien. Sein absoluter Favorit bei den CDs ist jedoch der Eisbär Lars. Hier besitzt er alle Folgen sowie die CD mit den Liedern aus dem Eisbärenland. Manchmal darf er auch schon mit seiner siebenjährigen Schwester oder seinem großen Bruder am PC sitzen. Hier macht er vor allem sogenannte Jump&Run-Spiele.

Die Sprachkompetenz ist bei Tom altersgemäß gut ausgebildet. Er kann sich gut mitteilen und auch sein Verständnis für sprachliche Äußerungen ist gut entwickelt, was bei jüngeren Geschwistern ja aufgrund der intensiven Spracherfahrungen durch die älteren Geschwister häufig der Fall ist.

17.6.2 Erfassen von Ressourcen

Die Erfassung von Toms Mediengewohnheiten durch *Fragebogen* und durch die nun schon über zweijährige Beobachtung mittels *Beobachtungsbogen* macht deutlich, dass Tom bei aller sprachlichen Gewandtheit und medialer Erfahrung einen Bogen um das Medium Buch macht.

In freien Spielzeiten agiert er gerne seine mit Playstation oder Fernsehen gemachten Medienerlebnisse aus oder bearbeitet im Spiel mit seinen Freunden andere Themen. Bücher nimmt er nie zu Hand. Beim Vorlesen im Kreis ist er aufmerksam, zeigt aber ansonsten kein weiteres Interesse für Bücher. Dies mag seine Gründe darin haben, dass die Eltern einem eher bildungsfernen Milieu zugeordnet werden können und Bücher laut Ergebnis des Fragebogens in der Erziehung bislang keine große Rolle spielten. Denkbar ist auch, dass Tom Hemmungen und Minderwertigkeitsängste hat. Aufgrund der schon weiter fortgeschrittenen Kenntnisse seiner Geschwister und deren bereits ausgebildeter bzw. sich gerade ausbildender Lesefähigkeit kann sein Bogen um Bücher auch Ausdruck dieser Unsicherheit sein.

Seine Ressourcen, auf denen aufgebaut und an denen angeknüpft werden kann, sind:

- Seine sprachlichen Fertigkeiten
- Seine eher extrovertierte Art
- Sein hohes Maß an sozialer Erfahrung durch seine Kindergartenzeit
- Seine Geschwister
- Seinen umfassenden Medienerfahrungen.

17.6.3 Festlegen von Zielen

Tom befindet sich nun in der letzten Phase vor dem Schuleintritt. Seit dem Eintritt in den Kindergarten hat er von sich aus keinen Schritt unternommen, sich an das Medium Buch heranzutasten. So erscheint es im Hinblick auf die nahende Schulzeit wichtig, Tom nun gezielt an das Medium Buch heranzuführen.
Ziel ist es, Tom so weit zu bringen, dass er von sich aus zu Büchern greift, diese durchblättert und betrachtet, um im Einzelgespräch dann Dinge benennen zu können, Handlungsverläufe zu schildern und neue Interessen zu entwickeln.

Das nächste Ziel ist, dass er überhaupt erst einmal zu Büchern greift. Ein inhaltliches Interesse ist hierfür die Voraussetzung. Eine tiefergreifende inhaltliche Auseinandersetzung wäre ein Folgeziel. Ebenso die Entwicklung neuer Fragestellungen und Interessen mit Hilfe von Büchern.

Abb. 17.25: Die Ressourcen jedes Kindes müssen im pädagogischen Prozess berücksichtigt werden.

17.6.4 Planung von Maßnahmen

Gemäß dem Grundsatz, ein Kind dort abzuholen, wo es sich befindet, bietet es sich an, Toms bisherige Medienerfahrungen aufzugreifen und sie als Ansatz- und Ausgangspunkt für zielgerichtete Maßnahmen zu begreifen.

Tom hat eine Vorliebe für Lars, den Eisbären. Bislang hat er Versuche im Kindergarten abgetan, die Bücher zu verwenden oder ihn zu den im Kindergarten vorhandenen Lars-Büchern zu lotsen: „Das kenn ich schon. Das hab ich doch auf CD."
Toms Vorliebe lässt sich in vielerlei Hinsicht verwenden:

- Er kann als Experte zu Lars-spezifischen Themen befragt werden, was sein Selbstbewusstsein stärkt.
- Er kann dadurch als Mitarbeiter der Erzieherin eingesetzt werden, wenn es um Fragen rund um Lars geht.
- Da Lars ein Eisbär ist, der in einer Eiswelt lebt, ergeben sich viele Themenbereiche, die sich daraus ableiten lassen. Manche von diesen Bereichen weiß Tom schon, andere würde er vielleicht gerne erkunden, wären sie ihm bewusst.

Es sind also Maßnahmen zu planen, bei denen er als Experte Hilfen geben kann. Und diese wiederum können so geplant werden, das das Buch das naheliegende Hilfsmittel darstellt. Ist diese erste Hürde gemeistert, kann darüber hinaus versucht werden, ihn zu motivieren, sich weitere Themengebiete mit Hilfe von Büchern zu erschließen.

17.6.5 Durchführung von Maßnahmen

Tom wird um Hilfe gebeten und ersucht, den Jüngeren doch eine Geschichte zu erzählen, am besten eine von Lars („Da kennst du dich doch so gut aus!"). Die Erzieherin verrät ihm unter Verschwiegenheitsgebot ein Geheimnis: „Wenn man eine Geschichte so gut kennt, wie du die Larsgeschichten kennst, dann kann man anderen vorlesen, ohne lesen zu können. Denn du erkennst ja immer an dem Bild, was gerade passiert, und weißt dann, wie die Geschichte weitergeht."

So bekommt Tom ein äußerst motivierendes Instrument an die Hand: Er kann sich als jemand präsentieren, der schon mit Büchern umgehen kann! Ergänzend stellt ihm die Erzieherin, die ein wachsendes Interesse an den Geschichten von Lars zeigt, immer wieder Fragen zum Inhalt der Geschichten. Hierbei kann sie bewusst einzelne Begebenheiten unterschiedlicher Geschichten durcheinanderwerfen. So hat Tom die Möglichkeit, sie zu korrigieren. Daraufhin fordert die Erzieherin Tom auf, ihr das doch mal zu zeigen. Hier bleibt ihm erneut nur das Medium Buch.

Diese Maßnahmen werden über einen Zeitraum von ein paar Wochen durchgeführt. Am besten so lange, bis es für ihn zu Gewohnheit wird, jüngeren Kindern „vorzulesen" und Fragestellungen der Erzieherin mit Hilfe der Larsbücher zu beantworten.

Nachdem diese Schritte gefestigt sind, geht es darum, diesen Handlungsspielraum auszubauen. Dies gelingt am leichtesten mit verwandten Sachthemen: Eisbären, Bären oder Tiere im Eis.

Tom wird durch Interesse seitens der Erzieherin an Lars dazu angehalten, sich Gedanken um Eisbären im Allgemeinen zu machen. Und was es denn noch für Bären gibt. Oder welche Tiere außer Eisbären, Schneehasen und Schneegänsen im Eis leben. Die Fragen orientieren sich auch an den im Kindergarten vorhandenen Medien, mit deren Hilfe sich Tom diese Gebiete dann erschließen kann. Vielleicht hat der Kindergarten eine Multimedia-CD zu einem dieser Themen. Denn Tom soll nicht das Gefühl bekommen, er müsse nun ständig mit Büchern umgehen. Bei der Durchführung der genannten Maßnahmen ist vielmehr auf ein ausgewogenes Maß zu achten. Es darf kein Druck ausgeübt werden.

Auch andere Medien sollen zum Einsatz kommen: Poster, Multimedia-CDs, ein Film über Eisbären ohne Szenen, in denen der Bär ein Tier erlegt. Der Griff zum Buch soll immer ein freiwilliger sein, der durch die anfängliche Vorgehensweise mit hohem sozialem Prestige verbunden ist.

17.6.6 Auswertung

Inwieweit die Planung und Durchführung erfolgreich sind, lässt sich ganz einfach daran erkennen, ob Tom nach diesen Maßnahmen öfter zum Buch greift oder nicht. Hier ist dann noch zu unterscheiden, ob er auf der Stufe stehen bleibt, auf der er anderen die Larsbücher „vorliest", oder ob er nachhaltiger davon profitiert hat und nun auch andere Bücher zur Hand nimmt. Ist dies nicht der Fall, so sind die Maßnahmen bzw. deren Durchführung zu überdenken und neu zu gestalten.

Die Dokumentation erfolgt über den Beobachtungsbogen. Neben dem Erfassen der Handlungskompetenzen ist es hilfreich, hier auch individuelle Fördermaßnahmen zu notieren, um so für ähnliche Fälle im Laufe der Zeit eine Art pädagogischen Werkzeugkoffer zu entwickeln.

18

Musik und Rhythmik

Sabine Hirler, Stefanie Stadler Elmer

„Deshalb haben wir unter allem Denkbaren die Musik zum Element unserer Erziehung gewählt, denn von ihr laufen gleich gebahnte Wege nach allen Seiten."
(Johann Wolfgang von Goethe)

Der Bildungs- und Kompetenzbereich Musik und Rhythmik in sozialpädagogischen Einrichtungen für Kinder und Jugendliche ist Thema dieses Kapitels. In der traditionellen Psychologie und Pädagogik des 20. Jahrhunderts wurde der Stellenwert dieses Bereichs für die Bildung und Entwicklung des Kindes nicht angemessen gewürdigt. Seit etwa 30 Jahren jedoch wird die interdisziplinäre Erforschung der Bedeutung der Musik für die Entwicklung stark vorangetrieben. Die neuen wissenschaftlichen Erkenntnisse tragen immer mehr dazu bei, den Bildungsbereich Musik und Rhythmik zu profilieren.

> ► **Musik**
> Alle menschlichen Aktivitäten der absichtsvollen Organisation von Klängen, Lauten oder Geräuschen.

Musik ist ein wichtiger Bestandteil jeder Kultur. Menschen haben seit jeher das Bedürfnis, mit Lauten, Klängen und Geräuschen zu spielen, sie zu gestalten und miteinander zu teilen.

Musikalisches Spiel und daraus entstehende **Rituale**

- Vermitteln Gefühle der Zusammengehörigkeit oder Gemeinschaft
- Tragen zur Bildung der persönlichen und kulturellen Identität bei.

Auf Entwicklung und Erziehung bezogen ist Musik in erster Linie Aktivität. Die **elementaren musikalischen Aktivitäten** sind:

- Hören (→ Kap. 18.1.2)
- Vokalisation und Singen (→ Kap. 18.1.3)
- Bewegung *(*→ Kap. 12*)*

Beim Musik-Erleben stehen die Sinne und die Motorik im Vordergrund. Neben dem Hören ist beim musikalischen Erleben auch das **Sehen** von Bedeutung: Das Aussehen von Objekten wird mit ihrem Klang in Verbindung gebracht und bei Singspielen werden die Bewegungen auch durch das Sehen koordiniert.

Aus den elementaren musikalischen Aktivitäten entstehen **komplexere Aktivitäten** wie aufmerksames und interpretierendes Hören, Tanz, Instrumentalspiel, Gesang, Komponieren, Improvisieren, Darstellen und ästhetisch Urteilen.

Die **Musikpädagogik** fördert diese musikalischen Aktivitäten. Das früh vorhandenen Interesse und das Lernpotential stehen im Mittelpunkt. Die Förderung ermöglicht einem Kind langfristig, aktiv an kulturellen Anlässen teilzunehmen.

Ein wichtiger Bereich der Musikpädagogik ist die *Rhythmik* (→ Kap. 18.2). Rhythmik bezeichnet einerseits die Lehre vom Rhythmus, d. h. die Zeitstruktur (→ Kap. 18.1.6) der Musik. Andererseits ist Rhythmik die Kurzform von Rhythmisch-musikalischer Erziehung, wie sie in diesem Kapitel gemeint ist.

> ► **Rhythmik**
> Musikpädagogische Methode, die gruppendynamische Lernprozesse mittels Musik und Bewegung initiiert und dazu Sprache, Instrumente und Materialien einbezieht.

In der Rhythmik wird Musik in Bewegung, und Bewegung wird in Musik umgesetzt: „Spiele, was du siehst – bewege, was du hörst."

Die **Didaktik der Rhythmik** basiert auf verbalen und nonverbalen interaktiven Prozessen einer Gruppe von Menschen und ist situations- und ressourcenorientiert (→ Kap. 8.1). Handelt es sich bei der Gruppe um Kinder, gibt das für Kinder entwickelte Rhythmikangebot Impulse zur Entwicklung durch die Verknüpfung von Angeboten zur Förderung von z. B. musikalischen Kompetenzen, Sprache, sozialer Kompetenz, Intelligenz, Sensomotorik und Wahrnehmung. Charakteristisch ist der Einsatz von Improvisation und musikalischer Gestaltung, die mit Instrumenten, Materialien und dem Einsatz von Stimme, Sprache und Medien umgesetzt oder ergänzt werden.

Die grundlegende didaktische Methode der Rhythmik ist das *Rhythmische Prinzip* (→ Kap. 18.2, Kap. 18.6.2), das durch das Wechselspiel von kontrastierenden und gegensätzlichen Aktionen methodisch-didaktisch umgesetzt wird. Durch das ganzheitliche ästhetische Erleben werden individuelle und persönlichkeitsstärkende Lernprozesse iniziiert.

Dieses Kapitel zeigt die Verbindungen von Musikalität mit anderen Entwicklungs- und Bildungsbereichen auf und beschreibt den *Verlauf der musikalischen Entwicklung* (→ Kap. 18.1), die Arbeitsfelder in der Rhythmik (→ Kap. 18.2) und *die Bedeutung für Kinder und Jugendliche* (→ Kap. 18.3). Erziehungsverantwortliche erkennen die *Bedeutung von Musik und Rhythmik* in der kindlichen

Abb. 18.1: Musikalisches Spiel und daraus entstehende Rituale vermitteln Gefühle der Zusammengehörigkeit.

Entwicklung und in der Erziehungsarbeit (→ Kap. 18.4) und erhalten Anregungen für die Praxis (→ Kap. 18.6, 18.7).

18.1 Theoretische Grundlagen

Entwicklungspsychologie → Kap. 10.3

18.1.1 Musikalität

Das Ziel dieses ersten Teils, der die theoretische Grundlagen beschreibt, ist es, die **musikalischen Fähigkeiten** aus einer entwicklungspsychologischen Sicht darzustellen. Es geht somit nicht darum, musikalisches Talent oder musikalische Intelligenz zu beschreiben, und es geht auch nicht darum, Musikalität nach Altersstufen zu diagnostizieren und anzugeben, was ein durchschnittliches Kind in unserer Kultur können müsste. Vielmehr wird versucht, den Erwachsenen die Erlebenswelt des Kindes nahe zu bringen, oder anders gesagt: sie daran zu erinnern, dass die sinnliche Wahrnehmung, die Neugier und das Spielen noch nicht wie bei Erwachsenen kulturell geprägt und durch verinnerlichte Normen eingeschränkt sind. In diesem Sinne versteht sich das Kapitel als eine Herausforderung, das eigene Denken über Musikalität zu revidieren, neue Beobachtungen anzustellen und über die Kreativität der Heranwachsenden zu staunen. *(siehe auch Erklärungsmodelle für Entwicklung → Kap. 10.3.1, Biografische und öko-kulturelle Bedingungen für Entwicklung → Kap. 10.3., Soziologie → Kap. 9)*

> **▸ Musikalität**
> Alle menschlichen Aktivitäten der absichtsvollen Organisation von Klängen, Lauten oder Geräuschen (→ Musik). Musikalität ist zugleich ein universelles und biologisch fundiertes Fähigkeitspotential, das sich in den Individuen aller Kulturen in vielfältigen Formen entfaltet.

Ein weiterer Schwerpunkt liegt neben der Musikalität auf einem Verständnis von Musik, das sich nicht nur auf die abendländische Kunst und Tradition bezieht, sondern auch die **globalisierte Musikkultur** berücksichtigt. Die abendländischen Normen erweisen sich als eine Norm unter vielen anderen, die sich gegenseitig bereichern können. Entscheidend ist jedoch die gelebte Praxis, und zwar weniger die allgegenwärtige musikalische „Überschwemmung" mit Musik, z. B. durch Hintergrundmusik in Kaufhäusern, aus immer raffinierter werdenden technischen Medien (→ Kap. 17.1.1), als das aktive musikalische/musikbezogene Handeln und bewusste Erleben von Musik, das den Menschen emotional tief zu berühren vermag. Das gilt auch für den Umgang mit Kindern: Es zählt das direkte, aktive und gemeinsame Erleben im Kontext sozialer Interaktionen und Spiel.

Schließlich wird vermittelt, dass **die jungen Jahre als ein Zeitraum zum Aufbau von Fähigkeiten** anzusehen sind, auch wenn es in der Entwicklung nicht nur Fortschritte

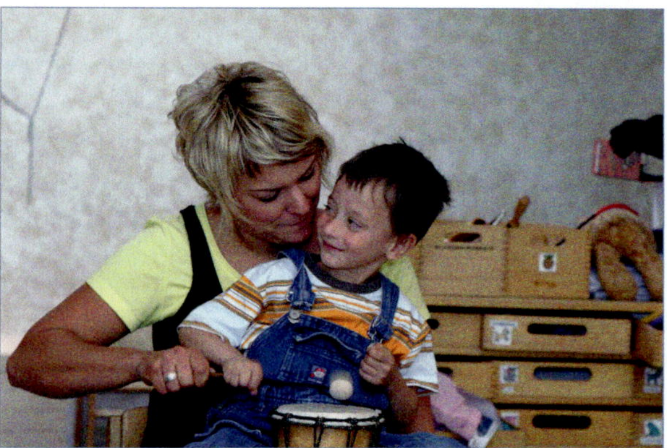

Abb. 18.2: Musikalische Aktivitäten fördern soziale Bindung und Zusammengehörigkeitsgefühle.

gibt. Das Erlernen einer Sprache oder eines Instruments ist eine Entscheidung und ein Weg, der andere Möglichkeiten ausschließt.

Entwicklung ist stets **Gewinn und Verlust:**

- Wir verlieren die sensorische Sensibilität und Offenheit der Kindheitsjahre und
- Wir gewinnen kulturell geprägte symbolische Formen, deren Bedeutung wir mit anderen teilen können (z. B. eine weiße Taube als Symbol für den Frieden).

Die **musikalischen Aktivitäten und ihre Entwicklung** sind eine kreative Anpassungsleistung des Individuums an die Anforderungen seiner spezifischen soziokulturellen Umwelt (→ Kap. 9). Der Inhalt oder die Art der musikalischen Praxis kann sehr verschieden sein, die Prozesse der Aneignung und die kulturelle Anpassung sind jedoch universell, d. h. bei allen Menschen gleich.

> Musikalische Aktivitäten haben aus folgenden Gründen einen besonderen Stellenwert:
>
> - Die musikalische Entwicklung beginnt sehr früh
> - Säuglinge und Kinder haben von sich aus ein großes Interesse an Musik
> - Musikalische Aktivitäten gehen ursprünglich mit Wohlbefinden einher. Sie sind ein Mittel zur Regulierung von Emotionen und Affekten. Sie können als negativ empfundene Affekte oder Gefühle wie Langeweile, Wut, Angst, Trauer, Ärger oder Schmerzempfindungen abschwächen
> - Musikalische Aktivitäten sind gemäß wandelbaren und kulturspezifischen Konventionen geregelt. Sie entwickeln sich durch Nachahmung und Spiel weiter
> - Als gemeinsame Erfahrung erhöhen sie die soziale Bindung und das Zusammengehörigkeitsgefühl. Sie finden stets in einem sozialen und kulturellen Kontext statt und sind davon geprägt
> - Musikalischen Aktivitäten sind körperlich-sinnlich. Dies ist die Grundlage für ästhetische Erfahrung und Erkenntnis. Dieser körperlich-sinnliche Charakter ist allem musikalischen Erfahren eigen und existiert selbst im musikalischen Denken.

18.1.2 Hören

Das Hören als **Sinneswahrnehmung** dient dem Organismus dazu, mit seiner Umwelt in Kontakt zu treten. Das **Gehör** empfängt Schwingungen der Luft und registriert Bewegungen, die aus allen Richtungen an das Ohr gelangen (Hellbrück 2008). Der **Hörvorgang** über das Ohr funktioniert in erster Linie durch die Leitung der Schallwellen vom Außenohr ins Mittelohr, wo sie mechanisch übertragen werden ins Innenohr. Dort leiten Rezeptoren in der Cochlea (Hörschnecke) Nervenimpulse ins Gehirn weiter. Störungen bei diesem Vorgang – bei der Schallleitung, der Übertragung in Nervenimpulse oder der Gehirnaktivitäten – beeinträchtigen das Hören. Wenn die Wahrnehmung von gesprochener Sprache, von Musik und von Umweltgeräuschen gestört ist, ist eine Person in ihrer sozialen Integration gefährdet.

Die nachfolgend genannten Wahrnehmungskanäle (siehe auch Kap. 10.2.1) sind besonders wichtig als Kompensation für Menschen, bei denen die Schwingungswahrnehmung durch die Luftleitung über das Ohr beeinträchtigt oder beschädigt ist. Schwingungen oder Vibrationen werden **mit dem ganzen Körper** wahrgenommen. Die Sinneswahrnehmung umfasst dann eine

- *Taktile Wahrnehmung* – Empfindung von Vibrationen über Tastsinn und Haut
- *Kinästhetische Wahrnehmung* – Empfindung von Vibrationen über Knochen, Muskeln, Gelenke und Sehnen
- *Propriozeptive Wahrnehmung* – Empfindung von Vibrationen über das Körperinnere
- *Vestibuläre Wahrnehmung* – Empfindung von Vibrationen über Körperposition und Lagewechsel
- *Viszerale Wahrnehmung* – Empfindung von Vibrationen über die Organe.

Die Entwicklung des Hörens

Für die Sprach- und die Musikentwicklung eines Kindes ist ein **funktionierendes Gehör** eine notwendige Bedingung. Weitere Bedingungen sind kontinuierliche und kindgerechte Anregungen in sozial-emotional fürsorglicher Umgebung.

Die Entwicklung des Hörens hängt eng mit anderen Entwicklungsbereichen zusammen, z. B. mit

- Den Sinneswahrnehmungen (→ oben)
- Der Motorik (Bewegung)
- Den emotionalen oder bewertenden Erfahrungen
- Dem Wissen.

Das **Hörsystem** beginnt drei bis vier Monate vor der Geburt zu funktionieren. Der Fötus reagiert auf eine große Bandbreite von akustischen Reizen. Das Fruchtwasser leitet Vibrationen, die der Fötus mit seinem Körper und dem sich entwickelnden Gehör wahrnehmen kann. Diese Stimulationen tragen zur Bildung von neuronalen Strukturen bei.

Studien (z. B. Lecanuet 1996) zeigen, dass **Stimulationen während der Schwangerschaft** eine erhöhte Empfindsamkeit nach der Geburt bewirken, beispielsweise gegenüber der mütterlichen Stimme, wiederholt vorgelesenen oder vorgesungenen Stücken durch die Mutter, wiederholt vorgespielten Musikstücken und der Muttersprache.

Solche Stimulationen regen die Entwicklung der Hörfähigkeiten an und tragen zur Ausbildung von **Vorlieben** bei.

Mit der **Geburt** beginnt eine neue Entwicklungsphase: Der Säugling hört zum ersten Mal seine eigene Stimme und spürt die Vibrationen. Nun beginnt er, die Sinnesmodalitäten zu koordinieren und sich der neuen Umwelt anzupassen.
Siehe auch → Kap. 10.3.4

Die Erforschung des kindlichen Hörens

Die Erforschung des kindlichen Hörens wurde stark vernachlässigt, weil mit den Hörfähigkeiten kein klar beobachtbares Verhalten verbunden ist – das heißt, dass das Hören indirekt über physiologische Methoden oder über Verhaltensbeobachtungen ermittelt werden muss. Zeigt das Kind eine Reaktion (z. B. Augenblinzeln, Änderung der Saugrate, der Atem- oder Herzfrequenz, Ausschläge beim EEG) auf eine akustische Stimulation, so kann daraus geschlossen werden, dass es sie wahrgenommen hat.

Bei der Entwicklung des Hörens werden drei Bereiche erforscht (Stadler Elmer 2009):

- Grundlegende Fähigkeiten, die Neurologie und Anatomie des sich entwickelnden Hörsystems
- Sprachwahrnehmung
- Musikwahrnehmung.

Im Alter von zwei bis vier Tagen kann der Säugling aus einer Menge von Stimmen jene seiner Mutter wiedererkennen. Im Verlauf des ersten Monats kann er Sprachlaute von anderen Geräuschen unterscheiden. Studien zeigen auf, dass Säuglinge auf kleine Veränderungen in der Tonhöhe, Lautstärke und in Sprachlauten reagieren und dass sie zeitliche Ereignisse unterscheiden und gruppieren können, z. B. Wiederholungen oder Pausen beim Sprechen.

Die Kommunikation mit dem Säugling

Die frühe Wahrnehmungsbereitschaft für musikalische und sprachliche Reize ist auffallend. Der Säugling ist besonders interessiert an menschlichen Stimmen und an direkten und ihm angepassten Interaktionen in der *Ammensprache.* Er kann besonders gut Folgendes wahrnehmen:

- Eine ausgeprägte Sprachmelodie mit breitem Tonhöhenumfang oder mit Akzenten
- Kurze Aussagen, Wiederholungen, klare Unterteilungen und Pausen
- Ausgeprägte Melodiekonturen als wiederholte Muster.

Eltern und Bezugspersonen kommunizieren intuitiv auf eine dem Säugling angepasste Weise, indem sie mehrere Sinne anprechen. Zu dieser Kommunikation gehört auch

Abb. 18.3: Erwachsene kommunzieren intuitiv mit dem Säugling auf eine ihm angepasste Weise.

die **gegenseitige Nachahmung:** Die Erwachsenen ahmen intuitiv bis zu 40 % der Äußerungen eines Säuglings nach, was es ihm wiederum erleichtert, selbst nachzuahmen, weil die Modelle dem gleichen, was er bereits kann (Papousek 1994) (*Modelllernen* → Kap. 10.1.3, *Lernen* → Kap. 10.5). Dieses *intuitive parenting* hat sich als kultur- und geschlechtsunabhängige Kommunikationsform erwiesen.

Die Ammensprache mit ihren musikalischen Eigenschaften ist wichtig für den **Beziehungsaufbau** mit dem Kind: Sie steuert die kindliche Erregung und Aufmerksamkeit und bahnt Sprache und Musik an.

> ⊙ Die Kommunikation mit dem Säugling funktioniert multimodal, d. h. alle Wahrnehmungskanäle (→ Kap. 10.2.1) betreffend. Bei der sprachlichen Kommunikation sind zuerst die Sprachmelodie und die zeitliche Gestaltung , z. B. durch Wiederholungen wichtig. Es sind die musikalischen Elemente, die dem Säugling und Kleinkind ermöglichen, das gehörte Sprechen und Singen in erste Bedeutungseinheiten zu segmentieren.

Kategorielle Wahrnehmungsprozesse

Wahrnehmung und Wahrnehmungsorganisation → Kap. 10.2.1

Die Entwicklung des Hörens ist in den Anfängen **sensorisches Lernen,** das eng mit der raschen anatomisch-physiologischen Entwicklung vor allem des Gehirns gekoppelt ist. Die einfachste Lernform ist das Wahrnehmen oder Erkennen von Unterschieden bei akustischen Reizen.

Alle Sinnesorgane sind von Anfang an darauf spezialisiert, Kontraste wahrzunehmen. Durch wiederholtes Unterscheiden lernt der Säugling, Gleiches oder Ähnliches wiederzuerkennen und zu kategorisieren. Der Voraussetzungen für dieses **sensorische Kategorisieren** (*nicht-assoziatives Lernen* → Kap. 10.5) sind angeboren und bilden einen grundlegenden, kognitiven Mechanismus (Lenneberg 1977).

Das Unterscheidungsvermögen des Gehörs führt zur Bildung von

- Zunächst *perzeptuellen Kategorien* (Kategorien der Wahrnehmung) und
- Später, darauf aufbauend, zu *begrifflichen* und *semantischen Kategorien* (z. B. Kategorien der Sprache).

Sie gelten zunächst nicht nur für das Hören und Sehen, sondern auch für die Lautbildungen. Der Säugling unterscheidet und kategorisiert zunächst einfache Muster und starke Kontraste. Dann geht er allmählich dazu über, feinere Unterschiede und Variationen zu erkennen und zu ordnen.

Auf den kategoriellen Wahrnehmungsprozessen bauen komplexe Lernformen (→ Kap. 10.5, Tabelle 10.12) auf wie

- Assioziatives Lernen
- Adaptives Anwenden (Verallgemeinern) von Kategorien in anderen Zusammenhängen
- Erinnern (Gedächtnis)
- Präferenzen (Vorlieben)
- Nachahmung
- Erwartung oder Vorwegnahme
- Verbale oder gestische Bezeichnung oder Benennung.

> ⊙ Das Wissen um die frühe Funktionalität des Hörens hat in den letzten Jahren die Vorstellung von Musikalität verändert. Die hohe Empfindsamkeit des Gehörs von Säuglingen, Kleinkindern und Kindern wurde lange Zeit unterschätzt.

Die auditive Empfindsamkeit

Die auditive Empfindsamkeit ist in der frühen Lebensphase am höchsten (*Gehirnwachstumsspurt* → Kap. 10.3.1). Das Hören ermöglicht dem Kind Orientierung und Anpassung: Personen, Lebewesen, Gegenstände, Räume und Ereignisse (z. B. Feste und Rituale) haben akustische Eigenschaften. Deren Erfahrung bewertet das Kind emotional und kognitiv, ordnet ihnen Bedeutungen zu, und eignet sich auf dieser Basis Wissen an. Die Entwicklung des Hörens ist daher kaum von anderen psychischen Prozessen abzutrennen.

Während der Kindheit und im Jugendalter wird das Hören individuell geprägt durch Interessen und Spezialisierungen und gezielte und gewohnheitsmäßige Tätigkeiten. Zudem spielt die individuelle Koordination von Wahrnehmungsprozessen eine Rolle. Dazu gehören beispielsweise das Erlernen einer Zweitsprache oder eines Musikinstruments oder Freizeitbeschäftigungen, die das Hören besonders beanspruchen (oder gar belasten).

Neben dem Aufbau von sensorischer Differenzierung und Integration setzt bereits ab dem 20. Lebensjahr ein symmetrischer (beide Ohren betreffender) Verlust des Gehörs für hohe Töne ein, der mit unterschiedlicher Geschwindigkeit zunimmt. Dieser mit dem Altern verbundene physiologische Abbau der Hörsensitivität ist genetisch, aber auch biografisch bedingt.

In der Entwicklungspsychologie wird allgemein das Hören gegenüber dem Sehen unterbewertet. Das Hören ist aber für die sozialen Beziehungen, für die kulturelle Integration und für die geistige Entwicklung ebenso wichtig.

Absolutes und relatives Hören

In der Forschung nimmt das Phänomen des absoluten Hörens einen großen Stellenwert ein.

► **Absolutes Hören**
Fähigkeit, eine vorgegebene Tonhöhe nur durch Hören mit ihrem der westlichen Tonskala entsprechenden Namen zu bezeichnen.

Wer die Fähigkeit des absoluten Hörens hat, kann beispielsweise ein vorgegebenes f′ als solches identifizieren. Umgekehrt kann einer absolut hörenden Person der Name eines Tons vorgegeben werden, z. B. in Form der Notation oder als Buchstabe f′, und sie kann diesen Ton so singend angeben, dass er mit der Tonhöhe einer genormten Skala, z. B. dem Klavier, übereinstimmt.

► **Relatives Hören**
Fähigkeit, bei der eine Person die Beziehung eines Tones zu einem anderen hörend als Intervall, z. B. Sekunde oder Terz, identifizieren, aber dabei nicht die absolute Tonhöhe auf der westlichen Tonskala angeben kann.

In der Musikpraxis ist das absolute Hören gegenüber dem relativen Hören nicht immer im Vorteil, denn oft sind die Tonhöhenrelationen oder Intervalle wichtiger als das Lokalisieren einzelner Tonhöhen in der Skala.

Die Definition des absoluten Hörens zeigt, dass eine absolut hörende Person viel Erfahrung mit dem westlichen Tonsystem haben muss, um diese Kategorisierungsleistung erbringen zu können. Tatsächlich zeigen mehrere Studien (z. B. Schlemmer 2008), dass absolut hörende Personen meist bereits von Kindheit an musikalisch trainiert wurden. In Japan, wo Musikalität von früh an gefördert wird, gibt es eine hohe Anzahl von absolut Hörenden. Von früh an trainierte Personen haben die Möglichkeit, ein Langzeitgedächtnis für die westlichen Tonhöhekategorien zu bilden.

Kinder haben insofern noch kein absolutes Gehör, als das westliche Tonsystem nicht angeboren sein kann und ein Benennen von Tönen eine eindeutig kulturell geprägte Leistung ist. Welche Rolle spielt dann die frühe Erfahrung? Kleine Kinder orientieren sich beim Liederlernen oft an der absolut vorgegebenen Tonhöhe des Liedanfangs oder -endes, selbstverständlich, ohne diese benennen zu können (Sergeant/Roche 1973; Stadler Elmer 2002), und Säuglinge im Alter von drei Monaten sind fähig, einzelne Tonhöhen genau nachzuahmen (Kessen/Levine/Wendrich 1979).

Es scheint, dass es jungen Kindern leicht fällt, sich beim Singen an einzelnen vorgegebenen Tonhöhen zu orientieren. Sie verstehen jedoch nicht, dass Tonhöhen durch Tonskalen geregelt sind. Es gibt folglich eine Orientierung an der Eigenschaft Tonhöhe, die jedoch unabhängig vom Benennen-Können und unabhängig vom westlichen Tonsystem existiert.

Beeinträchtigung des Hörens

Ein Verdacht auf Hörbeeinträchtigung bei einem Kind muss so früh wie möglich geklärt werden. Die Diagnosemöglichkeiten haben sich in den vergangenen Jahrzehnten stark verbessert. Liegen bei einem Säugling oder Kleinkind Risikofaktoren vor, muss eine Fachperson aus der Audiologie oder Pädiatrie hinzugezogen werden.

Risikofaktoren für beeinträchtigtes Hören sind:
- Genetische Vorbelastungen in der Familie
- Entwicklungsverzögerung
- Organische Krankheiten (z. B. Ohrentzündung)
- Psychische Störungen durch Traumata (→ Kap. 26.2).

Durch das Hören kann die eigene Stimme gesteuert werden. Zwar vokalisieren auch hörbeeinträchtigte oder taube Säuglinge, aber sie bilden nicht wie normal hörende Kinder im ungefähren Alter von zehn Monaten das „kanonische Babbling“, d. h. das einfache Repetieren von Silben wie mamama, ada, nana. Die Verzögerung oder das Ausbleiben solch kanonischen Babbelns kann ein Hinweis auf eine mögliche Hörstörung sein.

Viele Hörstörungen wie z. B. Sensitivitätsverlust und Tinnitus werden im Verlauf des Lebens erworben.

Durch Lärm verursachter Hörverlust zieht vor allem für Kinder und Jugendliche große Nachteile nach sich: Lern- und Verständnisschwierigkeiten, sozialer Ausschluss, Nachteile in der Schul- und Berufslaufbahn. Es ist daher wichtig für Erziehungsverantwortliche, um die Bedeutung des Hörens für die menschliche Entwicklung und Lebensqualität und um die Notwendigkeit von Prävention Bescheid zu wissen und dazu beizutragen, dass das Hören des Kindes in jeder Altersphase beachtet und es vor Lärm geschützt wird – und auch in diesem Bereich mit gutem Beispiel voranzugehen.

18.1.3 Vokalisation und Singen

Sprache → Kap. 22

In der Menschheitsentwicklung gab es vermutlich eine enge Verbindung zwischen Gesang, Poesie und Tanz, die sich in verschiedenen Kulturen unterschiedlich ausdifferenziert hat, wozu auch die Vielfalt an Gesangtechniken wie Jodeln, Obertongesang, Operngesang usw. gezählt werden kann. In jeder Kultur gibt es Konventionen oder Normen für den sprach-musikalischen Ausdruck.

► **Vokalisation**
Lautäußerung mit der Stimme. Dazu gehören das Singen und Sprechen mit all ihren vielseitigen Formen.

Das heutige Sprechen unterscheidet sich vom Singen vor allem in der Art der Information und der Funktionen.

Sprechen dient der Kooperation im Alltag und speziell der Informationsweitergabe. Die Übergänge zwischen Singen und Sprechen sind oft fließend, z. B. beim Sprechgesang, denn es gibt kein klar abgrenzendes Kriterium, sondern vielmehr eine Reihe von Merkmalen (→ Kap. 18.1.8, vgl. Entwicklung der Unterscheidung zwischen Sprechen und Singen beim Kind, Stufe 3).

Singen ist eine universelle Handlung, d. h., es kommt in allen Kulturen vor. Liedersingen vereint beides: Musik und Sprache. Die einfachste Vokalisationsform, die den Eindruck von Singen erzeugt, ist das Verlängern von Vokalen. Dabei können die Tonhöhen verändert werden. Jeder Mensch, der Vokale produzieren und verlängern kann und somit einen Stimmklang hat, kann singen. Die Gestaltung der Tonhöhen muss (noch) nicht den kulturspezifischen Konventionen entsprechen.

> ▸ **Singen**
> Früheste und elementarste Form des Musizierens, die auch ohne spezielle Fertigkeiten und ohne Materialien ausgeführt werden kann.

Das Singen setzt wenig Fertigkeiten voraus und braucht keine Materialien, so dass jeder teilnehmen kann. Angeleitetes Üben ermöglicht differenzierte Formen des Singens (z. B. Chor, Jodeln, Operngesang).

In den Anfängen der Singentwicklung sind Prosodie und Melodie nicht voneinander zu unterscheiden. Musik und Sprache, Singen und Sprechen haben **gemeinsame Wurzeln.** Die Vokalverlängerung als einfachste Form enthält alle wichtigen musikalischen Parameter: Klangfarbe, Lautstärke, Tonhöhe und Zeitstruktur. Diese werden nach kulturspezifischen Regeln organisiert. Als Ergebnis von *Konventionen* (→ Kap. 18.1.6) sind sie wandelbar.

Zu den allgemeinen **Wesensmerkmalen des Gesangs aller Kulturen** gehören:

- Die Verbindung von sprachlichen und musikalischen Elementen
- Die Verankerung in einem sozialen Kontext und dabei das aufeinander Abstimmen
- Die Gestaltungsprinzipien von Wiederholung und Variation von bereits gesungenen Liedteilen.

Singen geht mit der Produktion von Vokalen, Silben, Worten oder Texten einher und ist keine rein „musikalische" oder „melodische" Angelegenheit, sondern stets eine Verbindung von sprachlichen und musikalischen Ausdrucksmitteln. Es besteht ein allgemeiner Konsens darüber, dass beim **Liedersingen** Melodie und Text zu einem synchronen Gebilde, meist in Versform, organisiert sind.

Funktionen des Singens

Die Funktionen des Singens liegen im Spiel, im Ausdruck von Ideen, Symbolen und Stimmungen und in der rituellen Erzeugung und Aufrechterhaltung von Gemeinschafts- oder Zugehörigkeitsgefühlen.

> ⊙ Singen ist
> - Ursprünglich bei Kindern mit positiven Emotionen besetzt
> - Eine kulturelle Praxis und zugleich ein Mittel zur Regulation (und auch Manipulation) von Emotionen und Stimmungen
> - Symbol und Verweis auf die soziokulturelle (nationale) Identität, Herkunft und gemeinsame Vergangenheit.

Liedersingen ermöglicht es, Vergangenes zu bewahren und zu erinnern, z. B. in Volksballaden. Es wurde schon immer in Religion, Mythen, Politik und Erziehung als identitäts- und gemeinschaftsstiftendes Mittel eingesetzt.

Stimmumfang

Das Singen unterscheidet sich unter anderem vom Sprechen durch einen breiteren Tonumfang zwischen tief und hoch. Es gibt verschiedene Kriterien und Techniken, den Stimmumfang einer Person zu bestimmen. Der „bequeme" Umfang ist die spontan gewählte Lage für das Singen von Liedern. Der Stimmumfang lässt sich auch durch das Nachsingen von vorgegebenen Tönen bestimmen oder durch das Ausloten der Grenzen durch wiederholtes und kontinuierliches Anheben oder Absenken (Glissando) von Vokalen.

Der höchste Ton des persönlichen Umfangs ist instabil und abhängig von der Technik und der Befindlichkeit. Ein entspannter und spielerischer Umgang mit der Stimme erleichtert das Produzieren von hohen Tönen. Der tiefste Ton ist weit mehr physiologisch bedingt und von der Entspannung (Senkung) des Kehlkopfs und der Rachenlänge (Wachstum) abhängig.

Bei Kindern zwischen vier und neun Jahren liegt der untere Bereich des Stimmumfangs bei G3 und A3 (angelsächsische Schreibweise) oder g und a (deutsche Schreibweise), d. h. im Bereich einer Terz oder Quarte unterhalb des mittleren C (C4 oder c′ = 256 Hz) (Stadler Elmer, 1988).

Abb. 18.4: Singen ist Spiel, Ausdruck von Ideen und Stimmungen, es erzeugt Gemeinschaftsgefühle und erhält diese aufrecht.

Welch et al. (2008) ermittelten an einer großen Stichprobe (insgesamt mehr als 5000 Kinder), dass der bequeme Stimmumfang bei 75 % der Kinder ab 7 Jahren zwischen G3 und B4 (g und h') liegt, und bei 75 % der Kinder ab 10 Jahren zwischen F3 und C5 (f und c''). Beide Studien zeigen, dass die Grenze im unteren Stimmbereich durch die Länge des Rachenraums (Senkung des Kehlkopfs während der Wachstumsphase und durch Entspannung) bestimmt ist, hingegen die obere Grenze des Stimmumfangs stark variiert und von Technik, Training und Instruktion abhängt. Erwachsene, die mit Kindern singen, sollten auf den bequemen Umfang von Kindern eingehen.

Beeinträchtigtes Singen

Wenn ein Kind sein Stimmpotential nicht regelmäßig nutzt oder die Stimme durch häufiges Schreien überfordert wird, so kann das Singen beeinträchtigt werden. Ein erneutes **Heranführen an die Singstimme** geschieht in erster Linie durch verschiedenartige und spielerische Übungen. Ziele sind:

- Den Stimmklang (Vokale) als Grundlage des Singens einzusetzen
- Das eigene Singen durch das Hören und die *kinästhetische Empfindung* (→ Kap. 18.1.2) zu kontrollieren
- Freude und Selbstvertrauen wiederzufinden.

[BEISPIEL] Die Erfahrung, gemeinsam dieselbe Tonhöhe zu singen, kann einer unsicheren Person vokal und auditiv eine wichtige Orientierung bieten. Es ist möglich, dass singbeeinträchtigte Kinder (sogenannte *Brummer*) ohne explizite Intervention durch regelmäßiges Singen in der Gruppe Fortschritte machen und sich mit der Zeit unauffällig musikalisch integrieren. Regelmäßiges Singen in Kindertageseinrichtungen und in der Schule ist aus diesem und aus weiteren Gründen wichtig.

Singen ist eine soziale Angelegenheit, und ein „Vorführen" von unsicher singenden Kindern durch Solo-Vorsingen sollte vermieden werden. Erwachsene mit Singbeeinträchtigungen sind weniger flexibel als Kinder, und sie hemmen sich oft selbst durch hohe und unangemessene Anforderungen, statt mit Geduld und Neugier die brachliegenden Ausdrucksmöglichkeiten zu erkunden.

Stadler Elmer, S.: Spiel und Nachahmung – Über die Entwicklung der elementaren musikalischen Aktivitäten. Aarau: Nepomuk 2000

18.1.4 Spiel und Nachahmung im musikalischen Bereich

Die frühesten Aktivitäten, mit denen sich die Musikalität des Säuglings und des Kleinkinds zu entwickeln beginnen, sind Spielen (→ Kap. 21) und Nachahmen. Die früheste Form ist hier das Vokalspiel: Der Säugling spielt mit seiner Stimme, und dabei entstehen erste musikalische Vorformen. Die eigene Stimme ist für den Säugling das erste „Spielzeug". Das sogenannte **Vokalspiel** nimmt im ersten Lebensjahr sehr viel Raum ein. Der Säugling erkundet sein Stimmpotential, das durch das körperliche Wachstum und durch die Anregungen der Bezugspersonen immer wieder neue Möglichkeiten eröffnet. Das Kind kann seine eigenen Ausdrucksweisen mit jenen von anderen vergleichen, sie angleichen und immer wieder neue Formen entdecken. Auffallend sind die hohe Motivation und das hohe Aktivitätsniveau des Säuglings und des Kleinkinds, die Stimme allmählich den sprachlichen und musikalischen Angeboten der Umgebung anzupassen. Das Vokalspiel gehört zu den wichtigen, vom Kind selbst gesteuerten Aktivitäten, aus denen sich musikalische und auch sprachliche Strukturen anbahnen. Mehr noch für Musik als für Sprache gilt, dass das Spiel ein frühes Wesensmerkmal von Musikalität ist (→ unten).

Aus dem Vokalspiel entstehen gegen Ende des ersten Lebensjahres das **Singen** und dann allmählich das **Sprechen.** In diesem Zeitraum vom Übergang vom ersten zum zweiten Lebensjahr lässt sich bei vielen Kindern beobachten, wie sie beginnen, das Spielen mit der Stimme, das Singen und erste Formen des Sprechens voneinander zu unterscheiden. Sie werden fähig, die eine oder andere Form als Ausdruck zu wählen und willentlich zu steuern.

Musizieren als Spiel

Auch wenn das Musizieren für das Kind zunächst Spiel ist und es die *kulturellen Konventionen* (Spielregeln → Kap. 18.1.6) noch nicht kennt, weist sein Musizieren eine Organisation oder Struktur auf. Ein weiteres Merkmal sind die positiven Emotionen: Spiel ist grundsätzlich eine freudvolle und heitere Tätigkeit (Hetzer 1995) und frei von jeder Fremdbestimmung. Mit spontanem Singen oder mit anderen Formen des frühen Musizierens wie rhythmischen Bewegungen beim Musikhören bringt ein Säugling oder ein Kleinkind also **Wohlbefinden** zum Ausdruck.

Das Spiel wird vom Kulturphilosophen Johann Huizinga (1994) als Grundlage aller menschlichen kulturellen Errungenschaften angesehen. Nach der Befriedigung der Grundbedürfnisse (Nahrung, Kleidung, Sozialkontakt, Hygiene, medizinische Vorsorge, Schutz vor Kälte und Hitze) ist es für die Entwicklung von Kindern von zentraler Bedeutung, Freiraum zum Spielen zu haben. Das Singen, Tanzen und der Umgang mit den Klangeigenschaften von Gegenständen ermöglichen dem Kind ein spielerisches Ausprobieren, Wiederholen und Variieren und Selbsterfinden. Den Spielcharakter mit Heiterkeit, und sozialen Regeln und Flow-Erfahrung (Aufgehen in einer Tätigkeit) soll das musikalische Handeln so weit als möglich beibehalten.

Musizieren als Nachahmung

Neben dem Spiel ist die **Nachahmung** ein entscheidender Entwicklungsmotor. Erstaunlich früh sind Säugling fähig nachzuahmen. In sozialen Interaktionen zwischen Be-

Abb. 18.5: Nachahmung ist ein entscheidender Entwicklungsmotor auch im Bereich der Musik.

zugspersonen und Kind werden Mimik, Gesten und Vokalisationen nachgeahmt und sind meist Bestandteil von Spiel. Solche Interaktionen stimulieren die Entwicklung von Hirnbereichen. Die Fähigkeit, eine andere Person nachzuahmen und eine Erfahrung dadurch zu teilen, hängt zusammen mit der späteren Einfühlung oder Empathie.

Huizinga, J.: Homo ludens. Reinbek: Rowohlt 1994

18.1.5 Regulation von Emotionen durch Musik

Wie oben erwähnt sind Musizieren und Singen und deren frühen Vorformen ursprünglich emotional positiv besetzt. Daher wird ein Säugling oder Kleinkind, das sich unwohl fühlt, nicht singen, sondern jammern oder quengeln oder gar weinen. Dem Schreien, Jammern oder Quengeln fehlen musikalische Elemente. Zwar gibt es z. B. Klage- und Trauerlieder oder Lieder mit sozialkritischer Absicht – diese Formen sind aber bereits eine kulturelle Überhöhung, die als soziale Rituale mit gezielten Absichten praktiziert werden. Kultur bringt auch mit sich, dass Musik produziert wird, um negative emotionale Zustände (Aggression, Wut, Depression usw.) mitzuteilen.

Emotionen sind Bewertungen von Wahrnehmungen und Erfahrungen, die zunächst körperlich sind. Der Säugling zeigt von Anfang an emotionale Reaktionen wie Weinen und Schreien aufgrund von Schmerz oder Hunger. Zu den Mitteln der Erwachsenen, den **emotionalen Zustand eines Kindes zu verbessern,** gehören:

- Musikalisch gefärbte Kommunikation
- Zeitweiliges Nachahmen des Säuglings
- Ein entsprechendes Liedrepertoire (Wiegenlieder, Spiellieder).

Das Singen von Liedern wirkt in diesem Fall auf die singende Person ebenso emotional ausgleichend wie auf die Adressaten.

Säuglinge reagieren positiv auf musikalische Elemente wie den Intonationsverlauf, Betonungen, zeitliche Muster und ihre Wiederholungen. Die Kinderärztin und Forscherin Mechthild Papousek (1994) hat gezeigt, dass es sprachunabhängige und daher **universelle Intonationsmuster** (wiederkehrender Typ einer Sprachmelodie, die mit Bedeutung verbunden ist, z. B. der Melodieverlauf beim Fragen) gibt, um die kindlichen Emotionen zu regulieren, z. B. beim Beruhigen, Anregen, Ermutigen, Lenken der Aufmerksamkeit oder Tadeln. Solche emotionsregulierenden Verhaltensweisen gegenüber dem Säugling und Kind sind zum Großteil intuitiv.

Bereits die frühen musikalischen Ausdruckformen sind darauf gerichtet, Emotionen auszulösen. Zentrum dieser Erfahrungen sind von Anfang an die Stimme, das Hören und Bewegungen. Die mit musikalischen Erfahrungen verbundenen Gefühlszustände werden zwar individuell erlebt, sind aber geprägt von gemeinsamem Handeln. Die intuitive elterliche Kommunikationsweise gegenüber dem Säugling ist nicht nur musikalisch geprägt, sondern darauf ausgerichtet, eine Beziehung bzw. eine Bindung herzustellen. Die Bezugspersonen stimmen ihre stimmliche, mimische und gestische Kommunikationsweise auf die Möglichkeiten des Kindes ab. Dabei findet ein hohes Maß an gegenseitiger Nachahmung statt. Das aufeinander Abstimmen und die Wiederholungen des Vorgangs sind eine frühe Form eines Rituals. Die sozial geteilte Aufmerksamkeit und positive Emotionen sowie die aufeinander abgestimmten Handlungen ermöglichen schon sehr früh ein Gefühl der Zugehörigkeit oder Zusammengehörigkeit.

Gemeinschaftsgefühl

Gemeinsames Musizieren erzeugt nicht nur körperlich-sinnliche Erfahrungen, welche emotional bewertet werden, sondern auch Gefühle der Zugehörigkeit und der Gemeinschaft. Die mit musikalischen Erfahrungen verbundenen Gefühlszustände sind zunächst individuell (Wygotsky 1976). Aus den frühen Vorformen des Musizierens entwickeln sich später kultivierte Formen. Durch die allmähliche Anpassung an die kulturellen Konventionen (→ Kap. 18.1.6) wird das individuelle Gefühl verwandelt oder überwunden. Es entsteht ein emotionaler Zustand, der sich sozial verallgemeinert und kollektive Bedeutung bekommt. Nicht nur die musikalische Aktivität als solche wird mit anderen geteilt, sondern auch der symbolische Gehalt eines musikalischen Ereignisses wird auf der Ebene der vertrauten Kultur zugänglich.

In Bildungseinrichtungen für kleine Kinder nimmt das tägliche Singen (mit oder ohne Begleitung) unter den musikalischen Aktivitäten den größten Raum ein (Nardo, Custodero, Persellin & Brink Fox 2006). Hinzu kommen Klatsch- und Tanzspiele, Bewegungen zu Versen und Sprüchen, Rhythmik-Spiele und Aktivitäten während des Musikhörens (z. B. Zeichnen, Malen). Der Erzieherin steht eine Fülle an Sing- und Musikspiel-Literatur zur Verfügung. Mit sprach-musikalischen Mitteln kann sie die Kinder in der Gruppe zum Spielen anregen und dadurch eine heitere Stimmung erzeugen. Über den Tages- und

Wochenverlauf verteilte musikalische Rituale geben dem Kind Sicherheit und Orientierung. Es kann die musikalischen Anregungen ohne Worte und auf intuitive Weise, nämlich durch Beobachten und Mitmachen, verstehen. Durch das Ritual, z. B. im Morgenkreis, entsteht eine Vertrautheit, die es dem Kind ermöglicht, sich wohl und sozial zugehörig zu fühlen.

Da sich das Wohlbefinden und die Stimmung in der Kindergruppe durch gemeinsames Singen, Tanzen und Musizieren positiv beeinflussen lassen, umfasst das Repertoire der Erzieherin ein vielseitiges Angebot, welches unterschiedliche Funktionen oder Wirkungen berücksichtigt:

- Lieder oder Spiele, die beruhigend wirken (z. B. Wiegen- oder Schlaflieder)
- Spiel- und Bewegungslieder, die die Kinder aktivieren und zu einem Gemeinschaftserlebnis führen
- Trostlieder, die bei kleinen Unfällen angewendet werden
- Unterhaltungslieder gegen Langeweile
- Lieder, die den Tages- Wochen- oder Jahreszeitenverlauf strukturieren
- Lieder in Fremdsprachen, z. B. aus der Kultur eines Kindes mit Migrationshintergrund
- Musikalische Rituale bei alltäglichen Anweisungen, z. B. als Signal für das Beenden der Freispielphase, für die Versammlung im Kreis, vor dem Essen.

Ausgenommen bei den beruhigenden Absichten aktiviert die Erzieherin die Kinder in möglichst vielseitiger Weise. Sie spricht bei den Kindern möglichst viele Sinnesmodalitäten an. Der direkte und anschauliche Umgang mit Instrumenten und durch eigenes Singen, Bewegen und Musizieren sind daher wichtig, zumal die Erzieherin Vorbildwirkung hat.

Die Wirkungen von Musik auf die Kinder lassen sich im Alltag leicht beobachten. Spontan verbinden Kinder Singen mit Bewegungen, improvisieren, imitieren sich gegenseitig, synchronisieren rhythmische Bewegungen, bringen sich Spiele bei und schaffen neue Variationen (Marsh & Young 2006). Musikalische Erfahrungen werden ins Freispiel integriert, indem z. B. ein Kind für seine Puppe oder sein Stofftier ein Schlaflied singt, und zwar in ähnlich ritueller Weise, wie sie dies selbst erfahren. Solche Beobachtungen zeigen, dass das Kind zunächst nachahmt und Erfahrungen umsetzt, ohne zu verstehen, welche Funktionen dieses Ritual hat. Erst später lernt das Kind, seine eigenen emotionalen Stimmungen mit Hilfe von Musikhören oder Musizieren selbst zu beeinflussen.

[BEISPIEL] Es kommt auch vor, dass die Eltern zu Hause Beobachtungen anstellen, die für Pädagogen wichtige Informationen sind. Ein Beispiel: Die dreijährige Katharina nahm im Kindergarten nie an musikalischen Angeboten teil. Zu Hause jedoch setzte sie die beobachteten Vorkommnisse genau um, indem sie die Szenen mit ihren Puppen nachstellte. Dieses Beispiel zeigt, dass unsere Beobachtungen nur einen kleinen Teil des musikalischen Potentials erschließen können. Daher ist das Gespräch mit Eltern oder anderen Betreuungspersonen sehr wichtig ist.

Durch die Art und Weise, wie eine Person singt, tanzt oder musiziert, bringt sie zum Ausdruck, wie sie mit den sprachmusikalischen Konventionen umgeht und inwieweit sie die Regeln oder Konventionen eingeübt, verstanden und integriert hat. Mehr noch, durch das praktische Musikrepertoire (Lieder, Tänze, Instrumentalstücke) einer Person lässt sich ihre Herkunft erschließen. Es zeigt, zu welchen sozialen oder kulturellen Gruppen diese Person sich in der Vergangenheit zugehörig gefühlt hat. Insofern sind die musikalischen Aktivitäten ein Ausdruck der personalen und kulturellen Identität.

Zusammenfassend gesagt, liegt die emotionale Bedeutung von musikalischen Aktivitäten in erster Linie im Spiel und darin, bei sich selbst und bei anderen Stimmungen und Gefühlszustände zu erzeugen, die die individuelle Erfahrung überhöht und sie sozial oder kollektiv erfahrbar macht. Der ursprüngliche Spielcharakter des Singens, Tanzens und Musizierens verweist auf die überwiegend heitere Stimmung, den Zustand des Wohlbefindens und der Konzentration auf die Tätigkeit.

Musikalische Erfahrungen reaktivieren und vergegenwärtigen vergangene emotionale Zustände und wirken dadurch psychologisch stabilisierend auf die Zukunft.

Gemeinsames Musizieren ist ein wichtiges Mittel, um Gemeinschaft zu stiften und zu erfahren. Wiederholt gemeinsames Singen und Musizieren trägt zur Bildung und Aufrechterhaltung der persönlichen und kulturellen Identität bei.

Papousek, M.: Vom ersten Schrei zum ersten Wort. Anfänge der Sprachentwicklung in der vorsprachlichen Kommunikation. Bern: Huber 1994

Stadler Elmer, S.: „Wo man singt, da lass dich ruhig nieder ...“ Erziehung und Verführung durch Lieder. In: K. Schärer (Hrsg.): Königswege, Labyrinthe, Sackgassen. Zürich: Chronos 2004, S. 215–233

Wygotski, L. S.: Psychologie der Kunst. Dresden: VEB Verlag der Kunst 1976

18.1.6 Sprach-musikalische Konventionen

In jeder Kultur gibt es Musik, doch die Regeln, nach denen musiziert wird, sind verschieden. Die kulturspezifischen Regeln sind Konventionen, d. h. Normen und Bräuche. Sie sind über Generationen entstanden, somit traditionell, und trotzdem sind sie gleichzeitig einem ständigen Wandel unterlegen.

► **Musikalische Konventionen**
Musikalische Normen und Bräuche, die durch Musizieren immer wieder neu geformt und verhandelt werden.

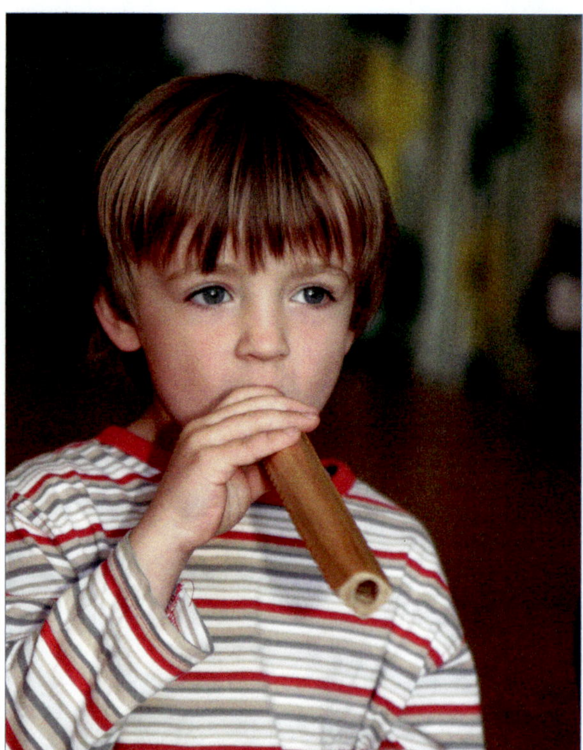

Abb. 18.6: Die Regeln, nach denen musiziert wird, sind in jeder Kultur anders (Konventionen) und müssen erlernt werden.

Je nach Kontext gelten unterschiedliche Konventionen:

- **Selbstbestimmte Regeln** – Beim spontanen oder aufgeforderten Erfinden oder Improvisieren bestimmt die Person die Regeln selbst
- **Vorgegebene Regeln** – Beim Reproduzieren oder Interpretieren jedoch geht es darum, sich an vorgegebene Regeln zu halten.

Oft gibt es beides gleichzeitig: das Bemühen um das Einhalten von Regeln und ein Freiraum für die persönliche oder gemeinsame Gestaltung.

Um Musik in allgemeiner Form und kulturunabhängig zu beschreiben, werden folgende akustische Parameter voneinander unterschieden: Zeitstruktur, Tonhöhe, Lautstärke und Klangfarbe.

In unserer globalisierten Gesellschaft ist es wichtig zu verstehen, dass die abendländische Musiktheorie ein System unter vielen anderen ist. In der Regel gehört sie zum allgemeinen Bildungskanon. Die wichtigsten Konventionen in unserer abendländischen Kultur beziehen sich auf die Parameter der Tonhöhen und die Zeitstruktur. Die Notation von Musik dient vor allem dem Festhalten dieser beiden Dimensionen, und als Gedächtnisstütze und Anleitung zur Interpretation. Da das Liedersingen die einfachste und die am meisten verbreitete Art des Muszierens ist, werden hier auch diese Konventionen mit berücksichtigt.

Das Klangmaterial besteht aus hörbaren Zeichen, welche in der Zeit verlaufen. Im Unterschied zu visuellen Zeichen ist Klangmaterial hierarchisch organisiert: Es gibt einen Anfang und ein Ende, und das Ganze lässt sich wiederholen. Die zeitliche Ganzheit enthält mehrere Ebenen, und die darin vorkommenden Elemente (Zeitstruktur, Tonhöhenverlauf, Liedtext usw.) sind nach unterschiedlicher Wichtigkeit geordnet. Dadurch entsteht Kohärenz oder ein innerer Zusammenhalt.

Musikalische und sprachliche Zeitstruktur

Der zeitliche Verlauf eines Musikstückes oder Liedes ist in erster Linie durch die Atmung unterteilt. Sie ist mit den Bewegungen koordiniert, und sie ergibt Zäsuren, welche die Phrasen markieren.

Eine weitere wichtige Ebene ist das Metrum. Es ist sowohl in der Musik wie in der Lyrik vorhanden und verbindet beide. Das Metrum besteht aus periodischen Hebungen und Senkungen (Silben) oder der periodischen Abfolge von betonten und unbetonten Akzenten im regelmässig verlaufenden Puls. Die Regel ist, das Versmaß des Liedtextes und das musikalische Metrum in Übereinstimmung zu bringen: meist bedeutet dies, dass sich die Notenwerte der Melodie der Anzahl Silben eines Verses anpassen. Das Metrum ist das wichtigste Mittel zur Erzeugung der zeitlichen Kohärenz. Die grundlegenden metrischen Werte, mit denen alle Musik gestaltet werden kann, sind Einheiten aus zwei oder aus drei Klängen. Ihre Kombination ergibt alle möglichen so genannten „Rhythmen" mitsamt unregelmäßigem Taktwechsel.

Zu den spezifisch sprachlichen Mitteln (→ Kap. 22) gehört neben dem Versmaß (Jambus, Trochäus usw.) die Reimbildung, zu den melodischen die typische Schlussbildung auf dem Grundton der verwendeten Tonart, z. B. C-Dur. Wiederholte Bewegungen sind ebenfalls Mittel, die zeitliche Ordnung im Klangmaterial (z. B. Betonungen oder den Puls) herzustellen oder aufrechtzuerhalten. Ein weiteres wichtiges zeitliches Gestaltungsmittel ist die Stille und sind Pausen.

Diese metrischen Mittel auf der sprachlichen, musikalischen und motorischen Ebene erlauben eine dichte zeitliche Ordnung des Klangmaterials, welche die Bildung von Einheiten wie Phrasen, Refrains und Strophen ermöglicht. Diese Einheiten lassen sich wiederholen und variieren. Wiederholungen und Variationen sind wesentliche Kennzeichen des Musizierens.

Tonhöhe

Tonhöhe wird als Dimension zwischen hoch und tief wahrgenommen. Die periodischen Schwingungen, die der Tonhöhenwahrnehmung physikalisch zu Grund liegen, lassen sich in Hz (Hertz) oder Cents messen. Das praktische Musizieren und Singen entspricht meist nicht genauen Messungen, sondern wird subjektiv zurecht gehört.

In allen Kulturen wird der Tonhöhenraum zwischen hoch und tief in Kategorien oder Tonschritte eingeteilt, was die

Tonskalen ergibt. Der Abstand zwischen zwei Tönen wird als Intervall bezeichnet. Der Ausgangspunkt von vielen Tonskalen ist das Intervall der Oktave. Sie besteht aus dem als harmonisch wahrgenommenen Schwingungsverhältnis von 1:2.

In unserer abendländischen Kultur sind die gebräuchlichsten Skalen die Pentatonik, die Dur- und Moll-Skalen und die Kirchentonarten oder Modi im Jazz. Das Ausgangsmaterial für diese Skalen ist die Oktave, welche in zwölf Halbtöne unterteilt ist. Diese Halbtonskala wird als chromatische Tonleiter bezeichnet. Diese Töne haben absolute Namen (c, cis, d, dis, e, f usw.) oder relative (do, re, mi, fa usw., vgl. unten: *Solmisation*) und werden in einem 5-linien Notationssystem dargestellt. Ausgangsmaterial für die gebräuchlichen Skalen ist die Oktave. Jede dieser Skalen besteht aus einer Auswahl aus diesen zwölf Halbtönen und einer bestimmten Abfolge von Halb- und Ganztönen. Beispielsweise besteht die pentatonische Skala aus fünf Tönen im Abstand von 1-1½-1-1-1½ und endet mit dem sechsten Ton auf der Oktave, z. B. c, d, f, g, a, c; die Dur-Skala aus sieben Tönen im Abstand von 1-1-½-1-1-1-½ und endet mit dem achten Ton auf der Oktave, z. B. G-Dur: g, a, h, c, d, e, fis, g.

In der Früherziehung wie auch im Schulgesang ist die Solmisation eine verbreitete didaktische Methode, um die relative Bezeichnung der Töne der Dur- und Moll-Skalen mit Silben (do re mi fa so la ti) und Gesten darzustellen.

Multikulturalität

Die Konventionen oder Regeln der musikalischen Praxis zu reflektieren, ist eine wichtige Grundlage, um mit der zunehmenden Multikulturalität und globalisierten Musikkultur in unserer Gesellschaft bewusst umzugehen. Es gibt viele Kinder, die gleichzeitig in zwei oder mehr Kulturen aufwachsen, z. B. türkisch-deutsch. Für alle Kinder – seien es mono- oder multikulturell aufwachsende – braucht die allmähliche Integration von Konventionen des Musizierens viel Zeit und vor allem Förderung und Unterstützung. Für das Kind sind Singen und Musizieren zunächst Spiel, und hier lernt es, die Regeln oder Konventionen des Musizierens in seine Handlungen und später in sein Denken zu integrieren.

Für die Erzieherin ist es vorteilhaft, Grunddimensionen von musikalischen Konventionen und der musikalischen Entwicklung zu kennen. Diese Kenntnisse eröffnen ein neues Feld für das Beobachten und Wertschätzen der Kinder und ihrer kreativen Produktionen, die von Konventionen abweichen.

Beispielsweise wird eine Videoaufnahme von laut spielenden Kindern beim ersten Beobachten den Eindruck geben, als würden die Kinder „Quatsch" machen, und als müsste man sie zurechtweisen, weniger laut und aufgeregt zu sein. Beim genauen Hinschauen jedoch zeigt sich, dass der scheinbare Quatsch ein Teil eines von musikalischen Elementen geprägtes Spiel ist, das die Kinder unter sich selbst erfunden haben. Sie bewegen sich regelmäßig und versuchen, die Bewegungen mit Lauten zu koordinieren. Dieser Versuch, gemeinsam eine zeitliche und melodische Ordnung herzustellen, zeugt von Spielregeln, in denen bereits kulturelle Formen zum Ausdruck kommen.

18.1.7 Gehirnentwicklung und Musik

Gehirnentwicklung → Kap. 10.3

Die beiden Kinderärzte und Wissenschaftler Hanus und Mechthild Papousek (1987) haben entdeckt, dass die Erwachsenen dem Säugling mit besonderem **Fürsorgeverhalten** kompensatorisch begegnen, um ihn in seiner Entwicklung zu unterstützen. Sie nannten dieses Verhalten *intuitive parenting*. Intuitiv deshalb, weil sich Erwachsene dieses Verhaltens nicht bewusst sind. Sie sind darauf konzentriert, mit dem Säugling eine Kommunikation herzustellen, indem sie den Blickkontakt herstellen und den Säugling zum Lächeln bringen möchten (→ Kap. 18.1.2).

Was hat dieses *intuitive parenting* mit Musik zu tun? Seit der Arbeit von Papousek/Papousek (1981) ist bekannt, dass die frühe Kommunikation zwischen Eltern und Säugling von Musikalität geprägt ist. Inzwischen gibt es viele Studien, die diese subtile Musikalität im Detail aufzeigen (z. B. Trevarthen 2008). Im Kulturvergleich zeigt sich, dass die Kommunikation überall von **musikalischen Elementen** durchdrungen zu sein scheint, und dies in einer Zeit, in welcher der Säugling wegen der körperlichen Unreife einer besonderen Umsorgung bedarf. Der Körper samt dem Gehirn entwickelt sich im ersten Lebensjahr in einem rasanten Tempo. Die von den Eltern an den Säugling angepasste Fürsorge und die darin enthaltene Musikalität erfüllen eine wichtige Funktion in diesem Reifeprozess (*Reifung* → Kap. 10.3.1). Während manche Fähigkeiten sich in bestimmten Gehirnregionen zu spezialisieren beginnen (Broca-Zentrum), aktivieren musikalische Aktivitäten neuronale Regionen im **gesamten Gehirn**. Das heißt, es gibt keine rechtshemisphärische Spezialisierung oder Lokalisierung im Gehirn für Musik. Die breite Aktivierung des Gehirns scheint von Beginn an eine wichtige Funktion zu haben, die es noch weiter zu erforschen gilt.

> ⊙ Der frühe Entwicklungsbeginn von Musikalität ist in Zusammenhang mit der rasanten anatomisch-physiologischen Entwicklung zu sehen. Ein Aspekt davon ist das Gehirnwachstum: Nervenzellen und neuronale Verbindungen vermehren sich und sterben teilweise auch ab. Von der Geburt bis zum Alter von drei Jahren nimmt das Volumen des Gehirns von 30 % bis auf 70 % des Gehirnvolumens eines Erwachsenen zu (Hodges 2006). Musikalische Aktivitäten stimulieren die Gehirnentwicklung und umgekehrt. Die körperlich-geistige Anpassungsfähigkeit weist in der frühen und mittleren Kindheit die höchste Formbarkeit auf (→ sensible Phasen siehe Kap. 10.3.1).

18.1.8 Verlauf der musikalischen Entwicklung

Alle Menschen besitzen ein angeborenes musikalisches Potential, Ausnahmen sind sehr selten. Musikalität ist also keine Frage von besonderer Begabung, sondern vielmehr eine der frühen Förderung, des individuellen Interesses und von Zufall. Aber nicht alle Menschen haben von früh an die Gelegenheit oder das Interesse, dieses Potential zu nutzen. Je nach **Anregungen,** die dem Säugling und Kleinkind zuteil werden, entstehen schon früh unterschiedliche individuelle Aktivitäten und Interessen. Deshalb bestehen bereits im Vorschulalter große Unterschiede zwischen den Kindern, und sie sind viel zu groß, als dass allgemeine Aussagen über den Fähigkeitsstand in einem bestimmten Alter gemacht werden könnten. Die **Abfolge der Aufbauprozesse** ist entscheidend.

Es ist daher weder möglich noch sinnvoll, die musikalische Entwicklung anhand des Lebensalters zu beschreiben. Vielmehr stehen folgende Fragen im Zentrum:

- Wie passt sich ein Kind seiner sprach-musikalischen Umgebung an?
- Wie differenziert und flexibel werden die Konventionen in den stimmlichen oder motorischen Ausdruck integriert?
- Wie werden die musikalischen Handlungen in ihrem symbolischen Ausdruck gesteuert oder kontrolliert?
- Wie entsteht neue Anpassungsqualität im zeitlichen Verlaufe der frühen Kindheit bis ins Erwachsenenalter?

Schließlich ist zu erwähnen, dass diese Entwicklung nicht nur als Fortschritt in Richtung von etwas Besserem oder Optimalem zu betrachten ist, sondern vor allem als **Anpassung an eine Kultur.** Das Singen ist für das Kind eine lange Zeit der einfachste und unmittelbarste musikalische Ausdruck. Sobald eine regelmäßige Unterweisung in einem Instrument oder dem Tanzen beginnt, nimmt die Entwicklung einen neuen Weg, der sich mit der Zeit individuell weiter ausdifferenzieren kann. Das Produzieren und Gestalten von Klängen mit den Fingern und Händen (feinmotorische Klangbildung) und dem ganzen Körper (grobmotorische Bewegung und Mitbewegung) ermöglichen andere Qualitäten als jene mit der Stimme. Jede dieser Aktivitäten prägt die individuelle Musikalität und das spätere musikalische Denken.

Abb. 18.7: Das Produzieren und Gestalten von Klängen mit den Fingern, den Händen oder dem ganzen Körper ermöglicht eine andere Qualität als mit der Stimme.

Der gesamte Verlauf der musikalischen Entwicklung vom Säuglings- bis zum Erwachsenenalter lässt sich grob unterteilen:

- **Präkonventionelle Phase – unkontrolliertes Spielen**
  Der Säugling und das Kind passen sich in ihrer Wahrnehmung, ihrem Stimmgebrauch, den grob- und feinmotorischen Bewegungen der Umgebung an. Sie richten sich aber noch nicht nach den Normen oder Konventionen (→ Kap. 18.1.6). Die Emotionen und Handlungen sind noch nicht oder kaum selbst kontrolliert
- **Konventionelle Phase – kontrolliertes Spielen**
  Die sprach-musikalischen sowie grob- und feinmotorischen Handlungen bringen deutlich zum Ausdruck, dass das Kind oder die Person die Konventionen kennt. Es beginnt eine Selbstkontrolle und Steuerung auf der Ebene der Handlungen, z. B. Vokalisationen und fein- und grobmotorischen Bewegungen
- **Postkonventionelle Phase – bewusstes Spielen**
  Die Kenntnisse der Konventionen auf der Handlungsebene und deren Kontrolle im Ausdruck ermöglichen allmählich ein explizites Bewusstsein und führen so zur Relativierung und Veränderung der Konventionen. Diese letzte Phase ist erst im Jugend- oder Erwachsenenalter möglich, denn die Entwicklung verläuft von elementaren Aktivitäten über deren allmählich an die umgebende Kultur angepasste Strukturen hin zu zunehmender Kontrolle und zu explizitem Wissen über Konventionen und zu bewusstem Handeln.

Dieser dreiteilige, grob skizzierte Entwicklungsverlauf lässt sich wiederum unterteilen. Zum jetzigen Stand der Forschung lassen sich sieben **Stufen des musikalischen Entwicklungsverlaufs** beschreiben, die noch durch zukünftige Forschungen ausdifferenziert werden müssen:

- 1. Stufe: Koordination von Hören, Vokalisieren und Bewegung
- 2. Stufe: Entstehung von verschobener Nachahmung, von Ritualen und ausgedehntem Vokalspiel
- 3. Stufe: Unterscheidung zwischen Singen und Sprechen
- 4. Stufe: Genaues Nachahmen, eigenwillige Regeln
- 5. Stufe: Verallgemeinern von Beispielen und Entstehung erster Regeln

- 6. Stufe: Integration konventioneller Regeln in die Handlungen
- 7. Stufe: Beginnende Reflexion der Handlungen, Mittel, Symbole und Begriffe.

1. Stufe – Koordination von Hören, Vokalisieren und Bewegung

Nach der Geburt beginnt der Säugling, Hören, Vokalisieren und Bewegungen zu koordinieren, um z. B. Empfindungen von Hunger und Schmerz oder Emotionen der Umwelt gegenüber zu signalisieren. Der Säugling reagiert interessiert und empfindsam auf die an ihn gerichtete Art zu kommunizieren. Eltern verwenden intuitiv Kommunikationsweisen, die auf den Säugling anregend oder beruhigend wirken. Umgekehrt lassen sich auch die Eltern vom Säugling dazu anregen, seine Vokalisationen zu imitieren, und bieten wiederholt Klang- und Bewegungsmuster an, die den Säugling anregen und fördern.

2. Stufe – Entstehung von verschobener Nachahmung, von Ritualen und ausgedehntem Vokalspiel

Eltern-Kind-Dialoge stimulieren die Entwicklung von vorsprachlichen wie auch von vormusikalischen Fähigkeiten des Säuglings. Beide Seiten stimmen ihre Erwartungen aufeinander ab. Wiederkehrende Erfahrungen von ähnlichen vokalen und motorischen Klangmustern und von gemeinsam erzeugten (Spiel-)Regeln zwischen Eltern und Kind ergeben eine Art Ritual.

Wenn das Kind allein für sich mit der Stimme spielt (Vokalspiel), sind allmählich Muster zu beobachten, die zuvor im Dialog vorkamen. Umgekehrt gilt ebenfalls, dass Lautmuster aus diesem Vokalspiel in die Dialoge eingebracht werden. Das Kind erkundet außerdem die akustischen Eigenschaften von Gegenständen.

Das zeitlich verzögerte Wiederholen von solchen Aktivitäten lässt auf **verschobene Nachahmung** schließen. Sie ist der Hinweis darauf, dass diese sensomotorischen Aktivitäten beginnen, von einer inneren Vorstellung oder Erinnerung begleitet zu werden.

3. Stufe – Unterscheidung zwischen Singen und Sprechen

In den vorhergehenden Stufen, die sich auf die frühe Kindheit beziehen, können die Vokalisationen nicht als sprech- oder singähnlich identifiziert werden, d. h. prosodische und melodische Muster (→ unten) sind nicht voneinander zu unterscheiden. Es kann jedoch eine neue Qualität beobachtet werden, wenn das Kind absichtlich von der einen zur anderen Vokalisationsart wechselt: Es hat zwischen Singen und Sprechen unterscheiden gelernt.

Die gesangsähnlichen Vokalisationen oder das Singen sind bei Kindern, die musikalisch angeregt werden, vor dem Sprechen zu beobachten, weil Singen einfacher ist als die Artikulation von Wörtern.

Beim **Singen** verwendet das Kind

- **Melodische Muster,** um verallgemeinerte Gefühlszustände auszudrücken, welche mit spielerischen oder rituellen Erfahrungen verbunden sind. Melodische Muster oder singähnliche Vokalisation sind
  - Glissandiartige Tonhöhenverläufe (kontinuierliches Erhöhen oder Vertiefen) oder verlängerte Tonhöhen
  - Wiederholungen oder Variationen von melodischen Mustern, begleitet von regelmäßigen Körperbewegungen oder der Bewegung eines Objektes
- **Prosodische Muster,** um Grundbedürfnisse mitzuteilen, zu kooperieren oder auf Objekte zu verweisen. Die eher sprachähnlichen prosodischen Muster sind z. B. fragende, klagende, jammernde, fordernde, Kontakt initiierende. Sie enthalten kurze Vokale und engere Tonhöhenvariationen als die singähnlichen Vokalisationen.

Indem das Kind gelegentlich zwischen den beiden Vokalisationsarten wechselt, äußert es seine Absicht, Bedeutungen mit den Mitteln des einen oder des anderen Kultursystems (Musik, Sprache) zu erzeugen. Um die Vorformen und die Absichten des Singens und Sprechens zu beobachten, ist es wichtig, Kenntnisse über den kulturellen Kontext des Kindes zu haben. Zudem verraten auch die kindlichen Körperbewegungen seine Absichten. Oft sind Eltern den sprachähnlichen Äußerungen gegenüber weit mehr aufmerksamer als den musikalischen.

4. Stufe – Genaues Nachahmen, eigenwillige Regeln

Das Kind ahmt kurze Melodien und Lieder genau nach. Es koordiniert das Gehörte mit der Stimme erstaunlich gut, aber meist, ohne die sprach-musikalische Bedeutung zu verstehen. Es erfindet Melodien und Lieder, und es vermischt Reproduktion und Erfundenes. Das Kind ignoriert teilweise die kulturspezifischen Konventionen und organisiert sein Musizieren nach eigenwilligen Regeln.

Beides, das Reproduzieren und das Erfinden, sind präkonventionell: Das Verständnis für den Sinn von Normen oder Vereinbarungen fehlt. Die musikalischen Handlungen sind sensomotorisch orientiert, d. h. die Sinneswahrnehmung und das konkrete Handeln stehen im Vordergrund folgender Tätigkeiten:

- Teilweise genaues Nachahmen
- Schöpferisches Erfinden, sowohl narrativ (erzählerisch) wie musikalisch
- Wiederholen und Variieren.

Bereits ab dem zweiten Lebensjahr ist zu beobachten, dass Kinder singen, meist von Bewegungen begleitet. Das **frühe Singen** hat folgende Charakteristika:

- Das Kind konzentriert sich auf das Hören, die Mitbewegungen und das stimmliche Umsetzen des Gesamtklangs
- Das Kind kann richtig mitsingen, indem es die Tonhöhen, die Silben und den zeitlichen Verlauf dem Singen einer anderen Person anpasst
- Wenn das Kind alleine singt, lassen sich übernommene Lieder oder Liedteile erkennen
- Wenn das kindliche Singen von den Regeln abweicht, so sind nicht bestimmte Teile eines Liedes betroffen, sondern gleichermaßen Details von Text, Melodie oder Zeitverlauf. Beispielsweise werden Silben ausgelassen oder ersetzt, oder Zeitstruktur und Melodie werden vereinfacht.

Diese sensomotorische Strategie ist noch kaum durch innere Vorstellungen gesteuert. Das Kind richtet sich in erster Linie nach der unmittelbaren Wahrnehmung. Es versteht noch nicht, dass es für das Singen und Musizieren sprach-musikalische Regeln, Vereinbarungen und Begriffe gibt. Daher richtet das Kind seine Aufmerksamkeit zeitweise auf Merkmale des Geschehens, die kulturell nicht bedeutsam sind. Es ist schwierig zu sagen, wie und was ein Kind auf dieser Stufe zur Nachahmung auswählt. Vertraute Muster, kleine Einheiten mit repetitiven Bewegungen, Silben und Tönen oder Merkmale an wichtigen Stellen innerhalb des hierarchisch gegliederten Ablaufs (Anfang, Ende, Reime, metrische Akzente) sind einfacher zu gestalten und zu erinnern als lange und variationsreiche Phrasen (unübliche Lautmuster, Tonartwechsel, Synkopen, komplexe Bewegungsabläufe).

Abb. 18.8: Bereits ab dem zweiten Lebensjahr singen Kinder, meistens von Bewegungen begleitet.

Die sensomotorische Strategie zeigt sich durch einerseits erstaunlich genau nachgeahmte Passagen, andererseits gibt es aber Passagen, an denen zu erkennen ist, dass das Kind nachahmt und erfindet, ohne dabei die Regeln oder den Liedtext zu verstehen. Diese Phase ist gekennzeichnet durch hohe imitatorische und schöpferische Leistung. Kinder werden deswegen oft überschätzt. Andererseits werden sie aber auch unterschätzt, indem diese Nachahmungsfähigkeit und Kreativität nicht beachtet oder erst später in der Entwicklung als Leistung erwartet werden. Typisch für die sensomotorische Strategie sind:

- „Erzählgesänge" (Moog 1968)
- Unzähliges Wiederholen und Variieren von Laut- und Bewegungsmustern
- Variationen im Stimmgebrauch
- Einbeziehen von nachgeahmten Mustern (aus Liedern)
- Begleitende Lautmalereien zum Spiel
- Symbolische Verwendung von Lautmustern, Melodien (z. B. Puppen sprechen und singen lassen) und Gegenständen.

Die hohe Anpassungsfähigkeit, Flexibilität, die spontane Verbindung mit Bewegungen und die noch wenig gefilterte Reichhaltigkeit der Lautbildungen sind Qualitäten, die in späteren Phasen der Entwicklung abgebaut werden. Entwicklung ist nicht nur Fortschritt, sondern auch selektive Anpassung und zunehmende Kanalisierung der Aufmerksamkeit und Wahrnehmung auf kulturspezifische Bedeutungen.

5. Stufe – Verallgemeinern von Beispielen und Entstehung erster Regeln

Bei allen Arten des Singens und der fein- und grobmotorischen Klangbildung mit Materialien, z. B. Instrumenten, – der spontanen oder der aufgeforderten Reproduktion oder Erfindung – lässt sich beobachten, dass das Kind Gelerntes auf eine neue Situation überträgt oder verallgemeinert. Beim Erfinden wie auch beim Reproduzieren ersetzt es beispielsweise einen Teil eines neuen Lieds durch eine melodische Wendung aus einem anderen Lied, das es bereits kennt. Das Kind kombiniert nun zwei Strategien: Es orientiert sich gleichzeitig an der unmittelbaren Wahrnehmung und an der Erinnerung an Empfindungen und Erfahrungen des Körpers.

Zugleich tendiert es dazu, bereits erworbene Beispiele oder Muster zu verallgemeinern, die dem Neuen ähnlich sind. Wann ein Kind eher die eine oder die andere Vorgehensweise wählt, ist nicht vorherzusagen.

Das Verallgemeinern von einzelnen Beispielen zeigt, dass das Kind noch keine allgemeinen Regeln des Liedersingens oder Musizierens anwendet. Dies ist beim Singen vor allem beim spontanen Erfinden und Improvisieren der Fall: Hier kommen eigenwillige und inkonsistente Regeln (Regeln ohne Dauer) zum Ausdruck. Diese Art des Singens ist noch nicht sozial orientiert, sondern noch Spiel für sich allein. Das Kind fühlt sich noch kaum veranlasst, seine eigenen Spielregeln an allgemein gültige anzupassen. Es weiß noch nicht, welche sprach-musikalischen, fein- und grobmotorischen Regeln und Eigenschaften mit gewisser Konstanz den allgemeinen sozialen Erwartungen entsprechen müssen. Das Kind verändert die konventionellen Regeln des Liedersingens nach eigenem und wechselhaftem Gutdünken.

Sowohl auf der 4. wie auch auf der 5. Stufe zeigt sich **Handlungswissen.** Das Kind kann auf der Handlungsebene die wichtigsten Konventionen reproduzieren: Mitsingen und Nachahmen. Das Handlungswissen ist die Voraussetzung für die Teilnahme an der soziokulturellen musikalischen Praxis. Die vokalen Produktionen weisen noch deutlich präkonventionelle Merkmale auf. Je nach Kultur, Musikinstrument und Unterweisung trifft das auch auf die fein- und grobmotorischen Handlungen zu. Diese sind jedoch eine lange Zeit meist noch weniger differenziert und flexibel als der stimmliche Ausdruck.

6. Stufe – Integration konventioneller Regeln in die Handlungen

Das wachsende musikalische Repertoire erlaubt es, vom Verallgemeinern von Beispielen und eigenwilligen Regeln abzukommen. Es entstehen allmählich Regeln, die verallgemeinert werden. Langsam verschwinden auch präkonventionelle Eigenschaften wie Neologismen (eigene Wortschöpfungen, die mangels passendem Vokabular erfunden werden), Mikro-Intervalle, Glissandi (kontinuierlicher Tonhöhenverlauf) und instabile Tonarten. Die Konventionen des Liedersingens und Musizierens werden noch nicht bewusst reflektiert. Die Handlungen aber zeigen, dass implizit Vorstellungen von richtig bzw. falsch und andere normative Kriterien ausgebildet und verwendet werden, um das eigene Singen zu gestalten und zu kontrollieren.

Die wachsende Kontrolle über das Singen und Musizieren führt nun dazu, das spontane (unkonventionelle) kreative Singen oder Spielen zu hemmen. Geschmack, Vorlieben und ästhetische Kriterien sind zunehmend beeinflusst von sozialer Zugehörigkeit und Abgrenzung, was mit der Bildung persönlicher und sozialer Identitätsvorstellungen und Wünsche zusammenhängt.

7. Stufe – Beginnende Reflexion der Handlungen, Mittel, Symbole und Begriffe

Die vorher impliziten, in der Handlung realisierten Vorstellungen der musikalischen Konventionen werden nun Gegenstand einer erhöhten Aufmerksamkeit und zunehmend **bewussten Reflexion.** Das führt zu einem höheren Bewusstsein der musikalischen Elemente und ihrer wechselseitigen Beziehungen in der Handlung sowie zu größerer Flexibilität und Kontrolle.

Handlungsbewusstsein, konventionelle Begriffe und Symbole werden verwendet, um die eigenen und die gemeinsamen musikalischen Handlungen in ihrem Ablauf klarer als zuvor zu beobachten, zu differenzieren, zu bezeichnen und zu kommunizieren. Begriffe und Symbole dienen zunehmend als handlungsbegleitende Werkzeuge, um Musik zu erzeugen (Aufführen, Schreiben, Komponieren) und zu verstehen (Hören, Lesen, Interpretieren). Weitere Schritte des allmählich explizit werdenden Bewusstseins für musikalische Handlungsstrukturen führen dazu, die gegenwärtig herrschenden Konventionen und Normen in größeren Zeitdimensionen zu verstehen, beispielsweise unter Einbezug des kulturhistorischen Wandels und von anderen (Musik-)Kultursystemen. Die Verinnerlichung der kulturellen Erfahrungen und das Reflektieren und Bewusstwerden der Herkunft werden als Teil der personalen, sozialen und kulturellen Identität erlebt.

Moog, H.: Das Musikerleben des vorschulpflichtigen Kindes. Mainz: Schott 1968

Stadler Elmer, S.: Spiel und Nachahmung – über die Entwicklung der elementaren musikalischen Aktivitäten. Aarau: Nepomuk 2000.

18.1.9 Störungen in der musikalischen Entwicklung

Man kann davon ausgehen, dass das Fähigkeitspotential für Musikalität allen Menschen angeboren ist. Die seltenen Ausnahmen werden als **Amusie** bezeichnet.

Die Amusie-Forschung konzentriert sich in erster Linie auf Störungen der Hirnfunktionen durch Krankheit oder Unfälle. Grundsätzlich soll sichergestellt werden, dass jedes Kind auf seine Weise einen Zugang zu seinem musikalischen Fähigkeitspotential findet. Ein Ausgangspunkt für besondere Achtsamkeit besteht dann, wenn ein Kind sich nicht spielend an den gemeinsamen musikalischen Aktivitäten beteiligt. Die Erzieherin sollte sich dann fragen:

- Hört und sieht das Kind gut?
- Kann es sprechen und singen, und wenn ja, wie tut es dies?
- Wie sind seine Körperbewegungen?
- Wie werden Bewegungen koordiniert?

Es gibt keine Normen, was ein Kind in welchem Alter musikalisch tun oder lassen soll. Aber es gibt ein Recht des Kindes auf Förderung seiner Fähigkeiten, vor allem jener Fähigkeiten, die sich bereits sehr früh ausbilden und die die Entwicklung anderer Fähigkeiten günstig beeinflussen, wie dies mit Musikalität der Fall ist.

Die meisten Störungen sind im Bereich des Singens zu beobachten. Es gibt Kinder, die nicht (mehr) fähig sind, eine vorgegebene Tonhöhe nachzusingen oder zu übernehmen. Sogenannte Brummer oder Falschsingende haben Mühe, die gehörte Tonhöhe mit der eigenen Stimme in Übereinstimmung zu bringen. Ursachen dazu gibt es viele. Meistens rührt eine Singbeeinträchtigung daher, dass mit dem Kind über längere Zeit nicht gesungen wurde. Es gibt auch traumatische Erfahrungen, die einem Kind „die Stimme verschlagen" und es zeitweilig auch beim Singen beeinträchtigen.

In jedem Fall sollte ein solches Kind die Chance bekommen, in seinem Singen und seiner Musikalität gefördert zu werden. Die Erfahrung, wie die Tonhöhe der eigenen Stimme an die Tonhöhen von anderen Stimmen angeglichen werden kann, sollte spielerisch wieder erlernt werden. Dabei gilt es, Verspannungen oder Verkrampfungen zu vermeiden oder durch spielerische Übungen aufzulösen bzw. deren Entstehung vorzubeugen.

Abb. 18.9: Die rhythmisch-musikalische Erziehung bezieht Musik und Bewegung immer aufeinander.

18.1.10 Rhythmik

In der Musikpädagogik hat die Rhythmisch-musikalische Erziehung eine besondere Stellung. Sie stellt als **musikpädagogisches Bewegungsfach** eine Ausnahme dar, denn sie bezieht Musik und Bewegung direkt aufeinander. In ihrer über hundertjährigen Entwicklung hat sie unter dem Begriff „Rhythmik" einen festen Platz in der Allgemein-, Musik- und Sonderpädagogik erhalten.

Die Rhythmik basiert auf den Grundpfeilern Musik, Sprache, Bewegung, Instrumente, Materialien/Medien (→ Abb. 18.19). Diese Grundpfeiler können in der Rhythmik nicht getrennt voneinander betrachtet werden, Rhythmikangebote kombinieren stets diese fünf Bereiche zu einer ganzheitlichen Erfahrung. Wahrnehmung, Sozialverhalten, Persönlichkeitsentwicklung, musikalische Kompetenzen, Sprachkompetenz, Kreativität und Phantasie, die Raum-Lage-Orientierung und Fein- und Grobmotorik werden gefördert durch

- *Interaktion und Kommunikation* – Kombination von Musik, Bewegung, Sprache und Stimme, Spielmaterialien und Instrumenten
- *Methodisch-didaktische Spiel- und Förderangebote* – Lieder, Reime und Sprachspiele, Bewegungsspiele und Tanz, kreatives Gestalten, sensomotorische *Wahrnehmungsspiele* (→ Kap. 18.5.3), Instrumentalspiel, Entspannung
- *Improvisation und Gestaltung* – Erfinden, Entwickeln und Festlegen von rhythmisch-musikalischen Aktivitäten, wie beim Experimentieren mit Sprache, Instrumenten, Materialien, Bewegung und Tanz
- *Rhythmisches Prinzip* – Alle Angebote der Rhythmik beruhen auf dem rhythmischen Prinzip (→ Kap. 18.5.2).

Diese Vorgehensweise bewirkt eine erhöhte Aufmerksamkeitsspanne und wirkt gleichzeitig ausgleichend (homöostatisch) auf die Kinder. Erfahrungsfelder wie Kommunikation und Interaktion, Improvisation und Gestaltung, sensomotorische Wahrnehmungsspiele mit Musik und Bewegung werden auf der natürlichen Grundlage von rhythmischen Prozessen erlebt, die den Kindern ein harmonisches Agieren und Reagieren ermöglichen.

Der **Pädagogische Grundsatz der Rhythmik** ist – wie jeder pädagogische Ansatz (→ Kap. 8.1 und 8.4) – Bewertungsfreiheit und Akzeptanz. Jedes Kind wird von dort abgeholt, wo es in seiner Entwicklung steht. Das **Spiel** ist eine lebendige und kreative Ausdrucksform auch in der Rhythmik. Die Spielenden schöpfen die im Spiel geforderten Kräfte aus sich selbst heraus und setzen sie mit hoher Eigenmotivation ein. Rhythmiker und pädagogische Fachkräfte konzipieren sowohl für Kinder und Jugendliche als auch für Erwachsene und Senioren rhythmisch-musikalische Angebote. Die aus diesem Prozess entstehenden Ideen der Teilnehmer werden aufgenommen und modifiziert. So entstehen neue Anstöße zur Entwicklung der Wahrnehmungsfähigkeit, Kreativität und Persönlichkeitsentwicklung.

Arbeitsfelder der Rhythmik

Die Rhythmik wird in vielen Einrichtungen und Institutionen angewandt:

- Sozialpädagogische Einrichtungen
  - Kinderhorte
  - Kindergärten
  - Kindertagesstätten
- Schulen
  - Primarschulen
  - Sekundarschulen
  - Weiterbildungsklassen
- Musikschulen
  - Eltern-Kind-Rhythmik
  - Rhythmik
  - Musikeinführungskurs

- Heil- und Sonderpädagogik
  - Weiterbildungsklassen
  - Heime
  - Therapeutische Organisationen wie Frühförderstellen, Sonder- und Förderschulen
- Berufliche Ausbildung
  - Lehrerausbildung
  - Fachschulen für Sozialpädagogik
  - Berufsschulen
  - Konservatorien
  - Heilpädagogische Institutionen
  - Fachhochschulen
  - Gymnastik- und Tanzschulen
  - Universitäten
- Freiberufliche Tätigkeiten
  - Private Kurse für Kinder und Erwachsene
  - Kulturelle Aktivitäten
  - Arbeit mit Senioren
  - Arbeit an Volkshochschulen und in diversen Institutionen.

Geschichte der Rhythmik

In der Geschichte der Rhythmik wurden folgende Begriffe verwendet:

- „Rhythmische Gymnastik" in den Anfängen
- „Rhythmische Erziehung" und „Rhythmisch-musikalische Erziehung" in der allgemeinen Pädagogik
- „Heilpädagogische Rhythmik" für die Rhythmik in der Heil- und Sonderpädagogik.

Heute verwendet man im Allgemeinen den Begriff Rhythmik. Die „Rhythmische Gymnastik" bezeichnet im heutigen Sprachgebrauch eine bestimmte sportliche Disziplin und kann mit der ursprünglichen Bedeutung nicht gleichgesetzt werden.

Die Anfänge der Rhythmik

Die Rhythmik hat ihren Ursprung gegen Ende des 18. Jahrhunderts. Der Begründer der Rhythmik, Emile Jaques-Dalcroze (1865–1950), studierte Musik, Musiktheorie und Theater in Paris und Genf und war Kompositionsschüler u. a. bei Anton Bruckner in Wien. Ab 1892 war er Lehrer für Gehörbildung und Komposition am Genfer Konservatorium.

Dalcroze entdeckte das enorme Potential von Musik, Rhythmus und Bewegung für die Pädagogik. Er begann über den Rhythmus die Zusammenhänge von Musik, motorischer Koordination und tänzerischem Ausdruck zu untersuchen. Dalcroze stellte fest, dass sich Musik als körperliche Erfahrung besonders dazu eignet, „... die nervösen Reaktionen zu ordnen, Muskeln und Nerven aufeinander abzustimmen und Körper und Geist in Einklang zu bringen." Im Mittelpunkt stand der Rhythmus als lebensbestimmendes Prinzip, um der zivilisationsbedingten Entfremdung der Natur über den Rhythmus entgegenzuwirken. Er entwickelte mit Unterstützung der Tanzpädagogin Nina Gorter (1869–1922) eine Methode, bei der die Entwicklung des musikalischen Gehörs und die von der Musik beeinflussten Bewegungen im Mittelpunkt standen. Vereinfacht ausgedrückt ist die später als „Dalcroze-Rhythmik" oder „Methode Jaques-Dalcroze" bezeichnete Rhythmische Gymnastik ein **musikalisches Bewegungssystem.**

Auf die Gründungsjahre bezogen waren mit der Rhythmischen Gymnastik systematisch-musikalische Aufgabenstellungen verbunden, die bei den Ausführenden die Entwicklung des Selbstbewusstseins und des Körpers sowie die Gruppe unterstützten. Sie ermöglichte die plastische Darstellung der Musik durch den Körper im Raum.

Dalcroze komponierte auch Gebärdenlieder, das heißt Lieder, zu denen Bewegungen synchron ausgeführt wurden. Mit ihnen lernten seine Schüler, ihre Bewegungsimpulse zu steuern und sie dem zeitlichen Ablauf der Musik anzugleichen. Um die muskulären Abläufe zu verbessern und die Bewegungen zu automatisieren, entwickelte er spezielle Übungen.

In der Praxis ließ Dalcroze zudem seine Schülerinnen und Schüler zur Musik verschiedene Arm-, Bein- und Fußbewegungen sowie Schrittkombinationen ausführen, die eng an die Vorgaben der musikalischen Notation gebunden waren. Diese rhythmisch-metrischen Übungen und Bewegungsgestaltungen bildeten die Grundlage für weiterführende künstlerische Gestaltungen und mündeten in Choreografien.

Von 1910 bis 1912 wurde für Dalcroze durch den Mäzen Wolf Dohrn (1878–1914) die Bildungsanstalt in der Reform-Gartenstadt Hellerau Dresden gebaut. Von 1912–1914 lehrte Dalcroze in der Bildungsanstalt. Er bildete die ersten Rhythmiklehrer aus, die aus zahlreichen Nationen nach Deutschland kamen. Die Absolventen erhielten ein Diplom und eine Lehrbefähigung in Rhythmischer Gymnastik. Die pädagogische und künstlerische Arbeit in der Bildungsanstalt Hellerau sowie die Aufführungspraxis von Opern im dazugehörenden Festspielhaus stellten ein kreatives Sammelbecken dar, das großen Einfluss auf reformpädagogische, architektonische, bühnenbildnerische und tänzerische Strömungen des 20. Jahrhunderts hatte.

Strömungen in der Rhythmik

Nach der Schließung der Bildungsanstalt Hellerau, bedingt durch den herannahenden Ersten Weltkrieg, gründeten in und außerhalb Europas zahlreiche Absolventen neue Dalcroze-Schulen. Sie entdeckten neue Einsatzgebiete der Rhythmik und entwickelten neue Methoden:

- **Heilpädagogische Rhythmik – Mimi Scheiblauer**
  „Die Musik öffnet die Tür zum Innersten des Menschen. Sie wird, wenn richtig gewählt, zum erzieherischen Mittel." Die Schweizer Rhythmikerin und Musikerin Mimi Scheiblauer (1891–1966) entwickelte und prägte seit den zwanziger Jahren des vergangenen Jahrhunderts die Rhythmik in der Arbeit mit Menschen mit geisti-

gen und körperlichen Behinderungen. Ihrer Zusammenarbeit mit Professor Heinrich Hanselmann (1885–1969, Inhaber des ersten Lehrstuhl für Heilpädagogik in Europa) in Zürich ist es zu verdanken, dass Rhythmik im Fächerkanon der Heil- und Sonderpädagogik zu finden ist.
Bis heute sind ihre einfachen Materialien und Instrumente wie z. B. Rasselbüchsen, Rhythmikspanstäbchen, Reifen und Holzkugeln, Sand- und Bohnensäckchen in den Rhythmikwagen vieler sozialpädagogischen Einrichtungen zu finden.

- **Rhythmik in der Pädagogik – Elfriede Feudel**
  Die Berliner Lehrerin und Rhythmikprofessorin Elfriede Feudel (1881–1966) lehrte jahrzehntelang in der Hochschulausbildung der Rhythmiker. Ihr Fokus lag auf der Integration der Rhythmik in die allgemeine Pädagogik
- **Psychomotorische Rhythmik – Charlotte Pfeffer**
  Neue Wege ging auch die Rhythmikerin Charlotte Pfeffer (1881–1970), die in regem Austausch mit Mimi Scheiblauer stand. Für Pfeffer stand das Lernen und die Förderung der Entwicklung durch Bewegung, Musik und Material im Vordergrund. Sie nannte diesen Bereich „psychomotorische Rhythmik". Der Sportlehrer E. J. Kiphard, der Begründer der ganzheitlichen Bewegungstherapie Psychomotorik bzw. Motopädagogik ließ sich bei Pfeffer weiterbilden und übernahm von ihr den Begriff der „Psychomotorischen Erziehung"
- **Rhythmik in der Psychologie – Amelie Hoellering**
  Die Rhythmikprofessorin Amelie Hoellering (1895–1987) gründete 1961 in München das Rhythmikon – Institut für Rhythmische Erziehung, an dem bis heute u. a. Pädagogen, Heilpädagogen, Ärzte, Psychologen, Erziehungsberater, Künstler und andere Interessierte eine berufsbegleitende Zusatzausbildung in Rhythmischer Erziehung absolvieren können
- **Rhythmik und Waldorfpädagogik – Wilma Ellersiek**
  Wilma Ellersiek (1921–2007) war Schülerin Elfriede Feudels und Professorin für Rhythmik an der Musikhochschule Stuttgart. Sie entwickelte Ende der 60-er Jahre Handgestenspiele und zusammenhängende Spieleinheiten oder Spielkomplexe in gereimter Sprache, durchwoben vom Rhythmus und der Musik, die nicht nur von Absolventen des Rhythmikseminars geschätzt wurden, sondern auch ihren Eingang in die Ausbildung von Waldorferzieherinnen gefunden haben
- **Neue Fachdisziplinen: Gymnastik und moderner Tanz**
  Auf der Dalcroze-Rhythmik basieren auch Entwicklungen neuerer Fachdisziplinen wie moderner Tanz und Gymnastik. Zahlreiche Dalcroze-Schüler begründeten neue Disziplinen, wie die neuzeitliche Gymnastik. Hier sind z. B. Rudolf Bode (1881–1971), Dore Jacobs (1894–1979), Hinrich Medau (1890–1974) zu nennen. Dalcroze-Schüler entwickelten auch den modernen Tanz weiter. Hier sind als Beispiele Mary Wigman (1886–1973), Valeria Kratina (1892–1993), Suzanne Perrottet (1889–1983) zu nennen. Die Entwicklung verschiedener therapeutischer Körperverfahren wurde durch die kultur- und bildungspolitischen Veränderung, die die Rhythmik mitbewirkt hat, erleichtert (z. B. Alexander Technik, Feldenkrais). Auch Improvisationskonzepte, Musiktherapieverfahren und verschiedene Konzeptionen der Elementaren Musikpädagogik konnten sich aus den Impulsen der Rhythmik entwickeln, so wie ein günstiges Umfeld für die Entwicklung und Verbreitung des Orff-Schulwerkes.

Rhythmikausbildung

Der Schulreformer Leo Kestenberg (1882–1962) veränderte als Ministerialrat bis zur Machtergreifung Hitlers die musikpädagogische Ausbildungslandschaft in Deutschland. Ihm ist es zu verdanken, dass die Ausbildung zum Rhythmiker an Musikhochschulen staatlich anerkannt und Professuren in diesem Bereich vergeben wurden, z. B. an Charlotte Pfeffer und Elfriede Feudel. Bis heute gibt es das achtsemestrige Rhythmikstudium an Musikhochschulen und Konservatorien in Deutschland, welches an einigen Ausbildungsstätten auch Rhythmik/Musik und Bewegung genannt wird.

Der Fächerkanon des Rhythmikstudiums beinhaltet in der Regel:

- Rhythmik
- Improvisation auf Instrumenten, Stimme und Bewegung
- Anatomie und Physiologie
- Zeitgenössischer und historischer Tanz
- Körperbildung
- Percussion/Schlagwerk
- Sprecherziehung
- Musiktheorie (z. B. Tonsatz, Gehörbildung, Musikgeschichte)
- Bewegungsgestaltung
- Lehrhospitationen
- Lehrpräsentationen
- Instrumentales Haupt- und Nebenfach.

Feudel, Elfriede: Rhythmik - Theorie und Praxis der körperlich-musikalischen Erziehung. Wolfenbüttel: Kallmeyer Verlag 1982

Ring, Reinhard/Steinmann, Brigitte: Lexikon der Rhythmik. Kassel: Verlag Bosse 1997

Gobbert, Joachim: Zur Methode Jaques-Dalcroze – Die Rhythmische Gymnastik als musikpädagogisches System. Frankfurt: Verlag Peter Lang 1998

Hirler, Sabine: Rhythmik Spielen und Lernen im Kindergarten. Berlin: Cornelsen Verlag Scriptor 2009

Ribke, J.: Elementare Musikpädagogik. Persönlichkeitsbildung als musikerzieherisches Konzept. Regensburg: Con Brio 1995

Schäfer, G.: Rhythmik als interaktionspädagogisches Konzept. Remscheid: Waldkauz 1992

Praxisbuch zur Scheiblauer-Rhythmik: Bühler, Ariane/Thaler, Alice: Selber denken macht klug! Rhythmik ein gestalterisches Verfahren in der Heilpädagogik. Luzern: Verlag Edition SZH 2001

Klöppel, Renate/Vliex, Sabine: Helfen durch Rhythmik. Verhaltensauffällige Kinder erkennen, verstehen, richtig behandeln. Kassel: Verlag Bosse 2004

Bankl, Irmgard/Mayr, Monika/Witoszynskyi, Eleonore: Lebendiges Lernen durch Musik, Bewegung, Sprache. Wien: G&G Verlagsgesellschaft 2009

Hoellering, Amelie: Die Bedeutung der Rhythmisch-musikalischen Erziehung in der Psychotherapie. In: Hilarion Petzold (Hrsg.): Psychotherapie und Körperdynamik. Paderborn: Verlag Jungfermann 1994

Stummer, Birgitta: Rhythmisch-musikalische Erziehung: Bewegung erklingt - Musik bewegt. Wien: Manz Schulbuch, 2006

Zwiener, Daniel: Als Bewegung sichtbare Musik. Zur Entwicklung und Ästhetik der Methode Jaques-Dalcroze in Deutschland als musikpädagogische Konzeption. Essen: Verlag Die Blaue Eule 2008

Zur Geschichte der Rhythmik

Tervooren, Helga: Geschichte der Rhythmisch-musikalischen Erziehung in Deutschland. Essen: Verlag Die blaue Eule 2002

Hürtgen-Busch, Songrid: Die Wegbereiterinnen der Rhythmisch-musikalischen Erziehung in Deutschland. Frankfurt: Dipa-Verlag 1995

18.2 Bedeutung für Kinder und Jugendliche

Die Bedeutung von Musik und Rhythmik als musikalisches Gestalten für Kinder und Jugendliche und wie sie in diesem Fächerkanon gefördert werden können, ist in diesem Kapitel thematisiert.

18.2.1 Musik und musikalisches Gestalten als Einheit im Erleben von Kindern und Jugendlichen

Die Kindheit und Jugend ist in den letzten Jahrzehnten immer stärker von Musik und Medien durchdrungen und beeinflusst die Angleichung von Musikgeschmack und Lebensstilen. Musikstile sind oft auch Ausdruck eines bestimmten Lebensgefühls. Vor allem Jugendliche erhalten die Möglichkeit, sich aktiv mit der individuellen Ausgestaltung des eigenen Lebens zu beschäftigen. Kleidung und Habitus einer bestimmten Musikrichtung erzeugen Identifikationebenen, um sich einer Gruppe Gleichgesinnter zugehörig zu fühlen. Gerade im Jugendalter ist die musikalische Abgrenzung gegen die Elterngeneration ein Ausdruck des Selbstfindungsprozesses.

Abb. 18.10: Gemeinsames Singen, Tanzen, Instrumentalspiel und Darstellen bilden die Grundlage musikalischer Entwicklung.

Diese Gesetzmäßigkeit des Musizierens zeigt deutlich, dass Musik vor allem das inter- und intrapersonale (zwischenmenschliche und eigene) Erleben unterstützt und großen Einfluss auf die Eigen- und Fremdwahrnehmung in interaktiven und kommunikativen Prozessen besitzt. Im Mittelpunkt des musikalischen Gestaltens steht das eigene Musizieren und musikalische Handeln der Kinder und Jugendlichen. Gemeinsames Singen, Bewegungsspiele, Tanz sowie verschiedene Formen des Instrumentalspiels bilden die Grundlage musikalischer Entwicklung.

Musikbezogenes Handeln (Jank 2009) kann im Alltag von Kindern und Jugendlichen unterschiedlich aussehen. Dazu gehören z. B.:

- Musikhören, Musikauswahl und In-Beziehung-Setzen der Musik und der Texte zu den eigenen Gefühlen und Gedanken
- Singen, Tanzen und Bewegen zur Musik – in allen Altersgruppen ein elementarer, ganzheitlicher Ausdruck von Musikalität und Emotionen.

Jank, Werner: Musik-Didaktik: Praxishandbuch für die Sekundarstufe I und II. Berlin, Düsseldorf: Cornelsen Verlag Scriptor 2009
Grillo, Rolf: Rhythmusspiele der Welt. Musikalische Spielmodelle für die Rhythmusarbeit in Gruppen. Innsbruck: Helbling 2011

18.2.2 Entwicklungsförderung durch Musik und Rhythmik

Für Kinder stehen Lieder und Reime im Mittelpunkt von Musik- und Rhythmikangeboten. Sie sprechen die Emotionen der Kinder durch das entsprechend besungene Thema an, z. B. durch das Besingen eines Tiers, von Jahreszeiten oder Märchengestalten. Die sensomotorische (die Sinneswahrnehmung und Bewegung verbindende) Umsetzung von Musik spielt ebenfalls eine zentrale Rolle.

Denn die stimmige Umsetzung von Tempo und Lautstärke der Musik in Bewegung, das Umschalten von einer Bewegungsform in die andere und das Reagieren auf Klänge und Geräusche in rhythmisch-musikalischen Spielformen fördern das Zusammenspiel der Sinne und die Entwicklung der Motorik.

Folgende Bereiche werden in der Rhythmik und Musik gefördert:

- Musikalische Grundkompetenzen
- Intelligenz
- Soziale und emotionale Kompetenz
- Konzentration
- Kreativität
- Sprachentwicklung
- Wahrnehmung
- Sensomotorik.

Musikalische Grundkompetenzen

Das Spielen auf Instrumenten, das Singen und die Umsetzung von Musik in Bewegung fördern nicht nur die musikalische Ausdrucksfähigkeit, sondern auch die Herausbildung der Persönlichkeit von Kindern. Steigerung und Sensibilisierung des Hörvermögens durch differenziertes Hören von Klängen, Geräuschen, Lautstärke und Tempi ist gerade in der heutigen Zeit der akustischen Berieselung eine wichtige Aufgabe, damit Kinder überhaupt auditiv aufnahmefähig werden oder es bleiben.

Musikalische Grundkompetenzen können durch folgende Aktivitäten gefördert werden:

- Spielen und Improvisieren von Rhythmen, Melodien und Harmonien auf Instrumenten
- Bewegung zu Rhythmen, Tempi und Melodien
- Reagieren auf akustische Signale, wie z. B. ein Motiv aus einem Lied, Tempowechsel
- Spielerischer Umgang mit Sprache und Gesang als Teil des Selbstausdrucks
- Entdecken der eigenen Stimme.

Intelligenz

Der Rhythmik- und Musikunterricht fördert und vernetzt die sensorischen, motorischen, sprachlichen und kognitiven Fähigkeiten des Kindes. Experimentieren und Improvisieren sind aus sich selbst schöpfende Aktivitäten, die durch Neugierde die Kreativität und Intelligenz fördern und positive Emotionen erzeugen. Das Sichmerken von Handlungsabläufen entwickelt das *serielle Denken,* die Grundlage von vernetzten und intelligenten Handlungsebenen.

Intelligenz kann durch folgende Aktivitäten gefördert werden:

- Sicheinprägen des Ablaufs eines Spielliedes, einer Klanggeschichte etc.
- Sicheinprägen der Regeln eines musikalischen Bewegungsspieles
- Erfinden einer charakteristischen Bewegungsmusik, das z. B. die Bewegungen eines Tieres darstellt
- Gestalten einer Verkleidung für ein musikalisches Rollenspiel
- Eigene Lieder und Spielabläufe erfinden und gestalten
- Experimentieren und Improvisieren mit Materialien und Instrumenten
- Vernetzung von Denken, Fühlen und Handeln durch das emotionale Eintauchen in ein Thema.

Soziale und emotionale Kompetenz

Die soziale und emotionale Kompetenz wird im Musik- und Rhythmikunterricht durch verschiedene interaktiven Gruppenkonstellationen gefördert.

Vor allem der Rhythmikunterricht basiert auf Interaktion und Kommunikation, die in verbalen und nonverbalen Prozessen umgesetzt werden. Das für die Rhythmik charakteristische „Führen und Folgen“ bezieht das Wechselspiel von sensorischen, interaktiven und kommunikativen Aspekten mit ein.

Soziale und emotionale Intelligenz können am Beispiel von Zwergen und Riesen bei jüngeren Kindern folgendermaßen gefördert werden: Die Kinder

- Singen und stellen ein Lied dar über Riesen und Zwerge und befinden sich mit ihrer Vorstellungskraft in der entsprechenden Geschichte
- Experimentieren mit Klängen und Geräuschen. Was passt zum Zwerg? Was passt zum Riesen? Sie warten, bis sie alle zur Verfügung stehenden Instrumente ausprobieren konnten
- Reagieren mit entsprechender Bewegung auf den Dirigenten: Ein Kind als „Zwergen- und Riesendirigent“ spielt entweder auf Klanghölzchen (Zwergenmusik) oder auf der Trommel (Riesenmusik).

Konzentration

Die spezielle Methodik der Rhythmikangebote regt die Kinder spielerisch an, sich zu konzentrieren, da der Methodenwechsel in der Regel der möglichen Konzentrationsspanne der Kinder entspricht. Das Kind wird durch Neugierde motiviert und ist ganz bei der Sache.

Konzentration kann am Beispiel von Zwergen und Riesen folgendermaßen gefördert werden. Die Kinder

- Gehen als Riesen durch den Raum, wenn langsame Schläge auf der Trommel ertönen. Ertönen die raschen Schläge der Klanghölzchen, tippeln die Kinder als Zwerge umher (Polarität: Zwerg – Riese, klein – groß, schwer – leicht)
- Bekommen „Besuch“, indem die pädagogische Fachkraft ihre Hände auf dem Rücken als Riese (die Handflächen langsam und abwechselnd auf dem Rücken des Kindes drücken) oder als Zwerg (die Fingerspitzen der Hände laufen abwechselnd und rasch über den Rücken des Kindes) bewegt

- Gehen zu zweit zusammen. Ein Kind ist der Riese und hält Klanghölzchen in der Hand. Das andere Kind ist der Zwerg und tippelt durch den Raum. Der „Riese" begleitet den „Zwerg". Dann wird ein Rollenwechsel vorgenommen, wobei der Zwerg den Riesen auf der Trommel zur Bewegung begleitet. (Polarität: Gruppe – Partnerspiel, laut – leise, schnell – langsam, klein – groß)
- Singen ein Lied und begleiten sich an den entsprechenden Stellen von „Zwerg" und „Riese" mit Klanghölzchen oder Trommeln.

Kreativität

Das Kreativitätspotential jedes Kindes wird durch phantasievolles Experimentieren und Improvisieren mit Bewegungen, Sprache, Materialien und einfachen Instrumenten gefördert. Die Kinder erfahren in der Umsetzung ihrer Ideen Selbstbestätigung, die sich wiederum positiv auf die Persönlichkeitsentwicklung auswirkt.

Die Kreativität kann am Beispiel von Zwergen und Riesen bei jüngeren Kindern folgendermaßen gefördert werden. Die Kinder

- Suchen sich passende Instrumente für den Riesen und für den Zwerg aus. Sie experimentieren mit den Klängen
- Verteilen die Rollen: Ein Kind ist der Zwerg, ein anderes der Riese. Die anderen Kinder haben die entsprechend ausgewählten Instrumente für den Zwerg und den Riesen in der Hand. Bewegen sich der Zwerg oder der Riese in charakteristischer Weise, improvisieren die jeweiligen Instrumentalgruppen dazu
- Bauen mit großen Schaumstoffwürfeln eine „Riesenhaus" und ein „Zwergenhaus".

Sprachentwicklung

Die Vernetzung der Gehirnhälften wird durch das Singen von Liedern und Sprechen von Reimen in Kombination mit Bewegungen angeregt. Rhythmisch gesprochene Sprache fördert bei den Kindern besonders die Fähigkeit, Silben trennen zu können, und beugt einer auf zu geringer sensomotorischer Förderung beruhenden Legasthenie vor. Ebenso wird durch Spielformen mit Spüren, Tasten und Bewegen die sensorische Integration (das Zusammenspiel der Nah- und Fernsinne) die die Grundlage der Sprachentwicklung (→ Kap. 22.1) darstellt, gefördert.

Bei jüngeren Kindern kann die Sprachentwicklung am Beispiel von Zwergen und Riesen folgendermaßen gefördert werden. Die Kinder

- Merken sich die Texte des Liedes und der Reime
- Sprechen in charakteristischer Weise nach Zwergenart (schnell und hoch) oder nach Riesenart (langsam und tief)
- Lernen die Zwergenmusik und Riesenmusik differenziert zu hören, sie zuzuordnen, sich entsprechend zu bewegen und lernen, im Bewegungsfluss von der einen auf die andere Fortbewegungsart (Schreiten – Laufen) umzuschalten
- Lauschen einer Klanggeschichte und geben den Inhalt der Geschichte mit eigenen Worten wieder.
- Malen das Gehörte und Erlebte
- Spielen ein taktiles Ratespiel, z. B. auf dem Rücken den Gang des Riesen erfühlen (Spielleitung oder Kind).

Abb. 18.11: Beim Musizieren und Erforschen von Klängen werden oft alle Sinne gleichzeitig angesprochen.

Hirler, S.: Sprachförderung durch Rhythmik und Musik. Freiburg: Herder 2009

Wahrnehmung

Sehen, Hören, Bewegungssinn, Tast- und Spürsinn sowie der Gleichgewichtssinn werden in vielschichtigen und ganzheitlichen Spielformen oftmals gleichzeitig angeregt und gefördert. Parallel zum elementaren Instrumentarium (→ Kap. 18.5.3) werden Materialien, z. B. Reifen, Seile, Bälle, Bänder und Tücher, aber auch Alltags- und Naturmaterialien wie Büchsen, Steine und Pappröhren eingesetzt.

Die Wahrnehmungsfähigkeit kann folgendermaßen gefördert werden:

- Alle vorher beschriebenen rhythmisch-musikalischen Umsetzungsformen zu den Bildungs- und Kompetenzbereichen fördern das Zusammenspiel der Sinneswahrnehmungen (sensorische Integration)
- Der Gleichgewichts- und der Raum-Lage-Sinn werden durch die Bewegung zur Musik, bei den Fortbewegungsarten, Bewegungsspielen und beim kreativen Erfinden von Bewegungsgestaltungen (Rollenspielen) im besonderen Maße gefördert
- Hördifferenzierung und Figur-Grundwahrnehmung (Fähigkeit, eine Figur von einem komplexen Hintergrund zu unterscheiden) werden ebenso spielerisch in sensorischen Angeboten gefördert.

Hirler, S.: Wahrnehmungsförderung durch Rhythmik und Musik. Freiburg: Herder 2012

Sensomotorik

In der Rhythmik wird davon ausgegangen, dass die Bewegung (→ Kap. 12) die Grundlage allen Lernens ist, daher ist die Bewegung ein zentraler Förderbereich. Bewegung ist immer mit Sinneseindrücken oder Emotionen verbunden und vernetzt alle Sinne: Sinnesreize, die aktiv oder passiv von den verschiedenen Sinnessystemen aufgenommen werden, sind mit unmittelbaren Bewegungsimpulsen gekoppelt. Jedoch kann ohne eine bewusste Sinneserfahrung und Verarbeitung, zum Beispiel aus einem Geräuschemeer herausgefiltertes Signal, keine stimmige motorische Reaktion erfolgen.

- Eigenschaften wie schwer-leicht, klein-groß werden durch Eigenbewegung und durch taktile Eindrücke wahrgenommen
- Gehörtes wird in Bewegung, Gesehenes in Bewegung, Gefühltes in Bewegung umgesetzt
- Motorische Umsetzung und Umschalten können von einer Fortbewegungsart in die andere erprobt werden
- Raumwahrnehmung wird durch Hören und Bewegen gefördert
- Improvisieren und Experimentieren ermöglichen neue Sinneseindrücke der Nahsinne (Schmecken, Spüren, Tasten, Bewegen, Körpergefühl) und Fernsinne (Sehen, Hören, Riechen) und ihre Verknüpfung (Sensorische Integration)
- Sprache wird durch motorische Koordination der Fein- und Grobmotorik in Verbindung mit dem Sprechapparat gefördert
- Körperwahrnehmung, Bewegungsgedächtnis, Bewegungsgefühl und Bewegungskoordinierung (**Kinästhesie**) werden z. B. durch Tänze, verschiedene Fortbewegungsarten, Spiellieder, Spielreime und musikalische Bewegungsspiele gefördert.

18.3 Rolle von Erzieherinnen

Musik und Rhythmik bilden einen Kompetenzbereich, den die Erzieherin je nach ihren eigenen Möglichkeiten und Fähigkeiten ausfüllt. Die Kinder der Einrichtung profitieren von einer fundierten Ausbildung der Erzieherin, nicht nur am Instrument, sondern auch beim Einsatz von Spielen. In diesem Kapitel werden sowohl der fachliche Kompetenzbereich Musik und Rhythmik heute als auch die Rolle der Musik und Rhythmik in der Pädagogik seit Comenius im 17. Jahrhundert dargestellt, und es werden die Möglichkeiten der Förderung der Kinder und Heranwachsenden je nach ihrem Entwicklungsstand erläutert und dargestellt.

18.3.1 Musik und Rhythmik als fachlicher Kompetenzbereich

Im Bildungs- und Kompetenzbereich Musik und Rhythmik ist die praktische Umsetzung in den pädagogischen Alltag von der musikalischen Sozialisation (*Sozialisation* → Kap. 9.3) und der individuellen Neigung der jeweiligen pädagogischen Fachkraft abhängig. Spielen Musik, Tanz und Gesang eine wichtige Rolle im Leben der Erzieherin, so werden musikalische Angebote mit viel Engagement und einer geringen Hemmschwelle in den Einrichtungen umgesetzt. Pädagogische Fachkräfte, die Musik als eine große Bereicherung in ihrem Leben empfinden, etwa weil sie selbst ein Instrument spielen, tanzen oder im Chor singen, geben diese Freude gerne weiter.

In den **Ausbildungsgängen** an Fachschulen und Fachakademien für Sozialpädagogik und in der akademischen Erzieherinnenausbildung werden die Fächer Musik und Rhythmik in unterschiedlichen Ausprägungen angeboten. Die Fächer Musik und Bewegungserziehung werden zum Teil getrennt unterrichtet. In vielen Ausbildungsstätten wird mit dem Angebot dieser Fächer dem elementaren Bedürfnis des jüngeren Kindes entsprochen, zeitgleich durch Musik und Bewegung Lieder und Geschichten zu erleben, zu gestalten und mit allen Sinnen zu erfahren. In den Fächern Musik-Rhythmik oder Musikalisch-rhythmisches Gestalten werden diese Inhalte unter methodisch-didaktischen Gesichtspunkten vermittelt.

Letztendlich sollte jede pädagogische Fachkraft für sich selbst reflektieren, mit welchen Gestaltungsmöglichkeiten sie Musik und Rhythmik in ihre beruflichen Felder umsetzen kann und welchen Stellenwert der musische Bereich für eine Kompetenzprofilierung in der Einrichtung und für die Einrichtung besitzt.

Musik in der Pädagogik seit Comenius

Geschichte der Pädagogik → Kap. 8.4

Die Musikpädagogik fördert die elementaren musikalischen Aktivitäten. Das Kind lernt, sich mit seinen musikalischen Aktivitäten und seinem Fähigkeitspotential im sozialen Kontext zu integrieren, und kann an kulturellen Anlässen teilnehmen. Welche Rolle bedeutende Pädagogen der Musik und ihrer Wirkung zugeschrieben haben, soll hier kurz vorgestellt werden.

Johann Amos Comenius

Schon Johann Amos Comenius (1592–1670) erkannte, dass die Kombination von Musik mit Gesang, Reimen, Fingerspielen, Kreisspielen usw. ein wichtiger Bestandteil der frühkindlichen Entwicklung ist. In seinem Buch „Informatorium maternum. Der Mutter Schul" (1636) zeigt er die musikalische Entwicklung des Kindes von der Geburt bis zum sechsten Lebensjahr. Er wies die Eltern und Ammen darauf hin, am Abend mit den Kindern zu singen, um ihr Gedächtnis aufnahmefähiger zu machen.

Jean-Jacques Rousseau

Jean-Jacques Rousseau (1712–1778) empfahl den natürlichen Umgang mit Stimme durch Lieder und spontanen Gesang und verwies auf die Entwicklung des Gehörs durch das Belauschen von Naturvorgängen, z. B. den Wind oder Vogelstimmen. Noten als *konventionelle Zeichen*

(→ Kap. 18.1) würden das Kind nur belasten. Er riet zu kleinen musikalischen Erfindungsübungen (Improvisation), um Musik besser verstehen zu können, und orientierte sich trotzdem an der konventionellen musikalischen Form und Musikpraxis in seiner Zeit. In seinem Erziehungsroman „Emil oder Über die Erziehung“ (1762) schrieb er: „[...] dass Musik gelehrt sein will, wie es jeder für richtig hält, [...] nur muss sie immer ein Vergnügen bereiten.“

Johann Heinrich Pestalozzi

Der Pädagoge Johann Heinrich Pestalozzi (1746–1827) überließ den Transfer seiner ganzheitlichen Pädagogik in die Musikpädagogik der nachfolgenden Generation. In seinem großen Erziehungswerk „Wie Gertrud ihre Kinder lehrt“ (1801) gibt es allerdings ein Kapitel mit dem Titel „Tonlehre“. In diesem beschreibt er Mittel zur Entwicklung der Sprachorgane, indem er das Sprechen an sich, Reime, Verse und Lieder erwähnt.

Friedrich Fröbel

Dem Erfinder des Kindergartens, Friedrich Fröbel (1782–1852), ist es zu verdanken, dass im deutschsprachigen Raum musikalische Spielformen über Jahrzehnte gepflegt wurden. Vor allem die in der frühen Kindheit eingesetzten musikalischen Kreisspiele, die dem Kind eine überschaubare Gruppe und Ordnung bieten, sind bis heute zum Teil in unveränderter Form geblieben. Besonders bekannt ist die Sammlung „Mutter- und Koselieder zu Körper-, Glieder- und Sinnenspielen zur frühen und einigen Pflege des Kindheitslebens“ (1844).

Maria Montessori

Maria Montessori (1870–1952) entwickelte spezielle Musikinstrumente zur Förderung der Hördifferenzierung: Glockensatz, Geräuschdosen und Klangstäbe.

Abb. 18.12: Erzieherinnen sollten kreative Angebote in unterschiedlichen Umsetzungsformen entwickeln und anbieten können.

Die Grundlage des aufmerksamen Hörens war für sie die Stille. Sie kannte die Rhythmische Gymnastik (→ Kap. 18.1.4) von Dalcroze gut und integrierte sie in die Erziehung der Bewegungen ihrer Schrift „Die Entdeckung des Kindes“ (1950).

Fachliche Voraussetzungen der Erzieherin

Rhythmik ist ein offenes Bildungs- und Erziehungsangebot, das auf die jeweilige Klientel (Alter und Gruppensituation) zugeschnitten und gestaltet wird. Aus diesem Grund sind pädagogische Kompetenzen vor allem in gruppendynamischen Prozessen besonders relevant.

Musikalische Umsetzungsformen passt die pädagogische Fachkraft jeweils an ihre eigenen Fähigkeiten an. Jedoch sind grundlegende musikalische Kompetenzen Voraussetzung, um mit Musik und Rhythmik Kinder zu fördern.

Die pädagogische Fachkraft sollte in der Lage sein,

- Kreative Angebote in unterschiedlichen konzeptionellen Umsetzungsformen anzubieten und zu entwickeln, z. B.
  - Zur Strukturierung des Tagesablaufes
  - Als Musikprojekt
  - Als zeitlich fest umrissenes Angebot in der Einrichtung
- Sich ein Lied musikalisch selbst zu erarbeiten und in einer kindgemäßen Singlage mit den Kindern zu singen. Sie sollte die entsprechenden Bewegungen und Spielformen dazu ausführen können (→ Kap. 18.4.3)
- Naturphänomene, charakteristische tierische Bewegungen und Lautierungen auf Instrumente und in die Bewegung stimmig übertragen zu können
- Mit Materialien und Instrumenten gruppendynamische Prozesse zu bereichern und den Kindern Freiraum zum Experimentieren und Improvisieren zu geben.

Die für den Kindergarten gebräuchlichsten musikalischen Umsetzungsformen sind Pentatonik und Bordun.

Pentatonik

Aus einer Tonleiter in C-Dur (diatonische Tonleiter wie c′-d′-e′-f′-g′-a′-h′-c′′) werden die Töne f′ und h′, die zu dem nachfolgenden Ton einen Halbtonschritt Abstand haben, herausgenommen. Es gibt ebenso die Möglichkeit, anstelle des f′ das e′ herauszunehmen.

Mit den verbleibenden Tönen c-d-e-g-a können einfache Liedformen selbst erfunden werden. Sie besitzen für das jüngere Kind einen sehr elementaren Reiz, da es sich bei spontanen und intuitiven vokalen Äußerungen in der sogenannten Leiermelodik (wie c′′-c′′-a′-d′′-c′′-c′′-a′) äußert. Die obige Tonleiter wird nun in zwei Melodieelemente eingeteilt, auf deren Grundlage in allen Tonlagen improvisiert werden kann: e′-g′-a′ und a′-c′′-d′′

Bordun

Bordun ist eine gleich bleibende Begleitung mit tiefen Tönen zu einer Melodie. Musikhistorisch gesehen war das konsonante Intervall Quinte (z. B. c und g) die gebräuchlichste Bordun-Begleitung und wird auch heute durch ihren Wohlklang für die Begleitung von Kinderliedern verwendet. Besonders unkompliziert ist die Bordun-Quinte in zur Begleitung von pentatonischen Melodien einzusetzen. Der Einsatz der Bordunquinte zu diatonischen Melodien (also Melodien in Dur und Moll) benötigt in der Regel Akkordwechsel, zum Beispiel von c-g nach g-d und f-c.

Grabner, Hermann: Allgemeine Musiklehre. Kassel: Bärenreiter Verlag 2001

Holst, Imogen: Das ABC der Musik: Grundbegriffe, Harmonik, Formen, Instrumente. Dietzingen: Reclam 2009

Bessler, Jeromy: Elementare Musiklehre für Anfänger und Fortgeschrittene. Bonn: Voggenreiter Verlag 1998

Riggenbach, Paul: Notenlesen lernen. Hamburg: Odradec 2008

18.3.2 Musik- und Bewegungsangebote für Kinder und Jugendliche

Musikalische Entwicklung → Kap. 18.1.8

Bei den folgenden Ausführungen liegt der Fokus auf der Umsetzung von Sprache, Musik und Bewegung. Sie stellen keine entwicklungspsychologische Darstellung aller *Entwicklungsbereiche des Kindes* (→ Kap. 10.2) dar. Die folgenden Beispiele geben eine ungefähre Orientierung, in welchem Alter Kinder bei welchen Angeboten mitmachen können. Das bedeutet nicht, dass ein Kind die jeweilige Fähigkeit zu diesem Zeitpunkt erworben haben muss, denn die musikalische Entwicklung hängt vor allem mit der individuellen Förderung zusammen und misst sich nicht an Lebensjahren.

Im 1. Lebensjahr

- Singen in Kombination mit Wiegebewegungen vermittelt Geborgenheit
- Lieder haben günstigerweise einen geringen Tonumfang und zeichnen sich durch Wiederholungen aus
- Kose- und Neckspiele geben dem Kind emotionale und multisensorische Eindrücke
- Finger- und Handspiele und Krabbelreime fördern das sich entwickelnde Sprachzentrum
- Kniereiter und Krabbelreime und gemeinsames Tanzen und Singen bilden bei den Säuglingen ein gutes Rhythmusgefühl aus und fördern die Sprachentwicklung und das Körperbewusstsein.

Ab dem 2. Lebensjahr

- Elementare Bewegungs- und Tanzdarstellungen sind möglich, sobald das Kind laufen kann. Alternativ bewegt sich das Kind auf den Füßen der Bezugsperson stehend durch den Raum
- Anregende Materialien (z. B. Chiffontuch) unterstützen die Bewegungsfreude des Kindes zur Musik
- Kindgerechte Instrumente wie Handtrommeln, Rasseln und Handglöckchen ermöglichen es dem Kind, die Musik oder das Lied zu begleiten. Ab ungefähr 20 Monaten können Kinder mit beiden Händen abwechselnd auf einer Trommel schlagen und mit Schlägeln beidhändig im Grundschlag auf zwei Klangbausteinen spielen
- Reime und Lieder mit Tierlauten oder Silbenspielen fördern die Sprachfreude.

Hirler, Sabine: Musik und Spiel für Kleinkinder. Berlin, Düsseldorf, Mannheim: Cornelsen Verlag Scriptor 2008

Hirler, S./Höfele,H./Klein, M.: Sanfte Klänge für Babys. Münster: Ökotopia Verlag 2010

Ab dem 3. Lebensjahr

- Bewegungslieder und Reime, die eine Geschichte erzählen, sind mit Steigerung der Beweglichkeit und Sicherheit beim Laufen beliebt. Der Inhalt sollte abwechslungsreich in Bewegung, Sprache und Melodie umgesetzt werden
- Anspruchsvollere Spielformen mit Musik wie das Umschalten auf verschiedene Fortbewegungsarten können musikalisierte Kinder mit ca. zweieinhalb Jahren ohne Probleme umsetzen. Sie hören genau, wenn sich die Musik oder der Rhythmus verändert, und reagieren mit entsprechend anderen Bewegungen. Hören die Kinder z. B. auf der Trommel schnell und leise (Maus) oder langsam und laut (Elefant), machen sie die Bewegungswechsel mit
- Kindgerechte Bewegungsmusik und Lieder von Tonträgern ergänzen die musikalische Erziehung
- Einfache Spiellieder und Reime, die zur nachahmenden Bewegung animieren (z. B. Tierlieder oder Lieder, bei denen die Körperteile benannt werden), sind sehr beliebt.

Ab dem 4. Lebensjahr

- Wechsel in den Fortbewegungsarten fördert die Konzentrationsfähigkeit und Körperbeherrschung. Eine besondere Herausforderung ist es, Lautstärke und Geschwindigkeit der Musik sofort in entsprechende Bewegung umzusetzen. Dies ist ein wichtiger Teil zur Entwicklung der Selbstwahrnehmung und zur Förderung des Selbstvertrauens
- Phantasievolle Spiele mit Klängen und Geräuschen sowie *Klanggeschichten* (→ Kap. 18.6.2) fördern die Kreativität der Kinder. Denkt das Kind sich selbst „Singsang"-Lieder mit kreativen Texten aus, zeigt dies deutlich, dass es im musischen Bereich ausreichend „Nahrung" erhält, um aus seinen eigenen Fähigkeiten zu schöpfen und um spielerisch zu testen.

Im Alter von 0 bis 4 Jahren lernt das Kind, seinen Körper zu beherrschen. Das betrifft auch den Gebrauch seiner Sprech- und Stimmwerkzeuge und das Experimentieren mit Materialien und Gegenständen. Spontane Improvisationen dienen dazu, die Stimme und Klänge auszuprobieren. Auf einen selbst produzierten musikalischen Vorgang wie Singen oder auf Instrumenten spielen kann das Kind noch nicht reflektierend reagieren, da es mit allen Sinnen in den Prozess absorbiert ist.

Ab dem 5. bis zum 9. Lebensjahr

- Lieder und rhythmische Spiele in verschiedenen Umsetzungsmethoden sind in dieser Phase von besonderer Bedeutung. Die vielfältigen Zugänge helfen den Kindern, Inhalte im Gehirn zu vernetzen und zu speichern. Es sind dies z. B.:
  - Fingerspiele
  - Spiele mit Instrumenten
  - Partnerspiele
  - Bewegungsspiele
- Rhythmische Reime sind weiterhin wichtig. Von Instrumenten begleitet oder mit Handlungsgesten untermalt, sind sie eine optimale Sprachförderung. Die Kinder lernen dabei spielerisch, Silben zu unterscheiden, und verbessern ihr Gedächtnis
- Spielformen zur differenzierten Hörwahrnehmung fördern die Schulreife der Kinder. Alle Spielformen, bei denen Kinder Geräusche unterscheiden und beschreiben sollen, sind nun von Bedeutung
- Noten können Kinder ab ca. fünf Jahren lernen. Dies sollte jedoch möglichst in Kleinstgruppen und mit dem spielerischen Erlernen eines Instrumentes verbunden sein.

Der bis zum ca. vierten Lebensjahr intuitive musikalische Ausdruck und die spontanen Imitationen des Kindes gleichen sich immer mehr den musikalischen Vorbildern an. Charakteristische kulturelle Ausdruckweisen (Konventionen) wie Melodiegestaltung und Rhythmen werden immer identischer umgesetzt (→ Kap. 18.1.1).

Ab dem 10. bis zum 15. Lebensjahr

Die Kinder und Jugendlichen haben entsprechend ihrer Sozialisation (→ Kap. 9.3) musikalische Erfahrungen gemacht, die in diesem Altersabschnitt über das bloße Imitieren musikalischer Ausdrucksformen bereits weit hinausgehen (→ Kap. 18.3.1). Bewusst sind sie in der Lage, eigene Vorstellungen in Musik und Bewegung umzusetzen. Individuelle Fähigkeiten beginnen, sich hier verstärkt zu entwickeln, und münden dann durch zunehmende Reflexion der musikalischen Erfahrungen in ein Bewusstwerden eigener musikalischer Werte und Denkweisen, so wie es auch für Erwachsene typisch ist. Kinder und Jugendliche

- Bevorzugen Musik, mit der sie sich von den Erwachsenen nicht nur im Musikgeschmack, sondern auch im Habitus und in der Kleidung unterscheiden können

Abb. 18.13: Rhythmische Reime, begleitet von Instrumenten, sind eine optimale Sprachförderung.

- Sind in der Lage, mehrstimmig zu singen und entsprechend auf ihrem Instrument zu intonieren und gegenläufige Rhythmen umzusetzen
- Können eigene Ideen abweichend von den bisherigen musikalischen Erfahrungen ihres Kulturkreises entwickeln und umsetzen und mit ihren eigenen Fähigkeiten vernetzen.

[BEISPIEL] Beispiele für didaktische Angebote sind:

- *Soundwalking* – Spaziergang, bei dem bei interessanten Klangräumen (Brunnen, Bahnhof etc.) alle mit geschlossenen Augen stehen und lauschen
- *Klangcollage* – Klangräume werden aufgenommen und zu einer Klangcollage zusammengesetzt
- *Musikprojekt* – Erfinden einer Geschichte, die die Kinder und Jugendlichen mit Musik und Bewegung umsetzen, Gestaltung des Bühnenbildes, der Kostüme und Technik inklusive.

Nordmann, E.: Musikerziehung – Eine Einführung für sozialpädagogische Berufe. Troisdorf: Bildungsverlag Eins 2005

Merget, G.: Erziehen mit Musik. Troisdorf: Bildungsverlag Eins 2005

Rieder, B.: Harmonielehre für Kinder. Wiesbaden: Breitkopf & Härtel 1998

18.4 Lernumgebung

Gerade für Bildungsangebote im Bereich Bewegung benötigen die Einrichtungen ein räumliches Angebot, das sich flexibel der jeweiligen Gruppensituation anpassen kann. In der Praxis ist dieser optimale Zustand oftmals Wunschdenken. Mit viel Idealismus und Improvisationstalent werden selbst in umfunktionierten Abstellkammern Angebote gemacht, damit Kinder die Möglichkeit erhalten, ungestört und abseits der großen Gruppe musikalische Anregungen zu bekommen und ihre Kompetenzen zu erweitern.

18.4.1 Raumgestaltung

Kinder benötigen ein entsprechendes Platzangebot, um musikalische Spielangebote mit allen Sinnen in Bewegung erleben zu können.

Steht nur ein **Gruppenraum** zur Verfügung, sollte eine möglichst große Bewegungsfläche freigeräumt werden. Klare Regeln bezüglich „spontaner Miteinbeziehung" von räumlichen Hochebenen, Puppenküchen, Kuschelecken u. a. durch die Kinder sollten mit ihnen vorher abgesprochen werden. Auf einer Fläche von 30 m² können Angebote für ca. acht Kinder gemacht werden, indem der mit Sitzmatten gestaltete Sitzkreis in den Bewegungsraum für grobmotorische Aufgabenstellungen einbezogen wird.

Gymnastik- und Turnräume, wie sie oftmals in Einrichtungen vorhanden sind, besitzen eine ideale Größe. Kinder werden jedoch durch Bällchenbäder, Turnmatten und Klettergerüste gerne abgelenkt. Je nach Thema und Gruppenkonstellation ist zu überlegen, ob mit großen Tüchern und Decken die im Raum befindlichen Materialien abzudecken sind. In diesen Räumlichkeiten kann der Sitzkreis in einem vom Ablauf günstigen Eckbereich mit Matten oder Hockern gestaltet werden. Die Kinder agieren bei Spielen im Raum außerhalb des Sitzkreises.

Turn- und Sporthallen sind aus akustischen Gründen und wegen der feingliedrigeren methodisch-didaktischen Strukturen und Inhalte eines Rhythmikangebotes ungünstig. Durch den großen Raum und die meist glatten Wand- und Deckenflächen kommt es zu einer Überlagerung der Schallwellen, so dass sich Musik, Gesang und Stimme wie ein „Klangbrei" anhören. Die Erzieherin kann meistens nur mit lauter Stimme die agierende Kindergruppe akustisch durchdringen. Sprachlich und musikalisch sind differenzierte Äußerungen in Lautstärke und Tempo durch den Hall einer Turnhalle wesentlich schwieriger wahrnehmbar. Wenn kein anderer Raum zur Verfügung steht, ist es günstig, die Turnhalle räumlich mit Turnbänken abzutrennen. Das jüngere Kind benötigt übersichtliche Raumstrukturen, um sich zurechtfinden zu können.

Abb. 18.14: Wenn nur ein Gruppenraum zur Verfügung steht, sollte eine möglichst große Bewegungsfläche frei geräumt werden.

18.4.2 Materialeinsatz

Der Einsatz von Materialien ist in der Rhythmik obligatorisch und aus einer gewachsenen Tradition der Heilpädagogischen und der Psychomotorischen Rhythmik entstanden. Materialien regen das Kind zu selbsttätigem Handeln an und kommen im Rhythmikunterricht gezielt zum Einsatz. Das Kind passt sich automatisch an die Gegebenheiten und den Umgang mit dem Material an und macht entsprechende Erfahrungen mit der Handhabung. Zum Beispiel ist zu beobachten, dass die Bewegungen der Kinder mit Tüchern weicher und fließender sind als mit Holzstäben.

Ausgehend von der Rhythmik in der Heilpädagogik Mimi Scheiblauers und der Psychomotorischen Rhythmik von Charlotte Pfeffer haben sich im 20. Jahrhundert Materialien etabliert, die von E. J. Kiphard in der Psychomotorik bzw. Motopädagogik ihren Eingang (Sand- und Bohnensäckchen) und ebenso in tänzerisch-akrobatischen Disziplin der heutigen Rhythmischen Sportgymnastik (Holzkeulen) ihren Platz gefunden haben. (→ Kap. 18.2.2). In der Regel wissen die Fachkräfte in Tageseinrichtungen für Kinder mit vielen Materialien des sich dort oft seit Jahrzehnten befindlichen Rhythmikwagens nicht mehr viel anzufangen. Die für jüngere Kinder sehr unhandlichen Holzkeulen können als Raumhindernisse oder zur Gestaltung eingesetzt werden. Reifen, Sand- oder Bohnensäckchen, Holz- oder Balancierstäbe, Rasselbüchsen, Rhythmiklegestäbchen, Klanghölzchen, Tücher, Seile, Bänder, Bälle, Holzkugeln können allerdings sehr kreativ und vielseitig eingesetzt werden.

> ⊙ Dem Einsatz von Materialien aus der Natur und aus anderen spielpädagogischen Bereichen sind im Bereich Musik und Rhythmik keine Grenzen gesetzt. Eine kurze Auflistung zeigt die kreative Vielseitigkeit des Materialeinsatzes: Moosgummibälle, Kooshbälle, Murmeln, Igelbälle, Luftballons, Wäscheklammern, Japan-Bälle, Seidenpapier, Pappröhren, Verkleidungsmaterialien, Puppen, Kuscheltiere, Schwungtuch, Abdeckplane, Joghurtbecher, Steine, Federn, Kastanien, Blätter, Muscheln, Watte, Wolle, Schwamm, Schachteln, Duftdöschen.

18.4.3 Ausstattung mit Instrumenten

Für Kinder und Jugendliche hat der Komponist Carl Orff Instrumente entwickelt, die sich für die musikpädagogische Ausstattung der Einrichtung auch heute noch sehr gut eignen, nicht nur als Rhythmus-Instrumente. Und auch Instrumente aus anderen Kulturkreisen und selbstgebaute Instrumente sind für den Einsatz von Spielen interessant.

Das Orff-Instrumentarium

Der Komponist und Pädagoge Carl Orff (1895–1982) entwickelte in den 30er Jahren des vergangenen Jahrhunderts aus dem Schlagwerk der perkussiven Orchesterinstrumente und aus ethnischen Instrumenten einfache Musikinstrumente. Kinder erhielten unter musikpädagogischen Gesichtspunkten die Möglichkeit zu instrumentalen Aktivitäten, ohne dass sie vorher eine langjährige musikalische Ausbildung absolvieren mussten.

Das Orff-Instrumentarium beinhaltet folgende **Instrumente:**

- Sopran- und Alt-Glockenspiel
- Alt-, Sopran- und Bass-Metallophon
- Alt-, Sopran- und Bass-Xylophon
- Alt-, Sopran-, Bass- und Tenor-Klangstäbe aus Holz und Metall
- Trommeln, Pauken, Schellentrommeln, Holzblocktrommeln
- Schellen, Schellenring, Rasseln, Maracas
- Becken
- Triangel
- Fingerzimbeln
- Kastagnetten
- Geräuschmacher, Lärm- und Effektinstrumente.

Das Orff-Instrumentarium ist in sozialpädagogischen Einrichtungen in unterschiedlicher Vollständigkeit, jedoch auf jeden Fall vorhanden. Viele Instrumente werden jedoch oftmals nicht in den Kindergartenalltag integriert, da die Handhabung als zu umständlich angesehen wird. Das Wissen zu einer kindgerechten Umsetzung von Musik fehlt oftmals ebenfalls.

Instrumente der nächsten Generation

Mittlerweile gibt es ein vielfältiges Spektrum an neuen Instrumenten, die es ermöglichen, ohne viele Vorkenntnisse spontan und intuitiv Musik zu machen. Hier eine Auswahl:

- **Senplates und Sixflates** – Dabei handelt es sich um eine neue Generation von Instrumenten, die eine hervorragende Handhabung in der Praxis und ein exzellentes Klangerlebnis miteinander verbinden. Die Senplates (Klangplatten mit Griff) können mit Bewegung im Raum gespielt werden und sind absolut unverwüstlich. Das Sixflat ist die Alternative zum Glockenspiel. Es klingt sehr angenehm und ist wesentlich einfacher zu spielen. Durch die *pentatonische Stimmung* (→ Kap. 18.1.1) klingt das Spiel in unseren Ohren harmonisch
- **Schlitztrommeln** – Sie wurden früher auf vielen Kontinenten als Nachrichtentrommel eingesetzt. Moderne Schlitztrommeln besitzen an der Oberfläche verschieden lange Klangzungen, die je nach Länge und Breite unterschiedlich hoch klingen. In der Musikpädagogik werden sie in unterschiedlichen Größen, Formen und Klangfarben (abhängig vom Holz) eingesetzt
- **Kalimba** – Die Kalimba kommt ursprünglich aus Afrika (Simbabwe). Auf einem Hohlkörper werden befestigte Metallzungen mit dem Daumen und mit Fingern gezupft. Sie ist im deutschsprachigen Raum auch als Daumenklavier bekannt. Eine klanglich sehr ansprechende Instrumentenvariante der Kalimba ist das Sansula
- **Chekere** – Eine Chekere ist ein Kürbis (eine Kalebasse), der mit einem Netz umspannt ist, in das Perlen, Fruchtschalen oder Muscheln eingearbeitet sind. Die Chekere wird geschüttelt oder das Netz im Rhythmus hin- und herbewegt. Dabei wird ein rasselartiger Klang erzeugt. Für jüngere Kinder sind diese Instrumente mehr unter dem Gesichtspunkt der Materialerfahrung interessant, da die Chekere relativ laut ist. Vorsicht ist zudem angesagt, da die Samenkörner von Kalebassen giftig sein können. Kleinere Kalebassen sind nicht ausgehöhlt, der Stiel ist noch vollständig vorhanden. Bei einem Bruch der Kalebassen können die Samenkörner herausfallen
- **Chimes** – Sie bestehen aus verschieden langen Metallstäben, die mit der Hand oder einem Stab nacheinander berührt oder aufgeschlagen werden. Professionelle Chimes sind teuer, es gibt sie mittlerweile auch schon in einfacher Ausführung
- **Boom-Whackers** – Boom-Whackers sind bunte Plastikröhren unterschiedlicher Länge und Durchmesser, die am Körper oder an Gegenständen angeschlagen einen Ton erzeugen. Sie eignen sich vor allem für Grundschulkinder und Jugendliche, die mit ihnen kreative rhythmische Gestaltungen mit Bewegungen umsetzen können. Für das jüngere Kind sind sie auch als interessantes Material einzusetzen. Ersatzweise können in Projektarbeit Pappröhren mit Pappmachée verstärkt und bemalt werden
- **Kaxixi** – Eine aus Südamerika stammende geflochtene Bastrassel, die mit Samenkörnern gefüllt wird und sich durch das angenehme Rasselgeräusch auch für größere Kindergruppen eignet
- **Trommeln** – Darunter fallen z. B. Djembes, Congas, Bongos, Tisch-, Vollplastik- und Gewittertrommeln
  - Eine **Djembe** ist eine kelchförmige Trommel, für die ein Baumstamm ausgehöhlt wird. Mittlerweile gibt es sie in unterschiedlichen Größen. Für Kindergartenkinder eignet sich eine Größe von ca. 30 bis 40 cm. Die normale Größe beträgt je nach Körpergröße des Spielers ca. 60 cm
  - Die Klänge von **Congas** und **Bongos** sind in Südamerika ein unverzichtbarer Bestandteil der Musik. Congas und Bongos bestehen aus je zwei Trommelkörpern, die einen voneinander abweichenden Klang besitzen. Congas werden im Stehen gespielt und

Abb. 18.15: Die Chekere wird geschüttelt oder das Netz im Rhythmus hin und her bewegt.

besitzen ungefähr die Länge einer Djembe. Bongos werden zwischen die Knie geklemmt und auf sehr abwechslungsreiche Weise gespielt
- **Tischtrommeln** – Tischtrommeln sind eine neuere Entwicklung, deren ursprünglicher Einsatz in der Therapie, Heil- und Sonderpädagogik zu finden ist. Eine große Trommelscheibe ermöglicht das gemeinsame Spiel von vielen Kindern und fördert in besonderer Weise die nonverbale Kommunikation durch Rhythmen
- **Sound Shapes** –Vollplastiktrommeln, die nicht unbedingt durch ihren Klang überzeugen, jedoch durch einfache Handhabung für Kinder ab ca. drei Jahren, durch ihre Leichtigkeit und Unverwüstlichkeit und ihre farbige Gestaltung in verschiedenen geometrischen Grundformen
- **Spring-Drum (Gewittertrommel)** – Eine Gewittertrommel ist ein sehr beliebtes Instrument bei den Kindern, die hervorragend für unheimliche Situationen einsetzbar ist, für Gewitter, Donner, Gespenster etc. (→ Kap. 18.6.3) Der Klang einer mittleren Instrumentengröße ist für kleine Kinder absolut ausreichend
- **Ocean-Drum** und **Rain-Maker** eignen sich für Meeres- und Regenklänge

- **Flex-A-Tone** – Das Flex-A-Tone ist ein interessantes Instrument, das die Kinder sehr fasziniert. Durch Herunterdrücken der Metallzunge und gleichzeitigem Schütteln ertönt ein lustiger und sehr anregender Klang, der beispielsweise an ein lachendes Gespenst erinnert.

Selbstgebaute Instrumente

Einen großen Reiz – auch für die Projektarbeit – üben selbstgebaute Instrumente aus. Hier einige einfache Vorschläge:

- **Rasseln:** Die altbewährte Glühbirnenrassel kann durch selbst befüllte Dosen und Körbchen ergänzt werden, die die Hördifferenzierung und die *taktil-kinästhetische Sinneserfahrung* (→ Kap. 18.1.2) durch die unterschiedlichen Füllmaterialien fördern
- **Regenmacher:** In eine Pappröhre werden Nägel oder Zahnstocher gedrückt oder gehämmert, anschließend mit Reis oder Sand befüllt und verschlossen. Die Oberfläche des Regenmachers kann individuell gestaltet werden
- **Metallrassel:** Das Material findet man im Baumarkt. Pro Metallrassel benötigt die Erzieherin 40 bis 50 Unterlegscheiben passend zur Gewindestange, die ca. 35 bis 40 cm lang ist, Schlusskappen für die Enden der Gewindestange, zwei Holzkugeln mit Einbohrung, die auf die Schlusskappen gesetzt werden. Die Unterlegscheiben werden mit der Gewindestange aufgefädelt. Die Schlusskappen werden auf die Enden geschraubt und die Holzkugeln darauf gesetzt
- **Klapperkastagnetten:** Aus festem Karton (1–2 mm dick) wird ein Streifen von ca. 4,5 cm Breite und 18 bis 20 cm Länge ausgeschnitten. Eine Seite kann von den Kindern nun bemalt werden. Dann wird der Karton in der Mitte geknickt, und in der unteren Hälfte des Endes wird mit der Innenseite jeweils eine gesäuberte Walnusshälfte mit Heißkleber befestigt
- **Waldteufel:** Mit einer Nagelschere wird ein sehr kleines Loch in den Boden des Joghurtbechers gebohrt, durch den das Ende eines ca. 45 cm langen Nylonfadens durchgefädelt wird. In ein 8–10 cm langes Rundhölzchen (Durchmesser ca. 1 cm) wird rundherum eine Kerbe geschnitzt. An das Ende des Nylonfadens, der aus dem Becher herauskommt, wird eine Perle geknotet. An das andere Ende wird nun der Faden an die Kerbe des Rundhölzchens gebunden. Dabei hat der Faden gerade so viel Spiel, dass sich das Hölzchen darin drehen kann. Zum Spielen des Waldteufels wird der Nylonfaden gespannt und gleichzeitig am Rundholz gedreht. Das Reibegeräusch wird wie ein Verstärker auf den Becher übertragen, und es entstehen laute knacksende und krachende Geräusche
- **Plastikkanister:** Milchig-weiße Plastikkanister werden in unterschiedlicher Füllhöhe mit Lebensmittelfarbe gefärbtem Wasser befüllt. Mit Kochlöffeln bespielt eignen sie sich als ansprechende und „coole" Rhythmusinstrumente besonders für Jugendliche.

[BEISPIEL] Wahrnehmungsspiel mit Materialien und Instrumenten

Die Spielleitung hat je ein Behältnis mit frischer Gartenerde und frisch geschnittenem Gras sowie ein Fläschchen Duftöl (z. B. Rosenöl) vorbereitet. Die Kinder schließen die Augen, und die Spielleitung geht mit den „Duftdosen" im Kreis herum und hält sie jedem Kind unter die Nase. Die Kinder raten, was sie jeweils gerade riechen. Die Spielleitung legt dann eine Auswahl von Instrumenten, z. B. Trommeln, Zimbeln, Triangeln oder Rasseln in die Kreismitte.

Die Kinder besprechen miteinander, welches Instrument gut zum jeweiligen Duft passt, indem sie die Instrumente ausprobieren. Vier Kinder bilden nun das Orchester: Drei von ihnen setzen sich als Instrumentalisten nebeneinander auf den Boden. Die Duftdosen werden vor den entsprechenden Instrumentalisten gelegt. Das vierte Kind ist der „Streicheldirigent": Es streicht so lange den Instrumentalisten über den Rücken, wie diese auf ihren vor ihnen liegenden Instrumenten spielen sollen. Die anderen Kinder reagieren mit entsprechenden Bewegungen.

Hering, Wolfgang: 1000 tolle Töne. Kinderlieder mit einfachen Begleitungen für Orff-Instrumente. Mainz: Verlag Schott 2007

Hirler, Sabine: Mit Rhythmik durch die Jahreszeiten. Freiburg: Verlag Herder 2008

Kaiser, Stefan: Hast du Töne? Musikinstrumente bauen mit 8-bis12-Jährigen. Kassel: Born-Verlag 2009

Rompf, Alexandra und Frank: Instrumentenbau mit Kindern. Donauwörth: Verlag Auer 2006

Kreusch-Jakob, Dorothée: Klangwerkstatt für Kinder. Miteinander Instrumente bauen und Musik machen. München: Don Bosco 2002

18.4.4 Spezielle Musikangebote

Es ist die Aufgabe der Erzieherin, auch im Rahmen von Musik und Rhythmik Kindern spezielle Angebote zu machen. Spezielle Musikangebote können Musikprojekte wie (Mini-)Musicals sein und Konzerte oder auch einfach Angebote, bei denen die Kinder das genaue Hinhören lernen.

Musikprojekte

Bei der Durchführung von Musikprojekten wird ein ausgewähltes Thema in Musik und Bewegung gestalterisch, tänzerisch, sprachlich und interaktiv von den Kindern erlebt und umgesetzt. Der thematische Inhalt eines Musikprojektes gibt den methodisch-didaktischen Rahmen vor.

Eine Förderung von Kindern durch (Mini-)Musicals oder Musikprojekte allgemein kann hierbei in folgendem emotionalen Bezugsrahmen stattfinden:

- **Motivation** – Die Kinder bleiben über einen längeren Zeitraum motiviert, da sie mit eigenen kreativen Impulsen das Projekt mitgestalten
- **Aktion und Reaktion** – Es macht Spaß zu agieren und zu reagieren. Das Kind möchte seinen Einsatz nicht verpassen und gleichzeitig auch den anderen zuhören
- **Konzentration** – Das Kind ist aufmerksam und ganz bei der Sache, damit es sich im gruppendynamischen Prozess möglichst viel beteiligen kann
- **Frustrationstoleranz** – Kinder lernen zudem, Frustrationstoleranz zu entwickeln, wenn etwas nicht nach ihrem Willen geht oder sie in bestimmten Situationen geduldig sein sollen. Dafür müssen sie jedoch Freude am Gesamtprojekt empfinden und sich mit ihm emotional verbunden haben. Voraussetzung dafür ist eine pädagogische Fachkraft, die selbst die Inhalte lebt, die sie vermittelt; das Thema eines Musikprojektes sollte auch in ihr eine emotionale Seite zum Schwingen bringen. So kann die Spielleitung die Kinder begeistern und motivieren.

Musikprojekte entwickeln nicht nur musikalische Grundkompetenzen, sondern fördern die Persönlichkeit und das Selbstvertrauen der Kinder. Kinder lassen sich stärker in Gruppenprozesse ein, lernen durch Rollentausch verschiedene Position in einer Gruppe zu erproben und, soweit es ihr Entwicklungsstand ermöglicht, zu reflektieren. Gerade in der heutigen Zeit der medialen Überfrachtung sind kreative Spielangebote wie ein Musikprojekt pädagogisch gesehen eine hervorragende Möglichkeit, Erlebtes auszuagieren und zu verarbeiten. Situationsbezogen können alte Verhaltensmuster ablegt und neue ausprobiert werden. Außerdem ist es wichtig, Kindern wieder den Freiraum zu verschaffen, Kontakt zu sich selbst und ihren eigenen Bedürfnissen herzustellen. Das ist für die Entwicklung von Selbstvertrauen und ihrer Persönlichkeit von großer Bedeutung.

Konzerte

In Großstädten gibt es zahlreiche Opern- und Theaterstätten, die sich in den letzten Jahren mit **kindgerechten Angeboten** ihre zukünftigen Zuschauer und Zuhörer heranziehen. Dort werden Konzerte angeboten, die die Erzieherin mit den Kindern besuchen kann. Die Kinderkultur im ländlichen Bereich ist zwar mit organisatorischen Umständen verbunden, aber dennoch machbar.

Musikschul- oder Theaterkonzerte für Kinder zu besuchen, ist empfehlenswert, weil hier in der Regel Kinder für Kinder ein Musiktheater darstellen, singen und Instrumente spielen. Dies hat in den Augen der Kinder einen besonders nachahmenswerten Reiz. Vor einem Konzertbesuch kann die Erzieherin mit den Kindern z.B. einen Instrumentenbauer besuchen, um die Instrumente und ihre Herstellungsweise näher kennenzulernen, oder sie Instrumente in der Musikschule ausprobieren lassen.

Hören lernen

Wenn die pädagogische Fachkraft selbst gerne zu vielen Gelegenheit und Situationen singt, vielleicht beim Aufräumen, stimmen die Kinder gerne mit ein. Gemeinsames Singen befriedet angespannte Situationen in einer Kinder-

Abb. 18.16: Musikschul- oder Theaterkonzerte werden meist von Kindern für Kinder aufgeführt.

gruppe und fördert das Gemeinschaftsgefühl. Aber nicht nur das **aufeinander Hören** beim Singen ist wichtig, sondern auch die Entwicklung der Hördifferenzierung.

Es gibt zahlreiche Kinder, bei denen sich die **Hördifferenzierung** (auditive Diskriminierung → Kap. 18.1.2) weniger herausgebildet hat, obwohl sie physiologisch ganz normal hören. Der Grund kann in zu wenig Sprach-, Klang- und Geräuschstimulation während der Entwicklung des Kindes von Geburt an liegen. Die betroffenen Kinder hören einen „Klangbrei" und können einzelne Stimmen, Geräusche und Motive nicht explizit herausfiltern. Entwicklungsverzögerungen im auditiven Bereich werden leider oftmals erst bei Schuleintritt entdeckt, wenn die Kinder dem Unterricht nicht folgen können und dann meist negativ auffallen.

In der frühen Kindheit kann von den Einrichtungen noch einiges aufgefangen werden, damit dieses Hörproblem sich nicht verschlimmert. Allen Kindern macht es Freude, die Welt zu erlauschen, sei es während eines Spaziergangs, in einem Rhythmikangebot oder mit einem selbst hergestellten Lausch-Memory.

[BEISPIEL] Lausch-Memory

Es werden 16 gleiche, undurchsichtige Behältnisse (z. B. kleine Joghurt-Trinkfläschchen aus Plastik) und verschiedene Materialien zum Befüllen (Reiskörner, Nägel, Perlen, Murmeln, Büroklammern) benötigt. In jeweils zwei Behälter wird dasselbe Material in der gleichen Menge gefüllt. Dann werden die Behältnisse verschlossen und auf einen Tisch gestellt.

Nun wird immer der Reihe nach ein Behältnis geschüttelt und wieder zurückgestellt. Dabei versuchen die Kinder, sich das Geräusch und die Position zu merken. Das geht so lange, bis ein Kind meint, dass es das eben gehörte Geräusch schon kennt. Nun versucht es, das andere Behältnis mit dem „passenden Geräusch" zu finden. Gemeinsam wird gelauscht, ob die beiden Fläschchen wirklich gleich klingen. Wenn ja, dann werden sie an die Seite gestellt, wenn nicht, wieder an den Platz zurückgestellt. Das Spiel geht so lange, bis kein Fläschchen mehr in der Mitte steht.

Was ist deine Lieblingsmusik?

Alle – auch die Erwachsenen – bringen ihre Lieblingsmusik mit. Gemeinsam hören sie alle an, singen mit und bewegen sich dazu. Bei Instrumentalmusik spricht die Erzieherin mit den Kindern über deren Assoziationen („Wie hört sich das an?", „Hört sich das nach einem Tier an?" usw.). Wenn es sich um Lieder handelt, spricht sie mit ihnen über den Inhalt der Liedtexte. Da Kinder intuitiv wissen, dass Musik etwas sehr Persönliches ist, empfinden es alle Beteiligten als Wertschätzung, wenn die anderen sich für ihre Musik interessieren. Zudem erweitert sich auch das Repertoire, und Hörgewohnheiten können sich ändern.

18.4.5 Technische Medien zur Tonwiedergabe

Die am häufigsten verwendeten technischen **Medien zur Tonwiedergabe** (→ Kap. 17) sind: CD- und Kassettenrecorder, iPod und MP3-Player.

In der Regel kennen jüngere Kinder einen Kassettenrecorder oder CD-Player und handhaben diese Geräte mit erstaunlicher Geschicklichkeit. iPod und MP3-Player sind das Medium der älteren Kinder und Jugendlichen. CD-Player sind heutzutage in Einrichtungen am häufigsten vorhanden. Anlagen für Feste und Aufführungen geben einer Einrichtung eine gewisse Unabhängigkeit, um die gemeinsame Arbeit professionell zu präsentieren.

Das **technische Equipment** (Mikrofone, Lautsprecher) gestaltet das Verfolgen des Ablaufes für die Zuschauer und Zuhörer angenehmer.

Wird das mit viel Engagement erarbeitete Spiellied oder (Mini-)Musical technisch ansprechend präsentiert, können die Geschichte und die Lieder auch besser ihre Wirkung entfalten. Dies trägt natürlich dazu bei, dass die musikalische Arbeit eine entsprechende Resonanz erhält und sich auf die Profilierung der Einrichtung positiv auswirkt.

Beim Einsatz von Anlagen, bei denen die Geschwindigkeit der Wiedergabe verändert werden kann, muss darauf geachtet werden, dass dies nur bei Instrumentalmusik geschieht, damit sich die Kinder dem Tempo angepasst bewegen. Bei Liedern verändert sich bei veränderter Geschwindigkeit entsprechend die Tonhöhe, und es ist ungünstig, das Lied tief zu singen, damit es langsam gesungen werden kann, und dann wieder hoch zu singen. Unter musikpädagogischen Gesichtspunkten sollte nur selbst gesungen und das Tempo der Kindergruppe angepasst werden.

18.5 Bildungsangebote

In diesem Kapitel stehen Bildungsangebote im Bereich Musik und Rhythmik und ihre methodische Umsetzung im Mittelpunkt. Der Einsatz von Musik bietet sich an zur Strukturierung des Alltags in Einrichtungen, mit Ritualen, Schwerpunktthemen und als Ergänzung bei spontanen prozessorientierten Situationen. Es bietet sich ein Einsatz von Musik bei folgenden Gelegenheiten an:

- Themengebundener Einsatz – bei Festen, Jahreszeiten und Projekten
- Gruppenübergreifendes Angebot – mit Einsatz von Instrumenten und Materialien, z. B. zum wöchentlichen Rhythmikangebot
- Zur Strukturierung des Tagesablaufes – Lieder zur Begrüßung und Verabschiedung
- Bei Ritualen – Lieder am Geburtstag
- Als Begleitmedium zu Tätigkeiten im Alltag – Lieder beim Aufräumen

- Bei spontanen Situationen, prozessorientiert in die Gruppensituation eingebracht – Kinder entdecken einen Käfer und stimmen ein entsprechendes Lied an.

Hirler, S.: Neue Singspiele und Musikprojekte durch das Kindergartenjahr. Freiburg: Herder 2007

18.5.1 Der Einsatz von Liedern

Singen ist eine individuelle und die elementarste Form des Musizierens, da wir den Ton aus uns selbst erschaffen. Jede Singstimme ist einzigartig. Da Lieder meist ein wichtiger Bestandteil bei Festen, Konzerten oder Spielen sind, ist Singen eine sehr soziale Form der Kommunikation und zugleich eine wichtige *Identifikationsebene* unserer jeweiligen Kultur (→ Kap. 18.1.1).

Liedersingen als didaktische Methode

Lieder transportieren durch ihre Melodie und auch durch den Text Stimmungen und Emotionen (→ Kap. 18.1.1). Musik und im Speziellen Lieder erleichtern Pädagogen den emotionalen Zugang zu Kindern, gerade zu den jüngeren.

Das Lied beim Baby und Kleinkind

Durch Lieder können Kinder erste musikalische Grunderfahrungen erleben. Der erste Baustein der sprachlichen Entwicklung sind Kose- und Neckspiele, die Sprache und Bewegung vereinen und dem Kind die Möglichkeit einer ganzheitlichen Erfahrung geben. Gesang spricht unser Innerstes tiefer an, denn es ist das persönlichste Instrument, das wir haben: Das Baby und Kleinkind befindet sich in einem emotionalen Klangbad, das in Kombination mit den Berührungen auf einer zusätzlichen Ebene Geborgenheit und Sicherheit vermittelt.

Das Lied beim Klein- und Kindergartenkind

Wird Sprache in rhythmische Reime und Lieder verpackt und mit motorischem Erleben verbunden (Wiegenlieder, Kose- und Neckspiele, Kniereiter, Finger- und Handspiele, Kindertänze, Spiellieder), so kommt es zur Verschmelzung von Sprache und Musik, von Gesang und Bewegung. Durch musikalische Spielformen wie Spiellieder erhalten die Kinder Anreize zum spielerischen Umgang mit der Sprache und mit ihren Sprechwerkzeugen (wie Zunge, Gaumensegel, Lippen).

In der frühen Kindheit werden Lieder in der Regel mit einfachen Bewegungen durchgeführt, denn dadurch fällt es den Kindern leichter, sich den Text zu merken.

Wichtige Parameter eines Liedes für jüngere Kinder sind:

- Themen aus der Erlebniswelt der Kinder
- Gereimter Text
- Wenige Strophen
- Einfache Melodieführung
- Pro Silbe ein Melodieton (Syllabik).

Gerade die traditionellen Kinderlieder entsprechen diesen Punkten im Besonderen.

Das Lied beim Vor- und Grundschulkind

In der Grundschulzeit sind Lieder angesagt, die Geschichten erzählen und die rhythmisch, melodisch und harmonisch komplexer sind. Trotzdem lieben es Kinder in dieser Altersspanne weiterhin, sich zu Liedern zu bewegen.

Mit Liedern und Reimen, die mit Bewegung verbunden sind, wird den Kindern nicht nur eine umfassende Entwicklungsförderung ihrer Sinne angeboten, sondern auch direkte und echte Emotionen. Da in der frühen Kindheit das Lernen von Liedern über die Nachahmung geschieht, hat die Erzieherin eine große Vorbildfunktion. Die Freude, die von ihr beim Singen und Spielen ausgeht, überträgt sich auf die Kinder.

- Durch **Spiellieder** erfahren die Kinder eine ganzheitliche rhythmisch-musikalische Förderung mit Musik, Sprache und Bewegung
- **Lieder in Tanzform** (Kreis) lassen die Gemeinschaft stärker empfinden, zudem trauen sich schüchterne Kinder, aktiv zu sein, und sehr aktive oder auffallende Kinder ordnen sich besser in die Gruppe ein
- Durch das **Singen eines Liedes** lernt das Kind elementare Gesetzmäßigkeiten, etwa dass das Lied einen Anfang und ein Ende hat. Das Kind erfasst intuitiv die Form von Sprache und Melodieführung. Außerdem lernt es, für die Zeitspanne des Liedes aufnahmefähig zu bleiben, sich die Inhalte zu merken und es mit Bewegung zu füllen
- Das **Singen** schafft Sammlungs- und Erholungsphasen sowie Spiel- und Bewegungsanlässe in unterschiedlichen Einsatzformen wie in der Projektarbeit oder im Tagesablauf.

Förderung der kindlichen Singstimme

Viele Kinder wachsen in Elternhäusern auf, in denen nicht gesungen wird. Kindern lernen oftmals Gesang nur aus dem Fernsehen oder von Tonträgern kennen, deren Nachahmung häufig wegen einer *zu tiefen Stimmlage* für

Abb. 18.17: Lieder in Tanzform stärken die Gemeinschaft.

das Kind schwierig und physiologisch schädlich sein kann (→ Kap. 18.1.3). Aus diesem Grund ist es besonders wichtig, dass die Kinder ein gutes stimmliches Vorbild in der Kindertageseinrichtung haben. Nur dann wird ihnen die Möglichkeit gegeben, ihr ureigenes Instrument, die eigene Singstimme, zu entdecken und zu entwickeln.

⊙ Viele Erwachsene haben in ihrer Kindheit negative Äußerungen über ihre Singstimme gehört und damit das Singen ganz aus ihrem stimmlichen Repertoire oder in Randbereiche verbannt. Diese negativen Erfahrungen sitzen oft sehr tief und zeigen, wie eng die Stimme mit der Psyche zusammenhängt. Es fällt schwer, dieses negative emotionale Erlebnis zu reflektieren, zu überwinden und die eigene Singstimme neu zu entdecken. Durch den Gesang bekommen sie jedoch auf eine besondere Weise Zugang zu sich selbst und sind Vorbild für die Kinder.

Wie entsteht ein Ton?

Um einen Ton zu erzeugen, müssen verschiedene Muskeln und Körperteile des Menschen zusammenspielen. Der Stimmapparat besteht aus drei Teilen und ist zur Schwingungserregung, -erzeugung und für die Resonanz eines Tons ausschlaggebend:

- Die ausströmende Luft aus der Lunge dient der Schwingungserregung
- Die Stimmlippen mit Kehldeckel, Zunge, Gaumen und Gaumenzäpfchen sind Schwingungserzeuger
- Als Resonanzkörper dienen die Hohlräume aus Nasen- und Mundhöhle sowie der Rumpf.

Bei der **Tonerzeugung** wird beim Ausatmen die Luft über den Kehlkopf hinausgepresst. Die ausströmende Luft passiert den Kehlkopf mit den Stimmlippen und drückt nun die elastischen Stimmlippen auseinander. Je nachdem, mit welcher Geschwindigkeit der Luftstrom durch die enge Luftröhre strömt, entsteht nun an den geöffneten Stimmlippen ein Unterdruck, der dafür sorgt, dass diese durch den Sog wieder zusammengepresst werden. Dieses Wechselspiel von Öffnen und Schließen der Stimmlippen erzeugt einen Ursprungston (für das c'' ergibt das 523,2 Stimmlippenschwingungen pro Sekunde). Dieser Kehlkopfklang an den Stimmlippen gleicht jedoch eher einem Geräusch und wird erst durch die Resonanzräume des Kopfes und des Körpers so verstärkt, dass er im akustischen Frequenzbereich des Menschen gut hörbar ist.

Auf ihrem Weg ins „Freie“ müssen die Schallwellen an Zähnen, Gaumen und Zunge vorbei. Dabei wird der Klang so verändert, dass die Stimme einen persönlichen und unverwechselbaren Klang bekommt. Spricht oder singt der Mensch sehr laut oder schreit womöglich, kommt sein ganzer Körper als Resonanzraum zum Einsatz. Die Resonanzräume verstärken nicht nur die Töne, sie geben ihnen auch ihren eigenen Klang.

Was haben Register mit Stimmlagen zu tun?

Je nachdem, welche Teile von den Stimmlippen in Schwingung gebracht werden, entstehen unterschiedlich Arten des Singens.

► **Register**
Tonbereich, der von einem Sänger mit gleicher Stimmbandeinstellung gesungen werden kann.

Die Singstimme ist in drei Register bzw. Tonbereiche eingeteilt:

- Die **Kopfstimme** versetzt nur die Bindegeweberänder der Stimmlippen in Schwingung. Mit dieser sogenannten Randschwingung entstehen leise, weiche und zarte Töne, die sowohl mit hohen, als auch mit tiefen Tönen gesungen werden können
- Die **Bruststimme** setzt die gesamte Muskelmasse des Stimmapparates in Schwingung, und es entstehen laute und kräftige Klänge. Kinder und Frauen können die Bruststimme nur im unteren Teil ihres *Stimmumfanges* (→ Kap. 18.1.3) produzieren, und zwar ab dem e' abwärts (Mohr 2008)
- Die **Mittelstimme** ist eine Mischung aus der Kopf- und Bruststimme und sowohl für die Erzieherin als auch für das Kind die am besten geeignete Stimmlage für Kinderlieder.

Alle Kinder besitzen von Natur aus eine hohe Singstimme. Dies ist schon rein anatomisch zu erklären, da die Stimmlippen kürzer und schmäler sind als bei Erwachsenen und schneller schwingen. Stimmlippen von Neugeborenen sind ca. sechs Millimeter lang, die Sopranstimme einer erwachsenen Frau ungefähr 15 Millimeter, und die Töne einer Bassstimme werden auf etwa 25 Millimeter langen Stimmlippen erzeugt. Die Bruststimme von Kindern klingt der Mittelstimme von Frauen sehr ähnlich. Daraus werden jedoch oft falsche Schlüsse bezüglich der Singhöhe mit Kindern gezogen. Für eine weibliche Laiensingstimme, die in der Mehrzahl die physiologischen Voraussetzungen einer Sopranstimme besitzt, ist der Tonumfang von Ton a bis d'' im Bereich der stimmlichen Möglichkeiten. Die meisten Kinderlieder haben lediglich einen Tonumfang von c' bis d''. Die Singstimme von Kindern im Kindergartenalter fühlt sich im Tonumfang von c' bis f'' besonders wohl.

Viele pädagogische Fachkräfte stimmen Lieder mit ihrer Brust- oder Mittelstimme in der Alt-Stimmlage an. Die Kinder können dann nur einen Teil des Liedes mit ihrer normalen Stimmlage im Sopran und mit dem Register ihrer Brust- und Mittelstimme abdecken. Weil sie trotzdem Spaß am Singen und den dazugehörenden Aktivitäten haben, beteiligen sie sich an diesen in der Alt-Stimmlage angestimmten Kinderliedern durch „Schreigesang“.

⊙ Singen Erzieherinnen in der Alt-Stimmlage, bleibt den Kindern nicht anderes übrig, als in ihrer noch wenig ausgeprägten Bruststimme „mitzuschreien“. Dadurch kommt es zu einer Überdehnung und Überanstrengung der Stimmlippen.

Es entstehen unbemerkt, weil schmerzlos, Risse, Ödeme, Verdickungen und Wucherungen, die im Fachjargon „Knötchen" genannt werden. Dadurch können die Stimmlippen nicht mehr exakt schließen. Es kommt zu Verkrampfung und Heiserkeit. Kinder und Erwachsene verlernen dadurch gleichermaßen die Nutzung ihrer Mittel- und Kopfstimme.

Ganzheitliche Liedaneignung

Lieder bestehen aus verschiedenen Bestandteilen wie Melodie, Rhythmus, Tonhöhe, Tempo, Lautstärke, die mit Bewegungen, Gesten, Materialien, Instrumenten und unterschiedlichen Interaktionsformen umgesetzt werden. Aber ein Lied ist mehr als die Summe seiner Teile.

Schon Babys können ihre Umwelt multisensorisch aufnehmen und nicht nur mit einem isolierten Sinn (coaenästhetische Sinneswahrnehmung). Einzelne Liedbestandteile herauszufiltern entspricht nicht dem ganzheitlichen Lernprozess des jüngeren Kindes. Die kognitive Lernstrategie zum Erlernen eines Spielliedes ist in diesem Alter Wiederholung und Nachahmung und gewährleistet einen positiven Lerntransfer.

Die vielen Erzieherinnen noch aus der Ausbildung bekannte Liedeinführung lässt lernpsychologische Erkenntnisse und Wissen außen vor. Die Lernstrategie, ein Lied erst in seine Bestandteile zu zerlegen (Text lernen, Melodie vorspielen, Bewegungen isoliert üben, durch die Lehrperson vormachen und durch die Kinder nachahmen) möchte es dem Kind erleichtern, das Lied zu lernen und berücksichtigt dabei nicht, welche Lernstrategien dem Kind zur Verfügung stehen.

In einer *entwicklungspsychologisch orientierten Vorgehensweise* (→ Kap. 18.1.2) werden die Lieder ganzheitlich umgesetzt: Das Kind singt und bewegt sich und spielt gleichzeitig mit entsprechenden Umsetzungsformen. Wichtig ist dabei, dass die Kinder emotional angesprochen werden. Das gelingt nur, wenn auch die Erzieherin eine positive Einstellung zum Lied entwickelt hat. In der Regel machen die Kinder spontan und voller Freude mit.

Jüngere Kinder lassen sich von Spielliedern augenblicklich in den Bann ziehen, denn für sie ist „das Ganze mehr als die Summe seiner Teile." (Aristoteles)

Bei der **Umsetzung eines Spielliedes** bewegen sich die Kinder in der Regel gleich mit und lernen den Text und motorische Feinheiten nach und nach durch die Wiederholungen. Sie sind meist sehr rasch textsicher und können sich Liedtexte schneller aneignen und über eine längere Zeitspanne merken als Erwachsene.

Zuerst ahmen Kinder die Bewegungen nach. Nach mehreren Wiederholungen beginnen die Kinder automatisch mitzusingen, manche jedoch erst nach freundlicher Aufforderung. Es gibt immer Kinder, die auf ihrem Platz sitzen bleiben und aus dieser Warte das musikalische Geschehen beobachten. Sie lernen durch reine Beobachtung und inneres Nachvollziehen. Diese Kinder steigen zu einem späteren Zeitpunkt in das Geschehen ein.

Abb. 18.18: Ganzheitliche Liedaneignung.

Nachdem die Erzieherin das Lied mit den Kindern gespielt hat, können noch **weitere Spielformen** das Lied interessant gestalten:

- Das Lied abwechselnd schnell, langsam, laut und leise singen
- Die Reimendungen des Liedes auslassen, die Kinder ergänzen sie
- Die Erzieherin macht beim Singen eine beliebige Pause; die Kinder singen alleine weiter
- Die Gesten stellen das Lied dar, die Melodie wird nur innerlich „gesungen" – dies ist ein wichtiger Beitrag zur Audiation (Klangvorstellung)
- Der Refrain wird gesungen, während sich die Kinder im Raum bewegen, die ganze Strophe wird von Gesten begleitet am Platz gesungen
- Die Melodie des Liedes wird mit Nonsenssprache oder mit Tierlauten gesungen.

Durch die ganzheitliche Liedaneignung wird das Lied vielschichtig im Gehirn gespeichert, weil das Kind viele Ebenen dazu erlebt hat.

18.5.2 Bildungsprozesse durch Rhythmik initiieren

Nachahmung und kreative Gestaltungs- und Improvisationsmöglichkeiten in rhythmisch-musikalischen Spiel-, Lern- und Förderangeboten bilden die Grundlage, auf der pädagogische Fachkräfte aktiv Wissen und Bildung vermitteln. Interessante Themen, idealerweise in ein Projekt eingebettet, ergänzt mit Materialien und Instrumenten, geben Impulse und kanalisieren die Ideen der Kinder. Das vernetzte und forschende Denken der Kinder wird durch das selbstbestimmte Lernen in einem dafür speziell entworfenen methodisch-didaktischen Rahmen eines Rhythmikangebots gefördert und miteinander vernetzt. Dies wirkt sich positiv auf das Gedächtnis, das serielle Denken und letztendlich auf die Intelligenz im sozialen, kognitiven, mathematischen und sprachlichen Bereich aus.

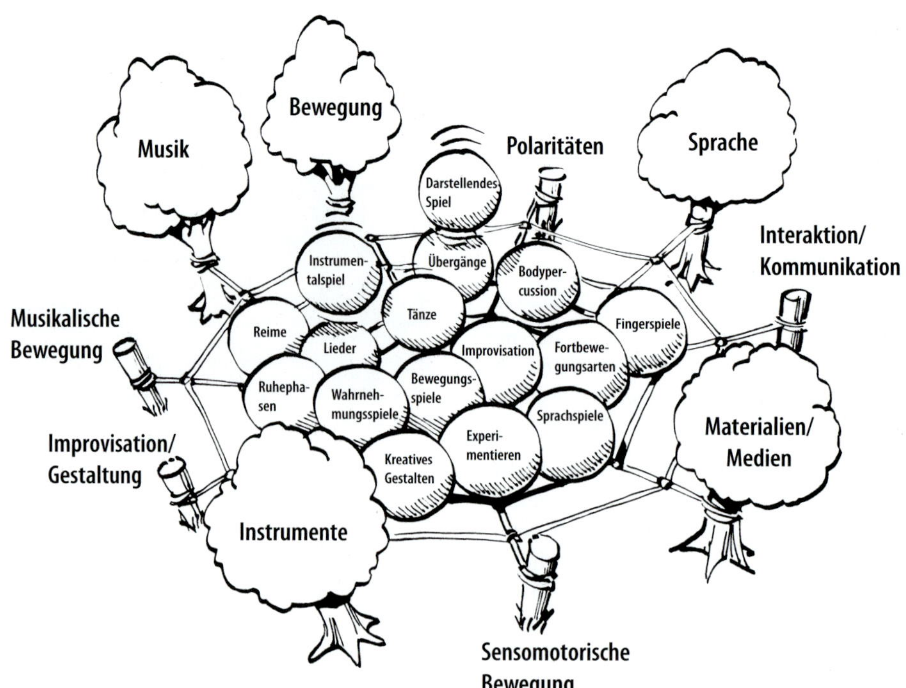

Abb. 18.19: Rhythmiknetz: Beruhend auf den Grundpfeilern Musik, Sprache, Bewegung, Instrumente und Materialien/Medien vernetzen die didaktischen Unterrichtsprinzipien der Rhythmik (Musikalische Bewegung, Improvisation/Gestaltung, Polaritäten/Rhythmisches Prinzip, Interaktion/Kommunikation und sensomotorische Bewegung) alle ihre Angebote.

Methodenvielfalt in der Rhythmik

Rhythmikangebote sind prozessorientiert, da die Kinder mit ihrem jeweiligen Potential in einem auf die Gruppensituation zugeschnittenen methodisch-didaktischen Rahmen agieren können. Rhythmisch-musikalische Spiel-, Lern- und Förderangebote werden multisensorisch und mulitmedial umgesetzt. Das bedeutet, dass z. B. ein Lied nicht nur gesungen wird. Ergänzende Methoden geben den Kindern die Möglichkeit, auf ganzheitliche Weise in das Angebot einzutauchen und vielfältige Lernprozesse aktiv zu erleben und zu gestalten.

Ein Lied in einem Rhythmikangebot kann mit folgenden **Methoden umgesetzt** oder **prozessorientiert ergänzt** werden:

- Das Lied wird mit Handgesten in Feinmotorik angeboten
- Das Lied wird als Rollenspiel in Grobmotorik bewegt
- Das Lied wird mit instrumentaler Begleitung (rhythmisch und/oder harmonisch) und/oder Körperklanggesten gespielt
- Phänomenologische Inhalte wie ein Blitz oder Emotionen wie Freude werden mit Instrumenten ausgedrückt
- Mit Materialien werden die Inhalte des Liedes umgesetzt, z. B. in bildhaftes Legen, Malen, Verkleiden, Klänge/Geräusche produzieren
- Das Lied wird in eine tänzerische Bewegungsform, z. B. als festgelegte Tanzform, pantomimisch und/oder mit charakteristischen Bewegungen, umgesetzt
- Das Lied wird als Regelspiel gespielt
- Das Lied wird als Partnerspiel durchgeführt.

Angebote nach dem Rhythmischen Prinzip

Rhythmische Spiel-, Lern- und Förderangebote basieren auf unterschiedlichen Aktionsmodalitäten. Methodenvielfalt und unterschiedliche Interaktionsformen im Gruppensetting (jeder für sich, zu zweit usw.) bilden die Grundlage, auf der Aktionsmodalitäten wie Singen, Tanzen, Musizieren, Darstellen, Experimentieren und Improvisieren umgesetzt werden.

Auf dem Rhythmischen Prinzip basierende Angebote kombinieren stets gegensätzliche Aktionen oder Polaritäten, z. B. Grobmotorik und Feinmotorik, Ruhe und Bewegung, laut und leise oder schnell und langsam. Das erleichtert das Konzipieren der Angebote. Dies findet sich auch bei thematischen Angeboten in erweiterten Anwendungsbereichen, z. B. in der Literatur. Geschichten für Kinder arbeiten oft mit gegensätzlichen Figuren, z. B. mit einem Riesen und einem Zwerg, oder mit gegensätzlichen Naturereignissen wie Sonnenschein und Gewitter.

> Polaritäten sprechen die Wahrnehmung und Aufmerksamkeit differenzierter und eindrücklicher an. So werden die Erfahrungsfelder der Rhythmik im Spannungsfeld der Gegensätze und von den Kindern als rhythmisch-spielerischer Prozess erlebt, der ihnen ein harmonisches Agieren und Reagieren ermöglicht.

[BEISPIEL] Beispiele für die Methoden und den Unterricht nach dem rhythmischen Prinzip sind:

- Wechsel von Grob- und Feinmotorik (Lied als Rollenspiel im Raum oder als Handgestenspiel)
- Freies Spiel o der Experimentieren oder Spiel mit Regeln

- Interaktionsformen wie Partnerspiel – Gruppenspiel
- Ruhephase – Aktivitätsphase
- Improvisation – Nachahmung.

Die pädagogische Fachkraft gibt dem Rhythmikangebot einen methodisch- didaktischen Rahmen. Ideen der Kinder werden aufgenommen und umgesetzt. Dadurch fühlen sich die Kinder nicht nur in ihren Bedürfnissen ernst genommen, sondern entwickeln kreativ aus den jeweiligen Spielsituationen neue Varianten und Vernetzungen.

Weitere pädagogische Angebote in der Rhythmik

Das Rollenspiel hat auch im Rhythmikunterricht didaktische Bedeutung. Es kann große Impulse in der Persönlichkeitsentwicklung bewirken. Besonders während des Höhepunkts der magischen Phase – im Alter von drei bis sechs Jahren – haben Kinder das intensive Verlangen, in Rollen zu schlüpfen. Aus diesem Grund ist es von besonderem methodisch-didaktischen Vorteil, wenn es Pädagogen verstehen, die Kinder auf dieser phantasievollen Ebene anzusprechen.
Eine dem Entwicklungsstand entsprechende verbale Kommunikation spielt während eines Rhythmikangebotes ebenfalls eine große Rolle. Es ist entwicklungspsychologisch und für eine freudvolle Spielatmosphäre von Vorteil, wenn die Pädagogen erwachsenentypische Redewendungen vermeiden. Kinder bis ca. acht Jahre müssen sich nicht in einem bewussten Gedankenschritt vorstellen, dass sie jetzt auf einem Bauernhof sind („Stellt euch vor, ihr seid auf dem Bauernhof. Welche Tiere gibt es da?"). Durch eine bildhafte Ansprache der Kinder, z. B.: „Wir sind auf einem Bauernhof und besuchen die Tiere. Welches wollen wir zuerst besuchen?", tauchen sie augenblicklich in das Szenario ein und beteiligen sich.

📖 Hirler, Sabine: Handbuch Rhythmik und Musik. Theorie und Praxis für die Ausbildung in der Kita. Freiburg: Herder 2014

2014 Konzeption von Rhythmikangeboten für 3- bis 7-Jährige

Aufbau einer Rhythmikstunde → unten

Bei der Konzeption eines Rhythmikangebots sind einige Aspekte zu berücksichtigen: Räumlichkeiten, Materialien und Instrumente, Dauer, Gruppengröße und -zusammensetzung und der methodisch-didaktische Aufbau sollten im Vorfeld überdacht werden.

Dauer eines Angebotes

Die Dauer eines Rhythmikangebotes ist auf eine Länge von 45 bis 60 Minuten ausgelegt. Doch weiß jede Erzieherin, dass dasselbe Angebot an verschiedenen Tagen mit anderen Kindern entsprechend länger oder kürzer ausfallen kann. Es ist wichtig, zu Beginn jeder neuen Stunde die Inhalte des letzten Males zu wiederholen. Dies kann sprachlich erfolgen oder aber auch durch erweiterte Spielformen. Auch die Dauer dieser Wiederholungsphasen ist nicht vorhersehbar, oftmals verweilen die Kinder darin sehr lange mit Lust und Spaß. Durch die Wiederholung erschließen sich die Inhalte des Angebots noch besser, was die Kinder gerne ausgiebig auskosten.

Gruppenzusammensetzung

Da ein Rhythmikangebot auf der Basis von Interaktions- und Kommunikationsformen umgesetzt wird, ist eine Gruppengröße von mindestens 5 bis 16 Kindern möglich. Dabei kommt es auf die **Rahmenbedingungen** an:

- Wie ist die Gruppenkonstellation?
- Wie sind die räumlichen Bedingungen?
- Wie ist die personelle Besetzung?
- Stehen Materialien und Instrumente für alle Kinder in ausreichender Zahl zur Verfügung?

Prinzipiell ist es pädagogisch zu begrüßen, wenn in einem Rhythmikangebot **verschiedene Altersstufen** zusammen sind. Kinder lernen durch Ko-Konstruktion und am besten voneinander. Der Altersabstand sollte jedoch nicht mehr als zweieinhalb Jahre betragen, da die Entwicklungsunterschiede dann zu deutlich sind und sich die Inhalte nicht mehr altersgemäß auf die ganze Gruppe übertragen lassen. Das bedeutet, dass Dreieinhalbjährige durchaus in einer Gruppe mit Fünfjährigen agieren können. Gemeinsam mit Sechsjährigen ist es für beide Altersgruppen jedoch pädagogisch nicht in allen Bereichen sinnvoll.

Einstimmung und Verabschiedung

Es ist wichtig, die Kinder mit einem **Ritual** auf das gemeinsame Spielen vorzubereiten. Dadurch gewinnen sie Sicherheit und Vertrauen, außerdem stellt sich eine gemeinsame Vorfreude auf das kommende Spielen ein. Dieses Ritual kann mit einem Begrüßungslied durchgeführt werden und/oder mit einer inhaltlich passenden Handpuppe sprachlich inszeniert werden. Genauso wichtig wie ein Anfangsritual ist ein Abschiedsritual, das das rhythmische Spiel- und Förderangebot abrundet und den Kindern das Ende der gemeinsamen Stunde signalisiert.

Spielformen eines Rhythmikangebots

Die einzelnen Spielformen können vielfältig eingesetzt werden. Die große Bandbreite lässt sich in der nachfolgenden Auflistung gut nachvollziehen und kann der Erzieherin als Inspiration für die Entwicklung eigener Angebote von rhythmischen Spielen dienen:

- **Verse und Reime** – Sprache wird im Rhythmikunterricht u. a. methodisch als Reim- oder Sprachspiel angewendet (Spielformen siehe Lieder)
- **Lieder** – Lieder vereinigen Sprache und Musik. Sie werden möglichst verschieden eingesetzt, sowohl als festgelegte wie auch als freie Spielformen. Sie dienen auch der Strukturierung eines Regelspiels. Lieder werden im Rhythmikunterricht folgendermaßen eingesetzt:
  - Als Finger- und Handgestenspiele
  - Mit Bodypercussions

  - Mit Instrumentalbegleitung
  - Als Partnerspiele
  - Als tänzerische Bewegungsform (pantomimisch, charakteristische Bewegungen und einfache Choreographien) (Liedeinführung → Kap. 18.5.1)
  - Als Spiellied
- **Sensomotorische Wahrnehmungsspiele** – Sensomotorische *Wahrnehmungsspiele* (→ Kap. 18.5.3) sind anspruchsvoll und werden daher oftmals mit Fortbewegungsarten kombiniert. In der Regel sind die Spielformen so konzipiert, dass immer mehrere *Sinneswahrnehmungen* (→ Kap. 18.1.2) gleichzeitig gefördert werden:
  - Auditiv (Hören)
  - Taktil-kinästhetisch (Tast-, Spür- und Bewegungssinn)
  - Visuell (Sehen)
  - Synästhetisch (ein Sinnesreiz wie Hören wird mit anderen Sinnesreizen wie Farben sehen gekoppelt)

  Ergänzend:
  - Olfaktorisch (Riechen)
  - Gustatorisch (Schmecken).

In der Rhythmik ist die sensomotorische Umsetzung von Hören-Bewegen, Spüren/Tasten-Bewegen und Sehen-Bewegen von grundlegender Bedeutung.

Fortbewegungsarten

Die folgenden Fortbewegungsarten sind elementar in der Rhythmik: Schreiten, Gehen, Laufen, Hüpfen und Galoppieren.

Der Rhythmus der jeweiligen Fortbewegungsart wird über die verwendeten Reime und die Musik vermittelt. Eingesetzt werden die Fortbewegungsarten als Übergänge, spontane Bewegungsspiele und Spielform eines komplexeren Spiel- und Lernangebotes.

Es ist von Vorteil, wenn die Spielleitung selbst ein Instrument zu den Fortbewegungsarten spielen kann. Beim Einsatz von Tonträgern ist darauf zu achten, dass die Musik kindgerecht und für den Einsatz bei Fortbewegungsarten überhaupt geeignet ist.

Bei der **musikalischen Begleitung** von Fortbewegungsarten ist grundsätzlich zu beachten:

- **Tempo** – Kinder laufen, hüpfen und gehen schneller als Erwachsene. Schreiten der Kinder ist dem Gehen der Erwachsenen gleichzusetzen
- **Rhythmus** – Ein durchgehender Rhythmus in der jeweiligen Bewegungsart ist die Basis für eine gelungene Umsetzung von Hören und Bewegung. Bei der Musik sollte möglichst auf zu viele Verzierungen und Pausen verzichtet werden.

Kleine Kinder können nur langsam gehen oder schreiten, wenn sie die innere Vorstellung einer Rolle haben und z. B. Detektiv, Bär oder Indianer spielen. Galoppieren und Hüpfen sind in der Ausführung fast identisch. Der Galopp hat einen Auftakt, die Bewegung geht dadurch mehr in die Höhe. Das Hüpfen hat keinen Auftakt, und die Bewegung geht dadurch mehr in den Raum.

Abb. 18.20: Rhythmik auf einen Blick – Bewegung mit Material Tuch und Instrument Triangel.

Instrumentalspiel auf einfachen Instrumenten

Das Spiel auf einfachen Instrumenten hängt vom zu begleitenden Thema, von den dazu passenden Instrumenten und von der jeweiligen Spielform ab.

Das Instrumentalspiel kann eingesetzt werden:

- Zur harmonischen Begleitung eines Liedes
- Zur rhythmischen Begleitung eine Liedes oder Reimes
- Als Klanggeschichte, bei der charakteristische Geräusche, Klänge und Rhythmen umgesetzt werden
- Als Interaktionsform.

Die oben genannten Spielformen können sich vermischen.

Experimentierphasen mit Materialien und Instrumenten

Das Experimentieren mit Materialien ist schon den Babys ein Bedürfnis. Auch sie wollen durch den Klang und die Form die Beschaffenheit des Materials herausfinden und schauen, was alles damit anzufangen ist. Kreatives Gestalten und Aktionen mit Musik, Sprache, Bewegung und mit den ergänzenden Medien, Materialien und Instrumenten fördern die Kinder in ihrer Selbsttätigkeit. Das Interesse daran wird durch abwechslungsreiche Angebote in der Rhythmik gefördert. Diese bilden die Grundlagen für ein ganzheitliches und kindgerechtes Lernen. Auch die Vernetzung von Musikhören und Malen ist ein weiteres Beispiel dafür.

Übergänge

Übergänge zwischen zwei Methoden sind sensible Phasen im Gesamtkonzept eines Spiel- und Lernangebotes. Die

Spielleitung sollte nicht während des gesamten Rhythmikangebots Anweisungen wie die folgende geben: „Wir räumen auf. Legt die Trommeln in die Mitte" oder „Holt euch eine Bleischnur aus der Tüte", denn sie haben an sich schon Konfliktpotential. In der Regel werden Rangeleien die Folge sein, da manche Kinder dieses methodische Vakuum als eine versteckte Aufforderung ansehen, die Gruppe „aufzumischen". Sowohl für die Kinder als auch für die gesamte Atmosphäre ist es besser, wenn sinnvolle Übergänge den Spielverlauf unterstützen, statt ihn wie bei den obigen Beispielen angegeben zu untergraben.

Das bedeutet den Einsatz einfacher sensorischer Spiele:

- Die Kinder stehen mit geschlossenen Augen im Raum. Die Spielleitung tippt ein Kind an. Dieses öffnet die Augen und holt sich ein Instrument
- Die Kinder haben die Augen geschlossen. Ein vorher bestimmtes Kind tippt ein Kind an. Dieses öffnet die Augen und gibt ihm z. B. seine Klanghölzchen
- Die Kinder sitzen im Kreis. In der Mitte liegen die Instrumenten zur Liedbegleitung. Das erste Kind beginnt und singt seine Lieblingsstrophe des Liedes. Ist es fertig, darf es sich ein Instrument aus der Kreismitte herausholen.

Diese Spiele werden so lange wiederholt, bis jedes Kind an der Reihe war.

Ruhe- und Entspannungsphasen

Ohne Ruhe- und Entspannungsphasen würde ein wichtiger methodischer Gegenpol zu den vielen motorischen Phasen in einem rhythmischen Spiel- und Lernangebot fehlen. Dabei kann während der Ruhephase eine taktile Stimulation mit z. B. einem Tuch geschehen, oder die Spielleitung summt das Lied und legt währenddessen zu jedem ruhenden Kind ein Instrument. Auch kann eine Phantasiegeschichte, die während des Erzählens mit Geräuschen untermalt wird, die Kinder zur Entspannung führen.

Darstellendes Spiel

In der Rhythmik wird das darstellende Spiel als Rollenspiel in Liedern, Reimen und offenen Spielgestaltungen eingesetzt. Es ist in der Form des Rollenspiels für die Persönlichkeitsentwicklung des Kindes von großer Bedeutung. Darstellendes Spiel ist ein Übungsfeld, in dem der nonverbale und der verbale Ausdruck und das Sichhineinversetzen in die Rolle die geistige Entwicklung des Kindes sehr beeinflussen (Flitner 1998, S. 111 ff.). Das Kind lernt neue, wenn auch fiktive Situationen emotional mit entsprechenden Handlungen zu verarbeiten und zu verknüpfen.

Improvisation

Die Improvisation ist der Gegenpol zu imitatorischen und gestalterischen Spiel- und Lernangeboten in der Rhythmik, denn die Improvisation entsteht aus dem Augenblick und für diesen einen Moment. In der Rhythmik vollzieht sich bei der Improvisation ein Prozess des unmittelbaren Spielens, Tanzens, Singens, Musizierens und Ausführens musikalischer, bewegungsmäßiger und sprachlicher Vorstellungen und Ideen wie z. B. im Rollenspiel, Erfinden neuer Liedtexte oder dem Spiel auf Instrumenten.

Im Gegensatz dazu ist eine Gestaltung gekennzeichnet durch klare Strukturierung und Wiederholbarkeit und inhaltliche sowie formale Ausarbeitung, z. B. die Umsetzung eines Spielliedes in Bewegung mit Handgesten oder das Aufnehmen neuer Ideen in eine Gestaltung.

Im Rhythmikunterricht sind folgende Improvisationen möglich:

- Improvisierte Bewegung/Tanz zu Musik, Klängen, Geräuschen, Rhythmen
- Musikalische Improvisation zur Bewegung/Tanz, zu phänomenologischen Vorgängen, Fortbewegungsarten
- Interaktionsformen, die sich aus der Improvisation entwickeln
- Variieren einer vorgegebenen Form/Methode.

Der Tanz

Tanz ist ein komplexes Phänomen der menschlichen Ausdrucksweise und von kulturellen Vorstellungen und Umsetzungsformen geprägt. Die Frage, wann aus einer Bewegung Tanz entsteht oder aus Tanz reine Bewegung wird, wird sehr subjektiv empfunden. Eindeutig ist, dass Bewegung Tanz sein kann, Tanz jedoch immer Bewegung ist. Tanz entsteht aus der Freude an Bewegung zur Musik und der Darstellung eigener Befindlichkeiten durch einen persönlichen Selbstausdruck. Anthropologisch betrachtet sind Tänze Urformen der gemeinschaftlichen Bewegung.

Bei Tänzen in der frühen Kindheit wird häufiger von **Spielliedern** gesprochen. Diese beinhalten vielfältigere Spielformen, wie zum Beispiel Rollenspiele, bei denen während des Refrains im Kreis getanzt wird und ergänzend Handgesten dazu gemacht werden. Der Kreis des in der frühen Kindheit am meisten durchgeführten Rundtanzes gibt dem **Gemeinschaftsgefühl** Ausdruck.

Musik zur reinen Bewegung oder zum Tanzen ist in der Regel in der Instrumentalfassung zu hören. Die Bewegungen können vorgegeben sein, oder die Musik wird zur tänzerisch-improvisatorischen Bewegung eingesetzt. Im Falle eines Rhythmikangebotes werden die Fortbewegungsarten musikalisch begleitet.

In der frühen Kindheit soll allen Kindern Freude an der musikalischen Bewegung vermittelt und erhalten werden. Bei Tanzangeboten für eine Kindergruppe ist es unter pädagogischen Gesichtspunkten günstiger, den charakteristischen Ausdruck der Musik durch entsprechende Bewegungen zu verdeutlichen und dies mit einfachen Verkleidungen zu unterstreichen, als Tanzschritte exakt einzuüben. Dadurch können sich **alle Kinder** mit ihren jeweiligen Fähigkeiten beteiligen. Zudem werden der Selbstausdruck, die Kreativität und die Persönlichkeit gestärkt.

Klanggeschichten

Klanggeschichten stellen eine beliebte Methode zur musikalischen Betätigung dar. **Verklanglichungen** können sowohl zu Geschichten, Gedichten, Reimen, Versen und Liedern gestaltet werden. Die musikalischen Umsetzungsformen sind unterschiedlich.

- **Phänomenologische Vorgänge** verklanglichen bedeutet, dass mit den Kindern Klänge und Geräusche aus einem Instrumentenpool ausgesucht werden, die zum Beispiel dem Rauschen der Blätter, dem Regen, dem Wind, dem Knarren der Tür besonders authentisch entsprechen.
- **Wiederkehrende Sprach- oder Liedrhythmen** z. B. zum Refrain können mit Instrumenten begleitet werden.
  - *Bewegungsformen* – Das Schweben der Gespenster kann durch sanftes Streichen auf der Trommel verklanglicht werden. Das Stampfen eines Riesen kann durch das Stampfen mit den eigenen Beinen auf den Boden oder auf die Trommel verklanglicht werden
  - *Musikalische Motive* – Ein Kuckucksruf ist ein musikalisches Motiv (kleine Terz), das an einer entsprechenden Stelle stimmlich oder mit einem Flötenkopf zu hören sein kann.

Als Praxisprojekt für die Kindergruppe hat sich das Erfinden einer eigenen Geschichte bewährt, die die Kinder mit den verschiedenen oben beschriebenen Methoden kreativ umsetzen.

Abb. 18.21: Klanggeschichte.

[BEISPIEL] Rhythmisches Praxisbeispiel

Die Erzieherin bietet den Kindern das Rhythmikangebot „Windspiel“ an. Das Spiel kann mehrmals mit anderer Rollen- und Instrumentenverteilung gespielt werden.

Die Kinder sitzen im Kreis. Die Erzieherin oder Spielleitung spricht und spielt auf den folgenden Instrumenten:
- Rassel
- Säckchen mit selbst gesammeltem Laub
- Rührtrommel
- Große Trommel oder *Spring-Drum (Gewittertrommel)* (→ Kap. 18.5.3)
- *Ocean-Drum* (→ Kap. 18.5.3).

Einige Tücher liegen ebenfalls bereit. Tücher, Rasseln und Laubsäckchen werden dann so im Raum abgelegt, dass sie während des Spieles schnell zu greifen sind. Die Erzieherin spricht:

Wir suchen jemanden im Garten.
Den siehst du nicht, den spürst du nur,
ist unsichtbar, hat keine Spur.
Es ist der Wind –
das himmlische Kind.
Komm mit mir in den Garten.
Alle stehen auf und gehen in den Raum

Wir wollen auf ihn warten.
Schau, die Bäume rings umher ...
Die Kinder stellen sich als Bäume hin

... der Wind streicht durch das Blättermeer.
Erzieherin oder zwei Kinder streichen mit Tüchern als Wind durch die Äste, die Arme der Kinder

Spitze deine Ohren gut, wie der Wind jetzt rascheln tut.
Sch-sch-schschsch.
Einige Kinder spielen mit Rasseln oder rascheln mit Laub

Mit den Blättern spielt der Wind,
Alle Kinder sind Blätter im Wind

sie drehen sich nun ganz geschwind.
Die Kinder tanzen wild im Kreis und drehen sich dabei

Hui- hui- huiiii!
Die Kinder kreisen rasch ihre Unterarme umeinander

Wir legen uns jetzt untern Baum.
Alle legen sich hin, und die Erzieherin streicht mit einem Seidentuch über jedes Kind

Den zarten Wind, den spürst du kaum.
Das ist der Streichelwind,
Sie kitzelt jedes Kind

der kitzelt gerne jedes Kind.
Doch dunkle Wolken ziehen auf,
Die Erzieherin spielt mit Rührtrommel und großer Trommel

und der Sturm nimmt seinen Lauf.
Ich renne schnell zurück ins Haus,
Alle laufen in den Sitzkreis

schaue aus dem Fenster raus.
Alle schauen aus dem pantomimisch dargestellten Fenster.
Die Kinder nehmen rasch die im Sitzkreis liegenden Instrumente in die Hand

An Fensterläden klappert er ...
Die Kinder spielen mit Klanghölzchen

... und wirbelt Blätter vor sich her.
Mit Rührtrommeln und Rasseln spielen

Der Regen peitscht gegen die Wand ...
Die Erzieherin oder ein Kind spielt kräftig mit der Ocean-Drum

... der Sturmwind tobt über das Land.
Wir suchten jemanden im Garten.
Alle hören auf, auf den Instrumenten zu spielen

Den siehst du nicht, den hörst du nur.
Ist unsichtbar, hat keine Spur.
Es ist der Wind –
das himmlische Kind.

Hirler, S.: Wie tanzt der Mond? Rhythmikprojekte zum Spielen und zur integrativen Förderung. Braunschweig: Westermann Verlag/Schubi Lernmedien 2010

Fink-Klein: Komm mit ins Klangspielhaus: Musik- und Rhythmikspiele für Kinder von 3–7 Jahren. Freiburg: Herder 2012

Peter, S.: Rhythmik kinderleicht: 33 Modelle zum Singen, Bewegen, Musizieren. Mainz: Schott 2011

Danuser-Zogg, Elisabeth: Musik und Bewegung/Rhythmik. Struktur und Dynamik der Unterrichtsgestaltung. St. Augustin: Academia Verlag 2002

Frohne, Isabell: Das Rhythmische Prinzip. Grundlagen, Formen und Realisationsbeispiele in Therapie und Pädagogik. Lilienthal: Eres 1981

Große-Jäger, Hermann: Tanzen in der Grundschule. Lehrbuch und Audio-CD. Boppard am Rhein: Fidula 1995

Höfele, Hartmut E., Steffe, Susanne: Kindertänze aus aller Welt. Münster: Ökotopia 2004

Modrow-Artus, Agnes und Hans-Gerd:Bewegung, Rhythmik und Tanz. Troisdorf: Bildungsverlag Eins 2009

Mohr, Andreas: Lieder, Spiel, Kanons – Stimmbildung in Kindergarten und Grundschule. Mainz: Schott 2008

Scheer, Bettina, Gulden, Elke: Kinder spielen mit Orff-Instrumenten. München: Don Bosco 2007

Scheer, Bettina: Kli-Kla-Klanggeschichten. München: Don Bosco 2005

Stolze-Zilm, Christel: Womit tanz ich heute? Attraktive Auftrittstänze mit Requisiten für Kinder und Erwachsene. Boppard am Rhein: Fidula 2007

Theilen, Ulrike: Mach Musik! Rhythmische und musikalische Angebote für Menschen mit schweren Behinderungen. München: Reinhardt 2004

Vogel, Corinna: Tanz in der Grundschule. Augsburg: Wißner 2004. Forum Musikpädagogik, Band 62.

Hirler, Sabine: Kinder brauchen Musik, Spiel und Tanz. Münster: Ökotopia 1998

Abb. 18.22: Der Einsatz eines Anfangsklanges ist eine gute Möglichkeit, eine Rhythmikstunde zu beginnen.

Der Aufbau einer Rhythmikstunde

Die im Rhythmikunterricht entwickelten Fähigkeiten ermöglichen es den Kindern diese durch interaktive Prozesse in ihre Persönlichkeit zu integrieren. Dies können beispielsweise Fortschritte in Sozialverhalten, Konzentrationsfähigkeit, Motorik, Fantasie, Kreativität und Sprachentwicklung sein.

Auch in der Rhythmik gibt es die wichtige pädagogische Grundeinstellung, dass die Kinder von dort abgeholt werden, wo sie stehen. Das heißt in der Praxis, dass die Kinder nicht bedrängt werden, etwas »richtig« zu machen. Es wird die persönliche und spontane Umsetzung des Spieles oder der Aufgabe akzeptiert. Die pädagogische Fachkraft hilft dadurch dem Kind, seine persönliche Kreativität und Fantasie in musikalischen und motorischen Ausdrucksformen hör- und sichtbar zu machen. So wird in hohem Maße das natürliche Lernverhalten der Kinder, ihre Persönlichkeitsbildung und die Stärkung ihres Selbstvertrauens unterstützt, und stressfreies Lernen ist möglich.

Jedoch steht bei aller „Freiheit" im Rhythmikunterricht außer Frage, dass sich die Pädagogin mit den Kindern innerhalb eines festen Rahmens bewegt. Dieser Rahmen wird nicht nur durch das thematische Aufgabenangebot gesteckt, sondern auch durch die gemeinsame Vereinbarung zu Verhaltensformen.

Ein Rhythmikangebot oder Rhythmikprojekt gliedert sich in drei Unterrichtsphasen:

- 1. Begrüßung und Einstimmungsspiel
- 2. Rhythmische Spielformen zum Thema (Aufzählung der Spielformen)
  - Lieder, Verse und Reime mit grob- und feinmotorischen Bewegungsangeboten
  - Sensomotorische Wahrnehmungsspiele
  - Bewegungsspiele und Fortbewegungsarten
  - Instrumentalspiel auf einfachen Instrumenten
  - Experimentierphase und kreatives Gestalten mit Materialien und Instrumenten
  - Übergänge
  - Ruhephasen
  - Darstellendes Spiel als Rollenspiele in Liedern und Reimen
- 3. Stundenausklang.

[BEISPIEL] Exemplarisches Rhythmikangebot zum Thema Meer

Alters- und Gruppenstruktur: 3 1/2 bis 5 1/2 Jahre
Instrumente: Ocean-Drum, Rain-Maker, Trommeln, Spring-Drum/ Gewittertrommel, (Block)Flötenköpfe, Rasseln
Materialien: Bilderbuch zum Thema Meer und Meerestiere, Chiffontücher, Tücher aller Art

Begrüßung und Einstimmung
Handpuppe und Begrüßungslied, Anfangsklang mit Klangschale

Rhythmische Spielformen zum Thema

Auditives Wahrnehmungsspiel: Klangrätsel mit Ocean-Drum („Nach was klingt das Instrument?")

Sprachlicher Übergang und Impulsgespräch zum Thema Meer (Wer war schon mal am Meer?) Zur Unterstützung kann ein Bilderbuch über das Meer und die Meerestiere angeschaut werden

Bewegungsspiel mit Fortbewegungsarten: Die Busfahrt zum Meer
Die Kinder stellen sich zu zweit hintereinander auf. Die Erzieherin ist der Busfahrer. Gemeinsam bewegt sich der „Bus" in Richtung Meer. Dabei fährt er langsam, schnell, steht im Stau, muss rasch ausweichen, fährt den Berg hinauf und hinunter. Die Erzieherin leitet die Bewegungen gleichzeitig verbal an. „Und nun festhalten! Lauter Schlaglöcher!" usw. Zum Schluss steigen die Kinder aus dem Bus und stapfen zum Meer

Lied „Am Meer" (→ Abb. 18.23)
(1. Strophe) Ja, am Meer da ist es schön. Hier will ich spazieren gehn.
Die Kinder gehen im Raum umher
Guten Tag, guten Tag, guten Tag.
Die Kinder begrüßen einander.
(2. Strophe) Ja, am Meer da ist es schön. Alle Winde kräftig wehen, kräftig wehen, kräftig wehen, kräftig wehen.
Die Kinder laufen durch den Raum und bewegen ihre Arme als Wind dazu.
(3. Strophe) Ja, was sehe ich denn hier? Was ist das denn für ein Tier? Für ein Tier – für ein Tier – für ein Tier?
Die Kinder bleiben stehen. Ein Kind stellt pantomimisch ein Meerestier dar und die anderen raten (Mehrmals wiederholen)

Sensorisches Bewegungsspiel und **Ruhephase:** Im Wasser
Die Erzieherin lässt die Kinder im Meer (so viele Chiffontücher und Tücher aller Art wie möglich) „tauchen". Die Kinder legen sich schließlich hin und die pädagogische Fachkraft spielt über den Köpfen der Kinder mit der Ocean-Drum

Experimentierphase: Wie klingt das Meer?
Die Kinder wachen auf, da sie von interessanten Klängen angelockt werden, die die Erzieherin am „Strand" (Sitzkreis) auspackt. Die Kinder experimentieren mit verschiedenen Instrumenten (Ocean-Drum, Rain-maker, Trommeln, Spring-Drum/ Gewittertrommel, Flötenköpfe, Rasseln) und besprechen, welche Instrumente zu welchen Ereignissen wie Sturm, Gewitter, Regen oder Tieren passen

Sensomotorisches Wahrnehmungsspiel: Am Meer
Die Rollen werden verteilt und drei Kinder stellen sich am Rand des Raumes mit drei ausgesuchten Instrumenten auf. Die anderen Kinder reagieren mit entsprechenden Bewegungen auf die Klänge und Geräusche der Instrumentalisten. Die Erzieherin oder ein Kind gibt den Instrumentalisten durch Antippen oder über den Rücken streichen die Spieleinsätze für z. B.:
- Ocean-Drum: Die Kinder laufen mit sanften Armbewegungen durch den Raum
- Gewittertrommel: Alle Kinder treffen sich in der Mitte und bewegen rasch ihre Arme von oben nach unten
- Alter Flötenkopf: Die Kinder bewegen sich zum Fiepen der Delfine als Delfine durch den Raum.

Stundenausklang
Verabschiedung mit Handpuppe Delfin und singen des Abschiedsliedes
Abschlussklang auf der Klangschale.

18.5.3 Malen nach Musik

Schon die alten Griechen wussten von der Wirkung von Musik. Musik wirkt in besonderem Maße auf die Stimmung von Menschen. Aus diesem Grund ist das Malen nach Musik ein interessantes interdisziplinäres Angebot. Es gibt verschiedene methodisch-didaktische Ansätze.

Malen zur Entspannung

Die Kinder malen ein beliebiges Thema und werden durch Musik in ihrem kreativen Prozess unterstützt. Freies Assoziieren ist das didaktische Wirkungsfeld. Musikbeispiel: L'Aquarium aus „Karneval der Tiere" (Camille Saint-Saëns).

Abb. 18.23: Am Meer (Sabine Hirler).

Bei der gemeinsamen Interpretation von frei gemalten Bildern zur Musik ist Vorsicht angeraten. Sie sollte auf jeden Fall und aus pädagogischen Gründen wertfrei und wertschätzend geschehen.

Malen nach Programmmusik und graphische Notation von Motiven

Programmmusik stellt ein Thema in den Mittelpunkt, welches der Komponist mit den Mitteln der Musik ausdrückt. Ein schönes Beispiel dafür ist „Die Moldau" von Friedrich Smetana. Die Moldau eignet sich für ein Musikprojekt sehr gut.

Im Vorfeld kann der Weg der Moldau mit den Kindern besprochen werden. Es können Fotos von Städten an der Moldau betrachtet werden. Im Anschluss wird die Musik vorgespielt und die Kinder malen, was ihnen besonders gut gefallen hat. Das Stück dauert ungefähr neun Minuten.

[BEISPIEL] **Umsetzungsbeispiel zur Programmmusik:**

- Die Erzieherin erzählt den Inhalt der Musik
- Erstes Hören
- Gespräch über das Gehörte
- Malen zur Musik
- Gemeinsames Betrachten der Bilder und sich dazu äußern
- Nochmaliges Hören und gleichzeitig Betrachten der gemalten Bilder.

Es gibt Musiken, die sich durch ihre musikalische Ausdruckskraft zur gleichzeitigen **graphischen Notation** eignen. Musik, die Tiere darstellt wie „Peter und der Wolf" und Klassik für Kinder eignen sich hier sehr gut als musikalische Motive. Die Umsetzung von Gehörtem in eine bildhafte Darstellung ist das didaktische Wirkungsfeld.

[BEISPIEL] **Umsetzungsbeispiel zur graphischen Notation** – Der Schlittschuh-Walzer von E. Waldteufel: Die Beinbewegungen vom Schlittschuhfahren werden auf die Arme übertragen, die diese Bewegung mit jeweils einem Malstift in der Hand auf ein großes Blatt Papier übertragen. Die Musik ist passenderweise im Dreivierteltakt verfasst worden.

Kuhlmann, Dagmar: Malen nach Musik – Musik nach Bildern. Donauwörth: Auer 2006

Abb. 18.24: Durch eine Auswahl verschiedener Instrumente kann ein Rhythmikangebot immer variiert werden.

18.6 Beispiel für den pädagogischen Prozess

Leon, der im Mittelpunkt des nachfolgend beschriebenen pädagogischen Prozesses steht, benötigt im sozialen und sensorischen Bereich Impulse zur altergemäßen Entwicklung. Sensorische Entwicklungsverzögerungen, seien sie organisch oder auch durch zu geringe Förderung in der frühesten Kindheit entstanden, werden oftmals vom Kind durch verhaltensauffällige Interaktion und Kommunikation kompensiert (z. B. Vermeidungsverhalten).

Musik und Rhythmik fördern die emotionale und soziale Kompetenz. Die Faszination für Musik und Gesang, für Instrumente und Materialien weckt die intrinsische Motivation (→ Kap. 10.2.5) des Kindes und ergänzt therapeutischen Interventionen. Sensorische Wahrnehmungsangebote fördern das Zusammenspiel der Nah- und Fernsinne.

18.6.1 Situationsanalyse

Leon ist 5,3 Jahre alt und hat seit kurzem eine kleine Schwester. Seine Eltern sind verheiratet und leben in einem Haushalt. Seine Mutter versorgt Leon, seine Schwester und einige Haustiere. Leon ist ein Wunschkind. Seine Mutter projiziert viele ihrer Wünsche auf ihn und stellt viele Regeln auf. Ungünstig für Leons Entwicklung ist, dass sie ihn mit seinen Fähigkeiten überschätzt und ihn über andere Kinder stellt. Der Vater ist beruflich bedingt die ganze Woche abwesend und kann sich zeitlich geringfügig an der Erziehung der Kinder beteiligen. Leons Verhalten war schon vor der Geburt seiner Schwester schwierig. Auch nach dem Legen von Ohrenröhrchen hat sich seine Aufmerksamkeit nicht grundlegend verbessert.

Leon kann sich nur phasenweise in das Gruppengeschehen einordnen. Er versucht manchmal eigene kleine Spielideen umzusetzen und bemerkt oftmals nicht, was die Erzieherin oder die Kinder sprechen und spielen. Was von der Mutter als „Hochbegabung" („Ihm ist langweilig…") angesehen wird, kristallisiert sich jedoch als Konzentrationsschwäche heraus, da er die Ideen nur fragmentarisch und als Selbststimulierung einsetzt und sich begrenzt auf ein Spielangebot einlassen kann.

Oft fühlt sich Leon von der Gruppe ausgegrenzt. Die anderen Kinder meiden Leon, weil ein von Leon auserkorenes Kind nur mit ihm spielen und mit keinem anderen Kind Kontakt aufnehmen darf. Seine Frustrationstoleranz ist sehr niedrig, und Leon versucht durch Beine stellen und Zwicken die Aufmerksamkeit der anderen Kinder zu erregen. Die Gruppe reagiert darauf negativ, und die Erzieherin muss darauf achten, dass Leon nicht immer zum „Sündenbock" erklärt wird, auch wenn er nicht der Schuldige ist.

Merkt Leon, dass er etwas nicht sofort oder so gut wie andere kann, fällt er in kleinkindhafte Verhaltensweisen zurück und schmollt. Die Mutter sagt zu diesem Verhalten, dass er einen Dickkopf hat.

Kommt er zum Beispiel während eines Spieles an die Reihe, etwas zu entscheiden oder vorzumachen, so zieht er sich in der Regel schmollend zurück. Es kann sogar sein, dass er während der Restzeit des Angebotes in einer Ecke sitzen bleibt und zuschaut. Auch nach mehrmaliger Aufforderung möchte er nicht mehr mitmachen.

Farben kann Leon nicht sicher benennen. Dies zeigt, dass er sich nicht nur sozial, sondern auch kognitiv nicht altersgemäß entwickelt hat.

Leon kann nacherzählen, besitzt jedoch kein großes Interesse, sich in der Gruppe sprachlich zu äußern oder anderen zuzuhören. Er handelt oder bewegt sich lieber. Dadurch kommt es mit den anderen Kindern zu Konflikten, da er sie oft überraschend heftig berührt und ungefragt Spielmaterial wegnimmt. Da er den Konsonanten „K" nicht artikulieren kann, ist seine phonetische Bewusstheit zu wenig entwickelt. Durch die Sprachauffälligkeiten und den unkontrollierten Einsatz seiner Körperkraft müsste diagnostisch abgeklärt werden, ob die sensorische Integration altergemäß entwickelt ist, was wiederum Auswirkungen auf die Entwicklung der phonologischen und phonetischen Bewusstheit hat.

18.6.2 Erfassen von Ressourcen

Leon ist ein motorisch aktives Kind, und bewegt sich sehr gerne zur Musik im Raum. Lieder und Reime faszinieren ihn. Er singt und spricht meistens nicht mit, hört aber wenigstens zu Beginn gebannt zu. Instrumente und Materialien erzeugen ihn ihm eine große Lust zu experimentieren und zu improvisieren, auch wenn es ihm letztendlich nicht gelingt, sich musikalisch in die Gesamtgruppe einzuordnen (er spielt oft, wann er will). Material wird bevorzugt in der großen Bewegung genutzt, z. B. wirft und fängt er das Seil lieber, als es als Schneckenform auf den Boden zu legen.

Abb. 18.25: Bewegungsspiele sind nicht nur gut zum „Austoben", sie fördern auch soziale Kompetenz und Gemeinschaftsgefühl.

18.6.3 Festlegen von Zielen

Leon sollte bis zu Einschulung in verschiedenen Bereichen gefördert werden, damit er einen guten Schulstart erleben kann:

- Intrapersonale Kompetenzen (Rückkopplung und Reflexion eigener Gefühle und Wahrnehmungen und Gedanken), wie zum Beispiel eine altersentsprechende Frustrationstoleranz und ein geringerer regressiver Rückzug in frühkindliche Verhaltensweisen
- Interpersonale Kompetenzen, wie zum Beispiel abwarten können, andere nicht stören und körperlich drangsalieren und sich besser in die Gruppe zu integrieren.
- Selbstbewusstsein stärken durch Rollenspiele, alleine etwas vorsingen, bewegen etc.
- Selbsttätigkeit, Kreativität und Fantasie durch Experimentieren und Improvisieren mit Materialien, Instrumenten, Bewegung und Sprache fördern
- Körperwahrnehmung und Bewegungssinn (taktil-kinästhetische Wahrnehmung) zur Förderung der sensorischen Integration (Förderung des Zusammenspiels der Nah- und Fernsinne)
- Förderung der Konzentration und Hördifferenzierung (phonologische Bewusstheit)
- Sensorische Integration wird durch sensomotorische Wahrnehmungsspiele gefördert.

18.6.4 Planung und Durchführung von Maßnahmen und Angeboten

Auf Leons Fähigkeiten und Interessen aufbauend soll ein für ihn ansprechendes Rhythmikangebot seine Frustrationstoleranz und seine sozialen Kompetenzen, seine sensomotorische Wahrnehmung und die Feinmotorik fördern. Ein wöchentliches Gruppenangebot über einen Zeitraum von zwei Monaten wird geplant, bei dem Leon teilnehmen wird. Dabei können sich die Inhalte durch beliebige Wiederholungen der Spielformen festigen und Leon erhält die Gelegenheit, durch die Angebote und ihren Varianten zu wachsen und sie zu vertiefen. Leon bekommt die Gelegenheit sich durch das Spielen „freizuschwimmen", alte Verhaltensmuster zu verlassen, das Zusammenspiel seiner Sinne weiterzuentwickeln und soziale Kompetenz zu entwickeln.

Das Rhythmikprojekt heißt „Der Musik-Ballon" und die Kinder „fliegen" mit einem Spielzeug-Heißluftballon in verschiedene Länder der Erde. Sie lernen dort Kinder, Natur, Tiere, Lieder, Instrumente, Nahrungsmittel kennen und manch spannende Abenteuer zu bestehen.

18.6.5 Auswertung

Durch die Vielzahl an Liedern und sowie musikalischen Gruppen- und Partnerspielen und auch die Begeisterung der anderen Kinder wurden Leons „Schmollattacken" mit der Zeit weniger, da er nichts vom Rhythmikangebot verpassen wollte. Auch die Bitten, er möge bitte keine anderen Kinder stoßen, wurde von Woche zu Woche immer mehr von ihm akzeptiert. Die anderen Kinder begannen daraufhin, Leon immer mehr anzunehmen. Diese Wechselwirkung ermöglichte es ihm, sich noch besser in die Gruppe zu integrieren. Leons körperlichen Attacken auf andere ließen auch insgesamt immer mehr nach, so dass sich die Kinder jetzt auch im Stuhlkreis freiwillig neben ihn setzen. So erwarb Leon noch mehr Selbstbewusstsein, z. B. schaffte er es jetzt bei Spielliedern einen kleinen Liedabschnitt alleine vorzusingen.

Seine sprachlichen und motorischen Fähigkeiten haben sich etwas verbessert, benötigen jedoch noch mehr Förderung von den Erzieherinnen und von fachlicher Seite (Ergotherapie, Logopädie) sowie weiterführende Angebote.

Das intensive Erleben und die hohe Konzentration auf rhythmische Prozesse hinterlassen bei Leon deutlich Spuren in der Wahrnehmung und Erinnerung. Durch Wiederholungen und Varianten des schon bekannten lernt Leon zu variieren, und daraus erwächst die Fähigkeit zur eigenständigen Wiederholung. Seine Kreativität wird parallel mit kognitiven Fähigkeiten (z. B. kombinieren, erinnern, serielles Denkvermögen, Sprachkompetenz) gefördert. Selbstbestätigung durch Selbsttätigkeit fördert sein Selbstbewusstsein, und Leon kann besser auf andere Kinder zugehen und sich in die Gruppe integrieren.

Natur und Umwelt

Daniela Braun, Katy Dieckerhoff

Als Lebewesen gehört der Mensch zur Natur. Im Einklang mit der Natur zu leben, ist dem Menschen aber nur noch selten möglich. Als biopsychosoziales Wesen lebt er nicht mehr nur in Einklang mit der Natur, sondern hat in die Natur selbst eingegriffen und sie verändert. Ursprünglich hat er sich in die natürlichen Lebensläufe eingefügt, mittlerweile jedoch hat der Mensch sich sogar teilweise der Natur entfremdet. *Umweltbewusstsein* (→ Kap. 2.1.1) und *Umweltbildung* (→ Kap. 2.1.3) sind existenziell für das Weiterbestehen der Natur, für den Menschen und die ihn umgebende Umwelt.

Mit **Umweltbewusstsein** ist die Einsicht eines Menschen in die Tatsache beschrieben, dass die natürliche Umwelt – und damit die Lebensgrundlage der Menschen – durch Eingriffe durch die Menschen selbst gefährdet wird. Die **Natur- und Umweltbildung** will diese Einsicht ermöglichen und neue Verhaltensoptionen provozieren, die den ressourcenschonenden, respektvollen Umgang mit Natur und Umwelt berücksichtigen und die Kenntnisse über Natur erweitern.

Von einem wissenschaftlichen Begriff, der *Ökologie,* leitete sich in 70er Jahren eine ganze Bewegung ab, die zu vielfältigen gesellschaftlichen Erneuerungsprozessen und Umbrüchen geführt hat.

► **Ökologie** *(von griech. oikos: „Haus, Haushalt" und griech. logos: „Lehre")*
bezeichnet in ihrer traditionellen Definition („Lehre vom Haushalt") eine wissenschaftliche Teildisziplin der Biologie, die sich der wissenschaftlichen Erforschung der Wechselbeziehungen zwischen Organismen untereinander und mit ihrer Umwelt widmet.

Angestoßen wurde die Ökologiebewegung durch den vom „Club of Rome" 1972 veröffentlichten Bericht über die „Grenzen des Wachstums" (The Limits to Growth), der von dem amerikanischen Systemanalytiker Dennis Meadows zusammengestellt worden war. Mit dieser Studie wurden erstmals verschiedene Szenarien einer Prognose für die zukünftige Weiterentwicklung der Welt erstellt. Sofern nicht ressourcenschonende, globale Veränderungen des Umgangs mit Natur und Umwelt erfolgten würden, wurden die Grenzen des Wachstums aufgezeigt. Der Gedanke der *Nachhaltigkeit* hat sich auf der Basis jener Überlegungen entwickelt.

► **Nachhaltigkeit**
Die Auffassung, dass nachwachsende natürliche Rohstoffe und Ressourcen nur in jenem Maß verbraucht werden dürfen, wie sie die Chance haben, sich wieder selbst zu generieren und der Bestand erhalten bleibt.

Umweltbildung vermittelt einen verantwortungsbewussten Umgang mit der Umwelt und den natürlichen Ressourcen. Natur- und Umweltbildung ist eine **Bildungsaufgabe,** die sich nicht nur naturwissenschaftlichen, sondern auch pädagogischen, psychologischen, sozialen und auch politischen Fragestellungen widmet und sie miteinander verknüpft. Umweltbildung nimmt einen zentralen Platz in der aktuellen Debatte um Bildung ein, denn unter dem Aspekt der ökologischen Herausforderungen, vor denen der Mensch steht, hat Umweltbildung den **nachhaltigen Umgang mit Natur** zum Ziel.

Verschiedene Ansätze markieren den Weg zum *aktuellen Verständnis von Natur- und Umweltbildung* (→ Kap. 19.1.3). Konsens besteht über die Auffassung, dass Natur- und Umweltbildung bereits im frühen Kindesalter beginnen kann. Kinder sind mit ihrer Neugier und Freude an der Natur offen dafür, die Zusammenhänge allen Lebens erkunden und begreifen zu wollen. Sie können durch Erfahrungen mit und in der Natur den respektvollen und wertschätzenden Umgang mit Natur und Umwelt früh erwerben.

Natur- und Umweltbildung umfasst ganzheitliche Bildung und ganzheitliches Lernen mit Körper, Seele und Geist. Kinder wachsen auf diese Weise in eine soziale und globale Verantwortung hinein. Umweltgerechtes Handeln will gelernt sein. Der **Bildungsbereich Natur und Umwelt** bietet Raum, mittels verschiedener didaktischer und methodischer Konzepte entsprechende Bildungsprozesse bei Kindern und Jugendlichen anzuregen.

In den folgenden Kapiteln folgt der Diskurs um die Natur- und Umweltbildung dem Werdegang des wissenschaftlichen Diskurses über allgemeine Bildung. Im ersten Kapitel wird der Weg von den ersten Gedanken zu *Umweltschutz* und dem Erstarken eines *Umweltbewusstseins* (→ Kap. 19.1.1) hin zur *modernen Umweltbildung* (→ Kap. 19.1.3) nachgezeichnet und beschrieben. Wie die Umweltbildung die *ganzheitliche Persönlichkeitsentwicklung des Kindes unterstützt* (→ Kap. 19.2.1), wie *Selbstwirksamkeit* (→ Kap. 19.2.4) und *Werthaltungen* (→ Kap. 19.2.5) entwickelt werden können, wird im Folgenden beschrieben. Erzieherinnen können Neugierverhalten und natürliche Interessen des Kindes auch der Natur gegenüber unterstützend begleiten (→ Kap. 19.3) sowie mit einer naturnahen *Lernumgebung* (→ Kap. 19.4) dazu beitragen, dass sich diese entfalten.

19.1 Theoretische Grundlagen

Was ist Umweltbildung und was ist ihre Aufgabe? Um sich dem Begriff zu nähern, werden in diesem Kapitel diese Felder besprochen:

- Umweltschutz
- Naturentfremdung
- Umweltbildung.

19.1.1 Umweltschutz

Umweltrisiken wie der globale Klimawandel, die Endlichkeit nicht erneuerbarer Ressourcen und der Rückgang der biologischen Vielfalt (Biodiversität) stellen eine bedeutsame Herausforderung für die zukünftige Entwicklung dar. Es besteht Konsenz darüber, dass dieser Herausforderung nicht ausschließlich durch technische und politische Lösungen begegnet werden kann. „Vor diesem Kontext wird es als allgemeine Aufgabe von Umweltbildung gesehen, die Resonanzfähigkeit ökologischer Themen in der Gesellschaft zu erhöhen und die Voraussetzungen für verschiedene Formen umweltbewussten Handelns zu schaffen." (Gräsel 2005, S. 675)

Umweltbewusstsein

Umweltbewusstsein ist die Einsicht des Menschen in die Notwendigkeit des Umweltschutzes. Begrifflich wird Umweltbewusstsein differenzierter betrachtet: Nach de Haan/ Kuckartz (1996) lassen sich drei verschiedene Komponenten des Umweltbewusstseins unterscheiden:

- **Umweltwissen** beschreibt den Kenntnis- und Informationsstand einer Person über Umwelt und Natur, über Trends und Entwicklungen in ökologischen Aufmerksamkeitsfeldern (umweltbezogenes Wissen)
- Unter **Umwelteinstellungen** werden neben Einstellungen zu Fragen des Umweltschutzes im engeren Sinne auch Ängste, Empörung, Zorn und Betroffenheit sowie persönliche Grundorientierungen und auf die Umwelt bezogene Werthaltungen verstanden (umweltbezogene Einstellungen)
- Mit **Umweltverhalten** wird das individuelle Verhalten in relevanten Alltagssituationen bezeichnet (umweltbezogenes Handeln).

Umweltbewusstsein beinhaltet somit die **kognitive Komponente** des Sachwissens um Naturphänomene, die **affektive Komponente** der emotionellen Einstellung zur Umwelt und die **aktionale Komponente** des adäquaten Verhaltens in der Natur und Umwelt.

In der Regel umfasst der wissenschaftliche Begriff alle genannten Komponenten, während in der politischen Diskussion häufig lediglich eine Unterscheidung von Umweltbewusstsein und Umweltverhalten vorgenommen wird. Es wird hier also zwischen Wissen und Einstellungen einerseits und dem tatsächlichen Umwelthandeln andererseits unterschieden. Dies begründet sich sicherlich auch in der Diskrepanz, dass zwischen Umwelteinstellungen und Umweltwissen einerseits und Umweltverhalten andererseits nur mäßig positive Korrelationen bestehen (De Haan / Kuckartz 1996): Wissen und Tun klaffen auseinander.

Abb. 19.1: Umweltbewusstsein ist die Einsicht in die Notwendigkeit des Umweltschutzes.

19.1.2 Naturentfremdung

Erfahrungsdefizite im mathematischen, naturwissenschaftlichen und technischen Bereich *→ Kap. 16.2.2*

Die Naturentfremdung des Menschen gilt als wesentlicher Störfaktor nachhaltiger Entwicklung, blockiert sie doch eine positive Einstellung gegenüber dem Nachhaltigkeitsgedanken und naturverträglichen Handeln.

Naturentfremdung ist eine „Distanz zur Natur, die zu relevanten Fehleinschätzungen oder Fehlhandlungen im Umgang mit der äußeren oder der eigenen Natur bei der Sicherung der menschlichen Überlebensfähigkeit führt" (Brämer 2003, S. 12). Eine Naturentfremdung hat vor allem auch damit zu tun, dass Erfahrungs- und Wissensdefizite gegenüber den biologischen Grundlagen bestehen. Dieses blockiert das Nachhaltigkeitsverständnis.

Studien wie der Jugendreport 2003 und 2006 belegen eine steigende Naturentfremdung bei Kindern und Jugendlichen: „Die Distanz zwischen der alltäglichen Lebenswelt und ihrem natürlichen Fundament wird immer größer. Jungen Menschen gerät ihre natürliche Existenzgrundlage immer mehr aus dem Blickfeld. Was übrig bleibt, ist ein widersprüchliches Patchwork aus Naturverklärung, Naturkulisse und gedankenlosem Naturverbrauch" (Brämer 2003, S. 22).

Verlorener Naturkontakt

Viele Kinder und Jugendliche machen heute im Alltag kaum noch Erfahrungen mit der Natur. Naturkontakte verschwinden aus dem Alltag von Kindern, wenn sie vor allem in der Stadt aufwachsen.

Diese Erfahrungsdefizite begründen sich im sozialen und ökonomischen Wandel, dem unsere Gesellschaft unterliegt. Dieser Wandel hat einschneidende Veränderungen zur Folge – sowohl in der Umwelt, der Gesellschaft und Arbeitswelt als auch in der Art und Weise des Aufwachsens, in der Familie und in den biografischen Mustern der Lebensführung. Dies hat verschiedene Auswirkungen, die letztlich dazu beitragen, dass die kindlichen Möglichkeiten alltäglicher Naturbegegnungen im Naturraum begrenzt sind und so der Bezug zur Natur zunehmend verloren geht.

Folgende Tendenzen lassen sich in Anlehnung an den Soziologen Baldo Blinkert (1993, 1997) als ursächlich für den schwindenden Naturkontakt fassen:

- **Zunehmende Verhäuslichung von Kindheit** – Es hat eine zunehmende Verlagerung der Aktivitäten von Außenräumen in Innenräume stattgefunden. Das kindliche Spielen findet immer mehr in den Wohnungen statt. Die selbstständigen und vom vertrauten Wohnumfeld fortführenden Erkundungsausflüge in Gemeinschaft mit anderen Kindern sind fast unmöglich geworden. Die zunehmende Verhäuslichung der Kindheit verhindert vielfältige Naturbegegnungen

- **Zunahme organisierter Kindheit** – Die Aktivitätsräume und -angebote von Kindern und für Kinder sind zunehmend von Erwachsenen vordefiniert. Zu verzeichnen ist eine Zunahme der organisierten Kindheit in Erziehungs-, Ausbildungs- und Freizeitinstitutionen. Kindheit vollzieht sich in zweckbestimmten kinderspezialisierten Zentren, z. B. Turnvereinen, Spielplätzen, Kindergruppen. Diese festgelegten Räume bestimmen nun kindliche Erfahrungsinhalte. Parallel dazu findet ein Verlust von vielfältigen anderen Erfahrungsmöglichkeiten statt. Nur noch selten können Kinder Erfahrungen in selbstregulierten Gruppen und Spielen sammeln. Offene, ungestaltete Räume stehen immer weniger zur Verfügung
- **Medialisierung der kindlichen Erfahrungswelt** – Eine medial geprägte Welt lässt wenig Platz (Zeit) für Naturerfahrungen. Die Dominanz des Fernsehens und der Computerspiele im Kinderalltag ersetzen das Reale durch das Fiktive. Eine simulierte Abwendung von realen Räumen und Erfahrungen vollzieht sich, zudem wird die Eigentätigkeit des Kindes gehemmt, seine Bewegung existiert nur als Bild, nicht als Erfahrung. Kinder wissen zwar, wie Löwen und Elefanten aussehen, und können Fernbedienungen handhaben, die selbst Erwachsenen Schwierigkeiten bereiten, kennen aber die heimische Tier- und Pflanzenwelt kaum noch (*Medien* → Kap. 17)
- **Verinselung von Kindheit** – Kinder erleben ihre Umwelt immer mehr als weit verstreute, durch große Entfernungen voneinander getrennte, unverbundene Teilräume, z. B. Wohnort – Schule – Freizeitorte, zwischen denen sie in der Regel „transportiert“ werden. Verinselung meint, dass Kinder sich in diesen Teilbereichen aufhalten, wobei ihnen der sie umgebende Gesamtraum weitgehend bedeutungslos und tendenziell unbekannt bleibt. Der Wandel vom einheitlichen Lebensraum zu Erlebnisinseln führt zum Verlust des Selbsterfahrens, Erkundens und Erschließens von naturnahen Streifräumen
- **Verlust von Aktionsräumen** – Selbst im direkten Wohnumfeld ist der Lebens- und Erfahrungsraum der Kinder zu „Spielplatzreservaten“ geschrumpft. Die immer dichtere Bebauung freier Flächen trägt dazu bei, dass das Wohnumfeld keine natürlichen Spiel- und Erfahrungsräume mehr bietet. Die Zunahme des Straßenverkehrs und eine autogerechte Stadtplanung führen zu einem Verlust des öffentlichen Straßenraums als Spiel- und Bewegungsfläche, als Freiraum für spontanes und unbeaufsichtigtes Spielen. Feld, Wald und Wiese als natürliche Experimentierfelder sind kaum mehr zugänglich.

Abb. 19.2: Kinder erleben ihre Umwelt immer mehr als unzusammenhängende Teilräume, zwischen denen sie transportiert werden. Gelegenheit zur Selbsterfahrung und -erkundung haben sie selten.

Realitätsfernes Bild von der Natur

Der schwindende Naturkontakt, der in den Bildungsbiografien vieler Kinder und Jugendlichen zu verzeichnen ist, steht einer Auseinandersetzung mit der Natur und ihren Phänomenen entgegen und begünstigt die Herausbildung eines realitätsfernen Bildes von der Natur. Mangelnde Kenntnisse über natürliche Zusammenhänge und idealisierte Vorstellungen über die Natur prägen in der Folge ein „gestörtes“ Verhältnis zur Natur.

Mangelndes Naturwissen

Kinder und Jugendliche verfügen heute über immer weniger Naturkenntnisse. Viele Kinder können weder natürliche Gegebenheiten, z. B. Pflanzen, Tiere, Blätter, korrekt benennen, noch natürliche Phänomene und Zusammenhänge altersentsprechend erklären. Wie der Jugendreport 2003, 2006 dokumentiert, wissen Kinder und Jugendliche nur wenig über die Rohstoffe von Konsumprodukten und übersehen den produktiven Zusammenhang zwischen Ressourcen und Produkten. So ahnt z. B. ein großer Teil von Schülern nicht, dass Rosinen getrocknete Trauben sind (Brämer 2003).

Idealisierte Natur

Während viele Kinder und Jugendliche heute lediglich über nur mangelnde Naturkenntnisse verfügen, idealisieren andere darüber hinausgehend zunehmend die Natur – die unberührte Natur ist gut. Für diese Kinder und Jugendlichen ist die Natur symbolisch besetzt. Jegliche Eingriffe des Menschen sind schlecht. Vertreten wird im extremen Fall eine „Don't-touch-Ethik“, in der sie sich beispielsweise schockiert über das Ausreißen von Blättern von den Bäumen äußern – auch wenn dies gärtnerische Gründe hätte.

Die Neigung, die Natur zu „verhätscheln“, wird als Bambi-Syndrom bezeichnet. Hier wird die Natur infantilisiert (verkindlicht). Sie ist gut, schön, sauber, harmonisch, seelenvoll, hilflos, und sie darf nicht verletzt werden.

Die **produktive Nutzung der Natur** wird vor diesem Hintergrund kritisch beurteilt, insbesondere wenn sie den symbolisch besonders hoch besetzten Wald betrifft: Das Jagen von Rehen und das Fällen von Bäumen empfinden Kinder und Jugendliche z. B. als besonders naturschädlich

(Jugendreport 2006), auch wenn dies nur zu bestimmten Zeiten und zur Gesunderhaltung des Bestandes erlaubt ist.

19.1.3 Umweltbildung

Umweltbildung bezeichnet heute die didaktischen und methodischen **Konzepte**, durch die das unmittelbare Naturerleben, das Lernen mit allen Sinnen und das aktive Spiel in der Natur verbunden werden mit Aktivitäten der Erkundung und Erfahrungen, Beobachtungen, dem Erwerb von Sachkenntnissen und den Erprobungen von Handlungen. „Umweltbildung kann eine emotionale, wertebildende und kognitive Basis bereits in früher Kindheit schaffen. Damit werden die Voraussetzungen geschaffen, Vernetzungen wahrzunehmen, Probleme zu erkennen, alternative Lösungen zu entwickeln und umweltgerechtes Verhalten wenigstens in Erwägung zu ziehen" (Nützel 2007, S. 48).

Historische Entwicklung

Die Auseinandersetzung mit Natur und Umwelt kann auf eine lange Tradition in verschiedenen Epochen zurückblicken. Insbesondere in der Aufklärung (1767–1795) und der Phase der *Reformpädagogik* (1895–1933) (→ Kap. 8.4.1) wurde die Bedeutung der Natur für die menschliche Entwicklung thematisiert.

Erste Ansätze eines (gesellschaftlichen) Umweltbewusstseins und der Gedanke an eine notwendige Umweltbildung entstanden in den 1970er Jahren aus der Auseinandersetzung mit der zunehmenden Umweltzerstörung und der Studie „Grenzen des Wachstums" (→ Einleitung). Sowohl gesellschaftlich als auch politisch und pädagogisch wurde die Umweltproblematik aufgegriffen:

- Aus bürgerschaftlichem Engagement entstand die Umweltbewegung
- Auf politischer Ebene wurden neue Institutionen des Umweltschutzes ins Leben gerufen (Umweltbundesamt, Umweltministerien)
- Auf pädagogischer Ebene wurde die Schaffung eines gesellschaftlichen Umweltbewusstseins als pädagogische Aufgabe formuliert.

Erste politische Vorgaben waren das Ergebnis der Unesco-Konferenz „Umwelt des Menschen" in Stockholm 1972. Dort wurde die **Notwendigkeit einer Umwelterziehung** festgestellt und die Unesco mit der Entwicklung eines entsprechenden Programms beauftragt. Ein Katalog mit Empfehlungen zur Umwelterziehung wurde schließlich 1977 in Tiflis auf einer weiteren Unesco-Konferenz verabschiedet. Eine Weiterentwicklung von umweltpädagogischen Maßnahmen und Zielen erfolgte mit der Agenda 21, die 1992 auf der „Konferenz für Umwelt und Entwicklung" in Rio verabschiedet wurde.

Geschichtliche Strömungen in der Umweltbildung

Im Laufe ihrer etwa 30-jährigen neueren Geschichte wurden innerhalb der Umweltbildung zahlreiche sehr unterschiedliche Konzepte mit verschiedenen Bezeichnungen entwickelt. Aus heutiger Sicht waren und sind insbesondere drei Strömungen relevant (Kandeler 2005, S. 16):

- die (konventionelle) Umwelterziehung
- die Ökopädagogik und
- die Naturerlebnispädagogik.

Die Umwelterziehung

Die Umwelterziehungsbewegung hat ihre **Wurzeln** in der gesellschaftlichen Wahrnehmung der ökologischen Krise:

- Ressourcenverknappung
- Immer deutlicher zutage tretende Umweltverschmutzung und
- Bevölkerungsexplosion in vielen Ländern der Erde.

„1980 fasste die deutsche Kultusministerkonferenz erstmals den Beschluss, Umwelterziehung an den Schulen in der Bundesrepublik Deutschland einzuführen. Seit 1982 ist Umwelterziehung Bestandteil der Lehrpläne an deutschen Schulen" (Kandeler 2005, S. 15). Somit fand Umwelterziehung am Anfang nur in der Bildungseinrichtung Schule statt.

Bei der Umwelterziehung geht es um den Erwerb von Kenntnissen umweltgerechter Handlungsoptionen. Als **pädagogische Ziele** werden definiert:

- Stärkung des Umweltbewusstseins und die
- Schaffung ökologischer Handlungskompetenz.

Als **typische Themen** gelten:

- Abfallvermeidung
- Umgang mit Energie, Wasser etc.

Besonderes Augenmerk wird auf die **Verantwortung des Einzelnen** gelegt. „Was jeder einzelne für den Umweltschutz tun kann und wie er den Umweltschutz in seinen Alltag integriert, ist ein wesentlicher Teil der Umwelterziehung" (Kandeler 2005, S. 24).

Dieser in erster Linie auf das Individuum bezogene pädagogische Ansatz wird insbesondere aus den Reihen der Ökopädagogik nicht unkritisch gesehen. Ebenso wird die gesellschaftskritische Position vermisst.

Viele **Kritiker** der konventionellen Umwelterziehung halten sie für einseitig, da es nur um problemorientierte, sachliche Wissensvermittlung gehe und emotionales Lernen zu kurz komme (vgl. Kandeler 2005). Umwelterziehung wird kritisiert als „pädagogische Zwangsernährung mit Wissensstoff und Handlungsanweisungen" (Beer/de Haan 1984, S. 9), ein verabreichtes Umweltwissen, das auf vordefiniertes Handeln vorbereitet.

„Ursprünglich wurde angenommen, dass es eine Kausalkette gäbe, d. h. dass aus Umweltwissen bereits Umweltbewusstsein folge und daraus ein umweltgerechtes Verhalten resultiere“ (Nutz 2003, S. 19). In einigen Untersuchungen wurde aber gezeigt, dass es keine lineare Ursache-Wirkungs-Kette gibt, sondern vielmehr Werte und Einstellungen ein entscheidender Faktor sind (vgl. Bögeholz 1999).

Die Ökopädagogik

Die Ökopädagogik hat ihren Ursprung in der Natur- und Umweltschutzbewegung der 1970er Jahre und damit in der Protestbewegung gegen die Umweltzerstörung durch groß-industrielle Betriebe.

Die Ökopädagogik will mit ihrem Ansatz eine tiefgreifende gesellschaftliche Reflexion hinsichtlich des Konstrukts des ökologischen Gleichgewichts anregen. Der Mensch soll sich als Teil eines komplexen, die ganze Erde umfassenden Ökosystems begreifen und verstehen, dass ein Eingriff in das ökologische Gleichgewicht zu unkontrollierbaren Kettenreaktionen führen kann, z. B. dem Klimakollaps. „Ökopädagogik in diesem Verständnis wendet sich parteilich gegen die Fortsetzung ökonomisch-technischer Naturausbeutung und der entsprechenden Gesellschaftsstrukturen“ (Beer/de Haan 1984, S. 9). Als **gesellschaftskritischer Reflexionsansatz** zielt die Ökopädagogik auf eine Bewusstseinsveränderung hinsichtlich der Konsequenzen menschlichen Handelns.

Der Ökopädagogik wird sowohl eine kognitive, als auch eine emotionale Ebene zugeschrieben: „Auf der kognitiven Ebene vermittelt Ökopädagogik ökologisches Wissen, etwa jenes um globale Zusammenhänge, Naturzyklen und das ökologische Gleichgewicht. Im emotionalen Bereich wer-den Gefühle bzw. der Umgang mit Gefühlen geübt.“ (Kandeler 2005, S. 18)

Kritik an der Ökopädagogik bezieht sich in erster Linie auf eine fehlende pädagogische Konzeption, womit eine konkrete Umsetzung in die pädagogische Praxis nicht möglich sei (vgl. Breß 1994, S. 103). Das liegt daran, dass die Ökopädagogik sich nicht als Lernkonzept, sondern als Suchbewegung begreift (vgl. Zeitschrift für Erlebnispädagogik 2005, S. 4).

> ✉ **Zeitschrift für Erlebnispädagogik:**
>
> www.unilueneburg.de/einricht/erlpaed/verlag_zfe.htm (Stand: 05.10.2009)

Die Naturerlebnispädagogik

Eine dritte Strömung, die Naturerlebnispädagogik, setzt Naturerfahrung als Ausgangspunkt für **emotionales Lernen** bzw. für die Weiterentwicklung der Persönlichkeit. Mit Hilfe der Natur sollen menschliche Potenziale entwickelt werden.

Als Gegenbewegung zur „Verkopfung“ und Rationalisierung der Umweltbildung wird eine emotional-ganzheitliche Naturbegegnung propagiert, die gegen die *Naturentfremdung* (→ Kap. 19.1.2) gesetzt wird (vgl. Gräsel 2005, S. 677). „Naturnahe Erziehung und Bildung versuchen dem jungen Menschen einen Zugang zur Natur zu schaffen, indem sie diese als etwas Interessantes und Schönes erfahrbar machen; sie erschließen Natur in der Weise, dass Kinder und Jugendliche diesen Bereich der Wirklichkeit zu ihrer täglichen Erfahrungswelt gehörig empfinden, als einen Lebensbereich, in dem sie sich erholen und stets Neues beobachten und erleben können“ (Göpfert 1988, S. 8 f.). Die **„Liebe zur Natur“** gilt als Grundlage zu umweltbewusstem Verhalten. Insbesondere bei Kindern sollte die Liebe für die Natur geweckt werden – damit war die Hoffnung auf späteres schützendes Handeln verbunden.

An der Naturerlebnispädagogik wurde **kritisiert**, dass ihr Naturbild romantisierend sei und dass sie sich nur auf positive Naturerfahrung beschränke und damit das Bewusstsein über Umweltprobleme verdränge (Kandeler 2005, S. 20). Weiter wurde diesem Ansatz der Vorwurf gemacht, die gesellschaftliche Dimension wie auch den Handlungsaspekt nicht angemessen in das theoretische Gebäude zu integrieren (vgl. Michelsen 1998).

Heute nimmt die Naturerlebnispädagogik **in der Umweltbildung** eine wichtige Stellung ein, weil es mittlerweile als erwiesen gilt, dass sich Naturerfahrung positiv auf Umwelthandeln auswirkt und gleichzeitig Naturentfremdung entgegenwirkt (vgl. Lob 1997, S. 125).

Moderne ganzheitliche Umweltbildung

Die verschiedenen Ansätze unterschieden sich in ihrer Ursprungsform deutlich in Methodik und Zielsetzung und wurden hinsichtlich ihrer jeweiligen Einseitigkeit kritisiert. Entweder waren sie eindimensional auf den Erwerb von Kenntnissen ausgerichtet oder hofften darauf, dass aus der Darstellung dramatischer Situationen, aus der Beschäftigung mit Umweltkatastrophen („Katastrophenpädagogik“) oder aus der emotionalen Verbundenheit zur Natur ein umweltgerechtes Handeln erwachsen würde.

Doch können weder „Katastrophenpädagogik“ noch bloße Informationspädagogik erfolgreich sein. Das Wissen über Umweltprobleme führt noch lange nicht zu ökologischem Handeln, genauso wenig, wie die Liebe zur Natur zwangsläufig ein umweltverträgliches Verhalten nach sich zieht. Als weiterhin wichtig gilt das **praktische Erfahrungshandeln**.

Insbesondere aktuelle Erkenntnisse der *Lernpsychologie* (→ Kap. 10.1.1) sowie der Forschung zum kindlichen Lernen (→ Kap. 10.5), die deutlich die Ganzheitlichkeit des Lernprozesses, also den Wissenserwerb verbunden mit emotionalem Erleben und praktischem Ausprobieren (Kopf, Herz, Hand) betonen, führten zu einem neuen Umweltbildungsverständnis.

Für die Umweltbildung folgt daraus die Konsequenz, **alle drei Dimensionen** anzusprechen:

- Informationen vermitteln

- Informationen emotional verankern und
- Informationen in reale Verhaltensänderungen umsetzen.

In der Folge fand und findet innerhalb der verschiedenen Konzepte hinsichtlich ihrer Ziele und Methoden, insbesondere im Bezug auf den Kinder- und Jugendbereich, eine allmähliche Angleichung statt. Die moderne Umweltbildung ist im Grunde eine **Synthese der vorgenannten Ansätze**, wobei der Begriff Umweltbildung als Oberbegriff verstanden werden kann.

Die **Inhalte heutiger Umweltbildung** lassen sich wie das *Umweltbewusstsein* (→ Kap. 19.1.1) auf die drei Dimensionen Kognition, Emotion und Aktion beziehen. Zentral geht es um folgende Fragen:

- **Welches Wissen** brauchen wir und kommende Generationen, um uns im privaten und öffentlichen Bereich umweltbewusst(er) zu verhalten?
- **Welche Erfahrungen, Emotionen und Wertvorstellungen** brauchen wir und kommende Generationen, um mehr im Einklang mit der Natur zu leben, als dies in den vergangenen Jahrzehnten der Fall war?
- **Welche Fähigkeiten** müssen wir und kommende Generationen entwickeln und fördern, um „ökologische Handlungskompetenz" auch tatsächlich zu erlangen?

Bildung für nachhaltige Entwicklung

Für die Jahre 2005 bis 2014 haben die Vereinten Nationen (UN) die Dekade (das Jahrzehnt) „Bildung für nachhaltige Entwicklung (BNE)" (Education for Sustainable Development, ESD) ausgerufen. Mit dieser Initiative wurde der auf der Konferenz in Rio de Janeiro (1992) beschlossenen (und in Johannesburg 2002 bekräftigten) Agenda 21 Nachdruck verliehen. Die Initiative soll helfen, „die Prinzipien nachhaltiger Entwicklung weltweit in den nationalen Bildungssystemen zu verankern". (www.bne-portal.de, Stand: 05.10.2009)

Zukunftsorientierte Entwicklung als Gestaltungsaufgabe

Nachhaltige Entwicklung beschreibt die Gestaltung einer zukunftsfähigen Gesellschaft und umfasst dabei

- die ökologischen,
- die ökonomischen und
- die sozialen Folgen des menschlichen Handelns.

Dieses Drei-Säulen-Modell nachhaltiger Entwicklung beinhaltet neben ökologischer Verträglichkeit ebenso die Aspekte wirtschaftlicher Stabilität/wirtschaftlichen Wohlergehens und sozialer Gerechtigkeit, um der gegenwärtigen wie auch den nachfolgenden Generationen Lebensqualität zu erhalten.

⊙ Ziel nachhaltiger Entwicklung ist die langfristige Sicherung der ökologischen, ökonomischen und sozialen Lebensbedingungen auf der Erde.

„Dauerhafte Entwicklung (nachhaltige; Anm. d. Verf.) ist Entwicklung, die die Bedürfnisse der Gegenwart befriedigt, ohne zu riskieren, dass künftige Generationen ihre eigenen Bedürfnisse nicht befriedigen können" (Brundtland-Bericht 1987, S. 46).

⊙ In Kapitel 36 der Agenda 21 wird die **Neuausrichtung der Bildung auf nachhaltige Entwicklung** als zentral für die Strategie der Nachhaltigkeit beschrieben. Ziel dieser Neuausrichtung ist es, durch Bildungsmaßnahmen die Notwendigkeit des Umdenkens im Umgang mit den natürlichen Lebensgrundlagen und mit dem Zusammenleben in dieser „einen Welt" bewusst zu machen und Kompetenzen zu fördern, die Menschen befähigen, an einer nachhaltigen Entwicklung mitzuwirken.

Im Zentrum einer „Bildung für nachhaltige Entwicklung" stehen die Zukunftsgestaltung und die dafür erforderlichen Kompetenzen (vgl. zum Konzept de Haan/Harenberg 1999). Die Menschen sollen so früh wie möglich die Fähigkeit entwickeln, an einer ökologisch verträglichen, wirtschaftlich leistungsfähigen und sozial gerechten Umwelt mitzuwirken, und dabei globale Aspekte, demokratische Grundprinzipien und kulturelle Vielfalt zu berücksichtigen.

In Deutschland koordiniert die Deutsche Unesco-Kommission (DUK) die Umsetzung der UN-Dekade. Gefördert wird sie vom Bundesministerium für Bildung und Forschung.

✉ **Weltdekade für nachhaltige Entwicklung:**

www.bne-portal.de/coremedia/generator/unesco/de/02__Was_20ist_20BNE/Was_20ist_20BNE_3F.html (Stand: 05.10.2009)

Abb. 19.3: Umweltbildung gilt als „grüne Säule" der Nachhaltigkeit.

Um die Prinzipien der Bildung für nachhaltige Entwicklung (BNE) der Agenda 21 zu verankern, sollen in allen Bildungs- und Erziehungsinstanzen gezielt **Erziehungs- und Bildungsansätze gefördert** werden, die sich auf den Leitgedanken der nachhaltigen Entwicklung konzentrieren. Schon frühzeitig sollen dem Einzelnen Fähigkeiten mit auf den Weg gegeben werden, die es ihm ermöglichen, aktiv und eigenverantwortlich die Zukunft mitzugestalten.

In der Folge berücksichtigen nach den Lehrplänen für den Schulbereich auch die seit 2005 entwickelten **Bildungspläne der Bundesländer für den Elementarbereich** in unterschiedlicher Weise und Intensität den Aspekt der Nachhaltigkeit. In begrifflich wie auch inhaltlich unterschiedlich akzentuierten Bildungsbereichen werden Anknüpfungspunkte gelegt, um die Bildungsprozesse in Kindertageseinrichtungen am Konzept einer BNE auszurichten (vgl. im Detail hierzu Stoltenberg 2008).

Gemäß der Deutschen UNESCO-Kommission bietet Bildung für nachhaltige Entwicklung der frühkindlichen Bildung vielfältige Ansätze und Möglichkeiten zur lebendigen Ausgestaltung ihres Bildungsauftrags:

- Die Welt entdecken und gestalten: In der Auseinandersetzung mit zukunftsrelevanten Themen, wie beispielsweise Biologische Vielfalt, Wasser, Klima, Energie, Wohnen, Konsum, Kleidung, Ernährung und Gesundheit, stärken Kinder ihre Fähigkeiten zu Partizipation und Empathie und erleben, dass ihr Handeln von Bedeutung ist.
- Lernen in Projekten: Bildung für nachhaltige Entwicklung hat nicht nur über ihre Gegenstände einen engen Bezug zur Lebenswelt, sie fördert auch Lernen in „Ernstsituationen“ und Projekten. Projektarbeit fördert Selbstorganisation, Gemeinschaftssinn, Aushandlungs- und Entscheidungsprozesse und ist dem kindlichen Lernen in besonderer Weise angemessen.
- Wertebezug: Kinder haben eine Affinität zur Kategorisierung der Welt entlang grundlegender Werte. Bildung für nachhaltige Entwicklung bietet dafür motivierende Zugänge. Der Erwerb von Fakten über Mensch und Umwelt vollzieht sich in ihr nie getrennt von der Vermittlung fundamentaler Wertorientierungen, die ein zukunftsorientiertes Zusammenleben in Respekt und Toleranz ermöglichen.
- Sprachkompetenz und Kommunikation: Bildung für nachhaltige Entwicklung vermittelt die Fähigkeit zur Partizipation und stärkt damit kommunikative Kompetenz. Sie unterstützt auf diesem Wege das Anliegen der frühkindlichen Sprachförderung und bettet es in die Lebenswelt der Kinder ein.
- Inklusion: Inklusive Bildung bedeutet, dass allen Menschen die gleichen Möglichkeiten offen stehen, an qualitativ hochwertiger Bildung teilzuhaben, unabhängig von besonderen Lernbedürfnissen, Geschlecht, sozialen und ökonomischen Voraussetzungen. Bildung für nachhaltige Entwicklung fördert Inklusion in der frühkindlichen Bildung durch ihre Prinzipien Partizipation, Situations- und Handlungsorientierung.
- Naturwissenschaftliche Bildung: Vermittlung und Erwerb naturwissenschaftlicher Zusammenhänge im Sinne eines forschenden, entdeckenden Lernens haben zunehmend Bedeutung in der frühkindlichen Bildung. In der Bildung für nachhaltige Entwicklung lassen sich naturwissenschaftliche Phänomene besonders gut in ihrer existenziellen Bedeutung für das menschliche Leben und in ihrer Komplexität darstellen.

(Quelle: „Zukunftsfähigkeit im Kindergarten vermitteln: Kinder stärken, nachhaltige Entwicklung befördern – Ein Diskussionsbeitrag der Deutschen UNESCO-Kommission im Rahmen der UN-Dekade ‚Bildung für nachhaltige Entwicklung (2005–2014)‘“, 4. Aufl., Bonn 2012.)

Umweltbildung als **„grüne Säule“ der Nachhaltigkeit** gilt als geeigneter Ansatz, bildungsbereichsübergreifend die Bildungsförderung im o. g. Sinne zu stützen.

19.2 Bedeutung für Kinder und Jugendliche

Wirkung von technisch-naturwissenschaftlichen Erkundungen → Kap. 16.2.1

Der **Lernort Natur** ermöglicht eine ganzheitliche Förderung der Entwicklung von Kindern und Jugendlichen. In der Auseinandersetzung mit unterschiedlichen Naturphänomenen werden bei den Kindern vielfältige Bildungsprozesse initiiert (eingeleitet). Durch anregende Naturbegegnungen können sich die Kinder emotional und körperlich erproben und sinnliche Erfahrungen machen. Sie erleben den jahreszeitlichen Verlauf und haben die Möglichkeit, durch entsprechende kreative und/oder gärtnerische Aktionen kleine Teile ihrer Lebensumwelt selbst mitzugestalten oder zu verändern. Die Teilhabe der Kinder beinhaltet positive Erlebnisse, die für ein starkes Selbstbewusstsein ausschlaggebend sind.

Neben diesen Aspekten der Bildung auf kognitiver, sozialer, motorischer und emotionaler Ebene fördert eine **naturpädagogische Bildungsarbeit** auch die Verinnerlichung von Werten hinsichtlich des schonenden und respektvollen Umgangs mit der Natur.

19.2.1 Unterstützung ganzheitlicher Persönlichkeitsentwicklung

Direkte Erfahrungen mit der Natur haben für die kindliche Entwicklung eine herausragende Bedeutung. In der Begegnung mit natürlichen Gebilden, Erscheinungen und Prozessen werden die Selbstbildungspotenziale des Kindes auf vielseitige Art und Weise angeregt und herausgefordert. Der unmittelbare Umgang mit den Naturphänomenen, das Spielen mit Matsch, das vorsichtige Aufheben einer Schnecke, das wackelige Gehen auf unebenem Untergrund, das Hören von Naturgeräuschen, das Wahrnehmen und Fühlen von Sonne, Wind und Regen bietet

Abb. 19.4: Erfahrungen in und mit der Natur geben vielfältige Anregungen und Impulse.

Kindern vielfältige Anregungen und ganzheitliche Erfahrungen.

Differenzierung der Sinne in der Natur

Kinder bringen die Fähigkeit zu vielsinnlicher Wahrnehmung mit. Die Natur bietet ihnen die beste Möglichkeit, diese Fähigkeit weiter zu differenzieren. In natürlichen bzw. naturnah gestalteten Räumen können die Kinder sowohl visuelle als auch akustische, körperliche, atmosphärische und emotionale Informationen gleichzeitig aufnehmen und verarbeiten.

Erfahrungen in und mit der Natur setzten Impulse und Anregungen. In der frühen Kindheit ist die Natur der Bereich, der den *kindlichen Sinnen* die reichhaltigsten, komplexesten und differenziertesten Wahrnehmungsmöglichkeiten bietet. Sie bietet Anregungen z. B. durch

- Formenvielfalt
- Kleinzelligkeit
- Höhenunterschiede
- Unterschiedliche Bodenstrukturen
- Rückzugsmöglichkeiten.

[BEISPIEL] Beispiel für Sinneswahrnehmungen in der Natur: Die Kinder fühlen das weiche Moos, die stechenden Nadeln der Nadelbäume und die unterschiedliche Rauheit der Baumrinde. Sie riechen die regenfeuchte Erde, Blumen und Kräuter. Sie staunen über verschiedene Blattformen und -färbungen. Sie hören den Specht beim Klopfen oder das Plätschern eines Wasserlaufs, und sie probieren die Ernte aus eigenem Garten.

Diese vielfältigen Impulse werden ausgeformt und bieten so eine Grundlage für eine differenzierte und sensible Wahrnehmung. Durch diese vielschichtige Sinnestätigkeit werden Reize geschaffen, welche die Verknüpfung von Nervenzellen, die Synapsenbildung (Synaptogenese) (*Gehirnentwicklung* → Kap. 10.3.1), ebenso vielschichtig unterstützen. Je unterschiedlichere Reize durch die Sinnesorgane zum Gehirn gelangen, desto komplexer werden die Verbindungen zwischen den Nervenzellen.

Förderung der Motorik

Bewegung → Kap. 12

Die Natur bietet ein vielfältiges Angebot an **Bewegungsreizen**: Es können Hindernisse überwunden werden, Baumstämme bewegt, Beete umgegraben, Kuhlen mit Laub gefüllt, und es kann ausgiebig mit Wasser und Erde gematscht werden.

Der enorme Bewegungsdrang von Kindern findet in der Natur Ausdrucksmöglichkeiten: Kinder in der Natur bewegen sich automatisch. Hierdurch werden

- Die *motorische Entwicklung* auf spielerische Art angeregt
- Die *Geschicklichkeit* ausprobiert und
- *Konditionelle Grenzen* erfahren.

Der Aufenthalt in der Natur ist ein weites Trainingsfeld zur Wahrnehmung der Möglichkeiten und Fähigkeiten des eigenen Körpers (vgl. Österreicher/Prokop 2006, S. 17). Da viele Kinder aufgrund von Bewegungsmangel einfache motorische und koordinatorische Fähigkeiten nicht haben, stellt die Bewegung in der Natur eine elementare Bereicherung für die Entwicklung dar.

Die stetige Bewegungsvielfalt fördert die Fähigkeit des kindlichen Gehirns, Wahrnehmungen im gesamten Nervensystem einzuordnen und zu differenzieren. Bewegung unterstützt das Kind bei Lernprozessen im sozialen, emotionalen, kreativen und kognitiven Bereich. Die Ausformung dieser Bereiche wiederum bildet die **Grundlage einer gesunden Persönlichkeitsentwicklung.** „Entwicklungspsychologen wissen, dass die ganzheitliche und aktive Bewegung in anregender Umgebung auch für die Sprachentwicklung grundlegend ist.“ (Ebd.)

Dass Bewegung im engen Zusammenhang mit der Entwicklung der Wahrnehmung, des Denkens und des Handelns steht, unterstreichen auch Ergebnisse der Hirnforschung: Motorische Aktivitäten führen zur Produktion von Neurotrophinen, besonderen Botenstoffen, die das **Wachstum von Nervenzellen** anregen und die Anzahl neuronaler Verbindungen vermehren. Bewegung fördert somit die Gehirnreifung und damit auch die Lernprozesse (vgl. Busche/Butz/Teuchert-Noodt 2006).

Die Natur bietet dem Kind auch viele Möglichkeiten, sich **feinmotorisch** auszuprobieren. Beim Schnitzen, Schneiden, Malen oder Basteln mit Zapfen und Stöcken, beim Spielen mit Sand und Matsch, mit Gras oder Blättern macht das Kind Erfahrungen, die eine Feinarbeit mit den Händen und Fingern erfordern. Die Feinmotorik wird bei entsprechenden Beschäftigungen in und mit der Natur (un)beabsichtigt trainiert.

Anregung des emotionalen Bereichs

Naturerfahrungen können den emotionalen Bereich des Kindes auf vielfältige Weise anregen. So können zum Beispiel die Begegnung mit Naturschönem oder Erfolgserlebnisse in der Natur positive Emotionen hervorrufen.

Abb. 19.5: Die Natur bietet viele Bewegungsanreize.

Verschiedene Untersuchungen (vgl. Gebhard 2009) belegen, dass Naturerfahrungen zur **Erholung** beitragen und Stresssymptome reduzieren können. So wurde festgestellt, dass die Natur positive Affekte auslöste oder negative Affekte wie Angst oder Ärger kompensierte. Kinder befriedigen bei einem Aufenthalt in der Natur ihr Bedürfnis nach Ruhe und Entspannung.

Natur wird auch eine besondere Bedeutung bei **Krankheiten** zugewiesen, da ihre Wahrnehmung offenbar Heilungsprozesse fördern kann. Ebenso bemerkenswert sind therapeutische Ansätze, die Tiere, insbesondere Hunde und Pferde, und auch Pflanzen mit Erfolg einbeziehen.

Der **psychische Wert von Naturerfahrung** besteht auch im eigentümlichen, ambivalenten Doppelcharakter der Natur: Sie vermittelt die Erfahrung von Kontinuität und damit Sicherheit, und zugleich ist sie immer wieder neu. Dies kommt zum einen dem grundlegenden Wunsch des Kindes nach Vertrautheit und zum anderen seinem *Neugierverhalten* (→ Kap. 16.1.1) entgegen. Die Natur entspricht den eigentlich widersprüchlichen kindlichen Forderungen nach sicherer Vertrautheit einerseits und ständiger Neuigkeit andererseits sehr gut. In diesem Sinne kann auch das Herumstreunen auf Wiesen und in Wäldern, in sonst ungenutzten Freiräumen Sehnsüchte nach „Wildnis" und Abenteuer befriedigen. „Insgesamt zeigen die Überlegungen (…), wie sehr die (nichtmenschliche) Umwelt auch psychisch wirksam ist. Die Art und Qualität der Natur bzw. unserer Naturerfahrungen werden insofern wesentlich die psychische Befindlichkeit beeinflussen. Ein Grundgedanke dabei ist, daß es eben eine klare und endgültige Trennung von Innen und Außen nicht gibt. Die äußere Natur beeinflusst immer auch die innere, psychische Natur des Menschen und umgekehrt" (Gebhard 1993, S. 136).

Begegnung in und mit der Natur können auch mit negativen Emotionen verbunden sein. So können unterschiedliche Naturerfahrungen auch Ängste oder Ekel bei Kindern wachrufen. Die Begegnung mit Würmern, Spinnen, Matsch und Dreck können Auslöser für heftige **Abwehrreaktionen** des Kindes sein. Angst ist eine natürliche Reaktion, die das Kind wachsam gegenüber möglichen Gefahren werden lässt. Überall da, wo sie sich in einer ungewohnten Situation befinden, Unbekanntem begegnen, wo ungeübte Fähigkeiten gefordert werden, wo Erfahrungen fehlen, wo die Gefahren nicht absehbar sind, können sie auf gesunde Weise mit Angst reagieren. Naturpädagogik, als Element einer pädagogisch-begleiteten Begegnung mit den unterschiedlichsten Naturphänomenen, bietet hier eine enorme Chance, Kinder bei der **Überwindung** ihrer Ekelgefühle, Ängste und Abneigungen zu unterstützen.

Naturerfahrungen helfen bei der Entwicklung der Gefühle von Kindern, intensivieren sie und tragen so zu einer Ausgestaltung und Differenzierung emotionaler Kräfte des Kindes bei.

19.2.2 Anregung von Phantasie und Kreativität

Die lebendige Erfahrungswelt der Natur gibt der Phantasie des Kindes ständig neue Nahrung. Es kommt Geheimnisvollem auf die Spur, wird dazu angeregt, Zeichen und Symbole zu hinterlassen und kann mit Unfertigem hantieren.

Kinder brauchen die Gelegenheit, ihre eigene Wirklichkeitsvorstellung mit der Wirklichkeit zu verknüpfen, von wo aus sie dann zu einer Ordnung der Dinge vordringen können. So wie die Bilder und Zeichnungen kleiner Kinder kein Abbild der Wirklichkeit sind, sondern Protokoll einer persönlichen Erfahrung, so unterliegen auch kindliche Wahrnehmungen der Wirklichkeit einem **subjektiven Erfahrungs- und Verarbeitungsprozess,** der sich in phantasievollen Anreicherungen (→ unten) ihrer Wirklichkeitsvorstellungen ausdrückt.

Kinder suchen stets die Gelegenheit, ihre Welt- und Selbsterfahrungen mit ihren eigenen Phantasien zu verbinden, sie in erlebbare Szenen zu betten, sie in persönlichen Träumen auszuweiten und mit diesen Erfahrungen zu spielen. Spielen, Phantasieren und Gestalten sind die Prozesse, in denen dieses Potenzial der persönlichen Bedeutungen der Dinge ausgebreitet, ausprobiert und ausgearbeitet wird – hierdurch erfolgt die **Aneignung von Welt.** Durch Naturerfahrungen werden diese kreativen Prozesse in besonderem Maße angeregt und geschult. Naturmaterialien regen zum selbständigen Gestalten und Experimentieren an, so können sich eigene Bilder entwickeln.

19.2.3 Unterstützung vernetzten Denkens

Die Natur mit ihrem Facettenreichtum bietet ein breites Angebot an Anregungen zur Förderung des **kognitiven Bereichs.** Kinder verfügen über ein Grundinteresse und die Neugier, mit natürlichen Elementen wie Wasser und Erde umzugehen, aber auch auf Bäume zu klettern und kleinräumig die Beschaffenheit von natürlichen Mikrokosmen zu erforschen und mit verschiedenen Naturmaterialien gestalterisch tätig zu werden. Durch diese Beschäftigung mit der Natur bekommt das Kind eine Einsicht in Strukturen und Prozesse. Beobachtungen der Natur können das Kind spüren und erfahren lassen, dass in der Natur alles „irgendwie miteinander zusammenhängt", es lernt, Zusammenhänge herzustellen und kausal zu denken. Insbesondere durch die Beschäftigung mit Naturkreisläufen, dem Prozess des Wachsens und Werdens und Vergehens, gewinnen Kinder Erkenntnisse über **Kausalitätszusammenhänge in der Natur.**

Gezielte naturpädagogische Angebote tragen dazu bei, dass Kinder und Jugendliche die Natur als grundsätzliche Lebensgrundlage erkennen (*Retinitätsprinzip*).

► **Retinitätsprinzip** *(lat. rete: Netz)*
Schlüsselprinzip der Umweltbildung. Der Mensch kann seiner Verantwortung im Umgang mit der Natur nur gerecht werden, wenn er die Gesamtvernetzung seines Tätigseins mit der Natur zum Handlungsprinzip macht.

Aus Neugier heraus beschäftigt sich das Kind mit den Dingen, die ihm in der Natur begegnen. Es will herausfinden, was es mit ihnen machen kann. Das Kind probiert aus, bildet Hypothesen und bestätigt oder widerlegt diese durch weitere Erforschungen. Durch dieses Ausprobieren, durch Bilden und Überprüfen von Hypothesen, bildet sich beim Kind die Fähigkeit zum **komplexen Problemlösen.**

Anknüpfend an die kindliche Entdeckerfreude animieren die unterschiedlichsten Gegenstände und Phänomene in der Natur zur Beschäftigung und Erforschung. So werden interessante Dinge wie Steine, Blätter oder Tannenzapfen gesammelt, bestaunt und sortiert. Hierbei lernt das Kind schon einfache Formen von Mengenverhältnissen oder auch Gewichtsverhältnissen zu begreifen. Über Zählen, Benennen und Sortieren erwerben die Kinder spielerisch ein Wissen von **Begriffen, Kategorien und Fakten** natürlicher Gebilde, Prozesse und Phänomene sowie die Fähigkeit zu **abstrahieren.**

19.2.4 Stärkung der Selbstwirksamkeitsüberzeugung

Kinder haben in der Auseinandersetzung mit der Natur immer wieder positive Erlebnisse zu verzeichnen. Erfolgserlebnisse beim entdeckenden Lernen sind das beste Lob und eine Bestätigung der eigenen Person. Sei es, dass es ihnen gelungen ist, einen kleinen Bach zu stauen oder dass die gesäten Bohnen keimen. Dadurch entstehen Freude und Neugier, Lernmotivation und Durchhaltevermögen. Die Kinder entwickeln die Fähigkeit, mit Belastungen und Veränderungen so umzugehen, dass sie darin eine Herausforderung erblicken und ihre Kräfte mobilisieren, die ihnen eine erfolgreiche Bewältigung ermöglichen. Naturerfahrungen und die Bewältigung einhergehender Herausforderungen haben günstige Auswirkungen auf das **Selbstbewusstsein** der Kinder und unterstützen die Entwicklung eines **zufriedenen Selbstbildes.**

Kinder probieren solange verschiedene Möglichkeiten aus, bis sie ein Problem gelöst haben. Ist das Ergebnis aus Sicht des Kindes ein Erfolg, wirkt dies stimulierend auf seine Problemlösefähigkeiten. Die kindliche Erfahrung „Ich habe es geschafft" stärkt den Glauben des Kindes an sich selbst und bewirkt ein positives Selbstvertrauen. Dies wiederum bildet eine gute Basis, sich leichter auf neue Situationen einstellen zu können, neue Probleme anzugehen und sie individuell zu lösen. Die *Transferfähigkeit* wird durch diesen Prozess geschult.

► **Transferfähigkeit**
Fähigkeit, Prinzipien, die an einem Problem gelernt wurden, auf andere Probleme zu übertragen.

Naturpädagogische Bildungsarbeit ermöglicht ein Lernen in „Ernstsituationen", ein praktisches Erfahrungshandeln. Wenn „echte" Aufgaben bewältigt werden, kann sich die Überzeugung der Selbstwirksamkeit festigen.

Förderung des Selbstvertrauens durch naturwissenschaftliche Angebote → Kap. 16.1.3

19.2.5 Entwicklung von Werthaltungen

Umweltbewusstsein (→ Kap. 19.1.1) setzt eine starke, gefühlsmäßig positive Beziehung zur natürlichen Umwelt voraus. Seine Grundlage sind vielfältige persönliche Erfahrungen und Erlebnisse in und mit der Natur, die durch eine naturpädagogische Bildungsarbeit initiiert werden können.

Der Zusammenhang zwischen intensiven Naturerfahrungen und dem Umweltverhalten konnte in verschiedenen Studien nachgewiesen werden (Bögeholz 1999, Lude 2001). Hierbei zeigte sich, dass Kinder und Jugendliche, die über viele Naturerlebnisse verfügen, ein weitaus höheres Umweltbewusstsein zeigen als solche, die nur mediales oder Buchwissen über die Natur erworben haben.

Frühe kindliche Naturerfahrungen, die Möglichkeit, in Erkundungsfreude das Wesen von Pflanzen, Tieren, Steinen, Wasser, Erde und all den anderen Naturdingen und -zusammenhängen zu erfahren und so eine emotionale Bezie-

Abb. 19.6: Kinder, die über viele Naturerlebnisse verfügen, haben ein höher entwickeltes Umweltbewusstsein als Kinder, die hauptsächlich mediales Wissen über die Natur haben.

hung zu ihnen aufzubauen, sind die Voraussetzung dafür, dass das Kind im späteren Jugend- und Erwachsenenalter Aufgeschlossenheit und Interesse für Natur- und Umweltthemen hat. Sie bilden die **motivationale Basis** für ein entsprechendes Engagement, was wiederum zusätzlich von späteren sozialen und wirtschaftlichen Möglichkeiten und Anreizen abhängig ist (Jung 2005, Lude 2001) (Motivation → Kap. 10.2.5).

Naturerfahrungen in der Kindheit sind einer der wichtigsten Faktoren für späteres **Engagement für Umwelt- und Naturschutz.** Zwar sind persönliche Vermittlungen (Vorbilder) und Medien hierbei nicht unbedeutend, den unmittelbaren Naturerfahrungen aber nachgeordnet. Es wird angenommen, dass der Sinn für die Natur eher von positiven Erlebnissen und von Intuitionen als von rationalen Argumenten geprägt wird. Deutlich wurde aber auch, dass einfaches Naturerleben nicht ausreicht: Der bloße Aufenthalt in der freien Natur, beispielsweise im Urlaub, oder der Umgang mit einem Haustier hat offenbar nur wenig Einfluss auf das Umwelthandeln. Erst die **Einbettung von Naturerfahrungen in klare Bildungskonzepte** erbringt effektive Lernerfolge (Bögeholz 1999, Lude 2001).

Durch gezielte Bildungsangebote fördert naturpädagogische Bildungsarbeit die **ethische Grundhaltung** einer Verantwortung für das eigene Handeln im achtsamen und respektvollen Umgang mit der Natur.
Ethische Bildung → Kap. 13.2.2, Mathematik, Naturwissenschaft und Technik → Kap.16

19.3 Rolle von Erzieherinnen

Auf welchem Weg können Kinder und Jugendliche an die Inhalte der Natur- und Umweltbildung herangeführt werden? Insbesondere für Kindergartenkinder kann Umweltbildung nicht heißen, komplexe Sachverhalte und komplizierte Zusammenhänge vermitteln zu wollen. Kinder lernen in erster Linie durch Erfahrung, durch praktisches Erproben und Ausprobieren. Um eine Basis für einen schonenden und respektvollen Umgang mit der Natur zu legen, kommen der **Naturerfahrung** und der **Naturerkundung** ein hoher Stellenwert zu.

Ergänzend zum intensiven Naturkontakt verfolgt ein ganzheitlicher Ansatz der Umweltbildung die **Ökologisierung des gesamten Kindergartenbereichs und seines Umfeldes.** Durch die Berücksichtigung ökologischer Aspekte z. B. bei der Gestaltung des Innen- und Außenbereichs, bei der Mobilität und auch Ernährung begünstigt naturpädagogische Bildungsarbeit im Sinne der Ganzheitlichkeit die Herausbildung einer Lebensweise, die neben Umweltbewusstsein auch Handlungskompetenz beinhaltet.

Die Rolle der Erzieherin wird beeinflusst durch das dem professionellen Handeln zugrunde liegende Bild vom Kind (→ Kap. 8.1.1). Unter der Voraussetzung, dass das Kind als Konstrukteur seiner Bildung verstanden wird, versteht sich die Erzieherin als Mitgestalterin, Helferin und Begleiterin der kindlichen Bildungsprozesse. Der Grundsatz von Maria Montessori – „Hilf mir, es selbst zu tun" – steht für die Einstellung und Arbeit der Erzieherinnen und ist Leitsatz für die Bildungsbegleitung (→ Kap. 8.1.5).

Der Erziehungswissenschaftler Jürgen Oelkers wirft die Frage nach der Gestaltbarkeit von Zukunft durch Bildung auf und verdeutlicht, dass pädagogisches Handeln immer auf Zukunft ausgerichtet sei. Aus systematischen Gründen könnten wir aber nicht wissen, wie das gegenwärtige pädagogische Handeln die Zukunft tatsächlich beeinflussen werde (1989, S. 76). Trotzdem lässt Oelkers aber keinen Zweifel darüber offen, dass sich die Erziehungs- und Bildungsinstitutionen der Aufgabe von Natur- und Umweltbildung widmen müssen. Es wird deutlich, dass pädagogisches Handeln immer die potenziellen Auswirkungen in der Zukunft antizipieren sollte und die Rolle der Erzieherinnen berührt. Diese befinden sich in einem stetigen Reflexionsprozess über die Bedeutung gegenwärtigen professionellen Handelns für die Zukunft der Kinder.

19.3.1 Vorbildfunktion der Erzieherin

Auch in der Umweltbildung hat das Lernen anhand von Vorbildern (*Modelllernen*→ Kap. 8.2.3, 10.5) Bedeutung, wenngleich es erst dem praktischen Erfahrungshandeln folgt. Deshalb ist es wichtig, dass sich die pädagogischen Fachkräfte ihrer Vorbildfunktion bewusst werden.

Das Kennenlernen von Werten und Haltungen der Pädagogin hilft dem Kind, ein Bewusstsein für den verantwortungsvollen Umgang mit der Natur zu entwickeln. Kindliches Verhalten ist weitgehend abhängig vom Verhalten der Erwachsenen. Kinder übernehmen das Rollenverhalten der Eltern und Erzieherinnen in ihr eigenes Beziehungsleben. Positive emotionale Verhaltensweisen der Erzieherinnen werden von Kindern bei sich und gegenüber der Umwelt nachgeahmt und variiert.

Die professionelle Vorbildfunktion im Bereich der Umweltbildung der Erzieherinnen basiert auf der **Entwicklung eigener Kompetenzen,** welche nach der Biologin Regula Kyburz-Graber (2004, S. 90) sich wie folgt systematisieren lassen:

- *Selbstkompetenz* – Die Erzieherinnen sind herausgefordert, sich mit ihrem eigenen Verhältnis zur Umwelt, mit ihrem umweltbezogenen Verhalten und ihren Interpretationsmustern zur Umweltproblematik auseinanderzusetzen
- *Sozialkompetenz* – Es ist von besonderer Bedeutung, wie sich Erzieherinnen mit dem Wissen, den Wertvorstellungen, Wahrnehmungen, Interpretationen, Interessen und Bedürfnissen der Kinder und Jugendlichen, aber auch mit dem Träger, den Eltern oder möglichen Kooperationspartnern befassen. Dazu brauchen sie vor allem Kompetenzen in Gesprächsführung, kooperativer Planung und Entscheidungsfindung

- *Sachkompetenz* – Zur Sachkompetenz gehört es,
  - Wissen in Zusammenarbeit mit anderen, Laien und Fachleuten, zu generieren, aktuelle Entwicklungen und Erkenntnisse in der Umweltbildung zu beobachten und zu erarbeiten, statt Wissen zu vermitteln.
  - Widersprüche und Komplexität auszuhalten, statt didaktisch auf bestimmte, geplante Vorgehensweisen zu reduzieren
  - Wertvorstellungen und Interessen aller Beteiligten zu erkennen und zu reflektieren, statt zu unterdrücken und
  - Bestehende Situationen und Bedingungen zu hinterfragen, statt unkritisch zu akzeptieren
- *Methodenkompetenz* – Der Erwerb von Methodenkompetenz konzentriert sich auf jene Formen des Lernens und der Bildungsbegleitung, die den Kindern die Erfahrung von Selbständigkeit und Kooperation ermöglichen. Die Vielfalt der Methodenkompetenz ist dabei wichtige Voraussetzung, denn die oftmals situativ und spontan sich im Umgang mit Natur und Umwelt ergebenden Aktivitäten und Fragestellungen der Kinder verlangen den flexiblen Umgang mit der Gestaltung von Situationen und Prozessen.

Als Voraussetzung für die Entwicklung solcher Kompetenzen bedarf es eines positiven Selbstkonzeptes der pädagogischen Fachkräfte über ihre naturbezogenen Fähigkeiten und Kompetenzen. Sie müssen für Naturphänomene sensibel sein und den natürlichen Erscheinungen und Fragestellungen Aufmerksamkeit entgegenbringen können. Ein Bewusstsein für die **eigene Verantwortung der Umwelt gegenüber** ist die Grundlage für die Vorbildfunktion pädagogischer Fachkräfte. Wer sich dieser Verantwortung entzieht, kann nicht erwarten, dass Kinder adäquat handeln.

Angesichts der Tatsache, dass junge pädagogische Fachkräfte in ihrem Sozialisationsprozess teilweise auch von Tendenzen der Naturentfremdung berührt sind, ist es die Aufgabe im Rahmen der Professionalisierung, sich Grundkenntnisse über Natur und Umwelt immer wieder neu im Kontext lebensbegleitenden Lernens anzueignen und durch geeignete Fort- und Weiterbildungen zu vertiefen.

19.3.2 Weiterentwicklung des Neugierverhaltens

Kindliche Neugier ist die Wurzel des Lernens. Neugier fordert das Kind zum Herangehen an eine Sache oder ein Problem heraus, führt zum Ausprobieren und letztlich zum Gestalten. Aus Neugier heraus beschäftigt sich das Kind mit den Dingen, die ihm begegnen, um herauszufinden, was man mit ihnen machen kann – sei es die Schnecke, die senkrecht die Wand hinauf läuft, oder das Wasser, das im Sand versickert (→ siehe auch Kap. 16.1 und 16.2).

Die genuine **Neugier aufrechtzuerhalten,** ist eine wesentliche Aufgabe im Rahmen der naturpädagogischen Bildungsförderung. Pädagogisches Prinzip hierbei ist es, die

Abb. 19.7: Der Zugang zur Natur erfolgt auf der Ebene des Sammelns, Betrachtens, Umgehens und Ausprobierens.

kindlichen Fragestellungen wachsen zu lassen, d. h., Fragen des Kindes nicht immer abschließend zu beantworten und auf vorgegebene Lösungen zu verzichten. Stattdessen sollte versucht werden, durch Zurückgeben der Frage oder der gemeinsamen Suche nach der Lösung oder auch nach eigenen Lösungsansätzen das kindliche Interesse zu erweitern.

[BEISPIEL] Kinder stellen sehr interessante Fragen: „Warum ist der Himmel blau?“, „Woher kommen die Wellen?“. Aber sie fragen auch nichtverbal: Das eine Kind spielt mit dem Schatten an der Hauswand, das andere beschäftigt sich ausgiebig mit dem Wasserlauf.

Die kindlichen Warum-und Wozu-Fragen brauchen nicht immer eine „wissenschaftliche“ Erklärung. Viel bedeutsamer kann es sein, das Kind in seiner **Fragehaltung zu bestärken** und ihm Raum zu geben, das Phänomen aus verschiedenen Perspektiven zu betrachten und sich auf verschiedene Fragestellungen einzulassen, damit es schließlich selbst herausfindet, wozu etwas gut ist und wie es funktioniert.

Grundelement naturpädagogischer Bildungsarbeit ist es nicht, dem Kind in einer belehrenden Form Wissen vorzugeben, sondern **Lernanlässe zu schaffen,** die dem Kind die Gelegenheit geben, den Sinn, die Bedeutung eines Phänomens selbst zu erfassen, seinen Kontext zu sehen und zu erkennen, welchen Nutzen das neue Wissen hat.

Dieses Konzept stützt die selbsttätige Aneignung von Welt des Kindes, seine Selbstbildungsprozesse.

19.3.3 Forschend-entdeckendes Lernen unterstützen

Naturwissenschaftliche Angebote im Kindergarten → Kap. 16.2.1

Der Zugang zur Natur und ihrer (Er)kenntnis erfolgt nicht auf analytisch-erklärendem Weg, sondern auf der Ebene des Sammelns, Betrachtens, Umgehens, Ausprobierens; bei Pflanzen und Tieren kommt die Pflege dazu.

Kinder treten der Welt forschend entgegen. Mit allen Sinnen erkunden sie ihre Umgebung und bilden Hypothesen darüber. Diese Hypothesen der Kinder sind keine „Primitivform" des Erwachsenendenkens, sondern **originäre Deutungsmuster der Kinder.** Weitere Erforschungen und Versuche dienen dazu, ihre Thesen zu bestätigen oder zu widerlegen. Durch dieses Ausprobieren, durch Bilden und Überprüfen von Hypothesen, bildet sich beim Kind die Fähigkeit zum komplexen Problemlösen. Deshalb sollten Kinder in ihrem Entdeckungs- und Forschungsdrang nicht ausgebremst werden. Sie sollten ermutigt werden, Dingen auf den Grund zu gehen und Neues auszuprobieren.

Im Rahmen naturpädagogischer Bildungsarbeit steht das eigenständige entdeckend-forschende Lernen im didaktischen Mittelpunkt, gemäß dem Prinzip: Kennenlernen kommt vor Erklären.

Sammeln von Schätzen

Kinder sammeln akribisch interessante Dinge, betten sie in Kistchen oder inszenieren kleine Ausstellungen. Sie betasten sie, ordnen sie um. Mit diesem „Sammeln von Schätzen" betreiben sie auf ihre Weise eine Art von Naturforschung. Aus diesem handelnden und probierenden Umgehen entwickeln sie eine Theorie über den Gegenstand. Haben sie eine für sich zufriedenstellende Deutung gefunden, halten sie nicht selten sehr stark an ihren eigenen Erklärungen fest, auch wenn sie auf ihr falsches Verständnis hingewiesen werden. Es scheint die Neigung des Kindes zu sein, von einer einmal gefundenen Interpretation nicht abzuweichen.

Dieses Vorwissen bremst offenbar die Suche nach einer alternativen Deutung aus und kann das Kind sehr leicht daran hindern, etwas Neues zu lernen. Deshalb sollten Kinder in ihrem Forschungs- und Entdeckerdrang unterstützt werden und herausgefordert werden. Sie brauchen offene Situationen, in denen sie ihre Erklärungen als Hypothesen verstehen lernen, die es zu überprüfen gilt. Sie können so unkonventionelles, ungewöhnliches, aber aus ihrer Perspektive angemessenes Denken entwickeln, überprüfen und weiterentwickeln.

Experimente

Gezielte, durch pädagogische Fachkräfte initiierte **Lernarrangements** und anregungsreiche Lernumgeben schaffen Kindern Möglichkeiten zum freien Explorieren und bieten so Gelegenheit zu selbsttätigen Bildungsprozessen.

Um kindliche Hypothesen zu überprüfen, können Experimente eine bedeutende Rolle spielen: Sie verbessern die Wahrnehmungsmöglichkeiten, indem sie bestimmte Zugänge in einem isolierten Kontext simulieren und wahrnehmbar machen. Experimente gehören auch zum kindlichen Erfahrungsweg, stehen aber eher an dessen Ende, da sie auf vorhandenem **Erfahrungswissen** des Kindes aufbauen. Experimente erklären und vertiefen das kindliche Erfahrungswissen.

19.3.4 Anknüpfen am natürlichen Interesse des Kindes

Neues Wissen wird immer auf vorhandenem aufgebaut. *Lernen* (→ Kap. 10.5) beschränkt sich nicht auf das Aufnehmen vorgegebener Informationen, sondern bezieht vorhandene Erfahrungen in die Verarbeitung mit ein. Die eingehenden Informationen werden mit vorhandenen Informationen abgeglichen und nach den vorhandenen Deutungsmustern eingeordnet. Daraus wird eine neue Struktur gebildet. Lernen ist somit ein aktives und selbstständiges Konstruieren neuer Inhalte und Vorstellungen. Lernerfolge sind umso wahrscheinlicher, je mehr neue Informationen an bereits vorhandenes Wissen angeknüpft werden können.

Um sinnvolle Bildungsangebote machen zu können, ist es hilfreich, den individuellen Hintergrund des Kindes zu kennen. Was braucht es, damit es den Sinn des Bildungsangebots versteht?

Kinder brauchen **individualisierte Angebote.** Um zu vermitteln, wie Wolken entstehen, macht es wenig Sinn, mit einem Kondensversuch zu beginnen. Sinnvoller ist das Aufgreifen von Alltagserfahrungen (beschlagene Scheiben, dampfende Kochtöpfe). Kinder können abstrakte Vorgänge nur schwer begreifen, wenn sie diese nicht mit etwas Anschaulichem vergleichen können, was ihnen gut bekannt ist („Eine Wolke ist wie eine große Gießkanne").

Naturpädagogische Bildungsarbeit baut auf vorhandenen Erfahrungen des Kindes auf und erschließt ihm den Zugang zur Natur und ihren Phänomenen von seinen **Alltagserfahrungen** her – so können Bildungsprozesse optimal unterstützt und herausgefordert werden.

Methodisch können durch gezielte Beobachtungen Erkenntnisse über die individuellen Interessen des Kindes gewonnen werden. Durch genaue Beobachtung können die Aspekte aufgegriffen werden, die Kinder in ihre Bildungsprozesse einbringen, und das pädagogische Handeln darauf abgestimmt werden. Denn nur durch jene Bildungsangebote, die auf die individuellen Interessen, Bedürfnisse und Wünsche der Kinder abgestimmt sind, ist ein Entwicklungsfortschritt zu erwarten. Um die subjektiven Absichten des Kindes zu beobachten und zu erforschen, um darauf aufbauend naturpädagogische Angebote zu machen, stehen vielfältige *Beobachtungsverfahren* (→ Kap. 8.2) zur Verfügung.

19.3.5 Umweltbewusstsein schaffen

Der Begriff **„Bewusstsein"** wird in der Medizin, der Psychologie, der Philosophie und in den Erziehungswissenschaften unterschiedlich akzentuiert. Allen Akzentuierungen ist jedoch gemeinsam, dass es sich um einen mentalen Prozess der Aufmerksamkeit, der Wahrnehmung und Erinnerung, der Vorstellungen, Gedanken, Einschätzungen und auch Bewertungen und Planungen handelt. **„Achtsamkeit"** ist ein Wort, das im Zusammenhang mit Bewusstsein häufig gebraucht wird. Mit Achtsamkeit wird besonders jener Aspekt geistiger Einstellungen verbunden, bei dem sich der Mensch um ein akzeptierendes Achtgeben auf die Phänomene seiner (Um)welt bemüht.

> *Umweltbewusstsein* (→ Kap. 19.1.1) schaffen zu wollen, zielt besonders im Kontext der Bildungsaufgaben mit Kindern und Jugendlichen auf Achtsamkeit, die eingebunden ist in einen Wertekanon des respektvollen Umgangs mit allem Leben. Ziel ist es, ein Bewusstsein zu schaffen für die **Erhaltung einer natürlichen und gesunden Lebensgrundlage.**

Die Partizipation (Teilhabe) aller Beteiligten, der Eltern, der Kinder und der Kollegen und Kolleginnen, ist unverzichtbare Grundlage auf dem Weg zu dieser Achtsamkeit, denn durch partizipative Prozesse der Entscheidungsfindung werden die beteiligten Akteure motiviert, sich aktiv einzubringen. Ihre Ideen und Vorstellungen erfahren Wertschätzung. Partizipation ist ein demokratisches Prinzip, das alle Beteiligten in die Verantwortung für bestimmte Prozesse und Entscheidungen einbezieht. Es entstehen Austausch- und Einigungsprozesse über Werte und Ziele, aber auch über Fähigkeiten und Einstellungen.

Umweltbewusstsein kann von den pädagogischen Fachkräften nicht durch *Top-down-Prozesse* (von oben nach unten) (→ Kap. 10.2.1) angeregt werden. Um Achtsamkeit und Umweltbewusstsein in den pädagogischen Alltag zu integrieren, sind die Kinder und Eltern, die kooperierenden pädagogischen Fachkräfte und andere Institutionen von Anfang an in den Diskurs einzubeziehen.

Wie alle anderen Aspekte der Umweltbildung auch, kann das *Umweltbewusstsein* auf den drei **verbundenen Ebenen** Kognition, Emotion, und Aktion (→ Kap. 19.1.1) entwickelt und unterstützt werden:

- Auf der *kognitiven* Ebene durch gemeinsame, partizipative Prozesse der Erweiterung des Wissens.
- Auf der *emotionalen* Ebene durch gemeinsame, partizipative Prozesse des Aushandelns von Einstellungen und Wertehaltungen.
- Auf der *aktionalen* Ebene durch gemeinsame, partizipative Prozesse der Vereinbarung über bestimmtes Umweltverhalten.

In diesem Sinne reicht es nicht, Mülltrennungsverfahren in einer Bildungsinstitution einzuführen, wenn die Entscheidung darüber nicht partizipativ gefällt wurde und die kognitive und emotionale Dimension des gemeinsamen Umweltbewusstseins nicht mit allen Beteiligten ausgehandelt wurde.

19.4 Lernumgebung

Kinder brauchen eine naturnahe Lernumgebung, in denen sie den Elementen begegnen können, die Jahreszeiten erleben, Natur beobachten und einfache Entwicklungsvorgänge in der Natur erforschen können. Sie brauchen Erlebnisräume, in denen sie spielerisch mit der Natur in Kontakt treten, natürliche Materialien ausprobieren und auf Abenteuer- und Entdeckungsreise gehen können.

Abb. 19.8: Kinder brauchen eine naturnahe Lernumgebung.

Dazu gehören das Klettern auf Bäumen und Felsen, das Balancieren auf Baumstämmen oder das Waten durch Pfützen und Bäche, das Gestalten mit unterschiedlichsten Materialien (z. B. Erde graben oder formen, mit Steinen und Ästen bauen, mit Pflanzenteilen basteln oder Dämme bauen). Dieser unmittelbare und aktive Kontakt mit Natur, diese **Naturaneignung** ist unverzichtbar, um ein grundlegendes Verständnis für natürliche Zusammenhänge zu entwickeln und einen achtsamen Umgang mit der Natur einzuüben.

Diese **Naturräume** gehören günstigerweise direkt zum Gelände der Tageseinrichtung dazu, können stattdessen aber auch mit der Gruppe aufgesucht werden, z. B. wenn Waldtage eingerichtet sind.

19.4.1 Naturnahes Außengelände

Das Außengelände des Kindergartens oder der Schule kann ein naturnaher Lern- und Erfahrungsraum für Kinder sein. Doch die Gelände vieler Einrichtungen sind nicht selten zweckmäßig angelegt: überschaubar, damit die Kinder im Blick bleiben, und wenig bepflanzt, um den Pflegebedarf in Grenzen zu halten. Zudem erfüllen aufgestellte Spielgeräte ihre Monofunktionalität, sind nicht zwangsläufig ökologisch und bieten wenig Anreiz zur Annäherung an und Auseinandersetzung mit der Natur.

In der *Reggiopädagogik* (→ Kap. 8.4.2) wird der Raum als „dritter Erzieher“ verstanden und entsprechend großer Wert auf die Gestaltung pädagogischer Räume gelegt. Auch ein naturnah gestaltetes Außengelände kann als dritter Erzieher wirken und die naturpädagogische Bildungsarbeit unterstützen. Ein **naturnah gestaltetes Außengelände** kann Kinder zu unterschiedlichen Erfahrungen anregen. Es

- Bietet elementare Naturkontakte und Naturerfahrungen
- Unterstützt oder ermöglicht das freie Explorieren
- Bietet Anregung für Phantasie, Spiel und Bewegung.

Indem das Kind das Gelände immer wieder neu entdecken und mit Naturmaterialien Umgestaltungen durchführen kann, Höhlen und Häuser bauen darf, Verstecke errichten und Matschteiche oder Staudämme für Wasser baut, entdeckt es die Natur und eignet sich seine Umwelt an. Als Gegenpol zu den begrenzt verfügbaren Natur-Freiräumen (*Naturentfremdung* → Kap. 19.1.2) bietet es auch Anknüpfungspunkte für naturnahe Projekte.

Folgende **Bildungseffekte** können durch ein naturnahes Außengelände gefördert oder initiiert werden:

- Eigeninitiative und Selbständigkeit
- Kooperation mit Anderen
- Neue Fertigkeiten und Informationen
- Erfolgserlebnisse
- Erkennen von Kreisläufen in der Natur
- Steigerung des Selbstbewusstseins und des Selbstwertgefühls
- Übernahme von Verantwortung
- Kommunikationsfähigkeit, Sozialverhalten und Rücksichtnahme.

Darüber hinaus lehrt ein angelegter **Nutzgarten** den fürsorglichen Umgang mit der Natur und schult die Sinne. Er ist ein wichtiges pädagogisches Angebot, zumal heute kaum noch Kinder von ihren Eltern an das Gärtnern herangeführt werden.

Strukturiertes Gelände

Ein naturnahes Außengelände bedarf einer gezielten Strukturierung, damit Kinder stets Neues entdecken können, ihre Phantasie angeregt wird und sich die Aktivitäten abwechslungsreich vollziehen. Bewährt hat sich eine Geländemodellierung durch:

- Formenvielfalt
- Vermeidung rechter Winkel
- Höhenunterschiede
- Unterschiedliche Bodenstrukturen
- Wechsel von lichten Zonen und geheimnisvollem Dunkel.

Bepflanzungen dienen hierbei eher dem Spiel der Kinder als der Zierde. Kuhlen zum Befüllen mit Naturmaterialien, Weidentipis, Beete zum Bepflanzen durch die Kinder können einen anregenden **Naturgarten** schaffen.

Spielgeräte sind nur begrenzt nötig, wichtig sind eher Schaukeln, eine in einen Hügel eingebaute Rutsche und vielleicht eine Wasserzapfstelle.

Unter diesen Voraussetzungen werden auch die **Sinne** des Kindes in besonderem Maße angesprochen: hören, riechen, schmecken, tasten, sehen, Gleichgewicht und Bewegung werden gefördert. Hilfsmittel wie Fernrohr, Lupe oder Mikroskop schaffen intensive Erlebnisse und leisten einen Beitrag zur Wahrnehmungsverbesserung.

Funktionsbereiche

Verschiedenste Funktionsbereiche innerhalb der anregenden Geländemodellierung können jeweils unterschiedlichen Bedürfnissen und Interessen der Kinder und Jugendlichen nachkommen:

- **Ein Wasser- und Matschbereich** ermöglicht die sinnliche und kreative Auseinandersetzung mit den Elementen Wasser und Erde
- **Ein naturbelassener Bereich,** der Spontanvegetation von Pflanzen und Tieren zulässt, ermöglicht durch die sich einstellende ökologische Vielfalt eine vielseitige Beobachtung von Insekten, Schmetterlingen und Vögeln
- **Ein Nutz- und Ziergartenbereich** kann erste Erfahrungen des Wachsens und Werdens vermitteln. Durch gärtnerische Aktivitäten im Bereich von Säen, Pflegen, Ernten und Verwerten erfährt das Kind ganz praktisch erste ökologische Zusammenhänge. Diese partizipativen Erfahrungen stärken zudem sein Selbstvertrauen
- **Ein Sinnesbereich** mit angelegtem Duftgarten aus unterschiedlichsten Kräutern und ein Barfußpfad mit den unterschiedlichsten Bodengründen bieten vielfältige Anregungen für die Sinne
- **Ein Bewegungsbereich** aus Findlingen, Hügeln, Hindernissen, quergelegten Baumstämmen u. Ä. mit verschiedenen Möglichkeiten zum Klettern, Balancieren, Hüpfen, Springen, Rutschen, Schaukeln und Kriechen schafft Bewegungsanreize und fördert die kindliche Motorik
- **Tipis** aus Weidenruten oder Hütten aus Bohnenstangen bieten Kindern erweiterte Spiel- und Versteckmöglichkeiten oder dienen auch als Rückzugsbereiche.

19.4.2 Naturmaterialien

In den Innenräumen können natürliche Materialien Verwendung finden – nicht nur, weil dies ökologischer ist, sondern auch weil natürliche Materialien vielfältigere und differenziertere Strukturen haben als industriell gefertigte. Naturmaterialien bieten sinnliche Erfahrungen, die zum Experimentieren anregen und die Kreativität und Phantasie fördern.

Vorgedachtes und vorgefertigtes **Industriespielzeug** lässt selten kreative Ideen zu. Es besteht eher die Gefahr, dass hierdurch die Kreativität und der kindliche Forscher- und Entdeckerimpuls ausgebremst werden. Dies verringert die

Spielfreude und führt zu Langeweile. Dies spiegelt die Frage aus Kindermund: „Was kann ich spielen? Mir ist langweilig."

Phantasie und Kreativität werden am ehesten durch den Umgang mit nicht vorgefertigten und nicht zweckbestimmten Materialien gefördert. Im Umgang mit solchem Material werden die Kinder darin gestützt und angeregt, **eigene Gestaltungsmöglichkeiten** zu erkennen und zu lernen, wie sie diese umsetzen können. Materialien, die zum selbsttätigen Gestalten und Experimentieren anregen, sind insbesondere Dinge, wie sie die Natur bietet wie Steine, Kastanien, Zweige, Baumscheiben usw. Ein kleiner Stock wird für das eine Kind zum Schwert, für das andere Kind zum Raumschiff. Das dichte Geäst wird zum Dschungel und die Kinder zu Forschern.

> ⊙ Naturmaterialien sind oft vieldeutig, unscharf, unendlich verschiedenartig und darum besonders gut geeignet, der Phantasie und Kreativität des Kindes Nahrung zu geben.

19.4.3 Exkursionen und Kooperationspartner

Ergänzend oder auch als Ersatz für die Nutzung eines naturnahen Außengeländes können auch sogenannte *Waldtage* (→ Kap. 19.5.3), also Exkursionen in umliegende Wälder, Felder und Wiesen, dem naturpädagogischen Aspekt in der frühkindlichen Bildung entgegenkommen. Solche

Abb. 19.9: Ein Barfußpfad mit unterschiedlichen Bodeneigenschaften bietet viele Anregungen für die Sinne.

Exkursionen in die Natur können auch gezielt durch entsprechende **Fachkräfte begleitet** werden: Förster, Wildhüter oder auch Tierpfleger eines Wildparks können als wichtige Impulsgeber angesprochen werden.

Durch eine Zusammenarbeit mit anderen Institutionen und Einrichtungen kann das naturpädagogische Bildungsangebot deutlich erweitert werden. Denkbar ist eine **Kooperation mit:**

- Umwelt- und Naturschutzverbänden
- Verbraucherschutzverbänden
- Umweltstationen
- Forstämtern oder
- Abfall- und Energieberatungsstellen.

19.5 Bildungsangebote

Als Bildungsangebote können neben Umweltprojekten auch regelmäßige Aufenthalte in der Natur zu Natur- und Umweltwissen führen. Diese Exkursionen können an speziellen Waldtagen stattfinden, die der reguläre Kindergarten einrichtet, oder in einem Waldkindergarten.

19.5.1 Umweltprojekte

Projektarbeit (→ Kap. 8.5.2) ist eine elementare Form der naturpädagogischen Bildungsarbeit. Projektarbeit ermöglicht es, ein Thema unter Einbeziehung verschiedener Methoden mit den Kindern lebensnah zu erschließen. Zudem entspricht Projektarbeit unterschiedlichen Anforderungen an kindgerechtem Lernen, indem im Zusammenhang gelernt wird, verschiedene Herangehensweisen an ein Thema möglich sind und auf ein Ergebnis hingearbeitet wird. Auf diese Weise wird die Beschäftigung mit dem Thema besonders sinnfällig.

Anlass für verschiedene Projekte bieten die vielseitigen Interessen der Kinder, die sich in der Regel in ihren Fragen wieder finden: „Haben Regenwürmer Augen?", „Wohin geht der Müll?".

[BEISPIEL] Beispiele für Themenbereiche aus dem Bereich der Umweltbildung, aus denen vielfältige Projektideen entwickeln werden können:

- *Rund um das Gärtnern:* Säen, pflegen, ernten, verwerten
- *Erkunden der vier Elemente:* Faszination von Feuer, Wasser, Erde, Luft erfahrbar machen
- *Kleinstlebewesen und Vögel:* Wurmkästen als Beobachtungsstation
- *Umgang mit und Vermeidung von Müll:* ein Komposthaufen veranschaulicht den Stoffkreislauf der Natur
- *Bewegung in der Natur:* Bewegungsbaustellen im Außenbereich
- *Kreativität mit Naturmaterialien:* Sammeln von und kreatives Gestalten mit Zapfen, Ästen, Blättern usw.
- *Umweltschutzaktionen:* politisches Engagement auch schon im kleinen Rahmen.

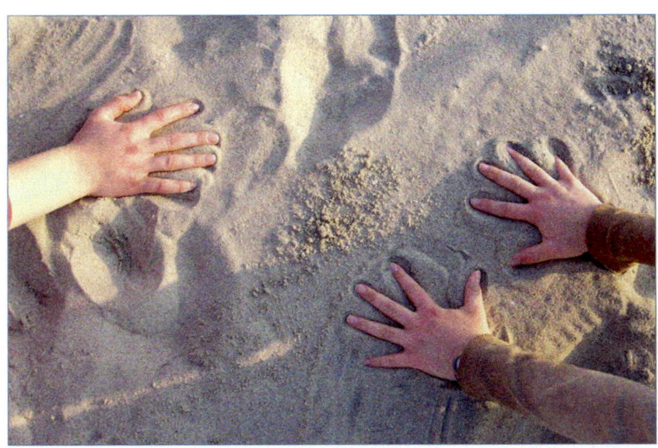

Abb. 19.10: Vor allem in ländlichen Gebieten sollten regelmäßige Aufenthalte in der Natur zur Konzeption gehören.

Bei der Entwicklung und Gestaltung von Projektideen sind der Phantasie keine Grenzen gesetzt. Beachtet werden sollten **zwei Prinzipien:**

- *Learning by doing* – Elementar in der naturpädagogischen Bildungsarbeit ist das Selbermachen. „Dinge sollen mit eigenen Augen gesehen, mit eigenen Ohren gehört, mit eigenen Händen ertastet, mit der eigenen Nase gerochen werden usw., weil die eigenen Erfahrungen entscheidend dazu beitragen, dass das Gelernte auch behalten und nicht wieder vergessen wird." (Kandeler 2005, S. 53)
- *Partizipation* – Kinder und Jugendliche sollten im Rahmen des Möglichen in die Entscheidungsprozesse mit eingebunden werden. Die Erfahrung von Teilhabe an Entscheidungen, Spielraum zu haben, für eigene Ideen, vermitteln das Gefühl, handlungsfähig zu sein, und stärkt hierdurch das Gefühl von Selbstwirksamkeit.

19.5.2 Regelmäßige Aufenthalte in der Natur

Natur- und Umweltbildung kann nicht virtuell erworben werden, sondern braucht den Umgang mit natürlichen Erscheinungen in der Natur. Regelmäßige Aufenthalte in der Natur sind besonders in städtischen Ballungsgebieten nicht mehr selbstverständlich. Umso wichtiger ist es, dass Bildungs- und Erziehungsinstitutionen dies regelmäßig organisieren.

Dazu können Exkursionen in **stadtnahe Naturgebiete** gehören, Übernachtungen in Bildungshäusern, die als Angebot den Schwerpunkt auf Naturerfahrungen setzen, Bauernhöfe und Waldgebiete. Es gibt die verschiedensten Vereine und Verbände, die sich dem Gedanken der Natur- und Umweltbildung verschrieben haben. Solche Akteure aus der Umgebung zu kontaktieren, hilft oft bei der Organisation von Aufenthalten in der Natur.

Allein die Tatsache, dass manche Kindertagesstätten und Schulen in städtischen und industriellen Ballungsgebieten solche Aufenthalte in der Natur regelrecht organisieren müssen, indem sie gemeinschaftlich raus aus dem Ballungszentrum in die Randgebiete fahren müssen, zeigt, wie hoch die *Naturentfremdung* (→ Kap. 19.1.2) für viele Kinder bereits ist. Dennoch kann Natur- und Umweltbildung nicht auf die Begegnung mit der Natur in **Wald, Feld und Wiese** verzichten. Es ist die Kreativität der pädagogischen Fachkräfte gefordert, solche Möglichkeiten der Naturaufenthalte für die Kinder und Jugendlichen immer wiederkehrend zu erschließen, was stets mit von der besonderen Lage der Einrichtung abhängig ist.

⊙ Viele Institutionen hätten die Möglichkeit, Aufenthalte in der Natur **regelmäßig zu organisieren**, nutzen sie aber nicht hinreichend, weil ihre Bedeutung allzu leicht unterschätzt wird. Besonders in ländlichen Gebieten, in denen die Natur „vor der Haustüre" ist, sind regelmäßige Aufenthalte in der Natur **konzeptionell zu verankern** und zu verstärken.

19.5.3 Waldtage und Waldkindergärten

Waldtage basieren auf dem Konzept des Waldkindergartens (→ Kap. 8.4.2).

Waldtage

Waldtage bedeuten, dass Kindertageseinrichtungen bestimmte Tage anbieten, an denen die Kinder die Zeit statt in den Räumen des Kindergartens draußen in der Natur verbringen. Primärerfahrungen in der Natur zu machen, steht dabei im Vordergrund.

Den Kindern werden dadurch vielfältige Erfahrungen ermöglicht, die sie im Haus nicht machen können:

- Sie erleben zahlreiche Bewegungsanlässe und -möglichkeiten
- Sie können die Natur mit allen Sinnen erleben
- Sie lernen, eigenständig etwas zu machen, auszuprobieren, zu erfinden und zu erproben
- Sie können nach ihren individuellen Bedürfnissen handeln und intensive Erfahrungen sammeln
- Sie erhalten die Möglichkeit, Pflanzen und Tiere in ihren Lebensräumen kennenzulernen.

Waldtage – wöchentlich oder monatlich – lassen sich konzeptionell durch die Einrichtung ganzer **Waldgruppen** erweitern. Eine Waldgruppe verbringt jeden Tag zwar mehrere Stunden im Wald, den Rest der Zeit aber noch im Kindergarten. Solch eine Waldgruppe kann konstant mit immer denselben Kindern oder offen mit Kindern aus verschiedenen Gruppen konzipiert sein. Dabei können sich die Kinder wöchentlich für die Waldgruppe entscheiden.

Der Wald als Erfahrungs- und Lebensraum ist neben der Umweltbildung auch eine Gelegenheit zur **naturwissenschaftlichen Förderung** (→ Kap. 16.6.2). Im Wald und ohne vorgefertigtes Spielzeug werden die Naturphänomene intensiv erlebt, und die Kinder können einen ganz eigenen Zugang zur Natur aufbauen.

Die **Gestaltung der Waldtage** lehnt sich an den ganz normalen Tagesablauf einer Kindertagesstätte an: Es gibt gemeinsame Mahlzeiten, gemeinsame Gesprächsrunden, Experimentier- und Erkundungsphasen sowie Bewegungsimpulse, sofern sie nicht bereits durch die natürliche Umgebung des Waldes hervorgerufen werden.

Waldkindergärten

Eine konzeptionelle Weiterentwicklung der Waldtage sind die *Waldkindergärten*. Seit ungefähr zehn Jahren ergänzen die Waldkindergärten die **umweltbildenden Angebote** für Kinder. Die ersten Waldkindergärten wurden schon Mitte des 20. Jahrhunderts gegründet, in Dänemark sind sie heute Standard. In Flensburg wurde 1993 der erste deutsche Waldkindergarten gegründet. Heute gibt es bundesweit ca. 400 Walkindergärten. Die „Schutzgemeinschaft Deutscher Wald“ (www.sdw.de) unterstützt das Konzept der Waldkindergärten uneingeschränkt.

In Waldkindergärten sind Ort und Thema der pädagogischen Bemühungen der **Wald.** Die Kinder verbringen dort den ganzen Tag. Nur bei extremen Wetterbedingungen z. B. im Winter werden Schutzräume aufgesucht. Durch den ständigen Aufenthalt in der Natur erleben und erfahren die Kinder die wechselseitige Abhängigkeit. Noch im Erwachsenenalter werden diese Kinder durch die Erfahrungen, die sie gemacht haben, beeinflusst sein.

> ✉ www.sdw.de/projekte/waldkindergarten/#info (Stand: 09.10.2009)
>
> www.waldkinder.de (Stand: 09.10.2009)

Abb. 19.11: Alexanders Interesse an Tieren soll gestärkt werden.

19.6 Beispiel für den pädagogischen Prozess

Wie ein pädagogischer Prozess in der Umweltbildung eines Kindes gestaltet werden kann, wird im folgenden Kapitel beschrieben.

19.6.1 Situationsanalyse

Alexander ist 3 Jahre alt und neu im Kindergarten. Bisher lebte er mit seinen Eltern und seiner siebenjährigen Schwester in einem Hochhaus in Frankfurt. Aus beruflichen Gründen ist die Familie umgezogen.

Alexander hat sehr wenige Erfahrungen mit der Natur gemacht. Bisher spielte er überwiegend in der Familienwohnung und hier in erster Linie mit industriell vorgefertigten Spielmaterialien oder auf dem gepflasterten Innenhof seiner Wohnsiedlung. Bedingt durch die enge Wohnsituation und karge Innenhofgestaltung hatte er wenige Bewegungsanreize und ist nun dementsprechend weniger aktiv als die anderen Kinder im Kindergarten und motorisch etwas ungeschickt. Auch lässt sich bei Alexander eine geringe Sensibilität in der Sinneswahrnehmung beobachten. Er achtet und reagiert nur wenig eigenaktiv auf verschiedene Gerüche, unterschiedliche Konsistenzen von Materialien und unterschiedliche Lichtbedingungen.

19.6.2 Erfassen von Ressourcen

Alexander ist ein aufgeschlossenes Kind, das sich leicht auf neue Situationen und neue Menschen einstellen kann. Zudem ist er wissbegierig und besonders interessiert an Tieren, er besitzt u. a. eine Reihe von Büchern über verschiedenste Tiere.

Der Kindergarten, den er besucht, liegt in einem Vorort von Hamburg und in der Nähe eines Waldgebietes, durch das auch ein Bach fließt.

Die Leitung der Einrichtung hat sich privat immer schon für Natur und Umweltphänomene interessiert und ist aufgrund dieser Sozialisationserfahrung besonders aufgeschlossen für Natur- und Umweltbildung.

19.6.3 Festlegen von Zielen

Alexander soll in den nächsten Wochen an Naturerfahrungen heran geführt werden. Basis dafür ist sein Interesse an Tieren und seine Kontaktfreudigkeit.

Folgende Ziele haben die Erzieherinnen gemeinsam mit den Eltern festgelegt:

- Unterstützung der Grob- und Feinmotorik von Alexander
- Unterstützung der Sinneswahrnehmung von Alexander
- Stärkung von Alexanders Grundinteresse an Tieren
- Anbahnung eines Verständnisses für den achtsamen Umgang mit der Natur.

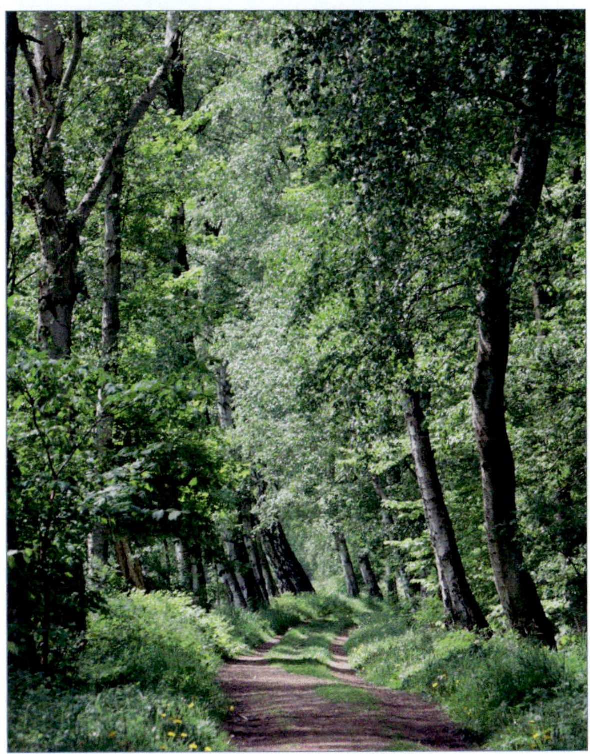

Abb. 19.12: Waldtage sollten, wenn möglich, keine einmalige Aktion sein, sondern als fester Bestandteil in das pädagogische Konzept aufgenommen werden.

19.6.4 Planung von Maßnahmen

Zielformulierungen alleine reichen nicht aus, es müssen Maßnahmen definiert werden, mit denen die Ziele erreicht werden sollen.

Um Alexanders Sinnesfunktionen anzuregen, sowie seine Bewegungs- und Koordinationsfähigkeit zu schulen, sind differenzierte Bewegungs- und Sinneserfahrungen erforderlich. Diese können durch die Begegnung mit der Natur in vielfältiger Weise ermöglicht werden.

Alexanders Begeisterung für Tiere kann durch eine naturnahe, direkte Begegnung im natürlichen Lebensraum gefördert werden.

Hieran anknüpfend kann die Grundlage für einen achtsamen und respektvollen Umgang mit der Natur und ihren Lebewesen gelegt werden.

Die Erzieherinnen beschließen, dass Alexander zusammen mit der Gruppe in regelmäßigen Abständen einen Waldtag erleben soll. Folgende Angebote sollen zur Zielerreichung beitragen:

- Vielfältige Klettermöglichkeiten und das Laufen auf unebenem Boden sollen Alexanders Gleichgewichtssinn schulen und seine Muskelspannung erhöhen
- Das Sammeln von und Gestalten mit Naturmaterialien soll Alexanders Sinne schulen und zugleich seine Feinmotorik fördern
- Die Zusammenarbeit mit einem Förster soll die Beobachtung von Waldtieren ermöglichen und zugleich ein Verständnis für ökologische Zusammenhänge bahnen

19.6.5 Durchführung von Maßnahmen

An der Durchführung der Waldtage werden alle beteiligt: die Erzieherinnen nehmen Kontakt zum Förster auf, die Kinder überlegen gemeinsam, was sie beim Besuch des Waldes beachten müssen und die Eltern statten die Kinder mit wetterfester Bekleidung aus.

Wichtig für die Durchführung aller Maßnahmen zur Förderung von Umweltbildung in einer Kindertagesstätte ist, dass es sich nicht nur um einmalige, vielleicht auch öffentlichkeitswirksame Aktionen handelt, sondern dass die Maßnahmen eingebettet sind in ein übergreifendes Handlungskonzept, das konsequent und immer wieder kehrend den Gedanken der Natur- und Umweltbildung mit verschiedensten Methoden begleitet. Denn die wichtigsten Maßnahmen, die der Umweltbildung dienen sind jene, die den Kindern die unmittelbare Umwelterfahrung kontinuierlich ermöglichen.

Die Waldtage werden deshalb als fester Bestandteil in das pädagogische Konzept aufgenommen.

19.6.6 Auswertung

Im Laufe eines halben Jahres können die Erzieherinnen und die Eltern beobachten, dass Alexander sich sehr positiv entwickelt. Er hat nicht nur neue Erkenntnisse über seine Lebensumwelt gewonnen, auch die viele frische Luft und Bewegung haben ihm gut getan und aktiver gemacht. Im Hinblick auf die formulierten Ziele lässt sich festhalten: Alexander

- Ist in seiner Bewegungskoordination nun wesentlich geschickter, sowohl im grobmotorischen, als auch im feinmotorischen Bereich.
- Zeigt sich in seiner Sinneswahrnehmung schon deutlich sensibler
- Sein Interesse an Waldtieren hat sich auf deren natürlichen Lebensraum und ihre Lebensbedingungen ausgeweitet
- Seine gestärkte emotionale Verbundenheit zur Natur, sowie seine Kenntniserweiterung haben in ihm eine respektvolle Haltung gegenüber der Natur gebahnt.

Es lässt sich festhalten, dass die naturpädagogische Arbeit im Kindergarten wesentlich dazu beigetragen hat, sowohl die Entwicklung von Alexander zu fördern, als auch, im Interesse der Umweltbildung, in ihm die Grundlage für einen nachhaltigen Umgang mit der Natur zu legen.

Emotionale und soziale Kompetenz

Simone Pfeffer

Gefühle sind ein natürlicher Bestandteil menschlichen Lebens. Vom Aufstehen am Morgen bis zum Schlafengehen am Abend und auch im Traum während der Nacht – ständig erlebt der Mensch Gefühlszustände verschiedener Art und Intensität. Er ist also ein emotionales Wesen.

Zugleich ist er auch ein soziales Wesen. Sein Leben beginnt im Allgemeinen in der Familie als primärer Gruppe (→ Kap. 9.4), in die er hineingeboren wird und auf deren Unterstützung er lange angewiesen ist. Im weiteren Lebensverlauf sucht er den Kontakt zu anderen und ist zumeist nur in einer Gemeinschaft lebensfähig. In der vorindustriellen Zeit war es noch offensichtlicher, dass die Zusammenarbeit in einer Gruppe nötig war, um die Dinge des täglichen (Über-)Lebens herzustellen (→ Kap. 9.2.3). Aber auch heute steht hinter den Produkten, die nun leicht eingekauft werden können, eine Vielzahl an kooperativen Leistungen von Menschen.

Emotionalität und Sozialität sind grundlegende Merkmale des Menschen. Der Umgang mit dem eigenen Gefühlsreichtum und das Zusammenleben mit anderen können allerdings gut oder weniger gut gelingen. Mit welcher Qualität diese Bereiche erfahren und gehandhabt werden, ist abhängig von der Ausprägung der **emotionalen** und **sozialen Kompetenz** der jeweiligen Person.

- **Emotionalität** *(zu: Emotion, von lat. emovere: herausbewegen, emporwühlen)*
  Erfahrung von und Umgang mit den eigenen Gefühlen (Emotionen), emotionale Äußerungsform.
- **Sozialität** *(zu: sozial, von lat. socialis: gesellschaftlich)*
  Sozialnatur des Menschen, Tendenz, Gemeinschaften und Gruppen zu bilden. Soziale Kompetenzen sind die Fähigkeiten, die sich aus diesem Bestreben entwickeln.

Für die heutige westliche Gesellschaft ist es eine Voraussetzung, dass Menschen sich gut mit anderen verständigen können und gemeinsam Probleme und Konflikte lösen. Um die Gesellschaft und mit ihr die Demokratie zu erhalten und auch immer wieder neu herzustellen, müssen Menschen eine Vielzahl an Fähigkeiten ausbilden.

Dafür ist es zunächst notwendig, sich selbst zu spüren und zu erkennen, welche Bedürfnisse und Ziele wichtig sind und diese auch anderen mitteilen zu können. Ebenso wichtig ist die Fähigkeit, auch die Bedürfnisse und Ziele von anderen wahrzunehmen und anzuerkennen. Darüber hinaus müssen Menschen die verschiedenen Bedürfnisse und Ziele miteinander aushandeln, um so zu befriedigenden oder zumindest akzeptablen Handlungsmöglichkeiten zu gelangen und Konflikte friedlich lösen zu können. Dafür benötigen sie entsprechende sprachliche Fertigkeiten. Diese Prozesse finden in einem Werterahmen statt, der grundlegende demokratische Normen wie zum Beispiel Gleichberechtigung oder Menschenwürde beinhaltet.

Werden die genannten Fähigkeiten, die auch als *Soft Skills* (Kompetenzen, die den beruflichen und privaten Erfolg bestimmen) gelten, in Bildungsbereiche gefasst, geht es dort darum, die *emotionale Kompetenz* (→ Kap. 20.1.1) und die *soziale Kompetenz* (→ Kap. 20.1.2) zu entwickeln und die *Wertebildung* (→ Kap. 20.1.3) zu unterstützen.

Oberflächlich betrachtet erscheinen diese Soft Skills oft wenig greifbar. Bei intensiver Beschäftigung mit der Thematik wird jedoch deutlich, dass hier verschiedene einzelne Fähigkeiten klar benannt und auch trainiert werden können.

In der Kindheit sind **Bildungsbemühungen in den sozioemotionalen Bereichen** besonders wichtig und erfolgversprechend, da die hier gemachten Lernerfahrungen die Basis für die weiteren Lernprozesse darstellen. Damit eine gezielte Förderung gelingen kann, ist es nötig, dass die pädagogischen Fachkräfte die verschiedenen Fähigkeiten kennen und sie auch als solche anerkennen. So ist es eine wichtige Fähigkeit im Bereich der emotionalen und auch der sozialen Kompetenz, den Gefühlszustand eines Gegenübers an seinen nonverbalen Äußerungen ablesen und angemessen darauf reagieren zu können.

[BEISPIEL] Wenn ein Kind beim gemeinsamen Spiel permanent die roten Steine nimmt, die ein anderes Kind auch gerne gehabt hätte, und die sich verdüsternde Miene des anderen Kindes nicht wahrnimmt, kann plötzlich ein Konflikt „aus heiterem Himmel" – vielleicht sogar um etwas ganz anderes – entstehen. Hätte das Kind die nonverbale Reaktion des anderen Kindes frühzeitig bemerkt, hätte es mit Nachfragen, Aushandeln etc. reagieren und dadurch die Situation völlig anders gestalten können.

Das theoretische Wissen um die verschiedenen Fähigkeiten macht es möglich, die vorhandenen oder fehlenden Kompetenzen bei Kindern wahrzunehmen und gezielt zu beobachten. In einem nächsten Schritt geht es dann darum, mit Spielen und Übungen oder in Alltagssituationen die Kompetenzen zielgerichtet zu fördern.

In einem weiteren Blick geht es hier also um all die Fähigkeiten, die es Kindern und Erwachsenen ermöglichen, sich zu einigen, friedlich zusammenzuleben sowie zusammen zu arbeiten. Diese Fähigkeiten bilden die Grundlage einer Demokratie, in der nicht das Recht des Stärkeren herrscht, sondern das Ideal der Gleichberechtigung ein wichtiges Grundprinzip darstellt. Das ist jedoch immer mit Aushandlungsprozessen und Kompromissen verbunden, für die bestimmte soziale, emotionale und kommunikative Fähigkeiten vorhanden sein müssen.

Im Folgenden werden die theoretischen Grundlagen zu den Bereichen der emotionalen und sozialen Kompetenz und der Wertebildung beleuchtet sowie Möglichkeiten der Umsetzung in die pädagogische Praxis vorgestellt.

20.1 Theoretische Grundlagen

Dieses Kapitel behandelt die Bedeutung, die Fähigkeitsbereiche und die Entwicklung von emotionaler und sozialer Kompetenz.

20.1.1 Emotionale Kompetenz

Emotionale Kompetenz siehe auch → Kap. 10.2.5

Gefühle sind ein wichtiger Aspekt im Leben des Menschen und begleiten ihn ständig. Sie sind dafür zuständig, ob er Lust hat, etwas zu tun oder nicht zu tun, also für die *Motivation* (→ Kap. 10.2.5). Sie haben Einfluss darauf, ob und wie gut er etwas lernt, wie er mit anderen zusammen ist, ob er sich wohl fühlt oder nicht. Gefühle beeinflussen die Körperchemie, das Denken und das Handeln. Umgekehrt beeinflussen Gedanken auch die Gefühle. Der Umgang mit Gefühlen kann mit mehr oder weniger Kompetenz erfolgen.

> **▶ Emotionale Kompetenz**
> Fähigkeit, mit Gefühlen und Bedürfnissen umgehen zu können, für sich allein und im Zusammensein mit anderen. Emotional kompetente Menschen können vielfältige Gefühle unterscheiden. Sie können ihre Gefühle angemessen ausdrücken und regulieren und sie können die Gefühle anderer Menschen erkennen und verstehen.

Diese Fähigkeiten werden im Kontakt mit anderen, zunächst in der Familie und später im weiteren Umfeld, entwickelt und verfeinert. Was für ein Alter von drei Jahren als emotional kompetent bezeichnet wird (z. B. das klare Erkennen und Bezeichnen der Basisgefühle Wut, Trauer, Angst, Freude), ist für einen Sechsjährigen ein „mageres Ergebnis". In diesem Alter sollten bereits viel differenziertere Gefühlszustände unterschieden und benannt werden können.

[BEISPIEL] Umgang mit Wut und Durchsetzung von Interessen: Wenn ein Kind ein anderes im Alter von zweieinhalb oder drei Jahren beißt oder schlägt, ist dies gänzlich anders zu bewerten, als wenn es dieselbe Form des Umgangs mit sechs Jahren wählt. Hier sollte das Kind idealerweise bereits so viel Selbstkontrolle und sprachliche Fähigkeiten entwickelt haben, dass es seine Wut anders zeigt und den Konflikt verbal austrägt.

Abb. 20.1: Mit zunehmendem Alter sollten Kinder genügend Selbstkontrolle und sprachliche Fähigkeiten entwickelt haben, um Wut angemessen ausdrücken zu können.

Doch bevor hier die einzelnen Fähigkeiten genauer benannt und die Entwicklung kurz dargestellt wird, soll es zunächst um die Bedeutung der *emotionalen Kompetenz* gehen.

Bedeutung emotionaler Kompetenz

Die emotionale Kompetenz hat einen entscheidenden Einfluss auf viele Situationen im Leben. Unser Gefühlszustand bestimmt die Art und Weise, wie wir uns verhalten und unsere Möglichkeiten nutzen. Wenn ein Kind häufig unsicher oder ängstlich ist, wird es seine kreativen Fähigkeiten weniger für ein bestimmtes Ziel einsetzen können, beispielsweise etwas Neues zu lernen. Es wird stattdessen viel Energie darauf verwenden müssen, sich in Sicherheit zu bringen, Schutzhandlungen von anderen zu erwirken, sich zu verstecken usw.

In unserer heutigen Lebenswelt müssen Erwachsene und auch schon Kinder permanent Entscheidungen treffen. Auf der einen Seite ist es positiv, dass viele Entscheidungsmöglichkeiten zur Verfügung stehen, auf der anderen Seite besteht aber auch der Zwang zur Entscheidung. Markantestes Beispiel ist die Entscheidung für einen Ausbildungs- und Berufszweig, der getroffen werden kann und zugleich getroffen werden muss. Haben Jugendliche gering ausgeprägte Entscheidungsfähigkeiten, kann das belastende Auswirkungen über den gesamten weiteren Lebenslauf hinweg haben. Um Entscheidungen treffen zu können, ist es als Erstes notwendig, die **eigene Befindlichkeit** und die **eigenen Bedürfnisse** klar zu spüren.

Ebenso ist die Qualität des **Austausches mit anderen** davon bestimmt, in wieweit die Gefühle von anderen Menschen erkannt und verstanden werden. Wenn Gefühle bei anderen nicht erkannt oder anders als von ihnen gemeint interpretiert werden, gibt es häufig Missverständnisse. Die Kommunikationspartner können sich nicht sinnvoll aufeinander beziehen und reden oder handeln aneinander vorbei. Grenzen müssen wahrgenommen und respektiert werden. Geschieht dies nicht, können leicht Aggressionen entstehen.

Schließlich konnte in Untersuchungen ein Zusammenhang mit schulischen Leistungen hergestellt werden. Die Psychologen Franz Petermann und Silvia Wiedebusch (2008) haben festgestellt, dass eine hohe emotionale Kompetenz mit einer positiven **schulischen Entwicklung** einhergeht. Umgekehrt stellt eine geringere emotionale Kompetenz einen Risikofaktor für schlechtere schulische Leistungen, Verhaltensauffälligkeiten und Suchtverhalten dar. Auch sind in diesem Zusammenhang vermehrt zwischenmenschliche Schwierigkeiten zu beobachten. Emotional wenig kompetente Kinder sind in der Regel meist unbeliebter und verhalten sich aggressiver, während emotional kompetente Kinder beliebter und weniger aggressiv im Sozialkontakt sind. Diese Beispiele machen deutlich, warum die Förderung der emotionalen Kompetenz so wichtig ist.

Abb. 20.2: Emotional kompetente Kinder sind meist beliebter und weniger aggressiv im Sozialkontakt.

Im Folgenden werden nun die verschiedenen Fähigkeiten der Emotionalen Kompetenz nach dem Modell von Carolyn Saarni vorgestellt.

> ⊙ Emotionale Kompetenz stellt eine grundlegende Kompetenz dar, von der es abhängt, in welcher Qualität Kinder Beziehungen zu anderen Menschen erleben und gestalten können. Sie ist die Grundlage für *soziale Kompetenz* (→ Kap. 20.1.2). Sie ist ebenfalls bedeutungsvoll für die Entwicklung von anderen weiterführenden Fähigkeiten.

Fähigkeitsbereiche emotionaler Kompetenz

In ihrem Modell der emotionalen Kompetenz unterscheidet die Psychologin Carolyn Saarni (2002) acht übergeordnete Fähigkeiten, die verschiedene Teilfähigkeiten enthalten (→ Tab. 20.1).

Diese von Carolyn Saarni ausgearbeitete Struktur bietet verschiedene Möglichkeiten für die pädagogische Praxis. Sie gliedert den oftmals verschwommenen Bereich der Emotionen in konkrete **Schlüsselfähigkeiten** auf und ermöglicht so eine systematische Beobachtung von vorhandenen und fehlenden Fähigkeiten bei den Kindern. Sie kann dazu benutzt werden, eine Förderung genau und schrittweise zu planen (*Förderung emotionaler Kompetenz* → Kap. 10.2.5, *Bildungsangebote* → Kap. 20.5). Dabei ist es wichtig, die Zeiträume der Entwicklung der verschiedenen Kompetenzen einschätzen zu können. Im Folgenden wird die Entwicklung der emotionalen Kompetenz kurz umrissen.

Entwicklung emotionaler Kompetenz

Primäre und sekundäre Emotionen im Entwicklungsverlauf → Kap. 10.2.5

Kinder lernen den Umgang mit Emotionen von Vorbildern und in Beziehung mit Erwachsenen und anderen Kindern. Die Lernprozesse beginnen nach der Geburt vom ersten Tag ihres Lebens an und vermutlich auch schon davor.

Zunächst ist für **Babys** ein zweipoliges Erleben typisch, bei dem negativer Stress und Zufriedenheit unterschieden werden. Bereits ab dem dritten Lebensmonat entwickeln sich Basisemotionen wie Freude, Angst, Ärger, Traurigkeit, Überraschung und Interesse. Für diese grundlegenden Gefühle kann der gleiche mimische Ausdruck in den verschiedensten Kulturen beobachtet werden. Auch blind geborene Menschen zeigen in Bezug auf Basisemotionen das gleiche Ausdrucksverhalten wie sehende Menschen.

Gegen **Ende des zweiten Lebensjahres** bilden sich die komplexeren Emotionen aus, zu denen Stolz, Scham, Mitleid, Neid, Verlegenheit und Schuld zählen. Um diese Gefühle empfinden zu können, muss ein Kind sozial anerkannte Verhaltensmaßstäbe kennen und sein Verhalten dazu in Beziehung setzen können. Die Fähigkeit der Empathie beginnt sich im zweiten Lebensjahr zu entwickeln und nimmt vor allem zwischen dem dritten und fünften Lebensjahr deutlich zu. Kinder können zunehmend zwischen eigenen Gefühlen und den Gefühlen von anderen unterscheiden, die Perspektive des anderen einnehmen und dessen Gefühle erkennen und mitempfinden.

Die sprachlichen Fähigkeiten wachsen und damit auch das verbale Ausdrucksvermögen von Emotionen. Die Kinder verstehen zunehmend bestimmte Situationen als Ursachen von Emotionen. Sie lernen **ab dem dritten Lebensjahr,** das Erleben von Gefühlen von dem sichtbaren Ausdruck von Gefühlen zu unterscheiden.

Strategien, um Emotionen zu regulieren, müssen in jeder Altersstufe entsprechend der Zunahme und Ausdifferenzierung der erlebten Emotionen weiterentwickelt werden. Es beginnt beim Beruhigungssaugen des Babys, zeigt sich in einem wütendenden „mit der Schippe aufs Wasser Schlagen" des Dreijährigen, weil der kleine Bruder gestillt wird, und entwickelt sich auch im Erwachsenenalter weiter. Hier wird es beispielsweise sichtbar in einem „Ich muss mal an die frische Luft" eines Erwachsenen nach einem Streit mit dem Partner.

> ⊙ Kinder brauchen kundige Wegbegleiter, die sie dabei unterstützen, die inneren und äußeren Gefühlswelten zu entdecken. Sie müssen vielfältige und differenzierte Fähigkeiten im Umgang mit Emotionen entwickeln. In einer Welt, die immer komplexer wird, stellt das eine Schlüsselfähigkeit dar.

Ein emotionaler, auf das Kind und seine Bedürfnisse bezogener und verlässlicher Kontakt ist wichtig für die Herausbildung von emotionaler Kompetenz. Wünschenswert ist eine solche „Herzensbildung" auf hohem Niveau natürlich

Modell der emotionalen Kompetenz von Carolyn Saarni	
Schlüsselfähigkeit	**Teilfähigkeiten und Beispiele**
Eigene Gefühle und Bedürfnisse wahrnehmen und einordnen	• Körpersignale spüren und zuordnen • Gefühle unterscheiden können (z. B. Hunger von Langeweile) • Achtsamkeit und Bewusstheit in Bezug auf eigene Gefühle
Den mimischen und gestischen Ausdruck von Gefühlen bei anderen Menschen erkennen	• Gefühlsausdruck eines anderen Kindes oder eines Erwachsenen einordnen • Verschiedene Ausdrucksformen und Intensitäten von Gefühlen wahrnehmen • Achtsam mit anderen sein • Körpersprachliche Signale im Rahmen der bekannten Kultur „lesen" (kulturelle Regeln bestimmen das Ausdrucksverhalten, z. B. bei Asiaten und Europäern)
Gefühle sprachlich ausdrücken	• Über ein vielfältiges Vokabular über Gefühle verfügen, um Gefühle einordnen und differenzieren zu können • Verbal über Gefühle und Bedürfnisse kommunizieren • Ausdrucksregeln der eigenen Kultur kennen
Fähigkeit zur Empathie	• Die Perspektive eines anderen Kindes oder Erwachsenen übernehmen • Sich in die Situation eines anderen Kindes oder Erwachsenen einfühlen • Mitgefühl empfinden
Zwischen innerem Erleben und äußerem Ausdruck eines Gefühls unterscheiden	• Wissen, dass der äußere Ausdruck eines Gefühls nicht mit dem tatsächlich empfundenen Gefühl übereinstimmen muss – klassisches Beispiel „ein Indianer kennt keinen Schmerz": Ein Kind fällt hin, empfindet Schmerzen, steht aber wieder auf und zeigt den Schmerz nicht. Ebenso gilt das Gegenteil: Ein Kind fällt hin, tut sich kaum weh und steht wieder auf, beginnt aber eine Minute später zu weinen, wenn ein Elternteil dazukommt. • Gefühle verbergen können • Gefühlsausdruck gezielt steuern
Emotionen selbstgesteuert regulieren, mit negativen Emotionen und Stress umgehen	• Wissen, dass Gefühle veränderbar sind, dass man auf sie einwirken kann • Die Intensität und Dauer von Gefühlen kontrollieren können • Impulskontrolle entwickeln • Sich beruhigen können • Wut, Angst, Trauer und Stress bewältigen (z. B. sich etwas vorsingen, damit man nicht soviel Angst hat, sich gut zureden und Mut machen, um sich etwas zu trauen, Wut erleben dürfen, weil man weiß, man kann sich wieder beruhigen; die Aufregung vor einer Kindergartenübernachtung so weit kontrollieren können, dass vorher noch ein Miteinander mit anderen möglich ist usw.) • Sich entspannen können • Ressourcen zur Verfügung haben, z. B. die Erfahrung, eine schwierige Situation schon einmal erfolgreich bewältigt zu haben oder die Erfahrung, dass Unterstützung vorhanden ist
Bewusstsein darüber, dass zwischenmenschliche Beziehungen von der Art, wie Gefühle kommuniziert werden, bestimmt werden	• Erkenntnis, dass Gefühle je nach Interaktionspartner unterschiedlich mitgeteilt werden (Freundin, Chef, Mutter) • Wissen, dass die Mitteilung der eigenen Gefühle interpersonale Konsequenzen hat • Verschiedene Arten von Beziehungen unterscheiden (Freund, Mutter, Vater, Erzieherin) • Die emotionale Kommunikation darauf abstimmen
Die Fähigkeit zur emotionalen Selbstwirksamkeit	• Das eigene emotionale Erleben wird akzeptiert • Negative Emotionen wie Wut oder Angst werden toleriert, aber nicht als überwältigend erfahren • Kinder gehen davon aus, eine Situation gestalten zu können • Aktives Bemühen, eine problematische Situation zu lösen • Kinder haben das Gefühl einer relativen Kontrolle über das eigene emotionale Erleben in dem Sinne, dass sie es meistern und sich selbst dabei achten • Kinder haben ein gutes Selbstwertgefühl

Tab. 20.1: Emotionale Kompetenz (nach Saarni 2002).

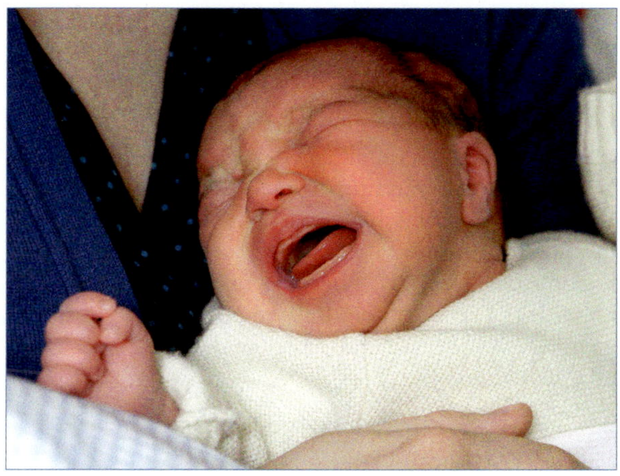

Abb. 20.3: Für Babys ist zunächst zweipoliges Erleben typisch, sie unterscheiden negativen Stress und Zufriedenheit.

bereits in der Familie. Aber mit zunehmendem Alter des Kindes können auch das Umfeld und damit die pädagogischen Fachkräfte im Kindergarten hier einen entscheidenden Beitrag leisten.

20.1.2 Soziale Kompetenz

Soziale Kompetenz siehe auch → Kap. 10.3.5

Soziale Kompetenz ist eng verwoben mit der emotionalen Kompetenz. Der Umgang mit den eigenen und den Gefühlen von anderen bildet die Grundlage für die Gestaltung von zwischenmenschlichen Beziehungen. Wenn die emotionalen Kompetenzen auf hohem Niveau entwickelt, Menschen also achtsam in Bezug auf eigene und fremde Gefühle und Bedürfnisse sind, sind auch die Wahrnehmung und der Umgang mit gegenseitigen Befindlichkeiten und Bedürfnissen im Zusammensein mit anderen eher von Achtsamkeit geprägt. Bei der sozialen Kompetenz kommen aber auch noch weitere Fähigkeiten in den Blick, z. B. Kommunikationsfähigkeit, Teamfähigkeit und Fähigkeiten zur Konfliktlösung.

> ▸ **Soziale Kompetenz**
> Auf der Grundlage von *emotionaler Kompetenz* entwickelte Fähigkeit zur Gestaltung zwischenmenschlicher Beziehungen; Fähigkeit zum Zusammenleben mit anderen.

Ein weiterer Aspekt ist die **Identitätsentwicklung** (→ Kap. 10.3.5 und 10.3.6), die im Austausch mit anderen voranschreitet und mit der Entwicklung von Selbstwert und Selbstwirksamkeit gepaart ist. Hierbei geht es darum, das eigene Ich im Kontakt mit anderen herauszubilden. Auch die Auseinandersetzung mit Regeln, Normen und Werten, die moralische Verhaltensmaßstäbe einer Gemeinschaft darstellen, ist Teil von sozialen Bildungsprozessen.

> ⊙ Wegen des engen Zusammenhangs von emotionalen und sozialen Kompetenzen wird häufig auch von **sozial-emotionalen Kompetenzen** gesprochen (Petermann/Petermann/Koglin 2008) (→ Kap. 10.3.5).

Soziale Kompetenz wird seit langem in **verschiedenen Forschungsfeldern** untersucht. Der Bereich umfasst ein sehr breites Spektrum an Fähigkeiten, daher gibt es hierfür zunächst keine einheitliche Definition. Verschiedene Forscher haben unterschiedliche Schwerpunkte und Perspektiven entwickelt. Zwei zunächst einmal widersprüchliche Darstellungen von Fähigkeitsbereichen werden im Folgenden kurz vorgestellt.

Nach den Psychologen Rüdiger Hinsch und Ulrich Pfingsten (2002) verhält sich eine Person sozial kompetent, wenn sie in der Lage ist, in Interaktionen mit anderen Menschen die eigenen Interessen erfolgreich zu verwirklichen. In dieser Sicht steht bei der sozialen Kompetenz die **Durchsetzungsfähigkeit** der Person im Zusammensein mit anderen im Zentrum.

Aus einer anderen Perspektive rückt die Anpassung des Individuums an Normen und Werte des Umfeldes mehr in den Vordergrund. Die Psychologieprofessoren David DuBois und Robert Felner (1996) definieren einen Menschen als sozial kompetent, der es versteht, sich an die sozialen Bedingungen **seiner Umwelt anzupassen.**

Auf den ersten Blick scheinen die beiden genannten Fähigkeitsbereiche kaum miteinander vereinbar, sondern eher entgegengesetzt zu sein. Jedoch müssen Durchsetzung und Anpassung nicht im Widerspruch zueinander stehen. Gerade in Hinblick auf längerfristige soziale Beziehungen ist die Fähigkeit, Kompromisse zu finden und Interessen auszuhandeln, wichtig. Sie stellt daher auch einen bedeutsamen Teilbereich der sozialen Kompetenz dar. Durch sie lassen sich die oben genannten scheinbar gegensätzlichen Handlungsrichtungen verbinden, wie in der Position des Psychologen Uwe P. Kanning (2002) zum Ausdruck kommt. Danach versucht sozial kompetentes Verhalten, einen **Ausgleich der Interessen der beteiligten Parteien herzustellen.** Im günstigsten Fall trägt sozial kompetentes Verhalten dazu bei, dass alle Beteiligten ihre Interessen in gleichem Maße verwirklichen können.

In diesem Verständnis von sozial kompetentem Verhalten sind beide Aspekte – die Durchsetzung der eigenen Interessen und die Anpassung an die Normen und Werte der Umwelt – verbunden. Damit ist es möglich, einen sozial verträglichen Ausgleich zu schaffen, der langfristige Beziehungen und Kooperation ermöglicht.

> ⊙ Es gibt kein sozial kompetentes Verhalten an sich, sondern was als sozial kompetent bewertet wird, hängt immer auch von den jeweils herrschenden Maßstäben (Normen und Werten) einer Umgebung (der Kultur, der Gesellschaft, aber auch der kleineren sozialen Gruppe, in der Kinder aufwachsen) ab.

Abb. 20.4: Was als sozial kompetent definiert wird, ist vom Umfeld abhängig. Übertrieben gute Tischmanieren sind bei einem Picknick fehl am Platz.

[BEISPIEL] In einer extremen Gegenüberstellung können zwei Kinder vorgestellt werden, deren Eltern verschiedenen sozialen Milieus angehören. Die Eltern des einen Kindes sind Mitglieder einer Rockergang, die des anderen Kindes sind bei einem philharmonischen Orchester beschäftigt. Was jeweils in dem einen Umfeld als sozial kompetent angesehen wird, kann sich dabei deutlich von den Vorstellungen von sozialer Kompetenz in dem anderen Umfeld unterscheiden. Die Kennzeichnung eines Verhaltens als sozial kompetent setzt also immer einen sozialen Bezugspunkt voraus. Die Normen und Werte in einer Rockergang können sich in vielen Punkten von den Normen und Werten unterscheiden, die im Milieu von professionellen Musikern der klassischen Musik herrschen.

In einer Gesellschaft und deren Bildungseinrichtungen wie dem Kindergarten gibt es **grundlegende Vorstellungen von sozialer Kompetenz,** die allgemein geteilt und vertreten werden. Dazu gehört beispielsweise, dass es als sozial kompetent angesehen wird, wenn man Konflikte friedlich lösen, Freunde finden und sich in einer Gemeinschaft verhalten und wohl fühlen kann.

Fähigkeitsbereiche der sozialen Kompetenz

Kognitive Prozesse → Kap. 10.2.4

Es gibt vielfältige Modelle zur sozialen Kompetenz, die die einzelnen Fähigkeiten in größeren Fähigkeitsbereichen darstellen oder sie einzeln ausführen. Übersichtlich erscheint das Modell der sozialen Kompetenz von Paul Caldarella und Kenneth Merrell (1997). In ihm werden fünf Fähigkeitsbereiche unterschieden, die wiederum viele einzelne Teilfähigkeiten beinhalten. Viele dieser Teilfähigkeiten sind schon für den Bereich der *emotionalen Kompetenz* (→ Kap. 20.1.1) beschrieben worden. Daher werden in der folgenden Tabelle (→ Tab. 20.2) nur einige Beispiele zu den sehr komplexen Fähigkeitsbereichen genannt.

Die soziale Kompetenz beinhaltet Teilfähigkeiten oder Fähigkeitsbereiche, die auch in anderen Zusammenhängen als wichtig und förderungswürdig angesehen werden, wie z. B. die *kognitiven Kompetenzen* (einer Anweisung folgen können, Zusammenhänge verstehen → *unten*). Dies unterstreicht auch die enge Verflechtung von Denken und Fühlen: Es geht nicht um ein Entweder-oder, ein Besser oder Schlechter von Gefühlen oder Vernunft, sondern um das ausgewogene **Zusammenspiel dieser verschiedenen Fähigkeiten** im Menschen. Es geht um ein „und", um eine vielfältig differenzierte Förderung von kognitiven und emotionalen Aspekten. Auch die neuere Hirnforschung belegt, wie eng kognitive und emotionale Prozesse ineinander verwoben und aufeinander bezogen sind. (→ Kap. 10.3.1).

Ein Kind, das über **ausgeprägte soziale Kompetenzen** verfügt, könnte folgendermaßen beschrieben sein:

- Das Kind wird von Gleichaltrigen gemocht und kann Einfluss auf diese nehmen
- Es hat keine soziale Angst, sondern kann leicht Kontakte aufbauen und auch in laufende Spielsituationen einsteigen, sich „hineinspielen"
- Es kann soziale Situationen gut einschätzen, sich in andere einfühlen
- Es fühlt sich zu einer oder mehreren Gruppen zugehörig und besitzt ein gutes Selbstwertgefühl

Modell der sozialen Kompetenz nach Caldarella und Merell

Fähigkeitsbereiche	Beispiele
Fähigkeit zur Bildung positiver Beziehungen zu Gleichaltrigen	• Fähigkeiten der Perspektivenübernahme • Andere wahrnehmen • Anderen helfen • Andere loben
Selbstmanagement-kompetenzen	• Die eigene Gefühlslage „managen" • Ärger kontrollieren • Konflikte bewältigen
Kognitive Kompetenzen	• Der Anweisung der Erzieherin, der Eltern oder der Lehrkraft folgen können • Zusammenhänge verstehen • Um Hilfe bitten
Kooperative Kompetenzen	• Normen in einer Gemeinschaft erkennen • Soziale Regeln anerkennen • Angemessen auf konstruktive Kritik reagieren
Positive Selbstbehauptung und Durchsetzungsfähigkeiten	• Ein Gespräch beginnen • Ein Bedürfnis äußern • Darauf bestehen, dass man gehört wird • Freundschaften schließen

Tab. 20.2: Soziale Kompetenz (nach Caldarella/Merrell 1997, zitiert nach Petermann/Petermann/Koglin 2008 und Kanning 2002).

- Es kann seine Gefühle angemessen kontrollieren und verfügt über Strategien zur Konfliktbewältigung und es kann sich mit anderen auseinandersetzen und verhandeln.

Entwicklung sozialer Kompetenz

Siehe auch Bindungstheorie → Kap. 10.3.3 und Kindheit → Kap. 10.3.5

Die Entwicklung der sozialen Kompetenz hängt eng mit der schon beschriebenen *emotionalen Kompetenz* (→ Kap. 20.1.1) zusammen. Sie ist wie die emotionale Kompetenz ein lebenslanger Prozess, jedoch werden in der Kindheit die Grundsteine für das spätere Leben gelegt, und die Bereitschaft für umfassende Lernprozesse ist hier besonders hoch. Aus der Bindungsforschung ist bekannt, dass die emotionalen Erfahrungen aus den sozialen Interaktionen der ersten Lebensjahre einen großen Einfluss auf die weitere Entwicklung haben.

Sicher gebundene Kinder entwickeln eher ein gutes Selbstwertgefühl und Selbstwirksamkeit und wenden sich in der Folge Personen und Dingen neugierig und forschend zu. Dagegen ist bei unsicher gebundenen Kindern vermehrt zu beobachten, dass sie ein weniger stabiles Selbstvertrauen aufbauen, häufiger unkonzentriert sind und mehr Schwierigkeiten im Zusammensein mit anderen Kindern bis hin zu sozial ängstlichem Verhalten zeigen (Haug-Schnabel u. a. 2005, Ebert 2003).

Während in den ersten Lebensjahren die primären Bezugspersonen, zumeist die Eltern, die größte Rolle spielen, gewinnen mit dem Älterwerden auch andere Instanzen, z. B. Erzieherinnen und Gleichaltrige, zunehmend an Einfluss. Mit der Entwicklung der Vorstellungskraft im zweiten Lebensjahr beginnt auch die Vorstellung vom eigenen Ich zu erwachen. Das Selbst-Bewusstsein in der Auseinandersetzung mit anderen entwickelt sich. Dazu gehören Themen wie Abgrenzung und Identifikation, Autonomie und Abhängigkeit, Distanz und Nähe. Dieser Lernprozess über sich selbst in Bezug zu anderen beginnt mit den Eltern und setzt sich fort in Krippe, Kindergarten, Schule und Hort.

Die Entwicklung von Empathie und prosozialem Verhalten (dem anderen zugewandtes Verhalten, Hilfsbereitschaft) nimmt hier ihren Anfang und erlebt deutliche Zuwächse in der Altersspanne zwischen drei und fünf Jahren. Dabei ist die Entwicklung der Fähigkeit, sich in andere einzufühlen und mit ihnen mitzufühlen, von der Erziehungsqualität abhängig. Je weniger Empathie ein Kind selbst erfährt, umso weniger wird seine Empathiefähigkeit gefördert. Die Fähigkeit zur Perspektivenübernahme beinhaltet, Absichten anderer Kinder zu erkennen, was im Verständnis von sozialen Situationen eine grundlegende Kompetenz darstellt. Nur wer erkennt, welche Absichten andere verfolgen, kann sich darauf beziehen. Er kann so eine Beziehung herstellen und aufrechterhalten, unabhängig davon, ob er sich anpasst oder Gegenmaßnahmen ergreift.

Abb. 20.5: Hilfsbereitschaft und die Wahrnehmung der Bedürfnisse anderer ist ein Fähigkeitsbereich der sozialen Kompetenz (nach Caldarella/Merell 1997).

Dies führt zu dem nächsten wichtigen Aspekt, dem Verhandeln und Aushandeln von Interessen. Hierzu bieten vor allem Gleichaltrigengruppen viele Möglichkeiten. Streit und heftige Verhandlungen in Kindergärten gehören zum Alltag und zeigen, dass Lernprozesse im sozialen Bereich stattfinden. Es geht z. B. darum, wer wie lange ein Spielzeug haben darf, wer welche Rolle im Spiel einnimmt oder wie eine Rolle gespielt werden soll. Es werden also ständig Spielregeln verhandelt, die es ermöglichen sollen, gemeinsam und aufeinander bezogen zu handeln. Dabei möchte jedes Kind seine Interessen durchsetzen, es soll aber auch gerecht zugehen.

> ⊙ Streitereien und Auseinandersetzungen unter Kindern sind grundsätzlich sehr wichtig, auch wenn sie nicht immer angenehm sind. In ihnen werden Normen und moralische Standards (→ Kap. 9.1.3) verhandelt und Lösungen gesucht. Kinder bilden dabei genau die Fähigkeiten heraus, die für Konfliktlösung und Teamarbeit nötig sind. Natürlich müssen sie in einem geschützten Rahmen stattfinden, in dem gewisse Streit- und Umgangsregeln vorgegeben sind. Die Zeitspanne im Kindergarten ist hierbei besonders wichtig, da in dieser Altersphase beim Kind ein großes Potenzial zur Entwicklung von sozialen Fähigkeiten vorhanden ist und die Situation im Kindergarten auf natürliche Weise tagtäglich unzählige Lernmöglichkeiten bereithält.

20.1.3 Wertebildung

Orientierung an Werten und Normen → Kap. 9.1.3, moralische Entwicklung → Kap. 10.3.3, Werteerziehung → Kap. 13.6.4

Was ist richtig und was ist falsch? Was ist gut und was ist schlecht? Bei diesen Fragen geht es um Orientierung. Um sicher handeln und mit anderen leben zu können, müssen sie beantwortet werden. Werte

- Sind Maßstäbe, die bei der Orientierung helfen
- Bestimmen das Handeln und
- Ermöglichen Entscheidungen über passende Handlungsweisen in alltäglichen und nichtalltäglichen Situationen.

Ob in einer Gesellschaft das Recht des Stärkeren gilt oder aber die Würde des Menschen den Handlungsweisen zugrunde liegt, verstehen Kinder sehr früh. Sie werden ihre Handlungsweisen nach den Maßstäben ausrichten, die ihnen die Vorbilder in ihrer Umwelt vermitteln. Bestimmte Grundwerte und mit ihnen verbundene Verhaltsweisen sind daher als Basis für das Bestehen einer demokratischen Gemeinschaft wichtig (Pfeffer 2012, Pfeffer/Göppner-Pfeffer 2007).

Während Werte allgemeine Übereinkünfte einer Gesellschaft darstellen, sind **Normen** spezielle Übereinkünfte über den tatsächlichen Vollzug dieser Werte. Sie sind Regeln darüber, wie Werte gelebt werden sollen. Normen gewährleisten so das Zusammenleben in einer Gruppe (z. B. in einer Familie oder Kindergartengruppe) oder in einer Organisation (z. B. einer Kindertagestätte oder Schule). Normen sind nicht alle in gleicher Weise verbindlich. Es gibt *Muss-, Soll- oder Kann-Normen* (→ Kap. 9.1.3).

Werte und Normen geben sozialem Handeln einen Sinn. Sie haben Orientierungs- und Integrationsfunktion: Sie geben eine Richtung vor und ermöglichen es, sich in eine Gruppe einzuordnen.

Kinder entwickeln ihre Sozialität und ihre Emotionalität vor dem Hintergrund der herrschenden Werte und Normen.

Es ist auch möglich, sich von den Werten und Normen abzugrenzen und sich gegen die allgemeine Ordnung zu stellen. In der Regel ist dann mit *Sanktionen* (→ Kap. 3.4) zu rechnen. Werte und Normen werden überwiegend durch Sozialisationsinstanzen wie Eltern, Kindergarten und Schule, aber auch zunehmend durch die Medien vermittelt (*Medienkompetenz* → Kap. 17.1.2) und begleiten Kinder bei ihrer *moralischen Entwicklung*.

20.2 Bedeutung für Kinder und Jugendliche

Emotionale und soziale Kompetenz sind **Basisfähigkeiten**, die für die Entwicklung eines Kindes eine große Bedeutung haben. Ebenso, wie man mit Sprache kompetenter oder weniger kompetent umgehen kann, kann mit Gefühlen und sozialen Beziehungen mit mehr oder weniger Kompetenz umgegangen werden. Dies kann weitreichende Folgen in der Gegenwart des Kindes und für seine Chancen im zukünftigen Leben haben. Emotionale und soziale Kompetenzen sollten daher, gerade weil sie in alle anderen Bereiche hineinwirken, besonders beachtet und gezielt gefördert werden.

Im Rahmenplan der Kultusministerkonferenz wird als Ziel die Persönlichkeitsbildung des Kindes angegeben, die alle Aspekte der Persönlichkeit umfassen soll. Besonders erwähnt werden die Entwicklung des Sozialverhaltens und die Bereitschaft und die Fähigkeit zu einer altersentsprechenden Übernahme von Verantwortung. Im Vordergrund steht „die Vermittlung grundlegender Kompetenzen und die Entwicklung und Stärkung persönlicher Ressourcen, die das Kind motivieren und darauf vorbereiten, künftige Lebens- und Lernaufgaben aufzugreifen und zu bewältigen, verantwortlich am gesellschaftlichen Leben teilzuhaben und ein Leben lang zu lernen“ (BdKK 2004, S. 3).

Abb. 20.6: Emotionale und soziale Kompetenz sind Basisfähigkeiten.

In den Bildungsplänen der Bundesländer wird dieser Themenbereich unterschiedlich umgesetzt, jedoch ist er überall als wichtiger Bildungsbereich enthalten.

Auch aus Wirtschaftskreisen ist immer wieder zu hören, wie wichtig Schlüsselqualifikationen im Arbeitsbereich sind. Personale, also auf die Person bezogene emotionale und kognitive Fähigkeiten und soziale Fähigkeiten sind Schlüsselqualifikationen und werden in der Arbeitswelt zunehmend gefordert.

In unserer heutigen Welt mit den vielen und schnellen Veränderungen wird den Menschen ständig emotionale und soziale Kompetenz abverlangt. Flexibilität und vielfältige Lebensformen sind hier die Schlagworte, die zunehmend das Arbeits- und Privatleben bestimmen. Emotionale Wechselspiele müssen in den Familien bewältigt werden, darauf weisen u. a. die hohen Scheidungsraten und der Begriff der Patchworkfamilien hin (*Soziale Probleme in Familien* → Kap. 9.4.7). Diese gesellschaftlichen Bedingungen machen ein permanentes Ausbalancieren von Emotionen nötig. Das gilt natürlich für die Erwachsenen, die diese schwierigen Situationen bewältigen müssen, aber ebenso auch für Kinder.

In verschiedenen Aktivitäten und Projekten der *Jugendhilfe* für Kinder unterschiedlichen Alters wird der wichtigen Bedeutung des sozial-emotionalen Bereiches Rechnung getragen. Häufiger sind jedoch Projekte und Initiativen für ältere Kinder und Jugendliche, die oft gewaltpräventiv motiviert sind. Wünschenswert wäre mehr Engagement im Bereich der Förderung von Vorschul- und Grundschulkindern. Hier könnte frühzeitig die Entwicklung von grundlegenden Fähigkeiten zur friedlichen Konfliktlösung unterstützt werden.

Wahl, Klaus: Vertragen oder schlagen? Biografien jugendlicher Gewalttäter als Schlüssel für eine Erziehung zur Toleranz in Familie, Kindergarten und Schule. Berlin, Düsseldorf: Cornelsen Verlag Scriptor 2007

20.3 Rolle der Erzieherin

Im Bereich der sozio-emotionalen Förderung und Wertebildung hat die Erzieherin in ihrer Berufsrolle verschiedene wichtige Aufgaben. Sie liegen in unterschiedlichen Bereichen und sind zugleich eng miteinander verbunden.

Sachkompetenz

Bei der Förderung emotionaler und sozialer Kompetenz liegt eine Aufgabe im Bereich des Fachwissens und der Sachkompetenz. Dazu gehören Wissen und Können bezüglich Beobachtung, Planung und individuell abgestimmter Förderung der Kinder (siehe auch Kap. 8.2 und 8.3).

Neben den unbestreitbar nötigen zeitlichen Ressourcen müssen auch die entsprechenden fachlichen Kompetenzen und das Bewusstsein über die grundlegende Wichtigkeit des sozial-emotionalen Bereichs beim Fachpersonal vorhanden sein.

Speziell in Bezug auf das Grundthema „Konflikte" ist für eine nachhaltige Förderung neben dem Umgang mit akuten Krisen, z. B. bei gewalttätigen Auseinandersetzungen, auch das Wissen um Methoden und Wirkungen von präventiven und kompetenzorientierten Ansätzen wichtig.

Gestaltung der Atmosphäre

Eine weitere Aufgabe der Erzieherin ist die Gestaltung der Atmosphäre, in der sich die Kinder im Kindergartenalltag bewegen und miteinander in Kontakt sind. Wertvorstellungen und gemeinsame Regeln bilden den Hintergrund dieser Atmosphäre.

Sie wird sowohl von der „Philosophie" der Einrichtung, den dort vorhandenen Wertvorstellungen und gemeinsamen Zielrichtungen als auch von der individuellen Haltung der Erzieherin der jeweiligen Gruppe mitbestimmt. Eine Atmosphäre der Wertschätzung und Anerkennung ist eine gute Voraussetzung, die Kinder dabei unterstützt, sich emotional und sozial positiv zu entwickeln. Eine bewusste Auseinandersetzung darüber, welche Atmosphäre in der Gruppe und in der Einrichtung vorherrschen sollte, ist sowohl für die einzelne Erzieherin als auch im Team immer wieder sinnvoll.

Vorbildfunktion

Schließlich hat die Erzieherin als Vorbild einen bedeutsamen Einfluss darauf, was Kinder über die Erfahrungen in ihrem Elternhaus hinaus darüber lernen, wie Gefühle und Bedürfnisse mitgeteilt und verhandelt werden können, welche Möglichkeiten es gibt, mit Konflikten umzugehen und ob Fehler und Misserfolge als Niederlage oder als Lernchance gesehen werden können.

Die Erzieherin kann durch ihr Modell beispielsweise vermitteln, dass

- Es bei Fehlern auch immer eine amüsante Komponente gibt und dass man aus ihnen lernen kann, was man beim nächsten Mal besser machen möchte
- Angst zum Leben dazu gehört und „okay" ist; es zugleich wichtig ist, genug Mut zu entwickeln, um sich trotz der Angst wichtige Dinge zu trauen
- Es schön ist, mit anderen zusammen zu sein und dass man die Gemeinschaft genießen kann
- Streit und Auseinandersetzung (nach bestimmten Regeln) zu Freundschaft und Gemeinschaft dazugehören.

Wenn ihr dies gelingt, haben die Kinder ein reichhaltiges Vorbild für die Herausbildung verschiedener sozio-emotionaler Kompetenzen, an dem sie sich automatisch orientieren werden.

Reflexion

Das Vorbild der Erzieherinnen im Umgang miteinander und im Verhalten den Kindern gegenüber spielt eine bedeutsame Rolle bei der Vermittlung von sozial-emotionalen Kompetenzen. Daher sollte sowohl die eigene Haltung als auch die Haltung auf der Ebene der Einrichtung reflektiert werden.

Die folgenden beiden Fragebögen zur Reflexion (→ Tab. 20.3 und 20.4) sind als Hilfestellungen gedacht, die Erzieherinnen dabei unterstützen können, über eigene Empfindungen und Erfahrungen mit Emotionalität und Sozialität nachzudenken.

Darüber hinaus können Fortbildungen, Supervision, Gespräche mit Vertrauten oder auch ein ruhiger Moment alleine ebenfalls hilfreich sein, um die eigene Haltung in den verschiedenen Bereichen zu reflektieren.

Abb. 20.7: Vorbildfunktion: Zeigen, dass es schön ist, mit anderen zusammenzusein.

Reflexion von Emotionen und Beziehungen

Nehmen Sie sich die Zeit, die folgenden Fragen für sich in Ruhe zu beantworten.
Die Fragen können dabei helfen, die eigene Haltung im Bereich von Gefühlen und Beziehungen zu reflektieren.

Fragen zur Analyse:

- Wie geht es mir mit Wut (Liebe, Angst, Trauer, Enttäuschung, Freude)?
- Für welche Gefühle habe ich viele Ausdrucksmöglichkeiten, für welche weniger?

- Welche Gefühle sind mir unangenehm (bei mir oder bei anderen)?
- Wie reagiere ich in einer Situation, in der ein solches Gefühl auftritt?

- Wie geht es mir in Konfliktsituationen (mit Kindern/mit Kolleginnen)?
- Wie reagiere ich?

- Wie gehe ich mit Fehlern (Misserfolgen) um?

- Wo sind (bei der Arbeit) meine persönlichen Grenzen?
- Wie teile ich sie anderen mit?

- Was bringt mich (bei der Arbeit) besonders leicht aus der Fassung?
- Was freut mich besonders?

Fragen zu Entwicklungspotenzialen:

- In welchem Bereich möchte ich meine Verhaltensmöglichkeiten erweitern?
- Was wünsche ich mir, noch besser zu können?

Tab. 20.3: Fragebogen 1 zur Reflexion von Emotionen und Beziehungen.

Reflexion von eigenen Werten – Welche Werte vertrete ich?
Nehmen Sie sich die Zeit, die folgenden Fragen für sich in Ruhe zu beantworten. Dieses Arbeitsblatt bietet die Möglichkeit, die eigene Rolle und die Modellfunktion im beruflichen Alltag zu klären. (Es kann auch als Grundlage einer Reflexion im Team verwendet werden.)
• Welche Werte möchte ich / möchten wir im Zusammensein mit den Kindern vertreten, wofür stehe ich / stehen wir ein?
• Was möchte ich / möchten wir den Kindern vermitteln? Welche Botschaften möchte ich / möchten wir ihnen auf ihren Lebensweg mitgeben?
• Wie sollen die Kinder diese Werte im Alltag erfahren?
• Woran erkenne ich /erkennen wir, wenn diese wichtigen Werte im Zusammensein verletzt werden?
• Wie könnte ich / könnten wir konkret meine / unsere Rolle als Vorbild und als jemand, der den Orientierungsrahmen setzt, ausfüllen? Was wäre dabei wichtig?
• Was hilft mir / uns, diese Vorstellungen im Zusammensein mit den Kindern umzusetzen? Wer kann dabei unterstützen?

Tab. 20.4: Fragebogen 2 zur Reflexion von eigenen Werten.

Der zweite Fragebogen (→ Tab. 20.4) soll dabei unterstützen, eigene Wertvorstellungen und ihre Umsetzung im Alltag zu reflektieren. Er ist sowohl als Instrument für die einzelne Erzieherin als auch zur gemeinsamen Reflexion im Team gedacht.

Wie lassen sich soziale und emotionale Kompetenzen beobachten?

Kennzeichen professioneller Beobachtung → Kap. 8.2.1, Beobachtungs- und Dokumentationsverfahren → Kap. 8.2.2

Auch im Bereich der sozialen und emotionalen Kompetenzen ist Beobachtung eine Voraussetzung jeder sinnvollen Förderung.

Zunächst einmal ist es wichtig, wahrzunehmen, wie die Kinder als Individuen und in der Interaktion in der Gruppe mit Gefühlen und Beziehungen umgehen. Dabei gibt es zwei Beobachtungsrichtungen:

- Welche Fähigkeiten der emotionalen und sozialen Kompetenzen lassen sich bei den Kindern beobachten?
- Welche Aspekte scheinen wenig ausgebildet zu sein?

Mit den aus der Beobachtung gewonnen Informationen können die Kinder individuell und gezielt gefördert werden. Wenn sich Ressourcen, Interessen und Stärken bei Kindern herauskristallisieren, ist es möglich, zunächst dort anzusetzen und dann zu weniger ausgeprägten Bereichen Brücken zu bauen. Auch stärkt das Bewusstmachen der vorhandenen Fähigkeiten den Selbstwert eines Kindes und führt zu weiterer Lernmotivation.

Ebenso ist es wichtig, die Bereiche wahrzunehmen, in denen die Fähigkeiten nur gering ausgeprägt sind. Mit gezielter Förderung können Rückstände aufgeholt werden. Es geht dann darum, weiteren Fehlentwicklungen vorzubeugen und Kreisläufe von Misserfolgserfahrungen und Ablehnung zu durchbrechen. Wenn jedoch überwiegend Schwächen beobachtet werden, entsteht schnell eine Schieflage.

Es gibt verschiedene Möglichkeiten und Hilfsmittel, um die emotionalen und sozialen Kompetenzen zu beobachten. Strukturierte Beobachtungsformen mit gerichteter Aufmerksamkeit können dabei von einer ungerichteten Beobachtung mit einer offenen (ungerichteten) Aufmerksamkeit unterschieden werden.

Folgende Ansätze werden im Anschluss vorgestellt:

- Die offene ressourcenorientierte Beobachtung
- Der Beobachtungsbogen PERiK
- Beobachtung nach dem Modell von Carolyn Saarni sowie
- Beobachtung der sozialen Entwicklung nach dem Prinzip des schwedischen Lehrplans „Baum der Erkenntnis".

Offene ressourcenorientierte Beobachtung

Nach Joachim Bensel und Gabriele Haug-Schnabel (2005) ist die offene ressourcenorientierte Beobachtung umschrieben mit „Schatzsuche statt Fehlerfahndung" (→ Kap. 8.2.1).

Diese Beobachtungsform ist wenig vorstrukturiert und setzt eine eher offene, lediglich allgemein auf Ressourcen ausgerichtete Aufmerksamkeit voraus. Schwerpunkt dieses Verfahrens ist die Beobachtung von Stärken und Fähigkeiten der Kinder. Im Vordergrund steht nicht, was Kinder noch nicht können, sondern was Kinder schon (gut) können.

Einzelne Kinder werden 15 bis 20 Minuten beobachtet, ihr Tun wird in einem Verhaltensprotokoll festgehalten. Anschließend wird das Verhaltensprotokoll ausgewertet, in dem gezielt nach Kompetenzen gesucht wird, die mit einem Schlagwort auf einer Kompetenzkarte (→ Abb. 20.8 und 20.9) vermerkt werden. Die Ergebnisse auf der Kompetenzkarte werden mit Kindern und Eltern besprochen.

Bei dieser Beobachtungsform geht es also darum, **Ressourcen** der Kinder zu entdecken. Dazu gehören auch Situationen, in denen ein Kind ruhig, gesammelt und ernst auf etwas konzentriert ist. Solche Situationen werden im allgemeinen „Getümmel" häufig nicht wahrgenommen, zum Beispiel bei Kindern, die sonst eher durch störendes Verhalten auffallen. Gerade bei diesen Kindern ist es wichtig, solche konzentrierten und ruhigen Momente wahrzunehmen und als Ressourcen positiv zu verstärken, statt nur auf die Kinder zu reagieren, wenn sie ein sehr extrovertiertes Verhalten zeigen.

Durch die Beobachtungsweise können **Selbstregulationskräfte** deutlich werden, der Prozess, wie sich ein Kind nach heftigen Gefühlen wieder beruhigen kann. Im Alltag fällt sonst eher auf, wenn ein Kind sich nicht gut beruhigen kann. Über die gelungenen Prozesse ist die Erzieherin zwar froh, sie werden aber eher selten als Ausdruck von Fähigkeiten vermerkt. Auch aktuelle Bildungsinteressen eines Kindes werden durch diese offene Beobachtungsform häufig deutlich.

Ein Verhaltensprotokoll (→ Tab. 20.5) sollte wesentliche Rahmendaten enthalten und zwischen der sachlichen Verhaltensbeschreibung und der Deutung unterscheiden.

Der Beobachtungsbogen PERiK

PERiK (Positive Entwicklung und Resilienz im Kindergartenalltag) ist ein Beobachtungsbogen, der **sechs Bereiche sozial-emotionaler Entwicklung** beinhaltet, die auch unter dem Stickwort Resilienz bedeutsam sind. Er wurde von den Psychologen Toni Mayr und Michaela Ulich (2006) konzipiert.

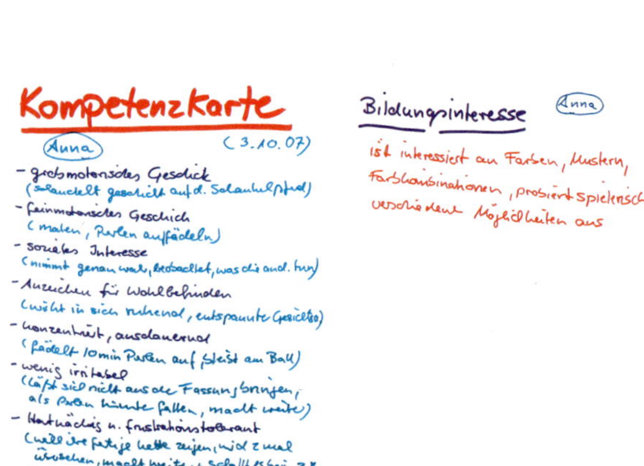

Abb. 20.8: Beispiel für eine Kompetenzkarte.

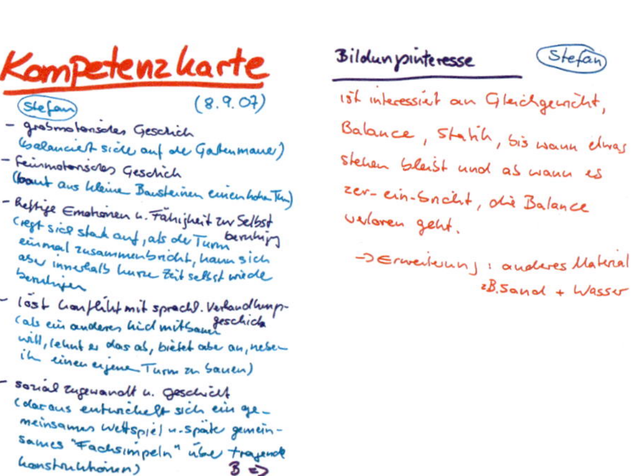

Abb. 20.9: Beispiel für eine Kompetenzkarte.

Verhaltensprotokoll von: ______________ Datum: ______________		
Alter und Geschlecht des Kindes	**Name Beobachter**	
Ort und Dauer der Beobachtung	**Gruppengröße**	
Besonderheiten	**Beobachtungssituation**	
Uhrzeit	**Verhaltensbeschreibung**	**Deutung**

Tab. 20.5: Beispiel für ein Verhaltensprotokoll.

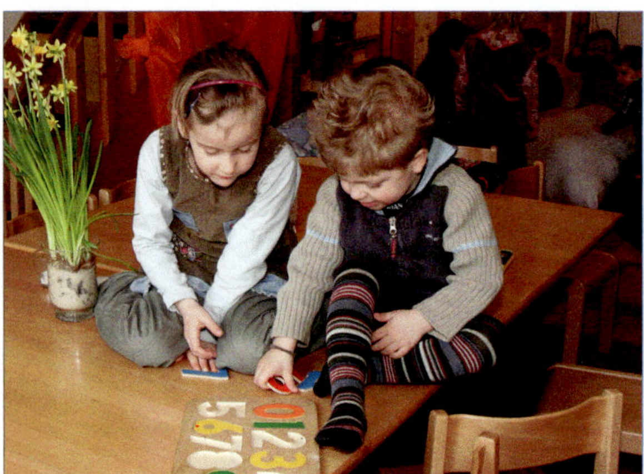

Abb. 20.10: Zur Ressourcenorientierung gehört es, auch Situationen zu beobachten, in denen das Kind ruhig und konzentriert ist und diese Stärke zu fördern.

Der Perik-Bogen umfasst folgende Basiskompetenzen:

- *Kontaktfähigkeit* – Wie ist der Kontakt zu anderen Kindern? Wird das Kind aktiv im Spiel, im Gespräch?
- *Selbststeuerung und Rücksichtnahme* – Kann das Kind eigene Wünsche zurückstellen? Nimmt es Anteil/Rücksicht?
- *Selbstbehauptung* – Wie vertritt das Kind eigene Interessen? Bildet es sich eine eigene Meinung? Steht es zu seinem Standpunkt?
- *Stressregulierung* – Wirkt das Kind ausgeglichen? Wie reagiert es auf Belastungen? Wie geht es mit inneren Anspannungen um, bleibt es ansprechbar?
- *Aufgabenorientierung* – Wie geht das Kind an Aufgaben heran? Wie ist die Konzentration? Braucht es Begleitung und Lob, um etwas fertig zu machen?
- *Explorationsfreude* – Hat das Kind Freude am Entdecken, an Neuem? Möchte es sich damit auseinandersetzen? Ist es wissbegierig?

Der Bogen ist relativ schnell auszufüllen und bietet neben vorgefertigten Fragen zum Ankreuzen auch noch zusätzlichen Raum für offene Beobachtungen zu den angegebenen sechs Kompetenzen.

Er ermöglicht es, sich einen Überblick über die Ausprägung von verschiedenen sozial-emotionalen Fähigkeitsbereichen zu verschaffen und die Entwicklung auch im zeitlichen Verlauf wahrzunehmen. Dies kann beispielsweise dadurch sichtbar gemacht werden, dass der Bogen im Verlauf von zwei oder drei Jahren mit jeweils verschiedenen Farben ausgefüllt wird. So kann eine Entwicklung, aber auch eine Stagnation sichtbar werden.

Allerdings geraten die grundlegenden Fähigkeiten der emotionalen Kompetenz hier nur teilweise in den Blick. Sie können mit der folgenden Struktur von Saarni genauer beobachtet werden.

📖 Ulich, M.: PERiK Positive Entwicklung und Resilienz im Kindergartenalltag. Begleitheft und 10 Beobachtungsbögen perik. Freiburg: Herder 2006

Beobachtung nach dem Modell von Carolyn Saarni

Das ausführlich beschriebene Modell der **Schlüsselfähigkeiten der emotionalen Kompetenz** nach Carolyn Saarni (→ 20.1.1) kann als Struktur herangezogen werden, um die einzelnen Teilfähigkeiten (→ Tab. 20.1) genauer zu beobachten. Im Vordergrund stehen dabei folgende Fragestellungen:

- Welche Emotionen kennen die Kinder selbst und erkennen sie bei anderen?
- Über welches Vokabular verfügen sie, um Gefühle zu benennen?
- Welche Möglichkeiten haben sie, sich nach intensiven Emotionen wieder zu beruhigen?
- In wieweit können sie ihre Befindlichkeit und ihre Bedürfnisse wahrnehmen und ausdrücken?
- Wie gehen sie mit Gefühlen der anderen Kinder um?

Mit Hilfe des Beobachtungsbogens (→ Tab. 20.6) können einzelne Teilbereiche oder alle acht Schüsselfähigkeiten beobachtet werden. Die Ergebnisse aus diesen Beobachtungen liefern konkrete Ansatzpunkte, wo eine Förderung der Basiskompetenzen für den emotionalen und sozialen Bereich ansetzen kann.

Bei diesem Beobachtungsvorschlag stehen die grundlegenden emotionalen Kompetenzen im Vordergrund. In der Praxis konnte wiederholt beobachtet werden, dass die Kinder nach einer Förderung in diesen Teilbereichen eine höhere Sensibilität für eigene und fremde Befindlichkeiten und eine verbesserte Konfliktlösefähigkeit zeigten.

Beobachtung nach dem Prinzip des schwedischen Lehrplans „Baum der Erkenntnis“

Die hier vorgestellte Beobachtungsmethode lehnt sich eng an den „Baum der Erkenntnis“ an. Dabei handelt es sich um ein ganzheitliches Beobachtungs- und Dokumentationsinstrument für die Entwicklung vom ersten bis zum 16. Lebensjahr. Es wurde in Schweden konzipiert, um die vorschulischen und schulischen Ziele zusammenzufügen und zu dokumentieren.

Mit dem Baum der Erkenntnis werden im **vorschulischen Bereich** sprachliche, intellektuelle, motorische, soziale und gefühlsmäßige Kompetenzen beobachtet. Für den **schulischen Bereich** werden grundlegende Kompetenzen in den verschiedenen Schulfächern formuliert und beobachtet.

Der hier vorgestellte Beobachtungsbogen (→ Tab. 20.7) enthält überwiegend die Fähigkeiten, die im Baum der Erkenntnis zur Beobachtung der sozialen Entwicklung im vorschulischen Bereich beschrieben sind. Einzelne Formulierungen wurden geändert und einige ergänzende Fähigkeiten hinzugefügt.

Der Bogen gilt als Grundlage zur Beobachtung von bereits erreichten Fähigkeiten. Diese werden dann mit einem Farbstift auf dem Bogen eingekreist. Alle schon erreichten Fähigkeiten werden so sichtbar. Bei einer Beobachtung zu

Beobachtungsbogen zu *Schlüsselfähigkeiten der emotionalen Kompetenz* **für:** ______________________ **Datum:** ____________	
*Beobachten Sie die Fähigkeiten **1 bis 8** bei dem beobachteten Kind. Sind diese gar nicht, schwach, mittelmäßig, gut, sehr gut ausgeprägt?*	*Beschreiben Sie Ihre Beobachtungen stichpunktartig.*
1 Die Fähigkeit, die eigenen Gefühle und Bedürfnisse wahrnehmen und einordnen zu können (Eigenen Gefühlszustand und dessen Verränderung wahrnehmen, erkennen, differenzieren, mehrere gleichzeitig vorhandene Gefühle unterscheiden)	
2 Die Fähigkeit, Emotionen bei anderen Menschen wahrzunehmen und zu verstehen (Gefühle bei anderen erkennen und einordnen, mimische und gestische Signale wahrnehmen)	
3 Die Fähigkeit, über Emotionen zu kommunizieren (Sprachliche Fähigkeiten, Emotionsvokabular, Gefühle und Bedürfnisse mitteilen, verhandeln)	
4 Die Fähigkeit, sich in andere hineinzuversetzen und ihre Gefühlslage nachvollziehen zu können (Empathie) (Sich einfühlen, mitfühlen)	
5 Die Fähigkeit, zwischen innerem emotionalen Erleben und äußerem Emotionsausdruck zu unterscheiden (Bei sich, bei anderen)	
6 Die Fähigkeit zur Emotionsregulation, Umgang mit negativen Emotionen und Stress (Strategien der Regulation, Selbstberuhigung, Ressourcen)	
7 Die Fähigkeit, sich der emotionalen Kommunikationen in Beziehungen bewusst zu sein (Emotionsausdruck in verschiedenen Beziehungen unterscheiden, variieren können)	
8 Die Fähigkeit zur emotionalen Selbstwirksamkeit (Selbstsicherheit im Umgang mit Gefühlszuständen; Gefühl, im Allgemeinen mit Gefühlszuständen umgehen zu können; Akzeptanz von „negativen" Gefühlen bei gleichzeitiger Handlungsfähigkeit, Problemlösungskompetenz)	

Tab. 20.6: Beobachtungsbogen zu Schlüsselfähigkeiten der emotionalen Kompetenz (nach Saarni 2002).

Beobachtungsbogen zur *sozialen Entwicklung* **für:** ____________ **Datum:** ____________			
Soziale Kompetenz – die Fähigkeit, einzeln und in Gruppen mit guten Beziehungen zu Kindern und Erwachsenen zu agieren		**Fähigkeit zur Einfühlung in andere und zur Zusammenarbeit mit anderen**	
Sich über den Erfolg eines Kameraden freuen	Verschiedene Meinungen haben und darüber reden können	Verständnis für Verschiedenheiten von Menschen haben und Verschiedenheiten akzeptieren	Sich in andere hineinversetzen können, Empathie
Für eigene Ideen einstehen, auch wenn sie von anderen nicht geteilt werden	Verstehen und ausführen einer Anweisung, die in einer Gruppe gegeben wird	Gefühle mit Worten beschreiben	Zusammenarbeiten können und einsehen, dass sich Kooperation lohnt
Verantwortungsgefühl für gemeinsame (Gruppen-)Sachen haben	Verantwortungsgefühl für sich selbst und seine Sachen haben	Wagen, sich selbst zu sein, Selbstwert empfinden	Wagen, neue Sachen auszuprobieren ohne Garantie, dass es gelingt
Auswählen können	Eigene Wünsche und Bedürfnisse äußern	Anderen helfen	Rücksicht zeigen
Sich mitteilen	Einander mit Respekt begegnen	Wagen, um Hilfe zu bitten	Erfassen, wer zur Gruppe gehört
Zuhören/Sprechen in Gruppen	Dialog mit Kindern	Begreifen, dass man Teil einer Gruppe ist	–
Begrüßen/Abschied:Guten Tag – Auf Wiedersehen	Dialog/Gespräch mit Erwachsenen	–	–
Fähigkeit, Konflikte zu handhaben		**Fähigkeit, gemeinsame Regeln, Rechte und Pflichten zu verstehen und dafür Verantwortung zu übernehmen**	
Wissen und Erfahrung haben, wie man Konflikte mit Worten löst	Wissen, dass es richtig ist, nein zu sagen und seine Integrität zu schützen	Wagen einzugreifen, wenn jemand geärgert wird	Eine Auffassung davon haben, was in sozialen Situationen richtig und falsch ist
Ein Nein von anderen akzeptieren	Grenzen von anderen wahrnehmen	Im Spiel verlieren können	Eigene Spiele und Zusammenspiel organisieren können
Erfahrung haben, wie man Konflikte löst	Eigene Grenzen wahrnehmen	Fähigkeit zu guten Tischsitten	Fähigkeit, darauf zu warten, bis man an der Reihe ist
Eigene Gefühle wahrnehmen und einordnen	Gefühle bei anderen wahrnehmen und einordnen	Fähigkeit, an einem von Erwachsenen geleiteten Spiel teilzunehmen	Fähigkeit, an einfachen Spielen teilzunehmen
Ersatzspielsachen mit Hilfe von Erwachsenen akzeptieren	–	–	–

Tab. 20.7: Beobachtungsbogen zur sozialen Entwicklung (in Anlehnung an den „Baum der Erkenntnis", dt. Übersetzung Berger/Berger 2006).

einem späteren Zeitpunkt kann ein anderer Farbstift verwendet werden. So wird auch die Entwicklung der Fähigkeiten im zeitlichen Verlauf sichtbar.

Der Bogen ist schnell zu handhaben und sehr übersichtlich. Er bildet eine hervorragende Grundlage für Elterngespräche, bei denen zunächst einmal die Fähigkeiten der Kinder im Vordergrund stehen. Zugleich wird auch deutlich, welche Fähigkeiten noch nicht erreicht sind. Auch mit den Kindern kann besprochen werden, was sie schon können und auch, was noch wichtig wäre. Die Ausrichtung an erreichten oder noch zu erreichenden Fähigkeiten macht eine konstruktive, zielorientierte Arbeit möglich.

Neben dem Beobachten der einzelnen Kinder sind auch immer die **Interaktionen der Kinder in der Gruppe** und die **Gruppendynamik** in einzelnen Teilgruppen oder der Gesamtgruppe von Interesse. Sie können ebenfalls mit offenen Beobachtungsformen oder beispielsweise mit Soziogrammen, die Beziehungen der Kinder untereinander grafisch darstellen, beobachtet werden.

Abb. 20.11: Interaktionen von Kindern in Gruppen und Gruppendynamik sind bei der Beobachtung auch von Interesse.

Die Beobachtungsformen liefern zugleich auch Möglichkeiten, die Entwicklung bzw. Entwicklungsfortschritte der Kinder im Bereich der Emotionalität und Sozialität zu dokumentieren.

20.4 Lernumgebung

Eine wesentliche Voraussetzung der Umgebung für emotionales und soziales Lernen ist der **Kontakt mit anderen Menschen.** Diese Voraussetzung ist durch das Setting in Krippe, Kindergarten und Hort automatisch gegeben. Interaktionen unter Kindern und zwischen den Kindern und den Erzieherinnen finden permanent statt.

Für die **Qualität der Lernumgebung** sind die schon oben angesprochene Atmosphäre und das Vorbild der Erzieherinnen sehr bedeutsam. Sie bestimmen den fühlbaren Rahmen und die Regeln des Miteinanders im Kindergartenalltag.

Ebenso spielen natürlich die **räumlichen Bedingungen** eine Rolle. Enge Räumlichkeiten, die geringe Möglichkeiten zum Rückzug oder zur Bewegung bieten, sind eher problematisch und unter Umständen konfliktfördernd. Auch uneinsichtige Ecken können Räume für Aggressionen gegen Dinge oder Menschen sein.

Demgegenüber sind Räume, die ausreichend Bewegung erlauben, großzügige Außenspielanlagen und genug Platz im Innenraum günstig für eine positive sozial-emotionale Entwicklung und bieten weniger Konfliktpotenzial.

Es gibt aber auch Gegenbeispiele, in denen Kinder in engen Räumlichkeiten durchaus friedlich spielen, während Großraum-Situationen viele Konfliktlösungen erfordern.

> ⊙ Das Zusammenspiel von guter Atmosphäre und guten Umgangsformen in der Einrichtung ist entscheidend für eine positive Lernumgebung.

Eine klare Ordnung und die Abgrenzung von Spielbereichen, z. B. durch Paravents oder Regale, sowie klare Regeln für bestimmte Bereiche schaffen **Übersichtlichkeit und Struktur.** Eine klare Struktur wird von Kindern häufig als sicherer Rahmen erlebt. Befürworter der offenen Arbeit sehen durch die innere Öffnung (keine feste Gruppe, sondern Wahl des Kindes nach Interesse) Möglichkeiten, dass die Kinder mit dem nötigen Platzangebot in den entsprechenden Themenräumen interessengeleitet spielen und lernen können, Kritiker sehen hier eher die Problematik des Verlustes einer festen Bezugsgruppe.

Wenn den Kindern in der Umgebung **Material** zur Verfügung steht, das **emotionale und soziale Themen** anspricht, trägt dies ebenfalls zu einer Auseinandersetzung mit Emotionalität und Sozialität bei. Dies können z. B. sein:

- *Bilderbücher,* z. B. über Gefühle, Konflikte, Freundschaft, soziale Probleme, die den Kindern vorgelesen werden oder die sie selbst anschauen
- *Entsprechende themenspezifische Spiele* wie z. B. Gefühlsuhren, Gefühlswürfel, Bilder, Fotos.

20.5 Bildungsangebote

Wichtig bei der Förderung der sozialen und emotionalen Fähigkeiten bei Kindern ist das Bewusstsein der Erzieherin über die Wichtigkeit der Themenbereiche und die eigene Vorbildwirkung. Ebenso bedeutend ist die bewusste Gestaltung einer wertschätzenden Atmosphäre. Diese Punkte wurden bereits oben ausführlicher beschrieben. Darüber hinaus können die emotionale und soziale Kompetenz durch konkrete Bildungsangebote gefördert werden. Es stellen sich die Fragen:

- Wie kann man emotionale und soziale Kompetenz bei Kindern fördern?
- Bei welchen Themen und in welcher Form kann man ansetzen?

20.5.1 Thematische Ansatzpunkte

Die **Basis** zur Förderung von emotionaler und sozialer Kompetenz (→ Kap. 20.3.2) bilden

- Die Sinneswahrnehmung
- Die Körperwahrnehmung
- Die sprachlichen Fähigkeiten
- Die Kenntnis der Basisemotionen sowie
- Möglichkeiten der Selbstberuhigung und
- Empathiefähigkeiten.

Je nach Qualität dieser Basis können die sozial-emotionalen Fähigkeiten in differenzierteren Teilbereichen (Wie gehe ich z. B. mit Misserfolg oder mit dem Tod einer wichtigen Bezugsperson um? Wie kann ich Freunde gewinnen? Wie kann ich Konflikte lösen?) weiter ausgebaut und zu komplexeren Fähigkeiten weiterentwickelt werden. Dabei ist es wichtig, das Alter und den jeweiligen Entwicklungsstand der Kinder zu berücksichtigen.

Abb. 20.12: Ausreichend Bewegungsraum bietet eine gute Basis für eine positive soziale und emotionale Entwicklung.

Wahrnehmung und Ausdruck von Gefühlen

Im Vordergrund der Förderung stehen

- Die Wahrnehmung von Gefühlen bei sich und bei anderen
- Der nonverbale und sprachliche Ausdruck von Gefühlen.

Dabei können mit zunehmendem Alter die Gefühle feiner differenziert, benannt und in verschiedenen Intensitäten ausgedrückt werden.

Zur Förderung eignen sich beispielsweise einführende **Spiele** mit einem Gefühle-Memory (→ Kap. 20.6.4) oder einem Gefühlswürfel, pantomimische Spiele oder auch Collagen von Menschen, die verschiedenste Gefühle ausdrücken. Es können Gefühlswörter oder auch Geschichten zu Gefühlen von den Kindern oder aus Büchern gesammelt und erzählt werden.

Weiterhin können Erzieherinnen **in der alltäglichen Situation** die Aufmerksamkeit auf die Gefühle der Kinder und deren Gefühlsäußerungen richten, ohne direkt das Thema Emotionen zum Übungsgegenstand für die Gruppe zu machen. Gefühle können durch Ansprechen und Benennen bewusst gemacht werden, die Kinder können in bestimmten Situationen zur Perspektivenübernahme hingeführt werden, um das Verständnis der Gefühle anderer und damit die empathischen Fähigkeiten zu fördern und gemeinsam Lösungen für den konstruktiven Umgang mit Gefühlen zu suchen.

Empathie

Im Kindergartenalltag ergeben sich viele Situationen im Miteinander, die zur Entwicklung von Empathie einladen. Empathieförderung findet sozusagen „nebenbei" statt, wenn sich die Erzieherin über die Wichtigkeit dieses Aspektes bewusst ist und ihn situativ aufgreift.

[BEISPIEL] Wenn ein Kind einem anderen ein Spielzeug wegnimmt, bietet es sich an, ein Gespräch darüber zu beginnen, wie sich das Kind selbst fühlen würde, wenn ihm etwas weggenommen würde. Wenn ein Kind hinfällt und weint, spricht die Erzieherin mit den anderen darüber, dass es sich wehgetan hat usw.

Darüber hinaus kann die **Fähigkeit zur Perspektivenübernahme** unterstützt werden dadurch, dass:

- Geschichten vorgelesen werden und anschließend besprochen wird, wie es den einzelnen Personen in der Geschichte gegangen ist, was sie wohl gedacht und warum sie so gehandelt haben
- Einige Kinder etwas über sich gefragt werden und erzählen, wie es ihnen ging, während andere einfach zuhören
- Die Kinder ermuntert werden, sich vorzustellen, sie wären in der Situation eines anderen Kindes, und überlegen sollen, wie es ihnen dann ginge
- Ein Kind ein anderes durch ein Gelände führt und dabei darauf schaut, dass das andere Kind sicher ist und es ihm gut geht usw.

Gefühle regulieren, Probleme und Konflikte lösen

Gemeinsam mit Kindern können hier Strategien zur Selbstberuhigung entwickelt, Lösungen gesucht und Beispiele von positiven Modellen gefunden werden. Dies ist ein sehr komplexer Bereich.

Wesentliche Grundfähigkeiten sind hier unter anderem, eigene Bedürfnisse wahrnehmen, ausdrücken und verhandeln können. Alles, was diesen Bereich schult, trägt zu **konstruktiven Konfliktlösefähigkeiten** bei.

Literaturempfehlung zu konkreten Anregungen und Spielen:

Dörfler, M./Klein, L.: Konflikte machen stark. Streitkultur im Kindergarten. Freiburg: Herder 2003

Mößner, B./Pfeffer, S./Pfister, H.: Wunderfitz – Das große Förderbuch. Emotionale und soziale Kompetenz-Kreativität. Freiburg: Herder 2008

Petermann, F./Petermann, U.: Training mit aggressiven Kindern. München: PVU 2008

Pfeffer, S. (2012): Sozial-emotionale Entwicklung fördern: Wie Kinder in Gemeinschaft stark werden. Freiburg: Herder.

Kontakt, Grenzen und Freundschaft

Die Beschäftigung mit den Themen Kontakt, Grenzen und Freundschaft unterstützt Kinder dabei, positiven Kontakt zu anderen herstellen zu können. Dazu gehört es beispielsweise, zu einer bestehenden Spielsituation hinzuzukommen, sich „hineinzuspielen". Ebenso ist es wichtig, eigene Grenzen und die Grenzen anderer wahrzunehmen und sie respektieren zu können.

Darüber hinaus ist das Thema Freundschaft für Kinder sehr wichtig. Eine Auseinandersetzung mit Freundschaft kann Kindern dabei helfen, sich mit anderen abzustimmen und genauere Vorstellungen über konstruktive Handlungsmöglichkeiten zu bekommen. Auch kann hier bewusst werden, was nicht förderlich für Freundschaft ist.

Grundlegende Ressourcen

Wesentlich im Kindergarten sollte es sein, das **Erleben von positiven Gefühlen** zu ermöglichen, denn diese Empfindungen bilden eine Basis, auf der Selbstvertrauen und Sicherheit entstehen können. Auch für den konstruktiven Umgang mit Misserfolg ist es wichtig, ausreichend positive Erfahrung über das eigene Können oder positive Empfindungen im Zusammensein mit anderen gesammelt zu haben.

Dies führt direkt zu dem Begriff der **Resilienz** (→ Kap. 10.7). Wenn die Widerstandskraft des Kindes groß genug ist, ausreichend stärkende Erfahrungen und unterstützende Personen zur Verfügung stehen, können problematische Situationen eher konstruktiv verarbeitet werden.

Auch **Lachen** ist eine wichtige Ressource, die nicht nur für gute Laune sorgt, sondern auch den Abbau von Stress im Körper unterstützt. Humor ist ebenfalls eine bedeutende soziale Ressource, und Menschen mit Humor weisen höhere Beliebtheitswerte auf.

20.5.2 Formen der Förderung emotionaler und sozialer Kompetenz

Welche Ansatzmöglichkeiten für eine Förderung gibt es im Kindergarten? Die Förderung der emotionalen und sozialen Kompetenz kann bewusst langfristig als Hauptthema gesetzt werden und entsprechend schrittweise und aus verschiedenen Perspektiven aufgebaut werden. Genauso ist es möglich, die Förderung punktuell in den Blick zu nehmen, z. B. mit bestimmten Programmen.

Kompetenzförderung als Hauptthema

Für die erste Form, in der die Förderung von emotionaler und sozialer Kompetenz als Hauptthema gesetzt ist, ist zunächst einmal eine gute Sachkenntnis über den Themenbereich nötig. Sie erlaubt es den Erzieherinnen, aus der Beobachtung von einzelnen Kindern und der Gruppe eine auf die Kinder zugeschnittene Förderung zu planen und diese auch umzusetzen. Diese Projektideen und ihre Umsetzung erfordern einiges an Einsatzbereitschaft und Kreativität. Im Ergebnis sind sie häufig sehr zufriedenstellend und gewinnbringend, da sie genau auf die Bedürfnisse und vorhandenen Problembereiche abgestimmt wurden.

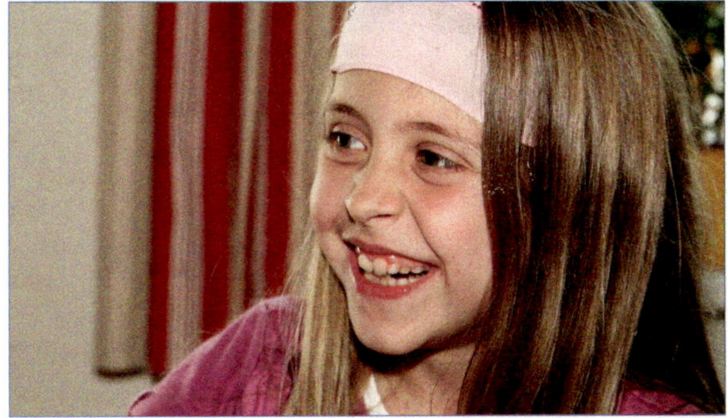

Abb. 20.13: Lachen ist eine Ressource.

Projekte

Langfristig können folgende Themen bearbeitet werden bzw. können Projekte **langfristig** beispielsweise bearbeiten:

- *Gefühle* – als Jahresthema im Kindergarten mit vielen Aktionen
- *Was ist wichtig bei Freundschaften?* – als Frühjahrs- und Sommerprojekt mit verschiedenen Aktionen, Ergebnissammlung in einem Büchlein, Abschlussvorstellung des Buches beim Sommerfest.

Projekte können auch **bei konkretem Anlass** eingesetzt werden. Wenn in einer Gruppe ein Familienmitglied verstorben ist, kann eine Auseinandersetzung (jedoch ohne das Thema Tod für alle Kinder zu thematisieren) mit der Vielfalt an Gefühlen in uns und ihrer Regulation mit Hilfe des Bilderbuches „Der Seelenvogel“ von Michael Snunit und Na`ama Golomb geschehen.

Die Erzieherin kann beispielsweise so vorgehen:

- Buch vorlesen
- Gefühlszustand des eigenen Seelenvogels malen
- Das Gemalte besprechen
- Metaphern der Geschichte in den folgenden Wochen immer wieder aufgreifen (Wie bekomme ich die Wutschublade zu?)
- Erneut malen
- Ausstellung der Bilder und einiger Aussagen der Kinder zum Thema
- Austausch mit den Eltern.

Einrichtungsübergreifende Projekte sind sinnvoll, wenn mehrere Einrichtungen zusammenarbeiten. So ist z. B. „Lebenswelt Konflikt“ ein vom Jugendamt Nürnberg getragenes Projekt, bei dem Kindergarten, Hort und Schule zusammenarbeiten und mit externer Unterstützung durch Fortbildung und Teambegleitung die emotionale und soziale Kompetenz und insbesondere die Konfliktfähigkeit in ihrer Einrichtung und die Vernetzung mehrerer Einrichtungen fördern.

Programme

Es gibt auch Programme, die direkt auf die Förderung der sozialen und emotionalen Kompetenzen abzielen, z. B. Faustlos und Papilio. Die einzelnen Übungsschritte sind hier bereits vorgeplant und können in der Gruppe bearbeitet werden. Auf der einen Seite wird von einigen Erzieherinnen die vorgegebene Struktur der Programme als hilfreich empfunden, auf der anderen Seite sehen es manche Erzieherinnen als problematisch an, dass die vorgegebenen Inhalte (Bilder, Geschichten, Formulierungen) nicht immer für ihre Kinder passen. Ebenso sollte von den Erzieherinnen über die einzelnen Programmpunkte hinaus zusätzlich ein umfassenderes Hintergrundwissen zum sozial-emotionalen Themenbereich erworben werden.

Literaturempfehlungen

Folgende Bilder- und Vorlesebücher sind geeignet, um Themen der emotionalen und sozialen Kompetenz mit Kindern zu bearbeiten. Dabei handelt es sich natürlich nur um eine kleine Auswahl:

d'Allance, M.: Robbi regt sich auf. Frankfurt am Main: Moritz 2000

Aliki: Gefühle sind wie Farben. Weinheim: Beltz und Gelberg 1984

Brownjohn, E.: Zittern, bibbern, schüchtern sein – Angst kennt jeder, Groß und Klein. Stuttgart: Gabriel 2007

Enders, U., Wolters, D.: Schön & blöd: Ein Bilderbuch über schöne und blöde Gefühle. Weinheim: Anrich 1994

von Keyselingk, L.: Geschichten gegen die Angst. Freiburg: Herder 1999

Kreul, H.: Ich und meine Gefühle. Bindlach: Loewe 1996

Kreul, H., Geisler, D.: So mutig bin ich. Selbstvertrauen für Kinder ab 5. Bindlach: Loewe 2005

Snunit, M., Golomb, N.: Der Seelenvogel. Hamburg: Carlsen 1994

Zöller,E., Kolloch, B.: Stopp, das will ich nicht! – Vorlesegeschichten vom Neinsagen und Sich-Trauen. Hamburg: Heinrich Ellermann 2007

www.jugendamt.nuernberg.de/fachkraefte/projekte_lebenswelt.html (04.06.09)

www.faustlos.de (04.07.12)

www.papilio.de (04.07.12)

20.6 Beispiel für den pädagogischen Prozess

Wie sieht nun der pädagogische Prozess bei der Förderung von sozialen und emotionalen Fähigkeiten aus? Im Folgenden soll dies an einem Beispiel verdeutlicht werden. Auf der Grundlage einer Analyse der Situation und der Erfassung von Ressourcen eines Kindes werden Ziele festgelegt und Maßnahmen geplant. Darauf folgt die Durchführung und Auswertung der Maßnahmen.

20.6.1 Situationsanalyse

Esa ist viereinhalb Jahre alt und besucht erst seit knapp einem halben Jahr die Einrichtung. Ihre Familie lebt erst seit kurzem in Deutschland, die Eltern sind Bürgerkriegsflüchtlinge und haben sich um Asyl beworben. Dementsprechend verfügen sie nur über rudimentäre Deutschkenntnisse und auch Esa spricht noch wenig Deutsch. Da sie in einem anderen kulturellen Umfeld aufgewachsen ist, kommt es immer wieder zu Missverständnissen, denn sie deutet den mimischen und gestischen (Emotions-)Ausdruck und das Verhalten in der deutschen Kultur teilweise anders.

Über traumatische Erfahrungen, die sie und ihre Familie in ihrem Herkunftsland erlebt haben, kann nur spekuliert werden.

Die Familie lebt sehr beengt. Die Eltern dürfen noch nicht arbeiten, die beiden älteren Brüder besuchen erst seit kurzem eine Schule.

Die langfristige Perspektive in Deutschland ist noch unklar, jedoch zeichnet sich ab, dass ein dauerhafter Aufenthalt wahrscheinlich möglich ist.

In vielen Punkten (Anziehen, ihre Sachen packen) ist Esa schon sehr selbstständig, emotional ist sie jedoch sehr anlehnungsbedürftig. Auf laute, ungeordnete und hektische Situationen reagiert sie schnell übertrieben schutzbedürftig oder aggressiv. Die Reaktion erfolgt immer nonverbal. In der Gruppe fällt wiederholt auf, dass Esa in Konfliktsituationen handgreiflich wird. Häufig geht es darum, eigene Interessen und Bedürfnisse zu sichern und Grenzen zu verteidigen.

20.6.2 Erfassen von Ressourcen

Esa ist ein aufgeschlossenes, wissbegieriges und lebenslustiges Mädchen, wenn sie sich sicher und aufgehoben fühlt. Das weist auf die unterstützende Beziehung zu den Eltern hin, da Esa sich ihre Offenheit und Aufgeschlossenheit trotz der bedrohlichen Situationen in ihrem Herkunftsland erhalten konnte. Sie hat eine schnelle Auffassungsgabe und ist an Sprache und an künstlerischen Aktivitäten interessiert.

Ihre heftige Art, sich in Konfliktsituationen zu verteidigen, ist zwar als Lösungsstrategie im Kindergarten nicht akzeptabel, jedoch grundsätzlich eine „gesündere" Alternative zu einem depressiven Rückzug und einer demütigen Unterordnung unter andere.

20.6.3 Festlegen von Zielen

Sinnvoll erscheint in diesem Fall, Esas verbale Ausdrucksmöglichkeiten zu fördern, die ja eine Grundlage für eine friedliche Konfliktlösung darstellen. Insbesondere ist es hier wichtig, das Vokabular für den Ausdruck von Gefühlen, Interessen und Bedürfnissen zu fördern. Ebenso ist es wichtig, die klare Wahrnehmung von nonverbalen Signalen im hiesigen Kulturraum zu unterstützen. Schließlich benötigt man für Aushandlungsprozesse bestimmte Grundbegriffe und Differenzierungen, die leicht und spielerisch eingeübt werden können.

Daraus ergeben sich folgende Lernziele für Esa:

- Erweiterung des Wortschatzes um Gefühle und Bedürfnisse zu benennen
- Wahrnehmung von mimischem und gestischem Gefühlsausdruck
- Einordnen der nonverbalen Signale
- Differenzierung von verschieden intensiven Gefühlen
- Erweiterung des Wortschatzes um grundlegende Wortpaare, die benötigt werden, um Bedürfnisse und Interessen auszuhandeln und Probleme und Konflikte zu lösen
- Verbesserung der gegenseitigen Wahrnehmung und Anteilnahme.

Darüber hinaus ist es wichtig für die positive Entwicklung von Esa, sie emotional zu unterstützen und ihr Erfahrungen zu ermöglichen, die mit dem Gefühl der Sicherheit verbunden sind.

20.6.4 Planung von Maßnahmen

Übergeordnete Ziele sind also die differenzierte Wahrnehmung von Emotionen und Bedürfnissen sowie ihr sprachlicher Ausdruck. Zusätzlich sollen die sprachlichen Grundlagen verbessert werden, um das Aushandeln von Bedürfnissen leichter zu machen.

Zwei spielerische Maßnahmen werden hierzu ausgewählt, die in der gesamten Gruppe durchgeführt werden sollen, da die Lernziele zum einen nur gut im miteinander erreicht werden können und zum anderen die übrigen Kinder in der Gruppe ebenfalls davon profitieren.

Die Herstellung eines Gefühle-Memorys® aus Fotos der Kinder der Gruppe

Durch das Fotografieren und die Auswahl der Fotos findet eine vielfältige Auseinandersetzung mit dem mimischen Gefühlsausdruck statt. Ebenso wird permanent über das Thema gesprochen, die Gefühle mit den entsprechenden Wörtern beschrieben usw. Dabei können die Kinder mit einem geringeren Wortschatz von dem Wissen der Kinder profitieren, die über einen ausgeprägten Wortschatz verfügen, d. h. die Kinder lernen vieles voneinander sozusagen nebenbei bei der Herstellung des Memorys® und später im Spiel damit.

Abb. 20.14: Gefühle-Memory®.

Einüben von sprachlichen Grundlagen der Problem- und Konfliktlösung

Bestimmte Wortpaare bilden die Grundlage, um verschiedene Interessen aushandeln zu können. Dazu gehören beispielsweise und/oder, jetzt/später, davor/danach, fair/unfair und so weiter. Mit diesen Wortpaaren werden innere Differenzierungen eingeübt, die sich im Denken und der Vorstellungskraft der Kinder wieder finden. Wenn Kinder nicht zwischen jetzt und später unterscheiden können und nicht wissen, dass es zwar jetzt nicht passt, es später aber eine Möglichkeit für sie gibt, das Gewünschte zu tun, können sie auch nur schwer ihre Bedürfnisse zurückstellen. Dies ist aber eine wichtige Grundfähigkeit im sozialen Miteinander. Ebenso ist es hilfreich, wenn Kinder klare Kriterien haben, was fair und was unfair ist.

Zeitplan

Das Memory® wird als Projekt für die nächsten drei Wochen geplant. Die Wortpaare werden schrittweise im Morgenkreis besprochen. Diese Aktion startet erst ein bis zwei Wochen nach dem Memory®.

20.6.5 Durchführung von Maßnahmen

Zunächst wird das Gefühle-Memory® hergestellt. Dann kommt die spielerische Auseinandersetzung mit den begrifflichen Grundlagen für eine friedliche Konfliktlösung hinzu.

Gefühle-Memory

Die Herstellung des Gefühle-Memorys® kann sich über mehrere Tage oder auch Wochen ziehen, je nachdem, was sonst noch geplant ist. Bei allen Arbeiten sollen die Kinder möglichst umfassend beteiligt werden.

Benötigtes Material

- Digitaler Fotoapparat
- Computer und Farbdrucker
- Papier
- Vorgefertigte leere Memory®-Karten (gibt es im Bastelgeschäft oder ist bei Versandhäusern für Künstlerbedarf zu beziehen)
- Scheren
- Klebstoff
- Sprühlack

Ausführung

Die Erzieherin stellt den Kindern zunächst das Memory®-Projekt vor.

In einem ersten Schritt sollen die Kinder pantomimisch verschiedene Gefühle ausdrücken. Sie können dabei alle möglichen Gefühle ausprobieren und sich dabei gegenseitig zuschauen und sich inspirieren lassen.

Nach einer Weile werden verschiedene Gefühlsgesichter fotografiert. Besonders interessant werden die Aufnahmen oft, wenn auch die Kinder fotografieren dürfen.

Die Gefühlsgesichter werden in den Computer eingelesen, die unbrauchbaren aussortiert (nur verwackelte, unscharfe Fotos entfernen, noch keine inhaltliche Auswahl treffen!) und der Rest in Kleinformat ausgedruckt.

Die Kinder schauen die ausgedruckten Bilder an und besprechen zunächst, welche Gefühle ausgedrückt werden. Anschließend überlegen sie, welche Bilder sie für das Memory® auswählen wollen. Schließlich wird geprüft, ob noch bestimmte Gefühle auf den Fotos fehlen. Für diese werden entweder noch zusätzliche Fotos gemacht oder sie können auch gemalt oder aus Zeitschriften/Comics kopiert werden.

Die ausgewählten Bilder werden im Computer auf die Größe der Memory®-Karten gebracht und doppelt ausgedruckt. Nun können die Kinder mit dem Ausschneiden beginnen. Die ausgeschnittenen Fotos werden auf die Kärtchen geklebt. Zum Abschluss werden die Memory®-Karten mit dem Sprühlack besprüht.

Nun kann das Spiel mit dem Gefühls-Memory® beginnen. Verschiedener Umfang und verschiedene Spielvariationen sind je nach Alter und Fähigkeiten der Kinder sinnvoll. (10 Paare oder 20 Paare, ein, zwei oder drei Worte dazu sagen etc.)

Der hauptsächliche Lernprozess findet zunächst im Prozess der Herstellung durch die ständige Konzentration auf die Bilder und die (sprachliche) Auseinandersetzung statt. Sprache und Wahrnehmung des mimischen (nonverbalen) Gefühlsausdrucks werden permanent geübt. Das Spielen hinterher dient eher der Verfestigung des Wissens und der weiteren Differenzierung.

Sprachliche Grundlagen der Problem- und Konfliktlösung

Die folgenden Wortpaare bilden die sprachliche Grundlage, um Interessen und Bedürfnisse miteinander aushandeln zu können. Daher sind sie auch die Basis für eine friedliche Lösung von Konflikten.

Benötigtes Material

- Kärtchen, auf denen die unten aufgeführten Wortpaare stehen
- Liste mit Beispielen zu den Wortpaaren (vgl. auch Pfeffer 2012, S. 25 ff.)

Folgende Wortpaare gelten als sprachliche Grundelemente der Fähigkeit, Probleme zu lösen. Sie zu erlernen ist mit dem Erlernen der Buchstaben des ABCs vergleichbar.

ist/ist nicht (kein)

Ist Eis ein Hauptgericht? Eis ist kein Hauptgericht, es ist ein Nachtisch.

und/oder

Kannst du gleichzeitig Roller fahren und puzzlen? Spielst du mit Steffen oder Peter oder kannst du mit Steffen und Peter spielen?

einige/alle

Sind hier in der Gruppe alle Kinder Mädchen? Oder gibt es einige Mädchen und einige Jungen?

davor/danach (bevor/nachdem)

Gibt es bei uns Gummibärchen vor oder nach dem Mittagessen? Ziehst du deine Hose an, bevor oder nachdem du aufgestanden bist?

jetzt/später

Kannst du jetzt in dem Gruppenzimmer Fußball spielen oder später im Hof?

gleich/anders

Hast Du die gleiche Kleidung an wie deine Freundin Kim oder ist deine Kleidung anders?

Wenn die oben genannten grundlegenden Wortpaare bekannt und geübt sind, kann die nachfolgende Gruppe von Wortpaaren eingeführt werden. Diese Wortpaare stellen für die Kinder einen Zusammenhang zwischen Ursachen und Wirkungen ihres Verhaltens her.

gute (passende) Zeit/keine gute (passende) Zeit

Jetzt ist keine gute Zeit, etwas zu essen, in zehn Minuten zur Frühstückspause ist es eine gute Zeit. Jetzt ist es keine gute Zeit, eine Geschichte vorzulesen. Nach der Turnstunde wäre es eine gute Zeit.

wenn/dann

Wenn du das Spiel eingeräumt hast, dann kannst du dir ein neues aus dem Schrank holen.

vielleicht/vielleicht nicht

Wenn ich Armin ärgere, lässt er mich vielleicht nicht mehr mitspielen. Vielleicht lässt er mich mitspielen, wenn ich nett zu ihm bin. Wenn ich einfach in Steffis Kuchenstück beiße, mag sie mir vielleicht nichts mehr abgeben. Vielleicht gibt sie mir eher etwas, wenn ich sie vorher frage.

warum/weil

Warum muss ich das ganze Zimmer aufräumen? Weil ich hier überall gespielt habe.

fair/unfair

Es ist unfair, wenn du zweimal hintereinander mit Rutschen dran bist. Wenn einmal du und einmal ich drankommen, ist es fair. Wenn Jörg mit Ole ringt, ist es fair, aber es ist unfair, wenn Klaus noch dazukommt und Ole hilft.

Ausführung

Im Morgenkreis wird über zwei oder drei Wochen hinweg jeweils ein Wortpaar besprochen. Es wird mit einem Beispiel vorgestellt. Anschließend werden die Kinder gebeten, ebenfalls Beispiele für das Wortpaar zu finden. Dies kann sehr lustig und unterhaltsam sein. Die Erzieherin kann auch extra Fehler einbauen, die die Kinder dann korrigieren.

Im alltäglichen Miteinander im Kindergarten sollte möglichst häufig auf die Wortpaare zurückgegriffen werden, wenn es von der Situation her gerade passend ist.

20.6.6 Auswertung

Während des pädagogischen Prozesses ist eine permanente Beobachtung darüber sinnvoll, wie die Arbeit am Emotionsverständnis und am sprachlichen Ausdruck verläuft, in welche Richtung sie sich entwickelt, auf was die Kinder vermehrt und auf was sie weniger reagieren, was ihre spezifischen Themen sind usw. Ein kurzes Verlaufsprotokoll mit stichpunktartigen Notizen am Ende jeder Einheit (Themen, Verlauf, Besonderheiten, auf was beim nächsten Mal noch einmal eingehen) ist sinnvoll, da wichtige Details nach einiger Zeit oft verloren gehen. Zugleich kann während der Arbeit fotografiert werden. Die Fotos und Notizen können in die Dokumentation aufgenommen werden, beispielsweise in die Portfolios der Kinder oder als Plakatwände für einen Elternabend.

Besonders aufmerksam wird Esa beobachtet, um besonders ihre Entwicklung zu unterstützen.

Eine Auswertung drei Monate später zeigt, dass Esas Sprachschatz sich deutlich erweitert hat. Insbesondere der

Abb. 20.15: Ein guter sprachlicher Ausdruck ist eine Grundlage, um Gefühle, Interessen und Bedürfnisse ausdrücken zu können.

Ausdruck von Gefühlen und Bedürfnissen hat sich verbal und nonverbal ausdifferenziert, körperliche Übergriffe sind nur noch selten zu beobachten. Auch die Missverständnisse im Miteinander haben abgenommen. Zugleich haben sich ihre Beziehungen zu den anderen Kindern vertieft und sie wirkt selbstbewusster als zuvor.

Dokumentation

Alle Dokumente aus dem Projektverlauf können in die Dokumentation einfließen. Zusätzlich könnten auch Beobachtungsbögen eingesetzt werden (siehe Punkt: Beobachtung).

Günstig war es hier, dass die Dokumentation als pädagogisches Mittel der Verstärkung eingesetzt wurde, indem auf einem Fest mit Fotos und Plakatwänden die Arbeit vorgestellt wurde. Die Lernphase und deren Ergebnisse wurden für Esa, die anderen Kinder und die Eltern noch einmal offensichtlich.

Die Dokumentation könnte aber beispielsweise auch in Portfolios erfolgen.

Spiel

Freya Pausewang, Dorothea Strack-Rathke

Spiel ist ein wesentlicher Baustein in der Entwicklung des Menschen zu einer eigenverantwortlichen und gemeinschaftsfähigen Persönlichkeit. Über Selbstbildung im Spiel entsteht ein gutes Fundament für die spätere Bewältigung des Lebens. Eine sensible Betreuung und Unterstützung des Spiels ist deshalb eine überaus wichtige berufliche Aufgabe der Erzieherin.

Spiel ist schwer zu definieren, obwohl das Spiel eine Tätigkeitsform ist, von der jeder eine Vorstellung hat. Selbst Kinder wissen, wann sie spielen. Es gibt in der Fachliteratur zahlreiche Versuche, diese eigenartige, faszinierende und vielgestaltige Handlung Spiel zu definieren.

► Spiel

- Freiwillige, lustbetonte und spannungsreiche Handlung oder Beschäftigung ohne Zweck und ohne angestrebte Folgen für die Realität, sozusagen eine Handlung um der Handlung willen
- Methode, wie der Mensch, insbesondere das Kind, sich Bildung aneignet.

Das Spiel wird begleitet von einem Bewusstsein des Andersseins gegenüber dem realen Leben und ist geprägt von Wiederholungen und Ritualen (Oerter 1999).

Abb. 21.1: Das Spiel wird begleitet von einem Bewusstsein des Andersseins gegenüber dem realen Leben.

Die freiwillige, lustbetonte und spannungsreiche Handlung des Spielens, die Kinder und Jugendliche ohne Zweck aufnehmen und die zunächst keine Folgen für die Realität zu haben, sondern nur der Erholung und dem Vergnügen zu dienen scheint, entpuppt sich bei genauerem Betrachten zugleich als eine Methode, wie Kinder lernen und sich Themen zu eigen machen. Dadurch stellt das Spiel eine **Bildungsmethode** dar, über die Kinder bewusst oder unbemerkt **Bildungsinhalte** aufnehmen und somit lernen. Nicht zu verwechseln ist das Spiel mit dem gezielten Lernen in spielerischer Form (→ Kap. 21.1.1).

Erzieherinnen in sozialpädagogischen Einrichtungen unterstützen das Spiel der Kinder und Jugendlichen

- Als Methode, durch die sich Kinder und Jugendliche mit der Welt auseinander setzen, z. B. in Form des selbstbestimmten Spiels, insbesondere im Freispiel
- Als Bildungsinhalt, z. B. über das Kennenlernen und Erproben neuer Spiele und Handlungsmuster.

Dabei nimmt für Erzieherinnen die Betreuung und Unterstützung des selbstbestimmten Spiels einen weit breiteren Raum ein als die Vermittlung neuer Spiele.

Das Kapitel Spiel setzt sich mit folgenden Aspekten der Spielunterstützung auseinander:

- Um für die eigenartige und so überaus wirkungsvolle Methode zur Bildung und Selbstentfaltung des Kindes in Form von Spiel optimale Voraussetzungen zu schaffen, ist es für Pädagogen wichtig, sich *Merkmale des Spiels* bewusst zu machen
- Da das Kind das Spielen nicht zu lernen braucht, sondern aus sich heraus entwickelt, richtet sich der Erwachsene bei seiner Spielunterstützung nach dieser *Entwicklung*
- Kinder haben eine unsichere und schwierige *Zukunft* zu *bewältigen*. Dass das Spiel ihnen dabei wesentlich helfen und wie dieser Entwicklungsprozess unterstützt werden kann, ist erst bei genauerem Hinsehen erkennbar
- Im Kapitel über die *Rolle von Erzieherinnen* werden die Aufgaben von Erzieherinnen zusammengefasst, die sich sowohl aus dem Spiel als Methode als auch dem Spiel als Bildungsinhalt für sie ergeben
- Bei der *Gestaltung der Lernumgebung* nimmt die Erzieherin vor allem die Unterstützung des selbstbestimmten Spiels ins Blickfeld, damit das Kind breite Anregungen für die Selbstbildung in seinen unterschiedlichen Spielformen erhält
- Im Kapitel über die *Bildungsangebote* werden die Aufgaben der Erzieherin als Betreuerin des Kindes während des selbstbestimmten Spiels sowie als Vermittlerin von neuen Spielen und als Spielleiterin von Gruppenspielen umrissen. Ein sinnvoller Wechsel von selbstbestimmtem und angeleitetem Spiel in einem Kindergarten wird beispielhaft beschrieben
- Ein *Beispiel*, wie Erzieherinnen ein Kind in seiner Spielentwicklung unterstützen können, rundet das Kapitel „Spiel" ab.

21.1 Theoretische Grundlagen

Aus dem Blick heutiger psychologischer Erkenntnisse wird das Kind als Konstrukteur seiner Bildung angesehen. Dabei kommt dem Spiel eine herausragende Bedeutung zu, weil Spiel grundsätzlich eine selbstbestimmte Handlung ist. Im Spiel setzt sich das Kind mit der Welt auseinander, weil es das will und wie es das will. Spiel entsteht, wenn das Kind spielen will. Spiel kann nicht verordnet und nicht wirklich gelehrt werden. Handlungen verlieren den Spielcharakter, wenn sie nicht aus eigener Motivation aufgegriffen, sondern als Auftrag ausgeführt werden. Die Selbstbestimmung im Spiel wird zusätzlich dadurch erhöht, dass das Kind seine Spielfähigkeit selbst entwickelt. Es braucht Spielen als solches nicht zu lernen. Es kann spielen und erweitert sein Spielen aufgrund eines inneren Entwicklungsprozesses. Deshalb kann Spiel als eine **zentrale Aktivität der Selbstbildung** angesehen werden. Das Kind bildet sich selbst und wird dabei durch Angebote angeregt und unterstützt, sei es durch entsprechende Räumlichkeiten und deren Ausstattung, durch andere Kinder oder Erwachsene.

Anregungen greift das Kind für sein Spiel aus seiner Umwelt auf und bereichert sie mit seiner Phantasie: Das Kind ist z. B. von Hunden fasziniert, ergreift beim Spaziergang einen Stock, definiert ihn als seinen Hund an der Leine und entwickelt einen abwechslungsreichen Spielverlauf mit diesem Hund. Oder es konstruiert mit geeignetem Spielmaterial ein Bauwerk, das seinen Vorstellungen und Phantasien entspricht. Die Welt, der das Kind begegnet, bietet ihm für sein Spiel Anregungen. Um seine Spielideen breit zu entwickeln, braucht das Kind ein anregendes Umfeld, das ihm einen breiten Handlungsradius ermöglicht und seine Ideen unterstützt.

Im folgenden Abschnitt wird das Spiel mit seinen wesentlichen Merkmalen beschrieben und die Spielentwicklung des Kindes in ihren unterschiedlichen Spielformen dargestellt. Diese theoretischen Grundlagen sind Voraussetzung, um die hohe Bedeutung des Spiels zu erkennen und Möglichkeiten von Spielunterstützung entwicklungsangepasst und der Situation entsprechend abzuleiten.

21.1.1 Merkmale des Spiels

Die Merkmale des Spiels treten nicht in jedem Spiel auf oder sind in manchen Spielen nicht sichtbar. Fließende Übergänge zu anderen Tätigkeitsformen erschweren zusätzlich die Abgrenzung von *echtem Spiel* etwa zu Arbeit oder zum Lernen.

Aus der Fülle der Merkmale von Spiel werden im Nachfolgenden in Anlehnung an den Entwicklungspsychologen Rolf Oerter (1999, S. 5) drei wesentliche Merkmale herausgegriffen:

- Handlung um der Handlung willen
- Realitätsumformung
- Wiederholung und Rituale.

Handlung um der Handlung willen

Der Spieler spielt, weil die Tätigkeit verlockt und Freude macht. Es gibt keinen außerhalb des Spiels liegenden Zweck bei echtem Spielen. Der Mensch spielt um der Handlung willen. Deshalb spricht man beim Spiel auch von einer zweckfreien Handlung. Die *Motivation* (→ Kap. 10.2.5) entsteht aus einem entwicklungsbedingten Bedürfnis, d. h. aus einem inneren Anreiz.

Zweckfreiheit

Spiel ist auf die Tätigkeit ausgerichtet und nicht auf eine Wirkung in der Realität. Durch das Merkmal der Zweckfreiheit grenzt sich Spiel von Arbeit und gezieltem Lernen ab.

Das Spiel kann ein Ziel und ein Ergebnis haben: Das kleine Kind sieht einen Gegenstand, krabbelt hin und ergreift ihn. Beim älteren Kind ist z. B. der Bau eines Turms das Ziel und dessen Gelingen oder Nichtgelingen das Ergebnis. Dieses Ergebnis hat **keine Folgen in der Realität.** Mittelbar hat es Auswirkungen z. B. auf das Selbstwertgefühl des Kindes, wenn etwas gelingt oder wie im Beispiel Abb. 21.2 auf seine motorischen Fähigkeiten. Diese Folgen werden bei echtem Spiel allerdings nicht angestrebt. Zugleich ist das Ergebnis variabel. Das Kind kann während der Tätigkeit

- Das geplante Ziel vergessen
- Die Tätigkeit variieren oder
- Sich einer anderen spannenden Handlung zuwenden.

Aufleuchtende Handlungskombinationen können faszinierender werden als die ursprünglich geplante Tätigkeit. Dadurch experimentiert das Kind lustvoll auf breiter Ebene. Insbesondere im Rollenspiel mit Spielpartnern bieten die spontanen Spielideen der Spieler motivierende Variationen. Im *Regelspiel* (→ Kap. 21.1.2) ist meist das Gewinnen das angestrebte Ergebnis. Hier kann der Spieler zwar befürchten, dass das Verlieren ihm als Kompetenzmangel im realen Leben ausgelegt wird, das Ergebnis, Verlieren oder Gewinnen, bleibt als solches aber auf der Spielebene, so lange nicht z. B. um Geld gespielt wird.

Abb. 21.2: Das Kind versucht, den Karren zu bewegen, weil es reizvoll ist und nicht wegen einer Notwendigkeit.

Abb. 21.3: Die Kinder sind neugierig und haben Spaß am Graben. Das Loch im Sand hat keinen realen Nutzen. Es handelt sich um Spiel.

Arbeit verfolgt im Gegensatz zum Spiel eine Wirkung in der Realität. Deshalb ist das Unterscheidungsmerkmal von Spiel und Arbeit auch nicht die Freude an der Tätigkeit, wie zuweilen angenommen wird, sondern die Folge in der Realität (→ Abb. 21.4): Wer arbeitet, tut das, weil das Ergebnis in der Realität verwendet werden will oder soll. Rolf Oerter stellt diese beiden Handlungsformen so gegenüber (→ Tab. 21.1).

Ebenso ist **gezieltes Lernen** kein Spiel, auch wenn spielerische Formen dafür eingesetzt werden und die Auseinandersetzung Spaß macht. Wenn die Erzieherin z. B. mit sprachretardierten Kindern Sprachspiele durchführt oder mit einer Gruppe von Kindern Windräder oder Fallschirme bastelt, damit sie ihnen anschließend Luftwiderstand und die physikalische Wirkung des Windes verdeutlichen kann, ist das wegen der angestrebten Folge für die Realität, nämlich die Vermittlung von Wissen, kein Spiel. Dass das Kind im echten Spiel überaus viel und lustvoll lernt, macht gezieltes, lustvolles Lernen oder angenehme Arbeit nicht zum Spiel. Allerdings gibt es **fließende Übergänge.**

Arbeit und andere „Ernsthandlungen"	Ziel → Handlung → Ergebnis → Folge
Spiel	Ziel → Handlung → Ergebnis

Tab. 21.1: Arbeit und Spiel nach Oerter (1999, S. 6).

[BEISPIEL] Julius, acht Jahre, hat den Auftrag, Geschirr zu spülen (Arbeit). Er reinigt eifrig und lustvoll die Gläser und stellt sie auf die Ablage (Arbeit). Dann holt er das Besteck, lässt jedes einzelne Teil vom Rand in das Wasser kippen und erzählt dabei. Hört man ihm zu, wird deutlich, dass er sich vorstellt, jedes Teil sei ein Mensch, der vom Beckenrand ins Wasser springt (Spiel). Anschließend probiert er aus, ob diese „Menschen" auch mit Kopfsprung – ohne „Bauchplatscher" – ins Becken springen können. Er versucht unterschiedliche Sprungarten und stellt fest, dass er das horizontal gehaltene Besteck nicht nach unten fallen lassen darf, sondern ihm einen Stoß geben muss, damit es flach ins Wasser gleitet. Jetzt denkt er an seinen Schwimmunterricht und konkretisiert, wie er selbst bei einem Kopfsprung springen muss (Lernen).

Dieses Beispiel verdeutlicht fließende Übergänge zwischen den unterschiedlichen Tätigkeiten. Es zeigt auf, dass die Abgrenzung von Spiel zu „Ernsthandlungen" wie Arbeit und Lernen nicht nur an der Art der Tätigkeit auszumachen ist, sondern auch von der inneren Einstellung des Handelnden abhängt.

Innerer Anreiz

Eine intrinsische Motivation (→ Kap. 10.2.5), ein innerer Anreiz veranlasst zum Spiel. Deshalb ist das Spiel mit Lustgefühl verbunden. Spieler können völlig „weggerückt" sein, als lebten sie in einer anderen Welt. Wenn das Lustgefühl nachlässt, beendet der Spieler sein Spiel und wendet sich etwas anderem zu, es sei denn, er spielt mit anderen Spielern zusammen und möchte kein „Spielverderber"

Abb. 21.4: Die Tätigkeit macht Spaß. Weil die Pflanzen Wasser brauchen, handelt es sich um eine Arbeit und nicht um Spiel.

sein. Oder er verfolgt ein Ziel und spielt um dieses Zieles willen weiter, etwa um einen Turm zu Ende zu bauen, ein Puzzle zu vervollständigen oder Fahrradfahren erlernen zu wollen.

Trotzdem setzt er diese Handlung aber der Handlung wegen fort und nicht wegen einer außerhalb des Spiels liegenden Begründung. Wenn das Kind dagegen in erster Linie Fahrradfahren lernt, weil es wie seine Spielkameraden mit dem Fahrrad in den Kindergarten fahren möchte, verliert das Üben den Spielcharakter, auch wenn sich die Tätigkeit rein äußerlich nicht verändert. Nimmt das Kind eine Spieltätigkeit vor, um gelobt zu werden oder um die Ansprüche der erwachsenen Bezugsperson zu befriedigen, kann ebenfalls nicht von echtem Spiel gesprochen werden. Natürlich ist oft nicht auszumachen, wo die Hauptmotivation liegt: in der Tätigkeit selbst oder in der Folge für die Realität. Das ist ein weiterer Grund für fließende Übergänge zwischen Spiel und anderen lustvollen Handlungen.

Realitätsumformung

Der Spieler schafft sich im Spiel eine neue, eine imaginäre Realität: Im *Symbolspiel* (→ Kap. 21.1.2) wird die Puppe zum Menschen, der nachgezogene Ast beim Spaziergang zum Hund oder zur Kehrmaschine. Im Rollenspiel nimmt das Kind für sich selbst eine andere Realität an. Es wird beispielsweise zur Katze oder zum Autofahrer oder Handwerker. Auch die Spielumgebung unterliegt dieser Verwandlung.

Durch die Realitätsumformung wird das Spiel zu einem schöpferischen Prozess, in dem **Kinder ihre Spielwelt konstruieren:**

- Sie können sich eine Welt schaffen, in der sie sich sicher fühlen
- Sie können ihre realen Erfahrungen verarbeiten, vertiefen und erweitern und eigene Bedürfnisse befriedigen.

Kinder gehen auf der Spielebene Risiken ein und leben Gefühle aus, ohne Folgen in der Realität befürchten zu müssen. Sie zerstören z. B. lustvoll einen gebauten Turm, erschießen einen Feind oder riskieren im Regelspiel Verlieren und Gewinnen, ohne reale Folgen befürchten zu müssen.

> ⊙ Im Spiel kann das Kind sich eine Realität entwerfen, die seiner Innenwelt entspricht. Dieser Zwischenbereich bietet ihm die Möglichkeit, in der unerfassbaren, verwirrenden und oft frustrierenden Realität Sicherheiten zu finden und seinen realen Handlungsradius langsam zu erweitern.

Wiederholung und Rituale

Wiederholung und Rituale sind Merkmale vieler Spiele. Sie erhöhen die Spielfreude und tragen zur Verfestigung von Erlerntem bei.

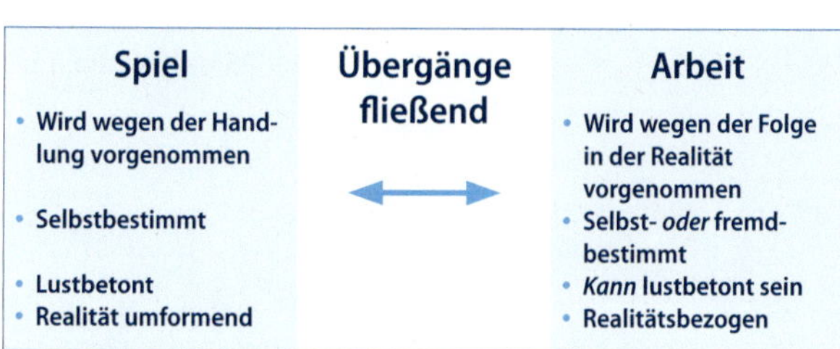

Abb. 21.5: Unterschiede zwischen Spiel und Arbeit.

Wiederholung

Spielformen siehe → Kap. 21.1.2

Spiel besteht häufig aus der lustvollen Wiederholung von Handlungen.

Das Spiel des Kleinstkindes kann eine Wiederholung bestimmter Bewegungen sein, z. B. im *Funktionsspiel* mit dem Löffel auf den Tisch schlagen oder sich an etwas aufrichten. Später füllt das Kind mit Ausdauer und mit Variationen Dinge in verschiedene Gefäße um: Bausteine, Wasser, Sand. Es baut immer wieder unterschiedliche Türme und lässt sie umfallen.

Kindergartenkinder probieren neu erlernte Techniken im *Konstruktionsspiel* viele Male aus, etwa eine Maltechnik, das Formen von Kugeln aus Knete oder eine neu erlernte Faltform. Im *Rollenspiel* werden Erlebnisse oder Ängste wiederholt, um sie zu verarbeiten. *Regelspiele* wie Ballspiele bestehen aus Wiederholungen der gleichen Spielhandlung.

Spiele können in ihrer Wiederholung die Spannung erhöhen und das Wohlgefühl bis zu einem Hochgefühl steigern, z. B. „Hoppe, Hoppe Reiter", bei dem das „Plumpsen" zum spannungsreichen Höhepunkt führt.

> ⊙ Die naturgegebene Freude an der Wiederholung veranlasst das Kind, Neuerlerntes zu üben, zu vervollkommnen und zu festigen.

Rituale

Rituale siehe auch → Kap. 8.5.1

Kinder haben eine Vorliebe für *Rituale* – auch außerhalb des Spiels – , vor allem in unsicheren Situationen. Beispielsweise wird das Gute-Nacht-Sagen von vielen Kindern mit einer festgelegten Handlungsabfolge verbunden.

Im Spiel erfinden Kinder oft Rituale, die von ihnen unbedingt eingehalten werden, etwa einen bestimmten Platz für ein geliebtes Spielzeug. Im Schulalter erfinden sie Kennzeichen für eine Freundschaft, z. B. Begrüßungsformen, für jedermann sichtbare oder auch geheime Freundschaftszeichen bis hin zur Blutsbrüderschaft. Die Aufnahme in eine Clique ist oft mit einer rituellen Prüfung verbunden. Kinder entwickeln Vorstellungen, dass das Gelingen bestimmter Bewegungen Glück bringt, etwa die Art, wie über Pflastersteine gegangen oder gesprungen wird. Bei Erwachsenen zeigen sich Rituale im Zusammenhang mit Spiel vor allem bei öffentlich ausgetragenen

Spielen, etwa bei Fußballspielen oder den Olympischen Spielen.

Rituale bewirken durch ihren geregelten Ablauf die Gefühle von **Geborgenheit und Sicherheit.** Deshalb werden sie häufig in beängstigenden Situationen entwickelt und eingesetzt. Sie bieten einen Rahmen und ein Gegengewicht zur unfassbaren Vielfalt der Realität. Mit ihrem zeremoniellen Charakter und ihrer Nähe zum Glauben an eine höhere unbekannte Macht vermitteln sie Erhabenheit und Feierlichkeit.

Stellen Sie sich erlebte oder ausgedachte Handlungen von Kindern oder Jugendlichen/Erwachsenen vor und versuchen Sie, diesen Handlungen einen Standort zwischen Spiel und Ernsthandlung zu geben. Diskutieren Sie Ihre Zuordnung in der Lerngruppe.

Langlotz, C./Bingel, B.: Kinder lieben Rituale. Kinder im Alltag mit Ritualen unterstützen und begleiten. Münster: Ökotopia 2008

21.1.2 Spielentwicklung und Spielformen

Parallelspiel → Kap. 21.2.4,
Partner- und Gruppenspiel → Kap. 21.2.4,
Freispiel → Kap. 21.5.1, Gelenktes Spiel → Kap. 21.5.2

Kinder aller Kulturen durchlaufen eine ähnliche Spielentwicklung mit bestimmten aufeinander folgenden Spielformen (→ Tab. 21.2). Dabei beginnt das Kleinkind mit Alleinspielen und dem Zusammenspiel mit Erwachsenen, wobei die Erwachsenen auf die Spielbedürfnisse des Kindes eingehen. Bereits im zweiten Lebensjahr zeigt das Kind großes Interesse für das Spiel mit Gleichaltrigen, allerdings zunächst im Nebeneinander (Parallelspiel). Zunehmend erweitert das Kind sein Spiel im kooperativen Partnerbezug bis hin zu den ausgesprochenen Gruppenspielen.

Funktions- und Explorationsspiel

Das Funktionsspiel ist die erste Spielform und wird bereits vom Säugling lustvoll praktiziert.

► **Funktionsspiel**
Früheste Form des Spiels, bei dem spontan die Funktionen des eigenen Körpers und die von Gegenständen untersucht werden. Erkenntnisse und Fähigkeiten werden durch Wiederholung gewonnen und ausgebaut.

Der eigene Körper wird mit seinen zunehmenden Fähigkeiten erprobt, Gegenstände werden untersucht, deren Funktionen und die Auswirkungen von Handlungen erforscht. Dabei besteht ein hohes Bedürfnis, Handlungen zu wiederholen, etwa einen Gegenstand wegzuschieben und zu ziehen, Dinge umzufüllen oder aufeinander zu türmen. Das Kind will die Gewissheit haben, dass einmal gemachte Erfahrungen immer wieder eintreten. Dieser starke Wiederholungsdrang verfestigt Erkenntnisse und Fähigkeiten. Dem Funktionsspiel folgt bald das gezieltere Explorationsspiel. Das Kind erschafft sich sein Bild der Welt. Es ist ein hoch motivierter Forscher und Entdecker (→ Abb. 21.6).

► **Explorationsspiel** *(lat. explorare: untersuchen, erforschen)*
Spielform, bei der sich das spontane Ausprobieren des *Funktionsspiels* in gezieltes Erforschen und Variieren wandelt.

Funktions- und Explorationsspiele sind bis ins Erwachsenenalter verlockend, etwa wenn Material oder eigene Fähigkeiten neugierig ausprobiert werden, obwohl dafür keine reale Notwendigkeit besteht. Erwachsene balancieren z. B. bei einem Spaziergang lustvoll über einen liegenden Baumstamm, erforschen gespannt ein neues nicht

Spielform	Beschreibung	Bedeutung
Funktionsspiel	Funktionen des eigenen Körpers und von Gegenständen werden entdeckt und ausprobiert	Den eigenen Körper und die Umwelt kennenlernen. Das Kind macht sich ein Bild von sich und der Welt
Konstruktionsspiele	Werke werden nach eigenen Vorstellungen hergestellt oder nach Vorgaben nachgebildet	Wissen erwerben, technische Zusammenhänge erkennen, Probleme bewältigen, Kreativität entwickeln, Schöpferbewusstsein erleben, Selbstbewusstsein steigern
Symbol- und Rollenspiele	Gegenstände werden umfunktioniert und bekommen Symbolcharakter. Handlungen werden in unterschiedlichen Rollen auf der Als-ob-Ebene vollzogen	Phantasie entwickeln, sich in spätere Rollen eindenken, Situationen aus unterschiedlicher Sichtweise sehen und erleben, Spielpläne entwickeln, in der Spielgruppe absprechen und flexibel gestalten
Regelspiel	Spielregeln bestimmen das Spiel. Die Spiele enden häufig mit Verlieren und Gewinnen	Soziale Verbindlichkeit erfahren und erlernen, Regeleinhaltung üben, bei Bedarf Anpassung an Situationen vornehmen und absprechen

Tab. 21.2: Spielformen.

Abb. 21.6: In der Matschkuhle gibt es viel zu entdecken.

benötigtes Computerprogramm oder fahren bis zur Erschöpfung unentwegt einen Skihang hinunter.

Konstruktionsspiel

Im Konstruktionsspiel probiert das Kind nicht nur etwas aus, sondern es erschafft etwas (→ Abb. 21.7): Es baut, malt und formt.

> ▶ **Konstruktionsspiel**
> Spielform, die durch zielgerichtetes und kreatives Herstellen und Erfinden von Dingen und Werken gekennzeichnet ist.

Das Bewusstsein, etwas erschaffen zu können, erhöht das Selbstwertgefühl. Der Spieler wird zum Erfinder. Solche schöpferischen Tätigkeiten finden nicht nur in der bildenden Kunst statt, sondern auch in der Musik (→ Kap. 18), z. B. beim Singen, aber auch beim Tanzen oder im Umgang mit der Sprache. Selbst erdachte Werke vermitteln nach ihrer Fertigstellung meist ein höheres Schöpferbewusstsein als Nachbildungen.

Das Konstruktionsspiel findet bei Jugendlichen und Erwachsenen seine Fortsetzung in künstlerischen Tätigkeiten bis hin zu Berufen wie Künstler, Architekt, Landschaftsgärtner oder Stadtplaner.

Symbol- und Rollenspiel

Im Symbol- und Rollenspiel verändert das Kind in seiner Phantasie die Realität und passt sie seinem Spielbedürfnis an.

> ▶ **Symbolspiel**
> Spielform, bei der eine echte Handlung in Form einer Als-ob-Handlung nachgeahmt wird und Gegenstände Symbolcharakter bekommen. Diese Spiele werden auch als Illusions- oder Fiktionsspiele bezeichnet.

Im Symbolspiel werden der Baustein z. B. zum Auto und der Sand zum Kuchen. Das Kind versetzt sich dabei gern in Situationen, die es im Alltag beobachten, aber (noch) nicht selbst umsetzen darf oder kann, etwa das Backen eines Kuchens oder das Lenken eines Autos, wobei es die Fahrgeräusche voller Wonne hinzufügt.

Das Symbolspiel hat einen fließenden Übergang zum Rollenspiel.

> ▶ **Rollenspiel**
> Spielform, bei der die Beteiligten in bestimmte Rollen schlüpfen und reale oder erdachte Situationen allein oder mit anderen (nach)spielen. Es gibt freie und angeleitete Rollenspiele. Das Rollenspiel unterstützt u. a. die *Identitätsbildung* (→ Kap. 10.3, 9.3), indem das Kind seine Perspektive wechselt und so die Welt mit anderen Augen sieht.

Das Kind bietet seiner Mutter im Rollenspiel den Sandkuchen nicht mehr als Kind an, sondern als Mutter oder Kuchenverkäufer. Oder es benutzt einen Stuhl als Auto und ist selbst Autofahrer. Dadurch erproben Kinder einen Perspektivenwechsel – eine überaus wichtige Fähigkeit für das Leben. Im Rollenspiel werden Erfahrungen in der eigenen und in anderen Rollen nachgespielt. Dadurch werden dem Kind verwirrende Erlebnisse verständlicher. Als bedrückend erlebte Erfahrungen werden verarbeitet. Das Kind kann dabei seine Ängste bearbeiten und reduzieren.

Das Rollenspiel ist vom Sprechen und einem sozialen Miteinander geprägt. Bei Rollenspielen mit Spielpartnern wird der Ablauf in der Regel vor Beginn des Spiels besprochen, allerdings während des Spiels auch spontan verändert. Unterstützt wird das kindliche Rollenspiel durch zahlreiche Angebote der Spielzeugindustrie. Es gibt die unterschiedlichsten Figuren, Puppen und Fahrzeuge, Spielküchen, Arztkoffer usw. Ein zu großes Angebot von perfektioniertem Spielmaterial kann allerdings eher spielhemmend als förderlich sein, weil dadurch das Erfinden,

Abb. 21.7: Stolz wird der selbstgebaute Schneemann präsentiert.

Abb. 21.8: Eltern haben zusammen mit Kindern aus einem alten umgedrehten Tisch ein Schiff gebaut.

das zum Spiel gehört und für die kindliche Entwicklung so wichtig ist, reduziert wird (→ Abb. 21.8).

Manche Jugendliche und Erwachsene setzen das Rollenspiel als Theaterspiel fort oder erproben ihre kreativen Sprachfähigkeiten in kleinen Szenen bei fröhlichen Festen und zu Fastnacht.

Regelspiel

Im Gegensatz zu den bisher genannten Spielformen beruht das Regelspiel auf für alle Mitspieler gültigen Übereinkünften.

> ▶ **Regelspiel**
> Spielform, bei der alle Beteiligten sich nach von ihnen oder anderen festgelegten Regeln richten. Das Kind lernt durch Regelspiele, dass das soziale Zusammenleben auf verbindlichen Vereinbarungen aufbauen muss, um für alle gleiche Rechte zu garantieren. Regelspiele sind meistens Gruppenspiele.

Zu den Regelspielen gehören zum Beispiel Karten- und Brettspiele, sportliche Spiele, Kreisspiele, viele Straßenspiele und zahlreiche Computerspiele.

Die meisten Regelspiele enden mit Gewinnern und Verlierern (Gewinnspiele). Um das Konkurrenzdenken im Spiel zu reduzieren, gibt es sogenannte kooperative Regelspiele und Variationen.

- **Kooperative Regelspiele** – Sie sind meist nicht so spannend wie Gewinnspiele. Um Kinder nicht verfrüht und zu stark auf das gesellschaftliche Konkurrenzdenken vorzubereiten und mit Rücksicht auf leistungsschwache Kinder ist es notwendig, Spiele so auszuwählen, dass nicht immer die gleichen Spieler verlieren oder gewinnen.
- **Variationen** – Oft lassen sich Spiele so variieren, dass das Gewinnen und Verlieren mehrere oder wechselnde Spieler trifft (→ Abb. 21.9). Wenn z. B. „Die Reise nach Jerusalem" so lange gespielt wird, bis nur noch ein einziger Spieler übrig bleibt, hat derjenige Spieler, der zuerst ausgeschieden ist, bis zum Spielende die Frustration des Verlierens zu ertragen und außerdem keine Möglichkeit zum Mitspielen und Üben mehr. Wenn dagegen nach jeder einzelnen Spielrunde der Ausgeschiedene wieder mitspielt, gibt es innerhalb einer Spielrunde auch die Spannung des Verlierens, aber kein Spieler muss bis zum Ende Verlierer sein.

> ⊙ Jüngere Kinder sehen Spielregeln zunächst als unumstößlich, geradezu als Zwangsregeln an. Wenn ein Spieler sich heimlich durch Regelverletzung Vorteile erschafft, wird das von der Spielgruppe als falsch und egoistisch beurteilt. Regelmissbrauch einzelner Spieler kann schnell zu Konflikten und zu Spielabbruch führen. Jeder Regelverstoß bei anderen wird geahndet. Ein Verständnis für die Anpassung von Regeln an spezielle Situationen entwickeln Kinder nur langsam, etwa die Erleichterung einer Spielregel für die Kleinsten in der Spielgruppe.

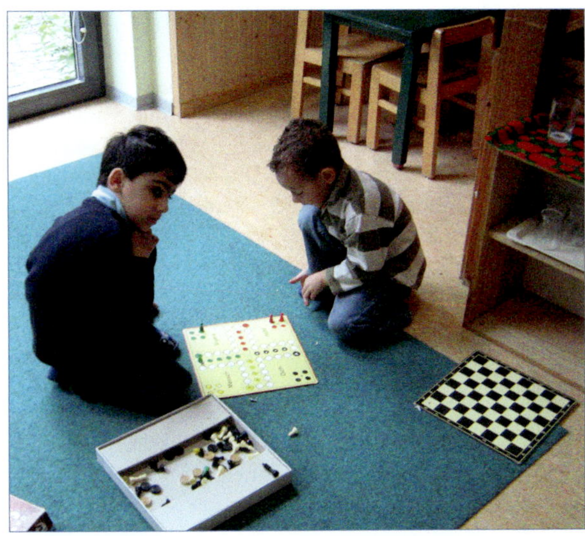

Abb. 21.9: Das Spiel „Mensch ärgere dich nicht" kann auch mit weniger Steinen und so gespielt werden, dass der Partner nicht herausgeworfen wird.

21.2 Bedeutung für Kinder und Jugendliche

Nicht nur die Menschen üben während der Kindheit spielerisch die Fähigkeiten ein, die sie im Erwachsenenleben benötigen, um zu überleben. Säugetiere machen es ebenso. Die Natur hat es so eingerichtet, dass das Spielen ein Grundbedürfnis von höheren Lebensformen ist, damit sie sich während der beschützten Kindheit auf den Überlebenskampf vorbereiten. Im hoch motivierten und lustvollen Spiel des Kindes liegt die Voraussetzung, um das spätere Leben zu meistern.

21.2.1 Spiel als selbstbestimmte und hoch motivierte Auseinandersetzung mit der Welt

Voller Wissbegierde setzt sich das Kind im Spiel mit der Welt, die ihm begegnet, auseinander und erweitert seine Fähigkeiten.

Die Welt und sich selbst erfahren

Mit den unterschiedlichen Sinnen nimmt das Kind sich selbst und seine Umwelt lustvoll wahr. Es erfährt mehr über seinen Körper und konstruiert sich sein Bild der Welt. Ein wesentlicher Teil dieser Selbst- und Welterfahrung geschieht in Form von *Funktionsspielen* (→ Kap. 21.1.2). Die Sinne sind das Tor zur Welt.

Die **Körpersinne,** auch **Nahsinne** genannt, sind mit körperlicher Aktivität (→ Kap. 12) verbunden. Das Kind ergreift bereits in den ersten Lebenswochen die Initiative und macht Erfahrungen, die es selbst auslöst und gestaltet. Das geschieht vor allem beim Tasten und der Kraftwahrnehmung.

Mit den **Welt- oder Fernsinnen** (Sehen, Hören, Riechen) kann aus der Entfernung wahrgenommen werden. Dafür braucht sich das Kind körperlich nicht unbedingt zu bewegen. Für das kleine Kind sind Wahrnehmungen allein mit den Fernsinnen aber unvollständig. Um beispielsweise einen Ball richtig zu erkennen und ihn etwa von einer Kugel oder einem Luftballon zu unterscheiden, muss das Kind den Gegenstand berühren und bewegen können. Um Geräusche richtig zu begreifen, muss es sie selbst erzeugen und Bewegung und Klang verbinden können. Mit den Fernsinnen allein ist das Kind auch wenig initiativ. Es nimmt wahr, ohne dafür Initiative zu ergreifen. Der Säugling ist den Wahrnehmungen mit Fernsinnen oft hilflos ausgeliefert, etwa dem Fernsehen oder einer Berieselung mit Geräuschen. In Babywippen oder Sitzschalen haben Kinder kaum Einflussmöglichkeiten auf ihre Welt- und Selbsterforschung und somit auch kaum Möglichkeit zum Spielen.

Eigene Grenzen erproben

Das Kleinkind ist bei seinen Spielen überaus anstrengungsbereit und bewegungsaktiv. Wenn diese Bereitschaft zur Anstrengung von der Bezugsperson unterstützt wird, bleiben Leistungsbereitschaft, Forscherdrang und Entdeckungsfreude länger erhalten. Das Kind zeigt Durchhaltevermögen und gibt nicht so schnell sein Ziel auf (→ Abb. 21.10). Ausdauer und Anstrengungsbereitschaft haben ihre Basis in der frühen Kindheit, können aber schnell verkümmern, wenn sie nicht bestärkt werden. Dann hat das Kind kein Interesse mehr, über Anstrengung oder Risikobereitschaft seine Grenzen auszutasten, zu erproben und zu erweitern.

Abb. 21.10: Durch die Anstrengung wird die Tätigkeit erst richtig reizvoll.

Selbstbestimmt lernen im Spiel

Lernen → Kap. 10.5

Spiel ist selbstbestimmtes Lernen. Das Kind nimmt sich selbst in seinen wachsenden Fähigkeiten wahr und erprobt und wiederholt seine Erfahrungen so lange, wie es ihm Freude macht. Es beendet sein Tun, sobald es ermüdet oder wenn es sich bei den durchgeführten Spielhandlungen sicher fühlt. Handlungen, die es bewältigt, üben keinen Reiz mehr aus. Das Lernen im Spiel ist deshalb durchaus ökonomisch. Einige Zeit später erprobt das Kind die Erfahrung vielleicht erneut, um sich zu vergewissern, dass auch alles noch stimmt. Oft wird die Handlung dann erweitert. Das kann z. B. so aussehen: Vor Kurzem noch hat das gerade einjährige Kind sich mehrere Male an einem Stuhl hochgezogen, dann nicht mehr. Nach einiger Zeit krabbelt es zum Tisch, um sich dort aufzurichten.

Das ältere Kind kann bereits vor Beginn des Spiels den Ablauf des Spiels oder das Spielziel bestimmen. In einem nächsten Entwicklungsschritt kann es diesen Plan mit den Spielkameraden abklären. Das Spiel kann aber jederzeit verändert werden, wenn die Spieler das wollen. Es gibt keine andere Tätigkeit von Kindern, bei der die Handlung so stark vom Kind selbst ausgelöst und entschieden wird, wie beim Spiel.

📖 Pohl, G.: Kindheit aufs Spiel gesetzt. Berlin: dohrmann 2006

21.2.2 Spiel als Gegenwartsbewältigung

Die wahrgenommene Realität ist für ein kleines Kind oftmals verwirrend. Deshalb ist die Verlässlichkeit und schützende Stabilität der Bezugspersonen so überaus wichtig (→ *Bindung und Beziehung* Kap. 10.3.3). Das Kind will aber auch selbst Ordnung in sein Leben bringen. Das Spiel bietet ihm die beste Basis,

- Erfahrungen und Gefühle zu verarbeiten und zu verstehen
- Selbstständig zu werden
- Sicherheiten zu finden.

Spiel bedeutet lustbetonte Gegenwartsbewältigung.

Erfahrungen verarbeiten

Erfahrungen aus dem Alltag versucht das Kind auf der Spielebene nachzuvollziehen, zu verstehen und so zu verarbeiten. Auf seinem Kinderstuhl sitzend lässt das Kleinkind einen Gegenstand fallen. Das wird im *Funktionsspiel* (→ Kap. 21.1.2) viele Male ausprobiert.

Das Kindergartenkind versetzt sich im *Rollenspiel* (→ Kap. 21.1.2) in Erwachsene oder in Tiere, um deren Handlungen nachvollziehen zu können. Beim Malen werden Erlebnisse so dargestellt, wie das Kind sie versteht, und nicht, wie der Erwachsene sie als realistisch ansieht, etwa wenn es einen Kopffüßler oder Menschen im Röntgenblick malt. Im späteren *Regelspiel* (→ Kap. 21.1.2) helfen das spielerische Verlieren und Gewinnen, Frustrationen des Alltags zu verkraften. Die Diplompädagogin und Fachbuchautorin Erika Kazemi-Veisari ist der Meinung: „Erst wenn Eindrücke bearbeitet werden, werden sie klar, kann ihnen Bedeutung zugeordnet und diese in Lebenserfahrung integriert werden." (2007, S. 19) Das Kind braucht deshalb vielfältige Möglichkeiten und eine ausgiebige Zeit, um seine Erfahrungen im Spiel umzusetzen und damit umgehen zu können.

Gefühle ausleben

Im Spiel kann sich das Kind angstfrei auf Gefühle einlassen und sie gefahrlos ausleben: Es kann anders als im Alltag an die Grenze seiner Angstbelastbarkeit gehen oder seinen Zorn ohne negative Folgen zum Ausdruck bringen. Innerhalb der Phantasie-Spielebene wird ihm zugebilligt, so weit zu gehen, wie es das selbst möchte. Erst wenn das Kind im Spiel die Realität erreicht, beispielsweise Mitspieler oder Erwachsene kränkt, überfordert oder wenn es handgreiflich wird, werden ihm **Grenzen** gesetzt. Das Ausleben von Gefühlen kann z. B. so aussehen:

- Das Kindergartenkind entscheidet auf der Rutschbahn und dem Klettergerüst, wie viel es riskieren will, und kann seine Angstgrenze ausloten
- Im Rollenspiel werden Schmerzerfahrungen nachgespielt, oft aus einer anderen Sicht: Das Kind ist jetzt der Arzt, der eine Spritze gibt. Wenn es dabei der von ihm geimpften Person weh tut, erfährt es Grenzen
- Seinen Zorn kann das Kind ohne Folgen für die Realität im Spiel ausleben, indem es z. B. einen wütenden Löwen spielt oder einen Feind „erschießt". Hohe Lautstärke, zu lebhaftes Spiel oder in die Realität überkippende Gefühle und Handlungen wie ein wirklich beißender Löwe wird die Erzieherin nicht dulden.

Spiel hilft auf der einen Seite, positive wie negative Gefühle – z. B. große Vorfreude, aber auch erlebte Frustrationen und Belastungen – , besser zu verkraften, auf der anderen Seite trägt es dazu bei, eigene (Gefühls-)Grenzen auszuloten und ggf. zu erweitern.

> 🕮 Pausewang, Freya: Dem Spielen Raum geben. Grundlagen und Orientierungshilfen zur Spiel- und Freizeitgestaltung in sozialpädagogischen Einrichtungen. Berlin: Cornelsen 1997

Sicherheiten finden

Im Spiel kann das Kind verwirrende Erfahrungen nachvollziehen und versuchen, in die Vielfalt seiner Erlebnisse **Ordnung zu bringen.** Dafür schafft es sich eine Spielebene, auf der es die Realität so verändert, dass sie seiner Denkebene oder seinen Wünschen entspricht, etwa wenn es spielt, einen Hund zu haben, den es in der Realität nicht hat, oder wenn es sich eine Höhle baut, weil es aufgrund der es überfordernden realen Vielfalt eine kuschelige Rückzugsmöglichkeit braucht.

Wenn Gefühle, die in realen Erlebnissen beängstigen, im Spiel verarbeitet werden, reduzieren sich Hilflosigkeit und Ausgeliefertsein. Auch positive Gefühle wie z. B. Freude bilden einen Anlass zum Spielen und bieten dem Kind Verarbeitung. Im Spiel ist das Kind „Selbstbestimmer" und Schöpfer seiner materiellen und geistigen Werke. Das vermittelt **Selbstwertgefühl und Macht über Dinge.** Im Spiel mit Partnern entwickelt es Mitbestimmung und Kompromissfähigkeit. Wenn es Misserfolge hinnehmen muss, etwa wenn Werke nicht gelingen oder das Zusammenspiel nicht gut geht, dann hat dieser Misserfolg nur auf der Spielebene dieses einen Spiels stattgefunden. Das nächste Spiel oder die Realität sind von Ausnahmen abgesehen nicht betroffen. Die Ausnahmen beziehen sich z. B. auf Kinder, die den Misserfolg im Spiel persönlich nehmen und auf ihre reale Welt übertragen im Sinne von „noch nicht einmal im Spiel kann ich gewinnen". Dann kann das Spiel auch eine gegenteilige Wirkung haben und das Selbstwertgefühl des Kindes schwächen. Hier ist eine große Sensibilität von Seiten der Erzieherinnen gefragt.

21.2.3 Spiel als Vorbereitung für die Zukunftsbewältigung

Spiel ist eine naturgegebene Form, sich während der geschützten Kinder- und Jugendzeit lustvoll auf die Anforderungen, die das spätere Leben stellt, vorzubereiten.

Zukünftige Anforderungen

Kinder haben in der heutigen Zeit mit schwierigen Herausforderungen in ihrer Zukunft zu rechnen. Die Unsicherheiten betreffen nicht nur ihre individuelle Lebensgestaltung wie Berufsausbildung, Arbeitsplatz und Einkommen. Zunehmende Krisen machen deutlich, dass die Unsicherheiten global geworden sind, etwa die Klimakrise, knapper werdende Ressourcen und die weltweite Reduzierung der Vielfalt von Flora und Fauna. Die Zukunft wird neue Lebensstile erfordern, vor allem ökologisch nachhaltiges Denken und Handeln mit einem geringeren Konsum, denn in einer endlichen Welt ist unendliches Wachstum nicht möglich.

In unserem augenblicklichen Gesellschaftssystem gewinnen die meisten Menschen einen guten Teil ihres Wohlgefühls aus Konsum. Wenn Konsum in Zukunft reduziert werden muss, brauchen die Menschen andere Quellen für ihr Wohlgefühl. Das Geben und Nehmen in Gemeinschaften bietet in allen Kulturen eine solche Quelle. Soziales Wohlgefühl, das Kinder u. a. in ihren sozialen Spielformen erleben, kann deshalb eine gute Hilfe für die später notwendige Bereitschaft zu konsumreduzierten Lebensstilen bieten (→ Kap. 21.2.4).

Die Deutsche UNESCO-Kommission betonte im Rahmen der „Dekade Bildung für nachhaltige Entwicklung" in einer Broschüre (April 2010), dass der Kindergarten eine wichtige Bedeutung für Zukunftsfähigkeit einnimmt, weil in der frühen Kindheit Weichen gestellt und Kinder für die Bewältigung von Herausforderungen gestärkt werden können (www.bne-portal.de/Elementarpädagogik - dort an zweiter Stelle). Spiel unterstützt zukünftige Anforderungen durch starkmachende Kompetenzen.

- Das Kind schult im Spiel lustvoll seine Anstrengungsbereitschaft. Es verfolgt oft mit Hartnäckigkeit seine Ziele und gibt nicht so schnell auf.
- In der Selbstbestimmung des Spiels liegen Initiative und Eigenverantwortung.
- Das Kind trifft Entscheidungen und sucht kreative individuelle Lösungen. Es will selbst verantworten.
- Im Spiel entwickelt das Kind Kompromissfähigkeit und Einfühlungsvermögen. Es versetzt sich in die Rollen anderer und erkennt verschiedene Sichtweisen als Basis für späteres solidarisches Handeln.
- Im Spiel mit Spielpartnern entwickeln Kinder erstaunliche Führungsqualitäten und erweitern ihre sozialen Kompetenzen.

> Pausewang, Freya: Macht mich stark für meine Zukunft! Wie Eltern und ErzieherInnen die Kinder in der frühen Kindheit stärken können. München: oekom Verlag 2012.

Mit Ungewissheiten umgehen, improvisieren und unkonventionell denken

Im Spiel geht das Kind bewusst und gewollt mit **Ungewissheiten** um. Es sucht sie. Sobald es Handlungen sicher bewältigt, werden sie ihm langweilig. Das Kind geht Risiken ein, es freut sich am Erfolg, aber es nimmt auch Misserfolge in Kauf. Diese Motivation einschließlich der Fähigkeit, sich von Misserfolgen nicht so schnell entmutigen zu lassen, gilt es so lange wie möglich zu erhalten, damit das Kind später im Leben Risiken möglichst real einschätzt, Misserfolge in Kauf nimmt und verkraftet.

Abb. 21.11: Abrutschen ins eiskalte Wasser wird riskiert und erhöht die Spannung.

Ein Kind kann im Spiel **improvisieren** und **unkonventionell denken.** Erwachsene sind manchmal völlig überrascht über Ideen, die Kinder entwickeln. Kinder sind in ihrem Denken noch nicht so festgelegt wie Erwachsene, die sich z. B. in Brainstormingphasen ernsthaft darum bemühen müssen, ihre gewohnte Art zu denken auszuschalten.

> Unkonventionelles Denken hilft, Probleme zu lösen, für die mit konventionellem Denken keine Lösungen gefunden werden. Kinder sind im Spiel gute und lustvolle Erfinder.

Risiken eingehen und Abenteuer wagen

Kinder lieben Abenteuer bis in Jugendalter. Abenteuer sind aufgrund ihrer Risiken spannend und faszinierend. Kinder und Jugendliche sind im Spiel lustvoll bereit, Neues zu riskieren.

Leider wird dieses Bedürfnis heute oft auf der virtuellen Ebene mit Hilfe der Computertechnik ausgelebt. Viele ältere Kinder und Jugendliche scheuen die Anstrengung von **realen Abenteuerspielen**, etwa von Straßenspielen, Erklettern von Bäumen, Wald- und Nachtwanderungen, Fahrradtouren, Zeltfreizeiten und Bergsteigen.

Abenteuer auf **simulierter Ebene** sind nicht mit der gleichen körperlichen Anstrengung und den entsprechenden Gefühlen verbunden wie reale Abenteuer. Im virtuell nachgestellten Spiel müssen die Abenteuer oft ins Unrealistische oder gar bis zur Todesgefahr gesteigert werden, um abenteuerliche Gefühle zu wecken. Das **Spiel in der Realität** fordert den Spieler anders heraus und lässt Eindrücke viel intensiver wirken, etwa beim Suchen nach der nächsten Trittmöglichkeit beim Klettern auf einen Baum oder dem Überqueren eines Bachs (→ Abb. 21.11).

Probleme lösen und unbefriedigende Situationen verändern

Problemlösung → Kap. 10.2.4

Probleme im Spiel zu lösen, ist für Kinder und Jugendliche eine reizvolle Herausforderung. **Problemlösungen** machen das Spiel spannend und vermitteln eigenes Zutrauen und Selbstbewusstsein. Kinder schaffen sich im Spiel eine Welt, in der sie ihre Ziele verwirklichen können, etwa im Rollenspiel bereits erwachsen zu sein. Die Zukunft verlangt die Bereitschaft, sich auf Veränderungen einzulassen, beispielsweise Kompromisse bei der Berufswahl einzugehen, aber auch die Bereitschaft, an notwendigen Zielen festzuhalten, etwa ökologisch nachhaltig oder solidarisch zu handeln. Das Spiel unterstützt diese Bereitschaft.

> ⊙ Wird Kindern das Lösen von Problemen abgenommen, reduziert dies ihre Bereitschaft sowie die Freude daran und die Fähigkeit dazu. Kinder brauchen die Herausforderung, altersgerechte Probleme selbst zu lösen.

21.2.4 Spiel als Weg zum Aufbau sozialer Beziehungen

In frühpädagogischen Einrichtungen erleben Kinder erstmals das gleichberechtigte Zusammenleben mit Gleich- und Ähnlichaltrigen. Ein Großteil ihrer selbstbestimmten Spiele sind *Partner- und Gruppenspiele* (→ Kap. unten). Dabei durchlaufen sie einen Prozess vom *Parallelspiel* (→ unten) über das Gruppenspiel oftmals bis hin zur Spielführung von kleinen Gruppen. Deshalb bietet Spiel einen guten Weg zum Aufbau sozialer Beziehungen.

Kinder werden in ihrer Zukunft ein stärkeres soziales Verhalten entwickeln müssen als es von der jetzigen erwachsenen Generation gelebt wird (→ Kap. 21.2.3). Außerdem verlangt eine globalisierte Welt auch eine globale Solidarität. Beispielsweise kann ein gelingendes Zusammenwachsen verschiedener Kulturen und eine gerechte Verteilung von Gütern nur gelingen, wenn soziales Handeln (→ Kap. 9.1.2) den Alltag grundsätzlich prägt. Im Spiel können Kinder diese sozialen Kompetenzen und Werte (→ Kap. 20) lernen, z. B. wenn sie Spielpartner gleichberechtigt behandeln, sich im Rollenspiel in fremde Kulturen eindenken oder die Fähigkeiten von Kindern aus anderen Kulturen wahrnehmen und wertschätzen.

Im Parallelspiel sich gegenseitig wahrnehmen und anerkennen

> ▶ **Parallelspiel**
> Frühe Spielform, bei der Kinder sich gegenseitig wahrnehmen, beobachten und nachahmen, jedoch noch nicht gemeinsam spielen.

Wenn Erwachsene mit Kleinkindern spielen, richten sie sich meist nach den Bedürfnissen des Kindes. Sie reagieren auf wahrgenommene Wünsche des Kindes oder bieten neue Spielideen an. Das Spiel mit Gleichaltrigen stellt andere Anforderungen an das Kind: **Gleichberechtigung.** Das bedeutet auf der einen Seite Rücksichtnahme, auf der anderen Seite aber auch, sich durchzusetzen.

Manchmal holt sich beim Parallelspiel ein Kind das Spielzeug des anderen, so dass Konflikte entstehen und der Erwachsene eingreifen muss. Erzieherinnen bestärken dann die Kinder, sich für ihre Rechte einzusetzen: „Das war deine Sandschaufel, Lena, hol sie dir zurück!". Vielleicht auch: „Schau, dort liegt eine andere Schaufel, gib sie dem Jannis, damit er auch eine hat!"

Im Partnerspiel Kooperation erlernen

Sobald die Kinder nicht mehr nur nebeneinander spielen, – etwa jedes einen Sandeimer füllt – sondern im Partnerspiel kooperieren und gemeinsam Spielhandlungen durchführen, müssen sie ihre Ideen aufeinander abstimmen. Dafür ist weitgehend, aber nicht grundsätzlich Sprache notwendig. Spielideen werden mitgeteilt, Spielhandlungen oder Rollen ausgewählt oder zugeteilt. Mit Ideen regen die Kinder sich gegenseitig an.

> ▶ **Partnerspiel**
> Spielform, bei der zwei Spieler miteinander kooperieren und Spielhandlungen gemeinsam ausführen.

Jüngere Kindergartenkinder kennen noch wenig Konkurrenz. Spielergebnisse werden noch nicht verglichen, etwa gemalte Bilder, gebaute Türme oder die Zeit, in der ein Puzzle fertiggestellt wurde. Es ist pädagogisch auch nicht sinnvoll, sie früher als nötig auf Konkurrenz aufmerksam zu machen. Zunächst ist die Kooperation wichtig:

- Sich aufeinander einzustellen
- Sich in andere Ideen einzudenken
- Andere Ideen aufzugreifen und weiterzuentwickeln.

Dieses Miteinander kann beim Kind hohe Lustgefühle hervorrufen. Das schon erwähnte vollständige Eintauchen in eine andere Welt geschieht gerade beim Partner- und Gruppenspiel häufig. Voraussetzung ist dann allerdings, dass beide Spielpartner sich auf den anderen einstellen. Wenn eins der Kinder die Spielführung übernimmt und das andere sich dabei anerkannt und wertgeschätzt fühlt, verläuft das Spiel harmonisch.

Erzieherinnen haben einen Blick auf die Art der Spielführung, um die Kinder, die sich selbstlos unterordnen und fügen, wenn immer möglich zu schützen und zu stärken. Konstante, kritiklose Unterordnung würde ihrer Selbst- und Mitbestimmung schaden sowie ihrer Entwicklung von demokratischem Denken und Handeln.

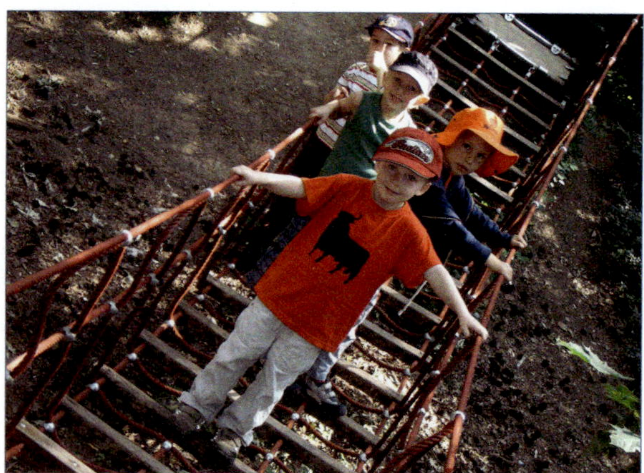

Abb. 21.12: Sicherheit durch gegenseitige Anregung und Akzeptanz.

Im Gruppenspiel Zugehörigkeit, Anerkennung und Sicherheit finden

► **Gruppenspiel**
Spielform, die durch gemeinsame Spielhandlungen und einen gemeinsamen Spielablauf eine Zugehörigkeit zu einer Gruppe schafft.

Der Mensch ist ein Beziehungswesen. Er braucht die Anerkennung und die Zugehörigkeit zu anderen, um Sicherheit zu finden. Kinder brauchen neben der stabilen Beziehung zu einzelnen Erwachsenen die Zugehörigkeit zu Gruppen Gleichaltriger.

- Während des **Krippenalters** entwickelt das Kind sein Spiel bereits vom Nebeneinander zum Partnerspiel und ansatzweise zum Spiel in kleinen Gruppen
- Im **Kindergartenalter** nehmen Spiele in Kleingruppen auffallend zu, allerdings hat das Kind noch wenig Geduld für Spiele in der Gesamtgruppe. Diese ist zu groß. Kindergartenkinder brauchen deshalb eine *Raumgestaltung* (→ Kap. 21.4), die Spiele in Kleingruppen zulässt und sie dazu anregt
- Auch im **Schulalter** bietet die Kleingruppe sehr viel stärker Zugehörigkeit und Sicherheit als die Gesamtgruppe.

Wenn Kinder Zugehörigkeit, Anerkennung und Sicherheit in Kleingruppen suchen, dann heißt das zugleich auch, dass sie dazu beitragen müssen, diese Gefühle anderen Kindern zu ermöglichen. Hier wird die Basis für **Solidarität** gelegt. Für Erzieherinnen ist es deshalb wichtig, bei freien und gelenkten Gruppenspielen darauf zu achten, dass jedes einzelne Gruppenmitglied auf der einen Seite Spielkameraden anerkennt und auf der anderen Seite Teilgruppen findet, in denen es sich sicher und zugehörig fühlt (→ Abb. 21.12). Bei Problemen wird die Erzieherin sowohl das Verhalten des ausgeschlossenen Kindes als auch der ausschließenden Gruppenmitglieder beachten.

Spielführung übernehmen

Spielleitung → Kap. 21.3.3

Oft sind bereits Kindergartenkinder überaus kompetent, Spiele in Kleingruppen anzuleiten und zu lenken, also die Spielführung zu übernehmen.

► **Spielführung**
Aktivitäten derjenigen Mitspieler, die im Gruppenspiel auf das Verhalten und die Entscheidung anderer Einfluss nehmen und das Spiel (in Abschnitten) lenken.

Anforderung an Spielführung

[BEISPIEL] Sophie, fünf Jahre, kommt in den Bewegungsraum. Zwei Mädchen sehen sie und fragen gleich, ob sie mit ihr spielen dürfen. „Was habt ihr denn schon angefangen?", fragt Sophie, denn sie ist in der Lage, sich in begonnene Spiele einzubringen. Die beiden Mädchen zeigen ihre angefangene „Baustelle". „Wollen wir ein Schiff daraus machen?", fragt Sophie. Einige Zeit später rudert jedes Kind ein eigenes Boot zu einer fiktiven Insel, wo sie gemeinsam gefährliche Tiere jagen wollen. Sophie kann Ideen anderer auffangen, weiterentwickeln und Aufgaben verteilen, ohne dabei dominant zu wirken.

Für gelingende Spielführung sind viele **Fähigkeiten** erforderlich:

- Eigene und fremde Wünsche zu erfassen, deren Folgen abzuschätzen und ggf. Kompromisse zu finden
- Die Initiative zu ergreifen, Begeisterung auszustrahlen, bei Abflachen des Spiels neue Ideen einzubringen, vorgeschlagene Wege manchmal zu begründen und sich durchzusetzen.

Erlernen von Spielführung

In sozialpädagogischen Einrichtungen erleben Kinder ein gleichberechtigtes Zusammenleben. In der Familie erfahren sie – selbst wenn sie Geschwister haben – durch den Altersunterschied der Spieler nur selten gleichberechtigtes Spielen. Eingeladene Freunde bieten ebenfalls nicht die gleiche demokratische Spielebene, weil Gastgeberkind und Gastkind unterschiedliche Rollen und Rechte haben.

Erzieherinnen sehen es deshalb als wichtige Aufgabe an, Kindern durch **Kleingruppenbildung** die Gelegenheit zur Spielführung zu geben, die Art ihrer Führung zu beobachten und sie zu unterstützen.

Bei unangemessener Spielführung motivieren Erzieherinnen ein stark dominantes Kind zu mehr Einfühlung oder ermuntern ein fügsames Kind zur Durchsetzung seiner Rechte.

Führung von **Spielen der Gesamtgruppe,** etwa bei Spielen im Kreis oder sportlichen Spielen, überfordert die Kinder – auch noch im Schulalter. Mit der Erzieherin im Hintergrund und klaren Spielregeln kann das aber in kurzen Phasen gelingen und das Kind schulen.

21.2.5 Spiel in seiner Bedeutung für das Jugend- und Erwachsenenalter

Im Jugend- und Erwachsenenalter erhält das Spiel andere Schwerpunkte als in den Kinderjahren.

Gegengewicht zu den Anforderungen des Alltags

Während Kinder im Spiel vorrangig neue Fähigkeiten erproben, ihr Weltbild erweitern oder Erfahrungen aus dem Alltag verarbeiten, spielen Jugendliche zunehmend aus anderen Motivationen: Sie wollen entspannen oder sich in ein für sie interessantes Gebiet lustvoll vertiefen und sich dabei möglichst Erfolgserlebnisse holen. Spiel wird weitgehend zum Ausgleich und Gegengewicht zu den Anforderungen des Alltags.

Teilweise bekommt das Spiel den **Charakter eines Hobbys.** Dafür eigenen sich alle Spielformen (→ Kap. 21.1.2):

- *Funktionsspiele* werden vorrangig im sportlichen Bereich gespielt
- *Konstruktionsspiele* finden ihre Fortsetzung im künstlerischen und handwerklichen Bereich
- *Rollenspiele* werden im Theaterspiel umgesetzt
- *Regelspiele* werden in Mannschaftssportarten, vor allem Ballspielen, oder in Gesellschaftsspielen, vom Kartenspiel wie Poker bis zum Schach, fortgesetzt.

Hobbys können eine starke Konzentration verlangen (→ Abb. 21.13) und werden oft bis zur Ermüdung und Erschöpfung durchgeführt. Trotzdem bieten sie ein Gegengewicht zu den Anforderungen von Schule, beruflicher Arbeit und der notwendigen Gestaltung des Alltags.

Für Erzieherinnen, die mit älteren Kindern und Jugendlichen arbeiten, bedeutet das, die Gruppenmitglieder hinsichtlich ihrer Interessen zu beobachten und ihnen Handlungsmöglichkeiten zu bieten, damit diese sich selbst erproben und eigene lustvolle Schwerpunkte finden und entwickeln können.

Abb. 21.13: Schachspiel verlangt strategisches und konzentriertes Denken.

Bedeutung guter Spielerfahrungen für die Bewältigung des Lebens

Wenn Kinder bis ins Jugendalter selbstbestimmt und ideenreich spielen, haben sie ihre Fähigkeiten, schwierige Situationen zu bewältigen und Probleme zu lösen, gut geschult. Sie sind auf die Bewältigung eines Lebens, in dem Herausforderungen gemeistert werden müssen, wahrscheinlich besser vorbereitet als Kinder, die auf motivierende Animationen und vorgegebene Spielabläufe angewiesen waren. Gute soziale Erfahrungen und die Entwicklung von sozialen Kompetenzen bei Gruppenspielen und Spielführung werden ihnen helfen, Verantwortlichkeit, Demokratie und Solidarität im realen Leben als wichtig anzusehen und umzusetzen. Es kann davon ausgegangen werden, dass echtes, selbstbestimmtes Spiel dazu beiträgt, Probleme im Erwachsenenleben leichter, motivierter und angemessener zu meistern. Zugleich bleibt den Jugendlichen und Erwachsenen das Spiel als Form einer aktiven Entspannung erhalten.

Legen Sie sich einen Stift und einen Stoß kleiner Zettel bereit. Beginnen Sie mit fünf Minuten des Nachdenkens, in denen Sie versuchen, Erinnerungen an möglichst frühes, aber ausgesprochen frohes Kinderspiel ins Gedächtnis zu rufen. Schreiben Sie anschließend auf jeweils einen Zettel ein Stichwort zu jedem erinnerten Spiel auf. Nach Beendigung dieser Phase ordnen Sie Ihre Zettel nacheinander ausgewählten, gegensätzlichen Gesichtspunkten zu, etwa:

- Wurde das Spiel allein oder mit anderen Kindern gespielt?
- Mit oder ohne Erwachsene?
- Im Raum oder im Freien?
- Mit gekauftem Spielmaterial oder mit Gegenständen aus der Umwelt oder ohne Material? Manchmal werden Sie auch Zwischenbereiche zulassen müssen, etwa ob Sand als gekauftes Spielmaterial zählt.

Jeweils bevor sie eine neue Zuordnung vornehmen, sprechen Sie in der Gruppe über die Verteilung der Zettel und über Ihre Erinnerungen. Vergleichen Sie Erinnerungen und suchen Sie nach Gemeinsamkeiten.

21.2.6 Die Wirkung gesellschaftlicher und familiärer Einflüsse auf das Spiel

Das heutige gesellschaftliche Leben wirkt fördernd und zugleich hemmend auf die Entwicklung des Spiels. Erzieherinnen versuchen, ungünstige Einflüsse auf das Spiel von Kindern und Jugendlichen zu erkennen (→ unten), um darauf reagieren und einen Ausgleich anbieten zu können.

Fördernde Einflüsse

Die Wichtigkeit des Spiels wird heute nicht nur in Fachkreisen, sondern auch von der Allgemeinheit eingesehen und anerkannt. Selbstbestimmtes Spiel wird vor allem in der frühen Kindheit als wichtig angesehen und gefördert.

Anerkennung hoher Selbstbestimmung

In den letzten Jahrzehnten wurden die Selbstbestimmung (→ Partizipation Kap. 2.1.5) des Kindes und seine Rechte im allgemeinen Bewusstsein der Bevölkerung aufgewertet. Kinder haben offiziell Rechte etwa durch die UN-Kinderrechtskonvention (1989) (→ Kap. 3.1.1), national im Kinder- und Jugendhilfegesetz (Sozialgesetzbuch VIII) verankert (→ Kap. 3.2).

Das Kind spürt, dass seinem selbstbestimmten Handeln einschließlich des Spiels hoher Wert beigemessen wird und es seine Rechte einfordern kann.

Familiäre Unterstützung des Spiels

Das Kind erfährt in seiner Familie, dass sein Spiel gewollt und unterstützt wird. Sein selbstbestimmtes Spiel wird vor allem in den ersten Lebensjahren auf breiter Basis zugelassen und von den Eltern gefördert. Sie nehmen sich die Zeit, mit dem Kind zu spielen und es in seinem Spiel zu bestärken. Wünschenswert wäre dabei, dass sie dem Kind nicht zu häufig Anregungen geben, sondern das Kind als Initiator des Spiels anerkennen und selbst abwartend reagieren. Dadurch entwickelt das Kind weitere Spielideen und braucht keine Animation.

Hemmende Einflüsse und fragwürdige Entwicklungsrichtungen

Hemmende Einflüsse liegen vorrangig in den gesellschaftlichen Werthaltungen und Lebensformen, die das selbstbestimmte Spiel einschränken oder in fragwürdige Entwicklungsrichtungen drängen. Sozialpädagogische Einrichtungen wirken einseitigen Einflüssen auf das Kinderspiel entgegen. Einen wirklich ausreichenden Ausgleich für familiäre und gesellschaftliche Einseitigkeiten können sie allerdings nicht bieten.

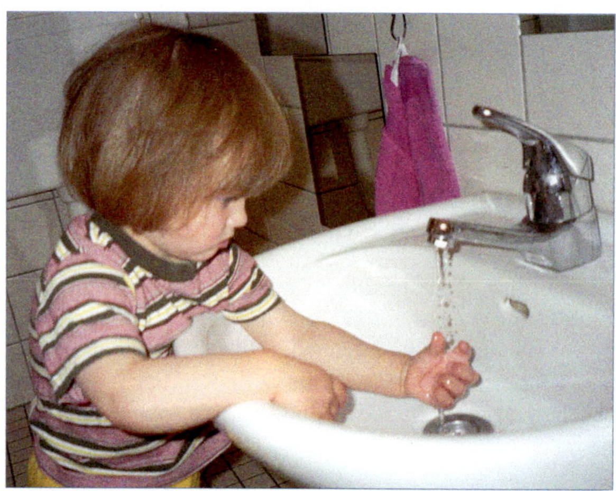

Abb. 21.14: Wasser ist ein Material, das zu vertieftem und forschendem Spiel motiviert.

Eingeschränktes Spiel im Freien

Werden Kinder beim Spiel im Freien eingeschränkt, kommen Bewegung, Anstrengung, eigenständige Spielfindung und selbstentwickelte Abenteuer sowie die reale Einschätzung von Risiken zu kurz (→ Kap. 21.2.3), zudem wird die Gelegenheit zu Gruppenspielen mit gleichberechtigten Spielpartnern beschränkt.

Überfülle von Spielmaterial und Animation

Eine Überfülle an Spielzeug schränkt die kindliche Erfindung von Spielmaterialien und Spielideen ein. Auf der Strecke bleiben dabei die eigene Ideenvielfalt, Initiative und Anstrengungsbereitschaft.

Kinder und Jugendliche verlassen sich bei einer Überfülle von Spielmaterialien und Animation zu stark auf die Anregungen von außen.

Betonung von Lernspielen

Spätestens wenn die Kinder in die Schule kommen – oft aber auch schon während der Kindergartenzeit – wird die Spielzeit in der Familie eingeschränkt, weil das Spielen von vielen Eltern nicht als eine Form der Bildung anerkannt, sondern nur als Spaß und Entspannung angesehen wird. Zum Teil wird das Spielen durch Lernspiele ersetzt.

Angeleitete oder dem Kind aufgetragene Lernspiele haben ein außerhalb der Tätigkeit liegendes Ziel und sind deshalb bestenfalls lustvolles Lernen. Sie sind nicht Spiel im eigentlichen Sinn und unterstützen deshalb auch nicht in gleicher Weise die Entwicklung des Kindes.

> Oft werden lustvolle, spielähnliche Lernformen mit Spielen verwechselt. Sie können das echte Spiel (→ Kap. 21.1.1) aber nicht ersetzen. Deshalb ist zu Hause, in Kindertageseinrichtungen und in der Grundschule darauf zu achten, dass genug Raum zum wirklichen Spielen bleibt.

Beaufsichtigung und „Zerstückelung" des Spiels

Kinder im Vorschulalter spielen heute relativ selten ohne Aufsicht von Erwachsenen. Viele Kinder haben einen sehr zerstückelten Tagesablauf. Sie werden zu verschiedenen Institutionen gebracht, in denen sie von Fachpersonal in unterschiedlichen Bereichen gefördert werden. Zuweilen haben sie einen vollen Terminkalender. Selbstbestimmtes Spiel kann in Zeitbegrenzung aber nur sehr bedingt umgesetzt und entwickelt werden.

> Reflektieren und diskutieren Sie Ihre Ansichten zu gesellschaftlichen Einflüssen auf das Kinderspiel. Hatten diese Einflüsse auch eine Bedeutung auf Ihre eigene Kindheit? Entwickeln Sie Vorstellungen, wo und wie Erzieherinnen versuchen können, ungünstige Einflüsse zu verringern.

21.3 Rolle von Erzieherinnen

Das selbstbestimmte Kinderspiel ist in seinem Entwicklungsprozess sehr empfindsam und beeinflussbar. Es braucht die richtige „Nahrung", um nicht zu verkümmern oder sich in Richtungen zu entwickeln, die dem Kind in seiner Persönlichkeitsentwicklung (→ Kap. 10.3.5) nicht angemessen helfen.

Die Erzieherin beeinflusst das Spiel durch unterschiedliche Faktoren. Zu diesen gehören vor allem:

- Sicherheitsgefühl des Kindes zu seinen Bezugspersonen und zu den Gruppenmitgliedern, denn ängstliche und unsichere Kinder können sich nicht selbstbestimmt und unabhängig auf ihre Spielwelt einlassen
- Spielumgebung mit einem spielanregenden Innen- und Außenraum sowie spielanregendem Material
- Zeit zum Spielen
- Gleichberechtigte Spielpartner
- Erfahrungen und Erlebnisse in der Realität als Anregung zur Auseinandersetzung im Spiel
- Bestärkungen und ggf. Begrenzungen durch die erwachsene Bezugsperson.

Begleitung und Unterstützung des Spiels ist aus diesen Gründen für die Erzieherin viel mehr als etwa nur das Freispiel zu beaufsichtigen oder Spiele anzuleiten und ggf. bei Problemen und Partnerkonflikten zu vermitteln.

21.3.1 Grundhaltung, Vorbildverhalten und Beziehungsstabilität der Erzieherin

Grundhaltung und Vorbildverhalten stehen in einem engen Bezug zueinander. Die Erzieherin braucht den Gruppenmitgliedern das Spielen zwar nicht vorzuleben, denn Kinder können spielen, sie brauchen es nicht zu lernen. Aber sie muss Werte, die sie im Spiel hoch ansetzt, auch für sich selbst anstreben und umzusetzen versuchen. Darüber hinaus muss sie den Gruppenmitgliedern eine verlässliche Bezugsperson sein, denn ein Kind kann sein Spiel nur dann wirklich entfalten, wenn es sich sicher fühlt.

Grundhaltung

Grundhaltung der Erzieherin → Kap. 8.1.1

Im Spiel ist das Kind Experte. Deshalb bringt die Erzieherin Korrekturen äußerst behutsam an. Sie

- Zeigt den Kindern, wie sie mit Material achtsamer oder sparsamer umgehen können
- Schreitet ein, wenn soziale Konflikte eskalieren und dadurch Spielverläufe leiden
- Klärt Regelmissachtung und ist wenn nötig bei Konflikten Schiedsrichterin.

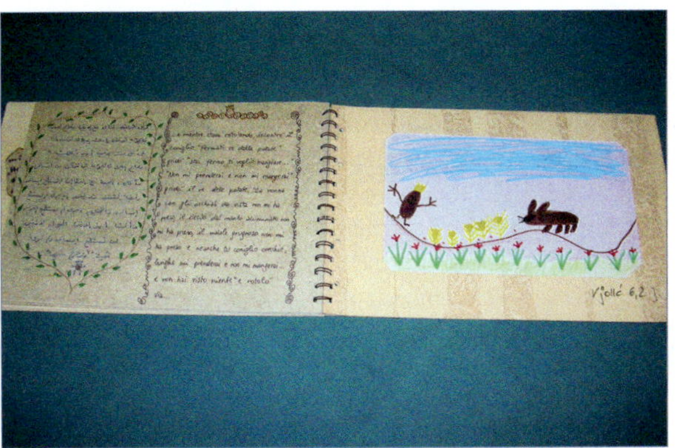

Abb. 21.15: Kinder haben ein Bilderbuch erstellt, und Eltern haben in Arabisch und in Italienisch die Geschichte dazu geschrieben.

⊙ Erzieherinnen unterbrechen oder korrigieren von wenigen Ausnahmen abgesehen das Kind nicht beim vertieften Spiel. Bei Fehlverhalten, etwa im sozialen Bereich, sprechen sie wenn möglich außerhalb des Spiels mit dem Kind darüber.

Haben Kinder Schwierigkeiten, in ein Spiel hineinzufinden oder überhaupt zu spielen, schaut die Erzieherin auf die Stärken des Kindes und setzt dort an. Das Beispiel von Jonas veranschaulicht diese **wertschätzende Grundhaltung.**

[BEISPIEL] Jonas, dritte Klasse, kommt häufig gereizt und frustriert aus der Schule. Sein Spiel ist dann unruhig und unkonzentriert. Oft stört er die Spiele der anderen. Die Erzieherin weiß von seinen schulischen Schwierigkeiten. Sie versucht, ihm Erfolge im Spiel zu ermöglichen. Sie motiviert ihn z. B. zu Konstruktionsspielen, die er gut kann, etwa Bauen mit Lego, oder zu Bewegungsspielen, durch die sich psychische Spannungen leichter abbauen lassen.

Die Erzieherin anerkennt die **individuellen Spielbedürfnisse** der Kinder. Für Kinder mit Migrationshintergrund gibt sie durch entsprechendes Verhalten und/oder Spielmaterial die Botschaft, dass das eventuelle Anderssein eine Bereicherung darstellt und willkommen ist (→ Abb. 21.15). In der Verkleidungskiste der Kindergartengruppe gibt es Kleidungsstücke, wie sie häufig in anderen Ländern getragen werden, in der Puppenecke finden die Kinder typische Gegenstände aus ausländischen Kulturen vor und im Bücherregal stehen Bücher in anderen Sprachen und Schriften oder mit Bildern, die das Leben in fernen Ländern zeigen. Bekommt ein Kind mit Teilleistungsschwächen Bewegungstherapie von der Physiotherapeutin, lädt diese wenn möglich andere Kinder ein, die spielerischen Übungen mitzumachen. Damit signalisiert sie Gleichwertigkeit und erreicht beim Kind, für das diese Übungen wichtig sind, vielleicht bei Bedarf auch noch eine zusätzliche Motivation.

Vorbildverhalten

Die Erzieherin bindet die ihr wichtigen Werte wie **Anstrengungsbereitschaft und Ideenfindung** in Alltagshandlungen ein und versucht, sie möglichst oft umzusetzen. So wird sie z. B. bevorzugen, zum Laternenfest mit den Kindern solche Laternen zu basteln, bei denen eigene Ideen der Kinder umsetzbar sind, anstatt vorgefertigte Laternenkonstruktionen einzukaufen, bei denen alle Kinder im Endeffekt die gleichen Laternen haben und individuelle Gestaltung nicht zum Ausdruck kommt.

Fähigkeiten, die die Erzieherin bei den Kindern fördern will, versucht sie, den Kindern vorzuleben. Was das Freispiel betrifft, kann sie allerdings kaum Vorbild sein: Sie ist erwachsen und verfügt nicht mehr über die Spielfähigkeit eines Kindes. Außerdem ist sie zur Aufsicht verpflichtet. Eine Erzieherin, die sich vom Spiel gefangen nehmen lässt, vernachlässigt ihre *Aufsichtspflicht* (→ Kap. 3.3.4), solange sie nicht mit einer weiteren Fachkraft abgeklärt hat, dass diese die Aufsicht übernimmt. Bei gelenkten Spielen wird sie dagegen den Kindern mit ihrer Spielfreude und ihrer Spielleitung (→ Kap. 21.6.2) ein Vorbild sein.

Spielt eine Erzieherin weite Teile der Freispielzeit mit den Kindern nur **Regelspiele** – eine Spielform, in der sie kompetent ist – und strahlt dabei auch Spielfreude aus, vermittelt sie den Kindern fälschlicherweise durch ihr Verhalten, dass Spiele mit vorgegebenem Ablauf wichtiger und wertvoller sind als **selbstentwickelte Spiele**. Regelspiele haben oft deutliche und erkennbare Lerninhalte, z. B. Zählen, Vergleichen, Zuordnen, Bezeichnen oder Erinnern. Solche Regelspiele sind für viele Kinder dadurch kein echtes Spiel. Sie spielen die Regelspiele zuweilen nur, weil sie wissen, dass Erwachsene das gut finden, oder weil sie die Nähe der Erzieherin suchen. Das kann bedeuten, dass gerade diejenigen Kinder, die bereits Schwierigkeiten haben, sich auf ein echtes Spiel einzulassen, in falscher Richtung bestärkt werden. Sie spielen, um Erfolge vorweisen zu können, um gelobt zu werden und um Erwachsene zufriedenzustellen. Sie spielen nicht aus Freude an der Tätigkeit. Das Vorbild der Erzieherin kann dann in eine Richtung führen, die vom eigentlichen Spiel entfernt, wobei es selbstverständlich auch einmal sinnvoll sein kann, kleine Gruppen oder einzelne Kinder zu Lern- und Regelspielen zu motivieren. Die Erzieherin entscheidet sich dann aber bewusst für ein solches Spiel. Sie wird jedoch prüfen, ob diese Kinder sich in andere Spiele vertieft einlassen können, ihnen dafür ausreichende Zeit zur Verfügung stellen und ihnen Wertschätzung dieser selbstbestimmten Spiele signalisieren.

Beziehungsstabilität als Voraussetzung für Selbstentfaltung im Spiel

Vertieftes Spiel setzt voraus, dass das Kind die *Realität umformt* (→ Kap. 21.1.1) und sich auf seine Spielwelt einlassen kann. Ängstigt sich ein Kind vor dem Verlassenwerden, vor Strafe oder Liebesentzug, kann es nur schwer angstfrei loslassen und sich in seine Spielwelt begeben. Eine sichere Bindung (→ Kap. 10.3.3) ist deshalb eine wesentliche Voraussetzung für vertieftes Spiel und beeinflusst dadurch auch die Selbstentfaltung und die Bildung im Spiel. Das betrifft in erster Linie die Bindungssicherheit (→ Kap. 10.3.3) zu den erwachsenen Bezugspersonen, mit zunehmendem Alter aber auch die Beziehungen zu den Gruppenmitgliedern.

Bindungssicherheit des Gruppenmitglieds zu den Erzieherinnen

Erzieherinnen legen grundsätzlich – nicht nur im Zusammenhang mit Spiel – großen Wert darauf, dass sich die Kinder jederzeit angenommen und sicher fühlen. Sie werden z. B. nach einem Konflikt, in dem sie Grenzen setzen mussten, wieder Zuwendung signalisieren und Angenommensein verdeutlichen.

[BEISPIEL] Marie, fünf Jahre, fällt dadurch auf, dass sie Bedürfnisse sofort befriedigt haben will. Beim Spiel in Kleingruppen gibt es immer wieder Konflikte, weil sie den Spielverlauf oder die Verteilung von Spielmaterial zu ihren Gunsten bestimmen will. Wenn die Spielgruppe in solchen Fällen Marie aus der Spielgruppe ausschließen will, fängt sie an zu toben. Die Erzieherin muss oft eingreifen. Erklärungen helfen in der emotional aufgeladenen Stimmung selten. Manchmal muss Marie aus der Spielgruppe entfernt werden. Hat sie sich beruhigt, nimmt die Erzieherin wieder Kontakt mit ihr auf und macht ihr deutlich, dass nur ihr Verhalten – und nicht ihre Person – abgelehnt wurde.

Beziehungen zwischen den Gruppenmitgliedern

Spiel bietet in besonderer Weise die Möglichkeit, Beziehungen zu Gruppenmitgliedern aufzunehmen, zu erproben und zu gestalten (→ Kap. 21.2.4). In sozialpädagogischen Einrichtungen spielen Kinder oder Jugendliche weitgehend mit Partnern und in kleinen Gruppen.

Im Krippen- und Kindergartenalter finden Kinder gewöhnlich schnell Freunde und Spielgruppen (→ Abb. 21.16).

Abb. 21.16: Im Spiel werden Beziehungen aufgebaut.

Diese Freundschaften sind aber oft von kurzer Dauer. Um z.B. mit einem begehrenswerten Spielzeug eines anderen Kindes zu spielen, wird schnell „Freundschaft" angeboten. Ein Gummibärchen reicht aus, um Freundschaft zu erklären.

Im **Zusammenspiel** wird ausprobiert und verhandelt. Das ist eine gute Schulung für die Kinder, Zuwendung und Abwendung, Nähe und Distanz, die Durchsetzung eigener Wünsche, aber auch Kompromissbereitschaft auszuprobieren und auszuloten. Wenn die Ablehnung von Freundschaft sich nur auf ein gemeinsames Spiel bezieht, ist sie leicht zu verkraften, weil das nächste Spiel eine neue Chance bietet und auch, weil sich meist andere Spielpartner finden lassen.

Das Spiel bietet dem Kind gute Möglichkeiten,

- Kooperation zu erproben
- Gruppenerfahrungen zu sammeln
- Fragwürdiges soziales Verhalten zu problematisieren und zu verändern.

[BEISPIEL] Aisha, fast sechs Jahre, bemerkt Serkan, vier Jahre, der untätig an einem Tisch sitzt und das Bauspiel von zwei Jungen beobachtet. Sie erkennt die Situation und fragt ihn, ob er beim Bauspiel nicht mitspielen will. Serkan sagt, dass er das nicht darf. Aisha fragt die beiden Jungen nach dem Grund. „Er ist zu klein, das kann er noch nicht", bekommt sie zur Antwort. Damit gibt Aisha sich aber nicht zufrieden. Sie redet so lange, bis er „versuchsweise" mitspielen darf. Eine solche Verhandlung schaffen viele Kinder für sich selbst oder für Geschwister. Für andere Kinder aus der Gruppe diesen Einsatz zu leisten, setzt ein besonderes soziales Engagement voraus.

Bei älteren Schulkindern und vor allem im Jugendalter entwickeln und verändern sich Freundschaften nicht mehr so schnell. Enttäuschungen und andere negative Erfahrungen lassen den jungen Menschen vorsichtig und manchmal ängstlich werden. Spiel- und Freizeitaktivitäten bleiben aber nach wie vor ein Handlungsbereich, der Nähe aufbauen kann und in dem sich Bindungssicherheiten entwickeln können.

Gefahr von Rollenfestschreibung

Eine Erzieherin wird hellhörig, wenn ein Kind häufig als Spielpartner abgelehnt wird und es zum Außenseiter zu werden droht.

Rollen (→ Kap. 9.1.2) können sich verfestigen, weil sich nicht nur die Gruppe daran gewöhnt, dieses Kind abzulehnen, sondern weil auch die marginalisierten, ins Abseits gedrängten Kinder sich an die Außenseiterrolle gewöhnen und sich auch in anderen Gruppen entsprechend verhalten. Das bedeutet, dass sie ihre Gruppenposition „mitnehmen", auch wenn die neue Gruppe eine völlig andere Zusammensetzung hat.

[BEISPIEL] Olga, fünf Jahre, ist mit ihrer Familie aus Russland gekommen. Sie versteht kaum Deutsch. In der Gruppe sind keine Kinder, die ihre Sprache sprechen oder verstehen. Olga sieht häufig Spielgruppen zu, wird von den Kindern aber nicht eingeladen, mitzuspielen. Wenn das tatsächlich einmal passiert, vielleicht, weil die Erzieherin die Spielgruppe dazu aufgefordert hat, beteiligt sie sich nicht aktiv. Sie reicht bestenfalls den anderen Kindern beim Bauspiel einen Baustein zu. Beim Fangspiel im Freien wird sie sofort gefangen, übernimmt aber selbst keine Fängerrolle. Dadurch gerät sie in einen „Teufelskreis". Sie kann sich nicht beteiligen und wird deshalb auch nicht in Partner- und Gruppenspiele einbezogen. Dieses Rollenverhalten kann sich bei ihr verfestigen, kann in die spätere Schulklasse „mitgenommen" werden und kann zu erheblichen Fehlentwicklungen führen.

Da das Spiel Raum bietet, unterschiedliche Rollen zu erproben – nicht nur im Rollenspiel, sondern in jedem Spiel mit Partnern –, wird von der Erzieherin eine sensible Wachsamkeit und eine behutsame Lenkung hinsichtlich des sozialen Miteinanders und der gegenseitigern Akzeptanz im Spiel verlangt.

> Versuchen Sie, sich an Spiele mit Partnern oder mit Gruppen aus Ihrer Kindheit zu erinnern. Denken Sie über Positionen nach, die Sie dabei eingenommen haben:
>
> - An welche Rollen erinnern Sie sich, die weitgehend konstant blieben oder die sich veränderten?
> - Wie haben Sie diese Rollen empfunden?
> - Welche Unterstützung haben Sie von Erwachsenen bekommen und welche hätten Sie sich gewünscht?

21.3.2 Gegengewicht zu einseitigen Einflüssen

Viele Kinder spielen zu einseitig, häufig aufgrund gesellschaftlicher und familiärer Einflüsse (→ Kap. 21.2.6). In sozialpädagogischen Einrichtungen wird versucht, einseitiges Spielverhalten der Gruppenmitglieder wahrzunehmen und die Kinder durch entsprechende Anregungen zu vielseitigem und breit angelegtem Spiel zu motivieren, um die Selbstbildung der Kinder zu unterstützen und sie auf die Aufgaben ihrer Zukunft besser vorzubereiten. Einseitigkeiten zeigen sich u.a. in bewegungsarmen Spielen und in der Bevorzugung von Spielen mit vorgegebenem Ablauf.

Anregung zu vielseitiger Bewegung

Bewegungsmangel führt nicht nur zu gesundheitlichen Schäden, sondern bremst auch die Entwicklung in anderen Bereichen. Bewegung (→ Kap. 12) hat auf die gesamte Entwicklung des Kindes einen enorm großen Einfluss (→ Abb. 21.17). So haben Denken und Sprache mit Bewegung zu tun: Ein Kind, das Dinge nicht körperlich er-fasst und be-greift, wird auch im geistigen Begreifen gebremst. Insbesondere in Einrichtungen der Frühpädagogik und bei Grundschulkindern sorgt das Team für Anregungen zu vielseitigen Bewegungen.

Abb. 21.17: Bewegungsspiele bewirken mehr als nur Training des Körpers, sie veranlassen z. B. auch zu vorsichtiger und realistischer Einschätzung von Risiken und zum Ausloten eigener Grenzen.

Motivation zu selbstgestalteten Spielabläufen

Die Überfülle von Animation durch vorgegebene Spielabläufe beim Spielmaterial – etwa Mal- oder Bauvorlagen, realistische Mini-Imitationen von Haushaltsgeräten für das Rollenspiel oder Barbiepuppen mit großer Ausstattung, bei PC-Programmen und in Spielhallen – verhindert eigene Spielideen und das Erfinden von Spielabläufen. Die Kinder lassen sich leiten. Das spätere Leben verlangt aber Eigeninitiative, die Entwicklung von Ideen und Problemlösungen, Durchhaltekraft und Eigenständigkeit. Sich leiten lassen – Mitläufermentalität – hilft dem Kind als späterem Erwachsenen weder bei der Bewältigung des eigenen Lebens noch bei einem demokratischen Beitrag zur solidarischen *Lösung ökologischer und globaler Probleme*. Die Erzieherin hat deshalb die Aufgabe, zu **selbstgestaltetem, ideenreichem Spiel anzuregen** und es zu unterstützen, und zwar durch Raumgestaltung, Materialangebot und Interaktion mit dem einzelnen Kind und der Gruppe.

Gegengewicht zu einseitigen Einflüssen im Jugendalter

Bei älteren Schulkindern und Jugendlichen wird es schwieriger, ihnen ein Gegengewicht zu einseitigem Spiel und zur Freizeittätigkeit zu bieten. Die Anerkennung von Gleichaltrigen bedeutet den Jugendlichen viel. Sie wollen mithalten können. Anerkennung und Beliebtheit suchen sie oft im Besitz und in der Handhabung von elektronischem „Spielmaterial“ wie Handys und Computer (→ Kap. 17.2). Jugendzentren beispielsweise verschließen sich diesen Angeboten nicht grundsätzlich, aber sie bieten auch **andere Tätigkeiten** zur freiwilligen Teilnahme an. Diese finden bei vielen Jugendlichen Interesse, etwa Werkangebote und andere konstruktive Tätigkeiten, Kochen und Backen, sportliche Spiele oder Theatergruppen.

21.3.3 Gestaltung der Umwelt als Spielanregung und Spielunterstützung zur Zukunftsfähigkeit

Womit, mit wem und wie es spielt, entscheidet das Kind im sogenannten Freispiel selbst. Es kann aber nur solche Entscheidungen treffen, die sich ihm bieten. So kann es z. B. nur zwischen den **Materialien** und den **Partnern** wählen, die ihm zur Verfügung stehen. Es ist auf die angebotenen **Räume und deren Gestaltung** (→ Kap. 8.5) angewiesen. Die größte Spielanregung erhält das Kind deshalb durch die Gestaltung der Umwelt zu einer Erlebnisumwelt. Wenn Kinder den Bewegungsraum und die Flure benutzen dürfen, wird ihr Spiel bewegungsreicher. Spielmaterial für das Rollenspiel, das erkennbar aus anderen Kulturen stammt, etwa lange Röcke, ein typischer Teekessel, ein Wandteppich, signalisieren, dass Gruppenmitglieder mit Migrationshintergrund willkommen sind. Kisten und Körbe mit Material, das in der Umwelt gesammelt wurde wie Stöcke, Steine, Verpackungsmaterial, regen zu kreativem Spiel und individueller Lösungsfindung an.

Neben der Gestaltung der Lernumgebung (→ Kap. 21.4) kann die Erzieherin selbst aber auch zu Spiel anregen, das die Zukunftsfähigkeit unterstützt. **Spielunterstützung** ist eine der bedeutendsten professionellen Aufgaben der Erzieherin. Sie muss sich in das Kinderspiel mit seinen unterschiedlichen Formen eindenken und sich mit den Wirkungen des Spiels auseinandersetzen, um der Gruppe und den einzelnen Kindern oder Jugendlichen die Atmosphäre und die Voraussetzungen zu schaffen, in denen diese ihr Spiel differenziert und im Sinne einer positiven Zukunftsbewältigung entwickeln können. Beispielsweise wird sie eine positive Rückmeldung geben, wenn sie beobachtet, dass Kinder

- ideenreich und/oder ausdauernd spielten,
- andere Kinder in ihr angefangenes Spiel einbezogen haben,
- mit hoher Selbstwirksamkeitserwartung eine Problembewältigung aufgegriffen haben,
- Spielführung kompetent übernahmen.

Die Erzieherin kann mit Impulsen zu Spielideen anregen oder abflachendes Spiel zu erweitern versuchen, etwa einen geeigneten Spielgegenstand anbieten, eine Problemlösung andeuten oder durch eigenes Mitspielen eine Konfliktbearbeitung anbahnen.

Als **Spielleitung** hat sie vor allem folgende zwei Funktionen:

- Auf der einen Seite betreut die Erzieherin das freie Spiel der Gruppenmitglieder (→ Kap. 21.5.1)
- Auf der anderen Seite lenkt sie Spiele: Sie führt neue Spiele ein oder bietet Erweiterung von bekannten Spielen an. Sie lenkt Regelspiele und andere Gruppenspiele. Spielnachmittage sowie Spielabschnitte im Rahmen einer Festgestaltung werden von Erzieherinnen organisiert und geleitet (→ Kap. 21.5.2).

▶ **Spielleitung**
Verantwortliche Person, die Spiele betreut, anleitet und auf einen harmonischen Ablauf achtet.

Sammeln Sie Ideen, wie Sie durch Gestaltung der Umwelt oder Spielunterstützung einzelne zukunftsrelevante Fähigkeiten wecken und bestärken können (→ Kap. 21.2.3).

21.3.4 Gestaltung des Gruppenlebens durch Freiraum, Regeln und Grenzen

Um das Spiel in vielfältigen Formen zuzulassen und anzuregen, benötigt die Gruppe Freiraum, aber auch Sicherheit bietende Regeln und Grenzen.

Optimaler Freiraum als Voraussetzung für Selbstbestimmung im Spiel

Um selbstbestimmt spielen zu können, braucht der Spieler Zeit, Raum, meist Material und wenn möglich Partner. Intensives Spiel mit seiner Ideenvielfalt kann sich nur entfalten, wenn der Spieler Entscheidungsfreiheit hat. Erzieherinnen beachten diesen **Freiraum** über Raumgestaltung, Materialangebot, Programmgestaltung, Tagesstruktur, Bestärkungen und Impulse.

In Einrichtungen der Frühpädagogik und im Hort sorgen vor allem Freispielphasen für den notwendigen *Freiraum* (→ Kap. 21.5.1).

In Einrichtungen für ältere Schulkinder und Jugendliche, etwa in Wohngruppen, Angeboten zur Ferienerholung oder Kuraufenthalten, wird im Tagesablauf ebenfalls für **freie Zeiten** gesorgt. In diesem Alter nimmt das Spiel allerdings nur noch wenig Zeit in Anspruch. Fernsehen und andere elektronische Medien, Einkäufe, Telefonate, Teilnahme an Sportgruppen, Gespräche und Diskussionen bestimmen einen großen Teil der zur Verfügung stehenden Zeit (→ Kap. 21.2.5).

Damit die jungen Menschen ihre Fähigkeiten und Ressourcen beständig weiterentwickeln können, sind die Erzieherinnen bemüht, ihre individuellen **Interessen** zu erkennen, sie zu unterstützen und ihnen selbstgestaltete Spiel- und Hobbyaktivitäten zu ermöglichen.

Regeln und Grenzen als Rahmenbedingungen für Spiel

Regeln und Grenzen sollen Entscheidungsfreiheit innerhalb sozial angemessenen Verhaltens für alle garantieren und Chaos oder ungleiche Machtverhältnisse unter den Gruppenmitgliedern vermeiden.

Der Sinn von Regeln und Grenzen

Regeln strukturieren das Gruppenleben und geben ihm einen Rahmen. Dadurch bieten sie dem einzelnen Gruppenmitglied **Klarheit im Zusammenleben,** Sicherheit und Verlässlichkeit. Das Spielmaterial hat z. B. einen festgelegten Aufbewahrungsort, damit die Gruppenmitglieder es problemlos finden und aufräumen können.

Durch Regeln kann die Erzieherin **häufigen Konfliktsituationen vorbeugen** und dazu beitragen, dass die einzelnen Gruppenmitglieder die Rechte der anderen berücksichtigen, etwa wer bei angefangenen Spielen mitspielen will, braucht das Einverständnis der bereits Spielenden.

Es wird in jeder Einrichtung auch Regeln geben, die aus ökologischen, finanziellen oder entwicklungsbedingten Gründen **bestimmten Spielen Grenzen setzen,** etwa Computerspiele zeitlich (und inhaltlich) nur begrenzt zuzulassen, weil langes Spielen einseitig fördert und andere Entwicklungsbereiche dadurch leiden. Zudem können sie bereits bei Kindern zu Suchtverhalten führen.

Regeln **schützen Kinder,** damit sie sich selbst und andere nicht in Gefahr bringen. So lernen Kindergartenkinder, erst zu prüfen, ob die Rutschbahn frei ist, bevor sie sie benutzen.

Regeln können auch gesetzt werden, um die **Erzieherin zu entlasten:** Wer im Bewegungsraum spielen will, hängt sein Kärtchen an die Raumtafel. Die Erzieherin weiß, wo sich das Kind aufhält und muss nicht jede Abmeldung persönlich entgegennehmen.

Gefahr von Regeln und Grenzen

Regeln und Grenzen bergen auch **Gefahren für die Entwicklung** und das selbstbestimmte Spiel des Kindes.

- Sie schränken nicht nur die Selbstbestimmung der Gruppenmitglieder ein, sie reduzieren auch die Verantwortlichkeit der Spieler
- Sie betonen oft Gehorsam und nicht Selbstentscheidung.

Ein Team wird deshalb von Zeit zu Zeit seine **Regeln kritisch prüfen** und sie, wo immer dies möglich und sinnvoll ist, reduzieren. Konflikte durch Regeln zu begrenzen, kann durchaus angebracht sein, weil zu viele Konflikte ins Chaos führen. Kinder haben aber auch Konfliktbearbeitung zu lernen und dabei die Rechte der Partner zu berücksichtigen. Deshalb ist es wichtig, die Notwendigkeit von vorhandenen und neu zu etablierenden Regeln in dieser Hinsicht kritisch zu prüfen.

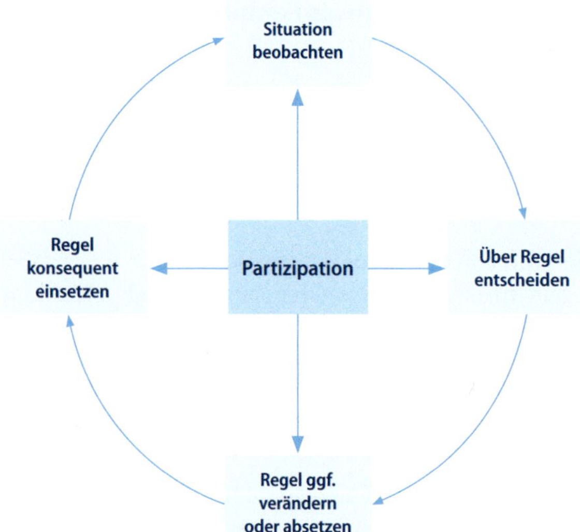

Abb. 21.18: Partizipation beim Umgang mit Regeln und Grenzen.

[BEISPIEL] Angenommen, es besteht die Regel, dass in der Bällchenkiste jeweils nur drei Kinder spielen dürfen. Die Kinder haben jetzt keine Gelegenheit mehr, zu erproben, ob sie auch mit einer größeren Gruppe ein Spiel hinbekommen. Zusätzlich können sie in schwierige soziale Konflikte kommen: Vielleicht haben gerade vier Kinder gemeinsam gefrühstückt und wollen jetzt in der Bällchenkiste spielen. Sie müssten dafür ein Mitglied aus ihrer Gruppe ausschließen, weil die Regel das verlangt.

Partizipation beim Umgang mit Regeln und Grenzen

Erzieherinnen beziehen wenn immer möglich die Gruppe sowohl bei der Erstellung als auch bei der Überprüfung von Regeln ein. Damit reduzieren sie ihre Vormachtstellung und binden die Gruppe in das, was geschieht, verantwortlich ein. Das ist im Zusammenhang mit Spiel besonders wichtig, weil Spiel Angelegenheit des Spielers ist. Die Betroffenen lernen, eigenverantwortlich zu agieren (→ Abb. 21.18).

Konsequenz bei der Einhaltung von Regeln und Grenzen

Eine Regel, die nicht konsequent umgesetzt wird, verliert ihren Sinn. Erzieherinnen, die nicht zu ihrem Wort stehen, erschweren sich und der Gruppe das Zusammenleben, weil die Gruppenmitglieder versuchen werden, ihre Bedürfnisse durchzusetzen. Es gibt unnötige Konflikte zwischen Erzieherin und Gruppenmitgliedern oder auch innerhalb der Gruppe.

[BEISPIEL] Um individuellen Bedürfnissen entgegenzukommen, kann eine Regel eine **gewisse Flexibilität** enthalten, etwa:

- Zehn Minuten bevor die Gruppe ins Freie geht, kündigt die Erzieherin im Werkraum an, dass die Kinder jetzt ihr Spiel beenden und aufräumen sollen. Zwei Kinder sind mit ihrer Werkarbeit noch nicht ganz fertig. Die Erzieherin lässt zu, dass sie ihre Arbeit beenden, danach sollen sie selbständig aufräumen und dann erst ins Freie kommen
- Im Waschraum darf aus ökologischen Gründen und während der Winterzeit nicht mit Wasser gespielt werden. Nun haben die Kinder aber Schiffchen gefaltet bzw. im Werkraum Schiffe aus Holz gewerkt. Zum Ausprobieren der Schiffe wird das Verbot aufgehoben.

Gestaltung einer spielunterstützenden Tagesstruktur in unterschiedlichen Einrichtungen

Der Mensch braucht in seinem Tagesablauf Abwechslung, aber auch verlässliche Strukturen. Abwechslung und Rhythmus sind deshalb wichtige Grundsätze bei der Gestaltung der Spielphasen in sozialpädagogischen Einrichtungen. Für eine spielunterstützende Tagesstruktur ist z. B. folgender Wechsel zu beachten:

- Bewegtes und ruhiges Spiel
- Spannendes und entspannendes Spiel
- Freies und gelenktes Spiel.

Das Team wird diese Abwechslung an den Bedürfnissen der Gruppe und an dem Entwicklungsstand der Gruppenmitglieder ausrichten.

Tagesstruktur für Krippenkinder

Die Entwicklung der Kinder bis zu drei Jahren beinhaltet eine überaus breite Spanne. Das Spiel eines Säuglings unterscheidet sich wesentlich vom Spiel eines zweijährigen Kindes. Krippen benötigen deshalb einen Tagesablauf mit langen **Freispielphasen,** damit die Kinder ihre unterschiedlichen individuellen Spielbedürfnisse umsetzen können. Erzieherinnen wenden sich in dieser Zeit den einzelnen Kindern zu.

> ⊙ Erzieherinnen bestärken und unterstützen vorrangig das Spiel des Kindes. Dadurch anerkennen sie das Kind als den Konstrukteur seiner Bildung und nehmen selbst die Rolle der Ko-Konstrukteurin ein. Selbstbildung beginnt mit der Geburt.

Neben den Freispielphasen erhalten die älteren Kinder in der Krippe auch schon **gezielte Spielanregungen,** wie Malen, Formen und Bauen, Erzählen, z. B. in Form von Erzählspielen, Betrachten von Bilderbüchern, Singen von Spielliedern oder Fingerspiele.

Spielanleitungen in der Krippe fallen kürzer aus als im Kindergarten und gehen gezielt auf die Bedürfnisse der Kleinen ein, indem die Gruppen z. B. weniger groß sind.

> 📖 Maywald, J; Schön, B. (Hrsg.): Krippen. Wie frühe Betreuung gelingt. Fundierter Rat zu einem umstrittenen Thema. Weinheim und Basel: Beltz 2008

Tagesstruktur für Kindergartenkinder

In den meisten Tageseinrichtungen für Kinder von drei bis sechs Jahren besteht ein täglich wiederkehrender spielbetonter Tagesablauf:

Abb. 21.19: Die Pumpe im Hof ist ein immer wieder interessantes Spiel- und Forschungsgerät für die Kinder.

- **Längere Freispielzeit im Innenbereich** – Zunächst bietet eine längere Freispielzeit den Kindern die Möglichkeit zu *selbstbestimmtem Spiel* (→ Kap. 21.5.1) allein oder in kleinen Gruppen. Damit wird nicht nur die unterschiedliche Bringzeit aufgefangen, sondern auch dem sich unterscheidenden individuellen Spielbedürfnis entsprochen. Viele Erzieherinnen sehen in dieser Spielphase den wichtigsten Tagesabschnitt für die Entwicklung des Kindes, insbesondere für diejenigen Kinder, die ohne Geschwister aufwachsen. Hier erprobt das Kind die breite Palette des Spiels, vor allem des Spiels mit gleichberechtigten Spielpartnern.
- **Freispiel im Außenbereich** – Der letzte Teil des Vormittags und oft längere Abschnitte am Nachmittag sind für das freie Spiel im Außenbereich reserviert (→ Abb. 21.19), nicht nur, weil Kinder Bewegung (→ Kap. 12) und frische Luft brauchen, sondern auch, weil das Spiel im Freien neue und andere selbstbestimmte Spielformen ermöglicht.
- **Angeleitete Spiele** – Für einzelne Kinder oder Kleingruppen werden von vielen Erzieherinnen während der Freispielzeit angeleitete Spiele angeboten. Am späteren Vor- oder manchmal auch am Nachmittag werden gelenkte Spiele für die Gesamtgruppe organisiert, die Erzieherinnen teilen die Gruppe oft für angeleitete Spiele oder andere die Entwicklung anregende Tätigkeiten. Eltern sehen in den angeleiteten Spielen und in gezieltem Lernen für die Kinder oft einen höheren Wert, weil ihrer Ansicht nach die Bildung deutlicher unterstützt und dadurch auch auf die Schule vorbereitet wird.

Bilden Sie Gesprächsgruppen, in denen sich ein oder zwei Erzieherinnen mit ein oder zwei Elternteilen unterhalten. Diskutieren Sie die Bedeutung des freien Spiels und angeleiteter Lernspiele für die Entwicklung des Kindes. Nehmen Sie als Eltern Positionen ein, die Sie bei Eltern vermuten.

Tagesstruktur für Grundschulkinder

Erzieherinnen gestalten vorrangig in drei Einrichtungsformen die Freizeit von Kindern im Grundschulalter: Im Hort, in der Ganztagsschule und in Wohngruppen für Kinder.

Die Kinder werden am Vormittag in starkem Maß von den Lernanforderungen der Schule gefordert. Sie haben in der Schule Ergebnisse vorzuweisen und stehen unter einem starken Konkurrenzdruck.

Das Mittagessen wird in der Gruppe eingenommen und verlangt wieder Rücksicht auf die Gemeinschaft. Die Kinder benötigen vor oder nach dem Mittagessen eine Pause für Bewegung, Individualität und Entspannung.

Bei der Hausaufgabenbetreuung am Nachmittag geraten die Kinder noch einmal unter Konkurrenzdruck. Die Kinder benötigen deshalb als Gegengewicht viel Zeit für selbstbestimmtes, konkurrenzfreies Spiel. Erzieherinnen regen vorrangig zu solchen Spielen an, bei denen Konkurrenz keine oder nur eine untergeordnete Rolle spielt. Dazu gehören z. B. Rollenspiele, Bewegungsspiele, Konstruktionsspiele wie Bauen und Malen, Hörspiele und Musik.

Dort, wo Konkurrenz im Spiel auftritt, werden diejenigen Kinder, die mit schulischen Frustrationen fertig werden müssen, solche Spiele bevorzugen, in denen sie Chancen haben zu gewinnen.

Tagesstruktur in Einrichtungen für das Jugendalter

Klare Tagesstrukturen und Regeln sind auch bei Jugendlichen grundsätzlich erforderlich. Bei der Ganztagsbetreuung, z. B. in **gesundheitsfördernden Einrichtungen,** übernehmen Therapeuten die gesundheitlichen Aufgaben. Die Erzieherinnen unterstützen die therapeutische Arbeit, regeln die Tagesstruktur und organisieren die Freizeit. Sie achten auf die Ausgewogenheit von Aktivitäten und Entspannung sowie auf die Abwechslung zwischen Entscheidungsfreiheit und gemeinsamen Gruppenaktivitäten wie sportliche Gruppenspiele, Gesellschaftsspiele, Singen und Musizieren am Lagerfeuer oder Ausflüge.

In **Jugendzentren** wird u. a. zu längerfristigen Aktivitäten mit freiwilliger Teilnahme angeregt: Es werden Kurse angeboten, die teilweise von Erzieherinnen, teilweise auch von entsprechenden Fachleuten geleitet werden wie Werk-, Mal- und Handarbeitskurse, Theaterkurse, Kurse für bestimmte Regelspiele wie Karten- und Brettspiele oder Sport, Zirkuskurse oder Musikkurse. Daneben bieten die Räumlichkeiten Gelegenheit zu individuellen Aktivitäten in Kleingruppen. Entsprechendes Material wird zur Verfügung gestellt, z. B. Kicker, Tischtennis, Brett-, Karten- und Wissensspiele und Computerspiele.

Geschlechtsgetrennte Aktivitäten werden angeboten wie geschlechtsspezifische Werktechniken oder die verbale Auseinandersetzung mit geschlechtstypischen Inhalten. Die Übergänge zwischen Spiel- und Lernformen sind hierbei auffallend fließend (→ Abb. 21.20).

In Jugendwohngruppen hat die Arbeit der Erzieherin andere Schwerpunkte. Sie gestaltet hier nicht vorrangig Freizeiten wie im Jugendzentrum oder in Rehakliniken. Die Jugendlichen bereiten sich auf ein selbständiges Leben vor. Die Bewältigung von Schule, Berufsausbildung und selbständiger Lebensführung steht im Mittelpunkt der pädagogischen Bemühungen des Teams. Ein erheblicher Teil der Freizeit wird für diesen Bereich gebraucht, von Bewerbung und Behördengang bis zum sinnvollen Umgang mit Geld oder dem ökologischen Gebrauch der Waschmaschine.

Die Unterstützung von Spiel- und Freizeitaktivitäten dient ebenfalls dem Ziel, das eigene Leben selbständig in die Hand zu nehmen. Dazu gehört es, Freizeit als Erholung und Kraftquelle zu nutzen und verantwortungsvoll mit Ressourcen, auch dem eigenen Geld, umzugehen.

Freizeitaktivitäten in Jugendwohngruppen sind z. B.:

- Unterstützung individueller vorrangig kreativer Freizeitvorlieben wie Werken, Backen und Kochen, Lesen, Musizieren
- Einfluss und Hilfe beim Umgang mit Konsum wie Fernsehen und anderen elektronischen Medien, beim Einkauf und bei kommerziellen Freizeitangeboten sowie bei der Beteiligung in Vereinen
- Gemeinsame Spiele an Gruppenabenden
- Gemeinsame Unternehmungen an Wochenenden, etwa eine Fahrradtour
- Zeltfreizeiten in den Ferien.

Tagesstruktur in Einrichtungen für Jugendliche und Erwachsene mit besonderen Bedürfnissen

In Einrichtungen für Jugendliche und Erwachsene mit besonderen Bedürfnissen ist die Unterstützung des Spiels aus mehreren Gründen wichtig. Bei manchen Behinderungen werden erlernte Fähigkeiten schnell abgebaut, insbesondere im Erwachsenenalter. Spiel bietet deshalb nicht nur Lebensfreude, sondern schult Fähigkeiten und trägt dazu bei, erlernte Kompetenzen länger zu erhalten.

Die Bedürfnisse der Bewohner können sehr unterschiedlich sein. Diesen unterschiedlichen Bedürfnissen trägt das Team Rechnung. Zugleich versucht es, die Gruppenmitglieder durch reizvolle Angebote aus ihrer etwaigen Passivität herauszulocken.

Wichtig sind auch Höhepunkte, auf die sich die Gruppe freuen kann: das Feiern von Festen mit passenden Spielen, Ausflüge, Schwimmen, Besuch von Straßenfesten und Jahrmärkten sowie, wenn möglich, einmal jährlich eine Urlaubsreise für diejenigen, die nicht auf die gewohnte Umgebung angewiesen sind.

21.3.5 Anleitung zur Arbeit als Gegenpol zu Spiel und Lernen

Spiel und Lernen sind im Wesentlichen auf die individuelle Entwicklung des Kindes ausgerichtet. Arbeit dient neben der eigenen Versorgung auch den Mitmenschen. Mit Arbeit ist hier allerdings nicht die bezahlte (Berufs)arbeit gemeint, die letztlich wieder der eigenen Person dient, sondern diejenigen Tätigkeiten, die zur Versorgung der Gemeinschaft (Familie, Gruppe) notwendig sind. Arbeit in diesem Sinne enthält den Aspekt des Gebens. Deshalb bieten Arbeitsleistungen der Gruppenmitglieder für die Gestaltung des gemeinsamen Lebens einen Gegenpol zu Spiel und Lernen.

Bedeutung von Arbeitsleistungen für die Entwicklung des Kindes

Der Unterschied zwischen Spiel und Arbeit ist der Zweck der Tätigkeit, nicht die Freude an der Tätigkeit. Das Spiel ist zweckfrei. Es wird um der Tätigkeit willen vorgenommen (→ Kap. 21.1.1). Die Arbeit strebt eine Folge für die Realität an (Ernsthandlung → Kap. 21.1.1). Das Ergebnis

Abb. 21.20: Aus Spielen werden Hobbys: Viele Jugendliche entwickeln in ihrer Freizeit Interessengebiete über intensives Training zu hohem Können oder brechen ab – denn Spiel ist freiwillig.

eines Arbeitsbeitrags von Kindern wird für die Bewältigung des Alltags benötigt, wobei soziale und solidarische Komponenten dazu gehören: Leistungsschwache werden mitversorgt. Das gezielte Lernen strebt ebenfalls eine Folge für die Realität an, allerdings bezieht sich diese Folge weitgehend auf die individuelle Entwicklung und Zukunft des Kindes selbst und zunächst nicht auf die Gestaltung des gemeinsamen Lebens.

Einem Leben ohne Arbeit im Sinne einer Leistung für die Gestaltung des gemeinsamen Lebens fehlt der Beitrag in die Gemeinschaft. Kinder erleben das Geben nicht, wenn sie sich nicht in die Gemeinschaft einbringen. Sie wollen aber durch ihren Beitrag gebraucht werden und sollen sich auch mitverantwortlich fühlen. Es gehört deshalb zu den Aufgaben der Erzieherin, Kinder und Jugendliche zu Arbeit anzuleiten. Dabei achtet sie darauf, dass Kinder die **entwicklungsfördernde Wirkung von Arbeit** empfinden und sich daran erfreuen.

Das Kind wächst an seiner Arbeitsleistung. Es erlebt sich als fähig und „mächtig“, wenn es sich beispielsweise erstmals allein anzieht oder eine Schleife binden kann. Noch wirkungsvoller erkennt es seinen Beitrag, wenn es etwas für die Gruppe leistet, etwa kocht oder putzt und die Pflanzen pflegt oder einem jüngeren Kind beim Anziehen hilft. Es sieht die Folge seiner Ernsthandlung und wird oft zusätzlich noch gelobt. Ein Kind muss allerdings nicht immer durch Lob oder anderweitig belohnt werden, weil es durch den Erfolg bereits bestätigt wird. Lob kann abhängig machen. Es soll für das Kind auch eine Selbstverständlichkeit sein, sich in die Gemeinschaft einzubringen.

Die Erzieherin geht bei der Anleitung zu Arbeit anders vor als bei der Betreuung von Spiel: Arbeit verlangt durch den Zweck, den sie verfolgt, Durchhaltevermögen, Anstrengung und Zielstrebigkeit. Das Spiel kann problemlos abgebrochen werden, wenn die Lust nachlässt. Arbeit hat bei Abbruch ihr Ziel verfehlt bzw. nur einen Teil ihres Zieles erreicht. Wenn das Kind seine Tätigkeit vor Beendigung der Arbeit abbricht, wird das jüngere Kind seinen Arbeitsbeitrag zwar trotzdem stolz wahrnehmen, das ältere Kind erkennt aber, dass es das Ziel nicht erreicht hat. Die Erzieherin wird hier nach einem Mittelweg von Durchhaltevermögen und Pflichterfüllung auf der einen Seite und Arbeitsfreude auf der anderen Seite suchen, damit das Kind den Beitrag als Erfolg empfindet und seine Arbeitsmotivation behält.

Durch Arbeit erlebt sich das Kind als gleichberechtigt und mitverantwortlich für das gemeinsame Wohlergehen. Arbeitsbeiträge für die Gemeinschaft sind deshalb auch ein Baustein für demokratisches und solidarisches Denken und Handeln (→ Abb. 21.21), insbesondere dann, wenn auch das breitere Umfeld einbezogen wird: Nachbarschaft, das Gemeinwesen (etwa einen oft besuchten öffentlichen Spielplatz mit den älteren Kindergartenkindern reinigen) oder der Kontakt zu einem Gruppenmitglied, das in sein Heimatland zurückkehren musste, gepflegt wird.

Abb. 21.21: Den Hof zu kehren bedeutet eine zusätzliche Herausforderung, wenn große Besen benutzt werden dürfen.

Probleme bei der Umsetzung

Es ist nicht einfach, für die Gruppenmitglieder sinnvolle Arbeiten zu finden. Außerdem gilt es, die Kinder anzuleiten und ihnen eine Rückmeldung zu geben. Die Erzieherin hätte weniger Zeitaufwand und Mühe, wenn sie diese Arbeiten selbst erledigte. Nur wenn sie Arbeitsleistungen der Gruppenmitglieder als einen wichtigen pädagogischen Bereich ihrer beruflichen Arbeit ansieht, wird sie sie gezielt einplanen und nicht übersehen.

Im **Kindergarten** erledigen Kinder Arbeiten in der Regel gern, weil die Tätigkeit meist Freude bringt und das Ergebnis stolz macht, u. a.: Raum- und Pflanzenpflege, Hofdienst, Essenszubereitung, Tischdienst.

Bei älteren Kindern, die durch die Schulaufgaben nur wenig Zeit haben, kann Arbeit nur in kurzen Diensten zum Ausdruck kommen, weil den Kindern sonst zu wenig Zeit zum erholsamen Spiel bleibt. Im **Schulalter** wird Arbeit in der Regel auch nicht mehr gern gemacht. Die gleichförmige Tätigkeit verlockt nicht, und die Kinder sind in der Familie nicht mehr gewohnt, Beiträge für das gemeinsame Leben zu leisten. Ihre Erwartungshaltung, versorgt zu werden, schlägt dann zuweilen um in Anspruch und Forderung. Das darf für die Erzieherin aber kein Grund sein, die Gruppenmitglieder in diesem Bereich nicht herauszufordern und zu verpflichten.

In **Wohngruppen für Jugendliche** wird Arbeit zumindest teilweise wieder bereitwilliger erledigt. Die Jugendlichen wollen selbstständig werden und in einer eigenen Wohnung leben. Dafür müssen sie entsprechende Arbeiten durchschauen und häufig auch einüben, weil sie diese als Kinder oft nicht erfahren haben.

21.3.6 Beobachtung und Dokumentation

Beobachtung der Gruppe und der einzelnen Gruppenmitglieder ist eine wesentliche Voraussetzung für spontanes und längerfristig geplantes pädagogisches Handeln der Erzieherin. Das Spiel nimmt dabei insbesondere in Einrichtungen der Frühpädagogik einen wichtigen Stellenwert ein. Die Erzieherin beobachtet, was das Kind spielt und wie es spielt. Dabei ist ihr Blick stets ressourcenorientiert (→ Kap. 8.1.2).

Die Erzieherin beobachtet grundsätzlich während sie die Gruppe betreut. Zusätzlich wird heute in Tageseinrichtungen jedes Kind mindestens einmal im Jahr gezielt beobachtet (→ Kap. 8.2).

Inhaltliche Aspekte der Beobachtung von Spiel und Spielverhalten

Im Zusammenhang mit Spiel und Spielverhalten der Gruppenmitglieder gibt es zahlreiche inhaltliche Beobachtungsaspekte, z. B. die Gruppenatmosphäre, das Spiel in Kleingruppen oder das Spiel der einzelnen Gruppenmitglieder. Dabei beachtet die Erzieherin neben dem individuellen Spielverhalten und den gesellschaftlichen Einflüssen auch die Rahmenbedingungen für das Spiel.

Gesellschaftliche und familiäre Einflüsse auf das Spiel in der Gruppe

Die Erzieherin ist wachsam, um gesellschaftliche und familiäre Einflüsse auf das Spiel ihrer Kinder zu erkennen (→ Kap. 21.2.6), und sucht bei Bedarf nach Möglichkeiten eines Ausgleichs.

Gesellschaftliche und familiäre Einflüsse zeigen sich im Einzugsbereich der Einrichtungen unterschiedlich:

- Kinder am Stadtrand oder in Dörfern spielen meist mehr im Freien und bewegungsreicher als Kinder in der Stadtmitte
- Alleinerziehende Eltern können sich ihren Kindern in der Regel zeitlich weniger widmen und befinden sich dazu oft noch in finanziellen Engpässen. Die Kinder können beim Vergleich ihrer Spielmaterialien oder -unternehmungen nicht mithalten.

Erzieherinnen beobachten deshalb das aktuelle Spielverhalten in ihrer Gruppe und behalten auch Spieltrends im Auge, um im Rahmen ihrer Möglichkeiten den Kindern einen Ausgleich zu bieten.

Nicht nur in den verschiedenen Einrichtungen ist das **Spielverhalten** der Gruppenmitglieder unterschiedlich. Es kann von Jahr zu Jahr variieren oder sich in noch kürzeren Intervallen verändern. In manchen Zeiten spielen die Kinder einseitiger, konfliktreicher, ideenärmer oder bewegungsintensiver als zu anderen Zeiten. Das bedeutet, dass die Erzieherin auf die jeweilige Situation bedürfnisangemessen reagieren muss.

Für die Unterstützung von vielfältigem Spiel ist es deshalb notwendig, die Gruppenzusammensetzung und die augenblicklichen Bedürfnisse und Problemsituationen breit zu erfassen.

Rahmenbedingungen für das Spiel

Während sie die Gruppe betreut, richtet die Erzieherin ihren Blick auch auf die Rahmenbedingungen (→ Kap. 21.3.4, 21.4), um bei Auffälligkeiten spontan oder längerfristig Änderungen vornehmen zu können. **Spielstörende Stimmungen** wie Rastlosigkeit und Unruhe können z. B. durch eine schnelle Umstellung des Tagesablaufs, etwa der Verlegung des Spiels in andere Raumteile oder ins Freie, beeinflusst werden. **Abflachende Spielmotivationen** können durch die Veränderung des Materialangebotes oft neu angeregt werden.

Die Erzieherinnen bemühen sich stets darum, wahrzunehmen, ob die Gruppenmitglieder das Spiel in seiner breiten Wirkung erproben und entfalten können (→ Kap. 21.2). In diesem Zusammenhang stellt sich das Team vor allem die Frage, ob die Rahmenbedingungen Spielmöglichkeiten bieten zu:

- Breiter Selbst- und Welterfahrung (→ Abb. 21.22)
- Verarbeitung von Erlebnissen und Gefühlen im Spiel
- Unterstützung von zukunftsrelevanten Fähigkeiten (→ Kap. 21.3.3)
- Erprobung und Erweiterung von sozialen Beziehungen
- Einem Ausgleich von einseitigen gesellschaftlichen und familiären ungünstigen Einflüssen.

Abb. 21.22: Ein Stock und die Natur veranlassen das Kind, sich im Rollenspiel in einen Angler zu versetzen. Vorgefertigte Spielmaterialien braucht es dafür nicht.

Spielverhalten der einzelnen Gruppenmitglieder

Kriterien, auf die Erzieherinnen bei der Beobachtung der einzelnen Gruppenmitglieder ihren Blick lenken, sind z. B.:

- Themen des Spiels und bevorzugte Spielformen
- Ideenreichtum, der im Spiel zum Ausdruck kommt
- Intensität und Selbstbestimmung im Spiel
- Zusammenspiel mit Partnern und in Kleingruppen hinsichtlich
  - Kommunikation
  - Bearbeitung von Konflikten
  - Art der Spielführung
- Ressourcen der Gruppenmitglieder, die im Spiel sichtbar werden.

Erkenntnisse, die die Erzieherin aus der Beobachtung gewinnt, reflektiert sie in Bezug auf ihre pädagogischen Konsequenzen: Sie überlegt, wo sie die Kinder und Jugendlichen **unterstützen und fördern** kann, sei es über Bestärkungen und Impulse, Veränderungen der Rahmenbedingungen (→ Kap. 21.3.4, Kap. 21.4) und/oder Vermittlung neuer Spielinhalte (→ Kap. 21.5.2).

Methodische Aspekte bei der Beobachtung von Spielverhalten

Beobachtung und Dokumentation → Kap. 8.2

Eine wertschätzende und ressourcenorientierte Grundhaltung der Erzieherin bestimmt sowohl ihre Beobachtung während der Gruppenbetreuung als auch die gezielte Beobachtung einzelner Kinder.

Beobachtung während der Gruppenbetreuung

Während der Gruppenbetreuung nehmen Erzieherinnen das Spielgeschehen wahr und reagieren spontan oder behalten Wahrnehmungen im Gedächtnis, um später und auch längerfristig pädagogische Konsequenzen daraus abzuleiten wie:

- Kinder anzuregen und in ihrem Spiel zu bestärken
- Material zur Verfügung zu stellen
- Ggf. Grenzen zu setzen und zu prüfen, ob die Grenzen auch eingehalten werden.

Beobachtungen während der Gruppenbetreuung bergen die Gefahr, dass sich Momentaufnahmen verfestigen, vor allem solche Wahrnehmungen, die durch Unruhe stark ins Auge fallen, während vertieftes Spiel oder gute Partnerbeziehungen weniger bemerkt und deshalb auch weniger bestärkt werden.

[BEISPIEL] Momentane Eindrücke bei der Beobachtung können z. B. so entstehen:

- Die Erzieherin hat mehrfach beobachtet, wie Farida, 5 Jahre, bei Konflikten in der Spielgruppe grob wurde und auch zuschlug. Dass Farida auch in langen Spielphasen Spielführung übernehmen und das Spiel ideenreich und einfühlsam lenken kann, fällt ihr kaum auf. Farida erfährt häufig Kritik und wenig Anerkennung.
- Yusuf, 12 Jahre, hat in der Wohngruppe, in der er mit Abstand der Älteste ist, keine Freunde. Wenn immer möglich, strebt er auf den nahegelegenen Schulhof. Die Erzieherinnen haben keine Zeit, ihn dort zu beobachten, denn sie betreuen noch fünf jüngere Kinder und haben meist allein Dienst. Die guten sozialen Fähigkeiten, die er dort in Gruppenspielen zum Ausdruck bringt, nehmen sie kaum wahr. Dagegen registrieren sie besorgt und begrenzend sein isolierendes oder auch widerspenstiges Verhalten bei Spielen in der Wohngruppe.

Gezielte Beobachtung der einzelnen Gruppenmitglieder

Bei der gezielten Beobachtung wird eine Erzieherin von der Gruppenbetreuung freigestellt, um in voller Konzentration beobachten und sich den einzelnen Kindern zuwenden zu können. Diese Beobachtungen werden dokumentiert.

Das Anliegen ist v. a. ein genaues und objektives Wahrnehmen der Spielentwicklung des Kindes. Selbst nur zehn Minuten solcher Beobachtungen können dazu beitragen, das Spielverhalten eines Kindes, das sonst nicht auffällt, wahrzunehmen.

Die Erzieherin beobachtet und dokumentiert das beobachtete Verhalten, also Tätigkeiten und Aussagen des Kindes, entweder anhand eines oder mehrerer Beobachtungskriterien (→ Kap. 8.2, 8.3), Beobachtungsbögen oder ohne gezielte Ausrichtung. Sie deutet das Verhalten zunächst nicht, denn Fühlen, Wollen und Denken ist nicht beobachtbar, wenn es nicht in Worten oder Handlungen zum Ausdruck kommt. Erst im Nachhinein wird das beobachtete und dokumentierte Verhalten – wenn möglich vom Team – gedeutet. Aufgrund dieser Reflexionen werden die Veränderungen, die sich für das spielpädagogische Vorgehen ergeben, geplant und durchgeführt (→ Kap. 21.6).

[BEISPIEL] Die Erzieherin hat sich für heute vorgenommen, Lena zu beobachten. Die Beobachtungen werden in ihrem Kindergarten meist auf zehn Minuten beschränkt. Die anschließende Überarbeitung der schnellen Dokumentationsskizzen während der Beobachtung verlängert die Freistellung von der Gruppenbetreuung auf ca. 30 Minuten.

Lena, drei Jahre, seit zwei Monaten im Kindergarten, spielt im Sand. Sie schaufelt mit einer Schippe Sand in einen Eimer und kippt ihn auf einen kleinen Sandberg, den sie offensichtlich errichtet hat. Erkan, vier Jahre, kommt dazu und fragt, ob er helfen soll. Lena ist einverstanden. Beide schaufeln ihre Gefäße voll und kippen sie auf dem Berg aus. Erkan schlägt vor, den Sandberg mit der Hand fest zu klopfen. Lena sagt: „Aber nicht so fest!" Beide klopfen. „Noch mehr!" ruft Lena und läuft wieder zu ihrem Eimer. Beide füllen wieder eifrig die Gefäße, schütten den Sand auf den Berg und klopfen ihn jeweils sofort fest.

Diese Beobachtung hat der Erzieherin verdeutlicht, dass Lena nicht nur parallel spielte, sondern bereits kooperieren konnte.

Sie hat nicht nur Erkans Mitspiel zugelassen, sie hat auch seinen Vorschlag angenommen und selbst eine Spielidee für beide eingebracht. Lena dürfte mit ihren drei Jahren auf einem guten Weg sein, selbstbestimmt zu spielen und Kooperation zu entwickeln.

Dokumentation

Die Dokumentation von Beobachtungen trägt dazu bei, der **Beobachterin** die Vielfalt der Spielhandlungen des beobachteten Kindes bewusst zu machen, und sie bietet die Möglichkeit, Beobachtung über einen längeren Zeitraum hinweg abgleichen zu können. Allerdings darf sie nicht dazu führen, das Kind mit anderen Kindern in diesem Alter konkurrierend zu vergleichen. Die Dokumentation ermöglicht darüber hinaus eine Basis für rückmeldende Gespräche mit dem Kind oder für Gespräche **im Team** (→ Kap. 21.6). Längerfristige Planungen lassen sich dann leichter vornehmen. Das Team kann das Spiel der einzelnen Gruppenmitglieder oder von (Teil-)Gruppen aufgrund der Beobachtungen zielgerichteter und individueller bereichern und erweitern.

Bei den Entwicklungsgesprächen mit den **Eltern** können die Beschreibungen des Spielverhaltens ihrer Kinder dazu beitragen, dass Eltern das Spiel ihrer Kinder höher einschätzen und ernst nehmen (→ Kap. 21.3.7, 21.6).

Gespräch mit dem Gruppenmitglied

Zu einem **wertschätzenden Umgang** gehört, dem Gruppenmitglied anzukündigen, wenn es beobachtet wird, und seine Genehmigung dafür einzuholen, sobald es sprachlich dazu in der Lage ist.

Kinder wachsen daran, wenn sie sich ernst genommen fühlen. Im Nachgespräch können Kinder ihr Spiel und ihr Spielverhalten oft begründen, vor allem, wenn sie nicht beurteilt werden und deshalb auch nicht in eine Verteidigungshaltung geraten.

Die Erzieherin kann den Betroffenen auch Beobachtungen zum Spiel rückmelden, die sie nicht gezielt, sondern während ihrer Gruppenbetreuung wahrgenommen hat. Auch da ist es in jedem Falle wirkungsvoller und aufbauender, **positives Verhalten zu spiegeln** als fragwürdiges Verhalten oder Defizite.

Gespräche über Interessen und Spielverläufe bieten den Kindern und Jugendlichen auch ohne vorherige Beobachtung vom Kindergartenalter an die Möglichkeit, über Freuden und Probleme ihres Spiels zu berichten und sich ggf. Hilfe zu holen.

21.3.7 Erziehungspartnerschaft mit den Eltern

In die Erziehungspartnerschaft mit den Eltern wird die Erzieherin auch das Spiel der Kinder einbeziehen. Ihre Aufgaben lassen sich in drei Teilbereiche gliedern:

- Vermittlung von Wertschätzung des Spiels
- Austausch von Beobachtungen und Zielen
- Beratung.

Vermittlung von Wertschätzung des Spiels

Das Team vermittelt die Wichtigkeit des Spiels vor allem im Rahmen seiner Öffentlichkeitsarbeit (→ Kap. 2.6), wenn es schriftlich oder mündlich die eigene Arbeit darstellt. Einrichtungen entwickeln in der Regel eine schriftliche *Konzeption* (→ Kap. 2.2.2), in der sie für Eltern und andere Interessenten ihre pädagogischen Ziele offenlegen und ihre Arbeit transparent machen. Die Darstellung des Spiels wird darin ein wesentlicher Teil sein.

An Elternabenden in Tageseinrichtungen, vor allem in den Einführungsabenden für Eltern neu aufgenommener Kinder, sprechen die Erzieherinnen über die Bedeutung des Spiels und die Umsetzung in der Einrichtung. Manchmal haben die Einrichtungen auch eine Infotafel oder eine Leseecke im Flur für diejenigen Eltern, die mehr erfahren wollen, während sie auf ihre Kinder warten. Die Bedeutung des Spiels wird oft anhand von Fotos oder ausgestellten Portfoliomappen (→ Kap. 8.2.2) dargestellt.

> ⊙ Bei allen Darstellungsformen achten die Erzieherinnen darauf, Spiel nicht nur als Spaß und Entspannung, sondern in seiner Bedeutung für die Bildung des Kindes darzustellen.

Austausch von Beobachtungen und Zielen

In Tageseinrichtungen für Kinder führt die Erzieherin mindestens einmal jährlich ein **Entwicklungsgespräch** mit den Eltern ihrer Bezugskinder durch, um unter anderem ihre Beobachtungen und Ziele hinsichtlich des Spielverhaltens des Kindes auszutauschen. In vielen anderen Einrichtungen wie Wohngruppen oder Kliniken finden Entwicklungsgespräche mit den Eltern öfter statt. Die individuellen Beobachtungen der Erzieherin und deren *Dokumentationen* (→ Kap. 8.2.2) werden dabei einbezogen. Pläne zur Unterstützung des kindlichen Spiels werden wenn möglich gemeinsam entwickelt.

Beratung

Viele Eltern sind unsicher hinsichtlich des Spiels ihrer Kinder und lassen sich von der Erzieherin gern beraten. Es ist ihnen wichtig, dass ihr Kind gefördert wird und sich optimal entwickelt. Die Erzieherin hat Fachkenntnisse und Vergleichsmöglichkeiten. Sie erlebt das Kind bei seinem Spiel mit Spielpartnern, was Eltern oft kaum beobachten können und kann den Eltern bei kleinen häuslichen Problemen **Hilfe geben.**

Bei ernsthaften Spiel- und Entwicklungsstörungen werden geschulte Therapeuten einbezogen. Allein der Rat der Erzieherin, einen Therapeuten aufzusuchen, kann für Eltern eine Hilfe sein und eine anstehende Entscheidung erleichtern.

21.4 Lernumgebung

Durch die Gestaltung der Lernumgebung haben Erzieherinnen einen prägenden Einfluss auf das Spiel der von ihnen betreuten Kinder. Sie bieten den Gruppenmitgliedern durch die Strukturierung und Gestaltung des Innen- und Außenraumes der Einrichtung einschließlich des Spielmaterials breitgefächerte Anregungen zu vielseitigen Spielen. Naturtage und Wege ins Gemeinwesen öffnen den Kindern den Blick für die weitere Umgebung mit ihren Anregungen und den jahreszeitlichen Veränderungen.

21.4.1 Gestaltung des Lebensraumes zur Unterstützung des Spiels

Der Einfluss des Raumes auf die Entwicklung des Kindes, insbesondere auf sein Spiel, ist sehr groß. Er bietet wesentliche Rahmenbedingungen für eine selbstbestimmte Auseinandersetzung des Kindes mit der Welt und trägt zur Auswahl des Kinderspiels wesentlich bei. Das Team wird deshalb kontinuierlich die Raumgestaltung daraufhin prüfen, ob sie den Interessen der Gruppenmitglieder entspricht und ihre Spielentwicklung unterstützt. So weit als möglich wird die Gruppe bei der Planung und Gestaltung einbezogen.

Die Innenräume

Folgendes ist bei der Gestaltung der Innenräume im Hinblick auf das Spiel vor allem zu beachten:

- Um Spiele mit Partnern und in Kleingruppen zu ermöglichen und dazu anzuregen, werden Gruppen- und Spielräume so aufgeteilt, dass Spielecken und Kleinräume entstehen
- Das Team sorgt sowohl im Innen- als auch im Außenraum für Bewegungsmöglichkeiten. Dafür werden Flure und – wo vorhanden und sinnvoll – Treppen sowie der Bewegungsraum einbezogen. Die Erfahrung der Kinder, dass sich Räume verändern lassen, regt sie dazu an, Situationen nicht hinzunehmen, sondern Ideen zu entwickeln, um sie eigenen Bedürfnissen anzupassen:
  - Aus großen Kartons und Tüchern/Decken werden z. B. Höhlen gebaut
  - Im Bewegungsraum werden mit Brettern, Leitern, Seilen und Schaumstoff-Großbausteinen „Bewegungsbaustellen“ von Kindern entworfen und umgesetzt. Dafür ist meist die Aufsicht einer Erzieherin erforderlich, um Unfällen vorzubeugen und damit die Gruppenmitglieder bei aller Gestaltungsfreude grundlegende Regeln beachten und die Rechte der anderen Gruppenmitglieder berücksichtigen
- Rückzugsmöglichkeiten bieten den Gruppenmitgliedern Erholungspausen, z. B.:
  - Ein Stilleraum mit leiser Musik oder Erzählkassetten
  - Eine zweite Ebene für ruhigere Spiele oder mit Matratzen zum Ausruhen
  - Eine abgeschirmte Bücherecke oder
  - Ein ruhiger Maltisch.

Abb. 21.23: Treppen sind ein reizvolles Bewegungsgelände.

Die Erzieherinnen beobachten die Gruppe, um Spielvorlieben zu erkennen und durch die Umgestaltung des Raums zu unterstützen.

Die Außenräume

Wie die Innenräume so sollen auch die Außenräume zu unterschiedlichen Spielen **motivieren,** insbesondere zu Bewegungs- (→ Kap. 12) und zu selbstbestimmten Partner- und Gruppenspielen (→ Abb. 21.23). Um Fahrrad oder Inliner fahren zu können, ist befestigtes Gelände notwendig. Hecken und Büsche bieten Rückzugsmöglichkeiten und laden zum Verstecken ein. Ein kleines Gartenstück, um z. B. eine Kräuterspirale (schneckenhausförmige Kräuteranpflanzung) und/oder einen Komposthaufen anzulegen, bietet den Kindern zusätzliche Erfahrungen. Das ist insbesondere für Stadtkinder, die sonst kaum einen Bezug zur Natur haben, eine große Bereicherung.

Hof und Garten bieten neben vielfältigen Spielmöglichkeiten auch Gelegenheit für **Arbeitsleistungen** wie Hofdienst, Pflanzenpflege und andere Gartenarbeit.

Einbeziehung der Umgebung

Ein besonderer und wichtiger Erfahrungsraum und Spielort für Kinder ist die Umgebung um die Einrichtung herum, vor allem die **Natur:** Hänge, Bäche, Wald und Parkanlagen. Landwirtschaftlich genutzte Wiesen dürfen allerdings nicht im Frühjahr und Sommer benutzt werden, weil dann die Ernte zerstört wird. Die Kinder machen in der Natur die Erfahrung, dass sie kein Spielmaterial brauchen und trotzdem viele Spielideen entwickeln können. Beispielhaft wird das an einem *Waldvormittag* (→ Kap. 21.5.3) beschrieben.

Dagegen bieten **Besuche im Gemeinwesen,** in Geschäften, bei Handwerkern, Bauern oder der Gemeindeverwaltung zahlreiche Lernanregungen und Erfahrungen, die später

Abb. 21.24: Eine Kinderwohngruppe verbringt eine Ferienwoche auf einem Bauernhof.

im Spiel von den Kindern, vor allem im Rollen- und Konstruktionsspiel (→ Kap. 21.1.2) umgesetzt und vertieft werden. Neben der Beobachtung von Menschen, die im Gemeinwesen leben und mitgestalten – vom Busfahrer bis zum Schornsteinfeger – nehmen Kinder die Örtlichkeiten und die Atmosphäre wahr, etwa auf einem Bauernhof (→ Abb. 21.24), in einer Gärtnerei, im Rathaus oder auch einfach nur auf einer Brücke.

Erfahrungen im Gemeinwesen sind insbesondere für diejenigen Einrichtungen wichtig, in denen Kinder leben, deren Eltern diese Aufgaben nicht übernehmen (können), z. B. Wohngruppen oder Tageseinrichtungen in sozialen Brennpunkten.

21.4.2 Materialangebot

Kinder benötigen für ihr Spiel ein vielseitiges Materialangebot, das weniger von der Menge als von der Vielfältigkeit und der Gestaltbarkeit bestimmt wird. Dafür braucht das jüngere Kind keineswegs vorgefertigtes Spielmaterial. Es findet in der Umwelt überall Dinge, die als Spielmaterial geeignet sind. Auch Kinder in armen Ländern, die kein vorgefertigtes Spielmaterial erhalten, spielen.

Vielseitigkeit und Gestaltbarkeit

Die Vielseitigkeit des Spielmaterials bezieht sich auf ihre

- Inhalte, z. B. Spielmaterial zur Auseinandersetzung mit Naturwissenschaft und Technik, Musik, Sport und allen anderen Bildungs- und Komptenzbereichen
- *Spielformen* (→ Kap. 21.1.2). Dazu gehören Funktions-, Konstruktions-, Rollen- und Regelspiele und die Möglichkeit, diese Spiele allein und in Kleingruppen zu spielen.

Dabei achtet das Team darauf, dass ein Großteil des Materials unterschiedliche Gestaltungsmöglichkeiten bietet (→ Tab. 21.3). Aus einfachen Steckbausteinen können Kinder verschiedenartige Gebilde bauen. Ein vorgegebener Bausatz hingegen, etwa für den Bau einer Rakete oder für einen Zirkus, ist genau auf diese eine Vorgabe festgelegt, für die er von Erwachsenen erfunden wurde. Das Kind braucht den Gegenstand nicht mehr zu erfinden. Es hat lediglich Vorgaben nachzuvollziehen. Es wird geleitet und sucht sich nicht selbst einen eigenständigen Weg zu einem vielleicht einmaligen Ergebnis seines Konstrukts oder auch seines Spielverlaufs. Eine Barbiepuppe prägt den Spielinhalt und den Spielverlauf z. B. stärker als eine neutrale Puppe oder eine Tannenzapfenpuppe im Wald.

Spielmotivation	Raumveränderung	Spielmaterial, wenn möglich aus der Umwelt
Spiel zu bestimmten Themen, z. B. Doktorspiele, Krankenhaus, Berufe	Abgeschirmte Spielecken, Nebenräume	Abgelegte Materialien aus Arztpraxen und von anderen Berufen wie Friseurin; Liege zum Untersuchen, Schminkutensilien, Kleiderkiste und Haushaltsgegenstände sowie Naturmaterial
Kraftvolles Werken	Veränderung eines Raumes oder Flurs in einen Werkraum/eine Werkecke	Werkbank, Handwerkszeug in entsprechender Größe, Abfallhölzer und anderes Material aus Baumärkten, alte Geräte zum Zerlegen (ohne elektrische Kabel)
Bedürfnis nach mehr Bewegung und großräumigem Bauen	Veränderung des Bewegungsraumes, Einbeziehen von Fluren; im Außenraum „Erdbaustelle", Bewegungsbaustelle, Matschkuhle, Rallyebahn, Barfußparcour, Kletter- und Tastparcour	Baumaterialien wie leere Papprollen aus Teppichgeschäften, Plastikröhren aus Baumärkten, behobelte Bretter, Seile, Tücher, große Kartons, Standleiter; für den Hof Fahrzeuge (auf Flohmärkten besorgt) und Turngeräte, Spaten und andere Gartengeräte in Kindergröße, abgelegte kleine Zelte, Hängematte
Forschen und Entdecken (→ Kap. 16)	Einrichtung einer Forscherecke	Lupen, Messgefäße, Waage, Fernglas, Kaleidoskop, Magnete, evtl. Mikroskop, Tastkästen
Entspannung	Sofa, Kuschelecke, Stilleraum, Matratzen	Kissen, Lichtquellen, Meditationsmusik, Bücher

Tab. 21.3: Beispiele für ideenreiche und flexible Veränderungen der Raumgestaltung und des Spielmaterials.

Material aus der Umwelt zum Spielen

Ein nicht zu unterschätzendes Spielmaterial sind Gegenstände, die nicht als Spielmaterial erschaffen wurden, sondern aus der Umwelt zusammengetragen werden, z. B. die Verkleidungskiste, Holzabfälle, Stöcke und Steine, Wildfrüchte wie Kastanien, Tücher, Seile, Kartons, unterschiedliche Gefäße aus dem Haushalt oder Verpackungsmaterial.

Dieses Material aus der Umwelt bietet zum Spielen mehrere **Vorteile:**

- Es wurde nicht von Erwachsenen erfunden, die Kinder haben es selbst entdeckt und umfunktioniert. Die Kinder erfinden nicht nur den Spielverlauf, sondern auch den Spielgegenstand. Sie erweitern ihre Ideen sowie ihre Problemlösefähigkeit und sind stolz darauf.
- Das Spielzeug kann nach Gebrauch wieder zurückgebracht werden. Es verbraucht keine Ressourcen und hinterlässt keinen Müll.
- Das Kind weiß, dass Spielzeug Geld kostet und erkennt, dass dafür kein Geld nötig war. Es hat sich und anderen gezeigt, wie man sich helfen kann, wenn man Dinge nicht hat, die man eigentlich braucht oder haben möchte.
- Material aus der Umwelt zum Spielen bedeutet auch, dass Kinder nicht auf Themen und *Spielformen* (→ Kap. 21.1.2) angewiesen sind, die Erwachsene ihnen in Form von Spielmaterial vorgeben, etwa mit der Puppe Familien-Rollenspiele zu spielen, mit Bionicles Kampfspiele, mit Memory ein Spiel, das Gedächtnis und Sprache schult. Die Kinder entscheiden selbst, was und wie sie spielen (→ Abb. 21.25). So schaben sie im Hof einen Lehmklumpen zu Staub, um die Konsistenz des Lehms zu erkennen. Sie benutzen die beim Waldspaziergang gesammelten Stöcke im Hof, um eine Rallyebahn für ihre Dreiräder oder im Hort für Fahrten mit Inliners und Rollschuhen zu markieren.

Abb. 21.25: Beim Besuch auf dem Bauernhof hat ein Kind einen alten Schleifstein entdeckt und lässt sich durch ihn zu einem Rollenspiel anregen.

Vermeidung von geschlechtstypischen Zuordnungen

Jungen und Mädchen (→ Kap. 8.1.3)

Das Vermeiden von geschlechtstypischen Zuordnungen bei Spielmaterial und Spielverhalten sollte in sozialpädagogischen Einrichtungen eine Selbstverständlichkeit sein. Es trifft zwar zu, dass Jungen z. B. häufiger bewegungsintensiv spielen und Materialien wie Bau- und Konstruktionsspiele bevorzugen, während die Mädchen öfter bei Familienspielen und ruhigen Tischspielen zu finden sind. Wenn aber das Team eine solche Erwartungshaltung äußert und eine entsprechende Zuordnung vornimmt, legt es die Kinder fest und schränkt ihre individuellen Bedürfnisse und Entwicklungsmöglichkeiten ein. Mädchen dürfen z. B. genauso oft in den Bewegungsraum gehen wie Jungen. Die Rollenspielecke ist sowohl für Jungen als auch für Mädchen ein Spielort.

> ⊙ Die Unterschiede zwischen zwei Mädchen oder zwei Jungen können größer sein als die Unterschiede zwischen Vertretern der beiden Geschlechter.

Gesellschaftlich scheint sich eine stereotype Zuordnung für Rollen von Erwachsenen (→ Kap. 9.1.2) schneller aufzulösen als die Erwartungshaltung beim Kinderspiel. Über Väter mit einem Kinderwagen wundert sich kaum mehr jemand, dagegen sind Jungen mit Puppenwagen selten zu sehen und würden bei manchen Erwachsenen immer noch Irritationen hervorrufen. Solche gesellschaftlichen Bewertungen bekommen Kinder mit und richten sich danach, wenn sie nicht auch andere gesellschaftliche Strömungen erleben. Einschränkende oder abwertende Erwartungshaltung kann die Spanne der Entwicklungsmöglichkeiten von Kindern erheblich behindern.

Kinder brauchen eine vorurteils*bewusste* Einstellung ihrer Betreuungspersonen. Wirklich vorurteils*frei* ist kaum jemand. Es ist für Erzieherinnen eine große Hilfe, wenn sie sich ihrer eigenen Einstellungen bewusst werden, um dann auch bewusster damit umgehen zu können.

21.5 Bildungsangebote

Eine überaus wirkungsvolle Bildungsform stellt das ungelenkte Spiel, das Freispiel, (→ unten) dar. Die Art, wie die Erzieherinnen das Freispiel indirekt und direkt unterstützen, anregen und leiten, wirkt sich auf die Bildung der Gruppenmitglieder in Einrichtungen der Frühpädagogik und der Grundschulzeit weit mehr aus als die Vermittlung neuer Spiele oder die Lenkung von geplanten Spielstunden.

Das Kapitel Bildungsangebote wird deshalb untergliedert in:

- Betreuung und Unterstützung des freien Spiels
- Vorgehen bei gelenktem Spiel
- Beispielhafte Darstellung eines Tageablaufs mit den Spielarten im Wechsel.

21.5.1 Betreuung und Unterstützung des freien Spiels

Eigentlich ist der Begriff Freispiel, wie er vor allem in Kindertageseinrichtungen verwendet wird, eine Doppelung der Begriffsbezeichnung, so etwas wie ein „weißer Schimmel". Schimmel sind immer weiß und das Spiel ist immer frei, d.h. selbstbestimmt. „In der Kita hält sich hartnäckig seine Abgrenzung vom Angebots-Lernen, als sei es ein bildungsfreier Erholungsraum" (Kazemi-Veisari 2007). Trotzdem ist es sinnvoll, vom Freispiel zu sprechen, weil im Allgemeinen auch angeleitete Spiele – etwa Regelspiele – als Spiele definiert werden. Dies geschieht auch dann, wenn nicht wirklich von Spiel gesprochen werden kann, etwa wenn die Kinder sich beteiligen *müssen* und das nicht freiwillig tun oder wenn sie sich nicht aus Freude an der Tätigkeit, sondern der Erzieherin zuliebe oder aufgrund des Gruppendrucks „freiwillig" beteiligen (→ Abb. 21.26).

> ► **Freispiel**
> Zeit des eigentlichen und intensiven Spiels der Kinder, in dem sie selbstbestimmt ihr Spiel in den vorgegebenen Rahmenbedingungen wie Raum, Material oder Spielpartner auswählen und gestalten.

Indirekter Einfluss der Erzieherin auf das Freispiel

Der indirekte Einfluss bzw. die indirekte Lenkung bezieht sich beim Freispiel auf die Organisation und Bereitstellung von Spielmöglichkeiten. Dazu gehört vor allem die Gestaltung der Lernumgebung, des Raums und Materials (→ Kap. 21.4) sowie die zur Verfügung gestellte Zeit.

Auch die Grundhaltung und das Vorbildverhalten der Erzieherinnen sowie das Bemühen um *Bindungssicherheit* (→ Kap. 10.3.3) für die einzelnen Gruppenmitglieder wirken sich auf das selbstbestimmte Spiel aus. Regeln und Grenzen sorgen für Sicherheit und Gerechtigkeit und vermeiden ein Chaos in der Gruppe. Die **gezielten Bildungs- und Erlebnisanregungen,** die die Erzieherin der Gruppe anbietet, regen das Spiel der Kinder an, etwa wenn die Gruppenmitglieder

- Neue Materialien im Raum vorfinden
- Neue Kenntnisse und Erfahrungen im Spiel umsetzen.

Rolle der Erzieherin beim Spiel → Kap. 21.3

Direkter Einfluss der Erzieherin auf das Freispiel

Die Erzieherin beobachtet und beaufsichtigt das Freispiel sowohl in den Innen- als auch in den Außenräumen der Einrichtung. Bei älteren Kindern ist sie nicht mehr grundsätzlich anwesend. Teilgruppen gehen auch unbeaufsichtigt ins Freie. Dennoch versuchen die Erzieherinnen, die Spielatmosphäre dort mitzubekommen, um ebenso wie in den direkt beaufsichtigten Räumen über entsprechende Interaktionen die Gruppenmitglieder zu **unterstützen** und sie in ihrem Spiel **entwicklungsfördernd zu bestärken,** etwa

- Wenn ihnen anregende Spielideen fehlen
- Wenn sich eine ungünstige Spielführung in einer Kleingruppe entwickelt hat.

Je jünger die Kinder sind, desto stärker sind die Möglichkeiten für erzieherischen Einfluss. Dabei versteht sich die Erzieherin als Lernende, denn jede Situation ist einmalig. Sie beobachtet die Kinder und gibt Anregungen und Impulse, wenn sie diese für die Entwicklung der Kinder oder für die Gruppenatmosphäre als sinnvoll erachtet. Wenn immer möglich ziehen alle Erzieherinnen an einem Strang, damit die Kinder sich durch ähnliches Erzieherverhalten in allen Räumen und bei allen Erzieherinnen sicher fühlen können. Um das zu erreichen, diskutiert das gesamte Team der Einrichtung immer wieder seine pädagogischen Standpunkte und stimmt darüber ab. Diese sind dann für alle verbindlich.

Zutrauen und Zumuten

Der Begriff „Zumutung" wird im Sprachgebrauch häufig mit einer negativen Bedeutung belegt: Es wird überfordert oder etwas gefordert, das gegen gute Sitten verstößt. Im heutigen pädagogischen Sprachgebrauch hat Zumutung die Bedeutung einer Herausforderung. Es wird erhofft, dass das Kind die Herausforderung aufnimmt und sich damit auseinandersetzt.

Stellt ein Erwachsener einem Kind eine Aufgabe, muss er ihm diese Leistung auch zutrauen. Er muss überzeugt sein, dass das Kind sie weitgehend bewältigen kann, damit Misserfolge gering bleiben. Er kann dabei an die obere Grenze dessen gehen, was er dem Kind zutraut, damit das Kind die Herausforderung spürt. Zu einfache Inhalte vermitteln dem Kind nicht, dass es Hürden meistern kann. Aber gerade das wird von ihm als späterem Erwachsenen verlangt werden. Verwöhnte Kinder sind schwache Kinder.

[BEISPIEL] Im Freispiel können Zumutungen und die Bewältigung von Hürden so aussehen. Erzieherinnen

- Unterstützen und motivieren Kinder, ein gesetztes Ziel nicht zu schnell aufzugeben, etwa eine angefangene Tätigkeit zu Ende zu führen oder einen Konflikt zu klären
- Muten Kindern zu, Frustrationstoleranz aufzubringen, z. B. wenn ein Spielwunsch nicht oder erst später erfüllt werden kann
- Halten Kinder dazu an, ihr Spiel selbst zu organisieren, etwa Erkundungen einzuholen, Mitspieler zu suchen, entsprechendes Material zu (er)finden, Rücksicht auf andere zu nehmen
- Akzeptieren Fehler, denn Fehler gehören zum Lernen. Sie erwarten von den Gruppenmitgliedern aber auch, dass sie einen angerichteten Schaden entwicklungsangemessen wiedergutmachen.

Lob, Bestärkung und Impulse

Beobachtet die Erzieherin während der Gruppenbetreuung die Kinder (→ Kap. 21.3.6), wird ihr eher das laute und unruhige Verhalten auffallen als ruhiges und harmonisches Spiel. Das birgt die Gefahr, dass Kinder bei unpassendem Verhalten häufiger korrigiert und bei wertzuschätzendem Auftreten seltener bestärkt werden. Die heutige Pädagogik legt aber Wert auf ressourcenorientierte Stellungnahmen und Rückmeldungen: Erzieherinnen konzentrieren sich deshalb wenn immer möglich auf die Wahrnehmung ruhiger Spiele, um positive Rückmeldung geben zu können und nicht die störenden Faktoren zu betonen. Allerdings gehen sie mit **Lob** auch nicht inflationär um, denn zu häufig ausgesprochenes Lob verliert an Wert. Es kann dann sogar gegenteilig wirken: „Mehr traut sie mir also nicht zu!" oder „Sie lobt mich für Babykram, weil ich kein echtes Können aufzuweisen habe."

Abb. 21.27: Wenn immer es möglich ist, werden Entscheidungen, die die Gruppenmitglieder betreffen, bereits im Kindergarten mit der Gruppe besprochen und abgestimmt.

Manchmal kann die Erzieherin ein Kind **bestärken,** indem sie ein Spielergebnis sichtbar ausstellt, etwa ein Bauwerk auf der Fensterbank oder Fotos von gelungenem Spiel an der Pinwand im Flur, weiteres Material anbietet oder andere Kinder zum Mitmachen anregt.

Will die Erzieherin zu weiterführenden Ideen motivieren, bemüht sie sich darum, nur Anstöße zu geben: **Impulse.** Je weniger sie ihre Vorschläge differenziert, desto mehr können die Kinder selbst Ideen entwickeln.

Freispiel

Voraussetzungen für die Gruppe

- Freie Wahl von Spielmaterial, Spielpartnern, Spielort, Spieldauer
- Spielanregende Raumgestaltung, die zu Kleingruppenbildung motiviert
- Pädagogische Rahmengestaltung durch Regeln
- Sicherheitsgefühl gegenüber der Erzieherin
- Mitbestimmung der Gruppenmitglieder bei Entscheidungen

Bedeutung für das Gruppenmitglied

- Eigene Spielideen entwickeln und umsetzen
- Sich selbst bilden und Kompetenzen erweitern
- Sich von frei gewählten Spielpartnern anregen lassen
- Spielanregungen geben, Gruppenzugehörigkeit erproben
- Anerkennung und Sicherheit in der Spielgruppe erfahren

Rolle der Erzieherin

- Indirekten Einfluss zu vielseitigen Spielmotivationen nutzen über: Raumgestaltung (innen und außen), spielförderndes Material, Atmosphäre und Erlebnisse
- Beobachten und sinnvolle Veränderungen spontan oder langfristig im Team durchdenken und in Partizipation mit den betroffenen Gruppenmitgliedern planen und durchführen
- Beobachten und wenn nötig spontan Hilfe zur Erweiterung und Entwicklung des Spiels anbieten
- Bei Bedarf Spielberatung, Mitspielen, Gruppenzusammensetzung beeinflussen

Abb. 21.26: Betreuung und Unterstützung des freien Spiels.

[BEISPIEL] Zwei zweijährige Kinder laden Bausteine in ein Lastauto, um sie „zur Baustelle zu fahren". Beide wollen das Auto schieben. Es gibt Streit. Die Erzieherin befürchtet, dass die Kinder wegen des Konflikts resignieren und das Spiel abbrechen. Sie stellt ein weiteres Auto in die Nähe der Kinder in der Hoffnung, dass sie diesen Impuls aufgreifen.

Bei einem ähnlichen Konflikt bei Fünfjährigen verhält sie sich möglicherweise anders. Sie denkt, dass die Kinder es vielleicht schaffen, ihren Konflikt zu bearbeiten und weiterhin nicht nebeneinander mit mehr Material, sondern im gemeinsamen Spiel die Lösung suchen. Sie sagt z. B.: „Auf einer Baustelle gibt es verschiedene Berufe, die alle etwas Wichtiges zu tun haben." Oder: „Was geschieht eigentlich mit dem Baumaterial, das der Lastwagenfahrer bringt?"

> Bei einem Impuls wird nicht die Lösung vorgegeben, sondern versucht, die Beteiligten durch einen Anstoß anzuregen, selbst weiterführende Gedanken zu entwickeln und die Anregung anzunehmen oder auch nicht.

Stehen Veränderungen im Hinblick auf das Freispiel an, etwa Raum- oder Regeländerungen, sollten alle Betroffenen in den Entscheidungsprozess einbezogen werden. In vielen Einrichtungen geschieht dies in Kinderkonferenzen. Kinder und Erzieherinnen bringen Vorschläge ein, zu denen Stellung genommen wird. Die Gruppe soll in ihrem Spiel so wenig wie möglich von Erwachsenen gelenkt werden, sondern soll mitbestimmen und mitverantworten, denn **Partizipation** und **Demokratie** können nur gelernt werden, wenn sie auch gelebt werden (→ Abb. 21.27).

Partizipation und demokratisches Verhalten setzen Solidarität voraus. Dabei geht es um die

- **Vertikale Solidarität** – Der, der mehr hat oder kann, gibt an den ab, der weniger hat oder kann, z. B. wenn Kinder ihren Geburtstagskuchen gerecht verteilen
- **Horizontale Solidarität** – Damit ist gemeint,
  - Voneinander zu lernen
  - Sich gegenseitig zu akzeptieren
  - Unterschiede nicht abzuwerten
  - Außenseiter zu integrieren.

Die horizontale Solidarität äußert sich z. B., wenn nicht zuerst die Defizite eines ausländischen Kindes, sondern seine Stärken wahrgenommen und wertgeschätzt werden. Bei einem muslimischen Fest kann ein türkischer Tanz von allen gelernt oder Geburtstagslieder auch in fremder Sprache gesungen werden. Sie wird auch umgesetzt, wenn Mädchen und Jungen eindeutig gleiche Rechte zustehen.

Mitspielen

Ob Erzieherinnen im Freispiel mitspielen, wird in sozialpädagogischen Einrichtungen unterschiedlich gehandhabt. Damit ist nicht gemeint, dass sie Spiele mit Kleingruppen oder einzelnen Kindern anleiten, sondern dass sie einen Part in einem von Kindern initiierten Spiel übernehmen.

Abb. 21.28: Die Erzieherin spielt bei diesem Eisenbahnspiel nicht mit, um die Ideen der Kinder und die gegenseitige Begeisterung nicht zu dominieren.

Für das Mitspielen sprechen folgende Argumente:

- Die Erzieherin möchte den Kindern signalisieren, dass sie sie als Spielexperten anerkennt, indem sie sich eingliedert und die Spielführung von Kindern akzeptiert
- Als Mitspielerin kann die Erzieherin ein Vorbild für Partizipation sein und bei Entscheidungen und der Bearbeitung von Konflikten agiert sie weniger aus ihrer dominanten Erzieherinnenrolle heraus, sondern aus der Rolle der Mitspielerin
- Es gibt Kinder, die nur schlecht in ein Spiel finden, weil sie von zu Hause gewohnt sind, dass Erwachsene mit ihnen spielen. Als Mitspielerin versucht die Erzieherin, diese Kinder zur Eigeninitiative zu bewegen, indem sie z. B. Impulse gibt oder Ideen der Kinder aufgreift und weiterführt, um sie zu verstärken.

Gegen das Mitspielen sprechen pädagogische Überzeugungen wie:

- Spiel ist Sache des Spielers. Der Erwachsene dominiert unwillkürlich in seiner Rolle und durch seine Größe, auch wenn er sich bemüht, sich unterzuordnen und einzugliedern
- Kinder verlassen sich auf die Spiellenkung des Erwachsenen. Das reduziert ihre Selbstbestimmung, ihre Verantwortlichkeit für das Gelingen des Spiels und ihre Ideenvielfalt. Dadurch erhöht sich ihre Erwartungshaltung, animiert und gelenkt zu werden. Das kann eine Mitläufermentalität verstärken und führt nicht zu Verantwortlichkeit und Selbstbestimmung. Der Entwicklung zukunftsfähiger Kompetenzen entspricht ein solches pädagogisches Verhalten nicht.

In den meisten Einrichtungen vertreten die Erzieherinnen **gemischte Ansichten:** Für ein neu aufgenommenes Kind mag es eine Hilfe sein, wenn sie mitspielen und helfen, den Bezug zu anderen Kindern herzustellen. Einem zu dominanten Spielführer können sie beim Rollenspiel als Mitspielerinnen vielleicht ein angemessenes Führungsverhalten signalisieren, beim Versteckspiel oder einem Geländespiel strahlen sie Spielfreude und vielleicht Durchhaltevermögen aus.

Kritisch ist allerdings anzusehen, wenn Erzieherinnen nur bei solchen Spielen mitspielen, die einen ausgesprochenen kognitiven Lerncharakter haben wie Brettspiele, Puzzles oder Memory. Sie vermitteln damit ungewollt, dass diese Spiele einen höheren Wert haben als selbstentwickelte Spiele, bei denen Kreativität und stärkere Selbstbestimmung gefordert sind (→ Kap. 21.3.1).

Lernangebote während der Freispielzeit

In den meisten Tageseinrichtungen der Frühpädagogik ist es heute üblich, dass Erzieherinnen während der Freispielzeit mit Kleingruppen oder einzelnen Kindern angeleitete Aktivitäten durchführen, die nicht als Spiel zu bezeichnen sind, weil sie einen deutlichen Lerncharakter haben. Dies sind Aktivitäten, um z. B.

- Sprache anzuregen
- Feinmotorik einzuüben
- Grobmotorik im Bewegungsraum zu trainieren
- Naturwissenschaftliche oder mathematische Kenntnisse zu vermitteln
- Erfahrungsprozesse bewusst zu machen und zu diskutieren.

In der Regel nehmen die Kinder gern daran teil, denn sie sind grundsätzlich wissbegierig und lernbereit. Erzieherinnen kündigen den Kindern solche Tätigkeiten rechtzeitig an, damit sie ein angefangenes Spiel langsam beenden können. Leider leidet adurch das selbstbestimmte Freispiel.

Spielbegrenzungen während des Freispiels

Kinder wollen im Spiel ihre Erfahrungen aus der realen Welt verarbeiten, vielleicht auch klären und vertiefen. Werden ihnen bestimmte Spielinhalte verboten – etwa Schießspiele oder Spiele mit sexuellem Inhalt – können sie sich mit dieser Thematik nicht spielerisch auseinandersetzen und müssen sich andere Ventile suchen, z. B. heimlich spielen, oder sie müssen mit unverarbeiteten Eindrücken leben. Ein Verbot bestimmter Spiele kann der Entwicklung des Kindes somit eher schaden als ihm helfen. Bisher konnte von wissenschaftlicher Seite auch nicht nachgewiesen werden, dass Kinder z. B. durch häufige Kampfspiele in ihrem späteren Leben aggressiver werden (Wegener-Spöhring 2000) (siehe auch → Kap. 17.1).

Trotzdem kann es Gründe geben, in sozialpädagogischen Einrichtungen solche Spiele einzuschränken oder in Einzelfällen zu verbieten:

- Die Spielgruppe bezieht Kinder ein, die mit dem **Spielinhalt nicht vertraut** sind und/oder das Spiel vielleicht sogar ablehnen, aber dennoch mitspielen, um dazuzugehören. Das betrifft manche Doktorspiele im Kindergarten, hinter denen manchmal nicht nur ein sexuelles Interesse, sondern die Verarbeitung von erlebten Frustrationen der spielbestimmenden Kinder steht. Bei solchen Spielen ist die Erzieherin wachsam und achtet darauf, dass die Kinder freiwillig mitspielen, dass sie nicht irritiert oder überfordert werden und keine Verletzungen stattfinden. Bei auffallendem Spielverhalten wird sie bei Fachleuten Rat einholen; es kann eine *Misshandlung* (→ Kap. 26.1.1) vorliegen
- **Gewaltspiele,** etwa Schießspiele, sind meist laut und wild und beeinträchtigen die anderen Spielgruppen. Sie werden deshalb von Erzieherinnen in bestimmte Räumlichkeiten oder in die Spielzeit im Freien verwiesen. Das Team wird sie allerdings nicht grundsätzlich verbieten, solange nicht – was selten geschieht – tatsächliche Verletzungen vorkommen oder sie unverhältnismäßig überhandnehmen
- Spiele, die **echte Gefahren** bergen oder sozial und ökologisch nicht akzeptabel sind, werden verboten, sobald sie der Erzieherin bekannt sind. Wenn etwa Jugendliche aus Abenteuerlust und Spannungserlebnis ausprobieren, wer in ihrer Gruppe besonders knapp vor einem ankommenden Auto über die Landstraße laufen kann, kann die Erzieherin dieses Spiel nicht billigen. Sie muss ihrer Aufsichtspflicht gerecht werden und sich selbst im Falle eines tatsächlichen Unfalls schützen. So wird sie ihren Hortkindern z. B. auch die Folgen verdeutlichen und das Spiel verbieten, wenn sie beobachtet oder gehört hat, wie sie eine Fußgängerampel mehrfach unnötig gedrückt und sich über die haltenden Autos gefreut haben
- Computerspiele kontrollieren die Erzieherinnen hinsichtlich ihrer **Alterseignung,** dabei hilft ihnen die Unterhaltungssoftware Selbstkontrolle (USK) mit ihrer Prüfdatenbank und der Altersangabe von Spielen (www.usk.de). Zudem begrenzen Erzieherinnen den Einsatz von Computerspielen zeitlich, weil langes Spielen einseitig beeinflusst und die Zeit für andere Spielformen einschränkt. Wissenschaftliche Untersuchungen lassen vermuten, dass häufige Killerspiele und andere mediale Gewalt einen negativen Einfluss auf die Entwicklung von Kindern und Jugendlichen haben, vor allem dann, wenn Eltern den Medienkonsum billigen, keine klare Stellung gegen Gewalt vorleben und den Jugendlichen mit seinen Problemen allein lassen (Koch 2008) (→ auch Kap. 17.1).

Nehmen Erzieherinnen eine Spielbegrenzung vor, begründen sie dies den Gruppenmitgliedern gegenüber. Darauf haben die Gruppenmitglieder ein Recht, auch wenn sie nicht zu überzeugen sind. Lassen sich die Erzieherinnen allerdings auf lange Diskussionen ein oder halten gesetzte Grenzen nicht konsequent ein, machen sie sich und den betroffenen Kindern oder Jugendlichen das Leben schwerer als nötig.

Abb. 21.29: Mit Wonne werden die Anregungen, die vom Material ausgehen, von den Krippenkindern aufgegriffen.

Freispiel ist erfolgreich, wenn die Kinder

- Mit hoher Selbstbestimmung kooperativ spielen
- Kreative Spielideen entwickeln
- Aufkommende Konflikte selbst bearbeiten
- Spielführung und Spielunterordnung miteinander sozial angemessen regeln.

Durchdenken und diskutieren Sie in der Gruppe diese Idealvorstellung von erfolgreichem Freispiel.

21.5.2 Vorgehen bei gelenktem Spiel

Erzieherinnen lenken aus mehreren Gründen Spiele:

- Sie führen neue Spiele ein
- Sie wiederholen, erweitern und beleben bekannte Spiele
- Sie lenken Spielfolgen, etwa
  - Im Stuhlkreis im Kindergarten
  - An Spielnachmittagen bei jüngeren und älteren Kindern und oft auch
  - Bei der Gestaltung eines Festes.

Einführung neuer Spiele

Bei der Einführung neuer Spiele wird meist zuerst an Regelspiele gedacht: Sing- und Kreisspiele im Kindergarten, bei älteren Kindern und Jugendlichen Spiele im Stuhlkreis, sportliche Regelspiele, Geländespiele und Ähnliches. Aber auch bei den anderen *Spielformen* (→ Kap. 21.1.2) kann die Erzieherin insbesondere in Einrichtungen der Frühpädagogik durch die Einführung eines bisher nicht bekannten Spieles oder eines neuen Spielmaterials das Spiele-Repertoire der Gruppe erweitern. Dafür braucht sie oft nur kurze Anregungen oder Impulse zu geben, die die Spieler aufgreifen und weiterentwickeln. Bei Regelspielen muss sie dagegen die Spielregel sehr genau erklären und den Ablauf betreuen, damit während des Spiels keine Irritationen und Konflikte durch missverstandene Regeln entstehen.

Anregen und Impulse

Bei Spielformen, die Kinder selbst weiterentwickeln können, genügt es, wenn die Erzieherin nur Anstöße gibt, um den Spielern die Selbstbestimmung über ihr Spiel so weit wie möglich zu überlassen. Ihre pädagogische Aufgabe als Ko-Konstrukteurin (→ Kap. 8.1.5) erfordert es, wenn immer es möglich ist zurückzutreten, damit das Kind seine Bildung selbst in die Hand nehmen kann.

Nachfolgend einige Beispiele für das Zurücktreten von Erzieherinnen bei einer Spieleinführung:

- Eine Erzieherin hat aus einem Baumarkt große Wegwerf-Rollen in die Krippe mitgebracht, auf die Seile für den Verkauf gerollt gewesen waren, und stellt sie nebeneinander in den Raum. Einige Kinder werden sofort neugierig und rollen sie. Erst als dieses Spiel langweilig zu werden scheint, zeigt die Erzieherin mit zwei Rollen, dass man sie auch übereinander türmen kann (→ Abb. 21.29)
- Die Erzieherin hat ein Kaleidoskop besorgt, das selbstbefüllbar ist. Die Erzieherin zeigt den Kindern, wie man den Deckel abschraubt, um es zu füllen. Womit es gefüllt werden kann, sagt sie nicht. Sie macht aber darauf aufmerksam, dass der Deckel immer aufgeschraubt werden muss, damit er nicht verloren geht
- Die Erzieherin holt Handpuppen, die längere Zeit nicht benutzt worden sind, aus dem Keller. Vielleicht spielt sie eine kleine Szene vor, um zu motivieren, möglicherweise kann sie erste Spielvorführungen auch den Kindern überlassen. Teammitglieder oder Eltern spielen später bei einem Fest ein kleines Stück vor
- Ein Hortkind hat ein Brettspiel mitgebracht, das der Gruppe unbekannt ist. Die Erzieherin beobachtet, wie das Kind anderen interessierten Kindern das Spiel erklärt, und liest die Spielbeschreibung, um bei Unklarheiten eingreifen zu können
- Nach längerer Zeit werden im Hort die Stelzen aus dem Keller geholt. Die Erzieherin erklärt die Haltung und hilft einzelnen Kindern bei ihren ersten Versuchen. Sie motiviert sie, nicht so schnell aufzugeben (Pausewang 1997, S. 110–224).

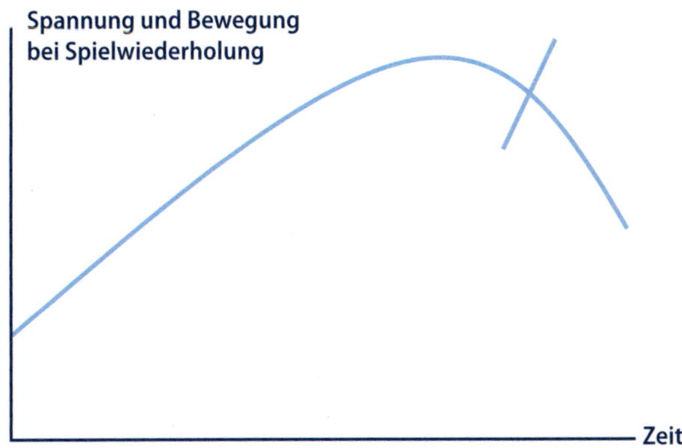

Abb. 21.30: Die Spielwiederholung wird beendet, wenn die Spannung nachlässt. Wechsel zum nächsten Spiel.

Abb. 21.31: Spannung und Bewegung in einer Spielstunde bis zu einem Höhepunkt steigern und ruhiger ausklingen lassen.

Einführung von Regelspielen

Regelspiele haben einen festgelegten Ablauf. Spiele, die neu eingeführt werden, müssen vor Beginn genau erklärt werden, damit alle Spieler sich den Ablauf vorstellen können. Die Erzieherin muss sie deshalb gut kennen. Oft ist es angebracht, erst einmal ein Probespiel durchzuführen oder Teile vorzuführen. Je jünger die Kinder sind, desto anschaulicher muss erklärt werden.

[BEISPIEL] Im Hort kann die **Beschreibung** z. B. so aussehen: „Das Spiel heißt Löffelspiel, weil Löffel darin eine wichtige Rolle spielen. Wir setzen uns im Kreis auf die Erde." Alle setzen sich. „Ich werde jetzt gleich Löffel in die Kreismitte legen, aber es ist ein Löffel zu wenig. Einer von uns erfindet eine Geschichte, in der das Wort Löffel vorkommt. Bei diesem Wort muss jeder schnell nach einem Löffel greifen. Wer keinen Löffel hat, ist der nächste Erzähler. Das probieren wir jetzt erst mal probeweise aus." Wenn niemand aus der Gruppe mit dem Erzählen beginnen will, erzählt die Erzieherin und lässt das Wort Löffel sehr bald fallen.

Nach dem Erklären dürfen erst mal **Fragen gestellt** werden. Niemand muss sofort alles verstanden haben. Wenn die Erzieherin mitspielt, vermittelt sie Spielfreude und reduziert weitmöglich ihre dominante Rolle. Bei manchen Spielen wird sie als Schiedsrichterin wachsam sein müssen und in dieser Funktion nicht mitspielen können. Bei Spielen wie dem Löffelspiel kann es passieren, dass Mitspieler bewusst keinen Löffel greifen, sondern nur so tun. Sie hoffen auf diese Weise, der nächste Erzähler zu werden. Wenn das Spiel deshalb nicht für alle abgebrochen oder das schlaue Kind nicht ausgeschlossen werden soll, hilft eine Veränderung der Spielregel: Wer keinen Löffel hat, bestimmt den nächsten Erzähler.

Ein **Reflexionsgespräch** im Nachhinein vermittelt den Spielern, dass sie ernst genommen werden, und die Erzieherin bekommt neben ihren eigenen Eindrücken eine Bewertung von Seiten der Spieler.

In neu zusammengesetzten Gruppen, etwa bei einer Ferienfreizeit oder einem Kurs in einem Jugendzentrum, können gelenkte Spiele dazu beitragen, das Zugehen auf die neuen Gruppenmitglieder und das Vertrautwerden mit ihnen zu erleichtern.

Planung und Durchführung von gelenkten Spielfolgen

Häufig werden nicht nur einzelne Regelspiele, sondern mehrere Spiele nacheinander gespielt.

Planung

Für eine Spielfolge oder Spielkette stellt die Erzieherin vorher einige Spiele zusammen. Spiele mit Verlierern setzt sie behutsam oder gar nicht ein. Dazu gehören vor allem solche Spiele, die bis zum letzten Gewinner gespielt werden und bei denen die Kinder, die zuerst ausgeschieden sind, passiv und untätig bis zum Schluss warten und ihre Verliererrolle verkraften müssen wie bei der „Reise nach Jerusalem" (→ Kap. 21.1.2). Die Erzieherin achtet bei der Zusammenstellung der Spielfolge auf einen guten Aufbau.

Die Pädagogin und Fachbuchautorin Irene Flemming (1992, S. 92 ff.) teilt eine **Spielfolge** in folgende vier Abschnitte:

- Aufwärmphase
- Wechsel und Steigerung
- Höhepunkt
- Ruhiger Ausklang.

Im Hinblick auf die Spielfolge beachtet die Erzieherin Folgendes:

- Bei Gruppen, die nicht miteinander vertraut sind, dürfen die ersten Spiele keine hohen Anforderungen stellen. Sie sollen das Kennenlernen erleichtern und das Vertrautwerden anbahnen. Hier darf niemand blamiert oder bloßgestellt werden (was immer zu vermeiden ist)
- Um die Gruppe nicht zu überfordern, ist es wichtig, mit körperlichen Kontakten, z. B. dem Schütteln der Hände oder dem dichten Beieinanderstehen, langsam zu beginnen
- Die Erzieherin achtet auf Abwechslung und Spielspannung, indem sie die einzelnen Spiele beendet, wenn die

Spannung nachlässt, und mit andersartigen Spielen abwechselt (→ Abb. 21.30)
- Spiele mit Wartezeiten für einzelne Spieler werden begrenzt eingesetzt, kurz gehalten und mit Spielen, bei denen alle beteiligt sind, ausgeglichen
- Spiele mit reizvollen Höhepunkten werden gegen Ende der Spielstunde geplant. Vor allem bei lebhaften Spielen und/oder unruhigen Gruppen wird die Spielzeit sinnvollerweise mit einem ruhigen, aber nicht langweiligen Spiel beendet (→ Abb. 21.31).

Durchführung

Die Vorplanung ist wichtig, darf aber nicht stur eingehalten werden. Die Erzieherin beobachtet die Gruppe. Manchmal muss ein Spiel öfter gespielt werden, um tatsächlich Spaß zu machen, weil die Spieler zu Beginn vor allem bei neuen Spielen noch unsicher sind. Wenn die Erzieherin den Eindruck hat, dass der Höhepunkt der Spielbegeisterung erreicht ist und der Spaß zu sinken droht, wird sie zum nächsten Spiel überleiten. Zuweilen wird sie Spiele, die sie als Reserve geplant hatte, einbeziehen und die Spielfolge verändern, weil die Gruppe anders reagiert als sie erwartet hat.

Bücher mit Spielbeschreibungen, die es in großer Zahl auf dem Markt gibt, haben häufig einen einführenden Teil mit Ratschlägen für die Zusammenstellung und Durchführung von Spielfolgen.

Abb. 21.32: Im Wald gibt es immer etwas zu entdecken.

Umgang mit Konfliktsituationen im Spiel

Michael Hemm, Diplompädagoge, gibt in seiner Spielesammlung „Komm, spiel mit!" gute Tipps für die **Bearbeitung und Reduzierung von Konfliktsituationen.** Er schreibt: „Im Spiel sollten Menschen niemals in eine Rolle gedrängt werden, in der ihre Hemmungen, Ängste und Komplexe wachsen. Für manche Spieler ist es schon eine enorme Belastung, mitten im Spielkreis stehen zu müssen. Der Spielleiter sollte daher darauf achten, wo und bei wem Ängste im Blick auf das gemeinsame Spiel vorhanden sind, aber auch darauf, wer vorlaut ist, andere beschimpft, beleidigt oder sich nicht am Spiel beteiligt. Solche Vorbehalte und Verhaltensweisen lassen sich am besten angehen, wenn sie in der Gruppe besprochen werden. Oft beruht die Ablehnung, sich nicht auf den Bereich Spiel einzulassen, auf negativen Erfahrungen. Es besteht die Befürchtung, irgendwelchen Leistungsmaßstäben von Schnelligkeit, Einfallsreichtum oder Geschicklichkeit wieder nicht genügen zu können.

Bei Konflikten unter den Spielern darf der Spielleiter nicht wegschauen, sondern sollte aufmerksam mit möglichen Problemen umgehen. Machen Sie den Spielern klar, dass für ein gutes Gruppengefühl wichtig ist, dass

- Man keine Furcht vor Fehlern haben muss
- Man Spieler nicht beschimpft, wenn sie Fehler gemacht haben
- Es besser ist, sich gegenseitig zu bestärken, als sich Fehler vorzuwerfen
- Man miteinander und nicht gegeneinander spielen soll
- Es nicht um Sieg oder Niederlage geht, sondern um das Spielvergnügen
- Niemand ausgeschlossen, zurückgewiesen und ignoriert wird
- Körperliche Gewalt (schlagen, rempeln, zwicken) nicht erlaubt ist
- Alle gewünschten Spielrichtungen zum Zug kommen
- Wir spielen, um Herausforderungen zu überwinden und nicht, um andere Menschen zu besiegen
- Alle Spaß und Vergnügen am Spiel haben." (Hemm, M. 2006, S. 9)

21.5.3 Beispielhafte Darstellung eines Tagesablaufs mit beiden Spielarten im Wechsel

Sozialpädagogische Einrichtungen erkennen zunehmend die hohe pädagogische Bedeutung von Wald- und Naturtagen. Für die beispielhafte Darstellung des Wechsels von freiem und gelenktem Spiel wird deshalb ein Waldtag in einer Kindertageseinrichtung gewählt. Hierbei lässt sich zusätzlich zum Wechsel von freiem und gelenktem Spiel bewegungsreiches, entdeckendes und selbst erfundenes Spiel sowie die Wichtigkeit von Tagen in der Natur veranschaulichen. Für die Darstellung wird eine städtische Kindertagesstätte gewählt, die in ihr pädagogisches Konzept regelmäßige Waldtage integriert hat.

Organisation eines Waldtags

Die Gruppe verlässt den Kindergarten um 9.00 Uhr mit zwei Erzieherinnen. Auf dem Weg zum Bus gelten strenge Regeln. Früher musste die Gruppe umsteigen, jetzt gibt es durchgehende Busse. Um 13.30 Uhr ist die Gruppe wieder zurückgekehrt. Die Vormittagskinder werden dann abgeholt, die Tageskinder gehen zum Mittagessen.

Regenkleidung, Iso-Sitzmatte und Frühstück nehmen die Kinder in ihren Rucksäcken mit. Die Erzieherinnen tragen den warmen Tee, zwei oder drei Sätze Wechselkleidung für den Notfall, Erste-Hilfe-Set und was sonst gebraucht wird; außerdem Bestimmungsbücher zum Nachschlagen, Lupen und Schnitzmesser.

Ablauf des Waldtags

Der Tag im Wald ist voller unterschiedlicher Spiele für die Kinder. Dazu gehören selbstbestimmte Spiele, meist in Kleingruppen, aber auch gemeinsame Spiel-Aktivitäten in der Gesamtgruppe.

Wenn die Gruppe aus dem Bus aussteigt, ist der Weg zum Wald nur noch kurz. Die Erzieherinnen haben gemeinsam mit der Gruppe am Rand des Waldes ein Ritual eingeführt: **Der Wald wird begrüßt.** Die Kinder sagen ihm, dass sie wissen, dass er den Tieren gehört. Sie danken ihm, dass sie ihn als Gäste besuchen dürfen, und erklären, dass sie seine Tiere und Pflanzen schützen wollen.

Entschließt sich die Gruppe, tiefer in den Wald zu gehen und nicht am Waldrand zu spielen, **wird bereits der Weg zum Spiel:** Zahlreiche Dinge werden entdeckt, die Kinder regen sich gegenseitig zum Beobachten an, die Erzieherinnen bestärken sie durch ihr Interesse (→ Abb. 21.32).

Anlässe für Beobachtung sind z. B.:

- Die Beschaffenheit der Erde mit Pfützen, Matsch und Trockenheit; Steine, Humus, Geruch, Temperatur, Höhlen, Hölzer
- Die sich verändernde Pflanzen- und Tierwelt, vor allem Kleintiere und Vögel, und die Geräusche.

Spielen und bewusstes, freiwilliges Lernen sind in der Natur nicht zu trennen (→ Kap. 21.1.1): Jede Klettergelegenheit wird genutzt. Manchmal erzählt eine der Erzieherinnen auf dem Weg eine Geschichte, oft von Zwergen, Elfen und anderen phantastischen Waldwesen. Rollenspiele beleben den Weg. Jedes Mal werden unterschiedliche Fundsachen in den Rucksack gepackt, insbesondere Steine.

Ist die Gruppe an einem **Rastplatz** angekommen – geplant oder spontan –, wird meist zuerst gefrühstückt, weil der Hunger schon groß ist.

Im **freien Spiel in der Natur** entwickeln Kinder Spielideen in allen *Spielformen* (→ Kap. 21.1.2): Für die Erprobung der körperlichen Geschicklichkeit bieten sich zahlreiche Gelegenheiten, vom Balancieren über liegende Baumstämme und dem Springen von allen möglichen Erhöhungen oder über Gräben bis hin zum Schleppen von Baumstämmen und Steinen. Tipis, das ist die Bezeichnung für die Zelte nordamerikanischer Indianer, werden gebaut, Gärten und Häuser durch Stöcke abgegrenzt, auf dem Waldboden markiert und schmuckvoll ausgestattet – und es entstehen sofort ideenreiche Rollenspiele (→ Abb. 21.33).

Die Natur bietet genügend Material, das zum *Rollenspiel* anregt. Dazu gehören nicht nur Gegenstände, sondern auch die Landschaft mit Hügeln und Hängen, Bächen und Brücken und den Höhlen unter Büschen und jungen Nadelbäumen.

Die Kinder haben einen großen Freiraum, müssen aber in Sicht- und Rufweite der Erzieherinnen bleiben. Aktivitäten wie Schnitzen, die Gefahren bergen, dürfen nur unter Aufsicht geschehen. Die Erzieherin übernimmt beim Freispiel im Wald die gleichen Aufgaben wie beim Freispiel im Raum (→ Kap. 21.5.1).

Manchmal regt die Erzieherin *zu Spielen* an (→ Kap. 21.5.2):

- An einem warmen Sommertag werden vielleicht ruhige Spiele angeboten:
  - Auf der Lichtung liegend die Wolken oder die Baumkronen beobachten
  - Auf dem Bauch ausgestreckt die Erde riechen und mit einer Lupe untersuchen
  - Im Frühjahr mit dem Stethoskop den steigenden Saft in den Baumstämmen hören und das Wachstum der Blätter vergleichen
- Pflanzen werden verglichen, etwa die Rinde von unterschiedlichen Bäumen mit einem Wachsblock auf Papier kopiert. Kleine Tiere werden im Lupendöschen gefangen, um sie zu betrachten und wieder in die Freiheit zu setzen. Für Vogelbeobachtungen – vor allem im Frühjahr – nimmt die Erzieherin ein Fernglas mit.

Abb. 21.33: Der Wald ist voller Spielmöglichkeiten.

- Bewegungsreiche Regelspiele sind vor allem an kalten Tagen angesagt:
  - Fangen und Verstecken
  - „Bäumchen wechsle dich“
  - Nachahmen von Gangarten unterschiedlicher Tiere, von der Schnecke bis zum Wiesel.

Kurz bevor die Gruppe auf dem Heimweg den Waldrand erreicht, **verabschiedet sie sich dankend vom Wald.**

Miklitz, Ingrid: Der Waldkindergarten. Dimensionen eines pädagogischen Ansatzes, 3. Aufl. Berlin, Düsseldorf: Cornelsen Verlag Scriptor 2007

21.5.4 Unterstützung der Zukunftsfähigkeit im alltäglichen Kinderspiel

Selbstbestimmtes Spiel bereitet Kinder auf ihre Zukunftsbewältigung vor (→ Kap. 21.2.3). Das trifft auf das Spiel in der Natur in besonderem Maße zu. Hier improvisieren die Kinder, sind erfinderisch, testen ihre Fähigkeiten im körperlichen, psychischen und kreativen Bereich aus, überwinden Hürden, gehen mit Ungewissheiten um, lösen Probleme und nutzen ihre Umgebung zu immer neu erspielten Welten. Beim Spiel im Freien, insbesondere an Wald- und Naturtagen, bauen sie einen Bezug zur Natur auf, erfahren sich selbst als Teil der Natur und lernen Natur zu schätzen und zu schützen. Die wenigen Tage, die eine Tageseinrichtung in der Natur verbringt, reichen aber bei Weitem nicht aus. Erzieherinnen werden auch beim Spiel in der Einrichtung im Innen- und im Außenraum auf die Unterstützung von Zukunftsfähigkeit achten.

Das Kind als den Konstrukteur seiner Bildung ansehen

Im Spiel kommt sehr deutlich zum Ausdruck, dass das Kind der Konstrukteur seiner Bildung ist, denn es bestimmt sein Spiel selbst. Das Team der Einrichtung wird darauf achten, dass die Kinder möglichst viele Anregungen erhalten, die sie in ihrer Zukunftsfähigkeit stärken. Das erreichen Erzieherinnen vor allem durch die Gestaltung der Spielumgebung drinnen und draußen, durch ihr Vorbild und ihre Rückmeldungen oder durch Impulse zu Problemlösungen und zur Spielerweiterung (→ Kap 21.2.3).

Anregungen für das Spiel mit den Nahsinnen und für Bewegung häufig anbieten

Mit den Nahsinnen ergreift das Kind Initiative, strengt sich an und erforscht seine Welt (→ Kap. 21.2.1; 21.3.2). Nahsinne sind mit Bewegung verbunden. Bei körperlichen Anstrengungen erkennt das Kind deutlich, welche Erfolge sein Bemühen und sein Durchhalten ihm bringen. Darüber hinaus bleibt es beweglich und anstrengungsbereit. Deshalb ist es wichtig, im täglichen Ablauf darauf zu achten, dass die Kinder genügend Anregungen für ihre Nahsinne und vielseitige Bewegungsmotivationen erhalten. Wenn die Kinder gegen Ende des Vormittags in den Hof gehen, heißt das z. B. noch nicht, dass sie sich auch viel bewegen. Manche Kinder fühlen sich nur vom Sand angezogen, in dem sie sich weitgehend sitzend beschäftigen.

Zu individuellen und unkonventionellen Lösungsmöglichkeiten anregen

Die Zukunft verlangt, dass die Menschen wahrnehmungsfähig für Missstände sind und nach alternativen Lösungsmöglichkeiten suchen. Hier kann die Gestaltung der Lernumgebung Kinder anregen und unterstützen: Wenn Kinder viel mit Material spielen, das sie in der Umwelt gefunden, vielleicht auch gezielt gesucht haben, werden ihre problemlösenden Fähigkeiten gefordert (→ Kap. 21.2.3; 21.3.3). Das trifft besonders beim Spielen in der Natur zu, aber auch im Außengelände der Einrichtung können solche Spielformen unterstützt werden: Spiel mit Lehm und Erde, eine Matschkuhle, eine selbstgebaute „Wasserleitung“, Büsche und Hecken, Geräte und Spielhäuser, die vielgestaltig genutzt werden können.

Soziale und ökologische Kompetenzen im Blick haben und verstärken

Soziale und ökologische Kompetenzen sind für die Zukunft überaus wichtig (→ Kap 21.2.4). Es kommt deshalb darauf an, die kleinen Spielgruppen im Freispiel drinnen und draußen gut zu beobachten, um Kinder zu unterstützen, wenn sie Schwierigkeiten bei ihrer sozialen Rollenfindung in der Spielgruppe haben, sich z. B. zu dominant verhalten oder an den Rand gedrängt und ausgeschlossen werden. Das Wohlgefühl des einzelnen Gruppenmitglieds in den unterschiedlichen Kleingruppen und in der Gesamtgruppe kann von der Erzieherin gar nicht ernst genug genommen werden, denn in der frühen Kindheit werden Weichen gestellt.

Für ökologisch verantwortliches Handeln ist das Vorbild der Erzieherin als wichtig anzusehen, aber auch ihre Stellungnahmen zum Verhalten der Kinder, wobei wie immer die Ressourcen und das positive Spielverhalten der Gruppenmitglieder vorrangig zu beachten und durch Rückmeldungen zu bestärken sind.

Klaren Umgang mit Grenzüberschreitungen im Alltag leben

Im Alltag müssen Erzieherinnen auch Grenzen setzen. Solche Grenzen ergeben sich z. B. im ökologischen Bereich. Manche Kinder sind in ihrem Familienleben gewohnt, verschwenderisch mit Material umzugehen, Pflanzen und Tiere wenig wertzuschätzen oder alternative Verbrauchsgüter wie Recyclingpapier nicht zu benutzen. Ein anderer Bereich für Grenzen ist das Sozialverhalten: Im Finden des Gratweges zwischen Durchsetzung eigener

Bedürfnisse und Kooperation braucht das Kind Hilfe, die sich u. a. in Regeln und Grenzen äußern kann. Die Handhabung der Grenzen muss dabei für das Kind eindeutig sein. Natürlich kann es begründete Ausnahmen geben, um Starrheit und Härten zu vermeiden.

Das Gruppenteam muss sich immer wieder bewusst machen: Es ist die Alltagsgestaltung, die einer Einrichtung das Gesicht und die ethischen Grundlagen gibt – für die Gruppenmitglieder und auch für Eltern und die Außenwelt. Das Ziel der Zukunftsfähigkeit begleitet das Team durch jeden Tag von Neuem, und das insbesondere in der so bedeutsamen Spielbegleitung.

Pausewang, Freya: Macht mich stark für meine Zukunft! Wie Eltern und ErzieherInnen die Kinder in der frühen Kindheit stärken können. München: oekom Verlag 2012

21.6 Beispiel für den pädagogischen Prozess

In vielen Kindergärten findet für jedes Kind mindestens einmal jährlich im Gesamtteam ein Entwicklungsgespräch statt. Im folgenden Beispiel hat das Team drei Monate nach Aufnahme des Kindes Hanna das erste Teamgespräch für sie angesetzt. Die Situation und der Entwicklungsstand von Hanna sollen breit erfasst, Ziele formuliert und ein pädagogischer Plan entwickelt werden.

Einer solchen Teambesprechung gehen spontane und gezielte Beobachtungen voraus (→ Kap. 21.3.6; 8.2). Wesentliche Wahrnehmungen werden für die Besprechung kurz schriftlich festgehalten. Die familiäre Situation, die bei der Aufnahme des Kindes von den Eltern angegeben wurde, sowie weitere Eindrücke über die familiäre Erziehung werden in das Teamgespräch einbezogen.

In einem anschließenden Elterngespräch werden die Eltern über die Ergebnisse der Teambesprechung informiert und bei Bedarf darum gebeten, die pädagogischen Anliegen zu unterstützen.

21.6.1 Situationsanalyse

Hanna, vier Jahre, besucht den Kindergarten am Vormittag. Sie ist Einzelkind. Die Mutter hat mit der Geburt des Kindes ihre Arbeit aufgegeben und betreut das Kind überaus liebevoll. Sie scheint immer für ihre Tochter da zu sein. An den Nachmittagen fährt sie Hanna wöchentlich einmal zum Kinderturnen.

Manchmal lädt Hannas Mutter befreundete Kinder zu sich ein. Hanna geht dagegen selten zu anderen Kindern und wenn, dann auf eigenen Wunsch oder Wunsch der Mutter nur sehr zeitbegrenzt. Hanna besitzt viel Spielzeug, insbesondere Puppen und Material für Familienspiel.

Der Vater hat einen herzlichen Kontakt zu Hanna, hat aber aus beruflichen Gründen nicht viel Zeit für sie.

Im Kindergarten hat Hanna sich langsamer als der Durchschnitt der anderen Kinder eingelebt und verhält sich noch immer häufig passiv abwartend oder still beobachtend. Dem Team fällt auf, dass Hanna sehr zurückhaltend und ausweichend auf andere Kinder reagiert und sich nur selten mit einem Spielzeug beschäftigt. In der Nähe von Erzieherinnen fühlt sie sich sicherer. Sie wirkt erleichtert, wenn sie gebeten wird, den Erzieherinnen zu helfen (→ Abb. 21.34).

Ein Gespräch mit der Mutter hat ergeben, dass die Mutter viel mit Hanna spielt und dass Hanna die Mutter bei ihrem Tun im Haushalt oft begleitet. Die Mutter genießt diese Nähe und schätzt sie als wertvoll für Hanna ein.

Das Team macht sich im Entwicklungsgespräch bewusst, dass sich Hanna in ihrer Familie einseitig entwickelt und Teilbereiche ihrer Entwicklung nicht genügend unterstützt werden. Sie müsste mit ihren vier Jahren neugieriger auf die Welt zugehen, insbesondere an Gleichaltrigen mehr interessiert sein und den Kontakt mit ihnen suchen. Ihr Spiel hat sowohl inhaltlich als auch in den Spielformen nicht die dem Alter angemessene Breite (→ Kap. 21.1.2). Fähigkeiten wie Entdeckerfreude, Ideenfindung, Phantasie, Problemlösung, Risikobereitschaft oder Kooperation und Konfliktlösung sind bei ihr im Vergleich zu anderen Kindern schwach entwickelt.

Das Team sieht in Hannas Spielverhalten gesellschaftliche Einflüsse. Wenn Hanna selbstbestimmter und weniger gehemmt spielen würde, könnte sie sich motivierter und breiter mit ihrer Welt auseinandersetzen, ihre Gegenwart kompetenter bewältigen und zukunftsnotwendige Fähigkeiten klarer entwickeln (→ Kap. 21.2).

Abb. 21.34: Hanna ist hilfsbereit und sucht die Nähe der Erzieherin.

21.6.2 Erfassen von Ressourcen

Die Erzieherinnen machen sich im Teamgespräch bewusst:

- Hanna ist in ihrer Zuwendung zu den Erwachsenen hilfsbereit und fähig, sich verbal verständlich zu machen. Sie führt Aufträge verlässlich aus.
- Mit Spielzeug und anderem Material geht Hanna achtsam und ordentlich um und räumt es meist ohne Aufforderung auf. Diese Ordnungsliebe bietet vorerst ebenso wie ihre „Helferfunktion" die Möglichkeit ihr bestärkende Rückmeldungen zu geben.
- In Streit mit anderen Kindern gerät Hanna nur selten. Allerdings weicht sie bei Konflikten aus und sucht die Nähe oder auch Hilfe von Erwachsenen.
- Hanna spielt offensichtlich gern Rollenspiele. Darin kann eine Ausgangsbasis für Spielerweiterung und selbstbestimmte Spielabläufe gesehen und genutzt werden.

21.6.3 Festlegen von Zielen

Das Team konzentriert sich vorerst auf zwei Ziele:

1. Die Erzieherinnen werden versuchen, die Spielfähigkeit und Spielerweiterung von Hanna zu unterstützen, und zwar sowohl in Bezug auf Spielformen (→ Kap. 21.1.2) als auch auf Spielinhalte.

2. Hanna soll schrittweise Kontakt mit anderen Kindern aufnehmen, in kooperativen Spielen Anregungen von anderen Kindern aufgreifen und auch selbst den gemeinsamen Spielverlauf mit gestalten.

Abb. 21.35: Über das Einbeziehen eines zweiten Kindes unterstützt die Erzieherin die Kontaktfähigkeit eines zurückhaltenden Kindes.

Konkret kann das z. B. mit folgenden Teilzielen angestrebt werden:

- Hanna entwickelt vielseitigere Rollenspiele.
- Sie lässt sich zunehmend zu Konstruktionsspielen motivieren.
- Beim Malen wird sie ideenreicher.
- Sie lässt sich zu sportlichen Funktionsspielen anregen, vor allem im Freien: Roller fahren; Rutschbahn, Schaukel und Wippe benutzen.
- Hanna weicht nicht mehr grundsätzlich aus, wenn andere Kinder mit ihr spielen wollen und nimmt auch selbst Kontakt mit anderen Kindern auf.

Die Erzieherinnen werden auch in anderen Entwicklungsbereichen als dem Spiel Hannas ängstliche Zurückhaltung beachten und sie zu Aktivität und Beteiligung ermuntern, etwa bei Gesprächen, bei Beobachtungen in der Natur oder beim gemeinsamen Singen.

21.6.4 Planung von Maßnahmen

Die Erzieherinnen anerkennen Hannas hohe Hilfsbereitschaft und ihre Anhänglichkeit an die Erwachsenen als Ressource. Die beiden Gruppenerzieherinnen nehmen sich vor, Hanna nicht abzuweisen, wenn sie helfen oder die Erwachsenen begleiten will.

Hannas Vorliebe für Familienspiele werden die Erzieherinnen ebenfalls zu positiver Rückmeldung nutzen. Wenn Hanna beispielsweise im Sand spielt und einen „Kuchen backt", geht die Erzieherin darauf ein, bringt aber wenn möglich eine Spielerweiterung ein. Manchmal kann ein zweites Kind gebeten werden, sich zu beteiligen. Hanna soll möglichst oft soziales Wohlgefühl erfahren (→ Abb. 21.35).

Die Erzieherinnen wollen auch die Lernumgebung unter die Lupe nehmen und sehen, welche Anregungen sich aus dieser Sicht für die Unterstützung von Hannas Spielentwicklung ergeben (→ Kap. 21.4). Sie denken z. B. an den Einbezug von Materialien aus der Umwelt zum Spielen (→ Kap. 21.4.2), durch die Hanna eigenständige Spielideen entwickeln und sich von Vorgaben lösen könnte. Lockere Spiele im Freien wirken oft weniger fordernd als Spiele im Raum. Deshalb werden die Erzieherinnen an Naturtagen bewegungsreiche Gruppenspiele einbeziehen (→ Kap. 21.5.3), etwa über Baumstämme zu balancieren und herunter zu springen.

Die Gruppenerzieherinnen werden im Gespräch mit der Mutter – wenn möglich mit beiden Elternteilen – diese Ziele erläutern und begründen. Wenn die Mutter die Entwicklungseinseitigkeit von Hanna nachvollziehen kann, wird die Erzieherin ihr Beispiele geben, wie sie zu Hause Hannas Spielentwicklung unterstützen kann.

21.6.5 Durchführung von Maßnahmen

Die Durchführung erweist sich als schwierig. Hanna klammert sich weiterhin an die Erwachsenen und geht wenig auf andere Kinder zu. Die Erzieherinnen entwickeln u. a. folgende Spielanregungen:

- Eine der Gruppenerzieherinnen besorgt einen großen Karton, den sie mit Hanna und zwei weiteren (jüngeren) Kindern zu einem Haus mit Fenstern und Türen „umbaut". Dabei fragt die Erzieherin Hanna oft nach ihren Vorstellungen, was gemacht und wie vorgegangen werden könnte. Gemeinsam wird für das Haus im Flur ein Platz gesucht. Das Haus wird mit selbstgebauten Möbeln ergänzt: einem Puppenbett aus einem kleinen Karton, einem umgestülpten Karton als Herd mit Töpfen und Tellern, die aus der Kiste mit den gesammelten Plastikgefäßen gesucht werden. Die Erzieherin bittet Hanna häufig, den jüngeren Kindern zu helfen. Sie hofft, dass Hanna bei diesem Spiel eigene Ideen entwickelt und das gemeinsame angeleitete Bauen sie zum Spiel mit den beiden anderen Kindern anregt. Mit dem Wegwerfmaterial kann Hanna auffallend gut umgehen und bringt auch Vorschläge ein. Die Erzieherin freut sich über diesen Fortschritt.
- Bei den wöchentlichen Wegen in die Natur sammeln die Erzieherinnen mit Hanna und anderen Kindern Stöcke, Steine und andere Materialien für das Spiel im Hof. Aus gesammelten kleinen Steinen und einer Plastikflasche aus dem Sammelkarton bastelt eine Kleingruppe später Rasseln. Hanna ist geschickt und ist auch bereit, jüngeren Kindern zu helfen.
- Bei den geplanten Bewegungsspielen im Freien beteiligt sich Hanna nur zögerlich, dagegen macht sie die Erzieherin auf Entdeckungen aufmerksam, etwa auf einen Käfer oder einen Schmetterling. Dann ruft die Erzieherin andere Kinder, die sich in der Nähe aufhalten, damit Hanna ihnen auch die Entdeckung zeigt.
- Im Wald wird mit allen Kindern, die das wollen, aus Stöcken ein gemeinsames Zelt gebaut, d. h. die Erzieherinnen locken Hanna über ihre Hilfsbereitschaft in Spiele mit Spielpartnern und machen ihr bewusst, dass ihre Beiträge von den anderen geschätzt werden.

Langsam sehen die Erzieherinnen Fortschritte.

Das Gespräch der Gruppenerzieherinnen mit der Mutter hat zunächst wenig Erfolg. Die Mutter kann die Spielhemmung ihrer Tochter wenig nachvollziehen. Dass Hanna – um für die Zukunft stark zu werden – soziales Wohlgefühl breit erleben und soziale Kompetenzen entwickeln soll, sieht sie ein. Sie kann aber Hanna nicht loslassen und bestärkt weiterhin die enge Erwachsenen-Kind-Bindung. Die Erzieherinnen brauchen Geduld. Sie bitten die Mutter, wenn möglich mittags etwas früher zu kommen, wenn die Kinder im Hof spielen, um das Spiel von Hanna zu beobachten und mit dem Spiel anderer Kinder zu vergleichen. Sie soll sich aber selbst zurückhalten und wenn möglich nur beobachten. Das macht die Mutter gerne. Im Hof hat die Gruppe z. B. gehobelte Bretter und dünne Baumstammstücke für Bauspiele. Damit bauen die Kinder sich Straßen, Brücken und Häuser. Bei solchen Spielen wird Hanna oft von einer Erzieherin gebeten zu „helfen". Sie erfüllt dann den Auftrag. Es fällt auf, dass sie sich dabei langsam von ihrer starken Bindung an die Erzieherin löst und auf Kinder zugeht. Solche Erfolge werden der Mutter rückgemeldet. Die Mutter kann diese Lockerung Hannas als positiv anerkennen, bleibt aber selbst offensichtlich noch stark in ihrem bindenden Verhalten und kann Hanna nur schwer loslassen.

21.6.6 Auswertung

Die beiden Gruppenerzieherinnen tauschen ihre Beobachtungen öfter aus. Beim Spiel im Hof, wenn unterschiedliche Erzieherinnen die Kinder betreuen, erhalten sie Rückmeldung von ihren Kolleginnen. Nach ca. drei Monaten findet eine kurze Zwischenauswertung im Gesamtteam statt. Die Erzieherinnen sehen Fortschritte und belegen sie durch Beobachtungen. Das Programm soll in der vorgenommenen behutsamen Weise fortgesetzt werden, damit Hanna sich nicht wieder zurückzieht. Da sie jetzt die Anhänglichkeit an die Erzieherinnen etwas lockert und mit Kindern sicherer wird, soll sie diesbezüglich deutlicher bestärkt und häufiger zum Spiel mit Partnern und Kleingruppen motiviert werden.

Eine der beiden Gruppenerzieherinnen fasst die Ergebnisse für die Rückmeldung an die Eltern und für das Portfolio zusammen. In einem Gespräch mit Hanna werden die beiden Erzieherinnen ihr sagen, was sie aufgeschrieben haben, nämlich dass sie sich freuen, wie oft Hanna jetzt mit anderen Kindern spielt und dass sie gute Spielideen hat.

22

Sprache

Sibel Ocak, Tatjana Spaerke

„Die Sinne sind uns angeboren, sie sind ‚natürlich', ebenso wie die Motorik, die wir ohne die Hilfe anderer entwickeln können. Sprache aber kann man nicht allein erwerben. Diese Fähigkeit bildet eine eigene Kategorie" (Sacks 2001, S. 98).

Kinder lernen, ihre Bedürfnisse, Wünsche und Meinungen durch Sprache differenziert mitzuteilen. Sprache gibt ihnen Selbstsicherheit und formt die Persönlichkeit, sie öffnet Türen und ist das Tor zur Welt, sie verbindet Menschen und schafft Zugang zu anderen Kulturen. Schon Kinder empfinden Spaß am Spiel mit Sprache.

Ein Mensch sowie ein Leben ohne Sprache sind undenkbar. Um zwischenmenschliche Beziehungen aufbauen und Informationen austauschen zu können, müssen Menschen auf ihre kommunikativen Fähigkeiten zurückgreifen. Dabei handelt es sich sowohl um verbale als auch um nonverbale Kompetenzen. Gestik und Mimik sind ständige Begleiter sprachlicher Äußerungen und haben ebenfalls einen sehr wichtigen Mitteilungscharakter. Jeder Mensch verfügt über eine angeborene Sprachfähigkeit, die es ihm ermöglicht, von Geburt an in eine oder mehrere Sprachen hineinzuwachsen. Auch Gehörlose erwerben eine vollwertige Sprachform, die Gebärdensprache, die sich visueller Zeichen bedient und ebenso wie verbale Sprache über grammatische Kategorien und Satzbauregeln verfügt.

► **Sprache**
System von Zeichen und ihre Kombinationsregeln, die vom Menschen entschlüsselt werden müssen. Dazu müssen diese zunächst wahrgenommen und dann je nach Kontext interpretiert werden.

Sprache kann unzählige **Funktionen** haben. Mittels Sprache können Menschen

- Ihre Gefühle zum Ausdruck bringen
- Ihre eigene Situation beschreiben
- Sinneswahrnehmungen mitteilen
- Erlebnisse schildern
- Sich Weltwissen aneignen
- Informationen austauschen
- Sich in andere hineinversetzen
- Konflikte bewältigen, sich wehren
- Andere verletzen
- Autorität und Macht ausüben
- Realitäten schaffen (Eheversprechen, Richterurteil, (Pelz 2005))
- Ihre Identität bekunden
- Am gesellschaftlichen Leben teilhaben und es mitgestalten.

In der aktuellen Bildungspolitik kommt Sprache eine ganz besondere Bedeutung zu. Denn die **Schlüsselkompetenz Sprache** öffnet den Zugang zu Bildung und ist eine wichtige Voraussetzung für den schulischen sowie beruflichen Erfolg, aber auch für das gesellschaftliche Zusammenleben. Aus diesem Grund ist es unverzichtbar, dass sprachliche Fähigkeiten bereits in der frühen Kindheit gefördert werden. Dem Bereich Sprache wird daher in den Bildungs- und Orientierungsplänen für Tageseinrichtungen der Länder ein hoher Stellenwert beigemessen.

Für **pädagogische Fachkräfte** ist somit die Aneignung von Wissen unerlässlich bezüglich

- Spracherwerb
- Sprachförderung und
- Mehrsprachigkeit.

Es stellt sich die Frage, wie Sprache erworben wird und welche Phasen Kinder dabei durchlaufen. Der **Spracherwerb** gehört zu den wichtigsten Entwicklungsbereichen, die Kinder bewältigen müssen. Dabei spielt das sprachliche Umfeld des Kindes eine entscheidende Rolle. Um Sprachen erwerben zu können, muss ihre angeborene Sprachfähigkeit durch sprachliche Äußerungen in ihrer Umgebung aktiviert und durch ein reichhaltiges und variationsreiches Sprachangebot gefördert werden. Nur mittels sprachlicher Äußerungen in ihrer Umgebung können sich Kinder das einer Sprache zugrunde liegende Regelsystem erschließen. Dafür brauchen sie Gesprächspartner, die ihnen Sprache in allen Variationen anbieten.

Erzieherinnen können Kinder wesentlich dabei unterstützen, ihre sprachlichen Kompetenzen auszubauen. Insbesondere Kinder, die bis zum Eintritt in die Kindertagesstätte mit einer anderen Sprache aufwachsen, brauchen möglichst viel „Input" in der Zweitsprache Deutsch, um ihren Rückstand zu monolingualen Kindern rasch aufholen zu können. Aber auch deutschsprachige Kinder aus spracharmen Familien müssen in ihrem Spracherwerb gezielt gefördert werden. Um diese verantwortungsvolle Aufgabe bewerkstelligen zu können, müssen pädagogische Fachkräfte wissen, wie Sprache und Spracherwerb „funktionieren" und wie sie Kindern ein optimales Sprachangebot machen können.

Wie der Erwerb einer Sprache und mehrerer Sprachen parallel oder zeitversetzt vonstatten geht (→ Kap. 22.1), wie sich bilinguale Menschen sprachlich verhalten (→ Kap. 22.2.3), was Mehrsprachigkeit bedeutet und wie die Erzieherin sie fördern kann (→ Kap. 22.3.2), wie der Sprachentwicklungsstand ermittelt (→ Kap. 22.3.3) sowie Sprachentwicklungsstörungen diagnostiziert werden können (→ Kap. 22.3.3, 22.1.3) und wie pädagogische Fachkräfte und Eltern den Spracherwerbsprozess eines Kindes unterstützen können (→ Kap. 22.3–2.6), all dies sind Fragen, auf die dieses Kapitel Antworten liefern soll (→ vgl. auch Sprache in Kap. 10.2.4).

22.1 Theoretische Grundlagen

In der Frühpädagogik haben Erzieherinnen mit Kindern zu tun, bei denen der Spracherwerb noch nicht abgeschlossen ist. Der kindliche Spracherwerb findet unter Bedingungen statt, die so unterschiedlich sind wie die Menschen selbst, doch sind die Voraussetzungen für den Erwerb der Muttersprache angeboren. In diesem Kapitel werden die Grundlagen des Spracherwerbs bei Erst- und bei Zweitsprachen beschrieben sowie Übergangsphänomene und Sprachverhalten.

22.1.1 Spracherwerb unter verschiedenen Bedingungen

Wie Kinder Sprachen erwerben, hängt von einem komplexen Zusammenspiel unterschiedlicher Bedingungen ab. Kinder können von Geburt an mit einer Sprache aufwachsen, mit mehreren Sprachen gleichzeitig oder kommen mit einer zweiten bzw. mit weiteren Sprachen erst zeitversetzt in Kontakt, z. B. mit Eintritt in die Kindertageseinrichtung oder beim Erlernen von Fremdsprachen in der Schule. Menschen können ein Leben lang neue Sprachen lernen, jedoch verläuft der Erwerb in der Regel schon nach der frühen Kindheit nicht mehr so spielerisch leicht wie im Kindergartenalter.

Die frühkindliche Kompetenz, dank der sich Kinder die Strukturen der sie umgebenden Sprachen mühelos erschließen, gilt es zu nutzen, um besonders Kinder mit erschwerten Bedingungen beim Spracherwerb zu unterstützen. Betroffen davon sind Kinder mit Migrationshintergrund sowie zunehmend auch Kinder aus deutschsprachigen Elternhäusern. Eine gezielte individuelle Sprachförderung in Kindertageseinrichtungen setzt die Kenntnis von grundlegendem Wissen über den Spracherwerb voraus. Dieses Wissen liefert Erzieherinnen zudem kompetente Argumente gegenüber Eltern, wenn es beispielsweise darum geht, die Dringlichkeit einer logopädischen Abklärung zu untermauern oder sie für die Beteiligung an konkreten Sprachfördermaßnahmen zu gewinnen.

Formen des Erstspracherwerbs

Kinder wachsen meist in eine Sprache hinein. Wenn sie diese Sprache erlernen, wird ihr Erstspracherwerb als monolingual bezeichnet. Weltweit wachsen sehr viele Kinder zwei- oder mehrsprachig auf.

Einsprachig aufwachsen – monolingualer Erstspracherwerb

Ein Kind kann sich sprachlich wie kognitiv nur dann normal entwickeln, wenn es mindestens mit einer Sprache von Geburt an als natürlichem Bestandteil seiner Umgebung konfrontiert ist. Diese Sprache bezeichnet man als **Erstsprache** oder auch **Muttersprache**, wenngleich es sich dabei nicht zwangsläufig um die Sprache der (biologischen) Mutter handeln muss, in jedem Falle aber um die der unmittelbaren Bezugsperson(en).

Ein Kind erschließt sich die wichtigsten Grundlagen seiner Erstsprache innerhalb der ersten drei bis vier Lebensjahre mühelos, wenn ausreichend und reichhaltig Kommunikation stattfindet.

Abb. 22.1: Wenn ausreichend Kommunikation stattfindet, erschließt sich ein Kind die wichtigsten Grundlagen seiner Erstsprache mühelos.

Mit zwei Erstsprachen gleichzeitig aufwachsen – bilingualer Erstspracherwerb

Kommt ein Kind von Geburt an regelmäßig mit zwei Sprachen in Kontakt, ist ein bilingualer (doppelter) Erstspracherwerb zu erwarten. Dies betrifft z. B. den Fall, wenn verschiedene Bezugspersonen mit dem Kind in jeweils unterschiedlichen (Erst-)Sprachen kommunizieren, und trifft ebenso zu, falls eine Bezugsperson das Kind in unterschiedlichen Situationen in zwei verschiedenen Sprachen anspricht. Eingeschlossen ist auch der Fall, dass möglicherweise eine Bezugsperson gehörlos ist, so dass sich ein hörendes Kind zusätzlich zur Lautsprache eine Gebärdensprache aneignen kann. Wächst ein Kind von Geburt an mit mehr als zwei Erstsprachen gleichzeitig auf, kann es bei ausreichendem Sprachangebot auch dies gut bewältigen.

Kinder sind mit dem gleichzeitigen und frühen Erwerb mehrerer Sprachen nicht überfordert. Sie schreiten im Spracherwerb nicht unbedingt langsamer voran, durchlaufen dieselben Erwerbsphasen wie einsprachig aufwachsende Kinder (Paradis 2006, Müller u. a. 2007, Tracy 2008) und tragen kein erhöhtes Risiko zur Ausbildung von Spracherwerbsstörungen (Paradis u. a. 2003).

Sprachverhalten mehrsprachig aufwachsender Kinder

Trotz vieler Gemeinsamkeiten unterscheidet sich das Sprachverhalten zwei- oder mehrsprachig aufwachsender Kinder von dem monolingualer Kinder. Es finden sich:

- Sprachmischungen und gegenseitige Beeinflussung der Sprachen
- Sprachwahl nach Gesprächspartner, Situation und Thema
- Übergangsphänomene der Sprachentwicklung
- Arbeitsteilung und Dominanzen bei bi- bzw. multilingualen Sprechern.

Sprachmischung und gegenseitige Beeinflussung der Sprachen

Anders als monolinguale Kinder mischen viele Kinder, die von Geburt an mit mehr als einer Erstsprache gleichzeitig aufwachsen, ihre Sprachen zeitweise sehr intensiv. *Sprachmischungen* zeugen nicht davon, dass ein Kind mit dem gleichzeitigen Erwerb mehrerer Sprachen überfordert ist – im Gegenteil! Mischäußerungen entstehen unter anderem in Folge der **frühen Kompetenz,** momentane Wissenslücken in einer Sprache durch Wissen in einer anderen zu schließen.

> ► **Sprachmischung**
> Aufnahme von Elementen aus einer Sprache in eine andere. Ein Kind, das gleichzeitig mit Deutsch und Englisch aufwächst, sagt z. B.: „Das darf man, *if* man will." Die momentane Wortschatzlücke im Deutschen *(wenn)* schließt das Kind gekonnt durch Ausleihen des entsprechenden Wortes aus dem Englischen *(if)* (Tracy 2008a).

Sprachmischungen sind auch unter mehrsprachigen Erwachsenen eine natürliche und häufige Erscheinung, die viele Gründe haben können. In mehrsprachigen Familien sind Mischäußerungen in der familiären Kommunikation normal. Wird im sprachlichen Angebot aus der Umgebung eines Kindes („sprachlicher Input") intensiv und häufig gemischt, hat dies nicht zwangsläufig zur Folge, dass das Kind die Sprachen nicht trennen kann. Jedoch erleichtern Eltern bzw. Bezugspersonen ihrem Kind den Erwerb mehrerer Erstsprachen, wenn sie nach dem **Partnerprinzip** verfahren, d. h. wenn jede Bezugsperson das Kind konsistent (dauerhaft) in einer Sprache anspricht (Kielhöfer/Jonekeit 1995).

Eine strikte Sprachentrennung nach Person schließt aber keineswegs aus, dass Kinder ihre Sprachen **zeitweise** mischen. Ist das sprachliche Umfeld eines zweisprachig aufwachsenden Kindes wenig von Mischungen geprägt, nehmen kindliche Sprachmischungen ab dem Alter von drei bis vier Jahren ab. Sind Mischungen im sprachlichen Input dieser Kinder häufig, beginnen die Kinder in diesem Alter, ihre Sprachen als stilistische Ressource einzusetzen (Tracy 2008a).

Ob und in welcher Weise zweisprachig aufwachsende Kinder ihre Sprachen mischen und ob es zu einer *Interferenz* dieser Sprachen kommt, ist nicht unwesentlich darauf zurückzuführen, wie ähnlich sich diese Sprachen sind (Müller u. a. 2007; Tracy/Gawlitzek 2000).

> ► **Interferenz** *(von lat. interferre: dazwischentragen)*
> Gegenseitige Beeinflussung der unterschiedlichen Regeln zweier Sprachen (Grammatik) beim Bilingualismus. In der momentan gesprochenen Sprache wird eine Entsprechung zu einem Wort der anderen Sprache gesucht oder die grammatische Struktur der anderen übernommen (z. B. engl. „miss" zu deutsch „vermisst" → Kap. 22.1.2).

Je mehr sich zwei Sprachen in ihrer Struktur und ihrem Wortschatz ähneln, desto wahrscheinlicher sind kindliche Mischäußerungen und Interferenzen. Deutliche Unterschiede zwischen den Sprachen erleichtern es einem Kind, den sprachlichen Input aus seiner Umgebung der jeweiligen Sprache zuzuordnen. Zweisprachig aufwachsende Kinder bauen ihre Sprachen in jedem Falle als getrennte Systeme auf, was sich z. B. darin zeigen kann, dass sich eine Sprache schneller entwickeln kann als die andere.

Sprachwahl nach Gesprächspartner, Situation und Thema

Bereits im Alter von drei Jahren sind bilinguale Kinder in der Regel in der Lage, ihre Sprachen in Abhängigkeit von Gesprächspartner, Situation oder Gesprächsthema einzusetzen. Verfügt der Kommunikationspartner des Kindes über Sprachkenntnisse in beiden Sprachen, sind kindliche Mischäußerungen besonders erwartbar und keinesfalls auf mangelnde Sprachkompetenz seitens der Kinder zurückzuführen.

> ► **Code** *(von lat. codex: Baumstamm, Verzeichnis)*
> - Zeichensystem, das Sender und Empfänger gemeinsam zum Zweck der Kommunikation zur Verfügung steht
> - Sprache oder
> - Varietät einer Sprache, z. B. der Dialekt.
>
> ► **Codeswitching**
> Der Wechsel bei bilingualen bzw. multilingualen Sprechern von einer Sprache oder Sprachvarietät in eine andere während einer Unterhaltung oder sogar innerhalb eines Satzes, je nach Erfordernissen der Kommunikationssituation (Bußmann 1990).

Die Annahme, dass Zweisprachige auf Grund von Sprachwechseln halbsprachig (semilingual) seien, d. h. weder die eine noch die andere Sprache gut beherrschten, ist heute überholt. Im Gegenteil zeugt das Mischen von Sprachen von einer hohen Sprachkompetenz bilingualer Sprecher (Poplack 1980, Myers-Scotton 2006, Keim 2007).

Kinder, die mit zwei Erstsprachen parallel aufwachsen, erkennen sehr früh, dass sie es mit unterschiedlichen Systemen zu tun haben, und machen sich auch früh Gedanken darüber, welche Person welche Sprache spricht. (Kielhöfer/Jonekeit 1995, Tracy/Gawlitzek 2000, Keim/Tracy 2007)

Übergangsphänomene

Nicht selten erscheinen in kindlichen Äußerungen Phänomene, die man für eine *Interferenz* (→ oben) zwischen zwei Sprachen des Kindes halten könnte. Dabei kann man sich auch irren, wie das folgende Beispiel zeigt (das in Tracy 2008a illustriert wird): „I eat sometimes candy."

Wenn ein bilinguales Kind, das mit Deutsch und Englisch aufwächst, eine solche Äußerung produziert, würde man möglicherweise annehmen, dass diese auf Grundlage des deutschen Satzbaus unter Verwendung englischer Wörter zustande kommt (Interferenz). Der Satz lässt sich Wort für Wort ins Deutsche übertragen und lautet dann: „Ich esse manchmal Süßigkeiten." Im Englischen ist die gewählte Wortstellung aber nicht korrekt, hier dürfte „sometimes" nicht zwischen „eat" und „candy" stehen. Eine korrekte Formulierung im Englischen wäre: „Sometimes, I eat candy."

Tatsächlich stammt das vorliegende Beispiel von einem monolingualen Kind, das **ausschließlich mit dem Englischen** aufwächst. Es kann sich also nicht um eine gemischte Struktur handeln. Vielmehr liegt bei dieser kindlichen Äußerung ein völlig normales Übergangsphänomen der Sprachentwicklung eines monolingualen englischen Kindes vor.

Arbeitsteilung und Sprachdominanz bei bi- bzw. multilingualen Sprechern

Es ist normal, dass sich bei zweisprachigen Menschen eine ihrer Sprachen schneller entwickelt als die andere. Manchmal unterhalten sich bilinguale Menschen auch lieber in der einen Sprache als in der anderen. Wenn ein Kind mit mehreren Sprachen gleichzeitig aufwächst (doppelter Erstpracherwerb), entwickelt sich der **Wortschatz** nicht unbedingt in allen Sprachen parallel. Ob das Kind die jeweiligen Entsprechungen (z. B. „dog" - „Hund") in den verschiedenen Sprachen aufbaut, hängt davon ab, ob es dem Wortschatz im Alltag begegnen kann.

Eine Unausgewogenheit im Spracherwerb bzw. der Sprachbeherrschung des Kindes ist zudem von der Intensität des Inputs und dem subjektiven **Nutzen einer Sprache** für das Kind abhängig. Sowohl die Sprechfreude als auch das Maß der Sprachkompetenz können bei zwei- bzw. mehrsprachigen Menschen in Abhängigkeit von der Erfahrung sehr variieren. Wie Erwachsene auch, unterhalten sich Kinder manchmal lieber in der einen Sprache als in der anderen. In der Regel erleben sie eine ihrer Sprachen zeitweise oder dauerhaft als dominanter oder differenzierter. Oft wird in diesem Zusammenhang auch von **starker oder schwacher Sprache** gesprochen. Die Dominanz einer Sprache und Präferenz für eine Sprache kann sich jedoch im Laufe des Lebens mit den Lebensumständen ändern.

Facetten der Mehrsprachigkeit und Spracherwerb

Mehrsprachigkeit stellt in Zeiten der Globalisierung und der Migrationsbewegungen in der Welt ein wichtiges Thema dar. Je mehr Sprachen der Einzelne spricht, desto mehr Möglichkeiten besitzt er, sich zu verständigen. In den meisten Ländern der Welt werden mehrere Sprachen gesprochen. In Ländern wie Kanada, Belgien oder der Schweiz gibt es mehrere offiziell anerkannte Sprachen, die sowohl als Amtssprachen als auch im privaten Alltag benutzt werden.

Obwohl auch in Deutschland **frühe Mehrsprachigkeit** präsent ist, existieren in der breiten Öffentlichkeit zu diesem Thema unterschiedliche Meinungen:

- Befürworter von Mehrsprachigkeit sehen Vorteile; sie halten bilinguale Kinder insgesamt für anpassungsfähiger und schreiben ihnen ein größeres Sprachbewusstsein zu
- Kritiker befürchten immer noch, dass bilinguale Kinder überfordert sind (ausführlichere Diskussion der verschiedenen Positionen in Kielhöfer/Jonekeit 1995, Tracy/Gawlitzek 2000).

Eine neue Sprache erwerben – sukzessiver Bilingualismus

> ▶ **Zweitspracherwerb**
> Wird eine neue Sprache für ein Kind erst alltagsrelevant, nachdem es eine erste bereits erworben hat, so spricht man vom Zweitspracherwerb (sukzessiven Bilingualismus) (Rothweiler 1999, Tracy/Gawlitzek 2000).

Findet der regelmäßige Kontakt mit einer neuen Sprache ungefähr im Alter zwischen drei und fünf Jahren statt, stehen die Chancen gut, dass das Kind noch jene Strategien nutzen kann, die auch beim Erstspracherwerb greifen. Man spricht hier vom frühen oder *ungesteuerten Zweitspracherwerb* (→ unten).

Bereits im Schulalter eignen sich Kinder neue Sprachen nicht mehr so mühelos an wie in der frühen Kindheit. Mit zunehmendem Alter nutzen Sprachenlerner andere Strategien, und es spielen andere Faktoren eine Rolle. Wie erfolgreich der Zweitspracherwerb im Einzelfall verläuft, hängt davon ab, wie früh der regelmäßige Kontakt mit der neuen Sprache einsetzt und in welchem Maße angeborene Erwerbsstrategien noch Anwendung finden. Ältere Lerner eignen sich neue Sprachen viel bewusster an und kämpfen dabei nicht selten mit Hemmungen. Allerdings können

Abb. 22.2: In der frühen Kindheit eignen sich Kinder Sprachen am leichtesten an.

sprachliche Teilbereiche, z. B. der Wortschatz oder Regeln der Grammatik, auch in höherem Alter erfolgreich erworben bzw. erlernt werden. Die Auswirkungen des Alters auf den Spracherwerbsprozess sind intensiv untersucht worden und werden sehr kontrovers diskutiert (→ unten).

⊙ Wenn von **Zweitspracherwerb** die Rede ist, ist meistens der natürliche Erwerb einer neuen Umgebungssprache gemeint. Wird eine neue Sprache außerhalb eines gesellschaftlichen und kulturellen Kontexts durch explizite Vermittlung in Form von Unterricht erworben, spricht man vom **Fremdspracherwerb.**

Der frühkindliche Zweitspracherwerb

Setzt der regelmäßige Kontakt mit einer zweiten oder weiteren Sprache um das dritte bis fünfte Lebensjahr ein, so ist es bei ausreichendem und reichhaltigem Sprachangebot sehr wahrscheinlich, dass ein Kind diese neue Sprache sehr erfolgreich erwirbt. Bei den meisten Kindern mit Migrationshintergrund setzt der Erwerb des Deutschen als sogenannter **früher Zweitsprache** mit Beginn des Kitabesuchs ein, also im Alter von ca. zweieinhalb bis drei Jahren. Die Erstsprachen des Kindes stellen dabei keinerlei Hindernis dar.

Ein erfolgreicher früher Zweitspracherwerb setzt nicht voraus, dass das Kind in seiner/n Erstsprache/n ein bestimmtes Erwerbsniveau erreicht hat. Es ist zu erwarten, dass ein Kind, das sich in seiner Erstsprache als selbstbewussten, kompetenten Gesprächspartner erlebt hat, einer weiteren Sprache positiv gegenüber steht. Beim frühen Zweitspracherwerb können Kinder innerhalb von 6 bis 18 Monaten die Grundlagen einer neuen Sprache erwerben (Thoma/Tracy 2006, Rothweiler 2007).

▶ Sprachentrennung
Kinder bauen ihre Sprachen getrennt voneinander auf, unabhängig davon, ob sie mit zwei Sprachen von Geburt an konfrontiert sind oder ob eine zweite Sprache erst später hinzutritt.

Die Unterschiede im Zweitspracherwerbsverlauf von Lernern unterschiedlichen Alters sind zum gegenwärtigen Zeitpunkt noch wenig erforscht. Neuere Studien weisen jedoch nach (Rothweiler 1999, Tracy 2008a), dass frühe Zweitsprachlerner

- Sich noch derselben Erwerbsstrategien bedienen wie einsprachig aufwachsende Kinder
- Dieselben Erwerbsphasen durchlaufen und dass
- Der Zugang zu diesen Erwerbsmechanismen mit zunehmender Reifung des Gehirns erschwert wird (Meisel 2007).

Anders als bei späteren Erwerbstypen verläuft der Erwerb in der frühkindlichen Phase analog dem Erstspracherwerb noch *ungesteuert.*

▶ Ungesteuerter Zweitspracherwerb
Ein Kind erschließt sich die Regeln und Strukturen einer neuen Umgebungssprache eigenständig und ohne explizite Erklärungen.

Wissenschaftlich belegt ist auch, dass schon Kinder im Alter von zwei bis drei Jahren gewisse feine Lautunterschiede weniger gut erkennen können als Babys. Im Zuge der frühen Spezialisierung des menschlichen Gehirns auf die Umgebungssprache, nimmt ein Kind lautliche Differenzen in anderen Sprachen zunehmend schlechter wahr (kategoriale Wahrnehmung) (Dittmann 2006).

Frühe Zweitsprachlerner lassen dieselben Besonderheiten in ihrem Spracherwerbsverhalten erkennen wie beim *doppelten Erstspracherwerb* (→ oben). Auch bei diesen Kindern kommt es zur **Arbeitsteilung** zwischen der Erstsprache und dem Deutschen als früher Zweitsprache, die sie je nach Gesprächsinhalt und Kontext bzw. Gesprächspartner einsetzen.

[BEISPIEL] Kinder mit anderen Herkunftssprachen verwenden, wenn sie zu Hause von Ereignissen im Kindergarten berichten, eher die deutsche Sprache (da sie den Kindergartenalltag in der Verkehrssprache Deutsch erleben), sofern die Eltern sie auf Deutsch verstehen. Geht es um andere Themen, die mit dem Leben der Familie zu tun haben, wechseln sie problemlos in die Familiensprache.

Frühe positive Erfahrungen im Umgang mit sprachlicher Variation fördern das Interesse an Sprache. Im Schulalltag begegnen Kinder neuen Sprachformen und neuen Gebrauchsbedingungen der Standardsprache, die für alle, auch für bis dahin vermeintlich einsprachige Kinder, eine neue Herausforderung darstellen. Die Schule verlangt von Kindern, dass sie lernen, mit Fachwortschatz, unterschiedlichen Stilen, Textsorten und Argumentationsformen umzugehen. Kindertageseinrichtungen können diese Fähigkeiten im Umgang mit Sprache fördern, indem sie vorhandene Sprachkompetenzen in den pädagogischen Alltag mit einbeziehen (→ Beispiel siehe Kap. 22.6).

Sprachen erwerben nach der frühen Kindheit

In der Forschung ist es umstritten, ob die angeborenen Erwerbsstrategien, die den Erstspracherwerb so erfolgreich machen und die offenbar auch noch frühe Zweitsprachlerner nutzen, auch älteren Lernern noch zur Verfügung stehen. Man kann beobachten, dass der Spracherwerb bereits ab dem Schulalter in der Regel nicht mehr so mühelos verläuft wie in der frühen Kindheit.

Wird eine neue Sprache erst **nach der Pubertät** natürlicher Teil der Alltagskommunikation, finden in der Regel bereits jene Erwerbsmechanismen Anwendung, die für erwachsene Sprachenlerner typisch sind. **Erwachsene** gehen den Erwerb neuer Sprachen normalerweise viel bewusster an. Guter Fremdsprachenunterricht sollte Verfahren einsetzen, die den Erwerbsstrategien Erwachsener entgegenkommen. Wenngleich Menschen ein Leben lang neue Sprachen lernen können, gestaltet sich der Erwerb mühsamer, je älter man ist, und ist zudem häufig nicht mehr auf allen Ebenen von Erfolg gekrönt. Der Lernerfolg im Bereich der Aussprache geht dabei in den meisten Fällen zurück, während sich erwachsene Lerner Teilbereiche einer Sprache wie Wortschatz und Regeln der Grammatik bei entsprechender Motivation gut aneignen können. Auch Hemmungen haben Einfluss auf den Erfolg des Spracherwerbs Erwachsener. Oft sind *Fossilisierungen* kaum noch auszumerzen (Klein 2000, Dimroth 2007).

> ► **Fossilisierung**
> Hartnäckige Abweichung von der Zielsprache, charakteristisch z. B. für das sogenannte Gastarbeiterdeutsch.

Man kann zwischen eingeschränkten produktiven Fähigkeiten und dem Sprachverständnis unterscheiden. Zweitsprachlern mit **eingeschränkten Sprachkenntnissen** kann nicht zwangsläufig eine mangelnde Integrationsbereitschaft nachgesagt werden. Doch werden Eltern mit Migrationshintergrund bei unzureichenden Kenntnissen der Zweitsprache kaum in der Lage sein, ihren Kindern in dieser Sprache das Angebot (Input) anzubieten, das sie brauchen. Sie können für ihre Kinder dennoch ein wichtiges Vorbild sein, indem sie ihr Kind auf andere Art unterstützen. Wenn sich Eltern selbst bemühen, die Umgebungssprache als Zweitsprache zu erlernen, und ihrem Kind damit Offenheit gegenüber einer neuen Sprachwelt signalisieren, leisten sie einen wertvollen Beitrag zu einem erfolgreichen Zweitspracherwerb ihres Kindes. Die Aufgabe, Kindern, deren Eltern das Deutsche nur rudimentär beherrschen, den für den Zweitspracherwerb nötigen Input anzubieten, fällt damit Erzieherinnen und Lehrerinnen als pädagogisch arbeitenden *kompetenten Sprecherinnen* (→ Kap. 22.1.2) des Deutschen zu.

Abb. 22.3: Erwachsene gehen den Erwerb neuer Sprachen bewusster an als Kinder.

Sprachvarietäten

Echte Einsprachigkeit gibt es eigentlich nicht, da Menschen in der Regel über verschiedene Varietäten und Stilebenen einer Sprache (Codes) verfügen und zwischen diesen wechseln können (*Codeswitching* → Kap. 22.2.3). Je nach Situation und Gesprächspartner wählen Sprecher ihre Sprachen, z. B.

- die Standardsprache
- die Umgangssprache
- den Dialekt
- die Jugendsprache oder
- die Schriftsprache.

Jeder Mensch verfügt also neben der **Standardsprache** über mehrere Varietäten, z. B. die **Umgangssprache** oder regionale und soziale Varietäten seiner Erstsprache(n). Dass er allerdings alle Varietäten gleichermaßen beherrscht, ist unwahrscheinlich und hängt von der individuellen Erfahrung und Sozialisation ab. Der bekannte selbstironische Werbeslogan des Landes Baden-Württemberg „Wir können alles außer Hochdeutsch" spielt darauf an, dass viele Menschen ihren **Dialekt,** die regionale Varietät, klar von der Standardsprache abgrenzen und diesen nicht selten als eine frühe „Zweitsprache" empfinden. Tatsächlich unterscheiden sich Dialekte oft erheblich von der Standardsprache, deutlich hörbar in der Aussprache und Sprachmelodie, im Wortschatz, der Bildung von Wörtern bis hin zum Satzbau. Mit Hilfe des zitierten Slogans wurde auf das emotionale Moment gezielt: Dialekt ist Teil der Identität und macht menschlich. **Jugendsprache** (→ Kap. 22.2.4) ist eine soziale Varietät des Deutschen, die von einer Gruppe bestimmten Alters (Peergroup → Kap. 10.3.6) insbesondere in der mündlichen Kommunikation genutzt wird. Es handelt sich um eine Form von Code oder gruppenspezifischem Sprachstil. Die **Schriftsprache** erwerben Kinder in der Schule (*Literacy* → Kap. 15).

Jugendsprache → Kap. 22.2.4,
Sprachkompetenz in der Schule → Kap. 22.2.2

22.1.2 Der kindliche Spracherwerb – mit System ans Ziel

Ein erfolgreicher Erst- oder früher Zweitspracherwerb ist das Ergebnis einer unbewussten und dabei akribischen kindlichen Detektivarbeit. In seiner sprachlichen Umwelt stößt ein Kind auf eine Fülle von Indizien, die es dank seiner angeborenen Fähigkeit, beliebige Sprachen zu erwerben, intuitiv erkennt und anhand derer es sich eine Sprache in der Regel unbewusst und erfolgreich erschließt (Tracy 2008a).

Es ist natürlich, dass Kinder einige sprachliche Teilbereiche früher erwerben als andere. Diejenigen Bereiche, an denen ein Kind noch arbeitet, machen sich durch hörbare Abweichungen von der Zielsprache bemerkbar. „Fehler" nimmt das ungeschulte Ohr in der Regel besser wahr als jene Bereiche einer Sprache, die ein Kind bereits gut beherrscht. Um falsche Regelbildungen ausschließen zu können, benötigt ein Kind – neben Zeit – einen ausreichenden und reichhaltigen „sprachlichen Input". Will man diesen liefern, ist es wichtig zu wissen, wie man Kindern ein gutes *Sprachvorbild* (→ Kap. 22.3.2) ist und in welcher Weise man sein eigenes Sprachangebot optimieren kann.

> ⊙ Jeder *kompetente Sprecher* einer Sprache besitzt intuitive, d. h. implizite Kenntnisse dieser Sprache und kann sie anwenden.

Eine bewusste Wahrnehmung sprachlicher Eigenschaften und ein reflektierter Einsatz der Sprache sind eine wichtige Voraussetzung für eine erfolgreiche und gezielte *Sprachförderung* (→ Kap. 22.5.1). Um den Spracherwerb eines Kindes gezielt unterstützen zu können, ist es zunächst erforderlich zu wissen, welche sprachlichen Bereiche ein Kind erwirbt und wie sich der Spracherwerb vollzieht. Nur so lässt sich erkennen, welche sprachlichen Fähigkeiten bereits vorhanden sind (Kompetenzorientierung) und wie das Sprachangebot im Hinblick auf erwartbare Entwicklungsschritte im Einzelfall beschaffen sein muss.

Was sich Kinder beim Spracherwerb aneignen

Sprache ist ein komplexes System, das auf verschiedenen Strukturebenen erworben wird. Erst das Zusammenspiel dieser Ebenen ermöglicht komplexe sprachliche Äußerungen. Es können folgende Ebenen unterschieden werden:

- Laute (Phonologie)
- Wortbildung und Beugung der Wörter (Morphologie)
- Bedeutung (Semantik)
- Satzbau (Syntax)
- Regelung von Gebrauchsbedingungen einer Sprache (Pragmatik).

Die Lautebene (Phonologie)

Im Falle eines erfolgreichen Spracherwerbs verfügt ein Lerner über intuitives Wissen auf der Lautebene:

- Lautinventar
- Lautkombination
- Silbenstruktur und
- Betonungsmuster.

Die Ebene der Phonologie gibt zum einen das **Lautinventar** einer Sprache vor. Jede Einzelsprache verfügt über eine begrenzte Anzahl an Lauten. Die Laute können sich von Sprache zu Sprache teilweise erheblich unterscheiden. Manche afrikanische Sprachen benutzen z. B. Klicklaute, die durch ein Schnalzen hervorgerufen werden. Sprachen wie das Deutsche und das Englische z. B. weisen deutliche Unterschiede in ihrem Lautrepertoire auf. So wird im Deutschen eher als Lispeln wahrgenommen, was im Englischen den [th]-Lauten entspricht (Tracy/Lemke 2009, S. 52). Im Deutschen kann alleine die Unterscheidung zwischen kurzen und langen Selbstlauten (Vokalen) unterschiedliche Wortbedeutungen zur Folge haben. So ist eine Höhle, gesprochen mit einem langen [ö:], etwas anderes als die Hölle, in der der Laut [ö] kürzer klingt (→ zum Verhältnis Laut – Buchstabe siehe Kap. 15).

Welche **Lautkombinationen** an welcher Stelle im Wort oder in der Silbe vorkommen dürfen, kann sich von Sprache zu Sprache sehr unterscheiden. Es gibt Sprachen, die wie das Italienische reich sind an Vokalen, und Sprachen wie das Tschechische, für das Konsonantenhäufungen charakteristisch sind. Auch das Deutsche lässt bestimmte Konsonantenverbindungen nur in bestimmten Positionen zu, z. B. eine Aneinanderreihung der Laute [f] und [t] im Wortauslaut von „Kraft", im Wortanlaut kommen sie dagegen nicht vor.

Die **Silbenstruktur** des Deutschen stellt Zweitsprachlerner je nach Erstsprache u. U. vor eine erhebliche Herausforderung. Es gibt Sprachen, die Silben nach anderen Regeln bilden.

Schließlich gilt es, die rhythmischen und melodischen Eigenschaften einer Sprache zu erwerben, d. h. die **Betonungsmuster** und die **Melodie** von Wörtern und Sätzen. Im Deutschen sind zweisilbige Wörter in der Regel auf der ersten Silbe betont, z. B. im Hauptwort (Nomen) „Nase", „Junge", oder „Mädchen", im Eigenschaftswort (Adjektiv) „leise" oder im Tun-Wort (Verb) „laufen". Die Wahrnehmung der rhythmischen und melodischen Eigenschaften einer Sprache ist Voraussetzung für die Erkennung von Wort- und Satzgrenzen. Die Intonation von Sätzen hängt von der Satzart und dem konkreten Kontext ab (→ Pragmatik).

Die Ebene der Wortbildung und Beugung der Wörter (Morphologie)

Wörter werden nach den Regeln der Morphologie (Formen- und Wortbildung) einer Sprache gebildet. Viele treten je nach Gebrauchskontext in unterschiedlichen Formen auf. Davon ausgenommen ist die Gruppe der unveränderlichen Wörter, der beispielsweise Präpositionen wie „neben" oder Adverbien wie „hier" und „da" angehören. Nomen wie „Haus" und „Gefühl" oder Verben wie „gehen" und „sitzen" nehmen im Satz verschiedene Formen an. „Haus" kann z. B. zu „Häuser" werden, und „gehen" nimmt in Abhängigkeit vom Subjekt Formen wie „gehe" oder „geht" an.

Im Laufe des Spracherwerbs erschließen sich Kinder eine Vielzahl von **Regeln, mit Hilfe derer sie Formen bilden können,** darunter:

- Die Beugung (Flexion) von Verben
- Die Regeln der Mehrzahlbildung (Plural)
- Die Regeln der Anpassung der Begleiter (Artikel) in Abhängigkeit vom jeweiligen Hauptwort (Nomen)

Daneben erwerben Kinder die **Gesetzmäßigkeiten der Wortbildung.**

[BEISPIEL] Kindliche Äußerungen wie „Der hat mich gezungt!" lassen erkennen, dass ein Kind schon begriffen hat, wie es aus einem Nomen, in diesem Falle „Zunge", durch bloßes Anhängen eines -(e)n ein Verb, hier „zungen", bilden kann. Was auf den ersten Blick als Fehler erscheint, entpuppt sich bei näherem Hinsehen als gekonnte Regelanwendung. Auch ein Nomen wie „Schaukel" wird auf gleiche Weise zum Verb „schaukeln" wie „Schaufel" zu „schaufeln". Im vorliegenden Kontext ist offenbar in etwa davon die Rede, dass ein Kind einem anderen die Zunge herausgestreckt hat. Um diese Regel für das Nomen „Zunge" ausschließen zu können, muss das Kind herausfinden, dass andere Formulierungsmöglichkeiten existieren, z. B. „jemandem die Zunge herausstrecken".

Weitere **Wortbildungselemente** sind Nachsilben (Suffixe) wie -chen (Blume – Blümchen), -ung (heizen – Heizung), -ig (Hunger – hungrig), -lich (Freund – freundlich) oder Vorsilben (Präfixe) wie ab- (abmachen), be- (bekleben). Mit Hilfe dieser und anderer morphologischer Bausteine, den so genannten Morphemen, werden aus Wörtern neue Wörter gebildet. Dabei kann sich die Wortart ändern, z. B. kann aus dem Nomen „Durst" das Adjektiv „durstig" gebildet werden.

► **Morphem**
Kleinste bedeutungstragende Einheit im System einer Sprache.

Die Ebene der Bedeutung (Semantik)

Kinder erschließen sich im Laufe des Spracherwerbs die Bedeutung neuer Wörter und ganzer Sätze anhand konkreter Kontexte. Dabei erkennen sie auch, dass manche Wörter und Sätze mehrdeutig sein können. So kann ein Kind schon früh die Begegnung mit einer Maus machen, die nicht zwangsläufig ein Tier ist, sondern ein technisches Gerät, mit dem man einen Computer bedient. Und wenn von „Mäusen" die Rede ist, kann es gar um Geld gehen („Haste mal n' paar Mäuse?"). Umgekehrt muss ein Kind erfahren, dass eine Maus in der Einzahl keinesfalls mit Geld in Zusammenhang zu bringen ist.

Kinder entwickeln sehr früh ein Gespür dafür, welche Wörter in einem Satz zusammen Sinn ergeben. Auch dieses Wissen erschließen sie sich aus der Begegnung mit Wörtern und Sätzen in konkreten Gebrauchssituationen. Sie machen sich bereits gewonnenes **Weltwissen** (→ Kap. 15.1.2) zunutze und gleichen dies mit ihrem **Sprachwissen** ab.

Auch wenn in dem Satz „Der Besen stellte sich in die Ecke" alle Wörter an der richtigen Stelle stehen und die Wortformen zusammenpassen, empfindet ein *kompetenter Sprecher* (→ Kap. 22.1.2), d. h. ein Sprecher, der die Regeln seiner Sprache kennt und anwenden kann, einen inhaltlichen Widerspruch: Er weiß, dass sich ein Besen als ein lebloser Gegenstand nicht selbst bewegen kann, es sei denn der Kontext wäre ein Märchen oder eine Phantasiegeschichte wie „Harry Potter".

Abb. 22.4: Kinder müssen u. a. lernen, dass manche Wörter mehrdeutig sind. Wortbedeutungen erschließen sich aus dem Kontext.

⊙ Durch Märchen werden Lerner dazu angeregt, sich bewusst mit Widersprüchen auseinanderzusetzen. In diesem Sinn stellen Märchen und andere irreale Geschichten auch eine sprachliche Herausforderung dar: Die Kinder müssen ihr Bedeutungswissen und ihr Weltwissen in Einklang bringen (→ Kap. 15).

Die Ebene des Satzbaus (Syntax)

Um aus Wörtern und Wortkombinationen Sätze bauen zu können, müssen Kinder die Regeln des Satzbaus erwerben. Die Syntax gibt die Baupläne verschiedener Satzarten vor. An der Bildung von Sätzen sind gleichzeitig die Regeln der Morphologie (Wortbildung) beteiligt. Während die Regeln des Satzbaus die Position der Satzelemente, d. h. die Wortstellung bestimmen, sorgen die Regeln der Morphologie dafür, dass Wörter, die im Verbund auftreten, in ihrer Form zueinander passen.

[BEISPIEL] In einem Satz, der aus den Wörtern „ich" „gehen", „in" und „der Kindergarten" gebildet wird, passt sich das Verb „gehen" dem „ich" an, indem es zu „gehe" gebeugt wird, und das „der" vor „Kindergarten" wird in Übereinstimmung mit der Präposition „in" zu „den". Der Satz lautet dann: „Ich gehe in den Kindergarten".

Bei der Beobachtung kindlicher Äußerungen erleichtern Grundkenntnisse im Bereich der Syntax die Wahrnehmung und Dokumentation von Sprachfortschritten in erheblichem Maße.

Was Sprecher meinen (Pragmatik)

In konkreten Kontexten unterliegen sprachliche Äußerungen bestimmten Gebrauchsbedingungen.

So kann ein und dieselbe Äußerung in verschiedenen Situationen unterschiedliche Botschaften transportieren bzw. unterschiedlich interpretiert werden. Die Aussage

„Ich kenne da jemanden, der das auch macht" kann sich im wörtlichen Sinne auf eine dritte Person beziehen, ebenso kann der Sprecher mit „jemanden, der" sich selbst meinen oder auch seinen Gesprächspartner, verbunden mit einem subtilen Hinweis wie einem implizierten „Du machst es doch auch so!".

Pragmatisches Wissen

- Ist erforderlich, um Mehrdeutigkeiten zu erkennen und die Bedeutung anhand des konkreten Kontextes zu erschließen
- Ermöglicht schließlich ein Spielen mit unterschiedlichen Interpretationsmöglichkeiten, z. B. im Fall von Ironie.

Einerseits gibt uns unser pragmatisches Wissen auch ein Gespür dafür, in welchen Kontexten es ausreicht, auf Fragen in Satzfragmenten zu antworten anstelle in vollständigen Sätzen. **Satzfragmente** finden sich im pädagogischen Alltag auch vielfach in der Funktion von Aufforderungen wie „Alle mal zuhören!". Satzfragmente sind natürlich in gewissen Kontexten völlig angemessen, z. B. bei Antworten auf Fragen. Andererseits ist es sehr wichtig, dass ein Kind in seinem sprachlichen Angebot auch vollständige Sätze hört (→ siehe Kap. 22.3).

Bestimmte Satzarten können mit unterschiedlichen Funktionen auftreten. So ist ein Satz wie „Du hast dir schon etwas genommen" in Abhängigkeit von der **Satzmelodie** als Frage (Satzmelodie steigend: ?) oder als Aussage (Satzmelodie fallend: .) zu verstehen. Doch was wie eine Aussage aussieht, kann auch eine Aufforderung sein. Dieses Prinzip durchschauen schon Kinder, wenn sie einer Erzieherin ihren Fuß hinhalten und dabei mit der vordergründigen Feststellung „Mein Schuh ist auf" die Aufforderung verbinden, sie solle ihnen den Schuh zubinden. In welchen Kontexten Sätze in welcher Funktion verwendet werden können, ist pragmatisches Wissen.

Auch eine angemessene Verwendung von **Höflichkeitsformen** verlangt pragmatisches Wissen. Es gilt beispielsweise im Deutschen zu differenzieren zwischen der Anrede mit „du" und „Sie" und zu entscheiden, in welchen Situationen „bitte" bzw. „danke" angebracht sind.

Pragmatische Intuition ist in besonderem Maße im Gespräch mit Erwachsenen und Kindern gefragt, deren Sprachkenntnisse (noch) gering sind. Ein wechselseitiges Verständnis ist zwar umso wahrscheinlicher, je größer die sprachlichen Kompetenzen beider Gesprächspartner sind, dennoch kann Kommunikation auch mit einfachen formalen Sprachmitteln gelingen, z. B. unter zusätzlichem Einsatz von Gestik und Mimik. Kooperative Gesprächspartner sind bereit zu raten, was ein anderer wohl in einer bestimmten Situation zum Ausdruck bringen möchte (→ Kap. 15).

In jedem Falle verlangt unser pragmatisches Wissen, dass wir durch Reaktionen die **Kommunikation** (→ Kap. 10.4) aufrechterhalten, selbst wenn wir nicht sicher sind, ob wir unser Gegenüber recht verstanden haben. Bleiben gewohnte verbale Reaktionen aus, z. B. ein bestätigendes „hmhm" gerade in der Kommunikation ohne Blickkontakt wie am Telefon, wird sich ein Sprecher vergewissern, ob der Kommunikationskanal noch (be)steht. In jedem Fall ist das Feedback des Gesprächspartners und ein gemeinsamer Aufmerksamkeitsfokus wichtig für die Aufrechterhaltung der Kommunikation und helfen einem Kind, seine Sprachkompetenz auszubauen.

Sprachliche Äußerungen entstehen durch die Integration aller dieser Ebenen einer Sprache. Ein Kind muss lernen, wie sie in Einklang gebracht werden können. Dies ist z. B. nicht geglückt, wenn ein Kind einen korrekten Satz bildet, die einzelnen Wörter aber falsch oder unverständlich ausspricht. Im Extremfall kommt es vor, dass Erzieherinnen, Eltern und auch Ärzte kindliche Sätze auf Grund von Lautbildungsproblemen nicht als richtige Sätze wahrnehmen und dem Kind daher unterstellen, dass es auch in anderen Bereichen der Sprache ein Problem hat. Durchbricht ein Sprecher die Harmonie der Ebenen bewusst, bezweckt er einen besonderen Effekt. Nicht ohne Grund prägen sich uns Sätze ein wie „Da werden Sie geholfen" oder, humoristisch angehaucht, „Vielen Dank für die Mühe, die ich ihnen gemacht habe" anstelle von „Vielen Dank für Ihre Bemühungen".

Wie Kinder Sprache erwerben

Jedes normal entwickelte Kind erschließt sich die Grundstrukturen seiner Erst- und frühen Zweitsprachen systematisch und zielstrebig (Tracy/Lemke 2009). Nach und nach erkennt es intuitiv die Regeln einer Sprache und benötigt dazu keine expliziten Erklärungen. Unabhängig von Kultur und sozialer Schicht erwerben normal intelligente Kinder die **Grundlagen ihrer Erstsprachen** bis zum Alter von drei bis vier Jahren. Die **Grundstrukturen einer** frühen **Zweitsprache** können sie sich bereits im Laufe von 6 bis 18 Monaten vom ersten regelmäßigen Sprachkontakt an aneignen. Was Kinder in ihrer Umgebung für einen er-

Abb. 22.5: Die Grundstrukturen der Erst- und frühen Zweitsprache(n) werden systematisch, zielstrebig und intuitiv erworben.

folgreichen Spracherwerb grundlegend benötigen, ist ein vielfältiges und authentisches Sprachangebot (Schulz 2007).

Im Folgenden werden beschrieben:

- Der Zugang zur Sprache über Rhythmus und Melodie
- Wie Kinder Wörter erkennen
- Übergangserscheinungen beim Erwerb von Wörtern
- Erwerb des Satzbaus
- Grammatische Formen
- Wortschatzerwerb.

Zugang zur Sprache über Rhythmus und Melodie

Ab dem Alter von sechs Monaten produzieren Babys bereits Lalllaute und Lallsilben. Mit etwa zwölf Monaten produzieren sie erste Wörter und ab ca. 18 Monaten Wortverbindungen. Im Alter von zwei bis drei Jahren sprechen Kinder in der Regel erste Sätze.

Um dies meistern zu können, müssen Kinder beim Spracherwerb zunächst Äußerungen ihrer Gesprächspartner in ihre Bestandteile zerlegen. Dabei lassen sie sich von Betonungsmustern und Sprachmelodie leiten. Die Gewöhnung an die rhythmisch-melodischen Eigenschaften einer Sprache setzt bereits im Mutterleib ein.

Wörter erkennen

Mit Hilfe von Betonungsmustern in ihrem sprachlichen Umfeld versuchen Kinder, Wortgrenzen und Wörter zu identifizieren. Bereits im Laufe des ersten Lebensjahres wissen sie, dass zweisilbige deutsche Wörter in der Regel auf der ersten Silbe betont werden (Lautebene/Phonologie → oben). Eine stark betonte Silbe deuten sie daher als den Beginn eines neuen Wortes.

Übergangserscheinungen beim Erwerb von Wörtern

Kinder segmentieren oft Einheiten aus dem sprachlichen Angebot ihrer Umwelt (dem Input) heraus, die zu klein sind oder zu groß. Bei dieser Strategie kommt es zu

- Formelhaften Ausdrücken
- Auslassung von Silben
- Auslassung und Ersetzung bestimmter Laute.

Außerdem müssen Kinder lernen, Wörter richtig zu interpretieren. Die frühen Worterkennungsstrategien führen dazu, dass Kinder anfangs auch benachbarte Wörter zu einem Wort gruppieren, welches sie zunächst als sogenannten **formelhaften Ausdruck** in ihren Wortschatz aufnehmen, z. B. „gehtich". Um diesen „knacken" zu können, benötigen Kinder weitere Anhaltspunkte. Dass sich Formeln in Wörter zerlegen lassen, wie „gehtich" in „geht" und „nicht", erkennen Kinder allmählich durch den Vergleich mit anderen Äußerungen im sprachlichen Angebot ihrer Umgebung (Input). Begegnet ein Kind dem Wort „geht" in unterschiedlichen Wortkombinationen, z. B. in „geht gut" oder „geht doch", wird es bald erkennen, dass das vermeintliche Wort „gehtich" aus zwei Wörtern besteht (Tracy 2008a).

> ⊙ **Formelhafte Ausdrücke** sind ein natürliches Übergangsphänomen bei allen Typen des Spracherwerbs.

Als weiteres Übergangsphänomen tritt häufig eine systematische Vereinfachung der Silbenstruktur früher Wörter durch die **Auslassung von Silben** auf. Dabei lassen Kinder gerne unbetonte Silben aus und vereinfachen z. B. das Nomen „Banane" zu [Náne].

Durch systematische **Auslassung und Ersetzung bestimmter Laute** vereinfachen Kinder Konsonantenverbindungen, die sie noch nicht aussprechen können. Das Wort „Knie" wird beispielsweise zu [nie], „spielen" zu [pielen], „Tisch" zu [Tis] oder „schnell" zu [tell].

> ⊙ Bei Zweifeln, ob auftretende Lautabweichungen noch als altersgerecht gelten oder Anzeichen einer ernstzunehmenden Spracherwerbsstörung (→ Kap. 22.1.3) sein können, sollte in jedem Falle fachkundiger Rat hinzugezogen werden, z. B. der einer Logopädin. Einen sehr umfassenden und gut strukturierten Überblick über natürliche Lautabweichungen in der Sprachentwicklung bietet neben zahlreichen Anregungen und Literaturverweisen der Internetauftritt des Deutschen Bundesverbandes für Logopädie e. V. unter www.dbl-ev.de.

Kinder erschließen sich die Bedeutung von Wörtern und Sätzen sukzessiv. Hierzu benötigen sie konkrete Gebrauchssituationen, denen sie Bedeutungen entnehmen und anhand derer sie Bedeutungen ausbauen. Im Laufe dieses Prozesses lassen kindliche Interpretationen bzw. Äußerungen erkennen, wo Bedeutungen noch unvollständig erschlossen sind. Dann kommt es zur **Fehlinterpretation von Wörtern und Sätzen.**

[BEISPIEL] Fordert eine Erzieherin die Kinder auf, „sich vorzustellen", in der Erwartung, dass jedes Kind seinen Namen nennt, kann es passieren, dass die Kinder stattdessen ein Stück vortreten. In dieser Situation haben sie die Gelegenheit zu erfahren, welche weitere Bedeutung der ihnen bekannte Ausdruck „sich vorstellen" haben kann.

Um Äußerungen angemessen interpretieren zu können, müssen Kinder auch lernen, Satzzusammenhänge zu erschließen. Dies fällt nicht unbedingt leicht, wenn inhaltliche Bezüge zwischen Elementen benachbarter Sätze (Kohäsion → Kap. 15.1.2) mehrdeutig sind, wie das folgende Beispiel zeigt.

[BEISPIEL] „Das Mädchen hat heute ein Kleid an. Es ist sehr schön." Ein Kind, das bereits erkannt hat, dass sowohl das Wort „Mädchen" sächlichen Geschlechts ist als auch das Wort „Kleid", wird sich in dieser Situation mit gutem Grund fragen, worauf sich das „es" im zweiten Satz bezieht, ob das Mädchen gemeint ist oder das Kleid, das das Mädchen trägt. Um Missverständnisse auszuschließen, muss ein erwachsener *kompetenter Sprecher* (→ Kap. 22.1.2) z. B. „es" durch „letzteres" ersetzen, dies geschieht aber oft nur in der Schriftsprache.

Der Wortschatzerwerb

Ein Mensch baut im Laufe seines Lebens einen Wortschatz von beachtlichem Umfang auf, sein sogenanntes **mentales Lexikon**. Nur einen kleinen Teil davon, rund 20.000 bis 50.000 Wörter, nutzt er aktiv (vgl. Meibauer/Rothweiler 1999, S. 9, Aitchison 1994).

Jedes Wort ist durch vielfältige Verknüpfungen mit anderen Wortformen und Bedeutungen vernetzt. **Versprecher,** bei denen Wörter oder Laute vertauscht werden, zeugen vom blitzschnellen Zugriff auf einen eng vernetzten Wörterpool. Sagt jemand beispielsweise „links" statt „rechts", offenbart sich eine Verknüpfung über eine Gegensatzbeziehung zweier Wörter, tritt „Tasche" an die Stelle von „Tasse", liegt dies an einer engen Verbindung dieser beiden Wörter auf Grund ihrer ähnlichen Lautstruktur. Sprecher vertauschen Wörter in Folge von Ähnlichkeiten in Bedeutung oder Lautgestalt auch sprachenübergreifend (*Interferenz* → Kap. 22.1.1), z. B. wenn aus „verpasst" unter dem Einfluss von Englisch „miss" das deutsche Wort „vermisst" wird (Tracy 2009) – ein deutscher Zuwanderer in die USA könnte also sagen: „Ich habe den Zug vermisst."

Im Folgenden werden einige **Mechanismen** beschrieben, die wichtig sind für:

- Den Erwerb des Wortschatzes im Allgemeinen
- Bildung von Oberbegriffen
- Besondere Relevanz von Verben
- Den Erwerb von Wortklassen.

Nachdem Kinder um das 1. Lebensjahr herum bereits erste Wörter produzieren, bauen sie im Alter von etwa anderthalb bis zwei Jahren in rasantem Tempo neuen Wortschatz auf. Sie sind sehr schnell dazu in der Lage, ein vorläufiges Verständnis neuer Wörter zu gewinnen. Man spricht hier vom *Fast Mapping*, und deshalb auch vom Wortschatzspurt (Meibauer/Rothweiler 1999).

> ► **Fast Mapping**
> Fähigkeit, neue Wörter aus dem Kontext zu verstehen, auch wenn man die vollständige Bedeutung noch nicht kennt. Fast Mapping bezeichnet den Prozess der schnellen Verknüpfung einer neuen Wortform mit einem Konzept.

Kinder **erwerben neue Wörter** in mehreren Schritten. Angenommen, ein Kind begegnet in einer konkreten Situation einer Maus (als Tier oder Stofftier) und hört dabei erstmalig die Wortform [Maus]. Wenn dieses Wort innerhalb einer längeren Äußerung auftritt, so muss das Kind diese einzelne Wortform zunächst aus dem gesamten Schallstrom herauslösen, z. B. aus der Äußerung „Guck mal, da läuft eine **Maus.**" In einem weiteren Schritt gilt es, eine erste grobe Zuordnung zwischen dem unbekannten Wort (als einer isolierten Lautform) und einem Konzept (als einer hinter diesem Wort stehenden Bedeutung) herzustellen (→ Kap. 22.2.1).

Das Wort „Maus" ist im konkreten Beispiel als ein Tier zu verstehen, das vier Beine sowie einen Schwanz und Fell besitzt. In einem anderen Kontext könnte das Wort „Maus" im Deutschen auch auf eine Computermaus hinweisen (→ Kap. 22.1.2). Kinder müssen neue Wörter nicht oft hören, um sie zu erwerben.

[BEISPIEL] Fast Mapping als Prozess der schnellen Zuordnung eines neuen Wortes zu einem Konzept wurde erstmals von Susan Carey und Elsa Bartlett (1978) untersucht. Die Entwicklungspsychologinnen brachten in einem Kindergarten dreijährigen Kindern das Kunstwort „chromium" für die Farbe Olivgrün bei, welches die Kinder nicht kannten. Die Kinder wurden danach ganz beiläufig aufgefordert, nicht das blaue, sondern das chromiumfarbene Tablett zu bringen. Eine Woche darauf wussten die Kinder, dass es sich bei diesem Wort um eine Farbe handelte. Allerdings konnten sich nur noch wenige Kinder daran erinnern, dass es sich um die Farbe Olivgrün handelte. Das einmalige Einführen dieses Wortes hat also ausgereicht, damit die Kinder etwas über dieses Wort lernten, ohne dass damit die Gesamtbedeutung verfügbar war.

Kinder **erschließen sich Wortbedeutungen** mit Hilfe möglicher Referenten oder Bezugsobjekte in konkreten Situationen. Indem sie die gleichen Wörter in unterschiedlichen Kontexten (Zusammenhängen) wiederholt hören, bauen sie Bedeutungen aus bzw. revidieren (korrigieren) diese, wo nötig. So erweitert sich die Bedeutung des Wortes „Maus", wenn Kinder erfahren können, in welchen Erscheinungs- und Verhaltensmerkmalen sich eine Maus von anderen Vierbeinern unterscheidet (→ Tab. 22.1). Eine Maus ist klein und flink, hat einen längeren Schwanz als ein Hamster und ist deutlich kleiner als eine Ratte. Nicht alles, was Kinder mit der Zeit über Mäuse erfahren, wird Teil der Wortbedeutung. Es ist dann eher dem Weltwissen zuzuordnen, was Mäuse gerne fressen, wie alt sie werden und wo sie leben.

Physische Merkmale	Verhaltensmerkmale
hat vier Beine	ist flink
hat Fell	piepst
hat einen Schwanz, eine spitze Nase …	

Tab. 22.1: Eigenschaften einer Maus.

> ⊙ Unterschiede und Ähnlichkeiten zwischen Objekten und Ereignissen, über die Erwachsene sprechen, helfen Kindern, Wortbedeutungen zu differenzieren und miteinander in Beziehung zu setzen.

Bei der **Zuordnung von Wörtern zu Objekten** und zu inneren Zuständen bedienen sich Kinder unterschiedlicher Informationsquellen, die Hinweise auf die Bedeutung von Wörtern geben:

- *Sozial-kommunikative Informationsquellen* sind z. B.:
  - Blickrichtung von Gesprächspartnern

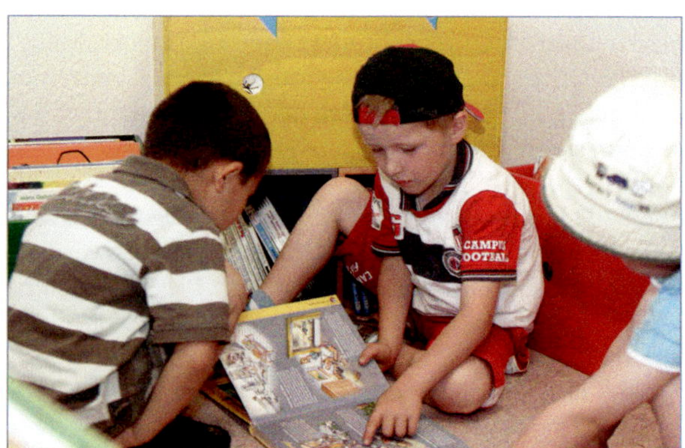

Abb. 22.6: Der Wortschatzerwerb hängt eng zusammen mit dem Erwerb von Weltwissen.

- Mimik, Gestik
- Begleitende Gesten (Zeigen)

- *Formal-sprachliche Informationen* sind z. B.:
  - Die Wortart
  - Die Flexion
  - Der Satzbau
  - Die Intonation

Kinder werden beim Wörterlernen von bestimmten **Vorannahmen** geleitet, die sie dazu veranlassen, zunächst nur ganz bestimme Bedeutungsmöglichkeiten in Erwägung zu ziehen. Bei diesen Vorannahmen gehen Kinder einerseits von einer Ganzheitsannahme (whole object constraint) und andererseits von einer Taxonomieannahme (taxonomy constraint) aus.

▶ **Ganzheitsannahme (whole object constraint)**
Wenn Kinder neue Wörter hören, vermuten sie klugerweise, dass diese sich auf ganze Objekte beziehen und nicht auf bestimmte Eigenschaften oder auf Teile des Objekts. Auf diese Art und Weise werden mögliche Verknüpfungen von Wörtern und von dem, worauf sie sich beziehen, stark eingeschränkt.

▶ **Taxonomieannahme (taxonomy constraint)** *(von griech. táxis: das (An)ordnen, und -nomia: verwaltend)*
Kategoriale Verbindung von Wörtern und Objekten. Kinder nehmen an, dass Wörter Klassen von ähnlichen Dingen bezeichnen. Somit sind Kinder in der Lage, die Wortbedeutung auf weitere Objekte zu erweitern: Wer eine Rose als „Blume" bezeichnen kann, greift bei der Aufforderung „Gib mir doch mal die Blume!" nach einer Nelke oder einer Sonnenblume, nicht aber nach einem Hammer oder einem Salzstreuer.

Ähnlichkeiten und Gemeinsamkeiten zwischen Wortbedeutungen derselben Abstraktionsebene helfen Kindern, **Bedeutungsklassen** zu bilden und Wörter einem bestimmten **Oberbegriff** zuzuordnen (→ Tab. 22.2).

Die Bedeutung einzelner Wörter entsteht unter dem Einfluss persönlicher Erfahrungen und kulturellen Verständnisses. Im Zuge des Worterwerbs begegnen Kinder einem neuen Wort, z. B. „Maus", zudem in unterschiedlichen Varianten, die sie mit der Grundform „Maus" in Verbindung bringen müssen, „(die) Mäuse", „(den) Mäusen".

Nicht alle Wörter tragen Bedeutungen, die sich leicht durch konkrete Anschauung und direkte Sinneserfahrungen erschließen bzw. vermitteln lassen, z. B. wenn es um abstrakte Zustände („lieben") und Nomen („Freude") oder komplexe Prozesse („helfen") geht. Bei Wörtern wie „ich" und „du", „hier" und „dort" oder „vor" und „hinter" hängt die Bedeutung von der Perspektive des Sprechers ab.

Kinder **erwerben Verben** (Tunwörter, Zustandswörter) wie Nomen schon früh, obwohl diese in ihrer Bedeutung sehr komplex sind. Sie verfügen in der Regel sehr bald über ein grundlegendes Verblexikon, das ihnen wesentlich dabei hilft, sich Sätze zu erschließen.

Kinder begreifen beispielsweise sehr schnell, dass „geben" einen Prozess beschreibt, bei dem eine Person (wer?) einer anderen (wem?) einen Gegenstand (was?) überreicht. Im Verlauf des Spracherwerbs lernen Kinder, dass mit Hilfe von Verben typischerweise **Zustände** („lieben", „glauben", „wissen") **und Ereignisse** unterschiedlicher Art ausgedrückt werden, z. B. solche, die eine gewisse Zeitspanne in Anspruch nehmen („rennen", „weinen", „fegen") und solche, die zu einem bestimmten Zeitpunkt geschehen (z. B. den Gipfel, das Ziel „erreichen", „ankommen"). Besonders früh im Spracherwerb verwenden deutschsprachige Kinder Verben mit Partikeln (Vorsilben) wie „aufmachen", „zumachen", die wichtige Teilereignisse ausdrücken, z. B. das Erreichen eines Endzustands: Jemand hat nur dann eine Tür wirklich zugemacht, wenn sie zu ist (Tracy 2009, Penner/Weissenborn/Friederici 2008; Schulz u. a. 1991).

[BEISPIEL] Der pachige Kater jolkte die kleine Kulste.

Die **Wortstellung im Satz** kann wiederum Aufschluss über die **Wortart** eines neuen Wortes geben. Angenommen, ein Kind hört den Satz im Beispiel oben, der Wörter enthält, die es noch nicht kennt (zur Illustration wurden hier Kunstwörter verwendet), so kann das Kind z. B. die Position des Wortes „pachige" als Hinweis darauf deuten, dass dieses als Eigenschaftwort (Adjektiv) das darauf folgende

Haustier (Oberbegriff)					
Wörter gleicher Abstraktionsebene	Maus	Hamster	Katze	Hund	Vogel
					Wellensitich Kanarienvogel

Tab. 22.2: Vernetzung von Wörtern im mentalen Lexikon.

Nomen „Kater" näher beschreibt. Der Kater, das sogenannte Subjekt des Satzes (wer?) führt offensichtlich eine Handlung aus (was tut?) („jolken"), die bereits in der Vergangenheit liegt („jolkte", nicht „jolkt").

Weitere **Struktursignale** liefern wertvolle Hinweise auf die Wortart, z. B. die Endung -ige, die auf ein Eigenschaftswort hindeutet, oder die Endung -te, mit der am Verb ein Ereignis in der Vergangenheit gekennzeichnet wird.

Im Laufe der drei ersten Lebensjahre baut ein Kind einen grundlegenden **Wortschatz in den wichtigsten Wortklassen** auf, die es für alle Satzarten benötigt. Dabei ist zu unterscheiden zwischen Wortarten der offenen und der geschlossenen Klasse.

Die Wortarten der **offenen Klassen,** z. B. Verben („lachen"), Nomen („Nase"), Adjektiven („lang", „laut") und Adverbien („gestern") können jederzeit durch neue Wörter, u. a. durch Entlehnungen aus anderen Sprachen erweitert und bereichert werden. Aus dem Englischen entlehnt und dem System des Deutschen angepasst ist z. B. das Wort „cool" („coole Musik"). Kinder erweisen sich häufig als kreative Wortneuschöpfer und schließen damit nicht selten eigene Wortschatzlücken (*gezungt* → Kap. 22.1.2).

Geschlossene Wortklassen nehmen keine neuen Wörter auf. Es sind die Artikel („der", „die", „das"), verknüpfende Elemente wie „und", „oder", Konjunktionen („dass", „wenn"), Fragewörter (z. B. „wer", „wem", „wohin") oder Präpositionen (z. B. „auf", „in", „neben").

Nicht jede Sprache bedient sich derselben Wortklassen. Das Türkische und das Russische z. B. haben keine Artikel, andere Sprachen kennen keine Konjunktionen oder Präpositionen, was diese Sprachen keineswegs ärmer macht. Sie nutzen andere sprachliche Mittel, um dieselben Inhalte auszudrücken.

Ungefähr im Alter von 6 Jahren haben Kinder bei entsprechenden Möglichkeiten einen soliden aktiven „Grundwortschatz" von ca. 5000 Wörtern aufgebaut, ihr Wortschatz entwickelt sich aber auch jetzt noch immer weiter. Mit dem Eintritt in die Schule lernen Kinder fortlaufend Wörter für spezielle Sachgebiete und erweitern ihr Wissen im Verlauf ihrer Schullaufbahn.

Der Erwerb des Satzbaus

Kinder erschließen sich unbewusst aus Wörtern und Äußerungen ihrer Umgebung die Regeln einer Sprache. So entdecken sie auch die **Gesetzmäßigkeiten der Grammatik,** die es ihnen ermöglicht, aus bekanntem Wortschatz nie zuvor gehörte Sätze zu konstruieren. In ihrem sprachlichen Input stoßen sie auf eine breite Variation möglicher Wortstellungen des Deutschen, wobei es inhaltlich um ein und dasselbe Ereignis gehen kann (→ Beispiel unten). Kinder müssen entdecken, wann welches Muster angemessen ist, z. B. dass im Falle von Informationslücken gefragt werden muss (im Beispiel (d) und (e)).

[BEISPIEL]

(a) Der Junge hat gestern das Zimmer aufgeräumt.
(b) Das Zimmer wollte der Junge gestern aufräumen.
(c) Gestern räumte der Junge das Zimmer auf.
(d) Hat der Junge gestern das Zimmer aufgeräumt?
(e) Was hat der Junge gestern aufgeräumt?
(f) Ich habe gehört, dass der Junge gestern das Zimmer aufgeräumt hat.

In der Begegnung mit unterschiedlichen **Wortstellungsmustern** (→ Kap. 22.3.2) des Deutschen gleichen Kinder unbewusst die Baupläne von Sätzen gegeneinander ab. Sie erkennen schließlich, dass alle deutschen Sätze dem gleichen Satzbauplan folgen (→ Tab. 22.3) (vgl. Duden 2005, Tracy 2008a).

Im deutschen Hauptsatz können **Verben** nur in zwei bestimmten Positionen auftreten, in der sogenannten linken und in der rechten Satzklammer. Zwischen den Satzklammern, im Mittelfeld, können andere Satzelemente stehen.

Im Hauptsatz ist die **linke Satzklammer** durch Verben besetzt, die mit dem Subjekt übereinstimmen („der Junge hat" und nicht etwa „der Junge hast" oder „haben", vgl. (a)) und die Zeitform (Gegenwart, Vergangenheit oder Zukunft) anzeigen („wollte", vgl. (b)).

In der **rechten Satzklammer** stehen im Hauptsatz nur Verben in der Grundform (Infinitiv, vgl. „aufräumen" in (b)), unveränderliche Verbpartikeln wie „auf-", vgl. (c), sowie Partizipien, vgl. „aufgeräumt" in (d), (e)).

Vor der linken Satzklammer, im **Vorfeld,** finden unterschiedliche Elemente Platz: das Subjekt (a), ein Objekt (b) (hier: „wen oder was"), eine Zeitangabe (c) oder ein W-Fragewort (e) (vgl. „wer", „wem", „wie"). In Ja-/Nein-Fragen (d) oder Aufforderungssätzen bleibt das Vorfeld unbesetzt.

Im deutschen Nebensatz stehen Verben in der rechten Satzklammer (f). Die linke Satzklammer wird im Nebensatz von Bindewörtern (Konjunktionen) wie „dass" (f), „wenn" oder „ob" eingenommen, von Relativpronomen (Ich kenne den Mann, *dem* der Hund gehört) oder W-Wörtern (Ich weiß, *wie* das geht.).

Ein Kind im Alter von etwa eineinhalb Jahren und ein Kind mit dreieinhalb Jahren würden eine Situation, in der ein Junge ein Zimmer aufräumt, unterschiedlich komplex beschreiben. Kinder bauen bis zum Alter von ca. 3 Jahren **Satzstrukturen** auf, indem sie ihre Äußerungen allmählich von rechts nach links um weitere Elemente ergänzen (→ Tab. 22.4).

Wenn bereits die Einwortphase, in der Kinder typischerweise Wörter wie „da", „weg", „Puppe" produzieren, als ein wichtiger Meilenstein betrachtet wird, können im Laufe der folgenden Jahre mindestens drei weitere wichtige Spracherwerbsfortschritte oder **Meilensteine der sprachlichen Entwicklung** (→ Tab. 22.5) identifiziert werden.

Das Feldermodell deutscher Sätze				
		⬇	Satzklammer bei Hauptsätzen	⬇
	Vorfeld	linke Satzklammer	Mittelfeld	rechte Satzklammer
(a)	Der Junge	hat	gestern das Zimmer	aufgeräumt.
(b)	Das Zimmer	wollte	der Junge gestern	aufräumen.
(c)	Gestern	räumte	der Junge das Zimmer	auf.
(d)		Hat	der Junge gestern das Zimmer	aufgeräumt?
(e)	Was	hat	der Junge gestern	aufgeräumt?
		⬇	Satzklammer bei Nebensätzen	⬇
		linke Satzklammer		rechte Satzklammer
(f)	…,	dass	der Junge gestern das Zimmer	aufgeräumt hat.

Tab. 22.3: Das Feldermodell deutscher Sätze.

Wie schnell diese vier Entwicklungsphasen tatsächlich durchlaufen werden, kann sich von Kind zu Kind sehr unterscheiden. Während einige Kinder schon früh Nebensätze beherrschen, sind die meisten Lerner in der Regel erst mit 3 bis 4 Jahren in der Lage, diese zu produzieren (vgl. Fritzenschaft u. a. 1990, Rothweiler 1993, Tracy 2009).

Auch Kinder, die erst ab dem Alter von etwa 2 bis 4 Jahren regelmäßig mit dem Deutschen in Kontakt kommen (*Zweitspracherwerb* → Kap. 22.1.1), durchlaufen die oben dargestellten Erwerbsphasen (Meilensteine). Bei reichhaltigem und variationsreichem Sprachangebot erschließen sich diese Kinder die Baupläne deutscher Sätze innerhalb von 6 bis 18 Monaten (vgl. Kroffke/Rothweiler 2006, Rothweiler 2007, Thoma/Tracy 2006, Tracy 2008a).

Grammatische Formen: verbleibende Feinarbeit

Wenn Kinder im Alter von 3 bis 4 Jahren in der Lage sind, korrekte Haupt- und Nebensätze zu formulieren, kennen sie, natürlich unbewusst, bereits die wichtigsten Wortklassen und wissen, welche Wortart im Satz an welcher Stelle stehen darf. Sie haben auch schon erkannt, dass bestimmte Wortarten wie Verben („aufräumen") in Abhängigkeit von ihrer Position im Satz unterschiedliche Formen annehmen („räumte" im Hauptsatz in der linken Satzklammer, „auf" in der rechten). Zu diesem Zeitpunkt produzieren sie schon viele grammatische Formen, die sie meist auch korrekt verwenden („der Junge" + „räum*te* auf")(→ Tab. 22.3).

Die deutsche Sprache ist sehr reich an **Formen,** die nach einer Fülle grammatischer Regeln gebildet werden. Die Grammatik des Deutschen kennt aber ebenso zahlreiche Ausnahmen, z. B. heißt es: ich s*a*ge, du s*a*gst, aber: ich schl*a*fe, du schl*ä*fst. Auch nach Erreichen des Meilensteins IV steht Kindern noch viel (morphologische) Feinarbeit an den Formen der Wörter bevor. Der Erwerb der Formen der Partizipien (z. B. „gegangen", „aufgestanden") kann sich bis ins Grundschulalter hineinziehen (Schulz 2007). Der Erwerb grammatischer Formen im Kindesalter kann nur dann erfolgreich verlaufen, wenn Kinder diese Formen im Sprachangebot oft genug hören.

Der Bereich der Morphologie (Formenlehre) stellt **die größten Lernhürden** dar, insbesondere für Zweitsprachlerner:

- Die Beugung (Flexion) der Verben

Typische Meilensteine im Spracherwerb				
		⬇	Satzklammer	⬇
Meilenstein II			Zimmer	auf / aufräum(en)
			Junge Zimmer	aufräumen / aufgeräumt
Meilenstein III	(Der) Junge	räumt	(das) Zimmer	auf
		hat	(der) Junge (das) Zimmer	aufgeräumt
Meilenstein IV		dass	(der) Junge (das) Zimmer	aufgeräumt hat

Tab. 22.4: Erwerb des Satzbaus von rechts nach links.

Meilenstein	Alter [Deutsch als Erstsprache]	Sprachliche Entwicklung
I	mit ca. 1–1 ½ Jahren	Einwortäußerungen *da, nein, weg, auf, Ball, Auto …*
Meilenstein		
II	mit ca. 1 ½ –2 Jahren	Erste Wortkombinationen aus Nomen und Verbpartikeln / Infinitiven; viele Wortklassen fehlen noch (vor allem Artikel, Präpositionen, Fragepronomen); verbale Elemente stehen typischerweise am Ende, können aber auch fehlen *Tür auf.* *Mama Auto fahren.* *Mama auch Auto.* *Mama nicht Auto fahren.*
Meilenstein		
III	mit ca. 2–2 ½ Jahren	Erste einfache Hauptsätze mit Verben in der zweiten Position; Die Verben stimmen mit dem Subjekt überein; Artikel werden noch nicht immer korrekt verwendet Fragen werden gebildet *Ich mal auch ein Blume.* *Ich geh auch raus.* *Da kommt Ball rein.* *Wo kann der hingehen?*
Meilenstein		
IV	mit ca. 3–4 Jahren	Komplexe Sätze (Satzreihen), Nebensätze mit dem Verb am Ende *Er weint, weil er hingefallen ist.* *Guck mal, was ich gebaut hab!*

Tab. 22.5: Meilensteine der sprachlichen Entwicklung. Die Altersangaben gelten dem Erwerb des Deutschen als Erstsprache (vgl. Tracy 2009, 2008a).

- Der Erwerb der Begleiter (Artikel)
- Die Mehrzahlbildung (Plural)
- Die Artikelwahl in Abhängigkeit vom grammatischen Genus (Geschlecht: männlich, weiblich, sächlich), und Kasus des Nomens.

Im Fall der **Verbbeugung** müssen Kinder erkennen, dass Verben mit dem Subjekt des Satzes in Person (*ich* + mal*e*, *du* + mal*st*, *er*/*sie* + mal*t*) und Numerus (Einzahl/Mehrzahl) (*wir* mal*en*) übereinstimmen. Darüber hinaus kodieren sie Zeitangaben (Gegenwart, Vergangenheit) („ich mal*te*").

Erschwerend kommt hinzu, dass bei unregelmäßigen Verben wie „trinken" die Verbstämme wechseln (tr*i*nke, tr*a*nk, getr*u*nken). Dies macht es einem Kind nicht leicht, verschiedene Formen ein und demselben Verb („trinken") zuzuordnen. Viele der unregelmäßigen Verbformen sind aus Lernersicht schwer nachvollziehbar und werden von Kindern erst nach und nach erworben.

Es erfordert ebenfalls Zeit und ein formenreiches Sprachangebot, damit sich Kinder die unterschiedlichen Formen von **Nomen und ihren Begleitern (Artikeln)** samt **Eigenschaftswörtern (Adjektiven)** erschließen können. Auch **Fürwörter (Pronomen)** treten in Abhängigkeit vom Geschlecht („er", „sie", „es") und von Fällen („er", „ihm", „ihn") in unterschiedlichen Formen auf, die von Lernern erworben werden müssen.

[BEISPIEL] Beispiel, wie sich die Formen von Wörtern in Abhängigkeit von ihrer Funktion im Satz hinsichtlich des Kasus verändern müssen:

Das $_{\text{(Wer?: Nominativ)}}$ Mädchen $_{\text{(Nominativ)}}$ gibt *dem* $_{\text{(Wem?: Dativ)}}$ klein*en* $_{\text{(Dativ)}}$ Jung*en* $_{\text{(Dativ)}}$ ein*en* $_{\text{(Was?: Akkusativ)}}$ groß*en* $_{\text{(Akkusativ)}}$ Becher.

Abb. 22.7: Auch Kinder, die Deutsch als Zweitsprache lernen, durchlaufen die „Meilensteine der sprachlichen Entwicklung".

Das (Nominativ) Mädchen (Nominativ) gibt *ihm* (Dativ) *den* (Akkusativ) Becher.

Einige **Verhältniswörter (Präpositionen)** wie „in", „neben" oder „auf" können in Abhängigkeit von der Bedeutung entweder eine Richtung (wohin? mit anschließendem Akkusativ) angeben oder eine Position (wo? mit anschließendem Dativ). Sie „regieren" den Fall (Kasus).

[BEISPIEL] Beispiel für Verhältniswörter (Präpositionen):

Der Junge *stellt* den Becher *auf* den (Akkusativ) Tisch.

Der Becher *steht auf* dem (Dativ) Tisch.

Da sich Formen wie ih*n* und ih*m* oder de*n* und de*m* lautlich sehr ähneln, liegt es nahe, dass Kinder einige Zeit brauchen, bis sie diese Formen differenzieren und korrekt verwenden können. Dazu müssen sie zunächst die feinen **Lautunterschiede wahrnehmen** (→ Kap. 22.5.1).

Eine große Herausforderung beim Erwerb des Deutschen stellt das **grammatische Genus (Geschlecht) der Nomen** dar (vgl. Kaltenbacher/Klages 2006). Mit den Nomen ändern auch Artikel, Adjektive oder Pronomen ihre Form (→ oben). Die Verteilung des grammatischen Genus folgt einer Vielzahl teilweise konkurrierender Regeln (siehe *der* Hase, *die* Nase), dasselbe gilt für die Regeln der Mehrzahlbildung („der Strauch", „die Sträuch*er*", aber „der Schlauch", „die Schläuch*e*"). So sind z. B. Verkleinerungsformen mit -chen wie „Mädchen" oder „Blümchen" immer sächlichen Geschlechts.

Auch im Bereich des grammatischen Genus machen frühe Zweitsprachlerner schnell Fortschritte, wenn sie die entsprechenden Spracherwerbsgelegenheiten haben.

Der Erwerb grammatischer Formen stellt für Lerner eine besondere Herausforderung dar. Neben zahlreichen Regeln müssen Kinder viele Ausnahmen lernen. Für beides brauchen sie den Input. Ausnahmen können nur erworben werden, wenn ein Kind genau diese Formen in seiner sprachlichen Umgebung hört.

22.1.3 Sprachentwicklungsstörungen

Abweichungen oder Verzögerungen in der sprachlichen Entwicklung eines Kindes können diverse Gründe haben (→ Kap. 22.3). So, wie manche Kinder früher das Laufen erlernen als andere, ist es natürlich, dass nicht alle Kinder die Grundlagen ihrer Erstsprache(n) gleichermaßen schnell erwerben.

Da Fortschritte in der kindlichen Sprachentwicklung wesentlich von den Erwerbsgelegenheiten abhängen, können vor allem Lücken im Bereich des Wortschatzes oder im stilistischen Repertoire auf ein **unzureichendes Sprachangebot** zurückzuführen sein.

[BEISPIEL] Wer nie jemanden mit Hammer und Nägeln umgehen sah und die Bezeichnungen dafür auch nicht in Erzählungen hören konnte, hat keine Veranlassung, sie zu kennen.

Es liegt daher nahe, dass auch Kinder, die zeitversetzt mit dem Deutschen in Kontakt kommen, z. B. bei Eintritt in die Kita (*sukzessiver Bilingualismus* → Kap. 22.1.1), die zu Hause eine andere Sprache hören und insgesamt weniger Input in der **Zweitsprache** erhalten, nicht an der sprachlichen Entwicklung ihrer deutschsprachigen Altersgruppe gemessen werden können. Falls eine Sprachentwicklungsstörung vorliegt, zeigt sich diese immer in allen Sprachen des Kindes.

Spezifische Spracherwerbsstörung (SSES)

Bei Kindern, die in ihrer Sinneswahrnehmung beeinträchtigt oder in ihrer Entwicklung insgesamt retardiert sind, gehen Probleme beim Spracherwerb meist damit einher. Entwicklungsstörungen können jedoch auch ausschließlich im Bereich der Sprache auftreten. Man spricht hier von einer *spezifischen Spracherwerbsstörung (SSES)* (vgl. Rupp/Lemke 2009, Grimm 2000).

▸ Spezifische Spracherwerbsstörung (SSES)
Auf sprachliche Bereiche fixierte Entwicklungsstörung, die nach heutiger Erkenntnis genetisch bedingt ist (Rupp/Lemke 2009). Diese Kinder entwickeln sich in allen anderen Bereichen (Motorik, Emotion, Kognition) unauffällig und zeigen auch keinerlei neurologische Auffälligkeiten (vgl. Grimm 2000).

Bei jedem zweiten Kind, das mit etwa zwei Jahren noch weniger als 50 Wörter spricht, liegt möglicherweise eine Sprachentwicklungsstörung vor. Doch ein Großteil dieser **„Late Talker"** (verspäteten Sprechbeginner) holt seinen Rückstand bis zum dritten Lebensjahr auf. Diese Kinder werden auch als **„Late Bloomer"** (späte „Aufblüher") bezeichnet.

Das **Risiko** zur Ausbildung einer spezifischen Spracherwerbsstörung kann anhand des Wortschatzes bereits um den zweiten Geburtstag herum abgeschätzt werden. Im Alter von drei Jahren ist auch die Grammatik auffällig. Eltern sollten dahingehend beraten werden, damit bei sprachlichen Auffälligkeiten eine frühzeitige Abklärung in die Wege geleitet werden kann. Rund 6–8 % der Kinder eines Jahrgangs sind betroffen.

Kinder mit einer spezifischen Spracherwerbsstörung benötigen therapeutische Unterstützung. Normale Sprachförderung reicht in diesem Fall nicht aus.

Anzeichen einer ernstzunehmenden Sprachentwicklungsstörung können sein, wenn Kinder:

- Trotz eines intensiven Sprachangebots in der Entwicklung ihrer Erstsprache(n) hinter Gleichaltrigen zurückbleiben
- Nach mehreren Monaten des Kontakts mit einer Zweitsprache kaum Fortschritte erkennen lassen.

Typische Auffälligkeiten einer SSES
Eine SSES äußert sich durch typische Auffälligkeiten in den Bereichen Wortschatz, Aussprache und Grammatik. Diese Erscheinungen bedürfen der Abklärung, falls sie länger zu beobachten sind. Entwicklungsstörungen können in einem oder mehreren dieser Bereiche auftreten (Penner/Schulz 2002):

- **Bereich des Wortschatzes:**
  - Der Wortschatz wächst ab dem Alter von ca. 1 1/2 Jahren nicht deutlich an
  - In der Folge kommt es zu Verständnis- und Formulierungsproblemen (Wortfindungsproblemen, Fehlbenennungen, Ungenauigkeiten)
  - Die Kinder umschreiben fehlende Bezeichnungen
- **Bereich der Aussprache:**
  - Lautfehlbildungen (phonetische Störungen), z. B. Lispeln (Sigmatismus)
  - Unklare Aussprache
  - Falsche Lautverwendung (phonologische Störung), d. h. Lautvertauschung, Auslassung und Anfügen von Lauten und Silben
- **Bereich der Grammatik:**
  - Verzögertes Erreichen der typischen Meilensteine des Erwerbs
  - Deutliche Häufung von Fehlern in Satzbau (vor allem bei der Verbstellung) und bei grammatisch verlangten Anpassungen von Wortformen (Verbbeugung, Fälle)
  - Schwierigkeiten beim Verstehen von Fragen.

[BEISPIEL] Beispielsatz eines Kindes mit einer Sprachentwicklungsstörung (SSES):

„Ich des guck an will." (Grimm 2000, S. 612)

✉ Der Deutsche Bundesverband für Logopädie e. V. bietet einen sehr umfassenden und gut strukturierten Überblick über natürliche Abweichungen in der Sprachentwicklung anhand konkreter Beispiele. Daneben finden sich Hörproben sowie zahlreiche Anregungen und Literaturverweise unter: www.dbl-ev.de

22.2 Bedeutung für Kinder und Jugendliche

Welche Relevanz haben sprachliche Kompetenzen für Kinder und Jugendliche? Wie verhalten sich bilinguale Sprecher in bestimmten Situationen? In diesem Kapitel stehen Themen im Mittelpunkt, die sich mit dem Umgang der erworbenen Sprachkompetenzen und dem Sprachverhalten in bestimmten Situationen beschäftigen:

- Sprachkompetenz in der Schule
- Sprache als Kommunikationsmittel sowie
- Sprache als Identitätsmarker.

22.2.1 Sprachkompetenz in der Schule

Siehe auch Literacy → Kap. 15

Sprache ist für den schulischen Erfolg eine zentrale Voraussetzung, denn in allen Fächern sowie in Interaktionen mit Anderen müssen Kinder über ein ausgeprägtes Sprachverstehen, unterschiedliche produktive Repertoires und kommunikative Fähigkeiten verfügen. Kinder können früh feststellen, dass die **Schul- bzw. Unterrichtssprache,** die sie in der Schule verwenden, von ihrer Alltagssprache abweicht (*Sprachvarietäten* → Kap. 2.1.1) und dass die verlangte sprachliche Leistung immer abstrakter und dekontextualisiert wird.

In der Schule begegnen Kinder einer weiteren neuen Form von Sprache, der **Schriftsprache**. Sie lernen Lesen und Schreiben und somit auch den Umgang mit Texten, mit Textproduktion und Textverstehen (*Literacy-Erwerb* → Kap. 15.1.1). An die Schulkinder werden zunehmend höhere kognitive und sprachliche Anforderungen gestellt. Sie werden auch mit neuem Fachvokabular konfrontiert, das sie sich zunächst in Texten erschließen und dann selbst aktiv verwenden müssen. Dazu müssen Kinder in der Lage sein, kompetent mit Sprache umzugehen.

Hinzu kommt, dass Schulkinder ihre **kommunikativen Kompetenzen** ausbauen müssen. Sie müssen kohärente narrative Strukturen aufbauen (Kohärenz → Kap. 15.1.2), sollen aktiv an Diskussionen teilnehmen und argumentieren, d. h. ihren Standpunkt vertreten können. Dazu müssen sie sich auch die jeweiligen Höflichkeitsregeln einer Sprechergemeinschaft aneignen. Sprache ist das Instrument für all das.

22.2.2 Kommunikation und Sprache

Kommunikation → Kap. 10.4 und 18.1

„Man kann nicht nicht kommunizieren" (Watzlawick 1996). Dieses Zitat des Kommunikationswissenschaftlers Paul Watzlawick meint, dass das menschliche Verhalten in zwischenmenschlichen Beziehungen Mitteilungscharak-

Abb. 22.8: In der Schule werden andere sprachliche Leistungen als im Kindergarten gefordert.

ter hat und damit eine Form von Kommunikation ist, sogar das Schweigen.

Schon Babys kommunizieren, indem sie ihren Bezugspersonen/Eltern ihre Befindlichkeit durch Weinen oder Lachen vermitteln. Eltern reagieren instinktiv auf das Verhalten ihrer Kinder und sind in der Lage, dieses richtig zu deuten (→ *intuitive parenting* Kap. 18.1.2). Sobald Kinder erste Worte äußern, setzen sie neben ihren nonverbalen kommunikativen Fähigkeiten auch **sprachliche Zeichen als Kommunikationsmittel** ein.

Um eine Beziehung herzustellen, brauchen Kinder Personen, die ihnen zuhören, mit ihnen sprechen, auf ihre Bedürfnisse eingehen und sie als Gesprächspartner annehmen. Kommunikation bedeutet insofern auch kooperatives Handeln: Beide Gesprächspartner müssen sich abstimmen und ihre Aufmerksamkeit auf ein gemeinsames Thema oder auf ein gedanklich oder konkret verfügbares Ereignis richten, um sinnvoll miteinander kommunizieren zu können. Der Sprecher vermutet, dass der Hörer über das erforderliche Hintergrundwissen verfügt, um das Gesagte zu entschlüsseln und im vom Sprecher intendierten (beabsichtigten) Sinn zu verstehen.

Dabei reicht es, wie das Kommunikationsmodell des Kommunikationspsychologen Friedemann Schulz von Thun es zeigt, nicht ganz aus, sich als Hörer nur auf das jeweils Gesagte zu verlassen. Vielmehr müssen Hörer in der Lage sein zu erschließen, was gemeint ist. So verbirgt sich hinter einer Äußerung wie „Hier zieht's!" möglicherweise nicht nur eine Feststellung, sondern auch eine implizite Aufforderung/Bitte, die einen Hörer dazu bringen sollte, eine Tür oder ein Fenster zu schließen.

✉ Zum Kommunikationsmodell: www.schulz-von-thun.de/mod-komquad.html

22.2.3 Sprache und Identität

Entwicklung von Selbst und Identität → Kap. 10.3

Auch bei der Identitätsentwicklung von Kindern spielen Sprache und Kommunikation eine besondere Rolle. Daher tragen der enge Kontakt zu den Bezugspersonen und die Kommunikation zur Identitätsentwicklung bei.

Im Säuglingsalter entsteht das **Urvertrauen,** das nach dem Stufenmodell der psychosozialen Entwicklung des Psychoanalytikers Erik H. Erikson (1973) bei der Identitätsentwicklung sehr wichtig ist und das er als ein „Gefühl des Sich-verlassen-Dürfens" bezeichnet. Die Eltern-Kind-Interaktion wird typischerweise von Sprache begleitet, so dass Kinder ihre Erstsprache(n) als einen Teil ihrer Identität wahrnehmen (→ Kap. 22.1.1). Egal, mit wie vielen Sprachen ein Mensch aufwächst oder wie viele er im Laufe seines Lebens erwirbt: Alle können die **Selbstwahrnehmung** und damit die **Identitätsentwicklung** beeinflussen. Mehrsprachige Menschen können sich ganz bewusst zu einer polykulturellen, hybriden Identität bekennen (Meng/Hinnenkamp 2005, Keim 2006).

Kinder lernen, sich **als Individuen wahrzunehmen,** und entwerfen ein Selbstbild von sich, indem sie zu anderen Bezugspersonen wie Oma und Opa, Geschwistern etc. eine Beziehung aufbauen. Die Identitätsentwicklung hängt von vielen Faktoren ab. In erster Linie ist es die Familie als Sozialisationsinstanz (→ *Sozialisation* Kap. 9.3), in der Normen und Werte vermittelt werden, die einen Menschen prägen, indem sie ihm ein erstes Orientierungssystem anbieten. Mit dem Eintritt in den Kindergarten kommen neue Faktoren hinzu, die die Identitätsentwicklung beeinflussen. Im Spiel mit anderen Kindern und mittels ihrer kommunikativen Fähigkeiten lernen Kinder, sich von Gleichaltrigen abzugrenzen und ein differenziertes Selbstbild zu entwerfen.

Wie wichtig Sprache als **Ausdrucksmedium der eigenen Identität** ist, merken Kinder bereits im Kindergartenalter innerhalb ihrer Gruppen. Das setzt sich später in der Schule und darüber hinaus fort. Die Entwicklung der eigenen Identität und des Selbstwertgefühls wird beeinflusst durch das Erleben von Benachteiligung durch Sprache, Gruppenzugehörigkeit oder Gefühlen des Ausgeschlossenseins.

Die Identitätsbildung ist ein permanenter Prozess, der vor allem über die sprachliche Kommunikation erfolgt.

Kinder und Jugendliche bekunden ihre Identität unter Verwendung unterschiedlicher sprachlicher Ressourcen, aber auch durch Kleidung oder die Zugehörigkeit zu bestimmten Gruppen und Vereinen. **Jugendliche** verwenden oft die *Jugendsprache* (→ Kap. 22.1.1, unten), um sich von der Elterngeneration abzugrenzen. **Jugendliche mit Migrationshintergrund** oder auch erwachsene Mehrsprachige verwenden häufig das *Codeswitching* (→ Kap. 22.1.1) und *Codemixing* (→ unten), um ihre multikulturelle Identität auszudrücken und sich von der Mehrheitsgesellschaft oder anderen Gruppen abzugrenzen.

Jugendsprache

Jugendsprache → Kap. 22.1.1

Charakteristisch für Jugendsprache sind beispielsweise eine häufige Verwendung von Gesprächspartikeln wie „halt" und „so" sowie Intensivierungspartikeln wie „voll" und ein spezifischer Wortschatz mit Tabuwörtern. Immer wieder entstehen Wortneuschöpfungen, die innerhalb kürzester

➡ **Sprecher** (Kodierung: Absicht, Ideen)	➡ **Signalfolgen** (über lautliche, gestische, schriftliche Zeichen)	**Hörer** (Dekodierung: entschlüsselt, erkennt Absichten, Ideen etc.)

Tab. 22.6: Vereinfachtes Modell der Kommunikation.

Zeit zu Modewörtern werden wie „chillig", „gefrustet", „abtanzen", die aber auch schnell wieder verschwinden können, z. B. Wörter wie „Fisch" (als Personenbezeichnung: „Die sin voll die Fische"), „konkret", „moruk" (aus dem Türkischen = „Alter"). Darüber hinaus bevorzugen Jugendliche direktes, spontanes, expressives Sprechen und szenische Darstellungen mit schnellen Perspektivwechseln. Ziel der Jugendlichen ist es, ihrer Andersartigkeit Ausdruck zu verleihen und diese in den Vordergrund zu stellen (Androutsopoulos 1998, Keim 2007).

„Soziologisch gesehen ist die Jugendsprache nicht allein ein Instrument der Informationsübermittlung. Sie ist gleichzeitig ein Rollensymbol, mit deren Gebrauch der Sprecher oder die Sprecherin sich von der Kinder- und Erwachsenenrolle abgrenzen und die Mitgliedschaft in der Jugendkultur demonstrieren möchte. Umgekehrt kann auch die Jugendgruppe über die Sprachform kontrollieren, wer sich ihr noch zugehörig fühlt. Damit hat die Jugendsprache sowohl eine gesellschaftliche Differenzierungs-, als auch eine soziale Kontrollfunktion." (Nave-Herz 1989, S. 629) (→ *Rolle* Kap. 9.1.2)

Das Sprachverhalten jugendlicher Bilingualer

Über einen bestimmten Umgang mit ihrer Zwei- oder Mehrsprachigkeit bekunden viele Sprecher ihre Identitätszugehörigkeit.

Sprachmischungen

Zum Umgang mit ihrer Zweisprachigkeit untersuchte die Sprachwissenschaftlerin Inken Keim (2007) das Sprachverhalten einer deutsch-türkischen Mädchengruppe und zeigte, wie zweisprachige Sprecherinnen **systematisch zwischen den Sprachen wechseln,** um

- Ihre Gruppenzugehörigkeit hervorzuheben
- Sich von anderen abzugrenzen oder
- Sich mit ihnen zu solidarisieren.

Abb. 22.9: Jugendliche wollen sich mit ihrer Sprache von anderen abgrenzen und ihre Zugehörigkeit zu ihrer Gruppe demonstrieren.

► **Mixing/Codeswitching**
Variationspraxis bei der Verwendung von mehreren Sprachen (codes). Bei diesem Gesprächsstil handelt es sich um einen dichten Wechsel zwischen Elementen zweier Sprachen.

Keim stellte fest, dass die Redewiedergabe in bestimmten Sprachen erfolgt, z. B. in Deutsch für Szenen im deutschen Kontext, in Türkisch für Szenen im türkischen Kontext, Mixing für Szenen zwischen bilingualen Sprechern.

[BEISPIEL] Eine bilinguale Sprecherin TU fordert ihre ebenfalls bilinguale Freundin ME auf, ihrer gemeinsamen bilingualen Betreuerin NE ein Erlebnis in der Schule zu schildern (Alter der Mädchen zwischen 14 und 17). Die Schilderung erfolgt im Mixing. Im Gesprächsausschnitt sind TU, ME und NA die Abkürzungen für die Namen der beteiligten Sprecher. Unter Ü ist die Übersetzung der Äußerung zu verstehen. Die Sternchen deuten auf Pausen hin, wohingegen Pfeile nach unten auf fallende Intonation und Pfeile nach oben auf steigende Intonation hinweisen.

796 TU: anlatsana ↓ *
797 Ü [ERZÄHL DOCH]
798 ME: ku"ck (...) wir warn in der schule ja ↑
799 ME: ondan sonra- * **sind s/ so stöckwerke** ↑ * ben ikinci
800 Ü [UND DANN] [ICH BIN IM
801 ME: kattayım bi tane kız arkadaşım aşa"ğıda duryo↓ **und**
802 Ü ZWEITEN STOCK UND EINE FREUNDIN STEHT UNTEN]
803 ME: **isch kuck so nach unten**↓ * die hat so doppelte
804 NA: mhm ↓
805 ME: oberteile so bissel durchsichtig ↓ on=sonra
806 Ü [DANN HAT
807 ME: kaldırdı birisini bana böyle >yaptı↓ < **dann sieht**
808 Ü SIE EINS HOCHGEMACHT UND SO ZU MIR GEMACHT]
809 NA: mhm ↓
810 ME: s/ ds sieht ja keiner und so ↓

Keim (2007, S. 336)

Die Mixingpraxis der Jugendlichen hat mit Lücken im Bereich des Wortschatzes nichts zu tun. Die Verwendung von Wörtern in der einen oder anderen Sprache hängt von Alltagsroutinen, persönlichen Vorlieben und Assoziationen ab. Darüber hinaus gibt es auch Bereiche, in denen eine Sprache bewusst nicht gewählt wird, da manche Sachverhalte oder Gefühlsausdrücke in der anderen Sprache „besser klingen" oder es auch einen entsprechenden griffigen Begriff in der anderen Sprache nicht gibt.

[BEISPIEL] Beispiel für Mixing (2):

410 FU: isch könnte nie" einen mann lieben wenn er meine
411 FU: sprache nicht kann * die mi"schsprache * einen
412 FU: türken nich und auch keinen deutschen * ich könnte
413 FU: nie" zu einem sagen ←ich liebe dich→ * das klingt
414 FU: so hart↓ * aber seni seviyorum klingt schö:n↓ LACHT

(Keim 2007, S. 208)

Ethnolektale Formen

In Migrantengemeinschaften lebende Kinder und Jugendliche haben auch andere kommunikative Praktiken entwickelt (Keim/Tracy 2007), mittels derer sie ihre Identität und Gruppenzugehörigkeit zum Ausdruck bringen. In mehrsprachigen Peergroups entstehen sog. Ethnolekte (vgl. Wiese 2009). Die Basis dieses Sprechstils stellt die deutsche *Umgangssprache* (→ Kap. 22.1.1) dar.

[BEISPIEL] Beispiele für ethnolektale Formen im Deutschen, im Vergleich zur deutschen Standardsprache

- Fehlen Präpositionen: „Isch geh Schule." „Isch geh Stadt." „Isch muss Toilette."
- Fehlen Artikel: „Guckst du Film."
- Kann sich das Genus vom Standarddeutschen unterscheiden: „die Tisch", „das Brief"
- Werden Intensivierungsformeln wie „Isch schwör man", „Isch hass des" verwendet.

Wenn man das verbale Verhalten von Kindern und Jugendlichen untersucht, kann man feststellen, dass sie sich in ihrer Peergroup sprachlich anders verhalten als in Situationen, in denen Standard- oder Umgangsdeutsch verlangt wird. Kinder können durchaus zwischen diesen ethnolektalen Formen und dem Deutsch, das man von ihnen in der Schule erwartet, unterscheiden. Sie merken, dass Lehrer diesen ethnolektalen Stil nicht befürworten und ihn korrigieren. Sie wissen auch, dass sie mit der Verwendung ethnolektaler Formen Erwachsene provozieren können.

[BEISPIEL] Ein Gespräch zwischen einem italienisch-stämmigen Erstklässler (DE) und seinem Lehrer (LE) (Keim/Tracy 2007, S. 126):

DE: „Isch muss Toilette!"
LE: „Bitte?"
DE: „Isch muss Toilette!"
LE: „Nö, so nicht, wie heißt das richtig?"
DE: „Darf ich bitte auf die Toilette gehen?" *(lacht)*
LE: „Ja gut, okay, bleib nicht so lang!"

Der Schüler hat zuerst eine ethnolektale Äußerung produziert und nach der Aufforderung des Lehrers seine Äußerung in Standarddeutsch wiederholt.

22.3 Rolle von Erzieherinnen

Die Rolle der Erzieherin bei der Sprachentwicklung der Kinder und bei der Zusammenarbeit mit den Eltern wird im folgenden Kapitel beschrieben.

Sowohl Eltern als auch Erzieherinnen tragen die Verantwortung dafür, die sprachliche Entwicklung eines Kindes zu unterstützen. Wie Kindertagesstätten Eltern dabei zur Seite stehen können, erläutert Kapitel 22.3.4 (zu beiden Aspekten vgl. Lemke u. a. 2007; Tracy/Lemke 2009).

Wenngleich Sprachbildung in Kindertageseinrichtungen zunehmend auch im Rahmen spezieller Fördermaßnahmen in Kleingruppen stattfindet (→ Kap. 22.5), erfolgt sie wesentlich und unverzichtbar im **pädagogischen Alltag** – wenn pädagogische Fachkräfte einer Einrichtung die Kinder während deren Verweildauer betreuen (→ Kap. 22.3.1). Allen pädagogischen Fachkräften einer Einrichtung kommt eine besonders verantwortungsvolle **Rolle als Sprachvorbild** der Kinder zu (→ Kap. 22.3.2). Erzieherinnen sind für viele Kinder mit Migrationshintergrund die ersten Sprachvorbilder in der Zweitsprache Deutsch (→ Kap. 22.1). Auch monolingual aufwachsende Kinder aus kommunikationsarmen Familien sind auf ein qualitativ hochwertiges Sprachangebot ihrer Erzieherinnen angewiesen.

Es liegt in der Verantwortung einer jeden pädagogischen Fachkraft, sich ihrer Rolle als Sprachvorbild bewusst zu sein. Um diesem **Erziehungsauftrag** gerecht zu werden, ist es zunächst erforderlich zu wissen, was gutes Sprachverhalten auszeichnet und wie Erzieherinnen Kindern das Sprachangebot machen können, das diese benötigen, um sich sprachlich weiterentwickeln zu können. Außerdem verlangt es von Erzieherinnen die Bereitschaft und den Willen, das **eigene sprachliche Handeln** kritisch zu hinterfragen und ggf. zu ändern. Selbst- und Fremdreflexion eröffnen einer pädagogischen Fachkraft die Chance, die Qualität der eigenen pädagogischen Arbeit hinsichtlich des Sprachverhaltens zum Besten aller Kinder zu optimieren.

22.3.1 Sprachbildung im pädagogischen Alltag

Der pädagogische Alltag einer Kindertageseinrichtung wäre ohne Sprache nicht zu denken. Es gehört zur alltäglichen Arbeit von Erzieherinnen, Kindern die Welt mittels Sprache näher zu bringen, ihnen Dinge zu erklären, ihre Fragen zu beantworten, ihnen Anweisungen zu erteilen und umgekehrt auch dem Mitteilungsbedürfnis der Kinder Raum und Gehör zu schenken.

Alltagssituationen werden meist ganz beiläufig mit Sprache begleitet, z. B.:

- Bei der Betrachtung eines Wimmelbildes
- Beim Vorlesen einer Geschichte
- Bei einem Ausflug in den Zoo.

Bei allen Vorzügen, die spezielle *Sprachfördermaßnahmen* (→ Kap. 22.5) im Rahmen von Kleingruppenarbeit mit sich bringen, ist die Unterstützung aller Kinder beim Spracherwerbsprozess im pädagogischen Alltag unerlässlich. Schließlich kommt die **Förderung im Alltag** zumindest theoretisch allen Kindern zugute, sie kann meist ohne großen organisatorischen Mehraufwand ins Tagesgeschehen integriert werden und ermöglicht es zudem, spontan die Interessen und das Mitteilungsbedürfnis von Kindern aufzugreifen (vgl. Lemke 2009).

Abb. 22.10: Alle Alltagssituationen kann man sprachlich begleiten.

Sprechanlässe nutzen und schaffen

Redeanlässe und Gelegenheiten, in denen Kinder ihre sprachlichen Kompetenzen entwickeln und erweitern können, bieten sich in allen Situationen des Alltags. Entscheidend ist, dass vorhandene Situationen für kommunikative Zwecke genutzt werden.

Der pädagogische Alltag bietet eine Fülle von Situationen, die für die Unterstützung des Spracherwerbsprozesses aller Kinder ohne zusätzlichen Aufwand genutzt werden können. Eine typische Alltagssituation ist beispielsweise das An-, Aus- bzw. Umziehen, eine Situation, die jeden Tag mehrfach wiederkehrt. Beobachtungen in der Praxis offenbaren, nicht selten bestätigt durch (selbst)kritische Einschätzungen von Erzieherinnen, dass gerade Alltagssituationen wie das **Umkleiden in Bring- und Abholsituationen** sprachlich wenig begleitet werden. In diesen Momenten geht es oftmals hektisch zu, und das Augenmerk richtet sich auf viele Kinder gleichzeitig. Oft wissen Erzieherinnen und auch Eltern nicht, wie wertvoll diese Situationen für Kinder als Erwerbsgelegenheiten sind: Alltagsroutinen wie diese bergen gute Chancen für ein Kind, sich neuen Wortschatz rasch anzueignen, wenn diese Situationen, die ohnehin zur Tagesordnung gehören, sprachlich bewusst begleitet werden.

[BEISPIEL] Dialog zwischen einer Erzieherin und einem Kind mit geringen Deutschkenntnissen. Das Kind hält der Erzieherin seine Jacke hin.

Erzieherin: „Möchtest du, dass ich dir helfe, **deine Jacke anzuziehen**?"
(Das Kind reagiert nicht darauf.)

Erzieherin: „Ich komme gleich zu dir und helfe dir **mit der Jacke**."
(Kind wartet. Erzieherin geht zum Kind und streckt die Hand aus.)

Erzieherin: „Gib mir bitte schon mal **deinen Schal**."
(Kind schaut auf die Garderobe, wo viele Schals hängen.)

Erzieherin: „Welcher Schal ist denn **deiner**?"
(Erzieherin zeigt auf die Schals. Kind nimmt einen Schal und gibt ihn der Erzieherin.)

Erzieherin: „Ah, dir gehört **dieser schicke rote Schal**. Bevor du **deine Jacke anziehst**, musst du **den Schal** zuerst **umbinden. Den Schal** lege ich dir schon mal um den Hals."
(Erzieherin legt Kind den Schal um.)

Erzieherin: „Kannst du mir bitte auch **deine Jacke** geben? Dann kann ich dir helfen, **sie anzuziehen**."

Neben An- und Umkleidesituationen garantiert der Tagesablauf in Kindertageseinrichtungen weitere Routinegelegenheiten, die sich wunderbar als Sprechanlässe nutzen lassen, wie **Essenssituationen.** Auch hier ist ein bewusster und reflektierter Einsatz von Sprache gefragt (→ Kap. 22.3.2). Darüber hinaus ergeben sich im Alltag spontan zahlreiche Situationen, in denen Kinder ihre **Interessen und Kommunikationsbedürfnisse bekunden.** An diesen kann eine Erzieherin gut anknüpfen und damit die Sprechfreude der Kinder fördern. Mit jeder Gesprächssituation ergeben sich für Kinder neue und wichtige Gelegenheiten, ihre Sprachkompetenz weiterzuentwickeln.

Vorlesen – Wegbereiter des Schriftspracherwerbs

Das Vorlesen von Geschichten oder Märchen hat im pädagogischen Alltag vieler Kindertagesstätten einen angestammten Platz. Es fördert die Literacy-Entwicklung eines Kindes und bietet dabei viele Gelegenheiten, mit den Kindern in Dialog zu treten und ihnen dabei ein sprachliches Vorbild zu sein. Kinder haben Freude an Geschriebenem und an Büchern, denn sie entdecken, dass Schriftzeichen für Gesprochenes steht, und erschließen sich durch Geschichten Phantasiewelten.

Das Vorlesen

- Sensibilisiert Kinder für sprachliche Variation
- Fördert ihr Sprachbewusstsein
- Macht sie mit schriftsprachlicher Ausdrucksweise vertraut, bevor sie in der Schule Lesen und Schreiben erlernen.

Beim Vorlesen begegnen Kinder einer anderen Sprache als der, die sie aus der Alltagskommunikation kennen. Sie werden an die Besonderheiten geschriebener Sprache herangeführt, an schriftsprachliche Normen. Sie erfahren außerdem, dass sie aufmerksam zuhören müssen, um einer Geschichte folgen zu können. Durch regelmäßiges Vorlesen nimmt die Aufmerksamkeitsspanne bei Kindern zu, was sie auf die Lernsituation in der Schule (→ Kap. 22.3.4) vorbereitet.

Vgl. dazu auch Literacy → Kap. 15

Wertschätzung und Förderung von Mehrsprachigkeit

Kinder entwickeln sehr früh ein Gespür dafür, welchen Stellenwert ihre Erstsprachen in ihrem sozialen Umfeld einnehmen und wie diese von der Mehrheitsgesellschaft wahrgenommen werden. Negative Erfahrungen mit dem **Ansehen der Erstsprache** erschwert Kindern bisweilen den Zugang zur Zweitsprache. Aufgabe einer Erzieherin ist es, im Umgang mit Kindern unterschiedlicher Erstsprachen die Mehrsprachigkeit aller Kinder (→ Kap. 22.1.1) wertzuschätzen und zu fördern.

Bei Eintritt in die Kita treffen oft Welten aufeinander. Dort begegnet beispielsweise ein Kind, das im Elternhaus mit Englisch aufwächst, einem Kind, dessen Erstsprache Albanisch ist. Beide Kinder haben bereits Erfahrungen mit dem Prestige ihrer Erstsprachen gesammelt und erkennen schnell, dass das Englische in unserer Gesellschaft einen hohen Wert genießt, während das Albanische im Allgemeinen weniger Prestige hat, unter anderem weil es nicht zum Kanon von Schulfächern gehört.

> ⊙ Die Kindertageseinrichtung ist zu einer offenen und wertschätzenden Haltung gegenüber jeder Erstsprache aufgefordert. Ein Kind, das als kompetenter Sprecher seiner Erstsprache(n) wahrgenommen wird, fühlt sich eher dazu ermutigt, sich auch in einer Zweitsprache zu äußern.

Es gilt, Kindern die **Benutzung ihrer Erstsprachen** in der Kita nicht zu untersagen. Die Sprachenvielfalt einer Einrichtung ist bereichernd. Es liegt nahe und ist sehr menschlich, dass sich Kinder gleicher Erstsprache rasch finden und untereinander in dieser Sprache kommunizieren, vor allem dann, wenn sie über keine oder geringe Deutschkenntnisse verfügen. Dieselben Kinder verstehen aber sehr gut, dass sie in Situationen, in denen alle etwas verstehen möchten und sollen, möglichst auf die gemeinsame Sprache Deutsch zurückgreifen, ohne dass sie dies als Abwertung ihrer Erstsprache auffassen. Diese Argumente sind auch gegenüber Eltern angebracht, die ihrem Kind verbieten, in der Kita die Erstsprache zu sprechen, und dabei mitunter die Unterstützung von Erzieherinnen erbitten.

Die Erstsprachen der Kinder erfahren **Anerkennung,** wenn sie im pädagogischen Alltag gezielt einbezogen werden. Eine Erzieherin kann sich beispielsweise bewusst selbst in die Rolle einer Lernenden begeben und die Kinder darum bitten, einen bestimmten Gegenstand in ihrer jeweiligen Erstsprache zu benennen. Damit schafft sie allen Sprachen gleichwertig Raum, und jedes Kind lernt, dass es normal ist, wenn mehrere Sprachen nebeneinander koexistieren. Auch mit Liedern können Erzieherinnen die Erstsprachen der Kinder bewusst und effektvoll in den Alltag der Einrichtung holen. Denn viele Liedmelodien sind auch in anderen Sprachen bekannt, z. B. „Bruder Jakob" („Frère Jacques"). Auch Bilderbücher existieren vielfach in unterschiedlichen Sprachen bzw. als zweisprachige Ausgaben und eignen sich damit besonders für muttersprachliche oder Eltern-Kind-Angebote (→ Kap. 22.3.4).

So wichtig die Wertschätzung und Förderung der Mehrsprachigkeit von Kindern bei der Unterstützung des Zweitspracherwerbs ist, besteht **Sprachbildung im pädagogischen Alltag** vor allem darin, dass diese Kinder die deutsche Sprache durch interessante Angebote so attraktiv wie möglich erleben können und dabei ein gutes Sprachangebot erhalten.

22.3.2 Die Erzieherin als Sprachvorbild

Um allen Kindern einer Einrichtung eine effektive Sprachbildung zu ermöglichen, ist es wichtig, dass **Kommunikation im Alltag** stattfindet, wo immer sich Gelegenheit dazu bietet, und Erzieherinnen den Kindern ein zielgerichtetes Sprachangebot machen. Dies setzt voraus, dass sich jede pädagogische Fachkraft ihrer **Rolle als Sprachvorbild** der Kinder bewusst ist, und erfordert Wissen darüber, wie ein optimales Sprachangebot beschaffen ist. Dabei sind fundierte Kenntnisse der deutschen Sprachstruktur sowie Wissen über den natürlichen Erwerbsverlauf bei Kindern unabdingbar (→ Kap. 22.1.2).

Ein gutes Sprachangebot basiert auf der Umsetzung grundlegender Prinzipien sprachfördernden Verhaltens, die im Folgenden erläutert werden (vgl. Rupp/Stolberg 2009).

Was ein gutes Sprachverhalten ausmacht

Kinder können sich die Struktur und die Regeln einer Sprache nur über Äußerungen in ihrer sprachlichen Umgebung erschließen. Sie sind daher zwingend auf ein gutes Sprachangebot angewiesen.

Bei vielen pädagogischen Fachkräften regt sich schnell Widerstand, wenn die Qualität des Sprachangebots in Kindertageseinrichtungen in Frage gestellt wird. Oftmals hängt dies mit der verbreiteten, aber irrtümlichen Ansicht zusammen, dass den Kindern mit ganzheitlicher Sprachförderung allein gedient sei. Liegt dem Begriff „ganzheitlich" das Verständnis zu Grunde, dass Kinder besonders gut lernen, wenn im Zuge des Erwerbsprozesses unterschiedliche **Sinne** angesprochen werden (z. B. fühlen, riechen, schmecken), so muss diesem Argument in Teilen stattgegeben werden. Es liegt nahe, dass Erzieherinnen mit Kindern über Dinge sprechen, die im Hier und Jetzt verortet sind und über einen *gemeinsamen Aufmerksamkeitsfokus* (→ Kap. 22.1.2) erfahrbar gemacht werden können.

Doch nicht alles, was im Dialog mit Kindern mittels Sprache kommuniziert wird, lässt sich durch eigene Erfahrungen vermitteln. Denn Sprache bezeichnet nicht nur greifbare Objekte und erlebbare Geschehnisse und Eigenschaften, z. B. Geschmacksrichtungen wie „süß" und „sauer". Viele Wörter haben keine Entsprechung in der Welt, z. B. Wörter wie „auch" oder „noch", und auch die Bedeutung von Wörtern, die sich auf innere Zustände oder kognitive Vorgänge beziehen (z. B. meinen, denken),

Abb. 22.11: Gemeinsame Mahlzeiten sind eine gute Gelegenheit, im Alltag die Sprache und den Wortschatz der Kinder zu fördern.

können sich Kinder nur aneignen, indem sie erleben, wie diese Wörter in konkreten Situationen verwendet werden (vgl. Lemke 2009). Vergegenwärtigt sich die Erzieherin zudem, dass ein Lerner in seiner sprachlichen Umgebung auf eine Fülle grammatischer Formen stößt – allein die Vielfalt an Artikelformen (→ Kap. 22.1.2) – so wird deutlich, dass ganzheitliche Sprachbildung allein nicht ausreicht. Sie wird nicht umhin kommen, für manche Problembereiche spezielle Angebote einzusetzen. Idealerweise orientiert sich ein gutes Sprachangebot nicht nur inhaltlich am Alltag und den Interessen eines Kindes, sondern berücksichtigt außerdem seinen individuellen Sprachentwicklungsstand (→ Kap. 22.3.3) und basiert wesentlich auf einem vorbildlichen Sprachverhalten.

Ein **gutes Sprachvorbild** zu sein, zeichnet sich für eine Erzieherin durch folgende Kriterien aus (vgl. Rupp/Stolberg 2009):

- Alltagssituationen sprachlich begleiten
- Wortschatz vermitteln
- Wörter wiederholt und in unterschiedlichen Kontexten benutzen
- Korrigieren durch ermutigendes Feedback
- Kindliche Äußerungen ergänzen
- Kindliche Gedanken aufgreifen
- Sprechanreize bieten.

Alltagssituationen sprachlich begleiten

Kinder erschließen sich den **Bauplan deutscher Sätze** aus sprachlichen Äußerungen ihrer Umgebung (→ Kap. 22.1.2). Pädagogische Fachkräfte sind daher angehalten, in Alltagssituationen handlungsbegleitend möglichst vollständige und durchaus komplexe Sätzen anzubieten. Sie kommentieren gewissermaßen das eigene und das Handeln der Kinder, indem sie **Haupt- und auch Nebensätze** verwenden.

Die Realität in Kitas sieht allerdings oft anders aus: Häufig werden **alltägliche Anweisungen** an die Kinder in Satzfragmenten erteilt. Sie bergen ein hohes Potenzial der sprachlichen Begleitung in vollständigen und komplexen Sätzen. In Anlehnung an den Beispieldialog (Sprechanlässe nutzen und schaffen → Kap. 22.3.1) wird zur Verdeutlichung eine reduzierte sprachliche Begleitung vorbildlichen Alternativen gegenübergestellt (→ Tab. 22.7).

Sprachliche Begleitung	
Reduziert	**Vorbildliche Alternative**
Erst deinen Schal!	**Gib** mir bitte schon mal deinen Schal!
Zuerst den Schal **umbinden**!	**Bevor** du deine Jacke **anziehst**, **musst** du zuerst den Schal **umbinden.**
So, und jetzt die Jacke!	**Kannst** du mir bitte auch deine Jacke **geben**? Dann **kann** ich dir **helfen**, sie **anzuziehen**.

Tab. 22.7: Situationen sprachlich umfassend und komplex begleiten.

Die Gegenüberstellung der Varianten „reduziert“ und „vorbildlich“ veranschaulicht, dass sich Situationen sprachlich mehr oder weniger umfassend und komplex begleiten lassen. Im ersten Fall bekommt das Kind keine ganzen Sätze zu hören, sondern nur Satzfragmente. Fragmentarische Äußerungen sind zwar in vielen Kontexten angemessen, Kinder müssen in ihrem Sprachangebot aber möglichst **vollständige Sätze** hören, um sich den deutschen Satzbauplan erschließen zu können. Nur Haupt- und Nebensätze gemeinsam bieten Kindern alle relevanten **Informationen zur Entdeckung der Satzstruktur** und möglicher Verbstellungsmuster (→ Kap. 22.1.2).

Nebensätze kommen im Sprachangebot oft ungewollt zu kurz. Einen kausalen Zusammenhang kann eine Erzieherin einem Kind in einer Alltagssituation schließlich auch plausibel in zwei vollständigen Hauptsätzen (→ Beispiel) erläutern.

[BEISPIEL] Beispiel für ein Sprachangebot der Erzieherin ohne Nebensätze:

„(Guck mal,) *die Sonne* **scheint** heute so schön.
Deswegen **gehen** *wir* nachher **raus.**“

Damit macht sie grundsätzlich nichts falsch, im Gegenteil: Mit diesen beiden Sätzen bietet die Erzieherin dem Kind äußerst relevante Informationen über den Bau deutscher Hauptsätze. Es handelt sich um zwei Hauptsätze mit je **unterschiedlichen Wortstellungsmustern.** Im ersten Satz steht im Vorfeld das Subjekt, im zweiten Satz steht an gleicher Stelle ein Adverb, das Subjekt steht in diesem Satz im Mittelfeld (→ Tab. 22.8).

Vorfeld	Linke Satzklammer	Mittelfeld	Rechte Satzklammer
Die Sonne	**scheint**	heute so schön.	
Deswegen	**gehen**	*wir* nachher	**raus.**

Tab. 22.8: Wortstellungsmuster (zwei Hauptsätze).

Den gleichen Zusammenhang kann sie aber auch durch eine Kombination aus Haupt- und Nebensatz erklären (→ Tab. 22.9).

[BEISPIEL] Beispiel für ein Sprachangebot der Erzieherin mit Nebensatz:

„(Guck mal,) **weil** die Sonne heute so schön **scheint** (Nebensatz),
gehen wir nachher **raus** (Hauptsatz)."

Vorfeld	Linke Satzklammer	Mittelfeld	Rechte Satzklammer
	weil	die Sonne	**scheint**,
	gehen	wir nachher	**raus.**

Tab. 22.9: Wortstellungsmuster (Haupt- und Nebensatz).

Um sich Satzstrukturen aneignen zu können, müssen Kinder über einen gewissen Wortschatz verfügen. Dabei spielen Verben eine besondere Rolle.
Vgl. auch Erwerb des Satzbaus → Kap. 22.1.2

Wortschatz vermitteln – sprachlich und nichtsprachlich

Die Bedeutung neuer Wörter erschließen sich Kinder aus sprachlichen Äußerungen und der gleichzeitigen Beobachtung des nonverbalen Kontextes (Erschließen von Wortbedeutungen → Kap. 22.1.2), d.h. sie achten darauf, was gerade geschieht und mit was hantiert wird, während jemand etwas sagt. Die Erzieherin kann auf Gegenstände zeigen oder mit ihnen spielen und dabei die entsprechende Bezeichnung erwähnen.

Voraussetzung für den Erwerb neuer Wörter wie auch von Wortformen ist, dass Situationen sprachlich begleitet und die Dinge beim Namen genannt werden (→ Tab. 22.10). Dies bezieht sich auf alle Wortarten.

Es ist nützlich, wenn Kinder Wörter in verschiedenen Kontexten und Situationen wiederholt hören können (→ unten). Erzieherinnen unterstützen Kinder zudem dabei, **Wortbedeutungen** auszubauen und Anhaltspunkte für deren Verwendungsmöglichkeiten zu gewinnen, indem sie ihnen diese Wörter in **verschiedenen Kontexten** und **Situationen des Alltags** anbieten. Dabei empfiehlt es sich, den Kindern Gemeinsamkeiten und Unterschiede zwischen den Bedeutungen von Wörtern aufzuzeigen, indem sie im selben Kontext verwendet werden. Kinder be-

Wortschatz vermitteln	
Reduziert	**Vorbildliche Alternative**
Tu das bitte da hin!	**Stell den Teller** bitte **auf den Tisch!** **Räum das Spiel** bitte **in den Schrank zurück!** **Leg dein Bild** bitte **neben** dich **auf die Bank**, damit ich dir beim Anziehen helfen kann.

Tab. 22.10: Wortschatz vermitteln.

greifen beispielsweise schnell, dass Verben wie „aufklappen" und „zuklappen" etwas miteinander zu tun haben und sich dabei bedeutsam unterscheiden: Um ein Buch anschauen und vorlesen zu können, muss es aufgeklappt werden, später wird es wieder zugeklappt.
Vgl. auch Wortschatzerwerb (→ Kap. 22.1.2)

Wörter wiederholt und in unterschiedlichen Kontexten benutzen

Der **Erwerb grammatischer Formen** stellt auf Grund einer Vielzahl an Regeln eine besondere Herausforderung für die Kinder dar. Erzieherinnen sind somit gefragt, ihr Sprachangebot variationsreich zu gestalten, d.h. neben unterschiedlichen Satzarten und Wortstellungsmustern neue Wörter wiederholt und zeitnah in unterschiedlichen grammatischen Formen zu verwenden. Dies geschieht ganz natürlich, wenn Situationen möglichst umfassend und komplex mit Sprache begleitet werden, also **eingebettet in natürliche Unterhaltungen.**

[BEISPIEL] Es ist Essenszeit. Eine Erzieherin nutzt diese Situation, um das Verb „geben" und das Nomen „Tasse" mehrfach zu verwenden.

„**Gebt** mir bitte alle **eure Tassen**, damit ich euch etwas zum Trinken einschenken kann!" *(Nicht alle Kinder reichen ihr ihre Tassen.)* „Luis, **gib** mir bitte auch **deine Tasse!** Und Marco, **gibst** auch du mir bitte **deine Tasse? Welche Tasse** gehört dir, Maria? Gehört dir **die große rote Tasse? Wessen Tasse** ist die kleine runde mit den weißen Punkten? Wer hat mir **seine Tasse** noch nicht **gegeben?** Celine, du hast mir **deine Tasse** noch nicht **gegeben.** *(Erzieherin nimmt Tassen, schenkt ein.)* Bitte schön, jetzt **gebe ich** euch **eure Tassen** eine nach der anderen zurück."

Korrigieren durch ermutigendes Feedback

[BEISPIEL] Ein Kind teilt seiner Erzieherin mit, dass ein anderes Kind bereits nach Hause gegangen ist.

„Sahin hat schon Hause gegeht."

Äußert ein Kind bereits Sätze wie diesen, überhört das ungeschulte Ohr leicht, was dieses Kind sprachlich schon leistet: Es beherrscht den Bauplan deutscher Hauptsätze. Einer aufmerksamen Erzieherin wird dennoch nicht entgehen, dass dieses Kind noch daran arbeitet, sich *grammatische Formen* (→ Kap. 22.1.2) zu erschließen. Wo noch

Feinarbeit aussteht („ist“, „gegeht“, „Hause“), benötigt ein Kind in seinem sprachlichen Angebot weitere Anhaltspunkte für die korrekte Bildung bzw. Verwendung der Formen. Normale Reaktionen in Gesprächen bieten dazu gute Gelegenheiten.

Mit einer expliziten Korrektur wäre dem Kind sicherlich nicht gedient („Das hast du falsch gesagt, das heißt: Sahin ist schon nach Hause gegangen“): Eine solche Reaktion wirkt sich nicht nachweisbar positiv auf ein Kind aus, sie würde die Kommunikation stören, das Kind würde sich als Gesprächspartner nicht ernst genommen sowie unverstanden fühlen und die sprachliche Korrektur manchmal nicht begreifen (Tracy 2008a, Rupp/Stolberg 2009).

Wünschenswert und angemessen ist allenfalls eine implizite Korrektur kindlicher Äußerungen durch ein **korrektives Feedback**, bei dem die Erzieherin die Äußerung des Kindes inhaltlich aufgreift und selbst mit einer Nachfrage oder Aussage einen zielsprachlichen Folgesatz formuliert.

[BEISPIEL] Beispiel für ein korrektives Feedback der Erzieherin:

„Warum ist Sahin schon nach Hause gegangen?“ *oder:* „Ach so, ich habe nicht mitbekommen, dass Sahin schon nach Hause gegangen ist.“ *Und als Sprechanreiz:* „Wann ist er denn nach Hause gegangen?“

Das Aufgreifen der kindlichen Äußerung signalisiert dem Kind eigenes Interesse an einem Gespräch. Durch Rückfragen erkennt es, wo sein Gesprächspartner Klärungsbedarf hat. Gleichzeitig liefert die Erzieherin dem Kind einen korrekten Modellsatz.

Kindliche Äußerungen ergänzen

Selbst korrekt formulierte Äußerungen der Kinder kann eine Erzieherin zum Anlass nehmen, um differenzierten sprachlichen Input anzubieten. Dabei greift die Erzieherin die kindliche Äußerung auf, behält sie im Wesentlichen bei und gibt sie durch zusätzliche Elemente ergänzt wieder.

Abb. 22.12: Korrektives Feedback kindlicher Äußerungen ist wünschenswert.

[BEISPIEL] Beispiel für eine ergänzte kindliche Äußerung:

Kind: „Ich hab ein Zug gebaut.“
Erz.: „Zeig mal! Da hast du aber einen **langen** Zug gebaut!“

Kindliche Gedanken aufgreifen

Mit der Äußerung des Kindes kann die Erzieherin auch seinen Gedankengang aufgreifen, indem sie die kindliche Äußerung inhaltlich ausbaut.

[BEISPIEL] Beispiel für das Aufgreifen eines kindlichen Gedankens:

Kind: „Ich brauch noch ein Zug.“
Erz.: „Brauchst du noch einen Wagon, damit du die Bausteine zur Baustelle fahren kannst?“

Sprechanreize schaffen

Es gibt diverse Möglichkeiten, ein Kind zum Sprechen anzuregen und zum Gespräch einzuladen. Im Folgenden wird der Umgang beleuchtet mit:

- Bestimmten Fragestellungen
- Dem Offenlassen von Informationslücken und
- Der Herausforderung der Kinder zum Mitreden (Tracy 2008a).

Fragetechniken können gezielt eingesetzt werden. Will die Erzieherin ein Kind zum Sprechen animieren, sind bestimmte Fragestellungen als Sprachmotivation hilfreich. Fragen können auch zur Ermittlung des *Sprachentwicklungsstands* (→ Kap. 22.3.3) eingesetzt werden.

Nicht jede Frage bewegt Kinder gleichermaßen zum Sprechen. In vielen Situationen sind Fragen angemessen, die durch einzelne Wörter oder sogar nonverbal durch Kopfnicken oder Kopfschütteln beantwortet werden können („Möchtest du Tee?“). Daher eignen sind **Ja/Nein-Fragen** nicht, um Kinder zur Produktion umfangreicherer Äußerungen zu motivieren. Auch manche **Alternativfrage** lässt sich schon mit einem Wort beantworten („ Möchtest du Tee oder Saft?“), ebenso manche **W-Frage** („Wie heißt das?“).

Als Anreiz zu längeren Antworten lohnen insbesondere **offene Fragen,** zu denen sich im pädagogischen Alltag viele Gelegenheiten bieten, z. B.

- Bei einer Bilderbuchbetrachtung („Warum muss der Junge an der Ampel stehen bleiben?“)
- Beim Spiel in der Puppenecke („Wann müssen wir die Puppe schlafen legen?“) oder
- Beim Waldspaziergang („Wie kommen wir zum Rastplatz zurück?“).

Wenn ein Kind eine Frage nicht oder nur bedingt beantwortet, sollte es nicht unter Druck gesetzt werden. Abweichende Antworten können auch ein Hinweis auf den *Sprachentwicklungsstand* (→ Kap. 22.3.3) eines Kindes sein, denn Kinder benötigen ihre Zeit, bis sie unterschiedliche Fragetypen angemessen verstehen. In diesem Falle sollte die Frage noch einmal anders gestellt oder die Antwort vorgegeben werden.

Fragen können auch dazu dienen, einem Kind differenzierten Input zu liefern, z. B. mittels Alternativfragen wie der bereits genannten „Möchtest du Tee oder Saft?" oder auch „Möchtest du mit mir ein Bild malen, oder willst du lieber, dass wir zusammen in der Puppenecke spielen?". Die Fragestellung hängt jedoch nicht nur vom Kontext ab, sondern auch davon, ob vorhandene Situationen gezielt für Fragen genutzt werden, die Kinder zu längeren Äußerungen veranlassen. Die unterschiedlichen Möglichkeiten, Fragen zu stellen (→ Tab. 22.11) veranschaulichen, dass eine knappe Antwort in vielen Situationen nicht auf eine geringe Sprachkompetenz des Kindes zurückzuführen ist, sondern **von der Fragestellung abhängen** kann.

Dass dabei nicht nur die Wahl des W-Wortes eine Rolle spielt, illustriert das folgende Beispiel.

[BEISPIEL] Beispiel für Sprechanreiz schaffen bei einer Bilderbuchbetrachtung:

Erz.: „**Was** *macht* der denn da?"
Kind: „Spielen." *(Ein-Wort-Antwort reicht aus.)*
Erz.: „**Was** *spielt* der denn da?"
Kind: „Fußball." *(Ein-Wort-Antwort reicht aus.)*
Erz.: „**Was** *passiert* denn da?"
Kind: „Der Junge spielt mit Fußball."

W-Fragen bieten vielfach gute Sprechanreize:

- *Wie* geht denn das Spiel?
- *Wofür* brauchen wir das Seil?
- *Warum* weint der Junge?
- *Wann* darf das Mädchen über die Straße gehen?

Wie umfassend eine Antwort auf eine W-Frage ausfällt, hängt neben dem Sprachstand und dem Mitteilungsbedürfnis eines Kindes auch von der Situation ab. Die Frage „Wann?" kann beispielsweise angemessen mit „Gleich!" beantwortet werden („Wann bist du fertig?"), in einem anderen Kontext wäre auf dieselbe Frage z. B. die Antwort „Wenn ich das Dach gemalt habe" angebracht.

Auch **Lücken** laden zum Sprechen ein. In Dialogen wird der Ball wie in einem Pingpongspiel hin und her gespielt. Lässt eine Erzieherin im Gespräch mit einem Kind durch eine unvollständige Äußerung eine Leerstelle entstehen, signalisiert dies dem Kind eine Wissenslücke auf Seiten des Gesprächspartners. Dabei unterstreicht der steigende Tonhöhenverlauf die **Aufforderung zur Vervollständigung.** Das Kind fühlt sich animiert, die Lücke zu schließen:

[BEISPIEL] Beispiel für Sprechanreiz schaffen durch Lücken:

Erz.: „Guck mal, die Frau pflückt – /„
Kind: „Apfel/Äpfel/ganz viele Äpfel, weil die Hunger hat."

Kinder lassen sich auch zu Äußerungen bewegen, indem die Erzieherin ihnen Anlass bietet zu widersprechen. Bezeichnet sie z. B. ein Flugzeug als einen Vogel, so wird ein Kind, das die Bedeutungen dieser Wörter schon kennt, das Bedürfnis haben, die Aussage der Erzieherin richtigzustellen. Die Erzieherin hat **Widerspruch provoziert.**

[BEISPIEL] Beispiel für Sprechanreiz schaffen durch Provozieren von Widerspruch:

Erz.: „Schau mal, da oben am Himmel fliegt ja ein großer Vogel!"
Kind: „Nein, das ist ein Flugzeug."

Auch **Lügengeschichten** fordern Kinder zum Widerspruch heraus, und sie verspüren den Drang, Dinge zu berichtigen, wenn es beispielsweise um die Zuordnung von Gegenständen geht („Was hat eine Pfanne im Koffer zu suchen?", „Wozu braucht man denn eine Pfanne?").

⊙ Die Sprechfreude eines Kindes muss nicht nur geweckt, sondern auch erhalten werden. Dabei ist es wichtig, dass eine Erzieherin allen Kindern gleichberechtigt Gehör schenkt, die Kinder ausreden lässt und ein aufrichtiges Interesse am Mitgeteilten bekundet. Auf kindliche Äußerungen kann eine Erzieherin erst dann angemessen reagieren, wenn sie den Äußerungen eines Kindes aufmerksam folgt.

Fragestellung	Erzieherin	Mögliche Antwort des Kindes
Unzureichende Fragestellung, da kein vollständiger Satz	„Tee?"	Ja / Nein Kopfnicken / Kopfschütteln
Fragestellung im ganzen Satz	„Möchtest du Tee haben?"	Ja / Nein Kopfnicken / Kopfschütteln
Alternativfrage	„Möchtest du Tee trinken, oder willst du lieber Saft trinken?"	Tee / Saft
Offene Fragestellung für die potenziell umfangreichste Antwort	„Was möchtest du trinken?"	Tee / Saft / Wasser ...

Tab. 22.11: Sprechanreiz schaffen in einer Essenssituation.

Abb. 22.13: Sprechanreize schaffen.

Wie Erzieherinnen das eigene Sprachverhalten optimieren können

Eine qualitativ hochwertige Sprachbildung im Alltag setzt voraus, dass sich alle pädagogischen Fachkräfte einer Einrichtung ihres Sprachverhaltens bewusst sind bzw. werden. Dies verlangt von Erzieherinnen eine anhaltend kritische Auseinandersetzung mit dem eigenen sprachlichen Handeln.

Ein probates Hilfsmittel der **Selbstreflexion** (→ Kap. 2.1.3) sind Audio- und besser noch Videoaufnahmen. Diese erlauben es einer Erzieherin, sich während des Mitschnittes auf die Interaktion mit den Kindern zu konzentrieren. Im Anschluss kann eine Aufnahme in Ruhe angehört und durch wiederholtes Abspielen differenziert analysiert werden.

Wer offen ist für Anregungen von außen, kann in einem weiteren Schritt die Selbstwahrnehmung mit der Einschätzung einer Kollegin abgleichen (**Fremdreflexion**). Kollegiale Beratung kann in Form der gegenseitigen Einschätzung zweier Kolleginnen oder im gesamten Team stattfinden. Sie erfolgt häufig mittels Hospitationen, kann sich aber ebenso auf Aufnahmen stützen. Darüber hinaus haben Kindertageseinrichtungen die Möglichkeit, Einschätzungen externer Beobachter einzuholen, die Erzieherinnen gezielt im Hinblick auf ihr Sprachverhalten beraten (Coaching bzw. Supervision).

Fremdeinschätzungen helfen Erzieherinnen, ihre Fähigkeit zur Selbstreflexion zu verbessern. Eine konstruktive Fremdreflexion setzt in jedem Falle eine vertrauensvolle Basis voraus und verlangt sowohl von der Beobachterin als auch der Beobachteten die **Beachtung von Feedback-Regeln** (→ Kap. 2.1.3). Ein kritischer Blick von außen schenkt einer Erzieherin häufig wertvolle Bestätigung in der eigenen Arbeit (vgl. Rupp/Stolberg 2009).

Erst die kritische Auseinandersetzung mit dem eigenen Sprachverhalten durch Selbst- und Fremdreflexion ermöglicht eine generelle Optimierung des eigenen Sprachangebotes. Ein reflektierter Einsatz der Sprache hilft zudem, das sprachliche Angebot besser am individuellen Sprachentwicklungsstand eines Kindes zu orientieren.

22.3.3 Beobachtung und Dokumentation der Sprachentwicklung

Systematische und fortlaufende Beobachtungen und Dokumentationen sind auch im Bereich der Sprachbildung selbstverständliche Grundlage der pädagogischen Arbeit von Kindertageseinrichtungen. Dieses Kapitel geht auf Methoden und Instrumente zur Beobachtung und Dokumentation kindlichen Sprachverhaltens und der kindlichen Sprachentwicklung ein.

Die Beobachtung und Erfassung des Sprachverhaltens und der sprachlichen Entwicklung eines Kindes anhand konkreter Äußerungen bietet Erzieherinnen wichtige Anhaltspunkte für eine effektive Unterstützung des individuellen Spracherwerbsprozesses. Entscheidend hierbei ist, dass die Wahrnehmung von Defiziten nicht den Blick auf bereits vorhandene Sprachkompetenzen verstellt. Gegebenenfalls muss ein Perspektivenwechsel vollzogen werden: weg von der Orientierung an Problembereichen hin zu bereits erworbenen Fähigkeiten. Denn die Feststellung der **sprachlichen Kompetenzen** eines Kindes ist Voraussetzung für die Ableitung des **individuellen Förderbedarfs.** Nur so kann das Sprachangebot optimal auf die Fähigkeiten und Bedürfnisse eines Kindes abgestimmt werden (vgl. Tracy 2008a, Rupp/Lemke 2009).

Verfahren zur Sprachstandseinschätzung

In vielen Bundesländern geht gezielten Sprachfördermaßnahmen eine verpflichtende Einschätzung des Sprachentwicklungsstandes der zu fördernden Kinder voraus. Dabei werden unterschiedliche Verfahrensarten eingesetzt (→ Tab. 22.12).

Verfahrensart	Merkmale
Einschätzungsverfahren	• Stützen sich auf Erfahrungen und subjektive Beobachtungen • Erfassen häufig eher kommunikative als sprachstrukturelle Kompetenzen
Informelle Testverfahren	• Basieren auf speziellen (standardisierten) Aufgaben, die das Kind zu bestimmten Äußerungen veranlassen
Standardisierte Testverfahren	• Beinhalten gezielte Aufgabenstellungen und verlangen spezifische Handhabe in Durchführung und Auswertung • Erfüllen die wissenschaftlichen Standards
Screening	• Standardisiertes Schnell-Testverfahren • Dient der Abklärung eines Risikos zu Sprachentwicklungsstörungen

Tab. 22.12: Ansätze zur Einschätzung des Sprachentwicklungsstandes (in Anlehnung an Schulz/Kersten/Kleissendorf 2009, nach Rupp/Lemke 2009).

Weitergehende Informationen zu gängigen Verfahren der Sprachstandseinschätzung bieten kritische Überblicke von:

Fried 2004, Kany/Schöler 2010, Ehlich u.a. 2005, Lüdtke/Kallmeyer 2007, Schulz/Kersten/Kleissendorf 2009, vgl. ebenso Wenzel/Schulz/Tracy 2009, und finden sich im Internet und in Printversionen

Überblicke über unterschiedliche Verfahren:
www.dji.de/fileadmin/user_upload/bibs/271_2232_ExpertiseFried.pdf
www.bmbf.de/pub/bildungsreform_band_elf.pdf
www.testzentrale.de

SISMIK:
www.ifp.bayern.de/projekte/sismik.html (Staatsinstitut für Frühpädagogik IFP)
Ulrich, M./Mayr, T.: Sismik. Sprachverhalten und Interesse an Sprache bei Migrantenkindern in Kindertageseinrichtungen (Beobachtungsbogen und Begleitheft). Freiburg: Herder 2003

SELDAK:
www.ifp.bayern.de/materialien/beobachtungsboegen.html
Ulrich, Michaela/Mayr, Tony: Seldak. Sprachentwicklung und Literacy bei deutsch aufwachsenden Kindern (Beobachtungsbogen und Begleitheft). Freiburg: Herder 2006

SETK 3–5:
Grimm, H.: SETK 3–5. Sprachentwicklungstest für drei- bis fünfjährige Kinder. Diagnose von Sprachverarbeitungsfähigkeiten und auditiven Gedächtnisleistungen. Göttingen: Hogrefe 2001
http://entwicklungsdiagnostik.de/setk_3-5.html

HASE:
Schöler, H./Brunner, M.: HASE – Heidelberger Auditives Screening in der Einschulungsuntersuchung, 2., erw. Aufl. Wertingen: Westra 2007

LiSe-DaZ:
Schulz, P./Tracy, R. LiSe-DaZ®. Linguistische Sprachstandserhebung – Deutsch als Zweitsprache. Göttingen: Hogrefe 2011
www.mazem.de
www.sagmalwas-bw.de/diagnoseverfahren-lise-daz/

Der Markt bietet eine Vielzahl von Instrumenten zur **Sprachstandsfeststellung**, aber nur eingeschränkt für Kinder mit Migrationshintergrund. Bei der Auswahl ist zu berücksichtigen, dass ein konkretes Verfahren jedem Kind für sich gerecht werden muss und daher zielgruppenspezifisch zum Einsatz kommen sollte. Falls ein Kind noch keine Deutschkenntnisse besitzt und ein Elterngespräch hinreichende Informationen zum bisherigen Sprachkontakt liefert, kann sich eine Sprachstandseinschätzung erübrigen.

Bei der Beurteilung der individuellen Sprachentwicklung gilt es stets, die Lebenssituation und die Erwerbsgelegenheiten eines Kindes zu berücksichtigen. Vielfach wird bei der Einschätzung sprachlicher Kompetenzen vernachlässigt, wie lange und intensiv ein Kind zum Zeitpunkt einer Erhebung bereits Gelegenheit hatte, die deutsche Sprache zu hören und aufzunehmen. Beispielsweise kann von einem Kind, das erst mit Eintritt in die Kita mit der Zweitsprache Deutsch in Kontakt kommt, nicht erwartet werden, dass es binnen kürzester Zeit den Sprachentwicklungsstand eines gleichaltrigen monolingualen Kindes erreicht. Eine differenzierte Sprachstandsermittlung ist daher unverzichtbar.

Das Beobachtungsverfahren **SISMIK** beispielsweise ist speziell auf die Erwerbssituation von Kindern mit Migrationshintergrund zugeschnitten, während sein Geschwisterinstrument **SELDAK** für deutschsprachige Kinder konzipiert wurde. Bislang existieren nur wenige normierte und standardisierte Diagnostikinstrumente, die gezielt auf die Erwerbssituation von Kindern nichtdeutscher Erstsprachen ausgerichtet sind (Wenzel/Schulz/Tracy 2009).

Einschätzungsverfahren am Beispiel SISMIK

Der Beobachtungsbogen SISMIK will Erzieherinnen dabei helfen, das „Sprachverhalten und Interesse an Sprache bei Migrantenkindern in Kindertageseinrichtungen" einzuschätzen und stützt sich dabei auf Beobachtungen des sprachlichen Handelns der Kinder in Alltagssituationen.

Ein dreiteiliger Protokollbogen soll ein systematisches und differenziertes Beschreiben und Dokumentieren gewährleisten. Dabei wird das Kind anhand der **Beobachtungsaufgaben** eingestuft:

- Sprachverhalten in verschiedenen Situationen
- Sprachliche Kompetenz im engeren Sinn (deutsch) und
- Familiensprache des Kindes.

Dieser Ansatz ermöglicht eine Beobachtung über einen längeren Zeitraum hinweg und basiert nicht auf einer „Momentaufnahme", die häufig nicht den tatsächlichen Sprachstand eines Kindes widerspiegelt und sehr subjektiv geprägt ist. Ein objektiveres Bild ergibt sich, wenn Erfahrungen und Beobachtungen unterschiedlicher Kolleginnen einfließen. Es ist jedoch unmöglich, die kindliche Sprachkompetenz anhand informeller Beobachtungen des Alltagsgeschehens treffend einzuschätzen.

[BEISPIEL] Beispiel aus SISMIK, „Satzbau, Grammatik" (zum Ankreuzen):

Das Kind verwendet Artikel, z. B.: „Das ist **ein** Haus", „... ich gebe dir **das** Buch".

1. Nein, Artikel werden meist ausgelassen.
2. Artikel sind meist fehlerhaft.
3. Artikel sind manchmal fehlerhaft.
4. Artikel sind meist korrekt.

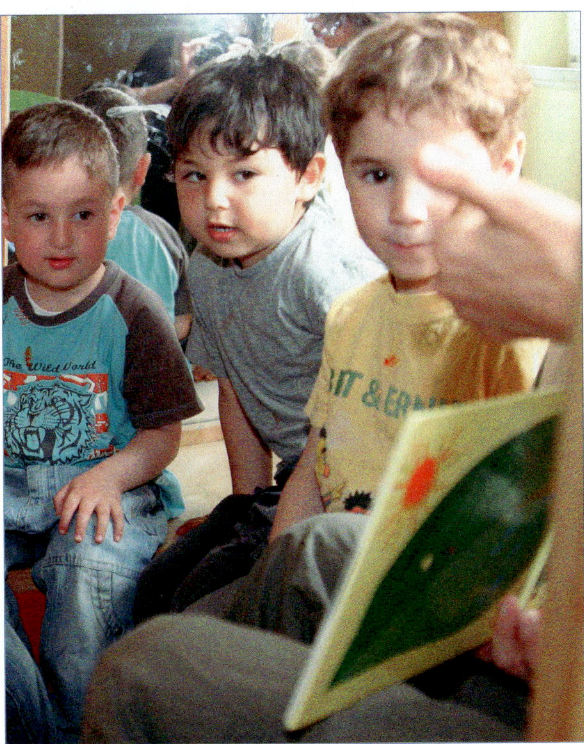

Abb. 22.14: Bei der Beurteilung der sprachlichen Entwicklung muss immer der individuelle Hintergrund der Kinder berücksichtigt werden.

Um Beobachtungsfragen wie die im Beispiel (→ oben) angegebenen angemessen beantworten zu können, muss eine Erzieherin über sprachwissenschaftliche Kenntnisse (→ Kap. 22.1) verfügen sowie mit den Methoden der *Spontansprachanalyse* (→ unten) vertraut sein. Nur so kann sichergestellt werden, dass das Kind in geeigneten Kontexten Gelegenheit erhält, anhand spontaner Äußerungen spezifische Sprachkompetenzen unter Beweis zu stellen (Wenzel/Schulz/Tracy 2009).

Einschätzung anhand spontaner Sprachäußerungen

Anhand spontaner Äußerungen lässt sich das Sprachverhalten eines Kindes fortlaufend beobachten und sein sprachlicher Entwicklungsstand auf Grundlage fundierter Kenntnisse über den natürlichen Erwerbsverlauf differenziert erfassen. Spontansprachliche Äußerungen eines Kindes geben v. a. Aufschluss über seine produktiven Kompetenzen, d. h. die **Sprachproduktion,** und ermöglichen im besten Fall eine Einschätzung der grammatischen Entwicklung anhand der *Meilensteine* (→ Kap. 22.1.2).

Um eine sachgerechte Einschätzung treffen zu können, muss dokumentiert werden, was beobachtet wird: Die kindlichen Äußerungen sollten möglichst genau schriftlich festgehalten werden.

Dies ist am ehesten zu erreichen, wenn die Erzieherin ihre subjektiven Beobachtungen aus dem Alltag anhand von **Ton- oder Videomitschnitten** überprüft. Mitschriften im Moment der Interaktion mit den Kindern führen leicht zu Irrtümern, weil man immer dazu neigt, Äußerungen von Gesprächpartnern unbewusst zu korrigieren.

Spontane Kinderäußerungen erhält die Erzieherin durch **freie Sprachbeobachtungen** in natürlichen Situationen des Alltags oder in geeigneten Situationen, die zum Zwecke einer gezielten Beobachtung bewusst geschaffen werden.

Durch **gezielte Redeanlässe** kann die Erzieherin das Kind zu spontanen Äußerungen anregen. Dazu eignet sich z. B. eine gelenkte Bilderbuchbetrachtung (Mischung aus Bilderbuch-, Bild-Betrachtung und freiem Gespräch), bei der die Erzieherin dem Kind in einer aufrichtigen Kommunikationssituation offene Fragen stellt und ihm zum Antworten Zeit lässt. Auch ein Memoryspiel, Kimspiele, Lügengeschichten, der Einsatz einer Handpuppe als Redepartner, ein simuliertes Interview etc. können als *Sprechanreize* (→ Kap. 22.3.2) dienen.

Weitere Ziele und Zwecke

Eine kontinuierliche Beobachtung und Dokumentation des Sprachentwicklungsstandes ermöglicht:

- Die Erfassung von Lernfortschritten
- Den Austausch (Feedback) über Sprachfortschritte der Kinder im Team
- Die Ableitung des individuellen Förderbedarfs

Abb. 22.15: Ein gezielter Redeanlass kann z. B. ein simuliertes Interview sein.

- Die Erstellung und Anpassung eines differenzierten Förderplans
- Anhand sprachlicher Effekte eine Erfolgskontrolle über den Einsatz gezielter Sprachfördermaßnahmen
- Bestätigung in der eigenen pädagogischen Arbeit
- Ein frühzeitiges Erkennen von Auffälligkeiten in der Sprachentwicklung und eines möglichen Abklärungsbedarfs
- Eine objektive, systematische Grundlage für Entwicklungsgespräche mit Eltern und
- Die Unterstützung von Untersuchungen durch Logopäden, Kinderärzte etc.

> 📖 Pragmatische Hilfestellungen bei der Erstellung und Anpassung eines individuellen Sprachangebots bieten auf Grundlage einer Einschätzung anhand der Meilensteine:
>
> Entscheidungshilfen für eine differenzierte Sprachförderung (Tracy 2008a, S. 203–214)

Hinweise auf Sprachentwicklungsstörungen erkennen

Typische Auffälligkeiten einer SSES → Kap. 22.1.3

Vielfach bleiben *Sprachentwicklungsstörungen* (→ Kap. 22.1.3) lange unerkannt und unbehandelt. Dies liegt zum Teil an fehlendem Wissen über deren Anzeichen und hängt oftmals auch damit zusammen, dass Eltern eine abklärende Diagnose durch den Experten fürchten.

Eine **Spezifische Spracherwerbsstörung (SSES)** wird oft erst spät entdeckt, da sich die betroffenen Kinder in anderen Bereichen unauffällig entwickeln und das typische Risikomoment, ein später Sprechbeginn, nicht zwangsläufig die Ausbildung einer SSES zur Folge hat.

Von einer SSES betroffene Kinder sind auf eine individuell abgestimmte und gezielte **fachgerechte Sprachtherapie** angewiesen, die nicht durch Sprachfördermaßnahmen ersetzt werden kann. Denn die Probleme dieser Kinder „verwachsen" sich nicht von selbst. Eine frühzeitige Diagnose, die durch den Kinderarzt, HNO-Ärzte oder Pädaudiologen erfolgen kann, ist Voraussetzung dafür, dass eine spezielle logopädische oder sprachheiltherapeutische Behandlung stattfinden kann.

Es liegt daher in der Verantwortung jeder pädagogischen Fachkraft, einen **diagnostischen Abklärungsbedarf zu erkennen** und Eltern zur Inanspruchnahme einer logopädischen Beratung zu ermutigen. Vielerorts können sich besorgte Eltern auch an frühkindliche Beratungsstellen wenden (vgl. Rupp/Lemke 2009).

> ✉ Welche Auffälligkeiten die weitere Abklärung einer möglichen SSES nahe legen, erläutert der Deutsche Bundesverband für Logopädie e. V. zielgruppenorientiert für jeweils Erzieherinnen, Eltern und Ärzte unter: www.dbl-ev.de

22.3.4 Zusammenarbeit mit Eltern – Erzieherinnen und Eltern als Erziehungspartner

Zusammenarbeit mit Eltern → Kap. 2.1.5

Die Kommunikation und Zusammenarbeit mit deutschen Familien sowie mit Eltern aus den unterschiedlichsten Kulturen ist für pädagogische Fachkräfte oft eine besondere Herausforderung.

Die wenigsten Eltern gehen von sich aus auf Erzieherinnen zu oder umgekehrt, obwohl beide das Beste für die Kinder wollen. Die Kooperation mit Eltern ist jedoch unabdingbar für eine gelungene Kindergartenarbeit, da der Kindergarten eine familienergänzende und -unterstützende Institution ist (Textor 1992) (→ Kap. 4.1.2). In vielen Kindertageseinrichtungen werden zwar an Eltern gerichtete Angebote gemacht, allerdings sind es oft immer dieselben Eltern, die präsent sind und sich engagieren. Etwas schüchterne und unsichere Eltern nehmen meistens aufgrund von Angst, Unwissenheit, Sprachbarrieren oder frühere negative Erfahrungen – sie fühlen sich nicht ernst genommen – nicht teil. Deshalb ist es Aufgabe der Fachkräfte, diese Eltern gezielt anzusprechen und sie mit ins Boot zu holen, auch wenn es anfangs besonderer Bemühungen und Kreativität bedarf.

Eltern als Erziehungspartner gewinnen

Entscheidend für eine auf Vertrauen basierte Beziehung zu den Eltern ist die eigene Haltung. Je offener, herzlicher, authentischer und freier von Vorurteilen die Erzieherin Eltern begegnet, desto leichter wird es sein, ihr Vertrauen zu gewinnen. **Elterngespräche** stellen oft auch deshalb eine große Herausforderung für die meisten pädagogischen Fachkräfte dar, weil es entweder um unangenehme Probleme, Entwicklungs- und Verhaltensauffälligkeiten ihrer Kinder oder um sonstige Konflikte geht. Wenn sich Kontakte zwischen Eltern und Einrichtung auf solche Momente beschränken, sind angespannte Kommunikationssituationen sowie Meinungsverschiedenheiten vorprogrammiert, so dass eine Erziehungspartnerschaft sehr schwer herzustellen ist. Es ist also wichtig, positive Interaktionsgelegenheiten zu schaffen. Die Kommunikation mit Eltern erfordert Fingerspitzengefühl, ein gewisses Maß an Gelassenheit und vor allem Empathiefähigkeit. Bei Elterngesprächen fühlen sich Mütter und Väter in ihrer Erziehungskompetenz in Frage gestellt und sind deshalb verständlicherweise verunsichert.

Mit akzeptierendem Zuhören und respektvollem Umgang kann die Erzieherin dieser Verunsicherung der Eltern entgegenwirken. Aus diesem Grund ist es bei der Elternarbeit besonders wichtig, **Eltern auf Augenhöhe zu begegnen,** ein offenes Ohr für sie zu haben, ohne ihre Erziehungskompetenzen in Frage zu stellen. Denn nur so können sich Eltern öffnen, ihre Bedürfnisse mitteilen und sich selbst einbringen. Das Ziel von Kindertageseinrichtungen sollte es sein, Eltern ihre Stärken aufzuzeigen und sie zu ermutigen, ohne Hemmungen an Aktivitäten teilzunehmen. Dabei spielt es keine Rolle, ob es sich um deutsche Eltern oder um Eltern nichtdeutscher Herkunft handelt.

Der **Umgang mit Zuwandererfamilien** verlangt von den pädagogischen Fachkräften ein hohes Maß an interkultureller Kompetenz, die nur dann erworben werden kann bzw. vorhanden ist, wenn eigene Einstellungen und Vorurteile reflektiert und abgebaut werden. Eigenes Interesse an den verschiedenen Herkunftsländern und -sprachen kann die Zusammenarbeit mit Menschen aus unterschiedlichsten Kulturkreisen erheblich erleichtern (Mehler/Krempien/Ocak 2009).

Anregungen für eine gelingende Zusammenarbeit mit Eltern

Mit unterschiedlichen **an Eltern gerichteten Angeboten** können Grundsteine für die Erziehungspartnerschaft zwischen Eltern und Erzieherinnen gelegt werden (Krempien/Mehler 2009):

- *Elterntreffen* – In regelmäßigen Abständen stattfindende Elterntreffen – eventuell gemeinsam mit ihren Kindern – können Raum für Erfahrungsaustausch und zum Knüpfen von Kontakten bieten. Eine lockere und ungezwungene Atmosphäre schon in der Anfangsphase des Kindergartenbesuchs ihrer Kinder nimmt Eltern ihre Ängste und erleichtert ihnen somit den Zugang zur Kindertageseinrichtung
- *Direkte Ansprache* – Viele Eltern freuen sich auch, wenn sie ihr Wissen und ihre Kompetenzen einbringen können. Daher empfiehlt es sich, bei anstehenden Festen und Feiern Eltern direkt anzusprechen und zu fragen, ob sie etwas beisteuern können
- *Herkunftskultur in den Vordergrund stellen* – Darüber hinaus kann bei gemeinsamen Aktivitäten auch einmal eine bestimmte Herkunftssprache oder Herkunftskultur im Vordergrund stehen, indem z. B. eine Mutter oder ein Vater den Kindern Geschichten in der Herkunftssprache erzählt oder vorliest. Auch Kinderlieder, Reime und Tänze können Eltern mit ihren Kindern gemeinsam vorbereiten und diese bei feierlichen Anlässen vorführen (Knisel-Scheuring 2001)

Abb. 22.16: Bei der Zusammenarbeit mit den Eltern können z. B. Lieder aus dem Herkunftsland von den Eltern vorgesungen und -gespielt werden.

- *Exkursionen* – Viel Spaß bereiten zudem gemeinsame Exkursionen, bei denen Eltern mit ihren Kindern neue Orte erkunden
- *Hospitation* – Eltern sollte man auch Hospitationen in den Einrichtungen anbieten, um ihnen den Kindergartenalltag transparenter zu machen. Dabei erleben sie ihr Kind in der Gruppe und können es dort beobachten. Von Eltern-Hospitationen können beide Parteien stark profitieren. Eltern lernen durch die Beobachtung von Aktivitäten, erleben den professionellen Umgang von Erzieherinnen in Konfliktsituationen und gewinnen Anregungen für das Spiel zu Hause. Eltern, die einen Einblick in die Arbeit von Erzieherinnen erhalten, begegnen ihnen in der Regel mit mehr Achtung (Textor 2006)
- *Interkulturelle Fachkraft* – Falls in der Kindertageseinrichtung eine interkulturelle Fachkraft mit einer anderen Herkunftssprache tätig ist, könnte diese speziell für diese bestimmte Zielgruppe Elternabende anbieten, bei denen Themen wie z. B. die Sprachentwicklung der Kinder, Mehrsprachigkeit oder das deutsche Bildungssystem behandelt werden.

Je mehr die Kindertageseinrichtungen ihre Angebote an den Bedürfnissen und Interessen der Eltern ausrichten, desto mehr gewinnen sie deren Vertrauen und können die Entwicklung der Kinder in partnerschaftlicher Zusammenarbeit begleiten.

Den Eltern ihre Rolle bei der Sprachentwicklung bewusst machen

Die *primäre Sozialisation* (→ Kap. 9.3.2) von Kindern findet in den ersten Lebensjahren im Wesentlichen innerhalb der Familie statt. Dabei lernen Kinder bestimmte Werte und Normen, aber auch Kommunikationsformen, die sie für den weiteren Verlauf ihres Lebens prägen sowie auf ihre Persönlichkeitsentwicklung einen wichtigen Einfluss haben. Bei der Sprachentwicklung von Kindern spielen Eltern bzw. andere unmittelbare Bezugspersonen eine entscheidende Rolle. Daher sollten Erzieherinnen sie für dieses Thema sensibilisieren und ihnen ihre **Rolle als Sprachvorbilder** (→ Kap. 22.1.2) bewusst machen.

Eltern unterstützen den Spracherwerb ihrer Kinder am besten, wenn sie ihnen von Anfang an eine **sprachlich anregungsreiche Umgebung** (sprachlichen Input) anbieten. Auch wenn Kinder das Gesagte anfangs noch nicht verstehen, spüren sie, dass mit ihnen über Sprache eine bestimmte Art von Kommunikation hergestellt wird. Eltern sind oft verunsichert und wissen nicht, wie sie ihre Kinder bei der Sprachentwicklung am besten unterstützen können, obwohl sie selbst über alle notwendigen Ressourcen zur erfolgreichen Kommunikation verfügen.

> ⊙ Mit Hilfe ihrer natürlichen Kompetenzen können Eltern hervorragende Sprachvorbilder für ihre Kinder sein. Nicht alle Eltern sind sich dieser Rolle und des damit verbundenen Potenzials bewusst. Deshalb ist es sehr wichtig, dass die pädagogischen Fachkräfte Eltern in dieser Hinsicht aufklären und sie motivieren, mit ihren Kindern viel und bei jeder Gelegenheit zu sprechen.

Wie können Eltern ihre Kinder beim Spracherwerb unterstützen?

Hinter einer geglückten Sprachentwicklung steckt viel sprachliche Zuwendung und Interesse am Kind. Eltern sind die besten Sprachvorbilder für die Erstsprache(n). Das Gute ist, dass Eltern nicht wie Sprachlehrer mit ihren Kindern üben und Vokabeln lernen müssen, sondern ganz normal mit ihnen reden können, wie sie es mit älteren Kindern und Freunden auch tun. Kinder sind kleine Forscher. Sie sind neugierig, interessiert und entdeckungsfreudig. Sie wollen auch wissen, was die Erwachsenen denken, wofür sie sich interessieren und was sie fühlen. Da kein Mensch Gedanken lesen kann, müssen Erwachsene andere Menschen über die Sprache an ihren Gedanken teilhaben lassen.

> ✉ **Tipp zum Thema Sprachentwicklung und Sprachförderung:**
>
> Das Bundesministerium für Familie, Senioren, Frauen und Jugend bietet zwei vom „Arbeitskreis Neue Erziehung" herausgegebene Elternbriefe an, die Eltern gute und praxisnahe Tipps geben (in Deutsch, Englisch, Polnisch, Türkisch, Arabisch, Italienisch etc.):
>
> www.bmfsfj.de/BMFSFJ/familie,did=22534.html
>
> www.ane.de/elternmedien/elternbriefe/

Eltern können die Sprachentwicklung ihrer Kinder am besten unterstützen, indem sie alle alltäglichen Situationen für kommunikative Zwecke nutzen und ihre **Handlungen sprachlich begleiten** – beim Füttern, Wickeln, Anziehen oder Baden. Eine Mutter oder ein Vater kann während des Zusammenlegens der frisch gewaschenen Wäsche ein Paar

Abb. 22.17: Eltern können ihre Kinder sprachlich am besten fördern, wenn sie ihre natürlichen Kompetenzen bewusst nutzen.

Socken nehmen, über beide Hände ziehen und sie miteinander „sprechen" lassen („Ich will nicht in den Korb!"; „Doch, da kommst du jetzt rein!") (Tracy/Ocak 2009). Durch solche Aktivitäten entstehen sprachliche Interaktionen zwischen Eltern und Kindern, die sowohl den Eltern als auch den Kindern viel Spaß machen.

Das **Vorlesen im Elternhaus** unterstützt die Sprachentwicklung von Kindern erheblich und weckt schon in der frühen Kindheit die Lesefreude (Literacy → Kap. 15). Deshalb sollte die pädagogische Fachkraft den Eltern empfehlen, mit ihren Kindern **gemeinsam Bilderbücher anzuschauen** und ihnen auch Geschichten vorzulesen. Kinder sind früh sehr interessiert an Büchern und möchten über die Bilder mehr erfahren und darüber sprechen. Wichtig ist dabei nur, dass die Bilderbücher ansprechend sind und dem Alter entsprechend ausgesucht werden.

Das **Erzählen** von Geschichten und Märchen leistet einen wesentlichen Beitrag zur Sprachentwicklung, denn Kinder sind früh für spannende Geschichten zu begeistern, hören aufmerksam zu und fragen nach. Sie können Geschichten früh selbst reproduzieren und weiterspinnen. **Reime, Kinderlieder, Fingerspiele** eignen sich sehr gut für die Eltern-Kind-Interaktion.

Fälschlicherweise denken Eltern oft, dass Kinder auch über das Medium Fernsehen einen reichhaltigen sprachlichen Input erhalten würden. Aus diesem Grund sollten Erzieherinnen bei Elterngesprächen sowie Themenabenden mit den Eltern über den **Fernsehkonsum** von Kindern sprechen und sie aufklären. Kindern fehlt während des Fernsehens der Kommunikationspartner, mit dem sie über das Gesehene sprechen können. Kinder haben in der Regel Mitteilungsbedarf. Sie möchten ihre Freude, Trauer, Neugier mit anderen teilen. Deshalb sollte Eltern nahe gebracht werden, mit den Kindern gemeinsam fernzusehen und mit ihnen über das Gesehene zu sprechen (Altersrichtwerte beim Fernsehkonsum → Kap. 17.2.2).

Das Wichtigste ist, den Eltern zu zeigen, wie sie ihre Kinder mit Hilfe ihrer eigenen kommunikativen Kompetenzen und Stärken beim Spracherwerbsprozess unterstützen können. Vor allem sollten Eltern so oft wie möglich **Sprechanlässe für ihre Kinder schaffen** und sie durch offene Fragen wie „Warum freut sich Lili so sehr?", „Was ist denn mit dem Schuh passiert?" zum Sprechen anregen.
Zum Medienkonsum siehe auch alternative Handlungsmuster → Kap. 17.3.5

Abb. 22.18: Bei einem Spaziergang kann eine beobachtete Situation viel Gesprächsanlass bieten.

Was Eltern über die Sprachentwicklung wissen sollten

Viele Eltern denken, dass sich der Spracherwerbsprozess bei Kindern von allein vollzieht, was im Wesentlichen auch richtig ist. Zugleich sollten Eltern erkennen, dass sie selbst zunächst einmal die wichtigsten Sprachvorbilder der Kinder sind.

[BEISPIEL] Beispiel für ein entspanntes Gespräch beim Spaziergang:

Ein Kind zeigt auf einen bellenden Hund und sagt: „Wauwau". Als Reaktion auf diese Äußerung sagt die Mutter: „Ja stimmt, das ist ein Hund, und der Hund bellt ganz laut. Du hast doch keine Angst vor Hunden, oder? Dieser Hund ist nur ein bisschen größer als Onkel Michaels Hund. Vielleicht darfst du ihn ja auch mal streicheln. Sollen wir mal fragen, ob du ihn streicheln darfst?"

Wie Erwachsene auch, wollen Kinder als Individuen ernst genommen werden. Deshalb ist es sehr wichtig, sie als Gesprächspartner zu respektieren, ihnen zuzuhören, sie aussprechen zu lassen und ihre Fragen ernst zu nehmen und zu beantworten. Manche Eltern orientieren sich an schulischen Methoden und versuchen, Kinder abzufragen („Was ist das?", „Wie heißt das?"). Derartige Fragen bieten Kindern keine weiteren Sprechanreize, sondern veranlassen sie lediglich zu Einwortäußerungen. Deshalb kann man Eltern empfehlen, auf ihr **Frageverhalten** zu achten, möglichst viele offene Fragen zu stellen, z. B.: „Was passiert denn auf dem Bild? Warum guckt der Esel so traurig?", und somit die Kinder zum Sprechen anzuregen.

Eltern sollten dazu ermutigt werden, das von Kindern Gesagte aufzugreifen und thematisch fortzuführen.

[BEISPIEL] Beispiel für das Aufgreifen und Fortführen einer Äußerung:

Kind: „Der ist runtergefallt."
Mama: „Warum ist er denn runtergefallen? Hat ihn jemand geschubst?"

Wie können Zuwandererfamilien den Zweitspracherwerb ihrer Kinder unterstützen?

Beste Voraussetzung für die Unterstützung des Zweitspracherwerbs seitens der Eltern ist eine positive Einstellung gegenüber der Zweitsprache. Viele Eltern wissen bereits, wie wichtig es ist, dass ihre Kinder nun im Kindergarten eine neue Sprache lernen.

> ⦿ Aufgabe der pädagogischen Fachkräfte ist es, Migranteneltern die Angst zu nehmen, dass beim Zweitspracherwerb die Muttersprache(n) in den Hintergrund gedrängt wird/werden. Wenn Eltern zu Hause weiterhin ihre Herkunftssprachen sprechen, wird/werden sich auch die Erstsprache(n) ihrer Kinder weiterentwickeln.

Seit der PISA- und der IGLU-Studie lastet ein großer Leistungsdruck auf den Migrantenkindern und deren Familien. Das schlechte Abschneiden Deutschlands bei den genannten Studien wurde oft auf die mangelnden Deutschkenntnisse der teilnehmenden Schüler mit Migrationshintergrund sowie der deutschen Schüler aus sozial benachteiligten Familien zurückgeführt. Insbesondere Migranteneltern hören im Alltag von vielen Autoritäten wie Lehrern, Sozialpädagogen, Ärzten Empfehlungen wie: „Sprechen Sie mit Ihrem Kind Deutsch!" Deshalb sind viele Migranteneltern verunsichert und fürchten Nachteile für ihre Kinder.

Einige dieser Eltern verfügen jedoch selbst über keine bis geringe Deutschkenntnisse. In diesem Fall können sie ihren Kindern nicht das Sprachmodell bieten, das für den erfolgreichen Erwerb des Deutschen als Zweitsprache benötigt wird. Vielmehr sollten sie sich als **Experten der Erstsprache** sehen und zugleich zur Erweiterung des Weltwissens ihrer Kinder und zum Erhalt ihrer Lernbereitschaft im Allgemeinen beitragen.

Auch wenn manche Migranteneltern der deutschen Sprache nicht mächtig sind und daher ihren Kindern in der Zweitsprache keinen sprachlichen Input geben können, können sie allein durch **Anerkennung der Zweitsprache** einen wichtigen Beitrag zum Zweitspracherwerb ihrer Kinder leisten (→ Kap. 22.1.1).

Einige Migranteneltern wählen für ihre Kinder sogar einen Kindergarten mit sehr geringem Anteil an Migrantenkindern aus und wünschen sich, dass ihre Kinder nur mit deutschen Kindern spielen.

⊙ Erzieherinnen sollten Eltern zu verstehen geben, dass sie die Erstsprachenkompetenz der Kinder anerkennen. Die Motivation für den Zweitspracherwerb von Kindern mit anderen Erstsprachen wird größer, wenn Bildungseinrichtungen wie Kindertagesstätten oder Schulen für sprachliche sowie kulturelle Herkunft Platz schaffen.

Abb. 22.19: Verschiedenste Materialien können Sprechfreude bei Kindern bewirken.

Besonders gut können Migranteneltern den Zweitspracherwerb ihrer Kinder unterstützen, wenn sie sie möglichst früh in eine Kindertageseinrichtung schicken, so dass sie **Kontakt zum deutschen Lebensumfeld** aufbauen und Freundschaften mit deutschsprachigen Kindern knüpfen können. Deshalb sollten Erzieherinnen die Wichtigkeit von Kindertageseinrichtungen betonen und von positiven Entwicklungen der Kinder berichten. Außerdem sollten sie Eltern mit und ohne Migrationshintergrund auf Veranstaltungen bzw. öffentliche Einrichtungen wie z. B. Stadt- bzw. Kinderbibliotheken hinweisen, wo Vorlesestunden für Kinder angeboten werden.

22.4 Lernumgebung

siehe auch Literacy → Kap. 15

Bei der Entwicklung und dem Ausbau der sprachlichen Kompetenzen von Kindern spielt die Lernumgebung eine besonders wichtige Rolle. In Kindertagesstätten sollten Kinder der Umgebungssprache in vielen Kontexten begegnen und sich durch vielfältige Angebote zum Sprechen angeregt fühlen. Dabei ist es Aufgabe der Erzieherinnen, Kindern einen kontrastreichen sprachlichen Input anzubieten und immer wieder ihre Neugierde und Sprechfreude zu wecken, indem Aktivitäten auf Bedarfe und Interessen der Kinder ausgerichtet werden.

22.4.1 Raumgestaltung

Separate Funktionsräume sowie in Gruppenräume integrierte *Funktionsecken* (→ Kap. 8.5.3) bieten Kindern die Möglichkeit, ihre motorischen, kognitiven sowie sprachlichen Kompetenzen zu erweitern. Entscheidend ist, dass die Räume in den Kindertagesstätten einladend und gemütlich wirken und Kinder zum Sprechen anregen. Kinder haben unterschiedliche Bedürfnisse und sollten selbst bestimmen können, was sie in Anspruch nehmen. Sie wollen sich bewegen, ihre Kreativität ausleben, sich zurückziehen, experimentieren, Bilderbücher betrachten. Daher ist es wichtig, die individuellen Bedürfnisse der Kinder bei der Raumgestaltung zu berücksichtigen und diesen gerecht zu werden.

Darüber hinaus kann sich die Tagesstätte bei der Raumgestaltung am **familiären Lebensumfeld** der Kinder orientieren, so dass Kinder eine vertraute Umgebung erleben können. Unterschiedlich gestaltete Räume wecken die Neugier der Kinder und laden sie zum Erforschen des Neuen ein. Idealerweise können Räume in bestimmten Abständen immer wieder – gemeinsam mit den Eltern – umgestaltet werden.

22.4.2 Rituale

Als Orientierungshilfe sind insbesondere Rituale (→ Kap. 8.5.1) wichtig, die in den Tagesablauf integriert werden. Zum einen entwickeln Kinder dadurch ein Gemeinschaftsgefühl und zum anderen bieten Rituale die

Gelegenheit, neue Sprachspiele zu integrieren. Sehr beliebte Rituale in den Kindertagesstätten sind in Stuhlkreisen gesungene **Begrüßungs- und Abschiedslieder** wie „Hallo, hallo, schön, dass du da bist" oder „Alle Leut, alle Leut, gehn jetzt nach Haus". Insbesondere sprachgehemmte und schüchterne Kinder finden in der Gruppe Schutz und können in diesem geschützten Rahmen ihre Sprachhemmungen überwinden.

Zahlreiche Begrüßungs- und Abschiedslieder finden sich in:

Meyn-Schwarze, Christian: Das Liederbuch für die ganz kleinen Leute. Hilden o. J. Zu bestellen bei info@verlag-fuer-kleine-leute.de

Darüber hinaus können auch zu Essenszeiten Rituale eingeführt werden. **Tischreden** in Form von Reimen können als zusätzliches Sprachangebot dienen. Auch regelmäßige **Kinderkonferenzen** können Kindern Raum bieten, um sich mitzuteilen, Gefühle und Gedanken zu äußern, Meinungen zu vertreten. Hierbei erhalten Kinder neue Sprechimpulse und lernen zudem, sich im Rahmen der Gruppe zu äußern, vor allem lernen sie, einander zuzuhören. Sie bauen ihre pragmatischen und sozialen Fähigkeiten aus.

22.4.3 Materialien

Wichtig ist, dass Erzieherinnen ihre eigenen sprachlichen Kompetenzen einsetzen können und wissen, wie sie **sprachfördernde Aktivitäten** auswählen und **Kommunikationsanlässe** schaffen können:

- Beispielsweise empfiehlt es sich bei der Vermittlung von neuen Wörtern, Kindern diese fassbar und erlebbar zu machen. Beim Wort „Grapefruit" sollten Kinder die Möglichkeit bekommen, eine Grapefruit anzufassen, zu erfühlen, zu riechen und zu probieren
- **Bilder und Bilderbücher** regen Kinder zum Sprechen an. Durch das Vorlesen von Geschichten und Betrachten von Bilderbüchern sowie Bildern erhalten Kinder neue sprachliche Anregungen und die Gelegenheit, nach Bezeichnungen zu fragen. Zudem können sie ihre bereits vorhandenen sprachlichen Fähigkeiten vertiefen und ausbauen, indem sie Verknüpfungen zwischen dem Gesehenen und dem Gehörten herstellen. Für Kinder mit anderen Erstsprachen eignen sich zudem zweisprachige Bücher
- **Hörspiele**, eventuell auch in verschiedenen Sprachen
- **Handpuppen** können gerade für schüchterne und kontaktscheue Kinder in der Anfangszeit eine große Hilfe sein. Mit Handpuppen als Sprachmittler können auf spielerische Art und Weise Sprechhemmungen abgebaut und eine besondere Form von verbaler Kommunikation hergestellt werden. Aber auch redegewandte Kinder haben viel Spaß am Gespräch mit Handpuppen
- **Tischspiele** wie Puzzles eignen sich ebenso, um mit Kindern ins Gespräch zu kommen. Das Beschreiben und Besprechen der Bilder gibt Kindern einen neuen sprachlichen Input und regt Kinder an, die Bilder selbst zu kommentieren, Fragen zu stellen und ihren bereits vorhandenen Wortschatz zu verfestigen
- **Kaufladen, Kostüme, Kinderküchen, Arztkoffer** sind unentbehrliche Utensilien für das *Rollenspiel* (→ Kap. 21.1.2, 22.5.2), das Kinder dazu anregt, sich in andere Menschen hineinzuversetzen und für eine andere Person zu sprechen
- **Kataloge, Werbeprospekte** können von Erzieherinnen gezielt als sprachanregende Materialien eingesetzt werden.

Abb. 22.21: Handpuppen können v. a. für schüchterne Kinder Sprechanreize bieten.

Abb. 22.20: Schon ganz junge Kinder haben Interesse an Büchern.

22.4.4 Exkursionen und Öffnung zum Stadtteil

Diverse Ausflüge, z. B. in den Zoo, Wald, Park oder auf den Wochenmarkt, bieten Kindern eine völlig neue Lernumgebung. Auch die Erkundung des Stadtteils, ein Besuch der

Kirche, des Museums, der Stadtbibliothek regt Kinder zu Gesprächen an und bietet Möglichkeiten zum Wortschatzerwerb.

22.5 Bildungsangebote

Grundlegende Kenntnisse über den Verlauf des *Spracherwerbs* (→ Kap. 22.1) sowie eine reflektierte Wahrnehmung des eigenen Sprachverhaltens (→ Kap. 22.3) sind Voraussetzung für eine differenzierte und effektive Unterstützung des Spracherwerbsprozesses, sowohl im Alltag als auch im Rahmen gezielter Sprachfördermaßnahmen. Zur Aneignung und Erweiterung dieses Wissens empfehlen sich praxisorientierte Fortbildungsmaßnahmen für pädagogische Fachkräfte sowie gesamte Teams.

✉ Fortbildungsanbieter, z. B.

www.mazem.de

www.fif-rlp.de

Das Land Rheinland-Pfalz z. B. stellt über seinen Kita-Server Erzieherinnen fortbildungsbegleitende Selbstlernmaterialien zur Verfügung:

www.kita.bildung-rp.de/Selbstlernmaterialien.390.0.html

www.sprachfoerderkraefte.de/inhalt/downloads_sp.htm

Abb. 22.22: Ein Besuch auf dem Wochenmarkt kann die Wortschatzerweiterung fördern.

Wesentlich ist, dass Spiel- und Erlebnissituationen von den Erzieherinnen

- Interaktiv gestaltet werden, so dass die Kinder in die Handlungen eingebunden sind
- Alltagsnah umgesetzt werden und Bezug zur Lebensrealität der Kinder haben
- Abwechslungsreich gestaltet werden, um den Kindern neuen Wortschatz in unterschiedlichen Zusammenhängen erfahrbar zu machen
- Sprachlich gut begleitet werden können, um den Kindern ein *sprachliches Vorbild* (→ Kap. 22.3.2) zu geben.

📖 Tracy, Rosemarie: Wie Kinder Sprachen lernen. Und wie wir sie dabei unterstützen können. 2. Aufl. Tübingen: Francke 2008

Tracy, Rosemarie/Lemke, Vytautas (Hrsg.): Sprache macht stark. Berlin: Cornelsen Scriptor 2009

22.5.1 Sprachförderung für Kinder

Im Sinne einer individuellen und differenzierten Unterstützung lohnt aus spracherwerbstheoretischer Sicht (→ Kap. 22.1) eine frühe und systematische Förderung im Rahmen spezieller Sprachfördermaßnahmen. Dabei profitieren Kinder besonders beim Lernen in **kleinen Gruppen.** Ein weiterer Vorteil der Kleingruppenförderung besteht darin, dass es in diesem Rahmen zu weniger Ablenkung durch Störfaktoren kommt, z. B. durch eine zu laute Geräuschkulisse, die ein Kind daran hindern kann, den sprachlichen Input korrekt wahrzunehmen. In der Kleingruppe hat ein Kind zudem bessere Chancen, die ungeteilte Aufmerksamkeit der Erzieherin zu genießen, was für den Lernprozess sehr wichtig ist (vgl. Lemke 2009).

Der Markt bietet eine Flut von **Konzepten und Programmen** zur Sprachförderung, die sich durch verschiedene Herangehensweisen auszeichnen und ebenso unterschiedliche Förderziele anstreben. Das Würzburger Trainingsprogramm „Hören, lauschen, lernen“ z. B. wird eingesetzt, um die phonologische Bewusstheit von Vorschulkindern zu fördern und die Kinder in ihrer Literacy-Entwicklung (→ Kap. 15.1.1) zu unterstützen. Andere Programme und Konzepte konzentrieren sich dagegen auf die Vermittlung neuen Wortschatzes, die Förderung der grammatischen Entwicklung und anderer sprachlicher Kompetenzbereiche.

Bevor eine Entscheidung für einen konkreten Förderansatz getroffen wird, sollte seine Umsetzbarkeit in der Einrichtung vor Ort sichergestellt sein, die Eignung für die Zielgruppe geprüft sowie zeitliche, personelle und räumliche Ressourcen abgeklärt werden (vgl. Lemke 2009). Um zu einer sinnvollen Wahl zu gelangen, lohnt es, sich einen Überblick über bestehende Förderansätze zu verschaffen.

Einen gelungenen Überblick über Förderansätze bieten:

Jampert, Karin u. a.: Schlüsselkompetenz Sprache. Sprachliche Bildung und Förderung im Kindergarten. Konzepte, Projekte, Maßnahmen. 2., überarb. Aufl. Weimar, Berlin: Verlag das Netz 2007.

Ergebnis eines Projektes des Deutschen Jugendinstituts e. V: www.dji.de

Mit Angeboten zur **Literacy-Erziehung** (→ Kap. 15) leisten Kindertageseinrichtungen einen weiteren wertvollen Beitrag zur Sprachentwicklung. Indem Kinder mit der Lese- und Schriftkultur vertraut gemacht werden, öffnet sich ihnen ein neuer wichtiger Zugang zu Sprache. Bücher können die Phantasie von Kindern anregen und sie zur Wiedergabe des Vorgelesenen und Erzählten animieren. Darüber hinaus entwickeln Kinder durch Literacy-Angebote die Fähigkeit, Geschichten weiterzuspinnen oder auch selbst erfundene Geschichten zu erzählen.

Abb. 22.23: Interaktives Vorlesen animiert Kinder zum Sprechen.

Zur vorschulischen Förderung im Hinblick auf den Erwerb von Schrift und Schriftsprache in der Schule wird in vielen Kindertageseinrichtungen gezielt die phonologische Bewusstheit unterstützt. Dabei kommt häufig das Programm „Hören, lauschen, lernen" (Würzburger Trainingsprogramm) zum Einsatz:

www.phonologische-bewusstheit.de/programm.htm

22.5.2 Rollenspiel

Rollenspiele eignen sich besonders gut für die Weiterentwicklung der *Theory of Mind* (→ Kap. 10.3.5). Kinder lernen im Rollenspiel, die **Perspektiven** anderer einzunehmen und deren **Situation nachzuempfinden.** Sie stellen sich vor, wie andere Personen sprechen, denken, handeln und fühlen. Im Rahmen von szenischen Darstellungen können Kinder ihre bereits vorhandenen sprachlichen Fähigkeiten einsetzen und neue Interaktionsformen einüben. Schon allein durch das Aushandeln der Rollenverteilung sowie der Spielregeln kommen Kinder miteinander ins Gespräch und begleiten dies gestisch und mimisch. Im interaktiven Spiel stellen Kinder eine Verbindung zu ihrer eigenen Lebenswelt her und ahmen Alltagssituationen nach, die sie bereits kennen. Denn bei Rollenspielen können Kinder auch hin und wieder aus der Inszenierung heraustreten und sich über den Fortgang des Spiels und ihre Erwartungen an ihre Mitspieler verständigen. Außerdem entsteht während des Spiels die Möglichkeit, über Kommunikation zu kommunizieren.

[BEISPIEL] Ein bei Kindern sehr beliebtes Rollenspiel ist das Kaufladenspiel, bei dem Kinder den Einkauf in einem Supermarkt oder bei einem Obst- und Gemüsehändler simulieren. Zu verteilen sind die Rollen eines Verkäufers und eines Kunden, gehandelt wird mit verschiedenen Waren. Dabei schlüpft ein Kind in die Rolle des Verkäufers und sein Spielpartner in die des Kunden. Manche Kinder spielen dieses Spiel auch ganz alleine und nehmen dabei selbst beide Rollen ein. In diesem Fall müssen sie ihre Äußerungen den verschiedenen Perspektiven anpassen. Das Kaufladenspiel verlangt von Kindern, Waren zu benennen und komplexere Sätze zu äußern, um ihre Wünsche auszudrücken, aber auch auf die Wünsche anderer einzugehen und möglichst höflich Fragen zu stellen.

22.6 Beispiel für den pädagogischen Prozess

Das folgende Beispiel veranschaulicht, wie die Unterstützung des Spracherwerbsprozesses eines Kindes im Alltag unter Berücksichtigung pädagogischer Gesichtspunkte ablaufen kann. Ein gezieltes Eingehen auf die Situation einzelner Kinder erübrigt nicht das Bemühen um ein optimales Sprachangebot im Allgemeinen. Auch spezielle Fördermaßnahmen in Kleingruppen (→ Kap. 22.5) stellen jederzeit eine sinnvolle Ergänzung zur Sprachbildung im Alltag dar (vgl. Tracy/Lemke 2009).

22.6.1 Situationsanalyse

Leyla ist vier Jahre alt und besucht seit einem Jahr halbtags die Einrichtung. Zu Hause wächst sie mit Türkisch auf. Bis zum Eintritt in die Kita hatte sie kaum Kontakt zum Deutschen. Ihre Eltern zeigen sich aber aufgeschlossen und pflegen seit dem Kita-Besuch ihres Kindes selbst Kontakte zu deutschsprachigen Eltern anderer Kinder. Allerdings hat Leyla selbst außerhalb der Kita keine deutschsprachigen Spielkameraden. Sie ist zwar sehr interessiert, aber schüchtern. Leyla kommuniziert und spielt viel und gerne mit gleichsprachigen Kindern, insbesondere Rollenspiele. Wichtige Anweisungen versteht sie problemlos und kann grundlegende Bedürfnisse ausdrücken. Dagegen ist sie in größeren Gruppen zurückgezogen und eher stumm, ebenso in Anwesenheit sprachlich dominanter Kinder. Es fällt ihr oft schwer, sich differenziert mitzuteilen, da ihr viel Wortschatz fehlt. Leyla drückt sich schon in ganzen Sätzen

Abb. 22.24: Rollenspiele fördern nicht nur die sprachliche Entwicklung, sondern auch die soziale Kompetenz.

aus (Meilenstein III), hat jedoch Probleme mit der Verwendung von Artikeln und Schwierigkeiten, komplexe Zusammenhänge zu beschreiben, zumal sie noch keine Nebensätze (Meilenstein IV) beherrscht (→ Kap. 22.1.2).

22.6.2 Erfassen von Ressourcen

Das Mädchen ist schüchtern, aber aufgeweckt und interessiert. Es zeigt eine besondere Vorliebe dafür, in die Rolle anderer zu schlüpfen, und spielt in der Kita vor allem mit seinen türkischsprachigen Freunden gerne im Kaufladen. Ihre Mutter begleitet Leyla regelmäßig beim Einkaufen.

Leyla hat besonders große Schwierigkeiten, von ihrem privaten Alltag zu berichten, da ihr dazu oft der relevante Wortschatz im Deutschen fehlt und sie Zusammenhänge daher nur mit Mühe wiedergeben kann.

22.6.3 Festlegen von Zielen

Da sich Leyla in größeren Gruppen sowie in Anwesenheit von sprachlich dominanten Kindern kaum äußert, muss für sie ein vertrauter Rahmen geschaffen werden. Sehr sprachförderlich würde die Förderung in einer Kleingruppe wirken (→ Kap. 22.5). Doch auch im Rahmen des pädagogischen Alltags gibt es Nischen, die es der Erzieherin erlauben, sich zeitweise wenigen Kindern allein zu widmen, z. B. bei einem Rollenspiel. Hier ist jedoch zu beachten, dass die Erzieherin sich am Spiel beteiligt, so dass die Kommunikation nicht in der bevorzugten Erstsprache, sondern der gemeinsamen Verkehrssprache Deutsch stattfindet. Die Erzieherin nutzt die Spielsituation für ein möglichst optimales Sprachangebot und gibt dabei auch Sprechimpulse (→ Kap. 22.3).

Des Weiteren muss mit einem gezielten Angebot das Interesse des Kindes geweckt werden (→ Kap. 22.3–22.5). Ein Rollenspiel zum Thema Kaufladen knüpft an Leylas Erfahrungen an und entspricht ihrem besonderen Interesse. Es bringt zugleich den Vorteil mit sich, dass Kommunikation auf mehreren Ebenen stattfindet: in den Rollen und über die Rollen. Es bietet damit äußerst viele Anlässe, sich untereinander auszutauschen. Das Kind kann sich im interaktiven Spiel neuen Wortschatz aneignen und im Kontext des Kita-Alltags durch mehr Sprachsicherheit neue Spielkameraden nicht nur für Rollenspiele gewinnen.

22.6.4 Planung von Maßnahmen

In Kürze steht ein Besuch auf dem Markt an. Um die Kinder inhaltlich darauf einzustimmen und sie mit dem themenbezogenen Wortschatz vertraut zu machen, plant die Erzieherin ein gemeinsames Rollenspiel im Kaufladen. Diese Situation kennen die Kinder bereits aus ihrer Lebenswelt, Leyla spielt sie häufig in Rollenspielen mit ihren türkischsprachigen Freunden nach. Mit dem Anstoß zum Rollenspiel beabsichtigt die Erzieherin, gezielt dem Interesse von Leyla zu entsprechen, um sie so für eine aktive Beteiligung am Gespräch zu gewinnen. Dazu braucht sie Vertraute des Kindes und nimmt sich vor, eine gleichsprachige Freundin und ein anderssprachiges Kind bewusst mit einzubeziehen. Die Verteilung der Rollen (Verkäufer, Kunde, sonstige) übernimmt sie jedoch nicht. Vielmehr möchte sie, dass die Kinder bereits bei der Aushandlung der Rollenverteilung miteinander in Dialog treten und auch ihr selbst eine Rolle zuweisen (→ Kap. 22.5.1). Aufgabe der Erzieherin wird es sein, diese Spielsituation für einen gezielten sprachlichen Input zu nutzen, indem sie u. a. Wörter verwendet, die Leyla und die anderen Kinder wahrscheinlich nicht kennen (Einkaufskorb, umtauschen, Kleingeld).

22.6.5 Durchführung von Maßnahmen

Die Erzieherin weckt das Interesse von Leyla und ihren Spielkameraden für ein Rollenspiel im Kaufladen. Das Mädchen und sie selbst übernehmen die Rollen von Kunden. In ihren eigenen Redebeiträgen ist die Erzieherin bemüht, Leyla themenrelevanten Wortschatz wiederholt zu präsentieren (→ Kap. 22.3) und zur Anbahnung weiterer Erwerbsschritte (→ Kap. 22.1.2) möglichst viele komplexe Satzstrukturen anzubieten. Der folgende kurze Ausschnitt (→ unten) aus der Spielsequenz illustriert exemplarisch das sprachliche Verhalten der Erzieherin.

[BEISPIEL] Beispiel für das Sprachverhalten einer Erzieherin:

Erz.: „Leyla, was möchtest du denn für unseren Obstsalat einkaufen?"

Leyla: „Ich will das Birne." *(Deutet auf einen Apfel.)*

Erz.: „**Birnen** können wir hier leider nicht kaufen, Leyla. Ach, du möchtest **einen Apfel**, stimmt's? **Eine Birne** ist nicht so rund, **sie** ist länglich. *(Leyla nickt.)*

Erz.: „**Äpfel** mag ich auch. Dann können wir uns ja beide **einen Apfel** aussuchen. (...) Schau mal, mir gefällt **dieser große Apfel**. Ich nehme **diesen Apfel**, *weil* **er** so schön rot ist. Möchtest du dir **einen Apfel** aussuchen?" *(Leyla fasst den Apfel an.)*

Erz.: „**Welcher Apfel** gefällt dir am besten?"
Leyla: „Das da." *(Zeigt auf einen grünen Apfel.)*

Erz.: „Ja, **der grüne Apfel** sieht auch sehr lecker aus, *weil* er so schön glänzt. Wollen wir den Verkäufer mal fragen, *was* **die grünen Äpfel** kosten?"

Die Erzieherin verwendet hier das Wort „Apfel" in unterschiedlichen Sätzen und bietet damit formale Kontraste an, z. B. zwischen den Formen „einen Apfel" versus „Äpfel". Ebenso zeigt sie inhaltliche Gegensätze auf zwischen den Bedeutungen der Wörter „Apfel" und „Birne", indem sie Leylas Irrtum behebt, als diese einen Apfel als Birne bezeichnet und indem sie hervorhebt, dass Äpfel im Gegensatz zu Birnen eher rund sind. Außerdem verwendet sie unterschiedliche Wortstellungsmuster und bringt dabei verschiedene Nebensätze ein (mit den einleitenden Wörtern *weil, was*) (→ Kap. 22.1.2, 22.3).

Beispiele für die sprachliche Ausgestaltung themenbezogener Angebote zur Sprachförderung finden sich in:

Tracy, Rosemarie, Lemke, Vytautas (Hrsg.): Sprache macht stark. Berlin, Düsseldorf: Cornelsen Scriptor 2009

22.6.6 Auswertung

Pädagogische Strategien dieser Art dürfen als erfolgreich gelten, wenn Leyla

- Ihre Schüchternheit überwindet und sich zunehmend am Spiel auf Deutsch beteiligt
- Die neuen Wörter rasch in ihren Wortschatz aufnimmt und nach weiteren Erwerbsgelegenheiten erste Nebensätze produziert.

Um Lernfortschritte tatsächlich präzise erfassen zu können, ist eine kontinuierliche Beobachtung und Dokumentation unerlässlich. Hierzu empfehlen sich *Spontansprachanalysen* (→ Kap. 22.3.3) anhand von Aufnahmen, bzw. gezielte diagnostische Verfahren (vgl. Wenzel/Schulz/Tracy in Vorb.).

Teil V
Besondere Situationen in Einrichtungen der Kinder- und Jugendhilfe

23

Pädagogik für Kinder unter drei Jahren

Veronika Baur, Astrid Kerl-Wienecke

Dieses Kapitel stellt die wesentlichen Eckpunkte der Erziehung, Bildung und Betreuung von Kindern in den ersten drei Lebensjahren vor. Kinder im Krippenalter werden in den letzten Jahren und Jahrzehnten verstärkt in Kinderkrippen, Kindergärten und anderen Tageseinrichtungen für Kinder aufgenommen und die Zahl von außerfamiliär betreuten Kindern wird in den nächsten Jahren sicherlich noch weiter zunehmen. Es lohnt sich also auch in der Erzieherausbildung, diese Altersgruppe näher in den Blick zu nehmen und sich ausdrücklich mit den besonderen Erziehungs- und Betreuungsbedürfnissen dieser sehr jungen Kinder auseinanderzusetzen. Einen ersten Anstoß soll das vorliegende Kapitel geben.

23.1 Bildung, Betreuung und Erziehung für Kinder unter drei Jahren

Die Förderung im frühen Kindesalter befindet sich in den letzten Jahren in einem regelrechten Umbruch. Ab dem Jahr 2005 begann mit dem Tagesbetreuungsausbaugesetz (TAG) der gezielte Ausbau von Betreuungsplätzen für Kinder unter drei Jahren. Dieser Ausbau wurde durch das Kinderförderungsgesetz (KiFöG) konkretisiert, das ab 2013 einen Rechtsanspruch auf einen Betreuungsplatz für Kinder in dieser Altersgruppe vorsieht. Mit Stand März 2011 wurden bereits 517.000 Kinder unter drei Jahren in Institutionen oder in Kindertagespflege betreut (BMFSFJ 2012). Das entspricht einer Betreuungsquote von 25,4 %. Bis zur Einführung des Rechtsanspruchs soll dieser Anteil auf 35 % erhöht werden. Der von der Politik angestoßene Ausbau von Betreuungsplätzen hat neben den quantitativen Zielvorgaben zu weiterführenden Diskussionen und dem Bemühen, die Qualität der frühkindlichen Betreuung zu steigern und zu optimieren, geführt. Vor dem Hintergrund, dass in der Entwicklungspsychologie und der Neurobiologie Einigkeit darüber besteht, dass die ersten drei Lebensjahre durch rasche und vielfältige kognitive, sprachliche, soziale und emotionale Entwicklungsprozesse gekennzeichnet sind, ist die pädagogische Arbeit an den Kompetenzen der Kleinsten sowie an ihren Grundbedürfnissen auszurichten.

Diese Erkenntnisse bilden die Grundlage für die Interpretation des frühpädagogischen Förderauftrags in der außerfamilialen Kinderbetreuung. Die Kinderkrippen haben sich längst von ihrem pflegerisch-hygienischen und fürsorgerischen Charakter hin zu familienergänzenden und familienorientierten Bildungsorten entwickelt, die die Bildung, Betreuung und Erziehung gleichermaßen umfassen. *Bildung* (→ Kap. 1; 5.9; 8) meint dabei die vom Kind ausgehende und mit der Geburt beginnende lebenslange aktive Aneignung der Welt, der Kultur und Natur. Sie ereignet sich als stufenweise Erfahrung und als Verstehen unmittelbarer Handlungszusammenhänge, angelegt als Selbstbildungs- und Lernprozesse des Kindes vor allem in der sozialen Interaktion mit seinen wichtigsten Bezugspersonen und in der emotionalen Beziehung zu ihnen sowie durch die materielle Mit- und Umwelt. Die *Betreuung* (→ Kap. 1.1.1; 4.10; 8) sichert die kindlichen Bedürfnisse nach Wohlbefinden, Zuwendung, Sicherheit, Anregung, Ernährung und Pflege in einem feinfühlig gestalteten Beziehungskontext und einer individuell-unmittelbaren Interaktion. In diesem Zusammenhang ist für das Wohl der Kinder zu sorgen und der Kinderschutzauftrag für Kindertageseinrichtungen gemäß § 8a des VIII. Sozialgesetzbuches (SGB VIII) ist zu erfüllen. Die *Erziehung* (→ Kap. 1.1.1; 8) betont die führende Rolle des Erwachsenen im verantwortlichen Umgang mit den Kindern. Es geht darum, bewusst und absichtlich Lernprozesse herbeizuführen sowie dauerhafte Veränderungen des Verhaltens zu erreichen. Die Erziehung umfasst das Vorleben und die Vermittlung von gesellschaftlichen Regeln, Normen und Werten.

Der Aktionsrat Bildung formuliert in seinem Gutachten „Professionalisierung in der Frühpädagogik“ für die Bildungs-, Betreuungs- und Erziehungsfunktionen folgende Erwartungen (Aktionsrat Bildung 2012, S. 21):

- Die frühpädagogischen Einrichtungen sollen alle Kinder optimal fördern und auf ihre zukünftige Schulkarriere vorbereiten. Der Bildungsauftrag beschränkt sich dabei nicht auf eng umrissene kognitive Kompetenzen, sondern ist eingebettet in eine breitere Persönlichkeitsbildung der Kinder.
- Die frühpädagogischen Einrichtungen sollen insbesondere Defizite bei Kindern aus benachteiligten Familien ausgleichen und so zu mehr sozialer Gerechtigkeit und einer Reduzierung von sozial bedingten Ungleichheiten noch vor Schulbeginn beitragen.
- Sie sollen einen zentralen Beitrag zur Vereinbarkeit von Familien- und Berufstätigkeit, insbesondere von Frauen bzw. Müttern, leisten.

23.1.1 Krippenpädagogik – eine Pädagogik für die Kleinsten

Obwohl sich die Betreuung der Kinder unter drei Jahren in unterschiedlichen Settings wie in Krippen, altersgemischten oder alterserweiterten Kindertagesstätten, in Krabbelstuben oder in Kindertagespflege abspielt, hat sich der Begriff Krippenpädagogik grundsätzlich im Erziehungssystem für Kinder unter drei Jahren durchgesetzt und etabliert.

Ziele der Krippenpädagogik sind, die Bedürfnisse, Denkformen, Ausdrucksweisen und Entwicklungsaufgaben der kleinen Kinder bei der Sicherung der Integration aller Kinder aus den unterschiedlichen sozio-ökonomischen Schichten und Hintergründen in die Gemeinschaft und ihre Teilhabe und Partizipation an unserer Kultur zu behaupten. Haug-Schnabel und Bensel schreiben dazu: „Wenn es gelänge, Krippenkindern auf Basis einer sicheren Bindung ihre angeborene Lernbegeisterung zu erhalten, ihre Lust auf Aneignung der Welt zu stärken, ein positives

Selbstkonzept und ein hohes Maß an Selbstwirksamkeit aufzubauen, wären wichtige Ziele, auch ohne oft überschätzte Entwicklungsbeschleunigung, erreicht. Dies sind zugleich elementare Bausteine zur Förderung kindlicher Resilienz" (→ Kap. 10.7) (Haugschnabel/Beusel 2010, S. 153).

Krippenpädagogik als eine Pädagogik der Vielfalt im inklusiven Sinne heißt alle Kinder mit ihren Eigenheiten und Bedürfnissen willkommen und bringt ihnen Wertschätzung entgegen. Die Vielfalt der Mädchen und Jungen, ihre Herkunft und Kultur sowie ihre Begabungen sind für den Krippenalltag bereichernd.

Die Qualität der Krippenpädagogik basiert auf der anregenden, kindbezogenen und einfühlsamen Interaktionsbeziehung zwischen pädagogischer Fachkraft und Kind. Die pädagogische Fachkraft muss für das Kind die sichere Basis sein, die Schutz und Sicherheit gewährt, damit sich die jungen Kinder auf neue Erfahrungen und Situationen einlassen. Pädagogische Qualität zeigt sich, wenn die pädagogische Fachkraft die Balance halten kann zwischen ihrer Pflicht, die Kinder zu beaufsichtigen und ihre Sicherheit zu gewähren, und gleichzeitig das Explorationsverhalten zu unterstützen.

23.1.2 Keine pädagogische Qualität ohne Strukturqualität

Der Ausbau der Kinderbetreuung, die Gründung neuer Krippen oder die Öffnung von Kindergärten für Kinder unter drei Jahren erfordern grundsätzlich einheitliche und verbindliche Standards der strukturellen Rahmenbedingungen, welche die pädagogische Arbeit beeinflussen – und zwar unabhängig von der Betreuungsform und der Heterogenität des Betreuungstypus. Strukturqualität umfasst situationsunabhängige und zeitlich stabile Rahmenbedingungen im Betreuungsangebot wie beispielsweise die Größe der Kindergruppe, die Fachkraft-Kind-Relation, die Qualifizierung der Fachkraft für diese Altersgruppe und ihre Erfahrung sowie die räumliche und materielle Ausstattung. Diese Qualitätskriterien sind die zentralen Anforderungen zur Sicherung einer guten pädagogischen Arbeit. Eine professionelle und verantwortungsvolle Gestaltung der Strukturqualität unter Berücksichtigung des Konzepts der Einrichtung gehört daher zwingend zum Kompetenzprofil der pädagogischen Fachkraft.

Diese Aspekte sind bereits durch die Forschungsergebnisse von Roßbach 2005 und Wüstenberg/Schneider 2008 (in ebd. S. 154 f.) für die Steigerung der Strukturqualität abgesichert. So wirken sich ein günstiger Betreuungs- bzw. Personalschlüssel sowie Kontinuität und Stabilität des Betreuungspersonals im Betreuungsalltag und eine kleine, in Alter und Geschlecht ausgewogene Kindergruppe positiv aus. Neben den personellen Ressourcen sind insbesondere die zeitlichen Ressourcen von großer Bedeutung. Die Betreuung von kleinen Kindern zeichnet sich durch einen insgesamt höheren Zeitbedarf für Vorbereitung, individuelle und einfühlsame Eingewöhnung jedes Kindes, Gestaltung der täglichen Übergangssituationen, beziehungsrelevante Alltagsroutinen, Elternkontakte und eine tragfähige Bildungs- und Erziehungspartnerschaft sowie Beobachtungs-, Entwicklungsdokumentation und Entwicklungsgespräche aus.

23.2 Der kompetente und aktive Säugling

Das Bild vom Neugeborenen und Kleinkind hat sich in den letzten Jahren und Jahrzehnten stark gewandelt. Während früher häufig die Auffassung vertreten wurde, dass Kinder als „unbeschriebenes Blatt", ohne nennenswerte Fähigkeiten und vollkommen hilflos, auf die Welt kommen, wissen wir heute, dass dieses Bild grundlegend falsch ist. Vielfältige Studien auf dem Gebiet der Säuglingsforschung mit sehr jungen, teilweise erst wenige Tage alten Säuglingen zeigen, dass Kinder von Geburt an über vielfältige Fähigkeiten und Kompetenzen verfügen, die es ihnen vom erstem Tag an ermöglichen, sich in ihrer Umwelt zu orientieren und aktiv mit nahen Bezugspersonen in Kontakt zu treten. Kinder sind von Geburt an hervorragende Lerner. Sie lernen jeden Tag und mit jeder Erfahrung Neues dazu, entwickeln sich stetig weiter, ergänzen ihre Fähigkeiten und versuchen, Zusammenhänge zu erkennen sowie der Welt, den Menschen und Dingen um sich herum Sinn zu geben. Neugeborene haben eine Vorliebe für menschliche Stimmen und Gesichter und wenden ihre Aufmerksamkeit bevorzugt anderen Menschen und nicht etwa unbelebten Dingen zu. Bereits wenige Tage nach der Geburt unterscheiden sie dann zwischen vertrauten Personen und Fremden und suchen aktiv Kontakt zu ihren Bezugspersonen. Daneben verfügen sie von Geburt an über verschiedene basale Schutzmechanismen, die es ihnen erlauben, sich bei Reizüberflutung oder Überlastung aktiv abzuwenden. Dafür kehren Babys beispielsweise bei überfordernden Situationen aktiv den Blick ab und drehen den Kopf weg. Einigen gelingt es sogar, an den eigenen Fingern zu saugen, um sich bei emotionaler Erregung selbst zu beruhigen.

Schon Neugeborene sind in der Lage, einfache mimische Gesten und Gesichtsausdrücke nachzuahmen. Dabei lernen sie in den ersten neun Lebensmonaten glückliche, traurige und zornige Gesichtsausdrücke voneinander zu unterscheiden. Wenige Monate alte Kinder sind in der Lage, erste kausale Zusammenhänge zu erkennen und ihr Verhalten anzupassen, um bestimmte Ziele zu erreichen. Drei Monate alte Babys wissen bereits, dass sie durch ihre eigenen Handlungen Ereignisse beeinflussen können. Bindet man z. B. einem Säugling ein Band an den Fuß und befestig das andere Ende des Bandes an einem Mobile, lernt er sehr schnell, dass sein eigenes Strampeln das Mobile in Bewegung versetzt. Dabei erkennt das Baby diesen Zusammenhang zwischen seinem eigenem Verhalten und den Geschehnissen in der Umwelt nicht nur, es merkt ihn

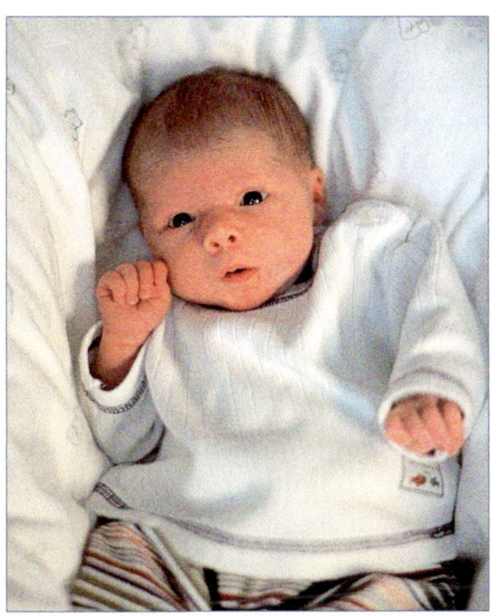

Abb. 23.1: Aufmerksamer Säugling.

sich sogar. Zeigt man dem Baby dasselbe Mobile einige Tage später, fängt es sofort an, mit dem richtigen Fuß zu strampeln. Präsentiert man ihm hingegen ein neues, unbekanntes Mobile, strampelt es nicht.

Grundsätzlich wird die Wahrnehmung des Säuglings, dass seine motorische Einflussnahme Folgen hat, als *Selbstwirksamkeit* bezeichnet. Diese Wirkungserfahrungen stellen sich reflexartig oder zufällig ein und werden dann als Verhaltenswiederholungen lustvoll beibehalten. Die Lust daran, dass das Tun so klappt, wie es einem gefällt, ist die sogenannte *Funktionslust*. Sie bleibt ein Leben lang erhalten.

Angeborene Fähigkeiten und seine atemberaubende Lernfähigkeit erlauben es dem Säugling vom ersten Tag an, an Interaktionen und einfachen Dialogen mit seinen Bezugspersonen teilzunehmen und so wichtige soziale Erfahrungen zu sammeln. Säuglinge wenden sich bewusst Reizen zu, die sie interessieren und ihren Geist anregen, und wenden sich, soweit möglich, von schädlichen, überfordernden Reizen ab. Kinder lernen und entwickeln sich in aktiver und selbst gesteuerter Auseinandersetzung mit der Umwelt und bedürfen dabei der liebevollen Unterstützung und geduldigen Begleitung durch nahe Bezugspersonen. Geschwindigkeit, Vorlieben und Interessen werden von den Kindern selbst gewählt und nicht vom Erwachsenen vorgegeben, denn „Gras wächst nicht schneller, wenn man dran zieht", wie es ein afrikanisches Sprichwort so schön formuliert.

[BEISPIEL] Datenerhebungsmethoden in der Säuglingsforschung

Säuglingsforscher haben verschiedene Methoden entwickelt, um die Kompetenzen und Fähigkeiten sehr junger Kinder zu erfassen. Zwei Datenerhebungsmethoden für das Säuglingsalter sind das Präferenzparadigma und das Habituationsparadigma.

- Präferenzparadigma: Dem Baby werden zwei Stimuli präsentiert, aus seiner Reaktion wird auf eine Präferenz für einen der beiden Stimuli geschlossen. Blick-, Körperbewegungen und andere physiologische Funktionen (z. B. Herzschlag, Hautwiderstand) werden erfasst und interpretiert. So wird z. B. ein längeres Betrachten eines der beiden gezeigten Stimuli als Bevorzugung desselben gedeutet.
- Habituationsparadigma: Dem Säugling wird so lange eine Reihe gleichartiger Stimuli angeboten, bis er sich daran gewöhnt hat (sog. Habituation) und seine Aufmerksamkeit nachlässt. Präsentiert man dem Baby dann einen Reiz, den es als anders und von den vorherigen abweichend wahrnimmt, zeigt es wieder eine erhöhte Aufmerksamkeit. Als Hinweise auf eine erhöhte Aufmerksamkeit gelten längeres Betrachten, verändertes Saugverhalten oder eine sinkende Herzrate.

[BEISPIEL] Experimente mit Säuglingen

Die Experimente, die mit Säuglingen durchgeführt werden, können einen erstaunlich komplizierten Aufbau aufweisen. In einem eindrucksvollen Experiment saugen Babys an einem speziell präparierten Schnuller, der mit einem Diaprojektor verbunden ist. Saugt das Baby am Schnuller, wird ein Bild an die Wand vor ihm projiziert, hört es auf zu saugen, bleibt das Bild an der Wand und es kann es in Ruhe betrachten. Beginnt das Kind wieder zu saugen, erscheint ein neues Bild. Säuglinge lernen erstaunlich schnell, dass sie durch ihr Saugverhalten selber bestimmen können, wie lange sie ein bestimmtes Bild betrachten können und wann ein neues Bild erscheint (vgl. Lenkitsch-Gnädinger 2003, S. 23). Dieses Experiment beweist zum einen, wie gut schon sehr junge Kinder kausale Zusammenhänge erkennen und ihr Verhalten entsprechend anpassen. Gleichzeitig erfahren die Forscher etwas über die Vorlieben des Kindes, weil es einige Bilder länger betrachtet als andere (Präferenzparadigma), und über seine Fähigkeiten zur Unterscheidung, etwa indem sie dem Baby jeweils ähnliche Bilder präsentieren und beobachten, wann es einen Unterschied erkennt (Habituationsparadigma).

Säuglinge und Kleinkinder sind in den ersten Lebensjahren umfassend und in allen Bereichen auf die liebevolle Zuwendung, Pflege und Betreuung durch mindestens eine verlässliche Bindungsperson angewiesen. Emotionale Bindungen (→ Kap. 10.3.3) zu besonderen und nicht austauschbaren Personen entwickeln sich im Laufe des ersten Lebensjahres und sind das Ergebnis der fortlaufenden Interaktion und Kommunikation zwischen Kind und Bezugsperson. Frühe Bindungen beeinflussen die kindliche Entwicklung in allen Bereichen und sind in ihrer Bedeutung für den weiteren Lebens- und Entwicklungsweg eines Kindes nicht zu unterschätzen.

Die Forschungen von John Bowlby, Mary Ainsworth, René Spitz und James Robertson, um nur einige wichtige Vertreter der Bindungsforschung zu nennen, machen auf eindrückliche Weise deutlich, dass alle Kinder der liebevollen und „bemutternden" Zuwendung durch einen anderen Menschen bedürfen, um sich zu entwickeln und zu wachsen.

[BEISPIEL] aus der Forschung von René Spitz: René Spitz, ein österreichischer Psychoanalytiker und Pionier auf dem Gebiet der Säuglingsforschung und Entwicklungspsychologie, beschäftigte sich Ende der 1940er Jahre ausgiebig mit dem Einfluss von Trennung und Fürsorge auf das Wohl des Kindes. Er beobachtete und untersuchte Kleinstkinder, die ohne feste Bindungsperson in Kinderheimen betreut wurden, und verglich diese mit Kindern, die bei inhaftierten, geistig retardierten Pflegemüttern aufwuchsen. Die Kinder, die von einer verlässlichen Bezugsperson betreut wurden und Zuwendung und Liebe erfuhren, zeigten nicht nur im kognitiven und sozialen Bereich eine weit bessere Entwicklung, auch ihre gesamten motorischen und körperlichen Fähigkeiten waren denen der Heimkinder weit überlegen. Obwohl die Heimkinder physisch gut versorgt und gepflegt wurden, blieb ihre gesamte körperliche und seelische Entwicklung zurück. Sie waren in ihrer Statomotorik retardiert, zeigten vermindertes Wachstum und Gewichtszunahme, lernten erst spät und nur unvollkommen sprechen, blieben in ihrer gesamten intellektuellen Entwicklung zurück und entwickelten schwere Verhaltensauffälligkeiten. Für diese Kinder gab es anscheinend keinen Anreiz mehr, sich zu entwickeln, groß zu werden, zu leben.

► Die Bindungstheorie

Die Bindungstheorie wurde Mitte des 20. Jahrhunderts von dem englischen Psychiater und Psychoanalytiker John Bowlby und der US-amerikanischen Entwicklungspsychologin Mary Ainsworth entwickelt und ist heute international anerkannt. Bindungstheorie und -forschung befassen sich im Kern mit der Entwicklung früher Bindungen zwischen Kindern und ihren Bezugspersonen, wie sich diese frühen Bindungen auf die Entwicklung des Kindes auswirken und inwiefern Bindungsbeziehungen andere Bereiche der Persönlichkeitsentwicklung beeinflussen.

Die Thesen Bowlbys und Ainsworths revolutionierten die Annahmen über die Bedeutung der frühen Mutter-Kind-Beziehung. Im Gegensatz zu psychoanalytischen Theorien, wie z. B. der von Sigmund Freud, betonen sie den Einfluss tatsächlicher früher Erfahrungen zwischen Kind und Bezugsperson auf die weitere Persönlichkeitsentwicklung des Kindes (→ Kap. 10.3.3).

Grundbedürfnisse von Kindern in den ersten drei Lebensjahren

Kinder können sich dann gut entwickeln und freudig und interessiert an ihrer Umwelt teilnehmen, wenn ihre Grundbedürfnisse befriedigt sind. Eine Ausarbeitung der Grundbedürfnisse von Kindern, die in der Fachwelt große Beachtung gefunden hat, stammt von T. Berry Brazelton und Stanley Greenspan. Die beiden Experten auf dem Gebiet der Kinderheilkunde und der Kinderpsychiatrie formulieren folgende sieben Grundbedürfnisse von Kindern (Brazelton/Greenspan 2008, S. 7 f.):

- das Bedürfnis nach beständigen liebevollen Beziehungen
- das Bedürfnis nach körperlicher Unversehrtheit, Sicherheit und Regulation
- das Bedürfnis nach Erfahrungen, die auf individuelle Unterschiede zugeschnitten sind
- das Bedürfnis nach entwicklungsgerechten Erfahrungen
- das Bedürfnis nach Grenzen und Strukturen
- das Bedürfnis nach stabilen, unterstützenden Gemeinschaften und kultureller Kontinuität
- das Bedürfnis nach einer sicheren Zukunft

Bei der Arbeit mit Kindern in den ersten drei Lebensjahren spielen die Grundbedürfnisse eine wichtige Rolle. Ihre Erfüllung und Sicherstellung in der Krippe ist Aufgabe der pädagogischen Fachkraft.

Aufbau und Gestaltung von beständigen, liebevollen Beziehungen und die Vermittlung von emotionaler Sicherheit

Brazelton und Greenspan nennen das „Bedürfnis nach liebevollen Beziehungen" noch vor dem „Bedürfnis nach körperlicher Unversehrtheit, Sicherheit und Regulation". Diese Reihenfolge wurde nicht dem Zufall überlassen, die beiden Wissenschaftler haben das Bedürfnis nach liebevollen Beziehungen ganz bewusst an die erste Stelle ihrer Aufzählung gesetzt. Ohne beständige und liebevolle Beziehungen kann kein Kind sein volles Entwicklungspotenzial ausschöpfen, sondern muss, im Gegenteil, in seiner Entwicklung zurückbleiben. Liebe und Zuwendung sind für alle Kinder ebenso unerlässlich wie die Befriedigung körperlicher Bedürfnisse nach ausreichend Nahrung und Flüssigkeit, nach Körperpflege und -hygiene.

Jede pädagogische Fachkraft, die mit Kindern in den ersten drei Lebensjahren arbeitet, steht vor der anspruchsvollen Aufgabe, zu jedem einzelnen der ihr anvertrauten Kinder eine liebevolle und tragfähige Beziehung aufzubauen. Krippenkinder sollen möglichst kontinuierlich und über weite Strecken des Tages von einer, höchsten zwei vertrauten pädagogischen Fachkräften betreut werden. Häufig wechselnde Betreuungspersonen oder Beziehungsabbrüche, etwa durch Gruppenwechsel oder Wechsel von pädagogischen Fachkräften, sind soweit als möglich zu minimieren oder ganz zu vermeiden. Das Einlassen auf mehrere, wechselnde Bezugspersonen überfordert Kinder in diesem jungen Alter und führt häufig zu Verunsicherungen oder zum Rückzug aus sozialen Beziehungen.

Der Beziehungsaufbau geschieht bei sehr jungen Kindern ausschließlich über die direkte Zuwendung und Interaktion. Die pädagogische Fachkraft muss den Tagesablauf in der Kinderkrippe so strukturieren, dass es ihr gelingt, sich jeden Tag jedem einzelnen Kind individuell für einen bestimmten, nicht zu kurzen Zeitraum zu widmen. Gleichzeitig muss sie Zeit finden für die Arbeit mit der ganzen Kindergruppe und für andere pädagogische Tätigkeiten (z. B. Beobachtung und Dokumentation, Vor- und Nachbereitung von pädagogischen Aktivitäten und Elterngesprächen) sowie nichtpädagogische und organisatorische Aufgaben. Sie steht ständig vor der Aufgabe, die individuelle Hinwendung zum einzelnen Kind mit der Arbeit mit der gesamten Kindergruppe und anderen notwendigen Aktivitäten und Aufgaben auszubalancieren.

Mit individueller Beschäftigung und Hinwendung zum einzelnen Kind ist nicht gemeint, dass die pädagogische Fachkraft dem Säugling oder Kleinkind besondere Aktivitäten bieten oder gar spezielle Fördermaßnahmen durchführen muss. Von diesem Druck kann sie sich getrost befreien. Vielmehr geht es darum, sich dem Kind feinfühlig zuzuwenden. Feinfühligkeit umfasst folgende grundlegende Merkmale (vgl. Ainsworth/Bell/Stayton 2003):

- Aufmerksamkeit und Offenheit gegenüber den Signalen des Kindes
- Verstehen suchende Haltung und richtige Interpretation der Signale
- angemessene Reaktion
- prompte Reaktion

Die feinfühlige pädagogische Fachkraft wendet sich dem Kind aufmerksam, offen, Verstehen suchend und liebevoll zu und beantwortet seine Äußerungen, Signale, Kontaktangebote und Interaktionsbeiträge sensibel und entwicklungsangemessen. Die Eigenaktivität und Eigeninitiative des Kindes spielen in diesem Zusammenhang eine wichtige Rolle, sie stehen im Mittelpunkt aller Kontakt- und Beziehungsangebote. Die Antworten und Interaktionsangebote der pädagogischen Fachkraft sind immer bezogen auf die verbalen und nonverbalen Signale und Äußerungen des Kindes und orientieren sich an seinen Bedürfnissen und Interessen.

Aufmerksam sein: Die bewusste Aufmerksamkeit gegenüber den verbalen und nonverbalen Äußerungen des Kindes bildet die Grundlage jeder gelungenen Interaktion und Kommunikation mit ihm. Nimmt die pädagogische Fachkraft die Signale des Kindes nicht wahr, wird sie sie nicht richtig deuten und dementsprechend auch nicht angemessen beantworten können.

Schon kleine Kinder wissen sehr genau, wann sie Zuwendung möchten und zur Interaktion mit einem anderen Menschen bereit sind und wann sie sich lieber alleine beschäftigen möchten. Bereits junge Babys können und wollen sich, für kurze oder längere Zeitabschnitte, alleine befassen. Beobachten wir Säuglinge beim Alleinspiel, werden wir entdecken, dass sie ausdauernd ihre eigene Hand oder auch die eigenen Füßen inspizieren, sie betrachten, bewegen, öffnen und schließen und immer wieder intensiv mit Mund und Zunge untersuchen. Eine andere, häufig zu beobachtende Tätigkeit ist das Experimentieren mit ihrem Mund und ihrer Stimme. Sie lallen, prusten und jauchzen und sammeln so wichtige Erfahrungen, die für die spätere verbale Entwicklung von großer Wichtigkeit sind. In solchen Situationen sind die Babys sehr konzentriert und intensiv bei der Sache und bedürfen in aller Regel keiner aktiven Zuwendung durch die pädagogische Fachkraft. Davon unberührt bleibt, dass es natürlich auch hier Aufgabe der pädagogischen Fachkraft ist, dafür zu sorgen, dass die ihr anvertrauten Kinder sich in einer sicheren Umgebung ohne Verletzungsrisiken befinden.

Säuglinge verlangen nach Zuwendung, wenn ihre physischen Bedürfnisse nicht befriedigt sind, sie z. B. Hunger oder Durst haben, eine frische Windel brauchen, es zu heiß oder kalt ist oder wenn sie Schmerzen haben. Aber auch wenn all diese Bedürfnisse befriedigt sind, gibt es Zeiten, in denen Babys mit anderen Menschen interagieren wollen, offen sind für Kontaktangebote, selber vielfältige Kontaktsignale senden und die individuelle Hin- und Zuwendung durch die pädagogische Fachkraft regelrecht einfordern.

Aufmerksam sein bedeutet in diesem Zusammenhang, das Kind genau zu beobachten und zu erkennen, wann es Zuwendung braucht und wann es lieber ungestört sich, seinen Körper und seine Umwelt erkunden möchte. Die pädagogischen Fachkräfte können in die Fähigkeiten des Kindes vertrauen, seine momentanen Bedürfnisse zu spüren und über vielfältige Signale mitzuteilen. Säuglinge suchen, wenn sie interagieren möchten, aktiv den Kontakt zu ihrer Bezugsperson. Sie wenden Kopf und Körper der betreffenden Person zu, strecken ihre Arme und Hände nach ihr aus, suchen und halten aktiv Blickkontakt. Werden ihre Kontaktversuche erwidert, entspannen sie sich und schmiegen sich wohlig an oder sie reagieren mit Aufregung und Freude. Dazu bewegen sie Arme und Beine, geben Geräusche von sich oder machen ein freudiges Gesicht. Sind sie nicht mehr bereit zu interagieren bzw. brauchen sie eine Pause, wenden sie den Blick ab, drehen den Kopf weg oder zeigen sich in ihrer gesamten Körpersprache angespannt und unruhig.

Offen sein: Die zweite wichtige Voraussetzung für das feinfühlige Eingehen auf kindliche Signale ist eine grundlegende Offenheit gegenüber den Signalen des Kindes. Diese Offenheit bezieht sich auf zwei wesentliche Aspekte. Zum

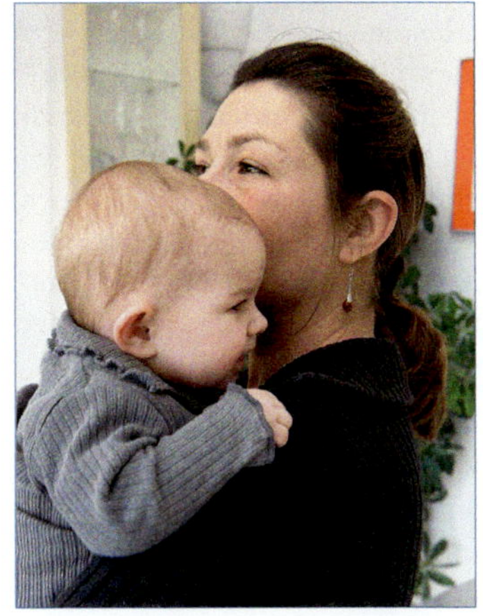

Abb. 23.2: Körperliche Zuwendung und Bindung an eine Bezugsperson sind wichtig für die kindliche Entwicklung.

einen gilt es, dem Kind zu zeigen, dass die pädagogische Fachkraft für eine Interaktion grundsätzlich bereit, also offen ist. Das kann auf sehr unterschiedliche Weise geschehen. So kann die pädagogische Fachkraft sich z. B. beobachtend dem Kind und seinem Spiel zuwenden und ihm so ihr Interesse an seinen Tätigkeiten signalisieren. Sie kann sich aber auch im Spielzimmer auf den Boden setzen und sich mit einem interessanten Gegenstand beschäftigen und so ausdrücken, dass sie gerade Zeit für eine gemeinsame Tätigkeit hat. Oder sie erwidert das fröhliche Lachen eines tobenden Kindes und signalisiert so ihre Bereitschaft, sich auf das Spiel des Kindes einzulassen.

Zum anderen geht es darum, gegenüber den individuellen und kreativen Kontaktversuchen von Kindern offen zu sein. Jungen und Mädchen gehen bei ihren Kontaktbemühungen zuweilen sehr kreativ vor und gestalten diese zum Teil sehr unterschiedlich aus. Sehr junge Kinder kann man z. B. häufig dabei beobachten, wie sie, um Kontakt aufzunehmen, das Gesicht verziehen und „wilde" Grimassen schneiden. Eine andere Strategie, die junge Kinder wählen, ist, der Bezugsperson verschiedene Gegenstände zu bringen, ohne sie dabei jedoch direkt anzusprechen. Andere klettern z. B. auf Möbel und zeigen durch Blickkontakt und ein breites Grinsen, dass sie ihre Freude über diesen Erfolg mit der pädagogischen Fachkraft teilen wollen. Zurückhaltende Kinder stellen sich vielleicht auch nur in die Nähe der pädagogischen Fachkraft und blicken immer wieder interessiert zu ihr herüber, aber „sprechen" sie nicht direkt an. Die pädagogische Fachkraft soll den verschiedenen Formen der Kontaktaufnahme grundsätzlich offen, wohlwollend und akzeptierend gegenüberstehen und auch auf Formen der Kontaktaufnahme eingehen, die sie vielleicht als unangemessen oder seltsam empfindet. In der Arbeit mit dem Kind kann sie ihm dann helfen, geeignetere Formen zu finden.

Verstehen suchende Haltung und richtige Interpretation der Signale: Bevor die pädagogische Fachkraft angemessen auf die kindlichen Signale und Äußerungen antworten kann, muss sie diese zunächst richtig deuten. Hierbei nimmt sie eine forschende und Verstehen suchende Haltung ein. Sie versucht zu erkennen und nachzufühlen, was das Kind mitteilen möchte und welche Art der Zuwendung, Hilfe oder Unterstützung es in der jeweiligen Situation braucht. Der Versuch, das Kind in seinen Handlungen und Tätigkeiten zu verstehen, findet sowohl vor als auch nach der Antwort durch die pädagogische Fachkraft statt. Sie beobachtet aufmerksam, wie das Kind auf ihre Angebote reagiert, und überprüft so die Angemessenheit der Deutung seiner Verhaltensweisen und ihrer Reaktionen.

Angemessene Reaktion: Feinfühliges Eingehen auf die Bedürfnisse des Babys zeichnet sich durch Angemessenheit aus im Hinblick auf die Situation, auf den Entwicklungsstand und auf die Kommunikationen des Babys. So braucht z. B. ein Baby, das sehr erregt ist und Schwierigkeiten hat, sich selber zu beruhigen, die Unterstützung der Bezugsperson, indem diese einen ruhigen, von äußeren Reizen abgeschirmten Platz mit ihm aufsucht, leise und mit entspannter Stimme mit ihm spricht oder es auch beruhigend hin- und herwiegt. Ein waches und aufmerksames Baby hingegen braucht eine pädagogische Fachkraft, die angemessen auf seine Bedürfnisse nach Kommunikation, Spiel, Erkundung oder Autonomie eingeht. Feinfühlige Reaktionen haben nichts mit „Verwöhnen" oder „Überbehütung" zu tun. Sie sind immer abgestimmt auf den Entwicklungsstand, die Fähigkeiten und Bedürfnisse des Kindes, unterfordern das Kind nicht und nehmen ihm nichts ab, was es schon alleine kann. Gleichzeitig überfordern sie das Kind auch nicht, indem sie Verhaltensweisen oder Reaktionen verlangen, die es nicht oder nur unzureichend erfüllen kann.

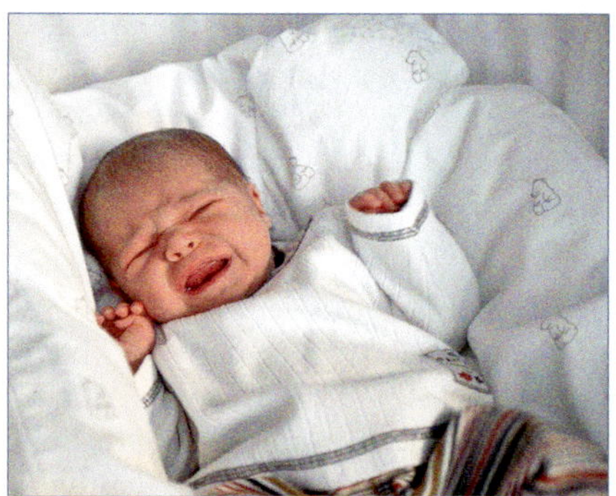

Abb. 23.3: Babys kommunizieren nonverbal. Ihre Signale müssen richtig gedeutet werden.

Pädagogische Antworten und Angebote sind dann besonders angemessen und entwicklungsförderlich, wenn sie in die „Zone der nächsten Entwicklung" des Kindes fallen. Agiert das Kind auf seinem aktuellen Entwicklungsniveau, lernt es nichts dazu, sondern wiederholt und verfestigt bereits vorhandene Fähigkeiten. Soll es über seinen potenziellen Fähigkeiten agieren, wird es leicht überfordert und frustriert.

▸ Zone der nächsten Entwicklung

Die „Zone der nächsten Entwicklung" wurde als theoretisches Konstrukt von dem sowjetischen Psychologen Lev Vygotski begründet und hat bis heute einen starken Einfluss auf die moderne Entwicklungspsychologie. Vygotski (1987) versteht unter der Zone der nächsten Entwicklung die Distanz zwischen dem aktuellen Entwicklungsniveau eines Kindes, also dem selbstständigen Problemlösen, und dem Niveau potenzieller Entwicklung, also dem Problemlösen mit Unterstützung durch andere. Die Zone der nächsten Entwicklung umfasst, was ein Kind mithilfe eines Erwachsenen oder eines kompetenteren Peers leisten kann, also seine nächsten Entwicklungsschritte.

Abb. 23.4: Zone der nächsten Entwicklung nach L. Vygotski.

„Was das Kind heute in Zusammenarbeit und unter Anleitung vollbringt, wird es morgen selbständig ausführen können. [...] Wenn wir also untersuchen, wozu das Kind selbständig fähig ist, untersuchen wir den gestrigen Tag. Erkunden wir jedoch, was das Kind in Zusammenarbeit zu leisten vermag, dann ermitteln wir damit seine morgige Entwicklung" (Vygotski 1987, S. 83). Für pädagogische Fachkräfte bedeutet dies, dass bei der Beurteilung des kindlichen Entwicklungsstandes auch berücksichtigt werden muss, was ein Kind mit mehr oder weniger Unterstützung durch Dritte leisten kann, und nicht nur, was es ohne Hilfe zu leisten vermag.

Prompte Reaktion: Eine Reaktion, die nicht prompt, sondern verzögert ist, so sensibel und entwicklungsförderlich sie auch sein mag, kann vom Baby nicht als Folge seiner eigenen Kommunikationen festgestellt werden. Nur wenn das Baby erkennt, dass die pädagogische Fachkraft auf seine Signale und Kommunikationsangebote antwortet, erlebt es ein Gefühl der Wirksamkeit und der Kompetenz beim Einwirken auf seine soziale Umwelt und fühlt sich wahr- und ernst genommen.

Bemüht sich die pädagogische Fachkraft bewusst darum, dem Kind und seinen vielfältigen Äußerungen gegenüber aufmerksam und offen zu sein, seine Signale richtig zu deuten und dem Kind liebe- und respektvoll zu antworten, wird es ihr auch gelingen, über diese Art der individuellen Kommunikation und Interaktion eine positive, herzliche Beziehung zu dem Kind aufzubauen. Vertrauensvolle Beziehungen zu wenigen, ausgewählten Personen in der Kinderkrippe vermitteln dem Kind Sicherheit. Erst wenn es überzeugt ist, dass es sich bei belastenden Erfahrungen wie Überforderung, Verunsicherung, Angst, Traurigkeit, Müdigkeit oder Hunger zu seiner Bezugsperson zurückziehen kann und diese ihm zuverlässig und feinfühlig zur Seite steht, kann es seine Umwelt, Materialien und Spielzeuge ungestört und hingebungsvoll erkunden und zuversichtlich Kontakt zu anderen Kindern und Erwachsenen aufnehmen. Mary Ainsworth (1985) hat in diesem Zusammenhang die Vorstellung der Bezugsperson als „sichere Basis" eingeführt, von der aus das Kind seine Umwelt explorieren und zu der es sich bei Bedarf immer wieder zurückziehen kann.

Beziehungsvolle Pflege

In der Arbeit mit Kindern in den ersten drei Lebensjahren nehmen pflegerische Tätigkeiten, wie Windeln, an- und ausziehen, zu Bett bringen, Unterstützung bei den Mahlzeiten, einen hohen Stellenwert und einen großen Teil des Tages ein. In diesen Situationen beschäftigt sich die pädagogische Fachkraft intensiv mit einem Kind. Sie eignet sich daher in besonderem Maße für den Aufbau und die Verfestigung vertrauensvoller Beziehungen und für die Förderung von Autonomie und einem positiven Selbstbild. Ein pädagogischer Ansatz, der sich ausdrücklich mit der Gestaltung von pflegerischen Tätigkeiten beschäftigt und in der Kleinkindpädagogik hohen Zuspruch und internationale Beachtung gefunden hat, ist der der ungarischen Kinderärztin Emmi Pikler, bekannt als sogenannte Pikler-Pädagogik. Der pädagogische Ansatz kann hier nicht im Detail erörtert werden. Im Folgenden werden einige wenige Orientierungen und Grundsätze kurz skizziert. Emmi Pikler war der Überzeugung, dass jedes Kind ein natürliches Gefühl dafür hat, wann es körperlich und emotional bereit ist, den nächsten Entwicklungsschritt zu gehen. Aufgabe der pädagogischen Fachkräfte ist es daher, die Umgebung so zu gestalten, dass sie den Entwicklungsbedürfnissen des Kindes gerecht wird und das Kind sich gemäß seinem Tempo möglichst frei und ungezwungen, aktiv und autonom entfalten kann. Eine besondere Rolle spielen pflegerische Tätigkeiten und die dabei stattfindenden Pflegehandlungen. Sie bieten die Möglichkeit zu Interaktion und Kooperation, in ihrem Rahmen kann sich ein intensiver Beziehungsaufbau zwischen Kind und pädagogischer Fachkraft vollziehen. Emmi Pikler hat hierzu den Begriff der „beziehungsvollen Pflege" geprägt. Während der pflegerischen Tätigkeit genießt das Kind die volle Aufmerksamkeit der Bezugsperson und gestaltet die Pflege aktiv mit. Die pädagogische Fachkraft kündigt ihre Handlungen an und begleitet diese sprachlich. Rhythmus und Dauer richten sich nach dem Kind. So vermittelt sie dem Kind Wertschätzung und nimmt es in seiner Individualität wahr. Das Kind erlangt physische und emotionale Sicherheit, erlebt sich als kompetent und achtenswert und macht wichtige soziale Erfahrungen (vgl. Lorber/Hanf 2001).

Sicherstellen von körperlicher Unversehrtheit und Sicherheit/Unterstützung der emotionalen Regulation

Zu den Aufgaben der pädagogischen Fachkraft gehören offensichtliche Dinge wie die ausreichende und entwicklungsangemessene Versorgung des Säuglings oder Kleinkindes mit Nahrung und Flüssigkeit, adäquate und saubere Kleidung, der Schutz vor Kälte oder übermäßiger Hitze und eine angemessene Körperpflege und -hygiene.

Räume für Krippenkinder müssen so gestaltet sein, dass sich die Kinder möglichst frei bewegen können, potenziell gefährliche Stellen ausreichend abgesichert sind und Materialien, die nicht für Kinder bestimmt sind, von ihnen nicht erreicht werden können. Räume sollen mit möglichst wenigen Verboten belegt sein. Zum einen können sehr junge Kinder diese nur schwer nachvollziehen und einhalten, zum anderen ist es auch für die pädagogische Fachkraft eine unnötige Belastung, die Einhaltung solcher Verbote ständig zu überwachen. Auch die zur Verfügung gestellten Materialien müssen so gewählt und gestaltet werden, dass sich die Kinder frei und gefahrlos mit ihnen beschäftigen können und sie ihnen gleichzeitig vielfältige sinnliche Erfahrungen ermöglichen.

Eine wichtige Rolle spielt die pädagogische Fachkraft bei der Unterstützung der emotionalen Selbstregulationsfähigkeit des Kindes. Zwar verfügen schon sehr junge Kinder über erste einfache Möglichkeiten der Selbstregulation und wenden bei Überforderung z. B. den Blick ab oder rollen sich ein bzw. saugen an den Fingern, um sich zu beruhigen, dennoch sind sie in weiten Teilen und in vielen Situationen bei emotionaler Erregung auf die sensible Unterstützung durch erwachsene Bezugspersonen angewiesen.

► Emotionale Selbstregulation und Fremdregulation
Unter Emotionsregulation versteht man die Fähigkeit des Individuums, sowohl sein innerliches Gefühlserleben als auch den damit einhergehenden, äußerlichen Gefühlsausdruck angemessen zu bearbeiten und so zu regulieren. Von gelungener Emotionsregulation spricht man, wenn es einer Person gelingt, nicht von ihren (negativen) Gefühlen überwältigt zu werden, sondern diese aktiv zu bearbeiten, und sie gleichzeitig in der Lage ist, nach außen ein angemessenes Verhalten zu zeigen.
Bei emotionaler Regulation kann man unterscheiden zwischen Selbstregulation (das Individuum führt die Bewältigungshandlungen selbst aus) und Fremdregulation (andere Personen unterstützen das Individuum bei der Bewältigung von Emotionen). Die Fähigkeit zur Selbstregulation entwickelt sich mit zunehmendem Alter. Säuglinge und Kleinkinder verfügen über erste, einfache Strategien zur Selbstregulation, bedürfen aber noch in allen Bereichen der feinfühligen Unterstützung durch eine vertraute Person. Ab dem dritten bis zum sechsten Lebensjahr entwickeln Kinder dann differenzierte Selbstregulationsfähigkeiten und es kommt zu einem allmählichen Übergang von der Fremdregulation zur Selbstregulation. Die Anteile der Selbstregulation werden immer größer, während die Fremdregulation an Bedeutung verliert. Allerdings spielt sie auch noch im Erwachsenenalter eine Rolle, z. B. in emotional sehr belastenden Situationen, in denen auch Erwachsene Hilfe und Unterstützung bei Vertrauenspersonen suchen.

Die pädagogische Fachkraft steht vor der Herausforderung, die Emotionen des Kindes wahrzunehmen, richtig zu deuten und ihm prompte und entwicklungsförderliche Unterstützung bei der angemessenen Regulation derselben anzubieten. Je nach Alter und Entwicklungsstand des Kindes können die Strategien, die die pädagogische Fachkraft nutzt, sehr unterschiedlich sein. Säuglinge lassen sich z. B. häufig durch engen Körperkontakt, rhythmische Bewegungen und leise, wohlwollende Worte beruhigen. Bei älteren Kindern, die bereits anfangen zu sprechen, kann es hilfreich sein, die eigenen Wahrnehmungen und die Gefühle des Kindes zu benennen, ihm zu signalisieren, dass man diese grundsätzlich akzeptiert, um dann gemeinsam mit dem Kind nach Gründen und schließlich Alternativen bzw. Lösungsmöglichkeiten zu suchen. Wichtig ist, dass die pädagogische Fachkraft alle Gefühle des Kindes grundsätzlich als wichtig und richtig anerkennt. Während es Bezugspersonen häufig leicht fällt, auf positive Gefühlsäußerungen des Kindes angemessen einzugehen, fällt ihnen das bei negativen Emotionen oft schwerer. Die Gründe hierfür können sehr unterschiedlich sein. Negative Gefühle wie Trauer, Wut oder Angst, die Kinder äußern, erscheinen erwachsenen Bezugspersonen oft überzogen, unverständlich oder auch unangemessen. Oder sie haben selber nicht gelernt, negative Gefühle ausreichend zu benennen und auszuhalten, und fühlen sich daher im Umgang mit selbigen selbst verunsichert und ratlos. In diesem Fall muss die pädagogische Fachkraft auch den Umgang mit eigenen, negativen Emotionen reflektieren und einen angemessenen Zugang finden. Erst dann kann es ihr gelingen, ein Kind angemessen zu unterstützen.

Für das Kind sind negative Gefühle, ganz egal wie unsinnig, störend oder auch beängstigend sie uns als Erwachsenen vorkommen, real und es braucht Hilfe bei deren Bewältigung. Negiert die Bezugsperson die Gefühle des Kindes, etwa durch Äußerungen wie „hör auf zu weinen, es gibt keinen Grund“ oder „ich hab dir gleich gesagt, tu das nicht, da musst du jetzt alleine durch“, hilft sie dem Kind nicht dabei, seine Gefühle zu deuten, die Gründe dafür zu erkennen und angemessene Bewältigungsstrategien zu entwickeln.

Eine feinfühlige Bezugsperson signalisiert dem Kind, dass sie seine Gefühle *wahrnimmt*, etwa indem sie sagt: „Ich sehe du weinst.“ Sie *deutet* sie für das Kind und fragt z. B.: „Weinst du, weil du traurig bist?“ Sie hilft ihm, seine Gefühle zu *verstehen*, z. B. durch Äußerungen wie „ich glaube, du bist traurig, weil du den Ball nicht haben kannst“, und zeigt dem Kind, dass sie seine Gefühle *anerkennt*, und sagt etwa: „Das kann ich verstehen, dass du da traurig bist, wenn du gerne mit dem Ball spielen willst und ihn nicht bekommst.“ Sie nennt *Gründe*, z. B. „schau mal, der Jonas spielt gerade mit dem Ball, deshalb kannst du ihn nicht haben“, und sucht zusammen mit dem Kind nach *Alternativen und Lösungsmöglichkeiten*: „Vielleicht kannst du den Jonas fragen, ob du den Ball auch mal haben darfst“ oder „Sollen wir mal schauen, ob wir noch einen anderen Ball für dich finden?“. Sie hilft dem Kind dabei, die Alternativen und Lösungsmöglichkeiten umzusetzen. Eine pädagogische Fachkraft, die einfühlsam auf die negativen Gefühlsäußerungen eines Kindes eingeht, unterstützt es dabei, seine Gefühle zu erkennen, anzuerkennen und aktiv zu bearbeiten. Die feinfühlige Unterstützung der emotionalen Regulation ist u. a. eine wichtige Voraussetzung und Grundlage für den Aufbau einer stabilen, tragfähigen und vertrauensvollen Beziehung zwischen Kind und Bezugsperson und unterstützt die Entwicklung guter emotionaler Selbstregulationskompetenzen und eines positiven Selbstwertkonzeptes.

Ermöglichen von entwicklungsgerechten Erfahrungen und Erlebnissen, die auf individuelle Unterschiede zugeschnitten sind

Im Krippenbereich werden üblicherweise Kinder im Alter zwischen null bzw. einem und drei Jahren betreut. Je nach Alter und Entwicklungsstand haben diese Kinder zum Teil sehr unterschiedliche Bedürfnisse. Für Kinder im ersten und zweiten Lebensjahr stehen die Erkundung des eigenen Körpers, der näheren sozialen Umwelt und vor allem die Interaktion, Kommunikation und das Spiel mit einigen wenigen, liebevollen Erwachsenen im Vordergrund. Mit steigender Mobilität und mit zunehmenden kommunikativen Fähigkeiten beginnen Kinder gegen Ende des ersten Lebensjahres zunehmend auch ihre weitere Umwelt zu erkunden. Ihr Interesse an anderen Kindern und Erwachsenen steigt. Wachsende sprachliche, kognitive und sozialemotionale Fähigkeiten erlauben es ihnen, ihre sozialen Kontakte stetig zu erweitern. Freundschaften zu anderen Kindern und die Aufnahme in und Teilnahme an Peerkulturen spielen eine immer wichtigere Rolle. Natürlich bleiben erwachsene Bezugspersonen auch weiterhin wichtig. Ihre Aufgaben sind aber unter Umständen ganz andere als bei Säuglingen.

Diesen Unterschieden gilt es in der Krippengruppe Rechnung zu tragen. Die pädagogischen Fachkräfte müssen jedes der ihnen anvertrauten Kinder genau beobachten und feinfühlig und individuell auf seine jeweiligen Bedürfnisse eingehen. Es gilt, jedem einzelnen Kind genau die Erfahrungen zu ermöglichen, die es braucht, um sich bestmöglich zu entwickeln. Beobachtungen, Angebote und Aktivitäten müssen dabei auf verschiedenen Ebenen ansetzen.

Zuwendung und Interaktion: Diese Ebene erfordert Sensibilität und eine individuelle Vorgehensweise, um die Kontakt- und Interaktionswünsche der Kinder zu befriedigen. Auch Kinder, die üblicherweise weniger Zuwendung durch die pädagogische Fachkraft brauchen, kommen immer wieder in Phasen, in denen sie einer erhöhten Aufmerksamkeit und Unterstützung bedürfen, etwa bei wichtigen Entwicklungsschritten (z. B. beim Trocken werden) oder auch einschneidenden Erlebnissen innerhalb und außerhalb der Krippe (z. B. bei Personalwechsel, Geburt eines Geschwisterkindes). In anderen Phasen zeigen sich Kinder hingegen selbstständiger und unabhängiger von der pädagogischen Fachkraft. Auch das gilt es als wichtigen Schritt in der Autonomieentwicklung zu akzeptieren und wertzuschätzen.

Raumgestaltung: Grundsätzlich sollen Krippenräume so gestaltet sein, dass Kinder Möglichkeiten zum Toben, Rennen und Klettern haben. Es soll Platz zum ungestörten, ruhigen Spiel geben, Ecken, in denen Spiel mit anderen Kindern angeregt wird, und Bereiche, in die sich Kinder bei Bedarf zurückziehen und ausruhen können. Säuglinge und Kleinkinder, die noch nicht laufen können, brauchen einen geschützten Ort, an dem sie sicher spielen und erkunden können.

Räume werden nicht einmal gestaltet und dann nie wieder verändert. Kinder in den ersten drei Lebensjahren entwickeln und lernen sehr schnell. Das muss sich in der Raumgestaltung und -nutzung widerspiegeln. Pädagogische Fachkräfte beobachten regelmäßig, wie Kinder Räume nutzen, und passen diese stetig an die sich verändernden Bedürfnisse der Kinder und der Kindergruppe an.

Materialauswahl: Die angebotenen Materialien müssen regelmäßig mit den sich ändernden Interessen und Bedürfnisse der Kinder in Einklang gebracht werden. Dabei geht es nicht so sehr darum, möglichst viele oder sogenannte „pädagogisch wertvolle“ und meist sehr teure Spielzeuge zur Verfügung zu stellen. Einige wenige, gute Spielmaterialien, die bei Bedarf ersetzt und ausgetauscht werden, sind ausreichend. Hier bietet sich auch der Spielzeugtausch mit anderen Gruppen der Einrichtung an. „Gute“ Spielmittel zeichnen sich durch eine hohe Offenheit und Flexibilität aus, können von den Kindern kreativ und auf vielfältige Art und Weise verwendet werden und ermöglichen mannigfaltige sinnliche Erfahrungen. Viele alltägliche Materialen und Objekte, z. B. Töpfe, große Kartons, Decken oder Gefäße verschiedener Größe, üben auf junge und ältere Kinder einen unwiderstehlichen Reiz aus und eignen sich ganz hervorragend zum Spielen. Es ist darauf zu achten, dass Materialien und Spielmittel von den Kindern gut zu erreichen sind und im Gruppenraum einen festen Platz haben.

Aktivitäten und Angebote: Aktivitäten und Angebote mit der gesamten Kindergruppe oder auch mit Kleingruppen müssen so gestaltet werden, dass alle teilnehmenden Kinder, ausgehend von ihren individuellen Fähigkeiten und Fertigkeiten, aktiv teilnehmen und ihren Beitrag leisten können. Dies gilt es schon bei der Planung der Aktivität bzw. des Angebots und bei der Zusammensetzung der Gruppe zu beachten. Die pädagogische Fachkraft gestaltet Angebote kreativ und möglichst offen und hat dabei alle Kinder mit ihren individuellen Fähigkeiten und Vorlieben im Blick. Fast alle pädagogischen Angebote können, wenn sie mit Bedacht geplant und umgesetzt werden, inklusiv, also offen für alle gestaltet werden.

[BEISPIEL] Gestaltung eines pädagogischen Angebots

Die pädagogische Fachkraft macht mit den Kindern einen Sitzkreis, um ein Lied zu singen. In der Mitte des Kreises liegen verschiedene einfache Musikinstrumente, z. B. Rasseln, Trommeln und Glocken. Sie hat ein Buch mit verschiedenen Bildern, jedes Bild repräsentiert ein bestimmtes Lied. Zunächst begrüßt die pädagogische Fachkraft alle Kinder mit Namen und schlägt dabei jedes Mal einen Triangel an. Dann bittet sie ein Kind, sich das erste Lied auszusuchen. Das Buch dient dabei als Unterstützung und Erinnerungshilfe. Das Kind wählt ein Lied aus. Die pädagogische Fachkraft zeigt allen Kindern nacheinander das Bild und benennt das Lied, das gesungen wird. Anschließend fordert sie die Kinder auf, sich ein Musikinstrument auszusuchen. Die größeren Kinder können das schon alleine, den Kleineren hilft sie, indem sie jedem z. B. zwei Instrumente hinhält und eines auswählen lässt. Möchte ein Kind kein Instrument, akzeptiert sie das. Dann wird gesungen und musiziert. Jedes Kind darf so teilnehmen, wie es kann und möchte. Die größeren Kinder singen mit und schütteln kräftig ihre Instrumente, während die Kleineren vielleicht nur im Takt wippen oder sich drehen, ein wenig klatschen oder vielleicht auch nur interessiert zuhören.

Stellen Sie sich vor, Sie wollen gemeinsam mit den Kindern einen Kuchen zu backen. Planen Sie dieses Angebot zusammen mit einer Kollegin. Bedenken Sie dabei vor allem, wie Sie das Angebot gestalten, damit alle Kinder teilnehmen können, und was für Hilfsmaterialien Sie dafür brauchen.

Kinder unterscheiden sich nicht nur in ihrer Entwicklung und ihren Fähigkeiten, sondern zeigen sehr unterschiedliche Persönlichkeiten. So gibt es Babys, die über sehr gute Regulationsfähigkeiten verfügen, denen es leicht gelingt, sich selbst zu beruhigen, die schnell einen ausgeglichenen Schlaf-wach-Rhythmus finden, die ihre Bedürfnisse über leicht zu deutende Signale mitteilen und sich gerne und intensiv ihren Bezugspersonen zuwenden. Diese Babys wirken auf ihr Umfeld ausgeglichen und zufrieden. Die Interaktionen mit ihnen gestalten sich aus Sicht von Eltern und pädagogischen Fachkräften meist mühelos und sind befriedigend für Bezugsperson und Kind. Andere Kinder brauchen mehr Unterstützung bei der Regulation, sie sind leichter ablenkbar und irritabel, weinen öfter, brauchen länger, um sich zu beruhigen, scheinen weniger Spaß und Ausdauer in Interaktionen zu haben und benötigen mehr geduldige und liebevolle Unterstützung von ihren Bezugspersonen. Für pädagogische Fachkräfte, die normalerweise mehrere Kleinkinder gleichzeitig betreuen, kann es zum Teil sehr schwierig sein, sich fortwährend auf diese individuellen Unterschiede und Persönlichkeiten einzustellen und umfassend einzulassen. Pädagogische Fachkräfte laufen Gefahr, sich im Krippenalltag, bewusst oder unbewusst, vornehmlich mit den Kindern zu beschäftigen, die sie als angenehm, freundlich und „einfach“ im Umgang wahrnehmen und bei vermeintlich „schwierigen“ Kindern eher zurückzuhalten. Aber gerade solche Kinder brauchen, da sie wohl insgesamt weniger Erfahrungen und auch weniger erfolgreiche, positive Erlebnisse mit anderen gemacht haben, eine besondere Zuwendung und Unterstützung. Die pädagogische Fachkraft muss daher regelmäßig reflektieren, wie und auf welche Art sie ihre Aufmerksamkeit unter den Kindern verteilt, und ihr Verhalten gegebenenfalls verändern.

23.3 Themen der Pädagogik für Kinder unter drei Jahren

Das Wissen über die kindlichen Grundbedürfnisse, die Bindungsbedürfnisse und die Entwicklung von Kindern (→ Kap. 10) bilden das Fundament für die spezifischen Themen, die als Leitlinien der Krippenpädagogik dienen und zu einer pädagogischen Haltung, zur Konzeption und zur pädagogischen Vorgehensweise führen.

Die spezifischen Themen der Krippenpädagogik sind die Zusammenarbeit mit den Eltern, die Gestaltung von Übergängen und die Eingewöhnung, die Strukturierung des Betreuungsalltages, die Sprache und Kommunikation, die Peerinteraktionen, das Spielen und die Beobachtung und Dokumentation der kindlichen Bildungs- und Lernprozesse.

23.3.1 Zusammenarbeit mit Eltern

Krippen sind einerseits für die Kinder ein wichtiger Lern- und Bildungsort, an dem sie sich wohlfühlen und weiterentwickeln, und andererseits übernehmen sie für die Eltern eine unterstützende und ergänzende Funktion. Dies macht sich an den Lebenswelten und Sozialisationshintergründen fest, aus denen die Kinder kommen. Familien und Kinder sind aufgrund von Wandlungstendenzen in der Gesellschaft mit immer neuen Anforderungen konfrontiert und es gibt eine Fülle von Schwierigkeiten in unterschiedlichen Lebenssituationen. Diese zeigen sich beispielsweise durch höhere Anforderungen in der Berufswelt und die Vereinbarkeit von Familie und Beruf, multilokales Wohnen, Beziehungsstörungen in der Familie, Arbeitslosigkeit, ungünstige Wohnbedingungen, Pflege von Familienangehörigen oder Armut. Der Kinderbetreuung werden hierdurch verstärkt begleitende, entlastende, präventive und kompensatorische Aufgaben zugewiesen. Eltern sind grundsätzlich in ihrer Heterogenität anzuerkennen, die sich in unterschiedliche Lebenslagen und Lebensformen sowie sozio-ökonomische und ethnisch-kulturelle Hintergründe auffächert.

Bei der Betreuung der unter dreijährigen Kinder rückt die Kooperation mit den Eltern (→ Kap. 1.3.5) stärker in die pädagogische Praxis. Eltern haben ein großes Bedürfnis nach Austausch über das Kind, insbesondere weil es sich in dieser Altersgruppe um in der Sprachentwicklung befindliche Kleinkinder mit begrenzten eigenen Kommunikationsmöglichkeiten handelt. Eltern interessieren sich dafür, wie sich ihre Tochter oder ihr Sohn in der Gruppe und im Alltagsgeschehen verhält, wie sich ihr Kind dort entwickelt, wo sein Interesse liegt, und welche Lernfortschritte es macht, ob ihr Kind sich in bestimmten Situationen unwohl fühlt oder Schwierigkeiten hat. Bei den pädagogischen Fachkräften können sie sich zudem fachlichen Rat über die Betreuung hinaus holen. Die außerordentliche Wichtigkeit einer partnerschaftlichen Zusammenarbeit mit den Eltern (→ Kap. 2.1.5) wird in den Bildungs- und Erziehungsplänen der Bundesländer betont.

Die Eltern vertrauen darauf, dass die pädagogischen Fachkräfte ihre Aufgabe verantwortungsvoll wahrnehmen und sie mit einbeziehen. Pädagogische Fachkräfte erhalten also einen Vertrauensvorschuss, den sie für die Zusammenarbeit nutzen können und sollten, um bestmögliche Voraussetzungen für die Entwicklung und Bildung der Kinder zu schaffen.

Wenn Kinder außerfamilial betreut werden, vollziehen sie täglich den Übergang von ihrer Lebenswelt Familie in die andere Lebenswelt Krippe und wieder zurück. Beide Systeme, die eigene Familie und die Krippe, sind zwei wichtige Lebensbereiche und Sozialisationsinstanzen, die auf das Kind einwirken und deren Akteure das Beste für das Kind leisten möchten. Für die Bewältigung des Übergangs ist es für das Kind enorm wichtig, dass die Eltern und die pädagogischen Fachkräfte zusammenarbeiten. Eltern möchten mitreden, wenn es darum geht, wie ihre Kinder tagsüber versorgt und erzogen werden und welche Anregungen der Bildungsort Krippe gibt.

Familienorientierte Zusammenarbeit mit Eltern wird in ihren Voraussetzungen und Zielen wie folgt beschrieben:

- Das Wohl des Kindes und seine individuelle Förderung sind die Basis der Zusammenarbeit mit Eltern.
- Die pädagogische Fachkraft orientiert sich in ihrem Handeln und Tun an den Bedürfnissen der Kinder und ihrer Eltern.
- Die Zusammenarbeit zeichnet sich durch ein hohes Maß an Austausch zwischen beiden Parteien aus.
- Die Zusammenarbeit beinhaltet die beiderseitige Gleichwertigkeit und Gleichberechtigung (auf gleicher Augenhöhe).
- Pädagogische Fachkraft und Eltern begegnen sich vorurteilsfrei mit Achtung, Respekt und Wertschätzung.
- Die Zusammenarbeit ist durch eine Atmosphäre des gegenseitigen Interesses, der Aufmerksamkeit und des Verständnisses geprägt.
- Die Eltern werden als Experten für ihr Kind anerkannt.
- Die pädagogische Fachkraft wird von den Eltern als Experte/in für die außerfamiliale Betreuung anerkannt.
- Die pädagogische Fachkraft hat einen Einblick in die andere Lebenswelt des Kindes.

Abb. 23.5: Im Gespräch mit einem Vater.

- Die pädagogische Fachkraft knüpft an der Lebenswelt Familie des Kindes an und nutzt sie für die Bildungs- und Entwicklungsprozesse des Kindes.
- Beide Parteien stimmen sich gemeinsam über die besten Bedingungen für das Kind in Bezug auf Bildungs-, Entwicklungs- und Erziehungsthemen ab.
- Die Erwartungen der Eltern an die pädagogische Fachkraft bei der Betreuung ihres Kindes sowie die Erwartungen der pädagogische Fachkraft an die Eltern sind kommuniziert und geklärt.

23.3.2 Gestaltung von Übergängen

Der Übergang von der Familie in die Krippe ist für das Kind, die Eltern und die pädagogische Fachkraft von großer Bedeutung und bringt viele Veränderungen mit sich. In der pädagogischen Literatur werden diese Übergänge als Transitionen bezeichnet. „Mit der Verwendung des Begriffs Transition soll deutlich gemacht werden, dass Übergänge komplex sind und sich auf individueller, familialer und kontextueller Ebene auswirken" (Wörz 2004, S. 26). Transitionen bezeichnen „komplexe, ineinander übergehende und sich überblendende Wandlungsprozesse, wenn Lebenszusammenhänge eine massive Umstrukturierung erfahren" (ebd., S. 35).

Die Bedeutung der Übergänge gibt den Anstoß dafür, sie im Hinblick auf die Krippenpädagogik zu betrachten. Vor dem Hintergrund des *kompetenten Kindes* sind die Übergänge als eine Phase beschleunigten Lernens und beschleunigter Entwicklung anzuerkennen und nicht als eine Phase der Krise. Der Übergangsprozess gelingt dabei umso besser, wenn die pädagogische Fachkraft und die Eltern diesen Prozess aktiv beeinflussen. Bei jedem Übergang, den das Kind erfolgreich bewältigt, erwirbt es Selbstvertrauen und vielfältige Kompetenzen, von denen es in späteren Übergängen profitieren kann. So gewinnt das junge Kind mit der Bewältigung des Übergangs (→ Kap. 1.1.2; 10.6) die Sicherheit darüber, dass sich die Beziehung zu den Eltern nicht verändert und die Eltern immer wiederkommen. Es lernt neue und tragfähige Beziehungen zur pädagogischen Fachkraft aufzubauen und neue Beziehungen zu anderen Kindern aufzunehmen. Das Kind bewältigt zudem starke Emotionen (z. B. Trennungsschmerz) und es stellt sich auf eine neue Umgebung und einen neuen Tagesablauf ein. Der frühpädagogische Transitionssansatz berücksichtigt zudem die Perspektive der Eltern. Auch sie bewältigen den Übergang, indem sie sich (erstmals) für längere Zeit vom Kind lösen und gleichzeitig den eigenen Übergang zurück in den Beruf vollziehen. Dabei müssen sie ein positives Selbstbild als Eltern, deren Kind eine Krippe besucht, entwickeln. Sie müssen eine vertrauensvolle Zusammenarbeit zur pädagogischen Fachkraft aufbauen. Dieser Übergang, eine positive Zusammenarbeit mit den Eltern, ist auch eine Anforderung an die pädagogische Fachkraft. Gleichzeitig muss sie eine tragfähige Beziehung zum Kind aufbauen, um es bei der Bewältigung des Übergangs individuell zu unterstützen. Die Beobachtung und Dokumentation des gesamten

Übergangsprozesses des Kindes gehört mit zum Aufgabenbereich der pädagogische Fachkraft (Griebel/Niesel 2004, S. 86).

Eingewöhnung

Dem Übergang von der Familie in die Krippe kommt eine besondere Bedeutung zu. Diese Phase wird als Eingewöhnungsphase des Kindes bezeichnet. Die individuelle und sensible Eingewöhnung des Kindes (→ Kap. 4.10.3) in die Krippe stellt einen Qualitätsstandard der pädagogischen und bindungstheoretisch-fundierten Konzeption und Arbeit dar. Die Gestaltung der Eingewöhnungsphase wird mittlerweile unumstritten als entscheidend für die weitere Karriere des Kindes in außerfamiliärer Betreuung eingeordnet (vgl. Becker-Stoll u. a. 2009, S. 47). Während die pädagogische Fachkraft die Eingewöhnung eines neuen Kindes je nach Berufserfahrung mit einer gewissen Gelassenheit und Routine vorbereitet und begleitet, kann die Eingewöhnung für die Eltern eine emotionale Belastung und Anspannung sein oder sogar Schuldgefühle hervorrufen. Eine fachliche Information darüber, was die Eltern in der Eingewöhnungsphase erwartet und welche Rollen ihnen zukommen, ist unverzichtbar.

Für das Kind ist das Ziel einer behutsamen Eingewöhnung, dass es die zunächst fremde Umgebung Krippe kennenlernt, zur pädagogischen Fachkraft Vertrauen fasst und sie als verlässliche und verfügbare Bezugsperson wahrnimmt. Für diesen Prozess müssen die Eltern, das Kind und die pädagogische Fachkraft genügend Zeit einplanen. Das Kind muss seine Familie und die Krippe mental miteinander vereinbaren und von beiden profitieren. Eine am Grundbedürfnis nach Bindung orientierte Eingewöhnungspraxis ist eine wichtige Voraussetzung für die gesunde psychische Entwicklung des Kindes. Sie ist zudem auch die Grundlage für altersangemessenes Explorationsverhalten (→ Kap. 10.3.5) und damit für Lern- und Bildungsprozesse in der Tagesbetreuung (Hedervari/Maywald 2009, S. 44).

Die Eingewöhnung sollte elternbegleitet und abschiedsbetont gestaltet sein. Nach diesen Vorgaben ist das sogenannte und bundesweit erprobte „Berliner Modell“, das 1990 erstmals veröffentlicht wurde, am Berliner Institut für angewandte Sozialforschung (INFANS) entwickelt worden. Es ist das wohl auch am weitesten verbreitete Konzept zur Eingewöhnung und basiert auf der Bindungstheorie (→ Kap. 23.2).

Vor der Eingewöhnung in die Krippe ist ein ausführliches Aufnahmegespräch zwischen den Eltern und der pädagogischen Fachkraft unerlässlich. Im Mittelpunkt stehen dabei die individuelle Situation des Kindes (Alter, Geschlecht, Entwicklungsstand, Vorlieben und Gewohnheiten sowie besondere Bedürfnisse) und die Gestaltung der Eingewöhnungsphase.

Das „Berliner Modell“ besteht aus vier aufeinander aufbauenden Phasen. Die Dauer der Eingewöhnung beträgt je nach Entwicklungsstand des Kindes zwei bis drei zusammenhängende Wochen. In der Eingewöhnungszeit gilt: Das Kind und seine Bedürfnisse stehen im Vordergrund. Es bekommt die Zeit, die es benötigt, sich auf das Neue einzulassen.

1. Phase der Eingewöhnung – Grundphase

In dieser Phase bleibt eine Bezugsperson des Kindes bei dem Kind in der Krippe, damit es sich in der fremden Umgebung wohl und sicher fühlt. Durch diese Sicherheit wird das Kind exploratives Verhalten zeigen können. Gleichzeitig geht die pädagogische Fachkraft sensibel und einfühlsam auf das Kind ein und schafft so eine Basis des Vertrauens. Die Bezugsperson verhält sich während der ersten Phase der Eingewöhnung möglichst zurückhaltend, denn je mehr sie sich aktiv in die Kindergruppe und den Krippenalltag einbringt, desto deutlicher wird für das Kind der Verlust, wenn diese sich nach einigen Tagen der Eingewöhnung für eine kurze Zeit verabschiedet. In der ersten Phase bleibt die Bezugsperson mit dem Kind höchstens eine Stunde in der Krippe.

2. Phase der Eingewöhnung – Trennungsversuch

In dieser Phase verabschiedet sich die Bezugsperson von ihrem Kind für ca. 15 bis 30 Minuten. Sie bleibt allerdings in der Nähe und kann jederzeit in die Krippe geholt werden, falls es dem Kind nicht gut geht. Gemeinsam verabschieden sich danach Bezugsperson und Kind. Das Kind lernt, dass es sich auch in dieser ungewohnten Situation der Trennung auf die Bezugsperson und die pädagogische Fachkraft verlassen kann. Durch das Gefühl des „Sich-darauf-verlassen-Könnens“ wird sich das Kind immer mehr auf die pädagogische Fachkraft einlassen. In dieser Phase gibt das Verhalten des Kindes Aufschluss darüber, ob die Eingewöhnungszeit kürzer oder länger dauert.

3. Phase der Eingewöhnung – Stabilisierungsphase

Diese Phase beginnt, wenn das Kind ein Vertrauensverhältnis zur pädagogischen Fachkraft aufgebaut hat. Nachdem das Kind morgens in die Krippe gebracht und verabschiedet wird, bleibt es nun schon einige Stunden und wird erst nach dem Mittagessen wieder abgeholt.

Wenn das Kind sich den gesamten Vormittag über wohlfühlt, wenn es sich von der pädagogischen Fachkraft trösten lässt, dann bleibt das Kind auch nach dem Mittagessen noch in der Krippe und es macht dort seinen Mittagsschlaf. Die Bezugsperson holt das Kind direkt nach dem Mittagsschlaf ab.

4. Phase der Eingewöhnung – Schlussphase

Diese Phase steht für den Abschluss der Eingewöhnung. Jetzt ist das Kind bereits für mehrere Stunden täglich in der Krippe, es isst dort zu Mittag, macht seinen Mittagsschlaf und ist auch danach noch mit den anderen Krippenkindern zusammen. Es wird jedoch nach Bedarf von der Bezugsperson abgeholt, die jederzeit erreichbar sein soll.

Die Beziehung Kind – pädagogische Fachkraft hat allerdings noch keinen sehr stabilen Rahmen bekommen und es gibt immer noch Situationen, in denen die pädagogische Fachkraft „beweisen“ muss, dass sie das Vertrauen des Kindes auch wirklich verdient.

1. Phase **Die dreitägige Grundphase**	Das Kind macht sich im Beisein seiner Bezugsperson mit der pädagogischen Fachkraft und der Krippe vertraut. Die Bezugsperson verhält sich passiv, schenkt aber dem Kind volle Aufmerksamkeit und stellt so die sichere Basis dar. Die pädagogische Fachkraft nimmt behutsam – ohne zu drängen – Kontakt zum Kind auf und beobachtet die Situation.
2. Phase **Erster Trennungsversuch**	Die Bezugsperson verabschiedet sich klar und eindeutig am vierten Tag von dem Kind in der Krippe, bleibt aber in der Nähe. In dieser Phase gibt das Verhalten des Kindes Aufschluss darüber, ob die Eingewöhnungszeit kürzer oder länger dauert.
3. Phase **Stabilisierungsphase**	Die pädagogische Fachkraft übernimmt die Versorgung des Kindes (Füttern, Wickeln) und bietet sich als Spielpartner an. Die Bezugsperson überlässt es der pädagogischen Fachkraft immer öfter, auf die Signale des Kindes zu reagieren.
4. Phase **Schlussphase**	Die Bezugsperson hält sich nicht mehr in der Krippe auf, ist aber jederzeit erreichbar. Die Eingewöhnung ist dann beendet, wenn das Kind die pädagogische Fachkraft als sichere Basis akzeptiert hat – sich schnell von der pädagogischen Fachkraft trösten lässt und in guter Stimmung spielt.

Tab. 23.1: Die Phasen des Berliner Modells.

23.3.3 Der Betreuungsalltag

Ein überschaubarer und geregelter Tagesablauf in der Krippe spielt für die kleinen Kinder eine große Rolle. Über den Tagesablauf mit seinen wiederkehrenden Abläufen und Strukturen erhält das Kind die nötige Sicherheit und Orientierung, um für Lern- und Bildungserfahrungen offen zu sein und den ereignisreichen Tag in der Krippe zu verkraften. Gleichzeitig muss in den Tagesablauf ein flexibles Eingehen auf die individuellen Bedürfnisse der Kleinen möglich sein. Eine bewusste Gestaltung des Tages ist für den Krippenalltag unerlässlich, ohne dabei jedoch die unterschiedlichen Körperrhythmen der Kinder aus den Augen zu verlieren und die individuellen Bedürfnisse nach Selbstbestimmung, Bewegung, Anregung, Kommunikation, Spiel und Entspannung sowie Nahrung zu berücksichtigen.

Die bedeutsamsten Situationen im Tagesablauf sind das Bringen und Abholen eines Kindes, das Essen, die Pflegezeiten und die Sauberkeitsentwicklung sowie das Schlafen und Ausruhen.

Bringen und Abholen des Kindes

Begrüßungs- und Abholsituationen sind für die Kinder, die Eltern und die pädagogische Fachkraft von besonderer Bedeutung, sodass genügend Zeit für sie eingeplant werden muss. Jeder neue Tag bedeutet für das Kind den Übergang von der Familie in die Krippe und die Trennung von der Bezugsperson. Die pädagogische Fachkraft muss diesen Prozess mit viel Feingefühl unterstützen und begleiten. Begrüßungs- und Abholsituationen bieten für alle Beteiligten die Möglichkeit zum Austausch von Informationen und dienen der Orientierung für den Tag.

Essen in der Krippe

Essen ist ein körperliches Grundbedürfnis eines jeden Menschen. Insbesondere für kleine Kinder ist das Essen mit sinnlichen und kommunikativen Erfahrungen verbunden und es nimmt eine zentrale Stellung im Tagesablauf ein. Kinder sollen Freude am Essen haben und sie sollen selbstbestimmt entscheiden können, was und wie viel sie essen möchten. Sie sollen spüren, was ihnen gut bekommt und wann sie satt sind. So werden sie dabei unterstützt, ihre Bedürfnisse möglichst früh wahrzunehmen und zunehmend selbst zu befriedigen. Für Kinder, die noch gefüttert werden müssen, ist die Essenssituation mit einer individuellen und intensiven Zuwendung von der pädagogischen Fachkraft verbunden.

Die Ernährungsangebote sollen sich an etablierten Standards der Kleinkindernährung orientieren. Die Abwechslung in den Speisen ermöglicht es den Kindern, Neues kennen zu lernen und auszuprobieren, was ihnen gut schmeckt.

Beim Essen werden motorische Fähigkeiten ausgebildet, die für die Sprachentwicklung nötig sind. Das Trinken, Kauen, Lutschen und Abbeißen mit seinen spezifischen Bewegungen sind für die Mund- und Kieferentwicklung sehr wichtig, da diese Bewegungen die Sprachmuskulatur und somit die Sprachentwicklung beeinflussen (vgl. Neuß 2011, S. 102).

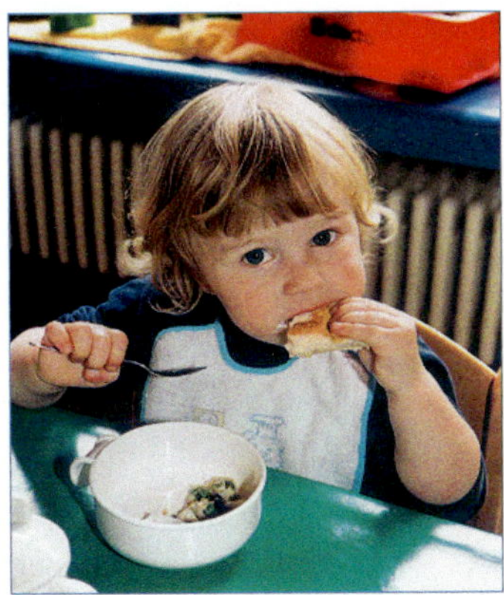

Abb. 23.6: Kinder lernen schnell, selbstständig zu essen.

Pflegezeiten und Sauberkeitsentwicklung

Zeiten der Pflege und des Wickelns sind entscheidende Situationen im Tagesablauf bei der Betreuung von kleinen Kindern. Es sind Zeiten, die viel mehr darstellen als das notwendige Eingehen auf ein körperliches Bedürfnis des Kindes. Die alltäglichen Pflegesituationen sind ein ereignisreiches Miteinander und ein vielseitiges Lernfeld für das Kind und als zentral für seine Kommunikation, Interaktion, Autonomieentwicklung und Erziehung zu betrachten. Viele seiner sozialen Beziehungen, seiner Berührungen und seiner Begegnungen erfährt das Kind, wenn es gebadet, gewickelt oder an- und ausgezogen wird. Eine Pflegesituation ist eine wichtige anspruchsvolle pädagogische Aufgabe, die eines liebevollen Kontaktes bedarf. Zugleich werden die körperbezogenen Kompetenzen der Kinder gestärkt, indem sie an der Pflege- bzw. Wickelsituation beteiligt und so sensibilisiert werden, Freude, Spaß und Verantwortung für das eigene Wohlergehen und für die eigene Gesundheit zu übernehmen. In diesem Kontext ist auch die Sauberkeitsentwicklung zu betrachten, die bei den Kindern ab dem zweiten Lebensjahr beginnt und dem kindlichen Bedürfnis nach Selbstständigkeit entspricht.

Die Themen Pflegezeiten und Sauberkeitsentwicklung betreffen den Intimbereich der Kinder und sind mit der infantilen Sexualität verknüpft. Die pädagogische Fachkraft soll jedem Kind eine positive Beziehung zu seinem eigenen Körper und Körperempfinden vermitteln und explorierendes Verhalten des Kindes zulassen.

Schlafen und Ausruhen

Eine besondere Herausforderung bei der Gestaltung des Tagesablaufes ist es, die individuellen Schlafbedürfnisse der Kinder zu berücksichtigen und jedem Kind genug positiv erlebte Ruhe und Entspannung zu ermöglichen. Kleine Kinder sind auf Schlaf- und Entspannungsphasen angewiesen, um psychisch und physisch in der Lage zu sein, sich interessiert, neugierig und motiviert ihrer Umwelt zuzuwenden. Im Schlaf verarbeiten und speichern die Kinder die neuen Eindrücke und Erfahrungen.

Ein ungestörter Schlaf und das Eingehen auf die individuellen Schlafbedürfnisse, Schlafrhythmen (→ Kap. 10.2.3) und gewohnten Schlafrituale (Kuscheltier, Lied singen) erleichtern es dem Kind, sich in der Krippe sicher zu fühlen. Hier ist der Austausch mit dem Eltern besonders hilfreich. Des Weiteren kommt der Gestaltung und Auswahl des Schlafplatzes eine große Bedeutung zu. Diese Entscheidung soll gemeinsam mit dem Kind getroffen werden (Schlafhöhlen, Matratzen, selbstständig ein- und aussteigbares Gitterbett).

23.3.4 Sprache und sprachliche Förderung

In der Pädagogik für Kinder unter drei Jahren stehen die sprachliche Bildung (→ Kap. 15; 22) und die Stärkung der kommunikativen Kompetenzen des Kindes für eine Querschnittaufgabe, die in allen Bildungsbereichen stattfindet. Die ersten Lebensjahre des Kindes sind für die Entwicklung kommunikativer und sprachlicher Kompetenzen besonders wichtig und werden als Schlüsselqualifikation definiert. Jetzt werden entscheidende Weichen für die Sprachentwicklung gestellt. Sie geschieht nicht isoliert, sondern ist in die gesamte frühkindliche Entwicklung eingewoben und sie entwickelt sich in Verbindung mit ihren Wahrnehmungen und Beziehungen und im Rahmen ihres Tätigseins; rund um Themen und Handlungen, an denen Kinder interessiert sind und die für sie Sinn ergeben.

Sprache ist wichtig für die Persönlichkeitsentwicklung des Kindes, für seine Aneignung der Welt, dafür, sich als Teil dieser Welt zu verstehen, und für den Aufbau sozialer Beziehungen zu anderen. Sprache ist dabei immer um nonverbale und stimmliche Aspekte zu erweitern, da es viele Ausdrucksformen der Kommunikation gibt. Schon vom ersten Lebenstag an wollen sich Kinder bemerkbar machen. Dabei schöpfen sie alle ihre nonverbalen und stimmlichen Kommunikationsformen aus: Sie zeigen mit dem Finger, sie spannen ihren Körper an, sie wenden sich ab oder zu, sie fassen jemanden an, nehmen bei der Hand und führen sie, sie schauen und lauschen, sie riechen, sie nutzen die Mimik und Gestik, sie lautieren, schreien und wimmern oder gurgeln zufrieden (vgl. Kerl-Wienecke 2010).

Im Zusammenspiel mit ihrer körperlichen, emotionalen, kognitiven und sozialen Entwicklung erobern sich die Kinder nach und nach die Sprache als ein Werkzeug, das es ihnen möglich macht, ihre Welt zu ergründen und sie sich geistig vorzustellen. Dazu gehört auch, Aufmerksamkeit und Nähe zu anderen herzustellen und die eigenen Bedürfnisse zu äußern sowie Spiele zu spielen und das gemeinsame Tun und Miteinander zu gestalten. Für jedes Kind ist es sehr wichtig, die Erfahrung zu machen, dass es mit seiner Sprache etwas bewirken kann. Erst diese Selbstwirksamkeit motiviert das Kind, seinen kindlichen Spracherwerb (→ Kap. 22.1.2) weiter voranzutreiben. Spracherwerb und die kindliche Persönlichkeitsentwicklung gehen Hand in Hand.

Die Interaktion und die Interaktionsstrategien mit der pädagogischen Fachkraft, das einfühlsame Dialoghandeln – das über das Hörbare hinausgeht – sowie eine vielfältige Sprachumgebung begleiten und unterstützen junge Kinder auf ihrem Weg in die Sprache hinein. Die vertrauensvolle Beziehung zwischen dem Kind und der pädagogischen Fachkraft ist die Voraussetzung für die kindliche Sprachentfaltung. Dazu gehört es, sich individuell und konzentriert auf das Kind einzulassen, in einen wertschätzenden Austausch mit ihm zu gehen sowie darauf einzugehen, was das Kind sprachlich mitbringt.

Mit Wertschätzung ist der Familie des Kindes und deren Sprachgewohnheiten zu begegnen. Gerade bei den kleinen Kindern ist eine enge Zusammenarbeit mit Eltern von Bedeutung. Sie sind als Mitgestalter der Bildung ihres Kindes einzubeziehen. Nur so gelingt es, den Kindern zu einem sprachlichen Selbstbewusstsein zu verhelfen und Neugier-

Abb. 23.7: Förderung des Spracherwerbs.

de für ihre Sprache und die Sprache der anderen zu wecken. Dies gilt für deutschsprachige wie auch mehrsprachig aufwachsende Kinder.

Die Kontinuität der pädagogischen Fachkraft ist dabei besonders wichtig, da so den Kindern Regelhaftigkeit in der Sprache gelingt. Ihre Nähe und Ermunterung ist wesentlich für gelingende sprachliche Entwicklung.

Aufgrund der zentralen Rolle der sprachlichen Entwicklung für die allgemeine kindliche Entfaltung und die Bedeutung der sprachpädagogischen Begleitung von Kindern unter drei Jahren ist ein großes Fachwissen zum ersten und zweiten Spracherwerb und ihren Bedürfnissen sowie viel Handlungskompetenz der pädagogische Fachkraft erforderlich.

23.3.5 Peerinteraktion

Die Kindergruppe (→ Kap. 1.1.1) übt zweifelsohne einen besonderen Reiz und eine Anziehungskraft in der sozialen Welt des Kindes aus. Schon deshalb hat die Krippe neben dem Betreuungsaspekt ein hohes Entwicklungs- und Bildungspotenzial für die Kinder. Sie ist der Ort, an dem soziales Lernen und Gruppenlernen stattfinden, an dem Kommunikations- und Konfliktfähigkeit, Toleranz und interkulturelle Kompetenzen durch Erfahrungen mit den anderen Kindern erworben und eingeübt werden. Mit diesen Erfahrungen sind eigenständige Entwicklungsprozesse verbunden. Die Kindergruppe und die Peerinteraktionen sind eine Ressource für die Entwicklung der Sozialkompetenz und eine Quelle für das kindliche Wohlbefinden und Glück. Psychologische Befunde zeigen, dass, wenn Kinder in den ersten Lebensjahren grundsätzlich keinen Kontakt zu Peers haben, soziale Fehlentwicklungen entstehen (Mietzel 1994, S. 183).

Ein Merkmal, das die Beziehungen der Kinder untereinander charakterisiert und ihre speziellen Entwicklungsanregungen in ihrer Alltagswirklichkeit prägt, ist die Gleichartigkeit oder zumindest Ähnlichkeit der Peers in Bezug auf Vorwissen, Status, oder die Verfügung über Macht über den anderen. Beziehungen zwischen den Kindern sind symmetrisch, d. h., sie finden auf der gleichen Ebene statt. Diese Symmetrie macht die Interaktion zwischen Kindern besonders bedeutsam für das einzelne Kind. Damit unterscheiden sie sich von den Beziehungen zwischen dem Kind und der pädagogischen Fachkraft, die immer von einem grundsätzlichen und wahrscheinlich unüberwindbaren Ungleichgewicht an Erfahrung, Wissen und Macht gekennzeichnet sind. Inhaltlich geht es bei asymmetrischen Interaktionen zwischen pädagogischen Fachkräften und Kindern oft um eher pflegerische Handlungen oder Hilfestellungen. Die symmetrischen Beziehungen zu den anderen Kindern bieten ganz andere Chancen: Unterschiedliche Sichtweisen auf ein Problem, wie z. B. eine Spielregel, über die keine Einigkeit herrscht, oder das Haben-Wollen eines Spielzeugs, können in einem Prozess ausgehandelt werden, bei dem keiner aufgrund seiner Autorität oder seiner intellektuellen Überlegenheit dem anderen die Lösung quasi „serviert". Vielmehr sind die Kinder in der Interaktion gefordert, die eigenen Gedanken und Überlegungen dem anderen plausibel darzulegen, die Argumente des Gegenübers zu prüfen und eine für beide Seiten akzeptable Sichtweise zu entwickeln (vgl. Viernickel 2010). Diese Lernprozesse sind allerdings nur dann möglich, wenn sich das Kind innerhalb der variantenreichen und vielfältigen Gruppe auch zugehörig fühlt. Einander wohlvertraute und sich zugehörig fühlende Kleinkinder helfen sich gegenseitig und spielen früher Spiele, bei denen unterschiedliche und abwechselnde Rollen eingenommen werden (z. B. Nachlaufen und Fangen spielen, zusammen Quatsch machen). Sie sind eher und besser in der Lage, miteinander zu kooperieren. Damit zeigen sie ein kompetentes und an flexiblen Verhaltensweisen reiches Sozialverhalten. Kinder lernen viel von anderen Kindern, wenn sie in verschiedenen Entwicklungsbereichen unterschiedlich weit fortgeschritten sind und in den „Zonen der nächsten Entwicklung" (→ Kap. 23.2.1) miteinander interagieren. Im Spiel bringen Kinder gemeinsam Verhaltensweisen hervor, die fortgeschrittener sind als jene, die sie individuell ausführen könnten. Kinder, die in der „Zone der nächsten Entwicklung" spielen, bilden füreinander hochwertige Modelle.

In der Pädagogik für Kinder unter drei Jahren ist bedeutsam, dass schon kleine Kinder in stabilen Gruppen erste individualisierte Freundschaftsbeziehungen eingehen. Kinder bevorzugen bestimmte andere Kinder, indem wechselseitige Kontaktinitiativen beantwortet werden, die mit positiven Gefühlsäußerungen einhergehen und in Länge und Komplexität die Interaktionen anderer Kind-Kind-Beziehungen übertreffen. Die Intensität und die Menge der Interaktionsprozesse der Kinder insgesamt und ihre freundschaftlichen Beziehungen im Besonderen verstärken sich im Verlauf der ersten Lebensjahre zusehends.

In Beobachtungsstudien stellte Susanne Viernickel fest, dass sich die Peerinteraktionen in Freispielsituationen von Krippenkindern zu den drei großen Themenkomplexen Spiel, Auseinandersetzung und Gemeinsamkeit zusammenfassen lassen (vgl. Viernickel 2000):

Spiel

Kontakte und Interaktionen von Kindern finden zum größten Teil über das soziale Spiel (→ Kap. 21) statt. Diese Spiele zeichnen sich dadurch aus, dass die Handlungen der Kinder von dem Wunsch geleitet sind, ein gemeinsames Spielthema zu entwickeln oder aufrechtzuerhalten. Dabei gibt es eine Reihe verschiedener Spielformen, die alle (bis auf das völlige Alleinspiel) soziale Elemente enthalten:

- Als „Zuschauer" sieht ein Kind einem anderen Kind bzw. mehreren anderen Kindern beim Spielen zu, ohne aktiv mitzuspielen.
- Beim „Parallelspiel" spielen Kinder nebeneinander und unabhängig voneinander, wobei sie sich der Nähe und der Aktivität der anderen bewusst sind und diese auch genießen. Gelegentlich spielen sie auch mit dem gleichen oder zusammengehörigen Spielzeug und nehmen vereinzelt Blickkontakt auf. Ihre Aktivitäten sind jedoch nicht aufeinander bezogen. Dieser Spielform wird eine Brückenfunktion für die Entwicklung von nichtsozialem zu sozialem Spiel und sozialer Interaktion zugeschrieben.
- Beim imitativen Spiel wird das andere Kind nachgeahmt bzw. enthält die Interaktion eine überwiegende Anzahl imitativer Elemente. Dieses Nachahmen wird durch (freudige) Lautäußerungen und auch oft durch gegenseitiges Berühren begleitet. Kinder erleben sich in diesen Situationen als kompetent und effektiv im sozialen Austausch und empfinden Verbundenheit und Gleichartigkeit.
- Das assoziative Spiel bezeichnet ein fantasieanregendes Spiel mit anderen Kindern, wobei Spielzeuge oder andere Gegenstände getauscht und damit gleiche oder sehr ähnliche Aktivitäten verfolgt werden, ohne sich jedoch über ein gemeinsames Ziel zu verständigen.
- Beim komplementären Spiel gibt es in der Regel ein Kind (Interaktionspartner), das eine Handlung ausführt. Diese Handlung wird vom anderen Kind „kommentiert"; z. B. lässt das Kind die Holzeisenbahn die Treppe „herunterfahren" und das andere Kind lacht dazu oder ein Kind schlägt mit einem Holzlöffel auf eine Trommel und ein anderes stößt schrille Laute dazu aus.
- Beim kooperativen bzw. reziproken, also aufeinander bezogenen Spiel handelt es sich um eine Interaktion im engeren Sinne. Die Kinder sind in einander ergänzende Aktivitäten mit geplanten Spielhandlungen und einem gemeinsamen Ziel involviert (vgl. Viernickel 2006, S. 69, und Kasüschke 2010, S. 211, in Kerl-Wienecke 2011, S. 28).

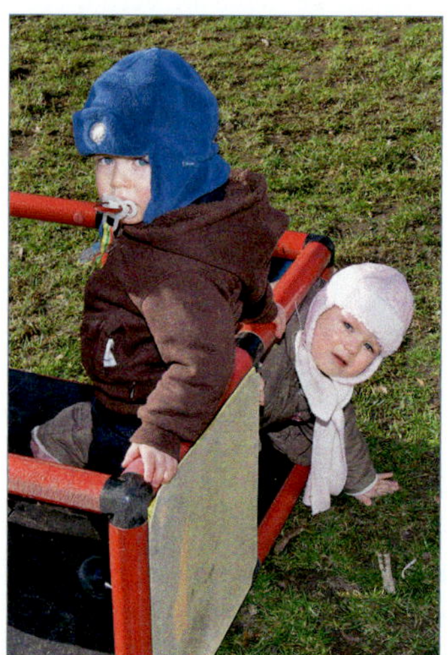

Abb. 23.8: Parallelspiel.

Auseinandersetzung

In der Auseinandersetzung bzw. im Konflikt wird das andere Mädchen oder der andere Junge als eine potenzielle Hürde beim Erreichen der eigenen Ziele gesehen. Meistens geht es bei diesen Unstimmigkeiten um die Benutzung oder den Besitz eines bestimmten Spielzeugs, beispielsweise den Bagger in der Sandkiste, das Bobbycar zum Fahren auf dem Hof oder ein Tuch zum Zudecken der Puppe. Nur selten geht es um die Verteidigung von Raum oder um die Zuwendung der pädagogischen Fachkraft. Die Konflikte (→ Kap. 14.2.5) sind meistens von kurzer Dauer. Selten können isolierte Aggressionen gegenüber bestimmten Peers auftreten. Konflikte sind nicht als unerwünschtes Verhalten von Kindern zu sehen. Für das Erlernen von Empathie, Perspektivenübernahme und sozialen Kompetenzen bieten Konflikte ein wertvolles und unverzichtbares Erfahrungsfeld.

Die pädagogische Fachkraft soll den Kindern Wege eröffnen, ihre Gefühle in der Auseinandersetzung bzw. im Konflikt, ihren Zorn, ihre Wut, ihre Ohnmacht oder ihren Ärger auszudrücken, ohne von ihnen abzulenken. Auf der anderen Seite muss sie dafür Sorge tragen, dass sich alle Kinder sicher fühlen, Regeln eingehalten und Grenzen nicht überschritten werden – und zwar so, dass die Kinder in der Gruppe die Situation verstehen und auch ihre Perspektive äußern können. Dazu muss die pädagogische Fachkraft mit ihren Worten und Gesten Trost spenden sowie Empathie und Einfühlungsvermögen zeigen.

Gemeinsamkeit

Gemeinsamkeit oder Geselligkeit sind Interaktionen, in denen die Kinder sich freundlich begegnen, ohne dass jedoch eine bestimmte Handlung oder ein Spiel beabsichtigt ist oder zustande kommt. Es handelt sich um einfache Kontaktaufnahmen beispielsweise in Form von Anlächeln, Streicheln oder Umarmen.

Gemeinsamkeit ist auch dort Grundthema, wo Kinder sich gegenseitig trösten oder helfen, Objekte austauschen oder sich mit Vokalisieren einander zuwenden, manchmal auch dort, wo ein gemeinsames und gegenseitiges Interesse vorliegt. Als ein häufig zu beobachtendes Beispiel bei Kindern zwischen ein und zwei Jahren ist hier ihr Interesse für den eigenen Körper, die Körperausscheidungen und die der anderen zu nennen.

23.3.6 Spielen

Sobald kleine Kinder eine Möglichkeit dafür finden, verbringen sie die meiste ihrer wachen und aktiven Zeit spielend, und zwar zweckfrei, spontan und selbstbestimmt sowie abhängig von ihren Gefühlen, Fähigkeiten und Bedürfnissen. Jede Motivation zum Spielen ergibt sich aus aktivem Erforschen alles Neuen und dem unerschöpflichen Ausprobieren alles Erlernten bis zur völligen Beherrschung, begleitet von Gefühlen wie Spannung, Befriedigung, Freude und Sicherheit.

In den ersten Lebensjahren findet hauptsächlich über dieses Spielen (→ Kap. 10.3.5; 21) die Bildung der Kinder statt. Spielen, Bildungs- und Lernprozesse greifen sehr eng ineinander (→ Kap. 1.1.1). Der Zusammenhang zwischen Spielen, Lernen und Entwicklungs- und Bildungsprozessen ist aufgrund mehrerer Forschungsergebnisse unbestritten (Vernooij 2005, S. 139, in WiFF (4) 2011b, S. 32 f.). Es fehlt jedoch an einer einheitlichen Definition des Begriffs Spiel.

Für junge Kinder ist das kindliche Spiel „eine Tätigkeit, die ihren Zweck in sich selbst findet, die entwicklungs- und lernfördernd ist, die Spaß macht und in der das Kind eine eigene Realität im Hier und Jetzt schafft" (Vernooij 2005, S. 131, in ebd.). Beim Spielen werden die kognitiven Fähigkeiten weiterentwickelt, die sich auf die Sprachentwicklung, begriffliches Denken und räumliche Vorstellungen beziehen. Im spielerischen Erforschen entwickeln und trainieren die Kinder ihre Denkfähigkeiten. Durch den Umgang mit den unterschiedlichsten Gegenständen erwerben sie Wissen und Fähigkeiten im Umgang mit ihnen. Sie lernen zu differenzieren und erfahren viele Gebrauchsmöglichkeiten, z. B. Becher, Tasse, Blumenvase, Glas, Eimer. Durch das Spielen mit diesen Gegenständen und deren Beschaffenheit, begleitet vom Hören ihrer Bezeichnungen, wird der Grundstein zum Begriffverstehen gelegt, z. B. eckig, rund, kalt, warm, glatt, rau, hart, weich. Das Benennen der Funktion bzw. Verwendung der Gegenstände unterstützt das logische Denken, beispielsweise „Der Ball rollt", „Mit dem Löffel rührst du den Joghurt um".

Ebenso werden die sozialen Kompetenzen und die sensomotorische Intelligenz im Spiel weiterentwickelt. Darüber hinaus lernen die Kinder im gemeinsamen Spiel voneinander, indem sie dem anderen Kind zeigen, wie sie ihre Umwelt, ihren Körper sowie verschiedene Dinge und Gegenstände erleben. Die Vielfalt der sozialen Fähigkeiten und Fertigkeiten offenbart sich dabei durch das offensichtliche Interesse am anderen Kind, durch demonstrierte Hilfsbereitschaft, dadurch, dass ein Kind sich in ein anderes einfühlen oder sich in der Kindergruppe behaupten kann.

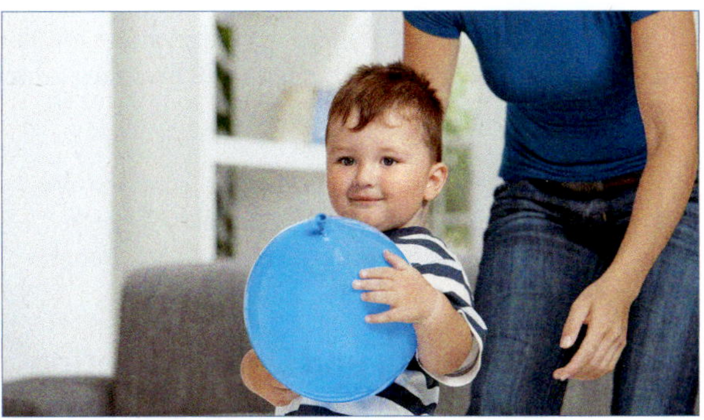

Abb. 23.9: Luftballons faszinieren Kinder in jedem Alter.

Kinder mögen Bewegungsspiele. Hier erfahren sie ein Gefühl für ihren Körper, lernen ihr Gleichgewicht zu halten und erproben ihre Geschicklichkeit. Dabei gehören Sinneseindrücke wie Tasten, Berühren, Riechen, Hören und Schmecken mit zum kindlichen Spiel.

Für das seelische Gleichgewicht des Kindes ist das Spiel von großer Bedeutung. Es ist seine primäre Ausdrucksform, seine Gefühle und Bedürfnisse darzustellen und auszuleben sowie Entwicklungsthemen und Beziehungsthemen zu bewältigen. Beispiele sind die Themen Sauberkeit: „Puppe muss Pippi machen", Machtspiele (andere beherrschen): Räuber und Polizei, Indianerspiele oder die Trennung der Eltern: Das Kind ist das Familienmitglied, das auszieht. Das kann in den Explorationsspielen der Säuglinge, den Konstruktionsspielen der Kleinkinder sowie in den Symbol- und Rollenspielen der älteren Kinder geschehen. Das Spiel ermöglicht, die realen Alltagserfahrungen und Erlebnisse zu verarbeiten, um emotional ins Gleichgewicht zu gelangen. Dieses wiederum sind wichtige Voraussetzungen für die Bildungs-, Lern- und Entwicklungsprozesse.

Vor dem Hintergrund der großen Bedeutung des Spiels für die frühkindliche Bildung muss die pädagogische Fachkraft den Kindern Zeit, Raum und Material zur Verfügung stellen, sodass eine anregende Spielumgebung entsteht. In dieser müssen sich die Kinder wohl und sicher fühlen und ihren ganz unterschiedlichen Interessen nachgehen können.

Die pädagogische Fachkraft beobachtet und begleitet die Spielhandlungen des Kindes mit Interesse und fördert und unterstützt das Spiel, indem sie sich die kindliche Aktivität und die kindliche Freude an Spiel und Bewegung pädagogisch nutzbar macht und das selbstbildende Lernen zum Prinzip erhebt (vgl. Vernooij 2005, S. 131, in ebd.). Die Dokumentation der Beobachtungen, beispielsweise mit Portfolios, bietet eine Grundlage zum Austausch mit den Bezugspersonen und mit dem Kind.

Durch das Spiel mit dem Kind kann sich die pädagogische Fachkraft in die Welt der Kinder und ihre Lern- und Erfahrungswelt hineinversetzen und auf Augenhöhe mit ihnen interagieren. Das bereitet beiden Spaß und stärkt ihre Beziehung.

Entwerfen Sie gemeinsam mit einer Kollegin eine lernanregende Spielumgebung für Kinder unter drei Jahren. Welches Spielmaterial ist Ihnen dabei wichtig und warum?

23.3.7 Beobachtung und Dokumentation der kindlichen Bildungs- und Lernprozesse

Der Förderauftrag in der Kinderbetreuungspraxis schließt das regelmäßige Beobachten (→ Kap. 8.2.1; 10.2.1; 10.2.2) der Entwicklung der Bildungsprozesse des einzelnen Kindes sowie die Dokumentation (→ Kap. 8.2.2) als unverzichtbare Bestandteile der pädagogischen Arbeit ein. Pädagogische Fachkräfte sollen so die individuellen Voraussetzungen und Interessen, die Vielfalt der Handlungen, Ideen und Problemlösungen sowie den Entwicklungsprozess der betreuten Kinder erkennen, diese Erkenntnisse in der Bildungsarbeit aufgreifen und fördern sowie Rückschlüsse für die Interaktion mit dem Kind ziehen.

Die Beobachtung der Kinder im Alltag soll darüber hinaus dazu anregen, Verhalten nicht als selbstverständlich in die eigenen erfahrungsgebundenen Wertmaßstäbe und Perspektiven einzuordnen, sondern auch persönliche Sichtweisen und vorgefasste Meinungen zu hinterfragen. Die bewusste und gezielte Beobachtung der Kinder geht dem geplanten Handeln voraus.

Mit der Anwendung von standardisierten Instrumenten der Entwicklungs- und Bildungsdokumentation, beispielsweise die Bildungs- und Lerngeschichten (Leu 2007), die Leuvener Engagiertheitsskala (→ Kap. 2.3.2) (Laevers 1997) oder die Beobachtungsbögen von infans (Laewen/Andres 2002), verbindet sich die Zielsetzung, die Qualität der pädagogischen Arbeit zu sichern, das einzelne Kind in seiner Entwicklung zu verstehen und es mit einer individuellen Förderung zu unterstützen. In der pädagogischen Planung kann auf die individuellen Voraussetzungen, Anlagen, Vorlieben und aktuellen Themen des Kindes angemessen reagiert werden. Nicht zuletzt trägt der Austausch über die gemachten Beobachtungen zum Erfolg der Erziehungs- und Bildungspartnerschaft zwischen pädagogischer Fachkraft und Eltern bei. Im Gespräch mit den Eltern zu sein ist besonders wichtig, da jede Beobachtung vom Kind immer auch von der subjektiven Sichtweise der pädagogischen Fachkraft geprägt ist, während die Eltern mit ihrer Sichtweise andere Aspekte einbringen, die zum Ausgangspunkt für pädagogische Intervention werden können. Außerdem bietet der Austausch die Möglichkeit für die Eltern, zu erfahren, was das Kind, das noch nicht davon erzählen kann, in der Krippe erlebt hat. Diese Gespräche schaffen Vertrauen und Transparenz zwischen den Beteiligten und geben Einblicke in die pädagogische Arbeit und den Tagesablauf.

Der positive Blick bei der Beobachtung von Kindern schließt eine pädagogische Grundhaltung, ein Verständnis dem Kind gegenüber und eine gute Beziehungsqualität mit ein. Nur wenn die pädagogische Fachkraft als sichere Bezugsperson vorhanden ist, werden sich die Kinder intensiv ihrem Tun widmen können. Die würdevolle Beachtung des Kindes, ein Interesse an seiner Person sowie die feinfühlige und achtsame Begegnung mit ihm bilden die Voraussetzung. Dazu kommen die Bereitschaft und das Wohlwollen, jedes Mädchen und jeden Jungen mit seinen individuellen Besonderheiten ernst zu nehmen und sich auf die ganze Vielfalt der kindlichen Lebenswelt einzulassen. Nur so kann die Beobachtung einen Beitrag dazu leisten, dass das Kind ein Selbstbewusstsein von sich als kompetent lernender Person mit individuellen Eigenarten entwickelt.

23.4 Pädagogische Fachkraft für Kinder unter drei Jahren – eine besondere Herausforderung

Pädagogische Fachkräfte, die mit sehr jungen Kindern arbeiten, tragen eine große Verantwortung. In den ersten drei Lebensjahren werden wichtige Grundlagen für den weiteren Lebens- und Entwicklungsweg eines Kindes gelegt. Kinder, die sich schon in jungen Jahren als kompetent erleben, die das Gefühl haben, auf ihre Umwelt einwirken und sie nach ihren Wünschen beeinflussen und verändern zu können, die sich als liebenswert wahrnehmen und in ihrer Neugierde auf die Welt und andere Menschen von liebevollen Bezugspersonen unterstützt werden, entwickeln Zutrauen in sich und ihre Fähigkeiten und können sich auch später dem Leben und seinen Herausforderungen und Unwägbarkeiten zuversichtlich und ausdauernd stellen. Erfahren Kinder sich in den ersten Lebensjahren hingegen als hilflos und abhängig, als inkompetent und erfolglos im Umgang mit ihrer Umwelt und anderen Menschen, werden sie auch zukünftigen Erfahrungen und Herausforderungen eher mutlos und wenig selbstbewusst begegnen und so häufig auch weniger erfolgreich sein als ihre zuversichtlichen Altersgenossen. Beim Legen dieser Basis bzw. bei der Entwicklung dieser wichtigen Wurzeln spielen pädagogische Fachkräfte – nach der Familie des Kindes – eine sehr wichtige und nicht zu unterschätzende Rolle.

Kinder lernen in den ersten drei Lebensjahren unglaublich viel und unglaublich schnell oder wie Gopnik, Kuhl und Meltzoff (2000, Klappentext) es ausdrücken: „Babys lernen in den ersten drei Monaten mehr als ein Student in vier Jahren". Bildung vollzieht sich in diesen jungen Jahren über die selbsttätige und selbstgewählte Auseinandersetzung mit der materiellen und sozialen Umwelt. Krippenkinder lernen und entdecken mit allen Sinnen und anhand alltäglicher Erfahrungen. Sie brauchen keine speziellen Bildungs- und Lernangebote, sondern pädagogische Fachkräfte, die ihnen die Sicherheit geben, die sie benötigen, um ihre Umgebung zuversichtlich und voller Mut zu explorieren.

Jungen und Mädchen in den ersten drei Lebensjahren bedürfen pädagogischer Fachkräfte, die bereit sind, authentische, tragfähige Beziehungen zu ihnen aufzubauen. Mehr noch als Kindergartenkinder oder Kinder im Schulalter haben sehr junge Kinder Bedarf an beziehungsvollen Kontakten, an direkter Zuwendung und zuweilen auch an engem und häufigem Körperkontakt mit der pädagogischen Fachkraft, um sich sicher und geborgen zu fühlen. Die intensive Art des Beziehungsaufbaus und der Beziehungsgestaltung, die bei der Arbeit mit sehr jungen Kindern unverzichtbar ist, verlangt von der pädagogischen Fachkraft, dass sie ihre ganze Persönlichkeit in die Arbeit mit den Kindern einbringt. Das Zulassen von Nähe und die stetige Zuwendung zum Kind sind sowohl belohnende als auch herausfordernde und z. T. sehr anstrengende und nervenzerrende Aufgaben und dürfen nicht unterschätzt werden.

Pädagogische Fachkräfte müssen die soziale und materielle Umwelt in der Kinderkrippe so gestalten, dass jedes Kind sein volles Entwicklungs- und Lernpotenzial ausschöpfen kann. Es geht darum, anregungsreiche, vielfältige und kreative Entwicklungsumgebungen zu schaffen und diese fortlaufend an die sich verändernden Bedürfnisse des einzelnen Kindes und der Kindergruppe anzupassen.

Pflegerische Tätigkeiten, wie z. B. Windeln, an- und ausziehen, Unterstützung bei Körperpflege und Hygiene oder Unterstützung bei Einnahme der Mahlzeiten, nehmen in der Krippe einen großen Teil des Tages ein. Pflegetätigkeiten sind in der Arbeit mit Krippenkindern nicht notwendige, aber lästige Nebentätigkeiten, sondern wichtige pädagogische Haupttätigkeiten und müssen von den Fachkräften entsprechend bewusst gestaltet werden.

Pädagogische Gruppenangebote und Aktivitäten haben in der Kinderkrippe eine sehr viel geringe Bedeutung als im Kindergarten. Pädagogische Fachkräfte sind in der Krippe weniger Angebots- und Aktivitätsgestalter als vielmehr Beziehungsgestalter.

Abb. 23.10: Mit Teamreflexionen unterstützen sich die pädagogischen Fachkräfte gegenseitig.

Auch die Zusammenarbeit mit den Eltern sehr junger Kinder stellt die pädagogische Fachkraft vor besondere Herausforderungen. Da die Kinder meist noch nicht selbst von ihren Erlebnissen und Erfahrungen in der Kinderkrippe berichten können, muss die pädagogische Fachkraft als eine Art Übersetzerin für das Kind fungieren. Ihre Aufgabe ist es, die Eltern regelmäßig über wichtige Erlebnisse und Lernerfolge, über Spielvorlieben und Freundschaften, ebenso über schwierige Situationen und negative Erfahrungen, über Ess- und Schlafverhalten ihres Kindes zu informieren und ihnen bei etwaigen Verunsicherungen, Ängsten oder Unzufriedenheiten unterstützend und konstruktiv zur Seite zu stehen. Das fordert zum einen eine intensive Elternarbeit und Vorbereitung. Zum anderen sind gute Beobachtungsfähigkeiten und Dokumentationsinstrumente nötig, um diesem Anspruch gerecht werden zu können.

Die Kinderkrippe ist nicht einfach nur ein kleiner Kindergarten. Sie braucht eine eigene, auf die Bedürfnisse und Kompetenzen von Kindern in den ersten drei Lebensjahren abgestimmte Pädagogik und Konzeption und vor allem kompetente pädagogische Fachkräfte, die bereit sind, sich auf die Arbeit mit Kindern in den ersten drei Lebensjahren einzulassen.

Pädagogische Kompetenz setzt sich zusammen aus Fachkompetenz, gemeint sind Wissen und Fertigkeiten, sowie personalen Kompetenzen wie Sozial- und Selbstkompetenz. Die Fähigkeiten und Kompetenzen, die eine pädagogische Fachkraft braucht, um ihrem Auftrag nach Bildung, Erziehung und Betreuung von Kindern in den ersten drei Lebensjahren gerecht werden zu können, lassen sich nicht über Nacht entwickeln und können nicht alleine in der theoretischen Auseinandersetzung angebahnt werden. Die pädagogische Fachkraft erarbeitet sich gute theoretische Grundlagen in den Bereichen Entwicklungspsychologie, Frühpädagogik, Spielpädagogik, Beobachtung und Dokumentation und Elternarbeit und bildet so die Basis für feinfühliges, professionelles Handeln. Zudem setzt sie sich intensiv und reflektiert mit der eigenen pädagogischen Haltung und mit ihrem Bild vom Kind auseinander. Dieses theoretische Wissen wird dann in der praktischen Arbeit mit den Kindern stetig überprüft, erweitert und verfestigt. Auf diese Weise erwirbt die pädagogische Fachkraft Kompetenzen, die aus beidem, theoretischem Wissen und praktischen Erfahrungen, gespeist werden. Dabei reflektiert und kontrolliert sie auch ständig ihr eigenes Handeln und ihre Kompetenzen und erkennt Schwierigkeiten und Herausforderungen. Sie ist sich ihrer Stärken, Schwächen und Fortbildungsbedarfe bewusst und entwickelt ihre pädagogische Kompetenz ständig weiter. Dabei spielen auch die enge Zusammenarbeit und die fortlaufende Reflexion der Arbeitssituationen mit Kollegen und dem ganzen pädagogischen Team eine wichtige Rolle.

24

Integration von Menschen mit Behinderungen

Sabine Herm

Das Thema „Integration von Menschen mit einer Behinderung" weist darauf hin, dass eine Gruppe von Menschen ausgesondert oder be-sondert ist und in das jeweilige Gemeinwesen (wieder) hineingeführt werden soll. In der aktuellen Debatte um diese wichtige Thematik wird auch intensiv um Begrifflichkeiten gerungen. Begriffe wie „Behinderung", „Beeinträchtigung", „Schädigung" oder angloamerikanische Begriffe wie z. B. „handicap" oder „disability" werden hinsichtlich ihrer Aussagekraft diskutiert. In Deutschland wurde die Zuschreibung „behinderter Mensch", „behindertes Kind" ersetzt durch den Begriff „Menschen (Kinder) mit Behinderung", um zu verdeutlichen, dass die Behinderung nicht das wesentliche Merkmal dieses Menschen ist.

Es ist zwar wichtig, einen Begriff zu finden, der keine diskriminierende Interpretation zulässt, andererseits halten selbst „Betroffene" diese Diskussion eher für zweitrangig.

► **Behinderung**
„Menschen sind behindert, wenn ihre körperliche Funktion, geistige Fähigkeit oder seelische Gesundheit mit hoher Wahrscheinlichkeit länger als sechs Monate von dem für das Lebensalter typischen Zustand abweichen und daher ihre Teilhabe am Leben in der Gesellschaft beeinträchtigt ist. Sie sind von Behinderung bedroht, wenn die Beeinträchtigung zu erwarten ist."
(§ 2 Abs. 1 SGB IX)

Teilhabe bedeutet nach der Definition der Weltgesundheitsbehörde (WHO) aus dem Jahre 2001 „das Einbezogensein in eine Lebenssituation". Es wird darauf hingewiesen, dass die Beeinträchtigung der Teilhabe auch durch andere Faktoren als die medizinisch diagnostizierte Schädigung oder Leistungsminderung beeinträchtigt ist, nämlich durch umweltbezogene Gegebenheiten wie z. B. Gleichstellung, Wertschätzung, ökonomische Bedingungen oder barrierefreie Zugänge. Die Beeinträchtigung oder Behinderung der Teilhabe wird demnach als Wechselwirkung zwischen den gesundheitlichen Problemen einer Person und den jeweiligen Umweltfaktoren gesehen. Eine Behinderung liegt somit auch vor, wenn der betroffene Mensch ungenügend in sein vielschichtiges Mensch-Umfeld-System integriert ist. Damit scheint die medizinische Sicht von Behinderung, die von einer Gleichsetzung von Behinderung und Krankheit geleitet war, in der gegenwärtigen Fachdiskussion überwunden zu sein (vgl. Heimlich, S. 13). Auch das Verständnis von Behinderung in der UN-Konvention nimmt diese veränderte Sichtweise zur Grundlage, in der Präambel wird darauf hingewiesen, „... dass das Verständnis von Behinderung sich ständig weiterentwickelt und dass Behinderung aus der Wechselwirkung zwischen Menschen mit Beeinträchtigungen und einstellungs- und umweltbedingten Barrieren entsteht, die sie an der vollen, wirksamen und gleichberechtigten Teilhabe an der Gesellschaft hindern."

Abb. 24.1: Jedes Kind wird so wie es ist mit seinen Fähigkeiten angenommen.

Die sehr alte Diskussion um das Anderssein von Menschen mit Behinderung, ihre Absonderung und die Entwicklung zur integrativen Pädagogik wird im ersten Abschnitt nachgezeichnet (→ Kap. 24.1). Langjährige Erfahrungen mit der integrativen Pädagogik sind im Kindergartenbereich und in Ansätzen im Schulbereich vorhanden, sie werden in Kapitel 24.2 beschrieben. Im Abschnitt 24.2.3 wird die aktuelle Debatte um eine „Pädagogik der Vielfalt" (Inklusion) kurz vorgestellt. Die in Kapitel 24.3 folgenden „Bausteine für die pädagogische Arbeit und Konzeptentwicklung" sollen handlungsleitend für die „gemeinsame Erziehung und Bildung" im Elementarbereich sein. Abschließend richtet sich der Blick in Kapitel 24.4 auf jugendliche und erwachsene Menschen mit einer Behinderung.

24.1 Integrative Pädagogik

Die aktuellen Ansätze der Integration von Menschen mit einer Behinderung sind das Ergebnis eines langen historischen Prozesses. Vor diesem Hintergrund kann der gegenwärtige Stand der integrativen Erziehung und Bildung besser verstanden werden, und notwendige Veränderungen können vorangebracht werden.

24.1.1 Geschichte der Integration

Die Zeit vor der Heilpädagogik

Bis zum Ende des 18. Jahrhunderts existierten in Deutschland sowie im europäischen Raum keine öffentliche Unterstützung und keinerlei Möglichkeit zu schulischer oder berufsbezogener Bildung für Menschen mit Behinderungen. Sie lebten meistens in familiären Zusammenhängen, wurden dort geduldet, zogen als Bettler durchs Land oder fanden gelegentlich einen Platz in einem Hospiz oder Armenhaus. Diese „vor-heilpädagogische" Zeit kann als das **Stadium der Exklusion** (Ausschließung) beschrieben werden (Sander 2008, S. 28).

Mit der Aufklärung, insbesondere in der zweiten Hälfte des 18. Jahrhunderts, verbreitete sich die (theoretische) Überzeugung, dass alle Menschen grundsätzlich gleichwertig und auch bildungsfähig sind. Um 1800 entstanden die ersten dauerhaften Bildungseinrichtungen für gehörlose, blinde, körperbehinderte und geistig behinderte Kinder und Jugendliche, allerdings abgetrennt vom übrigen Schulwesen. Im Verlauf des 19. Jahrhunderts erweiterte sich die Anzahl dieser sogenannten „Anstalten" erheblich, sodass für eine große Anzahl der Betroffenen nun Bildung in einem gewissen Maße möglich wurde.

Im Verlauf des 19. Jahrhunderts begannen nach und nach die einzelnen deutschen Länder, die Eltern gesetzlich zu verpflichten, ihre behinderten Kinder auf eine separate Spezialschule der betreffenden „Behinderungsart" zu schicken. Um 1870 wurde die erste deutsche „Hilfsschule" als Vorläufer der heutigen Sonderschule für Lernbehinderte eingerichtet, die alle Kinder besuchen sollten, die in der Volksschule mehrfach sitzengeblieben waren und in ihrer schulischen Leistung nicht mitkamen. Dieses **Stadium der Separation** (Absonderung) hielt bis weit nach dem Zweiten Weltkrieg an.

Kooperationsmodelle und Integrationsansätze

Etwa ab 1960 begann in den westlichen europäischen Ländern und der BRD eine bedeutsame gesellschaftskritische Bewegung, die soziale Ungerechtigkeiten kritisierte und auch die schulische Separation von behinderten Kindern und Jugendlichen als soziales Unrecht anprangerte. In der Folgezeit entstanden an mehreren Orten Kooperationsmodelle zwischen Sonderschulen und den allgemeinbildenden Schulen, damit war das **Stadium der Kooperation** (Zusammenarbeit) erreicht. Diese Kooperation war breit gefächert, beispielsweise durch Besuche oder gemeinsame Wandertage mit einer Parallelklasse oder gemeinsame Arbeitsgemeinschaften am Nachmittag. „Insgesamt gesehen blieb die Kooperation weitgehend unwirksam im Sinne der versprochenen Separationsminderung" (Sander 2008, S. 31). Bis heute wird bildungspolitisch in verschiedenen Regionen Deutschlands noch an dieser Schulform festgehalten. Regelschule und Sonderschule bestehen dort weiterhin unangetastet nebeneinander.

Die sich intensivierende wissenschaftliche Forschung kann bis heute nicht nachweisen, dass die separierte Erziehung und Bildung Kinder und Jugendliche mit Behinderungen besser fördere. Auch durch die kritischen Veröffentlichungen des Deutschen Bildungsrates 1973 wurde das Konzept der Pflichtsonderschule weiter erschüttert. Zusätzlich meldeten sich erstmalig Vereinigungen erwachsener Menschen mit Behinderung zu Wort und verlangten ihr **Menschenrecht auf Nichtaussonderung** in allen gesellschaftlichen Bereichen. Es war daher folgerichtig, dass sich ab Mitte der 1970er Jahre Eltern von behinderten Kindern regional, später überregional zusammenfanden und sich erfolgreich gegen die Sonderschuleinweisung ihrer Kinder wehrten. Sie konnten auf erfolgreiche Ergebnisse von sonderpädagogisch gestütztem Unterricht behinderter Kinder in anderen westlichen Ländern verweisen. Damit begann das **Stadium der Integration** (Einbeziehung).

Zunächst waren es allerdings **Elterninitiativen,** die oft gegen den Widerstand von Kultusministerien, häufig auch gegen den Widerstand von Schulen und Lehrern, den gemeinsamen Unterricht durchsetzten. Die private Montessori-Schule in München und die staatliche Fläming-Grundschule in Berlin gelten als erste Vorreiter des integrativen Unterrichts (beide 1975).

Eine UN-Konvention mit vielen Folgen

Heute, nach mehr als 40 Jahren der Ablehnung einer Pflichtsonderschule, ist die gemeinsame Erziehung und Bildung von Kindern und Jugendlichen mit und ohne Behinderung in Kita und Schule keineswegs Normalität in Deutschland. Auch wenn in Kita- und Schulgesetzen einiger Bundesländer den Eltern das Recht auf freie Wahl von Sonder- oder Regeleinrichtung für ihre Kinder zugestanden wird, so verhindern oft mangelhafte konzeptionelle und personelle Rahmenbedingungen, insbesondere im Bereich der Schule, eine umfassende Weiterentwicklung der integrativen bzw. inklusiven Pädagogik. In diesen 40 Jahren hat sich dennoch – trotz vieler weiterhin bestehender Barrieren – einiges zum Positiven verändert. Maßgeblich dafür war eine UN-Konvention. Die Vollversammlung der Vereinten Nationen beschloss 2006 eine „Konvention über die Rechte von behinderten Menschen mit Behinderungen". In Artikel 24 heißt es zum Thema Bildung: „Die Vertragsstaaten anerkennen das Recht behinderter Menschen auf Bildung. Um die Verwirklichung dieser Rechte ohne Diskriminierung und auf der Grundlage der Chancengleichheit zu erreichen, gewährleisten die Vertragsstaaten ein inklusives Bildungssystem auf allen Ebenen und lebenslange Fortbildung."

Der neue Begriff in der heftig geführten Debatte, die **Inklusion** (Einschließung), soll aufmerksam machen auf die Notwendigkeit einer Optimierung und Weiterentwicklung der Integration. Der Ansatz der Inklusion richtet sich nicht nur auf die gesellschaftliche Teilhabe von Kindern und Jugendlichen mit Behinderungen, sondern bezieht sich auf alle Menschen in ihrer Vielfalt und mit ihren unterschiedlichen Herkünften, Fähigkeiten, Schwierigkeiten oder Lebensformen. Es wird gefordert, dass die allgemeine Pädagogik die Verschiedenheit aller Kinder und Jugendlichen grundlegend anerkennt und darauf aufbaut. „... dann wird die allgemeine Pädagogik dasselbe sein wie inklusive Pädagogik, dasselbe wie gute Integrationspädagogik" (Sander 2008, S. 35). Die Zukunft wird zeigen, welchen Stellenwert die fachlich gute integrative oder inklusive Pädagogik in Deutschland haben wird.

24.1.2 Die Sichtweise von Eltern

Eltern von Kindern mit einer Behinderung sprechen lieber von Beeinträchtigung und haben, genau wie alle Eltern,

Hoffnungen in die Zukunft und das zukünftige Leben ihres Kindes. Sie wollen, dass ihre Kinder einen Kindergarten oder eine Schule in der Nachbarschaft besuchen. Nach der Schulzeit soll die/der heranwachsende Jugendliche einen Beruf erlernen, um aktiv am Arbeitsleben teilnehmen zu können. Wie alle Mütter und Väter wünschen sie sich, dass ihr Kind später ein geachtetes und geschätztes Mitglied der Gemeinschaft wird. Die wenigsten Eltern wollen eine Sondereinrichtung, in welcher der Kontakt ihrer Kinder ausschließlich auf Gleichaltrige mit Behinderung reduziert ist. „Sie wollen die volle Teilhabe für ihre Kinder. Nicht weil sie nicht wahr haben wollen, dass ihre Kinder behindert sind, sondern weil sie wissen, dass die Teilhabe gut für ihr Kind ist“ (Ross, S. 73). Denn „Teilhabe“ bedeutet, wie bereits eingangs beschrieben, im Grunde nicht mehr, als dass ein Mensch (ihr Kind) ein aktives Mitglied einer komplexen gesellschaftlichen Gruppe mit Möglichkeiten der Mitgestaltung ist. Dies beginnt bereits im Kindergarten.

Eltern von Kindern mit einer Behinderung erleben allerdings, dass die Teilhabe nicht selbstverständlich oder ausreichend möglich ist, auch wenn dazu gesetzliche Regelungen oder Vorgaben verfasst wurden wie vor allem die „Eingliederungshilfe“.

► **Eingliederungshilfe**
Die Eingliederungshilfe ist eine spezielle Hilfe im Leistungskatalog der Sozialhilfe nach dem Sozialgesetzbuch (SGB XII). Sie wirkt präventiv, rehabilitativ und integrativ. Es ist ihre Aufgabe, eine drohende Behinderung zu verhüten oder eine Behinderung oder deren Folgen zu beseitigen oder zu mildern und die behinderten Menschen in die Gesellschaft einzugliedern (§ 53 Abs. 3 SGB XII).

Leistungsberechtigt sind alle Personen, die nicht nur vorübergehend körperlich, geistig oder seelisch wesentlich behindert oder von einer Behinderung bedroht sind. Auch die „Frühförderung“ von kleinen Kindern mit einer Behinderung in Frühförderstellen oder im Kindergarten gehört zum Leistungskatalog der Eingliederungshilfe.

Viele Eltern beklagen, dass trotz aller Integrations- und Inklusionsdebatten weiterhin überwiegend die **Grundhaltung einer Einteilung von Menschen in zwei Gruppen** besteht, in Menschen mit und Menschen ohne Behinderung. Vor allem Menschen mit einer schwerwiegenden Behinderung oder Beeinträchtigung spüren noch immer Ablehnung und Ausgrenzung. Jedoch haben auch viele Eltern erlebt, dass ihre Kinder mit Kindern ohne Behinderung gut auskommen und voneinander lernen. Sie erleben, dass Erzieherinnen in der Kita und Lehrerinnen im integrativen Kontext einer Schule ihre Kinder ohne den Rahmen der traditionellen Sondererziehung fördern und unterrichten.

In der Regel sind Eltern von behinderten Kindern an der Entwicklung ihres Kindes sowohl in der Kindertagesstätte als auch im schulischen Verlauf sehr interessiert und begleiten den Fortgang mit persönlichem Engagement, wie es bei Eltern von Kindern ohne Behinderung nicht immer der Fall ist. Dennoch ist der Wunsch nach dem **Besuch einer integrativen Schule** insbesondere nach der Grundschulzeit mit vielen Hürden versehen und oft gar nicht umzusetzen. Im Schulsystem der BRD müssen ca. 85 % der Kinder mit schwerwiegender Beeinträchtigung Sonderschulen besuchen.

Soziale Inklusion fördern

Wenn Kinder mit und ohne Behinderung gemeinsam lernen, entsteht soziale Inklusion nicht automatisch. Das wissen auch die Eltern. Denn auch in Klassen mit gemeinsamem Unterricht wie auch in Sonderschulen besteht die Gefahr, dass behinderte Kinder in **Außenseiterpositionen** geraten.

⊙ Erzieherinnen und Lehrerinnen müssen das Gruppenklima aufmerksam erspüren und die sozialen Interaktionen beobachten, um problematische Konstellationen zu erkennen und sensibel einzuwirken – der Ausschluss von einzelnen Kindern aus der Peergroup ist selten ein individuelles Problem, sondern ein Problem von Gruppe und Leitung.

Eltern wissen auch, dass sie auf die Unterstützung durch Fachkräfte angewiesen sind (→ Kap. 24.3.6). Von ihnen erwarten sie Fachkompetenz und die Bereitschaft und Fähigkeit, dieses Wissen im Laufe der eigenen Erfahrungen bewerten zu können. Die **Kooperation zwischen Eltern und Fachkräften** ist ein Verabredungsprozess. Arbeit und Zielsetzung müssen definierbar und transparent sein, denn dies schafft Vertrauen. Der Erziehungswissenschaftler und betroffener Vater Douglas Ross (2008, S. 69) weist darauf hin, dass Eltern ein starkes Bedürfnis haben, demjenigen, dem sie ihr Kind anvertrauen, ihr Vertrauen zu schenken. Dies gilt als Geschenk mit hohem Wert. Werden sie enttäuscht, wirkt sich dies auch auf die Haltung zu anderen Fachkräften aus.

24.2 Gemeinsame Erziehung und Bildung in Kindergarten und Schule

Die Strukturen des Bildungswesens, wie wir es heute – Anfang des 21. Jahrhunderts – vorfinden, beruhen, wie bereits angemerkt, auf langfristigen historischen Entwicklungen. A. Prengel (2011) erinnert daran, dass bereits im 17. Jahrhundert der Pädagoge, Theologe und Philosoph Johann Amos Comenius ein Konzept für die elementare Bildung aller Kinder entworfen hat. In der Didactica Magna (1657 veröffentlicht) fordert er, *allen Menschen* jeden Geschlechts alles zu lehren, „... denn alle Menschen haben doch die gleiche Natur“.

24.2.1 Integration im Kindergarten

Anfang der 1970er Jahre begannen in der BRD engagierte Eltern behinderter Kinder sowie andere interessierte Eltern und Pädagoginnen, behinderte und nichtbehinderte Kinder in Spiel- und Kindergartengruppen gemeinsam aufwachsen zu lassen. Eines der ersten offiziellen Dokumente, in dem öffentlich über eine gemeinsame Erziehung von Kindern im Alter von drei bis sechs Jahren nachgedacht wurde, war die Empfehlung des Deutschen Bildungsrates „Zur pädagogischen Förderung behinderter und von Behinderung bedrohter Kinder und Jugendlicher" vom Dezember 1973. Als Fazit wurde die Integration von Behinderten in die allgemeinen Bildungseinrichtungen empfohlen, weil „die Integration Behinderter in die Gesellschaft eine der vordringlichen Aufgaben jedes demokratischen Staates ist" (Deutscher Bildungsrat 1973, S. 16). Es wurde darauf aufmerksam gemacht, dass eine frühe Aussonderung im Kindesalter Gefahren von Desintegration erwachsener Behinderter birgt.

Empfehlungen, so bedeutsam sie auch sein mögen, sind unverbindlich und in den Jahren nach dieser Veröffentlichung blieb die „gemeinsame Erziehung" lange Zeit auf engagierte Einzelinitiativen beschränkt. Erst 1981, als die UNO das „Jahr der Behinderten" ausrief, in dem weltweit auf die Situation von behinderten Menschen aufmerksam gemacht wurde, bekam der integrative Ansatz des Deutschen Bildungsrates erneut öffentliche Bedeutung.

Im Bericht der Nationalen Kommission für das internationale Jahr des Behinderten wurde gefordert, dass sich die Förderung behinderter Kinder vorwiegend an ihrer Lebenssituation orientieren solle und sich daher die Einrichtungen der öffentlichen Kindererziehung für behinderte Kinder öffnen müssten. „Die allgemeinen Kindergärten müssen auf die sonderpädagogische Arbeit vorbereitet und entsprechend ausgestattet sein. Dies betrifft sowohl die bauliche Gestaltung als auch den Einsatz von Fachpersonal, die Verfügbarkeit über entsprechende Spiel- und Arbeitsmaterialien und eine Gruppengröße, die eine hinreichend individuelle Förderung ermöglicht" (nach Muth 1988, S. 62).

Öffnung von Regelkindergärten für behinderte Kinder

In den folgenden Jahren öffneten sich einige Regelkindergärten für behinderte Kinder. Zumeist als Möglichkeit zur **Einzelintegration,** aber auch in Form einer **Kooperation zwischen Regel- und Sonderkindergarten**, konnten neue Ansätze des Zusammenlebens der Kinder erprobt werden. Die interessierte Öffentlichkeit beobachtete diese neuen pädagogischen Konzepte wohlwollend. In einem Bericht für die Konferenz der Jugendminister aller Bundesländer im Jahre 1985 war zu lesen: „Das Besondere an dieser Entwicklung besteht darin, dass hier der Kindergarten als Elementarbereich des allgemeinen Erziehungs- und Bildungswesens zum Ort der gesellschaftlichen Eingliederung der Behinderten wird" (Muth 1988, S. 63).

Abb. 24.2: Besonders in Integrationskindergärten ist eine Gruppengröße nötig, die eine hinreichend individuelle Förderung ermöglicht.

In verschiedenen Bundesländern folgten staatlich unterstützte **Modellversuche** zur „gemeinsamen Erziehung" im Elementarbereich. Die Ergebnisse ähneln einander in wesentlichen Punkten (vgl. Herm 2012, S. 18).

- Integrative Arbeitsformen wirken sich auf behinderte wie nichtbehinderte Kinder anregend und förderlich aus.
- Die vielfältigen Begegnungsmöglichkeiten von Kindern mit unterschiedlichen Voraussetzungen bringen Erfahrungen und Kompetenzen mit sich, wie es im Alltag eines Regelkindergartens schwer möglich ist.
- Die Familien von Kindern mit einer Behinderung können sich verstärkt in den normalen gesellschaftlichen Lebensprozess eingliedern.

Als **Voraussetzungen für das gute Gelingen** dieses zukunftsorientierten pädagogischen Konzeptes werden genannt:

- eine adäquate bauliche und sachliche Ausstattung
- die Qualifizierung und fachliche Begleitung der Erzieherinnen
- die Orientierung der unterstützenden Therapeuten und der anderen Fachkräfte an den situativen Bedingungen eines Kindergartenalltags

Diese positiven und optimistischen Empfehlungen und Forderungen nach einer integrativen Erziehung in öffentlichen Kitas haben allerdings auch mehr als zwei Jahrzehnte später (2012) noch nicht dazu geführt, dass sie allgemeines Konzept für Kindergärten und selbstverständlicher Anspruch von Eltern behinderter Kinder geworden sind. Dennoch hat sich inzwischen viel verändert.

In mehreren Bundesländern ist in den letzten Jahren die gemeinsame Erziehung und Bildung in Gesetzen verankert worden, z. B. in Berlin: „Keinem Kind darf auf Grund der Art und Schwere seiner Behinderung oder seines besonderen Förderbedarfs die Aufnahme in eine Tageseinrichtung verwehrt werden" (§ 6 des Berliner Kindertagesförderungsgesetzes vom 23.06.05). Folgerichtig wurde der Begriff „Integrations-Kita" (Kitas mit dem Konzept der integrativen Erziehung) vor einigen Jahren wieder abgeschafft, denn die gemeinsame Erziehung ist inzwischen Teil jedes Kita-Konzeptes.

Dies sind wichtige Meilensteine auf dem langen und vielfach beschwerlichen Weg zu einem Kindergarten, in dem in Deutschland jedes Kind ohne Klassifizierung und ohne Anwendung von Attributen wie „gesund“, „behindert“, „nichtbehindert“ oder „verhaltensauffällig“ am Leben und Lernen in der Kindergemeinschaft teilhaben kann.

Rahmenbedingungen

In Deutschland, einem föderalistischen Staatsgebilde, bestehen neben Bundesgesetzen die gesetzlichen Vorgaben der 16 Bundesländer für die Rahmenbedingungen der pädagogischen Arbeit in Kindertageseinrichtungen. Mitunter variieren besondere Ausführungsvorschriften auch auf kommunaler Ebene, daher sind allgemeine Aussagen über Rahmenbedingungen oder Qualitätskriterien für die Bundesrepublik Deutschland nicht vorhanden. Die Integration von Kindern mit Behinderung in die Regel-Kindertagesstätte findet bisher in unterschiedlicher Form statt:

- Kitas, in denen alle Gruppen behinderte Kinder aufnehmen, je nach Anzahl der behinderten Kinder
- oder in Form der Einzelintegration, sie beinhaltet die Aufnahme eines oder bis zu drei behinderter Kinder aus dem Wohnumfeld (oft der Einstieg in die gemeinsame Erziehung)
- Krippe und Hort sind Bereiche, in denen Integration weiterhin die Ausnahme bildet

Die Regelungen über die **Gruppengröße** oder den **Umfang der Fördermaßnahmen und Qualifikationen des Fachpersonals** für die zusätzlichen Fördermaßnahmen (z. B. Heilpädagogin oder Facherzieherin für Integration oder gelegentlich Heilerziehungspflegerinnen) werden in den Kindertagesstättengesetzen der Bundesländer unterschiedlich festgeschrieben.

24.2.2 Integration in der Schule

Der gemeinsame Unterricht von Kindern mit und ohne Behinderung hat sich auch im Schulbereich vor allem dort etabliert, wo Elterninitiativen dies durchsetzen konnten. In vielen Bundesländern ist er inzwischen zum regelhaften Angebot des öffentlichen Schulwesens geworden (vorwiegend allerdings in der Grundschule). Die quantitative Entwicklung stagniert jedoch in den letzten zehn Jahren. Auch die positive Bilanz der Forschungsergebnisse hat daran nicht viel geändert. Nach dem Sonderpädagogen und Erziehungswissenschaftler Andreas Hinz (2008) ist der gemeinsame Unterricht die erfolgreichste Form sozialer Integration.

Aufgrund der 2009 unterzeichneten UN-Konvention auf das Gleichheitsrecht für Bildung aller Kinder, Jugendlicher und Erwachsener in einem nicht separierenden Bildungssystem müssen im deutschen Schulsystem deutliche Veränderungen folgen. Das Gelingen des gemeinsamen Unterrichtes, von dem alle Kinder profitieren, ist abhängig von guten personellen, konzeptionellen und materiellen Rahmenbedingungen. Kinder mit einem „sonderpädagogischen Förderbedarf“ benötigen abhängig von ihrer Beeinträchtigung individuelle und kompetente Unterstützung durch zusätzliche Fachkräfte, die in der Schule zur Verfügung stehen. Eine andere notwendige Voraussetzung für das Gelingen des integrativen Unterrichts sind kleine Klassen sowie ein durchgängiges Zwei-Pädagogen-System. Veränderte Unterrichtsformen wie Binnendifferenzierung, eigenverantwortliches Arbeiten oder Erkundungsspaziergänge u. Ä. kommen allen Schülern zugute.

Auch wenn aufgrund der unterschiedlichen gesetzlichen Vorgaben in den Bundesländern statistische Daten nur ungenau zu erheben sind, kann folgende Tabelle einen Eindruck der Entwicklung der integrativen/inklusiven Bildung in den Ländern geben.

Bundesland	Bildungseinrichtung	Inklusive Bildung (%)
Baden-Württemberg	Kindertageseinrichtung Grundschule	**38,2 %** 47,0 %
Bayern	Kindertageseinrichtung Grundschule	**34,3 %** 23,0 %
Berlin	Kindertageseinrichtung Grundschule	**98,7 %** 47,4 %
Brandenburg	Kindertageseinrichtung Grundschule	**75,2 %** 56,1 %
Bremen	Kindertageseinrichtung Grundschule	**93,3 %** 90,7 %
Hamburg	Kindertageseinrichtung Grundschule	**89,0 %** 12,8 %
Hessen	Kindertageseinrichtung Grundschule	**86,1 %** 21,5 %
Mecklenburg-Vorpommern	Kindertageseinrichtung Grundschule	**88,5 %** 30,2 %
Niedersachsen	Kindertageseinrichtung Grundschule	**36,2 %**
Rheinland-Pfalz	Kindertageseinrichtung Grundschule	**60,5 %** 31,8 %
Saarland	Kindertageseinrichtung Grundschule	**87,3 %** 64,5 %
Sachsen	Kindertageseinrichtung Grundschule	**47,1 %**
Sachsen-Anhalt	Kindertageseinrichtung Grundschule	**99,9 %** 18,0 %
Schleswig-Holstein	Kindertageseinrichtung Grundschule	**88,9 %** 69,2 %

Fortsetzung auf S. 734

Thüringen	Kindertageseinrichtung Grundschule	**87,1 %** 26,2 %
Deutschland	Kindertageseinrichtung Grundschule	**61,5 %** 33,6 %

Tab. 24.1: Zahlenmaterial nach: Klemm, K. (2010): Gemeinsam lernen. Inklusion leben. Status Quo und Herausforderungen inklusiver Bildung in Deutschland. Erstellt im Auftrag der Bertelsmann Stiftung. Gütersloh, S. 9.

24.2.3 Auf dem Weg zu einer Pädagogik der Vielfalt (Inklusion)

Das derzeit aktuelle Thema „Inklusion" ist bereits an anderer Stelle (→ Kap. 24.1.1) angedeutet worden. Die für einige Wissenschaftler interessante Debatte um diesen Begriff „Inklusion"(in der deutschen Fassung der UN-Konvention wurde „inclusive" z. T. mit "integrativ" übersetzt und gelegentlich werden beide Begriffe synonym verwendet) interessiert die meisten Fachleute weniger als die Fragestellung, ob die „inklusive" Pädagogik eine qualitative Weiterentwicklung der „integrativen" Pädagogik oder ein eigenständiges, neues Konzept sei. Nach Annemarie Prengel ist der Ausgangspunkt für die Inklusion die Gleichheit und die Verschiedenheit, also die Vielfalt von Menschen in vielerlei Hinsicht. Daher stellt sich die inklusive Pädagogik „... die Aufgabe, den Zusammenhang von Gleichheit und Verschiedenheit auf allen Bildungsebenen auszubalancieren. Darin kommt eine Hoffnung zum Ausdruck: Eine inklusive Pädagogik möge im gesellschaftlichen Teilsystem Bildungswesen Beiträge zur Demokratisierung in der aktuellen Phase moderner Gesellschaften leisten" (Prengel 2011, S. 37).

In diesem Zusammenhang wird mit Recht darauf verwiesen, dass Kindern mit und ohne Behinderung, Kindern mit unterschiedlichen religiösen und kulturellen Hintergründen, unterschiedlichen Familiensystemen, mit unterschiedlichem Geschlecht, Kindern in verschiedenen Entwicklungsstadien und vielfältigen weiteren Gruppierungen das Zusammensein mit den jeweils anderen nicht vorenthalten werden darf. Die Integrationsforscherin Maria Kron formuliert es folgendermaßen:

„... In der Entwicklungslogik ist es widersinnig, Kinder in ihrer wichtigsten Sozialisationsphase voneinander zu isolieren und später von ihnen als Jugendliche oder Erwachsene zu verlangen, dass sie sich gegenseitig in ihrer Besonderheit achten und akzeptieren" (Kron 2008, S. 193).

Für die pädagogische Praxis bedeutet dies die Notwendigkeit einer Neubetrachtung oder Weiterentwicklung der integrativen Pädagogik. Wesentliche Aspekte sind:

- *Alle* Kinder werden in Regel-Kindertagesstätten und Regel-Schulen aufgenommen (so dies die Eltern wünschen), dazu müssen Kita- und Schulgesetze geändert werden.
- Kita und Schule reagieren darauf mit entsprechendem Angebot der individuellen Förderung, die in der jeweiligen Institution vorhanden ist.
- Nicht das Kind passt sich der Bildungseinrichtung an, sondern Kita und Schule passen sich den Bedürfnissen und Möglichkeiten *aller* Kinder an.
- Damit wird eine selbstverständliche und gleichberechtigte Teilhabe in allen Lebensbereichen von Anfang an möglich.
- Vielfalt und Differenz als Normalität, Berücksichtigung individueller, kultureller, sozialer, geschlechtlicher, altersmäßiger oder sonstiger Unterschiede.

Ein schönes Bild der vielfältigen Chancen der Inklusion zeichnet Prengel, wenn sie von ihren positiven Erfahrungen auf dem Weg zur Inklusion spricht: „**Patchwork** ist ein Symbol der inklusiven Pädagogik. In manchen pädagogischen Projekten bringt jedes Kind ein Stückchen Stoff mit und daraus wird ein Patchwork als Bild für die Gemeinsamkeit, die aus den einzigartigen, verschiedenen Teilen entsteht, genäht" (a. a. O., S. 34).

Die folgenden Bausteine für die pädagogische Arbeit und Konzeptionsentwicklung gelten gleichermaßen für die integrative wie die inklusive Erziehung und Bildung.

24.3 Bausteine für die pädagogische Arbeit und Konzeptentwicklung

Im Folgenden werden einige Aspekte und Bausteine benannt, die bei der **Einbeziehung der integrativen/inklusiven Pädagogik in einem Kindergartenkonzept** handlungsleitend sein können.

Grundsätzlich sollte bedacht werden, dass integrative Pädagogik stets im **Team** beginnt und nicht in der Kindergruppe. Damit ist gemeint, dass unter den Mitarbeiterinnen ausführliche, offene und durchaus kontrovers geführte Diskussionen um eine gemeinsame Haltung zu Integration und Inklusion notwendig sind. Allein die Erörterung der Frage „Wie offen und selbstverständlich gehen wir mit unseren eigenen Verschiedenheiten um?" erweitert den Blickwinkel. Äußere (räumliche) Bedingungen sind leicht zu verändern – die eigene innere Haltung zu verändern ist hingegen ein längerer Prozess.

24.3.1 Kommunikation und Beziehung – Basis für kindliche Entwicklung

Für ein Kind ist das Gefühl von Angenommensein, Geborgenheit und uneingeschränktem Vertrauen zu den Eltern und anderen nahen Bezugspersonen wie Erzieherinnen notwendig. Die eigene Wertschätzung, das Körpererleben, das Gefühl von Selbstwirksamkeit, die Kommunikations- und Beziehungsfähigkeit sowie grundsätzlich jegliche Lernprozesse basieren auf dieser *sicheren Bindung* (→ Kap. 10.3.3).

Abb. 24.3: Integrative Pädagogik beginnt stets im Team und nicht in der Kindergruppe.

Um dem Grundbedürfnis nach Sicherheit beim Eintritt in eine öffentliche Kindertagesstätte oder in eine Krippe nachzukommen, hat sich eine sorgfältige und an dem Zeitmaß des Kindes orientierte **Eingewöhnungsphase** bewährt. In diesen etwa drei bis vier Wochen entsteht zudem ein guter Kontakt zu den Eltern eines behinderten Kindes, die integrative Pädagogik kann transparent gemacht werden und die Erzieherinnen erhalten wichtige Informationen über

- besondere Pflegemaßnahmen
- Handlings
- Ernährungsgewohnheiten
- Kommunikationsmöglichkeiten des Kindes
- seine emotionale Empfänglichkeit

Die Qualität von Beziehung und Interaktion mit dem Kind ist auch abhängig von einer vertrauensvollen Interaktion zwischen Eltern und den verantwortlichen Bezugspersonen in der Einrichtung. In der frühkindlichen Phase ist die Beziehungsqualität ausschlaggebend dafür, wie die Entwicklung des Kindes voranschreitet. „Bindungs- und Explorationsverhalten stehen in einer reziproken Beziehung: Bei aktiviertem Bindungsverhalten (z. B. bei Angst, Sicherungsbedürfnis) wird das Explorationsverhalten blockiert, dadurch besteht eine enge Beziehung zwischen emotionaler und kognitiver Entwicklung“ (Schlack 2007).

Mitunter verläuft der **Beziehungsaufbau** in der Eingewöhnungszeit und auch danach zu einem Kind mit einer Behinderung oder Entwicklungsauffälligkeit anders, als es Erzieherinnen gewohnt sind. Einige Kinder verfügen über weniger Selbstkorrektur-Mechanismen und können daher beispielsweise ein mögliches Fehlverhalten der Bezugsperson weniger gut ausgleichen.

Hier ist die Feinfühligkeit des Pädagogen besonders gefragt, denn wenn sich ein Kind nicht wirklich gesehen und angenommen fühlt, besteht die Gefahr, dass es zu glauben beginnt, nichts wert zu sein. In der integrativen Pädagogik sind daher die Fähigkeiten

- in Beziehung zu treten,
- sich zu begegnen und dabei
- die Sprache des Kindes zu finden, um in einen Dialog treten zu können,

unabdingbar.

[BEISPIEL] Das kleine Kind zeigt der Bezugsperson, wie es ihm gerade geht und was es braucht. Es zeigt mit seinem Körper, also nonverbal, ob es offen und interessiert ist und Ansprache und Kontakt möchte oder ob es angestrengt ist und eine Pause und evtl. auch Unterstützung braucht usw. Die Bezugsperson entschlüsselt diese Signale und reagiert feinfühlig darauf. Missverständnisse oder Fehlinterpretationen können beispielsweise bei Kindern mit einer kognitiven Beeinträchtigung entstehen. Diese Kinder benötigen mehr Zeit, um die Befindlichkeit zu signalisieren und auf Ansprache zu reagieren. Wenn die neue Bezugsperson (außerhalb der Familie) diese Hintergründe nicht kennt oder nicht wahrnimmt, kann es zu falschen Interpretationen und wenig angemessenen Aktionen ihrerseits kommen. Die meisten Kinder verfügen über Selbstkorrektur-Maßnahmen und reagieren beispielsweise mit nonverbalen Unmutsäußerungen. Kinder mit eingeschränkten Selbstkorrektur-Maßnahmen können (bei häufigen Situationen dieser Art) mit Irritationen, Ängsten, Blockaden im Beziehungsaufbau u. Ä. reagieren.

24.3.2 Fördern in der integrativen Pädagogik

Die Begriffe Fördermaßnahmen und Förderplan implizieren sehr schnell das Arbeiten an oder „wegtherapieren“ von Defiziten. Daher erklärt sich die heftige Diskussion der letzten Jahre um die Zielsetzung des Förderns.

> ⊙ Es ist unstrittig, dass Fördermaßnahmen sinnvoll sind, allerdings nicht als Training defizienter Funktionen, sondern als ressourcenorientierte, individuelle Entwicklungsunterstützung mit dem Ziel der größtmöglichen Autonomie und Teilhabe des Kindes entsprechend seinen Möglichkeiten und Fähigkeiten.

Ursprünglich stammt der Begriff Fördern aus dem Bergbau und meint „etwas Wertvolles ans Tageslicht bringen“. In diesem Sinne hat hinsichtlich des Förderns tatsächlich ein Paradigmenwechsel stattgefunden: von der defizit- zur ressourcenorientierten Förderung und individuellen Unterstützung des Kindes in seiner Entwicklung. Insofern kann die „Schatzsuche statt Fehlerfahndung“ zum Ausgangspunkt für Fördermaßnahmen genutzt werden (vgl. Antonovskys Salutogenese-Konzept).

Zu dieser veränderten Sichtweise trägt auch die Reflexion von *Normen* und *Werten* in der aktuellen Bildungsdebatte bei. Entwicklungsförderung soll sich stärker und präziser auf die Vielfalt menschlicher (kindlicher) Lebensbiografien fokussieren. Das Ansetzen bei den Stärken des Kindes wird für immer mehr Pädagogen und Therapeuten zur Richtschnur erfolgreicher Förderung. Entwicklung und Bildung lassen sich ohnehin nicht von außen an das Kind heranführen, sie sind immer auch Selbst-Entwicklung und Selbst-Bildung. Auch ein schwerstbehindertes Kind entscheidet selbst, wohin es beispielsweise seine Aufmerksamkeit mit seinen Sinnen richtet. Jedoch kann dem Kind von „außen" eine anregende Umgebung, eine vertrauensvolle Beziehung und ein einfühlsamer Dialog durch Pädagogen und Therapeuten angeboten werden – die beste Basis für Entwicklung und Lernen.

Förderung in der integrativen Pädagogik hat den Anspruch, die Entwicklung des Kindes aktiv zu begleiten und Herausforderungen im Sinne der „Zone der nächsten Entwicklung" (Vygotski 2002, S. 333), die am Entwicklungsniveau und den Interessen des Kindes ansetzen, herzustellen. Voraussetzungen hierfür sind:

- die Achtung des Kindes
- die Wertschätzung seiner Kompetenzen und seines Willens
- die intensive Beobachtung

24.3.3 Beobachtung als Grundlage für pädagogisches Handeln

Im Rahmen der aktuellen Bildungsdebatte wird die Beobachtung der Kinder als eine Grundlage für **Entwicklungsunterstützung** und **Bildungsarbeit** verstanden. „Wesentliche Ziele der Beobachtung sind, die individuellen Fähigkeiten und die Vielfalt ihrer Handlungen, Vorstellungen, Ideen, Problemlösungen oder sozialen Interaktionen wahrzunehmen, zu verstehen und in das pädagogische Handeln einzubeziehen" (Herm 2012, S. 48).

Eine Vielzahl von Beobachtungsverfahren wird derzeit angeboten:

- Beobachtungsinstrumente mit *„gerichteter" Aufmerksamkeit* anhand vorgegebener Kriterien und Fragebögen, die auf den Entwicklungsstand des Kindes fokussieren
- andere Verfahren (z. B. Bildungs- und Lerngeschichten) beobachten mit *„ungerichteter" Aufmerksamkeit*; der Bildungsforscher Gerd Schäfer (2006) nennt es ein „wahrnehmendes, entdeckendes Beobachten"

Die Beobachtungsweise mit ungerichteter Aufmerksamkeit (z. B. ein Kind 5–10 Minuten beim Spiel in seinen Interaktionen beobachten und dokumentieren) vertieft die Sensibilisierung für kindliches Handeln, für das Erkennen von Ressourcen und Fähigkeiten und ebenso für Interaktionsprozesse unter Kindern. Bei der gezielten Beobachtung anhand von genormten „Entwicklungstabellen" besteht die Gefahr, dass die Beobachterin mit eingeschränktem Blickwinkel nur auf die Defizite (das Unvermögen) eines Kindes schaut und seine Gesamtpersönlichkeit nicht erfassen kann. Mit dem Bewusstsein dieser Problematik kann allerdings auch diese Beobachtungsform im Sinne eines „Frühwarnsystems" in Einzelfällen sinnvoll eingesetzt werden (vgl. Herm 2012).

Ebenso wie bei Fördermaßnahmen ist auch bei der Beobachtung ein Paradigmenwechsel vom defizitorientierten zum **wertschätzenden Beobachten** des behinderten wie nichtbehinderten Kindes zu erkennen.

Erkenntnisse aus Beobachtungen nutzt die Erzieherin auch im Hinblick auf die Analyse von Rahmenbedingungen und der eigenen Handlungsweise, z. B.:

- Biete ich dem Kind genügend Chancen, damit es seine Fähigkeiten zur Entfaltung bringen kann?
- Wo behindere ich oder wo behindern die Rahmenbedingungen des Kindergartens seine Entwicklung?

24.3.4 Projektarbeit

Ein wichtiges Fundament des frühkindlichen Lernens in der Kindertageseinrichtung ist das Lernen in Zusammenhängen – die Projektarbeit (→ Kap. 8.4.2). Georg Feuser (1996) spricht von Spielen, Lernen und Arbeiten an einem gemeinsamen Gegenstand als Basis der integrativen Pädagogik. Die Arbeit in und mit Projekten ist eine hervorragende Möglichkeit, Interessen und Fragestellungen der Kinder aufzugreifen und in gemeinsamen Aktivitäten, gut überschaubar und nachvollziehbar für alle Kinder (und Eltern), Lernen zu initiieren. Die Kinder beteiligen sich nach ihren individuellen Fähigkeiten, dem jeweiligen Entwicklungsniveau und Lerntempo. Mit der Methode der Projektarbeit wird ein Rahmen für die Bearbeitung des gemeinsamen Themas geschaffen.

Die Themenfindung für ein Projekt ergibt sich z. B. aus:

- der Lebenssituation von Kindern und ihren Eltern,
- aktuellen Fragestellungen der Kinder,
- besonderen Anlässen in der Kindergruppe.

[BEISPIEL] Ein Projekt kann sich auch aus den Besonderheiten eines Kindes ergeben. Beispielsweise ist das Hörgerät, das ein Kind mit einer Hörbehinderung trägt, von großem Interesse für alle Kinder. Es entwickeln sich Fragen:
- Wie funktioniert so ein Gerät?
- Wie können wir überhaupt hören?
- Wie sehen die Ohren von Tieren aus? Können sie gut hören oder eher schlecht?

Die Erzieherin schafft mit ihrer Projektplanung zwar einen Rahmen, er kann jedoch im Verlaufe des Projektes verändert, ergänzt oder unterbrochen werden, wenn neue Fragen oder Bedürfnisse der Kinder auftauchen. Flexibilität und Kreativität der Erzieherin werden hierbei herausgefordert.

Ein wichtiges pädagogisches Prinzip der Projektarbeit ist die **Binnendifferenzierung**. Nicht alle Kinder führen zur gleichen Zeit die gleiche Aktivität mit den gleichen Mitteln aus. Für ausgewählte Teile des Projektes können unterschiedliche Aktivitäten einzelner Kinder eingeplant werden, um so ihren Fähigkeiten und Interessen zu entsprechen. In Kleingruppen erhalten die Kinder eine besondere Zuwendung und mögliche Hilfestellungen durch die Erzieherinnen genauso wie durch andere Kinder.

Projektarbeit ermöglicht auch **Therapeuten** eine sinnvolle Mitarbeit und Unterstützung der Kinder im Rahmen des Kindergartenalltags. Die Dokumentation des Projektverlaufes wird so gestaltet, dass alle Kinder, entsprechend ihren Möglichkeiten, beteiligt sind und Akzeptanz und Wertschätzung für ihre Entwicklungsschritte sichtbar werden.

24.3.5 Bewegung als Motor von gemeinsamen Bildungsprozessen

Neben Beobachtung und Projektarbeit ist die Bewegung ein wesentlicher Bestandteil der integrativen Pädagogik. Durch Bewegungsimpulse und Bewegungsaktivitäten werden alle Kinder zur aktiven Auseinandersetzung mit ihren eigenen Fähigkeiten und mit unterschiedlichen Materialien und Spielgeräten angeregt:

- Sie lernen, Fähigkeiten der Spielgefährten einzuschätzen.
- Sie treffen Absprachen im Spiel.
- Sie begreifen Regeln.
- Sie streiten miteinander.
- Sie finden Lösungen für Konflikte.
- Sie entwickeln auf diese Weise ihre sozialen Kompetenzen.

Denken, Fühlen, Wahrnehmen, Sprachentwicklung, Sozialverhalten und Bewegungshandlungen sind unabdingbar miteinander verknüpfte frühkindliche Entwicklungsprozesse. Maria Montessori (→ Kap. 8.3.1) bemerkte sehr treffend, dass nichts im Verstand sei, was nicht vorher in der Hand gewesen ist. Sinneseindrücke werden mit dem ganzen Körper wahrgenommen, Gefühle, angenehme wie unangenehme, in Bewegungen ausgedrückt, Kontakte über Bewegungsbotschaften mit Mimik, Gestik oder Körperhaltung, also auch nonverbal, geknüpft.

Auch wenn behinderte Kinder partiell in ihrer Bewegungs- oder Wahrnehmungsfähigkeit eingeschränkt sein können und bei manchen Aktionen Unterstützung benötigen, so gelten dennoch alle getroffenen Aussagen gleichermaßen für behinderte wie für nichtbehinderte Kinder. Jedes Erfolgserlebnis bei Bewegungsaktivitäten gibt Selbstvertrauen, macht Mut für die Bewältigung neuer Herausforderungen und trägt zur Stabilisierung der Persönlichkeit bei. Die pädagogischen Fachkräfte sind auch hier gefordert, die Ressourcen der Kinder mit Beeinträchtigungen herauszufinden.

Abb. 24.4: Bewegung und die Bildung der Sinne sind wesentlicher Bestandteil der integrativen Pädagogik.

24.3.6 Partnerschaftliche Zusammenarbeit mit Eltern

Ziel der partnerschaftlichen Zusammenarbeit ist es, einen gemeinsamen Weg zu finden, auf dem Eltern und Erzieherinnen bezüglich ihrer jeweiligen Kompetenzen und Verantwortungen kooperieren, sich achtungsvoll begegnen und zum Wohle des Kindes zusammenwirken.

Die Väter und Mütter von Kindern mit einer Behinderung sind selbstverständlich, wie alle übrigen Eltern, Teil der Elterngemeinschaft. Allerdings befinden sich viele zumindest zeitweise in einer sehr schwierigen Lebenssituation, die u. a. geprägt ist von Trauer, gesellschaftlicher Isolation und Überlastung. Sie sind häufig von Geburt des Kindes an mit unterschiedlichen Experten für die Versorgung und Entwicklung ihres Kindes konfrontiert, die sie gelegentlich an den eigenen Kompetenzen zweifeln lassen. Daher sind Feinfühligkeit, Verständnis, Geduld, Transparenz und kontinuierliche Reflexion des eigenen Handelns in der integrativen Pädagogik (ebenso wie in der sogenannten „allgemeinen Pädagogik") notwendig.

Erzieherinnen und andere Fachkräfte neigen häufig dazu, bei den Familien vorrangig das Problematische, das Defizitäre oder Nichtbewältigte zu sehen und anzusprechen und nicht die alltäglichen gelungenen Versuche der Familie, sich an das Leben mit einem behinderten Kind anzupassen und einen neuen Lebensentwurf zu entwickeln. Wenn die Erzieherinnen ein Kind so wie es ist annehmen und akzeptieren und der Familie mit **Respekt** begegnen, unterstützen sie damit auch die Familie in ihrem Bemühen um Annahme und Bewältigung (Normalisierung) ihrer Lebenssituation.

24.4 Integration von erwachsenen Menschen mit Behinderung

Seit der Verabschiedung der UN-Konvention über die Rechte von Menschen mit Behinderungen 2006 und der Unterzeichnung von Deutschland (2009) gibt es zahlreiche Debatten und deutliche Veränderungsprozesse auch im Bereich der Erwachsenen. Das Ziel der Veränderungen unter dem Aspekt der Inklusion ist: Alle behinderten Menschen sollen ihre fundamentalen Rechte gleichberechtigt mit anderen Mitgliedern der Gesellschaft ausüben können. Dies bedeutet einen Paradigmenwechsel von einer Politik der Fürsorge hin zu einer Politik der Rechte. Im Wesentlichen werden bisher Einschränkungen der sozialen Teilnahme aufgegriffen, die UN-Behindertenrechtskonvention (dem Menschenrechtsansatz verpflichtet) zielt zusätzlich darauf ab, ob der gleichberechtigte Gebrauch der fundamentalen Rechte beeinträchtigt oder vereitelt wird (vgl. V. Aichele 2011). Sehr anschaulich sind diese Rechte beschrieben und aufgezeichnet in der Broschüre: „alle inklusive! – Menschen-Rechte für behinderte Frauen, Männer und Kinder auf der ganzen Welt – in leichter Sprache".

24.4.1 **Berufliche Integration**

Angeregt durch die Debatten um Integration und Inklusion ergaben sich in den letzten Jahren Überlegungen zur Veränderung der Situation von Jugendlichen und Erwachsenen nach Abschluss ihrer Schulbildung. Die gesetzlichen Grundlagen zur beruflichen Integration sind als „Rehabilitation und Teilhabe behinderter Menschen im Berufsleben" im Sozialgesetzbuch IX (SGB IX) zusammengefasst.

„Die Leistungen zur Teilhabe umfassen die notwendigen Sozialleistungen, um unabhängig von der Ursache der Behinderung

1. die Behinderung abzuwenden, zu beseitigen, zu mindern, ihre Verschlimmerung zu verhüten oder ihre Folgen zu mildern;
2. Einschränkungen der Erwerbsfähigkeit oder Pflegebedürftigkeit zu vermeiden, zu überwinden, zu mindern oder eine Verschlimmerung zu verhüten sowie den vorzeitigen Bezug anderer Sozialleistungen zu vermeiden oder laufende Sozialleistungen zu mindern;
3. die Teilhabe am Arbeitsleben entsprechend den Neigungen und Fähigkeiten dauerhaft zu sichern oder
4. die persönliche Entwicklung ganzheitlich zu fördern und die Teilhabe am Leben in der Gesellschaft sowie eine möglichst selbständige und selbstbestimmte Lebensführung zu ermöglichen oder zu erleichtern."
(§ 4 Abs. 1 SGB IX)

Abb. 24.5: Deckblatt der UN-Konvention der Ausgabe des Beauftragten der Bundesregierung für die Belange behinderter Menschen.

Eine Weiterentwicklung der Eingliederungshilfe für Menschen mit Behinderungen wurde auf der Arbeits- und Sozialministerkonferenz der Länder (ASMK) am 13. und 14.11.2008 beschlossen. Dabei geht es sowohl um einen gesetzgeberischen Änderungsbedarf als auch um Umgestaltungen in der Praxis. Der Leitgedanke dabei ist, im Interesse der behinderten Menschen die Eingliederungshilfe für die jetzige wie für zukünftige Generationen nachhaltig zu sichern sowie die Gleichbehandlung von Menschen mit und ohne Behinderungen weiter zu stärken.

Gesetzliche Regelungen und Instrumentarien für Jugendliche und Erwachsene sind u. a.:

- **Integrationsfachdienste.** Zu deren Aufgaben gehört es beispielsweise, behinderte Beschäftigte oder Arbeitssuchende zu beraten, zu unterstützen und zu begleiten.
- **Arbeitsassistenz.** Mit dieser persönlichen Assistenz soll die Teilhabe schwer behinderter Menschen am Arbeitsleben, an einem sozialversicherungspflichtigen Arbeitsplatz, unterstützt werden, sofern sie dies benötigen (SGB IX).
- **Betriebliche Bildungsmaßnahmen.** Hierzu gehören beispielsweise verschiedene Aus- und Weiterbildungsmaßnahmen im Rahmen der beruflichen Rehabilitation, die von privaten Bildungsträgern, staatlichen Fachschulen, Betrieben und Berufsförderungswerken durchgeführt werden. Auch Berufsvorbereitungsmaßnahmen für behinderte Menschen, z. B. berufsbezogene Förderlehrgänge, Lehrgänge zur Verbesserung der Eingliederungsmöglichkeiten oder Grundausbildungslehrgänge wie eine blindentechnische Grundausbildung gehören zur Eingliederungshilfe.

Jedoch ist nach wie vor die Ausgliederung der behinderten Menschen in spezifische, außerbetriebliche Maßnahmen und Einrichtungen, z. B. in Werkstätten für behinderte Menschen (WfbM), die gängige Praxis. Diese Menschen sind zwar nicht arbeitslos, finden jedoch auf dem allgemeinen (ersten) Arbeitsmarkt keine Arbeit.
Die Berufsorientierung und Berufsvorbereitung von Menschen mit Behinderung sollen an den allgemeinbildenden Schulen in Integrationsklassen oder an den Sonderschulen erfolgen. In einigen Regionen in Deutschland bestehen erfolgreiche Modellprojekte der Kooperation zwischen Schule und Betrieben, allerdings sind diese Projekte eher Ausnahmen.
Problematisch ist in diesem Zusammenhang, dass die meisten Sonderschulen für geistig Behinderte in ihrer Werkstufe die Schüler hauptsächlich auf eine Beschäftigung in der Werkstatt für behinderte Menschen vorbereiten. Etwa 80 % der Beschäftigten in den WfbM sind Menschen mit einer sogenannten geistigen Behinderung. Von Fachleuten wird kritisiert, dass die dauerhafte Finanzierung der WfbM problemlos verläuft, dasselbe Geld jedoch auch zur dauerhaften Unterstützung der Menschen in einem „normalen" Betrieb eingesetzt werden könnte.

24.4.2 Wohnen und Integration

Die Wohnverhältnisse der Menschen haben großen Einfluss auf Zufriedenheit und Wohlbefinden. Dies gilt in besonderem Maße für Menschen, deren Selbstständigkeit und Bewegungsmöglichkeiten eingeschränkt sind. Die Wohnbedürfnisse von Menschen mit Behinderung entsprechen im Allgemeinen den Bedürfnissen der übrigen Bevölkerung. Viele behinderte Menschen möchten, wie ihre nichtbehinderten Mitbürger, in einer eigenen Wohnung leben, eingebettet in das soziale Gemeinwesen. Maßgeblichen Einfluss auf die Realisierung haben insbesondere Art und Schwere der Behinderung, das Alter, die soziale Eingliederung der Betroffenen sowie Umfang, Qualität und Kosten von Betreuungsangeboten.
Menschen mit einer Behinderung wohnen:

- in einer eigenen Wohnung,
- im betreuten Einzelwohnen (ambulant),
- in einer Wohngemeinschaft (teilstationär),
- in einem Heim (stationär).

In der eigenen Wohnung leben Menschen mit Behinderung allein, mit einem Partner und ggf. mit ihren Kindern ohne zusätzliche Hilfe/Dienste, i. d. R. integriert in die Nachbarschaft.

Eine andere Form des relativ selbstständigen und selbstverantwortlichen Lebens ist das betreute Wohnen in der eigenen Wohnung. Die Bewohner erhalten ambulante Hilfen, damit diese Form des Wohnens auf Dauer realisiert werden kann. Die ambulanten Hilfen sind besonders wichtig, wenn Bewohner von Wohngruppen den Schritt in eine eigene Wohnung vollziehen möchten (Vorbereitungsgruppen).

In der Wohngemeinschaft (gewöhnlich besteht sie aus vier bis sechs Personen) sind die Bewohner in der Lage, ihren Alltag zeitweise auch ohne Betreuung gestalten zu können. Die Betreuung beschränkt sich im Allgemeinen auf einige Stunden am Tage, eine „Nachtwache" ist nicht vorgesehen.

Die Bewohner gehen werktags einer Arbeit oder Beschäftigung nach. Zwar sind die Bewohner von Wohngemeinschaften überwiegend Menschen mit einer Behinderung, aber einzelne Integrationsprojekte berichten von guten Erfahrungen im Zusammenwohnen von behinderten und nichtbehinderten Menschen.

Einzelwohnungen und größere Wohnungen für Wohngemeinschaften befinden sich heute inmitten von Wohngebieten und die Integration in die Nachbarschaft unterliegt allgemeinen Strukturen, die für das Wohnen relevant sind, wie beispielsweise Toleranz gegenüber Verschiedenheiten oder Absprachen über Lärmbelästigung.

In Heimen wohnen Menschen mit Behinderung, die auf ständige Betreuung angewiesen sind. Das Heimangebot kann von Menschen mit Behinderung in Anspruch genommen werden, die entweder tagsüber einer Arbeit oder einer Beschäftigung nachgehen, z. B. in einer Werkstatt für behinderte Menschen, oder auf eine andere Tagesstrukturierung angewiesen sind. Entsprechendes Personal steht zur Betreuung und Versorgung bereit.

Die Größe einer Heimeinrichtung soll im Regelfall 40 Plätze nicht überschreiten. Allerdings gibt es hinsichtlich Bewohnerzahl und Qualität der Versorgung erhebliche Unterschiede (Länderrecht). Die Debatte um Integration und Inklusion hat auch im stationären Wohnen Veränderungen bewirkt, aber dennoch wird eine große Anzahl von Personen, vor allem mit kognitiven Beeinträchtigungen, weiterhin stationär versorgt. In der aktuellen Entwicklung wird dazu übergegangen, diese stationären Angebote zugunsten von ambulanten Betreuungsformen zu reduzieren. In diesen betreuten Wohnformen können die Bewohner wesentlich mehr Selbstständigkeit und verborgene Kompetenzen entwickeln und der Betreuungsumfang kann verringert werden. Kritisiert wird, dass professionelle Mitarbeiter aus Kostengründen oft nicht hinreichend qualifiziert sind.

Medizinische Notfälle und Erkrankungen

Peter Schäfer

Wann ist der Mensch gesund? Zur Definition des Begriffs *Gesundheit* (→ Kap. 14) wird gerne die Verfassung der Weltgesundheitsorganisation (WHO) zitiert.

▶ **Gesundheit**
„Ein Zustand des vollständigen körperlichen, geistigen und sozialen Wohlergehens und nicht nur das Fehlen von Krankheit oder Gebrechen" (Verfassung der WHO, 1946).

Doch wie viele der pädagogischen Fachkräfte in den Tageseinrichtungen, aber auch wie viele der dort betreuten Kinder und Jugendlichen sind nach dieser Definition tatsächlich gesund? Das **körperliche** und das **geistige Wohlergehen** eines Einzelnen lassen sich in unserer traditionellen Vorstellung noch recht gut fassen. Darüber hinaus gibt es aber das „soziale Wohlergehen" als wesentliches Ziel unseres gemeinsamen Handelns. Es lohnt sich durchaus, den Text der Verfassung der WHO komplett zu lesen, da dort weitere Gedanken formuliert sind, die in der pädagogischen Arbeit mit Kindern eine wichtige Rolle spielen, z. B.:

- Die gesunde Entwicklung des Kindes ist von grundlegender Bedeutung
- Die Fähigkeit, harmonisch in einer in voller Umwandlung begriffenen Umgebung zu leben, ist für diese Entwicklung besonders wichtig.

Dass Gesundheit nicht als bloßes Gegenstück zu Krankheit gilt, zieht sich als roter Faden durch die verschiedenen Definitionen des Begriffs Gesundheit, die in den letzten Jahrzehnten formuliert wurden. Der Begriff Gesundheit ist komplex. Manche Autoren trennen die objektive und die subjektive Seite des Befindens, aber immer wieder wird die Bedeutung des **sozialen Wohlbefindens** betont: Ein gesunder Mensch sollte idealtypisch in der Lage sein, ein unterstützendes Netzwerk sozialer Beziehungen zu erhalten oder wieder herzustellen.

⊙ Die möglichst vollständige Erreichung und der Erhalt von Gesundheit ist ein wesentliches Ziel der alltäglichen Arbeit in den Tageseinrichtungen. Allerdings ist die Erwartung eines dauerhaften Zustands von Gesundheit unrealistisch, da jeder Mensch in den unterschiedlichen Komponenten immer wieder mehr oder weniger stark beeinträchtigt ist.

In den letzten Jahren wurde wiederholt auf die steigende Zahl von **Zivilisationskrankheiten bei Kindern** hingewiesen. An erster Stelle wird hier meist die Zunahme des Übergewichts (→ Kap. 25.5.1) bei Kindern und Jugendlichen genannt, die sich weltweit beobachten lässt. Ursächlich hierfür sind veränderte Ess- und Bewegungsgewohnheiten. Als Folge dieses zunehmenden Übergewichts kommt es zu Erkrankungen, die aus bestimmten Reaktionsweisen im Körper resultieren. So erkranken inzwischen auch Jugendliche an der *Zuckerkrankheit* (*Diabetes mellitus*, → Kap. 25.4) oder am zu hohen Blutdruck (Hypertonus). Internistische Folgebeschwerden an Herz, Nieren und Gehirndurchblutung, aber auch Gelenkerkrankungen treten zunehmend bei jüngeren Erwachsenen auf.

⊙ Um die Zunahme von Zivilisationskrankheiten bei Kindern aufzuhalten, ist eine gesamtgesellschaftliche Anstrengung erforderlich, die bereits in der frühen Kindheit in den Tageseinrichtungen für Kinder beginnen muss. Die Aspekte der **Ernährungsschulung** und der **Bewegungsförderung** müssen immer wiederkehrender Inhalt der pädagogischen Arbeit in Kindergarten und Schule sowie in den außerschulischen Betreuungsangeboten sein.

In diesem Kapitel geht es um **medizinische Notfälle** und **Erkrankungen**, die der Erzieherin in ihrer pädagogischen Arbeit im Alltag begegnen können. Die *Notfälle* (→ Kap. 25.6) stellen die pädagogische Fachkraft unvermittelt vor Situationen, in denen möglicherweise rasch medizinische Hilfe erforderlich ist. Daneben werden in diesem Kapitel aber auch bestimmte *chronische Erkrankungen* (→ Kap. 25.3–25.5) besprochen, die aufgrund der zunehmenden Häufigkeit vermehrt in Kindertageseinrichtungen auftreten können. *Infektionskrankheiten* (→ Kap. 25.1) werden aufgrund der oftmals damit einhergehenden Hautausschläge häufig mit Emotionen diskutiert, die nicht leicht einzufangen sind. Hier möchte das Kapitel einen Beitrag zu einer Versachlichung der Diskussion leisten. So werden zunächst die einzelnen Erkrankungen sowie die *Impfungen* (→ Kap. 25.1.1) erörtert, anschließend wird auf die Wiederzulassung nach einer Infektionskrankheit in einer Gemeinschaftseinrichtung (→ Kap. 25.1.6) sowie auf den besonderen Schutz für Schwangere vor Infektionskrankheiten (→ Kap. 25.1.7) eingegangen. Schließlich werden auch noch Möglichkeiten der *Früherkennung* (→ Kap. 25.7) von bestimmten gesundheitlichen Auffälligkeiten angesprochen. Der nicht immer einfache Bereich der *Kooperation* (→ Kap. 25.8) mit dem niedergelassenen Kinderarzt und dem öffentlichen Gesundheitsdienst wird abschließend thematisiert.

25.1 Infektionskrankheiten

Viele Infektionskrankheiten werden oftmals verharmlosend als **„Kinderkrankheiten"** bezeichnet. Dieser Ausdruck soll eigentlich zum Ausdruck bringen, dass diese Krankheiten häufig im Kindesalter auftreten. Allerdings assoziiert der Begriff Kinderkrankheit beim medizinischen Laien häufig einen unproblematischen, milden Verlauf einer Erkrankung, da vermutet wird, dass es nicht so schlimm sein kann, wenn es bei Kindern auftritt. Manchmal wird sogar postuliert, dass bestimmte Krankheiten zu einer gesunden und guten Entwicklung eines Kindes fast schon dazugehören. Die schweren Verläufe und Komplikationen dieser Kinderkrankheiten werden ignoriert oder verdrängt, da sie in der heutigen Zeit teilweise nicht mehr bekannt sind.

► **Infektionskrankheit**
Eine durch Krankheitserreger hervorgerufene Erkrankung.

► **Erreger**
Stoffe oder Organismen wie Bakterien, Pilze, Viren und Parasiten, die eine gesundheitsschädigende Wirkung auf andere Organismen ausüben.

Infektionskrankheiten können ein breites Spektrum von **zeitlichen Krankheitsverläufen und Symptomen** aufweisen, die für die einzelnen Krankheitserreger oftmals typisch sein können:

- *Zeitlicher Verlauf:* hochakut in Stunden bzw. Tagen oder langsam über Wochen, Monate und Jahre
- *Ausbreitung:* lokalisiert auf bestimmte Körperregionen oder generalisiert am gesamten Körper
- *Ausprägung:* nahezu unbemerkt (inapparent) mit leichter Störung des Allgemeinbefindens oder schwerer Krankheitsverlauf

Die Fähigkeit des Immunsystems, einen Erreger zu eliminieren, ist von wesentlicher Bedeutung für den Verlauf und den Ausgang einer Infektionskrankheit.

Durch entsprechende **Medikamente** verfügt die heutige Medizin über effiziente Behandlungsmöglichkeiten:

- *Antibiotika* gegen Bakterien
- *Antimykotika* gegen Pilze und
- *Virostatika* gegen Viren.

Es ist wichtig zu wissen, dass nicht jede Infektion zwangsläufig zu einer Erkrankung führen muss, manche Personen können beispielsweise Erreger weiter in sich tragen, ohne selbst zu erkranken.

Am günstigsten ist es, vorbeugend gegen einige Erreger zu *impfen* (→ Kap. 25.1.1). Dies ist auch vor dem Aspekt sinnvoll, dass auch heute noch manche Infektionskrankheiten nicht definitiv geheilt werden können. Dies betrifft z. B. eine Reihe von viralen Erkrankungen (Masern, Tollwut u. a.), die nicht ursächlich behandelt werden können.

Bestimmte Infektionskrankheiten wie die *Grippe (Influenza)* (→ Kap. 25.1.5) treten saisonal gehäuft auf. Im Abstand von Jahren oder Jahrzehnten treten dabei größere Epidemien auf. Von historischem Interesse sind *Pandemien* wie die Pest im 14. Jahrhundert.

► **Epidemie**
Sich örtlich beschränkt ausbreitende Infektionskrankheit, die auch saisonal auftreten kann wie die Grippe *(Influenza)*.

► **Pandemie**
Epidemie, die länderübergreifend oder sogar weltweit auftritt wie die Pest im Mittelalter (Schwarzer Tod, Beulenpest) oder die *Vogel-* bzw. *Schweinegrippe* heute.

► **Inkubationszeit**
Zeit zwischen der Infektion mit einem Krankheitserreger und dem Auftreten der ersten Krankheitszeichen. Je nach Krankheit liegt die Inkubationszeit zwischen wenigen Stunden und einigen Wochen, dauert teilweise aber länger.

Eine entscheidende Rechtsgrundlage im Umgang mit den Infektionskrankheiten gerade auch in den Tageseinrichtungen für Kinder ist das **Infektionsschutzgesetz (IfSG).** Der 6. Abschnitt (§§ 33–36) widmet sich den zusätzlichen Vorschriften für Schulen und sonstige Gemeinschaftseinrichtungen. Dort werden u. a. die gesundheitlichen Anforderungen, die Mitwirkungspflichten und die Aufgaben des Gesundheitsamtes formuliert.

„Gemeinschaftseinrichtungen im Sinne dieses Gesetzes sind Einrichtungen, in denen überwiegend Säuglinge, Kinder oder Jugendliche betreut werden, insbesondere Kinderkrippen, Kindergärten, Kindertagesstätten, Kinderhorte, Schulen oder sonstige Ausbildungseinrichtungen, Heime, Ferienlager und ähnliche Einrichtungen." (§ 33 Infektionsschutzgesetz)

Um Hinweise für das Auftreten oder auch eine mögliche Häufung von Infektionskrankheiten zu bekommen, ist die unverzügliche **Meldung** und Angabe von krankheits- und personenbezogenen Informationen durch die Leitung der Gemeinschaftseinrichtung an das Gesundheitsamt im § 34 Absatz 6 des Infektionsschutzgesetzes geregelt.

25.1.1 Impfungen

Für viele Menschen in den Industrieländern ist es nicht vorstellbar, dass auch heute noch schwerwiegende Gesundheitsschäden durch Infektionskrankheiten auftreten können. Entscheidender Charakter in der **Prävention** (Vorbeugung) kommt dabei den Impfungen zu. In Deutschland sind heute alle Impfungen freiwillig, es gibt keine Pflichtimpfungen mehr. Bestimmte Impfungen werden von der **Ständigen Impfkommission (STIKO)** in re-

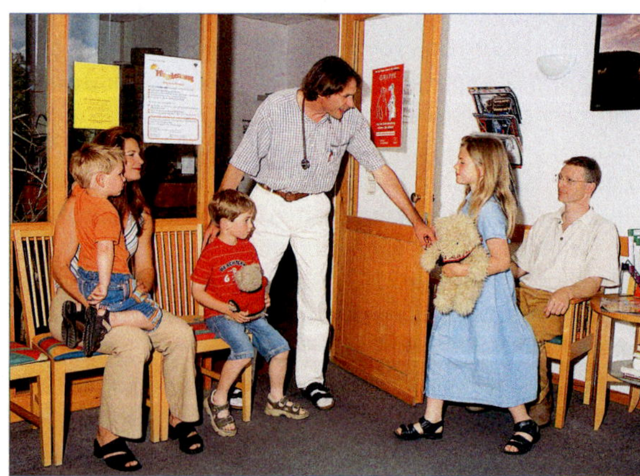

Abb. 25.1: Impfungen haben einen hohen Stellenwert in der Prävention.

Alter	6 Wochen	2 Monate	3 Monate	4 Monate	11–14 Monate	15–23 Monate	12–17 Jahre
Tetanus (Wundstarrkrampf)		1.	2.	3.	4.		
Diphtherie		1.	2.	3.	4.		
Pertussis (Keuchhusten)		1.	2.	3.	4.		
HiB (Infektion durch Haemophilus influenzae Typ B)		1.	2.*	3.	4.		
Poliomyelitis (Kinderlähmung)		1.	2.*	3.	4.		
Hepatitis B (Leberentzündung)		1.	2.*	3.	4.		
Pneumokokken-Infektion		1.	2.	3.	4.		
Rotavirus- Infektion	1.	2.	3.				
Meningokokken-Infektion (bakterielle Hirnhautentzündung					ab 12. Monat		
MMR (Masern-Mumps-Röteln)					1.	2.	
Varizellen (Windpocken)					1.	2.	
HPV (Humane Papillomaviren, Gebärmutterhalskrebs)							Für Mädchen und junge Frauen

Tab. 25.1: Impfkalender für Säuglinge, Kinder und Jugendliche, Grundimmunisierung (Stand: August 2013); * je nach verwendetem Impfstoff sind Abweichungen möglich.

gelmäßigen Abständen für Deutschland empfohlen und veröffentlicht. Diese werden in einem Impfkalender zusammengefasst.

Exemplarisch werden hier die Impfungen zur **Grundimmunisierung** (Standardimpfungen) für Säuglinge, Kinder und Jugendliche (Stand: September 2011) dargestellt (→ Tab. 25.1), basierend auf den STIKO-Empfehlungen.

Um die Zahl der Injektionen möglichst gering zu halten, sollten vorzugsweise **Kombinationsimpfstoffe** verwendet werden.

Weitere Informationen über Infektionskrankheiten im Internet:

Zusammenfassungen über verschiedene Infektionskrankheiten durch das Robert-Koch-Institut in Berlin; www.rki.de

Infektionskrankheiten, Impfung, Impfkalender, unabhängiges Informationsangebot der Bundeszentrale für gesundheitliche Aufklärung (BZgA); www.bzga.de

Deutsches Grünes Kreuz (DGK) e. V., Thema: Impfen und Infektionen, Überprüfung des Impfschutzes; www.dgk.de

25.1.2 Infektionskrankheiten des Kindesalters

Die im Folgenden beschriebenen Infektionskrankheiten werden von Bakterien oder von Viren ausgelöst. Die wichtigsten Krankheiten, die vor allem im Kindesalter auftreten, sind:

- Scharlach
- Masern
- Mumps
- Röteln
- Windpocken
- Keuchhusten.

Scharlach

Erreger von Scharlach sind **Streptokokken,** eine Form von Bakterien. In Deutschland erkranken jährlich mindestens 50.000 Menschen an typischem Scharlach, die Zahl der von einer Rachenentzündung durch Streptokokken Betroffenen wird auf 1 bis 1,5 Millionen geschätzt. Diese Zahlen zeigen, dass nur ein kleiner Teil der Rachenentzündungen als Scharlach bezeichnet werden kann. Im Alltag wird jedoch die Diagnose Scharlach sicherlich häufig gebraucht.

Es gibt drei Formen von **Bakterien**, die sich unter dem Mikroskop ihrer Form nach unterscheiden:

- Kokken (kugelförmige Bakterien, von *griech. kokkos: Beere*)
- Stäbchenbakterien und
- Spirochäten (schraubenförmige Bakterien, von *griech. speira: Windung*).

> Streptokokken (von *griech. streptos: Kette*) reihen sich wie Perlen an einer Kette aneinander, Staphylokokken (von *griech. staphyle: Weintraube*) bilden Haufen.

Der Häufigkeitsgipfel von Scharlach liegt im Vorschulalter, man kann aber auch später daran erkranken. Zahlreiche Menschen, die sich mit Scharlachbakterien bzw. Streptokokken infizieren, erkranken ohne ausgeprägte Symptome nur leicht oder gar nicht. Die Ansteckung erfolgt über Tröpfchen (Niesen, Spucken). Die Rate der beschwerdefreien Personen, die Träger von typischen Scharlachbakterien sind, wird auf 20 Prozent geschätzt. Die *Inkubationszeit* (→ Kap. 25.1) beträgt zwei bis vier Tage.

Der typische **Verlauf von Scharlach** ist:

- Beginn mit hohem Fieber
- Rachen- und Mandelentzündung
- Feinfleckiger Hautausschlag (Exanthem), Munddreieck meist ausgespart („Milchbart“)
- Belege im Mund lösen sich, charakteristische Erdbeer- oder Himbeerzunge
- Oft Bauchschmerzen und Erbrechen bei Kindern
- Fieberrückgang nach etwa einer Woche
- Betroffene Haut schält sich, am stärksten an Händen und Fußsohlen.

Komplikationen der Streptokokkeninfektionen können an verschiedenen Organen auftreten, am gefürchtetsten sind jedoch

- Das akute rheumatische Fieber
- Eine Herzentzündung (Endokarditis) sowie
- Eine Nierenentzündung (Glomerulonephritis).

Diese Komplikationen können auch bei weitgehend symptomlosem Verlauf oder einer nur „harmlosen“ Angina (einer Erkältungskrankheit) auftreten und chronisch verlaufen.

Die **Diagnose** eines Scharlachs wird primär klinisch gestellt, zur Labordiagnose werden die Bakterien aus einem Rachen- oder Tonsillenabstrich angezüchtet. Zur Behandlung von Streptokokkenerkrankungen und insbesondere zur Vermeidung der gefürchteten Komplikationen müssen Antibiotika über i. d. R. 10 Tage eingesetzt werden. Bei Ausbrüchen sollen alle möglicherweise Erkrankten, auch die mit harmlosem Verlauf, umgehend mit Antibiotika behandelt werden. Die Behandlung von gesunden Kontaktpersonen wird nicht empfohlen, sie sollten aber besonders auf etwaige Krankheitszeichen achten und dann ggf. umgehend einen Arzt aufsuchen. Eine Impfung gegen Scharlach gibt es nicht. In einigen Bundesländern ist Scharlach meldepflichtig, d. h. die Erkrankung muss dem örtlichen Gesundheitsamt mitgeteilt werden.

Patienten mit einer akuten Streptokokkeninfektion, die **nicht spezifisch behandelt** wurden, können bis zu 3 Wochen **ansteckend** sein, unbehandelte Patienten mit eitrigen Ausscheidungen auch länger. Nach Beginn einer wirksamen antibiotischen Therapie erlischt die *Ansteckungsfähigkeit* nach 24 Stunden.

Abb. 25.2: Typisch für Scharlach sind unter anderem Fieber und Halsentzündung.

> ⊙ *„Dauer der Ansteckungsfähigkeit:* Zeitraum, in dem eine Übertragung der Krankheitserreger möglich ist, wobei ein für die Übertragung geeigneter Kontakt mit erregerhaltigem Material vorauszusetzen ist.“ (Robert-Koch-Institut 2006)

Eine *Wiederzulassung des Kindes zu Gemeinschaftseinrichtungen* (→ Kap. 25.1.6) kann bei einer Antibiotikumtherapie und ohne Krankheitszeichen ab dem zweiten Tag erfolgen, ansonsten nach Abklingen der Krankheitssymptome. Ein schriftliches ärztliches Attest ist nicht erforderlich.

Masern

Masern, das ist doch eine harmlose Kinderkrankheit! So reagieren heute noch viele Menschen, wenn das Thema „Masern“ angesprochen wird. Dabei sind Masern ein schweres Krankheitsbild, das mit einer Reihe schwerer Komplikationen bis hin zum Tod einhergehen kann.

Das Masernvirus befällt vor allem die Schleimhäute des Atemtraktes und der Augen.

> ⊙ Ein **Virus** besteht nur aus einer Eiweißhülle und einem Kern mit Erbsubstanz. Deshalb braucht es einen Wirt, um lebensfähig zu sein. Dringt es in die Wirtszelle ein, entledigt es sich der Eiweißhülle und gibt die Erbsubstanz in der Wirtszelle frei. In der Zelle vermehrt es sich. Die Wirtszelle setzt fertige Viren zusammen und schleust diese dann aus. Ist ein Virus als Erreger einer Infektionskrankheit bekannt, ist prinzipiell eine prophylaktische (vorbeugende) *Impfung* (→ Kap. 25.1.1) gegen diese Krankheit möglich.

Die **Ansteckung** erfolgt über Tröpfcheninfektion (z. B. Niesen, Husten oder Sprechen). Masern zeichnen sich dadurch aus, dass so gut wie alle Infizierten auch erkranken. Ansteckend sind Masern bereits vier bis fünf Tage vor Ausbruch des Hautausschlages bis etwa zwei Tage danach.

Das **Krankheitsbild von Masern** ist anfangs durch folgende Symptome gekennzeichnet:

- Zunächst hohes Fieber
- Abgeschlagenheit
- Bellender krampfhafter Husten
- Schnupfen
- Bindehautentzündung
- Koplik'sche Flecken (weiße Flecken in der Wangenschleimhaut).

Nach ein bis zwei Tagen fällt das Fieber ab, um am nächsten Tag erneut anzusteigen. Innerhalb von drei Tagen bildet sich ein roter, kleinfleckiger Hautausschlag, der an manchen Stellen ineinanderfließt.

Lungen- oder Mittelohrentzündung treten als klassische **Komplikation** auf. Gefährlich ist vor allem die Gehirnentzündung (Masernenzephalitis), manchmal verbunden mit einer Hirnhautentzündung (Masern-Meningoenzephalitis). Mehr als 20 Prozent der Kinder, bei denen eine Gehirnentzündung auftritt, sterben daran. Überlebende tragen oftmals dauerhafte Schäden davon. Heute betreffen fast ein Drittel der in Deutschland auftretenden Masernfälle Jugendliche und Erwachsene, bei denen die Komplikationsrate wesentlich höher ist als bei Kleinkindern.

Die zweimalige **Impfung** gegen Masern ist aus medizinischer Sicht begründet, sinnvollerweise erfolgt die Impfung in Kombination mit der Mumps- und Röteln-Impfung (MMR-Impfstoff). Um die Übertragung möglichst zuverlässig einzudämmen, sollten möglichst alle Jungen und Mädchen geimpft werden. Seit Juli 2006 ist auch eine **Kombinationsimpfung** möglich, die zusätzlich gegen Windpocken (Varizellen) schützt. Da die Impfung in abgeschwächter Form die Infektion nachahmt, ist für ein bis zwei Tage leichtes Fieber etwa acht bis zwölf Tage nach der Impfung möglich. Außerdem wird gelegentlich von einem leichten Hautausschlag, den sogenannten Impf-Masern, berichtet. Diese Impfreaktionen sind nicht ansteckend.

Hatten ungeimpfte oder nur einmal geimpfte Kinder Kontakt zu einer an Masern erkrankten Person, sollten sie innerhalb der nächsten drei Tage nach Kontakt geimpft werden.

> ⊙ Ungeimpfte oder empfängliche Personen, die bisher keine Masernerkrankung hatten, sollten u. a. dann geimpft werden, wenn sie wie Erzieherinnen in Gemeinschaftseinrichtungen für das Vorschulalter oder in Kinderheimen tätig sind.

Mumps

Mumps, im Volksmund auch „Ziegenpeter" genannt, ist eine ansteckende Virusinfektion der Speicheldrüsen, vor allem der Ohrspeicheldrüse.

Wie das Masernvirus wird es durch Tröpfcheninfektion (z. B. Niesen, Husten oder Sprechen) übertragen. Die *Ansteckungsfähigkeit* (→ Kap. 25.1.2) beginnt etwa sieben Tage vor Ausbruch und hält etwa weitere acht Tage an. Die Ansteckungsgefahr ist zwei Tage vor und zwei Tage nach Erkrankungsbeginn am größten. Im Gegensatz zu Masern werden viele Menschen immun, ohne zu erkranken, oder haben nur leichte Beschwerden. Die *Inkubationszeit* (→ Kap. 25.1) beträgt meist 16 bis 18 Tage.

Die **Erkrankung mit Mumps** verläuft typischerweise wie folgt:

- Beginn mit einer Schwellung der entzündeten Ohrspeicheldrüse (sitzt dicht unterhalb des Ohrs im Kieferwinkel)
- Essen und weites Öffnen des Mundes sind schmerzhaft
- Oft mäßiges Fieber, bei Erwachsenen meist deutlich höher
- Manchmal Befall der Bauchspeicheldrüse oder der Geschlechtsdrüsen (in bis zu 25 %)
- Bei ca. 10 % der Erkrankten zusätzlich eine Entzündung der Hirnhäute (Mumps-Meningitis) mit starken Kopfschmerzen und Erbrechen, heilt meist folgenlos aus.

Eine seltene, aber dennoch typische **Komplikation** von Mumps ist eine meist einseitige, mitunter auch beidseitige Hörstörung. Mumps ist in Deutschland die häufigste Ursache einer im Kindesalter erworbenen bleibenden Schwerhörigkeit oder Taubheit bei Kindern. Darum sollte nach einer Erkrankung immer ein Hörtest erfolgen.

Aufgrund der möglichen Komplikationen ist die **Mumpsimpfung** unbedingt angeraten, üblicherweise als MMR-Kombinationsimpfstoff. Versäumte Mumps-Impfungen können und sollen zu jedem Zeitpunkt nachgeholt werden; die Impfstoffe sind für alle Altersgruppen geeignet.

> ⊙ Wie bei Masern sollten Ungeimpfte oder empfängliche Personen (bisher keine Mumpserkrankung) u. a. geimpft werden, wenn sie wie Erzieherinnen in Gemeinschaftseinrichtungen für das Vorschulalter oder in Kinderheimen tätig sind.

Röteln

Röteln verlaufen vor allem bei Kindern meist leicht. Die Viren werden direkt von Mensch zu Mensch übertragen.

Das **Krankheitsbild von Röteln** zeigt sich nach einer *Inkubationszeit* (→ Kap. 25.1) von zwei bis drei Wochen ähnlich einer harmlosen Erkältung:

- Leichtes Fieber
- Schnupfen
- Kopfschmerzen
- In manchen Fällen Gelenkschmerzen mit Gelenkentzündungen
- Typisches Anschwellen der Lymphknoten an Hals und Nacken
- Hautausschlag mit blassen rosaroten Flecken.

Der **Ausschlag** verschwindet mit den übrigen Symptomen nach ungefähr drei Tagen. Röteln werden oft mit den sogenannten Ringelröteln verwechselt, die jedoch einen anderen Erreger haben und nichts mit den Röteln gemein haben.

Ringelröteln werden durch das Parvovirus B 19 ausgelöst, das klassischerweise beim Husten und Niesen als Tröpfcheninfektion übertragen wird. Die an sich harmlose Infektionskrankheit kommt etwa ein bis zwei Wochen nach der Ansteckung zum Ausbruch. Symptome sind vor allem schmetterlingsförmige Hautrötungen auf Wangen oder Armen, die jucken, evt. Gliederschmerzen. Mit **Röteln,** die das Rötelnvirus durch Tröpfcheninfektion verbreitet, haben die Ringelröteln nur gemein, dass sie ein Ungeborenes in der Schwangerschaft schwer schädigen können.

Eine große Gefahr stellen Röteln während der **Schwangerschaft** dar, da das Kind im Mutterleib infiziert werden kann. Gerade in der Frühschwangerschaft, den ersten drei Monaten, ist das Risiko einer schweren **Schädigung für das Ungeborene** besonders groß und kann zu Fehlbildungen der Augen, Ohren, des Herzens und des Gehirns führen. In bis zu 50 % der Fälle haben die infizierten Personen keinen Ausschlag oder überhaupt keine Symptome, so dass Schwangere es oft nicht wissen, wenn sie mit dem Rötelnvirus infiziert sind. Es ist besorgniserregend, dass in Deutschland sechs Prozent der Frauen im gebärfähigen Alter keinen Rötelnschutz aufweisen. Gewissheit kann hier nur der Bluttest auf Antikörper gegen Rötelnviren bringen.

Primär um die Schwangere und das Ungeborene zu schützen, sollten alle Jungen und Mädchen zweimal gegen Röteln geimpft sein. Dann können sich Schwangere überhaupt nicht infizieren. Die **Impfung** im Kindesalter wird als MMR-Impfung (Masern-Mumps-Röteln-Impfung) verabreicht. Wenn bei einem jungen Mädchen oder einer jungen Frau festgestellt wird, dass sie noch keinen Rötelnschutz hat, sollte sie unbedingt geimpft werden. Versäumte Impfungen sollten sobald als möglich nachgeholt werden; die Impfstoffe sind für alle Altersgruppen geeignet.

Ungeimpfte oder empfängliche Personen, die bisher keine Rötelnerkrankung hatten, sollten geimpft werden, wenn sie in Gemeinschaftseinrichtungen für das Vorschulalter oder in Kinderheimen tätig sind.

Windpocken

Windpocken (Varizellen) sind eine weltweit verbreitete, hoch ansteckende Krankheit, die durch das sog. Varizella-Zoster-Virus hervorgerufen wird. Die **Ansteckung** erfolgt von Mensch zu Mensch durch direkten Körperkontakt oder seltener mit der Atemluft (Tröpfcheninfektion). Der kennzeichnende Hautausschlag tritt zwei bis drei Wochen nach der Infektion auf.

Der **Hautausschlag bei Windpocken** ist gekennzeichnet durch das Nebeneinander von:

- Kleinen, einzeln stehenden roten Flecken
- Linsengroßen Bläschen

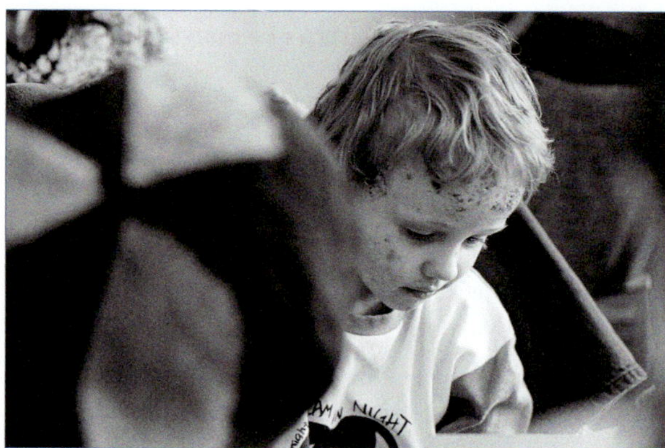

Abb. 25.3: Windpocken sind eine weltweit verbreitete, hochansteckende Krankheit.

- Eingetrockneten Bläschen und
- Krusten.

Im Vordergrund für die Patienten steht in der Regel ein starker Juckreiz, der zum Aufkratzen der Bläschen und dann zur Narbenbildung führen kann. Der Ausschlag breitet sich normalerweise vom Rumpf über Arme und Beine sowie den behaarten Kopf aus, manchmal ist auch die Mundschleimhaut und bei Mädchen die Scheide betroffen.

Die *Ansteckungsfähigkeit* (→ Kap. 25.1.2) beginnt üblicherweise zwei Tage vor Auftreten des Ausschlages und dauert bis fünf Tage nach Auftreten der letzten frischen Bläschen. Nach dem Abheilen verbleiben die Viren im Körper des Menschen und nisten sich in Schaltstellen von Nerven (Ganglien) in der Nähe des Rückenmarks ein. Von dort können sie vor allem im höheren Lebensalter oder bei Abwehrschwäche wieder aktiv werden und **Gürtelrose** (Zoster, Herpes zoster) hervorrufen.

Erwachsene mit Gürtelrose können Windpocken auf Ungeschützte übertragen, während umgekehrt ein windpockenkrankes Kind keine Infektionsquelle für eine Gürtelrose darstellt.

Bei gesunden Kindern sind schwerwiegende **Komplikationen** bei Windpocken wie eine Gehirn- oder Lungenentzündung eher selten. Das Risiko steigt mit zunehmendem Alter an. Besonders gefährdet sind Patienten, deren Immunsystem nicht richtig arbeitet, entweder durch eine angeborene oder eine erworbene Störung.

Gefährlich sind Windpocken auch für **Schwangere**, die bisher weder an Windpocken erkrankt waren noch eine Windpockenimpfung erhalten haben. Bei Infektionen bis zur 20. Schwangerschaftswoche können schwere Fehlbildungen beim Ungeborenen auftreten. Erkrankt die Mutter um den Geburtstermin (fünf Tage vor bis zwei Tage nach der Entbindung), können Windpocken beim Neugeborenen lebensbedrohlich verlaufen. Auch für Frühgeborene geschützter Mütter ist die Krankheit in den ersten sechs Lebenswochen bedrohlich, weil vor der Geburt nicht genügend Antikörper von der Mutter aufs Kind übertragen wurden.

Entsprechend den offiziellen STIKO-Empfehlungen ist die **Windpocken-Impfung** bei Kindern im Alter von 11 bis14 Monaten vorgesehen, parallel zur ersten Masern-Mumps-Röteln-Impfung oder frühestens vier Wochen nach dieser. Bei Kindern ab dem 13. Geburtstag und Erwachsenen ist eine zweite Injektion im Abstand von mindestens sechs Wochen notwendig.

> Die Windpockenimpfung ist u. a. für Neuangestellte in Gemeinschaftseinrichtungen für Kinder im Vorschulalter empfohlen.

Keuchhusten

Das Bakterium Bordetella pertussis ruft eine Erkrankung der oberen Atemwege hervor. Die Infektion erfolgt über Tröpfchen.

Nach einer *Inkubationszeit* (→ Kap. 25.1) von 7 bis 14 Tagen beginnt ein etwa 10 Tage andauerndes Stadium. Hier bestehen Symptome, die oft unspezifisch im Sinn eines Luftwegsinfekts sind und noch keinen konkreten **Hinweis auf Keuchhusten** geben. Es kann sich im Verlauf ein meist nachts auftretender Husten entwickeln, der allmählich in einen Krampfhusten übergeht. Während dieser Zeit besteht die höchste Ansteckungsgefahr.

Heftige, bellende Hustenstöße in staccatoartigem Rhythmus stehen im folgenden Anfallsstadium im Vordergrund. Sie sind gefolgt von einem ziehenden und keuchenden Einatmen. Diese Hustenanfälle wiederholen sich in kurzen Abständen. Sie enden mit dem Entleeren der Lunge von zähem, glasigem Schleim, häufig auch mit Erbrechen. Die Zahl der Hustenanfälle schwankt zwischen 5 und 50 innerhalb von 24 Stunden. Dieses Anfallsstadium hält meist drei bis vier Wochen an, selten auch einige Monate.

Als gefährliche Besonderheit treten bei Säuglingen (kein ausreichender „Nestschutz“ von der Mutter!) anstatt der Hustenanfälle plötzlich auftretende lebensbedrohende Atemstillstände hinzu. Daher erfordert eine Keuchhusteninfektion bei einem Säugling einen stationären Aufenthalt in der Klinik zur Überwachung der Atemfunktion.

Neben den genannten Besonderheiten im Säuglingsalter bringt eine Keuchhusteninfektion auch das Risiko weiterer **Komplikationen** mit sich. So können eine schwer verlaufende Lungenentzündung, Mittelohrvereiterung und Gehirnentzündung auftreten.

Seit einigen Jahren werden zunehmend Keuchhustenfälle bei Jugendlichen und Erwachsenen berichtet. Dabei wird die **Diagnose** oft erst verspätet gestellt, da die milderen und weniger typischen Beschwerden verkannt werden. Bei einem über längere Zeit (drei Wochen und länger) anhaltenden, hartnäckigen und meist nachts auftretenden Husten sollte auch an Keuchhusten gedacht werden. Die erkrankten Erwachsenen können zur Ansteckung eines Säuglings oder Kleinkinds führen.

Konsequenterweise empfiehlt die STIKO, Säuglinge so früh wie möglich, etwa im Alter von acht Wochen, gegen Keuchhusten zu impfen. Eine Auffrischimpfung ist für Kinder mit 5 bis 6 Jahren sowie Jugendliche zwischen dem 9. und 18. Geburtstag vorgesehen. Wenn sie im Kindesalter noch nicht oder nicht ausreichend geimpft wurden, soll die **Impfung** (bei Jugendlichen und Erwachsenen genügt dazu eine Impfdosis) ebenfalls nachgeholt werden. Im Gegensatz zu früher sind die heutigen Impfstoffe viel besser verträglich.

> Folgende Erwachsene sollten gegen Keuchhusten geimpft werden:
>
> - Frauen mit Kinderwunsch
> - Enge Kontaktpersonen zu Säuglingen (Vater, Großeltern, Babysitter, Tagesmutter)
> - Personal in der Kinderheilkunde, Schwangerenbetreuung und Geburtshilfe
> - Personal in Gemeinschaftseinrichtungen für das Vorschulalter und in Kinderheimen.

Bei Auftreten eines Krankheitsfalles ist bei engen Kontaktpersonen im Haushalt oder in einer Gemeinschaftseinrichtung die vorbeugende Einnahme eines Antibiotikums (mit der Wirkstoffgruppe Makrolid) empfehlenswert.

> „*Medikamentöse Prophylaxe nach Exposition:* Durch die Gabe von **Antibiotika** kann in bestimmten Fällen von Infektionskrankheiten die Keimvermehrung verhindert und das Fortschreiten von der Infektion zur manifesten Infektionskrankheit verhindert werden. Durch **Impfungen** können noch nicht oder bei einigen Erkrankungen auch noch frisch Infizierte vor einer Infektion geschützt werden. Beide Maßnahmen bedürfen jedoch einer sorgfältigen Risiko/Nutzen-Abwägung und sind nur bei sicher überwiegendem Nutzen indiziert.“ (Robert-Koch-Institut 2006)

25.1.3 Durch Zecken übertragene Erkrankungen

Durch Zecken können verschiedene Erkrankungen in jedem Alter übertragen werden. Am bekanntesten sind dabei die Frühsommer-Meningoencephalitis (FSME) und die Borreliose. Da diese beiden oft zusammen im Kontext eines Zeckenbisses genannt werden, werden die wichtigsten Informationen über sie in einer Tabelle (→ Tab. 25.2) gegenübergestellt.

Schutz bietet bei diesen Erkrankungen vor allem die **Vermeidung eines Zeckenbisses.** Folgende Tipps können hierfür eine Hilfe sein:

- *Meiden von Stellen, an denen sich Zecken besonders wohl fühlen* – Zecken halten sich in der Vegetation bis maximal 1,5 Meter Höhe auf. Sie benötigen mindestens

	Borreliose	FSME
Überträger in Europa	Ixodes ricinus (Holzbock)	Ixodes ricinus
Erreger	Bakterien (typisch: Borrelia burgdorferi)	Flavi-Viren
Risikogebiet in Deutschland	ganz Deutschland	vor allem Süddeutschland (genaue Verbreitungsgebiete siehe www.dgk.de/fsme)
Häufigkeit erregerbefallener Zecken	durchschnittlich bis 20 Prozent	bis 3,5 Prozent in Endemiegebieten; beobachtete Spitzenwerte in Bayern ca. 20 %
Neuerkrankungen pro Jahr in Deutschland	bis zu 60.000 geschätzt	variiert zwischen 300 und 550 gemeldete Fälle in den vergangenen Jahren
Mögliches Krankheitsbild	Wanderröte, Gelenkentzündung, neurologische Veränderungen, Lähmungen, Herzentzündung	grippeähnliche Symptome, Kopfschmerzen, Fieber, Hirnhautentzündung, Gehirnentzündung, Lähmungen. Todesfälle: etwa 1 Prozent
Behandlung	im Frühstadium gut mit Antibiotika behandelbar; in späteren Stadien ebenfalls Antibiotikatherapie, aber Behandlungserfolg fraglich	nur symptomatische Behandlung möglich
Schutzmaßnahmen	Vermeidung von Zeckenstichen	FSME-Impfung, Vermeidung von Zeckenstichen

Tab. 25.2: Vergleich zwischen Borreliose und FSME.

80 Prozent Luftfeuchtigkeit. Daher sind sie in der Krautschicht des Waldes oder in Gewässernähe besonders häufig zu finden. Wer joggt oder wandert, sollte nicht an hohen Gräsern oder Kräutern entlang streifen
- *Tragen von langer Kleidung* – Zecken wird durch lange Kleidung das Auffinden einer geeigneten Bissstelle zumindest erschwert. Geschlossene Schuhe sind von Vorteil, die Hosenbeine können in die Strümpfe gesteckt werden – auch das erschwert den Parasiten den Zugang zur nackten Haut
- *Auftragen eines Zeckenschutzmittels* – Kleidung allein hält die Parasiten nicht sicher ab. Denn auf der Suche nach einer geeigneten Bissstelle krabbeln die Plagegeister oft stundenlang umher und geraten so auch unter die Kleidung. Daher sollten zumindest Arme und Beine zusätzlich mit einem wirksamen Zeckenschutzmittel eingerieben werden, auch unter den Kleidern. Diese Anwendung am besten alle zwei Stunden wiederholen
- *Nach Aufenthalt im Freien den Körper nach Zecken absuchen* – Kopf, Ohren und Rücken sollten hierbei nicht vergessen werden. Noch nicht festgesogene Zecken abnehmen und töten. Die Kleidung sollte sorgfältig ausgeschüttelt werden. Sie kann in den Wäschetrockner gesteckt werden, da in der Kleidung versteckte Zecken durch trockene Hitze absterben
- *Entfernen von festgesogenen Zecken ohne Quetschen* – Festgesogene Zecken müssen richtig und möglichst schnell entfernt werden. Denn je länger die Zecke saugt, desto höher ist das Risiko zu erkranken. Zecken haben kein „Gewinde" und müssen nicht aus der Haut herausgedreht, sondern senkrecht herausgezogen werden. Dabei muss ein Quetschen auf jeden Fall verhindert werden. Zeckenzangen sind oftmals zu grob. Besser geeignet sind feine Pinzetten, Zeckenkarten oder Zeckenschlingen aus der Apotheke.

Abb. 25.4: Zecken halten sich u. a. in Gräsern auf.

25.1.4 Magen-Darm-Infekte

Magen-Darm-Infekte kommen in jedem Alter vor. Als Erreger für einen Magen-Darm-Infekt kommen verschiedene *Bakterien* wie Salmonellen) oder *Viren* wie Rota-Viren (→ Kap. 2.1.2) in Frage.

Nach einer typischen *Inkubationszeit* (→ Kap. 25.1) bei den meisten Krankheitskeimen von wenigen Stunden bis zu wenigen Tagen kommt es bei Magen-Darm-Infekten in unterschiedlicher **Ausprägung zu Beschwerden** wie:

- Übelkeit und Erbrechen
- Durchfall
- Bauchschmerzen
- Fieber.

Die Erreger eines Magen-Darm-Infekts können bei einer Stuhluntersuchung nachgewiesen werden. In den meisten Fällen erfolgt die Ansteckung durch eine **Schmierinfektion** über die Hände bei mangelnder Hygiene. Daher ist hier der besondere Schwerpunkt in der Vorbeugung zu sehen.

> Für Kinder vor Vollendung des sechsten Lebensjahrs besteht entsprechend dem IfSG bei Magen-Darm-Infekten ein **Besuchsverbot von Gemeinschaftseinrichtungen,** da hier besonders leicht eine Schmierinfektion erfolgen kann.

Auf das Händewaschen nach dem Toilettenbesuch sollte besonderer Wert gelegt werden, idealerweise erhalten betroffene Patienten eine eigene Toilette, wenn es organisatorisch machbar ist. Bei bestimmten Keimen sind im Nachgang der Erkrankung weitere Stuhlproben zur Untersuchung erforderlich, um die **Ansteckungsgefahr einzugrenzen.** Hierfür ist ggf. eine enge Zusammenarbeit zwischen Tageseinrichtung für Kinder und dem örtlichen Gesundheitsamt sehr hilfreich.

25.1.5 Influenza (Grippe)

Die Influenza oder Grippe ist eine akute Viruskrankheit, die durch Tröpfcheninfektion (z. B. Niesen, Husten oder Sprechen) übertragen wird. Deshalb breitet sie sich vor allem bei größeren Menschenansammlungen aus, in öffentlichen Verkehrsmitteln, Arbeitsstätten, Schulen oder Kaufhäusern.

Nach einer *Inkubationszeit* (→ Kap. 25.1) von ein bis vier Tagen kennzeichnet ein rascher Krankheitsbeginn mit starkem Krankheitsgefühl, Schnupfen, Frösteln bzw. Fieber, Kopf- und Gliederschmerzen den **Verlauf der Influenza.** Dies unterscheidet die Influenza von einem vergleichsweise banalen Atemwegsinfekt, der in der Allgemeinheit oftmals fälschlicherweise ebenfalls als „Grippe" bezeichnet wird. Zugleich tritt ein charakteristischer trockener Husten in den Vordergrund. Die Krankheit verläuft in den meisten Fällen ohne Folgen.

Zu den **Komplikationen** gehören akute Herz- und Kreislaufschwächen, Herzmuskelentzündungen sowie bakterielle Infektionen, die in schlimmen Fällen innerhalb weniger Tage zum Tod führen können. Sehr gefährdet sind:
- Säuglinge
- Alte Menschen und
- Risikopatienten.

Die echte Virusgrippe tritt jährlich auf, auf der Nordhalbkugel der Erde im Winterhalbjahr. Dabei wird ein großer Teil der Bevölkerung infiziert. Die Gesundheitsbehörden schätzen die Rate der Infizierten auf 10 bis 20 Prozent der Bevölkerung. Die Infektionen können symptomlos, z. B. ohne Schnupfen oder Fieber, aber auch mit einem schweren Krankheitsbild (z. B. Lungen- oder Herzmuskelentzündung) verlaufen.

In größeren Abständen kommt es zu **Erkrankungswellen,** die die Grenzen zwischen Kontinenten überspringen und damit als *Pandemie* (→ Kap. 2.1) bezeichnet werden. Daher gibt es inzwischen zur Vorbereitung auf eine weltweite Influenzawelle und für Maßnahmen im Fall einer Pandemie Influenzapandemiepläne (www.rki.de). Ein solcher Plan enthält gemeinsame Empfehlungen z. B. des Bundes und der Länder, aber auch kleiner Institutionen.

Ein besonderer Stellenwert in der Vorbeugung gehört der **Grippeimpfung.** Diese muss jährlich wiederholt werden, da sich das Influenzavirus stetig wandelt. In vielen Studien wurde die Wirksamkeit der Impfung vor allem durch deutliche Reduktion schwerer Erkrankungen und Todesfälle in den Risikogruppen belegt.

> Neben verschiedenen Gruppen von Patienten mit chronischen Erkrankungen sollten u. a. auch Personen, die in Einrichtungen mit umfangreichem Publikumsverkehr arbeiten, sich **gegen Influenza impfen** lassen. Bei einer schweren Hühnereiweißallergie oder Allergie gegen Begleitsubstanzen im Impfstoff kann seit kurzem ein spezieller Impfstoff zur Anwendung kommen.

Da die letzte große Grippewelle inzwischen lange Zeit zurückliegt (Ende der 1960er Jahre), wird in den letzten Jahren zunehmend die Gefahr einer Influenza-Pandemie gesehen. Die Übertragung durch Vögel bei der sog. **Vogelgrippe** fiel vor wenigen Jahren geringer aus als von manchen Experten befürchtet. Ende April 2009 wurde in Mexiko das gehäufte Auftreten von Grippefällen beobachtet. Die sog. **Schweinegrippe** (Mexiko-Grippe, Neue Influenza A/H1N1) breitete sich in der Folge rasch weltweit aus. Im Juni 2009 wurde von der Weltgesundheitsorganisation (WHO) erstmals die höchste Pandemiewarnstufe (Stufe 6) ausgerufen. Erfreulicherweise blieb die Zahl schwerer Krankheitsverläufe im Winterhalbjahr 2009/2010 deutlich hinter den Befürchtungen zurück. Allerdings ist die weite-

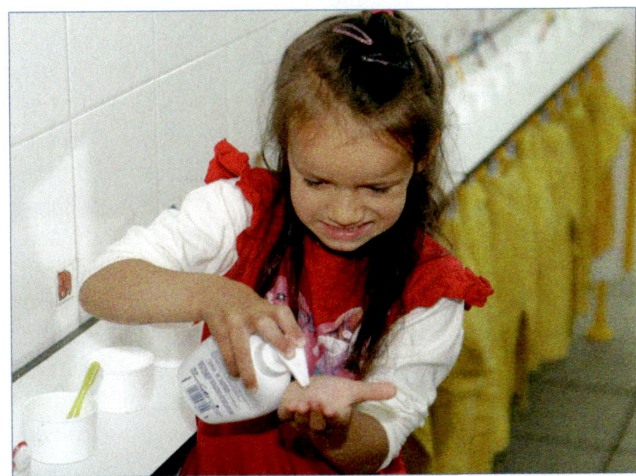

Abb. 25.5: Regelmäßiges, gründliches Händewaschen beugt sowohl Magen-Darm-Infekten als auch Influenza vor.

re Veränderung des Grippevirus mit folgender höherer Gefährdung der Menschen nicht auszuschließen. Auf jeden Fall rückte die Schweinegrippe die allzeit gegebene Gefährdung durch Infektionskrankheiten wieder ins gesellschaftliche Bewusstsein.

25.1.6 Besuch einer Einrichtung nach bestimmten Infektionskrankheiten

Das Infektionsschutzgesetz (IfSG) enthält besondere Vorschriften für Schulen und andere Gemeinschaftseinrichtungen, denn dort kommen Säuglinge, Kinder und Jugendliche täglich miteinander und mit dem betreuenden Personal in engen Kontakt, so dass die Übertragung von Krankheitserregern begünstigt wird.

Zur Handhabung von **(Wieder-)Zulassungen des Besuchs von Einrichtungen nach Infektionskrankheiten** hat das Robert-Koch-Institut (RKI) Hinweise herausgegeben, die auf der Homepage des RKI in der aktuellen Form bereitgehalten werden (→ unten). Denn ist in einer Gemeinschaftseinrichtung eine Infektionskrankheit aufgetreten, so kommen rasch Fragen auf nach

- Der Wiederzulassung des Besuchs der Erkrankten
- Dem Vorgehen gegenüber Kontaktpersonen.

„Bei der **Wiederzulassung** [des Besuchs einer Einrichtung] ist eine Güterabwägung vorzunehmen. Ein absoluter Schutz vor Infektionen lässt sich bei manchen übertragbaren Krankheiten nur durch einen monatelangen Ausschluss [der Betroffenen] vom Besuch einer Gemeinschaftseinrichtung erreichen. Dem Anspruch der Allgemeinheit, vor Ansteckung geschützt zu werden, stehen das Recht des Einzelnen auf Bildung und die Grundsätze der Notwendigkeit und der Verhältnismäßigkeit der Mittel gegenüber. Als Kriterien der Abwägung können gelten:

- Schwere, Behandelbarkeit und Prognose der zu verhütenden Krankheit
- Tatsächlich beobachtete Übertragungen unter den Bedingungen der jeweiligen Einrichtung und
- Alternative Möglichkeiten des Infektionsschutzes wie
  - Hygieneorientiertes Verhalten
  - Medikamentöse Prophylaxe oder
  - Impfungen.

Bevor ein **Ausschluss von Personen** aus einer Gemeinschaftseinrichtung aus Gründen des Infektionsschutzes veranlasst wird, sollte stets geprüft werden, ob die Belastungen, die beispielsweise in einer Familie durch Ausschluss eines Kindes aus einem Kindergarten entstehen, vermieden werden können und ob das Ziel einer Verhütung von Infektionen nicht auch durch Aufklärung über Infektionswege, hygienische Beratung und gegebenenfalls durch detaillierte Anweisungen des zuständigen Gesundheitsamtes erreicht werden kann. Diesen Ausführungen liegt der Rechtsgedanke des § 34 Abs. 7 IfSG zugrunde." (Hinweise des RKI für Ärzte, Leitungen von Gemeinschaftseinrichtungen und Gesundheitsämter zur Wiederzulassung in Schulen und sonstigen Gemeinschaftseinrichtungen; www.rki.de)

Neben den einzelnen Infektionskrankheiten wird auf dieser Site auf die **bei den einzelnen Infektionskrankheiten wiederkehrenden Stichworte** eingegangen, hier ein Auszug:

- „*Zulassung nach Krankheit:* Bei Betreuten ist die (Wieder-)Zulassung zum Besuch der Gemeinschaftseinrichtung, beim Personal die Zulassung zur Ausübung von Tätigkeiten, bei denen sie Kontakt zu den Betreuten haben, gemeint (siehe § 34, Abs. 1 IfSG). Dieser Absatz enthält auch eine Empfehlung zur Frage, ob diese Zulassung eines schriftlichen ärztlichen Attestes bedarf.
- *Ausschluss von Ausscheidern:* Unter einem ‚Ausscheider' wird eine Person verstanden, ‚die Krankheitserreger ausscheidet und dadurch eine Ansteckungsquelle für die Allgemeinheit sein kann, ohne krank oder krankheitsverdächtig zu sein.' (§ 2 Nr. 6 IfSG)
- *Ausschluss von Kontaktpersonen:* Hierunter sind alle Personen zu verstehen, mit denen der/die Erkrankte in seiner Wohngemeinschaft (§ 34 Abs. 3 IfSG) in dem Zeitraum infektionsrelevante Kontakte hatte, in dem er/sie Krankheitserreger ausschied. Ob ein irgendwie gearteter Kontakt der/des Erkrankten innerhalb dieses Zeitraums mit einer Person außerhalb des häuslichen Bereichs, z. B. in einer Gemeinschaftseinrichtung, Maßnahmen zur Infektionsverhütung oder Krankheitsfrüherkennung nach diesem Merkblatt erfordert, ist nach den Umständen des Einzelfalles fachlich zu entscheiden." (Hinweise des RKI für Ärzte, Leitungen von Gemeinschaftseinrichtungen und Gesundheitsämter zur Wiederzulassung in Schulen und sonstigen Gemeinschaftseinrichtungen; www.rki.de)

> ✉ **Aktuelle Empfehlungen zur Wiederzulassung in Gemeinschaftseinrichtungen:**
>
> http://www.rki.de/DE/Content/Infekt/EpidBull/Merkblaetter/Wiederzulassung/Mbl_Wiederzulassung_schule.html

25.1.7 Werdende Mütter bei der vorschulischen Tagesbetreuung von Kindern

In den Tageseinrichtungen für Kinder sind viele Frauen beschäftigt, für die im Fall einer Schwangerschaft oder während der Stillzeit **spezifische Gefährdungen** beurteilt werden müssen. Auf der Basis dieser Beurteilungen sind dann erforderliche Schutzmaßnahmen sowie mögliche Beschäftigungsverbote bzw. -beschränkungen ausreichend zu beachten. Die aktuellen Informationen zu den entsprechenden Vorgehensweisen werden von übergeordneten Landesbehörden wie der Gewerbeaufsicht immer wieder aktualisiert und im Internet zum Download angeboten. Sie stellen eine wichtige Orientierung im beruflichen Alltag dar, wenngleich im jeweiligen Einzelfall eine Aussage des Betriebsarztes an den Arbeitgeber vorliegen muss. Daneben bieten diese Merkblätter auch eine gewisse Hilfe, wenn in der Tageseinrichtung bestimmte Infektionskrankheiten auftreten und die Frage nach einer möglichen Gefährdung von schwangeren Müttern anderer Kinder aufkommt.

Im Rahmen der arbeitsmedizinischen Vorsorgeuntersuchung wird in einem Merkblatt der Fachgruppe Mutterschutz der Regierungspräsidien Baden-Württemberg empfohlen, die **Immunitätslage** (Anzahl der Antikörper) gegenüber den Krankheitserregern folgender Erkrankungen festzustellen:

- Röteln
- Windpocken
- Masern
- Mumps
- Zytomegalie
- Ringelröteln
- Hepatits B
- Keuchhusten.

In diesem Merkblatt werden **Informationen zu Gefährdungen** für Erzieherinnen und andere weibliche Fachkräfte durch bestimmte Infektionskrankheiten in der Schwangerschaft zusammengefasst und schließlich konkrete **Auswirkungen auf die Beschäftigung,** basierend auf den ermittelten *Titern,* getroffen.

► Titer
Höhe der im Blut vorhandenen Abwehrstoffe.

Diese Informationen werden nachfolgend zusammengefasst (→ Tab. 25.3). Sie sind in der Diskussion um eine mögliche Gefährdung für schwangere Mütter bzw. Erzieherinnen in den Tageseinrichtungen auch eine argumentative Hilfe.

Merkblätter und Vorlagen

http://www.gaa.baden-wuerttemberg.de/servlet/is/16414/Werdende_Muetter_bei_der_vorschulischen_Tagesbetreuung_von_Kindern.pdf?command=downloadContent&filename=Werdende_Muetter_bei_der_vorschulischen_Tagesbetreuung_von_Kindern.pdf

http://www.gaa.baden-wuerttemberg.de/servlet/is/18777/Beurteilung_Immunitaetslage_Umgang_Kinder.pdf?command=downloadContent&filename=Beurteilung_Immunitaetslage_Umgang_Kinder.pdf

25.2 Hauterkrankungen

Eine Erkrankung der Haut selbst ist nicht das Symptom einer anderen Krankheit, auch wenn sich die Infektionskrankheiten des Kindesalters oft als Ausschlag auf der Haut zeigen. Die Ursachen von Erkrankungen der Haut sind unterschiedlicher Natur, doch Stress oder andere seelische Beschwerden können zur Verschlimmerung beitragen. Im Kindesalter ist die Neurodermitis häufig, doch auch Allergien nehmen zu.

25.2.1 Neurodermitis

Die Neurodermitis (endogenes Ekzem) ist eine chronische, nicht ansteckende Hautkrankheit, die zu den atopischen Erkrankungen (familiär auftretenden Überempfindlichkeiten der Haut) gehört.

► Ekzem
Hautentzündung, endogen (anlagebedingt, aus innerer Ursache) oder exogen (von außen verursacht bzw. äußerlich bedingt).

Gekennzeichnet ist die Neurodermitis durch folgende **Hauptsymptome:**

- Rote, schuppende, manchmal auch nässende Ekzeme auf der Haut
- Starker Juckreiz, besonders nachts
- Evt. bakterielle Infektionen der primär betroffenen Hautstellen.

Typische Stellen (Prädilektionsstellen) für die betroffene Haut sind insbesondere die Armbeugen, die Kniekehlen sowie die Hals- und Gesichtspartie.

Der nächtliche Juckreiz stört den Schlaf der Kinder, die dann am folgenden Tag oft übermüdet und unkonzentriert erscheinen. Charakteristisch ist der schubweise Verlauf der Erkrankung, der oft ein individuelles Bild hat, das sich in Abhängigkeit vom Lebensalter des Patienten verändern kann.

Das atopische Ekzem gehört insofern zu den schwierigen **Diagnosen** in der Kinderheilkunde, als die Krankheit zwar therapierbar, aber nicht heilbar ist. Dies führt dazu, dass die Eltern der Kinder bzw. im Erwachsenenalter die Patienten selbst immer wieder die behandelnden Ärzte wechseln und oft auch alternative Behandlungsmethoden erproben.

Die Therapie stützt sich auf folgende Ansatzpunkte:

- Behandlung der charakteristischen Hauttrockenheit
- Äußerliche Anwendung von entzündungshemmenden Wirkstoffen
- Verschiedene weitere Behandlungsmöglichkeiten, deren Wirksamkeit sich im Einzelfall erweisen muss
- Meidung von Provokationsfaktoren und unterstützende Maßnahmen
- Aneignung von Kratzalternativen (z. B. Ablenkung, Reiben)
- Selbstkompetenz der Betroffenen stärken.

In den Industriestaaten sind bis zu 20 % der Kinder und bis zu 3 % der Erwachsenen von der Neurodermitis betroffen. Bei fast allen Kindern hat sich die Erkrankung **bis zum Ende der Kindergartenzeit** bemerkbar gemacht, bei etwa der Hälfte der Mädchen und Jungen treten erste Sympto-

Krankheit	Inkubationszeit	Mögliche Schädigung	Welche Phase der Schwangerschaftswoche (SSW)	Übertragung	Vorbeugende Impfung / Immunität	Maßnahmen
Röteln	14–21 Tage	Hohe Missbildungsrate	Frühschwangerschaft	Tröpfcheninfektion	ja Immunität nach Erkrankung	Bei nicht ausreichender Immunität Beschäftigungsverbot bis zur 20. SSW
Windpocken	8–28 Tage	Evtl. Früh- oder Totgeburt; 1,2 % angeborenes Windpockensyndrom: Hautausschlag, Gliedmaßenmissbildung, Augendefekte, geistige Behinderung; kindliche Windpocken, meist gutartig	Gesamte Schwangerschaft hochansteckende Erkrankung	Tröpfcheninfektion Schmierinfektion	ja Immunität nach Erkrankung	Bei nicht ausreichender Immunität Beschäftigungsverbot in der gesamten Schwangerschaft
Masern	8–21 Tage	Fehl- und Frühgeburten Masern des Neugeborenen	Gesamte Schwangerschaft hochansteckende Erkrankung	Tröpfcheninfektion, Kontakt mit infektiösen Sekreten	ja Immunität nach Erkrankung	Bei nicht ausreichender Immunität Beschäftigungsverbot in der gesamten Schwangerschaft
Mumps	12–25 Tage	Erhöhte Spontanabortrate	1.–3. Monat der Schwangerschaft kurz vor der Entbindung	Tröpfcheninfektion, seltener mit Speichel kontaminierte Gegenstände	ja Immunität nach Erkrankung	Bei nicht ausreichender Immunität Beschäftigungsverbot in der gesamten Schwangerschaft
Zytomegalie (CMV)	ca. 4–8 Wochen	Kindliche Missbildungen insgesamt selten, hauptsächlich bei Erstinfektionen der Mutter in der Schwangerschaft; häufigste Infektion während der Schwangerschaft	Primärinfektion gesamter Zeitraum rekurrierende Infektion u. a. 2. und 3. Trimenon; perinatal bei Geburt oder Stillen	Schmierinfektion Ausscheidung des Virus in Speichel, Urin	Nicht möglich Immunität nach Erkrankung Endogene Reaktivierung möglich	Bei nicht ausreichender Immunität Beschäftigungsverbot bei der Betreuung von Kindern bis zum vollendeten 3. Lebensjahr Bei der Betreuung von Kindern ab 3 Jahren Beachtung von hygienischen Maßnahmen, engeren körperlichen Kontakt vermeiden; bei Risiko des Kontaktes mit Körperflüssigkeiten persönliche Schutzausrüstung tragen. Grundsätzlich sollten Schwangere vom Wickeln freigestellt werden.
Ringelröteln	7–21 Tage	Fruchttod oder Ergüsse in Körperhöhlen	Für Schwangere vor der 20. Schwangerschaftswoche schwere Folgen	Tröpfcheninfektion, Schmierinfektion durch Nasen-Rachen-Sekret	Impfung in Vorbereitung Immunität nach Erkrankung	Bei nicht ausreichender Immunität Beschäftigungsverbot bis zur 20. SSW

Krankheit	Inkubationszeit	Mögliche Schädigung	Welche Phase der Schwangerschaftswoche (SSW)	Übertragung	Vorbeugende Impfung / Immunität	Maßnahmen
Hepatitis B (Leberentzündung)	45–180 Tage	Chronische Hepatitis (> 90 %) mit dem Risiko der Entwicklung einer Leberzirrhose und/oder eines Leberkarzinoms	3. Trimenon: Geburt, nach der Geburt	Parenterale Infektion, Infektion über Schleimhaut oder Hautverletzungen durch Blut, Sekrete oder Exkrete (Ausscheidungen)	ja Immunität nach Erkrankung und Ausheilen der Hepatitis B (nach Ausschluss einer chronischen Hepatitis-B-Virus-Erkrankung)	Bei nicht ausreichender Immunität Beschäftigungsverbot bei Tätigkeit in Behindertenkindergärten, Vermeiden eines Blutkontaktes (z. B. Versorgung von Verletzungen) durch Tragen von Handschuhen
Keuchhusten	7–20 Tage	In 3 Stadien ablaufende Wochen und Monate anhaltende komplikationsreiche Atemwegserkrankung	Gesamte Schwangerschaft, insbesondere letzte Monate: verfrühte Wehenauslösung bei krampfartigen Hustenanfällen	Tröpfcheninfektion	ja Immunität nach Impfung oder mikrobiologisch bestätigter Erkrankung innerhalb der letzten 10 Jahre wahrscheinlich	Bei Auftreten der Erkrankung befristetes Beschäftigungsverbot bis 3 Wochen nach Auftreten des letzten Erkrankungsfalles in der Einrichtung

Tab. 25.3: Die wichtigsten Infektionen in der Schwangerschaft mit erhöhten Risiken für die Feten für Mitarbeiterinnen bei der Tagesbetreuung von Kindern (Stand: August 2013, Regierungspräsidium Baden-Württemberg, Fachgruppe Mutterschutz).

me im Säuglingsalter auf. Etwas tröstlich ist es für die Patienten, dass zwei Drittel der im Kindesalter Betroffenen als Erwachsene beschwerdefrei sind.

Wie weitere allergische Erkrankungen steigt die **Häufigkeit der Neurodermitis** in den letzten Jahrzehnten. Über deren Ursache kann trefflich diskutiert werden, nachgewiesen ist keine eindeutige Ursache-Wirkungs-Beziehung. Dies gilt auch grundsätzlich zur Ursache des Krankheitsgeschehens, das als sehr komplex angesehen wird. Neben genetischen Einflüssen spielen sicher auch Umwelteinflüsse eine Rolle. In der Folge resultieren dann bestimmte immunologische Abläufe im Körper, die schließlich die Symptome hervorrufen.

> Das **atopische Ekzem** gilt als therapierbar, aber nicht als heilbar. Neben genetischen Einflüssen spielen auch Umwelteinflüsse eine Rolle, außerdem spiegelt die Haut den Zustand des Wohlbefindens.

Ein großer Teil der Neurodermitiker leidet zusätzlich unter *Allergien* (→ Kap. 25.3). Bei Kindern sind dies vorwiegend Nahrungsmittelallergien, im Erwachsenenalter stehen eingeatmete Allergene im Vordergrund. Der Milchschorf bei Säuglingen ist eine frühe Form der Neurodermitis.

Kennzeichnend im Krankheitsverlauf ist ein **Wechselspiel der Hauterscheinungen und des psychischen Befindens,** die Haut gilt z. T. als ein „Spiegel der Seele". Es kann sein, dass die betroffenen Kinder und ihre Eltern psychologische Unterstützungsangebote brauchen, um mit der Erkrankung und ihren Folgen im Alltag zurechtzukommen.

25.2.2 Pedikulose (Läuse)

Jeder Mensch kann Kopfläuse bekommen! Dies ist eine wichtige Aussage, da immer noch manche Eltern glauben, dass ein Kopflausbefall (Pediculosis capitis) nur bei mangelnder Hygiene auftrete. Dies führt immer wieder zu einer Diskriminierung von betroffenen Kindern oder Familien in Gemeinschaftseinrichtungen. In der Folge wird der Befall mit Kopfläusen aus Scham nicht mehr mitgeteilt, so dass „die Läuse umgehen".

Kopfläuse sind Parasiten. Sie werden bis zu 3 mm groß und ernähren sich ausschließlich von Blut, das sie alle 4–6 Stunden aus der Kopfhaut saugen. Sie leben auf dem behaarten Kopf, bevorzugt im Nacken-, Ohren- und Schläfenbereich. Lausweibchen legen täglich Eier. Diese Nissen werden am Haaransatz an ein Haar geklebt. Nach 7–10 Tagen schlüpfen Larven aus den Eiern. Sie verlassen in den ersten 7–10 Tagen den Kopf nicht und entwickeln sich zu geschlechtsreifen Läusen.

Die Läuse gelangen durch **direkten Haarkontakt** von Kopf zu Kopf, wie zum Beispiel beim Schmusen, Kuscheln, gemeinsamen Übernachten in einem Bett und beim Zusam-

Abb. 25.6: Jeder Mensch kann Läuse bekommen; dies hängt nicht mit mangelnder Hygiene zusammen.

menstecken der Köpfe. Läuse können weder springen noch fliegen! Eine indirekte Übertragung über Kämme, Bürsten und Textilien ist sehr unwahrscheinlich. Denn Läuse verlassen nicht freiwillig den menschlichen Kopf, sonst trocknen sie aus und sterben nach spätestens 55 Stunden. Haustiere spielen bei der Übertragung keine Rolle. Mit dem Wachstum des Haares entfernen sich die Nissen ca. 1 cm pro Monat von der Kopfhaut und können noch Monate nach erfolgreicher Behandlung am Haar kleben. Andererseits bedeutet dies, dass Nissen, die weiter als 1 cm von der Kopfhaut entfernt sind, in der Regel leere Nissen sind. Die leeren Nissenhüllen sind heller und deshalb besser sichtbar.

Wenn Eltern bei ihrem Kind Kopfläuse entdecken, sind sie gesetzlich verpflichtet, dies der Leitung der Gemeinschaftseinrichtung zu melden (§ 34 Infektionsschutzgesetz, IfSG).

> Ein mit Kopfläusen befallenes Kind darf die **Gemeinschaftseinrichtung nicht besuchen** (§ 34 IfSG). Die Leitung hat den beobachteten Kopflausbefall dem zuständigen Gesundheitsamt namentlich mitzuteilen. Die Eltern der anderen Kinder einer Gruppe oder Klasse werden anonym durch die Gemeinschaftseinrichtung über den Kopflausbefall unterrichtet, z. B. durch einen Aushang, und zur Untersuchung ihrer eigenen Kinder aufgefordert.

Die häusliche Untersuchung der Kinder sollte gegenüber der Einrichtung als „elterliche Rückmeldung" bestätigt werden. **Elterliche Rückmeldungen** helfen Untersuchungslücken zu erkennen und zu schließen. Hierfür empfiehlt sich die Nutzung eines Informationsblatts für die Eltern, das unten einen für die Rückmeldung vorgesehen Abschnitt aufweist, den die Eltern unterschrieben wieder in der Tageseinrichtung abgeben sollen. In gleicher Weise kann ein **Rückmeldeschein** auch für die elterliche Bestätigung genutzt werden, dass eine erforderliche Behandlung mit einem zugelassenen Mittel bei Kopflausbefall durchgeführt wurde. Diese Einbindung der Eltern in die Verantwortung ist gerade auch deshalb wichtig, da ein ärztliches Attest des Behandlungserfolges zur Wiederzulassung nicht erforderlich ist.

> Kinder können den Kindergarten, die Schule oder sonstige Einrichtungen am Tag nach der Behandlung mit einem geprüften Mittel wieder besuchen. Kopflausbefall liegt vor, wenn auf dem Kopf mindestens eine lebende Kopflaus vorhanden ist. Da Läuse sehr beweglich sind, wird man in der Regel eher Nissen finden, die wasserunlöslich am Haar kleben.

Ein nachgewiesener Befall erfordert eine unverzügliche **Behandlung** mit einem gegen Kopfläuse wirksamen Mittel. Mittel zur Abtötung von Kopfläusen sind äußerlich anzuwendende Lösungen, Shampoos oder Gele. Die Mittel (außer solchen mit dem Wirkstoff Lindan) sind rezeptfrei in Apotheken erhältlich. Soweit die Mittel vom Arzt verordnet werden, trägt die Krankenkasse die Kosten für Kinder bis zum 12. Lebensjahr. Entscheidend ist, dass die Gebrauchsanweisung des Läusemittels genau befolgt wird. Eine Nachbehandlung nach 8-10 Tagen ist bei allen Präparaten zwingend erforderlich, da kein Medikament zuverlässig alle Nissen abtötet.

Bei einem festgestellten Kopflausbefall sollten auch die übrigen Familienmitglieder der häuslichen Wohngemeinschaft auf einen Läusebefall hin untersucht werden. Auch wenn die Gefahr einer indirekten Übertragung der Läuse sehr gering ist, sollten im häuslichen Umfeld **Hygienemaßnahmen** beachtet werden:

- Reinigen von Kämmen, Bürsten, Haarspangen und -gummis, z. B. mit heißer Seifenlösung

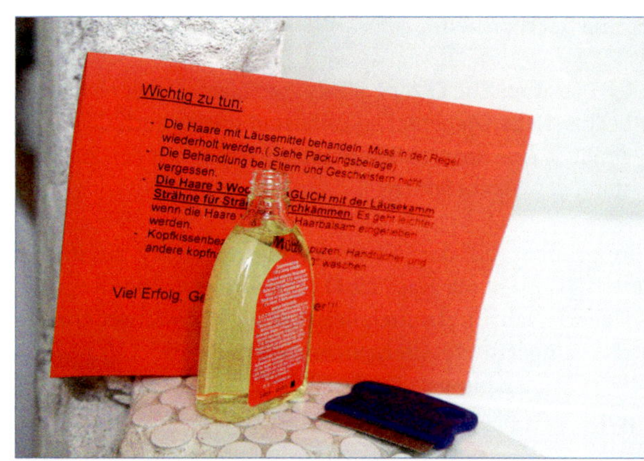

Abb. 25.7: Wenn Kopfläuse festgestellt werden, müssen besondere Hygienemaßnahmen ergriffen werden.

- Waschen der Bettwäsche, von Handtüchern, Schlafanzügen und Leibwäsche bei 60 °C
- Luftdichtes Verpacken über 3 Tage in einem Plastiksack von Kopfbedeckungen, Schals und weiteren Gegenständen wie Plüschtieren, auf die Kopfläuse gelangt sein könnten. Insektizid-Sprays sind nicht nötig.

Es gibt verschiedene **Fehlerquellen** bei einem nicht befriedigenden Therapieerfolg. Diese sind meist im „handwerklichen" Vorgehen bei der Behandlung zu sehen, z. B.

- Zu starke Verdünnung des Mittels bei zu feuchtem Haar
- Verkürzung der angegebenen Einwirkzeit
- Fehlende Erfolgskontrolle nach der Behandlung (Resistenzentwicklung eines Mittels möglich) oder auch
- Unterlassene Nachbehandlung nach 8–10 Tagen.

Dies sollte offen den Eltern gegenüber angesprochen werden.

✉ Merkblätter und Textquellen für Eltern und Erziehungsberechtigte bei Kopflausbefall:

http://www.kultusportal-bw.de/servlet/PB/show/1237362/neu: Merkblatt für Leitungen von Gemeinschaftseinrichtungen (01.07.12)

http://www.ags.rw.schule-bw.de/homepage/images/stories/PDF/Kopflaeuse_Merkblatt.pdf

http://www.rki.de/DE/Content/Infekt/EpidBull/Merkblaetter/Ratgeber_Kopflausbefall.html?nn=2386228

http://www.kindergesundheit-info.de/fuer-eltern/wenndas kindkrankist/kopflaeusewastun/was-tun-bei-kopflausbefall/

25.3 Allergien

Inzwischen leiden etwa 20 % der Bevölkerung an einer allergischen Erkrankung mit steigender Tendenz. Die Weltgesundheitsorganisation (WHO) bezeichnet die allergische Erkrankung als die **häufigste chronische Krankheit** bei Kindern in der EU. In Deutschland ist bereits eines von drei Kindern von *allergischen Hautveränderungen* betroffen, jedes siebte klagt über *Heuschnupfen*, 30 % leiden an *Asthma*. Allergien sind bei Erwachsenen inzwischen annähernd ebenso häufig anzutreffen wie bei Kindern.

Eine **Allergie** ist eine Abwehrreaktion des Immunsystems gegen Substanzen, die den Menschen eigentlich nicht bedrohen. Das Immunsystem kann nicht mehr richtig einschätzen, ob der „Eindringling" (das Allergen, üblicherweise ein körperfremdes Eiweiß) die Gesundheit gefährdet, und reagiert viel heftiger, als es notwendig wäre. Substanzen, die den allergischen Menschen bedrohen, sind z. B.:

- Blütenpollen
- Hausstaubmilben
- Tierhaare
- Kuhmilch
- Insektengift
- Medikamente
- Metalle.

Beim **ersten Kontakt mit dem Allergen** treten noch keine Symptome auf, lediglich wird das Immunsystem aktiviert und erzeugt Antikörper. Diese Antikörper rufen beim nächsten Kontakt mit demselben Allergen dann die allergischen Reaktionen hervor. Allergien können alle Organe betreffen, doch am häufigsten befallen sind Haut und Schleimhäute.

Allergien treten häufig familiär gehäuft auf, da die **Veranlagung** zu allergischen Erkrankungen vererbbar ist. Das höchste Risiko (bis zu 60 %) besteht, wenn beide Eltern Allergiker sind.

Das Krankheitsbild von Allergien kann vielfältig sein; von häufig milden Krankheitszeichen bis hin zu schweren oder sogar lebensbedrohenden Folgen kann die Palette reichen. Entscheidend ist eine frühzeitige und exakte **Diagnose** bei der Therapie der Allergie. Je früher allergische Symptome und Erkrankungen entdeckt werden, umso besser kann die individuelle Therapie geplant und effektiv durchgeführt werden.

Die allergische Abwehr des Immunsystems äußert sich in Erscheinungsformen wie Juckreiz, Schleimhautreizungen, Ausschlägen, Magen-Darm-Beschwerden oder Atemproblemen. Allergien können unterschiedlich schwer verlaufen – vom leichten Schnupfen bis hin zum lebensbedrohlichen Schock (Asthmaanfälle → Kap. 25.6). Die **häufigsten** allergischen Symptome werden in drei Gruppen eingeteilt:

- Hautausschläge (Ekzeme)
- Saisonales Asthma bzw. Heuschnupfen und
- Ganzjähriges Asthma bzw. Heuschnupfen.

Abb. 25.8: Inhalationsallergien, z. B. gegen Tierhaare, treten häufig nach einer Nahrungsmittelallergie auf.

Anhand der Symptomatik kann schon ein erster Hinweis auf die zugrunde liegenden **Allergene** gewonnen werden. Bei Hautauschlägen sind zum Beispiel oft Nahrungsmittel die Ursache. Wenn die Nase nur zu bestimmten Jahreszeiten läuft, liegt das vermutlich an Blütenpollen. Tritt der Heuschnupfen oder das Asthma ganzjährig auf, stehen Tierschuppen, Hausstaubmilbenkot oder Schimmelpilze als Auslöser im Vordergrund.

Kinder können eine regelrechte **Allergiekarriere** durchlaufen. Dabei sind die meisten Neugeborenen zunächst gesund und zeigen keinerlei Anzeichen einer Allergie. Das ändert sich mit dem Speiseplan, da der früheste Kontakt mit möglichen Allergenen über den Magen-Darm-Trakt und über die Haut erfolgt. Wenn ein Baby Kuhmilch gefüttert bekommt, treten bei einigen Kindern die ersten Probleme auf: Erbrechen, Durchfall, Koliken und Darmkrämpfe. Bei einem Großteil dieser Kinder legt sich diese Überempfindlichkeit gegen Kuhmilch im Laufe der Kindheit wieder. Andere wichtige Allergene im Kleinkindalter sind Hühnerei, Weizenmehl, Soja, Erdnuss, Baumnüsse, Obst und Fisch.

Allergien verändern sich im Kindesalter häufig. Die frühen **Nahrungsmittelallergien** weichen im Laufe der Zeit den **Inhalationsallergien** (krankmachenden Überempfindlichkeiten auf Allergene, die eingeatmet werden, beispielsweise Pollen oder Hausstaub).

> ⊙ Kinder mit familiärer Allergiebelastung sollten in den ersten sechs Lebensmonaten voll gestillt werden. Danach können andere Lebensmittel wie Reis, Gerste, Haferflocken, Säfte, Früchte, Gemüse in den Ernährungsplan mit aufgenommen werden. Am besten wird nur ein neues Nahrungsmittel pro Woche in den Speiseplan eingeführt, damit sich das Immunsystem nach und nach mit den Fremdstoffen auseinandersetzen kann. Auf hochallergene Nahrungsmittel wie Frischmilch, Eier oder Nüsse sollte im ersten Lebensjahr ganz verzichtet werden.

Neben der Erhebung der genauen Krankheitsgeschichte spielen verschiedene Haut- und Provokationstests bei der **Diagnostik** eine wichtige Rolle. Solche Hauttests liefern bei Verdacht auf Nahrungsmittelallergie jedoch häufig falsche Ergebnisse und sind obendrein vor allem für (Klein-) Kinder eine Belastung. Labortests mit Blutuntersuchungen sind oft genauer und für den Patienten auch viel schonender.

Das Vermeiden der allergieauslösenden Substanzen ist ein wesentlicher Bestandteil der **Behandlung.** Ein Problem, das häufig auftritt, ist der Kontakt mit Tierhaaren durch die Kleidung von Freunden (etwa 50 % der Kinder mit Katzen- oder Hundeallergie haben kein eigenes Tier in der Wohnung). Auch dem Kontakt mit Blütenpollen können sich von Heuschnupfen Betroffene kaum entziehen. Hier bringt eine Hyposensibilisierung, d.h. die Schwächung oder Aufhebung der allergischen Reaktionsbereitschaft, bei 80 % der Patienten einen Therapieerfolg.

25.4 Diabetes mellitus

Diabetes mellitus, auch als Zuckerkrankheit bekannt, ist eine **chronische Stoffwechselerkrankung**. Das Hormon Insulin wird entweder von der Bauchspeicheldrüse in nicht ausreichender Menge gebildet und/oder wirkt bei den Körperzellen nicht ausreichend. Insulinmangel führt dazu, dass der Zuckerstoffwechsel nicht planmäßig funktioniert, so dass als Folge zu viel Zucker im Blut bleibt und nicht in die Körperzellen gelangen kann.

Die Bezeichnung des Diabetes mit Typ 1 und Typ 2 bezieht sich auf die zugrundeliegende Ursache.

So ist beim **Diabetes mellitus Typ 1** die Bauchspeicheldrüse nicht in der Lage, ausreichend oder überhaupt noch Insulin zu bilden. Hiervon sind klassischerweise auch Kinder betroffen. Die Therapie besteht aus dem Spritzen von Insulin.

Diabetes mellitus Typ 2 wird immer noch oft fälschlicherweise und verharmlosend als „Altersdiabetes“ bezeichnet. Im Gegensatz zum Typ 1 stellt hier die Bauchspeicheldrüse zunächst noch ausreichend Insulin her, die Körperzellen reagieren aber nicht mehr optimal auf das Hormon. Diesen Zustand bezeichnen die Fachleute als Insulinresistenz. Die Bezeichnung Altersdiabetes ist deshalb unzutreffend, da in den letzten Jahren zunehmend auch junge Menschen und sogar Kinder an diesem Diabetes-Typ erkranken. Ursächlich für diese Altersverschiebung ist zu einem wesentlichen Anteil das zunehmende Übergewicht bei Jugendlichen und jüngeren Erwachsenen, das u.a. zu der Störung im Zuckerstoffwechsel führt. Unter den in Deutschland lebenden ca. fünf Millionen Diabetikern überwiegen die Typ-2-Diabetiker bei weitem (ca. 90 %).

Die Differenzierung in Typ-1- und Typ-2-Diabetes soll an dieser Stelle aber keine weitere Rolle mehr spielen, da es bei der Betreuung der Kinder und Jugendlichen mit einem Diabetes mellitus in erster Linie darauf ankommt, dass die Symptomatik einer **Unter- (Hypoglykämie)** oder einer **Überzuckerung (Hyperglykämie)** erkannt wird und daraus die richtigen Konsequenzen gezogen werden.

Die **Kennzeichen für eine Unterzuckerung** sind sehr individuell, manchmal können die Patienten völlig beschwerdefrei bleiben. Hier sollte der Patient bzw. sollten die Eltern nach dem typischen Erscheinungsbild beim einzelnen Patienten angesprochen werden. Beispielhaft werden einzelne Zeichen einer Unterzuckerung genannt:

- Innere Unruhe (Nervosität)
- Zittern
- Heißhunger
- Blässe
- Frieren
- Kalte Schweißausbrüche
- Kopfschmerz
- Tiefe Atemzüge (Gähnen), Müdigkeit
- Konzentrationsstörung
- Bewusstseinsstörung
- Verwirrtheit

- Albernheit
- Sprachstörung.

Auf der anderen Seite geht die **Überzuckerung** mit folgenden beispielhaft genannten Beschwerden einher:

- Vermehrter Harndrang
- Übelkeit und Erbrechen
- Starkes Durstgefühl, trockener Mund
- Gerötete, gespannte und trockene Haut
- Juckreiz
- Bauchschmerzen
- Stark vertiefte, langsame Atmung
- Abgeschlagenheit und Müdigkeit
- Konzentrationsschwierigkeiten.

In beiden Diabetesfällen ist eine **Bestimmung der Blutzuckerwerte** erforderlich. In Abhängigkeit vom Befund wird der Arzt entscheiden, ob die Gabe von Insulin bei „Überzucker" bzw. die Gabe von Zucker (z. B. in Form von Traubenzucker, Apfelsaft) bei Unterzuckerung als erste **Notfallmaßnahme** von Seiten der Betreuenden sinnvoll ist.

25.5 Psychosomatische Erkrankungen

Psychische Störungen → Kap. 10.3.8; Bewegung → Kap. 12

Manche Erkrankungen weisen darauf hin, dass die Seele eines Kindes leidet. Sie sind körperlich (somatisch) geworden, die Probleme der Seele (Psyche) werden mit dem Körper ausgetragen, insofern wird von psychosomatischen Erkrankungen gesprochen. Hierunter fallen in Kindheit und Jugend vor allem die Essstörungen. In diesem Kapitel werden exemplarisch beschrieben:

- Adipositas (Übergewicht)
- Anorexia nervosa (Magersucht) und
- Bulimie (Ess-Brech-Sucht).

25.5.1 Adipositas (Übergewicht)

Ein besonders ausgeprägtes Übergewicht wird als Adipositas bezeichnet und gilt heute als **chronische Gesundheitsstörung.** Es kommt dabei zu einer übermäßigen Ansammlung von Fettgewebe. Seit Beginn der 1980er Jahre nimmt die Zahl der betroffenen Kinder und Jugendlichen weltweit zu. In Deutschland sind inzwischen ca. 15 % aller 3- bis 17-Jährigen übergewichtig, jeder zweite bis dritte davon ist sogar stark übergewichtig. Häufiger sind Kinder aus Familien mit Migrationshintergrund und aus einem sozialen Umfeld mit niedrigem gesellschaftlichen Status (→ Kap. 9.5.3) betroffen.

Die **Ursachen** für die Adipositas sind vielfältig. Allerdings konzentriert sich die Diskussion der Ursachen immer wieder auf zwei Bereiche:

- *Wenig Bewegung:* Neben Kindergarten und Schule sitzen zahlreiche Kinder in ihrer Freizeit häufig stundenlang vor Fernseher und/oder Computer. Wer sich kaum bewegt, verbraucht kaum Kalorien.
- *Ungünstiges Essverhalten:* Fast jederzeit und an jedem Ort sind Lebensmittel in großer Auswahl verfügbar. Wer häufig und unregelmäßig isst und außerdem zwischendurch gerne nascht, kann leichter Übergewicht entwickeln.
- *Vererbung:* Daneben spielt auch die Veranlagung eine Rolle. Experten sind der Ansicht, dass das Körpergewicht im menschlichen Erbgut zu etwa 70 % festgelegt sei. Daher tritt Adipositas in manchen Familien gehäuft auf. Entscheidend ist aber, dass nur die Veranlagung, leichter zuzunehmen, weitergegeben wird. Ob das Kind tatsächlich übergewichtig wird, hängt von anderen Dingen ab.

Es gibt **Lebensabschnitte,** in denen Kinder und Jugendliche häufiger übergewichtig werden, so dass diese Veränderungen besondere Aufmerksamkeit erfordern:

- *Im ersten Lebensjahr* – Babyspeck ist normal und kein Grund zur Sorge.
- *Bei Schulbeginn* – Bewegung der Kinder nimmt ab.
- *In der Pubertät* – Manchmal gerät alles aus dem Gleichgewicht, auch Qualität und Quantität des Essens.

Die **Folgen** von Adipositas sind vielfältig. Neben internistischen Folgeerkrankungen mit der Gefahr von Herz-Kreislauf-Erkrankungen treten auch orthopädische Erkrankungen wie Gelenkverschleiß gehäuft auf. Vor allem aber wirkt sich die Adipositas auch auf die Psyche der Kinder in Form von Angst bis zu Depressionen aus. Sie werden häufig in ihrem Alltag durch andere Kinder, aber auch durch Erwachsene ausgegrenzt.

Abb. 25.9: Wenn u. a. im Kindergarten auf ausreichendes Trinken von Wasser (keine Säfte oder Limonade) geachtet wird, kann Übergewicht bei Kindern vorgebeugt werden.

Was können Tageseinrichtungen für Kinder zur **Vorbeugung oder Therapie** der Adipositas beitragen? Die entscheidenden Ansatzpunkte sind durch die genannten Ursachen bereits vorgegeben: Vollwertige Ernährung und ausreichend Bewegung im Kindergarten, in der Kita und in der Schule tun allen Kindern gut, selbstverständlich auch den übergewichtigen. Hierzu gibt es viele Anregungen und Vorschläge zur praktischen Umsetzung, die vor Ort bei Kooperationspartnern, im Internet oder auch in sonstigen Medien verfügbar sind. Als Durstlöscher kann durchaus auf Leitungswasser zurückgegriffen werden, Unterstützungsaktionen laufen vielerorts. Wichtig ist daneben, dass sich die pädagogischen Fachkräfte ihrer Rolle als Vorbild für die Kinder und Jugendlichen bewusst sind und dies entsprechend leben.

> ✉ www.bzga-kinderuebergewicht.de
>
> Deutsche Gesellschaft für Ernährung: www.dge.de
>
> Forschungsinstitut für Kinderernährung: www.fke-do.de
>
> aid-infodienst Ernährung, Landwirtschaft, Verbraucherschutz e. V.: www.aid.de

25.5.2 Anorexia nervosa (Magersucht)

Die Anorexie oder Magersucht betrifft bevorzugt Mädchen bzw. junge Frauen zwischen 15 und 25 Jahren, ein Prozent dieser Altersgruppe ist anorektisch. Männer sind deutlich seltener betroffen.

Die betroffenen jungen Frauen und Mädchen sind überdurchschnittlich intelligent und ehrgeizig. Die Magersucht kann sehr früh, in manchen Fällen schon im Grundschulalter beginnen. In der gesellschaftlichen Wahrnehmung wird mancherorts das Körpergewicht überbewertet und bei magersüchtigen Menschen zur Quelle des Selbstwertgefühls. Kontrolle über ihr Gewicht bedeutet für sie Kontrolle über ihr Leben.

> ⊙ Das Körpergewicht liegt bei Magersüchtigen mindestens 15 Prozent unter dem alters- und körpergrößeentsprechenden Gewicht. Ihr BMI (Body Mass Index) beträgt 17,5 oder weniger.

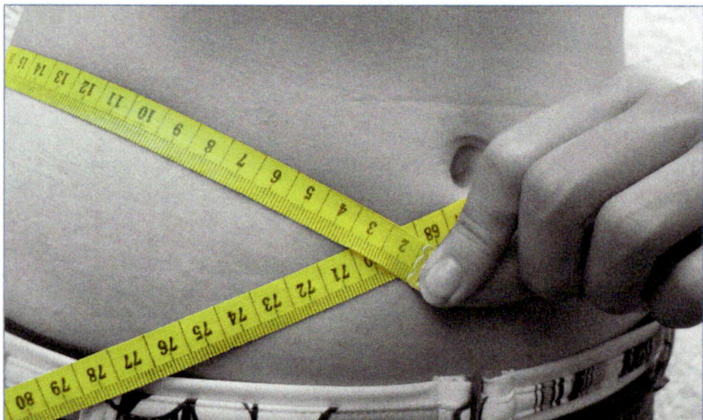

Abb. 25.10: Von Essstörungen sind häufig junge Menschen zwischen 15 und 25 Jahren betroffen, davon in der Mehrzahl Frauen.

Die Betroffenen vermeiden kalorienreiche Speisen. Sie nehmen oftmals Appetitzügler und Abführmittel. Häufig betreiben sie exzessiv Sport. Ihre Körperwahrnehmung ist gestört, obwohl sie sehr dünn sind, empfinden sie sich selbst als zu dick.

Als **Folgen** der Magersucht können folgende Veränderungen auftreten:

- Menstruation bleibt aus
- Herzschlag verlangsamt sich
- Körpertemperatur sinkt ab
- Niedriger Blutdruck
- Haarausfall
- Muskelschwäche
- Störungen im Mineralhaushalt
- Essen wird zum zentralen Thema
- Kleinste Gewichtszunahmen lösen eine psychische Krise aus
- Starke Reizbarkeit
- Depressionen.

Erstes Ziel einer **Anorexie-Therapie** ist die Gewichtszunahme. Ggf. ist ein stationärer Krankenhausaufenthalt erforderlich, um zunächst die Nährstoffgrundversorgung zu sichern und die Gewichtszunahme einzuleiten. Möglichst schnell sollten die Patientinnen selbst für ihr Gewicht verantwortlich sein. In einer begleitenden *Psychotherapie* (→ Kap. 10.1) müssen die Patientinnen ihr Körperbild neu überdenken. Die Betroffenen sollen Selbstbewusstsein entwickeln, unabhängig von ihrem Körpergewicht (*Selbstkonzept* → Kap. 10.3.6). Bei jungen Anorexie-Patientinnen, die in einer Familie leben, bietet sich eine familienorientierte Therapie an, bei der die Angehörigen für die Essstörung sensibilisiert werden und lernen, wie sie angemessen darauf reagieren können.

Verlauf und Folgen einer Anorexie können sehr unterschiedlich sein. Während etwa 10 % der Betroffenen an den Folgen ihrer Magersucht sterben, wird bei einem Viertel der Patientinnen die Magersucht trotz Therapie chronisch. 35 % nehmen an Körpergewicht zu und halten dies auch, allerdings liegt dieses Gewicht immer noch unter dem Normalgewicht. 30 % gelten als geheilt, sie erreichen ihr Normalgewicht und haben eine regelmäßige Menstruation. Trotz Therapie haben viele Frauen auch nach der Gewichtszunahme immer noch ein gestörtes Verhältnis zu ihrem Körper und ihrem Gewicht.

25.5.3 Bulimie (Ess-Brech-Sucht)

Die Bulimie (Ess-Brech-Sucht) gehört zusammen mit der Magersucht zu den Essstörungen. Zu 90 bis 95 % sind Frauen betroffen. Bei jungen Frauen in der Adoleszenz und im jungen Erwachsenenalter liegt die Häufigkeit des Auftretens bei 1–3 %. Berufsgruppen, bei denen geringes Körpergewicht für das Ausüben des Berufs verlangt oder vorteilhaft ist (Fotomodell, Tänzer, Skispringer), sind für diese Krankheit besonders anfällig.

Bulimie-Betroffene sind meist normalgewichtig, können aber auch unter- oder übergewichtig sein. Die Erkrankung ist durch wiederholte Attacken von **Heißhunger** („Fressattacken"), meist gefolgt von selbst herbeigeführtem **Erbrechen,** gekennzeichnet. Die Frequenz der Fress- und Brechattacken reicht von ein- bis zweimal pro Woche bis hin zu 20 pro Tag. In aller Regel spielen sich solche Attacken in aller Heimlichkeit ab. Erbrechen kann aber auch nach dem Essen einer ganz „normalen" Mahlzeit vorkommen. Erkrankte Personen wollen ihr Gewicht durch Erbrechen, Hungern, Diäten, ausgiebigen Sport oder den Missbrauch von Abführ- oder Brechmitteln kontrollieren.

Die Ess-Brech-Sucht beginnt oft in einem wenig höheren Alter als die Magersucht, etwa mit 17 oder 18 Jahren. Oft schließt sie an eine vorangegangene Magersucht an, wenn von außen betrachtet ein Rückgang der Magersucht erzielt wurde und die Patientin wieder zu essen begonnen hat. Oft begleiten folgende **seelische und/oder soziale Probleme** die Bulimie (→ Kap. 10.3.6):

- Missbrauch von Alkohol, Drogen, Medikamenten, starkes Rauchen, autoaggressives Verhalten
- Unkontrolliertes Mode- und Konsumverhalten
- Soziale Isolation, aber auch das Gegenteil: eine Überanpassung an Gruppe, Familie, Leistungszwang, Karrieredrang (jung, dynamisch und erfolgreich)
- Depression, Minderwertigkeitsgefühle, Unzufriedenheit über die eigene Geschlechtsrolle (Ablehnung von Weiblichkeit und Sexualität allgemein).

Bulimieerkrankte versuchen meist, ihre Krankheit zu verbergen. Dadurch wird sie oft erst mehrere Jahre, nachdem sie begonnen hat, erkannt, eingestanden und behandelt. Dabei ist eine frühzeitige Behandlung besonders wichtig, da die Aussichten auf vollständige Genesung mit jedem weiteren Jahr der Erkrankung sinken. Die Erfolgsquote von Psychotherapie liegt derzeit bei etwa 30 bis 45 %.

25.6 Medizinische Notfälle

Treten bei Kindern Notfallsituationen auf, die ein rasches, aber insbesondere ein umsichtiges Handeln erforderlich machen. Hier gilt als oberstes Gebot: Ruhe bewahren! Dies ist gerade in solchen Situationen leichter gesagt als getan.

Zunächst sollten folgende **Lebensfunktionen geprüft werden,** um eine lebensbedrohliche Situation zu erkennen bzw. auszuschließen:

- *Bewusstsein* – Kind ansprechbar? Ein Kind, das laut weint oder sagt, wo es weh tut, ist meist nicht akut bedroht!
- *Atmung* – Atembewegungen oder Atemgeräusche wahrnehmbar?
- *Kreislauf* – Puls tastbar?

Abb. 25.11: Nach einem Sturz sollte das Verhalten und die Befindlichkeit des Kindes beobachtet werden.

Gerade um Atmung und Kreislauf beurteilen zu können, sollten alle pädagogischen Fachkräfte in regelmäßigen Abständen an **Erste-Hilfe-Kursen** teilnehmen und dort ihr Wissen und Können auffrischen. Es kann hilfreich sein, die entsprechenden Kurse in der Tageseinrichtung für Kinder anzubieten und auch Eltern zur Teilnahme einzuladen. Sofortmaßnahmen sind elementarer Inhalt der Erste-Hilfe-Kurse. Die stabile Seitenlage, eine gängige Sofortmaßnahme in Notfallsituationen, sollte in Erstehilfekursen erlernt und regelmäßig wiederholt werden (→ Abb. 25.13 bis 25.16).

In den meisten Fällen eines **vermeintlichen Notfalls** liegt zum Glück keine akut lebensbedrohliche Situation vor. Dann ist es wesentlich, dass das verletzte oder akut kranke Kind möglichst **beruhigt** wird. Dies kann erreicht werden durch:

- Ruhiges Zureden
- Körper- und Blickkontakt sowie
- Das Gestalten einer entsprechenden Umgebung.

Parallel sollte sich idealerweise eine weitere Person um die Einleitung von Hilfsmaßnahmen kümmern. Diese werden nachfolgend in Kürze bei bestimmten Situationen skizziert.

Wenn ein **chronisch krankes Kind** in eine Tageseinrichtung aufgenommen wird, sollte dies Anlass sein, im Gespräch mit den Eltern, aber auch im Team der pädagogischen Fachkräfte und im Dialog mit dem betreuenden Arzt eventuell auftretende Notfallsituationen zu erörtern. Hilfsmaßnahmen sollten kurz durchgesprochen werden, erforderliche Medikamente sollten an einem fest vereinbarten Platz deponiert werden. Verschiedene Medikamente müssen kühl gelagert werden, hierfür reicht oftmals ein Kühlschrank aus.

Asthmaanfall

Manche Kinder leiden an Asthma, einer chronischen Erkrankung. Zu einem akuten Asthmaanfall kann es kommen, wenn er **Auslöser** hat, z. B.:

- Bestimmte Allergene
- Einen Infekt (bakteriell oder viral) oder auch durch
- Starke körperliche oder psychische Belastung.

Bei einem Asthmaanfall ist als entscheidendes Merkmal die **Ausatmung erschwert,** da sich die Atemwege in der Lunge (Bronchien) verengen. Das Kind ist in dieser Situation ängstlich und kaltschweißig, ein pfeifendes oder stöhnendes Ausatmungsgeräusch ist zu hören. Zusätzlich kann eine bläuliche Verfärbung der Lippen auftreten.

Entscheidend ist das **Beruhigen des Kindes,** es sollte möglichst ruhig ein- und ausatmen. Die Atmung wird durch eine Lagerung mit erhöhtem Oberkörper (egal ob im Sitzen, Liegen oder Stehen) erleichtert; ggf. ist die Gabe eines Medikaments als Spray im Vorfeld besprochen worden.

Schädelprellung und Gehirnerschütterung

Kinder fallen immer wieder bei Unfällen auf den Kopf. In den meisten Fällen bleibt es bei einer Beule, selten trägt das Kind eine Gehirnerschütterung davon. Als besondere, sehr seltene Gefahr kann es nach einem Sturz auf den Kopf zu einer **Blutung im Gehirn** kommen, die dann zu einer Beeinträchtigung der Atmung und des Kreislaufs führen kann.

Daher sollten **nach einem Sturz** folgende Aspekte des kindlichen Verhaltens bzw. diese **Symptome** besonders beobachtet oder erfragt werden:

- Ungewöhnliche Müdigkeit oder Schläfrigkeit?
- Auffälliges Allgemeinverhalten?
- Erinnerungslücke?
- Kopfschmerzen?
- Erbrechen und Übelkeit?
- Veränderte Atmung?

Treten diese Symptome auf, so sollte das Kind kurzfristig einem Arzt vorgestellt werden. In diesen Fällen besteht der Verdacht einer Gehirnerschütterung oder einer schwereren Verletzung, so dass ggf. weitere Untersuchungen erforderlich sind.

Insektenstiche

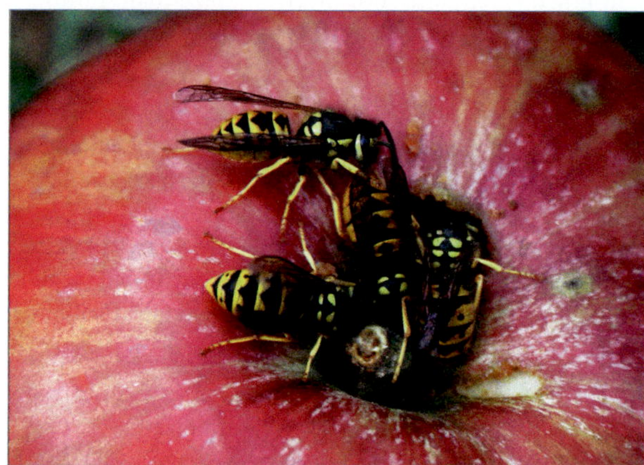

Abb. 25.12: In den Sommermonaten kann es zu Wespenstichen im Mund- und Rachenraum kommen.

In den Sommermonaten kann es durch Wespen, die auf dem Eis oder in einer Getränkedose sitzen, zu einem Stich **im Mund oder im Rachenraum** kommen. Dabei ist meist „nur" die Zunge betroffen, so dass es bei nicht allergischen Kindern zwar zu einem Anschwellen der Einstichstelle kommt, aber keine Verlegung der Atemwege resultiert.

Die entscheidende Maßnahme außer der Beruhigung des Kindes ist das **Kühlen:**

- Das Kind kann Eis lutschen, mit kaltem Wasser spülen oder gurgeln
- Von außen können kalte Umschläge unterstützend wirken.

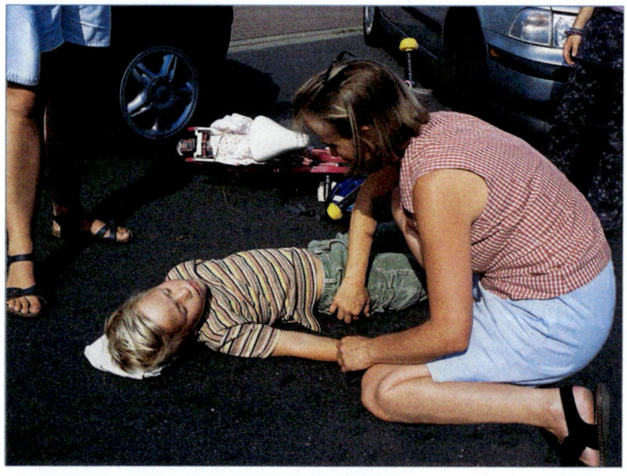

Abb. 25.13: Stabile Seitenlage, erster Schritt.

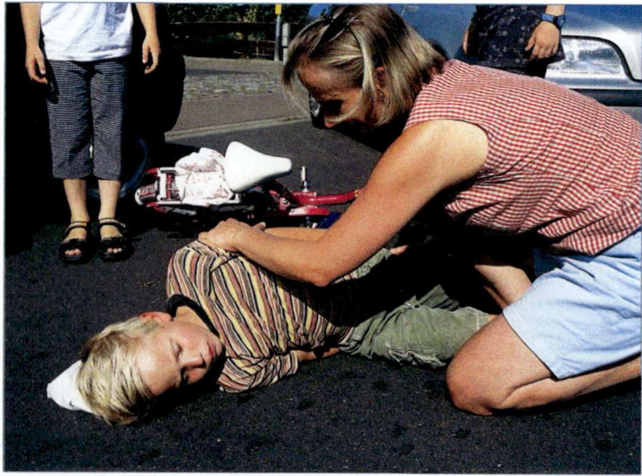

Abb. 25.14: Stabile Seitenlage, zweiter Schritt.

Insektenstiche an anderen Stellen des Körpers verursachen oft einen belastenden **Juckreiz**, hier sind entsprechende kühlende Gels hilfreich. Bei allergisch reagierenden Kindern kann sich die **allergische Reaktion** unabhängig von der betroffenen Körperstelle entwickeln. Ist dies bei einem Kind vorab bekannt, sollte die Vorgehensweise mit den Eltern abgesprochen sein.

Tritt die allergische Reaktion erstmals auf, sollte das Kind umgehend einem Arzt vorgestellt bzw. ein Krankentransport umgehend organisiert werden.

Krampfanfälle

Bei Krampfanfällen sind Fieberkrämpfe (typischerweise zwischen 6. Lebensmonat und 5. Lebensjahr) von den Krampfanfällen zu unterscheiden, die ohne Fieber und altersunabhängig oft infolge einer Gehirnerkrankung wie der Epilepsie auftreten.

Grundsätzlich kann ein Krampfanfall

- Den gesamten Körper symmetrisch betreffen und ist dann ein generalisierter oder großer Anfall
- Arm oder Bein einer Körperseite betreffen.
- Mit kurzfristig eingeschränkter Bewusstseinslage (selten) auftreten.

Im Anfall kann es zu einem Biss auf die Zunge kommen, was am blutigen Speichel erkennbar ist, oder auch zum Einnässen und ggf. Einkoten. Beim Auftreten eines Krampfanfalls ist es wesentlich, darauf zu achten, dass sich das Kind durch den Anfall **möglichst nicht verletzt:** Die Atemwege sollten frei gehalten werden, falls möglich kann das Kind in der stabilen Seitenlage gelagert werden. Beim erstmaligen Auftreten eines Krampfanfalls sollte ein Notarzt gerufen werden, um die Therapie und Diagnostik umgehend zu veranlassen.

Ist bei dem Kind die **Neigung zu Fieberkrämpfen** bekannt oder leidet das Kind an einem bekannten **Anfallsleiden,** dann sollte das Vorgehen mit den Eltern abgesprochen werden. Oftmals ist dann in der Tageseinrichtung ein Medikament vorhanden (Lagerung meist im Kühlschrank), das in der Anfallsituation dem Kind ähnlich wie ein Zäpfchen verabreicht werden kann. Dadurch kann in der Regel das Anfallsgeschehen durchbrochen werden.

Abb. 25.17: Im Sommer schützen Sonnencreme und Kopfbedeckung vor zu starker Sonneneinstrahlung.

Sonnenstich

Durch direkte Sonneneinstrahlung auf den ungeschützten Kopf kann es im Sommer zu einem Sonnenstich kommen, der durch eine Reizung der Hirnhäute hervorgerufen wird.

An einen Sonnenstich ist zu denken beim Auftreten von **Symptomen** wie

- Hochroter, heißer Kopf
- Nicht erklärbares Fieber
- Kopfschmerzen
- Quengeln und Erbrechen.

Das Kind sollte im Schatten mit leicht erhöhtem Oberkörper gelagert werden, kühle Tücher auf der Stirn wirken unterstützend. Die Eltern sollten informiert werden, eine Vorstellung beim Kinderarzt ist angezeigt.

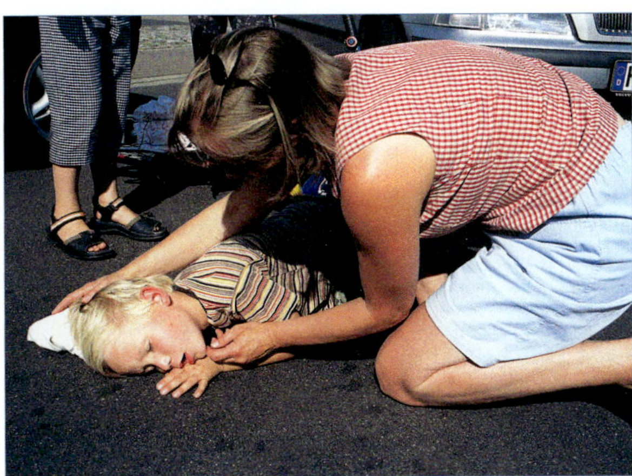

Abb. 25.15: Stabile Seitenlage, dritter Schritt.

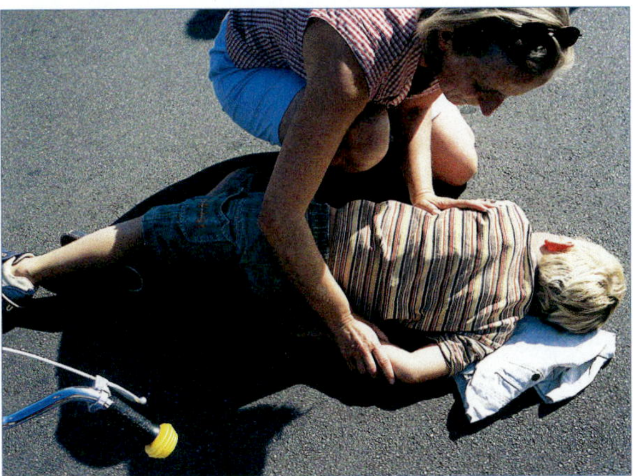

Abb. 25.16: Stabile Seitenlage, vierter Schritt.

Um es erst gar nicht so weit kommen zu lassen, sollte im Sommer stets eine Kopfbedeckung getragen bzw. darauf geachtet werden, dass die Kinder im Schatten spielen.

Verbrennung und Verbrühung

Durch die Hitzeeinwirkung bei Verbrennung und Verbrühung kommt es zu einer Rötung der Haut, bei stärkerer Schädigung zu Schwellung und Blasenbildung. Immer ist eine Verbrennung oder Verbrühung mit Schmerzen verbunden.

Um die Hitzeeinwirkung möglichst rasch zu stoppen, sollte die betroffene Hautpartie ausgiebig mit kaltem Wasser **gekühlt werden.** Dies sollte so lange durchgeführt werden, bis die Schmerzen nachlassen. Brandblasen sollten nicht in der Akutsituation eröffnet, fest klebende Kleidungsstücke nicht von geschädigten Hautbereichen entfernt werden. Hat sich das Kind beruhigt und hat keine Schmerzen mehr, sollte die Wunde mit einem sterilen Verband bedeckt werden, ohne dass zuvor Salben oder Puder aufgetragen wurden. Ist die Verbrennung schwerwiegend, muss ein Arzt aufgesucht werden. Aufgrund der Hautverletzung kann es in der Folge zu einem beträchtlichen Flüssigkeitsverlust oder auch zu Entzündungen im Wundgebiet kommen. Daher muss die Wunde nach der Erstversorgung ärztlich weiterversorgt werden.

Wunden und Blutungen

Schürfwunden treten bei Kindern häufig auf und sind in der Regel auch nicht bedrohlich. Allerdings wirkt die Verletzung durch austretendes Blut oder noch anheftenden Schmutz anfangs oft größer, als sie es tatsächlich ist. Daher sollte die Wunde zunächst mit Wasser und einer sterilen Kompresse gesäubert werden. Anschließend ist meist ein entsprechender Wundverband ausreichend. Wie bei allen Verletzungen des Kindes ist ein Beruhigen und Trösten des Kindes in der Akutsituation durch eine vertraute Bezugsperson ein wichtiger Schritt, der sicher im Alltag auch stets erfolgt.

Nasenbluten kann nach einem Schlag auf die Nase oder auch ohne offensichtliche Ursache auftreten, ist aber selten bedrohlich. Neben der Beruhigung sollte sich das Kind mit nach vorn geneigtem Kopf setzen. Zusätzlich kann ein kalter Waschlappen in den Nacken gelegt werden.

Blutungen aus dem Mund wirken anfänglich oft bedrohlicher, als sie es in Wirklichkeit sind, da sich das Blut mit dem Speichel vermischt und daher nach einer größeren Menge aussieht. Der Kopf sollte nach vorn geneigt sein, damit das Blut nach außen abfließen kann und nicht geschluckt wird. Eine Wunde an der Lippe oder der Zunge kann mit einer sterilen Kompresse zusammengedrückt werden.

Aus Gründen des Selbstschutzes sollte die Erzieherin zur Versorgung einer **blutenden Wunde** idealerweise Handschuhe tragen. Dadurch ist ein Schutz vor durch Blut übertragbaren Erkrankungen (z. B. Hepatitis B) möglich.

Chronisch kranke Kinder

Es ist heute keine Seltenheit, dass chronisch kranke Kinder eine Tageseinrichtung für Kinder im Regelangebot besuchen. Entscheidend ist hierbei, dass im Vorfeld in realistischer Weise die möglichen Gefahrensituationen und die entsprechende Vorgehensweise zwischen Eltern und den pädagogischen Fachkräften besprochen werden. Es kann hilfreich sein, wenn der betreuende Arzt bei einem gemeinsamen Gespräch mit dem Team der Tageseinrichtung die Besonderheiten der Erkrankung erörtert. Dadurch kann bereits im Vorfeld die Sorge vor einer nicht bzw. schwer beherrschbaren Notfallsituation gemindert werden. Solche Situationen können beispielsweise Kinder mit verschiedenen Stoffwechselerkrankungen (hierzu gehören auch Kinder mit einem *Diabetes mellitus,* → Kap. 25.4) oder auch mit einer Blutererkrankung betreffen.

25.7 Früherkennung

Viele Beeinträchtigungen des kindlichen Befindens wie die beim Sehen und Hören machen sich anfangs mit geringen Auffälligkeiten bemerkbar. Es ist eine große Herausforderung, diese **dezenten Hinweise frühzeitig zu erkennen** und dann im Gespräch mit den Eltern angemessen zu thematisieren. Den Eltern soll die Beobachtung in sensibler Weise mitgeteilt werden. Ihre eigenen Erfahrungen sollen aufgegriffen werden, gemeinsam soll im Interesse des Kindes ein Weg festgelegt werden, wie der mögliche Verdacht einer tatsächlichen Beeinträchtigung bestätigt oder widerlegt werden kann.

Im Zweifel und bei ausbleibender vereinbarter elterlicher Reaktion stellt sich ggf. die Frage nach einer weiteren **Kontaktaufnahme mit Kooperationspartnern** wie

- Dem niedergelassenen Kinderarzt oder
- Dem Kinder- und jugendärztlichen Dienst des Gesundheitsamts auf der medizinischen Ebene oder
- Dem Jugendamt auf der Seite der Jugendhilfe.

Daher soll kurz auf ausgewählte Möglichkeiten der Früherkennung bei Seh- und Hörstörungen eingegangen werden.

Sehstörungen

Um eine unter Umständen dauerhafte Schädigung des Sehvermögens zu vermeiden, ist eine Früherkennung von Sehstörungen bei Kleinkindern eine wichtige Aufgabe. Hier sind in erster Linie die Eltern und die Erzieherinnen gefordert, da die Kinder selbst einseitige Sehschwächen meist nicht bemerken.

Als **auffällig bei Kleinkindern** können z. B. folgende Beobachtungen interpretiert werden:

- Schiefstellung des Kopfes
- Häufiges Augenzwinkern
- Abweichungen der Augenstellung (Schielen).

Diese Beobachtungen sollten dem niedergelassenen Kinderarzt mitgeteilt werden, damit er gezielt weitere Untersuchungen, evt. auch durch einen Augenarzt, in die Wege leiten kann.

Entsprechend dem Alter des Kindes kommen **verschiedene Untersuchungsmethoden** zum Einsatz:

- Schon bei ein bis *zwei Monate alten Säuglingen* kann der Kinderarzt durch Beobachten der Augenbewegungen und Reaktionen des Babys auf sich langsam bewegende Lichter und Gegenstände wichtige Informationen über eventuelle Sehstörungen erhalten
- Tafeln mit unterschiedlich großen Schriftzeichen des Buchstabens E, die in verschiedene Richtungen gedreht sind, werden *ab dem dritten Lebensjahr* eingesetzt. Das Kind soll dann immer zeigen, in welche Richtung die „Finger" der Figur weisen. Eine andere Methode arbeitet mit verschiedenen Symbolen: Erkennt das Kind ein bestimmtes Symbol, so bestätigt es dies mit einem Knopfdruck
- Mit dem *Beginn der Schulzeit* kann man die Sehfähigkeit der Kinder wie bei Erwachsenen durch Standard-Sehtests prüfen. Auch während der Schulzeit sollte das Sehvermögen regelmäßig kontrolliert werden, da eine Beeinträchtigung des Sehens oft unmittelbare Auswirkungen auf die schulische Leistungsfähigkeit hat.

Es ist aus ärztlicher Sicht zu fordern, dass jedes Kind **spätestens bis zum Vorschulalter** mindestens einmal **augenärztlich untersucht** wurde. Idealerweise erfolgt diese Untersuchung bei weitgetropften Augen, da ansonsten die Aussagekraft aufgrund der Besonderheiten am kindlichen Auge eingeschränkt ist. Zwingend sollten zumindest Kinder augenärztlich untersucht werden, deren Eltern selbst Brillenträger sind bzw. Auffälligkeiten des Sehvermögens aufweisen. In der Realität zeigen die Ergebnisse der Einschulungsuntersuchungen, dass nur ca. 25 % der Vorschulkinder bis zum Zeitpunkt der Einschulung dem Augenarzt vorgestellt wurden.

Hörstörungen

Fragt man die Eltern nach dem Hören ihres Kindes, so werden etliche sagen, dass ihre Kinder nicht gut hören. Wenngleich dies meist keine organische Ursache hat, so gibt es doch auch Kinder, die tatsächlich **Einschränkungen ihrer Hörfähigkeit** haben.

Ein bis zwei von 1.000 Kindern werden heute mit einer schweren Hörstörung geboren. Allein in den alten Bundesländern leben 7.000 bis 8.000 Kinder mit hochgradiger und 80.000 bis 150.000 Kinder mit mittelgradiger Hörminderung. Eine amerikanische Studie mit über 6.000 Kindern ergab, dass jeder sechste junge US-Bürger schlecht hört.

Lebensalter	Reaktionsmuster des Kindes
4. bis 6. Lebenswoche	Erschrecken bei plötzlichen lauten Geräuschen und Beruhigen bei Zuspruch der Eltern
3. bis 4. Lebensmonat	Stimmhaftes Lachen und Brabbeln, Bewegen der Augen in Richtung der Schallquelle
6. bis 7. Lebensmonat	Erste zweisilbige „Wörter", Lauschen auf Musik
10. bis 12. Lebensmonat	Reaktion auf leises Ansprechen aus einem Meter Entfernung und Verstehen einfacher Verbote
24. Lebensmonat	Befolgen von Anweisungen, die Kindern ins Ohr geflüstert werden

Tab. 25.4: Entwicklung des Hörvermögens im Säuglings- und Kleinkindalter.

Als Ursache einer **Hörminderung im Kindes- und Jugendalter** kommen verschiedene Umstände in Betracht:

- Vererbung (jede zweite hochgradige Innenohrschwerhörigkeit)
- Angeboren (nach Infektionen wie Röteln oder Medikamenteneinnahme der Mutter während der Schwangerschaft)
- Erworben durch bestimmte Infektionen (z. B. Mumps, Masern)
- Mittelohrentzündung
- Paukenerguss als häufigste Ursache (Schleimansammlung im Mittelohr)
- Lärm.

Falls möglich, sollten die Ursachen einer Hörminderung kurzfristig korrigiert werden, da ansonsten gravierende Folgen, z. B. eine Beeinträchtigung der kindlichen Sprachentwicklung, resultieren können. Allerdings ist nicht immer eine kausale Behandlung der Hörminderung möglich, so dass auch eine rasche Versorgung mit geeigneten Hörgeräten bzw. -systemen erforderlich werden kann. Dies kann auch schon im ersten Lebensjahr der Fall sein.

Wann sollten solche Zweifel aufkommen? Die in Tab. 25.4 dargestellten **Reaktionsweisen** sind im Säuglingsalter normal, eine Abweichung macht eine weitere Abklärung erforderlich.

Beim geringsten Zweifel an der Hörfähigkeit eines Kindes sollte daher immer ein Arzt aufgesucht werden. Idealerweise führt der Erstkontakt zum niedergelassenen Kinderarzt, der dann die weitere Weichenstellung übernehmen sollte. Bei Säuglingen und Kleinkindern ist in der Regel eine **Überweisung in die Pädaudiologie** erforderlich, wo altersgerecht die weitere Diagnostik und Behandlung erfolgen kann. Bei älteren Kindern kann die Diagnostik auch beim **Hals-Nasen-Ohren-Facharzt** erfolgen.

> ✉ Deutsche Gesellschaft für Phoniatrie und Pädaudiologie: www.dgpp.de
>
> Deutsche Gesellschaft für Hals-Nasen-Ohren-Heilkunde, Kopf- und Halschirurgie: www.hno.org

25.8 Medizinische Kooperationspartner

Die Tageseinrichtung kooperiert mit niedergelassenen Kinderärzten und dem öffentlichen Gesundheitsdienst des Gesundheitsamtes. Zum Gelingen dieser Kooperation trägt es bei, wenn Erzieherinnen und Ärzte gut miteinander kommunizieren können.

25.8.1 Kinderarzt

Der niedergelassene Kinderarzt stellt im Alltag einen wichtigen medizinischen Kooperationspartner der pädagogischen Fachkräfte dar. So ist bei Beginn der Kindergartenzeit eine ärztliche Bescheinigung vorzulegen. Bei Auffälligkeiten in der Entwicklung im Kindergartenalter stellt sich manchmal die Frage, ob eine **logopädische** oder **ergotherapeutische Behandlung** erforderlich ist. Hierfür müssen die Kinder beim niedergelassenen Kinderarzt vorgestellt werden. Falls sich der auffällige Befund bestätigt, wird der Kinderarzt eine entsprechende Verordnung ausstellen.

Das Problem in diesem Kommunikationsprozess liegt darin, dass in der Regel keine direkte Kommunikation zwischen dem Kinderarzt und der pädagogischen Fachkraft stattfindet, sondern die Informationen über die Eltern ausgetauscht werden. Die Eltern wollen selbstverständlich die beste Behandlung für ihr Kind. Problematisch wird dies, wenn Aussagen der Erzieherinnen in anderer Weise wiedergegeben werden, als dies besprochen war. Missverständnisse sind die Folge zuungunsten der erforderlichen Förderung oder Therapie des Kindes.

Entscheidend für eine gelingende Kommunikation ist, dass **klare Kommunikationsregeln** zwischen den pädagogischen Fachkräften und dem niedergelassenen Kinderarzt vereinbart werden. Zwei unterschiedliche Fachsprachen treffen aufeinander, manche Begriffe müssen definiert werden. Ein bis zwei feste Treffen sollten im Kindergartenjahr vereinbart werden, um sich kennen- und die fachliche Arbeit des anderen einschätzen zu lernen. Dies ist v. a. in städtischen Gebieten erforderlich, wo die Zuordnung eines Kinderarztes zu einem Kindergartenjahr nicht so klar ist wie in ländlichen Gegenden. Diese Treffen können mit kurzen Beiträgen zu medizinischen und pädagogischen Themen bereichert werden.

Daneben sollten definierte Möglichkeiten zur direkten Informationsweitergabe vereinbart werden. Dies kann z. B. eine telefonische **Sprechstunde** des Kinderarztes in bestimmten Abständen zu festgelegten Zeiten sein. In dieser Zeit können Erzieherinnen anrufen und ihre **Beobachtungen** zu einzelnen Kindern schildern, wenn eine Entbindung von der Schweigepflicht durch die Eltern vorliegt. In den vergangenen Jahren wurden auch verschiedene Befundbögen wie z. B. in Recklinghausen entwickelt, auf denen die Erzieherinnen ihre Beobachtungen dokumentieren können. Der ausgefüllte Bogen wird den Eltern mit der Bitte übergeben, ihn dem Kinderarzt zukommen zu lassen.

25.8.2 Öffentlicher Gesundheitsdienst

Neben dem niedergelassenen Kinderarzt ist der **Kinder- und jugendärztliche Dienst des örtlichen Gesundheitsamts** ein weiterer wichtiger medizinischer Kooperationspartner. Auch hier gilt, dass sich beide Seiten der Fachlichkeit des anderen bewusst sein müssen, die sich selbstverständlich in der Ausdrucksweise niederschlägt. Ein entscheidender Schritt für eine gelingende Kommunikation ist, wenn sich beide Seiten auf Augenhöhe begegnen. Hier hat sich in den letzten Jahren einiges sehr positiv bewegt.

So finden beispielsweise die **Einschulungsuntersuchungen** in zahlreichen Städten und Gemeinden in den Kindergärten statt. Die Kinder können so im vertrauten Umfeld untersucht werden, die Erzieherin steht als Fachkraft unmittelbar zum Gespräch zur Verfügung, die elterliche Schweigepflichtentbindung vorausgesetzt.

[BEISPIEL] In Mannheim wurde bereits 2001 begonnen, die Einschulungsuntersuchung im Kindergarten durchzuführen. Dies erforderte anfangs etwas Geduld, da man sich zunächst kennenlernen musste. Für diese Kennenlernphase wurde ein Untersuchungsdurchgang eingeplant. Rasch entwickelte sich eine sehr gute Kooperation und die Untersuchungen erfolgten gleich in den meisten Kindergärten.

Abb. 25.18: Das neue Bundeskinderschutzgesetz stärkt den Kinderschutz in Deutschland.

Als Reaktion auf die hohen Raten an auffälligen Kindern wurde von städtischer Seite bereits ab 2004 die Möglichkeit einer Untersuchung durch den öffentlichen Gesundheitsdienst im vorletzten Kindergartenjahr geschaffen. So wurden Auffälligkeiten der Kinder früher erkannt, eine pädagogische Förderung oder medizinische Therapie konnte in die Wege geleitet werden.

Inzwischen wurde die Einschulungsuntersuchung in Baden-Württemberg neu konzipiert, sie findet seit 2009 flächendeckend in zwei Schritten statt. Im vorletzten Kindergartenjahr werden die Kinder im Kindergarten auf mögliche Entwicklungsauffälligkeiten hin untersucht. Gezielte Fördermaßnahmen sollen dann eingeleitet werden, bevor kurz vor der Einschulung in einem zweiten Schritt nochmals eine Aussage zur Schulfähigkeit aus ärztlicher Sicht getroffen wird.

Verschiedene Bundesländer haben vor einigen Jahren dazu Gesetze verabschiedet. So ist in Baden-Württemberg im März 2009 ein Kinderschutzgesetz in Kraft getreten, das die **Krankheitsfrüherkennungsuntersuchungen** U 1 bis U 9 und J 1 im Kindes- und Jugendalter zu Pflichtuntersuchungen erklärt. Versäumte Untersuchungen können die Sorgeberechtigten beim örtlichen Gesundheitsamt nachholen lassen, alternativ kann in manchen Kommunen und Landkreisen die Durchführung der U-Untersuchung beim Kinderarzt erfolgen.

Ob diese Rechtsgrundlage aber tatsächlich dem Kinderschutz dient, wird kontrovers diskutiert. Die Beobachtungszeit aus der Praxis ist noch zu kurz, um mit konkreten Ergebnissen argumentieren zu können. Das Nichtwahrnehmen der Untersuchungen ist nicht mit Sanktionen bewehrt.

Seit dem 01.01.2012 ist das Bundeskinderschutzgesetz in Kraft getreten. Das Gesetz soll Prävention und Intervention im Kinderschutz gleichermaßen voranbringen und alle Akteure stärken, die sich für das Wohlergehen von Kindern engagieren. Wichtige Erkenntnisse aus der Arbeit im Bereich der Frühen Hilfen aus den vergangenen Jahren sind in die Entstehung des Gesetzes eingeflossen. Die Angebote im Rahmen der Frühen Hilfen wurden bislang bzw. werden derzeit allerorts ausgebaut, sodass sich tragfähige Netzwerke Frühe Hilfen entwickeln. Die Erzieherin sollte zumindest die Unterstützungsmöglichkeiten und Anbieter auf lokaler Ebene kennen.

26

Kindesmisshandlung und psychologische Notfallsituationen

Ute Koglin, Franz Petermann

Kindesmisshandlungen (→ Kap. 26.1) sind eine besonders schwerwiegende Form eines psychologischen Notfalls. Unfälle des Kindes bzw. von ihm nahe stehender Personen oder andere außergewöhnliche Belastungen können zu einem Trauma (→ Kap. 26.2) führen und mit einer langfristig negativen Entwicklung einhergehen. Kinder brauchen besondere Unterstützung von Bezugspersonen, damit ein Trauma verhindert oder bewältigt werden kann.

26.1 Kindesmisshandlung

Kindesmisshandlungen sind strafbare Handlungen (→ Kap. 3.3.2, Kap. 3.4.2) gegen Kinder. Dabei wird ihnen, oft mit Wissen oder gar Zustimmung von Erziehungsberechtigten, Gewalt angetan, die Kinder werden physisch und/oder psychisch verletzt.

> ► **Kindesmisshandlung**
> Jegliche körperliche, emotionale, sexuelle oder vernachlässigende Handlung, die zu einer aktuellen oder potenziellen Gefährdung der kindlichen körperlichen und seelischen Gesundheit, des Überlebens, der Entwicklung oder der Würde in Abhängigkeitsbeziehungen führt (WHO 2006).

26.1.1 Formen der Kindesmisshandlung

Rechtslage bei Kindesmisshandlung → Kap. 3.4

Im Allgemeinen werden vier Formen der Kindesmisshandlung unterschieden. Diese beziehen sich auf

- Körperliche Misshandlung
- Vernachlässigung
- Emotionale Misshandlung
- Sexuellen Missbrauch.

Oft gehen körperliche und emotionale Misshandlung und Vernachlässigung ineinander über oder sind nicht klar voneinander zu trennen. Deutlich abzugrenzen ist jedoch der sexuelle Missbrauch.

Körperliche Misshandlung

Kinder, die körperliche Gewalt von Eltern erfahren, haben manchmal sichtbare äußerliche Anzeichen, die der Erzieherin Hinweise darauf geben. Auch wenn sich das Verhalten eines Kindes plötzlich ändert, kann dies ein Hinweis auf körperliche Misshandlung sein.

> ► **Körperliche Misshandlung**
> Körperliche Gewalt, die gegen Kinder angewendet wird oder wurde.

Körperliche Gewalt gegen Kinder (→ Kap. 3.4.2) kann sich u. a. äußern durch:

- Ohrfeigen
- Schlagen mit den Händen oder mit Gegenständen
- Treten
- Stoßen
- Schütteln eines Kleinkindes
- Verbrennen.

Nach einer Studie des Kriminologischen Forschungsinstituts Niedersachsen (Pfeiffer u. a. 1999) sind etwa 10 % der Kinder von Misshandlungen betroffen. Dies ergab eine Befragung von rund 16 000 Schülern der neunten und zehnten Klasse. Erfasst wurde, wie oft die Schüler bis zum zwölften Lebensjahr und in den letzten zwölf Monaten Opfer elterlicher Gewalt wurden. Zur Auswertung wurden anhand der Schwere (z. B. „hart angepackt und gestoßen“ bis „gewürgt“) und der Häufigkeit der Übergriffe Kategorien gebildet.

Die Ergebnisse dieser Studie formen folgendes Bild:

- Keine elterliche Gewalt erlebten 43 % der Befragten in ihrer Kindheit.
- Leichte Züchtigung (z. B. „hart anpacken“) wurde von 30 %, schwere Züchtigung von 17 % angegeben und etwa 10 % berichteten von Misshandlungen.
- Im Jugendalter lagen die Raten etwas geringer – vermutlich, weil lediglich nach Opfererfahrungen in den letzten zwölf Monaten gefragt wurde. Hier liegt die Rate von Misshandlungen bei 7,2 % und die für schwere Züchtigung bei 8,1 %.

Münchhausen-Stellvertreter-Syndrom

Eine sehr seltene und versteckte Form der Kindesmisshandlung stellt das Münchhausen-Stellvertreter-Syndrom (Münchhausen-by-Proxy-Syndrom) dar. **Vier Kernmerkmale** beschreiben das Münchhausen-Stellvertreter-Syndrom:

- Körperliche Symptome oder Erkrankungen des Kindes werden durch die Mutter vorgetäuscht oder künstlich erzeugt. Dazu zählen Handlungen wie
  - Vergiftungen durch Medikamente
  - Die Gabe von Drogen
  - Das Hinzufügen von Blut zum Urin oder Stuhl des Kindes für Untersuchungszwecke.
- Das Kind wird häufig ärztlichen Untersuchungen vorgestellt, die Mutter strebt aufwendige Untersuchungen oder sogar Operationen des Kindes an.
- Die wahren Ursachen der Symptome werden von der Mutter nicht angegeben.
- Die Symptome des Kindes bilden sich in Abwesenheit der Mutter zurück.

Zu den am häufigsten induzierten (hervorgerufenen) **Symptomen des Kindes** zählen:

- Atemschwierigkeiten
- Essstörungen
- Durchfälle
- Blutungen
- Anfälle

- Allergien
- Fieber.

Die betroffenen Kinder sind in der Regel jünger, das heißt noch nicht im Schulalter. Die Mütter wirken im Auftreten oft sehr kooperativ und besorgt um ihr Kind. Es wird berichtet, dass sie häufig eine Störung der Persönlichkeit aufweisen und selbst in ihrer Kindheit Misshandlungen ausgesetzt waren (Nowara 2005). Depressionen und zeitweise auch selbstverletzendes Verhalten können bei den Müttern ebenfalls auftreten; auffällig ist zudem eine mangelnde Empathiefähigkeit gegenüber ihrem Kind. Wie bei anderen Missbrauchsfällen wird hier besonders deutlich, dass neben dem Kind auch die misshandelnde Mutter dringend therapeutische Unterstützung benötigt (Schmidt 2012).

Vernachlässigung

Eine andere Form der Kindesmisshandlung ist die Vernachlässigung, ein Nichts-Tun bzw. Unterlassen, durch welches das Kind ebenfalls Schaden erleidet.

> ► **Vernachlässigung**
> Wiederholte oder andauernde unzureichende Pflege, die zu Entwicklungsbeeinträchtigungen oder Schädigungen führt.

Die Vernachlässigung von Kindern durch die Eltern kann sich ausdrücken durch

- Unzureichende Ernährung oder Bekleidung
- Fehlende körperliche oder emotionale Zuwendung
- Mangelhafte Anregung
  - Motorischer Art
  - Geistiger Art
  - Emotionaler Art
  - Sozialer Art (Deegner 2005).

Es lassen sich aktive und passive Vernachlässigung unterschieden:

- **Aktive Vernachlässigung** – Die Eltern führen die Vernachlässigung aktiv herbei, beispielsweise durch absichtliche Verweigerung von Nahrung und Schutz.
- **Passive Vernachlässigung** – Die Eltern vernachlässigen ihr Kind nicht absichtlich, sondern entweder aus Unwissenheit oder aus mangelnder Einsicht heraus.

Emotionale Misshandlung

Eine Misshandlung kann auch auf emotionaler Ebene stattfinden und das Kind an der Seele und im Selbstwertgefühl schaden.

> ► **Emotionale Misshandlung**
> Handlung, die darauf zielt, das Selbstbild oder den Selbstwert von Kindern zu schädigen.

Misshandlungen emotionaler Art umfassen:

- Beleidigen und Beschimpfen
- Verängstigen
- Allgemein feindseliges Verhalten
- Zurückweisung
- Stark überbehütendes Verhalten – Ein solches Verhalten schränkt die Entwicklungsmöglichkeiten des Kindes ein und verängstigt und verunsichert es.
- Drängen in die Erwachsenenrolle, z. B. wenn Kinder die Versorgung und Pflege von jüngeren Geschwistern übernehmen müssen (Deegner 2005).

Sexueller Missbrauch

Rechtslage bei sexuellem Missbrauch → Kap. 3.4.3

Sexueller Missbrauch eines Kindes liegt vor, wenn gegen den Willen des Kindes sexuelle Handlungen an ihm ausgeführt oder ihm gezeigt werden. Oft geschehen solche Handlungen unter Ausnutzung von Abhängigkeitsverhältnissen, v. a. in der Familie; auf keinen Fall sind sie Bestandteil eines gleichrangigen Beziehungsverhältnisses.

> ► **Sexueller Missbrauch**
> Sexuelle Handlung am Kind mit Körperkontakt *(Hands-on-Tat)* und ohne Körperkontakt *(Hands-off-Tat)* wie z. B. das Vorzeigen und Herstellen von pornografischen Fotos. Der Missbrauch geschieht gegen den Willen des Kindes, oder das Kind kann auf Grund seines Entwicklungsstandes noch nicht ablehnen.

26.1.2 Ursachen und Risikofaktoren der Kindesmisshandlung

Die Ursachen für Kindesmisshandlungen sind vielfältig. In den letzten Jahrzehnten wurden Risikofaktoren identifiziert (→ Kap. 10.3.2), die mit körperlicher und sexueller Misshandlung einhergehen. Schwieriger sind Faktoren zu erkennen, die im Zusammenhang mit Vernachlässigung oder emotionalen Misshandlungen stehen. Zum einen sind diese Formen schwerer zu definieren und zu erkennen, zum anderen fällt die Differenzierung zwischen einer ungenügenden und einer vernachlässigenden Pflege eines Kindes nicht leicht. Die vielfältigen Ursachen der Kindesmisshandlung beeinflussen sich in der Regel wechselseitig und verstärken sich damit.

Die Risikofaktoren, die zu Kindesmisshandlungen führen können, lassen sich einteilen in Faktoren, die auf Seiten des Kindes, der Eltern oder der Familie liegen (→ Tab. 26.1).

Risikofaktoren des Kindes

Risikofaktoren auf Seiten des Kindes zu benennen, bedeutet nicht, dem Kind dafür Schuld zuzuschreiben. Damit sind Faktoren gemeint, die dazu führen können, dass El-

Kindbezogene Faktoren	Elternbezogene Faktoren	Familienbezogene Faktoren
• Ungewolltes Kind oder das Kind entspricht nicht den elterlichen Erwartungen (z. B. anderes Geschlecht)	• Eltern haben Schwierigkeiten, eine positive Bindung zum Kind aufzubauen (z. B. durch Schwangerschaftskomplikationen)	• Es leben viele Kinder im Haushalt, die die Eltern überfordern.
• Das Kind schreit viel und lässt sich nur schwer beruhigen.	• Die Mutter oder der Vater des Kindes wurde selbst als Kind misshandelt.	• Die Beziehung zwischen den Eltern ist konflikt- und gewaltbelastet.
• Das Kind benötigt aufgrund von medizinischen Komplikationen oder Erkrankungen vermehrt Pflege (z. B. durch eine zu frühe Geburt).	• Eltern haben unrealistische Erwartungen an das Kind und machen es für Enttäuschungen verantwortlich.	• Die Familie ist sozial isoliert.
• Das Kind weist körperliche Fehlbildungen auf, die die Eltern als abstoßend empfinden.	• Eltern verstehen das Fehlverhalten des Kindes als absichtsvolles Verhalten und ordnen es nicht dem Entwicklungsalter des Kindes zu.	• Finanzielle Schwierigkeiten
• Geistige Behinderungen des Kindes	• Eltern bewerten körperliche Bestrafung als angemessenes Erziehungsverhalten. Bei Fehlverhalten des Kindes wird unangemessen hart und/oder körperlich bestraft.	• Die Familie wird von anderen diskriminiert, beispielsweise aufgrund der Nationalität, der Religion oder des Lebensstils.
–	• Die Eltern sind aufgrund psychischer Störungen nicht dazu in der Lage ein Kind zu betreuen (z. B. Depression, Suchterkrankungen, geistige Beeinträchtigungen).	–
–	• Die Eltern habe geringe Erziehungsfähigkeiten aufgrund eines zu jungen Alters oder mangelnder Bildung.	–

Tab. 26.1: Übersicht über die Risikofaktoren für Kindesmisshandlung (World Health Organization and International Society for Prevention of Child Abuse and Neglect 2006).

tern Schwierigkeiten mit dem Aufbau einer positiven Beziehung zum Kind, dessen Erziehung und Pflege haben. Beispielsweise können Erkrankungen des Kindes, die eine vermehrte Pflege durch die Eltern notwendig machen, oder ein schwieriges Temperament Eltern überfordern.

Risikofaktoren der Eltern

Personen, die Kindesmisshandlungen ausüben, lassen sich oft, aber nicht immer im unmittelbaren **familiären System** des Kindes auffinden. Kindesmisshandlungen finden oft in sozialen Kontexten statt, in denen weitere Formen gewalttätigen Verhaltens ausgeübt werden, beispielsweise innerhalb der Partnerschaft der Erziehungsberechtigten oder in Familien mit familiären Problemen, Partnerkonflikten und Gewalt. Diese Familien sind meist von anderen isoliert und haben finanzielle Probleme.

Nicht selten waren die misshandelnden Eltern als Kind selbst Opfer von Misshandlungen. Es fällt ihnen schwer, eine positive Beziehung zum Kind aufzubauen, und oft haben sie keine altersangemessenen oder realistischen Erwartungen an ihr Kind. Strafendes Erziehungsverhalten wird von ihnen als angemessen bewertet.

Warum werden Opfer zu Tätern?

Eltern, die als Kind Opfer von Misshandlungen waren, tragen ein erhöhtes Risiko, ihre Kinder später ebenfalls zu misshandeln. Dies widerspricht zunächst der Vermutung, dass Opfer solcher Erlebnisse besonders sensibel seien und alles tun würden, um ihr eigenes Kind davor zu schützen, weil sie wissen, wie schlimm ein solches Erlebnis ist. Studien, die das Erziehungsverhalten von in der Kindheit misshandelten Müttern und Vätern untersuchten, zeigen jedoch auf, dass diese ihre Kinder ihrerseits häufiger vernachlässigen, körperlich und emotional misshandeln oder sexuell missbrauchen (Newcombe/Locke 2001).
Die Weitergabe des misshandelnden Verhaltens an die eigenen Kinder kann dadurch erklärt werden, dass Kinder das Erziehungsverhalten ihrer Eltern durch Modelllernen (→ Kap. 10.1.3) übernehmen und so auch harsche Erziehungspraktiken legitimieren. Eine Rolle dabei spielt, dass der erlebte Missbrauch die soziale und emotionale Entwicklung in der Kindheit einschränkt (Petermann/Wiedebusch 2008). Die Mütter und Väter weisen Defizite im Einfühlungsvermögen auf und sind weniger dazu in der Lage, die Bedürfnisse ihres Kindes zu erkennen und darauf empathisch zu reagieren. Gleichzeitig ist ihre Fähigkeit zur eigenen Regulation

von Gefühlen wie Ärger eingeschränkt, was zu einem unangemessenen Wutausdruck führen kann. Die Mütter und Väter haben in der Regel nicht gelernt, dass Beziehungen zu Bezugspersonen positiv und befriedigend sein können, und als Erwachsene geben sie dieses Beziehungsmodell an ihre Kinder weiter.

Elterliche Gewalt tritt in allen Sozial- und Bildungsschichten auf. Dennoch findet sich in bildungsfernen Familien eine erhöhte Rate betroffener Kinder und Jugendlicher. Ein Migrationshintergrund erhöht ebenfalls das Risiko für Kindesmisshandlung. Der Kriminologe Pfeiffer und Kollegen (1999) berichten über deutlich höhere Raten bei nicht eingebürgerten Jugendlichen mit einem türkischen Migrationshintergrund, darauf folgen Jugendliche aus dem ehemaligen Jugoslawien und Südeuropa.

Risikofaktoren aus dem sozialen Umfeld

Neben den dargestellten Risikofaktoren (→ Tab. 26.1) spielen das erweiterte soziale Umfeld wie z. B. die Schule oder der Freundeskreis ebenso eine Rolle wie **gesellschaftliche Faktoren.** Dazu gehört beispielsweise die Tatsache, dass Gewalt von den Mitmenschen toleriert wird oder dass eine hohe Arbeitslosenquote in der unmittelbaren Nachbarschaft vorliegt. Armut, die mangelnde Unterstützung der Familien durch öffentliche oder andere Hilfen ebenso wie ein leichter Zugang zu Drogen oder Alkohol sind zusätzliche Risikofaktoren.

Wie glaubwürdig sind Aussagen von Kindern?

Im Rahmen von Konflikten um das Sorgerecht werden nicht selten zu Unrecht Vorwürfe von Kindesmisshandlungen geäußert. Dies hat zu einer Diskussion über die Glaubwürdigkeit kindlicher Aussagen geführt. Nach den Studien des Psychologen Dietmar Heubrock (2012) sind Kinder besonders suggestibel (beeinflussbar), wenn sie sehr ängstlich oder geistig behindert sind. Kinder können absichtlich, aber auch ungewollt von Bezugspersonen beeinflusst werden.

Bereits die Frageform kann dazu führen, dass ein Erlebnis nicht korrekt wiedergegeben wird. So hat sich gezeigt, dass Kinder bei offenen Fragestellungen mehr Informationen korrekt erinnern. Bei geschlossenen Fragen, auf die nur mit einem Ja oder Nein geantwortet werden kann, neigen junge Kinder häufiger zur Zustimmung. Umschreibungen eines Täters, die einem bestimmten Klischee entsprechen („der böse Mann"), führen ebenfalls dazu, dass Kinder sich weniger korrekt erinnern. Fragen im Konjunktiv („Was könnte der Mann gewollt haben?") sollten vermieden werden, da sie Kinder dazu motivieren können, ihrer Phantasie freien Lauf zu lassen. Heubrock betont zudem, dass auf sozialen Druck oder autoritäres Auftreten verzichtet werden sollte, ebenso sollten keine Belohnungen für ein Gespräch versprochen werden.

26.1.3 Folgen von Kindesmisshandlung

Ein spezifisches Symptommuster nach Misshandlung ist nicht beobachtbar, weil Kinder recht unterschiedlich auf solche Erlebnisse reagieren können. Zudem hat die Art, Schwere und Häufigkeit der Misshandlung einen Einfluss auf die Folgen. Der Psychologe Franz Moggi (2005) fasst nach einer Literatursicht Kurzzeitfolgen von Kindesmisshandlungen zusammen. Diese sind breit gefächert und auf verschiedenen Ebenen zu beobachten:

- Körper
- Kognition
- Motorik
- Emotion
- Soziales.

Körperliche Folgen

Körperliche Symptome können besonders infolge von körperlicher Misshandlung auftreten wie **Blutergüsse, Beulen** und **Quetschungen.**

Nicht sichtbare Schädigungen an den Organen und besonders ein Schütteltrauma bei jungen Kindern können bis zum Tod führen.

Bei sexuellem Missbrauch können zudem Verletzungen im genitalen oder analen Bereich auftreten. Möglicherweise zeigen betroffene Kinder ein nicht ihrem Alter entsprechendes sexualisiertes Verhalten, das heißt, es kann ein frühzeitiges Interesse an sexuellen Aktivitäten bestehen.

Sozial-emotionale Folgen

Im Vorschulalter fallen misshandelte Kinder bisweilen durch eine **ausdruckslose Mimik** und einen **eingefrorenen Blick** auf. Dies kann als gelernte Reaktion verstanden werden, mit der Kinder versuchen, Bestrafung zu vermeiden (Moggi 2005) oder emotionslos über sich ergehen zu lassen. Manchmal sind emotionslose Reaktionen auch bei einer Trennung von den Bezugspersonen zu beobachten und spiegeln das mangelnde Vertrauen der Kinder wider. Kinder mit einer intakten Beziehung zu Bezugspersonen drücken hingegen offen aus, dass sie die Trennung nicht wünschen (→ Bindung Kap. 10.3.3). In anderen Fällen können Kinder ein zu großes Ausmaß an Vertrauen gegenüber fremden Personen zeigen. Sie möchten auf den Schoß genommen oder umarmt werden, sind anhänglich und versuchen, viel Aufmerksamkeit zu erhalten, obwohl sie die Person nicht oder kaum kennen.

Die sozial-emotionale Entwicklung der Kinder ist häufig beeinträchtigt. Die betroffenen Kinder fallen auf durch:

- Verschiedene Ängste
- Depressive Symptome
- Aggressives Verhalten
- Hyperaktives Verhalten
- Schlafstörungen.

Ab dem Schulalter können **Schulschwierigkeiten** auftreten, die Kinder haben oft ein **geringes Selbstwertgefühl** und mit zunehmender kognitiver Entwicklung ist es möglich, dass sie **Suizidgedanken** entwickeln. Es wird zudem häufiger über **somatoforme Beschwerden** (→ unten) berichtet, z. B. chronische Kopf- oder Bauchschmerzen, Einnässen und/oder Einkoten. Hierbei ist allerdings zu beachten, dass solche Auffälligkeiten – vor allem im somatoformen Bereich – generell bei Kindern sehr häufig auftreten (Noeker 2012).

► **Somatoforme Beschwerden**
Wiederholt auftretende körperliche Symptome wie Bauchschmerzen oder Brustschmerzen, die durch keine diagnostizierbare körperliche Krankheit erklärt werden können. Die Beschwerden können oft über Jahre wiederholt auftreten.

Bei Kindern kann eine dysfunktionale Kommunikation über die Sympomatik mit den Eltern dazu führen, dass die somatoformen Beschwerden bestehen bleiben.

Kognitive Folgen

Ergebnisse aus der Hirnforschung zeigen einen nachhaltigen negativen Effekt von Kindesmisshandlung auf die neurobiologische Entwicklung auf (WHO, ISPCAN 2006). Chronischer Stress durch Vernachlässigung und Misshandlung kann zu einer **veränderten Gehirnentwicklung** führen, die sich negativ auf das körperliche Wachstum und die kognitive, soziale und emotionale Entwicklung auswirkt. Es werden neuronale Verbindungen sensibilisiert, die mit dem Erleben von Angst einhergehen. Die Kinder können dadurch einen kognitiven und emotionalen Verarbeitungsstil entwickeln, der von einer feindseligen Umwelt ausgeht. Die Kinder sind demnach oft physiologisch und psychologisch stark aktiviert, also in einem dauernden Zustand der Anspannung, wodurch positive Umwelt- und Lernerfahrungen schwierig oder verhindert werden.

Es kann angenommen werden, dass diese neurobiologischen Prozesse zu den oft langwierigen negativen Folgen von Kindesmisshandlungen beitragen. Die vielfältigen Probleme bestehen oft bis in das Erwachsenenalter.

Die Opfer können folgende **Symptome** aufweisen:

- Selbstverletzendes und suizidales Verhalten
- Ängste
- Depressionen
- Gewalttätiges Verhalten.

Sie haben ebenso ein erhöhtes Risiko für Störungen durch **Alkohol**- oder **Drogenkonsum.**

26.1.4 Hilfe bei Kindesmisshandlung

Besteht der Verdacht auf bzw. die Kenntnis über eine Kindesmisshandlung, muss einem Kind und seiner Familie unbedingt Hilfe angeboten werden. Da es sich jedoch in der Regel um eine sehr umfassende Problematik innerhalb einer Familie handelt, ist dringend zu empfehlen, auf spezialisierte Beratungsstellen zurückzugreifen und sich beim *Jugendamt* (→ Kap. 3.2.3) und *freien Trägern* (z. B. dem Kinderschutzbund, → Kap. 3.2.2) über entsprechende Hilfen zu informieren. Auf jeden Fall muss die Erzieherin handeln.

Martin Huxoll (2008) vom Deutschen Kinderschutzbund stellt darüber hinaus weitere Empfehlungen zur *Hilfe bei Kindesmisshandlungen* vor, sie gelten aber auch für alle anderen Notfallsituationen:

- *Ruhe bewahren* und nicht blind handeln. Bei einem bestätigten Fall oder bei einem Verdacht ist es wichtig, Schritte zur Unterstützung des Kindes und seiner Familie geplant umzusetzen. Starke emotionale Reaktionen außerfamiliärer Bezugspersonen, denen sich ein betroffenes Kind anvertraut hat, sollten vermieden werden. Starke Wut oder Angst können dazu beitragen, das Kind zu verunsichern, wodurch die Gefahr besteht, dass es sich wieder verschließt.
- *Absprachen mit spezialisierten Fachkräften* treffen, um das Kind vor weiteren Opfererfahrungen zu schützen. Es kann ggf. auch anonym bei der Jugendhilfe (→ Kap. 3.2.1) um Rat gebeten werden.
- *Dem Kind vermitteln, dass sie jederzeit als Vertrauensperson erreichbar sind.* Gespräche über Gewalterlebnisse des Kindes dürfen nicht erzwungen werden.
- *Schritte zum Schutz des Kindes unter Berücksichtigung seines Alters und seines Entwicklungsstandes mit ihm besprechen*, um zu vermeiden, dass das Kind durch nicht nachvollziehbare Entscheidungen in seinen Gefühlen der Ohnmacht und Hilflosigkeit verstärkt wird.
- *Täter nur in fachlicher Begleitung ansprechen.* Es besteht sonst die Gefahr, dass sie gewalttätig reagieren, die Kinder nicht mehr in die Einrichtung lassen, in der sie vor Zugriffen der Täter sicher sind, oder sich die Situation für die Kinder aufgrund von Racheakten dramatisch verschlechtert.

📖 Handbuch „Kindeswohlgefährdung nach § 1666 BGB und Allgemeiner Sozialer Dienst (ASD)", www.dji.de/asd (2009)

Das Handbuch bietet aktuelle Informationen und Entwicklungen des Fachgebiets; Protokollbögen zur Dokumentation; Empfehlungen zur Hilfe bei Kindesmissbrauch.

26.2 Psychologische Notfallsituationen

Nicht jedes schlimme Ereignis führt bei einem Kind notwendigerweise zu einer psychologischen Notfallsituation. Doch bei Ereignissen, die außerordentlich belastend oder außergewöhnlich bedrohlich sind und nicht bewältigt werden können, kann sich dieses Ereignis zu einer psychologischen Notfallsituation und einem **Trauma** entwickeln.

Das kann ein einmaliges Ereignis sein wie eine Naturkatastrophe, das Kind kann aber auch einen schweren Verkehrsunfall erleben oder diesen als Zeuge mit ansehen oder Opfer eines Missbrauchs werden. Bei psychologischen Notfallsituationen handelt es sich also um Ereignisse, bei denen

- Die Opfer von der Intensität des Geschehens überwältigt werden
- In der Folge eine physische oder psychische Gesundheitsbeeinträchtigung auftreten kann (Lasogga/Gasch 2007).

Dabei definiert das **subjektive Empfinden** einer Person, ob es sich um einen Notfall handelt oder nicht. Personen können auf dasselbe Erlebnis sehr unterschiedlich reagieren. Für den einen stellt das Ereignis einen psychologischen Notfall dar, für den anderen ist es ein zwar negatives, aber bewältigbares Ereignis.

Notfallsituationen ziehen immer Folgen nach sich, wenn sie nicht bewältigt werden können. Kinder haben einen Schock (→ Kap. 26.2.5), leiden ggf. nach einer schweren Krankheit und entwickeln Anpassungsstörungen (→ Kap. 26.2.3), oder sie entwickeln eine posttraumatische Belastungsstörung (→ Kap. 26.2.4), bei dem sie z. B. Alpträume haben, die sie immer wieder an das Ereignis erinnern.

► **Psychologischer Notfall**
Erleben einer Situation, das von der betroffenen Person als außergewöhnlich belastend oder außergewöhnlich bedrohlich eingestuft wird.

► **Trauma**
Vorfall, der unerwartet und kurzfristig *(Typ-I-Trauma)* oder anhaltend und wiederholt *(Typ-II-Trauma)* eintritt und außergewöhnlich belastend und bedrohlich ist und nicht bewältigt werden kann.

Psychologische Notfälle können bei Personen auftreten, die unmittelbar an diesem Ereignis teilhatten, oder aber bei Personen, die von den Konsequenzen betroffen sind. Ein Kind, das durch ein Unglück seine Eltern verliert, ist unmittelbar betroffen.

26.2.1 Kindliche Reaktionen auf eine Notfallsituation

Der Psychologe Harald Karutz (2008) beschreibt die häufigsten kindlichen Reaktionen auf eine psychologische Notfallsituation:

- Erregung und Unruhe
- Erstarrung
- Dissoziation
- Regression
- Aggression.

Erregung und Unruhe

Kinder haben in der Regel einen höheren Bewegungsdrang als Erwachsene. Durch Bewegung können sie ihre Erregung und Unruhe, also **emotionale Spannungszustände,** abbauen. In Notfallsituationen kann sich dies äußern durch zielloses Umherlaufen.

Weitere regulative Möglichkeiten, mit ihrer Erregung umgehen zu können, sind Schreien und Weinen.

Es ist zudem möglich, dass Kinder zur Selbstregulation einen vermehrten Rededrang zeigen oder sich vom Unfallort entfernen, um schnellstmöglich ihre Bezugsperson zu erreichen.

Erstarrung

Häufig führt eine Notfallsituation zu einem intensiven Bedrohungsgefühl, das Kinder ängstlich erstarren lässt. Sie ziehen sich zurück, reagieren wenig auf Ansprache und antworten nicht oder kaum. Die Gesichtszüge der Kinder wirken eingefroren, und es wird wenig oder gar nicht gestikuliert. Nach Karutz entspricht dieses Verhalten einem Schutzmechanismus, um sich vor weiteren Gefährdungen in Sicherheit zu bringen.

Dissoziation

Eine weitere Schutzfunktion stellt der Zustand der Dissoziation dar.

► **Dissoziation** *(von lat. dissociatio: Trennung)*
Zustand, bei dem zusammengehörende Abläufe von Denken, Wahrnehmen, Erinnern und Verhalten vom Bewusstsein getrennt werden.

Bei der Dissoziation wird das Erlebte wie in einem Film oder wie in Zeitlupe wahrgenommen. Es ist möglich, dass sich die Person nicht als Teil der Situation empfindet oder von ihrem Körper losgelöst fühlt. Reize aus der Umgebung werden nur unvollständig verarbeitet, was bis zu einem teilweisen oder vollständigen Gedächtnisverlust führen kann.

Regression

Als Reaktion auf Notfallsituationen kann ein Kind Verhaltensweisen aus früheren Entwicklungsstufen zeigen. Dazu gehören beispielsweise Einnässen oder Daumenlutschen.

► **Regression**
Rückfall eines Kindes auf eine frühere Entwicklungsstufe.

Die Regression kann als Versuch interpretiert werden, Sicherheit durch vertrautes Verhalten zu gewinnen.

Wut und Aggression

Wut und aggressives Verhalten kann in Notfallsituationen aus einem hohen Erregungszustand des Kindes resultieren und sich auch gegen Helfer oder Bezugspersonen richten. Es stellt eine Möglichkeit dar, den emotionalen Spannungszustand zu reduzieren, und hilft dem Kind, erlebte Hilflosigkeit abzubauen. Erwachsene sollten dieses Verhalten daher nicht durch Schimpfen bestrafen.

26.2.2 Soforthilfe bei psychologischen Notfällen

Unmittelbar während oder nach einem traumatischen Ereignis muss zunächst die äußere und innere Sicherheit des Kindes wiederhergestellt werden: Das Kind benötigt körperliche und soziale Sicherheit. Dies bedeutet beispielsweise, dass Verletzungen entsprechend versorgt werden und Kinder ggf. von Vertrauenspersonen bei in der Folge notwendigen Operationen begleitet werden.

Liegen keine körperlichen Verletzungen vor, steht die psychische Versorgung des Kindes im Mittelpunkt. Es gilt, den Auslöser für das Geschehen zu finden und auszuschalten. Ist das nicht sofort möglich, z. B. weil die Bedrohung aus der Familie kommt, kann es angebracht sein, das Kind vorübergehend zu seinem Schutz in einem Heim oder in einer Pflegefamilie unterzubringen, bis das soziale Netz des Kindes gestärkt und mögliche Bedrohungen abgebaut sind.

Bei jungen Kindern (0–6 Jahre) ist besonders das Verhalten der Bezugsperson in und unmittelbar nach dem traumatischen Erlebnis von Bedeutung. Aufgrund der kognitiven Reife orientieren sich Kinder in der Bewertung von Situationen und der Emotionsregulation noch stark an Erwachsenen. Ob ein Ereignis traumatisierend auf ein Kind wirkt, wird daher auch von den Bezugspersonen beeinflusst (Rosner 2008). Zeigt die Bezugsperson starke Angst, schreit oder weint sie, signalisiert sie dem Kind damit eine außerordentliche Bedrohung. Bleibt sie hingegen trotz Bedrohung ruhig, vermittelt sie dem Kind, dass diese bewältigt werden kann. Entsprechend wird auch das Kind die Situation eher als bewältigbar erleben.

Die Kinderärztin Katharina Purtscher (2006) erstellte eine Übersicht über **unterstützendes Verhalten** nach der Akutphase (→ Tab. 26.2).

Der psychologische Abschluss einer Notfallsituation

Der psychologische Abschluss einer Notfallsituation ist für das Ausmaß der psychischen Belastung bedeutend (Karutz 2008). Konnte die Notfallsituation zu einem Abschluss gebracht werden, ist die anschließende Belastung oftmals geringer.

So existieren Hinweise darauf, dass unerledigte oder unterbrochene Handlungen stärker erinnert werden als abgeschlossene. Daraus lässt sich schlussfolgern, Kinder nicht in jedem Fall von einem Unfallgeschehen vollständig abzuschirmen. So können sie beobachten, dass verletzte Personen Hilfe erhalten, in ein Krankenhaus gebracht werden oder dass beschädigte Fahrzeuge entfernt werden.

26.2.3 Die Anpassungsstörung

Bei Kindern kann nach einer einschneidenden Veränderung der Lebensverhältnisse oder nach einem belastenden Ereignis eine Anpassungsstörung auftreten. Eine schwere

Kleinkinder	Schulkinder
Schutz, Sicherheit und Geborgenheit vermitteln	Die Ängste des Kindes respektieren
Zusammenführung des Kindes mit seinen wichtigsten Bezugspersonen	Ermutigung und Gefühle ausdrücken
Vertraute Tätigkeiten und Rituale wieder aufnehmen	Hilfestellung geben, um über das Ereignis sprechen zu können, z. B. durch ein Spiel oder Zeichnungen
Zuwendung, körperliche Nähe und Zärtlichkeit geben	Informationen und Erklärungen über die Ereignisse geben
Die Ängste des Kindes respektieren	Dem Kind erklären, was getan werden kann
Anerkennung und Lob	Struktur und Verlässlichkeit im Alltag geben
Das Ereignis altersgemäß konkret erklären	Spiel, Sport und Erholung ermöglichen
Hilfe beim Ausdruck von Gefühlen und Ausdrucksmöglichkeiten im Spiel bieten	Stressreaktionen erklären
Erklärung für körperliche Stressreaktionen geben	Absprachen mit Bezugspersonen treffen

Tab. 26.2: Hilfe nach traumatischen Lebensereignissen der Akutphase (nach Purtscher 2006, S. 200–201).

Krankheit, die Trennung von einer wichtigen Bezugsperson oder gar ein Todesfall kann eine solche Belastungsstörung hervorrufen.

> ▶ **Anpassungsstörung**
> Zustand des subjektiven Leidens bei Lebensveränderungen oder belastenden Ereignissen.

Symptome der Anpassungsstörung treten relativ zeitnah innerhalb der ersten vier Wochen nach dem Ereignis auf. Sie können vielfältig sein:

- Depressive Stimmung
- Ängste
- Sorgen, die aktuelle Lebenssituation nicht länger auszuhalten.

Des Weiteren sind Betroffene in der Bewältigung von alltäglichen Tätigkeiten, wie zur Schule zu gehen, beeinträchtigt.

Bei Kindern bis zum Schulalter kann die Anpassungsstörung auch gut erkennbare Rückschritte in der Entwicklung umfassen wie

- Daumenlutschen
- Das Wiederauftreten von Einnässen
- Babysprache.

Im Jugendalter tritt häufig aggressives Verhalten auf.

26.2.4 Die posttraumatische Belastungsstörung

Von der Anpassungsstörung wird die posttraumatische Belastungsstörung unterschieden. Sie ist eine ebenfalls starke Reaktion auf ein belastendes Ereignis oder auf das Erleben einer außergewöhnlichen Bedrohung.

> ▶ **Posttraumatische Belastungsstörung**
> Störung, bei der die Kinder das traumatische Ereignis in Form von Alpträumen, einschießenden Erinnerungen oder Flashbacks wiedererleben. Oft treten auch Schlafstörungen, Reizbarkeit und Wutausbrüche, Konzentrationsstörungen und Schreckhaftigkeit auf.

Bei Kindern kann ein **traumatisches Spiel** auftreten, indem sie Sequenzen des Erlebten nachspielen (Rosner 2012). Die Kinder versuchen in der Regel, mit dem Trauma im Zusammenhang stehende Orte, Personen, Situationen oder Gegenstände zu vermeiden. Es kann eine emotionale „Taubheit“ auftreten wie Interesselosigkeit, eingeschränkter Affekt, dazu eine nervöse Übererregung, die sich durch Reizbarkeit, Angst und Schlaf- sowie Konzentrationsstörungen äußern kann.

Die **Weltsicht** eines Kindes kann sich durch ein traumatisches Erlebnis langfristig und gravierend ändern. Im ungünstigen Fall lernen Kinder dadurch, dass das Leben gefährlich ist und jederzeit und plötzlich bedroht werden kann. In Folge davon kann die Einstellung entstehen, es sei nicht lohnenswert, sich für die Zukunft einzusetzen, z. B. durch den Schulbesuch, oder Freundschaften aufzubauen, da keine sichere Zukunft erwartet wird.

Über den Verlauf einer posttraumatischen Belastungsstörung bei Kindern ist noch wenig bekannt. Aus vereinzelten Studien wird jedoch von einer erheblichen Stabilität der Symptomatik berichtet und von einer erhöhten **Anfälligkeit** für andere psychische Störungen wie Depression und Alkoholabhängigkeit. Es wird angenommen, dass zwischen 7 % und 14 % der Kinder nach einem Vorfall eine posttraumatische Belastungsstörung entwickeln (Rosner 2012). Die Wahrscheinlichkeit dafür steht jedoch eng mit der Art und Schwere des Ereignisses im Zusammenhang sowie mit der Unterstützung nach dem Vorfall.

Risikofaktoren für eine posttraumatische Belastungsstörung

Einige Risikofaktoren sind bekannt, deren Vorliegen dazu führen, dass eine Person ein erhöhtes Risiko für das Auftreten einer posttraumatischen Belastungsstörung nach einem einmaligen, potenziell traumatischen Ereignis (Typ-I-Trauma) hat.

Allgemeine Risikofaktoren

Zu den Risikofaktoren zählen auf Seiten des Kindes ein jüngeres Alter und ein weibliches Geschlecht. Ebenfalls negativ wirken sich bereits bestehende psychische Vorbelastungen und Vortraumatisierungen aus. Die Art des Ereignisses spielt ebenfalls eine Rolle.

Nach der Psychologin Rita Rosner (2012) erhöht sich die Wahrscheinlichkeit für ein Trauma, wenn:

- Es sich um ein schwerwiegendes Ereignis handelt
- Das Kind eine lebensbedrohliche Situation erlebt hat
- Eine bekannte Person verletzt oder getötet wurde
- Dadurch personenbezogene Ressourcen zerstört wurden, z. B. das Haus
- Eine unmittelbare intensive emotionale Reaktion ausgelöst wurde.

Die Rolle der Eltern

Eine entscheidende Rolle spielen die Bedingungsfaktoren nach dem Ereignis und besonders die **elterlichen Reaktionen.**

Eltern können ihren Kindern helfen, das Erlebte besser zu verstehen; die Kinder erleben durch sie Sicherheit und Geborgenheit und können von ihnen Bewältigungsstrategien übernehmen.

Eine mangelnde Unterstützung durch die Eltern erhöht hingegen das Traumarisiko. Dies kann der Fall sein, wenn die Eltern selbst Opfer des Ereignisses waren oder bei ihnen psychische Störungen vorliegen wie Ängste oder Depressionen. Auch wenn sie über Bewältigungsstrategien verfügen, die nicht hilfreich sind und von den Kindern

Abb. 26.1: Indem sie ihnen Geborgenheit und Sicherheit bieten, können Eltern ihren Kindern bei der Bewältigung von Krisen helfen.

dennoch übernommen werden, wie Grübeln oder Vermeiden, ist das Traumarisiko erhöht.

Ein erhöhtes Risiko für die Entwicklung einer posttraumatischen Belastungsstörung haben Kinder, die sich selbst Schuld für das Ereignis zuschreiben. Bei jüngeren Kindern kann die Schuldzuschreibung aufgrund mangelnder kognitiver Reife auch durch *magische Erklärungen* erfolgen. Dies ist der Fall, wenn ein Kind sich beispielsweise die Schuld an dem Unfall seiner Mutter gibt, weil es sich zuvor mit seiner Mutter gestritten hat.

Hilfe bei Belastungsstörungen

Kinder und Jugendliche sollten nach einem potenziell traumatischen Ereignis hinsichtlich ihres emotionalen Erlebens und Verhaltens genau beobachtet werden. Symptome emotionaler Belastung und eines veränderten Sozialverhaltens können auch erst einige Zeit nach einem Vorfall auftreten, sodass bei fehlenden unmittelbaren Symptomen nicht geschlossen werden darf, ein Kind hätte die Situation bereits bewältigt.

Werden zeitnah durch das Ereignis ausgelöste Reaktionen wie Ängste oder aggressives Verhalten beobachtet, sollte darauf geachtet werden, ob sie innerhalb von vier Wochen wieder abgelegt werden. Ist dies nicht der Fall, sollte dem Kind professionelle Hilfe vermittelt werden:

- Durch einen klinischen Kinderpsychologen
- Durch einen Kinderarzt.

Im Rahmen einer **Kinderpsychotherapie** kann mit dem Kind eine Traumabearbeitung erfolgen. Es lernt zudem, das traumatische Ereignis als Teil seiner Biografie zu betrachten und neue Perspektiven zu entwickeln.

In einigen schweren Fällen kann zusätzlich eine **medikamentöse Behandlung** des Kindes erfolgen. In der Regel werden die Eltern in die Kinderpsychotherapie mit einbezogen.

26.2.5 Der Schock

Als Schock wird im alltäglichen Sprachgebrauch oft eine unerwartete Situationen bezeichnet, die mit negativen Konsequenzen einhergeht. Dies bezeichnet man als emotionalen Schock.

Ein **emotionaler Schock** nach einem traumatischen Ereignis ist häufig durch einen Zustand der „Betäubung" charakterisiert. Als Bewältigungsstrategie kann das Erlebte verleugnet oder vermieden werden. So werden eigene Verletzungen heruntergespielt, oder die Kinder wollen diese nicht wahrhaben. Kinder können regressive (→ Kap. 26.2.1) oder aggressive Verhaltensweisen zeigen oder aufgrund des Nicht-wahrhaben-Wollens auch auf unrealistischen Handlungen bestehen. Möglich ist auch ein sehr ängstliches oder gegenteilig ausgeprägt furchtloses Verhalten. Kinder haben Schwierigkeiten, die Situationen zu verstehen und nachzuvollziehen. Gefühle von Hilf- und Orientierungslosigkeit sind oft die Folge. Besonders wenn die Eltern ebenfalls von dem traumatischen Erlebnis betroffen sind, fehlen ihnen Schutz und emotionale Geborgenheit.

Vom emotionalen Schock ist der lebensbedrohliche **somatische Schock** zu unterscheiden.

> ▶ **Somatischer Schock**
> Unbehandelt ein lebensbedrohlicher körperlicher (somatischer) Zustand durch verminderte Blutzirkulation, dem ein traumatisierendes Ereignis vorausgeht.

Der somatische Schock kann u. a. ausgelöst werden durch:

- Verletzungen, möglicherweise auch ohne sichtbaren Blut- oder Flüssigkeitsverlust
- Vergiftungen
- Allergische Reaktionen.

Es sollte umgehend eine medizinische Versorgung betroffener Personen erfolgen.

Die eigene Gesunderhaltung

Gisela Ruwe, Irmgard Hofmann

27.1 Der eigene Körper

Lebt man in einem gesunden Körper, nimmt man ihn als gegeben hin. Erst Überanstrengung oder Schmerzen machen uns bewusst, dass wir uns um unseren Körper kümmern müssen. Unser antrainiertes Körperverständnis lässt uns dann zum Arzt gehen, der Medikamente verschreibt, um unseren Körper wieder zum Funktionieren zu bringen. Genügen Arzneimittel nicht, werden wir ins Krankenhaus überwiesen, in dem die Symptome „behandelt" werden, ähnlich einer Reparatur in einer Autowerkstatt.

Das alte Wort „Leib" erinnert noch daran, dass Körper, Geist und Seele eine Einheit bilden. Vergegenwärtigt man sich diesen Zusammenhang, dann wird deutlich, dass jeder Bestandteil dieser Einheit, also auch der Körper, stets gut versorgt sein muss, damit wir den Herausforderungen in unserem Leben mit Energie und Freude begegnen können. Dafür ist es notwendig, seinen Körper auch ohne Warnsignale wie Schmerzen wahrzunehmen. Diese Selbstwahrnehmung ist ein praktischer Prozess, den jeder, beispielsweise anhand von Körperreisen, erlernen kann. Prof. Dr. Hans Günther Homfeldt hat sich zum Thema Gesundheit und Gesundheitsförderung geforscht und ein Anleitungsbuch herausgegeben.

Homfeldt, Hans Günther (Hrsg.): Anleitungsbuch zur Gesundheitsbildung Schneider Verlag Hohengehren, 1993.

27.1.1 Körperorientierung

Zu einer umfassenden Gesundheitsauffassung gehört es, seinen Körper auch zu spüren, wenn er nicht überlastet ist, und sich ihm zu widmen, ohne ihn zu etwas zu zwingen. So entsteht das Gefühl, mit ihm eins zu sein. Dies ist umso wichtiger, als in vielen Ansätzen der *Gesundheitsförderung* (→ Kap. 14.1.3) inzwischen davon ausgegangen wird, dass alle seelischen Prozesse wie Ängste oder seelische Verletzungen ihren körperlichen Anteil haben und sich in Muskelverspannungen, Schonhaltungen und Krankheiten ausdrücken können. Verschiedene heilgymnastische Verfahren, oft aus dem asiatischen Raum stammend, setzen an diesem Punkt an. Die Übungen entstanden innerhalb einer langen spirituellen Erfahrungstradition und tragen durch eine ausgeprägte Innenschau zur körperlichen und seelischen Gesunderhaltung und Gesundung bei. Für einige dieser Methoden ist die Gesundheitswirkung empirisch erwiesen. Die gesetzlichen Krankenkassen bieten dazu u. a. eigene Präventionsprogramme an.

Wichtige Elemente der heilgymnastischen Übungen sind

- die intensive Innenschau und Körperwahrnehmung,
- sanfte Dehnung, Aufbau und Kräftigung insbesondere der kleinen Haltemuskeln sowie
- die Verlangsamung der Bewegung und damit auch eine Verbesserung der Muskelkoordination und der Bewusstheit der Bewegung.

Abb. 27.1: Yoga.

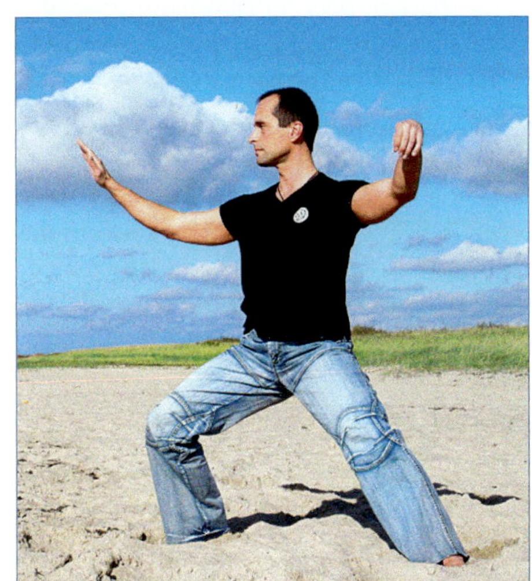

Abb. 27.2: Tai Chi.

Im seelischen Bereich fördern diese Übungen Ruhe, Konzentration und Gelassenheit sowie eine Harmonisierung der Emotionen.

Asiatischen Menschen erscheint die europäische Körperwahrnehmung als zu stark „oben", „vorn" und „außen" orientiert, während sie selbst ihre Körper eher „innen", „unten" und „hinten" wahrnehmen.

Menschen in sozialen Berufen können von einer stärker „asiatisch" ausgerichteten Körperwahrnehmung profitieren, weil „unten sein" Standfestigkeit vermittelt, die bei den hohen alltäglichen Anforderungen in der Arbeit mit Kindern und Jugendlichen und im Zusammenwirken mit Kolleginnen, Eltern, etc. den eigenen Standpunkt stützt. Mit dem Bewusstsein „hinten", also im Rücken zu sein, stabilisiert den Körper, nimmt Spannung aus der belasteten Muskulatur und beugt damit Rückenleiden vor, die gerade bei Erzieherinnen im Kindergarten häufig vorkommen. Das Körperbewusstsein nach „innen" zu richten, stärkt die Wahrnehmung der eigenen Gefühle, insbesondere das Empfinden von Belastungsgrenzen.

Der Körper ist der Anteil unseres Ichs, mit dem wir die Welt erkennen und begreifen, mit dem wir in der Welt stehen und durch den wir mit ihr verbunden sind.

27.1.2 Bewegung

Physische *Bewegung* (→ Kap. 12) meint körperliche Aktivität und steht für Vitalität und Lebensfreude.

Sie ist sowohl für den Aufbau von Muskeln und Knochen, als auch für den Abbau von Kalorien und Stoffwechselprodukten von großer Bedeutung. Es ist empirisch belegt, dass die Entwicklung der kindlichen Intelligenz in engem Zusammenhang mit der körperlichen Aktivität eines Kindes steht. Gleichzeitig ist aber in der westlichen Welt zu beobachten, dass ein großer Teil der Bevölkerung sich nicht mehr ausreichend bewegt, wie es früher im Handwerk, in der Landwirtschaft oder im Haushalt notwendig war. Heute erledigen Maschinen die meisten schweren Arbeiten, deshalb sind die Menschen weniger ‚beweglich'.

Aus Bewegungsmangel resultieren viele unserer heutigen „Zivilisationskrankheiten", ob physische Erkrankungen wie Adipositas (Fettleibigkeit), Osteoporose, Bandscheibenleiden oder zahlreiche psychische Erkrankungen, die durch ein Bewegungsdefizit mit ausgelöst werden können. Aus diesem Grund steht die Bewegungsförderung seit langer Zeit im Fokus der Gesundheitsförderung.

Bewegungsmuster

Unter einem Bewegungsmuster versteht man eine für einen Menschen typische Abfolge seiner Bewegungen. Weibliche Bewegungsmuster sind in unserer Kultur eher Raum sparend und flexibel. Der enge Gang von Frauen mit schwingendem Becken wird durch Schuhe mit hohen Absätzen noch hervorgehoben. Das männliche Bewegungsschema ist eher steif und Raum greifend. Über diese geschlechtsspezifischen Ausprägungen legen sich jeweils sehr individuelle Bewegungsabläufe, so dass man vertraute Personen sowohl am Klang ihrer Schritte als auch an ihren Bewegungen erkennen kann.

Haltung und Bewegung sind Ausdruck gesellschaftlicher und individueller Erfahrung und werden selten bewusst wahrgenommen. Sie laufen meistens automatisch ab, deshalb kann eine Veränderung, ein Eingriff von außen zu Verunsicherung führen. Die Geschichte des Tausendfüßlers, der gefragt wird, mit welchem Bein er eigentlich anfängt zu laufen und der dann umgehend ins Stolpern gerät, veranschaulicht diesen Umstand.

Wenn man, um den Rücken zu entlasten und zu schonen, andere Bewegungsmuster erlernen soll, geht das nicht über den Verstand oder über den Willen. Neue Bewegungsabläufe müssen trainiert werden, so lange, bis sie gewohnheitsmäßig ablaufen. Die nebenstehende Tabelle gibt eine Übersicht über hilfreiche Haltungs- und Bewegungsmuster.

hilfreiche Haltungsmuster
Auf dem ganzen Fuß schulterbreit und mit parallelen Füßen stehen.
Die Knie weich und beweglich halten, also leicht gebeugt.
Das Gesäß nach unten fallen lassen. Das Becken richtet sich dadurch auf und die Lendenwirbelsäule streckt sich.
Den Kopf in den Himmel strecken, dadurch richten sich Brust- und Halswirbelsäule auf.
Das Brustbein mit einem gedachten Knopf herausziehen, dadurch weitet sich der Atemraum.
hilfreiche Bewegungsmuster
Schritte schulterbreit aufsetzen, das erhöht die Standfestigkeit.
Drehungen aus dem Becken heraus einleiten, Verdrehungen der Lendenwirbelsäule werden vermieden.
Lasten nahe an den Körper heranbringen.
Beim Anheben eines Menschen oder einer Last das Becken senken, der Schwerpunkt des eigenen Körpers wird als Gegengewicht eingesetzt.
Alle diese Bewegungen erfordern weiche, beugebereite Knie.

Sport ist in vieler Hinsicht gesund. Er baut Stresshormone ab und die Muskulatur auf. In Bezug auf die Gesundheit ist vor allem die Freude an der Bewegung von Bedeutung. Als gesundheitsfördernd gelten insbesondere Ausdauersportarten wie Laufen, Schwimmen und Radfahren. Tanzen ist durch seine musikalische Begleitung und die Anforderungen an die Koordination eine sehr entspannende Sportart. Grundsätzlich gilt:

- Wählen Sie eine Sportart, die Ihnen Freude macht und
- integrieren Sie Bewegung in Ihren Alltag, so oft es möglich ist (grundsätzlich Treppen benutzen, möglichst viele Wege mit dem Rad statt zurücklegen, etc.).

Die Arbeitszeiten von Erziehern im Schichtdienst lassen regelmäßige Aktivität im Sportverein oftmals nicht zu, doch die oben genannten Sportarten lassen sich nahezu jederzeit ausüben. Zudem bieten Fitnessstudios eine große Auswahl vielfältiger Möglichkeiten zur sportlichen Betätigung, in Großstädten nicht selten rund um die Uhr. Sport hat jedoch nicht nur gesundheitsfördernde Aspekte. Insbesondere wenn er ausschließlich im Zusammenhang mit Leistung und Wettkampf wahrgenommen wird, können erhebliche gesundheitliche Risiken auftreten.

27.1.3 Die Wirbelsäule

Die Wirbelsäule, auch Rückgrat genannt, ist die tragende Stütze unseres Körpers. Ihre Stabilität ist Voraussetzung für den aufrechten Gang des Menschen. Gleichzeitig fängt sie durch ihre Elastizität die Erschütterungen beim Gehen auf und ermöglicht das Sitzen oder Vornüberbeugen durch ihre Flexibilität. Der Nachteil dieser vielseitigen Funktionsfähigkeit liegt in der Empfindlichkeit der Bandscheiben, die bei dauerhafter Fehlbelastung Rückenschmerzen bis hin zu Bandscheibenvorfällen auslöst. Die tiefe Rückenmuskulatur stabilisiert die Wirbelsäule und damit auch die Bandscheiben – wenn sie gut gestärkt ist.

Sitzen

Eine schlechte Haltung beim Sitzen führt nicht nur zu einer starken Belastung der Bandscheiben, sondern auch zu Verspannungen der Nackenmuskulatur sowie verringerter Blutversorgung des Gehirns mit Folgen wie Kopfschmerzen oder Konzentrationsmangel.

Jeder, der für einen längeren Zeitraum auf einem Stuhl oder Hocker ohne Lehne sitzt, z. B. auf einem Barhocker, bemerkt, dass der Oberkörper bei einer schwachen Rückenmuskulatur ganz schnell zusammensackt. Die Schultern fallen nach innen und der Rücken beginnt innerhalb kürzester Zeit zu schmerzen. Das Gleiche kann bei schlechten Sitzbedingungen am Schreibtisch passieren. Auch wenn die Arbeitsschutzvorschriften für die Tätigkeiten an einem Bildschirmarbeitsplatz stark normiert sind, so verdeutlichen sie sehr gut, wie eine optimale Sitzhaltung aussehen sollte. Doch auch hier gilt, richtiges Sitzen kann man sich nicht einfach vornehmen. Konzentriert man sich über eine längere Zeit auf eine bestimmte Arbeit, gerät der gute Vorsatz in Vergessenheit und man verfällt innerhalb kürzester Zeit wieder in die „alte“ Haltung. Pausen und regelmäßiges Training der Rückenmuskulatur schaffen hier Abhilfe.

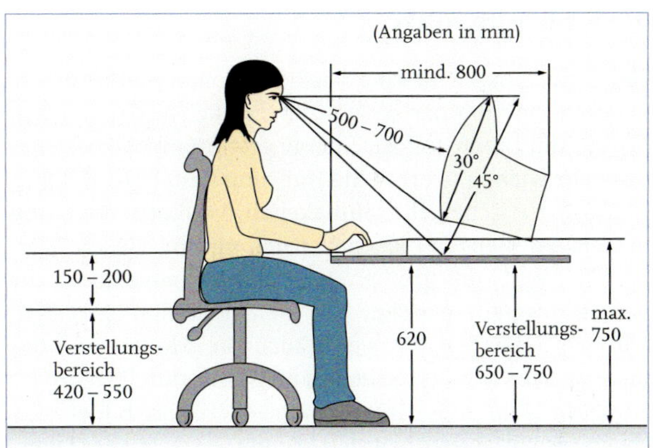

Abb. 27.4: Empfohlene Maße für einen Bildschirmarbeitsplatz.

Aus vielerlei Gründen stehen daher sowohl die Stärkung der Rückenmuskulatur als auch die Verringerung der Fehlbelastungen im Vordergrund aller präventiven Maßnahmen. Wie bei allen anderen sportlichen Aktivitäten gilt auch hier: Die Freude an der Bewegung sollte im Vordergrund stehen! Möchte man gezielt den Rücken stärken, sollte dies unter fachlicher Anleitung z. B. in einer Physiotherapie geschehen.

Heben, Ziehen und Schieben

Sowohl im privaten als auch im Berufsalltag wird der Körper immer wieder genötigt, schwere Gegenstände zu heben, zu ziehen oder zu schieben. Kennt man die richtige Technik und die passenden Hilfsmittel, entlastet man die Wirbelsäule effektiv und nachhaltig und wirkt so Rückenbeschwerden entgegen. Verschiedene Bewegungskonzepte, z. B. Kinästhetik, greifen diese Aspekte auf.

Die folgenden Abbildungen verdeutlichen das Prinzip rückengerechter Arbeitstechniken, die problemlos auch im Alltag angewendet werden können.

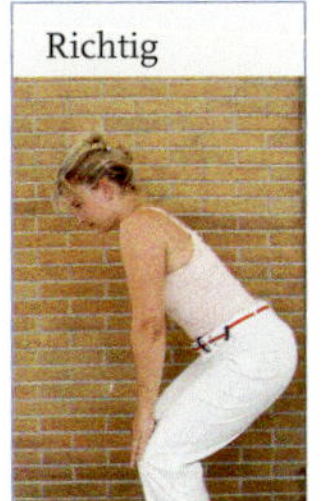

Abb. 27.5: Beugen.

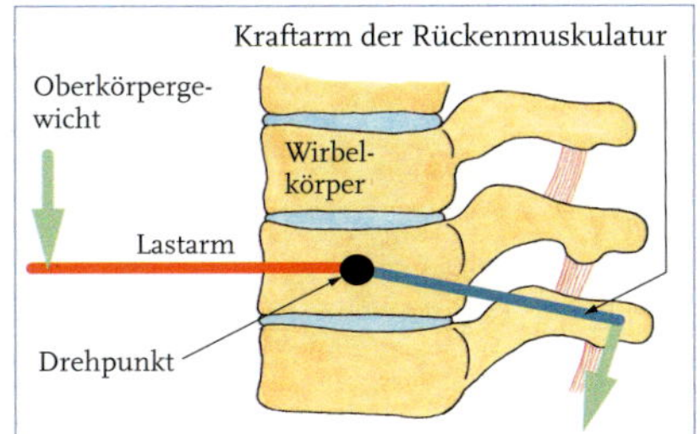

Abb. 27.6: Hebelarme der Bandscheibe.

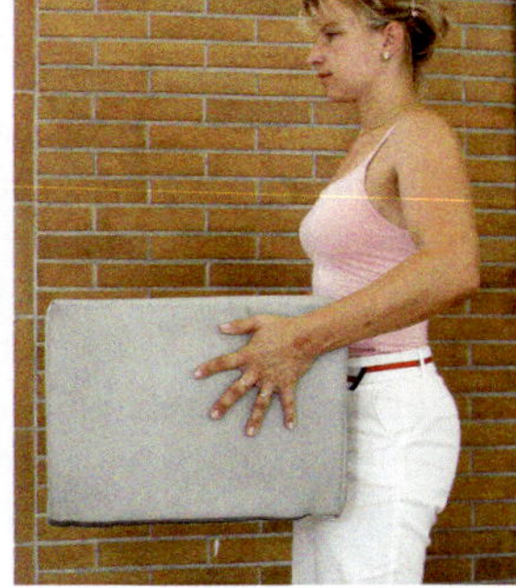

Abb. 27.7: Heben.

27.1.4 Ernährung

Die Ernährung stellt eine wichtige Komponente für die Gesunderhaltung dar. Essen und Trinken versorgen den Körper mit Brennstoff zur Energiegewinnung. Dabei ist es u. a. sehr wichtig, woraus die Nahrung besteht (z. B. Obst, Gemüse, tierische Fette, Süßigkeiten, Vollkorn, etc.), und in welchen Mengen man sie zu sich nimmt. Unsere Körperfülle wird zum größten Teil genetisch und durch die Lebensumstände geprägt. Nur wenige entsprechen dem gültigen Schönheitsideal und auch die Models, die das Ideal präsentieren, erreichen es meist nur durch ständiges Hungern. Extremes Untergewicht allerdings bildet eine ebenso große Gesundheitsgefährdung wie zu starkes Übergewicht. Etwa zwei Drittel der Frauen zwischen 15 und 25 Jahren haben schon eine Diät gemacht und für etwa 1 % dieser Altersgruppe mündete eine Hungerkur in einer Essstörung. Deren Ausgang kann sogar tödlich verlaufen.

Die deutsche Schauspielerin Franca Potente erklärte in einem Interview (BMG (Hrsg.): Denkanstöße – Spieglein, Spieglein, an der Wand …, Berlin 2005) u. a.: „Nichts ist attraktiver und stellt jede oberflächliche Schönheit in den Schatten als ein tolles Selbstbewusstsein, Humor, Interesse und Klugheit. Finde ich zumindest. Schönheit ist total relativ, jeder sollte sein eigener „Richter“ sein, was für ihn/sie schön ist. Wichtig ist, finde ich, was Äußerlichkeiten anbetrifft, seinen ganz eigenen Stil zu finden.“

Empfehlungen zum Thema Ernährung gehen zunehmend in diese Richtung:

- Akzeptieren Sie ihren Körper so, wie er ist.
- Essen Sie mit Genuss und mit anderen zusammen.
- Nehmen Sie sich Zeit zu kochen und probieren Sie neue Zutaten und Rezepte.
- Bewegen Sie sich oft und mit Spaß.

27.1.5 Stress

Stress ist die Reaktion von Lebewesen auf Belastung. Umgangssprachlich steht Stress (→ Kap. 10.8) als Symbol für Belastung allgemein. In der ursprünglichen Form geht es um eine Beschreibung der physiologischen Reaktionen unseres Körpers auf einen Stressor (Belastung). Die negative Bewertung, die der Begriff Stress heute hat, wird in den Stresstheorien Disstress genannt. Positiver Stress – denn Belastung ist nicht nur negativ – wird als Eustress bezeichnet.

Für die Entstehung von Gesundheit scheint es besonders wichtig zu sein, ob man Ereignisse als Herausforderung oder als negativen Stressor empfindet. Nachdem man noch in den 1950er Jahren dachte, dass Stress eben einfach krank mache, sieht man heute eher einen Zusammenhang von äußeren Stressoren und der inneren Bewertung derjenigen, die unter Stress stehen. Prüfungen können z. B. dazu anregen, die eigene Höchstform zu erreichen oder in Panik auszubrechen.

Stresstheorien

1. Stressmodell nach Selye

Hans Selye (1907–1982) war der Pionier der Stressforschung. Der ungarisch-kanadische Arzt und Biochemiker erarbeitete die Grundlagen für die Stresslehre und untersuchte die physiologischen Abläufe im Körper.

Selye bezeichnete die Gesamtheit des Stressprozesses als allgemeines Adaptationssyndrom (AAS). Er entwickelte ein 3-Stadien-Modell, das sich auf zahlreiche physische und psychische Zustände anwenden lässt. Wirkt ein Stressor auf den Organismus ein, kommt es zum Ablauf der drei aufeinanderfolgender Phasen:

- Alarmphase,
- Widerstandsphase,
- Erschöpfungsphase.

2. Stressmodell nach Lazarus

Richard Lazarus (1922–2002) hat das psychologisch orientierte „transaktionale Erklärungsmodell“ zum Phänomen Stress erarbeitet. Er schrieb den individuellen Persönlichkeitsfaktoren eine hohe Bedeutung zu und ging davon aus, dass primär die persönliche gedankliche Verarbeitung der betroffenen Person von Bedeutung ist und nicht, wie in der Theorie von Selye, die jeweiligen Stress auslösenden Situationen und Reize.

Stress entsteht in Lazarus' Modell dann, wenn der Mensch die Anforderungen als belastend und nicht zu bewältigend erlebt. Er fühlt sich in der Situation gefangen. Lazarus beschreibt drei Bewertungskategorien:

- primäre Bewertung: Der Reiz wird wahrgenommen und nach den Kriterien „irrelevant“, „angenehm positiv“ und „stressbezogen“ beurteilt.
- sekundäre Bewertung: Persönliche Bewältigungsmöglichkeiten werden eingeschätzt, Bewältigungsstrategien bedacht.
- Neubewertung: Die Ausgangssituation wird neu beurteilt; es folgt die Anpassung an die Veränderung.

Stress in der Ausbildung

Die Erzieherausbildung ist mit vielfältigen Herausforderungen verbunden, die manchmal in Stress umschlagen können. Während der schulischen Ausbildungszeit stehen mit Sicherheit die Leistungsüberprüfungen im Vordergrund, aber auch:

- langer, unter Umständen langweiliger Unterricht,
- die Beiträge und das Verhalten der Mitschülerinnen,
- Unruhe im Klassenraum sowie
- Gruppenarbeit mit ungeliebten Mitschülerinnen.

Im Praktikum in den verschiedenen Einrichtungen sind die Schülerinnen wiederum anderen, möglicherweise Stress verursachenden Faktoren ausgesetzt:

- dem Lärm in Kindertageseinrichtungen,
- den verschiedenen Bedürfnissen der Kinder, Jugendlichen oder jungen Erwachsenen;
- der Arbeit in ausgeprägten Hierarchien (sie schränkt den eigenen Handlungsspielraum ein; man kann wenig entscheiden, muss es aber allen recht machen),
- eventuell dem Schichtdienst, der die innere Uhr stört.

Stressbewältigung

Stress ist einerseits objektiv vorhanden: Da sind die Arbeitsdichte und der Zeitdruck mit widersprüchlichen Anforderungen, wie die Langsamkeit eines jungen Kindes beim Anziehen, in dem Bewusstsein zu ertragen, dass nach der Zeit mit den Kindern noch Dokumentationen zu schreiben sind. Andererseits entsteht Stress im eigenen Kopf: Es sind unsere Gedanken, die uns gleichzeitig an die Büroarbeit denken lassen, während wir einem Kind beim Anziehen helfen.

Es ist möglich, sich immer wieder auf das im Moment Wichtige zu konzentrieren, und eins nach dem anderen zu erledigen. Allerdings muss auch das gelernt werden. Folgende Strategien können bei der Stressbewältigung hilfreich sein:

- **Abgrenzung:** Eigene Belastungsgrenzen müssen erkannt und nach außen deutlich gemacht werden. Es ist wichtig, auch mal eine Aufgabe zurückzuweisen und sich in der Freizeit Hobbys und Interessen zu bewahren oder aufzubauen, insbesondere solche, die mit Muße und Entspannung einhergehen.

- **Gespräche:** In Gesprächen können belastende Situationen beschrieben und bearbeitet werden. Der Familien- oder Freundeskreis fühlt sich meist schnell überfordert. Kolleginnen kennen die Belastungen gut, finden aber häufig im Alltag nicht die Zeit zum Zuhören oder können selbst nicht gut mit Berufskonflikten umgehen. Deshalb ist es ab einem bestimmten Zeitpunkt sinnvoll, professionelle Hilfe zu wählen, z. B. Supervision.

> ▶ **Supervision**
> Beratung eines Arbeitsteams, einer Organisation zur Erhöhung der Effektivität.

- **Entspannung:** Hier eignen sich neben diversen Wellnessangeboten (z. B. Sauna) und Sport spezielle Entspannungsverfahren, wie z. B. Progressive Muskelentspannung, autogenes Training oder heilgymnastische Methoden (z. B. Yoga, Tai Chi oder Qi Gong).

- **Meditation:** In vielen Kulturen findet diese effektive Form der spirituellen Praktik Anwendung. Meditation hat zum Ziel, sich im Sitzen oder auch Liegen auf einen Gegenstand oder sein Inneres zu konzentrieren und seinen Geist zu beruhigen. Man kann sie in Kursen lernen, bspw. bei der Volkshochschule.

27.1.6 Prüfungsstress

Prüfungen bedeuten sicher für jeden Stress, dennoch bewerten Menschen diese Situationen unterschiedlich. Manche laufen zur Hochform auf und wollen zeigen, was sie können, andere sehen sich mit Versagensängsten konfrontiert. Den meisten fällt es vor allem schwer, mit den Prüfungsvorbereitungen (→ Kap. 28.7) rechtzeitig zu beginnen, denn das Lernen für eine Prüfung hat auch einschränkende Aspekte: Die Freizeit und andere geliebte Aktivitäten müssen zurückgestellt werden.

Viele Lernende beginnen erst mit den Vorbereitungen, wenn sie sich bereits unter Druck fühlen. Ein wenig Druck ist insofern förderlich, als er für die konkurrierenden Motive – Freunde treffen, am Computer spielen, in die Disco gehen – ein Gegenwicht darstellt. Entsteht jedoch das Gefühl, es nicht mehr zu schaffen, bedeutet das Disstress, der dann das Lernen doppelt erschwert.

Abb. 27.8: Regelmäßige Saunagänge können zur Stressreduktion beitragen.

Folgende Strategien sind hilfreich, um ihn zu vermeiden:

Strategien zu Vermeidung von Stress
Wissensaufbau während der ganzen Ausbildung: Was im ersten Ausbildungsjahr gelernt wurde, kann mit praktischen Erfahrungen angereichert werden. So entsteht ein Wissensgitter, in dem immer mehr Stoff hängen bleibt. Das erspart sinnlose „Büffelei" von leerem Wissen vor dem Examen.
Nicht zu früh mit der Prüfungsvorbereitung beginnen: Es ist schwer, sich gedanklich mehr als ein halbes Jahr in Prüfungsvorbereitungen zu befinden. Erschöpfung und zunehmender Stress zerren dann erst recht an den Nerven.
Nicht zu spät mit den Vorbereitungen beginnen: Zu hoher Lerndruck erzeugt Stress, das Lernpensum wird häufig zu groß, man verbringt zu viele Stunden am Schreibtisch, kann sich nicht mehr erholen, der Lernprozess wird ineffektiv (s. auch Lernstoff aufbereiten → Kap. 28.3).
Konkurrierende Motive als Belohnung einsetzen: Wenn man sein geplantes Zwischenziel erreicht hat, darf man sich ein Treffen mit Freundinnen oder einen Discobesuch als Belohnung gönnen. Das motiviert für die nächste Etappe.
Lerngruppen unterstützen die Vorbereitung: Nicht jeder kann gut in Gruppen (→ Kap. 28.1.2) arbeiten und es ist in jedem Fall sinnvoll, sich eine gewisse Zeit allein mit dem Lernstoff auseinanderzusetzen. Aber Gruppentreffen strukturieren die Lernarbeit, sie zwingen zur Vorbereitung, der Lernstoff wird noch einmal besprochen und alle profitieren vom Gespräch. Dabei können durchaus Schülerinnen unterschiedlichen Leistungsniveaus zusammenarbeiten. Die Leistungsstarken können durch Erklären ihre Fähigkeiten stärken und die Leistungsschwachen profitieren von den Erläuterungen.
Lernplan erstellen: Festlegungen zur täglichen oder wöchentlichen Prüfungsvorbereitung teilen den Lernstoff in kleine „verdauliche" Happen. Ist eine bestimmte Etappe erreicht, wird eine Belohnung eingeplant (s. auch Lerntechniken → Kap. 28.2).
Mit den Prüferinnen in Kontakt bleiben: Es ist sinnvoll, mit Prüferinnen im Gespräch zu bleiben, deren Erwartungen kennen zu lernen, Hinweise zu Prüfungsinhalten von ihnen zu erfragen.

27.2 Burnout

27.2.1 Begriffsbestimmung

Das Burnout-Syndrom wurde erstmals 1974 von dem amerikanischen Psychoanalytiker Herbert Freudenberger näher beschrieben. Ihm fiel auf, dass es in helfenden Berufen (z. B. in Pädagogik, Sozialarbeit, Pflege, Medizin, Rettungsdienst) besonders häufig zu Krankschreibung, Arbeitsunfähigkeit oder Frühverrentung kam. Die Betroffenen wirkten regelrecht „ausgebrannt", wie erlöschendes Feuer, aufgrund völliger körperlicher und emotionaler Erschöpfung.

► **Burnout**
to burn out, engl. = ausbrennen; Syndrom der völligen seelischen und körperlichen Erschöpfung.

► **Syndrom**
(Krankheits-)Bild, das sich aus verschiedenen eigenständigen Symptomen ergibt.

Das Burnout-Syndrom ist in der ICD-10, der „Internationalen Klassifikation von Krankheiten (International Classification of Diseases), zehnte Version" nicht als Krankheit, sondern als Einflussfaktor auf die Gesundheit aufgeführt. Obwohl es ein vielfach untersuchtes Phänomen darstellt, findet sich keine allgemein gültige Definition. Je nach dem Fokus der Aufmerksamkeit gibt es unterschiedliche Erklärungsansätze. In einigen wird die Ursache in der Persönlichkeitsstruktur der Helfenden gesucht, andere dagegen betonen die Bedeutung gesellschaftlicher oder arbeitsbezogener Faktoren. Burkhard Gusy hat die Erklärungsansätze in seinen Forschungen in persönlichkeitszentrierte sowie sozial-, arbeits- und organisationspsychologische Erklärungsansätze unterteilt und analysiert.

Gusy, Burkhard: Stressoren in der Arbeit, Soziale Unterstützung und Burnout – Eine Kausalanalyse; Forschungsberichte Band 1, München & Wien: Profil Verlag GmbH, 1995.

Im Allgemeinen wird das Burnout-Syndrom als eine Folge längerfristiger negativer Beanspruchungen beschrieben. Die Kernkomponente von Burnout ist die emotionale Erschöpfung. Sie ist verbunden mit dem Gefühl, den Anforderungen am Arbeitsplatz nicht mehr gewachsen zu sein, „nicht mehr zu können". Gefühle der Überforderung, der inneren Leere, des Ausgelaugt seins und der chronischen Ermüdung machen sich breit. Hinzu kommen Tendenzen, die sich einerseits als zunehmende Gleichgültigkeit bzw. Distanzierung und andererseits als wachsender Widerwille und Ärger gegenüber den zu betreuenden Personen bzw. der Arbeit im Allgemeinen zeigen können. Diese Tendenzen werden auch als „Dehumanisierung" (Entmenschlichung) bezeichnet. Sie äußert sich durch negative und/ oder zynische Einstellung gegenüber Kollegen, negative Gefühle gegenüber Kindern, Schuldgefühle, Rückzug „ins Schneckenhaus", Vermeidung von Unannehmlichkeiten, Reduzierung der Arbeit auf das Notwendigste. Die betroffene Person hat keine Freude mehr an ihrer Arbeit, sie „will nicht mehr". Weder Familie noch Freunde können neue Kraft geben, im Gegenteil – auch sie werden als weitere Verpflichtung erlebt. Selbst im Urlaub gelingt es nicht, sich wirklich zu erholen. Reizbarkeit und Nervosität stellen sich nach Arbeitsbeginn schnell wieder ein.

Abb. 27.9: Überforderung im Beruf kann zu einem Burnout-Syndrom führen.

27.2.2 Ursachen

Die Ursachen für Burnout liegen primär in den beruflichen Belastungen, denen eine Person über längere Zeit ausgesetzt ist. Die Gründe der Belastung können an der Arbeitsaufgabe (Unterforderung durch Monotonie oder Überforderung durch permanenten Zeitdruck), an der Atmosphäre im Team und an den Arbeitsbedingungen bzw. organisatorischen Rahmenbedingungen liegen. Mangelnde Ressourcen, beispielsweise unzureichende Entscheidungsspielräume oder Personalnotstand, unterstützen die Entwicklung von Burnout. Persönliche Veranlagungen wie ausgeprägtes Selbstbewusstsein oder Helfersyndrom können die Entwicklung von Burnout ebenso hemmen wie begünstigen.

27.2.3 Stadien

Im Wesentlichen ist das Burnout durch vier Phasen gekennzeichnet, die nacheinander oder auch wiederholt auftreten können.

1. Idealistische Begeisterung: Sie zeigt sich in der Überidentifikation mit dem Beruf und hohen Idealen, gepaart mit Ehrgeiz und permanentem Leistungsdruck. Allmachtsfantasien zählen ebenso dazu wie nahezu unbegrenzte Aufopferungsbereitschaft.

2. Stagnation oder Einbruchphase: Die Freude an der Arbeit geht verloren; chronische Müdigkeit und Unlust sind erste Warnsignale. Der „Verrat" an den einstigen Idealen führt zu Schuld- und Versagensgefühlen, die leicht in zynische Aussagen münden. Die Arbeit, die früher um ihrer selbst willen idealisiert wurde, wird als erheblich anspruchsvoller, aber viel schlechter bezahlt erlebt als alle anderen Tätigkeiten. Die Betroffenen fühlen sich ausgenutzt und meinen, dass angesichts der Diskrepanz zwischen Anstrengung und Gehalt auch illegale Mittel (Krankfeiern) erlaubt sind, um das erlebte Missverhältnis auszugleichen.

3. Frustration oder Abbauphase: Es kommt zu deutlichem Leistungsabbau, die Betroffenen können sich nicht mehr konzentrieren, es unterlaufen ihnen zunehmend Fehler. Das fördert die Verunsicherung in der beruflichen und persönlichen Identität, sozialer und emotionaler Rückzug bis hin zu Isolation – auch im Privatleben – sind die Folge. Es kommt zu Veränderungen von Persönlichkeitseigenschaften (→ Kap. 10.3.5). Hoffnungs- und Orientierungslosigkeit nehmen zu, ebenso der Missbrauch von Suchtmitteln wie Alkohol, Tabak, Medikamente und Süßigkeiten. Verminderte Infektabwehr, häufige Erkältung, allgemeine vegetative Reaktionen wie Enge in der Brust und Kurzatmigkeit deuten auf eine wachsende Krankheitsanfälligkeit hin.

> ▸ **Persönlichkeitseigenschaft**
> relativ überdauerndes, individuelles Merkmal einer Person, z. B. Emotionalität, Aktivität

4. Apathie und Verzweiflung: Die Betroffenen resignieren, werden depressiv und innovationsfeindlich. Selbstbeschuldigung, Zynismus und psychosomatische Reaktionen wie Kopf- und/oder Magenschmerzen, Schlaflosigkeit, vegetative Beschwerden nehmen überhand. Angestaute Aggressionen werden gegenüber Patienten und Kollegen ausgelebt – ähnlich wie beim ausgeprägten Helfersyndrom kann es zu Gewalthandlungen (→ Kap. 9.4; Kap. 26) kommen. Motivation und Eigeninitiative werden durch Gleichgültigkeit, innere Leere und Depressionen ersetzt. Es kommt zur so genannten De-Personalisierung: Die Selbstachtung geht verloren, stattdessen macht sich eine negative Einstellung gegenüber allem und jedem breit. Die Suizidgefährdung steigt erheblich an.

Die Phasen des Burnout-Syndroms sind Gegenstand verschiedener Forschungen und werden in unterschiedlichen Modellen vorgestellt.

> ✉ Freudenberger/North, Müller-Timmermann und Fengler: www.dguv.de/inhalt/medien/bestellung/documents/FF-DP12001.pdf

27.2.4 Warnsignale

Je früher erste Anzeichen eines Burnouts wahrgenommen werden, desto eher lässt sich etwas dagegen tun. Da zwischen Disstress (→ Kap. 27.2) und Burnout ein enger Zusammenhang besteht, ist es wichtig, Stressreaktionen frühzeitig ernst zu nehmen. Bedacht werden sollte auch, dass jüngere Erzieherinnen gefährdeter sind, weil sie im Gegensatz zu den erfahrenen Kollegen noch keine Gegenstrategien entwickeln konnten.

Reaktionen

Folgende Reaktionen sollten als Warnsignale ernst genommen werden:

kognitive Reaktionen:
- Verdruss, „wenn ich nur an die Arbeit denke! ..."
- Konzentrationsmangel, erhöhte Fehlerquote
- verminderte Kreativität, keine Lust mehr auf neue Therapiemethoden
- Gedankenkreisen, ohne einen Ausweg zu finden

emotionale Reaktionen:
- Unlust, Angst, Verunsicherung, Unruhe, Anspannung, Unzufriedenheit,

Erschöpfung:
- Konflikte werden nicht gelöst, sondern verdrängt
- Ärger, Wut, Gereiztheit, Aggressivität
- Versagensgefühle, Angst vor neuen Herausforderungen
- das Selbstwertgefühl leidet, Abwertung eigener Leistung
- verminderte Wahrnehmung der Umgebung und der Befindlichkeit anderer Menschen

muskuläre Reaktionen:
- Verspannungen in Nacken und Schultern, Fehlhaltung
- Spannungskopfschmerz, hochgezogene Schultern
- nächtliches Zähneknirschen, zittrige Hände

vegetative Reaktionen:
- chronische Müdigkeit, Erholungszeiten werden länger
- Immunsystem: Abwehrschwäche, häufige Erkältung
- Herz-Kreislauf: Herzklopfen, funktionale Herzschmerzen, erhöhter Blutdruck
- Atmung: Kurzatmigkeit, Kloß im Hals, Enge in der Brust
- Magen, Darm: flaues Gefühl im Magen, Übelkeit, Durchfall, Magenschmerzen
- Innenohr: Tinnitus, Hörsturz, Schwindel
- Nebenniere: erhöhte Ausschüttung von Stresshormonen (Cortisol, Adrenalin und Noradrenalin) mit Auswirkungen auf den gesamten Hormonhaushalt

27.2.5 Prävention und Bewältigung von Burnout-Phänomenen

Prävention und Bewältigung in der Gesellschaft

Burnout ist nicht nur ein individuelles Problem, sondern auch ein Gesellschaftsphänomen. Insofern müssen Veränderungen und vorbeugende Maßnahmen auf ganz verschiedenen Ebenen, nämlich der politischen, der organisatorischen und der individuellen ansetzen.

Politische Ebene: Im Rahmen stark beschleunigter Arbeitsprozesse, zunehmender Technisierung und Bürokratisierung bei gleichzeitig wachsender Arbeitsplatzunsicherheit steigt das Risiko stressbedingter Burnout-Phänomene. Hier ist es Aufgabe der Politik, in internationaler Zusammenarbeit langfristig Veränderungen herbeizuführen.

Organisationsebene: Schätzungen gemäß gehen die Folgekosten von Stress und Burnout in den mehrstelligen Milliardenbereich. Psychische Erkrankungen haben dramatisch zugenommen und sind inzwischen für 10 % aller Arbeitsunfähigkeitstage verantwortlich. Insofern muss es im ureigenen Interesse der Arbeitgeber liegen, eine Organisationsstruktur zu schaffen, die auf Wertschätzung und Anerkennung den Mitarbeitern gegenüber beruht. Frauen sind stärker Burnout-gefährdet als Männer. In der Prophylaxe hat sich eine positive Atmosphäre im Team als besonders hilfreich erwiesen, das durch gute Organisation weiter gefördert werden kann.

Dazu zählen:

- ein durch Vertrauen und Transparenz gepflegtes offenes Arbeitsklima,
- die Auswahl von verantwortungsbewussten Leitungspersonen, die auch bereit sind, Führung zu übernehmen,
- Förderung von beruflicher Autonomie, Mitbestimmung und Selbstverantwortung,
- Förderung einer stabilen Berufsrolle (Professionalität),
- flache Hierarchien und wirkliche Gleichberechtigung in Aufgabenverteilung und Bezahlung,
- Einhaltung des Subsidiaritätsprinzips (→ Kap. 2.1.2),
- Entwicklung einer „Fehlerkultur" im Rahmen von Qualitätsmanagement,
- Gewährung angemessener Rückzugsräume und -zeiten sowie
- Angebote für Fort- und Weiterbildung, insbesondere für Supervision und kontinuierliche Teamentwicklung.

Individuelle Ebene: Körperliche und seelische Gesundheit sind keine Selbstverständlichkeit im Sinne eines unveränderlichen Zustandes. Vielmehr stehen wir als Menschen in einem permanenten Austausch mit unserer Umwelt, die stark dazu beiträgt, ob wir uns physisch und psychisch stabil oder zunehmend krank fühlen. Der Erzieherberuf birgt hohe Belastungen und gerade auf emotionaler Ebene besteht das Risiko, sie zu unterschätzen.

In Kapitel 27.1 werden verschiedene präventive Überlegungen zur Gesunderhaltung des Körpers dargestellt, die auch als Burnout-Prophylaxe angewendet werden können. Eventuell ist die Durchführung eines Burnout-Tests hilfreich. Ohne diese Tests überbewerten zu wollen, können sie doch dazu beitragen, sich der eigenen Situation bewusster zu werden. In der Folge kann die Bereitschaft wachsen, notwendige Veränderungen herbeizuführen. Wie in allen Bereichen der Prävention und der Gesundheitsförderung spielen auch für die Burnout-Prophylaxe Freizeitaktivitäten eine positive Rolle, die Zufriedenheit und Entspannung fördern (Hobbys wie Sport, Lesen, Musik, etc.). Einem beginnenden Burnout kann durch professionelle Unterstützung z. B. in der kollegialen Beratung (→ Kap. 22.3.2) oder in der Supervision (→ Kap. 27.1.5.3) auf Einzelperson- oder Teamebene entgegenwirken. Bei einer fortgeschrittenen Burnout-Symptomatik sollten Psychotherapie und ärztliche Behandlung ernsthaft in Erwägung gezogen werden.

Burnout in der Praxis

Der Extremverlauf des Burnouts wird eher selten wahrgenommen, u. a. auch deswegen, weil viele Menschen vorher aus dem Beruf aussteigen. Vertrauter dürfte dagegen der „kompensierte Burnout“ sein. In diesem Fall verbergen Berufstätige ihren inneren Ausstieg. Sie leisten „Dienst nach Vorschrift“, das heißt, sie erfüllen einigermaßen ihre Pflicht, aber ohne inneres Engagement. Erkennbare Unlust wird durch „rechtfertigende“ Ausreden begründet, z. B. eigene Erkrankung, Eheprobleme, Belastung durch Kinder, Wohnungswechsel oder schwierige Familienverhältnisse. Unter solchen Voraussetzungen kann sich das Phänomen Burnout im Kollegenkreis einer Kindertagesstätte schnell verbreiten. Insbesondere die oftmals am „Helfersyndrom“ leidenden Erzieherinnen neigen dazu, Verständnis in allen Situationen aufzubringen. Durch übermäßige Rücksichtnahme und die Bereitschaft, immer wieder neue Aufgaben zu übernehmen, kommt es schnell zur Überforderung. Die Burnout-Entwicklung wird gefördert. Darüber hinaus kann ein Teufelskreis entstehen, von dem das gesamte Team „angesteckt“ wird: Die weniger ausgebrannten Teammitglieder erledigen die Arbeit für die stärker Betroffenen so lange mit, bis sie selbst nicht mehr können.

Die Folge: Die Qualität der Arbeit leidet und es kommt zu einer regressiven Ent-Professionalisierung des Teams: die eigene, professionelle Verantwortung, aktiv zu handeln, wird abgegeben und in Form von Schuldzuweisungen („die bösen Kinder/Kollegen“), Erwartungen oder „Kuschelatmosphäre“ („aber wir halten zusammen“) auf andere geschoben.

> ▸ **Regressive Ent-Professionalisierung**
> Professionell arbeiten heißt, sich im Unterschied zur Laienarbeit an den Werten der jeweiligen Berufsgruppe zu orientieren. Diese Werte müssen regelmäßig weiterentwickelt werden, um eine Ent-Professionalisierung zu vermeiden. Regressiv ist eine Ent-Professionalisierung dann, wenn ein Rückschritt in frühere Entwicklungsphasen erfolgt.

Coolout-Phänomen

Seit wenigen Jahren wird komplementär zum Burnout-Syndrom das so genannte „Coolout-Phänomen“ in den sozialen Berufen beschrieben. Im Gegensatz zum „Ausgebranntsein“ beschreibt das „Sichkaltmachen“ die Bewahrung der Handlungsfähigkeit angesichts der verschiedenen Spannungsfelder im Berufsalltag. Die Realität zeigt, dass sich Betroffene wenig für die Verbesserung der Bedingungen einsetzen, unter denen sie leiden, sondern in der Ausbildung unterschiedlicher Reaktionsmuster paradoxerweise systemstabilisierend wirken.

27.2.6 Das Forschungsprojekt STEGE

Von der Alice-Salomon-Hochschule in Berlin wird seit Oktober 2010 eine zweijährige Studie zur Strukturqualität und Erzieherinnengesundheit in Kindertagesstätten in Nordrhein-Westfalen durchgeführt. Auftraggeber sind die Unfallkasse Nordrhein-Westfalen und die Deutsche Gesetzliche Unfallversicherung. Unter der Leitung von Frau Prof. Dr. Susanne Viernickel und Frau Prof. Dr. Anja Voss untersucht ein Projektteam die Wechselwirkungen zwischen den strukturellen Bedingungen und dem Gesundheitszustand der Erzieherinnen in nach dem Zufallsprinzip ausgesuchten Kindertageseinrichtungen. Die Resultate einer Datenerhebung aus schriftlichen und mündlichen Befragungen unter den pädagogisch tätigen Mitarbeiterinnen sollen sich ganz konkret in Vorschlägen und Präventivmaßnahmen für die Gesunderhaltung von Erzieherinnen niederschlagen.

> ✉ Internetseite des Forschungsprojektes STEGE:
> www.kita-forschung.de

27.2.7 Fazit

Es ist sehr begrüßenswert, dass der Staat sich seiner Verantwortung für die sozialen Berufe und insbesondere für den Berufsstand der Erzieherinnen bewusst wird. Doch Gesunderhaltung liegt immer und in erster Linie in der Verantwortlichkeit des Individuums, das heißt in Ihrer eigenen. Gehen Sie deshalb achtsam mit Ihrem Körper um, damit er in der Einheit mit Geist und Seele gleichberechtigt ist und Sie bis ins Alter hinein Freude an Ihrem Leben haben.

Teil VI
Aspekte der Aus-, Fort- und Weiterbildung

28

Lernen in der Ausbildung

Andreas Ziegner

28.1 Lernformen

Aktives Lernen am Lernort Schule

Der Unterricht heutzutage ist in der Regel nicht mehr auf rezeptives Zuhören ausgerichtet. Verschiedene Formen der Wissensvermittlung ergänzen sich da, wo neben dem Vortrag durch den Lehrer oder Dozenten weitere Elemente hinzukommen, bspw. Fallbesprechungen und Diskussionen oder die Erarbeitung von Lernstoff in Kleingruppen.

Heutiges Lernen (→ Kap. 10.5) wird zunehmend zu einem Prozess zwischen Lehrenden und Lernenden und ist gekennzeichnet durch aktive Beteiligung und Auseinandersetzung mit dem Lehrstoff von beiden Seiten. Zuhören, mitdenken und mitreden der Lernenden führt zu einer abwechslungsreicheren Gestaltung des Unterrichts, zu größerer Selbstbeteiligung und zu mehr Eigenverantwortung hinsichtlich des Lernerfolgs. Das entspricht den modernen Anforderungen der Erwachsenenbildung.

28.1.1 Gemeinsam voneinander lernen

Ein solcher Lernprozess ist auf das Lernen voneinander ausgerichtet. Der Lehrer oder Dozent ist nach wie vor dafür verantwortlich, den Lehrstoff zu präsentieren und zum Verständnis der Inhalte beizutragen, aber die Erklärungen, Fragen und das zum Ausdruck gebrachte Verstehen der Lernenden ermöglichen einen umfassenden und vielschichtigen Lernprozess. Durch den Austausch unterschiedlicher Sichtweisen, Erfahrungen und Vorwissen werden die Sachverhalte für alle Beteiligten komplexer zugänglich.

Ein Fach, in dem man auf Dauer „überhaupt nichts mitbekommt“, gibt es daher eigentlich nicht. Die entscheidende Frage ist vielmehr, wie viel Energie man zu investieren bereit ist und ob man sich konstruktiv am Lernprozess beteiligt. Jeder Einzelne trägt zum Erfolg des Unterrichts bei.

Regeln für ein aktives Mitgestalten des Unterrichts:

- Ich stimme mich positiv auf die kommende Unterrichtseinheit ein.
- Ich schaue den an, der redet, und höre zu.
- Wenn ich etwas nicht verstehe, frage ich nach.
- Ich bringe mein Wissen und Verständnis ein und beteilige mich an der Erarbeitung gemeinsamer Lösungen und Erklärungen.
- Ich übernehme aktiv meinen Teil der Verantwortung zum Gelingen des Unterrichts.

28.1.2 Lernen in der Gruppe

Bedeutung des Lernens in der Gruppe

Lernen in der Gruppe (Soziales Lernen → Kap. 6.1.1; Kap. 8.4.1) ist eine sehr effiziente Lernform. Ein wesentlicher Teil menschlicher Lernprozesse findet in Gruppen statt, sei es, um gemeinsam Projekte zu bearbeiten, um Aufgaben zu lösen oder Probleme zu bewältigen. Das Lernen in und mit Gruppen kann angenehmer und erfolgreicher sein als das „Büffeln“ allein, denn es fördert nicht nur die Ideenbildung, sondern auch das Weiterentwickeln sozialer Kompetenzen. Lerngruppen arbeiten sowohl an einem Thema, als auch an der Teamfähigkeit. Wer lernt, Gruppenprozesse konstruktiv mitzugestalten und voranzutreiben, kann diese wertvollen Erfahrungen auch auf andere Gruppensituationen im beruflichen oder privaten Umfeld übertragen. Gerade für komplexe Problem- und Aufgabenstellungen bietet das Arbeiten in Gruppen besondere Vorteile, da kaum jemand so viele verschiedene Denkweisen beherrscht, um alle Bereiche abzudecken. Die Gruppenmitglieder dagegen ergänzen sich, wenn es z. B. um logisch-abstraktes Denken geht, mit dem Probleme genau analysiert werden, oder um intuitives, kreatives Denken, das neue Ideen produziert, oder um pragmatisches Denken, um zu entscheiden, auf welche Weise sich Lösungsansätze am besten umsetzen lassen.

Abb. 28.1: Lernen am Lernort Schule.

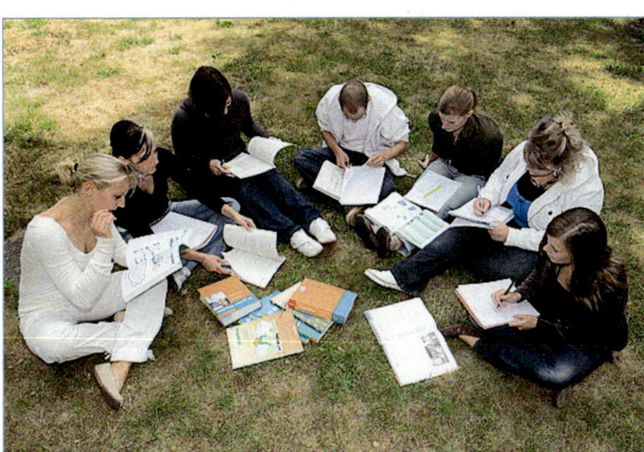

Abb. 28.2: Lernen kann bei entsprechenden Rahmenbedingungen durchaus im Grünen stattfinden.

Voraussetzungen für das Lernen in Gruppen

Damit das Lernen in Gruppen erfolgreich ist, müssen bestimmte Umgangsformen und Regeln eingehalten werden. Dazu gehört, konstruktiv und fair miteinander umzugehen, niemanden abzuwerten und alle einzubeziehen. Je intensiver und persönlicher die Lernprozesse werden, desto wichtiger ist es für die Gruppenmitglieder, Fähigkeiten zu entwickeln, die ihnen helfen, auf der Prozessebene ergebnisorientiert miteinander zu arbeiten. Neben der Kenntnis von Gesprächsregeln sind dabei vor allem das Einfühlungsvermögen, die Bereitschaft zuzuhören, die Teamfähigkeit und die Bereitschaft, Konflikte konstruktiv zu lösen, von Bedeutung. Diese Fähigkeiten werden von einer Erzieherin täglich verlangt.

> ► **Konflikt**
> Interessen, Wertvorstellungen, etc. von mindestens zwei Personen oder Gruppen treffen aufeinander und erscheinen unvereinbar (lat.: confligere: zusammentreffen, kämpfen)

Methoden der Gruppenarbeit nach Ruth Cohn

Für die Arbeit in Gruppen haben sich die Methoden der Gruppenarbeit von Ruth Cohn bewährt. Sie nennt sechs Hilfsregeln, wie Beiträge in die Gruppe einzubringen sind:

- in der Ich-Form reden: „Ich habe das noch nicht verstanden." statt „Das ist völlig unverständlich, was du sagst."
- nicht interpretieren: „Ich erlebe dich sehr verärgert." statt „ Du bist so aggressiv!"
- keine Verallgemeinerungen: „In deinem zweiten Punkt muss ich dir widersprechen." statt „Das ist ja alles falsch."
- persönliche Eindrücke deutlich kennzeichnen: „Das ist meine Meinung, so sehe ich das …"
- es redet immer nur einer: Bei vielen Wortbeiträgen eine Rednerliste erstellen.
- bei Überschneidungen von Redebeiträgen kurze Sammlung der Stichpunkte: z. B. auf einem Flipchart.

Abb. 28.3: Ruth C. Cohn (1912–2010), jüdische Psychoanalytikerin deutscher Herkunft

Gruppensteuerung nach Ruth Cohn

Ruth Cohn hat außerdem eine sehr einfache und wirkungsvolle Methode zur Steuerung von Gruppen entwickelt. Es handelt sich dabei um Karten, die wie in einem Gesellschaftsspiel benutzt werden können.

Folgende Karten können jederzeit von jedem Teammitglied eingesetzt werden:

- Einspruch-Karte: Die Einspruch-Karte zeigt fachliche, inhaltliche oder persönliche Bedenken an.
- ?-Karte: Das Fragezeichen kommt zum Einsatz, wenn jemand dem Geschehen nicht mehr folgen kann.
- Foul-Karte: Wer diese Karte zeigt, sieht Regeln verletzt, mahnt Fairness an oder fühlt sich angegriffen. Der Kartenzeiger sollte kurz erklären, was er als Foul empfunden hat, und dies mit den anderen Gruppenmitgliedern klären.
- Ziel-Karte: Ein Teilnehmer meint, dass das Ziel der Gruppenarbeit aus dem Blick gerät.

28.1.3 Lernen im Praktikum

Lernen in der Praxis ermöglicht es, an konkreten Problemen oder Fragestellungen Erfahrungen zu sammeln, und ist damit ein wichtiges Element im persönlichen Lernprozess.

Erworbenes Wissen anwenden und erweitern

Im Praktikum gilt es, das erworbene Wissen anzuwenden und umzusetzen, es vom „Kopf" auf die „Hand" zu übertragen. Dies erfordert, das vornehmlich in Fächer aufgeteilte und so vermittelte Wissen (z. B. Pädagogik, Psychologie, Kunst) in der Praxis miteinander zu verbinden und gegebenenfalls sein Wissen neu zu ordnen und zu organisieren. Dabei bilden sich nicht selten neue Verknüpfungen zwischen den einzelnen Wissensgebieten. In der praktischen Anwendung erweist sich auch, welchen Stellenwert und welche Bedeutung einzelne theoretische Konzepte oder Modelle für die Arbeit haben.

Sich selbst in der Rolle als Erzieherin erleben

Eine weitere wichtige Lernebene neben der Anwendung von gelerntem Wissen ist es, sich in die Rolle der Erzieherin hinein zu entwickeln. Zum einen erlebt man den konkreten Arbeitsalltag mit seinen typischen Abläufen und situativ bedingten Herausforderungen. Zum anderen lernt man, die Verantwortung für bestimmte Aufgaben zu übernehmen. Hierbei bemerkt man schnell, wo das erforderliche Wissen oder die Routine noch fehlen. Der Einstieg als Schülerin bzw. Praktikantin beinhaltet auch, gelegentlich ins kalte Wasser springen zu müssen und sich mutig unbekannten Aufgaben zu stellen. So erlebt man sich selbst stärker als Person, erkennt für sich, was alles in einem steckt und was man sich am Anfang selbst eigentlich so nicht zugetraut hat. Die Praxis verschafft viele Aha-Erleb-

Abb. 28.4: Gespräche mit erfahrenen Kolleginnen zeigen, wie Wissen angewendet werden kann.

nisse und Bestätigungen und erzeugt das befriedigende und motivierende Gefühl, einen eigenen Beitrag leisten zu können.

Lernvorbilder in der Praxis finden

Darüber hinaus bietet das Praktikum eine weitere wichtige Lernebene: Im Tagesablauf erlebt man, wie Kollegen mit unterschiedlichen Situationen und Aufgaben umgehen und dass jeder seine ganz persönliche Herangehensweise hat. Hierbei ergeben sich viele verschiedene Vorbilder, von denen man lernen kann. Wer jedes Praktikum optimal nutzen will, der sucht sich seine Lernmodelle (→ Kap. 10.1.3) nach dem Motto: „Was kann ich von wem abgucken und lernen?“

Lernen im Praktikum bedingt Reflexion

Für die Auswertung einer Praxiseinheit ist es notwendig, über den Praxispart zu reflektieren. Daher werden Praxisblöcke in der Regel mit einem schriftlichen Bericht und einem Abschlussgespräch mit der Praxisanleiterin beendet. Eine Auswertung sollte immer auch zwei wichtige Aspekte berücksichtigen: auf der sachlichen Ebene das angeeignete Wissen und auf der persönlichen Ebene die Erfahrungen als Person.

Reflexion auf der Sachebene	Reflexion auf der Persönlichkeitsebene
• Wie bin ich mit den gestellten Aufgaben zurechtgekommen? • Was gelang mir gut? • Was konnte ich anwenden? • Wo habe ich für mich fachliche Lücken erkannt? • Was will bzw. muss ich fachlich noch vertiefen? • Was kann ich von wem lernen?	• Was habe ich für mich persönlich gelernt? • Welche Erfahrungen haben mich besonders beeindruckt? • Worüber habe ich mich gefreut? • Was hat mir zu denken gegeben? • Was werde ich künftig anders machen?

Tab. 28.1: Reflexion im Praktikum.

Theorie-Praxis-Transfer

Im Theorie-Praxis-Transfer, bei der Anwendung und Nutzung des erworbenen theoretischen Wissens im Praktikum, sind die beiden Lernorte Schule und Arbeitsplatz nicht eindeutig als voneinander zu trennen. Sie arbeiten aufeinander bezogen und ergänzen sich. So wird heute am Lernort Schule bei der Vermittlung der Theorie zunehmend mehr Wert auf den Praxisbezug gelegt, indem Fallbeispiele besprochen oder Rollenspiele und andere praktische Übungen durchgeführt werden. Am Lernort Arbeitsplatz wiederum entstehen Erkenntnisse, die einen Einfluss auf die Wichtigkeit und Bedeutung einzelner theoretischer Konzepte und Modelle haben.

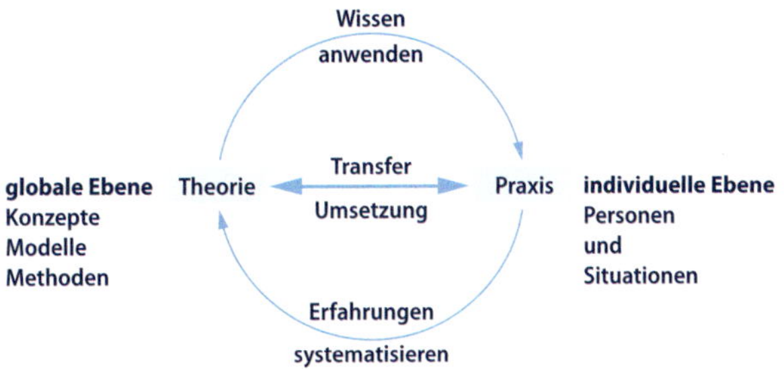

Abb. 28.5: Verzahnung von Theorie und Praxis.

28.2 Lernen für sich optimal organisieren

Persönliche Lernplanung

Ein Lernvorhaben kann eine Prüfung oder eine spätere Fort- oder Weiterbildung sein, bei dem es darum geht, sich Wissen oder Kompetenzen anzueignen. Es hat zum Ziel, das Gelernte später im Alltag anzuwenden. Inwieweit ein persönliches Lernvorhaben zum Erfolg führt, hängt dabei von verschiedenen Faktoren ab. Auf jeden Fall handelt es sich um ein persönliches Projekt, das geplant werden muss.

Die folgende Abbildung weist Sie auf die wichtigsten Fragen hin:

Abb. 28.6: Persönliche Lernplanung.

Definieren Sie Ihre Lernziele nach dem SMART-Prinzip	
Spezifisch	Ziel konkret und positiv formulieren: Ich kenne die Ursachen für eine bestimmte Auffälligkeit, z. B. verzögertes Sprachverhalten.
Messbar	Erreichung des Ziels messbar formulieren: Ich kann ein fundiertes Betreuungskonzept für das Kind erstellen.
Akzeptiert	Ziel muss akzeptabel und motivierend sein: Das Thema interessiert mich und ich kann dies in meinem Team einbringen.
Realistisch	Ziel muss erreichbar sein, aber auch anspruchsvoll: Ich werde dafür eine Fortbildung machen und entsprechende Fachartikel lesen.
Terminiert	Ziel sollte einen konkreten Endpunkt haben: In sechs Monaten will ich das Ziel erreicht haben.

Tab. 28.2: Das SMART-Prinzip.

Um ein optimales Lernergebnis zu erzielen, kann man verschiedene Wege gehen. Wählen Sie aus den nachfolgenden Prinzipien die aus, die am besten zu Ihrem Lernstoff passen und Ihnen am meisten liegen.

Wichtige Lernprinzipien:

- möglichst viele Sinneskanäle beim Lernen aktivieren
- vom Lernstoff Bilder und Assoziationen entwickeln
- Lernstoff kritisch hinterfragen
- vom Gesamtüberblick zum Einzelnen lernen
- Lernstoff strukturieren und übersichtlich gliedern
- Lernstoff mit eigenen Erfahrungen in Verbindung bringen
- Unverständliches nachfragen oder nachschlagen
- Lernstoff in eigene Worte fassen
- Lernstoff in regelmäßigen Zeitabständen wiederholen.

Achten Sie in jedem Fall darauf, ausreichende Pausen zu machen. Etwa jeweils nach 90 Minuten sollten Sie eine Pause von 15 bis 20 Minuten einlegen, empfehlen Dr. Ernest L. Rossi und David Nimmons in ihrem Buch „20 Minuten Pause: Wie Sie seelischen und körperlichen Zusammenbruch verhindern können." (4. Aufl. – Paderborn: Junfermann, 1997 – ISBN 3-8738-7085-1).

Abb. 28.7: Eine Unterbrechung des Lernens durch Pausen kann den Kopf freimachen und neue Energie geben.

28.3 Lernstoff aufbereiten

Strukturierung des Lernstoffes

Lernen ist das Überführen und Abspeichern von Informationen ins Langzeitgedächtnis.

Das geschieht nicht allein durch bloßes Wiederholen. Es ist wichtig, den Lernstoff in Beziehung zu bereits bekannten Informationen und in eine übersichtliche Struktur zu bringen. Grundsätzlich lässt sich gut strukturierter Lernstoff leichter als ungeordneter behalten. Für eine sinnvolle Gliederung kann man zunächst die Einteilung der Unterrichtseinheiten oder die Kapitelüberschriften im Fachbuch übernehmen. Je komplexer der Stoff jedoch ist, desto notwendiger wird eine eigene Strukturierung mit Oberbegriffen, unter denen man Sachverhalte nach eigenen Vorstellungen zusammenfasst. Möglicherweise prägt sich eine selbst entwickelte Struktur schneller ein als eine vorgegebene.

Für das Lernen von Handlungsabläufen gilt im Prinzip das gleiche Vorgehen. Hierbei fasst man einzelne aufeinanderfolgende Schritte zu Verhaltensblöcken zusammen. Eine solche Blockbildung macht komplexes Lernen möglich. Wird ein Block „angestoßen", laufen die dazugehörigen einzelnen Handlungsschritte automatisch ab.

Die 5-S-Lesemethode

Die 5-S-Methode (→ Tab. 28.3) ist eine bewährte Methode zur Bearbeitung von Fachinformationen.

Sie ist zwar aufwändiger als das reine Lesen eines Textes, doch die Behaltensquote ist um ein Vielfaches höher. Die Methode beruht auf fünf Schritten: Zwei erfolgen vor dem Lesen und dienen der besseren Aufnahme der Informationen, zwei erfolgen nach dem Lesen und fördern das Behalten.

Die 5-S-Methode können Sie nach Ihrem Bedarf variieren und anpassen. Wenn Sie beispielsweise einen Fachartikel lesen, um sich auf dem Laufenden zu halten, benötigen Sie nicht unbedingt eine schriftliche Zusammenfassung in eigenen Worten. Wenn Sie dagegen einen Fachartikel zur Vorbereitung eines Vortrags oder einer Prüfung erfassen wollen, sollten Sie das Wichtigste auf jeden Fall in Ihren eigenen Worten festhalten.

Textmarkierung

Das Markieren von Texten mit einem Textmarker oder Stift unterstützt den systematischen Lernprozess. Beim Lesen zu überlegen, was wichtig und was unwichtig ist hilft, den Stoff zusammenzufassen und zu verarbeiten. Sowohl bei der gründlichen Bearbeitung von Fachliteratur als auch bei der schnellen Durchsicht von allgemeinen Artikeln kann es von Nutzen sein, mit dem Stift in der Hand zu lesen und das Wichtigste zu markieren oder zu unterstreichen. Grundsätzlich sollte man mit Markierungen jedoch sparsam umgehen, nach der Devise „so viel wie nötig, so wenig wie möglich", damit der Text überschaubar bleibt.

Markieren hilft und unterstützt dabei, das Wichtigste aus einem Text herauszufiltern, um es sofort oder später weiterverarbeiten zu können. Auf diese Weise kann man sich auch nach längerer Zeit wieder rasch an das Wesentliche eines Textes erinnern.

Exzerpieren

Das Aufzeichnen, auch Exzerpieren genannt, dient dazu, wichtige Aussagen oder Gedankengänge schriftlich festzuhalten. Die gegenüber dem Markieren aufwändigere

Methode ist vor allem dann sinnvoll, wenn mit Textauszügen weitergearbeitet werden soll, z. B. für einen Fachvortrag.

Formen von Exzerpiertechniken	
wörtliche Exzerpte	Zitate oder wörtliche Exzerpte werden häufig bei Vorträgen oder bei wissenschaftlichen Abhandlungen verwendet. Bei der Verwendung von Zitaten ist auf die einschlägigen Regeln zu achten. Genaue Quellenangabe und korrekte Wiedergabe von Hervorhebungen sind unerlässlich.
sinngemäße Exzerpte	Die Gedankengänge des Autors werden mit eigenen Worten wiedergegeben.
Übersichtsexzerpte	Die wichtigsten Punkte der Gliederung, wesentliche Gedanken und Anregungen werden auf wenigen Seiten zusammengefasst. Das Übersichtsexzerpt kann auch grafisch aufbereitet werden, z. B. in Form einer Mindmap.

Tab. 28.4: Formen von Exzerpiertechniken.

Mitschriften

Mitschriften erfolgen in Gruppenarbeiten, bei Unterrichtsstunden oder Vorträgen und bilden eine wichtige Form der Informationsstrukturierung und -verarbeitung. Vor allem erhöht die Mitschrift wegen des ständigen Zuhörens, Mitdenkens und Aufschreibens die Konzentration während einer Unterrichtsstunde oder eines Vortrags.

Die 5-S-Lesemethode	
1 Sichten	**Verschaffen Sie sich einen Überblick.** Durchblättern Sie das Buch, den Artikel oder das Dokument auf dem PC und verschaffen Sie sich einen Überblick, indem Sie Zusammenfassung, Vorwort, Gliederung, Überschriften und Schlüsselwörter überfliegen. Sie bekommen einen Eindruck von Autor und Lesestoff und können eine Vorentscheidung treffen, ob und in welcher Gründlichkeit Sie den Text lesen wollen.
2 Sich fragen	**Formulieren Sie vor dem Lesen konkrete Fragen an den Text.** Was wollen Sie wissen? Stellen Sie dabei W-Fragen (Was-Wie-Warum-Wozu-Wer-Wann-Wo) oder wandeln Sie die Überschriften in Fragen um. Mit diesen beiden Schritten haben Sie Ihr Bewusstsein vorbereitet. Sie haben damit bereits vorhandenes Wissen aktiviert, in das die neue Textinformation eingebettet werden kann. Sie sind nun aufnahmebereit für die neuen Informationen.
3 Suchen	**Suchen Sie beim Lesen im Text Antworten auf Ihre Fragen.** Haben Sie konkrete Fragen an den Text formuliert, lesen Sie ihn jetzt auf diese Fragen hin durch. Behalten Sie die eigenen Fragen immer im Auge und suchen Sie im Text nach Antworten. Haben Sie einen längeren Text vor sich, gehen Sie abschnittsweise vor. Werden die eigenen Fragen in einem Abschnitt nicht beantwortet, wird dieser Abschnitt nicht weiter beachtet.
4 Schreiben	**Fassen Sie während des Lesens Kernpunkte schriftlich zusammen.** Nach jedem längeren Abschnitt rufen Sie sich das Gelesene ins Gedächtnis und halten schriftlich fest, welche Antworten der Text auf Ihre eigenen Fragen gegeben hat. Wichtig ist bei diesem Schritt, dass Sie möglichst viele eigene Formulierungen verwenden. Dadurch behalten Sie den Inhalt besser und merken sofort, wenn Sie etwas noch nicht richtig verstanden haben. Der ständige Wechsel zwischen Fragen, Lesen und Zusammenfassen hält Ihre Lesemotivation aufrecht und verzögert eintretende Ermüdungserscheinungen.
5 Sichern	**Verschaffen Sie sich einen Gesamtüberblick.** In einem abschließenden Rückblick überprüfen Sie Ihre Notizen, die Sie in Schritt 4 angefertigt haben. Sie können erkennen, ob die Informationen des Textes, Aussagen und Sichtweisen richtig wiedergegeben und ob Ihre Fragen genau beantwortet wurden. Günstig ist auch, Ihre Aufzeichnungen an einer Stelle abzulegen, an der Sie diese wieder schnell zur Hand haben.

Tab. 28.3: 5-S-Methode.

Das Anfertigen einer Mitschrift stellt einen aktiveren Lernprozess dar als bloßes Zuhören. Ihr eigentlicher Nutzen ist jedoch die schriftliche Unterlage, die nach dem Vortrag oder der Unterrichtsstunde als Gedächtnisstütze und Basis für den weiteren Lernprozess zur Verfügung steht. Mitschriften sollten übersichtlich und strukturiert sein. Sie dienen nicht der wörtlichen Wiedergabe des Gehörten, sondern sollen wichtige Gliederungspunkte, Begriffe oder Kernaussagen in Stichworten oder kurzen Sätzen schriftlich festhalten. Bewährt hat es sich, das Blatt, das beschrieben wird, nach einer festen Ordnung aufzuteilen, wie in Abb. 28.8 dargestellt.

Besonders wichtig ist die Nachbearbeitung von Mitschriften. Sie können nachträglich Ergänzungen, farbliche Markierungen, Unterstreichungen und die Zusammenfassung der Inhalte in der unteren Spalte vornehmen. Versehen Sie jede Seite mit Datum, Thema und Unterrichtsfach, es erleichtert die Zuordnen und das Wiederfinden in Ihrer Ablage.

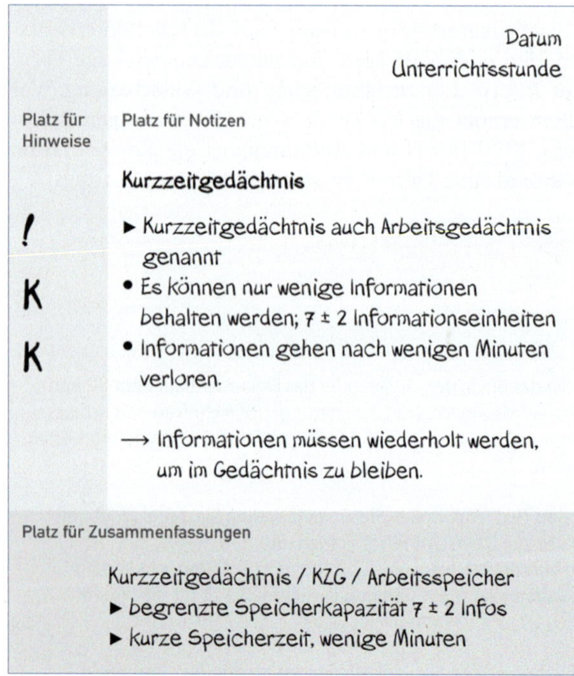

Randsymbole

- ! wichtig
- ? nicht verstanden, noch klären
- K Kernaussage / Definition
- B Beispiel
- ✓ habe ich verstanden

Abb. 28.8: Beispiel für die Strukturierung einer Mitschrift.

28.4 Lerntechniken

28.4.1 Zeitmanagement

Besonders in der Ausbildung ist es wichtig, Lernen, Arbeiten und Freizeit gut zu organisieren. Angemessenes Zeitmanagement hilft dabei, den Überblick zu behalten und sich auf die wichtigen Aufgaben zu konzentrieren.

Grundprinzipien des Zeitmanagements

Schriftlich planen

Gute Planung erleichtert das Leben! Zehn bis 15 Minuten Planungszeit am Anfang des Tages verschaffen den nötigen Überblick und das Gefühl, alles im Griff zu haben. Planen Sie alle anstehenden Aufgaben immer schriftlich. Dadurch wird der Kopf entlastet, man vergisst nichts mehr und wird immer rechtzeitig an die zu erledigenden Aufgaben erinnert.

Zwischen Terminen und Aufgaben trennen

Feststehende Termine sollten in einem Kalender notiert werden, den man bei sich trägt, z. B. im Jahreskalender mit Wochen- oder Tageseinteilung oder auf dem Smartphone. Termine können Meilensteine sein. Sie zeigen an, wann eine bestimmte Teilaufgabe erledigt sein muss, oder erinnern an den konkreten Endtermin.

Zu erledigende Aufgaben können in einer fortlaufenden To-do-Liste geführt werden, die als loses Blatt einen festen Platz im Kalender bekommt. Die vollgeschriebene und erledigte Liste kann später gegen ein neues leeres Blatt ausgetauscht werden. Umfangreiche und komplexe Aufgaben (z. B. lernen für die Psychologieklausur) sind dabei in möglichst kleine und überschaubare Arbeitspakete (Fachartikel besorgen; Kapitel 1 durcharbeiten und Zusammenfassung erstellen; Mindmap von Kapitel 1 erstellen und in der Küche aufhängen; usw.) zu unterteilen. Auf diese Weise übersehen Sie nichts und es ist durchaus motivierend, wenn man eine erreichte Etappe erreicht auf seiner Liste abhaken kann.

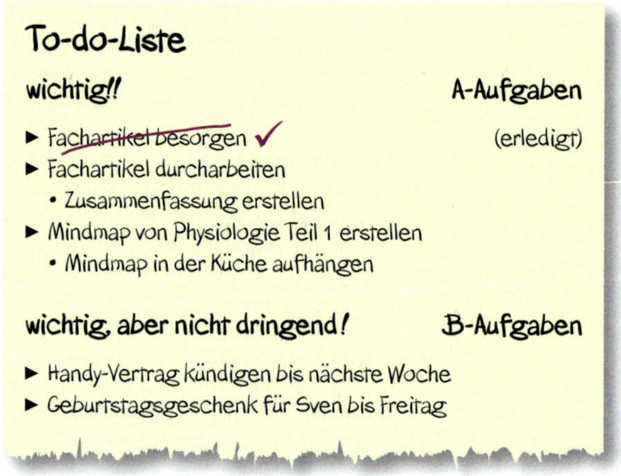

To-do-Liste

wichtig!! — **A-Aufgaben**

- ~~Fachartikel besorgen~~ ✓ (erledigt)
- Fachartikel durcharbeiten
  - Zusammenfassung erstellen
- Mindmap von Physiologie Teil 1 erstellen
  - Mindmap in der Küche aufhängen

wichtig, aber nicht dringend! — **B-Aufgaben**

- Handy-Vertrag kündigen bis nächste Woche
- Geburtstagsgeschenk für Sven bis Freitag

Abb. 28.9: To-do-Liste.

Einteilung der Aufgaben nach A-, B-, C- oder D-Aufgaben		
sehr dringend	C-Aufgabe **dringend, längerfristig nicht wichtig** Beispiel: Blumen gießen, Aufräumen, Einkaufen wenn möglich an jemanden delegieren oder ein System erarbeiten, durch die diese Routine- und Alltagsaufgaben effizient und schnell erledigt werden können	A-Aufgabe **sehr wichtig und sehr dringend** Beispiel: Fachartikel besorgen, Kapitel 1 für die Physiologieklausur durcharbeiten zuerst erledigen
nicht dringend	D-Aufgabe **weder wichtig noch dringend** Beispiel: eine alte Bekannte mal wieder anrufen Es entsteht kein Schaden, wenn die Aufgabe nicht erledigt wird. Aufgabe bewusst streichen oder bewusst genießen	B-Aufgabe **wichtig, im Moment aber nicht dringend** Beispiel: Handy-Vertrag kündigen bis nächste Woche Wenn heute nicht erledigt, wird sie in den nächsten Tagen zu einer A-Aufgabe. bearbeiten, nachdem alle A-Aufgaben erledigt sind
	nicht wichtig	sehr wichtig

Tab. 28.5: Prioritätenliste.

Prioritäten setzen

Prioritäten aufstellen ist ein wichtiger Bestandteil eines erfolgreichen Zeitmanagements.

Bei der Festlegung einer Rangordnung für anstehende Aufgaben helfen die nachfolgenden Fragen, die man entsprechend als A-, B-, C- oder D-Aufgaben kennzeichnet:

- Wie wichtig ist die Aufgabe? (Was passiert, wenn ich die Aufgabe überhaupt nicht erledige?)
- Wie dringlich ist die Aufgabe? (Was passiert, wenn ich die Aufgabe heute nicht mache?)

► **Priorität**
Rangfolge, Stellenwert (lat. prior = der Vordere).

Wochen- und Tagesplanung

Eine Wochenplanung verhilft zum nötigen Überblick und zur Gewissheit, dass alle geplanten Aufgaben in der vorgegebenen Zeit zu schaffen sind. Zuerst sollten alle A- und B-Aufgaben in die Zeiträume gelegt werden, in denen störungsfrei und konzentriert gearbeitet werden kann. Dann werden die C- und D-Aufgaben geplant. Bei wichtigen Lernprojekten ist es ratsam, Wochen- und Tagesplanungen zu machen.

Planen Sie jeden Tag mit der ALPEN-Methode:

- Aufgaben, Aktivitäten, Termine aufschreiben.
- Länge (Zeitbedarf) der Aufgabe festlegen und notieren.
- Pufferzeiten reservieren für unvorhergesehene, dringliche Aufgaben oder Probleme.
- Entscheidungen treffen über die Reihenfolge der Aufgaben und Prioritäten setzen.
- Nachkontrolle am Abend des Tages: Übertrag unerledigter Aufgaben auf den nächsten Tag. Erledigtes abhaken!

28.4.2 Gedächtnistechniken

Die Techniken sind Hilfsmittel und setzen dort an, wo die eigene Merkfähigkeit aufhört.

Mit ihnen kann man eine Verbesserung der Gedächtnisleistungen sowohl auf der Ebene der Informationsaufnahme, der Informationsspeicherung als auch des Informationsabrufs erreichen. Es gibt verschiedene Techniken, die unter dem Begriff Gedächtnis- oder Mnemotechniken zusammengefasst werden.

► **Mnemotechnik**
Gedächtnistraining mit einfachen Merkhilfen oder komplexen Systemen

Nachfolgend einige Beispiele:

Die Wiederholung

In der Regel vergisst man neu erarbeiteten Stoff bereits nach wenigen Tagen. Es ist unumgänglich, ihn zu wiederholen, damit er sich festigt. Deshalb muss das Wiederholen in der persönlichen Lernplanung auch zeitlich einkalkuliert werden. Ein Wiederholungsplan kann z. B. vorsehen, dass jeden Vormittag eine Einheit des Stoffs des vorherigen Tages rekapituliert wird. Am Ende jeder Woche wird der Lernstoff der Woche erneut durchgegangen und gelernt. Achten Sie jedoch darauf, dass Sie ähnliche Inhalte nicht direkt hintereinander wiederholen.

Gestalten Sie das Wiederholen angenehm und abwechslungsreich. Stellen Sie sich selbst Fragen und beantworten Sie sie für sich, lassen Sie sich von anderen abhören, gehen Sie mit Mitschülern alte Prüfungsfragen durch und machen Sie ein witziges Quiz daraus. Auch die Rekonstruierung von Wissen sollte dabei geübt werden. Geben Sie sich Zeit zum Nachdenken, wenn die Antwort nicht sofort präsent ist. Oftmals lässt sie sich herleiten und genau dies ist wichtig für die konkrete Prüfungssituation. Denken Sie bei den Wiederholungsphasen daran, Ihren Lernfortschritt zu

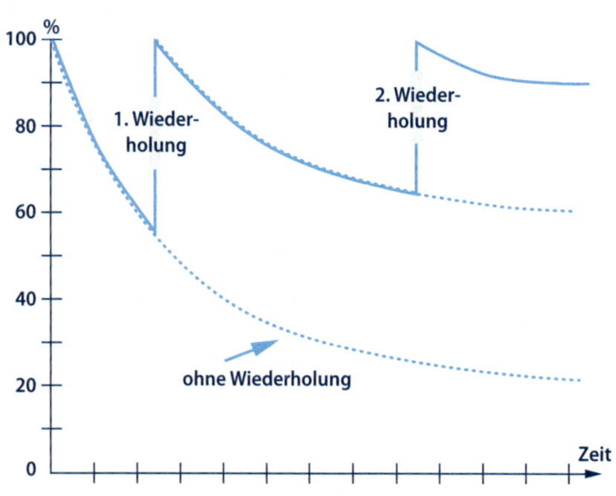

Abb. 28.10: Vergessenskurve.

überprüfen. Gehen Sie durchaus spielerisch an die Arbeit und gönnen Sie sich für jede richtige Antwort einen Punkt oder Stern und anschließend eine kleine Belohnung.

Die Loci-Technik

In manchen Situationen ist es wichtig, sich Begriffe oder Arbeitsabläufe in einer festen Reihenfolge einzuprägen. Die Loci-Technik, eine der bekanntesten Gedächtnistechniken, eignet sich dafür besonders gut. Diese Technik nutzten bereits die griechischen und römischen Redner. Wenn sie ihre Reden an öffentlichen Orten einübten, schritten sie einzelne Plätze ab und prägten sich Platz für Platz ein Stichwort ihrer Rede dazu ein.

Arbeiten mit der Loci-Technik

- Erstellen Sie zuerst eine Loci-Liste (Platzliste):
- Legen Sie dazu z. B. fünf, sieben oder mehr Plätze fest, die Ihnen sehr vertraut sind und für Sie einen festen Ablauf darstellen, z. B. beim morgendlichen Aufstehen oder auf dem Weg zur Arbeit. Es ist wichtig, hierbei eine klare Reihenfolge zu haben, an die man sich dauerhaft und gut erinnern kann.
- Nummerieren Sie Ihre Plätze durch (z. B. 1 Bett, 2 Wecker, …) und prägen Sie sich die Plätze in der richtigen Reihenfolge fest ein.
- Gehen Sie dann zu der Liste, die Sie sich merken wollen. Suchen Sie sich für jeden Punkt auf der Liste ein Schlüsselwort oder ein Symbol, das aussagekräftig und eindeutig ist und zu dem Ihnen eine Bildassoziation einfällt.
- Hängen Sie nun die Merkliste an Ihre Loci-Liste an. Visualisieren Sie Ihren ersten Platz zusammen mit Nr. 1 auf der Merkliste und stellen Sie eine klare Gedankenverbindung her.

Eine solche Loci-Liste bleibt in der Regel ca. 24 Stunden im aktiven Gedächtnis (→ Kap. 10.2.4). Je häufiger die Methode verwendet wird, desto schneller funktioniert die Bildassoziation und desto größer der Erfolg.

► **Loci**
Orte (lat. locus = Ort)

Platz	meine Loci-Liste	zu lernender Begriff	Bildassoziation
1	Bett	physiologische Bedürfnisse	Ich liege entspannt in meinem Bett und stelle fest, dass alle meine physiologischen Bedürfnisse am besten in meinem Bett erfüllt werden.
2	Wecker	Sicherheitsbedürfnis	Dann klingelt mein Wecker, auf den ich mich immer verlassen kann und der mir das Gefühl der nötigen Sicherheit gibt.
3	Badezimmer	Zugehörigkeits- und Liebesbedürfnis	In meinem Badezimmer ist es angenehm warm und das gibt mir das wohlige Gefühl von Zugehörigkeit und Liebe.
4	Zeitung	Wertschätzung und Geltungsbedürfnis	Im Briefkasten ist die Zeitung mit der heutigen Schlagzeile: Deutschland braucht mehr Wertschätzung und Geltung untereinander.
5	Frühstück	Bedürfnis nach Selbstverwirklichung	Bei meinem Frühstück bin ich heute kreativ und verwirkliche mich selbst in der Zusammenstellung der Zutaten für mein Müsli.

Tab. 28.6: Beispiel einer Loci-Liste mit fünf Plätzen anhand der Bedürfnishierarchie nach Maslow (→ Kap. 10.2.5).

Die Lernkartei

Die Lernkartei ist der Klassiker unter den Lernmethoden. Besonders effizient ist sie für das Lernen von Vokabeln, Fachbegriffen oder Fachkonzepten. Und sie eignet sich sehr gut für Frage- und Antwort-Spiele in Lerngruppen.

So erstellen Sie eine Lernkartei:

- Nehmen Sie Karteikarten im Format DIN A6 und ordnen Sie den einzelnen Fach- oder Themengebieten unterschiedliche Farben zu (Pädagogik = rot; Soziologie = blau, Rhythmik = gelb, etc.).
- Schreiben Sie einen Fachbegriff oder eine Fragestellung auf die Vorderseite und die Erklärung oder die Kernpunkte zu der Fragestellung auf die Rückseite.
- Zeichnen Sie zusätzlich kleine Bilder oder Symbole auf die Vorderseite, die eine witzige und passende Assoziation zum Thema sind.
- Besorgen Sie sich einen Zettelkasten mit fünf Registern und ordnen Sie Ihre Lernkarten in Register eins.

So arbeiten Sie mit Ihrer Lernkartei:

- Nehmen Sie eine Lernkarte, lesen Sie die Frage und überlegen Sie sich die Antwort.
- Drehen Sie dann die Lernkarte um und überprüfen Sie Ihre gedachte Antwort.
- War Ihre Antwort richtig, wandert die Lernkarte ins nachfolgende Register.
- War die Antwort falsch, wandert die Lernkarte ein Register zurück, bzw. bleibt in Register 0.
- Mit der Zeit wandern Ihre Lernkarten in das Register 3.
- Bearbeiten Sie jeden Tag eine begrenzte Anzahl von Lernkarten aus allen Registern.
- Lernen Sie nicht zu viel auf einmal, sondern bearbeiten Sie jeweils mehrere Lernkarten über den Tag verteilt.
- Legen Sie sich entspannt aufs Sofa oder machen Sie einen Spaziergang, wenn sie mit den Lernkarten arbeiten. Auch beim Warten auf den Bus oder bei ähnlichen Gelegenheiten können Sie immer einige Lernkarten dabeihaben.

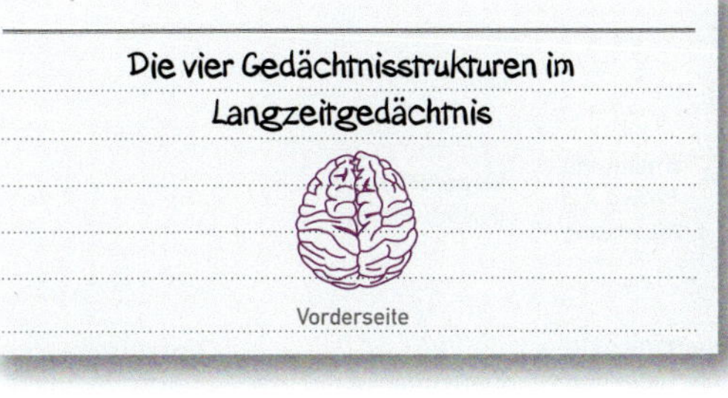

1. Semantisches Gedächtnis
2. Prozedurales Gedächtnis
3. Episodisches Gedächtnis
4. Priming-Gedächtnis

Rückseite

Abb. 28.11: Beispiel einer Karteikarte aus einer Lernkartei (Priming → Kap. 10.5).

Die Mindmap

Die Mindmap (→ Abb. 28.13) ist eine Gedankenlandkarte und ähnelt in ihrer Struktur den Verknüpfungen in unserem Gehirn. Ihr Nutzen liegt darin,

- Zusammenhänge übersichtlich darzustellen,
- Ideen zügig und überschaubar zu ordnen,
- Informationen rasch darzustellen und zu erfassen,
- Situationen und Probleme schnell zu analysieren,
- die zentralen Gedanken aus Texten zu strukturieren,
- das Verständnis und die Gedächtnisleistung zu verbessern.

Durch die Mindmap-Methode konzentrieren Sie sich auf die wichtigen Themen. Sie eignet sich für sehr viele Aufgaben, z. B. Lernstoff aufzubereiten und zu gliedern, Feste zu planen, Ergebnisse zu protokollieren, Informationen für Präsentationen zu sammeln, etc.

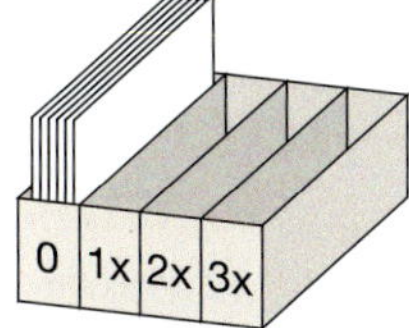

Alle Karten mit neuen Informationen werden in das hinterste Fach (Fach 0) gesteckt.

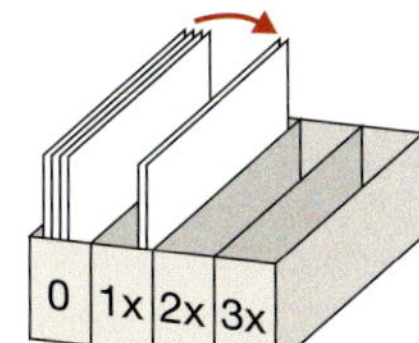

Sobald der Inhalt der Karteikarte gewusst wird, kommt sie in das davor liegende Fach.

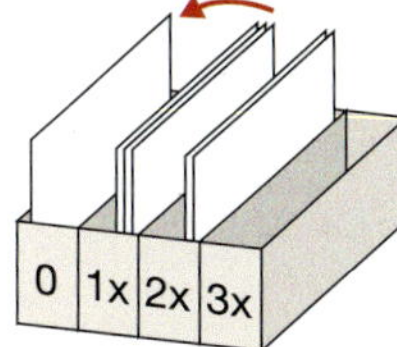

Wenn die Inhalte aus dem 2. Fach wiederholt werden, wandern diejenigen Karteikarten, deren Inhalt gewusst wurde, ein Fach weiter. Diejenigen Inhalte, die nicht gewusst wurden, kommen zurück in das Fach 0.

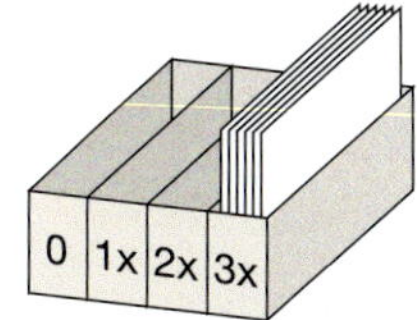

Dieser Vorgang wird so lange wiederholt, bis alle Karten im ersten Fach sind.

Abb. 28.12: Arbeit mit der Lernkartei.

Abb. 28.13: Mindmap.

So erstellen Sie eine Mindmap:

- 1: Nehmen Sie ein unliniertes Blatt quer, schreiben Sie Ihr Thema möglichst in einem Wort in die Mitte und umkreisen Sie es.
- 2: Zeichnen Sie rund um dieses Kernwort Linien – „Hauptäste".
- 3: Schreiben Sie auf diese Linien Worte – die ersten, die Ihnen zu Ihrem Kernwort einfallen.
- 4: Zu jedem Wort gibt es weitere Einfälle. Schreiben Sie sie als Stichwörter auf eigene Linien – „Nebenäste".
- 5: Aus jedem Zweig können wiederum neue Zweige für neue Worte wachsen.
- 6: Ordnen Sie die Hauptäste im Uhrzeigersinn um das Kernwort herum.
- 7: Verwenden Sie verschiedene Farben, fügen Sie Pfeile und Symbole ein.

Nach und nach entsteht eine grafische Darstellung der Ideen. Besteht ein Zusammenhang zwischen zwei Begriffen verschiedener Äste, so werden sie durch entsprechende Pfeile verbunden. Alle Zusammenhänge erscheinen nun in übersichtlicher Form. Kleine Bilder zur Kennzeichnung der Hauptideen sprechen die visuelle Gehirnhälfte an und unterstützen das Erfassen der Idee. Eine Mindmap als Erarbeitungshilfe ist sowohl am Arbeitsplatz als auch zu Hause hilfreich.

28.5 Lerntypen

Jeder Mensch hat seine eigene Vorgehensweise, sich neuen Lernstoff einzuprägen. Mancher kann sich einen Lernstoff gut merken,

- wenn er einem Vortragenden zuhört oder
- wenn er ihn in einem Buch liest,
- wenn er mit anderen Personen gemeinsam über den Lernstoff diskutiert oder
- wenn er das zu Lernende in eigenen Worten aufschreibt.

Zum Lernen gebrauchen wir unsere Sinnesorgane, über die der Lernstoff in unser Gedächtnis gelangt. Hierbei setzen wir die einzelnen Sinnesorgane individuell unterschiedlich ein. Einige können sich einem bestimmten Lerntyp relativ klar zuordnen. Bei anderen gibt es eine Mischung verschiedener Typen, oder der Lerntyp wechselt im Laufe des Lernprozesses. Somit entwickelt auch jeder seinen eigenen Lernstil und seine individuelle Lernstrategie.

Lerntyp	Lernhilfen
auditiv	Hörbücher, Gespräche, Vorträge, Musik, Ruhige Umgebung
visuell	Bücher, Skizzen, Bilder, Lernposter, Mindmaps, Videos, Lernkarteien
kommunikativ	Dialoge, Diskussionen, Lerngruppen, Frage-Antwort-Spiele
motorisch	(rhythmische) Bewegungen, Nachmachen, Gruppenaktivitäten, Rollenspiele

Tab. 28.7: Lerntypen und entsprechende Lernhilfen.

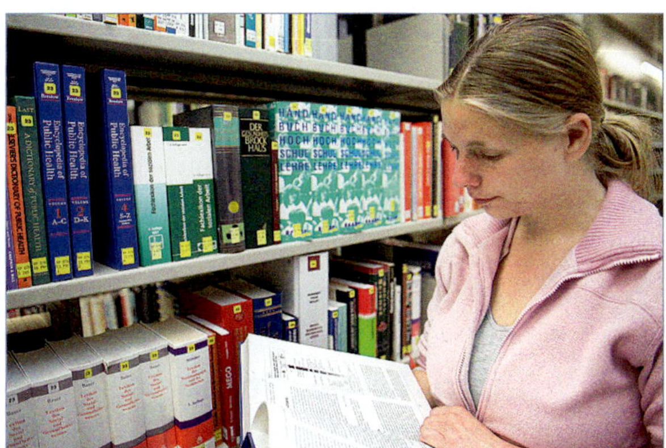

Abb. 28.14: Enzyklopädien und andere Nachschlagewerke bieten eine Fülle von Informationen.

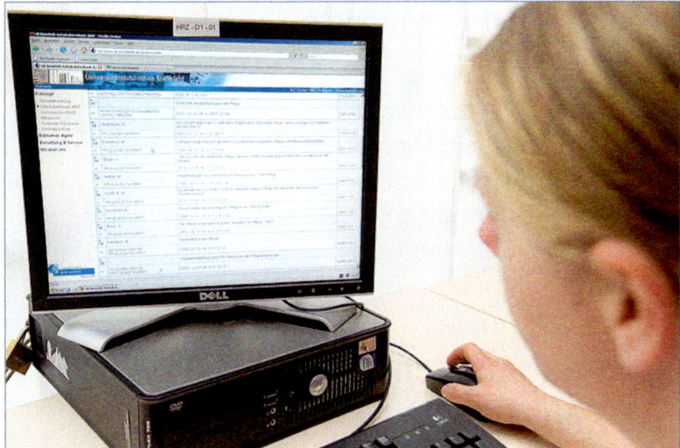

Abb. 28.15: Recherche im Internet.

Wenn Sie sich dem **auditiven Lerntypen** nahe fühlen: Sagen Sie sich die Lerninhalte laut vor, berichten Sie anderen davon, erfinden Sie ein Lied dazu und trällern Sie es vor sich hin.

Rechnen Sie sich eher dem **visuellen Lerntypen** zu: Fertigen Sie Mindmaps an oder malen Sie Bilder und arbeiten Sie mit farbigen Stiften oder Markern. Stellen Sie sich den Lerninhalt bildlich vor, wenn er Ihnen vorgetragen wird.

Meinen Sie, zu den **kommunikativen Lerntypen** zu gehören: Diskutieren Sie alle Informationen, widersprechen Sie und stellen Sie Fragen zum Thema, regen Sie andere zum Nachdenken und Sprechen über die Themen an. Nehmen Sie an Gruppengesprächen teil, spielen Sie Rollenspiele mit Mitlernenden. Erklären Sie anderen, was Sie gelernt haben, und lassen Sie sich dazu Fragen stellen.

Glauben Sie, ein **motorischer Lerntyp** zu sein: Bewegen Sie sich beim Lernen, laufen Sie im Zimmer auf und ab, wiederholen Sie dabei den Lernstoff und ergänzen ihn durch Gesten und Mimik. Suchen Sie sich zum Lernstoff passende Gegenstände, die Sie anfassen können. Experimentieren Sie, wann immer es geht.

Beziehen Sie, unabhängig davon, welchem Lerntyp Sie Sie sich zugehörig fühlen, möglichst viele Sinne in Ihren Lernprozess mit ein. Das Behalten und Erinnern fällt Ihnen auf diese Weise leichter.

28.6 Umgang mit Informationen

28.6.1 Informationen beschaffen und auswählen

Um sich auf eine Prüfung, einen Vortrag oder ein Referat gut vorzubereiten, sind die richtigen Informationen erforderlich. Die Kunst dabei ist es, die benötigten Informationen zum richtigen Zeitpunkt zur Verfügung zu haben und aus ihrer Vielzahl die passenden auszuwählen.

Den persönlichen Informationsbedarf ermitteln und festlegen

Wie sieht Ihr persönlicher Informationsbedarf aus? Wofür benötigen Sie Informationen? Die Erstellung eines persönlichen Informationsprofils hilft weiter.

Passende Informationsquellen kennen

Hat man den Anlass und die Art der benötigten Informationen festgelegt, geht es darum, passende Informationsquellen zu suchen. Das können die folgenden sein:

- **persönliches und berufliches Netzwerk:** Wer in meinem Umfeld ist Spezialist zu dem Thema oder kennt sich bereits gut aus? Wer kann mir nützliche Tipps und Empfehlungen geben?
- **das vorhandene Informationsangebot im mittelbaren Umfeld:** Welche Bibliotheken befinden sich in meinem Umkreis? Welche Fachzeitschriften werden in meiner Einrichtung abonniert? Welche Einrichtungen, Fachschulen oder Universitäten beschäftigen sich mit dem Thema?
- **Internet:** Mit Hilfe von Suchmaschinen können Internetseiten zu den gesuchten Informationen (→ Kap. 2.3) ermittelt werden. Themenbezogene Blogs oder Diskussionsforen, in denen andere Personen ggf. ähnliche Fragen haben oder Sie selbst Ihre Fragen stellen können, können ebenfalls hilfreich sein. Einige Suchmaschinen bieten auch Alerts an, die man z. B. zu einem konkreten Thema abonnieren kann und die Ihnen z. B. wöchentlich aktuelle Informationen zu Ihrem Thema bieten.

► **Alert**
Aufmerksamkeit wecken (engl. to alert = aufmerksam machen)

Qualität der Informationen

Ob Bücher, Artikel aus Zeitschriften oder Beiträge aus dem Internet, in jedem Fall ist die Qualität der Informationen zu überprüfen. Denn nicht alles, was dort geschrieben steht, muss wahr und abgesichert sein. Um die Güte einer Information einstufen zu können, sollten die folgenden Qualitätskriterien einer Information überprüft werden.

28.6.2 Informationen organisieren, ablegen und wiederfinden

Zu einem gut funktionierenden Informationssystem gehört, dass der Prozess geplant und permanent optimiert wird. Ihr Informationsbedarf verändert sich ständig. Zu den Informationsquellen kommen neue hinzu und alte verschwinden. Überprüfen Sie fortlaufend, ob sich Ihr derzeitiger Informationsbedarf mit den vorhandenen Bezugsquellen deckt. Tauschen Sie sich mit Kollegen bei der Suche nach guten, neuen Informationsquellen aus. Dokumentieren Sie Ihre Quellen (bei Printmedien z. B. in einer Excel-Datei, bei Internetseiten als Lesezeichen in Ihrem Internet-Browser).

Informationen ordnen

Informationen, die aufgenommen und für einen späteren Zeitpunkt benötigt werden, gilt es so abzulegen, dass sie einfach und schnell wiederzufinden sind. Ein Ablagesystem sollte daher konsequent einfach und übersichtlich sein und so dass man auch nach längerer Zeit gesuchte Informationen schnell wiederfindet. Es ist sinnvoll, die Ablagestruktur auf dem Computer analog für Dokumente in Papierform aufzubauen. Darüber hinaus wird ein Ablagesystem immer eine individuelle Struktur haben, die sich aus den persönlichen Aufgabenschwerpunkten und Tätigkeiten ergibt.

28.7 Prüfungsvorbereitung und Präsentationen

28.7.1 Prüfungsvorbereitung

Damit die Prüfungsvorbereitung (→ Kap. 27.4.4) nicht zu einem unnötigen Stressfaktor wird, ist eine gute und systematische Planung unumgänglich. Ein kurzfristiges „Pauken“ unmittelbar vor einer zu erwartenden Prüfung führt selten zum erhofften Erfolg.

Hilfreich für die Zeitplanung ist es, rückwärts zu planen. Dies bedeutet, vom Termin der Prüfung ausgehend zunächst die Überprüfungszeit, dann die Vertiefungszeit, die Hauptzeit mit der Aneignung und Aufbereitung des Lernstoffs und zuletzt die Vorbereitungsphase zu planen. Ein freier Tag vor der Prüfung sollte ebenfalls einkalkuliert werden.

Bewährte Qualitätskriterien für Informationen	
Veröffentlichungszweck	Für welche Zielgruppe wurde der Artikel / das Buch geschrieben?
Autor/Quelle	• Sind die Autoren zu erkennen oder bleiben sie anonym? • Wer sind die Autoren? Welchen Hintergrund haben sie? • Welchen Ruf und welche Qualifikation hat der Verlag bzw. von wem wird die Internetseite veröffentlicht (siehe z. B. Impressum)?
Inhalt	• Woher stammt der Inhalt? • Lassen sich die Aussagen überprüfen? • Wie genau sind die Angaben, werden Quellen angegeben? • Wie objektiv ist die Darstellung? • Wie breit ist das Spektrum der Inhalte, was wird ggf. weggelassen?
Aktualität, Aktualisierung	• Wann ist die Publikation erschienen? • Internetseiten: Wann wurde die Seite erstellt oder zuletzt inhaltlich überarbeitet? Ist ein Datum angegeben?
Referenzen	• Auf welche andere Literatur wird verwiesen? • Internetseiten: Wohin führen die Links, wer verlinkt auf die Seite und mit welcher möglichen Intention?

Tab. 28.8: Qualitätskriterien für Informationen.

28.7.2 Präsentationen

Anlässe für Präsentationen oder Fachvorträge kommen im Rahmen der Ausbildung und auch im beruflichen Umfeld häufig vor. Die Ausarbeitung und das Vortragen einer Präsentation verhelfen Ihnen zu einem intensiven Lerneffekt, weil Sie sich mit einem Thema vertieft auseinandersetzen.

Für eine gute Präsentation gibt es drei wichtige Schritte:

- die Vorbereitung und Ausarbeitung der Inhalte
- die Durchführung
- die Nachbereitung der Präsentation

Vorbereitung: Zielsetzung klären

Zunächst geht es um die Frage, was mit der Präsentation erreicht werden soll. Sie können einen oder mehrere Aspekte zum Ziel Ihrer Präsentation erklären. So kann es sein, dass etwa über ein Thema umfassend informiert werden soll oder eine Idee vertreten und die Zuhörer davon überzeugt werden sollen.

Bevor Sie mit der Ausarbeitung ihrer Präsentation beginnen, ist es wichtig, sich in die Lage der Zuhörer zu versetzen. Denn eine Präsentation ist nicht losgelöst von ihrem Publikum zu sehen. Zum einen verhindern Sie damit, dass Sie an ihren Zuhörern vorbeireden, und zum anderen werden Sie flexibler auf eventuelle Einwände reagieren können.

Stellen Sie sich folgende Fragen, die Ihnen bei der Vorbereitung helfen:

- Aus welchen Personen setzt sich das Publikum zusammen? (z. B. Eltern oder Kollegen)
- Wie groß ist die Gruppe?
- Welche Vorkenntnisse bringen die Zuhörer zu Ihrer Präsentation mit?
- Was erwarten die Zuhörer von Ihrer Präsentation?
- Mit welcher Einstellung kommen diese zu Ihrer Präsentation?

Wichtige Schritte einer guten Prüfungsvorbereitung	
technische Vorbereitung (Zeitbedarf 5 %)	• Besorgen aller benötigten Materialien (Literatur, Bücher, Skripte, Prüfungsfragen oder Klausuren etc.) und der erforderlichen Informationen zur Prüfung (Prüfungsordnung, Termine etc.) • Kontakt zum Prüfer herstellen, um auftretende Fragen zu klären • Hinweise über Prüfungsstil von Mitschülern einholen • Umgebung und Freunde informieren, dass man sich auf eine Prüfung vorbereitet • Analyse bisheriger Prüfungserfahrungen und Ableiten von Konsequenzen • Erstellung eines Zeitplans mit Pufferzeiten und Freizeitblöcken
Informationsaufbereitung (Zeitbedarf 40 %)	• Zusammenstellung der zu bearbeitenden Materialien • Abschätzung der Wichtigkeit einzelner Informationsquellen • Lernstoff „diagonal" durcharbeiten, um sich einen Überblick zu verschaffen • Zusammenfassungen wichtiger Informationen erstellen (Exzerpieren; Mindmap) • gesamten Prüfungsstoff in eine übersichtliche Struktur bringen (Mindmap)
Aneignung des Lernstoffes (Zeitbedarf 20 %)	• einzelne Themenfelder wiederholen • eigene Aufzeichnungen nachlesen • Lerngruppen bilden und Austausch mit Mitschülern • bei schriftlichen Prüfungen Probeklausuren bearbeiten • bei mündlichen Prüfungen Kurzvorträge zu Prüfungsfragen halten • Probeprüfungen durchführen zur Wissenskontrolle
Vertiefung durch Wiederholen (Zeitbedarf 5 %)	• einzelne Themen wiederholen • vor der Prüfung keinen neuen Stoff mehr hinzufügen • für die Prüfung Ruhe und Zuversicht bewahren
Freizeit und Reservezeit (Zeitbedarf 30 %)	• ausreichend Zeit einplanen für körperliche Bewegung und Sport • Pufferzeiten planen für mögliche Probleme während der Lernphasen

Tab. 28.9: Prüfungsvorbereitung Schritt für Schritt.

Abb. 28.16: Präsentation im Unterricht.

Ausarbeitung: Aufbau

Grundsätzlich wird in Präsentationen die „EHS-Formel" angewendet. Das heißt, eine Präsentation hat eine Einleitung, einen Hauptteil und einen Schluss.

Achten Sie bei der Vorbereitung Ihrer Präsentation auf die Zeitplanung. Halten Sie vor der Präsentation eine Generalprobe und stoppen Sie dabei die Zeit.

Visualisierungshilfen

Präsentieren heißt, Informationen so aufzubereiten und darzustellen, dass den Zuschauern die Inhalte durch eine strukturierte und anschauliche Darstellung möglichst nachdrücklich in Erinnerung bleiben.

Visualisierungsmethoden, gleichzeitiges Hören und Sehen einer Information, bewirken beim Zuhörer eine Steigerung der Konzentration und Aufmerksamkeit sowie der Merkfähigkeit. Außerdem ist es für Sie um ein Vielfaches einfacher, komplexe Zusammenhänge mit Hilfe von Visualisierungstechniken darzustellen.

Achten Sie bei Ihren Präsentationen immer darauf, dass Sie beide Gehirnhälften ansprechen. Verwenden Sie grafische Elemente wie Diagramme, Symbole oder Bilder. Doch Vorsicht! Überfrachten Sie ihre Vorträge nicht.

Präsentationsmedien

Nachfolgend sind die gängigsten Präsentationsmedien beschrieben. Sie werden immer wieder vor der Frage stehen: „Welches Medium verwende ich für welchen Zweck?", und sich in jeder Situation neu entscheiden müssen. Deshalb finden Sie in der Übersicht die Medien mit ihren Vor- und Nachteilen sowie mit einigen Tipps zum richtigen Einsatz.

Aufbau	Gliederung	Inhalt	Zeitanteil
Einleitung	• Begrüßung und namentliche Vorstellung • Zielsetzung und Inhalt der Präsentation • Überblick über Ablauf und Zeitbedarf	• Die Zuhörer sollen ihre Aufmerksamkeit auf Sie richten und sich mit Ihnen vertraut machen können. • Die Zuhörer sollen zu Ihnen Vertrauen entwickeln. Strahlen Sie Freude aus. Dadurch kann auch das Interesse an den Inhalten gesteigert werden. • Die Zuhörer erhalten eine Orientierung. Sie sollen wissen, welche konkreten Ziele Sie mit ihnen erreichen wollen. Damit erhöhen Sie die Spannung bei den Zuhörern – alle hören Ihnen aufmerksamer zu, gleichzeitig erleichtern Sie das Verständnis für Ihre Inhalte. • Die Zuhörer erhalten eine Struktur, in die Sie die Inhalte der Präsentation einbinden können. Das erleichtert das Verständnis und das Behalten des Gehörten.	15 %
Hauptteil	Hintergrundinformationen zu Präsentation und Thema Aussagen, Argumente, Ideen	Die Zuhörer sollen die Informationen aus dem Umfeld zur Präsentation erhalten, die Sie benötigen, um die Argumentation während der Präsentation zu verstehen.	75 %
Schluss	• Zusammenfassung • Schlussappell • Dank • Anschlussdiskussion	Aufforderung zum Handeln oder zum Weiterdenken Geben Sie im Schlussteil eine knappe inhaltliche Zusammenfassung und fordern Sie die Teilnehmer zum Handeln auf bzw. leiten Sie zu Diskussion und Fragen über. Es empfiehlt sich, den Schlussteil wörtlich auszuformulieren. Sie bleiben damit knapp und sicher.	10 %

Tab. 28.10: Aufbau einer Präsentation.

Präsentationsmedien	Einsatzmöglichkeiten
Overhead	Gliederungspunkte oder Beispiele können durch Overhead-Folien veranschaulicht werden. Ebenso können halb fertige Folien eingesetzt werden, die mit den Teilnehmern ergänzt und erarbeitet werden. Auch können Overhead-Folien spontan und flexibel in der Reihenfolge verwendet werden.
Beamer	Eine Präsentation mit dem Beamer ermöglicht eine kostengünstige Visualisierung mit Power Point. Auch können Animationen eingesetzt werden (eingeblendete Überschriften, bewegte Bilder, Videos oder Ton), doch sollten die technischen Möglichkeiten immer der Sache dienen und nicht vom Thema ablenken („Weniger ist mehr!").
Pinwand	Auf Pinwänden können mit Nadeln Karten in verschiedenen Formaten und Farben angepinnt werden, z. B. zum Sammeln von Ideen oder zum Ordnen, Gewichten und Bewerten.
Flipchart	Flipcharts eignen sich besonders als vorbereiteter Blickfang für die Begrüßung, das Thema, die Tagesordnung oder die Zielrichtung. Als Spontanmedium eignen sich die Charts für Fragen, die sich am besten mit einer Skizze beantworten, oder für Kommentare und Fragen, die Sie nicht sofort, sondern gesammelt behandeln möchten.

Tab. 28.11: Einsatz von Präsentationsmedien.

Durchführung: Präsentationsverhalten

Achten Sie nicht nur während ihrer Präsentation, sondern auch schon bei der Vorbereitung auf Ihre Rhetorik. Mimik und Gestik unterstützen den Vortrag.

- Setzen Sie sie bewusst ein, um Ihre Aussagen auch nonverbal zu unterstützen und um dem Publikum Wertschätzung entgegenzubringen.
- Achten Sie auf Blickkontakt mit dem Publikum und schauen Sie einzelne Zuhörer immer wieder direkt an.
- Wenden Sie sich ihrem Publikum zu und schenken Sie ihm einen freundlichen und offenen Gesichtsausdruck.
- Lassen Sie ihre Hände wichtige Aussagen mit kleinen Handbewegungen unterstreichen. Setzen Sie dabei Ihre Gesten im Bereich zwischen Schultern und Hüften ein.
- Sprechen Sie klar und deutlich, in einer Lautstärke, in der Sie von allen Zuhörern verstanden werden.
- Bemühen Sie sich um eine angemessene Wortwahl und einfache, klare Sätze.

▸ **Rhetorik**
Redekunst, nonverbale Kommunikation.

Abb. 28.17: Gestik.

Abb. 28.18: Haltung.

Anschlussdiskussion

Oft erfolgt nach der Durchführung der Präsentation eine Frage- oder Diskussionsrunde. Sie erfahren, ob und wie Ihre Zuhörer Ihre Ausführungen verstanden haben und inwieweit Ihre Argumente überzeugen konnten. In der Diskussionsrunde wechseln Sie die Rolle vom Präsentator hin zum Moderator. Dies erfordert von Ihnen vor allem weitere Methodenkompetenz und größtmögliche Neutralität in Bezug auf die zu diskutierenden Alternativen und Ergebnisse.

In der Anschlussdiskussion haben Sie die Möglichkeit,

- zurückgestellte Informationen auf Nachfragen zu ergänzen
- Verständnisfragen zu beantworten,
- kontroverse Inhalte zu diskutieren,
- auf Einwände oder Vorbehalte einzugehen,
- Unklarheiten zu beseitigen,
- Betroffenheit oder Zustimmung der Zuhörer zu erfahren und
- weitere Informationen zu geben, die das Erreichen des Ziels unterstutzen können.

Nachbereitung

Präsentieren lernt man durch das Tun. Sie werden feststellen, dass Sie von der einen zur anderen Präsentation immer besser und souveräner werden. Daher ist es wichtig, eine durchgeführte Präsentation als Lernerfahrung zu nutzen und auszuwerten. Nach jeder Präsentation gehen Sie zur persönlichen Auswertung folgende Fragen durch:

- Was war gut und was war weniger gut an meiner Präsentation oder meinem Vortrag?
- Was werde ich beibehalten? Was werde ich künftig verändern?
- Welche Fragen haben mir die Zuhörer gestellt? Konnte ich alle souverän beantworten?

29 Weiterbildung in der Früh- und Kindheitspädagogik

Karin Beher, Tina Friederich, Anita Meyer

Weiterbildung gehört untrennbar zur frühpädagogischen Berufsbiografie. Eine Untersuchung der Weiterbildungsinitiative Frühpädagogische Fachkräfte (WiFF) (vgl. Beher/Walter 2012) hat bei den Beschäftigten im Arbeitsfeld Kita einen hohen Stellenwert bestätigt (→ Kap. 29.3). Dies wird umso deutlicher, wenn berücksichtigt wird, dass sie nicht direkt zum Aufstieg der Fachkräfte beiträgt, sie nicht verpflichtend ist und zum Teil aufgrund der schwierigen Rahmenbedingungen im Alltag organisatorisch nur schwer durchzusetzen ist.

► **WiFF**
Bundesweites Projekt des Bundesministeriums für Forschung und Bildung, der Robert Bosch Stiftung und des Deutschen Jugendinstituts, das dazu beitragen möchte, die Qualität, Transparenz und Anschlussfähigkeit des Weiterbildungssystems für frühpädagogische Fachkräfte zu verbessern (vgl. www.weiterbildungsinitiative.de).

Auch die Fachöffentlichkeit betont die Bedeutung der Fort- und Weiterbildung und fordert eine Ausweitung der Weiterbildungsaktivitäten vor dem Hintergrund der erheblich gestiegenen Anforderungen an die Fachkräfte in Kindertageseinrichtungen. Die Argumente für Fort- und Weiterbildungen in diesem Arbeitsfeld sind jedoch sehr verschieden.

Im Folgenden wird von **Weiterbildung** gesprochen, da diese nach dem Verständnis der WiFF einen längerfristigen Lernprozess beinhaltet, während unter **Fortbildung** kurzfristige Angebote (max. 1 Tag) verstanden wird.

► **Weiterbildung**
„Weiterbildung ist die Fortsetzung oder Wiederaufnahme organisierten Lernens nach Abschluss einer unterschiedlich ausgedehnten ersten Bildungsphase und nach Aufnahme einer Berufstätigkeit." (Deutscher Bildungsrat 1970, S. 197)

In diesem Zusammenhang beleuchtet der Beitrag zentrale konzeptionelle und strukturelle Aspekte rund um die berufliche Weiterbildung für Fachkräfte in Kindertageseinrichtungen. Im ersten Kapitel (→ Kap. 29.1) werden zunächst die Gründe für Fort- und Weiterbildung in diesem Handlungsfeld dargelegt. Das zweite Kapitel schließt mit empirischen Erkenntnissen zur Weiterbildungslandschaft an (→ Kap. 29.2) und gibt Auskunft über die Angebots-, Träger- und Organisationsstrukturen (→ Kap. 29.2.1). Darüber hinaus wird danach gefragt, wie groß das Weiterbildungsangebot für Kindertageseinrichtungen ist und wie es sich in den letzten Jahren entwickelt hat (→ Kap. 29.2.2). In Kapitel 29.3 geht es um die Weiterbildungsbeteiligung und Weiterbildungsmotive der Fachkräfte und in Kapitel 29.4 um die Rahmenbedingungen in Kindertageseinrichtungen. Kapitel 29.5 zeigt auf, welche zukünftigen Entwicklungen und Handlungsanforderungen sich derzeitig abzeichnen. Erst langsam setzt sich dabei die Erkenntnis durch, dass Weiterbildung kompetenzorientiert gestaltet werden sollte (→ Kap. 29.5.1). Weitere Entwicklungsaufgaben betreffen die Fragen nach der Qualität der Weiterbildung, der Vernetzung der Aus-, Fort- und Weiterbildung und der Entwicklung der frühpädagogischen Forschung. (→ Kap. 29.5.2).

29.1 Gründe für die Fort- und Weiterbildung der Fachkräfte in Kindertageseinrichtungen

29.1.1 Die Erzieherinnenausbildung

Ein wichtiges Argument für die Weiterbildung von frühpädagogischen Fachkräften ist die inhaltliche Ausgestaltung der Ausbildung zur Erzieherin, die laut Kinder- und Jugendhilfestatistik 70 % der pädagogisch und leitend tätigen Fachkräfte in Kindertageseinrichtungen absolviert haben (vgl. Statistisches Bundesamt 2011).

Bei dieser Ausbildung (→ Kap. 1.4.3) handelt es sich um eine breit angelegte, sozialpädagogische Ausbildung, die sowohl für die Übernahme von Erziehungs-, Bildungs- und Betreuungsaufgaben im Arbeitsfeld Kindertageseinrichtungen qualifiziert als auch für Tätigkeiten in anderen Bereichen innerhalb und außerhalb der Kinder- und Jugendhilfe (wie den Hilfen zur Erziehung, der Kinder- und Jugendarbeit oder der Ganztagsschule). Obwohl die Mehrheit der Erzieherinnen im frühpädagogischen Arbeitsfeld beschäftigt ist, muss die Ausbildung diese Bandbreite abdecken. Zwangsläufig können daher nicht alle Themen in der erforderlichen Tiefe bearbeitet werden.

Die Fachschulen (in Bayern: Fachakademien), die für die Ausbildung der Erzieherinnen zuständig sind, lösen dieses Problem mit Schwerpunktbildungen und Wahlmöglichkeiten für die Schülerinnen, die je nach Bundesland und Trägerschaft in unterschiedlichem Umfang möglich sind (vgl. Leygraf 2012; Deppe 2011, S. 14). Darüber hinaus liegen zum jetzigen Zeitpunkt noch 16 verschiedene Lehrpläne für die Erzieherinnenausbildung und ebenso viele Bildungspläne mit unterschiedlichem Alterszuschnitt für Kindertageseinrichtungen in den Bundesländern vor. Sie lassen das Kompetenzprofil der Erzieherin abhängig vom Ausbildungsort sehr unterschiedlich ausfallen. Je nach Anforderungen der Arbeitgeber kann daher eine Weiterbildung auch schon direkt nach der Ausbildung zu ausgewählten Themen notwendig werden.

29.1.2 Lebenslanges Lernen

Neben den konzeptionell und strukturell bedingten Gründen für Weiterbildung spielt auch die zunehmende Bedeutung von lebenslangem Lernen eine wichtige Rolle. Die in der Ausbildung erworbenen Kenntnisse und Fähigkeiten veralten aufgrund des gesellschaftlichen Wandels und neuer Forschungserkenntnisse immer schneller, sodass im Laufe einer Berufslaufbahn immer wieder Weiterbildun-

Laufe einer Berufslaufbahn immer wieder Weiterbildungen nötig werden, die Kenntnisse aktualisieren und Fähigkeiten weiterentwickeln (vgl. Geldermann/Seidel/Severing 2009, S. 35). Die Europäische Union forderte bereits im Jahr 2000 in dem Memorandum über lebenslanges Lernen ein lebensumspannendes „Kontinuum" des Lernens (vgl. Kommission der europäischen Gemeinschaften 2000).

► Lebenslanges Lernen
„Lebenslanges Lernen umfasst alles formale, nicht-formale und informelle Lernen an verschiedenen Lernorten von der frühen Kindheit bis einschließlich der Phase des Ruhestands." (Bund-Länder-Kommission 2004, S. 13)

Lebenslanges Lernen bezieht sich demnach nicht ausschließlich auf den Besuch von Bildungs- und Qualifizierungsangeboten in Bildungseinrichtungen, der zu anerkannten Abschlüssen führt (formales Lernen), sondern meint auch die Teilnahme an nicht zertifizierten Weiterbildungen (nicht-formales Lernen). Das informelle Lernen dagegen bezeichnet das beiläufige Lernen im Alltag.

Lebenslanges Lernen hat für die Beschäftigten in Kindertageseinrichtungen einen besonderen Stellenwert, weil das Zusammenspiel von theoretischem Wissen und praktischen Erfahrungen die Grundlage für eine hohe Qualität der Bildung, Betreuung und Erziehung der Kinder darstellt. Kinder lernen beiläufig im Alltag und können durch aufmerksame, reflektierende Fachkräfte hierbei unterstützt werden. Voraussetzung ist das Beobachten von Lernprozessen in der Praxis, die vor dem Hintergrund eines umfassenden Wissens eingeordnet werden können und Schlussfolgerungen in Bezug auf die Entwicklung des Kindes zulassen. Demnach können Weiterbildungen zur Integration von neuen und bereits vorhandenen Wissensbeständen und Fähigkeiten beitragen und Reflexionsprozesse unterstützen. Sie sind ein Element für lebenslanges Lernen und ermöglichen Weiterentwicklung sowohl im persönlichen als auch beruflichen Kontext.

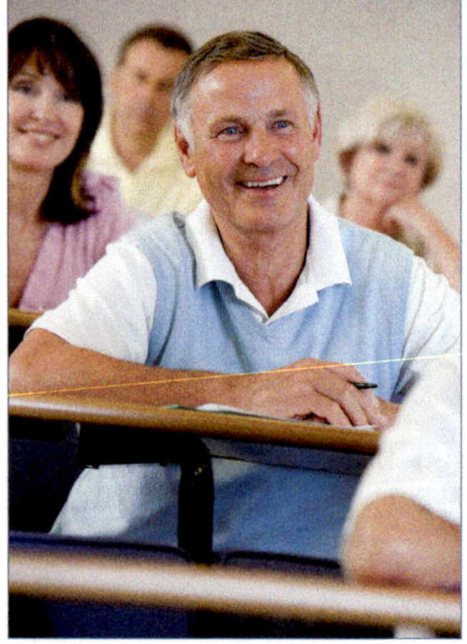

Abb. 29.1: Lebenslanges Lernen spielt eine immer größere Rolle.

29.1.3 Vermittlung von neuen Erkenntnissen und Reflexion der Praxis

Weiterbildungen sind aber auch vor allem dann hilfreich, wenn neues Wissen durch Forschung generiert wurde, welches nicht mehr im Rahmen der Ausbildung vermittelt werden kann. Die Einführung von kindheitspädagogischen Studiengängen hat die Ausbildungslandschaft für die Fachkräfte in den Kitas nachhaltig verändert und damit die Voraussetzungen für Forschung im Bereich der frühen Kindheit verbessert. Darüber hinaus haben in der Fachdiskussion Themen an Bedeutung gewonnen, die lange Zeit in der Praxis bearbeitet wurden, jetzt aber mehr und mehr herausgestellt werden und neue Kompetenzen von den Fachkräften verlangen.

[BEISPIEL] Ein Beispiel ist das Thema „Sprachliche Bildung" im Elementarbereich. Die sprachliche Entwicklung der Kinder wurde auch in der Vergangenheit von sozialpädagogischen Fachkräften durch vielfältige Angebote unterstützt. Aufgrund der zunehmenden Zahl an mehrsprachigen und sprachverzögerten Kindern in den Einrichtungen werden heute zusätzliche Angebote und Maßnahmen notwendig, um diesen Kindern einen guten Schulstart zu ermöglichen.

Für diese erweiterten Anforderungen benötigen die Fachkräfte zusätzliche Kompetenzen, die im Rahmen von Weiterbildungsveranstaltungen erworben werden können. In dem Zusammenhang bieten Weiterbildungen auch die Möglichkeit, sich auf bestimmte Felder zu spezialisieren.

[BEISPIEL] Beispiele für solche Spezialisierungen im Arbeitsfeld Kindertageseinrichtungen sind die Weiterbildungen zur Leitung einer Kindertageseinrichtung oder zur Sprachförderkraft.

Aber nicht nur in Bezug auf einzelne Themen, sondern auch insgesamt sind die Anforderungen an frühpädagogische Fachkräfte gestiegen. Die Bedeutung der ersten Lebensjahre der Kinder für ihre Entwicklung wird in der Gesellschaft mittlerweile anerkannt und weist dem frühkindlichen Bildungsbereich einen hohen Stellenwert zu. Entsprechend wird von den dort tätigen Fachkräften viel erwartet. Sie sollen professionell interagieren, sowohl mit den Kindern als auch mit deren Eltern, und fachlich argumentieren, um ihre Angebote und Entscheidungen zu begründen. Dies erfordert einerseits einen hohen Reflexionsgrad, von dem angenommen wird, dass er am besten durch eine akademische Ausbildung erworben werden kann (vgl. Pasternack 2008, S. 41; Rabe-Kleberg 2008, S. 143 f.; Thole 2008, S. 287).

Andererseits ist aber auch Erfahrung und Sensibilität im Umgang mit Kindern notwendig, um Beziehungen aufbauen zu können, die wiederum zum erfolgreichen Lernen der Kinder beitragen. Frühpädagogisches Handeln beinhaltet demnach sowohl ein profundes Wissen über die Entwicklung von Kindern und die Bedingungen ihres Aufwachsens als auch praktische Erfahrungen mit Kindern sowie den Funktionsweisen und Logiken von Kindertageseinrichtungen. Akademische Ausbildungen legen den Schwerpunkt auf das Wissen und haben im Vergleich (zumeist) nur einen geringen Praxisanteil. Die Erzieherinnenausbildung verfügt über einen hohen Praxisanteil und vermittelt Orientierungswissen und praktische Fähigkeiten (vgl. Janssen 2009, S. 84).

Weiterbildungen nach Abschluss der Ausbildung tragen dazu bei, den jeweiligen Mangel an Theorie oder Praxiserfahrung zu mindern, indem sie entweder vorrangig Wissen für die Praxis vermitteln oder aber die Praxis auf der Basis von Wissen reflektieren. Im weiteren Berufsverlauf können insbesondere berufsbegleitende Weiterbildungen eine Verbindung zwischen Theorie und Praxis herstellen und somit die Kluft zwischen diese Polen verringern.

29.1.4 Der berufliche Aufstieg

Weiterbildungen dienen jedoch nicht nur der Weiterentwicklung des beruflichen Handelns, sondern auch der berufsbiografischen Weiterentwicklung. Sie können durch Zertifizierung oder Anerkennung des Arbeitgebers zur beruflichen Entwicklung beitragen und den Aufstieg ermöglichen. Die Weiterbildungsangebote im Arbeitsfeld Kindertageseinrichtungen sind bislang jedoch nur selten aufeinander abgestimmt und zertifiziert, sodass sie nicht zur Durchlässigkeit im Sinne des beruflichen Aufstiegs beitragen können (→ Kap. 1.1.4). Dies soll sich zukünftig ändern und wird insbesondere durch die Möglichkeit eines kindheitspädagogischen Studiums begünstigt. Auch die Entwicklung und Einführung von Qualifikationsrahmen (→ Kap. 29.5), in die sowohl Aus- als auch Weiterbildungen eingeordnet werden können, kann langfristig zur Verbesserung der Durchlässigkeit beitragen. Regionale Initiativen bieten bereits abgestimmte Module für eine langfristige, berufliche Entwicklung an (z. B. Zertifizierungsinitiative Südbaden, → Kap. 29.5), es handelt sich dabei jedoch noch um Einzellösungen.

Derzeit gibt es nur wenige Möglichkeiten für Beschäftigte in Kindertageseinrichtungen, beruflich aufzusteigen. Aus Sicht der Fachpolitik besteht ein Missverhältnis zwischen Leistung und Entlohnung, Weiterbildungsengagement und Weiterbildungserträgen, da der Aufstieg z. B. zur Gruppen- oder Einrichtungsleitung nicht tariflich verankert ist.

Auch wenn empirisch bislang noch nicht bestätigt ist, inwieweit Weiterbildungen zur Erweiterung von Kompetenzen und zum beruflichen Aufstieg beitragen können, wird anhand der Gründe für Weiterbildung deutlich, dass sie ein wichtiges Element in der beruflichen und persönlichen Entwicklung von frühpädagogischen Fachkräften sind, auf die im Hinblick auf eine Professionalisierung in der Früh- und Kindheitspädagogik nicht verzichtet werden kann.

29.2 Die Weiterbildungslandschaft

Ebenso wie in der Bildungs- und Fachpolitik besteht auch in der Praxis weitgehend Konsens über den hohen Stellenwert von Weiterbildung für die Personalentwicklung in Kindertageseinrichtungen. Seitens der Träger und Einrichtungen gelten Weiterbildungen für Leitungskräfte und pädagogische Mitarbeiterinnen bereits seit Längerem als geeignetes Mittel zur Bewältigung der fachlichen Herausforderungen, die an die Einrichtungen gestellt werden. So wurde auf diese Form der Qualifizierung des Fachpersonals schon frühzeitig in Modell- und Leuchtturmprojekten, aber auch im Rahmen spezieller Landesinitiativen zurückgegriffen, um aktuelle Themen und Inhalte im Arbeitsfeld zu verankern.

Ob berufliche Weiterbildung die hohen Erwartungen überhaupt erfüllt, wurde allerdings lange Zeit aus der fachpolitischen Auseinandersetzung ausgeklammert. Erst in den letzten Jahren stößt dieses Thema zunehmend auf Beachtung, indem Struktur, Qualität und Wirksamkeit des Weiterbildungssystems für die Fachkräfte in Kindertageseinrichtungen kritisch hinterfragt werden (vgl. etwa Expertengruppe 2011; Stockfisch/Stricker/Meyer 2008). Die Diskussion um die qualitative Fortentwicklung wird jedoch dadurch erschwert, dass bislang nur relativ wenig über diesen Ausschnitt des Bildungssektors bekannt ist. Dies ist u. a. darauf zurückzuführen, dass der Weiterbildungsbereich sehr vielschichtig und komplex ist.

Um einen Überblick über die Weiterbildungslandschaft zu ermöglichen, wurden deshalb von WiFF verschiedene Erhebungen durchgeführt, auf die im Folgenden weitgehend Bezug genommen wird. Befragt wurden zum einen Anbieter von frühpädagogischen Weiterbildungen („WiFF-Weiterbildungsanbieterbefragung"), zum anderen Leitungskräfte, pädagogische Mitarbeiterinnen und Praktikantinnen in Kindertageseinrichtungen („WiFF-Fachkräftebefragung"). An den Erhebungen haben sich gut 490 Anbieter und insgesamt knapp 4.620 Fachkräfte aus ebenso vielen Kindertageseinrichtungen beteiligt (vgl. Beher/Walter 2012).

29.2.1 Angebots-, Träger- und Organisationsstrukturen

Im Vergleich zu anderen Sparten des Bildungswesens – wie etwa der Schule – ist der Weiterbildungssektor generell der mit Abstand am geringsten staatlich gesteuerte und am wenigsten strukturierte Bildungsbereich. Die Gesetze des Bundes (etwa zur Förderung der beruflichen Weiterbildung im SGB III und anderen) und der Länder (wie die Weiterbildungsgesetze oder die Bildungsurlaubs- und Freistellungsgesetze für Arbeitnehmerinnen) beschränken sich primär auf die Beschreibung von Grundsätzen sowie Regelungen zur Ordnung und Förderung der Weiterbildung. Die hieraus resultierenden, relativ offenen Angebots- und Trägerstrukturen sind ordnungspolitisch durchaus erwünscht. Durch die Pluralität der Angebote und den Wettbewerb der Träger sollen den vielfältigen und sich wandelnden Anforderungen an Weiterbildung durch differenzierte Strukturen entsprochen und flexible Marktreaktionen auf neue Bedarfslagen im Kontext lebenslangen Lernens ermöglicht werden (vgl. Schiersmann 2007; KMK 2011).

> ⊙ „Pluralität in der Weiterbildung (...) findet ihren Ausdruck auch in den unterschiedlichen Trägerschaften und Finanzierungen sowie in der Vielfalt der Weiterbildungsangebote.
> Grundvoraussetzungen sind die Eigenständigkeit der Einrichtung, die Freiheit der Lehrplangestaltung, die selbständige Auswahl des Personals und die prinzipielle Offenheit des Zugangs." (vgl. KMK 2001, S. 5)

Die Grundstrukturen eines Neben- und Miteinanders verschiedenster Bundes- und Länderzuständigkeiten, rechtlicher Regelungen und Finanzierungsmodi, Angebote und Träger lassen sich auch auf die früh- und kindheitspädagogische Weiterbildungstopografie übertragen. Der Blick auf die Trägerlandschaft verdeutlicht dabei im Vergleich zu den Trägerstrukturen im Arbeitsfeld Kindertageseinrichtungen sowohl Gemeinsamkeiten als auch Unterschiede. Ebenso wie im Arbeitsfeld bilden die frei-gemeinnützigen Träger (einschließlich der Wohlfahrtsverbände sowie der ihnen nahestehenden Religionsgemeinschaften und Kirchen) auch auf dem Weiterbildungsmarkt die größte Akteursgruppe (vgl. Tab. 29.1). Sie stellen mit einem Anteil von 45 % fast die Hälfte der Anbieter. Weitaus präsenter als in der Kita-Landschaft ist die zweitgrößte Gruppe (34 %) der Wirtschaftsunternehmen. Bei diesen handelt es sich gleichermaßen um freiberufliche Fort- und Weiterbildnerinnen sowie privat-gewerbliche Organisationen, die sich auf dem Weiterbildungsmarkt engagieren. Die öffentlichen Träger bilden im Unterschied zu den Trägerstrukturen im Arbeitsfeld mit einem Anteil von 19 % die kleinste Anbietergruppe.

Trägergruppe	Weiterbildungsanbieter	
	n	%
• Öffentlicher Träger	89	19
• Frei-gemeinnütziger Träger	215	45
Darunter:		
Wohlfahrtsverbände/Kirchen	97	20
Sonstige frei-gemein. Träger	118	25
• Privat-gewerblicher Träger	72	15
• Ein-Personen-Unternehmen	90	19
• Sonstiger Träger	16	3
Gesamt	**482**	**100**

Tab. 29.1: Weiterbildungsanbieter nach Trägergruppe.
Quelle: WiFF-Weiterbildungsanbieterbefragung; Beher/Walter (2011)

Die Dominanz der frei-gemeinnützigen Träger im frühpädagogischen Weiterbildungssystem macht sich noch stärker bemerkbar, wenn zusätzlich das Veranstaltungs- und Stundenvolumen betrachtet wird. So haben diese bei den Veranstaltungen einen Marktanteil von 63 % und beim Stundenvolumen von 57 % (vgl. Beher/Walter 2011).

Der geringe rechtliche Regulierungsgrad des Weiterbildungssektors ermöglicht darüber hinaus vielfältige Organisationsstrukturen. Das heißt: Hinter dem vereinheitlichenden Etikett „Weiterbildungsanbieter" verbirgt sich eine große Bandbreite verschiedenster Organisationen. Sie reicht von Bildungsinstituten, -werken und -akademien großer Träger und Verbände über Volkshochschulen und Kirchen bis hin zu den freiberuflich tätigen Weiterbildnerinnen (vgl. ebd.).

Darüber hinaus werden Weiterbildungen von berufsbildenden Schulen sowie Fachhochschulen und Universitäten angeboten. In diesem Zusammenhang engagieren sich auch die Fachschulen bzw. Fachakademien für Sozialpädagogik mehrheitlich in punkto Weiterbildung für bereits qualifizierte und berufstätige Mitarbeiterinnen in Kindertageseinrichtungen. Teils in Eigenregie bzw. über schulische Fördervereine, teils in Zusammenarbeit mit Organisationen der Weiterbildung und freiberuflichen Fortbildnerinnen stellen sie ein facettenreiches Angebot von sporadischen Vorträgen und Tagesveranstaltungen bis hin zu formalisierten Bildungsgängen zur Verfügung (z. B. die Aufbaubildungsgänge in Nordrhein-Westfalen oder die Berufsfachschulen für Zusatzqualifikationen in Baden-Württemberg; vgl. Beher 2011). Die Hochschulen haben Angebote im Bereich der wissenschaftlichen Weiterbildung, die sich – wie etwa an der Universität Bremen – an Kita-Fachkräfte und erfahrene Praktikerinnen wenden. Aus der Perspektive der Studierenden, die bereits eine Erzieherinnenausbildung abgeschlossen haben, bilden zudem die früh- und kindheitspädogischen Studiengänge eine Form der beruflichen Weiterbildung. Ein Teil dieser Studienangebote richtet sich konzeptionell bereits von vornherein an ausgebildete Erzieherinnen (und vergleichbare Berufsgruppen). Die Studiengänge unterscheiden sich auch danach, ob es sich um ein Präsenz- oder berufsbegleitendes Studium handelt.

> ✉ www.weiterbildungsinitiative.de/studium/studiengaenge.html

> ⊙ Weiterbildung lässt sich somit ebenso wenig einem speziellen Organisationstyp von Weiterbildungsanbieter wie einem abgrenzbaren, institutionell definierten Bildungsraum zuordnen (wie dem Weiterbildungssektor, dem Hochschulbereich oder dem Schulwesen). Weiterbildung für Fachkräfte in Kindertageseinrichtungen findet demzufolge in allen Segmenten des Bildungssystems an unterschiedlichen Orten statt.

29.2.2 Umfang und Entwicklung der Angebotsstrukturen

Die Größe des frühpädagogischen Weiterbildungsmarktes lässt sich nur schwer taxieren. Verlässliche Angaben, wie viele Anbieter bundesweit auf dem Weiterbildungsmarkt tätig sind, existieren derzeitig nicht. Im Rahmen der Weiterbildungsanbieterbefragung der WiFF konnten bei der Adressrecherche bundesweit knapp 1.000 Anbieter ausfindig gemacht werden. Bei dieser Angabe ist vermutlich eher von einer Untererfassung auszugehen. Die Auskünfte der 493 Anbieter zum Leistungsspektrum in der WiFF-Befragung deuten allerdings darauf hin, dass mit der Erhebung ein erheblicher Ausschnitt des Weiterbildungsmarktes für die in der Kinder- und Jugendhilfestatistik für 2009 ausgewiesenen rund 400.000 leitend oder pädagogisch tätigen Mitarbeiterinnen in Kindertageseinrichtungen abgebildet wird (vgl. Beher/Walter 2011).

Die Befragung umfasst ebenfalls Informationen zur Entwicklung der Angebotslandschaft. Weiterbildungsangebote für Fachkräfte in Kindertageseinrichtungen liegen hiernach in den letzten zehn Jahren deutlich im Aufwärtstrend: 50 % der Anbieter – und damit die mit Abstand größte Gruppe – haben erst zwischen den Jahren 2000 und 2010 derartige Weiterbildungsangebote in ihr Programm integriert. Weitere 30 % haben zwischen 1990 und 2000 ihre Tätigkeit aufgenommen. Vor 1970 hat dieses Arbeitsfeld bei den befragten Weiterbildungsorganisationen kaum eine Rolle gespielt. Nur 4 % der Befragten haben vor diesem Zeitpunkt mit Weiterbildungen für Kindertageseinrichtungen begonnen. Mit Blick auf die Träger ist die Expansion frühpädagogischer Weiterbildung in den letzten zehn Jahren überdurchschnittlich auf die Gründung privat-gewerblicher Träger und Ein-Personen-Unternehmen zurückzuführen (vgl. ebd.).

Auch in Bezug auf die Veranstaltungszahl, das Stundenvolumen und die Teilnehmerzahl beschreiben die Befragten mehrheitlich Wachstumsprozesse (vgl. Abb. 29.2): Rund 63 % der Anbieter betonen, dass die Anzahl der Veranstaltungen ausgeweitet wurde. Weitere 29 % der Weiterbildungsanbieter verweisen auf ein gleichbleibendes Angebot und nur 8 % auf eine Verringerung des Veranstaltungsvolumens. Vergleichbare Größenordnungen zeigen sich im Hinblick auf das Stundenvolumen und die Teilnehmerzahl. Und schließlich spiegelt sich der beschriebene Ausbau der Weiterbildungslandschaft in den Ressourcen der WB-Anbieter wieder, d. h. in der Personal- und Finanzentwicklung der Organisationen in diesem Arbeitsbereich. Auch diese Entwicklungen sind Ausdruck des Bedeutungszuwachses frühpädagogischer Weiterbildung in den letzten Jahren (vgl. ebd.).

Zusammengenommen stellt sich der Weiterbildungssektor für Kindertageseinrichtungen institutionell und organisatorisch höchst heterogen dar. Innerhalb der expandierenden Angebotslandschaft spielen insbesondere die frei-gemeinnützigen Träger bei der Organisation und Durchführung der Weiterbildungen eine große Rolle. Diese außerordentlich differenzierten Weiterbildungsstrukturen haben allerdings auch Nachteile. Sie korrespondieren mit einer vergleichsweise großen Unübersichtlichkeit des Weiterbildungsmarktes, die aufseiten der Weiterbildungsinteressierten zu Problemen beim Zugang zu den Angeboten und beim Vergleich der einzelnen Veranstaltungen und Maßnahmen führen kann. Dieses Strukturdefizit des Weiterbildungssystems kritisieren auch die Befragten in der WiFF-Fachkräftebefragung, denen unterschiedliche Fragen zur Verbesserung des Weiterbildungssystems vorgelegt wurden. Für 57 % der Fachkräfte bildet eine höhere Transparenz der Fort- und Weiterbildungslandschaft einen Ansatzpunkt für Reformen (vgl. Beher/Walter 2012). Bei den Weiterbildungsanbietern sind es sogar 75 % der Befragten, die sich überschaubarere und durchsichtigere Strukturen wünschen (vgl. Beher/Walter 2011).

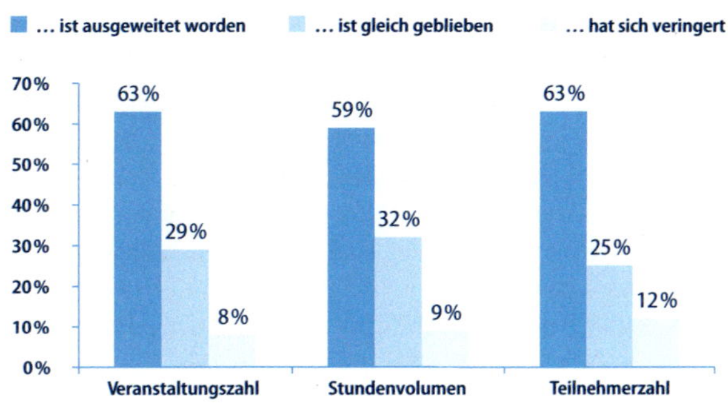

Quelle: WiFF-Weiterbildungsanbieterbefragung 2010; Beher/Walter (2011)

Abb. 29.2: Veränderung der Veranstaltungszahl, des Stundenvolumens sowie der Zahl der Teilnehmerinnen in den letzten drei Jahren.

Der Ausbau der Weiterbildungsinformation und -beratung (beispielsweise durch verbesserte Weiterbildungsdatenbanken im Internet oder durch eine engmaschigere individuelle Bildungsberatung vor Ort) bietet einen Weg, um mögliche Informationsbarrieren zu überwinden und den Zugang zum Weiterbildungsmarkt zu vereinfachen. Inzwischen haben einige Institutionen – wie

- das Bundesinstitut für Berufsbildung (www.bibb.de/checkliste) oder
- das Deutsche Institut für Erwachsenenbildung (DIE) (www.die-bonn.de/checkliste)

sogenannte „Checklisten" zur Qualität beruflicher Weiterbildung veröffentlicht. Prüffragen und Auswahlkriterien sollen Weiterbildungsinteressierte dabei unterstützen, die „richtige" Entscheidung für einen Anbieter und eine Weiterbildungsmaßnahme zu treffen.

> „Weiterbildungsinformation und Weiterbildungsberatung sind wichtige Elemente der Orientierung auf dem Weiterbildungsmarkt. (...) Eine möglichst umfassende Information und Beratung über die vorhandenen Weiterbildungsangebote, verbunden mit individueller Lernberatung, befördern wesentlich ein selbstbestimmtes und eigenverantwortliches Weiterbildungsverhalten." (KMK 2001, S. 17)

Darüber hinaus gibt es Initiativen, die die Qualität des Angebotssystems und der Veranstaltungen verbessern möchten. Hierzu zählen etwa die Vorschläge der Expertengruppe Berufsbegleitende Weiterbildung (2012). Die Expertinnen haben Qualitätsstandards für früh- und kindheitspädagogische Weiterbildung entwickelt, die in ein „von den Anbietern der Fort- und Weiterbildung verantwortetes System der Evaluation und Zertifizierung" (ebd., S. 27) eingebettet werden sollen (→ Kap. 29.2.1).

29.3 Weiterbildungsmotive und Weiterbildungsbeteiligung

Als wesentliches Strukturmerkmal von Weiterbildung gilt die Freiwilligkeit der Teilnahme (vgl. KMK 2011). Vor diesem Hintergrund bilden die Fachkräfte in Kindertageseinrichtungen eine äußerst weiterbildungsoffene Beschäftigtengruppe. Dies belegen wiederum die Ergebnisse der WiFF-Fachkräftebefragung, in der die Leitungskräfte und pädagogischen Mitarbeiterinnen in Kindertageseinrichtungen zu ihren Weiterbildungsmotiven und ihrer Weiterbildungsbeteiligung befragt wurden. Am bedeutsamsten sind für die Fachkräfte Teilnahmegründe, die sich auf die Erweiterung ihrer beruflichen Kompetenzen beziehen: Im Vergleich zu arbeitsmarktbezogenen und karriere- bzw. laufbahnrelevanten Beweggründen haben

- die Aneignung neuer Kenntnisse und Fähigkeiten sowie
- Tipps für die praktische Arbeit in den Kitas

für die Befragten den höchsten Stellenwert (vgl. Beher/Walter 2012).

Diese positive Grundeinstellung gegenüber berufsbezogenem Lernen spiegelt sich auch in der Weiterbildungsbeteiligung. In der WiFF-Studie konnte ein außerordentlich hoher Beteiligungsgrad ermittelt werden: Hiernach nutzten rund 96 % der Befragten in den letzten 12 Monaten mindestens ein Weiterbildungsangebot. In dem hohen Teilnahmegrad drückt sich eine hohe Akzeptanz von Weiterbildung als Instrument zur Bewältigung der aktuellen Qualifizierungsherausforderungen in Kindertageseinrichtungen aus. Allerdings vermittelt diese Quote noch keinen Eindruck darüber, wie intensiv oder umfänglich die Weiterbildungsaktivitäten sind (vgl. Beher/Walter 2012).

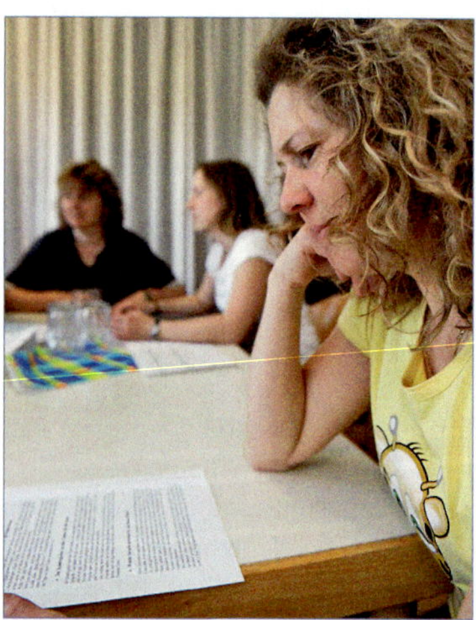

Abb. 29.3: Die Qualität von Weiterbildungen muss auch hinterfragt werden.

Weiterbildungsformen

Weitergehende Aussagen hierzu erlaubt der Blick auf Dauer und Format der in den letzten zwölf Monaten besuchten Weiterbildungsangebote (vgl. Abb. 29.4). Es zeigt sich, dass allein 82 % der Befragten an kurzfristigen Veranstaltungen (bis zu 3 Tagen) teilgenommen haben. Hierzu zählen beispielsweise auch sehr kurze Informationsveranstaltungen, die nur einen Tag oder wenige Stunden dauern. Längere Angebote mit einem Umfang von mehr als drei Tagen hat hingegen nur rund ein Viertel der Fachkräfte besucht. Davon haben 16 % Weiterbildungsmaßnahmen mit einer Dauer von drei bis fünf Tagen und 15 % Angebote von mehr als fünf Tagen absolviert. Im Unterschied zur allgemeinen Weiterbildungsbeteiligung kann die Teilnahmequote an länger andauernden Veranstaltungen somit als verhältnismäßig niedrig bewertet werden. Gerade diese Weiterbildungsformen bieten jedoch den zeitlichen Rahmen für eine intensive Beschäftigung mit einem Themenbereich (vgl. Beher/Walter 2012).

Als besonders wirksam hinsichtlich des Transfers der Qualifizierungsinhalte in das Alltagsgeschäft der Einrichtungen werden in der Fachöffentlichkeit teambezogene Weiterbildungsangebote (wie Inhouse-Veranstaltungen oder Teamtage) sowie der Besuch sogenannter „Konsultationskitas" erachtet. Relativ weitverbreitet sind die teambezogenen Formate, an denen 64 % der Befragten teilgenommen haben. Demgegenüber ist der Besuch von Konsultationskitas noch relativ selten (mit 19 % der Befragten). Insgesamt richtet sich die Nachfrage eher auf konventionelle Veranstaltungssettings. Modernere Varianten, wie das E-Learning oder Fernlehrgänge, sind bei einem Beteiligungsgrad von 2 % bislang nur von untergeordneter Bedeutung. Mit Blick auf die Zukunft wünschen sich die befragten Fachkräfte vor allem die Ausweitung teambezogener und kurzzeitiger Veranstaltungen. Den geringsten Ausbaubedarf sehen sie bei den längeren Angeboten (vgl. ebd.).

Weiterbildungsthemen

Unter inhaltlichen Gesichtspunkten haben laut WiFF-Erhebung 96 % der Weiterbildungsanbieter kindbezogene Weiterbildungen, weitere 70 % Weiterbildungen zur Vermittlung von Leitungs- und Führungskompetenzen und 69 % familienbezogene Angebote im Programm. Daneben verweisen 64 % der Anbieter auf den Bereich „Gestaltung des Arbeitsplatzes Kita/berufliche Weiterentwicklung" und 53 % auf das Themenfeld „umfeld- und netzwerkbezogene Weiterbildungen". Frühpädagogische Weiterbil-

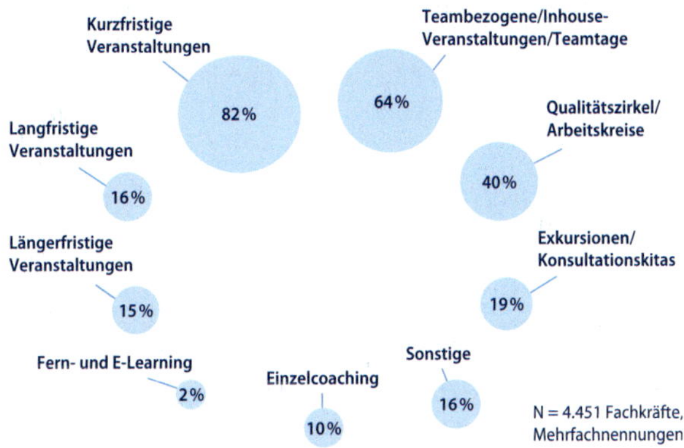

Abb. 29.4: Weiterbildungsbeteiligung pädagogischer Fachkräfte in den letzten 12 Monaten nach Veranstaltungsformat.

dungsanbieter sind dabei häufiger Generalisten mit eher breiter Programmpalette und weniger Spezialisten mit begrenzterem Angebotsspektrum (vgl. Beher/Walter 2011).

Hinter diesen Angebotsschwerpunkten verbergen sich jedoch zahlreiche Einzelthemen. Dies verdeutlicht die Liste der Veranstaltungen, an denen die Mitarbeiterinnen in den Kindertageseinrichtungen in den letzten zwölf Monaten teilgenommen haben. Hier reicht das Spektrum von Kneippkindergärten über Neurophysiologie bis hin zu systemischer Familientherapie, um einige ausgefallenere Themen zu benennen. Demgegenüber umfasst die Rangliste der zehn am häufigsten genannten Themengebiete aus 9.468 Einzelangaben die folgenden Angaben (vgl. Beher/Walter 2012):

Top Ten der Weiterbildungsthemen

- Kinder unter drei Jahren
- Sprache
- Beobachtung und Dokumentation (z. B. Lerngeschichten und Portfolio)
- Kreativität (Musik, Tanz, Malen und Gestalten)
- Umsetzung der Bildungspläne
- Qualitätsentwicklung und Evaluation
- MINT (Mathematik, Informatik, Naturwissenschaften und Technik)
- Sport, Bewegung und (Psycho-)Motorik
- Sicherheit und Erste Hilfe
- Zusammenarbeit mit den Eltern

Die Favoritenliste korrespondiert in großen Teilen mit dem aktuellen frühpädagogischen Fachdiskurs, komplettiert durch traditionelle Schwerpunktthemen, die für die Arbeit in Kindertageseinrichtungen zentral sind. Deutliche Parallelen zeigen sich auch im Hinblick auf Themenbereiche, bei denen die Leitungskräfte Weiterbildungsbedarf ihrer Mitarbeiterinnen sehen. Am häufigsten benennen die Leitungen „Beobachtung und Dokumentation", „Zusammenarbeit mit Eltern" und „Kinder unter drei Jahren" (vgl. ebd.).

Angesichts der Vielzahl an Themen ist es wenig erstaunlich, dass rund 59 % der befragten Fachkräfte das Themenspektrum beruflicher Weiterbildung als „vollkommen" und „eher ausreichend" erachten. Weitere 32 % verweisen auf partielle Angebotslücken und nur knapp 10 % erachten das Themenspektrum als unzureichend. Das bedeutet: Die Mehrheit der Befragten ist mit den abgedeckten Weiterbildungsinhalten weitgehend zufrieden. Von größerer Bedeutung als die Inhalte ist für die Fachkräfte jedoch die Frage der Bedarfsorientierung: So fordern 60 % der Befragten eine bessere Anpassung der Angebote an die Weiterbildungsbedarfe der Kitas (vgl. Beher/Walter 2012). Kritischer sind die Weiterbildungsanbieter in der entsprechenden WiFF-Erhebung. Fast neun von zehn Befragten aus dieser Gruppe plädieren für eine höhere Bedarfsorientierung (vgl. Beher/Walter 2011).

Qualität der Weiterbildungen

Neben den Inhalten der Veranstaltungen spielt auch die Qualität der Weiterbildungen eine Rolle. Ebenso wie zum Aspekt der Bedarfsorientierung äußern sich die Befragten hierzu ebenfalls durchaus kritisch: Rund die Hälfte der Beschäftigten in der WiFF-Fachkräftebefragung ist der Meinung, dass die Qualität der Veranstaltungen verbessert werden sollte (vgl. Beher/Walter 2012). Besonders hervorzuheben ist, dass in der Gruppe der Weiterbildungsanbieter fast 80 % Qualitätsentwicklungen auf der Veranstaltungsebene anmahnen (vgl. Beher/Walter 2011).

Anerkennung der Weiterbildungen

Bezogen auf die Anerkennung der absolvierten Veranstaltungen vergibt die große Mehrheit der Anbieter (rund 90 %) Teilnahmebestätigungen nach Besuch der Weiterbildung. Bei den qualifizierten Nachweisen ist der Anteil der

Abb. 29.5: Ein Top-Ten-Weiterbildungsthema für Erzieherinnen ist die Sprachförderung.

Weiterbildungsanbieter jedoch weitaus geringer: Weniger als ein Drittel dieser Gruppe vergibt benotete Leistungsnachweise oder andere Beurteilungen aufgrund von Lernerfolgskontrollen. Die Kooperation zwischen Weiterbildung und Hochschule ist zudem noch wenig verbreitet: Die Vergabe von Leistungsbescheinigungen, die auf ein Studium anrechenbar sind, wird mit unter 10 % von einer sehr überschaubaren Zahl von Anbietern praktiziert. Hiernach erfolgt die Anerkennung der im Rahmen von Weiterbildung erworbenen Leistungen durch die Hochschulen in der Tendenz häufiger durch eine individuelle Einzelfallprüfung als in pauschalisierter Form (vgl. ebd.).

Bei der Anerkennungsfrage sehen auch die Fachkräfte den größten Optimierungsbedarf – und zwar sowohl mit Blick auf das Berufsfeld als auch das Hochschulsystem. So erachten mehr als acht von zehn Befragten die Anerkennung erworbener Zusatzqualifikationen durch eine Beförderung und tarifliche Verbesserungen für notwendig. In Bezug auf das Bildungssystem wünschen sich zwei Drittel der Fachkräfte vor allem die bessere Anerkennung von Zusatzqualifikationen auf ein Hochschulstudium (Beher/Walter 2012). Dieses Anliegen korrespondiert nicht zuletzt mit weitergehenden Forderungen nach einer verbesserten inhaltlichen und strukturbezogenen Anschlussfähigkeit der einzelnen Ausbildungen und einer verstärkten Durchlässigkeit von einer Stufe zur nächsthöheren Ebene innerhalb der sozial- und frühpädagogischen Bildungspyramide (→ Kap. 29.5.2).

29.4 Rahmenbedingungen in Kindertageseinrichtungen

Fort- und Weiterbildung für sozialpädagogische Fachkräfte kann nicht losgelöst von der jeweiligen Situation in den Kindertageseinrichtungen betrachtet werden. So können sich die spezifischen Rahmenbedingungen vor Ort förderlich oder hemmend auf die Weiterbildungsteilnahme der Beschäftigten auswirken. Wie oft die Fachkräfte an Weiterbildungsveranstaltungen teilnehmen und ob sie sich dabei eher für längere oder kürzere Veranstaltungen entscheiden, hängt sowohl vom Weiterbildungsklima in der Kita als auch von den konkreten zeitlichen, personellen und finanziellen Ressourcen ab, die den Trägern und Einrichtungen für die Qualifizierung ihrer Beschäftigten zur Verfügung stehen (vgl. Beher/Walter 2012).

Hohe Akzeptanz von Weiterbildung in Kitas

Einen Aspekt des Weiterbildungsklimas bildet die Haltung der Vorgesetzten gegenüber Fort- und Weiterbildung. Sie stellt sich in der Fachkräftebefragung sehr positiv dar: Rund 95 % der Befragten erachten die Aussage, dass ihre „direkten Vorgesetzten Fort- und Weiterbildung schätzen", für sehr oder eher zutreffend. Hierbei bewerten die pädagogischen Mitarbeiterinnen ihre direkten Vorgesetzten – also die Einrichtungsleitungen – etwas positiver, als die Einrichtungsleitungen wiederum ihre Vorgesetzten auf der Trägerebene. Zusammengenommen spiegelt sich in den Ergebnissen eine hohe Akzeptanz und Wertschätzung frühpädagogischer Weiterbildung durch die unmittelbaren Vorgesetzten (vgl. ebd.).

Weiterbildungsansprüche der Beschäftigten

Wenn diese positive Grundhaltung im Berufsalltag tatsächlich in intensive Weiterbildungsaktivitäten umgesetzt werden soll, sind entsprechende **Freistellungsmöglichkeiten der Beschäftigten** erforderlich. In diesem Zusammenhang verdeutlicht die WiFF-Fachkräftebefragung, dass rund 97 % der Befragten einen Anspruch auf Weiterbildung bei Anerkennung als Arbeitszeit haben. Das heißt umgekehrt: Nur eine kleine Gruppe von 3 % der Befragten hat keine derartigen Ansprüche. Wie viele Fortbildungstage den Beschäftigten pro Jahr zustehen, kann je nach Arbeitgeber unterschiedlich ausfallen. Im Durchschnitt umfasst das zustehende Weiterbildungsbudget bei den Leitungskräften 4,9 Tage und bei den pädagogischen Mitarbeiterinnen 4,3 Tage (vgl. ebd.).

Im Einzelnen verdeutlichen die Ergebnisse jedoch Differenzen zwischen den Beschäftigten: Gut die Hälfte der befragten Leitungen und Mitarbeiterinnen hat einen Anspruch auf fünf Weiterbildungstage. Für diese Gruppe korrespondiert der Fortbildungsanspruch mit den Bestimmungen zum Bildungsurlaub, der in den meisten Ländern rechtlich verankert ist.

► **Bildungsurlaub**
„In 12 der 16 Länder gibt es das Recht auf bezahlte Freistellung für Weiterbildung, bekannt als Bildungsurlaub oder Bildungsfreistellung. Anspruch auf Freistellung haben dabei Erwerbstätige im Umfang von bis zu 5 Arbeitstagen pro Jahr. Die Freistellung bezieht sich meist auf politische und berufliche Weiterbildung, in einigen Ländern auch auf die allgemeine und die kulturelle Weiterbildung. Die rechtlichen Grundlagen unterscheiden sich von Land zu Land." (KMK 2012)

✉ www.bildungsurlaub.de
Diese Seite gibt einen Überblick über die landesweiten Regelungen zu diesem Thema.

Weniger als fünf Weiterbildungstage haben 35 % der Beschäftigten. Weiteren 5 % der Befragten stehen keine Weiterbildungstage zu. Demgegenüber verweisen nur 11 % der Beschäftigten auf einen Anspruch von sechs Tagen und mehr. Sehr auffällig bei der Beantwortung dieser Frage ist, dass mit einem Anteil von 40 % sehr viele der Befragten keine Auskunft zu ihrem Fortbildungsanspruch gegeben haben. Dies könnte darauf zurückzuführen sein, dass sie über die Höhe ihrer zustehenden Fortbildungstage nicht genau informiert sind oder diese durch den Träger nicht festgelegt werden (vgl. ebd.).

Ausschöpfung der Weiterbildungsansprüche

Zwischen dem Anspruch auf Fortbildung und der Inanspruchnahme der zustehenden Tage kann eine Kluft bestehen. Ob die zustehenden Weiterbildungstage von den Beschäftigten auch genutzt werden, vermittelt die Berechnung der sogenannten „Ausschöpfungsquote". Hiernach haben 45 % der Befragten ihr Fortbildungsbudget genau zu 100 % ausgeschöpft. Rund 15 % der Leitungen und Mitarbeiterinnen haben sogar mehr Fortbildungstage genommen, als ihnen zustehen. Unterhalb der 100 %-Marke verbleiben immerhin rund 40 % der Befragten, die ihren Anspruch nicht vollständig eingelöst haben bzw. einlösen konnten. Darunter haben 9 % ihren Fortbildungsanspruch sogar völlig verfallen lassen (vgl. ebd.).

Zusammengenommen zeigt sich somit, dass zwar fast alle Mitarbeiterinnen einen Freistellungsanspruch haben. Für einen Teil der Beschäftigten bietet er jedoch eher den Rahmen für den Besuch kurzfristiger bzw. kürzerer Weiterbildungsveranstaltungen, in denen eine intensivere Auseinandersetzung mit einzelnen Themenbereichen nur begrenzt möglich ist. Darüber hinaus belegen die Ergebnisse, dass die zur Verfügung stehenden Weiterbildungstage nicht von allen Beschäftigten vollständig genutzt werden. Dies deutet darauf hin, dass bei der Ausschöpfung des Freistellungsanspruchs weitere Faktoren eine Rolle spielen (vgl. ebd.).

Weiterbildungsbarrieren in den Kitas

In diesem Zusammenhang wurden die Leitungskräfte und Mitarbeiterinnen befragt

- zur Personalausstattung der Kitas und ihrer beruflichen Belastung,
- zum vorhandenen Zeitbudget und
- zur finanziellen Unterstützung von Weiterbildung.

Mit Abstand den höchsten Zustimmungsgrad erzielt dabei die Aussage, dass wegen der dünnen Personaldecke Mitarbeiterausfälle nur schwer aufgefangen werden können. Dies bestätigen immerhin 59 % der Befragten. Daneben bewertet fast die Hälfte der Befragten das Zeitkontingent für Fort- und Weiterbildung als zu klein. Etwas positiver fällt die Einschätzung hinsichtlich der eigenen beruflichen Belastungen aus: Für 38 % der Befragten erschweren ihre beruflichen Belastungen die Teilnahme an Fort- und Weiterbildungen. Und schließlich stimmt der Aussage, dass die Weiterbildungskosten (wie Teilnehmergebühren, Reise- und Übernachtungskosten) nur unzureichend übernommen werden, noch rund ein Drittel der Befragten zu. Die personelle Lage und die Zeitressourcen in den Kitas stellen aus Sicht der Befragten somit die Haupthindernisse für Weiterbildung dar. Sie erklären vermutlich auch, dass die Mitarbeiterinnen ihre Freistellungsansprüche nicht vollständig einlösen und eher kurzfristige Veranstaltungen bevorzugen (vgl. ebd.).

Als erste Zwischenbilanz kann an dieser Stelle festgehalten werden, dass bei der Gestaltung einer gleichermaßen nachhaltigen wie zukunftsorientierten Weiterbildung für frühpädagogische Fachkräfte verschiedene Ebenen bedacht werden müssen: Qualitätsentwicklungsprozesse sollten sowohl auf der Ebene des Weiterbildungssystems, der Anbieterorganisationen und der Veranstaltungen, aber auch auf der Ebene der Kindertageseinrichtungen initiiert werden. Welche Anforderungen berufliche Weiterbildung im Bereich der sozial- und kindheitspädagogischen Berufe in Zukunft erfüllen sollte und welche Schritte zur Umsetzung erforderlich sind, ist Gegenstand des folgenden Abschnitts.

29.5 Perspektiven der Fort- und Weiterbildung der Fachkräfte

Um den erhöhten Anforderungen an Weiterbildung zu entsprechen, sind in den vergangenen Jahren eine Reihe von Entwicklungen angestoßen worden. Eine davon ist die Kompetenzorientierung, die in verschiedenen Bildungsbereichen – wie der Hochschule – seit einigen Jahren forciert wird.

29.5.1 Kompetenzorientierte Weiterbildung

Die Orientierung an Kompetenzen in der pädagogischen Fort- und Weiterbildung ist nicht neu. Handlungskompetenzen zu erweitern bzw. zu erwerben stand schon immer im Fokus von Qualifizierungsmaßnahmen. Es gibt zwar ein großes implizites Erfahrungswissen, wie Handlungskompetenzen angebahnt werden können, allerdings fehlt bislang eine Explizierung oder systematische Grundlage von Angeboten. Dies zeigt sich daran, dass die Konzepte der Weiterbildungsangebote eher an den Lerninhalten als den Lernergebnissen ausgerichtet waren, also darauf zielten, vorrangig Wissen zu vermitteln. Nunmehr liegt der Fokus von Fort- und Weiterbildung in der Ausrichtung am Output, also auf den angestrebten Lernergebnissen, um eine stärkere Orientierung an der Praxis zu erzielen. Diese Lernergebnisse werden als Kompetenzen bezeichnet, die sich sowohl auf Wissen und Fertigkeiten als auch auf personale Voraussetzungen beziehen.

Kompetenzen werden unterschiedlich definiert, folgen jedoch meist einer ähnlichen Struktur. Im Deutschen Qualifikationsrahmen (DQR) (s. u.) werden Kompetenzen in Fach- und Personalkompetenzen untergliedert. Die Fachkompetenzen teilen sich in Wissen und Fertigkeiten auf. Das Fachwissen umfasst alle erforderlichen Kenntnisse und Wissensbestände, die notwendig sind, um die beruflichen Anforderungen zu erfüllen. Fertigkeiten beschreiben die praktischen Fähigkeiten, die Fachkräfte benötigen, um den Kitaalltag zu bewältigen. Zu den Personalkompetenzen gehören die Sozial- und Selbstkompetenzen. Team- und Führungsfähigkeit, Mitgestaltung und kommunikative Fähigkeiten werden den Sozialkompetenzen zugewiesen. Zu den Selbstkompetenzen zählen Eigenständigkeit und Verantwortung. Außerdem geht es um die Fähigkeit, das eigene Handeln zu reflektieren, und um die Befähigung zum Lernen.

Für die Weiterbildung ist es wichtig, dass berufliche Anforderungen der pädagogischen Praxis so beschrieben werden, dass es möglich ist, einzelne Kompetenzen punktgenau auszuarbeiten. Handlungsanforderungen sind konkrete Praxissituationen aus dem Kitaalltag, wie bspw. der Aufbau einer Beziehung zum Kind. So lassen sich Kompetenzprofile formulieren, mit deren Hilfe es möglich ist, verschiedene Qualifizierungsbereiche in Kompetenzen zu übersetzen und präzise zu beschreiben.

▶ **Kompetenz**
Kompetenz „bezeichnet im DQR die Fähigkeit und Bereitschaft des Einzelnen, Kenntnisse und Fertigkeiten sowie persönliche, soziale und methodische Fähigkeiten zu nutzen und sich durchdacht sowie individuell und sozial verantwortlich zu verhalten. Kompetenz wird in diesem Sinne als umfassende Handlungskompetenz verstanden." (AK DQR 2011, S. 16)

Kompetenzorientierte Weiterbildungen vermitteln also nicht nur theoretisches Wissen, sondern setzen an den Kompetenzen und Vorerfahrungen der Fachkräfte an. Im Zentrum steht nicht mehr nur die Beruflichkeit, sondern auch das biografische Lernen. Lernen in diesem Sinne bedeutet, dass Kompetenzen über die gesamte Lebensspanne und für alle Lebensbereiche weiterentwickelt werden.

Diese Forderung wirkt sich auf die Lehr-Lern-Formate von Fortbildungen aus, also die Art und Weise, wie Weiterbildungen methodisch und didaktisch gestaltet werden. Es wird davon ausgegangen, dass Menschen eigenverantwortlich und selbstorganisiert lernen und sich so Kompetenzen aneignen bzw. vorhandene Fähigkeiten erweitern. Dies bedeutet, dass Referentinnen zu Lernbegleiterinnen und Moderatorinnen werden und weniger Vermittlerinnen von theoretischem Wissen sind.

Ein weiteres Argument für den Ausbau kompetenzorientierter Weiterbildungen ist die europäische Entwicklung. Die EU hat sich zum Ziel gesetzt, den Ausbildungs- und Arbeitsmarkt der EU-Staaten so zu gestalten, dass die Abschlüsse und Berufe miteinander vergleichbar sind. Zwei Entwicklungen waren und sind wesentlich für das Arbeitsfeld der Kindheitspädagogik. Der Bologna-Prozess (1999) zielt unter anderem auf die Etablierung von Abschlüssen, die transparent, durchlässig und vergleichbar sind. Dies stellt neben der Förderung der Mobilität einen wichtigen Beitrag zur Qualitätssicherung der Aus- und Weiterbildung dar.

Als weiteren Schritt, um dieses Ziel zu erreichen, wurde der Europäische Qualifikationsrahmen (EQR) entwickelt. An diesem sollen sich alle EU-Staaten ausrichten und bis 2012 eigene, nationale Qualifizierungsrahmen entwerfen. Für Deutschland wurde der Deutsche Qualifikationsrahmen (DQR) entwickelt. Er enthält acht Niveaustufen, in welche die einzelnen Berufsabschlüsse und beruflichen Qualifikationen eingeordnet werden. Damit Abschlüsse vergleichbar werden, müssen die einzelnen Fähigkeiten, die mit dem Abschluss erworben wurden, einheitlich beschrieben werden. Diese Lernergebnisse wurden als Kompetenzen formuliert.

In der Kindheitspädagogik selbst findet sich eine dritte Begründung für die Ausweitung kompetenzorientierter Ansätze. Wie beschrieben gestalten sich im Arbeitsfeld Kindertageseinrichtungen die Aufgaben zunehmend komplexer (→ Kap. 29.1.2). Das heißt, es werden höhere Anforderungen an die Fachkräfte und ihre beruflichen Fähigkeiten bzw. Handlungskompetenzen gestellt. Diese sollen durch Fort- und Weiterbildung kontinuierlich erweitert werden.

Gleichzeitig ist es erforderlich, die Kompetenzen, die erworben werden, auf vertikaler und horizontaler Ebene anzuerkennen und anzurechnen. Horizontal bedeutet, dass Angebote miteinander verglichen werden können, die vertikale Ebene umfasst die Möglichkeit, sich höher zu qualifizieren.

Dieses Ziel wird unter anderem dadurch erreicht, dass Weiterbildungen modularisiert werden. Modularisierung heißt, dass Weiterbildungen in kleine Einheiten unterteilt sind, die miteinander kombiniert werden können und aufeinander aufbauen.

Aus der Beschreibung und Begründung einer Kompetenzorientierung lassen sich weitere Entwicklungsaufgaben für die pädagogische Fort- und Weiterbildung für die nächsten Jahre ableiten.

29.5.2 Entwicklungsaufgaben der Fort- und Weiterbildung

Vor dem Hintergrund der politischen Weichenstellungen führt kein Weg an der Orientierung an Kompetenzen vorbei. Dies zeigt sich in fachwissenschaftlichen und fachpolitischen Diskussionen, in der Umsetzung von Forschungsvorhaben und in bildungspolitischen Initiativen. Beispiele hierfür sind die Einführung von Bildungsplänen in den Kindertageseinrichtungen und der Bologna-Prozess, der zur Etablierung kindheitspädagogischer Studiengänge in Deutschland geführt hat. Darüber hinaus gibt es eine Reihe offener Fragen und Entwicklungsaufgaben, wenn die Kompetenzorientierung in der Praxis der Aus- und Weiterbildung verankert werden soll.

Vernetzung der Aus- und Weiterbildung

Einen wichtigen Entwicklungsschritt stellt die Vernetzung der Aus- und Weiterbildung dar. Diese Bereiche sind nicht aufeinander abgestimmt und die Abschlüsse somit meist nicht vergleichbar. Ziel aller unterschiedlichen Qualifizierungswege ist es, die pädagogischen Fachkräfte qualitativ hochwertig und an der Praxis orientiert aus- und weiterzubilden. Es besteht ein Konsens sowohl in der Fachpraxis als auch in der Wissenschaft, dass für die Planung und Durchführung des komplexen Aufgabenspektrums sozialpädagogische Teams mit vielfältigen Qualifikationen benötigt werden, um die vielfältigen Aufgaben in Kindertageseinrichtungen angemessen bewältigen zu können (vgl. Robert Bosch Stiftung [RBSG] 2011), die auf unterschiedlichen Ebenen des Bildungssystems und auf verschiedenen Wegen erworben werden können.

Fachschulen, Hochschulen und Weiterbildungsanbieter haben hier eine gemeinsame Verantwortung. Sie tragen Sorge dafür, dass die unterschiedlichen Systeme im Sinne einer nachhaltigen Qualitätsentwicklung des Arbeitsfeldes der Kindheitspädagogik verknüpft werden können. Durch eine Vernetzung der Systeme wäre es möglich, vergleichbare und aufeinander aufbauende Curricula zu entwickeln.

[BEISPIEL] Ein lokales Good-practice-Beispiel in diesem Bereich liefert die Zertifizierungsinitiative Südbaden. Das zentrale Anliegen der Initiative ist es, die frühpädagogische Aus-, Fort- und Weiterbildung in Südbaden durchlässiger zu gestalten. Hierzu schlossen sich im Bezirk des Regierungspräsidiums Freiburg Fachschulen, Hochschulen und Weiterbildungsanbieter zusammen. Einen wesentlichen Baustein stellt die Entwicklung eines transparenten und verbindlichen Anerkennungssystems dar. In Anerkennungsverfahren wurden Ausbildungsteile der Fachschulen und Weiterbildungsangebote dahingehend geprüft, inwieweit die erworbenen Kompetenzen auf ein Studium der Kindheitspädagogik angerechnet werden können. Die wichtigsten Erkenntnisse bei der Etablierung des Anerkennungsverfahrens sind:

- Die verwendeten Begrifflichkeiten sollten klar beschrieben sein, insbesondere die Kompetenzen.
- Die Konzepte müssen miteinander abgestimmt werden, sie sollten aufeinander aufbauen.
- Vergleichbarkeit setzt ein gemeinsames Konzept einer Kompetenzorientierung voraus.
- Es ist notwendig, dass sich alle Akteure systematisch und kooperativ abstimmen.

Mittlerweile gilt das entwickelte Anerkennungsverfahren in Baden-Württemberg landesweit. Bundesweit stellen derartige Initiativen und Kooperationsverbünde jedoch eher die Ausnahme dar. An dieser Stelle zeigt sich ein hohes Entwicklungspotenzial, da die Vernetzung und Abstimmung von Aus- und Weiterbildung die Chance bietet, zur Qualitätsentwicklung der jeweiligen Angebote und Systeme beizutragen und zugleich die berufliche Weiterentwicklung der Fachkräfte zu fördern. Dies würde die Vergleichbarkeit von Abschlüssen und Durchlässigkeit in den Qualifizierungswegen fördern und für Erzieherinnen neue berufliche Wege eröffnen.

Qualität der Weiterbildung

Ein weiterer Entwicklungsbedarf ist die Verbesserung der Qualität der Weiterbildung. Die Fort- und Weiterbildung stellt sich nach wie vor als heterogene Landschaft dar. Angebote sind wenig vergleichbar, es gibt keine einheitlichen **Qualitätsstandards**. Um Transparenz zu schaffen und Qualität zu fördern, wurden in einer Kooperation mit der Werkstatt Weiterbildung e. V. und WiFF Qualitätsstandards für Weiterbildungsanbieter entwickelt. Diese Standards sollen einen Maßstab bieten, um Weiterbildungsangebote zu vergleichen und zu bewerten (vgl. Expertengruppe Berufsbegleitende Weiterbildung 2013).

Die Autorinnen und Autoren orientieren sich in ihrem Papier an der Praxis. Fachkräfte sollen ihre Handlungskompetenzen weiterentwickeln können. Qualitätskriterien müssen präzise einheitlich beschrieben werden, damit sie evaluiert werden können. Als Referenzmodell dient die Orientierungs-, Prozess-, Struktur- und Ergebnisqualität (vgl. ebd.).

Die **Orientierungsqualität** beschreibt die Werthaltungen und fachlichen Überzeugungen des Weiterbildungsanbieters, wie das Menschen- und Leitbild. Dies zeigt sich unter anderem daran, ob die Weiterbildungsangebote teilnehmerorientiert konzipiert sind, also an den beruflichen und biografischen Erfahrungen der Teilnehmerinnen ansetzen. Außerdem sollten die Lerninhalte auf den aktuellen fachwissenschaftlichen Erkenntnissen basieren (vgl. ebd.).

Die Rahmenbedingungen sowie die organisatorischen Strukturen sind Kriterien der **Strukturqualität**. Neben der Auswahl fachkompetenter Referentinnen und einer qualitativ hochwertigen Materialausstattung zählt dazu auch, dass Anbieter konkrete Weiterbildungsbedarfe in den Kindertageseinrichtungen ermitteln und die Angebote an der Praxis ausrichten (vgl. ebd.).

Die **Prozessqualität** beleuchtet die Bildungsprozesse und die Gestaltung der Lehr-Lern-Prozesse in der Weiterbildung. Hierbei geht es um die praktische Gestaltung der Weiterbildung. Dies umfasst die gemeinsame Verantwortung von Referentinnen und Teilnehmerinnen für gelingende Lernprozesse ebenso wie die geteilte Überzeugung, dass alle Akteure Lernende und Lehrende zugleich sind (vgl. ebd.).

Die Wirksamkeit der Weiterbildung, wie die erworbenen Kompetenzen der Teilnehmenden, ist Gegenstand der **Ergebnisqualität**. Dabei geht es nicht nur um eine Abfrage, wie zufrieden die Teilnehmerinnen waren. Wichtig ist, dass sich das Gelernte in der Kitapraxis zeigt. So könnte ein Kriterium sein, ob der Weiterbildungsanbieter Interesse daran zeigt, nach einem gewissen Zeitraum bei den Teilnehmerinnen nachzufragen, ob und inwieweit diese ihre neuen Kenntnisse anwenden (können) (vgl. ebd.).

Neben der Qualität der Weiterbildungsangebote ist auch der Gegenstand von Aus-, Fort- und Weiterbildung Bestandteil nachhaltiger Qualitätsentwicklung. Einen wesentlichen Beitrag hierzu kann die kindheitspädagogische Forschung leisten (vgl. ebd.).

Kindheitspädagogische Forschung
Der dritte notwendige Entwicklungsschritt bezieht sich auf den Ausbau der kindheitspädagogischen Forschung. Die Bildungs- und Erziehungspläne der Länder für Kindertageseinrichtungen fordern eine Aus-, Fort- und Weiterbildung der frühpädagogischen Fachkräfte, die auf wissenschaftlichen Erkenntnissen basiert. Idealerweise soll sich das berufliche Handeln der Fachkräfte ebenfalls daran ausrichten. Folglich gewinnt die kindheitspädagogische Forschung zunehmend an Bedeutung. Durch den wachsenden Stellenwert frühkindlicher Bildung, aber auch durch den Auf- und Ausbau der kindheitspädagogischen Studiengänge bietet sich die Chance, die Forschungsaktivitäten in diesem Bereich stark auszuweiten. Um den Forschungszweig weiterzuentwickeln, muss einerseits wissenschaftliches Personal gewonnen und gefördert werden, vorzugsweise aus dem Kreis der Absolventinnen der Kindheitspädagogik. Andererseits müssen die Forschungs- und Ausbildungsstrukturen an den Hochschulen ausgebaut werden, bspw. indem frühpädagogische Lehrstühle eingerichtet werden. So bietet sich für sozialpädagogische Fachkräfte eine weitere Möglichkeit, um sich beruflich weiterzuqualifizieren. Für die Kindheitspädagoginnen eröffnen sich damit neue Berufsfelder, z. B. in der Grundlagen- und Praxisforschung und als Dozentinnen an Hochschulen.

29.5.3 Ausblick

Es ist zu erwarten, dass sich die Entwicklungsprozesse in der kindheitspädagogischen Aus-, Fort- und Weiterbildung in den nächsten Jahren fortsetzen, weil die frühkindliche Bildung zunehmend wichtiger wird.

Nach wie vor gilt die soziale Herkunft als wesentliches Kriterium für Bildungsbenachteiligung (vgl. Bildungsbericht 2012). Ein wichtiger Beitrag zur Erhöhung von Bildungschancen kann in Kitas geleistet werden, wie bspw. alltagsintegrierte Sprachförderprogramme zeigen. Dazu werden pädagogische Fachkräfte benötigt, die sich qualitativ und an der Praxis orientiert aus- und weiterbilden. Das heißt, Fort- und Weiterbildung wird künftig ein elementarer Bestandteil der Kindheitspädagogik sein. Es ist außerdem wünschenswert, dass die Aus-, Fort- und Weiterbildung ein abgestimmtes System entwickelt. Langfristig sollte eine qualitativ hochwertige Weiterbildung genauso selbstverständlich sein wie eine ebensolche Ausbildung.

Die Qualität von pädagogischen Weiterbildungen bezieht sich auch auf die Weiterentwicklung der Lehr-Lern-Formate, das heißt die Entwicklung einer kompetenzorientierten Methodik und Didaktik, welche die Lernenden ins Zentrum stellt. Daraus resultieren neue Anforderungen an Lehrende und Lernende gleichermaßen. Ausgangspunkt sind die biografischen und beruflichen Kompetenzen, die die Teilnehmerinnen mitbringen. Diese sollen weiterentwickelt und ausgebaut werden.

Die Wegweiser Weiterbildung der WiFF leisten einen Beitrag, um Weiterbildungen kompetenzorientiert zu gestalten. Beispielhaft zeigen sie, wie Lernergebnisse als Kompetenzen formuliert werden können. Außerdem bieten sie Grundlagen für die Konzeption von Weiterbildungsangeboten zu spezifischen Themen wie sprachlicher Bildung, der Arbeit mit unter Dreijährigen und der Zusammenarbeit mit Eltern. Außerdem zu den Inklusionsthemen: kulturelle Heterogenität, Kinder mit Behinderung und Kinder und Familien in Armutslagen. Zusätzlich werden Materialien entwickelt zum Thema Lernort Praxis, Leitung und Kompetenzprofil Weiterbildnerin

Zukünftig werden darüber hinaus Formate benötigt, die es ermöglichen, den Kompetenzerwerb zu überprüfen und zu dokumentieren. Auch das ist ein Beitrag zu mehr Transparenz, Durchlässigkeit und Qualität in der Fort- und Weiterbildung pädagogischer Fachkräfte.

Abb. 29.6: Titelseite des Wegweisers Weiterbildung zum Thema „Sprachliche Bildung".

Anhang

Verwendete und weiterführende Literatur

1 Erziehen, Bilden und Betreuen als Beruf

AFET – Bundesverband für Erziehungshilfe e.V., Osterstraße 27, 30159 Hannover, Telefon: 0511 353991-3, Telefax: 0511 353991-50, E-Mail: info@afet-ev.de, www.afet-ev.de

Becker-Stoll, F. & Textor, M.R. (Hrsg.): Die Erzieherin-Kind-Beziehung. Zentrum von Bildung und Erziehung. Berlin, Düsseldorf: Cornelsen Scriptor 2007

Berger, Manfred: Von der „geistigen Mütterlichkeit" zur Professionalität. Eine historische Analyse des heutigen Erzieherinnenberufs. In: TPS 7/2009, S. 37–41

Brandhorst, K. & Kohr, A.: Gute Elternarbeit aus professioneller Sicht. In P. Bauer und E. J. Brunner (Hrsg.), Elternpädagogik. Von der Elternarbeit zur Erziehungspartnerschaft. Freiburg im Breisgau: Lambertus 2006, S. 156–171

Bundesministerium für Familie, Senioren, Frauen und Jugend (Hrsg.). (2003). Auf den Anfang kommt es an. Perspektiven zur Weiterentwicklung des Systems der Tageseinrichtungen für Kinder in Deutschland. Weinheim, Basel, Berlin: Beltz 2003

Deutscher Gewerkschaftsbund (DGB), Bundesvorstand, Henriette-Herz-Platz 2, 10178 Berlin, Telefon: 030 2460-0, Telefax: 030 24 60-324, E-Mail: info.bvv@dgb.de, www.dgb.de

Dippelhofer-Stiem, Barbara: Beruf und Professionalität. In. Fried, Lilian; Dippelhofer-Stiem, Barbara; Honig, Michael-Sebastian; Liegle, Ludwig: Einführung in die Pädagogik der frühen Kindheit. Weinheim: Beltz 2003, S. 122–153

e+s – Bundesverband Evangelischer Erzieherinnen und Sozialpädagoginnen e. V., Bundesgeschäftsstelle, Herkulesstraße 5, 34119 Kassel, Telefon: 0561 107696, Telefax: 0561 107601, E-Mail: info@bundesverband-e-und-s.de, www.bundesverband-e-und-s.de

Ebert, Sigrid: Erzieherin – ein Beruf im Spannungsfeld von Gesellschaft und Politik. Freiburg: Herder 2006

Europäische Gemeinschaft (Hrsg): Der europäische Qualifikationsrahmen für lebenslanges Lernen. Luxemburg 2008

Fried, L./Roux, S. (Hrsg.) Pädagogik der frühen Kindheit. Handbuch und Nachschlagewerk. Berlin, Düsseldorf: Cornelsen Scriptor 2009

Gewerkschaft Erziehung und Wissenschaft (Hrsg.): Ratgeber für Sozialpädagogische Fachkräfte. Eingruppierung im Sozial- und Erziehungsdienst, Arbeitsrechte, Aufsicht und Haftung. Essen 2004.

Gewerkschaft Erziehung und Wissenschaft (Hrsg.): Arbeits- und Tarifrecht für Erzieher/innen, Sozialpädagogen/innen, Sozialarbeiter/innen. Stuttgart 2006.

Gewerkschaft Erziehung und Wissenschaft – Hauptvorstand (Hrsg.): Argumente zur Eingruppierung von sozialpädagogischen Berufen. Mai 2006

Gewerkschaft Erziehung und Wissenschaft (GEW), Hauptvorstand, Reifenberger Straße 21, 60489 Frankfurt am Main, Telefon: 069 78973-0, Telefax: 069 78973-201, E-Mail: info@gew.de, www.gew.de / Die Regionaladressen finden sich unter http://www.gew.de/Landesverbaende.html

Goleman, D.: Ökologische Intelligenz. Wer umdenkt, lebt besser. München: Droemer Verlag 2009

Kahle, Irene: Das professionelle Selbstverständnis pädagogischer Fachkräfte. Zur Entwicklung des Berufsbildes im Übergang von der Ausbildung in die berufliche Praxis. Magdeburg: Otto-von-Guericke-Universität 1999

Katholische Erziehergemeinschaft (KEG) Deutschlands, Herzogspitalstraße 13/IV, 80331 München, Telefon: 089 267041, Telefax: 089 2606387, E-Mail: keg-mch@t-online.de, www.keg-deutschland.de

Knauer, R. Kindertageseinrichtungen zwischen Bildungsplänen und Jugendhilfe. Ein Plädoyer für sozialpädagogisch orientierte Bildungskonzepte in Kindertageseinrichtungen. Forum Sozial 2009, 2,12–14.

König, Karsten; Pasternack, Peer: elementar + professionell. Die Akademisierung der elementarpädagogischen Ausbildung in Deutschland. Mit einer Fallstudie: Der Studiengang „Erziehung und Bildung im Kindesalter" an der Alice Salomon Hochschule Berlin (HoF-Arbeitsbericht 5/08). Wittenberg: Institut für Hochschulforschung (HoF) an der Martin-Luther-Universität Halle 2008

Laewen, H.-J./Andres, B.: Bildung und Erziehung in der frühen Kindheit. Bausteine zum Bildungsauftrag von Kindertageseinrichtungen. Berlin, Düsseldorf: Cornelsen Scriptor 2002

OECD (Hrsg.): Die Politik der frühkindlichen Betreuung, Bildung und Erziehung in der Bundesrepublik Deutschland. Paris 2004

Pausewang, F.: Macht mich stark für meine Zukunft! Wie Eltern und ErzieherInnen die Kinder in der frühen Kindheit stärken können. München: oekom verlag 2012, www.dekade.org, www.bne-portal.de/elementarpaedagogik

Pausewang, F./Strack-Rathke, D.: Ins Leben begleiten. Bildung und Erziehung in der sozialpädagogischen Praxis. Berlin, Düsseldorf: Cornelsen Scriptor 2009

Pausewang, F.: Dem Spielen Raum geben. Grundlagen und Orientierungshilfen zur Spiel- und Freizeitgestaltung in sozialpädagogischen Einrichtungen. Berlin: Cornelsen 1997

Pesch, L./Sommerfeld, V. (2000). Team-Entwicklung. Wie Kindergärten TOP werden. Neuwied, Kriftel, Berlin: Luchterhand 2000

Preissing, Ch: Wenn die Schule aus ist. Der Hort zwischen Familie und Schule. Ravensburg: Ravensburger Buchverlag 1998

pfv – Pestalozzi-Fröbel-Verband e. V., Barbarossastraße 64, 10781 Berlin, Telefon: 030 2363900-0, Telefax: 030 2363900-2, E-Mail: pfv@pfv.info, www.pfv.info

Robert-Bosch-Stiftung (Hrsg): Frühpädagogik studieren – ein Orientierungsrahmen für Hochschulen. Stuttgart 2008

Schäfer, G. E.: Bildung beginnt mit der Geburt. Ein offener Bildungsplan für Kindertageseinrichtungen in Nordrhein-Westfalen. Berlin, Düsseldorf: Cornelsen Scriptor 2005

Ständige Konferenz der Kultusminister der Länder in der Bundesrepublik Deutschland: Rahmenvereinbarung über Fachschulen (Beschluss der Kultusministerkonferenz vom 07.11.2002); www.kmk.org/fileadmin/veroeffentlichungen_beschluesse/2002/2002_11_07-RV-Fachschulen.pdf (19.10.2009)

Stockfisch, Christina; Stricker, Monika; Meyer, Annette: Ergebnisse der Studie „Qualitätsanforderungen an ein Fort- und Weiterbildungskonzept für Erzieherinnen und Erzieher". Düsseldorf: Hans-Böckler-Stiftung 2008 (Arbeitspapier 162)

Strätz, R. et al.: Qualität für Schulkinder in Tageseinrichtungen. Ein nationaler Kriterienkatalog. Weinheim, Basel, Berlin: Beltz 2003

Wagner, P./Hahn, St./Enßlin, U.: Sackgassen interkultureller Pädagogik. In: P. Brandes et al. (Hrsg.): Macker, Zicke, Trampeltier. Vorurteilsbewusste Bildung und Erziehung in Kindertageseinrichtungen. Handbuch für die Fortbildung. Weimar, Berlin: verlag das netz 2006

Textor, Martin: Erzieher/innenberuf – Anforderungen, Ausbildungen, Alternativen. In: Forum Sozial 2/2004, S. 25–27

Uexküll, J. von: Das sind wir unseren Kindern schuldig. Hamburg: Europäische Verlagsanstalt 2007

Verband kirchlicher Mitarbeiterinnen und Mitarbeiter (vkm) Rheinland-Westfalen-Lippe, Weißenburger Straße 12, 44135 Dortmund, Telefon: 0231 579743, Telefax: 0231 579754, E-Mail: info@vkm-rwl.de

ver.di – Vereinte Dienstleistungsgewerkschaft, Bundesverwaltung, Paula-Thiede-Ufer 10, 10179 Berlin, Telefon: 030 6956-0, Telefax: 030 6956-3141, E-Mail: info@verdi.de, www.verdi.de

www.fruehpaedagogik-studieren.de

www.erzieherin-online.de

www.dekade.org

www.bne-portal.de/elementarpaedagogik

2 Organisation und Management in sozialpädagogischen Einrichtungen

Adolph Petra/Duipuis André/Hoffmann Hilmar/Hohmeyer Christine: Qualität in Kindertageseinrichtungen - Schlagwort, Zauberformel oder was? Hrsg.: Gewerkschaft Erziehung und Wissenschaft, Hauptvorstand Frankfurt a. M. 1999

Becker-Textor, I./Textor, M.R.: Der offene Kindergarten – Vielfalt der Formen. Freiburg, Basel: Verlag Herder 1998

Brunner, Ewald J.: Orientierungsqualität als Maßstab bei der Evaluierung sozialer Einrichtungen. In: Brunner, Ewald/Reiter, Ludwig (Hrsg.): System Familie, 12/1999. Heidelberg: Springer 1999, S. 3–8

Bundesarbeitsgemeinschaft der Landesjugendämter: Qualität in Kindertageseinrichtungen. Beschlossen in der 88. Arbeitstageung vom 03.–05.05.2000 in Halle/Saale. In: Textor, Martin (Hrsg.):Kindergartenpädagogik. Online-Handbuch. Stand vom 12.08.2008

Burkhard K. Müller, Die Kindertagesstätte als lernende Organisation; In: Kindergartenpädagogik, Online-Handbuch, hrsg. V. Martin R. Textor, www.kindergartenpaedagogik.de/1047.html; abgerufen am 01.08.2008.

Diller, Angelika/Leu, Hans Rudolf/Rauschenbach, Thomas (Hrsg.): Der Streit ums Gütesiegel - Qualitätskonzepte für Kindertageseinrichtungen, DJI-Fachforum Bildung und Erziehung, DJI-Verlag Deutsches Jugendinstitut, München 2005

Groot-Wilken, Bernd: Portfolioarbeit leicht gemacht. Leitfaden zur systematischen Dokumentation von Bildungsverläufen in Tageseinrichtungen. Berlin, Düsseldorf: Cornelsen Verlag Scriptor 2008

Hanssen, Kirsten/Oberhuemer, Pamela: Träger und Trägerstrukturen im System der Kindertageseinrichtungen. In: Fthenakis et al (Hrsg.): Träger zeigen Profil. Qualitätshandbuch für Träger von Kindertageseinrichtungen. Weinheim, Basel, Berlin: Beltz Verlag 2003, S. 13–15

Hoffmann, Hilmar (Hrsg.): Studien zur Qualitätsentwicklung von Kindertagesstätten. Luchterhand Verlag (Neuwied) 2001

Kebbe, Anne u. a.: Qualität im Dialog entwickeln - Wie Kindertageseinrichtungen besser werden. Seelze: Kallmeyersche Verlagsbuchhandlung 1989

Knauf, Tassilo: Konzeption und Konzeptionsentwicklung. In: Textor, Martin (Hrsg.): Kindergartenpädagogik. Online-Handbuch. Stand vom 05.11.2007

Kobbeloer, Michael: Arbeitsplatz Computer. In: Ellermann, Walter (Hrsg.): Organisation und Sozialmanagement für Erzieherinnen und Erzieher. Berlin, Düsseldorf: Cornelsen Verlag Scriptor 2007, S. 44–66

Kronberger Kreis für Qualitätsentwicklung: Qualität im Dialog entwickeln. Wie Kindertagesstätten besser werden. Seelze/Velber: Velber 1989

Möller, Jens Christian/Schlenther-Möller, Esta: Kita-Leitung. Leitfaden für Qualifizierung und Praxis. Berlin, Düsseldorf: Cornelsen Verlag Scriptor 2007

Müller-Timmermann, Eckhart: Konstruktive Kommunikation. In: Krenz, Armin (Hrsg.): Psychologie für Erzieherinnen und Erzieher. Grundlagen für die Praxis. Berlin, Düsseldorf: Cornelsen Verlag Scriptor 2007

Mürbe, Manfred/Rieber, Dorothea/Tammen, Britta: Politik, Sozial-, Gesetzes- und Berufskunde. Basiswissen für ErzieherInnen. Weinheim und Basel: Beltz Verlag 2005

Oberhuemer, Pamela/Schreyer, Inge/Hanssen, Kirsten: Das Trägerprofil - ein mehrdimensionales Konzept. In: Fthenakis et al (Hrsg.): Träger zeigen Profil. Qualitätshandbuch für Träger von Kindertageseinrichtungen. Weinheim, Basel, Berlin: Beltz Verlag 2003, S. 32–37

Pesch, Ludger: Leitung und Personal. In: Ellermann, Walter (Hrsg.): Organisation und Sozialmanagement für Erzieherinnen und Erzieher. Berlin, Düsseldorf: Cornelsen Verlag Scriptor 2007, S. 83–115

Pittwald, Michael/Künsemüller, Petra: Der Prozess der Qualitätsentwicklung in Osnabrücker Tageseinrichtungen für Kinder. In: Textor, Martin (Hrsg.):Kindergartenpädagogik. Online-Handbuch. Stand vom 30.06.2008

Pittwald, Michael (Hrsg.): Qualitätsentwicklung in Osnabrücker Tageseinrichtungen für Kinder. Sozio-Publishing, Belm-Osnabrück, 2007

Regenberg, Lutz. Öffentlichkeitsarbeit: In: Ellermann, Walter (Hrsg.): Organisation und Sozialmanagement für Erzieherinnen und Erzieher. Berlin, Düsseldorf: Cornelsen Verlag Scriptor 2007, S. 175–193

Senge, Peter M.: Die fünfte Disziplin, Kunst und Praxis der lernenden Organisation. Stuttgart: Schäffer-Poeschel 2008

Strätz, Reiner/Demandewitz, Helga: Beobachten und Dokumentieren in Tageseinrichtungen für Kinder. Berlin, Düsseldorf: Cornelsen Verlag Scriptor, 2007

Schulz, Hermann: Konzeptionsarbeit. In: Ellermann, Walter (Hrsg.): Organisation und Sozialmanagement für Erzieherinnen und Erzieher. Berlin, Düsseldorf: Cornelsen Verlag Scriptor 2007, S. 116–174

Tietje, Felix.: Einführung in die Themenzentrierte Interaktion (TZI). www.feliz.de/html/tzi.htm

Tietze, Wolfgang/Viernickel, Susanne (Hrsg.): Pädagogische Qualität in Tageseinrichtungen für Kinder. Ein nationaler Kriterienkatalog. Berlin, Düsseldorf: Cornelsen Verlag Scriptor 2007

Tietze, Wolfgang (Hrsg.): Wie gut sind unsere Kindergärten? Eine Untersuchung zur pädagogischen Qualität in deutschen Kindergärten. Neuwied, Berlin: Luchterhand 1998

Viernickel Susanne: Qualitätskriterien und -standards im Bereich der frühkindlichen Bildung und Betreuung. Studienbuch zum Bildungs- und Sozialmamagemant. Remagen: ibus-Verlag 2006

Vogelsberger, Manfred: Mit Eltern, Gruppen und Teams erfolgreich arbeiten. Sozialpädagogische Praxis, Band 7. Weinheim und Basel: Beltz Verlag 2006

Vogelsberger, Manfred: Sozialpädagogische Arbeitsfelder im Überblick. Weinheim und Basel: Beltz Verlag 2002

www.4managers.de

www.arbeitsblaetter.stangl-taller.at/KOMMUNIKATION/TZIRegeln.shtml vom 03.07.2008
www.awo.org
www.bmfsfj.de
www.caritas.de
www.der-paritaetische.de
www.drk.de
www.diakonie.de
www.pqsg.de
www.praxis-jugendarbeit.de
www.zwst.org.

3 Rechtlich entscheiden und handeln

Albrecht, P.: Kriminologie. München: C.H. Beck 2003
Creifelds, C.: Rechtswörterbuch. München: C.H. Beck 2004
Geiger, H./Mürbe, M./Linderer, S./Obenaus, W.: Beck'sches Rechtslexikon. München: Beck/dtv 2003
Eisenberg, U.: Jugendgerichtsgesetz. München: C.H. Beck 2004
Fricke, A./Söchtig, J./Kunkel. P.-Ch.:.Kinder- und Jugendhilferecht. Baden-Baden: Nomos 2003
Haft, F.: Strafrecht. München: C.H. Beck 2004
Kissel, O.: Arbeitskampfrecht. München: C.H. Beck 2002
Klunzinger, E.: Einführung in das Bürgerliche Recht. München: C.H. Beck 2003
Münder, J.: Kinder- und Jugendhilferecht. Neuwied, Kriftel: Luchterhand 2004
Mürbe, M./Rieber, D./Tammen, B.: Politik, Sozial-, Gesetzes- und Berufskunde. Basiswissen für ErzieherInnen. Weinheim und Basel: Beltz Verlag 2005
Schlegelberger, F./Friedrich, W.: Das Recht der Gegenwart. München: C.H. Beck 2004
Schroeder, F.: Strafprozessrecht. München: C.H. Beck 2001
Schaub, G, Koch, U., Linck, R.: Arbeitsrechts-Handbuch. München: C.H. Beck 2004
Wabnitz, R. J.: Handwörterbuch Kinder- und Jugendhilferecht. Baden-Baden: Nomos 2004

4 Tageseinrichtungen für Kinder

Baden-Württemberg, Ministerium für Kultus, Jugend und Sport (Hrsg.): Orientierungsplan für Bildung und Erziehung für die baden-württembergischen Kindergärten. Pilotphase. Weinheim, Basel: Beltz 2006
Bertelsmann Stiftung (Hrsg.): Dreikäsehoch 2005. KiTa-Preis zum Thema: „Von der Kita in die Schule". Gütersloh: Verlag Bertelsmann Stiftung 2006
Grenner, Katja/Roßbach, Hans-Günther/Schuster, Käthe-Maria/Tietze, Wolfgang: Kindergarten-Skala (KES-R), Berlin: Cornelsen Scriptor 2007, S. 7
Liegle, Ludwig: Bildung und Erziehung in früher Kindheit. Stuttgart: Kohlhammer 2006
Krenz, Armin: Elementarpädagogik aktuell. Die Entwicklung des Kindes professionell begleiten. Offenbach: Gabal 2003
Fried, Lilian/Dippelhofer-Stiem, Barbara; Honig, Michael-Sebastian; Liegle, Ludwig: Einführung in die Pädagogik der frühen Kindheit. Weinheim, Basel, Berlin: Beltz 2003
Oerter, Rolf/Montada, Leo: Entwicklungspsycholgie. 5., vollst. Überarb. Aufl. Weinheim, Basel, Berlin: Beltz 2002
Fthenakis, Wassilios E. (Hrsg.): Elementarpädagogik nach PISA. Wie aus Kindertagesstätten Bildungseinrichtungen werden können. 5. Aufl. Freiburg: Herder 2003
Deutsches Institut für Internationale Pädagogische Forschung: Deutscher Bildungsserver. (www.bildungsserver.de)
Textor, Martin R. (Hrsg.): Kindergartenpädagogik – Online-Handbuch. (www.kindergartenpaedagigik.de)

5 Offene Kinder- und Jugendarbeit

Beher, Karin: Träger der Kinder- und Jugendhilfe. In: W. Schröer, N. Struck, M. Wolff (Hrsg.): Handbuch der Kinder- und Jugendhilfe. Weinheim: Juventa 2002, S. 563–580
Böhnisch, Lothar, Münchmeier, Richard: Pädagogik des Jugendraumes. Zur Begründung und Praxis einer sozialräumlichen Jugendpädagogik. 2. Aufl. Weinheim: Juventa 1993
Bucher-Zimmermann, Philipp, Pünchera, Tina: Natürlich! Ferienlager. Praktische Ökologie in Schule und Jugendfreizeit. Stuttgart: rex 1998
Deinet, Ulrich: Sozialräumliche Jugendarbeit. Eine praxisbezogene Anleitung zur Konzeptentwicklung in der Offenen Kinder- und Jugendarbeit. Opladen: Leske und Budrich 1999
Deinet, Ulrich, Sturzenhecker, Benedikt (Hrsg.): Handbuch offene Kinder- und Jugendarbeit. 3. Aufl. Wiesbaden: VS Verlag für Sozialwissenschaften 2005
Deinet, Ulrich: Sozialräumliche Jugendarbeit. Eine praxisbezogene Anleitung in der Offenen Kinder- und Jugendarbeit. Opladen: Leske und Budrich 1999
Enggruber, Ruth: Gender Mainstreaming und Jugendsozialarbeit. Münster: Votum Verlag 2001
Ferchhoff, Wilfried: Jugend und Jugendkulturen im 21. Jahrhundert. Lebensformen und Lebensstile. Wiesbaden: VS Verlag für Sozialwissenschaften 2007
Faulstich-Wieland, Hannelore: Naturwissenschaft und Mädchen in der Schule. Exertise für das xylnstitut für Lehrerbildung und Schulentwicklung Hamburg. Hamburg 2004
Fuchs, Ottmar: Prophetische Kraft der Jugend? Freiburg: Lambertus 1986
Hubweber, Norbert: Die finanzielle Förderung Offener Kinder- und. In: U. Deinet, B. Sturzenhecker (Hrsg.): Handbuch offene Kinder- und Jugendarbeit. Jugendeinrichtungen. 3. Aufl. Wiesbaden: VS Verlag für Sozialwissenschaften 2005, S. 445–459
Jakobi, Jolande: Die Psychologie von C. G. Jung. Eine Einführung in das Gesamtwerk.. Frankfurt a. M.: Fischer 1977
Kaiser, Astrid: Koedukation und Jungen – Soziale Jungenförderung in der Schule. Weinheim: Deutscher Studienverlag 1997
Kanz, Christine: Differente Männlichkeit. In: O. Jahraus, St. Neuhaus (Hrsg.): Kafkas „Urteil" und die Literaturtheorie. Stuttgart: Reclam 2002, S. 152–175
König, Joachim: Qualitätskriterien zur Selbstevaluation in der Kinder- und Jugendarbeit. Wiesbaden: VS Verlag für Sozialwissenschaften 2008, S. 295–307
Kriseninterventionszentrum, Frauen aus allen Ländern, Jugendzentrum Sp@ce, Jugendzentrum Z6, Kinder- und Jugendanwaltschaft Tirol (Hrsg.): Positionspapier der Plattform Mädchenarbeit. www.frauenausallenlaendern.org/wb/media/Positionspapier der Plattform Maedchenarbeit.pdf (07.05.2009)
Möller, Kurt: Politische Orientierungen von Jugendlichen. Historische Phasen, Generationen, Bewegungen und Jugendkulturen. In: U. Sander, R. Vollbrecht (Hrsg.): Jugend im 20. Jahrhundert. Sichtweisen, Orientierungen, Risiken. Neuwied: Luchterhand 2000
Münder, Johannes, Wiesner, Reinhard: Kinder- und Jugendhilferecht. Handbuch. Baden-Baden: Nomos 2007
Noack, Winfried: Der transaktionale Leiter. In: Praxis 68 (1997), S. 27 f.
Noack, Winfried: Die Ästhetisierung der Lebenswelt. In: Soziale Arbeit 2 (2000), S. 48–56
Noack, Winfried: Sozialpädagogik. Ein Lehrbuch. Freiburg i. Br.: Lambertus 2001
Noack, Winfried: Anthropologische Grundlagen der sozialpädagogischen Kindersozialarbeit. In: Soziale Arbeit 4 (2001 a), S. 122–127
Noack, Winfried: Sozialräumlicher Kinderschutz. In: Soziale Arbeit 5 (2003), S. 171–179

Noack, Winfried: Soziale Arbeit als Wissenschaft. In: Soziale Arbeit 9 (2004), S. 333–341

Noack, Winfried: Das Glück als eine zentrale Kategorie der Sozialen Arbeit. In: Soziale Arbeit 6 (2006 a), S. 202–206

Noack, Winfried: Kulturpädagogik. Grundzüge und Arbeitsfelder. Berlin: Verlag Soziokultur 2006

Noack, Winfried: Anthropologie der Lebensphasen. Grundlagen für Erziehung, soziales Handeln und Lebenspraxis. Berlin: Frank und Timme 2007 a.

Noack, Winfried: Pierre Bourdieu in seiner Bedeutung für die Soziale Arbeit 4 (2007 b), S. 54–60

Noack, Winfried: Neue Armut in Deutschland. In: Dialog 7/8 (2007), S. 3

Noack, Winfried: Erreichbarkeit und Soziale Arbeit. In: Soziale Arbeit 3 (2009), S. 95–100

Oerter, Rolf: Psychologie des Spiels. 2. Aufl. Weinheim: Beltz 1997

Raasch, Rudolf: Deutsche Jugendbewegung 1900 bis 1933 und westdeutsche Schuljugend um 1980. Studien und Dokumentationen zur deutschen Bildungsgeschichte. Köln: Böhlau 1991

Rössner, Lutz: Jugend in der offenen Tür. München: Juventa 1962

Textor, Martin R.: Gehirnentwicklung bei Babys und Kleinkindern – Konsequenzen für die Familienerziehung. In: Das Online-Familienhandbuch des Staatsinstituts für Frühpädagogik (IFP) 2008. www.familienhandbuch.de (07.05.2009)

Thomas, Inge: Bedingungen des Kinderspiels in der Stadt. Stuttgart: Metzler 1979

Schäfer, Gerd: Spielphantasie und Spielumwelt. Spielen, Bilden und Gestalten als Prozess zwischen Innen und Außen. Weinheim: Juventa 1989

Schäffter, Ortfried: Implizite Alltagsdidaktik. In: R. Arnold, W. Gieseke, E. Nuissl (Hrsg.): Erwachsenenpädagogik – Zur Konstitution eines Faches. Festschrift für Horst Siebert zum 60. Geburtstag. Baltmannsweiler: Schneider 1999

Schemmel, Heike: Sex und Gender in der Krise? Zur Rolle des Geschlechts bei der sozialen Konstruktion von Krisenbewältigung. Berlin: Verlag für Wissenschaft und Forschung 2002

Scherr, Albert: Subjektorientierte Jugendarbeit. Eine Einführung in die Grundlagen emanzipatorischen Jugendpädagogik. Weinheim: Juventa 1997

Schwarz, Gotthard: Sozialmanagement. München: Ziel 1994

Schwarz, Gotthard: Sozialmanagement. 4., überarb. Aufl. München: Ziel 2001

Sielert, Uwe: Jungenarbeit. Praxishandbuch für die Jugendarbeit. Weinheim: Juventa 2002

Spiegelberg, Rüdiger: Sozialraumanalyse. In: Deutscher Verein für öffentliche und private Fürsorge (Hrsg.): Fachlexikon der sozialen Arbeit. 5. Aufl. Stuttgart: Kohlhammer 2002, S. 909

Thole, Werner: Kinder- und Jugendarbeit. Eine Einführung. Weinheim: Juventa 2000

Vermeulen, Peter: Marketingstrategien für Offene Kinder- und Jugendarbeit. In: U. Deinet, B. Struzenhecker (Hrsg.): Handbuch Offene Kinder- und Jugendarbeit. 3., überarb. Aufl. Wiesbaden: VS Verlag für Sozialwissenschaften 2005, S. 629–637

Weiss, Gabriele: Wenn die roten Katzen tanzen: jeux dramatiques für sozial- und heilpädagogische Berufe. Freiburg i. Br.: Lambertus 1999

6 Hilfen zur Erziehung

Bundesministerium für Familie, Senioren, Frauen und Jugend (Hrsg.): Handbuch zur Neuen Steuerung in der Kinder- und Jugendhilfe – eine Arbeitshilfe für öffentliche und freie Träger. Stuttgart, Berlin, Köln 2000

Dörr, M./Müller, B. (Hrsg.): Nähe und Distanz. Ein Spannungsfeld pädagogischer Professionalität. 2. Aufl. Weinheim, München: Juventa 2007

Grunwald, K./Steinbacher, E.: Organisationsgestaltung und Personalführung in den Erziehungshilfen. Grundlagen und Praxismethoden. Weinheim, München Juventa 2007

Gründer, R.: Hilfen zur Erziehung. Eine Orientierung über die Erziehungshilfen im SGB VIII. Freiburg: Lambertus 1999

Gründer, R.: Praxis der Heimerziehung. Entwicklungen, Veränderungen und Perspektiven der stationären Erziehungshilfe. Freiburg: Lambertus 2000

Knab, E., Fehrenbacher, R. (Hrsg.): Perspektiven für die Kinder- und Jugendhilfe – von der Heimerziehung zur Vielfalt der erzieherischen Hilfen. Freiburg: Lambertus 2007

Krause, H.-U./Peters, F. (Hrsg.): Grundwissen Erzieherische Hilfen. Münster: Votum 2002

Ritzmann, J./Wachtler, K.: Die Hilfen zur Erziehung. Anforderungen, Trends und Perspektiven. Marburg: Tectum 2008

Vogelsberger, M.: Mit Eltern, Gruppen und Teams erfolgreich arbeiten. Weinheim, Basel: Beltz 2006

Vogelsberger, M.: Sozialpädagogische Arbeitsfelder im Überblick. Weinheim, Basel: Beltz 2002

7 Ganztagsgrundschule

Adelt, Eva/Reichel, Norbert: Öffnung von Schule – Öffnung zur Schule. Bilanz und Perspektiven der Ganztagsschulentwicklung in NRW. In: Jahrbuch Ganztagsschule 2009. Schwalbach: Wochenschau-Verlag 2009, S. 59–68

Appel, Stefan/Rutz, Georg: Handbuch Ganztagsschule. Praxis, Konzepte, Handreichungen. Schwalbach: Wochenschau-Verlag 2009

Blum, Andreas: Handbuch Zusammenarbeit macht Schule. Kooperation von Jugendarbeit und Ganztagsschule. Schwalbach: Wochenschau-Verlag 2006

De Boer, H.: Ganztagsschule als soziales Ereignis. In: Burk, Karlheinz/Deckert-Peaceman, Heike (Hrsg.): Auf dem Weg zur Ganztags-Grundschule. Frankfurt a. M.: Grundschulverband 2006, S. 55–66

Brei, Alois/Knauf, Tassilo: Sollen Kinder täglich bis 13 Uhr in die Schule gehen? In: Die Grundschule H. 4/2000

Bundesministerium für Bildung und Forschung: Verwaltungsvereinbarung Investitionsprogramm „Zukunft Bildung und Betreuung“ 2003–2007. Berlin: BMBF 2003, S. 2., http://www.bmbf.de/pub/20030512_verwaltungsvereinbarung_zukunft_bildung_und_betreuung.pdf

Burk, Karlheinz/Deckert-Peaceman, Heike (Hrsg.): Auf dem Weg zur Ganztags-Grundschule. Frankfurt a.M.: Grundschulverband 2006

Burow, Olaf-Axel: Ganztagsschule entwickeln – von der Unterrichtsanstalt zum kreativen Feld. Schwalbach: Wochenschau-Verlag 2006

Deckert-Peaceman, Heike: Raum und Räume in der Ganztagsschule. In: Burk, Karlheinz/Deckert-Peaceman, Heike (Hrsg.): Auf dem Weg zur Ganztags-Grundschule. Frankfurt a.M.: Grundschulverband 2006, S. 90–100

Deinet, Ulrich/Icking, Maria: Vielfältige Bildungsräume durch die Kooperation von Jugendarbeit und Schule. In: Appel, S./Ludwig, Rother, U. (Hrsg.): Jahrbuch Ganztagsschule 2010 – Vielfältig fördern. Schwalbach/Ts. 2009: Wochenschau Verlag, S. 152–163

Enderlein, Oggi: Ganztagsschule ... aus Sicht der Kinder: weniger oder mehr Lebensqualität? 5. Aufl. Berlin: Deutsche Kinder und Jugendstiftung 2007

Engelhardt, Hans Dietrich: Total Quality Management. Augsburg : ZIEL 2001

Frey, Birgit: Ganztag als kommunale Aufgabe, Berlin: Deutsche Kinder- und Jugendstiftung 2005

Forster, Johanna: Kind und Schulraum – Ansprüche und Wirkungen. Eine interdisziplinäre Annäherung an pädagogische Fragestellungen. In: Becker, Gerold u. a. (Hrsg.): Räume bilden. Studien zur pädagogischen Topologie und Topografie. Seelze-Velber: Friedrich 1997, S. 175–194

Fuchs, Max: Konzeptionen kultureller Bildung nach PISA – zur Zusammenarbeit von Schule und Jugendkulturarbeit. In: KiTa aktuell NRW H. 1/2004, S. 4–8

Furck, Ludwig: Schule für das Jahr 2000 – Ein utopischer Plan. In: Neue Sammlung. Heft 3/1963, S. 50–508

Holtappels, Heinz Günter: Grundschule bis mittags. Innovationsstudie über Zeitgestaltung und Lernkultur. Weinheim: Juventa 1997

Holtappels, Heinz Günter: Analyse beispielhafter Schulkonzepte von Schulen in Ganztagsform. Dortmund: Institut für Schulentwicklungsforschung 2003

Holtappels, Heinz Günter: Stichwort: Ganztagsschule. In: Zeitschrift für KMK 2007.

Höhmann, Katrin: Stolperstein oder Innovationsimpuls? Hausaufgaben in der Ganztagsschule. In: Lernende Schule 35/2006, S. 30–33.

Kamski, Ilse/Schnetzer, Thomas: Personalentwicklung an Ganztagsschulen. In: Höhmann, Katrin u. a. (Hrsg.): Entwicklung und Organisation von Ganztagsschulen. Anregungen, Konzepte, Praxisbeispiele. Dortmund: IFS-Velag 2005, S. 84–89

Knauf, Tassilo: Kooperation von Lehrer/innen und sozialpädagogischen Fachkräften im Rahmen ganztägiger Gestaltung des Schullebens. In: Holtappels, Heinz Günter (Hrsg.): Ganztagserziehung in der Schule. Opladen: Leske + Budrich 1995, S. 145–157

Knauf, Tassilo u. a.: Integration schul- und sozialpädagogischer Handlungskonzepte im Rahmen ganztägiger Gestaltung des Schullebens in der Grundschule. Abschlussbericht des BLK-Modellversuchs. MS. Essen: Universität – GHS Essen 1996

Knauf, Tassilo: Eine Schule für Menschen – eine Schule zum Wohlfühlen. In: Wildt, Beatrix (Hrsg.): Gesundheitsförderung in der Schule. Neuwied: Luchterhand 1997, S. 26–38

Knauf, Tassilo: Einführung in die Grundschuldidaktik. Stuttgart: Kohlhammer 2001

Knauf, Tassilo: Eine Stadt setzt auf die Offene Ganztagsgrundschule. In: Appel, Stefan u. a. (Hrsg.): Jahrbuch Ganztagsschule 2005. Schwalbach/Ts.: Wochenschau Verlag 2004, S. 48–60

Knauf, Tassilo: Erzieherinnen entwickeln im Qualitätsmanagement ihr berufliches Profil. In: Welbers, Ulrich (Hrsg.): The Shift from Teaching to Learning. Bielefeld: Bertelsmann 2005, S. 187–194

Knauf, Tassilo: Netzwerk der Offenen Ganztagsschule in Herford. In: Schubert, Herbert (Hrsg.): Netzwerkmanagement: Koordination von professionellen Vernetzungen. Wiesbaden: VS Verlag für Sozialwissenschaften 2008, S. 167–178

Knauf, Tassilo: Einführung in die Grundschuldidaktik. 2., überarbeitete Aufl. Stuttgart: Kohlhammer 2009

Konsortium der Studie zur Entwicklung von Ganztagsschulen (StEG) (Hrsg.): Ganztagsschule – Entwicklung und Wirkungen. Frankfurt am Main 2010. MS

Kummer, Nicole: Rhythmisierung neu denken. In: Lernende Schule H. 35/2006, S. 20–21

Laging, Ralf: Kind und Körper: Bewegung in der Grundschule. In: Burk, K./Deckert-Peaceman, H. (Hrsg.): Auf dem Weg zur Ganztags-Grundschule. Frankfurt a.M.: Grundschulverband 2006, S. 77–89

Ludwig, Harald: Die Entwicklung der modernen Ganztagsschule. In: Ladenthin, Volker/Rekus, Jürgen (Hrsg.): Die Ganztagsschule. Alltag, Reform, Geschichte, Theorie. Weinheim und München 2005, S. 261–277

Ludwig, Harald: Geschichte der modernen Ganztagsschule. In: Coelen, Thomas/Otto, Hans-Uwe (Hrsg.): Grundbegriffe Ganztagsbildung. Das Handbuch. Wiesbaden: VS Verlag für Sozialwissenschaften 2008

Ministerium für Schule, Jugend und Kinder des Landes NRW: Offene Ganztagsschule im Primarbereich. Runderlass vom 02.02.2004. MS. Düsseldorf: MSJK 2004

Neumann, Ursula/Ramseger, Jörg: Ganztägige Erziehung in der Schule. Eine Problemskizze. Seelze: Friedrich 1991

Niedersächsisches Kultusministerium (Hrsg.). Ganztägige Bildung an Grundschulen in Niedersachsen. Göttingen 2010 MS

Popp, Ulrike: Wie sich Lehrkräfte an ganztägigen Schulen wahrnehmen und was sich Schüler(innen) von ihnen wünschen. In: Appel, S./Rother, U. (Hrsg.): Jahrbuch Ganztagsschule 2011 – Mehr Schule oder doch mehr als Schule. Schwalbach/Ts. 2011: Wochenschau Verlag, S. 34–47

Preiß, Christine: In: Jahrbuch Ganztagsschule 2009. Schwalbach: Wochenschau-Verlag, S. 94–102

Prüß, Franz: Organisationsformen ganztägiger Bildungseinrichtungen. In: Coelen, Thomas/Otto, Hans-Uwe (Hrsg.): Grundbegriffe Ganztagsbildung. Das Handbuch. Wiesbaden: VS Verlag für Sozialwissenschaften 2008, S. 621–632

Ramseger, Jörg: Rhythmisierung – der Versuch eine gute Zeitstruktur zu finden. In: Jahrbuch Ganztagsschule 2009. Schwalbach: Wochenschau-Verlag

Rittelmeyer, Christian: Schularchitektur. Wie Schulbauten auf Schüler wirken. In: Jahrbuch Ganztagsschule 2005. Schwalbach: Wochenschau-Verlag, S. 23–33

Rogger, Kerstin: Ansprechende Lernatmosphäre im Schulbau schaffen: Raum, Farbe, Material, Licht und Akustik. In: Appel, S./Rother, U. (Hrsg.): Jahrbuch Ganztagsschule 2012 – Schulatmosphäre – Lernlandschaft - Lebenswelt. Schwalbach/Ts. 2012: Wochenschau Verlag, S. 33–41

Rugor, Regina/von Studzinski Gundula: Qualitätsmanagement nach der ISO Norm. Weinheim: Beltz 2003

Tietze, Wolfgang/Viernickel, Susanne (Hrsg.): Pädagogische Qualität in Tageseinrichtungen für Kinder. Ein nationaler Kriterienkatalog. Weinheim und Basel: Beltz 2003

Wegner, Barbara/Tamke, Fanny: Organisationsmodelle und ihre Umsetzung. In: Merkens, H./Schründer-Lenzen, A./Kuper, H. (Hrsg.): Ganztagsorganisation im Grundschulbereich. Münster: Waxmann 2009, S. 151–166

8 Pädagogik

Ahnert, Lieselotte: Von der Mutter-Kind- zur Erzieherinnen-Kind-Bindung? In: Becker-Stoll, Fabienne, Textor, Martin R. (Hrsg.): Die Erzieherin-Kind-Beziehung. Zentrum von Bildung und Erziehung, Berlin, Düsseldorf, Mannheim: Cornelsen Scriptor 2007, S. 31–41.

Bensel, Joachim, Haug-Schnabel, Gabriele: Kinder beobachten und ihre Entwicklung dokumentieren. Kindergarten heute spezial, Freiburg: Herder. 2008

Bundesregierung (Hrsg.): Lebenslagen in Deutschland. Der 3. Armuts- und Reichtumsbericht der Bundesregierung. Berlin 2008

Diehm, Isabell: Pädagogik der Frühen Kindheit in der Einwanderungsgesellschaft, in: Thole, Werner, Rossbach, Hans-Günther, Fölling-Albers, Maria, Tippelt, Rudolf (Hrsg.): Bildung und Kindheit. Pädagogik der Frühen Kindheit in Wissenschaft und Lehre. Opladen, Farming Hills: Barbara Budrich 2008, S. 203–211.

Faulstich-Wieland, Hannelore: Begleitung frühkindlicher Bildungsprozesse und Geschlechterdifferenz. In: Thole, Werner, Rossbach, Hans-Günther, Fölling-Albers, Maria, Tippelt, Rudolf (Hrsg.): Bildung und Kindheit. Pädagogik der Frühen Kindheit in Wissenschaft und Lehre, Opladen, Farming Hills: Barbara Budrich 2008, S. 195–202.

Fthenakis, Wassilios, E.: Elementarpädagogik nach PISA. Wie aus Kindertagesstätten Bildungseinrichtungen werden. Freiburg: Herder 2003

Fthenkais, Wassilios E., Berwanger, Dagmar, Reichert-Gaschhammer, Eva: Bildung von Anfang an. Bildungs- und Erziehungsplan für Kinder in Hessen von 0 bis 10 Jahren in Hessen. Wiesbaden: Hessische Landesregierung 2007

Giesecke, Hermann: Die pädagogische Beziehung. Pädagogische Professionalität und die Emanzipation des Kindes. Weinheim, München: Juventa 1997

Grimm, Hannelore, Aktas, Maren, Jungmann, Tanja, Peglow, Sabine, Stahn, Doreen, Wolter, Elisabeth: Sprachscreening im Vorschulalter: Wie viele Kinder brauchen tatsächlich eine Sprachförderung? Frühförderung Interdisziplinär, 23/2004, S. 108–117

Häcker, Thomas: Portfolioarbeit. In: Brunner, Ilse, Häcker, Thomas, Winter, Felix (Hrsg.): Handbuch Portfolioarbeit. Konzepte und Erfahrungen aus Schule und Lehrerbildung. Seelze: Kallmeyer 2006

Hartmann, Christa: Individuelle und begabungssensible Förderung von Kindern. In: Knauf, Helen (Hrsg.): Frühe Kindheit gestalten. Stuttgart: Kohlhammer 2009

Jungmann, Tanja, Albers, Timm: Integrative Erziehung in Kindertageseinrichtungen. In: Textor, Martin R. (Hrsg.): Kindergartenpädagogik. Online-Handbuch. http://www.kindergartenpaedagogik.de/1531.pdf (2008)

Mecheril, Paul: Einführung in die Migrationspädagogik. Weinheim, Basel: Beltz 2004

Häcker, Thomas: Vielfalt der Portfoliobegriffe. Annäherungen an ein schwer fassbares Konzept. In: Brunner, Ilse, Häcker, Thomas, Winter, Felix (Hrsg.): Das Handbuch Portfolio-Arbeit. Konzepte, Anregungen, Erfahrungen aus Schule und Lehrerbildung, Seelze-Velber: Kallmeyer 2006, S. 33–39

Hentig, Hartmut von: Die Menschen stärken, die Sachen klären. Ein Plädoyer für die Wiederherstellung der Aufklärung. Stuttgart: Reclam 1985

Knauf, Tassilo: Dokumentation als zentrales Element in der Reggio-Pädagogik. In: Textor, Martin R. (Hrsg.): Kindergartenpädagogik. Online-Handbuch. http://www.kindergartenpaedagogik.de/1059.pdf (2003)

Knauf, Tassilo: Beobachtung und Dokumentation: Stärken- statt Defizitorientierung. In: Textor, Martin R. (Hrsg.): Kindergartenpädagogik. Online-Handbuch. http://www.kindergartenpaedagogik.de/1319.pdf (2005)

Krok, Göran, Lindewald, Maria: Portfolios im Kindergarten. Das schwedische Modell. Lernschritte dokumentieren, reflektieren, präsentieren. Mülheim: Verlag an der Ruhr 2007

Paulson, F. L., Paulson, P. R., Meyer, C. A.: What Makes a Portfolio a Portfolio? Eight thoughtful guidelines will help educators encourage self-directed learning. In: Educational Leadership 48/1991, issue 5, S. 60–63, zit. nach Häcker 2006

Prengel, Annedore: Pädagogik der Vielfalt. Verschiedenheit und Gleichberechtigung in Interkultureller, Feministischer und Integrativer Pädagogik. Wiesbaden: VS 2003

Sander, Alfred: Inklusive Pädagogik verwirklichen – Zur Begründung des Themas. In: Schnell, Irmtraud, Sander, Alfred (Hrsg.): Inklusive Pädagogik. Bad Heilbrunn: Klinkardt 2004

Singer, Wolf: Was kann ein Mensch wann lernen? Ein Beitrag aus Sicht der Hirnforschung. In: Fthenakis, Wassilios E. (Hrsg.): Elementarpädagogik nach PISA. Freiburg: Herder 2003, S. 67 ff.

Schuck, Karl-Dieter: Begleitung frühkindlicher Bildungsprozesse unter Bedingungen von sozialer, kultureller und individueller Heterogenität. In: Thole, Werner, Rossbach, Hans-Günther, Fölling-Albers, Maria, Tippelt, Rudolf (Hrsg.): Bildung und Kindheit. Pädagogik der Frühen Kindheit in Wissenschaft und Lehre, Opladen, Farming Hills: Barbara Budrich 2008, S. 213–222

Textor, Martin R.: Gehirnentwicklung im Kleinkindalter – Konsequenzen für die Erziehung. In: Bildung, Erziehung, Betreuung 1–2/2003, S. 11–17

Textor, Martin R.: Die Erzieherin-Kind-Beziehung aus Sicht der Forschung. In: Textor, Martin (Hrsg.): Kindergartenpädagogik. Online-Handbuch. http://www.kindergartenpaedagogik.de/1596.pdf (2007)

UNESCO (Hrsg.): The Salamanca Statement and Framework for Action on Special Needs Education. Salamanca 1994

Viernickel, Susanne, Völkel, Petra: Beobachten und dokumentieren im pädagogischen Alltag. Freiburg: Herder 2005

Winter, Felix: Portfolios in der Frühpädagogik: Ein geeignetes Instrument zur Begleitung und Entwicklung der Kinder? Redemanuskript. (Gehalten auf dem 2. Internationalen Kongresses „Bildungs- und Lernprozesse
in früher Kindheit: beobachten – dokumentieren – evaluieren", 22.–24.06.2006 in Brixen, Italien)

Wolf, Martin: Bildungs- und Lerngeschichten als Instrument zur Konkretisierung und Umsetzung des Bildungsauftrags im Elementarbereich. Wissen & Wachsen, Schwerpunktthema Naturwissenschaft und Technik, Wissen (2006). http://www.wissenundwachsen.de/page_natur.aspx?Page=739cadeb-2e65-47eb-8e3c-5-cebf09b9c35 (20.03.2009)

9 Soziologie

Bango, J.: Soziologie für soziale Berufe. Grundbegriffe und Grundzüge. Stuttgart: Enke 1994

Beck, U.: Jenseits von Klasse und Stand? In: Kreckel, R. (Hrsg.): Soziale Ungleichheiten. Soziale Welt, Sonderband 2, 1983. Göttingen: Schwartz, S. 35–74

Beck-Gernsheim, E.: Individualisierungstheorie: Veränderungen des Lebenslaufs in der Moderne. In: H. Keupp: Zugänge zum Subjekt. Frankfurt/M.: Suhrkamp 1994, S. 125–146

Bundesministerium für Familie, Senioren, Frauen und Jugend (BMFSFJ) (Hrsg.) 2012: Familienreport 2011. Berlin

Bundesregierung (Hrsg.): Lebenslagen in Deutschland. Der 3. Armuts- und Reichtumsbericht der Bundesregierung. Berlin 2008

Du Bois-Reymond, M. u. a. (Hrsg.): Kinderleben. Opladen: Leske & Budrich 1994

Biermann, B./Bock-Rosenthal, E. u. a.: Soziologie. Studienbuch für soziale Berufe. München: UTB 2004

Diefenbach, H.: Bildungschancen und Bildungs(miss)erfolg von ausländischen Schülern oder Schülern aus Migrantenfamilien im System schulischer Bildung. In: Becker, R., Lauterbach, W. (Hrsg.): Bildung als Privileg. Wiesbaden: VS 2007, S. 235–249

Endruweit, G./Trommsdorff, G. (Hrsg.): Wörterbuch der Soziologie. Stuttgart: UTB 2002

Geißler, R.: Die Metamorphose der Arbeitertochter zum Migrantensohn. Zum Wandel der Chancenstruktur im Bildungssystem nach Schicht, Geschlecht, Ethnie und deren Ver-knüpfungen. In: Berger, P., Kahlert, H. (Hrsg.): Institutionalisierte Ungleichheiten. Weinheim: Juventa 2005, S. 71–100

Gestrich, A.: Sozialgeschichte der Neuzeit. In: Schneider, N. (Hrsg.): Lehrbuch Moderne Familiensoziologie. Opladen: UTB 2008

Giddens, A.: Soziologie. Graz: Nausner & Nausner 1995

Gill, B.: Schule in der Wissensgesellschaft. Ein soziologisches Studienbuch für Lehrerinnen und Lehrer. Wiesbaden: VS 2005

Hradil, S.: Die Sozialstruktur Deutschlands im internationalen Vergleich. Wiesbaden: VS 2004

Heitmeyer, W. u. a.: Gewalt. Schattenseiten der Individualisierung bei Jugendlichen aus unterschiedlichen Milieus. Weinheim: Juventa 1995

Hillmann, K.-H.: Wörterbuch der Soziologie. Stuttgart: Kröner 2007

Hobmair, H. (Hrsg.): Soziologie. Troisdorf: Bildungsverlag EINS 2004

Huinink, J.: Orientierung Soziologie. Was sie kann und was sie will. Reinbek bei Hamburg: Rowohlt 2001
Huinink, J.: Gegenstand der Familiensoziologie. In: Schneider, N. (Hrsg.): Lehrbuch moderne Familiensoziologie. Opladen: UTB 2008
Klocke, A.: Spezielle Familienprobleme: Armut und Gewalt. In: Schneider, N. (Hrsg.): Lehrbuch Moderne Familiensoziologie. Opladen: UTB 2008
Korte, H.: Soziologie im Nebenfach. Eine Einführung. Konstanz: UVK 2001
Korte, H., Schäfers, B. (Hrsg.): Einführung in Hauptbegriffe der Soziologie. Opladen: UTB 2002
Kreyenfeld, M./Konietzka, D.: Wandel der Geburten- und Familienentwicklung in West- und Ostdeutschland. In: Schneider, N. (Hrsg.): Lehrbuch Moderne Familiensoziologie. Opladen: UTB 2008
Lange, E.: Soziologie des Erziehungswesens. Eine Einführung. Wiesbaden: VS 2005
Marotzki, W./Nohl, A.-M., Ortlepp, W.: Einführung in die Erziehungswissenschaft. Wiesbaden: UTB 2005
Meyer, T.: Private Lebensformen im Wandel. In: Geißler, R. (Hrsg.): Die Sozialstruktur Deutschlands. Wiesbaden: VS 2006
Mühler, K.: Sozialisation. Eine soziologische Einführung. Paderborn: UTB 2008
Nave-Herz, R. u. a. (Hrsg.): Familienforschung. Neuwied: Luchterhand 1989
Nave-Herz, R. u. a. (Hrsg.): Scheidungsursachen im Wandel. Bielefeld: Kleine 1990
Nave-Herz, R.: Kontinuität und Wandel der Familie in Deutschland. Stuttgart: Lucius & Lucius 2002
Nave-Herz, R.: Ehe- und Familiensoziologie. Eine Einführung in Geschichte, theoretische Ansätze und empirische Befunde. Weinheim: Juventa 2004, 2006
Nunner-Winkler, G.: „Nicht mal der liebe Gott darf andere schlagen." Psychologie heute 12/2000, S. 48–53
Peuckert, R.: Familienformen im sozialen Wandel. Wiesbaden: VS 2005, S. 361–379
Peuckert, R. (2008): Familienformen im sozialen Wandel. 7., vollständig überarbeitete Aufl., Wiesbaden: VS, ### fehlt was? ###
Pfeil, E.: Die Dreiundzwanzigjährigen. Eine Generationenuntersuchung am Geburtenjahrgang 1941. Tübingen: Mohr 1968
Rosa, H./Strecker, D./Kottmann, A.: Soziologische Theorien. Konstanz 2007
Ryffel, Ch.: Soziologie. In: Pousset, R. (Hrsg.): Beltz Handwörterbuch für Erzieherinnen und Erzieher. Weinheim: Beltz 2006, S. 412
Schäfers, B.: Die soziale Gruppe. In: Korte, H., Schäfers, B. (Hrsg.): Einführung in Hauptbegriffe der Soziologie. Opladen: UTB 2002
Schäfers, B.: Soziales Handeln und seine Grundlagen: Normen, Werte, Sinn. In: Korte, H., Schäfers, B. (Hrsg.): Einführung in Hauptbegriffe der Soziologie. Opladen: UTB 2002
Scherr, A.: Sozialisation, Person, Individuum. In: Korte, H., Schäfers, B. (Hrsg.): Einführung in Hauptbegriffe der Soziologie. Opladen: UTB 2002
Schmidtchen, G.: Emotionale Unterstützung und normative Anforderungen. In: Jugend und Gesellschaft 2/1997, S. 20–21
Schneider, N. (Hrsg): Lehrbuch Moderne Familiensoziologie. Opladen: UTB 2008
Wagner, M.: Entwicklung und Vielfalt der Lebensformen. In: Schneider, N. (Hrsg.): Lehrbuch Moderne Familiensoziologie. Opladen: UTB 2008

10 Psychologie

Anderson, C. A./Dill, K. E.. Video games and aggressive thoughts, feelings, and behavior in the laboratory and in life. Journal of Personality and Social Psychology 2000, 78, 772–790
Atkinson, RC, & Shiffrin, RM. : Human memory: A proposed system and its control processes. In Spence, KW, & Spence, JT (Eds.), The psychology of learning and motivation 2. New York: Academic Press 1968
Baltes, P. B./Staudinger, U. M./Lindenberger, U.: Lifespan psychology: Theory and application to intellectual functioning. Annual Reviews of Psychology 1999, 50, 471–507
Bandura, A. : Influence of models reinforcement contingencies on the acquisition of imitative response. Journal of Personality and Social Psychology 1965, 1, 589–595
Baumrind, D.: Rearing competent children. In W. Damon (Ed.), Child development today and tomorrow (pp. 349–378). San Francisco: Jossey-Bass 1989
Baving, L.: Parasuizide bei Kindern und Jugendlichen. Kindheit und Entwicklung, 200413, 5–13
Becker, K. & Meyer-Keitel, A.-E. (2008). Suizidales Verhalten. In F. Petermann (Hrsg.), Lehrbuch der Klinischen Kinderpsychologie (6. vollst. überarb. Aufl.). Göttingen: Hogrefe 2008, S. 445–460
Beitchman, J.H./Douglas, L./Wilson, C./Johnson, C./Young, A./Atkinson, L./Escobar, M./Taback, N.: Adolescent substance use disorders: Findings from a 14-year follow-up of speech/language-impaired and control children. Journal of Clinical Child Psychopathology 1999, 28, 312–321.
Belenky, G./Wesensten, N. J./Thorne, D. R./Thomas, M. L./Sing, H. C./Redmond, D. P. et al.: Patterns of performance degradation and restoration during sleep restriction and subsequent recovery: a sleep dose-response study. Journal of Sleep Research 2003, 12, 1–12
Berk, L.E.: Entwicklungspsychologie. München: Pearson Studium 2005
Biederman, J./Faraone, S. V./Hirshfeld-Becker, D. R./Friedman, D./Robin, J. A./Rosenbaum, J. F.: Patterns of psychopathology and dysfunction in high-risk children of parents with panic disorder and major depression. American Journal of Psychiatry 2001, 158, 49–57
Binfet, T.: It's all in their heads: Reflective abstraction as an alternative to the moral discussion group. Merrill-Palmer Quarterly-Journal of Developmental Psychology 2004, 50, 181–200
BIU: Marktzahlen 2006 [Internet]. Verfügbar unter der URL: http://www.biu-online.de/fileadmin/user/dateien/Marktzahlen_2006.pdf [23.04.2008].
Blasi, A.: Identity and the development of the self. In K.D. Lapsley & F.C. Power (Eds-), Self, ego, and identity. Integrative approaches (pp. 226–242). New York: Springer 1988
Bortz, J./Döring, N: Forschungsmethoden und Evaluation (4. überarb. Aufl.). Berlin: Springer 2006
Brandstädter, J.: Entwicklungsberatung unter dem Aspekt der Lebensspanne: Zum Aufbau eines entwicklungspsychologischen Anwendungskonzepts. In J. Brandstädter & H. Gräser (Hrsg.), Entwicklungsberatung unter dem Aspekt der Lebensspanne. Göttingen: Hogrefe 1985, S. 1–15
Bronfenbrenner, U.: Die Ökologie der menschlichen Entwicklung. Natürliche und geplante Experimente. Frankfurt/M.: Fischer 1989
Buddeberg-Fischer, B./Klaghofer, R.: Entwicklung des Körpererlebens in der Adoleszenz. Praxis der Kinderpsychologie und Kinderpsychiatrie 2002, 51, 697–710.
Buhl, H. M.: Development of a model describing individuated adult child-parent relationships. International Journal of Behavioral Development 2008, 32, 381–389.
Caldarella, P./Merrell, K. W.: Common dimensions of social skills of children and adolescents: A taxonomy of positive behaviors. School Psychology Review 1997, 26, 264–279.
Campell, S. B.: Behavior problems in preschool children. Clinical and developmental issues (2nd ed.). New York: Guildford 2002

Caspi, A./Silva, P. A.: Temperamental qualities at age three predict personality traits in young adulthood: Longitudinal evidence from a birth cohort. Child Development 1995, 66, 486–498.

Cattell, R. B.: Abilities: their structure, growth and action. Boston: Houghton Mifflin 1971

Clark, H.: Using language. Cambridge: Cambridge University Press 1996

Colby, A./Kohlberg, L./Spechier, B./Hewer, A./Candee, D./Gibbs, J./Power, C.: The measurement of moral judgement (Vol. 2). Cambridge: Cambridge University Press 1987

Crick, N. R./Grotpeter, J. K.: Relational aggression, gender, and social-psychological adjustment. Child Development 1995, 66, 710–722

Criss, M. M./Pettitt, G. S./Bates, J. E./Dodge, K. A./Lapp, A. L.: Familiy adversitiy, positive peer relationships, and children´s externalizing behavior: A longitudinal perspective on risk and resilience. Child Development 2002, 73, 1220–1237

Davison, G.C., Neale, J.M. & Hautzinger, M.: Klinische Psychologie. Weinheim: Beltz 2002

Denham, S. A./Blair, K. A./DeMulder, E./Levitas, J./Sawyer, K./Auerbach-Major, S./Queenan, P.: Preschool emotional competence: Pathway to social competence? Child Development 2003, 74, 238–256

Deutsche Gesellschaft für Psychologie 2008: Studienführer. Verfügbar unter: http://www.dgps.de/studium/studienfach/ (2.11.2008).

Döpfner, M./Görtz-Dorten: Psycho- und Verhaltensdiagnostik. In F. Petermann (Hrsg.), Lehrbuch der Klinischen Kinderpsychologie (6. vollst. überarb. Aufl.). Göttingen: Hogrefe 2008, S. 149–172

Döpfner, M./Banaschewski, T./Sonuga-Barke, E. J. S.: Aufmerksamkeitsdefizit/Hyperaktivitätsstörungen (ADHS). In F. Petermann (Hrsg.), Lehrbuch der Klinischen Kinderpsychologie (6. vollst. überarb. Aufl.). Göttingen: Hogrefe 2008, S. 257–276

Döpfner, M./Petermann, F.: Diagnostik psychischer Störungen im Kindes- und Jugendalter. (3., veränd. Aufl.) Göttingen: Hogrefe 2012

Dunn, M.G./Tarter, R.E./Mezzich, A.C./Vanyukov, M./Kirisci, L./Kirillova, G.: Origins and consequences of child neglect in substance abuse families. Clinical Psychology Review 2002, 22, 1063–1090

Eisenberg, N.: Emotion, regulation, and moral development. Annual Review of Psychology 2000, 51, 665–697

Eisenberg, N./Fabes, R. A./Guthrie, I. K./Reiser, M.: Dispositional emotionality and regulation: Their role in predicting quality of social functioning. Journal of Personality and Social Psychology 2000, 78, 136–157

Eisenberg, N./Gershoff, E. T./Fabes, R. A./Shepard, S. A./Cumberland, A. J./Losoya, S. H./Guthrie, I. K./Murphy, B. C.: Mothers´ emotional expressivity and children´s behavior problems and social competence: Mediation through children´s regulation. Developmental Psychology 2001, 37, 475–490

Eisenberg, N./Guthrie, I. K./Fabes, R. A./Shepard, S./Losoya, S./Murphy, B. C.et al.: Prediction of elementary school children´s externalizing problem behaviors form attentional and behavioral regulation and negative emotionality. Child Development 2000, 71, 1367–1382

Eisenberg, N./Guthrie, I.K./Cumberland, A./Murphy, B.C./Shepard, S./Zhou, Q./Carlo, G.: Prosocial development in early adulthood: A longitudinal study. Journal of Personaltiy and Social Psychology 2002, 82, 993–1006.

Esser, G./Wyschkon, A.: Umschriebene Entwicklungsstörungen. In F. Petermann (Hrsg.), Lehrbuch der Klinischen Kinderpsychologie und -psychotherapie. Göttingen: Hogrefe 2002

Fergusson, D. M./Horwood, L. J./Ridder, E. M.: Show me the child at seven II: childhood intelligence and later outcomes in adolescence and young adulthood. Journal of Child Psychology and Psychiatry 2005, 46, 850–858

Fiedler, K./Plessner, H.: Induktives Schließen: Umgang mit Wahrscheinlichkeiten. In J. Funke (Hrsg.), Enzyklopädie der Psychologie C/II/8: Denken und Problemlösen. Göttingen: Hogrefe 2006, S. 294–343

Fivush, R.: Event memory in early childhood. In Cowan (Ed.), The development of memory in children (pp. 139–161). Hove East Sussex: Psychology Press 1997

Funke, J.: Problemlösendes Denken. Stuttgart: Kohlhammer 2003

Gentile, D. A./Lynch, P. J./Linder, J. R./Walsh, D. A.: The effects of violent video game habits on adolescent hostility, aggressive behaviors, and school performance. Journal of Adolescence 2004, 27, 5–22.

Gerrig, J. R./Zimbardo, P. G.: Psychologie (18. aktualisierte Aufl.). München: Pearson Studium 2008

Gert, B.: The definition of morality. The Stanford Encyclopedia of Philosophy (Fall Edition) 2005. Retrieved, 07.07.2006, from the World Wide Web: http://plato.stanford.edu/archives/fall2005/entries/morality-definition/.

Gibbs, J. C.: Should Kohlberg's cognitive developmental approach to morality be replaced with a more pragmatic approach? Comment on Krebs and Denton (2005). Psychological Review 2006, 113, 666–671

Ginsburg, K. R.: The importance of play in promoting healthy child development and maintaining strong parent-child bonds. Pediatrics 2007, 119, 182–191

Glantz, M.D.: Introduction to the special issue on the impact of childhood psychopathology interventions on subsequent substance abuse: Pieces of the puzzle. Journal of Consulting and Clinical Psychology 2002, 70, 1203–1206.

Gollwitzer, M./Schmitt, M.: Sozialpsychologie. Weinheim: Beltz 2006

Gowert Masche, J.: Reciprocal influences between developmental transitions and parent-child relationships in young adulthood. International Journal of Behavioral Development 2008, 32, 401–411

Granot, C. (2005). Without You: Children and young people growing up with loss and its effects. London: Jessica Kingsley Publishers

Grimm, H.: Störungen der Sprachentwicklung. Grundlagen – Ursachen – Diagnose – Intervention – Prävention. Göttingen: Hogrefe Verlag 2003

Grimm, H./Weinert, S.: Sprachentwicklung. In R. Oerter & L. Montada (Hrsg.), Entwicklungspsychologie (5. veränd. Aufl.). Weinheim: Beltz 2002, S. 517–550

Groen, G./Petermann, F.: Depressive Störungen. In F. Petermann (Hrsg.), Lehrbuch der Klinischen Kinderpsychologie (6. vollst. überarb. Aufl.). Göttingen: Hogrefe 2008, S. 427–444

Hair, E./Halle, T./Terry-Humen, E./Lavelle, B./Calkins, J.: Children's school readiness in the ECLS-K: Predictions to academic, health, and social outcomes in first grade. Early Childhood Research Quarterly 2006, 21, 431–454.

Hartup, W.W.: The company they keep: Friendships and their developmental significance. Child Development 1996, 67, 1–13

Havighurst, R.J.: Developmental tasks and education (3rd ed.). New York: David McKay 1972

Heckhausen, H./Heckhausen, J.: Motivation und Handeln. Berlin: Springer 2006

Heinrichs, N./Döpfner, M./Petermann, F.: Prävention psychsicher Störungen. In F. Petermann (Hrsg.), Lehrbuch der Klinischen Kinderpsychologie (6. völlig veränd. Aufl.). Göttingen: Hogrefe 2008, S. 643–660

Helmke, A./Schrader, F.-W.: Entwicklung akademischer Leistungen. In M. Hasselhorn und W. Schneider (Hrsg.), Handbuch der Entwicklungspsychologie. Göttingen: Hogrefe 2007, S. 289–298

Hermann, T.: Sprechen und Sprache verstehen. In H. Spada (Hrsg.), Lehrbuch Allgemeine Psychologie. Göttingen: Huber 1994, S. 281–322

Hinterhuber, H.: Die Seele. Natur- und Kulturgeschichte von Psyche, Geist und Bewusstsein. Wien: Springer 2001

Hölling, H./Erhart, M./Ravens-Sieberer, U./ Schlack, R.: Verhaltensauffälligkeiten bei Kindern und Jugendlichen. Erste Ergebnisse aus dem Kinder- und Jugendgesundheitssurvey (KiGGS). Bundesgesundheitsblatt-Gesundheitsforschung-Gesundheitsschutz 2007, 50, 784–793.

Holling, H./Preckel, F./Vock, M.: Intelligenzdiagnostik. Göttingen: Hogrefe 2004

Holly, A./Türk, D./Nelson. C.B./Pfister, H./Wittchen, H.-U.: Prävalenz von Alkoholkonsum, Alkoholmißbrauch und –abhängigkeit bei Jugendlichen und jungen Erwachsenen. Zeitschrift für Klinische Psychologie 1997, 26, 171–178

Ihle, W./Esser, G.: Epidemiologie psychischer Störungen im Kindes- und Jugendalter: Prävalenz, Verlauf, Komorbidität und Geschlechtsunterschiede. Psychologische Rundschau 2002, 53, 159–169

Izard, C. E.: The psychology of emotions. New York: Plenum Press 1991

Izard, C./Fine, S./Schultz, D./Mostow, A./Ackerman, B./Youngstrom, E.: Emotion knowledge as a predictor of social behavior and academic competence in children at risk. Psychological Science 2001, 12, 18–23

Jessor , R./Jessor, S. L.: Problem behaviour and psychosocial development: A longitudinal study of youth. New York: Academic Press 1977

Kagan, J./Snidman, N./Kahn, V./Towsley, S.: The preservation of two infant temperaments into adolescence. Monographs of the Society for Research in Child Development 2007, 72

Karnath, H.-O./Thier, P.: Neuropsychologie. Berlin: Springer 2003

Keller, T. E./Catalano, R. F./Haggerty, K.P./ Fleming, C.B.: Parent figure transitions and delinquency and drug use among early adolescent children of substance abusers. American Journal of Drug and Alcohol Abuse 2002, 28, 399–427

Kiefer, M.: Bewusstsein. In J. Müsseler/W. Prinz (Hrsg.), Allgemeine Psychologie. Heidelberg: Spektrum Akademischer Verlag 2008, S. 155–190

Koglin, U./Petermann, F.: Verhaltenstraining im Kindergarten. Ein Programm zur Förderung der sozial-emotionalen Kompetenz (2. veränd. Aufl.). Göttingen: Hogrefe 2012

Koglin, U./Petermann, F.: Kindergarten- und Grundschulalter: Entwicklungsrisiken und Entwicklungsabweichungen. In F. Petermann (Hrsg.), Lehrbuch der Klinischen Kinderpsychologie (6. veränderte Auflage ed.). Göttingen: Hogrefe 2008, S. 81–98

Kohlberg, L.: Vita Humana part II - The development of children's orientations toward a moral order I. Sequence in the development of moral thought. Human Development 2008, 51, S. 8–20.

Kullik, A./Petermann, F.: Emotionsregulation im Kindesalter. Göttingen: Hogrefe 2012

Kuschel, A./Heinrichs, N./Bertram, H./ Naumann, S./Hahlweg, K.: Wie gut stimmen Eltern und Erzieherinnen in der Beurteilung von Verhaltensproblemen bei Kindergartenkindern überein? Zeitschrift für Kinder- und Jugendpsychiatrie und Psychotherapie 2007, 35, 51–58

Latanee, B.: The psychology of social impact. American Psychologist 1981, 36, 343–356

Lazarus, R. S. & Folkman, S.: Stress, appraisal, and coping.New York: Springer 1984

Lewin, K./Lippitt, R./White R. K: Patterns of aggressive behavior in experimental created "social climates". Journal of Social Psychology 1939, 10, 271–299.

Lewis, M./Brooks-Gun, J.: Social cognition and the aquisitation of self. New York: Plenum Press 1979

Loeber, R./Stouthamer-Loeber, M./White, H. R.: Developmental aspects of delinquency and internalizing problems and their association with persistent juvenile substance use between ages 7 and 18. Journal of Clinical Child Psychology 1999, 28, 322–332

Masche, G. J.: Reciprocal influences between developmental transitions and parent-child relationships in young adulthood. International Journal of Behavioral Development 2008, 32, 401–411

Maslach, C./Leiter, M.: Die Wahrheit über Burnout: Stress am Arbeitsplatz und was Sie dagegen tun können. Wien: Springer 2001

Maslow, A. (1943). Theory of human motivation. Psychological Review 50, 370–96.

Masten, A, S./Burt, K.B./Coatsworth, D.: Competence and psychopatholgy in development. In D. Cicchetti & D. Cohen (Eds.), Developmental psychopathology, Vol. 3, Risk, disorder and psychopathology (2nd ed., pp. 696–738). New York: Wiley 2006

McClelland, M. M./Acock, A. C./Morrison, F. J.´: The impact of kindergarten learning-related skills on academic trajectories at the end of elementary school. Early Childhood Research Quarterly 2006, 21, 471–490

Mühlig, S.: Substanzmissbrauch bei Tabak, Alkohol, Medikamenten und Schnüffelstoffen. In F. Petermann (Hrsg.), Lehrbuch der Klinischen Kinderpsychologie (6. vollst. überarb. Aufl.). Göttingen: Hogrefe 2012, S. 589–602

Neisser, U./Boodoo, G./Bouchard, T. J./Boykin, A. W./Brody, N./Ceci, S. J. et al.: Intelligence: Knowns and unknowns. American Psychologist, 51 1996, 77–101

Pauen, S.: Beeinflusst sprachlicher Input die Objektkategorisierung im Säugling? Sprache und Kognition 2000, 19, 39–50

Pellegrini, A. D./Dupuis, D./Smith, P. K.: Play in evolution and development. Developmental Review 2007, 27, 261–276

Percy, A.: Moderate adolescent drug use and the development of substance use self-regulation. International Journal of Behavioral Development 2008, 32, 451–458

Petermann, F./Wiedebusch, S.: Emotionale Kompetenz bei Kindern. (2. veränd. Aufl.) Göttingen: Hogrefe 2008

Petermann, F./Petermann, U.: Training mit aggressiven Kindern (13., veränd. Aufl.). Weinheim: Beltz 2012

Petermann.F/Vaitl, D. (Hrsg.): Handbuch der Entspannungsverfahren (4., vollst. veränd. Aufl.). Weinheim: Beltz

Petermann, U./Petermann, F.: Training mit unsicheren Kindern (10., vollst. veränd. Aufl.). Weinheim: Beltz 2010

Petermann, U./Petermann, F./Koglin, U.: Entwicklungsbeobachtung und –dokumentation. Eine Arbeitshilfe für pädagogische Fachkräfte in Krippen und Kindergärten (3. veränd. Aufl.). Berlin, Düsseldorf: Cornelsen Scriptor 2012

Pinquart, M.: Eltern-Kind-Konflikte und delinquentes Verhalten beim Übergang zum Jugendalter. Kindheit und Entwicklung 2001, 10, 132–137

Posner, M. I./Klein, R.M.: On the functions of conciousness. In S. Kornblum (Ed.), Attention and performance IV. New York: Academic Press 1973

Reichle, B./Gloger-Tippelt, G.: Familiale Kontexte und sozial-emotionale Entwicklung. Kindheit und Entwicklung 2007, 16, 199–208

Reisenzein, R.: Motivation und Emotion. In F. Petermann & H. Reinecker (Hrsg.), Handbuch der Klinischen Psychologie und Psychotherapie. Göttingen: Hogrefe 2005, S. 60–68

Remschmidt, H./Schmidt, M. H./Poustka, F.: Multiaxiales Klassifikationsschema für psychiatrische Störungen des Kindes- und Jugendalters nach ICD-10 der WHO (4. vollst. überarb. Aufl.). Bern: Hans Huber 2001

Rost, D. H./Buch, S. R./Sprafeldt, J.R.: Entwicklung von Hochbegabung. In M. Hasselhorn und W. Schneider (Hrsg.), Handbuch der Entwicklungspsychologie. Göttingen: Hogrefe 2007, S. 465–475

Rubin, K. B./Bukowski, W./Parker, J. G.: Peer interactions, relationships, and groups. In W. Damon & N. Eisenberg (Eds.), Handbook of child psychology: Vol. 3. Social, emotional, and personality development. New York: Wiley 1998

Rutter, M.: Psychosocial resilience and protective mechanisms. In J. Rolf, A. Masren, D. Cicchetti, K. Nuechterlein & S. Weintraub (Hrsg.): Risk and protective factors in the development of psychopathology. Cambridge, NY: Cambridge University Press 1990, S. 181–214

Rutter, M./Cox, A./Tupling, C./Berger, M./Yule, W.: Attainment and adjustment in two geographic areas, I: The prevalence of psychiatric disorders. British Journal of Psychiatry 1975, 126, 493–509

Scheffer, D./Chasiotis, A,/Restemeier/R./ Keller, H./Schölmerich, A.: Retrospektive Erfassung frühkindlicher Beziehungsaspekte: Konstruktion der Beziehungs-Kontext-Skala. Zeitschrift für Entwicklungspsychologe und Pädagogische 2000, 32, 2–13

Scheider, W.: Entwicklung der Intelligenz im Kindesalter. In M. Hasselhorn und W. Schneider (Hrsg.): Handbuch der Entwicklungspsychologie. Göttingen: Hogrefe 2007, S. 277–288

Schmidt, M. E., Pempek, T. A., Kirkorian, H. L., Frankenfield, A. L. & Anderson, D. R. (2008). The Effects of background television on the toy play behavior of very young children. Child Development, 79, 1137–1151.

Schmidt, M. H.: Interaktionsstörungen. In F. Petermann (Hrsg.): Lehrbuch der Klinischen Kinderpsychologie (6. vollst. überarb. Aufl.). Göttingen: Hogrefe 2008, S. 495–514

Schmidt, S./Petermann, F.: Entwicklungspsychopathologie der ADHS. Zeitschrift für Psychiatrie, Psychologie und Psychotherapie 2008, 56, 265–275

Schmidtke, A.: Suizidprävention ist möglich. Psycho 2002, 28, 549–550

Schmitt-Denter, U./Spangler, G.: Entwicklung von Beziehungen und Bindungen. In J. B. Asendorpf (Hrsg.), Soziale, emotionale Persönlichkeitsentwicklung. Göttingen: Hogrefe 2005, S. 425–523

Schneewind, K. A.: Familienpsychologie: „Coming of age" einer integrativen psychologischen Disziplin. Zeitschrift für Psychologe 2003, 211, 202–211.

Schönpflug, W.: Geschichte und Systematik der Psychologie (2. Aufl.). Weinheim: Beltz 2004

Schwerpunktbericht der Gesundheitsberichterstattung des Bundes. Gesundheit von Kindern und Jugendlichen. Berlin: Robert-Koch-Institut 2004

Sideridis, G. D./Kafetsios, K.: Perceived parental bonding, fear of failure and stress during class presentations. International Journal of Behavioral Development 2008, 32, 119–130

Siegler, R./DeLoache, J./Eisenberg, N.: Entwicklungspsychologie im Kindes- und Jugendalter. München: Spektrum Akademischer Verlag 2005

Silbereisen, R. K./Wiesner, M.: Erste romantische Beziehungen bei Jungen und Mädchen aus Ost- und Westdeutschland. In R. K. Silbereisen & J. Zinnecker (Hrsg.), Entwicklung im sozialen Wandel. Weinheim: Beltz/PVU 1999, S. 101–118

Sinzig, J./Schmidt, M. H.: Tiefgreifende Entwicklungsströungen. In F. Petermann (Hrsg.), Lehrbuch der Klinischen Kinderpsychologie. Göttingen: Hogrefe 2012, S. 173–188

Six, U./Gimmler, R.: Kommunikationskompetenz, Medienkompetenz und Medienpädagogik. In U. Six, U. Gleich & R. Gimmler (Hrsg.), Kommunikationspsychologie - Medienpsychologie. Weinheim: Beltz 2007, S. 271–296

Six, U./Gleich, U./Gimmler, R.: Kommunikationspsychologie. In U. Six, U. Gleich & R. Gimmler (Hrsg.), Kommunikationspsychologie - Medienpsychologie. Weinheim: Beltz 2007, S. 21–50

Spitzer, M.: Lernen. Heidelberg: Spektrum 2003

Sroufe, L. A.: Emotional development: The organization of emotional life in the early years. Cambridge: University Press 1995

Stanton, A. L./Snider, P.: Coping with breast cancer diagnosis: A prospective study. Health Psychology 1993, 12, 16–23

Sternberg, L.: Adolescence (3 ed.). New York: McGraw-Hill 1993

Sternberg, R. J.: The triarchic theory of successful intelligence. In D. P. Flanagan & P. L. Harrison (Eds.), Contemporary intellectual assessment: theories, tests and issues (2 ed., pp. 103–119). New York: Guilford 2005

Sternberg, R. J./Grigorenko, E. L./Bundy, D. A.: The predictive value of IQ. Merrill-Palmer Quarterly 2001, 47, 1–41

Sturm, W.: Aufmerksamkeitsstörungen. Göttingen: Hogrefe 2005

Suhr-Dachs, L./Petermann, U.:Trennungsangst. In F. Petermann (Hrsg.), Lehrbuch der Klinischen Kinderpsychologie (6. vollst. überarb. Aufl.). Göttingen: Hogrefe 2008, S. 343–358

Trautner, H.-M.: Lehrbuch der Entwicklungspsychologie. Bd. 1: Grundlagen und Methoden (2., überarb. und erg. Aufl.). Göttingen: Hogrefe 1992

Tuckman, B.: Developmental sequence in small groups. Psychological Bulletin 1965, 63, 384–399

Warnke, A./Roth, E.: Umschriebene Lese-Rechtschreibstörung. In F. Petermann (Hrsg.), Lehrbuch der Klinischen Kinderpsychologie und -psychotherapie. Göttingen: Hogrefe 2002

Webster-Stratton, C./Taylor, T.: Nipping early risk factors in the bud: Preventing substance abuse, delinquency, and violence in adolescence through interventions targeted at young children (0–8 years). Prevention Science 2001, 2, 165–192.

Weinert, F. E.: Der Einfluss der Schule auf die kognitive Entwicklung. Beiträge zur Lehrerbildung 2001, 19, 93–102

Werner, E. E.: What can we learn about resilience from large-scale longitudinal studies. In S. Goldstein & R. B. Brooks (Eds.), Handbook if resilience in children (pp. 91–105). New York: Kluver Academics 2005

Wessels, M. G: Kognitive Psychologie. München: Reinhardt 1994

Whalley, L. J./Deary, I. J.: Longitudinal cohort study of childhood IQ and survival up to age 76. British Medical Journal 2001, 322, 819–822

Wilens, T. E.: Effects of methylphenidate on the catecholaminergic system in attention-deficit/hyperactivity disorder. Journal of Clinical Psychopharmacology 2008, 28, S46-S53

Wills, T. A./Stoolmiller, M.: The role of self-control in early escalation of substance use: A time-varying analysis. Journal of Consulting and Clinical Psychology 2002, 70, 986–997

Winkel, S./Petermann, F./Petermann, U.: Lernpsychologie. Paderborn: Schöningh 2006

Wittchen, H.-U./Nelson, C. B./Lachner, G.: Prevalence of mental dirorders and psychosocial impairments in adolescents and young adults. Psychological Medicine 1998, 28, 109–126

Witte, E. H.: Interpersonalie Kommunikation, Beziehung und Zusammenarbeit in Gruppen. In U. Six, U. Gleich & R. Gimmler (Hrsg.), Kommunikationspsychologie – Medienpsychologie. Weinheim: Beltz 2007, S. 178–208

Zahn-Waxler, C./Klimes-Dougan, B./Slattery, M. J.: Internalizing problems of childhood and adolescence: Prospects, pitfalls, and progress in understanding the development of anxiety and depression. Development and Psychopathology 2000, 12, 443–466

Zobel, M.: Kinder aus alkoholbelasteten Familien. Göttingen: Hogrefe 2000

11 Ästhetik und Kunst

Alheit, P./Brandt, M.: Ästhetische Bildung als kontingente Vermittlung zwischen Wissensordnungen. Kunst, Literatur und ästhetische Erfahrung in den Autobiographien Emil Noldes und Jakob Wassermanns. In: Zeitschrift für Pädagogik, 52. Jahrgang, Heft 3 2006, S. 417–433

Aissen-Crewett, Meike: Kinderzeichnungen verstehen. Von der Kritzelphase bis zum Grundschulalter. München: Don Bosco1988

Bamberger, J.: The Mind behind the Musical Ear. How Children develop Musical Intelligence. Harvard: University Press 1991

Bareis, Alfred: Vom Kritzeln zum Zeichnen und Malen. Bildnerisches Gestalten mit Kindern. Donauwörth: Auer 2005

Baum, Jacqueline; Kunz, Ruth: Scribbling Notions. Bildnerische Prozesse in der frühen Kindheit. Zürich: Verlag Pestalozzianum 2007

Beek, A. v. d./Buck, M./Rufenach A.: Kinderräume bilden. Ein Ideenbuch für Raumgestaltung in Kitas. Neuwied: Luchterhand 2001

Bender, S. (2009): Kunst im Kern von Schulkultur. Ästhetische Erfahrung und ästhetische Bildung in der Schule. Wiesbaden: VS Verlag 2009

Bertram, G.: Kunst. Eine philosophische Einführung. Stuttgart: Reclam 2005

Braun, Daniela: Handbuch Kunst und Gestalten. Theorie und Praxis für die Arbeit mit Kindergruppen. Freiburg/Br.: Herder 1998

Dietl, Marie-Luise: Die Kinderzeichnung als Quelle für innovatives Bildhandeln. Eine Untersuchung am Beispiel Asger Jorn. In: BDK-Mitteilungen, Heft 4, 2001, S. 20–25

Dietrich, Cornelie: Wozu in Tönen denken? Historische und empirische Studien zur bildungstheoretischen Bedeutung musikalischer Autonomie. Kassel: Gustav BosseVerlag 1998

Dietrich, Cornelie: Unsagbares machbar machen? Empirische Forschung zur musikalischen Erfahrung von Kindern. In: Ästhetische Erfahrung in der Kindheit. Theoretische Grundlagen und empirische Forschung. Hrsg. v. G, Mattenklott und C. Rora, Weinheim und München: Juventa 2004, S. 195–208.

Duncker, L./Maurer, F./Schäfer, G.: Kindliche Phantasie und ästhetische Erfahrung. Wirklichkeiten zwischen Ich und Welt. Langenau-Ulm 1990

Ecarius, J./Löw, M.: Raumbildung Bildungsräume. Über die Verräumlichung sozialer Prozesse. Opladen: Leske + Budrich 1997

Eid, K./Langer, M./Ruprecht, H.: Grundlagen des Kunstunterrichts. 6. Aufl. Paderborn: Schöningh 2002

Fröhlich, Volker: Bild und Sprache. Die Bedeutung von Malen und Sprechen im Prozess der kindlichen Subjektgenese. In: Fröhlich, Volker; Stenger, Ursula (Hg.): Das Unsichtbare sichtbar machen. Bildungsprozesse und Subjektgenese durch Bilder und Geschichten. Weinheim, München: Juventa 2003, S. 193–206

Gier, Renate: Die Bildsprache der ersten Jahre verstehen. München: Prestel 2004

Grözinger, Wolfgang: Kinder kritzeln, zeichnen, malen. Die Frühformen kindlichen Gestaltens. München: Prestel 1984

Kaestle, T.: Vom weitergeben genommener Freiheiten. In: Mobiles Atelier/Stiftung Kulturregion Hannover (Hrsg.): Mobiles Atelier 2006/2007. Kunstprojekte für Kindergärten. Hannover: Internationalismus Verlag 2008

Kathke, P./Peez, G.: GSV Pädagogische Leistungskultur Band 124, Heft 4, Ästhetische Bildung: Kunst. Materialien für Klasse 1–4. GSV 2008

Knauf, T.: Das Atelier in der Reggio-Pädagogik. In: Martin R. Textor (Hrsg.): Kindergartenpädagogik - Online-Handbuch - http://www.kindergartenpaedagogik.de/1065.html

Kläger, Max: Phänomen Kinderzeichnung. Balltmannsweiler: Schneider 1995

Krenz, Armin: Was Kinderzeichnungen erzählen. Dortmund: Verlag Neues Lernen 2004.

Lebéus, Angelika-Martina: Wenn Kinder malen: Bildersprache und Ich-Entwicklung. Weinheim: Beltz 1993

Loer, T.: Werkgestalt und Erfahrungskonstitution. Exemplarische Analyse von Paul Cézannes ›Montagne Sainte-Victoire‹ (1904/06) unter Anwendung der Methode der objektiven Hermeneutik und Ausblicke auf eine soziologische Theorie der Ästhetik im Hinblick auf eine Theorie der Erfahrung. In: Garz, D./Kraimer, K.: Die Welt als Text. Theorie Kritik und Praxis der objektiven Hermeneutik. Frankfurt a. M.: Suhrkamp 1994, S. 341–382

Löw, M.: Widersprüche der Moderne. Die Aneignung von Raumvorstellungen als Bildungsprozeß. In: Ecarius, J.; Löw, M. (Hg.). Raum der Bildung - Bildungsräume. Opladen: Leske + Budrich 1997, S. 15–32

Louquet, G.-H.: Le dessin enfantin. Paris 1927, 3. Neuauflage Lausanne u. a. 1977

Mandel, B.: Konzepte zeitgenössischer Kunst für die kulturelle Bildung. Kindertagesstätten als temporäre Kunstateliers. In: Mobiles Atelier/Stiftung Kulturregion Hannover (Hg.): Mobiles Atelier 2006/2007. Kunstprojekte für Kindergärten. Hannover: Internationalismus Verlag 2008

Mattenklott, G.: Einleitung 1. Teil: Zur ästhetischen Erfahrung in der Kindheit. In: Mattenlott G./Rora, C. (Hg.): Ästhetische Erfahrung in der Kindheit. Theoretische Grundlagen und empirische Forschung. Weinheim/München: Juventa 2004, S. 7–24.

Mattenklott, G.: Räume früher ästhetischer Erfahrungen. In: Liebau, E./Müller-Kipp, G./Wulf, C. (Hg.): Metamorphosen des Raums. Erziehungswissenschaftliche Forschungen zur Chronotopologie. Weinheim: Beltz 1999, S. 228–241.

Meyer-Drawe, Käte (1988): Der Leib als vorpersonale und vorreflexive Dimension menschlichen Handelns und Wissens – Strukturskizzen kindlicher Milieuwelten. In: Schneider, G. (Hg.): Ästhetische Erziehung in der Grundschule. Argumente für ein fächerübergreifendes Unterrichtsprinzip. Weinheim: Beltz 1988, S. 125–141

Meyer-Drawe, Käte: „Die Welt betrachtet die Welt" oder: Phänomenologische Notizen zum Verständnis von Kinderbildern. In: Herritz, Hans-Georg, Rittelmeyer, Christian (Hg.): Exakte Phantasie. Pädagogische Erkundungen bildender Wirkungen in Kunst und Kultur. Weinheim: Juventa 1993, S. 93–104

Mobiles Atelier/Stiftung Kulturregion Hannover: Mobiles Atelier 2006/2007. Kunstprojekte für Kindergärten. Hannover: Internationalismus Verlag 2008

Mollenhauer, Klaus: Ästhetische Bildung zwischen Kritik und Selbstgewissheit. In: ZfPäd 1990/Heft 4, S. 481–494

Mollenhauer, Klaus u. a.: Grundfragen ästhetischer Bildung. Weinheim/München: Juventa 1996

Neuß, Norbert (Hg.): Ästhetik der Kinder. Frankfurt a. M.: Gemeinschaftswerk der ev. Publizistik Verlage e. V. 1999

Oevermann, U.: Sozialisation als Prozess der Krisenbewältigung. In: Geulen, D./Veith, H. (Hrsg.): Sozialisationstheorie interdisziplinär. Aktuelle Perspektiven. Stuttgart: Lucius + Lucius 2004, S. 155–181

Parmentier, M.: Protoästhetik oder der Mangel an Ironie. Eine etwas umständliche Erläuterung der These, dass Kinder zu ästhetischen Erfahrungen im strengen Sinne nicht fähig sind. In: Mattenlott G./Rora, C. (Hrsg.): Ästhetische Erfahrung in der Kindheit. Theoretische Grundlagen und empirische Forschung. Weinheim/München: Juventa 2004, S. 99–112

Peez, Georg: Laras erste Kritzel. Eine phänomenologische Fallstudie zu den frühesten Zeichnungen eines 13 Monate alten Kindes. In: Peez, Georg (Hg.): Handbuch Fallforschung in der Ästhetischen Bildung/Kunstpädagogik. Qualitative Empirie für Studium, Praktikum, Referendariat und Unterricht. Baltmannsweiler: Schneider 2007, S. 104–117

Peez, Georg: Luca kritzelt zum ersten Mal. Eine phänomenologische Fallstudie zu den frühesten Zeichnungen eines 13 Monate alten Kindes. In: BDK-Mitteilungen, Heft 1, 2007, S. 29–33

Plessner, Helmuth): Die Einheit der Sinne. Grundlinien einer Ästhesiologie des Geistes. Frankfurt/M.: Suhrkamp 1982

Reggio Children: Alles hat einen Schatten außer den Ameisen. Wie Kinder im Kindergarten lernen. Neuwied/Berlin: Luchterhand 2002

Rittelmeyer, C.: Schulbauten positiv gestalten. Wie Schüler Farben und Formen erleben. Wiesbaden: Bauverlag 1994
Reiß, Wolfgang: Kinderzeichnungen. Wege zum Kind durch seine Zeichnung. Neuwied: 1996
Reiß, Wolfgang: Zur Produktion und Analyse von Kinderzeichnungen. In: Heinzel, Friederike (Hg.): Methoden der Kindheitsforschung. Weinheim, München: Juventa 2000, S. 231–246
Richter, Hans-Günther: Die Kinderzeichnung. Entwicklung, Interpretation, Ästhetik. Düsseldorf: Schwann 1987
Rumpf, Horst: Bewegung und Phantasie als anthropologische Wurzeln ästhetischer Erfahrung und ästhetischen Lernens. In: Schneider, Gerhard (Hrsg.): Ästhetische Erziehung in der Grundschule. Argumente für ein fächerübergreifendes Unterrichtsprinzip. München: Beltz 1988, S. 102–124.
Schäfer, Gerd: Kinder sind von Anfang an notwendig kreativ. In: Hildegard Bockhorst (Hg.): Kinder brauchen Spiel und Kunst. München: Kopaed 2006, S. 37–50.
Schäfer, Gerd E.: Mit Bildern denken. In: Fröhlich, Volker; Stenger, Ursula (Hg.): Das Unsichtbare sichtbar machen. Bildungsprozesse und Subjektgenese durch Bilder und Geschichten. Weinheim, München: Juventa 2003, S. 207–222
Schiller, F.: Briefe zur ästhetischen Erziehung des Menschen (1795). Stuttgart 1965. Nachdruck aus Schiller: Sämtliche Werke, Bd. 12, Teil 2; hrsg. von O. Walzel. Stuttgart: Reclam 1905.
Schuster, Martin: Die Psychologie der Kinderzeichnung. Berlin u. a.: Springer 1990
Schütz, Helmut G.: Kritzeln. Eine monografische Bilddokumentation zum Zeichnen im Vorschulalter. In: Kunst + Unterricht, Heft 163, 1992, S. 46–49
Seitz, Rudolf: Zeichnen und Malen mit Kindern. Vom Kritzelalter bis zum 8. Lebensjahr. München: Don Bosco 1990
Spitz, René: Vom Säugling zum Kleinkind. Naturgeschichte der Mutter-Kind-Beziehung im ersten Lebensjahr. Stuttgart: Klett 1969
Staudte, Adelheid: Ästhetisches Verhalten von Vorschulkindern. Eine empirische Untersuchung zur Ausgangslage für Ästhetische Erziehung, Weinheim: Beltz 1977
Stenger, U.: Schöpferische Prozesse. Phänomenologisch-anthropologische Analysen zur Konstitution von Ich und Welt. Weinheim/München: Juventa 2002
Stritzker, Uschi; Peez, Georg; Kirchner, Constanze: Schmieren und erste Kritzel – Der Beginn der Kinderzeichnung. Norderstedt: Books on Demand 2008
Ullrich, W./Brockschnieder, F.-J.: Reggio-Pädagogik im Kindergarten. Freiburg: Herder 2001
Widlöcher, D.: Was eine Kinderzeichnung verrät. München 1975
Winnicott; Donald: Vom Spiel zur Kreativität. Stuttgart: Klett 9. Aufl.1997
Wittmann, Barbara: Am Anfang. Theorien des Kritzelns im 19. Jahrhundert. In: Weltzien, Friedrich (Hg.): von selbst. Autopoietische Verfahren in der Ästhetik des 19. Jahrhunderts. Berlin: Reimer 2006, S. 141–154
www.kompetenznachweis.de
www.kompetenznachweis.net/html/aufbau.html

12 Bewegung

Csikszentimihalyi, M.: Das Flow-Erlebnis. Stuttgart: Klett-Cotta 1985
Grupe, O.: Grundlagen der Sportpädagogik. Schorndorf: Hofmann 1984
Hessisches Sozialministerium/Hessisches Kultusministerium (Hrsg.): Bildung von Anfang an. Bildungs- und Erziehungsplan für Kinder von 0 bis 10 Jahren in Hessen. Paderborn: Bonifatius GmbH 2007
Köckenberger, H.: Bewegungsräume – Entwicklungs- und kindorientierte Bewegungsangebote und -landschaften. 3. überarb. und erw. Aufl. Dortmund: borgmann publishing 2007
Kurz, D.: Handlungsfähigkeit im Sport – Leitidee eines mehrperspektivischen Unterrichtskonzepts. In: Zeuner, A., Senf, G., Hofmann, S. (Hrsg.): Sport unterrichten. Anspruch und Wirklichkeit. Sankt Augustin: Academia 1995, S. 41–48
Miedzinski, K.: Die Bewegungsbaustelle. Kinder bauen ihre Bewegungsanlässe selbst. Dortmund: verlag modernes lernen 1983
Miedzinski, K., Fischer, K.: Die neue Bewegungsbaustelle. 2. Aufl. Dortmund: borgmann publishing 2009
Niedersächsisches Kultusministerium (Hrsg.): Orientierungsplan für Bildung und Erziehung im Elementarbereich niedersächsischer Tageseinrichtungen für Kinder. Langenhagen: Schlütersche Druck 2005
Volkamer 1987
Zimmer, R.: Bewegung und Entspannung. Anregungen für die praktische Arbeit mit Kindern. 2. Aufl. Freiburg i. Br.: Herder 2004
Zimmer, R. (2009 a): Handbuch der Bewegungserziehung. Grundlagen für Ausbildung und pädagogische Praxis. Freiburg i. Br.: Herder 2009
Zimmer, R. (2009 b): Handbuch der Sinneswahrnehmung. Grundlagen einer ganzheitlichen Bildung und Erziehung. Freiburg i. Br.: Herder 2009
Zimmer, R. (2009 c): Handbuch der Psychomotorik. Theorie und Praxis der psychomotorischen Förderung von Kindern. Freiburg i. Br.: Herder 2009
Zimmer, R. (2009 d): Handbuch Sprachförderung durch Bewegung. Freiburg i. Br.: Herder 2009
Zimmer, R. (2009 e): Kreative Bewegungsspiele. Freiburg i. Br.: Herder 2009

13 Ethik, Religion und Philosophie

Bayrisches Staatsministerium für Arbeit und Sozialordnung, Familie und Frauen (Hrsg.): Der Bayerische Bildungs- und Erziehungsplan für Kinder in Tageseinrichtungen bis zur Einschulung, 2. Aufl. Berlin, Düsseldorf: Cornelsen Verlag Scriptor 2007
Beer, Peter: Wozu brauchen Erzieherinnen Religion? Ein Arbeitsbuch für Ausbildung und Praxis. München: Don Bosco 2005
Beer, Peter: Leben mit und in der Schöpfung. München: Don Bosco 1999
Bertelsmann Stiftung (Hrsg): Frühe Bildung beobachten und dokumentieren. Leitfaden zur Einführung der Bildungs- und Lerngeschichten in Kindertageseinrichtungen. Verlag Bertelsmann Stiftung 2008
Biesinger, Albert u. a. (Hrsg.): Brauchen Kinder Religion? Neue Erkenntnisse – Praktische Perspektiven. Weinheim: Beltz 2005
Caritasverband für die Diözese Trier (Hrsg.): Schau an – Arbeitshilfe zur Beobachtung und Dokumentation, 2006
Caritasverband für die Diözese Münster (Hrsg.): Beobachtung und Bildungsdokumentation in katholischen Tageseinrichtungen für Kinder, 2004
Gellner, Christoph: Der Glaube der Anderen. Christsein inmitten der Weltreligionen. Düsseldorf: Patmos Verlag 2008
Günther, Sybille: In Projekten spielend lernen. Münster: Ökotopia 2006.
Hanke, Petra: Zusammenarbeit zwischen Kindergarten und Grundschule – ein Bestandteil des Bildungskonzeptes. Universität Münster, Vortrag 09.05.2006 (Manuskript)
Harz, Frieder: Kinder und Religion. Was Erwachsene wissen sollten. Seelze-Velber: Kallmeyersche Verlagsbuchhandlung 2006
Harz, Frieder u. a (Hrsg.): Religiöse und ethische Bildung und Erziehung im evangelischen Kindergarten. Troisdorf: Bildungsverlag EINS 2008
Hebenstreit-Müller, Sabine/Kühnel, Barbara (Hrsg.): Kinderbeobachtung in Kitas. Erfahrungen und Methoden im ersten Early Excellence Centre in Berlin. Berlin: Dohrmann 2004

Hohaus, Ariane/Meißner-Trautwein, Antje/Rintelmann, Yvonne: Das Thema Beobachtung in den Bildungsplänen für elementare Bildung in Deutschland. http://www.kitas-im-dialog.de/fachthemen/beobachtung/63-das-thema-qbeobachtung-in-den-bildungplaenen-fuer-elementare-bildung-in-deutschland.html (Letzter Zugriff: 18.08.09)

Hugoth, Matthias/Fritz, Alexandra (Hrsg.): Ethik, Religion und Philosophie. Bildungsjournal Frühe Kindheit. Berlin, Düsseldorf: Cornelsen Verlag Scriptor 2009

Hugoth, Matthias: Fremde Religionen – fremde Kinder? Leitfaden für interreligiöse Erziehung. Freiburg: Herder Verlag 2009

Hugoth, Matthias: Kindertageseinrichtungen als Lernorte des Glaubens für Kinder und Erwachsene. Was heißt das eigentlich? In: Hugoth, Matthias/Benedix, Monika (Hrsg.): Religion im Kindergarten. Begleitung und Unterstützung für Erzieherinnen. München: Kösel 2008, S. 58–73

Hugoth, Matthias (Hrsg.): Religiöse und ethische Bildung und Erziehung im katholischen Kindergarten. Troisdorf: Bildungsverlag EINS 2009

Hugoth, Matthias: Setzt religiöse Erziehung Glauben voraus? In: Frühe Kindheit 3/06; www.liga-kind.de/fruehe/306_hugoth.php (letzter Zugriff: 01.09.2009)

Hugoth, Matthias/Jansen, Frank: Zukunftsweisend und verlässlich. Bildung in katholischen Kindertageseinrichtungen. Freiburg: Verband Katholischer Tageseinrichtungen für Kinder (KTK) 2005

Institut für Bildung und Entwicklung (Hrsg.): Projektarbeit in Kitas. München: Don Bosco 2006

Kazemi-Veisari, Erika: Differenzierte Beobachtung von Kindern. In: Kindergarten heute, Ausgabe 7–8/1999, S. 6–13

KiTa spezial, Sonderausgabe 1/2003: Beobachtung in Kindertageseinrichtungen. Kronach: Carl Link/Deutscher Kommunalverlag

Kobelt Neuhaus, Daniela: Wenn Ressourcenorientierung draufsteht, muss sie auch drin sein! In: Lipp-Peetz, Christine: Praxis Beobachtung. Auf dem Weg zu individuellen Bildungs- und Erziehungsplänen. Berlin, Düsseldorf: Cornelsen Verlag Scriptor 2007

König, Anke: Dialogisch-entwickelnde Interaktionsprozesse als Ausgangspunkt für die Bildungsarbeit im Kindergarten. Wiesbaden: VS Verlag 2008

Kohler-Spiegel, Helga: Kindern im Glauben Heimat geben. In: Hugoth, Matthias/Benedix, Monika (Hrsg.): Religion im Kindergarten. Begleitung und Unterstützung für Erzieherinnen. München: Kösel 2008, S. 49–57

Krawitz, Rudi: Die Gestaltung von Lernumgebungen aus individualpädagogischer Sicht. In: www.uni-koblenz.de/didaktik/krawitz/Lernumgebungen_Dialog.pdf (Letzter Zugriff: 07.01.2009)

Leimgruber, Stephan: Interreligiöses Lernen. München: Kösel Verlag 2007

Leu, Hans Rudolf: Wechselseitige Anerkennung – eine Grundlage von Bildungsprozessen in einer pluralen Gesellschaft. In: KiTa-aktuell, MO, Heft 9/1999, S. 172–176

Mai, Manfred: Rund um die Weltreligionen. 66 Fragen und Antworten. Freiburg: Herder Verlag 2008

Mayr, Toni: Beobachten und dokumentieren – Neue Perspektiven. In: Welt des Kindes 5/2005, S. 8–12

Meisner, Johanna/Jansen, Frank: Große Pläne für kleine Leute. Reformschub für den Kindergarten. Freiburg: Verband Katholischer Tageseinrichtungen für Kinder (KTK) 2005

Oerter, Rolf/Montada, Leo (Hrsg): Entwicklungspsychologie. 6., überarb. Aufl. Weinheim: Beltz 2008

Pertler, Cordula; Reuys, Eva: Kinder feiern Erntedank. München: Don Bosco 2001

Peterseil, Josef; Stadlbauer Ulrike; Habringer-Hagleitner, Silvia: Religion macht Kinder kompetent. Elf Themen praxisnah aufbereitet. Linz: Verlag Unsere Kinder 2006

Schuster, Käthe-Maria/Viernickel, Susanne/Weltzien, Dörte: Bildungsmanagement: Methoden und Instrumente der Umsetzung pädagogischer Konzepte. Remagen: ibus 2006

Schweizer, Friedrich: Wozu brauchen Kinder Religion? In: Hugoth, Matthias/Benedix, Monika: Religion im Kindergarten. Begleitung und Unterstützung für Erzieherinnen. München: Kösel 2008, S. 18–24

Schweitzer, Friedrich u. a. (Hrsg.): Mein Gott – Dein Gott. Interkulturelle und interreligiöse Bildung in Kindertagesstätte. Weinheim: Beltz Verlag 2008

Singer, Wolf: Was kann ein Mensch wann lernen? In: Fthenakis, Wassilios E. (Hrsg): Elementarpädagogik nach Pisa. Freiburg: Herder 2003

Stamer-Brandt, Petra: Projektarbeit in Kita und Kindergarten. Freiburg: Herder 2005

Strätz, Rainer/Demandewitz, Helga: Beobachten und Dokumentieren in Tageseinrichtungen für Kinder. 5. Aufl. Berlin, Düsseldorf: Cornelsen Verlag Scriptor 2005

Tworuschka Monika/Tworuschka Udo: Die Weltreligionen Kindern erklärt. Gütersloh: Gütersloher Verlagshaus 2004

Uhde, Bernhard: Warum sie glauben, was sie glauben. Weltreligionen für Andersgläubige und Nachdenkende. Freiburg: Herder 2009

Viernickel, Susanne/Völkel, Petra: Beobachten und dokumentieren im pädagogischen Alltag. Freiburg: Herder 2005

14 Gesundheit

aid-Infodienst Verbraucherschutz, Ernährung, Landwirtschaft e.V (Hrsg.): „Spiele rund um die Kinderpyramide". Bestelladresse: aid-Vertrieb DVG, Birkenmaarstr. 8, 53340 Meckenheim. Email: bestellung@aid.de.

Antonovsky, A.: Salutogenese. Zur Entmystifizierung der Gesundheit. Tübingen: Dvgt-Verlag 1997

Alsaker, F.D.: Quälgeister und ihre Opfer. Mobbing unter Kindern – und wie man damit umgeht. Bern: Huber 2003

Bayerisches Staatsministerium für Arbeit und Sozialordnung, Familie und Frauen/Staatsinstitut für Frühpädagogik München: Der Bayerische Bildungs- und Erziehungsplan für Kinder in Tageseinrichtungen bis zur Einschulung. Berlin, Düsseldorf: Cornelsen Scriptor 2007

Bauer, J.: Warum ich fühle, was du fühlst. Intuitive Kommunikation und das Geheimnis der Spiegelneurone. Hamburg: Hoffmann und Campe 2006

Bengel J./Strittmatter, R./Willmann, H.: Was erhält Menschen gesund? – Antonovskys Modell der Salutogenese – Diskussionsstand und Stellenwert. (Forschung und Praxis der Gesundheitsförderung; Band 6). Köln: Bundeszentrale für gesundheitliche Aufklärung (BZgA) 2002

Bertram, H. (Hrsg.): Mittelmaß für Kinder. Der UNICEF-Bericht zur Lage der Kinder in Deutschland. München: Verlag C.H. Beck 2008

Bucher, A. A.: Was Kinder glücklich macht. Historische, psychologische und empirische Annäherungen an Kindheitsglück. Weinheim: Juventa Verlag 2003

Bundeszentrale für gesundheitliche Aufklärung (BZgA) (Hrsg.): „Früh übt sich ..." – Gesundheitsförderung im Kindergarten. Impulse, Aspekte und Praxismodelle. (Forschung und Praxis der Gesundheitsförderung; Band 16). Köln 2002

Cierpka, M.: FAUSTLOS – Wie Kinder Konflikte gewaltfrei lösen lernen. Freiburg: Herder Verlag 2005

Eriksson M./Lindström B.: Antonovsky's sense of coherence scale and the relation with health: A systematic review. Journal of Epidemiology and Community Health 60, 376–381. 2006

Faltermaier, T.: Gesundheitspsychologie. Grundriss der Psychologie, Band 21. Stuttgart: Kohlhammer Verlag 2005

Gartinger, S. (Hrsg.): Sprungbrett Soziales. Berlin, Düsseldorf: Cornelsen Verlag Scriptor 2009

Hurrelmann, K./Andresen, S.: Kinder in Deutschland 2007. 1. World Vision Kinderstudie. Frankfurt: Fischer Verlag 2007

Ravens-Sieberer, U./Ellert, U./Erhart, M.: Gesundheitsbezogene Lebensqualität von Kindern und Jugendlichen in Deutschland. In Bundesgesundheitsblatt – Gesundheitsforschung – Gesundheitsschutz , 5/6, Springer Medizin Verlag, S. 810–818. 2007

Gesundheitsförderprogramm Klasse 2000. Zugriff am 12.10.09 unter http://klasse 2000.de/index.php

Krause, Ch./Hannich, H.-J./Stückle, Ch./ Widmer, C./Rohde, Ch./Wiesmann, U.: Selbstwert stärken – Gesundheit fördern. Unterrichtsvorschläge für das 1. und 2. Schuljahr. Donauwörth: Auer Verlag 2000

Krause, Ch./Lorenz, R.-F.: Was Kindern Halt gibt. Salutogenese in der Erziehung. Göttingen: Verlag Vandenhoeck & Ruprecht 2009

Krause, Ch./Wiesmann, U./Stückle, Ch./ Widmer, C.: Selbstwert stärken – Gesundheit fördern. Unterrichtsvorschläge für das 3. und 4. Schuljahr. Donauwörth: Auer 2001

Krause, Ch.: Das Ich-bin ich-Programm. Selbstwertstärkung im Kindergarten mit Pauline und Emil. Berlin, Düsseldorf: Cornelsen Scriptor 2009

Krause, Ch.: Ohne Eltern geht es nicht! Handbuch zur Durchführung eines Elternkurses im Rahmen von Gesundheitsförderung. Heckenbeck: Verlag Gesunde Entwicklung 2008

Krause, Ch., Mayer, C.-H.: Gesundheitsressourcen erkennen und fördern. Training für pädagogische Fachkräfte. Göttingen: Vandenhoeck & Ruprecht 2012

Honkanen-Schoberth, P.: Starke Kinder brauchen starke Eltern: Der Elternkurs des Deutschen Kinderschutzbundes. Freiburg: Urania Verlag 2008

Hurrelmann, K.: Sozialisation und Gesundheit. Somatische, psychische und soziale Risikofaktoren im Lebenslauf. Weinheim: Juventa Verlag 1991

Jaszus, R./Büchin-Wilhelm, I./Mäder-Berg, M./ Gutmann, W.: Sozialpädagogische Lernfelder für Erzieherinnen. Stuttgart: Holland und Josenhans Verlag 2008

Leu, H.R./Flämig, K./Frankenstein, Y./Koch/S.: Bildungs- und Lerngeschichten. Bildungsprozesse in früher Kindheit beobachten, dokumentieren und unterstützen. Weimar, Berlin: Verlag das Netz 2007

Paulus, P.: Psychische Gesundheit – auch ein Problem von Schulen? In: Träger der gesetzlichen Schüler-Unfallversicherung NRW (Hrsg.): Gute und gesunde Schule. Dokumentation Kongress in Dortmund, 76–99. 2004

Pudel, V./Bauer, J.: So macht Essen Spaß: Ein Ratgeber für die Ernährungserziehung von Kindern. Beltz Verlag 2002

Rambow, R.: Architektur: Völlig vernachlässigt? In: Starke Eltern – Starke Kinder. Kinderschutzbund Jahresheft 2006, 88–90.

Von der Beek, A.: Bildungsräume für Kinder von 0–3. Weimar, Berlin: Verlag das Netz 2008

Textor, M.: Die Familie in Gegenwart und Zukunft. Positionen, Provokationen, Prognosen. Books on demand 2009

Weigl, I.: Lernen in der frühen Kindheit. In: Weber, Ch. (Hrsg.). Spielen und Lernen mit 0–3-Jährigen. Der entwicklungszentrierte Ansatz in der Krippe. Berlin, Düsseldorf: Cornelsen Verlag Scriptor 2007

Werner, E. E. (2007): Resilienz: ein Überblick über internationale Längsschnittstudien. In: G. Opp & M. Fingerle (Hrsg.) Was Kinder stärkt. Erziehung zwischen Risiko und Resilienz, 2. Aufl. München. Basel: Reinhardt, 2007

http://www.dji.de/bibs/13_Kinder_und_Jugendbericht_DRS_1612860.pdf (Zugriff am 12.10.09)

http://www.kiggs.de/experten/erste_ergebnisse/elternbroschuere/index.4ml (Zugriff am 12.10.2009)

http://www.worldvisionkinderstudie.de/die-studie-2007.html (Zugriff am 12.10.2009)

http://www.unicef.de/5497.html (Zugriff am 12.10.2009)

http://www.national-coalition.de/pdf/UN-Kinderrechtskonvention.pdf (Zugriff am 12.10.2009)

15 Literacy

Achilles, Ilse/Pighin, Gerda: Vernäht und zugeflixt: Von Versprechern, Flüchen, Dialekten & Co. Mannheim: Bibliographisches Institut & F.A. Brockhaus AG, 2008

Baurmann, Jürgen: Notizen, Briefe, SMS: Schreiben im Alltag von Kindern und Jugendlichen. Schüler. Lesen + Schreiben (2003), S. 12–16

Bialystok, Ellen: Bilingualism in Development: Language, Literacy & Cognition. Cambridge: Cambridge University Press 2001

Bloom, Paul: How Children Learn the Meanings of Words. Cambridge, Massachusetts: MIT Press 2002

BLV - Bundesverband Legasthenie und Dyskalkulie e. V. (Hrsg.): Legasthenie erkennen & verstehen. 7. Aufl. Hannover: BLV 2008

Bredel, Ursula: Schreiben – ein Privileg junger, gebildeter Computer-Freaks? In: Franzmann, Bodo (Hrsg.): Leseverhalten in Deutschland im neuen Jahrtausend. Hamburg: Spiegel-Verlag 2001, S. 151–156

Brunswick, Nicola: Dyslexia: A Beginner's Guide. Oxford: Oneworld Paperback 2009

Bußmann, Hadumod: Lexikon der Sprachwissenschaft. 2. Aufl. Stuttgart: Kröner 1990

Croisile, Bernard (Hrsg.): Unser Gedächtnis: Erinnern und Vergessen. Darmstadt: wbg 2006

Dickinson, David K./Sprague, Kimberley E.: The nature and impact of early childhood care environments on the language and early literacy development of children from low-income families. In: Neuman, Susan B., Dickinson, David K. (Hrsg.): Handbook of early literacy research. New York: Guilford Press 2002, S. 263–279

Dickinson, David K./McCabe, Allyssa/Clark-Chiarelli/Nancy: Preschool-Based Prevention of Reading Disability. In: Stone, C. Addison/Silliman, Elaine R./Ehren, Barbara J./ Apel, Kenn (Hrsg.): Handbook of Language & Literacy. Development and Disorders. New York, London: Guilford Press 2006, S. 209–227

Dubowny, Minja/Ebert, Susanne/von Maurice, Jutta/Weinert, Sabine: Sprachlich-kognitive Kompetenzen beim Eintritt in den Kindergarten: Ein Vergleich von Kindern mit und ohne Migrationshintergrund. Zeitschrift für Entwicklungspsychologie und Pädagogische Psychologie, 40 (3), 2008, S. 124–134

Eggert, Hartmut/Garbe, Christine: Literarische Sozialisation. 2. Aufl. Stuttgart, Weimar: Metzler 2003

Ehri, L. (2002 a): Phases of acquisition in learning to read words and implications for teaching. British Journal of Educational Psychology: Monograph Series, 1, 2002, S. 7–28

Ehri, L. (2002 b): Reading processes, acquisition, and instructional implications. In: G. Reid, G.; Wearmouth J. (Hrsg.): Dyslexia and literacy: Theory and practice. West Sussex, UK: Wiley 2002, S. 167–185

Elschenbroich, Donata: Weltwissen der Siebenjährigen: Wie Kinder die Welt entdecken können. München: Goldmann 2002

Ennemoser, Marco/Schneider, Wolfgang: Entwicklung der Lesekompetenz – Hemmende Einflüsse des medialen Umfeldes. In: Groeben, Norbert, Hurrelmann, Bettina (Hrsg.): Lesesozialisation in der Mediengesellschaft: Ein Forschungsüberblick. Weinheim, München: Juventa 2004, S. 375–401

Franzmann, Bodo: Die Deutschen als Leser und Nichtleser: Ein Überblick. In: Stiftung Lesen (Hrsg.): Leseverhalten in Deutschland im neuen Jahrtausend: Eine Studie der Stiftung Lesen. Hamburg: Spiegel 2001, S. 7–32

Frith, U./Wimmer, H./Landerl, K.: Learning to read and phonological recoding in English and German. Scientific Studies of Reading 2 (1), 1998, S. 31–54

Frith, U./Vargha-Khadem, F.: Are there sex differences in the brain basis of literacy related skills? Evidence from reading and spelling impairments after early unilateral brain damage. Neuropsychologia 39 (13), 2001, S. 1485–1488

Graf, Evi: Lese-Rechtschreib-Schwäche: Ein prozessanalytischer Ansatz. Bern: Peter Lang 1991

Groeben, Norbert/Hurrelmann, Bettina (Hrsg.): Lesesozialisation in der Mediengesellschaft. Weinheim, München: Juventa 2004

Hopp, Holger/Frank, Sebastian/Tracy, Rosemarie: Kurzfassung des Abschlussberichts der ‚Evaluationsstudie „Sprachförderung mit dem Elefanten" Studie im Auftrag des BMFSFJ' 2010, http://www.anglistik.unimannheim.de/anglistik_i/dokumentepdf/kurzbericht_elefant/kurzbericht_evaluationsstudie_elefant_2010_160910.pdf (27.06.2012)

Jung, Irene: Schreiben und Selbstreflexion: eine literarturpsychologische Untersuchung literarischer Produktivität. Opladen: Westdeutscher Verlag 1989

Kain, Winfried: Die positive Kraft der Bilderbücher: Bilderbücher in Kindertageseinrichtugen pädagogisch einsetzen. Berlin, Mannheim: Cornelsen Scriptor 2008

Kaushanykaya, Magarita/Vorirca, Marian: The bilingual Advantage in Novel Word Learning. In: Psychonomic Bulletin & Review 16 (4), 705–710, 2009

Van Kleeck, Anne: Fostering Preliteracy Development via Storybook-Sharing Interactions. In: Stone, C. Addison; Silliman, Elaine R.; Ehren, Barbara J.; Apel, Kenn (Hrsg.): Handbook of Language & Literacy. Development and disorders. New York, London: Guilford Press 2006, S. 175–208

Kleist, Heinrich von: Über die allmähliche Verfertigung der Gedanken beim Reden. (2002, Original um 1805) http://www.kleist.org (10.6.2009)

May, Peter: Kinder lernen rechtschreiben: Gemeinsamkeiten und Unterschiede guter und schwacher Lerner. In: Brügelmann, Hans, Balhorn, Heiko (Hrsg.): Das Gehirn, sein Alfabet und andere Geschichten. Konstanz: Faude 1990, S. 245–253

Montessori, Maria: Lernen ohne Druck: Schöpferisches Lernen in Familie und Schule. 3. Aufl. Freiburg: Herder Spektrum 1995

Montessori, Maria: Kinder sind anders. 12. Aufl. München: dtv 1997

Mücke, Stephan/Schründer-Lenzen, Agi: Zur Parallelität der Schulleistungsentwicklung von Jungen und Mädchen im Verlauf der Grundschule. In: Rendtorff, Barbara, Prengel, Annedore (Hrsg.): Jahrbuch Frauen- und Geschlechterforschung in der Erziehungswissenschaft – Kinder und ihr Geschlecht. Bd. 4. Opladen: Budrich 2008, S. 135–146

Neuß, Norbert (Hrsg.): Bildung und Lerngeschichten im Kindergarten: Konzepte – Methoden – Beispiele. Berlin, Mannheim: Cornelsen Scriptor 2007

OECD (Hrsg.): Lesen kann die Welt verändern: Leistung und Engagement im Ländervergleich. Ergebnisse von PISA 2000. OECD 2002 http://www.oecd.org/document/30/0,3343,en_32252351_32236159_33688670_1_1_1_1,00.html. 29.05.2009

Pfarr, Kristina/Schenk, Birgit: „Erzählen Sie doch mal …" Ein Werkstattbericht über 120 Interviews mit Lesern und Nichtlesern. In: Franzmann, Bodo (Hrsg.): Leseverhalten in Deutschland im neuen Jahrtausend. Hamburg: Spiegel 2001, S. 33–59

Pieper, Irene, Wirthwein, Heike: „Ich bin kein Typ, der gerne liest": Werdegänge von Nicht-Lesern. Schüler: Lesen + Schreiben 2003, S. 18–21

Pinker, Steven: Wie das Denken im Kopf entsteht. München: Kindler 1998.

Rau, Marie Luise: Literacy: Vom ersten Bilderbuch zum Erzählen, Lesen und Schreiben. Bern u. a.: Haupt 2007

Rivers, Caryl/Barnett, Rosalind C.: The Difference Myth. In: Rendtorff, Barbara, Prengel, Annedore (Hrsg.): Jahrbuch Frauen- und Geschlechterforschung in der Erziehungswissenschaft – Kinder und ihr Geschlecht. Bd. 4. Opladen: Budrich 2008, S. 27–32

Röber, Christa: Ein anderer Weg zur Groß- und Kleinschreibung. Stuttgart: Klett 1999.

Röber, Christa: Der Aufbau von rechtschreiblichem Wissen für das Lesen- und Schreibenlernen: die Silbenanalytischen Methode. Hohengehren: Schneider, erscheint 2009.

Rosebrock, Cornelia: Informelle Sozialisationsinstanz peer group. In: Groeben, Norbert, Hurrelmann, Bettina (Hrsg.): Lesesozialisation in der Mediengesellschaft: Ein Forschungsüberblick. Weinheim, München: Juventa 2004, S. 250–279

Schneider, Kornelia. (kein Datum) Deutsches Jugend Institut. Thema 2005/06: Kinder im Blickpunkt: Lerngeschichten im Vorschulalter. http://www.dji.de/cgi-bin/projekte/ (21.7.2009).

Schreier, Margit: Entwicklung von Lesekompetenz – Fördernde Einflüsse des medialen Umfeldes. In: Groeben, Norbert, Hurrelmann, Bettina (Hrsg.): Lesesozialisation in der Mediengesellschaft: Ein Forschungsüberblick. Weinheim, München: Juventa 2004, S. 402–439

Schreiner, Manfred: Mut zu Reformen: Antworten auf pädagogische Zeitfragen. Nürnberg: emwe 2009

Schründer-Lenzen, Agi/Mücke, Stephan: Konzeption und Ergebnisse von Förderunterricht für Kinder mit Migrationshintergrund. In: Rendtorff, Barbara, Prengel, Annedore (Hrsg.): Jahrbuch Frauen- und Geschlechterforschung in der Erziehungswissenschaft – Kinder und ihr Geschlecht. Bd. 4. Opladen: Budrich 2008, S. 153–161

Schulte-Körne, Gerd: Lese-Rechtschreibstörung und Sprachwahrnehmung: psychometrische und neurophysiologische Untersuchungen zur Legasthenie. Münster, München, Berlin: Waxmann 2001

Schulte-Körne, Gerd: Neurobiologie und Genetik der Lese-Rechtschreibstörung (Legasthenie). http://www.kjp.med.uni-muenchen.de/download/Ursachen3.pdf (01.06.2009)

Spitzer, Manfred: Vorsicht Bildschirm! Elektronische Medien, Gehirnentwicklung, Gesundheit und Gesellschaft. 3. Aufl. Stuttgart u. a.: Klett 2005

Stiftung Zuhören: Zuhören. http://www.zuhoeren.de/stiftung-zuhoeren/auftrag.html (29.05.2009)

Tolchinsky, Liliana: Childhood conceptions of literacy. In: Nunes, Terezinha; Bryant, Peter (Hrsg.): Handbook of children's literacy. Dordrecht: Kluwer Academic Publishers 2004, S. 11–29

Tracy, Rosemarie/Gawlitzek-Maiwald, Ira. Bilingualismus in der frühen Kindheit. In: Grimm, Hannelore. (Hrsg.) Enzyklopädie der Psychologie Bd. 3: Sprachentwicklung. Göttingen: Hogrefe, 2000, 495–529.

Tracy. Rosemarie/Lemke, Vyautas (Hrsg.): Sprache macht stark. Berlin Düsseldorf: Cornelsen Verlag Scriptor 2009

Tracy, Rosemarie: Sprache und Sprachentwicklung: Was wird erworben? In: Grimm, Hannelore. (Hrsg.) Enzyklopädie der Psychologie Bd. 3: Sprachentwicklung. Göttingen: Hogrefe, 2000, 3–39

Tracy, Rosemarie. Wie Kinder Sprache lernen – Und wie wir sie dabei unterstützen können. Tübingen: Franke [2]2008.

Webb, Paul: Science Education and Literacy: Imperatives oft the Developed and the Developing World. In: Science, 328, 448–450, 2010

Von Werder, Lutz/Schulte-Steinicke, Barbara: Die deutsche Schreibkrise: Empirische Umfragen von 1994–2002. Hohengehren: Schneider 2003

Whitehurst Grover/Lonigan, Christopher: Emergent Literacy: Development from Prereaders to Readers. In: Neuman, Susan, Dickinson, David (Hrsg.): Handbook of Early Literacy Research. New York: Guilford Press 2002, S. 11–29.

Zinke, Petra; Bostelmann, Antje; Metze, Thomas (Hrsg.): Vom Zeichen zur Schrift: Begegnungen mit Schreiben und Lesen im Kindergarten. Weinheim, Basel: Beltz 2005

http://www.anglistik.unimannheim.de/anglistik_i/dokumentepdf/kurzbericht_elefant/kurzbericht_evaluationsstudie_elefant_2010_160910.pdf (27.06.2012)

16 Mathematik, Naturwissenschaft und Technik

Bandura, A.: Lernen am Modell. Stuttgart: Klett 1976

Bauer, J.: Nervenzellen für das intuitive Verstehen sowie für Lehren und Lernen. In: R. Caspary (Hrsg.): Lernen und Gehirn. Der Weg zu einer neuen Pädagogik. 2. Aufl. Freiburg im Breisgau: Herder 2006, S. 36–53

Bauer, J.: Warum ich fühle, was du fühlst: Intuitive Kommunikation und das Geheimnis der Spiegelneurone. München: Heyne Verlag 2008

Bennett, J.: Starting strong: early childhood education and care (Vergleichende Studie zu Programmen für frühkindliche bildung in zwölf Ländern. Im Juni 2001 von der OECD veröffentlicht. In: Fthenakis, W.: Frühpädagogik international: Bildungsqualität im Blickpunkt. Wiesbaden: VS Verlag für Sozialwissenschaften 2004, S. 365

Bostelmann, A.: Das Portfolio-Konzept für Kita und Kindergarten. Mühlheim: Verlag an der Ruhr 2006

Braunecker, I./Weber, T.: Wenn´s blitzt und blubbert. Berlin, Düsseldorf, Mannheim: Cornelsen Scriptor 2007

Driescher, E.: Erziehungsziel „Selbstständigkeit": Grundlagen, Theorien und Probleme eines Leitbildes der Pädagogik. Wiesbaden: VS Verlag für Sozialwissenschaften 2007

Elschenbroich, D.: Weltwissen der Siebenjährigen. Wie Kinder die Welt entdecken können. München: Kunstmann 2001

Fthenakis, W.: Frühpädagogik international: Bildungsqualität im Blickpunkt. München: VS Verlag 2004

Fthenakis, W. u. a.: Natur-Wissen schaffen. Band 1: Dokumentation des Froschkönige-Wettbewerbs. Troisdorf: Bildungsverlag Eins 2008

Fried, L.: Das wissbegierige Kind. Neue Perspektiven in der Früh- und Elementarpädagogik. Weinheim: Juventa 2008

Fried, L., Roux, S. (Hrsg.): Pädagogik der frühen Kindheit. Handbuch und Nachschlagewerk. Weinheim: Beltz 2006

Herschkowitz, N.: Das vernetzte Gehirn, seine lebenslange Entwicklung. 2., korr. Aufl. Bern: Huber 2002

Huppertz, N., Der lebensbezogene Ansatz im Kindergarten. 2. Aufl. Freiburg im Breisgau: Books on Demand 2008

Hurrelmann, H./Bründel, K.: Einführung in die Kindheitsforschung. 2., vollst. überarb. Aufl. Weinheim: Beltz 2003

Hüther, G.: Wie lernen Kinder? Voraussetzungen für gelingende Bildungsprozesse aus neurobiologischer Sicht. Freiburg im Breisgau: Herder 2006

Laewen, H.-J.: Grenzsteine der Entwicklung als Instrument der Früherkennung von Auffälligkeiten bei Kindern in Kindertagesstätten – eine empirische Untersuchung zu den Prädiktor-Eigenschaften über den Zeitraum eines Jahres. In: G. Siepmann (Hrsg.): Frühförderung im Vorschulbereich. Frankfurt am Main u. a: Lang 2000, S. 67–79

Lück, G.: Handbuch der naturwissenschaftlichen Bildung. Theorie und Praxis für die Arbeit in Kindertageseinrichtungen, Freiburg im Breisgau: Herder 2003

Lück, G.: Naturphänomene sprachlich erfassen. In: Unterricht Chemie, Heft 106/107, 2008, S. 84–87

Klusemann, H. W./Fischer, B.: Akademisierung von Elementar-/Vorschulpädagogen an Fachhochschulen – am Beispiel der Fachhochschule Neubrandenburg. In: T. Hansel (Hrsg.): Frühe Bildungsprozesse und schulische Anschlussfähigkeit. Holzheim: Centaurus 2004, S. 232–240

Schäfer, G.: Bildungsprozesse im Kindesalter, Selbstbildung, Erfahrung und Lernen in der frühen Kindheit. 2. Aufl. Weinheim: Juventa 2001

Schäfer, G.: Bildung beginnt mit der Geburt. 2., erw. Aufl. Weinheim: Beltz 2005

Hurrelmann, K. u. a.: 15. Shell-Jugendstudie, Frankfurt a. M.: Fischer TB 2006

Sodian, B./Koerber, S/Thoermer, C.: Naturwissenschaftliches Denken im Vorschulalter. Bildungsziele und Lernvoraussetzungen. In: T. Hansel (Hrsg.): Frühe Bildungsprozesse und schulische Anschlussfähigkeit. Reform des frühpädagogischen Bereichs in der Debatte nach PISA. Holzheim: Centaurus 2004, S. 138–149

Sodian, B.: Entwicklung des Denkens im Alter von vier bis acht Jahren – Was entwickelt sich? In: B. Hauser und T. Guldimann (Hrsg.): Bildung 4- bis 8-jähriger Kinder. Münster: Waxman 2005, S. 9–28

Spitzer, M.: Plädoyer für eine evidenzbasierte Pädagogik. In: R. Caspary (Hrsg.): Lernen und Gehirn. Der Weg zu einer neuen Pädagogik. 2. Aufl. Freiburg im Breisgau: Herder 2006

Teschner, A.: Erzieherinnen im Kindergarten – eine empirische Untersuchung zu einem Verständnis ihrer Professionalität. Freiburg: Ev. Fachhochschule 2004 (Schriftenreihe der Evangelischen Fachhochschule Freiburg, Band 27)

Zur DIW-Studie: Kindergarten gleicht soziale Unterschiede aus. http://www.zeit.de/online/2008/20/kindergarten-studie (21.02.2009)

Fellner, R.: Kinder sind nicht geschlechtsneutral. http://www.psychotherapiepraxis.at/artikel/paedagogik/erziehung-jungen.phtml (21.02.2009)

Spitzer, M.: Fernsehen und Computer schaden dem Gehirn. http://www.nzz.ch/nachrichten/wissenschaft/wir_%20brauchen_keine_%20computer%20_in_der_schule_1.660286.html

17 Medien

Baacke, Dieter: Handbuch Medien. Band 4: Medienkompetenz. Bonn: Bundeszentrale für politische Bildung 1999

Bautz, Friedrich Wilhelm: Biographisch - Bibliographisches Kirchenlexikon. Band 1. Nordhausen: Bautz 1990

Böcking, Saskia/Ritterfeld, Ute: Alles „gaga" oder was? Zum Einfluss elektronischer Medien auf den Spracherwerb. In: merz (medien und erziehung) – zeitschrift für medienpädagogik, Nr. 1/2006, S. 33–38

Eder, Sabine/Orywal, Christiane/Roboom, Susanne: Pixel, Zoom und Mikrofon. Medienbildung in der Kita. Schriftenreihe der Niedersächsischen Landesmedienanstalt. Band 21. Berlin: Vistas 2008

Feierabend, Sabine/Klinger, Walter: Kinder und Medien. Ergebnisse der KIM-Studie 2006. In: Media-Perspektiven 10/2007. Frankfurt am Main 2007

Flusser, Villém: Ins Universum der technischen Bilder. 4. durchges. Auflage. Göttingen: European Photography 1992

Gibson, Eleanor: An odyssey in learning and perception. Cambridge: MIT Press 1991

Glogauer, Werner: Die neuen Medien machen uns krank. Gesundheitliche Schäden durch die Medien-Nutzung bei Kindern, Jugendlichen und Erwachsenen. Weinheim: Dt. Studien-Verlag 1999

Henshilwood, Christopher S. et al.: Emergence of Modern Human Behavior: Middle Stone Age Engravings from South Africa. In: Science 295(5558), New York 2002, S. 1278–1280

Jäger, Stefanie: Ursachen veränderter Mediennutzung. In: Arbeitspapiere des Instituts für Rundfunkökonomie an der Universität zu Köln, Nr. 164/2003

Kuckenburg, Martin: Wer sprach das erste Wort? Die Entstehung von Sprache und Schrift. Darmstadt: Wissenschaftliche Buchgesellschaft 2004

Medienpädagogischer Forschungsverbund Südwest: JIM – Jugend, Information, (Multi-)Media. Basisuntersuchung zum Medienumgang 12–19-Jähriger in Deutschland. Baden-Baden: Mpfs 2004, 2008

McLuhan, Marshall: Die Gutenberg-Galaxis: Das Ende des Buchzeitalters. Bonn u. a.: Addison-Wesley 1995

Mead, George Herbert: Geist, Identität und Gesellschaft aus der Sicht des Sozialbehaviorismus. Frankfurt am Main: Suhrkamp 1995

Plato: Phaidros oder vom Schönen. Stuttgart: Reclam 1994

Postman, Neil: Wir amüsieren uns zu Tode. Urteilsbildung im Zeitalter der Unterhaltungsindustrie. Frankfurt/Main: S. Fischer 1985

Pfeiffer, Christian/Windzio, Michael/Kleimann, Matthias: Die Medien, das Böse und Wir. Zu den Auswirkungen der Mediennutzung auf Kriminalitätswahrnehmung, Strafbedürfnisse und Kriminalpolitik. In: Monatsschrift für Kriminologie und Strafrechtsreform, S. 87, 415 ff. Hannover 2004

Reitze, Helmut/Ridder, Christa-Maria: Massenkommunikation VII. Eine Langzeitstudie zur Mediennutzung und Medienbewertung 1964–2005. Baden-Baden: Nomos 2006

Schenk, Michael: Medienwirkungsforschung. 3. Auflage. Tübingen: Mohr Siebeck 2007

Schiffer, Katrin/Ennemoser, Marco/Schneider, Wolfgang: Mediennutzung von Kindern und Zusammenhänge mit der Entwicklung von Sprach- und Lesekompetenzen. In: Groeben, Norbert/Hurrelmann, Bettina (Hg.): Medienkompetenz. Weinheim: Juventa 2002, S. 282–299

Schramm, Holger/Wirth, Werner: Stimmungs- und Emotionsregulation durch Medien. In: merz (medien und erziehung) – zeitschrift für medienpädagogik, Nr. 4/2007, S. 14–22

Schulze, Volker: Die Zeitung: Ein medienkundlicher Leitfaden. Aachen-Hahn: Hahner Verlagsgesellschaft 2001

Six, Ulrike/Gimmler, Roland: Die Förderung von Medienkompetenz im Kindergarten. Eine empirische Studie zu Bedingungen und Handlungsformen der Medienerziehung. Düsseldorf: Landesanstalt für Medien Nordrhein-Westfalen 2007

Spitzer, Manfred: Vorsicht Bildschirm. Elektronische Medien, Gehirnentwicklung, Gesundheit und Gesellschaft. In: Transfer ins Leben. Bd. 1. Stuttgart: Klett 2005

Stöber, Rudolf: Mediengeschichte. Bd. 1: Presse – Telekommunikation. Bd. 2: Film – Rundfunk – Multimedia. Wiesbaden: Westdeutscher Verlag 2003

Textor, Martin: Projektarbeit im Kindergarten: Planung, Durchführung, Nachbereitung. Freiburg: Herder 2004

Theunert, Helga/Lenssen, Margit/Schorb, Bernd: Wir gucken besser fern als ihr. Fernsehen für Kinder. München: KoPäd-Verlag 1995

Windfuhr, Manfred (Hrsg.): Heinrich Heine. Historisch-kritische Gesamtausgabe der Werke. Bd. 5. Hamburg: Hoffmann und Campe 1973–1997

Winn, Marie: Die Droge im Wohnzimmer. Für die kindliche Psyche ist Fernsehen Gift. Es gibt nur ein Gegenmittel: Abschalten! Reinbek: Rowohlt 1977

Winterhoff-Spurk, Peter: Medienpsychologie. Eine Einführung. Stuttgart: Kohlhammer 2004

18 Musik und Rhythmik

Hellbrück, J.: Das Hören in der Umwelt des Menschen. In: H. Bruhn, R. Kopiez, A. Lehmann (Hrsg.): Musikpsychologie. Reinbek: Rowohlt 2008, S. 17–36

Hetzer, H.: Entwicklung des Spielens. In: H. Hetzer, E. Todt, I. Seiffge-Krenke, R. Arbinger (Hrsg.): Angewandte Entwicklungspsychologie des Kindes- und Jugendalters. 3. Aufl. Wiesbaden: Quelle & Meyer 1995, S. 77–103

Hetzer, H.: Entwicklung des Spielens. In: H. Hetzer, E. Todt, I. Seiffge-Krenke, R. Arbinger (Hrsg.): Angewandte Entwicklungspsychologie des Kindes- und Jugendalters. 3. Aufl. Wiesbaden: Quelle & Meyer 1995, S. 77–103

Hodges, D. A.: The Musical Brain. In: McPherson, G. E. (Hrsg.): The Child as Musician). Oxford: Oxford University Press 2006, S. 51–68

Kessen, W./Levine/J./Wendrich, C.A.: The imitation of pitch in infants. Infant Behaviour and Development. 2, 1979, 93–99

Lecanuet, J.-P.: Prenatal auditory experience. In: I. Deliège, J. Sloboda (Hrsg.): Musical beginnings. Oxford: Oxford University Press 1996, S. 3–34

Lenneberg, E.: Biologische Grundlagen der Sprache. Frankfurt a.M.: Suhrkamp 1977

Marsh, K., Young, S.: Musical play. In G. McPherson (Ed.), The child as musician. A handbook of musical development. Oxford: Oxford Univ. Press 2006, pp. 289–310

Nardo, R. L./Custodero, L. A./Persellin, D. C./ Brink Fox, D.: Looking back, looking forward: a report on early childhood music education in accredited American preschools. Journal of Research in Music Education 2006, 54 (4), 278–292

Papousek, M.: Intuitive parenting: A hidden source of musical stimulation in infancy. In: I. Deliège, J. Sloboda (Hrsg.): Musical beginnings. Origins and development of musical competence. Oxford: Oxford University Press 1996, S. 88–112

Papousek, M., Papousek, H.: Musical elements in the infant's vocalization: Their significance for communication, cognition, and creativity. Advances in Infancy Research, 1, 1981, S. 163–224

Papousek, M.: Vom ersten Schrei zum ersten Wort. Anfänge der Sprachentwicklung in der vorsprachlichen Kommunikation. Bern: Huber 1994

Trevarthen, C.: The musical art of infant conversation: Narrating in the time of sympathetic experience, without rational interpretation, before words. Musicae Scientiae, Special issue, 2008, S. 15–46

Schlemmer, K.: Absolutes Hören. In: H. Bruhn, R. Kopiez, A. Lehmann, R. Oerter (Hrsg.): Musikpsychologie. Reinbek: Rowohlt 2008, S. 490–498

Sergeant, D./Roche, S.: Perceptual shifts in the auditory information processing of young children. Psychology of Music, 2, 1973, S. 39–48

Stadler Elmer, S.: Eine entwicklungspsychologische Untersuchung zum Erwerb des Tonsystems bei Kindern zwischen 4 und 9 Jahren in ihren Vokalisationen. Dissertation phil.-hist. Fak., Universität Bern 1988

Stadler Elmer, S.: Hören – eine entwicklungspsychologische Perspektive. In: W. Egli, I./ Tomkoviak (Hrsg.): Sinne. Zürich: Chronos 2009

Stadler Elmer, S.: Human Singing: Towards a Developmental Theory. In: Psychomusicology 2009

Stadler Elmer, S.: Kinder singen Lieder. Über den Prozess der Kultivierung des vokalen Ausdrucks. Münster: Waxmann 2002

Stadler Elmer, S.: Kind und Musik - Entwicklungspotenziale nutzen. Heidelberg: Springer 2014

Welch, G./Himonides, E./Saunders, J./Papageorgi, I./Rinta, T./Stewart, C./Preti, C./Lani, J./Vraka, M./Hill, J.: The National Singing Programme for Primary schools in England: An initial baseline study overview, February 2008

Welch, G., Himonides, E., Saunders, J., Papageorgi, I., Rinta, T., Stewart, C., Preti, C., Lani, J., Vraka, M., & Hill, J.:

The National Singing Programme for Primary schools in England: An initial baseline study overview, February 2008.

http://imerc.org/papers/nsp/nspfeb08.pdf (geprüft am 8.9.2009).

19 Natur und Umwelt

Beer, Wolfgang/de Haan, Gerhard (Hrsg.): Ökopädagogik. Aufstehen gegen den Untergang der Natur. Weinheim, Basel: Beltz 1984

Bildung für nachhaltige Entwicklung: www.bne-portal.de/coremedia/generator/eúnesco/de/Downloads/Arbeitsgruppen/AG_20Elementarbereich/Studie_20Prof._Stoltenberg_20Universit_C3_A4t_20L_C3_BCneburg.pdf (12.10.2009)

Blinkert, Baldo: Aktionsräume von Kindern in der Stadt – Eine Untersuchung im Auftrag der Stadt Freiburg. Pfaffenweiler: Centaurus1993

Blinkert, Baldo: Aktionsräume von Kindern auf dem Land – Eine Untersuchung im Auftrag des Ministeriums für Umwelt und Forsten Rheinland-Pfalz. Pfaffenweiler: Centaurus 1997

Bögeholz, Susanne: Qualitäten primärer Naturerfahrung und ihr Zusammenhang mit Umweltwissen und Umwelthandeln. Opladen: Leske + Budrich 1999

Brämer, Rainer: Jugendreport Natur 03 – Nachhaltige Entfremdung. Universität Marburg 2003

Brämer, Rainer: Jugendreport Natur 06 – Interesse an der Natur im Sturzflug. Universität Marburg 2006

Breß, Hartmut: Erlebnispädagogik und ökologische Bildung: Förderung ökologischen Bewußtseins durch Outward Bound. Neuwied: Luchterhand 1994

Bund-Länder-Kommission für Bildungsplanung und Forschungsförderung (Hrsg.): Bildung für eine nachhaltige Entwicklung – Orientierungsrahmen. Materialien zur Bildungsplanung und Forschungsförderung, Heft 69. Bonn 1998

Busche, Andrea/Butz, Markus/Teuchert-Noodt, Gertraud: Lernen braucht Bewegung, Ein-Blicke in das Gehirn. In: Praxis der Naturwissenschaften. Biologie in der Schule. Köln: Aulis Verlag Deuber 2006

Gebhard, Ulrich: Erfahrung von Natur und psychische Gesundheit. In: Seel/Sichler/Fischlehner (Hrsg.): Mensch – Natur. Zur Psychologie einer problematischen Beziehung. Opladen: Westdeutscher Verlag 1993, S. 127–147

Gebhard, Ulrich: Kind und Natur: Die Bedeutung der Natur für die psychische Entwicklung. 3. überarb. und erw. Aufl. Wiesbaden: VS Verlag 2009

Göpfert, Hans: Naturbezogene Pädagogik. Weinheim: Beltz 1988

Gräsel, Cornelia: Umweltbildung. In: Tippelt, Rudolf (Hg.): Handbuch Bildungsforschung. Opladen: Leske + Budrich 2002

Hauff, Volker (Hrsg.): Unsere gemeinsame Zukunft. Der Brundtland-Bericht der Weltkommission für Umwelt und Entwicklung. Greven: Eggenkamp 1987

De Haan, G./Harenberg, D.: Bildung für eine nachhaltige Entwicklung. Gutachten für das BLK-Programm (Materialien zur Bildungsplanung und Forschungsförderung Nr. 72). Bund-Länder-Kommission für Bildungsplanung und Forschungsförderung, Bonn. 1999

De Haan, G./Kuckartz, U.: Umweltbewusstsein. Denken und Handelns in Umweltkrisen. Opladen: Westdeutscher Verlag 1996

Hüther, Gerald: Wie lernen Kinder? Voraussetzungen für gelingende Bildungsprozesse aus neurobiologischer Sicht. In: Caspary, Ralf (Hg.): Lernen und Gehirn. Der Weg zu einer neuen Pädagogik. Freiburg im Breisgau. Herder 2007, S. 70–84

Jung, Norbert: Ist Naturerfahrung Voraussetzung für Umweltengagement? In: FH Eberswalde u. a. (Hrsg.): 175 Jahre Lehre und Forschung in Eberswalde. 2005, S. 257–267

Kandeler, Jiri: Kinder lernen Umwelt schützen. Handbuch für Umweltpädagogik in Kindergarten und Grundschule. Berlin: Verlag für Umwelt 2005

Kuckartz, Udo: Umweltbewusstsein und Umweltverhalten. In: Bundeszentrale für politische Bildung: Informationen zur politischen Bildung. Heft 287. www.bpb.de/die_bpb/SYDJQU,0,Umweltbewusstsein_und_Umweltverhalten.html (09.10.2009)

Kyburz-Graber, Regula: Welches Wissen, welche Bildung? Aktuelle Entwicklungen in der Umweltbildung. Beiträge zur Lehrerbildung, 2004, 22(1), S. 83–94

Kyburz-Graber, Regula: Beiträge zur Lehrerbildung: Zeitschrift zu Theorie und Praxis der Aus- und Weiterbildung von Lehrerinnen und Lehrern. Langnau, Emmental: Schweizerische Gesellschaft für Lehrerinnen- und Lehrerbildung, SGL 2004, S. 83–94

Lob, Reinhold E.: 20 Jahre Umweltbildung in Deutschland – eine Bilanz. Köln: Aulis 1997

Lude, Armin: Naturerfahrung und Naturschutzbewusstsein. Innsbruck, Wien, München: Studien-Verlag 2001

Meadows, D. L./Meadows, D. H./Zahn, E./Milling, P.: Die Grenzen des Wachstums. Bericht des Club of Rome zur Lage der Menschheit. Stuttgart 1972

Michelsen, Gerd (1998): Theoretische Diskussionsstränge in der Umweltbildung. In: Beyersdorf, M., Michelsen, G., Siebert, H. (Hrsg.): Umweltbildung. Theoretische Konzepte, empirische Erkenntnisse, praktische Erfahrungen. Neuwied S. 61–65

Nutz, Michaela: Lehr-, Lern- und Erlebnispfade zur Umweltbildung. Natur erkennen, erleben, erhalten. Hamburg: Krämer 2003

Oelkers, Jürgen: Ist Ökologie lehrbar? In: Criblez, L., Gonon, Ph. (Hrsg.): Ist Ökologie lehrbar? Bern 1989, S. 64–83

Österreicher, Herbert/Prokop, Edeltraud: Kinder wollen draußen sein. Natur entdecken, erleben, erforschen. Seelze: Kallmeyer 2006

Staatsinstitut für Frühpädagogik (Hrsg.): Umweltbildung. Ein Projektbuch für die sozialpädagogische Praxis mit Kindern von 3–10 Jahren. Freiburg im Breisgau: Lambertus 2000

Stoltenberg, Ute (2008): Bildungspläne im Elementarbereich – Ein Beitrag zur Bildung für eine nachhaltige Entwicklung? Eine Untersuchung im Auftrag der AG Elementarpädagogik des Deutschen Nationalkomitees für die UN-Dekade „Bildung für nachhaltige Entwicklung".

Unterbruner, Ulrike: Lebendiges Lernen in der Umwelterziehung, Anregungen für die Praxis. Umwelterziehung 9/1986

20 Soziale und emotionale Kompetenz

Berger, M. & Berger, L.(Hg.) (2005): Der Baum der Erkenntnis (deutsche Übersetzung von Kunskapens Träd, des schwedischen Lehrplans von der Vorschule bis zur Grundschule für Kinder und Jugendliche von 1–16 Jahre)

Bensel, J. & Haug-Schnabel, G. (2005): Kindergarten heute spezial: Kinder beobachten und ihre Entwicklung dokumentieren. Herder Verlag

BdKK- Beschluss der Kultusministerkonferenz (2004): Gemeinsamer Rahmen der Länder für die frühe Bildung in Kindertageseinrichtungen. Deutscher Bildungsserver: Onlineressource 25908, 26.10.2006.

Coles, R. (1998): Moralische Intelligenz oder Kinder brauchen Werte. Berlin: Rowohlt.

Dörfler, M. & Klein, L. (2003): Konflikte machen stark. Streitkultur im Kindergarten. Freiburg: Herder.

DuBois, D.L. & Felner, R.D. (1996): The quadripartite model of social competence. In M.A. Reinecke, F.M. Datilio & a. Freeman (Eds.), Cognitive Therapy with children and adolescents (pp. 124–152). New York: Guilford.

Faller, K. & Faller, S.(2002): Kinder können Konflikte klären. Mediation und soziale Frühförderung im Kindergarten. Münster: Ökotopia Verlag.

Haug-Schnabel, G. & Bensel, J. (2005): Grundlagen der Entwicklungs-psychologie. Freiburg: Herder.

Hinsch, R. & Pfingsten, U. (2002): Gruppentraining sozialer Kompetenzen (GSK). Weinheim: Beltz.

Kanning, U. P. (2002): Soziale Kompetenz – Definition, Strukturen und Prozesse. In: Zeitschrift für Psychologie, 210 (4), Göttingen. S. 154–163.

Krappmann, Lothar. (2004): Die Klugheit der Gefühle und wie sie Wegweiser im Miteinander sein können. In: Buchner/Lauermann/Walcher (Hg.). Wie viel Gefühl braucht der Mensch? Emotionen im pädagogischen Alltag. 53. Internationale Pädagogische Werktagung Salzburg. Wien, öbv&hpt, S. 75–87

Mayr, T. & Ulich, M. (2006): Perik - Positive Entwicklung und Resilienz im Kindergartenalltag. Freiburg: Herder.

Petermann, F. & Petermann, U. (2006). Training mit sozial unsicheren Kindern: Einzeltraining, Kindergruppen, Elternberatung. München: PVU.

Petermann, F. & Petermann, U. (2008). Training mit aggressiven Kindern. München: PVU.

Petermann, U., Petermann, F. & Koglin, U. (2008): Entwicklungsbeobachtung und -dokumentation. Berlin: Cornelsen.

Petermann, F. & Wiedebusch, S. (2008): Emotionale Kompetenz bei Kindern. Göttingen: Hogrefe.
Pfeffer, S. (2002): Emotionales Lernen. Ein Praxisbuch für den Kindergarten. Weinheim: Beltz,. (2. Auflage 2007 Cornelsen)
Pfeffer, S. (2004): Die Welt der Gefühle verstehen. Wunderfitz – Arbeitsheft zur Förderung der emotionalen Kompetenz. Freiburg: Herder.
Pfeffer, S. (2012): Sozial-emotionale Entwicklung födern: Wie Kinder in Gemeinschaft stark werden. Freiburg: Herder
Pfeffer, S. & Göppner-Pfeffer, M. (2005): Lust auf Lernen. Lernfreude und Motivation bei spielerisch fördern. Freiburg: Herder.
Pfeffer, S. & Göppner-Pfeffer, M. (2007): Ich achte gern mich und dich. Persönlichkeit entwickeln, Gemeinschaft leben. Freiburg: Herder.
Saarni, C. (2002): Die Entwicklung von emotionaler Kompetenz in Beziehungen. In: Von Salisch, M. v. (Hg.): Emotionale Kompetenz entwickeln. Stuttgart: Kohlhammer.
Salisch, M. v. (Hg.)(2002): Emotionale Kompetenz entwickeln. Stuttgart: Kohlhammer.
Stanjek, K. (2006): Werte und Normen. In: Pousset, Raimund (Hg.). Beltz Handwörterbuch für Erzieherinnen und Erzieher. Weinheim: Beltz, S. 473–476.
Weber, S. (Hg.)(2003): Die Bildungsbereiche im Kindergarten. Freiburg: Herder.
www.Wiktionary.de

21 Spiel

Ahnert, L./Schnurrer, H.: Krippen. In: L. Fried, S. Roux (Hrsg.): Pädagogik der frühen Kindheit. Handbuch und Nachschlagewerk. Weinheim, Basel: Beltz 2006, S. 302–312
Auer, W.-M.: Sinnes-Welten. Die Sinne entwickeln, Wahrnehmung schulen. Mit Freude lernen. München: Kösel 2007
Caiati, M. et al: Freispiel - Freies Spiel? Erfahrungen und Impulse. München: Kösel 1994
Faulstich-Wieland, H.: Geschlechtsbewusste Erziehung. In: L. Fried, S. Roux (Hrsg.): Pädagogik der frühen Kindheit. Handbuch und Nachschlagewerk. Weinheim, Basel: Beltz 2006, S. 223–229.
Flemming, I.: Einfach anfangen. Spielpädagogik ganz praktisch. Ostfildern: Mathias-Grünewald-Verlag 1992
Hemm, M.: Komm, spiel mit! Die besten Gruppenspiele für Ferienfreizeiten und Schullandheimaufenthalte. Lichtenau: AOL-Verlag 2006
Hoppe-Graff, S./Oerter, R. (Hrsg.): Spielen und Fernsehen. Über die Zusammenhänge von Spiel und Medien in der Welt des Kindes. Weinheim, München: Juventa 2000, S. 59–77
Kazemi-Veisari, E.: „Freispiel" – wovon frei und wozu nützlich? TPS – Theorie und Praxis der Sozialpädagogik 8, 2007, S. 18–21.
Knauf, T./Düx, G., Schlüter, D.: Handbuch Pädagogische Ansätze. Praxisorientierte Konzeptions- und Qualitätsentwicklung in Kindertageseinrichtungen. Berlin, Düsseldorf, Mannheim: Cornelsen Scriptor 2007
Koch, S.: Ein Killerspiel macht noch keinen Killer. Psychologie heute 4, 2008, S. 8–9
Langlotz, C./Bingel, B.: Kinder lieben Rituale. Kinder im Alltag mit Ritualen unterstützen und begleiten. Münster: Ökotopia 2008
Maywald, J./Schön, B. (Hrsg.): Krippen. Wie frühe Betreuung gelingt. Fundierter Rat zu einem umstrittenen Thema. Weinheim, Basel: Beltz 2008
Miklitz, I.: Der Waldkindergarten. Dimensionen eines pädagogischen Ansatzes, 3. Aufl. Weinheim, Basel: Beltz 2005
Morin, E.: Die sieben Fundamente des Wissens für eine Erziehung der Zukunft. Hamburg: Reinhold Krämer Verlag 2001
Oerter, R.: Psychologie des Spiels. Ein handlungstheoretischer Ansatz. Weinheim, Basel: Beltz 1999
Österreicher, H.: Natur- und Umweltpädagogik für sozialpädagogische Berufe. Troisdorf: Bildungsverlag Eins 2006
Pausewang, F. Dem Spielen Raum geben. Grundlagen und Orientierungshilfen zur Spiel- und Freizeitgestaltung in sozialpädagogischen Einrichtungen. Berlin: Cornelsen 1997
Pausewang, F.: Macht mich stark für meine Zukunft! Wie Eltern und ErzieherInnen die Kinder in der frühen Kindheit stärken können. München: oekom verlag 2012
Pausewang, F.: Ziele suchen, Wege finden. Arbeits- und Lehrbuch für die didaktisch-methodische Auseinandersetzung in sozialpädagogischen Berufen. Berlin: Cornelsen 1994
Pausewang, F./Strack-Rathke, D.: Ins Leben begleiten. Bildungs und Erziheung in der sozialpädagogischen Praxis. Berlin, Düsseldorf, Mannheim: Cornelsen Scriptor 2009
Pohl, G.: Kindheit – aufs Spiel gesetzt. Berlin: dohrmann 2006
Viernickel, S.: Zur Bedeutung der Peerkultur. In: L. Fried, S. Roux (Hrsg.): Pädagogik der frühen Kindheit. Handbuch und Nachschlagewerk. Weinheim, Basel: Beltz 2006, S. 65–74
Wegener-Spöhring, S.: Gespielte Aggressivität. In: S. Hoppe-Graff, R. Oerter (Hrsg.): Spielen und Fernsehen. Über die Zusammenhänge von Spiel und Medien in der Welt des Kindes. Weinheim, München: Juventa 2000, S. 59–77
www.usk.de
www.dekade.org
www.bne-portal.de/elementarpaedagogik

22 Sprache

Aitchison, J.: Words in the Mind. An Introduction to the Mental Lexicon. Oxford: Basil Blackwell 1994
Androutsopoulos, J.: Deutsche Jugendsprache. Untersuchungen zu ihren Strukturen und Funktionen. Frankfurt am Main: Peter Lang 1998
Bauer, J.: Warum ich fühle, was du fühlst. Intuitive Kommunikation und das Geheimnis der Spiegelneurone. München: Heyne 2006
Burkhardt Montanari, E.: Wie Kinder mehrsprachig aufwachsen: Ein Ratgeber. Frankfurt am Main: Brandes & Apsel 2000
Bußmann, H.: Lexikon der Sprachwissenschaft. Stuttgart: Alfred Körber 1994
Clahsen, H./Penke, M.: The Acquisition of Agreement Morphology and its Syntactic Consequences: New Evidence on German Child Language from the Simone Corpus. In: Meisel, J. (Hrsg.): The Acquisition of Verb Placement: Functional Categories and V2-Phenomena in Language Development. Dordrecht: Kluwer 1992, S. 181–223
Dimroth, C.: Zweitspracherwerb bei Kindern und Jugendlichen: Gemeinsamkeiten und Unterschiede. In: Anstatt, T. (Hrsg.): Mehrsprachigkeit bei Kindern und Erwachsenen. Tübingen: Attempto 2007, S. 115–138
Dittmann, Jürgen: Der Spracherwerb des Kindes. Verlauf und Störungen. 2., durchges. Aufl. München: Beck 2006
Duden – Die Grammatik. Mannheim: Bibl. Institut & F. A. Brockhaus 2005
Ehlich, K./van den Bergh, H./Bredel, U./Garme, B./Komor, A./Krumm, H.-J./McNamara, T./Reich, Hans H./Schnieders, G./ten Thije/Jan D.: Anforderungen an Verfahren der regelmäßigen Sprachstandsfeststellung als Grundlage für die frühe und individuelle Sprachförderung von Kindern mit und ohne Migrationshintergrund. Eine Expertise. Bonn, Berlin: Bundesministerium für Bildung und Forschung 2005
Fink, H., Rosenzweig R. (Hrsg.): Neuronen im Gespräch. Sprache und Gehirn. Paderborn: Mentis 2008
Fried, L.: Expertise zu Sprachstandserhebungen für Kindergartenkinder und Schulanfänger. Eine kritische Betrachtung. Deutsches Jugendinstitut 2004 (http://cgi.dji.de/bibs/271_2232_ExpertiseFried.pdf; 06.11.2009)
Fried, L.: Sprachwissenschaftlich begutachtet: Sprachstandserhebungen für Kindergartenkinder und Schulanfänger. In: Jampert, K./Best, P./Guadatiello, A./Holler, D./Zehnbauer, A.: Schlüsselkompetenz Sprache. Sprachliche Bildung und Förderung im Kindergarten. Konzepte, Projekte, Maßnahmen. 2. aktualisierte und überarb. Aufl. Weimar, Berlin: Verlag das Netz 2007, S. 53–73

Fritzenschaft, A./Gawlitzek-Maiwald, I./Tracy, R./Winkler, S.: Wege zur komplexen Syntax. In: Zeitschrift für Sprachwissenschaft 9/1990, S. 52–134

Grimm, H.: Sprachentwicklung. In: Grimm, H.. (Hrsg.): Enzyklopädie der Psychologie. Bd.3: Sprachentwicklung. Göttingen: Hogrefe

Haberzettl, S., Wegener, H. (Hrsg.): Spracherwerb und Konzeptualisierung. Frankfurt am Main: Peter Lang 2003

Hinnenkamp, V., Meng, K. (Hrsg.): Sprachgrenzen überspringen: Sprachliche Hybridität und polykulturelles Selbstverständnis. Tübingen: Narr 2005

Jampert, K./Best, P./Guadatiello, A./Holler, D./ Zehnbauer, A.: Schlüsselkompetenz Sprache. Sprachliche Bildung und Förderung im Kindergarten. Konzepte, Projekte, Maßnahmen. 2. aktualisierte und überarbeitete Auflage. Weimar, Berlin: Verlag das Netz 2007

Kaltenbacher, E./Klages, H.: Sprachprofil und Sprachförderung bei Vorschulkindern mit Migrationshintergrund. In: Ahrenholz, B. (Hrsg.): Kinder mit Migrationshintergrund – Spracherwerb und Fördermöglichkeiten. Freiburg: Fillibach 2006, S. 80–97

Kany, W./Schöler, H.: Fokus: Sprachdiagnostik. Ein Leitfaden zur Sprachstandsbestimmung im Kindergarten. Berlin, Düsseldorf: Cornelsen Scriptor 2007

Keim, I.: Die „türkischen Powergirls". Lebenswelt und kommunikativer Stil einer Migrantinnengruppe in Mannheim. Tübingen: Narr 2007

Keim, I.: Der kommunikative soziale Stil der „türkischen Powergirls", einer Migrantinnengruppe aus Mannheim. In: Deutsche Sprache 1–2/2006. Berlin: Erich Schmidt, S. 89–105

Keim, I./Tracy, R.: Mehrsprachigkeit und Migration. In: Frech, S., Meier-Braun, K.-H.: Die offene Gesellschaft. Zuwanderung und Integration. Schwalbach: Wochenschau Verlag 2007, S. 121–144

Kielhöfer, B./Jonekeit, S.: Zweisprachige Kindererziehung. Tübingen: Stauffenburg 1995

Klein, W.: Zweitspracherwerb. In: Grimm, H. (Hrsg.): Enzyklopädie der Psychologie, Band 3, Sprachentwicklung. Göttingen: Hogrefe 2000, S. 537–370

Knisel-Scheuring, G.: Qualifizierung von Sprachförderkräften in Rheinland-Pfalz. Selbstlernmaterialien zu Modul 4 – Beobachtung und Dokumentation von Sprache und Sprachentwicklung. FIF: Mainz o. J. (www.kita.bildung-rp.de/Selbstlernmaterialie.390.0.html/ ; http://www.sprachfoerderkraefte.de/inhalt/downloads_sp.htm, 06.11.09)

Knisel-Scheuring, G.: Mit Eltern im Dialog: Gesprächshilfen für Erzieherinnen in Kindergarten und Hort. Lahr: Ernst Kaufmann 2001

Krempin, M./Mehler, K.: Eltern als wichtige Begleiter des Spracherwerbsprozesses. In: Tracy, R./Lemke, V. (Hrsg.): Sprache macht stark. Berlin, Düsseldorf: Cornelsen Scriptor 2009, S. 86–97

Krempin, M./Mehler, K./Ocak, S.: Eltern als Partner in der Sprachförderung!. In: Tracy, R./Lemke, V. (Hrsg.): Sprache macht stark. Berlin Cornelsen Scriptor 2009, S. 109–112

Krempin, M./Mehler, K./Ocak, S./Rupp, S./Stolberg, D.: Allgemeine Ratschläge für die Sprachförderung. In: Tracy, R./Lemke, V. (Hrsg.): Sprache macht stark. Berlin: Cornelsen Scriptor 2009, S. 100–104

Kroffke, S./Rothweiler, M.: „Variation im frühen Zweitspracherwerb des Deutschen durch Kinder mit türkischer Erstsprache". In: Vliegen, M. (Hrsg.): Variation in Sprachtheorie und Spracherwerb. Akten des 39. Linguistischen Kolloquiums in Amsterdam 2004. Frankfurt am Main: Peter Lang 2006, S. 145–153

Lemke, V.: Sprachförderung im Spannungsfeld von Sprachbad und Sprachtraining. In: Tracy, R./Lemke, V. (Hrsg.): Sprache macht stark. Berlin: Cornelsen Scriptor 2009, S. 78–85

Lemke, V./Kühn, S./Long, J./Ludwig, G./ Messinger, S./Wagner, B.: Sprache macht stark! Konzepttext. Stadt Ludwigshafen am Rhein 2007

Lemke, V.: Der Erwerb der DP: Variation im frühen Zweitspracherwerb. Dissertation, Universität Mannheim (i. Dr.)

Leuninger, H.: Mit den Augen lernen: Gebärdenspracherwerb. In: Grimm, H. (Hrsg.): Enzyklopädie der Psychologie. Bd. 3: Sprachentwicklung. Göttingen: Hogrefe 2000, S. 229–272

Lüdtke, U. M./Kallmeyer, K.: Kritische Analyse ausgewählter Sprachstandserhebungsverfahren für Kinder vor Schuleintritt aus Sicht der Linguistik, Diagnostik und Mehrsprachigkeitsforschung. In: Die Sprachheilarbeit, 6/52.2007, S. 261–278

Lurija, A. R.: Sprache und Bewusstsein. Köln: Pahl-Rugenstein 1982

Meisel, J.: Mehrsprachigkeit in der frühen Kindheit: Zur Rolle des Alters bei Erwerbsbeginn. In: Anstatt, T. (Hrsg.): Mehrsprachigkeit bei Kindern und Erwachsenen. Tübingen: Attempto 2007, S. 93–113

Ministerium für Bildung, Frauen und Jugend, Rheinland-Pfalz (Hrsg.): Bildungs- und Erziehungsempfehlungen für Kindertagesstätten in Rheinland-Pfalz. Berlin, Düsseldorf: Cornelsen Scriptor 2004

Müller, N.: Einführung in die Mehrsprachigkeitsforschung. deutsch, französisch, italienisch. 2., durchges. u. aktualis. Aufl. Tübingen: Narr 2007

Myers-Scotton: *Multiple Voices. Introduction to Bilingualism*. Malden (Mass.): Blackwell 2006

Nave-Herz, R.: Jugendsprache. In: Markefka, M./Nave-Herz, R. (Hrsg.): Handbuch der Familien- und Jugendforschung, Bd. 2: Jugendforschung. Neuwied, Frankfurt: Luchterhand 1989, S. 625–633

Oerter, R./Montada, L. (Hrsg.): Entwicklungspsychologie. Weinheim: Beltz PVU 2008

Paradis, J./Crago, M./Genesee, F./Rice, M.: French- English Bilingual Children with SLI - How do they compare with their monolingual peers? In: Journal of Speech, Language, and Hearing Research 46.2003, S. 113–127

Pelz, H.: Linguistik. Eine Einführung. 9. Aufl., neu bearb. u. erheblich erw. Hamburg: Hoffmann und Campe 2005

Penner, Z./Weissenborn, J./Friederici, A.: Sprachentwicklung. In: Karnath, H.-O., Thiel, P. (Hrsg.): Neuropsychologie. Berlin, Heidelberg: Springer 2008, S. 632–639

Poplack, S.: Sometimes I'll start a sentence in Spanish Y "TERMINO EN ESPAGNOL". In: Linguistics 18/1980, S. 581–618

Rollin, M.: Das stille Wunder. In: GEO Wissen, Nr. 40: Das Geheimnis der Sprache. Hamburg: Gruner u Jahr 2007, S. 102–111

Rothweiler, M./Meibauer, J.: „Das Lexikon im Spracherwerb – ein Überblick". In: Meibauer, J./Rothweiler, M. (Hrsg.): Das Lexikon im Spracherwerb. Tübingen: Francke 1999, S. 9–31

Rothweiler, M.: Nebensatzerwerb im Deutschen. Tübingen: Niemeyer 1993

Rupp, S., Stolberg, D.: Sprachförderung im pädagogischen Alltag. In: Tracy, R., Lemke, V. (Hrsg.): Sprache macht stark. Berlin, Düsseldorf:: Cornelsen Scriptor 2009, S. 113–132

Rupp, S., Lemke, V.: Anstöße zur Beobachtung und Dokumentation. In: Tracy, R./Lemke, V. (Hrsg.): Sprache macht stark. Berlin, Düsseldorf: Cornelsen Scriptor 2009, S. 190–200

Sacks, O.: Stumme Stimmen. Hamburg: Rowohlt 2001

Schulz, P./Tracy, R./Wenzel, R.: Entwicklung eines Instruments zur Sprachstandsdiagnose von Kindern mit Deutsch als Zweitsprache: Theoretische Grundlagen und erste Ergebnisse. In: Ahrenholz, B. (Hrsg.): Zweitspracherwerb: Diagnosen, Verläufe, Voraussetzungen. Freiburg: Fillibach 2008

Schulz, P.: Erstspracherwerb Deutsch: Sprachliche Fähigkeiten von Eins bis Zehn. In: Graf, U./Moser Opitz, E. (Hrsg.): Diagnostik am Schulanfang (Entwicklungslinien der Grundschulpädagogik Bd. 3). Hohengehren Baltmannsweiler: Schneider 2007, S. 67–86

Schulz, P./Wymann, K./Penner, Z.: The early acquisition of verb meaning in German by normally and language-impaired children. In: Brain and Language 77/2001, S. 407–418

Schulz, P./Kersten, A./Kleissendorf, B.: Zwischen Spracherwerbsforschung und Bildungspolitik: Sprachdiagnostik in der frühen Kindheit. In: H. Kelle (Hrsg.): Kulturen der Entwicklungsdiagnostik. Special Issue der Zeitschrift für Soziologie der Erziehung und Sozialisation (i. Dr.)

Schulz, P./Tracy, R.: Lise-Daz®. Linguistische Sprachstanderhebung – Deutsch als Zweitsprache. Göttingen: Hogrefe 2011

Schulz von Thun, F.: Miteinander reden 1. Störungen und Klärungen. Allgemeine Psychologie der Kommunikation. Hamburg: Rowohlt 2009

Sodian, B. (2008): „Entwicklung des Denkens". In: Oerter, R./Montada, L. (Hrsg.): Entwicklungspsychologie. Weinheim: Peltz PVU, S. 436–479.

Sodian, B.: Entwicklung des Denkens im Alter von vier bis acht Jahren – was entwickelt sich? In: Guldiman, T., Hauser, B. (Hrsg.): Bildung 4- bis 8-jähriger Kinder. Münster: Waxmann 2005, S. 9–28

Szagun, G.: Bedeutungsentwicklung beim Kind: wie Kinder Wörter entdecken. München: Urban & Schwarzenberg 1983

Textor, M. R. (Hrsg.): Erziehungs- und Bildungspartnerschaft mit Eltern. Gemeinsam Verantwortung übernehmen. Freiburg: Herder 2006

Thoma, D./Tracy, R.: Deutsch als frühe Zweitsprache: zweite Erstsprache? In: Ahrenholz, B. (Hrsg.): Kinder mit Migrationshintergrund. Spracherwerb und Fördermöglichkeiten. Freiburg: Fillibach 2006, S. 58–79

Tracy, R./Lemke, V. (Hrsg.): Sprache macht stark. Berlin, Düsseldorf: Cornelsen Scriptor 2009

Tracy, R.: „Szenarien des Spracherwerbs" und „Was Kinder erwerben". In: Tracy, R./Lemke, V. (Hrsg.): Sprache macht stark. Berlin, Düsseldorf: Cornelsen Scriptor 2009, S. 24–38 und 39–77.

Tracy, R./Ocak, S.: Sprachentwicklung und Sprachförderung. (http://www.a4k.de/aus-der-werkstatt-der-elternbriefe/fragen-an-die-expertinnen-aus-der-wissenschaft.html ; 01.10.2009)

Tracy, R. (2008a): Wie Kinder Sprachen lernen. Und wie wir sie dabei unterstützen können. 2., überarb. Aufl. Tübingen: Francke 2008

Tracy, R. (2008b): Natürliche Begabungen nutzen! Plädoyer für eine Überwindung sprachlicher Unterforderung. In: Kauder, V./von Beust, O. (Hrsg.): Chancen für alle. Die Perspektive der Aufstiegsgesellschaft. Freiburg: Herder 2008, S. 115–133

Tracy, R.: Wie viele Sprachen passen in einen Kopf? Mehrsprachigkeit als Herausforderung für Gesellschaft und Forschung. In: Anstatt, Tanja (Hrsg.): Mehrsprachigkeit bei Kindern und Erwachsenen. Erwerb, Formen, Förderung. Tübingen: Attempto 2007, S. 69–92

Tracy, R.: Spracherwerb bei vier- bis achtjährigen Kindern. In: Guldimann, T., Hauser, B. (Hrsg.): Bildung 4–8-jähriger Kinder. Münster: Waxmann 2005, S. 59–75

Tracy, R.: Sprache und Sprachentwicklung: Was wird erworben? In: Grimm, H. (Hrsg.): Enzyklopädie der Psychologie. Band 3: Sprachentwicklung. Göttingen: Hogrefe 2000, S. 3–39

Tracy, R.: Sprachliche Strukturentwicklung: Linguistische und kognitionspsychologische Aspekte einer Theorie des Erstspracherwerbs. Tübingen: Narr 1991

Tracy, R./Gawlitzek-Maiwald, I.: Bilingualismus in der frühen Kindheit. In: Grimm, H. (Hrsg.): Enzyklopädie der Psychologie. Band 3: Sprachentwicklung. Göttingen: Hogrefe 2000, S. 495–535

Ulich, M./Oberhuemer, P./Soltendieck, M.: Die Welt trifft sich im Kindergarten. Interkulturelle Arbeit und Sprachförderung. Neuwied: Staatsinstitut für Frühpädagogik (IFP) 2001

Watzlawick, P./Beavin J.H./Jackson D.D.: Menschliche Kommunikation; Formen, Störungen, Paradoxien. Stuttgart: Hans Huber 1996

Wegener, H.: Das Genus im DaZ-Erwerb. Beobachtungen an Kindern aus Polen, Rußland und der Türkei. In: Handwerker, B. (Hrsg.): Fremde Sprache Deutsch: grammatische Beschreibung – Erwerbsverläufe – Lehrmethodik. Tübingen: Narr 1995, S. 1–24

Weinert, S.: Entwicklung von Sprache und Denken. In: Schneider, W./Knopf, M. (Hrsg.): Entwicklung, Lehren und Lernen. Göttingen: Hogrefe 2003, S. 93–108

Wenzel, R./Schulz, P./Tracy, R.: Herausforderungen und Potential der Sprachstandsdiagnostik – Überlegungen am Beispiel von LiSe-DaZ. In: Reich, H. (Hrsg.): Von der Sprachdiagnose zur Sprachförderung. Münster: Waxmann 2009

Wiese, H.: Bedroht Kiezdeutsch die deutsche Sprache? In: report psychologie. Zeitschrift des Berufsverbandes deutscher Psychologinnen und Psychologen e.V, 34. Jahrgang, Okt. 2009, S. 423–428

http://www.baden-wuerttemberg.de/de/werbemassnahmen/124677.html 15.11.2009

www.bmbf.de/pub/bildungsreform_band_elf.pdf

www.ifp.bayern.de/projekte/sismik.html

www.lise-daz.de

www.mazem.de

www.sagmalwas-bw.de/diagnoseverfahren-lise-daz/

www.fif-rlp.de

www.kita.bildung-rp.de/Selbstlernmaterialien.390.0.html

http://www.sprachfoerderkraefte.de/inhalt/downloads_sp.htm

23 Pädagogik für Kinder unter drei Jahren

Ainsworth, M. (1985): Attachements across the life span. Bulletin of the New York Academy of Medicine, 61 (9), S. 792–812

Ainsworth, M.D./Bell, S.M./Stayton, D.J. (2003): Individuelle Unterschieden im Verhalten in der fremden Situation bei Einjährigen. In: Grossmann, K. E. & Grossmann, K. (Hrsg.): Bindung und menschliche Entwicklung. John Bowlby, Mary Ainsworth und die Grundlagen der Bindungstheorie. Stuttgart, S. 112–145

Aktionsrat Bildung (2012): Gutachten „Professionalisierung in der Frühpädagogik", (hrsg. von Vereinigung der Bayrischen Wirtschaft (vbw). Münster

Becker-Stoll, Fabienne/Niesel, Renate/Wertfein, Monika (2009): Handbuch Kinder in den ersten drei Lebensjahren. Theorie und Praxis für die Tagesbetreuung; Freiburg.

Bundesministerium für Familie, Senioren, Frauen und Jugend (BMFSFJ) (2011): Dritter Zwischenbericht zur Evaluation des Kinderförderungsgesetzes. Bericht der Bundesregierung 2012 nach § 24a Abs. 5 SGB VIII über den Stand des Ausbaus für ein bedarfsgerechtes Angebot an Kinderbetreuung für Kinder unter drei Jahren für das Berichtsjahr 2011. Berlin

Fried, Lilian/Roux, Susanna (Hrsg.) (2006): Pädagogik der frühen Kindheit. Weinheim, Basel

Gopnik, Alison/Kuhl, Patricia/Meltzoff, Andrew (2000): Forschergeist in Windeln. Wie ihr Kind die Welt begreift. Kreuzlingen/München

Griebel, Wilfried/Niesel, Renate (Hrgs.) (2004): Transitionen. Fähigkeit von Kindern in Tageseinrichtungen fördern, Veränderungen erfolgreich zu bewältigen. Weinheim/Basel. In: In Hessisches Sozialministerium (Hrsg.) (2010): Kinder in den ersten drei Lebensjahren: Was können sie, was brauchen sie? Eine Handreichung zum Hessischen Bildungs- und Erziehungsplan für Kinder von 0–10 Jahren. Wiesbaden, S. 86

Hédervári-Heller, Éva/Maywald, Jörg (2009): Von der Eingewöhnung zur Erziehungspartnerschaft. In Frühe Kindheit hrsg. von Deutsche Liga für das Kind. Berlin, S. 44

Haugschnabel, G./Beusel, J. (2010): Ziele in der Krippenpädagogik. In: Weegmann, W./Kammerländer, C. (Hrsg.): Die Jüngsten in der Kita. W. Kohlhammer, Stuttgarat

Kasüschke, Dagmar (2010): Krippenkinder in Interaktion mit anderen Kindern – Lernen und Spielen in altersgemischten Gruppen. In: Weegmann, Waltraud/Kammerlander, Carola (Hrsg.) (2010): Die Jüngsten in der Kita. Handbuch der Krippenpädagogik. Stuttgart, S. 211. In: Kerl-Wienecke, Astrid (2011): Die Kindergruppe und Peer-Interaktionen in der Kindertagespflege. Qualifizierungsmodul der Reihe Tätigkeitsbegleitende Fortbildung für Tagespflegepersonen. Hrsg. vom Bundesministerium für Familie, Senioren, Frauen und Jugend (BMFSFJ). Berlin/München, S. 28

Kerl-Wienecke, Astrid (2011): Die Kindergruppe und Peer-Interaktionen in der Kindertagespflege. Qualifizierungsmodul der Reihe Tätigkeitsbegleitende Fortbildung für Tagespflegepersonen. Hrsg. vom Bundesministerium für Familie, Senioren, Frauen und Jugend (BMFSFJ). Berlin/München

Kerl-Wienecke, Astrid (2010): Sprachentwicklung – Sprechen – Sprachverständnis in der Kindertagespflege". Qualifizierungsmodul der Reihe Tätigkeitsbegleitende Fortbildung für Tagespflegepersonen. Hrsg. vom Bundesministerium für Familie, Senioren, Frauen und Jugend (BMFSFJ). Berlin/München

Laevers, Ferre (1997): Die Leuvener Engagiertheitsskala für Kinder LES-K. Erkelenz

Laewen, Hans-Joachim/Andres, Beate (2002): Forscher, Künstler, Konstrukteure. Berlin

Lenkitsch-Gnädinger (2003): Kinder am Anfang des Lebens – Wie kompetent sind Säuglinge? In: Prengel, A. (Hrsg.): Im Interesse von Kindern? Forschungs- und Handlungsperspektiven in Pädagogik und Kinderpolitik. Weinheim und München, S. 21–36

Leu, Hans Rudolf/Flämig, Katja/Frankenstein, Yvonne/Koch, Sandra/Pack, Irene/Schneider, Kornelia/Schweiger, Martina (2007): Bildungs- und Lerngeschichten – Bildungsprozesse früher Kindheit beobachten, dokumentieren und unterstützen, Weimar/Berlin

Lorber, K./Hanf, J. (2001): Krippenkonzepte und Konzeptionsentwicklung. In Neuß, N. (Hrsg.): Grundwissen Krippenpädagogik: ein Lehr- und Arbeitsbuch. Berlin.

Maywald, Jörg/Schön, Bernhard (Hrsg.) (2008): Krippen: Wie frühe Betreuung gelingt. Weinheim

Mietzel, Gerd (1994): Wege in die Entwicklungspsychologie, Kindheit und Jugend; Weinheim

Neuß, Norbert (Hrsg.) (2011): Grundwissen Krippenpädagogik. Ein Lehr- und Arbeitsbuch. Berlin

Roßbach, Hans-Günther (2005): Effekte qualitativ guter Betreuung, Bildung und Erziehung im frühen Kindesalter auf Kinder und Familien. Sachverständigenkommission Zwölfter Kinder- und Jugendbericht (Hrsg.) Band 1: Betreuung, Bildung und Erziehung von Kindern unter sechs Jahren. München, S. 55–174

Sachverständigenkommission Zwölfter Kinder- und Jugendbericht (Hrsg.) (2005): Betreuung, Bildung und Erziehung von Kindern unter sechs Jahren. Band 1. München

Vernooij, Monika A. (2005): Erziehung und Bildung beeinträchtiger Kinder und Jugendlicher; Paderborn

Viernickel, Susanne (2010): Soziale Kontakte und Beziehungen zwischen Kleinkindern, Familienhandbuch Link: https://www.familienhandbuch.de/kindheitsforschung/fruhe-kindheit/soziale-kontakte-und-beziehungen-zwischen-kleinkindern

Viernickel, Susanne (2000): Spiel, Streit, Gemeinsamkeit. Einblicke in die soziale Kinderwelt der Zweijährigen; Landau. Aufgenommen in: Zur Bedeutung der Peerkultur. In: Fried, Lilian/Roux, Susanna (Hrsg.) (2006): Pädagogik der frühen Kindheit, S. 65–74; Weinheim, Basel

Viernickel, Susanne (2006): Zur Bedeutung der Peerkultur. In: Fried, Lilian/Roux, Susanna (Hrsg.): Handbuch Pädagogik der frühen Kindheit; Weinheim, Basel. In: Kerl-Wienecke, Astrid (2011): Die Kindergruppe und Peer-Interaktionen in der Kindertagespflege. Qualifizierungsmodul der Reihe Tätigkeitsbegleitende Fortbildung für Tagespflegepersonen. Hrsg. vom Bundesministerium für Familie, Senioren, Frauen und Jugend (BMFSFJ). Berlin/München, S. 28

Weegmann, Waldtraut/Kammerlander, Carola (Hrsg.) (2010): Die Jüngsten in die Kita. Ein Handbuch zur Krippenpädagogik. Stuttgart

Weiterbildungsinitiative Frühpädagogische Fachkräfte WiFF (2011a): Kinder in den ersten drei Lebensjahren. Grundlagen für die kompetenzorientierte Weiterbildung. Ein Wegweiser der Weiterbildungsinitiative Frühpädagogische Fachkräfte. WiFF Wegweiser Weiterbildung, Band 2. München

Weiterbildungsinitiative Frühpädagogische Fachkräfte WiFF (2011b): Frühe Bildung – Bedeutung und Aufgaben der pädagogischen Fachkraft. Grundlagen für die kompetenzorientierte Weiterbildung. Ein Wegweiser der Weiterbildungsinitiative Frühpädagogische Fachkräfte. WiFF Wegweiser Weiterbildung, Band 4. München

Wörz, Thomas (2004): Transitionen – Theoretische Grundlagen und Modell. In Griebel, Wilfried/Niesel, Renate (Hrgs.): Transitionen. Fähigkeit von Kindern in Tageseinrichtungen fördern, Veränderungen erfolgreich zu bewältigen. Weinheim/Basel, S. 26

Wüstenberg, Wiebke/Schneider, Karola (2008): Vielfalte und Qualität: Aufwachsen von Säuglingen und Klein(st)kindern in Gruppen. In Maywald, Jörg/Schön, Bernhard (Hrsg.): Krippen: Wie frühe Betreuung gelingt. Weinheim, S. 144–177

24 Integration von Menschen mit besonderen Bedürfnissen

Aichele, V. (2011) Die UN Konvention über die Rechte von Menschen mit Behinderungen – Herausforderungen für Deutschland., in: Frühe Kindheit (0611), Zeitschrift der Liga für das Kind, S. 48–53

Antonovsky, A.: (1997), Salutogenese. Zur Entmystifizierung der Gesundheit. Tübingen:

Beauftragte der Bundesregierung für die Belange behinderter Menschen (2009) alle inklusive – Die neue UN Konvention, Menswchenrechte für behinderte Frauen, Männer und Kinder auf der ganzen Welt – in leichter Sprache, Berlin

Booth, T./Ainscow, M./Kingston, D.(2006),: Index für Inklusion (Tageseinrichtungen für Kinder) Lernen, Partizipation und Spiel in der inklusiven Kindertageseinrichtung entwickeln. Deutschsprachige Ausgabe: GEW Frankfurt a. M.

Booth, T./Ainscow, M. (2003), Index für Inklusion (Schule), Lernen und Teilhabe in der Schule der Vielfalt entwickeln, deutschsprachige Verhältnisse bearbeitet und herausgegeben von I. Boban und A. Hinz, Martin-Luther-Universität Halle-Wittenberg

Bundesministerium für Arbeit und Soziales (BMAS): Ratgeber für Menschen mit Behinderung. Berlin, Ausgabe 2008

Bundesministerium für Familie, Senioren, Frauen und Jugend (BMFSFJ):2009, 13. Kinder- und Jugendbericht über die Lebenssituation junger Menschen und die Leistungen der Kinder- und Jugendhilfe in Deutschland. Berlin

Eberwein, H., Mand, J. (Hrsg.): Integration konkret. Bad Heilbrunn: Klinkhardt 2008

Deutscher Bildungsrat: Empfehlungen der Bildungskommission: Zur pädagogischen Förderung behinderter und von Behinderung bedrohter Kinder und Jugendlicher. Bonn, Stuttgart: Klett Kotta 1973

Feuser, G.: Thesen zu: „Gemeinsame Erziehung, Bildung und Unterrichtung behinderter und nichtbehinderter Kinder und Jugendlicher in Kindergarten und Schule (Integration)" 1996. http://bidok.uibk.ac.at/library/feuser-thesen.html (Zugriffsdatum: 13.08.09)

Heimlich, U.: (2012), „Kinder mit Behinderung in Kontext inklusiver Frühpädagogik" (Expertise für das DJI im Rahmen des Projektes „Weiterbildungsinitiative frühpädagogische Fachkräfte, WiFF"), München

Herm, S.: Gemeinsam leben und wachsen – Gedanken zur integrativen Arbeit mit behinderten und nichtbehinderten Kindern. In: Kindergarten heute, 25. Jg. (6/1995), S. 14–17

Herm, S.: Gemeinsam spielen, lernen und wachsen - Berlin, Düsseldorf, Mannheim: Cornelsen Scriptor, 4. A., 2012

Herm, S.: Konzepte integrativer Förderung im Elementarbereich. In: Eberwein/Mand (2008), S. 107–120

Herm, S.: Bewegung und Körperbewusstsein im Kindergarten. München: Olzog 2009

Hinz, A.: Die integrative Grundschule im sozialen Brennpunkt. Ergebnisse eines Hamburger Schulversuchs. Hamburg: Hamburger Buchwerkstatt 1998

Jesper, J.: Das kompetente Kind. Reinbek: Rowohlt 2003

Klemm, K. (2010): Gemeinsam lernen. Inklusion leben. Status Quo und Herausforderungen inklusiver Bildung in Deutschland. Erstellt im Auftrag der Bertelsmann Stiftung. Gütersloh

Kreuzer, M./Ytterhus, B (Hrsg.) (2008): Dabeisein ist nicht alles -. Inklusion und Zusammenleben im Kindergarten. München)

Kron, M./Papke, B./Windisch, M. (2010): Zusammen aufwachsen. Schritte zur frühen inklusiven Bildung und Erziehung, Bad Heilbrunn

Muth, J.: Gemeinsame Erziehung in der Bundesrepublik, SPI Nordrhein-Westfahlen. Stuttgart: Kohlhammer 1988

Prengel, A.(2005), Pädagogik der Vielfalt. Verschiedenheit, Gleichberechtigung in Interkultureller, Feministischer und Integrativer Pädagogik. Opladen: 2. A.

Prengel, A. (2011), Inklusion in der Frühpädagogik, der Übergang vom Kindergarten in die Schule in: Frühe Kindheit (0611), Zeitschrift der Liga für das Kind, S. 34–39

Ross, D.: Was Eltern wollen. In: Eberwein/Mand (2008), S. 59–73

Sander, A.: Etappen auf dem Weg zur integrativen Erziehung und Bildung. In: Eberwein/Mand (2008), S. 28–39

Schlack, H.-G.: Mehr Familie statt mehr Therapie – eine andere Sicht der Förderung behinderter Kinder. Vortrag vom 03.12.07 im FEZ Berlin

Seewald, J.: Individuelle Förderung im Ganz-Tag – Expertise für das BLK-Projekt „Lernen für den ganzen Tag". Philipps-Universität Marburg 2006

Vereinte Nationen (UN): Übereinkommen über die Rechte von Menschen mit Behinderungen (zwischen Deutschland, Liechtenstein, Österreich und der Schweiz abgestimmte Übersetzung) (URL:http://www.institut-fuermenschenrechte.de/de/menschenrechtsinstrumente/vereintenationen/menschenrechtsabkommen/behindertenrechtskonvention-crpd.html#c1911, aufgerufen am 21.12.2010)

Watzlawik, P., Beavin, J. H., Jackson, D. D.: Menschliche Kommunikation. Formen, Störungen, Paradoxien. Bern: Huber Hans 1982

Wygotski, L. S.: Denken und Sprechen. Weinheim, Basel: Beltz 2002

25 Medizinische Notfälle und Erkrankungen

Gesetz zur Verhütung und Bekämpfung von Infektionskrankheiten beim Menschen (Infektionsschutzgesetz – IfSG) 2000

Merkblatt „Beschäftigung werdender Mütter bei der Tagesbetreuung von Kindern": www.uniklinik-ulm.de/uploads/media/Merkblatt_Mutterschutz_bei_Tagesbetreuung_von_Kindern.pdf (01.08.09)

Pschyrembel, Willibald: Pschyrembel. Klinisches Wörterbuch. Berlin: Walter de Gruyter, 261. Auflage 2007

Regierungspräsidium Stuttgart: Merkblatt für Eltern und Erziehungsberechtigte „Kopfläuse – was kann ich tun?" http://publish.kommonline-gmbh.de/data/form/3658-916a805b7b295bc19f6b2fe516f63e38.pdf (30.09.09)

www.aid.de

www.bzga-kinderuebergewicht.de

www.dge.de

www.dgk.de

www.fke-do.de

www.gewerbeaufsicht.baden-wuerttemberg.de/servlet/is/18777/ (01.08.09)

www.kindergesundheit-info.de/3927.0.html (30.09.09)

www.rki.de

http://www.rki.de/DE/Content/Infekt/EpidBull/Merkblaetter/Wiederzulassung/Mbl_Wiederzulassung_schule.html

http://www.gaa.baden-wuertemberg.de/servlet/is/16414/Werdende_Muetter_bei_der_Tagesbetreuung_von_Kindern.pdf?command=downloadContent&filename=Werdende_Muetter_bei_der_vorschulischen_Tagesbetreuung_von_Kindern.pdf

http://www.gaa.baden-wuertemberg.de/servlet/is/18777/Beurteilung_Immunitaetslage_Umgang_Kinder.pdf?command=downloadContent&filename=Beurteilung_Immunitaetslage_Umgang_Kinder.pdf

Neu: Merkblatt für Leitungen:

http://www.kultusportal-bw.de/servlet/PB/show/1237362

Merkblatt für Eltern und Erzieher:

http://www.ags.rw.schule-bw.de/homepage/images/stories/PDF/Kopflaeuse_Merkblatt.pdf

http://www.rki.de/DE/Content/Infekt/EpidBull/Merkblaetter/Ratgeber_Kopflausbefall.html?nn=2386228

http://www.kindergesundheit-info.de/fuereltern/wenndaskindkrankist/kopflaeusewastun/was-tun-bei-kopflausbefall/

26 Kindesmisshandlung und psychologische Notfallsituationen

Deegner, G.: Formen und Häufigkeit der Kindesmisshandlung. In: Deegener, G./Körner, G./Körner, W. (Hrsg.): Kindesmisshandlung und Vernachlässigung. Göttingen: Hogrefe 2005, S. 37–58

Heubrock, D.: Forensische Kinderpsychologie. In: Petermann, F. (Hrsg.): Lehrbuch der Klinischen Kinderpsychologie, 6., vollst. überarb. Aufl. Göttingen: Hogrefe 2008, S. 711–726

Huxoll, M.: Hilfe bei Kindesmisshandlung und sexuellem Missbrauch. Familienhandbuch des Staatsinstitutes für Frühpädagogik (IFP) 2008. www. Familienhandbuch.de/cmain/f_Programme/a_Angebote_und Hilfen/s_441.html (13.01.2009)

Karutz, H.: Kinder und Jugendliche in Notfallsituationen. In: Lasogga, F./Gasch, B. (Hrsg.): Notfallpsychologie. Heidelberg: Springer 2008, S. 283–304

Lasogga, E./Gasch, B.: Definitionen. In: Lasogga, F./Gasch, B. (Hrsg.): Notfallpsychologie. Heidelberg: Springer 2008, S. 19–28

Moggi, F.: Folgen von Kindesmisshandlung: Ein Überblick. In: Deegener, G./Körner, G./Körner, W. (Hrsg.): Kindesmisshandlung und Vernachlässigung. Göttingen: Hogrefe 2005, S. 94–103.

Newcomb, M. D./Locke, T. F.: Intergenerational cycle of maltreatment: a popular concept obscured by methodological limitations. Child Abuse & Neglect, 25, 2001, S. 1219–1240

Noecker, M.: Funktionelle und somatoforme Störungen. In: Petermann, F. (Hrsg.): Lehrbuch der Klinischen Kinderpsychologie. (6., vollst. überarb. Aufl.) Göttingen: Hogrefe, 2008 S. 621–640

Nowara, S.: Das Münchhausen-by-proxy-Syndrom. In: Deegener, G./Körner, G./Körner, W. (Hrsg.): Kindesmisshandlung und Vernachlässigung. Göttingen: Hogrefe, 2005S. 128–140

Petermann, F./Wiedebusch, S.: Emotionale Kompetenz bei Kindern. (2., überarb. Aufl.) Göttingen: Hogrefe 2008

Petermann, F./Winkel, S.: Selbstverletzendes Verhalten. 2., erweit. Aufl. Göttingen: Hogefe 2009

Pfeiffer, C./Wetzels, P./Enzmann, D.: Innerfamiliäre Gewalt gegen Kinder und Jugendliche und ihre Auswirkungen. Hannover: Kriminologisches Forschungsinstitut Niedersachsen e. V. (Forschungsbericht Nr. 80) 1999

Purtscher, K.: Trauma im Kindesalter – komplexe Anforderungen in der psychosozialen Akutbetreuung. In: Lueger-Schuster, B./Krusmann, M./Purtscher, K. (Hrsg.): Psychosoziale Hilfe bei Katastrophen und komplexen Schadenslagen. Wien: Springer 2006, S. 195–212

Rosner, R./Hagl, M.: Posttraumatische Belastungsstörung. In: Kindheit und Entwicklung 2008, 17, S. 205–209

Scheeringa, M. S.: Developmental considerations for diagnosing PTSD and acute stress disorder in preschool and school-age children. American Journal of Psychiatry 2008, 165, S. 1237–1239.

Schmidt, M. H.: Interaktionsstörungen. In: Petermann, F. (Hrsg.): Lehrbuch der Klinischen Kinderpsychologie. (6., vollst. überarb. Aufl.) Göttingen: Hogrefe 2008, S. 477–494

Simons, M./Herpertz-Dahlmann, B.: Psychotherapie von traumatisierten Kindern und Jugendlichen – kognitiv-verhaltenstherapeutische Behandlungsverfahren. Zeitschrift für Kinder- und Jugendpsychiatrie und Psychotherapie 2008, 36, S. 345–352

World Health Organization and International Society for Prevention of Child Abuse and Neglect: Preventing child maltreatment: A guide to taking action and generating evidence. Genf: WHO Press 2006

27 Die eigene Gesunderhaltung

Gusy, Burkhard: Stressoren in der Arbeit, Soziale Unterstützung und Burnout – Eine Kausalanalyse; Forschungsberichte Band 1, München & Wien: Profil Verlag GmbH, 1995.

www.burnout.net

www.hilfe-bei-burnout.de

www.hilfe-bei-burnout.de/Messung/Burnout-Test

www.dguv.de/inhalt/medien/bestellung/documents/FFDP12001.pdf

www.ash-berlin.eu/forschung/aktuelle-projekte/stege

Internetseite des Forschungsprojektes STEGE: www.kita-forschung.de

28 Lernen in der Ausbildung

Rossi, Dr. Ernest L./Nimmons, David: 20 Minuten Pause: Wie Sie seelischen und körperlichen Zusammenbruch verhindern können." (4. Aufl. – Paderborn: Junfermann, 1997 - ISBN 3-8738-7085-1

www.internetbibliothek.de

www.such.bel.de

29 Fort- und Weiterbildung für frühpädagogische Fachkräfte

Arbeitskreis DQR (2010): Vorschlag für einen Deutschen Qualifikationsrahmen für lebenslanges Lernen. Verabschiedet vom Arbeitskreis Deutscher Qualifikationsrahmen am 10. November 2010. www.deutscherqualifikationsrahmen.de [letzter Zugriff: 17.03.2014]

Beher, Karin: Weiterbildung an Fachschulen. In: Qualifizierung frühpädagogischer Fachkräfte an Fachschulen und Hochschulen. Ergebnisse – Positionen – Perspektiven. Tagungsdokumentation vom 08.12.2010. Weiterbildungsinitiative Frühpädagogische Fachkräfte. München: Deutsches Jugendinstitut 2011, S. 50–53. http://www.weiterbildungsinitiative.de/publikationen.html [letzter Zugriff: 17.03.2014]

Beher, Karin; Walter, Michael: Zehn Fragen – Zehn Antworten zur Fort-und Weiterbildungslandschaft für frühpädagogische Fachkräfte. Werkstattbericht aus einer bundesweiten Befragung von Weiterbildungsanbietern. WiFF Studie Nr. 6. München: Deutsches Jugendinstitut 2011. http://www.weiterbildungsinitiative.de/publikationen.html [letzter Zugriff: 17.03.2014]

Beher, Karin; Walter, Michael: Qualifikationen und Weiterbildung frühpädagogischer Fachkräfte. Bundesweite Befragung von Einrichtungsleitungen und Fachkräften in Kindertageseinrichtungen: Zehn Fragen – Zehn Antworten. WiFF Studie Nr. 15. München: Deutsches Jugendinstitut 2012

Bund- Länder-Kommission (BLK) für Bildungsplanung und Forschungsförderung (Hrsg.): Strategie für Lebenslanges Lernen in der Bundesrepublik Deutschland. Materialien zur Bildungsplanung und zur Forschungsförderung. Heft 115. Bonn 2004. http://www.blk-bonn.de/papers/heft115.pdf [letzter Zugriff: 17.03.2014]

Deppe, Vera: Anforderungen an die Ausbildung von Erzieherinnen und Erziehern. Ergebnisse einer qualitativen Befragung von Fachschul- und Abteilungsleitungen. WiFF-Studien Nr. 11. München: Deutsches Jugendinstitut 2011

Deutscher Bildungsrat: Strukturplan für das Bildungswesen. Stuttgart 1970

Expertengruppe Berufsbegleitende Weiterbildung: Qualität in der Fort- und Weiterbildung von pädagogischen Fachkräften in Kindertageseinrichtungen. Standards, Indikatoren und Nachweismöglichkeiten für Anbieter. WiFF Kooperation Nr. 2. München: Deutsches Jugendinstitut 2011. http://www.weiterbildungsinitiative.de/publikationen.html [letzter Zugriff: 17.03.2014)

Fröhlich-Gildhoff, Klaus; Nentwig-Gesemann, Iris; Pietsch, Stefanie: Kompetenzorientierung in der Qualifizierung frühpädagogischer Fachkräfte. WiFF Expertise Nr. 19. 2011. http://www.weiterbildungsinitiative.de/uploads/media/WiFF_Expertise_Nr_19_Froehlich_Gildhoff_ua_Internet__PDF.pdf

Geldermann, Brigitte; Seidel, Sabine; Severing, Eckart: Rahmenbedingungen zur Anerkennung informell erworbener Kompetenzen. Bielefeld: W. Bertelsmann Verlag 2009

Hocke, Norbert; Knauf, Helen; Pausewang, Freya; Roth, Xenia: Erziehen, Bilden und Betreuen als Beruf. In: Kinder erziehen, bilden und betreuen. Lehrbuch für Ausbildung und Studium. Berlin/Düsseldorf: Cornelsen Verlag 2010. S. 16–43

Janssen, Rolf. Die Ausbildung Frühpädagogischer Fachkräfte an Berufsfachschulen und Fachschulen. Eine Analyse im Ländervergleich. WiFF-Reihe 1. München: Deutsches Jugendinstitut 2009

KMK – Sekretariat der Ständigen Konferenz der Kultusminister der Länder in der Bundesrepublik Deutschland (Hrsg.): Vierte Empfehlung der Kultusministerkonferenz zur Weiterbildung (Beschluss der Kultusministerkonferenz vom 01.02.2001). Bonn 2001. http://www.kmk.org/dokumentation/veroeffentlichungen-beschluesse/bildung-schule/allgemeine-weiterbildung.html [letzter Zugriff: 17.03.2014]

KMK – Sekretariat der Ständigen Konferenz der Kultusminister der Länder in der Bundesrepublik Deutschland (Hrsg.): Das Bildungswesen in der Bundesrepublik Deutschland 2010/2011. Darstellung der Kompetenzen, Strukturen und bildungspolitischen Entwicklungen für den Informationsaustausch in Europa. Bonn 2011. http://www.kmk.org/dokumentation/das-bildungswesen-in-der-bundesrepublik-deutschland/dossier-deutsch/publikation-zum-download.html [letzter Zugriff: 17.03.2014]

KMK – Sekretariat der Ständigen Konferenz der Kultusminister der Länder in der Bundesrepublik Deutschland (Hrsg.): Überblick. http://www.kmk.org/bildung-schule/allgemeine-weiterbildung.html [letzter Zugriff: 14.6.2012]

Kommission der europäischen Gemeinschaften: Memorandum über Lebenslanges Lernen. Brüssel 2000. http://www.bologna-berlin2003.de/pdf/MemorandumDe.pdf [letzter Zugriff: 14.6.2012]

Leu, Hans-Rudolf: Das Verständnis von Kompetenzorientierung in der Weiterbildungsinitiative Frühpädagogische Fachkräfte (WiFF). In: WiFF (Hrsg.): Zusammenarbeit mit Eltern. Grundlagen für die kompetenzorientierte Weiterbildung. München 2011, S. 72–75

Leygraf, Jan: Eine bundesweite Befragung von Fachschul- und Abteilungsleitungen: Zehn Fragen – Zehn Antworten. WiFF Studie Nr. 16. München: Deutsches Jugendinstitut 2012

Pasternack, Peer: Die Akademisierung der Frühpädagogik. Dynamik an den Hochschulen und Chancen für Fachschulen. In Balluseck, Hilde von (Hrsg.): Professionalisierung in der Frühpädagogik. Opladen/Farmington Hills: Barbara Budrich 2008. S. 37–50

Rabe-Kleberg, Ursula: Zum Verhältnis von Wissenschaft und Profession in der Frühpädagogik. In Balluseck, H. von (Hrsg.): Professionalisierung in der Frühhpädagogik. Opladen/Farmington Hills: Barbara Budrich 2008. S. 237–250

Robert Bosch Stiftung (Hrsg.) Qualifikationsprofile in Arbeitsfeldern der Pädagogik der Kindheit. Stuttgart 2011

Schiersmann, Christiane: Berufliche Weiterbildung. Wiesbaden: VS Verlag für Sozialwissenschaften 2007

Statistisches Bundesamt (Hrsg.): Statistiken der Kinder- und Jugendhilfe. Kinder und tätige Personen in Tageseinrichtungen und in öffentlich geförderter Kindertagespflege am 01.03.2011. Wiesbaden: 2011

Stockfisch, Christina; Stricker, Monika; Meyer, Annette: Ergebnisse der Studie „Qualitätsanforderungen an ein Fort- und Weiterbildungskonzept für Erzieherinnen und Erzieher". Arbeitspapier 162. Düsseldorf: Hans-Böckler-Stiftung 2008

Thole, Werner. Professionalisierung der Pädagogik der Kindheit. In: Thole, W., Roßbach, H.-G., Fölling-Albers, M. & Tippelt, R. (Hrsg.): Bildung und Kindheit. Opladen/Farmington Hills: Barbara Budrich 2008. S. 271–294

Vereinigung der Bayerischen Wirtschaft e. V. (vbw) (Hrsg.): Professionalisierung in der Frühpädagogik. Qualifikationsniveau und -bedingungen des Personals in Kindertagesstätten. Gutachten AKTIONSRAT Bildung 2012

Autorenverzeichnis

Baur, Veronika

→ *Kapitel 23 Pädagogik für Kinder unter drei Jahren*

Veronika Baur, M.A. Sonderpädagogin, ist wissenschaftliche Referentin am Deutschen Jugendinstitut. Ihre Arbeitsschwerpunkte sind die Erarbeitung eines Qualifizierungshandbuchs für Tagespflegepersonen und die Entwicklung von kompetenzorientierten Qualifizierungsmodulen. Freiberufliche Tätigkeit in der Fortbildung von pädagogischen Fachkräften
Ihre Interessenschwerpunkte sind Frühpädagogik, Entwicklungspsychologie, Spielpädagogik, Kinder mit besonderem Förderbedarf, Integration und Inklusion und Peerkulturen.

Beher, Karin

→ *Kapitel 29.2 die Weiterbildungslandschaft*
→ *Kapitel 29.3 Weiterbildungsmotive und Weiterbildungsbeteiligung*
→ *Kapitel 29.4 Rahmenbedingungen in Kindertageseinrichtungen*

Karin ist Diplom-Sozialwissenschaftlerin. Nach dem Studium an der Ruhr-Universität Bochum zunächst beschäftigt im Bereich der Behindertenhilfe. Seit 1989 ist sie als wissenschaftliche Mitarbeiterin an der TU Dortmund in der Fakultät Erziehungswissenschaft und Soziologie tätig. Arbeits- und Forschungsschwerpunkte: Erziehung, Bildung und Betreuung von Kindern in Kindertageseinrichtungen und Ganztagsschulen, soziale Berufe in Ausbildung und Arbeitsmarkt, Tätigkeitsformen jenseits der Lohnarbeit und Dritte-Sektor-Organisationen.

Bender, Saskia

→ *Kapitel 11 Ästhetik und Kunst*

Dr. Saskia Bender ist wissenschaftliche Mitarbeiterin am Institut für Erziehungswissenschaft, Arbeitsbereich Bildungsforschung der Leibniz Universität Hannover. Forschungsschwerpunkte: Ästhetische Bildung, äshetische Erfahrung, Kindheitsforschung, Schulentwicklung.

Braun, Daniela

→ *Kapitel 19 Natur und Umwelt*

Daniela Braun ist Professorin im FB Sozialwesen an der FH Koblenz; Lehrtätigkeit im Bereich Medien, Ästhetik und Kommunikation für die Studiengänge Soziale Arbeit, ECES und BASA-online; im Studiengang „Bildungs- und Sozialmanagement mit Schwerpunkt frühe Kindheit" (B.A.) tätig, außerdem Beratung von Kindertageseinrichtungen und im Bildungs- und Sozialmanagement.

Braunecker, Ingerose

→ *Kapitel 16 Mathematik, Naturwissenschaft und Technik*

Ingerose Braunecker, Ausbildung zur Erzieherin an der Sozialpädagogischen Fachschule Käthe-Kollwitz, insgesamt 25 Jahre als Erzieherin tätig, seit 1994 Gruppenleiterin und seit 1999 stellv. Leiterin des Kindergartens Sankt Nikolaus in Weiher; seit 2004 Fortbildnerin und Dozentin im Bereich Naturwissenschaften in Kiga und Grundschule.

Dieckerhoff, Katy

→ *Kapitel 19 Natur und Umwelt*

Katy Dieckerhoff, Diplom-Pädagogin und Professorin für sozialwissenschaftliche und pädagogische Grundlagen und Konzepte im Bereich der Kindheit an der Hochschule Koblenz. Ihr oblag die wissenschaftliche Begleitung des Projektes „Natur Pur" im Rahmen der „Offensiven Bildung" der Stadt Ludwigshafen

Dietrich, Cornelie

→ *Kapitel 11 Ästhetik und Kunst*

Prof. Dr. Cornelie Dietrich hat einen Lehrstuhl für Erziehungswissenschaft/Schwerpunkt Ästhetische Bildung an der Alice-Salomon-Hochschule Berlin inne. Arbeitsschwerpunkte: Bildungstheorie und erziehungswissenschaftliche Kulturanthropologie, Ästhetische Bildung, Kindheits- und Jugendforschung.

Franke, Pia Theresia

→ *Kapitel 13 Ethik, Religion und Philosophie*

Ausbildung als staatl. anerk. Erzieherin, Studium Sozialwesen an der FH Würzburg/Schweinfurt, Studium Personalentwicklung an der Technischen Universität Kaiserslautern sowie Weiterbildung zur Praktischen Betriebswirtin; langjährige Tätigkeit im Bereich der Personal- und Organisationsentwicklung sowie der Aus- und Weiterbildung von pädagogischen Fachkräften.

Friederich, Tina

→ *Kapitel 29.1 Gründe für die Fort- und Weiterbildung der Fachkräfte in Kindertageseinrichtungen*

Tina Friederich ist Diplom-Handelslehrerin. Nach dem Studium der Wirtschaftspädagogik an der Universität Mannheim zwei Jahre Redaktionsassistentin beim Börsenmagazin FINANZEN im FINANZEN-Verlag. Ab 2006 wissenschaftliche Hilfskraft am Deutschen Jugendinstitut für die Content-Betreuung eines Internet-Portals für Erzieher/innen. Seit 2008 wissenschaftliche Referentin für verschiedene Projekte am DJI. Durchführung einer explorativen Vorstudie zur Lage der Erzieher/innen- Ausbildung in Bayern, Expertise für den 13. Kinder- und Jugendbericht zum Thema „Gesundheitsförderung und Krankheitsprävention in Kindertagesstätten", Recherchen zur Akademisierung frühpädagogischer Fachkräfte in Europa.

Gawlitzek, Ira

→ *Kapitel 15 Literacy*
Dr. Ira Gawlitzek ist akademische Oberrätin am Englischen Seminar der Universität Mannheim, promovierte mit einer Arbeit zum doppelten Erstspracherwerb (Deutsch und Englisch), lehrt in der Anglistischen Anglistik und forscht zu den Themen Bilingualismus, Spracherwerb und Literacy.

Herm, Sabine

→ *Kapitel 24 Integration von Menschen mit Behinderungen*
Sabine Herm ist Kindertagesstätten-Beraterin, Supervisorin und Psychodrama-Therapeutin, Fortbildungsreferentin mit Schwerpunkten: Integration behinderter Kinder, Psychomotorik, Sprache, frühkindliche Bildungsprozesse; zudem ist sie Autorin zahlreicher Fachbücher.

Hirler, Sabine

→ *Kapitel 18 (18.1.10-18.6) Musik und Rhythmik*
Sabine Hirler, M.A., Studium Rhythmik, Gitarre, Erwachsenenbildung, Musik- und Rhythmiktherapeutin. Dozentin für Rhythmik und Musik in der Aus,- Fort- und Weiterbildung, Heilpädagogik, Heilerziehungspflege, Fachschule für Sozialpädagogik, Sonderpädagogik. Fachautorin, Kinderliedautorin. Leitung eines pädagogisch-therapeutischen Musikinstituts.

Hocke, Norbert

→ *Kapitel 1 (1.5) Erziehen, Bilden und Betreuen als Beruf*
Norbert Hocke ist Diplom-Sozialpädagoge, Erzieher. Sprecher des Bundesforums Familie, Mitglied in Fachausschüssen des Deutschen Vereins für öffentliche und private Fürsorge (FA Soziale Berufe/Ehrenamtliches Engagement/Familie) und Mitglied im Fachausschuss der AGJ Kindheit, Familie und OMEP.

Hofmann, Irmgard

→ *Kapitel 1 (1.5) Erziehen, Bilden und Betreuen als Beruf*
Irmgard Hofmann, M.A. (phil.) ist Pflegeethikerin und Gesundheits- und Krankenpflegerin. Sie studierte Philosophie, Theologie sowie Management in Gesundheits- und Sozialeinrichtungen. Ausbildung zur Supervisorin und gruppendynamische Zusatzausbildung. Freiberufliche Supervisorin und Dozentin für Ethik in der Pflege in der Aus-, Fort- und Weiterbildung. Lehrbeauftragte an der Kath. Stiftungs-FH München. Zahlreiche Publikationen zu ethtischen Fragen und sozial schwierigen Situationen in Gesundheitsberufen.

Hugoth, Matthias

→ *Kapitel 27.2 Burnout*
Prof. Dr. Matthias Hugoth ist Theologe und Pädagoge und hat einen Lehrstuhl für Erziehungswissenschaft und Elementarpädagogik an der Katholischen Fachhochschule Freiburg inne; er ist außerdem Leiter des Studiengangs „Management in Erziehungs- und Bildungseinrichtungen".

Kerl-Wienecke, Astrid

→ *Kapitel 23 Pädagogik für Kinder unter drei Jahren*
Astrid Kerl-Wienecke, Dr. phil, Dipl. Sozialpädagogin, Staatl. anerk. Erzieherin, ist Wissenschaftliche Referentin am Deutschen Jugendinstitut. Ihre Arbeitsschwerpunkte sind die Qualifizierung von Tagespflegepersonen, Erarbeitung von Qualifizierungsmodulen und die Qualität von Bildungsträgern und Fortbildner und Fortbildnerinnen sowie die Weiterentwicklung der Kindertagespflege als Leistung der Jugendhilfe.
Freiberufliche Fortbildnerin in der Qualifizierung von Tagespflegepersonen und Qualifizierung und train-the-trainer. Interessenschwerpunkte sind Frühpädagogik, Sprache und sprachliche Förderung, Bildungs- und Lerngeschichten, Hilfen zur Erziehung, Pflegekinder.

Knauf, Helen

→ *Kapitel 1 (1.4) Erziehen, Bilden und Betreuen als Beruf*
→ *Kapitel 8 Pädagogik*
Dr. Helen Knauf, Professorin für frühkindliche Bildung an der Hochschule Fulda, studierte Geschichte und Germanistik, promovierte in Pädagogik an der Universität Bielefeld. Beraterin und Trainerin für Organisations- und Personalentwicklung in Kindertageseinrichtungen.

Knauf, Tassilo

→ *Kapitel 7 Ganztagsgrundschule*
Prof. Dr. Tassilo Knauf, Studium der Kunstgeschichte, Archäologie und Erziehungswissenschaft. Seit 1981 Professor für Erziehungswissenschaft in Essen mit den Schwerpunkten Elementarerziehung und Grundschulpädagogik. Zahlreiche Veröffentlichungen, u. a.: Einführung in die Grundschuldidaktik, Beiträge in Elementarpädagogik nach PISA.

Knisel-Scheuring, Gerlinde

→ *Kapitel 2 (2.4) Organisation und Management in sozialpädagogischen Einrichtungen*
Gerlinde Knisel-Scheuring, Dipl.-Sozialpädagogin und tätig als Erzieherin und Leitung einer Einrichtung, jetzt angestellt beim Jugendamt Mannheim, Abt. Tageseinrichtungen und -pflege und Projektleiterin für die Qualitätsentwicklung in Tageseinrichtungen im Rahmen der Implementierung des Orientierungsplans Baden-Württemberg; Fachreferentin und Fachbuchautorin.

Koch, Andreas

→ *Kapitel 4 Tageseinrichtungen für Kinder*

Andreas Koch, Studium Sozialpädagogik an der Fachhochschule, Ergänzungsstudium und Promotionsvorhaben am Fachbereich Erziehungswissenschaften der Uni Frankfurt. Erarbeitung und Begleitung eines Medienprojektes im Jugendhaus Mannheim-Hochstätt, seit 2004 Leitung der Tageseinrichtung für Kinder in Schriesheim-Altenbach.

Koglin, Ute

→ *Kapitel 10 Psychologie*

→ *Kapitel 26 Kindesmisshandlung und psychologische Notfallsituationen*

Dr. phil. Ute Koglin ist wissenschaftliche Mitarbeiterin des Lehrstuhls Klinische Psychologie der Universität Bremen und Leiterin der Arbeitsgruppe Aggressions- und Präventionsforschung. Die Arbeitsschwerpunkte liegen im Bereich Entwicklungspsychologie, Klinische Kinderpsychologie und Entwicklungspsychopathologie.

Krause, Christina

→ *Kapitel 14 Gesundheit*

Dr. Christina Krause ist Diplom-Pädagogin, promoviert und habilitiert in Pädagogischer Psychologie, Verhaltenstherapeutin und Familientherapeutin mit Approbation als Kinder- und Jugendlichenpsychotherapeutin. Bis 2007 tätig als Professorin für Pädagogische Psychologie und Beratung am Pädagogischen Seminar der Georg-August-Universität Göttingen.

Meyer, Anita

→ *Kapitel 29.5 Perspektiven der Fort- und Weiterbildung der Fachkräfte*

Sozial- und Bildungswissenschaftlerin; Diplom-Sozialpädagogin. Ausbildung zur Erzieherin in NRW. Berufspraxis in Kitas bis 1991. Erlangung der Fachhochschulreife 2004. Studium der Sozialen Arbeit (2004 bis 2008) sowie der Angewandten Sozial- und Bildungswissenschaften (2009 bis 2010) an der KSFH München. Wissenschaftliche Mitarbeit und Projektassistenz in der Lernenden Region Dachau (2007 bis Anfang 2009). Genderzentrum der TU München (Ende 2009 bis Anfang 2011), Leitung des Familienservices am Standort Garching. Seit März 2011 wissenschaftliche Referentin am DJI.

Mürbe, Manfred

→ *Kapitel 3 Rechtlich entscheiden und handeln*

Manfred Mürbe ist Jurist und seit 1981 bei der Bayerischen Justiz tätig, u. a. als Staatsanwalt, Richter am Amtsgericht, hauptamtlicher Arbeitsgemeinschaftsleiter für Rechtsreferendare und vorsitzender Richter am Landgericht in Memmingen.

Noack, Winfried

→ *Kapitel 5 Offene Kinder- und Jugendarbeit*

Prof. Dr. Winfried Noack, Studium der Theologie, Germanistik, Geschichte, Geographie und Philosophie an der Uni München; seit 1992 an der Theolog. Hochschule Friedensau Professor für Erziehungswissenschaften, Sozialpädagogik und Ethik. Außerdem in der Jugendarbeit tätig und Leiter des Instituts für Integrierte Kinder-, Jugend- und Erwachsenenarbeit.

Nolting, Albrecht

→ *Kapitel 17 Medien*

Albrecht Nolting, Studium der Erziehungswissenschaft, Musik- und Kunsterziehung und Medienpädagogik (PH Schwäbisch Gmünd), sowie der Medienwissenschaft/-praxis (Uni Tübingen), bietet mit der Firma PanMedia die Planung und Umsetzung von Medienprojekten und IT-Fortbildungen; nach Lehraufträgen zur Medienpädagogik an div. Hochschulen ist er im Schuldienst tätig.

Ocak, Sibel

→ *Kapitel 22 Sprache*

Sibel Ocak, Studium Germanistik/Romanistik und wissenschaftl. Mitarbeiterin an der Uni Mannheim im Projekt „Sprache macht stark", Weiterbildung von Erzieher/innen in der Sprachförderung; Dozentin für Deutsch als Fremdsprache/Zweitsprache; lehrte als DAAD-Sprachassistentin DaF an der Marmara Universität Istanbul. Arbeitete beim Projekt „Herkunftssprachen" (Uni Koblenz-Landau).

Pausewang, Freya

→ *Kapitel 1 (1.1-1.2) Erziehen, Bilden und Betreuen als Beruf*

→ *Kapitel 21 Spiel*

Freya Pausewang, Erzieherin, Sozialpädagogin, langjährige Berufserfahrung in Kindergarten und Heim in Deutschland und im Ausland. Dozentin a. D. an der Fachschule für Sozialpädagogik in Mainz. Veröffentlichungen zur Berufsausbildung von Erzieherinnen und im Bereich pädagogischer Arbeit in sozialpädagogischen Einrichtungen.

Petermann, Franz

→ *Kapitel 10 Psychologie*

→ *Kapitel 24 Kindesmisshandlung und psychologische Notfallsituationen*

Prof. Dr. phil. Franz Petermann hat einen Lehrstuhl für Klinische Psychologie und Diagnostik an der Universität Bremen und ist Direktor des Zentrums für Klinische Psychologie und Rehabilitation (ZKPR).

Pfeffer, Simone

→ *Kapitel 9 Soziologie*

→ *Kapitel 20 Emotionale und soziale Kompetenz*

Dr. Simone Pfeffer Professorin an der TH Nürnberg Georg Simon Ohm in den Studiengängen soziale Arbeit und Entwicklung und Bildung im Lebenslauf. Zuvor langjährige Tätigkeit in der Lehrerbildung und in den Bereichen Beratung, Aus- und Fortbildung für Fachkräfte verschiedener Berufsgruppen

Rehberg, Marissa

→ *Kapitel 14 Gesundheit*
Marissa Rehberg M. A. (Pädagogik, Physiologie, Psychosomatik), Universität Göttingen, unterrichtet an der Fachschule für Sozialpädagogik in Goslar angehende Sozialassistenten, Erzieher und Heilpädagogen und ist außerdem zertifizierte Beraterin für Early Excellence Centres, Doktorandin an der Universität Flensburg und Freiberufliche Dozentin.

Roth, Xenia

→ *Kapitel 1 (1.3) Erziehen, Bilden und Betreuen als Beruf*
→ *Kapitel 2 (2.5) Organisation und Management in sozialpädagogischen Einrichtungen*
Xenia Roth ist Dipl.-Psychologin und Dipl.-Theologin (kath.) und Leiterin des Referats für Kindertagesbetreuung im Ministerium für Bildung, Wissenschaft, Jugend und Kultur des Landes Rheinland-Pfalz; ihre Tätigkeit umfasst die politischen, rechtlichen u. inhaltlichen Themenstellungen der Tagesbetreuung (www.kita.rlp.de).

Ruwe, Gisela

→ *Kapitel 27.1 Der eigene Körper*
Gisela Ruwe ist Diplom-Pflegelehrerin, Krankenschwestern und Lehrerin für Pflegeberufe an der Pflegeschule des Albert-Schweitzer-Krankenhauses Northeim. Außerdem ist sie Spielleiterin für szenisches Spiel und Lehrbeauftragte an der FH Hannover sowie an der FH Kaiserswerth/Ludwigshafen

Schäfer, Peter

→ *Kapitel 25 Medizinische Notfälle*
Dr. med. Peter Schäfer, Facharzt für Kinderheilkunde und Jugendmedizin; Tätigkeit als Oberarzt an der Universitätsklinik Mannheim, seit 2001 am FB Gesundheit der Stadt Mannheim, Facharzt für öffentliches Gesundheitswesen und seit 2008 stellvertretender Fachbereichsleiter; tätig im Bereich der Frühen Hilfen und in verschiedenen Gremien der schulischen Elternarbeit.

Spaerke, Tatjana

→ *Kapitel 22 Sprache*
Tatjana Spaerke, Studium Slavistik und Anglistik (Mannheim/England), Deutsch als Fremdsprache und Ausländerpädagogik (Koblenz-Landau).Wissenschaftl. Mitarbeiterin an der Uni Mannheim im Projekt „Sprache macht stark“, Weiterbildung und prakt. Begleitung von Erzieher/innen in der Sprachförderung; Fortbildnerin für MAZEM (Mannheimer Zentrum für Empirische Mehrsprachigkeitsforschung).

Stadler Elmer, Stefanie

→ *Kapitel 18 (18.1) Musik und Rhythmik*
Dr. Stefanie Stadler Elmer ist Privatdozentin für Psychologie an der Universität Zürich mit Schwerpunkt Entwicklungspsychologie; Autorin zahlreicher Publikationen zur sprach-musikalischen Entwicklung, Erziehung und Musikpsychologie; Forschungsprojektleiterin und -mitarbeiterin im Bereich des Singens, der Raumakustik und neuen Musik-Technologien.

Strack-Rathke, Dorothea

→ *Kapitel 21 Spiel*
Dorothea Strack-Rathke, Sozialpädagogin, mehrjährige Berufserfahrung im Kindergarten sowie in der Arbeit mit Kindern, Jugendlichen und Erwachsenen mit besonderen Bedürfnissen. Dozentin an der Fachschule für Sozialpädagogik in Mainz. Betreuung von Berufspraktikantinnen in unterschiedlichen sozialpädagogischen Einrichtungen.

Vogelsberger, Manfred

→ *Kapitel 6 Hilfen zur Erziehung*
Studiendirektor, seit 1991 tätig als Lehrer an der Sophie-Scholl-Schule Mainz; seit 2006 Funktionsstelle in der Schulleitung. Von 2001 bis 2006 Tätigkeit als lehrbeauftragter Fachleiter in der Lehrerausbildung. Autor von Fachbüchern und Fachartikeln zu Antiautoritärer Erziehung, Hort, Krippe, Träger, Waldorfpädagogik.

Weber, Thomas

→ *Kapitel 16 Mathematik, Naturwissenschaft und Technik*
Thomas Weber, Studium des Gymnasiallehramtes (Chemie, Biologie, Geographie) in Karlsruhe, Oberstudienrat an den Beruflichen Schulen Bretten und Fachberater; Mitarbeit u. a. am überarbeiteten Orientierungsplan in BaWü; Trainer und Netzwerkkoordinator des „Hauses der kleinen Forscher“, Fortbildner und Dozent im Bereich Naturwissenschaften in Kiga u. Grundschule.

Ziegner, Andreas

→ *Kapitel 28 Lernen in der Ausbildung*
Studium der Psychologie, Betriebswirtschaft, Arbeitswissenschaft und Arbeitsrecht an der TU Darmstadt mit Abschluss „Diplom-Psychologe mit Schwerpunkt Arbeits- und Organisationspsychologie“. Freiberuflich als Psychologe tätig. Fachdozent an der Evangelischen Fachschule für Heilerziehungspflege Schwäbisch Hall. Tätigkeit als Coach und Berater in den Bereichen Personalberatung, Audit und Assessment, Karriereberatung, Führungscoaching, Lebensberatung.

Zimmer, Renate

→ *Kapitel 12 Bewegung*
Renate Zimmer ist Professorin für Sportwissenschaft und -pädagogik an der Uni Osnabrück, Diplom-Pädagogin. Arbeitsschwerpunkt: Frühe Kindheit, sportwissenschaftliche Lehr- und Forschungstätigkeiten, Konzepte der Bewegungserziehung für den Elementarbereich, Psychomotorik, Diagnostik der motorischen Entwicklung, Bewegte Schule, Gesundheitsförderung.

Abbildungsverzeichnis

Anja Doehring, Lübeck: S. 20, 39, 46, 48, 49, 51, 52, 55, 56, 57, 62, 64, 65, 66, 67, 68, 70, 72, 74, 75, 76, 80, 81, 82, 83, 84, 85, 88, 89, 91, 93, 96, 99, 101, 103, 104, 105, 107, 109, 110, 112, 114, 116, 118, 120, 121, 122, 123, 124, 126, 127, 129, 131, 132, 135, 136, 138, 140, 141, 145, 146, 147, 149, 152, 153, 155, 158, 160, 161, 163, 164, 165, 166, 170, 175, 176, 178, 181, 188, 190, 192, 193, 194, 195, 198, 199, 200, 201, 202, 203, 204, 205, 206, 212, 213, 215, 216, 217, 219, 220, 221, 225, 226, 227, 228, 229, 231, 232, 233, 234, 236, 238, 240, 242, 244, 245, 247, 251, 253, 254, 256, 258, 261, 263, 265, 267, 270, 272, 274, 276, 279, 280, 285, 286, 288, 294, 297, 298, 299, 305, 306, 307, 308, 311, 312, 316, 318, 321, 323, 325, 326, 328, 330, 336, 337, 340, 341, 343, 345, 348, 350, 352, 353, 354, 356, 360, 361, 362, 363, 364, 365, 368, 370, 372, 373, 376, 377, 380, 381, 383, 385, 387, 388, 389, 391, 392, 393, 394, 395, 396, 398, 400, 403, 404, 406, 407, 408, 410, 411, 415, 416, 417, 418, 424, 426, 428, 429, 431, 434, 435, 437, 438, 440, 441, 446, 447, 450, 457, 462, 465, 467, 468 rechts, 473, 475, 476, 479, 480, 481, 483, 484, 485, 488, 489, 503, 517, 523, 527, 531, 534, 536, 537, 538, 542, 544, 546, 548, 550, 552, 557, 562, 564, 565, 567, 569, 575, 577, 580, 582, 585, 587, 590, 592, 594, 595, 597, 598, 599, 600, 603, 605, 607, 609, 614, 617, 618, 619, 623, 666, 668, 670, 672, 675, 678, 681, 683, 685, 687, 689, 691, 693, 695, 696, 698, 699, 700, 701, 702, 703, 704, 706, 728, 729, 735, 737, 740, 742, 744, 746, 749, 754, 755, 757, 760, 761, 764, 766, 775

Deutscher Gewerkschaftsbund: S. 475

© Claudia Hautumm/PIXELIO: S. 758

Fotolia: S. 777

Ira Gawlitzek, Mannheim: S. 451, 452, 454, 455, 458, 460, 461, 468 links, 469, 470, 471

Gustav Maier Schramberg GmbH: S. 208

Kindertageseinrichtung Georgenborn: S. 661

Sabine Hirler, Hadamar: S. 540, 555, 559, 561, 572, 574, 578

Christina Krause, Göttingen: S. 443, 444

Werner Krüper, Bielefeld: S. 16, 34, 42, 61, 711, 713, 714, 719, 721, 723, 724, 725, 727, 732, 783, 789, 791, 792, 799, 802, 803, 810

Krüper/Hainisch: S. 779/2

Albrecht Nolting, Mainhardt: S. 496, 497, 498, 499, 501, 504, 508, 511, 512, 514, 515, 518, 521, 524, 529, 530

Thomas Pausewang-Ueber, Georgenborn: S. 634, 648, 652, 653

Franz Petermann, Bremen/ Ute Koglin, Bremen: S. 322

Simone Pfeffer, Hallstadt: S. 612, 621

Ralf Pieroth, Wiesbaden: S. 630 links, 637, 646

project-photos: S. 781

Vinia Rutkowski, Berlin: S. 627 links, 632, 645, 647

shutterstock: Dainis: S. 237, Emin Kuliyev: S. 708, Oleg Kozlov: S. 776, Monkey Business Images: S. 788, 806, 811, mangostock: S. 804

Städt. Kinderkrippe Gleitwitzer Straße, Mainz: S. 23, 624, 626, 638, 640, 642, 651, 658

Städt. Kindertagesstätte Goetheplatz, Mainz: S. 639

Städt. Kindertagesstätte Felbergplatz, Mainz: S. 18, 24, 25, 26, 28, 31, 32, 625, 627 rechts, 630 rechts, 631, 636, 655, 656, 660, 663, 664

terre des hommes Kindertagesstätte, Wiesbaden: S. 29

Thomas Weber, Kronau/Ingerose Braunecker, Kronau: S. 491, 492, 493

Weiterbildungsinitiative Frühpädagogische Fachkräfte: S. 816

Cornelsen Verlagsarchiv: S. 790

Wir danken ganz besonders unserer Fotografin Anja Doehring und allen Einrichtungen, die sich für die Fotografien zur Verfügung gestellt haben, für ihre Unterstützung.

Stichwortverzeichnis

C

D

F

G

H

I

N

O

P

Q

R